MEDIAFILM

BOITE NOIRE
c'est .com ça !

Guide DVD 2007

FIDES

OUVRAGE RÉALISÉ SOUS LA DIRECTION DE
François Poitras

TEXTES ET CRITIQUES
Équipe Médiafilm (www.mediafilm.ca):
Rédacteur en chef: Martin Bilodeau
Rédacteur en chef adjoint: Louis-Paul Rioux
Collaborateurs: Jean Beaulieu, André Caron, Michel Defoy, Manon Dumais,
Helen Faradji, Kevin Laforest, Johanne Larue, André Lavoie.

COMPILATION
Julie Gauthier

SÉLECTIONS
Sous la supervision de Steve Bolduc et François Lévesque:
Isabelle Lacombe, Kevin Laforest, Nicolas Archambault, Simon Couture,
Sébastien Gauthier, Patrick Lambert, Simon Nakauchi Pelletier,
Kim St-Pierre, David Richard, Jean-François Leblanc

MISE EN PAGES
Folio Infographie

TEXTE D'INTRODUCTION
Valérie Letarte

DIRECTION ARTISTIQUE ET COUVERTURE
Gianni Caccia

EN COUVERTURE
Marlene Dietrich [© Eugene Robert Richee / Getty Images (photo colorisée)]

Catalogage avant publication de Bibliothèque et Archives Canada

Vedette principale au titre:

Guide DVD 2007

Publ. antérieurement sous le titre: Guide Vidéo + DVD.
Publ. en collab. avec: La Boîte Noire et Médiafilm.

ISBN-13: 978-2-7621-2729-4
ISBN-10: 2-7621-2729-7

1. Cinéma - Vidéos - Catalogues. 2. DVD Vidéo - Catalogues. I. Poitras, François.
II. Boîte Noire (Association). III. Médiafilm. IV. Titre: Guide Vidéo + DVD.

PN1992.95.G84 2006 016.79145'72 C2006-941389-4

Dépôt légal: 3e trimestre 2006
Bibliothèque et Archives nationales du Québec

Les Éditions Fides reconnaissent l'aide financière du Gouvernement du Canada par l'entremise du Programme d'aide au développement de l'industrie de l'édition (PADIÉ) pour leurs activités d'édition. Les Éditions Fides remercient de leur soutien financier le Conseil des Arts du Canada et la Société de développement des entreprises culturelles du Québec (SODEC). Les Éditions Fides bénéficient du Programme de crédit d'impôt pour l'édition de livres du Gouvernement du Québec, géré par la SODEC.

IMPRIMÉ AU CANADA EN AOÛT 2006

SOMMAIRE

ABRÉVIATIONS ET SIGNES CONVENTIONNELS

APPRÉCIATION

(Cotes artistiques de MÉDIAFILM)

►1	Chef-d'œuvre
►2	Remarquable
▷3	Très bon
▷4	Bon
▷5	Passable
▷6	Médiocre
▷7	Minable
▷0	Non évalué

VERSIONS

VO	Version originale
VF	Version doublée en français
VA	Version doublée en anglais
STF	Version originale sous-titrée en français
STA	Version originale sous-titrée en anglais
MT	Muet sans intertitre
ITF	Muet avec intertitres français
ITA	Muet avec intertitres anglais

CADRAGES

W	«Widescreen» ou cadrage cinéma
P&S	«Pan & Scan» ou plein écran
16X9	Optimisé pour téléviseur de format 16X9

CLASSEMENT DE LA RÉGIE DU CINÉMA

Non classé	Film non classé par la Régie
Général	Général
13+	s'adresse à un public âgé de 13 ans et +
16+	s'adresse à un public âgé de 16 ans et +
18+	s'adresse à un public âgé de 18 ans et +

Notes:
Déconseillé aux jeunes enfants · Enfants · Érotisme · Horreur · Langage vulgaire · Sexualité explicite · Violence

DISPONIBILITÉ DES TITRES

$	Prix de vente indicatif
sans $	Disponible pour la location seulement
PC	Prix de vente à confirmer

Les prix sont inscrits à titre indicatif seulement. À noter que, pour une même œuvre, différentes éditions ou rééditions sont parfois disponibles, les prix pouvant alors varier de l'une à l'autre.

LANGUES

Alle	Allemand
Ang	Anglais
Ara	Arabe
Can	Cantonnais
Chi	Chinois
Coré	Coréen
Croa	Croate
Dan	Danois
Esp	Espagnol
Fin	Finnois
Flam	Flamand
Fran	Français
Geor	Georgien
Grec	Grec
Héb	Hébreux
Hin	Hindi
Hong	Hongrois
Isl	Islandais
Ita	Italien
Jap	Japonais
Man	Mandarin
More	More
Muet	Muet
Néer	Néerlandais
Norv	Norvégien
Per	Persan
Polo	Polonais
Port	Portugais
Rou	Roumain
Rus	Russe
S.Cr	Serbo-Croate
Ser	Serbe
Slov	Slovaque
Sué	Suédois
Tch	Tchèque
Thaï	Thaïlandais
Turc	Turc
Ukr	Ukrainien
Viêt	Vietnamien
Wol	Wolof
Yid	Yiddish

PAYS

A.S.	Afrique du Sud
ALG.	Algérie
ALL.	Allemagne
ANG.	Angleterre
ARG.	Argentine
AUS.	Australie
AUT.	Autriche
BEL.	Belgique
BIR.	Birmanie
BOS.	Bosnie
BRÉ.	Brésil
BUL.	Bulgarie
BUR.	Burkina Faso
CAM.	Cameroun
CAMB.	Cambodge
CAN.	Canada
CHI.	Chine
COL.	Colombie
C.I.	Côte d'Ivoire
CUB.	Cuba
DAN.	Danemark
ÉCO.	Écosse (Royaume-Uni)
ÉGY.	Égypte
ESP.	Espagne
É.-U.	États-Unis
FIN.	Finlande
FR.	France
GRÈ.	Grèce
GUI.	Guinée
HOL.	Hollande
H. K.	Hong Kong
HON.	Hongrie
IND.	Inde
IRAN	Iran
IRL.	Irlande
ISL.	Islande
ITA.	Italie
JAM.	Jamaïque
JAP.	Japon
LIB.	Liban
LIBYE	Libye
LIECH.	Liechtenstein
LUX.	Luxembourg
MAC.	Macédoine
MAD.	Madagascar
MAR.	Maroc
MEX.	Mexique
NOR.	Norvège
N.-Z.	Nouvelle-Zélande
PÉR.	Pérou
POL.	Pologne
POR.	Portugal
QUÉ.	Québec
ROU.	Roumanie
RUS.	Russie et ex-URSS
SÉN.	Sénégal
SUÈ.	Suède
SUI.	Suisse
TAÏ.	Taïwan
TCH.	Tchécoslovaquie
TUN.	Tunisie
TUR.	Turquie
UKR.	Ukraine
URU.	Uruguay
VEN.	Vénézuela
VIÊT.	Viêtnam
YOU.	Yougoslavie
ZAÏ.	Zaïre
ZIM.	Zimbabwe

Je parcourais l'Asie depuis déjà un bon moment. Cet après-midi-là, après avoir dit Adieu à ma concubine et laissé derrière moi une flopée de Chinese Heroes, je me suis égarée dans un quartier de Bombay. Salaam ! Heureusement, il y avait des sous-titres. Je me suis assoupie... Rêves de Bollywood, Kāma Sūtra à l'appui. Au réveil, suis tombée sur Charlotte R. dans Portier de nuit. On a traversé les décennies comme Lawrence, l'Arabie. Parvenues à La Piscine, on voyait encore le reflet de Romy. Vertigo. Tout s'est ensuite précipité. Des sous-marins jaunes croisaient des Woody en spermato bizarroïdes avec, en arrière-plan, Jane en Barbarella, un Duel assez électrisant, des cow-boys pas complètement conformistes et des hordes de bons et de méchants, de brutes, de truands et autres lascars oscarisés. Les balles sifflaient cotées de 1 à 7, parfois en noir et blanc. Auteuil s'était Caché. Capote dissertait. Marilyn chantait pour ses meilleurs amis. Et puis là, L'Enfant. Ça devenait planant. J'ai atterri chez Pasolini. Les Mille et une nuits sont tombées. D'abord, La Nuit américaine suivie des Nuits blanches et de celle des morts vivants. Les Heures avançaient. Sur les douze coups de Midnight, soudain un film projeté sur fond de ciel avec Noiret derrière les bobines. J'ai éteint ma lampe de chevet. Il me reste 512 pages à lire. Je poursuivrai demain.

V.L.

N.B.

Les films de A à Z

La section *Les films de A à Z* est réservée aux longs métrages présentés en salle. Cette section, qui n'est évidemment pas exhaustive, propose un vaste choix de films, composé des œuvres les plus intéressantes et les plus en demande, disponibles en vidéocassette à la location ou sur support DVD à la location et à la vente.

Les films du monde

Dans la section *Les films du monde* sont compilés les longs métrages de fiction, à l'exclusion de ceux originaires de l'Allemagne, de l'Angleterre, des États-Unis, de la France, de l'Italie, du Québec et du Canada.

Filmographies

Les *Filmographies* regroupent systématiquement toutes les œuvres, incluant les documentaires, les courts métrages et les documents réalisés pour la télévision, des différents acteurs et réalisateurs retenus. Les acteurs, actrices, réalisateurs et réalisatrices choisis l'ont été en fonction du nombre de films auxquels ils ont été associés.

Les choix de la Boîte Noire

Toutes les listes des autres sections du *Guide DVD* correspondent à des choix proposés par l'équipe de la Boîte Noire.

LES FILMS DE **A À Z**

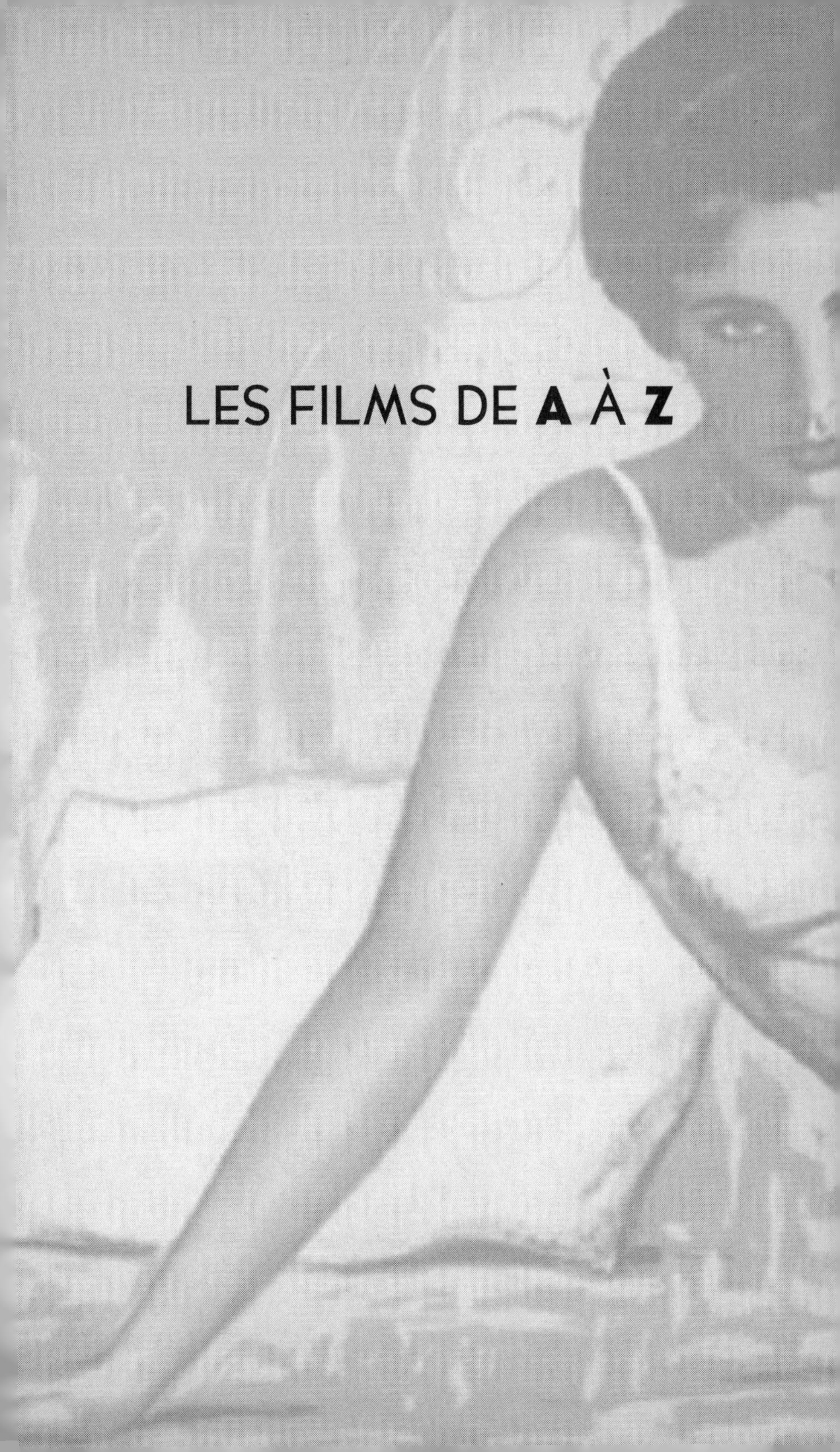

WARNER BROS
présente
Humphrey BOGART
Ingrid BERGMAN
Paul HENREID
dans
Casablanca
avec CLAUDE RAINS
et SIDNEY GREENSTREET
Mise en Scène de MICHAEL CURTIZ

À BOUT DE COURSE *voir* **Runaway Train**

À BOUT DE SOUFFLE [Breathless] ▶1
FR. 1959. Drame psychologique de Jean-Luc GODARD avec Jean-Paul Belmondo, Jean Seberg et Van Doude. - Un déserteur poursuivi par la police est dénoncé par sa maîtresse. - Film désinvolte réalisé à peu de frais. Œuvre marquante de la Nouvelle Vague. Grande virtuosité technique. Interprétation pleine d'aisance de J.-P. Belmondo. □ 13 ans+
DVD VF→STA→Cadrage P&S→32,95 $

À CAUSE D'ELLE ▷4
FR. 1993. Drame sentimental de Jean-Loup HUBERT avec Antoine Hubert, Olivia Munoz et Thérèse Liotard. - Alité à l'hôpital à la suite d'un accident, un jeune cancre rattrape son retard scolaire grâce à l'aide d'une compagne dont il est secrètement amoureux. □ Général

À CAUSE D'UN ASSASSINAT *voir* **Parallax View, The**

À CAUSE D'UN GARÇON [You'll Get Over It]
FR. 2002. Fabrice CAZENEUVE
DVD VF→STA→Cadrage W→46,95 $

À CHACUN SON ENFER ▷4
FR. 1977. Drame policier d'André CAYATTE avec Annie Girardot, Stéphane Hillel et Bernard Fresson. - Une femme dont la fillette a été enlevée passe par de terribles épreuves. □ Général

À CINQ HEURES DE L'APRÈS-MIDI ▷4
IRAN. 2003. Drame social de Samira MAKHMALBAF avec Agheleh Rezaie, Abdolgani Yousefrazi et Razi Mohebi. - En Afghanistan, après la chute des talibans, la fille d'un vieil intégriste rêve de devenir présidente du pays. □ Général
DVD STF→Cadrage W/16X9→34,95 $

À CŒUR JOIE ▷5
FR. 1966. Drame sentimental de Serge BOURGUIGNON avec Brigitte Bardot, Laurent Terzieff et Jean Rochefort. - Une femme mariée exerçant la profession de mannequin fait une fugue avec un ami de rencontre. □ Général

À CŒUR PERDU *voir* **True Romance**

À CŒUR VAILLANT *voir* **Wild Hearts Can't Be Broken**

À CONTRESENS *voir* **Backtrack**

À CORPS PERDU [Straight for the Heart] ▷3
QUÉ. 1988. Drame psychologique de Léa POOL avec Matthias Habich, Johanne-Marie Tremblay et Michel Voïta. - À son retour d'un éprouvant séjour en Amérique centrale, un photographe vit péniblement la rupture du ménage à trois où il trouvait son équilibre émotif. - Adaptation personnelle d'un roman d'Yves Navarre. Mise en scène assurée. Climat réussi de mélancolie et de détresse. Interprétation solide et nuancée. □ 13 ans+

À COUPS DE CROSSE ▷5
ESP. 1983. Drame policier de Vincente ARANDA avec Fanny Cottençon, Bruno Cremer et Francisco Algora. - Une femme décide de se venger d'un policier qui lui a sauvagement brisé la mâchoire quelques années auparavant. □ 13 ans+

À COUPS DE MAGNUM *voir* **Magnum Force**

À DÉCOUVERT *voir* **Full Frontal**

À DEMAIN ▷4
FR. 1992. Chronique de Didier MARTINY avec Laurent Lavergne, Jeanne Moreau et François Cluzet. - L'existence insouciante d'un jeune garçon qui vit au début des années 1960 dans un vaste appartement parisien avec les nombreux membres de sa famille. □ Général

À DOUBLE TOUR ▷4
FR. 1959. Drame psychologique de Claude CHABROL avec Madleine Robinson, Jean-Paul Belmondo et Antonella Lualdi. - Un jeune homme tue la maîtresse de son père.
DVD VF→STA→Cadrage W/16X9→23,95 $

À DOUBLE TRANCHANT *voir* **Jagged Edge**

À GAUCHE EN SORTANT DE L'ASCENSEUR ▷4
FR. 1988. Comédie d'Édouard MOLINARO avec Emmanuelle Béart, Pierre Richard et Richard Bohringer. - Pour être venu en aide à sa jolie voisine qui a oublié ses clés dans son appartement, un peintre se retrouve impliqué dans une série de quiproquos. □ Général

À L'ABRI DE LEURS AILES [Shelter of the Wings] ▷4
IND. 1993. Drame poétique de Buddhadev DASGUPTA avec Rajit Kapoor, Laboni Sarkar et Sadhu Meher. - Un homme pauvre qui tente de gagner sa vie en capturant et en vendant des oiseaux exotiques ne peut s'empêcher de leur rendre la liberté. □ Général

À L'ATTAQUE ▷4
FR. 2000. Comédie de mœurs de Robert GUÉDIGUIAN avec Ariane Ascaride, Frédérique Bonnal et Jean-Pierre Darroussin. - Deux scénaristes écrivent un film sur une famille ouvrière de Marseille dont le garage est au bord de la faillite.

À L'ATTAQUE PLEIN GAZ *voir* **Gung Ho**

À L'EST D'ÉDEN *voir* **East of Eden**

À L'OMBRE DE SHAWSHANK
voir **Shawshank Redemption, The**

À LA CONQUÊTE D'AMY *voir* **Chasing Amy**

À LA DÉRIVE *voir* **Swept Away**

À LA DÉRIVE *voir* **Sideways**

À LA FOLIE ▷5
FR. 1994. Drame psychologique de Diane KURYS avec Anne Parillaud, Béatrice Dalle et Patrick Aurignac. - Une jeune artiste peintre, qui vit depuis peu avec son amant, accueille sa sœur dont la présence finit par rouvrir de vieilles blessures. □ 16 ans+

À LA LIMITE *voir* **Pushing Tin**

À LA MANIÈRE DE CARLITO *voir* **Carlito's Way**

À LA PETITE SEMAINE ▷4
FR. 2003. Comédie dramatique de Sam KARMANN avec Gérard Lanvin, Jacques Gamblin et Clovis Cornillac. - À sa sortie de prison, un quinquagénaire assagi résiste à un ami et à une jeune tête brûlée qui veulent l'entraîner dans un gros coup soi-disant sans risque. □ Général
DVD VF→STA→31,95 $

À LA PLACE DU CŒUR ▷5
FR. 1998. Drame de mœurs de Robert GUÉDIGUIAN avec Laure Raoust, Ariane Ascaride et Alexandre Ogou. - À Marseille, les parents d'une adolescente s'emploient à disculper son fiancé de race noire, accusé de viol par un policier raciste. □ 13 ans+

À LA POURSUITE D'OCTOBRE ROUGE
voir **Hunt for Red October**

À LA POURSUITE DU DIAMANT VERT
voir **Romancing the Stone**

À LA POURSUITE DU SOLEIL *voir* **Sunchaser**

À LA RECHERCHE DE BOBBY FISHER
voir **Searching for Bobby Fischer**

À LA RECHERCHE DE GARBO *voir* **Garbo Talks**

À LA RECHERCHE DE M. GOODBAR
voir **Looking for Mr. Goodbar**

À LA RECHERCHE DU PASSÉ
voir **Left Luggage**

À LA RENCONTRE DE FORRESTER
voir **Finding Forrester**

À LA VERTICALE DE L'ÉTÉ ▷4
[Vertical Ray of the Sun, The]
FR. 2000. Drame de mœurs de Trân Anh HUNG avec Tran Nu Yên Khê, Nguyen Nhu Quynh et Lê Khahn. - Réunies à l'occasion de l'anniversaire de la mort de leur mère, trois sœurs vivant des difficultés amoureuses se confient leurs secrets. □ Général

À LA VIE, À LA MORT ▷4
FR. 1995. Drame social de Robert GUÉDIGUIAN avec Ariane Ascaride, Gérard Meylan et Jacques Boudet. - Les petites misères de plusieurs chômeurs qui finissent par vivre ensemble dans un petit cabaret miteux d'un faubourg de Marseille.

À LA VIE, À LA MORT *voir* **Permanent Record**

A LOT LIKE LOVE [Amour comme ça, Un] ▷5
É.-U. 2005. Comédie sentimentale de Nigel COLE avec Amanda Peet, Ashton Kutcheret Kathryn Hahn. - Deux jeunes gens prennent sept ans avant de réaliser qu'ils sont faits l'un pour l'autre. □ Général
DVD VF➔STA➔Cadrage W➔19,95 $

À MA SŒUR ! [Fat Girl] ▷4
FR. 2001. Drame de mœurs de Catherine BREILLAT avec Anaïs Reboux, Roxane Mesquida et Libero de Rienzo. - Une fille de douze ans au physique ingrat assiste, malheureuse, aux premiers ébats amoureux et sexuels de sa ravissante sœur aînée. □ 16 ans+
DVD VF➔STA➔46,95 $ VF➔Cadrage W➔17,95 $

A MATTER OF LIFE AND DEATH *voir* **Stairway to Heaven**

À MORT L'ARBITRE ▷5
FR. 1984. Drame de mœurs de Jean-Pierre MOCKY avec Michel Serrault, Eddy Mitchell et Carole Laure. - À la suite d'une décision controversée, les partisans d'une équipe de football entreprennent de faire un mauvais parti à l'arbitre du match. □ 13 ans+

À MORT, LA MORT ! ▷4
FR. 1998. Comédie dramatique réalisée et interprétée par Romain GOUPIL avec Marianne Denicourt et Brigitte Catillon. - Ancien militant de gauche désabusé, un éditeur sur le déclin tente de garder sa fougue en accumulant les maîtresses. □ Général · Déconseillé aux jeunes enfants

À NOS AMOURS ▷3
FR. 1983. Drame psychologique réalisé et interprété par Maurice PIALAT avec Sandrine Bonnaire et Dominique Besnehard. - Les difficultés sentimentales et familiales d'une adolescente qui ne croit pas à l'amour. - Construction elliptique et un peu abrupte. Passages improvisés. Interprétation convaincante. □ 13 ans+
DVD VF➔STA➔Cadrage W➔56,95 $

À NOUS LA LIBERTÉ ►2
FR. 1932. Comédie de René CLAIR avec Henri Marchand, Raymond Cordy et Paul Olivier. - Un pauvre diable devient l'employé d'un ancien camarade de prison. - Sujet fantaisiste et spirituel offrant une satire inspirée de la mécanisation du travail. Décors stylisés. Mise en scène fort adroite. Très bonne interprétation. □ Général
DVD VF➔STA➔44,95 $

À PROPOS D'HENRY *voir* **Regarding Henry**

À PROPOS D'HIER SOIR *voir* **About Last Night**

À TABLE ! *voir* **Big Night**

À TOUT HASARD *voir* **Bounce**

À TOUT JAMAIS *voir* **Ever After: A Cinderella Story**

À TOUT PRENDRE ▷3
QUÉ. 1963. Drame psychologique réalisé et interprété par Claude JUTRA avec Johanne Harelle et Victor Désy. - La liaison d'un jeune homme de bonne famille avec un mannequin de race noire. - Du cinéma à la première personne. Mélange de rêve et de réalité. Recherche d'effets insolites. Réalisation rugueuse. Interprétation naturelle. □ 13 ans+

À TRAVERS L'ORAGE *voir* **Way Down East**

À TROIS TEMPS *voir* **Lush Life**

À VENDRE [For Sale] ▷4
FR. 1998. Drame psychologique de Laetitia MASSON avec Sandrine Kiberlain, Sergio Castellitto et Jean-François Stévenin. - Un cabaretier demande à un ami détective de retrouver une jeune femme au passé trouble qui a disparu le jour où ils devaient se marier. □ 16 ans+
DVD 32,95 $

À VIF *voir* **In the Cut**

À WONG FOO, MERCI POUR TOUT, JULIE NEWMAR
voir **To Wong Foo, Thanks for Everything, Julie Newmar**

A.I. ARTIFICIAL INTELLIGENCE ►2
[A.I. Intelligence Artificielle]
É.-U. 2001. Science-fiction de Steven SPIELBERG avec Haley Joel Osment, Jude Law et Frances O'Connor. - Programmé pour aimer, un enfant robot rêve de devenir humain. - Variations futuristes sur le thème de Pinocchio. Récit visionnaire aussi émouvant que fascinant. Passages d'une féerie insolite. Conception visuelle très imaginative. Jeu touchant de H.J. Osment. □ Général · Déconseillé aux jeunes enfants
DVD VF➔STA➔Cadrage W➔14,95 $

AB-NORMAL BEAUTY
H.K. 2004 Oxide PANG CHUN
DVD STA➔29,95 $

ABANDON SHIP ! [Pour que les autres vivent] ▷4
É.-U. 1956. Drame de Richard SALE avec Tyrone Power, Mai Zetterling et Lloyd Nolan. - Après un naufrage, un officier décide de supprimer les blessés qui diminuent les chances de survie des autres rescapés. □ Général

ABBOTT & COSTELLO IN HOLLYWOOD ▷5
É.-U. 1945. Comédie de S. SYLVAN SIMON avec Bud Abbott, Lou Costello et Frances Rafferty. - Deux barbiers veulent devenir impresarios pour vedettes de cinéma. □ Général

ABBOTT & COSTELLO IN THE FOREIGN LEGION ▷5
[Deux nigauds dans la légion étrangère]
É.-U. 1950. Comédie de Charles LAMONT avec Bud Abbott, Lou Costello et Patricia Medina. - Engagés par méprise dans la Légion étrangère, deux maladroits accomplissent de hauts faits.

ABE LINCOLN IN ILLINOIS ▷4
É.-U. 1940. Drame biographique de John CROMWELL avec Raymond Massey, Ruth Gordon et Mary Howard. - La jeunesse et l'âge mûr du célèbre président des États-Unis. □ Général

ABERDEEN
ANG. 2001. Hans Petter MOLAND
DVD VA➔Cadrage P&S➔34,95 $

ABÎME, L' *voir* **Below**

ABOMINABLE DR. PHIBES, THE ▷4
ANG. 1971. Drame d'horreur de Robert FUEST avec Vincent Price, Joseph Cotten et Peter Jeffrey. - Un détraqué décide de se venger des chirurgiens responsables d'une opération au cours de laquelle est morte sa femme. □ 13 ans+
DVD Cadrage W➔12,95 $

ABOMINABLE SNOWMAN, THE ▷5
ANG. 1957. Aventures de Val GUEST avec Forrest Tucker, Peter Cushing et Maureen Connell. - Une expédition poursuit un monstre dans l'Himalaya. □ Général

ABOUT A BOY [Comme un garçon] ▷4
ANG. 2002. Comédie de mœurs de Paul et Chris WEITZ avec Hugh Grant, Nicholas Hoult et Toni Collette. - Un play-boy oisif et égoïste s'humanise en se liant d'amitié avec le fils de 12 ans d'une ex-hippie suicidaire. □ Général
DVD VA➔STF➔Cadrage W➔15,95 $

ABOUT ADAM ▷4
ANG. 2000. Comédie de mœurs de Gerard STEMBRIDGE avec Stuart Townsend, Kate Hudson et Frances O'Connor. - Un jeune homme entretient des liaisons avec trois sœurs sans pour autant renoncer à son projet d'épouser l'une d'elles. □ Général
DVD VA➔34,95 $

ABOUT LAST NIGHT [À propos d'hier soir] ▷4
É.-U. 1986. Comédie sentimentale de Edward ZWICK avec Rob Lowe, Demi Moore et James Belushi. - Un jeune représentant de commerce court les aventures éphémères jusqu'au soir où il rencontre une graphiste avec qui il décide de vivre. □ 13 ans+
DVD VF➔STF➔Cadrage P&S/W➔10,95 $

ABOUT SCHMIDT [Monsieur Schmidt] ▷3
É.-U. 2002. Comédie dramatique d'Alexander PAYNE avec Jack Nicholson, Hope Davis et Kathy Bates. - Peu après avoir pris sa retraite, un actuaire perd subitement sa femme puis tente d'empêcher sa fille d'épouser un incapable. - Récit bien construit tour à tour dramatique, loufoque, satirique et émouvant. Réalisation très précise. Excellente interprétation de J. Nicholson. □ Général
DVD VF➔STA➔Cadrage W/16X9➔17,95 $

ABOVE AND BEYOND [Grand secret, Le] ▷5
É.-U. 1952. Drame de guerre de Melvin FRANK et Norman PANAMA avec Robert Taylor, Eleanor Parker et James Whitmore. - Les tribulations de l'aviateur américain chargé d'entraîner l'équipage qui devra lancer la première bombe atomique sur le Japon. □ Général

ABOVE SUSPICION ▷5
É.-U. 1943. Drame d'espionnage de Richard THORPE avec Joan Crawford, Fred MacMurray et Basil Rathbone. - Un couple américain en voyage de noces en France en 1939 est mêlé à une affaire d'espionnage. □ Général

ABOVE THE RIM [Jeu de la rue, Le] ▷5
É.-U. 1994. Drame psychologique de Jeff POLLACK avec Duane Martin, Leon et Tupac Shakur. - Un vétéran du basket-ball prête main forte à un jeune joueur lors d'une compétition décisive. □ 13 ans+
DVD VF➔STA➔Cadrage P&S/W➔18,95 $

ABRACADABRA *voir* **Hocus Pocus**

ABRAHAM LINCOLN ▷4
É.-U. 1930. Drame biographique de D.W. GRIFFITH avec Walter Huston, Una Merkel et Kay Hammond. - La vie et l'œuvre du président américain Abraham Lincoln.

ABRAHAM'S VALLEY *voir* **Val Abraham, Le**

ABSENCE OF MALICE ▷4
É.-U. 1981. Drame social de Sydney POLLACK avec Paul Newman, Sally Field et Bob Balaban. - Manipulée à son insu par un enquêteur fédéral, une journaliste écrit des articles qui ont des conséquences néfastes. □ Général
DVD VF➔STF➔Cadrage W➔26,95 $

ABSENT-MINDED PROFESSOR, THE ▷4
[Roi des distraits, Le]
É.-U. 1961. Comédie fantaisiste de Robert STEVENSON avec Fred MacMurray, Nancy Olson et Keenan Wynn. - Un professeur de chimie original et distrait met au point une substance qui déjoue les lois de la gravité. □ Général
DVD VA➔Cadrage W➔14,95 $

ABSOLUTE POWER [Pouvoir d'exécuter] ▷5
É.-U. 1996. Drame policier réalisé et interprété par Clint EASTWOOD avec Gene Hackman et Ed Harris. - Un cambrioleur est témoin du meurtre de la femme d'un milliardaire par les hommes du président des États-Unis. □ 13 ans+
DVD VA➔STF➔Cadrage W➔11,95 $

ABSOLUTION, THE [Tarpan] ▷5
IND. 1994. Drame de K. Bikram SINGH. - Un couple se met à la recherche d'une cure pour leur petite fille de sept ans atteinte d'une mystérieuse maladie. □ Non classé

ABYSS, THE [Abysse, L'] ▷4
É.-U. 1989. Science-fiction de James CAMERON avec Ed Harris, Mary Elizabeth Mastrantonio et Michael Biehn. - L'équipage d'un sous-marin nucléaire, écrasé au fond de l'océan près d'un gouffre, découvre la présence d'entités étranges. □ Général
DVD VA➔STA➔Cadrage W➔13,95 $ VA➔Cadrage P&S➔13,95 $ VF➔STA➔Cadrage W➔14,95 $

ACACIA
COR. 2003. Ki-hyung PARK
DVD STA➔Cadrage W➔27,95 $

ACCATTONE ! ▷3
ITA. 1962. Drame social de Pier Paolo PASOLINI avec Franco Citti, Franca Pasut et Silvana Corsini. - La vie misérable d'un souteneur dans un quartier de la banlieue romaine. - Portrait vigoureux d'un milieu démuni. Photographie de qualité. Habile direction d'acteurs non professionnels. □ Général
DVD VA➔Cadrage W➔39,95 $

ACCIDENT ▷3
ANG. 1967. Drame psychologique de Joseph LOSEY avec Dirk Bogarde, Jacqueline Sassard et Stanley Baker. - Un tuteur d'Oxford jalouse les succès d'un confrère et se sent attiré par une étudiante étrangère. - Subtile analyse d'états d'âme. Mise en scène intelligente. Interprétation remarquablement juste. □ 13 ans+

ACCIDENTAL TOURIST, THE [Voyageur malgré lui] ▷4
É.-U. 1988. Comédie dramatique de Lawrence KASDAN avec William Hurt, Kathleen Turner et Geena Davis. - Après que sa femme l'a quitté, un auteur de guides de voyages rencontre une dresseuse de chiens qui lui apprend à s'ouvrir à la vie. □ Général
DVD VF➔STF➔Cadrage W➔16,95 $

ACCOMPAGNATRICE, L' ▷4
FR. 1992. Drame de Claude MILLER avec Romane Bohringer, Elena Safonova et Richard Bohringer. - Durant l'hiver 1942-1943, une jeune pianiste devient l'accompagnatrice d'une cantatrice qui évolue dans un monde fait de menues intrigues. □ Général
DVD VF➔Cadrage W/16X9➔21,95 $

ACCORDS ET DÉSACCORDS *voir* **Sweet and Lowdown**

ACCUSED, THE [Appel à la justice] ▷4
É.-U. 1988. Drame judiciaire de Jonathan KAPLAN avec Jodie Foster, Kelly McGillis et Bernie Carlson. - Une avocate se charge de défendre une jeune fille qui s'est fait violer par trois hommes dans un bar sous les encouragements des autres consommateurs. □ 13 ans+
DVD VF➔STA➔Cadrage W➔11,95 $

ACE HIGH ▷4
ITA. 1968. Western de Giuseppe COLIZZI avec Eli Wallach, Terence Hill et Bud Spencer. - Un banquier véreux fait évader un ancien complice pour qu'il le venge de deux aventuriers qui l'ont roulé. □ 13 ans+
DVD VA➔STA➔Cadrage W➔9,95 $

ACE VENTURA : PET DETECTIVE ▷5
[Ace Ventura mène l'enquête]
É.-U. 1993. Comédie policière de Tom SHADYAC avec Jim Carrey, Sean Young et Courteney Cox. - Un jeune détective fantasque enquête sur la disparition d'un dauphin qui sert de mascotte à une équipe de football. □ Général
DVD VA➔STF➔9,95 $

ACE VENTURA : WHEN NATURE CALLS ▷5
[Ace Ventura : l'appel de la nature]
É.-U. 1995. Comédie de Steve OEDEKERK avec Jim Carrey, Ian McNeice et Simon Callow. - Un détective facétieux part à la recherche d'une chauve-souris sacrée qui a été volée à une tribu africaine. □ Général
DVD VF➔STA➔Cadrage W➔PC

ACID HOUSE, THE ▷4
ANG. 1998. Film à sketches de Paul MCGUIGAN avec Stephen McCole, Maurice Roëves, Kevin McKidd et Ewen Bremner. - En Écosse, Dieu transforme un paumé en mouche, un bonasse supporte les infidélités de sa femme et l'esprit d'un drogué est transféré dans un bébé.
DVD VA→Cadrage W→32,95 $

ACQUA E SAPONE *voir* **Soap and Water**

ACROSS 110th STREET ▷4
É.-U. 1972. Drame policier de Barry SHEAR avec Anthony Quinn, Yaphet Kotto et Anthony Franciosa. - Dans le quartier de Harlem, à New York, des criminels de race noire entrent en lutte avec des représentants de la mafia. □ 16 ans+ · Violence
DVD Cadrage W→12,95 $

ACROSS THE BRIDGE [Frontière dangereuse] ▷4
ANG. 1957. Drame policier de Ken ANNAKIN avec Rod Steiger, David Knight et Marla Landi. - Des policiers tentent de faire traverser la frontière à un escroc.
DVD VA→14,95 $

ACROSS THE PACIFIC ▷4
É-U. 1942. Drame d'espionnage de John HUSTON avec Humphrey Bogart, Mary Astor et Sydney Greenstreet. - Un officier américain empêche des agents du Japon de détruire le canal de Panama. □ Général

ACROSS THE WIDE MISSOURI ▷4
[Au-delà du Missouri]
É.-U. 1951. Western de William A. WELLMAN avec Ricardo Montalban, Clark Gable et Adolphe Menjou. - Un trappeur écossais épouse une jeune Indienne et devient le chef des Pieds Noirs. □ Général

ACTEURS, LES ▷4
FR. 1999. Comédie satirique de Bertrand BLIER avec Jean-Pierre Marielle, Jacques Villeret et André Dussollier. - Divers acteurs vieillissants luttent ensemble contre l'oubli, tout en commettant de petites trahisons les uns contre les autres.

ACTION AU CIVIL, UNE *voir* **Civil Action, A**

ACTION IN THE NORTH ATLANTIC ▷4
É.-U. 1943. Drame de guerre de Lloyd BACON avec Humphrey Bogart, Raymond Massey et Alan Hale. - Le voyage difficile d'un convoi transportant du matériel de guerre en Russie. □ Général

ACTOR, THE
IRAN. 1993. Mohsen MAKHMALBAF

ACTRICES ▷4
ESP. 1996. Drame psychologique de Ventura PONS avec Nuria Espert, Anna Lizaran et Rosa Maria Sarda. - Une étudiante en théâtre écoute trois actrices évoquer leurs souvenirs d'une célèbre vedette de la scène. □ Général

ADAM *voir* **Godsend**

ADAM HAD FOUR SONS [Famille Stoddard, La] ▷5
É.-U. 1941. Comédie dramatique de Gregory RATOFF avec Warner Baxter, Ingrid Bergman et Susan Hayward. - Une jeune Française engagée comme gouvernante dans une famille américaine y travaille au bonheur de tous.

ADAM'S RIB [Côte d'Adam, La] ▷3
É.-U. 1949. Comédie de George CUKOR avec Spencer Tracy, Katharine Hepburn et Judy Holliday. - Un procureur général et sa femme avocate s'affrontent professionnellement à l'occasion d'un procès. - Touches satiriques efficaces. Rythme souple et vivant. Réalisation de qualité. Interprétation de premier ordre. □ Général
DVD VF→STF→Cadrage P&S→21,95 $

ADAPTATION ▷3
É.-U. 2002. Comédie dramatique de Spike JONZE avec Nicolas Cage, Meryl Streep et Chris Cooper. - Engagé pour adapter un livre consacré à un brigand excentrique qui cultive les orchidées, un scénariste angoissé devient obsédé par l'auteure de l'ouvrage. - Récit en abyme ludique et habilement structuré. Traits humoristiques incisifs. Plusieurs trouvailles ingénieuses. Tour de force d'interprétation de N. Cage. □ 13 ans+
DVD VF→Cadrage W→23,95 $ VF→STF→Cadrage W→23,95 $

ADDAMS FAMILY, THE [Famille Addams, La] ▷4
É.-U. 1991. Comédie fantaisiste de Barry SONNENFELD avec Anjelica Huston, Raul Julia et Christopher Lloyd. - Des escrocs tentent d'usurper l'immense fortune d'une famille d'excentriques qui cultivent le goût du macabre. □ 13 ans+
DVD VA→STA→Cadrage W→12,95 $

ADDAMS FAMILY VALUES, THE ▷4
[Valeurs de la famille Addams, Les]
É.-U. 1993. Comédie fantaisiste de Barry SONNENFELD avec Anjelica Huston, Raul Julia et Christopher Lloyd. - Engagée comme gouvernante par une étrange famille, une meurtrière projette de séduire le frère de son patron afin de s'emparer de sa fortune. □ 13 ans+
DVD Cadrage W→14,95 $

ADDICTION, THE ▷4
É.-U. 1995. Drame fantastique d'Abel FERRARA avec Lili Taylor, Edie Falco et Annabella Sciorra. - Mordue par une femme vampire, une brillante étudiante en philosophie devient à son tour assoiffée de sang humain. □ 13 ans+

ADDITION, L' ▷4
FR. 1984. Drame policier de Denis AMAR avec Richard Berry, Richard Bohringer et Victoria Abril. - Incarcéré pour un délit mineur, un jeune acteur est en butte à la haine d'un gardien. □ 13 ans+

ADDRESS UNKNOWN
COR. 2001. Ki-duk KIM
DVD STA→27,95 $

ADIEU AU ROI, L' *voir* **Farewell to the King**

ADIEU AUX ARMES, L' *voir* **Farewell to Arms, A**

ADIEU BONAPARTE ▷4
ÉGY. 1985. Drame historique de Youssef CHAHINE avec Michel Piccoli, Mohsen Mohieddine et Patrice Chéreau. - Pendant la campagne d'Égypte de 1798, un général ethnologue se fait aider par des jeunes gens du pays. □ Général

ADIEU LAS VEGAS *voir* **Leaving Las Vegas**

ADIEU MA CONCUBINE [Farewell My Concubine] ►2
CHI. 1993. Chronique de Chen KAIGE avec Leslie Cheung, Zhang Fengyi et Gong Li. - L'amitié entre deux chanteurs d'opéra traverse les années malgré bien des épreuves. - Œuvre à la fois épique et intimiste. Évocation critique de l'histoire contemporaine chinoise. Grande magnificence picturale. Présence impressionnante des acteurs. □ 13 ans+
DVD STA→24,95 $

ADIEU MA JOLIE *voir* **Farewell, My Lovely**

ADIEU POULET ▷5
FR. 1975. Drame policier de Pierre GRANIER-DEFERRE avec Patrick Dewaere, Lino Ventura et Victor Lanoux. - À la suite du meurtre d'un collègue, un policier cherche à incriminer un politicien. □ Général

ADIEU, JE RESTE *voir* **Goodbye Girl, The**

ADIEU, PLANCHER DES VACHES !
[Farewell, Home Sweet Home]
FR. 1999. Otar IOSSELIANI □ Non classé
DVD VF→STA→Cadrage W→24,95 $

ADJUSTER, THE [Expert en sinistres, L'] ▷3
CAN. 1991. Drame de mœurs de Atom EGOYAN avec Elias Koteas, Arsinée Khanjian et Maury Chaykin. - Un agent d'assurances, marié et père de famille, entretient d'étranges relations intimes avec certains de ses clients. - Récit parfois déconcertant sur l'aliénation sociale. Atmosphère oppressante. Réalisation rigoureuse. Interprétation dans le ton voulu. □ 18 ans+
DVD Cadrage W→18,95 $

ADMISSIONS [Admission]
É.-U. 2004. Melissa PAINTER
DVD VF→31,95 $

ADOPTION ▷3
HON. 1974. Drame psychologique de Marta MESZAROS avec Laszlo Szabo, Kati Berek et Gyongyver Vigh. - Une veuve dans la quarantaine qui se désole de ne pas avoir d'enfant favorise les amours d'une adolescente. - Chronique intimiste à la fois sobre et sensible. Mise en scène souple. Interprétation remarquable de naturel. □ Général
DVD STA➜34,95 $

ADORABLE VOISINE *voir* **Bell, Book and Candle**

ADOS *voir* **Kids**

ADRÉNALINE ▷4
FR. 1990. Film à sketches de Yann PIQUER, Jean-Marie MADDEDDU, Anita ASSAL, John HUDSON, Barthélémy BOMPARD, Philippe DORISON et Alain ROBAK avec Jean-Marie Maddeddu, Clémentine Célarié et Ged Marlon. - Collection de courts récits marqués de fantastique et d'humour noir. □ 13 ans+

ADULTÈRE (MODE D'EMPLOI) ▷5
FR. 1995. Comédie de mœurs de Christine PASCAL avec Karin Viard, Vincent Cassel et Richard Berry. - En une même journée, deux jeunes époux vivent chacun une aventure adultère. □ 13 ans+ · Érotisme

ADULTES CONSENTANTS *voir* **Consenting Adults**

ADVENTURE [Aventure, L'] ▷5
É.-U. 1945. Comédie dramatique de Victor FLEMING avec Clark Gable, Greer Garson et Thomas Mitchell. - De passage à San Francisco, un marin épouse une jolie bibliothécaire et repart en mer trois jours après son mariage. □ Général

ADVENTURES OF BARON MUNCHAUSEN, THE ▷3
[Aventures du Baron de Munchausen, Les]
ANG. 1988. Comédie fantaisiste de Terry GILLIAM avec John Neville, Sarah Polley et Eric Idle. - Un étrange personnage se targue de pouvoir Libérer une ville assiégée par les Turcs s'il retrouve ses quatre anciens compagnons. - Munificente évocation d'un personnage fantastique. Scènes joyeusement extravagantes somptueusement illustrées. Rythme enlevé. Interprétation savoureuse.
□ Général
DVD VA➜STA➜Cadrage W➜18,95 $

ADVENTURES OF BUCKAROO BANZAI ACROSS THE 8th DIMENSION, THE ▷4
[Aventures de Buckaroo Banzaï, Les]
É.-U. 1984. Science-fiction de W.D. RICHTER avec Peter Weller, John Lithgow et Ellen Barkin. - Un héros aux multiples talents réussit à pénétrer la matière et découvre l'existence d'une huitième dimension peuplée d'êtres étranges. □ 13 ans+

ADVENTURES OF HUCK FINN, THE ▷4
[Aventures de Huck Finn, Les]
É.-U. 1992. Aventures de Stephen SOMMERS avec Elijah Wood, Courtney B. Vance et Robbie Clotrane. - Un jeune orphelin espiègle et téméraire et un esclave noir en fuite vivent ensemble diverses aventures. □ Général

ADVENTURES OF HUCKLEBERRY FINN, THE ▷4
É.-U. 1939. Aventures de Richard THORPE avec Mickey Rooney, William Frawley et Rex Ingram. - Un adolescent en fuite descend le Mississippi sur un radeau en compagnie d'un esclave noir.
□ Général

ADVENTURES OF HUCKLEBERRY FINN, THE ▷4
[Aventuriers du fleuve, Les]
É.-U. 1960. Aventures de Michael CURTIZ avec Archie Moore, Eddie Hodges et Tony Randall. - Un orphelin part à l'aventure sur le Mississippi en laissant croire à son assassinat. □ Général
DVD VF➜STF➜13,95 $

ADVENTURES OF ICHABOD AND MR. TOAD, THE ▷4
[Contes d'automne et de printemps]
É.-U. 1949. Dessins animés de James ALGAR et Clyde GERONIMI. - Deux histoires mettant en scène un crapaud voulant posséder une automobile et un instituteur qui courtise la fille d'un fermier.
□ Général
DVD 20,95 $

ADVENTURES OF MARCO POLO, THE ▷4
É.-U. 1938. Aventures de Archie MAYO avec Gary Cooper, Sigrid Curie et Basil Rathbone. - Au XIIIe siècle, un jeune Vénitien se rend jusqu'en Chine et y découvre une civilisation raffinée. □ Général

ADVENTURES OF MARK TWAIN ▷4
É.-U. 1985. Conte de W. VINTON. - Un romancier découvre que les personnages de ses livres se sont introduits à bord de la machine volante qu'il s'est construite pour rejoindre la comète de Halley.
DVD VA➜STA➜16,95 $

ADVENTURES OF MARK TWAIN, THE ▷5
É.-U. 1944. Drame biographique d'I. RAPPER avec Fredric March, Alexis Smith et Donald Crisp. - Biographie romancée du grand humoriste américain.

ADVENTURES OF MILO & OTIS, THE ▷4
JAP. 1986. Conte de Masanori HATA. - Un chiot part à la recherche d'un chaton qui a été emporté par le courant d'un ruisseau vers une région sauvage. □ Général
DVD Cadrage W➜10,95 $

ADVENTURES OF PINOCCHIO, THE ▷4
[Aventures de Pinocchio, Les]
ANG. FR. ALL. 1996. Conte de Steve BARRON avec Martin Landau, Geneviève Bujold et Udo Kier. - Un vieux sculpteur fabrique un pantin de bois qui s'anime par magie. □ Général · Enfants
DVD VA➜STA➜Cadrage P&S/W➜8,95 $

ADVENTURES OF PRISCILLA, QUEEN OF THE DESERT, THE ▷4
[Aventures de Priscilla, folle du désert, Les]
AUS. 1994. Comédie de mœurs de Stephan ELLIOTT avec Terence Stamp, Hugo Weaving et Guy Pearce. - Un transsexuel et deux travestis s'en vont donner un spectacle de variétés dans une ville située en plein désert. □ 13 ans+
DVD Cadrage W➜12,95 $

ADVENTURES OF ROBIN HOOD, THE ▷3
[Aventures de Robin des Bois, Les]
É.-U. 1938. Aventures de Michael CURTIZ et William KEIGHLEY avec Errol Flynn, Olivia de Havilland et Basil Rathbone. - Robin des Bois prend la défense des paysans opprimés par un prince cruel. - Bonne transposition de la légende célèbre. Mise en scène spectaculaire et mouvementée. Excellente interprétation. □ Général
DVD VF➜31,95 $ VF➜STF➜32,95 $

ADVENTURES OF ROCKY AND BULWINKLE, THE ▷4
É.-U. 2000. Comédie fantaisiste de Des McANUFF avec Piper Perabo, Rene Russo et Jason Alexander. - Le FBI recrute deux héros de dessins animés pour lutter contre un trio de criminels. □ Général
DVD VF➜Cadrage W➜10,95 $

ADVENTURES OF SHARKBOY AND LAVAGIRL IN 3-D ▷5
[Aventures de Sharkboy et Lavagirl en 3-D, Les]
É.-U. 2005. Comédie fantaisiste de Robert RODRIGUEZ avec Cayden Boyd, Taylor Lautner et Taylor Dooley. - Un gamin est amené à sauver ses copains de classe lorsque ses rêves, peuplés de superhéros, deviennent réalité et menacent de détruire son école. □ Général
DVD VA➜33,95 $

ADVENTURES OF SHERLOCK HOLMES, THE ▷4
É.-U. 1939. Drame policier de Alfred L. WERKER avec Basil Rathbone, Nigel Bruce et Ida Lupino. - Sherlock Holmes découvre le voleur des diamants de la couronne britannique. □ Général

ADVENTURES OF SHERLOCK HOLMES' SMARTER BROTHER, THE ▷4
[Frère le plus futé de Sherlock Holmes, Le]
É.-U. 1975. Comédie policière réalisée et interprétée par Gene WILDER avec Madeline Kahn et Marty Feldman. - Le célèbre détective anglais confie une affaire importante à son jeune frère.
□ Général
DVD VA➜STA➜Cadrage P&S/W➜14,95 $

ADVERSAIRE, L' ▷4
FR. 2002. Drame psychologique de Nicole GARCIA avec Daniel Auteuil, Géraldine Pailhas et François Cluzet. - Sentant qu'il risque d'être démasqué, un homme qui a menti à son entourage pendant des années commet l'irréparable. □ 13 ans+
DVD VF➔STF➔Cadrage W/16X9➔23,95 $

ADVERTISING RULES!
ALL. 2001. Lars KRAUME
DVD STA➔PC

ADVISE AND CONSENT ▷4
É.-U. 1962. Drame de Otto PREMINGER avec Walter Pidgeon, Don Murray et Charles Laughton. - Les manœuvres politiques entourant la nomination d'un nouveau secrétaire d'État. □ Général
DVD VA➔STF➔Cadrage W➔21,95 $

ADVOCATE, THE [Avocat, L'] ▷5
ANG. 1994. Drame judiciaire de Leslie MEGAHEY avec Colin Firth, Amina Annabi et Jim Carter. - Au Moyen Âge, un jeune avocat quitte Paris pour s'installer dans une petite ville de campagne où il se voit confier par la cour locale des cas inusités. □ 13 ans+ · Érotisme
DVD VA➔Cadrage W➔17,95 $

AELITA: QUEEN OF MARS ▷4
RUS. 1924. Science-fiction de Yakov PROTAZANOV avec Iogr Ilinsky, Yulia Solntseva et Nicolai Batalov. - Un savant réussit à se rendre sur Mars où une classe privilégiée règne sur un peuple d'esclaves. □ Général

AENIGMA
ITA. 1987. Lucio FULCI
DVD VA➔Cadrage W➔38,95 $

AEON FLUX ▷5
É.-U. 2005. Science-fiction de Karyn KUSAMA avec Charlize Theron, Marton Csokas et Jonny Lee Miller. - En 2415, une tueuse professionnelle a pour mission d'assassiner le dirigeant de la cité où se sont réfugiés tous les survivants de l'espèce humaine. □ 13 ans+
DVD VF➔STA➔Cadrage W➔34,95 $

AFFAIR OF LOVE, AN *voir* **Liaison pornographique, Une**

AFFAIR OF THE NECKLACE, THE ▷5
[Affaire du collier, L']
É.-U. 2001. Drame historique de Charles SHYER avec Hilary Swank, Jonathan Pryce et Simon Baker. - Une escroquerie qui tourne mal cause un grand tort à la famille royale à la veille de la Révolution française.
DVD VA➔STF➔Cadrage W➔16,95 $

AFFAIR TO REMEMBER, AN [Elle et lui] ▷4
É.-U. 1957. Comédie sentimentale de Leo McCAREY avec Cary Grant, Deborah Kerr et Richard Denning. - Sur un bateau, deux voyageurs frivoles s'éprennent l'un de l'autre et se donnent rendez-vous à New York. □ Général
DVD VF➔STA➔Cadrage W➔14,95 $

AFFAIRE ALDO MORO, L' ▷4
ITA. 1986. Drame politique de Giuseppe FERRARA avec Gian Maria Volontè, Margarita Lozano et Mattia Sbragia. - Évocation de l'enlèvement à Rome en 1978 du leader du Parti démocrate chrétien d'Italie par les Brigades rouges. □ Général

AFFAIRE CHRISTIE, L' *voir* **10 Rillington Place**

AFFAIRE CICÉRON, L' *voir* **5 Fingers**

AFFAIRE COFFIN, L' ▷4
QUÉ. 1980. Drame social de Jean-Claude LABRECQUE avec August Schellenberg, Yvon Dufour et Micheline Lanctôt. - Rappel d'un procès pour meurtre ayant défrayé la chronique judiciaire québécoise en 1953. □ Général

AFFAIRE D'HOMMES, UNE ▷4
FR. 1981. Drame policier de Nicolas RIBOWSKI avec Claude Brasseur, Jean-Louis Trintignant et Patrice Kerbrat. - Un policier s'efforce de disculper un ami accusé de meurtre. □ Général

AFFAIRE DE CŒUR, UNE ▷3
[Love Affair: Or the Case of the Missing Switchboard Operator]
YOU. 1967. Drame de Dusan MAKAVEJEV avec Eva Ras, Siobodan Aligradic et Ruzica Sokic. - Une opératrice de téléphone a une liaison avec un inspecteur sanitaire. - Montage complexe et inventif. Amalgame curieux d'observation sociale et de satire. Passages audacieux. □ 18 ans+

AFFAIRE DE FAMILLE *voir* **Family Business**

AFFAIRE DE FEMMES, UNE [Story of Women] ►2
FR. 1988. Drame social de Claude CHABROL avec Isabelle Huppert, François Cluzet et Marie Trintignant. - Sous l'Occupation, un homme qui revient de captivité accepte mal la situation de sa femme qui s'est procuré une modeste aisance en pratiquant des avortements. - Récit basé sur un fait réel. Explorations fictives sur les plans psychologique et sociologique. Construction rigoureuse. Interprétation pleine de justesse. □ 13 ans+
DVD VF➔STA➔33,95 $

AFFAIRE DE GOÛT, UNE [Matter of Taste, A] ▷4
FR. 1999. Drame psychologique de Bernard RAPP avec Jean-Pierre Lorit, Bernard Giraudeau et Florence Thomassin. - Un grand industriel engage un goûteur personnel et développe avec lui un étrange jeu de fascination mutuelle. □ Général
DVD VF➔STA➔Cadrage W➔12,95 $

AFFAIRE DOMINICI, L' [Dominici Affair, The] ▷4
FR. 1973. Drame policier de Claude BERNARD-AUBERT avec Jean Gabin, Paul Crauchet et Victor Lanoux. - Un paysan âgé est accusé par un de ses fils du meurtre de touristes anglais. □ Général

AFFAIRE DU COLLIER, L' *voir* **Affair of the Necklace, The**

AFFAIRE MATTEOTTI, L' ▷4
ITA. 1973. Drame historique de Florestano VANCINI avec Mario Adorf, Vittorio de Sica et Umberto Orsini. - En 1924, un député socialiste est assassiné par des fascistes après un discours retentissant.

AFFAIRE PÉLICAN, L' *voir* **Pelican Brief, The**

AFFINITÉS ÉLECTIVES, LES [Elective affinities, The]
FR. ITA. 1996. Vittorio et Paolo TAVIANI
DVD STA➔Cadrage W➔32,95 $

AFFLICTION ▷4
É.-U. 1997. Drame psychologique de Paul SCHRADER avec Nick Nolte, James Coburn et Sissy Spacek. - Divers incidents plongent l'unique policier d'une petite ville dans une situation de crise familiale et professionnelle. □ 13 ans+
DVD Cadrage W➔14,95 $

AFFRANCHIS, LES *voir* **Goodfellas**

AFFREUX, SALES ET MÉCHANTS ▷3
ITA. 1976. Comédie de mœurs d'Ettore SCOLA avec Nino Manfredi, Francesco Annibali et Maria Bosco. - Un vieillard vivant dans un bidonville de Rome est à couteaux tirés avec ses nombreux rejetons. - Dures conditions sociales traitées avec un humour grinçant. Excellente interprétation de N. Manfredi. □ 13 ans+

AFFRONTEMENT, L' *voir* **Harry and Son**

AFRAID OF THE DARK [Double vue] ▷4
ANG. 1991. Drame psychologique de Mark PEPLOE avec James Fox, Ben Keyworth et Fanny Ardant. - Un garçon de onze ans qui souffre de problèmes oculaires s'invente un monde factice où ce sont ses proches qui sont aveugles et accablés de malheurs. □ 18 ans+

AFRAID TO DIE
JAP. 1960. Yasuzo MASUMURA
DVD STA➔Cadrage W➔31,95 $

AFRICAIN, L' ▷4
FR. 1982. Comédie de Philippe DE BROCA avec Philippe Noiret, Catherine Deneuve et Jean-François Balmer. - Venue en Afrique pour affaires, une femme y retrouve son ex-mari en lutte contre des trafiquants d'ivoire. □ Général

AFRICAN QUEEN, THE **[Reine africaine, La]** ▶1
É.-U. 1951. Aventures de John HUSTON avec Humphrey Bogart, Katharine Hepburn et Robert Morley. - Pendant la guerre 1914-1918, au Congo, un aventurier et la sœur d'un missionnaire s'unissent pour couler une canonnière allemande. - Habile dosage de psychologie et d'aventures. Mise en scène remarquable. Interprétation hors pair. □ Général

AFTER DARK MY SWEET ▷3
É.-U. 1990. Drame policier de James FOLEY avec Jason Patric, Rachel Ward et Bruce Dern. - Un ancien boxeur accepte de comploter un rapt d'enfant avec un ami d'une veuve alcoolique dont il s'est épris. - Adaptation magistrale d'un roman de Jim Thompson. Ramifications psychologiques exposées avec soin. Grande tension émotive. Réalisation inventive. Direction d'acteurs de talent adroitement maîtrisée. □ 13 ans+
DVD VA➔Cadrage W➔19,95 $

AFTER HOURS **[Quelle nuit de galère]** ▷3
É.-U. 1985. Comédie de Martin SCORSESE avec Griffin Dunne, Rosanna Arquette et John Heard. - Pour avoir voulu revoir une femme bizarre, un informaticien new-yorkais vit une nuit cauchemardesque. - Vision grinçante de la violence urbaine. Climat quasi surréaliste. Touches d'humour insolite. Mise en scène habile. Interprétation convaincante. □ 13 ans+
DVD VF➔STA➔Cadrage W➔21,95 $

AFTER LIFE ▷4
JAP. 1998. Drame fantastique de Hirokazu KORE-EDA avec Arata, Erika Oda et Susumu Terajima. - Dans une antichambre de l'au-delà, des trépassés doivent choisir un moment privilégié de leur vie qui sera ensuite filmé pour l'éternité. □ Général
DVD STA➔Cadrage W➔27,95 $

AFTER THE FOX ▷5
[Renard s'évade à trois heures, Le]
ITA. 1966. Comédie policière de Vittorio DE SICA avec Peter Sellers, Britt Ekland et Victor Mature. - Un escroc italien imagine un ingénieux stratagème pour faire entrer en contrebande une cargaison d'or. □ Général
DVD VF➔STF➔Cadrage P&S/W➔12,95 $

AFTER THE REHEARSAL *voir* **Après la répétition**

AFTER THE SUNSET **[Complot au crépuscule]** ▷5
É.-U. 2004. Comédie policière de Brett RATNER avec Pierce Brosnan, Woody Harrelson et Salma Hayek. - Un agent du FBI poursuit sans relâche un habile cambrioleur à la retraite aux Bahamas, convaincu qu'il prépare un ultime coup. □ Général · Déconseillé aux jeunes enfants
DVD VF➔STA➔Cadrage W➔18,95 $

AFTER THE THIN MAN ▷4
É.-U. 1937. Comédie policière de W.S. VAN DYKE II avec William Powell, Myrna Loy et James Stewart. - Un détective amateur recherche un assassin. □ Général

AFTERGLOW **[Après l'amour]** ▷4
É.-U. 1997. Comédie dramatique d'Alan RUDOLPH avec Julie Christie, Nick Nolte, Jonny Lee Miller et Lara Flynn Boyle. - Une aventure adultère entre un ouvrier d'âge mûr et la jeune épouse d'un yuppie suscite une rencontre entre leurs partenaires respectifs. □ Général

AGAINST THE WALL ▷4
É.-U. 1993. Drame social de John FRANKENHEIMER avec Samuel L. Jackson, Kyle MacLachlan, Harry Dean Stanton, Frederic Forrest et Clarence Willams III. - Dans un pénitencier de l'État de New York, un gardien est pris en otage par un prisonnier révolté. □ 13 ans+ · Violence

AGATHA ▷4
ANG. 1977. Comédie dramatique de Michael APTED avec Dustin Hoffman, Vanessa Redgrave et Timothy Dalton. - Un journaliste américain retrouve dans une ville d'eau une romancière dont on a rapporté la disparition. □ Général

ÂGE D'OR, L' ▶1
FR. 1930. Drame poétique de Luis BUNUEL avec Lya Lys, Gaston Modot et Max Ernst. - Variations surréalistes sur le thème de l'amour fou. - Imagerie percutante marquée du goût de la provocation. Enchaînements d'une logique excentrique. Nombreuses images au grand pouvoir de fascination. Style abrupt et direct. Interprétation stylisée. Scénario écrit avec la participation de Salvador Dali.
DVD VF➔STA➔21,95 $

ÂGE DE BRAISE, L' ▷4
QUÉ. 1998. Drame psychologique de Jacques LEDUC avec Annie Girardot, France Castel et Michel Ghorayeb. - Sentant la mort approcher, une infirmière sexagénaire décide d'effacer toutes les traces matérielles de son existence. □ Général

ÂGE DE CRISTAL, L' *voir* **Logan's Run**

ÂGE DES POSSIBLES, L' ▷4
FR. 1995. Drame de mœurs de Pascale FERRAN avec Christèle Tual, Anne Cantineau et Anne Caillère. - Une saison dans la vie d'une dizaine de jeunes entre 20 et 30 ans qui se cherchent un avenir professionnel et sentimental. □ Général

AGE OF INNOCENCE, THE ▶2
[Temps de l'innocence, Le]
É.-U. 1993. Drame de mœurs de Martin SCORSESE avec Daniel Day-Lewis, Michelle Pfeiffer et Winona Ryder. - En 1870, un jeune New-Yorkais de la haute bourgeoisie tombe amoureux d'une cousine de sa fiancée. - Fresque sociale d'une richesse de détails enivrante. Œuvre imprégnée d'une grande intensité dramatique. Illustration raffinée et somptueuse. Jeu subtil et précis des comédiens. □ Général
DVD VF➔STF➔Cadrage W➔22,95 $

AGENT CODY BANKS **[Agent Cody Banks, L']** ▷4
É.-U. 2003. Comédie d'espionnage de Harald ZWART avec Frankie Muniz, Angie Harmon et Hilary Duff. - Un adolescent recruté par la CIA fait équipe avec une super-espionne pour lutter contre de dangereux criminels.
DVD VA➔Cadrage P&S/W➔17,95 $

AGENT DE LA GARE, L' *voir* **Station Agent, The**

AGENT DOUBLE *voir* **Deep Cover**

AGENT FAIT L'IDIOT, L' *voir* **Man Who Knew Too Little, The**

AGENT FAIT LA FARCE, L' *voir* **Naked Gun, The**

AGENT TROUBLE ▷4
FR. 1987. Drame policier de Jean-Pierre MOCKY avec Catherine Deneuve, Richard Bohringer et Tom Novembre. - Une femme d'âge mûr essaie d'élucider le mystère entourant un accident dont son neveu a été témoin avant d'être assassiné. □ Général

AGENT X-27 *voir* **Dishonored**

AGENTS SECRETS ▷4
FR. 2004. Drame d'espionnage de Frédéric SCHOENDOERFFER avec Vincent Cassel, Monica Bellucci et André Dussollier. - À leur retour d'une mission au Maroc, deux agents secrets français réalisent qu'ils sont manipulés par leurs supérieurs. □ Général · Déconseillé aux jeunes enfants
DVD VF➔STA➔Cadrage W➔34,95 $

AGES OF LOULOU, THE *voir* **Vies de Loulou, Les**

AGNES BROWNE ▷4
IRL. É.-U. 1999. Comédie dramatique réalisée et interprétée par Anjelica HUSTON avec Marion O'Dwyer et Ray Winstone. - En 1967, à Dublin, une veuve subvient aux besoins de ses sept enfants en travaillant dans un marché public où tout le monde se serre les coudes.
DVD VA➔STF➔Cadrage P&S/W➔8,95 $

AGNES OF GOD **[Agnès de Dieu]** ▷4
CAN. 1985. Drame psychologique de Norman JEWISON avec Jane Fonda, Anne Bancroft et Meg Tilly. - Une psychiatre s'occupe du cas particulier d'une jeune religieuse accusée d'avoir tué son enfant nouveau-né. □ 13 ans+

AGONY *voir* **Rasputin**

AGONY AND THE ECSTASY, THE ▷4
É.-U. 1965. Drame historique de Carol REED avec Charlton Heston, Rex Harrison et Diane Cilento. - Le pape Jules II demande au sculpteur Michel-Ange de peindre le plafond de la chapelle Sixtine. □ Général
DVD VF➜STA➜Cadrage W➜9,95 $

AGUIRRE, LA COLÈRE DE DIEU ►2
[Aguirre, the Wrath of God]
ALL. 1972. Drame historique de Werner HERZOG avec Klaus Kinski, Cecilia Rivera et Ruy Guerra. - Après avoir franchi les Andes péruviennes, une expédition espagnole se trouve bloquée par la jungle. - Évocation historique très originale. Mise en scène lyrique et précise. Cadre exotique fort bien utilisé. K. Kinski excellent. □ Général
DVD Cadrage W➜34,95 $

AH, WILDERNESS ▷4
É.-U. 1935. Comédie dramatique de Clarence BROWN avec Lionel Barrymore, Eric Linden et Wallace Beery. - Au XXe siècle, un adolescent connaît ses premières expériences sentimentales. □ Général

AÏE ▷4
FR. 2000. Comédie sentimentale de Sophie FILLIÈRES avec André Dussollier, Hélène Fillières et Emmanuelle Devos. - Un séducteur désirant renouer avec une ancienne maîtresse accepte qu'une jeune serveuse tombe délibérément amoureuse de lui. □ Général

AIGLE À DEUX TÊTES, L' ▷4
[Eagle with Two Heads, The]
FR. 1948. Drame psychologique de Jean COCTEAU avec Edwige Feuillère, Jean Marais et Jean Debucourt. - Un anarchiste venu tuer une reine devient son amant. - Transposition au cinéma d'une pièce de l'auteur. Atmosphère onirique. Décor luxueux et symbolique. Interprétation de classe. □ Général

AIGLE DE LA TAÏGA, L' [Dersu Uzala] ►2
RUS. 1975. Chronique d'Akira KUROSAWA avec Maxime Mounzouk, Youri Solomine et Sonia Danilchenko. - Au début du XXe siècle, un officier russe se lie d'amitié avec un vieux chasseur mongol. - Admirable évocation d'une nature sauvage. Personnage central pittoresque et sympathique. Mise en scène au souffle soutenu. Interprétation simple et authentique. □ Général
DVD Cadrage W➜24,95 $

AIGLE S'EST ENVOLÉ, L' *voir* **Eagle Has Landed, The**

AIGLE VOLE AU SOLEIL, L' *voir* **Wings of Eagles, The**

AILE OU LA CUISSE, L' ▷4
FR. 1976. Comédie de Claude ZIDI avec Louis de Funès, Michel Coluche et Julien Guiomar. - L'éditeur d'un guide gastronomique est en lutte avec le président d'une chaîne de restaurants. □ Général

AILES DU DÉSIR, LES [Wings of Desire] ►1
ALL. 1987. Drame poétique de Wim WENDERS avec Bruno Ganz, Solveig Dommartin et Peter Falk. - À Berlin, un ange fasciné par la beauté d'une trapéziste décide de s'incarner pour goûter aux plaisirs de la condition humaine. - Propos développé avec délicatesse et sensibilité. Images admirablement composées. Atmosphère empreinte d'une poésie prenante. Interprétation en parfait accord avec le ton de l'ensemble. □ Général
DVD VF➜Cadrage W➜21,95 $ VA➜STF➜Cadrage W➜41,95 $

AILLEURS, L'HERBE EST PLUS VERTE
voir **Grass Is Greener, The**

AIMANTS, LES ▷4
QUÉ. 2004. Comédie sentimentale d'Yves PELLETIER avec Isabelle Blais, Stéphane Gagnon et Sylvie Moreau. - Une jeune femme éprouve une attirance irrésistible envers un jeune homme qu'elle prend à tort pour le fiancé de sa sœur.
DVD VF➜STA➜Cadrage W➜18,95 $

AIME TON PÈRE ▷4
FR. 2002. Drame psychologique de Jacob BERGER avec Gérard Depardieu, Guillaume Depardieu et Sylvie Testud. - En route pour la Suède où il doit recevoir le prix Nobel, un écrivain est intercepté par son fils qui veut régler de vieux différends avec lui. □ Général
DVD VF➜STA➜23,95 $

AIMÉE & JAGUAR ▷4
ALL. 1998. Drame sentimental de Max FÄRBERBÖCK avec Juliane Köhler, Maria Schrader et Johanna Wokalek. - En 1943, à Berlin, une mère de famille pro-nazie vit une passion amoureuse avec une Juive impliquée dans un réseau de résistance. □ Général · Déconseillé aux jeunes enfants
DVD 31,95 $

AIMEZ-MOI ! ▷4
SUÈ. 1989. Drame social de Kay POLLAK avec Anna Linden, Lena Granhagen et Thomas Laustiola. - Une jeune fugueuse s'obstine à mener la vie dure à la famille d'accueil où elle a été placée par les services sociaux. □ 13 ans+

AÎNÉ DES FERCHAUX, L' ▷4
FR. 2001. Drame psychologique de Bernard STORA avec Jean-Paul Belmondo, Samy Naceri et Julie Depardieu. - Traqué par la justice, un homme d'affaires prend la fuite en compagnie d'un jeune garde du corps avec qui il développe une étrange amitié.

AIR BAGNARDS *voir* **Con Air**

AIR DE FAMILLE, UN [Family Resemblances] ▷3
FR. 1996. Comédie de mœurs de Cédric KLAPISCH avec Jean-Pierre Bacri, Agnès Jaoui et Jean-Pierre Darroussin. - De vieilles querelles familiales refont surface à l'occasion d'un dîner d'anniversaire. - Observation caustique de mœurs familiales. Personnages finement dessinés et interprétés avec justesse. □ Général
DVD VF➜STA➜Cadrage W➜21,95 $

AIR FORCE ▷3
É.-U. 1943. Drame de guerre de Howard HAWKS avec John Garfield, Arthur Kennedy et Harry Carey. - Les expériences de l'équipage d'un bombardier au début de la guerre dans le Pacifique. - Forte tension. Valeur documentaire. Intéressantes notations psychologiques. Mise en scène adroite. Excellente interprétation.

AIR FORCE ONE ▷5
É.-U. 1997. Drame de Wolfgang PETERSEN avec Harrison Ford, Gary Oldman et Glenn Close. - À bord d'un jet, le président des États-Unis lutte contre des terroristes russes qui ont pris l'équipage et sa famille en otage. □ 13 ans+ · Violence
DVD VF➜STF➜Cadrage W/16X9➜36,95 $ Cadrage W➜18,95 $

AIRPLANE ! [Y a-t-il un pilote dans l'avion ?] ▷4
É.-U. 1980. Comédie satirique de Jim ABRAHAMS, David et Jerry ZUCKER avec Robert Hays, Julie Hagerty et Lloyd Bridges. - Un ancien pilote de guerre prend les commandes d'un avion commercial lorsque l'équipage tombe malade. □ Général
DVD Cadrage W➜11,95 $ VF➜STA➜Cadrage W➜19,95 $

AIRPORT ▷4
É.-U. 1970. Drame de George SEATON avec Burt Lancaster, Dean Martin, Jacqueline Bisset et Jean Seberg. - Durant une nuit d'hiver, le directeur d'un aéroport doit faire face à divers problèmes critiques. □ Général

AIRPORT '75 ▷5
É.-U. 1974. Film catastrophe de Jack SMIGTH avec Charlton Heston, Karen Black et George Kennedy. - Les efforts engagés pour sauver les passagers d'un Boeing 747 frappé de plein front par un avion privé.

AIRPORT '77 ▷5
É.-U. 1977. Drame de Jerry JAMESON avec Jack Lemmon, Darren McGavin et James Stewart. - Une opération de secours est mise en branle par la marine pour venir en aide aux survivants d'un avion qui s'est écrasé dans la mer des Bermudes. □ 18 ans+

AIRPORT '79 : THE CONCORDE ▷5
É.-U. 1979. Drame de David Lowell RICH avec Alain Delon, George Kennedy et Susan Blakely. - La première envolée intercontinentale d'un avion est fertile en incidents périlleux. □ Général

AKA
ANG. 2002. Duncan ROY
DVD VA→31,95 $

AKEELAH AND THE BEE [Mots d'Akeelah, Les] ▷4
É.-U. 2006. Drame social de Doug ATCHISON avec Keke Palmer, Laurence Fishburne et Angela Bassett. - À l'insu de sa mère, une fillette d'un quartier pauvre de Los Angeles participe à un concours d'épellation, avec l'aide d'un professeur jadis champion.

AKIRA ▷4
JAP. 1988. Dessins animés de Katsuhiro OTOMO. - En l'an 2019, un adolescent doté de pouvoirs télépathiques est traqué par les forces de l'ordre. □ Général
DVD Cadrage W→69,95 $ Cadrage W→39,95 $
STA→Cadrage W→23,95 $

AL CAPONE ▷4
É.-U. 1958. Drame policier de Richard WILSON avec Rod Steiger, Fay Spain et James Gregory. - Histoire romancée d'un chef de gang de Chicago à l'époque de la prohibition. □ Général

ALADDIN ▷3
É.-U. 1992. Dessins animés de John MUSKER et Ron CLEMENTS. - Un voleur de grand chemin obtient l'aide d'un génie pour séduire une princesse et déjouer les plans d'un vizir cruel. - Conte féerique et romantique agrémenté de nombreuses touches comiques. Couleurs pimpantes. Animation somptueuse. □ Général · Enfants
DVD Cadrage W→34,95 $

ALADDIN'S MAGIC LAMP
É.-U. 1966. Boris RYTSAREV
DVD STA→46,95 $

ALAMO, THE ▷4
É.-U. 1960. Drame historique réalisé et interprété par John WAYNE avec Richard Widmark et Laurence Harvey. - Des Américains cernés dans un fort du Texas résistent désespérément à une armée mexicaine. □ Général
DVD Cadrage W→13,95 $

ALAMO, THE ▷5
É.-U. 2004. Drame historique de John Lee HANCOCK avec Patrick Wilson, Billy Bob Thornton et Dennis Quaid. - En 1836, des Américains réfugiés dans le fort Alamo sont assiégés pendant 12 jours puis attaqués par l'armée mexicaine □ Général · Déconseillé aux jeunes enfants
DVD VF→STF→Cadrage W→31,95 $

ALAMO BAY ▷4
É.-U. 1985. Drame social de Louis MALLE avec Amy Madigan, Ed Harris et Ho Nguyen. - Les ennuis d'un réfugié vietnamien avec des pêcheurs de crevettes au Texas. □ 13 ans+

ALBERT EST MÉCHANT ▷6
FR. 2003. Comédie de Hervé PALUD avec Michel Serrault, Christian Clavier et Arielle Dombasle. - Un pharmacien endetté auprès du fisc cherche à s'emparer de la fortune colossale que son père a léguée à un vieil oncle peu commode.
DVD VF→Cadrage W→33,95 $

ALBERTO EXPRESS ▷3
FR. 1990. Comédie fantaisiste de Arthur JOFFE avec Nino Manfredi, Sergio Castellitto et Marco Messeri. - Devant rembourser tous les frais qu'il a occasionnés à sa famille, un homme fauché tente de réunir la somme voulue à bord du train qui le mène à Rome chez son père. - Suite de saynètes farfelues. Humour insolite. Traitement habile mêlant réalisme et onirisme. Interprétation convaincante de S. Castellitto. □ Général

ALBINO ALLIGATOR [Bar en otage] ▷5
É.-U. 1996. Drame policier de Kevin SPACEY avec Matt Dillon, Gary Sinise et William Fichtner. - Des criminels en fuite trouvent refuge dans un bar dont ils prennent les clients et la serveuse en otage. □ 13 ans+ · Violence
DVD Cadrage W→17,95 $

ALERTE AUX INDES *voir* **Drums, The**

ALERTE NOIRE *voir* **Pitch Black**

ALEX IN WONDER *voir* **Sex And A Girl**

ALEX IN WONDERLAND ▷5
É.-U. 1970. Comédie de Paul MAZURSKY avec Donald Sutherland, Ellen Burstyn et Jeanne Moreau. - Ayant obtenu un grand succès avec son premier film, un réalisateur cherche un sujet pour son deuxième. □ 13 ans+

ALEXANDER [Alexandre] ▷5
É.-U. 2004. Drame historique d'Oliver STONE avec Colin Farrell, Jared Leto et Angelina Jolie. - Au IVe siècle avant J.-C., le jeune roi de Macédoine Alexandre le Grand fonde un immense empire s'étendant de la Grèce à l'Inde. □ 13 ans+ · Violence
DVD VF→STF→Cadrage W/16X9→21,95 $
VA→STF→Cadrage W/16X9→21,95 $

ALEXANDER NEVSKY ►1
U.R.S.S. 1938. Drame historique de Sergei M. EISENSTEIN avec Nikolai Tcherkassov, Dimitri Orlov et Nicolai Okhlopkov. - Au XIIIe siècle, le prince Nevski conduit les habitants de Novgorod à la victoire contre les chevaliers teutoniques. - Œuvre capitale du cinéma soviétique. Style grandiose parfaitement maîtrisé. Admirable musique de Prokofieff. Séquence de bataille sur le lac Peipus particulièrement saisissante. Interprétation contrôlée. □ Général
DVD STA→Cadrage P&S→49,95 $

ALEXANDER THE GREAT ▷5
É.-U. 1956. Drame historique de Robert ROSSEN avec Richard Burton, Fredric March et Danielle Darrieux. - La vie d'un conquérant grec de l'Antiquité. - Vision simplificatrice de l'Histoire. Traitement artificiel et théâtral. Réalisation assez spectaculaire mais sans aucun rythme. Interprétation déclamatoire. □ Général

ALEXANDER'S RAGTIME BAND ▷4
É.-U. 1938. Comédie musicale de Henry KING avec Tyrone Power, Don Ameche et Alice Faye. - Un jeune violoniste se sent attiré par le rythme du jazz et fonde un orchestre populaire. □ Général
DVD VA→15,95 $

ALEXANDRA'S PROJECT [Projet d'Alexandra, Le] ▷3
AUS. 2003. Drame psychologique de Rolf de HEER avec Gary Sweet, Helen Buday et Bogdan Koca. - À l'occasion de l'anniversaire de son mari, une mère de famille lui prépare une surprise bien particulière. - Autopsie grinçante de l'échec d'une relation conjugale. □ 16 ans+
DVD VA→Cadrage W→17,95 $

ALEXANDRE LE BIENHEUREUX ▷3
FR. 1967. Comédie de Yves ROBERT avec Françoise Brion, Marlène Jobert et Philippe Noiret. - Après la mort de sa femme qui le menait à la baguette, un fermier se laisse aller à la vie de farniente. - Satire pleine de tendresse et d'humour. Réalisation soignée. Gags visuels très réussis. Interprétation savoureuse de P. Noiret. □ Général

ALEXANDRIA AGAIN AND FOREVER ▷3
ÉGY. 1990. Comédie dramatique réalisée et interprétée par Youssef CHAHINE avec Yousra et Hussein Fahmy. - Alors qu'il vient de perdre son acteur principal et qu'éclate une grève des comédiens, un cinéaste se remémore les principales étapes de sa carrière. - Scénario foisonnant et complexe. Technique parfaitement maîtrisée. Décors insolites. Excellente interprétation.
DVD Cadrage W→29,95 $

ALEXANDRIA WHY?
ÉGY. 1978. Youssef CHAHINE
DVD Cadrage W→29,95 $

ALFIE ▷4
ANG. 1966. Comédie dramatique de Lewis GILBERT avec Michael Caine, Julia Foster et Vivien Merchant. - Un coureur de jupons est amené à réfléchir sur sa conduite. □ Général
DVD VA→STA→Cadrage W→10,95 $

ALFIE ▷5
É.-U. 2004. Comédie dramatique de Charles SHYER avec Jude Law, Sienna Miller et Nia Long. - Chauffeur de limousines à Manhattan, un playboy anglais est amené à remettre en question son style de vie. □ 13 ans+
DVD VF→Cadrage W→14,95 $

ALFREDO, ALFREDO ▷4
ITA. 1972. Comédie de mœurs de Pietro GERMI avec Dustin Hoffman, Stefania Sandrelli et Carla Gravina. - Son épouse étant explosive, un employé de banque timide se tourne vers une femme plus reposante qui le pousse vers le divorce.

ALGIERS ▷4
É.-U. 1938. Drame policier de J. CROMWELL avec Charles Boyer, Hedy Lamarr et Joseph Calleia. - Un criminel s'est réfugié dans le quartier de la casbah à Alger pour échapper à la police.
DVD VA→4,95 $

ALI ▷3
É.-U. 2001. Drame biographique de Michael MANN avec Will Smith, Jon Voight et Jamie Foxx. - Les événements marquants de la vie et de la carrière du boxeur Muhammed Ali. - Portrait impressionniste tournant souvent le dos aux conventions du genre. Narration fragmentée. Combats de boxe remarquablement filmés. Mise en images très inspirée. Performance réussie de W. Smith. □ Général · Déconseillé aux jeunes enfants
DVD VF→STF→Cadrage W→16,95 $ VA→31,95 $

ALI: FEAR EATS THE SOUL
voir **Tous les autres s'appellent Ali**

ALI BABA AND THE FORTY THIEVES ▷5
É.-U. 1944. Conte d'Arthur LUBIN avec Jon Hall, Maria Montez et Turhan Bey. - Le fils d'un calife assassiné lutte contre l'usurpateur et ses complices.

ALI BABA ET LES QUARANTE VOLEURS ▷4
FR. 1954. Conte de Jacques BECKER avec Fernandel, Samia Gamal et Henri Vilbert. - Les multiples aventures d'Ali Baba devenu subitement riche par la découverte d'un trésor.

ALI G INDAHOUSE: THE MOVIE
ALL. ANG. 2002. Mark MYLOD
DVD VA→Cadrage W→22,95 $ VA→31,95 $

ALI ZAOUA, PRINCE DE LA RUE ▷4
MAR. 2000. Drame social de Nabil AYOUCH avec Mounïm Kbab, Mustapha Hansali et Hicham Moussoune. - Lorsqu'un enfant des rues de Casablanca est tué par un jet de pierre, ses trois amis décident de l'enterrer comme un prince. □ 13 ans+

ALIAS
BEL. 2002. Jan VERHEYEN
DVD VA→38,95 $

ALIAS BETTY *voir* **Betty Fisher et autres histoires**

ALICE ▷3
TCH. 1988. Conte de Jan SVANKMAJER avec Krystyna Kohoutova. - S'étant assoupie dans une chambre à débarras, une fillette se retrouve dans un monde étrange duquel elle ne peut s'échapper qu'en se réveillant. - Illustration fort originale du célèbre livre de Lewis Carroll. Traitement personnel quelque peu déroutant. □ Général
DVD VA→STA→Cadrage P&S→34,95 $

ALICE ▷3
É.-U. 1990. Comédie fantaisiste de Woody ALLEN avec Joe Mantegna, Mia Farrow et William Hurt. - La femme gâtée d'un financier newyorkais est troublée par l'attraction qu'elle ressent pour un autre homme. - Intrigue émouvante et humoristique. Illustration soignée. Trame musicale efficace. Jeu nuancé de M. Farrow. □ Général
DVD VF→STF→Cadrage W→12,95 $

ALICE ADAMS ▷3
É.-U. 1935. Drame de George STEVENS avec Katharine Hepburn, Fred MacMurray et Fred Stone. - L'ambition sociale d'une jeune provinciale lui aliène ses prétendants. - Adaptation soignée d'un roman de Booth Tarkington. Traitement intéressant. Mise en scène contrôlée. Jeu nuancé de K. Hepburn. □ Général
DVD VA→STF→21,95 $

ALICE AU PAYS DES MERVEILLES
voir **Alice in Wonderland**

ALICE DANS LES VILLES [Alice in the Cities] ▷3
ALL. 1974. Comédie dramatique de Wim WENDERS avec Rudiger Vogeler, Yella Rotlander et Elisabeth Kreuzer. - De passage aux États-Unis, un journaliste allemand accepte d'emmener une fillette à Amsterdam à la demande d'une compatriote. - Observation subtile et sensible de l'aliénation contemporaine. Rythme lent. Mise en scène exigeante. □ Général

ALICE DOESN'T LIVE HERE ANYMORE ▷4
É.-U. 1974. Drame psychologique de Martin SCORSESE avec Ellen Burstyn, Kris Kristofferson et Alfred Lutter. - Une veuve cherche à gagner sa vie et celle de son jeune fils comme chanteuse mais doit se contenter d'une place de serveuse. □ Général
DVD VF→STF→Cadrage W→21,95 $ VF→21,95 $

ALICE ET MARTIN ▷4
FR. 1998. Drame psychologique d'André TÉCHINÉ avec Juliette Binoche, Alexis Loret et Mathieu Amalric. - Une violoniste vit une liaison amoureuse avec un jeune mannequin hanté par un dramatique secret de famille. □ 13 ans+

ALICE IN WONDERLAND
ANG. 1966. Jonathan MILLER
DVD VA→32,95 $

ALICE IN WONDERLAND ▷3
[Alice au pays des merveilles]
É.-U. 1951. Dessins animés de Clyde GERONIMI, Hamilton LUSKE et Wilfred JACKSON. - Le rêve fantastique d'une petite fille qui s'endort pendant une leçon de sa préceptrice. - Adaptation fantaisiste de l'œuvre de Lewis Carroll. Virtuosité technique. Passages d'une verve étourdissante. Bonne humeur constante. □ Général
DVD VF→34,95 $

ALICE'S RESTAURANT ▷3
É.-U. 1969. Étude de mœurs de Arthur PENN avec Arlo Guthrie, Pat Quinn et James Broderick. - Un jeune chanteur bohème accueilli par un couple d'amis a des ennuis avec la police. - Tableau quelque peu décousu mais riche d'observations pertinentes. Description habile et vivante. Interprétation dégagée. □ 13 ans+
DVD VA→STF→Cadrage W→11,95 $

ALICE, SWEET ALICE [Alice, douce alice] ▷4
É.-U. 1976. Drame policier d'Alfred SOLE avec Linda Miller, Mildred Clinton et Brooke Shields. - Une enfant tourmentée et secrète est accusée du meurtre de sa sœur le jour de sa première communion. □ 18 ans+

ALIEN [Étranger: le huitième passager, L'] ►2
ANG. 1979. Science-fiction de Ridley SCOTT avec Sigourney Weaver, Tom Skerritt et Ian Holm. - L'équipage d'un remorqueur de l'espace est aux prises avec un organisme vivant qui se transforme en un être dangereux. - Œuvre maîtresse du genre. Suspense horrifique à haute tension. Mise en scène particulièrement inventive. Interprétation convaincante. □ 13 ans+
DVD VF→STA→Cadrage W→22,95 $/32,95 $

ALIEN 3 ▷5
É.-U. 1992. Science-fiction de David FINCHER avec Sigourney Weaver, Charles S. Dutton et Charles Dance. - Une entité extraterrestre sème la mort sur une planète où une femme officier se trouve seule parmi d'anciens bagnards. □ 13 ans+
DVD VF→STA→Cadrage W→31,95 $

ALIEN NATION ▷5
É.-U. 1988. Science-fiction de Graham BAKER avec James Caan, Mandy Patinkin et Terence Stamp. - Dans une Californie peuplée d'humains et d'extraterrestres, un policier enquête avec un collègue venu de l'espace sur un trafic de drogue. □ 13 ans+
DVD VF→STA→Cadrage W→10,95 $

ALIEN RESURRECTION [Alien: la résurrection] ▷4
É.-U. 1997. Science-fiction de Jean-Pierre JEUNET avec Sigourney Weaver, Winona Ryder et Ron Perlman. - Des créatures monstrueuses s'attaquent aux derniers occupants d'un immense vaisseau spatial militaire ayant été évacué. □ 13 ans+ · Horreur
DVD VF→STA→Cadrage W→31,95 $

ALIENS ▷3
É.-U. 1986. Science-fiction de James CAMERON avec Sigourney Weaver, Michael Biehn et Paul Reiser. - Des soldats aguerris sont dépêchés au secours d'une colonie d'humains installés sur une planète qui est peuplée de créatures monstrueuses. - Suite fort réussie du film *Alien*. Préséance aux scènes d'actions. Mise en scène à l'emporte-pièce. Interprétation déterminée. □ 13 ans+ · Horreur
DVD VF→STA→Cadrage W→31,95 $

ALILA ▷4
FR. 2003. Comédie dramatique d'Amos GITAÏ avec Yaël Abecassis, Uri Ran Klauzner et Hanna Laslo. - La vie quotidienne des habitants d'un immeuble situé dans un quartier populaire en banlieue de Tel-Aviv.
DVD STA→Cadrage W/16X9→23,95 $

ALINA
ITA. 1950. Giorgio PASTINA
DVD VA→9,95 $

ALISÉE ▷5
QUÉ. 1991. Comédie dramatique d'André BLANCHARD avec Elsa Zylberstein, Jacques Godin et André Montmorency. - Alors qu'elle recherche son père québécois qu'elle n'a jamais connu, une jeune Française se lie d'amitié avec un homme d'âge mûr.

ALIVE & KICKING ▷4
ANG. 1996. Drame psychologique de Nancy MECKLER avec Jason Flemyng, Antony Sher et Dorothy Tutin. - Un danseur vedette atteint du sida tombe amoureux d'un psychothérapeute qui va lui donner la force de continuer à vivre.

ALIVE [Survivants, Les] ▷4
É.-U. 1992. Drame de Frank MARSHALL avec Ethan Hawke, Vincent Spano et Josh Hamilton. - Les survivants d'un écrasement d'avion dans les Andes parviennent à se maintenir en vie pendant des semaines en mangeant de la chair humaine. □ 13 ans+
DVD VA→Cadrage W→15,95 $

ALL ABOUT EVE [Ève] ►2
É.-U. 1950. Drame psychologique de Joseph Leo MANKIEWICZ avec Bette Davis, Anne Baxter et George Sanders. - Une vedette mûrissante recueille chez elle une admiratrice qui finit par la supplanter. - Fine observation du milieu théâtral. Mise en scène vigoureuse. Psychologie fouillée. Interprétation remarquable. □ Général
DVD VA→14,95 $

ALL ABOUT LILY CHOU CHOU ▷4
JAP. 2001. Drame de Shunji IWAI avec Hayato Ichihara, Shugo Oshinari et Yu Aoi. Dans une petite ville du Japon, un adolescent victime de la tyrannie de ses camarades trouve un certain réconfort dans les chansons d'une vedette populaire.
DVD STA→Cadrage W/16X9→32,95 $

ALL ABOUT MY MOTHER *voir* **Tout sur ma mère**

ALL CREATURES GREAT AND SMALL ▷4
ANG. 1974. Comédie de Claude WHATHAM avec Simon Ward, Anthony Hopkins et Lisa Harrow. - Les premières expériences d'un jeune vétérinaire engagé comme assistant par un collègue d'âge mûr. □ Non classé
DVD 27,95 $

ALL CREATURES GREAT AND SMALL ▷4
ANG. 1983. Comédie de mœurs de Terence DUDLEY avec Christopher Timothy, Robert Hardy et Carol Drinkwater. - Un jeune vétérinaire apprend son métier auprès d'un confrère plus âgé aux manières excentriques.

ALL DOGS GO TO HEAVEN ▷4
[Tous les chiens vont au paradis]
IRL. 1989. Dessins animés de G. GOLDMAN, D. KUENSTER et Don BLUTH. - Tué par un vieux partenaire en magouilles, un cabot ingénieux s'octroie une période de vie supplémentaire et revient hanter ses anciens parages. □ Général
DVD VF→STF→Cadrage P&S→11,95 $ VF→STF→12,95 $

ALL FALL DOWN ▷3
É.-U. 1962. Drame psychologique de John FRANKENHEIMER avec Brandon deWilde, Eva Marie Saint et Warren Beatty. - Un adolescent découvre que l'admiration qu'il porte à son frère n'est guère justifiée. - Atmosphère bien créée. Mise en scène inventive. Interprétation sensible. □ Général

ALL I WANT [Apprentissage, L'] ▷4
É.-U. 2002. Comédie dramatique de Jeffrey PORTER avec Elijah Wood, Franka Potente et Mandy Moore. - Un collégien de dix-sept ans s'installe dans une maison de chambres où son cœur balancera entre deux jolies voisines.

ALL IN A NIGHT'S WORK ▷4
É.-U. 1961. Comédie de J. ANTHONY avec Dean Martin, Shirley MacLaine et Cliff Robertson. - Les directeurs d'un magazine redoutent un scandale à la suite de la mort de leur fondateur.
DVD VA→STA→Cadrage W→10,95 $

ALL MY LOVED ONES
TCH. 2000. Matej MINAC
DVD STA→29,95 $

ALL MY SONS [Ils étaient tous mes fils] ▷4
É.-U. 1947. Drame d'Irving REIS avec Edward G. Robinson, Burt Lancaster et Mady Christians. - Le fils d'un industriel découvre que son père a livré du matériel défectueux à l'armée pendant la guerre. □ Général

ALL NIGHT LONG ▷5
É.-U. 1981. Comédie de mœurs de Jean-Claude TRAMONT avec Gene Hackman, Barbra Streisand et Dennis Quaid. - Le gérant de nuit d'une pharmacie découvre une liaison entre son fils et une voisine mal mariée, dont il s'éprend à son tour.
DVD VA→17,95 $

ALL OF ME [Solo pour deux] ▷4
É.-U. 1984. Comédie fantaisiste de Carl REINER avec Steve Martin, Lily Tomlin et Victoria Tennant. - À la suite des manigances d'un mystique oriental, un avocat partage son corps avec l'âme d'une millionnaire décédée. □ Général

ALL OR NOTHING ▷4
ANG. 2002. Drame social de Mike LEIGH avec Timothy Spall, Lesley Manville et Alison Garland. - Durant un week-end, les tribulations de trois familles habitant un HLM dans un quartier ouvrier de Londres. □ 13 ans+
DVD VA→STF→Cadrage W→23,95 $

ALL OVER ME ▷4
É.-U. 1997. Drame de mœurs d'Alex SICHEL avec Alison Folland, Tara Subkoff et Cole Hauser. - Laissée un peu pour compte par son amie qui sort avec un macho, une adolescente new-yorkaise découvre sa sexualité au contact d'une chanteuse lesbienne. □ 13 ans+

ALL QUIET ON THE WESTERN FRONT ►2
É.-U. 1930. Drame de guerre de Lewis MILESTONE avec Lew Ayres, Louis Wolheim et Slim Summerville. - Les expériences d'un jeune soldat allemand pendant la Première Guerre mondiale. - Excellente adaptation du roman d'Erich Maria Remarque. Traitement humain des situations. Mise en scène expressive. Interprétation juste
DVD VA→STF→18,95 $

ALL QUIET ON THE WESTERN FRONT ▷4
É.-U. 1979. Drame de guerre de Delbert MANN avec Richard Thomas, Ernest Borgnine et Ian Holm. - Un jeune soldat allemand fait la dure expérience des tranchées pendant la Grande Guerre. □ Général · Déconseillé aux jeunes enfants

ALL SCREWED UP ▷4
ITA. 1974. Comédie de mœurs de Lina WERTMULLER avec Luigi Diberti, Lina Polito et Nino Bignamini. - Divers individus s'installent en communauté dans une vieille maison de rapport perdue au milieu des tours du centre de Milan. □ 13 ans+

ALL THAT HEAVEN ALLOWS ▷3
[Tout ce que le ciel permet]
É.-U. 1955. Drame sentimental de Douglas SIRK avec Jane Wyman, Rock Hudson et Agnes Moorehead. - Une riche veuve songe à se remarier avec un homme plus jeune qu'elle. - Bonne étude de milieu. Traitement savamment mélodramatique. Photographie de grande qualité. Interprétation dans le ton voulu. □ Général
DVD VA→STA→Cadrage W→62,95 $

ALL THAT JAZZ [Que le spectacle commence] ►2
É.-U. 1979. Drame psychologique de Bob FOSSE avec Roy Scheider, Leland Palmer et Ann Reinking. - La vie sentimentale et professionnelle d'un chorégraphe est mise en péril par son acharnement au travail. - Évocation survoltée du monde du «showbiz». Touches autobiographiques. Numéros de danse de style novateur. Très bonne composition de R. Scheider. □ 13 ans+
DVD VF→9,95 $

ALL THE KING'S MEN ▷3
É.-U. 1949. Drame social de Robert ROSSEN avec Broderick Crawford, Mercedes McCambridge et John Ireland. - Après s'être lancé en politique pour lutter contre la prévarication, un gouverneur tombe dans les mêmes travers que ses prédécesseurs. - Grande valeur psychologique et sociale. Rythme soutenu. Mise en scène vigoureuse. Excellents interprètes. □ Général
DVD VF→STF→Cadrage P&S→34,95 $

ALL THE LITTLE ANIMALS ▷4
ANG. 1999. Drame de Jeremy THOMAS avec Christian Bale, John Hurt et Daniel Benzali. - Fuyant son beau-père cruel, un jeune homme simple d'esprit devient le compagnon d'un vieillard misanthrope qui vit dans une cabane en forêt. □ Général · Déconseillé aux jeunes enfants
DVD VA→STA→5,95 $

ALL THE PRESIDENT'S MEN ▷3
[Hommes du président, Les]
É.-U. 1976. Drame social de Alan J. PAKULA avec Dustin Hoffman, Robert Redford et Jason Robards. - L'enquête des journalistes du *Washington Post* Carl Bernstein et Bob Woodward sur les dessous de l'affaire du Watergate. - Approche sobre de style quasi documentaire. Climat de suspense bien créé. Jeu convaincu des acteurs. □ Général
DVD VA→STF→Cadrage W→21,95 $/32,95 $

TWO-DISC SPECIAL EDITION
REDFORD/HOFFMAN
"ALL THE PRESIDENT'S MEN"
At times it looked like it might cost them their jobs, their reputations, and maybe even their lives.

ALL THE PRETTY HORSES [De si jolis chevaux] ▷5
É.-U. 2000. Drame de Billy Bob THORNTON avec Matt Damon, Henry Thomas et Penelope Cruz. - Perdant le ranch familial après la mort de son père, un jeune Texan et son ami se rendent au Mexique à cheval pour trouver du travail. □ Général
DVD VA→STF→Cadrage W→16,95 $

ALL THE QUEEN'S MEN
ALL. 2001. Stefan RUZOWITZKY
DVD VA→STF→16,95 $

ALL THE REAL GIRLS ▷4
É.-U. 2003. Drame sentimental de David Gordon GREEN avec Paul Schneider, Zooey Deschanel et Patricia Clarkson. - Un jeune homme qui collectionne les aventures amoureuses s'éprend de la sœur cadette, encore vierge, de son meilleur ami. □ Général · Déconseillé aux jeunes enfants
DVD VA→34,95 $

ALL THE RIGHT MOVES [Esprit d'équipe, L'] ▷5
É.-U. 1983. Drame social de Michael CHAPMAN avec Lea Thompson, Tom Cruise et Craig T. Nelson. - Un fils d'ouvrier utilise son habileté au football pour obtenir une bourse d'études universitaires.
DVD VF→STA→Cadrage W→9,95 $

ALL THE VERMEERS IN NEW YORK ▷4
É.-U. 1990. Comédie de mœurs de Jon JOST avec Stephen Lack, Emmanuelle Chaulet et Grace Phillips. - Une jeune actrice française vivant à New York rencontre un agent de change durant une exposition des tableaux du peintre Vermeer. □ Général

ALL THESE WOMEN *voir* **Toutes ces femmes**

ALL THINGS FAIR ▷4
SUÈ. 1995. Drame de mœurs Bo WIDERBERG avec Johan Widerberg, Marika Lagercrantz et Tomas von Brömssen. - En 1943, un adolescent devient l'amant de sa nouvelle institutrice pour ensuite se lier d'amitié avec le mari de celle-ci. □ 13 ans+ · Érotisme
DVD STA→Cadrage 16X9→23,95 $

ALL THIS AND HEAVEN TOO [Étrangère, L'] ▷4
É.-U. 1940. Drame de Anatole LITVAK avec Bette Davis, Charles Boyer et Barbara O'Neil. - Un duc amoureux de la gouvernante de ses enfants en vient à tuer sa femme acariâtre.

ALL THROUGH THE NIGHT ▷5
É.-U. 1941. Drame d'espionnage de Vincent SHERMAN avec Humphrey Bogart, Conrad Veidt et Peter Lorre. - Un escroc lutte contre des espions nazis à New York. □ Général

ALL-AMERICAN MURDER [Meurtre à l'américaine] ▷4
É.-U. 1992. Drame policier de Anson WILLIAMS avec Charlie Schlatter, Christopher Walken et Josie Bissett. - Alors qu'il mène sa propre enquête sur le meurtre d'une camarade de classe, un collégien voit les morts suspectes se multiplier autour de lui. □ Non classé

ALLÉE SANGLANTE, L' *voir* **Blood Alley**

ALLEGRO NON TROPPO ▷3
ITA. 1976. Dessins animés de Bruno BOZZETTO. - Un dessinateur s'efforce de mettre sur papier les images que lui inspirent des pièces musicales. - Fantaisies picturales au son de six œuvres classiques. Intégration habile de quelques prises de vue réelles. Approche sympathique et inventive. Ensemble insolite. □ Général
DVD STA→Cadrage W→32,95 $

ALLEMAGNE ANNÉE 90, NEUF ZÉRO ▷4
FR. 1991. Film d'essai de Jean-Luc GODARD avec Hanns Zischler, Eddie Constantine et Claudia Michelsen. - En poste depuis des années dans un village est-allemand, un espion se retrouve laissé à lui-même après la chute du Mur de Berlin. □ Général

ALLEMAGNE ANNÉE ZÉRO [Germany Year Zero] ▷3
ITA. 1949. Drame social de Roberto ROSSELLINI avec Edmund Meschke, Ernest Pittschau et Ingetraud Hintze. - Imbu de principes nazis, un enfant tue son père malade puis se suicide. - Œuvre importante du néoréalisme. Illustration émouvante des effets de la guerre. □ Non classé
DVD VA→37,95 $

ALLER SIMPLE, UN ▷5
FR. 2001. Comédie dramatique de Laurent HEYNEMANN avec Jacques Villeret, Lorant Deutsch et Barbara Schulz. - Un fonctionnaire déprimé raccompagne au Maroc un jeune sans-papier qui est pourtant né en France. □ Général

ALLONSANFAN ▷3
ITA. 1974. Drame historique de Paolo et Vittorio TAVIANI avec Marcello Mastroianni, Lea Massari et Mimsy Farmer. - Après un séjour en prison, un aristocrate est pourchassé par ses anciens camarades d'un groupe révolutionnaire. - Film élaboré au souffle épique et baroque. Décors somptueux. Belle musique. Interprétation ardente. □ Général

ALMOST FAMOUS [Presque célèbre] ▷3
É-U. 2000. Drame de mœurs de Cameron CROWE avec Patrick Fugit, Billy Crudup et Kate Hudson. - Au début des années 1970, un adolescent est engagé par un célèbre magazine américain pour suivre la tournée d'un groupe rock en pleine ascension. - Portrait idéalisé mais attachant d'une époque révolue. Personnages chaleureux. Choix musicaux fort à propos. Excellente distribution. □ Général · Déconseillé aux jeunes enfants
DVD Cadrage W→17,95 $ VF→STF→Cadrage W→17,95 $

ALMOST PERFECT AFFAIR, AN ▷4
[Scandale presque parfait, Un]
É.-U. 1979. Comédie sentimentale de Michael RITCHIE avec Keith Carradine, Monica Vitti et Raf Vallone. - Venu au festival de Cannes pour promouvoir son film, un jeune cinéaste a une liaison avec l'épouse d'un producteur.
DVD VA→13,95 $

ALONG CAME A SPIDER [Masque de l'araignée, Le] ▷5
É.-U. 2001. Drame policier de Lee TAMAHORI avec Morgan Freeman, Monica Potter et Michael Wincott. - Un détective et une agente des services secrets recherchent la fillette d'un sénateur, kidnappée par un criminel avide de célébrité. □ 13 ans+ · Violence
DVD VF→STA→Cadrage W→14,95 $

ALONG CAME JONES ▷4
É.-U. 1945. Western de Stuart HEISLER avec Gary Cooper, Loretta Young et Dan Duryea. - Un inoffensif garçon de ferme est confondu avec un dangereux bandit. □ Général
DVD VA→STF→12,95 $

ALONG CAME POLLY [Voici Polly] ▷5
É.-U. 2004. Comédie sentimentale de John HAMBURG avec Ben Stiller, Jennifer Aniston et Philip Seymour Hoffman. - Effrayé par le risque, un assureur tombe pourtant amoureux d'une ancienne camarade de classe au tempérament excentrique. □ Général
DVD VF→STF→14,95 $

ALONG THE GREAT DIVIDE ▷5
[Corde pour te pendre, Une]
É.-U. 1951. Western de Raoul WALSH avec Kirk Douglas, Virginia Mayo et Walter Brennan. - Un policier sauve du lynchage un vieil homme accusé de meurtre. □ 18 ans+

ALPAGUEUR, L' ▷4
FR. 1976. Drame policier de Philippe LABRO avec Bruno Cremer, Jean-Paul Belmondo et Patrick Fierry. - Un agent spécial est chargé de traquer un meurtrier mystérieux qui supprime tous les témoins de ses crimes. □ Général

ALPHAVILLE ▷3
FR. 1965. Science-fiction de Jean-Luc GODARD avec Anna Karina, Eddie Constantine et Howard Vernon. - Un agent secret est chargé de démasquer un savant qui dirige une ville habitée par des robots. - Style insolite. Monde fantastique bien créé. Mise en scène inventive. □ Général
DVD VF→STA→Cadrage W→46,95 $

ALREADY DEAD *voir* **Déjà mort**

ALTER EGO *voir* **Dead Ringers**

ALTERED STATES [Au-delà du réel] ▷3
É.-U. 1980. Science-fiction de Ken RUSSELL avec William Hurt, Blair Brown et Bob Balaban. - À travers des expériences dangereuses, un professeur d'université subit des transformations physiques inquiétantes. - Adaptation électrisante du roman de Paddy Chayefsky. Fascinantes extrapolations scientifiques. Effets spéciaux impressionnants. Climat hypertendu. Interprétation fébrile. □ 18 ans+
DVD VF→STF→Cadrage W→6,95 $

ALWAYS ▷4
É.-U. 1985. Comédie dramatique réalisée et interprétée par Henry JAGLOM avec Patrice Townsend et Joanna Frank. - Un couple séparé depuis deux ans est temporairement réuni la veille de la fête de l'indépendance américaine. □ 13 ans+
DVD VA→31,95 $

ALWAYS [Pour toujours] ▷4
É.-U. 1989. Drame fantastique de Steven SPIELBERG avec Richard Dreyfuss, Holly Hunter et John Goodman. - Un aviateur mort accidentellement devient l'ange gardien d'un jeune pilote. □ Général
DVD VA→Cadrage W→19,95 $

AMADEUS ►2
É.-U. 1984. Drame psychologique de Milos FORMAN avec F. Murray Abraham, Tom Hulce et Elizabeth Berridge. - Le vieux musicien Salieri s'accuse d'avoir tué Mozart et raconte les circonstances de son forfait. - Adaptation somptueuse d'une pièce à succès. Heureux mélange de psychologie, de satire, d'évocation historique et de spectacle musical. Mise en scène brillante. Comédiens fort talentueux. □ Général
DVD VF→STF→Cadrage W→21,95 $/29,95 $
VF→STF→Cadrage W/16X9→29,95 $

AMANT DE LADY CHATTERLY, L' ▷5
[Lady Chatterly's Lover]
FR. 1955. Drame psychologique de Marc ALLÉGRET avec Danielle Darrieux, Erno Crisa et Léo Genn. - Poussée par son mari infirme à prendre un amant afin de lui donner un fils, une femme se laisse aller à l'attrait qu'exerce sur elle le garde-chasse de son époux. □ Général

AMANT DE NOVEMBRE, L' *voir* **Sweet November**

AMANT DIABOLIQUE, L' *voir* **Demonlover**

AMANT MAGNIFIQUE, L' ▷5
FR. 1986. Drame sentimental d'Aline ISSERMANN avec Hippolyte Girardot, Isabel Otero et Robin Renucci. - La jeune femme d'un éleveur de chevaux quitte son mari pour s'enfuir avec un palefrenier. □ 18 ans+

AMANT, L' *voir* **Lover, The**

AMANTS, LES [Lovers, The] ▷4
FR. 1958. Drame psychologique de Louis MALLE avec Jeanne Moreau, Jean-Marc Bory et Alain Cuny. - Une femme connaît une nuit d'amour avec un invité de son mari.

AMANTS CRIMINELS, LES [Criminal Lovers] ▷5
FR. 1999. Drame de François OZON avec Natacha Régnier, Jérémie Rénier et Miki Manojlovic. - S'étant perdu dans un bois, un couple d'adolescents meurtriers est retenu captif dans la cabane d'un chasseur homosexuel et cannibale.
DVD VF→STA→42,95 $

AMANTS DE VILLA BORGHESE, LES ▷4
[It Happened in the Park]
ITA 1953. Film à sketches de Gianni FRANCIOLINI avec Vittorio de Sica, François Périer et Micheline Presle. - Dans le parc de la Villa Borghese, des amoureux se rencontrent

AMANTS DIABOLIQUES, LES *voir* **Ossessione**

AMANTS DIABOLIQUES, LES *voir* **Kiss or Kill**

AMANTS DU CAPRICORNE, LES *voir* **Under Capricorn**

AMANTS DU CERCLE POLAIRE, LES ▷4
[Lovers of the Artic Circle, The]
ESP. 1998. Drame sentimental de Julio MEDEM avec Fele Martinez, Najwa Nimri et Nancho Novo. - Un adolescent vit avec sa sœur adoptive une relation amoureuse secrète dans laquelle le destin joue un grand rôle. □ Général

AMANTS DU PONT-NEUF, LES ▷3
[Lovers on the Bridge]
FR. 1991. Drame sentimental de Léos CARAX avec Denis Lavant, Juliette Binoche et Klaus Michael Grüber. - Une jeune portraitiste réduite à la clochardisation à la suite d'un amour déçu vit une grande passion avec un jeune sans-abri. - Mélange de mélodrame, de poésie et de constat social. Climat quasi surréaliste. Nombreux flashs fulgurants. □ 13 ans+
DVD VF➔STA➔Cadrage W/16X9➔18,95 $

AMANTS PASSIONNÉS, LES *voir* **Passionate Friends, The**

AMARCORD ►1
ITA. 1973. Chronique de Federico FELLINI avec Bruno Zanin, Magali Noël et Armando Brancia. - Divers incidents marquent la vie d'une petite ville italienne au milieu des années 1930. - Rappel à la fois satirique et nostalgique de l'époque. Suite de tableaux vivants. Mise en images aisée et inventive. Acteurs dirigés de main de maître. □ Général
DVD STA➔Cadrage W➔63,95 $

AMARILLY OF CLOTHESLINE ALLEY
É.-U. 1918. Marshall NEILAN
DVD 49,95 $

AMATEUR ▷4
É.-U. 1994. Drame policier de Hal HARTLEY avec Isabelle Huppert, Martin Donovan et Elina Lowensohn. - À New York, une ancienne religieuse décide de prendre en main un inconnu amnésique qui est impliqué dans des histoires louches. □ 13 ans+

AMATOR [Camera Buff] ▷3
POL. 1979. Drame psychologique de Krzysztof KIESLOWSKI avec Jerzy Stuhr, Malgorzata Zabkowska et Ewa Pokas. - Un employé d'usine qui s'amuse à tourner des films amateurs s'attire des ennuis tant au travail que dans sa vie conjugale. - Vision ironique. Réflexions intéressantes sur les rapports entre l'art et la réalité. Jeu convaincu du protagoniste.
DVD STA➔21,95 $

AMAZING DOCTOR CLITTERHOUSE, THE ▷4
É.-U. 1938. Comédie policière de Anatole LITVAK avec Edward G. Robinson, Humphrey Bogart et Claire Trevor. - Un savant se joint à un groupe de bandits pour étudier les réactions psychologiques des criminels.

AMAZING GRACE
ISR. 1992. Amos GUTMAN □ 13 ans+
DVD STA➔Cadrage P&S➔11,95 $

AMAZING GRACE AND CHUCK [Grace et Chuck] ▷4
É.-U. 1987. Comédie dramatique de Mike NEWELL avec Joshua Zuehlke, William L. Petersen et Gregory Peck. - Un écolier renonce aux sports et fait vœu de silence en signe de protestation contre l'utilisation du nucléaire. □ Général

AMAZING HOWARD HUGHES, THE ▷4
É.-U. 1977. Drame biographique de William A. GRAHAM avec Tommy Lee Jones, Ed Flanders et James Hampton. - La vie et les entreprises du célèbre et excentrique milliardaire américain. □ Général
DVD VA➔Cadrage W➔16,95 $

AMAZON ▷5
FIN. 1991. Aventures de Mika KAURISMÄKI avec Robert Davi, Rae Dawn Chong et Kari Vaananen. - Un veuf qui a quitté la Finlande pour venir vivre au Brésil avec ses deux fillettes connaît diverses mésaventures en Amazonie aux côtés d'un aventurier cinglé. □ Général

AMAZON WOMEN ON THE MOON ▷5
[Cheeseburger Film Sandwich]
É.-U. 1986. Film à sketches de John LANDIS, Joe DANTE, Carl GOTTLIEB, P. HORTON et R.K. WEISS avec Steve Forrest, Joey Travolta et Rosanna Arquette. - Divers incidents étranges se produisent lors de la présentation d'un film de science-fiction par une station de télévision. □ Général
DVD VA➔17,95 $

AMBUSH
FIN. 1999. Olli SAARELA
DVD STA➔24,95 $

ÂME EN JEU, L' [Soul Keeper, The] ▷5
ITA. 2002. Drame biographique de Roberto FAENZA avec Emilia Fox, Iain Glen et Caroline Ducey. - La vie et les amours de la psychiatre russe Sabina Spielrein qui a fondé une maternelle novatrice après avoir été internée dans la clinique où œuvrait Carl Gustav Jung. □ 13 ans+
DVD VA➔Cadrage W➔31,95 $

AMÉLIA
QUÉ. 2004. Édouard LOCK
DVD Cadrage W➔36,95 $

AMELIA EARHART, THE FINAL FLIGHT ▷4
É.-U. 1994. Drame biographique de Yves SIMONEAU avec Diane Keaton, Rutger Hauer et Bruce Dern. - Dans les années 1930, une pionnière de l'aviation se prépare à voler autour de la Terre en suivant l'équateur. □ Général

AMEN. ▷3
FR. 2001. Drame historique de COSTA-GAVRAS avec Ulrich Tukur, Mathieu Kassovitz et Ulrich Mühe. - Un officier SS et un jeune jésuite qui conjuguent leurs efforts pour tenter d'arrêter l'extermination des Juifs se heurtent au silence du Vatican. - Style narratif d'une force tranquille mais persuasive. Mise en scène au pouvoir de suggestion souvent subtil. Interprétation à la fois sobre et fervente. □ Général
DVD VF➔STF➔Cadrage P&S/W➔21,95 $

AMÈRE VICTOIRE *voir* **Bitter Victory**

AMERICA
É.-U. 1924. D. W. GRIFFITH □ Général
DVD 47,95 $

AMERICA BROWN
É.-U. 2004. Paul BLACK
DVD VA➔29,95 $

AMERICA'S SWEETHEARTS [Couple chéri, Le] ▷5
É.-U. 2001. Comédie de Joe ROTH avec John Cusack, Julia Roberts et Catherine Zeta-Jones. - Deux stars sur le point de divorcer doivent se résoudre à simuler une réconciliation pour la promotion de leur dernier film. □ Général
DVD VF➔STF➔Cadrage W➔18,95 $

AMERICA, AMERICA ►2
É.-U. 1963. Drame psychologique d'Elia KAZAN avec Linda Marsh, Stathis Giallelis, Frank Wolff et Katharine Balfour. - En 1896, les tribulations d'un jeune Grec qui surmonte plusieurs obstacles avant de réaliser son rêve d'immigrer aux États-Unis. - Sens profond de l'analyse psychologique. Style à la fois réaliste et poétique. Images d'une grande beauté plastique. Direction d'acteurs remarquable. □ Général

AMÉRICAIN BIEN TRANQUILLE, UN
voir **Quiet American, The**

AMERICAN ASTRONAUT, THE
É.-U. 2001. Cory McABEE
DVD VA➔29,95 $

AMERICAN BEAUTY **[Beauté américaine]** ▷3
É.-U. 1999. Comédie dramatique de Sam MENDES avec Kevin Spacey, Annette Bening et Thora Birch. - Un père de famille bouleverse l'existence de son entourage en rejetant le conformisme dans lequel il vit. - Dosage habile de satire décapante et de drame intense. Propos nuancé. Réalisation fort inventive. Excellents comédiens. □ 13 ans+
DVD VA➔STA➔Cadrage W➔15,95 $

AMERICAN BUFFALO ▷5
É.-U. 1996. Drame psychologique de Michael CORRENTE avec Dustin Hoffman, Dennis Franz et Sean Nelson. - Un collectionneur et son camarade élaborent un plan pour récupérer une pièce de monnaie de collection. □ Général
DVD Cadrage W➔21,95 $

AMERICAN DREAMZ ▷5
É.-U. 2006. Comédie satirique de Paul WEITZ avec Hugh Grant, Dennis Quaid et Mandy Moore. - Juré invité à la finale d'un populaire concours télévisé, le président des États-Unis est menacé par un candidat arabe membre d'une cellule terroriste.

AMERICAN FLYERS ▷4
É.-U. 1985. Drame sportif de John BADHAM avec Kevin Costner, David Grant et Rae Dawn Chong. - Bien qu'il pense souffrir d'une maladie mortelle, un passionné de cyclisme accepte de participer à une course exigeante avec son frère médecin. □ Général

AMERICAN FRIEND, THE *voir* **Ami américain, L'**

AMERICAN GIGOLO ▷4
É.-U. 1980. Drame de mœurs de Paul SCHRADER avec Richard Gere, Lauren Hutton et Hector Elizondo. - Un gigolo épris de la femme d'un politicien est compromis dans une affaire de meurtre. □ 18 ans+
DVD VF➔STA➔Cadrage W➔19,95 $

AMERICAN GRAFFITI **[Graffiti américains]** ▷3
É.-U. 1973. Étude de mœurs de George LUCAS avec Richard Dreyfuss, Ron Howard et Paul Le Mat. - Au cours d'une nuit d'été, quatre adolescents connaissent diverses mésaventures. - Évocation réussie du climat du début des années 1960. Impression de vie et d'authenticité. Trame musicale appropriée. Interprétation naturelle. □ Général

AMERICAN GUN
É.-U. 2002. Alan JACOBS
DVD VA➔Cadrage W/16X9➔13,95 $

AMERICAN HEART ▷4
É.-U. 1991. Drame de Martin BELL avec Jeff Bridges, Edward Furlong et Lucinda Jenny. - À sa sortie de prison, un truand repenti éprouve de la difficulté à s'adapter à sa nouvelle vie auprès de son fils adolescent. □ Général
DVD VA➔Cadrage P&S➔17,95 $

AMERICAN HISTORY X **[Génération X-trême]** ▷5
É.-U. 1998. Drame social de Tony KAYE avec Edward Norton, Edward Furlong et Fairuza Balk. - À sa sortie de prison, un ancien skinhead repenti s'efforce de ramener sur le droit chemin son frère cadet, qui a suivi ses traces. □ 16 ans+ · Violence
DVD Cadrage W➔15,95 $

AMERICAN HAUNTING, AN ▷5
É.-U. 2005. Drame fantastique de Courtney SOLOMON avec Donald Sutherland, Sissy Spacek et Rachel Hurd-Wood. - En 1817 au Tennessee, un esprit maléfique hante une famille d'exploitants forestiers et violente la fille aînée.

AMERICAN IN PARIS, AN **[Américain à Paris, Un]** ►2
É.-U. 1951. Comédie musicale de Vincente MINNELLI avec Gene Kelly, Leslie Caron et Oscar Levant. - Un jeune peintre américain vivant à Paris s'éprend d'une vendeuse fiancée à un chanteur. - Danses d'une richesse d'invention remarquable sur des musiques de George Gershwin. Ballet inspiré de peintures célèbres. Mise en scène brillante. Interprétation pleine d'aisance. □ Général
DVD VF➔STF➔21,95 $

AMERICAN MADNESS ▷3
É.-U. 1932. Drame de Frank CAPRA avec Walter Huston, Pat O'Brien et Kay Johnson. - Durant la Dépression, un banquier se démène afin de regagner la confiance des clients qui voient d'un mauvais œil les pertes encourues à la suite d'un cambriolage. - Amalgame réussi de critique sociale et de mélodrame. Approche réaliste. □ Général

AMERICAN ME **[Sans rémission]** ▷4
É.-U. 1992. Drame social réalisé et interprété par Edward James OLMOS avec William Forsythe et Pepe Serna. - Dans une prison de Los Angeles, un détenu forme un puissant gang qui va imposer sa loi jusqu'à l'extérieur de l'établissement. □ 18 ans+
DVD VF➔15,95 $

AMERICAN NINJA ▷6
É.-U. 1985. Aventures de Sam FIRSTENBERG avec Michael Dudikoff, Judie Aronson et Steve James. - Caserné aux Philippines, un jeune militaire américain doué pour les arts martiaux affronte des trafiquants d'armes.
DVD VA➔STF➔Cadrage W➔11,95 $

AMERICAN PIE **[Folies de graduation]** ▷5
É.-U. 1999. Comédie de mœurs de Paul WEITZ avec Chris Klein, Jason Biggs et Thomas Ian Nicholas. - À l'approche du bal des finissants, quatre adolescents décident de tout mettre en œuvre pour perdre leur virginité. □ 13 ans+
DVD Cadrage W➔17,95 $

AMERICAN POP **[Pop américain]** ▷4
É.-U. 1980. Dessins animés de Ralph BAKSHI. - Histoire-express de l'évolution de la musique à travers les générations d'une même famille. □ 13 ans+
DVD Cadrage W➔23,95 $

AMERICAN PRESIDENT, THE ▷5
[Président américain, Un]
É.-U. 1995. Comédie sentimentale de Rob REINER avec Michael Douglas, Annette Bening et Martin Sheen. - Le président des États-Unis a maille à partir avec ses adversaires politiques lorsqu'il s'engage dans une liaison amoureuse avec une jeune célibataire. □ Général
DVD VA➔STF➔Cadrage W➔9,95 $

AMERICAN PSYCHO ▷4
É.-U. 2000. Drame de Mary HARRON avec Christian Bale, Willem Dafoe et Reese Witherspoon. - Un jeune yuppie narcissique, raffiné et matérialiste se transforme la nuit venue en tueur en série sadique.
DVD Cadrage W➔13,95 $ VA➔Cadrage W➔18,95 $

AMERICAN SOLDIER, THE
voir **Soldat américain, un**

AMERICAN SPLENDOR ▷3
[American Splendor: la vie d'Harvey Pekar]
É.-U. 2003. Drame biographique de Shari SPRINGER BERMAN et Robert PULCINI avec Paul Giamatti, Hope Davis et Harvey Pekar. - Évocation de la vie et de l'œuvre du créateur américain de bandes dessinées Harvey Pekar. Brillant amalgame de documentaire, de fiction et d'animation. Regard lucide empreint de fantaisie sur un artiste aux comportements étranges. □ Général
DVD VA➔Cadrage W➔11,95 $

AMERICAN TAIL, AN ▷4
[Fievel et le nouveau monde]
É.-U. 1986. Dessins animés de Don BLUTH. - Séparé des siens au cours de la traversée de souris russes en Amérique, un souriceau en quête de ses parents tombe sous les griffes de chats maraudeurs. □ Général

AMERICAN WEREWOLF IN LONDON ▷5
É.-U. 1981. Drame d'horreur de John LANDIS avec David Naughton, Jenny Agutter et Griffin Dunne. - Un étudiant attaqué par une bête est condamné à se transformer en loup-garou. □ 13 ans+
DVD VA➔STF➔Cadrage W➔9,95 $

AMERICAN WEREWOLF IN PARIS ▷5
[Loup-garou de Paris, Le]
É.-U. 1997. Drame d'horreur d'Anthony WALLER avec Tom Everett Scott, Julie Delpy et Vince Vieluf. - En vacances à Paris avec des copains, un adolescent américain est mordu par un loup-garou. □ 13 ans+
DVD 10,95 $

AMERICAN WOMEN ▷5
IRL. 1999. Comédie de mœurs d'Aileen RITCHIE avec Ian Hart, Niamh Cusack et Sean McGinley. - Dans un village côtier irlandais, cinq célibataires placent une annonce dans un journal de Miami afin de recruter des Américaines pour les marier. □ Général

AMÉRIQUE DES AUTRES, L' ▷4
[Someone Else's America]
FR. 1995. Comédie dramatique de Goran PASKALJEVIC avec Tom Conti, Miki Manojlovic et Maria Casarès. - À New York, l'amitié entre un immigrant illégal yougoslave et un tenancier de bar d'origine espagnole qui lui donne du travail au noir. □ Général

AMI AMÉRICAIN, L' [American Friend, The] ►2
ALL. 1977. Drame policier de Wim WENDERS avec Bruno Ganz, Dennis Hopper et Gérard Blain. - Sous l'influence d'un Américain, un encadreur de Hambourg devient tueur à gages. - Suspense assaisonné de touches insolites. Évolution fascinante des rapports entre les personnages. Atmosphère envoûtante. Mise en scène recherchée. Interprétation solide. □ Général
DVD VA→STA→28,95 $

AMI DE MON AMIE, L' [Boyfriends and Girlfriends] ▷3
FR. 1987. Comédie sentimentale d'Éric ROHMER avec Emmanuelle Chaulet, Sophie Renoir et Éric Viellard. - Les tribulations sentimentales de quatre jeunes gens vivant dans une ville nouvelle près de Paris. - Traitement ironique et léger. Analyse lucide des rapports amoureux. Illustration fort agréable. Jeunes interprètes traçant en souplesse les figures d'un charmant quadrille sentimental et psychologique. □ Général
DVD VF→STA→Cadrage P&S→56,95 $

AMI DE VINCENT, L' ▷5
FR. 1983. Drame psychologique de Pierre GRANIER-DEFERRE avec Philippe Noiret, Jean Rochefort et Françoise Fabian. - L'amitié de deux musiciens est mise en péril lorsque l'un découvre la conduite frivole de l'autre. □ Général

AMICHE, LE *voir* **Femmes entre elles**

AMIE, L' [Sheer Madness] ▷3
ALL. 1983. Drame psychologique de Margarethe VON TROTTA avec Hanna Schygulla, Angela Winkler et Peter Striebeck. - Une universitaire allemande se lie d'amitié avec une compatriote qu'elle sauve du suicide. - Sujet intéressant. Argument féministe un peu trop sensible. Mise en scène vigoureuse. Jeu intense de A. Winkler. □ Général

AMIS DE PETER, LES *voir* **Peter's Friends**

AMIS ET VOISINS *voir* **Your Friends & Neighbors**

AMISTAD ▷4
É.-U. 1997. Drame historique de Steven SPIELBERG avec Djimon Hounsou, Morgan Freeman et Anthony Hopkins. - En 1839, aux États-Unis, des esclaves africains accusés de mutinerie subissent un procès teinté de considérations politiques. □ 13 ans+
DVD VA→Cadrage W→15,95 $

AMITYVILLE HORROR, THE ▷5
É.-U. 1979. Drame d'horreur de Stuart ROSENBERG avec James Brolin, Margot Kidder et Rod Steiger. - D'étranges incidents inquiètent une famille qui vient d'emménager dans une maison où des meurtres ont été commis. □ 13 ans+
DVD VA→STF→12,95 $

AMITYVILLE HORROR, THE ▷5
É.-U. 2005. Drame d'horreur d'Andrew DOUGLAS avec Jesse James, Ryan Reynolds et Melissa George. - Après avoir emménagé dans une maison qui a été le théâtre de plusieurs meurtres, une famille est soumise à des expériences terrifiantes. □ 13 ans+ · Horreur
DVD VF→STF→Cadrage W→26,95 $

AMITYVILLE II : THE POSSESSION ▷5
É.-U. 1982. Drame fantastique de Damiano DAMIANI avec James Olson, Jack Magner et Diane Franklin. - Installé depuis peu avec sa famille en Nouvelle-Angleterre, un garçon semble habité par un esprit malin qui le pousse à des actes pervers.
DVD VA→12,95 $

AMNÉSIE - L'ÉNIGME JAMES BRIGHTON ▷5
CAN. 2005. Drame de mœurs de Denis LANGLOIS avec Dusan Dukik, Karyne Lemieux et Norman Helms. - Un an après les faits, une étudiante s'intéresse au cas d'un jeune Américain gay retrouvé nu et amnésique à Montréal. □ 13 ans+
DVD VA→33,95 $

AMOK, IVRE D'AMOUR ▷5
FR. 1992. Drame sentimental de Joël FARGES avec Andrzej Seweryn, Fanny Ardant et Bernard Le Coq. - En 1939, au fin fond de l'Inde, un médecin allemand poursuit désespérément de ses avances la femme d'un notable qui veut se faire avorter en secret. □ Général

AMOR BANDIDO ▷4
BRÉ. 1982. Drame policier de Bruno BARRETO avec Paulo Gracindo, Cristina Ache et Paulo Guarnieri. - La fille prostituée d'un policier de Copacabana est entraînée dans le crime par un bandit notoire devenu son amant. □ 16 ans+

AMOR BRUJO, EL *voir* **Amour sorcier, L'**

AMORES PERROS *voir* **Amours chiennes**

AMOS & ANDREW ▷5
É.-U. 1993. Comédie policière de E. Max FRYE avec Nicolas Cage, Samuel L. Jackson et Dabney Coleman. - Les mésaventures d'un dramaturge de race noire qui a été pris pour un cambrioleur alors qu'il se trouvait dans sa nouvelle demeure. □ Général
DVD VF→STF→Cadrage W→11,95 $

AMOUR [Love] ►2
HON. 1970. Drame psychologique de Karoly MAKK avec Lili Darvas, Mari Tocrocsik et Ivan Darvas. - À Budapest, en 1953, une jeune femme cache à sa belle-mère que son fils est en prison pour raisons politiques. - Film nuancé marqué de pudeur et de retenue. Images mentales évocatrices habilement insérées. Jeu admirablement maîtrisé des interprètes. □ Général
DVD STA→29,95 $

AMOUR À LA VILLE, L' [Love in the City] ▷3
ITA. 1956. Film à sketches de Michelangelo ANTONIONI, Federico FELLINI, Dino RISI, Alberto LATTUADA, Carlo LIZZANI, Francesco MASELLI et Cesare ZAVATTINI - Six tableaux présentant une certaine vision de l'amour et de ses conséquences. - Tentative néoréaliste originale et souvent poignante. Ensemble traité dans le style d'un reportage. □ Non classé

AMOUR À SEIZE ANS, L' *voir* **Sixteen Candles**

AMOUR AVEC DES GANTS, L' [Volere, Volare] ▷4
ITA. 1991. Comédie fantaisiste de Maurizio NICHETTI et Guido MANULI avec Maurizio Nichetti, Angela Finocchiaro et Patrizio Roversi. - Alors qu'il s'éprend d'une call-girl aux clients très spéciaux, un bruiteur se métamorphose peu à peu en dessin animé. □ Général

AMOUR BLESSÉ, L' ▷3
QUÉ. 1975. Drame psychologique de Jean-Pierre LEFEBVRE avec Louise Cuerrier. - Après une journée de travail, une jeune femme trouve une distraction en écoutant à la radio une tribune téléphonique. - Suite de longs plans fixes. Richesse d'observation. Bande sonore bien étoffée. Interprétation juste et nuancée.
DVD VF→28,95 $

AMOUR CAPTIF *voir* **Captives**

AMOUR COMME ÇA, UN *voir* **A Lot Like Love**

AMOUR CONJUGAL, L' ▷4
FR. 1995. Drame de mœurs de Benoît BARBIER avec Sami Frey, Caroline Sihol et Pierre Richard. - En 1629, un chevalier déchu et sa nouvelle épouse au passé secret fomentent des projets de vengeance contre leurs ennemis. □ 13 ans+

AMOUR DANGEREUX, L' [Trop plein d'amour]
FR. 2003. Steve SUISSA
DVD VF➔STA➔Cadrage W/16X9➔36,95 $

AMOUR DE COCCINELLE, UN *voir* **Love Bug, The**

AMOUR DE CHIEN, UN *voir* **Dog Gone Love**

AMOUR DE JEANNE NEY, L' *voir* **Love of Jeanne Ney, The**

AMOUR DE PLUIE, UN ▷5
FR. 1973. Drame sentimental de Jean-Claude BRIALY avec Romy Schneider, Nino Castelnuovo et Bénédicte Bucher. - Alors qu'elles sont en vacances, une jeune femme mariée et sa fille connaissent toutes deux une aventure. □ Général

AMOUR DE PROF, UN *voir* **Stepping Out**

AMOUR DE SWANN, UN [Swann in Love] ▷4
FR. 1983. Drame psychologique de Volker SCHLÖNDORFF avec Jeremy Irons, Ornella Muti et Alain Delon. - Un aristocrate, pris d'une passion ardente pour une demi-mondaine, cherche à la retrouver au long d'une journée particulière. □ 13 ans+
DVD VF➔STA➔Cadrage W➔23,95 $

AMOUR EN ALLEMAGNE, UN [Love in Germany, A] ▷4
ALL. 1983. Drame de mœurs d'Andrzej WAJDA avec Piotr Lysak, Hanna Schygulla et Marie-Christine Barrault. - En 1941, dans un village allemand, les conséquences dramatiques de la liaison d'une épicière avec un prisonnier de guerre polonais. □ 13 ans+

AMOUR EN CHAIR ET EN OS, L'
voir **Love, Sex and Eating the Bones**

AMOUR EN FUITE, L' [Love on the Run] ▷4
FR. 1978. Comédie sentimentale de François TRUFFAUT avec Jean-Pierre Léaud, Marie-France Pisier et Dorothée. - Un jeune homme instable retrouve une femme qu'il a aimée lorsqu'il était adolescent. □ Général
DVD VF➔STA➔22,95 $

AMOUR EN TROP, L' *voir* **Rich in Love**

AMOUR EST LE PLUS FORT, L' *voir* **Voyage in Italy**

AMOUR EST UN POUVOIR SACRÉ, L' ►2
[Breaking the Waves]
DAN. 1996. Mélodrame de Lars VON TRIER avec Emily Watson, Stellan Skarsgard et Katrin Cartlidge. - Une jeune Écossaise vivant dans une communauté rigoriste accepte d'aller avec d'autres hommes en espérant favoriser ainsi la guérison de son mari devenu paraplégique. - Œuvre extrêmement bouleversante. Récit déroutant où le sordide côtoie la grâce pure. Mise en scène experte. Interprétation extraordinaire d'E. Watson. □ 16 ans+

AMOUR EST UNE GRANDE AVENTURE, L'
voir **Skin Deep**

AMOUR ET UN .45, L' *voir* **Love and a .45**

AMOUR ÉTRANGER, L' *voir* **Foreign Student**

AMOUR FOU, L' *voir* **Mad Love**

AMOUR INFINI, UN *voir* **Endless Love**

AMOUR INTERDIT, UN ▷5
FR. 1984. Drame de mœurs de Jean-Pierre DOUGNAC avec Fernando Rey, Saverio Marconi et Brigitte Fossey. - Au XVIIIe siècle, un orphelin adopté par un riche banquier italien accepte d'épouser une parente de celui-ci, tout en poursuivant une liaison secrète avec une autre femme. □ 13 ans+

AMOUR L'APRÈS-MIDI, L' [Chloe in the Afternoon] ▷3
FR. 1972. Drame psychologique d'Éric ROHMER avec Bernard Verley, Zouzou et Françoise Verley. - La rencontre d'une ancienne amie permet à un homme de faire une mise au point sur sa vie conjugale. - Ensemble élégant et précis. Nuances psychologiques bien exprimées.
DVD 29,95 $

AMOUR MUET, UN *voir* **Silent Love, A**

AMOUR NU, L' ▷3
FR. 1981. Drame psychologique de Yannick BELLON avec Marlène Jobert, Jean-Michel Folon et Zorica Lozic. - Découvrant qu'elle souffre d'une tumeur au sein, une femme rompt une idylle naissante avec un divorcé. - Scénario plausible. Évocation complexe du contexte sociologique. □ Général

AMOUR POURSUITE, L' *voir* **Love at large**

AMOUR SORCIER, L' [Amor brujo, El] ▷3
ESP. 1986. Drame musical de Carlos SAURA avec Antonio Gades, Cristina Hoyos et Laura del Sol. - Une gitane obsédée par le fantôme de son mari est courtisée par l'homme qui est injustement accusé de sa mort. - Adaptation d'un ballet de Manuel de Falla. Danses flamencos bien réglées. - Mélange de réalisme et de stylisation. □ Général

AMOUR TABOU, L' *voir* **Close My Eyes**

AMOUR VIENT EN DANSANT, L'
voir **You'll Never Get Rich**

AMOUR VIOLÉ, L' ▷3
FR. 1977. Drame social de Yannick BELLON avec Nathalie Nell, Michèle Simonnet et Alain Fourès. - Enlevée et violée par quatre inconnus, une infirmière décide d'intenter une poursuite. - Traitement humain d'un sujet délicat. Rythme soutenu. Interprétation intelligente.

AMOUR, DÉLICES ET... GOLF *voir* **Caddy, The**

AMOUR, OBSESSION ET UNIFORME
voir **I Love a Man in Uniform**

AMOUREUSE ▷4
FR. 1991. Drame psychologique de Jacques DOILLON avec Charlotte Gainsbourg, Yvan Attal et Thomas Langmann. - Une jeune fille hésite entre deux amoureux. □ 13 ans+

AMOUREUSE, L' *voir* **Grasshopper, The**

© Alliance Atlantis Vivafilm

AMOUREUSES, LES ▷4
QUÉ. 1992. Drame sentimental de Johanne PRÉGENT avec Louise Portal, Léa-Marie Cantin et Kenneth Welsh. - Alors que sa meilleure amie vient de tomber amoureuse, une quadragénaire connaît pour sa part des difficultés dans sa vie de couple. □ Général

AMOUREUX FOU ▷5
QUÉ. 1991. Comédie sentimentale de Robert MÉNARD avec Rémy Girard, Nathalie Gascon et Jean Rochefort. - Un publicitaire marié s'engage dans une idylle avec une actrice en vue, ce qui lui amène bientôt de nombreux ennuis. □ Général

AMOUREUX, LES *voir* **Loving Couples**

AMOURS CHAMPÊTRES *voir* **Country Life**

AMOURS CHIENNES [Amores Perros] ►2
MEX. 2000. Drame de mœurs d'Alejandro GONZÁLEZ IÑÁRRITU avec Emilio Echevarria, Gael Garcia Bernal et Goya Toledo. - Trois récits se déroulant à Mexico mettent en lumière les destins tragiques de divers personnages. - Intrigues parallèles aux ramifications sociales et psychologiques riches et complexes. Traitement stylistique varié et percutant. Grande maîtrise esthétique. Interprétation vibrante et vigoureuse. □ 16 ans+ · Violence
DVD VF→STF→Cadrage W→21,95 $

AMOURS D'UNE BLONDE, LES ►2
TCH. 1965. Comédie sentimentale de Milos FORMAN avec Hana Brejchova, Vladimir Pucholt et Vladimir Mensik. - Une jeune ouvrière s'éprend d'un pianiste de son âge à l'occasion d'une fête de village. - Gentille ironie. Observations humoristiques judicieuses. Traitement alerte et aéré. Mise en scène de qualité. Interprétation juste et naturelle. □ Non classé
DVD STA→41,95 $

AMOURS DE CARMEN, LES
voir **Loves of Carmen, The**

AMOURS, FLIRT ET CALAMITÉS
voir **Flirting with Disaster**

AMSTERDAM KILL, THE [De la neige sur les tulipes] ▷5
H.K. 1977. Drame policier de Robert CLOUSE avec Robert Mitchum, Bradford Dillman et George Cheung. - Un ex-policier remonte la filière d'un trafic de stupéfiants. □ 13 ans+

AMSTERDAMNED [Amsterdamné] ▷4
HOL. 1988. Drame policier de Laurent GEELS et Dick MAAS avec Huub Stapel, Monique Van de Ven et Serge-Henri Valke. - Un détective enquête sur une série de crimes dont le coupable vivrait sur les canaux d'Amsterdam. □ Non classé

ANALYSE FATALE *voir* **Final Analysis**

ANALYZE THAT [Analyse-moi ceci] ▷5
É.-U. 2002. Comédie policière de Harold RAMIS avec Billy Crystal, Robert De Niro et Joe Viterelli. - À sa sortie de prison, un gangster notoire ayant feint une dépression nerveuse est placé sous la protection d'un psychiatre qui l'a déjà traité. □ 13 ans+
DVD VF→STF→Cadrage W→9,95 $

ANALYZE THIS [Analyse-moi ça] ▷4
É.-U. 1999. Comédie policière de Harold RAMIS avec Billy Crystal, Robert De Niro et Lisa Kudrow. - Un psychanalyste new-yorkais en vient, bien malgré lui, à traiter un gangster notoire en proie à des crises d'angoisse. □ Général · Déconseillé aux jeunes enfants
DVD VF→STA→Cadrage W→11,95 $

ANARCHIST COOKBOOK, THE
É.-U. 2002. Jordan SUSMAN
DVD VA→STA→Cadrage W→34,95 $

ANARCHISTES OU LA BANDE À BONNOT, LES ▷3
FR. 1969. Drame policier de Philippe FOURASTIÉ avec Jacques Brel, Bruno Cremer et Annie Girardot. - En 1911, un groupe d'anarchistes se met à commettre des vols. - Reconstitution soignée d'un fait divers et de son contexte d'époque. Effort de stylisation. □ Non classé

ANASTASIA ▷4
É.-U. 1956. Drame de Anatole LITVAK avec Ingrid Bergman, Yul Brynner et Akim Tamiroff. - Des émigrés russes persuadent une amnésique qu'elle est la grande duchesse Anastasia, fille du dernier tsar. □ Général
DVD VF→STA→Cadrage W→14,95 $

ANASTASIA ▷4
É.-U. 1997. Dessins animés de Don BLUTH et Gary GOLDMAN. - Une jeune orpheline démunie qui ne se souvient plus de son passé en vient à découvrir qu'elle est née princesse. □ Général
DVD VF→Cadrage W→22,95 $

ANATOMIE D'UN LIVREUR ▷4
FR. 1971. Comédie de mœurs de Claude FARALDO avec Marie Dubois, Julian Negulesco, Paul Crauchet. - Un jeune livreur héberge son père devenu veuf et partage sa femme avec lui. □ 18 ans+

ANATOMIE DE L'ENFER [Anatomy of Hell] ▷4
FR. 2003. Drame de mœurs de Catherine BREILLAT avec Alexandre Belin, Amira Casar et Rocco Siffredi. - Pendant quatre nuits, une jeune femme paie un homosexuel pour qu'il l'observe dans son intimité physique et spirituelle la plus profonde. □ 18 ans+ · Érotisme
DVD VF→STA→Cadrage W→31,95 $

ANATOMY [Anatomie] ▷5
ALL. 2000. Drame d'horreur de Stefan RUZOWITZKY avec Franka Potente, Benno Fuermann et Anna Loos. - Une étudiante en anatomie découvre que son école est le théâtre d'étranges expériences médicales.
DVD VF→STF→Cadrage W→9,95 $

ANATOMY 2 [Anatomie 2] ▷5
ALL. 2003. Drame d'horreur de Stefan RUZOWITZKY avec Barnaby Metschurat, Herbert Knaup et Heike Makatsch. - Un jeune interne se joint à l'entourage d'un éminent chirurgien qui se livre à des expériences médicales interdites.

ANATOMY OF A MURDER [Autopsie d'un meurtre] ▷3
É.-U. 1959. Drame de Otto PREMINGER avec James Stewart, Lee Remick et Ben Gazzara. - Un avocat défend un lieutenant accusé d'avoir commis un meurtre par jalousie. - Vision critique de l'appareil judiciaire. Scénario intelligemment construit. Réalisation équilibrée et efficace. Interprétation brillante. □ Général
DVD 34,95 $

ANCHORESS ▷4
BEL. ANG. 1993. Drame religieux de Chris NEWBY avec Natalie Morse, Eugène Bervoerts et Toyah Wilcox. - Au XIVe siècle, une adolescente qui a été frappée d'une révélation en contemplant une statue de la Vierge décide de vivre en recluse. □ Général
DVD Cadrage W→26,95 $

ANCHORMAN: THE LEGEND OF RON BURGUNDY ▷5
[Présentateur vedette: Ron Burgundy]
É.-U. 2004. Comédie d'Adam McKAY avec Will Ferrell, Christina Applegate et Paul Rudd. - Dans les années 1970, un lecteur de nouvelles macho et incompétent voit d'un mauvais œil l'arrivée d'une journaliste ambitieuse dans son équipe.
DVD VF→STF→Cadrage W/16X9→22,95 $

ANCHORS AWEIGH ▷4
É.-U. 1944. Comédie musicale de George SIDNEY avec Gene Kelly, Frank Sinatra et Kathryn Grayson. - Les mésaventures de deux marins qui prétendent être les amis d'un célèbre pianiste. □ Général
DVD VF→STA→21,95 $

AND GOD CREATED WOMAN ▷5
É.-U. 1987. Drame de mœurs de Roger VADIM avec Rebecca De Mornay, Vincent Spano et Frank Langella. - Une jeune détenue convainc un menuisier de l'épouser afin qu'elle puisse être libérée sur parole. □ Général
DVD VA→17,95 $

AND GOD CREATED WOMAN
voir **Et Dieu créa la femme**

AND JUSTICE FOR ALL **[Justice pour tous]** ▷4
É.-U. 1979. Drame judiciaire de Norman JEWISON avec Al Pacino, Jack Warden et John Forsythe. - Un avocat contestataire se voit forcé de défendre un juge contre une accusation de viol. □ 13 ans+
DVD Cadrage W→10,95 $

AND LIFE GOES ON... **[Life, and Nothing More]** ▷3
IRAN. 1992. Drame d'Abbas KIAROSTAMI avec Farhad Kheradmand et Puya Paevar. - Au lendemain d'un tremblement de terre qui dévasta l'Iran, un cinéaste part à la recherche de l'enfant qui fut la vedette de l'un de ses films. - Récit se situant entre le documentaire et la fiction. Mise en scène épurée. □ Général

AND NOW FOR SOMETHING COMPLETELY DIFFERENT ▷4
ANG. 1971. Film à sketches de Ian McNAUGHTON avec Graham Chapman, John Cleese et Terry Gilliam. - Assemblage de situations absurdes et de plaisanteries outrées présentées sous forme de saynètes et de séquences d'animation. □ Général
DVD Cadrage W→23,95 $

AND NOW LADIES & GENTLEMEN ▷5
FR. 2002. Comédie dramatique de Claude LELOUCH avec Jeremy Irons, Patricia Kaas et Thierry Lhermitte. - Le destin réunit un gentleman cambrioleur qui fait le tour du monde à la voile et une chanteuse qui se produit dans un palace au Maroc.
DVD VF→STF→Cadrage W/16X9→15,95 $

AND THE BAND PLAYED ON ▷4
[Combat pour l'amour, Un]
É.-U. 1993. Chronique de Roger SPOTTISWOODE avec Alan Alda, Matthew Modine et Patrick Bachau. - Les efforts accomplis par un groupe de chercheurs pour identifier l'origine et la nature du virus du sida. □ Général
DVD VA→STF→Cadrage P&S→16,95 $

AND THE SHIP SAILS ON *voir* **Et vogue le navire !**

AND THEN THERE WERE NONE ▷3
É.-U. 1947. Drame policier de René CLAIR avec Barry Fitzgerald, Louis Hayward et Walter Huston. - Dix personnes réunies dans un lieu coupé de tout sont tuées l'une après l'autre par un mystérieux assassin. - Adaptation ingénieuse d'un roman d'Agatha Christie. Mise en scène fort soignée. Rythme bien soutenu. Interprétation homogène. □ Général
DVD VA→32,95 $

AND THEN THERE WERE NONE *voir* **Ten Little Indians**

AND THEN YOU DIE ▷4
CAN. 1987. Drame policier de Francis MANKIEWICZ avec Kenneth Welsh, R.H. Thomson et Pierre Chagnon. - Un important trafiquant de drogues s'entend avec des motards pour éliminer un mafioso dont il convoite le territoire. □ 13 ans+

AND YOUR MOTHER TOO *voir* **Et... ta mère aussi**

ANDERSON TAPES, THE **[Dossier Anderson, Le]** ▷4
É.-U. 1971. Drame policier de Sidney LUMET avec Sean Connery, Dyan Cannon et Martin Balsam. - À sa sortie de prison, un homme prépare un coup d'envergure. □ 13 ans+

ANDERSONVILLE ▷4
É.-U. 1996. Drame de guerre de John FRANKENHEIMER avec Jarrod Emick, Frederic Forrest et Ted Marcoux. - Durant la guerre de Sécession, des milliers de soldats nordistes vivent de terribles épreuves dans un camp d'internement.
DVD VF→STF→Cadrage W→16,95 $

ANDREI RUBLEV ►1
U.R.S.S. 1966. Drame historique d'Andrei TARKOVSKY avec Anatoli Solonitzine, Ivan Lapikov et Nikolai Sergueiev. - Les tribulations d'un peintre d'icônes dans la Russie du XVe siècle. - Œuvre d'une grande richesse thématique et esthétique, faite de grandeur et de lyrisme. Évocation faisant se côtoyer mysticisme et barbarie. Utilisation remarquable des mouvements de caméra. Imagerie à la beauté saisissante. Interprétation inspirée. □ 13 ans+
DVD STA→Cadrage W→69,95 $

ANDROID **[Androïde]** ▷4
É.-U. 1982. Science-fiction de Aaron LIPSTADT avec Don Opper, Klaus Kinski et Brie Howard. - En 2036, un savant expérimentant des robots à forme humaine reçoit dans sa station orbitale des évadés dont il compte se servir. □ Général
DVD VA→17,95 $

ANDROMEDA STRAIN, THE ▷3
É.-U. 1971. Science-fiction de Robert WISE avec Arthur Hill, David Wayne et James Olson. - Dans un laboratoire ultra-secret, quatre spécialistes s'efforcent d'isoler un virus dangereux venu de l'espace. - Ton d'observation documentaire sobre et rigoureux. Personnages estompés par les décors et trucages. Excellents moments de suspense. Comédiens de talent. □ Général
DVD VA→18,95 $

ANDY WARHOL'S DRACULA **[Blood for Dracula]** ▷4
ITA. 1974. Drame d'horreur de Paul MORRISSEY avec Udo Kier, Joe Dallesandro et Vittorio De Sica. - Le comte Dracula se rend en Italie à la recherche de vierges dont le sang seul peut le maintenir en existence. □ 16 ans+
DVD Cadrage W→64,95 $

ANDY WARHOL'S FRANKENSTEIN ▷5
[Chair pour Frankenstein]
ITA. 1973. Drame d'horreur de Paul MORRISSEY avec Monique Van Vooren, Udo Kier et Joe Dallesandro. - Le baron Frankenstein poursuit des expériences pour arriver à créer une race supérieure. □ 18 ans+
DVD VA→Cadrage W→62,95 $

ANGE BLEU, L' **[Blue Angel, The]** ►1
ALL. 1930. Drame psychologique de Josef VON STERNBERG avec Marlene Dietrich, Emil Jannings et Hans Albers. - Un professeur de collège connaît la déchéance après être devenu amoureux d'une chanteuse de cabaret. - Œuvre marquante du début du parlant. Réalisation magistrale alliant expressionnisme, naturalisme et théâtralité. Fortes créations de M. Dietrich et E. Jannings. □ Général
DVD VA→STA→Cadrage W→27,95 $

ANGE DE GOUDRON, L' **[Tar Angel]** ▷4
QUÉ. 2001. Drame social de Denis CHOUINARD avec Zinedine Soualem, Catherine Trudeau et Rabah Aït Ouyahia. - Un immigrant algérien part à la recherche de son fils, un jeune militant anarchiste qui s'est enfui dans le nord du Québec. □ Général
DVD VF→22,95 $

ANGE DE LA MUSIQUE, L' *voir* **Silent Touch, The**

ANGE DÉNOMMÉ WANDA, UN *voir* **Fish Called Wanda, A**

ANGE ET LA FEMME, L' ▷5
QUÉ. 1977. Drame fantastique de Gilles CARLE avec Carole Laure, Lewis Furey et Jean Comtois. - Un personnage mystérieux recueille le cadavre d'une jeune femme assassinée et lui rend la vie. □ 18 ans+

ANGE ET LE MAL, L' *voir* **Angel and the Badman**

ANGE EXTERMINATEUR, L' ►2
[Exterminating Angel, The]
MEX. 1962. Drame fantastique de Luis BUÑUEL avec Silvia Pinal, Jose Baviera et Augusto Benedico. - Les invités d'une soirée se sentent retenus chez leurs hôtes par une force mystérieuse. - Thème insolite. Traitement énigmatique enrichi d'une étude de mœurs satirique. Monde clos décrit avec force. Interprétation stylisée. □ Général

ANGE IVRE, L' **[Drunken Angel]** ▷3
JAP. 1948. Drame social d'Akira KUROSAWA avec Takashi Shimura, Toshiro Mifune et Reisaburo Yamamoto. - Un médecin déchu par l'alcoolisme sauve la vie d'un jeune criminel et exerce sur lui une influence positive. - Style apparenté au néoréalisme italien. Mise en scène vigoureuse. Quelques touches mélodramatiques. Excellente interprétation de T. Mifune.

ANGE NOIR, L' ▷4
FR. 1994. Drame psychologique de Jean-Claude BRISSEAU avec Sylvie Vartan, Michel Piccoli et Tchéky Karyo. - Après avoir été acquittée du meurtre de son amant qu'elle a fait passer pour un violeur, l'épouse d'un riche magistrat est victime d'un maître chanteur. □ 16 ans+ · Érotisme

ANGEL ▷4
É.-U. 1937. Drame sentimental d'Ernst LUBITSCH avec Marlene Dietrich, Herbert Marshall et Melvyn Douglas. - Après une aventure passagère, la femme d'un diplomate se ressaisit. □ Général

ANGEL
GRÈ. 1982. Yorgos KATAKOUZINOS
DVD 46,95 $

ANGEL AND THE BADMAN [Ange et le mal, L'] ▷4
É.-U. 1947. Western de James Edward GRANT avec John Wayne, Gail Russell et Harry Carey. - Un hors-la-loi blessé est recueilli par une famille de Quakers.
DVD VA→31,95 $ VF→10,95 $

ANGEL AT MY TABLE, AN ▷3
N.-Z. 1990. Drame biographique de Jane CAMPION avec Kerry Fox, Alexia Keogh et Karen Fergusson. - Une jeune auteure, qui a été internée pendant huit ans à la suite d'un diagnostic psychiatrique erroné, parcourt l'Europe après que son premier roman a été primé. - Évocation impressionniste et souvent poétique de la vie de Janet Frame. Mise en images saisissante. Réalisation sensible et délicate. Excellentes comédiennes. □ Général
DVD VA→STA→Cadrage W→54,95 $

ANGEL BABY ▷3
AUS. 1995. Drame psychologique réalisé par Michael RYMER avec John Lynch, Jacqueline McKenzie et Colin Friels. - Deux patients souffrant de troubles psychiques doivent affronter les pressions de leur entourage lorsqu'ils conçoivent un enfant. - Scénario inspiré et bien construit. Réalisation efficace. Comédiens excellents. □ 13 ans+ · Érotisme

ANGEL EYES [Yeux d'un ange, Les] ▷4
É.-U. 2001. Drame psychologique de Luis MANDOKI avec Jennifer Lopez, Jim Caviezel et Sonia Braga. - Une jeune policière au passé trouble s'éprend d'un homme mystérieux brisé par une tragédie personnelle. □ 13 ans+
DVD VF→STF→Cadrage W→11,95 $

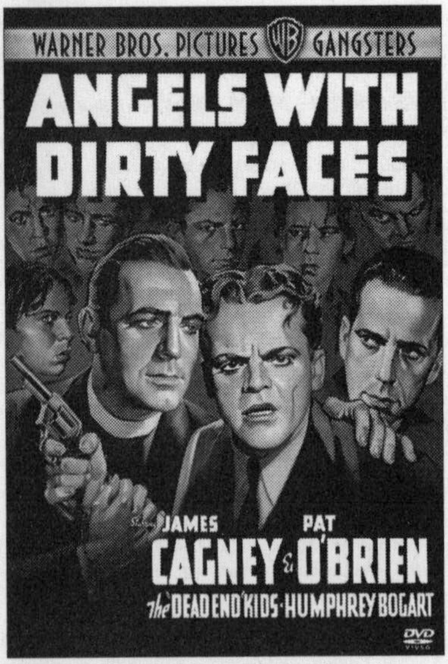

ANGEL HEART [Aux portes de l'enfer] ▷3
É.-U. 1987. Drame policier de Alan PARKER avec Mickey Rourke, Robert De Niro et Lisa Bonet. - En 1955, un homme mystérieux engage un détective pour retrouver un chanteur disparu. - Récit complexe. Atmosphère palpable de décrépitude. Nombreux effets de style. Bonne évocation d'époque. Mise en scène habile. Interprétation nerveuse. □ 13 ans+
DVD VA→Cadrage W→14,95 $ VA→23,95 $

ANGEL LEVINE, THE ▷3
É.-U. 1970. Drame fantastique de Jan KADAR avec Zero Mostel, Harry Belafonte et Ida Kaminska. - Un vieux tailleur juif est aux prises avec un Noir qui dit être un ange venu lui porter assistance. - Conte apparenté au folklore juif. Décor très évocateur. Sens aigu de l'atmosphère. Forte interprétation.
DVD VF→12,95 $

ANGEL ON MY SHOULDER [Évadé de l'enfer, L'] ▷4
É.-U. 1947. Comédie fantaisiste d'Archie MAYO avec Claude Rains, Paul Muni et Anne Baxter. - Un homme assassiné par son associé revient sur Terre pour se venger, avec Satan pour complice.
DVD VA→PC 29,95 $

ANGEL SQUARE [Bisbille et boules de neige] ▷4
CAN. 1990. Comédie fantaisiste de Anne WHEELER avec Jeremy Radick, Ned Beatty et Nicola Cavendish. - Un jeune garçon qui s'imagine souvent en justicier décide de mener sa propre enquête en vue de démasquer un mystérieux agresseur. □ Général

ANGELA'S ASHES ▷4
É.-U. 1999. Chronique d'Alan PARKER avec Emily Watson, Robert Carlyle et Joe Breen. - Mal secondée par un époux alcoolique et chômeur, une Irlandaise doit subvenir aux besoins de ses jeunes enfants durant la Dépression.
DVD Cadrage W→19,95 $

ANGÈLE ▷3
FR. 1934. Comédie dramatique de Marcel PAGNOL avec Fernandel, Orane Demazis et Henri Poupon. - Un paysan de Haute-Provence traite durement sa fille qui a eu un enfant hors mariage. - Sujet tiré d'un texte de Jean Giono. Densité dramatique. Cadre paysan bien reconstitué. Interprétation sobre.

ANGÉLIQUE ET LE ROI ▷5
FR. 1965. Aventures de Bernard BORDERIE avec Michèle Mercier, Jean Rochefort et Jacques Toja. - Une veuve se voit confier une mission difficile par le roi Louis XIV. □ 13 ans+

ANGÉLIQUE ET LE SULTAN ▷5
FR. 1968. Aventures de Bernard BORDERIE avec Michèle Mercier, Robert Hossein et Jean-Claude Pascal. - Une jeune femme, enlevée et destinée au harem d'un roi arabe, est recherchée par son mari. □ 13 ans+

ANGÉLIQUE, MARQUISE DES ANGES ▷5
FR. 1964. Aventures de Bernard BORDERIE avec Michèle Mercier, Robert Hossein et Jean Rochefort. - Un gentilhomme laid et riche, marié à une jeune noble ruinée, est arrêté pour sorcellerie. □ 13 ans+

ANGELS & INSECTS [Anges et des insectes, des] ▷4
ANG. 1995. Drame de mœurs de Philip HAAS avec Mark Rylance, Kristin Scott-Thomas et Patsy Kensit. - Un naturaliste qui a épousé la fille d'un aristocrate découvre des secrets troublants sur sa belle-famille. □ 13 ans+

ANGELS IN THE OUTFIELD ▷4
É.-U. 1951. Comédie fantaisiste de Clarence BROWN avec Paul Douglas, Janet Leigh et Donna Corcoran. - L'ange gardien du gérant d'un club de base-ball en perte de vitesse s'offre à l'aider s'il amende sa conduite. □ Général

ANGELS OVER BROADWAY ▷4
É.-U. 1940. Drame de Ben HECHT et Lee GARMES avec Rita Hayworth, Douglas Fairbanks Jr et Thomas Mitchell. - Les habitués d'un café viennent en aide à un homme qui a tenté de se suicider. □ Général
DVD VA→24,95 $

ANGELS WITH DIRTY FACES ▷3
É.-U. 1939. Drame social de Michael CURTIZ avec Humphrey Bogart, James Cagney et Pat O'Brien. - Un prêtre qui s'occupe d'une œuvre pour la jeunesse, cherche à ramener dans le droit chemin un ami d'enfance devenu criminel.- Thème doté d'une belle valeur psychologique. Mise en scène habile. Interprétation efficace. □ Général
DVD VF➔STA➔21,95 $

ANGER MANAGEMENT [Méchant malade] ▷5
É.-U. 2003. Comédie sentimentale de Peter SEGAL avec Adam Sandler, Jack Nicholson et Marisa Tomei. - Un homme d'affaires timide jugé très violent doit se soumettre aux méthodes d'un thérapeute excentrique. □ Général
DVD VA➔Cadrage W➔18,95 $

ANGES DE LA NUIT, LES *voir* **State of Grace**

ANGES GARDIENS, LES ▷4
FR. 1994. Comédie fantaisiste de Jean-Marie POIRÉ avec Gérard Depardieu, Christian Clavier et Eva Grimaldi. - Un cabaretier et un prêtre mêlés à une affaire louche sont hantés par leurs consciences qui ont la forme d'anges tentateurs ou réprobateurs. □ 13 ans+

ANGIE ▷5
É.-U. 1994. Comédie dramatique de Martha COOLIDGE avec Geena Davis, Stephen Rea et James Gandolfini. - Se sentant démunie après avoir eu un enfant, une jeune célibataire part à la recherche de sa mère qu'elle n'a pas revue depuis son enfance. □ Général
DVD VA➔9,95 $

ANGLAIS, L' *voir* **Limey, The**

ANGLAISE ET LE DUC, L' [Lady and the duke, The] ►2
FR. 2001. Drame historique d'Éric ROHMER avec Lucy Russell, Jean-Claude Dreyfus et Léonard Cobiant. - En 1790, une aristocrate anglaise voit son amitié avec un duc français mise à rude épreuve lorsque celui-ci épouse les thèses révolutionnaires. - Captivante leçon d'Histoire au traitement fort original. Utilisation ingénieuse de l'infographie dans la reconstitution d'époque. Mise en scène de facture théâtrale. Interprétation intense et nuancée de L. Russell.
DVD VF➔Cadrage W➔10,95 $

ANGLAISE ROMANTIQUE, UNE
voir **Romantic Englishwoman, The**

ANGRY HARVEST ▷3
ALL. 1984. Drame psychologique d'Agnieszka HOLLAND avec Armin Muller-Stahl, Elisabeth Trissenaar et Wojtech Pszoniak. - Ayant réussi à échapper aux nazis, une Juive est recueillie par un fermier polonais avec lequel elle vit une liaison douloureuse. - Vision nuancée d'une relation passionnelle. Évocation d'époque convaincante. Atmosphère sombre mais prenante. □ Non classé

ANGUILLE, L' [Eel, The] ►2
JAP. 1997. Drame psychologique de Shohei IMAMURA avec Koji Yakusho, Misa Shimizu et Fujio Tsuneta. - Libéré sur parole huit ans après le meurtre de sa femme adultère, un homme taciturne réapprend à vivre et à aimer. - Récit foisonnant mené de main de maître. Mélange de genres habilement agencés. Mise en scène d'une admirable aisance. Interprétation de première force. □ 13 ans+
DVD STA➔Cadrage P&S➔31,95 $

ANGUS ▷5
É.-U. 1995. Comédie dramatique de Patrick Read JOHNSON avec Charlie Talbert, George C. Scott et Kathy Bates. - Un garçon dégourdi et sensible subit les moqueries de ses camarades de classe en raison de son embonpoint. □ Général

ANIKI MON FRÈRE *voir* **Brother**

ANIMA
É.-U. 1998. Craig RICHARDSON
DVD Cadrage W➔31,95 $

ANIMAL, L' ▷5
FR 1977. Comédie de Claude ZIDI avec Jean-Paul Belmondo, Raquel Welch et Aldo Maccione. - Un cascadeur essaie de conquérir une collègue américaine. □ Général

ANIMAL CRACKERS ▷4
É.-U. 1930. Comédie musicale de Victor HEERMAN avec Groucho Marx, Chico Marx, Zeppo Marx et Harpo Marx. - La substitution d'un tableau, au cours d'une fête, occasionne une suite de quiproquos. □ Général

ANIMAL FACTORY [Bête contre les murs, La] ▷4
É.-U. 2000. Drame de Steve BUSCEMI avec Willem Dafoe, Edward Furlong et Seymour Cassel. - Un jeune détenu devient le protégé d'un bagnard qui exerce de l'ascendant sur les autres prisonniers et les gardiens d'un pénitencier.
DVD Cadrage W➔11,95 $

ANIMAL FARM ▷4
ANG. 1955. Dessins animés de John HALAS et Joy BATCHELOR. - Sur une ferme, les animaux se révoltent contre leur maître, ivrogne et incompétent. □ Général
DVD VA➔29,95 $

ANIMAL LOVE
AUT. 1995. Ulrich SEIDL
DVD STA➔Cadrage W➔21,95 $

ANITA TAKES A CHANCE ▷5
ESP. 2000. Comédie sentimentale de Ventura PONS avec José Coronado, Rosa Maria Sarda et Maria Barranco. - À l'aube de ses cinquante ans, une veuve vit une aventure passionnée avec un ouvrier de la construction.

ANNA ▷4
ITA. 1951. Drame sentimental de Alberto LATTUADA avec Silvana Mangano, Raf Vallone et Jacques Dumesnil. - Une religieuse infirmière qui fut jadis danseuse de cabaret retrouve à l'hôpital un homme qu'elle a aimé.

ANNA ▷4
É.-U. 1986. Drame psychologique de Yurek BOGAYEVICZ avec Sally Kirkland, Paulina Porizkova et Robert Fields. - Jadis une vedette dans son pays natal, une actrice tchèque installée à New York accueille chez elle une jeune compatriote qui finit par la supplanter. □ Général
DVD VA➔17,95 $

ANNA AND THE KING [Anna et le roi] ▷4
É.-U. 1999. Drame d'Andy TENNANT avec Jodie Foster, Chow Yun-Fat et Bai Ling. - En 1862, une jeune veuve anglaise devient l'institutrice des nombreux enfants du roi de Siam. □ Général
DVD VF➔STF➔Cadrage W➔15,95 $

ANNA AND THE KING OF SIAM ▷4
É.-U. 1946. Drame de John CROMWELL avec Irene Dunne, Rex Harrison et Linda Darnell. - Une jeune veuve anglaise devient la préceptrice des enfants du roi de Siam. □ Général
DVD VA➔STA➔15,95 $

ANNA CHRISTIE ▷4
É.-U. 1930. Drame de Clarence BROWN avec Greta Garbo, Charles Bickford et Marie Dressler. - Une prostituée s'éprend d'un jeune marin en rendant visite à son père. □ Général
DVD VA➔STF➔21,95 $

ANNA ET LE ROI *voir* **Anna and the King**

ANNA KARENINA ▷4
ANG. 1947. Drame psychologique de Julien DUVIVIER avec Vivien Leigh, Ralph Richardson et Kieron Moore. - Le sort tragique d'une femme infidèle dans la Russie du XIXe siècle.
DVD VA➔7,95 $

ANNA KARENINA ▷3
[Anna Karenine d'après Léon Tolstoï]
É.-U. 1935. Drame sentimental de Clarence BROWN avec Greta Garbo, Fredric March et Basil Rathbone. - Une femme mariée fait la connaissance d'un jeune officier dont elle s'éprend. - Adaptation soignée du roman de Tolstoï. Mise en scène somptueuse. Jeu fascinant de G. Garbo. □ Général
DVD VA➔STF➔21,95 $

ANNA KARENINA ▷5

RUS. 1967. Drame de Alexander ZARKHI avec Tatiana Samoïlova, Nikolaï Gritsenko et Vassili Lanovoï. - Le sort tragique d'une femme infidèle dans la Russie du XIXe siècle.
DVD VF→STF→Cadrage W→74,95 $

ANNA KARENINE D'APRÈS LÉON TOLSTOI
voir **Leo Tolstoy's Anna Karenina**

ANNABELLE PARTAGÉE ▷5

FR. 1990. Drame psychologique de Francesca COMENCINI avec Delphine Zingg, François Marthouret et Jean-Claude Adelin. - Une jeune danseuse, qui entretient une liaison avec un architecte deux fois plus âgé qu'elle, s'éprend d'un garçon de son âge. □ 13 ans+ · Érotisme

ANNE ET LA MAISON AUX PIGNONS VERTS
voir **Anne of Green Gables**

ANNE OF GREEN GABLES ▷4
[Anne et la maison aux pignons verts]

É.-U. 1934. Drame de George NICHOLLS Jr. avec Anne Shirley, Tom Brown et Helen Westley. - Une orpheline s'en va vivre dans une famille de l'Île-du-Prince-Édouard. □ Général

ANNE OF GREEN GABLES ▷3
[Anne... la maison aux pignons verts]

CAN. 1985. Comédie dramatique de Kevin SULLIVAN avec Megan Follows, Colleen Dewhurst et Richard Farnsworth. - Alors qu'il s'attendait à adopter un garçon qui l'aiderait sur sa ferme, un célibataire voit débarquer une petite rouquine envoyée par erreur par l'orphelinat. - Adaptation réussie d'un roman populaire. Téléfilm à la réalisation très soignée. Interprétation de talent. □ Général
DVD VF→39,95 $

ANNE OF GREEN GABLES - THE SEQUEL ▷3
[Anne... la maison aux pignons verts - la suite]

CAN. 1987. Comédie dramatique de Kevin SULLIVAN avec Megan Follows, Colleen Dewhurst et Wendy Hiller. - Les tribulations d'une orpheline devenue institutrice dans l'Île-du-Prince-Édouard. - Téléfilm à l'intrigue anecdotique riche en détails savoureux. Mise en scène aérée. Photographie pittoresque. Interprétation charmante. □ Général
DVD VF→39,95 $

ANNE OF THE THOUSAND DAYS ▷3

ANG. 1969. Drame historique de Charles JARROTT avec Richard Burton, Geneviève Bujold et Anthony Quayle. - L'amour du roi Henri VIII d'Angleterre pour Anne Boleyn le pousse à une rupture avec l'Église romaine. - Images somptueuses et soignées. Rythme soutenu. Jeu convaincant des interprètes. □ Général

ANNE TRISTER ▷3

QUÉ. 1986. Drame psychologique de Léa POOL avec Albane Guilhe, Louise Marleau et Guy Thauvette. - Une jeune artiste suisse s'attache à une psychologue pour enfants de Montréal. - Variations mélancoliques et troublantes sur un monde secret féminin. Réalisation d'un art subtil. Interprétation d'une intériorité convaincante. □ Général

ANNÉE DE L'ÉVEIL, L' ▷4

BEL. 1991. Drame de mœurs de Gérard CORBIAU avec Grégoire Colin, Laurent Grevill et Chiara Caselli. - Les tribulations d'un jeune orphelin qui poursuit ses études dans un collège militaire.

ANNÉE DE TOUS LES DANGERS, L'
voir **Year of Living Dangerously, The**

ANNÉE DE VIOLENCE, UNE *voir* **Year of the Gun**

ANNÉE DERNIÈRE À MARIENBAD, L' ►1
[Last Year at Marienbad]

FR. 1960. Drame d'Alain RESNAIS avec Delphine Seyrig, Giorgio Albertazzi et Sacha Pitoëff. - Dans un somptueux hôtel, un homme cherche à convaincre une femme qu'ils se sont déjà rencontrés. - Narration envoûtante inspirée du Nouveau Roman. Montage savant. Musique captivante. Interprétation stylisée. □ Général

ANNÉE DES MÉDUSES, L' ▷5

FR. 1984. Drame de mœurs de Christopher FRANK avec Valérie Kaprisky, Bernard Giraudeau et Caroline Cellier. - En vacances à Saint-Tropez, une jeune fille qui s'amuse à exciter les hommes se hérisse lorsque l'un d'eux lui préfère sa mère.

ANNÉE DES TREIZE LUNES, L'
voir **In a Year of Thirteen Moons**

ANNÉE DU SOLEIL TRANQUILLE, L' ▷3
[Year of the Quiet Sun, A]

POL. 1984. Drame psychologique de Krzysztof ZANUSSI avec Maja Komorowska, Scott Wilson et Hanna Skarzanka. - En 1946, l'amour impossible d'une veuve polonaise et d'un soldat américain. - Drame humain dessiné avec justesse et sobriété. Contexte social et historique bien évoqué. □ Général
DVD VA→STA→Cadrage W→26,95 $

ANNÉE JULIETTE, L' ▷4

FR. 1994. Comédie dramatique de Philippe LE GUAY avec Philippine Leroy Beaulieu, Fabrice Luchini et Valérie Stroh. - Un anesthésiste prétexte une liaison avec une inconnue pour repousser sa maîtresse. □ Général

ANNÉE SAINTE, L' ▷5

FR. 1976. Comédie policière de Jean GIRAULT avec Jean Gabin, Jean-Claude Brialy et Danielle Darrieux. - À l'occasion de l'année sainte, deux évadés déguisés en ecclésiastiques décident d'aller récupérer un magot enfoui près de Rome.

ANNÉES 80, LES ▷3

FR. 1985. Comédie musicale de Chantal AKERMAN avec Delphine Seyrig, Fanny Cottençon et Charles Denner. - Les échanges amoureux entre les employés d'un magasin de confection et d'un salon de coiffure se faisant face dans une galerie marchande. - Mise en scène rythmée habilement contrôlée. Interprétation convaincante.

ANNÉES DE PLOMB, LES [Marianne and Juliane] ▷3

ALL. 1981. Drame social de Margarethe VON TROTTA avec Barbara Sukowa, Jutta Lampe et Rudiger Vogler. - Les relations difficiles de deux sœurs dont l'une s'est jointe à un groupe terroriste. - Transposition d'une expérience vécue. Évocation forte de problèmes d'engagement social. Mise en scène vigoureuse. Interprétation sobre.

ANNÉES DE RÊVES, LES ▷4

QUÉ. 1984. Chronique historique de Jean-Claude LABRECQUE avec Anne-Marie, Gilbert Sicotte Provencher et Monique Mercure. - Durant les années 1960, l'impact des événements politiques au Québec sur la vie d'un jeune couple montréalais.

ANNÉES LUMIÈRE, LES ▷3

SUI. FR. 1980. Drame poétique d'Alain TANNER avec Trevor Howard, Mick Ford et Bernice Stegers. - Un jeune homme se soumet aux exigences bizarres d'un vieillard qui semble avoir quelque chose à lui apprendre. - Climat d'étrangeté. Aspects insolites. Mise en scène sûre. Interprétation contrastée.

ANNIE ▷4

É.-U. 1982. Comédie musicale de John HUSTON avec Aileen Quinn, Albert Finney et Carol Burnett. - Les mésaventures d'une orpheline choisie pour vivre une semaine chez un milliardaire. □ Général
DVD VF→STF→Cadrage P&S→18,95 $/21,95 $

ANNIE GET YOUR GUN [Annie reine du cirque] ▷4

É.-U. 1949. Comédie musicale de GEORGE SIDNEY avec Betty Hutton, Howard Keel et Louis Calhern. - Une jeune paysanne devient la vedette d'un cirque grâce à son adresse au tir.
DVD VF→STF→21,95 $

ANNIE HALL ►1

É.-U. 1977. Comédie sentimentale réalisée et interprétée par Woody ALLEN avec Diane Keaton et Tony Roberts. - Un comédien vedette de la télévision s'éprend d'une apprentie chanteuse. - Scénario d'un brio étourdissant. Ton d'humour empreint d'ironie douce-amère. Dialogues savoureux. Nombreuses touches inventives dans le traitement narratif et visuel. Interprètes à la fois drôles et touchants.
DVD VF→STF→Cadrage P&S/W→12,95 $

ANNIE OAKLEY ▷4
É.-U. 1935. Comédie de George STEVENS avec Barbara Stanwyck, Preston Foster et Melvyn Douglas. - Une jeune paysanne devient vedette du cirque de Buffalo Bill. □ Général

ANNIE REINE DU CIRQUE *voir* **Annie Get Your Gun**

ANNIVERSARY PARTY, THE [Soirée d'anniversaire] ▷4
É.-U. 2001. Comédie dramatique réalisée et interprétée par Alan CUMMING et Jennifer JASON LEIGH avec Gwyneth Paltrow. - Récemment réconcilié après un an de séparation, un couple d'artistes donne une fête qui prendra une tournure inattendue. □ Général
DVD 28,95 $

ANNIVERSARY, THE ▷5
ANG. 1967. Comédie dramatique de Roy Ward BAKER avec Bette Davis, Sheila Hancock et Jack Hedley. - Les trois fils d'une veuve sont réunis pour fêter l'anniversaire de leur mère. □ Général
DVD VA➔Cadrage W/16X9➔15,95 $

ANNONCE FAITE À MARIE, L' ▷4
FR. 1991. Drame poétique réalisé et interprété par Alain CUNY avec Ulrika Jonsson et Jean des Ligneris. - La fille aînée d'un fermier est bannie par les siens après avoir contracté la lèpre.

ANNULAIRE, L' ▷4
FR. 2005. Drame de Diane BERTRAND avec Olga Kurylenko, Marc Barbé et Stipe Erceg. - Une jeune femme obéit à de mystérieuses pulsions qui l'attirent sexuellement vers son patron, directeur d'un étrange laboratoire. □ 13 ans+ · Érotisme
DVD VF➔STA➔Cadrage W/16X9➔34,95 $

ANOTHER COUNTRY ▷4
ANG. 1984. Drame psychologique de Marek KANIEVSKA avec Rupert Everett, Colin Firth et Michael Jenn. - Un transfuge anglais vivant à Moscou évoque pour une journaliste ses années d'études dans un collège huppé. □ Général
DVD VF➔STF➔Cadrage W➔21,95 $

ANOTHER DAY IN PARADISE ▷4
[Autre jour sans paradis, Un]
É.-U. 1998. Drame de mœurs de Larry CLARK avec James Woods, Melanie Griffith et Vincent Kartheiser. - Un criminel quadragénaire et sa complice héroïnomane prennent en charge un jeune couple de paumés. □ 16 ans+ · Violence
DVD VA➔5,95 $

ANOTHER MAN'S POISON ▷5
ANG. 1951. Drame de mœurs d'Irving RAPPER avec Bette Davis, Gary Merrill et Emlyn Williams. - Après avoir assassiné son mari qui venait de s'évader de prison, une romancière se retrouve aux prises avec un ancien codétenu de celui-ci. □ Non classé
DVD 39,95 $

ANOTHER THIN MAN ▷4
É.-U. 1939. Comédie policière de W.S. VAN DYKE II avec Myrna Loy, William Powell et Virginia Grey. - Un détective amateur et son épouse enquêtent sur le meurtre d'un richissime vieillard. □ Général

ANOTHER TIME, ANOTHER PLACE ▷6
ANG. 1957. Drame sentimental de L. ALLEN avec Lana Turner, Sean Connery et Glynis Johns. - Envoyée à Londres comme correspondant de guerre, une jeune femme s'éprend d'un collègue marié.
DVD VA➔STA➔Cadrage W➔15,95 $

ANOTHER TIME, ANOTHER PLACE ▷3
[Cœurs captifs, Les]
ANG. 1982. Drame de Michael RADFORD avec Phyllis Logan, Gian Luca Favilla et Giovanni Mauriello. - En 1944, une jeune Écossaise se prend d'amitié pour trois prisonniers italiens logeant dans la ferme qu'elle exploite avec son mari. - Peinture de mœurs haute en couleur. Mélange d'ironie et de sympathie. Rythme un peu lent. Mise en scène juste. Interprétation sensible. □ Non classé

ANOTHER WOMAN [Autre femme, Une] ▷3
É.-U. 1988. Drame psychologique de Woody ALLEN avec Ian Holm, Gena Rowlands et Blythe Danner. - S'étant retirée dans le but d'écrire un livre, une enseignante voit sa réflexion détournée par les propos d'une inconnue émanant du bureau contigu d'un psychiatre. - Œuvre dans la veine sérieuse de l'auteur. Construction complexe et émouvante. Fine psychologie. Interprétation juste et sobre. □ Général
DVD VF➔STF➔Cadrage W➔12,95 $

ANTARCTICA ▷4
JAP. 1983. Aventures de Koreyoshi KURAHARA avec Ken Takakura, Tsunehiko Watase et Eiji Okada. - À cause des conditions climatiques, les membres d'une expédition scientifique en Antarctique doivent abandonner les chiens qui servaient à tirer les traîneaux. □ Général

ANTENNE, L' *voir* **Dish, The**

ANTHONY ADVERSE ▷4
É.-U. 1936. Aventures de Mervyn LeROY avec Fredric March, Olivia de Havilland et Claude Rains. - Un orphelin adopté par un armateur connaît diverses aventures à travers le monde. □ Général

ANTHONY ZIMMER ▷4
FR. 2005. Thriller de Jérôme SALLE avec Yvan Attal, Sophie Marceau et Sami Frey. - Un traducteur pris pour un génie de la finance criminelle est entraîné malgré lui dans une série d'aventures cauchemardesques. □ 13 ans+
DVD VF➔STA➔Cadrage W/16X9➔31,95 $

ANTOINE ET ANTOINETTE ▷3
FR. 1947. Comédie de Jacques BECKER avec Roger Pigaut, Claire Mafféi et Noël Roquevert. - Un jeune couple égare un billet gagnant de loterie. - Récit charmant développé à un rythme nerveux. Fines observations sur un milieu populaire. Réalisation de qualité. Interprètes bien dirigés. □ Général

ANTOINE ET SÉBASTIEN ▷4
FR. 1973. Comédie de mœurs de Jean-Marie PÉRIER avec François Périer, Jacques Dutronc et Ottavia Piccolo. - Un ancien pionnier de l'aviation projette de marier son fils adoptif à la fille de sa deuxième femme.

ANTONIA & JANE ▷4
ANG. 1991. Comédie dramatique de Beeban KIDRON avec Saskia Reeves, Imelda Staunton et Bill Nighy. - Deux amies qui s'adorent et se haïsssent à la fois parlent de cette houleuse amitié à leur psychanalyste. □ 13 ans+

ANTONIA ET SES FILLES [Antonia's Line] ▷4
HOL. 1995. Chronique de Marleen GORRIS avec Willeke Van Ammelrooy, Els Dottermans et Jan Decleir. - La vie d'une fermière qui vit entourée d'excentriques et qui transmet sa soif d'indépendance à sa descendance exclusivement féminine. □ 13 ans+

ANTONIETA
MEX. 1982. Carlos SAURA
DVD STA➔19,95 $

ANTRE DE LA FOLIE, L' *voir* **In the Mouth of Madness**

ANTWONE FISHER ▷4
É.-U. 2002. Drame biographique réalisé et interprété par Denzel WASHINGTON avec Derek Luke et Joy Bryant. - Suivant les conseils de son psychiatre, un jeune marin de race noire tente de retrouver sa mère biologique. □ 13 ans+
DVD VA➔Cadrage W➔14,95 $

ANTZ [Fourmiz] ▷3
É.-U. 1998. Dessins animés d'Eric DARNELL et Tim JOHNSON. - Les mésaventures d'une fourmi rêveuse et individualiste qui vit dans une immense colonie dirigée par un général mégalomane. - Fable assez réjouissante malgré des éléments convenus. Traitement fantaisiste. Conception visuelle inventive. Animation par ordinateur parfaitement au point. □ Général
DVD VA➔Cadrage W➔14,95 $

ANY GIVEN SUNDAY [Héros du dimanche, Les] ▷4
É.-U. 1999. Drame sportif d'Oliver STONE avec Al Pacino, Jamie Foxx et Cameron Diaz. - L'entraîneur d'une équipe de football de Miami connaît une fin de saison mouvementée.
DVD Cadrage W➔29,95 $ Cadrage W➔13,95 $

ANY NUMBER CAN WIN
voir **Mélodie en sous-sol**

ANY WEDNESDAY ▷5
É.-U. 1966. Comédie de Robert Ellis MILLER avec Jason Robards, Jane Fonda et Dean Jones. - Un homme d'affaires marié rencontre une jeune maîtresse tous les mercredis soirs. □ Général

ANYTHING ELSE ▷4
É.-U. 2003. Comédie de mœurs réalisée et interprétée par Woody ALLEN avec Jason Biggs et Christina Ricci. - Les problèmes sentimentaux et professionnels d'un jeune auteur comique qui a pour mentor un enseignant sexagénaire obsédé par l'autodéfense.
□ 13 ans+
DVD VA→STF→Cadrage W→14,95 $

ANYWHERE BUT HERE [N'importe où sauf ici] ▷4
É.-U. 1999. Drame psychologique de Wayne WANG avec Natalie Portman, Susan Sarandon et Eileen Ryan. - Une adolescente du Wisconsin est forcée par sa mère d'aller vivre avec elle en Californie. □ Général
DVD VF→STA→Cadrage W→10,95 $

ANZIO [Bataille pour Anzio, La] ▷4
ITA. 1968. Drame de guerre d'Edward DMYTRYK avec Peter Falk, Robert Mitchum et Earl Holliman. - Le débarquement opéré par les alliés à Anzio près de Rome en janvier 1944. □ 13 ans+
DVD VF→STF→Cadrage P&S/W→16,95 $

APACHE ▷4
É.-U. 1953. Western de Robert ALDRICH avec Burt Lancaster, Jean Peters et John McIntire. - Un jeune Indien ne peut se résoudre à se soumettre aux Blancs vainqueurs. □ Général
DVD 11,95 $

APARAJITO ►1
IND. 1956. Étude de mœurs de Satyajit RAY avec Pinaki Sen Gupta, Karuna Banerjee et Samaran Ghosal. - Une famille de paysans de l'Inde a du mal à se faire à la vie de la ville. - Suite du film *Pather Panchali*. Admirable évocation d'inspiration néoréaliste. Description juste et attendrie. Jeu sincère et sobre des interprètes. □ Général

APARTMENT, THE [Garçonnière, La] ▷3
É.-U. 1960. Comédie dramatique de Billy WILDER avec Shirley MacLaine, Jack Lemmon et Fred MacMurray. - Un employé de bureau prête son appartement à ses patrons pour leurs aventures galantes. - Satire mordante. Comique et drame bien équilibrés. Interprétation remarquable. □ Général
DVD VF→STF→Cadrage W→12,95 $

APARTMENT ZERO ▷4
ANG. 1988. Drame psychologique de Martin DONOVAN avec Colin Firth, Hart Bochner et Francesca d'Aloja. - Le propriétaire d'un cinéma de Buenos Aires partage son appartement avec un meurtrier américain. □ 13 ans+

APOCALYPSE NOW [C'est l'apocalypse] ►1
É.-U. 1979. Drame de guerre de Francis Ford COPPOLA avec Martin Sheen, Robert Duvall et Marlon Brando. - Pendant la guerre du Viêtnam, un officier des forces spéciales remonte un fleuve en bateau pour aller tuer un colonel renégat. - Vision impressionnante des désastres de la guerre. Puissante réflexion sur les pièges du pouvoir guerrier. Étonnants morceaux de bravoure. Interprétation remarquable. □ 13 ans+
DVD VF→STA→Cadrage W→34,95 $

APOCALYPSE NOW REDUX ►1
É.-U. 1979/2001. Drame de guerre de Francis Ford COPPOLA avec Martin Sheen, Robert Duvall et Marlon Brando. - Pendant la guerre du Vietnam, un officier des forces spéciales américaines remonte un fleuve en bateau pour aller tuer un colonel renégat. - Nouvelle version allongée du film de 1979. Vision impressionnante des désastres de la guerre. Puissante réflexion sur les pièges du pouvoir. Étonnants morceaux de bravoure. Interprétation remarquable.
□ 16 ans+
DVD VA→Cadrage W→19,95 $

APOLLO 13 ▷4
É.-U. 1995. Drame historique de Ron HOWARD avec Tom Hanks, Kevin Bacon et Bill Paxton. - À la suite d'une explosion dans leur capsule, trois astronautes doivent redoubler d'ingéniosité pour parvenir à ramener leur fusée sur terre. □ 13 ans+
DVD VA→STF→Cadrage W→16,95 $

APOSTLE, THE [Prédicateur, Le] ▷4
É.-U. 1997. Drame de mœurs réalisé et interprété par Robert DUVALL avec Farrah Fawcett et Miranda Richardson. - Fuyant la justice après avoir commis un crime, un prédicateur fervent fonde une église dans un bled perdu. □ Général
DVD Cadrage W→22,95 $

APPALOOSA, THE ▷4
É.-U. 1966. Western de Sidney J. FURIE avec Marlon Brando, John Saxon et Anjanette Comer. - Un rancher poursuit un bandit mexicain qui lui a volé un superbe étalon. □ Général

APPARENCES *voir* **What Lies Beneath**

APPARTEMENT, L' ▷4
FR. 1996. Drame psychologique de Gilles MIMOUNI avec Vincent Cassel, Romane Bohringer et Jean-Philippe Ecoffey. - Un homme sur le point de se marier ratisse Paris à la recherche de son ancienne flamme. □ Général

APPARTEMENT, L' *voir* **Wicker Park**

APPÂT, L' *voir* **Naked Spur, The**

APPÂT, L' [Fresh Bait] ▷3
FR. 1995. Drame policier de Bertrand TAVERNIER avec Marie Gillain, Olivier Sitruk et Bruno Putzulu. - Deux jeunes Parisiens et leur copine en viennent à voler et à tuer dans l'espoir de se procurer l'argent dont ils ont besoin pour aller vivre aux États-Unis. - Scénario brillant inspiré d'événements authentiques. Traitement réaliste du sujet. Mise en scène nerveuse et précise. Jeu d'une grande spontanéité de M. Gillain. □ 13 ans+ · Violence
DVD VF→STA→Cadrage W→28,95 $

APPEL À LA JUSTICE
voir **Accused, The**

APPELEZ-MOI DOCTEUR
voir **House Calls**

APPLAUSE
É.-U. 1929. Rouben MAMOULIAN
DVD VA→Cadrage W→24,95 $

APPOINTMENT WITH DEATH ▷4
É.-U. 1987. Drame policier de Michael WINNER avec Peter Ustinov, Lauren Bacall et Carrie Fisher. - Lors d'une croisière en Palestine, un détective enquête sur la mort mystérieuse d'une mère autoritaire qui a falsifié le testament de son défunt mari. □ Général

APPRENTICESHIP OF DUDDY KRAVITZ, THE ▷3
[Apprentissage de Duddy Kravitz, L']
CAN. 1974. Comédie dramatique de Ted KOTCHEFF avec Richard Dreyfuss, Micheline Lanctôt et Jack Warden. - Dans le milieu juif de Montréal, le fils d'un chauffeur de taxi cherche à se faire une place au soleil par diverses combines. - Scénario abondant en éléments pittoresques. Mise en scène vivante. Excellente interprétation.
□ 13 ans+
DVD Cadrage W→27,95 $

APPRENTIE SORCIÈRE, L'
voir **Bedknobs and Broomsticks**

APPRENTIS, LES ▷4
FR. 1995. Comédie de mœurs de Pierre SALVADORI avec François Cluzet, Guillaume Depardieu et Judith Henry. - Un paumé qui ne se remet pas d'une peine d'amour se fourvoie dans un hold-up minable avec un copain magouilleur. □ Général

APPRENTIS COW-BOYS, LES *voir* **City Slickers**

APPRENTISSAGE, L' *voir* **All I Want**

APRÈS L'AMOUR ▷4
FR. 1991. Comédie de mœurs de Diane KURYS avec Isabelle Huppert, Bernard Giraudeau et Hippolyte Girardot. - Les difficultés amoureuses et professionnelles d'un architecte qui va et vient entre sa maîtresse et la mère de ses deux enfants. □ 13 ans+

APRÈS L'AMOUR *voir* **Afterglow**

APRÈS LA GUERRE ▷4
FR. 1989. Drame de guerre de Jean-Loup HUBERT avec Richard Bohringer, Antoine Hubert et Julien Hubert. - À la fin de la Seconde Guerre mondiale, deux gamins qui cherchent à rejoindre leur mère à Lyon se lient à un déserteur de l'armée allemande.

APRÈS LA RÉPÉTITION [After the Rehearsal] ▷3
SUÈ. 1984. Drame d'Ingmar BERGMAN avec Erland Josephson, Lena Olin et Ingrid Thulin. - Au terme d'une répétition, un metteur en scène et une jeune comédienne s'entretiennent sur leur métier. - Téléfilm à saveur autobiographique. Mise en scène dépouillée. Touches d'insolite. Interprétation excellente. □ Général

APRÈS VOUS... ▷5
FR. 2003. Comédie sentimentale de Pierre SALVADORI avec Daniel Auteuil, José Garcia et Sandrine Kiberlain. - En voulant aider un homme suicidaire à renouer avec son ex-petite amie, le maître d'hôtel d'une brasserie parisienne tombe amoureux de la jeune femme.
DVD VF→Cadrage W→30,95 $

APRÈS-MIDI DE CHIEN, UN *voir* **Dog Day Afternoon**

APRIL CAPTAINS *voir* **Capitaes de Abril**

APRIL FOOLS, THE [Folies d'avril] ▷5
É.-U. 1969. Comédie sentimentale de Stuart ROSENBERG avec Jack Lemmon, Catherine Deneuve et Peter Lawford. - Épris de l'épouse de son patron, un courtier décide d'abandonner sa famille pour partir avec elle. □ 13 ans+

APRIL IN PARIS [Avril à Paris] ▷5
É.-U. 1952. Comédie musicale de David BUTLER avec Doris Day, Ray Bolger et Claude Dauphin. - À la suite d'une erreur, une danseuse est envoyée à Paris pour représenter les États-Unis à un festival artistique. □ Non classé

APRILE ▷4
ITA. 1998. Film d'essai réalisé et interprété par Nanni MORETTI avec Silvio Orlando et Silvia Nono. - Au moment où il s'apprête à tourner un documentaire sur la politique italienne, le réalisateur Nanni Moretti apprend qu'il va devenir père. □ Général

APT PUPIL [Élève doué, L'] ▷4
É.-U. 1998. Drame de Bryan SINGER avec Brad Renfro, Ian McKellen et Bruce Davison. - Un adolescent exerce un chantage sur un vieillard de son quartier dont il a découvert le passé nazi. □ 13 ans+ · Violence
DVD VA→STA→Cadrage P&S/W→11,95 $

ARABESQUE ▷3
ANG. 1966. Drame d'espionnage de Stanley DONEN avec Gregory Peck, Sophia Loren et Alan Badel. - Un professeur d'université est entraîné à son corps défendant dans un complot politique. - Heureux mélange de suspense et d'humour. Prises de vue insolites. Jeu plein d'aisance des interprètes. □ Général · Déconseillé aux jeunes enfants

ARABIAN NIGHTS *voir* **Mille et une nuits, Les**

ARACHNOPHOBIA [Arachnophobie] ▷4
É.-U. 1990. Drame d'horreur de Frank MARSHALL avec Jeff Daniels, Harley Jane Kozak et Julian Sands. - Une araignée dangereuse se glisse dans le cercueil d'un explorateur décédé et atteint ainsi un village de Californie où elle fait des ravages. □ 13 ans+
DVD Cadrage W→15,95 $

ARAIGNÉE D'EAU, L' ▷4
FR. 1969. Drame fantastique de Jean-Daniel VERHAEGHE avec Elisabeth Wiener, Marc Eyraud et Marie-Ange Dutheil. - Un entomologiste amateur recueille une araignée d'eau qui se transforme en une belle jeune fille.

ARAKIMENTARI
É.-U. 2004. TRAVIS KLOSE
DVD VA→STA→Cadrage W→36,95 $

ARARAT ▷4
CAN. 2002. Drame d'Atom EGOYAN avec David Alpay, Arsinée Khanjian et Christopher Plummer. - À Toronto, le tournage d'un film sur le génocide arménien perpétré par les Turcs en 1915 a des répercussions sur la vie de plusieurs personnes. □ 13 ans+
DVD VF→STF→Cadrage W→19,95 $

ARBALÈTE, L' ▷5
FR. 1984. Drame policier de Sergio GOBBI avec Daniel Auteuil, Marcel Bozzuffi et Marisa Berenson. - Deux inspecteurs fortement contrastés sont appelés à intervenir afin de contrer des affrontements de gangs suscités par une disette de drogue. □ 18 ans+

ARBRE AUX SABOTS, L' ▶2
[Tree of the Wooden Clogs, The]
ITA. 1977. Chronique d'Ermanno OLMI avec Luigi Arnaghi, Lucia Pezzoli et Giuseppe Brignoli. - À la fin du siècle dernier, la vie de paysans qui partagent le quartier d'habitation d'une ferme de Lombardie. - Reconstitution soignée. Mélange habile de poésie et de réalisme. Photographie admirable. Beauté constante. Jeu naturel d'interprètes non professionnels. □ Général
DVD STA→24,95 $

ARBRE DE NOËL, L' ▷4
FR. 1969. Drame de Terence YOUNG avec William Holden, Virna Lisi et Bourvil. - Un veuf s'efforce d'adoucir les derniers jours de son jeune fils atteint d'une maladie mortelle.

ARBRE DE VIE, L' *voir* **Raintree County**

ARBRE, LE MAIRE ET LA MÉDIATHÈQUE, L' ▷4
FR. 1993. Comédie dramatique d'Éric ROHMER avec Pascal Greggory, Arielle Dombasle et Fabrice Luchini. - Dans un petit village vendéen, un maire socialiste qui rêve de faire construire un centre culturel se heurte à l'opposition de l'instituteur. □ Général

ARCH OF TRIUMPH ▷4
É.-U. 1947. Drame de Lewis MILESTONE avec Charles Boyer, Ingrid Bergman et Charles Laughton. - Un réfugié politique s'éprend d'une jeune femme qu'il sauve du désespoir. □ Général
DVD VA→PC

ARCHANGE, L' *voir* **Michael**

ARCHE DU DÉSERT, L' ▷4
ALG. 1997. Conte de Mohamed CHOUIKH avec Myriam Aouffen, Hacen Abdou et Amin Chouikh. - Dans une oasis du Sahara algérien, un baiser entre deux jeunes gens d'ethnies différentes déclenche un conflit meurtrier. □ Général

ARCHE RUSSE, L' [Russian Ark] ▷3
RUS. 2002. Drame poétique d'Aleksander SOKUROV avec Sergey Dreiden, Maria Kuznetsova et Leonid Mozgovoy. - Deux individus se retrouvent mystérieusement projetés dans le palais de l'Ermitage, où ils sont témoins d'événements se déroulant entre le XVIIIe et le XXe siècle. - Voyage fantomatique dans la mémoire russe empreint de lyrisme. Touches d'humour pince-sans-rire. Ensemble filmé en un seul plan-séquence constituant un stupéfiant tour de force technique. Interprétation souple. □ Général
DVD STF→21,95 $ STA→21,95 $

ARCHITECTS, THE
ALL. 1990. Peter KAHANE
DVD STA→27,95 $

ARE WE THERE YET? [Quand est-ce qu'on arrive?] ▷6
É.-U. 2005. Comédie de Brian LEVANT avec Ice Cube, Aleisha Allen et Philip Daniel Bolden. - Un célibataire de Portland emmène à Vancouver les deux enfants teigneux d'une jeune mère divorcée dont il est amoureux. □ Général
DVD VF→Cadrage W→34,95 $ VF→Cadrage W→34,95 $

ARÈNES SANGLANTES *voir* **Blood and Sand**

ARGENT, L' ►2
FR. 1983. Drame de Robert BRESSON avec Christian Patey, Caroline Lang et Sylvie van den Elsen. - Impliqué à tort dans une affaire de faux billets, un jeune livreur de mazout est entraîné dans l'engrenage du crime. - Œuvre austère et fascinante. Suite de plans courts froidement composés. Mise en scène quasi abstraite. Jeu neutre d'acteurs non professionnels.
DVD VF➔STA➔Cadrage W➔39,95 $

ARGENT DE LA BANQUE, L' *voir* **Silent Partner, The**

ARGENT DE POCHE, L' [Small Change] ▷3
FR. 1975. Comédie dramatique de François TRUFFAUT avec Geory Desmouceaux, Philippe Goldman et Jean-François Stévenin. - Divers incidents marquent la vie des enfants qui fréquentent l'école communale d'un village français. - Chronique unanimiste. Réalisation souple. Observations savoureuses. Jeu naturel et convaincant des interprètes, tant enfants qu'adultes. □ Général
DVD VF➔STF➔Cadrage W➔12,95 $

ARGENT DES AUTRES, L' ▷3
FR. 1978. Drame de Christian de CHALONGE avec Michel Serrault, Jean-Louis Trintignant et Catherine Deneuve. - Un employé de banque injustement licencié entreprend de défendre sa cause. - Intrigue complexe mais bien conduite. Mise en scène efficace. □ Général

ARGENT FAIT LE BONHEUR, L' ▷4
FR. 1992. Comédie de mœurs de Robert GUEDIGUIAN avec Jean-Pierre Darroussin, Ariane Ascaride et Pierre Banderet. - Un curé d'une cité de banlieue a du pain sur la planche depuis que ses paroissiens sont divisés en deux gangs. □ Général

ARIA ▷4
ANG. 1987. Spectacle musical de Robert ALTMAN, Bill BRYDEN, Bruce BERESFORD, Jean-Luc GODARD, Derek JARMAN, Nicolas ROEG, Franc RODDAM, Ken RUSSELL, Charles STURRIDGE et Julien TEMPLE avec John Hurt, Theresa Russel et Marion Peterson. - Airs d'opéra reliés entre eux par la promenade d'un chanteur désabusé. □ 13 ans+
DVD VA➔Cadrage W➔34,95 $

ARIEL ▷3
FIN. 1988. Drame social d'Aki KAURISMÄKI avec Susanna Haavisto, Turo Pajala et Matti Pellonpaa. - Parti chercher fortune à la ville, un mineur de Laponie déchante bien vite devant les problèmes qui lui tombent dessus. - Style net et détaché très approprié pour la description des milieux évoqués. Approche un peu froide teintée d'ironie. Mise en scène intelligente. Interprétation irréprochable. □ Général

ARISTOCATS, THE [Aristochats, Les] ▷4
É.-U. 1970. Dessins animés de Wolfgang REITHERMAN. - Une riche Parisienne veut laisser sa fortune à ses chats, ce qui provoque la jalousie de son valet qui tente alors de se débarrasser des félins. □ Général
DVD 27,95 $

ARIZONA ▷4
É.-U. 1940. Western de W. RUGGLES avec Jean Arthur, William Holden et Warren William. - Une jolie fille monte une entreprise de transports et évince de dangereux rivaux.
DVD VA➔17,95 $

ARIZONA DREAM ▷3
FR. 1991. Comédie dramatique d'Emir KUSTURICA avec Johnny Depp, Jerry Lewis et Faye Dunaway. - Venu en Arizona assister au mariage d'un vieil oncle, un jeune homme y rencontre une mère et sa belle-fille, deux originales qui habitent dans le désert. - Fantaisie à l'humour et au charme certains. Bel hommage à l'Amérique. Mise en scène lyrique et imaginative. Interprétation recherchée. □ 13 ans+

ARIZONA JUNIOR *voir* **Raising Arizona**

ARK, THE
RUS. 2002. Yuri KUZIN
DVD STA➔39,95 $

ARLETTE ▷5
FR. 1997. Comédie de Claude ZIDI avec Josiane Balasko, Christophe Lambert et Ennio Fantastichini. - Des mafieux de Las Vegas forcent un joueur endetté à aller en France séduire une serveuse qui ne sait pas qu'elle est l'héritière d'une immense fortune. □ Général

ARLINGTON ROAD [Rue Arlington] ▷4
É.-U. 1998. Drame psychologique de Mark PELLINGTON avec Jeff Bridges, Tim Robbins et Joan Cusack. - Un professeur dont la femme a été tuée dans une embuscade soupçonne son voisin d'être un dangereux terroriste. □ 13 ans+ · Violence
DVD Cadrage W➔9,95 $

ARME AU POING, L' *voir* **Blue Steel**

ARME FATALE, L' *voir* **Lethal Weapon**

ARME VIRTUELLE *voir* **So Close**

ARMY OF DARKNESS: EVIL DEAD III ▷5
[Armée des ténèbres, L']
É.-U. 1992. Comédie fantaisiste de Sam RAIMI avec Embeth Davidtz, Bruce Campbell et Marcus Gilbert. - Catapulté au moyen-âge par une tornade temporelle, un homme du XXe siècle doit affronter les forces du Mal pour regagner son époque.
DVD VF➔STA➔Cadrage W➔18,95 $

ARNAQUE, L' *voir* **Sting, The**

ARNAQUES, CRIMES ET BOTANIQUE
voir **Lock, Stock & Two Smoking Barrels**

ARNAQUEUR, L' *voir* **Hustler, The**

ARNAQUEURS, LES *voir* **Grifters, The**

AROUND THE FIRE
É.-U. 1998. John JACOBSEN
DVD VA➔9,95 $

AROUND THE WORLD IN 80 DAYS ▷4
[Tour du monde en 80 jours, Le]
É.-U. 1956. Aventures de Michael ANDERSON avec David Niven, Cantinflas et Shirley MacLaine. - Un riche gentleman de Londres fait le pari d'accomplir le tour du monde en 80 jours. □ Général
DVD VF➔STF➔32,95 $ VF➔STA➔31,95 $

AROUND THE WORLD IN 80 DAYS ▷5
[Autour du monde en 80 jours]
É.-U. 2004. Aventures de Frank CORACI avec Steve Coogan, Jackie Chan et Cécile de France. - En 1890, un ingénieur londonien farfelu parie avec le président de l'Académie Royale des Sciences qu'il peut faire le tour du monde en 80 jours.
DVD VF➔STF➔Cadrage W➔19,95 $

ARRANGEMENT, THE ▷3
É.-U. 1969. Drame psychologique d'Elia KAZAN avec Kirk Douglas, Deborah Kerr et Faye Dunaway. - Après avoir tenté de se suicider, un publicitaire refuse de retourner à son travail. - Œuvre touffue et fouillée, riche en réflexions et en trouvailles techniques. Style bien adapté au sujet et aux personnages. K. Douglas excellent. □ 13 ans+

ARRÊT D'AUTOBUS *voir* **Bus Stop**

ARRÊTE-MOI SI TU PEUX *voir* **Catch Me If You Can**

ARRIÈRE-PAYS, L' ▷4
FR. 1998. Drame de mœurs réalisé et interprété par Jacques NOLOT avec Henri Gardey et Henriette Sempé. - Un acteur dans la cinquantaine retourne dans son village natal au chevet de sa mère mourante. □ Général

ARROWHEAD ▷4
É.-U. 1953. Western de Charles Marquis WARREN avec Brian Keith, Charlton Heston et Jack Palance. - Un homme qui a vécu parmi les Apaches refuse de croire à leur prétendu désir de paix. □ Général
DVD VA➔STA➔9,95 $

ARROWSMITH
É.-U. 1931. John FORD
DVD VA➔12,95 $

ARSENAL ▷3
RUS. 1929. Drame social de Aleksandr DOVJENKO avec Semyon Svachenko, Mikola Nademski et Piotr Machoka. - Lors de l'occupation allemande en Ukraine, des ouvriers déclenchent une grève de l'arsenal. - Utilisation créatrice du montage. Œuvre importante du cinéma russe. □ Général
DVD 37,95 $

ARSÈNE LUPIN
FR. 2004. Jean-Paul SALOMÉ
DVD VF➔STA➔Cadrage W/16X9➔34,95 $

ARSENIC AND OLD LACE ▷3
[Arsenic et vieilles dentelles]
É.-U. 1944. Comédie de Frank CAPRA avec Cary Grant, Priscilla Lane et Raymond Massey. - Un critique dramatique découvre que ses deux adorables vieilles tantes sont en réalité des tueuses en série. - Adaptation réussie d'une pièce à succès. Mouvement soutenu. Humour macabre bien dosé et savoureux. Photographie soignée. Excellente interprétation. □ Non classé
DVD VA➔STF➔21,95 $

ART DE LA GUERRE, L' *voir* **Art of War**

ART INTERDIT, L' *voir* **High Art**

ART OF WAR [Art de la guerre, L'] ▷5
É.-U. 2000. Drame d'espionnage de Christian DUGUAY avec Wesley Snipes, Marie Matiko et Anne Archer. - Soupçonné à tort de l'assassinat d'un diplomate chinois, un agent secret recherche le vrai coupable. □ Général · Violence
DVD VA➔14,95 $

ART SCHOOL CONFIDENTIAL ▷4
É.-U. 2006. Comédie de mœurs de Terry ZWIGOFF avec Sophia Myles, Max Minghella et John Malkovich. - Nouvellement admis aux beaux-arts, un peintre timide, disciple de Picasso, constate que l'enseignement y est médiocre et que les filles sont inaccessibles.

ARTEMISIA ▷4
FR. 1997. Drame biographique d'Agnès MERLET avec Valentina Cervi, Michel Serrault et Miki Manojlovic. - À Rome, au XVIIe siècle, une jeune peintre entretient une relation sentimentale passionnée avec son maître. □ 13 ans+ · Érotisme

ARTHUR ▷4
É.-U. 1981. Comédie de Steve GORDON avec Dudley Moore, John Gielgud et Liza Minnelli. - Un jeune homme riche qui doit épouser une fille de son milieu s'éprend plutôt d'une apprentie comédienne. □ 13 ans+
DVD Cadrage W➔9,95 $

ARTISTS AND MODELS [Artistes et modèles] ▷4
É.-U. 1955. Comédie de Frank TASHLIN avec Dean Martin, Jerry Lewis et Shirley MacLaine. - Deux amis d'enfance, un peintre et un écrivain, tentent de faire fortune à New York. □ Général

AS DES AS, L' ▷4
FR. 1982. Comédie de Gérard OURY avec Jean-Paul Belmondo, Marie-France Pisier et Rachid Ferrache. - Pendant les Jeux olympiques de Berlin, un entraîneur de boxe français entreprend de sauver une famille juive des nazis. □ Général

AS GOOD AS IT GETS ▷4
[Pour le pire et pour le meilleur]
É.-U. 1997. Comédie dramatique de James L. BROOKS avec Jack Nicholson, Helen Hunt et Greg Kinnear. - Un écrivain misanthrope intervient dans la vie de quelques personnes et voit ainsi son existence transformée. □ Général
DVD VF➔STA➔Cadrage W➔17,95 $ Cadrage W➔17,95 $

AS LUCK WOULD HAVE IT
voir **Hasard fait bien les choses, Le**

AS TEARS GO BY
H.K. 1988. Kar-Wai WONG
DVD STA➔64,95 $ STA➔44,95 $ STA➔23,95 $

AS YOU DESIRE ME ▷4
É.-U. 1932. Drame psychologique de George FITZMAURICE avec Greta Garbo, Melvyn Douglas et Erich Von Stroheim. - Un peintre croit reconnaître en une amnésique la femme disparue d'un ami. □ Général

AS YOU LIKE IT ▷4
ANG. 1936. Comédie de Paul CZINNER avec Elisabeth Bergner, Laurence Olivier et Sophie Stewart. - Des amours naissent dans une forêt enchantée entre des nobles proscrits par un usurpateur. □ Général

ASCENSEUR POUR L'ÉCHAFAUD ►2
[Elevator to the Gallows]
FR. 1957. Drame policier de Louis MALLE avec Maurice Ronet, Jeanne Moreau et Georges Poujouly. - Un homme machine un crime parfait et prévoit tout, sauf une panne d'ascenseur. - Premier film de Louis Malle. Brillant exercice de style. Suspense soutenu avec rigueur et sobriété. Personnages fort bien étudiés. □ Général
DVD VF➔STA➔52,95 $

ASH WEDNESDAY
É.-U. 2002. Edward BURNS
DVD VA➔9,95 $

ASH WEDNESDAY [Mercredi des cendres, Le] ▷5
É.-U. 1973. Drame psychologique de Larry PEERCE avec Elizabeth Taylor, Henry Fonda et Helmut Berger. - Pour retenir son mari qui veut la quitter, une quinquagénaire se soumet à un traitement chirurgical de rajeunissement. □ 13 ans+

ASHANTI ▷4
SUI. 1978. Aventures de Richard FLEISCHER avec Michael Caine, Peter Ustinov et Beverly Johnson. - En Afrique, un docteur part à la recherche de sa femme qui a été enlevée par des esclavagistes.
DVD VA➔17,95 $

ASHES AND DIAMONDS
voir **Cendres et diamants**

ASHES OF TIME ▷3
H.K. 1994. Drame de Wong KAR-WAI avec Tony-Leung Kar-Fai, Leslie Cheung, Maggie Cheung, Jacky Cheung et Brigitte Lin. - Dans une région désertique, un tavernier hanté par le souvenir d'un amour déçu forme des jeunes gens aux arts martiaux. - Œuvre mélancolique et lyrique à souhait. Style narratif d'une densité exigeante. Images d'une grande beauté. Interprétation dans le ton voulu. □ Général
DVD STA➔41,95 $

ASK ANY GIRL ▷4
É.-U. 1959. Comédie de Charles WALTERS avec David Niven, Shirley MacLaine et Gig Young. - Une jeune fille connaît une série d'aventures après avoir quitté sa petite ville natale pour se trouver un emploi et un mari à New York. □ Général

ASK THE DUST ▷5
É.-U. 2006. Drame sentimental de Robert TOWNE avec Colin Farrell, Salma Hayek et Donald Sutherland. - À Los Angeles pendant la Dépression, un écrivain italo-américain en panne d'inspiration s'éprend d'une serveuse mexicaine.

ASOKA ▷4
IND. 2001. Drame historique de Santosh SIVAN avec Shah Rukh Khan, Kareena Kapoor et Danny Denzongpa. - Les exploits guerriers et la vie amoureuse d'un empereur indien du troisième siècle avant Jésus-Christ.
DVD STA➔Cadrage P&S➔37,95 $

ASPHALT JUNGLE, THE ▷3
É.-U. 1950. Drame policier de John HUSTON avec Sterling Hayden, Sam Jaffe et Louis Calhern. - Un repris de justice met au point avec des complices le vol d'une importante bijouterie. - Réalisation de qualité. Bonne création d'atmosphère. Interprétation sobre et juste. □ Général
DVD VA➔21,95 $

ASSASSIN HABITE AU 21, L' ▷3
FR. 1942. Comédie policière de Henri-George CLOUZOT avec Pierre Fresnay, Suzy Delair et Pierre Larquey. - Un policier se faisant passer pour un religieux recherche un assassin dans une pension de famille. - Intrigue bien menée. Dialogue fort amusant. Galerie de personnages pittoresques. Bonne création d'atmosphère. Interprétation savoureuse. □ Général

ASSASSIN JOUAIT DU TROMBONE, L' ▷5
QUÉ. 1991. Comédie policière de Roger CANTIN avec Germain Houde, Anaïs Goulet-Robitaille, Marc Labrèche et Julie St-Pierre. - Un agent de sécurité est injustement soupçonné d'être le responsable d'une série de meurtres commis dans un studio de cinéma. □ Général

ASSASSIN QUI PASSE, UN ▷4
FR. 1981. Drame policier de Michel VIANEY avec Richard Berry, Jean-Louis Trintignant et Carole Laure. - Un commissaire de police enquête sur une série de meurtres similaires dont les victimes sont des femmes. □ 13 ans+

ASSASSIN(S) ▷5
FR. 1996. Drame psychologique réalisé et interprété par Mathieu KASSOVITZ avec Michel Serrault et Medhi Benoufa. - Un vieux tueur à gages décide d'enseigner son métier à un jeune cambrioleur. □ 18 ans+ · Violence

ASSASSINATION BUREAU, THE ▷4
ANG. 1968. Comédie policière de Basil DEARDEN avec Oliver Reed, Diana Rigg et Telly Savalas. - Une journaliste paie un chef de gang pour l'assassinat de nul autre que lui-même. □ 13 ans+
DVD VA→STA→Cadrage W→13,95 $

ASSASSINATION OF RICHARD NIXON, THE ▷4
[Assassinat de Richard Nixon, L']
É.-U. 2004. Drame psychologique de Niels MUELLER avec Sean Penn, Naomi Watts et Don Cheadle. - En 1974, un vendeur paumé et en instance de divorce planifie un attentat pour tuer le président Nixon. □ 13 ans+
DVD VF→STF→Cadrage W→17,95 $

ASSASSINATION OF TROTSKY, THE ▷4
ITA. 1972. Drame de Joseph LOSEY avec Richard Burton, Alain Delon et Romy Schneider. - En 1940, un assassin parvient à tromper la surveillance qui entoure un révolutionnaire russe vivant en exil au Mexique. □ 13 ans+

ASSASSINATION TANGO ▷4
É.-U. 2002. Thriller réalisé et interprété par Robert DUVALL avec Ruben Blades et Kathy Baker. - Au cours d'une mission périlleuse à Buenos Aires, un tueur à gages vieillissant s'éprend d'une danseuse de tango. □ Général
DVD VA→STF→Cadrage W→12,95 $

ASSASSINS DE L'ORDRE, LES ▷4
FR. 1970. Drame policier de Marcel CARNÉ avec Jacques Brel, Charles Denner, Paola Pitagora et Catherine Rouvel. - Un juge d'instruction fait inculper des policiers après la mort d'un prévenu. □ Général

ASSASSINS ET VOLEURS ▷6
FR. 1956. Comédie de Sacha GUITRY avec Jean Poiret, Michel Serrault et Magali Noël. - Un assassin finit par tuer un cambrioleur qu'il a fait condamner à sa place. □ Non classé

ASSAULT ON PRECINCT 13 ▷5
É.-U. 1976. Drame policier de John CARPENTER avec Austin Stoker, Darwin Joston et Laurie Zimmer. - Dans un commissariat de police désaffecté, un lieutenant de race noire se résout à libérer les prisonniers sous sa surveillance afin de résister à l'assaut d'une bande de voyous. □ 18 ans+
DVD VA→Cadrage W→11,95

ASSAULT ON PRECINCT 13 ▷5
[Assaut du poste 13, L']
É.-U. 2005. Drame policier de Jean-François RICHET avec Ethan Hawke, Laurence Fishburne et Drea De Matteo. - Le personnel réduit d'un poste de police vétuste doit s'unir aux prisonniers qu'il détient afin d'affronter les attaques meurtrières d'assaillants masqués. □ 13 ans+ · Violence
DVD VF→STA→Cadrage W→17,95 $

ASSAULT, THE *voir* **Attentat, L'**

ASSAUT DU POSTE 13, L' *voir* **Assault on precinct 13**

ASSEZ AVEC L'AMOUR *voir* **Down With Love**

ASSIGNMENT, THE [Mandat, Le] ▷5
CAN. 1997. Drame d'espionnage de Christian DUGUAY avec Aidan Quinn, Donald Sutherland et Ben Kingsley. - Afin de piéger un terroriste en le faisant passer pour un traître, la CIA obtient l'aide d'un sosie du criminel. □ 13 ans+ · Violence
DVD VA→STF→Cadrage W→5,95 $

ASSIS À SA DROITE *voir* **Black Jesus**

ASSOCIATION DE MALFAITEURS ▷5
FR. 1986. Comédie policière de Claude ZIDI avec François Cluzet, Christophe Malavoy et Claire Nebout. - À cause d'une blague faite à un ami, trois jeunes financiers sont obligés de cambrioler le coffre d'un homme d'affaires véreux. □ Général

ASSOCIÉ, L' ▷5
FR. 1979. Comédie satirique de Serge GAINVILLE avec Catherine Alric, Claudine Auger et Michel Serrault. - Un publicitaire ayant perdu son emploi ouvre un cabinet de conseiller financier. □ Général

ASSOCIÉS, INC. *voir* **Company Business**

ASSURANCE SUR LA MORT *voir* **Double Indemnity**

ASTÉRIX CHEZ LES BRETONS ▷4
FR. 1986. Dessins animés de Pino VAN LAMSWEERDE. - Deux Gaulois vont prêter main-forte à un village d'Angleterre qui résiste toujours aux troupes d'invasion romaines. □ Général

ASTÉRIX ET CLÉOPÂTRE ▷4
BEL. 1968. Dessins animés de Eddie LATESTE. - Cléopâtre fait appel à des Gaulois pour l'aider à bâtir un temple en défi à César.

ASTÉRIX ET LA SURPRISE DE CÉSAR ▷4
FR. 1985. Dessins animés de Paul et Gaëtan BRIZZI. - Astérix et Obélix partent à la recherche de deux jeunes Gaulois enlevés par des Romains. □ Général

ASTÉRIX ET LE COUP DU MENHIR ▷4
BEL. 1989. Dessins animés de Philippe GRIMOND. - Les garnisons romaines cherchent à tirer profit de l'amnésie soudaine du druide Panoramix, mésestimant la vigilance du vaillant guerrier Astérix.

ASTÉRIX ET LES INDIENS ▷4
ALL. 1994. Dessins animés de Gerhard HAHN. - Recherchant leur druide kidnappé par les Romains, deux Gaulois se retrouvent en Amérique où ils font connaissance avec des Amérindiens.

ASTÉRIX ET OBÉLIX CONTRE CÉSAR ▷5
FR. 1998. Comédie fantaisiste de Claude ZIDI avec Christian Clavier, Gérard Depardieu et Roberto Benigni. - Deux Gaulois se portent au secours de leur druide, qui a été enlevé par un gouverneur romain corrompu qui veut prendre la place de César. □ Général
DVD Cadrage P&S→11,95 $

ASTÉRIX ET OBÉLIX: MISSION CLÉOPÂTRE ▷3
FR. 2001. Comédie fantaisiste d'Alain CHABAT avec Jamel Debbouze, Gérard Depardieu et Christian Clavier. - Trois Gaulois viennent en aide à un architecte égyptien qui doit construire en trois mois un somptueux palais pour César. - Adaptation très réussie de la bande dessinée *Astérix et Cléopâtre*. Inspiration comique soutenue. Réalisation luxueuse et spectaculaire. Interprétation réjouissante. □ Général
DVD VF→Cadrage W→34,95 $

ASTÉRIX LE GAULOIS ▷5
BEL. 1968. Dessins animés de Ray GOOSSENS. - En 50 avant J.-C., le chef des Romains tente en vain de voler aux Gaulois le secret de leur potion magique.

ASTRONAUT'S WIFE, THE ▷5
[Femme de l'astronaute, La]
É.-U. 1999. Drame fantastique de Rand RAVICH avec Charlize Theron, Johnny Depp et Joe Morton. - Un astronaute dont la dernière mission a été marquée par un incident mystérieux suscite l'inquiétude de sa femme récemment tombée enceinte. □ 13 ans+
DVD Cadrage W→29,95 $

ASTRONAUTES MALGRÉ EUX
voir **Road to Hong Kong, The**

ASYLUM ▷4
ANG. 1972. Drame d'horreur de Roy WARD BAKER avec Robert Powell, Barbara Parkins et Barry Morse. - Un jeune psychiatre vient s'engager dans un asile réservé à des cas incurables.

AT CLOSE RANGE ▷4
É.-U. 1985. Drame policier de James FOLEY avec Sean Penn, Christopher Walken et Mary Stuart Masterson. - Trouvant que son fils et ses amis en savent trop sur ses activités, un criminel entreprend de les éliminer. □ 13 ans+
DVD Cadrage W→11,95 $

AT HOME AMONG STRANGERS, A STRANGER AMONG HIS OWN
RUS. 1974. Nikita MIKHALKOV
DVD VF→STF→Cadrage P&S→51,95 $

AT PLAY IN THE FIELDS OF THE LORD ▷3
[En liberté dans les champs du seigneur]
É.-U. 1991. Drame social de Hector BABENCO avec Tom Berenger, Aidan Quinn et John Lithgow. - Deux pasteurs protestants et leurs femmes s'installent près d'un village d'Indiens de l'Amazonie où un mercenaire américain partage la vie des autochtones. - Mœurs indigènes illustrées avec un souci d'authenticité. Images fascinantes. Psychologie nuancée. Excellents acteurs. □ Général

AT THE CIRCUS ▷5
É.-U. 1938. Comédie de Edward BUZZELL avec les frères Marx, Eve Arden et Kenny Baker. - Trois énergumènes essaient de renflouer les finances d'un cirque. □ Général

AT THE EARTH'S CORE ▷5
[Centre terre, septième continent]
ANG. 1976. Science-fiction de Kevin CONNOR avec Doug McClure, Peter Cushing et Caroline Munro. - Un savant et un financier parviennent au centre de la Terre à bord d'une foreuse géante et découvrent un étrange monde souterrain. I Général
DVD VA→STF→11,95 $

ATALANTE, L' ►1
FR. 1934. Drame sentimental de Jean VIGO avec Jean Dasté, Dita Parlo et Michel Simon. - L'amour de deux jeunes mariés installés sur une péniche est momentanément ébranlé. - Version restaurée d'un film-culte. Atmosphère poétique. Lyrisme touchant. Décors fort pittoresques. Très bonne direction d'acteurs. □ Général
DVD VF→STA→44,95 $

ATANARJUAT : L'HOMME RAPIDE ▷3
[Atanarjuat : Fast Runner]
CAN. 2001. Conte de Zakarias KUNUK avec Natar Ungalaaq, Peter Henry Arnatsiaq et Sylvia Ivalu. - Dans une communauté inuit, un chasseur entre en conflit avec le fils du chef, dont la famille est frappée par un mauvais sort. - Fresque fascinante aux accents tragiques. Récit inspiré d'une ancienne légende transmise par tradition orale. Indéniable valeur ethnographique. Réalisation assurée. Images d'une grande beauté. Jeu d'une grande spontanéité.
DVD STF→Cadrage W→36,95 $

ATLANTIC CITY ▷3
CAN. 1980. Drame de mœurs de Louis MALLE avec Burt Lancaster, Susan Sarandon et Kate Reid. - Un vieil homme vaguement acoquiné à la pègre connaît une grisante aventure avec une jeune voisine. - Bonne utilisation du cadre particulier d'Atlantic City. Mise en scène d'une grande qualité formelle. Ton doux-amer. Interprètes admirablement dirigés. □ 13 ans+
DVD VA→STA→Cadrage W→13,95 $

ATLANTIS, THE LOST CONTINENT ▷5
[Atlantis, terre engloutie]
É.-U. 1961. Drame fantastique de George PAL avec Anthony Hall, John Dall et Joyce Taylor. - Un jeune pêcheur grec ramène une jolie princesse en Atlantide et entre en lutte avec les chefs du pays. □ Général

ATOMIC CAFE, THE ▷4
É.-U. 1982. Film de montage de Jayne LOADER, Kevin et Pierce RAFFERTY. - Assemblage de documents de l'après-guerre traitant de la bombe atomique. □ Général
DVD 31,95 $

ATTACHE-MOI ! [Tie Me Up, Tie Me Down !] ▷5
ESP. 1989. Comédie sentimentale de Pedro ALMODOVAR avec Victoria Abril, Antonio Banderas et Loles Leon. - Un déséquilibré séquestre une femme dont il s'est épris dans l'espoir qu'elle développe des sentiments réciproques. □ 13 ans+

ATTACHEMENT FILIAL *voir* **Roommates**

ATTACK FORCE Z ▷4
AUS. 1980. Drame de guerre de Tim BURSTALL et Jing Ao HSING avec John Philip Law, Mel Gibson et Sam Neill. - Un commando débarque dans une île du Pacifique occupée par les Japonais pour venir en aide aux survivants d'un avion allié qui s'y est écrasé. □ Général

ATTACK FROM MARS
É.-U. 1956. Mark STOCK □ Général
DVD VA→Cadrage P&S→39,95 $

ATTACK THE GAS STATION
É.-U. 1999. Kim SANG-JIN
DVD STA→34,95 $

ATTAQUE AU CHEYENNE CLUB
voir **Cheyenne Social Club, The**

ATTAQUE DE LA CARAVANE, L' *voir* **Fighting Caravans**

ATTAQUE DE LA MALLE-POSTE, L' *voir* **Rawhide**

ATTAQUE DURA SEPT JOURS, L' *voir* **Thin Red Line, The**

ATTENTAT, L' ▷4
FR. 1972. Drame policier de Yves BOISSET avec Michel Piccoli, Jean-Louis Trintignant et Gian Maria Volontè. - Un journaliste, mêlé malgré lui à un complot contre un leader politique, menace de tout révéler à la police. □ Général

ATTENTAT, L' [Assault, The] ▷4
HOL. 1985. Drame psychologique de Fons RADEMAKERS avec Derek de Lint, Marc Van Uchelen et Monique Van de Ven. - Un homme cherche à retracer les circonstances entourant l'exécution de ses parents, après le meurtre d'un collaborateur à la fin de la Seconde Guerre mondiale. □ Général

ATTENTE DES FEMMES, L' [Secrets of Women] ▷3
SUÈ. 1952. Film à sketches de Ingmar BERGMAN avec Anita Bjork, Majbritt Nilsson et Eva Dahlbeck. - Quatres femmes se font des confidences sur leur expérience amoureuse. - Analyse subtile. Forme élégante et soignée. Style tantôt léger, tantôt grave. Excellents interprètes. □ Général

ATTENTION ! UNE FEMME PEUT EN CACHER UNE AUTRE ▷4
FR. 1983. Comédie de Georges LAUTNER avec Miou-Miou, Roger Hanin et Eddy Mitchell. - À l'insu des intéressés, une femme partage sa vie entre deux emplois et deux foyers. □ Général

ATTENTION BANDITS ▷4
FR. 1987. Drame policier de Claude LELOUCH avec Jean Yanne, Marie-Sophie L. et Patrick Bruel. - Retrouvant sa fille après dix ans de prison, un receleur est décidé à venger l'assassinat de sa femme. □ Général

ATTENTION ON TOURNE *voir* **State and Main**

ATTILA 74 : THE RAPE OF CYPRUS
GRÈ. 1974. Michael CACOYANNIS
DVD Cadrage W→29,95 $

ATTRAPE PARENTS, L' *voir* **Parent Trap, The**

ATTRAPEUR DE RÊVES, L' *voir* **Dreamcatcher**

AU BEAU MILIEU DE L'HIVER *voir* **Midwinter's Tale, A**

AU BONHEUR DES HOMMES [Happy Men] ▷6
ESP. 2001. Comédie de mœurs de Roberto SANTIAGO avec Aitana Sanchez-Gijon, Sergi Lopez et Pepon Nieto. - Ayant découvert que son mari multiplie les infidélités, une femme décide de quitter celui-ci pour son frère.

AU BORD DU DÉSASTRE *voir* **Edge, The**

AU BOUT DU BOUT DU BANC ▷5
FR. 1979. Comédie dramatique de Peter KASSOVITZ avec Victor Lanoux, Jane Birkin et Henri Crémieux. - La réunion de quatre générations d'une famille juive à l'occasion d'une fête accentue les problèmes d'un couple en difficulté. □ Général

AU CLAIR DE LA LUNE ▷4
QUÉ. 1982. Comédie fantaisiste de Marc-André FORCIER avec Michel Côté, Guy L'Écuyer et Lucie Miville. - Un albinos à l'esprit fantasque lie amitié avec un ancien champion du jeu de quilles. □ Général

AU CŒUR DE LA TERRE *voir* **Core, The**

AU CŒUR DE LA VILLE *voir* **Grand Canyon**

AU CŒUR DU MENSONGE [Color of Lies, The] ▷4
FR. 1998. Drame policier de Claude CHABROL avec Sandrine Bonnaire, Jacques Gamblin et Valeria Bruni-Tedeschi. - Au moment même où on le soupçonne du meurtre d'une fillette, un professeur de dessin découvre l'infidélité de sa femme. □ Général

AU FIL DE L'EAU ▷5
QUÉ. 2002. Comédie dramatique de Jeannine GAGNÉ avec Gabriel Gascon, Margot Campbell et Paul Ahmarani. - Lors d'un séjour en forêt, des hommes et des femmes se remémorent leurs souvenirs d'enfance et leurs histoires d'amour. □ Général
DVD VF→39,95 $

AU FIL DU TEMPS [Kings of the Road] ▷3
ALL. 1976. Drame psychologique de Wim WENDERS avec Hanns Zischler, Rudiger Vogler et Lisa Kreuzer. - Un réparateur errant d'appareils de projection recueille à bord de son camion un homme qui a manqué son suicide. - Traitement déconcertant. Rigueur d'observation. □ Général

AU GRAND MAGASIN *voir* **Big Store, The**

AU HASARD BALTHAZAR ►2
FR. 1966. Drame de Robert BrRESSON avec Anne Wiazemsky, François Lafarge et Philippe Asselin. - Les heurs et malheurs d'une jeune fille et de l'âne qu'elle chérit. - Allégorie d'un sens profond. Style elliptique et dépouillé. Grande beauté formelle. Interprétation dans la note voulue.
DVD VF→STA→46,95 $

AU HASARD DE L'ÉTRANGER
voir **When Strangers Appear**

AU NOM D'ANNA *voir* **Keeping the Faith**

AU NOM DE TOUS LES MIENS ▷4
FR. 1983. Drame de Robert ENRICO avec Michael York, Jacques Penot et Macha Meril. - À la suite de la mort de sa femme et de ses enfants, un homme se remémore sa jeunesse en Pologne sous l'occupation nazie. □ Général

AU NOM DU PAPE ROI ▷4
[In the Name of the Pope King]
ITA. 1977. Comédie dramatique de Luigi MAGNI avec Nino Manfredi, Carlo Bagno et Carmen Scarpitta. - En 1867, la vie d'un prélat romain est compliquée par les conséquences d'un attentat terroriste. □ Général

AU NOM DU PÈRE *voir* **In the Name of the Father**

AU NORD LE PARADIS *voir* **El Norte**

AU PAYS DES JULIETS ▷5
FR. 1991. Drame psychologique de Mehdi CHAREF avec Claire Nebout, Maria Schneider et Laure Duthilleul. - Bénéficiant d'une permission de 24 heures, trois détenues de mentalité et de milieux très différents font ensemble un périple à Lyon. □ Général

AU PETIT MARGUERY ▷4
FR. 1995. Comédie dramatique de Laurent BÉNÉGUI avec Michel Aumont, Stéphane Audran et Jacques Gamblin. - Un couple de restaurateurs offrent un ultime dîner à leurs amis avant la fermeture définitive de leur établissement. □ Général

AU PLUS PRÈS DU PARADIS ▷5
FR. 2002. Comédie sentimentale de Tonie MARSHALL avec Catherine Deneuve, William Hurt et Bernard Le Coq. - Une écrivaine française qui se rend à New York pour revoir un amour de jeunesse se sent troublée par le photographe qui travaille avec elle. □ Général
DVD VF→Cadrage W→7,95 $

AU REVOIR AMERIKA ▷4
ALL. 1993. Comédie dramatique de Jan SCHUTTE avec Otto Tausig, Jakov Bodo et Zofia Merle. - Trois Juifs polonais émigrés à New York depuis la Seconde Guerre mondiale décident de retourner vivre dans leur terre natale. □ Général

AU REVOIR CHARLIE voir **Goodbye Charlie**

AU REVOIR LÉNINE [Good Bye Lenin] ▷3
ALL. 2003. Comédie dramatique de Wolfgang BECKER avec Daniel Brühl, Katrin Sass et Chulpan Khamatova. - Lorsque sa mère, fervente socialiste, sort du coma peu après la chute du Mur, un jeune Berlinois de l'Est lui cache la nouvelle réalité de leur pays. - Scénario touffu, riche en situations cocasses. Ton oscillant entre drôlerie, nostalgie et critique sociale. Beaux moments d'émotion. Réalisation allègre. Interprétation vivante et attachante □ Général
DVD STF→Cadrage W→29,95 $

AU REVOIR LES ENFANTS ►2
FR. 1987. Drame de Louis MALLE avec Gaspard Manesse, Raphaël Fejtö et Philippe Morier-Genoud. - En 1943, un élève d'un pensionnat religieux se lie d'amitié avec un condisciple juif inscrit sous un faux nom pour le soustraire aux recherches allemandes. - Souvenirs d'enfance disposés avec maestria et sensibilité. Tableau d'époque prenant. Réalisation assurée. Interprétation naturelle. □ Général

AU REVOIR... À LUNDI ▷5
FR. 1979. Comédie dramatique de Maurice DUGOWSON avec Miou-Miou, Carole Laure et Claude Brasseur. - Le désenchantement de deux jeunes femmes qui entretiennent des liaisons avec des hommes mariés.

AU RISQUE DE SE PERDRE *voir* **Nun's Story, The**

AU RYTHME DU COMTÉ DE CLARE
voir **Boys & Girls From County Clare**

AU SERVICE SECRET DE SA MAJESTÉ
voir **On Her Majesty's Secret Service**

AU VOLANT AVEC LES GARÇONS
voir **Riding in Cars with Boys**

AU-DELÀ DE NOS RÊVES *voir* **What Dreams May Come**

AU-DELÀ DES FRONTIÈRES *voir* **Beyond Borders**

AU-DELÀ DU JEU ET DE L'AMOUR
voir **For Love of The Game**

AU-DELÀ DU MISSOURI *voir* **Across the Wide Missouri**

AU-DELÀ DU RÉEL *voir* **Altered States**

AUBE DES MORTS, L' *voir* **Dawn of the Dead**

AUBERGE ESPAGNOLE, L' ▷4
FR. 2001. Comédie de mœurs de Cédric KLAPISCH avec Romain Duris, Judith Godrèche et Cécile de France. - Passant sa dernière année universitaire à Barcelone, un jeune Français cohabite avec six autres étudiants de différentes nationalités. □ Général
DVD VF→17,95 $

AUDITION ▷4

JAP. 1999. Drame d'horreur de Takashi MIIKE avec Ryo Ishibashi, Eihi Shiina et Jun Kunimura. - Ayant organisé des auditions bidon afin de se trouver une nouvelle épouse, un producteur de films veuf jette son dévolu sur une jeune femme étrange.
DVD STA→Cadrage W→18,95 $

AUDITION, L' ▷4

QUÉ. 2005. Drame psychologique réalisé et interprété par Luc PICARD avec Suzanne Clément et Denis Bernard. - Un truand aux ambitions d'acteurs obtient une audition au moment où sa compagne apprend qu'elle est enceinte. □ 13 ans+
DVD VF→Cadrage W→31,95 $

AUDREY ROSE ▷5

É.-U. 1977. Drame fantastique de Robert WISE avec Marsha Mason, Anthony Hopkins et Susan Swift. - Un homme croit qu'une petite fille de onze ans est la réincarnation de sa fillette morte dans un accident. □ 13 ans+
DVD VF→STF→Cadrage W→11,95 $

AUGUST ▷4

ANG. 1995. Drame de mœurs réalisé et interprété par Anthony HOPKINS avec Kate Burton et Leslie Phillips. - Divers chassés-croisés amoureux dans un domaine du pays de Galles à la fin du XIXe siècle. □ Général

AUJOURD'HUI OU JAMAIS ▷4

QUÉ. 1998. Comédie dramatique de Jean-Pierre LEFEBVRE avec Marcel Sabourin, Claude Blanchard et Julie Ménard. - Bien décidé à voler après une interruption de quinze ans, un aviateur quinquagénaire voit son projet compromis par l'arrivée de visiteurs imprévus. □ Général

AUJOURD'HUI PEUT-ÊTRE ▷4

FR. 1990. Comédie dramatique de Jean-Louis BERTUCCELLI avec Giulietta Masina, Véronique Silver et Eva Darlan. - Une vieille dame organise une grande réunion familiale en espérant qu'un de ses fils, dont elle est sans nouvelle depuis 15 ans, y assistera.

AUNTIE MAME ▷4

É.-U. 1958. Comédie de Morton DA COSTA avec Rosalind Russell, Forrest Tucker et Peggy Cass. - Devenu orphelin, un garçonnet est confié à une tante originale et excentrique. □ Général
DVD VF→STF→Cadrage W→21,95 $

AURORE ▷5

QUÉ. 2005. Mélodrame de Luc DIONNE avec Serge Postigo, Hélène Bourgeois-Leclerc et Marianne Fortier. - Dans le Québec rural du début du XXe siècle, la deuxième femme d'un charpentier inflige des sévices de plus en plus graves à la fillette de celui-ci. □ 13 ans+
DVD VF→STA→Cadrage W→34,95 $

AUSTERIA

POL. 1982. Jerzy KAWALEROWICZ □ 13 ans+
DVD STA→29,95 $

AUSTERLITZ ▷5

FR. 1960. Drame historique d'Abel GANCE avec Pierre Mondy, Martine Carol et Jack Palance. - Au début du XIXe siècle, le Premier Consul Napoléon Bonaparte devient empereur des Français et triomphe à la bataille d'Austerlitz.

AUSTIN POWERS: INTERNATIONAL MAN OF MYSTERY ▷4

É.-U. 1997. Comédie de Jay ROACH avec Mike Myers, Elizabeth Hurley et Mimi Rogers. - Placés en état d'hibernation en 1967, un espion et un criminel se réveillent en 97 pour reprendre leur affrontement.

AUSTIN POWERS: THE SPY WHO SHAGGED ME ▷4
[Austin Powers: agent secret 00sexe]

É.-U. 1999. Comédie fantaisiste de Jay ROACH avec Mike Myers, Heather Graham et Michael York. - Un agent secret lutte contre un criminel qui a inventé une machine à voyager dans le temps. □ Général
DVD Cadrage W→17,95 $

AUSTIN POWERS IN GOLDMEMBER ▷4
[Austin Powers contre l'homme au membre d'or]

É.-U. 2002. Comédie fantaisiste de Jay ROACH avec Mike Myers, Beyoncé Knowles et Michael Caine. - L'agent secret Austin Powers lutte contre deux génies du crime qui menacent de détruire la planète. □ Général

AUSTRALIA ▷4

BEL. 1989. Drame de Jean-Jacques ANDRIEN avec Jeremy Irons, Fanny Ardant et Tchéky Karyo. - Un Belge installé en Australie retourne dans sa ville natale pour sauver l'entreprise familiale et connaît une idylle amoureuse avec une femme mariée. □ Général

AUTANT EN EMPORTE LE VENT
voir **Gone with the Wind**

AUTHOR! AUTHOR! ▷4
[Avec les compliments de l'auteur]

É.-U. 1982. Comédie dramatique de Arthur HILLER avec Al Pacino, Tuesday Weld et Dyan Cannon. - Un dramaturge new-yorkais est aux prises avec des problèmes familiaux et des ennuis professionnels. □ Général

AUTO FOCUS ▷4

É.-U. 2002. Drame biographique de Paul SCHRADER avec Willem Dafoe, Greg Kinnear et Rita Wilson. - Un comédien de sitcom qui projette en public l'image d'un modèle de vertu mène en réalité une vie centrée sur le sexe et la pornographie. □ 13 ans+ · Érotisme
DVD VF→STF→Cadrage W→17,95 $

AUTO-STOPPEUR, L' *voir* **Hitch-Hiker, The**

AUTOMNE SAUVAGE, L' ▷4

QUÉ. 1992. Drame policier de Gabriel PELLETIER avec Serge Dupire, Anne Létourneau et Raoul Trujillo. - Son ami amérindien ayant été accusé de meurtres, un jeune Blanc retourne dans le Nord du Québec après une décennie d'absence. □ 13 ans+

AUTOPSIE D'UN MEURTRE *voir* **Anatomy of a Murder**

AUTOROUTE 61 *voir* **Highway 61**

AUTOUR DE MINUIT *voir* **Round Midnight**

AUTOUR DU MONDE EN 80 JOURS
voir **Around the World in 80 Days**

AUTRE, L' ▷3

FR. 1990. Drame de Bernard GIRAUDEAU avec Wadeck Stanczak, Francisco Rabal et Smail Mekki. - Persuadé qu'un jeune touriste vit toujours sous les décombres d'un hôtel détruit par un tremblement de terre, un vieil homme tente l'impossible pour le sauver. - Récit simple et émouvant. Sujet rendu avec intensité et lyrisme. Mise en scène directe et rigoureuse. Jeu sensible de F. Rabal. □ Général

AUTRE, L' [Other, The] ▷5

ÉGY. 1999. Drame de Youssef CHAHINE avec Hanane Tork, Hani Salama et Nabila Ebeid. - Bien qu'amoureuse de son nouveau mari, une jeune journaliste s'emploie à dénoncer l'enrichissement de l'élite corrompue dont il fait partie.
DVD STA→24,95 $

AUTRE BELLE-FAMILLE, L' *voir* **Meet the Fockers**

AUTRE FEMME, UNE *voir* **Another Woman**

AUTRE JOUR SANS PARADIS, UN
voir **Another Day in Paradise**

AUTRES, LES *voir* **Others, The**

AUTRES FILLES, LES ▷4

FR. 2000. Drame psychologique de Caroline VIGNAL avec Caroline Baehr, Julie Leclercq et Jean-François Gallotte. - Une adolescente timide vivant dans un milieu familial difficile tente de s'affirmer en perdant sa virginité.

AUTUMN LEAVES [Feuilles d'automne] ▷5

É.-U. 1956. Mélodrame de Robert ALDRICH avec Joan Crawford, Cliff Robertson et Vera Miles. - Une femme d'âge mûr épouse un jeune homme et se rend compte qu'il souffre de déséquilibre mental.

AUTUMN MARATHON
RUS. 1979. Georgi DANELIYA □ Général
DVD VF➔STF➔Cadrage P&S➔49,95 $

AUTUMN SONATA ▶2
SUÈ. 1978. Drame psychologique d'Ingmar BERGMAN avec Ingrid Bergman, Liv Ullmann et Halvar Bjork. - La visite d'une pianiste célèbre chez sa fille est l'occasion d'une confrontation douloureuse. - Drame intimiste prenant. Rythme lent et progressif. Mise en scène sûre. Excellents interprètes. □ Général
DVD STA➔Cadrage W➔63,95 $

AUTUMN SPRING
TCH. 2001. Vladimir MICHALEK
DVD STA➔26,95 $

AUX BONS SOINS DU DOCTEUR KELLOGG
voir **Road to Wellville, The**

AUX FRONTIÈRES DE L'AUBE *voir* **Near Dark**

AUX FRONTIÈRES DE LA VILLE
voir **Fringe Dwellers, The**

AUX FRONTIÈRES DU RÉEL : LE FILM
voir **X-Files : The Movie**

AUX PETITS BONHEURS ▷3
FR. 1993. Comédie de mœurs de Michel DEVILLE avec Anémone, André Dussollier et Nicole Garcia. - Dans une résidence d'été, une femme à la recherche de son premier amour est accueillie par des couples à l'humeur capricieuse. - Échafaudage habile de situations aux allures de fable romantique. Plans-séquences complexes. Réalisation fluide et précise. Excellente équipe de comédiens. □ Général

AUX PORTES DE L'AU-DELÀ *voir* **From Beyond**

AUX PORTES DE L'ENFER *voir* **Angel Heart**

AUX PORTES DU PARADIS *voir* **Paradise Now**

AUX YEUX DU MONDE ▷4
FR. 1991. Drame psychologique d'Éric ROCHANT avec Yvan Attal, Kristin Scott-Thomas et Charlotte Gainsbourg. - Un jeune désœuvré qui a détourné un autocar scolaire pour aller rejoindre sa petite amie finit par s'attirer la sympathie des otages. □ Général

AVALON ▷4
É.-U. 1990. Chronique de Barry LEVINSON avec Armin Mueller-Stahl, Aidan Quinn et Elijah Wood. - Évocation de la vie d'un groupe d'immigrants polonais venu s'établir à Baltimore durant la première moitié du xxe siècle. □ Général
DVD Cadrage W➔21,95 $

AVALON
JAP. 2001. Mamoru OSHII
DVD STA➔14,95 $

AVANIM ▷4
ISR. 2004. Drame de mœurs de Raphaël NADJARI avec Asi Levi, Uri Gabriel et Danny Steg. - Une jeune mère de famille qui travaille au cabinet comptable de son père remet sa vie en question lorsque son amant périt dans un attentat terroriste. □ Général
DVD STA➔34,95 $

AVANT L'AUBE TOUT EST POSSIBLE
voir **Before Sunrise**

AVANT LA NUIT TOUT EST POSSIBLE
voir **Before Sunset**

AVANT QUE TOMBE LA NUIT *voir* **Before Night Falls**

AVANTI ! ▷4
É.-U. 1972. Comédie de mœurs de Billy WILDER avec Jack Lemmon, Juliet Mills et Clive Revill. - Les ennuis d'un homme d'affaires américain venu à Ischia à cause de la mort accidentelle de son père. □ 13 ans+
DVD VF➔STF➔Cadrage W➔12,95 $

AVARE, L' ▷4
FR. 1980. Comédie réalisée par Jean GIRAULT et Louis DE FUNÈS avec Louis de Funès, Michel Galabru et Claude Gensac. - Un avare est aux prises avec ses proches qu'il veut mener à sa guise. □ Général

AVEC LES COMPLIMENTS DE L'AUTEUR
voir **Author ! Author !**

AVENTURE, L' *voir* **Adventure**

AVENTURE C'EST L'AVENTURE, L' ▷4
FR. 1972. Comédie policière de Claude LELOUCH avec Lino Ventura, Jacques Brel et Charles Denner. - Les tribulations de cinq truands qui ont décidé de mettre en commun leurs talents respectifs. □ Général
DVD VF➔Cadrage P&S/W➔34,95 $

AVENTURE DE Mme MUIR, L'
voir **Ghost and Mrs. Muir, The**

AVENTURE DU POSÉIDON, L'
voir **Poseidon Adventure, The**

AVENTURE EN COULISSE
voir **Awfully Big Adventure, An**

AVENTURE EST AU BOUT DU RÊVE, L'
voir **Dreamscape**

AVENTURE INTÉRIEURE, L' *voir* **Innerspace**

AVENTURERA
MEX. 1950. Alberto GOUT
DVD STA➔29,95 $

AVENTURES AMOUREUSES DE JOSEPH ANDREWS, LES *voir* **Joseph Andrews**

AVENTURES D'UNE JEUNE VEUVE, LES ▷6
QUÉ. 1974. Comédie de Roger FOURNIER avec Dominique Michel, Guy Provost et Rose Ouellette. - La veuve d'un marchand de fourrures est entraînée dans diverses complications. □ Général

AVENTURES DE BUCKAROO BANZAÏ, LES
voir **Adventures of Buckaroo Banzai Across the 8th Dimension, The**

AVENTURES DE HUCK FINN, LES
voir **Adventures of Huck Finn, The**

AVENTURES DE PINOCCHIO, LES
voir **Adventures of Pinocchio, The**

AVENTURES DE PRISCILLA, FOLLE DU DÉSERT, LES
voir **Adventures of Priscilla, Queen of the Desert, The**

AVENTURES DE RABBI JACOB, LES ▷4
FR. 1973. Comédie de Gérard OURY avec Louis de Funès, Claude Giraud et Suzy Delair. - Un homme d'affaires irritable doit se déguiser en rabbin juif pour échapper à des agents secrets arabes. □ Général
DVD VF➔STA➔34,95 $

AVENTURES DE ROBIN DES BOIS, LES
voir **Adventures of Robin Hood, The**

AVENTURES DE ROBINSON CRUSOE, LES ▷3
MEX. 1953. Aventures de Luis BUNUEL avec Dan O'Herlihy et Jaime Fernandez. - À force d'ingéniosité, un naufragé survit plusieurs années dans île déserte. - Adaptation intéressante du roman de Daniel Defoe. Réalisation inventive. Bonne interprétation.
DVD VA➔36,95 $

AVENTURES DE SHARKBOY ET LAVAGIRL EN 3-D, LES
voir **Adventures of Sharkboy and Lavagirl in 3-D**

AVENTURES DE TARZAN À NEW YORK, LES
voir **Tarzan's New York Adventure**

AVENTURES DU BARON DE MUNCHAUSEN, LES
voir **Adventures of Baron Munchausen, The**

AVENTURES DU CAPITAINE WYATT, LES
voir **Distant Drums**

AVENTURES FANTASTIQUES DU BARON DE MUNCHAUSEN, LES ▷5
ALL. 1942. Comédie fantaisiste de Joseph VON BAKY avec Hans Albers, Herman Speelmans et Ilse Werner. - Les exploits fantastiques d'un aristocrate hableur.

AVENTURES ROMANTIQUES DE JESSICA STEIN, LES
voir **Kissing Jessica Stein**

AVENTURIERS DE L'ARCHE PERDUE, LES
voir **Raiders of the Lost Ark**

AVENTURIERS DU FLEUVE, LES
voir **Adventures of Huckleberry Finn, The**

AVENTURIERS DU TIMBRE PERDU, LES
voir **Tommy Tricker and the Stamp Traveller**

AVENTURIERS, LES ▷3
FR. 1967. Aventures de Robert ENRICO avec Lino Ventura, Alain Delon et Joanna Shimkus. - Trois amis, victimes de revers de fortune, partent à la recherche d'un trésor au large des côtes du Congo - Construction décontractée. Mise en scène aérée. Personnages bien campés par des acteurs de talent. □ 13 ans+

AVEU, L' ▷3
FR. 1970. Drame psychologique de C. COSTA-GAVRAS avec Simone Signoret, Yves Montand et Gabriele Ferzetti. - En 1951, à Prague, un haut fonctionnaire communiste est victime d'une purge politique. - Transposition d'un fait vécu. Technique habile. Ton contenu. Ensemble d'une rare puissance. Interprétation remarquable d'Y. Montand.
DVD VF➔Cadrage W➔21,95 $

AVEUX LES PLUS DOUX, LES ▷3
FR. 1970. Drame psychologique d'Édouard MOLINARO avec Philippe Noiret, Roger Hanin et Marc Porel. - Déterminés à obtenir d'un inculpé les renseignements relatifs à l'arrestation de ses complices, deux policiers usent de moyens odieux. - Scénario vigoureux. Observations psychologiques justes. □ Non classé

AVEUX SPONTANÉS ▷5
ITA. 1979. Drame de Grigori TCHOUKRAI avec Giancarlo Giannini, Ornella Muti et Stefano Madia. - Un chauffeur de taxi portugais est incarcéré pour avoir conduit à l'aéroport un homme que la police soupçonne de préparer un attentat.

AVIATEUR, L' *voir* **Aviator, The**

AVIATOR, THE [Aviateur, L'] ▷3
É.-U. 2004. Drame biographique de Martin SCORSESE avec Cate Blanchett, Leonardo DiCaprio et Alan Alda. - La vie du producteur, aviateur et chef d'entreprise Howard Hughes, de 1927 jusqu'au milieu des années 40. - Intéressante étude psychologique d'un personnage aux contradictions fascinantes. Structure épisodique mais néanmoins fluide. Passages mémorables. Réalisation opulente et pleine de virtuosité. Excellents interprètes. □ Général · Déconseillé aux jeunes enfants
DVD VF➔STF➔Cadrage W➔14,95 $
VF➔STF➔Cadrage W/16X9➔14,95 $

AVIATOR'S WIFE, THE *voir* **Femme de l'aviateur, La**

AVION, L' ▷5
FR. 2005. Conte de Cédric KAHN avec Roméo Botzaris, Isabelle Carré et Vincent Lindon. - À la mort de son père, un gamin s'aperçoit que l'avion miniaturisé que celui-ci lui avait offert à Noël peut voler. □ Général
DVD VF➔STA➔Cadrage W➔34,95 $

AVOCAT, L' *voir* **Advocate, The**

AVOCAT DU DIABLE, L' *voir* **Devil's Advocate**

AVOCAT DU DIABLE, L' *voir* **Guilty as Sin**

AVRIL À PARIS *voir* **April in Paris**

AVRIL BRISÉ *voir* **Behind the Sun**

AVRIL ENCHANTÉ *voir* **Enchanted April**

AVVENTURA, L' ►1
ITA. 1960. Drame psychologique de Michelangelo ANTONIONI avec Gabriele Ferzetti, Monica Vitti et Lea Massari. - À la recherche de sa maîtresse disparue, un architecte s'éprend d'une amie de celle-ci. - Analyse subtile et intelligente. Grande beauté plastique. Interprétation remarquable. □ Général
DVD STA➔Cadrage W➔62,95 $

AWAKENING, THE [Éveil, L'] ▷4
ANG. 1980. Drame fantastique de Mike NEWELL avec Charlton Heston, Stephanie Zimbalist et Susannah York. - Un archéologue découvre la momie d'une princesse égyptienne qui se réincarne dans le corps de sa fille.

AWAKENINGS [Éveil, L'] ▷4
É.-U. 1990. Drame psychologique de Penny MARSHALL avec Robin Williams, Robert De Niro et Julie Kavner. - À New York dans les années 1960, un neurologue parvient à réveiller un patient enfermé depuis trente ans dans un état catatonique. □ Général
DVD Cadrage W➔18,95 $

AWAY (A)WAKE
É.-U. 2005. Morgan JON FOX
DVD VA➔32,95 $

AWFUL TRUTH, THE ▷3
É.-U. 1937. Comédie de Leo McCAREY avec Cary Grant, Irene Dunne et Ralph Bellamy. - Divorcé de fraîche date, un jeune couple finit par se réconcilier. - Marivaudage d'une grande drôlerie. Traitement vif et spirituel. Réalisation et montage habiles. Excellents interprètes. □ Général

AWFULLY BIG ADVENTURE, AN ▷4
[Aventure en coulisse]
ANG. 1994. Drame de mœurs de Mike NEWELL avec Georgina Cates, Hugh Grant et Alan Rickman. - En 1947, une jeune fille secrètement amoureuse de son patron, un directeur de théâtre cynique, cède malgré tout aux avances d'un comédien d'âge mûr. □ 13 ans+
DVD VA➔STA➔Cadrage W➔22,95 $

AY, CARMELA ! ▷4
ESP. 1990. Comédie dramatique de Carlos SAURA avec Carmen Maura, Andres Pajares et Gabino Diego. - Durant la guerre civile espagnole, trois bateleurs tombent aux mains des troupes franquistes qui veulent leur faire jouer un spectacle à la gloire de Franco. □ Général

B

B. MONKEY ▷4
ANG. ITA. É.-U. 1999. Drame de mœurs de Michael RADFORD avec Asia Argento, Jared Harris et Rupert Everett. - Une jeune voleuse dure à cuire s'engage dans une relation avec un professeur célibataire rangé. □ 13 ans+ · Érotisme
DVD Cadrage W→22,95 $

BAADASSSSS ! ▷3
É.-U. 2003. Chronique réalisée et interprétée par Mario Van PEEBLES avec Joy Bryant et T.K. Carter. - Évocation du tournage difficile en 1970 d'un film indépendant de Melvin Van Peebles sur l'oppression de la communauté noire américaine. - Hommage admiratif mais sans complaisance. Esprit de l'époque bien rendue. Mise en scène inventive et empreinte de fébrilité. Nombreux détails amusants. Interprétation énergique. □ 13 ans+ · Érotisme - Langage vulgaire

BABE ▷3
N.-Z. 1995. Conte de Chris NOONAN avec James Cromwell et Magda Szubanski. - Grâce aux conseils d'une chienne et à sa propre débrouillardise, un porcelet nouvellement arrivé dans une ferme apprend à garder les moutons. - Histoire drôle et imaginative. Nombreux détails savoureux. Dialogues pleins d'esprit entre les animaux. Jeu complice des interprètes. □ Général · Enfants

BABE, THE [Babe, le bambino] ▷5
É.-U. 1992. Drame biographique de Arthur HILLER avec Kelly McGillis, John Goodman et Trini Alvarado. - La vie et la carrière du joueur de base-ball George Herman Ruth, surnommé le Babe. □ Général

BABE: PIG IN THE CITY ▷3
[Babe: un cochon dans la ville]
AUS. 1998. Comédie fantaisiste de George MILLER avec Magda Szubanski, James Cromwell et Mary Stein. - Une fermière et son porcelet surdoué vivent bien des mésaventures dans une grande ville. - Fable à portée sociale. Astucieuse et audacieuse métaphore animalière. Extraordinaire brio technique. □ Général · Enfants

© 2006 Warner Bros Entertainment Inc.

BABES IN ARMS ▷4
É.-U. 1939. Comédie musicale de Busby BERKELEY avec Mickey Rooney, Judy Garland et Charles Winninger. - Des adolescents, enfants d'artistes de music-hall sans emploi, montent un spectacle à succès.

BABES ON BROADWAY ▷4
É.-U. 1941. Comédie musicale de Busby BERKELEY avec Judy Garland, Mickey Rooney et Virginia Weidler. - Malheurs passagers de quelques adolescents ambitionnant la gloire théâtrale.
□ Non classé

BABETTE'S FEAST
voir **Festin de Babette, Le**

BABOUSSIA ▷3
RUS. 2003. Comédie dramatique de Lidia BOBROVA avec Nina Choubina, Anna Ovsiannikova et Vladimir Koulakov. - À la mort de sa fille, une octogénaire tente de trouver refuge chez un de ses petits-enfants. - Récit poignant et vivant, traduisant le changement des valeurs dans la Russie postsoviétique. Alternance de touches folkloriques, critiques et oniriques. Réalisation sans fioriture. Interprétation craquante de N. Choubina.
DVD STF→Cadrage W→33,95 $

BABY BOOM ▷5
É.-U. 1987. Comédie de mœurs de Charles SHYER avec Diane Keaton, Sam Shepard et Sam Wanamaker. - La vie d'une femme d'affaires est bouleversée lorsqu'elle décide de prendre soin de la fille d'un cousin qui vient de mourir. □ Général
DVD Cadrage W→13,95 $

BABY BOY [Bébé Lala] ▷5
É.-U. 2001. Drame social de John SINGLETON avec Adrienne-Joi Johnson, Tyrese Gibson et Taraji P. Henson. - Dans le quartier de South Central à Los Angeles, un jeune père afro-américain immature fait face à des choix douloureux qui le feront grandir. □ 13 ans+ · Langage vulgaire
DVD VF→STF→Cadrage W→18,95 $

BABY DOLL ▷3
É.-U. 1956. Drame psychologique d'Elia KAZAN avec Carroll Baker, Eli Wallach et Karl Malden. - Soupçonnant un rival d'avoir incendié ses entrepôts, un producteur de coton tente de séduire la toute jeune épouse de celui-ci afin de lui arracher des aveux. - Scénario audacieux adapté d'une pièce de Tenessee Williams. Climat sensuel. Contexte du Sud admirablement dépeint. Excellents interprètes.
□ Non classé
DVD VA→STF→21,95 $

BABY MAKER, THE ▷4
É.-U. 1970. Drame psychologique de James BRIDGES avec Barbara Hershey, Collin Wilox-Hone et Sam Groom. - Une jeune hippie accepte de se laisser engrosser par le mari d'une femme stérile.

BABY, IT'S YOU ▷4
É.-U. 1982. Comédie dramatique de John SAYLES avec Rosanna Arquette, Vincent Spano et Claudia Sherman. - Dans les années 1960, les amours incertaines entre la fille adolescente d'un médecin et un camarade d'origine italienne. □ 13 ans+

BABY, THE RAIN MUST FALL ▷4
É.-U. 1964. Drame psychologique de Robert MULLIGAN avec Steve McQueen, Lee Remick et Don Murray. - Une jeune femme rejoint au Texas son mari récemment libéré sur parole. □ 13 ans+
DVD VA→STF→32,95 $

BACH ET BOTTINE ▷4
QUÉ. 1986. Comédie dramatique d'André MELANÇON avec Mahée Paiement, Raymond Legault et Andrée Pelletier. - Une fillette orpheline, dont la garde a été confiée à un oncle égoïste et vieux garçon, tente d'amadouer celui-ci. □ Général

BACHELOR & THE BOBBY-SOXER, THE ▷4
É.-U. 1947. Comédie de Irving REIS avec Cary Grant, Myrna Loy et Shirley Temple. - Une collégienne s'éprend de son professeur qui est plus intéressé par sa sœur aînée. □ Général
DVD VA➔STF➔21,95 $

BACK AGAINST THE WALL
É.-U. 2002. James FOTOPOULOS
DVD VA➔44,95 $

BACK AND FORTH
MEX. 1992. Salvador AGUIRRE
DVD STA➔Cadrage P&S➔26,95 $

BACK DOOR TO HELL ▷6
É.-U. 1964. Drame de guerre de Mont HELLMAN avec Jimmie Rodgers, Jack Nicholson et Conrad Maga. - Envoyés en mission de reconnaissance sur une île philippine, trois soldats américains prennent d'assaut un village occupé par les Japonais.
DVD VF➔STA➔14,95 $

BACK TO BATAAN ▷5
É.-U. 1945. Drame de guerre de Edward DMYTRYK avec John Wayne, Anthony Quinn et Beulah Bondi. - Des Américains se joignent à des guerilleros philippins pour combattre les Japonais. □ Général
DVD VA➔STF➔21,95 $

BACK TO GOD'S COUNTRY ▷5
CAN. 1919. Aventures de David M. HARTFORD avec Nell Shipman, Wheeler Oakman et Wellington Playter. - Dans le Grand Nord, la jeune femme d'un écrivain échappe aux attaques d'un vaurien grâce à un chien sauvage.
DVD Cadrage P&S➔49,95 $

BACK TO SCHOOL [Retour à l'école] ▷5
É.-U. 1985. Comédie d'Alan METTER avec Rodney Dangerfield, Sally Kellerman et Keith Gordon. - Un magnat de la mercerie qui s'est élevé à la force du poignet décide de s'inscrire à des cours universitaires.
DVD Cadrage W➔12,95 $

BACK TO THE FUTURE [Retour vers le futur] ▷3
É.-U. 1985. Comédie fantaisiste de Robert ZEMECKIS avec Michael J. Fox, Christopher Lloyd et Lea Thompson. - Grâce à une machine à voyager dans le temps, un adolescent se rend à l'époque où ses parents avaient son âge. - Variations originales et humoristiques sur un thème connu. Traitement ironique. Bonne évocation d'époque. □ Général

BACK TO THE FUTURE II [Retour vers le futur II] ▷4
É.-U. 1989. Comédie fantaisiste de Robert ZEMECKIS avec Michael J. Fox, Christopher Lloyd et Thomas F. Wilson. - Grâce à une machine à voyager dans le temps, un adolescent se rend en 1955 afin d'annuler la cause de bouleversements historiques provoqués par un vieillard lors d'une expédition antérieure en l'an 2015. □ Général

BACK TO THE FUTURE III [Retour vers le futur III] ▷4
É.-U. 1990. Comédie fantaisiste de Robert ZEMECKIS avec Michael J. Fox, Christopher Lloyd et Mary Steenburgen. - Un adolescent retourne en 1885 afin de ramener au XXe siècle l'inventeur d'une machine à voyager dans le temps. □ Général

BACKBEAT [Cinq garçons dans le vent] ▷4
ANG. 1993. Drame biographique de Iain SOFTLEY avec Stephen Dorff, Sheryl Lee et Ian Hart. - Après s'être amouraché d'une jeune photographe, le bassiste d'un groupe de rock'n'roll abandonne la musique pour se consacrer à la peinture.
DVD VF➔STF➔Cadrage W➔21,95 $

BACKDRAFT [Pompiers en alerte] ▷4
É.-U. 1991. Drame policier de Ron HOWARD avec William Baldwin, Kurt Russell et Robert De Niro. - Un jeune pompier assiste un détective qui enquête sur une série d'incendies d'origine apparemment criminelle. □ 13 ans+

BACKSLIDING ▷4
AUS. 1991. Drame psychologique de Simon TARGET avec Tim Roth, Jim Holt et Odile Le Clezio. - Converti au christianisme pendant son séjour en prison, un ouvrier australien s'inquiète des sentiments d'agressivité que lui inspire un électricien maladroit.

BACKTRACK [À contresens] ▷5
É-U. 1988. Drame policier réalisé et interprété par Dennis HOPPER avec Jodie Foster et Dean Stockwell. - Témoin d'un meurtre commis par la mafia, une jeune artiste se retrouve pourchassée par un tueur à gages qui tombe amoureux d'elle. □ Non classé
DVD VA➔Cadrage P&S/W➔21,95 $

BACKYARD, THE
É.-U. 2002. Paul HOUGH
DVD Cadrage W➔26,95 $

BAD AND THE BEAUTIFUL, THE ▷3
É.-U. 1952. Drame psychologique de Vincente MINNELLI avec Lana Turner, Kirk Douglas et Dick Powell. - Un producteur en faillite fait appel à des vedettes qu'il a lancées. - Description critique des milieux du cinéma. Étude psychologique intéressante. Mise en scène adroite. Excellents interprètes. □ Non classé
DVD 21,95 $

BAD BEHAVIOUR ▷4
ANG. 1992. Comédie de mœurs de Les BLAIR avec Stephen Rea, Sinead Cusack et Philip Jackson. - Un couple londonien éprouve diverses difficultés conjugales alors qu'un entrepreneur malhonnête dirige les travaux de rénovation de sa maison.

BAD BOY BUBBY
AUS. ITA. 1993. Rolf DE HEER
DVD VA➔Cadrage W➔29,95 $

BAD BOYS [Délinquants, Les] ▷5
É.-U. 1983. Drame social de Rick ROSENTHAL avec Sean Penn, Esai Morales et Reni Santoni. - Les dures expériences d'un adolescent délinquant enfermé dans une institution à cause de ses activités criminelles. □ 18 ans+
DVD VA➔Cadrage W➔11,95 $

BAD BOYS [Mauvais garçons] ▷5
É.-U. 1995. Comédie policière de Michael BAY avec Will Smith, Martin Lawrence et Téa Leoni. - Deux détectives aux trousses d'un trafiquant de drogue sont obligés d'échanger leur identité pour mener l'enquête. □ 13 ans+ · Violence
DVD VA➔STF➔Cadrage W➔34,95 $ VF➔STF➔34,95 $

BAD COMPANY ▷4
É.-U. 1972. Western de Robert BENTON avec Jeff Bridges, Barry Brown et Jim Davis. - Pendant la guerre civile, un jeune homme de bonne famille s'enfuit vers l'Ouest pour échapper à la conscription et se joint à une bande de voleurs. □ 13 ans+
DVD VA➔STA➔Cadrage W➔15,95 $

BAD DAY AT BLACK ROCK [Homme est passé, Un] ▷3
É.-U. 1954. Drame de John STURGES avec Spencer Tracy, Robert Ryan et Anne Francis. - Les habitants d'un bourg de l'Ouest opposent une étrange résistance aux demandes d'un étranger en quête d'un fermier japonais. - Récit vigoureux et dépouillé. Belle photographie. Mise en scène solide. Création remarquable de S. Tracy.
DVD VF➔STF➔Cadrage W➔21,95 $

BAD EDUCATION *voir* **Mauvaise éducation, La**

BAD GIRLS [Belles de l'Ouest, Les] ▷5
É.-U. 1994. Western de Jonathan KAPLAN avec Madeleine Stowe, Mary Stuart Masterson et Andie MacDowell. - Les tribulations de quatre femmes hors-la-loi qui fuient vers l'Oregon. □ Général
DVD VA➔9,95 $

BAD GUY
COR. 2001. Ki-duk KIM
DVD STA➔Cadrage W➔32,95 $

BAD INCLINATION
ITA. 2003. Pierfrancesco CAMPANELLA
DVD VA→24,95 $

BAD LIEUTENANT ▷4
É.-U. 1992. Drame policier d'Abel FERRARA avec Harvey Keitel, Zoe Lund et Frankie Thorn. - Un policier corrompu et dépravé est appelé à enquêter sur le viol d'une religieuse. □ 18 ans+ · Violence
DVD VA→Cadrage W→19,95 $

BAD NEWS BEARS [Équipe d'enfer, Une] ▷4
É.-U. 2005. Comédie sportive de Richard LINKLATER avec Billy Bob Thornton, Sammi Kane Kraft et Jeff Davies. - Un ancien joueur de baseball professionnel dans la dèche est contraint d'entraîner une équipe de garçons de dix à douze ans peu doués pour le sport. □ Général · Déconseillé aux jeunes enfants
DVD VF→STF→Cadrage W→21,95 $

BAD NEWS BEARS, THE ▷4
É.-U. 1976. Comédie de mœurs de Michael RITCHIE avec Walter Matthau, Tatum O'Neal et Vic Morrow. - Un ancien joueur de baseball devient entraîneur d'une équipe d'enfants.
DVD VA→STA→Cadrage W→9,95 $

BAD SANTA [Méchant Père Noël] ▷4
É.-U. 2003. Comédie policière de Terry ZWIGOFF avec Billy Bob Thornton, Brett Kelly et Tony Cox. - Un gamin solitaire recherche la sympathie d'un cambrioleur ivrogne qui travaille comme Père Noël dans un grand magasin. □ 13 ans+ · Langage vulgaire
DVD VA→22,95 $

BAD SEED *voir* **Mauvaise graine**

BAD SEED, THE ▷5
É.-U. 1956. Drame psychologique de Mervyn LeROY avec Nancy Kelly, Patty McCormack et Henry Jones. - Une jeune femme se rend compte que sa fillette a des instincts meurtriers. □ Général
DVD VA→STF→21,95 $

BAD TASTE ▷7
N.-Z. 1987. Drame d'horreur réalisé et interprété par Peter JACKSON avec Terry Potter et Peter O'Herne. - Un commando découvre qu'un petit village côtier a été dépeuplé par des extraterrestres qui se nourrissent de chair humaine. □ 16 ans+ · Horreur
DVD VA→Cadrage W→34,95 $ VA→Cadrage W→32,95 $

BAD TIMING [Bad Timing - A Sensual Obsession] ▷3
ANG. 1980. Drame psychologique de N. ROEG avec Art Garfunkel, Theresa Russell et Harvey Keitel. - Pendant qu'on opère sa maîtresse qui a tenté de se suicider, un jeune psychanalyste se remémore leur relation. - Construction narrative éclatée. Montage fascinant. Mise en scène souvent brillante. Jeu convaincant de T. Russell.
DVD VA→STA→Cadrage W→42,95 $

BADDER SANTA
É.-U. 2003. Terry ZWIGOFF
DVD VF→STA→Cadrage W→34,95 $

BADIS ▷4
MAR. 1988. Drame de mœurs de Mohamed Abderrahman TAZI avec Jitali Farhati, Maribel Verdu et Zakia Tahiri. - Dans un village marocain de la côte méditerranéenne, la fille d'un pêcheur poursuit une idylle secrète avec un soldat en poste dans une forteresse voisine. □ Général

BADLANDS [Balade sauvage, La] ►2
É.-U. 1973. Drame de mœurs de Terrence MALICK avec Martin Sheen, Sissy Spacek et Warren Oates. - Un jeune chômeur n'hésite pas à tuer pour fuir avec son amie. - Traitement insolite d'un fait divers des années 1950. Vision critique des personnages et du contexte. Réalisation contrôlée. Excellente interprétation. □ 13 ans+
DVD VF→STF→Cadrage P&S/W→21,95 $

BAGARRE À LA UNE *voir* **I Love Trouble**

BAGARRE AU KING CRÉOLE *voir* **King Creole**

BAGARREUR DU KENTUCKY, LE
voir **Fighting Kentuckian, The**

BAGARREUR, LE *voir* **Hard Times**

BAGDAD CAFE ▷3
ALL. 1987. Comédie de mœurs de Percy ADLON avec Marianne Sägebrecht, CCH Pounder et Jack Palance. - Égarée dans un désert américain, une Bavaroise rondouillarde trouve refuge dans un motel isolé où elle transforme la vie des habitants. - Intrigue aux développements originaux. Personnages attachants. Mélange agréable de fantaisie et de tendresse. Interprétation colorée. □ Général
DVD VA→STF→Cadrage W→12,95 $

BAIE DE L'AMOUR ET DES REGRETS, LA
voir **Bay of Love and Sorrows, The**

BAIE SANGLANTE, LA [Twitch of the Death Nerve] ▷5
ITA. 1971. Drame policier de Mario BAVA avec Claudine Auger, Luigi Pistilli et Claudio Volonté. - Les propriétaires et usagers d'un terrain convoité, donnant sur une baie pittoresque, sont tour à tour assassinés sans motif apparent.
DVD VA→Cadrage W→18,95 $

BAISE-MOI ▷6
FR. 2000. Drame de mœurs de Virginie DESPENTES et Coralie TRINH THI avec Raffaela Anderson et Karen Bach. - La fuite en avant dans la drogue, le sexe et la violence meurtrière de deux jeunes paumées qui n'ont plus rien à perdre. □ 18 ans+ · Sexualité explicite
DVD VF→STA→Cadrage P&S→31,95 $

BAISER AVANT DE MOURIR, UN
voir **Kiss Before Dying, A**

BAISER DE LA FEMME ARAIGNÉE, LE
voir **Kiss of the Spider Woman**

BAISER DE LA MORT, LE *voir* **Kiss of Death**

BAISER DU PAPILLON, LE *voir* **Butterfly Kiss**

BAISERS VOLÉS [Stolen Kisses] ►2
FR. 1968. Comédie dramatique de François TRUFFAUT avec Jean-Pierre Léaud, Claude Jade et Delphine Seyrig. - Après son service militaire, un jeune homme retrouve son amie et doit se chercher un emploi. - Même héros que dans *Les 400 Coups*. Sens du détail expressif. Réalisation dégagée et efficace. Notations humoristiques. Interprétation juste. □ Général
DVD VF→STA→Cadrage W→22,95 $

BAL, LE ►2
ITA. 1983. Comédie musicale de Ettore SCOLA avec Marc Berman, Francesco de Rosa et Geneviève Rey-Penchenat. - Une salle de bal sert de cadre à l'évocation de quarante années d'histoire par la danse et la musique. - Sujet original traité avec brio. Rythme magnifiquement soutenu. Mise en scène bien conçue. □ Général

BAL DES CASSE-PIEDS, LE ▷4
FR. 1991. Comédie de mœurs de Yves ROBERT avec Jean Rochefort, Miou-Miou et Jean Carmet. - Un vétérinaire au tempérament plutôt obligeant et sa nouvelle conquête sont constamment contrariés par la présence inopinée d'enquiquineurs de toutes sortes. □ Général

BAL DES MAUDITS, LE *voir* **Young Lions, The**

BAL DES SIRÈNES, LE *voir* **Bathing Beauty**

BAL DES VAMPIRES, LE
voir **Fearless Vampire Killers, The**

BAL DES VOYOUS, LE ▷5
FR. ITA. 1968. Drame policier de Jean-Claude DAGUE avec Jean-Claude Bercq, Marc Briand et Michel Le Royer. - Compromis par des criminels, un directeur de banque accepte de collaborer à un vol. □ 18 ans+

BAL DU MONSTRE, LE *voir* **Monster's Ball**

BAL POUSSIÈRE ▷4
C.I. 1988. Comédie de mœurs de Henri DUPARC avec Bakary Bama, Tchelley Hanny et Naky Sy Savane. - Un riche paysan épouse une étudiante qui, par ses allures libres, sème la pagaille parmi ses cinq autres femmes.

BALADE SAUVAGE, LA *voir* **Badlands**

BALAFRÉ, LE *voir* **Scarface**

BALANCE MAMAN HORS DU TRAIN
voir **Throw Momma from the Train**

BALANCE, LA ▷4
FR. 1982. Drame policier de Bob SWAIM avec Richard Berry, Nathalie Baye et Philippe Léotard. - Un policier fait pression sur un ancien gangster pour qu'il lui serve d'indicateur. □ 13 ans+
DVD VF➔STA➔Cadrage W➔23,95 $

BALAYÉS PAR LA MER *voir* **Swept from the Sea**

BALCONY, THE ▷5
É.-U. 1963. Comédie dramatique de Joseph STRICK avec Shelley Winters, Peter Falk et Lee Grant. - Trois clients d'une maison de prostitution se livrent à la mégalomanie pendant une révolution. □ Général
DVD VA➔44,95 $

BALEINES DU MOIS D'AOÛT, LES *voir* **WHALES OF AUGUST, THE**

BALL OF FIRE [Boule de feu] ▷3
É.-U. 1942. Comédie de Howard HAWKS avec Gary Cooper, Barbara Stanwyck et Dana Andrews. - Huit philologues hébergent une jeune danseuse qui leur donne des leçons d'argot. - Situations comiques exploitant drôlement les contrastes. Jeu savoureux des comédiens. □ Général

BALLAD OF A SOLDIER *voir* **Ballade du soldat, La**

BALLAD OF CABLE HOGUE, THE ▷4
[Nommé Cable Hogue, Un]
É.-U. 1969. Western de Sam PECKINPAH avec Jason Robards, Stella Stevens et David Warner. - Abandonné en plein désert, un homme transforme une source en une étape pour les diligences. □ 13 ans+
DVD VF➔STF➔Cadrage W➔21,95 $

BALLAD OF GREGORIO CORTEZ, THE ▷3
É.-U. 1982. Western de Robert M. YOUNG avec Edward James Olmos, Brion James et James Gammon. - En 1901, un fermier mexicain du Texas est poursuivi pour le meurtre d'un shérif. - Éléments de réflexion sur les conflits raciaux. Téléfilm aux scènes de poursuite bien enlevées. Mise en scène inventive. □ Général

BALLAD OF JACK AND ROSE, THE ▷4
[Ballade de Jack et Rose, La]
É.-U. 2005. Drame psychologique de Rebecca MILLER avec Catherine Keener, Daniel Day-Lewis et Camilla Belle. - Dans une île, une jeune fille éprise de son père malade se rebelle lorsqu'il invite son amante et les deux fils de celle-ci à venir vivre avec eux. □ 13 ans+
DVD VF➔34,95 $

BALLAD OF LITTLE JO, THE ▷4
[Ballade de Little Jo, La]
É.-U. 1993. Western de Maggie GREENWALD avec Suzy Amis, Bo Hopkins et David Chung. - En 1860, une jeune femme, jetée à la rue par son père, se déguise en homme de manière à mystifier la population d'une ville minière. □ 13 ans+
DVD VF➔22,95 $

BALLAD OF THE SAD CAFE, THE ▷4
É.-U. 1991. Drame de mœurs de Simon CALLOW avec Vanessa Redgrave, Keith Carradine et Cork Hubbert. - Durant la Dépression, une commercante virago, redoutée par toute sa communauté, se laisse séduire par un nain qui s'installe chez elle.
DVD VA➔STA➔Cadrage W➔23,95 $ VA➔Cadrage W➔7,95 $

BALLADE DE BRUNO, LA [Stroszek] ▷3
ALL. 1977. Drame de mœurs de Werner HERZOG avec Bruno S., Eva Mattes et Clemens Scheitz. - Un pauvre hère et une prostituée se joignent à un vieil homme pour aller tenter fortune en Amérique. - Intrigue complexe. Personnages insolites. Mise en scène inventive. □ Général
DVD STA➔Cadrage W➔34,95 $

BALLADE DE NARAYAMA, LA ▷3
JAP. 1983. Drame de mœurs de Shohei IMAMURA avec Samiko Sakamoto, Ken Ogata et Aki Takejo. - Une vieille femme se préoccupe de trouver une épouse à son fils veuf avant de mourir. - Peinture convaincante de mœurs primitives et cruelles. Ensemble à la fois déconcertant et captivant. □ 13 ans+

BALLADE DES DALTON, LA ▷4
FR. 1978. Dessins animés de René GOSCINNY et MORRIS. - Un cow-boy errant surveille des bandits redoutables qui, pour toucher un héritage, doivent éliminer les membres du jury qui a condamné leur oncle. □ Général
DVD VF➔17,95 $

BALLADE DU SOLDAT, LA [Ballad of a Soldier] ▷3
RUS. 1960. Drame de guerre de Grigori TCHOUKRAÏ avec Janna Prokorenko, Vladimir Ivachov et Antonina Maximova. - Un jeune soldat reçoit une permission de quelques jours pour acte de bravoure. - Traitement doté de sensibilité et de délicatesse. Touches poétiques. □ Général
DVD STA➔Cadrage W➔46,95 $

BALLE DANS LA TÊTE, UNE *voir* **Bullet in the Head**

BALLON BLANC, LE *voir* **White Balloon**

BALLON CHASSEUR: ÇA VA FESSER FORT
voir **Dodgeball: A True Underdog Story**

BALLON ROUGE, LE [Red Balloon, The] ►2
FR. 1956. Conte d'Albert LAMORISSE avec Pascal Lamorisse. - L'amitié entre un ballon et un gamin provoque la jalousie des autres enfants. - Véritable poème d'une rare inspiration. Mélange adroit de rêve et de réel. Photographie maîtrisée. □ Général

BALTO ▷4
É.-U. 1995. Dessins animés de Simon WELLS. - Un chien-loup se lance au secours d'une expédition perdue dans le blizzard. □ Général
DVD VF➔Cadrage P&S➔23,95 $

BALZAC ET LA PETITE TAILLEUSE CHINOISE ▷4
[Balzac and the Little Chinese Seastress]
FR. 2001. Comédie dramatique de Dai SIJIE avec Zhou Xun, Chen Kun et Liu Ye. - En Chine, durant la Révolution culturelle, deux adolescents en rééducation dans un village montagnard se chargent de l'instruction d'une jeune couturière illettrée. □ Général
DVD VF➔STA➔Cadrage W➔19,95 $ STA➔19,95 $

BAMBI ▷3
É.-U. 1942. Dessins animés de Dave HAND sous la supervision de Walt DISNEY. - Les expériences de vie d'un jeune cerf dans la forêt dont il doit devenir le roi. - Adaptation poétique et charmante d'un roman de Felix Salten. Caractérisation intéressante des divers animaux. □ Général
DVD VA→34,95 $ VF→36,95 $

BAMBOLE, LE ▷5
ITA. 1965. Film à sketches de Dino RISI, Franscesco ROSSI, Luigi COMENCINI et Mauro BOLOGNINI avec Virna Lisi, Elke Sommer et Gina Lollobrigida. - Les manœuvres amoureuses de quelques femmes.

BAMBOOZLED [Music-hall] ▷4
É.-U. 2000. Comédie satirique de Spike LEE avec Damon Wayans, Savion Glover et Jada Pinkett Smith. - Un producteur de télévision afro-américain crée une émission de variétés provocante qui s'attaque au racisme dans les médias. □ 13 ans+ · Langage vulgaire · Violence
DVD VA→Cadrage W→28,95 $

BANANAS ▷4
É.-U. 1971. Comédie réalisée et interprétée par Woody ALLEN avec Louise Lasser et Carlos Montalban. - Un homme timide se trouve mêlé à son corps défendant à une révolution dans une île des Caraïbes. □ 13 ans+
DVD VA→STF→Cadrage P&S/W→12,95 $

BANC DE CARTER, LE *voir* **I'm Not Rappaport**

BAND OF OUTSIDERS *voir* **Bande à part**

BAND WAGON, THE [Tous en scène] ▷3
É.-U. 1953. Comédie musicale de Vincente MINNELLI avec Fred Astaire, Cyd Charisse et Jack Buchanan. - Une ancienne étoile de la danse monte un spectacle. - Scénario simple bien utilisé. Satire charmante des milieux théâtraux. Couleurs recherchées. Numéros musicaux réussis. Interprètes rompus au genre. □ Général
DVD VA→29,95 $

BANDE À PAPA, LA ▷5
FR. 1956. Comédie policière de Guy LEFRANC avec Noël Roquevert, Fernand Raynaud et Louis de Funès. - Après avoir empêché un vol à main armée, un employé de banque timide découvre que le voleur est son père.

BANDE À PART [Band of Outsiders] ▷3
FR. 1964. Comédie policière de Jean-Luc GODARD avec Anna Karina, Claude Brasseur et Samy Frey. - Avec la complicité d'une jeune étudiante, deux voleurs préparent le vol d'un magot dissimulé dans une maison de banlieue. - Accent mis sur les personnages plutôt que sur l'aspect policier du sujet. Traitement mi-sérieux, mi-ironique. □ Général
DVD VF→STA→44,95 $

BANDE DES QUATRE, LA
voir **Breaking Away**

BANDE DES QUATRE, LA [Gang of Four] ▷3
FR. 1988. Comédie dramatique de Jacques RIVETTE avec Laurence Côte, Bernadette Giraud et Bulle Ogier. - Des étudiantes en art dramatique qui partagent le même logement sont mêlées à une sombre affaire policière. - Jeu subtil sur les rapports entre le théâtre et la vie. Éléments dramatiques habilement dosés. Ensemble d'un intérêt soutenu. Interprétation pleine de fraîcheur. □ Général
DVD VF→STA→Cadrage W→41,95 $

BANDERA, LA ▷5
FR. 1935. Aventures de Julien DUVIVIER avec Jean Gabin, Annabella et Robert Le Vigan. - S'étant engagé dans la Légion étrangère espagnole, un meurtrier est poursuivi jusque-là par un policier français.

BANDINI
IND. 1963. Bimal ROY
DVD STA→59,95 $

BANDIT, LE ▷4
TUR. BUL. FR. 1996. Drame policier de Yavuz TURGUL avec Sener Sen, Ugur Yucel et Yeçim Salkim. - Libéré après 35 ans de prison, un bandit de montagne recherche sa bien-aimée à Istanbul, avec l'aide d'un jeune escroc acoquiné avec la mafia. □ 13 ans+

BANDIT QUEEN [Reine des bandits, La] ▷3
IND. 1994. Drame biographique de Shekhar KAPUR avec Seema Biswas, Nirmal Pandey et Manoj Bajpai. - Contrainte injustement à l'exil, une jeune paysanne indienne se joint à une horde de bandits dont elle devient le chef. - Scénario inspiré la vie de Phoolan Devi. Réquisitoire incendiaire contre la violence faite aux femmes. Traitement assez puissant. Jeu intense de S. Biswas. □ 16 ans+
DVD STA→16,95 $

BANDITS ▷4
É.-U. 2001. Comédie policière de Barry LEVINSON avec Billy Bob Thornton, Bruce Willis et Cate Blanchett. - Une femme au foyer frustrée séduit tour à tour deux voleurs de banque dont elle est devenue la complice. □ Général
DVD VF→STF→Cadrage W→12,95 $

BANDOLERO ! ▷4
É.-U. 1968. Western de Andrew V. McLAGLEN avec James Stewart, Dean Martin et George Kennedy. - Un homme sauve de la potence son frère et ses complices. □ Général
DVD VF→STA→13,95 $

BANG THE DRUM SLOWLY ▷4
É.-U. 1973. Drame psychologique de John HANCOCK avec Michael Moriarty, Robert De Niro et Vincent Gardenia. - Un joueur de baseball témoigne de l'amitié à un camarade atteint d'une maladie incurable. □ Général
DVD VA→Cadrage W→13,95 $

BANK, THE ▷4
AUS. 2001. Thriller de Robert CONNOLLY avec David Wenham, Anthony LaPaglia et Sibylla Budd. - Un banquier véreux finance les recherches d'un jeune génie de l'informatique qui prétend pouvoir prédire les fluctuations boursières.
DVD VA→Cadrage W→31,95 $

BANK DICK, THE ▷4
É.-U. 1940. Comédie burlesque de Edward CLINE avec W.C. Fields, Una Merkel et Cora Witherspoon. - Un poivrot impénitent obtient par hasard la position de gardien de banque. □ Général

BANK SHOT, THE ▷4
É.-U. 1974. Comédie policière de Gregg CHAMPION avec George C. Scott, Joanna Cassidy et Clifton James. - Un cambrioleur expert s'évade de prison pour organiser un vol de banque peu ordinaire. - Variations humoristiques sur un thème classique. Personnages excentriques. Rythme soutenu. Interprétation amusée.
DVD VA→STF→Cadrage P&S→11,95 $

BANLIEUSARDS ARRIVENT EN VILLE, LES
voir **Out-of-Towners, The**

BANLIEUSARDS, LES *voir* **Burbs, The**

BANNI, LE - LA VÉRITABLE HISTOIRE DE BILLY THE KID *voir* **Outlaw, The**

BANQUIÈRE, LA ▷4
FR. 1980. Drame social de Francis GIROD avec Romy Schneider, Jean-Louis Trintignant et Daniel Mesguich. - Au début des années 1930, une femme dirigeant une entreprise bancaire entre en lutte avec un concurrent.

BANZAÏ ▷5
FR. 1983. Comédie de Claude ZIDI avec Michel Coluche, Valérie Mairesse et Eva Darlan. - Un employé d'une agence de secours pour touristes est entraîné dans diverses aventures.

BAR DU TÉLÉPHONE, LE ▷4
FR. 1980. Drame policier de Claude BARROIS avec Daniel Duval, François Périer et Raymond Pellegrin. - Décidé à effacer une vieille rancœur, un criminel solitaire s'en prend à une famille de la pègre qui met de jeunes tueurs à ses trousses. □ 13 ans+

BAR EN OTAGE *voir* **Albino Alligator**

BAR GIRLS
É.-U. 1994. Marita GIOVANNI
DVD VA➜STF➜Cadrage W➜23,95 $

BAR SALON ▷4
QUÉ. 1974. Drame de mœurs d'André FORCIER avec Madeleine Chartrand, Guy L'Écuyer et Jacques Marcotte. - Les tentatives d'un quinquagénaire pour sauver son bar menacé par la faillite.
□ 13 ans+

BARABBAS ▷4
ITA. 1961. Drame historique de Richard FLEISCHER avec Anthony Quinn, Vittorio Gassman et Silvana Mangano. - Libéré à la place de Jésus, Barabbas est de nouveau emprisonné en Sicile puis envoyé à Rome comme gladiateur. □ Non classé
DVD VA➜11,95 $

BARAN [Secrets des Baran, Les] ▷3
IRAN. 2001. Drame social de Majid MAJIDI avec Hossein Abedini, Zahra Bahrami et Mohammad Amir Naji. - Un jeune ouvrier d'origine turque cherche à percer le secret d'un apprenti afghan auquel on a confié ses tâches. - Illustration sombre et touchante de la problématique sociale des réfugiés. Ressorts dramatiques un peu prévisibles. Réalisation sensible. Interprétation vivante. □ Général
DVD STA➜34,95 $

BARBARELLA ▷4
ITA. 1968. Science-fiction de Roger VADIM avec Jane Fonda, John Phillip Law et Milo O'Shea. - Avec l'aide d'un homme-oiseau, une jeune astronaute réussit à retrouver un savant disparu. □ 18 ans+
DVD Cadrage W➜14,95 $

BARBARIAN AND THE GEISHA, THE ▷4
É.-U. 1958. Drame historique de John HUSTON avec John Wayne, Eiko Ando et Sam Jaffe. - Un diplomate américain cherche à établir des relations commerciales entre son pays et le Japon. □ Général

BARBAROSA ▷4
É.-U. 1981. Western de Fred SCHEPISI avec Willie Nelson, Gary Busey et Gilbert Roland. - Un jeune fermier du Texas et un vieux hors-la-loi, tous deux en fuite, se rencontrent et connaissent ensemble quelques aventures. □ Général

BARBARY COAST [Belle de San Francisco, La] ▷4
É.-U. 1935. Aventures de Howard HAWKS avec Edward G. Robinson, Miriam Hopkins et Joel McCrea. - À San Francisco, une entraîneuse à l'emploi d'un homme vénal s'éprend d'un jeune prospecteur.
□ Général
DVD VA➜12,95 $

BARBE À PAPA, LA *voir* **Paper Moon**

BARBE BLEUE [Bluebeard] ▷5
ITA. 1972. Comédie dramatique d'Edward DMYTRYK avec Richard Burton, Joey Heatherton et Raquel Welch. - Dans les années 1930, une danseuse épouse un baron autrichien et découvre qu'il a tué ses épouses précédentes. □ 13 ans+

BARBE-ROUSSE [Red Beard] ▶2
JAP. 1965. Drame social de Akira KUROSAWA avec Toshiro Mifune, Yuzo Kayama et Miyuki Kuwano. - Un jeune médecin inexpérimenté fait un stage difficile dans un hôpital dirigé par un docteur rude et taciturne. - Tableau éloquent des misères sociales du vieux Japon. Rythme lent et ample. Mise en scène d'une sobre maîtrise. Excellente interprétation de T. Mifune. □ 13 ans+
DVD STA➜Cadrage W➜62,95 $

BARBED WIRE DOLLS
SUI. 1975. Jess (Jesus) FRANCO
DVD VF➜STA➜Cadrage 16X9➜42,95 $

BARBERSHOP ▷4
É.-U. 2002. Comédie de mœurs de Tim STORY avec Ice Cube, Eve et Cedric The Entertainer. - Une journée mouvementée dans la vie des employés et des clients d'un salon de barbier d'un quartier noir de Chicago. □ Général
DVD VA➜17,95 $

BARCELONA ▷4
ESP. 1994. Comédie de mœurs de Whit STILLMAN avec Taylor Nichols, Chris Eigeman et Tushka Bergen. - Un homme d'affaires américain travaillant à Barcelone héberge son cousin, un jeune officier de marine au caractère facétieux. □ Général
DVD VF➜STF➜Cadrage W➜21,95 $

BAREFOOT CONTESSA, THE ▷3
[Comtesse aux pieds nus, La]
É.-U. 1954. Drame psychologique de Joseph Leo MANKIEWICZ avec Ava Gardner, Humphrey Bogart et Edmond O'Brien. - Une vedette de cinéma connaît d'amers revers. - Intéressante peinture de milieu. Excellents dialogues. Réalisation et interprétation de qualité.
DVD 11,95 $

BAREFOOT EXECUTIVE, THE ▷4
[Singulier directeur, Un]
É.-U. 1970. Comédie de Robert BUTLER avec Kurt Russell, Joe Flynn et Wally Cox. - Un jeune homme obtient un poste important dans un réseau de télévision grâce aux réactions de son chimpanzé devant les émissions. □ Général

BAREFOOT IN THE PARK ▷4
É.-U. 1967. Comédie de Gene SAKS avec Jane Fonda, Robert Redford et Mildred Natwick. - Les difficultés d'installation d'un jeune couple. □ Non classé
DVD VF➜STA➜Cadrage W➜10,95 $

BARFLY ▷4
É.-U. 1987. Drame psychologique de Barbet SCHROEDER avec Mickey Rourke, Faye Dunaway et Alice Krige. - Un écrivain alcoolique ayant toujours l'air d'une épave se lie à une femme qui boit sec elle aussi tout en gardant une certaine dignité. □ 13 ans+

BARKLEYS OF BROADWAY, THE ▷4
[Entrons dans la danse]
É.-U. 1949. Comédie musicale de Charles WALTERS avec Fred Astaire, Ginger Rogers et Oscar Levant. - Les amours et les succès de deux vedettes de la danse. □ Non classé
DVD VF➜STF➜21,95 $

BAROCCO ▷4
FR. 1976. Drame d'André TÉCHINÉ avec Gérard Depardieu, Isabelle Adjani et Marie-France Pisier. - Un boxeur est abattu par un tueur qui lui ressemble comme un frère. □ 13 ans+
DVD VF➜STA➜26,95 $

BARON DE MUNCHAUSEN, LE ▷5
FR. 1978. Dessins animés de Jean IMAGE. - Un baron raconte ses exploits fantastiques réalisés en compagnie de cinq hommes dotés de facultés extraordinaires. □ Général

BARON OF ARIZONA
É.-U. 1950. Samuel FULLER

BARON ROUGE, LE *voir* **Von Richthofen and Brown**

BARONESS AND THE PIG, THE ▷5
CAN. 2002. Drame de mœurs de Michael MACKENZIE avec Patricia Clarkson, Caroline Dhavernas et Colm Feore. - En 1888, à Paris, une baronne d'origine américaine férue de modernisme veut exhiber dans son futur salon une sauvageonne ayant grandi au milieu des cochons. □ 13 ans+
DVD VA➜STF➜Cadrage W/16X9➜12,95 $

BARRETTS OF WIMPOLE STREET ▷4
É.-U. 1934. Drame sentimental de Sidney FRANKLIN avec Norma Shearer, Fredric March et Charles Laughton. - Évocation des amours contrariées du poète Robert Browning avec Elisabeth Barrett qui est dominée par un père tyrannique.

BARRY LYNDON ▶2
ANG. 1975. Drame de mœurs de Stanley KUBRICK avec Ryan O'Neal, Marisa Berenson et Patrick Magee. - Au XVIIIe siècle, après diverses aventures, un Irlandais sans fortune épouse une riche aristocrate anglaise. - Adaptation d'un roman de W.M. Thackeray. Reconstitution fastueuse et minutieuse. Réalisation magistrale.
DVD VA➜STF➜Cadrage W➜21,95 $

BARRY MCKENZIE HOLDS HIS OWN
AUS. 1974. Bruce BERESFORD

BARTLEBY ▷4
ANG. 1972. Drame psychologique d'Anthony FRIEDMANN avec Paul Scofield, John McEnery et Thorley Walters. - À Londres, un comptable est troublé par l'attitude d'un nouvel employé taciturne et mélancolique. □ Général

BARTON FINK ▷3
É.-U. 1991. Comédie dramatique de Joel COEN avec John Turturro, John Goodman et Judy Davis. - Plusieurs malheurs s'abattent sur un dramaturge à succès lorsqu'il se rend à Hollywood pour y écrire son premier scénario de film. - Portrait cauchemardesque et cynique d'Hollywood. Œuvre exubérante et recherchée. Interprétation stylisée bien accordée au ton de l'ensemble. □ 13 ans+
DVD VF→STA→Cadrage W→15,95 $

BAS-FONDS NEW-YORKAIS, LES
voir **Underworld U.S.A.**

BAS-FONDS, LES [Lower Depths] ▷3
FR. 1936. Drame social de Jean RENOIR avec Louis Jouvet, Jean Gabin et Suzy Prim. - Dans un asile de nuit, la rencontre de quelques épaves de la société. - Adaptation libre d'un roman de Maxime Gorki. Grande réussite technique. Bonne utilisation des décors. Action bien menée. Excellente création de L. Jouvet

BAS-FONDS, LES [Lower Depths, The] ►2
JAP. 1957. Étude de mœurs de Akira KUROSAWA avec Toshiro Mifune, Isuzu Yamada et Ganjiro Nakamura. - Un vendeur ambulant tente d'aider les êtres misérables du bouge où il s'est installé. - Excellente analyse de caractères. Création d'atmosphère réussie. Réalisation de classe. Interprètes bien dirigés. □ Général

BASIC INSTINCT [Basic Instinct - Ultimate Edition] ▷5
É.-U. 1992. Drame policier de Paul VERHOEVEN avec Michael Douglas, Sharon Stone et George Dzundza. - En enquêtant sur le meurtre d'un chanteur rock, un policier tombe sous le charme de la principale suspecte. □ 18 ans+
DVD VA→STF→Cadrage W→18,95 $
VF→STA→Cadrage W→23,95 $

BASIC INSTINCT 2 ▷6
É.-U. 2006. Drame policier de Michael CATON-JONES avec Charlotte Rampling, Sharon Stone et David Morrissey. - Un psychiatre londonien chargé de l'évaluation psychologique d'une romancière américaine se laisse entraîner par celle-ci dans un jeu de séduction.

BASIL, DÉTECTIVE PRIVÉ
voir **Great Mouse Detective, The**

BASKETBALL DIARIES, THE [Chute libre] ▷5
É.-U. 1995. Drame de mœurs de Scott KALVERT avec Leonardo DiCaprio, Mark Wahlberg et James Madio. - Un adolescent doué pour le basket-ball et la poésie connaît la déchéance après s'être mis à consommer de la drogue. □ 13 ans+ · Violence

BASQUIAT ▷5
É.-U. 1996. Drame biographique de Julian SCHNABEL avec Jeffrey Wright, David Bowie et Michael Wincott. - La carrière fulgurante du jeune peintre new-yorkais de race noire Jean-Michel Basquiat. □ 13 ans+
DVD VA→23,95 $

BASTARD OUT OF CAROLINA ▷4
[Cercle du silence, Le]
É.-U. 1996. Drame psychologique d'Anjelica HUSTON avec Jennifer Jason Leigh, Ron Eldard et Jena Malone. - Dans les années 50, une mère découvre qu'une de ses deux fillettes est victime d'abus physiques de la part de son second mari. □ 13 ans+

BASTIEN LE MAGICIEN ▷4
DAN. 1984. Comédie dramatique de Bille AUGUST avec Mads Bugge Andersen, Katerina Stenbeck et Peter Schroeder. - Les mésaventures d'un garçonnet qui pallie sa petite taille par sa débrouillardise. □ Non classé

BASTION DE LA LIBERTÉ, LE
voir **Man from the Alamo, The**

BASTOGNE *voir* **Battleground**

BASTONI: THE STICK HANDLERS
JAP. 2002. Kazuhiko NAKAMURA
DVD STA→Cadrage W→27,95 $

BAT 21 ▷4
É.-U. 1988. Drame de guerre de Peter MARKLE avec Gene Hackman, Danny Glover et Jerry Reed. - Au cours de la guerre du Viêtnam, un officier américain dont l'avion a été abattu en territoire ennemi est secouru par un autre pilote. □ Général
DVD Cadrage W→11,95 $

BATAILLE AU-DELÀ DES ÉTOILES *voir* **Green Slime, The**

BATAILLE D'ALGER, LA ▷3
ITA. 1966. Drame social de Gillo PONTECORVO avec Brahim Haggiag, Jean Martin et Yacef Saadi. - En 1957, des parachutistes français capturent à Alger un des dirigeants des rebelles indépendantistes. - Ensemble impressionnant. Atmosphère d'authenticité. Interprètes bien dirigés. □ 13 ans+
DVD VF→STA→79,95 $

BATAILLE D'ANGLETERRE, LA *voir* **Battle of Britain**

BATAILLE DE LA PLANÈTE DES SINGES, LA
voir **Battle for the Planet of the Apes**

BATAILLE DE LA VALLÉE DU DIABLE, LA
voir **Duel at Diablo**

BATAILLE DE MIDWAY, LA *voir* **Midway**

BATAILLE DE SAN SEBASTIAN, LA ▷4
FR. ITA. 1968. Aventures de Henri VERNEUIL avec Anthony Quinn, Charles Bronson et Anjanette Comer. - Un aventurier qu'on prend pour un prêtre sauve un village mexicain d'une attaque des Indiens. □ Général

BATAILLE DES ARDENNES, LA *voir* **Battle of the Bulge**

BATAILLE DU RAIL, LA ▷3
FR. 1946. Drame de guerre de René CLÉMENT avec Tony Laurent, Jean Daurand et Jean Clarieux. - Sous l'occupation allemande, l'action des cheminots français dans la Résistance. - Reconstitution authentique et prenante. Réalisation de qualité. Style quasi documentaire. Interprétation naturelle.
DVD VF→STA→29,95 $

BATAILLE POUR ANZIO, LA *voir* **Anzio**

BÂTARD DE DIEU, LE ▷4
FR. 1993. Aventures de Christian FECHNER avec Pierre-Olivier Mornas, Ticky Holgado et Bernard-Pierre Donnadieu. - À la fin du XVIIe siècle, un adolescent à qui son père adoptif a enseigné la droiture et les arts du combat devient un aventurier hors-la-loi.

BATEAU, LE ▷3
ALL. 1981. Drame de guerre de Wolfgang PETERSEN avec Jürgen Prochnow, Herbert Grönemeyer et Klaus Wennemann. - En 1941, un correspondant de guerre allemand expérimente la vie à bord d'un sous-marin. - Approche quasi documentaire. Tension dramatique soutenue. Mise en scène vigoureuse. Interprétation juste. □ Général
DVD STA→47,95 $ Cadrage W→23,95 $

BATEAU DE MARIAGE, LE ▷4
FR. 1992. Drame psychologique de Jean-Pierre AMERIS avec Laurent Grévill, Florence Pernel et Marie Bunel. - En 1940, dans un petit village épargné par l'Occupation, un instituteur rangé épouse une jeune femme au tempérament frondeur. □ Général

BATEAU-PHARE, LE *voir* **Lightship, The**

BATHING BEAUTY [Bal des sirènes, Le] ▷5
É.-U. 1944. Comédie musicale de George SIDNEY avec Esther Williams, Red Skelton et Basil Rathbone. - Un compositeur s'inscrit comme élève dans un collège de jeunes filles pour reconquérir le cœur de sa femme. □ Non classé

BATMAN ▷4
É.-U. 1966. Aventures de Leslie H. MARTINSON avec Adam West, Burt Ward et Lee Meriwether. - Un justicier masqué et son jeune assistant viennent au secours de la police pour combattre un gang de criminels. □ Général
DVD VF➔STA➔Cadrage W➔9,95 $

BATMAN ▷3
É.-U. 1989. Drame fantastique de Tim BURTON avec Michael Keaton, Jack Nicholson et Kim Basinger. - Un justicier mystérieux qui se donne l'apparence d'une chauve-souris géante entre en lutte avec des criminels. - Adaptation d'une bande dessinée célèbre. Traitement sombre et sinistre. Décors impressionnants. Réalisation inventive. J. Nicholson assez éblouissant. □ 13 ans+
DVD VF➔STF➔Cadrage W➔31,95 $/21,95 $

BATMAN RETURNS [Retour de Batman, Le] ▷3
É.-U. 1992. Drame fantastique de Tim BURTON avec Michael Keaton, Danny DeVito et Michelle Pfeiffer. - Un justicier masqué s'efforce de contrer les entreprises de deux dangereux criminels. - Scénario imaginatif. Nombreuses trouvailles étonnantes. Humour insolite baignant dans l'absurde et la satire. Compositions saisissantes de M. Pfeiffer et D. DeVito. □ 13 ans+
DVD VF➔STF➔Cadrage P&S/W➔31,95 $/21,95 $

BATMAN FOREVER ▷4
É.-U. 1995. Drame fantastique de Joel SCHUMACHER avec Tommy Lee Jones, Val Kilmer et Jim Carrey. - Un justicier s'oppose à un redoutable duo de criminels possédant un appareil qui permet de lire dans la pensée. □ 13 ans+
DVD VA➔STA➔Cadrage W➔31,95 $
VF➔STF➔Cadrage W➔21,95 $

BATMAN & ROBIN ▷5
É.-U. 1997. Drame fantastique de Joel SCHUMACHER avec George Clooney, Arnold Schwarzenegger et Uma Thurman. - Deux justiciers masqués doivent combattre un criminel qui congèle ses victimes et une botaniste dont les baisers sont fatals. □ Général
DVD VF➔STF➔Cadrage W➔31,95 $/21,95 $

BATMAN BEGINS [Batman: le commencement] ▷3
É-U. 2005. Drame fantastique de Christopher NOLAN avec Christian Bale, Katie Holmes et Michael Caine. - Traumatisé par le meurtre de ses parents, un milliardaire suit un entraînement rigoureux puis devient un ténébreux justicier masqué. - Remodelage pragmatique, grave et glauque de la bande dessinée de Bob Kane. Complexité psychologique du héros bien rendue. Construction narrative habile. Illustration souvent saisissante. Jeu solide et nuancé de Christian Bale. □ 13 ans+ · Violence
DVD VF➔STF➔Cadrage W➔11,95 $
VF➔STA➔Cadrage W➔35,95 $

BÂTON ROUGE ▷5
ESP. 1988. Drame de mœurs de Rafael MOLEON avec Carmen Maura, Antonio Banderas et Victoria Abril. - Un gigolo complote le meurtre d'un richard dont il a séduit la femme. □ 13 ans+

BATTANT, LE ▷5
FR. 1982. Drame policier réalisé et interprété par Alain DELON avec François Périer et Anne Parillaud. - À sa sortie de prison, un truand est surveillé par la police et traqué par des rivaux qui convoitent le butin d'un vol de bijoux. □ 13 ans+

BATTEMENT D'AILES DU PAPILLON, LE ▷4
FR. 2000. Comédie dramatique de Laurent FIRODE avec Audrey Tautou, Eric Feldman et Faudel. - Durant une journée à Paris, une série d'événements fortuits provoque à la tombée de la nuit la réunion de deux jeunes gens faits l'un pour l'autre. □ Général
DVD VF➔STA➔38,95 $

BATTERIES NOT INCLUDED [Piles non comprises] ▷4
É.-U. 1987. Comédie fantaisiste de Matthew ROBBINS avec Jessica Tandy, Hume Cronyn et Michael Carmine. - Des extraterrestres aident un couple new-yorkais à lutter contre des industriels qui veulent transformer leur quartier en un imposant ensemble architectural.
DVD VA➔9,95 $

BATTLE BEYOND THE STARS ▷4
[Mercenaires de l'espace, Les]
É.-U. 1980. Science-fiction de Jimmy T. MURAKAMI avec Richard Thomas, John Saxon et George Peppard. - Avec l'aide de mercenaires, une planète pacifique organise sa défense contre un pirate de l'espace.

BATTLE CIRCUS [Cirque infernal, Le] ▷5
É.-U. 1953. Drame de guerre de Richard BROOKS avec Humphrey Bogart, June Allyson et Keenan Wynn. - Sur le front coréen, une idylle s'ébauche entre un médecin et une infirmière. □ Général

BATTLE FOR THE PLANET OF THE APES ▷5
[Bataille de la planète des singes, La]
É.-U. 1973. Science-fiction de J. Lee THOMPSON avec Claude Akins, Roddy McDowall et Natalie Trundy. - Après une guerre nucléaire au XXIe siècle, des singes doués de parole sont en lutte contre quelques survivants humains. □ Général
DVD VF➔Cadrage W➔14,95 $

BATTLE OF ALGIERS, THE
voir **Bataille d'Alger, La**

BATTLE OF BRITAIN [Bataille d'Angleterre, La] ▷4
ANG. 1969. Drame de guerre de Guy HAMILTON avec Laurence Olivier, Robert Shaw et Christopher Plummer. - La lutte aérienne dans le ciel d'Angleterre au cours de l'été 1940. □ Général
DVD VA➔STF➔Cadrage W➔32,95 $ VA➔STF➔12,95 $

BATTLE OF THE BULGE ▷5
[Bataille des Ardennes, La]
É.-U. 1965. Drame de guerre de Ken ANNAKIN avec Henry Fonda, Robert Shaw et Robert Ryan. - Au début de l'hiver de 1944, les Allemands font une attaque massive sur les lignes alliées en Belgique. □ Général
DVD VA➔STA➔14,95 $

BATTLE OF THE SEXES
É.-U. 1928. D. W. GRIFFITH □ Non classé
DVD 39,95 $

BATTLEGROUND [Bastogne] ▷4
É.-U. 1948. Drame de guerre de William A. WELLMAN avec John Hodiak, Van Johnson et Marshall Thompson. - La bataille de Bastogne entre la 101e division américaine et les troupes allemandes. □ Général
DVD VA➔STF➔21,95 $ VA➔STF➔21,95 $

BATTLESHIP POTEMKIN
voir **Cuirassé Potemkine, Le**

BATTLESTAR GALLACTICA ▷5
É.-U. 1978. Science-fiction de R.A. COLLA avec Richard Hatch, Dirk Benedict et Lorne Greene. - Dans une galaxie éloignée, des représentants de la race humaine sont l'objet d'une attaque surprise d'ennemis irréductibles.
DVD VF➔STA➔Cadrage W➔15,95 $

BATTLING BELLHOP *voir* **Kid Galahad**

BATTLING BUTLER [Dernier round, Le] ▷3
É.-U. 1926. Comédie réalisée et interprétée par Buster KEATON avec Snitz Edwards et Sally O'Neil. - Un jeune homme de famille riche connaît des mésaventures lorsque son valet le fait passer pour un champion boxeur. - Usage inhabituel de quiproquos et autres trucs de la comédie de boulevard. Sens du gag. Interprétation enjouée. □ Général
DVD 19,95 $

BAXTER ▷4
FR. 1988. Comédie satirique de Jérôme BOIVIN avec François Driancourt, Lise Delamare et Catherine Ferran. - Offert en cadeau à une vieille dame, un chien observateur a ses propres idées sur la façon dont on doit se comporter envers lui. □ 13 ans+

BAXTER, THE [Bon perdant, Le]
É.-U. 2005. Michael SHOWALTER
DVD VF➔STF➔31,95 $

BAY BOY, THE [Printemps sous la neige, Le] ▷5
CAN. 1984. Drame de mœurs de Daniel PETRIE avec Kiefer Sutherland, Liv Ullmann et Alan Scarfe. - En 1937, en Nouvelle-Écosse, un adolescent destiné à la prêtrise change son orientation de vie à la suite de divers incidents. □ 13 ans+

BAY OF BLOOD *voir* **Baie sanglante, La**

BAY OF LOVE AND SORROWS, THE ▷4
[Baie de l'amour et des regrets, La]
CAN. 2002. Drame de mœurs de Tim SOUTHAM avec Jonathan Scarfe, Peter Outerbridge et Joanne Kelly. - Au Nouveau-Brunswick, à l'automne 1973, un ex-prisonnier manipule un jeune bourgeois prêchant un idéal de vie communautaire. □ 13 ans+
DVD VF→24,95 $

BE COOL [Sois Cool] ▷5
É.-U. 2005. Comédie satirique de F. Gary GRAY avec John Travolta, Uma Thurman et Harvey Keitel. - Un producteur de cinéma aux méthodes peu orthodoxes fait équipe avec la directrice d'une maison de disques pour lancer la carrière d'une jeune chanteuse. □ Général
DVD VF→STF→Cadrage W/16X9→18,95 $

BEACH, THE [Plage, La] ▷5
É.-U. 2000. Drame de Danny BOYLE avec Leonardo DiCaprio, Tilda Swinton et Virginie Ledoyen. - Un jeune Américain et un couple français découvrent une île paradisiaque où vit une commune idyllique. □ 16 ans+
DVD Cadrage W→14,95 $

BEACH CAFE *voir* **Café de la plage**

BEACHES [Entre deux plages] ▷5
É.-U. 1988. Mélodrame de Garry MARSHALL avec Barbara Hershey, Bette Midler et John Heard. - Une chanteuse issue de milieu populaire et une riche héritière atteinte d'un mal incurable entretiennent des liens d'amitié solides datant de leur jeune âge. □ Général
DVD VF→STF→Cadrage W→18,95 $

BEACHHEAD ▷5
É.-U. 1954. Drame de guerre de Stuart HEISLER avec Frank Lovejoy, Tony Curtis et Mary Murphy. - Une patrouille américaine est chargée de rescaper un Français d'une île occupée par les Japonaisé.
DVD VA→11,95 $

BEAN : THE ULTIMATE DISASTER MOVIE ▷5
[Bean : le film le plus catastrophe]
ANG. 1997. Comédie de Mel SMITH avec Rowan Atkinson, Peter MacNicol et Pamela Reed. - Un musée londonien se débarrasse d'un employé gaffeur en l'envoyant à Los Angeles en tant qu'expert pour y présenter un célèbre tableau. □ Général
DVD VA→16,95 $

BEAR, THE [Ours, L'] ▷3
FR. 1988. Aventures de Jean-Jacques ANNAUD avec Tchéky Karyo, Jack Wallace et André Lacombe. - Dans les Rocheuses, un ourson orphelin et son protecteur, un ours mâle d'une superbe taille, sont traqués par des chasseurs. - Accent mis sur la vie des bêtes en pleine nature. Contexte majestueux. Prises de vue étonnantes. Utilisation habile des animaux. □ Général

BEAR & THE DOLL, THE *voir* **Ours et la poupée, L'**

BEAR ISLAND [Secret de la banquise, Le] ▷5
CAN. 1979. Aventures de Don SHARP avec Donald Sutherland, Vanessa Redgrave et Richard Widmark. - Une expédition scientifique fait des recherches dans une île de l'Arctique qui servit jadis de base à des sous-marins allemands. □ Général

BEARSKIN ▷5
POR. ANG. 1989. Drame de Ann GUEDES avec Tom Waits, Damon Lowry et Charlotte Coleman. - Un jeune voleur en fuite se joint à une troupe d'artistes itinérants dont le directeur est la cible d'un attentat meurtrier. □ Général

BEAST, THE *voir* **Bête, La**

BEAST FROM 20,000 FATHOMS, THE ▷5
[Monstre des temps perdus, Le]
É.-U. 1953. Drame d'horreur de Eugene LOURIE avec Paul Christian, Ross Elliot et Paula Raymond. - Libéré de sa prison de glace, un monstre préhistorique s'avance vers New York. □ Non classé
DVD VF→STF→8,95 $

BEAST, THE [Bête de guerre, La] ▷4
É.-U. 1988. Drame de guerre de Kevin REYNOLDS avec Jason Patric, George Dzundza et Steven Bauer. - Abandonné par son supérieur, un soldat soviétique s'allie aux rebelles afghans dans l'espoir de se venger. □ Non classé
DVD VF→STF→Cadrage P&S/W→9,95 $

BEAT STREET ▷4
É.-U. 1984. Comédie musicale de Stan LATHAN avec Guy Davis, Rae Dawn Chong et Jon Chardiet. - La vie tumultueuse d'adolescents férus de musique et de danse dans un quartier populaire de New York.
DVD VA→12,95 $

BEAT THE DEVIL ▷4
É.-U. 1954. Comédie satirique de John HUSTON avec Jennifer Jones, Humphrey Bogart, Gina Lollobrigida et Robert Morley. - Des escrocs veulent s'emparer de dépôts d'uranium dans un pays d'Afrique. □ Général
DVD VA→4,95 $

BEATLE AU PARADIS, UN
voir **Magic Christian, The**

BEAU BRUMMELL ▷4
ANG. 1954. Drame biographique de Curtis BERNHARDT avec Peter Ustinov, Stewart Granger et Elizabeth Taylor. - Au début du XIXe siècle, un dandy cherche à profiter de son amitié avec le prince héritier pour jouer un rôle politique. □ Général

BEAU FIXE ▷4
FR. 1992. Comédie de mœurs de Christian VINCENT avec Isabelle Carré, Judith Rémy et Elsa Zylberstein. - Des tensions se font jour entre quatre amies réunies dans une villa pour y préparer leur examen de médecine. □ Général

BEAU FIXE SUR NEW YORK
voir **It's Always Fair Weather**

BEAU GESTE ▷4
É.-U. 1939. Aventures de William WELLMAN avec Gary Cooper, Ray Milland et Robert Preston. - Trois frères s'engagent dans la Légion étrangère pour sauver l'honneur de la famille.

BEAU JOUR, UN *voir* **One Fine Day**

BEAU MARIAGE, LE [Good Marriage, A] ▷3
FR. 1981. Comédie de Éric ROHMER avec Béatrice Romand, André Dussollier et Arielle Dombasle. - Une jeune femme désireuse de se marier poursuit un avocat de ses attentions. - Traitement ironique. Mise en scène alliant légèreté et rigueur. Dialogues finement ciselés. Jeu piquant de B. Romand.
DVD VF→STA→44,95 $

BEAU SALAUD, UN *voir* **Dirty Dingus Magee**

BEAU SERGE, LE ▷3
FR. 1957. Drame de Claude CHABROL avec Gérard Blain, Jean-Claude Brialy et Bernadette Lafont. - Un jeune homme tente de réhabiliter son ami alcoolique tombé dans la déchéance. - Premier film de Chabrol. Traitement vigoureux et réaliste. Beaucoup d'atmosphère. □ Général

BEAU TRAVAIL ▷3
FR. 1998. Drame psychologique de Claire DENIS avec Denis Lavant, Michel Subor et Grégoire Colin. - Un adjudant qui commande d'une main ferme un peloton dans la Légion étrangère est troublé par l'attitude d'une jeune recrue rebelle. - Sujet traité de façon plus poétique que réaliste. Ton introspectif. Mise en scène stylisée. Jeu très physique des protagonistes. □ Général

BEAU-PÈRE ▷3
FR. 1981. Drame psychologique de Bertrand BLIER avec Patrick Dewaere, Ariel Besse et Maurice Ronet. - Un pianiste de bar a une aventure sentimentale avec la fille adolescente d'une maîtresse décédée. - Situation fort délicate abordée avec un certain tact. Récit progressant à pas feutrés. Traitement distancié. Mise en scène contrôlée. Jeu aérien des interprètes.

BEAUCOUP DE BRUIT POUR RIEN
voir **Much Ado About Nothing**

BEAUCOUP, PASSIONNÉMENT, À LA FOLIE
voir **Truly, Madly, Deeply**

BEAUMARCHAIS L'INSOLENT ▷4
FR. 1996. Comédie de mœurs d'Édouard MOLINARO avec Fabrice Luchini, Manuel Blanc et Sandrine Kiberlain. - Aperçu de la vie publique et privée d'un célèbre auteur dramatique du XVIIIe siècle à l'aube de la Révolution française. □ Général

BEAUTÉ AMÉRICAINE *voir* **American Beauty**

BEAUTÉ DANGEREUSE *voir* **Dangerous Beauty**

BEAUTÉ DE PANDORE, LA ▷5
QUÉ. 1999. Drame sentimental de Charles BINAMÉ avec Pascale Bussières, Jean-François Casabonne et Maude Guérin. – Un entrepreneur montréalais rencontre une femme mystérieuse qui fait basculer sa vie du tout au tout.

BEAUTÉ DU DIABLE, LA ▶2
FR. 1949. Drame fantastique de René CLAIR avec Gérard Philipe, Michel Simon et Nicole Besnard. - Un savant désabusé vend son âme au diable pour la jeunesse, la gloire et la richesse. - Adaptation de la célèbre légende de Faust. Récit développé avec virtuosité. Beauté formelle des images. Interprétation brillante. □ Général

BEAUTÉ DU PÉCHÉ, LA ▷4
YOU. 1986. Comédie de mœurs de Zivko NIKOLIC avec Mira Furlan, Milutin Karadzic et Petar Bozovic. - Venue travailler au bord de la mer avec son mari, une montagnarde constate étonnée qu'elle a été engagée dans un camp de naturistes.

BEAUTÉ FATALE *voir* **Fatal Beauty**

BEAUTÉS FATALES
voir **Drop Dead Gorgeous**

BEAUTIFUL BLONDE FROM BASHFUL BEND, THE ▷4
É.-U. 1949. Western de Preston STURGES avec Cesar Romero, Betty Grable et Olga San Juan. - Les mésaventures d'une fille de l'Ouest trop portée sur le maniement du revolver. □ Général

BEAUTIFUL BOXER
THAÏ. 2003. Ekachai UEKRONGTHAM
DVD STA➔Cadrage W➔28,95 $

BEAUTIFUL BUT DEADLY *voir* **Don Is Dead, The**

BEAUTIFUL COUNTRY, THE ▷4
NOR. 2004. Drame de Hans Petter MOLAND avec Nick Nolte, Bai Lin et Damien Nguyen. - En 1990, un jeune Vietnamien dont le père est un soldat américain entreprend un voyage périlleux pour le retrouver aux États-Unis. □ Général · Déconseillé aux jeunes enfants
DVD VA➔STF➔Cadrage W➔32,95 $

BEAUTIFUL DREAMERS [Rêveurs magnifiques] ▷4
CAN. 1990. Drame social de John HARRISON avec Colm Feore, Rip Torn et Wendel Meldrum. - En 1880, le directeur d'un asile à London en Ontario invite le célèbre poète américain Walt Whitman à séjourner quelque temps chez lui. □ Général

BEAUTIFUL MIND, A [Homme d'exception, Un] ▷4
É.-U. 2001. Drame biographique de Ron HOWARD avec Russell Crowe, Jennifer Connelly et Paul Bettany. - La vie du mathématicien de génie John Nash qui est parvenu à surmonter sa schizophrénie avant de remporter le prix Nobel en 1994. □ 13 ans+
DVD VF➔Cadrage W➔14,95 $ VA➔Cadrage P&S➔17,95 $

BEAUTIFUL THING [Belle affaire, La] ▷4
ANG. 1995. Drame psychologique de Hettie MacDONALD avec Glen Berry, Scott Neal et Linda Henry. - Deux adolescents de la banlieue de Londres se découvrent une attirance mutuelle. □ 13 ans+

BEAUTY AND THE BEAST [Belle et la bête, La] ▷3
É.-U. 1991. Dessins animés de Gary TROUSDALE et Kirk WISE. - Une jeune villageoise devient la captive d'un homme à l'aspect monstrueux qui doit se faire aimer d'elle pour redevenir humain. - Adaptation somptueuse du conte de Leprince de Beaumont. Animation et décors très soignés. Ensemble rehaussé par de nombreux numéros musicaux. Réussite technique et artistique indiscutable. □ Général

BEAUX DIMANCHES, LES ▷4
QUÉ. 1974. Étude de mœurs de Richard MARTIN avec Catherine Bégin, Jean Duceppe et Denise Filiatrault. - Dans la maison cossue d'un nouveau riche, quatre couples s'échangent des aménités. □ 13 ans+

BEAUX SOUVENIRS, LES ▷3
QUÉ. 1981. Drame psychologique de Francis MANKIEWICZ avec Monique Spaziani, Julie Vincent et Paul Hébert. - Le retour à la maison familiale d'une jeune femme en compagnie de son mari provoque des tensions. - Approche poétique du sujet. Traitement efficace. Climat mélancolique habilement ménagé. Interprétation excellente. □ 13 ans+

BEAUX-PÈRES, LES *voir* **In-Laws, The**

BÉBÉ DE MADEMOISELLE, LE *voir* **Bundle of Joy**

BÉBÉ DE ROSEMARY, LE *voir* **Rosemary's Baby**

BÉBÉ LALA *voir* **Baby Boy**

BÉBÉ, LE *voir* **Snapper, The**

BECAUSE OF WINN-DIXIE ▷4
É.-U. 2005. Comédie dramatique de Wayne WANG avec AnnaSophia Robb, Jeff Daniels et Cicely Tyson. - La fillette esseulée d'un pasteur recueille un chien errant qui va transformer sa vie et celle de son entourage. □ Général
DVD VF➔STA➔Cadrage W➔34,95 $

BECAUSE WHY ▷4
QUÉ. 1993. Comédie de mœurs de Arto PARAGAMIAN avec Michael Riley, Heather Mathieson et Doru Bandol. - Les tribulations sentimentales d'un jeune Montréalais qui aimerait fonder une famille.
DVD VA➔24,95 $

BECKET ▷3
ANG. 1964. Drame de Peter GLENVILLE avec Peter O'Toole, Richard Burton et Donald Wolfit. - Thomas Becket, favori du roi d'Angleterre, devient son adversaire après sa consécration comme évêque de Canterbury. - Œuvre puissante tirée d'une pièce de Jean Anouilh. Vigueur dramatique. Remarquable duel d'acteurs. □ 13 ans+

BECOMING COLETTE [Devenir Colette] ▷5
É.-U. 1991. Drame biographique de Danny HUSTON avec Mathilda May, Klaus Maria Brandauer et Virginia Madsen. - La relation tumultueuse entre la romancière Colette et l'homme du monde Henri Gauthier-Villars. □ 13 ans+

BED & BREAKFAST *voir* **Bienvenue au gîte**

BED AND BOARD *voir* **Domicile conjugal**

BEDAZZLED ▷3
ANG. 1967. Comédie de Stanley DONEN avec Dudley Moore, Peter Cook et Eleanor Bron. - Un cuisinier de restaurant vend son âme au diable contre la réalisation de sept souhaits. - Traitement satirique farfelu de la légende de Faust. Suite de sketches reliés de façon originale. Mise en scène précise et alerte. Interprétation savoureuse.

BEDFORD INCIDENT, THE ▷4
ANG. 1965. Drame psychologique de James B. HARRIS avec Richard Widmark, Sidney Poitier et Eric Portman. - Un commandant de destroyer en patrouille dans l'Atlantique manque de déclencher une guerre. □ Général
DVD VA➔Cadrage W➔32,95 $

BEDKNOBS AND BROOMSTICKS ▷4
[Apprentie sorcière, L']
É.-U. 1971. Comédie fantaisiste de Robert STEVENSON avec Angela Lansbury, David Tomlinson et Roy Snart. - En 1940, les aventures de trois jeunes Londoniens recueillis par une gentille apprentie sorcière. □ Général
DVD Cadrage W→19,95 $

BEDLAM ▷4
É.-U. 1946. Thriller de M. ROBSON avec Boris Karloff, Anna Lee et Ian Wolfe. - Une actrice est enfermée dans un asile d'aliénés dirigé par un sadique.
DVD VA→STA→21,95 $

BEDROOM WINDOW, THE [Faux témoin] ▷4
É.-U. 1987. Drame policier de Curtis HANSON avec Elizabeth McGovern, Steve Guttenberg et Isabelle Huppert. - Un architecte, qui accepte de témoigner à la place de sa maîtresse dans une affaire d'agressions sexuelles, est soupçonné par la police de ces méfaits. □ Général

BEDROOMS AND HALLWAYS ▷4
ANG. 1998. Comédie de mœurs de Rose TROCHE avec Kevin McKidd, Hugo Weaving et Jennifer Ehle. - Désillusionné par sa vie amoureuse, un jeune gay décide d'avouer à un séduisant hétéro l'attirance qu'il éprouve pour lui.
DVD VA→Cadrage P&S→34,95 $

BEDTIME STORY [Séducteurs, Les] ▷4
É.-U. 1964. Comédie de Ralph LEVY avec Marlon Brando, David Niven et Shirley Jones. - Deux chevaliers d'industrie unissent leurs forces pour escroquer des femmes riches. □ Général

BEE SEASON, THE ▷5
É.-U. 2005. Drame psychologique de Scott McGEHEE et David SIEGEL avec Richard Gere, Juliette Binoche et Flora Cross. - Tandis qu'un professeur d'études judaïques pousse sa fille à remporter un concours d'épellation, sa famille traverse une grave crise émotionnelle. □ Général
DVD VA→STA→Cadrage P&S/W→34,95 $

BEEFCAKE ▷4
CAN. 1999. Étude de mœurs de Thom FITZGERALD avec Josh Peace, Daniel MacIvor et Carroll Godsman. - Dans les années 50, un photographe recrute de jeunes modèles pour un magazine consacré au nu masculin. □ 16 ans+ · Érotisme

BEETHOVEN'S NEPHEW [Neveu de Beethoven, Le] ▷5
ANG. 1985. Drame biographique de Paul MORRISSEY avec Wolfgang Reichmann, Dietmar Prinz et Jane Birkin. - Les relations tyranniques d'un grand compositeur avec son neveu dont il est le tuteur.
□ Général

BEETLEJUICE [Bételgeuse] ▷4
É.-U. 1988. Comédie fantaisiste de Tim BURTON avec Alec Baldwin, Geena Davis et Michael Keaton. - Un couple de fantômes fait appel à un esprit malin pour chasser les nouveaux propriétaires de leur ancienne maison. □ Général
DVD VF→STF→Cadrage W→16,95 $

BEFORE AND AFTER [Ombre d'un doute, L'] ▷4
É.-U. 1995. Drame judiciaire de Barbet SCHROEDER avec Meryl Streep, Liam Neeson et Edward Furlong. - Un couple cherche à disculper leur fils adolescent du meurtre d'une jeune fille.
□ Général
DVD VA→Cadrage W→15,95 $

BEFORE NIGHT FALLS [Avant que tombe la nuit] ▷4
É.-U. 2000. Drame biographique de Julian SCHNABEL avec Javier Bardem, Olivier Martinez et Andrea Di Stefano. - La vie tumultueuse du romancier et poète cubain Reinaldo Arenas, persécuté par le régime castriste en raison de son homosexualité. □ Général
DVD VA→STF→Cadrage P&S→23,95 $

BEFORE SUNRISE [Avant l'aube tout est possible] ▷4
É.-U. 1995. Comédie sentimentale de Richard LINKLATER avec Julie Delpy et Ethan Hawke. - Un jeune Américain bohème convainc une étudiante parisienne qu'il a rencontrée sur un train de passer quelques heures avec lui lors d'une escale à Vienne. □ Général
DVD Cadrage W→16,95 $

BEFORE SUNSET [Avant la nuit tout est possible] ▷4
É.-U. 2004. Comédie sentimentale de Richard LINKLATER avec Ethan Hawke, Julie Delpy et Vernon Dobtcheff. - De passage à Paris pour la promotion de son premier roman, un écrivain américain renoue avec une jeune Française rencontrée neuf ans plus tôt à Vienne. □ Général
DVD VF→STF→Cadrage W→11,95 $

BEFORE THE RAIN ▷3
MAC. ANG. 1994. Drame de Milcho MANCHEVSKI avec Grégoire Colin, Rade Serbedzija et Katrin Cartlidge. - Un photographe macédonien quitte Londres pour se retrouver impliqué malgré lui dans les tensions ethniques de son pays. - Belle illustration de la situation prévalant dans l'ex-Yougoslavie. Récit formant une sorte de cercle vicieux. □ 13 ans+

BEFORE THE REVOLUTION ▷3
ITA. 1964. Drame psychologique de Bernardo BERTOLUCCI avec Alain Midgette, Francesco Barilli, Adriana Asti. - Un jeune bourgeois devenu communiste se ravise et quitte le parti. - Adaptation dans un contexte moderne de *La Chartreuse de Parme*. Film intellectuel bien réalisé dans l'ensemble. Style complexe et somptueux. □ 13 ans+

BEGINNING OF THE END
É.-U. 1957. Bert I. GORDON
DVD VA→28,95 $

BEGUILED, THE [Proies, Les] ▷4
É.-U. 1970. Drame psychologique de Don SIEGEL avec Geraldine Page, Clint Eastwood et Elizabeth Hartman. - Un soldat nordiste blessé trouve refuge dans une pension sudiste pour jeunes filles.
□ 18 ans+
DVD VF→Cadrage W→15,95 $

BEHIND OFFICE DOORS
É.-U. 1931. Melville W. BROWN
DVD VA→23,95 $

BEHIND THE RISING SUN ▷5
É.-U. 1943. Drame de guerre d'Edward DMYTRYK avec Margo, Tom Neal et J. Carrol Naish. - Son fils ayant joint les forces nipponnes, un Japonais se dresse contre l'aveugle dévotion que manifeste celui-ci. □ Non classé

BEHIND THE SUN [Avril brisé] ▷3
BRÉ. 2001. Drame de mœurs de Walter SALLES avec Rodrigo Santoro, Ravi Ramos Lacerda et Flavia Marco Antonio. - En 1910, un jeune paysan qui doit bientôt mourir à cause d'une vendetta s'éprend d'une jolie saltimbanque. - Récit âpre et tragique aux accents poétiques prenants. Réalisation inspirée. Images magnifiques. Interprétation sentie.
DVD VA→18,95 $

BEHOLD A PALE HORSE ▷4
É.-U. 1964. Drame de Fred ZINNEMANN avec Gregory Peck, Anthony Quinn et Omar Sharif. - Un ancien héros loyaliste de la guerre d'Espagne est poursuivi par la haine d'un policier. □ Général
DVD VA→22,95 $

BEIJING BICYCLE, THE *voir* **Bicyclette de Pékin, La**

BEIJING EXPRESS *voir* **Bullet to Beijing**

BEING AT HOME WITH CLAUDE ▷4
QUÉ. 1992. Drame psychologique de Jean BEAUDIN avec Roy Dupuis, Jacques Godin et Jean-François Pichette. - Un jeune prostitué homosexuel qui a tué son amant avoue progressivement les motifs de son crime à un inspecteur perspicace. □ 13 ans+

BEING HUMAN [Secret du bonheur, Le] ▷5
É.-U. 1994. Film à sketches de Bill FORSYTH avec Kelly Hunter, Robin Williams et Maudie Johnson. - Cinq histoires explorant divers aspects de la condition humaine à l'âge du bronze, dans la Rome antique, au Moyen Âge, à la Renaissance et de nos jours. □ Général

BEING JOHN MALKOVICH ▷3
[Dans la peau de John Malkovich]
É.-U. 1999. Comédie fantaisiste de Spike JONZE avec John Cusack, Cameron Diaz et Catherine Keener. - Un employé de bureau découvre l'existence d'un passage secret qui mène dans l'esprit de l'acteur John Malkovich. - Scénario imaginatif et imprévisible. Personnages savamment tordus. Mise en scène efficace. Excellents comédiens. □ Général
DVD VA→18,95 $

BEING JULIA ▷4
CAN. 2004. Comédie dramatique d'Istvan SZABO avec Annette Bening, Jeremy Irons et Shaun Evans. - En 1938, à Londres, une actrice de renom s'engage dans une liaison passionnée avec un jeune admirateur américain. □ Général
DVD VA→34,95 $

BEING LIGHT ▷5
FR. 2001. Comédie dramatique de Jean-Marc BARR et Pascal ARNOLD avec Romain Duris, Jean-Marc Barr et Élodie Bouchez. - Escorté par un jeune homme d'affaires américain, un simple d'esprit part pour l'Inde afin de retrouver celle qu'il aime.

BEING RON JEREMY
É.-U. 2003. Brian BERKE
DVD VA→17,95 $

BEING THERE [Bienvenue Mister Chance] ▷3
É.-U. 1979. Comédie satirique de Hal ASHBY avec Shirley MacLaine, Peter Sellers et Melvyn Douglas. - Recevant l'hospitalité d'un multimillionnaire, un jardinier analphabète passe pour un philosophe. - Parabole satirique tirée d'un roman de Jerzy Kosinski. Gags insolites. Mise en scène rigoureuse. Excellente composition de P. Sellers. □ Général
DVD VF→STF→Cadrage W→21,95 $

BEL ANTONIO, LE [Il Bell'antonio] ▷4
ITA. 1960. Étude de mœurs de Mauro BOLOGNINI avec Marcello Mastroianni, Claudia Cardinale et Pierre Brasseur. - Un Sicilien, marié par intérêt, s'éprend bientôt de sa femme mais devient alors impuissant. □ Général

BEL ESPRIT *voir* **Wit**

BELIEVER, THE ▷4
É.-U. 2001. Drame social de Henry BEAN avec Ryan Gosling, Summer Phoenix et Theresa Russell. - Bien qu'il soit juif, un jeune homme adhère à un mouvement néo-fasciste au sein duquel il professe un antisémitisme rageur. □ 13 ans+
DVD VA→STA→Cadrage W/16X9→27,95 $

BELIEVERS, THE [Envoûtés, Les] ▷4
É.-U. 1987. Drame fantastique de John SCHLESINGER avec Martin Sheen, Helen Shaver et Harris Yulin. - Appelé à soigner des policiers new-yorkais, un psychologue découvre une secte vaudou qui pratique des sacrifices humains. □ 13 ans+
DVD VA→Cadrage W/16X9→12,95 $

BELIZAIRE THE CAJUN ▷4
É.-U. 1985. Drame de mœurs de Glen PITRE avec Armand Assante, Gail Youngs et Stephen McHattie. - En 1859, pour sauver un ami, un Cajun s'accuse lui-même du crime d'un fermier raciste dont il est amoureux de la femme.

BELL FROM HELL, A [Cloche de l'enfer, La] ▷4
ESP. 1973. Drame d'horreur de C. Guerin HILL avec Renaud Verley, Viveca Lindfors et Alfredo Mayo. - Un jeune homme veut se venger de sa tante et de ses cousines qui l'ont fait soigner dans une clinique psychiatrique.
DVD VF→Cadrage W→26,95 $

BELL, BOOK AND CANDLE [Adorable voisine] ▷3
É.-U. 1958. Comédie de Richard QUINE avec James Stewart, Kim Novak et Jack Lemmon. - Une sorcière se sert de ses pouvoirs pour charmer son voisin. - Charmant et original. Climat insolite. Mise en scène alerte. Interprétation brillante. □ Général
DVD Cadrage W→29,95 $

BELLBOY, THE ▷4
É.-U. 1960. Comédie réalisée et interprétée par Jerry LEWIS avec Alex Gerry et Bob Clayton. - Dans un hôtel de Miami, un groom maladroit mais plein de bonne volonté accumule les gaffes. □ Général
DVD VA→Cadrage W→17,95 $

BELLE AFFAIRE, LA *voir* **Beautiful Thing**

BELLE CAPTIVE, LA ▷4
FR. 1983. Drame fantastique de Alain ROBBE-GRILLET avec Daniel Mesguich, Gabrielle Lazure et Cyrielle Claire. - Un homme s'engage dans d'étranges aventures en cherchant à retrouver une belle inconnue qu'il a croisée plusieurs fois. □ Général

BELLE DE JOUR ►2
FR. 1967. Drame psychologique de Luis BUÑUEL avec Catherine Deneuve, Jean Sorel et Michel Piccoli. - Une jeune femme est victime d'un chantage alors qu'elle est « hôtesse » dans une maison de rendez-vous. - Mélange habile de fantaisie et de réalité. Mise en scène rigoureuse. C. Deneuve remarquable. □ 13 ans+
DVD VF→STA→Cadrage W→33,95 $

BELLE DE SAN FRANCISCO, LA *voir* **Barbary Coast**

BELLE DE SCÈNE *voir* **Stage Beauty**

BELLE DU PACIFIQUE, LA
voir **Miss Sadie Thompson**

BELLE EMMERDEUSE, LA ▷4
FR. 1977. Comédie réalisée et interprétée par Roger COGGIO avec Elisabeth Huppert et Luisa Colpeyn. - Ayant organisé son suicide, une jeune femme voit ses plans contrecarrés par un quidam. □ Général

BELLE ÉPOQUE ▷4
ESP. POR. FR. 1992. Comédie dramatique de Fernando TRUEBA avec Jorge Sanz, Fernando Gomez et Penélope Cruz. - Dans l'Espagne du début des années 1930, un jeune déserteur se réfugie chez un vieux peintre anarchiste dont il séduit les filles. □ 13 ans+

BELLE ET LA BÊTE, LA *voir* **Beauty and the Beast**

BELLE ET LA BÊTE, LA ►1
FR. 1946. Conte de Jean COCTEAU avec Josette Day, Jean Marais et Michel Auclair. - Une jeune fille éprouve de la pitié, puis de l'amour, pour un monstre qui se transforme en prince charmant. - Remarquable richesse visuelle. Atmosphère onirique d'une beauté insolite. Interprétation stylisée. □ Général
DVD VF→STA→62,95 $

BELLE ET LE CLOCHARD, LA *voir* **Lady and the Tramp**

BELLE ET LE VÉTÉRAN, LA *voir* **Bull Durham**

BELLE FAMILLE, LA *voir* **Meet the Parents**

BELLE HISTOIRE, LA ▷4
FR. 1991. Comédie dramatique de Claude LELOUCH avec Gérard Lanvin, Béatrice Dalle et Vincent Lindon. - Le hasard fait se rencontrer des étrangers qui vont ressentir l'un pour l'autre des émotions qu'ils sont sûrs d'avoir déjà vécues. □ Général

BELLE NAUFRAGÉE, LA *voir* **Overboard**

BELLE NOISEUSE, LA [Divertimento] ▷3
FR. 1991. Drame psychologique de Jacques RIVETTE avec Michel Piccoli, Jane Birkin et Emmanuelle Béart. - Une jeune femme qui pose pour un peintre voit sa vie transformée par l'expérience. - Œuvre à la fois lumineuse et trouble. Accent mis sur la transcendance du regard de l'artiste. Traitement un peu sec mais d'une précision remarquable. Ensemble envoûtant et déconcertant. Interprètes excellents. □ Général
DVD VF→STA→54,95 $

BELLE OF THE NINETIES ▷4
É.-U. 1934. Comédie de Leo McCAREY avec Mae West, Roger Pryor et John Mack Brown. - Les manigances d'une aventurière à la fin du siècle dernier. □ Général

BELLE VERTE, LA ▷4
FR. 1996. Comédie fantaisiste réalisée et interprétée par Coline SERREAU avec Vincent Lindon et Philippine Leroy-Beaulieu. - En voyage sur la Terre, une émissaire d'une planète pacifiste découvre un monde hostile et pollué. □ Général

BELLES DE L'OUEST, LES *voir* **Bad Girls**

BELLES DE NUIT, LES ▷3
FR. 1952. Comédie fantaisiste de René CLAIR avec Martine Carol, Gérard Philipe, Magali Vendeuil et Gina Lollobrigida. - Les rêveries d'un jeune musicien pauvre. - Brillant divertissement. Traitement humoristique et fantaisiste. Belle musique. Excellente interprétation. □ Général

BELLES ON THEIR TOES ▷5
É.-U. 1952. Comédie de Henry LEVIN avec Myrna Loy, Jeanne Crain et Debra Paget. - Une veuve voit à l'éducation de ses treize enfants. □ Non classé
DVD VA→STA→15,95 $

BELLEVILLE RENDEZ-VOUS
voir **Triplettes de Belleville, Les**

BELLMAN AND TRUE ▷4
ANG. 1987. Drame policier de Richard LONCRAINE avec Bernard Hill, Kieran O'Brien et Richard Hope. - Des criminels forcent un informaticien à décoder le système de sécurité électronique d'une banque qu'ils veulent cambrioler. □ Général

BELLS ARE RINGING, THE ▷3
É.-U. 1960. Comédie musicale de Vincente MINNELLI avec Judy Holliday, Dean Martin et Fred Clark. - Une téléphoniste s'occupe de la vie personnelle de ses clients, ce qui lui vaut diverses aventures. - Adaptation réussie d'un spectacle théâtral. Ton d'humour constant. Numéros musicaux finement présentés. Mise en valeur du jeu comique de J. Holliday. □ Général
DVD VA→22,95 $

BELLS OF ST.MARY'S, THE ▷4
[Cloches de Sainte-Marie, Les]
É.-U. 1945. Comédie dramatique de Leo McCAREY avec Ingrid Bergman, Bing Crosby et Henry Travers. - L'aumônier d'une école joint ses efforts à ceux de la supérieure pour sortir l'institution de ses difficultés. □ Général
DVD 15,95 $

BELLY OF AN ARCHITECT, THE ▷3
ANG. 1987. Comédie satirique de Peter GREENAWAY avec Brian Dennehy, Chloe Webb et Lambert Wilson. - Préoccupé par son travail et par ses maux d'estomac, un architecte américain de passage à Rome néglige son épouse qui prend un amant. - Jeu intellectuel intéressant sur le thème de la création. Réflexion amusée sur l'agir humain. □ 13 ans+

BELOVED [Bien-aimée, La] ▷5
É.-U. 1998. Drame psychologique de Jonathan DEMME avec Oprah Winfrey, Danny Glover et Thandie Newton. - En 1873, une ancienne esclave, qui vit en Ohio avec sa fille et son amant, est hantée par des événements tragiques de son passé. □ 13 ans+ · Violence
DVD Cadrage W→14,95 $

BELOVED INFIDEL [Matin comme les autres, Un] ▷5
É.-U. 1959. Drame psychologique de Henry KING avec Gregory Peck, Deborah Kerr et Eddie Albert. - Une jeune femme tente en vain de sauver un écrivain de l'alcoolisme. □ Général

BELOVED ROGUE, THE
É.-U. 1927. Alan CROSLAND
DVD VA→39,95 $

BELOW [Abîme, L'] ▷4
É.-U. 2002. Drame d'horreur de David TWOHY avec Olivia Williams, Bruce Greenwood et Matt Davis. - Durant la Seconde Guerre mondiale, des phénomènes surnaturels se produisent à l'intérieur d'un sous-marin américain.
DVD VF→STA→Cadrage W→19,95 $

BELPHÉGOR: LE FANTÔME DU LOUVRE ▷5
FR. 2001. Drame fantastique de Jean-Paul SALOMÉ avec Sophie Marceau, Frédéric Diefenthal et Michel Serrault. - Une jeune femme possédée par l'esprit d'une momie égyptienne hante le musée du Louvre sous les traits d'un menaçant fantôme. □ Général · Déconseillé aux jeunes enfants
DVD 13,95 $

BEN-HUR ▷3
É.-U. 1926. Drame épique de Fred NIBLO avec Ramon Novarro, Francis X. Bushman et May McAvoy. - Une rivalité en vient à opposer un commandant romain et un prince juif qui ont grandi ensemble. - Adaptation muette du roman de Lew Wallace. Bataille navale et course de chars particulièrement spectaculaires. Mise en scène opulente. Interprétation fort valable. □ Général

BEN-HUR ▷3
É.-U. 1959. Drame de William WYLER avec Charlton Heston, Stephen Boyd et Haya Harareet. - Injustement envoyé aux galères par les Romains, un prince juif entreprend de se venger. - Adaptation soignée du roman populaire de Lew Wallace. Mise en scène spectaculaire. Course de chars enlevante. Interprétation vigoureuse. □ Général
DVD VF→STF→Cadrage P&S/W→17,95 $/39,95 $
VF→STA→Cadrage W→39,95 $

BEND IT LIKE BECKHAM [Joue-la comme Beckham] ▷4
ANG. 2002. Comédie de mœurs de Gurinder CHADHA avec Keira Knightley, Parminder Nagra et Jonathan Rhys Meyers. - À Londres, une adolescente issue d'une famille indienne traditionaliste joue dans une équipe féminine de soccer à l'insu de ses parents. □ Général
DVD VA→Cadrage W→14,95 $

BEND OF THE RIVER ▷3
É.-U. 1951. Western de Anthony MANN avec James Stewart, Arthur Kennedy et Julia Adams. - Au cours d'un voyage, un aventurier qui veut devenir honnête a des ennuis avec un bandit. - Sujet classique. Réalisation solide. Utilisation astucieuse des décors naturels. Bons interprètes. □ Général

BENEATH THE PLANET OF THE APES ▷5
[Secret de la planète des singes, Le]
É.-U. 1969. Science-fiction de Ted POST avec Linda Harrison, James Gregory et James Franciscus. - Sur une planète dominée par les singes, des humains vivent terrés dans des souterrains. □ Général
DVD VF→Cadrage W→14,95 $

BÉNIE SOIS-TU PRISON ▷3
ROU. 2002. Drame de Nicolae MARGINEANU avec Maria Ploae, Dorina Lazar et Ecaterina Nazarie. - En 1949, dans la Roumanie stalinienne, une prisonnière politique trouve le courage de résister en renouant avec sa foi chrétienne. - Illustration poignante d'un cas de résilience par la foi, inspiré de faits vécus. Quelques raccourcis dramatiques. Traitement authentique au style âpre et nerveux. Récit principalement tourné sur les lieux originaux du drame. Interprétation sentie de M. Ploae.
DVD STF→33,95 $

BENJI THE HUNTED ▷4
É.-U. 1987. Comédie dramatique de Joe CAMP avec Red Steagall, Frank Inn et Nancy Francis. - Perdu dans une région sauvage, un chien dressé prend en charge quatre petits couguars dont la mère a été abattue par un chasseur. □ Général

BENNY & JOON ▷4
É.-U. 1993. Comédie de mœurs de Jeremiah CHECHIK avec Johnny Depp, Mary Stuart Masterson et Aidan Quinn. - Un mécanicien célibataire et sa sœur schizophrène sont forcés d'héberger temporairement un jeune excentrique. □ Général
DVD VF→STF→Cadrage W→12,95 $

BENNY GOODMAN STORY, THE ▷5
É.-U. 1955. Drame biographique de Valentine DAVIES avec Steve Allen, Donna Reed et Herbert Anderson. - La carrière d'un célèbre musicien de jazz. □ Général
DVD VA→STF→18,95 $

BENNY'S VIDEO
AUT. SUI. 1992. Michael HANEKE
DVD STA→Cadrage W/16X9→24,95 $

BENT ▷5
ANG. 1996. Drame psychologique de Sean MATHIAS avec Clive Owen, Lothaire Bluteau et Brian Webber. - Un jeune Juif conduit vers les camps nazis cherche à échapper aux traitements réservés aux homosexuels en tentant de renier son identité sexuelle. □ 13 ans+ · Violence
DVD VA→PC

BENVENUTA ▷3
BEL. 1983. Drame psychologique d'André DELVAUX avec Fanny Ardant, Vittorio Gassman et Françoise Fabian. - Un scénariste rend visite à une dame d'âge mûr dont il veut adapter à l'écran un roman possiblement autobiographique. - Variations intelligentes sur la littérature et le cinéma. Construction complexe. Mise en images fluide et judicieusement colorée. □ Général

BEOWULF & GRENDEL ▷5
ANG. 2005. Drame d'aventures de Sturla GUNNARSSON avec Gerard Butler, Stellan Skarsgard et Sarah Polley. - À la demande du roi des Danois, un chevalier suédois doit tuer un monstre qui terrorise les habitants du royaume. □ 13 ans+
DVD Cadrage W/16X9→34,95 $

BERLIN AFFAIR, THE *voir* **Obsession à Berlin**

BERLIN ALEXANDERPLATZ ▷3
ALL. 1980. Drame social de Rainer Werner FASSBINDER avec Gunter Lamprecht, Barbara Sukowa et Gottfried John. - Après s'être fourvoyé dans un cambriolage qui a mal tourné, un petit escroc reprend goût à la vie grâce à l'amour d'une jeune prostituée candide. - Série télévisée prenant l'allure d'une œuvre monumentale et ambitieuse. Variations stylistiques intéressantes. □ 13 ans+

BERLIN EST EN ALLEMAGNE [Berlin Is in Germany] ▷4
ALL. 2001. Drame de mœurs de Hannes STÖHR avec Jörg Schüttauf, Julia Jäger et Robin Becker. - Emprisonné à Berlin Est avant la chute du Mur, un homme est libéré dix ans plus tard et découvre alors une ville transformée où il peine à se réinsérer. □ 13 ans+

BERLIN EXPRESS ▷4
É.-U. 1948. Drame d'espionnage de Jacques TOURNEUR avec Robert Ryan, Merle Oberon et Paul Lukas. - Une organisation clandestine cherche à tuer un homme politique. □ Non classé

BERLIN JERUSALEM
ISR. 1989. Amos GITAÏ
DVD STA→Cadrage W/16X9→34,95 $

BERLINGUER, I LOVE YOU
ITA. 1977. Giuseppe BERTOLUCCI
DVD STA→24,95 $

BERNARD ET BIANCA *voir* **Rescuers, The**

BERNIE ▷4
FR. 1996. Comédie dramatique réalisée et interprétée par Albert DUPONTEL avec Claude Perron et Roland Blanche. - À trente ans, un orphelin déshérité part à la recherche de ses parents. □ 18 ans+ · Violence

BESIEGED [Shandurai] ▷4
ITA. 1998. Drame sentimental de Bernardo BERTOLUCCI avec Thandie Newton, David Thewlis et Claudio Santamaria. - À Rome, un pianiste anglais amoureux d'une jeune réfugiée africaine s'emploie à faire libérer le mari de celle-ci détenu dans leur pays. □ Général
DVD VA→STA→Cadrage W→31,95 $ Cadrage W→31,95 $

BEST FRIENDS ▷4
É.-U. 1982. Comédie de mœurs de Norman JEWISON avec Burt Reynolds, Goldie Hawn et Jessica Tandy. - Nouvellement marié après des années de vie commune, un couple rend visite aux parents respectifs de chacun.
DVD VF→STA→Cadrage W→21,95 $

BEST IN SHOW [Clou du spectacle, Le] ▷3
É.-U. 2000. Comédie satirique réalisée et interprétée par Christopher GUEST avec Catherine O'Hara et Eugene Levy. - Les tribulations d'un groupe hétéroclite de propriétaires de chiens lors d'une prestigieuse compétition canine. - Satire hilarante aux dialogues savoureux. Personnages désopilants. Mélange bien dosé de moquerie et d'affection. Aisance remarquable des comédiens. □ Général
DVD VF→STF→Cadrage W→21,95 $

BEST INTENTIONS, THE
voir **Meilleures intentions, Les**

BEST LAID PLANS [Coup d'enfer, Un] ▷5
É.-U. 1999. Drame de mœurs de Mike BARKER avec Alessandro Nivola, Reese Witherspoon et Josh Brolin. - Un jeune couple d'arnaqueurs se fait prendre dans la toile d'araignée qu'il a lui-même tendue pour piéger un individu.
DVD VA→Cadrage W→9,95 $

BEST MAN, THE [Invité d'honneur, L'] ▷3
É.-U. 1964. Drame social de Franklin J. SCHAFFNER avec Henry Fonda, Cliff Robertson et Lee Tracy. - La lutte que se font deux aspirants à la nomination officielle de leur parti pour le titre de candidat à la présidence des États-Unis. - Vision critique des intrigues politiques. Mise en scène nerveuse et soignée. Interprétation solide. □ Général

BEST MAN, THE ▷4
É.-U. 1999. Comédie de mœurs de Malcolm D. LEE avec Taye Diggs, Nia Long et Morris Chestnut. - Un écrivain sème la pagaille dans son entourage en publiant un roman semi-autobiographique qui contient des secrets jusque-là bien gardés. □ 13 ans+
DVD VA→STF→Cadrage W→24,95 $

BEST OF EVERYTHING, THE ▷5
É.-U. 1959. Drame de John NEGULESCO avec Hope Lange, Stephen Boyd et Suzy Parker. - Les aventures amoureuses de diverses employées d'une maison d'édition.
DVD VF→STA→Cadrage W→15,95 $

BEST OF YOUTH, THE *voir* **Nos meilleures années**

BEST SELLER [Pacte avec un tueur] ▷4
É.-U. 1987. Drame policier de John FLYNN avec James Woods, Brian Dennehy et Paul Shenar. - Voulant s'inspirer du récit d'un tueur professionnel œuvrant pour les dirigeants d'une industrie, un policier écrivain se retrouve au centre d'une lutte violente. □ 13 ans+
DVD VF→STF→Cadrage P&S/W→11,95 $

BEST WAY TO WALK, THE
voir **Meilleure façon de marcher, La**

BEST YEARS OF OUR LIVES, THE ►2
[Plus belles années de notre vie, Les]
É.-U. 1946. Drame social de William WYLER avec Fredric March, Dana Andrews et Harold Russell. - Les problèmes de réadaptation de trois soldats après la guerre. - Fresque sociale brossée de main de maître. Mise en scène sobre et efficace. Interprétation de qualité. □ Général
DVD VA→STF→13,95 $

BÊTE, LA *voir* **Ugly, The**

BÊTE, LA [Beast, The]
FR. 1975. Walerian BOROWCZYK
DVD VF→STA→59,95 $ VF→STA→27,95 $

BÊTE CONTRE LES MURS, LA
voir **Animal Factory**

BÊTE DE FOIRE, LA
voir **Bête de foire, La**

BÊTE DE FOIRE, LA ▷5
QUÉ. 1992. Drame d'Isabelle HAYEUR avec Linda Roy, David La Haye et Grigori Hlady. - Une étrange relation se développe entre une femme, son amant et le patron de celui-ci. □ Général

BÊTE DE GUERRE, LA *voir* **Beast, The**

BÊTE HUMAINE, LA ►2
FR. 1938. Drame de Jean RENOIR avec Jean Gabin, Simone Simon et Fernand Ledoux. - Un mécanicien de locomotive songe à tuer le mari de celle qu'il aime. - Adaptation contemporaine du roman de Zola. Drame très prenant. Réalisation de classe. Interprétation brillante. □ Général
DVD VF→STA→41,95 $

BÊTE LUMINEUSE, LA ▷4
QUÉ. 1982. Étude de mœurs de Pierre PERRAULT avec Stéphane-Albert Boulais, Bernard L'Heureux et Louis-Philippe Lécuyer. - Un groupe de chasseurs compte un néophyte qui devient vite la tête de Turc de ses compagnons. □ Général

BÉTELGEUSE *voir* **Beetlejuice**

BETHUNE: THE MAKING OF A HERO ▷4
[Bethune: l'étoffe d'un héros]
CAN. 1990. Drame biographique de Phillip BORSOS avec Donald Sutherland, Helen Mirren et Colm Feore. - Apprenant la mort en Chine d'un médecin montréalais, un ami journaliste entreprend d'écrire sa biographie. □ Général

BETRAYAL ▷4
ANG. 1983. Drame de mœurs de David JONES avec Jeremy Irons, Ben Kingsley et Patricia Hodge. - Deux anciens amants se retrouvent deux ans après la rupture de leur liaison.

BETRAYED [Main droite du diable, La] ▷4
É.-U. 1988. Drame social de COSTA-GAVRAS avec Debra Winger, Tom Berenger et John Heard. - Infiltrée dans une communauté rurale du Midwest pour incriminer les coupables d'un assassinat raciste, une agente du FBI s'éprend d'un des fermiers. □ Général
DVD VF→Cadrage W→12,95 $

BETSY, THE ▷5
É.-U. 1978. Drame de Daniel PETRIE avec Laurence Olivier, Tommy Lee Jones et Robert Duvall. - Un magnat de l'automobile fait appel aux services d'un constructeur et pilote de voitures de courses pour fabriquer un nouveau modèle. □ 13 ans+
DVD VF→STF→Cadrage P&S→7,95 $

BETTER PLACE, A
É.-U. 1997. Vincent PEREIRA
DVD VA→49,95 $

BETTER THAN CHOCOLATE ▷5
[Meilleur que le chocolat]
CAN. 1999. Comédie sentimentale d'Anne WHEELER avec Wendy Crewson, Karyn Dwyer et Christina Cox. - Une jeune aide-libraire ne sait comment annoncer à sa mère, qui vient s'installer chez elle, qu'elle est lesbienne. □ 13 ans+ · Érotisme
DVD VA→STF→Cadrage W→5,95 $

BETTER TOMORROW, A [Instinct de tuer, L'] ▷4
H.K. 1986. Drame policier de John WOO avec Leslie Cheung, Chow Yun-Fat et Ti Lung. - La relation tendue entre un policier et son frère gangster qu'il tient responsable de la mort de leur père. □ 13 ans+
DVD Cadrage W→16,95 $

BETTER TOMORROW 2, A ▷4
H.K. 1987. Drame policier de John WOO avec Leslie Cheung, Chow Yun-Fat et Ti Lung. - Un policier obtient la collaboration d'anciens gangsters, dont son propre frère, pour lutter contre des mafiosi. □ 18 ans+
DVD Cadrage W→17,95 $

BETTIE PAGE DARK ANGEL
É.-U. 2004. B. NICO
DVD VA→PC

BETTY ▷3
FR. 1991. Drame psychologique de Claude CHABROL avec Marie Trintignant, Stéphane Audran et Jean-François Garreaud. - Bannie par sa riche belle-famille pour adultère, une femme est recueillie par la maîtresse d'un restaurateur qui devient sa confidente. - Adaptation feutrée d'un roman de Georges Simenon. Vision féroce des travers de la bourgeoisie provinciale. Jeu impressionnant des deux protagonistes. □ 13 ans+
DVD VF→STA→Cadrage W→21,95 $

BETTY BLUE *voir* **37°2 le matin**

BETTY FISHER ET AUTRES HISTOIRES ▷4
[Alias Betty]
FR. 2001. Drame psychologique de Claude MILLER avec Sandrine Kiberlain, Nicole Garcia et Mathilde Seigner. - Une femme mentalement instable kidnappe un enfant mal aimé pour remplacer le gamin décédé de sa fille romancière.
DVD VF→STA→Cadrage W→32,95 $

BETWEEN HEAVEN AND HELL ▷5
[Temps de la colère, Le]
É.-U. 1956. Drame de guerre de Richard FLEISCHER avec Broderick Crawford, Robert Wagner et Terry Moore. - L'expérience de la guerre transforme les conceptions sociales d'un propriétaire terrien.
DVD VF→STA→Cadrage W→15,95 $

BETWEEN STRANGERS ▷5
CAN. 2002. Drame de mœurs d'Edoardo PONTI avec Sophia Loren, Mira Sorvino et Deborah Kara Unger. - À Toronto, les destins parallèles de trois femmes amenées par les circonstances à régler des comptes avec leur passé. □ Général
DVD VA→36,95 $

BETWEEN THE DEVIL AND THE DEEP BLUE SEA [Li] ▷4
BEL. FR. 1995. Drame psychologique de Marion HÄNSEL avec Stephen Rea, Ling Chu et Adrian Brine. - Sur son cargo à Hong-Kong, un marin solitaire et déprimé fait la connaissance d'une enfant qu'il a engagée comme servante. □ 13 ans+

BETWEEN YOUR LEGS *voir* **Entre les jambes**

BEVERLEY KILLS
É.-U. 2005. Damion DIETZ
DVD VA→27,95 $

BEVERLY HILLS COP ▷4
[Flic de Beverley Hills, Le]
É.-U. 1984. Comédie policière de Martin BREST avec Eddie Murphy, Lisa Eilbacher et Steven Berkoff. - Témoin du meurtre d'un ami, un jeune détective de Detroit se rend à Los Angeles pour trouver les coupables. □ Général
DVD VF→STA→Cadrage W→8,95 $

BEVERLY HILLS COP II ▷4
[Flic de Beverley Hills II, Le]
É.-U. 1987. Comédie policière de Tony SCOTT avec Eddie Murphy, Judge Reinhold et Jurgen Prochnow. - Un détective de Detroit se rend à Los Angeles pour faire sa propre enquête sur un attentat dont a été victime un confrère.
DVD VF→STA→Cadrage W→8,95 $

BEVERLEY HILLS COP III ▷5
[Flic de Beverley Hills III, Le]
É.-U. 1994. Comédie policière de John LANDIS avec Eddie Murphy, Judge Reinhold et Hector Elizondo. - Un inspecteur de police tente de mettre au jour les activités illégales d'un soi-disant philanthrope qui dirige un parc d'attractions.
DVD VF→STA→Cadrage W→8,95 $

BEWARE OF A HOLY WHORE
ALL. 1971. Rainer Werner FASSBINDER
DVD STA→Cadrage W→29,95 $

BEWITCHED [Ma sorcière bien-aimée] ▷5
É.-U. 2005. Comédie fantaisiste de Nora EPHRON avec Nicole Kidman, Will Ferrell et Shirley MacLaine. - Une jeune sorcière qui a décidé de renoncer à ses pouvoirs pour trouver le grand amour devient la vedette d'un remake de la série télévisée *Ma Sorcière bien-aimée*. □ Général
DVD VF→Cadrage W→26,95 $

BEYOND BORDERS [Au-delà des frontières] ▷5
É.-U. 2003. Drame sentimental de Martin CAMPBELL avec Angelina Jolie, Clive Owen et Linus Roache - Bien que mariée, une riche Américaine ayant décidé de consacrer sa vie aux causes humanitaires s'éprend d'un médecin sans frontières. □ 13 ans+
DVD VF➔STA➔Cadrage W➔9,95 $

BEYOND RANGOON ▷5
É.-U. 1995. Drame politique de John BOORMAN avec U Aung Ko, Patricia Arquette et Frances McDormand. - En voyage en Birmanie en 1988, une jeune Américaine médecin se retrouve plongée malgré elle dans la tourmente politique qui sévit dans le pays. □ 13 ans+

BEYOND SILENCE ▷5
ALL. 1996. Drame psychologique de Caroline LINK avec Sylvie Testud, Tatjana Trieb et Howie Seago. - Influencée par sa tante, une jeune fille dont les parents sont sourds-muets aspire à devenir clarinettiste. □ Général
DVD VA➔STA➔26,95 $

BEYOND THE CLOUDS *voir* **Par-delà les nuages**

BEYOND THE LIMIT ▷4
ANG. 1983. Drame psychologique de John MacKENZIE avec Richard Gere, Michael Caine et Bob Hoskins. - Un médecin installé près de la frontière du Paraguay est entraîné malgré lui dans une affaire d'enlèvement.

BEYOND THE SEA [Bobby Darin] ▷4
ANG. 2004. Drame biographique réalisé et interprété par Kevin SPACEY avec Kate Bosworth et John Goodman. - Lors du tournage d'un film sur sa vie, le chanteur Bobby Darin passe en revue les différentes étapes de sa carrière, marquée entre autres par une santé fragile. □ Général
DVD VA➔Cadrage W/16X9➔22,95 $

BEYOND THE VALLEY OF THE DOLLS ▷5
É.-U. 1970. Drame de mœurs de Russ MEYER avec Dolly Read, Cynthia Meyers et Marcia McBroom. - Trois amies ayant formé un groupe musical tentent de percer à Hollywood avec l'aide d'un jeune richard excentrique. □ 18 ans+
DVD VA➔STA➔39,95 $

BEYOND THE WALLS ▷4
ISR. 1983. Drame social de Uri BARBASH avec Muhamad Bakri, Arnon Zadok et Assi Dayan. - Bien qu'ils se haïssent, des prisonniers israéliens et arabes finissent par s'entendre pour une action commune contre la direction de leur pénitencier. □ 13 ans+

BEYOND THERAPY [Thérapie de détraqués] ▷4
É.-U. 1986. Comédie satirique de Robert ALTMAN avec Julie Hagerty, Jeff Goldblum et Tom Conti. - Deux jeunes gens qui se sont rencontrés grâce à une petite annonce confient leur désarroi sentimental à leurs psychiatres respectifs. □ 13 ans+
DVD VA➔Cadrage W/16X9➔17,95 $

BHOWANI JUNCTION ▷3
É.-U. 1955. Drame social de George CUKOR avec Ava Gardner, Stewart Granger et Bill Travers. - Une Eurasienne doit prendre parti dans la révolte de l'Inde contre l'Angleterre. - Thème intéressant traité avec adresse. Scènes spectaculaires. Mise en scène assurée. Bonne interprétation. □ Général

BIBLE, THE [Bible, La] ▷4
ITA. 1966. Drame religieux réalisé et interprété par John HUSTON avec Michael Parks et George C. Scott. - Illustration de style populaire des premiers chapitres de la Genèse : création du monde, histoires de Noé et d'Abraham. □ Général
DVD VA➔Cadrage W➔14,95 $

BICENTENNIAL MAN [Homme bicentenaire, L'] ▷5
É.-U. 1999. Science-fiction de Chris COLUMBUS avec Embeth Davidtz, Robin Williams et Sam Neill. - Créé en 2005, un robot domestique doté d'une conscience passe deux siècles à tenter de devenir humain.
DVD Cadrage W➔14,95 $

BICHES, LES ▷3
FR. 1967. Drame psychologique de Claude CHABROL avec Stéphane Audran, Jacqueline Sassard et Jean-Louis Trintignant. - Une riche héritière emmène une jeune bohème dans sa villa de Saint-Tropez. - Ensemble soigné mais froid. Couleur remarquable. Bons interprètes. □ Général

BICYCLE THIEF, THE *voir* **Voleur de bicyclette, Le**

BICYCLETTE DE PÉKIN, LA [Beijing Bicycle, The] ▷4
CHI. 2001. Comédie dramatique de Wang XIAOSHUAI avec Cui Lin, Li Bin et Zhou Xun. - Après s'être fait voler sa bicyclette, un jeune coursier doit la partager avec l'étudiant qui l'a rachetée.
DVD STF➔Cadrage 16X9➔16,95 $

BIDASSE, LA *voir* **Private Benjamin**

BIDASSES EN FOLIE, LES ▷5
FR. 1971. Comédie de Claude ZIDI avec les Charlots (Jean-Guy Fechner, Gérard Rinaldi, Luis Rego, Jean Sarrus et Gérard Filipelli). - Après avoir gagné un concours de musique, cinq copains sont appelés sous les armes. □ Général

BIDONE, IL [Swindle, The] ►2
ITA. 1955. Drame psychologique de Federico FELLINI avec Broderick Crawford, Richard Basehart et Giulietta Masina. - Un escroc prend peu à peu conscience de son indignité. - Style incisif et vigoureux. Mélange d'amertume et de tendresse. Excellents interprètes. □ Général
DVD STA➔39,95 $

BIEN-AIMÉE, LA *voir* **Beloved**

BIENVENUE À COLLINWOOD *voir* **Welcome to Collinwood**

BIENVENUE À GATTACA *voir* **Gattaca**

BIENVENUE À MOOSEPORT *voir* **Welcome to Mooseport**

BIENVENUE À PLEASANTVILLE *voir* **Pleasantville**

BIENVENUE À SARAJEVO *voir* **Welcome to Sarajevo**

BIENVENUE AU GÎTE [Bed & Breakfast] ▷4
FR. 2002. Comédie de mœurs de Claude DUTY avec Marina Foïs, Philippe Harel et Annie Grégorio. - Un couple parisien stressé par la ville décide de s'acheter un gîte touristique dans un petit village rustique de la Provence. □ Général
DVD VF➔Cadrage W/16X9➔33,95 $

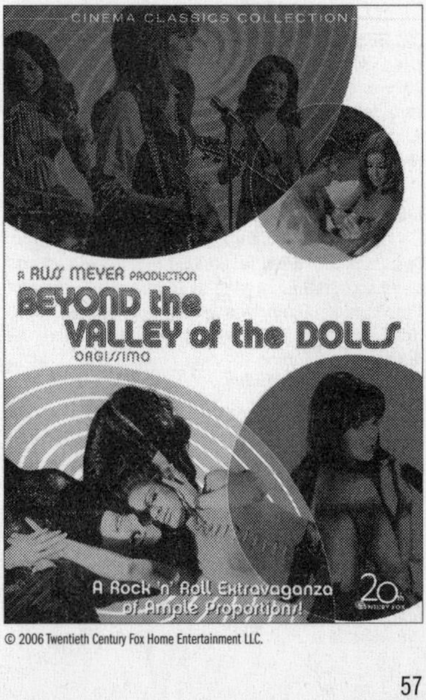

BIENVENUE CHEZ LES ROZES ▷5
FR. 2003. Comédie satirique de Francis PALLUAU avec Carole Bouquet, Jean Dujardin et Lorant Deutsch. - Deux évadés de prison se réfugient dans la maison d'une famille bourgeoise dont les membres s'avèrent plus pervers et cupides qu'eux. □ 13 ans+
DVD VF→Cadrage W→9,95 $

BIENVENUE DANS L'ÂGE INGRAT
voir **Welcome to the Dollhouse**

BIENVENUE EN AMÉRIQUE *voir* **In America**

BIENVENUE MISTER CHANCE *voir* **Being There**

BIG [Petit bonhomme] ▷4
É.-U. 1988. Comédie fantaisiste de Penny MARSHALL avec Elizabeth Perkins, Tom Hanks et Jared Rushton. - Après avoir formulé un vœu devant une machine à souhaits de fête foraine, un jeune garçon se retrouve transformé en un homme de trente ans. □ Général

BIG BAD MAMA ▷6
É.-U. 1974. Drame policier de S. CARVER avec Angie Dickinson et William Shatner. - En 1932, une veuve du Texas tente d'échapper à la pauvreté en se lançant dans le crime avec ses deux filles.
DVD VA→STA→19,95 $

BIG BLUE, THE *voir* **Grand Bleu, Le**

BIG BOUNCE, THE [Grande arnaque, La] ▷5
É.-U. 2004. Comédie policière de George ARMITAGE avec Owen Wilson, Sara Foster et Morgan Freeman. - Un petit escroc devient le complice d'une jeune femme délurée qui veut voler une forte somme à son riche amant.
DVD VA→Cadrage W→11,95 $

BIG BRASS RING, THE ▷5
É.-U. 1999. Drame politique de George HICKENLOOPER avec William Hurt, Nigel Hawthorne et Miranda Richardson. - En pleine campagne électorale, un politicien en vue s'efforce d'éviter un scandale relié à des secrets troublants de son passé. □ 13 ans+

BIG BUS, THE [Bus en folie, Le] ▷4
É.-U. 1976. Comédie de James FRAWLEY avec Joseph Bologna, Stockard Channing et John Beck. - Un professeur et sa fille mettent au point un autobus atomique géant qui doit effectuer un premier voyage sans arrêt entre New York et Denver.
DVD VF→STA→Cadrage W→18,95 $

BIG BUSINESS
É.-U. 1929. Leo McCAREY

BIG BUSINESS [Trouble en double] ▷4
É.-U. 1988. Comédie de Jim ABRAHAMS avec Bette Midler, Lily Tomlin et Michele Placido. - L'entreprise où elles travaillent étant menacée, deux sœurs vont protester devant l'assemblée des actionnaires que dirigent deux sœurs avec qui elles ont une ressemblance frappante. □ Général
DVD VA→14,95 $

BIG CHILL, THE [Copains d'abord, Les] ▷3
É.-U. 1983. Drame de mœurs de Lawrence KASDAN avec Tom Berenger, William Hurt et Jeff Goldblum. - Un groupe d'amis qui a vécu la contestation se reforme à l'occasion de l'enterrement d'un camarade. - Observations sociales ou psychologiques nuancées. Dialogues mordants. Montage primesautier. Belle brochette d'interprètes. □ 13 ans+
DVD Cadrage W→18,95 $

BIG CLOCK, THE ▷4
É.-U. 1948. Drame policier de John FARROW avec Charles Laughton, Ray Milland et Maureen O'Sullivan. - Un journaliste s'aperçoit qu'on veut le compromettre dans une affaire de meurtre. □ Général
DVD VA→18,95 $

BIG COMBO, THE ▷5
É.-U. 1954. Drame policier de Joseph H. LEWIS avec Cornel Wilde, Richard Conte et Jean Wallace. - Un policier est chargé d'anéantir un réseau de criminels. □ Général
DVD 39,95 $

BIG COUNTRY, THE ▷3
É.-U. 1958. Western de William WYLER avec Gregory Peck, Jean Simmons et Charlton Heston. - Deux ranchers s'affrontent pour la possession d'un cours d'eau. - Traitement solennel et grandiose. Mise en scène experte. Personnages bien campés. Distribution de classe. □ Général
DVD Cadrage W→12,95 $

BIG DEAL ON MADONNA STREET *voir* **Pigeon, Le**

BIG DOLL HOUSE
É.-U. 1971. Jack HILL
DVD VA→STA→14,95 $

BIG EASY, THE [Flic de mon cœur, Le] ▷4
É.-U. 1986. Drame policier de Jim McBRIDE avec Dennis Quaid, Ellen Barkin et Ned Beatty. - À la Nouvelle-Orléans, alors qu'il enquête sur le meurtre d'un trafiquant de drogue, un inspecteur est confronté à une avocate qui combat la corruption policière. □ 13 ans+

BIG EMPTY, THE ▷5
É.-U. 2003. Comédie dramatique de Steve ANDERSON avec Jon Favreau, Joey Lauren Adams et Bud Cort. - Un acteur sans emploi vit d'étranges mésaventures dans une petite ville en plein désert.
DVD VA→Cadrage W/16X9→34,95 $

BIG FAT GREEK WEDDING, MY ▷4
[Mariage de l'année, Le]
É.-U. 2002. Comédie de mœurs de Joel ZWICK avec Nia Vardalos, John Corbett et Michael Constantine. - Une jeune femme grecque de Chicago sème l'émoi dans sa famille lorsqu'elle décide d'épouser un Américain pure laine. □ Général
DVD VA→STF→Cadrage P&S/W→11,95 $
VA→STF→Cadrage W→11,95 $

BIG FAT LIAR [Méchant menteur] ▷5
É.-U. 2002. Comédie de Shawn LEVY avec Frankie Muniz, Paul Giamatti et Amanda Bynes. - Un adolescent se venge d'un puissant producteur hollywoodien qui a lui a volé une histoire pour en faire un film.
DVD VF→17,95 $

BIG FISH [Big Fish : la légende du gros poisson] ▷3
É.-U. 2003. Comédie fantaisiste de Tim BURTON avec Albert Finney, Ewan McGregor et Billy Crudup. - Un jeune homme se rend au chevet de son père malade qui aime raconter sa vie telle une suite d'événements loufoques ou incroyables. - Hommage drôle et touchant au pouvoir de l'imagination et du rêve. Cascade d'anecdotes d'une délicieuse fantaisie peuplées de personnages colorés. □ Général
DVD VF→STF→Cadrage W→22,95 $

BIG FRIENDLY GIANT, THE [Bon gros géant, Le] ▷4
ANG. 1989. Dessins animés de Brian COSGROVE. - Une jeune orpheline enlevée par un être gigantesque découvre que celui-ci fabrique les rêves des humains. □ Général

BIG HEAT, THE [Règlements de compte] ▷3
É.-U. 1952. Drame policier de Fritz LANG avec Glenn Ford, Gloria Grahame et Jocelyn Brando. - Un policier s'obstine à poursuivre une enquête sur le suicide d'une de ses collègues. - Suspense violent doublé de critique sociale. Style expressionniste. Interprétation solide.
DVD VF→STF→Cadrage P&S→34,95 $

BIG HIT, THE [Grand coup, Le] ▷5
É.-U. 1998. Comédie policière de Che-Kirk WONG avec Lou Diamond Phillips, Mark Wahlberg et China Chow. - Un tueur à gages débonnaire doit sauver sa peau tout en se préparant à recevoir pour la première fois les parents de sa fiancée. □ 13 ans+ · Violence
DVD VF→STF→Cadrage P&S/W→17,95 $ VA→STF→39,95 $

BIG HOUSE, THE ▷4
É.-U. 1930. Drame social de George HILL avec Robert Montgomery, Wallace Beery et Chester Morris. - Les prisonniers d'un pénitencier organisent une révolte. □ Général

BIG JAKE [Grand Jacob, Le] ▷4
É.-U. 1970. Western de George SHERMAN avec Richard Boone, Maureen O'Hara et John Wayne. - Une femme fait appel à son ex-mari pour rechercher leur petit-fils que des bandits ont enlevé. □ Général
DVD VF➔STA➔Cadrage W➔11,95 $

BIG KAHUNA ▷5
É.-U. 1999. Comédie dramatique de John SWANBECK avec Kevin Spacey, Danny DeVito et Peter Facinelli. - Réunis dans une chambre d'hôtel, trois vendeurs confrontent leurs idées et discutent du sens à donner à leur vie. □ Général
DVD 12,95 $

BIG KNIFE, THE ▷3
É.-U. 1955. Drame de Robert ALDRICH avec Rod Steiger, Jack Palance et Shelley Winters. - À cause des tracasseries d'un producteur, un acteur a des difficultés conjugales. - Œuvre de qualité. Approche assez théâtrale. Mise en scène vigoureuse. Interprétation remarquable.
DVD VA➔STF➔23,95 $

BIG LEBOWSKI, THE [Grand Lebowski, Le] ▷3
É.-U. 1997. Comédie fantaisiste de Joel COEN avec Jeff Bridges, John Goodman et Julianne Moore. - Un chômeur au tempérament relax et ses partenaires de bowling sont plongés dans une folle histoire d'enlèvement et d'extorsion. - Enfilade étourdissante de situations complètement folles. Illustration fort inventive. Performances savoureuses des comédiens. □ 13 ans+ · Langage vulgaire
DVD VF➔STA➔Cadrage W➔16,95 $

BIG MAN, THE *voir* **Crossing the Line**

BIG MOUTH, THE ▷4
É.-U. 1967. Comédie réalisée et interprétée par Jerry LEWIS avec Susan Bay et Buddy Lester. - Un honnête pêcheur et des bandits se disputent la découverte de diamants. □ Général

BIG NIGHT [À table !] ▷3
É.-U. 1996. Comédie dramatique de Stanley TUCCI et Campbell SCOTT avec Stanley Tucci, Tony Shalhoub et Minnie Driver. - Deux frères d'origine italienne espèrent éviter la faillite de leur restaurant en préparant un festin à l'intention d'un chanteur renommé. - Attachante étude de milieu. Personnages dessinés avec un humour teinté d'amertume. Jeu formidable des interprètes. □ Général

BIG NOISE, THE ▷5
É.-U. 1944. Comédie de Mel ST. CLAIR avec Stan Laurel, Oliver Hardy et Veda Ann Berg. - Les mésaventures de deux détectives privés chargés par un savant de veiller sur une bombe de son invention. □ Général

BIG PARADE, THE ▷3
É.-U. 1925. Drame de guerre de King VIDOR avec John Gilbert, Renee Adoree et Hobart Bosworth. - Durant la Première Guerre mondiale, trois soldats d'origines sociales différentes luttent pour leur survie. - Récit bien mené. Mélange de documents d'archives et de scènes dramatiques. Reconstitution parfois discutable. Réalisation de métier. Interprétation sensible. □ Général

BIG PICTURE, THE [Scénario en or, Un] ▷5
É.-U. 1988. Comédie satirique de Christopher GUEST avec Kevin Bacon, Emily Longstreth et Michael McKean. - Un jeune cinéaste connaît diverses aventures à Hollywood alors qu'il tente de faire produire son premier film professionnel. □ Général

BIG RED ONE, THE ▷4
É.-U. 1980. Drame de guerre de Samuel FULLER avec Lee Marvin, Mark Hamill et Robert Carradine. - Les tribulations de quatre jeunes soldats et de leur sergent pendant la campagne d'Europe en 1944. □ 13 ans+
DVD VF➔STF➔Cadrage W➔28,95 $

BIG SHOT'S FUNERAL
H.K. 2000. Xiaogang FENG
DVD VF➔STF➔39,95 $

BIG SKY, THE [Captive aux yeux clairs, La] ▷3
É.-U. 1952. Aventures de Howard HAWKS avec Kirk Douglas, Dewey Martin et Elizabeth Threatt. - Des commerçants en fourrures recueillent la fille d'un chef indien, espérant traiter avec sa tribu. - Ensemble pittoresque et captivant. Mise en scène ample et vigoureuse. Bons interprètes. □ Non classé

BIG SLEEP, THE ▷5
ANG. 1978. Drame policier de Michael WINNER avec Candy Clark, Robert Mitchum, Sarah Miles et Oliver Reed. - Un détective découvre la vérité sur la conduite étrange des deux filles d'un général. □ 13 ans+

BIG SLEEP, THE [Grand sommeil, Le] ►2
É.-U. 1946. Drame policier de Howard HAWKS avec Lauren Bacall, Humphrey Bogart et Martha Vickers. - Un détective découvre la vérité sur la conduite étrange des deux filles d'un général. - Classique du film noir. Adaptation d'un roman de Raymond Chandler. Intrigue complexe. Mise en scène très habile. Dialogue amusant. H. Bogart en pleine forme. □ 13 ans+
DVD VA➔STF➔Cadrage P&S➔21,95 $

BIG STORE, THE [Au grand magasin] ▷5
É.-U. 1941. Comédie de Charles REISNER avec les frères Marx, Tony Martin et Virginia Grey. - Trois loustics sont mêlés au différend qui oppose le propriétaire et le directeur d'un magasin. □ Général

BIG TOWN, THE [Grande ville, La] ▷5
É.-U. 1987. Drame de mœurs de Ben BOLT avec Matt Dillon, Diane Lane et Tommy Lee Jones. - Quittant son patelin pour tenter sa chance à la ville, un joueur de dés tombe sous l'emprise d'une femme qui se sert de lui pour ruiner son mari qu'elle déteste. □ Général
DVD VA➔STA➔Cadrage W➔10,95 $

BIG TRAIL, THE ▷4
É.-U. 1930. Western de Raoul WALSH avec John Wayne, Marguerite Churchill et El Brendel. - Le périlleux voyage d'une caravane dans l'Ouest des pionniers. □ Général
DVD VA➔13,95 $

BIG TREES, THE [Vallée des géants, La] ▷4
É.-U. 1952. Aventures de Felix E. FEIST avec Kirk Douglas, Eve Miller et Patrice Wymore. - Les habitants d'une région de Californie s'opposent à ce que des bûcherons abattent des arbres millénaires.
DVD VF➔8,95 $ VA➔17,95 $

BIG TROUBLE ▷4
É.-U. 1985. Comédie policière de John CASSAVETES avec Alan Arkin, Peter Falk et Beverly D'Angelo. - Un agent d'assurances se laisse entraîner dans un complot douteux afin d'empocher l'argent nécessaire aux études de ses fils. □ Général

BIG TROUBLE ▷5
É.-U. 2001. Comédie burlesque de Barry SONNENFELD avec Tim Allen, Rene Russo et Stanley Tucci. - Un publiciste s'éprend de la femme d'un homme d'affaires qui a acheté une bombe nucléaire pour se venger de ses patrons crapuleux. □ Général

BIG TROUBLE IN LITTLE CHINA ▷4
É.-U. 1986. Drame fantastique de John CARPENTER avec Kurt Russell, Kim Cattrall et James Hong. - Deux casse-cou poursuivent des Orientaux qui ont enlevé deux jeunes femmes pour le compte d'un esprit malin vieux de deux mille ans. □ 13 ans+
DVD 14,95 $

BIG WEDNESDAY [Graffiti Party] ▷5
É.-U. 1978. Comédie dramatique de John MILIUS avec Jan-Michael Vincent, William Katt et Gary Busey. - En 1962, les aventures de trois amis qui pratiquent l'aquaplane sur les côtes de la Californie. □ Général
DVD VF➔STF➔Cadrage W➔16,95 $

BIG WHITE, THE [Grand blanc, Le]
É.-U. 2005. Mark MYLOD
DVD VF➔STA➔Cadrage W➔34,95 $

BIGAMIST, THE ▷5

É.-U. 1953. Drame réalisé et interprété par Ida LUPINO avec Edmond O'Brien et Joan Fontaine. - C'est au moment de l'enquête sur un couple voulant adopter un enfant que la bigamie du mari est découverte. □ Général

BIGGER THAN THE SKY ▷5

É.-U. 2004. Comédie dramatique d'Al CORLEY avec John Corbett, Marcus Thomas, Sean Astin et Amy Smart. - Un jeune homme sans aucune expérience d'acteur obtient le premier rôle dans une production de *Cyrano de Bergerac* montée par une troupe semi-professionnelle.
DVD VA→STF→Cadrage 16X9→34,95 $

BIJOUTIERS DU CLAIR DE LUNE, LES ▷5
[Night Heaven Fell]

FR. 1957. Drame de Roger VADIM avec Brigitte Bardot, Stephen Boyd et Alida Valli. - Une jeune fille s'éprend d'un homme qui fuit la police. □ Général
DVD VF→STA→Cadrage W→22,95 $

BILITIS ▷5

FR. 1977. Drame sentimental de David HAMILTON avec Bernard Giraudeau, Patti D'Arbanville et Mona Kristensen. - Les expériences affectives d'une adolescente séjournant chez des amis de ses parents pendant ses vacances. □ 18 ans+
DVD VA→17,95 $

BILL AND TED'S BOGUS JOURNEY ▷5
[Prétendu voyage de Bill et Ted, Le]

É.-U. 1991. Comédie fantaisiste de Peter HEWITT avec Keanu Reeves, Alex Winter, Joss Ackland et William Sadler. - Victimes d'un génie du Mal, deux jeunes guitaristes rock sont envoyés en enfer et remplacés sur Terre par deux robots construits à leur image. □ Général
DVD VF→STF→Cadrage W→12,95 $

BILL AND TED'S EXCELLENT ADVENTURE ▷5
[Excellentes aventures de Bill et Ted, Les]

É.-U. 1989. Comédie fantaisiste de Stephen HEREK avec Keanu Reeves, Alex Winter et George Carlin. - Deux adolescents, dont l'un est menacé par son père d'être placé à l'académie militaire, reçoivent l'aide inattendue d'un visiteur de l'avenir. □ Général
DVD VA→STF→Cadrage W→12,95 $

BILL OF DIVORCEMENT, A ▷4

É.-U. 1932. Drame de George CUKOR avec Katharine Hepburn, John Barrymore et Billie Burke. - Un déséquilibré s'échappe d'une clinique psychiatrique et rejoint sa famille alors que son ex-femme se prépare à se remarier.

BILLE EN TÊTE ▷5

FR. 1989. Comédie sentimentale de Carlo COTTI avec Thomas Langmann, Kristin Scott-Thomas et Danielle Darrieux. - Une grand-mère excentrique favorise les rencontres clandestines entre son petit-fils adolescent et une femme de trente ans.

BILLIE ▷5

É.-U. 1965. Comédie musicale de Don WEIS avec Patty Duke, Jim Backus et Warren Berlinger. - Une adolescente se révèle capable d'exploits sportifs remarquables.
DVD VA→STF→17,95 $

BILLION DOLLAR BRAIN ▷5

ANG. 1967. Drame d'espionnage de Ken RUSSELL avec Michael Caine, Karl Malden et Françoise Dorléac. - Un détective est mêlé à l'invasion d'un territoire russe par un milliardaire anti-communiste.
DVD VA→STF→Cadrage P&S/W→12,95 $

BILLY BATHGATE ▷4

É.-U. 1991. Drame policier de Robert BENTON avec Dustin Hoffman, Loren Dean et Nicole Kidman. - En 1935, à New York, un jeune homme né de parents pauvres se joint à une bande de gangsters dont il admire le chef. □ 13 ans+
DVD VA→9,95 $

BILLY ELLIOTT ▷4

ANG. 2000. Comédie de Stephen DALDRY avec Jamie Bell, Julie Walters et Jamie Draven. - Dans une petite ville anglaise affectée par une grève des mineurs, un jeune garçon trouve dans la pratique du ballet un sens à son existence. □ Général
DVD VF→STA→Cadrage W→18,95 $

BILLY LIAR ▷3

ANG. 1963. Comédie de John SCHLESINGER avec Tom Courtenay, Julie Christie et Wilfred Pickles. - Un petit employé de bureau frustré s'évade dans des rêves de grandeur. - Scénario original. Mise en scène fort adroite. Rôle-titre bien rendu. □ Général
DVD VA→Cadrage W/16X9→54,95 $

BILLY ROSE'S JUMBO ▷5

É.-U. 1962. Comédie musicale de Charles Walters avec Doris Day, Stephen Boyd et Jimmy Durante. - Un équilibriste tombe amoureux de la propriétaire d'un cirque qui a des problèmes financiers.
DVD VF→STF→Cadrage W→21,95 $

BILLY THE KID ▷4

É.-U. 1941. Western de David MILLER avec Robert Taylor, Brian Donlevy et Mary Howard. - Après avoir tenté de s'assagir, un jeune hors-la-loi revient à la violence lorsque son bienfaiteur est tué. □ Général

BILLY TWO HATS [Lady and the Outlaw, The] ▷4

É.-U. 1973. Western de Ted KOTCHEFF avec Gregory Peck, Desi Arnaz jr et Sian Barbara Allen. - Capturé par un shérif après avoir participé à un vol de banque, un jeune métis cherche à s'enfuir. □ Général

BILOXI BLUES ▷4

É.-U. 1988. Comédie dramatique de Mike NICHOLS avec Matthew Broderick, Christopher Walken et Corey Parker. - En 1945, un jeune écrivain en herbe vit ses premières expériences romantiques alors qu'il subit l'entraînement militaire. □ Général
DVD VF→STF→Cadrage W→9,95 $

BINGO ▷5

QUÉ. 1973. Drame social de Jean-Claude LORD avec Réjean Guénette, Anne-Marie Provencher et Gilles Pelletier. - Un étudiant se laisse entraîner dans un complot terroriste. □ 13 ans+

BIRCH WOOD, THE *voir* **Bois de bouleaux, Le**

BIRD ▷3

É.-U. 1988. Drame biographique de Clint EASTWOOD avec Forest Whitaker, Diane Verona et Michael Zelniker. - La vie difficile du saxophoniste de jazz Charlie Parker surnommé *Bird*. - Approche sensible des faits. Traitement impressionniste. Trame musicale de grande qualité. Interprétation solide. □ Général
DVD VF→STA→Cadrage W→14,95 $

BIRD ON A WIRE [Délateur, Le] ▷4

É.-U. 1990. Comédie policière de John BADHAM avec Mel Gibson, Goldie Hawn et David Carradine. - Une avocate est entraînée dans la fuite d'un vieil ami qui est poursuivi par des policiers corrompus. □ 13 ans+
DVD VF→Cadrage W→14,95 $

BIRD PEOPLE IN CHINA, THE

JAP. 1998. Takashi MIIKE
DVD STA→Cadrage W→28,95 $

BIRD WITH THE CRYSTAL PLUMAGE, THE ▷4
[Oiseau au plumage de cristal, L']

ITA. 1970. Drame policier de Dario ARGENTO avec Tony Musante, Suzy Kendall et Enrico Maria Salerno. - À Rome, un Américain témoin d'un meurtre est poursuivi par l'assassin.
DVD STA→Cadrage W→36,95 $

BIRDCAGE, THE [Cage de ma tante, La] ▷4

É.-U. 1996. Comédie de mœurs de Mike NICHOLS avec Nathan Lane, Robin Williams et Gene Hackman. - Le propriétaire d'une boîte de travestis, qui vit avec un homme, doit rencontrer les parents ultra-conservateurs de la future épouse de son fils. □ Général
DVD VF→STF→Cadrage W→12,95 $

BIRDMAN OF ALCATRAZ ▷3
É.-U. 1962. Drame psychologique de John FRANKENHEIMER avec Burt Lancaster, Neville Brand et Karl Malden. - Un meurtrier devient en prison un ornithologue réputé. - Sujet tiré d'un fait réel. Réalisation faite d'observations attentives. Interprétation remarquable de B. Lancaster. □ Non classé
DVD Cadrage W→12,95 $

BIRDS, THE ►1
É.-U. 1963. Drame d'horreur de Alfred HITCHCOCK avec Tippi Hedren, Rod Taylor et Suzanne Pleshette. - Des oiseaux attaquent les habitants d'un village côtier. - Suspense magistralement mené. Notations psychologiques fascinantes. Bande sonore originale et efficace. Direction d'acteurs fort minutieuse. □ 13 ans+
DVD VF→Cadrage W→22,95 $

BIRDY ▷3
É.-U. 1984. Drame psychologique de Alan PARKER avec Matthew Modine, Nicolas Cage et John Harkins. - Un sergent est appelé à contribuer au traitement psychiatrique d'un ami d'enfance qui a adopté des attitudes d'oiseaux. - Aspects psychologiques et poétiques fort intéressants. Traitement complexe mais inventif. Interprétation remarquable. □ 13 ans+
DVD Cadrage W→33,95 $

BIRTH [Naissance, La] ▷4
É.-U. 2004. Drame de Jonathan GLAZER avec Nicole Kidman, Danny Huston et Cameron Bright. - Un garçon de dix ans prétend être le défunt mari d'une jeune New-Yorkaise qui s'apprête à se remarier. □ Général
DVD VA→Cadrage W→19,95 $

BIRTH OF A GOLEM
FR. 1990. Amos GITAÏ
DVD VF→STA→Cadrage P&S→PC

BIRTH OF A NATION, THE ►1
[Naissance d'une nation, La]
É.-U. 1915. Drame historique de David W. GRIFFITH avec Lillian Gish, Mae Marsh et Miriam Cooper. - Les tribulations de deux familles à l'occasion de la Guerre de Sécession. - Œuvre importante du premier grand réalisateur américain. Remarquable fresque historique. Utilisation inventive du langage filmique. Quelques naïvetés dans le récit. Interprètes convaincus. □ Général
DVD 23,95 $ 7,95 $

BIRTH OF THE BLUES ▷4
É.-U. 1941. Comédie musicale de Victor SCHERTZINGER avec Bing Crosby, Mary Martin et Brian Donlevy. - Un joueur de trompette forme le premier orchestre de jazz. □ Général

BIRTHDAY GIRL [Fiancée à la carte] ▷4
ANG. 2001. Comédie dramatique de Jez BUTTERWORTH avec Ben Chaplin, Nicole Kidman et Mathieu Kassovitz. - Un célibataire anglais se trouve sur Internet une charmante fiancée russe qui lui réserve cependant de désagréables surprises.
DVD VF→STA→Cadrage 16X9→11,95 $

BISBILLE ET BOULES DE NEIGE *voir* **Angel Square**

BISHOP'S WIFE, THE [Honni soit qui mal y pense] ▷4
É.-U. 1947. Comédie fantaisiste de Henry KOSTER avec Cary Grant, Loretta Young et David Niven. - Un ange vient en aide, sous forme humaine, à un évêque protestant et émeut l'épouse de son protégé. □ Général
DVD VF→STF→12,95 $

BISON, LE ▷5
FR. 2003. Comédie réalisée et interprétée par Isabelle NANTY avec Édouard Baer et Nicolas Marais. - Un inventeur individualiste vient en aide à sa concierge enceinte d'un cinquième enfant lorsqu'elle est larguée par son époux.
DVD VF→29,95 $

BITE THE BULLET [Chevauchée sauvage, La] ▷3
É.-U. 1975. Western de Richard BROOKS avec Gene Hackman, Candice Bergen et James Coburn. - Deux anciens compagnons d'armes participent à une course à cheval de sept cents milles. - Ensemble spectaculaire et vigoureux. Rythme soutenu. Bonne photographie de paysages variés. □ Général
DVD VA→STF→Cadrage P&S→21,95 $

BITTER MOON [Lunes de fiel] ▷4
FR. 1992. Drame de mœurs de Roman POLANSKI avec Emmanuelle Seigner, Peter Coyote et Hugh Grant. - Sur un paquebot, un Américain paralytique raconte à un jeune Anglais timoré sa relation tumultueuse avec son épouse qu'il a rencontrée à Paris. □ 16 ans+ · Érotisme
DVD VA→STA→Cadrage W→26,95 $

BITTER RICE *voir* **Riz Amer**

BITTER SWEET ▷4
É.-U. 1940. Comédie musicale de W.S. VAN DYKE II avec Nelson Eddy, Jeannette MacDonald et George Sanders. - Les tribulations sentimentales d'une chanteuse mariée à un compositeur d'opérettes. □ Non classé

BITTER TEA OF GENERAL YEN, THE ▷4
É.-U. 1933. Mélodrame de Frank CAPRA avec Barbara Stanwyck, Nils Asther et Gavin Gordon. - Alors que la guerre civile éclate en Chine, une Américaine, partie rejoindre son fiancé à Shanghai, est faite prisonnière par un général chinois épris d'elle. □ Général

BITTER TEARS OF PETRA VON KANT
voir **Larmes amères de Petra Von Kant, Les**

BITTER VICTORY [Amère victoire] ▷3
FR. 1957. Drame de guerre de Nicholas RAY avec Richard Burton, Curd Jurgens et Raymond Pellegrin. - Deux officiers britanniques en mission en Lybie sont séparés par une violente antipathie
DVD VA→Cadrage W→22,95 $

BIZARRE, BIZARRE *voir* **Drôle de drame**

BLACK AND WHITE
ANG. 2002. Craig LAHIFF
DVD VA→STA→Cadrage W→27,95 $

BLACK AND WHITE IN COLOR
voir **Noirs et blancs en couleurs**

BLACK BEAUTY ▷5
É.-U. 1994. Aventures de Caroline THOMPSON avec Sean Bean, Andrew Knott et Eleanor Bron. - Dans les années 1870, un magnifique étalon connaît diverses aventures alors qu'il passe entre les mains de plusieurs propriétaires. □ Général · Enfants
DVD Cadrage W→7,95 $

BLACK BELLY OF THE TARANTULA
ITA. 1971. Paolo CAVARA
DVD VA→STA→Cadrage W→27,95 $

BLACK BELT JONES [Ceinture noire, La] ▷5
É.-U. 1974. Drame policier de Robert CLOUSE avec Jim Kelly, Gloria Hendry et Malik Carter. - Un expert en karaté vient en aide aux directeurs d'une école en butte aux tracasseries d'émissaires de la mafia. □ 13 ans+

BLACK BIRD, THE ▷5
É.-U. 1975. Comédie policière de David GILER avec George Segal, Stephane Audran et Lionel Stander. - Diverses personnes cherchent à s'emparer d'une statuette de faucon qu'un détective privé a en sa possession.

BLACK BOOK, THE ▷5
É.-U. 1949. Aventures de Anthony MANN avec Robert Cummings, Arlene Dahl et Richard Basehart. - Un adversaire politique de Robespierre s'empare d'un carnet où celui-ci tient à jour la liste de ses futures victimes.

BLACK CAESAR ▷5
É.-U. 1973. Drame policier de Larry COHEN avec Fred Williamson, Phillip Roye et Gloria Hendry. - L'ascension d'un jeune Noir dans le monde de la pègre new-yorkaise. □ 13 ans+ · Violence
DVD Cadrage W→11,95 $

BLACK CAT, THE ▷5
É.-U. 1941. Comédie de Albert S. ROGELL avec Basil Rathbone, Hugh Herbert et Broderick Crawford. - Des incidents macabres se produisent dans un vieux manoir dont le propriétaire vient de mourir.

BLACK CAT, THE
ITA. 1981. Lucio FULCI □ 13 ans+
DVD VA→22,95 $

BLACK CAT, WHITE CAT *voir* **Chat noir, chat blanc**

BLACK FOX, THE ▷4
É.-U. 1963. Film de montage de Louis Clyde STOUMEN. - Évocation de la carrière d'Hitler, de la montée du nazisme à son écroulement. □ Général

BLACK GOD, WHITE DEVIL
voir **Dieu noir et le diable blond, Le**

BLACK HAWK DOWN [Chute du faucon noir, La] ▷4
É.-U. 2001. Drame de guerre de Ridley SCOTT avec Josh Hartnett, Ewan McGregor et Tom Sizemore. - En 1993, durant la guerre civile en Somalie, des soldats américains participent à un raid aux conséquences désastreuses. □ 13 ans+ · Violence
DVD VA→STF→Cadrage W→17,95 $ VA→49,95 $
VF→Cadrage W→22,95 $

BLACK HOLE, THE [Trou noir, Le] ▷4
É.-U. 1979. Science-fiction de Gary NELSON avec Robert Forster, Maximilian Schell et Yvette Mimieux. - L'équipage d'un vaisseau spatial découvre un astronef où vit un savant entouré de robots.
DVD Cadrage W→22,95 $ VA→STF→19,95 $

BLACK JESUS [Assis à sa droite] ▷4
ITA. 1968. Drame social de Valerio ZURLINI avec Woody Strode, Franco Citti et Jean Servais. - En Afrique, un leader noir, partisan de la non-violence, est arrêté par des mercenaires.
DVD VA→26,95 $

BLACK LEGION ▷4
É.-U. 1937. Drame de Archie MAYO avec Humphrey Bogart, Dick Foran et Ann Sheridan. - Par dépit, un chômeur se joint à une organisation raciste. □ Général

BLACK MARBLE, THE ▷4
É.-U. 1980. Drame policier de Harold BECKER avec Robert Foxworth, Paula Prentiss et Harry Dean Stanton. - Transféré à la brigade des vols, un détective se voit assigner une femme comme partenaire. □ 13 ans+
DVD VA→9,95 $

BLACK NARCISSUS [Narcisse noir, Le] ▷3
ANG. 1946. Drame psychologique de Michael POWELL et Emeric PRESSBURGER avec Deborah Kerr, Sabu et Jean Simmons. - Les difficultés de religieuses protestantes qui fondent une mission dans l'Himalaya.- Récit stylisé. Mise en scène somptueuse. Photographie remarquable. Interprétation dans le ton. □ Général
DVD VA→STA→67,95 $

BLACK ORCHID, THE ▷4
É.-U. 1958. Drame de Martin RITT avec Sophia Loren, Ina Balin et Anthony Quinn. - La fille d'un veuf s'oppose au remariage de son père. □ Général
DVD VF→STA→Cadrage W→13,95 $

BLACK ORPHEUS *voir* **Orfeu Negro**

BLACK PEARL, THE [Perle noire, La] ▷4
É.-U. 1977. Aventures de Saul SWIMMER avec Mario Custodio, Carlos Estrada et Gilbert Roland. - Les aventures du fils d'un armateur qui veut devenir pêcheur de perles. □ Général

BLACK PETER
TCH. 1964. Milos FORMAN
DVD STA→38,95 $

BLACK PIRATE, THE [Pirate noir, Le] ▷3
É.-U. 1926. Aventures de Albert PARKER avec Douglas Fairbanks, Billie Dove et Sam De Grasse. - Un jeune homme entreprend de venger son père tué par des pirates. - Traitement plein d'allant et de bonne humeur. D. Fairbanks agile et bondissant. □ Général
DVD 34,95 $ STA→26,95 $

BLACK RAIN [Pluie noire] ▷4
É.-U. 1989. Drame policier de Ridley SCOTT avec Michael Douglas, Andy Garcia et Ken Takakura. - Deux policiers new-yorkais poursuivent dans la ville d'Osaka un criminel japonais qui leur a glissé d'entre les mains. □ 13 ans+
DVD Cadrage W→13,95 $

BLACK RAINBOW [Magie noire] ▷4
ANG. 1989. Drame policier de Mike HODGES avec Jason Robards, Rosanna Arquette et Tom Hulce. - Après avoir anticipé un meurtre, une jeune voyante devient la cible de l'assassin qui craint qu'elle puisse le démasquer. □ Général

BLACK RIVER *voir* **Rio Negro**

BLACK ROBE [Robe noire] ▷4
CAN. 1991. Drame historique de Bruce BERESFORD avec Lothaire Bluteau, August Schellenberg et Aden Young. - En Nouvelle-France, au XVIIe siècle, un missionnaire entreprend un voyage périlleux pour atteindre un campement huron. □ 13 ans+
DVD VF→STF→Cadrage W→31,95 $

BLACK ROSE MANSION
JAP. 1969. Kinji FUKASAKU
DVD STA→Cadrage W→21,95 $

BLACK SABBATH *voir* **Trois visages de la peur, Les**

BLACK SHEEP ▷6
É.-U. 1995. Comédie de Pénélope SPHEERIS avec Chris Farley, David Spade et Tim Matheson. - Les frasques d'un énergumène bête et maladroit nuisent à la carrière de son frère politicien.
DVD VF→Cadrage W→10,95 $

BLACK SHIELD OF FALWORTH, THE ▷4
[Chevalier du roi, Le]
É-U. 1954. Aventures de Rudolph MATÉ avec Tony Curtis, Janet Leigh et David Farrar. - Le fils d'un comte condamné injustement tente de réhabiliter la mémoire de son père.

BLACK SISTER'S REVENGE
É.-U. 1976. Jamaa FANAKA
DVD VA→11,95 $

BLACK STALLION, THE [Étalon noir, L'] ▷3
É.-U. 1979. Comédie dramatique de Carroll BALLARD avec Kelly Reno, Mickey Rooney et Teri Garr. - Un jeune garçon ayant apprivoisé un étalon arabe entreprend d'en faire un cheval de course. - Adaptation réussie d'un roman pour enfants. Illustration poétique. Mise en scène soignée. □ Général

BLACK STALLION RETURNS, THE ▷4
[Retour de l'étalon noir, Le]
É.-U. 1983. Aventures de Robert DALVA avec Kelly Reno, Vincent Spano et Ferdinand Mayne. - Un jeune garçon traverse clandestinement l'Atlantique jusqu'au Maroc où il espère retrouver son magnifique cheval enlevé par des Arabes. □ Général
DVD VF→STF→Cadrage P&S/W→11,95 $

BLACK SUN: THE NANKING MASSACRE
H.K. 1995. Mou TUN FEI
DVD STA→23,95 $

BLACK SUNDAY ▷4
É.-U. 1976. Drame policier de John FRANKENHEIMER avec Robert Shaw, Bruce Dern et Marthe Keller. - Une terroriste arabe met au point un attentat meurtrier à l'occasion d'une importante partie de football en Floride. □ Général
DVD VF→STA→Cadrage W→14,95 $

BLACK SUNDAY *voir* **Masque du démon, Le**

BLACK SWAN, THE ▷4
É.-U. 1942. Aventures de Henry KING avec Tyrone Power, Maureen O'Hara et George Sanders. - Un corsaire condamné à mort se

met à la disposition des autorités pour combattre ses anciens camarades. □ Général
DVD VF→14,95 $

BLACK TEARS ▷4
ESP. 1998. Drame psychologique de Ricardo FRANCO et Fernando BAULUZ avec Ariadna Gil, Fele Martinez et Elena Anaya. - Un apprenti cinéaste devient obsédé par une mystérieuse jeune femme qui souffre d'un désordre de la personnalité.

BLACK TIGHTS ▷4
FR. 1961. Spectacle musical de Terence YOUNG avec Cyd Charisse, Zizi Jeanmaire et Moira Shearer. - Quatre ballets exécutés par la troupe des danseurs et danseuses des Ballets Roland Petit.
□ Général
DVD Cadrage W→26,95 $

BLACK WIDOW [Veuve noire, La] ▷4
É.-U. 1987. Drame policier de Bob RAFELSON avec Debra Winger, Theresa Russell et Sami Frey. - Une enquêteuse du gouvernement tend un piège à une femme qu'elle soupçonne du meurtre de plusieurs millionnaires. □ Général
DVD VF→STF→Cadrage W→14,95 $

BLACKBOARD JUNGLE [Graine de violence] ▷3
É.-U. 1955. Drame social de Richard BROOKS avec Glenn Ford, Sidney Poitier et Vic Morrow. - Dans une école de quartier, un jeune professeur triomphe de l'opposition d'élèves difficiles. - Approche réaliste du sujet. Traitement vigoureux et dépouillé. Suspense excellent. Jeu sobre de G. Ford. □ Général
DVD VF→STF→21,95 $

BLACKBOARDS ▷4
IRAN. 2000. Drame social de Samira MAKHMALBAF avec Saïd Mohamadi, Bahman Ghobadi et Behnaz Jafari. - À la suite d'un bombardement dans les montagnes du Kurdistan iranien, des instituteurs errent, un tableau noir sur le dos, en quête d'élèves.
DVD STA→36,95 $

BLACKMAIL ▷4
ANG. 1929. Drame policier d'Alfred HITCHCOCK avec Anny Ondra, John Longden et Cyril Ritchard. - La fiancée d'un détective tue un homme qui veut abuser d'elle et devient victime d'un maître-chanteur. □ Général

BLACKMAIL IS MY LIFE
JAP. 1968. Kinji FUKASAKU
DVD STA→Cadrage W→32,95 $

BLACKOUT, THE [Image perdue, Une] ▷5
É.-U. 1997. Drame psychologique d'Abel FERRARA avec Matthew Modine, Dennis Hopper et Béatrice Dalle. - Après avoir perdu momentanément la mémoire, un acteur toxicomane est hanté par le souvenir confus de son ancienne petite amie. □ 18 ans+ · Érotisme

BLADE ▷4
É.-U. 1998. Drame fantastique de Stephen NORRINGTON avec Wesley Snipes, N'bushe Wright et Stephen Dorff. - Un guerrier mi-humain mi-vampire combat un vampire cruel qui veut provoquer une véritable apocalypse. □ 16 ans+ · Violence
DVD Cadrage W→17,95 $

BLADE II ▷4
É.-U. 2002. Drame fantastique de Guillermo del TORO avec Wesley Snipes, Kris Kristofferson et Leonor Varela. - Un guerrier mi-humain, mi-vampire combat des congénères belliqueux ayant subi une mutation décuplant leurs pouvoirs. □ 16 ans+ · Violence
DVD VA→STA→39,95 $

BLADE RUNNER ►1
É.-U. 1982. Science-fiction de Ridley SCOTT avec Harrison Ford, Rutger Hauer et Sean Young. - En l'an 2019, un détective privé fait la chasse à des robots d'apparence humaine. - Adaptation envoûtante du roman de Philip K. Dick. Vision futuriste fascinante. Mélange habile de science-fiction et d'enquête policière. Mise en scène brillante. Musique prenante. Interprétation fort satisfaisante. □ 13 ans+ · Violence

BLADE TRINITY ▷5
É.-U. 2004. Drame fantastique de David S. GOYER avec Wesley Snipes, Ryan Reynolds et Jessica Biel. - Des chasseurs de vampires luttent contre une confrérie de suceurs de sang qui ont redonné vie à Dracula. □ 13 ans+ · Violence - Horreur
DVD VF→STA→Cadrage W→22,95 $

BLAIR WITCH PROJECT, THE [Projet Blair, Le] ▷4
É.-U. 1999. Drame d'horreur de Daniel MYRICK et Eduardo SANCHEZ avec Heather Donahue, Michael Williams et Joshua Leonard. - La découverte d'extraits de films de trois cinéastes permet de comprendre leur disparition mystérieuse dans une forêt hantée.
□ 16 ans+
DVD VA→Cadrage P&S→12,95 $
VA→Cadrage P&S/W→39,95 $

BLAISE PASCAL ▷3
ITA. 1974. Drame biographique de Roberto ROSSELLINI avec Pierre Arditi, Rita Forzano et Giuseppe Addobati. - La vie et l'évolution intellectuelle et spirituelle du célèbre écrivain français. - Téléfilm reconstituant habilement le climat du XVIIe siècle. Valeur documentaire certaine. Interprétation juste.

BLAME IT ON RIO ▷5
É.-U. 1983. Comédie de mœurs de Stanley DONEN avec Michael Caine, Joseph Bologna et Michelle Johnson. - Un divorcé d'âge mûr a une aventure sentimentale avec la fille adolescente d'un vieil ami. □ 13 ans+
DVD Cadrage W→11,95 $

BLANC DE CHINE ▷5
FR. 1988. Drame policier de Denys GRANIER-DEFERRE avec Robin Renucci, Marguerite Tran et Michel Piccoli. - Un spécialiste en écritures indochinoises est requis par la police afin de résoudre un conflit entre deux clans asiatiques.

BLANCHE EST LA NUIT ▷4
QUÉ. 1989. Drame sentimental de Johanne PRÉGENT avec Léa Marie Cantin, Jean L'Italien et René Gagnon. - Un jeune homme a une liaison tourmentée avec une danseuse qu'il a sauvée du suicide.
□ Général

BLANCHE ET MARIE ▷4
FR 1985. Drame de guerre de Jacques RENARD avec Miou-Miou, Sandrine Bonnaire et Maria Casarès. - Sous l'occupation allemande, la femme d'un ouvrier et la fille adolescente d'un coiffeur se joignent à la résistance française. □ Général

BLANCHE NEIGE ET LES SEPT NAINS
voir **Snow White and the Seven Dwarfs**

BLANCS NE SAVENT PAS SAUTER, LES
voir **White Men Can't Jump**

BLAST FROM THE PAST [Intra-terrestre, L'] ▷5
É.-U. 1998. Comédie sentimentale de Hugh WILSON avec Brendan Fraser, Alicia Silverstone et Christopher Walken. - Un homme ayant vécu depuis sa naissance dans un abri anti nucléaire tombe amoureux d'une jeune femme effarouchée. □ Général
DVD 19,95 $

BLAZE ▷4
É.-U. 1989. Comédie dramatique de Ron SHELTON avec Paul Newman, Lolita Davidovich et Gailard Sartain. - Dans les années 1950, une jolie campagnarde qui aspire à devenir chanteuse se lie à un politicien aux idées libérales. □ 13 ans+
DVD VF→Cadrage 16X9→14,95 $

BLAZING SADDLES [Shérif est en prison, Le] ▷4
É.-U. 1974. Comédie satirique de Mel BROOKS avec Cleavon Little, Gene Wilder et Harvey Korman. - Un shérif de race noire tente de faire échec aux manœuvres de profiteurs. □ 13 ans+
DVD VA→STF→Cadrage W→14,95 $

BLEAK HOUSE
ANG. É.-U. 2005. Justin CHADWICK et Susanna WHITE
DVD 44,95 $

BLESS THE BEASTS AND CHILDREN ▷4
É.-U. 1971. Comédie dramatique de Stanley E. KRAMER avec Billy Mumy, Barry Robins et Miles Chapin. - Six garçons souffrant de troubles caractériels, réunis en colonie de vacances, partent en expédition pour libérer un troupeau de bisons. □ 13 ans+

BLESSURES ASSASSINES, LES [Murderous maids] ▷4
FR. 2000. Drame psychologique de Jean-Pierre DENIS avec Sylvie Testud, Julie-Marie Parmentier et Isabelle Renauld. - En 1933, deux sœurs incestueuses travaillant comme bonnes en viennent à assassiner leurs patronnes.

BLEU COMME L'ENFER ▷4
FR. 1986. Drame policier de Yves BOISSET avec Tchéky Karyo, Lambert Wilson et Myriem Roussel. - La femme d'un policier s'enfuit de chez elle avec un voleur que son mari vient d'arrêter. □ 13 ans+

BLEU DES VILLES, LE ▷4
FR. 1999. Comédie dramatique de Stéphane BRIZÉ avec Florence Vignon, Mathilde Seigner et Antoine Chappey. - Une fonctionnaire de province décide de tout quitter afin de monter à Paris pour entreprendre une carrière dans la chanson.

BLEU PROFOND *voir* **Deep End, The**

BLEU SOMBRE *voir* **Dark Blue**

BLEU SOUVENIR *voir* **Blue Car**

BLIND CHANCE ▷3
POL. 1982. Drame de Krzysztof KIESLOWSKI avec Boguslaw Linda, Tadeusz Lomnicki et Zbigniew Zapasiewicz. - Un jeune étudiant en médecine connaît des destins différents selon qu'il rate ou non un train. - Scénario complexe brassant avec lucidité divers thèmes politiques et philosophiques. Constat souvent amer sur la société polonaise d'après-guerre. Réalisation et interprétation sobres. □ 13 ans+
DVD STA→Cadrage W/16X9→22,95 $

BLIND DATE *voir* **Chance Meeting**

BLIND DATE [Boires et déboires] ▷4
É.-U. 1987. Comédie de Blake EDWARDS avec Bruce Willis, Kim Basinger et John Larroquette. - Les mésaventures d'un analyste financier qui a eu la malencontreuse idée de se faire accompagner à une importante réception par une charmante jeune femme qui ne supporte pas l'alcool. □ Général
DVD VF→STF→Cadrage W→9,95 $

BLIND FURY [Vengeance aveugle] ▷5
É.-U. 1989. Drame policier de Phillip NOYCE avec Rutger Hauer, Brandon Call et Terry O'Quinn. - Un soldat devenu aveugle au Viêtnam utilise sa maîtrise du karaté pour venir en aide à un ami kidnappé par des gangsters. □ 18 ans+

BLIND MAN'S BLUFF *voir* **Dead Man's Bluff**

BLIND SHAFT
CHI. 2003. Yang LI
DVD STA→Cadrage W/16X9→34,95 $

BLINK [Yeux de braise, Les] ▷4
É.-U. 1994. Drame policier de Michael APTED avec Madeleine Stowe, Aidan Quinn et James Remar. - Alors qu'elle retrouve progressivement la vue à la suite d'une opération, une jeune violoniste est témoin d'un meurtre. □ 13 ans+
DVD VA→8,95 $

BLISS OF MRS. BLOSSOM, THE ▷4
ANG. 1968. Comédie de Joseph McGRATH avec James Booth, Shirley MacLaine et Richard Attenborough. - Une jeune femme loge dans son grenier, à l'insu de son mari, un employé de celui-ci. □ Général

BLITHE SPIRIT ▷3
ANG. 1945. Comédie de David LEAN avec Rex Harrison, Constance Cummings et Kay Hammond. - L'apparition du fantôme de sa première femme cause des ennuis à un veuf remarié. - Adaptation d'une pièce de Noël Coward. Situations classiques. Réalisation excellente. Interprétation pleine de verve et de fantaisie. □ Général

BLOCKADE ▷5
É.-U. 1938. Drame de guerre de William DIETERLE avec Henry Fonda, Madeleine Carroll et Leo Carillo. - Pendant la guerre civile espagnole, un jeune officier s'éprend d'une aventurière.
DVD VA→28,95 $

BLONDE, THE
ITA. 1992. Sergio RUBINI
DVD 32,95 $

BLONDE DE MON PÈRE, LA *voir* **Stepmom**

BLONDE ET LA ROUSSE, LA *voir* **Pal Joey**

BLONDE VENUS ▷3
É.-U. 1932. Drame de mœurs de Josef VON STERNBERG avec Marlene Dietrich, Cary Grant et Herbert Marshall. - Pour pouvoir faire soigner son mari, une femme retourne à son métier de chanteuse de cabaret. - Scénario mélodramatique enrichi d'une bonne dose d'ironie. Illustration magnifique. Jeu sensible de M. Dietrich. □ Général

BLONDE, UNE BRUNE ET UNE MOTO, UNE ▷5
ITA. 1975. Comédie de Carlo DI PALMA avec Monica Vitti, Claudia Cardinale et Guido Leontini. - Une jeune femme motocycliste entraîne une buandière dans de folles aventures. □ Général

BLONDES, BRUNES ET ROUSSES
voir **It Happened at the World's Fair**

BLOOD
JAP. 1998. Kosuke SUZUKI
DVD STA→36,95 $

BLOOD ALLEY [Allée sanglante, L'] ▷5
É.-U. 1955. Aventures de William A. WELLMAN avec John Wayne, Lauren Bacall et Paul Fix. - Un capitaine fait monter des fugitifs de la Chine communiste sur son bateau. □ Général
DVD VA→STF→8,95 $

BLOOD AND SAND [Arènes sanglantes] ▷5
É.-U. 1922. Drame de Fred NIBLO avec Rudolph Valentino, Nita Naldi et Lila Lee. - Après avoir épousé son amie d'enfance, un toréador succombe aux charmes d'une voluptueuse étrangère. □ Général
DVD 23,95 $

BLOOD AND SAND ▷4
É.-U. 1941. Drame de Rouben MAMOULIAN avec Tyrone Power, Linda Darnell et Rita Hayworth. - La carrière et les démêlés sentimentaux d'un célèbre torero. □ Général

BLOOD AND WINE ▷4
É.-U. 1996. Drame de Bob RAFELSON avec Jack Nicholson, Stephen Dorff et Jennifer Lopez. - En Floride, le vol d'un collier de diamants par un marchand de vin entraîne des conséquences dramatiques dans sa famille dysfonctionnelle. □ 16 ans+
DVD VF→STA→15,95 $

BLOOD DRINKERS, THE
É.-U. 1966. Gerardo DE LEON
DVD VA→31,95 $

BLOOD FOR DRACULA *voir* **Andy Warhol's Dracula**

BLOOD OF A POET *voir* **Sang d'un poète, Le**

BLOOD ON THE MOON ▷4
É.-U. 1948. Western de Robert WISE avec Robert Mitchum, Barbara Bel Geddes et Robert Preston. - Un inconnu délivre une région d'une bande de vauriens. □ Non classé

BLOOD ON THE SUN ▷5
É.-U. 1945. Drame d'espionnage de Frank LLOYD avec James Cagney, Sylvia Sidney et Wallace Ford. - En 1940, à Tokyo, un journaliste américain met la main sur les plans de guerre japonais. □ Général
DVD VA→17,95 $

BLOOD RELATIVES *voir* **Liens de sang, Les**

BLOOD SIMPLE ▷3
É.-U. 1983. Drame policier de Joel COEN avec M. Emmet Walsh, Frances McDormand et John Getz. - Après avoir assassiné son client, un détective privé s'en prend à l'épouse et à un employé de celui-ci. - Brillant exercice de style sur les thèmes habituels du film noir. Intrigue savamment compliquée. Traitement savoureux. Bonne interprétation de M.E. Walsh. □ 18 ans+
DVD VF➔STF➔Cadrage W➔18,95 $

BLOOD WEDDING *voir* **Noces de sang**

BLOOD WORK [Créance de sang] ▷4
É.-U. 2002. Drame policier réalisé et interprété par Clint EASTWOOD avec Jeff Daniels et Wanda De Jesus. - Un ex-agent du FBI qui a récemment subi une transplantation cardiaque traque le tueur de la femme qui lui a légué l'organe. □ 13 ans+
DVD VF➔STF➔Cadrage W➔16,95 $

BLOOD, SWEAT AND FEAR *voir* **Flic voit rouge, Un**

BLOOD-SPATTERED BRIDE, THE
voir **Mariée sanglante, La**

BLOODBROTHERS [Chaînes du sang, Les] ▷4
É.-U. 1978. Drame psychologique de Robert MULLIGAN avec Richard Gere, Tony Lo Bianco et Lelia Goldoni. - Tourmenté par ses problèmes familiaux, un adolescent n'arrive pas à prendre de décision face à son avenir.

BLOODHOUNDS OF BROADWAY ▷5
[Il était une fois Broadway]
É.-U. 1989. Comédie policière de Howard BROOKNER avec Randy Quaid, Julie Hagerty et Matt Dillon. - À Broadway, durant le nouvel an de 1928, une dame du monde organise une grande fête qui donne lieu à diverses intrigues. □ Général
DVD VA➔STA➔18,95 $

BLOODY MAMA ▷5
É.-U. 1970. Drame policier de Roger CORMAN avec Shelley Winters, Don Stroud et Diane Varsi. - Dans les années 30, une campagnarde entraîne au crime ses quatre garçons. □ 18 ans+

BLOODY SUNDAY ▷3
IRL. 2001. Drame historique de Peter GREENGRASS avec James Nesbitt, Tim Pigott-Smith et Nicholas Farrell. - En Irlande du Nord, le 30 janvier 1972, l'intervention des soldats britanniques durant une manifestation pacifique à Derry provoque un bain de sang. □ 13 ans+
DVD VA➔Cadrage W➔36,95 $

BLOODY TERRITORIES
JAP. 1969. Yasuharu HASEBE
DVD STA➔Cadrage W➔23,95 $

BLOOM
IRL. 2003. SEAN WALSH
DVD VA➔Cadrage W➔18,95 $

BLOSSOMS IN THE DUST [Oubliés, Les] ▷5
É.-U. 1940. Drame sentimental de Mervyn LeROY avec Greer Garson, Walter Pidgeon et Marsha Hunt. - Une femme qui a perdu son jeune fils s'occupe d'enfants abandonnés. □ Général

BLOT, THE
É.-U. 1921. Philips SMALLEY et Lois WEBER
DVD VA➔36,95 $

BLOW [Cartel] ▷4
É.-U. 2001. Drame biographique de Ted DEMME avec Johnny Depp, Jordi Molla et Penelope Cruz. - Durant les années 1970 et 80, l'ascension fulgurante puis la descente aux enfers d'un trafiquant américain de cocaïne. □ 13 ans+
DVD VA➔STA➔Cadrage W➔23,95 $

BLOW DRY [Coup de peigne] ▷5
ANG. 2000. Comédie dramatique de Paddy BREATHNACH avec Natasha Richardson, Alan Rickman et Rachel Griffiths. - Dans une petite ville du Yorkshire, les tribulations familiales et sentimentales des participants d'un championnat national de haute coiffure.
□ Général
DVD VA➔Cadrage W➔18,95 $

BLOW OUT [Éclatement] ▶2
É.-U. 1981. Drame policier de Brian DE PALMA avec John Travolta, Nancy Allen et John Lithgow. - Un preneur de son est entraîné par son travail dans une mystérieuse affaire de meurtre. - Suspense et drame politique brillamment amalgamés. Utilisation dramatique et raffinée du son, de la couleur et de la caméra. Excellente interprétation de J. Travolta. □ 18 ans+
DVD VA➔STF➔Cadrage W➔12,95 $

BLOW-UP ▶1
ANG. 1966. Étude de mœurs de Michelangelo ANTONIONI avec David Hemmings, Vanessa Redgrave et Sarah Miles. - Un photographe s'aperçoit qu'il a enregistré un crime alors qu'il était à l'œuvre dans un parc. - Anecdote prétexte à une étude ambiguë et complexe des problèmes de la vie moderne. Mise en scène d'un art consommé. Jeu de D. Hemmings d'un naturel inquiétant. □ 18 ans+
DVD VA➔STF➔Cadrage W➔21,95 $

BLOWING WILD [Souffle sauvage] ▷4
É.-U. 1953. Aventures de Hugo FREGONESE avec Gary Cooper, Barbara Stanwyck et Anthony Quinn. - Un prospecteur de pétrole entre en lutte avec des bandits. □ Général

BLUE ▷4
É.-U. 1968. Western de Silvio NARIZZANO avec Terence Stamp, Joanna Pettet et Karl Malden. - Pour défendre des colons, un jeune Américain se retourne contre son père adoptif, un bandit mexicain.
DVD VA➔STA➔Cadrage W➔9,95 $

BLUE ANGEL, THE *voir* **Ange bleu, L'**

BLUE BIRD, THE
É.-U. 1918. Maurice TOURNEUR
DVD 24,95 $

BLUE BIRD, THE ▷5
É.-U. 1939. Conte de Walter LANG avec Shirley Temple, Johnny Russell et Spring Byington. - Un petit garçon et une petite fille partent à la recherche de l'oiseau du bonheur. □ Général

BLUE BUTTERFLY, THE [Papillon bleu, Le] ▷5
QUÉ. 2004. Aventures de Léa POOL avec Marc Donato, William Hurt et Pascale Bussières. - Atteint d'un cancer, un enfant convainc un entomologiste d'aller capturer avec lui un papillon rare en Amérique centrale. □ Général
DVD VF➔18,95 $

BLUE CAR [Bleu souvenir] ▷4
É.-U. 2002. Drame psychologique de Karen MONCRIEFF avec Agnes Bruckner, David Strathairn et Margaret Colin. - Troublée par la séparation de ses parents, une adolescente douée pour l'écriture s'éprend de son professeur. □ 13 ans+ · Langage vulgaire
DVD VF➔14,95 $

BLUE CHIPS ▷4
É.-U. 1994. Drame sportif de William FRIEDKIN avec Nick Nolte, Mary McDonnell et Ed O'Neill. - L'entraîneur d'une équipe de basket-ball collégial recrute illégalement quatre joueurs d'élite en dehors du circuit universitaire. □ Général
DVD VF➔STA➔Cadrage W➔10,95 $

BLUE COLLAR ▷4
É.-U. 1978. Drame social de Paul SCHRADER avec Richard Pryor, Harvey Keitel et Yaphet Kotto. - Trois ouvriers sont aux prises avec les dirigeants de leur syndicat après avoir volé un cahier compromettant. □ 13 ans+

BLUE CRUSH [Défi bleu] ▷4
É.-U. 2002. Drame sportif de John STOCKWELL avec Kate Bosworth, Michelle Rodriguez et Matthew Davis. - À Hawaii, une jeune femme s'entraîne en vue d'une importante compétition de surf. □ Général
DVD VA➔Cadrage W➔15,95 $

BLUE GARDENIA, THE [Femme au gardenia, La] ▷4
É.-U. 1952. Drame policier de Fritz LANG avec Anne Baxter, Richard Conte et Ann Sothern. - Une jeune fille est accusée du meurtre d'un peintre. □ Général
DVD 36,95 $

BLUE HAWAII ▷5
É.-U. 1961. Comédie musicale de Norman TAUROG avec Elvis Presley, Joan Blackman et Angela Lansbury. - Par esprit d'indépendance, le fils d'un riche planteur s'engage comme guide dans une agence de tourisme. □ Général
DVD VA→STA→Cadrage W→9,95 $

BLUE IN THE FACE [Tabagie en folie, La] ▷4
É.-U. 1995. Comédie de mœurs de Wayne WANG et Paul AUSTER avec Harvey Keitel, Lou Reed et Roseanne Barr. - Une tabagie à Brooklyn où défile chaque jour une clientèle bigarrée devient le théâtre de diverses anecdotes. □ Général
DVD VF→STA→Cadrage W→11,95 $

BLUE KITE, THE *voir* **Cerf-volant bleu, Le**

BLUE LAGOON, THE [Lagon bleu, Le] ▷5
É.-U. 1980. Drame de Randal KLEISER avec Brooke Shields, Christopher Atkins et Leo McKern. - Deux enfants grandissent dans une île déserte après le naufrage de leur voilier. □ 13 ans+

BLUE MAX, THE ▷4
É.-U. 1966. Drame de guerre de John GUILLERMIN avec George Peppard, James Mason et Ursula Andress. - Durant la Première Guerre mondiale, un aviateur allemand sacrifie tout à son ambition de devenir l'as des pilotes de chasse. □ Non classé
DVD VA→STA→14,95 $

BLUE SKIES ▷4
É.-U. 1946. Comédie musicale de Stuart HEISLER avec Bing Crosby, Fred Astaire et Joan Caulfield. - Deux camarades, l'un chanteur, l'autre danseur, sont épris de la même femme. □ Général

BLUE SKY [Sous le ciel du Nevada] ▷4
É.-U. 1991. Drame de mœurs de Tony RICHARDSON avec Tommy Lee Jones, Jessica Lange et Powers Boothe. - Au début des années 1960, un scientifique vivant dans une base militaire éprouve des difficultés à contrôler sa femme qui est maniaco-dépressive. □ Général

BLUE SPRING
JAP. 2001. Toshiaki TOYODA
DVD STA→28,95 $

BLUE STEEL [Arme au poing, L'] ▷4
É.-U. 1989. Drame policier de Kathryn BIGELOW avec Jamie Lee Curtis, Ron Silver et Clancy Brown. - Une jeune policière a maille à partir avec un agent boursier qui lie ses crimes à son admiration pour elle. □ 18 ans+
DVD VF→STF→Cadrage P&S/W→12,95 $

BLUE THUNDER [Tonnerre de feu] ▷4
É.-U. 1982. Drame policier de John BADHAM avec Malcolm McDowell, Roy Scheider et Warren Oates. - Un membre de l'équipe volante de la police est chargé de mettre à l'essai un hélicoptère perfectionné muni d'instruments d'écoute électronique. □ 13 ans+
DVD VF→Cadrage W→22,95 $

BLUE VELVET ▷3
É.-U. 1986. Drame policier de David LYNCH avec Kyle MacLachlan, Isabella Rossellini et Dennis Hopper. - Un jeune homme est entraîné dans une aventure dangereuse en voulant aider une chanteuse dont le mari et le fils ont été enlevés par un gangster. - Exploration insolite d'un monde pervers. Traitement d'ensemble assez fascinant. Brusques changements de ton dans le récit. Discordance dans le jeu des comédiens. □ 18 ans+
DVD VF→STA→Cadrage W→12,95 $

BLUEBEARD *voir* **Barbe bleue**

BLUEBEARD'S EIGHTH WIFE ▷4
É.-U. 1938. Comédie de Ernst LUBITSCH avec Claudette Colbert, Gary Cooper et Edward Everett Horton. - Un fêtard déjà sept fois divorcé épouse une jeune fille qui saura le garder définitivement.

BLUEBERRY : L'EXPÉRIENCE SECRÈTE *voir* **Renegade**

BLUES BROTHERS, THE ▷4
É.-U. 1980. Comédie de John LANDIS avec John Belushi, Dan Aykroyd et Carrie Fisher. - Deux frères entreprennent de venir en aide à l'orphelinat où ils ont été élevés en donnant un concert. □ Général
DVD VA→STF→Cadrage W→23,95 $

BLUME IN LOVE ▷4
É.-U. 1973. Comédie sentimentale de Paul MAZURSKY avec George Segal, Susan Anspach et Kris Kristofferson. - Au cours d'un voyage à Venise, un avocat se remémore les circonstances qui ont entouré son divorce. □ 18 ans+

BOAT IS FULL, THE ▷3
SUI. 1981. Drame social de Markus IMHOOF avec Tina Engel, Curt Bois et Renate Steiger. - Au cours de la Seconde Guerre mondiale, un groupe de réfugiés arrive à passer clandestinement en Suisse. - Approche critique au ton juste. Mise en scène sobre et précise. Personnages bien campés. Interprétation naturelle et convaincante. □ Général

BOB & CAROL & TED & ALICE ▷4
É.-U. 1969. Comédie de Paul MAZURSKY avec Natalie Wood, Robert Culp, Dyan Cannon et Elliott Gould. - Deux couples amis tentent des expériences de libération sexuelle. □ 18 ans+
DVD VA→STA→Cadrage W→18,95 $

BOB L'ÉPONGE : LE FILM
voir **Spongebob Squarepants Movie, The**

BOB LE FLAMBEUR ▷3
FR. 1956. Drame policier de Jean-Pierre MELVILLE avec Roger Duchesne, Isabelle Corey et Daniel Cauchy. - Un ancien gangster ruiné par le jeu met au point un cambriolage dans un casino. - Scénario fidèle aux conventions des modèles américains. Bonne création d'atmosphère. Mise en scène inventive. Interprétation dans le ton voulu. □ Général
DVD VF→STA→44,95 $

BOB ROBERTS ▷3
É.-U. 1992. Comédie satirique réalisée et interprétée par Tim ROBBINS avec Giancarlo Esposito et Ray Wise. - Adulé par les uns, vilipendé par les autres, un chanteur à succès entreprend une campagne électorale dans l'espoir de se faire élire sénateur. - Pseudo-documentaire riche et complexe. Satire mordante des manipulations électorales et médiatiques. Équipe d'interprètes hors pair. □ Général
DVD VA→Cadrage P&S→17,95 $ VA→17,95 $

BOBBY DARIN *voir* **Beyond the Sea**

BOBBY DEERFIELD ▷4
É.-U. 1977. Drame psychologique de Sydney POLLACK avec Marthe Keller, Al Pacino et Anny Duperey. - Un coureur automobile s'éprend d'une jeune femme menacée d'une mort prochaine. □ Général

BOBO, THE ▷5
ANG. 1967. Comédie de Robert PARRISH avec Peter Sellers, Britt Ekland et Rossano Brazzi. - Pour obtenir un contrat, un chanteur doit faire la conquête d'une courtisane. □ Général

BOCA DEL LOBO, LA ▷4
PÉR. ESP. 1984. Drame de mœurs de Francisco J. LOMBARDI avec Pablo Serra, Gustavo Bueno et Juan M. Ochoa. - Un nouvel élève d'une académie militaire prend charge des trafics illicites qui ont cours dans l'école. □ 13 ans+

BOCCACE 70 [Boccacio 70] ▷3
ITA. 1962. Film à sketches de Federico FELLINI, Vittorio DE SICA, Luchino VISCONTI et Mario MONICELLI avec Anita Ekberg, Romy Schneider et Sophia Loren. - Les aventures d'un puritain, d'un couple d'aristocrates, d'une fille qui s'offre comme prix dans une loterie et d'un ouvrier d'usine qui aime une collègue. - Histoires traitées diversement selon le tempérament de chaque cinéaste. Ensemble de qualité. Bons interprètes. □ Général
DVD STA→Cadrage W→42,95 $

BODIES, REST AND MOTION ▷4
[Pause... quatre soupirs, Une]
É.-U. 1993. Comédie dramatique de Michael STEINBERG avec Phoebe Cates, Bridget Fonda et Tim Roth. - Lorsqu'elle découvre que son compagnon a quitté la ville sans elle, une jeune femme trouve réconfort dans les bras d'un peintre en bâtiment. □ 13 ans+ · Langage vulgaire
DVD VF➔Cadrage W➔17,95 $

BODY AND SOUL ▷4
É.-U. 1948. Drame sportif de Robert ROSSEN avec John Garfield, Lilli Palmer et Anne Revere. - Un jeune boxeur tombe entre les mains de managers malhonnêtes. □ Général

BODY DOUBLE ▷4
É.-U. 1984. Drame policier de Brian DE PALMA avec Craig Wasson, Gregg Henry et Melanie Griffith. - Un acteur au chomâge tente de percer le mystère qui entoure l'assassinat d'une voisine qu'il épiait depuis quelque temps. □ 18 ans+
DVD VA➔Cadrage W➔11,95 $

BODY HEAT [Fièvre au corps, La] ▷3
É.-U. 1981. Drame policier de Lawrence KASDAN avec William Hurt, Kathleen Turner et Richard Crenna. - Une jeune femme frustrée pousse son amant à tuer son mari. - Pastiche fort réussi des films noirs des années 1940. Intrigue astucieuse. Atmosphère torride particulièrement bien rendue. Réalisation adroite. Interprétation sensuelle à souhait. □ 18 ans+
DVD Cadrage W➔16,95 $

BODY IN THE LIBRARY, THE ▷4
ANG. 1987. Comédie policière de Silvio NARIZZANO avec Joan Hickson, Gwen Watford et David Horovitch. - Une vieille dame férue de criminologie enquête sur le meurtre d'une jeune femme commis dans un manoir anglais. □ Général

BODY LANGUAGE [Langage du corps, Le] ▷5
É.-U. 1995. Drame policier de Georges CASE avec Tom Berenger, Heidi Schanz et Nancy Travis. - Un avocat complote en vue de se débarrasser de l'époux mafioso d'une danseuse dont il s'est épris.

BODY SNATCHER, THE ▷4
É.-U. 1945. Drame d'horreur de Robert WISE avec Boris Karloff, Bela Lugosi et Henry Daniell. - Au XIXe siècle, un professeur de médecine achète des cadavres à des détrousseurs de tombes. □ Général

BODY SNATCHERS ▷4
[Profanateurs: l'invasion continue, Les]
É.-U. 1993. Drame fantastique de Abel FERRARA avec Gabrielle Anwar, Terry Kinney et Meg Tilly. - Venue vivre sur une base militaire avec sa famille, une adolescente y découvre que des extraterrestres éliminent les humains après avoir imité leur apparence. □ 13 ans+ · Horreur
DVD VF➔STF➔Cadrage P&S/W➔7,95 $

BODYGUARD, THE [Garde du corps, Le] ▷5
É.-U. 1992. Drame policier de Mick JACKSON avec Kevin Costner, Whitney Houston et Gary Kemp. - Victime de menaces anonymes, une chanteuse populaire reçoit la protection d'un garde du corps dont elle tombe amoureuse. □ 13 ans+
DVD VA➔STF➔Cadrage W➔17,95 $

BOGUS ▷5
É.-U. 1996. Comédie fantaisiste de Norman JEWISON avec Haley Joel Osment, Whoopi Goldberg et Gérard Depardieu. - Un orphelin négligé par sa nouvelle mère adoptive s'invente un ami imaginaire qui aura une influence magique sur sa vie et celle de sa tutrice. □ Général

BOGUS BANDITS *voir* **Devil's Brother, The**

BOILER ROOM, THE [Clan des millionnaires, Le] ▷4
É.-U. 2000. Drame de mœurs de Ben YOUNGER avec Giovanni Ribisi, Nicky Katt et Vin Diesel. - Un jeune décrocheur ambitieux se joint à une firme de courtage qui vend des titres boursiers douteux. □ Général
DVD VA➔STA➔Cadrage W➔15,95 $

BOILING POINT
JAP. 1990. Takeshi KITANO □ 13 ans+ · Violence
DVD Cadrage W➔36,95 $

BOIRES ET DÉBOIRES *voir* **Blind Date**

BOIS DE BOULEAUX, LE [Birch Wood, The] ▷3
POL. 1970. Drame d'Andrzej WAJDA avec Daniel Olbrychski, Olgierd Lukaszewicz et Emilia Krakowska. - Un musicien malade vient passer ses derniers jours chez son frère veuf à la campagne. - Adaptation soignée d'une nouvelle écrite dans les années 30. Ton romantique. □ Général

BOIS NOIRS, LES ▷4
FR. 1989. Drame de Jacques DERAY avec Béatrice Dalle, Philippe Volter et Geneviève Page. - Supportant mal la vie austère du seigneur campagnard qu'elle vient d'épouser, une jeune actrice lui annonce bientôt son intention de le quitter. □ Général

BOÎTE À SOLEIL, LA
QUÉ. 1988. Jean-Pierre LEFEBVRE
DVD VF➔28,95 $

BOLERO ▷6
É.-U. 1984. Drame de mœurs de John DEREK avec Bo Derek, Andrea Occhipinti et George Kennedy. - Dans les années 1920, les tribulations d'une riche héritière qui cherche à perdre sa virginité avec un héros romantique.
DVD VA➔STF➔Cadrage W➔11,95 $

BOLIDES HURLANTS *voir* **Mad Max**

BOLLYWOOD / HOLLYWOOD ▷5
CAN. 2002. Comédie musicale de Deepa MEHTA avec Rahul Khanna, Lisa Ray et Moushumi Chatterjee. - Un jeune homme engage une escorte pour jouer le rôle de sa fiancée auprès de sa famille bourgeoise canado-indienne. □ Général
DVD VA➔14,95 $

BOLLYWOOD DREAMS
IND. 1995. Ram Gopal VARMA
DVD STA➔24,95 $

BOMB THE SYSTEM
É.-U. 2002. David Bhala LOUGH
DVD VA➔22,95 $

BOMBAY TALKIE ▷4
IND. 1970. Drame sentimental de James IVORY avec Shashi Kapoor, Jennifer Kendall et Zia Mohyeddin. - Lors d'un voyage en Inde, une romancière américaine a une aventure avec un acteur marié.
DVD VA➔23,95 $

BOMBÓN LE CHIEN ▷4
ARG. 2004. Comédie dramatique de Carlos SORIN avec Walter Donado, Juan Villegas et Rosa Valsecchi. - Un mécanicien au chômage reçoit en cadeau un chien de race et décide de l'entraîner pour des compétitions canines. □ Général
DVD VF➔STF➔31,95 $

BOMBSHELL ▷4
É.-U. 1932. Comédie de Victor FLEMING avec Jean Harlow, Lee Tracy et Frank Morgan. - Une vedette de cinéma voit ses amours étalées dans les journaux par la faute de son agent de presse. □ 13 ans+

BON APPÉTIT MAMAN *voir* **Ed and His Dead Mother**

BON ET LES MÉCHANTS, LE ▷4
FR. 1975. Comédie dramatique de Claude LELOUCH avec Jacques Dutronc, Marlène Jobert et Bruno Cremer. - La guerre amène trois voleurs à être mêlés aux opérations de la Résistance.

BON GROS GÉANT, LE *voir* **Big Friendly Giant, The**

BON PERDANT, LE *voir* **Baxter, The**

BON PETIT DIABLE, UN ▷4
FR. 1983. Comédie dramatique de Jean-Claude BRIALY avec Paul Courtois, Alice Sapritch et Bernadette Lafont. - Les tribulations d'un jeune orphelin espiègle confié à la tutelle d'une cousine vieille et revêche. □ Général

BON PLAISIR, LE ▷4
FR. 1983. Comédie satirique de Francis GIROD avec Catherine Deneuve, Jean-Louis Trintignant et Michel Serrault. - Le vol d'une lettre compromettante occasionne maintes complications dans la vie d'un homme d'État. □ Général

BON VOYAGE ! ▷5
É.-U. 1962. Comédie de J. NEILSON avec Fred MacMurray, Jane Wyman et Deborah Walley. - Une famille de l'Indiana réalise son rêve et part pour un voyage en Europe.
DVD VA➔21,95 $

BON VOYAGE ! ▷4
FR. 2003. Comédie dramatique de Jean-Paul RAPPENEAU avec Gregori Derangère, Isabelle Adjani et Virginie Ledoyen. - En juin 1940, alors que le gouvernement et le Tout-Paris se sont réfugiés à Bordeaux, diverses personnes vivent toutes sortes de mésaventures.
DVD VF➔Cadrage W➔18,95 $

BON, LA BRUTE ET LE TRUAND, LE
voir **Good, the Bad and the Ugly, The**

BONE
É.-U. 1972. Larry COHEN
DVD VA➔Cadrage W➔28,95 $

BONE COLLECTOR, THE [Désosseur, Le] ▷4
É.-U. 1999. Drame policier de Philip NOYCE avec Denzel Washington, Angelina Jolie et Queen Latifah. - Un criminologiste paralytique fait équipe avec une jeune collègue afin de retrouver un tueur en série. □ 16 ans+ · Violence
DVD Cadrage W➔14,95 $

BONFIRE OF THE VANITIES, THE ▷4
[Bûcher des vanités, Le]
É.-U. 1990. Comédie satirique de Brian DE PALMA avec Tom Hanks, Bruce Willis et Melanie Griffith. - S'étant rendu coupable d'un délit de fuite, un courtier subit un procès teinté de considérations politiques. □ Général
DVD VF➔STF➔Cadrage W➔5,95 $

BONHEUR, LE ▷3
FR. 1965. Drame psychologique de Agnès VARDA avec Jean-Claude Drouot, Geneviève Drouot et Marie-France Boyer. - Un jeune homme tente de faire admettre par son épouse sa liaison avec une autre femme. - Traitement plus esthétique que psychologique. Grande recherche formelle. Interprétation naturelle. □ Général

BONHEUR AIGRE-DOUX *voir* **Double Happiness**

BONHEUR D'OCCASION ▷4
QUÉ. 1983. Drame de mœurs de Claude FOURNIER avec Mireille Deyglun, Marilyn Lightstone et Pierre Chagnon. - Les épreuves d'une famille de gagne-petit dans le Montréal populaire des années 1940. □ Général

BONHEUR EST DANS LE PRÉ, LE ▷4
FR. 1995. Comédie de mœurs d'Étienne CHATILIEZ avec Michel Serrault, Eddy Mitchell et Sabine Azéma. - Fatigué de sa vie auprès de sa snobinarde d'épouse, un directeur d'usine se fait passer pour un fermier disparu 28 ans auparavant dont il est le sosie.

BONJOUR L'ANGOISSE ▷5
FR. 1988. Comédie policière de Pierre TCHERNIA avec Michel Serrault, Pierre Arditi et Jean-Pierre Bacri. - Un employé timide travaillant pour une firme spécialisée dans les systèmes antivol découvre que son supérieur s'est fait le complice de voleurs de banque. □ Général

BONJOUR LA VIE *voir* **Living Out Loud**

BONJOUR LES VACANCES
voir **National Lampoon's Vacation**

BONJOUR TRISTESSE ▷4
É.-U. 1957. Drame psychologique de Otto PREMINGER avec Jean Seberg, David Niven et Deborah Kerr. - Une adolescente tente d'empêcher le remariage de son père. □ Général

BONJOUR VIETNAM *voir* **Good Morning, Vietnam**

BONNE À TOUT FAIRE *voir* **Sitting Pretty**

BONNE ANNÉE, LA ▷3
FR. 1973. Comédie policière de Claude LELOUCH avec Lino Ventura, Françoise Fabian et Charles Gérard. - En préparant un vol d'importance, un truand fait la rencontre d'une antiquaire dont il tombe amoureux. - Intrigue policière doublée d'une histoire d'amour. Ensemble riche en trouvailles.
DVD VF➔34,95 $

BONNE MÈRE MALGRÉ TOUT *voir* **Good Mother, The**

BONNES FEMMES, LES ▷5
FR. 1960. Drame de mœurs de Claude CHABROL avec Bernadette Lafont, Lucille Saint-Simon et Clotilde Joano. - Les aventures de quatre jeunes vendeuses parisiennes.
DVD Cadrage W➔23,95 $

BONNIE AND CLYDE ►2
É.-U. 1967. Drame policier d'Arthur PENN avec Faye Dunaway, Warren Beatty et Michael J. Pollard. - La vie criminelle et aventureuse de Clyde Barrow et Bonnie Parker. - Récit inspiré de faits vécus. Œuvre personnelle et puissante. Mélange habile de tragique et de comique. Montage nerveux. Interprètes excellents. □ 13 ans+ · Violence
DVD VF➔STF➔Cadrage W➔9,95 $

BONS BAISERS D'HOLLYWOOD
voir **Postcards from the Edge**

BONS BAISERS DE RUSSIE
voir **From Russia with Love**

BONS DÉBARRAS, LES ►2
QUÉ. 1979. Drame de mœurs de Francis MANKIEWICZ avec Marie Tifo, Charlotte Laurier et Germain Houde. - Une jeune femme éprouve des difficultés avec sa fillette qu'elle élève seule tout en prenant soin de son frère simple d'esprit. - Description réaliste nuancée de touches poétiques. Richesse d'émotion. Interprétation exacerbée.

BONSOIR MAMAN *voir* **Night Mother**

BONZAÏON ▷5
QUÉ. 2004. Thriller réalisé et interprété par Clermont JOLICOEUR et Danny GILMORE avec Jacynthe René. - Pour libérer une amie prise en otage par un sorcier qui réclame 60 000 $, un jeune homme décide de voler la récolte d'une plantation de marijuana.
DVD VF➔STA➔19,95 $

BOOGEYMAN [Boogeyman : le pouvoir de la peur] ▷6
É.-U. 2004. Drame d'horreur de Stephen KAY avec Barry Watson, Emily Deschanel et Skye McCole Bartusiak. - Un jeune homme passe une nuit terrifiante dans la maison de son enfance qui est hantée par une entité mystérieuse. □ 13 ans+ · Horreur
DVD VA➔Cadrage W➔22,95 $

BOOGIE NIGHTS [Nuits endiablées] ▷3
É.-U. 1997. Chronique de Paul Thomas ANDERSON avec Julianne Moore, Mark Wahlberg et Burt Reynolds. - En 1977, un jeune ambitieux devient le protégé d'un réalisateur de films porno qui fait de lui une vedette. - Peinture lucide d'un milieu marginal. Certains éléments d'intrigue insuffisamment développés. Riche reconstitution d'époque. Bonne interprétation. □ 16 ans+ · Érotisme
DVD VF➔STF➔Cadrage W➔29,95 $

BOOK AND SWORD
CHI. 2002. Daniel LI
DVD VA➔STA➔26,95 $

BOOK OF EVE, THE [Histoires d'Ève] ▷5
CAN. 2002. Comédie dramatique de Claude FOURNIER avec Claire Bloom, Daniel Lavoie et Susannah York. - Après avoir quitté son mari et sa vie bourgeoise, une sexagénaire s'installe dans un immeuble miteux où elle s'éprend d'un immigrant roumain. □ Général
DVD VF➔17,95 $ VA➔7,95 $

BOOK OF LIFE, THE ▷4
FR. 1998. Comédie fantaisiste de Hal HARTLEY avec P.J. Harvey, Martin Donovan et Thomas Jay Ryan. - À l'approche de l'an 2000, Jésus est envoyé en mission à New York par son père afin de préparer l'Apocalypse.
DVD VA→PC

BOOM ! ▷3
ANG. 1968. Drame de Joseph LOSEY avec Elizabeth Taylor, Richard Burton et Joanna Shimkus. - Un poète déchu, mystérieux annonciateur de la mort, réside chez une veuve qui vit retirée dans une île. - Adaptation d'une pièce de Tennessee Williams. Mise en scène élégante. Style d'une beauté bizarre. Jeu excentrique des vedettes.

BOOMERANG ! ▷3
É.-U. 1946. Drame policier d'Elia KAZAN avec Dana Andrews, Jane Wyatt et Lee J. Cobb. - Un procureur compromet sa carrière en défendant un chômeur accusé de l'assassinat d'un prêtre. - Sujet prenant tiré d'un fait divers authentique. Réalisation très souple de style documentaire. Interprétation sobre et efficace.
DVD VA→STA→14,95 $

BOOST, THE ▷5
É.-U. 1988. Drame psychologique de Harold BECKER avec James Woods, Sean Young et John Kapelos. - Un couple voit sa vie bouleversée lorsque l'époux perd un emploi lucratif et développe un rapport maladif vis-à-vis de la drogue. □ 13 ans+
DVD VA→11,95 $

BOPHA ! ▷4
É.-U. 1993. Drame social de Morgan FREEMAN avec Danny Glover, Maynard Eziashi et Alfre Woodard. - Sous le regard incrédule d'un policier noir, une ville d'Afrique du Sud est mise à feu et à sang après l'intervention brutale d'un officier raciste. □ Général
DVD VA→STA→Cadrage W→10,95 $

BORD DE MER [Seaside]
FR. 2002. Julie LOPES-CURVAL
DVD VF→STA→Cadrage W→41,95 $

BORDER, THE ▷4
É.-U. 1981. Drame social de Tony RICHARDSON avec Jack Nicholson, Harvey Keitel et Valerie Perrine. - À la frontière du Texas et du Mexique, un policier est entraîné dans un trafic d'exploitation des immigrants clandestins. □ 13 ans+
DVD VA→STF→17,95 $

BORÉAL-EXPRESS *voir* **Polar Express**

BORN FREE [Vivre libre] ▷4
ANG. 1965. Aventures de James HILL avec Virginia McKenna, Bill Travers et Geoffrey Keen. - Les difficultés d'une lionne domestiquée que ses maîtres rendent à la brousse. □ Général

BORN IN ABSURDISTAN *voir* **Né en Absurdistan**

BORN IN EAST L.A. [Chicano américain] ▷5
É.-U. 1987. Comédie réalisée et interprétée par Richard CHEECH MARIN avec Daniel Stern et Kamala Lopez. - Pris pour un immigrant clandestin, un Américain d'origine mexicaine est déporté et éprouve de la difficulté à rentrer aux États-Unis.
DVD VF→14,95 $

BORN IN FLAMES [Guerrières, Les] ▷5
É.-U. 1983. Science-fiction de Lizzie BORDEN avec Honey, Jeanne Satterfield et Adele Bertei. - Dix ans après la révolution socialiste américaine, divers groupes de féministes insatisfaites cherchent à s'entendre sur une action commune. □ Général

BORN ON THE FOURTH OF JULY ▷3
[Né un quatre juillet]
É.-U. 1989. Drame biographique de Oliver STONE avec Tom Cruise, Caroline Kava et Raymond J. Barry. - Blessé au combat, un jeune soldat patriote revient du Viêtnam et s'engage dans un militantisme contre la guerre. - Récit basé sur l'expérience réelle de l'activiste américain Ron Kovic. Traitement d'une intensité prenante. Interprétation convaincante de T. Cruise. □ 18 ans+
DVD VA→Cadrage W→15,95 $

BORN ROMANTIC ▷4
ANG. 2000. Comédie de mœurs de David KANE avec Craig Ferguson, Ian Hart et Jane Horrocks. - Les tribulations sentimentales d'un groupe de célibataires londoniens fréquentant le même club de salsa.
DVD VF→STF→Cadrage P&S/W→11,95 $

BORN TO BE BAD
É.-U. 1950. Lowell SHEERMAN □ Non classé
DVD VA→STA→13,95 $

BORN TO DANCE ▷4
É.-U. 1936. Comédie musicale de Roy Del RUTH avec Eleanor Powell, James Stewart et Virginia Bruce. - Un marin en permission aide une danseuse à devenir vedette d'un spectacle. □ Général

BORN TO KILL ▷4
É.-U. 1947. Drame policier de Robert WISE avec Claire Trevor, Lawrence Tierney et Walter Slezak. - Une riche divorcée tombe sous la coupe d'un psychopathe qui est prêt à tuer pour assouvir ses désirs. □ Général
DVD VA→STF→21,95 $

BORN TO WIN ▷4
É.-U. 1971. Comédie dramatique de Ivan PASSER avec George Segal, Karen Black et Jay Fletcher. - La déchéance d'un narcomane qui accomplit divers larcins pour payer ses stupéfiants.
DVD VA→8,95 $

BORN UNDER LIBRA
IRAN 2000. Ahmad Reza DARVISH
DVD STA→29,95 $

BORN YESTERDAY ▷3
É.-U. 1950. Comédie de George CUKOR avec Judy Holliday, William Holden et Broderick Crawford. - Un financier charge un journaliste de donner des leçons de savoir-vivre à sa petite amie. - Adaptation d'une pièce à succès. Ton satirique intéressant. Mise en scène habile. Très bons interprètes. □ Général
DVD VA→STA→34,95 $

BORN YESTERDAY ▷5
[Quand l'esprit vient aux femmes]
É.-U. 1993. Comédie satirique de Luis MANDOKI avec Melanie Griffith, John Goodman et Don Johnson. - Un homme d'affaires richissime engage un jeune journaliste pour qu'il donne des cours privés à sa maîtresse naïve et peu instruite.
DVD VA→14,95 $

BORROWER, THE ▷4
É.-U. 1989. Drame fantastique de John McNAUGHTON avec Rae Dawn Chong, Don Gordon et Antonio Fargas. - Deux policiers luttent contre une créature extraterrestre qui pousse à la violence les humains dans lesquels elle se glisse. □ 16 ans+ · Horreur

BORROWERS, THE ▷4
[Petit monde des emprunteurs, Le]
ANG. 1997. Comédie fantaisiste de Peter HEWITT avec Mark Williams, John Goodman et Jim Broadbent. - Des êtres humains miniatures veulent empêcher un promoteur immobilier de détruire la maison où ils vivent secrètement sous le plancher. □ Général

BORSALINO ▷3
FR. 1970. Drame policier de Jacques DERAY avec Alain Delon, Jean-Paul Belmondo et Michel Bouquet. - Au début des années 1930, deux malfaiteurs se lient d'amitié et deviennent les rois de la pègre à Marseille. - Récit nostalgique et violent. Habile reconstitution d'époque. Mise en scène soignée. Excellente interprétation des deux vedettes. □ 13 ans+

BORSALINO AND CO. ▷4
FR. 1974. Drame policier de Jacques DERAY avec Alain Delon, Riccardo Cucciolla et Catherine Rouvel. - Ruiné par un gangster italien, un caïd marseillais s'enfuit en Italie puis revient au pays pour prendre sa revanche. □ 13 ans+
DVD VF→STA→Cadrage W/16X9→21,95 $

BORSTAL BOY
ANG. 2000. Peter SHERIDAN
DVD VA→Cadrage W→42,95 $

BOSSA NOVA ▷4
BRÉ. 1999. Comédie sentimentale de Bruno BARRETO avec Amy Irving, Antonio Fagundes et Alexandre Borges. - Expatriée au Brésil, une veuve américaine se fait courtiser par un riche avocat de Rio de Janeiro. □ Général

BOSSU DE NOTRE-DAME, LE
voir **Hunchback of Notre-Dame, The**

BOSSU, LE [On Guard !] ▷4
FR. 1997. Aventures de Philippe de BROCA avec Daniel Auteuil, Fabrice Luchini et Vincent Perez. - Un escrimeur impétueux jure de venger l'assassinat de son ami le Duc de Nevers et de protéger la fille héritière de celui-ci. □ Général · Déconseillé aux jeunes enfants
DVD VF→34,95 $

BOSTON STRANGLER, THE ▷3
É.-U. 1968. Drame policier de Richard FLEISCHER avec Tony Curtis, Henry Fonda et George Kennedy. - À Boston, plusieurs femmes sont assassinées par un maniaque sexuel. - Récit basé sur un fait divers authentique. Style sobre et discret. Sujet abordé de façon sérieuse. Composition impressionnante de T. Curtis. □ 18 ans+
DVD VF→STA→Cadrage W→9,95 $

BOSTONIANS, THE ▷3
ANG. 1984. Drame psychologique de James IVORY avec Christopher Reeve, Vanessa Redgrave et Madeleine Potter. - En 1876, une jeune fille de Boston, qui est devenue le porte-parole du mouvement féministe, est aimée par un homme aux idées opposées aux siennes. - Adaptation soignée d'un roman de Henry James. Évocation d'époque très fignolée. Traitement sensible. Excellente interprétation de V. Redgrave. □ Général
DVD VA→STA→Cadrage W→23,95 $

BOUCANIERS, LES *voir* **Buccaneer, The**

BOUCHE À BOUCHE [Boca a boca] ▷4
ESP. 1995. Comédie de mœurs de Manuel GOMEZ PEREIRA avec Javier Bardem, Josep Maria Flotats et Aitana Sanchez-Gijon. - Un acteur qui travaille pour une agence d'appels érotiques se retrouve mêlé à diverses intrigues impliquant quelques-uns de ses clients. □ 13 ans+ · Érotisme

BOUCHER, LE ▷3
FR. 1968. Drame psychologique de Claude CHABROL avec Stéphane Audran, Jean Yanne et Roger Rudel. - Une institutrice de village se lie d'amitié avec un boucher local qui s'avère être un maniaque criminel. - Suspense bien conduit. Intéressante étude psychologique. Excellente interprétation. □ 13 ans+

BOUDU ▷5
FR. 2004. Comédie de mœurs réalisée et interprétée par Gérard JUGNOT avec Gérard Depardieu et Catherine Frot. - Un sans-abri chambarde le quotidien du galeriste endetté qui l'a sauvé de la noyade. □ 13 ans+
DVD VF→STA→Cadrage W→29,95 $

BOUDU SAUVÉ DES EAUX ▷3
FR. 1932. Comédie satirique de Jean RENOIR avec Michel Simon, Charles Granval et Marcelle Hainia. - Un clochard jette le désarroi dans une maison bourgeoise où il a été recueilli après une tentative de suicide. - Satire mordante de la bourgeoisie. Dialogues savoureux. Ensemble débordant d'exubérance et de verve. Bonne création d'atmosphère. Composition sympathique et fort drôle de M. Simon.
DVD VF→STA→44,95 $

BOULE DE FEU *voir* **Ball of Fire**

BOULET, LE ▷5
FR. 2001. Comédie policière d'Alain BERBERIAN et Frédérick FORESTIER avec Gérard Lanvin, Benoît Poelvoorde et José Garcia. - Un criminel évadé et un gardien de prison poltron se rendent en Afrique pour retrouver un billet de loto gagnant. □ Général
DVD VF→7,95 $

BOULEVARD DES ASSASSINS ▷5
FR. 1982. Drame policier de Boramy TIOULONG avec Jean-Louis Trintignant, Victor Lanoux et Marie-France Pisier. - Installé dans une ville de la Côte d'Azur, un romancier s'intéresse à une affaire de spéculation immobilière qui semble louche. □ Général

BOULEVARD DU RHUM ▷4
FR. 1971. Comédie policière de Robert ENRICO avec Lino Ventura, Brigitte Bardot et Bill Travers. - Le commandant d'un cargo faisant la contrebande de l'alcool s'éprend d'une vedette de cinéma. □ Général

BOULOT À L'ITALIENNE, UN
voir **Italian Job, The**

BOUM II, LA ▷4
FR. 1982. Comédie de mœurs de Claude PINOTEAU avec Sophie Marceau, Brigitte Fossey et Claude Brasseur. - L'idylle d'une adolescente ne va pas sans quelques soubresauts alors que parallèlement l'union de ses parents subit une petite crise.

BOUNCE [À tout hasard] ▷5
É.-U. 2000. Drame sentimental de Don ROOS avec Ben Affleck, Gwyneth Paltrow et Natasha Henstridge. - Un jeune publicitaire s'éprend d'une veuve sans oser lui avouer son implication indirecte dans la mort accidentelle de son mari. □ Général
DVD Cadrage W→17,95 $

BOUNCE KO GALS
JAP. 1997. Masato HARADA
DVD STA→Cadrage W→29,95 $

BOUND [Liaisons interdites] ▷4
É.-U. 1996. Drame policier d'Andy et Larry WACHOWSKI avec Gina Gershon, Jennifer Tilly et Joe Pantoliano. - Une lesbienne est séduite par sa voisine qui lui propose de voler une somme importante à la mafia. □ 16 ans+ · Violence

BOUND FOR GLORY ▷3
É.-U. 1976. Drame biographique de Hal ASHBY avec Melinda Dillon, David Carradine et Ronny Cox. - En 1936, un jeune fermier du Texas devient un chanteur populaire attentif à la misère des travailleurs errants. - Évocation réussie de la carrière de Woody Guthrie. Sorte d'épopée lyrique. Interprétation remarquable de D. Carradine. □ Général
DVD VF→STF→Cadrage W→13,95 $

BOUNTY, THE ▷4
ANG. 1983. Aventures de Roger DONALDSON avec Anthony Hopkins, Mel Gibson et Daniel Day-Lewis. - En 1787 au cours d'un voyage, la tyrannie du commandant du Bounty suscite la révolte de l'équipage. □ Général
DVD VA→STF→Cadrage W→11,95 $

BOURGEOIS GENTILHOMME, LE ▷4
FR. 1958. Comédie réalisée et interprétée par Jean MEYER avec Louis Seigner, Jacques Charon et Marie Sabouret. - Un bourgeois naïf, féru de noblesse, rêve pour sa fille d'un brillant mariage.

BOURGEOIS GENTILHOMME, LE ▷4
FR. 1982. Comédie de Roger COGGIO avec Michel Galabru, Rosy Varte et Xavier Saint-Macary. - Un bourgeois naïf, féru de noblesse, rêve pour sa fille d'un brillant mariage. □ Général

BOURNE IDENTITY, THE [Mémoire dans la peau, La] ▷4
É.-U. 2002. Drame d'espionnage de Doug LIMAN avec Matt Damon, Franka Potente et Chris Cooper. - Un homme amnésique découvre qu'il est en fait un tueur travaillant pour la CIA et que ses supérieurs veulent sa peau.
DVD VF→STF→Cadrage W→16,95 $

BOURNE SUPREMACY, THE [Mort dans la peau, La] ▷4
É.-U. 2004. Drame d'espionnage de Paul GREENGRASS avec Matt Damon, Joan Allen et Brian Cox. - Un ex-assassin de la CIA devenu amnésique est faussement accusé par ses anciens patrons d'avoir tué deux de leurs espions à Berlin.
DVD VF→STF→Cadrage W→22,95 $

BOUTEILLE, LA ▷4
QUÉ. 2000. Comédie dramatique d'Alain DESROCHERS avec Réal Bossé, François Papineau et Jean Lapointe. - Deux amis d'adolescence s'efforcent de retrouver une bouteille enterrée quinze ans plus tôt, dans laquelle ils avaient consigné leurs projets d'avenir. □ 13 ans+
DVD VF→Cadrage W→17,95 $

BOUTIQUE
IRAN 2004. Hamid NEMATOLLAH
DVD STA→36,95 $

BOWFINGER ▷4
É.-U. 1999. Comédie de Frank OZ avec Steve Martin, Eddie Murphy et Heather Graham. - Un réalisateur sans le sou entreprend de filmer une vedette de cinéma à son insu et d'intégrer ces images au film qu'il tourne parallèlement. □ Général
DVD Cadrage W→15,95 $

BOX 507
ESP. 2002. Enrique URBIZU
DVD STA→Cadrage W→36,95 $

BOX OF MOONLIGHT [Temps fou, Le] ▷5
É.-U. 1996. Comédie dramatique de Tom DiCILLO avec John Turturro, Sam Rockwell et Catherine Keener. - Un contremaître austère se transforme au contact d'un jeune marginal fantasque avec qui il doit séjourner quelque temps. □ Général · Déconseillé aux jeunes enfants
DVD VA→STF→Cadrage W→21,95 $

BOXCAR BERTHA ▷5
É.-U. 1972. Drame social de Martin SCORSESE avec Barbara Hershey, David Carradine et Barry Primus. - Dans les années 1930, une jeune femme se joint à un Noir pour former une bande de voleurs de trains. □ 18 ans+
DVD VF→STF→Cadrage W→12,95 $

BOXER, THE [Boxeur, Le] ▷4
É.-U. IRL. 1997. Drame social de Jim SHERIDAN avec Emily Watson, Daniel Day-Lewis et Brian Cox. - Après des années en prison, un membre de l'IRA doué pour la boxe ne tarde pas à croiser le fer avec ses anciens complices. □ 13 ans+
DVD VF→Cadrage W→10,95 $

BOY FRIEND, THE ▷3
ANG. 1971. Comédie musicale de Ken RUSSELL avec Leslie Hornsby (Twiggy), Christopher Gable et Max Adrian. - Dans un petit théâtre londonien, une jeune accessoiriste remplace au pied levé la vedette d'un spectacle. - Divertissement frais et charmant. Tableaux colorés. Mise en scène inventive. Acteurs bien dirigés. □ Général

BOY IN BLUE, THE ▷4
CAN. 1985. Drame sportif de Charles JARROTT avec Nicolas Cage, Cynthia Dale et Christopher Plummer. - Les tribulations d'un jeune Canadien qui, en 1874, devint une gloire nationale en battant les Américains dans une course d'embarcations à rames.
DVD VF→STA→14,95 $

BOY MEETS GIRL ▷4
É.-U. 1938. Comédie de Llyod BACON avec James Cagney, Pat O'Brien et Marie Wilson. - Deux scénaristes imaginatifs créent des difficultés à leurs employeurs.

BOY MEETS GIRL ▷3
FR. 1985. Drame poétique de Léos CARAX avec Denis Lavant, Mireille Perrier et Carroll Brooks. - Un apprenti cinéaste tombe amoureux d'une jeune fille désabusée de la vie et de l'amour. - Récit au romantisme écorché et ironique. Climat insolite. Mise en scène originale et moderne. □ Général
DVD VF→STA→42,95 $

BOY WITH GREEN HAIR, THE ▷4
É.-U. 1948. Drame poétique de Joseph LOSEY avec Dean Stockwell, Pat O'Brien et Robert Ryan. - Un jeune garçon se réveille un matin avec des cheveux verts et fait face à l'intolérance.
DVD VA→24,95 $

BOY'S CHOIR ▷4
JAP. 2000. Chronique d'Akira OGATA avec Atsushi Ito, Sora Toma et Teruyuki Kagawa. - Au début des années 1970, l'amitié entre deux adolescents qui chantent ensemble dans la chorale de leur orphelinat.
DVD STA→29,95 $

BOYFRIENDS AND GIRLFRIENDS
voir **Ami de mon amie, L'**

BOYS, LES ▷6
QUÉ. 1997. Comédie de Louis SAÏA avec Rémy Girard, Marc Messier et Serge Thériault. - Ayant contracté une dette de jeu, l'entraîneur d'une équipe de hockey amateur risque de tout perdre si ses joueurs ne gagnent pas un ultime match. □ 13 ans+
DVD VF→32,95 $ VF→STA→17,95 $

BOYS II, LES ▷6
QUÉ. 1998. Comédie de Louis SAÏA avec Marc Messier, Rémy Girard et Patrick Huard. - Les tribulations des membres d'une équipe de hockey québécoise participant à un tournoi amateur en France. □ Général
DVD VF→17,95 $

BOYS III, LES ▷5
QUÉ. 2001. Comédie de Louis SAÏA avec Rémy Girard, Alexis Martin et Marc Messier. - Un propriétaire de brasserie, entraîneur d'une équipe de hockey amateur, voit ses joueurs le déserter pour joindre la formation d'un entrepreneur qui veut le ruiner. □ Général
DVD VF→17,95 $

BOYS IV, LES ▷5
QUÉ. 2005. Comédie de George MIHALKA avec Rémy Girard, Patrick Labbé et Pierre Lebeau. - À la demande de leur entraîneur, les joueurs d'une équipe de hockey amateur effectuent un séjour en forêt afin de se préparer à un match important. □ Général
DVD VF→STA→Cadrage W→31,95 $

BOYS & GIRLS FROM COUNTY CLARE ▷5
[Au rythme du comté de Clare]
IRL. 2003. Comédie dramatique de John IRVIN avec Colm Meaney, Bernard Hill et Andrea Corr. - Lors d'une compétition de musique traditionnelle où leurs groupes s'affrontent, deux frères en mauvais termes en profitent pour régler leurs différends.
DVD VF→STA→Cadrage W→34,95 $

BOYS DON'T CRY ▷3
[Garçons ne pleurent pas, Les]
É.-U. 1999. Drame de mœurs de Kimberly PEIRCE avec Hilary Swank, Chloe Sevigny et Peter Sarsgaard. - En se faisant passer pour un garçon, une jeune femme soulève la colère de jeunes délinquants. - Œuvre sincère, prenante et brutale. Grande économie dans l'écriture. Réalisation assurée. Interprétation extraordinaire de H. Swank. □ 18 ans+
DVD Cadrage W→14,95 $

BOYS FROM BRAZIL, THE ▷5
[Ces garçons qui venaient du Brésil]
É.-U. 1978. Drame policier de Franklin J. SCHAFFNER avec Gregory Peck, Laurence Olivier et James Mason. - Un criminel de guerre réfugié au Brésil lance une entreprise meurtrière destinée à restaurer la puissance nazie. □ 13 ans+
DVD Cadrage W→31,95 $

BOYS IN THE BAND, THE ▷4
É.-U. 1970. Drame psychologique de William FRIEDKIN avec Kenneth Nelson, Cliff Gorman et Frederick Combs. - La visite inattendue d'un camarade de collège trouble la réception organisée par un homosexuel pour ses amis. □ 18 ans+

BOYS LIFE III ▷4
É.-U. Film à sketches de David FOURIER, Bradley RUST GRAY, Jason GOULD, Lane JANGER, Gregory COOKE avec Jason Gould, Jason Herman, Drew Wood. - Cinq histoires montrant diverses facettes de la vie de jeunes hommes gay.
DVD VA→Cadrage P&S→29,95 $

BOYS OF BARAKA, THE
É.-U. 2005. Heidi EWING et Rachel GRADY
DVD VA→31,95 $

BOYS OF ST. VINCENT, THE ▷3
[Garçons de Saint-Vincent, Les]
CAN. 1992. Drame de John N. SMITH avec Henry Czerny, Brian Dooley et Philip Dinn. - Dans un orphelinat, des religieux font face à des accusations de violence et d'attentats à la pudeur envers de jeunes garçons. - Téléfilm au sujet délicat basé sur des faits réels. Portraits nuancés et crédibles. Réalisation maîtrisée. Interprétation émouvante. □ Général
DVD VA→44,95 $

BOYS ON THE SIDE [Pas besoin des hommes] ▷5
É.-U. 1994. Comédie sentimentale de Herbert ROSS avec Whoopi Goldberg, Mary-Louise Parker et Drew Barrymore. - Trois femmes de caractère et de provenance différente partagent une voiture pour se rendre en Californie. □ 13 ans+
DVD VF→STF→Cadrage P&S/W→11,95 $

BOYS TOWN ▷4
É.-U. 1938. Drame social de Norman TAUROG avec Spencer Tracy, Mickey Rooney et Henry Hull. - Un prêtre décide de s'occuper des jeunes abandonnés et fait construire un grand établissement qu'il organise comme une cité. □ Général
DVD VA→STF→21,95 $

BOYZ'N THE HOOD [Loi de la rue, La] ▷4
É.-U. 1991. Drame social de John SINGLETON avec Ice Cube, Cuba Gooding Jr. et Morris Chestnut. - Indigné par la violence qui sévit dans son quartier, un jeune Noir tente d'aider son entourage. □ 13 ans+
DVD VA→34,95 $ VF→STF→Cadrage W→24,95 $

BRAIN DONORS [Tête à claques] ▷5
É.-U. 1992. Comédie satirique de Dennis DUGAN avec John Turturro, Bob Nelson et Mel Smith. - En mémoire de son défunt mari, une veuve demande à un avocat sans envergure de fonder une compagnie de ballet. □ Général
DVD VA→STA→Cadrage W→13,95 $

BRAIN, THE *voir* **Cerveau, Le**

BRAINDEAD [Dead Alive] ▷4
N.-Z. 1992. Drame d'horreur de Peter JACKSON avec Timothy Balme, Diana Penalver et Elizabeth Moody. - Un célibataire découvre que sa mère s'est transformée en une morte-vivante susceptible de contaminer tout son entourage. □ 18 ans+

BRAINSTORM ▷4
É.-U. 1983. Science-fiction de Douglas TRUMBULL avec Christopher Walken, Natalie Wood et Louise Fletcher. - Des savants mettent au point un appareil permettant de partager la pensée et les sensations d'autrui. □ 13 ans+
DVD VA→Cadrage W→13,95 $

BRAINWASH [Cercle du pouvoir, Le] ▷4
É.-U. 1982. Drame psychologique de Bobby ROTH avec Yvette Mimieux, Christopher Allport et Cindy Pickett. - Pour obtenir une promotion, les cadres d'une entreprise publicitaire doivent se soumettre à des sessions spéciales d'entraînement. □ 18 ans+

BRAM STOKER'S DRACULA [Dracula] ▷3
É.-U. 1992. Drame fantastique de Francis Ford COPPOLA avec Gary Oldman, Winona Ryder et Anthony Hopkins. - Un vampire jette son dévolu sur une jeune Londonienne qui ressemble à son épouse décédée il y a 400 ans. - Adaptation somptueuse et lyrique du roman de Bram Stoker. Traitement parfois chargé mais invention visuelle étonnante. Mise en scène fluide. Très bonne composition de G. Oldman. □ 16 ans+ · Érotisme
DVD VA→STF→Cadrage W→36,95 $
VF→STA→Cadrage W→18,95 $

BRANDED TO KILL
JAP. 1967. Seijun SUZUKI □ 13 ans+
DVD STA→Cadrage W→46,95 $

BRANNIGAN ▷5
ANG. 1975. Drame policier de Douglas HICKOX avec John Wayne, Richard Attenborough et Judy Geeson. - Un policier de Chicago est envoyé à Londres pour en ramener un gangster américain.
DVD VA→Cadrage W→11,95 $

BRAS DE FER ▷4
FR. 1985. Drame de guerre de Gérard VERGEZ avec Angela Molina, Bernard Giraudeau et Christophe Malavoy. - Durant la Seconde Guerre mondiale, les relations tendues entre deux résistants qui aiment la même femme risquent de compromettre leur mission. □ Général

BRAS DE FER, LE *voir* **Over the Top**

BRASIER, LE ▷4
FR. 1990. Drame social d'Éric BARBIER avec Maruschka Detmers, Jean-Marc Barr et Wladimir Koliarov. - En 1931, dans une ville minière, un immigré polonais tombe amoureux d'une jeune Française. □ 13 ans+

BRASSED OFF [Cuivres et charbon] ▷3
ANG. 1996. Drame social de Mark HERMAN avec Pete Postlethwaite, Tara Fitzgerald et Ewan McGregor. - Alors qu'ils vont perdre leur emploi, des mineurs continuent tant bien que mal à faire vivre la fanfare de leur ville. - Charge corrosive contre le néolibéralisme. Remarquable ton d'authenticité. Interprétation fort crédible. □ Général
DVD Cadrage W→17,95 $

BRAVADOS, THE ▷3
É.-U. 1958. Western de Henry KING avec Gregory Peck, Joan Collins et Henry Silva. - Un rancher traque des hors-la-loi qu'il croit coupables du meurtre de sa femme. - Scénario bien construit. Belle photo. Mise en scène vigoureuse. Interprétation de qualité.

BRAVE ET LA BELLE, LE *voir* **Magnificent Matador, The**

BRAVE LITTLE TOASTER, THE ▷4
[Brave Little Toaster to the Rescue, The]
É.-U. 1987. Dessins animés de Jeffrey REES. - Abandonnés depuis des années, cinq appareils ménagers se décident à retrouver leur propriétaire pour que celui-ci se remette à les utiliser. □ Général
DVD VA→18,95 $

BRAVE ONE, THE ▷4
É.-U. 1956. Aventures d'Irving RAPPER avec Michel Ray, Fermin Rivera et Rodolfo Hoyos. - Un petit Mexicain adopte un taurillon et s'en fait un compagnon de jeu.

BRAVEHEART [Cœur vaillant] ▷4
É.-U. 1995. Drame historique réalisé et interprété par Mel GIBSON avec Sophie Marceau et Patrick McGoohan. - Au XIIIe siècle, l'Écossais William Wallace se soulève contre le roi d'Angleterre afin d'obtenir l'indépendance de son pays. □ 16 ans+ · Violence
DVD VA→Cadrage W→19,95 $

BRAZIL ►1
ANG. 1984. Science-fiction de Terry GILLIAM avec Jonathan Pryce, Kim Greist et Robert De Niro. - Dans un monde totalitaire, un fonctionnaire croit reconnaître la belle de ses rêves en la personne d'une conductrice de camions. - Version burlesque et parfois surréaliste du *1984* de G. Orwell. Imagination furibonde. Mélange extrêmement original d'humour satirique, de romantisme et de critique sociale. Effets visuels extravagants. Interprétation impressionnante. □ Général
DVD VA→STA→Cadrage W→88,95 $

BREAD AND CHOCOLATE *voir* **Pain et chocolat**

BREAD AND ROSES [Du pain et des roses] ▷4
ANG. 2000. Drame social de Ken LOACH avec Pilar Padilla, Adrien Brody et Elpidia Carrillo. - Concierge dans une tour de Los Angeles, une immigrante illégale mexicaine se joint à la lutte pour de meilleures conditions de travail. □ Général · Déconseillé aux jeunes enfants

BREAD AND TULIPS *voir* **Pain, tulipes et comédie**

BREAD, LOVE AND DREAMS
voir **Pain, amour et fantaisie**

BREAK OF HEARTS ▷5
É.-U. 1935. Drame sentimental de Philip MOELLER avec Katharine Hepburn, Charles Boyer et John Beal. - Le roman d'amour d'une musicienne et d'un chef d'orchestre. □ Général

BREAKDOWN [Panne fatale] ▷5
É.-U. 1997. Drame de Jonathan MOSTOW avec J.T. Walsh, Kurt Russell et Kathleen Quinlan. - Un homme recherche désespérément sa femme qui a disparu après s'être fait conduire par un camionneur jusqu'à une halte routière. □ 13 ans+ · Violence
DVD VF➔STA➔Cadrage W➔12,95 $

BREAKER MORANT ▷3
AUS. 1980. Drame de guerre de Bruce BERESFORD avec Edward Woodward, Jack Thompson et John Waters. - Pendant la guerre des Boers, trois officiers australiens sont traduits en cour martiale pour avoir exécuté des prisonniers. - Scénario inspiré d'une affaire authentique. Judicieux retours en arrière. Mise en scène solide. Intérêt soutenu. Interprétation convaincue. □ Général
DVD VA➔Cadrage W➔59,95 $

BREAKFAST AT TIFFANY'S [Diamants sur canapés] ▷3
É.-U. 1961. Comédie de Blake EDWARDS avec Audrey Hepburn, George Peppard et Mickey Rooney. - Un écrivain s'intéresse à une voisine excentrique. - Adaptation d'un roman de Truman Capote. Thème plutôt artificiel. Mise en scène pleine de brio. A. Hepburn charmante. □ Général
DVD VF➔STA➔Cadrage W➔19,95 $

BREAKFAST CLUB, THE ▷4
É.-U. 1985. Comédie dramatique de John HUGHES avec Judd Nelson, Molly Ringwald et Emilio Estevez. - Cinq adolescents qui doivent passer un samedi en retenue dans leur école secondaire échangent des confidences. □ Général
DVD Cadrage W➔23,95 $

BREAKFAST OF CHAMPIONS ▷5
É.-U. 1999. Comédie fantaisiste d'Alan RUDOLPH avec Bruce Willis, Albert Finney et Nick Nolte. - Un vendeur d'autos en pleine crise existentielle croit pouvoir redonner un sens à sa vie en rencontrant un romancier réputé.
DVD VF➔Cadrage W➔14,95 $

BREAKFAST ON PLUTO ▷3
IRL. 2005. Comédie dramatique de Neil JORDAN avec Cillian Murphy, Liam Neeson et Ruth Negga. - Dans les années 1970, un jeune travesti irlandais part pour Londres afin d'y retrouver sa mère qu'il n'a jamais connue. - Adaptation pimpante d'un roman de Patrick McCabe. Sujet grave traité avec légèreté et humour noir. Réalisation fantaisiste. Interprétation attachante de C. Murphy. □ 13 ans+
DVD VA➔STF➔Cadrage W➔32,95 $

BREAKHEART PASS [Solitaire de Fort Humboldt, Le] ▷4
É.-U. 1975. Western de Tom GRIES avec Charles Bronson, Richard Crenna et Ben Johnson. - D'étranges incidents et quelques meurtres se produisent sur un train militaire se dirigeant vers un fort isolé.
DVD VF➔STF➔Cadrage W➔12,95 $

BREAKIN' OUT *voir* **Grosse bêtise**

BREAKING AWAY ▷4
É.-U. 1979. Comédie de mœurs de Peter YATES avec Paul Dooley, Dennis Christopher et Barbara Barrie. - Un adolescent, admirateur des coureurs cyclistes italiens, s'efforce d'adopter leur manière de vivre. □ Général
DVD VF➔STA➔Cadrage P&S/W➔14,95 $

BREAKING IN ▷4
É.-U. 1989. Comédie de Bill FORSYTH avec Casey Siemaszko, Sheila Kelley et Burt Reynolds. - Un cambrioleur d'expérience initie un jeune homme impulsif et irréfléchi aux trucs du métier. □ Non classé
DVD VF➔STF➔Cadrage W➔11,95 $ VF➔19,95 $

BREAKING NEWS
H.K. 2004. Johnny TO
DVD STA➔21,95 $

BREAKING THE CYCLE
É.-U. 2002. Dominick BRASCIA
DVD VA➔42,95 $

BREAKING THE WAVES
voir **Amour est un pouvoir sacré, L'**

BREAKOUT ▷4
É.-U. 1975. Aventures de Tom GRIES avec Charles Bronson, Robert Duvall et Jill Ireland. - Un pilote indépendant tente de faire évader un Américain enfermé dans une prison mexicaine.

BREATH OF SCANDAL, A [Scandale à la cour] ▷5
ITA. 1960. Comédie de Michael CURTIZ avec Sophia Loren, Maurice Chevalier et John Gavin. - Au début du siècle, une princesse autrichienne met la cour en émoi par suite d'une aventure avec un Américain. □ Général
DVD VA➔Cadrage W➔15,95 $

BREATHLESS ▷4
É.-U. 1983. Drame de mœurs de Jim McBRIDE avec Richard Gere, Valérie Kaprisky et William Tepper. - Un jeune vaurien, poursuivi par la police pour meurtre, entraîne dans son aventure une amie française. □ 13 ans+
DVD VF➔Cadrage W➔12,95 $

BREATHLESS *voir* **À bout de souffle**

BREED APART, A ▷5
É.-U. 1984. Aventures de Philippe MORA avec Rutger Hauer, Powers Boothe et Kathleen Turner. - Vivant seul dans une île, un naturaliste tente de protéger des aigles dont un collectionneur peu scrupuleux veut s'approprier les œufs.

BRÈVE HISTOIRE DU TEMPS, UNE
voir **Brief History of Time, A**

BRÈVE RENCONTRE *voir* **Brief Encounter**

BRÈVE TRAVERSÉE [Brief Crossing]
FR. 2001. Catherine BREILLAT
DVD VF➔STA➔44,95 $

BREWSTER MCCLOUD ▷4
É.-U. 1970. Comédie fantaisiste de Robert ALTMAN avec Sally Kellerman, Bud Cort et Michael Murphy. - Un jeune homme tente de fuir la police à l'aide d'une machine volante de son invention. □ 13 ans+

BREWSTER'S MILLIONS ▷5
[Comment claquer un million de dollars par jour]
É.-U. 1985. Comédie de Walter HILL avec Richard Pryor, John Candy et Lonette McKee. - Pour hériter d'une immense fortune, un joueur de baseball doit dépenser trente millions en un mois.

BRIAN'S SONG ▷4
É.-U. 1971. Drame de Buzz KULIK avec James Caan, Billy Dee Williams et Jack Warden. - L'amitié née entre deux joueurs de football est mise à l'épreuve par la grave maladie de l'un d'eux. □ Général
DVD VA➔Cadrage W➔19,95 $

BRICE DE NICE ▷5
FR. 2005. Comédie de James HUTH avec Jean Dujardin, Clovis Cornillac et Élodie Bouchez. - Évadé de Nice, un hurluberlu un peu niais s'inscrit bien malgré lui à une compétition de surf à Biarritz.
DVD VF➔Cadrage W➔31,95 $

BRICK ▷4
É.-U. 2005. Drame policier de Rian JOHNSON avec Lukas Haas, Joseph Gordon-Levitt et Nora Zehetner. - Un adolescent infiltre la bande de trafiquants de drogue de son école secondaire pour découvrir le meurtrier de son ex-petite amie.

BRIDAL NIGHT *voir* **Mariée est trop belle, La**

BRIDE, THE [Promise, La] ▷4
ANG. 1985. Drame fantastique de Franc RODDAM avec Sting, Jennifer Beals et Clancy Brown. - Le baron Frankenstein donne vie à une femme composite promise à un monstre qu'il a créé.
□ 13 ans+

BRIDE AND PREJUDICE ▷4
[Coup de foudre à Bollywood]
ANG. 2004. Comédie musicale de Gurinder CHADHA avec Aishwarya Rai, Martin Henderson et Daniel Gillies. - La fille d'un fermier indien résiste aux avances d'un riche Américain qu'elle juge arrogant et malhonnête. □ Général
DVD VA→Cadrage W→22,95 $

BRIDE CAME C.O.D., THE ▷4
É.-U. 1941. Comédie de William KEIGHLEY avec Bette Davis, James Cagney et Eugene Pallette. - Un aviateur s'engage à ramener à son père une jeune fille riche qui s'est enfuie pour se marier.

BRIDE OF FRANKENSTEIN, THE ►2
É.-U. 1935. Drame d'horreur de James WHALE avec Boris Karloff, Colin Clive et Elsa Lanchester. - Un savant fabrique une compagne au monstre composite qu'il a créé. - Suite de *Frankenstein*. Photographie et décors étonnants. Mise en scène inventive. Touches d'humour insolites. Interprétation savoureuse. □ Général

BRIDE OF THE WIND ▷5
ANG. 2001. Drame biographique de Bruce BERESFORD avec Sarah Wynter, Jonathan Pryce et Vincent Perez. - La vie d'Alma Mahler qui a successivement aimé le musicien Gustav Mahler, l'architecte Walter Gropius, le peintre Oskar Kokoschka et l'écrivain Franz Werfel. □ Général · Déconseillé aux jeunes enfants
DVD VA→STA→Cadrage W/16X9→21,95 $

BRIDE SUR LE COU, LA [Please Not Now] ▷5
FR. 1960. Comédie de Roger VADIM, Jean AUREL et J.D. TROP avec Brigitte Bardot, Michel Subor et Jacques Riberolles. - Une femme décide de se venger d'un amant qui l'a abandonnée.
DVD Cadrage W→34,95 $

BRIDE WITH WHITE HAIR, THE ▷3
H.K. 1993. Drame fantastique de Ronny YU avec Brigitte Lin, Leslie Cheung et Ng Chun-yu. - L'amour impossible entre un jeune guerrier fougueux et une mystérieuse sorcière qui appartiennent chacun à des clans rivaux. - Mélange flamboyant de romantisme échevelé et de combats d'arts martiaux époustouflants. Grande splendeur visuelle. Interprétation stylisée. □ 13 ans+ · Violence
DVD VA→STA→Cadrage W→21,95 $

BRIDE WITH WHITE HAIR II, THE ▷4
H.K. 1993. Drame fantastique de Ronny YU et David WU avec Christy Chung, Leslie Cheung et Brigitte Lin. - Un guerrier entre en lutte avec une sorcière qui a kidnappé sa jeune épouse.
DVD VA→STA→21,95 $

BRIDES OF DRACULA, THE ▷4
ANG. 1960. Drame d'horreur de Terence FISHER avec Peter Cushing, Yvonne Monlaur et David Peel. - Une institutrice en voyage dans les Balkans tombe sous l'emprise d'un vampire. □ Général

BRIDES OF FU MANCHU, THE ▷4
ANG. 1966. Aventures de Don SHARP avec Christopher Lee, Marie Versini, Douglas Wilmer. - Un criminel retient en otage des jeunes filles apparentées à des savants dont il veut obtenir l'aide.
□ Général

BRIDGE OF SAN LUIS REY ▷5
ANG. 2004. Drame historique de Mary McGUCKIAN avec Gabriel Byrne, Kathy Bates et Robert De Niro. - Au XVIIIe siècle, au Pérou, un moine est accusé d'hérésie à la suite de son enquête sur le passé de cinq victimes de l'écroulement d'un pont.
DVD VF→Cadrage W→31,95 $

BRIDGE OF SAN LUIS REY, THE ▷5
É.-U. 1944. Drame de Rowland V. LEE avec Francis Lederer, Louis Calhern et Lynn Bari. - Au Pérou, un moine enquête sur le passé de cinq personnes mortes ensemble dans l'écroulement d'un pont.

BRIDGE ON THE RIVER KWAI, THE ►2
[Pont sur la rivière Kwai, Le]
ANG. 1957. Drame de guerre de David LEAN avec Alec Guinness, William Holden et Jack Hawkins. - Des prisonniers de guerre anglais sont forcés par les Japonais de construire un pont dans la jungle. - Scénario d'une rigueur dramatique admirable. Étude psychologique prenante. Mise en scène remarquable. Interprétation de grande classe. □ Général
DVD VF→STF→Cadrage W→34,95 $
VF→STA→Cadrage W→49,95 $

BRIDGE TOO FAR, A ▷4
ANG. 1977. Drame de guerre de Richard ATTENBOROUGH avec Sean Connery, Anthony Hopkins et Michael Caine. - En novembre 1944, les forces alliées tentent de s'emparer de cinq ponts sur le Rhin.
□ Général
DVD VA→STF→Cadrage W→32,95 $
VF→STF→Cadrage W→12,95 $

BRIDGE, THE *voir* **Pont entre deux rives, Un**

BRIDGES AT TOKO-RI, THE ▷4
É.-U. 1954. Drame de guerre de Mark ROBSON avec William Holden, Grace Kelly et Fredric March. - La vie des aviateurs attachés à un porte-avions pendant la guerre de Corée. □ Non classé
DVD VF→STA→10,95 $

BRIDGES OF MADISON COUNTY, THE ▷3
[Sur la route de Madison]
É.-U. 1995. Drame sentimental réalisé et interprété par Clint EASTWOOD avec Meryl Streep et Annie Corley. - Durant une absence des siens, une mère de famille habitant la campagne vit une intense passion amoureuse avec un photographe. - Brève et déchirante histoire d'amour. Traitement simple et serein. Belle complicité des deux vedettes au sommet de leur forme. □ Général
DVD VF→STF→Cadrage P&S→16,95 $

BRIDGET JONES'S DIARY ▷4
[Journal de Bridget Jones, Le]
É.-U. 2001. Comédie sentimentale de Sharon MAGUIRE avec Colin Firth, Renée Zellweger et Hugh Grant. - Les tribulations sentimentales et professionnelles d'une jeune Londonienne qui a le don de se mettre dans l'embarras. □ Général · Déconseillé aux jeunes enfants
DVD VF→STA→Cadrage W/16X9→23,95 $

BRIDGET JONES: THE EDGE OF REASON ▷5
[Bridget Jones: l'âge de raison]
ANG. 2004. Comédie sentimentale de Beeban KIDRON avec Renée Zellweger, Colin Firth et Hugh Grant. - Une journaliste maladroite et complexée soupçonne d'infidélité l'avocat avec qui elle est en couple depuis seulement six semaines. □ Général · Déconseillé aux jeunes enfants
DVD VF→Cadrage W→16,95 $

BRIEF CROSSING *voir* **Brève traversée**

BRIEF ENCOUNTER [Brève rencontre] ►2
ANG. 1946. Drame psychologique de David LEAN avec Celia Johnson, Trevor Howard et Stanley Holloway. - Une femme mariée s'attache à un médecin avec qui elle a des rencontres hebdomadaires. - Film intimiste de qualité tiré d'une pièce de Noel Coward. Réalisation d'une finesse remarquable. Interprétation sobre et sensible. □ Non classé
DVD VA→STA→62,95 $

BRIEF ENCOUNTER ▷4
É.-U. 1974. Drame sentimental d'Alan BRIDGES avec Sophia Loren, Richard Burton et Jack Hedley. - Une femme mariée rencontre chaque semaine un médecin dont elle est éprise.

BRIEF VACATION, A
ITA. 1976. Vittorio DE SICA
DVD STA→32,95 $

BRIGADE DU DIABLE, LA *voir* **Devil's Brigade, The**

BRIGADOON ▷4
É.-U. 1953. Comédie musicale de Vincente MINNELLI avec Gene Kelly, Van Johnson et Cyd Charisse. - Deux Américains chassant en Écosse pénètrent dans un village fantôme et assistent à la célébration d'une noce. □ Général
DVD Cadrage W➔21,95 $ VA➔21,95 $

BRIGHT ANGEL ▷4
É.-U. 1990. Drame de Michael FIELDS avec Dermot Mulroney, Lily Taylor et Sam Shepard. - Un adolescent du Montana accepte de conduire au Wyoming une jeune Canadienne dont le frère est emprisonné dans cet État. □ 13 ans+

BRIGHT FUTURE
JAP. 2003. Kiyoshi KUROSAWA
DVD STA➔Cadrage W➔31,95 $

BRIGHT YOUNG THINGS ▷4
ANG. 2003. Comédie de mœurs de Stephen FRY avec Stephen Campbell Moore, Emily Mortimer et James McAvoy. - À la fin des années 1930, les frasques en tous genres d'un jeune viveur de la bonne société anglaise et de son groupe d'amis.
DVD VA➔STA➔Cadrage W➔17,95 $

BRIGHTON BEACH MEMOIRS ▷4
[Mémoires de Brighton Beach]
É.-U. 1986. Comédie de mœurs de Gene SAKS avec Blythe Danner, et Judith Ivey. - Un adolescent juif qui rêve de devenir écrivain décrit les tribulations de sa famille à Brooklyn en 1937. □ Général
DVD VA➔STF➔Cadrage W➔17,95 $

BRILLANTINE *voir* **Grease**

BRIMSTONE & TREACLE [Malotru, Le] ▷4
ANG. 1982. Drame de mœurs de Richard LONCRAINE avec Sting, Denholm Elliott et Joan Plowright. - Un jeune homme étrange s'impose à un couple d'âge mûr dont la fille est devenue paraplégique après un accident. □ 13 ans+

BRING ME THE HEAD OF ALFREDO GARCIA ▷4
É.-U. 1974. Aventures de Sam PECKINPAH avec Warren Oates, Isela Vega et Emilio Fernandez. - Un riche Mexicain offre une forte récompense à qui lui rapportera la tête du séducteur de sa fille.
□ 18 ans+
DVD VA➔STF➔12,95 $

BRINGING OUT THE DEAD [Ressusciter les morts] ▷3
É.-U. 1999. Drame psychologique de Martin SCORSESE avec Nicolas Cage, Patricia Arquette et Ving Rhames. - L'existence d'un ambulancier new-yorkais est bouleversée en cinquante-six heures. - Écriture riche et complexe. Invention visuelle constamment renouvelée. Humour caustique. Jeu étonnamment retenu de N. Cage.
□ 13 ans+ · Violence
DVD VA➔STA➔Cadrage W➔19,95 $

BRINGING UP BABY ►2
É.-U. 1938. Comédie de Howard HAWKS avec Katharine Hepburn, Cary Grant et Charles Ruggles. - Les mésaventures d'un paléontologiste, d'une héritière excentrique et d'un léopard apprivoisé. - Exemple type de la comédie américaine d'avant-guerre. Mise en scène remarquablement alerte. Drôlerie constante. Direction d'acteurs impeccable. □ Général
DVD VA➔STF➔31,95 $

BRINK OF LIFE ▷3
SUÈ. 1957. Drame psychologique de Ingmar BERGMAN avec Eva Dahlbeck, Ingrid Thulin et Bibi Andersson. - Trois jeunes femmes partagent la même chambre dans une clinique de maternité. - Œuvre rigoureuse et dépouillée. Images simples et belles. Psychologie pénétrante. Interprétation excellente.

BRINK'S JOB, THE ▷4
[Têtes vides cherchent coffre plein]
É.-U. 1978. Comédie policière de William FRIEDKIN avec Peter Falk, Peter Boyle et Allen Goorwitz (Garfield). - À la fin des années 40, une bande de truands minables réussit un vol important à l'agence de sécurité Brink. □ Général

BRISBY ET LE SECRET DE NIMH
voir **Secret of Nimh, The**

BRITANNIA HOSPITAL ▷3
ANG. 1982. Comédie satirique de Lindsay ANDERSON avec Graham Crowden, Leonard Rossiter et Malcolm McDowell. - Des incidents bizarres compliquent la célébration du cinq-centième anniversaire d'un hôpital londonien. - Caricature virulente. Humour un peu lourd mais efficace. Réalisation enlevée. Interprétation joyeusement outrée. □ Général
DVD VA➔Cadrage W➔24,95 $

BROADCAST NEWS ▷4
É.-U. 1987. Comédie sentimentale de James L. BROOKS avec Holly Hunter, William Hurt et Albert Brooks. - Une relation amoureuse se développe entre une réalisatrice de télévision et un commentateur sportif aux caractères très opposés. □ Général
DVD Cadrage W➔15,95 $

BROADWAY BILL ▷4
É.-U. 1934. Comédie de Frank CAPRA avec Warner Baxter, Myrna Loy et Walter Connelly. - Les difficultés rencontrées par le propriétaire d'un cheval de course à l'avenir prometteur. □ Général
DVD VA➔13,95 $

BROADWAY DANNY ROSE ▷3
É.-U. 1984. Comédie réalisée et interprétée par Woody ALLEN avec Mia Farrow et Nick Apollo Forte. - Réunis dans un restaurant, quelques comédiens évoquent les aventures survenues à Danny Rose, un impresario de seconde zone. - Hommage amusé au monde du showbiz new-yorkais. Œuvre modeste mais sympathique jouant sur l'absurde. Mise en scène adroite. Interprétation insolite de M. Farrow.
□ Général
DVD VA➔Cadrage W➔13,95 $

BROADWAY MELODY OF 1936 ▷4
É.-U. 1935. Comédie musicale de Roy DEL RUTH avec Jack Benny, Eleanor Powell et Robert Taylor. - Un journaliste spécialisé dans les potins cherche noise à un producteur de théâtre. □ Général

BROADWAY MELODY OF 1938 ▷4
É.-U. 1937. Comédie musicale de Roy DEL RUTH avec Robert Taylor, Eleanor Powell et George Murphy. - Une jeune danseuse propriétaire d'un cheval de course espère pouvoir commanditer un spectacle.
□ Général

BROADWAY MELODY OF 1940 ▷4
É.-U. 1940. Comédie musicale de Norman TAUROG avec Fred Astaire, Eleanor Powell et George Murphy. - Un malentendu risque de briser l'amitié de deux danseurs de music-hall. □ Général
DVD VF➔STF➔21,95 $

BRODEUSES ▷4
FR. 2004. Drame psychologique d'Éléonore FAUCHER avec Lola Naymark, Ariane Ascaride et Thomas Laroppe. - Une adolescente cherchant à cacher une grossesse non désirée se rapproche d'une brodeuse professionnelle qui vient de perdre son fils. □ Général
DVD VF➔Cadrage W➔31,95 $

BROKEBACK MOUNTAIN ►2
[Souvenirs de Brokeback Mountain]
É.-U. 2005. Drame sentimental d'Ang LEE avec Heath Ledger, Jake Gyllenhaal et Michelle Williams. - Sur une période de plusieurs années, deux cow-boys mariés vivent secrètement une dévorante passion amoureuse. - Adaptation émouvante de la nouvelle d'Annie Proulx. Personnages dessinés avec finesse et authenticité. Mise en scène à la fois expressive et sobre. Interprétation excellente.
□ 13 ans+
DVD VF➔STF➔Cadrage W➔34,95 $

BROKEN ARROW [Flèche brisée, La] ▷3
É.-U. 1949. Western de Delmer DAVES avec James Stewart, Jeff Chandler, Basil Ruysdael et Debra Paget. - Un ancien officier tente d'amener les Apaches et les Blancs à faire la paix. - Fort bon western à caractère documentaire. Traitement sympathique aux Indiens. □ Non classé

BROKEN ARROW **[Code: Broken Arrow]** ▷4
É.-U. 1996. Aventures de John WOO avec John Travolta, Christian Slater et Samantha Mathis. - Un pilote de l'armée de l'air s'empare de deux missiles nucléaires qu'il menace de faire sauter. □ 16 ans+ · Violence
DVD VF→STA→Cadrage W→14,95 $

BROKEN BLOSSOMS **[Lys brisé, Le]** ►1
É.-U. 1919. Mélodrame de David W. GRIFFITH avec Lillian Gish, Richard Barthelmess et Donald Crisp. - Un Chinois prend sous sa protection une adolescente maltraitée par son père. - Thème modeste rehaussé par une mise en scène inventive. Exemple éloquent du style d'un pionnier du cinéma. Interprétation touchante. □ Général
DVD 23,95 $

BROKEN ENGLISH ▷4
N.-Z. 1996. Drame de mœurs de Gregor NICHOLAS avec Aleksandra Vujcic, Julian Arahanga et Rade Serbedzija. - Une jeune Croate nouvellement installée depuis peu en Nouvelle-Zélande suscite la colère de son père lorsqu'elle se met à fréquenter un garçon maori. □ 13 ans+

BROKEN FLOWERS **[Fleurs brisées]** ▷3
É.-U. 2005. Comédie dramatique de Jim JARMUSCH avec Bill Murray, Jeffrey Wright et Sharon Stone. - Un célibataire endurci recherche quatre de ses anciennes flammes afin de découvrir la mère d'un fils qu'il n'a jamais connu. - Œuvre existentialiste dénuée de toute forme d'idéalisme. Rythme d'une lenteur étudiée. Réalisation épurée. Jeu hyper-décontracté de la vedette. □ Général
DVD VF→STF→Cadrage W→22,95 $

BROKEN LANCE **[Lance brisée, La]** ▷3
É.-U. 1953. Western d'Edward DMYTRYK avec Spencer Tracy, Richard Widmark et Robert Wagner. - Un rancher puissant régit son domaine en despote et s'aliène l'affection de ses fils. - Excellente étude psychologique. Réalisation vigoureuse. Interprètes de talent. □ Général
DVD VA→PC

BRONCO BILLY ▷5
É.-U. 1980. Comédie réalisée et interprétée par Clint EASTWOOD avec Sondra Locke et Geoffrey Lewis. - Le directeur d'un spectacle ambulant engage une jeune femme sans savoir qu'il s'agit d'une riche héritière.
DVD VA→STF→Cadrage W→16,95 $

BRONX TALE, A **[Histoire du Bronx, Une]** ▷4
É.-U. 1993. Drame de mœurs réalisé et interprété par Robert DE NIRO avec Lillo Brancato et Chazz Palminteri. - Élevé par un honnête chauffeur d'autobus, un garçon du Bronx entretient pourtant des liens d'amitié avec un mafioso local. □ 13 ans+ · Langage vulgaire

BRONZÉS, LES ▷5
FR. 1978. Comédie satirique de Patrice LECONTE avec Gérard Jugnot, Dominique Lavanant et Michel Blanc. - Les mésaventures d'estivants dans un club de vacances. □ Général

BRONZÉS FONT DU SKI, LES ▷5
FR. 1979. Comédie de Patrice LECONTE avec Michel Blanc, Gérard Jugnot et Thierry Lhermitte. - Les mésaventures d'un petit groupe d'amis dans une station de sports d'hiver. □ Général

BROOD, THE **[Clinique de la terreur, La]** ▷5
CAN. 1979. Drame d'horreur de David CRONENBERG avec Art Hindle, Oliver Reed et Samantha Eggar. - Un jeune homme découvre qu'un lien existe entre une série d'événements horribles et les traitements psychiatriques que subit sa femme. □ 18 ans+
DVD VA→STF→Cadrage W→24,95 $

BROTHER ▷4
RUS. 1997. Drame de mœurs d'Alexei BALABANOV avec Sergei Bodrov Jr., Viktor Sukhoroukov et Svetlana Pismitchenko. - Après son service militaire, un jeune Russe devient l'assistant de son frère, qui est tueur professionnel à Saint-Pétersbourg. □ 13 ans+
DVD STF→41,95 $

BROTHER **[Aniki mon frère]** ▷4
JAP. 2000. Thriller de Takeshi KITANO avec Beat Takeshi, Omar Epps et Claude Maki. - Un yakusa en exil provoque une guerre de clans mafieux à Los Angeles.
DVD STF→36,95 $

BROTHER FROM ANOTHER PLANET, THE ▷4
[Mon frère venu d'ailleurs]
É.-U. 1984. Science-fiction de John SAYLES avec Joe Morton, Tom Wright et Ren Woods. - Après l'écrasement de son appareil près de New York, un extraterrestre qui a l'apparence d'un homme de couleur tente d'échapper à des chasseurs de primes. □ Général
DVD VA→STA→Cadrage W→32,95 $

BROTHER JOHN ▷5
É.-U. 1971. Drame social de James GOLDSTONE avec Sidney Poitier, Will Geer et Beverly Todd. - À son retour dans sa ville natale, en Alabama, un Noir est pris pour un agitateur. □ Général

BROTHER OF SLEEP ▷4
ALL. 1995. Drame psychologique réalisé par Joseph VILSMAIER avec Andre Eisermann, Dana Vavrova et Ben Becker. - Dans un village des Alpes au XIXe siècle, un prodige musical suscite des passions violentes chez un jeune homme et la sœur de celui-ci. □ 13 ans+

BROTHER ORCHID ▷4
É.-U. 1940. Comédie policière de Lloyd BACON avec Humphrey Bogart, Edward G. Robinson et Ann Sothern. - Un gangster blessé est accueilli dans un monastère où il prend goût à la vie calme des moines.

BROTHER SUN, SISTER MOON
voir **François et le chemin du soleil**

BROTHER TO BROTHER
É.-U. 2004. Rodney EVANS
DVD VA→Cadrage W→34,95 $

BROTHERHOOD, THE ▷3
É.-U. 1968. Drame de Martin RITT avec Kirk Douglas, Irene Papas et Alex Cord. - Deux frères mêlés aux affaires d'un syndicat du crime en viennent à s'opposer. - Peinture intéressante du monde de la mafia. Personnages bien analysés. Réalisation vigoureuse. K. Douglas excellent. □ Général
DVD VF→STA→Cadrage W→29,95 $

BROTHERHOOD OF SATAN ▷4
É.-U. 1971. Drame d'horreur de Bernard McEVEETY avec L.Q. Jones, Strother Martin et Charles Bateman. - Un jeune veuf, sa fillette et sa fiancée sont bloqués dans un village par une force mystérieuse. □ 13 ans+

BROTHERS ▷4
DAN. 2004. Drame psychologique de Susanne BIER avec Connie Nielsen, Nikolaj Lie Kaas, Sarah Juel Werner et Ulrich Thomsen. - De retour d'une mission traumatisante en Afghanistan, un militaire soupçonne son frère cadet d'avoir eu une liaison avec son épouse. □ 13 ans+
DVD STA→Cadrage W→34,95 $

BROTHERS GRIMM **[Frères Grimm, Les]** ▷4
ANG. 2005. Conte de Terry GILLIAM avec Matt Damon, Heath Ledger et Peter Stormare. - En 1796, deux soi-disant spécialistes en sorcellerie doivent percer le mystère d'une forêt hantée où ont disparu plusieurs fillettes. □ Général · Déconseillé aux jeunes enfants
DVD VF→STA→Cadrage W→34,95 $

BROTHERS IN TROUBLE ▷4
ANG. 1995. Drame de mœurs de Udayan PRASAD avec Om Puri, Angeline Ball et Pavan Malhotra. - À Londres, dans les années 60, une quinzaine d'immigrants pakistanais clandestins vivent sous le même toit. □ Non classé

BROTHERS KARAMAZOV, THE ▷4
É.-U. 1958. Drame de Richard BROOKS avec Yul Brynner, Lee J. Cobb et Maria Schell. - Les quatre frères Karamazov sont en lutte avec leur père, homme cynique et débauché. □ Général

BROTHERS MCMULLEN, THE ▷5
[Frères McMullen, Les]
É.-U. 1995. Comédie de mœurs réalisée et interprétée par Edward BURNS avec Mike McGlone et Jack Mulcahy. - À la mort de leur père, trois frères tentent de s'entraider mutuellement dans leurs problèmes sentimentaux. □ Général
DVD Cadrage W➔9,95 $

BROUILLARD, LE *voir* **Fog, The**

BROWN BUNNY ▷4
É.-U. 2003. Drame psychologique réalisé et interprété par Vincent GALLO avec Chloë Sevigny et Cheryl Tiegs. - Un pilote de moto de course se rend de la Nouvelle-Angleterre à la Californie dans l'espoir de renouer avec son amour perdu.
DVD VA➔Cadrage W➔22,95 $

BROWNING VERSION, THE ▷3
ANG. 1951. Drame psychologique d'Anthony ASQUITH avec Michael Redgrave, Nigel Patrick et Jean Kent. - Un élève découvre la sensibilité d'un professeur qui passe pour être détestable. - Adaptation d'une pièce de Terence Rattigan. Construction dramatique solide. Subtile étude psychologique. Photo d'une beauté austère. Excellents interprètes. □ Général
DVD VA➔STA➔46,95 $

BROWNING VERSION, THE [Leçons de la vie, Les] ▷4
ANG. 1994. Drame psychologique de Mike FIGGIS avec Matthew Modine, Albert Finney, Julian Sands et Greta Scacchi. - Trompé par sa femme et méprisé par ses pairs, un vieux professeur trouve un certain réconfort dans l'admiration que lui voue un de ses élèves.
□ Général
DVD VA➔STA➔Cadrage W➔14,95 $

BRUBAKER ▷3
É.-U. 1980. Drame social de Stuart ROSENBERG avec Robert Redford, Yaphet Kotto et Tim McIntire. - Le nouveau directeur d'une ferme pénitentiaire lutte contre les abus qui y ont cours. - Scénario inspiré d'un fait vécu. Description âpre et réaliste du milieu. Mise en scène habile. Interprétation convaincue de R. Redford.
□ 13 ans+
DVD VA➔16,95 $

BRUCE ALMIGHTY [Bruce le tout-puissant] ▷5
É.-U. 2003. Comédie fantaisiste de Tom SHADYAK avec Jim Carrey, Jennifer Aniston et Morgan Freeman. - Un reporter déchu ayant insulté Dieu est mis au défi par ce dernier de tenir son rôle pendant une semaine. □ Général
DVD VF➔STF➔Cadrage W➔17,95 $

BRÛLURE, LA *voir* **Heartburn**

BRUNO [Dress Code, The] ▷5
É.-U. 2000. Comédie dramatique réalisée et interprétée par Shirley MacLAINE avec Alex D. Linz et Stacey Halprin. - Souffre-douleur de son entourage, un gamin qui insiste pour s'habiller en fille participe à un concours national d'épellation.
DVD VA➔STA➔Cadrage W➔6,95 $

BRUTE, LA ▷5
FR. 1987. Drame policier de Claude GUILLEMOT avec Jean Carmet, Xavier Deluc, Georges Claisse et Assumpta Serna. - Chargé de défendre un jeune homme sourd, muet et aveugle, un avocat éclaircit les ombres qui entourent le meurtre dont il s'est avoué coupable. □ Général

BRUTE FORCE ▷3
É.-U. 1947. Drame de Jules DASSIN avec Burt Lancaster, Hume Cronyn et Charles Bickford. - Plusieurs intrigues se nouent dans la prison de Westgate où gronde une révolte. - Intensité dramatique rigoureuse. Mise en scène d'une forte puissance visuelle.
□ Général

BUBBLE
É.-U. 2005. Steven SODERBERGH
DVD VA➔STA➔34,95 $

BUCCANEER, THE [Boucaniers, Les] ▷5
É.-U. 1958. Aventures d'Anthony QUINN avec Yul Brynner, Charlton Heston et Charles Boyer. - En 1815, un corsaire prête main-forte aux Américains contre une invasion britannique. □ Non classé

BÛCHE, LA ▷5
FR. 1999. Comédie de mœurs de Danièle THOMPSON avec Sabine Azéma, Charlotte Gainsbourg et Emmanuelle Béart. - Les tribulations affectives des membres d'une famille parisienne d'origine russe, à quelques jours de Noël.
DVD VF➔STA➔PC

BÛCHER DES VANITÉS, LE
voir **Bonfire of the Vanities, The**

BUCK AND THE PREACHER [Buck et son complice] ▷4
É.-U. 1971. Western réalisé et interprété par Sidney POITIER avec Harry Belafonte et Ruby Dee. - Après la guerre de Sécession, d'anciens esclaves noirs tentent, malgré des mercenaires, de se rendre au Colorado pour s'y établir. □ Général
DVD Cadrage W➔34,95 $

BUDDY BUDDY [Casse-pied, Le] ▷5
É.-U. 1981. Comédie de Billy WILDER avec Jack Lemmon, Walter Matthau et Paula Prentiss. - Un tueur à gages est dérangé dans ses occupations par un voisin suicidaire qui s'accroche à lui.
□ 13 ans+

BUDDY HOLLY STORY, THE ▷4
[Histoire de Buddy Holly, L']
É.-U. 1978. Drame biographique de Steve RASH avec Gary Busey, Don Stroud et Charles Martin Smith. - Évocation de la carrière d'un jeune chanteur rock mort prématurément à la fin des années 50.
□ Général
DVD VA➔STA➔Cadrage W➔9,95 $

BUDDY SYSTEM, THE [Copains, copines] ▷5
É.-U. 1983. Comédie sentimentale de Glenn JORDAN avec Richard Dreyfuss, Susan Sarandon et Wil Wheaton. - Un agent de sécurité qui travaille dans une école se lie d'amitié avec la mère célibataire d'un jeune élève. □ Général

BUFFALO 66 ▷4
É.-U. 1998. Comédie dramatique réalisée et interprétée par Vincent GALLO avec Christina Ricci et Anjelica Huston. - À sa sortie de prison, un jeune homme kidnappe une jeune fille qu'il présente comme sa femme à ses parents. □ 13 ans+
DVD VA➔Cadrage W➔13,95 $

BUFFALO BILL ▷4
É.-U. 1944. Drame biographique de William A. WELLMAN avec Joel McCrea, Maureen O'Hara et Linda Darnell. - La vie du colonel William Cody, surnommé Buffalo Bill.
DVD VA➔15,95 $

BUFFALO BILL AND THE INDIANS ▷3
É.-U. 1976. Comédie satirique de Robert ALTMAN avec Joel Grey, Paul Newman et Frank Kaquitts. - Profitant de sa réputation de héros, Buffalo Bill exploite un spectacle de cirque évoquant la conquête de l'Ouest. - Exploration des relations entre le spectacle et la réalité. Personnages caricaturés. □ Général
DVD Cadrage W➔17,95 $

BUFFALO SOLDIERS [Soldats sans bataille] ▷4
ANG. 2001. Comédie dramatique de Gregor JORDAN avec Joaquin Phoenix, Ed Harris et Scott Glenn. - En 1989, dans une base militaire américaine en Allemagne de l'Ouest, un soldat magouilleur est soumis à la tyrannie d'un sergent chargé de rétablir l'ordre.
□ 13 ans+
DVD VF➔STA➔Cadrage W/16X9➔36,95 $

BUFFET FROID ▷3
FR. 1979. Comédie satirique de Bertrand BLIER avec Gérard Depardieu, Bernard Blier et Jean Carmet. - D'étranges relations s'établissent entre un chômeur, un policier et un étrangleur. - Intrigue apparentée au théâtre de l'absurde. Situations insolites et confrontations surprenantes. □ Général

BUG'S LIFE, A **[Vie de bestiole, Une]** ▷3
É.-U. 1998. Dessins animés de John LASSETER et Andrew STANTON. - Une fourmi fait appel à une troupe de bestioles acrobates pour défendre sa colonie contre des sauterelles. - Univers fantaisiste aux couleurs éclatantes. Scénario inspiré des *Sept Samouraïs* de Kurosawa. Conception visuelle ingénieuse. Réalisation souple et inventive. □ Général
DVD VA➔STA➔Cadrage P&S/W➔34,95 $ VA➔36,95 $

BUGSY ▷4
É.-U. 1991. Drame de mœurs de Barry LEVINSON avec Warren Beatty, Annette Bening et Harvey Keitel. - Fasciné par Hollywood et amoureux d'une starlette, un mafioso sans scrupules rêve de construire un luxueux hôtel-casino en plein désert. □ 13 ans+

BUGSY MALONE ▷3
ANG. 1976. Comédie musicale d'Alan PARKER avec Jodie Foster, Florrie Dugger, John Cassisi et Scott Baio. - Pour favoriser la carrière d'une chanteuse, un aventurier se met au service d'un gangster. - Parodie des films de gangsters où tous les rôles sont joués par des enfants. Idée originale et fantaisiste. Mise en images soignée. Transpositions amusantes. Interprétation d'un naturel étonnant. □ Général

BULGARIAN LOVERS
É.-U. 2002. Eloy de la IGLESIA
DVD VA➔STA➔31,95 $

BULL DURHAM **[Belle et le vétéran, La]** ▷3
É.-U. 1988. Comédie de Ron SHELTON avec Kevin Costner, Susan Sarandon et Tim Robbins. - Un joueur de base-ball vétéran tombe amoureux d'une enseignante qui a l'habitude de prendre pour amant durant l'été une recrue au talent prometteur. - Description savoureuse du milieu. Mise en scène d'une étonnante sûreté. □ 13 ans+
DVD VF➔Cadrage P&S/W➔11,95 $
VF➔STF➔Cadrage P&S/W➔12,95 $

BULLDOG DRUMMOND ▷4
É.-U. 1929. Drame policier de F. Richard JONES avec Joan Bennett, Ronald Colman et Lilyan Tashman. - Un aventurier britannique affronte mille difficultés afin de libérer un richard emprisonné dans un sanatorium par une bande de malfaiteurs. □ Général

BULLDOZER
QUÉ. 1973. Pierre HAREL □ 13 ans+

BULLET BALLET
JAP. 1998. Shinya TSUKAMOTO
DVD STA➔Cadrage W➔34,95 $

BULLET IN THE HEAD **[Balle dans la tête, Une]** ▷4
CAN. 1990. Drame de guerre réalisé et interprété par Attila BERTALAN avec David Garfinkle et Andrea Sadler. - Au début du siècle, dans un pays européen où une guerre fait rage, un jeune soldat blessé d'une balle à la tête erre dans la forêt. □ 16 ans+ · Violence

BULLET TO BEIJING **[Beijing Express]** ▷5
CAN. 1995. Drame d'espionnage de George MIHALKA avec Michael Caine, Jason Connery et Mia Sara. - Un espion anglais tente d'intercepter des malfaiteurs qui convoient un virus mortel dans le train transsibérien. □ Général

BULLETIN SPÉCIAL *voir* **Special Bulletin**

BULLETS OR BALLOTS ▷4
É.-U. 1936. Drame policier de William KEIGHLEY avec Edward G. Robinson, Humphrey Bogart et Joan Blondell. - Un policier entre dans une bande de criminels pour mieux les démasquer. □ Non classé

BULLETS OVER BROADWAY ▷3
[Coups de feu sur Broadway]
É.-U. 1994. Comédie de Woody ALLEN avec John Cusack, Dianne Wiest et Jennifer Tilly. - Les difficultés rencontrées par un jeune dramaturge qui produit sa première pièce de théâtre grâce au financement d'un mafioso. - Réflexion sur l'éthique dans l'art. Œuvre fine et inspirée. Reconstitution habile du New York des années 1920. Distribution harmonieuse et enthousiaste. □ Général
DVD VA➔Cadrage W➔11,95 $

BULLFIGHTERS, THE ▷5
É.-U. 1945. Comédie burlesque de Mel ST. CLAIR avec Stan Laurel, Oliver Hardy et Margo Woode. - Un détective a des ennuis au Mexique parce qu'il ressemble à un toréador. □ Non classé

BULLITT ▷3
É.-U. 1968. Drame policier de Peter YATES avec Steve McQueen, Robert Vaughn, Don Gordon et Jacqueline Bisset. - Un lieutenant de police poursuit les meurtriers d'un gangster qu'il devait protéger. - Traitement original. Rythme nerveux. Réalisation soignée. Scène de poursuite menée avec brio. Jeu solide de S. McQueen. □ 13 ans+
DVD VF➔STF➔Cadrage W➔19,95 $/29,95 $

BULLSHOT ▷4
ANG. 1985. Aventures de Dick CLEMENT avec Alan Shearman, Diz White et Ron House. - Un aventurier britannique affronte mille difficultés afin de libérer un scientifique fait prisonnier par un comte allemand. □ Général

BULLY ▷4
É.-U. 2001. Drame de mœurs de Larry CLARK avec Brad Renfro, Rachel Miner et Nick Stahl. - Dans une ville de banlieue en Floride, des adolescents complotent pour tuer un camarade qui les malmène constamment. □ 16 ans+ · Érotisme - Violence
DVD 21,95 $

BULWORTH ▷4
É.-U. 1998. Comédie satirique réalisée et interprétée par Warren BEATTY avec Halle Berry, Don Cheadle et Oliver Platt. - Après avoir engagé un tueur pour l'abattre, un sénateur dépressif décide de changer son discours politique en ne disant plus que la vérité. □ 13 ans+ · Langage vulgaire
DVD Cadrage W➔14,95 $

BUMBLEBEE FLIES AWAY, THE ▷4
É.-U. 1999. Drame de Martin DUFFY avec Elijah Wood, Janeane Garofalo et Rachael Leigh Cook. - Un adolescent amnésique est traité dans un centre pour jeunes en phase terminale.
DVD Cadrage W➔7,95 $

BUNDLE OF JOY **[Bébé de mademoiselle, Le]** ▷5
É.-U. 1956. Comédie de Norman TAUROG avec Eddie Fisher, Debbie Reynolds et Adolphe Menjou. - Une jeune fille connaît diverses aventures après avoir trouvé un bébé abandonné. □ Général

BUNKER, THE ▷4
É.-U. 1981. Drame historique de George SCHAEFER avec Anthony Hopkins, Susan Blakely et Richard Jordan. - Les derniers jours d'Hitler dans un bunker sous la chancellerie de Berlin. □ Général
DVD VA➔12,95 $

BUNKER PALACE HOTEL ▷4
FR. 1989. Science-fiction d'Enki BILAL avec Jean-Louis Trintignant, Carole Bouquet et Benoît Régent. - Alors qu'une révolution secoue un régime tyrannique, des dignitaires se réfugient dans un luxueux abri souterrain. □ Général

BUNNY LAKE IS MISSING ▷3
É.-U. 1965. Thriller d'Otto PREMINGER avec Carol Lynley, Keir Dullea et Laurence Olivier. - Une jeune femme prétend que sa fillette a disparu d'une école maternelle. - Suspense adroitement entretenu et fort prenant. Réalisation souple et vigoureuse. Interprètes bien dirigés.
DVD VA➔STF➔Cadrage W➔18,95 $

BUONA SERA, MRS. CAMPBELL ▷5
É.-U. 1968. Comédie de Melvin FRANK avec Gina Lollobrigida, Phil Silvers et Peter Lawford. - Une Italienne se fait payer une pension alimentaire par trois Américains en faisant croire à chacun qu'il est le père de sa fille. □ Général

BURBS, THE [Banlieusards, Les] ▷5
É.-U. 1989. Comédie de Joe DANTE avec Rick Ducommun, Tom Hanks et Carrie Fisher. - Profitant de l'absence apparente de voisins bizarres, un résident de banlieue pénètre dans leur maison pour y faire d'étranges découvertes. □ Général

BURDEN OF DREAMS
ALL. 1982. Les BLANK
DVD STA→62,95 $

BUREAU OF MISSING PERSONS ▷5
É.-U. 1933. Comédie policière de Roy DEL RUTH avec Bette Davis, Pat O'Brien et Lewis Stone. - Un policier brutal est transféré à la section de recherche des personnes disparues.

BURIED ALIVE ▷4
É.-U. 1990. Drame de Frank DARABONT avec Jennifer Jason Leigh, Tim Matheson et William Atherton. - La vengeance impitoyable d'un homme que son épouse infidèle croyait avoir tué. □ 13 ans+

BURKE & WILLS ▷3
AUS. 1985. Drame de Graeme CLIFFORD avec Jack Thompson, Nigel Havers et Greta Scacchi. - Au milieu du XIXe siècle, deux explorateurs dirigent une expédition de reconnaissance des terres intérieures de l'Australie. - Fresque aventureuse inspirée d'un fait réel. Réalisation intelligente et sensible. □ Non classé

BURMESE HARP, THE ►2
JAP. 1956. Drame de guerre de Kon ICHIKAWA avec Shoji Yasui, Rentaro Mikuni et Taniye Kitabayashi. - Quelques jours après l'armistice en Birmanie, un soldat nippon lutte afin de rendre les derniers honneurs à ses camarades décédés au combat. - Œuvre lyrique pleine d'humanité et de grandeur tranquille. Tableau saisissant d'une réalité transposée poétiquement. Mise en scène exemplaire. Interprétation remarquable.

BURN ! ▷4
ITA. 1968. Drame social de Gillo PONTECORVO avec Marlon Brando, Evaristo Marquez, Norman Hill et Renato Salvatori. - Un agent britannique fomente une révolution dans une colonie portugaise. □ Général
DVD VA→STF→12,95 $

BURNING BED, THE ▷4
É.-U. 1984. Drame psychologique de Robert GREENWALD avec Farrah Fawcett, Paul Le Mat et Richard Masur. - Une jeune femme maltraitée par son mari trouve un moyen dramatique pour se libérer de lui. □ Général
DVD VA→STF→13,95 $

BURNING SEASON, THE ▷5
[Forêt de tous les dangers, La]
É.-U. 1994. Drame social de John FRANKENHEIMER avec Raul Julia, Sonia Braga, Carmen Argenziano et Kamala Dawson. - Un syndicaliste brésilien s'oppose vigoureusement aux barons de l'élevage de bovins qui déboisent la forêt amazonienne pour y établir leurs ranchs. □ 13 ans+

BURNING SECRET ▷4
ANG. 1988. Drame psychologique d'Andrew BIRKIN avec Faye Dunaway, Klaus Maria Brandauer et David Eberts. - Lors d'un séjour en montagne, le fils d'un diplomate américain en vient à partager un secret avec sa mère. □ Non classé

BURNT BY THE SUN *voir* **Soleil trompeur**

BURNT MONEY ▷4
ARG. 2000. Drame policier de Marcelo PINEYRO avec Pablo Echarri, Eduardo Noriega et Leonardo Sbaraglia. - Un couple de gangsters homosexuels participe à un cambriolage qui tourne mal.
DVD STA→29,95 $

BUS EN FOLIE, LE *voir* **Big Bus, The**

BUS STOP [Arrêt d'autobus] ▷3
É.-U. 1956. Comédie dramatique de Joshua LOGAN avec Marilyn Monroe, Don Murray et Arthur O'Connell. - Un jeune cow-boy encombrant force une vedette de cabaret à le suivre dans l'autobus qui le mène au Montana. - Adaptation astucieuse d'une pièce de William Inge. Données psychologiques justes. □ Non classé
DVD Cadrage W→14,95 $

BUSH FAMILY FORTUNES:
THE BEST DEMOCRACY MONEY CAN BUY
É.-U. 2004. Steven GRANDISON et Greg PALAST
DVD VA→22,95 $

BUSINESS IS BUSINESS
HOL. 1971. Paul VERHOEVEN
DVD STA→Cadrage W→34,95 $

BUSINESS OF STRANGERS, THE ▷4
[Compagnie des autres, La]
É.-U. 2001. Drame psychologique de Patrick STETTNER avec Julia Stiles, Stockard Channing et Frederick Weller. - Lors d'un séjour à l'hôtel, une femme d'affaires volontaire et sa nouvelle assistante rebelle établissent un lien de confiance en partie fondé sur des leurres.
DVD VA→8,95 $

BUSTER ▷4
ANG. 1988. Comédie dramatique de David GREENE avec Julie Walters, Phil Collins et Larry Lamb. - À la suite d'un coup important, un petit criminel cherche à fuir la police en s'exilant au Mexique avec sa femme et son fils. □ Général
DVD VA→STF→Cadrage W→11,95 $

BUT I'M A CHEERLEADER ▷5
É.-U. 1999. Comédie satirique de Jamie BABBIT avec Natasha Lyonne, Clea DuVall et Cathy Moriarty. - Soupçonnée par ses parents d'être lesbienne, une adolescente est envoyée dans un camp de rééducation où elle s'entiche d'une belle garçonne. □ 13 ans+

BUT NOT FOR ME [Vie à belles dents, La] ▷5
É.-U. 1959. Comédie dramatique de Walter LANG avec Clark Gable, Carroll Baker et Lilli Palmer. - Encouragé par l'amour que lui porte sa secrétaire, un producteur assez âgé s'engage dans une nouvelle entreprise théâtrale.

BUTCH CASSIDY & THE SUNDANCE KID ▷3
[Butch Cassidy et le kid]
É.-U. 1969. Western de George Roy HILL avec Paul Newman, Robert Redford et Katharine Ross. - Traqués par la police, deux hors-la-loi de l'Ouest décident de tenter leur chance en Amérique du Sud. - Scénario original et humoristique. Jeu plein d'aisance des vedettes. □ 13 ans+
DVD VF→STA→Cadrage W→32,95 $

BUTCHER BOY, THE [Garçon boucher, Le] ►2
IRL. 1997. Chronique de Neil JORDAN avec Eamonn Owens, Stephen Rea et Fiona Shaw. - Dans un village irlandais, au début des années 60, un gamin subit des épreuves qui le font sombrer progressivement dans la folie. - Scénario d'une richesse remarquable. Contexte historique et social admirablement utilisé. Jeu exceptionnel d'E. Owens. □ 16 ans+

BUTLEY ▷4
ANG. 1973. Drame psychologique de Harold PINTER avec Alan Bates, Richard O'Callaghan et Jessica Tandy. - Les difficultés matrimoniales d'un professeur de littérature homosexuel.
DVD VA→Cadrage W→24,95 $

BUTTERFIELD 8 [Vénus au vison] ▷5
É.-U. 1960. Drame de Daniel MANN avec Elizabeth Taylor, Laurence Harvey et Eddie Fisher. - Une jeune femme déséquilibrée aux nombreuses aventures amoureuses s'éprend d'un homme marié. □ Général
DVD VF→STF→Cadrage P&S/W→21,95 $

BUTTERFLIES ARE FREE ▷4
É.-U. 1972. Comédie dramatique de Milton KATSELAS avec Edward Albert, Goldie Hawn et Eileen Heckart. - Un jeune aveugle installé dans un appartement d'un quartier bohème a une liaison avec une jolie voisine. □ Général
DVD VA→STF→Cadrage W→21,95 $

BUTTERFLY [Langue des papillons, La] ▷**4**
ESP. 1998. Chronique de José Luis CUERDA avec Manuel Lozano, Fernando Fernan Gomez et Alexis De Los Santos. - Peu avant la guerre civile espagnole, les expériences vécues par un gamin qui se lie d'amitié avec son vieil instituteur républicain. □ Général · Déconseillé aux jeunes enfants
DVD VF➔STA➔Cadrage W➔17,95 $

BUTTERFLY EFFECT, THE [Effet papillon, L'] ▷**5**
É.-U. 2003. Drame fantastique d'Eric BRESS et J. MACKYE GRUBER avec Ashton Kutcher, Amy Smart, et Melora Walters. - Un jeune homme se découvre le don de revisiter certains événements de son passé et de changer ainsi le cours de sa vie. □ 13 ans+ · Violence
DVD VA➔STA➔Cadrage W➔18,95 $

BUTTERFLY KISS [Baiser du papillon, Le] ▷**4**
ANG. 1994. Drame psychologique de Michael WINTERBOTTOM avec Amanda Plummer, Saskia Reeves et Paul Bown. - Une caissière de station-service tombe amoureuse d'une meurtrière déséquilibrée. □ 18 ans+

BUTTERFLY, THE *voir* **Papillon, Le**

BY DESIGN [Sur mesure] ▷**5**
CAN. 1981. Comédie de mœurs de Claude JUTRA avec Patty Duke Austin, Sara Botsford et Saul Rubinek. - Un couple de lesbiennes voulant élever un enfant se met à la recherche d'un père idéal. □ 18 ans+

BYE BYE BIRDIE ▷**4**
É.-U. 1963. Comédie musicale de George SIDNEY avec Janet Leigh, Dick Van Dyke et Ann-Margret . - Un compositeur de chansons décide de faire lancer une de ses œuvres à la télévision par une vedette de rock'n'roll. □ Général
DVD VA➔STA➔Cadrage W➔38,95 $

BYE BYE BLUES ▷**3**
CAN. 1989. Drame de Anne WHEELER avec Rebecca Jenkins, Luke Reilly et Michael Ontkean. - La femme d'un médecin militaire emprisonné par les Japonais se fait engager dans un orchestre de son village de l'Alberta et contribue à le rendre populaire. - Agréable tableau d'époque. Personnages bien campés. Relations personnelles dessinées avec finesse et précision. Fine interprétation. □ Général

BYE BYE BOSS *voir* **Swimming with Sharks**

BYE BYE BRÉSIL ▷**4**
BRÉ. 1980. Comédie musicale de Bruno BARRETO avec José Wilker, Betty Faria, Zaira Zambelli et Fabio Junior. - Un paysan musicien se joint à un groupe de forains qui vient de traverser son village. □ 13 ans+

BYE BYE MONKEY *voir* **Rêve de singe**

BYE, BYE LOVE
É.-U. 1995. Sam WEISMAN
DVD VA➔16,95 $

BYE-BYE ▷**4**
FR. 1995. Drame de mœurs de Karim DRIDI avec Sami Bouajila, Ouassini Embarek et Sofiano Mammeri. - Un jeune Parisien d'origine tunisienne recherche son frère cadet qui s'est enfui à Marseille. □ 13 ans+

C

C'EST ARRIVÉ À NAPLES *voir* **It Started in Naples**

C'EST ARRIVÉ DEMAIN *voir* **It Happened Tomorrow**

C'EST ARRIVÉ ENTRE MIDI ET TROIS HEURES *voir* **From Noon Till Three**

C'EST ARRIVÉ PRÈS DE CHEZ VOUS ▷4
[Man Bites Dog]
BEL. 1991. Comédie satirique réalisée et interprétée par Rémy BELVAUX, André BONZEL et Benoît POELVOORDE. - Une petite équipe de cinéastes réalise un documentaire sur un jeune criminel qui vole et tue pour subvenir à ses besoins. □ 13 ans+ · Violence
DVD VF➔STA➔Cadrage W➔44,95 $

C'EST DE FAMILLE ! *voir* **It Runs in the Family**

C'EST DUR POUR TOUT LE MONDE ▷5
FR. 1974. Comédie satirique de Christian GION avec Francis Perrin, Bernard Blier et Claude Piéplu. - Un jeune publicitaire ayant perdu son emploi arrive à partir sa propre agence, mais son ex-patron décide d'éliminer ce concurrent coriace. □ Général

C'EST ELLE *voir* **She's the One**

C'EST L'APOCALYPSE *voir* **Apocalypse Now**

C'EST LA VIE *voir* **Baule-les-Pins, La**

C'EST LA VIE *voir* **That's Life !**

C'EST LA VIE ▷4
FR. 2001. Drame psychologique de Jean-Pierre AMÉRIS avec Jacques Dutronc, Sandrine Bonnaire et Emmanuelle Riva. - Dans un centre de soins palliatifs, un cancéreux s'éprend d'une jeune bénévole, une mère célibataire qui cache un profond mal de vivre.
DVD VF➔17,95 $

C'EST LE BOUQUET ▷5
FR. 2002. Comédie de mœurs de Jeanne LABRUNE avec Sandrine Kiberlain, Jean-Pierre Darroussin et Dominique Blanc. - L'appel téléphonique d'une ancienne connaissance provoque une série de quiproquos dans l'existence d'une jeune bourgeoise et de son mari. □ 13 ans+
DVD VF➔Cadrage W➔13,95 $

C'EST LE PETIT QU'IL NOUS FAUT *voir* **Get Shorty**

C'EST MA CHANCE *voir* **It's My Turn**

C'EST MA MORT APRÈS TOUT *voir* **Defending Your Life**

C'EST MA VIE APRÈS TOUT *voir* **Whose Life Is It Anyway ?**

C'EST PAS MOI, C'EST L'AUTRE ▷6
QUÉ. 2004. Comédie policière d'Alain ZALOUM avec Roy Dupuis, Lucie Laurier et Anémone. - Un voleur maladroit poursuivi par des membres de la mafia marseillaise profite de sa ressemblance avec un policier pour les semer.
DVD VF➔Cadrage W➔34,95 $

C'EST PAS MOI, C'EST LUI ▷4
FR. 1979. Comédie réalisée et interprétée par Pierre RICHARD avec Aldo Maccione et Valérie Mairesse. - En acceptant d'accompagner un acteur italien en Tunisie, un scénariste s'attire divers ennuis.

C'EST PAS PARCE QU'ON A RIEN À DIRE QU'IL FAUT FERMER SA GUEULE ▷5
FR. 1974. Comédie policière de Jacques BESNARD avec Bernard Blier, Michel Serrault et Jean Lefebvre. - Des voleurs veulent cambrioler le coffre-fort d'une banque à partir de la salle de toilettes de la gare voisine. □ Général

C'ÉTAIT DEMAIN *voir* **Time After Time**

C'ÉTAIT LE 12 DU 12 ET CHILI AVAIT LES BLUES ▷5
QUÉ. 1993. Drame psychologique de Charles BINAMÉ avec Lucie Laurier, Roy Dupuis et Joëlle Morin. - Dans une gare où de nombreux passagers sont immobilisés par une tempête de neige, un vendeur itinérant réconforte une écolière mélancolique. □ Général

C'T'À TON TOUR, LAURA CADIEUX ▷5
QUÉ. 1998. Comédie de mœurs de Denise FILIATRAULT avec Ginette Reno, Pierrette Robitaille et Denise Dubois. - Une mère de famille obèse se rend à son rendez-vous médical hebdomadaire, où elle fraternise avec d'autres femmes dans sa condition. □ 13 ans+ · Langage vulgaire

C.R.A.Z.Y. ▷3
QUÉ. 2005. Chronique de Jean-Marc VALLÉE avec Danielle Proulx, Marc-André Grondin et Michel Côté. - Né en 1960 dans une banlieue de Montréal, un jeune homme qui nie ses pulsions homosexuelles recherche l'approbation de son père. - Récit attachant et sensible, émaillée de touches fantaisistes. Réalisation dynamique et souvent inventive. Utilisation efficace de chansons populaires à des fins dramatiques. Interprétation touchante. □ 13 ans+
DVD VF➔STA➔Cadrage W➔31,95 $

ÇA COMMENCE AUJOURD'HUI ▷3
[It All Starts Today]
FR. 1999. Drame social de Bertrand TAVERNIER avec Maria Pitarresi, Philippe Torreton et Nadia Kaci. - Les combats quotidiens du directeur d'une école maternelle dans une petite ville du nord de la France durement frappée par le chômage. - Constat critique alarmant. Grande densité dramatique. Réalisation dynamique et maîtrisée. Interprétation de première force. □ Général
DVD VF➔STA➔37,95 $

ÇA IRA MIEUX DEMAIN ▷4
FR. 2000. Comédie de mœurs de Jeanne LABRUNE avec Nathalie Baye, Jeanne Balibar et Jean-Pierre Darroussin. - La vie routinière d'un couple bourgeois est bousculée lorsqu'une femme instable lui offre en cadeau une vieille commode.
DVD VF➔Cadrage W➔8,95 $

ÇA N'ARRIVE QU'À MOI ▷5
FR. 1984. Comédie réalisée et interprétée par Francis PERRIN avec Véronique Genest et Bernard Blier . - Tombé amoureux de la fille de son patron, un journaliste est entraîné dans une aventure rocambolesque. □ Général

ÇA N'ARRIVE QU'AUX AUTRES ▷4
FR. 1971. Drame psychologique de Nadine TRINTIGNANT avec Catherine Deneuve, Marcello Mastroianni et Dominique Labourier. - La dure épreuve d'un couple frappé par la mort inattendue de son bébé. □ Général

ÇA PLANE LES FILLES *voir* **Foxes**

ÇA TOURNE À MANHATTAN *voir* **Living in Oblivion**

CABARET ►2
É.-U. 1972. Comédie musicale de Bob FOSSE avec Liza Minnelli, Michael York et Helmut Griem. - À Berlin en 1931, un jeune Anglais s'éprend d'une Américaine aux allures excentriques qui chante dans une boîte de troisième ordre. - Évocation brillante d'une période de décadence. Réalisation technique d'une grande habileté. Interprétation de qualité. □ 13 ans+
DVD VA➔STF➔Cadrage W➔14,95 $

CABARET BALKAN ▷3
YOU. 1999. Drame de mœurs de Goran PASKALJEVIC avec Nikola Ristanovski, Lazar Ristovski, Aleksandar Bercek et Miki Manojlovic. - À Belgrade, au cours d'une même nuit, les destins de divers personnages se croisent sur fond d'affrontements violents. - Tableau de mœurs impitoyable. Scénario bien construit. Humour grincant. Réalisation imprégnée d'un lyrisme très noir. Interprétation dans le ton. □ 13 ans+

CABARET NEIGES NOIRES ▷4
QUÉ. 1997. Comédie dramatique de Raymond SAINT-JEAN avec Suzanne Lemoine, Dominique Quesnel et Roger Larue. - À Montréal, un spectacle de cabaret met en scène des personnages au futur incertain. □ 13 ans+

CABEZA DE VACA ▷3
MEX. 1991. Drame historique de Nicolas ECHEVARRIA avec Juan Diego, Daniel Gimenez Cacho et Roberto Sosa. - Au XVIe siècle, un conquistador naufragé en Floride est initié aux mœurs et coutumes d'une tribu d'indigènes dont il est le prisonnier. - Traitement épique. Approche documentaire fort intéressante. Reconstitution d'époque convaincante. Interprétation solide de J. Diego. □ Général

CABIN FEVER [Fièvre noire] ▷4
É.-U. 2002. Drame d'horreur d'Eli ROTH avec Rider Strong, Jordan Ladd et Joey Kern. - Cinq adolescents qui séjournent dans une cabane au fond des bois sont contaminés par une bactérie mangeuse de chair. □ 16 ans+ · Horreur
DVD VF→STA→9,95 $ VA→STA→Cadrage W→9,95 $

CABIN IN THE SKY ▷3
É.-U. 1942. Comédie musicale de Vincente MINNELLI avec Ethel Waters, Eddie Anderson et Lena Horne. - Un Noir blessé dans une rixe rêve que le diable et son ange gardien se disputent son âme. - Fantaisie poétique pleine de fraîcheur. Réalisation alerte. Interprétation savoureuse. □ Général
DVD VA→STF→21,95 $

CABINE, LA *voir* **Phone Booth**

CABINET DU DR. CALIGARI, LE ►1
[Cabinet of Dr. Caligari, The]
ALL. 1919. Drame fantastique de Robert WIENE avec Werner Krauss, Conrad Veidt et Lil Dagover. - Un mystérieux saltimbanque fait commettre des crimes à un somnambule. - Œuvre pionnière de l'expressionnisme allemand. Récit aux aspects symboliques visionnaires. Création fort originale d'un climat cauchemardesque. Étonnants décors volontairement déformés. Interprétation stylisée. □ Général
DVD VA→31,95 $ STA→15,95 $

CABINET OF CALIGARI, THE
É.-U. 1962. Roger KAY
DVD VA→STA→15,95 $

CABOCHARD, LE
voir **Saturday Night and Sunday Morning**

CABOOSE ▷5
QUÉ. 1996. Drame policier de Richard ROY avec Gildor Roy, Céline Bonnier et James Hyndman. - Croyant sa vie menacée, un policier démissionnaire engage une jeune collègue inexpérimentée pour protéger ses arrières. □ 16 ans+

CACHÉ [Hidden] ▷3
FR. 2005. Drame psychologique de Michael HANEKE avec Daniel Auteuil, Juliette Binoche et Lester Makedonsky. - Un animateur de télé reçoit de mystérieuses cassettes vidéo qui l'amènent à déterrer un souvenir douloureux de son passé. - Suspense psychologique offrant une subtile réflexion sur les apparences et notre rapport aux images. Scénario roublard. Mise en scène maîtrisée et déstabilisante. Jeu subtil de D. Auteuil. □ 13 ans+
DVD VF→STA→Cadrage W→34,95 $

CACHE-CACHE ▷4
FR. 2005. Comédie dramatique d'Yves CAUMON avec Lucia Sanchez, Bernard Blancan et Antoine Chappey. - Terré au fond d'un puits, un paysan exproprié est pris pour un fantôme par la petite famille venue s'installer dans son ancienne maison de ferme. □ Général
DVD VF→33,95 $

CACHE-CACHE *voir* **Hide and Seek**

CACHETONNEURS, LES ▷4
FR. 1998. Comédie de Denis DERCOURT avec Pierre Lacan, Marc Citti et Serge Renko. - Les difficultés d'un contrebassiste devant former en catastrophe un orchestre de chambre appelé à jouer pour un châtelain. □ Général

CACTUS FLOWER [Cactus en fleur, Le] ▷4
É.-U. 1969. Comédie de Gene SAKS avec Ingrid Bergman, Walter Matthau et Goldie Hawn. - Un dentiste devient amoureux de sa secrétaire après maints quiproquos. □ 13 ans+

CADAVRE AU DESSERT, UN *voir* **Murder by Death**

CADAVRE SOUS LE CHAPEAU, UN
voir **Miller's Crossing**

CADAVRES NE PORTENT PAS DE COSTARDS, LES
voir **Dead Men Don't Wear Plaid**

CADDY, THE [Amour, délices et... golf] ▷5
É.-U. 1953. Comédie de Norman TAUROG avec Jerry Lewis, Dean Martin et Donna Reed. - Timide et gauche, le fils d'un champion de golf tente d'être digne de la réputation de son père. □ Général

CADEAU, LE ▷5
FR. 1982. Comédie de Michel LANG avec Pierre Mondy, Clio Goldsmith et Claudia Cardinale. - Les mésaventures d'un cadre de banque qui, à l'occasion de sa retraite, reçoit en cadeau une aventure avec une call-girl. □ 13 ans+

CADILLAC EN OR MASSIF, UNE
voir **Solid Gold Cadillac, The**

CADILLAC ROSE, LA *voir* **Pink Cadillac**

CAFÉ AU LAIT (MÉTISSE) ▷4
FR. 1993. Comédie de mœurs réalisée et interprétée par Mathieu KASSOVITZ avec Julie Mauduech et Hubert Kounde. - Un coursier juif et un étudiant noir se disputent constamment depuis que leur maîtresse commune leur a annoncé qu'elle est enceinte.
DVD VF→STA→Cadrage W→29,95 $

CAFÉ DE LA PLAGE [Beach café]
FR. 2001. Benoît GRAFFIN
DVD VF→STA→Cadrage W→38,95 $

CAFÉ EUROPA EN UNIFORME *voir* **G.I. Blues**

CAFÉ EXPRESS ▷4
ITA. 1979. Comédie de Nanni LOY avec Nino Manfredi, Vittorio Caprioli et Adolfo Celi. - Les problèmes d'un Napolitain qui essaie de vendre du café à la sauvette sur les trains.

CAFÉ OLÉ ▷5
QUÉ. 2000. Comédie sentimentale de Richard ROY avec Andrew Tarbet, Laia Marull et Dino Tavarone. - Dans un quartier de l'ouest de Montréal, un célibataire de 29 ans tombe amoureux d'une jeune Chilienne entrée illégalement au pays. □ Général · Déconseillé aux jeunes enfants

CAFE SOCIETY ▷5
É.-U. 1993. Drame de mœurs de R. De FELITTA avec Frank Whaley, Peter Gallagher et Lara Flynn Boyle. - À New York, dans les années 1950, un policier s'immisce incognito dans l'entourage d'un riche héritier qu'il veut faire inculper de proxénétisme.
DVD VA→10,95 $

CAFÉ TALES
ISR. 2003. Amit LIOR
DVD STA→Cadrage W→31,95 $

CAGE AUX FOLLES, LA ▷4
FR. 1978. Comédie d'Édouard MOLINARO avec Michel Serrault, Ugo Tognazzi et Michel Galabru. - Les problèmes d'un couple d'homosexuels propriétaires d'une boîte de travestis. □ 13 ans+
DVD VF→STF→Cadrage W→12,95 $

CAGE AUX FOLLES 2, LA ▷5
FR. 1980. Comédie d'Édouard MOLINARO avec Michel Serrault, Ugo Tognazzi et Marcel Bozzuffi. - Devenu dépositaire par inadvertance d'un microfilm recherché par divers agents secrets, un couple homosexuel fuit vers l'Italie. □ 13 ans+
DVD VF➔STF➔Cadrage W➔12,95 $

CAGE AUX FOLLES 3, LA ▷6
FR. 1985. Comédie de Georges LAUTNER avec Michel Serrault, Ugo Tognazzi et Antonella Interlenghi. - La vedette d'une revue de travestis hésite à se plier aux exigences de mariage liées à l'obtention d'un héritage. □ Général

CAGE DE MA TANTE, LA *voir* **Birdcage, The**

CAHIER VOLÉ, LE ▷4
FR. 1992. Drame de mœurs de Christine LIPINSKA avec Élodie Bouchez, Edwige Navarro et Benoît Magimel. - À la Libération, la fille d'un cafetier de village qui est aimée par deux amis d'enfance leur préfère une copine de classe.

CAHILL : UNITED STATES MARSHALL ▷4
[Cordes de la potences, Les]
É.-U. 1973. Western de Andrew V. McLAGLEN avec John Wayne, Gary Grimes et George Kennedy. - Les jeunes fils d'un policier se rendent complices d'un vol de banque.
DVD VF➔STF➔Cadrage W➔16,95 $

CAÏDS, LES ▷5
FR. 1972. Drame policier de Robert ENRICO avec Serge Reggiani, Juliet Berto et Patrick Bouchitey. - Deux cascadeurs et un jeune meurtrier d'occasion participent à un hold-up et sont poursuivis par la police.

CAINE MUTINY, THE [Ouragan sur le Caine] ▷4
É.-U. 1953. Drame d'Edward DMYTRYK avec Humphrey Bogart, Van Johnson et Jose Ferrer. - Un officier de marine est jugé en cour militaire pour avoir pris la place de son capitaine. □ Général
DVD VA➔STF➔Cadrage W➔23,95 $ Cadrage W➔23,95 $

CAKE ▷5
CAN. 2005. Comédie sentimentale de Nisha GANATRA avec Heather Graham, David Sutcliffe et Sandra Oh. - Une journaliste célibataire, volage et irresponsable doit sauver de la faillite un magazine sur le mariage qui appartient à son père malade. □ Général
DVD VF➔STF➔Cadrage W➔32,95 $

CAL ▷3
IRL. 1984. Drame psychologique de Pat O'CONNOR avec John Lynch, Helen Mirren et John Kavanagh. - Un jeune Irlandais catholique qui a été complice de l'assassinat d'un policier s'éprend de la veuve de la victime. - Histoire d'amour mélancolique et prenante. Mise en scène au ton retenu laissant percer une tristesse sourde. Interprétation sobre et juste. □ 13 ans+

CALAMITY JANE ▷4
É.-U. 1953. Comédie musicale de David BUTLER avec Howard Keel, Doris Day et Allyn McLerie. - Une femme aux allures masculines se transforme en une ravissante jeune fille. □ Non classé
DVD VF➔STF➔21,95 $

CALENDAR ▷4
CAN. 1993. Drame réalisé et interprété par Atom EGOYAN avec Atom Egoyan, Ashot Adamian et Arsinée Khanjian. - Un photographe canadien d'origine arménienne parcourt le pays de ses ancêtres afin d'y photographier de vieilles églises pour un projet de calendrier. □ Général
DVD VA➔STF➔Cadrage W➔19,95 $

CALENDAR GIRLS [Calendrier des girls, Le] ▷4
ANG. 2003. Comédie dramatique de Nigel COLE avec Helen Mirren, Julie Walters et John Alderton. - Un groupe de femmes d'âge mûr posent nues pour un calendrier afin de ramasser des fonds pour un hôpital. □ Général
DVD VF➔Cadrage W/16X9➔21,95 $

CALENDRIER MEURTRIER *voir* **January Man, The**

CALIFORNIA SUITE ▷4
É.-U. 1978. Comédie de Herbert ROSS avec Jane Fonda, Maggie Smith et Walter Matthau. - Dans un hôtel de Los Angeles, des couples affrontent des problèmes divers. □ 13 ans+
DVD VF➔STF➔Cadrage P&S/W➔9,95 $

CALIGULA ▷6
É.-U. 1979. Drame historique de Tinto BRASS avec Malcolm McDowell, Teresa Ann Savoy et Peter O'Toole. - Nommé nouvel empereur, le petit-fils adoptif de Tibère, Caligula, s'adonne à la cruauté et à l'excentricité. □ 18 ans+

CALL ME BWANA ▷5
É.-U. 1963. Comédie de Gordon DOUGLAS avec Bob Hope, Anita Ekberg et Edie Adams. - Un écrivain vantard doit retrouver une capsule spatiale tombée en Afrique. □ Général

CALL NORTHSIDE 777 ▷4
É.-U. 1948. Drame policier de Henry HATHAWAY avec James Stewart, Richard Conte et Lee J. Cobb. - Un journaliste tente d'éclaircir une vieille affaire policière. □ Général
DVD VF➔STA➔14,95 $

CALLAS FOREVER
ANG. FR. ITA. 2002. Franco ZEFFIRELLI
DVD VA➔STA➔Cadrage W➔26,95 $

CALME BLANC *voir* **Dead Calm**

CAMARADES, LES [Organizer, The] ▷3
FR. ITA. 1963. Drame social de Mario MONICELLI avec Marcello Mastroianni, Renato Salvatori et Annie Girardot. - À la fin du XIXe siècle, à Turin, les ouvriers d'une usine de textiles font la grève pour de meilleures conditions de travail. - Réalisation de qualité. Climat de l'époque bien reconstitué. Direction d'acteurs remarquable. □ Général

CAMELOT ▷3
É.-U. 1967. Comédie musicale de Joshua LOGAN avec Franco Nero, Vanessa Redgrave et Richard Harris. - La femme du roi Arthur s'éprend du chevalier Lancelot. - Approche intimiste dans un film à grand déploiement. Mélange habile de familiarité et de révérence.
DVD VA➔STF➔Cadrage W➔21,95 $

CAMERA
É.-U. 2000. Richard MARTINI
DVD VA➔34,95 $

CAMERA BUFF *voir* **Amator**

CAMERAMAN, THE ►2
É.-U. 1928. Comédie d'Edward SEDGWICK avec Buster Keaton, Marceline Day et Harold Goodwin. - Afin de gagner le cœur de sa dulcinée, un photographe tente vainement de tourner des scènes d'actualité avec une caméra usagée. - Film muet. Pointes critiques envers l'industrie cinématographique. Gags des plus inventifs. B. Keaton donnant la pleine mesure de son talent. □ Général

CAMILA ▷3
ARG. ESP. 1984. Drame social de Maria Luisa BEMBERG avec Susu Pecoraro, Imanol Arias et Hector Alterio. - En 1847, en Argentine, un prêtre amoureux d'une jeune fille de bonne famille s'enfuit avec elle dans un village lointain. - Récit inspiré de faits réels. Contexte historique habilement évoqué. Touches psychologiques valables.
DVD STA➔Cadrage W➔38,95 $

CAMILLA ▷5
CAN. 1993. Comédie dramatique de Deepa MEHTA avec Jessica Tandy, Bridget Fonda et Elias Koteas. - Sur la route qui les conduit à Toronto, une jeune guitariste et une vieille violoncelliste se révèlent l'une à l'autre. □ Général

CAMILLE [Roman de Marguerite Gautier, Le] ▷3
É.-U. 1936. Drame sentimental de George CUKOR avec Greta Garbo, Robert Taylor et Henry Daniell. - Un jeune homme de bonne famille s'éprend d'une courtisane. - Adaptation de *La Dame aux Camélias*. Style un peu vieilli d'un romantisme accentué. Ensemble très soigné. Jeu sensible de G. Garbo. □ Général
DVD VF➔STF➔21,95 $

CAMILLE CLAUDEL ▷3
FR. 1988. Drame biographique de Bruno NUYTTEN avec Isabelle Adjani, Gérard Depardieu et Laurent Greville. - La jeune sculptrice Camille Claudel finit par être détruite par la passion dévorante qu'elle éprouve pour son art et pour Auguste Rodin. - Traitement convaincant. Évocation d'époque ne manquant pas de tonus. Mise en scène de belle qualité. Interprétation étonnante. □ Général
DVD VF➜STF➜Cadrage W➜12,95 $

CAMISOLE DE FORCE, LA *voir* **Jacket, The**

CAMORRA ▷4
ITA. 1985. Drame social de Lina WERTMULLER avec Angela Molina, Francisco Rabal et Harvey Keitel. - À Naples, les membres d'une famille de trafiquants de drogue sont tués tour à tour sans que la police n'arrive à trouver de coupable. □ Non classé

CAMP ▷4
É.-U. 2003. Comédie musicale de Todd GRAFF avec Daniel Letterle, Joanna Chilcoat et Robin de Jesus. - Les tribulations d'un groupe de jeunes qui montent un spectacle de variétés dans le cadre d'un camp d'été.
DVD VA➜STF➜Cadrage W➜24,95 $

CAMPFIRE
ISR. 2004. Joseph CEDAR
DVD STF➜31,95 $

CAMPING SAUVAGE ▷4
QUÉ. 2004. Comédie de Sylvain ROY et Guy A. LEPAGE avec Guy A. Lepage, Sylvie Moreau et Normand D'Amour. - Témoin d'un crime, un courtier en placements snob doit se cacher dans un camping dirigé par une jeune femme au tempérament exubérant. □ Général
DVD VF➜19,95 $

CAN SHE BAKE A CHERRY PIE? ▷4
É.-U. 1983. Comédie de mœurs de Henry JAGLOM avec Karen Black, Michael Emil et Michael Margotta. - Les tribulations sentimentales d'un divorcé de New York. □ 13 ans+
DVD VA➜Cadrage P&S➜31,95 $

CAN'T STOP THE MUSIC [Rien n'arrête la musique] ▷5
É.-U. 1980. Comédie musicale de Nancy WALKER avec Valerie Perrine, Steve Guttenberg et Bruce Jenner. - Pour lancer ses chansons, un jeune compositeur forme un groupe musical avec des inconnus. □ Général
DVD VA➜Cadrage W➜10,95 $

CAN-CAN ▷5
É.-U. 1960. Comédie musicale de Walter LANG avec Frank Sinatra, Shirley MacLaine et Louis Jourdan. - Les mésaventures sentimentales de la directrice d'une boîte de nuit parisienne. □ Non classé

CANDIDAT MANDCHOU, LE
voir **Manchurian Candidate, The**

CANDIDATE, LA *voir* **Contender, The**

CANDIDATE, THE [Votez McKay] ▷4
É.-U. 1972. Étude de mœurs de Michael RITCHIE avec Robert Redford, Peter Boyle et Don Porter. - Un organisateur de campagne électorale convainc un jeune avocat de se présenter au siège de sénateur en Californie. □ Général
DVD VA➜STF➜Cadrage P&S➜21,95 $

CANDLESHOE [Course au trésor, La] ▷4
É.-U. 1977. Comédie policière de Norman TOKAR avec Jodie Foster, David Niven et Helen Hayes. - Engagée par un escroc pour tromper une vieille dame anglaise, une adolescente délinquante se prend de sympathie pour sa victime. □ Général
DVD VF➜Cadrage W/16X9➜19,95 $

CANDYMAN ▷4
É.-U. 1992. Drame fantastique de Bernard ROSE avec Virginia Madsen, Tony Todd et Xander Berkeley. - Une jeune anthropologue enquête sur un meurtre qu'une croyance populaire attribue à un être maléfique. □ 13 ans+ · Horreur
DVD VA➜STF➜Cadrage W➜17,95 $

CANICULE [Dog Day] ▷5
FR. 1983. Drame policier de Yves BOISSET avec Lee Marvin, Miou-Miou et Jean Carmet. - Un bandit américain, blessé lors d'un hold-up, se réfugie dans une ferme habitée par une étrange famille.

CANNERY ROW [Rue de la sardine] ▷5
É.-U. 1982. Comédie dramatique de David S. WARD avec Nick Nolte, Debra Winger et M. Emmet Walsh. - Un ancien joueur de base-ball dirige un laboratoire de zoologie marine dans un quartier habité par des clochards. □ Général

CANONS DE BATASI, LES *voir* **Guns at Batasi**

CANONS DE NAVARONE, LES
voir **Guns of Navarone, The**

CANTERBURY TALE, A ▷4
ANG. 1944. Comédie dramatique de Michael POWELL et Emeric PRESSBURGER avec Eric Portman, John Sweet et Sheila Sim. - Durant la Seconde Guerre mondiale, quatre personnes se rendent à la cathédrale de Canterbury afin de trouver l'apaisement à leurs inquiétudes.

CANTERBURY TALES, THE
voir **Contes de Canterbury, Les**

CANTERVILLE GHOST, THE ▷4
É.-U. 1944. Comédie fantaisiste de Jules DASSIN avec Charles Laughton, Robert Young et Margaret O'Brien. - Un noble anglais, mort en lâche, est condamné à être un fantôme jusqu'à ce qu'un de ses descendants fasse preuve d'héroïsme. □ Général

CANYON PASSAGE ▷4
É.-U. 1946. Western de Jacques TOURNEUR avec Dana Andrews, Susan Hayward et Brian Donlevy. - Les aventures d'un jeune commerçant en Oregon vers 1856. □ Général

CAP SUR LES ÉTOILES *voir* **Spacecamp**

CAP TOURMENTE ▷4
QUÉ. 1993. Drame psychologique de Michel LANGLOIS avec Andrée Lachapelle, Roy Dupuis et Élise Guilbault. - Dans une auberge de la Côte-Nord, une mère et sa fille voient leur existence bouleversée par le retour du fils et d'un vieil ami de la maison. □ 16 ans+

CAPE FEAR [Nerfs à vif, Les] ▷4
É.-U. 1962. Drame de J. Lee THOMPSON avec Gregory Peck, Robert Mitchum et Polly Bergen. - Un criminel se venge sur l'avocat qui l'a fait condamner à huit ans de prison. □ Non classé
DVD VA➜Cadrage W➜18,95 $

CAPE FEAR ▷3
É.-U. 1991. Drame de Martin SCORSESE avec Robert De Niro, Nick Nolte et Jessica Lange. - À sa sortie de prison, un déséquilibré entreprend de tourmenter la famille d'un avocat qu'il tient responsable de son incarcération. - Exercice de style dans l'épouvante. Progression dramatique implacable. Plusieurs moments de tension forte. Réalisation inventive. Interprétation prenante. □ 18 ans+
DVD VF➜STA➜Cadrage W➜17,95 $

CAPITAINE CONAN ▷3
FR. 1996. Drame de guerre de Bertrand TAVERNIER avec Philippe Torreton, Samuel Le Bihan et Bernard Le Coq. - Dans les Balkans en 1918, un officier prend la défense de ses hommes qu'un tribunal veut condamner pour meurtre et vol. - Réflexions humanistes sur les traumatismes laissés par la guerre. Traitement d'un réalisme palpable. Mise en scène rigoureuse. Excellente interprétation de P. Torreton. □ 13 ans+ · Violence
DVD Cadrage W➜24,95 $

CAPITAINE CROCHET *voir* **Hook**

CAPITAINE FRACASSE
FR. 1929. Alberto CAVALCANTI et Henry WULSCHLEGER
DVD 37,95 $

CAPITAINE SKY ET LE MONDE DE DEMAIN
voir **Sky Captain and the World of Tomorrow**

CAPORAL ÉPINGLÉ, LE ▷3
FR. 1962. Drame de guerre de Jean RENOIR avec Claude Brasseur, Jean-Pierre Cassel et Claude Rich. - Les tentatives d'un caporal pour s'évader d'un camp de prisonniers. - Adaptation chaleureuse du roman de Jacques Perret. Montage nerveux et soigné.

CAPOTE ▷3
É.-U. 2005. Drame biographique de Bennett MILLER avec Philip Seymour Hoffman, Catherine Keener et Clifton Collins Jr. - Dans les années 1960, les circonstances entourant la rédaction du livre *In Cold Blood* dans lequel Truman Capote relate les expériences de deux meurtriers. - Récit intelligent et nuancé. Portrait psychologique complexe de l'écrivain. Mise en scène sobre, contrastant avec la flamboyance de Capote. Jeu remarquable de P. Seymour Hoffman. □ 13 ans+
DVD VF➜STF➜Cadrage W➜36,95 $
VA➜STF➜Cadrage W➜36,95 $

CAPRICES D'UN FLEUVE, LES ▷4
FR. 1995. Drame psychologique réalisé et interprété par Bernard GIRAUDEAU avec Richard Bohringer et France Zobda. - Ayant tué en duel un ami du roi, un noble est exilé dans une petite colonie africaine. □ 13 ans+

CAPRICIOUS SUMMER *voir* **Été capricieux, Un**

CAPTAIN BLOOD ▷4
É.-U. 1934. Aventures de Michael CURTIZ avec Errol Flynn, Olivia de Havilland et Basil Rathbone. - Un condamné politique s'enfuit et devient pirate. □ Non classé
DVD VF➜STA➜21,95 $

CAPTAIN BOYCOTT ▷4
ANG. 1947. Drame de Frank LAUNDER avec Kathleen Ryan, Stewart Granger et Cecil Parker. - L'arrogance d'un riche propriétaire anglais provoque la résistance de ses fermiers irlandais. □ Général

CAPTAIN CORELLI'S MANDOLIN ▷5
[Mandoline du Capitaine Corelli, La]
É.-U. 2001. Drame de guerre de John MADDEN avec Nicholas Cage, Penelope Cruz et John Hurt. - Durant la Seconde Guerre mondiale, dans une île grecque occupée, un soldat italien mélomane s'éprend d'une jeune insulaire. □ 13 ans+
DVD VF➜Cadrage W➜17,95 $

CAPTAIN HORATIO HORNBLOWER ▷4
ANG. 1951. Aventures de Raoul WALSH avec Gregory Peck, Virginia Mayo et Robert Beatty. - Les exploits du capitaine d'une frégate anglaise au début du XVIIIe siècle. □ Général

CAPTAIN JACK
ANG. 1999. Robert YOUNG
DVD VA➜27,95 $

CAPTAIN KIDD ▷5
É.-U. 1946. Aventures de Rowland V. LEE avec Charles Laughton, Randolph Scott et Barbara Britton. - Un pirate qui veut devenir pair d'Angleterre supprime un à un tous ses anciens associés.

CAPTAIN KRONOS: VAMPIRE HUNTER ▷4
ANG. 1972. Drame fantastique de Brian CLEMENS avec Horst Janson, John Cater et Caroline Munro. - Un docteur fait appel à un chasseur de vampires lorsque des jeunes filles de son village vieillissent prématurément et meurent. □ 13 ans+
DVD VA➜STA➜Cadrage W➜9,95 $

CAPTAIN NEWMAN, M.D. ▷4
É.-U. 1963. Comédie dramatique de David MILLER avec Gregory Peck, Tony Curtis et Angie Dickinson. - Pendant la guerre, un psychiatre soigne des soldats ébranlés par des expériences de combat. □ Non classé

CAPTAIN'S PARADISE, THE ▷4
ANG. 1953. Comédie de Anthony KIMMINS avec Alec Guinness, Celia Johnson et Yvonne de Carlo. - Les mésaventures d'un capitaine de cargo qui a une femme à Gibraltar et une maîtresse au Maroc. □ Non classé

CAPTAINS COURAGEOUS ▷3
É.-U. 1937. Drame de Victor FLEMING avec Freddie Bartholomew, Spencer Tracy et Lionel Barrymore. - Après être tombé à la mer, un enfant au caractère difficile est recueilli à bord d'un bateau de pêche. - Adaptation soignée du roman de Rudyard Kipling. Belles images. Interprétation remarquable de S. Tracy. □ Général
DVD VA➜21,95 $

CAPTIVE AUX YEUX CLAIRS, LA *voir* **Big Sky, The**

CAPTIVE, LA
BEL. FR. 2000. Chantal AKERMAN
DVD VF➜Cadrage W➜19,95 $

CAPTIVES [Amour captif] ▷4
É.-U. 1995. Drame de mœurs d'Angela POPE avec Tim Roth, Keith Allen et Julia Ormond. - Une dentiste travaillant dans un pénitencier s'engage dans une liaison interdite avec un détenu. □ 13 ans+

CAPTIVES À BORNÉO *voir* **Three Came Home**

CAR, THE ▷5
É.-U. 1977. Drame fantastique de Elliot SILVERSTEIN avec James Brolin, Kathleen Lloyd, John Marley et Ronny Cox. - Dans une région du Sud-Ouest américain, une voiture mystérieuse fait des ravages. □ Général

CAR WASH ▷5
É.-U. 1976. Comédie de mœurs de Michael SCHULTZ avec Franklin Ajaye, Sully Boyar et Ivan Dixon. - Divers incidents se produisent dans un service de lavage d'autos. □ Général

CARABINIERS, LES ▷4
FR. 1962. Comédie satirique de Jean-Luc GODARD avec Albert Juross, Marino Mase, Geneviève Galéa, Jean Brassat et Catherine Ribeiro. - Trompés par des promesses fallacieuses, deux simples d'esprit s'en vont faire la guerre.
DVD 32,95 $

CARACTÈRE [Character] ▷4
HOL. 1997. Drame psychologique de Mike van DIEM avec Fedja Van Huêt, Jan Decleir, Jonathan Maxwell Reeves et Betty Schuurman. - Dans les années 20, le fils illégitime d'un huissier impitoyable et d'une gouvernante voit toutes ses entreprises contrecarrées par son père. □ 13 ans+

CARANDIRU ▷3
BRÉ. 2003. Drame social de Hector BABENCO avec Luiz Carlos Vasconcelos, Ivan de Almeida et Ailton Graça. - À Sao Paulo, un médecin devient le confident des détenus du plus grand pénitencier d'Amérique latine, le Carandiru. - Peinture à la fois sensible et vivante de dures conditions de vie. Récit épisodique habilement construit. Montage rythmé aux transitions abruptes. Excellente distribution. □ 13 ans+ · Violence

CARAVAGGIO ▷4
ANG. 1986. Drame biographique de Derek JARMAN avec Nigel Terry, Sean Bean et Tilda Swinton. - En 1610, alors qu'il est en train de mourir, le peintre Michelangelo Merisi dit Caravaggio se remémore les moments importants de sa vie. □ Général

CARAVANE DE FEU, LA *voir* **War Wagon, The**

CARD, THE [Promoter, The] ▷3
ANG. 1952. Comédie satirique de Ronald NEAME avec Glynis Johns, Alec Guinness et Valerie Hobson. - La carrière fructueuse d'un arriviste peu scrupuleux. - Humour subtil. Fines touches psychologiques. □ Général

CARD PLAYER, THE
ITA. 2004. Dario ARGENTO
DVD VA➜Cadrage 16X9➜23,95 $

CARDINAL, THE ▷4
É.-U. 1963. Drame de Otto PREMINGER avec Tom Tryon, Romy Schneider et John Huston. - La carrière mouvementée d'un prêtre américain qui devient cardinal. □ Général
DVD VA➜STF➜Cadrage W➜11,95 $/32,95 $

CAREER GIRLS [Deux filles d'aujourd'hui] ▷3
ANG. 1997. Comédie dramatique de Mike LEIGH avec Katrin Cartlidge, Lynda Steadman, Kate Byers et Mark Benton. - Deux jeunes femmes, colocataires durant leurs années d'études, se retrouvent six ans plus tard. - Touchante histoire d'amitié. Nombreux flash-backs intelligemment intégrés au récit. Mise en scène fluide. □ 13 ans+

CAREFREE ▷4
É.-U. 1939. Comédie musicale de Mark SANDRICH avec Fred Astaire, Ginger Rogers et Ralph Bellamy. - Inquiet des fantaisies de sa fiancée, un jeune homme la fait examiner par un psychiatre qui s'éprend d'elle. □ Général

CAREFUL ▷4
CAN. 1992. Drame de Guy MADDIN avec Kyle McCulloch, Gosia Dobrowolska et Sarah Neville. - Au XIXe siècle dans un village des Alpes, un jeune homme est tourmenté par un désir incestueux à l'endroit de sa mère. □ 13 ans+

CAREFUL, HE MIGHT HEAR YOU ▷3
É.-U. 1983. Drame psychologique de Carl SCHULTZ avec Wendy Hughes, Nicholas Gledhill et Robyn Nevin. - Deux sœurs qui se disputent la garde de leur neveu vont jusqu'à lutter en cour. - Récit émouvant. Approche délicate. □ Général

CARESSES ▷4
ESP. 1997. Drame de mœurs de Ventura PONS avec David Selvas, Laura Conejero et Julieta Serrano. - Dans une grande ville au cours d'une même nuit, divers individus interagissent et s'affrontent dans des contextes variés. □ 13 ans+ · Érotisme
DVD STA→Cadrage W→39,95 $

CARETAKERS, THE ▷5
É.-U. 1963. Drame social de Hall BARTLETT avec Robert Stack, Joan Crawford et Polly Bergen. - Un jeune psychiatre rencontre une forte opposition lorsqu'il essaie la thérapie de groupe avec ses patients. □ Général

CARGAISON DANGEREUSE
voir **Wreck of the Mary Deare, The**

CARGO ▷5
QUÉ. 1990. Drame fantastique de François GIRARD avec Michel Dumont, Geneviève Rioux et Guy Thauvette. - En balade en voilier avec sa fille et l'amant de celle-ci, un homme d'âge mûr se réveille seul au lendemain d'une tempête et est recueilli à bord d'un cargo mystérieux. □ Général

CARLA'S SONG ▷4
ANG. ALL. ESP. 1996. Drame de Ken LOACH avec Robert Carlyle, Oyanka Cabezas et Scott Glenn. - Un conducteur de bus écossais accepte de suivre au Nicaragua une jeune immigrante traumatisée par la guerre civile qui ravage son pays. □ 13 ans+ · Violence

CARLITO'S WAY [À la manière de Carlito] ▷3
É.-U. 1993. Drame policier de Brian DE PALMA avec Al Pacino, Sean Penn et Penelope Ann Miller. - À sa sortie de prison, un gangster se laisse entraîner par son avocat dans une sale affaire de règlement de comptes. - Film noir agrémenté d'une étude de milieu vivante. Mise en scène fluide. Poursuite finale menée avec virtuosité. Compositions réussies d'A. Pacino et S. Penn. □ 13 ans+ · Violence
DVD VF→Cadrage W→23,95 $

CARLTON BROWNE OF THE F.O. ▷5
ANG. 1958. Comédie de Jeffrey DELL et Roy BOULTING avec Terry Thomas, Peter Sellers et Luciana Paluzzi. - Un diplomate peu futé est chargé d'une mission dans une colonie oubliée. □ Non classé

CARMEN ►2
ESP. 1983. Drame musical de Carlos SAURA avec Antonio Gadès, Laura del Sol et Cristina Hoyos. - Un chorégraphe s'éprend de la danseuse qui tient le rôle de Carmen dans un ballet flamenco. - Transposition moderne d'un sujet classique. Mouvement fort bien rythmé. Mélange harmonieux de divers arts. Interprétation juste. □ Général

CARMEN ►2
FR. 1984. Drame musical de Francesco ROSI avec Julia Migenes-Johnson, Placido Domingo et Ruggero Raimondi. - À Séville, en 1820, un brigadier s'éprend d'une cigarettière qu'il est chargé de surveiller. - Adaptation somptueuse et vivante du célèbre opéra de Georges Bizet. Contexte espagnol admirablement évoqué. Apports thématiques intéressants. Interprétation fougueuse de J. Migenes-Johnson. □ Général
DVD VF→STF→Cadrage W→39,95 $

CARMEN
RUS. 2001. Aleksandr KHVAN
DVD STA→39,95 $

CARMEN JONES ▷3
É.-U. 1957. Comédie musicale de Otto PREMINGER avec Dorothy Dandridge, Harry Belafonte et Pearl Bailey. - Les aventures amoureuses d'une jeune Noire devenue la coqueluche d'un régiment américain. - Transposition fantaisiste de l'opéra *Carmen*. Rythme mouvementé. Réalisation et interprétation soignées. □ Général
DVD VA→STA→Cadrage W→13,95 $

CARMEN, BABY
É.-U. 1967. Radley METZGER □ 13 ans+ · Érotisme
DVD VA→39,95 $

CARNAGES ▷4
FR. 2002. Drame de mœurs de Delphine GLEIZE avec Chiara Mastroianni, Lucia Sanchez et Angela Molina. - Les différentes parties d'un taureau, tué lors d'une corrida puis dépecé dans un abattoir, affectent de près ou de loin les destins de divers individus. □ Général
DVD VF→29,95 $

CARNAL KNOWLEDGE ▷3
[Ce plaisir que l'on dit charnel]
É.-U. 1971. Comédie satirique de Mike NICHOLS avec Jack Nicholson, Art Garfunkel et Candice Bergen. - Les expériences amoureuses de deux amis de collège depuis l'adolescence jusqu'à l'âge mûr. - Tableau satirique amer des complexes de l'Américain moyen. Mise en scène sobre et précise. □ 18 ans+
DVD Cadrage W→12,95 $

CARNAVAL DES ÂMES, LE
voir **Carnival of Souls**

CARNAVAL DES DIEUX, LE
voir **Something of Value**

CARNETS DE VOYAGE [Motorcycle diaries, The] ▷4
ARG. 2004. Chronique de Walter SALLES avec Gael Garcia Bernal, Rodrigo De La Serna et Mia Maestro. - En 1952, deux jeunes Argentins partent en moto pour un long périple à travers l'Amérique du Sud. □ Général
DVD VF→STF→Cadrage W→16,95 $

CARNIVAL IN FLANDERS *voir* **Kermesse héroïque, La**

CARNIVAL OF SOULS [Carnaval des âmes, Le] ▷5
É.-U. 1962. Drame fantastique de Herk HARVEY avec Frances Feist, Candance Hilligoss et Sidney Berger. - Après un accident d'automobile, une jeune fille connaît d'étranges aventures. □ Général
DVD VA→Cadrage W→62,95 $

CARNY ▷4
É.-U. 1980. Comédie dramatique de Robert KAYLOR avec Gary Busey, Jodie Foster et Robbie Robertson. - L'arrivée d'une jeune serveuse au sein d'une foire itinérante cause diverses tensions entre les forains. □ 13 ans+

CARO DIARIO *voir* **Journal intime**

CAROUSEL ▷4
É.-U. 1955. Comédie musicale de Henry KING avec Gordon MacRae, Shirley Jones et Cameron Mitchell. - Après sa mort, un bonimenteur de foire reçoit la permission de revenir sur terre pour inspirer sa fille adolescente. □ Général

CARPETBAGGERS, THE ▷4
É.-U. 1963. Drame psychologique de Edward DMYTRYK avec George Peppard, Carroll Baker, Robert Cummings et Alan Ladd. - Les tribulations d'un industriel autoritaire qui s'est lancé dans la production de films. □ Général
DVD VF➔STA➔Cadrage W➔13,95 $

CARREFOUR DES INNOCENTS *voir* **Lost Angels**

CARRIE ▷4
É.-U. 1952. Drame psychologique de William WYLER avec Laurence Olivier, Jennifer Jones et Miriam Hopkins. - Un homme d'âge mûr sombre dans la déchéance après avoir quitté son foyer pour rejoindre une jeune fille. □ Général
DVD VA➔9,95 $

CARRIE [Carrie au bal du diable] ►2
É.-U. 1976. Drame fantastique de Brian DE PALMA avec Sissy Spacek, Piper Laurie et Betty Buckley. - Victime d'une cruelle plaisanterie, une adolescente utilise ses dons de télékinésie pour une horrible vengeance. - Scénario mêlant habilement horreur, psychologie et mélodrame. Réalisation pleine de maestria. Séquence du bal particulièrement remarquable. S. Spacek excellente dans le rôle-titre. □ 13 ans+
DVD VF➔STF➔Cadrage W➔12,95 $

CARRIED AWAY ▷5
É.-U. 1995. Drame psychologique de Bruno BARRETO avec Dennis Hopper, Amy Irving et Amy Locane. - Dans une petite ville du Texas, un professeur d'âge mûr à l'existence morose se laisse séduire par une étudiante de 17 ans. □ 13 ans+ · Érotisme
DVD VF➔STA➔Cadrage W➔22,95 $

CARRIED AWAY
É.-U. 1995. Paul KOSTICK
DVD VA➔STA➔26,95 $

CARRINGTON ▷4
ANG. 1995. Drame biographique de Christopher HAMPTON avec Emma Thompson, Jonathan Pryce et Steven Waddington. - La relation d'amour platonique entre la jeune peintre Dora Carrington et le poète homosexuel Lytton Strachey. □ Général
DVD VA➔STF➔Cadrage W➔12,95 $

CARROSSE D'OR, LE [Golden Coach, The] ►2
FR. 1952. Comédie de Jean RENOIR avec Anna Magnani, Duncan Lamont et Paul Campbell. - Au XVIIIe siècle, une comédienne reçoit du vice-roi du Pérou un carrosse d'or. - Intrigue fondée sur le jeu entre le théâtre et la vie. Spectacle ravissant. Mise en scène remarquable. Interprétation de qualité.

CARS THAT ATE PARIS, THE ▷4
AUS. 1974. Drame de mœurs de Peter WEIR avec Terry Camilleri, John Meillon et Melissa Jaffer. - Un jeune voyageur découvre que les habitants d'un village provoquent des accidents de la route afin de détrousser les victimes. □ 13 ans+ · Violence

CARTE DU MONDE, LA *voir* **Map of the World, A**

CARTE VERTE *voir* **Green Card**

CARTEL *voir* **Blow**

CARTOUCHE ▷3
FR. 1961. Aventures de Philippe DE BROCA avec Claudia Cardinale, Jean-Paul Belmondo et Odile Versois. - Les prouesses d'un bandit fantasque et chevaleresque au XVIIe siècle. - Traitement spirituel. Mise en scène vigoureuse. Images de qualité. J.-P. Belmondo excellent. □ Général
DVD VA➔Cadrage W➔23,95 $

CARUSO, LA LÉGENDE D'UNE VOIX ▷5
[Young Caruso, The]
ITA. 1951. Drame biographique de Giacomo GENTILOMO avec Ermano Randi, Gina Lollobrigida et Mario del Monaco. - La jeunesse du célèbre chanteur italien.
DVD VA➔Cadrage P&S➔12,95 $

CAS DE CONSCIENCE EN DIRECT *voir* **Image, The**

CASA DE LOS BABYS ▷4
É.-U. 2003. Drame social de John SAYLES avec Daryl Hannah, Lili Taylor et Maggie Gyllenhaal. - Dans un hôtel en Amérique du Sud, six Américaines de milieux divers attendent de pouvoir adopter un enfant. □ Général
DVD VA➔STA➔Cadrage W➔17,95 $

CASABLANCA ►2
É.-U. 1941. Drame de Michael CURTIZ avec Humphrey Bogart, Ingrid Bergman et Claude Rains. - Par amour pour une femme, un Américain propriétaire d'un club de nuit au Maroc aide un résistant tchèque à passer à l'étranger. - Classique du cinéma populaire hollywoodien. Habile mélange de romantisme et de cynisme. Mise en scène dynamique. Excellents interprètes. □ Général
DVD VF➔STF➔16,95 $ VF➔STA➔31,95 $

CASABLANCAIS, LES ▷5
MAR. 1998. Étude de mœurs d'Abdelkader LAGTAÂ avec Abdelaziz Saâdallah, Amine Kably et Karina Aktouf. - À Casablanca, un libraire, une institutrice et un écolier vivent diverses mésaventures.
□ Général

CASANOVA ▷4
É.-U. 1987. Drame de mœurs de Simon LANGTON avec Richard Chamberlain, Faye Dunaway, Hanna Schygulla et Sylvia Kristel. - Évocation de la vie tumultueuse d'un grand séducteur vénitien du XVIIIe siècle.

CASANOVA ▷4
É.-U. 2005. Comédie sentimentale de Lasse HALLSTRÖM avec Heath Ledger, Sienna Miller et Jeremy Irons. - Au XVIIIe siècle à Venise, un célèbre libertin emprunte diverses identités pour séduire une jeune femme aux idées progressistes. □ Général
DVD VF➔STA➔Cadrage W➔34,95 $

CASANOVA BROWN ▷4
É.-U. 1944. Comédie de Sam WOOD avec Gary Cooper, Frank Morgan, Teresa Wright et Anita Louise. - À la veille de se marier, un professeur timide apprend qu'il a une fille d'un mariage précédent.
□ Général

CASE OF THE SCORPION'S TAIL
ITA. 1971. Sergio MARTINO
DVD VA➔STA➔Cadrage W➔27,95 $

CASINO ▷3
É.-U. 1995. Drame de mœurs de Martin SCORSESE avec Robert De Niro, Joe Pesci et Sharon Stone. - Les hauts et les bas d'un directeur de casino de Las Vegas au début des années 1970. - Analyse des rouages d'une maison de jeux. Réalisation d'une virtuosité étourdissante. Milieu reconstitué avec un soin remarquable. Interprétation saisissante des trois vedettes. □ 16 ans+ · Violence
DVD VF➔STF➔Cadrage W➔26,95 $

CASINO ROYALE ▷5
ANG. 1967. Comédie de John HUSTON, Val GUEST, Ken HUGHES, Joe McGRATH et Robert PARRISH avec David Niven, Peter Sellers et Ursula Andress. - Sir James Bond sort de sa retraite pour affronter un gang de criminels. □ Général
DVD VA➔Cadrage W➔18,95 $

CASQUE D'OR ►2
FR. 1951. Drame de mœurs de Jacques BECKER avec Simone Signoret, Serge Reggiani et Claude Dauphin. - Dans les milieux de la pègre, au début du XXe siècle, deux hommes se disputent une femme surnommée *Casque d'Or*. - Ensemble puissamment dramatique. Mise en scène minutieuse. Excellente photographie. Interprétation remarquable. □ Général
DVD VF➔STA➔62,95 $

CASS TIMBERLANE ▷4
É.-U. 1947. Comédie dramatique de George SIDNEY avec Spencer Tracy, Lana Turner et Zachary Scott. - Les démêlés conjugaux d'un juge qui a épousé une jeune fille d'un milieu populaire. □ Général

CASSANDRA CROSSING, THE ▷5
[Pont de Cassandra, Le]
É.-U. 1976. Drame de George P. COSMATOS avec Richard Harris, Sophia Loren et Burt Lancaster. - Un terroriste contaminé par un bacille virulent se réfugie sur un train. □ 13 ans+
DVD VA→Cadrage P&S→17,95 $

CASSE DE L'ONCLE TOM, LE
voir **Cotton Comes to Harlem**

CASSE, LE ▷4
FR. 1971. Drame policier de Henri VERNEUIL avec Robert Hossein, Omar Sharif et J.-P. Belmondo. - Les auteurs d'un gros vol de diamants sont traqués par un policier qui convoite lui-même le butin.

CASSE-PIED, LE *voir* **Buddy Buddy**

CAST A GIANT SHADOW [Ombre d'un géant, L'] ▷5
É.-U. 1966. Drame biographique de Melville SHAVELSON avec Kirk Douglas, Senta Berger et Yul Brynner. - En 1947, un officier américain d'origine juive, David Marcus, se met au service du mouvement israélien en Palestine. □ Général
DVD VF→STF→Cadrage W→11,95 $

CASTAWAY ▷5
ANG. 1986. Drame de mœurs de Nicolas ROEG avec Amanda Donohoe, Oliver Reed et Virginia Hey. - Une bureaucrate accepte de participer à l'expérience d'un écrivain qui veut passer un an avec une compagne dans une île déserte. □ 13 ans+

CAST AWAY [Seul au monde] ▷3
É.-U. 2000. Drame de Robert ZEMECKIS avec Tom Hanks, Helen Hunt et Nick Searcy. - Naufragé dans une île déserte, un homme doit survivre au sein d'une nature sauvage et apprivoiser sa solitude. - Tour de force narratif à partir d'une idée connue. Traitement à la fois simple et d'un grand pouvoir d'évocation. Réalisation de qualité aux idées visuelles souvent saisissantes. Jeu remarquable de T. Hanks □ Général
DVD VF→STA→14,95 $

CASTLE, THE *voir* **Château, Le**

CASTLE, THE ▷5
AUS. 1997. Comédie de mœurs de Rob SITCH avec Michael Caton, Anne Tenney et Charles (Bud) Tingwell. - Une famille vivant heureuse à côté d'un aéroport conteste devant les tribunaux un avis d'expropriation. □ Général
DVD Cadrage W→12,95 $

CASTLE KEEP [Château en enfer, Un] ▷3
É.-U. 1969. Drame de guerre de Sydney POLLACK avec Jean-Pierre Aumont, Burt Lancaster et Patrick O'Neal. - Au cours de la campagne des Ardennes, des soldats américains s'installent dans le château d'un comte. - Style baroque et insolite. Réalisation habile. Interprétation vigoureuse. □ 18 ans+
DVD VA→21,95 $ VA→STA→Cadrage W→22,95 $

CASUAL SEX? ▷5
É.-U. 1988. Comédie de G. ROBERT avec Lea Thompson, Victoria Jackson et Andrew Dice Clay. - Deux amies inquiètes devant les dangers nouveaux qui menacent les échanges amoureux passent leurs vacances dans un centre de thérapie physique.
DVD VA→Cadrage W→10,95 $

CASUALTIES OF WAR [Victimes du Viêtnam] ▷3
É.-U. 1989. Drame de guerre de Brian DE PALMA avec Michael J. Fox, Sean Penn et Don Harvey. - Après avoir assisté impuissant au viol et au meurtre d'une jeune Vietnamienne par ses camarades, un jeune soldat américain tente de traîner son peloton en cour martiale. - Transposition d'une expérience vécue. Nette orientation critique. Mise en scène retenue. Jeu impressionnant de S. Penn. □ 13 ans+
DVD VF→STF→Cadrage W→9,95 $/22,95 $

CAT AND THE CANARY, THE ▷4
É.-U. 1927. Drame d'horreur de Paul LENI avec Laura La Plante, Creighton Hale et Forest Stanley. - Dans un château, les personnes invitées à la lecture d'un testament disparaissent une à une.
DVD 23,95 $

CAT AND THE CANARY ▷5
ANG. 1977. Comédie policière de Radley METZGER avec Carol Lynley, Michael Callan et Peter McEnery. - Un mystérieux meurtrier s'attaque aux personnes réunies dans un manoir pour entendre la lecture du testament d'un vieil excentrique. □ 13 ans+
DVD Cadrage W→24,95 $ VA→29,95 $

CAT BALLOU ▷3
É.-U. 1965. Comédie d'Elliot SILVERSTEIN avec Jane Fonda, Lee Marvin et Michael Callan. - Une jeune institutrice de retour dans l'Ouest doit défendre puis venger son père. - Joyeuse parodie du western. Gags enlevés. Mise en scène alerte. L. Marvin excellent dans un double rôle. □ Général
DVD Cadrage W→16,95 $

CAT CHASER ▷4
É.-U. 1989. Drame policier d'Abel FERRARA avec Peter Weller, Kelly McGillis et Charles Durning. - Le propriétaire d'un motel en Floride s'engage dans une liaison amoureuse avec la femme d'un millionnaire. □ 16 ans+ · Violence

CAT FROM OUTER SPACE, THE ▷4
[Chat qui vient de l'espace, Le]
É.-U. 1978. Comédie fantaisiste de Norman TOKAR avec Ken Berry, Sandy Duncan et Harry Morgan. - Un chat extraterrestre dont l'appareil spatial est en panne cherche de l'aide pour le réparer.
DVD VA→18,95 $

CAT O'NINE TAILS, THE ▷5
ITA. 1971. Drame policier de Dario ARGENTO avec Karl Malden, James Franciscus et Catherine Spaak. - Un journaliste et un aveugle entreprennent une enquête pour trouver l'identité d'un meurtrier avant la police. □ 13 ans+
DVD VF→Cadrage W→11,95 $

CAT ON A HOT TIN ROOF ▷3
[Chatte sur un toit brûlant, La]
É.-U. 1958. Drame psychologique de Richard BROOKS avec Paul Newman, Elizabeth Taylor et Burl Ives. - Conflits entre les membres d'une riche famille du Sud des États-Unis. - Adaptation intelligente d'une pièce de Tennessee Williams. Mise en scène vigoureuse. Interprétation de qualité. □ Général
DVD VF→STF→Cadrage W→21,95 $
VA→STA→Cadrage W→21,95 $

CAT ON A HOT TIN ROOF ▷4
É.-U. 1984. Drame psychologique de Jack HOFSISS avec Jessica Lange, Tommy Lee Jones et Rip Torn. - Des conflits éclatent entre les membres d'une riche famille du Sud des États-Unis. □ Général

CAT PEOPLE ▷3
É.-U. 1942. Drame d'horreur de Jacques TOURNEUR avec Simone Simon, Kent Smith et Tom Conway. - Une jeune femme est persuadée qu'elle a hérité du pouvoir de se changer en panthère. - Éléments horrifiques suggérés plus que montrés. Utilisation intelligente des jeux de lumière. Interprétation adéquate. □ Général

CAT PEOPLE ▷4
É.-U. 1982. Drame fantastique de Paul SCHRADER avec Nastassja Kinski, Malcolm McDowell et John Heard. - Une jeune femme est persuadée qu'elle a hérité du pouvoir de se transformer en panthère. □ 18 ans+
DVD VA→STF→Cadrage W→17,95 $

CAT'S EYE ▷4
É.-U. 1984. Film à sketches de Lewis TEAGUE avec Drew Barrymore, James Woods et Robert Hays. - Les déambulations d'un chat errant servent de lien à trois histoires insolites. □ 13 ans+
DVD VA→STF→Cadrage W→7,95 $

CAT'S MEOW, THE ▷4
[Cat's Meow: The Signature Series]
ANG. 2001. Drame de mœurs de Peter BOGDANOVICH avec Kirsten Dunst, Cary Elwes et Eddie Izzard. - En 1924, un événement tragique perturbe une croisière réunissant plusieurs célébrités sur le yacht du magnat W.R. Hearst. □ Général
DVD VA→STA→Cadrage W→13,95 $

CAT'S PLAY *voir* **Jeux de chats**

CATCH 22 ▷3
É.-U. 1970. Comédie satirique de Mike NICHOLS avec Alan Arkin, Jon Voight et Martin Balsam. - Durant la Seconde Guerre mondiale, un officier d'aviation, ayant accompli un nombre important de missions, tente d'obtenir la permission de retourner aux États-Unis. - Énorme caricature de la guerre. Mise en scène intelligente et soignée. Interprétation dans le ton voulu. □ Général
DVD VF➔STA➔Cadrage W➔9,95 $

CATCH ME A SPY *voir* **Doigts croisés, Les**

CATCH ME IF YOU CAN [Arrête-moi si tu peux] ▷3
É.-U. 2002. Comédie policière de Steven SPIELBERG avec Leonardo DiCaprio, Tom Hanks et Christopher Walken. - Un jeune fraudeur de génie qui change souvent d'identité glisse constamment entre les doigts d'un agent du FBI lancé à ses trousses. - Intrigue rocambolesque tirée d'une histoire vraie. Personnages tracés avec un heureux mélange d'humour et d'empathie. Réalisation colorée et pleine de brio. Interprétation alerte. □ Général
DVD VA➔STF➔Cadrage W➔15,95 $
VF➔STF➔Cadrage P&S➔21,95 $

CATCH THE HEAT
É.-U. 1987. Joel SILBERG
DVD VA➔11,95 $

CATERED AFFAIR, THE ▷4
É.-U. 1955. Drame de Richard BROOKS avec Bette Davis, Ernest Borgnine et Debbie Reynolds. - Une femme insiste pour organiser une réception coûteuse à l'occasion du mariage de sa fille. □ Général

CATHERINE ▷5
FR. 1969. Aventures de Bernard BORDERIE avec Olga Georges-Picot, Roger Van Hool et Horst Frank. - Au XVe siècle, la fille d'un orfèvre parisien est convoitée par un duc mais s'éprend d'un étudiant. - Feuilleton mélodramatique et peu vraisemblable. Du mouvement. Interprétation plutôt froide. □ Non classé

CATLOW ▷4
É.-U. 1971. Western de Sam WANAMAKER avec Yul Brynner, Richard Crenna et Daliah Lavi. - Un policier se voit forcé de poursuivre au Mexique un hors-la-loi avec qui il entretient des liens d'amitié. □ Général

CATS DON'T DANCE ▷4
É.-U. 1997. Dessins animés de Mark DINDAL. - Un chat doué pour le chant et la danse tente de percer à Hollywood malgré les manœuvres déloyales d'une jeune starlette qui déteste les animaux. □ Général · Enfants
DVD VA➔STA➔Cadrage P&S➔13,95 $

CAUGHT ▷3
É.-U. 1949. Drame psychologique de Max OPHÜLS avec Barbara Bel Geddes, James Mason et Robert Ryan. - Une jeune ambitieuse épouse un industriel puis s'éprend d'un médecin de quartier.- Récit fort habilement charpenté. Mise en scène maîtrisée. Interprétation de qualité. □ Général

CAUGHT ▷4
É.-U. 1996. Drame de mœurs réalisé par Robert M. YOUNG avec Edward James Olmos, Maria Conchita Alonso et Arie Verveen. - Au New Jersey, un couple propriétaire d'une poissonnerie engage un itinérant qui devient l'amant de sa patronne. □ 13 ans+
DVD VA➔STA➔8,95 $

CAUSE TOUJOURS, TU M'INTÉRESSES ▷4
FR. 1979. Comédie d'Édouard MOLINARO avec Jean-Pierre Marielle, Annie Girardot et Jacques François. - Pour tromper son ennui, un divorcé téléphone par hasard à une célibataire à qui il se présente sous une fausse identité. □ Général

CAVALCADE ▷3
ANG. 1933. Chronique de Frank LLOYD avec Diana Wynyard, Clive Brook et Herbert Mundin. - De la guerre des Boers à la Grande Dépression, trois décennies dans la vie d'une famille londonienne. - Adaptation élégante d'une pièce de Noel Coward. Riche caractérisation. Critique aiguisée des événements historiques de l'époque. Réalisation alerte. Interprétation assurée. □ Général

CAVALE DES FOUS, LA ▷5
FR. 1993. Comédie de Marco PICO avec Pierre Richard, Michel Piccoli et Dominique Pinon. - Interné dans un asile pour avoir tenté d'étrangler sa femme, un professeur est conduit par son psychiatre au chevet de cette dernière qui est mourante. □ Général

CAVALIER DU DÉSERT, LE *voir* **Westerner, The**

CAVALIER SOLITAIRE, LE *voir* **Pale Rider**

CAVALIERS, LES *voir* **Horsemen, The**

CAVE, THE ▷6
É.-U. 2005. Drame d'horreur de Bruce HUNT avec Cole Hauser, Eddie Cibrian et Piper Perabo. - En explorant une rivière souterraine en Roumanie, des plongeurs américains se retrouvent aux prises avec des créatures monstrueuses. □ 13 ans+ · Horreur
DVD VF➔STA➔Cadrage W➔23,95 $

CAVEMAN [Homme des cavernes, L'] ▷5
É.-U. 1981. Comédie de Carl GOTTLIEB avec Ringo Starr, Barbara Bach et Shelley Long. - Chassé de sa tribu pour avoir convoité la compagne de son chef, un homme préhistorique imagine des armes nouvelles et tente de conquérir celle qu'il aime. □ Général
DVD VF➔STF➔Cadrage P&S/W➔11,95 $

CE CHER INTRUS *voir* **Once Around**

CE CRÉTIN DE MALEC *voir* **Saphead, The**

CE N'EST QU'UN AU REVOIR
voir **Long Gray Line, The**

CE PLAISIR QUE L'ON DIT CHARNEL
voir **Carnal Knowledge**

CE QUE FEMME VEUT
voir **What Women Want**

CECIL B. DEMENTED ▷5
É.-U. 2000. Comédie satirique de John WATERS avec Melanie Griffith, Stephen Dorff et Alicia Witt. - Un cinéaste underground kidnappe une star capricieuse pour l'obliger à jouer dans son nouveau film subversif. □ 13 ans+ · Violence
DVD Cadrage W➔17,95 $

CÉDEZ LE PASSAGE *voir* **Human Traffic**

CEINTURE NOIRE, LA *voir* **Black Belt Jones**

CELEBRATION, THE *voir* **Fête de famille**

CELEBRITY ▷4
É.-U. 1998. Comédie de mœurs de Woody ALLEN avec Kenneth Branagh, Judy Davis et Joe Mantegna. - Un journaliste côtoyant les célébrités aspire à la gloire littéraire, pendant que son ex-femme devient, sans le vouloir, une vedette de la télé. □ 13 ans+ · Langage vulgaire
DVD Cadrage W➔12,95 $

CÉLESTE ▷3
ALL. 1981. Drame de Percy ADLON avec Eva Mattes, Juergen Arndt et Norbert Wartha. - Illustration des souvenirs de la gouvernante de Marcel Proust. - Étude psychologique intéressante. Mise en scène d'une belle sobriété. Contexte bien évoqué.

CELESTIAL CLOCKWORK
voir **Mécaniques célestes**

CÉLIBATAIRES *voir* **Singles**

CÉLIBATAIRES, LES *voir* **Swingers**

CÉLINE ▷4
FR. 1992. Drame religieux de Jean-Claude BRISSEAU avec Isabelle Pasco, Lisa Hérédia et Daniel Tarrare. - Initiée à la méditation par une infirmière qui l'a sauvée d'une tentative de suicide, une jeune fille se découvre d'étranges dons miraculeux.

CÉLINE ET JULIE VONT EN BATEAU ▷3
[Celine and Julie Go Boating]
FR. 1974. Comédie fantaisiste de Jacques RIVETTE avec Juliet Berto, Dominique Labourier, Marie-France Pisier et Bulle Ogier. - Deux jeunes filles s'inventent des récits rocambolesques ayant pour cadre une vieille maison. - Histoire pleine d'humour, d'imagination et d'insolence. Climat à mi-chemin entre le rêve et la réalité. Interprétation alerte.

CELL, THE [Cellule, La] ▷4
É.-U. 2000. Science-fiction de Tarsem SINGH avec Jennifer Lopez, Vince Vaughn et Vincent D'Onofrio. - Grâce à une technique révolutionnaire, une psychologue pénètre dans l'esprit d'un tueur en série comateux afin de découvrir où se trouve sa dernière victime. □ 16 ans+
DVD VA→STA→Cadrage W→14,95 $

CELLULAR [Cellulaire, Le] ▷5
É.-U. 2004. Thriller de David R. ELLIS avec Kim Basinger, Chris Evans et William H. Macy. - Une femme victime d'enlèvement réussit à lancer un appel de détresse sur la ligne du cellulaire d'un jeune homme qui cherche alors à la secourir. □ 13 ans+
DVD VF→STA→Cadrage W/16X9→17,95 $

CELO, EL [Presence of Mind]
ESP. 2000. Drame fantastique d'Antonio ALOY avec Sadie Frost, Lauren Bacall et Harvey Keitel. - Des phénomènes terrifiants se produisent autour de deux enfants vivant avec une gouvernante et des serviteurs dans un grand manoir.
DVD VA→Cadrage P&S→11,95 $

CELOS [Jealousy] ▷4
ESP. 1999. Drame psychologique de Vincente ARANDA avec Aitana Sanchez-Gijon, Daniel Gimenez Cacho et Maria Botto. - Un jeune homme sombre dans une jalousie obsessive après avoir découvert une vieille photo montrant sa fiancée dans les bras d'un autre homme.
DVD STA→Cadrage W→21,95 $

CELUI PAR QUI LE SCANDALE ARRIVE
voir **Home from the Hill**

CELUI QUI N'EXISTAIT PAS *voir* **Night Walker, The**

CELUI QUI VOIT LES HEURES ▷5
QUÉ. 1985. Comédie dramatique réalisée et interprétée par Pierre GOUPIL avec Frédérique Collin, Ginette Boivin et Bernard Lalonde. - Malgré les remarques négatives dont on lui fait part, un jeune homme poursuit avec tenacité son rêve de devenir cinéaste. □ Général

CEMENT GARDEN, THE ▷4
ANG. 1992. Drame de mœurs d'Andrew BIRKIN avec Charlotte Gainsbourg, Andrew Robertson et Alice Coulthard. - Par crainte de l'orphelinat, un frère et une sœur enterrent dans la cave le corps de leur mère tout juste décédée et continuent à vivre comme si de rien n'était. □ 16 ans+

CEMETERY MAN, THE [Dellamorte Dellamore] ▷4
ITA. 1994. Drame fantastique de Michele SOAVI avec Rupert Everett, François Hadji-Lazaro et Anna Falchi. - Les tribulations d'un gardien de cimetière qui doit faire face à une épidémie de zombies. □ 13 ans+
DVD VA→Cadrage W→22,95 $

CENDRES D'ANGELA, LES *voir* **Angela's Ashes**

CENDRES ET DIAMANTS [Ashes and Diamonds] ►2
POL. 1958. Drame politique d'Andrzej WAJDA avec Zbigniew Cybulski, Ewa Krzyzanowska et Adam Pawlikowski. - En Pologne en 1945, un jeune étudiant nationaliste reçoit de son chef l'ordre d'abattre le secrétaire général du Parti communiste. - Œuvre à la fois bouleversante et fougueuse. Climat de désespoir moral bien rendu. Atmosphère habilement reconstituée. □ Général
DVD 29,95 $

CENDRILLON *voir* **Cinderella**

CENT ET UNE NUITS, LES ▷4
[One hundred and one night]
FR. 1994. Comédie fantaisiste d'Agnès VARDA avec Michel Piccoli, Julie Gayet et Marcello Mastroianni. - Une étudiante devient demoiselle de compagnie auprès d'un vieillard qui reçoit chez lui des stars du cinéma tout en se remémorant des souvenirs de cinéphile. □ Général
DVD VF→STA→22,95 $

CENT JOURS À PALERME ▷5
ITA. 1984. Drame policier de Giuseppe FERRARA avec Lino Ventura, Giuliana de Sio et Stefano Satta Flores. - Nommé préfet de Palerme pour mater la mafia, le général Dalla Chiesa finit assassiné.

CENT MILLE DOLLARS AU SOLEIL ▷4
FR. 1964. Aventures d'Henri VERNEUIL avec Lino Ventura, Jean-Paul Belmondo et Bernard Blier. - En Afrique, un chauffeur de camion tente de rattraper un collègue qui a volé un véhicule.

CENTER OF THE WORLD, THE ▷5
É.-U. 2001. Drame de mœurs de Wayne WANG avec Peter Sarsgaard, Molly Parker et Carla Gugino. - Pour dix mille dollars, une jeune strip-teaseuse accepte de passer trois jours à Las Vegas avec un jeune informaticien solitaire. □ 18 ans+
DVD VA→Cadrage W→22,95 $

CENTRAL STATION *voir* **Gare centrale**

CENTRE TERRE, SEPTIÈME CONTINENT
voir **At the Earth's Core**

CENTURIONS, LES *voir* **Lost Command**

CENTURY ▷4
ANG. 1994. Drame de Stephen POLIAKOFF avec Charles Dance, Clive Owen et Miranda Richardson. - À l'aube du XXe siècle, une âpre rivalité vient troubler les relations d'un jeune médecin ambitieux et de son mentor. □ Général

CENTURY HOTEL ▷5
CAN. 2001. Drame de mœurs de David WEAVER avec Lindy Booth, Colm Feore et Mia Kirshner. - Sept histoires se déroulant dans la même chambre d'hôtel à différentes périodes durant le XXe siècle.
DVD VA→5,95 $

CERCLE, LE *voir* **Circle, The**

CERCLE, LE *voir* **Ring, The**

CERCLE 2, LE *voir* **Ring Two, The**

CERCLE D'AMIS, UN *voir* **Circle of Friends**

CERCLE DES INTIMES, LE [Inner Circle, The] ▷4
ITA. 1991. Drame social d'Andrei KONCHALOVSKY avec Tom Hulce, Lolita Davidovich et Bob Hoskins. - Le projectionniste attitré de Staline est à ce point obnubilé par son maître qu'il en néglige sa jeune épouse. □ Général

CERCLE DU POUVOIR, LE *voir* **Brainwash**

CERCLE DU SILENCE, LE
voir **Bastard Out of Carolina**

CERCLE INFERNAL, LE *voir* **Full Circle**

CERCLE PARFAIT, LE ▷3
BOS. 1996. Drame de guerre d'Ademir KENOVIC avec Mustafa Nadarevic, Almedin Leleta et Almir Podgorica. - Durant le siège de Sarajevo, un poète prend sous sa protection deux orphelins égarés. - Description réaliste et bouleversante du conflit tel que vécu par les assiégés. Profond humanisme du discours. □ 13 ans+

CERCLE ROUGE, LE ►2
FR. 1970. Thriller de Jean-Pierre MELVILLE avec André Bourvil, Alain Delon et Yves Montand. - Un policier tend un piège à trois criminels qui viennent de réussir un vol de bijoux. - Récit captivant. Psychologie fouillée. Mise en scène froide, précise et rigoureuse. Interprétation excellente. □ Général
DVD VF→STA→Cadrage W→52,95 $

CÉRÉMONIE, LA ▷3
FR. 1995. Drame psychologique de Claude CHABROL avec Sandrine Bonnaire, Isabelle Huppert et Jacqueline Bisset. - Une jeune domestique analphabète se lie d'amitié avec une postière délurée qui l'entraîne à se rebeller contre ses employeurs. - Étude précise des rapports de classe. Sujet traité avec un détachement troublant. Mise en scène très maîtrisée. Interprétation brillante des deux vedettes féminines.
DVD VF➔STA➔Cadrage W➔42,95 $

CÉRÉMONIE SECRÈTE *voir* **Secret Ceremony**

CERF-VOLANT BLEU, LE [Blue Kite, The] ▷4
CHI. 1992. Drame social de Tian ZHUANGZHUANG avec Lu Liping, Pu Quanxin et Li Xuejian. - Les tribulations d'une institutrice chinoise et de son jeune fils né au début des années 1950. □ Général
DVD STA➔23,95 $

CERRO TORRE: SCREAM OF STONE ▷5
[Conquête de la peur, La]
ALL. 1991. Drame sportif de Werner HERZOG avec Stefan Glowacz, Vittorio Mezzogiorno et Donald Sutherland. - Deux alpinistes rivaux qui escaladent un sommet périlleux sous les yeux de la télévision se livrent à un duel irraisonnable. □ Général

CERTAINE RENCONTRE, UNE
voir **Love with the Proper Stranger**

CERTAINES NOUVELLES ▷4
FR. 1979. Drame de Jacques DAVILA avec Micheline Presle, Gérard Lartigau et Frédéric de Pasquale. - En 1961, deux familles françaises d'Algérie demeurent plus ou moins indifférentes aux troubles politiques qui secouent leur pays. □ Non classé

CERVEAU, LE [Brain, The] ▷4
FR. 1969. Comédie policière de Gérard OURY avec Bourvil, Jean-Paul Belmondo et David Niven. - Un voleur expert et deux escrocs minables entrent en rivalité pour un vol de train. □ Général

CES GARÇONS QUI VENAIENT DU BRÉSIL
voir **Boys from Brazil, The**

CÉSAR ▷3
FR. 1936. Comédie dramatique de Marcel PAGNOL avec Pierre Fresnay, Raimu et Orane Demazis. - À la mort de celui qu'il croit son père, un jeune homme apprend le secret de sa naissance. - Épisode final de la trilogie de Pagnol. Thème développé avec humanité. Image subordonnée à la parole. Interprétation vivante. □ Général

CÉSAR ET ROSALIE ▷3
FR. 1972. Drame psychologique de Claude SAUTET avec Yves Montand, Romy Schneider et Sami Frey. - Les réactions d'un homme d'âge mûr lorsque sa jeune compagne reprend contact avec un ancien amant. - Intrigue faite d'observations attentives. Fines touches psychologiques. Mise en scène alerte. Interprétation naturelle et vivante.
DVD VF➔Cadrage W➔21,95 $

CET AMOUR-LÀ ▷4
FR. 2001. Drame biographique de Josée DAYAN avec Jeanne Moreau, Aymeric Demarigny et Christiane Rorato. - De 1980 jusqu'à sa mort en 1996, l'écrivaine Marguerite Duras a vécu une relation passionnée avec le jeune étudiant Yann Andrea. □ Général
DVD VF➔Cadrage W➔13,95 $

CET OBSCUR OBJET DU DÉSIR ▷3
[That Obscure Object of Desire]
FR. 1977. Comédie dramatique de Luis BUÑUEL avec Fernando Rey, Carole Bouquet et Angela Molina. - Au cours d'un voyage en train, un homme raconte à d'autres passagers sa récente aventure sentimentale avec une jeune femme capricieuse. - Adaptation très personnelle d'un roman de Pierre Louÿs. Détails surréalistes. Curieux mélange de rigueur et de désinvolture. Interprétation tout en finesse de F. Rey.
DVD VF➔STA➔54,95 $

CETTE CHOSE QU'ON APPELLE L'AMOUR
voir **Thing Called Love, The**

CETTE FEMME-LÀ ▷4
FR. 2003. Drame policier de Guillaume NICLOUX avec Josiane Balasko, Éric Caravaca et Ange Rodot. - Une policière hantée par la mort accidentelle de son jeune fils et par de terrifiants cauchemars enquête sur le suicide suspect d'une inconnue. □ 16 ans+
DVD VF➔31,95 $

CETTE SACRÉE GAMINE [Naughty Girl] ▷5
FR. 1955. Comédie policière de Michel BOISROND avec Brigitte Bardot, Jean Bretonnière, Françoise Fabian et Raymond Bussières. - Les frasques d'une jeune fille confiée par son père à un ami qui est fiancé.
DVD VF➔STA➔Cadrage W➔27,95 $

CEUX QUI M'AIMENT PRENDRONT LE TRAIN ▷4
[Those Who Love Me Can Take the Train]
FR. 1997. Drame psychologique de Patrice CHÉREAU avec Valeria Bruni Tedeschi, Charles Berling et Pascal Greggory. - Les funérailles d'un peintre homosexuel donnent lieu à des règlements de compte émotifs entre ses amants, amis et parents. □ 16 ans+
DVD VF➔STA➔Cadrage W➔26,95 $

CHACAL *voir* **Day of the Jackal, The**

CHACAL, LE *voir* **Jackal, The**

CHACUN CHERCHE SON CHAT ▷4
[When the Cat's Away]
FR. 1996. Comédie dramatique de Cédric KLAPISCH avec Garance Clavel, Zinedine Soualem et Renée Le Calm. - Une jeune femme qui a perdu son chat part à sa recherche dans les rues de son quartier parisien. □ Général

CHACUN SA CHANCE *voir* **Everybody Wins**

CHAINED ▷5
É.-U. 1934. Drame sentimental de Clarence BROWN avec Joan Crawford, Clark Gable et Otto Kruger. - La maîtresse d'un homme d'affaires s'éprend d'un rancher argentin au cours d'un voyage. □ Non classé

CHAÎNES DU SANG, LES *voir* **Bloodbrothers**

CHAIR POUR FRANKENSTEIN
voir **Andy Warhol's Frankenstein**

CHALEUR ET POUSSIÈRE *voir* **Heat and Dust**

CHALLENGE, THE ▷4
É.-U. 1981. Aventures de John FRANKENHEIMER avec Scott Glenn, Toshiro Mifune et Donna Kei Benz. - Un boxeur américain se retrouve mêlé à une querelle opposant deux frères japonais qui se disputent un sabre précieux. - Récit convenu traité avec un certain savoir-faire. Décors utilisés avec invention. Touches d'humour. Interprétation alerte.

CHAMADE, LA ▷4
FR. 1968. Drame psychologique d'Alain CAVALIER avec Catherine Deneuve, Michel Piccoli et Roger Van Hool. - Une jeune femme quitte momentanément la vie de luxe que lui procure son amant pour l'amour d'un garçon de condition modeste.
DVD VF➔STA➔Cadrage W➔12,95 $

CHAMANE ▷4
FR. 1995. Aventures de BARTABAS avec Spartak Fedotov, Vladimir Yakovlev et Igor Gotsman. - Un musicien qui s'est évadé d'un goulag en plein hiver fuit dans la taïga à dos de cheval. □ Général

CHAMBER, THE [Couloir de la mort, Le] ▷5
É.-U. 1996. Drame judiciaire de Joel SCHUMACHER avec Chris O'Donnell, Gene Hackman et Faye Dunaway. - Un jeune avocat tente de sauver son grand-père de la peine de mort. □ Non classé

CHAMBERMAID ON THE TITANIC, THE
voir **Femme de chambre du Titanic, La**

CHAMBRE À LOUER *voir* **Room to Rent**

CHAMBRE À PART ▷5
FR. 1989. Comédie de mœurs de Jacky CUKIER avec Michel Blanc, Lio et Jacques Dutronc. - Deux marginaux, spécialisés dans le ménage à quatre comme moyen de subsistance, s'immiscent dans la vie d'un couple conformiste.

CHAMBRE AVEC VUE *voir* **Room with a View, A**

CHAMBRE DES MAGICIENNES, LA ▷4
FR. 1999. Drame psychologique de Claude MILLER avec Anne Brochet, Mathilde Seigner et Annie Noël. - Partageant une chambre dans une unité de neurologie avec deux autres patientes, une étudiante est intriguée par le comportement bizarre de l'une d'elles. □ Général · Déconseillé aux jeunes enfants

CHAMBRE DES OFFICIERS, LA ▷4
FR. 2001. Drame psychologique de François DUPEYRON avec Éric Caravaca, Sabine Azéma, Grégori Derangère et Denis Podalydès. - Défiguré par un obus, un jeune lieutenant passe toute la Première Guerre mondiale dans la chambre des officiers d'un hôpital parisien. □ 13 ans+
DVD VF→17,95 $

CHAMBRE DU FILS, LA [Son's Room, The] ▷3
ITA. 2001. Drame psychologique réalisé et interprété par Nanni MORETTI avec Laura Morante et Jasmine Trinca. - Un psychanalyste qui se sent coupable de la mort accidentelle de son fils met en péril les liens qui l'unissent à sa femme et à sa fille. - Portrait délicat d'une famille confrontée à un pénible deuil. Observations judicieuses et touchantes. Réalisation tout en douceur. Excellents interprètes. □ Général
DVD STA→34,95 $

CHAMBRE FORTE, LA *voir* **Panic Room**

CHAMBRE VERTE, LA [Green Room, The] ▷3
FR. 1978. Drame psychologique réalisé et interprété par François TRUFFAUT avec Nathalie Baye et Jean Dasté. - Un ancien soldat devenu veuf après quelques années de mariage se voue au culte des morts. - Sujet insolite. Style sobre. Photographie particulièrement soignée. Interprétation subtile. □ Général

CHAMELEON STREET ▷4
É.-U. 1989. Comédie satirique réalisée et interprétée par Wendell B. HARRIS avec Angela Leslie et Amina Fakir. - Ne supportant plus le style de vie ennuyeux qu'il mène, un Noir de Detroit endosse une multitude d'identités diverses. □ Général

CHAMP, THE ▷4
É.-U. 1931. Mélodrame de King VIDOR avec Wallace Beery, Jackie Cooper, Roscoe Ates et Irene Rich. - Un garçonnet vit heureux avec son père, ex-champion boxeur, jusqu'au jour où sa mère reparaît. □ Général
DVD VA→STF→21,95 $

CHAMP, THE [Champion, Le] ▷4
É.-U. 1979. Mélodrame de Franco ZEFFIRELLI avec Ricky Schroder, Jon Voight et Faye Dunaway. - Élevant seul son fils, un boxeur déchu décide de remonter sur l'arène lorsque sa femme reparaît. □ Général

CHAMP D'HONNEUR ▷3
FR. 1987. Drame de guerre de Jean-Pierre DENIS avec Pascale Rocard, Cris Campion et Eric Wapler. - Durant la guerre entre la France et la Prusse, un jeune paysan sert au combat à la place du fils d'un notable. - Évocation historique à hauteur d'homme. Utilisation originale des différences linguistiques de la France du XIXe siècle. Récit simple illustré sobrement. Interprétation retenue. □ Général

CHAMP DE RÊVES, LE *voir* **Field of Dreams**

CHAMPAGNE AMER ▷5
TUN. FR. 1986. Drame psychologique de Ridha BEHI avec Julie Christie, Ben Gazzara et Patrick Bruel. - Le fils d'une paysanne tunisienne retrouve dans la capitale son père français qui ne l'a jamais reconnu. □ Général

CHAMPAGNE FOR CAESAR ▷4
É.-U. 1950. Comédie satirique de Richard WHORF avec Ronald Colman, Celeste Holm et Vincent Price. - Un érudit sans emploi gagne une fortune à un quizz de télévision. □ Général
DVD VA→38,95 $

CHAMPION ▷3
É.-U. 1949. Drame de Mark ROBSON avec Kirk Douglas, Marilyn Maxwell et Arthur Kennedy. - Pour arriver au championnat, un boxeur n'épargne personne et ne recule devant rien. - Récit rapide et tendu. Mise en scène vigoureuse. Interprétation de classe. □ Général
DVD VA→Cadrage P&S→14,95 $

CHAMPION, LE *voir* **Champ, The**

CHAN IS MISSING ▷4
É.-U. 1981. Étude de mœurs de Wayne WANG avec Wood Moy, Marc Hayashi et Laureen Chow. - Un chauffeur de taxi sino-américain et son neveu recherchent un affairiste venu de Taiwan qui a disparu en leur dérobant leurs économies.
DVD VA→STA→27,95 $

CHANCE D'ÊTRE FEMME, LA ▷5
FR. ITA. 1957. Comédie de Alessandro BLASETTI avec Charles Boyer, Sophia Loren et Marcello Mastroianni. - Une jeune fille ambitieuse rêve de devenir vedette de cinéma. □ Général

CHANCE DE MA VIE, LA *voir* **Me Myself I**

CHANCE MEETING [Blind Date] ▷3
ANG. 1959. Drame policier de Joseph LOSEY avec Hardy Kruger, Stanley Baker et Micheline Presle. - Un peintre est accusé du meurtre d'une jeune femme étrange chez qui il se trouvait à l'arrivée de la police.

CHANCE PAS CROYABLE, UNE *voir* **Outrageous Fortune**

CHANCES ARE [Lui, moi, elle et l'autre] ▷5
É.-U. 1989. Comédie fantaisiste de Emile ARDOLINO avec Robert Downey Jr, Cybill Shepherd et Ryan O'Neal. - Un jeune avocat qui a été tué dans un accident se réincarne dans un nouveau-né puis retrouve vingt-deux ans plus tard son épouse et sa fille. □ Général
DVD VF→STF→Cadrage W→9,95 $

CHANEL SOLITAIRE ▷5
FR. 1981. Drame biographique de George KACZENDER avec Marie-France Pisier, Timothy Dalton et Rutger Hauer. - Au long de la présentation d'une collection, une couturière célèbre se remémore ses jeunes années. □ 13 ans+

CHANG ▷3
É.-U. 1927. Étude de mœurs d'Ernest B. SCHOEDSACK et Merian C. COOPER avec Kru, Nantui et Nah. - Un énorme troupeau d'éléphants menace la quiétude des habitants d'un village du Siam. - Œuvre tournée dans des conditions très difficiles avec des techniques de documentaire. Délicieux parfum d'aventures exotiques. Passages saisissants. Image constamment belle. Jeu convaincant d'interprètes non professionnels. □ Général

CHANGE OF SEASONS, A ▷5
É.-U. 1980. Comédie de mœurs de R. LANG avec Shirley MacLaine, Anthony Hopkins et Bo Derek. - Deux époux qui se trompent mutuellement décident de passer ensemble des vacances d'hiver en compagnie de leurs partenaires sentimentaux.
DVD VA→Cadrage W→16,95 $

CHANGELING, THE ▷4
CAN. 1980. Drame fantastique de Peter MEDAK avec Trish Van Devere, George C. Scott et Melvyn Douglas. - Installé dans une maison abandonnée, un musicien est influencé par l'esprit d'un enfant infirme qui y a jadis été tué. □ 13 ans+
DVD VA→STF→Cadrage W→7,95 $

CHANGING LANES [Changement de voie] ▷4
É.-U. 2002. Drame psychologique de Roger MICHELL avec Ben Affleck, Samuel L. Jackson et Toni Collette. - Un avocat et un agent d'assurances impliqués dans un accident de la route sombrent dans un affrontement revanchard. □ Général
DVD VF→STA→Cadrage W→12,95 $

CHANSON DE ROLAND, LA ▷3
FR. 1977. Drame historique de Frank CASSENTI avec Klaus Kinski, Jean-Pierre Kalfon et Dominique Sanda. - Au XIIe siècle, des pèlerins sont encouragés dans leur voyage par des conteurs qui rappellent l'histoire épique de Roland. - Récit complexe. Mise en scène rigoureuse. Interprétation intelligente. □ Général

CHANSON EST NÉE, UNE *voir* **Song Is Born, A**

CHANSONS DU DEUXIÈME ÉTAGE ▷3
[Songs from the Second Floor]
SUÈ. 2000. Comédie dramatique de Roy ANDERSSON avec Lars Nordh, Stefan Larsson et Torbjörn Fahlström. - Dans une ville européenne, divers événements insolites sont annonciateurs d'un grand chaos. - Méditation désespérante sur la société occidentale actuelle. Humour noir teinté de surréalisme. Suite de plans-séquences savamment composés. Ambiance crépusculaire. Interprétation dans la note. □ Général
DVD STA→Cadrage W→34,95 $

CHANT DE LA FORÊT, LE *voir* **Cry of the Wild**

CHANT DES SIRÈNES, LE
voir **I've Heard the Mermaids Singing**

CHANT DU MISSOURI, LE *voir* **Meet Me in St. Louis**

CHANTAGE AU KGB *voir* **Little Nikita**

CHANTEUR DE NOCES, LE *voir* **Wedding Singer, The**

CHANTONS SOUS LA PLUIE *voir* **Singin' In the Rain**

CHAOS
JAP. 1999. Hideo NAKATA
DVD STA→Cadrage W→15,95 $

CHAOS ▷4
FR. 2001. Comédie dramatique de Coline SERREAU avec Catherine Frot, Vincent Lindon et Rachida Brakni. - Une bourgeoise se fait la protectrice d'une jeune maghrébine qui a été sauvagement agressée par ses proxénètes.
DVD VF→Cadrage W→9,95 $

CHAOS AND DESIRE *voir* **Turbulence des fluides, La**

CHAPLIN ▷5
É.-U. 1992. Drame biographique de Richard ATTENBOROUGH avec Robert Downey Jr., Geraldine Chaplin et Dan Aykroyd. - La vie tumultueuse du cinéaste et comédien Charlie Chaplin. □ Général

CHAPPAQUA ▷4
É.-U. 1967. Drame psychologique réalisé et interprété par Conrad ROOKS avec Jean-Louis Barrault et Paula Pritchett. - Alcoolique et narcomane depuis son adolescence, un jeune homme suit péniblement une cure de désintoxication.

CHARACTER *voir* **Caractère**

CHARADE ▷3
É.-U. 1963. Comédie policière de Stanley DONEN avec Audrey Hepburn, Cary Grant et Walter Matthau. - À la mort de son mari, une jeune femme découvre qu'il détenait le secret d'un trésor. - Suspense et humour habilement mêlés. Bonne utilisation des décors parisiens. Jeu charmant des interprètes. □ Général
DVD VA→11,95 $ VA→STA→Cadrage 16X9→62,95 $

CHARGE DES REBELLES, LA ▷4
ESP. 1963. Drame de Carlos SAURA avec Francisco Rabal, Lea Massari et Philippe Leroy. - Un paysan se joint à des bandits dont il devient le chef. □ Non classé

CHARGE FANTASTIQUE, LA
voir **They Died with Their Boots On**

CHARGE HÉROÏQUE, LA *voir* **She Wore a Yellow Ribbon**

CHARGE OF THE LIGHT BRIGADE, THE ▷4
[Charge de la brigade légère, La]
É.-U. 1936. Drame historique de Michael CURTIZ avec Patric Knowles, Errol Flynn et Olivia de Havilland. - En Crimée, un officier provoque une charge de cavalerie pour venger un massacre. □ Général

CHARGE OF THE LIGHT BRIGADE, THE ▷3
[Charge de la brigade légère, La]
ANG. 1968. Drame de guerre de Tony RICHARDSON avec Trevor Howard, David Hemmings et John Gielgud. - Les circonstances entourant le massacre d'un régiment anglais pendant la guerre de Crimée. - Vision critique de l'époque victorienne. Réalisation impressionnante. Excellents morceaux de bravoure. Interprétation solide. □ 13 ans+
DVD VF→STF→Cadrage W→12,95 $

CHARGE VICTORIENNE, LA
voir **Red Badge of Courage, The**

CHARIOTS OF FIRE [Chariots de feu, Les] ▷3
ANG. 1981. Drame sportif de Hugh HUDSON avec Ben Cross, Ian Charleson et Ian Holm. - Un étudiant juif et un futur missionnaire s'entraînent à la course pour des motivations différentes. - Rappel de faits vécus. Mise en images claire et alerte. Contexte d'époque bien évoqué. Interprétation convaincue. □ Général
DVD VA→STA→Cadrage W→33,95 $
VF→STF→Cadrage W→31,95 $

CHARISMA
JAP. 1999. Kiyoshi KUROSAWA
DVD STA→28,95 $

CHARLEY VARRICK [Tuez Charley Varrick] ▷4
É.-U. 1973. Drame policier de Don SIEGEL avec Walter Matthau, Joe Don Baker et John Vernon. - Un voleur de banques est aux prises avec un tueur de la mafia. □ 13 ans+
DVD VA→10,95 $

CHARLIE
ANG. 2004. Malcolm NEEDS
DVD VA→STA→Cadrage W→21,95 $

CHARLIE AND THE CHOCOLATE FACTORY ▷4
É.-U. 2005. Comédie fantaisiste de Tim BURTON avec Johnny Depp, Freddie Highmore et David Kelly. - Un inventeur excentrique invite cinq enfants à visiter sa mythique confiserie qui recèle de nombreuses surprises. □ Général
DVD VF→STF→Cadrage W→11,95 $/36,95 $

CHARLIE'S ANGELS ▷4
É.-U. 2000. Comédie policière de Joseph McGINTY NICHOL avec Cameron Diaz, Drew Barrymore et Lucy Liu. - Trois justicières ont pour mission de retrouver un informaticien qui aurait été kidnappé par un magnat des communications. □ Général

CHARLIE'S ANGELS: FULL THROTTLE ▷5
[Charlie et ses drôles de dames se déchaînent]
É.-U. 2003. Comédie policière de McG avec Drew Barrymore, Cameron Diaz et Lucy Liu. - Trois justicières sont amenées à lutter contre une ancienne camarade devenue criminelle. □ Général · Déconseillé aux jeunes enfants
DVD VA→STF→Cadrage W→14,95 $

CHARLOTTE GRAY ▷5
ANG. 2001. Drame d'espionnage de Gillian ARMSTRONG avec Cate Blanchett, Billy Crudup, Abigail Cruttenden et Michael Gambon. - Durant la Seconde Guerre mondiale, une Écossaise s'engage dans les Services secrets britanniques pour retrouver son amant, un pilote anglais disparu en sol français. □ Général · Déconseillé aux jeunes enfants
DVD VA→STF→Cadrage W→16,95 $

CHARLOTTE SOMETIMES
É.-U. 2002. Eric BYLER
DVD VA→Cadrage W→24,95 $

CHARLOTTE'S WEB ▷4
[Petit monde de Charlotte, Le]
É.-U. 1972. Dessins animés de Charles A. NICHOLS et Iwao TAKAMOTO. - Un petit cochon est sauvé de la mort grâce à une araignée ingénieuse devenue son amie. □ Général
DVD VF→STA→Cadrage W→13,95 $

CHARME DISCRET DE LA BOURGEOISIE, LE ►1
[Discreet Charm of the Bourgeoisie, The]
FR. 1972. Comédie satirique de Luis BUÑUEL avec Fernando Rey, Delphine Seyrig et Stéphane Audran. - Deux couples bourgeois et un diplomate subissent divers contretemps à chaque fois qu'ils se réunissent pour prendre un repas. - Œuvre maîtresse de Bunuel. Intrigue allègrement décousue. Style précis et détendu. Mélange déconcertant de rêve et de réalité. Interprétation fort réjouissante.
DVD VF→STA→Cadrage W/16X9→49,95 $

CHARTREUSE DE PARME, LA ▷4
[Charterhouse of Parme, The]
FR. 1947. Drame de CHRISTIAN-JAQUE avec Gérard Philipe, Maria Casarès et Renée Faure. - Condamné à vingt ans de forteresse, un jeune homme s'évade grâce à l'aide de la fille de son geôlier.

CHASE, THE ►2
É.-U. 1965. Drame social d'Arthur PENN avec Marlon Brando, Jane Fonda et Robert Redford. - Le shérif d'une petite ville du Texas tente de sauver du lynchage un évadé de prison. - Scénario touffu mais riche d'intérêt. Progression dramatique puissante. Mise en scène adroite. Interprétation de premier ordre. □ Général

CHASING AMY [À la conquête d'Amy] ▷4
É.-U. 1996. Comédie dramatique de Kevin SMITH avec Ben Affleck, Joey Lauren Adams et Jason Lee. - Bien qu'elle soit lesbienne, une jeune auteure de bandes dessinées se laisse tenter par une aventure amoureuse avec un collègue. □ 13 ans+ · Langage vulgaire
DVD Cadrage W→18,95 $

CHASING SLEEP ▷4
É.-U. 2000. Drame d'horreur de Michael WALKER avec Jeff Daniels, Emily Bergl et Gil Bellows. - Un professeur souffrant de graves insomnies perd lentement contact avec la réalité après avoir constaté la disparition de sa femme. □ 13 ans+
DVD VF→STF→Cadrage W→5,95 $

CHASSE À L'HOMME, LA ▷4
FR. ITA. 1964. Comédie d'Édouard MOLINARO avec Jean-Claude Brialy, Jean-Paul Belmondo et Claude Rich. - Un homme s'enfuit le jour de son mariage mais se laisse prendre aux charmes d'une étrangère. □ Non classé

CHASSE AUX SORCIÈRES *voir* **Witch Hunt**

CHASSE AUX SORCIÈRES, LA *voir* **Crucible, The**

CHASSE, LA [Hunt, The] ▷3
ESP. 1965. Drame de Carlos SAURA avec Ismael Merlo, Alfredo Mayo et Jose Maria Prada. - Trois anciens militants de la guerre civile espagnole retournent, pour une partie de chasse, sur les lieux où ils ont combattu. - Sens aigu de l'analyse psychologique. Réalisation soignée. Interprètes bien dirigés. □ 13 ans+

CHASSES DU COMTE ZAROFF, LES
voir **Most Dangerous Game, The**

CHASSÉS-CROISÉS, LES *voir* **Short Cuts**

CHASSEUR BLANC, CŒUR NOIR
voir **White Hunter, Black Heart**

CHASSEURS DE FANTÔMES
voir **Frighteners, The**

CHASTITY ▷5
É.-U. 1969. Drame psychologique d'A. de PAOLA avec Cher, Stephen Whittaker et Barbara London. - Une jeune fille étrange et déséquilibrée cherche à donner un sens à sa vie en allant d'un endroit à un autre sans but précis.
DVD VA→STF→Cadrage P&S/W→18,95 $

CHAT, LE ▷3
FR. 1971. Drame psychologique de Pierre GRANIER-DEFERRE avec Jean Gabin, Simone Signoret et Annie Cordy. - Un chat devient l'objet d'une dispute entre de vieux conjoints qui se supportent difficilement. - Adaptation réussie d'un roman de Simenon. Atmosphère de souffrance et de tension bien rendue. □ Général

CHAT DANS LE SAC, LE ►2
QUÉ. 1963. Drame psychologique de Gilles GROULX avec Claude Godbout, Barbara Ulrich et Manon Blain. - Un jeune indépendantiste cherche des moyens de s'affirmer. - Œuvre rebelle. Discours à la fois personnel, philosophique et politique au diapason de la Révolution Tranquille. Réalisation vive et novatrice. Jeu naturel des interprètes. □ Général

CHAT ET LA SOURIS, LE ▷4
FR. 1975. Drame policier de Claude LELOUCH avec Serge Reggiani, Michèle Morgan et Philippe Léotard. - Les aléas de l'enquête d'un inspecteur aux méthodes peu orthodoxes sur la mort d'un entrepreneur en construction. □ Général

CHAT NOIR, CHAT BLANC [Black Cat, White Cat] ▷4
FR. ALL. YOU. 1998. Comédie burlesque de Emir KUSTURICA avec Bajram Severdzan, Srdan Todorovic et Florijan Ajdini. - Pour dédommager un gangster, un gitan accepte de marier son fils avec la sœur naine et irascible de l'escroc. □ Général

CHAT QUI VIENT DE L'ESPACE, LE
voir **Cat from Outer Space, The**

CHÂTEAU, LE [Castle, The] ▷3
ALL. 1968. Drame de Rudolf NOELTE avec Cordula Trantow, Trudi Daniel et Maximilian Schell. - Un arpenteur venu travailler dans un village tente en vain de contacter le châtelain qui l'a engagé. - Adaptation d'un roman de Franz Kafka. Climat de bizarrerie et de mystère. □ Non classé

CHÂTEAU AMBULANT, LE *voir* **Howl's Moving Castle**

CHÂTEAU DE L'ARAIGNÉE, LE [Throne of Blood] ►2
JAP. 1956. Drame d'Akira KUROSAWA avec Toshiro Mifune, Isuzu Yamada et Minoru Chiaki. - Un général tue son suzerain afin de lui succéder. - Transposition de *Macbeth* dans le contexte japonais. Dialogue réduit. Imagerie insolite. Très bon jeu des acteurs.
□ 13 ans+
DVD STA→Cadrage P&S→62,95 $

CHÂTEAU DE MA MÈRE, LE [My Mother's Castle] ▷3
FR. 1990. Comédie dramatique de Yves ROBERT avec Nathalie Roussel, Julien Ciamaca et Philippe Caubère. - Une famille en vacances à la campagne traverse à pied plusieurs propriétés privées pour se rendre à sa maison sur une colline. - Récit basé sur les souvenirs d'enfance de Marcel Pagnol. Délice provençal enrobé de bonhomie. Développements savoureux. Contexte naturel bien exploité. Interprétation de qualité. □ Général

CHÂTEAU DE RÊVES *voir* **Ice Castles**

CHÂTEAU EN ENFER, UN *voir* **Castle Keep**

CHATO'S LAND [Collines de la terreur, Les] ▷4
É.-U. 1971. Western de Michael WINNER avec Charles Bronson, Jack Palance et Richard Basehart. - Un métis qui a tué un shérif est poursuivi dans le désert par un ancien officier sudiste.
DVD VA→STF→Cadrage W→12,95 $

CHATS BOTTÉS, LES ▷6
QUÉ. 1971. Comédie de Claude FOURNIER avec Donald Pilon, Donald Lautrec et Jacques Famery. - Deux célibataires apathiques vivant de divers expédients cumulent les conquêtes féminines.

CHATTAHOOCHEE ▷4
É.-U. 1990. Drame social de Mick JACKSON avec Gary Oldman, Dennis Hopper et Pamela Reed. - Un patient dans un asile psychiatrique tente d'obtenir de meilleurs traitements pour les internés.
□ 13 ans+
DVD VA→STF→Cadrage W→11,95 $

CHATTE SUR UN TOIT BRÛLANT, LA
voir **Cat on a Hot Tin Roof**

CHAUFFEUR À GAGES, LE *voir* **Driver, The**

CHAUFFEUR DE TAXI *voir* **Taxi Driver**

CHAUSSONS ROUGES, LES *voir* **Red Shoes, The**

CHAUSSURE À SON PIED *voir* **Hobson's Choice**

CHAUSSURE À SON PIED *voir* **In Her Shoes**

CHEAP DETECTIVE, THE ▷4
É.-U. 1978. Comédie policière de Robert MOORE avec Peter Falk, Madeline Kahn et Louise Fletcher. - Un détective privé a beaucoup à faire après l'assassinat de son partenaire. □ Général
DVD VA→STA→Cadrage P&S/W→9,95 $

CHEAPER BY THE DOZEN [Treize à la douzaine] ▷4
É.-U. 1950. Comédie de mœurs de Walter LANG avec Clifton Webb, Jeanne Crain et Myrna Loy. - Un ingénieur spécialisé dans la rationalisation du travail élève ses douze enfants selon des méthodes très originales. □ Général
DVD VF→STA→Cadrage W→15,95 $

CHEAPER BY THE DOZEN 2 ▷5
[Moins cher à la douzaine 2]
É.-U. 2005. Comédie d'Adam SHANKMAN avec Steve Martin, Bonnie Hunt et Eugene Levy. - Au cours d'un séjour au bord d'un lac, le père de douze enfants reprend une vieille rivalité avec un ancien camarade de collège, lui-même père de huit enfants. □ Général
DVD VF→Cadrage W→36,95 $

CHEB ▷4
ALG. FR. 1991. Drame social de Rachid BOUCHAREB avec Mourad Vounaas, Nozha Khouadra et Pierre-Loup Rajot. - Expulsé de France par décision judiciaire, un jeune beur se retrouve en Algérie où il a du mal à s'adapter à ses nouvelles conditions de vie. □ Général

CHECKING OUT
ANG. 1989. David LELAND
DVD VA→STF→11,95 $

CHEESEBURGER FILM SANDWICH
voir **Amazon Women on the Moon**

CHEF D'ORCHESTRE, LE [Conductor, The] ►2
POL. 1979. Drame psychologique de Andrzej WAJDA avec John Gielgud, Krystyna Janda et Andrzej Seweryn. - Un chef d'orchestre célèbre d'origine polonaise accepte de diriger une formation de province pour son cinquantenaire d'activité professionnelle. - Réflexions intéressantes sur l'art, la vie et la politique. Mise en scène harmonieuse. Excellente interprétation.

CHEF DE RAYON EXPLOSIF, UN
voir **Who's Minding the Store?**

CHEF IN LOVE
voir **Mille et une recettes du cuisinier amoureux, Les**

CHEIK BLANC, LE *voir* **Courrier du cœur, Le**

CHEKIST, THE ▷5
RUS. 1992. Drame d'Aleksandr ROGOJKINE avec Igor Sergueev, Mikhail Vasserbaum et Alexeï Polouyan. - Dans les années vingt, un fonctionnaire de la police politique bolchévique passe ses journées à superviser l'exécution de prisonniers.

CHELSEA WALLS ▷5
É.-U. 2001. Drame de mœurs d'Ethan HAWKE avec Uma Thurman, Rosario Dawson et Vincent D'Onofrio. - Dans le décor d'un célèbre hôtel de New York, quelques poètes, écrivains et musiciens mènent une existence bohème.
DVD VA→STA→Cadrage W/16X9→5,95 $

CHEMIN DE DAMAS, LE ▷5
QUÉ. 1988. Comédie de George MIHALKA avec Rémy Girard, Pascale Bussières et Jessica Barker. - Un curé de campagne se voit confier les deux filles d'une ancienne amie emprisonnée pour trafic de fausse monnaie. □ Général

CHEMIN DE NOS FOYERS, LE
voir **We Don't Live Here Anymore**

CHEMIN DES ÉCOLIERS, LE ▷5
FR. 1958. Étude de mœurs de Michel BOISROND avec Bourvil, Alain Delon et Françoise Arnoul. - Pendant l'occupation, un étudiant fait du marché noir pour entretenir une maîtresse.

CHEMINS DE LA HAUTE VILLE, LES
voir **Room at the Top**

CHÊNE, LE ►2
ROU. 1992. Comédie dramatique de Lucian PINTILIE avec Maia Morgenstern, Razvan Vasilescu et Victor Rebengiuc. - Dans une petite ville, une jeune enseignante rencontre un médecin marginal qui a maille à partir avec les autorités. - Dénonciation d'une société en pleine décomposition. Ton comique virulent. Imagination débordante dans le traitement. Interprétation pleine d'authenticité.

CHER DISPARU, LE *voir* **Loved One, The**

CHER FRANKIE *voir* **Dear Frankie**

CHÈRE BRIGITTE *voir* **Dear Brigitte**

CHÉRIE ! J'AI RÉDUIT LES ENFANTS
voir **Honey, I Shrunk the Kids**

CHÉRIE, JE ME SENS RAJEUNIR *voir* **Monkey Business**

CHERRY 2000 ▷4
É.-U. 1986. Science-fiction de Steve DE JARNATT avec Ben Johnson, Melanie Griffith et David Andrews. - En 2017, un homme cherche dans une zone dangereuse des pièces de rechange pour sa compagne, une androïde dont les circuits ont sauté. □ Non classé
DVD VF→STF→Cadrage W→12,95 $

CHERRY ORCHARD, THE
GRÈ. 1999. Michael CACOYANNIS
DVD VA→Cadrage W→23,95 $

CHESS PLAYER, THE *voir* **Joueur d'échecs, Le**

CHEVAL D'ORGUEIL, LE [Horse of Pride, The] ▷3
FR. 1980. Chronique de Claude CHABROL avec Jacques Dufilho, Bernadette Le Saché et François Cluzet. - La vie quotidienne en Bretagne au début du siècle. - Reconstitution d'époque soignée. Mise en scène de métier. □ Général

CHEVALIER DES SABLES, LE *voir* **Sandpiper, The**

CHEVALIER DU CRÉPUSCULE, LE *voir* **Love Me Tender**

CHEVALIER DU ROI, LE
voir **Black Shield of Falworth, The**

CHEVALIER SANS ARMURE *voir* **Knight without Armour**

CHEVALIERS DE LA TABLE RONDE, LES
voir **Knights of the Round Table**

CHEVALIERS DE SHANGHAI, LES *voir* **Shanghai Knights**

CHEVALIERS TEUTONIQUES, LES ▷3
[Knights of the Teutonic Order]
POL. 1960. Drame historique d'Aleksander FORD avec Grazyna Staniszewska, Andrezj Szalawski et Henrik Borowski. - Au XVe siècle, les Polonais s'opposent à la domination d'un ordre allemand de chevaliers. - Portrait d'une époque présenté de façon remarquable. Mise en scène simple et spectaculaire à la fois. □ Général

CHEVAUCHÉE FANTASTIQUE, LA *voir* **Stagecoach**

CHEVAUCHÉE MAGIQUE, LA *voir* **Into the West**

CHEVAUCHÉE SAUVAGE, LA *voir* **Bite the Bullet**

CHEVAUX DE FEU, LES ▷3
[Shadows of Forgotten Ancestors]
RUS. 1965. Drame poétique de Sergei PARADJANOV avec Ivan Nikolaitchouk, Larissa Kadotchnikova et Tatiana Bestaieva. - Un homme hanté par le souvenir d'un amour de jeunesse épouse une autre jeune fille qui tentera de conquérir son cœur par des sortilèges. - Coutumes et cérémonies folkloriques présentées dans une aura légendaire. Photographie soignée à l'extrême. □ Général

CHÈVRE, LA ▷4
FR. 1981. Comédie de Francis VEBER avec Pierre Richard, Gérard Depardieu et Michel Robin. - Un détective privé part au Mexique à la recherche de la fille d'un industriel, en compagnie d'un individu aussi malchanceux que la disparue.
DVD VF→Cadrage W/16X9→19,95 $

CHEYENNE AUTUMN ▷3
É.-U. 1964. Western de John FORD avec Richard Widmark, Carroll Baker et Ricardo Montalban. - La cavalerie américaine veut empêcher des Cheyennes échappés d'une réserve de rejoindre leur terre natale. - Scénario un peu dispersé mais intéressant. Maîtrise des moyens techniques. Mouvement ample. Interprétation sobre. □ Général

CHEYENNE SOCIAL CLUB, THE ▷5
[Attaque au Cheyenne Club]
É.-U. 1970. Western de Gene KELLY avec James Stewart, Henry Fonda et Shirley Jones. - Un cow-boy du Texas hérite d'une maison de tolérance lors de la mort de son frère. □ Général

CHEZ LES HEUREUX DU MONDE
voir **House of Mirth, The**

CHICAGO ▷3
É.-U. 2002. Comédie musicale de Ron MARSHALL avec Renee Zellweger, Catherine Zeta-Jones et Richard Gere. - Dans les années 1920, une vedette de music-hall et une aspirante chanteuse-danseuse, toutes deux accusées de meurtre, engagent le même avocat roublard. - Adaptation inventive et énergique d'un spectacle de Broadway. Traits humoristiques piquants. Numéros musicaux fort réussis. Distribution de grande classe. □ Général
DVD VF→Cadrage W→23,95 $ VF→STA→Cadrage W→31,95 $

CHICAGO JOE AND THE SHOWGIRL ▷4
[Chicago Joe et la showgirl]
ANG. 1989. Drame de mœurs de Bernard ROSE avec Emily Lloyd, Kiefer Sutherland et Patsy Kensit. - À Londres, en 1944, un jeune soldat américain est entraîné dans le crime par une stripteaseuse.
DVD VA→21,95 $

CHICANO AMÉRICAIN *voir* **Born in East L.A.**

CHICKEN LITTLE [Petit poulet] ▷5
É.-U. 2005. Film d'animation de Mark DINDAL. - Devenu le paria de son village, un petit poulet entreprend de sauver la Terre attaquée par des envahisseurs de l'espace. □ Général
DVD VF→33,95 $ VF→33,95 $

CHICKEN RUN [Poulets en fuite] ▷3
É.-U. 2000. Film d'animation de Peter LORD et Nick PARK. - Des poules tentent de s'enfuir d'une ferme où on les destine à devenir de la chair à pâté. - Histoire fine et ingénieuse racontée au moyen de figurines en pâte à modeler. Animaux dotés de traits humains fort amusants. Conception visuelle imaginative. Grande virtuosité technique. □ Général

CHIEN DANS UN JEU DE QUILLES, UN ▷5
FR. 1982. Comédie de Bernard GUILLOU avec Pierre Richard, Julien Guiomar et Sylvie Joly. - Menacé d'expulsion par le châtelain local, un fermier breton fait appel à son frère psychologue à Paris. □ Général

CHIEN ENRAGÉ, UN [Stray Dog] ▷3
JAP. 1949. Drame policier d'Akira KUROSAWA avec Toshiro Mifune, Takashi Shimura et Keiko Awaji. - Un jeune policier se lance sur les traces d'un criminel qui lui a volé son revolver dans un train. - Récit riche en résonances humaines. Personnages dépeints avec acuité. Saisissant portrait du Tokyo d'après-guerre. Interprétation forte. □ Général
DVD STA→62,95 $

CHIEN, LE GÉNÉRAL ET LES OISEAUX, LE
FR. 2003. Francis NIELSEN
DVD VF→16,95 $

CHIENNE, LA ►2
FR. 1931. Mélodrame de Jean RENOIR avec Michel Simon, Janie Marèze et Georges Flamant. - Les déboires d'un petit employé mal marié qui s'éprend d'une fille légère. - Œuvre représentative du style original de Renoir. Réalisme nuancé par une poésie douce-amère. Interprétation savoureuse.

CHIENNE DE VIE *voir* **Life Stinks**

CHIENS, LES ▷4
FR. 1979. Drame de mœurs d'Alain JESSUA avec Gérard Depardieu, Victor Lanoux et Nicole Calfan. - Les habitants d'une petite ville industrielle s'achètent des chiens de garde pour se protéger des rôdeurs. □ 13 ans+

CHIENS DE GUERRE, LES *voir* **Dogs of War, The**

CHIGNON D'OLGA, LE ▷4
FR. 2002. Drame psychologique de Jérôme BONNELL avec Hubert Benhamdine, Nathalie Boutefeu et Serge Riaboukine. - Pendant les vacances d'été, les membres d'une famille éprouvée par le décès de la mère se réfugient dans des liaisons passagères.

CHILD IS WAITING, A ▷4
É.-U. 1962. Drame psychologique de John CASSAVETES avec Judy Garland, Burt Lancaster et Bruce Ritchey. - Une jeune femme travaille comme monitrice dans une institution pour enfants attardés. □ Non classé

CHILD'S PLAY [Jeu d'enfant] ▷4
É.-U. 1988. Drame fantastique de Tom HOLLAND avec Catherine Hicks, Chris Sarandon et Alex Vincent. - Un jeune garçon reçoit pour son anniversaire une poupée dans laquelle s'est réincarné un criminel. □ 13 ans+
DVD VF→STF→Cadrage P&S→12,95 $

CHILDHOOD OF MAXIM GORKY, THE ►2
U.R.S.S. 1938. Drame biographique de Mark DONSKOÏ avec Vera Messalitinova, Aliocha Larski et Mikhail Troyanovski. - La dure enfance de l'écrivain Maxime Gorki dans la Russie de la fin du XIXe siècle. - Suite d'anecdotes vigoureuses. Mouvement d'ensemble bien soutenu. Grande beauté plastique des images. Excellents interprètes.
DVD STA→41,95 $

CHILDREN ARE WATCHING US, THE
voir **Enfants nous regardent, Les**

CHILDREN OF A LESSER GOD ▷4
[Enfants du silence, Les]
É.-U. 1986. Drame psychologique de Randa HAINES avec William Hurt, Marlee Matlin et Piper Laurie. - Dans un institut réservé aux sourds, un enseignant s'éprend d'une ancienne élève qui refuse d'apprendre à parler autrement que par signes. □ Général
DVD VF→STA→Cadrage W→9,95 $

CHILDREN OF HEAVEN *voir* **Enfants du ciel, Les**

CHILDREN OF NOISY VILLAGE, THE ▷4
SUÈ. 1986. Drame de Lasse HALLSTRÖM avec Linda Bergström, Crispin Dickson Wendenius et Henrik Larsson. - Les aventures de six jeunes Suédois dans un petit village de province au cours des années 1920. □ Général

CHILDREN OF PARADISE *voir* **Enfants du paradis, Les**

CHILDREN OF THE REVOLUTION ▷5
AUS. 1996. Comédie dramatique de Peter DUNCAN avec Judy Davis, Richard Roxburgh et Sam Neill. - Une ardente militante communiste australienne cache à son fils l'identité de son véritable père, Joseph Staline. □ 13 ans+
DVD VA→Cadrage W→23,95 $

CHILDREN'S HOUR, THE ▷3
É.-U. 1962. Drame social de William WYLER avec Audrey Hepburn, Shirley MacLaine et James Garner. - Pour se venger d'avoir été punie, une fillette accuse les directrices de son école d'avoir une liaison. - Adaptation intelligente d'une pièce de Lillian Hellman. Mise en scène pleine de tact et de sensibilité. Interprétation sincère et souvent bouleversante. □ Non classé
DVD VF→STF→Cadrage W→11,95 $

CHILDSTAR ▷5
CAN. 2004. Comédie de mœurs réalisée et interprétée par Don McKELLAR avec Mark Rendall et Jennifer Jason Leigh. - Un enfant-star de Hollywood crée tout un émoi en s'enfuyant du tournage d'un film d'action à Toronto. □ 13 ans+
DVD VA→STA→32,95 $

CHILLICOTHE
É.-U. 1999. Todd EDWARDS
DVD VA→Cadrage W→37,95 $

CHINA [Défilé de la mort, Le] ▷4
É.-U. 1943. Drame de guerre de John FARROW avec Loretta Young, Alan Ladd et William Bendix. - Un Américain et une institutrice sont lancés dans une randonnée à travers la Chine envahie. □ Général

CHINA 9, LIBERTY 37 ▷5
ITA. 1978. Western de Monte HELLMAN avec Warren Oates, Fabio Testi et Jenny Agutter. - Un pistolero condamné à mort est gracié à condition de tuer un ancien cheminot.

CHINA BEACH ▷4
É.-U. 1988. Drame de guerre de Rod HOLCOMB avec Nan Woods, Dana Delaney et Michael Boatman. - Trois femmes font l'expérience de la guerre dans une unité américaine de premiers soins au Viêtnam. □ Général · Déconseillé aux jeunes enfants

CHINA GIRL ▷4
É.-U. 1987. Drame de mœurs d'Abel FERRARA avec James Russo, Richard Panebianco et Sari Chang. - Dans un quartier ravagé par la violence raciale, un jeune Italien tombe amoureux d'une Chinoise. □ 16 ans+ · Violence

CHINA MOON [Lune rouge] ▷5
É-U. 1991. Drame policier de John BAILEY avec Ed Harris, Madeleine Stowe et Benicio Del Toro. - Une richarde qui a assassiné son mari pousse son amant inspecteur de police à faire disparaître toute trace du meurtre. □ 13 ans+
DVD VF→STF→Cadrage P&S/W→12,95 $

CHINA SEAS ▷4
É.-U. 1935. Aventures de Tay GARNETT avec Clark Gable, Jean Harlow et Wallace Beery. - Un capitaine est amené à défendre contre des pirates une cargaison d'or qu'il convoie vers Singapour. □ Général
DVD VA→STA→21,95 $

CHINA SYNDROME, THE [Syndrome chinois, Le] ▷3
É.-U. 1978. Drame social de James BRIDGES avec Jane Fonda, Jack Lemmon et Michael Douglas. - Une journaliste de télévision décèle une situation inquiétante dans une centrale électrique alimentée par l'énergie nucléaire. - Scénario prenant, donnant lieu à un suspense mené avec invention et vigueur. Mise en scène au style souvent nerveux. Bonne interprétation. □ Général
DVD Cadrage W→18,95 $

CHINA, MY SORROW *voir* **Chine, ma douleur**

CHINATOWN ▶1
É.-U. 1974. Drame policier de Roman POLANSKI avec Jack Nicholson, Faye Dunaway et John Huston. - Dans les années 1930, à Los Angeles, un détective privé engagé pour une filature découvre d'étranges agissements. - Extraordinaire pastiche des films noirs des années 1930 et 40. Intrigue sombre et compliquée racontée de façon captivante. Dialogues brillants. Mise en scène d'un art consommé. Interprétation tout à fait mémorable. □ 13 ans+
DVD VF→STA→Cadrage W→9,95 $

CHINE, MA DOULEUR [China, My Sorrow] ▷3
CHI. FR. 1989. Drame social de Dai SIJIE avec Guo Liang Yi, Tieu Quan Nghieu et Vuong Han Lai. - Les tribulations d'un adolescent chinois enfermé dans un camp de rééducation pour une raison futile. - Dénonciation d'abus de pouvoir. Touches d'un humour feutré. Réalisation juste et sensible. Bonne interprétation de comédiens non professionnels. □ Général

CHINESE BOX ▷4
FR. JAP. É.-U. 1997. Drame psychologique de Wayne WANG avec Jeremy Irons, Gong Li et Maggie Cheung. - À Hong-Kong, un journaliste anglais leucémique est amoureux d'une barmaid, tout en étant fasciné par une punk. □ Général · Déconseillé aux jeunes enfants
DVD VA→Cadrage W→27,95 $

CHINESE CONNECTION, THE *voir* **Fists of Fury**

CHINESE CONNECTION, THE ▷5
H.K. 1972. Aventures de Lo WEI avec Bruce Lee, Miao Ker Hsiu et James Tien. - Un jeune athlète veut venger son maître assassiné sur les ordres d'un rival. □ 13 ans+
DVD Cadrage W→14,95 $

CHINESE GHOST STORY, A
voir **Histoires de fantômes chinois**

CHINESE ROULETTE *voir* **Roulette chinoise**

CHISUM ▷4
É.-U. 1970. Western d'Andrew V. McLAGLEN avec John Wayne, Forrest Tucker et Geoffrey Deuel. - L'opposition entre un rancher du Nouveau-Mexique et un commerçant malhonnête dégénère en guerre ouverte. □ Général
DVD VF→STF→Cadrage W→8,95 $

CHITTY CHITTY BANG BANG ▷4
ANG. 1968. Comédie musicale de Ken HUGHES avec Dick Van Dyke, Sally A. Howes et Gert Fröbe. - Les enfants d'un inventeur se prennent d'affection pour une vieille auto de course mise au rancart.
DVD 12,95 $ VA→Cadrage W→29,95 $

CHLOE IN THE AFTERNOON *voir* **Amour l'après-midi, L'**

CHOC *voir* **Moment to Moment**

CHOC, LE ▷5
FR. 1982. Drame policier de Robin DAVIS avec Catherine Deneuve, Alain Delon et François Perrot. - Un tueur à gages retiré des affaires est traqué par l'organisation qui l'employait. □ 13 ans+

CHOC DES TITANS, LE *voir* **Clash of the Titans**

CHOCOLAT ▷4
FR. 1988. Drame de mœurs de Claire DENIS avec Giulia Boschi, Isaach de Bankolé et François Cluzet. - Pendant le trajet qui la ramène au village de son enfance, une femme se remémore son passé colonial avec ses parents en poste au Cameroun. □ Général
DVD VF→STF→Cadrage W→12,95 $

CHOCOLAT ▷4
ANG. 2000. Comédie dramatique de Lasse HALLSTRÖM avec Juliette Binoche, Alfred Molina et Johnny Depp. - À la fin des années 1950 dans un village français conservateur, une mère célibataire ouvre une chocolaterie en plein carême. □ Général
DVD VF→STA→Cadrage W→22,95 $

© 2006 Paramount Pictures

CHOIX DE SOPHIE, LE *voir* **Sophie's Choice**

CHOIX DES ARMES, LE ▷4
FR. 1981. Drame policier d'Alain CORNEAU avec Yves Montand, Gérard Depardieu et Catherine Deneuve. - Un ex-gangster, reconverti dans l'élevage des chevaux, voit sa vie bouleversée par l'arrivée d'un ancien complice blessé. □ 13 ans+

CHOIX DES SEIGNEURS, LE [Hearts and armour] ▷4
ITA. 1983. Aventures de Giacomo BATTIATO avec Rick Edwards, Barbara de Rossi et Tanya Roberts. - Endossant l'armure d'un mystérieux guerrier, une jeune femme libère une princesse sarrasine des mains d'un preux chrétien. □ 13 ans+ · Violence

CHOOSE ME ▷3
É.-U. 1984. Drame psychologique d'Alan RUDOLPH avec Geneviève Bujold, Lesley Ann Warren et Keith Carradine. - Un homme au passé obscur trouble la vie de quelques femmes. - Approche intelligente. Climat insolite quasi onirique. Réalisation subtile. Interprétation sensible. □ 13 ans+
DVD VA→STF→Cadrage W→12,95 $

CHOPPER [Chopper: ennemi public] ▷4
AUS. 2000. Drame biographique d'Andrew DOMINIK avec Eric Bana, Vince Colosimo et Simon Lyndon. - L'histoire authentique du criminel endurci Mark Read qui a passé plusieurs années en prison avant de s'enrichir en écrivant ses mémoires.
DVD VA→Cadrage P&S→28,95 $

CHOPPER CHICKS IN ZOMBIETOWN ▷5
É.-U. 1990. Comédie de Dan HOSKINS avec Jamie Rose, Catherine Carlen et Kristina Loggia. - Des jeunes femmes motocyclistes viennent en aide aux habitants d'une ville infestée de zombies. □ 16 ans+ · Horreur

CHORISTES, LES ▷4
FR. 2004. Comédie dramatique de Christophe BARRATIER avec Gérard Jugnot, François Berléand et Jean-Baptiste Maunier. - En 1949, un professeur de musique nommé surveillant dans un internat tente d'amadouer des élèves difficiles en formant avec eux une chorale. □ Général
DVD VF→STA→Cadrage W→18,95 $

CHORUS LINE, A ▷4
É.-U. 1985. Comédie musicale de Richard ATTENBOROUGH avec Michael Douglas, Alyson Reed et Terrence Mann. - Une vedette de la danse se joint à de jeunes postulants qui auditionnent pour un spectacle. □ Général
DVD VA→STF→Cadrage W→11,95 $

CHORUS OF DISAPPROVAL, A ▷5
ANG. 1988. Comédie de Michael WINNER avec Jeremy Irons, Anthony Hopkins, Richard Briers et Prunella Scales. - Nouveau venu dans une petite ville côtière, un homme se joint à une troupe de théâtre amateur où il ne tarde pas à faire des conquêtes féminines. □ Général

CHOSE D'UN AUTRE MONDE, LA
voir **Thing from Another World, The**

CHOSEN, THE ▷4
É.-U. 1981. Drame de mœurs de Jeremy KAGAN avec Barry Miller, Robby Benson et Rod Steiger. - Au milieu des années 1940, l'amitié de deux adolescents juifs de New York qui sont de formation différente. □ Général
DVD VA→10,95 $

CHOSES DE LA VIE, LES ▷3
FR. 1970. Drame psychologique de Claude SAUTET avec Michel Piccoli, Romy Schneider et Lea Massari. - Un architecte blessé dans un accident de la route revoit les incidents d'une vie partagée entre sa famille et sa maîtresse. - Évocation juste des sentiments. Montage complexe. Intérêt croissant. □ Général

CHOSES SECRÈTES ▷5
FR. 2002. Drame de mœurs de Jean-Claude BRISSEAU avec Coralie Revel, Sabrina Seyvecou et Roger Mirmont. - Deux jeunes femmes qui séduisent les cadres d'une compagnie pour s'élever dans l'échelle sociale voient leur jeu se retourner contre elles. □ 16 ans+ · Érotisme
DVD VF→18,95 $

CHOU-CHOU DU PROFESSEUR, LE *voir* **Teacher's Pet**

CHOUANS ! ▷4
FR. 1988. Drame historique de Philippe DE BROCA avec Philippe Noiret, Sophie Marceau et Lambert Wilson. - En 1793, les enfants élevés par un seigneur de Bretagne se retrouvent dans des camps opposés lors du soulèvement des Chouans contre les troupes républicaines. □ Général

CHOUCHOU ▷5
FR. 2003. Comédie de mœurs de Merzak ALLOUACHE avec Gad Elmaleh, Roschdy Zem et Alain Chabat. - À Paris, les diverses tribulations d'un naïf travesti maghrébin sans-papiers. □ Général
DVD VF→17,95 $

CHRIST IN CONCRETE
É.-U. 1949. Edward DMYTRYK
DVD VA→34,95 $

CHRIST INTERDIT, LE [Forbidden Christ, The] ▷3
ITA. 1950. Drame de Curzio MALAPARTE avec Raf Vallone, Elena Varzi et Alain Cuny. - Un menuisier tente de dissuader un homme de son désir de vengeance. - Œuvre puissante. Recherche esthétique. Excellents interprètes. □ Général

CHRIST S'EST ARRÊTÉ À EBOLI, LE ►2
[Christ Stopped at Eboli]
ITA. 1979. Drame social de Francesco ROSI avec Gian Maria Volontè, Paolo Bonacelli et François Simon. - Les observations d'un peintre assigné à résidence dans un village de Lucanie pour ses idées politiques. - Illustration intelligente du livre de Carlo Levi. Mélange de réflexion politique et d'étude ethnologique. Fresque sobre et vigoureuse. Interprétation convaincante.
DVD STA→36,95 $

CHRISTIAN ▷4
DAN. 1989. Drame social de Gabriel AXEL avec Nikolaj Christensen, Nathalie Brusse et Preben Lendorff Rye. - Un jeune musicien danois qui fuit vers le sud après s'être échappé d'un centre de rééducation est accueilli par une charmante famille dans un village du Maroc. □ Général

CHRISTIANE F.: A TRUE STORY
voir **Moi, Christiane F., 13 ans, droguée, prostituée**

CHRISTINE ▷5
É.-U. 1983. Drame fantastique de John CARPENTER avec Keith Gordon, John Stockwell et Alexandra Paul. - Un adolescent timide achète une vieille automobile qui se révèle dotée de pouvoirs maléfiques. □ 13 ans+
DVD VA→STF→Cadrage W→18,95 $

CHRISTMAS CAROL, A ▷4
É.-U. 1938. Conte de Edwin L. MARIN avec Reginald Owen, Gene Lockhart et Kathleen Lockhart. - Durant la nuit de Noël, un homme au cœur sec fait un rêve qui le décide à semer le bonheur autour de lui. □ Général
DVD VA→STF→Cadrage W→21,95 $

CHRISTMAS CAROL, A *voir* **Scrooge**

CHRISTMAS CAROL, A ▷4
É.-U. 1999. Conte de David JONES avec Patrick Stewart, Joel Grey et Richard E. Grant. - La veille de Noël, un vieil homme riche et avare reçoit la visite de divers spectres qui lui font prendre conscience de ses fautes. □ Général
DVD VA→STF→9,95 $

CHRISTMAS IN CONNECTICUT ▷5
É.-U. 1944. Comédie de Peter GODFREY avec Barbara Stanwyck, Dennis Morgan et Sydney Greenstreet. - Un héros de guerre est invité à passer Noël dans la famille d'un journaliste.
DVD VA→STA→21,95 $

CHRISTMAS IN JULY ▷4
É.-U. 1940. Comédie de Preston STURGES avec Dick Powell, Ellen Drew et Raymond Walburn. - Un modeste employé gagne un concours de slogans publicitaires. □ Général

CHRISTMAS WIFE, THE ▷4
É.-U. 1988. Comédie sentimentale de David Hugh JONES avec Jason Robards, Julie Harris et Don Francks. - Par l'intermédiaire d'une agence spécialisée, un veuf retraité invite une dame à passer les fêtes de Noël en sa compagnie.
DVD VA➔STA➔11,95 $

CHRISTMAS WITH THE KRANKS ▷5
É.-U. 2004. Comédie de Joe ROTH avec Tim Allen, Jamie Lee Curtis et Dan Aykroyd. - Un couple de banlieusards qui décide de ne pas fêter Noël et de s'offrir plutôt une croisière dans les Caraïbes provoque la colère de ses voisins □ Général
DVD VF➔STF➔Cadrage W➔36,95 $

CHRONICALLY UNFEASIBLE
BRÉ. 2000. Sergio BIANCHI
DVD STA➔Cadrage W➔27,95 $

CHRONICLE OF A DISAPPEARANCE ▷4
PAL. ISR. É.-U. ALL. 1996. Film d'essai réalisé et interprété par Elia SULEIMAN avec Ula Tabari et Nazira Suleiman. - Un cinéaste de retour en Palestine après une longue absence observe les nouveaux comportements de ses compatriotes. □ Général

CHRONICLES OF NARNIA - THE LION, THE WITCH AND THE WARDROBE ▷4
[Chroniques de Narnia, Les - l'armoire magique]
É.-U. 2005. Drame fantastique d'Andrew ADAMSON avec Skandar Keynes, Tilda Swinton et Georgie Henley. - En entrant dans une armoire magique, quatre frères et sœurs accèdent à un pays fabuleux qu'une sorcière a plongé dans un hiver éternel. □ Général
DVD VF➔Cadrage W➔35,95 $ VA➔Cadrage W➔42,95 $

CHRONICLES OF RIDDICK ▷5
[Chroniques de Riddick, Les]
É.-U. 2004. Science-fiction de David TWOHY avec Vin Diesel, Colm Feore et Thandie Newton. - Un fugitif poursuivi par des chasseurs de prime aboutit sur sur une planète pacifique menacée par l'armée d'un despote. □ 13 ans+ · Violence
DVD VF➔STF➔Cadrage W➔16,95 $

CHRYSTAL
É.-U. 2004. Ray McKINNON
DVD VA➔Cadrage W➔27,95 $

CHUCK & BUCK ▷4
É.-U. 2000. Drame psychologique de Miguel ARTETA avec Mike White, Chris Weitz et Beth Colt. - À la mort de sa mère, un jeune homme peu mature renoue avec un ami d'enfance pour qui il éprouve une attirance sexuelle non réciproque. □ 13 ans+
DVD Cadrage W➔19,95 $

CHUKA ▷4
É.-U. 1967. Western de Gordon DOUGLAS avec Rod Taylor, John Mills et Luciana Paluzzi. - Des Indiens menacés par la famine s'attaquent à un fort.

CHUMSCRUBBER, THE
É.-U. 2005. ARIE POSIN
DVD VA➔STF➔Cadrage W➔31,95 $

CHUNGKING EXPRESS ▷3
H.K. 1994. Comédie dramatique de Wong KAR-WAI avec Tony Leung Chiu-Wai, Faye Wang et Takeshi Kaneshiro. - Deux jeunes policiers largués par leur compagne vivent diverses expériences avec des femmes surprenantes. - Œuvre intrigante et fascinante bercée par une charmante poésie. Mise en scène stylisée. Illustration aux couleurs éclatantes. Solide interprétation. □ Général
DVD STA➔Cadrage W➔29,95 $

CHUNHYANG
COR. 2000. Kwon-taek IM □ Général
DVD STA➔Cadrage W➔29,95 $

CHURCHILL : POUR L'AMOUR D'UN EMPIRE
voir **Gathering Storm**

CHUTE DE L'ANGE, LA *voir* **Fallen**

CHUTE DE LA MAISON USHER, LA
voir **Fall of the House of Usher, The**

CHUTE DU FAUCON NOIR, LA *voir* **Black Hawk Down**

CHUTE LIBRE *voir* **Basketball Diaries, The**

CHUTE, LA [Downfall] ▷3
ALL. 2004. Drame historique d'Oliver HIRSCHBIEGEL avec Bruno Ganz, Alexandra Maria Lara et Juliane Koehler. - Les derniers jours d'Hitler et de son entourage, réfugiés dans un bunker tandis que l'Armée Rouge marche sur Berlin. - Récit construit avec une rigueur dramatique implacable. Intéressante étude d'une utopie fasciste nourrie d'un fanatisme rigide. Climat de pessimisme lugubre. Réalisation adroite. Composition hallucinante de B. Ganz. □ 13 ans+ · Violence
DVD VF➔STF➔Cadrage W➔34,95 $

CHUTES MULHOLLAND, LES *voir* **Mulholland Falls**

CIAO, PROFESSORE ! ▷4
ITA. 1992. Comédie dramatique de Lina WERTMULLER avec Paolo Villaggio, Isa Danieli et Esterina Carloni. - À cause d'une erreur administrative, un instituteur est transféré à Naples où il doit s'occuper d'élèves rompus aux règles mafieuses. □ 13 ans+ · Langage vulgaire
DVD STA➔Cadrage W➔18,95 $

CIBLE ÉMOUVANTE ▷4
FR. 1993. Comédie policière de Pierre SALVADORI avec Jean Rochefort, Marie Trintignant et Guillaume Depardieu. - Alors qu'il entreprend d'enseigner son métier à un jeune apprenti peu dégourdi, un tueur à gages tombe amoureux d'une voleuse qu'il est chargé d'abattre. □ Général

CICATRICES DE DRACULA, LES
voir **Scars of Dracula, The**

CIDER HOUSE RULES, THE ▷4
[Œuvre de Dieu, la part du Diable, L']
É.-U. 1999. Chronique de Lasse HALLSTRÖM avec Tobey Maguire, Charlize Theron et Michael Caine. - En 1943, un garçon qui a passé sa vie dans un orphelinat tombe amoureux d'une jeune femme dont le conjoint est à la guerre.
DVD VF➔STA➔Cadrage W➔26,95 $

CIEL COULEUR VANILLE, UN *voir* **Vanilla Sky**

CIEL D'OCTOBRE *voir* **October Sky**

CIEL DE PARIS, LE ▷5
FR. 1991. Drame de mœurs de Michel BENA avec Sandrine Bonnaire, Marc Fourrastier et Paul Blain. - Les relations entre deux garçons et une fille se compliquent par la tournure de leurs désirs. □ Général

CIEL ET LA TERRE, LE *voir* **Heaven and Earth**

CIEL PEUT ATTENDRE, LE *voir* **Heaven Can Wait**

CIEL SOURIT À HENRIETTA, LE
voir **Stars Fell on Henrietta, The**

CIEL SUR LA TÊTE, LE ▷5
QUÉ. 2001. Comédie dramatique de Geneviève LEFEBVRE et André MELANÇON avec Arianne Maheu, David Boutin et Serge Dupire. - Une fillette aveugle presse son père d'épouser la jeune femme qu'elle désire avoir pour seconde mère. □ Général
DVD VF➔Cadrage W➔11,95 $

CIEL TOMBE, LE [Sky Is Falling, The] ▷4
ITA. 2000. Chronique d'Andrea et Antonio FRAZZI avec Veronica Niccolai, Isabella Rossellini et Jeroen Krabbé. - En 1944, deux orphelines partent vivre en Toscane chez une tante et son mari juif. □ Général · Déconseillé aux jeunes enfants
DVD STA➔33,95 $

CIEL, LES OISEAUX ET... TA MÈRE !, LE ▷5
FR. 1998. Comédie de Djamal BENSALAH avec Jamel Debbouze, Stéphane Soo Mongo et Laurent Deutsch. - Profitant d'un séjour à Biarritz gagné lors d'un concours, quatre jeunes loubards parisiens entreprennent de vivre une vie de bohème. □ Général

CIGOGNES N'EN FONT QU'À LEUR TÊTE, LES ▷5
FR. 1988. Comédie de Didier KAMINKA avec Marlène Jobert, Patrick Chesnais et Claude Rich. - Ne pouvant pas avoir d'enfant, un couple déniche une adolescente enceinte prête à céder le sien.

CIMARRON ▷4
É.-U. 1960. Western d'Anthony MANN avec Glenn Ford, Maria Schell et Anne Baxter. - Lors de la colonisation de l'Oklahoma, un directeur de journal idéaliste quitte sa femme pour courir l'aventure.
□ Général

CINCINNATI KID, THE [Kid de Cincinnati, Le] ▷4
É.-U. 1965. Drame psychologique de Norman JEWISON avec Edward G. Robinson, Steve McQueen et Tuesday Weld. - Un joueur de poker se mesure à un homme qui n'a jamais été battu en trente ans.
□ Non classé
DVD VF→STF→17,95 $

CINDERELLA [Cendrillon] ▷4
É.-U. 1949. Dessins animés de Wilfred JACKSON, Hamilton LUSKE et Clyde GERONIMI. - Secourue par une fée, une jeune domestique maltraitée se rend majestueusement à un bal où elle séduit le prince héritier. □ Général
DVD VF→34,95 $

CINDERELLA MAN ▷4
É.-U. 2005. Drame biographique de Ron HOWARD avec Russell Crowe, Renée Zellweger et Paul Giamatti. - Durant la Dépression, un champion de boxe déchu remonte dans le ring et se remet à gagner, galvanisant une population durement éprouvée. □ 13 ans+ · Violence
DVD VF→STF→Cadrage W→22,95 $

CINDERFELLA ▷4
É.-U. 1960. Conte de Frank TASHLIN avec Jerry Lewis, Judith Anderson et Annamaria Alberghetti. - Un jeune homme maltraité par sa famille gagne le cœur d'une princesse. □ Général
DVD VA→Cadrage W→16,95 $

CINÉMA PARADISO ▷3
ITA. 1988. Comédie dramatique de Giuseppe TORNATORE avec Philippe Noiret, Salvatore Cascio et Marco Leonardi. - Un cinéaste se remémore son enfance en Sicile et son amitié avec le projectionniste du cinéma paroissial. - Scénario anecdotique. Nombreuses touches d'humour. Traitement pittoresque et sympathique. Personnages campés avec précision. □ Général
DVD VF→STF→Cadrage W→14,95 $

CINÉMA, AMOUR ET CHAMPIGNONS
voir **Coming Up Roses**

CINGLÉS, LES *voir* **Still Crazy**

CINQ CARTES À ABATTRE *voir* **5 Card Stud**

CINQ GARÇONS DANS LE VENT *voir* **Backbeat**

CINQ JOURS EN JUIN ▷4
FR. 1989. Drame sentimental de Michel LEGRAND avec Sabine Azéma, Annie Girardot et Matthieu Rozé. - Lors du débarquement des Alliés en Normandie, un musicien adolescent, accompagné de sa mère et d'une jeune femme fantasque, part en bicyclette rejoindre sa famille. □ Général

CINQ PIÈCES FACILES *voir* **Five Easy Pieces**

CINQ SECRETS DU DÉSERT *voir* **Five Graves to Cairo**

CINQ SENS, LES *voir* **Five Senses, The**

CINQUANTE-HUIT MINUTES POUR VIVRE
voir **Die Hard 2: Die Harder**

CINQUIÈME ÉLÉMENT, LE *voir* **Fifth Element, The**

CINQUIÈME SAISON [Season Five] ▷4
IRAN. 1997. Comédie de mœurs de Rafi PITTS avec Roya Nonahali, Ali Sarkhani et Parviz Poorhosseni. - Une rivalité entre deux familles est exacerbée lorsque chaque clan acquiert un bus pour faire la navette entre leur village et la ville voisine.

CIRCLE, THE [Cercle, Le] ►2
IRAN. 2000. Drame social de Jafar PANAHI avec Fereshteh Sadr Orafal, Fatemeh Naghavi et Nargess Mamizadeh. - Les destins enchaînés de diverses Iraniennes victimes du rejet de leur famille ou de la société. - Cri d'alerte vibrant face à l'oppression que subissent les femmes dans une société rigide. Récit en forme de spirale. Traitement réaliste. Interprétation d'une sobriété exemplaire.
□ Général
DVD STA→21,95 $

CIRCLE OF FRIENDS [Cercle d'amis, Un] ▷4
IRL. 1995. Drame sentimental de Pat O'CONNOR avec Minnie Driver, Chris O'Donnell et Saffron Burrows. - En 1957, les amours respectives parfois tumultueuses de trois amies d'enfance qui étudient à l'université de Dublin. □ Général · Déconseillé aux jeunes enfants
DVD VA→Cadrage W→7,95 $

CIRCLE OF IRON
É.-U. 1978. Richard MOORE
DVD VA→Cadrage W→26,95 $

CIRCONSTANCES ATTÉNUANTES ▷4
FR. 1939. Comédie de mœurs de Jean BOYER avec Michel Simon, Arletty et Dorville. - À la suite d'une panne de voiture, un procureur très sévère échoue dans une auberge dont la clientèle est composée de gens louches. □ Général

CIRCULEZ, Y'A RIEN À VOIR ▷5
FR. 1982. Comédie policière de Patrice LECONTE avec Michel Blanc, Jane Birkin et Jacques Villeret. - Fasciné par une jeune femme rencontrée lors d'une enquête de routine, un inspecteur de police multiplie les occasions pour la revoir. □ Général

CIRCUS, THE [Cirque, Le] ►2
É.-U. 1927. Comédie réalisée et interprétée par Charles CHAPLIN avec Merna Kennedy et Allan Garcia. - Un vagabond trouve un emploi dans un cirque et s'apitoie sur l'écuyère traitée durement par son père. - Subtil mélange de mélancolie et d'humour. Sens étonnant de la mécanique du gag. Charlot à l'apogée de ses dons de mime, de clown et d'acrobate. □ Général
DVD VA→STF→34,95 $

CIRCUS OF HORRORS [Cirque des horreurs, Le] ▷5
ANG. 1960. Drame d'horreur de Sidney HAYERS avec Anton Diffring, Erika Remberg et Kenneth Griffith. - Coupable d'un meurtre, un médecin maniaque se cache dans un cirque. □ 13 ans+ · Horreur
DVD VA→Cadrage W→11,95 $

CIRCUS WORLD ▷4
É.-U. 1964. Comédie dramatique de Henry HATHAWAY avec John Wayne, Claudia Cardinale et Rita Hayworth. - Un directeur est à la recherche d'une ancienne trapéziste dont il a adopté la fille.

CIRQUE DES HORREURS, LE *voir* **Circus of Horrors**

CIRQUE INFERNAL, LE *voir* **Battle Circus**

CISCO PIKE ▷5
É.-U. 1971. Drame policier de B.L.NORTON avec Kris Kristofferson, Gene Hackman et Karen Black. - Un policier véreux veut forcer un chanteur à trafiquer une quantité de drogue dont il a effectué la saisie.
DVD VA→STA→Cadrage W→17,95 $

CITADEL, THE [Citadelle, La] ▷3
É.-U. 1939. Drame de King VIDOR avec Robert Donat, Rosalind Russell et Ralph Richardson. - Un jeune médecin consciencieux doit lutter contre l'influence néfaste d'illustres confrères. - Adaptation d'un roman de A.J. Cronin. Intéressante étude de caractère. Mise en scène soignée. Dialogue abondant mais juste. Interprétation de classe. □ Général

CITADELLE, LA ▷3
ALG. 1988. Drame de mœurs de Mohammed CHOUIKH avec Khaled Barkat, Djillali Ain-Tedeles et Fettouma Ousliha. - Un idiot de village, amoureux d'une femme mariée, est l'objet d'une cruelle plaisanterie. - Étude de mœurs d'esprit critique. Notes folkloriques intéressantes. □ Général

CITÉ DE DIEU, LA [Cidade de Deus] ►2
BRÉ. 2002. Drame social de Fernando MEIRELLES et Katia LUND avec Alexandre Rodrigues, Leandro Firmino da Hora et Matheus Nachtergaele. - Les parcours distincts de deux jeunes ayant grandi dans l'enfer de la violence d'une favela de Rio. - Peinture impitoyable d'un milieu défavorisé. Narration éclatée, passant fluidement d'un récit, d'une texture et d'une époque à l'autre. Réalisation brillante et vigoureuse. Distribution disparate jouant au diapason. □ 13 ans+ · Violence
DVD STF→38,95 $

CITÉ DE L'ESPOIR, LA *voir* **City of Hope**

CITÉ DE LA JOIE, LA *voir* **City of Joy**

CITÉ DE LA VIOLENCE [Violent City] ▷4
ITA. 1970. Drame policier de Sergio SOLLIMA avec Charles Bronson, Jill Ireland et Telly Savalas. - Un tueur professionnel commet une série de meurtres avant d'être abattu par la police.
DVD VF→Cadrage W→29,95 $

CITÉ DES ANGES, LA *voir* **City of Angels**

CITÉ DES DANGERS, LA *voir* **Hustle**

CITÉ DES ENFANTS PERDUS, LA ▷4
[City of Lost Children, The]
FR. 1995. Drame fantastique de Jean-Pierre JEUNET et Marc CARO avec Ron Perlman, Daniel Emilfork et Dominique Pinon. - Dans son laboratoire situé sur une plate-forme en mer, un professeur tente de voler les rêves des enfants qu'il a kidnappés. □ 13 ans+
DVD VF→STA→Cadrage W→41,95 $

CITÉ DES FEMMES, LA [City of Women] ▷3
ITA. 1979. Comédie satirique de Federico FELLINI avec Marcello Mastroianni, Ettore Manni et Anna Prucnal. - Un voyageur tombe au milieu d'un congrès de féministes, ce qui l'amène à revivre ses divers contacts avec les femmes au cours de sa vie. - Rêverie sur les rapports entre l'homme et la femme. Richesse de style coutumière à l'auteur. □ 13 ans+
DVD STA→44,95 $

CITÉ OBSCURE *voir* **Dark City**

CITIZEN KANE ►1
É.-U. 1941. Drame psychologique réalisé et interprété par Orson WELLES avec Joseph Cotten et Dorothy Commingore. - Un journaliste enquête sur la vie privée d'un millionnaire décédé. - Construction intelligente et complexe. Ensemble riche d'idées et d'innovations techniques. Interprétation forte. Œuvre capitale dans l'histoire du cinéma. □ Général
DVD VA→STF→21,95 $

CITIZEN RUTH [Sujet capital, Un] ▷4
É.-U. 1996. Comédie satirique d'Alexander PAYNE avec Laura Dern, Swoozie Kurtz et Kurtwood Smith. - Une jeune toxicomane enceinte est amenée à se rallier tour à tour à la cause de groupes opposés et favorables à l'avortement. □ 13 ans+
DVD VF→STA→Cadrage W→14,95 $

CITY BY THE SEA [Ville près de la mer, Une] ▷5
É.-U. 2002. Drame policier de Michael CATON-JONES avec Robert De Niro, James Franco et Frances McDormand. - Un détective qui enquête sur le meurtre d'un dealer à Long Beach découvre avec stupeur que le principal suspect est son propre fils. □ 13 ans+
DVD VA→Cadrage W→16,95 $ VA→STF→Cadrage W→16,95 $

CITY FOR CONQUEST [Ville conquise] ▷4
É.-U. 1940. Drame de Anatole LITVAK avec James Cagney, Ann Sheridan et Arthur Kennedy. - Les difficultés de deux frères, nés dans un quartier pauvre, pour réussir l'un dans le sport, l'autre dans la musique.

CITY HALL [Complot dans la ville] ▷4
É.-U. 1995. Drame politique de Harold BECKER avec John Cusack, Al Pacino et Bridget Fonda. - Le jeune bras droit du maire de New York découvre une affaire de corruption impliquant la mafia et de hauts magistrats. □ Général
DVD VF→STF→Cadrage P&S/W→7,95 $

CITY HEAT [Haut les flingues] ▷5
É.-U. 1984. Comédie policière de Richard BENJAMIN avec Clint Eastwood, Burt Reynolds et Jane Alexander. - À Kansas City, dans les années 1930, des policiers rivaux se débattent entre deux clans criminels ennemis. □ 13 ans+
DVD VF→STF→Cadrage W→21,95 $

CITY LIGHTS ►1
É.-U. 1930. Comédie réalisée et interprétée par Charles CHAPLIN avec Virginia Cherrill et Harry Myers. - Un vagabond reçoit d'un millionnaire, à qui il a sauvé la vie, l'argent nécessaire à une opération pour une jeune amie aveugle. - Amalgame réussi de tendresse et de comique, de satire et de critique sociale. Scènes inventives. Excellents gags. Jeu génial de C. Chaplin. □ Général
DVD VA→STF→34,95 $

CITY OF ANGELS [Cité des anges, La] ▷5
É.-U. 1998. Drame sentimental de Brad SILBERLING avec Nicolas Cage, Meg Ryan et Dennis Franz. - Amoureux d'une chirurgienne de Los Angeles, un ange se transforme en être humain. □ Général
DVD VF→STF→Cadrage W→11,95 $

CITY OF GHOSTS ▷5
É.-U. 2002. Thriller réalisé et interprété par Matt DILLON avec James Caan et Stellan Skarsgard. - Un cadre d'une compagnie d'assurances new-yorkaise part rejoindre au Cambodge son patron pour partager avec lui l'argent d'une fraude. □ 13 ans+ · Violence
DVD VA→STF→Cadrage W→11,95 $

CITY OF GOD *voir* **Cité de Dieu, La**

CITY OF HOPE [Cité de l'espoir, La] ▷3
É.-U. 1991. Drame social de John SAYLES avec Tony Lo Bianco, Vincent Spano et Joe Morton. - Divers individus issus de milieux différents s'entrecroisent dans une grande ville rongée par la violence et la corruption. - Multitude d'histoires personnelles habilement entrecoupées. Panorama vif et intelligent de la vie urbaine contemporaine. □ 13 ans+ · Langage vulgaire

CITY OF JOY [Cité de la joie, La] ▷4
ANG. 1992. Drame social de Roland JOFFE avec Patrick Swayze, Om Puri et Pauline Collins. - Un médecin américain en visite à Calcutta est recruté par une infirmière bénévole qui soigne les démunis dans un quartier pauvre. □ 13 ans+
DVD VA→23,95 $

CITY OF LOST CHILDREN, THE
voir **Cité des enfants perdus, La**

CITY OF LOST SOULS, THE ▷5
JAP. 2000. Drame de mœurs de Takashi MIIKE avec Teah, Michelle Reis et Mitsuhiro Oikawa. - En tentant d'amasser l'argent nécessaire pour quitter le pays avec sa compagne, un jeune homme se trouve aux prises avec des gangsters.
DVD STA→Cadrage W→29,95 $

CITY OF THE DOGS, THE
voir **Ville et les chiens, La**

CITY OF WOMEN *voir* **Cité des femmes, La**

CITY ON FIRE
H.K. 1987. Ringo LAM □ 13 ans+ · Violence
DVD VA→Cadrage W→14,95 $

CITY SLICKERS [Apprentis cow-boys, Les] ▷4
É.-U. 1991. Comédie dramatique de Ron UNDERWOOD avec Billy Crystal, Daniel Stern et Bruno Kirby. - En guise de vacances, trois citadins entreprennent de convoyer du bétail dans l'Ouest en tant que cow-boys. □ Général
DVD Cadrage W→12,95 $

CIUDAD DE M
PÉR. 2000. Felipe DEGREGORI
DVD STA➜25,95 $

CIVIL ACTION, A [Action au civil, Une] ▷3
É.-U. 1998. Drame judiciaire de Steven ZAILLIAN avec John Travolta, Robert Duvall et Kathleen Quinlan. - Un avocat poursuit deux grosses compagnies qui ont contaminé l'eau potable d'une petite ville, causant la mort de huit enfants. - Œuvre intelligemment conçue inspirée de faits réels. Réalisation sensible et subtile. □ Général
DVD VF➜STA➜Cadrage W➜15,95 $

CLAIM, THE ▷4
ANG. 2000. Western de Michael WINTERBOTTOM avec Peter Mullan, Wes Bentley et Sarah Polley. - En 1867, un riche prospecteur voit réapparaître son épouse et sa fille qu'il avait vendues vingt ans auparavant contre une concession minière. □ 13 ans+
DVD VF➜STA➜Cadrage W➜8,95 $

CLAIRE OF THE MOON ▷5
É.-U. 1992. Drame de mœurs de Nicole CONN avec Trisha Todd, Karen Trumbo et Faith McDevitt. - Partageant un chalet près de la côte du Pacifique, une écrivaine et une psychanalyste découvrent peu à peu qu'elles sont attirées l'une par l'autre. □ 16 ans+
DVD VA➜Cadrage W➜37,95 $

CLAIRE'S KNEE *voir* **Genou de Claire, Le**

CLAIRIÈRE, LA *voir* **Clearing, The**

CLAN DES MILLIONNAIRES, LE *voir* **Boiler Room, The**

CLAN DES SICILIENS, LE ▷4
FR. 1968. Drame policier de Henri VERNEUIL avec Jean Gabin, Alain Delon et Lino Ventura. - Un jeune bandit obtient l'aide d'une famille sicilienne de Paris pour voler une collection de bijoux exposés dans un musée de Rome. □ Général

CLAN OF THE CAVE BEAR, THE ▷5
É.-U. 1985. Aventures de Michael CHAPMAN avec Daryl Hannah, Pamela Reed et Thomas G. Waites. - Aux temps préhistoriques, une orpheline plus débrouillarde que ses compagnons de caverne est en butte à la jalousie d'un jeune guerrier. □ 13 ans+
DVD VA➜STF➜Cadrage W➜7,95 $

CLANCHES ! *voir* **Speed**

CLANDESTINS ▷4
SUI. QUÉ. FR. BEL 1997. Drame psychologique de Denis CHOUINARD et Nicolas WADIMOFF avec Ovidiu Balan, Anton Kouznetsov et Moussa Maaskri. - Des immigrants illégaux sont coincés dans un conteneur après avoir embarqué clandestinement sur un cargo en partance pour le Canada. □ 13 ans+

CLARA ET MOI ▷4
FR. 2003. Comédie dramatique d'Arnaud VIARD avec Julie Gayet, Julien Boisselier et Sacha Bourdo. - Un malheur vient ébranler les projets d'avenir d'un jeune couple follement amoureux. □ Général
DVD VF➜STA➜31,95 $

CLARA'S HEART [Tendre Clara] ▷4
É.-U. 1988. Drame psychologique de Robert MULLIGAN avec Whoopi Goldberg, Neil Patrick Harris et Kathleen Quinlan. - Un jeune adolescent délaissé par ses parents se réconforte auprès de sa gouvernante au tempérament chaleureux. □ Général

CLASH BY NIGHT [Démon s'éveille la nuit, Le] ▷4
É.-U. 1952. Drame psychologique de Fritz LANG avec Barbara Stanwyck, Paul Douglas et Robert Ryan. - De retour dans sa ville natale, une femme épouse un pêcheur et a une liaison avec un ami de celui-ci. □ Général
DVD VA➜STF➜21,95 $

CLASH OF THE TITANS [Choc des Titans, Le] ▷4
ANG. 1981. Science-fiction de Desmond DAVIS avec Harry Hamlin, Laurence Olivier et Maggie Smith. - Le jeune demi-dieu Persée affronte diverses épreuves par amour pour la princesse Andromède. □ 13 ans+
DVD VF➜STF➜Cadrage W➜10,95 $

CLASS ACTION [Confrontation à la barre] ▷4
É.-U. 1990. Drame judiciaire de Michael APTED avec Mary Elizabeth Mastrantonio, Gene Hackman et Colin Friels. - Une jeune avocate qui assume la défense d'une firme poursuivie en recours collectif entre en conflit avec son père qui s'occupe de la partie adversaire. □ Général
DVD VA➜9,95 $

CLASS OF 1984 ▷6
CAN. 1981. Drame social de Mark L. LESTER avec Perry King, Timothy Van Patten et Roddy McDowall. - Dans une école secondaire, un professeur est confronté à des élèves agressifs qui commettent de nombreux délits en toute impunité.
DVD VA➜Cadrage W➜23,95 $

CLASS TRIP *voir* **Classe de neige, La**

CLASSE DE NEIGE, LA [Class Trip] ▷4
FR. 1998. Drame psychologique de Claude MILLER avec Clément Van den Bergh, Lokman Nalcakan et Yves Verhoeven. - Durant un séjour en classe de neige, un enfant entraîne un camarade dans son monde très morbide de cauchemars. □ 13 ans+
DVD VF➜STA➜Cadrage W➜33,95 $

CLASSES VACANCES *voir* **Summer School**

CLAUDINE ▷4
É.-U. 1974. Comédie de mœurs de John BERRY avec Diahann Carroll, James Earl Jones et Lawrence Hinton. - Une femme de race noire qui élève seule ses six enfants a une liaison avec un éboueur.
DVD VA➜STA➜PC

CLAY PIGEONS ▷5
É.-U. 1998. Drame policier de David DOBKIN avec Joaquin Phoenix, Vince Vaughn et Janeane Garofalo. - Ayant été impliqué malgré lui dans un suicide suspect et un meurtre, un jeune garagiste hésite à dénoncer un tueur en série qu'il a démasqué. □ 16 ans+ · Violence
DVD VA➜Cadrage P&S/W➜10,95 $

CLÉ, LA [Key, The] ▷5
ITA. 1983. Drame de mœurs de Tinto BRASS avec Frank Finlay, Stefania Sandrelli et Franco Branciaroli. - Sentant son énergie sexuelle décliner, un expert en art croit la faire revivre par la jalousie et manœuvre pour que son épouse succombe aux charmes de son futur gendre. □ 18 ans+
DVD VA➜STA➜Cadrage W➜28,95 $

CLÉ, LA ▷5
JAP. 1983. Drame psychologique d'Akitaka KIMATA avec Msumi Okada et Kayo Matsuo. - Sentant sa vigueur sexuelle décliner, un professeur d'université tente de remédier à la situation en attisant sa jalousie. □ 18 ans+

CLEAN ▷4
FR. 2004. Drame psychologique d'Olivier ASSAYAS avec Maggie Cheung, Nick Nolte et Béatrice Dalle. - La veuve d'un célèbre musicien de rock mort d'une surdose doit renoncer à la drogue si elle veut revoir son fils, élevé par ses beaux-parents. □ Général
DVD VA➜STF➜Cadrage W➜31,95 $
VF➜STF➜Cadrage W➜33,95 $

CLEAN AND SOBER ▷5
[Retour à la vie d'un homme déchu]
É.-U. 1988. Drame social de Glen Gordon CARON avec Michael Keaton, Kathy Baker et Morgan Freeman. - Un jeune toxicomane éprouve beaucoup de mal à se plier aux règles strictes du centre de désintoxication où il s'est réfugié. □ Général
DVD VA➜Cadrage P&S➜5,95 $

CLEAR AND PRESENT DANGER [Danger immédiat] ▷4
É.-U. 1994. Drame d'espionnage de Phillip NOYCE avec Harrison Ford, Willem Dafoe et Anne Archer. - Un agent de la CIA découvre que le président des États-Unis a provoqué une offensive secrète contre un puissant cartel de trafic de drogue colombien. □ Général
DVD VA➜Cadrage W➜12,95 $

CLEAR CUT ▷5
CAN. 1991. Drame de mœurs de Richard BUGAJSKI avec Graham Greene, Ron Lea et Michael Hogan. - Un Amérindien kidnappe un avocat et un chef d'entreprise pour réclamer la sauvegarde d'une forêt menacée par une industrie. □ 13 ans+

CLEARING, THE [Clairière, La] ▷4
É.-U. 2004. Thriller de Pieter Jan BRUGGE avec Robert Redford, Helen Mirren et Willem Dafoe. - Lorsqu'un homme d'affaires de Pittsburgh est kidnappé, sa femme collabore avec le FBI pour le sauver.
DVD VF➔Cadrage W➔14,95 $

CLÉO DE 5 À 7 ►2
FR. 1962. Drame psychologique de Agnès VARDA avec Corinne Marchand, Antoine Bourseiller et Dominique Davray. - Une jeune chanteuse qui attend le résultat d'un examen médical est obsédée par l'idée de la mort. - Œuvre très belle, pleine de nuances et de sensibilité. Psychologie fouillée. C. Marchand remarquable.
□ Général
DVD VF➔STA➔Cadrage W➔46,95 $

CLEOPATRA ▷4
É.-U. 1934. Drame historique de Cecil B. DeMILLE avec Claudette Colbert, Warren William, Joseph Schildkraut et Henry Wilcoxon. - Cléopâtre fait la conquête de Jules César puis de Marc-Antoine. □ Général

CLEOPATRA ▷4
É.-U. 1963. Drame historique de Joseph Leo MANKIEWICZ avec Elizabeth Taylor, Richard Burton, Pamela Brown et Rex Harrison. - Cléopâtre, reine d'Égypte, fait la conquête de César puis de Marc-Antoine. □ Général
DVD VF➔STA➔21,95 $

CLEOPATRA JONES ▷5
É.-U. 1973. Drame policier de Jack STARRETT avec Tamara Dobson, Bernie Casey et Shelley Winters. - Une Noire, agent spécial du gouvernement, s'engage dans la lutte contre des trafiquants de drogue. □ 13 ans+
DVD VF➔Cadrage W➔7,95 $

CLEOPATRA JONES AND THE CASINO OF GOLD ▷5
É.-U. 1975. Drame policier de Chuck BAIL avec Tamara Dobson, Stella Stevens et Tanny . - Une Noire, agent spécial de la police fédérale, se rend à Hong-Kong où deux de ses hommes sont disparus. □ 13 ans+

CLERKS [Commis en folie] ▷4
É.-U. 1994. Comédie de mœurs de Kevin SMITH avec Jeff Anderson, Brian O'Halloran et Marilyn Ghigliotti. - Une journée dans la vie d'un commis de «dépanneur» sur qui s'abattent de nombreux ennuis. □ 16 ans+ · Langage vulgaire
DVD Cadrage W➔34,95 $ VA➔36,95 $

CLÉS DU PARADIS, LES ▷5
FR. 1991. Comédie de Philippe DE BROCA avec Gérard Jugnot, Pierre Arditi et Philippine Leroy-Beaulieu. - Un romancier célèbre qui en a marre de son existence trépidante convainc son frère d'échanger leurs vies, métiers et femmes.

CLIENT, THE [Client, Le] ▷4
É.-U. 1994. Drame policier de Joel SCHUMACHER avec Brad Renfro, Susan Sarandon et Tommy Lee Jones. - Une avocate défend un adolescent qui refuse de révéler à la police le secret qu'un avocat de la mafia lui a confié avant de se suicider. □ Général
DVD VF➔STF➔Cadrage W➔7,95 $

CLINIC, THE ▷4
AUS. 1982. Drame social de David STEVENS avec Gerda Nicolson, Simon Burke, Rona McLeod et Chris Haywood. - Les tribulations du personnel et des patients d'une clinique pour maladies vénériennes. □ Non classé

CLINIQUE DE L'ÉPOUVANTE, LA *voir* **Brood, The**

CLINIQUE DE LA TERREUR, LA *voir* **Brood, The**

CLOAK AND DAGGER ▷4
É.-U. 1946. Drame d'espionnage de Fritz LANG avec Gary Cooper, Lilli Palmer et Robert Alda. - Un savant américain accepte de participer à une mission d'espionnage pendant la guerre. □ Général

CLOAK AND DAGGER ▷4
É.-U. 1984. Comédie dramatique de Richard FRANKLIN avec Dabney Coleman, Henry Thomas et Christina Nigra. - Un jeune garçon passionné de jeux d'espionnage est impliqué malgré lui dans une dangereuse affaire.
DVD VA➔Cadrage W➔10,95 $

CLOCHARD DE BEVERLY HILLS, LE
voir **Down and Out in Beverly Hills**

CLOCHE DE L'ENFER, LA *voir* **Bell from Hell, A**

CLOCHES DE SAINTE-MARIE, LES
voir **Bells of St. Mary's, The**

CLOCK, THE ▷4
É.-U. 1944. Comédie sentimentale de Vincente MINNELLI avec Judy Garland, Robert Walker et James Gleason. - La rencontre accidentelle d'une jeune fille de New York et d'un soldat en permission donne naissance à une idylle. □ Général

CLOCKERS ▷4
É.-U. 1995. Drame policier de Spike LEE avec Harvey Keitel, John Turturro et Delroy Lindo. - Un inspecteur de police entreprend de coincer un jeune délinquant de race noire qu'il soupçonne d'un meurtre dont s'est accusé le frère de ce dernier. □ 13 ans+ · Langage vulgaire

CLOCKMAKER, THE
voir **Horloger de Saint-Paul, L'**

CLOCKWATCHERS ▷4
É.-U. 1997. Comédie dramatique de Jill SPRECHER avec Parker Posey, Toni Collette et Lisa Kudrow. - L'amitié entre quatre employées de bureau est mise à mal lorsque des objets personnels commencent à disparaître. □ Général

CLOCKWISE ▷4
ANG. 1985. Comédie de Christopher MORAHAN avec John Cleese, Alison Steadman et Sharon Maiden. - Un homme maniaque de discipline et de ponctualité est entraîné dans une suite de mésaventures alors qu'il se rend à un congrès. □ Général
DVD VA➔Cadrage W➔16,95 $

CLOCKWORK ORANGE, A [Orange mécanique] ►1
ANG. 1971. Science-fiction de Stanley KUBRICK avec Malcolm McDowell, Patrick Magee et Anthony Sharpe. - Un jeune voyou accepte de servir de cobaye à une expérience de réhabilitation rapide par des moyens scientifiques. - Vision de cauchemar évoquée avec grand brio. Sens aiguisé de l'ironie. Traitement à la fois envoûtant et provocant. Jeu excellent de M. McDowell. □ 16 ans+ · Violence
DVD VF➔STF➔Cadrage W➔21,95 $

CLOSE ENCOUNTERS OF THE THIRD KIND ►2
[Rencontres du troisième type]
É.-U. 1977. Science-fiction de Steven SPIELBERG avec Richard Dreyfuss, François Truffaut et Melinda Dillon. - Diverses personnes sont témoins de phénomènes étranges signalant la présence d'extra-terrestres. - Récit inventif. Mise en scène fort brillante. Trucages fascinants. Interprétation convaincue. □ Général
DVD VF➔STF➔Cadrage W➔18,95 $/34,95 $

CLOSE MY EYES [Amour tabou, L'] ▷3
ANG. 1990. Drame de mœurs de Stephen POLIAKOFF avec Saskia Reeves, Clive Owen et Alan Rickman. - Un jeune architecte s'engage dans une liaison enfiévrée avec sa propre sœur nouvellement mariée à un riche excentrique. - Désordre amoureux dépeint avec beaucoup de finesse et de subtilité. Contexte social bien observé. Mise en scène attentive au sujet. A. Rickman sardonique à souhait. □ 18 ans+
DVD VA➔34,95 $

CLOSE TO EDEN *voir* **Urga**

CLOSE-UP ▷4
IRA. 1990. Drame psychologique d'Abbas KIAROSTAMI avec Ali Sabzian, Hassan Frazmand et Abolfazi Ahankhah. - Un chômeur se fait passer auprès d'une famille bourgeoise pour un célèbre metteur en scène. □ Général
DVD STA→21,95 $

CLOSELY WATCHED TRAINS
voir **Trains étroitement surveillés**

CLOSER [Intime] ▷4
É.-U. 2004. Drame de mœurs de Mike NICHOLS avec Jude Law, Julia Roberts et Natalie Portman. - À Londres, les tribulations amoureuses de deux couples qui se font et se défont au fil des mois. □ 13 ans+
DVD VA→STF→Cadrage W→18,95 $

CLOU DU SPECTACLE, LE *voir* **Best in Show**

CLOUD, THE
ARG. 1998. Fernando SOLANAS
DVD STA→PC PC

CLOUDED YELLOW, THE ▷4
ANG. 1951. Drame policier de Ralph THOMAS avec Jean Simmons, Trevor Howard et Sonia Dresdel. - Un homme tente de prouver l'innocence de sa fiancée accusée de meurtre. □ Général

CLUB DE LA CHANCE, LE *voir* **Joy Luck Club, The**

CLUB DE RENCONTRES ▷5
FR. 1986. Comédie de Michel LANG avec Francis Perrin, Jean-Paul Comart et Valérie Allain. - Un homme en instance de divorce vient en aide à un ami en échange d'une adhésion gratuite à un club de rencontres. □ Général

CLUB DES EMPEREURS, LE *voir* **Emperor's Club, The**

CLUB DES EX, LE *voir* **First Wives Club, The**

CLUB PARADISE ▷5
É.-U. 1986. Comédie d'Harold RAMIS avec Robin Williams, Peter O'Toole et Jimmy Cliff. - Un ex-pompier de Chicago s'installe dans une île des Caraïbes et transforme une boîte locale en club de vacances.
DVD VF→STF→Cadrage W→16,95 $

CLUE ▷4
É.-U. 1985. Comédie policière de Jonathan LYNN avec Tim Curry, Lesley Ann Warren et Madeline Kahn. - Un maître chanteur qui a invité ses six victimes dans son manoir est retrouvé assassiné.
□ Général
DVD VF→STA→Cadrage W→9,95 $

CLUELESS ▷5
É.-U. 1995. Comédie de mœurs d'Amy HECKERLING avec Alicia Silverstone, Stacey Dash et Brittany Murphy. - Une adolescente à l'affût des dernières modes vestimentaires prend en charge une camarade de classe à l'allure négligée. □ Général
DVD VA→STA→Cadrage W→15,95 $

COACH CARTER ▷5
É.-U. 2005. Drame sportif de Thomas CARTER avec Robert Ri'chard, Samuel L. Jackson et Rob Brown. - Dans une école secondaire défavorisée, un entraîneur de basketball exige de ses joueurs qu'ils améliorent leurs performances scolaires. □ Général · Déconseillé aux jeunes enfants
DVD VA→Cadrage W→19,95 $

COAL MINER'S DAUGHTER [Fille du mineur, La] ▷4
É.-U. 1980. Drame biographique de Michael APTED avec Sissy Spacek, Tommy Lee Jones et Beverly D'Angelo. - Loretta Webb, fille d'un mineur du Kentucky, devient vedette de la musique country.
□ Général
DVD VF→Cadrage W→16,95 $

COBB ▷5
É.-U. 1994. Drame biographique de Ron SHELTON avec Tommy Lee Jones, Robert Wuhl et Lolita Davidovich. - En côtoyant une ancienne vedette du base-ball dont il rédige la biographie, un chroniqueur découvre en lui un homme égocentrique et violent. □ 13 ans+ · Langage vulgaire
DVD VA→STF→Cadrage W→21,95 $

COBRA, LE *voir* **Ssssss**

COCA-COLA KID, THE ▷4
AUS. 1985. Comédie satirique de Dusan MAKAVEJEV avec Eric Roberts, Greta Scacchi et Bill Kerr. - Les mésaventures d'un expert en ventes américain qui veut réformer les méthodes d'une filiale australienne. □ Général
DVD VA→STA→12,95 $

COCCINELLE, LA: TOUT ÉQUIPÉE
voir **Herbie: Fully Loaded**

COCKTAIL ▷5
É.-U. 1988. Drame de mœurs de Roger DONALDSON avec Tom Cruise, Bryan Brown et Elisabeth Shue. - Les tribulations professionnelles et sentimentales d'un barman qui caresse le projet d'ouvrir plusieurs boîtes de nuit.
DVD VA→14,95 $

COCKTAIL
H.K. 2006. Herman YAU et Long CHING
DVD STA→Cadrage W→21,95 $

COCKTAIL MOLOTOV ▷4
FR. 1979. Comédie dramatique de Diane KURYS avec Élise Caron, Philippe Lebas et François Cluzet. - Les mésaventures d'une adolescente qui, au printemps 1968, quitte la maison pour aller vivre dans un kibboutz en Israël. □ 13 ans+

COCOANUTS, THE ▷5
É.-U. 1929. Comédie burlesque de Robert FLOREY et Joseph SANTLEY avec les frères Marx, Kay Francis et Oscar Shaw. - Trois compères font en sorte qu'une jeune fille puisse épouser celui qu'elle aime. □ Général

COCOON ▷4
É.-U. 1985. Science-fiction de Ron HOWARD avec Brian Dennehy, Wilford Brimley et Hume Cronyn. - Des vieillards rajeunissent après s'être baignés dans la piscine d'étrangers qui se révèlent être des extraterrestres. □ Général
DVD VF→STA→Cadrage W→9,95 $

COCOON: THE RETURN [Cocoon: le retour] ▷5
É.-U. 1988. Science-fiction de Daniel PETRIE avec Wilford Brimley, Steve Guttenberg, Courteney Cox et Don Ameche. - Un retraité, menant une vie monotone depuis la mort de sa femme, voit revenir des amis rajeunis après un voyage avec des extraterrestres.
□ Général
DVD VF→STA→Cadrage W→9,95 $

CODE 46 ▷4
ANG. 2003. Science-fiction de Michael WINTERBOTTOM avec Tim Robbins, Samantha Morton et Jeanne Balibar. - Dans un monde du futur où les citoyens sont confinés dans des villes surpeuplées, un enquêteur tombe amoureux d'une jeune femme à l'origine d'un trafic de faux visas. □ 13 ans+
DVD VA→STF→Cadrage W→12,95 $

CODE INCONNU [Code Unknown] ▷3
FR. 2000. Drame de mœurs de Michael HANEKE avec Juliette Binoche, Alexandre Hamidi et Ona Lu Yenke. - Les destins entrecroisés de sept personnes de fortune et de nationalités différentes. - Récit fragmenté et abrupt illustrant avec intelligence l'incommunicabilité contemporaine. Situations tendues interpellant le spectateur. Suite de plans-séquences d'une grande précision. Interprètes convaincus.
DVD VF→STA→Cadrage W→23,95 $

CODE REBECCA, LE *voir* **Key to Rebecca, The**

CODE UNKNOWN *voir* **Code inconnu**

CODE: BROKEN ARROW *voir* **Broken Arrow**

CŒUR AILLEURS, LE ▷4
ITA. 2003. Comédie dramatique de Pupi AVATI avec Neri Marcore, Vanessa Incontrada et Giancarlo Giannini. - Dans les années 1920, un professeur maladroit avec les femmes s'éprend d'une jeune aveugle ravissante mais dévergondée. □ Général
DVD VF→STF→Cadrage W/16X9→19,95 $

CŒUR AU POING, LE ▷5
QUÉ. 1998. Drame de mœurs de Charles BINAMÉ avec Pascale Montpetit, Guy Nadon et Anne-Marie Cadieux. - Pour briser son isolement, une jeune femme accoste des inconnus en proposant de s'offrir à chacun d'eux durant une heure. □ 13 ans+

CŒUR CIRCUIT *voir* **Short Circuit**

CŒUR DE HARENG ▷5
FR. 1984. Drame policier de Paul VECCHIALI avec Nicolas Silberg, Hélène Surgère et Anouk Ferjac. - Dans les années 50, un proxénète bourru organise un vol de bijoux pour s'assurer une confortable retraite en compagnie de sa plus ancienne protégée.

CŒUR DE MÉTISSE *voir* **Map of the Human Heart**

CŒUR DE TONNERRE *voir* **Thunderheart**

CŒUR DE VERRE [Heart of Glass] ▷4
ALL. 1976. Drame de mœurs de Werner HERZOG avec Clemens Scheitz, Sepp Bierbickler et Stefan Guettler. - Le jeune patron d'une verrerie installée dans un village de Bavière recherche désespérément le secret perdu du verre rubis. □ Général
DVD STA→Cadrage W→34,95 $

CŒUR DES HOMMES, LE ▷5
FR. 2003. Comédie dramatique de Marc ESPOSITO avec Jean-Pierre Darroussin, Gérard Darmon et Bernard Campan. - Quatre amis de longue date autour de la cinquantaine vivent diverses mésaventures qui les amènent à faire le point dans leur vie. □ Général
DVD VF→16,95 $

CŒUR EN HIVER, UN ▷3
FR. 1992. Drame psychologique de Claude SAUTET avec Daniel Auteuil, Emmanuelle Béart et André Dussollier. - Engagée dans une liaison avec un luthier, une jeune violoniste s'éprend follement du collègue de celui-ci. - Histoire d'amour peu banale. Psychologie du héros bien observée. Mise en scène sobre et rigoureuse. Bonne utilisation de la musique de Ravel. Interprétation admirable.
□ Général

CŒUR EST UN CHASSEUR SOLITAIRE, LE
voir **Heart Is a Lonely Hunter, The**

CŒUR PRIS AU PIÈGE *voir* **Lady Eve, The**

CŒUR QUI BAT, UN ▷4
FR. 1991. Drame sentimental de François DUPEYRON avec Dominique Faysse, Thierry Fortineau et Jean-Marie Winling. - Une femme mariée s'engage dans une liaison adultère avec un inconnu qui l'a accostée dans le métro. □ Général

CŒUR SAUVAGE *voir* **Untamed Heart**

CŒUR VAILLANT *voir* **Braveheart**

CŒURS CAPTIFS, LES *voir* **Another Time, Another Place**

CŒURS PERDUS EN ATLANTIDE *voir* **Hearts in Atlantis**

COFFEE & CIGARETTES ▷4
É.-U. 2003. Film à sketches de Jim JARMUSCH avec Cate Blanchett, Alfred Molina et Iggy Pop. - Onze vignettes dans lesquelles deux ou trois personnes discutent de tout et de rien en buvant du café et en fumant des cigarettes. □ Général · Déconseillé aux jeunes enfants
DVD VA→STF→Cadrage W→12,95 $

COIN ROUGE *voir* **Red Corner**

COLD COMFORT [Oasis glaciale] ▷5
CAN. 1989. Drame psychologique de Vic SARIN avec Maury Chaykin, Margaret Langrick et Paul Gross. - Un propriétaire d'une station-service isolée qui vit seul avec sa fille adolescente séquestre un jeune homme blessé. □ 13 ans+

COLD COMFORT FARM ▷4
[Ferme du mauvais sort, La]
É.-U. 1995. Comédie de mœurs de John SCHLESINGER avec Kate Beckinsale, Sheila Burrell et Eileen Atkins. - Une jeune citadine s'en va vivre avec des parents excentriques qui habitent dans une ferme délabrée. □ Général
DVD VA→17,95 $

COLD FEET [Pieds froids, Les] ▷4
É.-U. 1984. Comédie dramatique de Bruce VAN DUSEN avec Griffin Dunne, Marissa Chibas et Blanche Baker. - Les problèmes sentimentaux de jeunes New-Yorkais de classe professionnelle. □ Général

COLD FEET ▷4
É.-U. 1988. Comédie de Robert DORNHELM avec Keith Carradine, Sally Kirkland et Tom Waits. - Après avoir trahi ses deux acolytes, un malfaiteur prend la fuite avec le butin d'un vol. □ 13 ans+
DVD VA→21,95 $

COLD HEAVEN ▷5
É.-U. 1991. Drame de Nicolas ROEG avec Theresa Russell, Mark Harmon et James Russo. - Une jeune femme infidèle est hantée par des visions de la Vierge lorsque son mari survit miraculeusement à un accident de bateau. □ 13 ans+

COLD MOUNTAIN [Retour à Cold Mountain] ▷3
ANG. 2003. Chronique d'Anthony MINGHELLA avec Jude Law, Nicole Kidman et Renée Zellweger. - Vers la fin de la guerre de Sécession, un déserteur sudiste blessé tente de rejoindre sa bien-aimée plongée dans la pauvreté. - Fresque romantique évoquant de façon prenante les ravages et le désespoir engendrés par la guerre. Aventures parfois cruelles mais teintées de pittoresque et de compassion. Illustration ample et magnifique. Jeu à la fois sensible et vigoureux. □ 13 ans+
DVD VA→23,95 $

COLD SASSY TREE ▷4
É.-U. 1989. Drame de mœurs de Joan TEWKESBURY avec Faye Dunaway, Richard Widmark et Neil Patrick Harris. - Le vieux propriétaire d'une épicerie de village crée tout un émoi autour de lui quand il décide d'épouser une jeune citadine. □ Général

COLD SWEAT *voir* **De la part des copains**

COLD TURKEY ▷5
É.-U. 1970. Comédie satirique de Norman LEAR avec Dick Van Dyke, Pippa Scott et Bob Newhart. - Pour gagner un prix important, tous les habitants d'une petite ville de l'Iowa acceptent de cesser de fumer pendant un mois. □ Général

COLDITZ STORY, THE ▷4
ANG. 1954. Drame de guerre de Guy HAMILTON avec John Mills, Eric Portman, Frederick Valk et Denis Shaw. - Des prisonniers de guerre anglais s'évadent de la forteresse allemande de Colditz.
□ Général

COLLATERAL ▷4
É.-U. 2004. Thriller de Michael MANN avec Tom Cruise, Jamie Foxx et Jada Pinkett Smith. - Un chauffeur de taxi est pris en otage par un tueur professionnel qui doit abattre cinq individus en une nuit dans divers quartiers de Los Angeles.
DVD VF→STF→Cadrage W/16X9→17,95 $

COLLÉ À TOI *voir* **Stuck on You**

COLLECTION, THE ▷4
ANG. 1976. Drame de Michael APTED avec Alan Bates, Laurence Olivier et Helen Mirren. - Le directeur d'une boutique de mode apprend que sa femme a été séduite par un étranger au cours de la présentation d'une nouvelle collection. □ Non classé

COLLECTIONNEUR, LE ▷5
QUÉ. 2002. Drame policier de Jean BEAUDIN avec Maude Guérin, Luc Picard et Charles-André Bourassa. - Une détective de la police de Québec traque un tueur en série qui démembre ses victimes.
□ 16 ans+
DVD VF→17,95 $

COLLECTIONNEUSE, LA ▷3
FR. 1966. Drame psychologique d'Éric ROHMER avec Patrick Bauchau, Haydée Politoff et Daniel Pommereulle. - Trois jeunes gens font connaissance dans la villa d'un ami près de Saint-Tropez. - Portrait d'une jeunesse désenchantée. Style élégant, nettement littéraire. Rythme lent. Ton artificiel.
DVD VF➜STA➜44,95 $

COLLECTOR, THE [Obsédé, L'] ▷3
É.-U. 1965. Drame psychologique de William WYLER avec Terence Stamp, Samantha Eggar et Mona Washbourne. - Un homme désaxé enlève une jeune fille et la séquestre dans l'espoir de se faire aimer d'elle. - Suspense soutenu avec beaucoup d'habileté. Interprétation exceptionnelle. □ 18 ans+
DVD 34,95 $

COLLEGE ▷3
É.-U. 1927. Comédie de James W. HORNE avec Buster Keaton, Ann Cornwall et Harold Goodwin. - Un étudiant timide et travailleur, amoureux d'une jeune fille attirée par les athlètes, décide de s'adonner au sport. - Traits satiriques amusants sur la vie de collège. Sorte d'anthologie des effets comiques mis au point par B. Keaton. □ Général
DVD 19,95 $

COLLÈGE D'ÉLITE *voir* **School Ties**

COLLINES DE LA TERREUR, LES *voir* **Chato's Land**

COLOMBES, LES ▷5
QUÉ. 1972. Drame de Jean-Claude LORD avec Jean Besré, Lise Thouin et Jean Duceppe. - Le fils d'un riche avocat épouse une jeune chanteuse issue d'un milieu populaire. □ 13 ans+

COLONEL CHABERT, LE ▷5
FR. 1943. Comédie dramatique de René LE HÉNAFF avec Raimu, Marie Bell et Aimé Clariond. - Un colonel qu'on avait cru mort à la guerre revient et trouve sa femme remariée. □ Non classé

COLONEL CHABERT, LE ▷4
FR. 1994. Drame psychologique de Yves ANGELO avec Gérard Depardieu, Fanny Ardant et Fabrice Luchini. - En 1817, un colonel que l'on croyait mort à la guerre revient chez lui pour découvrir que sa femme s'est remariée et ne veut plus de lui. □ Général

COLONEL REDL ▷3
HON. 1984. Drame historique d'Istvan SZABO avec Klaus Maria Brandauer, Gudrun Landgrebe et Armin Müller-Stahl. - Au début du xxe siècle, un officier d'humble extraction, devenu chef des services secrets autrichiens, cherche à monter une affaire exemplaire de trahison. - Intrigue complexe inspirée d'une affaire authentique. Évocation historique somptueuse. □ 13 ans+
DVD STA➜Cadrage P&S➜34,95 $

COLONEL WOLODYJOWSKI ▷4
POL. 1968. Drame historique de Jerzy HOFFMAN avec Tadeusz Lomnicki, Magdalena Zawadzka et Daniel Olbrychski. - Dans les années 1660, les exploits d'un colonel polonais qui s'engage dans la guerre contre les Tartares. □ Général
DVD STA➜Cadrage W➜29,95 $

COLOR OF A BRISK AND LEAPING DAY
É.-U. 1996. Christopher MUNCH
DVD VA➜29,95 $

COLOR OF LIES, THE *voir* **Au cœur du mensonge**

COLOR OF MONEY, THE [Couleur de l'argent, La] ▷3
É.-U. 1986. Drame sportif de Martin SCORSESE avec Paul Newman, Tom Cruise et Mary Elizabeth Mastrantonio. - Un ancien champion de billard devient le gérant d'un jeune joueur au style flamboyant. - Suite du film *The Hustler* datant de 1961. Mise en scène impressionnante. Nombreux rebondissements dramatiques. Interprétation contrôlée et nuancée. □ Général
DVD VF➜Cadrage W➜10,95 $

COLOR OF PARADISE, THE ▷3
IRAN. 1999. Drame poétique de Majid MAJIDI avec Mohsen Ramezani, Hossein Majoob et Salimeh Feizi. - Un enfant aveugle ne sait pas que son père désire se débarrasser de lui pour pouvoir se remarier. - Récit émouvant traité comme un conte. Mélange de naturalisme et de merveilleux. Réalisation d'une grande beauté plastique. Interprétation sentie. □ Général
DVD Cadrage W➜39,95 $

COLOR OF POMEGRANATES, THE
voir **Couleur de grenade**

COLOR PURPLE, THE [Couleur pourpre, La] ▷3
É.-U. 1985. Drame social de Steven SPIELBERG avec Margaret Avery, Whoopi Goldberg et Danny Glover. - Les tribulations d'une jeune Noire livrée en mariage à un fermier veuf qui la traite en servante. - Adaptation attachante du roman d'Alice Walker. Récit riche en détails. Illustration vibrante de vie et d'humanité. Réalisation de talent. Interprétation sensible de W. Goldberg. □ 13 ans+
DVD VF➜STF➜Cadrage W➜29,95 $

COLORS [Couleurs] ▷4
É.-U. 1988. Drame policier de Dennis HOPPER avec Sean Penn, Robert Duvall et Maria Conchita Alonso. - Deux policiers de Los Angeles luttent contre des bandes criminelles de jeunes qui se disputent le monopole du trafic de la drogue. □ 13 ans+
DVD Cadrage W➜12,95 $

COLOSSE DE RHODES, LE ▷4
[Colossus of Rhodes, The]
ITA. 1961. Drame historique de Sergio LEONE avec Rory Calhoun, Lea Massari et Georges Marchal. - Un officier grec se joint aux habitants de Rhodes pour contrer le premier ministre qui s'est lié aux Phéniciens afin de renverser le roi. □ Non classé

COLOSSUS: THE FORBIN PROJECT ▷4
É.-U. 1969. Science-fiction de Joseph SARGENT avec Eric Braeden, Susan Clark et Gordon Pinsent. - Un cerveau électronique perfectionné prend le contrôle du destin de l'humanité. □ Général
DVD VA➜9,95 $

COLTS DES SEPT MERCENAIRES, LES
voir **Guns of the Magnificent Seven**

COLUMBO: MURDER BY THE BOOK ▷4
É.-U. 1971. Drame policier de Steven SPIELBERG avec Peter Falk, Jack Cassidy et Rosemary Forsyth. - Un officier de police perspicace démasque un auteur de romans policiers coupable de meurtre. □ Général

COMA [Morts suspectes] ▷4
É.-U. 1978. Drame policier de Michael CRICHTON avec Geneviève Bujold, Michael Douglas et Richard Widmark. - Lorsque son amie reste dans le coma après une opération mineure, une chirurgienne commence une enquête personnelle. □ 13 ans+
DVD VF➜STF➜Cadrage P&S/W➜7,95 $

COMANCHE TERRITORY ▷5
[Sur le territoire des Comanches]
É.-U. 1950. Western de George SHERMAN avec Macdonald Carey, Maureen O'Hara et Charles Drake. - Les agissements de prospecteurs cupides menacent de briser une entente entre Indiens et Blancs. □ Général

COMANCHEROS, THE ▷4
É.-U. 1961. Western de Michael CURTIZ avec John Wayne, Stuart Whitman et Ina Balin. - Un policier du Texas recherche des scélérats qui vendent des armes aux Indiens. □ Général

COMBAT DE MA MÈRE, LE *voir* **Home of Our Own, A**

COMBAT DU LIEUTENANT HART, LE *voir* **Hart's War**

COMBAT POUR L'AMOUR, UN
voir **And the Band Played On**

COMBIEN TU M'AIMES? ▷5
FR. 2005. Comédie de mœurs de Bertrand BLIER avec Monica Bellucci, Bernard Campan et Gérard Depardieu. - Affirmant avoir gagné à la loterie, un homme au physique ingrat convainc une ravissante prostituée d'emménager avec lui.

COMBO DELUXE AVEC EXTRA
voir **Deluxe Combo Platter**

COME AND GET IT [Vandale, Le] ▷3
É.-U. 1936. Drame de Howard HAWKS et William WYLER avec Joel McCrea, Frances Farmer et Walter Brennan. - À la fin du XIXe siècle, un bûcheron ambitieux devient un magnat de l'industrie du bois. - Peinture épique adaptée d'un roman d'Edna Ferber. Bonne évocation de milieu. Mouvement soutenu. Interprétation solide.
□ Général
DVD 29,95 $ VF→11,95 $

COME AND SEE *voir* **Massacre**

COME BACK TO THE FIVE AND DIME, JIMMY DEAN, JIMMY DEAN ▷3
É.-U. 1982. Drame psychologique de Robert ALTMAN avec Sandy Dennis, Cher et Karen Black. - Dans un village du Texas, un groupe d'amies de jeunesse se réunissent pour le vingtième anniversaire de la mort de James Dean. - Transposition d'une pièce de théâtre. Traitement inventif. Mise en scène ingénieuse. □ Général

COME BACK, LITTLE SHEBA ▷4
É.-U. 1952. Drame psychologique de Daniel MANN avec Burt Lancaster, Shirley Booth et Terry Moore. - La présence d'une jeune locataire perturbe la vie d'un couple sans enfants. □ Général
DVD VA→STA→13,95 $

COME DANCE WITH ME
voir **Voulez-vous danser avec moi?**

COME SEE THE PARADISE ▷4
É.-U. 1990. Drame social d'Alan PARKER avec Dennis Quaid, Tamlyn Tomita et Sab Shimono. - En 1941, un projectionniste est forcé de s'engager dans l'armée américaine alors que sa femme d'origine japonaise est internée dans un camp. □ Général
DVD VF→STA→Cadrage W→14,95 $

COME TO THE STABLE [Sœurs casse-cou, Les] ▷4
É.-U. 1949. Comédie de mœurs de Henry KOSTER avec Loretta Young, Celeste Holm et Hugh Marlowe. - Deux jeunes religieuses fondent un hôpital pour enfants aux États-Unis. □ Général

COMEDIAN HARMONISTS *voir* **Harmonistes, Les**

COMEDIANS, THE ▷4
É.-U. 1967. Drame social de Peter GLENVILLE avec Richard Burton, Alec Guinness et Elizabeth Taylor. - Trois hommes débarqués en même temps en Haïti connaissent des fortunes diverses.
□ 13 ans+

COMÉDIE! ▷4
FR. 1987. Comédie dramatique de Jacques DOILLON avec Jane Birkin et Alain Souchon. - Lors d'un séjour dans une maison de campagne, une jeune femme joue à incarner toutes les femmes qui sont passées dans la vie de son nouveau compagnon.

COMÉDIE D'AMOUR ▷4
FR. 1989. Comédie de Jean-Pierre RAWSON avec Michel Serrault, Annie Girardot et Aurore Clément. - Une mondaine veut faire publier le journal d'un écrivain misanthrope où se trouvent notamment consignés vingt ans de vie tumultueuse avec sa maîtresse.
□ Général

COMÉDIE DE L'INNOCENCE ▷4
FR. 2000. Comédie dramatique de Raoul RUIZ avec Isabelle Huppert, Jeanne Balibar et Charles Berling. - Le jour de son neuvième anniversaire, un garçon obsédé par sa caméra vidéo prétend qu'il est le fils d'une autre femme que sa mère. □ Général

COMÉDIE DU TRAVAIL, LA ▷4
FR. 1987. Comédie de Luc MOULLET avec Roland Blanche, Sabine Haudepin et Henri Déus. - À son grand dam, un fonctionnaire qui a perdu son emploi voit un chômeur professionnel obtenir un poste qui lui siérait à merveille.

COMÉDIE ÉROTIQUE D'UNE NUIT D'ÉTÉ
voir **Midsummer Night's Sex Comedy, A**

COMEDY OF TERRORS, THE ▷5
É.-U. 1963. Comédie de Jacques TOURNEUR avec Vincent Price, Peter Lorre et Basil Rathbone. - Un entrepreneur de pompes funèbres ruiné s'arrange pour faire mourir des gens riches. □ Général

COMES A HORSEMAN [Souffle de la tempête, Le] ▷3
É.-U. 1978. Western d'Alan J. PAKULA avec James Caan, Jane Fonda et Jason Robards. - En 1945, au Montana, un petit rancher est entraîné dans le conflit qui oppose une voisine à un riche propriétaire. - Mélange habile d'ancien et de moderne. Interprétation solide. □ Général
DVD VF→STF→Cadrage W→12,95 $

COMFORT OF STRANGERS, THE ▷4
[Étrange séduction]
ITA. 1990. Drame de mœurs de Paul SCHRADER avec Christopher Walken, Natasha Richardson et Rupert Everett. - Un jeune couple en voyage romantique à Venise tombe sous l'emprise d'un homme mystérieux et de sa non moins bizarre épouse. □ 13 ans+
DVD VA→Cadrage P&S→10,95 $

COMIC, THE ▷5
É.-U. 1969. Comédie dramatique de Carl REINER avec Dick Van Dyke, Michele Lee et Mickey Rooney. - La carrière et les amours d'un comique du cinéma muet.

COMIN' ROUND THE MOUNTAIN ▷5
[Deux nigauds chez les barbus]
É.-U. 1951. Comédie de Charles LAMONT avec Bud Abbott, Lou Costello et Dorothy Shay. - Un artiste de music-hall retourne dans ses montagnes natales à la recherche d'un trésor.

COMING HOME ▷3
É.-U. 1978. Drame psychologique de Hal ASHBY avec Jane Fonda, Jon Voight et Bruce Dern. - Après le départ de son mari pour le Viêtnam, une femme engagée comme aide-volontaire dans un hôpital militaire s'éprend d'un grand blessé. - Climat d'époque bien reconstitué. Bande sonore efficace. Tableau intéressant des effets de la guerre. Interprétation de premier ordre. □ 13 ans+
DVD VF→STF→Cadrage W→12,95 $

COMING TO AMERICA [Prince à New York, Un] ▷5
É.-U. 1988. Comédie de John LANDIS avec Eddie Murphy, Arsenio Hall et James Earl Jones. - Pour échapper à un mariage arrangé par son père, un prince africain se rend à New York dans le but de se trouver une épouse. □ Général
DVD VA→STA→Cadrage W→11,95 $

COMING UP ROSES ▷4
[Cinéma, amour et champignons]
ANG. 1986. Comédie de mœurs de Stephen BAYLY avec Iola Gregory, Dafydd Hywel et Olive Michael. - Le projectionniste d'un cinéma qui vient de fermer décide avec des proches de cultiver des champignons dans l'obscurité de la salle inoccupée. □ Général

COMMAND DECISION ▷4
É.-U. 1948. Drame de guerre de Sam WOOD avec Clark Gable, Walter Pidgeon et Van Johnson. - Un état-major s'interroge sur les problèmes d'une opération de bombardement. □ Général

COMMANDO DE LA MORT, LE *voir* **Walk in the Sun, A**

COMMANDO DES MORTS-VIVANTS, LE
voir **Shock Waves**

COMME DANS UN MIROIR [Through a Glass Darkly] ►2
SUÈ. 1962. Drame psychologique de Ingmar BERGMAN avec Harriet Andersson, Max von Sydow et Gunnar Bjornstrand. - Les crises de folie d'une jeune femme provoquent chez les siens une prise de conscience. - Scénario d'une richesse et d'une profondeur peu communes. Mise en scène dépouillée. Remarquable analyse de caractères. Excellente interprétation. □ 13 ans+

COMME ELLE RESPIRE ▷4
FR. 1998. Comédie dramatique de Pierre SALVADORI avec Marie Trintignant, Guillaume Depardieu et Serge Riaboukine. - Un petit arnaqueur organise le kidnapping d'une jeune mythomane qui se prétend fille de millionnaire. □ Général

COMME IL FAUT *voir* **Mostly Martha**

COMME UN BOOMERANG ▷5
FR. 1976. Drame policier de José GIOVANNI avec Alain Delon, Louis Julien et Charles Vanel. - Un ancien truand devenu industriel se porte à la défense de son fils adolescent accusé du meurtre d'un policier. □ Général

COMME UN GARÇON *voir* **About a Boy**

COMME UNE IMAGE [Look at Me] ▷3
FR. 2004. Comédie dramatique réalisée et interprétée par Agnès JAOUI avec Marilou Berry et Jean-Pierre Bacri. - Une jeune femme complexée aspirant à une carrière dans l'art lyrique souffre de la non-reconnaissance d'autrui et de l'indifférence de son célèbre père écrivain. - Étude de caractères très fouillée. Dialogues incisifs. Réalisation assez fluide. Interprètes d'une justesse admirable. □ Général
DVD VF→STA→Cadrage W/16X9→28,95 $

COMMENT ÇA VA BOB? *voir* **What About Bob?**

COMMENT CLAQUER UN MILLION DE DOLLARS PAR JOUR *voir* **Brewster's Millions**

COMMENT CONQUÉRIR L'AMÉRIQUE EN UNE NUIT ▷5
QUÉ. 2004. Comédie de mœurs de Dany LAFERRIÈRE avec Michel Mpambara, Maka Kotto et Sonia Vachon. - Un Haïtien dans la trentaine débarque à Montréal avec la ferme intention de conquérir l'Amérique et le cœur d'une femme blonde qu'il a vue sur une affiche. □ Général
DVD VF→Cadrage W→16,95 $

COMMENT DEVENIR UN TROU DE CUL ET ENFIN PLAIRE AUX FEMMES ▷5
QUÉ. 2004. Comédie de mœurs de Roger BOIRE avec Pier Noli, Christine Foley, Josée Rivard et Luc Lopez. - Les tribulations amoureuses d'un musicien qui semble incapable d'entretenir des relations durables avec les femmes. □ Général · Déconseillé aux jeunes enfants
DVD VF→38,95 $

COMMENT ÉPOUSER UN MILLIONNAIRE *voir* **How to Marry a Millionaire**

COMMENT ET LE POURQUOI, LE ▷5
[What's It All About?]
ESP. 1994. Film à sketches de Ventura PONS avec Lluis Homar, Pepa Lopez et Alex Casanovas. - Série de courtes histoires illustrant diverses facettes de la nature humaine et des rapports amoureux. □ 13 ans+ · Érotisme
DVD STA→Cadrage W→39,95 $

COMMENT FAIRE L'AMOUR AVEC UN NÈGRE SANS SE FATIGUER ▷5
QUÉ. 1989. Comédie satirique de Jacques W. BENOÎT avec Isaach de Bankolé, Maka Kotto, Jacques Legras et Roberta Bizeau. - Le défilé de jolies femmes dans l'appartement de deux Noirs oisifs suscite l'envie et la suspicion d'un trio de revendeurs de drogue. □ 13 ans+

COMMENT J'AI TUÉ MON PÈRE ▷4
FR. 2001. Drame psychologique d'Anne FONTAINE avec Michel Bouquet, Charles Berling, Stéphane Guillon et Natacha Régnier. - Un réputé gérontologue est déstabilisé par le retour de son père médecin qui l'avait abandonné en bas âge pour aller pratiquer en Afrique.
DVD VF→11,95 $

COMMENT JE ME SUIS DISPUTÉ... (MA VIE SEXUELLE) ▷4
[My Sex Life (Or How I Got Into an Argument)]
FR. 1995. Comédie dramatique d'Arnaud DESPLECHIN avec Mathieu Amalric, Emmanuelle Devos et Marianne Denicourt. - Alors qu'il peine pour terminer sa thèse de doctorat, un jeune homme connaît en plus divers déboires amoureux.

COMMENT MA MÈRE ACCOUCHA DE MOI DURANT SA MÉNOPAUSE ▷4
QUÉ. 2003. Comédie de mœurs de Sébastien ROSE avec Paul Ahmarani, Micheline Lanctôt et Lucie Laurier. - Les difficultés familiales et amoureuses d'un étudiant de 30 ans qui vit encore avec sa mère dominatrice et sa sœur. □ 13 ans+ · Érotisme
DVD VF→23,95 $

COMMENT RÉUSSIR EN AFFAIRES SANS VRAIMENT ESSAYER
voir **How to Succeed in Business without Really Trying**

COMMENT SE DÉBARRASSER DE SON PATRON
voir **9 to 5**

COMMENT TUER VOTRE FEMME
voir **How to Murder Your Wife**

COMMENT VOLER UN MILLION DE DOLLARS
voir **How to Steal a Million**

COMMIS EN FOLIE *voir* **Clerks**

COMMISSAR ►2
RUS. 1967. Drame d'Alexander ASKOLDOV avec Nonna Mordoukova, Rolan Bykov et Raissa Neidashkovskaya. - Dans les années 1920, en Ukraine, une commissaire politique trouve refuge dans une famille juive pour mener à bien sa grossesse. - Scènes d'un lyrisme touchant mêlées à une approche de style réaliste. Ensemble bien contrôlé et fort convaincant. Interprétation prenante. □ Général

COMMISSIONER, THE ▷5
BEL. ALL. ANG. É.-U. 1997. Drame politique de George SLUIZER avec John Hurt, Rosana Pastor et Armin Mueller-Stahl. - Un commissaire anglais de la CEE reçoit des documents anonymes l'informant qu'une usine allemande fabrique des armes chimiques. □ Général

COMMITMENTS, THE ▷4
ANG. 1991. Comédie dramatique d'Alan PARKER avec Robert Arkins, Michael Aherne et Angeline Ball. - Un jeune Irlandais et deux de ses amis recrutent des artistes afin de former un groupe de musique « soul ». □ Général

COMMUNIANTS, LES [Winter Light] ►2
SUÈ. 1963. Drame de Ingmar BERGMAN avec Gunnar Björnstrand, Ingrid Thulin et Max Von Sydow. - Un pasteur traverse une grave crise de foi. - Problème spirituel abordé avec sincérité. Style dépouillé. Images d'une grande beauté plastique. Personnages interprétés en profondeur. □ 13 ans+

COMPAGNIE DES AUTRES, LA
voir **Business of Strangers, The**

COMPAGNIE DES LOUPS, LA
voir **Company of Wolves, The**

COMPAGNON DE LONGUE DATE, UN
voir **Longtime Companion**

COMPANY, THE ▷4
É.-U. 2003. Chronique de Robert ALTMAN avec Neve Campbell, Malcolm McDowell et James Franco. - Les expériences d'une jeune danseuse au sein de la prestigieuse troupe du Joffrey Ballet de Chicago. □ Général
DVD VA→STF→Cadrage W→17,95 $

COMPANY BUSINESS [Associés, Inc.] ▷4
É.-U. 1991. Comédie de Nicholas MEYER avec Gene Hackman, Mikhail Baryshnikov et Kurtwood Smith. - Un agent de la CIA sympathise avec un espion soviétique qu'il doit escorter jusqu'à Berlin pour l'échanger contre un collègue retenu par le KGB. □ Général
DVD VF→STF→11,95 $

COMPANY OF STRANGERS, THE ▷4
[Fabuleux gang des sept, Le]
CAN. 1990. Drame psychologique de Cynthia SCOTT avec Catherine Roche, Alice Diabo et Beth Webber. - Leur autobus étant tombé en panne, sept femmes âgées se réfugient dans une maison abandonnée et font connaissance. □ Général
DVD VA→34,95 $

COMPANY OF WOLVES, THE ▷3
[Compagnie des loups, La]
ANG. 1984. Drame fantastique de Neil JORDAN avec Micha Bergese, Angela Lansbury et Sarah Patterson. - Une adolescente fait un rêve étrange où il est question de rapports bizarres entre les hommes et les loups. - Curieuses variations sur des contes anciens. Intuitions psychologiques intéressantes. Trucages impressionnants.
□ 13 ans+

COMPÈRES, LES ▷4
FR. 1983. Comédie de Francis VEBER avec Pierre Richard, Gérard Depardieu et Stéphane Bierry. - Restée sans nouvelles de son fils adolescent, une femme met sur ses traces deux anciens amants en faisant croire à chacun qu'il est le père du fugueur.
DVD VF→STA→Cadrage W→23,95 $

COMPETITION, THE [Concours, Le] ▷4
É.-U. 1980. Drame sentimental de Joel OLIANSKY avec Richard Dreyfuss, Amy Irving et Lee Remick. - Participant à un concours musical décisif pour sa carrière de concertiste, un jeune pianiste s'éprend d'une concurrente. □ Général

COMPLAINTE DU SENTIER, LA [Pather Panchali] ►1
IND. 1955. Étude de mœurs de Satyajit RAY avec Subir Banerji, Uma Das Gupta et Karuma Banerji. - La vie d'une famille moyenne dans un petit village de l'Inde. - Œuvre majeure du cinéma indien. Superbe fresque poétique. Rythme lent et expressif. Photographie d'une grande qualité. Direction adroite des interprètes. □ Général

COMPLEXE DU KANGOUROU, LE ▷4
FR. 1986. Comédie de mœurs de Pierre JOLIVET avec Roland Giraud, Clémentine Célarié et Zabou. - Se croyant le père du garçonnet de son ancienne maîtresse, un peintre tente de renouer avec celle-ci, ce qui compromet ses autres relations. □ Général

COMPLOT, LE *voir* **To Kill a Priest**

COMPLOT, LE ▷4
FR. 1973. Drame policier de René GAINVILLE avec Michel Bouquet, Jean Rochefort et Raymond Pellegrin. - En 1962, des activistes tentent de libérer un général emprisonné après s'être opposé à l'indépendance de l'Algérie. □ Général

COMPLOT AU CRÉPUSCULE *voir* **After the Sunset**

COMPLOT DANS LA VILLE *voir* **City Hall**

COMPLOT DE FAMILLE *voir* **Family Plot**

COMPLOT MORTEL *voir* **Conspiracy Theory**

COMPROMISING POSITIONS ▷4
[Situations compromettantes]
É.-U. 1985. Comédie policière de Frank PERRY avec Susan Sarandon, Raul Julia et Judith Ivey. - L'épouse d'un avocat entreprend de faire un reportage sur l'assassinat de son dentiste, qui aurait été impliqué dans un trafic de photos pornographiques. □ 13 ans+

COMPTE SUR MOI *voir* **Stand by Me**

COMPTOIR, LE ▷4
FR. 1998. Chronique de Sophie TATISCHEFF avec Mireille Perrier, Maurane et Christophe Odent. - Les acquéreurs d'un vieux comptoir de bistrot se laissent raconter par un client de l'établissement la vie mouvementée de l'ancienne propriétaire. □ Général

COMPULSION [Génie du mal, Le] ▷3
É.-U. 1959. Drame de Richard FLEISCHER avec Dean Stockwell, Orson Welles et Bradford Dillman. - Deux étudiants sont traduits en justice pour avoir commis un crime gratuit. - Intrigue basée sur un fait authentique. Scénario intelligent. Réalisation rigoureuse. Interprétation de classe. □ Général
DVD VF→STA→Cadrage W→14,95 $

COMRADE X ▷4
É.-U. 1940. Comédie de King VIDOR avec Clark Gable, Hedy Lamarr et Oscar Homolka. - Un journaliste américain qui n'approuve pas le régime politique soviétique convainc une conductrice de train de fuir son pays.

COMTE DE MONTE CRISTO, LE
voir **Count of Monte Cristo, The**

COMTESSE AUX PIEDS NUS, LA
voir **Barefoot Contessa, The**

COMTESSE DE BATON ROUGE, LA ▷4
QUÉ. 1997. Comédie dramatique de André FORCIER avec Robin Aubert, Geneviève Brouillette et Isabel Richer. - Un cinéaste en herbe tombe amoureux d'une femme à barbe qu'il suit jusqu'en Louisiane. □ 13 ans+
DVD VF→Cadrage W→21,95 $

COMUNIDAD, LA [Mes chers voisins] ▷4
ESP. 2000. Comédie policière d'Alex de la IGLESIA avec Carmen Maura, Eduardo Antuna et Maria Asquerino. - Après avoir découvert un magot dans le logement délabré d'un vieillard décédé, une agente immobilière fait face à l'hostilité des autres locataires de l'immeuble.
DVD STA→31,95 $ VF→STA→Cadrage W→22,95 $

CON AIR [Air bagnards] ▷5
É.-U. 1997. Drame policier de Simon WEST avec Nicolas Cage, John Malkovich et John Cusack. - Une poignée de dangereux criminels prennent le contrôle de l'avion qui devait les transporter vers une nouvelle prison. □ 16 ans+ · Violence
DVD Cadrage W→15,95 $ VA→STA→Cadrage W→19,95 $

CONAN THE BARBARIAN ▷5
É.-U. 1981. Aventures de John MILIUS avec Arnold Schwarzenegger, James Earl Jones et Sandahl Bergman. - Le fils d'un chef de tribu massacré par un ennemi devient gladiateur et entreprend de se venger. □ 13 ans+

CONAN THE DESTROYER [Conan, le destructeur] ▷5
É.-U. 1984. Aventures de Richard FLEISCHER avec Grace Jones, Arnold Schwarzenegger, Wilt Chamberlain et Olivia d'Abo. - Un guerrier barbare accompagne une princesse dans un voyage périlleux. □ Général

CONCEIVING ADA ▷4
É.-U. 1996. Drame de Lynn HERSHMAN-LEESON avec Tilda Swinton, Francesca Faridany, Timothy Leary et Karen Black. - Un lien étrange se tisse à travers le temps entre une informaticienne de la fin du XXe siècle et la fille mathématicienne de Lord Byron qui a vécu au XIXe siècle.
DVD VA→Cadrage W→26,95 $

CONCIERGE, LE ▷5
FR. 1973. Comédie de mœurs de Jean GIRAULT avec Bernard LeCoq, Maureen Kerwin et Jean Carmet. - Un jeune homme futé tire profit de son emploi de concierge dans un immeuble bourgeois.
□ Général

CONCIERGERIE, LA ▷5
QUÉ. 1997. Drame policier de Michel POULETTE avec Serge Dupire, Tania Kontoyanni et Michel Forget. - Un détective privé enquête sur la mort du propriétaire d'une conciergerie habitée par des gens condamnés pour meurtre. □ 13 ans+
DVD VF→10,95 $

CONCOURS, LE *voir* **Competition, The**

CONCRETE JUNGLE ▷6
É.-U. 1982. Drame de mœurs de Tom De SIMONE avec Tracy Bregman, Jill St. John et Barbara Luna. - Condamnée à trois ans de prison, une jeune femme est l'objet de durs traitements de la part de codétenues et de gardiens.

CONCRETE JUNGLE, THE *voir* **Criminal, The**

CONCURRENCE DÉLOYALE [Unfair Competition] ▷4
ITA. 2001. Comédie dramatique d'Ettore SCOLA avec Diego Abatantuono, Sergio Castellitto et Gérard Depardieu. - En 1938, à Rome, la concurrence féroce entre deux commerçants voisins se transforme en solidarité lorsque l'un d'eux, un juif, est persécuté par les fascistes. □ Général
DVD STF→29,95 $

CONDAMNÉ À MORT S'EST ÉCHAPPÉ, UN ►1
[Man Escaped, A]
FR. 1956. Drame de Robert BRESSON avec Roland Monod, Charles Le Clainche et François Leterrier. - Un maquisard, prisonnier des Allemands, prépare patiemment son évasion. - Une des œuvres maîtresses de l'auteur. Forte intensité dramatique. Réalisation minutieuse d'un style dépouillé. Interprétation parfaitement contrôlée.
DVD VF➔STA➔41,95 $

CONDORMAN ▷5
ANG. 1981. Comédie policière de Charles JARROTT avec Michael Crawford, Barbara Carrera et Oliver Reed. - Avec l'aide de la CIA, un auteur de bandes dessinées emprunte l'identité d'un super-héros. □ Général

CONDUCTOR, THE *voir* **Chef d'orchestre, Le**

CONFESSIONNAL, LE ▷3
QUÉ. 1995. Drame de mœurs de Robert LEPAGE avec Jean-Louis Millette, Lothaire Bluteau et Patrick Goyette. - De retour à Québec, un jeune homme est plongé dans un mystère lorsqu'il tente de retrouver son frère dont il est sans nouvelles. - Intrigue complexe parsemée de dérapages spatiotemporels. Nombreuses références hitchcockiennes. Facture souvent audacieuse. Jeu assez intense des interprètes. □ 13 ans+
DVD VF➔Cadrage W➔38,95 $

CONFESSIONS D'UN BARJO ▷4
FR. 1991. Comédie dramatique de Jérôme BOIVIN avec Richard Bohringer, Anne Brochet et Hippolyte Girardot. - Les tribulations d'un grand naïf un peu attardé qui prend en note les moindres agissements de son entourage. □ 13 ans+

CONFESSIONS DU DOCTEUR SACHS, LES ▷3
FR. 1999. Drame de mœurs de Michel DEVILLE avec Valérie Dréville, Albert Dupontel et Dominique Reymond. - Un jeune médecin de campagne plein de compassion pour ses patients évacue sa souffrance et ses frustrations par l'écriture. - Portrait polyphonique et ludique d'un être attachant. Démarche d'un profond humanisme. Réalisation experte. Montage vif et intelligent. Interprétation sentie. □ Général

CONFESSIONS OF A DANGEROUS MIND ▷4
[Confessions d'un homme dangereux]
É.-U. 2002. Comédie dramatique réalisée et interprétée par George CLOONEY avec Sam Rockwell et Drew Barrymore. - Un concepteur et animateur de jeux télévisés travaille en même temps pour la CIA en tant qu'assassin. □ 13 ans+
DVD VF➔STA➔Cadrage W➔17,95 $

CONFIANCE RÈGNE, LA ▷5
FR. 2004. Comédie d'Étienne CHATILIEZ avec Cécile de France, Vincent Lindon et Pierre Vernier. - Les tribulations d'un couple de domestiques qui vole ses employeurs et prend la fuite après chaque larcin. □ Général
DVD VF➔STA➔Cadrage W/16X9➔31,95 $

CONFIDENCE [En toute confiance] ▷4
É.-U. 2003. Thriller de James FOLEY avec Edward Burns, Rachel Weisz et Dustin Hoffman. - Afin de rembourser un excentrique caïd, un truand et ses acolytes tentent d'escroquer un banquier lié au crime organisé. □ 13 ans+ · Langage vulgaire
DVD VA➔9,95 $

CONFIDENCES TROP INTIMES ▷4
FR. 2003. Drame sentimental de Patrice LECONTE avec Sandrine Bonnaire, Fabrice Luchini et Michel Duchaussoy. - Une femme instable confie ses problèmes conjugaux à un conseiller fiscal austère qu'elle prend à tort pour son nouveau psychologue.
DVD VF➔STA➔Cadrage W➔26,95 $

CONFIDENTIAL REPORT (MR. ARKADIN) ▷3
[Dossier secret]
ESP. 1955. Thriller réalisé et interprété par Orson WELLES avec Robert Arden et Paola Mori. - Un homme puissant charge un détective de retrouver une série de personnes qui furent mêlées à son passé. - Récit complexe et quelque peu artificiel. Réalisation brillante aux nombreux effets esthétiques recherchés. Interprétation insolite. □ Général
DVD VA➔STA➔64,95 $

CONFIDENTIALLY YOURS *voir* **Vivement dimanche!**

CONFLICT [Mort était au rendez-vous, La] ▷4
É.-U. 1944. Drame policier de Curtis BERNHARDT avec Humphrey Bogart, Alexis Smith et Sydney Greenstreet. - Amoureux de sa belle-sœur, un homme décide de supprimer son épouse.

CONFORMISTE, LE [Conformist, The] ►1
ITA. 1969. Drame de mœurs de Bernardo BERTOLUCCI avec Jean-Louis Trintignant, Stefania Sandrelli et Dominique Sanda. - Un névrosé s'impose une vie conforme aux normes de la société où il vit et s'inscrit au parti fasciste. - Adaptation intelligente du roman d'Alberto Moravia. Évocation d'époque riche en observations critiques. Mise en images nettement stylisée. Interprétation brillante de J.-L. Trintignant. □ Général

CONFORT DES OBJETS, LE *voir* **Safety of Objects, The**

CONFRONTATION À LA BARRE *voir* **Class Action**

CONFUSION DES GENRES, LA ▷4
[Confusion of Genders]
FR. 2000. Comédie de mœurs d'Ilan Duran COHEN avec Pascal Greggory, Nathalie Richard et Julie Gayet. - Un avocat épouse une collègue dont il n'est pas amoureux tandis qu'il s'engage dans une relation passionnée avec un jeune homme. □ 13 ans+

CONNECTICUT YANKEE IN KING ARTHUR'S COURT, A ▷5
É.-U. 1949. Comédie musicale de Tay GARNETT avec Bing Crosby, Rhonda Fleming et William Bendix. - Un Américain du XXe siècle se retrouve en rêve au Moyen Âge. □ Non classé

CONNECTION, THE ▷3
É.-U. 1960. Drame de Shirley CLARKE avec Varren Finnerty, Carl Lee et James Anderson. - Des narcomanes acceptent de se laisser filmer par un cinéaste qui leur a promis de la drogue. - Description très réaliste. Situations inventives. Souplesse de la caméra. Montage nerveux. Interprètes de talent. □ Général

CONNIE AND CARLA ▷4
É.-U. 2004. Comédie dramatique de Michael LEMBECK avec David Duchovny, Nia Vardalos et Toni Collette. - Pourchassées par un baron de la drogue, deux chanteuses se font passer pour des hommes et deviennent les vedettes d'un bar de travestis. □ Général
DVD VF➔STF➔Cadrage W➔16,95 $ VF➔STF➔16,95 $

CONQUÉRANTS, LES *voir* **Dodge City**

CONQUEROR WORM, THE ▷4
ANG. 1968. Drame d'horreur de Michael REEVES avec Vincent Price, Ian Ogilvy et Hilary Dwyer. - À l'époque troublée de la guerre civile en Angleterre, des chasseurs de sorcières improvisés prennent plaisir à torturer et à tuer.

CONQUEST [Marie Walewska] ▷4
É.-U. 1938. Drame historique de Clarence BROWN avec Reginald Owen, Greta Garbo et Charles Boyer. - Les amours tumultueuses de Napoléon et de la comtesse polonaise Marie Walewska. □ Général

CONQUEST [Coup de jeunesse] ▷4
CAN. 1998. Comédie dramatique de Piers HAGGARD avec Lothaire Bluteau, Tara Fitzgerald et Monique Mercure. - Une jeune femme tombe en panne de voiture dans un bled où un banquier candide s'efforce d'aider les fermiers démunis. □ Non classé

CONQUEST OF THE PLANET OF THE APES ▷5
[Conquête de la planète de singes, La]
É.-U. 1972. Science-fiction de Jack Lee THOMPSON avec Roddy McDowall, Don Murray et Hari Rhodes. - En 1991, des singes domestiqués se révoltent contre leurs maîtres sous la conduite d'un congénère doté d'intelligence. □ Général
DVD VF➔Cadrage W➔14,95 $

CONQUÊTE DE L'OUEST, LA *voir* **How the West Was Won**

CONQUÊTE DE LA PEUR, LA
voir **Cerro Torre: Scream of Stone**

CONQUÊTE DE LA PLANÈTE DE SINGES, LA
voir **Conquest of the Planet of the Apes**

CONRACK ▷4
É.-U. 1974. Drame social de Martin RITT avec Jon Voight, Madge Sinclair et Hume Cronyn. - Un jeune instituteur emploie des méthodes d'enseignement insolites avec des enfants de race noire. □ Général

CONSEIL DE FAMILLE ▷4
FR. 1986. Comédie policière de Constantin COSTA-GAVRAS avec Johnny Hallyday, Fanny Ardant et Guy Marchand. - Un cambrioleur impose à sa famille une façade respectable tout en continuant ses vols avec l'aide de son jeune fils. □ 13 ans+

CONSENTING ADULTS [Adultes consentants] ▷4
É.-U. 1992. Drame policier d'Alan J. PAKULA avec Kevin Kline, Mary Elizabeth Mastrantonio et Kevin Spacey. - Un homme marié se laisse entraîner par un voisin dans une aventure adultère qui tourne mal. □ 13 ans+
DVD VA➔10,95 $

CONSPIRACY [Conspiration] ▷4
É.-U. 2000. Drame historique de Frank PIERSON avec Kenneth Branagh, Gil Bellows et Diahann Carroll. - En 1942, des nazis se réunissent près de Berlin pour comploter la « solution finale ».
DVD VF➔STF➔Cadrage W➔11,95 $

CONSPIRACY OF SILENCE ▷5
[Conspiration du silence, La]
ANG. 2003. Drame social de John DEERY avec Jonathan Forbes, Jason Barry et Brenda Fricker. - Dans une petite ville d'Irlande, un journaliste enquête sur le suicide d'un prêtre séropositif et le renvoi abusif d'un jeune séminariste.
DVD VF➔30,95 $

CONSPIRACY THEORY [Complot mortel] ▷5
É.-U. 1997. Drame policier de Richard DONNER avec Mel Gibson, Julia Roberts et Patrick Stewart. - Un chauffeur de taxi new-yorkais qui voit des complots partout devient la cible d'un agent de la CIA. □ 13 ans+
DVD VF➔STF➔Cadrage W➔11,95 $

CONSPIRATOR ▷5
ANG. 1950. Drame d'espionnage de Victor SAVILLE avec Robert Taylor, Elizabeth Taylor et Robert Fleming. - Une jeune femme découvre que son mari est un espion communiste. □ Général

CONSTANT GARDENER [Constance du jardinier, La] ▷3
ANG. 2005. Drame de Fernando MEIRELLES avec Ralph Fiennes, Rachel Weisz et Danny Huston. - Un diplomate britannique en poste au Kenya cherche à découvrir pourquoi son épouse, une militante convaincue, a été assassinée. - Adaptation réussie du roman de John Le Carré. Mélange prenant de thriller et de drame sentimental. Dénonciation virulente de l'exploitation éhontée de l'Afrique par l'Occident. Réalisation nerveuse et inspirée. Interprétation relevée. □ Général · Déconseillé aux jeunes enfants
DVD VA➔STF➔22,95 $

CONSTANTIN LE GRAND ▷5
[Constantine and the Cross]
ITA. 1960. Drame historique de Lionello De FELICE avec Cornel Wilde, Belinda Lee et Massimo Serato. - L'empereur Constantin lutte contre un rival pour obtenir le droit de cité aux chrétiens.

CONSTANTINE ▷4
É.-U. 2005. Drame fantastique de Francis LAWRENCE avec Keanu Reeves, Rachel Weisz et Shia LaBeouf. - Un expert en démonologie fait équipe avec une détective pour contrer les forces sataniques qui menacent le monde des vivants. □ 13 ans+ · Horreur
DVD VA➔STF➔Cadrage W➔11,95 $
VF➔STF➔Cadrage W➔36,95 $

CONTACT ▷4
É.-U. 1997. Science-fiction de Robert ZEMECKIS avec Jodie Foster, Matthew McConaughey et James Woods. - Une astronome américaine décode un message extraterrestre qui renferme les plans d'un transporteur interstellaire. □ Général
DVD VF➔STF➔Cadrage W➔16,95 $

CONTE D'AUTOMNE ▷4
FR. 1998. Comédie sentimentale d'Éric ROHMER avec Béatrice Romand, Marie Rivière et Alexia Portal. - Deux amies d'une viticultrice solitaire tentent, à l'insu de celle-ci, de lui trouver un compagnon. □ Général

CONTE D'ÉTÉ [Summer's Tale, A] ▷3
FR. 1995. Comédie de mœurs d'Éric ROHMER avec Melvil Poupaud, Amanda Langlet et Gwenaëlle Simon. - Un étudiant en vacances en Bretagne s'intéresse à trois jeunes femmes, sans toutefois parvenir à s'engager avec l'une d'elles. - Dialogues spirituels et fins ayant préséance sur l'image. Personnages bien campés par de jeunes interprètes fort prometteurs. □ Général
DVD VF➔STA➔44,95 $

CONTE D'HIVER ▷4
FR. 1991. Drame de mœurs d'Éric ROHMER avec Charlotte Véry, Hervé Furic et Michel Voletti. - Partie vivre en province avec son amant, une Parisienne est toujours hantée par l'image d'un grand amour de vacances dont elle a perdu la trace.

CONTE DE LA FOLIE ORDINAIRE ▷4
[Tales of Ordinary Madness]
ITA. 1981. Drame de mœurs de Marco FERRERI avec Ben Gazzara, Ornella Muti et Tanya Lopert. - Un écrivain errant et une prostituée aux obsessions suicidaires développent une relation fondée sur le désespoir et la souffrance. □ 18 ans+
DVD Cadrage W➔39,95 $

CONTE DE PRINTEMPS [Tale of Springtime, A] ▷3
FR. 1989. Comédie dramatique de Éric ROHMER avec Anne Teyssèdre, Florence Darel et Hugues Quester. - Une étudiante en musique cherche à provoquer une rupture entre son père divorcé et la jeune maîtresse de ce dernier. - Variations subtiles et fines sur les thèmes de l'amitié et du flirt. Mise en scène précise. Interprétation charmante des protagonistes.
DVD VF➔STA➔Cadrage W➔24,95 $

CONTEMPT *voir* **Mépris, Le**

CONTENDER, THE [Candidate, La] ▷4
É.-U. 2000. Drame politique de Rod LURIE avec Gary Oldman, Christian Slater, Joan Allen et Jeff Bridges. - Une sénatrice pressentie au poste de vice-présidente des États-Unis se défend devant une commission d'enquête au sujet d'un scandale sexuel. □ 13 ans+
DVD VA➔STA➔Cadrage W➔10,95 $

CONTES D'AUTOMNE ET DE PRINTEMPS
voir **Adventures of Ichabod and Mr. Toad, The**

CONTES D'HOFFMANN, LES
voir **Tales of Hoffmann**

CONTES DE CANTERBURY, LES ▷5
[Canterbury Tales, The]
ITA. 1975. Film à sketches de Pier Paolo PASOLINI avec Laura Betti, Hugh Griffith et Franco Citti. - Des pèlerins en route pour la cathédrale de Canterbury se racontent des contes grivois pour passer le temps. □ 18 ans+

CONTES DE LA LUNE VAGUE
APRÈS LA PLUIE, LES [Ugetsu Monogatari] ►1
JAP. 1953. Drame fantastique de Kenji MIZOGUCHI avec Machiko Kyo, Masayuki Mori et Kinuyo Tanaka. - Un paysan ambitieux tombe sous l'emprise du fantôme d'une princesse. - Habile mélange d'illusion et de réalité. Images rappelant les estampes japonaises. Rythme méditatif. Jeu stylisé des acteurs. □ Non classé
DVD STA➔54,95 $

CONTINENTAL DIVIDE ▷4
É.-U. 1981. Comédie sentimentale de Michael APTED avec John Belushi, Blair Brown et Allen Goorwitz. - Un journaliste connaît diverses mésaventures en tentant d'interviewer une ornithologue installée dans les Rocheuses. □ Général
DVD VA➔STF➔Cadrage W➔10,95 $

CONTRABAND
ANG. 1940. Michael POWELL □ Général
DVD VA➔21,95 $

CONTRAT, LE *voir* **Hit, The**

CONTRE CŒUR *voir* **One True Thing**

CONTRE COURANT *voir* **Time and Tide**

CONTRE-ENQUÊTE *voir* **Q & A**

CONTROL
É.-U. 2004. Jonathan BAKER et Jim HUNTER
DVD VA➔STF➔Cadrage W➔32,95 $

CONVENT OF THE SACRED BEAST
voir **School of the Holy Beast**

CONVERSATION PIECE
voir **Violence et passion**

CONVERSATION, THE [Conversation secrète] ▶2
É.-U. 1974. Thriller de Francis Ford COPPOLA avec Gene Hackman, John Cazale et Allen Garfield. - Un homme se spécialise dans l'écoute électronique et loue ses services sans s'inquiéter des mobiles de ses clients. - Suspense psychologique d'une rare intensité. Intrigue énigmatique aux développements surprenants. Climat de paranoïa rendu de façon magistrale. Jeu très solide de G. Hackman. □ Général
DVD Cadrage W➔14,95 $

CONVICTION, THE ▷5
ITA. 1990. Drame de Marco BELLOCCHIO avec Vittorio Mezzogiorno, Claire Nebout et Andrzej Sewerin. - Une jeune femme accuse de viol un architecte dont le charisme sensuel vient troubler un procureur inhibé. □ 13 ans+ · Érotisme

CONVICTS, THE ▷5
É.-U. 1991. Drame de Peter MASTERSON avec Robert DUVALL, Lukas Haas et James Earl Jones. - En 1902, au Texas, un vieil homme, propriétaire d'une plantation, se lie d'amitié avec un jeune garçon de 13 ans.
DVD VA➔12,95 $

CONVOYEUR, LE ▷4
FR. 2004. Thriller de Nicolas BOUKHRIEF avec Albert Dupontel, Jean Dujardin et François Berléand. - Un homme solitaire et secret se fait embaucher par une agence de transport de fonds qui est victime de braquages à répétition.
DVD VF➔13,95 $

CONVOYEURS ATTENDENT, LES ▷4
BEL. FR. SUI. 1999. Comédie dramatique de Benoît MARIAGE avec Benoît Poelvoorde, Morgane Simon et Jean-François Devigne. - Désirant gagner une voiture, un père autoritaire enrôle son fils dans une extravagante course aux records.

COOGAN'S BLUFF ▷4
É.-U. 1968. Drame policier de Don SIEGEL avec Clint Eastwood, Lee J. Cobb et Susan Clark. - Les mésaventures d'un shérif de l'Arizona venu chercher un criminel à New York. □ Général
DVD VA➔STA➔17,95 $

COOK, THE THIEF, HIS WIFE & HER LOVER, THE ▷3
[Cuisinier, le voleur, sa femme et son amant, Le]
ANG. 1989. Comédie dramatique de Peter GREENAWAY avec Michael Gambon, Helen Mirren et Richard Bohringer. - Une femme qui dîne chaque soir au restaurant avec un mari vulgaire entretient une liaison avec un autre client. - Récit insolite. Goût de la provocation. Recherches stylistiques. Décors et jeux de couleur admirablement composés. Fort bons comédiens. □ 18 ans+

COOKIE'S FORTUNE ▷3
É.-U. 1998. Comédie de mœurs de Robert ALTMAN avec Glenn Close, Charles S. Dutton et Liv Tyler. - Dans un village du Mississippi, le suicide d'une veuve excentrique est maquillé en meurtre par sa nièce bien-pensante. - Traitement bon enfant de sujets graves. Humour désarçonnant. Réalisation d'une grande aisance. Rythme délibérément indolent. Interprétation délicieuse. □ Général
DVD VA➔STF➔Cadrage P&S/W➔18,95 $

COOL HAND LUKE [Luke la main froide] ▷3
É.-U. 1967. Drame social de Stuart ROSENBERG avec Paul Newman, George Kennedy et Strother Martin. - Incarcéré à la suite d'un délit mineur, un prisonnier réussit à s'évader trois fois. - Tableau saisissant du monde pénitentiaire. Choix de détails bien agencés. Réalisation fort précise. P. Newman et G. Kennedy très solides. □ Général
DVD VF➔STF➔Cadrage W➔9,95 $

COOL WORLD [Monde de Cool, Le] ▷4
É.-U. 1992. Comédie fantaisiste de Ralph BAKSHI avec Gabriel Byrne, Brad Pitt et Kim Basinger. - Un auteur de « comic books » est si irrésistiblement attiré par son héroïne de papier qu'il est catapulté dans l'univers de dessins animés où elle évolue. □ 13 ans+

COOLER, THE ▷4
É.-U. 2002. Comédie dramatique de Wayne KRAMER avec William H. Macy, Maria Bello et Alec Baldwin. - Un malchanceux chronique chargé de porter la poisse aux joueurs d'un casino voit sa chance tourner lorsqu'il s'éprend d'une jeune serveuse. □ 13 ans+
DVD VA➔STA➔Cadrage W➔9,95 $

COOLEY HIGH ▷5
É.-U. 1975. Drame de mœurs de Michael SCHULTZ avec Glynn Turman, Lawrence Hilton-Jacobs et Garrett Morris. - En 1964, deux adolescents noirs d'un quartier pauvre de Chicago connaissent diverses mésaventures. □ 13 ans+
DVD VF➔STF➔11,95 $

COP ▷5
É.-U. 1987. Drame policier de J. B. HARRIS avec James Woods, Charles Durning et Lesley Ann Warren. - Un policier s'obstine à vouloir établir des liens entre l'assassinat d'une prostituée et une série d'autres meurtres.

COP AU VIN *voir* **Poulet au vinaigre**

COP LAND [Détectives] ▷4
É.-U. 1997. Drame policier de James MANGOLD avec Sylvester Stallone, Harvey Keitel et Ray Liotta. - Afin d'arrêter des policiers corrompus, un enquêteur obtient l'aide du shérif de la petite ville où ceux-ci habitent. □ 13 ans+ · Violence
DVD Cadrage W➔17,95 $ VA➔Cadrage W➔19,95 $

COPACABANA ▷4
É.-U. 1985. Comédie musicale de Waris HUSSEIN avec Barry Manilow, Annette O'Toole et Joseph Bologna. - Après avoir gagné un concours radiophonique, un jeune homme entreprend une carrière de chanteur.

COPAINS, LES ▷4
FR. 1964. Comédie burlesque de Yves ROBERT avec Philippe Noiret, Pierre Mondy et Claude Rich. - Sept vieux copains se retrouvent et décident de jouer quelques tours pendables. □ 13 ans+

COPAINS D'ABORD, LES *voir* **Big Chill, The**

COPAINS, COPINES *voir* **Buddy System, The**

COPPER CANYON [Terre damnée] ▷4
É.-U. 1950. Western de John FARROW avec Ray Milland, Hedy Lamarr et Macdonald Carey. - En Arizona, un ancien officier sudiste se met à la tête de mécontents brimés par les Nordistes. □ Général

COPS AND ROBBERS [Flics et voyous] ▷4
É.-U. 1973. Comédie policière de Aram AVAKIAN avec Joseph Bologna, Cliff Gorman et John Ryan. - Deux policiers de New York mettent à profit leurs connaissances du monde de la pègre pour faire fortune.
DVD VA➔STF➔11,95 $

COPYCAT [Imitateur, L'] ▷4
É.-U. 1995. Drame policier de Jon AMIEL avec Sigourney Weaver, Holly Hunter et Dermot Mulroney. - En voulant aider deux détectives qui recherchent un meurtrier, une psychologue devient à son tour la cible du tueur. □ 16 ans+ · Violence
DVD VF➔STF➔Cadrage W➔16,95 $

CORBEAU, LE *voir* **Crow, The**

CORBEAU, LE ►2
FR. 1943. Drame policier de Henri-Georges CLOUZOT avec Pierre Fresnay, Pierre Larquey et Ginette Leclerc. - Une petite ville de province est troublée par un afflux de lettres anonymes. - Classique du cinéma policier français. Critique subtile des mœurs sous le régime de Vichy. Tension soutenue. Réalisation très soignée. Forte distribution. □ 13 ans+
DVD VF➔STA➔46,95 $

CORBILLARD DE JULES, LE ▷5
FR. 1982. Comédie de Serge PENARD avec Aldo Maccione, Francis Perrin et Jean-Marc Thibault. - En 1944, trois soldats transportent le corps d'un ami pour le ramener en Normandie où il doit être inhumé. □ Non classé

CORBILLARD S'EMBALLE, LE
voir **Wrong Box, The**

CORDE POUR TE PENDRE, UNE
voir **Along the Great Divide**

CORDE RAIDE, LA *voir* **Tightrope**

CORDE, LA *voir* **Rope**

CORDÉLIA ▷4
QUÉ. 1979. Drame de Jean BEAUDIN avec Louise Portal, Gaston Lepage et Raymond Cloutier. - À la fin du siècle dernier, le meurtre d'un menuisier de village est imputé à son épouse ainsi qu'à un employé du couple. □ Général

CORDES DE LA POTENCES, LES
voir **Cahill: United States Marshall**

CORE, THE [Au cœur de la terre] ▷4
É.-U. 2003. Science-fiction de Jon AMIEL avec Aaron Eckhart, Hilary Swank et Stanley Tucci. - Pour prévenir la fin du monde, une expédition est envoyée au centre de la Terre afin de réactiver le magma autour du noyau de la planète. □ Général
DVD VA➔Cadrage W➔12,95 $

CORN IS GREEN, THE ▷4
É.-U. 1944. Drame de Irving RAPPER avec Bette Davis, Nigel Bruce et John Dall. - Une institutrice d'un village gallois voit à l'éducation supérieure d'un fils de mineur.

CORN IS GREEN, THE ▷4
É.-U. 1978. Drame psychologique de George CUKOR avec Katharine Hepburn, Ian Saynor et Patricia Haynes. - Dans un village minier du pays de Galles, une institutrice encourage un jeune garçon à poursuivre ses études. □ Non classé

CORNBREAD, EARL AND ME ▷4
É.-U. 1975. Drame social de Joe MANDUKE avec Moses Gunn, Rosalind Cash et Bernie Casey. - Un couple de race noire cherche à prouver la responsabilité des forces policières dans l'assassinat de leur fils. □ Général
DVD VA➔Cadrage W➔11,95 $

CORNIAUD, LE ▷4
FR. 1964. Comédie policière de Gérard OURY avec Bourvil, Louis de Funès et Venantino Venantini. - Un naïf déjoue innocemment un plan de contrebande. □ Général

CORONATION ▷4
CHIL. 2000. Drame de mœurs de Silvio CAIOZZI avec Julio Jung, Maria Canepa et Adela Secall. - Un quinquagénaire célibataire est obsédé par la jeune paysanne qu'il a engagée pour s'occuper de sa grand-mère sénile.
DVD STA➔29,95 $

CORPS À CORPS ▷5
FR. 2003. Thriller de François HANSS avec Emmanuelle Seigner, Philippe Torreton et Clément Brilland. - Six ans après avoir été victime d'un accident qui l'avait plongée dans le coma, une jeune femme découvre de troublants secrets sur son conjoint. □ 13 ans+
DVD VF➔STA➔Cadrage W/16X9➔22,95 $

CORPS SAUVAGES, LES *voir* **Look Back in Anger**

CORPSE BRIDE *voir* **Tim Burton's Corpse Bride**

CORRECTION, LA *voir* **Sleepers**

CORRESPONDANT 17 *voir* **Foreign Correspondent**

CORRIDA POUR UN ESPION ▷5
FR. 1965. Drame policier de Maurice LABRO avec Pascale Petit, Roger Hanin et Ray Danton. - Un agent américain est chargé de détruire un réseau d'espionnage soviétique opérant en Espagne.

CORRIDOR OF MIRRORS ▷4
ANG. 1947. Drame psychologique de Terence YOUNG avec Eric Portman, Edana Romney et Barbara Mullen. - Un peintre croit retrouver dans une femme le personnage qui hante son rêve romantique.

COSI ▷4
AUS. 1995. Comédie de Mark JOFFE avec Ben Mendelsohn, Barry Otto et Toni Collette. - Les patients d'un institut psychiatrique montent un opéra de Mozart sous la direction d'un metteur en scène aussi sceptique que cynique. □ Général

COSMOS ▷5
QUÉ. 1996. Drame de mœurs de Jennifer ALLEYN, Manon BRIAND, Marie-Julie DALLAIRE, Arto PARAGAMIAN, André TURPIN et Denis VILLENEUVE avec David La Haye, Audrey Benoît et Marie-Hélène Montpetit. - À bord de son taxi, un chauffeur philosophe partage des parcelles d'existence avec ses clients. □ Général
DVD VF➔STA➔28,95 $

CÔTE D'ADAM, LA [Adam's Rib] ▷4
RUS. 1990. Comédie de mœurs de Viatcheslav KRICHTOFOVITCH avec Inna Tchourikova, Svetlana Riabova et Macha Gouloubkina. - Les petits ennuis quotidiens d'une femme qui vit dans un minuscule logement avec sa mère impotente et ses deux filles. □ Général

CÔTÉ OBSCUR DU CŒUR, LE ▷3
ARG. 1992. Drame poétique d'Eliseo SUBIELA avec Nacha Guevara, Dario Grandinetti et Sandra Ballesteros. - Un poète de Buenos Aires s'éprend d'une prostituée qui ne se laisse pas conquérir facilement. - Scénario mariant poésie et surréalisme. Ensemble à la fois audacieux et élégant. Technique fort bien maîtrisée. Interprétation particulièrement sentie. □ 13 ans+ · Érotisme
DVD STA➔39,95 $

CÔTÉ OBSCUR DU CŒUR II, LE ▷4
[Dark Side of the Heart II, The]
ARG. 2001. Drame de mœurs d'Eliseo SUBIELA avec Ariadna Gil, Dario Grandinetti et Nacha Guevara. - Durant un séjour en Espagne, un poète argentin à la recherche de la femme idéale se laisse fasciner par une acrobate de cirque.
DVD STA➔31,95 $

CÔTELETTES, LES ▷5
FR. 2003. Comédie dramatique de Bertrand BLIER avec Michel Bouquet, Philippe Noiret et Farida Rahouadj. - Un riche sexagénaire de gauche et un pauvre septuagénaire de droite en viennent à partager leur jeune femme de ménage algérienne. □ 13 ans+
DVD VF➔Cadrage W➔22,95 $

COTTON CLUB, THE ▷3
É.-U. 1984. Drame de mœurs de Francis Ford COPPOLA avec Richard Gere, Gregory Hines et Diane Lane. - En 1928, diverses intrigues s'entrecroisent dans un cabaret populaire du quartier de Harlem à New York. - Habile mélange de comédie musicale et de film de gangsters. Mise en scène colorée et brillante. □ 13 ans+
DVD VF➔STF➔Cadrage W➔12,95 $

COTTON COMES TO HARLEM ▷4
[Casse de l'oncle Tom, Le]
É.-U. 1969. Comédie policière d'Ossie DAVIS avec Raymond St-Jacques, Godfrey Cambridge et Calvin Lockhart. - Deux policiers de race noire enquêtent sur le vol d'une somme importante réunie par un pasteur. □ 13 ans+
DVD Cadrage W→11,95 $

COUCH IN NEW YORK, A *voir* **Divan à New York, Un**

COULEUR DE GRENADE ▷3
[Color of Pomegranates, The]
RUS. 1969. Drame poétique de Sergei PARADJANOV avec Sofiko Chiaureli, Melkon Aleksanyan, Vilen Galstyan. - Évocation symbolique de la vie d'un poète arménien du XVIIIe siècle, Aroutioun Sayadian, surnommé le roi du chant. - Suite de tableaux rappelant les icônes anciennes. Ensemble hermétique mais d'une beauté plastique exceptionnelle. □ Général
DVD STA→Cadrage P&S→28,95 $

COULEUR DE L'ARGENT, LA *voir* **Color of Money, The**

COULEUR DU CRIME, LA *voir* **Freedomland**

COULEUR POURPRE, LA *voir* **Color Purple, The**

COULEURS *voir* **Colors**

COULEURS PRIMAIRES *voir* **Primary Colors**

COULISSES DE L'EXPLOIT, LES *voir* **Eight Men Out**

COULOIR DE LA MORT, LE *voir* **Chamber, The**

COUNT DRACULA *voir* **Nuits de Dracula, Les**

COUNT OF MONTE CRISTO, THE ▷4
É.-U. 1976. Aventures de David GREENE avec Richard Chamberlain, Tony Curtis et Trevor Howard. - Prisonnier à la suite d'une machination, un homme s'évade et revient se venger. □ Général

COUNT OF MONTE CRISTO, THE ▷4
[Comte de Monte Cristo, Le]
É.-U. 2001. Aventures de Kevin REYNOLDS avec Jim Caviezel, Guy Pearce et Dagmara Dominczyc. - Emprisonné injustement durant de longues années, un marin s'évade, découvre un trésor et, devenu riche, se venge de ceux qui l'ont trahi.
DVD VA→20,95 $ VF→Cadrage W→20,95 $

COUNT OF THE OLD TOWN, THE ▷5
SUÈ. 1934. Comédie d'Edvin ADOLPHSON et Sigurd WALLEN avec Valdemar Dahlquist, Sigurd Wallen et Eric Abrahamson. - Une journée dans la vie d'un groupe de petits escrocs vagabonds et bons vivants de Stockholm. □ Général

COUNTDOWN ▷4
É.-U. 1968. Science-fiction de Robert ALTMAN avec James Caan, Robert Duvall et Joanna Moore. - Des astronautes effectuent le premier voyage sur la Lune. □ Général

COUNTDOWN
RUS. 2004. Yevgeni LAVRENTYEV
DVD VA→STA→Cadrage W→29,95 $

COUNTERFEIT TRAITOR, THE ▷4
É.-U. 1961. Drame d'espionnage de George SEATON avec William Holden, Lilli Palmer et Hugh Griffith. - Un industriel suédois est forcé par les alliés à faire de l'espionnage en Allemagne. □ Général
DVD VA→STA→14,95 $

COUNTESS FROM HONG KONG, A ▷4
É.-U. 1966. Comédie sentimentale de Charles CHAPLIN avec Sophia Loren, Marlon Brando et Tippi Hedren. - Pour échapper à sa vie de déclassée, une danseuse se cache sur un paquebot dans la cabine d'un diplomate. □ Général

COUNTRY [Moissons de la colère, Les] ▷3
É.-U. 1984. Drame social de Richard PEARCE avec Jessica Lange et Matt Clark. - Un couple de fermiers de l'Iowa font face à des difficultés financières. - Tableau amer et réaliste. Récit mené avec force et sobriété. Mise en scène assurée. Interprétation convaincante.
DVD VA→PC VF→Cadrage W→PC

COUNTRY GIRL, THE ▷4
É.-U. 1954. Drame psychologique de George SEATON avec Grace Kelly, Bing Crosby et William Holden. - Un acteur déchu se voit offrir une chance de reprendre sa carrière. □ Général
DVD VF→STA→10,95 $

COUNTRY LIFE [Amours champêtres] ▷4
AUS. 1994. Comédie dramatique réalisée et interprétée par Michael BLAKEMORE avec Greta Scacchi et Sam Neill. - Un campagnard rustre tombe sous le charme de la jeune et ravissante épouse de son beau-frère, de retour dans la ferme familiale après vingt ans d'absence. □ Général
DVD VA→12,95 $

COUNTRYMAN ▷5
JAM. 1982. Aventures de Dickie JOBSON avec Countryman, Hiram Keller et Kristina St-Clair. - Un pêcheur jamaïcain vient en aide à un jeune couple dont l'avion s'est écrasé dans la forêt. □ 13 ans+
DVD VA→STA→26,95 $

COUP D'ENFER, UN *voir* **Best Laid Plans**

COUP DE CHANCE ▷4
FR. 1991. Comédie de Pierre AKNINE avec Roland Giraud, Marcel Leboeuf et Rufus. - Arrivé au paradis, un agent d'assurances mort dans une chute accidentelle peut revivre à condition de sauver du suicide l'un de ses employés. □ Général

COUP DE FOLIE, UN *voir* **Nobody's Fool**

COUP DE FOUDRE ▷4
FR. 1983. Drame psychologique de Diane KURYS avec Miou-Miou, Isabelle Huppert et Guy Marchand. - En 1952, deux jeunes femmes ayant lié amitié remettent en cause leurs mariages respectifs.
□ Général

COUP DE FOUDRE À BOLLYWOOD
voir **Bride and Prejudice**

COUP DE GRÂCE, LE ►2
ALL. 1976. Drame psychologique de Volker SCHLOENDORFF avec Mathias Habich, Margarethe von Trotta et Rüdiger Kirschstein. - En 1919, la sœur d'un officier repoussée par un ami d'enfance dont elle est éprise pactise avec des révolutionnaires. - Adaptation d'un roman de Marguerite Yourcenar. Illustration d'une beauté austère. Contexte historique fort bien évoqué. Excellente interprétation.
DVD VF→STA→Cadrage W→46,95 $

COUP DE JEUNESSE *voir* **Conquest**

COUP DE PEIGNE *voir* **Blow Dry**

COUP DE SIROCCO, LE ▷4
FR. 1978. Comédie dramatique d'Alexandre ARCADY avec Roger Hanin, Marthe Villalonga et Patrick Bruel. - Les problèmes affrontés par une famille transplantée d'Algérie à Paris. □ Général

COUP DE TORCHON ▷3
FR. 1981. Drame de mœurs de Bertrand TAVERNIER avec Philippe Noiret, Isabelle Huppert et Stéphane Audran. - En 1938, dans un village de l'Afrique équatoriale française, un policier d'allure bonasse se met à employer la manière forte. - Vision amère de l'aventure humaine. Mise en scène précise et vigoureuse. □ Général
DVD VF→STA→Cadrage W→46,95 $

COUP MANQUÉ *voir* **Killing, The**

COUPABLE PAR ASSOCIATION *voir* **Guilty by Suspicion**

COUPE D'OR, LA *voir* **Golden Bowl, The**

COUPLE CHÉRI, LE *voir* **America's Sweethearts**

COUPLES ET AMANTS ▷4
FR. 1993. Drame de mœurs de John LVOFF avec Marie Bunel, Jacques Bonnaffé et Bruno Todeschini. - Une psychanalyste infidèle et son mari qui refuse de lui faire un enfant traversent une crise conjugale. □ 13 ans+

COUPS DE FEU DANS LA SIERRA
voir **Ride the High Country**

COUPS DE FEU SUR BROADWAY
voir **Bullets Over Broadway**

COURAGE À L'ÉPREUVE, LE
voir **Courage Under Fire**

COURAGE D'AIMER, LE
FR. 2004. Claude LELOUCH
DVD VF→Cadrage W→31,95 $

COURAGE MOUNTAIN [Heidi - le sentier du courage] ▷5
FR. 1989. Mélodrame de Christopher LEITCH avec Juliette Caton, Leslie Caron et Charlie Sheen. - Poursuivant ses études en Italie lorsque ce pays entre en guerre avec l'Autriche, une jeune montagnarde organise son évasion de l'orphelinat où elle est séquestrée. □ Général
DVD VA→STF→12,95 $

COURAGE UNDER FIRE [Courage à l'épreuve, Le] ▷4
É.-U. 1996. Drame de guerre d'Edward ZWICK avec Denzel Washington, Meg Ryan et Lou Diamond Phillips. - Un officier doit déterminer si une pilote d'hélicoptère morte lors de la guerre du Golfe mérite de recevoir la médaille d'Honneur. □ 13 ans+
DVD VA→Cadrage W→15,95 $

COUREUR DE MARATHON, LE *voir* **Marathon Man**

COURRIER DU CŒUR, LE [White Sheik, The] ▷3
ITA. 1952. Comédie de Federico FELLINI avec Alberto Sordi, Brunella Bovo et Leopoldo Trieste. - En voyage de noces à Rome, une jeune femme s'esquive pour rencontrer le héros d'un roman-photo. - Thème subtil et attachant. Réalisation inventive. Interprètes bien dirigés. □ Général
DVD STA→Cadrage P&S→46,95 $

COURS APRÈS MOI SHÉRIF
voir **Smokey and the Bandit**

COURS, LOLA, COURS [Run Lola Run] ▷3
ALL. 1998. Comédie dramatique de Tom TYKWER avec Franka Potente, Moritz Bleibtreu et Herbert Knaup. - Une jeune femme ne dispose que de vingt minutes pour trouver une importante somme d'argent afin de sauver la vie de son amant. - Trois variations inventives et fantaisistes sur le thème du destin. Rythme trépidant. Interprétation dans le ton. □ Général
DVD VF→STA→Cadrage P&S→7,95 $
Cadrage P&S→13,95 $ STA→Cadrage W→21,95 $

COURSE À L'ÉCHALOTTE ▷4
FR. 1975. Comédie de Claude ZIDI avec Pierre Richard, Jane Birkin et Michel Aumont. - Un jeune homme connaît diverses mésaventures à la suite d'un vol commis à la banque où il travaille.

COURSE AU TRÉSOR, LA *voir* **Candleshoe**

COURSE CONTRE LA MORT, LA *voir* **Death Race 2000**

COURSE DE L'INNOCENT, LA ▷5
[Flight of the Innocent, The]
ITA. 1992. Drame policier de Carlo CARLEI avec Manuel Colao, Federico Pacifici et Sal Borgese. - Après que sa famille eut été massacrée par un clan rival, un garçonnet prend la fuite avec les tueurs à ses trousses.
DVD VA→Cadrage W→11,95 $

COURT JESTER, THE ▷4
É.-U. 1955. Comédie de Norman PANAMA et Melvin FRANK avec Danny Kaye, Glynis Johns et Basil Rathbone. - Un patriote se déguise en bouffon pour pénétrer dans le château d'un usurpateur.
□ Non classé
DVD VF→STA→9,95 $

COURT-MARTIAL OF BILLY MITCHELL, THE ▷4
É.-U. 1955. Drame de Otto PREMINGER avec Gary Cooper, Charles Bickford et Ralph Bellamy. - Dans les années 1930, un général tente d'attirer l'attention des autorités sur l'importance militaire de l'aviation. □ Général
DVD VA→18,95 $

COURTSHIP OF EDDIE'S FATHER, THE ▷4
É.-U. 1962. Comédie sentimentale de Vincente MINNELLI avec Glenn Ford, Shirley Jones et Ronny Howard. - Un enfant tente de marier son père veuf à une jeune divorcée qu'il trouve sympathique.
DVD VF→STF→Cadrage W→16,95 $

COUSIN, LE ▷3
FR. 1997. Drame policier d'Alain CORNEAU avec Alain Chabat, Patrick Timsit et Agnès Jaoui. - Après le suicide de son coéquipier, un policier fait affaire avec le douteux indicateur de celui-ci. - Solide polar au ton réaliste. Mise en scène de métier. Interprétation de premier ordre. □ 13 ans+ · Violence

COUSIN BETTE ▷4
É.-U. 1998. Comédie de mœurs de Des McANUFF avec Jessica Lange, Elisabeth Shue et Aden Young. - À Paris, en 1846, la cousine d'une famille d'aristocrates élabore une vengeance contre des parents qui la traitent comme une servante. □ Général · Déconseillé aux jeunes enfants
DVD VA→STA→Cadrage W→9,95 $

COUSIN, COUSINE ▷4
FR. 1975. Comédie de mœurs de Jean-Charles TACCHELLA avec Victor Lanoux, Marie-Christine Barrault et Marie-France Pisier. - À l'occasion du remariage de sa mère, une jeune femme établit des relations de sympathie avec le neveu de son nouveau beau-père.
□ Général

COUSINS ▷4
É.-U. 1989. Comédie de mœurs de Joel SCHUMACHER avec Ted Danson, Isabella Rossellini et William Petersen. - À l'occasion du remariage de sa mère, une femme mariée engage des liens d'affection avec un cousin par alliance. □ Général
DVD VF→STA→Cadrage W→10,95 $

COÛT DE LA VIE, LE ▷4
FR. 2003. Comédie de mœurs de Philippe LE GUAY avec Vincent Lindon, Fabrice Luchini et Géraldine Pailhas. - À Lyon, diverses intrigues se nouent entre des personnes ayant un rapport plus ou moins névrotique avec l'argent. □ Général
DVD VF→29,95 $

COUTEAU DANS L'EAU, LE ▷3
POL. 1962. Drame psychologique de Roman POLANSKI avec Jolanta Umecka, Leon Niemczyk et Zygmunt Malanowicz. - Invité par un couple sur leur voilier, un étudiant trouble leur ménage. - Film très bien construit. Mise en scène dépouillée. Interprétation remarquable.
□ Général
DVD STA→62,95 $

COUVRE-LIT À L'AMÉRICAINE
voir **How to Make an American Quilt**

COVER GIRL ▷4
É.-U. 1944. Comédie musicale de Charles VIDOR avec Rita Hayworth, Gene Kelly et Phil Silvers. - La vie amoureuse et professionnelle d'une danseuse de music-hall. □ Général
DVD VA→STA→34,95 $

COW, THE
IRAN 1969. Dariush MEHRJUI
DVD STA→31,95 $

COWBOY ▷3
É.-U. 1958. Western de Delmer DAVES avec Jack Lemmon, Glenn Ford et Brian Donlevy. - Un homme fait le rude apprentissage du métier de cowboy. - Étude de milieu réaliste et saisissante. Intérêt soutenu. Mise en scène aérée. Interprétation savoureuse.
DVD VA→STA→Cadrage P&S→21,95 $

COWBOY DE SHANGHAI, LE *voir* **Shanghai Noon**

COWBOYS, THE ▷4
É.-U. 1971. Western de Mark RYDELL avec John Wayne, Roscoe Lee Browne et Bruce Dern. - Abandonné par ses hommes, un rancher engage des écoliers pour conduire son troupeau au marché.
□ Général
DVD VF→STF→Cadrage W→11,95 $

COWBOYS AND ANGELS
ALL. IRL. 2003. David GLEESON
DVD VA→Cadrage W→28,95 $

COYOTE ▷5
QUÉ. 1992. Drame sentimental de Richard CIUPKA avec Patrick Labbé, Mitsou et Thierry Magnier. - Un adolescent qui rêve de devenir cinéaste s'éprend d'une fille de son âge qui exige de lui un amour sans partage. □ 13 ans+
DVD VF→STA→Cadrage P&S→19,95 $

CQ ▷5
É.-U. 2001. Comédie dramatique de Roman COPPOLA avec Jeremy Davies, Angela Lindvall, Gérard Depardieu et Élodie Bouchez. - En 1969, à Paris, un jeune monteur américain se voit confier par le producteur la mission de boucler un mauvais film de science-fiction.
DVD VA→Cadrage W→12,95 $

CQ2 (SEEK YOU TOO) ▷5
QUÉ. 2004. Drame psychologique de Carole LAURE avec Clara Furey, Danielle Hubbard et Mireille Thibault. - Une adolescente rebelle trouve un sens à sa vie au contact d'une ex-détenue qui enseigne la danse contemporaine. □ 13 ans+
DVD VF→Cadrage W→19,95 $

CRABE DANS LA TÊTE, UN ▷4
QUÉ. 2001. Comédie dramatique d'André TURPIN avec David La Haye, Isabelle Blais et Chantal Giroux. - Un jeune photographe séducteur en vient à réaliser que sa peur de l'engagement cause beaucoup de mal à son entourage. □ Général · Érotisme · Langage vulgaire

CRABE TAMBOUR, LE ▷3
FR. 1977. Drame psychologique de Pierre SCHOENDOERFFER avec Jean Rochefort, Claude Rich et Jacques Perrin. - À bord d'un navire, trois hommes échangent leurs souvenirs sur un soldat à la destinée singulière. - Adaptation du roman de Schoendoerffer. Aspects documentaires valables. □ Général

CRADLE WILL ROCK ▷3
É.-U. 1999. Drame social de Tim ROBBINS avec Emily Watson, Hank Azaria et Cherry Jones. - Les tribulations d'une troupe de théâtre dirigée par Orson Welles qui monte une comédie musicale anti-capitaliste controversée en 1937 à New York. - Propos audacieux sur une période tumultueuse des États-Unis. Enjeux idéologiques bien présentés. Humour ironique. Réalisation vibrante. Distribution impeccable. □ Général
DVD Cadrage W→10,95 $

CRAFT, THE ▷5
É.-U. 1996. Drame fantastique d'Andrew FLEMING avec Fairuza Balk, Robin Tunney et Neve Campbell. - Grâce à leurs pouvoirs surnaturels, quatre étudiantes se vengent de leurs camarades d'école qui les ont brimées. □ 13 ans+ · Horreur
DVD Cadrage W→17,95 $

CRAIG'S WIFE ▷4
É.-U. 1936. Drame de Dorothy ARZNER avec Rosalind Russell, John Boles et Billie Burke. - Une femme attachée à son confort matériel fait le malheur de sa famille. □ Général

CRAN D'ARRÊT ▷4
FR. 1969. Drame policier de Yves BOISSET avec Bruno Cremer, Renaud Verley et Marianne Comtell. - Un ex-médecin s'occupe d'un jeune alcoolique qui se croit responsable de la mort d'une jeune fille.

CRANES ARE FLYING, THE
voir **Quand passent les cigognes**

CRASH ▷3
CAN. 1996. Drame de mœurs de David CRONENBERG avec James Spader, Holly Hunter et Elias Koteas. - Des hommes et des femmes à la recherche d'expériences sexuelles inédites sont subjugués par les accidents d'autos et les blessures physiques. - Portrait troublant et bizarre de personnages autodestructeurs. Climat quasi onirique d'une poésie totalement inusitée. Photographie et montage d'une précision admirable. Jeu détaché des interprètes. □ 18 ans+
DVD Cadrage W→23,95 $

CRASH ▷3
É.-U. 2004. Drame social de Paul HAGGIS avec Don Cheadle, Matt Dillon et Thandie Newton. - À Los Angeles, diverses personnes d'origines et de classes sociales différentes se croisent à la suite d'une série d'incidents dramatiques. - Portrait social d'une grande justesse. Croisements narratifs intelligents. Mise en scène et montage fort habiles. Distribution remarquable. □ 13 ans+
DVD VF→STA→Cadrage W→15,95 $/17,95 $/26,95 $

CRAZED FRUIT
JAP. 1956. Ko NAKAHIRA
DVD STA→39,95 $

CRAZY *voir* **C.R.A.Z.Y.**

CRAZY / BEAUTIFUL ▷5
É.-U. 2001. Drame sentimental de John STOCKWELL avec Kirsten Dunst, Jay Hernandez et Bruce Davison. - Se sentant mal aimée par son père, une jeune fille frivole de famille aisée s'éprend d'un jeune étudiant sérieux de milieu défavorisé. □ Général
DVD VF→STF→14,95 $

CRAZY LIPS
JAP. 2000. Hirohisa SASAKI
DVD STA→Cadrage W→21,95 $

CRAZY LOVE ▷5
BEL. 1986. Film à sketches de Dominique DERUDDERE avec Josse de Pauw, Geert Hunaerts et Michael Pas. - Les tribulations d'un garçon qui a recours à des moyens extrêmes pour satisfaire ses désirs amoureux. □ 18 ans+
DVD STA→Cadrage W→39,95 $

CRÉANCE DE SANG *voir* **Blood Work**

CREATION OF ADAM
RUS. 1993. Yuri PAVLOV □ Général

CREATOR ▷4
É.-U. 1985. Comédie dramatique de Ivan PASSER avec Peter O'Toole, Vincent Spano et Virginia Madsen. - Un savant qui rêve de faire revivre son épouse décédée est mêlé à l'amour tragique de deux étudiants.

CRÉATURE DES MARAIS, LA *voir* **Swamp Thing**

CREATURE FROM THE BLACK LAGOON ▷5
[Monstre des marais, Le]
É.-U. 1954. Drame d'horreur de Jack ARNOLD avec Richard Carlson, Julie Adams et Richard Denning. - Une expédition scientifique découvre un monstre mi-homme, mi-poisson. □ Général

CRÉATURES CÉLESTES *voir* **Heavenly Creatures**

CRÉATURES FÉROCES *voir* **Fierce Creatures**

CREEP ▷5
ANG. 2004. Drame d'horreur de Christopher SMITH avec Franka Potente, Vas Blackwood et Ken Campbell. - Une jeune femme se retrouve perdue en pleine nuit dans le métro de Londres où sévit un maniaque meurtrier.
DVD VA→Cadrage W→24,95 $

CREEPERS [Phénomènes] ▷5
ITA. 1984. Drame d'horreur de Dario ARGENTO avec Daria Nicolodi, Jennifer Connelly et Donald Pleasence. - Sachant communiquer avec les insectes, une élève d'un collège privé en vient à découvrir le repaire d'un meurtrier qui s'en prend à des adolescentes.
DVD Cadrage W→34,95 $

CREEPSHOW [Histoires à mourir debout] ▷4
É.-U. 1982. Film à sketches de George A. ROMERO avec Leslie Nielsen, E.G. Marshall et Hal Holbrook. - Assemblage de cinq histoires d'épouvante. □ 18 ans+
DVD VA→STF→Cadrage P&S/W→7,95 $

CREEPSHOW 2 ▷5
É.-U. 1987. Film à sketches de Michael GORNICK avec Lois Chiles, George Kennedy et Paul Satterfield. - Trois sketches racontant des histoires fantastiques. □ 13 ans+ · Violence
DVD VA→Cadrage W→18,95 $

CREEZY (LA RACE DES SEIGNEURS)
voir **Race des seigneurs, La**

CRÈME GLACÉE, CHOCOLAT ET AUTRES CONSOLATIONS ▷5
QUÉ. 2001. Comédie dramatique de Julie HIVON avec Isabelle Brouillette, Danny Gilmore et Jacynthe René. - À Montréal, trois amis dans la mi-vingtaine vivent diverses tribulations amoureuses, familiales et professionnelles. □ Général
DVD VF→Cadrage W→17,95 $

CRÉPUSCULE DES DIEUX, LE *voir* **Ludwig**

CRI DANS LA NUIT, UN *voir* **Cry in the Dark, A**

CRI DE LA LIBERTÉ, LE *voir* **Cry Freedom**

CRI DE LA NUIT, LE ▷5
QUÉ. 1995. Drame psychologique de Jean BEAUDRY avec Pierre Curzi, Félix-Antoine Leroux et Louise Richer. - À la suite d'une querelle avec sa compagne et la rencontre d'un étudiant aux tendances suicidaires, un gardien de nuit s'interroge sur son existence. □ 13 ans+

CRI DE LA SOIE, LE ▷4
FR. 1996. Drame de mœurs d'Yvon MARCIANO avec Anémone, Sergio Castellitto et Marie Trintignant. - Un psychiatre se sent attiré par une détenue qui entretient une passion charnelle pour la soie. □ 13 ans+

CRI DES LARMES, LE *voir* **Crying Game, The**

CRI DU HIBOU, LE [Cry of the Owl] ▷4
FR. 1987. Drame psychologique de Claude CHABROL avec Mathilda May, Christophe Malavoy et Jacques Penot. - Un homme en instance de divorce est pris à partie par le fiancé d'une jeune femme qu'il a osé enfin aborder.
DVD VF→STA→39,95 $

CRI, LE [Il Grido] ►2
ITA. 1957. Drame psychologique de Michelangelo ANTONIONI avec Steve Cochran, Alida Valli et Dorian Gray. - Après une rupture avec sa maîtresse, un homme part à l'aventure avec sa fillette. - Atmosphère de tristesse remarquablement évoquée. Rythme lent. Images volontairement grises. Interprétation sobre mais prenante. □ Général
DVD 26,95 $

CRIA CUERVOS ►2
ESP. 1975. Drame psychologique de Carlos SAURA avec Ana Torrent, Geraldine Chaplin et Monica Randall. - Une fillette croit exercer un pouvoir de vie et de mort sur son entourage familial. - Jeux avec le temps et l'imagination. Narration subtile et inventive. Approche originale du monde de l'enfance. Excellente direction d'acteurs. □ Général

CRIES AND WHISPERS *voir* **Cris et chuchotements**

CRIME, LA ▷4
FR. 1983. Drame policier de Philippe LABRO avec Claude Brasseur, Gabrielle Lazure et Jean-Claude Brialy. - Un commissaire de la brigade criminelle, aidé d'une jeune journaliste, enquête sur le meurtre d'un avocat éminent. □ Général

CRIME, UN ▷5
FR. 1992. Drame psychologique de Jacques DERAY avec Alain Delon, Manuel Blanc et Sophie Broustal. - Son client lui ayant révélé être le coupable des meurtres dont il a été acquitté, un avocat lui donne rendez-vous sur les lieux du crime. □ Général

CRIME AND PUNISHMENT
RUS. 1970. Lev KULIDZHANOV □ Général

CRIME AU PARADIS, UN ▷4
FR. 2000. Comédie dramatique de Jean BECKER avec Jacques Villeret, Josiane Balasko et André Dussollier. - En 1980, un fermier qui veut tuer sa détestable épouse soutire à un brillant avocat la recette du crime parfait. □ Général
DVD VF→17,95 $

CRIME D'OVIDE PLOUFFE, LE ▷4
QUÉ. 1984. Drame de mœurs de Denys ARCAND avec Gabriel Arcand, Jean Carmet et Anne Létourneau. - En 1950, le propriétaire d'une bijouterie à Québec est accusé à tort du meurtre de sa femme. □ 13 ans+

CRIME DE MONSIEUR LANGE, LE ▷3
FR. 1936. Drame de Jean RENOIR avec Jules Berry, René Lefèvre et Florelle. - Un éditeur se fait passer pour mort après une faillite frauduleuse. - Tableau de mœurs humain et pittoresque. Excellente réalisation technique. Interprétation vivante. □ Général

CRIME ET CHÂTIMENT ▷4
FR. 1956. Drame psychologique de Georges LAMPIN avec Robert Hossein, Jean Gabin et Marina Vlady. - Un étudiant pauvre commet un meurtre qui le plonge dans un profond remords. □ Général

CRIME OF FATHER AMARO, THE
voir **Péché du frère Amaro, Le**

CRIME OF PASSION ▷5
É.-U. 1957. Drame de Gerd OSWALD avec Barbara Stanwyck, Sterling Hayden et Fay Wray. - La femme d'un policier emploie tous les moyens pour assurer l'avancement de son mari. □ Général
DVD VA→STA→17,95 $

CRIME OF THE CENTURY ▷4
É.-U. 1996. Drame judiciaire de Mark RYDELL avec Stephen Rea, Isabella Rossellini et J.T. Walsh. - Un immigrant allemand est injustement condamné à mort pour le kidnapping et le meurtre de l'enfant de l'aviateur Charles Lindbergh. □ Général

CRIME POUR UNE PASSION, UN
voir **Dance with a Stranger**

CRIME SOCIÉTÉ ANONYME *voir* **Murder, Inc.**

CRIME STORY ▷4
É.-U. 1986. Drame policier de Abel FERRARA avec Dennis Farina, Anthony Denison et Darlanne Fluegel. - Dans les années 60, un policier de Chicago entre en lutte avec des gangsters. □ 13 ans+

CRIMES AND MISDEMEANORS [Crimes et délits] ▷3
É.-U. 1989. Comédie dramatique réalisée et interprétée par Woody ALLEN avec Martin Landau et Sam Waterston. - Les problèmes existentiels d'un ophtalmologiste meurtrier et d'un documentariste désabusé. - Construction complexe. Observations ironiques. Mélange d'humour et de macabre. Réalisation maîtrisée. Bonne interprétation. □ 13 ans+
DVD VF→STF→Cadrage W/16X9→12,95 $

CRIMES ET DÉLITS *voir* **Crimes and Misdemeanors**

CRIMES ET POUVOIR *voir* **High Crimes**

CRIMES OF THE HEART ▷4
É.-U. 1986. Comédie dramatique de Bruce BERESFORD avec Sissy Spacek, Diane Keaton et Jessica Lange. - Après avoir suivi des chemins différents, trois sœurs se retrouvent en de curieuses circonstances. □ Général
DVD VA→STA→Cadrage W→9,95 $

CRIMES SANS REMORDS *voir* **Paris Trout**

CRIMEWAVE ▷5
É.-U. 1985. Comédie policière de Sam RAIMI avec Reed Birney, Sheree J. Wilson et Paul L. Smith. - Alors qu'il va être électrocuté pour meurtre, un gardien de sécurité raconte à ses geôliers les circonstances qui ont entraîné sa condamnation. □ Général

CRIMINAL ▷4
É.-U. 2004. Comédie dramatique de Gregory JACOBS avec Diego Luna, John C. Reilly et Maggie Gyllenhaal. - À Los Angeles, deux arnaqueurs tentent de vendre une contrefaçon d'un billet de banque antique à un riche collectionneur anglais. □ Général · Déconseillé aux jeunes enfants
DVD VA→STF→Cadrage W→16,95 $

CRIMINAL LAW ▷4
ANG. 1989. Drame policier de Martin CAMPBELL avec Gary Oldman, Kevin Bacon et Tess Harper. - Un jeune avocat est amené à douter de l'innocence d'un client qu'il a fait acquitter d'un crime crapuleux. □ 18 ans+

CRIMINAL LIFE OF ARCHIBALDO DE LA CRUZ, THE
voir **Vie criminelle d'Archibald de la Cruz, La**

CRIMINAL LOVERS *voir* **Amants criminels, Les**

CRIMINAL, THE [Concrete Jungle, The] ▷3
ANG. 1960. Thriller de Joseph LOSEY avec Stanley Baker, Margit Saad et Sam Wanamaker. - Un ex-bagnard organise un vol mais est trahi par sa maîtresse. - Habile création d'atmosphère. Tension dramatique soutenue. Mise en scène experte. Interprétation solide.
DVD VA➔Cadrage W➔23,95 $

CRIMSON GOLD
IRAN 2003 Jafar PANAHI
DVD STA➔Cadrage W➔33,95 $

CRIMSON PIRATE, THE ▷4
É.-U. 1952. Aventures de Robert SIODMAK avec Burt Lancaster, Nick Cravat et Eva Bartok. - Un pirate s'unit à des rebelles pour lutter contre un tyran. □ Non classé
DVD VA➔STF➔Cadrage W➔21,95 $

CRIMSON RIVERS, THE *voir* **Rivières pourpres, Les**

CRIMSON TIDE [Marée rouge] ▷4
É.-U. 1995. Drame de guerre de Tony SCOTT avec Denzel Washington, Gene Hackman et George Dzundza. - Le capitaine d'un sous-marin et son lieutenant s'engagent dans un duel d'autorité dont l'enjeu est le déclenchement d'un holocauste nucléaire. □ Général
DVD Cadrage W➔13,95 $

CRIS ET CHUCHOTEMENTS [Cries and Whispers] ►1
SUÈ. 1972. Drame psychologique de Ingmar BERGMAN avec Ingrid Thulin, Liv Ullmann et Harriet Andersson. - Trois sœurs sont réunies dans la maison de leur enfance où l'une d'elles est mourante. - Portraits de femmes tracés avec nuances et pénétration psychologique. Mise en scène raffinée. Forte évocation de la souffrance. Interprétation hors pair. □ 18 ans+
DVD VA➔STA➔Cadrage W➔46,95 $

CRISE, LA ▷3
FR. 1992. Comédie satirique de Coline SERREAU avec Vincent Lindon, Patrick Timsit et Zabou. - Viré de son boulot le jour même où sa femme le quitte, un avocat essaie en vain de se confier à des amis et à des parents. - Critique tonique et incisive de l'individualisme. Dialogue bien écrit et savoureux. Ensemble non dénué de chaleur humaine. Réalisation simple mais efficace. Jeu débonnaire de P. Timsit. □ Général

CRISS CROSS ▷4
É.-U. 1949. Drame policier de Robert SIODMAK avec Burt Lancaster, Yvonne de Carlo et Dan Duryea. - Pour l'amour d'une femme indigne, un jeune homme est amené à participer à un vol. □ Général
DVD VA➔18,95 $

CRISTAL MAGIQUE, LE *voir* **Dark Crystal, The**

CRITICAL CARE ▷5
É.-U. 1997. Comédie satirique de Sidney LUMET avec James Spader, Kyra Sedgwick et Helen Mirren. - Une jeune femme fait chanter un médecin pour qu'on débranche son père qui n'a aucune chance de sortir du coma. □ Général
DVD VA➔Cadrage W➔14,95 $

CROC-BLANC *voir* **White Fang**

CROCODILE DUNDEE ▷4
AUS. 1986. Comédie de Peter FAIMAN avec Paul Hogan, Linda Kozlowski et Mark Blum. - Une journaliste américaine entreprend de faire un reportage sur un aventurier qui a échappé à l'attaque d'un crocodile dans la brousse australienne. □ Général
DVD VF➔STA➔Cadrage W➔9,95 $

CROCODILE DUNDEE II ▷5
AUS. 1988. Comédie dramatique de John CORNELL avec Paul Hogan, Linda Kozlowski et John Meillon. - Un coureur de brousse australien vient en aide à une journaliste new-yorkaise qui a été kidnappée par des trafiquants de drogue. □ Général
DVD VF➔STA➔Cadrage W➔11,95 $

CROCS DU DIABLE, LES ▷4
ESP. 1977. Drame de Antonio ISASI avec Jason Miller, Lea Massari et Aldo Sambrell. - Un prisonnier politique ayant réussi à s'évader se voit poursuivi par un gardien sadique et son chien. □ 13 ans+

CROISADE DES BRAVES, LA *voir* **Mighty, The**

CROISIÈRE SURPRISE *voir* **Double Trouble**

CROIX DE FER *voir* **Cross of Iron**

CROMWELL ▷4
ANG. 1970. Drame historique de Ken HUGHES avec Richard Harris, Alec Guinness et Robert Morley. - L'ascension d'Oliver Cromwell, seigneur campagnard qui assuma le pouvoir en Angleterre au XVIIe siècle. □ Général
DVD VA➔STF➔Cadrage W➔34,95 $

CRÓNICAS
MEX. 2004. Sebastian CORDERO
DVD VA➔STA➔22,95 $

CRONOS ▷4
MEX. 1992. Drame d'horreur de Guillermo DEL TORO avec Federico Luppi, Ron Perlman et Claudio Brook. - Un antiquaire devenu vampire déjoue les plans d'un industriel qui veut mettre la main sur une statuette lui permettant de devenir immortel. □ 13 ans+ · Horreur
DVD STA➔Cadrage W/16X9➔23,95 $

CROOK, THE *voir* **Voyou, Le**

CROOKED HEARTS ▷5
É.-U. 1990. Drame de mœurs de Michael BORTMAN avec Vincent d'Onofrio, Jennifer Jason Leigh et Peter Berg. - Les tensions entre un père de famille et son fils aîné au tempérament rebelle entraînent des conséquences tragiques.
DVD VA➔STF➔Cadrage W➔12,95 $

CROOKLYN ▷4
É.-U. 1994. Comédie dramatique de Spike LEE avec Alfre Woodard, Zelda Harris et Delroy Lindo. - Les hauts et les bas d'une famille afro-américaine qui vit à Brooklyn au début des années 1970. □ Général

CROQUE LA VIE ▷4
FR. 1981. Chronique de Jean-Charles TACCHELLA avec Brigitte Fossey, Bernard Giraudeau et Carole Laure. - Les circonstances de la vie séparent un trio d'amis qui se retrouvent à l'occasion. □ Général

CROQUEURS DE LOTUS, LES
voir **Lotus Eaters, The**

CROSS ▷5
FR. 1986. Drame policier de Philippe SETBON avec Michel Sardou, Roland Giraud et Patrick Bauchau. - Un policier s'allie à un tueur qu'il est chargé de surveiller pour lutter contre des détraqués qui ont kidnappé sa femme et sa fille.

CROSS CREEK ▷4
É.-U. 1983. Chronique de Martin RITT avec Mary Steenburgen, Rip Torn et Peter Coyote. - En 1928, une femme quitte son mari et s'installe dans une orangeraie de Floride pour y poursuivre une carrière d'écrivain. □ Général

CROSS MY HEART *voir* **Objective Burma !**

CROSS OF IRON [Croix de fer] ▷4
ANG. 1977. Drame de guerre de Sam PECKINPAH avec James Coburn, Maximilian Schell et James Mason. - En 1943, sur le front de l'Est, les manigances d'un capitaine ambitieux pour obtenir une importante décoration militaire. □ 18 ans+
DVD STA➔54,95 $

CROSSFIRE ▷3
É.-U. 1947. Drame policier d'Edward DMYTRYK avec Robert Young, Robert Ryan et Robert Mitchum. - Pour disculper un camarade, un sergent recherche l'assassin d'un soldat de race juive. - Intrigue policière donnant lieu à des explorations psychologiques et sociales. Mise en scène de style réaliste. Interprétation de premier ordre. □ Général
DVD VA➜STF➜21,95 $

CROSSING DELANCEY [Izzy et Sam] ▷4
É.-U. 1988. Comédie de mœurs de Joan Micklin SILVER avec Amy Irving, Reizl Bozyk et Peter Riegert. - La grand-mère d'une charmante célibataire de 33 ans se met en tête de lui trouver un mari. □ Général

CROSSING GUARD, THE [Obsession, L'] ▷3
É.-U. 1995. Drame psychologique de Sean PENN avec David Morse, Jack Nicholson et Anjelica Huston. - À sa sortie de prison, un automobiliste qui a accidentellement tué une fillette, six ans plus tôt, voit sa vie menacée par le père de la victime. - Sujet douloureux et profondément humain traité avec force et subtilité. Photographie précise. Musique remarquable. Comédiens de grand talent.
□ 13 ans+ · Langage vulgaire
DVD VF➜STA➜Cadrage W➜11,95 $

CROSSING THE LINE [Big Man, The] ▷4
É.-U. 1991. Drame social de David LELAND avec Liam Neeson, Joanne Whalley-Kilmer et Ian Bannen. - Engagé dans une grève depuis plus de 10 mois, un mineur accepte de participer à un match de boxe illégal afin de subvenir aux besoins de sa famille.
□ 16 ans+ · Violence
DVD VA➜24,95 $

CROSSPLOT
É.-U. 1969. Alvin RAKOFF
DVD VA➜11,95 $

CROSSROADS ▷4
É.-U. 1986. Comédie dramatique de Walter HILL avec Joe Seneca, Ralph Macchio et Jami Gertz. - Un étudiant en musique accepte d'aider un vieux Noir à s'échapper de l'hôpital si celui-ci lui apprend une chanson oubliée de tous. □ Général
DVD VA➜STA➜Cadrage W➜18,95 $

CROUCHING TIGER, HIDDEN DRAGON [Tigre et dragon] ▷3
CHI. H.K. 2000. Aventures d'Ang LEE avec Chow-Yun Fat, Michelle Yeoh et Zhang Ziyi. - Un guerrier et sa compagne d'armes croisent le fer avec une jeune aristocrate formée aux arts martiaux par une meurtrière. - Histoire d'un romantisme échevelé. Combats acrobatiques d'une beauté et d'une élégance rares. Mise en scène parfaitement maîtrisée. Interprétation sobre. □ Général · Déconseillé aux jeunes enfants
DVD VF➜STF➜Cadrage W➜18,95 $

CROUPIER ▷3
ANG. 1998. Drame de mœurs Mike HODGES avec Clive Owen, Kate Hardie et Alex Kingston. - Un aspirant écrivain accepte un emploi de croupier dans un casino de Londres. - Récit fin et relevé. Atmosphère de film noir envoûtante. Mise en scène sobre et impeccable. Interprétation de grande qualité. □ Général
DVD VF➜STF➜Cadrage P&S➜14,95 $

CROW, THE [Corbeau, Le] ▷4
É.-U. 1994. Drame fantastique d'Alex PROYAS avec Brandon Lee, Ernie Hudson et Michael Wincott. - Un jeune musicien qui a été sauvagement assassiné revient d'entre les morts pour exercer une terrible vengeance. □ 16 ans+ · Violence
DVD VA➜STA➜Cadrage W➜23,95 $

CROWD, THE ▷4
É.-U. 1928. Drame psychologique de King VIDOR avec Eleanor Boardman, James Murray et Bert Roach. - Malgré ses ambitions, un jeune homme voit sa vie familiale s'effriter à la suite de plusieurs malheurs. □ Général

CRUCIBLE OF HORROR ▷4
ANG. 1969. Drame d'horreur de Viktors RITELIS avec Michael Gough, Yvonne Mitchell et Sharon Gurney. - La femme et la fille d'un courtier tyrannique décident de l'assassiner mais leur action a des suites imprévues. □ Non classé

CRUCIBLE, THE *voir* **Sorcières de Salem, Les**

CRUCIBLE, THE [Chasse aux sorcières, La] ▷4
É.-U. 1996. Drame de Nicholas HYTNER avec Daniel Day-Lewis, Winona Ryder et Paul Scofield. - En 1692 dans le Massachusetts, les membres d'une petite communauté puritaine s'engagent dans une chasse aux sorcières funeste. □ Général
DVD VF➜STA➜Cadrage W➜9,95 $

CRUEL INTENTIONS [Pari cruel, Un] ▷5
É.-U. 1999. Drame de mœurs de Roger KUMBLE avec Sarah Michelle Gellar, Ryan Phillippe et Reese Witherspoon. - Un jeune libertin peu scrupuleux entreprend de séduire une adolescente exemplaire dans le seul but de relever un pari. □ 13 ans+
DVD Cadrage W➜18,95 $

CRUEL ROMANCE, A
RUS. 1984. Eldar RYAZANOV
DVD STA➜74,95 $

CRUISING BAR ▷5
QUÉ. 1989. Comédie satirique de Robert MÉNARD avec Michel Côté, Louise Marleau et Geneviève Rioux. - Quatre hommes se préparent de façons diverses à la chasse aux conquêtes d'un soir dans les bars en fin de semaine. □ 13 ans+
DVD VF➜STA➜23,95 $

CRUSH ▷4
N.-Z. 1992. Drame psychologique d'Alison MACLEAN avec Marcia Gay Harden, Donogh Rees et Caitlin Bossley. - Négligeant une amie qu'elle a pourtant rendue paralytique, une femme va s'imposer dans la vie d'un romancier père d'une adolescente. □ 13 ans+

CRUSH ▷5
ANG. 2001. Comédie dramatique de John McKAY avec Imelda Staunton, Andie MacDowell et Anna Chancellor. - Une directrice d'école dans la quarantaine se fiance avec un musicien de 25 ans, malgré la désapprobation de ses deux meilleures amies.
□ Général

CRUSOE ▷4
ANG. 1988. Aventures de Caleb DESCHANEL avec Adé Sapara, Hepburn Graham et Aidan Quinn. - À force d'ingéniosité, un naufragé réussit à survivre dans une île déserte. □ Général

CRUSTACÉS ET COQUILLAGES ▷4
FR. 2005. Comédie sentimentale d'Olivier DUCASTEL et Jacques MARTINEAU avec Valeria Bruni-Tedeschi, Gilbert Melki et Jean-Marc Barr. - Pendant les vacances, deux époux qui s'interrogent sur l'orientation sexuelle de leur fils vivent des aventures extra-conjugales. □ 13 ans+ · Érotisme
DVD VF➜Cadrage W➜21,95 $

CRY FREEDOM [Cri de la liberté, Le] ▷3
ANG. 1987. Drame social de Richard ATTENBOROUGH avec Kevin Kline, Denzel Washington et Penelope Wilton. - Le directeur d'un quotidien libéral d'Afrique du Sud se lie d'amitié avec un leader noir, ce qui lui vaut d'être surveillé par les autorités. - Scénario inspiré de faits réels. Alternance de scènes intimistes et de mouvements de foules. □ Général
DVD VF➜18,95 $

CRY IN THE DARK, A [Cri dans la nuit, Un] ▷3
AUS. 1988. Drame social de Fred SCHEPISI avec Meryl Streep, Sam Neill et Charles Tingwell. - Une mère qui soutient que son bébé a été enlevé par un chien sauvage est accusée d'infanticide. - Intrigue inspirée d'un incident réel. Traitement critique. Observations sociologiques pertinentes. Composition remarquable de M. Streep.
□ Général
DVD Cadrage W➜7,95 $

CRY IN THE WILDERNESS ▷5
É.-U. 1974. Drame de Gordon HESSLER avec George Kennedy, Joanna Pettet et Lee H. Montgomery. - Mordu par un animal enragé, un fermier s'enchaîne dans sa grange pendant que sa femme va chercher du secours.
DVD Cadrage W➔22,95 $

CRY OF THE OWL *voir* **Cri du hibou, Le**

CRY, THE BELOVED COUNTRY ▷4
É.-U. 1995. Drame de Darrell James ROODT avec James Earl Jones, Richard Harris et Vusi Kunene. - En 1946 en Afrique du Sud, un pasteur zoulou, dont le fils a tué un Blanc, fraternise avec le père de la victime. □ Général
DVD VA➔Cadrage W➔14,95 $

CRY-BABY ▷5
É.-U. 1990. Comédie musicale de John WATERS avec Johnny Depp, Amy Locane et Polly Bergen. - S'étant éprise d'un voyou au cœur tendre, une adolescente de bonne famille lui vient en aide lorsqu'il est condamné à la prison. □ 13 ans+
DVD VA➔STF➔Cadrage W➔24,95 $

CRYING GAME, THE [Cri des larmes, Le] ▷3
ANG. 1992. Drame de mœurs de Neil JORDAN avec Stephen Rea, Jaye Davidson et Miranda Richardson. - Après avoir participé à l'enlèvement d'un soldat britannique, un membre de l'IRA se réfugie à Londres où il s'éprend de la copine de celui-ci. - Histoire à la fois émouvante et surprenante. Éléments psychologiques subtils. Mise en scène minutieuse. Interprétation excellente.
□ 16 ans+

CUBA ▷5
É.-U. 1979. Drame de Richard LESTER avec Sean Connery, Brooke Adams et Chris Sarandon. - En 1959, un officier anglais venu à Cuba pour servir de conseiller militaire retrouve une ancienne maîtresse.
□ Général
DVD VF➔STF➔Cadrage W➔12,95 $

CUBE ▷4
CAN. 1997. Science-fiction de Vincenzo NATALI avec Maurice Dean Wint, Nicole deBoer, David Hewlett et Nicky Guadagni. - Six étrangers se réveillent dans une étrange prison formée de pièces cubiques communicantes, dont certaines sont munies de pièges mortels. □ 16 ans+
DVD VA➔STA➔Cadrage W➔15,95 $

CUIRASSÉ EN PÉRIL *voir* **Under Siege**

CUIRASSÉ POTEMKINE, LE [Potemkin] ►1
RUS. 1925. Drame social de Sergei EISENSTEIN avec Aleksander Antonov, Grigori Alexandrov et Vladimir Barsky. - En 1905, une révolte éclate à bord d'un cuirassé russe et s'étend bientôt à la ville d'Odessa. - Film important dans l'histoire du cinéma. Lyrisme épique. Montage vigoureux et expressif. Ensemble parfaitement maîtrisé. □ Général
DVD 36,95 $

CUISINE ROUGE, LA ▷5
QUÉ. 1979. Comédie dramatique de Frédérique COLLIN et Paule BAILLARGEON avec Michèle Mercure, Han Masson et Raymond Cloutier. - Après son mariage avec un jeune musicien, une danseuse revient au bar «topless» où elle travaille à la réception.
□ 13 ans+

CUISINIER, LE VOLEUR, SA FEMME ET SON AMANT, LE
voir **Cook, the Thief, His Wife & Her Lover, The**

CUIVRES ET CHARBON *voir* **Brassed Off**

CUJO ▷4
É.-U. 1983. Drame d'horreur de Lewis TEAGUE avec Dee Wallace, Danny Pintauro et Daniel Hugh-Kelly. - Mordu par une chauve-souris, un saint-bernard est atteint de la rage et est pris d'une frénésie meurtrière. □ 13 ans+
DVD 18,95 $

CULPEPPER CATTLE COMPANY ▷3
[Culpepper Cattle Co., The]
É.-U. 1971. Western de Dick RICHARDS avec Gary Grimes, Billy «Green» Bush et Geoffrey Lewis. - Un garçon de seize ans, rêvant de devenir cowboy, arrive à se faire engager comme aide-cuisinier dans un convoi de bétail. - Souci d'authenticité dans l'évocation des événements et de l'époque. Photographie soignée. Interprétation convaincante.
DVD VF➔STA➔Cadrage W➔14,95 $

CUP FINAL
ISR. 1991. Eran RIKLIS □ Général
DVD VA➔Cadrage P&S➔32,95 $

CUP, THE [Phörpa] ▷4
BHOU. AUS. 1999. Comédie de mœurs de Khyentse NORBU avec Jamyang Lodro, Orgyen Tobgyal et Neten Chokling. - En 1998, dans un monastère tibétain en Inde, un jeune étudiant est bien décidé à ne pas rater la télédiffusion du match final de la coupe du monde.
DVD VF➔STA➔Cadrage W➔19,95 $

CURE, THE ▷4
É.-U. 1995. Drame de Peter HORTON avec Brad Renfro, Joseph Mazzello et Annabella Sciorra. - Un jeune adolescent se lie d'amitié avec un voisin de son âge qui a contracté le sida lors d'une transfusion sanguine.
DVD VA➔Cadrage P&S➔10,95 $

CURE ▷3
JAP. 1997. Drame policier de Kiyoshi KUROSAWA avec Koji Yakusho, Masato Hagiwara et Tsuyoshi Ujiki. - Un inspecteur tente d'élucider une série de meurtres commis par diverses personnes vraisemblablement en état d'hypnose. □ 13 ans+ · Violence
DVD STA➔Cadrage W/16X9➔32,95 $

CURÉE, LA [Game Is Over, The] ▷5
FR. 1966. Drame psychologique de Roger VADIM avec Jane Fonda, Michel Piccoli et Peter McEnery. - La jeune femme d'un industriel s'éprend de son beau-fils.
DVD VF➔STA➔22,95 $

CURLY TOP ▷5
É.-U. 1935. Comédie musicale de Irving CUMMINGS avec John Boles, Shirley Temple et Rochelle Hudson. - Deux orphelines sont protégées par un bienfaiteur dont elles ignorent l'identité. □ Général

CURSE OF FRANKENSTEIN, THE ▷4
ANG. 1957. Drame d'horreur de Terence FISHER avec Peter Cushing, Christopher Lee et Hazel Court. - Un savant crée un monstre meurtrier. □ Non classé
DVD VF➔STF➔7,95 $

CURSE OF KING TUT'S TOMB, THE ▷4
ANG. 1980. Aventures de Philip LEACOCK avec Eva Marie Saint, Robin Ellis et Angharad Rees. - Les circonstances entourant la découverte du tombeau d'un pharaon égyptien. □ Général

CURSE OF THE BLACK WIDOW, THE ▷5
É.-U. 1977. Drame social de Dan CURTIS avec Anthony Franciosa, Donna Mills et Patty Duke Astin. - Des meurtres mystérieux sont le fait d'une femme qui se transforme en araignée géante. □ Général · Déconseillé aux jeunes enfants

CURSE OF THE CAT PEOPLE, THE ▷3
É.-U. 1944. Drame psychologique de Robert WISE et Gunther VON FRISTCH avec Ann Carter, Kent Smith et Jane Randolph. - Une petite fille s'invente un monde imaginaire. - Valeur psychologique certaine. Touches de poésie fantastique. Mise en scène habile. Interprétation dans la note voulue. □ Général

CURSE OF THE DEMON ▷4
ANG. 1957. Drame d'horreur de Jacques TOURNEUR avec Dana Andrews, Peggy Cummins et Nial McGinnis. - Passé maître dans les sciences occultes, un mage jette un sort à un professeur qui menace de dénoncer ses activités. □ Non classé
DVD VA➔34,95 $

CURSE OF THE JADE SCORPION, THE ▷4
[Sortilège du scorpion de Jade, Le]
É.-U. 2001. Comédie policière réalisée et interprétée par Woody ALLEN avec Helen Hunt et Dan Aykroyd. - En 1940, un enquêteur d'assurances et sa collègue, tous deux sous l'emprise d'un hypnotiseur, commettent des vols de bijoux. □ Général
DVD 10,95 $

CURSE OF THE PINK PANTHER ▷5
É.-U. 1983. Comédie policière de Blake EDWARDS avec Ted Wass, Herbert Lom et Robert Loggia. - Un détective candide est chargé d'enquêter sur la disparition de l'inspecteur Clouseau. □ Général
DVD VF→STF→Cadrage W→12,95 $

CURSE OF THE WEREWOLF, THE ▷4
[Nuit du loup-garou, La]
ANG. 1961. Drame d'horreur de Terence FISHER avec Clifford Evans, Oliver Reed et Yvonne Romain. - Un jeune homme qui a été mordu par un loup se transforme les nuits de pleine lune en un loup-garou sanguinaire. □ 13 ans+

CURSED [Maléfice] ▷5
É.-U. 2005. Drame d'horreur de Wes CRAVEN avec Christina Ricci, Jesse Eisenberg et Portia De Rossi. - Après avoir été attaqués par un loup-garou, une jeune femme de carrière et son frère adolescent subissent une étrange mutation. □ 13 ans+ · Horreur
DVD VF→Cadrage W→22,95 $

CURTIS'S CHARM ▷4
CAN. 1995. Drame psychologique de John L'ÉCUYER avec Maurice Dean Wint, Callum Keith Rennie et Rachael Crawford. - Un ancien héroïnomane tente d'aider un compagnon qui est en proie à un délire paranoïaque. □ 13 ans+ · Langage vulgaire

CUSTER OF THE WEST [Custer, l'homme de l'ouest] ▷4
É.-U. 1967. Western de Robert SIODMAK avec Robert Shaw, Mary Ure et Jeffrey Hunter. - La carrière du général Custer et sa guerre contre les Indiens. □ Général
DVD VA→STF→Cadrage W→12,95 $

CUTTER'S WAY ▷4
É.-U. 1981. Drame d'Ivan PASSER avec John Heard, Jeff Bridges et Lisa Eichhorn. - Un mutilé de guerre croit prendre une revanche sur la vie en démasquant un industriel coupable de meurtre.
□ 13 ans+
DVD VF→STF→Cadrage W→11,95 $

CYCLO ▷4
FR. 1995. Drame de mœurs de Tran Anh HUNG avec Le Van Loc, Tony Leung-Chiu Wai et Tran Nu Yen Khe. - Dans une grande ville du Viêtnam, un adolescent démuni se joint à un gang de malfaiteurs.
□ 16 ans+ · Violence

CYPHER
É.-U. 2002. Vincenzo NATALI
DVD VA→Cadrage W→32,95 $

CYRANO DE BERGERAC
FR. 1925. Augusto GENINA
DVD 39,95 $

CYRANO DE BERGERAC ▷3
É.-U. 1950. Drame de Michael GORDON avec Jose Ferrer, Mala Powers et William Prince. - Convaincu de sa laideur, un soldat poète n'ose avouer son amour à une cousine qui s'est entichée d'un de ses camarades. - Adaptation intelligente de la pièce de Rostand. Traitement soigné. Mise en scène vivante. Jeu remarquable de J. Ferrer. □ Général

CYRANO DE BERGERAC ►2
FR. 1990. Comédie dramatique de Jean-Paul RAPPENEAU avec Gérard Depardieu, Anne Brochet, Philippe Morier-Genoud et Jacques Weber. - Un soldat poète, qui est enlaidi par un nez proéminent, aide un jeune noble à conquérir le cœur de sa cousine dont il est lui-même secrètement amoureux. - Illustration somptueuse de la pièce de E. Rostand. Traitement à la fois ample, fougueux et romantique. Rythme sans faille. Interprétation forte de G. Depardieu. □ Général
DVD VF→27,95 $

D

D-DAY THE 6th OF JUNE ▷**4**
É.-U. 1956. Drame de guerre de Henry KOSTER avec Robert Taylor, Dana Wynter et Edmond O'Brien. - Alors que se prépare le débarquement en Europe, deux officiers sont épris de la même jeune fille. □ Non classé

D.A.R.Y.L. ▷**4**
É.-U. 1985. Science-fiction de Simon WINCER avec Barret Oliver, Josef Sommer et Mary Beth Hurt. - Un enfant amnésique, recueilli par un jeune couple, se révèle être un androïde mis au point par le Pentagone. □ Général
DVD VF→STA→Cadrage W/16X9→14,95 $

D.O.A. ▷**4**
É.-U. 1950. Drame policier de Rudolph MATÉ avec Edmond O'Brien, Pamela Britton et Luther Adler. - Un homme empoisonné emploie le temps qu'il lui reste à vivre à dépister ses assassins. □ Général
DVD VA→Cadrage P&S→33,95 $

D.O.A. ▷**5**
É.-U. 1988. Drame policier de Rocky MORTON et Annabel JANKEL avec Dennis Quaid, Meg Ryan et Daniel Stern. - Ayant découvert qu'à la suite d'un empoisonnement il ne lui reste plus qu'un jour à vivre, un professeur de littérature se met à la recherche de son assassin. □ 13 ans+
DVD VF→Cadrage W→8,95 $

DA ▷**3**
É.-U. 1988. Drame psychologique de Matt CLARK avec Barnard Hughes, Martin Sheen et Karl Hayden. - De retour en Irlande pour les funérailles de son père adoptif, un dramaturge revit en pensée diverses expériences douloureuses de ses jeunes années. - Adaptation intelligemment modifiée et aérée d'une pièce à succès. Environnement pittoresque fort approprié. □ Général

DA VINCI CODE, THE ▷**4**
É.-U. 2006. Thriller de Ron HOWARD avec Audrey Tautou, Tom Hanks et Ian McKellen. - Un Américain soupçonné du meurtre du conservateur du Louvre se lance avec la petite-fille de celui-ci dans une enquête qui pourrait ébranler la chrétienté.

DAD [Mon père] ▷**4**
É.-U. 1989. Drame psychologique de Gary David GOLDBERG avec Jack Lemmon, Ted Danson et Olympia Dukakis. - Pendant que sa femme est à l'hôpital, un septuagénaire désemparé se fait aider par son fils qui lui redonne goût à la vie. □ Général
DVD VF→STF→Cadrage W→15,95 $

DAD ON THE RUN *voir* **Cours toujours**

DADDY AND THEM
É.-U. 2001. Billy Bob THORNTON
DVD VA→13,95 $

DADDY LONG LEGS [Papa longues jambes] ▷**4**
É.-U. 1954. Comédie musicale de Jean NEGULESCO avec Fred Astaire, Leslie Caron et Terry Moore. - Un millionnaire américain s'éprend d'une jeune orpheline qu'il a fait instruire. □ Non classé
DVD VF→STA→Cadrage W→22,95 $

DADDY NOSTALGIE [Daddy Nostalgia] ▷**3**
FR. 1990. Drame psychologique de Bertrand TAVERNIER avec Jane Birkin, Dirk Bogarde et Odette Laure. - Une jeune femme tente de se rapprocher de son père atteint d'une maladie mortelle. - Scénario intimiste. Suite de moments significatifs. Mise en scène attentive. Interprétation intelligente et subtile. □ Général
DVD VF→STA→29,95 $

DADDY'S DYIN'... WHO'S GOT THE WILL? ▷**4**
É.-U. 1990. Drame de mœurs de Jack FISK avec Beau Bridges, Beverly D'Angelo et Tess Harper. - Réunis sous le toit familial pour rechercher le testament de leur père mourant, quatre adultes revivent de vieilles querelles.
DVD VA→STF→11,95 $

DADDY'S GONE A-HUNTING ▷**4**
É.-U. 1969. Drame de Mark ROBSON avec Scott Hylands, Carol White et Paul Burke. - Un photographe déséquilibré poursuit de sa haine une jeune Anglaise qui, devenue enceinte à la suite de leur liaison, s'est fait avorter. □ 18 ans+

DAENS ▷**3**
BEL. 1992. Drame social de Stijn CONINX avec Jan Decleir, Gérard Desarthe et Antje De Boeck. - À la fin du XIXe siècle, un prêtre belge aux idées libérales décide de fonder un parti politique afin de lutter contre les injustices sociales. - Sujet traité avec une pointe d'ironie. Belle reconstitution historique. Souci permanent du détail. Composition remarquable de J. Decleir. □ 13 ans+

DAFFY DUCK'S MOVIE: FANTASTIC ISLAND ▷**4**
[Île fantastique de Daffy Duck, L']
É.-U. 1983. Dessins animés de Fritz FRELENG. - Ayant découvert dans l'île où il est naufragé un puits capable d'exaucer les désirs, un canard fait payer tous ceux qui veulent se servir de cette source. □ Général

DAHMER
É.-U. 2002. David JACOBSON
DVD VA→16,95 $

DAISY CLOVER, LA JEUNE REBELLE
voir **Inside Daisy Clover**

DAISY ET MONA ▷**4**
FR. 1994. Drame de mœurs de Claude D'ANNA avec Dyna Gauzy, Marina Golovine et Lilah Dadi. - À contrecœur, une jeune mère rebelle doit s'occuper de sa fillette de sept ans qu'elle a abandonnée à sa naissance. □ Général

DAISY MILLER ▷**4**
É.-U. 1974. Comédie dramatique de Peter BOGDANOVICH avec Cybill Shepherd, Barry Brown et Cloris Leachman. - Un jeune Américain vivant en Europe s'éprend d'une compatriote en voyage touristique. □ Général
DVD VA→Cadrage W→9,95 $

DALTON, LES ▷**6**
FR. 2004. Comédie de Philippe HAÏM avec Éric Judor, Ramzi Bedia et Saïd Serrari. - Quatre frères peu futés veulent rehausser leur réputation de bandits notoires en dévalisant la banque la plus sécuritaire du Far West. □ Général
DVD VF→Cadrage W→31,95 $

DALTON EN CAVALE, LES ▷**5**
FR. 1983. Dessins animés de MORRIS, William HANNA et Joseph BARBERA. - Le cow-boy Lucky Luke poursuit les frères Dalton qui se sont évadés du pénitencier et tentent de trouver refuge au Canada. □ Général
DVD VF→17,95 $

DAMAGE [Fatale] ▷**4**
ANG. 1992. Drame de mœurs de Louis MALLE avec Jeremy Irons, Juliette Binoche et Miranda Richardson. - Un politicien bien en vue et respecté s'engage dans une liaison adultère avec la fiancée de son propre fils. □ 16 ans+
DVD Cadrage W→27,95 $

DAME AU PETIT CHIEN, LA ▷3
[Lady with the Dog, The]
RUS. 1959. Drame psychologique de Josef HEIFITZ avec Ya Savvina, Alexis Batalov et Nina Alisova. - La liaison adultère entre un homme d'affaires moscovite et une épouse solitaire. - Transposition réussie du climat sensible de la nouvelle de Tchekhov. Évocation nostalgique. Analyse psychologique délicate. Rythme lent. Pudeur de l'interprétation. □ Général

DAME BROWN *voir* **Mrs. Brown**

DAME DE CŒUR *voir* **Queen of Hearts**

DAME DE SHANGHAI, LA *voir* **Lady from Shanghai, The**

DAME EN COULEURS, LA ▷4
QUÉ. 1984. Drame psychologique de Claude JUTRA avec Charlotte Laurier, Gilles Renaud et Paule Baillargeon. - Des orphelins élevés dans un hôpital psychiatrique se créent un monde à part dans les sous-sols de l'institution. □ Général

DAMES DU BOIS DE BOULOGNE, LES ▷3
[Ladies of the Bois de Boulogne, The]
FR. 1944. Drame psychologique de Robert BRESSON avec Maria Casarès, Elina Labourdette et Paul Bernard. - Délaissée par son amant, une jeune veuve lui présente une tierce personne pour se venger. - Adaptation moderne d'un épisode d'un roman de Diderot. Dialogues écrits par Jean Cocteau. Dépouillement et sobriété de la mise en scène. Analyse psychologique profonde. □ Général
DVD VF➔STA➔44,95 $

DAMES GALANTES ▷4
FR. 1990. Comédie de mœurs de Jean-Charles TACCHELLA avec Richard Bohringer, Isabella Rossellini et Marianne Basler. - Les tribulations d'un chevalier qui s'emploie à séduire les dames de la cour du roi Henri III. □ 13 ans+

DAMIEN *voir* **Omen, The**

DAMIEN - OMEN II ▷5
É.-U. 1978. Drame fantastique de Don TAYLOR avec William Holden, Lee Grant et Jonathan Scott-Taylor. - Un jeune garçon apprend le secret de sa naissance mystérieuse qui fait de lui le fils du démon.

DAMN THE DEFIANT! ▷4
ANG. 1962. Drame de Lewis GILBERT avec Alec Guinness, Dirk Bogarde et Anthony Quayle. - En 1797, un marin sadique rend la vie impossible à l'équipage de son bateau. □ Non classé
DVD VA➔STF➔Cadrage W➔29,95 $

DAMN YANKEES! ▷4
É.-U. 1958. Comédie musicale de Stanley DONEN et George ABBOTT avec Tab Hunter, Gwen Verdon et Ray Walston. - Un adepte du base-ball vend son âme au diable pour devenir le meilleur frappeur de son club favori.
DVD VA➔STF➔21,95 $

DAMNATION
HON. 1987. Béla TARR
DVD STA➔29,95 $

DAMNED DON'T CRY, THE [Esclave du gang] ▷5
É.-U. 1950. Drame policier de Vincent SHERMAN avec Joan Crawford, David Brian et Steve Cochran. - Lasse d'une vie médiocre, une femme devient la maîtresse d'un puissant chef de gang. □ Général
DVD VA➔STF➔21,95 $ VF➔STF➔21,95 $

DAMNED, THE *voir* **Damnés, Les**

DAMNÉS DU PASSÉ, LES *voir* **Shock Waves**

DAMNÉS, LES [Damned, The] ►2
ITA. ALL. 1969. Drame social de Luchino VISCONTI avec Helmut Berger, Ingrid Thulin et Dirk Bogarde. - Le destin tragique d'une famille d'industriels allemands à l'avènement d'Hitler. - Intrigue complexe. Portrait critique d'une société décadente. Fresque impressionnante servie par une excellente reconstitution d'époque. Interprètes remarquablement dirigés. □ 13 ans+
DVD VA➔STF➔Cadrage W➔21,95 $

DAMSEL IN DISTRESS, A ▷4
É.-U. 1937. Comédie musicale de George STEVENS avec Gracie Allen, Fred Astaire et Joan Fontaine. - Un danseur américain de passage à Londres fait la conquête d'une riche héritière. □ Général

DANCE ME OUTSIDE ▷4
CAN. 1994. Drame de mœurs de Bruce McDONALD avec Jennifer Podemski, Ryan Rajendra Black et Adam Beach. - De jeunes Amérindiens veulent se venger d'un Blanc qui a passé un an seulement en prison après avoir tué une jeune fille de leur tribu. □ Général

DANCE WITH A STRANGER ▷4
[Crime pour une passion, Un]
ANG. 1984. Drame social de Mike NEWELL avec Rupert Everett, Miranda Richardson et Ian Holm. - Une femme tue son amant à la suite de nombreuses déceptions. □ 13 ans+
DVD VA➔STF➔Cadrage W➔11,95 $

DANCE WITH ME HENRY ▷5
É.-U. 1956. Comédie de Charles BARTON avec Bud Abbott, Lou Costello et Gigi Perreau. - Le propriétaire d'un parc d'attractions est le protecteur d'un joueur invétéré qui lui cause bien des ennuis. □ Général
DVD VA➔STF➔12,95 $

DANCER IN THE DARK ►2
DAN. 2000. Drame musical de Lars VON TRIER avec Björk, Catherine Deneuve et David Morse. - Une ouvrière presque aveugle qui trime dur pour payer une opération à son fils se fait voler toutes ses économies. - Mélo aux idées dramatiques puissantes. Juxtaposition surprenante de misérabilisme et de fantaisie musicale. Réalisation expressive. Composition déchirante de Björk. □ 13 ans+
DVD VA➔STA➔Cadrage W➔23,95 $

DANCER UPSTAIRS, THE [Danse de l'oubli, La] ▷5
ESP. 2002. Thriller de John MALKOVICH avec Juan Diego Botto, Javier Bardem et Laura Morante. - Dans un pays sud-américain, un policier et son équipe recherchent le leader d'un groupe révolutionnaire. □ 13 ans+
DVD VA➔Cadrage W➔14,95 $

DANCER, TEXAS POP. 81 ▷4
É.-U. 1998. Comédie de mœurs de Tim McCANLIES avec Breckin Meyer, Peter Facinelli et Eddie Mills. - Dans un bled du Texas, quatre camarades d'une école secondaire à la veille de recevoir leur diplôme s'interrogent sur leur avenir.

DANCERS [Danseurs, Les] ▷4
É.-U. 1987. Drame musical de Herbert ROSS avec Alessandra Ferri, Mikhail Baryshnikov et Julie Kent. - Le danseur vedette d'un ballet filmé multiplie les aventures amoureuses et provoque par sa frivolité la fugue d'une jeune ballerine. □ Général

DANCES WITH WOLVES [Il danse avec les loups] ▷3
É.-U. 1990. Western réalisé et interprété par Kevin COSTNER avec Graham Greene et Mary McDonnell. - En 1863, un soldat s'installe en solitaire dans un territoire sioux et se lie progressivement d'amitié avec les Amérindiens. - Œuvre empreinte de noblesse et d'humanisme romantique. Réalisation ample et lyrique. Très bons interprètes. □ Général
DVD VA➔STF➔29,95 $ VF➔STF➔Cadrage W➔12,95 $

DANCING AT LUGHNASA [Danser à Lughnasa] ▷5
IRL. ANG. É.-U. 1998. Drame de mœurs de Pat O'CONNOR avec Meryl Streep, Brid Brennan et Michael Gambon. - En 1936, dans une ferme irlandaise, cinq sœurs célibataires accueillent leur frère prêtre revenu d'Afrique et le père illégitime du fils de l'une d'entre elles. □ Général
DVD VA➔STF➔Cadrage W➔34,95 $

DANCING AT THE BLUE IGUANA ▷5
É.-U. 2000. Drame de mœurs de Michael RADFORD avec Daryl Hannah, Jennifer Tilly et Elias Koteas. - Les tribulations de cinq femmes qui gagnent leur vie comme strip-teaseuses dans un club de Los Angeles.
DVD VA➔STA➔Cadrage W➔5,95 $

DANCING IN THE DARK [Danse à contre-jour] ▷3
CAN. 1986. Drame psychologique de Leon MARR avec Martha Henry, Neil Munro et Rosemary Dunsmore. - Soignée dans un hôpital psychiatrique, une femme revoit les circonstances de sa vie conjugale. - Réalisation d'un style épuré. Rythme lent, quasi onirique. □ Général

DANCING LADY ▷5
É.-U. 1933. Comédie musicale de R.Z. LÉONARD avec Clark Gable, Joan Crawford et Franchot Tone. - Une jeune danseuse finit par devenir la vedette d'un grand spectacle.
DVD VF→STF→21,95 $

DANDIN ▷4
FR. 1987. Comédie de mœurs de Roger PLANCHON avec Claude Brasseur, Zabou et Daniel Gélin. - En voulant faire constater l'infidélité de sa jeune épouse, un paysan enrichi se met constamment dans l'embarras. □ Général

DANGER IMMÉDIAT *voir* **Clear and Present Danger**

DANGER PLEINE LUNE ▷4
TCH. 1992. Conte de Bretislav POJAR avec Ludek Navratil, Katka Pokorna et Katerina Machackova. - Un enfant solitaire se voit offrir par son père un cocon qui se transforme en gentille petite nymphe ailée dotée de la parole. □ Général

DANGER: DIABOLIK! ▷5
ITA. 1967. Drame policier de Mario BAVA avec John Philip Law, Marisa Mell et Michel Piccoli. - Un inspecteur et un chef de gang tentent chacun de son côté de mettre la main sur un mystérieux criminel. □ Général
DVD VA→STA→Cadrage W→9,95 $

DANGEREUSE SOUS TOUS RAPPORTS
voir **Something Wild**

DANGEREUSEMENT VÔTRE *voir* **View to a Kill, A**

DANGEROUS ▷5
É.-U. 1935. Drame de Alfred E. GREEN avec Bette Davis, Franchot Tone et Margaret Lindsay. - Un architecte s'éprend d'une actrice déchue. □ Non classé

DANGEROUS BEAUTY [Beauté dangereuse] ▷5
É.-U. 1997. Mélodrame de Marshall HERSKOVITZ avec Rufus Sewell, Catherine McCormack, Naomi Watts et Jacqueline Bisset.

- À Venise, au XVIe siècle, un noble est épris d'une courtisane fort populaire. □ 13 ans+ · Érotisme
DVD VF→STF→Cadrage W→16,95 $

DANGEROUS GAME ▷4
É.-U. 1993. Drame psychologique d'Abel FERRARA, avec Harvey Keitel, Madonna et James Russo. - Un cinéaste aux mœurs dissolues tourne un film portant sur la désagrégation d'un couple dont le scénario miroite sa propre vie. □ 16 ans+ · Langage vulgaire
DVD VA→STA→12,95 $

DANGEROUS LIAISONS [Liaisons dangereuses, Les] ►2
É.-U. 1988. Drame de mœurs de Stephen FREARS avec Glenn Close, John Malkovich et Michelle Pfeiffer. - Dans la France libertine du XVIIIe siècle, une marquise et un vicomte s'emploient à séduire des jeunes gens vertueux, ce qui entraîne des conséquences tragiques. - Exploration caustique et sensible de la passion humaine et de la politique des sexes. Scénario habilement construit. Mise en scène brillante. Interprétation magistrale. □ 13 ans+
DVD VF→STF→Cadrage W→9,95 $

DANGEROUS LIVES OF THE ALTAR BOYS ▷4
É.-U. 2002. Comédie dramatique de Pete CARE avec Kieran Culkin, Emile Hirsch et Jena Malone. - Dans les années 1970, deux élèves d'une école secondaire catholique créent une bande dessinée dont ils sont les super-héros.
DVD VA→11,95 $ VA→22,95 $

DANGEROUS MAN:
LAWRENCE AFTER ARABIA, A ▷4
É.-U. 1992. Drame historique de Christopher MENAUL avec Ralph Fiennes, Siddig el Fadil et Denis Quilley. - En 1919, un officier britannique qui a contribué à une révolte des Arabes s'en va défendre la cause de ceux-ci lors d'une conférence de paix à Paris. □ Général

DANGEROUS MOONLIGHT ▷4
ANG. 1942. Drame de guerre de Brian DESMOND HURST avec Anton Wallbrook, Sally Gray et Derrick de Marney. - Un musicien polonais servant comme pilote pendant la guerre devient amnésique à la suite d'une blessure. □ Non classé

DANGEROUS MOVES *voir* **Diagonale du fou, La**

DANGEROUS WHEN WET ▷4
É.-U. 1952. Comédie musicale de Charles WALTERS avec Esther Williams, Fernando Lamas et Jack Carson. - Tous les membres d'une famille de fermiers s'entraînent pour participer à un concours de natation. □ Général

DANGEROUS WOMAN, A [Femme dangereuse, Une] ▷5
É.-U. 1993. Mélodrame de Stephen GYLLENHAAL avec Debra Winger, Barbara Hershey et Gabriel Byrne. - Après s'être éprise d'un vagabond qui la trompe avec sa tante, une jeune femme perturbée se venge en tuant un collègue de travail. □ 13 ans+

DANIEL ▷3
É.-U. 1983. Drame psychologique de Sidney LUMET avec Timothy Hutton, Mandi Patinkin et Lindsay Crouse. - Un jeune homme enquête sur la mort de ses parents, exécutés à la fin des années 40 pour espionnage communiste. - Histoire inspirée de la célèbre affaire Rosenberg. Construction très habile. Mise en scène captivante. Interprétation de qualité.

DANIEL ET LES SUPERDOGS ▷5
QUÉ. 2004. Comédie dramatique d'André MELANÇON avec Matthew Harbour, Patrick Goyette et Macha Grenon. - Inconsolable depuis la mort de sa mère, un garçon au tempérament frondeur entraîne un chien en vue d'une importante compétition canine.
DVD VF→Cadrage 16X9→22,95 $

DANNY DECKCHAIR ▷4
AUS. 2003. Comédie sentimentale de Jeff BALSMEYER avec Rhys Ifans, Miranda Otto et Justine Clarke. - Soulevé dans le ciel par un bouquet de ballons gonflés à l'hélium, un banlieusard cocu atterrit chez une jeune célibataire dont il s'éprend.
DVD VA→STA→Cadrage W/16X9→24,95 $

DANNY, LE PETIT MOUTON NOIR
voir **So Dear to My Heart**

DANS L'ŒIL DU CHAT ▷5
CAN. 2003. Thriller de Rudy BARICHELLO avec Isabel Richer, Jean-Nicolas Verreault et Pierre Lebeau. - Venu vider l'appartement de sa fiancée qui s'est suicidée, un jeune homme fait des découvertes troublantes. □ 13 ans+
DVD VF➔STF➔Cadrage W➔23,95 $

DANS LA CHALEUR DE LA NUIT
voir **In the Heat of the Night**

DANS LA PEAU DE JOHN MALKOVICH
voir **Being John Malkovich**

DANS LA SOIRÉE ▷4
ITA. 1990. Drame psychologique de Francesca ARCHIBUGI avec Marcello Mastroianni, Sandrine Bonnaire et Lara Pranzoni. - Après la séparation de ses parents, une fillette s'en va vivre momentanément chez son grand-père, un retraité rangé.

DANS LE VENTRE DU DRAGON ▷4
QUÉ. 1989. Science-fiction de Yves SIMONEAU avec Rémy Girard, David Lahaye et Marie Tifo. - Deux distributeurs de circulaires vont au secours d'un jeune collègue qui s'est soumis imprudemment à des expériences médicales. □ Général

DANS MA PEAU [In My Skin] ▷3
FR. 2002. Drame psychologique réalisé et interprété par Marina DE VAN avec Laurent Lucas et Léa Drucker. - Une jeune professionnelle, en apparence sans problème, cultive l'obsession de l'automutilation à la suite d'une blessure accidentelle. - Autopsie d'un cas pathologique extrême. Détails sordides abordés sans recherche gratuite de sensationnalisme. Mise en scène recherchée. Composition troublante de M. de Van. □ 16 ans+
DVD VF➔STA➔28,95 $

DANS UNE GALAXIE PRÈS DE CHEZ VOUS ▷4
QUÉ. 2004. Comédie fantaisiste de Claude DESROSIERS avec Guy Jodoin, Stéphane Crête et Claude Legault. - En l'an 2039, des explorateurs québécois recherchent une nouvelle planète qui pourra accueillir l'espèce humaine. □ Général
DVD VF➔26,95 $

DANSE À CONTRE-JOUR *voir* **Dancing in the Dark**

DANSE DE L'OUBLI, LA *voir* **Dancer Upstairs, The**

DANSE LASCIVE *voir* **Dirty Dancing**

DANSE MORTELLE *voir* **Slam Dance**

DANSER À LUGHNASA *voir* **Dancing at Lughnasa**

DANSEURS, LES *voir* **Dancers**

DANTON ►2
FR. 1982. Drame historique d'Andrzej WAJDA avec Patrice Chéreau, Gérard Depardieu et Wojciech Pszoniak. - La rivalité politique entre Danton et Robespierre, lors de la Révolution française. - Entraînante leçon d'histoire. Illustration rude et efficace. Suspense maintenu. Interprétation dynamique de G. Depardieu. □ Général

DARBY O'GILL AND THE LITTLE PEOPLE ▷4
É.-U. 1959. Comédie fantaisiste de Robert STEVENSON avec Albert Sharpe, Janet Munro et Sean Connery. - Grâce à ses relations avec des lutins, un vieil Irlandais assure le bonheur de sa petite-fille. □ Général
DVD VA➔18,95 $

DARESALAM
A.S. 2000. Issa Serge COLEO
DVD STA➔Cadrage W➔23,95 $

DARIA MOVIE: IS IT FALL YET?
É.-U. 2000. Dessins animés de Karen DISHER et Guy MOORE. - Durant les vacances d'été, une adolescente délurée et soucieuse de rectitude politique a une idylle avec un garçon de famille riche.
DVD VA➔STA➔Cadrage P&S➔26,95 $

DARK ANGEL, THE ▷4
É.-U. 1935. Drame sentimental de Sidney A. FRANKLIN avec Fredric March, Merle Oberon et Herbert Marshall. - Un militaire laisse partir son ami en mission dangereuse à la suite d'une méprise sur sa conduite. □ Général

DARK BLUE [Bleu sombre] ▷4
É.-U. 2002. Drame policier de Ron SHELTON avec Kurt Russell, Scott Speedman et B. Gleeson. - En enquêtant sur un quadruple meurtre, un policier aux méthodes musclées découvre que son supérieur immédiat est corrompu. □ 13 ans+ · Langage vulgaire · Violence
DVD VF➔STF➔17,95 $

DARK BLUE WORLD ▷4
TCH. 2001. Chronique de Jan SVERAK avec Ondrej Vetchy, Krystof Hadek et Tara Fitzgerald. - Durant la Seconde Guerre mondiale, deux pilotes tchèques engagés dans l'aviation britannique s'éprennent de la même femme.
DVD STA➔Cadrage W➔38,95 $

DARK CITY [Cité obscure] ▷4
É.-U. 1997. Science-fiction d'Alex PROYAS avec Rufus Sewell, William Hurt et Jennifer Connelly. - Un homme amnésique se réveille dans une ville étrange où il est poursuivi par des individus bizarres dotés de pouvoirs paranormaux. □ 13 ans+ · Violence
DVD VF➔STF➔Cadrage W➔8,95 $

DARK COMMAND ▷4
É.-U. 1940. Western de Raoul WALSH avec John Wayne, Claire Trevor et Walter Pidgeon. - Un instituteur devient chef d'une bande de pillards à l'occasion de la guerre de Sécession. □ Général
DVD VA➔Cadrage P&S➔17,95 $

DARK CORNER, THE ▷4
É.-U. 1945. Drame policier de Henry HATHAWAY avec Lucille Ball, Mark Stevens et Clifton Webb. - Un détective privé mène une enquête dangereuse. □ Général
DVD VA➔STA➔14,95 $

DARK CRYSTAL, THE [Cristal magique, Le] ▷3
ANG. 1982. Conte de Jim HENSON et Frank OZ. - Un lutin passe par divers dangers pour mener à bonne fin une mission assurant la paix entre deux groupes rivaux. - Intrigue fantastique racontée à l'aide de marionnettes. Réalisation technique fort habile. Mélange de cauchemar et de fantaisie. □ Général
DVD VA➔STA➔Cadrage W➔23,95 $/36,95 $
VA➔STA➔Cadrage W/16X9➔59,95 $

DARK EYES *voir* **Yeux noirs, Les**

DARK FORCES ▷4
AUS. 1980. Drame fantastique de Simon WINCER avec Robert Powell, Carmen Duncan et David Hemmings. - Un charlatan s'introduit dans l'entourage d'un sénateur dont le jeune fils souffre de leucémie.
DVD VA➔Cadrage W➔19,95 $

DARK HABITS ▷5
ESP. 1983. Comédie satirique de Pedro ALMODOVAR avec Cristina S. Pascual, Marisa Paredes et Mari Carrillo. - À la suite de la mort suspecte de son compagnon, une chanteuse trouve refuge dans un couvent de religieuses excentriques. □ 13 ans+
DVD VF➔STA➔Cadrage W➔36,95 $

DARK HALF, THE [Part des ténèbres, La] ▷5
É.-U. 1993. Drame fantastique de George A. ROMERO avec Timothy Hutton, Michael Rooker et Julie Harris. - Lorsque des meurtres se produisent dans l'entourage d'un jeune écrivain, celui-ci se persuade qu'ils sont l'œuvre d'un double maléfique. □ 16 ans+ · Violence
DVD VA➔STF➔Cadrage P&S➔11,95 $

DARK HOURS ▷5
CAN. 2004. Drame d'horreur de Paul FOX avec Kate Greenhouse, Aidan Devine et Dov Tiefenbach. - Se reposant avec son mari et sa sœur dans un chalet, une psychiatre atteinte d'une tumeur au cerveau voit surgir un ancien patient qui veut se venger d'elle. □ 16 ans+ · Horreur - Violence
DVD VA➔STA➔Cadrage W➔27,95 $

DARK JOURNEY ▷4
ANG. 1937. Drame d'espionnage de Victor SAVILLE avec Vivien Leigh, Conrad Veidt et John Gardner. - Les exploits d'une espionne française à Stockholm en 1918. □ Général

DARK MIRROR, THE ▷4
É.-U. 1946. Drame psychologique de Robert SIODMAK avec Olivia de Havilland, Lew Ayres et Thomas Mitchell. - Un psychiatre cherche à découvrir laquelle de deux sœurs jumelles a commis un meurtre. □ Général

DARK OBSESSION ▷3
ANG. 1989. Drame psychologique de Nick BROOMFIELD avec Gabriel Byrne, Amanda Donohoe et Douglas Hodge. - Un aristocrate qui a commis un délit de fuite est soupçonné par un ami d'avoir sciemment écrasé une jeune femme qu'il aurait prise pour son épouse. - Étude assez prenante d'un cas de paranoïa. Regard critique sur les mœurs et privilèges de l'aristocratie. □ 13 ans+

DARK OF THE SUN ▷4
ANG. 1967. Drame de guerre de Jack CARDIFF avec Rod Taylor, Jim Brown et Yvette Mimieux. - Au Congo, en 1960, des mercenaires sont chargés d'aller au secours d'un village menacé par les rebelles. □ 13 ans+

DARK PASSAGE ▷3
É.-U. 1947. Drame policier de Delmer DAVES avec Humphrey Bogart, Lauren Bacall et Agnes Moorehead. - Pour échapper à la police, un évadé se fait refaire le visage par un chirurgien. - Construction dramatique solide. Utilisation ingénieuse de la caméra subjective. Forte interprétation. □ Général
DVD VA➜STF➜21,95 $

DARK PAST, THE ▷4
É.-U. 1948. Drame policier de Rudolph MATÉ avec William Holden, Nina Foch et Lee J. Cobb. - Un psychiatre vient à bout d'un criminel qui s'est réfugié chez lui.

DARK SIDE OF THE HEART, THE
voir **Côté obscur du cœur, Le**

DARK STAR ▷4
É.-U. 1974. Science-fiction de John CARPENTER avec Brian Narelle, Dan O'Bannon et Andreijah Pahic. - L'équipe d'un vaisseau interplanétaire connaît des difficultés techniques. □ Général

DARK VICTORY [Victoire sur la nuit] ▷5
É.-U. 1939. Drame psychologique d'Edmund GOULDING avec Bette Davis, George Brent et Humphrey Bogart. - Une femme qui mène la grande vie découvre qu'elle souffre d'une maladie mortelle. □ Général
DVD VA➜STF➜21,95 $

DARK WATER ▷3
JAP. 2002. Drame fantastique de Hideo NAKATA avec Hitomi Kuroki, Rio Kanno et Mirei Oguchi. - Une jeune femme récemment divorcée s'installe avec sa petite fille dans un immeuble lugubre et poisseux où elle vivra des expériences bizarres. - Récit angoissant offrant divers niveaux de lecture. Atmosphère de terreur sourde nourrie de détails insolites et inquiétants. Travail inventif sur les ambiances sonores et l'illustration. Jeu solide de H. Kuroki.
DVD STA➜21,95 $

DARK WATER [Eau trouble] ▷4
É.-U. 2005. Drame fantastique de Walter SALLES avec Jennifer Connelly, Ariel Gade et John C. Reilly. - Une jeune mère divorcée emménage avec sa petite fille dans un appartement plutôt sinistre où elles sont témoins d'incidents troublants. □ 13 ans+
DVD VA➜STA➜Cadrage W➜33,95 $
VF➜STA➜Cadrage W➜33,95 $

DARKMAN ▷4
É.-U. 1990. Drame fantastique de Sam RAIMI avec Liam Neeson, Frances McDormand et Colin Friels. - Défiguré à la suite de la destruction de son laboratoire, un scientifique entreprend de se venger en adoptant diverses apparences. □ 13 ans+
DVD VF➜Cadrage W➜10,95 $

DARLING ▷3
ANG. 1965. Drame psychologique de John SCHLESINGER avec Julie Christie, Dirk Bogarde et Laurence Harvey. - Les amours tumultueuses d'un mannequin vedette. - Coup d'œil critique sur une société désaxée. Peinture fascinante et sévère. Excellente interprétation.
DVD VA➜STF➜Cadrage W➜12,95 $

DARLING LILI ▷4
É.-U. 1969. Comédie musicale de Blake EDWARDS avec Jeremy Kemp, Julie Andrews et Rock Hudson. - Durant la guerre 14-18, une espionne allemande reçoit pour mission de séduire un officier de l'aviation anglaise.
DVD VA➜STA➜Cadrage W➜15,95 $

DAS BOOT *voir* **Bateau, Le**

DATE WITH JUDY, A ▷5
É.-U. 1948. Comédie musicale de Richard THORPE avec Wallace Beery, Jane Powell et Elizabeth Taylor. - Les tribulations amoureuses d'un père et de sa fille. □ Général

DAUGHTER, THE *voir* **I, a Woman**

DAUGHTER OF DARKNESS [Rouge aux lèvres, Le] ▷5
É.-U. 1990. Drame d'horreur de Stuart GORDON avec Mia Sara, Anthony Perkins et Jack Coleman. - Une Américaine qui voyage en Roumanie découvre qu'elle est la fille d'un vampire âgé de deux siècles. □ Non classé

DAUGHTERS OF THE DUST ▷4
É.-U. 1991. Drame de mœurs de Julie DASH avec Cora Lee Day, Alva Rodgers, Alisa Anderson. - Vivant dans des îles au large des côtes américaines, des descendants d'esclaves hésitent à s'installer sur le continent pour y chercher du travail. □ Général
DVD VA➜32,95 $

DAUGHTERS OF THE SUN
IRAN 2000. Maryam SHAHRIAR
DVD STA➜37,95 $

DAURIA
RUS. 1971. Victor TREGUBOVICH
DVD VF➜STF➜Cadrage W➜69,95 $

DAVE [Président d'un jour] ▷4
É.-U. 1993. Comédie satirique d'Ivan REITMAN avec Kevin Kline, Sigourney Weaver et Frank Langella. - Victime d'une crise cardiaque, le président des États-Unis est remplacé par un sosie qui finit par se prendre au jeu. □ Général
DVD VF➜STF➜Cadrage W➜9,95 $

DAVID ▷3
ALL. 1979. Drame de Peter LILIENTHAL avec Mario Fischel, Walter Taub et Eva Mattes. - Le fils d'un rabbin juif doit vivre dans la clandestinité sous le régime nazi. - Transposition d'une expérience vécue. Mosaïque impressionnante d'observations véridiques. Climat bien rendu. Bonne composition de M. Fischel. □ Général

DAVID AND BATHSHEBA ▷5
É.-U. 1951. Drame biblique de Henry KING avec Gregory Peck, Susan Hayward et Kieron Moore. - Le roi David s'attire la malédiction divine par un amour adultère. □ Général
DVD VF➜STA➜Cadrage W➜14,95 $

DAVID AND LISA ▷3
É.-U. 1962. Drame psychologique de Frank PERRY avec Howard Da Silva, Keir Dullea et Janet Margolin. - Placé en institution, un adolescent souffrant de troubles mentaux lie amitié avec une jeune schizophrène. - Sujet traité avec tact. Mise en scène juste et sensible. □ Non classé
DVD VA➜21,95 $

DAVID COPPERFIELD ▷3
É.-U. 1935. Comédie dramatique de George CUKOR avec Freddie Bartholomew, Frank Lawton et Maureen O'Sullivan. - Après la mort de sa mère, un enfant maltraité par son beau-père s'enfuit auprès d'une vieille tante. - Adaptation soignée du roman de Dickens. Style vivant et distingué. Évocation d'époque pittoresque. Excellents comédiens. □ Général

DAVID COPPERFIELD ▷4
É.-U. 1993. Dessins animés de Don ARIOLI. - À Londres, un adolescent qui est obligé à travailler dans l'usine de son beau-père découvre les dures conditions de vie des ouvriers. □ Général · Enfants

DAVID HOLZMAN'S DIARY ▷4
É.-U. 1967. Drame de mœurs de Jim McBRIDE avec L.M. Kit Carson, Eileen Dietz et Louise Levine. - Un jeune cinéaste new-yorkais décide de tourner au jour le jour un documentaire sur sa vie. □ Général

DAWN OF THE DEAD [Aube des morts, L'] ▷4
É.-U. 2004. Drame d'horreur de Zack SNYDER avec Sarah Polley, Ving Rhames et Jake Weber. - Alors que le monde est en proie à une invasion de zombies, des survivants trouvent refuge dans un centre commercial. □ 13 ans+
DVD VF→STF→Cadrage W→22,95 $

DAWN OF THE DEAD [Zombies] ▷4
É.-U. 1978. Drame d'horreur de George A. ROMERO avec Ken Foree, David Emge et Scott Reiniger. - Menacées par l'attaque de morts vivants, quatre personnes trouvent refuge dans un centre commercial de banlieue. □ 18 ans+
DVD VA→Cadrage W/16X9→17,95 $ VA→54,95 $

DAWN PATROL, THE ▷4
É.-U. 1938. Drame de guerre d'Edmund GOULDING avec Errol Flynn, David Niven et Basil Rathbone. - La vie d'une escadrille anglaise pendant la guerre 1914-1918. □ Général

DAWNING, THE ▷3
ANG. 1988. Drame de Robert KNIGHTS avec Anthony Hopkins, Rebecca Pidgeon et Jean Simmons. - En 1920, en Irlande du Sud, une jeune femme sympathise avec un homme qu'elle croit être son père mais qui est en fait un rebelle indépendantiste. - Adaptation d'un roman de Jennifer Johnston. Récit naviguant habilement entre le lyrisme et le tragique. Réalisation d'un classicisme discret. Comédiens de classe.
DVD VA→17,95 $

DAY AFTER, THE ▷4
É.-U. 1983. Drame de Nicholas MEYER avec Jason Robards, JoBeth Williams et John Cullum. - Les séquelles d'une attaque nucléaire sur une ville américaine. □ 13 ans+
DVD VA→12,95 $

DAY AFTER TOMORROW, THE [Jour d'après, Le] ▷5
É.-U. 2004. Film catastrophe de Roland EMMERICH avec Dennis Quaid, Jake Gyllenhaal et Emmy Rossum. - Un dérèglement climatique entraîne en quelques jours une nouvelle ère glaciaire sur l'hémisphère nord de la Terre. □ Général · Déconseillé aux jeunes enfants
DVD VA→22,95 $

DAY AT THE RACES, A ▷4
É.-U. 1937. Comédie burlesque de Sam WOOD avec les frères Marx, Maureen O'Sullivan et Allan Jones. - Un charlatan et deux compères croient régler les problèmes financiers d'une clinique en jouant aux courses. □ Général
DVD VA→STF→21,95 $

DAY FOR NIGHT *voir* **Nuit américaine, La**

DAY OF ATONEMENT *voir* **Grand pardon II, Le**

DAY OF THE DEAD ▷5
É.-U. 1985. Drame d'horreur de George A. ROMERO avec Joseph Pilato, Lori Cardille et Terry Alexander. - Durant une invasion de morts-vivants, des scientifiques et des militaires vivent retranchés dans un laboratoire souterrain. □ 18 ans+ · Horreur
DVD VA→Cadrage W→28,95 $

DAY OF THE DOLPHIN, THE [Jour du dauphin, Le] ▷5
É.-U. 1973. Science-fiction de Mike NICHOLS avec George C. Scott, Trish Van Devere et Paul Sorvino. - Un savant réussit à établir une communication avec un dauphin né en captivité et à lui apprendre à parler. □ Général
DVD VA→23,95 $

DAY OF THE JACKAL, THE [Chacal] ▷3
ANG. 1973. Drame policier de Fred ZINNEMANN avec Edward Fox, Michel Lonsdale et Delphine Seyrig. - Les services de sécurité français recherchent un tueur professionnel chargé d'assassiner le général de Gaulle. - Récit intéressant de bout en bout. Construction solide. Développements ingénieux. □ Général
DVD VA→STF→Cadrage W→10,95 $

DAY OF THE LOCUST, THE ▷3
É.-U. 1975. Drame de mœurs de John SCHLESINGER avec William Atherton, Karen Black et Donald Sutherland. - Un peintre venu travailler à Hollywood à l'emploi d'un grand studio s'intéresse à une jeune fille qui rêve de célébrité. - Critique ambitieuse des milieux du cinéma. Tableau impressionnant. Mouvement fluide. Interprètes de talent. □ 13 ans+
DVD VA→STA→Cadrage W/16X9→14,95 $

DAY OF WRATH *voir* **Jour de colère**

DAY THE EARTH CAUGHT FIRE, THE ▷5
ANG. 1961. Science-fiction de Val GUEST avec Edward Judd, Janet Munro et Leo McKern. - Des phénomènes climatiques inusités inquiètent les populations du monde. □ Général
DVD Cadrage W→16,95 $

DAY THE EARTH STOOD STILL, THE ▷4
É.-U. 1951. Science-fiction de Robert WISE avec Michael Rennie, Patricia Neal et Hugh Marlowe. - Un Martien vient sur la Terre pour avertir les humains de mettre fin à leurs querelles. □ Général
DVD VF→STA→14,95 $

DAY THE SUN TURNED COLD, THE ▷3
H.K. 1994. Drame de mœurs de Yim HO avec Siqin Goawa, Tao Chung-Hua et Ma Jingwu. - Un policier recueille le témoignage d'un jeune homme qui affirme que sa mère a tué son père dix ans plus tôt. - Tragédie de type shakespearien. Rythme méditatif. Beauté froide de la photographie. Grande assurance technique. Interprétation dans le ton.

DAY WITHOUT A MEXICAN, A
É.-U. MEX. 2004. Sergio ARAU
DVD VA→Cadrage W→22,95 $

DAYS AND NIGHTS IN THE FOREST ▷3
IND. 1969. Comédie de mœurs de Satyajit RAY avec Soumitra Chatterjee, Subhendu Chatterjee, Samit Bhanja et Sharmila Tagore. - Quatre citadins venus prendre quelques jours de vacances en forêt se lient d'amitié avec deux jeunes femmes du voisinage. - Étude de mœurs bien dessinée. Vision sociale critique et ironique. Mise en scène discrète et bien contrôlée. Acteurs d'un naturel convaincant.

DAYS OF BEING WILD
H.K. 1991. Kar-Wai WONG
DVD STA→23,95 $

DAYS OF GLORY ▷5
É.-U. 1944. Drame de guerre de Jacques TOURNEUR avec Gregory Peck, Tamara Toumanova et Alan Reed. - Des guérilleros soviétiques luttent contre une invasion des nazis. □ Non classé

DAYS OF HEAVEN ►1
É.-U. 1978. Drame de mœurs de Terrence MALICK avec Richard Gere, Brooke Adams et Linda Manz. - En 1916, pour échapper à la justice, un jeune ouvrier s'enfuit au Texas avec sa sœur et sa maîtresse et tous trois trouvent un emploi sur une ferme. - Œuvre admirablement composée. Utilisation poétique de la voix-off. Mise en scène d'un grand lyrisme. Images inoubliables. Personnages bien campés. □ Général
DVD VF→Cadrage W→10,95 $

DAYS OF THUNDER [Jours de tonnerre] ▷5
É.-U. 1990. Drame sportif de Tony SCOTT avec Tom Cruise, Robert Duvall et Nicole Kidman. - Un jeune homme doué pour la course automobile accède aux épreuves de championnat grâce aux judicieux conseils d'un mécanicien. □ Général
DVD VF→STA→Cadrage W→12,95 $

DAYS OF WINE AND ROSES ▷3
É.-U. 1962. Drame psychologique de Blake EDWARDS avec Charles Bickford, Jack Lemmon et Lee Remick. - Les méfaits de l'alcoolisme chez un couple. - Traitement réaliste. Mise en scène habile et vigoureuse. Interprétation magistrale des deux vedettes. □ Général
DVD VA→STF→Cadrage W→21,95 $

DAYTRIPPERS, THE [En route vers Manhattan] ▷4
É.-U. 1996. Comédie de mœurs de Greg MOTTOLA avec Hope Davis, Pat McNamara et Stanley Tucci. - Une famille se rend en voiture à Manhattan afin de confronter l'époux de l'aînée au sujet de ses présumées infidélités. □ Général
DVD VA→32,95 $

DAZED AND CONFUSED [Tête dans les nuages, La] ▷4
É.-U. 1993. Comédie dramatique de Richard LINKLATER avec Jason London, Wiley Wiggins et Rory Cochrane. - La dernière journée de classe d'un groupe d'amis fréquentant un « high school » au Texas en 1976. □ 13 ans+ · Langage vulgaire
DVD VA→STA→Cadrage W→52,95 $ VA→Cadrage W→17,95 $

DE BATTRE MON CŒUR S'EST ARRÊTÉ ▷3
FR. 2005. Drame psychologique de Jacques AUDIARD avec Romain Duris, Niels Arestrup et Linh-Dan Pham. - Un magouilleur de père en fils décide de préparer une audition au piano pour devenir concertiste comme sa mère défunte. - Remake très libre du film *Fingers* de James Toback. Texture dramatique riche. Réalisation nerveuse privilégiant les plans séquences. Jeu fougueux et intense de R. Duris. □ 13 ans+
DVD VF→STA→Cadrage W→28,95 $

DE BEAUX LENDEMAINS *voir* **Sweet Hereafter, The**

DE BRUIT ET DE FUREUR ▷3
FR. 1987. Drame social de Jean-Claude BRISSEAU avec Vincent Gasperitsch, François Négret et Bruno Cremer. - Vivant dans une tour à logements multiples avec une mère qui s'occupe peu de lui, un adolescent finit par lier amitié avec un jeune délinquant. - Vision réaliste d'un milieu populaire. Mélange de rugosité et de poésie. Personnages intéressants. Interprétation naturelle. □ 13 ans+

DE GUERRE LASSE ▷4
FR. 1987. Drame sentimental de Robert ENRICO avec Nathalie Baye, Christophe Malavoy et Pierre Arditi. - En 1942 en zone libre, une veuve s'éprend d'un industriel chez qui elle s'est réfugiée avec un résistant qui est amoureux d'elle. □ Général

DE L'AMOUR ▷5
FR. 2001. Drame de mœurs de Jean-François RICHET avec Yazid Aït, Virginie Ledoyen et Mar Sodupe. - Arrêtée pour vol à l'étalage, une jeune femme est agressée par un policier raciste, un acte que son ami de souche maghrébine projette de venger. □ 13 ans+ · Violence

DE L'AMOUR ET DES RESTES HUMAINS
voir **Love and Human Remains**

DE L'OMBRE À LA LUMIÈRE *voir* **Celluloid Closet, The**

DE L'OR EN BARRES *voir* **Lavender Hill Mob, The**

DE L'OR POUR LES BRAVES *voir* **Kelly's Heroes**

DE LA NEIGE SUR LES TULIPES
voir **Amsterdam Kill, The**

DE LA PART DES COPAINS [Cold Sweat] ▷4
FR. 1970. Drame policier de Terence YOUNG avec Charles Bronson, Liv Ullmann et James Mason. - Pour forcer un homme à collaborer avec eux, des trafiquants de drogue se servent de sa femme et de sa fille comme otages.

DE LA VIE DES MARIONNETTES ►2
[From the Life of the Marionettes]
ALL. 1980. Drame psychologique de Ingmar BERGMAN avec Robert Atzorn, Christine Buchegger et Walter Schmidinger. - Un enquêteur tente de comprendre les mobiles qui ont amené un homme à assassiner une prostituée. - Traitement rigoureux. Construction complexe. Exploration psychologique fouillée. Interprètes bien dirigés. □ Non classé

DE MA FENÊTRE, SANS MAISON ▷5
QUÉ. 2006. Drame psychologique de Maryanne ZÉHIL avec Louise Portal, Renée Thomas et Hélène Mercier. - À la mort de son père, une jeune Libanaise débarque à Montréal afin d'y retrouver sa mère, qui l'a abandonnée 17 ans plus tôt.

DE MAYERLING À SARAJEVO ▷4
FR. 1940. Drame historique de Max OPHÜLS avec Edwige Feuillère, John Lodge et Aimé Clariond. - Quelques aspects de la vie de François Ferdinand d'Autriche. □ Général

DE QUOI J'ME MÊLE *voir* **Look Who's Talking**

DE SABLE ET DE SANG ▷4
FR. 1987. Drame psychologique de Jeanne LABRUNE avec Sami Frey, Patrick Catalifo et Clémentine Célarié. - Un médecin qui a connu les horreurs de la guerre d'Espagne exerce une troublante influence sur un jeune torero. □ 13 ans+

DE SADE ▷5
É.-U. 1969. Drame biographique de Cy ENDFIELD avec Keir Dullea, Anna Massey et Lilli Palmer. - Sur son lit de mort, le marquis de Sade se remémore sa vie de débauche.
DVD VF→STF→Cadrage W→11,95 $

DE SANG FROID *voir* **In Cold Blood**

DE SI JOLIS CHEVAUX *voir* **All the Pretty Horses**

DE-LOVELY ▷4
É.-U. 2004. Drame musical d'Irwin WINKLER avec Kevin Kline, Ashley Judd et Jonathan Pryce. - Au jour de sa mort, le compositeur américain Cole Porter revoit les grands moments de sa vie sentimentale et de sa florissante carrière. □ Général
DVD VA→12,95 $

DEAD, THE [Gens de Dublin, Les] ▷3
É.-U. 1987. Comédie dramatique de John HUSTON avec Anjelica Huston, Donal McCann et Helena Carroll. - En 1904, le jour de l'Épiphanie, de vieilles demoiselles et leur nièce reçoivent parents et amis pour un dîner traditionnel. - Adaptation d'une nouvelle de James Joyce. Portrait chaleureux aux touches mélancoliques. Couleurs artistiquement fanées. Justesse de l'interprétation. □ Général

DEAD AGAIN [Passé revient, Le] ▷3
É.-U. 1991. Drame fantastique réalisé et interprété par Kenneth BRANAGH avec Emma Thompson et Derek Jacobi. - Un détective enquête sur le passé mystérieux d'une jeune inconnue qui souffre d'amnésie. - Suspense habilement conçu. Utilisation admirable des flash-backs. Mise en scène de classe. Interprètes fort bien dirigés.
DVD VF→STA→Cadrage W→9,95 $

DEAD ALIVE *voir* **Braindead**

DEAD CALM [Calme blanc] ▷4
AUS. 1988. Drame d'horreur de Phillip NOYCE avec Sam Neill, Nicole Kidman et Billy Zane. - Au cours d'une croisière en yacht, un couple découvre sur un navire abandonné un jeune homme aux tendances meurtrières. □ 13 ans+
DVD VF→STF→Cadrage P&S/W→11,95 $

DEAD CERT
ANG. 1974. Tony RICHARDSON
DVD VA→STF→Cadrage W→12,95 $

DEAD DOG
É.-U. 2000. Christopher GOODE
DVD VA→21,95 $

DEAD END ▷4
É.-U. 1936. Drame social de William WYLER avec Humphrey Bogart, Joel McCrea et Sylvia Sidney. - Affrontement d'un bandit et d'un honnête homme tous deux issus du même quartier défavorisé.

DEAD END ▷4
FR. 2003. Drame d'horreur de Jean-Baptiste ANDREA et Fabrice CANEPA avec Ray Wise, Alexandra Holden et Lin Shaye. - En route pour rendre visite à des parents pour Noël, une famille s'égare sur un chemin isolé où l'attend un sort funeste.
DVD VA→24,95 $

DEAD FUNNY **[Drôle à mourir]** ▷5
É.-U. 1995. Comédie dramatique de John FELDMAN avec Elizabeth Pena, Andrew McCarthy et Paige Turco. - Une jeune femme cherche à élucider le mystère entourant la découverte du cadavre de son fiancé mort poignardé. □ 13 ans+

DEAD LEAVES
É.-U. 1998. Constantin WERNER
DVD VA➔STA➔27,95 $

DEAD MAN ▷3
É.-U. 1995. Western de Jim JARMUSCH avec Johnny Depp, Gary Farmer et Lance Henriksen. - Gravement blessé, un hors-la-loi traqué reçoit l'aide d'un Amérindien érudit. - Relecture des codes du genre. Construction narrative insolite. Ton mélancolique tempéré par un humour pince-sans-rire. Superbes images en noir et blanc. □ 16 ans+ · Violence
DVD VA➔STF➔Cadrage W➔18,95 $

DEAD MAN WALKING **[Dernière marche, La]** ►2
É.-U. 1995. Drame psychologique de Tim ROBBINS avec Susan Sarandon, Sean Penn et Robert Prosky. - Une religieuse apporte réconfort à un détenu condamné à la peine capitale. - Scénario inspiré d'une histoire vraie. Sujet bouleversant abordé avec tact et sensibilité. Mise en scène entièrement au service des personnages. Jeu saisissant de S. Penn et S. Sarandon. □ 13 ans+
DVD VF➔Cadrage P&S/W➔12,95 $

DEAD MAN'S BLUFF **[Blind Man's Bluff]**
RUS. 2005. Aleksei BALABANOV
DVD STA➔Cadrage W/16X9➔24,95 $

DEAD MEN DON'T WEAR PLAID ▷4
[Cadavres ne portent pas de costards, Les]
É.-U. 1982. Comédie policière réalisée et interprétée par Carl REINER avec Steve Martin et Rachel Ward. - Un détective privé est chargé d'enquêter sur la disparition du père d'une jolie jeune femme. □ Général
DVD VA➔STF➔Cadrage W➔10,95 $

DEAD OF NIGHT *voir* **Deathdream**

DEAD OF NIGHT ▷3
ANG. 1946. Film à sketches d'Alberto CAVALCANTI, Basil DEARDEN, Robert HAMER et Charles CRICHTON avec Mervyn Johns, Michael Redgrave et Roland Culver. - Les invités d'une soirée racontent tour à tour une étrange aventure. - Classique du genre fantastique. Climat d'angoisse bien créé. Photographie et interprétation excellentes.
DVD VA➔34,95 $

DEAD OF WINTER ▷4
É.-U. 1987. Drame policier d'Arthur PENN avec Mary Steenburgen, Jan Rubes et Roddy McDowall. - Croyant être engagée pour le tournage d'un film, une actrice sans emploi sert en fait d'instrument dans un complot. □ Général
DVD VF➔STF➔Cadrage W➔11,95 $

DEAD OR ALIVE
JAP. 1999. Takashi MIIKE
DVD STA➔Cadrage 16X9➔16,95 $

DEAD POETS SOCIETY ▷3
[Société des poètes disparus, La]
É.-U. 1989. Comédie dramatique de Peter WEIR avec Robin Williams, Robert Sean Leonard et Ethan Hawke. - En 1959, dans un collège aux principes ultra-conservateurs, sept adolescents voient leur vie transformée par les enseignements de leur professeur de littérature. - Hymne à la poésie et à la créativité. Illustration soignée. Réalisation solide. Bonne prestation de R. Williams. □ Général
DVD VF➔Cadrage W➔19,95 $

DEAD POOL, THE **[Enjeux de la mort, Les]** ▷5
É.-U. 1988. Drame policier de Buddy VAN HORN avec Patricia Clarkson, Clint Eastwood et Liam Neeson. - Un inspecteur enquête sur une série de meurtres qui décime le milieu mondain de San Francisco. □ 13 ans+
DVD VF➔STF➔Cadrage W➔16,95 $

DEAD RECKONING **[En marge de l'enquête]** ▷5
É.-U. 1947. Drame policier de John CROMWELL avec Humphrey Bogart, Lizabeth Scott, George Chandler et Morris Carnovsky. - À son retour de guerre, un officier enquête sur la disparition d'un camarade. □ Général
DVD VA➔34,95 $

DEAD RINGER **[Mort frappe trois fois, La]** ▷5
É.-U. 1964. Drame de Paul HENREID avec Bette Davis, Karl Malden et Peter Lawford. - Une femme assassine sa sœur jumelle et emprunte son identité. □ Général
DVD VF➔STF➔Cadrage W➔15,95 $/21,95 $

DEAD RINGERS **[Alter Ego]** ▷4
CAN. 1988. Drame psychologique de David CRONENBERG avec Jeremy Irons, Geneviève Bujold et Heidi Von Palleske. - Partageant toutes leurs expériences, des jumeaux gynécologues voient leur réputation mise en péril le jour où l'un d'eux s'éprend d'une actrice. □ 13 ans+
DVD VA➔36,95 $

DEAD ZONE, THE **[Zone neutre, La]** ▷4
É.-U. 1983. Drame fantastique de David CRONENBERG avec Martin Sheen, Christopher Walken, Tom Skerritt et Brooke Adams. - Un enseignant doté d'un don de voyance connaît diverses tribulations. □ 13 ans+
DVD Cadrage W➔16,95 $

DEADLINE AT DAWN ▷4
É.-U. 1946. Drame de Harold CLURMAN avec Susan Hayward, Paul Lukas et Bill Williams. - Un matelot doit prouver en six heures qu'il n'a pas tué une femme. □ Général

DEADLY COMPANIONS, THE **[New Mexico]** ▷3
É.-U. 1961. Western de Sam PECKINPAH avec Brian Keith, Steve Cochran et Maureen O'Hara. - Trois hors-la-loi servent d'escorte à une veuve qui veut traverser une région infestée d'Apaches. - Premier film de Peckinpah. Paysages de l'Arizona très bien exploités. Mise en scène inventive. Ensemble mouvementé. Excellente interprétation.
DVD VF➔8,95 $

DEADLY FRIEND ▷4
É.-U. 1986. Drame fantastique de Wes CRAVEN avec Kristy Swanson, Matthew Laborteaux, Anne Twomey et Michael Sharrett. - Un adolescent précoce cherche à redonner vie à une amie en lui implantant dans le cerveau les commandes d'un robot qu'il a mis au point. □ 13 ans+

DEADLY OUTLAW REKKA
JAP. 2002. Takashi MIIKE
DVD STA➔PC

DEADLY TRACKERS, THE ▷5
É.-U. 1973. Western de Barry SHEAR avec Richard Harris, Rod Taylor et Al Lettieri. - Un shérif évite la violence dans l'accomplissement de sa tâche jusqu'au jour où des bandits tuent sa femme et son fils.

DEAL OF THE CENTURY **[Passe du siècle, La]** ▷5
É.-U. 1983. Comédie satirique de William FRIEDKIN avec Chevy Chase, Sigourney Weaver et Gregory Hines. - Les tribulations d'un trafiquant d'armes de petite envergure qui tente de réaliser un coup important. □ Général
DVD VF➔STA➔Cadrage W➔16,95 $

DEAR BRIGITTE **[Chère Brigitte]** ▷5
É.-U. 1965. Comédie de Henry KOSTER avec James Stewart, Billy Mumy et Glynis Johns. - Un enfant prodige rêve de rencontrer son idole, Brigitte Bardot. □ Général

DEAR FRANKIE **[Cher Frankie]** ▷4
ANG. 2003. Drame psychologique de Shona AUERBACH avec Emily Mortimer, Jack McElhone et Gerard Butler. - Plutôt que d'avouer à son jeune fils sourd qu'elle a fui son mari violent, une femme tente de lui trouver un père substitut pour le ménager. □ Général
DVD VF➔STA➔Cadrage W➔34,95 $

DEAR WENDY ▷5
DAN. 2005. Drame de mœurs de Thomas VINTERBERG avec Jamie Bell, Mark Webber et Michael Angarano. - Dans une petite ville minière des États-Unis, des jeunes marginaux pacifistes développent une véritable fascination pour les armes à feu. □ 13 ans+ · Violence
DVD VA→STA→Cadrage W→33,95 $

DEATH AND THE MAIDEN [Jeune fille et la mort, La] ▷4
É.-U. 1994. Drame psychologique de Roman POLANSKI avec Sigourney Weaver, Ben Kingsley et Stuart Wilson. - Dans un pays sud-américain, une femme séquestre un homme en qui elle croit reconnaître l'un des bourreaux qui l'avaient torturée sous l'ancienne dictature. □ 13 ans+ · Violence
DVD VA→STA→Cadrage W→22,95 $

DEATH BECOMES HER [Mort vous va si bien, La] ▷4
É.-U. 1992. Comédie fantaisiste de Robert ZEMECKIS avec Meryl Streep, Bruce Willis et Goldie Hawn. - Devenues rivales en amour, deux anciennes amies s'affrontent après avoir absorbé une potion de vie éternelle. □ Général
DVD 18,95 $

DEATH IN VENICE *voir* **Mort à Venise**

DEATH OF A BUREAUCRAT ▷4
CUB. 1966. Comédie satirique de Tomas GUTIERREZ ALEA avec Salvador Wood, Silvia Planas et Manuel Estanillo. - Une veuve ne peut toucher de pension sans fournir le livret de travail qui a malheureusement été enterré avec son mari défunt.

DEATH OF A DYNASTY
É.-U. 2003. Damon DASH
DVD VA→STA→Cadrage W→34,95 $

DEATH OF A SALESMAN ▷3
É.-U. 1985. Drame psychologique de Volker SCHLÖNDORFF avec Dustin Hoffman, John Malkovich et Kate Reid. - Déçu par l'échec de ses ambitions professionnelles et paternelles, un commis voyageur a la tentation du suicide. - Téléfilm fort adroit adapté d'une pièce importante d'Arthur Miller. Intéressantes observations sociales et psychologiques. Mise en scène stylisée. Forte interprétation. □ Général
DVD VA→37,95 $

DEATH ON THE NILE [Mort sur le Nil] ▷4
ANG. 1978. Drame policier de John GUILLERMIN avec Peter Ustinov, David Niven et Mia Farrow. - Le détective Hercule Poirot enquête sur l'assassinat d'une riche et jeune héritière au cours d'une croisière sur le Nil. □ Général
DVD VA→Cadrage W→9,95 $

DEATH RACE 2000 [Course contre la mort, La] ▷5
É.-U. 1975. Science-fiction de Paul BARTEL avec David Carradine, Simone Griffeth et Sylvester Stallone. - En l'an 2000, des coureurs automobiles gagnent des points dans une course en renversant des piétons sur leur trajet. □ 13 ans+
DVD VA→STA→Cadrage P&S→19,95 $

DEATH RIDES A HORSE
voir **Mort était au rendez-vous, La**

DEATH TO SMOOCHY [Mort à Smoochy] ▷5
É.-U. 2002. Comédie satirique réalisée et interprétée par Danny DeVITO avec Edward Norton et Robin Williams. - Le vertueux comédien vedette d'une émission pour enfants se retrouve mêlé à une histoire de corruption et de meurtre. □ Général · Déconseillé aux jeunes enfants
DVD VF→STF→Cadrage W→16,95 $
VF→STF→Cadrage W/16X9→16,95 $

DEATH WISH ▷4
É.-U. 1974. Drame policier de Michael WINNER avec Hope Lange, Charles Bronson et Vincent Gardenia. - Après que des voyous aient provoqué la mort de sa femme et la démence de sa fille, un architecte devient son propre justicier. □ 18 ans+
DVD Cadrage W→24,95 $

DEATHDREAM [Dead of Night] ▷4
CAN. 1972. Drame d'horreur de B. CLARK avec John Marley, Lynn Carlin et Richard Backus. - Un jeune homme qu'on croyait mort à la guerre revient inopinément à la maison familiale.
DVD VA→Cadrage W→27,95 $

DEATHTRAP [Piège mortel] ▷4
É.-U. 1982. Comédie policière de Sidney LUMET avec Christopher Reeve, Michael Caine et Dyan Cannon. - À court d'inspiration, un auteur de pièces policières se dit prêt à s'approprier l'œuvre d'un débutant. □ Général
DVD VA→7,95 $

DEATHWATCH ▷5
ANG. 2002. Drame fantastique de Michael J. BASSETT avec Jamie Bell, Ruaidhri Conroy et Laurence Fox. - Durant la Première Guerre mondiale, des soldats anglais se retrouvent coincés dans une tranchée allemande hantée par une force surnaturelle.
DVD VA→Cadrage W→24,95 $

DÉBANDADE, LA ▷5
FR. 1999. Comédie de mœurs réalisée et interprétée par Claude BERRI avec Fanny Ardant et Claude Brasseur. - Un commissaire-priseur sexagénaire explore divers moyens pour régler de récents problèmes d'érection. □ 13 ans+

DEBT, THE
POL. 1999. Krzysztof KRAUZE
DVD STA→36,95 $

DEBUT, THE
É.-U. 2000. Gene CAJAYON
DVD VA→STF→Cadrage W→32,95 $

DÉCADE PRODIGIEUSE, LA [Ten Days Wonder] ▷4
FR. 1971. Drame policier de Claude CHABROL avec Orson Welles, Michel Piccoli et Anthony Perkins. - Le fils d'un riche Alsacien est soupçonné du meurtre de la jeune femme de son père. □ Général

DÉCALAGE HORAIRE ▷4
FR. 2002. Comédie sentimentale de Danièle THOMPSON avec Juliette Binoche, Jean Reno et Sergi Lopez. - Bloqués à l'aéroport de Roissy à cause d'une grève, une esthéticienne et un chef cuisinier que tout sépare en viennent à mieux se connaître. □ Général
DVD VF→Cadrage W→8,95 $

DÉCAMERON, LE [Decameron, The] ▷3
ITA. 1971. Film à sketches réalisé et interprété par Pier Paolo PASOLINI avec Franco Citti et Ninetto Davoli. - Adaptation de huit contes tirés de l'œuvre de Boccace. - Style goguenard et populiste. Mélange irrévérencieux de profane et de sacré. Bonne direction d'acteurs tant professionnels qu'amateurs. □ 18 ans+
DVD STF→Cadrage W→11,95 $

DECEIVED [Trompée] ▷4
É.-U. 1991. Drame policier de Damian HARRIS avec Goldie Hawn, John Heard et Ashley Peldon. - Une femme va de surprise en surprise en enquêtant sur le passé de son mari qu'elle croit mort dans un accident de la route. □ 13 ans+
DVD VF→Cadrage W→16,95 $ VA→13,95 $

DECEIVER [Imposteur, L'] ▷4
É.-U. 1997. Drame policier de Jonas et Joshua PATE avec Tim Roth, Christopher Penn et Michael Rooker. - Un jeune homme brillant soupçonné de meurtre manipule les deux enquêteurs chargés de l'interroger. □ 13 ans+ · Langage vulgaire
DVD VA→STF→Cadrage W→26,95 $

DECEIVERS, THE ▷3
ANG. 1988. Aventures de Nicholas MEYER avec Pierce Brosnan, Saeed Jaffrey et Helena Michell. - En Inde, au début du XIXe siècle, un capitaine anglais se déguise en Indien pour enquêter sur un massacre commis par des membres d'une secte religieuse. - Récit basé sur des faits vécus. Évocation saisissante du choc des cultures. Mise en scène faste et évocative. Interprétation fort satisfaisante. □ 13 ans+
DVD VA→23,95 $

DÉCHIRURE, LA *voir* **Killing Fields, The**

DÉCHIRURE, LA ▷4
FR. 1982. Drame d'espionnage de Frank APPREDERIS avec Maurice Ronet, Mimsy Farmer et Jacques Richard. - Au cours d'une mission, un agent secret en vient à remettre en cause son métier et sa vie.

DECISION BEFORE DAWN ▷4
É.-U. 1951. Drame d'espionnage d'Anthony LITVAK avec Richard Basehart, Gary Merrill et Oskar Werner. - Des Allemands anti-nazis espionnent au service des Américains.
DVD VF→STA→14,95 $

DÉCLIN DE L'EMPIRE AMÉRICAIN, LE ▷3
[Decline of the American Empire, The]
QUÉ. 1986. Comédie de mœurs de Denys ARCAND avec Dominique Michel, Rémy Girard et Pierre Curzi. - S'étant retrouvés pour un repas dans une villa à la campagne, quatre couples voient leur vie sentimentale remise en question. - Vision critique d'un milieu bourgeois intellectuel. Marivaudage disert et effronté. Rythme allègre. Photographie lumineuse. Interprétation efficace. □ 13 ans+
DVD VA→7,95 $ VA→STA→16,95 $
VF→STA→Cadrage W/16X9→28,95 $

DECONSTRUCTING HARRY ▷3
[Harry dans tous ses états]
É.-U. 1997. Comédie de mœurs réalisée et interprétée par Woody ALLEN avec Kirstie Alley et Elisabeth Shue. - Un écrivain névrosé se remet en question à la veille d'une cérémonie en son honneur. - Réflexion sur le rôle de l'artiste et son rapport au monde réel. Forme éclatée. Humour teinté d'une vulgarité inhabituelle.
□ 13 ans+ · Langage vulgaire
DVD Cadrage W→31,95 $

DÉCROCHE LES ÉTOILES *voir* **Unhook the Stars**

DÉDALES ▷5
FR. 2003. Thriller de René MANZOR avec Lambert Wilson, Sylvie Testud et Frédéric Diefenthal. - Un policier et un psychiatre s'efforcent de résoudre le mystère entourant l'identité et les motifs d'un tueur en série schizophrène.
DVD VF→22,95 $

DEEP, THE ▷4
É.-U. 1977. Aventures de Peter YATES avec Nick Nolte, Jacqueline Bisset et Robert Shaw. - Un couple tente de récupérer de la drogue et un trésor espagnol découverts au cours d'une exploration sous-marine. □ Général
DVD VA→Cadrage W→9,95 $

DEEP COVER [Agent double] ▷4
É.-U. 1992. Drame policier de Bill DUKE avec Larry Fishburne, Jeff Goldblum et Victoria Dillard. - Un policier devient vendeur de stupéfiants afin de mieux infiltrer l'organisation criminelle qu'il doit démanteler. □ 13 ans+
DVD Cadrage W→17,95 $

DEEP CRIMSON ▷3
MEX. 1996. Drame de mœurs d'Arturo RIPSTEIN avec Daniel Gimenez-Cacho, Regina Orozco et Marisa Paredes. - En 1949, une infirmière obèse devient la maîtresse et la complice d'un gigolo qui tue les veuves esseulées après les avoir escroquées. - Récit scabreux inspiré d'un fait divers. Mélange accompli de mélodrame, de grotesque et d'humour noir. Décors quasi irréels. Réalisation fort expressive. Interprétation subtile.
DVD STA→Cadrage W→23,95 $

DEEP END OF THE OCEAN, THE ▷5
É.-U. 1999. Drame psychologique d'Ulu GROSBARD avec Michelle Pfeiffer, Treat Williams et Ryan Merriman. - Un garçon kidnappé à l'âge de trois ans revient neuf ans plus tard dans sa famille, où il se sent comme un étranger. □ Général
DVD Cadrage W→16,95 $

DEEP END, THE [Bleu profond] ▷3
É.-U. 2001. Thriller de Scott McGEHEE et David SIEGEL avec Tilda Swinton, Goran Visnjic et Jonathan Tucker. - Après avoir dissimulé les traces de l'implication de son fils dans ce qu'elle croit être un meurtre, une mère de famille est victime d'un chantage. - Suspense psychologique écrit avec intelligence et minutie. Sens du détail suggestif. Mise en images raffinée. Interprétation sobre et touchante de T. Swinton. □ 13 ans+
DVD VF→STA→Cadrage W→10,95 $

DEEP RED [Hatchet Murders, The] ▷4
ITA. 1976. Drame policier de Dario ARGENTO avec David Hemmings, Daria Nicolodi et Clara Calamai. - Témoin d'un meurtre bizarre, un professeur de musique décide de mener sa propre enquête avec l'aide d'une journaliste. □ 18 ans+
DVD Cadrage W→23,95 $ VA→4,95 $

DEER HUNTER, THE ►2
É.-U. 1978. Drame social de Michael CIMINO avec Robert De Niro, Christopher Walken et Meryl Streep. - Trois jeunes gens travaillant dans la même usine s'en vont combattre au Viêtnam. - Vaste fresque à la mise en scène vigoureuse. Intéressantes observations de mœurs. Approches symboliques intrigantes. Interprétation convaincue. □ 18 ans+
DVD VA→STF→Cadrage W→31,95 $

DEF BY TEMPTATION ▷5
É.-U. 1990. Drame fantastique réalisé et interprété par James BOND III avec Kadeem Hardison et Bill Nunn. - Les tourments d'un futur pasteur qui, lors d'un séjour à New York, côtoie le démon en la personne d'une serveuse. □ 16 ans+ · Violence
DVD VA→Cadrage P&S→15,95 $

DEFENCE OF THE REALM ▷4
ANG. 1985. Drame social de David DRURY avec Gabriel Byrne, Denholm Elliott et Greta Scacchi. - Un journaliste de Londres fait la lumière sur un complot ourdi pour discréditer un député de l'opposition. □ Général
DVD VA→STF→17,95 $

DEFENDING YOUR LIFE [C'est ma mort après tout] ▷4
É.-U. 1991. Comédie fantaisiste réalisée et interprétée par Albert BROOKS avec Meryl Streep et Rip Torn. - À la suite d'un accident, un publicitaire se retrouve dans l'au-delà où un procès doit déterminer s'il retournera sur terre ou ira au ciel. □ Général
DVD VF→STA→Cadrage W→13,95 $

DÉFENSE DE SAVOIR ▷4
FR. 1973. Drame policier de Nadine TRINTIGNANT avec Jean-Louis Trintignant, Juliet Berto et Michel Bouquet. - Assigné à la défense d'une femme accusée d'avoir tué son amant, un avocat enquête sur les circonstances du crime.

DÉFENSE LOUJINE, LA *voir* **Luzhin Defence, The**

DEFENSELESS ▷4
É.-U. 1991. Drame policier de Martin CAMPBELL avec Barbara Hershey, Sam Shepard et Mary Beth Hurt. - Une jeune avocate soupçonnée d'avoir assassiné un de ses clients mène sa propre enquête. □ 13 ans+

DÉFI, LE *voir* **Naked**

DÉFI BLEU *voir* **Blue Crush**

DEFIANT ONES, THE ▷3
É.-U. 1958. Drame social de Stanley E. KRAMER avec Tony Curtis, Sidney Poitier et Theodore Bikel. - Deux détenus qui se haïssent, l'un Noir, l'autre Blanc, s'évadent tout en étant rivés à la même chaîne. - Étude prenante des relations humaines. Mise en scène sobre. Photographie soignée. Interprétation vigoureuse. □ Général
DVD VF→STF→Cadrage W→12,95 $

DÉFILÉ DE LA MORT, LE *voir* **China**

DÉFILÉ, LE *voir* **Dogfight**

DÉJÀ MORT [Already Dead] ▷5
FR. 1997. Drame de mœurs d'Olivier DAHAN avec Clément Sibony, Benoît Magimel et Zoé Felix. - À Nice, un jeune couple de milieu modeste est introduit par deux garçons riches dans le cercle frelaté d'un producteur de porno.

DÉJÀ VU ▷4
É.-U. 1997. Drame sentimental de Henry JAGLOM avec Victoria Foyt, Stephen Dillane et Vanessa Redgrave. - Le destin favorise plusieurs rencontres fortuites entre un Anglais et une Américaine qui semblent nés pour vivre ensemble le grand amour. □ Général
DVD VA➔STA➔Cadrage W➔21,95 $

DÉJEUNER SUR L'HERBE, LE ▷3
FR. 1959. Comédie de Jean RENOIR avec Paul Meurisse, Catherine Rouvel et Fernand Sardou. - Un biologiste, partisan de l'insémination artificielle, change ses positions lorsqu'il devient amoureux. - Sens de la nature. Très belles images. Mise en scène décontractée. □ Général

DÉLATEUR, LE *voir* **Bird on a Wire**

DELICATE ART OF PARKING, THE ▷5
CAN. 2003. Comédie de Trent CARLSON avec Dov Tiefenbach, Fred Ewanuick et Tony Conte. - Un apprenti cinéaste tourne un documentaire sur les préposés au stationnement de la ville de Vancouver.
DVD VA➔17,95 $

DELICATE BALANCE, A ▷4
ANG. 1973. Drame psychologique de Tony RICHARDSON avec Katharine Hepburn, Paul Scofield et Lee Remick. - Deux époux âgés connaissent une fin de semaine mouvementée. - Adaptation fidèle d'une pièce d'Edward Albee. Observations psychologiques intéressantes.
DVD VA➔Cadrage W➔21,95 $

DELICATESSEN ▷3
FR. 1991. Comédie de Jean-Pierre JEUNET et Marc CARO avec Jean-Claude Dreyfus, Dominique Pinon et Marie-Laure Douniac. - Dans une banlieue dévastée, un jeune concierge sympathise avec la fille de l'inquiétant boucher qui est propriétaire de l'immeuble. - Univers insolite inspiré de la bande dessinée. Imagination fertile. Mise en images inventive. Humour noir grinçant. Comédiens pittoresques. □ 13 ans+

DÉLINQUANTS, LES *voir* **Bad Boys**

DELIVERANCE ►2
É.-U. 1972. Aventures de John BOORMAN avec Jon Voight, Burt Reynolds, Ned Beatty et Ronny Cox. - Quatre amis citadins doivent affronter des montagnards violents lors de la descente en canot d'une rivière sauvage. - Mythe du retour à la nature confronté à de dures réalités. Récit très bien construit. Description vigoureuse. Jeu sobre de J. Voight. □ 13 ans+ · Violence
DVD VF➔STF➔Cadrage P&S/W➔9,95 $

DÉLIVREZ-MOI ▷4
QUÉ. 2006. Drame psychologique de Denis CHOUINARD avec Céline Bonnier, Geneviève Bujold et Juliette Gosselin. - À sa sortie de prison, une ouvrière se heurte à l'hostilité de sa belle-mère à qui elle dispute la garde de sa fille adolescente.

DELLAMORTE DELLAMORE
voir **Cemetery Man, The**

DELUGE, THE
POL. 1974. Jerzy HOFFMAN □ 13 ans+
DVD STA➔49,95 $

DELUGE I, THE *voir* **Deluge, The**

DEMAIN CE SERONT DES HOMMES
voir **Strange One, The**

DEMAIN NE MEURT JAMAIS *voir* **Tomorrow Never Dies**

DEMAIN ON DÉMÉNAGE [Tomorrow We Move]
BEL. FR. 2004. Chantal AKERMAN
DVD VF➔STA➔Cadrage W➔23,95 $

DÉMÉNAGEMENT, LE ▷5
FR. 1997. Comédie de mœurs d'Olivier DURAN avec Dany Boon, Emmanuelle Devos et Sami Bouajila. - Le jour de son déménagement, un scénariste perd son emploi alors que sa femme tombe sur une lettre d'amour qui le compromet.

DEMENTIA 13 ▷5
É.-U. 1963. Drame d'horreur de Francis Ford COPPOLA avec William Campbell, Luana Anders et Burt Patton. - Durant un séjour en Irlande chez les parents de son mari, une femme est tuée par un inconnu. □ 13 ans+ · Violence
DVD VA➔7,95 $

DEMETRIUS AND THE GLADIATORS ▷5
[Gladiateurs, Les]
É.-U. 1954. Aventures de Delmer DAVES avec Victor Mature, Susan Hayward et Michael Rennie. - L'empereur Caligula cherche à s'emparer de la tunique du Christ dont l'esclave Démétrios a la garde. □ Général
DVD Cadrage W➔10,95 $

DEMI-TOUR *voir* **U-Turn**

DEMOISELLE SAUVAGE, LA ▷4
QUÉ. 1991. Drame psychologique de Léa POOL avec Patricia Tulasne, Matthias Habich et Lénie Scoffié. - Après une tentative de suicide ratée, une jeune femme est recueillie par un ingénieur qui vit près d'un immense barrage dans les montagnes. □ Général

DEMOISELLES DE ROCHEFORT, LES ►2
[Young Girls of Rochefort, The]
FR. 1967. Comédie musicale de Jacques DEMY avec Gene Kelly, Catherine Deneuve et Françoise Dorléac. - Deux sœurs jumelles font la conquête d'un jeune marin et d'un musicien américain. - Utilisation heureuse des recettes classiques de la comédie musicale américaine. Chassés-croisés amusants. Mise en scène souple. Photographie pimpante. Interprétation charmante.
DVD VF➔STA➔Cadrage W➔49,95 $

DEMOISELLES DE WILKO, LES [Maids of Wilko] ►2
POL. 1979. Drame psychologique d'Andrzej WAJDA avec Daniel Olbrychski, Maja Komorowska et Christine Pascal. - Un homme retrouve dans un village cinq sœurs qu'il a connues quinze ans auparavant. - Ton mélancolique. Images admirables. Personnages étudiés avec discrétion. Interprétation expressive. □ Général
DVD STA➔34,95 $

DEMOISELLES DU CHÂTEAU, LES
voir **I Capture the Castle**

DEMON, THE
JAP. 1978. Yoshitaro NOMURA
DVD STA➔23,95 $

DÉMON DANS L'ÎLE, LE ▷5
FR. 1982. Drame d'horreur de Francis LEROI avec Anny Duperey, Jean-Claude Brialy et Pierre Santini. - Dans une île de la Manche, divers habitants sont victimes d'étranges accidents causés par des appareils ménagers.

DÉMON S'ÉVEILLE LA NUIT, LE *voir* **Clash by Night**

DEMONLOVER [Amant diabolique, L'] ▷4
FR. 2002. Thriller d'Olivier ASSAYAS avec Connie Nielsen, Charles Berling et Chloë Sevigny. - Des relations troubles et impitoyables se tissent entre les cadres d'une multinationale parisienne où règne l'espionnage corporatif.
DVD VF➔10,95 $ VF➔STA➔24,95 $

DEMONS 2 ▷5
ITA. 1986. Drame d'horreur de Lamberto BAVA avec David Knight, Nancy Brilli et Bobby Rhodes. - Lors d'une réception donnée dans un immeuble à appartements, des esprits malins se répandent en sortant d'un poste de télévision. □ 16 ans+ · Horreur
DVD VA➔Cadrage W➔10,95 $

DÉMONS DE JÉSUS, LES ▷4
FR. 1996. Comédie dramatique de Bernie BONVOISIN avec Thierry Frémont, Nadia Farès et Fabienne Babe. - Un voyou candide s'éprend de la sœur d'un gangster rival. □ 13 ans+

DEMONS IN THE GARDEN ▷4
ESP. 1982. Comédie de mœurs de Manuel Gutierrez ARAGON avec Alvaro Sanchez-Prieto, Angela Molina et Ana Belen. - Un enfant observe le curieux monde des adultes de sa famille éclatée.

DENIED
É.-U. 2004. Dave SCHRAM
DVD VA➔STA➔42,95 $

DENISE CALLS UP [Fantaisies au bout du fil] ▷4
É.-U. 1995. Comédie de mœurs de Hal SALWEN avec Alanna Ubach, Tim Daly et Caroleen Feeney. - Des amis discutent tous les jours au téléphone sans jamais trouver le temps de se voir. □ Général

DENNIS THE MENACE [Dennis la petite peste] ▷4
É.-U. 1993. Comédie de Nick CASTLE avec Mason Gamble, Walter Matthau et Christopher Lloyd. - Un vieux retraité est le souffre-douleur d'un gamin du voisinage qui accumule sans le vouloir catastrophe sur catastrophe. □ Général

DÉNOMMÉ SQUARCIO, UN [Wide Blue Road, The] ▷4
ITA. 1958. Drame social de Gillo PONTECORVO avec Yves Montand, Alida Valli et Mario Girotti. - Un pauvre pêcheur italien est surveillé par les douaniers parce qu'il pêche à la grenade.
DVD STA➔Cadrage W➔41,95 $

DENTELLIÈRE, LA ►2
FR. 1976. Drame psychologique de Claude GORETTA avec Isabelle Huppert, Yves Beneyton et Florence Giorgetti. - Une jeune coiffeuse a une liaison avec un étudiant dont la rupture l'entraîne à la neurasthénie. - Grande délicatesse de touche. Suite de notes rapides et significatives. Interprétation tout en nuances de I. Huppert.

DENTS DE LA MER, LES *voir* **Jaws**

DENTS DU DIABLE, LES *voir* **Savage Innocents, the**

DEPRISA, DEPRISA *voir* **Vite, Vite**

DEPUIS QU'OTAR EST PARTI ▷3
FR. 2003. Comédie dramatique de Julie BERTUCELLI avec Esther Gorintin, Nino Khomassouridze et Dinara Droukarova. - En Géorgie, la fille et la petite-fille d'une nonagénaire cachent à cette dernière la mort accidentelle de son fils, exilé à Paris depuis plusieurs années. □ Général
DVD VF➔33,95 $

DERAILED ▷5
É.-U. 2005. Thriller de Mikael HAFSTROM avec Clive Owen, Jennifer Aniston et Vincent Cassel. - En banlieue de Chicago, un publicitaire marié subit le chantage d'un truand qui l'a surpris avec une autre femme dans un hôtel. □ 13 ans+ · Violence
DVD VF➔Cadrage W➔34,95 $

DERANGED ▷4
É.-U. 1974. Drame d'horreur de Jeff GILLEN et Alan ORMSBY avec Roberts Blossom, Cosette Lee et Leslie Carlson. - Un simple d'esprit se met à tuer des jeunes femmes pour tenir compagnie au cadavre de sa mère qu'il conserve chez lui.

DEREK JARMAN'S BLUE ▷4
ANG. 1993. Film d'essai de Derek JARMAN - Le réalisateur anglais Derek Jarman parle de son vécu alors qu'il se meurt du sida. □ Général

DERNIER AMANT ROMANTIQUE, LE ▷5
FR. 1978. Comédie dramatique de Just JAECKIN avec Dayle Haddon, Gérard Tybalt et Fernando Rey. - Un dompteur de fauves participe à un concours organisé par un magazine féminin. □ 13 ans+

DERNIER ANNIVERSAIRE, LE *voir* **It's My Party**

DERNIER CHÂTEAU, LE *voir* **Last Castle, The**

DERNIER CLAIRON, LE *voir* **Taps**

DERNIER COMBAT, LE ▷3
FR. 1982. Science-fiction de Luc BESSON avec Pierre Jolivet, Jean Bouise et Jean Reno. - Après une guerre nucléaire, un solitaire entre en lutte avec d'autres survivants. - Variations originales sur un thème classique. Traitement éminemment visuel. Mise en scène inventive en dépit de moyens modestes. □ 13 ans+

DERNIER COUP DE MONSIEUR BOB, LE
voir **Good Thief, The**

DERNIER DES HÉROS, LE *voir* **Last Action Hero**

DERNIER DES HÉROS, LE *voir* **Soldier of Orange**

DERNIER DES HOMMES, LE [Last Laugh, The] ►1
ALL. 1924. Mélodrame de Friedrich Wilhelm MURNAU avec Emil Jannings, Maly Delschaft et Georg John. - Un vieux portier d'hôtel très fier de sa position est humilié par un changement d'emploi. - Thème très humain et touchant. Film s'exprimant uniquement par l'image. Caméra mobile et efficace. Œuvre marquante du cinéma muet. Jeu un peu outré d'E. Jannings. □ Général
DVD STA➔23,95 $

DERNIER DES MOHICANS, LE
voir **Last of the Mohicans, The**

DERNIER DOMICILE CONNU ▷3
FR. 1970. Drame policier de José GIOVANNI avec Lino Ventura, Marlène Jobert et Michel Constantin. - Un inspecteur et son assistante recherchent un témoin nécessaire à la condamnation d'un chef de la pègre. - Sujet plausible et prenant. Notations humaines bien observées. □ 13 ans+

DERNIER EMPEREUR, LE *voir* **Last Emperor, The**

DERNIER ÉTÉ À TANGER ▷5
FR. 1986. Drame policier d'Alexandre ARCADY avec Valeria Golino, Thierry Lhermitte et Roger Hanin. - Ayant été témoin de l'assassinat de son père dans son enfance, une jeune femme veut le venger en faisant appel à un détective privé pour l'aider à retrouver les meurtriers.

DERNIER GLACIER, LE ▷4
QUÉ. 1984. Drame social de Roger FRAPPIER et Jacques LEDUC avec Robert Gravel, Louise Laprade et Michel Rivard. - Alors que la compagnie minière Iron Ore décide d'interrompre ses opérations à Schefferville, un couple s'interroge sur son avenir. □ Général

DERNIER HAREM, LE [Harem Suare] ▷5
ITA. 1999. Drame de mœurs de Ferzan OZPETEK avec Marie Gillain, Alex Descas et Lucia Bosè. - En 1904, une jeune Italienne vendue comme esclave se retrouve dans le harem du sultan ottoman à Istanbul. □ Général

DERNIER MÉTRO, LE [Last Metro, The] ▷3
FR. 1980. Comédie dramatique de François TRUFFAUT avec Gérard Depardieu, Catherine Deneuve et Heinz Bennent. - À Paris, sous l'Occupation, une comédienne continue à diriger le théâtre de son mari qui a disparu parce qu'il était juif. - Traitement léger d'un sujet grave. Bonne reconstitution d'époque. Relations intéressantes entre le théâtre et la réalité. □ Général
DVD VF➔STA➔Cadrage W➔22,95 $

DERNIER ROUND, LE *voir* **Battling Butler**

DERNIER SAMURAI, LE *voir* **Last Samurai, The**

DERNIER SAUT, LE ▷4
FR. 1969. Drame policier d'Édouard LUNTZ avec Maurice Ronet, Michel Bouquet et Cathy Rosier. - Un vétéran d'Algérie qui a tué sa femme se lie d'amitié avec le policier qui conduit l'enquête sur ce meurtre. □ Général

DERNIER SOUFFLE, LE ▷4
QUÉ. 1999. Drame policier de Richard CIUPKA avec Luc Picard, Julien Poulin et Michel Goyette. - En enquêtant sur le meurtre de son frère skinhead, un policier découvre un complot impliquant des miliciens d'extrême droite de l'Arkansas. □ Général
DVD VF➔Cadrage W➔11,95 $

DERNIER SURVIVANT, LE *voir* **Quiet Earth, The**

DERNIER TANGO À PARIS, LE [Last tango in Paris] ►2
ITA. 1972. Drame psychologique de Bernardo BERTOLUCCI avec Marlon Brando, Maria Schneider et Jean-Pierre Léaud. - Un homme d'âge mûr, sous le choc du suicide de sa femme, a une aventure avec une jeune fille rencontrée par hasard. - Exploration des relations entre la mort et l'érotisme. Mélange impressionnant de solennité et de frénésie. Forte création de M. Brando. □ 18 ans+
DVD VF➔Cadrage W➔12,95 $

DERNIER TESTAMENT, LE *voir* **Testament**

DERNIER TOUR DE TABLE *voir* **Rounders**

DERNIER TUNNEL, LE [Last Tunnel, The] ▷4
QUÉ. 2004. Thriller d'Érik CANUEL avec Michel Côté, Jean Lapointe et Christopher Heyerdahl. - Des criminels creusent un tunnel à partir des égouts afin de cambrioler une banque du Vieux-Montréal. □ 13 ans+
DVD VF→STA→Cadrage W/16X9→7,95 $

DERNIÈRE CARAVANE, LA *voir* **Last Wagon, The**

DERNIÈRE CHANCE, LA *voir* **Heart And Souls**

DERNIÈRE CHANCE, LA *voir* **Hard Core Logo**

DERNIÈRE CHARGE, LA [Lotna] ▷4
POL. 1959. Drame de guerre d'Andrzej WAJDA avec Jerzy Moes, Bozena Kurowska et Adam Pawlikowski. - Pendant l'invasion de 1939, un cheval passe d'un officier à l'autre. □ Général

DERNIÈRE CHASSE, LA *voir* **Last Hunt, The**

DERNIÈRE CORVÉE, LA *voir* **Last Detail, The**

DERNIÈRE DANSE, LA *voir* **Last Dance**

DERNIÈRE FOIS QUE J'AI VU PARIS, LA
voir **Last Time I Saw Paris, The**

DERNIÈRE INCARNATION, LA ▷5
QUÉ. 2005. Comédie fantaisiste de Demian FUICA avec Gilbert Turp, Catherine Florent et Leonardo Fuica. - Un comptable à la vie rangée voit surgir une femme de l'ère mésopotamienne qui a voyagé dans le temps pour le prévenir d'un grave danger. □ Général
DVD VF→21,95 $

DERNIÈRE MARCHE, LA *voir* **Dead Man Walking**

DERNIÈRE NUIT DE JESSI, LA *voir* **Night Mother**

DERNIÈRE SÉANCE, LA *voir* **Last Picture Show, The**

DERNIÈRE SORTIE POUR BROOKLYN
voir **Last Exit to Brooklyn**

DERNIÈRE TENTATION DU CHRIST, LA
voir **Last Temptation of Christ, The**

DERNIÈRE TOURNÉE, LA *voir* **Last Orders**

DERNIÈRES FIANCAILLES, LES ▷3
QUÉ. 1973. Drame poétique de Jean-Pierre LEFEBVRE avec J. Léo Gagnon, Marthe Nadeau et Marcel Sabourin. - Les derniers jours d'un vieux couple. - Mise en scène d'une grande sensibilité. Valeurs traditionnelles traitées avec un respect ému. Interprétation tout en finesse. □ Général
DVD VF→28,95 $

DÉROBADE, LA ▷4
FR. 1979. Drame de mœurs réalisé et interprété par Daniel DUVAL avec Miou-Miou et Maria Schneider. - Une employée de magasin entraînée à la prostitution cherche à fuir le milieu.

DÉROUTE, LA ▷4
QUÉ. 1998. Drame psychologique de Paul TANA avec Tony Nardi, Michèle-Barbara Pelletier et John Dunn-Hill. - Un immigré d'origine italienne se heurte au refus de sa fille de participer à l'entreprise familiale. □ 13 ans+

DERRIÈRE, LE ▷5
FR. 1999. Comédie de mœurs réalisée et interprétée par Valérie LEMERCIER avec Claude Rich et Dieudonné. - Une jeune provinciale, venue trouver à Paris son père qui ignore son existence, se fait passer pour un garçon lorsqu'elle s'aperçoit qu'il est homosexuel. □ Général

DERRIÈRE LA PORTE ▷5
ITA. 1982. Drame de Liliana CAVANI avec Marcello Mastroianni, Eleonora Giorgi et Tom Berenger. - Un ingénieur américain s'intéresse à une femme au passé familial trouble qu'il cherche à aider en l'emmenant avec lui à Rome.

DERSU UZALA *voir* **Aigle de la Taïga, L'**

DES ANGES ET DES INSECTES
voir **Angels & Insects**

DES CHIENS DANS LA NEIGE ▷5
QUÉ. 2000. Thriller de Michel WELTERLIN avec Marie-Josée Croze, Jean-Philippe Ecoffey et Romano Orzari. - Après avoir tué accidentellement son mari, une jeune femme découvre qu'il avait volé une forte somme à des truands.

DES ENFANTS GÂTÉS ▷4
FR. 1977. Drame social de Bertrand TAVERNIER avec Christine Pascal, Michel Piccoli et Michel Aumont. - Ayant loué un appartement dans un édifice à logements multiples, un réalisateur de films est amené à s'intéresser aux problèmes des autres locataires. □ Général

DES FILLES DISPARAISSENT *voir* **Lured**

DES FILLES, ENCORE DES FILLES
voir **Girls ! Girls ! Girls !**

DES FLEURS POUR HARRISON *voir* **Harrison's Flowers**

DES GENS COMME LES AUTRES *voir* **Ordinary People**

DES HOMMES D'HONNEUR *voir* **Few Good Men, A**

DES HOMMES D'INFLUENCE *voir* **Wag the Dog**

DES HOMMES DE LOI *voir* **U.S. Marshals**

DES HOMMES DE MAIN *voir* **Knockaround Guys**

DES NOUVELLES DU BON DIEU ▷4
FR. 1995. Comédie fantaisiste de Didier LE PÊCHEUR avec Marie Trintignant, Christian Charmetant et Maria de Medeiros. - Quelques individus se mettent à la recherche de Dieu pour lui demander des comptes. □ 13 ans+

DES OISEAUX PETITS ET GRANDS ▷3
[Hawks and the Sparrows, The]
ITA. 1966. Comédie satirique de Pier Paolo PASOLINI avec Ninetto Davoli, Toto et Femi Benussi. - Un corbeau se joint à un homme et à son fils pour leur raconter l'histoire d'un disciple de saint François d'Assise qui voulut évangéliser les oiseaux. - Dissertation politique et philosophique. Style résolument insolite et drôle. Rythme sautillant. Interprétation clownesque dans le ton. □ Général
DVD VA→Cadrage W→39,95 $

DES PILOTES EN L'AIR *voir* **Hot Shots !**

DES SOURIS ET DES HOMMES
voir **Of Mice and Men**

DESCENDING ANGEL ▷4
É.-U. 1990. Drame de Jeremy Paul KAGAN avec Diane Lane, Eric Roberts et George C. Scott. - Une jeune femme est bouleversée lorsque son fiancé la questionne sur le passé de son père qui est possiblement membre d'une organisation fasciste.
DVD VA→12,95 $

DESCENTE AUX ENFERS ▷5
FR. 1986. Drame policier de Francis GIROD avec Claude Brasseur, Sophie Marceau et Betsy Blair. - Un romancier qui vit une mésentente avec sa jeune femme est impliqué dans un meurtre en Haïti. □ Général

DÉSENCHANTÉE, LA [Disenchanted, The] ▷4
FR. 1990. Drame psychologique de Benoît JACQUOT avec Judith Godrèche, Yvan Desny et Marcel Bozonnet. - Trois jours dans la vie d'une adolescente de dix-sept ans déçue par la vie qu'elle mène et les hommes qu'elle rencontre.
DVD VF→STA→Cadrage W→34,95 $

DESERT BLOOM ▷4
É.-U. 1985. Drame psychologique de Eugene CORR avec Annabeth Gish, Jon Voight et JoBeth Williams. - Une adolescente de 13 ans dont la mère s'est remariée avec un garagiste de Las Vegas souffre en silence d'un manque d'affection. □ Général

DESERT BLUE ▷5
É.-U. 1998. Comédie de mœurs de Morgan J. FREEMAN avec Brendan Sexton III, Casey Affleck, Kate Hudson et Christina Ricci. - Forcée de séjourner dans un bled peuplé de marginaux, une jeune vedette de la télévision en vient à sympathiser avec les adolescents du coin.

DESERT FOX, THE [Renard du désert, Le] ▷4
É.-U. 1951. Drame biographique de Henry HATHAWAY avec James Mason, Jessica Tandy et Luther Adler. - La carrière du général Rommel et sa mésentente avec Hitler. □ Général
DVD VA→STA→14,95 $

DESERT HEARTS ▷4
É.-U. 1985. Drame psychologique de Donna DEITCH avec Helen Shaver, Patricia Charbonneau et Audra Lindley. - Au Nevada en 1959, une universitaire se découvre des tendances homosexuelles lorsqu'elle s'éprend d'une jeune employée d'un casino local.
□ 13 ans+
DVD VA→STF→Cadrage W→12,95 $

DESERT RATS, THE ▷4
É.-U. 1953. Drame de guerre de Robert WISE avec Richard Burton, Robert Newton et James Mason. - En 1941, la défense de Tobrouk par une division australienne. □ Non classé
DVD VF→STA→Cadrage P&S→16,95 $

DÉSERT ROUGE, LE [Red Desert, The] ►1
ITA. 1964. Drame psychologique de Michelangelo ANTONIONI avec Monica Vitti, Richard Harris et Xenia Valderi. - Une jeune femme névrosée tente de sortir de sa solitude angoissée. - Scénario introspectif d'une rare acuité. Couleur utilisée avec un art exceptionnel. Remarquable souci formel. M. Vitti merveilleusement dirigée.
□ Général

DÉSESPOIR [Despair] ▷3
ALL. FR. 1977. Drame psychologique de Rainer Werner FASSBINDER avec Dirk Bogarde, Andréa Ferréol et Volker Spengler. - Au début des années 30, le directeur d'une fabrique de chocolat songe à disparaître en changeant d'identité. - Histoire bizarre. Style recherché. Ironie constante. Interprétation intelligente de D. Bogarde.
□ 13 ans+

DESI'S LOOKING FOR A NEW GIRL
É.-U. 2001. Mary GUZMAN
DVD VA→39,95 $

DESIGNATED MOURNER, THE ▷4
ANG. 1997. Film d'essai de David HARE avec Mike Nichols, Miranda Richardson et David de Keyser. - Un vieux poète, sa fille et le mari de celle-ci livrent des monologues sur leur vie et leur conception de la culture.

DESIGNING WOMAN ▷3
É.-U. 1956. Comédie de mœurs de Vincente MINNELLI avec Gregory Peck, Lauren Bacall et Dolores Gray. - Les mésaventures conjugales d'un rédacteur sportif et d'une dessinatrice de haute couture. - Satire spirituelle et amusante. Mise en scène élégante. Interprétation en finesse. □ Non classé
DVD 21,95 $

DÉSILLUSIONS *voir* **Myth of the Fingerprints, The**

DESIRE ▷4
É.-U. 1935. Comédie policière de Frank BORZAGE avec Marlene Dietrich, Gary Cooper et John Halliday. - Une aventurière séduit un ingénieur pour lui faire passer à la frontière le produit d'un vol.
□ Général

DESIREE ▷4
É.-U. 1954. Drame biographique de Henry KOSTER avec Marlon Brando, Jean Simmons et Merle Oberon. - La vie de Désirée Clary qui fut fiancée à Napoléon puis délaissée par lui. □ Général

DESK SET ▷4
É.-U. 1957. Comédie de Walter LANG avec Spencer Tracy, Katharine Hepburn et Joan Blondell. - Les directeurs d'un poste de télévision décident de remplacer le personnel féminin du service des recherches par un cerveau électronique. □ Général
DVD VA→STA→15,95 $

DÉSORDRE ▷3
FR. 1986. Drame de mœurs d'Olivier ASSAYAS avec Lucas Belvaux, Wadeck Stanczak et Ann-Gisel Glass. - La mésentente s'installe dans un groupe de jeunes musiciens après un cambriolage qui a entraîné la mort d'un homme. - Création d'atmosphère et description de milieu intéressantes. Évocation subtile de tourments psychologiques.

DÉSOSSEUR, LE *voir* **Bone Collector, The**

DESPAIR *voir* **Désespoir**

DESPERADO ▷5
É.-U. 1995. Drame de Robert RODRIGUEZ avec Salma Hayek, Antonio Banderas et Joaquim de Almeida. - Un jeune mariachi affronte un trafiquant de drogue qui a tué sa bien-aimée. □ 16 ans+ · Violence
DVD VA→22,95 $ Cadrage W→24,95 $

DESPERADOES, THE ▷4
É.-U. 1942. Western de Charles VIDOR avec Randolph Scott, Glenn Ford et Claire Trevor. - Un jeune homme entreprend de délivrer un village de ses hors-la-loi. □ Général
DVD VA→17,95 $

DESPERATE ▷4
É.-U. 1947. Drame policier d'Anthony MANN avec Steve Brodie, Audrey Long et Raymond Burr. - Un camionneur sur qui des gangsters exercent un chantage tente de leur échapper en se réfugiant dans une ferme avec sa jeune épouse. □ Non classé

DESPERATE HOURS, THE ▷3
É.-U. 1955. Drame de William WYLER avec Fredric March, Humphrey Bogart et Arthur Kennedy. - Trois évadés de prison se réfugient chez un banquier dont ils terrorisent la famille. - Brillant thriller. Subtile étude de milieu. Dialogue sobre. Interprétation forte. □ Non classé
DVD VF→STA→Cadrage W→16,95 $

DESPERATE HOURS ▷5
É.-U. 1990. Drame policier de Michael CIMINO avec Mickey Rourke, Anthony Hopkins et Mimi Rogers. - Trois criminels en fuite terrorisent une famille chez qui ils se sont réfugiés. □ 13 ans+
DVD VF→STF→Cadrage W→9,95 $

DESPERATE JOURNEY ▷4
É.-U. 1942. Drame de guerre de Raoul WALSH avec Errol Flynn, Ronald Reagan et Nancy Coleman. - L'équipage d'un bombardier fait prisonnier par les Allemands parvient à s'évader et à regagner l'Angleterre.

DESPERATE TRAIL, THE ▷4
É.-U. 1994. Western de P.J. PESCE avec Sam Elliott, Linda Fiorentino et Craig Sheffer. - Une jeune détenue escortée en diligence par un marshal réussit à lui fausser compagnie.
DVD VF→STF→Cadrage P&S→14,95 $

DESPERATELY SEEKING SUSAN ▷4
[Recherche Susan, désespérément]
É.-U. 1985. Comédie satirique de Susan SEIDELMAN avec Rosanna Arquette, Madonna et Aidan Quinn. - Des incidents imprévus entraînent une épouse bourgeoise dans l'existence capricieuse d'une jeune bohème. □ Général
DVD VA→STF→Cadrage W→12,95 $

DESTIN, LE ▷3
ÉGY. 1997. Drame historique de Youssef CHAHINE avec Mahmoud Hémeida, Nour El Cherif et Laila Eloui. - Dans l'Andalousie du XIIe siècle, un philosophe prônant un Islam ouvert est persécuté par des intégristes. - Exercice de mémoire courageux et nécessaire. Personnages et récits dans le récit multiples. Traitement délibérément artificiel et naïf. □ Général

DESTIN DE WILL HUNTING, LE
voir **Good Will Hunting**

DESTINATION MOON ▷4
É.-U. 1950. Science-fiction de Irving PICHEL avec Warner Anderson, John Archer et Tom Powers. - Quatre hommes effectuent le premier voyage de la Terre à la Lune à bord d'une fusée. □ Général

DESTINATION TOKYO ▷4
É.-U. 1944. Drame de guerre de Delmer DAVES avec Cary Grant, John Garfield et Alan Hale. - Un sous-marin américain doit pénétrer dans la baie de Tokyo pour une mission de reconnaissance secrète. □ Général
DVD VA➔STF➔21,95 $

DESTINATION: ZEBRA, STATION POLAIRE
voir **Ice Station Zebra**

DESTINÉES SENTIMENTALES, LES ▷3
FR. 2000. Chronique d'Olivier ASSAYAS avec Emmanuelle Béart, Charles Berling et Isabelle Huppert. - Au début du XXe siècle, un pasteur protestant divorcé quitte le pastorat, se remarie et prend la direction de l'entreprise familiale. - Fresque historico-sociale mêlant intrigues familiales et sentimentales. Valeur documentaire indéniable. Traitement elliptique. Mise en scène fluide. Distribution imposante. □ Général

DESTINY
ALL. 1921. Fritz LANG
DVD 39,95 $

DESTRY RIDES AGAIN ▷3
É.-U. 1939. Western de George MARSHALL avec Marlene Dietrich, James Stewart et Charles Winninger. - Un nouvel assistant-shérif doit affronter un tenancier de saloon malhonnête et ses complices. - Traitement vivant et humoristique. Réalisation assurée. Interprètes de valeur. □ Général
DVD VA➔STF➔18,95 $

DETECTIVE, THE [Father Brown] ▷4
ANG. 1954. Comédie policière de Robert HAMER avec Peter Finch, Alec Guinness et Joan Greenwood. - Les aventures d'un prêtre-détective qui veut sauver l'âme d'un voleur endurci. □ Général

DETECTIVE, THE ▷4
É.-U. 1968. Drame policier de Gordon DOUGLAS avec Frank Sinatra, Lee Remick et Jack Klugman. - Un policier de New York apprend qu'un homme qu'il a fait condamner et exécuter pour meurtre était innocent.
DVD VF➔STA➔Cadrage W➔15,95 $

DÉTECTIVE ▷4
FR. 1985. Comédie dramatique de Jean-Luc GODARD avec Claude Brasseur, Nathalie Baye et Johnny Hallyday. - Dans un hôtel parisien, un détective et son neveu enquêtent sur un meurtre tandis qu'un promoteur de boxe reçoit la visite de créanciers.

DETECTIVE STORY ▷3
É.-U. 1951. Drame psychologique de William WYLER avec Eleanor Parker, Kirk Douglas et William Bendix. - Un détective intransigeant s'acharne contre un médecin avorteur. - Tension dramatique croissante. Réalisation technique très habile. Excellents interprètes.
DVD VF➔STA➔15,95 $

DÉTECTIVES *voir* **Cop Land**

DETERRENCE ▷5
É.-U. 1999. Drame de Rod LURIE avec Kevin Pollak, Timothy Hutton et Sheryl Lee Ralph. - En 2008, les États-Unis menacent de lancer une attaque nucléaire sur Bagdad à la suite d'une invasion iraqienne au Koweït.
DVD VA➔STA➔Cadrage W➔19,95 $

DETOUR ▷4
É.-U. 1945. Drame policier d'Edgar G. ULMER avec Tom Neal, Ann Savage et Claudia Drake. - Parti rejoindre sa fiancée à Hollywood, un pianiste en vient à prendre l'identité d'un richard mort subitement après l'avoir pris en stop. □ Général
DVD 39,95 $

DÉTOUR, LE *voir* **Snow Walker, The**

DÉTRAQUÉS ▷4
ALL. 1984. Drame de Carl SCHENKEL avec Goetz George, Renée Soutendijk et Wolfgang Kieling. - Un vendredi soir, quatre personnes se retrouvent coincées dans un ascenseur en panne d'un gratte-ciel de Hambourg.

DETTE, LA [Veronico Cruz] ▷3
ARG. 1988. Drame social de Miguel PEREIRA avec Juan Jose Camero, Gonzalo Morales et René Olaguivel. - Nouvellement affecté dans un village de montagne, un instituteur s'intéresse à un jeune Indien d'une dizaine d'années. - Tableau attachant de la dure existence des populations rurales en Argentine. Aspect documentaire indéniable. Illustration adéquate. Interprétation sobre et convaincante. □ Non classé
DVD 27,95 $

DEUCE BIGALOW EUROPEAN GIGOLO ▷5
É.-U. 2005. Comédie de Mike BIGELOW avec Rob Schneider, Eddie Griffin et Hanna Verboom. - À Amsterdam, un ancien gigolo reprend du service pour innocenter son ami souteneur soupçonné d'être le tueur des prostitués mâles de la ville. □ 13 ans+ · Langage vulgaire
DVD VF➔Cadrage W➔36,95 $

DEUX ▷4
FR. 1989. Comédie de mœurs de Claude ZIDI avec Michelle Goddet, Maruschka Detmers et Gérard Depardieu. - Un organisateur de concerts et la directrice d'une agence immobilière vivent une idylle qui les force à remettre leur indépendance en question. □ 13 ans+

DEUX ANGLAISES EN DÉLIRE *voir* **Smashing Time**

DEUX ANGLAISES ET LE CONTINENT, LES
voir **2 Anglaises et le continent, Les**

DEUX CRIMES [Dos Crimenes] ▷4
MEX. 1995. Comédie dramatique de Roberto SNEIDER avec Damian Alcazar, Jose Carlos Ruiz et Dolores Heredia. - Les neveux et nièces d'un vieillard riche et malade rivalisent entre eux pour s'assurer une part de son héritage. □ 13 ans+

DEUX FEMMES EN OR ▷6
QUÉ. 1970. Comédie de Claude FOURNIER avec Monique Mercure, Louise Turcot et Marcel Sabourin. - Deux femmes de banlieue négligées par leurs maris décident d'inviter le plus de livreurs possible chez elles. □ 18 ans+
DVD VF➔Cadrage W➔21,95 $

DEUX FILLES D'AUJOURD'HUI *voir* **Career Girls**

DEUX FILS DE PUTES *voir* **Dirty Rotten Scoundrels**

DEUX FLICS À DOWNTOWN *voir* **Downtown**

DEUX FRAGONARD, LES ▷4
FR. 1989. Drame de mœurs de Philippe LE GUAY avec Joachim de Almeida, Philippine Leroy-Beaulieu et Robin Renucci. - Au XVIIIe siècle, une belle lavandière, employée comme modèle par un peintre connu, devient du jour au lendemain une vedette du beau monde. □ 13 ans+

DEUX FRÈRES [Two Brothers] ▷4
FR. 2004. Aventures de Jean-Jacques ANNAUD avec Guy Pearce, Jean-Claude Dreyfus et Freddie Highmore. - Séparés peu après leur naissance, deux tigres de la jungle indochinoise vivent diverses tribulations parmi les humains avant de se retrouver. □ Général
DVD VF➔STF➔Cadrage W➔23,95 $

DEUX HEURES MOINS LE QUART AVANT JÉSUS-CHRIST ▷6
FR. 1982. Comédie réalisée et interprétée par Jean YANNE avec Michel Coluche et Michel Serrault. - À l'occasion d'une visite de Jules César en Afrique du Nord, un modeste garagiste est entraîné dans un complot politique. □ Général

DEUX HOMMES DANS LA VILLE [Two Men in Town] ▷4
FR. 1973. Drame psychologique de José GIOVANNI avec Alain Delon, Jean Gabin et Michel Bouquet. - Un ancien prisonnier en voie de réhabilitation est harcelé par un policier. □ Général
DVD VF➔STA➔Cadrage W/16X9➔21,95 $

DEUX INCONNUS DANS LA VILLE ▷5
ITA. 1985. Comédie policière d'Amanzio TODINI avec Giorgio Gobbi, Marcello Mastroianni et Vittorio Gassman. - Un ancien bagnard accepte de remplacer un vieil ami malade dans une affaire de contrebande de devises. □ Général

DEUX MINETS POUR JULIETTE
voir **Not with My Wife, You Don't!**

DEUX NIGAUDS CHEZ LES BARBUS
voir **Comin' Round the Mountain**

DEUX NIGAUDS DANS LA LÉGION ÉTRANGÈRE
voir **Abbott & Costello in the Foreign Legion**

DEUX NIGAUDS DANS LA MAFIA, LES *voir* **Wise Guys**

DEUX ORPHELINES, LES *voir* **Orphans of the Storm**

DEUX OU TROIS CHOSES QUE JE SAIS D'ELLE ▷3
[Two or Three Things I Know About Her]
FR. 1967. Étude de mœurs de Jean-Luc GODARD avec Marina Vlady, Roger Montsoret et Annie Duperey. - La vie d'une jeune mère de famille qui arrondit ses fins de mois en se prostituant. - Regard singulièrement intelligent sur un monde en désarroi. Style original et inventif se voulant souvent dérangeant. Interprétation dans le ton voulu.

DEUX TÊTES FOLLES *voir* **Paris When It Sizzles**

DEUXIÈME SOUFFLE, LE ▷3
FR. 1966. Drame policier de Jean-Pierre MELVILLE avec Raymond Pellegrin, Lino Ventura et Paul Meurisse. - Un évadé de prison tente de prouver qu'il n'est pas un « donneur ». - Ton de tragédie. Rigueur quasi scientifique. Style dépouillé. □ Non classé

DEVDAS ▷5
IND. 2002. Mélodrame de Sanjay Leela BHANSALI avec Shahrukh Khan, Aishwarya Rai et Madhuri Dixit. - Un jeune avocat dont le père est propriétaire terrien se fait interdire d'épouser sa bien-aimée, une fille de chanteuse. □ Général

DEVENIR COLETTE *voir* **Becoming Colette**

DEVIL AND DANIEL WEBSTER, THE ▷4
É.-U. 1942. Drame fantastique de William DIETERLE avec Edward Arnold, Walter Huston et James Craig. - Un fermier vend son âme au diable puis confie sa cause à un avocat retors. □ Général
DVD VA→62,95 $

DEVIL AND MISS JONES, THE ▷4
É.-U. 1941. Comédie de Sam WOOD avec Jean Arthur, Robert Cummings et Charles Coburn. - Le patron d'une chaîne de magasins new-yorkais se déguise en simple commis pour étudier les griefs de ses employés. □ Général

DEVIL AT 4 O'CLOCK, THE ▷5
É.-U. 1961. Drame de Mervyn LeROY avec Frank Sinatra, Spencer Tracy et Kerwin Matthews. - Un vieux prêtre et trois bagnards sauvent un groupe d'enfants d'une éruption volcanique. □ Général

DEVIL CAME FROM AKASAVA, THE
ALL. ESP. 1971. Jess (Jesus) FRANCO
DVD STA→28,95 $

DEVIL COMMANDS, THE
É.-U. 1941. Edward DMYTRYK
DVD VA→31,95 $

DEVIL DOLL, THE ▷4
É.-U. 1937. Drame fantastique de Tod BROWNING avec Lionel Barrymore, Maureen O'Sullivan et Frank Lawton. - Un savant réduit des êtres vivants à la taille d'une poupée. □ Non classé

DEVIL IN A BLUE DRESS [Diable en robe bleue, Le] ▷4
É.-U. 1995. Drame policier de Carl FRANKLIN avec Tom Sizemore, Denzel Washington et Jennifer Beals. - En 1948, un ouvrier au chômage s'attire des ennuis lorsqu'il accepte de rechercher une jeune femme disparue qui semble impliquée dans une affaire louche. □ 13 ans+
DVD VA→STA→Cadrage W→17,95 $

DEVIL IN THE FLESH *voir* **Diable au corps, Le**

DEVIL IS A WOMAN, THE ▷3
É.-U. 1935. Drame de mœurs de Josef VON STERNBERG avec Marlene Dietrich, Lionel Atwill et Cesar Romero. - En Espagne, un officier tombe éperdument amoureux d'une femme capricieuse et ensorcelante. - Adaptation luxuriante du roman La *Femme et le pantin* de Pierre Louys. Traitement d'une savante ironie. Illustration d'un baroque fastueux. □ Général

DEVIL'S ADVOCATE [Avocat du diable, L'] ▷4
É.-U. 1997. Drame fantastique de Taylor HACKFORD avec Al Pacino, Keanu Reeves et Charlize Theron. - Un jeune avocat ambitieux découvre que son nouveau patron n'est nul autre que le diable en personne. □ 16 ans+
DVD VF→STA→Cadrage W→8,95 $

DEVIL'S ARITHMETIC, THE
É.-U. 1999. Donna DEITCH
DVD VA→24,95 $

DEVIL'S BACKBONE *voir* **Échine du diable, L'**

DEVIL'S BRIGADE, THE [Brigade du diable, La] ▷4
É.-U. 1967. Drame de guerre d'Andrew V. McLAGLEN avec William Holden, Cliff Robertson et Vince Edwards. - En 1942, les exploits d'un lieutenant-colonel et de son unité de commandos. □ Non classé
DVD VF→STF→Cadrage W→11,95 $

DEVIL'S BROTHER, THE [Bogus bandits] ▷5
É.-U. 1935. Comédie de Hal ROACH et Charles R. ROGERS avec Stan Laurel, Oliver Hardy et Dennis King. - En Italie, au XVIIIe siècle, deux braves bougres dépouillés par des voleurs s'engagent dans une bande de brigands. □ Général

DEVIL'S EYE, THE *voir*
ŒIL DU DIABLE, L'

DEVIL'S HONEY *voir* **Miel du diable, Le**

DEVIL'S ISLAND LOVERS
voir **Quartier de femmes**

DEVIL'S KISS
ESP. 1975. Georges GIGO
DVD VA→37,95 $

DEVIL'S NIGHTMARE
voir **Plus longue nuit du diable, La**

DEVIL'S OWN, THE [Rage au cœur, La] ▷4
É.-U. 1997. Drame policier d'Alan J. PAKULA avec Brad Pitt, Harrison Ford et Margaret Colin. - Un policier new-yorkais ne soupçonne pas que le jeune Irlandais qu'il héberge supervise l'achat d'armement destiné à l'IRA. □ 13 ans+ · Violence
DVD Cadrage W→18,95 $

DEVIL'S REJECTS ▷5
É.-U. 2005. Drame d'horreur de Rob ZOMBIE avec Sid Haig, Bill Moseley et Sheri Moon Zombie. - En 1977, au Texas, un shérif cherche à exercer une vengeance personnelle contre une famille de meurtriers sadiques en fuite. □ 18 ans+ · Violence
DVD VA→STA→Cadrage W→26,95 $

DEVIL, PROBABLY, THE *voir* **Diable probablement, Le**

DEVILS, THE [Diables, Les] ▷4
ANG. 1971. Drame historique de Ken RUSSELL avec Oliver Reed, Vanessa Redgrave et Dudley Sutton. - En 1631, un curé s'oppose à un édit du Cardinal de Richelieu et est accusé par des religieuses de les avoir ensorcelées. □ 18 ans+

DEVILS ON THE DOORSTEP
CHI. 2000. Jiang WEN
DVD STA→Cadrage W→32,95 $

DEVINE QUI VIENT DÎNER CE SOIR?
voir **Guess Who's Coming to Dinner?**

DIABLE, LA *voir* **She-Devil**

DIABLE AU CORPS, LE [Devil in the Flesh] ▷5
ITA. 1986. Drame de mœurs de Marco BELLOCCHIO avec Maruschka Detmers, Federico Pitzalis et Anita Laurenzi. - Un lycéen s'engage avec la fiancée d'un terroriste repenti dans une liaison passionnée et compromettante. □ 13 ans+

DIABLE EN BOÎTE, LE *voir* **Stunt Man, The**

DIABLE EN ROBE BLEUE, LE
voir **Devil in a Blue Dress**

DIABLE ET LES DIX COMMANDEMENTS, LE ▷5
FR. 1962. Film à sketches de Julien DUVIVIER avec Fernandel, Louis de Funès et Alain Delon. - Divers sketches montrant comment l'humanité en arrive à transgresser les commandements de Dieu.

DIABLE ! VOIS-TU CE QUE J'ENTENDS ?
voir **See No Evil, Hear No Evil**

DIABLES, LES *voir* **Devils, The**

DIABLES, LES ▷4
FR. 2002. Drame psychologique de Christophe RUGGIA avec Vincent Rottiers, Adèle Haenel et Jacques Bonnaffé. - Un gamin délinquant, qui ne peut supporter d'être séparé de sa sœur autiste, rêve de retrouver leurs parents qui les ont abandonnés à la naissance.
DVD VF→Cadrage W/16X9→31,95 $

DIABOLIQUE ▷5
É.-U. 1996. Drame policier de Jeremiah CHECHIK avec Isabelle Adjani, Sharon Stone et Chazz Palminteri. - L'épouse et la maîtresse d'un directeur d'école tyrannique s'unissent pour l'éliminer.
□ 13 ans+ · Violence
DVD VF→STF→Cadrage W→7,95 $

DIABOLIQUE DR. MABUSE, LE ▷4
[1000 Eyes of Dr. Mabuse, The]
ALL. 1960. Drame policier de Fritz LANG avec Gert Frobe, Dawn Addams et Wolfgang Preiss. - La police recherche un criminel qui utilise des méthodes scientifiques. □ 13 ans+
DVD 44,95 $

DIABOLIQUEMENT VÔTRE ▷5
FR. 1967. Drame policier de Julien DUVIVIER avec Alain Delon, Senta Berger et Sergio Fantoni. - Devenu amnésique à la suite d'un accident, un homme tente désespérément de retrouver son passé.

DIABOLIQUES, LES [Diabolique] ►2
FR. 1955. Drame de Henri-Georges CLOUZOT avec Simone Signoret, Paul Meurisse et Vera Clouzot. - La femme et la maîtresse d'un homme odieux sont décidées à le supprimer. - Suspense d'une efficacité implacable. Réalisation inventive. Psychologie fouillée. Excellents interprètes. □ Général

DIABOLO MENTHE ▷4
FR. 1977. Chronique de Diane KURYS avec Éléonore Klarwein, Odile Michel et Anouk Ferjac. - L'année scolaire de deux sœurs adolescentes au début des années 1960. □ Général

DIAGONALE DU FOU, LA [Dangerous Moves] ▷4
FR. 1983. Drame psychologique de Richard DEMBO avec Michel Piccoli, Alexandre Arbatt et Leslie Caron. - Deux joueurs d'échecs russes d'idéologies différentes s'affrontent pour le championnat du monde.

DIAL M FOR MURDER ▷4
É.-U. 1954. Drame policier d'Alfred HITCHCOCK avec Ray Milland, Grace Kelly et Robert Cummings. - Un mari cupide charge un criminel de supprimer sa femme. □ Général
DVD VF→STF→21,95 $

DIAMANT DU NIL, LE *voir* **Jewel of the Nile, The**

DIAMANTS SONT ÉTERNELS, LES
voir **Diamonds Are Forever**

DIAMANTS SUR CANAPÉS
voir **Breakfast at Tiffany's**

DIAMONDS ARE FOREVER ▷4
[Diamants sont éternels, Les]
ANG. 1971. Drame d'espionnage de Guy HAMILTON avec Sean Connery, Jill St. John et Charles Gray. - L'agent secret James Bond enquête sur une affaire de contrebande de diamants. □ Général

DIANE [Diane de Poitiers] ▷5
É.-U. 1955. Drame historique de David MILLER avec Lana Turner, Pedro Armendariz et Marisa Pavan. - La vie de Diane de Poitiers, maîtresse de Henri II, et son influence sur la politique de la France. □ Général

DIARIO DE UNA PASANTE
ESP. 2003. Josecho SAN MATEO
DVD STA→29,95 $

DIARY OF A CHAMBERMAID ▷4
É.-U. 1946. Drame de Jean RENOIR avec Paulette Goddard, Burgess Meredith et Hurd Hatfield. - Une jolie femme de chambre sème le trouble dans une famille bourgeoise. □ Général

DIARY OF A CHAMBERMAID
voir **Journal d'une femme de chambre, Le**

DIARY OF A COUNTRY PRIEST
voir **Journal d'un curé de campagne, Le**

DIARY OF A LOST GIRL
voir **Journal d'une fille perdue**

DIARY OF A MAD BLACK WOMAN ▷6
É.-U. 2004. Comédie de Darren GRANT avec Kimberly Elise, Steve Harris et Shemar Moore. - Larguée par son riche mari, une jeune femme renoue avec sa famille d'origine modeste auprès de qui elle retrouve le bonheur.
DVD VA→STF→Cadrage W→26,95 $

DIARY OF A SEDUCER
voir **Journal d'un séducteur, Le**

DIARY OF A SEX ADDICT
É.-U. 2001. Joseph BRUTSMAN
DVD VF→STF→Cadrage P&S/W→39,95 $

DIARY OF ANNE FRANK, THE ▷3
É.-U. 1959. Drame psychologique de George STEVENS avec Millie Perkins, Joseph Schildkraut et Shelley Winters. - Une petite Juive de quatorze ans vit dans un grenier avec sa famille dans l'espoir d'échapper à la Gestapo. - Récit authentique. Mise en scène soignée. Interprétation sobre et prenante. □ Général
DVD VA→Cadrage W→14,95 $

DIARY OF FORBIDDEN DREAMS [What?] ▷4
ITA. 1972. Comédie fantaisiste de Roman POLANSKI avec Sydne Rome, Marcello Mastroianni et Hugh Griffith. - Après avoir échappé à un viol, une auto-stoppeuse échoue dans une villa italienne occupée par divers obsédés sexuels. □ 13 ans+

DIBBOUK, LE ▷3
POL. 1937. Drame fantastique de Michal WASZNSKI avec Abraham Morewski, Lili Liliana et Dina Halpern. - Ne respectant guère sa promesse, un Juif cupide empêche sa fille de se marier avec le fils d'un ami défunt. - Adaptation d'une pièce de Sholom Anski. Méditation sur la vie et la mort. Influences expressionnistes. Excellente réalisation. Interprétation assurée.

DICK TRACY ▷4
É.-U. 1990. Drame policier réalisé et interprété par Warren BEATTY avec Madonna et Al Pacino. - Dans les années 1930, un détective lutte intrépidement contre la pègre qui infeste sa ville. □ Général
DVD VF→Cadrage P&S→10,95 $

DICTATEUR, LE *voir* **Great Dictator, The**

DIDIER ▷5
FR. 1997. Comédie réalisée et interprétée par Alain CHABAT avec Jean-Pierre Bacri et Isabelle Gélinas. - Un agent recruteur remplace le joueur étoile d'une équipe de soccer par un chien qui s'est transformé en homme. □ Général

DIE ! DIE ! MY DARLING ! ▷5
ANG. 1965. Drame d'horreur de Silvio NARIZZANO avec Tallulah Bankhead, Stefanie Powers et Peter Vaughan. - Une fanatique retient prisonnière la fiancée de son fils décédé. □ 13 ans+

DIE ANOTHER DAY [Meurs un autre jour] ▷5
ANG. 2002. Drame d'espionnage de Lee TAMAHORI avec Pierce Brosnan, Halle Berry et Toby Stephens. - Un agent secret britannique fait équipe avec une collègue américaine pour neutraliser un terroriste mégalomane. □ 13 ans+
DVD VF➔STF➔Cadrage W➔11,95 $

DIE HARD [Piège de cristal] ▷4
É.-U. 1988. Drame policier de John McTIERNAN avec Bruce Willis, Alan Rickman et Bonnie Bedelia. - Dans un gratte-ciel de Los Angeles, un policier engage une guerre personnelle contre des terroristes qui ont pris en otage sa femme et ses collègues de bureau. □ 13 ans+
DVD VF➔STA➔Cadrage W➔15,95 $

DIE HARD 2 : DIE HARDER ▷4
[Cinquante-huit minutes pour vivre]
É.-U. 1990. Drame policier de Renny HARLIN avec Bruce Willis, William Sadler et Dennis Franz. - Alors qu'il attend sa femme à l'aéroport, un policier se trouve mêlé à une opération de terroristes qu'il tente de contrer. □ 13 ans+
DVD VA➔Cadrage W➔32,95 $ VF➔Cadrage W➔15,95 $

DIE HARD WITH A VENGEANCE ▷4
[Marche ou crève : vengeance définitive]
É.-U. 1995. Drame policier de John McTIERNAN avec Bruce Willis, Samuel L. Jackson et Jeremy Irons. - Un policier new-yorkais s'efforce d'arrêter un terroriste qui sème la panique dans la ville avec une série d'attentats à la bombe. □ 13 ans+ · Violence
DVD Cadrage W➔32,95 $ Cadrage W➔32,95 $

DIE MONSTER, DIE ! ▷5
É.-U. 1965. Drame d'horreur de Daniel HALLER avec Nick Adams, Boris Karloff et Susan Farmer. - Un jeune homme découvre que le père de sa fiancée se livre à des expériences maléfiques.
□ 13 ans+
DVD Cadrage W➔11,95 $

DIEU EST GRAND ET JE SUIS TOUTE PETITE ▷5
FR. 2001. Comédie de mœurs de Pascal BAILLY avec Audrey Tautou, Édouard Baer et Julie Depardieu. - Déçue par le catholicisme, un jeune mannequin veut se convertir au judaïsme lorsqu'elle s'éprend d'un vétérinaire juif.

DIEU EST MORT *voir* **Fugitive, The**

DIEU NOIR ET LE DIABLE BLOND, LE ►2
[Black God, White Devil]
BRÉ. 1964. Drame de Glauber ROCHA avec Geraldo del Rey, Iona Magalhaes et Othon Bastos. - Au Brésil, en 1940, un paysan pauvre devient le disciple d'un prophète exalté puis se met au service d'un chef de bande. - Classique du cinéma novo brésilien. Œuvre contestataire au traitement baroque et parfois démentiel. Images d'une beauté âpre. Interprétation forte.

DIEU SEUL LE SAIT
voir **Heaven Knows, Mr. Allison**

DIEU SEUL ME VOIT ▷4
FR. 1998. Comédie sentimentale de Bruno PODALYDÈS avec Denis Podalydès, Jeanne Balibar et Isabelle Candelier. - Un grand indécis ne sait où donner de la tête entre les trois femmes qu'il fréquente.
□ Général · Déconseillé aux jeunes enfants

DIEU VOMIT LES TIÈDES ▷5
FR. 1989. Drame psychologique de Robert GUEDIGUIAN avec Ariane Ascaride, Pierre Banderet et Jean-Pierre Darroussin. - Un écrivain à succès revient dans sa ville natale de Marseille où il renoue avec trois amis d'enfance.

DIEUX SONT TOMBÉS SUR LA TÊTE, LES
voir **Gods Must Be Crazy, The**

DIFFERENT FROM THE OTHERS
ALL. 1919. Richard OSWALD
DVD STA➔24,95 $

DIGGSTOWN ▷4
É.-U. 1992. Comédie dramatique de Michael RITCHIE avec James Woods, Louis Gossett jr et Bruce Dern. - Un magouilleur convainc un boxeur vieillissant de participer à un match-marathon où il devra vaincre dix adversaires de suite. □ 13 ans+
DVD VF➔STA➔Cadrage W➔12,95 $

DILETTANTE, LA ▷4
FR. 1999. Comédie dramatique de Pascal THOMAS avec Catherine Frot, Barbara Schulz et Sébastien Cotterot. - Fuyant sa vie monotone en Suisse, une femme mûre revient seule et sans ressources à Paris, où elle brille pourtant dans divers boulots.
DVD VF➔STA➔Cadrage W➔12,95 $

DILLINGER
É.-U. 1945. Max NOSSECK □ Non classé
DVD VA➔STF➔21,95 $

DIM SUM ▷4
É.-U. 1985. Étude de mœurs de Wayne WANG avec Laureen Chew, Kim Chew et Victor Wong. - Les problèmes familiaux d'une Chinoise sexagénaire qui vit à San Francisco depuis plusieurs années.
DVD VA➔STA➔Cadrage W➔27,95 $

DIMANCHE À KIGALI, UN ▷4
QUÉ. 2006. Drame sentimental de Robert FAVREAU avec Luc Picard, Fatou N'Diaye et Céline Bonnier. - En 1994, quelques mois après avoir fui le génocide rwandais, un journaliste québécois revient à Kigali dans l'espoir d'y retrouver la femme qu'il aime.

DIMANCHE À LA CAMPAGNE, UN ►2
[Sunday in the Country]
FR. 1984. Comédie dramatique de Bertrand TAVERNIER avec Louis Ducreux, Sabine Azéma et Michel Aumont. - Un vieux peintre veuf reçoit son fils et sa fille dans sa villa à la campagne. - Tableau de mœurs d'un charme délicieux. Fines notations psychologiques. Images d'une beauté sans apprêts. Interprétation d'une grande justesse. □ Général
DVD Cadrage W➔23,95 $

DIMANCHE À NEW YORK, UN *voir* **Sunday in New York**

DIMANCHE DE FLIC, UN ▷5
FR. 1982. Drame policier de Michel VIANEY avec Jean Rochefort, Victor Lanoux et Barbara Sukowa. - Deux commissaires de police proches de la retraite se compromettent dans une affaire de drogue et d'argent. □ Général

DIMANCHES DE PERMISSION, LES ▷4
ROU. 1993. Comédie de mœurs de Nae CARANFIL avec Marius Stanescu, Nathalie Bonifay et George Alexandru. - Dans une petite ville de garnison, un garçon qui effectue son service militaire est épris d'une belle lycéenne qui lui préfère un acteur volage.

DIMANCHES DE VILLE-D'AVRAY, LES ▷3
FR. 1961. Drame poétique de Serge BOURGUIGNON avec Hardy Kruger, Patricia Gozzi et Nicole Courcel. - L'amitié naissante entre un amnésique et une fillette. - Récit délicat et sensible. Très belles images. Interprétation prenante. □ Général

DIMPLES ▷5
É.-U. 1936. Comédie dramatique de William SEITER avec Shirley Temple, Frank Morgan et Helen Westley. - Une fillette s'efforce de venir en aide à son grand-père ruiné. □ Général

DINER ▷3
É.-U. 1982. Étude de mœurs de Barry LEVINSON avec Daniel Stern, Steve Guttenberg et Mickey Rourke. - À la fin des années 1950, cinq copains en mal de vieillir se retrouvent dans un petit restaurant. - Peinture ironique. Traitement juste. Réalisation mi-comique, mi-nostalgique. Personnages plausibles campés solidement.
□ 13 ans+
DVD VA➔Cadrage W➔7,95 $

DÎNER DE CONS, LE [Dinner Game, The] ▷4
FR. 1998. Comédie de mœurs de Francis VEBER avec Francis Huster, Jacques Villeret et Thierry Lhermitte. - Un participant à des dîners dont la règle est d'être accompagné d'un imbécile voit sa vie bouleversée par son dernier invité. □ Général
DVD VF→STA→Cadrage W→26,95 $ VF→STA→24,95 $

DÎNER ENTRE ENNEMIS *voir* **Dinner Rush**

DING ET DONG : LE FILM ▷6
QUÉ. 1990. Comédie d'Alain CHARTRAND avec Serge Thériault, Claude Meunier et Raymond Bouchard. - Deux comédiens facétieux héritent d'une forte somme avec laquelle ils entreprennent d'ouvrir un théâtre pour y jouer un classique de Corneille. □ Général

DINNER AT EIGHT ▷4
É.-U. 1933. Comédie de George CUKOR avec Jean Harlow, Wallace Beery et John Barrymore. - Les problèmes des invités à une réception mondaine. - Adaptation spirituelle et brillante d'une pièce de théâtre. Mise en scène raffinée. Dialogue intelligent. Distribution de classe. □ Général
DVD VA→STF→21,95 $

DINNER GAME, THE *voir* **Dîner de cons, Le**

DINNER RUSH [Dîner entre ennemis] ▷4
É.-U. 2000. Comédie dramatique de Bob GIRALDI avec Edoardo Ballerini, Danny Aiello et Vivian Wu. - Une soirée mouvementée dans un chic restaurant italien de Manhattan appartenant à un bookmaker.
DVD VA→7,95 $

DINOSAUR ▷4
É.-U. 2000. Film d'animation d'Eric LEIGHTON et Ralph ZONDAG. - Au crétacé, un bébé dinosaure adopté par une famille de lémuriens rejoint les siens après la chute d'un gigantesque météore. □ Général
DVD VF→Cadrage P&S/W→19,95 $ VA→W 44,95 $

DIPLOMATIC IMMUNITY [Immunité diplomatique] ▷4
CAN. 1991. Drame politique de Sturla GUNNARSSON avec Wendel Meldrum, Ofelia Medina et Michael Hogan. - Une diplomate envoyée au Salvador y découvre que les logements sociaux construits grâce aux fonds d'aide du Canada servent de caserne militaire. □ 13 ans+

DIRECTED BY ALAN SMITHEE
É.-U. 2002. Lesli KLAINBERG
DVD VA→Cadrage W→31,95 $

DIRTY ▷4
CAN. 1997. Drame de mœurs de Bruce SWEENEY avec Tom Scholte, Babz Chula et Benjamin Ratner. - Dans une petite ville de banlieue, divers personnages tentent de vaincre la solitude qui les étreint. □ 16 ans+

DIRTY DANCING [Danse lascive] ▷4
É.-U. 1987. Drame musical d'Emile ARDOLINO avec Patrick Swayze, Jennifer Grey et Jerry Orbach. - En vacances avec ses parents dans un hôtel chic, une adolescente se propose de remplacer la partenaire malade de l'instructeur de danse sociale. □ Général
DVD VF→STA→Cadrage W/16X9→24,95 $

DIRTY DINGUS MAGEE [Beau salaud, Un] ▷4
É.-U. 1970. Western de Burt KENNEDY avec Frank Sinatra, George Kennedy et Anne Jackson. - Après avoir été volé par un vieux copain, un homme devient shérif et se met lui-même à sa poursuite. □ 13 ans+

DIRTY DOZEN, THE [Douze salopards] ▷3
É.-U. 1967. Drame de guerre de Robert ALDRICH avec Lee Marvin, Charles Bronson et John Cassavetes. - En 1944, douze soldats condamnés pour délits graves sont recrutés pour former un commando en vue d'une mission spéciale. - Étude de caractère intéressante. Verve antimilitariste. Distribution imposante. □ 13 ans+
DVD VF→STA→Cadrage W→8,95 $
VA→STF→Cadrage W→31,95 $

DIRTY HARRY [Inspecteur Harry, L'] ▷4
É.-U. 1971. Drame policier de Don SIEGEL avec Clint Eastwood, Andy Robinson et Reni Santoni. - Un inspecteur brutal est chargé de dépister un maniaque criminel. □ 13 ans+
DVD VF→STF→Cadrage W→11,95 $

DIRTY MARY CRAZY LARRY ▷5
É.-U. 1974. Drame policier de J. HOUGH avec Peter Fonda, Susan George et Adam Roarke. - Deux voleurs d'occasion accompagnés d'une jeune femme sont poursuivis à folle allure par la police.
DVD Cadrage W→23,95 $

DIRTY PRETTY THINGS [Loin de chez eux] ▷4
ANG. 2002. Drame de Stephen FREARS avec Chiwetel Ejiofor, Sergi Lopez et Audrey Tautou. - À Londres, deux immigrants illégaux qui travaillent dans un hôtel découvrent que leur patron dirige un marché noir d'organes humains. □ 13 ans+
DVD VF→STA→23,95$

DIRTY ROTTEN SCOUNDRELS [Deux fils de putes] ▷4
É.-U. 1988. Comédie de Frank OZ avec Michael Caine, Steve Martin et Glenne Headley. - Deux escrocs exerçant leurs talents sur un même territoire font un pari afin de départager lequel des deux en restera le seul maître. □ Général
DVD VF→STA→Cadrage W→12,95 $

DIRTY SHAME, A ▷6
É.-U. 2004. Comédie de John WATERS avec Tracey Ullman, Johnny Knoxville et Chris Isaak. - Dans un quartier populaire de Baltimore, plusieurs individus ayant reçu un coup à la tête deviennent des obsédés sexuels. □ 16 ans+ · Langage vulgaire
DVD VA→Cadrage W→31,95 $

DIS-MOI OUI ▷5
FR. 1994. Comédie dramatique d'Alexandre ARCADY avec Jean-Hugues Anglade, Julia Maraval et Claude Rich. - Un jeune médecin volage prend sous sa protection une adolescente malade. □ Général

DIS-MOI QUE JE RÊVE ▷3
FR. 1998. Drame psychologique de Claude MOURIÉRAS avec Muriel Mayette, Frédéric Pierrot et Vincent Dénériaz. - En Savoie, un simple d'esprit qui parle surtout à sa vache préférée donne du souci à sa famille de paysans. - Portrait savoureux d'un milieu agricole. Approche humaniste des problèmes liés aux handicaps physiques ou mentaux. □ Général

DISAPPEARANCE OF GARCIA LORCA, THE
voir **Disparition de Garcia Lorca, La**

DISCHORD
É.-U. 2001. Mark WILKINSON
DVD VA→Cadrage 16X9→26,95 $

DISCLOSURE [Harcèlement] ▷5
É.-U. 1994. Drame de mœurs de Barry LEVINSON avec Michael Douglas, Demi Moore et Donald Sutherland. - Cadre dans une firme spécialisée en réalité virtuelle, un père de famille accuse sa patronne de harcèlement sexuel. □ 13 ans+ · Érotisme
DVD VA→STA→Cadrage W→11,95 $

DISCO PIGS
IRL. 2001. Geraldine O'RAWE
DVD VA→Cadrage W→24,95 $

DISCREET CHARM OF THE BOURGEOISIE, THE
voir **Charme discret de la bourgeoisie, Le**

DISCRÈTE, LA ▷3
FR. 1990. Comédie de mœurs de Christian VINCENT avec Fabrice Luchini, Judith Henry et Maurice Garrel. - Un écrivain entreprend de séduire une jeune femme avec l'intention de l'abandonner ensuite brutalement et de transcrire l'aventure dans un roman. - Approche psychologique fine. Marivaudage plein de fraîcheur. Mise en scène simple mais bien maîtrisée.

DISENCHANTED, THE *voir* **Désenchantée, La**

DISH, THE [Antenne, L'] ▷4
AUS. 2000. Comédie de Rob SITCH avec Kevin Harrington, Patrick Warburton et Sam Neill. - En juillet 1969, l'équipe d'un radio-téléscope en Australie se prépare à diffuser à travers le monde les images d'Apollo XI en direct de la Lune. □ Général
DVD VA→STF→Cadrage W→16,95 $

DISHONORED [Agent x-27] ▷3
É.-U. 1931. Drame d'espionnage de Josef VON STERNBERG avec Marlene Dietrich, Victor McLaglen et Warner Oland. - En 1915, à Vienne, une veuve d'officier, tombée dans la prostitution, est engagée par les services secrets. - Bonne évocation d'époque. Style net et sobre. M. Dietrich excellente. □ Général

DISMISSED FROM LIFE
POL. 1992. Waldemar KRZYSTEK
DVD STA→25,95 $

DISORDERLY ORDERLY, THE ▷4
[Jerry chez les cinoques]
É.-U. 1964. Comédie de Frank TASHLIN avec Jerry Lewis, Susan Oliver et Glenda Farrell. - Dans une clinique, un infirmier maladroit s'éprend d'une jeune patiente. □ Général
DVD VA→9,95 $

DISPARITION COMMANDÉE
voir **Hide in Plain Sight**

DISPARITION DE GARCIA LORCA, LA ▷5
[Disappearance of Garcia Lorca, The]
ESP. 1997. Drame de Marcos ZURINAGA avec Esai Morales, Andy Garcia et Edward James Olmos. - Un journaliste exilé retourne en Espagne déterminé à éclaircir les circonstances de l'assassinat d'un grand poète durant la guerre civile. □ 13 ans+ · Violence

DISPARUE, LA *voir* **Vanishing, The**

DISPARUES, LES *voir* **Missing, The**

DISRAELI ▷5
É-U. 1929. Drame historique de Alfred E. GREEN avec George Arliss, Joan Bennett et Anthony Bushell. - Premier ministre d'Angleterre, Disraeli fait en sorte d'acquérir le canal de Suez pour son pays. □ Général

DISTANT *voir* **Lointain**

DISTANT DRUMS [Aventures du capitaine Wyatt, Les] ▷5
É.-U. 1951. Aventures de Raoul WALSH avec Gary Cooper, Mari Aldon et Richard Webb. - Une expédition militaire contre un fort tombé aux mains des Indiens en Floride. □ Général

DISTANT JOURNEY
TCH. 1949. Alfred RADOK
DVD STA→29,95 $

DISTANT THUNDER ▷3
IND. 1973. Drame social de Satyajit RAY avec Soumitra Chatterji, Rumesh Mukerji et Babita. - La vie d'un village du Bengale pendant la guerre. - Évocation à la fois réaliste et poétique. Mise en scène remarquablement contrôlée. Progression bien amenée. Interprétation discrète et juste.

DISTANT THUNDER [Enfer après l'enfer, L'] ▷4
É.-U. CAN. 1988. Drame psychologique de Rick ROSENTHAL avec John Lithgow, Ralph Macchio et Kerrie Keane. - Un adolescent cherche à reprendre contact avec son père qui l'a abandonné à son retour du Viêtnam. □ Général
DVD VA→Cadrage W→13,95 $

DISTANT VOICES, STILL LIVES ▷3
[Voix lointaines, vies immobiles]
ANG. 1988. Étude de mœurs de Terence DAVIES avec Freda Dowie, Angela Walsh et Dean Williams. - Les petites joies et les grandes peines d'une famille irlandaise vivant dans un quartier ouvrier de Liverpool. - Peinture de mœurs à la fois simple et recherchée. Traitement fortement stylisé et évocateur. Jeu des interprètes fort bien adapté au ton de l'ensemble. □ Général

DISTORTION
FR. ISR. 2005. Haim BOUZAGLO
DVD STA→29,95 $

DISTRAIT, LE ▷4
FR. 1970. Comédie réalisée et interprétée par Pierre RICHARD avec Bernard Blier et Marie-Christine Barrault. - Un garçon distrait trouve un emploi dans une agence de publicité grâce à l'influence de sa mère sur le directeur de la firme. □ Général

DITES-LUI QUE JE L'AIME ▷3
FR. 1977. Drame psychologique de Claude MILLER avec Gérard Depardieu, Miou-Miou et Dominique Laffin. - Un jeune homme est malade d'amour pour une ancienne amie qui a épousé quelqu'un d'autre. - Scénario tiré d'un roman de Patricia Highsmith. Aspects psychologiques intéressants. Mise en scène attentive aux détails significatifs. Jeu puissant de Depardieu. □ 13 ans+

DIVA ▷3
FR. 1980. Drame policier de Jean-Jacques BEINEIX avec Frédéric Andrei, Richard Bohringer et Jacques Fabbri. - Après avoir enregistré clandestinement la voix d'une cantatrice noire, un jeune homme connaît diverses tribulations. - Scénario compliqué. Mise en scène inventive. Brillant exercice de style. Interprétation dans la note. □ 13 ans+
DVD VF→STA→Cadrage W→28,95 $

DIVAN À NEW YORK, UN [Couch in New York, A] ▷4
FR. 1995. Comédie sentimentale de Chantal AKERMAN avec William Hurt, Juliette Binoche et Paul Guilfoyle. - Une jeune danseuse française se met à traiter les patients du psychanalyste new-yorkais dont elle a sous-loué l'appartement. □ Général

DIVE BOMBER ▷4
É.-U. 1941. Drame de guerre de Michael CURTIZ avec Errol Flynn, Fred MacMurray et Ralph Bellamy. - Un médecin travaille à éliminer les évanouissements de pilotes en mission.

DIVIDED WE FALL ▷4
TCH. 2000. Drame social de Jan HREBEIK avec Boleslav Polivka, Csongor Kassai et Jaroslav Dusek. - En 1943, dans un village tchèque occupé par les nazis, un couple cache un Juif dans son logement pendant deux ans. □ Général
DVD STA→Cadrage W→39,95 $

DIVORCE, LE ▷4
É.-U. 2003. Comédie sentimentale de James IVORY avec Kate Hudson, Naomi Watts et Thierry Lhermitte. - Venue à Paris pour aider sa sœur aînée en instance de divorce, une jeune Américaine s'éprend d'un politicien français d'âge mûr. □ Général
DVD VF→STF→Cadrage W→34,95 $

DIVORCE À L'ITALIENNE [Divorce à l'italienne] ▷3
ITA. 1961. Comédie de Pietro GERMI avec Marcello Mastroianni, Daniela Rocca et Leopoldo Trieste. - Un noble Sicilien décide de tuer sa femme afin de convoler avec une cousine. - Habile mélange de satire et d'humour noir. Mise en images fort soignée. □ 13 ans+
DVD STA→54,95 $

DIVORCE HIS - DIVORCE HERS ▷5
ANG. 1973. Drame psychologique de Warris HUSSEIN avec Elisabeth Taylor, Richard Burton et Carrie Nye. - À l'occasion d'une rencontre avec son ex-épouse, un homme d'affaires revoit les circonstances qui l'ont conduit au divorce.

DIVORCE ITALIAN STYLE *voir* **Divorce à l'italienne**

DIVORCE OF LADY X, THE ▷4
ANG. 1937. Comédie de mœurs de Tim WHELAN avec Merle Oberon, Laurence Olivier et Ralph Richardson. - Un avocat se croit impliqué dans une affaire de divorce après avoir partagé sa chambre d'hôtel avec une inconnue. □ Général

DIVORCEE, THE ▷4
É.-U. 1930. Drame sentimental de Robert Z. LEONARD avec Norma Shearer, Chester Morris et Conrad Nagel. - Les tribulations sentimentales d'une femme qui est sur le point de se séparer de son mari. □ Général

DIX COMMANDEMENTS, LES
voir **Ten Commandments, The**

DIX PETITS NÈGRES, LES
voir **Ten Little Indians**

DIXIÈME VICTIME, LA [10th Victim] ▷5
ITA. 1965. Science-fiction d'Elio PETRI avec Marcello Mastroianni, Ursula Andress et Elsa Martinelli. - Au XXIe siècle, les gouvernements ont institué un sport où des chasseurs sont autorisés à traquer des humains. □ 13 ans+
DVD VA→STA→Cadrage W→14,95 $

DJANGO ▷4
ITA. 1966. Western de Sergio CORBUCCI avec Franco Nero, Loredana Nusciak et Eduardo Fajardo. - Dans une région frontalière, un aventurier se mêle des affrontements entre d'anciens soldats sudistes et des bandits mexicains. □ 13 ans+

DJANGO, KILL... IF YOU LIVE, SHOOT!
ITA. 1967. Giulio QUESTI
DVD VA→STA→Cadrage W→29,95 $

DO THE RIGHT THING [Pizzéria en révolte, La] ▷3
É.-U. 1989. Drame social réalisé et interprété par Spike LEE avec Danny Aiello et Ossie Davis. - Durant une canicule, les exploitants italiens d'une pizzeria de Brooklyn provoquent l'agressivité des Noirs du quartier. - Évocation mordante de conflits raciaux. Réalisation énergique et fort éloquente. Interprétation vivante et savoureuse. □ 13 ans+
DVD VA→STA→Cadrage W→62,95 $

DO YOU REMEMBER DOLLY BELL?
voir **Te souviens-tu de Dolly Bell?**

DOBERMANN ▷4
FR. 1997. Drame policier de Jan KOUNEN avec Vincent Cassel, Tchéky Karyo et Monica Bellucci. - Des braqueurs de banque ultraviolents sont aux prises avec un inspecteur de police brutal et sadique. □ 18 ans+ · Violence
DVD VF→31,95 $ VF→31,95 $

DOC [Doc Holliday] ▷4
É.-U. 1971. Western de Frank PERRY avec Stacy Keach, Faye Dunaway et Harris Yulin. - Un tueur à gages se rend en Arizona pour venir en aide à un ami aux prises avec des criminels. □ 13 ans+

DOCTEUR AKAGI [Dr. Akagi] ▷3
JAP. 1998. Comédie dramatique de Shohei IMAMURA avec Akira Emoto, Kumiko Aso et Jyuro Kara. - À la fin de la Seconde Guerre mondiale, un médecin japonais est obsédé par les crises de foie qui ravagent son village. - Réflexion éclairante sur certaines facettes des mœurs nipponnes. Variations de ton surprenantes. □ 13 ans+
DVD STA→Cadrage W→24,95 $

DOCTEUR FRANÇOISE GAILLAND ▷5
FR. 1975. Drame psychologique de Jean-Louis BERTUCCELLI avec Annie Girardot, François Périer et Jean-Pierre Cassel. - Une femme médecin apprend qu'elle est atteinte d'un cancer et menacée de mort prochaine. □ Général

DOCTEUR JERRY ET MISTER LOVE
voir **Nutty Professor, The**

DOCTEUR JIVAGO *voir* **Doctor Zhivago**

DOCTEUR JUSTICE ▷5
FR. 1975. Aventures de CHRISTIAN-JAQUE avec Gert Froebe, John Philip Law et Nathalie Delon. - À la suite d'un concours de circonstances, un médecin enquête sur la disparition d'une cargaison de pétrole remplacée par de l'eau de mer. □ Général

DOCTEUR PETIOT ▷4
FR. 1990. Drame de Christian DE CHALLONGE avec Michel Serrault, Pierre Romans et Zbigniew Horoks. - À Paris, durant l'Occupation, un médecin attire des Juifs en leur promettant un passage en zone libre et les tue pour s'emparer de leurs biens. □ 13 ans+

DOCTOR, THE [Docteur, Le] ▷4
É.-U. 1991. Drame psychologique de Randa HAINES avec William Hurt, Christine Lahti, Mandy Patinkin et Elizabeth Perkins. - Un chirurgien qui traite ses patients avec cynisme adopte une nouvelle attitude face à sa pratique lorsqu'il devient lui-même malade. □ 13 ans+
DVD VF→Cadrage W→14,95 $

DOCTOR CHANCE
FR. 1997. François-Jacques OSSANG
DVD VF→STA→Cadrage W/16X9→39,95 $

DOCTOR DOLITTLE ▷4
É.-U. 1998. Comédie fantaisiste de Betty THOMAS avec Eddie Murphy, Kristen Wilson et Oliver Platt. - L'existence d'un médecin est bouleversée lorsqu'il s'aperçoit qu'il peut parler aux animaux. □ Général

DOCTOR DOLITTLE ▷4
[Extravagant docteur Dolittle, L']
É.-U. 1967. Comédie musicale de Richard FLEISCHER avec Rex Harrison, Anthony Newley et Samantha Eggar. - Un vétérinaire capable de parler aux animaux entreprend un long voyage de recherche. □ Général
DVD VF→STA→Cadrage W→15,95 $

DOCTOR FAUSTUS ▷5
ANG. 1967. Drame de Richard BURTON et Nevill COGHIL avec Richard Burton, Andreas Teuber et Elizabeth Taylor. - Le docteur Faust vend son âme au démon en échange de vingt-quatre années de puissance. □ Général
DVD VA→STF→Cadrage W→23,95 $

DOCTOR IN THE HOUSE ▷4
ANG. 1954. Comédie de Ralph THOMAS avec Dirk Bogarde, Muriel Pavlow et Kenneth More. - Heurs et malheurs d'un étudiant en médecine. □ Général

DOCTOR ZHIVAGO [Docteur Jivago] ►2
É.-U. 1965. Drame de David LEAN avec Omar Sharif, Julie Christie et Geraldine Chaplin. - Les tribulations d'un jeune médecin dans le cadre de la révolution russe. - Adaptation soignée du roman de Boris Pasternak. Remarquable reconstitution d'époque. Photographie d'un esthétisme marqué. Excellente interprétation. □ Général
DVD VF→STF→Cadrage W→29,95 $

DODES 'KA-DEN ►2
JAP. 1970. Drame social d'Akira KUROSAWA avec Zuchi Yoshitaka, Tomoko Yamazaki et Noboru Mitsutani. - Un bidonville japonais abrite plusieurs déshérités de la vie. - Mélange impressionnant de réalisme et de poésie. Observation attentive des mœurs. Interprétation fort appropriée. □ Général

DODGE CITY [Conquérants, Les] ▷4
É.-U. 1939. Western de Michael CURTIZ avec Errol Flynn, Olivia de Havilland et Ann Sheridan. - Un aventurier rétablit l'ordre dans une ville-champignon. □ Général
DVD VF→STF→21,95 $

DODGEBALL: A TRUE UNDERDOG STORY ▷5
[Ballon chasseur: ça va fesser fort]
É.-U. 2004. Comédie satirique de Rawson MARSHALL THURBER avec Vince Vaughn, Ben Stiller et Christine Taylor. - Pour éviter la faillite, le propriétaire d'un gymnase miteux convoité par un arrogant concurrent participe avec ses clients à un tournoi de ballon chasseur. □ Général · Déconseillé aux jeunes enfants
DVD VF→STA→Cadrage W→31,95 $

DODSWORTH ▷4
É.-U. 1936. Drame psychologique de William WYLER avec Walter Huston, Ruth Chatterton et Paul Lukas. - Un industriel américain voit son mariage mis en péril par un voyage en Europe. □ Général
DVD VF→Cadrage P&S→26,95 $
VF→STF→Cadrage P&S→13,95 $

DOG DAY *voir* **Canicule**

DOG DAY AFTERNOON [Après-midi de chien, Un] ►2
É.-U. 1975. Drame policier de Sidney LUMET avec Al Pacino, John Cazale et Charles Durning. - Cernés par la police dans une banque, deux voleurs d'occasion se servent des employés comme otages. - Reconstitution vivante d'un fait divers. Personnages admirablement bien dessinés. Mise en scène ingénieuse et attentive aux détails significatifs. Interprétation de première force. □ 13 ans+
DVD VA➔STF➔Cadrage W➔16,95 $
VF➔STF➔Cadrage W➔32,95 $

DOG DAYS [Canicule] ▷4
AUT. 2001. Drame de mœurs d'Ulrich SEIDL avec Maria Hofstatter, Erich Finsches et Christine Jirku. - Dans une banlieue moderne de Vienne, durant deux jours de canicule, se déroulent diverses intrigues entrecroisées.
DVD STF➔Cadrage W➔21,95 $

DOG GONE LOVE [Amour de chien, Un]
É.-U. 2004. Rob LUNDSGAARD
DVD VF➔31,95 $

DOG OF FLANDERS, A ▷4
É.-U. 1960. Conte de James B. CLARK avec David Ladd, Monique Ahrens, Donald Crisp et Theodore Bikel. - Un petit Hollandais doué pour la peinture recueille et soigne un chien cruellement battu. □ Général

DOG PARK ▷5
CAN. É.-U. 1998. Comédie sentimentale réalisée et interprétée par Bruce McCULLOCH avec Luke Wilson et Natasha Henstridge. - Les hauts et les bas sentimentaux d'un groupe de jeunes citadins. □ Général · Déconseillé aux jeunes enfants

DOG SOLDIERS
É.-U. 2002. Neil MARSHALL
DVD VA➔9,95 $

DOGFIGHT [Défilé, Le] ▷4
É.-U. 1991. Drame sentimental de Nancy SAVOCA avec River Phoenix, Lili Taylor et Richard Panebianco. - À la veille de s'embarquer pour le Viêtnam, un fusilier marin fait la connaissance d'une jeune fille avec qui il passe la nuit. □ Général
DVD VF➔STF➔Cadrage W➔16,95 $

DOGMA [Dogme] ▷5
É.-U. 1999. Comédie fantaisiste de Kevin SMITH avec Ben Affleck, Matt Damon et Linda Fiorentino. - Deux anges condamnés à vivre éternellement sur Terre risquent de provoquer la fin du monde en essayant de retourner au ciel. □ 13 ans+ · Violence
DVD Cadrage W➔19,95 $

DOGORA - OUVRONS LES YEUX ▷5
FR. 2004. Film d'essai de Patrice LECONTE. - Différentes tranches de vie urbaine et rurale saisies sur le vif au Cambodge. □ Général
DVD 31,95 $

DOGS OF WAR, THE [Chiens de guerre, Les] ▷4
ANG. 1980. Aventures de John IRVIN avec Christopher Walken, Tom Berenger et Colin Blakely. - Les activités d'un mercenaire américain dans un pays d'Afrique. □ 13 ans+
DVD VA➔STF➔Cadrage W➔12,95 $

DOGS: RISE & FALL OF ALL-GIRL BOOKIE JOINT
É.-U. 1996. Eve ANNENBERG
DVD VA➔Cadrage P&S➔32,95 $

DOGVILLE ▷3
DAN. 2003. Drame de mœurs de Lars VON TRIER avec Paul Bettany, Nicole Kidman et Stellan Skarsgard. - Durant la Dépression, une jeune fugitive se réfugie dans un village des Rocheuses où les habitants finissent par l'exploiter en échange de leur protection. - Fable cruelle et ambiguë sur les contradictions de la nature humaine. Enjeux moraux et sociaux complexes. Décor stylisé réduit à sa plus simple expression. Mise en scène inventive. Distribution impressionnante. □ 13 ans+
DVD VA➔STA➔Cadrage W➔16,95 $ VF➔Cadrage W➔17,95 $

DOIGTS CROISÉS, LES [Catch Me a Spy] ▷5
ANG. 1970. Comédie policière de Richard CLÉMENT avec Marlène Jobert, Kirk Douglas et Trevor Howard. - Un espion et sa nouvelle épouse connaissent de folles aventures. □ Non classé

DOIT AIMER LES CHIENS *voir* **Must Love Dogs**

DOLCE VITA, LA ►1
ITA. 1960. Étude de mœurs de Federico FELLINI avec Marcello Mastroianni, Anita Ekberg et Anouk Aimée. - Un journaliste est appelé à fréquenter les milieux les plus faisandés de Rome. - Œuvre magistrale. Vision critique implacable et lucide. Mise en scène flamboyante. Interprètes excellemment dirigés. □ Général
DVD VA➔STA➔Cadrage W/16X9➔34,95 $
VA➔STF➔Cadrage W/16X9➔66,95 $

DOLL'S HOUSE ▷4
ANG. 1973. Drame psychologique de Joseph LOSEY avec Jane Fonda, Trevor Howard, Dagfinn Hertzberg et David Warner. - La femme d'un directeur de banque cache à son mari une transaction douteuse.

DOLL'S HOUSE, A ▷4
ANG. 1973. Drame psychologique de Patrick GARLAND avec Claire Bloom, Anthony Hopkins, Denholm Elliott et Ralph Richardson. - L'épouse choyée d'un directeur de banque lui cache une dette importante.
DVD VA➔STF➔Cadrage W➔13,95 $

DOLLAR
SUÈ. 1938. Comédie de Gustaf MOLANDER avec Ingrid Bergman, Georg Rydeberg et Kotti Chave. - L'épouse d'un industriel suédois soupçonne son mari d'entretenir une liaison avec une jeune Américaine. □ Général

DOLLARS ▷4
É.-U. 1971. Drame policier de Richard BROOKS avec Warren Beatty, Goldie Hawn et Scott Brady. - Un homme a mis au point un plan ingénieux pour s'emparer de l'argent déposé par des escrocs dans une banque de Hambourg. □ 13 ans+

DOLLMAKER, THE ▷3
É.-U. 1984. Drame social de Daniel PETRIE avec Jane Fonda, Levon Helm et Geraldine Page. - Au début des années 1940, une famille de pauvres campagnards du Kentucky doit émigrer à Detroit pour trouver subsistance. - Téléfilm adoptant le point de vue de la mère. Milieu social bien décrit. Incidents prenants. Réalisation attentive. Forte composition de J. Fonda. □ Non classé

DOLLS ▷4
É.-U. 1987. Drame d'horreur de Stuart GORDON avec Carolyn Purdy-Gordon, Carrie Lorraine et Ian Patrick Williams. - Réfugiés chez un fabricant de poupées durant un orage, des voyageurs découvrent que les créations de leur hôte peuvent s'animer d'un délire meurtrier. □ Non classé
DVD VA➔STF➔Cadrage W➔11,95 $

DOLLS [Sawako] ▷3
JAP. 2002. Drame sentimental de Takeshi KITANO avec Miho Kanno, Tatsuya Mihashi et Kyoko Fukada. - Au fil des saisons, trois histoires d'amours malheureuses inspirées d'un spectacle de marionnettes Bunraku. - Récits habilement entrelacés, oscillant entre poésie, symbolisme et cruauté. Mise en scène recherchée aux images superbes. Rythme contemplatif. Interprétation sobre.
DVD Cadrage W➔21,95 $ STA➔Cadrage W➔21,95 $

DOLORES CLAIBORNE ▷4
É.-U. 1995. Drame psychologique de Taylor HACKFORD avec Kathy Bates, Jennifer Jason Leigh et Christopher Plummer. - À la suite du décès de sa patronne, une gouvernante affronte à nouveau un enquêteur qui a tenté, 20 ans plus tôt, de prouver qu'elle avait tué son mari. □ 16 ans+
DVD VF➔STF➔Cadrage W➔7,95 $

DOLPHIN, THE
BRÉ. 1987. Walter LIMA □ Général

DOMICILE CONJUGAL [Bed and Board] ▷3
FR. 1970. Comédie dramatique de François TRUFFAUT avec Jean-Pierre Léaud, Claude Jade et Hiroko. - Les tribulations d'un jeune couple installé dans un modeste appartement d'une maison de rapport populaire. - Mélange habile de comique et de dramatique. Observations de mœurs intéressantes. □ Général
DVD VF➔STA➔Cadrage W➔23,95 $

DOMINICI AFFAIR, THE
É.-U. 2003. Orson WELLES
DVD VA➔29,95 $

DOMINICK AND EUGENE [Dominick & Eugene] ▷4
É.-U. 1988. Drame psychologique de Robert M. YOUNG avec Tom Hulce, Ray Liotta et Jamie Lee Curtis. - Les relations tumultueuses de frères jumeaux dont l'un, mentalement attardé, travaille comme éboueur et l'autre poursuit des études en médecine. □ Général
DVD VF➔STF➔Cadrage W➔18,95 $

DOMINION - PREQUEL TO THE EXORCIST ▷5
É.-U. 2005. Drame d'horreur de Paul SCHRADER avec Stellan Skarsgard, Gabriel Mann et Clara Bellar. - Des religieux enquêtent sur des phénomènes surnaturels dans un village du Kenya où a été découverte une église de style byzantin ensevelie.
DVD VA➔STF➔Cadrage W/16X9➔14,95 $

DOMINO ▷5
É.-U. 2005. Thriller de Tony SCOTT avec Keira Knightley, Mickey Rourke et Edgar Ramirez. - Les tribulations d'une jeune décrocheuse rebelle qui s'est jointe à un duo de chasseurs de primes. □ 13 ans+ · Violence
DVD VF➔STF➔Cadrage W➔34,95 $

DON ANGELO EST MORT *voir* **Don Is Dead, The**

DON CAMILLO EN RUSSIE ▷5
FR. 1965. Comédie de Luigi COMENCINI avec Fernandel, Gino Cervi et Leda Gloria. - Un curé force le maire communiste de son village à l'emmener en Russie avec lui. □ Général
DVD VF➔33,95 $

DON CAMILLO MONSEIGNEUR ▷5
FR. 1961. Comédie de Carmine GALLONE avec Fernandel, Gino Cervi et Gina Rovere. - Le curé Don Camillo, devenu prélat, et le maire Peppone, élu sénateur, continuent de s'affronter. □ Général
DVD VF➔33,95 $

DON GIOVANNI ▷3
FR. 1979. Drame musical de Joseph LOSEY avec Ruggero Raimondi, José Van Dam et Edda Moser. - Les frasques d'un séducteur l'entraînent dans une confrontation avec l'au-delà. - Mariage intéressant entre un opéra de Mozart et le cinéma. Utilisation des décors réels de Venise. Mise en scène concertée. Rythme fluide. Chanteurs de grande classe.

DON IS DEAD, THE [Don Angelo est mort] ▷5
É.-U. 1973. Drame policier de Richard FLEISCHER avec Anthony Quinn, Frederic Forrest, Angel Tompkins et Robert Forster. - Un mafioso prend sous sa protection le fils d'un chef de la pègre récemment décédé.
DVD VA➔STF➔Cadrage W➔17,95 $

DON JUAN ▷3
É.-U. 1926. Comédie dramatique d'Alan CROSLAND avec John Barrymore, Mary Astor et Willard Louis. - Au XVIe siècle, un duc italien s'éprend de la seule femme qu'il n'a pas réussi à séduire du premier coup. - Séquences d'action bien rythmées. Soin apporté aux décors. Interprétation inspirée.

DON JUAN ▷5
FR.ALL. ESP. 1997. Drame de mœurs réalisé et interprété par Jacques WEBER avec Michel Boujenah, Penélope Cruz et Emmanuelle Béart. - Après avoir séduit et abandonné une belle jeune fille, un grand séducteur poursuit sa quête de nouvelles aventures sentimentales. □ Général
DVD VF➔STA➔Cadrage W➔28,95 $

DON JUAN 73 ▷5
[Don Juan (Or If Don Juan Were a Woman)]
FR. 1973. Drame de mœurs de Roger VADIM avec Brigitte Bardot, Maurice Ronet et Robert Hossein. - Une riche héritière s'amuse à dégrader les hommes qu'elle choisit comme amants. □ 13 ans+
DVD VF➔STA➔Cadrage W➔23,95 $

DON JUAN DE NEW YORK, LE
voir **Last of the Red Hot Lovers**

DON JUAN DEMARCO ▷4
É.-U. 1995. Comédie sentimentale de Jeremy LEVEN avec Johnny Depp, Marlon Brando et Faye Dunaway. - Un jeune homme qui se prend pour le célèbre séducteur Don Juan raconte sa prétendue existence à un psychiatre. □ Général
DVD Cadrage W➔8,95 $

DON QUICHOTTE ▷3
FR. 1933. Drame de Georg Wilhelm PABST avec Fédor Chaliapine, Dorville et Mireille Balin. - Un vieillard influencé par les romans de chevalerie rêve de soulager les misères de l'humanité. - Adaptation soignée du roman de Cervantes. Très bonne réalisation. Rythme lent. Interprétation pittoresque.

DON'S PARTY ▷4
AUS. 1976. Comédie dramatique de Bruce BERESFORD avec John Hargreaves, Jeanie Drynan et Ray Barrett. - En banlieue de Sydney, divers incidents fâcheux se produisent lors d'une réunion d'amis un soir d'élections nationales.
DVD VA➔13,95 $

DON'T ASK DON'T TELL
É.-U. 2002. Doug MILES
DVD VA➔27,95 $

DON'T BOTHER TO KNOCK ▷4
É.-U. 1952. Drame psychologique de Roy Ward BAKER avec Richard Widmark, Marilyn Monroe et Anne Bancroft. - Une gardienne d'enfant déséquilibrée menace de tuer une fillette. □ Non classé
DVD VA➔STA➔14,95 $

DON'T COME KNOCKING ▷4
ALL. 2005. Comédie dramatique de Wim WENDERS avec Sam Shepard, Sarah Polley et Gabriel Mann. - Un acteur de western sexagénaire part à la recherche du fils qu'il aurait eu avec une serveuse trente ans plus tôt.

DON'T DIE WITHOUT TELLING ME WHERE YOU'RE GOING
ARG. 1995. Eliseo SUBIELA
DVD STA➔36,95 $

DON'T LOOK NOW [Ne vous retournez pas] ▷3
ANG. 1973. Thriller de Nicolas ROEG avec Julie Christie, Donald Sutherland et Hilary Mason. - Un couple anglais de passage à Venise est soumis à d'étranges expériences. - Scénario mystérieux fondé sur la croyance à certains phénomènes de voyance. Suspense efficace. Climat insolite et envoûtant. Interprétation dans la note voulue. □ 13 ans+
DVD VA➔14,95 $

DON'T MAKE WAVES ▷5
É.-U. 1967. Comédie d'Alexander MACKENDRICK avec Tony Curtis, Claudia Cardinale et Robert Webber. - À la suite d'un accident de voiture, un jeune homme est entraîné dans un chassé-croisé amoureux. □ Général

DON'T MOVE *voir* **Écoute-moi**

DON'T SAY A WORD [Ne dites rien] ▷5
É.-U. 2001. Thriller de Gary FLEDER avec Michael Douglas, Sean Bean et Brittany Murphy. - Un criminel enlève la fille d'un psychiatre pour forcer celui-ci à soutirer à une patiente catatonique un mystérieux code de six chiffres. □ 13 ans+ · Violence
DVD VF➔STA➔Cadrage W➔15,95 $

DON'T TEMPT ME [Sans nouvelles de Dieu]
ESP. 2001. Agustin DIAZ YANES
DVD VF➔STA➔34,95 $

DON'T TORTURE A DUCKLING
ITA. 1972. Lucio FULCI
DVD Cadrage W→31,95 $

DON'T TOUCH THE WHITE WOMAN
voir **Touche pas la femme blanche**

DON, LE *voir* **Gift, The**

DONA FLOR ET SES DEUX MARIS ▷4
BRÉ. 1977. Comédie de Bruno BARRETO avec Sonia Braga, Jose Wilker et Mauro Mendonca. - Une veuve remariée à un pharmacien est tourmentée par le fantôme de son premier mari. □ 13 ans+

DONA HERLINDA AND HER SON ▷4
MEX. 1985. Comédie de mœurs de Jaime Humberto HERMOSILLO avec Guadalupe del Toro, Marco Antonio Trevino et Gustavo Meza. - Bien qu'acceptant l'homosexualité de son fils, une mère s'arrange pourtant pour que celui-ci épouse une fille de bonne famille. □ 13 ans+

DONKEY SKIN *voir* **Peau d'âne**

DONKEY'S HIDE
RUS. 1982. Nadezhda KOSHEVEROVA
DVD STF→41,95 $

DONNIE BRASCO ▷4
É.-U. 1997. Drame policier de Mike NEWELL avec Johnny Depp, Al Pacino et Michael Madsen. - Un agent du FBI s'infiltre dans les rangs de la mafia new-yorkaise en gagnant la confiance d'un gangster expérimenté. □ 16 ans+ · Violence
DVD Cadrage W→17,95 $

DONNIE DARKO ▷4
É.-U. 2001. Drame fantastique de Richard KELLY avec Jena Malone, Jake Gyllenhaal et Drew Barrymore. - Un adolescent désaxé est hanté par des visions bizarres, dont celle d'un lapin défiguré qui l'incite à commettre des actes de vandalisme. □ Général · Déconseillé aux jeunes enfants
DVD VF→STA→Cadrage W→14,95 $ VA→STA→22,95 $

DONOVAN'S REEF ▷4
É.-U. 1963. Comédie dramatique de John FORD avec John Wayne, Elizabeth Allen et Lee Marvin. - Dans une île du Pacifique, une jeune fille tente de prendre son père en défaut afin d'obtenir le contrôle d'une industrie familiale. □ Non classé
DVD VF→STA→Cadrage W→10,95 $

DOOM ▷6
É.-U. 2005. Science-fiction d'Andrzej BARTKOWIAK avec Karl Urban, The Rock et Rosamund Pike. - Des Marines armés jusqu'aux dents sont envoyés sur Mars pour sauver des scientifiques enfermés dans un laboratoire envahi par des créatures monstrueuses. □ 16 ans+ · Horreur - Violence
DVD VF→STF→Cadrage W→22,95 $

DOOM GENERATION, THE [Paumes et corrompus] ▷5
É.-U. 1995. Drame de mœurs de Gregg ARAKI avec Rose McGowan, James Duval et Jonathon Schaech. - Un jeune couple formé par un garçon candide et une fille impétueuse rencontre un jeune meurtrier qui les entraîne dans une cavale d'enfer. □ 18 ans+ · Violence

DOOMWATCH ▷5
ANG. 1972. Science-fiction de Peter SASDY avec Ian Bannen, Judy Geeson et John Paul. - Un docteur découvre que les habitants d'une île de la côte anglaise sont victimes d'une maladie mystérieuse provoquée par la pollution.
DVD VA→Cadrage W→17,95 $

DOOR IN THE FLOOR ▷4
[Trappe dans le plancher, La]
É.-U. 2004. Drame psychologique de Tod WILLIAMS avec Jon Foster, Jeff Bridges et Kim Basinger. - Un étudiant devenu l'assistant d'un auteur de livres pour enfants s'éprend de l'épouse de ce dernier et découvre alors une tragédie familiale.
DVD VF→STF→Cadrage W/16X9→18,95 $

DOOR TO DOOR ▷5
É.-U. 2002. Chronique de Steven SCHACHTER avec William H. Macy, Helen Mirren et Kyra Sedgwick. - Les tribulations d'un démarcheur atteint de paralysie cérébrale.
DVD VA→STF→16,95 $

DOORS, THE ▷4
É.-U. 1991. Drame biographique d'Oliver STONE avec Val Kilmer, Meg Ryan, Kathleen Quinlan et Kevin Dillon. - Évocation de la carrière et de la vie sentimentale du chanteur américain Jim Morrison. □ 13 ans+
DVD VA→Cadrage W→18,95 $

DOPPLEGANGER
JAP. 2003. Kiyoshi KUROSAWA
DVD STA→Cadrage W→27,95 $

DORIAN BLUES
É.-U. 2004. Tennyson BARDWELL
DVD VA→STA→Cadrage W→27,95 $

DOS CRIMENES *voir* **Deux crimes**

DOSSIER 51, LE ▷3
FR. 1978. Drame de Michel DEVILLE avec François Marthouret, Roger Planchon et Françoise Lugagne. - À son insu, un homme devient l'objet d'une surveillance par un organisme international. - Scénario complexe mais intéressant. Mise en scène originale. Traitement d'une froideur objective. □ Non classé

DOSSIER ANDERSON, LE
voir **Anderson Tapes, The**

DOSSIER SECRET
voir **Confidential Report (Mr. Arkadin)**

DOT THE I ▷5
ANG. 2003. Drame sentimental de Matthew PARKHILL avec Gael Garcia Bernal, Natalia Verbeke et James D'Arcy. - À la veille de se marier avec un riche Londonien, une jeune serveuse s'éprend d'un cinéaste en herbe.
DVD VA→STF→Cadrage W/16X9→21,95 $

DOTTIES GETS SPANKED
É.-U. 1993. Todd HAYNES
DVD VA→26,95 $

DOUBLE CONDAMNATION
voir **Double Jeopardy**

DOUBLE DÉTENTE *voir* **Red Heat**

DOUBLE HAPPINESS [Bonheur aigre-doux] ▷4
CAN. 1994. Comédie dramatique de Mina SHUM avec Sandra Oh, Alannah Ong et Stephen Chang. - Une jeune Sino-Canadienne de Vancouver qui désire vivre à l'américaine fait face à l'opposition de son père traditionaliste. □ Général

DOUBLE IDENTITY ▷4
FR. 1990. Drame policier de Yves BOISSET avec Nick Mancuso, Leah Pinsent et Patrick Bauchau. - Chargé de recouvrer les créances d'un usurier, un ancien professeur prend conscience des méthodes malhonnêtes exigées par son employeur. □ Non classé

DOUBLE IMPASSE *voir* **Keeping Track**

DOUBLE INDEMNITY [Assurance sur la mort] ▷3
É.-U. 1944. Drame policier de Billy WILDER avec Fred MacMurray, Barbara Stanwyck et Edward G. Robinson. - Un agent d'assurances assassine le mari de celle qu'il aime.- Adaptation d'un roman de James Cain. Psychologie bien étudiée. Mise en scène fort habile. Très bonne interprétation. □ Général

DOUBLE JEOPARDY [Double condamnation] ▷5
É.-U. 1999. Drame policier de Bruce BERESFORD avec Ashley Judd, Tommy Lee Jones et Bruce Greenwood. - Injustement accusée du meurtre de son mari, qui l'a piégée, une femme cherche à se venger. □ Général · Déconseillé aux jeunes enfants
DVD VF→STA→Cadrage W→8,95 $

DOUBLE LIFE, A [Double vie] ▷3
É.-U. 1947. Drame de George CUKOR avec Ronald Colman, Signe Hasso et Shelley Winters. - Un comédien s'identifie au personnage d'Othello, ce qui l'amène à commettre des actes violents. - Tension dramatique soutenue. Mise en scène de qualité. Très bons interprètes. □ Général
DVD VA→19,95 $

DOUBLE MÉMOIRE *voir* **Unforgettable**

DOUBLE SUICIDE ►2
JAP. 1969. Drame de Masahiro SHINODA avec Kichiemon Nakamura, Shima Iwashita et Hosei Komatsu. - L'amour contrarié d'un homme d'affaires pour une courtisane finit par les conduire au suicide. - Expériences formelles très originales. Approfondissement psychologique. Cadre d'époque fort bien évoqué. Excellente interprétation. □ Général
DVD 46,95 $

DOUBLE TROUBLE [Croisière surprise] ▷5
É.-U. 1967. Comédie de Norman TAUROG avec Elvis Presley, Annette Day et John Williams. - Un chanteur protège une jeune héritière contre des attentats.
DVD VF→STF→Cadrage W→8,95 $

DOUBLE VIE *voir* **Double Life, A**

DOUBLE VIE DE MAHOWNY, LA *voir* **Owning Mahowny**

DOUBLE VIE DE VÉRONIQUE, LA ►2
FR. 1991. Drame psychologique de Krzysztof KIESLOWSKI avec Irène Jacob, Philippe Volter et Claude Duneton. - Une étrange ressemblance existe entre deux jeunes musiciennes, nées le même jour dans des pays différents, qui ont chacune l'intuition que l'autre existe. - Riche exploration psychologique sur le mystère du destin. Récit habilement construit. Réalisation inventive. Interprétation remarquable d'I. Jacob.

DOUBLE VISION
H.K. 2002. Kuo-Fu CHEN
DVD VA→Cadrage W→21,95 $

DOUBLE VUE *voir* **Afraid of the Dark**

DOUBLE WHAMMY ▷5
É.-U. 2001. Comédie satirique de Tom DiCILLO avec Denis Leary, Elizabeth Hurley et Steve Buscemi. - Les tribulations d'un policier new-yorkais poursuivi par la déveine, dont l'entourage fourmille d'individus louches ou excentriques.
DVD VA→Cadrage W→34,95 $

DOUBLE ZÉRO ▷6
FR. 2004. Comédie d'espionnage de Gérard PIRÈS avec Éric Judor, Ramzy Bedia et Édouard Baer. - Deux hurluberlus sont chargés par les services secrets français de retrouver un missile nucléaire volé par un playboy mégalomane.
DVD VF→29,95 $

DOUBLE/IDENTITÉ *voir* **Face/Off**

DOUBLURES ▷5
QUÉ. 1993. Comédie dramatique de Michel MURRAY avec Luc Picard, Christine Séguin et Julien Poulin. - Hésitant à prendre des décisions, un photographe constate avec stupeur que trois répliques de lui-même s'en chargent à sa place. □ Général

DOUCE FRANCE ▷5
FR. 1995. Étude de mœurs de Malik CHIBANE avec Hakim Sahraoui, Frédéric Diefenthal et Fadila Belkebla. - À Paris, un Juif français et un fils d'immigrants arabes ouvrent un café et tentent de conquérir deux beurettes aux caractères très opposés. □ Général

DOUCE LORRAINE *voir* **Sweet Lorraine**

DOUCE VIOLENCE *voir* **Sweet Ecstasy**

DOUCEMENT LES BASSES ▷5
FR. 1971. Comédie de Jacques DERAY avec Paul Meurisse, Alain Delon et Nathalie Delon. - Un musicien devenu prêtre après s'être cru veuf voit reparaître sa femme qui menace de se prostituer s'il la repousse. □ Général

DOULOS, LE ▷3
FR. 1962. Drame policier de Jean-Pierre MELVILLE avec Jean-Paul Belmondo, Serge Reggiani et Jean Desailly. - Un indicateur de police essaie de venir en aide à un ami impliqué dans un crime. - Construction sobre et rigoureuse. Beaucoup d'atmosphère. Interprétation de premier ordre. □ 13 ans+

DOUX, DUR ET DINGUE *voir* **Every Which Way But Loose**

DOUZE SALOPARDS *voir* **Dirty Dozen, The**

DOWN AND OUT IN BEVERLY HILLS ▷5
[Clochard de Beverly Hills, Le]
É.-U. 1986. Comédie satirique de Paul MAZURSKY avec Nick Nolte, Richard Dreyfuss et Bette Midler. - Ayant sauvé la vie d'un clochard, un nouveau riche accueille celui-ci dans sa demeure. □ 13 ans+
DVD VA→Cadrage W→10,95 $

DOWN BY LAW ▷4
É.-U. 1986. Comédie de Jim JARMUSCH avec Tom Waits, John Lurie et Roberto Benigni. - Enfermés dans la même cellule, trois détenus s'engagent dans une évasion improvisée à travers les marécages de la Floride. □ 13 ans+
DVD VF→STF→Cadrage W→62,95 $

DOWN IN THE DELTA ▷4
É.-U. 1998. Drame de mœurs de Maya ANGELOU avec Al Freeman Jr., Alfre Woodard et Mary Alice. - Une jeune mère toxicomane de Chicago arrive à s'en sortir en allant vivre avec ses enfants chez un oncle au Mississippi. □ Général
DVD VA→Cadrage W→11,95 $

DOWN TO EARTH ▷4
É.-U. 1947. Comédie musicale de Alexander HALL avec Rita Hayworth, Larry Parks et Marc Platt. - La déesse de la danse vient participer à la création d'une comédie musicale. □ Général

DOWN WITH LOVE [Assez avec l'amour] ▷5
É.-U. 2003. Comédie sentimentale de Peyton REED avec Renée Zellweger, Ewan McGregor et Sarah Paulson. - Un journaliste cherche à séduire l'auteure d'un livre féministe qui condamne l'emprise des rapports amoureux sur les femmes. □ Général
DVD VF→Cadrage W→14,95 $

DOWNFALL *voir* **Chute, La**

DOWNHILL RACER ▷4
É.-U. 1969. Drame sportif de Michael RITCHIE avec Robert Redford, Camilla Sparv et Gene Hackman. - Un skieur d'origine modeste parvient au championnat mondial. □ Général

DOWNS HERE ARE QUIET, THE
RUS. 1972. Stanislav ROSTOTSKY
DVD STA→Cadrage W→72,95 $

DOWNTOWN [Deux flics à Downtown] ▷5
É.-U. 1989. Comédie policière de Richard BENJAMIN avec Anthony Edwards, Forest Whitaker et Penelope Ann Miller. - Après avoir donné une contravention à un criminel influent, un policier débutant est muté vers le quartier chaud du centre-ville. □ 13 ans+
DVD VA→15,95 $

DR. BLACK, MR. HYDE ▷4
É.-U. 1975. Drame d'horreur de William CRAIN avec Rosalind Cash, Bernie Casey et Marie O'Henry. - Au cours de ses recherches, un médecin de race noire de Los Angeles devient victime de ses propres expériences et se transforme régulièrement en un criminel.

DR. CYCLOPS ▷4
É.-U. 1940. Drame fantastique d'Ernest B. SCHOEDSACK avec Albert Dekker, Janice Logan et Thomas Coley. - Un biologiste découvre le moyen de réduire les dimensions de l'être humain. □ Général

DR. DOLITTLE 2 ▷5
É.-U. 2001. Comédie fantaisiste de Steve CARR avec Eddie Murphy, Kristen Wilson et Raven-Symoné. - Un médecin capable de parler aux animaux tente d'accoupler une ourse d'une espèce en voie de disparition avec un ours de cirque. □ Général
DVD VF→STA→Cadrage W→14,95 $

DR FOLAMOUR *voir* **Dr. Strangelove**

DR. JEKYLL AND MR. HYDE ▷3
É.-U. 1932. Drame fantastique de Rouben MAMOULIAN avec Fredric March, Miriam Hopkins et Rose Hobart. - À la suite d'expériences scientifiques, un médecin se transforme en un être pervers. - Récit inspiré du roman de R.L. Stevenson. Traitement audacieux du thème. Technique inventive pour l'époque. Fort bonne interprétation de F. March. □ Général

DR. JEKYLL AND MR. HYDE ▷4
É.-U. 1941. Drame fantastique de Victor FLEMING avec Lana Turner, Spencer Tracy et Ingrid Bergman. - À la suite d'expériences scientifiques, un médecin se transforme en un être pervers. □ Général

DR. JEKYLL AND SISTER HYDE ▷4
ANG. 1971. Drame fantastique de Roy Ward BAKER avec Ralph Bates, Martine Beswick et Gerald Sim. - Un savant expérimente sur lui-même un élixir de son invention et se voit transformé en jeune femme cruelle. □ 13 ans+
DVD VF→Cadrage W→26,95 $

DR. MABUSE: THE GAMBLER [Mabuse, le joueur] ▷3
ALL. 1922. Drame policier de Fritz LANG avec Rudolf Klein-Rogge, Bernhard Goetzke et Curd Nissen. - Un génie du crime réussit plusieurs coups grâce à diverses ruses. - Principes de l'expressionnisme appliqués au film policier. Jeux d'ombres et de lumière particulièrement soignés. Caractère outré de l'interprétation. Classique du cinéma muet.
DVD 59,95 $

DR. NO ▷4
ANG. 1962. Drame d'espionnage de Terence YOUNG avec Ursula Andress, Sean Connery et Joseph Wiseman. - L'agent secret James Bond lutte contre un savant qui fait exploser les fusées spatiales américaines. □ 13 ans+
DVD VF→23,95 $

DR. PHIBES RISES AGAIN ▷4
ANG. 1972. Drame d'horreur de Robert FUEST avec Vincent Price, Robert Quarry et Valli Kemp. - En lutte avec un archéologue, le Dr. Phibes recherche en Égypte, pour lui et sa femme, le secret de l'immortalité. □ 13 ans+
DVD Cadrage W→12,95 $

DR. SEUSS' HOW THE GRINCH STOLE CHRISTMAS [Grincheux qui voulait gâcher Noël, Le] ▷4
É.-U. 2000. Comédie fantaisiste de Ron HOWARD avec Jim Carrey, Taylor Momsen et Jeffrey Tambor. - Dans une ville imaginaire, un être mesquin déteste tellement Noël qu'il veut en priver tous les habitants. □ Général
DVD VF→STA→Cadrage W→22,95 $

DR. STRANGELOVE [Dr Folamour] ►1
ANG. 1963. Comédie satirique de Stanley Kubrick avec Peter Sellers, George C. Scott et Sterling Hayden. - Un officier américain ordonne une attaque nucléaire sur la Russie. - Satire féroce du pouvoir politique et militaire traitée sur un ton d'humour noir. Nombreuses scènes d'anthologie. Réalisation inventive et fort soignée. Interprétation savoureusement caricaturale. □ Général
DVD VA→Cadrage W→23,95 $

DR. T AND THE WOMEN ▷4
É.-U. 2000. Comédie de mœurs de Robert ALTMAN avec Richard Gere, Helen Hunt, et Kate Hudson. - Les tribulations familiales et sentimentales du gynécologue préféré des femmes fortunées de Dallas. □ Général
DVD Cadrage W→17,95 $

DRACO: LA LÉGENDE DU DERNIER DRAGON *voir* **Dragonheart**

DRACULA *voir* **Bram Stoker's Dracula**

DRACULA ▷3
É.-U. 1931. Drame d'horreur de Tod BROWNING avec Bela Lugosi, Helen Chandler et David Manners. - Un vampire se sert d'un homme d'affaires pour se faire transporter en Angleterre. □ Général

DRACULA ▷4
É.-U. 1931. Drame d'horreur de George MELFORD avec Carlos Villar, Lupita Tovar et Pablo Alvarez. - Un vampire se sert d'un homme d'affaires pour se faire transporter en Angleterre. □ Non classé

DRACULA ▷5
É.-U. 1973. Drame d'horreur de Dan CURTIS avec Nigel Davenport, Jack Palance et Simon Ward. - Au cours d'un voyage en Transylvanie, un jeune Anglais devient la victime d'un vampire. □ 13 ans+
DVD VA→19,95 $

DRACULA ▷4
ANG. 1979. Drame fantastique de John BADHAM avec Kate Nelligan, Frank Langella et Laurence Olivier. - Rescapé d'un naufrage, le comte Dracula tente de séduire une invitée de la famille qui le reçoit. □ 13 ans+
DVD VA→STF→Cadrage W→18,95 $

DRACULA A.D. 1972 ▷5
ANG. 1972. Drame d'horreur d'Alan GIBSON avec Christopher Lee, Peter Cushing et Stephanie Beacham. - Tiré de la mort, Dracula essaie de se venger sur l'arrière-petite-fille de son ennemi juré. □ 13 ans+
DVD VF→STF→Cadrage W→21,95 $

DRACULA HAS RISEN FROM THE GRAVE ▷4
ANG. 1968. Drame d'horreur de Freddie FRANCIS avec Christopher Lee, Rupert Davies et Veronica Carlson. - Un prélat lutte contre les méfaits d'un vampire. □ 13 ans+
DVD VF→STF→Cadrage W→11,95 $

DRACULA PÈRE ET FILS ▷4
[Dracula Father and Son]
FR. 1976. Comédie d'Édouard MOLINARO avec Christopher Lee, Bernard Menez et Marie-Hélène Breillat. - Dracula a un fils qui se montre peu attiré par la carrière de vampire.

DRACULA, PRINCE OF DARKNESS ▷4
ANG. 1965. Drame d'horreur de Terence FISHER avec Christopher Lee, Barbara Shelley et Andrew Keir. - Des touristes anglais voyageant dans les Carpathes sont aux prises avec un vampire.
□ Général · Déconseillé aux jeunes enfants

DRACULA: DEAD AND LOVING IT ▷5
[Dracula: mort et très heureux]
É.-U. 1995. Comédie fantaisiste réalisée et interprétée par Mel BROOKS avec Leslie Nielsen et Peter MacNicol. - Nouvellement installé à Londres, le comte Dracula fait face à un adversaire de taille. □ Général
DVD VA→STF→Cadrage W→14,95 $

DRAGNET ▷4
É.-U. 1954. Drame policier réalisé et interprété par Jack WEBB avec Ben Alexander et Richard Boone. - Un inspecteur de police est chargé de mener une enquête sur l'assassinat d'un gangster.
□ Général

DRAGNET ▷5
É.-U. 1987. Comédie policière de Tom MANKIEWICZ avec Dan Aykroyd, Tom Hanks et Christopher Plummer. - Accompagné d'un jeune et fringant collègue, un policier efficace mais buté mène une enquête sur des méfaits commis par une secte bizarre.
DVD VF→STA→Cadrage W→19,95 $

DRAGON ROUGE *voir* **Red Dragon**

DRAGON SEED ▷4
É.-U. 1944. Drame de guerre de Jack CONWAY avec Katharine Hepburn, Walter Huston, Aline MacMahon et Agnes Moorehead. - Les tribulations d'une famille chinoise lors de l'invasion des Japonais. □ Général

DRAGON: THE BRUCE LEE STORY ▷4
É.-U. 1993. Drame biographique de Rob COHEN avec Jason Scott Lee, Lauren Holly et Robert Wagner. - La vie et la carrière de l'acteur et maître en arts martiaux Bruce Lee. □ 13 ans+
DVD VF→Cadrage W→10,95 $

DRAGONFLY **[Libellule]** ▷5
É.-U. 2002. Drame fantastique de Tom SHADYAC avec Kevin Costner, Kathy Bates et Jacob Vargas. - Un urgentologue reçoit des messages de l'au-delà provenant de son épouse morte dans un accident au Venezuela. □ Général · Déconseillé aux jeunes enfants
DVD VF➔STA➔Cadrage W➔18,95 $

DRAGONHEART ▷4
[Draco: la légende du dernier dragon]
É.-U. 1996. Drame fantastique de Rob COHEN avec Dennis Quaid, David Thewlis et Dina Meyer. - Un chevalier et un dragon font équipe pour anéantir un roi tyrannique. □ Général

DRAGONSLAYER ▷4
ANG. 1981. Drame fantastique de Matthew ROBBINS avec Peter McNicol, Caitlin Clarke et Ralph Richardson. - À une époque reculée, un apprenti sorcier s'emploie à exterminer un dragon qui terrorise les habitants d'un royaume. □ Général
DVD VA➔STA➔Cadrage W➔9,95 $

DRAGSTRIP GIRL
É.-U. 1994. Mary LAMBERT
DVD VA➔Cadrage P&S➔14,95 $

DRAKKARS, LES *voir* **Long Ships, The**

DRAMMA BORGHESE, UN ▷4
ITA. 1979. Drame psychologique de Florestano VANCINI avec Franco Nero, Lara Wendel et Dalila di Lazzaro. - Les relations difficiles entre un journaliste veuf et sa fille adolescente qui se retrouvent après plusieurs années de séparation. □ 18 ans+

DRAUGHTSMAN'S CONTRACT, THE ▷3
[Meurtre dans un jardin anglais]
ANG. 1982. Drame de mœurs de Peter GREENAWAY avec Anthony Higgins, Janet Suzman et Anne Louise Lambert. - En 1694, un dessinateur réputé accepte malgré d'étranges conditions de réaliser douze croquis du domaine d'un riche propriétaire terrien. - Récit énigmatique. Scènes d'une théâtralité brillante. Costumes excentriques. □ 13 ans+
DVD Cadrage W➔21,95 $

DREAM LOVER **[Épouse trop parfaite, Une]** ▷4
É.-U. 1985. Drame psychologique d'Alan J. PAKULA avec Kristy McNichol, Ben Masters et Paul Shenar. - Une jeune musicienne demande à un spécialiste de l'étude des rêves de l'aider à exorciser des cauchemars. □ 13 ans+

DREAM OF PASSION ▷3
GRÈ. 1978. Drame psychologique de Jules DASSIN avec Melina Mercouri, Ellen Burstyn et Andreas Voutsinas. - Une actrice chargée de jouer le rôle de Médée rend visite en prison à une femme condamnée pour avoir tué ses enfants. - Transposition moderne d'un thème classique. Approches psychologiques intéressantes. □ Général

DREAM TEAM, THE **[Équipe de rêve, L']** ▷4
É.-U. 1989. Comédie dramatique de Howard ZIEFF avec Michael Keaton, Christopher Lloyd et Peter Boyle. - Les mésaventures d'un psychiatre du New Jersey et de quatre de ses patients en voyage à New York pour une partie de base-ball. □ Général
DVD VF➔STF➔Cadrage W➔10,95 $

DREAM WITH THE FISHES **[Grand saut, Le]** ▷4
É.-U. 1997. Drame psychologique de Finn TAYLOR avec David Arquette, Brad Hunt et Cathy Moriarty. - Un leucémique en phase terminale et un solitaire aux pulsions suicidaires se lient d'amitié au fil de nombreuses péripéties. □ 16 ans+

DREAMCATCHER **[Attrapeur de rêves, L']** ▷5
É.-U. 2003. Drame fantastique de Lawrence KASDAN avec Thomas Jane, Damian Lewis, Timothy Olyphant et Morgan Freeman. - Quatre amis dotés de pouvoirs surnaturels depuis l'enfance doivent affronter des envahisseurs venus d'une autre planète. □ 13 ans+ · Horreur
DVD VF➔STF➔Cadrage W➔7,95 $

DREAMCHILD ▷3
ANG. 1985. Comédie dramatique de Gavin MILLAR avec Ian Holm, Coral Browne, Peter Gallagher et Nicola Cowper. - Le voyage en Amérique d'une octogénaire anglaise qui, lorsqu'elle était fillette, inspira le conte d'Alice au pays des merveilles. - Réflexions insolites sur diverses facettes de l'agir humain. Évocation d'époque nostalgique. Notations psychologiques ambiguës. Excellente interprétation. □ Général

DREAMER: INSPIRED BY A TRUE STORY ▷5
[Rêveur, Le: inspiré d'une histoire vraie]
É.-U. 2005. Drame sportif de John GATINS avec Dakota Fanning, Kurt Russell, Elisabeth Shue et Kris Kristofferson. - Grâce aux soins d'une fillette, une pouliche blessée à une patte se rétablit et se montre prête à participer aux plus importantes compétitions. □ Général
DVD VF➔STF➔Cadrage W➔34,95 $

DREAMERS, THE *voir* **Innocents, Les**

DREAMING OF RITA ▷4
SUÈ. 1995. Comédie de mœurs de Jorgen LINDSTRÖM avec Per Oscarsson, Marika Lagercrantz et Philip Zanden. - Accompagné de sa fille, un veuf âgé part à la recherche de son ancienne maîtresse qui ressemblait à Rita Hayworth.

DREAMLIFE OF ANGELS, THE
voir **Vie rêvée des anges, La**

DREAMS *voir* **Rêves**

DREAMS *voir* **Rêves de femmes**

DREAMSCAPE **[Aventure est au bout du rêve, L']** ▷5
É.-U. 1983. Drame fantastique de Joseph RUBEN avec Dennis Quaid, Christopher Plummer et Kate Capshaw. - Un jeune homme doué pour la télépathie arrive à pénétrer dans le subconscient d'autrui grâce aux méthodes mises au point par un onirologue. □ 13 ans+
DVD VA➔Cadrage W➔PC Cadrage W➔34,95 $

DRESS CODE, THE *voir* **Bruno**

DRESSED TO KILL ▷5
É.-U. 1941. Drame policier d'E. FORDE avec Lloyd Nolan, Mary Beth Hughes et Sheila Ryan. - Un détective enquête sur des meurtres commis dans un théâtre.
DVD VA➔Cadrage P&S➔15,95 $

DRESSED TO KILL ▷3
É.-U. 1980. Drame policier de Brian DE PALMA avec Nancy Allen, Michael Caine, Dennis Franz et Angie Dickinson. - Une prostituée et un adolescent cherchent à identifier un maniaque meurtrier. - Variations astucieuses sur un thème connu. Style fluide et envoûtant. Mise en scène d'une belle virtuosité. Interprétation dans la note. □ 18 ans+
DVD VF➔STF➔Cadrage W➔12,95 $

DRESSER, THE **[Habilleur, L']** ▷3
ANG. 1983. Comédie dramatique de Peter YATES avec Albert Finney, Tom Courtenay et Eileen Atkins. - Un vieil acteur de théâtre, à l'article de la mort, réussit à tenir jusqu'à la fin de la représentation grâce aux efforts de son habilleur. - Adaptation fort réussie d'une pièce de théâtre. Savoureux duel d'acteurs. Mise en scène adroite. Ensemble coloré. □ Général
DVD VA➔STA➔Cadrage W➔23,95 $

DRIFTWOOD ▷5
É.-U. 1948. Comédie dramatique d'Allan DWAN avec Ruth Warrick, Walter Brennan et Natalie Wood. - Une petite fille recueille un chien rescapé d'un accident d'avion. □ Général

DRIFTWOOD **[Geôlière, La]** ▷5
ANG. 1997. Drame psychologique de Ronan O'LEARY avec James Spader, Anne Brochet et Barry McGovern. - Une femme solitaire qui vit sur la côte recueille un naufragé amnésique à qui elle fait croire qu'ils sont seuls dans une île. □ 13 ans+
DVD VF➔Cadrage P&S➔7,95 $

DRIVE, SHE SAID ▷5
CAN. 1997. Comédie dramatique de Mina SHUM avec Moira Kelly, Sebastian Spence et Josh Hamilton. - Une caissière de banque est attirée par un client qui, un jour, la prend en otage après un vol. □ Général

DRIVER'S SEAT, THE
ITA. 1973. Giuseppe PATRONI GRIFFI □ 13 ans+
DVD VA→4,95 $

DRIVER, THE [Chauffeur à gages, Le] ▷4
É.-U. 1978. Drame policier de Walter HILL avec Bruce Dern, Ryan O'Neal et Isabelle Adjani. - Un détective tend un piège à un aventurier qui met ses talents de chauffeur au service des criminels. □ 13 ans+
DVD VF→Cadrage W→9,95 $

DRIVING MISS DAISY [Miss Daisy et son chauffeur] ▷3
É.-U. 1989. Drame psychologique de Bruce BERESFORD avec Dan Aykroyd, Jessica Tandy et Morgan Freeman. - Dans un État du sud des États-Unis, une veuve septuagénaire se lie d'amitié avec son chauffeur de race noire. - Adaptation fidèle de la pièce d'Alfred Uhry. Mélange d'éléments sociaux et psychologiques. Mise en scène habile. Jeu convaincant des protagonistes. □ Général
DVD VF→STF→Cadrage W→11,95 $

DROIT D'AIMER, LE ▷4
FR. 1972. Drame d'Éric LE HUNG avec Florinda Bolkan, Omar Sharif et Pierre Michaël. - Une jeune femme tente de rencontrer son mari gardé prisonnier dans une île pour ses activités politiques. □ Général

DRÔLE À MOURIR *voir* **Dead Funny**

DRÔLE D'EMBROUILLE *voir* **Foul Play**

DRÔLE D'ENDROIT POUR UNE RENCONTRE ▷4
FR. 1988. Drame psychologique de François DUPEYRON avec Gérard Depardieu, Catherine Deneuve et André Wilms. - Une femme abandonnée par son mari et un médecin préoccupé par sa voiture font une rencontre impromptue dans une halte routière. □ Général

DRÔLE DE COUPLE *voir* **Odd Couple, The**

DRÔLE DE DRAME [Bizarre, Bizarre] ▷3
FR. 1937. Comédie burlesque de Marcel CARNÉ avec Michel Simon, Louis Jouvet et Françoise Rosay. - Au début du XXe siècle, un romancier londonien controversé s'enfuit de chez lui à l'annonce de la visite de son cousin évêque. - Classique du cinéma français. Ensemble d'une fantaisie loufoque éblouissante. Humour subtil. Atmosphère irréelle teintée de poésie. Interprétation excellente.
DVD VF→STA→Cadrage P&S→23,95 $

DRÔLE DE FÉLIX [Funny Felix] ▷4
FR. 2000. Comédie dramatique d'Olivier DUCASTEL et Jacques MARTINEAU avec Sami Bouajila, Ariane Ascaride et Patachou. - Les diverses rencontres d'un jeune beur homosexuel qui traverse la France en autostop afin de se rendre chez son père qu'il n'a jamais connu. □ 13 ans+
DVD VF→29,95 $

DRÔLE DE MAISONNÉE *voir* **House of Yes, The**

DRÔLE DE SINGE *voir* **Dunston Checks In**

DRÔLE DE VIE *voir* **Life Is Sweet**

DRÔLES D'OTAGES *voir* **Ref, The**

DROP DEAD GORGEOUS [Beautés fatales] ▷5
É.-U. 1999. Comédie satirique de Michael Patrick JANN avec Kirsten Dunst, Ellen Barkin et Allison Janney. - Une équipe de cinéma tourne dans une petite ville un documentaire sur les préparatifs d'un concours de beauté pour adolescentes. □ Général
DVD VA→STA→Cadrage W→8,95 $

DROWNING BY NUMBERS ▷3
ANG. 1988. Comédie dramatique de Peter GREENAWAY avec Bernard Hill, Joan Plowright et Juliet Stevenson. - Pour échapper à la loi, trois femmes d'une même famille qui ont assassiné leurs conjoints demandent l'aide d'un coroner excentrique. - Œuvre froide et calculatrice mais fort intelligente. Surcharge ludique dans le traitement. Réalisation très élaborée. Jeu stylisé des actrices. □ 18 ans+

DROWNING MONA [Qui a tué Mona ?] ▷5
É.-U. 2000. Comédie satirique de Nick GOMEZ avec Danny DeVito, Bette Midler et Neve Campbell. - Le chef de police d'une petite ville de province enquête sur la mort suspecte d'une femme particulièrement détestée par son entourage.
DVD Cadrage W→8,95 $

DROWNING POOL, THE [Toile d'araignée, La] ▷5
É.-U. 1975. Drame policier de Stuart ROSENBERG avec Joanne Woodward, Paul Newman et Tony Franciosa. - Un détective privé est appelé à la rescousse par une ancienne maîtresse victime d'un chantage. □ 13 ans+

DRUGSTORE COWBOY ▷3
É.-U. 1989. Drame de mœurs de Gus VAN SANT avec Matt Dillon, Kelly Lynch et James Le Gros. - Transporté en ambulance, un jeune homme se remémore les vols dans les pharmacies et dans les réserves d'hôpitaux qu'il faisait avec trois amis. - Vision réaliste et insolite du milieu de la drogue. Évocations poétiques assez surprenantes. Rythme irrégulier. Interprétation appropriée. □ 13 ans+
DVD VA→Cadrage W→17,95 $

DRUMLINE ▷4
É.-U. 2002. Comédie dramatique de Charles STONE III avec Nick Cannon, Zoe Saldana et Orlando Jones. - Dans une université d'Atlanta, un batteur talentueux mais indiscipliné doit mener sa fanfare à la victoire lors d'une importante compétition. □ Général
DVD VA→18,95 $

DRUMS ALONG THE MOHAWK ▷4
É.-U. 1940. Aventures de John FORD avec Henry Fonda, Claudette Colbert et Edna May Oliver. - À l'époque de la guerre de l'Indépendance, un jeune ménage est en butte aux tracasseries des Indiens excités par les Anglais. □ Général
DVD VA→13,95 $

DRUMS, THE [Alerte aux Indes] ▷4
ANG. 1938. Aventures de Zoltan KORDA avec Sabu, Roger Livesey et Raymond Massey. - Un régiment anglais des Indes sauve un jeune prince des menées meurtrières d'un oncle ambitieux. □ Général

DRUNKEN ANGEL *voir* **Ange ivre, L'**

DRUNKEN MASTER II [Ivresse au combat] ▷4
H.K. 1994. Aventures de Lau KAR-LEUNG avec Jackie Chan, Ti Lung et Anita Mui. - Un expert dans l'art de l'ivresse au kung-fu affronte un diplomate britannique qui dérobe des objets d'art chinois. □ 13 ans+ · Violence
DVD Cadrage W→28,95 $

DRUNKS ▷5
É.-U. 1995. Drame psychologique réalisé par Peter COHN avec Richard Lewis, Faye Dunaway et Dianne Wiest. - Des gens de différents milieux partagent leurs problèmes dans le cadre d'une rencontre des Alcooliques anonymes. □ 13 ans+

DRY CLEANING *voir* **Nettoyage à sec**

DRY WHITE SEASON, A ▷4
[Saison blanche et sèche, Une]
É.-U. 1989. Drame social de Euzhan PALCY avec Donald Sutherland, Zakes Mokae et Jurgen Prochnow. - Un professeur de Johannesburg, dont le jardinier noir a été tué par la police, décide de poursuivre les coupables en justice. □ 13 ans+
DVD VA→STF→Cadrage W→12,95 $

DU HAUT DE LA TERRASSE *voir* **From the Terrace**

DU PAIN ET DES ROSES *voir* **Bread and Roses**

DU PIC AU CŒUR ▷5
QUÉ. 2000. Comédie sentimentale de Céline BARIL avec Karine Vanasse, Tobie Pelletier et Xavier Caféïne. - Une adolescente vit avec un chanteur rock en feignant d'ignorer l'amour que lui porte un ami d'enfance. □ Général

DU RIFIFI CHEZ LES HOMMES [Rififi] ▷3
FR. 1955. Drame policier de Jules DASSIN avec Jean Servais, Robert Manuel et Carl Mohner. - Des gangsters qui ont commis un vol audacieux dans une bijouterie ont maille à partir avec une bande rivale qui veut s'emparer du butin.
DVD VF➔STA➔Cadrage P&S➔46,95 $

DU SOLEIL PLEIN LA TÊTE
voir **Eternal Sunshine of the Spotless Mind**

DU SOLEIL PLEIN LES YEUX ▷5
FR. 1970. Drame sentimental de Michel BOISROND avec Renaud Verley, Florence Lafuma et Bernard Lecoq. - Deux frères partent en vacances sur un bateau en compagnie de deux jolies filles. □ Général

DUANE HOPWOOD
É.-U. 2005. Matt MULHERN
DVD VA➔STF➔Cadrage W/16X9➔32,95 $

DUCHESS AND THE DIRTWATER FOX, THE ▷5
[Duchesse et le truand, La]
É.-U. 1976. Western de Melvin FRANK avec George Segal, Goldie Hawn et Roy Jenson. - À la suite d'un vol, un joueur et une danseuse de music-hall connaissent diverses mésaventures. □ Général

DUCK SOUP ▶2
É.-U. 1934. Comédie burlesque de Leo McCAREY avec les frères Marx, Margaret Dumont et Louis Calhern. - Une dame riche accepte de subventionner un petit pays si l'on nomme son ami dictateur. - Une réussite dans le genre loufoque. Comique plus verbal que visuel. Gags inventifs. Les frères Marx très en forme. □ Général

DUDES ▷5
É.-U. 1987. Aventures de Penelope SPHEERIS avec Jon Cryer, Daniel Roebuck et Catherine Mary Stewart. - Devant l'inaction de la police, deux musiciens punk décident de venger eux-mêmes leur copain qui a été tué par le chef d'une bande de voyous. □ 13 ans+

DUEL ▷3
É.-U. 1972. Drame de Steven SPIELBERG avec Dennis Weaver, Jacqueline Scott et Eddie Firestone. - Sur les routes de la Californie, un camion-citerne poursuit une voiture conduite par un démarcheur. - Récit haletant. Cadrages audacieux. Montage éloquent. Interprétation solide. □ Général
DVD VA➔Cadrage W➔17,95 $

DUEL AT DIABLO [Bataille de la vallée du diable, La] ▷4
É.-U. 1965. Western de Ralph NELSON avec Bibi Andersson, James Garner et Sidney Poitier. - Un détachement de cavalerie en marche vers Fort Concho est attaqué par une troupe d'Apaches. □ 13 ans+
DVD VA➔12,95 $

DUEL AT SILVER CREEK, THE ▷5
É.-U. 1952. Western de Don SIEGEL avec Audie Murphy, Faith Domergue et Stephen McNally. - L'assistant d'un shérif sauve son chef d'un complot ourdi par une femme perfide. □ Général
DVD VA➔17,95 $

DUEL AU SOLEIL *voir* **Tombstone**

DUEL DANS LA BOUE *voir* **These Thousand Hills**

DUEL DES GÉANTS, LE *voir* **Missouri Breaks, The**

DUEL IN THE SUN ▷4
É.-U. 1947. Western de King VIDOR avec Jennifer Jones, Gregory Peck et Joseph Cotten. - Une jeune métisse est convoitée par les deux fils d'un riche rancher. □ Général
DVD VA➔18,95 $

DUELLISTS, THE ▷3
ANG. 1977. Drame de Ridley SCOTT avec Keith Carradine, Harvey Keitel et Cristina Raines. - Un officier de l'armée de Napoléon s'entête au long des années à provoquer un collègue en duel. - Adaptation d'une nouvelle de Joseph Conrad. Mise en scène soignée. Intensité dramatique. Évocation minutieuse du contexte historique. Interprétation convaincante. □ Général
DVD VF➔STA➔Cadrage W➔19,95 $

DUET FOR ONE ▷4
ANG. 1986. Drame psychologique d'Andrei KONCHALOVSKY avec Julie Andrews, Alan Bates et Max Von Sydow. - Craignant la fin de sa carrière, une violoniste réputée qui est atteinte de sclérose en plaques se confie à un psychiatre. □ Général

DUETS ▷5
CAN. 2000. Comédie dramatique de Bruce PALTROW avec Maria Bello, Andre Braugher et Gwyneth Paltrow. - Six personnes issues de milieux différents se rendent à Omaha pour participer à un concours de karaoké.

DUKES OF HAZZARD ▷5
É.-U. 2005. Comédie de Jay CHANDRASEKHAR avec Johnny Knoxville, Seann William Scott et Jessica Simpson. - Deux cousins passionnés de voiture tentent de contrecarrer les plans d'un homme d'affaires véreux. □ Général
DVD VF➔STF➔34,95 $ VF➔STA➔Cadrage W➔33,95 $

DUMA ▷3
É.-U. 2005. Aventures de Carroll BALLARD avec Alexander Michaletos, Eamonn Walker et Hope Davis. - Le guépard qu'il avait recueilli bébé ayant atteint l'âge adulte, un enfant traverse le désert du Kalahari afin de le retourner à son habitat naturel. - Odyssée initiatique riche en réflexions philosophiques. Personnages bien dessinés. Photographie riche et texturée, mettant en valeur des paysages somptueux et contrastés. Réalisation soignée. Bons interprètes.
DVD VA➔STF➔Cadrage W➔21,95 $

DUMBO ▷4
É.-U. 1941. Dessins animés de Ben SHARPSTEEN. - Un éléphant né dans un cirque est affligé d'immenses oreilles qui font de lui un objet de moqueries. □ Général
DVD VF➔34,95 $

DUMMY
É.-U. 2002. Greg PRITIKIN
DVD VA➔Cadrage W➔36,95 $

DUNE ▷3
É.-U. 1984. Science-fiction de David LYNCH avec Kyle MacLachlan, Kenneth McMillan et Francesca Annis. - En l'an 10991, deux clans se disputent l'exploitation de la planète Dune, source unique d'une épice très recherchée. - Adaptation du célèbre roman de Frank Herbert. Illustration originale. Trucages impressionnants. □ 13 ans+
DVD VA➔STF➔Cadrage W➔31,95 $

DUNSTON CHECKS IN [Drôle de singe] ▷5
É.-U. 1995. Comédie de Ken KWAPIS avec Jason Alexander, Faye Dunaway et Eric Lloyd. - Un singe crée le désordre autour de lui dans un grand hôtel de luxe.

DUNWICH HORROR, THE ▷4
É.-U. 1970. Drame fantastique de Daniel HALLER avec Sandra Dee, Dean Stockwell et Ed Begley. - Un jeune homme et une jeune femme participent à des expériences de sorcellerie.
DVD VF➔STF➔Cadrage W➔11,95 $

DUPLEX ▷5
É.-U. 2003. Comédie de Danny DeVITO avec Drew Barrymore, Ben Stiller et Eileen Essell. - Nouveaux propriétaires d'un duplex à Brooklyn, deux jeunes mariés ont maille à partir avec leur unique locataire, une vieille femme invivable. □ Général
DVD VF➔Cadrage W➔19,95 $

DURE RÉALITÉ *voir* **Sitting in Limbo**

DURIAN, DURIAN ▷4
H.K. 2000. Drame de mœurs de Fruit CHAN avec Qin Hailu, Mak Wai Fan et Biao Xiao Ming. - Dans un quartier populaire de Hong Kong, une prostituée sympathise avec une fillette de huit ans avant de retourner vivre dans le nord de la Chine où elle est née.

DUST
É.-U. 2001. Milko MANCHEVSKI
DVD VA➔STA➔Cadrage W➔5,95 $

DUST TO DUST *voir* **Por la libre**

DUTCH ▷4
É.-U. 1991. Comédie de Peter FAIMAN avec Ed O'Neill, Ethan Randall et Jobeth Williams. - Un joyeux luron profite d'un voyage parsemé d'imprévus pour se gagner l'amitié du fils de sa nouvelle amie, un enfant au caractère très difficile. □ Général
DVD VA➔14,95 $

DYING GAUL, THE
É.-U. 2005. Craig LUCAS
DVD VA➔STA➔Cadrage W/16X9➔31,95 $

DYING OF LAUGHTER
ESP. 1999. Alex de la IGLESIA
DVD STA➔Cadrage W➔23,95 $

DYING YOUNG [Trêve pour l'amour, Une] ▷4
É.-U. 1991. Drame sentimental de Joel SCHUMACHER avec Julia Roberts, Campbell Scott et Vincent d'Onofrio. - Un jeune leucémique tombe amoureux de l'infirmière qui prend soin de lui à domicile. □ Général
DVD VF➔STF➔Cadrage W➔9,95 $

The ASPHALT JUNGLE
MARILYN MONROE · STERLING HAYDEN · LOUIS CALHERN
JOHN HUSTON

LES MEILLEURES **NOUVEAUTÉS** DE L'ANNÉE

BEST OF YOUTH, THE [Nos meilleures années] ▷3

ITA. 2003. 375 min. Chronique de Marco Tullio GIORDANA avec Luigi Lo Cascio, Alessio Boni et Adriana Asti. - En 1966, à Rome, les frères Nicola et Matteo Carati tombent amoureux de la jolie Giorgia, atteinte de troubles psychiques. Mais leur idylle tourne court lorsque Giorgia retourne en clinique. Nicola poursuit alors ses études en psychiatrie, tandis que Matteo s'engage dans l'armée. Les années passent, et l'histoire des Carati s'inscrit douloureusement dans celle de l'Italie. Portée par un récit fluide aux péripéties variées, cette vaste fresque familiale offre un mélange réussi de drames intimistes au ton chaleureux et de fragments d'histoire récente de l'Italie, le passage des années étant brillamment évoqué par une chanson d'époque, un match de football ou un bulletin de nouvelles. Jouant à la fois sur les cordes de l'émotion et de la nostalgie, Marco Tullio Giordana (*Les cent pas*) accouche d'un film symphonique, l'intrigue tirant habilement parti des destins croisés des personnages principaux et secondaires, campés par des interprètes offrant des prestations de haut niveau.

© 2006 Miramax

BORN INTO BROTHELS ▷3

É.-U. 2004. 85 min. Documentaire de Ross KAUFFMAN et Zana BRISKI. - La photographe britannique Zana Briski est devenue amie avec sept garçons et filles de Calcutta, âgés de 10 à 14 ans, ayant tous vu le jour dans un bordel. Afin d'aider ces enfants à échapper au cercle vicieux de la prostitution, elle leur apprend les rudiments de la photographie, les encourageant ainsi à décrire eux-mêmes en images leur vie quotidienne dans un quartier miteux et souvent dangereux. La démarche de Briski permet d'enrichir le regard de ces artistes en herbe qui dévoilent des aspects de leur existence qu'un Occidental n'aurait pas su capter. Leurs photos s'intercalent de façon très fluide avec les images des cinéastes, qui ont su capter un quotidien marqué par les privations et les prises de becs générées par une promiscuité malsaine. En parallèle, le film présente les efforts de Briski pour offrir à ces enfants une meilleure éducation, et par le fait même un avenir plus radieux. Mais devant les embûches qu'elle doit surmonter, on constate à quel point ces jeunes sont stigmatisés de par leurs origines et leurs conditions de vie. Pourtant, avec ou sans appareil photo, ils font preuve d'une grande spontanéité, tout en affichant une maturité que l'on sait douloureusement acquise.

© 2005 Thinkfilm Llc

BREAKFAST ON PLUTO ▷3

IRL. 2005. Comédie dramatique de Neil JORDAN avec Cillian Murphy, Liam Neeson et Ruth Negga. - Abandonné à sa naissance sur le perron d'un presbytère, un jeune travesti irlandais répondant au nom de Kitten décide de partir à la recherche de ses parents naturels. Il trouve bientôt son père, en la personne du religieux qui l'avait recueilli autrefois. Après s'être lié d'amitié avec un chanteur rock, Kitten part pour Londres dans l'espoir d'y retrouver sa vraie mère. Revisitant par la bande des thèmes que Neil Jordan avait déjà exploités en 1992 dans *Le Cri des larmes*, cette adaptation pimpante d'un roman de Patrick McCabe fait en 34 chapitres le récit picaresque d'un Candide androgyne aux allures glam-rock dans une Grande-Bretagne traumatisée par l'IRA. Si son sujet est grave, le film n'en est pas moins léger et piqué d'humour noir. Portée par d'irrésistibles chansons pop, dans lesquelles le protagoniste puise sa philosophie de vie, la réalisation exploite des éléments fantaisistes qui désamorcent chaque fois le drame. Enfin, l'interprétation attachante de Cillian Murphy confère à l'ensemble un charme et une frivolité désarmants.

© 2006 Sony Pictures Home Entertainment

BRODEUSES ▷4

FR. 2004. 89 min. Drame psychologique de Éléonore FAUCHER avec Ariane Ascaride, Lola Naymark et Thomas Laroppe. - Craignant de perdre son emploi et redoutant la réaction de sa mère, une adolescente de dix-sept ans tente de cacher à son entourage qu'elle est enceinte. Cultivant un grand intérêt et un réel talent pour la broderie, la jeune fille fait la connaissance d'une brodeuse professionnelle qui vient de perdre son fils. Malgré le drame qu'elle vit, cette dernière la prend sous son aile. Premier long métrage d'Éléonore Faucher, *Brodeuses* pose un regard sensible et naturaliste sur des destins humbles. La mise en scène simple et discrète, proche du documentaire, rend palpable le quotidien plutôt banal de ces travailleuses aux doigts d'or. On en oublie presque la subtilité avec laquelle la réalisatrice nous convie à étudier les interactions de ces êtres écorchés par les deux expériences les plus déchirantes de la maternité : la grossesse non désirée et le deuil d'un enfant. Obtenant le maximum avec des dialogues réduits au minimum, Lola Naymark et Ariane Ascaride offrent un jeu tout en retenue, en parfait accord avec le sujet.

BROKEBACK MOUNTAIN ►2

[Souvenirs de Brokeback Mountain]

É.-U. 2005. 134 min. Drame sentimental d'Ang LEE avec Heath Ledger, Jake Gyllenhaal et Michelle Williams. - En 1963, au Wyoming, Ennis et Jack veillent sur un troupeau de moutons dans les montagnes. Seuls pendant des semaines, les deux jeunes hommes vivent une intense passion amoureuse. Mais à la fin de l'été, ils partent chacun de leur côté. Quatre ans plus tard, lorsqu'ils se revoient, ils comprennent que, bien qu'ils se soient mariés chacun de leur côté, leur amour l'un pour l'autre est demeuré intact. Adaptée d'une nouvelle d'Annie Proulx, cette histoire écrite avec beaucoup de tact et de sensibilité évoque de façon émouvante une passion amoureuse aux résonances universelles. Le film d'Ang Lee se présente comme un beau mais amer drame romantique enrichi d'une étude de caractères pleine de finesse et d'authenticité. Campée dans des décors grandioses à la manière d'un western contemplatif et filmée de façon à la fois sobre et expressive, cette chronique sentimentale est imprégnée de tendresse et de violence, d'euphorie et de tristesse, à l'image du jeu de ses deux vedettes, remarquable de nuances et d'intensité contenue.

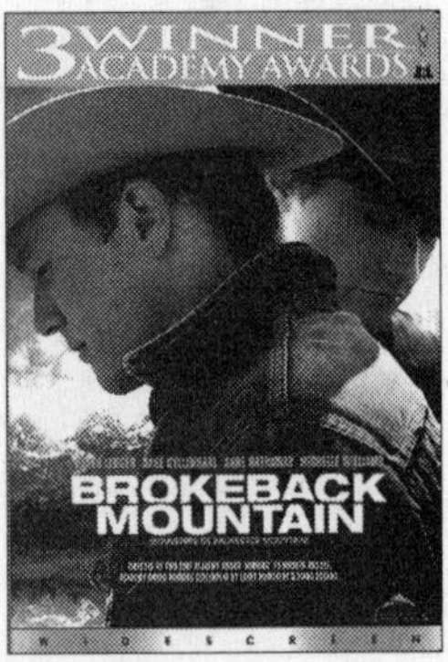

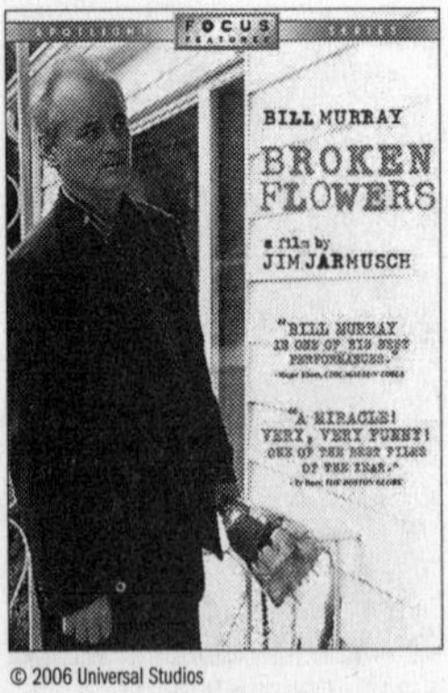

BROKEN FLOWERS [Fleurs brisées] ▷3

É.-U. 2005. 105 min. Comédie dramatique de Jim JARMUSCH avec Bill Murray, Jeffrey Wright et Sharon Stone. - Célibataire endurci, Don vient d'être quitté par sa dernière conquête. Alors qu'il se résigne une nouvelle fois à vivre seul, il reçoit une lettre anonyme lui révélant qu'il est le père d'un garçon de 19 ans. Encouragé par un ami, Don décide d'éclaircir ce mystère. Ce qui amène cet homme casanier à se lancer dans un long périple à travers les États-Unis, au cours duquel il retrouve quatre de ses anciennes flammes. Jim Jarmusch (*Down by Law*) insiste pour capturer la vie banale et parfois absurde de l'Amérique profonde à l'aide de leitmotive visuels à la fois redondants et minimalistes. Ce qui confère au récit un rythme d'une lenteur étudiée, ponctuée par une trame sonore agrémentée de jazz planant. Dans ce contexte, l'interprétation hyper-décontractée de Bill Murray, d'une déconcertante immobilité, s'intègre parfaitement au caractère existentialiste de l'œuvre. Les quatre ex-compagnes du protagoniste sont admirablement campées par quatre actrices de talent qui, en quelques minutes, sont capables de construire un personnage complet.

CACHÉ ▷**3**

FR. 2005. 118 min. Drame psychologique de Michael HANEKE avec Daniel Auteuil, Juliette Binoche et Lester Makedonsky. - Animateur d'une émission littéraire à la télévision, Georges Laurent mène une vie confortable lorsque sa quiétude est perturbée par la réception de cassettes vidéo et de dessins énigmatiques. Or, comme il ne fait l'objet d'aucune menace directe, la police ne fait rien. Le journaliste décide alors d'élucider lui-même ce mystère, qu'il soupçonne être lié à un événement douloureux survenu dans son enfance. Michael Haneke affectionne les suspenses psychologiques tordus, qui mettent en lumière les recoins les plus sombres de l'âme humaine. *Caché* nous fait lentement pénétrer dans la spirale infernale de la conscience d'un homme chez qui renaît une culpabilité longtemps refoulée. Haneke sème les fausses pistes et les trompe-l'œil afin de nous amener à réfléchir sur les apparences et notre rapport aux images filmées. Virtuose de la lumière et des ombres, le cinéaste s'amuse à déstabliser le public en le privant de ses repères habituels, privilégiant par exemple des plans d'ensemble pour les scènes les plus significatives. Soulignons la qualité du jeu nuancé de Daniel Auteuil.

CAPOTE ▷**3**

É.-U. 2005. 114 min. Drame biographique de Bennett MILLER avec Philip Seymour Hoffman, Catherine Keener et Clifton Collins Jr. - En 1959, le romancier et journaliste Truman Capote se rend au Kansas pour enquêter sur l'assassinat d'une famille d'agriculteurs. Pendant son séjour, les deux meurtriers, Perry Smith et Richard Hickock, sont arrêtés. Capote réussit à les interroger et développe une véritable fascination pour Perry, fascination qui lui inspire son livre *In Cold Blood*. Face à un personnage aussi flamboyant que Truman Capote, Bennett Miller ne sent jamais le besoin d'en rajouter, optant pour une mise en scène sobre, reconstituant les années 1960 sans excès stylistiques. Le scénario possède la même finesse; bien plus que de relater les faits, il expose les dilemmes moraux de cette entreprise de manipulation et les tourments psychologiques qu'ils provoquent chez l'auteur. Le sentiment de trouble que suscite le personnage tient beaucoup à la performance exceptionnelle de Philip Seymour Hoffman (*Magnolia*), qui rend avec grâce le versant extravagant de l'écrivain et dévoile avec brio toute sa fourberie et son narcissisme.

CAUCHEMAR DE DARWIN, LE [Darwin's Nightmare] ▷**3**

FR. 2004. 107 min. Documentaire de Hubert SAUPER. - Dans les années 1960, des scientifiques ont introduit la perche du Nil dans les eaux du lac Victoria en Tanzanie. Depuis cette époque, toutes les autres espèces de poissons ont disparu, dévorées par ce prédateur féroce. Or, cette ressource constituait l'unique gagne-pain des gens de la région. Par conséquent, soumise aux diktats des multinationales qui font le commerce de la perche, la population vit dans un dénuement extrême, décimée par la famine et le sida. En dissimulant son identité et au prix de nombreuses difficultés, le cinéaste autrichien Hubert Sauper a saisi toute la mesure de ce désastre, constatant l'héritage vicié de la colonisation et les effets pervers de la mondialisation. Sans narration en voix off, avec ça et là des intertitres donnant un supplément d'informations, le film est porté par nombre de scènes où rarement la misère humaine n'est apparue aussi impitoyable. La démonstration ne manque pas de moments ironiques, mais elle est souvent empreinte d'une profonde détresse, laquelle se lit dans les yeux des enfants de la rue, des prostituées et des sidéens, que le réalisateur filme avec une immense compassion.

CHÂTEAU AMBULANT, LE ▷3

JAP. 2004. 119 min. Film d'animation de Hayao MIYAZAKI. - Sophie, 18 ans, fait la connaissance du jeune et séduisant Hauru, qui s'avère être le magicien habitant l'étrange château ambulant situé à l'extérieur de la ville. Par jalousie, la sorcière de la lande jette un sort à la jeune fille, qui se retrouve dans le corps d'une femme de 90 ans. Alors qu'une guerre avec un pays ennemi paraît imminente, Sophie quitte la ville et se réfugie dans la mystérieuse demeure d'Hauru. Dans ce récit truffé de personnages délicieusement fantaisistes ou grotesques, Hayao Miyazaki (*Princesse Mononoké*) crée un univers magique fabuleux campé dans de merveilleux décors rappelant les splendeurs de l'Europe, du Moyen-Âge à la Renaissance. L'intrigue contient de nombreux flashs surprenants, mais son déroulement s'avère légèrement alambiqué et son rythme a parfois tendance à s'alourdir. Ces petites faiblesses ne suffisent toutefois pas à gâcher le plaisir du spectateur. Il faut dire que d'un point de vue purement technique et visuel, le film a de quoi enchanter du début à la fin. Les dessins s'avèrent remarquablement élaborés et l'animation est d'une fluidité parfaite.

CŒURS OUVERTS ▷3

DAN. 2002. 114 min. Drame sentimental de Susanne BIER avec Sonja Richter, Mads Mikkelsen et Nikolaj Lie Kaas. - À Copenhague, Joachim devient paralysé à la suite d'un accident de voiture causé par Marie. Niels, l'époux de cette dernière, accepte d'aider financièrement Cecilie, la fiancée de la victime. Or, rejetée par Joachim, qui n'accepte pas son invalidité, celle-ci cherche réconfort auprès de Niels, lequel succombe bientôt à ses charmes. Susanne Bier (*Frères*) s'est soumise aux règles de Dogme 95 en filmant de manière tout à la fois simple et frénétique cette histoire de prime abord très mélodramatique. En privilégiant des images crues, baignées d'une pâle lumière hivernale, ainsi qu'une caméra instable collée aux visages, *Cœurs ouverts* atteint à une grande et poignante vérité. Le film illustre avec brio l'impact profond d'un accident de voiture, tant sur la victime que sur ceux qui en subissent l'onde de choc émotionnelle. Tous les interprètes font preuve d'une remarquable intensité et d'un naturel saisissant.

CONSTANT GARDENER, THE ▷3

[Constance du jardinier, La]

ANG. 2005. 128 min. Drame de Fernando MEIRELLES avec Ralph Fiennes, Rachel Weisz et Danny Huston. - En poste au Kenya, le diplomate britannique Justin Quayle apprend que son épouse, la militante Tessa Abbott, a été brutalement tuée alors qu'elle se trouvait en compagnie d'Arnold Bluhm, un docteur local soupçonné d'être son amant. Du coup, le placide Justin, un fonctionnaire peu ambitieux et épris de botanique, sort de sa torpeur afin de comprendre pourquoi sa femme a été assassinée. Adapté avec brio d'un roman de John Le Carré, *La Constance du jardinier* offre un mélange prenant de thriller et de drame sentimental, sur fond de dénonciation virulente de l'exploitation éhontée de l'Afrique par l'Occident. Utilisant les flash-back de façon fort efficace, le récit ne cesse de captiver, s'avérant tantôt révoltant, tantôt touchant. Le Brésilien Fernando Meirelles (*Cité de Dieu*) livre une mise en scène nerveuse qui illustre de façon expressive le contexte africain du récit. Au sein d'une distribution relevée, Ralph Fiennes joue avec une étonnante retenue un personnage tourmenté dont il a le secret, face à une Rachel Weisz aussi énergique qu'attachante.

CORPSE BRIDE, THE [Mariée cadavérique, La] ►2

É.-U. 2005. 76 min. Film d'animation de Tim BURTON et Mike JOHNSON. - Nerveux à l'idée de se marier, Victor ne parvient pas, lors de la répétition de la cérémonie, à réciter par cœur son serment. Durant la nuit suivante, alors qu'il révise le texte dans la forêt, ses paroles réveillent le cadavre d'une jeune femme qui a été assassinée le soir de ses noces. Croyant que Victor a demandé sa main, cette fiancée cadavérique le conduit illico dans l'au-delà afin d'y préparer leur mariage... Presque toutes les obsessions et les thèmes récurrents dans l'œuvre de Tim Burton sont réunis dans cette délicieuse fantaisie musicale mêlant poésie, humour noir et satire sociale. Le film baigne dans une prenante atmosphère de romantisme lugubre agrémenté de nombreux détails et clins d'œil loufoques ou absurdes. D'un point de vue esthétique et technique, *La Mariée cadavérique* est un véritable triomphe. Les personnages gracieusement effilés, les décors « gothico-expressionnistes », le travail sur les éclairages et les couleurs et le brio de la mise en scène procurent d'innombrables moments de ravissement. La musique et les chansons de Danny Elfman viennent compléter cette réussite éblouissante.

CRASH ▷3

É.-U. 2004. 113 min. Drame social de Paul HAGGIS avec Don Cheadle, Matt Dillon et Thandie Newton. - À Los Angeles, diverses personnes d'origines et de classes sociales différentes se croisent à la suite d'une série d'incidents dramatiques. À l'instar de Robert Altman (*Short Cuts*) ou de Paul Thomas Anderson (*Magnolia*), le Canadien Paul Haggis mène habilement de front plusieurs intrigues, dressant ainsi un portrait souvent nuancé des malaises qui rongent la société américaine : racisme, violence, individualisme, etc. Optant pour un ton mélancolique, renforcé par la musique envoûtante de Mark Isham, *Crash* n'en demeure pas moins ludique, le tout se déroulant sur une période de 24 heures au cours de laquelle on égrène savamment tous les liens probables entre les personnages. Le film contient aussi sa part de scènes émouvantes, et d'autres fort tendues. Visiblement éblouis par un scénario d'une telle efficacité dramatique, bien des acteurs connus ont accepté d'y figurer pour un cachet modeste. Cette distribution de haut niveau est dominée par Don Cheadle, qui incarne en quelque sorte la conscience de cette triste faune urbaine.

C.R.A.Z.Y. ▷3

QUÉ. 2005. 129 min. Chronique de Jean-Marc VALLÉE avec Marc-André Grondin, Michel Côté et Danielle Proulx. - Né le 25 décembre 1960 en banlieue de Montréal, Zachary est le quatrième des cinq fils de Gervais et Laurianne Beaulieu. Sa vie durant, il tente de lutter contre ses tendances homosexuelles pour obtenir l'approbation et l'affection de son père. S'inspirant d'expériences vécues par son coscénariste, Jean-Marc Vallée (*Liste noire*) a conçu une chronique familiale attachante et sensible, qui trace en filigrane l'évolution sociale et morale du Québec des quarante dernières années. Tout en étant émaillé de touches fantaisistes, qui jouent de manière amusante et parfois étonnante sur le contraste entre les désirs profonds du héros et sa dure réalité, le récit adopte une belle justesse de ton, notamment à l'occasion des fêtes familiales ou lors des discussions entre les parents. En outre, au sein de sa réalisation dynamique et souvent inventive, Vallée a su utiliser avec une grande efficacité dramatique plusieurs chansons populaires. Admirablement dirigés, les interprètes procurent au spectateur plusieurs moments fort touchants. Seul bémol, les personnages des autres frères demeurent schématiques, voire caricaturaux.

DE BATTRE MON CŒUR S'EST ARRÊTÉ ▷3

FR. 2005. 107 min. Drame psychologique de Jacques AUDIARD avec Romain Duris, Niels Arestrup et Linh-Dan Pham. - Tom, 28 ans, suit les traces de son père Robert dans l'immobilier véreux. Mais un soir, le jeune homme revoit par hasard l'ancien impresario de sa défunte mère, une pianiste de concert qui lui avait appris à jouer dans son enfance. Ayant accepté de passer une audition dans quelques semaines, il choisit comme répétitrice une jeune Chinoise qui ne parle pas français. Pour son quatrième film, Jacques Audiard offre un remake très libre de *Mélodie pour un tueur*, de James Toback. Si l'intrigue rappelle celle de *L'Audition*, de Luc Picard, il s'ajoute ici la dimension quasi freudienne du conflit intérieur d'un jeune homme qui, pour devenir enfin adulte, devra choisir entre les trafics glauques de son père ou le noble héritage artistique de sa mère. En plus de ses rapports tendus avec son paternel, le protagoniste vit des aventures parfois tordues avec la gent féminine. Il en résulte une texture dramatique riche, mise en valeur par une réalisation nerveuse qui privilégie les plans séquences et la caméra à l'épaule. Romain Duris livre une performance fougueuse et intense, sans jamais chercher à rendre son personnage sympathique.

ÉDUKATEURS, LES ▷4

ALL. 2004. 129 min. Comédie dramatique de Hans WEINGARTNER avec Daniel Brühl, Julia Jentsch et Stipe Erceg. - *Les édukateurs* sont trois jeunes activistes qui s'introduisent la nuit dans des maisons cossues désertées pour y laisser des messages anti-bourgeois. Mais, un soir, à la suite d'une maladresse, les trois amis doivent retourner sur le lieu de leur dernier forfait et sont surpris par le propriétaire. N'ayant d'autre choix que de l'enlever, ils décident de le séquestrer dans un chalet isolé. Avec ses accents altermondialistes, cette histoire de conflit générationnel aiguillonné par une lutte de pouvoir réserve son lot de rebondissements et de moments forts. Toutefois, le propos socio-politique, parfois racoleur, exprimé par les militants du film, s'engage dangereusement sur la voie d'un manichéisme primaire. Pour mettre son scénario en images, Hans Weingartner a eu recours à la grammaire Dogma (DV, caméra à l'épaule, éclairages naturels, etc.), conférant à son film un style et un rythme nerveux. En porte-étendard d'une jeunesse qui veut toujours changer le monde, Daniel Brühl (*Au revoir, Lénine*) donne sa pleine mesure au sein d'une distribution solide.

ENFANT, L' ▷3

BEL. 2005. 95 min. Drame psychologique de Luc et Jean-Pierre DARDENNE avec Jérémie Rénier, Déborah François et Jérémie Segard. - Sonia, 18 ans, vient de donner naissance à Jimmy. Indifférent à son nouveau rôle de père, Bruno, la vingtaine insouciante, continue de tremper dans de petites magouilles. Pire, à court d'argent, le jeune homme vend le bébé à un réseau d'adoption clandestin. Réalisant après coup la gravité de son geste, Bruno entreprend de retrouver son fils et de se racheter auprès de sa compagne. Comme pour la Rosetta de leur film éponyme et le père menuisier du *Fils*, la caméra des frères Dardenne traque de façon nerveuse et frontale le personnage de Bruno, forçant une proximité qui frôle parfois l'asphyxie. Ce rigoureux parti-pris esthétique va de pair avec un traitement humaniste du sujet, à portée universelle, qui permet aux cinéastes de tracer le portrait âpre d'une jeunesse désespérée vivant dans la précarité. La peinture sans fard des caractères constitue une autre des grandes forces de ces ex-documentaristes, ce dont *L'Enfant* témoigne éloquemment. Aux côtés de l'excellent Jérémie Rénier, Déborah François se distingue par son énergie et sa conviction.

ENRON : THE SMARTEST GUYS IN THE ROOM ▷3

[Enron - Derrière l'incroyable scandale]

É.-U. 2005. 110 min. Documentaire de Alex GIBNEY. - La faillite d'Enron et le scandale financier qui s'ensuivit ont profondément choqué le monde entier. Or, les révélations contenues dans le présent documentaire ne seront pas de nature à calmer la colère et l'indignation du grand public. Adapté d'un livre de deux reporters du magazine *Fortune*, *Enron - derrière l'incroyable scandale* évoque dans les moindres détails les événements ayant mené à ce formidable gâchis, traçant du coup un portrait dévastateur d'une petite clique de dirigeants d'entreprise et de courtiers dont l'appât du gain allait de pair avec une ambition démesurée, une arrogance insondable et un cynisme consommé. Les auteurs décrivent également comment une fraude d'une telle ampleur a pu se dérouler pendant près de dix ans sans éveiller la méfiance des marchés financiers, grâce notamment aux liens serrés entre le président d'Enron et la famille Bush. Malgré l'abondance d'informations, le film demeure captivant et divertissant, en raison d'une solide structure narrative et d'un humour ironique assez décapant, souvent relayé par un judicieux choix de chansons à l'arrière-plan.

© 2006 Magnolia

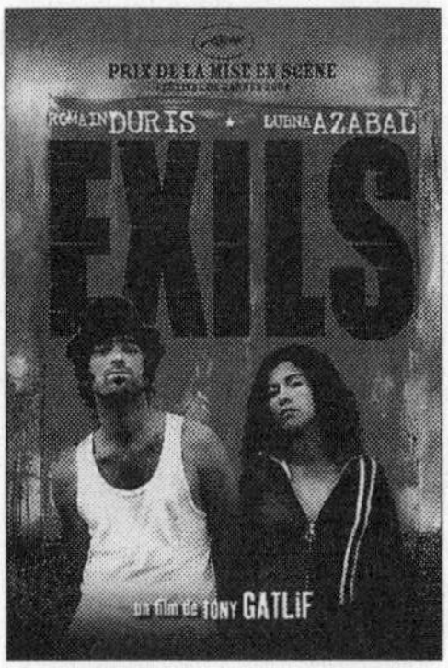

© 2005 Mongrel Media

EXILS ▷3

FR. 2004. 104 min. Drame musical de Tony GATLIF avec Romain Duris, Lubna Azabal et Leila Maklouf. - Fils de colonisateurs français, Zano a perdu ses parents peu après qu'ils eurent fui l'Algérie lors de la guerre d'indépendance. Naïma, quant à elle, est une fille d'immigrants arabes d'Alger qui a très tôt quitté sa famille. Porteur de lourds secrets, le couple quitte Paris et décide de regagner la terre de ses origines. Road movie où le désir et la musique viennent transcender la thématique de l'errance, *Exils* est l'œuvre la plus achevée de Tony Gatlif depuis *Latcho Drom*. La trajectoire dramatique du couple épouse parfaitement l'itinéraire d'un voyage où, à la succession des lieux, correspond un paysage musical qui part de la techno et des airs gitans pour remonter à leurs sources nord-africaines. Voyage au cœur des origines à plus d'un titre, *Exils* est surtout une expérience sensorielle, imprégnée de couleurs chaudes et de sonorités envoûtantes. De fait, si la trame sonore nourrie de *world music* et la magnifique photographie contribuent à l'ambiance à la fois torride et exaltée de l'œuvre, Romain Duris et Lubna Azabal forment un tandem dont l'intensité de jeu exprime avec abandon l'alchimie sensuelle de leur couple.

FIL DE LA VIE, LE [Strings] ▷3

DAN. 2004. 91 min. Conte de Anders Ronnow KLARLUND. - Croyant à tort que son père, le roi, a été assassiné, un jeune prince traverse le pays afin de le venger. Une esthétique d'un romantisme échevelé portée par une réalisation au souffle épique. Avec son intrigue minimaliste sur les thèmes de la trahison, de la vengeance et de la rédemption par l'amour, *Le fil de la vie* découle à la fois des légendes arthuriennes, de la tragédie grecque, du drame élizabéthain et de l'opéra wagnérien. Le Danois Anders Ronnow Klarlund transcende cet héritage dans une œuvre à la fois retenue et vertigineuse, où la simplicité de la proposition trouve son parfait complément dans les décors crépusculaires et les pantins de bois qui tiennent lieu de personnages. Les fils qui articulent ces marionnettes sont d'ailleurs visibles dans l'image où, au-delà de leur fonction motrice, ils évoquent, ici les filaments d'un cocon ou d'une toile d'araignée, là les barreaux d'une cage. Le résultat, d'une grande force poétique, fait oublier les articulations parfois grinçantes du scénario, ainsi que le ton un peu trop solennel de l'ensemble.

© 2005 Fox Lorber

© 2006 Warner Bros. Entertainment

GABRIELLE ▷**3**

FR. 2005. 91 min. Drame psychologique de Patrice CHÉREAU avec Isabelle Huppert, Pascal Greggory et Claudia Coli. - Gabrielle et Jean Hervey, un couple de bourgeois fortunés, tiennent salon chaque jeudi, attirant le gratin de la haute société parisienne de 1912. Aux yeux de leurs invités, ils sont des époux exemplaires. Pourtant, sous cette surface lisse, une grande froideur règne, menaçant de faire craquer à tout moment le frêle édifice de leur union. Dans cette radiographie d'une relation conjugale agonisante, adaptée d'une nouvelle de Joseph Conrad, Patrice Chéreau (*Intimacy*, *La Reine Margot*) ressasse des thèmes qui l'habitent, dont la désagrégation des rapports humains. Homme de théâtre réputé, Chéreau marque sa mise en scène de cette influence artistique, en servant sur fond de décors somptueux ou de savants clairs-obscurs des répliques d'une extrême dureté. Néanmoins, divers effets stylistiques (ralentis, surtitres) éloignent *Gabrielle* du théâtre filmé. En définitive, ce jeu de massacre psychologique, d'une cruauté rarement égalée au grand écran, est porté par un duo de comédiens de grand métier, dominé par le jeu impérial d'Isabelle Huppert (*La Pianiste*).

GENESIS ▷**3**

FR. 2004. 80 min. Documentaire de Claude NURIDSANY et Marie PÉRENNOU avec Sotigui Kouyaté. - Assis devant un feu, un griot africain raconte, sur un mode poétique, la création du monde, l'apparition de la vie sur Terre ainsi que l'évolution des espèces animales. Aux prises avec un projet ambitieux assorti de concepts scientifiques souvent complexes, Claude Nuridsany et Marie Pérennou (*Microcosmos*) ont aplani ces difficultés en ayant recours à la fable, racontée d'une manière simple et chaleureuse par l'acteur malien Sotigui Kouyaté. Ce récit métaphorique constitue d'ailleurs une excellente introduction à la théorie du big bang et à celle de l'évolution des espèces. Le propos du film est soutenu à la fois par une musique envoûtante de Bruno Coulais et de superbes images spatiales, terrestres et sous-marines. Celles-ci expriment d'ailleurs les mystères qui continuent d'entourer l'émergence de la vie sur notre planète et l'équilibre précaire de ces sanctuaires vivants. Destiné à conquérir tous les publics, *Genesis* possède la rigueur du documentaire animalier et le charme d'un hymne à la beauté (fragile) du monde.

© 2005 TVA Films

© 2006 Sony Pictures Home Entertainment

GOOD NIGHT, AND GOOD LUCK. ▷**3**
[Bonsoir, et bonne chance]

É.-U. 2005. 93 min. Drame historique de George CLOONEY avec David Strathairn, George Clooney et Frank Langella. - En 1953, le réputé journaliste de CBS Edward R. Murrow et son équipe tentent de faire échec au sénateur Joseph McCarthy, qui préside la Commission sur les activités anti-américaines. Après *Confessions d'un homme dangereux*, le comédien-cinéaste George Clooney s'intéresse à une autre personnalité du petit écran, abordant ici le pouvoir des médias et la liberté d'expression. Appréhendant avec sérieux un sujet aux résonances toujours actuelles, tout en rendant hommage aux pionniers de la télévision, Clooney mise sur des dialogues incisifs, non dénués d'humour, et un montage serré. De plus, il exploite avec brio une splendide palette de noirs et de blancs qui lui permet d'intégrer astucieusement des images d'archives. Le réalisme du film se trouve aussi rehaussé par une reconstitution d'époque remarquable qu'accentuent les intermèdes de jazz chanté, parfaitement intégrés à l'action. Au sein d'une distribution admirable, David Strathairn emporte la mise grâce à une interprétation de haut vol.

HEAD-ON ▷**3**

ALL. 2003. 121 min. Drame de mœurs de Fatih AKIN avec Birol Ünel, Sibel Kekilli et Catrin Striebeck. - À Hambourg, un quadragénaire paumé et une jeune femme délurée mais suicidaire, tous deux Allemands d'origine turque, se marient sans réellement s'aimer pour tenter de changer leur destin respectif. Avec *Head-On*, gagnant de l'Ours d'or à Berlin en 2004, Fatih Akin traite du mélange des cultures, en intégrant de façon habile et parfois humoristique les points de vue traditionnel et moderne d'une société métissée qui se cherche une identité. Certains prétendront que la dernière partie, qui se déroule en Turquie, perd en force pour se déliter dans un récit plus anecdotique et généraliste, à l'opposé du huis clos très rock'n'roll qui marque la portion, plus longue, tournée en Allemagne. Néanmoins, ce passage accentue le déracinement des personnages, qui ne se sentent vraiment chez eux ni à Hambourg ni à Istanbul. Akin ponctue d'ailleurs les divers chapitres de son récit en incorporant des scènes de chants traditionnels turcs. Les deux interprètes principaux livrent une prestation d'une intensité remarquable.

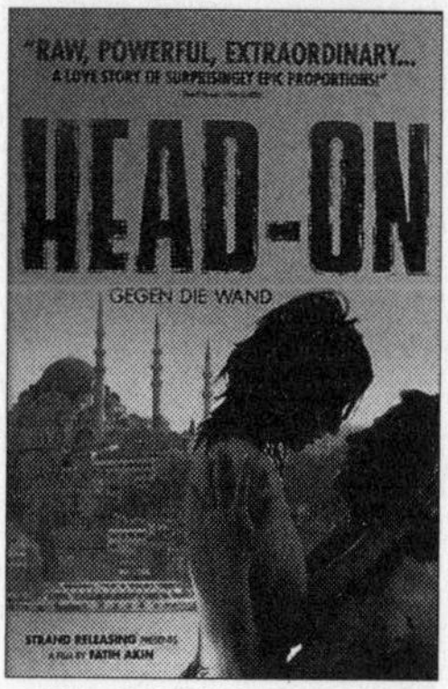

© 2005 Strand Home Video

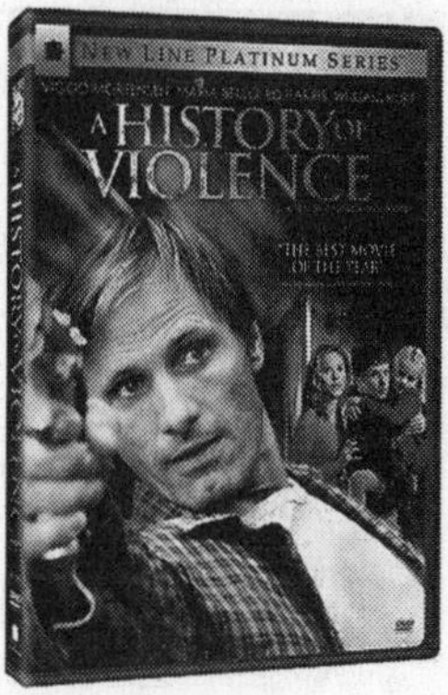

© 2006 New Line Home Entertainment

HISTORY OF VIOLENCE, A [Histoire de violence, Une] ▷**3**

É.-U. 2005. 96 min. Thriller de David CRONENBERG avec Viggo Mortensen, Maria Bello et Ed Harris. - Propriétaire d'un petit restaurant dans un village du Midwest, Tom mène une existence heureuse avec son épouse Edie et ses enfants. Mais tout bascule le jour où il tue deux malfrats meurtriers qui tentaient de voler sa caisse. Grâce à un formidable battage médiatique, Tom devient malgré lui un héros national. Mais peu après, il reçoit la visite d'un gangster qui dit bien le connaître. Empruntant des éléments au western et au film de gangsters, ce thriller d'une redoutable efficacité s'emploie à explorer les conséquences de l'irruption de la violence dans le quotidien tranquille d'une famille. D'autre part, on retrouve en filigrane le thème du double et de la schizophrénie, si cher à l'auteur d'*Alter Ego*. Il faut toutefois déplorer que le commentaire sur la surmédiatisation de l'Amérique et la fabrication instantanée des héros, fort bien entamé dans la première partie, soit abandonné en cours de route. Au sein d'une mise en scène précise et rigoureuse, les passages violents sont filmés de façon extrêmement percutante. L'interprétation d'ensemble est très solide.

IT'S ALL GONE PETE TONG ▷**4**

ANG. 2004. 89 min. Comédie de mœurs de Michael DOWSE avec Paul Kaye, Beatriz Batarda et Mike Wilmot. - Sur l'île d'Ibiza, le populaire D.J. britannique Frankie Wilde se défonce à grand renfort de drogue, d'alcool et de musique jouée à plein régime. Mais alors qu'il travaille sur un nouveau projet de CD, voilà qu'il devient totalement sourd. Du jour au lendemain, c'est la déchéance ; sa femme le quitte, son gérant le lâche, sa carrière est à l'eau. Mais au bout de quelques mois de profonde déprime, Frankie se reprend en main. Encore une fois, le réalisateur de *Fubar* utilise certaines conventions propres aux faux documentaires pour dresser un portrait coloré et vivant de son protagoniste. Toutefois, cette approche est progressivement délaissée au profit d'un style narratif plus conventionnel, correspondant d'ailleurs à l'assagissement du héros qui reprend sa vie en main après sa déchéance. De la même manière, l'humour acidulé et sec qui caractérise la première partie du film est tempéré vers la fin par des touches de sentimentalité assez bien senties. La réalisation possède dans l'ensemble une nervosité bien adaptée au sujet et l'interprétation est dans la note.

© 2005 Sony Pictures Home Entertainment

© 2006 Universal Studios

KING KONG ▷3

É.-U. 2005. 185 min. Drame fantastique de Peter JACKSON avec Naomi Watts, Adrien Brody et Jack Black. - À New York au début des années 1930, le réalisateur Carl Denham confie à la comédienne Ann Darrow le premier rôle de son prochain film, qu'il compte tourner dans une île inexplorée du Pacifique. Mais à peine sont-ils arrivés sur place que la jeune actrice est enlevée par les indigènes, qui l'offrent à leur dieu Kong, un gorille géant. Remake d'un classique de 1933, *King Kong* est un opulent film d'aventures qui, tout en péchant par excès notamment sur le plan de sa durée, se révèle être au final un spectacle impressionnant. Au centre de cette réussite, il y a la relation sentimentale improbable et pourtant crédible entre la belle, incarnée avec émotion et fougue par Naomi Watts, et cette bête géante, qui prend vie à l'écran de façon tout à fait saisissante grâce à des trucages stupéfiants. Par ailleurs, le film contient plusieurs séquences d'actions et d'affrontements réalisées avec une incroyable virtuosité, campées dans des paysages et des décors d'une rare beauté. Enfin, le film offre une recréation superbe du New York de la Grande Dépression.

LAND OF THE DEAD [Terre des morts, La] ▷4

É.-U. 2005. 93 min. Drame d'horreur de George A. ROMERO avec Simon Baker, John Leguizamo et Asia Argento. - À la suite d'un phénomène inexpliqué, les morts du monde entier se sont transformés en zombies avides de chair humaine. Retranchés dans le centre-ville fortifié de Pittsburgh, qui est contrôlé d'une main de fer par le dictateur Paul Kaufman, une poignée d'hommes et de femmes luttent pour leur survie. Vingt ans après avoir tourné *Day of the Dead*, George A. Romero offre enfin à ses admirateurs le quatrième épisode de sa série de films consacrés aux morts vivants. Cette fois, l'action se situe dans un contexte post-apocalyptique à la *Mad Max*, où les zombies dépassent largement en nombre les vivants. Fidèle à son habitude, Romero injecte dans son histoire d'horreur divers éléments métaphoriques de nature sociale et politique. Toutefois, le film a légèrement tendance à diluer son climat de tension dans une intrigue dispersée dont la structure dramatique manque un peu de nerf. Néanmoins, le réalisateur parvient à injecter quelques idées originales dans le récit, ainsi que quelques passages d'un humour noir sardonique. La réalisation s'avère habile et les interprètes jouent avec vigueur et conviction.

© 2005 Universal Studios

© 2005 Home Box Office

LAST DAYS [Derniers jours, Les] ▷3

É.-U. 2005. 97 min. Drame de mœurs de Gus VAN SANT avec Michael Pitt, Lukas Haas et Scott Green. - Installé avec quelques compagnons dans une maison de campagne décrépite, Blake, un jeune musicien troublé, vit ses derniers jours. S'inspirant du destin tragique du musicien Kurt Cobain, Gus Van Sant (*Le Destin de Will Hunting*, *Éléphant*) tourne le dos au récit biographique classique et livre, sous forme de méditation poétique, une vision de ce qu'auraient pu être les derniers jours de la regrettée star du grunge. Allusif, Van Sant observe son sujet, mais évite de dresser son profil psychologique, se gardant bien de porter un jugement. Au spectateur de se faire sa propre opinion à partir des bribes d'informations qui lui sont offertes. Dans le rôle de Blake, Michael Pitt (*Meurtre en équation*, *Innocents*) livre une performance un peu désincarnée, reflétant le flou qui baigne le film. Il s'écoule d'ailleurs de longs moments avant qu'on aperçoive enfin son visage. Pari audacieux du réalisateur, qui rend difficile tout sentiment d'identification. Or, la puissance d'évocation de ses images compense amplement.

LAYER CAKE ▷3

ANG. 2004. 105 min. Thriller de Matthew VAUGHN avec Daniel Craig, Colm Meaney et George Harris. - Un trafiquant de drogue londonien désire se retirer du milieu pendant que son entreprise roule encore à la perfection. Mais lorsque son patron lui confie une ultime mission, il se retrouve au centre d'une guerre opposant trois dangereux caïds. Le producteur Matthew Vaughn (*Snatch*) signe ici son premier film en tant que réalisateur. On peut dire qu'il démarre sur les chapeaux de roues avec cette histoire de gangsters racontée avec brio. Compliqué à souhait et même désarçonnant par endroits, le scénario habilement construit repose sur une idée fort ingénieuse : le protagoniste narrateur ne révèle jamais son nom afin de protéger son identité et, même à la fin, au moment de cracher le morceau, une surprise de taille l'attend au détour. Vaughn a su illustrer avec précision et inventivité ce récit alambiqué au rythme soutenu. Il soigne tout particulièrement les transitions entre les scènes, créant parfois des liens visuels assez saisissants. Grâce à son jeu nuancé, Daniel Craig domine une remarquable distribution qui offre une interprétation d'ensemble finement ciselée.

© 2005 Sony Pictures Home Entertainment

© 2006 Equinoxe Films.
© 2006 Warner Bros. Entertainment Inc.

LITTLE FISH ▷4

AUS. 2005. 113 min. Drame de mœurs de Rowan WOODS avec Cate Blanchett, Hugo Weaving et Dustin Nguyen. - Tracie Heart, une ex-toxicomane de 32 ans, habite avec sa mère intransigeante en banlieue de Sydney. Son rêve d'acheter le club vidéo dont elle est la gérante depuis quatre ans se heurte au refus des banques de lui accorder un prêt. Tout en renouant avec son ex-petit ami, Tracy prend également soin d'un ami de la famille, aux prises avec un problème de drogue. D'une grande densité narrative, le scénario de *Little Fish* dévoile de façon lente et graduelle l'identité des divers personnages et la nature de leurs relations. En filigrane, il révèle également des aspects méconnus de la société australienne, dont l'influence des communautés asiatiques. Cela dit, malgré l'indéniable qualité de l'écriture, l'ensemble ne possède pas toujours la force dramatique souhaitée. Pourtant, la mise en scène racée crée une ambiance prenante, quasi irréelle, qui contraste avec le réalisme souvent sordide des situations. Toujours aussi vibrante, la talentueuse Cate Blanchett est entourée de solides interprètes.

MARCHE DE L'EMPEREUR, LA ▷3

FR. 2004. 85 min. Documentaire de Luc JACQUET. - Passionné par les manchots empereurs, Luc Jacquet, biologiste de formation, connaît autant leurs habitudes fascinantes que le climat rigoureux de l'Antarctique où ces animaux évoluent. *La Marche de l'empereur* représente d'ailleurs une entreprise colossale, ayant nécessité près d'un an de tournage dans des conditions extrêmement difficiles pour illustrer toutes les étapes du cycle reproducteur de l'espèce. Le commentaire, truffé d'informations pertinentes, est livré par trois acteurs qui épousent le point de vue d'un mâle, de sa femelle et de leur rejeton. Cette approche anthropomorphique donne au film l'aspect charmant du conte bien plus que du documentaire. Mais ce procédé serait vain sans la grande virtuosité dont fait preuve le réalisateur, captant les beautés de ce paysage aride sculpté par le froid. Attentif aux moindres détails, Jacquet multiplie les scènes cocasses, et d'autres nettement plus dramatiques pour la survie même du groupe. Enfin, la musique électronique d'Émilie Simon donne au film un charme proprement envoûtant.

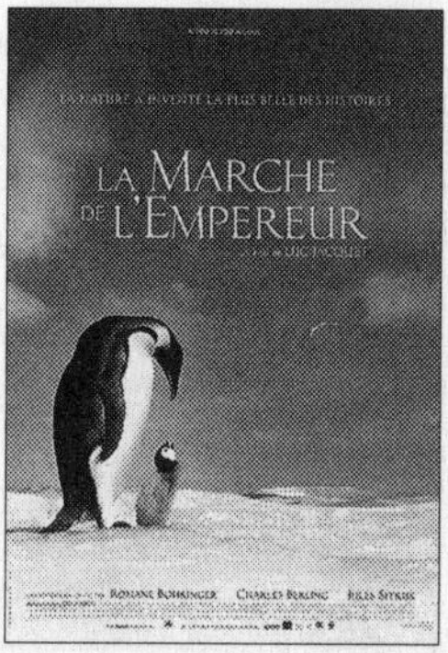

© 2005 Warner Home Video

© Dreamworks Video 2006

MATCH POINT [Balle de match] ▷3

ANG. 2005. 125 min. Drame de mœurs de Woody ALLEN avec Jonathan Rhys Meyers, Scarlett Johansson et Emily Mortimer. - L'ex-champion de tennis Chris Wilton est embauché comme professeur dans un club huppé de Londres. D'origine modeste, le jeune Irlandais sympathise avec un de ses riches élèves, Tom Hewett, qui l'invite chez lui. Chris fait ainsi la connaissance de la sœur de Tom, Chloe, et de sa fiancée, l'actrice Nola Rice, avec qui il amorce bientôt une liaison. Manifestement inspiré du classique *Une place au soleil* de George Stevens, ce magnifique 35e opus de Woody Allen (*Manhattan*) fait avec finesse et doigté le portrait d'une haute société hermétique, auquel le cinéaste new-yorkais applique quelques traits d'ironie discrète. Malgré quelques longueurs qui plombent la mi-temps, ainsi qu'un épisode comique en porte-à-faux qui survient au dernier set, *Balle de match* reste une œuvre tendue, portée par une mise en scène fluide, racée, lisse comme un court de tennis. Au sein d'une distribution impeccable, Emily Mortimer (*Cher Frankie*) se distingue par la force tranquille de son jeu.

ME AND YOU AND EVERYONE WE KNOW ▷3
[Moi, toi et tous les autres]

É.-U. 2005. 90 min. Comédie dramatique de Miranda JULY avec Miranda July, John Hawkes, Miles Thompson. - Une artiste conceptuelle qui gagne sa vie comme chauffeur de taxi pour les aînés tente d'établir une relation avec un vendeur de chaussures divorcé, dont les deux fils vivent diverses expériences sexuelles, l'un avec ses copines de classe, l'autre sur Internet. Comédie dramatique à la réalisation modeste, *Moi, toi et tous les autres* se démarque par sa fraîcheur et son originalité. Ainsi, d'une simple rencontre entre une célibataire excentrique et un divorcé esseulé, Miranda July parvient à brosser sur un ton doux-amer le tableau d'un milieu composé d'attachants marginaux. Sous ses dehors rose bonbon, le film aborde pourtant des thèmes délicats, dont la pédophilie et la sexualité précoce des adolescents. Cependant, la réalisatrice traite ces sujets avec un tel tact que les scènes qui auraient pu se révéler scabreuses s'avèrent pleines de candeur et de maladresse juvénile. Bien servie par la spontanéité des jeunes acteurs et par la grande justesse de John Hawkes, Miranda July s'impose par son charme conquérant.

© 2005 MGM Home Entertainment LLC

© 2005 Les Films Séville

MOOLAADÉ ▷3

SÉN. 2004. 124 min. Drame social de Ousmane SEMBÈNE avec Fatoumata Coulibaly, Maïmouna Hélène Diarra et Rasmane Ouedraogo. - Dans un village africain musulman, quatre fillettes fuient la cérémonie de l'excision et se réfugient chez la déterminée Collé Ardo. Sept ans plus tôt, celle-ci avait refusé que sa fille Amsatou subisse ce cruel rite de purification, ayant déjà perdu deux autres filles à cause de cette pratique. Il s'ensuit alors une crise au sein de la petite communauté. À 82 ans, le vétéran Ousmane Sembène persiste dans la veine du cinéma engagé, livrant avec *Moolaadé* une virulente dénonciation du rite de l'excision. N'ayant rien perdu de sa maîtrise de la mise en scène, Sembène expose avec clarté les enjeux dramatiques de l'intrigue, malgré la multiplicité des personnages et des lieux, créant du coup une chronique villageoise aussi vivante que colorée. Car l'auteur parvient, à travers des images composées avec soin, à décrire une communauté où les traditions et les rituels archaïques cèdent tranquillement le pas aux progrès technologiques favorisant une ouverture sur le monde. Dominée par la touchante Fatoumata Coulibaly, l'interprétation offre un heureux mélange de naturel et de stylisation.

MUNICH ▷3

É.-U. 2005. 163 min. Drame d'espionnage de Steven SPIELBERG avec Eric Bana, Daniel Craig et Ciaran Hinds. - En 1972, durant les Jeux Olympiques de Munich, onze athlètes israéliens sont tués lors d'une prise d'otages organisée par des terroristes palestiniens. Ancien garde du corps de la première ministre Golda Meir, l'agent du Mossad Avner Kauffman est choisi par celle-ci pour mener une mission secrète de représailles contre les responsables de l'attentat. Au lieu de s'engager sur la voie du plaidoyer politique pour traiter de l'escalade de la violence que déclencha le massacre des onze athlètes israéliens à Munich, Steven Spielberg opte plutôt pour la formule éprouvée du thriller d'espionnage. Il peut ainsi structurer plus librement les événements dans un récit à portée symbolique et aborder plus obliquement les conflits moraux et éthiques qui hantent les personnages. La réalisation de Spielberg est brillante et fait montre d'une invention constante en construisant des scènes de suspense haletantes, grâce notamment à la musique angoissante de John Williams. De solides interprètes donnent vie à des personnages énigmatiques et complexes.

© 2006 Universal Studios

© 2005 Velocity/Thinkfilm

MURDERBALL ▷3

É.-U. 2005. 86 min. Documentaire de Dana Adam SHAPIRO et Henry Alex RUBIN. - Durant deux ans et demi, les cinéastes Dana Adam Shapiro et Henry Alex Rubin ont suivi le parcours d'athlètes peu ordinaires. Devenus quadriplégiques à la suite d'une maladie ou d'un accident, ces hommes ont atteint les plus hautes sphères du rugby en chaise roulante et s'entraînent avec acharnement en vue des Jeux Olympiques d'Athènes. Forte d'un montage et d'une trame sonore en parfaite symbiose avec le sujet, cette incursion percutante dans l'univers des athlètes handicapés défonce tous les clichés véhiculés sur ces derniers. De fait, ces joueurs de rugby, qui ne se plaignent jamais de leur sort, sont bel et bien des athlètes accomplis qui ont la rage de vaincre. Aussi, bien que Shapiro et Rubin s'attardent à raconter le destin de ces hommes cloués sur une chaise roulante, l'ensemble se révèle dénué de pathos. D'une part, les protagonistes ne se gênent pas pour faire éclater certains tabous, notamment en ce qui concerne leur sexualité ; d'autre part, la compétition entre les équipes est si féroce que *Murderball* a tôt fait de devenir un suspense aussi haletant qu'un véritable match de rugby.

MY SUMMER OF LOVE [Mon été d'amour] ▷3

ANG. 2004. 85 min. Drame de mœurs de Pawel PAWLIKOWSKI avec Natalie Press, Emily Blunt et Paddy Considine. - Dans un village du Yorkshire, l'adolescente Mona fait la connaissance de Tasmin, qui habite le manoir de sa famille durant les vacances d'été. Cultivée et cynique, celle-ci souffre de l'absence de sa sœur, décédée des suites de l'anorexie. Par ses récits romantiques et morbides, Tasmin a tôt fait de fasciner Mona. Mais peu à peu, l'amitié des deux adolescentes se transforme en passion amoureuse. Malgré son titre évoquant une bluette sans consistance, *Mon Été d'amour* se révèle une fine étude de caractères ayant pour cadre la superbe campagne du Yorkshire, ici magnifiquement photographiée. Aussi, bien qu'il relate les amours saphiques de deux adolescentes, ce film à la réalisation soignée, qui épouse la langueur d'un été torride, s'éloigne des productions racoleuses destinées à émoustiller le public masculin, de même qu'il évite la voie du cinéma lesbien engagé. En fait, ce long métrage fait plutôt songer à *Créatures célestes*, de Peter Jackson, par son illustration remarquable de deux âmes esseulées fuyant dans le rêve et le mensonge. L'interprétation est en tout point excellente.

© 2005 Universal Studios

© 2005 Alliance Atlantis

MYSTERIOUS SKIN [Souvenirs dans la peau] ▷3

É.-U. 2005. 99 min. Drame de mœurs de Gregg ARAKI avec Joseph-Gordon Levitt, Brady Corbet et Jeff Licon. - Deux jeunes adultes, l'un prostitué et l'autre persuadé d'avoir déjà été kidnappé par des extraterrestres, sont liés par un troublant secret d'enfance. Cocktail audacieux de peinture sociale parfois sordide, de comédie de mœurs acidulée, d'étude psychologique pénétrante et de poésie relevant presque du réalisme magique, *Souvenirs dans la peau* est une œuvre insolite, émouvante et souvent troublante qui traite de la pédophilie par le biais d'un portrait incisif de jeunes marginaux. Le film mêle de façon percutante une sensibilité presque naïve avec une vision cynique de certains aspects du style de vie à l'américaine. Habilement construite, l'intrigue suit de l'enfance à l'adolescence deux personnages dont les parcours parallèles convergent vers une confrontation qui aura sur eux l'effet d'un choc, puis d'une catharsis. Gregg Araki (*Nowhere*) démontre une belle assurance dans sa mise en scène, qui comporte de nombreuses idées inventives. Tous les interprètes sont excellents, mais la palme revient à Joseph-Gordon Levitt, véritable révélation dans le rôle du jeune prostitué.

NEIL YOUNG : HEART OF GOLD ▷3

É.-U. 2006. 103 min. Documentaire musical de Jonathan DEMME. - Le 19 août 2005, au célèbre auditorium Ryman de Nashville, Neil Young interprète pour la première fois en public les chansons de son plus récent album, *Prairie Wind*, qu'il avait créé dans l'urgence, juste avant de subir une délicate opération au cerveau. Visiblement bien rétabli, le chanteur canadien revisite aussi quelques-uns des succès de son répertoire, dont le désormais classique *The Old Laughing Lady*. Pour ce nouveau projet à saveur musicale, Jonathan Demme (*Stop Making Sense*, sur le groupe Talking Heads) a condensé deux spectacles donnés par Neil Young à la sortie du disque *Prairie Wind*, offrant en préambule quelques confidences soutirées à ses musiciens. L'œuvre du chanteur lui étant familière, Demme dresse un portrait intimiste et touchant d'un musicien qu'il tient en haute estime. Muni de neuf caméras, il filme sa performance sous une variété d'angles complémentaires. Particulièrement réussis, les plans rapprochés transpirent d'émotion. Reste à souligner la qualité de la performance de Neil Young, fort inspirée, qui plaira aussi bien aux fans qu'aux profanes.

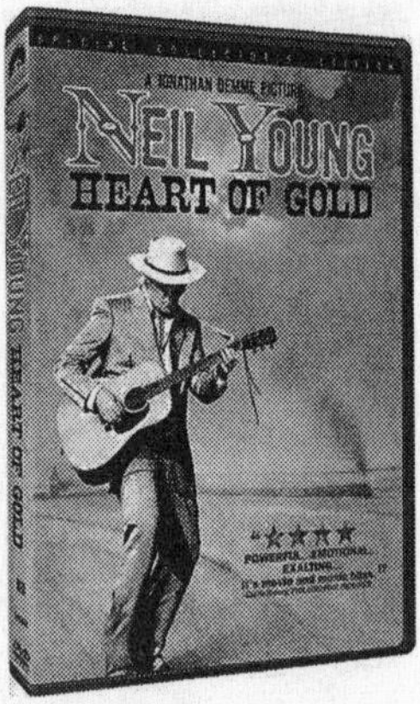

© 2006 Paramount Home Video

© 2006 New Line Home Entertainment

NEW WORLD, THE [Nouveau monde, Le] ▷3

É.-U. 2005. 149 min. Drame historique de Terrence MALICK avec Colin Farrell, Q'Orianka Kilcher et Christian Bale. - En 1607, trois navires britanniques en quête d'or appareillent en Virginie. Au cours d'une mission de reconnaissance auprès des autochtones, le capitaine John Smith est fait prisonnier par le roi Powhatan, qui s'apprête à l'exécuter. Or, Pocahontas, la fille de ce dernier, obtient la grâce du captif. Initié aux coutumes amérindiennes par la jeune princesse, Smith en tombe bientôt amoureux. Construit de façon elliptique, à la manière d'une rêverie impressionniste, *Le Nouveau Monde* tourne le dos aux recettes habituelles du drame historique. En effet, Terrence Malick a privilégié une approche contemplative et poétique, qui invite le spectateur à se laisser gagner par des émotions plutôt qu'à se laisser raconter une histoire. De fait, le scénario apparaît plutôt mince et les personnages sont peu développés. Certains spectateurs trouveront donc l'exercice envoûtant et fascinant, tandis que d'autres risquent d'être déstabilisés. La mise en images et le travail sonore sont tout à fait exquis et les interprètes se livrent avec souplesse aux exigences particulières de cette œuvre très personnelle.

OMAGH ▷3

IRL. 2004. 106 min. Drame social de Pete TRAVIS avec Gerard McSorley, Michèle Forbes et Pauline Hutton. - En 1998, les familles des victimes d'un attentat perpétré par une cellule radicale de l'IRA forment un comité de soutien pour obtenir justice et nomment à sa présidence le garagiste Michael Gallagher, qui a perdu son fils dans l'explosion. Son enquête se corse lorsque des informateurs lui apprennent que la police savait qu'un attentat se tramait. Réalisateur du puissant *Bloody Sunday*, Paul Greengrass a coproduit et coscénarisé *Omagh*, reconstitution d'une autre page sombre de l'histoire récente de l'Irlande du Nord. Il en a cependant confié la mise en scène à Pete Travis, un nouveau venu au cinéma, issu de la télévision. Celui-ci reprend à son compte le traitement réaliste et rigoureux du film de Greengrass, livrant un drame humain prenant et souvent révoltant. Le récit exprime avec sensibilité le désarroi d'un groupe de petites gens qui, armés d'une grande détermination, confrontent les autorités policières laxistes, prêtes à tous les mensonges pour ne pas compromettre un fragile processus de paix. La caméra à l'épaule, nerveuse et inquisitrice, crée une tension dramatique appréciable, surtout dans la première partie du film (les moments précédant l'explosion, la recherche frénétique des survivants, etc.). Sobre et intense, Gerard McSorley, lui-même originaire d'*Omagh*, domine une solide distribution.

PARADISE NOW ▷3

P.-B. 2005. 87 min. Drame de Hany ABU-ASSAD avec Kais Nashef, Ali Suliman et Lubna Azabal. - Deux amis palestiniens, Saïd et Khaled, garagistes à Naplouse, font secrètement partie d'une cellule terroriste. Un jour, ils sont désignés pour perpétrer un attentat-suicide à Tel-Aviv. La veille du jour J, ils passent la soirée avec leur famille, sans jamais faire mention du sort qui les attend. Le lendemain, munis de leurs ceintures pleines d'explosifs, ils sont conduits à la frontière. Malgré la gravité du thème, les auteurs réussissent à glisser dans leur récit quelques touches d'humour et de suspense. Grâce à des dialogues éloquents et une mise en contexte efficace, ils nous permettent de mieux comprendre, sans pour autant les approuver, les gestes radicaux que les protagonistes s'apprêtent à commettre. Ceux-ci, campés par deux jeunes comédiens inconnus, livrent une prestation naturelle et convaincante. Avec peu de moyens et à l'aide d'une mise en scène sobre, le réalisateur privilégie une approche intimiste et non manichéenne d'un phénomène complexe, préférant s'attarder aux motivations et états d'âme des kamikazes tout en occultant prudemment la question religieuse.

SARABANDE [Saraband] ►2

SUÉ. 2003. 111 min. Drame psychologique de Ingmar BERGMAN avec Erland Josephson, Liv Ullmann et Börje Ahlstedt. - Venue visiter son premier mari Johan, Marianne, une avocate d'âge mûr, découvre des tensions familiales qui couvent depuis trente ans. Écrit de façon succincte et précise, ce téléfilm du grand maître suédois Ingmar Bergman est cadencé en dix dialogues-séquences encastrés entre un prologue nostalgique et un épilogue touchant. Bien qu'il réunisse les deux protagonistes de *Scènes de la vie conjugale*, *Sarabande* emprunte davantage la structure (et le titre d'un de ses chapitres) à *L'Heure du loup*, tandis que sa forme dialoguée rappelle *Entretiens privés*, réalisé en 1997 par Liv Ullmann d'après un scénario de Bergman. Les grands moments de tourments psychologiques, de souffrance et de déchirements inhérents à chaque chapitre se juxtaposent en de brillantes variations sur les thèmes chers à l'auteur, qui signe ici une mise en scène métronomique, où dominent encore les gros plans significatifs sur les visages. Comme il fait bon de renouer avec le jeu vibrant et élevé de Liv Ullmann et Erland Josephson, auxquels se greffent les fort talentueux Börje Ahlstedt et Julia Dufvenius.

© 2006 K.Films Amérique

SOLEIL, LE ▷3

RUS. 2005. 110 min. Drame historique d'Aleksandr SOKOUROV avec Issey Ogata, Robert Dawson et Shiro Sano. - Août 1945. Après avoir largué ses bombes sur Hiroshima et Nagasaki, l'armée américaine tient les Japonais à la gorge. Pourtant, l'empereur Hirohito refuse de capituler. Réfugié dans son bunker, le souverain reste insensible aux événements extérieurs. Ce n'est que lorsque les soldats américains frappent à sa porte que l'empereur comprend qu'il a perdu la guerre. Après l'intimité d'Hitler (*Moloch*) puis de Lénine (*Taurus*), Aleksandr Sokourov porte maintenant son attention sur celle de Hirohito. Optant pour une approche impressionniste, le réalisateur s'efforce de dépeindre la psyché de son sujet en soustrayant du récit les données contextuelles qu'il estime accessoires au reste. Il en résulte un portrait clair-obscur, riche en paradoxes, mais exprimant avec pertinence les tourments de l'empereur nippon. Sokourov privilégie des éclairages tantôt diffus, tantôt crus et met au point des effets sonores saisissants, tout cela dans le but de traduire en images le paysage intérieur de son protagoniste. Issey Ogata personnifie Hirohito avec un grand raffinement.

SYMPATHY FOR LADY VENGEANCE ▷3

COR.S. 2005. 112. Thriller de Chan-wook PARK avec Young-ae Lee, Min-sik Choi et Yae-young Kwon. - Une femme ayant purgé 13 ans de prison pour l'enlèvement et le meurtre d'un petit garçon entreprend de se venger du véritable responsable de ces crimes. Pour l'ultime volet de sa trilogie sur la vengeance, Park Chan-wook propose un récit troublant qui évoque un croisement insolite entre *Kill Bill* et *Murder On The Orient Express*. Ici, contrairement aux précédents *Sympathy For Mr. Vengeance* et *Oldboy*, il n'y a pas de vengeances croisées : un seul coupable sera châtié, mais c'est dans la manière dont cette terrible punition sera administrée que Park parvient encore à étonner. Au surplus, la quête d'expiation et de rédemption de l'héroïne, qui doit passer selon elle par une violence cruelle, ne laisse pas d'être dérangeante. Parsemé de touches fantaisistes ou oniriques, le scénario bouscule à plaisir la chronologie des événements, ce qui demande une attention soutenue de la part du spectateur. Inventive et stylisée, la mise en scène réserve plusieurs images d'une beauté exquise. Young-ae Lee se glisse avec aisance dans la peau d'une ex-détenue passée maître dans l'art du double jeu, oscillant à volonté entre angélisme et froideur sadique.

TEMPS QUI CHANGENT, LES ▷4

FR. 2004. 98 min. Drame psychologique d'André TÉCHINÉ avec Catherine Deneuve, Gérard Depardieu et Gilbert Melki. - Antoine, un ingénieur français, supervise la construction d'un centre audiovisuel à Tanger. En fait, il s'agit d'un prétexte pour se rapprocher de l'animatrice de radio Cécile, un amour de jeunesse qu'il veut reconquérir. Dix-septième film d'André Téchiné, *Les Temps qui changent* explore plusieurs thèmes chers au cinéaste, dont la fragilité des rapports amoureux et familiaux, ainsi que les liens intergénérationnels. En utilisant une caméra portée à l'épaule, Téchiné jette un regard intimiste sur un monde à la fois exotique - tout le film se déroule à Tanger - et pourtant familier, avec ces maisons sobrement décorées et lumineuses, ou encore ces chambres d'hôtel anonymes, départageant ainsi les univers des deux personnages principaux. Construit comme un long flash-back amorcé par une scène tragique dont on ignore l'issue finale, le scénario se révèle touffu et complexe, d'où se dégage malgré tout une certaine légèreté. Le face-à-face Deneuve-Depardieu, attendu et vanté, n'éclipse jamais l'assurance et la force des autres interprètes.

THREE BURIALS OF MELQUIADES ESTRADA, THE ▷3

[Trois enterrements]

É.-U. 2005. 121 min. Drame de Tommy Lee JONES avec Tommy Lee Jones, Barry Pepper et Julio Cesar Cedillo. - Bouleversé par la mort de son ami mexicain Melquiades Estrada, Pete Perkins, propriétaire du ranch où la victime travaillait, ouvre sa propre enquête. Rapidement, il découvre que le meurtrier est un garde-frontière. Conscient que celui-ci échappera à la justice, Pete le kidnappe et le force à l'accompagner au Mexique pour enterrer Melquiades dans son village natal. L'acteur Tommy Lee Jones (*Les disparues*) et le scénariste Guillermo Arriaga (*Amours chiennes, 21 Grammes*) ont créé ensemble un western contemporain extrêmement maîtrisé où, prenant appui sur le drame des travailleurs illégaux aux États-Unis, ils abordent les thèmes de la vengeance, de l'amitié virile et des rituels funèbres. La narration fragmentée, qui nous promène entre présent et passé, confère une grande complexité aux personnages. Ceux-ci sont défendus par des acteurs exceptionnels, dont l'intense et retenu Tommy Lee Jones, récompensé à Cannes, et Barry Pepper qui, en otage maltraité, livre une performance à la fois émouvante et athlétique.

© 2006 Sony Pictures Home Entertainment

© 2006 Home Box Office

TRISTRAM SHANDY - A COCK & BULL STORY ▷3

ANG. 2005. 91 min. Comédie de Michael WINTERBOTTOM avec Steve Coogan, Rob Brydon et Keeley Hawes. - Tristram Shandy, gentilhomme du XVIIIe siècle, évoque les circonstances entourant sa naissance. À la fin de l'accouchement, un réalisateur crie « coupez ! ». Nous venons d'assister au tournage d'une scène de l'adaptation du roman *The Life & Opinions of Tristram Shandy*, dont le rôle-titre est campé par Steve Coogan, qui est en constante rivalité avec un autre acteur du film. Michael Winterbottom (*Code 46*) se surpasse avec cette transposition espiègle et alerte du roman satirique de Laurence Sterne. Le sens de la digression de l'écrivain est très bien mis en valeur dans ce projet hybride et éclaté. En effet, le film constitue à la fois l'illustration soignée de certains épisodes fameux (et souvent drolatiques) de l'œuvre littéraire et une incursion amusée dans les coulisses du septième art. Cette dernière nous vaut un jouissif exercice d'autodérision de la part de l'acteur Steve Coogan. Par ailleurs, les échanges semi-improvisés et complices de Coogan et Rob Brydon sont d'une cocasserie irrésistible. Les autres interprètes jouent le jeu avec un égal bonheur.

TSOTSI ▷3

AFR.S. 2005. 94 min. Drame policier de Gavin HOOD avec Presley Chweneyagae, Terry Pheto et Kenneth Nkosi. - Au volant du véhicule luxueux qu'il vient de voler à Johannesbourg, Tsotsi s'aperçoit de la présence d'un bébé sur la banquette arrière. Déstabilisé, le voyou de 19 ans emmène l'enfant, incognito, dans son taudis. Incapable d'en prendre soin, il oblige par la force une jeune mère du voisinage à l'aider. Au gré des jours, les souvenirs d'enfance de Tsotsi ressurgissent dans sa mémoire. Portrait puissant et sans fard de la misère et de l'exclusion d'une frange de la société noire d'Afrique du Sud, *Tsotsi* est une œuvre pudique, fataliste et empreinte d'un naturalisme âpre. La mise en scène sobre, mesurée, aux accents poétiques, est au service de l'émotion intérieure du héros, dont le visage, d'abord fermé, s'ouvre à mesure qu'il reconnaît son destin dans celui du poupon. Évitant les réponses réductrices, Gavin Hood nous promène de questions en questions, puis nous abandonne sur les images d'un bouleversant sacrifice, lequel révèle rétrospectivement le thème fondateur du film : la quête de la mère. En jeune maman forcée de prendre soin du bébé volé, Terry Pheto est criante de vérité.

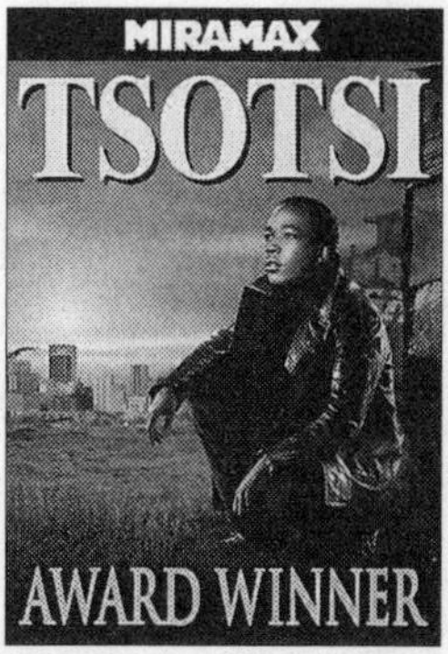

© 2006 Miramax

UNITED 93 [United vol 93] ▷**3**

ANG. 2006. 111 min. Drame historique de Paul GREENGRASS avec Christian Clemenson, Ben Sliney et Omar Berdouni. - Le matin du 11 septembre 2001, le vol 93 de la United Airlines assurant la liaison Newark-San Francisco est détourné par des membres d'Al-Qaida. Peu de temps avant, trois autres avions de ligne avaient déjà été déroutés. Tenus en respect par un terroriste, les passagers se réfugient à l'arrière du Boeing. Comprenant qu'il s'agit d'une opération suicide, certains voyageurs décident de s'attaquer aux pirates de l'air. Mariant documentaire et fiction, Paul Greengrass (*Bloody Sunday*) a reconstitué méticuleusement les événements, en temps réel, dans un style cinéma-vérité. Ce traitement, empreint de sobriété, évite tous les pièges du sensationnalisme. Cela n'empêche pas Greengrass de construire un scénario émouvant, dont le récit est bien servi par une mise en scène haletante. On saluera l'idée de confier la distribution à des comédiens peu connus ou à des non-professionnels qui ont vécu le drame. Conçu comme un hommage aux héros ordinaires qui ont péri le 11 septembre 2001, *United Vol 93* remplit son mandat avec classe.

WALLACE & GROMIT - THE CURSE OF THE WERE-RABBIT ▷**3**

[Wallace et Gromit - le mystère du lapin-garou]

ANG. 2005. 85 min. Film d'animation de Nick PARK et Steve BOX. - Un inventeur et son fidèle petit chien cherchent à capturer un lapin géant qui festoie la nuit dans les potagers de leur village. Après avoir consacré trois savoureux courts métrages au duo Wallace et Gromit, le cinéaste Nick Park en fait maintenant les héros d'un long métrage. Le récit demeure scrupuleusement fidèle aux recettes qui ont fait le succès des films précédents, à commencer par le caractère éminemment cocasse de la relation entre ce loufoque et fantasque inventeur, indomptable amateur de fromage, et cet adorable petit chien ultra domestiqué. L'humour repose en bonne partie sur une gentille caricature de la société anglaise provinciale, représentée ici par une galerie de personnages colorés et délicieux. Sans être tout à fait hilarant, le film regorge de gags amusants et spirituels, tout en offrant ici et là quelques scènes d'action et de poursuites ébouriffantes. Techniquement, il s'agit d'une œuvre soignée où la technique d'animation de figurines de pâte à modeler est rehaussée de quelques effets créés par ordinateur.

© 2006 Dreamworks Video

© 2005 Dreamworks Video

WAR OF THE WORLDS [Guerre des mondes, La] ▷**3**

É.-U. 2005. 116 min. Science-fiction de Steven SPIELBERG avec Tom Cruise, Dakota Fanning et Miranda Otto. - Des extraterrestres extrêmement évolués sur le plan technologique lancent une attaque massive contre l'humanité. Dans ce contexte apocalyptique, un père divorcé fuit la banlieue de New York avec ses deux enfants pour se réfugier à la campagne. Adaptée du célèbre roman de H.G. Wells, l'intrigue de *La Guerre des mondes* est transposée dans un contexte américain contemporain et l'origine des envahisseurs demeure inconnue. Malgré les libertés prises par rapport au livre, on se trouve devant un spectacle impressionnant où l'ingéniosité technique et narrative du réalisateur se déploie à partir d'un récit où l'on décèle des échos du traumatisme des Américains à la suite des tragédies du 11 septembre 2001. Contrairement à la plupart des films catastrophe du même genre, celui-ci adopte le point de vue d'un seul groupe de personnages. Fertile en péripéties menées tambour battant, le scénario réserve quelques surprises et parvient à maintenir un climat de tension soutenu, sauf vers la fin, un peu décevante. La réalisation est d'une grande virtuosité et les interprètes jouent avec conviction.

WHERE THE TRUTH LIES [Vérité nue, La] ▷3

CAN. 2005. 107 min. Drame de mœurs d'Atom EGOYAN avec Kevin Bacon, Colin Firth et Alison Lohman. - En 1959, Lanny Morris et Vince Collins forment le plus célèbre duo d'artistes de variétés des États-Unis. Malheureusement, une affaire de meurtre vient entacher leur réputation et ils décident de poursuivre chacun une carrière solo. En 1974, une jeune journaliste enquête sur le mystérieux drame qui a provoqué la chute du duo. Ses recherches l'amènent bientôt au cœur d'une intrigue tissée de lourds scandales et de douloureux secrets. À partir d'un roman de Rupert Holmes, qui s'inspirait du tandem Jerry Lewis et Dean Martin, Atom Egoyan (*Ararat*) signe un thriller très personnel. Ainsi, bien que *La Vérité nue* se révèle le film le plus commercial du cinéaste, on y retrouve certains de ses thèmes de prédilection, tels la dualité des personnages et leurs déviations sexuelles. Jugées scandaleuses par quelques critiques frileux, les scènes de sexualité dévoilent davantage la vraie nature des personnages que la chair des acteurs. Fort d'une réalisation maîtrisée, le film jouit également d'une atmosphère élégante et sulfureuse. Kevin Bacon et Colin Firth sont impeccables et très crédibles en artistes de variétés.

© 2005 Sony Pictures Home Entertainment

WHY WE FIGHT ▷3

É.-U. 2005. 98 min. Documentaire d'Eugene JARECKI. - Au lendemain de la Deuxième Guerre mondiale, l'industrie militaire américaine a connu un développement fulgurant. À tel point qu'en 1961, le président Dwight Eisenhower a mis en garde ses concitoyens contre l'influence de cette économie de la logique guerrière. Prenant appui sur de nombreux témoignages et images d'archives, ce documentaire illustre la clairvoyance du discours d'Eisenhower, discours dont l'actuelle guerre en Irak constitue l'aboutissement. Faisant plus que dénoncer les mensonges de l'administration Bush pour justifier la guerre au Proche-Orient, Eugene Jarecki (*Saisir les Friedman*) explique ici les causes historiques profondes de ce conflit. Vérifiant les prémonitions d'Eisenhower, il illustre la boulimie d'un secteur économique dont l'accès aux coulisses du pouvoir lui permet d'influencer les politiciens. Par souci d'équilibre, le cinéaste invite également sur sa tribune des militaires et des hommes politiques de droite, ce qui lui permet de nuancer son propos. De fait, *Why We Fight* expose avec franchise la domination sans partage de l'industrie militaire, qui manufacture autant les demi-vérités que les missiles balistiques.

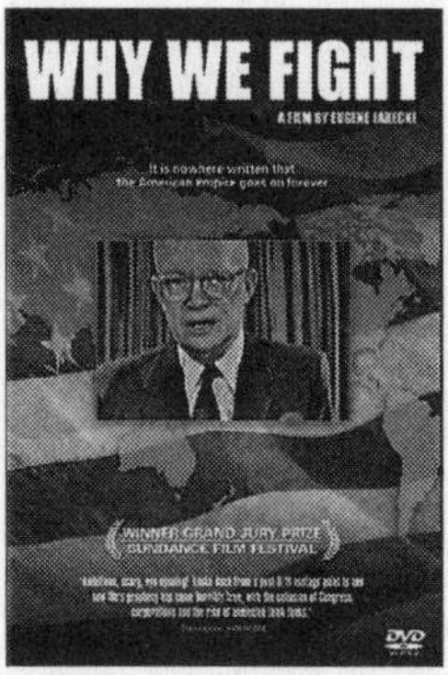

© 2006 Sony Pictures Home Entertainment

2046 ▷3

CHI. 2004. 129 min. Drame sentimental de Wong KAR-WAI avec Gong Li, Tony Leung Chiu-wai et Zhang Ziyi. - De retour à Hong Kong en 1966, un ex-journaliste qui écrit un roman de science-fiction est hanté par un amour perdu. Après l'engouement suscité par *Les Silences du désir*, en 2000, Wong Kar-wai récidive avec une œuvre labyrinthique mêlant fiction et réalité, véritable miroir à plusieurs faces du sentiment amoureux. Mais cette fois, le spectateur se trouvera peut-être dérouté par tant de circonvolutions temporelles et scénaristiques. Outre l'allusion à l'année précédant la fin du statut spécial accordé à Hong Kong par la Chine, *2046* se présente comme un poème visuel hallucinant, où l'espace-temps et les personnages se trouvent dupliqués par les arcanes du fantasme ou du souvenir, le tout enrobé d'une panoplie d'effets flamboyants portant la signature magistrale de l'auteur : ralentis, couleurs saturées, cadrages rigoureux, allitération d'images, leitmotive envoûtants, etc. Dans cet univers néanmoins un peu clos sur lui-même, triomphe d'un esthétisme souverain et d'une nostalgie glorifiée, des interprètes de grande classe livrent un jeu plutôt somnambulesque.

© 2005 Sony Pictures Home Entertainment

3-IRON ▷4

COR.S. 2004. 87 min. Drame de mœurs de Ki-duk KIM avec Seung-yeon Lee, Hee Jae et Hyeok-ho Gweon. - Un jeune homme solitaire qui squatte les demeures de couples bourgeois en leur absence tombe un jour sur une femme battue avec qui il prend la fuite. Poursuivant son manège avec elle, il découvre dans une maison le cadavre d'un homme... Plusieurs éléments presque fantastiques viennent enjoliver ce récit éthéré qui met en scène deux amants laconiques dont la relation platonique prend un peu la forme d'une recherche de la transcendance amoureuse. La tendresse et la dignité qui imprègnent le rapport que tissent ces deux êtres apathiques contrastent avec la violence et la haine qui animent certains personnages secondaires, créant une intéressante tension dramatique. Toutefois, les intentions symboliques du cinéaste demeurent parfois diffuses dans cet exercice de style qui a un petit quelque chose d'un peu trop concerté et gratuit. La réalisation, sobre et contrôlée, donne néanmoins lieu à de très jolis moments poétiques. Les interprètes évoluent avec beaucoup d'aisance dans cet univers insolite.

E

E.T. THE EXTRA-TERRESTRIAL ►2
É.-U. 1982. Comédie fantaisiste de Steven SPIELBERG avec Robert Macnaughton, Henry Thomas et Dee Wallace. - Un garçonnet recueille chez lui un extraterrestre séparé des siens au cours d'un voyage d'exploration sur la Terre. - Mélange agréable d'humour et de fantaisie. Mise en scène inventive. Marionnette animée avec une ingéniosité surprenante. Interprétation spontanée des enfants. □ Général

EACH DAWN I DIE ▷4
É.-U. 1939. Drame de William KEIGHLEY avec James Cagney, George Raft et George Bancroft. - Condamné à tort à vingt ans de prison, un journaliste lie amitié avec un gangster.

EAGLE, THE ▷4
É.-U. 1925. Mélodrame de Clarence BROWN avec Vilma Banky, Rudolph Valentino et Louise Dresser. - Un ex-lieutenant de l'armée impériale russe qui est considéré comme déserteur vole au secours de la veuve et de l'orphelin. □ Général
DVD VA→39,95 $

EAGLE AND THE HAWK, THE ▷4
É.-U. 1933. Drame de guerre de Stuart WALKER avec Fredric March, Cary Grant et Carole Lombard. - Quelques Américains combattent dans une escadrille anglaise pendant la guerre 1914-1918.

EAGLE HAS LANDED, THE [Aigle s'est envolé, L'] ▷4
É.-U. 1976. Drame de guerre de John STURGES avec Michael Caine, Donald Sutherland et Robert Duvall. - Des parachutistes allemands sont lâchés près d'un village anglais dans le but d'enlever Winston Churchill. □ Général
DVD VA→Cadrage W→11,95 $

EAGLE WITH TWO HEADS, THE
voir **Aigle à deux têtes, L'**

EARLY FROST, AN [Printemps de glace, Un] ▷4
É.-U. 1985. Drame de mœurs de John ERMAN avec Gena Rowlands, Ben Gazzara et Aidan Quinn. - Les réactions d'un couple d'âge moyen dont le fils se révèle atteint du sida. □ 13 ans+

EARLY SUMMER ▷3
JAP. 1951. Drame de mœurs de Yasujiro OZU avec Setsuko Hara, Ichero Sugai et Chieko Higashiyama. - Description des relations entre les membres d'une famille moyenne. - Étude de mœurs attentive et discrète. Rythme lent. Excellents interprètes. □ Général
DVD STA→62,95 $

EARTH *voir* **Terre, La**

EARTH ▷4
IND.-CAN. 1998. Drame de Deepa MEHTA avec Nandita Das, Maia Sethna et Aamir Khan. - En 1947, à Lahore, une fillette craint pour la vie de sa gouvernante hindoue lors des événements violents entourant la création du Pakistan. □ 13 ans+
DVD VF→34,95 $

EARTH GIRLS ARE EASY ▷5
ANG. É.-U. 1989. Comédie fantaisiste de Julien TEMPLE avec Geena Davis, Jeff Goldblum et Charles Rocket. - Une manucure entraîne dans une virée à Los Angeles trois extraterrestres dont le vaisseau spatial s'est posé dans sa piscine. □ Général

EARTH VS. THE FLYING SAUCERS ▷5
[Soucoupes volantes attaquent, Les]
É.-U. 1955. Science-fiction de Fred S. SEARS avec Hugh Marlowe, Joan Taylor et Donald Curtis. - Les habitants d'une planète inconnue attaquent la terre. □ Général
DVD VA→23,95 $

EARTHQUAKE ▷5
É.-U. 1974. Drame de Mark ROBSON avec Charlton Heston, George Kennedy et Geneviève Bujold. - Un important séisme à Los Angeles oblige un ingénieur à choisir entre sa femme et sa maîtresse.
□ 13 ans+
DVD VA→STF→Cadrage W→14,95 $

EAST IS EAST [Fish'n Chips] ▷4
ANG. 1999. Comédie de mœurs de Damien O'DONNELL avec Om Puri, Linda Bassett et Jordan Routledge. - En 1971, un Pakistanais installé en Angleterre arrange les mariages de ses fils qui se rebellent contre lui.
DVD VA→Cadrage W→17,95 $

EAST OF EDEN [À l'est d'Éden] ►1
É.-U. 1955. Drame psychologique d'Elia KAZAN avec James Dean, Julie Harris et Raymond Massey. - Un jeune homme se sent frustré de l'affection de son père. - Scénario tiré d'un roman de John Steinbeck. Réalisation puissante et intelligente. Psychologie subtile. Jeu prenant de J. Dean. □ Général
DVD VF→STF→Cadrage W→29,95 $

EAST SIDE, WEST SIDE ▷5
É.-U. 1949. Drame de Mervyn LeROY avec Barbara Stanwyck, James Mason et Ava Gardner. - Un homme marié est accusé du meurtre de sa maîtresse. □ Non classé

EASTER PARADE [Parade du printemps] ▷4
É.-U. 1948. Comédie musicale de Charles WALTERS avec Fred Astaire, Judy Garland et Peter Lawford. - Un danseur déçu d'avoir perdu sa partenaire entreprend de transformer une jeune serveuse en vedette de la danse. □ Non classé
DVD VA→21,95 $

EASTERN CONDORS
H.K. 1986. Sammo HUNG
DVD VA→STA→Cadrage W→8,95 $

EASY ▷5
É.-U. 2003. Comédie sentimentale de Jane WEINSTOCK avec Brian F. O'Byrne, Marguerite Moreau et Naveen Andrews. - Éconduite par son amant poète, une jeune nymphomane promet de s'abstenir de toute aventure sexuelle pendant 90 jours.
DVD VA→34,95 $

EASY LIVING ▷4
É.-U. 1937. Comédie de Mitchell LEISEN avec Jean Arthur, Ray Milland et Edward Arnold. - Une jeune fille honnête passe à tort pour être la maîtresse d'un important banquier. □ Général

EASY RIDER ▷3
É.-U. 1969. Drame de mœurs réalisé et interprété par Dennis HOPPER avec Peter Fonda et Jack Nicholson. - Les rencontres et expériences de deux motards partis de Californie pour se rendre à La Nouvelle-Orléans. - Traitement original dans le ton d'un poème lyrique. Film emblématique de la contre-culture des années 60. Décors naturels bien utilisés. Vigueur dramatique de certains passages. Interprétation convaincante. □ 18 ans+
DVD Cadrage W→18,95 $ VA→STA→Cadrage W→36,95 $

EAT A BOWL OF TEA ▷4
É.-U. 1988. Comédie de mœurs de Wayne WANG avec Cora Miao, Russell Wong et Victor Wong. - Un Chinois de New York qui a ramené une épouse d'un voyage en Chine devient impuissant à l'idée d'engendrer un fils qui naîtra Américain. □ Général

EAT DRINK MAN WOMAN *voir* **Salé sucré**

EAT THE PEACH ▷4
IRL. 1986. Comédie dramatique de Peter ORMROD avec Stephen Brennan, Eamon Morrissey et Catherine Byrne. - Malgré le désaccord de sa femme, un campagnard construit une tour en bois où il défie la mort en roulant en moto sur le mur intérieur. □ Général

EATEN ALIVE
ITA. 1980. Umberto LENZI
DVD VA→26,95 $

EATING ▷3
É.-U. 1990. Comédie de mœurs de Henry JAGLOM avec Frances Bergen et Lisa Richards. - Réunies à l'occasion d'un anniversaire, plusieurs amies se livrent à des confidences sur leurs relations avec autrui et leurs rapports à la nourriture. - Personnages féminins très colorés. Intégration habile d'éléments pseudo-documentaires.
DVD VA→34,95 $

EATING RAOUL ▷4
É.-U. 1982. Comédie réalisée et interprétée par Paul BARTEL avec Mary Woronov et Robert Beltram. - Un couple qui rêve d'ouvrir un restaurant attire chez lui des désaxés sexuels qu'il dépossède après les avoir tués. □ 18 ans+

EAU CHAUDE, L'EAU FRETTE, L' ▷3
QUÉ. 1976. Comédie de mœurs de André FORCIER avec Jean-Pierre Bergeron, Jean Lapointe et Sophie Clément. - Dans un quartier populaire, pendant qu'on organise une fête pour l'usurier du coin, des adolescents complotent un assassinat. - Comique grinçant. Mise en scène animée et nerveuse. Interprétation naturelle. □ 13 ans+

EAU TROUBLE *voir* **Dark Water**

EAUX PRINTANIÈRES, LES [Torrents of Spring] ▷4
ITA. 1989. Drame sentimental de Jerzy SKOLIMOWSKI avec Timothy Hutton, Nastassja Kinski et Valeria Golino. - Bien qu'épris de la jolie fille d'un pâtissier italien, un aristocrate russe se laisse séduire par une comtesse désireuse d'acheter ses terres. □ Non classé
DVD VF→Cadrage W→17,95 $

ECCENTRICITIES OF A NIGHTINGALE, THE
É.-U. 1976. Glenn JORDAN
DVD VA→Cadrage P&S→29,95 $

ÉCHELLE DE JACOB, L' *voir* **Jacob's Ladder**

ÉCHINE DU DIABLE, L' [Devil's Backbone] ▷3
ESP. 2001. Drame fantastique de Guillermo DEL TORO avec Eduardo Noriega, Fernando Tielve et Federico Luppi. - Un gamin recueilli dans un orphelinat en plein désert est visité par le fantôme d'un enfant mort dans des circonstances mystérieuses. - Intrigue adroitement construite. Climat de tension sourde prenant. Images envoûtantes. Mise en scène fluide. Interprétation talentueuse.
DVD VF→STF→Cadrage W→8,95 $

ECHO PARK ▷4
AUT. 1985. Comédie dramatique de Robert DORNHELM avec Susan Dey et Thomas Hulce. - Un jeune Autrichien, installé à Los Angeles pour y poursuivre un entraînement de culturiste, vient en aide à sa voisine qui a quelques déboires dans son travail. □ 13 ans+
DVD VF→STF→Cadrage P&S/W→11,95 $

ÉCLAIR AU CHOCOLAT ▷4
QUÉ. 1978. Drame psychologique de Jean-Claude LORD avec Lise Thouin, Jean Belzil-Gascon et Colin Fox. - Un jeune garçon accepte mal l'intrusion d'un homme dans la vie de sa mère célibataire.

ÉCLAIR DE LUNE *voir* **Moonstruck**

ÉCLATEMENT *voir* **Blow Out**

ECLIPSE, THE [Eclisse, L'] ▶1
ITA. 1962. Drame psychologique de Michelangelo ANTONIONI avec Monica Vitti, Alain Delon et Lilla Brignone. - Une jeune femme quitte son amant et se dérobe à l'amour d'un autre homme. - Subtile étude psychologique sur le thème de l'incommunicabilité. Rythme lent et expressif. Attention particulière aux décors et aux objets. Présence remarquable de M. Vitti. □ Non classé
DVD STA→Cadrage W→62,95 $

ÉCOLE BUISSONNIÈRE, L' ▷3
FR. 1948. Comédie de Jean-Paul Le CHANOIS avec Bernard Blier, Juliette Faber et Édouard Delmont. - Un instituteur éprouve des difficultés à faire accepter sa conception de l'enseignement. - Illustration de la valeur pédagogique des méthodes actives. Sujet bien traité. Belle photographie. Jeu excellent de B. Blier. □ Général

ÉCOLE DE L'ESPOIR, L' *voir* **Lean on Me**

ÉCOLE DE LA CHAIR, L' [School of Flesh] ▷5
FR. LUX. BEL. 1998. Drame psychologique de Benoît JACQUOT avec Isabelle Huppert, Vincent Martinez et Vincent Lindon. - Une femme dans la quarantaine entretient une relation orageuse avec un jeune prostitué. □ Général
DVD Cadrage W→37,95 $

ÉCOLE DES COCOTTES, L' ▷5
FR. 1958. Comédie de Jacqueline AUDRY avec Dany Robin, Fernand Gravey et Bernard Blier. - Un professeur de belles manières transforme une ouvrière en courtisane. □ Non classé

ÉCOLE DU ROCK, L' *voir* **School of Rock**

ÉCORCHÉ, L' *voir* **Shallow Ground**

ÉCOUTE-MOI [Non ti muovere] ▷4
ITA. 2004. Mélodrame réalisé et interprété par Sergio CASTELLITTO avec Penélope Cruz et Claudia Gerini. - Au chevet de sa fille opérée à la suite d'un accident, un chirurgien se remémore une aventure avec une jeune femme d'un quartier mal famé. □ 13 ans+
DVD VF→STF→Cadrage W→34,95 $

ECSTASY *voir* **Extase**

ÉCUREUIL ROUGE, L' [Red Squirrel, The] ▷5
ESP. 1993. Comédie dramatique de Julio MEDEM avec Emma Suarez, Nancho Novo et Maria Barranco. - Un musicien profite de l'amnésie d'une belle inconnue pour lui faire croire qu'il est son amoureux. □ 16 ans+

ED AND HIS DEAD MOTHER ▷4
[Bon appétit maman]
É.-U. 1992. Comédie fantaisiste de Jonathan WACKS avec Steve Buscemi, Ned Beatty et Miriam Margolyes. - Un commis voyageur ramène à la vie la mère d'un jeune homme morose qui ne s'est jamais remis du décès de celle-ci. □ Général

ED GEIN
É.-U. 2000. Chuck PARELLO
DVD VA→Cadrage P&S→16,95 $

ED WOOD ▷3
É.-U. 1994. Drame biographique de Tim BURTON avec Johnny Depp, Martin Landau, Patricia Arquette et Sarah Jessica Parker. - La vie et la carrière de l'excentrique cinéaste Edward D. Wood Jr. qui tourna dans les années 1950 une série de films étonnamment mauvais. - Exploration fascinante et touchante d'un univers marginal. Sens de l'observation ironique. Composition inoubliable de M. Landau. □ Général
DVD VA→Cadrage W/16X9→20,95 $

EDDY DUCHIN STORY, THE ▷4
É.-U. 1955. Drame biographique de George SIDNEY avec Tyrone Power, Kim Novak, James Whitmore et Victoria Shaw. - La carrière et les problèmes personnels d'un pianiste de jazz des années 1930. □ Général
DVD VA→STF→Cadrage W→36,95 $

EDGE OF SANITY
ANG. 1989. Gérard KIKOÏNE
DVD VA→Cadrage P&S/W→11,95 $

EDGE OF SEVENTEEN ▷4
É.-U. 1998. Drame de mœurs de David MORETON avec Chris Stafford, Tina Holmes et Andersen Gabrych. - L'éveil sexuel d'un adolescent gay qui hésite à avouer son orientation à ses proches. □ 16 ans+
DVD VA→Cadrage W→29,95 $

EDGE, THE [Au bord du désastre] ▷4
É.-U. 1997. Aventures de Lee TAMAHORI avec Anthony Hopkins, Alec Baldwin et Elle Macpherson. - Après l'écrasement de leur avion, trois hommes se retrouvent perdus dans une région montagneuse où rôde un ours sanguinaire. □ 13 ans+
DVD Cadrage W→9,95 $

EDISON, THE MAN ▷4
É.-U. 1940. Drame biographique de Clarence BROWN avec Spencer Tracy, Rita Johnson et Charles Coburn. - Les tribulations du célèbre inventeur américain. □ Général

ÉDITH ET MARCEL ▷4
FR. 1983. Drame sentimental de Claude LELOUCH avec Evelyne Bouix, Marcel Cerdan Jr. et Jacques Villeret. - À la fin des années 1940, l'histoire d'amour célèbre entre la chanteuse Édith Piaf et le boxeur Marcel Cerdan. □ Général

ÉDOUARD AUX MAINS D'ARGENT
voir **Edward Scissorhands**

EDUCATING RITA ▷4
ANG. 1982. Comédie dramatique de Lewis GILBERT avec Michael Caine, Julie Walters et Michael Williams. - Un professeur d'université désabusé donne des leçons à une jeune coiffeuse désireuse d'accéder à la culture. □ Général
DVD VF→STA→Cadrage W→17,95 $

EDUCATION OF LITTLE TREE, THE ▷4
[Éducation de Little Tree, L']
CAN. 1997. Chronique de Richard FRIEDENBERG avec Joseph Ashton, James Cromwell et Tantoo Cardinal. - Lorsqu'il perd ses parents, un gamin de huit ans est recueilli par ses grand-parents qui mènent une vie rustique dans une cabane en forêt. □ Général
DVD VA→STA→Cadrage W→10,95 $

EDUKATORS, THE [Édukateurs, Les] ▷4
ALL. 2004. Comédie dramatique de Hans WEINGARTNER avec Daniel Brühl, Julia Jentsch et Stipe Erceg. - Trois jeunes activistes qui s'introduisent la nuit dans des maisons bourgeoises désertées kidnappent malgré eux un homme d'affaires. □ Général
DVD STF→31,95 $

EDWARD II ▷4
ANG. 1991. Drame historique de Derek JARMAN avec Steven Waddington, Andrew Tiernan et Tilda Swinton. - Tout juste couronné, le roi d'Angleterre Edward II délaisse son épouse et ses responsabilités en appelant à ses côtés son amant de toujours. □ 18 ans+ · Violence
DVD VA→Cadrage W→28,95 $

EDWARD SCISSORHANDS ▷3
[Édouard aux mains d'argent]
É.-U. 1990. Comédie fantaisiste de Tim BURTON avec Johnny Depp, Winona Ryder et Dianne Wiest. - Une démarcheuse ramène d'une visite à un sinistre château un étrange garçon qui a des ciseaux à la place des mains. - Histoire inventive mêlant poésie et insolite. Réalisation colorée et vivante. Bonne interprétation. □ 13 ans+
DVD Cadrage W→14,95 $ VF→STA→Cadrage W→14,95 $
VF→Cadrage W→22,95 $

EEL, THE *voir* **Anguille, L'**

EFFET PAPILLON, L' *voir* **Butterfly Effect, The**

EFFI BRIEST ▷3
ALL. 1974. Drame de mœurs de Rainer Werner FASSBINDER avec Hanna Schygulla, Wolfgang Schenck et Ulli Lommel. - La jeune épouse d'un baron est répudiée par celui-ci après qu'il eut découvert sa liaison avec un major. - Adaptation respectueuse d'un classique de la littérature allemande. Point de vue nettement critique. Images savamment composées. Interprètes de talent.
DVD STA→32,95 $

EFFICIENCY EXPERT, THE [Spotswood] ▷4
AUS. 1991. Comédie de mœurs de Mark JOFFE avec Toni Collette, Anthony Hopkins et Ben Mendelsohn. - Spécialiste de la restructuration de firmes en difficultés, un conseiller se rend impopulaire auprès des employés d'une petite manufacture qu'il suggère de moderniser. □ Général
DVD VA→STA→5,95 $

EFFRONTÉE, L'
FR. 1985. Comédie dramatique de Claude MILLER avec Charlotte Gainsbourg, Bernadette Lafont et Jean-Philippe Ecoffey. - Les désarrois d'une gamine de treize ans, gauche et malheureuse, qui est fascinée par une pianiste prodige de son âge. - Exploration fine et sensible du passage de l'enfance à l'adolescence. Observations justes et pertinentes. Jeunes interprètes de talent.
DVD VF→STA→36,95 $

EFFROYABLE CHOSE, L' *voir* **Thing, The**

EFFROYABLES JARDINS ▷4
FR. 2002. Comédie dramatique de Jean BECKER avec Jacques Villeret, André Dussollier et Thierry Lhermitte. - Grâce au meilleur ami de son père, un adolescent découvre pourquoi ce dernier est devenu clown après la Seconde Guerre mondiale. □ Général
DVD VF→Cadrage W/16X9→29,95 $

ÉGARÉS, LES ▷3
FR. 2003. Drame psychologique d'André TÉCHINÉ avec Emmanuelle Béart, Gaspard Ulliel et Grégoire Leprince-Ringuet. - En juin 1940, une institutrice parisienne veuve, ses deux enfants et un adolescent mystérieux se réfugient dans une maison abandonnée à la campagne. - Récit initiatique bien mené, déjouant souvent les attentes du spectateur. Atmosphère bucolique traversée d'efficaces moments de tension. Réalisation précise bénéficiant d'une caméra très mobile et expressive. Interprétation solide et nuancée. □ 13 ans+
DVD VF→Cadrage W/16X9→29,95 $

EGG-NOG
POL. 1989. Roman ZALUSKI □ Général

EGO TRIP *voir* **Ride Me**

ÉGOUTS DU PARADIS, LES ▷4
FR. 1979. Drame policier de José GIOVANNI avec Francis Huster, Jean-François Balmer et Jean Franval. - Des bandits cambriolent une banque de Nice en s'y introduisant par la voie des égouts.

EGYPTIAN, THE [Égyptien, L'] ▷5
É.-U. 1953. Drame de Michael CURTIZ avec Jean Simmons, Victor Mature et Edmund Purdom. - La vie d'un médecin de l'ancienne Égypte. □ Général

EGYPTIAN STORY, AN *voir* **Mémoire, La**

EIGER SANCTION, THE [Sanction, La] ▷5
É.-U. 1975. Drame d'espionnage réalisé et interprété par Clint EASTWOOD avec George Kennedy et Vonetta McGee. - Un professeur d'art expert en alpinisme accepte de faire disparaître un agent ennemi qui doit participer à une ascension périlleuse. □ 13 ans+
DVD Cadrage W→17,95 $

EIGHT BELOW [Huit en-dessous] ▷4
É.-U. 2005. Aventures de Frank MARSHALL avec Paul Walker, Bruce Greenwood et Moon Bloodgood. - Un guide met tout en œuvre pour retrouver ses huit chiens de traîneaux qu'il a dû abandonner dans une station en Antarctique lors d'une tempête. □ Général
DVD VF→Cadrage W→36,95 $

EIGHT MEN OUT [Coulisses de l'exploit, Les] ▷4
É.-U. 1988. Drame sportif de John SAYLES avec John Cusack, David Strathairn et John Mahoney. - Lors de la série finale de base-ball de 1919, divers joueurs insatisfaits de leur salaire acceptent d'être soudoyés par des racketters. □ Général
DVD Cadrage W→12,95 $

EINSTEIN OF SEX, THE ▷5
ALL. 1999. Drame biographique de Rosa von PRAUNHEIM avec Kai Schuhmann, Friedel von Wangenheim et Gerd Lukas Storzer. - La vie du docteur Magnus Hirschfeld, un Juif homosexuel qui a fondé un institut de sexologie à Berlin dans les années 1920.
DVD STA→Cadrage W→27,95 $

EISENSTEIN ▷5
CAN. 2000. Drame biographique de Renny BARTLETT avec Simon McBurney, Raymond Coulthard et Jacqueline McKenzie. - La vie et l'œuvre du réalisateur soviétique Sergei Eisenstein. □ Général

EL **[This Strange Passion]** ▷4
MEX. 1952. Drame psychologique de Luis BUÑUEL avec Arturo de Cordova, Delia Garces et Luis Beristain. - Un homme qui souffre de jalousie morbide mène la vie dure à sa nouvelle épouse. □ Général

EL CID ▷3
É.-U. 1961. Drame épique d'Anthony MANN avec Charlton Heston, Sophia Loren et Raf Vallone. - Les aventures du chevalier Rodrigue de Bivar dans l'Espagne du XIe siècle. - Film à grand déploiement. Véritable souffle épique. Évocation intelligente du cadre historique. □ Général

EL DIABLO ▷4
É.-U. 1990. Western de Peter MARKLE avec Anthony Edwards, Louis Gossett Jr et John Glover. - Un professeur timide rencontre un aventurier qui l'aide à retrouver une de ses élèves kidnappée par de dangereux bandits. □ 13 ans+ · Violence
DVD VA➜STF➜Cadrage W➜7,95 $

EL DORADO ▷3
É.-U. 1967. Western de Howard HAWKS avec John Wayne, Robert Mitchum et James Caan. - Un pistolero est appelé par un rancher d'El Dorado pour combattre le shérif de l'endroit. - Film d'action bien ficelé. Rebondissements nombreux. Moments comiques de bonne venue. Climat chaleureux et décontracté. Interprétation solide. □ Général
DVD Cadrage W➜10,95 $

EL DORADO ▷4
ESP. 1988. Drame épique de Carlos SAURA avec Omero Antonutti, Lambert Wilson et Eusebio Poncela. - En 1560, une expédition espagnole s'aventure sur un fleuve de l'Amazonie à la recherche d'un pays mythique où l'on trouverait de l'or à profusion. □ 13 ans+

EL MARIACHI ▷5
É.-U. 1992. Drame de Robert RODRIGUEZ avec Carlos Gallardo, Consuelo Gomez et Reinol Martinez. - Un jeune mariachi devient la cible des hommes de main d'un mafioso après avoir été confondu avec un fugitif. □ 16 ans+ · Violence
DVD VA➜23,95 $

EL NORTE **[Au nord le paradis]** ▷3
É.-U. 1983. Drame social de Gregory NAVA avec Zaide Silvia, David Villalpando et Lupe Ontiveros. - L'équipée périlleuse de deux jeunes gens qui quittent le Guatemala pour tenter fortune aux États-Unis. - Étude sympathique des problèmes affrontés par les immigrés illégaux. Approche réaliste. Aspects pittoresques. Interprétation nuancée. □ Général

ELDORADO ▷4
QUÉ. 1995. Étude de mœurs de Charles BINAMÉ avec Pascale Bussières, Robert Brouillette et James Hyndman. - À Montréal, en plein été, les destins de divers personnages dans la vingtaine s'entrecroisent. □ 13 ans+

ELECTION ▷3
É.-U. 1999. Comédie satirique d'Alexander PAYNE avec Matthew Broderick, Reese Witherspoon et Chris Klein. - Un professeur de high school tente d'empêcher une élève pédante d'être élue présidente de l'association étudiante. - Scénario rempli d'observations amusantes et spirituelles. Personnages habilement développés. Réalisation pleine de clins d'œil et de fantaisie. Interprètes de talent. □ 13 ans+
DVD Cadrage W➜12,95 $

ELECTIVE AFFINITIES, THE *voir* **Affinités électives, Les**

ELECTRA ▷3
GRÈ. 1962. Drame de Michael CACOYANNIS avec Irène Papas, Aleka Catselli et Yannis Fertis. - Plusieurs années après l'assassinat de leur père, un frère et une sœur entreprennent de châtier les coupables, leur mère et son amant. - Adaptation exceptionnelle de la tragédie classique d'Euripide. Excellente recréation d'atmosphère. Paysages d'une noble rudesse. Interprétation de grande classe.
DVD VF➜STF➜Cadrage W➜11,95 $

ELECTRA GLIDE IN BLUE ▷4
É.-U. 1973. Drame policier de James William GUERCIO avec Robert Blake, Billy Green Bush et Mitchell Ryan. - En Arizona, un motard de la police rêve de devenir détective. □ 13 ans+
DVD VF➜STF➜Cadrage W➜12,95 $

ELECTRA, MY LOVE
HON. 1974. Miklos JANCSO
DVD STA➜39,95 $

ELECTRIC DREAMS **[Rêves électriques]** ▷4
ANG. 1984. Comédie fantaisiste de Steve BARRON avec Lenny Von Dohlen, Virginia Madsen et Maxwell Caulfield. - Les tribulations d'un jeune architecte qui a fait l'acquisition d'un ordinateur doté d'une personnalité propre.

ELECTRIC HORSEMAN, THE ▷4
É.-U. 1979. Comédie dramatique de Sydney POLLACK avec Robert Redford, Jane Fonda et John Saxon. - La révolte d'un ancien champion de rodéos devenu objet de publicité. □ Général
DVD VA➜19,95 $

ÉLÉGANT CRIMINEL, L' *voir* **Lacenaire**

ELEMENT OF CRIME **[Élément du crime, L']** ▷3
DAN. 1984. Drame policier de Lars VON TRIER avec Me Me Lei, Michael Elphick et Esmond Knight. - Soigné sous hypnose par un thérapeute, un enquêteur relate une sinistre affaire où un maniaque s'attaque à des vendeuses de billets de loto. - Histoire sinueuse. Images d'une étrangeté certaine. Ensemble énigmatique. □ 13 ans+
DVD VA➜STA➜Cadrage W➜62,95 $

ELEMENTARY SCHOOL, THE ▷3
TCH. 1991. Comédie de Jan SVERAK avec Jan Triska, Zdenek Sverak et Libuse Safrankova. - Dans la banlieue praguoise, en 1945, un prétendu héros de guerre remplace l'institutrice d'un groupe de jeunes élèves rebelles. - Chronique au charme intelligent et raffiné. Détails savoureux. Contexte politique dépeint de manière vibrante. Bonne interprétation. □ Général

ÉLÉNA ET LES HOMMES **[Elena and Her Men]** ▷3
FR. 1956. Comédie satirique de Jean RENOIR avec Ingrid Bergman, Mel Ferrer et Jean Marais. - Une princesse polonaise échoue dans sa tentative de conduire un général au poste de dictateur. - Satire politique brillante et allègre. Images remarquables. Excellente interprétation. □ Général

ELENI ▷4
ANG. 1985. Drame de Peter YATES avec John Malkovich, Kate Nelligan et Oliver Cotton. - De retour en Grèce quarante ans après l'exécution de sa mère, un journaliste affronte le juge qui l'avait condamnée sans raisons valables. □ 13 ans+

ELEPHANT ►2
É.-U. 2003. Drame social de Gus VAN SANT avec Alex Frost, Eric Deulen et John Robinson. - La vie tranquille d'une école secondaire de l'Oregon est violemment perturbée par une tuerie perpétrée par deux élèves. - Scénario rigoureux au traitement temporel ingénieux. Portrait d'un réalisme impressionnant de la routine et de la violence latente des écoles publiques, inspiré par le massacre de Columbine. Approche distanciée d'une grande invention formelle. Interprétation d'un naturel confondant. □ 13 ans+ · Violence
DVD VF➜STF➜Cadrage W➜17,95 $

ELEPHANT BOY ▷3
ANG. 1937. Aventures de Robert FLAHERTY et Zoltan KORDA avec Sabu, W.E. Holloway et Walter Hudd. - En Inde, un jeune garçon désireux de devenir chasseur d'éléphants se joint à une expédition. - Très belles images. Peinture authentique de la vie dans une région de l'Inde. Valeur documentaire certaine. Interprétation juste.

ELEPHANT MAN, THE [Homme-éléphant, L'] ▶2
ANG. 1980. Drame biographique de David LYNCH avec Anthony Hopkins, John Hurt et Wendy Hiller. - À la fin du siècle dernier, un chirurgien s'intéresse à un homme rendu hideusement difforme par une maladie congénitale. - Intrigue fondée sur un cas authentique. Détails véridiques. Climat envoûtant. Évocation juste de l'époque. Excellente interprétation de J. Hurt. □ 13 ans+
DVD VF➔STA➔Cadrage W➔8,95 $

ELEVATOR TO THE GALLOWS
voir **Ascenseur pour l'échafaud**

ÉLÈVE DOUÉ, L' *voir* **Apt Pupil**

ÉLÈVE, L' ▷4
FR. 1996. Drame d'Olivier SCHATZKY avec Vincent Cassel, Caspar Salmon et Caroline Cellier. - Un précepteur s'aperçoit que la famille d'aristocrates ruinés qui l'a engagé compte sur lui pour se débarrasser de leur jeune fils surdoué. □ Général

ELF [Lutin, Le] ▷4
É.-U. 2003. Comédie fantaisiste de Jon FAVREAU avec Will Ferrell, James Caan et Zooey Deschanel. - Un homme élevé par les lutins du Père Noël quitte le Pôle Nord pour retrouver son vrai père à New York. □ Général
DVD VF➔STF➔Cadrage W/16X9➔17,95 $

ÉLISA ▷4
FR. 1994. Drame psychologique de Jean BECKER avec Vanessa Paradis, Clothilde Courau et Gérard Depardieu. - Une jeune délinquante décide de quitter ses amis de la rue afin de retrouver et de tuer son père qu'elle tient pour responsable du suicide de sa mère.

ÉLISA MON AMOUR [Elisa vida mia] ▷3
ESP. 1976. Drame psychologique de Carlos SAURA avec Geraldine Chaplin, Fernando Rey et Norman Briski. - Une jeune femme en difficulté avec son mari passe quelques jours avec son père. - Mélange habile de présent et de passé, de réel et d'imaginaire. Belle photographie. □ 13 ans+

ELIZABETH ▷3
ANG. 1998. Drame historique de Shekhar KAPUR avec Geoffrey Rush, Cate Blanchett et Joseph Fiennes. - Au XVIe siècle, l'apprentissage du pouvoir par la reine Elizabeth, dans une Angleterre déchirée par les conflits religieux. - Faits racontés de façon souvent saisissante. Rigueur historique discutable. Réalisation fougueuse et âpre. Illustration fastueuse. Composition inoubliable de C. Blanchett. □ 13 ans+
DVD VA➔STF➔Cadrage W➔18,95 $

ELIZABETH REX ▷4
CAN. 2003. Drame de Barbara WILLIS SWEETE avec Brent Carver, Diane D'Aquila, Scott Wentworth et Peter Hutt. - En 1601, peu de temps avant l'exécution du comte d'Essex, la reine Elizabeth assiste à une représentation théâtrale donnée par la troupe de Shakespeare.
DVD VA➔22,95 $

ELIZABETHTOWN ▷4
É.-U. 2005. Comédie dramatique de Cameron CROWE avec Orlando Bloom, Kirsten Dunst et Susan Sarandon. - Venu assister aux funérailles de son père au Kentucky, un jeune homme taciturne et suicidaire retrouve goût à la vie au contact d'une hôtesse de l'air enjouée. □ Général
DVD VA➔Cadrage W➔34,95 $

ELLE *voir* **10**

ELLE ET LUI *voir* **Affair to Remember, An**

ELLE ET LUI *voir* **He Said, She Said**

ELLES [Women] ▷5
LUX. 1997. Comédie dramatique de Luis Galvao TELES avec Carmen Maura, Marthe Keller et Miou-Miou. - Cinq amies quadragénaires vivent diverses tribulations sentimentales. □ Non classé
DVD VF➔STA➔PC

ELLES ÉTAIENT CINQ [Five of Us] ▷4
QUÉ. 2004. Drame psychologique de Ghyslaine CÔTÉ avec Jacinthe Laguë, Ingrid Falaise et Julie Deslauriers. - Apprenant que l'homme qui l'a violée quinze ans auparavant sort de prison, une jeune femme cherche réconfort auprès de ses amies d'adolescence. □ 13 ans+
DVD VF➔18,95 $

ELLES N'OUBLIENT JAMAIS ▷5
FR. 1993. Drame de mœurs de Christopher FRANK avec Thierry Lhermitte, Maruschka Detmers et Nadia Farès. - Après avoir eu une aventure d'un soir avec une jeune inconnue, un père de famille voit cette dernière s'immiscer dangereusement dans sa vie. □ Général · Déconseillé aux jeunes enfants

ELLING
NOR. 2001. Petter NAESS
DVD STA➔7,95 $

ELMER GANTRY ▷3
É.-U. 1960. Étude de mœurs de Richard BROOKS avec Shirley Jones, Burt Lancaster et Jean Simmons. - Un jeune vendeur aux mœurs douteuses, épris d'une évangéliste, devient prêcheur populaire. - Vision critique de certaines déformations du sentiment religieux. Réalisation intelligente et vigoureuse. Détails pittoresques. B. Lancaster excellent. □ Général
DVD Cadrage W➔13,95 $

ÉLOGE DE L'AMOUR, L' [In Praise of Love]
SUI. 2001. Film d'essai de Jean-Luc GODARD avec Bruno Putzulu, Cécile Camp et Jean Davy. - Un artiste qui prépare une œuvre sur le sentiment amoureux est amené à réfléchir sur le passé et sur les mécanismes de la mémoire.
DVD VF➔STA➔PC

ELUSIVE PIMPERNEL, THE ▷5
ANG. 1949. Aventures de Michael POWELL et Emeric PRESSBURGER avec David Niven, Margaret Leighton et Cyril Cusack. - Un noble anglais s'emploie à sauver de la guillotine les victimes du régime révolutionnaire en France. □ Général

ELVIRA MADIGAN ▶2
SUÈ. 1966. Drame psychologique de Bo WIDERBERG avec Pia Degermark et Thommy Berggren. - Un jeune officier déserte l'armée, sa femme et ses enfants pour s'enfuir avec une artiste de cirque. - Style élégiaque d'une grande douceur. Images d'une beauté exceptionnelle. Trame musicale de choix. Interprètes bien dirigés.

ELVIRA'S HAUNTED HILLS
É.-U. 2001. Sam IRVIN
DVD VA➔23,95 $

ELVIS AND ME [Elvis et moi] ▷4
É.-U. 1988. Drame biographique de Larry PEERCE avec Dale Midkiff, Susan Walters et Billy Greenbush. - Évocation de la vie commune du chanteur Elvis Presley et de son ex-femme Priscilla. □ Général

ELVIS GRATTON ▷4
QUÉ. 1985. Comédie de Pierre FALARDEAU et Julien POULIN avec Julien Poulin, Denise Mercier et Reynald Fortin. - Les tribulations d'un garagiste de banlieue qui voue un véritable culte au chanteur américain Elvis Presley. □ Général
DVD 19,95 $

ELVIS GRATTON II: MIRACLE À MEMPHIS ▷6
QUÉ. 1999. Comédie satirique de Pierre FALARDEAU avec Julien Poulin, Yves Trudel et Barry Blake. - Un Québécois ringard et intolérant est pris en charge par un impresario américain qui en fait une vedette internationale. □ Général · Déconseillé aux jeunes enfants
DVD VF➔26,95 $

ELVIS GRATTON XXX: LA VENGEANCE D'ELVIS WONG ▷6
QUÉ. 2004. Comédie satirique de Pierre FALARDEAU avec Julien Poulin, Yves Trudel et Jacques Allard. - Après avoir été une star internationale du rock, un personnage ringard et réactionnaire se hisse à la tête d'un empire médiatique.
DVD VF➔STA➔Cadrage W➔29,95 $

ELVIS: THE MOVIE ▷5
É.-U. 1979. Drame biographique de John CARPENTER avec Kurt Russell, Season Hubley et Shelley Winters. - Au moment d'un retour sur scène en 1969, Elvis Presley se remémore les principales étapes de sa carrière. □ Général

EMBALMER, THE
ITA. 2002. Matteo GARRONE
DVD STA→44,95 $

EMBALMING
JAP. 1999. Shinji AOYAMA
DVD VA→STA→32,95 $

EMBRASSE-MOI GINO *voir* **Kiss Me Guido**

EMBRASSE-MOI IDIOT *voir* **Kiss Me, Stupid**

EMBRASSEZ QUI VOUS VOUDREZ ▷4
FR. 2002. Comédie de mœurs réalisée et interprétée par Michel BLANC avec Charlotte Rampling et Carole Bouquet. - Les chassés-croisés amoureux des membres de trois familles et de leurs amis dans une station balnéaire cossue. □ 13 ans+
DVD VF→STA→Cadrage W→21,95 $

EMERALD FOREST, THE [Forêt d'émeraude, La] ▷4
ANG. 1985. Drame de mœurs de John BOORMAN avec Meg Foster, Powers Boothe et Charley Boorman. - En tentant de retrouver son fils disparu dans la jungle brésilienne, un homme tombe entre les mains d'indigènes. □ Général
DVD VA→STF→Cadrage W→12,95 $

ÉMERAUDE TRAGIQUE, L' *voir* **Green Fire**

EMIGRANT, THE *voir* **Émigré, L'**

EMIGRANTS, THE ►2
SUÈ. 1972. Drame social de Jan TROELL avec Max Von Sydow, Liv Ullmann et Eddie Axberg. - Au milieu du XIXe siècle, un groupe de fermiers suédois s'embarquent pour les États-Unis d'Amérique. - Riche en détails de mœurs bien observés. Photographie remarquable. Mise en scène de premier ordre. Excellente interprétation. □ Général

ÉMIGRÉ, L' [Emigrant, The] ▷4
ÉGY. 1994. Drame biblique de Youssef CHAHINE avec Khaled El Nabaoui, Mahmoud Hemida et Michel Piccoli. - Devenu esclave en Égypte, Joseph, fils de Jacob, apprend l'art de l'irrigation avant de retourner auprès des siens.
DVD VA→STA→Cadrage W→24,95 $

EMILE ▷5
CAN. 2003. Drame psychologique de Carl BESSAI avec Ian McKellen, Deborah Kara Unger et Theo Crane. - De passage dans sa ville natale au Canada, un vieux professeur anglais remue un passé douloureux lorsqu'il renoue avec sa nièce.
DVD VF→Cadrage W→21,95 $

EMILY BRONTË'S WUTHERING HEIGHTS ▷5
ANG. 1992. Drame sentimental de Peter KOSMINSKY avec Janet McTeer, Juliette Binoche et Ralph Fiennes. - Un jeune homme pauvre recueilli par un riche bourgeois s'éprend de la fille de son bienfaiteur. □ Général

EMMA ▷4
ANG. 1996. Comédie sentimentale de Douglas McGRATH avec Gwyneth Paltrow, Jeremy Northam et Toni Collette. - Au XIXe siècle, une jeune Anglaise célibataire prend plaisir à se mêler de la vie sentimentale de son entourage. □ Général
DVD Cadrage W→18,95 $

EMMA'S SHADOW
voir **Ombre d'Emma, L'**

EMMANUELLE ▷5
FR. 1974. Drame psychologique de Just JAECKIN avec Sylvia Kristel, Daniel Barky et Alain Cuny. - À Bangkok, la jeune épouse d'un diplomate français cherche son épanouissement personnel dans l'érotisme. □ 18 ans+

EMMERDEUR, L' [Pain in the a.., A] ▷4
FR. 1973. Comédie d'Édouard MOLINARO avec Jacques Brel, Lino Ventura et Caroline Cellier. - Un tueur à gages est dérangé dans ses occupations par un désespéré qui s'accroche à lui. □ Général

EMMURÉE VIVANTE, L' *voir* **Seven Notes in Black**

EMPEREUR DU PÉROU, L'
voir **Odyssey of the Pacific, The**

EMPEREUR ET L'ASSASSIN, L' ▷4
[Emperor and the Assassin]
CHI. 1999. Drame historique de Chen KAIGE avec Li Xuejian, Gong Li et Zhang Fengyi. - Au IIIe siècle avant J.-C., le roi de Qin est obsédé par le désir d'unifier les sept royaumes de Chine malgré la résistance farouche de ceux-ci.
DVD Cadrage W→38,95 $

EMPEROR JONES ▷3
É.-U. 1933. Drame de Dudley MURPHY avec Paul Robeson, Dudley Digges et Frank Wilson. - Un Noir américain s'est établi souverain d'une île des Caraïbes. - Adaptation intelligente d'une pièce d'Eugene O'Neill. Drame puissant. Réalisation adéquate. Forte présence de P. Robeson.
DVD VA→26,95 $

EMPEROR OF PERU, THE
voir **Odyssey of the Pacific, The**

EMPEROR OF THE NORTH ▷4
É.-U. 1973. Drame de Robert ALDRICH avec Lee Marvin, Ernest Borgnine et Keith Carradine. - Dans les années 30, un conducteur traite avec dureté les vagabonds qui voyagent en clandestins dans les wagons de marchandises.
DVD VF→STA→Cadrage W→14,95 $

EMPEROR WALTZ, THE ▷4
É.-U. 1948. Comédie musicale de Billy WILDER avec Bing Crosby, Joan Fontaine et Roland Culver. - Un commis-voyageur américain gagne le cœur d'une aristocrate viennoise. □ Général

EMPEROR'S CLUB, THE [Club des empereurs, Le] ▷5
É.-U. 2002. Drame psychologique de Michael HOFFMAN avec Kevin Kline, Emile Hirsch et Embeth Davidtz. - En 1972, dans un collège privé, un professeur parvient à amadouer un élève rebelle, fils d'un influent sénateur. □ Général
DVD VF→STF→Cadrage W→10,95 $

EMPEROR'S NEW CLOTHES, THE ▷4
ANG. 2001. Comédie dramatique d'Alan TAYLOR avec Ian Holm, Iben Hjejle et Tim McInnerny. - Remplacé par un sosie, Napoléon Bonaparte fuit l'île Sainte-Hélène et se réfugie incognito à Paris où il compte reconquérir son titre d'empereur.
DVD VA→STA→Cadrage W→19,95 $

EMPEROR'S NIGHTINGALE, THE ►2
[L'empereur et le rossignol]
TCH. 1949. Conte de Jiri TRNKA. - Un jeune empereur que seul le chant d'un rossignol peut égayer se voit offrir un oiseau mécanique qui fait fuir le petit passereau. - Œuvre charmante tournée avec des marionnettes. Véritable tour de force technique. Partition musicale très soignée. □ Général · Enfants

EMPEROR'S SHADOW ▷4
CHI. 1996. Drame historique de Zhou XIAOWEN avec Jiang Wen, Ge You et Xu Quing. - L'histoire du premier empereur chinois qui, en 200 avant Jésus-Christ, réussit à conquérir et unifier les différents royaumes du pays.
DVD Cadrage W→26,95 $

EMPIRE CONTRE-ATTAQUE, L'
voir **Star Wars: Empire Strikes Back, The**

EMPIRE DE LA PASSION, L'
voir **In the Realm of Passion**

EMPIRE DES SENS, L'
voir **In the Realm of Senses**

EMPIRE DU GREC, L' *voir* **Greek Tycoon, The**

EMPIRE DU SOLEIL, L' *voir* **Empire of the Sun**

EMPIRE FALLS ▷4
É.-U. 2005. Chronique de Fred SCHEPISI avec Ed Harris, Helen Hunt et Paul Newman. - Les hauts et les bas du gérant d'un « diner » et de son entourage dans une petite ville industrielle en déclin.
DVD VA→STF→Cadrage W→33,95 $

EMPIRE OF THE SUN [Empire du soleil, L'] ▷3
É.-U. 1987. Drame de guerre de Steven SPIELBERG avec Christian Bale, John Malkovich et Miranda Richardson. - À Shanghai en 1941, un jeune Anglais qui a été séparé de ses parents est capturé par les Japonais et enfermé dans un camp d'internement. - Récit de guerre raconté du point de vue d'un enfant. Séquences à grand déploiement impressionnantes. Réalisation fort bien contrôlée. Interprétation solide. □ Général
DVD VF→STF→Cadrage W→11,95 $

EMPIRE STRIKES BACK, THE
voir **Star Wars: Empire Strikes Back, The**

EMPLOI DU TEMPS, L' ▷3
FR. 2001. Drame psychologique de Laurent CANTET avec Aurélien Recoing, Karin Viard et Serge Livrozet. - Un père de famille qui a caché à son entourage la perte récente de son emploi s'enferme dans un cercle vicieux de mensonges. - Étude psychologique fascinante. Traitement d'une rigueur exemplaire imposant un rythme lent. Tension sourde introduite progressivement. Style net et précis. Jeu sobre et très contrôlé du protagoniste. □ Général
DVD VF→STA→Cadrage W→13,95 $

EMPLOI, L' [Job, The] ►2
ITA. 1961. Drame de mœurs de Ermanno OLMI avec Sandro Panzeri, Loredana Detto et Tullio Kezich. - Les tentatives d'un jeune homme pour obtenir un emploi dans une grande société milanaise. - Sens du détail et de l'observation précise. Touches satiriques. Style sobre et concis. Excellente interprétation.
DVD STA→46,95 $

EMPORTE-MOI ▷4
QUÉ. 1998. Drame psychologique de Léa POOL avec Karine Vanasse, Miki Manojlovic et Pascale Bussières. - En 1963, dans un quartier populaire de Montréal, les difficiles expériences familiales et sentimentales d'une adolescente. □ 13 ans+
DVD VF→Cadrage W→21,95 $

EMPREINTE DE FRANKENSTEIN, L'
voir **Evil of Frankenstein, The**

EMPRISE DES TÉNÈBRES, L'
voir **Serpent and the Rainbow, The**

EN AVOIR (OU PAS) ▷4
FR. 1995. Comédie dramatique de Lætitia MASSON avec Sandrine Kiberlain, Arnaud Giovaninetti et Roschdy Zem. - Débarquant à Lyon pour se trouver un travail, une jeune femme du Nord de la France s'éprend d'un solitaire paumé. □ Général

EN BONNE COMPAGNIE *voir* **In Good Company**

EN CHAIR ET EN OS [Live Flesh] ▷3
ESP. 1997. Drame de mœurs de Pedro ALMODOVAR avec Javier Bardem, Liberto Rabal et Francesca Neri. - Un ancien détenu retrouve le policier qu'il a rendu paraplégique ainsi que l'épouse de celui-ci dont il a toujours été amoureux. - Adaptation libre d'un roman de Ruth Rendell. Contenu policier délaissé au profit d'un drame passionnel rocambolesque. Imagerie colorée. Acteurs convaincants. □ 13 ans+ · Érotisme

EN COMPAGNIE D'ANTONIN ARTAUD ▷4
[My Life and Times with Antonin Artaud / The True Story of Artaud and Momo]
FR. 1993. Drame biographique de Gérard MORDILLAT avec Marc Barbé, Samy Frey et Julie Jezéquel. - À la fin des années 1940, un jeune poète impécunieux devient l'ami d'un écrivain célèbre qui sort à peine de l'asile. □ 13 ans+
DVD VF→STA→44,95 $

EN DIRECT DE BAGDAD *voir* **Live from Baghdad**

EN EFFEUILLANT LA MARGUERITE ▷5
[Plucking the Daisy]
FR. 1956. Comédie de Marc ALLÉGRET avec Daniel Gélin, Brigitte Bardot et Darry Cowl. - Devant un besoin d'argent, une jeune fille participe à un concours de striptease.
DVD VF→STA→31,95 $

EN ENFER AVEC HEAVEN *voir* **Heaven**

EN FACE ▷5
FR. 1999. Drame de mœurs de Mathias LEDOUX avec Jean-Hugues Anglade, Clotilde Courau et Christine Boisson. - Un jeune couple amoureux mais fauché reçoit en héritage l'hôtel particulier de leur mystérieux voisin d'en face. □ 13 ans+

EN HOMMAGE AUX FEMMES DE TRENTE ANS
voir **In Praise of Older Women**

EN LIBERTÉ DANS LES CHAMPS DU SEIGNEUR
voir **At Play in the Fields of the Lord**

EN MARGE DE L'ENQUÊTE *voir* **Dead Reckoning**

EN OBSERVATION *voir* **Opname**

EN PLEIN CŒUR ▷5
FR. 1998. Drame psychologique de Pierre JOLIVET avec Gérard Lanvin, Virginie Ledoyen et Carole Bouquet. - Un avocat réputé voit son mariage et son existence sombrer lorsqu'il tombe amoureux d'une jeune cliente. □ Général · Déconseillé aux jeunes enfants

EN QUATRIÈME VITESSE *voir* **Kiss Me Deadly**

EN QUÊTE D'UNE GALAXIE *voir* **Galaxy Quest**

EN QUÊTE DE LIBERTÉ *voir* **Leaving Normal**

EN ROUTE POUR SINGAPOUR *voir* **Road to Singapore**

EN ROUTE VERS MANHATTAN *voir* **Daytrippers, The**

EN ROUTE VERS RIO *voir* **Road to Rio**

EN SOUVENIR DES TITANS *voir* **Remember the Titans**

EN TAXI AUX TOILETTES *voir* **Taxi zum Klo**

EN TOUTE CONFIANCE *voir* **Confidence**

EN TOUTE INNOCENCE ▷4
FR. 1987. Drame psychologique d'Alain JESSUA avec Nathalie Baye, Michel Serrault et Suzanne Flon. - À la suite d'un grave accident de la route, un architecte feint d'être devenu muet afin de contrecarrer sa belle-fille qu'il sait infidèle. □ Général

L'Empire des sens
(Ai No Corrida)
Un film de
Nagisa Oshima
Eiko Matsuda Tatsuya Fuji Aoi Nakajima

ENCHANTED APRIL [Avril enchanté] ▷4
ANG. 1992. Comédie dramatique de Mike NEWELL avec Miranda Richardson, Josie Lawrence et Joan Plowright. - Se mourant d'ennui à Londres, l'épouse d'un fonctionnaire morose loue un château en Italie pour y séjourner avec trois compagnes. □ Général

ENCHANTMENT ▷4
É.-U. 1948. Drame sentimental d'Irving REIS avec Teresa Wright, David Niven et Evelyn Keyes. - Pensant que sa nièce s'apprête à épouser un aviateur, un vieux général remâche ses souvenirs.
DVD VA→11,95 $

ENCORE ▷4
FR. 1996. Comédie de mœurs de Pascal BONITZER avec Natacha Régnier et Jackie Berroyer. - Un professeur de 50 ans entretient des relations sentimentales difficiles avec des étudiantes. □ Général

ENCORE : ONCE MORE [Once More] ▷4
FR. 1987. Drame de mœurs de Paul VECCHIALI avec Jean-Louis Rolland, Florence Giorgetti et Pascale Rocard. - Un homme quitte sa famille et son emploi pour mener une vie bohème qui l'entraîne dans le milieu homosexuel. □ 13 ans+

ENCORE LES VIEUX GRINCHEUX
voir **Grumpier Old Men**

END OF AUGUST AT THE HOTEL OZONE, THE ▷4
[Late August at Hotel Ozone]
TCH. 1967. Drame fantastique de J. SCHMIDT avec Ondrej Jariabek, Betta Ponicanova et Magda Seidlerova. - Dans un monde dévasté par une guerre atomique un vieil homme affronte un groupe de femmes vivant à l'état sauvage.
DVD STA→29,95 $

END OF ST. PETERSBURG
RUS. 1927. Vsevolod PUDOVKIN et Mikhail DOLLER
DVD 37,95 $

END OF THE AFFAIR, THE ▷3
ANG. 1954. Drame d'Edward DMYTRYK avec Deborah Kerr, Van Johnson et John Mills. - Une femme mariée éprise d'un écrivain vit un conflit intérieur à la suite d'une promesse faite à Dieu. - Œuvre de qualité basée sur un roman de Graham Greene. Grande intensité dramatique. Évocation réussie de problèmes spirituels. Excellents interprètes. □ Général
DVD Cadrage W→32,95 $

END OF THE AFFAIR, THE [Fin d'une liaison, La] ▷3
ANG. 1999. Drame sentimental de Neil JORDAN avec Ralph Fiennes, Julianne Moore et Stephen Rea. - En 1946, à Londres, un écrivain cherche à connaître les raisons qui ont poussé sa maîtresse à rompre deux ans plus tôt. - Adaptation sensible et intelligente du roman de Graham Greene. Époque finement reconstituée. Réalisation maîtrisée. Interprétation vibrante. □ 13 ans+ · Érotisme
DVD· VA→STA→Cadrage W→10,95 $

END OF VIOLENCE, THE [Fin de la violence, La] ▷4
É.-U. 1997. Drame psychologique de Wim WENDERS avec Andie MacDowell, Bill Pullman et Gabriel Byrne. - Un producteur de cinéma se retrouve impliqué malgré lui dans un programme top secret de surveillance des villes. □ Général
DVD VA→STF→Cadrage P&S/W→18,95 $

ENDANGERED SPECIES ▷4
[Espèces en voie de disparition]
É.-U. 1982. Drame policier d'Alan RUDOLPH avec JoBeth Williams, Robert Urich et Hoyt Axton. - Un ex-policier de New York, de passage au Colorado, vient en aide à une femme-shérif afin d'élucider le mystère entourant des mutilations de bestiaux. □ 13 ans+

ENDGAME
ANG. 2001. Gary WICKS
DVD VA→Cadrage P&S→21,95 $

ENDLESS LOVE [Amour infini, Un] ▷4
É.-U. 1981. Drame psychologique de Franco ZEFFIRELLI avec Martin Hewitt, Brooke Shields et Shirley Knight. - L'amour interdit de deux adolescents connaît une issue tragique. □ 13 ans+

ENDLESS NIGHT ▷4
ANG. 1971. Drame de Sidney GILLIAT avec Hayley Mills, Britt Ekland et Hywel Bennett. - Un jeune arriviste épouse une riche héritière qui meurt peu après dans des circonstances mystérieuses. □ 13 ans+
DVD VA→Cadrage W→10,95 $

ENDLESS WAY
É.-U. 2002. Shen WENSHENG
DVD STA→Cadrage W→21,95 $

ENDROIT FABULEUX, UN *voir* **Far Off Place, A**

ENDURING LOVE ▷4
ANG. 2004. Thriller de Roger MICHELL avec Daniel Craig, Rhys Ifans et Samantha Morton. - La vie d'un universitaire est perturbée par l'affection maladive que lui voue un jeune homme. □ 13 ans+
DVD VA→STA→Cadrage W→34,95 $

ENEMIES OF LAUGHTER
É.-U. 2000. Joey TRAVOLTA
DVD VA→23,95 $

ENEMIES, A LOVE STORY ▷4
[Ennemies, une histoire d'amour]
É.-U. 1989. Comédie dramatique de Paul MAZURSKY avec Ron Silver, Anjelica Huston et Lena Olin. - Un Juif ayant épousé une chrétienne cache à celle-ci l'existence de sa maîtresse jusqu'au jour où les deux femmes tombent enceintes. □ 13 ans+

ENEMY AT THE GATES [Ennemi aux portes, L'] ▷4
ALL. 2000. Drame de guerre de Jean-Jacques ANNAUD avec Jude Law, Joseph Fiennes et Ed Harris. - En 1942, à Stalingrad, un tireur embusqué russe qui décime l'état-major allemand devient lui-même la cible d'un maître-tireur nazi. □ 13 ans+ · Violence

ENEMY BELOW, THE ▷4
É.-U. 1957. Drame de guerre de Dick POWELL avec Robert Mitchum, Curd Jurgens et Al Hedison. - Un destroyer américain et un sous-marin allemand tentent mutuellement de se couler. □ Général
DVD VF→STA→Cadrage W→14,95 $

ENEMY FROM SPACE *voir* **Quatermass 2**

ENEMY MINE ▷4
É.-U. 1985. Science-fiction de Wolfgang PETERSEN avec Dennis Quaid, Louis Gossett Jr. et Bumper Robinson. - Un extraterrestre mourant confie son enfant à un humain avec qui il a été obligé de s'allier pour survivre. □ 13 ans+
DVD VF→STA→Cadrage W→19,95 $

ENEMY OF THE STATE [Ennemi de l'État] ▷4
É.-U. 1998. Drame d'espionnage de Tony SCOTT avec Will Smith, Gene Hackman et Jon Voight. - Un jeune avocat devient la cible de la Sécurité nationale lorsqu'il est soupçonné de posséder un vidéo incriminant un haut dirigeant de l'agence. □ Général · Déconseillé aux jeunes enfants
DVD Cadrage W→18,95 $ VA→STA→Cadrage W→19,95 $

ENFANCE D'IVAN, L' [My Name Is Ivan] ▷3
RUS. 1961. Drame de guerre d'Andrei TARKOVSKY avec Valentin Zubkov, Kolya Burlaiev et Y. Zharikov. - Durant la Seconde Guerre mondiale, un gamin russe dont les parents ont été massacrés par les Allemands s'enrôle dans l'armée. - Réquisitoire contre la guerre au style lyrique et poétique. Traitement à la fois dur et poignant. Très belle photographie. Jeu naturel de K. Burlaiev. □ Général

ENFANCE DE L'ART, L' *voir* **Light Years**

ENFANCE DE L'ART, L' *voir* **Life with Mikey**

ENFANT, L' ▷3
BEL. 2005. Drame psychologique de Luc et Jean-Pierre DARDENNE avec Jérémie Rénier, Déborah François et Jérémie Segard. - Un jeune voyou irresponsable tente de se racheter auprès de sa compagne après avoir vendu leur nouveau-né. - Portrait âpre d'une certaine jeunesse désespérée. Thème à portée sociale et universelle traité avec beaucoup d'humanisme. Réalisation nerveuse et directe. Excellents interprètes. □ Général
DVD VF→33,95 $

ENFANT D'EAU, L' ▷4
QUÉ. 1995. Drame de mœurs de Robert MÉNARD avec David La Haye, Marie-France Monette et Gilbert Sicotte. - Un lien amoureux se tisse lentement entre un garçon simple d'esprit et une fillette de douze ans qui ont échoué dans une île déserte des Caraïbes. □ Général

ENFANT DE L'HIVER, L' ▷3
FR. 1988. Drame psychologique d'Olivier ASSAYAS avec Clotilde de Bayser, Michel Feller et Marie Matheron. - Un jeune homme quitte sa copine enceinte pour une décoratrice de théâtre. - Évocation de relations amoureuses tourmentées entre jeunes adultes. Mise en images sensible aux personnages. Réalisation privilégiant l'expression des émotions. Interprétation tout en nuances. □ Général

ENFANT LION, L' ▷4
FR. 1993. Conte de Patrick GRANDPERRET avec Mathurin Sinze, Sophie-Véronique Toue Tagbe et Souleyman Koly. - Le jeune fils d'un chef de village africain et son amie sont capturés par des guerriers qui les vendent à un prince cruel. □ Général

ENFANT LUMIÈRE, L' *voir* **Return to Salem's Lot, A**

ENFANT LUMIÈRE, L' *voir* **Shining, The**

ENFANT MIROIR, L' *voir* **Reflecting Skin, The**

ENFANT NOIR, L' ▷4
FR. 1994. Drame de mœurs de Laurent CHEVALLIER avec Baba Camara, Madou Camara et Kouda Camara. - Un jeune adolescent né dans un village au cœur de la Guinée va poursuivre ses études dans la capitale. □ Général

ENFANT SAUVAGE, L' [Wild Child, The] ►2
FR. 1969. Drame psychologique réalisé et interprété par François TRUFFAUT avec Jean-Pierre Cargol et Françoise Seigner. - Au début du XIXe siècle, un médecin s'efforce d'éduquer un enfant d'une douzaine d'années trouvé dans les bois à l'état sauvage. - Scénario basé sur des documents d'époque. Objectivité documentaire. Mise en scène sobre et efficace. Interprétation convaincante. □ Général
DVD VF→STF→Cadrage W→12,95 $

ENFANT SUR LE LAC, L' ▷5
QUÉ. 1991. Drame psychologique de Jacques LEDUC avec René Gagnon, Monique Lepage et Patricia Tulasne. - L'infidélité de son épouse oblige un homme à exorciser un traumatisme lié à un souvenir d'enfance. □ Général

ENFANTS, LES ▷3
FR. 1984. Comédie satirique de Marguerite DURAS avec Axel Bougosslavski, Daniel Gélin et Tatiana Moukhine. - Un enfant de sept ans qui en paraît quarante provoque la stupéfaction dans son entourage lorsqu'il décide de quitter l'école. - Jeu de l'esprit s'apparentant au théâtre de l'absurde. Réflexions pertinentes sur le sens de la vie. □ Général

ENFANTS DE LA LIBERTÉ, LES
voir **Rabbit-Proof Fence**

ENFANTS DE LA RIVIÈRE, LES *voir* **Water Babies, The**

ENFANTS DU CAPITAINE GRANT, LES
voir **In Search of the Castaways**

ENFANTS DU CIEL, LES [Children of Heaven] ▷3
IRAN. 1997. Drame de mœurs de Majid MAJIDI avec Mir Farrokh Hashemian, Bahareh Seddiqi et Amir Naji. - Ayant perdu la seule paire de chaussures de sa petite sœur, un garçon d'une famille pauvre cherche à remédier à la situation. - Récit à la fois touchant et comique. Réalisation simple et efficace. Jeunes interprètes fort attachants. □ Général
DVD VF→STA→Cadrage W→23,95 $

ENFANTS DU DÉSORDRE, LES ▷4
FR. 1988. Drame social de Yannick BELLON avec Emmanuelle Béart, Robert Hossein et Patrick Catalifo. - Une ancienne prostituée qui a connu la drogue séjourne dans un centre de réhabilitation où l'on apprend le théâtre.

ENFANTS DU DIMANCHE, LES [Sunday's Children] ▷3
SUÈ. 1992. Drame psychologique de Daniel BERGMAN avec Lena Endre, Thommy Berggren et Henrik Linnros. - Un pasteur se rend dans une petite église de campagne avec son jeune fils qui l'admire et le craint tout à la fois. - Récit autobiographique écrit par Ingmar Bergman. Portrait sensible d'un enfant candide. Forme visuelle lumineuse et vivante. Beauté exquise des décors naturels.

ENFANTS DU MARAIS, LES ▷4
FR. 1998. Comédie dramatique de Jean BECKER avec Jacques Villeret, Jacques Gamblin et André Dussollier. - Les rencontres et les amitiés de plusieurs personnes vivant à côté d'un marais.
DVD VF→17,95 $ VF→17,95 $

ENFANTS DU PARADIS, LES [Children of Paradise] ►1
FR. 1945. Mélodrame de Marcel CARNÉ avec Jean-Louis Barrault, Arletty et Pierre Brasseur. - À Paris, en 1827, un mime aime follement une jeune femme courtisée par de nombreux hommes. - Scénario complexe, d'une belle puissance dramatique. Mise en scène somptueuse. Interprétation de classe. □ 13 ans+
DVD VF→STA→62,95 $

ENFANTS DU SIÈCLE, LES ▷5
FR. 1999. Drame biographique de Diane KURYS avec Juliette Binoche, Benoît Magimel et Robin Renucci. - Les amours tumultueuses de l'écrivaine George Sand avec le poète romantique Alfred de Musset. □ 13 ans+
DVD VF→STA→PC

ENFANTS DU SILENCE, LES
voir **Children of a Lesser God**

ENFANTS NOUS REGARDENT, LES ▷4
[Children Are Watching Us, The]
ITA. 1963. Drame de Vittorio DE SICA avec Isa Pola, Emilio Cigoli et Luciano De Ambrosis. - Une jeune mère perd définitivement son mari et l'affection de son fils. □ Général
DVD STA→41,95 $

ENFANTS TERRIBLES, LES ▷4
FR. 1950. Drame psychologique de Jean-Pierre MELVILLE et Jean COCTEAU avec Nicole Stéphane, Édouard Dhermit et Renée Cosima. - Tout au long de sa vie, une fille éprouve pour son frère une passion exclusive qui la pousse à se mêler de ses affaires sentimentales.

ENFER, L' ▷3
FR. 1993. Drame psychologique de Claude CHABROL avec François Cluzet, Emmanuelle Béart et Nathalie Cardone. - Doutant de la fidélité de sa femme, un hôtelier en vient à commettre des actes de plus en plus incontrôlés. - Description habile d'un cas extrême de jalousie. Récit adéquatement simple et linéaire. Réalisation intelligente. Excellents interprètes. □ 13 ans+
DVD VF→STA→Cadrage W→21,95 $

ENFER, L' ▷5
FR. 2005. Drame psychologique de Danis TANOVIC avec Karin Viard, Emmanuelle Béart et Marie Gillain. - Marquées par le suicide de leur père, trois sœurs en viennent à se rapprocher lorsqu'un homme fait une terrible révélation à l'une d'elles.

ENFER APRÈS L'ENFER, L' *voir* **Distant Thunder**

ENFER DES ZOMBIES, L' *voir* **Zombie**

ENFORCER, THE [Inspecteur ne renonce jamais, L'] ▷4
É.-U. 1950. Drame policier de Bretaigne WINDUST avec Humphrey Bogart, Everett Sloane et Zero Mostel. - Un policier lutte contre des tueurs à gages. □ Non classé

ENGLISH PATIENT, THE [Patient anglais, Le] ▷3
É.-U. 1996. Chronique d'Anthony MINGHELLA avec Ralph Fiennes, Juliette Binoche et Kristin Scott-Thomas. - En 1942, une infirmière ébranlée par les horreurs de la guerre soigne un pilote blessé qui se remémore un grand amour récent ayant connu une fin tragique. - Adaptation luxueuse du roman de Michael Ondaatje. Intrigue romantique classique aux accents parfois grandioses. Images somptueuses. Interprétation intelligente et bien sentie. □ Général
DVD Cadrage W→21,95 $ VA→STF→Cadrage W→34,95 $

ENGLISHMAN WHO WENT UP A HILL, BUT CAME DOWN A MOUNTAIN, THE ▷4
[Homme qui gravit une colline et redescendit une montagne, L']
ANG. 1995. Comédie de Christopher MONGER avec Hugh Grant, Tara Fitzgerald et Colm Meaney. - Deux cartographes causent un émoi dans un village lorsqu'ils annoncent que la colline voisine ne figurera pas sur les cartes officielles. □ Général
DVD Cadrage W→15,95 $

ENGRENAGE FATAL *voir* **Wisdom**

ENGRENAGES *voir* **House of Games**

ENIGMA ▷4
ANG. 2001. Drame d'espionnage de Michael APTED avec Dougray Scott, Kate Winslet et Saffron Burrows. - Aidé d'une collègue, un mathématicien employé à décrypter des messages radio nazis enquête sur la disparition mystérieuse de son ancienne maîtresse. □ Général
DVD VA→STF→Cadrage W→23,95 $

ÉNIGMATIQUE MONSIEUR RIPLEY, L' *voir* **Talented Mr. Ripley, The**

ÉNIGME DE KASPAR HAUSER, L' ▷3
[Enigma of Kaspar Hauser, The]
ALL. 1974. Drame psychologique de Werner HERZOG avec Bruno S., Walter Ladengast et Brigitte Mira. - En 1838, un professeur accueille chez lui un adolescent inadapté dont on ne connaît pas les origines. - Évocation d'un fait réel. Style rigoureux. Quelques touches d'humour. Utilisation magistrale d'un inadapté dans le rôle central. □ Général
DVD Cadrage W→34,95 $

ENJEUX DE LA MORT, LES *voir* **Dead Pool, The**

ENJÔLEUSE, L' [Brute, The] ▷4
MEX. 1952. Drame de mœurs de Luis BUÑUEL avec Katy Jurado, Pedro Armendariz et Andres Soler. - Après avoir tué accidentellement un homme, un boucher simplet et rustaud s'éprend de la fille de la victime. □ Général
DVD STA→27,95 $

ENLIGHTENMENT GUARANTEED
[Illumination garantie]
ALL. 2000. Doris DÖRRIE
DVD STF→Cadrage W→36,95 $

ENNEMI AUX PORTES, L' *voir* **Enemy at the Gates**

ENNEMI DE L'ÉTAT *voir* **Enemy of the State**

ENNEMIES, UNE HISTOIRE D'AMOUR *voir* **Enemies, A Love Story**

ENNEMIS COMME AVANT *voir* **Sunshine Boys, The**

ENNUI, L' ▷4
FR. 1998. Comédie dramatique de Cédric KAHN avec Charles Berling, Sophie Guillemin et Arielle Dombasle. - Un prof de philo las de sa jeune maîtresse devient obsédé par elle lorsqu'il apprend son infidélité. □ 16 ans+ · Érotisme
DVD VF→STA→Cadrage P&S→29,95 $

ENQUÊTES INTERNES *voir* **Internal Affairs**

ENRAGÉ *voir* **Rampage**

ENRAGÉ, L' *voir* **Falling Down**

ENSAIGNANTS, LES *voir* **Faculty, The**

ENTER LAUGHING ▷4
É.-U. 1967. Comédie de Carl REINER avec Reni Santoni, Shelley Winters et Jose Ferrer. - Le fils d'un tailleur juif de New York rêve de faire du théâtre.

ENTER THE DRAGON [Opération dragon] ▷5
É.-U. 1973. Aventures de Robert CLOUSE avec Bruce Lee, John Saxon et Jim Kelly. - Un expert en arts martiaux en mission pour Interpol s'inscrit à un tournoi de lutte à main nue afin de s'immiscer dans une organisation criminelle. □ 13 ans+
DVD VF→STF→Cadrage W→9,95 $
VA→STF→Cadrage W/16X9→21,95 $

ENTERTAINER, THE ▷3
ANG. 1960. Drame psychologique de Tony RICHARDSON avec Joan Plowright, Laurence Olivier et Brenda de Banzie. - Dans les années 1940, la déchéance d'un artiste de music-hall égoïste et médiocre. - Adaptation vivante d'une pièce de John Osborne. Mise en scène habile. Composition remarquable de L. Olivier. □ Général
DVD VA→STF→Cadrage W→11,95 $

ENTOURLOUPE, L' ▷5
FR. 1979. Comédie de Gérard PIRÈS avec Jean-Pierre Marielle, Anne Jousset et Jacques Dutronc. - Deux truands sans envergure s'essaient à un travail de démarcheur dans les campagnes. □ Général

ENTRE DEUX PLAGES *voir* **Beaches**

ENTRE ELLES ET LUI *voir* **Prime**

ENTRE LA MER ET L'EAU DOUCE ▷4
QUÉ. 1967. Drame sentimental de Michel BRAULT avec Claude Gauthier, Geneviève Bujold et Paul Gauthier. - Un jeune campagnard venu travailler à Montréal se découvre une vocation de chanteur. □ Général

ENTRE LE CIEL ET L'ENFER [Entre le ciel et l'enfer] ▷3
JAP. 1963. Drame policier d'Akira KUROSAWA avec Toshiro Mifune, Tatsuya Nakadai et Tsutomu Yamasaki. - Après avoir accepté de payer la rançon exigée par le ravisseur de son fils, un industriel découvre qu'en réalité c'est le fils de son chauffeur qui a été kidnappé par erreur. - Suspense allant crescendo. Mise en scène d'une sûreté constante. Forte interprétation de T. Mifune. □ Général
DVD STA→Cadrage W→62,95 $

ENTRE LES JAMBES [Between Your Legs]
ESP. FR. 1999. Manuel GOMEZ PEREIRA
DVD STA→PC

ENTRE SES MAINS ▷4
FR. 2005. Drame psychologique d'Anne FONTAINE avec Isabelle Carré, Benoît Poelvoorde et Jonathan Zaccaï. - Mariée et mère d'une fillette, une jeune professionnelle se laisse courtiser par un vétérinaire inquiétant. □ 13 ans+ · Violence
DVD VF→STA→Cadrage W/16X9→34,95 $

ENTRE SŒURS *voir* **Ginger Snaps**

ENTRE TU ET VOUS ▷5
QUÉ. 1969. Film d'essai de Gilles GROULX avec Pierre Harel, Paule Baillargeon et Dolorès Monfette. - Illustration allégorique de divers aspects de l'aliénation d'un jeune couple. □ Général

ENTRETIEN AVEC UN VAMPIRE *voir* **Interview with the Vampire**

ENTRONS DANS LA DANSE *voir* **Barkleys of Broadway, The**

ENTROPY ▷4
É.-U. 1999. Drame sentimental de Phil JOANOU avec Stephen Dorff, Judith Godrèche et Kelly Macdonald. - Alors qu'il s'apprête à tourner son premier long métrage, un jeune cinéaste s'engage dans une liaison passionnée avec une top model. □ 13 ans+

ENUFF IS ENUFF *voir* **J'ai mon voyage!**

ENVERS DU SEXE, L' *voir* **Opposite of Sex, The**

ENVERS ET CONTRE TOUT *voir* **Stand and Deliver**

ENVIE, L' *voir* **Envy**

ENVOÛTÉS, LES *voir* **Believers, The**

ENVOYEZ LES VIOLONS ▷5
FR. 1988. Comédie sentimentale de Roger ANDRIEUX avec Richard Anconina, Anémone et Fabienne Périneau. - Obsédé par sa volonté de reconquérir l'amour de sa femme, un réalisateur de films publicitaires se tourne vers la musicothérapie et s'éprend de son professeur. □ Général

ENVY **[Envie, L']** ▷5
É.-U. 2004. Comédie satirique de Barry LEVINSON avec Ben Stiller, Jack Black et Rachel Weisz. - Un père de famille est rongé par l'envie lorsque son voisin et meilleur ami devient riche du jour au lendemain. □ Général
DVD VF➔STF➔36,95 $

EPIDEMIC
DAN. 1987. Lars VON TRIER
DVD VA➔STA➔33,95 $

ÉPIDÉMIE, L' *voir* **Outbreak**

ÉPOQUE FORMIDABLE, UNE ▷4
FR. 1991. Comédie de mœurs réalisée et interprétée par Gérard JUGNOT avec Richard Bohringer et Ticky Holgado. - Licencié de son poste de cadre, un père de famille quitte le domicile conjugal et se lie d'amitié avec trois clochards.

ÉPOUSE TROP PARFAITE, UNE *voir* **Dream Lover**

ÉPOUSES ET CONCUBINES **[Raise the Red Lantern]** ►2
CHI. 1991. Drame de mœurs de Yimou ZHANG avec Gong Li, He Caifei et Cao Cuifeng. - Dans les années 1920, en Chine du Nord, les quatre concubines d'un riche seigneur se livrent une lutte sournoise. - Tableau gris et froid d'un monde féodal. Économie des effets. Importance de la force des symboles. Décors fastueux. Jeu intériorisé des acteurs. □ Général
DVD STA➔Cadrage W➔21,95 $

ÉPOUSES MODÈLES, LES
voir **Stepford Wives, The**

ÉPOUVANTE SUR NEW YORK
voir **Q: The Winged Serpent**

ÉPOUX ET AMANTS *voir* **Husbands and Lovers**

ÉPOUX RIPOUX, LES ▷4
FR. 1990. Comédie sentimentale de Carol WISEMAN avec Stephane Freiss, Patsy Kensit et Mouss Diouf. - Pour obtenir une carte de séjour en France, une actrice américaine contracte un mariage blanc avec un musicien coureur de jupons.

ÉPREUVE DE FORCE, L' *voir* **Gauntlet, The**

EQUILIBRIUM ▷4
É.-U. 2001. Science-fiction de Kurt WIMMER avec Christian Bale, Emily Watson et Taye Diggs. - Dans une société futuriste totalitaire, où les émotions sont interdites, un policier joint les rangs d'un groupe révolutionnaire.
DVD VA➔Cadrage W➔23,95 $

EQUINOX ▷4
É.-U. 1992. Drame de mœurs d'Alan RUDOLPH avec Lara Flynn Boyle, Matthew Modine et Tyra Ferrell. - L'existence parallèle de deux jumeaux séparés à la naissance dont l'un est devenu gangster tandis que l'autre mène une vie sans histoire. □ Général

ÉQUINOXE ▷4
QUÉ. 1986. Drame d'Arthur LAMOTHE avec Jacques Godin, Ariane Frédérique et Marthe Mercure. - Après 30 ans d'absence, un homme accompagné de sa petite-fille revient sur les lieux de sa jeunesse à la recherche d'un vieil ami.

ÉQUIPE D'ENFER, UNE *voir* **Bad News Bears**

ÉQUIPE DE RÊVE, L' *voir* **Dream Team, The**

ÉQUIPIER, L' ▷4
FR. 2004. Drame sentimental de Philippe LIORET avec Grégori Derangère, Philippe Torreton et Sandrine Bonnaire. - En 1963 dans un village breton, un jeune gardien de phare, vétéran blessé de la guerre d'Algérie, s'éprend de la femme de son camarade de travail. □ Général
DVD VF➔Cadrage W➔31,95 $

EQUUS ▷3
É.-U. 1977. Drame psychologique de Sidney LUMET avec Richard Burton, Peter Firth et Joan Plowright. - Un psychiatre s'occupe d'un adolescent au comportement étrange. - Adaptation de la pièce de Peter Shaffer. Exploration psychologique prenante. Mise en scène stylisée. Excellente interprétation. □ 13 ans+
DVD VA➔STF➔Cadrage W➔23,95 $

ERASERHEAD ►2
É.-U. 1976. Drame fantastique de David LYNCH avec John Nance, Charlotte Stewart et Jeanne Bates. - Un couple vivant dans un taudis prend soin de son bébé monstrueux à l'apparence larvaire. - Mélange fascinant d'étrange et de grotesque. Climat de cauchemar aux éléments bizarres et terrifiants. Humour noir. Bande sonore insolite. Interprétation dans le ton voulu. □ 18 ans+
DVD VA➔38,95 $ VA➔28,95 $ VA➔104,95 $

ÈRE DE GLACE, L' *voir* **Ice Age**

ERENDIRA ▷3
FR. MEX. ALL. 1983. Drame de mœurs de Ruy GUERRA avec Irène Papas, Claudia Ohana et Oliver Wehe. - Une adolescente est forcée par sa grand-mère à se livrer à la prostitution. - Fable baroque tirée d'une œuvre de Gabriel Garcia Màrquez. Curieux mélange de poésie fantastique et de réalisme sordide. Interprétation dominée par I. Papas. □ 13 ans+

ERIK THE VIKING ▷4
ANG. 1989. Comédie fantaisiste réalisée et interprétée par Terry JONES avec Tim Robbins et John Cleese. - Un guerrier au cœur tendre doit entreprendre une quête périlleuse pour que cesse la violence qui l'entoure. □ 13 ans+

ERIN BROCKOVICH ▷4
É.-U. 2000. Drame judiciaire de Steven SODERBERGH avec Julia Roberts, Albert Finney et Aaron Eckhart. - Assistante dans un bureau d'avocats, une mère célibataire peu instruite qui élève seule ses enfants poursuit une grosse compagnie ayant contaminé l'eau potable d'une petite ville. □ Général
DVD VF➔Cadrage W➔15,95 $

ERMO ▷3
CHI. 1994. Comédie dramatique réalisée par Xiaowen ZHOU avec Liya Ai, Peiqui Liu, Haiyan Zhang et ZhijunGe . - Une femme s'acharne au travail pour pouvoir acheter un plus gros téléviseur que celui de ses voisins. - Fable savoureuse sur l'américanisation de la Chine. Récit riche en observations de mœurs. Réalisation précise. □ Général

ERNEST OU L'IMPORTANCE D'ÊTRE CONSTANT
voir **Importance of Being Earnest, The**

EROS ▷4
É.-U. 2004. Film à sketches de Wong KAR-WAI, Steven SODERBERGH et Michelangelo ANTONIONI avec Gong Li, Robert Downey Jr. et Christopher Buchholz. - Variations sur les thèmes du désir et de l'érotisme par trois maîtres du cinéma.
DVD VA➔STA➔Cadrage W/16X9➔34,95 $

ÉROTIQUE ▷5
É.-U. ALL. H.K. 1994. Film à sketches de Lizzie BORDEN et Clara LAW avec Kamala Lopez-Dawson, Priscilla Barnes et Tim Lounibos. - Les aventures sensuelles d'une téléphoniste de ligne érotique, d'un couple de lesbiennes et de deux amants qui renouent après une séparation. □ 18 ans+ · Érotisme

ERRAND BOY, THE ▷4
É.-U. 1961. Comédie réalisée et interprétée par Jerry LEWIS avec Brian Donlevy, Dick Wesson et Howard McNear. - Un jeune commissionnaire multiplie les maladresses dans un studio de cinéma. □ Général
DVD VA➔14,95 $

ERREUR SUR LA PERSONNE ▷4
QUÉ. 1995. Drame policier de Gilles NOËL avec Michel Côté, Macha Grenon et Paul Doucet. - Un policier épie une voleuse de cartes de crédit afin de découvrir ses motifs. □ Général

ESCADRILLE PANTHÈRE
voir **Men of the Fighting Lady**

ESCALIER C ▷4
FR. 1985. Comédie de mœurs de Jean-Charles TACCHELLA avec Robin Renucci, Jean-Pierre Bacri et Catherine Leprince. - Un jeune critique d'art se plaît à intervenir dans les problèmes de ses voisins ou amis. □ 13 ans+
DVD VF→Cadrage W→21,95 $

ESCAPE ARTIST, THE ▷5
É.-U. 1982. Comédie dramatique de Caleb DESCHANEL avec Griffin O'Neal, Raul Julia et Joan Hackett. - Un vaurien veut se servir d'un jeune prestidigitateur pour exercer une vengeance.
DVD VA→STA→Cadrage W→14,95 $

ESCAPE BY NIGHT
voir **Évadés de la nuit, Les**

ESCAPE FROM ALCATRAZ ▷3
É.-U. 1979. Drame de Don SIEGEL avec Clint Eastwood, Patrick McGoohan et Larry Hankin. - Dans les années 1960, un prisonnier tente de s'évader d'un pénitencier situé dans une île au large de San Francisco. - Scénario inspiré d'un incident réel. Mise en scène dépouillée et solide. Climat de tension soutenu. Interprétation sobre de C. Eastwood. □ Général
DVD Cadrage W→14,95 $

ESCAPE FROM FORT BRAVO ▷4
É.-U. 1953. Western de John STURGES avec Eleanor Parker, John Forsythe et William Holden. - Pendant la guerre de Sécession, une Sudiste fait évader son fiancé d'un camp de prisonniers.
□ Général

ESCAPE FROM NEW YORK ▷4
É.-U. 1981. Science-fiction de John CARPENTER avec Kurt Russell, Lee Van Cleef et Donald Pleasence. - En 1997, un aventurier va à la rescousse du président des États-Unis capturé par des criminels dans l'île de Manhattan. □ 13 ans+
DVD VF→STF→Cadrage W→29,95 $ Cadrage W→11,95 $

ESCAPE FROM SOBIBOR [Évasion de Sobibor] ▷4
É.-U. 1987. Drame de Jack GOLD avec Alan Arkin, Joanna Pacula et Rutger Hauer. - Durant la Seconde Guerre mondiale, un groupe de prisonniers juifs tente de s'évader d'un camp de concentration nazi.
□ 13 ans+
DVD VA→PC

ESCAPE FROM THE PLANET OF THE APES ▷4
É.-U. 1971. Science-fiction de Don TAYLOR avec Kim Hunter, Roddy McDowall et Bradford Dillman. - Trois singes savants échouent sur la Terre et prétendent venir de l'avenir. □ Général
DVD VF→Cadrage W→14,95 $

ESCAPE TO WITCH MOUNTAIN ▷4
[Montagne ensorcelée, La]
É.-U. 1975. Comédie fantaisiste de John HOUGH avec Kim Richards, Ike Eisenmann et Eddie Albert. - Les aventures de deux orphelins dotés de pouvoirs télépathiques surprenants. □ Général
DVD VA→Cadrage W→14,95 $

ESCLAVE AUX MAINS D'OR, L' *voir* **Golden Boy**

ESCLAVE DE L'AMOUR, L' [Slave of Love, A] ▷3
RUS. 1978. Drame de Nikita MIKHALKOV avec Elena Solovey, Rodion Nakhapetov et Alexander Kaliagin. - En Crimée, durant la Révolution de 1917, un groupe d'excentriques tente, vaille que vaille, de terminer un film. - Atmosphère d'époque bien reconstituée. Nombreuses touches d'humour. □ Général

ESCLAVE DU GANG
voir **Damned Don't Cry, The**

ESCORTE, L' ▷5
QUÉ. 1996. Comédie dramatique de Denis LANGLOIS avec Robin Aubert, Paul-Antoine Taillefer et Eric Cabana. - Un jeune homme s'immisce dans la vie d'un couple homosexuel en se faisant passer pour escorte. □ 13 ans+

ESCOUADE AMÉRICAINE: POLICE DU MONDE
voir **Team America: World Police**

ESCROCS MAIS PAS TROP *voir* **Small Time Crooks**

ESCROCS, LES *voir* **Sneakers**

ESMERALDA COMES BY NIGHT ▷4
MEX. 1997. Comédie dramatique de Jaime Humberto HERMOSILLO avec Maria Rojo, Claudio Obregon et Martha Navarro. - Un juge recueille les confessions d'une jeune femme pleine de candeur qui s'est retrouvée mariée à cinq hommes à la fois. □ 13 ans+

ESPÈCES EN VOIE DE DISPARITION
voir **Endangered Species**

ESPÉRANCE, L' ▷5
QUÉ. 2003. Drame de Stefan PLESZCZYNSKI avec Patrick Labbé, Isabel Richer et Maxime Dumontier. - L'arrivée d'un visiteur mystérieux perturbe l'existence d'un village minier décimé par un accident tragique. □ Général
DVD VF→29,95 $

ESPION AUX PATTES DE VELOURS, L'
voir **That Darn Cat!**

ESPION QUI M'AIMAIT, L'
voir **Spy Who Loved Me, The**

ESPIONS, LES [Spies] ▷3
ALL. 1928. Drame policier de Fritz LANG avec Rudolf Klein-Rogge, Gerda Maurus et Willy Fritsch. - Un agent secret entreprend de démasquer un directeur de banque qui commande une bande de criminels. - Scénario complexe. Mise en scène inventive de style expressionniste. Jeux ingénieux avec les ombres et la lumière. Interprétation stylisée. Film muet. □ Général
DVD VA→23,95 $

ESPIONS EN HERBE II, LES: L'ÎLE DES RÊVES PERDUS
voir **Spy Kids II: The Island of Lost Dreams**

ESPIONS SUR LA TAMISE *voir* **Ministry of Fear**

ESPIRITU DE MI MAMA, EL *voir* **Spirit of My Mother**

ESPOIR RETROUVÉ, L' *voir* **Hope Floats**

ESPRIT D'ÉQUIPE, L' *voir* **All the Right Moves**

ESPRIT DE CAÏN, L' *voir* **Raising Cain**

ESPRIT DE LA RUCHE, L' [Spirit of the Beehive, The] ▷3
ESP. 1973. Drame psychologique de Victor ERICE avec Ana Torrent, Isabel Telleria et Fernando Fernan Gomez. - Impressionnée par le récit de Frankenstein, une fillette aide un fugitif qui s'est réfugié dans une maison abandonnée. - Évocation du monde de l'enfance dans une vision critique du contexte politique espagnol. Images soigneusement composées. Climat quasi hypnotique. Bonne direction d'enfants. □ Général

ESQUIVE, L' ▷3
FR. 2003. Comédie dramatique d'Abdellatif KECHICHE avec Osman Elkharraz, Sara Forestier et Sabrina Ouazani. - Les amours et querelles de quelques lycéens d'une cité en banlieue de Paris, dont certains se préparent à monter une pièce de Marivaux. - Étude de mœurs rigoureuse accentuée par un travail remarquable sur le langage. Traitement réaliste. Mise en scène nerveuse. Jeunes interprètes d'un naturel étonnant. □ Général · Déconseillé aux jeunes enfants
DVD VF→STA→31,95 $

EST-OUEST ▷5
FR. RUS. ESP. BUL. 1999. Chronique de Régis WARGNIER avec Oleg Menchikov, Sandrine Bonnaire et Sergueï Bodrov Jr. - Retenue contre son gré en URSS à partir de 1946, l'épouse française d'un médecin russe cherche par tous les moyens à retourner dans son pays.

ESTOUFFADE À LA CARAÏBE ▷5
FR. 1967. Aventures de André HUNEBELLE avec Frederick Stafford, Jean Seberg et Mario Pisu. - Un perceur de coffres-forts accepte de mettre ses talents au service de révolutionnaires.

ET DIEU CRÉA LA FEMME ▷5
[And God Created Woman]
FR. 1956. Drame de Roger VADIM avec Brigitte Bardot, Curd Jurgens et Jean-Louis Trintignant. - Une orpheline devient un objet de désir pour les hommes de son patelin.
DVD Cadrage W→46,95 $

ET DU FILS ▷5
QUÉ. 1971. Drame de Raymond GARCEAU avec Ovila Légaré, Réjean Lefrançois et Maruska Stankova. - Un jeune homme veut transformer le manoir de son père en hôtel pour touristes et chasseurs. □ Général

ET LA FEMME CRÉA L'HOMME PARFAIT
voir **Making Mr. Right**

ET LA LUMIÈRE FUT ▷3
FR. 1989. Étude de mœurs d'Otar IOSSELIANI avec Saly Badji, Binta Cisse et Alpha Sane. - Ayant quitté son paresseux de mari et son nouvel amant, une belle Africaine part à la ville avec un citadin de passage. - Fable écologique sur la dévastation par l'homme des ressources vitales et des traditions séculaires. Traitement insolite. Interprétation d'un naturel parfait.

ET LA TENDRESSE?... BORDEL! ▷4
FR. 1978. Comédie satirique de Patrick SCHULMANN avec Jean-Luc Bideau, Evelyne Dress et Bernard Giraudeau. - Les mésaventures de trois couples dont les destins séparés se croisent occasionnellement. □ 18 ans+

ET LA TENDRESSE?... BORDEL! II ▷5
FR. 1983. Comédie de Patrick SCHULMANN avec Diane Bellego, Christian François et Fabrice Luchini. - Une liaison s'engage entre un peintre daltonien et une animatrice à la radio. □ 18 ans+

ET SI C'ÉTAIT VRAI *voir* **Just Like Heaven**

ET SI ON LE GARDAIT? *voir* **For Keeps**

ET TOMBENT LES FILLES *voir* **Kiss the Girls**

ET TOUT LE MONDE RIAIT *voir* **They All Laughed**

ET VOGUE LE NAVIRE! [And the Ship Sails On] ►2
ITA. 1983. Comédie dramatique de Federico FELLINI avec Freddie Jones, Barbara Jefford et Fiorenzo Serra. - À la veille de la guerre 1914-1918, un curieux voyage sur mer a lieu en hommage à une cantatrice décédée. - Tableau joliment caricaturé du monde du spectacle. Traitement visuel inventif. Mise en scène d'un baroquisme inspiré. Interprétation dans le ton voulu. □ Général
DVD STA→Cadrage W→46,95 $

ET... TA MÈRE AUSSI [And Your Mother Too] ▷3
MEX. 2001. Comédie dramatique d'Alfonso CUARON avec Maribel Verdu, Gael Garcia Bernal et Diego Luna. - Deux adolescents en rut et une Espagnole de 28 ans cocufiée partent en voiture à destination d'une plage magnifique. - Road movie érotique empreint d'une émouvante mélancolie. Notations subtiles sur l'état actuel du Mexique. Mise en scène souple. Interprétation sentie. □ 16 ans+
DVD STA→36,95 $

ÉTALON NOIR, L' *voir* **Black Stallion, The**

ÉTAT DE GRÂCE, L' ▷5
FR. 1986. Drame sentimental de Jacques ROUFFIO avec Nicole Garcia, Sami Frey et Pierre Arditi. - Une femme d'affaires qui affiche en politique des idées de droite poursuit une liaison passionnée avec un politicien socialiste.

ÉTAT DE SIÈGE [State of Siege] ▷3
FR. 1972. Drame social de COSTA-GAVRAS avec Yves Montand, Renato Salvatori et Jean-Luc Bideau. - Dans un pays d'Amérique du Sud, des rebelles enlèvent un fonctionnaire américain. - Film percutant inspiré d'incidents authentiques. Approche de style documentaire. Montage habilement concerté. Interprétation sobre et convaincante.

ÉTAT DES CHOSES, L' [State of Things, The] ▷3
ALL. 1982. Comédie dramatique de Wim WENDERS avec Patrick Bauchau, Isabelle Weingarten et Allan Goorwitz. - Un metteur en scène tente de rejoindre son producteur pour obtenir les fonds nécessaires à la poursuite du tournage d'un film. - Traitement insolite. Mise en scène maîtrisée. Interprétation juste. □ Général

ÉTAT SAUVAGE, L' ▷5
FR. 1978. Drame social de Francis GIROD avec Michel Piccoli, Jacques Dutronc et Marie-Christine Barrault. - La liaison d'une Française avec un ministre provoque un état de crise dans un pays africain.

ÉTATS D'ÂME ▷4
FR. 1985. Chronique de Jacques FANSTEN avec Robin Renucci, Jean-Pierre Bacri et Sandrine Dumas. - Cinq amis animés par le même idéal politique connaissent diverses déceptions alors que leur parti est au pouvoir.

ÉTATS NORDIQUES, LES ▷4
QUÉ. 2005. Film d'essai de Denis CÔTÉ avec Christian LeBlanc et les gens de la localité de Radisson. - Après avoir commis un meurtre par compassion, un jeune homme se réfugie dans une petite localité éloignée où il reprendra goût à la vie. □ Général
DVD VF→STA→38,95 $

ÉTATS-UNIS D'ALBERT, LES ▷5
QUÉ. 2005. Comédie fantaisiste d'André FORCIER avec Éric Bruneau, Émilie Dequenne et Roy Dupuis. - En 1926, un jeune acteur parti de Montréal pour tenter sa chance à Hollywood fait la connaissance d'une charmante mormone. □ Général
DVD VF→29,95 $

ÉTÉ À LA GOULETTE, UN [Summer at la goulette] ▷4
TUN. FR. BEL. 1996. Comédie dramatique de Ferid BOUGHEDIR avec Gamil Ratib, Mustapha Adouani et Guy Nataf. - Durant l'été de 1967, dans une banlieue de Tunis, trois adolescentes de religions différentes font le pari de perdre leur virginité. □ Général

ÉTÉ À SAINT-TROPEZ, UN [Summer in St. Tropez, A]
ALL. FR. 1984. David HAMILTON
DVD VF→STA→36,95 $

ÉTÉ APRÈS L'AUTRE, UN ▷4
BEL. 1989. Chronique d'Anne-Marie ÉTIENNE avec Annie Cordy, Paul Crauchet et Olivia Capeta. - Les hauts et les bas d'une famille belge à travers trois générations.

ÉTÉ CAPRICIEUX, UN [Capricious Summer] ▷4
TCH. 1967. Comédie satirique de Jiri MENZEL avec Rudolf Hrusinsky, Vlastimil Brodsky et Frantisek Rehalk. - Un couple de funambules vient troubler la paix d'un village.
DVD STA→29,95 $

ÉTÉ D'AVIYA, L' *voir* **Summer of Aviya, The**

ÉTÉ DANS LA PEAU, L' *voir* **Summer Heat**

ÉTÉ DES MES 11 ANS, L' *voir* **My Girl**

ÉTÉ EN ENFER, UN *voir* **Haunted Summer**

ÉTÉ EN LOUISIANE, UN
voir **Man in the Moon, The**

ÉTÉ EN PENTE DOUCE, L' ▷5
FR. 1986. Drame de mœurs de Gérard KRAWCZYK avec Jean-Pierre Bacri, Jacques Villeret et Pauline Lafont. - Ayant hérité de la maison familiale où vit son frère demeuré, un homme décide de s'installer avec sa belle compagne malgré la convoitise des voisins.

ÉTÉ INOUBLIABLE, UN ▷4
ROU. 1994. Drame psychologique de Lucian PINTILIE avec Kristin Scott-Thomas, Claudiu Bleont et Marcel Iurès. - Assigné aux commandes d'un poste frontière dans une région sauvage de la Roumanie des années 1920, un militaire s'adapte avec sa famille à la dureté de l'endroit.

ÉTÉ MEURTRIER, L' ▷4
FR. 1982. Drame psychologique de Jean BECKER avec Isabelle Adjani, Alain Souchon, Jenny Clève et Suzanne Flon. - Une jeune fille épouse un garçon sympathique et se sert de lui pour exercer une vengeance.

ÉTÉ PROCHAIN, L' ▷4
FR. 1984. Comédie dramatique de Nadine TRINTIGNANT avec Philippe Noiret, Claudia Cardinale et Fanny Ardant. - Les tribulations des parents et enfants d'une famille nombreuse.

ETERNAL [Éternelle] ▷5
CAN. 2003. Drame d'horreur de Wilhelm LIEBENBERG et Federico SANCHEZ avec Conrad Pla, Caroline Néron et Victoria Sanchez. - Un détective montréalais découvre qu'une énigmatique Hongroise se baigne dans du sang humain de façon à accéder à la vie éternelle.
DVD VF→27,95 $ VF→33,95 $

ETERNAL LOVE
É.-U. 1929. Ernst LUBITSCH
DVD 49,95 $

ETERNAL SUNSHINE OF THE SPOTLESS MIND ▷3
[Du soleil plein la tête]
É.-U. 2004. Comédie fantaisiste de Michel GONDRY avec Jim Carrey, Kate Winslet et Kirsten Dunst. - Un homme se soumet à un lavage de cerveau afin d'effacer de sa mémoire toute trace de son ex-compagne qui a subi la même opération. - Intrigue délirante au ton à la fois ludique et amer. Labyrinthe mental semé de détours surprenants et de flashs surréalistes. Réalisation brillante. Interprétation attachante. □ Général · Déconseillé aux jeunes enfants
DVD VF→STF→Cadrage W/16X9→23,95 $
VF→Cadrage W→38,95 $

ÉTERNEL RETOUR, L' ▷3
FR. 1943. Drame de Jean DELANNOY avec Jean Marais, Madeleine Sologne et Jean Murat. - Tout s'acharne contre un jeune couple qu'un philtre d'amour a lié à jamais. - Adaptation de la légende de Tristan et Iseult par Jean Cocteau. Mise en scène un peu froide mais d'une grande beauté formelle.

ÉTERNELLE *voir* **Eternal**

ÉTERNITÉ ET UN JOUR, L' [Eternity and a Day] ▷3
GRÈ. 1998. Drame psychologique de Theo ANGELOPOULOS avec Bruno Ganz, Isabelle Renauld et Achileas Skevis. - Hanté par les fantômes de son passé, un écrivain grec tente d'aider un petit réfugié albanais à retourner dans son pays. - Méditation poétique sur le passage du temps. Rythme lent. Illustration fort maîtrisée. Interprétation sobre.

ETERNITY AND A DAY *voir* **Éternité et un jour, L'**

ETHAN FROME ▷4
É.-U. 1992. Mélodrame de John MADDEN avec Patricia Arquette, Liam Neeson, Tate Donovan et Joan Allen. - Son épouse étant souffrante, un fermier fait appel aux services d'une infirmière dont il s'éprend. □ Général

ÉTOFFE DES HÉROS, L' *voir* **Right Stuff, The**

ÉTOILE DU SOIR, L' *voir* **Evening Star, The**

ÉTOILE EST NÉE, UNE *voir* **Star Is Born, A**

ÉTRANGE NOËL DE MONSIEUR JACK, L'
voir **Nightmare Before Christmas, The**

ÉTRANGE SÉDUCTION
voir **Comfort of Strangers, The**

ÉTRANGER FOU, L' [Gadjo Dilo] ▷3
FR. 1997. Drame de mœurs de Tony GATLIF avec Romain Duris, Izidor Serban et Rona Hartner. - En Roumanie, un jeune Français recherche dans un village de gitans une chanteuse disparue. - Intrigue décontractée prétexte à une description des mœurs tziganes. Rythme lent adapté au contexte rural. Réalisation précise et juste. □ Général · Déconseillé aux jeunes enfants

ÉTRANGER: LE HUITIÈME PASSAGER, L' *voir* **Alien**

ÉTRANGÈRE PARMI NOUS, UNE
voir **Stranger Among Us, A**

ÉTRANGÈRE, L' *voir* **All This and Heaven Too**

ÊTRE OU NE PAS ÊTRE *voir* **To Be or Not to Be**

ÉTUDIANTE, L' ▷5
FR. 1988. Comédie sentimentale de Claude PINOTEAU avec Sophie Marceau, Vincent Lindon et Elisabeth Vitali. - Amoureux, un musicien et une étudiante qui préparent leurs examens d'agrégation parviennent difficilement à concilier sentiments et travail. □ Général

EULOGY ▷5
É.-U. 2004. Comédie de mœurs de Michael CLANCY avec Kelly Preston, Hank Azaria et Debra Winger. - Divers conflits émergent entre les membres d'une famille dysfonctionnelle réunie à l'occasion des funérailles du patriarche.
DVD VA→Cadrage W→9,95 $

EUROPA [Zentropa] ►2
DAN. 1991. Drame de mœurs de Lars VON TRIER avec Jean-Marc Barr, Barbara Sukowa et Udo Kier. - En 1945, un jeune Américain né de parents allemands débarque en Allemagne pour y travailler comme préposé dans un train de passagers. - Scénario habilement construit. Univers insolite aux accents de cauchemar kafkaïen. Imagerie saisissante. Réalisation fort inventive. Interprétation admirable. □ 13 ans+

EUROPA, EUROPA ▷4
ALL. 1990. Drame de guerre d'Agnieszka HOLLAND avec Marco Hofschneider, Julie Delpy et Hanns Zichler. - Un jeune Juif allemand réfugié en Union soviétique se voit obligé de servir d'interprète pour les nazis. □ 13 ans+
DVD VF→STF→Cadrage W→22,95 $

EUROPE 51 ▷3
ITA. 1952. Drame social de Roberto ROSSELLINI avec Alexander Knox, Ingrid Bergman et Giulietta Masina. - Frappée par un grand malheur, une jeune femme sent le besoin de se dévouer aux autres. - Sujet attachant. Mise en scène dépouillée. Images évocatrices. Interprétation admirable de I. Bergman.

EUROPEANS, THE ▷3
ANG. 1979. Comédie dramatique de James IVORY avec Lee Remick, Robin Ellis et Tim Woodward. - Une baronne et son frère viennent en Amérique chez des cousins dans l'espoir de contracter des mariages avantageux. - Scénario inspiré d'un roman de Henry James. Décors bien utilisés. Étude de mœurs ironique et subtile. Interprétation juste. □ Général
DVD VA→23,95 $

EVA ▷4
FR. 1962. Drame psychologique de Joseph LOSEY avec Jeanne Moreau, Stanley Baker et Virna Lisi. - Un écrivain s'éprend d'une femme volage qui joue au chat et à la souris avec lui.
DVD Cadrage W→26,95 $

EVA GUERILLERA ▷5
QUÉ. 1987. Drame social de Jacqueline LEVITIN avec Angela Roa, Carmen Ferland et Luis Lautaro Ruiz. - Une révolutionnaire salvadorienne raconte ses expériences à une journaliste montréalaise.

EVA PERON
ARG. 1996. Juan Carlos DESANZO
DVD STA→29,95 $

ÉVADÉ DE L'ENFER, L' *voir* **Angel on My Shoulder**

ÉVADÉS DE LA NUIT, LES [Escape by Night] ▷3
ITA. 1960. Drame de guerre de Roberto ROSSELLINI avec Leo Genn, Giovanna Ralli et Serge Bondartchouk. - Une jeune résistante italienne abrite trois officiers alliés. - Traitement austère mais prenant. Réalisation et interprétation excellentes.

ÉVANGILE SELON SAINT-MATTHIEU, L' ►2
[Gospel According to St. Matthew, The]
ITA. 1964. Drame biblique de Pier Paolo PASOLINI avec Margherita Caruso, Enrique Irazoqui et Suzanna Pasolini. - Les principaux événements de la vie du Christ. - Mélange réussi de poésie et de réalisme. Insistance sur le message social de l'Évangile. Ensemble respectueux. Interprétation remarquable d'acteurs non professionnels. □ Général
DVD VA→39,95 $

ÉVASION DE SOBIBOR *voir* **Escape from Sobibor**

ÈVE *voir* **All About Eve**

EVE'S BAYOU ▷4
É.-U. 1997. Drame psychologique de Kasi LEMMONS avec Jurnee Smollett, Samuel L. Jackson et Lynn Whitfield. - Une enfant s'ouvre au monde des adultes après avoir surpris son père en pleins ébats sexuels avec une voisine. □ 13 ans+
DVD VA→STF→Cadrage W→6,95 $

ÉVEIL, L' *voir* **Awakening, The**

EVELYN ▷4
IRL. 2002. Drame judiciaire de Bruce BERESFORD avec Pierce Brosnan, Sophie Vavasseur et Aidan Quinn.- En 1953, à Dublin, un ouvrier impécunieux abandonné par sa femme va jusqu'en cour suprême pour ravoir la garde de ses trois enfants placés en orphelinat. □ Général
DVD VF→STF→Cadrage W→11,95 $

EVEN COWGIRLS GET THE BLUES ▷5
[Même les cow-girls ont le vague à l'âme]
É.-U. 1994. Comédie de mœurs de Gus VAN SANT avec John Hurt, Uma Thurman et Rain Phoenix. - Des cow-girls féministes fomentent une rébellion contre les dirigeants du ranch où elles travaillent. □ 13 ans+
DVD VF→STA→Cadrage W/16X9→23,95 $

EVEN DWARFS STARTED SMALL
ALL. 1971. Werner HERZOG □ Général
DVD 34,95 $

ÉVÉNEMENT LE PLUS IMPORTANT DEPUIS QUE L'HOMME A MARCHÉ SUR LA LUNE, L' ▷5
[Slightly Pregnant Man, A]
FR. 1973. Comédie de Jacques DEMY avec Marcello Mastroianni, Catherine Deneuve et Claude Melki. - Un moniteur d'auto-école présente les symptômes d'une grossesse. □ Général
DVD VF→STA→27,95 $

ÉVÉNEMENTS D'OCTOBRE 1970, LES
voir **Action: The October Crisis of 1970**

EVENHAND
É.-U. 2002. Joseph PIERSON
DVD VA→STA→Cadrage W→24,95 $

EVENING STAR, THE [Étoile du soir, L'] ▷5
É.-U. 1996. Comédie dramatique de Robert HARLING avec Shirley MacLaine, Bill Paxton et Juliette Lewis. - Ayant élevé seule les enfants de sa fille, une femme s'interroge sur son passé et sur ses responsabilités. □ Général

EVENT, THE ▷5
CAN. 2003. Drame social de Thom FITZGERALD avec Parker Posey, Olympia Dukakis et Don McKellar. - Une procureure tente d'élucider les circonstances entourant le suicide d'un musicien sidéen qui aurait été aidé dans son projet par son entourage. □ 13 ans+
DVD VA→Cadrage W→9,95 $

EVENTS LEADING UP TO MY DEATH, THE ▷4
CAN. 1991. Comédie de mœurs de Bill ROBERTSON avec John Allore, Peter MacNeill et Rosemary Radcliffe. - Les hauts et les bas d'une famille banlieusarde dont les membres ont de la difficulté à communiquer entre eux. □ Général

EVER AFTER: A CINDERELLA STORY ▷4
[À tout jamais]
É.-U. 1998. Conte d'Andy TENNANT avec Drew Barrymore, Dougray Scott et Anjelica Huston. - Une jeune noble réduite à la servitude par sa belle-mère séduit un prince en se faisant passer pour une comtesse. □ Général
DVD VF→STA→Cadrage W→14,95 $

EVERLASTING SECRET FAMILY, THE
AUS. 1988. Michael THORNHILL □ 16 ans+
DVD VA→42,95 $

EVERY GIRL SHOULD BE MARRIED ▷4
É.-U. 1948. Comédie de Don HARTMAN avec Cary Grant, Betsy Drake et Franchot Tone. - Une jeune fille amoureuse poursuit l'élu de son cœur, un médecin. □ Général

EVERY TIME WE SAY GOODBYE ▷5
É.-U. 1985. Mélodrame de Moshé MIZRAHI avec Tom Hanks, Cristina Marsillach et Benedict Taylor. - Les tribulations amoureuses d'un pilote américain et d'une jeune fille juive déjà promise par sa famille à son cousin.

EVERY WHICH WAY BUT LOOSE ▷5
[Doux, dur et dingue]
É.-U. 1978. Comédie de James FARGO avec Clint Eastwood, Sondra Locke et Geoffrey Lewis. - En compagnie de deux amis et d'un singe, un camionneur part à la recherche d'une chanteuse dont il s'est épris. □ 13 ans+
DVD VF→STF→Cadrage W→14,95 $

EVERYBODY WINS [Chacun sa chance] ▷5
É.-U. 1989. Drame policier de Karel REISZ avec Nick Nolte, Debra Winger et Will Patton. - Un détective privé enquête sur le meurtre d'un médecin à la demande d'une femme mystérieuse qui croit fermement en l'innocence du présumé coupable. □ 13 ans+
DVD VA→STA→Cadrage W→12,95 $

EVERYBODY'S ALL-AMERICAN ▷4
É.-U. 1988. Chronique de Taylor HACKFORD avec Dennis Quaid, Jessica Lange et Timothy Hutton. - L'histoire d'une reine de beauté qui s'est mariée avec un joueur de football dont la carrière finit mal. □ Général
DVD VA→STF→Cadrage W→16,95 $

EVERYBODY'S FAMOUS [Iedereen beroemd!] ▷4
BEL. 2000. Comédie dramatique de Dominique DERUDDERE avec Josse De Pauw, Eva van der Gucht et Viktor Low. - Un père de famille chômeur est prêt à tout pour que sa fille adolescente, grassouillette et peu sûre d'elle, devienne une chanteuse célèbre.
DVD STA→Cadrage W/16X9→59,95 $

EVERYBODY'S FINE *voir* **Ils vont tous bien**

EVERYONE SAYS I LOVE YOU ▷4
[Tout le monde dit: I Love You]
É.-U. 1996. Comédie musicale réalisée et interprétée par Woody ALLEN avec Drew Barrymore et Goldie Hawn. - Les enfants d'un couple bien nanti de Manhattan connaissent divers épisodes sentimentaux. □ Général
DVD Cadrage W→18,95 $

EVERYTHING FOR SALE *voir* **Tout est à vendre**

EVERYTHING IS ILLUMINATED ▷4
É.-U. 2005. Comédie dramatique de Liev SCHREIBER avec Elijah Wood, Eugene Hutz et Boris Leskin. - Un jeune Juif timide aux manies étranges se rend en Ukraine pour retrouver la femme posée avec son grand-père sur une photo datant de 1940. □ Général · Déconseillé aux jeunes enfants
DVD VA→STA→Cadrage W/16X9→21,95 $

EVERYTHING PUT TOGETHER
É.-U. 2000. Marc FORSTER
DVD VA→Cadrage 16X9→34,95 $

EVERYTHING YOU ALWAYS WANTED TO KNOW ABOUT SEX BUT WERE AFRAID TO ASK ▷4
[Tout ce que vous avez toujours voulu savoir sur le sexe sans jamais oser le demander]
É.-U. 1972. Film à sketches réalisé et interprété par Woody ALLEN avec Gene Wilder et Lou Jacobi. - Des personnes de différents milieux sont aux prises avec des problèmes d'ordre sexuel. □ 18 ans+
DVD VA→STF→Cadrage P&S/W→13,95 $

ÉVIDENCES OU CONSÉQUENCES N.M.
voir **Truth or Consequences N.M.**

EVIL ALIEN CONQUERORS
É.-U. 2002. Chris MATHESON
DVD VA→28,95 $

EVIL DEAD, THE ▷5
[Opéra de la terreur: le livre des morts]
É.-U. 1980. Drame d'horreur de Sam RAIMI avec Bruce Campbell, Ellen Sandweiss et Betsy Baker. - Après avoir découvert dans une cabane isolée des notes rédigées par un archéologue, des adolescents sont attaqués par un esprit malin. □ 13 ans+
DVD VF→Cadrage W→23,95 $ VF→49,95 $

EVIL DEAD II: DEAD AT DAWN ▷5
[Opéra de la terreur 2, L']
É.-U. 1987. Drame d'horreur de Sam RAIMI avec Bruce Campbell, Sarah Berry et Dan Hicks. - Passant quelques jours dans une cabane isolée en forêt, un jeune couple est assailli par des esprits maléfiques. □ 13 ans+
DVD VA→Cadrage W→23,95 $ VA→Cadrage W→44,95 $

EVIL OF FRANKENSTEIN, THE ▷5
[Empreinte de Frankenstein, L']
ANG. 1964. Drame d'horreur de Freddie FRANCIS avec Peter Cushing, Peter Woodthorpe et Duncan Lamont. - Un savant tente de redonner vie à un monstre. □ Non classé

EVIL UNDER THE SUN [Meurtre au soleil] ▷4
ANG. 1981. Comédie policière de Guy HAMILTON avec Peter Ustinov, Maggie Smith et Jane Birkin. - En vacances dans les îles grecques, le détective Hercule Poirot est appelé à enquêter sur l'assassinat d'une actrice. □ Général
DVD VA→Cadrage W→10,95 $

EVIL WORDS *voir* **Sur le seuil**

EVILSPEAK
É.-U. 1981. Eric WESTON
DVD VA→23,95 $

EVITA ▷4
É.-U. 1996. Drame musical d'Alan PARKER avec Madonna, Jonathan Pryce et Antonio Banderas. - Évocation mythologique de la vie d'Evita Peron, première dame d'Argentine adulée par son peuple et morte prématurément en 1952. □ Général
DVD Cadrage W→14,95 $

EX-MRS. BRADFORD, THE ▷4
É.-U. 1936. Comédie policière de Stephen ROBERTS avec William Powell, Jean Arthur et James Gleason. - Un couple divorcé se réconcilie à l'occasion d'une enquête sur des meurtres. □ Non classé

EXCALIBUR ►2
ANG. 1981. Drame fantastique de John BOORMAN avec Nicol Williamson, Nigel Terry et Helen Mirren. - Le chevalier Lancelot s'éprend de l'épouse de son suzerain le roi Arthur. - Traitement inventif de la légende des Chevaliers de la Table ronde. Mise en scène stylisée. Grande magnificence visuelle. Bonne composition de N. Williamson dans le rôle de l'enchanteur Merlin. □ 13 ans+
DVD VF→STF→Cadrage W→9,95 $

EXCELLENT CADAVERS [Juge Falcone] ▷5
ITA. 1999. Drame judiciaire de Ricky TOGNAZZI avec Chazz Palminteri, F. Murray Abraham et Anna Galiena. - Un procureur n'hésite pas à mettre sa vie en péril pour traduire en justice les chefs de la mafia sicilienne.

EXCELLENTES AVENTURES DE BILL ET TED, LES *voir* **Bill and Ted's Excellent Adventure**

EXCUSE ME DARLING, BUT LUCAS LOVED ME ▷6
ESP. 1996. Comédie policière de Félix SABROSO et Dunia AYASO avec Jordi Molla, Pepon Nieto et Roberto Correcher. - Une policière interroge trois jeunes gais dont le colocataire a été retrouvé assassiné.

EXÉCUTION, L' *voir* **Manners of Dying**

EXECUTIVE SUITE ▷3
É.-U. 1954. Drame social de Robert WISE avec William Holden, Fredric March et Barbara Stanwyck. - Une lutte s'engage pour l'obtention du poste de directeur d'une entreprise. - Sujet difficile développé avec souplesse. Tableau révélateur du monde des affaires. Solide équipe d'interprétation. □ Non classé

EXIL DÉCHIRANT, L' *voir* **John and the Missus**

EXILS [Exiles] ▷3
FR. 2004. Drame musical réalisé par Tony GATLIF avec Romain Duris, Lubna Azabal et Leila Maklouf. - Le périple d'un couple de jeunes Parisiens en route vers l'Algérie, leur terre natale qu'ils ont à peine connue. - Road movie dont le récit épouse les contours d'un «travelogue» musical. Œuvre portée par une magnifique photographie et une trame sonore envoûtante. Interprétation vibrante de R. Duris et L. Azabal. □ Général · Déconseillé aux jeunes enfants
DVD VF→STA→31,95 $

EXISTENZ ▷4
CAN. 1999. Science-fiction de David CRONENBERG avec Jennifer Jason Leigh, Jude Law, Willem Dafoe et Don McKellar. - La conceptrice d'un jeu virtuel révolutionnaire et son garde du corps se heurtent à des extrémistes s'opposant à ce type de loisir. □ 13 ans+ · Violence
DVD Cadrage W→15,95 $

EXODUS ▷3
É.-U. 1960. Drame épique d'Otto PREMINGER avec Paul Newman, Eva Marie Saint et Sal Mineo. - Divers épisodes reliés à la constitution de l'État d'Israël. - Personnages schématisés. Remarquables morceaux de bravoure. Mise en scène souple. Interprétation de classe. □ Général
DVD VA→STF→Cadrage W→12,95 $

EXORCISM OF EMILY ROSE, THE ▷5
É.-U. 2005. Drame fantastique de Scott DERRICKSON avec Laura Linney, Tom Wilkinson et Campbell Scott. - Une avocate défend en cour un prêtre accusé d'être responsable du décès d'une jeune femme à la suite d'un exorcisme. □ 13 ans+
DVD VF→STA→Cadrage W→23,95 $
VA→STA→Cadrage W→23,95 $

EXORCIST, THE ▷3
[Exorcist, The: The Version You Have Never Seen]
É.-U. 1973. Drame fantastique de William FRIEDKIN avec Jason Miller, Ellen Burstyn et Max Von Sydow. - Un vieux prêtre, assisté d'un collègue psychiatre, tente d'exorciser une fillette de douze ans possédée du démon. - Réalisation saisissante. Utilisation astucieuse des trucages. Climat dramatique intense. Interprétation prenante. □ 18 ans+
DVD VA→STF→Cadrage W→21,95 $

EXORCIST III, THE ▷5
É.-U. 1990. Drame fantastique de William Peter BLATTY avec George C. Scott, Brad Dourif et Nancy Fish. - Après une série de meurtres rappelant une affaire ancienne, un policier se trouve mêlé à des cas de possession. □ 13 ans+
DVD Cadrage W→7,95 $

EXORCIST, THE: BEGINNING ▷6
[Exorciste, L': le commencement]
É.-U. 2004. Drame d'horreur de Renny HARLIN avec James D'Arcy, Stellan Skarsgard et Izabella Scorupco. - Des religieux enquêtent sur des phénomènes surnaturels dans un village du Kenya où a été découverte une église de style byzantin ensevelie. □ 13 ans+ · Horreur · Violence
DVD VA→Cadrage W→16.98

EXOTICA ▷4
CAN. 1994. Drame de mœurs d'Atom EGOYAN avec Mia Kirshner, Bruce Greenwood et Don McKellar. - Un étrange rapport existe entre un contrôleur des impôts et une danseuse qu'il rencontre régulièrement dans un cabaret à strip-teases. □ 13 ans+ · Érotisme
DVD VA→STA→Cadrage W→14,95 $

EXPECTING ▷4
CAN. 2002. Comédie de mœurs de Deborah DAY avec Angela Gei, Valerie Buhagiar, Derwin Jordan et Debra McGrath. - Ayant décidé d'accoucher à la maison, une artiste bohème convie ses proches pour assister à l'heureux événement. □ Général · Déconseillé aux jeunes enfants

EXPÉRIENCE, L' [Experiment, The] ▷4
ALL. 2000. Thriller d'Oliver HIRSCHBIEGEL avec Moritz Bleibtreu, Justus Von Dohnanyi et Maren Eggert. - Une expérience scientifique simulant la vie en milieu carcéral dérape de façon dramatique.
DVD VF→STA→Cadrage W→16,95 $ STA→Cadrage W→31,95 $

EXPERIMENT IN TERROR ▷3
É.-U. 1962. Drame policier de Blake EDWARDS avec Glenn Ford, Lee Remick et Ross Martin. - Une jeune fille est menacée de mort par un bandit inconnu qui veut la forcer à voler une forte somme. - Suspense bien mené. Technique au point. Jeu sobre et convaincant des acteurs. □ 13 ans+

EXPERIMENT, THE *voir* **Expérience, L'**

EXPERT EN SINISTRES, L' *voir* **Adjuster, The**

EXPLORERS ▷4
É.-U. 1985. Comédie fantaisiste de Joe DANTE avec Ethan Hawke, River Phoenix et Jason Presson. - Trois jeunes garçons, qui ont réussi à créer par ordinateur une boule d'énergie pouvant les transporter dans l'espace, parviennent à un spationef. □ Général
DVD VA→STA→Cadrage W→8,95 $

EXPOSÉ *voir* **Statement, The**

EXPRESS DE MINUIT, L'
voir **Midnight Express**

EXPRESSO BONGO ▷5
ANG. 1960. Comédie satirique de Val GUEST avec Laurence Harvey, Sylvia Sims et Cliff Richard. - Un mauvais imprésario cherche un jeune talent pour se rendre célèbre. □ Général
DVD Cadrage W→22,95 $

EXTASE *voir* **Kissed**

EXTASE [Ecstasy] ▷4
TCH. 1933. Drame de Gustav MACHATY avec Hedy Lamarr, Aribert Mog et Leopold Kramer. - Déçue par son mari, une jeune femme s'éprend d'un ingénieur. □ Général
DVD STA→39,95 $

EXTERMINATING ANGEL, THE
voir **Ange exterminateur, L'**

EXTRAVAGANT DOCTEUR DOLITTLE, L'
voir **Doctor Dolittle**

EXTRAVAGANT M. DEEDS, L'
voir **Mr. Deeds Goes to Town**

EXTRAVAGANTES AVENTURES D'UN VISAGE PÂLE, LES *voir* **Little Big Man**

EXTRÊME LIMITE *voir* **Point Break**

EXTREME PREJUDICE ▷4
É.-U. 1987. Drame policier de Walter HILL avec Nick Nolte, Michael Ironside et Powers Boothe. - Six soldats d'élite arrivent incognito dans une ville texane pour mener à bien une mission ayant un rapport avec les activités d'un trafiquant de drogue. □ 13 ans+
DVD VA→Cadrage W→11,95 $

EXTREMITIES ▷4
É.-U. 1986. Drame de Robert M. YOUNG avec Farrah Fawcett, James Russo et Diana Scarwid. - Après avoir réussi à neutraliser l'individu qui, par deux fois, l'a agressée sexuellement, une jeune femme songe à le supprimer.
DVD VA→11,95 $

EYE 10
H.K. 2005. Oxide et Danny PANG
DVD STA→29,95 $

EYE 2, THE ▷5
H.K. 2004. Drame fantastique d'Oxide et Danny PANG avec Shu Qi, Jessadaporn Pholdee et Eugenia Yuan. - Après avoir tendé de se suicider, une jeune femme enceinte est la proie de visions horrifiantes.
DVD STA→Cadrage W→24,95 $

EYE FOR AN EYE [Œil pour œil] ▷5
É.-U. 1995. Drame policier de John SCHLESINGER avec Sally Field, Kiefer Sutherland et Ed Harris. - Une mère dont la fille a été assassinée décide de s'en prendre elle-même au meurtrier lorsqu'il recouvre sa liberté. □ 13 ans+ · Violence
DVD VF→STA→Cadrage P&S/W→10,95 $

EYE OF GOD ▷4
É.-U. 1997. Drame de mœurs de Tim Blake NELSON avec Martha Plimpton, Kevin Anderson et Hal Holbrook. - Les conséquences tragiques de la rencontre entre un adolescent et une jeune serveuse mariée à un ex-détenu jaloux et violent.
DVD VA→14,95 $

EYE OF THE BEHOLDER [Voyeur] ▷5
ANG. 1999. Drame policier de Stephen ELLIOTT avec Ashley Judd, Ewan McGregor et Patrick Bergin. - Un jeune détective expert des technologies de surveillance se met à suivre et à épier une femme fatale meurtrière qui le fascine.
DVD VA→Cadrage W→21,95 $

EYE OF THE NEEDLE ▷4
ANG. 1981. Drame d'espionnage de Richard MARQUAND avec Kate Nelligan, Donald Sutherland et Christopher Cazenove. - Un espion allemand froidement meurtrier a une liaison avec la femme d'un infirme dans une île isolée. □ 13 ans+
DVD VF→Cadrage W→11,95 $

EYE OF THE SON, THE
CAN. 2003. Jason RODI
DVD VF→26,95 $

EYES IN THE NIGHT ▷5
É.-U. 1942. Drame policier de Fred ZINNEMANN avec Edward Arnold, Ann Harding et Donna Reed. - Un détective aveugle enquête sur l'assassinat d'un acteur, survenu dans la chambre de la fille d'un savant. □ Général

EYES OF LAURA MARS, THE ▷4
[Yeux de Laura Mars, Les]
É.-U. 1978. Drame policier de Irvin KERSHNER avec Faye Dunaway, Tommy Lee Jones et René Auberjonois. - Un assassin mystérieux s'attaque à l'entourage d'une photographe dotée de pouvoirs télépathiques. □ 13 ans+
DVD Cadrage W→9,95 $

EYES WIDE SHUT [Yeux grands fermés, Les] ►2
É.-U. 1999. Drame psychologique de Stanley KUBRICK avec Nicole Kidman, Tom Cruise et Sydney Pollack. - Deux époux new-yorkais fortunés vivent des aventures sexuelles, réelles ou rêvées, qui déstabilisent leur union. - Étude complexe de rapports conjugaux et de fantasmes érotiques. Récit énigmatique à l'ambiance onirique. Mise en images admirable. Jeu raffiné de N. Kidman. □ 13 ans+ · Érotisme
DVD VA→STF→Cadrage P&S→21,95 $ VF→STF→21,95 $

EYES WITHOUT A FACE *voir* **Yeux sans visage, Les**

EYEWITNESS [Œil du témoin, L'] ▷4
É.-U. 1981. Drame policier de Peter YATES avec Sigourney Weaver, William Hurt et Christopher Plummer. - Un concierge se compromet dans une affaire de meurtre en voulant attirer l'attention d'une journaliste de télévision. □ 13 ans+
DVD VA→Cadrage W→16,95 $

EYEWITNESS [Sudden Terror] ▷5
ANG. 1970. Drame policier de John HOUGH avec Mark Lester, Lionel Jeffries et Susan George. - Un enfant témoin d'un meurtre est pourchassé par un criminel sadique. □ Général
DVD VA→Cadrage W→24,95 $

F

F.I.S.T. ▷4
É.-U. 1978. Drame social de Norman JEWISON avec Rod Steiger, Sylvester Stallone et David Huffman. - Dans les années 30, un ouvrier devient président d'un syndicat en transigeant avec la pègre. □ Général
DVD VA→STF→12,95 $

F/X ▷4
É.-U. 1985. Drame policier de Robert MANDEL avec Bryan Brown, Brian Dennehy et Diane Venora. - Un spécialiste en trucages pour le cinéma accepte de simuler le meurtre d'un gangster appelé à témoigner contre la mafia. □ 13 ans+
DVD VA→12,95 $

F/X 2 ▷5
É.-U. 1991. Drame policier de Richard FRANKLIN avec Bryan Brown, Brian Dennehy et Rachel Ticotin. - Un spécialiste en effets spéciaux qui a capté le meurtre d'un policier sur ruban magnétique fait appel à un détective pour démasquer l'assassin. □ 13 ans+

FABULEUX DESTIN D'AMÉLIE POULAIN, LE ►2
[Amélie]
FR. 2000. Comédie fantaisiste de Jean-Pierre JEUNET avec Audrey Tautou, Mathieu Kassovitz et Serge Merlin. - Une jeune serveuse de Montmartre qui s'emploie à semer le bonheur autour d'elle hésite à s'engager dans une relation amoureuse. - Mosaïque d'histoires habilement imbriquées. Nombreuses trouvailles narratives et visuelles. Réalisation maîtrisée, pleine de fraîcheur et de doux délires. Composition charmante d'A. Tautou. □ Général
DVD VF→STF→Cadrage W/16X9→17,95 $ VF→STA→23,95 $

FABULEUX GANG DES SEPT, LE
voir **Company of Strangers, The**

FABULEUX VOYAGE DE L'ANGE, LE ▷5
QUÉ. 1991. Comédie fantaisiste de Jean-Pierre LEFEBVRE avec Daniel Lavoie, Geneviève Grandbois et Marcel Sabourin. - Un auteur de bandes dessinées puise son inspiration dans les divers événements de sa vie. □ Général

FABULOUS BAKER BOYS, THE ▷4
[Susie et les Baker Boys]
É.-U. 1989. Drame musical de Steve KLOVES avec Jeff Bridges, Michelle Pfeiffer et Beau Bridges. - Après avoir engagé une charmante chanteuse, deux frères pianistes de bar commencent à connaître le succès. □ Général

FACE ▷4
ANG. 1997. Drame policier de Antonia BIRD avec Robert Carlyle, Ray Winstone, Gerry Conlon et Steven Waddington. - Après avoir commis un braquage qui leur a rapporté moins qu'ils l'espéraient, cinq truands découvrent qu'il y a un traître parmi eux. □ 13 ans+ · Violence

FACE *voir* **Kao**

FACE
COR. 2004. Sang-gon YOO
DVD STA→Cadrage W→27,95 $

FACE CACHÉE DE LA LUNE, LA ▷4
QUÉ. 2003. Comédie dramatique réalisée et interprétée par Robert LEPAGE avec Marco Poulin et Anne-Marie Cadieux. - À la mort de sa mère, un étudiant en philosophie fasciné par la conquête spatiale tente de se rapprocher de son frère, qu'il considère superficiel et menteur. □ Général
DVD VF→Cadrage W→23,95 $

FACE IN THE CROWD, A ▷3
É.-U. 1957. Drame de mœurs d'Elia KAZAN avec Andy Griffith, Patricia Neal et Walter Matthau. - Révoltée du comportement odieux d'un vagabond qui devint une vedette de la chanson grâce à elle, une reporter décide de briser la carrière de celui-ci. - Satire de la télévision américaine. Réalisation maîtrisée. Interprètes remarquables. □ Général
DVD VA→STF→Cadrage W→21,95 $

FACE OF FU MANCHU, THE ▷4
ANG. 1965. Aventures de Don SHARP avec Christopher Lee, Nigel Green et Joachim Fuchsberger. - Dans les années 1920, un criminel chinois veut conquérir le monde grâce à une drogue meurtrière.

FACE TO FACE
COR. 2002. Casey (Lai-Ying) CHAN
DVD STA→22,95 $

FACE/OFF [Double/Identité] ▷3
É.-U. 1997. Drame policier de John WOO avec John Travolta, Nicolas Cage et Joan Allen. - Afin de trouver l'emplacement d'une bombe, un agent du FBI se transforme en sosie d'un redoutable terroriste. - Intrigue psychologique complexe mais parsemée d'invraisemblances. Virtuosité de la réalisation. Scènes d'action époustouflantes. □ 13 ans+ · Violence
DVD Cadrage W→14,95 $

FACES ►2
É.-U. 1968. Drame psychologique de John CASSAVETES avec John Marley, Gena Rowlands et Lynn Carlin. - À la suite d'une querelle, un homme annonce à sa femme qu'il veut divorcer. - Mise en scène réaliste basée sur l'improvisation. Réactions des personnages bien étudiées par une caméra mobile. Interprétation remarquable de vérité. □ Général

FACING WINDOWS ▷4
ITA. 2003. Drame sentimental de Ferzan OZPETEK avec Giovanna Mezzogiorno, Massimo Girotti et Raoul Bova. - Une jeune mère de famille qui éprouve du désir pour son voisin est amenée à mieux le connaître grâce à un vieillard amnésique qu'elle a recueilli.

FACTEUR DE NERUDA, LE *voir* **Postino, Il**

FACTEUR SONNE TOUJOURS DEUX FOIS, LE
voir **Postman Always Rings Twice, The**

FACTEUR, LE *voir* **Postino, Il**

FACULTY, THE [Ensaignants, Les] ▷4
É.-U. 1998. Drame fantastique de Robert RODRIGUEZ avec Elijah Wood, Jordana Brewster et Josh Hartnett. - Six élèves d'une école secondaire entreprennent de combattre une insidieuse invasion extraterrestre. □ 13 ans+ · Horreur
DVD VA→Cadrage W→21,95 $

FAHRENHEIT 451 ▷3
ANG. 1966. Science-fiction de François TRUFFAUT avec Oskar Werner, Julie Christie et Cyril Cusack. - Dans une civilisation de l'avenir, les pompiers ont pour fonction de brûler les livres. - Sujet insolite. Traitement sensible et grave. Refus de l'effet. Interprétation retenue et expressive. □ Général
DVD VA→STF→18,95 $

FAIL-SAFE [Point limite] ▷4
É.-U. 1964. Drame de Sidney LUMET avec Frank Overton, Henry Fonda et Walter Matthau. - À la suite d'un dérèglement technique, une attaque atomique est déclenchée contre la Russie. □ Général
DVD Cadrage W→34,95 $

FAILURE TO LUNCH [Faux départ] ▷5
É.-U. 2006. Comédie sentimentale de Tom DEY avec Sarah Jessica Parker, Matthew McConaughey et Zooey Deschanel. - Un couple engage une spécialiste afin de provoquer le départ de la maison de leur fils de 35 ans. □ Général
DVD VF→STA→Cadrage W→33,95 $

FAIRY TALE : A TRUE STORY ▷4
ANG. 1997. Conte de Charles STURRIDGE avec Elizabeth Earl, Paul McGann et Florence Hoath.- En 1917, deux fillettes réussissent à photographier des fées dans un bois de la campagne anglaise.
□ Général · Enfants
DVD VF→STA→Cadrage W→9,95 $

FAIS VITE AVANT QUE MA FEMME REVIENNE ▷4
ITA. 1975. Comédie dramatique réalisée et interprétée par Adriano CELENTANO avec Charlotte Rampling, Gino Santercole et Claudia Mori. - Vivant esseulé depuis le suicide apparent de sa femme, un ouvrier vénitien voit celle-ci revenir pour disparaître à nouveau.
□ 13 ans+

FAIS-MOI DANSER *voir* **Strictly Ballroom**

FAITES COMME SI JE N'ÉTAIS PAS LÀ ▷5
FR. 2000. Drame psychologique d'Olivier JAHAN avec Jérémie Rénier, Aurore Clément et Johan Leysen. - Un adolescent renfermé qui n'a jamais accepté la mort de son père s'intéresse à un couple de voisins bisexuels. □ 13 ans+

FAITES SAUTER LA BANQUE ▷5
FR. 1964. Comédie de Jean GIRAULT avec Louis de Funès, Yvonne Clech et Michel Tureau. - Aidé de sa famille, un brave commerçant tente de dévaliser une banque. □ Général

FAITHLESS [Infidèle] ▷3
SUÈ. 2000. Drame psychologique de Liv ULLMANN avec Erland Josephson, Lena Endre et Krister Henriksson. - Un réalisateur se souvient de sa liaison passionnée avec l'épouse de son ami chef d'orchestre. - Scénario habilement construit aux forts accents autobiographiques, signé Ingmar Bergman. Finesse de l'analyse psychologique. Réalisation précise et expressive. Interprétation intense de L. Endre.
DVD STA→Cadrage P&S→34,95 $

FALCON AND THE SNOWMAN, THE ▷4
[Jeu du faucon, Le]
É.-U. 1984. Drame d'espionnage de John SCHLESINGER avec Sean Penn, Timothy Hutton et David Suchet. - Deux jeunes Californiens sont amenés par diverses circonstances à vendre des renseignements secrets aux Russes. □ 13 ans+
DVD Cadrage W→11,95 $

FALL GUY
JAP. 1982. Kinji FUKASAKU
DVD STA→28,95 $

FALL OF AKO CASTLE, THE
voir **Sword of Vengeance**

FALL OF THE HOUSE OF USHER, THE ▷3
[Chute de la maison Usher, La]
É.-U. 1960. Drame d'horreur de Roger CORMAN avec Vincent Price, Mark Damon et Myrna Fahey. - Le propriétaire d'un manoir fait enterrer sa sœur qui se trouve en état de catalepsie. - Adaptation libre d'un conte d'Edgar Poe. Climat de mystère savamment créé. Utilisation heureuse des éclairages et des couleurs. Interprétation racée de V. Price. □ Général
DVD VA→STF→Cadrage W→12,95 $

FALL OF THE LOUSE OF HUSHER, THE
ANG. 2002. Ken RUSSELL
DVD VA→26,95 $

FALL OF THE ROMAN EMPIRE, THE ▷4
É.-U. 1963. Drame historique d'Anthony MANN avec Stephen Boyd, Sophia Loren et Alec Guinness. - La mort de l'empereur Marc-Aurèle entraîne des querelles de succession. □ Général

FALLEN [Chute de l'ange, La] ▷5
É.-U. 1997. Drame fantastique de Gregory HOBLIT avec Denzel Washington, John Goodman et Donald Sutherland. - Un détective lutte contre un démon qui se déplace de corps en corps. □ 13 ans+ · Violence
DVD Cadrage W→9,95 $

FALLEN ANGEL ▷4
É.-U. 1945. Thriller d'Otto PREMINGER avec Dana Andrews, Alice Faye et Linda Darnell. - Faussement accusé d'un meurtre, un jeune homme cherche à démasquer le vrai coupable.
DVD VA→STA→15,95 $

FALLEN ANGELS ▷3
H.K. 1995. Drame de Wong KAR-WAI WONG avec Michele Reis, Leon Lai Ming et Takeshi Kaneshiro. - Un tueur à gages et un jeune homme atteint de mutisme vivent des tribulations existentielles et sentimentales parallèles. - Trame narrative éclatée. Rythme enlevé. Mise en scène alerte. Interprétation dans le ton. □ 13 ans+ · Violence
DVD STA→Cadrage W→23,95 $

FALLEN FROM HEAVEN *voir* **Tombés du ciel**

FALLEN IDOL, THE ▷3
ANG. 1948. Drame psychologique de Carol REED avec Ralph Richardson, Bobby Henrey et Michèle Morgan. - Par ses mensonges, un petit garçon risque de faire condamner pour meurtre un domestique innocent. - Adaptation d'une nouvelle de Graham Greene. Situations bien exploitées. Étude juste du caractère du bambin. Mise en scène contrôlée. □ Général

FALLING ANGELS [Révolte des anges, La] ▷4
CAN. 2003. Drame de mœurs de Scott SMITH avec Callum Keith Rennie, Katharine Isabelle et Monté Gagné. - En 1969, dans une banlieue de Toronto, les tribulations de trois sœurs aux prises avec un père autoritaire et une mère dépressive.
DVD VF→21,95 $

FALLING DOWN [Enragé, L'] ▷5
É.-U. 1992. Drame de mœurs de Joel SCHUMACHER avec Michael Douglas, Robert Duvall et Barbara Hershey. - Alors qu'il traverse à pied différents quartiers de Los Angeles, un homme commet des actes de plus en plus irréfléchis et violents. □ 16 ans+ · Violence
DVD VF→STF→Cadrage P&S/W→11,95 $

FALLING FROM GRACE ▷4
É.-U. 1992. Drame de mœurs réalisé et interprété par John MELLENCAMP avec Mariel Hemingway et Claude Akins. - De retour dans sa ville natale, une vedette de la chanson country maintenant marié renoue avec une jeune femme qu'il a aimée jadis.
□ Général

FALLING IN LOVE ▷4
É.-U. 1984. Drame sentimental de Ulu GROSBARD avec Robert De Niro, Meryl Streep et Harvey Keitel. - Deux banlieusards mariés se rencontrent par hasard et s'éprennent l'un de l'autre. □ Général
DVD VF→STA→Cadrage W→10,95 $

FALSE MOVEMENT *voir* **Faux mouvement**

FAME ▷4
É.-U. 1980. Étude de mœurs d'Alan PARKER avec Barry Miller, Maureen Teefy et Gene Anthony Ray. - Des jeunes désireux de faire carrière dans le monde du spectacle s'inscrivent dans une école spécialisée de New York. □ 13 ans+
DVD VF→STF→Cadrage W→16,95 $

FAMILIA ▷4
QUÉ. 2005. Drame psychologique de Louise ARCHAMBAULT avec Sylvie Moreau, Macha Grenon et Juliette Gosselin. - Criblée de dettes, une joueuse compulsive débarque avec sa fille adolescente chez une amie d'enfance dont la vie familiale semble heureuse et confortable. □ 13 ans+
DVD VF→Cadrage W→31,95 $

FAMILLE ADDAMS, LA *voir* **Addams Family, The**

FAMILLE PEREZ, LA *voir* **Perez Family, The**

FAMILLE STODDARD, LA *voir* **Adam Had Four Sons**

FAMILLE STONE, LA *voir* **Family Stone**

FAMILLE TENENBAUM, LA *voir* **Royal Tenenbaums, The**

FAMILLE YEN, LA ▷4
JAP. 1988. Comédie satirique de Yojiro TAKITA avec Takeshi Kaga, Kaori Momoi et Mitsumori Isaki. - Une famille japonaise vit dans le souci quotidien de petits trafics destinés à arrondir la caisse familiale. □ 13 ans+

FAMILLE, LA [Family, The] ▷3
ITA. 1987. Chronique d'Ettore SCOLA avec Vittorio Gassman, Fanny Ardant et Stefania Sandrelli. - Quatre-vingts ans d'histoire à travers le prisme d'une famille bourgeoise italienne. - Approche intelligente, critique et sympathique. Illustration souple. Évocation nuancée. Excellente interprétation. □ Général

FAMILY BUSINESS [Affaire de famille] ▷4
É.-U. 1989. Comédie policière de Sidney LUMET avec Sean Connery, Dustin Hoffman et Matthew Broderick. - Un cambrioleur expérimenté entreprend de réaliser un vol d'envergure avec l'aide de son fils et de son petit-fils. □ Général
DVD VA➔STF➔9,95 $

FAMILY JEWELS, THE [Tontons farceurs, Les] ▷4
É.-U. 1965. Comédie réalisée et interprétée par Jerry LEWIS avec Donna Butterworth et Sebastian Cabot. - Après la mort de son père, une petite fille doit choisir pour tuteur un de ses oncles. □ Général
DVD VA➔Cadrage W➔9,95 $

FAMILY LIFE ►2
ANG. 1971. Drame psychologique de Ken LOACH avec Grace Cave, Sandy Ratcliff et Bill Dean. - Une jeune Londonnienne de dix-neuf ans subit un traitement psychiatrique. - Document critique de la société anglaise. Climat d'authenticité. Précision des détails. Grande valeur psychologique. Jeu prenant de S. Ratcliff.

FAMILY MAN, THE [Père de famille] ▷4
É.-U. 2000. Comédie sentimentale de Brett RATNER avec Nicolas Cage, Téa Leoni et Don Cheadle. - Un financier célibataire est projeté par magie dans la peau du père de famille banlieusard qu'il aurait été s'il avait épousé sa petite amie de collège. □ Général
DVD VF➔STA➔Cadrage W➔9,95 $

FAMILY NEST
HON. 1977. Béla TARR
DVD STA➔36,95 $

FAMILY PLOT [Complot de famille] ▷4
É.-U. 1976. Comédie policière d'Alfred HITCHCOCK avec Barbara Harris, Bruce Dern et William Devane. - Une fausse spirite et son ami recherchent l'héritier disparu d'une vieille dame sans savoir qu'il s'agit d'un criminel. □ Général

FAMILY RESEMBLANCES *voir* **Air de famille, Un**

FAMILY STONE [Famille Stone, La] ▷5
É.-U. 2005. Comédie dramatique de Thomas BEZUCHA avec Sarah Jessica Parker, Diane Keaton et Dermot Mulroney. - Invitée à célébrer Noël dans la famille bohème de son nouveau petit ami, une femme de carrière conservatrice ne se sent pas la bienvenue. □ Général
DVD VF➔STA➔Cadrage W➔36,95 $

FAMILY THING, A [Histoire de famille, Une] ▷4
É.-U. 1996. Drame psychologique de Richard PEARCE avec Robert Duvall, James Earl Jones et Irma P. Hall. - À la mort de sa mère, un sexagénaire d'un État du Sud apprend que sa véritable mère était noire et qu'il a un frère de cette race. □ Général
DVD VA➔Cadrage W➔12,95 $

FAMILY VIEWING ▷4
CAN. 1987. Comédie dramatique d'Atom EGOYAN avec David Hemblen, Aidan Tierney et Gabrielle Rose. - Déçu par son père qui ne songe qu'à ses vidéos, un jeune homme se raccroche à sa grand-mère qu'il fait sortir clandestinement de l'hospice où elle a été placée. □ Général

FAMILY, THE *voir* **Famille, La**

FAN, THE ▷4
É.-U. 1981. Drame psychologique d'Edward BIANCHI avec Michael Biehn, Lauren Bacall et James Garner. - Admirateur passionné d'une actrice, un déséquilibré devient meurtrier lorsqu'il est éconduit. □ 18 ans+
DVD VF➔STA➔Cadrage W➔9,95 $

FAN, THE [Fanatique, Le] ▷5
É.-U. 1996. Drame psychologique de Tony SCOTT avec Robert DeNiro, Wesley Snipes et Ellen Barkin. - Un vendeur au tempérament instable décide d'aider son héros, un joueur de base-ball, en tuant le rival de celui-ci. □ 13 ans+
DVD VF➔STA➔Cadrage P&S/W➔10,95 $

FANATIQUE, LE *voir* **Fan, The**

FANFAN ▷4
FR. 1992. Comédie sentimentale d'Alexandre JARDIN avec Sophie Marceau, Vincent Perez, Bruno Todeschini et Marine Delterme. - Craignant l'usure du temps dans la passion amoureuse, un jeune homme refuse d'avouer ses sentiments à une fille dont il est follement épris. □ Général
DVD VF➔Cadrage W/16X9➔19,95 $

FANFAN LA TULIPE ▷3
FR. 1951. Comédie de CHRISTIAN-JAQUE avec Gérard Philipe, Gina Lollobrigida et Noël Roquevert. - Les aventures rocambolesques d'un jeune soldat intrépide servant sous Louis XV. - Intrigue joyeusement fantaisiste. Mise en scène fort alerte. Excellents interprètes. □ Général

FANFAN LA TULIPE ▷5
FR. 2003. Aventures de Gérard KRAWCZYK avec Vincent Perez, Penélope Cruz et Didier Bourdon. - S'engageant dans l'armée afin d'échapper à un mariage forcé, un aventurier coureur de jupons démasque un complot ourdi contre Louis XV. □ Général
DVD VF➔11,95 $

FANNY ▷3
FR. 1932. Comédie dramatique de Marc ALLÉGRET avec Raimu, Orane Demazis et Charpin. - Une jeune femme enceinte épouse un riche marchand qui accepte d'endosser la paternité de l'enfant à naître. - Second épisode de la trilogie de Marcel Pagnol. Mise en scène asservie au dialogue. Décors réussis. Excellents interprètes. □ Général

FANNY ▷4
É.-U. 1961. Comédie dramatique de Joshua LOGAN avec Leslie Caron, Maurice Chevalier et Horst Buchholz. - Un garçon attiré par la mer s'embarque pour une longue croisière en laissant son amie enceinte. □ Général

FANNY ET ALEXANDRE [Fanny and Alexander] ►2
SUÈ. 1982. Drame de Ingmar BERGMAN avec Ewa Froling, Gunn Wallgren et Bertil Guve. - En 1907, une jeune actrice, veuve et mère de deux enfants, se remarie à un évêque austère et ne tarde pas à regretter sa décision. - Thématique riche et variée. Mise en scène somptueuse. Admirable direction d'acteurs. □ 13 ans+
DVD STA➔Cadrage W➔88,95 $ STA➔46,95 $

FANTAISIES AU BOUT DU FIL
voir **Denise Calls Up**

FANTASIA ►2
É.-U. 1940. Dessins animés sous la supervision de Walt DISNEY et Ben SHARPSTEEN. - Illustrations en dessins animés de huit pièces importantes du répertoire musical classique. - Œuvre ambitieuse. Nombreuses trouvailles et innovations. Style varié. Technique remarquable. Classique important du genre. □ Général

FANTASIA 2000 ▷4
É.-U. 1999. Dessins animés de J. ALGAR, G. BRIZZI, P. BRIZZI, H. BUTOY, F. GLEBAS, E. GOLDBERG et P. HUNT. - Illustration de huit pièces du répertoire musical classique et contemporain.

FANTASME *voir* **Phantasm**

FANTASTIC 4 [Quatre fantastiques, Les] ▷5
É.-U. 2005. Science-fiction de Tim STORY avec Jessica Alba, Ioan Gruffudd et Julian McMahon. - Quatre scientifiques ayant acquis des pouvoirs surhumains lors d'une exposition à des radiations décident de former une alliance de justiciers. □ Général
DVD VF➜STA➜Cadrage W➜34,95 $

FANTASTIC NIGHT *voir* **Nuit fantastique, La**

FANTASTIC PLANET *voir* **Planète sauvage, La**

FANTASTIC VOYAGE, THE ▷3
É.-U. 1966. Science-fiction de Richard FLEISCHER avec Stephen Boyd, Raquel Welch et Edmond O'Brien. - Un sous-marin miniaturisé avec un équipage de cinq personnes est injecté dans une veine d'un savant blessé. - Scénario fort ingénieux. Décors impressionnants. Interprétation dans la norme du genre. □ Général

FANTASTICA ▷4
QUÉ. 1980. Comédie musicale de Gilles CARLE avec Carole Laure, Serge Reggiani et Lewis Furey. - Une chanteuse en tournée s'intéresse à un fermier qu'un industriel veut déloger. □ Général

FANTÔMAS SE DÉCHAÎNE ▷4
FR. 1965. Comédie policière d'André HUNEBELLE avec Louis de Funès, Jean Marais et Mylène Demongeot. - Un maître criminel menace d'enlever un éminent savant.

FANTÔMAS CONTRE SCOTLAND YARD ▷5
FR. 1967. Comédie policière d'André HUNEBELLE avec Louis de Funès, Jean Marais et Mylène Demongeot. - Le commissaire Juve se rend en Écosse pour continuer sa lutte contre le super-criminel Fantômas.

FANTÔME À VENDRE *voir* **Ghost Goes West, The**

FANTÔME AVEC CHAUFFEUR ▷5
FR. 1996. Comédie fantaisiste de Gérard OURY avec Philippe Noiret, Gérard Jugnot et Jean-Luc Bideau. - Devenus fantômes après leur mort, un chef d'entreprise et son chauffeur tentent de régler leurs anciennes affaires terrestres.

FANTÔME D'HECTOR, LE *voir* **Foxfire**

FANTÔME DE CAT DANCIN, LE
voir **Man Who Loved Cat Dancing, The**

FANTÔME DE L'OPÉRA, LE
voir **Phantom of the Opera**

FANTÔME DE LA LIBERTÉ, LE ▷3
FR. 1974. Comédie satirique de Luis BUÑUEL avec Jean-Claude Brialy, Michel Lonsdale et Jean Rochefort. - Enchaînement fantaisiste d'épisodes insolites s'appliquant à faire la satire de divers aspects de l'ordre établi. - Tendances surréalistes. Goût du bizarre. Grande maîtrise des effets. Interprétation de qualité.
DVD VF➜STA➜Cadrage W➜44,95 $

FANTÔME DE MILBURN, LE *voir* **Ghost Story**

FANTÔME ET LES TÉNÈBRES, LE
voir **Ghost and the Darkness, The**

FANTÔMES DES TROIS MADELEINE, LES ▷5
QUÉ. 2000. Drame psychologique de Guylaine DIONNE avec Sylvie Drapeau, France Arbour et Isadora Galwey. - Au cours d'un voyage en Gaspésie, une photographe, sa mère et sa fille arrivent à faire la paix avec les fantômes de leur passé. □ Général

FANTÔMES DU CHAPELIER, LES ▷4
FR. 1982. Drame policier de Claude CHABROL avec Michel Serrault, Charles Aznavour et Aurore Clément. - Souffrant d'un déséquilibre psychique, un chapelier en vient à tuer sa femme et les amies de celle-ci.

FANTÔMES DU MISSISSIPPI
voir **Ghosts of Mississippi**

FANTÔMES EN FÊTE *voir* **Scrooged**

FANTÔMES SONT CINGLÉS, LES *voir* **High Spirits**

FAR AND AWAY [Horizons lointains] ▷4
É.-U. 1992. Aventures de Ron HOWARD avec Tom Cruise, Nicole Kidman et Thomas Gibson. - En 1892, un jeune paysan irlandais accompagne une jeune aristocrate qui veut aller s'établir dans l'Ouest américain. □ Général
DVD VF➜Cadrage W➜14,95 $

FAR AWAY, SO CLOSE *voir* **Si loin, si proche**

FAR COUNTRY, THE ▷4
É.-U. 1954. Western d'Anthony MANN avec James Stewart, Ruth Roman et Walter Brennan. - Un homme conduit un troupeau au Yukon lors de la ruée vers l'or. □ Général
DVD VA➜STF➜17,95 $

FAR FROM HEAVEN [Loin du paradis] ►2
É.-U. 2002. Drame de mœurs de Todd HAYNES avec Julianne Moore, Dennis Quaid et Dennis Haysbert. - En 1957, une mère de famille bourgeoise qui a surpris son mari avec un autre homme trouve réconfort auprès de son jardinier noir. - Œuvre subtile et raffinée conçue dans le style et l'esprit des mélodrames de Douglas Sirk. Traitement évocateur et touchant. Mise en images exquise. Interprétation de grande classe. □ Général
DVD VA➜23,95 $

FAR FROM THE MADDING CROWD ▷3
ANG. 1967. Drame sentimental de John SCHLESINGER avec Julie Christie, Terence Stamp et Alan Bates. - La jeune propriétaire d'un domaine rural est recherchée en mariage par trois hommes. - Adaptation soignée du roman de Thomas Hardy. Climat romantique. Mise en scène solide. Œuvre d'une belle valeur picturale. Interprètes bien dirigés. □ Général

FAR HORIZONS, THE ▷5
É.-U. 1955. Aventures de Rudolph MATE avec Charlton Heston, Fred MacMurray et Donna Reed. - En 1803, deux officiers remontent le Missouri avec une troupe.
DVD VA➜STA➜Cadrage W➜10,95 $

FAR NORTH ▷5
É.-U. 1988. Drame psychologique de Sam SHEPARD avec Jessica Lange, Charles Durning et Tess Harper. - À la suite d'un accident, un fermier demande à sa fille, venue expressément de New York, de le venger en tuant son cheval. □ Général

FAR OFF PLACE, A [Endroit fabuleux, Un] ▷5
É.-U. 1993. Aventures de Mickael SALOMON avec Ethan Randall, Reese Witherspoon et Jack Thompson. - Témoins du massacre de leurs parents par des braconniers, deux adolescents prennent la fuite dans le désert en compagnie d'un jeune indigène. □ Général
DVD VF➜Cadrage W/16X9➜18,95 $

FAREWELL MY CONCUBINE *voir* **Adieu ma concubine**

FAREWELL TO ARMS, A [Adieu aux armes, L'] ▷4
É.-U. 1932. Drame de guerre de Frank BORZAGE avec Gary Cooper, Helen Hayes et Adolphe Menjou. - Un jeune Américain s'engage comme infirmier dans l'armée italienne au début de la guerre 1914-1918. □ Général
DVD VA➜15,95 $

FAREWELL TO THE KING [Adieu au roi, L'] ▷4
É.-U. 1989. Drame de guerre de John MILIUS avec Nick Nolte, Nigel Havers et Frank McRae. - Deux officiers britanniques chargés de soulever les tribus indonésiennes contre l'envahisseur japonais doivent traiter avec un déserteur américain devenu chef de tribu. □ Général
DVD VA➜STF➜Cadrage W➜17,95 $

FAREWELL, HOME SWEET HOME
voir **Adieu, plancher des vaches !**

FAREWELL, MY LOVELY [Adieu ma jolie] ▷4
É.-U. 1975. Drame policier de Dick RICHARDS avec Robert Mitchum, Charlotte Rampling et John Ireland. - Engagé pour retrouver la bien-aimée d'un ex-bagnard, un détective privé est entraîné dans des situations périlleuses. □ 13 ans+

FARGO ▸2
É.-U. 1995. Comédie policière de Joel COEN avec William H. Macy, Frances McDormand et Steve Buscemi. - Afin d'extorquer de l'argent à son beau-père, un vendeur d'automobiles engage deux voyous pour enlever sa propre femme.- Satire mordante du Midwest américain. Mélange percutant d'humour, de violence et de compassion. Situations versant dans l'absurde. Interprétation savoureuse. □ 16 ans+
DVD VA→12,95 $

FARINELLI ▷4
BEL. 1994. Drame biographique de Gérard CORBIAU avec Stefano Dionisi, Enrico Lo Verso et Jeroen Krabbe. - Les succès et les revers d'un jeune castrat qui parcourt l'Europe en compagnie de son frère compositeur. □ 13 ans+

FARMER TAKES A WIFE, THE ▷5
É.-U. 1953. Comédie musicale de Henry LEVIN avec Betty Grable, Dale Robertson et Thelma Ritter. - Amoureux de la jolie cuisinière du bord, un jeune fermier devenu timonier a des ennuis avec son capitaine qui s'est également épris d'elle.

FARMER'S DAUGHTER, THE ▷4
É.-U. 1947. Comédie de H.C. POTTER avec Loretta Young, Joseph Cotten et Charles Bickford. - Une jeune campagnarde se trouve par inadvertance lancée dans la politique. □ Général

FASCINATION
ALL. ANG. 2004. Klaus MENZEL
DVD VA→STF→Cadrage 16X9→34,95 $

FAST COMPANY ▷5
CAN. 1979. Drame sportif de David CRONENBERG avec William Smith, John Saxon et Claudia Jennings. - Un champion coureur a des difficultés avec la firme qui le commandite. □ Non classé
DVD VA→Cadrage W→23,95 $

FAST FOOD, FAST WOMEN ▷4
É.-U. 2000. Comédie sentimentale d'Amos KOLLEK avec Anna Thomson, Jamie Harris et Robert Modica. - Une jeune serveuse de Manhattan et deux de ses clients sexagénaires sont à la recherche de l'âme sœur. □ Général · Déconseillé aux jeunes enfants
DVD VA→Cadrage 16X9→26,95 $

FAST TIMES AT RIDGEMONT HIGH ▷5
É.-U. 1982. Comédie de mœurs d'Amy HECKERLING avec Jennifer Jason Leigh, Sean Penn, Robert Romanus et Brian Backer. - Les expériences de divers étudiants californiens de niveau secondaire. □ 18 ans+
DVD VA→Cadrage W→21,95 $

FASTEST GUN ALIVE, THE ▷4
É.-U. 1955. Western de Russell ROUSE avec Broderick Crawford, Glenn Ford et Jeanne Crain. - À cause de son habileté au tir, un marchand est provoqué par un bandit qui ne souffre pas la concurrence. □ Général

FAT CITY ▷3
É.-U. 1971. Drame psychologique de John HUSTON avec Stacy Keach, Jeff Bridges et Susan Tyrrell. - Un boxeur sur le retour vit une existence de vagabond dans une petite ville de Californie en nourrissant l'espoir de reprendre sa carrière. - Notations psychologiques justes. Mise en scène réaliste. Interprétation impressionnante de vérité. □ Général

FAT GIRL *voir* **À ma sœur!**

FAT MAN AND LITTLE BOY ▷4
É.-U. 1989. Drame historique de Roland JOFFE avec Paul Newman, Dwight Schultz et John Cusack. - En 1942, l'armée américaine confie à un général la mission de superviser un projet de recherche devant mener à la fabrication d'une bombe atomique. □ Général
DVD VF→STA→Cadrage W/16X9→15,95 $

FAT SPY
É.-U. 1965. Joseph CATES
DVD VA→11,95 $

FATAL ATTRACTION [Liaison fatale] ▷5
É.-U. 1987. Drame psychologique d'Adrian LYNE avec Michael Douglas, Glenn Close, Ellen Hamilton Latzen et Anne Archer. - Un avocat marié voit sa vie perturbée par la passion obsessive d'une publicitaire avec laquelle il a eu une relation qu'il croyait sans lendemain. □ 13 ans+
DVD VF→STA→Cadrage W→10,95 $

FATAL BEAUTY [Beauté fatale] ▷5
É.-U. 1987. Drame policier de Tom HOLLAND avec Whoopi Goldberg, Sam Elliott et Brad Dourif. - Une détective de la brigade des stupéfiants aux méthodes peu orthodoxes mais efficaces affronte de dangereux trafiquants. □ 13 ans+

FATALE *voir* **Damage**

FATELESS
ALL. ANG. HON. 2005. Lajos KOLTAI
DVD VA→STA→Cadrage W→29,95 $

FATHER *voir* **Père**

FATHER AND SON *voir* **Père et fils**

FATHER BROWN *voir* **Detective, The**

FATHER FROST
RUS. 1964. Aleksandr ROU
DVD STA→46,95 $

FATHER GOOSE ▷4
É.-U. 1964. Comédie de Ralph NELSON avec Cary Grant, Leslie Caron et Trevor Howard. - Cantonné dans une île déserte, un observateur de l'armée voit un jour arriver un groupe d'écolières et leur institutrice. □ Général

FATHER IS AWAY ON BUSINESS
voir **Papa est en voyage d'affaires**

FATHER OF A SOLDIER
RUS. 1964. Rezo CHKHEIDZE
DVD STA→41,95 $

FATHER OF THE BRIDE ▷4
É.-U. 1950. Comédie de Vincente MINNELLI avec Elizabeth Taylor, Spencer Tracy et Joan Bennett. - Un père de famille se remémore les petits incidents qui ont entouré le mariage de sa fille. □ Général

FATHER OF THE BRIDE [Père de la mariée, Le] ▷5
É.-U. 1991. Comédie de mœurs de Charles SHYER avec Steve Martin, Diane Keaton et Kimberly Williams. - Un couple connaît diverses mésaventures en veillant aux préparatifs du mariage de leur fille. □ Général
DVD VF→STF→Cadrage W→17,95 $

FATHER OF THE BRIDE 2 [Père de la mariée 2, Le] ▷5
É.-U. 1995. Comédie de Charles SHYER avec Steve Martin, Diane Keaton et Martin Short. - Deux époux d'âge mûr dont la fille aînée est enceinte apprennent qu'ils attendent eux aussi un nouvel enfant. □ Général

FATHER'S LITTLE DIVIDEND ▷4
É.-U. 1951. Comédie de Vincente MINNELLI avec Spencer Tracy, Elizabeth Taylor et Joan Bennett. - Un grand-père bourru se laisse bientôt vaincre par le sourire de son petit-fils. □ Non classé

FATHER, THE *voir* **Baba**

FAUCON, LE ▷5
FR. 1983. Drame policier de Paul BOUJENAH avec Guy Pannequin, Francis Huster et Audrey Dana. - Un policier déprimé par la mort de sa femme sort de sa torpeur pour prendre en chasse un meurtrier. □ Général

FAUSSAIRES, LES ▷5
FR. 1994. Comédie de Frédéric BLUM avec Gérard Jugnot, Jean-Marc Barr et Viktor Lazlo. - À Tahiti, un universitaire sérieux qui écrit une biographie de Gauguin devient le complice d'un farceur qui sème la pagaille dans l'île. □ Général

FAUSSE ROUTE *voir* **No Good Deed**

FAUST ▷4
TCH. 1994. Drame fantastique de Jan SVANKMAJER avec Petr Cepek, Jan Kraus et Vladimir Kudla. - Dans un étrange théâtre abandonné, un homme devient le protagoniste d'une recréation insolite de la légende de Faust. □ 13 ans+
DVD 23,95 $

FAUST ►2
ALL. 1926. Drame fantastique de Friedrich Wilhelm MURNAU avec Gosta Ekman, Emil Jannings et Camilla Horn. - Un vieux savant vend son âme au diable pour retrouver la jeunesse. - Œuvre marquante du cinéma muet. Imagerie superbe. Utilisation savante de la lumière. Interprétation forte. □ Général
DVD VA➔23,95 $

FAUSTINA
POL. 1994. Jerzy LUKASZEWICZ
DVD STA➔29,95 $

FAUT PAS EN FAIRE UN DRAME
voir **Unfaithfully Yours**

FAUT S'FAIRE LA MALLE *voir* **Stir Crazy**

FAUTE À VOLTAIRE, LA ▷4
FR. 2000. Drame social d'Abdellatif KECHICHE avec Sami Bouajila, Elodie Bouchez et Bruno Lochet. - Après une tentative de mariage ratée, un Tunisien entré illégalement en France fréquente une Parisienne instable sur le plan psychologique. □ 13 ans+

FAUTE DE PREUVES *voir* **Under Suspicion**

FAUTES D'ORTHOGRAPHE, LES
FR. 2004. Jean-Jacques ZILBERMANN
DVD VF➔Cadrage W➔31,95 $

FAUTEUIL POUR DEUX, UN *voir* **Trading Places**

FAUVE EST LÂCHÉ, LE ▷4
FR. 1958. Drame policier de Maurice LABRO avec Lino Ventura, Estelle Blain et Paul Frankeur. - Le Deuxième Bureau charge un ex-faussaire d'une mission.

FAUVES, LES ▷5
FR. 1983. Drame policier de Jean-Louis DANIEL avec Daniel Auteuil, Philippe Léotard et Véronique Delbourg. - Un cascadeur qui a perdu sa femme dans un numéro dangereux doit faire face au frère de celle-ci qui veut la venger. □ 13 ans+

FAUX DÉPART *voir* **Failure to Lunch**

FAUX ET USAGE DE FAUX ▷5
FR. 1990. Drame de Laurent HEYNEMANN avec Philippe Noiret, Robin Renucci et Laure Killing. - Un écrivain à succès demande à son neveu de prétendre être l'auteur de son dernier ouvrage, sans se douter que l'œuvre remportera le prix Goncourt. □ Général

FAUX MOUVEMENT [Wrong Move, The] ▷3
ALL. 1975. Drame psychologique de Wim WENDERS avec Rudiger Vogler, Hanna Schygulla et Hans Christian Blech. - Un voyageur fait la rencontre d'un vieux chanteur et d'une muette avec lesquels il rejoint la demeure d'un industriel suicidaire. - Adaptation d'une œuvre de Goethe. Mise en scène élégante aux effets mesurés. Personnages insolites intelligemment campés. □ Général

FAUX TÉMOIN *voir* **Bedroom Window, The**

FAVOURITE GAME, THE [Jeu de l'ange, Le] ▷4
QUÉ. 2002. Drame de mœurs de Bernar HÉBERT avec JR Bourne, Michèle-Barbara Pelletier et Cary Lawrence. - Traversant une crise d'identité, un poète s'inspire de ses souvenirs d'enfance et de ses conquêtes féminines pour créer son œuvre. □ 13 ans+
DVD VF➔38,95 $

FEAR *voir* **Peur, La**

FEAR AND LOATHING IN LAS VEGAS ▷5
[Peur et dégoût à Las Vegas]
É.-U. 1998. Comédie fantaisiste de Terry GILLIAM avec Johnny Depp, Benicio Del Toro et Craig Bierko. - Au début des années 70, un journaliste sportif et son avocat se gavent de drogues hallucinogènes durant un séjour à Las Vegas. □ 13 ans+ · Langage vulgaire
DVD VA➔STA➔Cadrage W➔62,95 $

FEAR CITY [New York, deux heures du matin] ▷5
É.-U. 1984. Drame policier d'Abel FERRARA avec Tom Berenger, Billy Dee Williams et Melanie Griffith. - Les dirigeants d'une agence de danseuses pour cabarets sont confrontés à un maniaque qui s'en prend aux strip-teaseuses. □ Non classé
DVD 18,95 $

FEAR IN THE NIGHT ▷5
ANG. 1972. Drame policier de Jimmy SANGSTER avec Judy Geeson, Joan Collins et Ralph Bates. - Une jeune femme relevant d'une dépression nerveuse est victime d'un complot criminel.
DVD VF➔Cadrage W➔23,95 $

FEAR NO EVIL ▷6
É.-U. 1980. Drame d'horreur de F. LALOGGIA avec Stephan Arngrim, Elizabeth Hoffman et Kathleen Row McAllen. - Lucifer se réincarne dans le corps d'un bébé qui, le jour de ses dix-huit ans, laisse percer sa nature diabolique.
DVD VA➔Cadrage W➔10,95 $

FEAR OF FEAR
ALL. 1975. Rainer Werner FASSBINDER
DVD STA➔32,95 $

FEAR STRIKES OUT ▷3
É.-U. 1957. Drame psychologique de Robert MULLIGAN avec Anthony Perkins, Karl Malden et Norma Moore. - Un jeune homme fait pression sur son fils pour qu'il devienne un grand joueur de base-ball. - Sujet véridique. Action bien menée. Réalisation efficace. Jeu remarquable d'A. Perkins. □ Général
DVD VF➔STA➔Cadrage W➔9,95 $

FEARLESS [Sans peur] ▷3
É.-U. 1993. Drame psychologique de Peter WEIR avec Jeff Bridges, Rosie Perez et Isabella Rossellini. - Après avoir survécu à un écrasement d'avion, un homme croit qu'il est devenu une sorte d'ange que la mort ne peut plus atteindre. - Sujet original et fascinant. Réalisation experte. Climat d'oppression habilement créé. Performance prenante de J. Bridges. □ Général
DVD VF➔Cadrage P&S➔7,95 $

FEARLESS VAMPIRE KILLERS, THE ▷3
[Bal des vampires, Le]
ANG. 1967. Comédie réalisée et interprétée par Roman POLANSKI avec Jack MacGowran et Sharon Tate. - Un vieux savant et son assistant luttent contre des vampires. - Parodie inventive et savoureuse des histoires de vampires. Réalisation alerte. Interprétation détendue. □ 13 ans+
DVD VF➔STF➔Cadrage W➔21,95 $

FEAST OF JULY ▷4
ANG. 1995. Drame de mœurs de Christopher MENAUL avec Embeth Davidtz, Ben Chaplin et Tom Bell. - En 1883, un couple recueille une jeune femme malade et démunie dont les trois fils de la maison tombent amoureux. □ Général
DVD VA➔Cadrage W➔10,95 $

FEDORA ▷4
ALL. 1978. Comédie dramatique de Billy WILDER avec William Holden, Marthe Keller et Jose Ferrer. - Un producteur retrouve en Grèce une ancienne vedette de l'écran qui est restée étonnamment belle. □ Général

FEEBLES, LES *voir* **Meet the Feebles**

FEEDING BOYS, AYAYA
CHI. 2003. Cui ZI'EN
DVD STA➔29,95 $

FEELING MINNESOTA [Minnesota Blues] ▷5
É.-U. 1996. Comédie dramatique de Steven BAIGELMAN avec Keanu Reeves, Cameron Diaz et Vincent D'Onofrio. - Au Minnesota, les rivalités entre deux frères autour d'une femme qu'ils aiment.
□ 13 ans+ · Violence

FELICIA'S JOURNEY [Voyage de Felicia, Le] ▷4
CAN. 1999. Drame d'Atom EGOYAN avec Bob Hoskins, Elaine Cassidy et Arsinée Khanjian. - Alors qu'elle cherche à Birmingham son petit ami anglais qui l'a mise enceinte, une adolescente irlandaise obtient l'aide d'un traiteur affable qui cache un lourd secret. - Suspense subtil desservi par une étude psychologique simpliste. Réalisation maîtrisée. Interprètes convaincus. □ Général
DVD Cadrage W➔17,95 $

FELICIDADES
ARG. 2000. Lucho BENDER
DVD STA➔26,95 $

FÉLINS, LES [Joy House] ▷3
FR. 1964. Comédie policière de René CLÉMENT avec Alain Delon, Jane Fonda et Lola Albright. - Un jeune homme fuyant les sbires d'un gangster trouve refuge chez deux Américaines. - Sujet rocambolesque. Décor baroque. Rythme trépidant. Interprètes dirigés avec brio.

FÉLIX ▷4
ALL. 1987. Comédie de mœurs de Margarethe VON TROTTA et Helma SANDERS-BRAHMS avec Ulrich Tukur, Eva Mattes et Annette Uhlen. - Après le départ de sa compagne, un jeune homme rencontre diverses femmes ayant également des problèmes sentimentaux. □ Général

FELLINI SATYRICON ►2
ITA. 1968. Drame poétique de Federico FELLINI avec Martin Potter, Hiram Keller et Max Born. - Dans la Rome antique, deux jeunes gens connaissent diverses aventures. - Adaptation très personnelle d'une œuvre de Pétrone. Images fantastiques d'un baroquisme flamboyant. Construction épisodique. Interprétation soumise au style d'ensemble. □ 13 ans+
DVD VA➔STF➔Cadrage W➔12,95 $

FELLOW TRAVELLER, THE ▷5
ANG. 1989. Drame de Philip SAVILLE avec Ron Silver, Hart Bochner et Imogen Stubbs. - À l'époque du maccartisme, un scénariste hollywoodien quitte les États-Unis pour travailler à Londres sous un nom d'emprunt. □ 13 ans+

FELUETTES, LES *voir* **Lilies**

FEMALE PERVERSIONS ▷5
É.-U. 1996. Drame psychologique de Susan STREITFELD avec Amy Madigan, Tilda Swinton et Karen Sillas. - Sur le point d'être nommée juge, une avocate réputée remet son existence en question. □ 16 ans+ · Érotisme

FEMALE TROUBLE
É.-U. 1973. John WATERS □ 18 ans+
DVD VA➔18,95 $

FÉMININ FÉMININ ▷5
FR. 1971. Drame psychologique de Henri CALEF et Joao CORREA avec Marie-France Pisier, Olga Georges-Picot et Pierre Brice. - Un jeune couple voit sa vie bouleversée lorsque l'épouse se prend d'une passion incontrôlée pour une jeune affranchie.

FEMME À SA FENÊTRE, UNE ▷4
FR. 1976. Drame sentimental de Pierre GRANIER-DEFERRE avec Romy Schneider, Philippe Noiret et Victor Lanoux. - À Athènes, en 1936, la femme d'un diplomate italien s'éprend d'un agitateur communiste qui a trouvé refuge chez elle. □ Général

FEMME ASSASSIN, LA ▷5
ESP. 1997. Drame de Daniel CALPARSORO avec Najwa Nimri, Alfredo Villa et Ramón Barea. - Responsable de l'échec d'un attentat contre un politicien, une jeune terroriste fuit la police tout en craignant les représailles de ses camarades. □ 13 ans+

FEMME AU GARDENIA, LA *voir* **Blue gardenia, The**

FEMME AUX BOTTES ROUGES, LA ▷4
[Woman with Red Boots, The]
FR. 1974. Drame fantastique de Juan BUÑUEL avec Catherine Deneuve, Fernando Rey et Adalberto Maria Merli. - Un homme riche invite chez lui une jeune romancière apparemment dotée de pouvoirs surnaturels. □ Général
DVD VF➔STA➔Cadrage W➔26,95 $

FEMME D'À CÔTÉ, LA [Woman Next Door, The] ►2
FR. 1981. Drame psychologique de François TRUFFAUT avec Gérard Depardieu, Fanny Ardant et Véronique Silver. - À l'insu de leurs conjoints respectifs, un homme et une femme reprennent une ancienne liaison. - Récit conduit avec rigueur. Mise en scène contrôlée. Interprètes remarquablement dirigés.
DVD VF➔STA➔Cadrage W➔22,95 $

FEMME D'EXTÉRIEUR, UNE ▷5
FR. 1999. Drame psychologique de Christophe BLANC avec Agnès Jaoui, Serge Riaboukine et Emmanuel Fayat. - Après avoir mis à la porte son mari infidèle, une jeune mère de famille se met à sortir dans les bars et à collectionner les aventures d'un soir. □ Général

FEMME DANGEREUSE, UNE
voir **Dangerous Woman, A**

FEMME DE CHAMBRE DU TITANIC, LA ▷4
[Chambermaid on the Titanic, The]
FR. ITA. ESP. 1997. Comédie dramatique de Bigas LUNA avec Olivier Martinez, Romane Bohringer, Didier Bezace et Aitana Sanchez Gijon. - Grâce à ses talents de conteur, un jeune ouvrier fait croire à son entourage qu'il a vécu une folle nuit d'amour avec une belle inconnue. □ Général

FEMME DE CHOC *voir* **Wildcats**

FEMME DE L'ASTRONAUTE, LA
voir **Astronaut's Wife, The**

FEMME DE L'AVIATEUR, LA [Aviator's Wife, The] ▷3
FR. 1980. Comédie dramatique de Éric ROHMER avec Philippe Marlaud, Marie Rivière, Mathieu Carrière et Anne-Laure Meury. - Un jeune homme décide de prendre en filature l'ancien amant de son amie. - Habile mélange de légèreté et de gravité. Mise en scène souple. Dialogues nombreux mais intéressants. Interprétation d'un naturel charmant.
DVD VF➔STA➔39,95 $

FEMME DE L'HÔTEL, LA ▷4
QUÉ. 1984. Drame psychologique de Léa POOL avec Serge Dupire, Paule Baillargeon et Louise Marleau. - Dans un hôtel de Montréal, une cinéaste lie amitié avec une pensionnaire en qui elle croit reconnaître l'héroïne de son film.

FEMME DE LA NUIT, LA *voir* **Ladyhawke**

FEMME DE MA VIE, LA ▷3
FR. 1986. Drame psychologique de Régis WARGNIER avec Jane Birkin, Christophe Malavoy et Jean-Louis Trintignant. - Un violoniste alcoolique est poussé par un ami qui a souffert du même mal à suivre une cure de désintoxication. - Sujet abordé de façon très efficace. Résultat impressionnant. Réalisation somptueuse et précise. □ Général

FEMME DE MÉNAGE, UNE ▷4
FR. 2002. Comédie dramatique de Claude BERRI avec Jean-Pierre Bacri, Émilie Dequenne et Jacques Frantz. - Largué par sa femme, un ingénieur du son quinquagénaire engage une jeune femme de ménage qui s'éprend bientôt de lui. □ Général
DVD VF➔11,95 $

FEMME DE MES AMOURS, LA ▷5
ITA. 1988. Drame sentimental de Gianfranco MINGOZZI avec Ornella Muti, Philippe Noiret et Nicola Farron. - Un notable propose à la maîtresse d'un ami défunt de l'entretenir à condition qu'elle l'écoute raconter ses souvenirs sentimentaux. □ Général

FEMME DE MON AMI, LA *voir* **Sleep with Me**

FEMME DE MON POTE, LA ▷5
FR. 1983. Comédie de Bertrand BLIER avec Michel Coluche, Isabelle Huppert et Thierry Lhermitte. - L'amitié de deux hommes est mise en péril à cause d'une femme. □ Général

FEMME DE SABLE, LA [Woman in the Dunes] ►2
JAP. 1964. Drame de Hiroshi TESHIGAHARA avec Eiji Okada et Kyoko Kishida. - Hébergé par une veuve qui habite au fond d'une fosse ensablée, un entomologiste s'aperçoit qu'il est pris au piège et tente vainement de s'enfuir. - Histoire bizarre adaptée d'un roman de Kobo Abe. Traitement exceptionnel. Prises de vues variées d'une beauté plastique remarquable. Montage heurté. Interprétation adéquate. □ Général

FEMME DÉFENDUE, LA ▷3
FR. 1997. Drame sentimental réalisé et interprété par Philippe HAREL avec Isabelle Carré. - Malgré quelques réticences, une jeune fille de 22 ans entame une relation avec un cadre de 39 ans, marié et père d'un enfant. - Radioscopie originale d'un cas d'adultère classique. Intrigue décrite du point de vue de l'homme. Utilisation maîtrisée de la caméra subjective. □ 13 ans+

FEMME DIABOLIQUE, LA [Onibaba] ▷4
JAP. 1964. Drame de Kaneto SHINDO avec Nobuko Otowa, Jitsuko Yoshimura et Kei Sato. - Deux femmes tuent et dépouillent des soldats égarés. □ 13 ans+ · Érotisme
DVD STA→46,95 $

FEMME DIABOLIQUE, UNE *voir* **Queen Bee**

FEMME DISPARAÎT, UNE *voir* **Lady Vanishes, The**

FEMME DOUCE, UNE ►2
FR. 1969. Drame psychologique de Robert BRESSON avec Guy Frangin, Dominique Sanda et Jane Labre. - Au chevet de sa femme qui vient de se suicider, un homme revoit leur vie commune. - Adaptation très personnelle d'une nouvelle de Dostoïevski. Style épuré. Mise en scène austère et belle. Jeu admirablement dépouillé de D. Sanda.

FEMME DU BOULANGER, LA ▷3
FR. 1938. Comédie de mœurs de Marcel PAGNOL avec Raimu, Ginette Leclerc et Charpin. - Parce que sa femme est partie avec un berger, un boulanger refuse de pétrir le pain. - Tableaux pittoresques du pays provençal. Fines notations psychologiques. Composition savoureuse de Raimu. □ Général

FEMME DU DIMANCHE, LA ▷4
ITA. 1975. Drame policier de Luigi COMENCINI avec Jean-Louis Trintignant, Marcello Mastroianni et Jacqueline Bisset. - Un inspecteur soupçonne des personnes de la haute bourgeoisie d'être impliquées dans l'assassinat d'un architecte. □ Général

FEMME DU VENDREDI, LA *voir* **His Girl Friday**

FEMME ÉCARLATE, LA ▷5
FR. 1969. Comédie de Jean VALÈRE avec Monica Vitti, Maurice Ronet et Robert Hossein. - Ruinée par son amant, une jeune femme décide de le supprimer avant de se suicider.

FEMME EN BLEU, LA ▷3
FR. 1973. Comédie dramatique de Michel DEVILLE avec Michel Piccoli, Lea Massari et Michel Aumont. - Un musicologue cherche à retrouver une inconnue vêtue de bleu dont l'image l'obsède. - Récit psychologique dosé d'humour et d'amertume. Mise en scène d'une rare virtuosité. Ensemble élégant et charmeur. Jeu intelligent des interprètes.
DVD VF→STA→26,95 $

FEMME EN COLÈRE, UNE *voir* **Upside of Anger, The**

FEMME EST UNE FEMME, UNE ▷4
[Woman is a Woman, A]
FR. 1960. Comédie de Jean-Luc GODARD avec Anna Karina, Jean-Claude Brialy et Jean-Paul Belmondo. - Devant le refus de son amant de lui donner un enfant, une jeune femme le menace de se trouver un ami plus compréhensif. □ Général
DVD VF→STA→46,95 $

FEMME FATALE ▷3
É.-U. 2002. Thriller de Brian De PALMA avec Antonio Banderas, Rebecca Romijn-Stamos et Peter Coyote. - Une intrigante qui a trahi ses complices durant un vol de diamants change d'identité pour échapper à leur vengeance. - Pastiche extravagant du film noir conçu comme une boîte à surprises. Intrigue ingénieuse. Mise en scène pleine de brio. Interprétation fort satisfaisante. □ 13 ans+ · Érotisme - Violence
DVD VF→STF→Cadrage W→8,95 $ VF→8,95 $

FEMME FIDÈLE, UNE [Game of Seduction] ▷5
FR. 1976. Drame de mœurs de Roger VADIM avec Sylvia Kristel, Jon Finch et Nathalie Delon. - Une jeune femme mariée est aux prises avec un aristocrate libertin qui tente de la séduire.
DVD VA→17,95 $

FEMME FLAMBÉE, LA ▷5
ALL. 1983. Drame social de Robert VAN ACKEREN avec Gudrun Landgrebe, Mathieu Carrière et Hanns Zischler. - Épris l'un de l'autre, un gigolo et une prostituée s'établissent ensemble dans un appartement où chacun reçoit sa pratique de son côté.

FEMME FRANÇAISE, UNE ▷5
FR. 1994. Mélodrame de Régis WARGNIER avec Emmanuelle Béart, Daniel Auteuil et Gabriel Barylli. - Les aventures extra-conjugales d'une femme mariée à un militaire qui s'absente à plusieurs reprises au fil des ans pour aller au combat. · Déconseillé aux jeunes enfants

FEMME HONORABLE, UNE *voir* **Good Woman, A**

FEMME INFIDÈLE, LA ►2
FR. 1968. Drame psychologique de Claude CHABROL avec Stéphane Audran, Michel Bouquet et Maurice Ronet. - Un homme tue l'amant de sa femme. - Sujet banal renouvelé par l'intérieur. Scénario et dialogues sobres, d'une grande justesse psychologique. Suspense excellent. Mise en scène d'un style élégant et décontracté. Direction d'acteurs remarquable. □ Général

FEMME LIBRE, LA *voir* **Unmarried Woman, An**

FEMME MARIÉE, UNE [Married Woman, A] ▷3
FR. 1964. Drame psychologique de Jean-Luc GODARD avec Macha Méril, Philippe Leroy et Bernard Noël. - Une jeune femme devenue enceinte est partagée entre son mari et son amant ne sachant pas à qui attribuer la paternité de l'enfant. - Vision du monde propre à l'auteur. Exercice de style étonnant. Plaisanteries parfois lourdes. Citations variées. Interprètes dans le ton.

FEMME MONTE L'ESCALIER, UNE ▷3
[When a Woman Ascends the Stairs]
JAP. 1960. Drame de mœurs de Mikio NARUSE avec Masayaki Mori, Hideko Takamine et Tatsuya Nakadai. - Une hôtesse de bar tente en vain d'échapper à sa condition. - Talent d'observation. Rythme lent. Mise en scène sensible et subtile. Excellents interprètes.
□ Général

FEMME NIKITA, LA *voir* **Nikita**

FEMME OU DEUX, UNE ▷5
FR. 1985. Comédie de Daniel VIGNE avec Michel Aumont, Gérard Depardieu et Sigourney Weaver. - Un paléontologue confond une jolie publicitaire avec une riche Américaine qui doit financer ses travaux. □ Général

FEMME PUBLIQUE, LA ▷3
FR. 1984. Drame d'Andrzej ZULAWSKI avec Valérie Kaprisky, Francis Huster et Lambert Wilson. - Un metteur en scène névrosé est amoureux d'une débutante dont il veut faire une vedette, mais celle-ci lui préfère un exilé politique. - Variations sur les rapports entre le cinéma et la vie. Récit d'une complexité déroutante. Style paroxystique. Réalisation soignée. Interprétation ardente. □ 18 ans+

FEMME QUI BOIT, LA ▷4
QUÉ. 2000. Drame psychologique de Bernard ÉMOND avec Élise Guilbault, Luc Picard et Michel Forget. - Une mère qui a passé toute sa vie d'adulte à boire se souvient des événements qui ont nourri sa détresse et précipité son malheur. □ 13 ans+
DVD VF→Cadrage W→17,95 $

FEMME QUI S'AFFICHE, UNE
voir **It Should Happen to You**

FEMME SOUS INFLUENCE, UNE
voir **Woman Under the Influence, A**

FEMME TATOUÉE, LA ▷3
JAP. 1982. Drame de mœurs de Yoichi TAKABAYASHI avec Masayo Utsunomiya, Tomisaburo Wakayama et Masaki Kyomoto. - Pour satisfaire aux désirs de son amant, une femme accepte de se faire tatouer le dos par un maître aux méthodes insolites. - Traitement esthétisant d'un sujet scabreux. Réflexion sur les rapports entre l'art et la vie. □ 16 ans+

FEMMES, LES ▷5
FR. 1969. Comédie de Jean AUREL avec Maurice Ronet, Brigitte Bardot et Anny Duperey. - Pour écrire un roman, un écrivain en mal d'inspiration dicte ses mémoires à une jolie secrétaire. □ 13 ans+
DVD Cadrage W➔34,95 $

FEMMES [Nasheem] ▷5
ISR. 1996. Drame psychologique de Moshé MIZRAHI avec Michal Bat-Adam, Amos Lavi et Ilor Harpaz. - Une femme stérile éprouve de la jalousie envers la nouvelle épouse qu'elle a pourtant proposée à son mari afin de lui assurer une descendance. □ Général

FEMMES AU BORD DE LA CRISE DE NERFS ▷4
[Women on the Verge of a Nervous Breakdown]
ESP. 1988. Comédie de Pedro ALMODOVAR avec Carmen Maura, Antonio Banderas et Maria Barranco. - Une actrice de télévision cherche à rejoindre son amant qui vient de la quitter. □ Général

FEMMES COUPABLES *voir* **Until They Sail**

FEMMES DE PERSONNE ▷4
FR. 1984. Drame psychologique de Christopher FRANK avec Marthe Keller, Caroline Cellier et Fanny Cottençon. - Les problèmes personnels de trois femmes qui travaillent dans un centre de radiologie. □ Général

FEMMES DE STEPFORD, LES *voir* **Stepford Wives, The**

FEMMES ENFANTS, LES [Girls] ▷5
FR. 1979. Comédie dramatique de Just JAECKIN avec Anne Parillaud, Zoé Chauveau, Isabelle Mejias et Charlotte Walior. - Les problèmes de quatre amies adolescentes qui font l'apprentissage de la vie. □ 18 ans+

FEMMES ENTRE ELLES [Amiche, Le] ▷3
ITA. 1955. Drame psychologique de Michelangelo ANTONIONI avec Eleonora Rossi-Drago, Valentina Cortese et Yvonne Furneaux. - Les problèmes de femmes d'un milieu de haute couture. - Psychologie fouillée. Rythme lent. Très bonne interprétation.

FEMMES... ET FEMMES ▷5
MAR. 1997. Drame de mœurs de Saâd CHRAÏBI avec Mouna Fettou, Fatema Khair et Touria Alaoui. - Au Maroc, les retrouvailles de quatre anciennes amies du lycée sont perturbées par leur relation avec les hommes. □ Général

FENÊTRE SECRÈTE *voir* **Secret Window**

FENÊTRE SUR COUR *voir* **Rear Window**

FENÊTRE SUR PACIFIQUE *voir* **Pacific Heights**

FERDINANDO AND CAROLINA
ITA. 1999. Lina WERTMULLER
DVD STA➔24,95 $

FERME DU MAUVAIS SORT, LA *voir* **Cold Comfort Farm**

FERNANDEL : COIFFEUR POUR DAMES ▷5
FR. 1952. Comédie de Jean BOYER avec Blanchette Brunoy, Renée Devillers et Fernandel. - Un modeste tondeur de moutons devient un coiffeur pour dames très convoité aux Champs-Élysées.

FERRIS BUELLER'S DAY OFF ▷4
[Folle journée de Ferris Bueller, La]
É.-U. 1986. Comédie de John HUGHES avec Alan Ruck, Mia Sara et Matthew Broderick. - Se faisant passer pour malade, un adolescent en profite pour faire l'école buissonnière avec des amis. □ Général
DVD VF➔Cadrage W➔19,95 $

FERROVIPATHES *voir* **Trainspotting**

FERTILE MEMORY
BEL. HOL. 1980. Michel KHLEIFI
DVD STA➔Cadrage W/16X9➔36,95 $

FESTIN À NEW YORK, UN *voir* **Pieces of April**

FESTIN DE BABETTE, LE [Babette's Feast] ▷3
DAN. 1987. Comédie dramatique de Gabriel AXEL avec Stéphane Audran, Brigitte Federspiel et Bodil Kjer. - Dans un village danois, une servante française consacre l'argent qu'elle a gagné à la loterie à préparer un festin pour ses patronnes. - Transposition réussie d'une nouvelle de Karen Blixen. Ton moqueur et sympathique. Réalisation d'un pittoresque austère. Interprétation pleine d'aisance de S. Audran. □ Général
DVD VA➔STA➔Cadrage W➔11,95 $

FESTIN DES MORTS, LE ▷4
QUÉ. 1965. Drame religieux de Fernand DANSEREAU avec Jean-Guy Sabourin, Alain Cuny et Jacques Godin. - Au temps de la colonie, un jeune père jésuite appelé à être martyrisé revoit ses premiers contacts avec les Indiens. □ Général

FESTIN NU, LE *voir* **Naked Lunch**

FESTIVAL IN CANNES ▷4
É.-U. 2001. Comédie de mœurs de Henry JAGLOM avec Anouk Aimée, Greta Scacchi et Maximilian Schell. - Diverses intrigues se déroulent entre des représentants de l'industrie du cinéma réunis à Cannes pour le festival de films.
DVD VA➔STA➔Cadrage W➔10,95 $

FETCHING CODY
CAN. 2005. David RAY
DVD VA➔26,95 $

FÊTE DE FAMILLE [Celebration, The] ▷3
DAN. 1998. Drame de mœurs de Thomas VINTERBERG avec Ulrich Thomsen, Henning Moritzen et Thomas Bo Larsen. - La célébration du soixantième anniversaire d'un riche patriarche est perturbée lorsqu'un de ses fils l'accuse d'inceste. - Récit troublant subordonné à une démarche originale. Humour mordant. □ 13 ans+
DVD VF➔STA➔17,95 $

FÊTE DES PÈRES, LA ▷5
FR. 1990. Comédie de mœurs de Joy FLEURY avec Thierry Lhermitte, Alain Souchon et Gunilla Karlzen. - Après s'être fait escroquer en tentant d'adopter un bébé, deux homosexuels vivant en couple proposent à une jeune femme de devenir mère de leur enfant.

FÊTE DES ROIS, LA ▷5
QUÉ. 1994. Drame de Marquise LEPAGE avec Marc-André Grondin, Monique Mercure et Marie-Elaine Berthiaume. - Un garçonnet observe les comportements des membres de sa famille réunis à l'occasion d'une fête.

FÊTE ET LES INVITÉS, LA ▷3
[Report on the Party and the Guests, A]
TCH. 1966. Comédie satirique de Jan NEMEC avec Ivan Vyskocil, Jan Klusak et Jiri Nemec. - Des incidents curieux marquent le déroulement d'une fête champêtre. - Parabole politique ouverte à diverses interprétations. Aspect insolite de rêve éveillé. Mise en scène intelligente. Très bonne interprétation.

FEU AUX POUDRES, LE ▷5
FR. 1957. Drame policier de Henri DECOIN avec Raymond Pellegrin, Françoise Fabian et Peter Van Eyck. - Un policier réussit à s'infiltrer dans une bande de trafiquants.

FEU DE LA DANSE, LE *voir* **Flashdance**

FEU DE ST-ELME, LE *voir* **St. Elmo's Fire**

FEU FOLLET, LE [Fire Within, The] ►2
FR. 1963. Drame psychologique de Louis MALLE avec Bernard Noël, Maurice Ronet et Jeanne Moreau. - Avant de se suicider, un homme découragé tente de trouver chez ses amis une raison de vivre. - Déroulement d'une logique implacable. Mise en scène précise et efficace. Ensemble d'une beauté glaciale où perce une certaine émotion. Excellents interprètes.

FEU SACRÉ, LE *voir* **Holy Smoke**

FEUD, THE ▷4
É.-U. 1989. Comédie satirique de Bill D'ELIA avec René Auberjonois, Ron McLarty et Joe Grifasi. - Dans les années 50, les dissensions entre deux familles de villages voisins prennent une tournure dramatique.

FEUILLES D'AUTOMNE *voir* **Autumn Leaves**

FEUX D'ARTIFICE *voir* **Fireworks**

FEUX DANS LA PLAINE, LES [Fires on the Plain] ▷3
JAP. 1960. Drame de guerre de Kon ICHIKAWA avec Eiji Funakoshi, Osamu Takizawa et Michey Curtis. - À la fin de la guerre, des survivants japonais, épuisés, tentent de rejoindre leur base. - Images d'une grande beauté tragique. Film dur et douloureux. Interprétation hallucinante de vérité. □ 13 ans+

FEUX DE LA RAMPE, LES *voir* **Limelight**

FEUX DU MUSIC-HALL, LES [Variety Lights] ▷4
ITA. 1952. Drame de mœurs de Federico FELLINI et Alberto LATTUADA avec Peppino De Filippo, Carla del Poggio et Giulietta Masina. - Une jeune provinciale entreprend de devenir vedette de music-hall. □ Général
DVD 46,95 $

FEUX ROUGES [Red Lights] ▷4
FR. 2003. Thriller de Cédric KAHN avec Jean-Pierre Darroussin, Carole Bouquet, Jean-Pierre Gos et Vincent Deniard. - Tout en recherchant sa femme qui s'est esquivée à son insu dans la nuit, un conducteur ivre recueille en stop un passager inquiétant. □ 13 ans+
DVD VF→STA→32,95 $

FEVER MOUNTS IN EL PAO
voir **Fièvre monte à El Pao, La**

FEVER PITCH [Match parfait] ▷4
É.-U. 2005. Comédie sentimentale de Bobby et Peter FARRELLY avec Jimmy Fallon, Drew Barrymore et Ione Skye. - Un instituteur passionné de baseball doit choisir entre son équipe préférée et sa nouvelle petite amie. □ Général
DVD VF→Cadrage W→34,95 $

FEW GOOD MEN, A [Des hommes d'honneur] ▷4
É.-U. 1992. Drame judiciaire de Rob REINER avec Tom Cruise, Demi Moore et Jack Nicholson. - L'avocat de deux fusiliers jugés pour meurtre tente de démontrer que les accusés obéissaient à un ordre donné par un de leurs supérieurs. □ Général
DVD VF→STF→Cadrage W→18,95 $

FEW HOURS OF SUNLIGHT, A
voir **Peu de soleil dans l'eau froide, Un**

FFOLKES ▷4
ANG. 1980. Aventures d'Andrew V. McLAGLEN avec Roger Moore, Anthony Perkins et James Mason. - Un aventurier affronte des criminels qui menacent de faire sauter des plates-formes de forage en mer du Nord. □ Général
DVD VA→STF→Cadrage W→17,95 $

FIANCÉE À LA CARTE *voir* **Birthday Girl**

FIANCÉE DE PAPA, LA *voir* **Parent Trap, The**

FIANCÉE DU VAMPIRE, LA
voir **House of Dark Shadows**

FIANCÉE SYRIENNE, LA ▷3
ISR. 2004. Drame social d'Eran RIKLIS avec Hiam Abbass, Makram J. Khoury et Clara Khoury. - Diverses embûches surviennent le jour du mariage d'une jeune femme druze du plateau du Golan avec une vedette de la télévision syrienne. - Regard critique éclairant sur la situation sociopolitique du Moyen-Orient. Nombreux drames brillamment enchevêtrés. Ton de dérision. Mise en scène précise. Interprétation vivante, dominée par H. Abbass. □ Général
DVD STF→Cadrage W/16X9→31,95 $

FIANCÉS, LES [Fiances, The] ►2
ITA. 1962. Drame psychologique de Ermanno OLMI avec Carlo Cabrini et Anna Canzi. - Éloigné de sa fiancée par son travail, un ouvrier entreprend avec elle un échange épistolaire. - Étude psychologique subtile. Mise en scène dépouillée. Touches poétiques. Interprètes admirablement dirigés.
DVD STA→39,95 $

FIANCES, THE *voir* **Fiancés, Les**

FICTION PULPEUSE *voir* **Pulp Fiction**

FIDDLER ON THE ROOF ▷3
É.-U. 1971. Comédie musicale de Norman JEWISON avec Chaim Topol, Norma Crane et Leonard Frey. - Dans un village d'Ukraine, un fermier juif, père de cinq filles, se fait du souci à cause des amours de ses trois aînées. - Vivante évocation de mœurs patriarcales. Mise en scène ample et bien rythmée. Interprétation convaincante et attachante. □ Général
DVD VA→STA→Cadrage W→22,95 $

FIDÈLE LASSIE, LA *voir* **Lassie Come Home**

FIDÈLE VAGABOND, LE *voir* **Old Yeller**

FIELD, THE ▷3
ANG. 1990. Drame de mœurs de Jim SHERIDAN avec John Hurt, Richard Harris et Sean Bean. - Un vieux paysan irlandais rivalise avec un industriel américain pour acquérir un petit champ de culture mis à l'encan. - Variations émouvantes sur le thème de l'attachement à la terre. Contexte naturel fort bien exploité. Tension ménagée avec force. Interprétation solide. □ Général
DVD VA→Cadrage W→19,95 $ VA→Cadrage W→42,95 $

FIELD DIARY / ARENA OF MURDER
ISR. 1982. Amos GITAÏ
DVD STA→29,95 $

FIELD OF DREAMS [Champ de rêves, Le] ▷4
É.-U. 1989. Comédie fantaisiste de Phil Alden ROBINSON avec Kevin Costner, Amy Madigan et James Earl Jones. - À la suite d'une vision, un fermier construit sur son champ un terrain de base-ball pour que reviennent y jouer d'anciens joueurs tous décédés. □ Général
DVD VF→STF→Cadrage W→16,95 $

FIEND, THE
É.-U. 1971. Robert HARTFORD-DAVIS
DVD VA→22,95 $

FIENDISH PLOT OF DR. FU MANCHU, THE ▷5
ANG. 1980. Comédie de Piers HAGGARD avec Peter Sellers, Helen Mirren et David Tomlinson. - Un génie du crime, privé de son élixir de longue vie, envoie ses émissaires voler les éléments nécessaires à un nouveau mélange. □ Général

FIERCE CREATURES [Créatures féroces] ▷4
É.-U. 1996. Comédie satirique de Fred SCHEPISI et Robert M. YOUNG avec John Cleese, Jamie Lee Curtis et Kevin Kline. - Avec l'aide de leur directeur, les employés d'un zoo anglais acquis par un magnat américain luttent pour empêcher le site de devenir un parc récréatif grotesque. □ Général
DVD VA→18,95 $

FIERRO... L'ÉTÉ DES SECRETS ▷3
QUÉ. 1989. Comédie dramatique d'André MELANÇON avec Juan de Benedictis, Santiago Gonzalez et Alexandra London-Thompson. - Trois enfants vont passer l'été au ranch de leur grand-père en Argentine. - Exploration intéressante des émotions des jeunes et des adultes. Interprétation pleine de fraîcheur des enfants.

FIESTA ▷4
FR. 1995. Drame de guerre de Pierre BOUTRON avec Jean-Louis Trintignant, Grégoire Colin et Marc Lavoine. - Un adolescent de l'aristocratie sert sous les ordres d'un colonel franquiste cynique. □ 13 ans+

FIEVEL ET LE NOUVEAU MONDE *voir* **American Tail, An**

FIÈVRE AU CORPS, LA *voir* **Body Heat**

FIÈVRE DANS LE SANG, LA *voir* **Splendor in the Grass**

FIÈVRE DE DIEU, LA *voir* **Godspell**

FIÈVRE DU SAMEDI SOIR, LA *voir* **Saturday Night Fever**

FIÈVRE MONTE À EL PAO, LA ▷4
[Fever Mounts in El Pao]
FR. 1959. Drame social de Luis BUNUEL avec Gérard Philipe, Maria Felix et Jean Servais. - Un idéaliste occupe des postes importants dans une île d'Amérique latine après être devenu l'amant d'une intrigante.

FIFTH CORD ▷5
ITA. 1971. Drame policier de L. BAZZONI avec Franco Nero, Silvia Monti et Pamela Tiffin. - Un journaliste compromis dans une série de meurtres et d'attentats entreprend de retrouver lui-même le coupable.
DVD VA→Cadrage W→27,95 $

FIFTH ELEMENT, THE [Cinquième élément, Le] ▷4
FR. 1997. Science-fiction de Luc BESSON avec Bruce Willis, Gary Oldman et Milla Jovovich. - Au XXIIIe siècle, un chauffeur de taxi new-yorkais protège une jeune femme mystérieuse qui peut sauver le monde d'une destruction certaine. □ 13 ans+
DVD VA→STA→33,95 $ Cadrage W→23,95 $
VA→STF→Cadrage W/16X9→34,95 $

FIGHT CLUB ▷3
É.-U. 1999. Drame de David FINCHER avec Edward Norton, Brad Pitt et Helena Bonham Carter. - Un yuppie insomniaque et déboussolé fonde avec un individu énigmatique un club secret de combats à mains nues. - Charge subversive contre la société de consommation. Récit morcelé fertile en surprises. Humour dévastateur. Réalisation fort inventive. Interprètes solides. □ 18 ans+ · Violence
DVD VF→Cadrage W→21,95 $

FIGHTING CARAVANS [Attaque de la caravane, L'] ▷5
É.-U. 1930. Western de D. BURTON avec Gary Cooper, Lily Damita et Ernest Torrence. - Un jeune guide de caravane feint d'épouser une orpheline pour échapper à une arrestation.
DVD VF→8,95 $

FIGHTING ELEGY
JAP. 1966. Seijun SUZUKI □ Général
DVD STA→Cadrage W/16X9→46,95 $

FIGHTING KENTUCKIAN, THE ▷5
[Bagarreur du Kentucky, Le]
É.-U. 1949. Aventures de George WAGGNER avec John Wayne, Vera Ralston et Oliver Hardy. - Un garçon du Kentucky défend les compatriotes de sa bien-aimée contre un individu sans scrupules.
□ Général

FIGHTING RATS OF TOBRUK, THE
AUS. 1944. Charles CHAUVEL
DVD VA→Cadrage P&S→19,95 $

FIGHTING SULLIVANS, THE ▷4
É.-U. 1945. Drame psychologique de Lloyd BACON avec Thomas Mitchell, Ann Baxter et Edouard Ryan. - Pendant la Seconde Guerre mondiale, cinq fils d'une famille d'ascendance irlandaise établie dans l'Iowa s'engagent à servir dans la marine. □ Général

FIL À LA PATTE, UN ▷4
FR. 2004. Comédie de Michel DEVILLE avec Charles Berling, Emmanuelle Béart et Patrick Timsit. - Avant de faire un riche mariage, un noble désargenté doit d'abord rompre avec sa maîtresse, une ravissante chanteuse de café-concert.

FIL DE L'HORIZON, LE ▷5
POR. 1993. Drame de Fernando LOPÈS avec Claude Brasseur, Andréa Ferreol et Ana Padrao. - Une relation mystérieuse semble exister entre un jeune homme abattu par un tueur et le vieil employé de la morgue chargé d'examiner le corps. □ Général

FIL DE LA VIE, LE *voir* **Strings**

FIL DU RASOIR, LE *voir* **Razor's Edge, The**

FILASSE ▷3
BEL. 1979. Comédie dramatique de Robbe DE HERT avec Blanka Heirman, Eric Clerckx et Willy Vandermeulen. - Au début du siècle, l'enfance difficile du jeune fils d'un fermier des Flandres. - Intéressante évocation d'époque. Étude psychologique fort valable.
□ Non classé

FILATURE, LA *voir* **Stakeout**

FILIÈRE FRANÇAISE, LA
voir **French Connection, The**

FILLE, LA ▷4
ITA. 1978. Drame psychologique d'Alberto LATTUADA avec Marcello Mastroianni, Nastassja Kinski et Monica Randall. - Au cours d'un voyage à Florence, un architecte a une aventure avec une étudiante dont il se pourrait qu'il soit le père. □ 13 ans+

FILLE À LA CASQUETTE, LA
voir **New Kind of Love, A**

FILLE À LA VALISE, LA [Girl with a Suitcase] ▷3
ITA. 1961. Drame psychologique de Valerio ZURLINI avec Claudia Cardinale, Jacques Perrin et Romolo Valli. - Découvrant que son frère s'est mal conduit envers une chanteuse, un adolescent tente d'aider la jeune femme et s'attache à elle. - Traitement délicat et nuancé. Climat poétique. Mise en scène très soignée. Interprètes bien dirigés.
DVD VA→9,95 $

FILLE À UN MILLION DE DOLLARS
voir **Million Dollar Baby**

FILLE D'À CÔTÉ, LA
voir **Girl Next Door, The**

FILLE DE 15 ANS, LA ▷3
FR. 1989. Comédie dramatique réalisée et interprétée par Jacques DOILLON avec Judith Godrèche, Melvil Poupaud. - Le père d'un garçon de quatorze ans se sent attiré par la petite amie de celui-ci. - Intrigue riche en observations sur la psychologie amoureuse. Approche délicate et sensible. Interprétation talentueuse de de J. Godrèche. □ Général

FILLE DE D'ARTAGNAN, LA ▷4
FR. 1994. Aventures de Bertrand TAVERNIER avec Sophie Marceau, Philippe Noiret et Sami Frey. - Une jeune fille convainc son père mousquetaire de l'aider à retrouver les auteurs d'un massacre commis dans son couvent. □ Général

FILLE DE L'AIR, LA ▷4
FR. 1992. Drame policier de Maroun BAGDADI avec Béatrice Dalle, Thierry Fortineau et Hippolyte Girardot. - Convaincue que son mari est innocent du meurtre pour lequel il a été condamné, une jeune mère est décidée à le faire évader de prison. □ 13 ans+

FILLE DE L'EAU, LA [Whirlpool of Fate] ▷4
FR. 1924. Mélodrame de Jean RENOIR avec Catherine Hessling, Pierre Philippe et Pierre Champagne. - S'étant enfuie pour ne plus subir la brutalité de son oncle, une jeune fille est recueillie par des bohémiens.

FILLE DE RYAN, LA *voir* **Ryan's Daughter**

FILLE DU GÉNÉRAL, LA *voir* **General's Daughter, The**

FILLE DU MINEUR, LA *voir* **Coal Miner's Daughter**

FILLE DU NEW JERSEY, LA *voir* **Jersey Girl**

FILLE ET DES FUSILS, UNE ▷4
FR. 1965. Comédie policière de Claude LELOUCH avec Jean-Pierre Kalfon, Janine Magnan et Pierre Barouh. - Quatre bandits improvisés décident de kidnapper une actrice. □ 13 ans+

FILLE QUI EN SAVAIT TROP, LA ▷4
[Girl Who Knew Too Much, The]
ITA. 1962. Drame policier de Mario BAVA avec Leticia Roman, John Saxon et Valentina Cortese. - Témoin d'un meurtre, une jeune fille n'arrive pas à convaincre la police.

FILLE SEULE, LA [Single Girl, A] ▷4
FR. 1995. Drame psychologique de Benoît JACQUOT avec Virginie Ledoyen, Benoît Magimel et Dominique Valadie. - Une jeune fille enceinte commence à travailler dans un grand hôtel parisien tout en réfléchissant sur la suite de sa vie.
DVD VF➜STA➜PC

FILLE SUR LE PONT, LA ▷4
FR. 1998. Drame sentimental de Patrice LECONTE avec Daniel Auteuil, Vanessa Paradis et Demetre Georgalas. - Adèle est une jeune femme accablée par la malchance qui, une nuit d'hiver sur un pont enjambant la Seine, nourrit des idées de suicide. Intervient alors Gabor, lanceur de couteaux professionnel qui, persuadé qu'ils s'apporteront mutuellement la chance, la convainc de devenir son assistante.

FILLES D'AUJOURD'HUI *voir* **Career Girls**

FILLES DE GRENOBLE, LES ▷4
FR. 1981. Drame social de Joël LeMOIGNE avec André Dussollier, Zoé Chauveau et Patric Lafani. - À Grenoble, des prostituées acceptent de témoigner en cour pour mettre fin à l'activité de proxénètes italiens.

FILLES FONT LA LOI, LES *voir* **Strike!**

FILLES NE SAVENT PAS NAGER, LES
[Girls Can't Swim]
FR. 2000. Anne-Sophie BIROT
DVD VF➜STA➜36,95 $

FILLES PERDUES, CHEVEUX GRAS ▷5
FR. 2002. Comédie de mœurs de Claude DUTY avec Marina Foïs, Olivia Bonamy et Amira Casar. - Les tribulations sentimentales et professionnelles de trois jeunes femmes qui finissent par se lier d'amitié. □ Général
DVD VF➜Cadrage P&S➜38,95 $

FILLES UNIQUES ▷4
FR. 2003. Comédie de Pierre JOLIVET avec Sandrine Kiberlain, Sylvie Testud et Vincent Lindon. - Une jeune voleuse de chaussures se lie d'amitié avec une juge d'instruction un peu coincée qu'elle en vient à aider dans ses enquêtes. □ Général
DVD VF➜29,95 $

FILM BEFORE FILM *voir* **Avant-ciné, L'**

FILS, LE ►2
BEL. 2002. Drame psychologique de Luc et Jean-Pierre DARDENNE avec Olivier Gourmet, Morgan Marinne et Isabella Soupart. - Un menuisier enseignant dans un centre de formation pour jeunes délinquants s'intéresse particulièrement à un nouveau venu dans son atelier. - Œuvre profondément sensible et d'une intensité dramatique implacable. Caméra nerveuse. Traitement dépouillé. Interprétation d'un réalisme saisissant. □ Général
DVD 21,95 $

FILS D'ÉLIAS, LE [Abrazo Partido, El]
ARG. ESP. FR. ITA. 2004. DANIEL BURMAN □ Général
DVD STF➜Cadrage W➜31,95 $

FILS DE LA PANTHÈRE ROSE, LE
voir **Son of the Pink Panther**

FILS DE MARIE, LES ▷5
QUÉ. 2002. Drame psychologique réalisé et interprété par Carole LAURE avec Félix Lajeunesse-Guy et Jean-Marc Barr. - Une mère éplorée par la mort de son adolescent place une annonce dans un journal pour se trouver un nouveau fils. □ Général
DVD VF➜16,95 $

FILS DU FRANÇAIS, LE ▷5
FR. 1999. Aventures de Gérard LAUZIER avec Josiane Balasko, Fanny Ardant et David-Alexandre Parquier. - Désireux de revoir son père qui cherche de l'or au Brésil, un gamin parisien se rend en Amazonie accompagné de ses deux grands-mères qui se détestent.

FILS DU MASQUE, LE *voir* **Son of the Mask, The**

FILS DU REQUIN, LE ▷4
FR. 1993. Drame social d'Agnès MERLET avec Ludovic Vandendaele, Erick Da Silva et Sandrine Blancke. - Laissés à eux-mêmes par leur père, deux gamins vivant dans une petite ville de Normandie se livrent à des activités de petits clochards délinquants. □ 13 ans+

FILS POUR L'ÉTÉ, UN *voir* **Tribute**

FILS PRÉFÉRÉ, LE ▷4
FR. 1994. Drame de mœurs de Nicole GARCIA avec Gérard Lanvin, Bernard Giraudeau et Jean-Marc Barr. - Leur vieux père ayant fait une fugue, trois frères qui se voient rarement se retrouvent pour le rechercher.

FIN AOÛT, DÉBUT SEPTEMBRE ▷5
FR. 1998. Drame psychologique d'Olivier ASSAYAS avec Mathieu Amalric, Virginie Ledoyen et François Cluzet. - Un jeune homme qui vit une rupture avec sa compagne travaille à une émission de télévision consacrée à un ami écrivain très malade. □ 13 ans+

FIN D'UNE LIAISON, LA *voir* **End of the Affair, The**

FIN DE LA VIOLENCE, LA *voir* **End of Violence, The**

FINAL ANALYSIS [Analyse fatale] ▷4
É.-U. 1992. Drame policier de Phil JOANOU avec Richard Gere, Kim Basinger et Uma Thurman. - Un psychiatre est entraîné dans une troublante affaire de meurtre impliquant une de ses patientes et la sœur de celle-ci. □ 13 ans+
DVD VF➜Cadrage P&S➜7,95 $

FINAL COUNTDOWN, THE ▷4
[Nimitz, retour vers l'enfer]
É.-U. 1980. Drame fantastique de Don TAYLOR avec Kirk Douglas, Martin Sheen et James Farentino. - Entraîné dans un typhon, un porte-avions américain brise la barrière du temps et se retrouve en 1941.
DVD VA➜STF➜Cadrage W➜28,95 $/41,95 $

FINAL CUT
É.-U. 1998. Dominic ANCIANO et Ray BURDIS
DVD VF➜STA➜Cadrage W➜41,95 $

FINAL CUT, THE ▷5
É.-U. 2004. Science-fiction d'Omar NAÏM avec Robin Williams, Mira Sorvino et Jim Caviezel. - Dans le futur, un monteur découvre de troublants secrets sur un cadre de sa compagnie dont la mémoire avait été enregistrée sur une puce implantée dans son cerveau.
DVD VA➜26,95 $

FINAL PROGRAMME, THE ▷5
ANG. 1973. Science-fiction de Robert FUEST avec Jon Finch, Jenny Runacre et Graham Crowden. - Après la mort de son père qui a légué des notes d'une importance fondamentale, un jeune savant doit lutter contre son frère pour récupérer un microfilm. □ Non classé
DVD VA➜Cadrage W➜27,95 $

FINDER'S FEE
CAN. 2001. Jeff PROBST
DVD VA➜Cadrage W➜24,95 $

FINDING FORRESTER [À la rencontre de Forrester] ▷4
É.-U. 2000. Drame psychologique de Gus VAN SANT avec Rob Brown, Sean Connery et F. Murray Abraham. - Un adolescent afro-américain doué pour l'écriture se lie d'amitié avec un célèbre écrivain reclus et misanthrope. □ Général
DVD Cadrage W➜16,95 $

FINDING HOME
É.-U. 2003. Lawrence D. FOLDES
DVD VA➜Cadrage W➜26,95 $

FINDING NEMO [Trouver Nemo] ▷3
É.-U. 2003. Film d'animation d'Andrew STANTON. - Un poisson tropical se lance à la recherche de son fils qui a été capturé par un plongeur. - Péripéties enlevées et pleines d'humour. Personnages amusants et colorés. Quelques passages saisissants. Illustration souvent féerique. Animation par ordinateur somptueuse. □ Général
DVD VF➜Cadrage W/16X9➜36,95 $

FINDING NEVERLAND [Voyage au pays imaginaire] ▷4
É.-U. 2004. Comédie dramatique de Marc FORSTER avec Johnny Depp, Kate Winslet et Freddy Highmore. - En 1903, à Londres, le dramaturge J.M. Barrie devient ami avec une veuve et ses quatre enfants, qui lui inspirent la pièce *Peter Pan*. □ Général
DVD VF→STF→Cadrage W→23,95 $

FINE MADNESS, A ▷4
É.-U. 1966. Comédie de Irvin KERSHNER avec Sean Connery, Joanne Woodward et Patrick O'Neal. - Un poète méconnu qui vit d'expédients subit une opération au cerveau. □ Général
DVD VF→STF→Cadrage W→21,95 $

FINE ROMANCE, A [Tchin-Tchin] ▷5
ITA. 1991. Comédie sentimentale de Gene SAKS avec Julie Andrews, Marcello Mastroianni et Ian Fitzgibbon. - Un architecte et l'épouse de l'amant de sa femme unissent leurs efforts pour récupérer leurs conjoints respectifs. □ Général
DVD VA→14,95 $

FINGERS ▷5
É.-U. 1977. Drame de mœurs de James TOBACK avec Harvey Keitel, Tisa Farrow et Michael V. Gazzo. - Un pianiste virtuose est déchiré entre ses ambitions musicales et les rackets dirigés par son père. □ 18 ans+
DVD VF→STF→21,95 $

FINIAN'S RAINBOW ▷4
É.-U. 1968. Comédie musicale de Francis Ford COPPOLA avec Fred Astaire, Petula Clark et Tommy Steele. - Un vieil Irlandais et sa fille cherchent fortune aux États-Unis. □ Général
DVD VA→21,95 $

FIONA ▷5
É.-U. 1998. Drame de mœurs d'Amos KOLLEK avec Anna Thomson, Felicia Maguire et Alyssa Mulhern. - Abandonnée à sa naissance par sa mère prostituée, une jeune femme adopte le même métier et connaît divers déboires.
DVD VA→Cadrage P&S→32,95 $

FIORILE ▷4
ITA. 1993. Chronique de Paolo et Vittorio TAVIANI avec Claudio Bigagli, Galatea Ranzi et Michel Vartan. - En se rendant en Toscane pour y visiter son père, un homme raconte à ses enfants la destinée tragique de quelques-uns de ses ancêtres. □ Général

FIRE ▷4
CAN. 1996. Drame sentimental de Deepa MEHTA avec Nandita Das, Shabana Azmi et Kulbushan Kharbanda. - Déçues par leurs maris respectifs, deux belles-sœurs indiennes transforment progressivement leur amitié en sentiment amoureux. □ 13 ans+
DVD VA→Cadrage W→27,95 $

FIRE AND ICE ▷5
É.-U. 1982. Dessins animés de Ralph BAKSHI. - Un jeune et beau guerrier se bat pour libérer la fille d'un roi tenue prisonnière par les sbires d'un despote tyrannique.
DVD VA→STA→Cadrage W→42,95 $

FIRE OVER ENGLAND ▷4
ANG. 1937. Drame historique de William K. HOWARD avec Laurence Olivier, Flora Robson et Vivien Leigh. - Au XVIe siècle, un jeune officier de marine échappe aux Espagnols et contribue à la défaite de l'Invincible Armada. □ Général

FIRE THAT BURNS, THE *voir*
VILLE DONT LE PRINCE EST UN ENFANT, LA

FIRE WITHIN, THE *voir* **Feu follet, Le**

FIRECREEK ▷4
É.-U. 1967. Western de Vincent McEVEETY avec James Stewart, Henry Fonda et Gary Lockwood. - Cinq aventuriers en fuite perturbent la tranquilité d'un village. □ Général

FIREFLY DREAMS
JAP. 2001. John WILLIAMS
DVD STA→Cadrage W→32,95 $

FIREFOX ▷5
É.-U. 1982. Drame d'espionnage réalisé et interprété par Clint EASTWOOD avec Freddie Jones et Warren Clarke. - Un vétéran du Viêtnam a pour mission de voler un avion ultramoderne mis au point par les Russes. □ Général
DVD VA→STF→8,95 $

FIRELIGHT [Lueur magique] ▷4
É.-U. 1997. Drame de mœurs de William NICHOLSON avec Sophie Marceau et Stephen Dillane. - Sept ans après avoir servi de mère porteuse, une Suissesse retrouve sa fille en Angleterre et se fait engager comme gouvernante de l'enfant en l'absence du père.

FIREMEN'S BALL, THE ▷3
TCH. 1967. Comédie satirique de Milos FORMAN avec Jan Vostrcil, Josef Kolb et Frantisek Debolka. - Les pompiers volontaires d'un village organisent une fête populaire. - Caricature savoureuse et caustique. Mélange de réalisme et d'humour. Mise en scène habile. Interprétation réjouissante.
DVD STA→54,95 $

FIRES ON THE PLAIN *voir* **Feux dans la plaine, Les**

FIRES WITHIN ▷5
É.-U. 1991. Drame psychologique de Gillian ARMSTRONG avec Jimmy Smits, Greta Scacchi et Vincent d'Onofrio. - Après huit ans d'emprisonnement, un Cubain quitte son pays pour la Floride où il découvre que sa femme a refait sa vie avec un autre homme.
DVD VF→STF→Cadrage P&S/W→11,95 $

FIREWORKS [Feux d'artifice] ▷3
JAP. 1997. Drame psychologique réalisé et interprété par Takeshi KITANO avec Kayoko Kishimoto et Ren Osugi. - Harcelé par des gangsters, un flic au lourd passé commet un vol pour partir en voyage avec sa femme mourante. - Contraste saisissant entre les moments de tendresse et de violence. Style contemplatif et lyrique. Travail sonore et visuel superbe. □ 13 ans+ · Violence
DVD STA→Cadrage W→59,95 $

FIRM, THE ▷4
É.-U. 1993. Drame policier de Sydney POLLACK avec Tom Cruise, Jeanne Tripplehorn et Gene Hackman. - Nouvellement employé dans un prestigieux bureau d'avocats, un jeune homme découvre que ses patrons font affaire avec la mafia. □ Général
DVD VF→STA→Cadrage W→12,95 $

FIRST BLOOD [Rambo] ▷5
É.-U. 1982. Drame de Ted KOTCHEFF avec Sylvester Stallone, Brian Dennehy et Richard Crenna. - Un vétéran du Viêtnam est traqué par la police dans une région boisée. □ 18 ans+
DVD VA→22,95 $

FIRST BORN ▷4
É.-U. 1984. Drame psychologique de Michael APTED avec Teri Garr, Christopher Collet et Peter Weller. - Une femme élevant seule ses deux fils s'engage à la légère dans une liaison avec un homme qui se révèle être un trafiquant de stupéfiants. □ Général

FIRST CIRCLE, THE ▷4
CAN. 1991. Drame politique de Sheldon LARRY avec Robert Powell, Christopher Plummer et Laurent Malet. - En 1949 en Russie, le destin d'un fonctionnaire qui a fait défection est inextricablement lié à celui d'un groupe de scientifiques dissidents.
DVD VA→39,95 $

FIRST DEADLY SIN, THE ▷4
É.-U. 1980. Drame policier de Brian G. HUTTON avec Frank Sinatra, Faye Dunaway et David Dukes. - Un policier à la veille de la retraite s'entête à prouver que divers meurtres non résolus sont l'œuvre d'un même homme. □ 13 ans+
DVD VA→Cadrage W→7,95 $

FIRST KNIGHT [Premier chevalier, Le] ▷5
É.-U. 1995. Drame de Jerry ZUCKER avec Sean Connery, Richard Gere et Julia Ormond. - Un chevalier de la Table ronde est épris de la jeune épouse du roi Arthur qui refuse néanmoins ses avances.
DVD VF→Cadrage W→18,95 $

FIRST MEN IN THE MOON ▷4
ANG. 1964. Science-fiction de Nathan Hertz JURAN avec Martha Hyer, Lionel Jeffries et Edward Judd. - Un vieillard raconte comment, en 1899, il s'est rendu sur la Lune. □ Général

FIRST NAME: CARMEN *voir* **Prénom: Carmen**

FIRST NIGHT OF MY LIFE, THE
ESP. 1998. Luis Miguel ALBALADEJO
DVD 29,95 $

FIRST NUDIE MUSICAL, THE
É.-U. 1976. Mark HAGGARD et Bruce KIMMEL
DVD VA➜37,95 $

FIRST SPACESHIP ON VENUS ▷5
[Vaisseau spatial sur Vénus]
ALL. 1962. Science-fiction de Kurt MAETZIG avec Yoko Tani, Oldrich Lukes et Gunther Simon. - Une équipe internationale de savants se rend sur la planète Vénus où l'on découvre les restes d'une civilisation disparue. □ Non classé

FIRST STRIKE ▷5
H.K. 1996. Comédie policière de Stanley TONG avec Jackie Chan, Jackson Lou et Annie Wu. - Un policier de Hong-Kong est recruté par la CIA pour lutter contre des trafiquants d'armes nucléaires.
DVD Cadrage W➜8.69

FIRST WIVES CLUB, THE [Club des ex, Le] ▷4
É.-U. 1996. Comédie de Hugh WILSON avec Goldie Hawn, Bette Midler et Diane Keaton. - Trois anciennes amies de collège qui ont été plaquées par leurs riches maris concoctent ensemble des projets de vengeance. □ Général
DVD VA➜Cadrage W➜12,95 $

FISH CALLED WANDA, A ▷3
[Ange dénommé Wanda, Un]
ANG. 1988. Comédie policière de Charles CRICHTON avec John Cleese, Jamie Lee Curtis et Kevin Kline. - Une jeune cambrioleuse séduit l'avocat d'un de ses complices qui a été arrêté après avoir caché le butin d'un vol de diamants. - Comique de situation. Personnages savoureux. Mise en scène pleine de vitalité. Très bonne interprétation. □ Général
DVD VF➜STF➜Cadrage W➜32,95 $

FISH IN A BARREL
É.-U. 2001. Kent DALIAN
DVD VA➜23,95 $

FISH'N CHIPS *voir* **East Is East**

FISHER KING, THE [Roi pêcheur, Le] ▷3
É.-U. 1991. Comédie dramatique de Terry GILLIAM avec Jeff Bridges, Robin Williams et Amanda Plummer. - Une ancienne vedette de la radio qui a tout lâché à la suite d'une tragédie se lie d'amitié avec un clochard excentrique. - Réflexion troublante sur les paradoxes de la vie moderne. Passage habile de la comédie au drame. Mise en scène percutante. Jeu exceptionnel des deux protagonistes. □ 13 ans+
DVD Cadrage W➜19,95 $

FIST OF LEGEND ▷4
H.K. 1994. Drame de Gordon CHAN et Yuen Woo PING avec Jet Li, Chin Siu Ho et Nakayana Shinobu. - La rivalité entre deux écoles d'arts martiaux de Shanghai, l'une typiquement chinoise, l'autre japonaise. □ 13 ans+
DVD VA➜Cadrage W➜9,95 $

FISTFUL OF DOLLARS, A ▷4
[Pour une poignée de dollars]
ITA. 1964. Western de Sergio LEONE avec Clint Eastwood, Marianne Koch et Gian Maria Volontè. - Un aventurier est mêlé à la lutte de deux bandes rivales dans un village à la frontière du Mexique. □ 13 ans+
DVD VA➜STF➜Cadrage P&S/W➜12,95 $

FISTFUL OF DYNAMITE, A ▷3
ITA. 1971. Aventures de Sergio LEONE avec Rod Steiger, James Coburn et Romolo Valli. - Au Mexique, un paysan voleur et un Irlandais dynamiteur partagent des luttes révolutionnaires. - Sujet traité avec mouvement et humour. Mise en scène inventive d'une histoire picaresque. Jeu savoureux des interprètes. □ Général

FISTS IN THE POCKET ▷3
ITA. 1965. Drame psychologique de Marco BELLOCCHIO avec Paola Pitagora, Lou Castel et Marino Mase. - Le sombre univers d'une famille dont presque tous les membres sont atteints de tares physiques ou morales. - Œuvre d'une maîtrise étonnante. Réalisation habile et soignée. Bons interprètes.
DVD STA➜41,95 $

FISTS OF FURY [Chinese Connection, The] ▷5
H.K. 1972. Drame policier de Wei LO avec Bruce Lee, Marie Yi et Paul Tien. - Un jeune campagnard, expert dans les arts martiaux, découvre que la fabrique où il travaille sert de couverture à un trafic de drogue. □ 13 ans+
DVD VA➜STA➜Cadrage P&S➜16,95 $

FITZCARRALDO ►2
ALL. 1981. Aventures de Werner HERZOG avec Klaus Kinski, Claudia Cardinale et Jose Lewgoy. - Un aventurier irlandais entreprend de réaliser son rêve de construire un opéra dans la jungle péruvienne. - Film grandiose fertile en visions poétiques. Nombreux détails inhabituels. Présence fascinante de K. Kinski. □ Général
DVD Cadrage W➜37,95 $

FITZWILLY ▷4
É.-U. 1967. Comédie policière de Delbert MANN avec Dick Van Dyke, Barbara Feldon et Edith Evans. - Le majordome d'une vieille dame ruinée organise des vols pour subvenir aux besoins de la maison. □ Général

FIVE CAME BACK ▷4
É.-U. 1939. Drame de John FARROW avec Chester Morris, Lucille Ball, John Carradine et Wendy Barrie. - Un avion qui s'est écrasé dans la jungle ne peut plus transporter que cinq passagers sur douze. □ Général

FIVE DAYS, ONE SUMMER ▷3
ANG. 1982. Drame de Fred ZINNEMANN avec Sean Connery, Betsy Brantley et Lambert Wilson. - Dans les Alpes suisses, un médecin d'âge mûr s'inquiète de l'attention que porte un jeune guide à sa nièce dont il est lui-même l'amant. - Sujet brûlant développé avec pudeur et adresse. Contexte naturel bien mis en relief. Interprétation savamment maîtrisée.

FIVE DEADLY VENOMS ▷4
H.K. 1978. Aventures de Cheh CHANG avec Kuo Chui, Chang Sheng et Sun Chien. - Le disciple préféré d'un maître de kung fu est chargé de retrouver cinq anciens élèves devenus criminels.

FIVE EASY PIECES [Cinq pièces faciles] ▷3
É.-U. 1970. Drame psychologique de Bob RAFELSON avec Jack Nicholson, Karen Black et Susan Anspach. - Après avoir vécu comme un travailleur manuel, un musicien retourne dans sa famille pour revoir son père malade. - Portrait intéressant d'un inadapté. Évocation subtile et nuancée des problèmes. Mise en scène habile. Bonne direction d'acteurs. □ 13 ans+
DVD Cadrage W➜18,95 $

FIVE FINGERS OF DEATH ▷5
H.K. 1972. Aventures de Chang Ho CHENG avec Lo Lieh, Wang Ping et Fang Mien. - Un jeune Chinois habile aux arts martiaux est confronté à de dangereux adversaires. □ 13 ans+

FIVE GRAVES TO CAIRO [Cinq secrets du désert] ▷5
É.-U. 1943. Drame de guerre de Billy WILDER avec Franchot Tone, Erich Von Stroheim et Anne Baxter. - Un Anglais découvre l'emplacement secret d'armes devant servir à ravitailler l'armée de Rommel. □ Général

FIVE GUNS WEST ▷5
É.-U. 1955. Western de Roger CORMAN avec John Lund, Dorothy Malone et Mike Connors. - Cinq criminels sont graciés par les Sudistes à la condition d'accomplir une dangereuse mission.
DVD VA➜17,95 $

FIVE HEARTBEATS, THE ▷5
É.-U. 1991. Comédie musicale réalisée et interprétée par Robert TOWNSEND avec Michael Wright et Leon. - La carrière de cinq amis musiciens dont la formation remporte un joli succès à la fin des années 60 avant de rencontrer diverses difficultés. □ 13 ans+

FIVE MILLION YEARS TO EARTH
voir **Quatermass and the Pit**

FIVE OF US *voir* **Elles étaient cinq**

FIVE PENNIES, THE ▷4
É.-U. 1959. Drame biographique de Melville SHAVELSON avec Danny Kaye, Barbara Bel Geddes et Louis Armstrong. - Au cours des années 1920, Red Nichols tente de diffuser sa musique de jazz. □ Non classé
DVD VA➔15,95 $

FIVE SENSES, THE [Cinq sens, Les] ▷4
CAN. 1999. Drame psychologique de Jeremy PODESWA avec Mary-Louise Parker, Gabrielle Rose et Daniel McIvor. - Les destins entrecroisés de cinq locataires d'un immeuble torontois, tous en quête d'un lien véritable avec autrui.
DVD Cadrage W➔32,95 $

FIXER, THE ▷3
É.-U. 1968. Drame de John FRANKENHEIMER avec Alan Bates, Dirk Bogarde et Ian Holm. - En Russie tsariste, un Juif faussement accusé de meurtre résiste aux pires tortures. - Récit adapté d'un roman inspiré d'un fait authentique. Mise en scène experte. Trame musicale prenante. A. Bates remarquable de force et de sobriété. □ 13 ans+

FLAG ▷5
FR. 1987. Drame policier de Jacques SANTI avec Richard Bohringer, Pierre Arditi et Julien Guiomar. - En essayant de surprendre des gangsters, un inspecteur de police découvre des liens étranges les liant à son supérieur. □ Général

FLAME AND THE ARROW, THE ▷4
É.-U. 1950. Aventures de Jacques TOURNEUR avec Burt Lancaster, Virginia Mayo et Robert Douglas. - Un paysan lombard lutte pour délivrer son pays d'un tyran. □ Non classé

FLAME OF NEW ORLEANS, THE ▷4
É.-U. 1941. Comédie de René CLAIR avec Marlene Dietrich, Roland Young et Bruce Cabot. - Une aventurière de La Nouvelle-Orléans jette son dévolu sur un riche banquier. □ Général

FLAMENCO ▷4
ESP. 1995. Spectacle musical de Carlos SAURA. - Des musiciens, des chanteurs et des danseurs de différentes générations donnent un aperçu de leur interprétation du flamenco. □ Général
DVD STA➔34,95 $

FLAMING STAR ▷4
É.-U. 1960. Western de Don SIEGEL avec Elvis Presley, Dolores Del Rio et Barbara Eden. - Les tribulations d'un métis lors d'un affrontement entre Blancs et Indiens. □ Général
DVD VA➔9,95 $

FLAMINGO KID, THE ▷4
É.-U. 1984. Comédie dramatique de Garry MARSHALL avec Matt Dillon, Richard Crenna et Hector Elizondo. - En 1963, engagé dans un club balnéaire pour l'été, un adolescent songe à abandonner ses études.
DVD VA➔Cadrage P&S/W➔18,95 $ VA➔STF➔11,95 $

FLAMME DANS MON CŒUR, UNE ▷5
FR. SUI. 1987. Drame psychologique d'Alain TANNER avec Myriam Mézières, Benoît Régent et Aziz Kabouche. - Une comédienne s'abîme dans un état dépressif lorsque son nouvel amant part faire un reportage à l'étranger. □ 18 ans+

FLÂNEURS, LES *voir* **Mallrats**

FLASH GORDON [Guy l'éclair] ▷4
É.-U. 1980. Science-fiction de Mike HODGES avec Sam J. Jones, Melody Anderson et Max Von Sydow. - Ayant détecté la source de cataclysmes terrestres, un savant, un sportif et une cover-girl s'envolent vers une planète lointaine pour remédier au problème. □ Général

FLASHBACK ▷4
É.-U. 1990. Comédie policière de Franco AMURRI avec Dennis Hopper, Kiefer Sutherland et Carol Kane. - Un policier chargé du transfert en train d'un fuyard capturé par le FBI est mêlé à divers incidents l'obligeant à prendre la fuite avec son prisonnier. □ Général
DVD VF➔STA➔9,95 $

FLASHDANCE [Feu de la danse, Le] ▷5
É.-U. 1983. Drame musical d'Adrian LYNE avec Jennifer Beals, Michael Nouri et Sunny Johnson. - Une jeune fille de Pittsburgh, qui exerce le métier de soudeur, rêve de devenir ballerine. □ 13 ans+
DVD VF➔STA➔Cadrage W➔11,95 $

FLATLINERS [Lignes interdites] ▷4
É.-U. 1990. Science-fiction de Joel SCHUMACHER avec Kiefer Sutherland, Julia Roberts et Kevin Bacon. - Cinq étudiants en médecine s'adonnent à des expériences dangereuses sur la mort. □ 13 ans+
DVD Cadrage W➔14,95 $

FLAVIA THE HERETIC ▷5
ITA. 1974. Drame de mœurs de Gianfranco MINGOZZI avec Florinda Bolkan, Maria Casarès et Anthony Corlan. - Au début du XVe siècle, une religieuse à la vocation forcée se révolte contre son état.
DVD VA➔Cadrage W➔34,95 $

FLAWLESS ▷5
É.-U. 1999. Drame psychologique de Joel SCHUMACHER avec Robert De Niro, Philip Seymour Hoffman et Barry Miller. - Après une crise cardiaque, un policier à la retraite reçoit d'un travesti des cours de chant en guise de thérapie. □ 13 ans+ · Violence
DVD Cadrage W➔11,95 $

FLÈCHE BRISÉE, LA *voir* **Broken Arrow**

FLESH ▷5
É.-U. 1968. Drame de mœurs de Paul MORRISSEY avec Geraldine Smith, Joe Dellasandro et Maurice Bradell. - Vingt-quatre heures dans la vie d'un jeune homme qui se prostitue pour faire vivre sa femme et son enfant. □ 18 ans+
DVD VA➔22,95 $

FLESH + BLOOD ▷4
É.-U. 1985. Aventures de Paul VERHOEVEN avec Rutger Hauer, Jennifer Jason Leigh et Tom Burlinson. - Au Moyen Âge, la fiancée du fils d'un seigneur est enlevée par des mercenaires. □ 13 ans+ · Violence
DVD VA➔STF➔Cadrage W➔18,95 $

FLESH AND BONE [Lien, Le] ▷4
É.-U. 1993. Drame policier de Steve KLOVES avec Meg Ryan, James Caan et Dennis Quaid. - Une relation sentimentale s'ébauche entre un Texan solitaire et une jeune femme délurée qui sont liés, sans le savoir, par un événement tragique de leur enfance. □ 13 ans+
DVD VA➔STA➔Cadrage W➔9,95 $

FLESH AND THE DEVIL ▷3
É.-U. 1926. Drame psychologique de Clarence BROWN avec John Gilbert, Greta Garbo et Lars Hanson. - Un jeune militaire se brouille avec un ami d'enfance à cause d'une femme mariée. - Récit fouillé. Réalisation de métier. Interprétation solide. □ Général

FLESH FOR FRANKENSTEIN
voir **Andy Warhol's Frankenstein**

FLETCH [Fletch aux trousses] ▷4
É.-U. 1985. Comédie policière de Michael RITCHIE avec Chevy Chase, Joe Don Baker et Dana Wheeler-Nicholson. - Un journaliste enquête sur un trafic de drogues le long des plages californiennes.
DVD VF➔Cadrage W➔22,95 $

FLETCH AUX TROUSSES *voir* **Fletch**

FLEUR DE CACTUS *voir* **Cactus Flower**

FLEUR DE MON SECRET, LA ▷3
[Flower of My Secret, The]
ESP. 1995. Comédie dramatique de Pedro ALMODOVAR avec Marisa Paredes, Juan Echanove et Imanol Arias. - Une auteure de romans à l'eau de rose traverse une crise existentielle. - Portrait sincère d'une héroïne atypique. Humour discret mais corrosif. Mise en scène colorée. Jeu intense de M. Paredes. □ Général

FLEUR DU MAL, LA ▷4
FR. 2002. Drame de mœurs de Claude CHABROL avec Suzanne Flon, Nathalie Baye et Benoît Magimel. - Dans le Bordelais, une candidate à la mairie est éclaboussée par un tract anonyme révélant de troublants secrets sur sa famille bourgeoise. □ Général
DVD VF→17,95 $

FLEURS BRISÉES *voir* **Broken Flowers**

FLEURS DU SOLEIL, LES [Sunflower] ▷5
ITA. 1969. Drame de Vittorio DE SICA avec Sophia Loren, Marcello Mastroianni et Ludmilla Savelyeva. - À la fin de la guerre, une Italienne part à la recherche de son mari disparu en Russie. □ Général
DVD VA→STA→Cadrage W→24,95 $

FLEURS SAUVAGES, LES ▷3
QUÉ. 1981. Drame de mœurs de Jean-Pierre LEFEBVRE avec Marthe Nadeau, Michèle Magny et Pierre Curzi. - Une femme tente de combler le fossé psychologique qui la sépare de sa mère en séjour chez elle. - Approche délicate et subtile. Cadre estival lumineux. Fine interprétation.

FLIC, UN ▷3
FR. 1972. Drame policier de Jean-Pierre MELVILLE avec Alain Delon, Richard Crenna et Catherine Deneuve. - Un commissaire de police découvre qu'un vieil ami est le chef de bande qu'il poursuit à la suite d'un vol. - Œuvre fignolée et un peu froide. Style rigoureux. Traitement ambigu des relations entre les personnages. Interprétation retenue.
DVD VF→STA→Cadrage W→28,95 $

FLIC DE BEVERLY HILLS, LE *voir* **Beverly Hills Cop**

FLIC DE MON CŒUR, LE *voir* **Big Easy, The**

FLIC DU FUTUR, LE *voir* **Trancers**

FLIC OU VOYOU ▷4
FR. 1979. Comédie policière de Georges LAUTNER avec Jean-Paul Belmondo, Marie Laforêt et Michel Galabru. - À Nice, un inspecteur d'une brigade de choc vient enquêter sur la collusion entre criminels et policiers. □ Général

FLIC RICANANT, LE *voir* **Laughing Policeman, The**

FLIC STORY ▷3
FR. 1975. Drame policier de Jacques DERAY avec Alain Delon, Jean-Louis Trintignant, Renato Salvatori et Claudine Auger. - En 1947, un inspecteur est chargé de retrouver un meurtrier qui vient de s'évader d'un asile psychiatrique. - Traitement sobre et rigoureux de faits authentiques. Habile évocation d'époque. Excellent jeu des vedettes. □ Général
DVD VF→STA→Cadrage W/16X9→21,95 $

FLIC SUR LE TOIT, UN ▷3
SUÈ. 1976. Drame policier de Bo WIDERBERG avec Carl Gustaf Lindstedt, Sven Wollter et Thomas Hellberg. - Un policier déséquilibré juché sur un toit tire dans la rue sur ses collègues qui circulent. - Considérations psychologiques et sociologiques intéressantes. Personnages dépeints avec précision. Tension habilement soutenue. Excellents interprètes.

FLIC VOIT ROUGE, UN [Blood, Sweat and Fear] ▷5
ITA. 1975. Drame policier de Stelvio MASSI avec Franco Gasparri, Lee J. Cobb et Sara Sperati. - Un jeune policier aux méthodes expéditives cherche à convaincre un industriel de trafic de drogue. □ Général

FLICKERING LIGHTS
DAN. 2000. Anders THOMAS JENSEN
DVD STA→24,95 $

FLICS EN DIRECT *voir* **Showtime**

FLICS ET VOYOUS *voir* **Cops and Robbers**

FLIGHT OF DRAGONS [Vol des dragons, Le] ▷4
É.-U. 1985. Dessins animés de Jules BASS, Arthur RANKIN Jr., Fumihiko TAKAYAMA et Katsuhisa YAMADA. - Par le jeu de forces magiques, un jeune romancier du XXe siècle se retrouve dans le corps d'un dragon à une époque reculée. □ Général

FLIGHT OF THE INNOCENT, THE
voir **Course de l'innocent, La**

FLIGHT OF THE PHOENIX ▷4
É.-U. 2004. Film d'aventures de John MOORE avec Dennis Quaid, Tyrese Gibson et Giovanni Ribisi. - Les passagers d'un avion écrasé dans le désert de Gobi tentent de construire un nouvel appareil avec les pièces récupérables de l'engin détruit. □ Général · Déconseillé aux jeunes enfants
DVD VA→Cadrage W→15,95 $

FLIGHT OF THE PHOENIX, THE ▷4
É.-U. 1965. Drame de Robert ALDRICH avec James Stewart, Hardy Kruger et Ernest Borgnine. - Un avion s'étant écrasé dans le désert, un ingénieur en aéronautique propose de le reconstruire avec les parties récupérables. □ Général
DVD VA→Cadrage W→14,95 $

FLIGHTPLAN [Plan de vol] ▷4
É.-U. 2005. Thriller de Robert SCHWENTKE avec Jodie Foster, Peter Sarsgaard et Sean Bean. - Dans un immense avion de ligne qui effectue le vol Berlin-New York, une passagère met tout en œuvre pour retrouver sa fillette qui a mystérieusement disparu. □ Général · Déconseillé aux jeunes enfants
DVD VF→STA→Cadrage W→34,95 $

FLIM FLAM MAN, THE [Sacrée fripouille, Une] ▷4
É.-U. 1967. Comédie de Irvin KERSHNER avec George C. Scott, Michael Sarrazin et Sue Lyon. - Un jeune déserteur partage la vie aventureuse d'un vieil escroc. □ Général

FLINGUEUR ET GLORY *voir* **Mad Dog and Glory**

FLIPPER ▷4
É.-U. 1963. Aventures de James B. CLARK avec Luke Halpin, Chuck Connors et Kathleen Maguire. - Un enfant s'attache à un dauphin qu'il a secouru.
DVD VF→STF→Cadrage W→16,95 $

FLIPPER ▷5
É.-U. 1996. Aventures d'Alan SHAPIRO avec Elijah Wood, Paul Hogan et Chelsea Field. - Un adolescent contraint de passer l'été avec son oncle pêcheur se lie d'amitié avec un dauphin menacé par les manœuvres d'un pollueur. □ Général
DVD VF→STF→Cadrage W→9,95 $

FLIPPER CITY *voir* **Heavy Traffic**

FLIRTING ▷3
AUS. 1990. Comédie dramatique de John DUIGAN avec Noah Taylor, Thandie Newton et Nicole Kidman. - En 1965, dans un collège australien, un adolescent à l'esprit romantique et la fille d'un nationaliste africain se lient d'amitié. - Regard à la fois critique et nuancé sur les valeurs morales héritées du système britannique. Mise en scène vivante. Jeu décontracté et naturel des interprètes. □ Général
DVD VA→STA→Cadrage W→8,95 $

FLIRTING WITH DISASTER ▷4
[Amours, flirt et calamités]
É.-U. 1996. Comédie de mœurs de David O. RUSSELL avec Patricia Arquette, Ben Stiller et Téa Leoni. - Accompagné d'une psychologue et de son épouse, un jeune entomologiste parcourt les États-Unis afin de retrouver ses parents biologiques. □ 13 ans+
DVD Cadrage W→17,95 $ VA→21,95 $

FLOATING LIFE ▷4
AUS. 1996. Drame de mœurs réalisé par Clara LAW avec Annie Yip, Annette Shun Wah et Anthony Wong. - En 1997, un vieux couple de Hong-Kong et ses deux fils adolescents rejoignent, non sans heurts, la deuxième fille de la famille installée en Australie. □ 13 ans+

FLOATING WEEDS *voir* **Herbes flottantes**

FLODDER *voir* **Lavigueur déménagent, Les**

FLORIDA, LA ▷6
QUÉ. 1993. Comédie de George MIHALKA avec Rémy Girard, Pauline Lapointe et Marie-Josée Croze. - Les tribulations d'une famille québécoise qui s'achète un motel en Floride. □ Général

FLORIDIENS, LES *voir* **Sunshine State**

FLOUNDERING ▷4
É.-U. 1993. Comédie satirique de Peter McCARTHY avec James Le Gros, John Cusack et Ethan Hawke. - Confronté aux dures réalités de l'existence, un résident de Los Angeles sans emploi et sans le sou cherche un sens à sa vie. □ 13 ans+

FLOWER AND GARNET ▷4
CAN. 2002. Drame psychologique de Keith BEHRMAN avec Jane McGregor, Callum Keith Rennie et Colin Roberts. - Blessée par l'indifférence de son père veuf, une adolescente faisant figure de mère auprès de son jeune frère quitte le foyer familial. - □ Général · Déconseillé aux jeunes enfants
DVD VA→18,95 $

FLOWER OF MY SECRET, THE
voir **Fleur de mon secret, La**

FLOWERS IN THE ATTIC ▷5
É.-U. 1987. Mélodrame de Jeffrey BLOOM avec Kristy Swanson, Jeb Stuart Adams et Victoria Tennant. - Des enfants retenus prisonniers par leur mère dans la demeure de leur grand-père tentent de s'échapper coûte que coûte. □ 13 ans+
DVD VA→Cadrage W→9,95 $

FLOWERS OF SHANGHAI
TAÏ. 1998. Hsiao-hsien HOU
DVD STA→Cadrage W→21,95 $

FLOWERS OF ST. FRANCIS, THE ►2
[Onze fioretti de Francois d'Assise]
ITA. 1950. Drame biographique de Roberto ROSSELLINI avec Aldo Fabrizi et des moines franciscains. - Quelques épisodes de la vie du « poverello ». - Ton poétique empreint d'une charmante naïveté. Mise en scène remarquable, de style néoréaliste. Interprétation juste.
DVD STA→46,95 $

FLUBBER [Plaxmol] ▷4
É.-U. 1997. Comédie fantaisiste de Les MAYFIELD avec Marcia Gay Harden, Robin Williams et Christopher McDonald. - Un savant distrait trouve par hasard une substance qui défie les lois de la gravité.
DVD Cadrage W→13,95 $

FLÛTE ENCHANTÉE, LA [Magic Flute, The] ►2
SUÈ. 1974. Spectacle musical de Ingmar BERGMAN avec Joseph Kostlinger, Irma Urrila et Hackan Haggard. - Un prince accepte d'aller au secours de la fille de la Reine de la nuit enlevée par un mage. - Transposition cinématographique de l'opéra de Mozart. Traitement ingénieux. Trouvailles délicieuses. Ensemble plein de charme et de fraîcheur. Interprétation simple. □ Général
DVD STA→Cadrage W→46,95 $

FLY AWAY HOME [Premier envol, Le] ▷4
É.-U. 1996. Aventures de Carroll BALLARD avec Anna Paquin, Jeff Daniels et Dana Delany. - À bord de deux avions ultralégers, un père et sa fille guident des outardes orphelines dans leur voyage migratoire vers le sud. □ Général

FLY, THE ▷4
É.-U. 1958. Drame d'horreur de Kurt NEUMANN avec Al Hedison, Patricia Owens et Vincent Price. - Un savant est victime d'une horrible transformation en expérimentant un appareil de son invention. □ Général

FLY, THE [Mouche, La] ▷4
É.-U. 1986. Drame d'horreur de David CRONENBERG avec Jeff Goldblum, Geena Davis et John Getz. - À la suite d'un accident survenu au cours d'une expérience de téléportation, un savant se transforme progressivement en mouche. □ 13 ans+
DVD VF→STA→Cadrage W→22,95 $

FLY II, THE [Mouche 2, La] ▷5
É.-U. 1989. Science-fiction de Chris WALAS avec Eric Stoltz, Daphne Zuniga et Lee Richardson. - Se transformant progressivement en mouche, le fils d'un savant victime de ses propres expériences tente d'arrêter cette métamorphose à l'aide de l'appareil de son père. □ 18 ans+

FLYING DEUCES [Laurel et Hardy conscrits] ▷4
É.-U. 1939. Comédie burlesque de A. Edward SUTHERLAND avec Stan Laurel, Oliver Hardy et Jean Parker. - Deux compères, dont l'un vient d'avoir une déception amoureuse, s'engagent dans la Légion étrangère. □ Général
DVD VA→11,95 $

FLYING DOWN TO RIO ▷4
É.-U. 1933. Comédie musicale de Thornton FREELAND avec Dolores Del Rio, Fred Astaire et Ginger Rogers. - Une jolie femme doit choisir entre deux prétendants au cours d'un voyage en Amérique du Sud. □ Général

FLYING LEATHERNECKS, THE ▷4
É.-U. 1951. Drame de guerre de Nicholas RAY avec John Wayne, Robert Ryan et Don Taylor. - Les pilotes d'une escadrille se heurtent à la rigueur de leur nouveau chef. □ Non classé
DVD VA→STF→8,95 $

FLYING TIGERS ▷5
É.-U. 1943. Drame de guerre de David MILLER avec John Wayne, John Carroll et Anna Lee. - Des aviateurs américains combattent en Chine avant Pearl Harbour.

FOCUS ▷4
É.-U. 2001. Drame social de Neal SLAVIN avec William H. Macy, Laura Dern et David Paymer. - Au début des années 1940, un modeste employé d'une firme de Manhattan est ostracisé par son entourage qui le prend pour un Juif. □ Général
DVD VA→STA→Cadrage W→10,95 $

FOG, THE *voir* **Dhund**

FOG, THE [Brouillard, Le] ▷4
É.-U. 1979. Drame d'horreur de John CARPENTER avec Adrienne Barbeau, Tom Atkins et Jamie Lee Curtis. - Un village côtier qui fête son centenaire est envahi par des fantômes. □ 13 ans+
DVD VF→STF→Cadrage P&S/W→11,95 $

FOG, THE ▷6
É.-U. 2005. Drame d'horreur de Rupert WAINWRIGHT avec Tom Welling, Maggie Grace et Selma Blair. - Alors qu'un village d'une île près des côtes de l'Oregon s'apprête à fêter son centenaire, les habitants sont victimes des spectres meurtriers que cache un épais brouillard. □ 13 ans+ · Horreur
DVD VF→STF→Cadrage W→23,95 $

FOGI IS A BASTARD *voir* **F. est un salaud**

FOIRE AUX MALHEURS, LA
voir **Money Pit, The**

FOIRE AUX VANITÉS, LA *voir* **Vanity Fair**

FOIRE DES TÉNÈBRES, LA
voir **Something Wicked This Way Comes**

FOLIE DES GRANDEURS, LA ▷4
FR. 1971. Comédie de Gérard OURY avec Louis de Funès, Yves Montand et Alice Sapritch. - Chassé de la cour d'Espagne, un noble décide de préparer sa vengeance en faisant passer son valet pour un neveu de retour d'Amérique. □ Général

FOLIE DU ROI GEORGE, LA
voir **Madness of King George, The**

FOLIES BOURGEOISES ▷5
FR. 1976. Comédie dramatique de Claude CHABROL avec Stéphane Audran, Bruce Dern et Jean-Pierre Cassel. - Une jeune femme délaisse son amant pour tenter de reconquérir son mari, infidèle lui aussi. □ Non classé

FOLIES D'AVRIL *voir* **April Fools, The**

FOLIES DE FEMMES *voir* **Foolish Wives**

FOLIES DE GRADUATION *voir* **American Pie**

FOLIES DE MISS PARTY, LES *voir* **Party Girl**

FOLLE À TUER ▷4
FR. 1975. Drame policier de Yves BOISSET avec Marlène Jobert et Tomas Milian. - Une femme sortie de clinique psychiatrique est accusée du kidnapping de l'enfant dont elle a la garde.

FOLLE COURSE VERS SUGARLAND, LA
voir **Sugarland Express, The**

FOLLE HISTOIRE DE L'ESPACE, LA *voir* **Spaceballs**

FOLLE JOURNÉE DE FERRIS BUELLER, LA
voir **Ferris Bueller's Day Off**

FOLLES AVENTURES DE PICASSO, LES ▷3
SUÈ. 1978. Comédie de Tage DANIELSSON avec Gosta Ekman, Hans Alfredson et Brigitta Andersson. - Évocation fantaisiste de la vie du célèbre peintre espagnol. - Farce burlesque d'une folie débridée. Humour inégal mais nourri. Interprétation insolite de G. Ekman.

FOLLOW THAT DREAM ▷4
É.-U. 1962. Comédie de Gordon DOUGLAS avec Elvis Presley, Arthur O'Connell et Anne Helm. - Une famille s'installe à demeure sur une plage de Floride.
DVD VA➔STF➔Cadrage W➔17,95 $

FOLLOW THE FLEET ▷4
É.-U. 1935. Comédie musicale de Mark SANDRICH avec Fred Astaire, Ginger Rogers et Randolph Scott. - Par dépit amoureux, un danseur s'engage dans la marine. □ Général
DVD VA➔STF➔21,95 $

FOLLOWING [Suiveur, Le] ▷4
ANG. 1998. Thriller de Christopher NOLAN avec Jeremy Theobald, Alex Haw et Lucy Russell. - Un jeune homme met le doigt dans un engrenage diabolique après s'être acoquiné avec un mystérieux cambrioleur.
DVD VA➔STA➔Cadrage P&S➔11,95 $

FOND KISS, A ▷4
ANG. 2004. Drame sentimental de Ken LOACH avec Atta Yaqub, Eva Birthistle et Ahmad Riaz. - Une Irlandaise qui enseigne la musique dans un institut catholique s'éprend d'un fils d'immigré pakistanais qui est DJ dans une discothèque.
DVD VA➔24,95 $

FONTAINE DES AMOURS, LA
voir **Three Coins in the Fountain**

FOOL, THE ▷4
ANG. 1990. Drame de Christine EDZARD avec Derek Jacobi, Cyril Cusack et Ruth Mitchell. - En 1857, un commis londonien qui se fait passer pour un aristocrate multiplie les arnaques en vue de soutirer de l'argent aux riches. □ Général

FOOL FOR LOVE ▷4
É.-U. 1985. Drame de mœurs de Robert ALTMAN avec Sam Shepard, Kim Basinger et Harry Dean Stanton. - Un cow-boy tente de renouer des relations amoureuses avec une gérante de motel, avec laquelle il eut une liaison passionnée. □ 13 ans+

FOOL KILLER, THE ▷4
É.-U. 1965. Aventures de Servando GONZALEZ avec Edward Albert, Anthony Perkins et Henry Hull. - Les aventures d'un orphelin qui s'est enfui du foyer qui l'hébergeait. □ Non classé

FOOL THERE WAS, A
É.-U. 1915. Frank POWELL
DVD 26,95 $

FOOLISH WIVES ►2
É.-U. 1921. Drame de mœurs réalisé et interprété par Erich VON STROHEIM avec Maude George et Cesare Gravina. - Un escroc qui se fait passer pour un prince russe cherche à écouler des faux billets à Monte Carlo. - Manifestation intéressante du génie extravagant de Von Stroheim. Mise en scène somptueuse et inventive. Interprétation sardonique du comédien réalisateur. □ Général
DVD 46,95 $ VA➔23,95 $

FOOTLIGHT PARADE ▷3
É.-U. 1933. Comédie musicale de Lloyd BACON avec James Cagney, Joan Blondell et Ruby Keeler. - Un producteur a de la difficulté à monter un nouveau spectacle. - Scénario prétexte à des numéros musicaux spectaculaires et bien agencés réalisés par Busby Berkeley. Interprétation adéquate. □ Général

FOOTLOOSE ▷4
É.-U. 1984. Comédie musicale de Herbert ROSS avec Kevin Bacon, Lori Singer et John Lithgow. - Dans une petite ville du Kansas où la danse et la musique rock sont interdites, un adolescent se démène pour organiser une soirée dansante. □ Général
DVD VA➔STA➔Cadrage W/16X9➔12,95 $

FOR LOVE OF THE GAME ▷5
[Au-delà du jeu et de l'amour]
É.-U. 1999. Drame sentimental de Sam RAIMI avec Kevin Costner, Kelly Preston et John C. Reilly. - Lors du dernier match de sa carrière, un lanceur vedette se remémore sa liaison parfois orageuse avec une journaliste. □ Général

FOR A FEW DOLLARS MORE ▷4
[Pour quelques dollars de plus]
ITA. 1965. Western de Sergio LEONE avec Clint Eastwood, Lee Van Cleef et Gian Maria Volontè. - Deux chasseurs de primes se mettent à la recherche d'un criminel évadé de prison. □ 13 ans+
DVD VF➔STF➔Cadrage W➔12,95 $

FOR A LOST SOLDIER ▷4
HOL. 1992. Drame psychologique de Roeland KERBOSCH avec Maarten Smit, Andrew Kelley et Jeroen Krabbe. - Un chorégraphe hollandais se souvient d'être tombé amoureux d'un soldat canadien à la fin de la Seconde Guerre mondiale. □ 16 ans+
DVD VA➔42,95 $

FOR EVER MOZART ▷5
SUI. 1996. Film d'essai de Jean-Luc GODARD avec Vicky Messica, Madeleine Assas et Bérangère Allaux. - Tout en préparant un film, un cinéaste se rend à Sarajevo avec des membres de sa famille qui comptent y présenter une pièce de théâtre.

FOR KEEPS [Et si on le gardait?] ▷4
É.-U. 1987. Comédie dramatique de John G. AVILDSEN avec Molly Ringwald, Randall Batinkoff et Kenneth Mars. - Après avoir décidé de garder leur enfant, un jeune couple d'adolescents affrontent non sans difficultés leur nouveau rôle de parents. □ Général
DVD VA➔STF➔Cadrage P&S➔9,95 $

FOR ME AND MY GAL ▷4
É.-U. 1942. Comédie musicale de Busby BERKELEY avec Gene Kelly, Judy Garland et George Murphy. - Un artiste de music-hall voit sa carrière et ses amours compromises par son appel sous les armes en 1916.
DVD VA➔STF➔21,95 $

FOR PETE'S SAKE ▷5
É.-U. 1974. Comédie de Peter YATES avec Barbra Streisand, Michael Sarrazin et Estelle Parsons. - L'épouse d'un chauffeur de taxi est entraînée dans des aventures extravagantes en voulant aider son mari à poursuivre ses études. □ Général
DVD Cadrage W➔24,95 $

FOR ROSEANNA [Pour l'amour de Roseanna] ▷4
É.-U. 1996. Comédie sentimentale de Paul WEILAND avec Mercedes Ruehl, Jean Reno et Polly Walker. - Son épouse étant condamnée par une maladie, un restaurateur veut s'assurer qu'elle aura sa place dans le cimetière déjà presque plein du village. □ Général
DVD VA➔STA➔Cadrage W➔23,95 $

FOR SALE *voir* **À vendre**

FOR THE BOYS [Hier, aujourd'hui et pour toujours] ▷5
É.-U. 1991. Comédie dramatique de Mark RYDELL avec Bette Midler, James Caan et George Segal. - Les hauts et les bas d'un duo d'artistes de variété qui divertit les soldats américains, de la Seconde Guerre mondiale jusqu'à celle du Viêtnam. □ 13 ans+
DVD Cadrage W→10,95 $

FOR THE FIRST TIME ▷5
É.-U. 1959. Comédie musicale de Rudolph MATÉ avec Mario Lanza, Zsa Zsa Gabor et Johanna Von Koczian. - Un ténor américain fait la connaissance d'une jeune sourde à Capri. □ Général

FOR WHOM THE BELL TOLLS ▷4
É.-U. 1947. Drame de guerre de Sam WOOD avec Gary Cooper, Ingrid Bergman et Katina Paxinou. - L'idylle tragique d'un volontaire américain et d'une Espagnole durant la guerre civile d'Espagne. □ Général
DVD 18,95 $

FOR YOUR EYES ONLY [Rien que pour vos yeux] ▷4
ANG. 1981. Drame d'espionnage de John GLEN avec Roger Moore, Carole Bouquet et Chaim Topol. - Chargé de repérer l'épave d'un navire-espion britannique, l'agent secret James Bond doit aussi démasquer les assassins d'un savant. □ Général

FORBANS DE LA NUIT, LES *voir* **Night and the City**

FORBIDDEN CHRIST, THE *voir* **Christ interdit, Le**

FORBIDDEN FRUIT
ALL. 2000. Sue MALUWA-BRUCE
DVD VA→19,95 $

FORBIDDEN GAMES *voir* **Jeux interdits**

FORBIDDEN HOMEWORK [Homework] ▷4
MEX. 1990. Comédie de mœurs de Jaime Humberto HERMOSILLO avec Maria Rojo et José Alonso. - Une étudiante en cinéma dissimule une caméra dans son appartement afin de filmer en secret ses ébats amoureux avec son amant.
DVD STA→27,95 $ STA→23,95 $

FORBIDDEN PHOTOS OF A LADY ABOVE SUSPICION ▷5
ITA. 1971. Drame policier de L. ERCOLI avec Dagmar Lassander, Pier Paolo Capponi et Simon Andreu. - Un inconnu révèle à une jeune fille que son mari est un assassin.
DVD VA→Cadrage W→27,95 $

FORBIDDEN PLANET ▷4
É.-U. 1955. Science-fiction de Fred McLEOD WILCOX avec Walter Pidgeon, Anne Francis et Leslie Nielsen. - En l'an 2200, le commandant d'un appareil interplanétaire découvre les survivants d'une expédition disparue. □ Général
DVD Cadrage P&S/W→29,95 $

FORBIDDEN RELATIONS
HON. 1982. Zsolt KEZDI-KOVACS
DVD STA→39,95 $

FORCE 10 FROM NAVARONE ▷5
[Ouragan vient de Navarone, L']
ANG. 1978. Drame de guerre de Guy HAMILTON avec Robert Shaw, Harrison Ford et Franco Nero. - Deux vétérans anglais sont adjoints à une équipe américaine chargée d'une opération spéciale en Yougoslavie. □ Général
DVD VA→STF→Cadrage P&S/W→12,95 $

FORCE MAJEURE ▷4
FR. 1988. Drame psychologique de Pierre JOLIVET avec Patrick Bruel, François Cluzet et Kristin Scott-Thomas. - Pour sauver un ami condamné à mort pour possession de drogue en Asie, deux Français sont invités à se rendre sur place pour avouer leur complicité.

FORCE OF ARMS ▷4
É.-U. 1950. Drame de guerre de Michael CURTIZ avec Nancy Olson, William Holden et Frank Lovejoy. - Nouvellement marié, un lieutenant retourne au front et est bientôt porté disparu. □ Général

FORCE OF EVIL ▷4
É.-U. 1949. Drame d'Abraham POLONSKY avec Thomas Gomez, John Garfield et Beatrice Pearson. - Un avocat, mêlé aux combines de la pègre, se ressaisit et se livre à la justice. □ Général
DVD VA→19,95 $

FORCE OF ONE, A ▷5
É.-U. 1977. Drame policier de Paul AARON avec Chuck Norris, Jennifer O'Neill et Clu Gulager. - Pour contrer un trafiquant de drogue qui s'est adjoint les services d'un karatéka, la police fait appel à un spécialiste en arts martiaux.
DVD VA→PC

FOREIGN AFFAIR, A [Scandaleuse de Berlin, La] ▷3
É.-U. 1948. Comédie dramatique de Billy WILDER avec Marlene Dietrich, Jean Arthur et John Lund. - Un comité du gouvernement enquête sur la conduite des troupes d'occupation à Berlin. - Mélange heureux de comique et de tragique. Mise en scène vivante. □ Général

FOREIGN CORRESPONDENT [Correspondant 17] ▷3
É.-U. 1940. Drame d'espionnage d'Alfred HITCHCOCK avec Joel McCrea, Laraine Day et Herbert Marshall. - Un reporter américain aide à démasquer des espions nazis. - Suite d'aventures rocambolesques conduites d'une main sûre. Touches d'humour. Interprétation alerte. □ Général
DVD VA→STF→21,95 $

FOREIGN LAND
BRÉ. POR. 1996. Walter SALLES et Daniela THOMAS
DVD STA→Cadrage W→22,95 $

FOREIGN STUDENT [Amour étranger, L'] ▷5
É.-U. 1994. Drame sentimental d'Eva SERENY avec Robin Givens, Marco Hofschneider et Rick Johnson. - En 1955, un jeune Parisien qui étudie dans une université du sud des États-Unis tombe amoureux d'une enseignante noire. □ 13 ans+

FOREST WITH NO NAME, A
JAP. 2002. Shinji AOYAMA
DVD STA→34,95 $

FORÊT D'ÉMERAUDE, LA *voir* **Emerald Forest, The**

FORÊT DE TOUS LES DANGERS, LA *voir* **Burning Season, The**

FOREVER AMBER ▷5
É.-U. 1947. Drame d'Otto PREMINGER avec Linda Darnell, Cornel Wilde et Richard Greene. - Les aventures galantes d'une jeune paysanne devenue la maîtresse du roi Charles II d'Angleterre.

FOREVER AND A DAY ▷5
É.-U. 1943. Film à sketches de René CLAIR, Edmund GOULDING, Cedric HARDWICKE, Frank LLOYD, Victor SAVILLE, Robert STEVENSON et Herbert WILCOX. - L'histoire d'une demeure londonienne construite en 1804 et détruite durant la Seconde Guerre mondiale.
DVD 49,95 $

FOREVER DARLING [Son ange gardien] ▷5
É.-U. 1955. Comédie d'Alexander HALL avec Lucille Ball, Desi Arnaz et James Mason. - Un chimiste qui délaisse son épouse au profit de son métier reçoit quelques avis salutaires. □ Non classé
DVD VA→STF→Cadrage W→16,95 $

FOREVER FEMALE ▷4
É.-U. 1953. Comédie de Irving RAPPER avec Ginger Rogers, William Holden et Paul Douglas. - Une actrice sur le retour s'entête à jouer des rôles trop jeunes pour elle. □ Général

FOREVER FEVER *voir* **That's The Way I Like It**

FOREVER MARY *voir* **Mary pour toujours**

FOREVER MARY ▷4
ITA. 1989. Drame social de Marco RISI avec Michele Placido, Claudio Amendola et Alessandro di Sanzo. - Un professeur de lettres qui travaille temporairement dans une maison de redressement pour adolescents tente d'amadouer les jeunes délinquants de sa classe. □ 13 ans+

FOREVER MINE
É.-U. 1999. Paul SCHRADER
DVD VA→STF→Cadrage W→5,95 $

FOREVER, LULU
É.-U. 1986. Amos KOLLEK
DVD VA→STA→Cadrage W→22,95 $

FORGET PARIS [Oublions Paris] ▷4
É.-U. 1995. Comédie sentimentale réalisée et interprétée par Billy CRYSTAL avec Debra Winger et Joe Mantegna. - Les difficultés d'adaptation d'un couple d'Américains qui se sont connus à Paris. □ Général

FORGOTTEN TUNE FOR THE FLUTE, A ▷3
RUS. 1987. Comédie satirique d'Eldar RYAZANOV avec Léonide Filatov, Tatiana Doguileva et Irina Kouptchenko. - Un fonctionnaire voit sa petite vie routinière bouleversée lorsqu'il s'éprend d'une jeune infirmière. - Satire bonhomme du fonctionnariat. Réflexions existentielles valables. Humour généralement subtil. Protagoniste campé avec une fine dérision. □ Général

FORGOTTEN, THE [Oubli, L'] ▷5
É.-U. 2004. Thriller de Joseph RUBEN avec Julianne Moore, Dominic West et Gary Sinise. - Une femme ayant perdu son fils de huit ans dans un écrasement d'avion se fait dire par son entourage qu'elle a imaginé cet enfant. □ Général · Déconseillé aux jeunes enfants
DVD VF→STF→Cadrage W→16,95 $

FORME DES CHOSES, LA *voir* **Shape of Things, The**

FORMULA, THE [Formule, La] ▷5
É.-U. 1980. Drame policier de John G. AVILDSEN avec Marthe Keller, George C. Scott et Marlon Brando. - Une enquête sur le meurtre d'un ancien policier révèle une conspiration pour cacher une formule secrète permettant de fabriquer du pétrole synthétique. □ Général

FORREST GUMP ▷3
É.-U. 1994. Comédie dramatique de Robert ZEMECKIS avec Tom Hanks, Robin Wright et Gary Sinise. - La vie d'un simple d'esprit excentrique qui se laisse guider par son grand cœur et son instinct. - Vision fantaisiste des étapes marquantes de l'histoire récente des États-Unis. Cascade d'anecdotes savoureuses. Illustration fougueuse et intelligente. Performance drôle et touchante de T. Hanks. □ Général
DVD VA→Cadrage W→15,95 $

FORSAKING ALL OTHERS ▷4
É.-U. 1934. Comédie sentimentale de W.S. VAN DYKE avec Clark Gable, Joan Crawford et Robert Montgomery. - Abandonnée par son fiancé le matin du mariage, une jeune femme cherche à se consoler avec un autre prétendant. □ Général

FORSYTE SAGA, THE ▷3
ANG. 2002. Chronique de Christopher MENAUL et David MOORE avec Damian Lewis, Gina McKee et Ioan Gruffudd. - Les tribulations d'une famille de la haute société anglaise à l'époque victorienne. - Adaptation télévisuelle très soignée de deux romans de John Galsworthy. Personnages d'une belle complexité psychologique. Réalisation à la fois subtile et luxueuse. Interprétation relevée.
DVD VA→Cadrage W→59,95 $ VA→STA→Cadrage W→44,95 $

FORT APACHE [Massacre de fort Apache, Le] ▷3
É.-U. 1947. Western de John FORD avec John Wayne, Henry Fonda et Pedro Armendariz. - Un colonel orgueilleux rend impossible l'accord entre Blancs et Indiens. - Évocation romancée de faits historiques. Réalisation ample. Psychologie fouillée. Interprétation convaincante. □ Général
DVD VA→STF→21,95 $

FORT APACHE, THE BRONX ▷4
É.-U. 1981. Drame policier de Daniel PETRIE avec Ken Wahl, Edward Asner et Paul Newman. - Les difficultés du travail policier dans un quartier de New York où la délinquance est difficilement contrôlable. □ 18 ans+
DVD Cadrage W→7,95 $

FORT SAGANNE ▷4
FR. 1983. Aventures de Alain CORNEAU avec Gérard Depardieu, Philippe Noiret et Sophie Marceau. - Les aventures héroïques et sentimentales d'un lieutenant affecté au Sahara à l'entraînement d'un bataillon de spahis au début du siècle. □ Général

FORTERESSE CACHÉE, LA [Hidden Fortress] ▷4
JAP. 1958. Comédie dramatique d'Akira KUROSAWA avec Misa Uehara, Toshiro Mifune et Minoru Chiaki. - Deux paysans pillards acceptent de venir en aide à un couple de fugitifs qui transporte avec lui un précieux trésor. □ Général
DVD STA→Cadrage W→46,95 $

FORTERESSE SUSPENDUE, LA ▷5
QUÉ. 2001. Comédie de Roger CANTIN avec Matthew Dupuis, Roxane Gaudette-Loiseau et Jérôme Leclerc-Couture. - Des enfants font la guerre à une bande rivale qui défend une imposante maison construite dans les arbres. □ Général
DVD VF→Cadrage W/16X9→29,95 $ VF→W 29,95 $

FORTRESS [Forteresse] ▷5
É.-U. 1992. Science-fiction de Stuart GORDON avec Christophe Lambert, Kurtwood Smith, Clifton Collins Jr., et Loryn Lockin. - Dans le futur, des détenus tentent de s'évader d'un pénitencier dont la sécurité est assurée grâce à une technologie avancée. □ 13 ans+ · Violence
DVD VA→STA→5,95 $

FORTUNE, THE ▷4
É.-U. 1974. Comédie de mœurs de Mike NICHOLS avec Warren Beatty, Jack Nicholson et Stockard Channing. - Au cours des années 20, deux hommes décident de liquider une jeune femme riche pour s'emparer de sa fortune. □ Général

FORTUNE AND MEN'S EYES ▷5
CAN. 1971. Drame social de Harvey HART avec Wendell Burton, Michael Greer, Danny Freedman et Zooey Hall. - En prison, un nouveau détenu affronte des compagnons brutaux pratiquant l'homosexualité. □ 18 ans+

FORTUNE COOKIE, THE ▷3
É.-U. 1966. Comédie satirique de Billy WILDER avec Jack Lemmon, Walter Matthau et Ron Rich. - Un avocat véreux convainc son beau-frère de collaborer à une fraude. - Bon dosage de drôlerie et de satire. Mise en scène fort habile. Personnages bien campés par de savoureux comédiens. □ Général
DVD Cadrage W→12,95 $

FORTUNE DE GÉRALDINE, LA
voir **Geraldine's Fortune**

FORTY GUNS ▷4
É.-U. 1957. Western de Samuel FULLER avec Barbara Stanwyck, Barry Sullivan et Dean Jagger. - Un représentant du procureur de l'Arizona est chargé de mettre de l'ordre dans la ville de Tombstone.
DVD VA→14,95 $

FOSSE AUX SERPENTS, LA
voir **Snake Pit, The**

FOU D'ELLE *voir* **She's So Lovely**

FOUL KING
COR. 2000. Ji-woon KIM
DVD STA→22,95 $

FOUL PLAY [Drôle d'embrouille] ▷4
É.-U. 1978. Comédie policière de Colin HIGGINS avec Goldie Hawn, Chevy Chase et Burgess Meredith. - Les attentats de mystérieux agresseurs contre une bibliothécaire amènent à la découverte d'un complot pour tuer le pape. □ Général
DVD VF→STA→Cadrage W→9,95 $

FOUNTAINHEAD, THE [Rebelle, Le] ▷4
É.-U. 1949. Drame psychologique de King VIDOR avec Gary Cooper, Patricia Neal et Raymond Massey. - Un jeune architecte lutte pour imposer ses conceptions mais rencontre une vive opposition. □ Général

FOUR BROTHERS [Quatre frères] ▷4
É.-U. 2005. Drame policier de John SINGLETON avec Mark Wahlberg, Tyrese Gibson et Andre Benjamin. - Quatre hommes issus du réseau des familles d'accueil pourchassent les responsables du meurtre de leur mère adoptive. □ 13 ans+ · Violence
DVD VF➔STA➔Cadrage W➔33,95 $

FOUR DAUGHTERS ▷4
É.-U. 1938. Drame de Michael CURTIZ avec John Garfield, Priscilla Lane et Claude Rains. - Les quatre filles d'un veuf connaissent des idylles diverses. □ Général

FOUR DAYS IN JULY
ANG. 1984. Mike LEIGH □ Général
DVD VA➔34,95 $

FOUR DAYS IN NOVEMBER ▷4
[Quatre jours en novembre]
É.-U. 1964. Film de montage de Mel STUART - Récit des évènements qui ont entouré la mort du président des États-Unis J.F. Kennedy.

FOUR DAYS IN SEPTEMBER ▷4
BRÉ. 1997. Drame politique de Bruno BARRETO avec Alan Arkin, Pedro Cardoso et Fernanda Torres. - En septembre 1969, au Brésil, l'ambassadeur des États-Unis est kidnappé par un commando de révolutionnaires marxistes. □ Général
DVD VF➔STA➔21,95 $

FOUR FACES WEST ▷4
É.-U. 1948. Western de Alfred E. GREEN avec Joel McCrea, Frances Dee et Charles Bickford. - Un voleur en fuite vient en aide à une famille mexicaine frappée par la maladie. □ Général

FOUR FEATHERS, THE ▷4
ANG. 1940. Aventures de Zoltan KORDA avec John Clements, Ralph Richardson et C. Aubrey Smith. - Un officier britannique qui a fait montre de lâcheté se rachète par une série d'actions d'éclat. □ Général

FOUR FEATHERS, THE ▷4
É.-U. 1977. Aventures de Don SHARP avec Beau Bridges, Jane Seymour et Robert Powell. - Considéré comme lâche par ses amis après avoir démissionné de l'armée, un militaire tente de racheter son honneur. □ Général

FOUR FEATHERS, THE [Quatre plumes, Les] ▷5
É.-U. 2002. Aventures de Shekhar KAPUR avec Heath Ledger, Wes Bentley et Kate Hudson. - En 1884, un ex-officier britannique accusé de lâcheté rachète son honneur en allant secourir ses collègues partis combattre au Soudan. □ Général · Déconseillé aux jeunes enfants
DVD VF➔STA➔Cadrage W➔10,95 $

FOUR FRIENDS [Georgia] ▷3
É.-U. 1981. Chronique d'Arthur PENN avec Craig Wasson, Jodi Thelen et Michael Huddleston. - Au long des années 1960, les expériences de vie du fils d'un immigrant yougoslave et de ses amis. - Traitement mi-nostalgique, mi-poétique. Réalisation contrôlée. Interprétation fort convaincante. □ 13 ans+
DVD VF➔STA➔Cadrage W➔12,95 $

FOUR HORSEMEN OF THE APOCALYPSE, THE ▷3
É.-U. 1961. Drame de guerre de Vincente MINNELLI avec Glenn Ford, Ingrid Thulin et Charles Boyer. - Un Argentin d'ascendance française se joint à la Résistance pendant la guerre. - Adaptation du roman de Vincente Blasco-Ibanez. Sujet intéressant. Mise en scène raffinée et élégante. Interprétation sensible. □ Général

FOUR MUSKETEERS, THE ▷4
[Quatre mousquetaires, Les]
É.-U. 1974. Aventures de Richard LESTER avec Michael York, Oliver Reed et Faye Dunaway. - D'Artagnan et les trois mousquetaires luttent contre une espionne au service du cardinal de Richelieu. □ 13 ans+

FOUR ROOMS [Quatre suites] ▷5
É.-U. 1995. Film à sketches d'Allison ANDERS, Alexander ROCKWELL, Robert RODRIGUEZ et Quentin TARANTINO avec Tim Roth, Jennifer Beals et Antonio Banderas. - Le chasseur d'un grand hôtel est appelé au service d'un groupe de sorcières, d'un mari jaloux, de deux enfants et d'un réalisateur. □ 13 ans+
DVD VA➔Cadrage W➔18,95 $

FOUR SEASONS, THE ▷4
É.-U. 1981. Comédie de mœurs réalisée et interprétée par Alan ALDA avec Carol Burnett et Len Cariou. - Les rencontres fréquentes de trois couples amis sont perturbées par un divorce. □ Général
DVD VF➔STF➔Cadrage W➔14,95 $

FOUR TIMES THAT NIGHT
ITA. 1972. Mario BAVA
DVD STA➔Cadrage W➔39,95 $

FOUR WEDDINGS AND A FUNERAL ▷4
[Quatre mariages et un enterrement]
ANG. 1993. Comédie sentimentale de Mike NEWELL avec Hugh Grant, Andie MacDowell et Kristin Scott Thomas. - Alors qu'il assiste à un mariage, un célibataire anglais a le coup de foudre pour une Américaine qu'il revoit par la suite à diverses occasions. □ Général
DVD VF➔STF➔Cadrage W➔22,95 $ VF➔Cadrage W➔12,95 $

FOURMIZ *voir* **Antz**

FOURTH ANGEL [Vengeance secrète] ▷5
ANG. 2000. Thriller de John IRVIN avec Jeremy Irons, Charlotte Rampling et Forest Whitaker. - Un journaliste pourchasse les terroristes responsables du meurtre de sa femme et de ses deux filles.
DVD VA➔STF➔Cadrage W➔24,95 $

FOURTH MAN, THE
voir **Quatrième homme, Le**

FOURTH PROTOCOL, THE ▷4
ANG. 1987. Drame d'espionnage de John MACKENZIE avec Michael Caine, Pierce Brosnan, Ned Beatty et Joanna Cassidy. - Un agent des services de sécurité britanniques enquête sur un plan mis au point par un officier russe pour compromettre les ententes de l'OTAN. □ Général

FOURTH WAR, THE [Quatrième guerre, La] ▷4
É.-U. 1990. Aventures de John FRANKENHEIMER avec Roy Scheider, Jurgen Prochnow et Lara Harris. - Un militaire américain belliqueux, en poste en Allemagne de l'Ouest, effectue de son propre chef des incursions nocturnes de l'autre côté de la frontière. □ 13 ans+

FOUS DE BASSAN, LES ▷4
QUÉ. 1986. Drame de Yves SIMONEAU avec Steve Banner, Bernard-Pierre Donnadieu et Charlotte Valandrey. - Un homme se souvient des événements tragiques qui ont marqué son retour au village natal. □ Général

FOX AND THE HOUND, THE [Rox et Rouky] ▷4
É.-U. 1981. Dessins animés de Ted BERMAN, Art STEVENS et Richard RICH - Un renardeau se lie d'amitié avec un jeune chien entraîné pour la chasse. □ Général

FOX ET SES AMIS [Fox and His Friends] ▷3
ALL. 1974. Drame de mœurs réalisé et interprété par Rainer Werner FASSBINDER avec Peter Chatel et Karlheinz Boehm. - Ayant gagné à la loterie, un homosexuel attire l'attention d'un jeune bourgeois. - Sorte de fable sur les relations de classes. Ironie subtile. □ 18 ans+
DVD STA➔29,95 $

FOXES [Ça plane les filles] ▷4
É.-U. 1979. Drame psychologique d'Adrian LYNE avec Jodie Foster, Cheri Currie et Scott Baio. - Quatre adolescentes sont aux prises avec divers problèmes.
DVD VF➔STF➔Cadrage W/16X9➔11,95 $

FOXFIRE [Fantôme d'Hector, Le] ▷4
É.-U. 1987. Drame psychologique de Judson TAYLOR avec Jessica Tandy, Hume Cronyn et John Denver. - Désirant qu'elle s'installe chez lui, un chanteur country tente de convaincre sa mère de quitter la ferme où elle vit seule avec ses souvenirs. □ Non classé

FRACTURE DU MYOCARDE, LA ▷4
FR. 1989. Comédie dramatique de Jacques FANSTEN avec Sylvain Copans, Nicolas Parodi et Cécilia Rouaud. - Un jeune garçon requiert la complicité de ses camarades pour cacher la mort de sa mère aux autorités. □ Général

FRAILTY [Frêle] ▷4
É.-U. 2001. Thriller réalisé et interprété par Bill PAXTON avec Matt O'Leary et Matthew McConaughey. - En 1979, un gamin texan s'oppose à son père veuf qui se dit investi de la mission divine de tuer des gens qui seraient des démons. □ 13 ans+ · Violence
DVD VF→12,95 $ VA→Cadrage W→9,95 $

FRAISES ET CHOCOLAT
voir **Strawberry and Chocolate**

FRAISES SAUVAGES, LES [Wild Strawberries] ►1
SUÈ. 1957. Drame psychologique de Ingmar BERGMAN avec Victor Sjöstrom, Ingrid Thulin et Bibi Andersson. - Hanté par la mort, un vieux médecin réfléchit sur son passé et son présent. - Mélange très habile de rêve et de réalité. Excellente progression psychologique. V. Sjöstrom bouleversant de vérité. □ 13 ans+
DVD STA→Cadrage P&S→62,95 $

FRANCE BOUTIQUE ▷5
FR. 2003. Comédie de mœurs de Tonie MARSHALL avec Karin Viard, François Cluzet et Judith Godrèche. - Au moment où son entreprise de téléachat est menacée par la concurrence, un couple sent son mariage battre de l'aile.
DVD VF→STA→16,95 $

FRANCES ▷4
É.-U. 1982. Drame biographique de Graeme CLIFFORD avec Jessica Lange, Kim Stanley et Sam Shepard. - La carrière et le triste destin de l'actrice Frances Farmer. □ 13 ans+
DVD VF→Cadrage W→24,95 $

FRANCIS [Francis the Talking Mule] ▷4
É.-U. 1949. Comédie de Arthur LUBIN avec Donald O'Connor, Zasu Pitt et Patricia Medina. - Un soldat accomplit des exploits grâce à un mulet qui parle. □ Général

FRANCIS OF ASSISI
É.-U. 1961. Drame biographique de Michael CURTIZ avec Bradford Dillman, Dolores Hart et Stuart Whitman.
DVD VA→14,95 $

FRANÇOIS 1er ▷5
FR. 1937. Comédie de CHRISTIAN-JAQUE avec Fernandel, Mona Goya et Alice Tissot. - Un acteur improvisé est transporté en rêve à l'époque de François 1er. □ Général

FRANÇOIS ET LE CHEMIN DU SOLEIL ►2
[Brother Sun, Sister Moon]
ITA. 1972. Drame biographique de Franco ZEFFIRELLI avec Graham Faulkner, Judi Bowker et Valentina Cortese. - Quelques épisodes de la vie de saint François d'Assise. - Évocation poétique adaptée à la sensibilité moderne. Grande richesse visuelle. Jeu spontané des acteurs. □ Général
DVD VF→STA→Cadrage W→16,95 $

FRANKENSTEIN *voir* **Mary Shelley's Frankenstein**

FRANKENSTEIN ▷3
É.-U. 1931. Drame d'horreur de James WHALE avec Boris Karloff, Colin Clive et Dwight Frye. - Un médecin fabrique un monstre en utilisant les membres de divers cadavres. - Premier long métrage adapté du roman de Mary Shelley. Effets spéciaux intéressants pour l'époque. Superbes décors d'inspiration expressionniste. Composition réussie de B. Karloff dans le rôle du monstre. □ Général

FRANKENSTEIN 90 ▷5
FR. 1984. Comédie d'Alain JESSUA avec Jean Rochefort, Eddy Mitchell et Fiona Gélin. - Un savant connaît divers ennuis après avoir créé un monstre qu'il a doté d'un micro-ordinateur au lieu d'un cerveau humain. □ 13 ans+
DVD VF→STF→Cadrage W/16X9→23,95 $

FRANKENSTEIN AND THE MONSTER FROM HELL ▷5
ANG. 1973. Drame d'horreur de Terence FISHER avec Peter Cushing, Shane Briant et Madeline Smith. - Deux médecins arrivent à donner vie à un monstre composite qui se montre cependant violent et incontrôlable. □ 13 ans+
DVD VA→STA→Cadrage W→13,95 $

FRANKENSTEIN CREATED WOMAN ▷4
[Frankenstein créa la femme]
ANG. 1967. Science-fiction de Terence FISHER avec Peter Cushing, Susan Denberg et Thorley Walters. - Le docteur Frankenstein ressuscite une jeune fille qui vengera la mort de son fiancé. □ Général

FRANKENSTEIN JUNIOR *voir* **Young Frankenstein**

FRANKENSTEIN MUST BE DESTROYED! ▷4
ANG. 1970. Drame d'horreur de Terence FISHER avec Peter Cushing, Veronica Carlson et Simon Ward. - Un chirurgien opère une greffe de cerveau qui a des conséquences tragiques. □ 13 ans+
DVD VF→STF→Cadrage W→11,95 $

FRANKENSTEIN UNBOUND ▷4
É.-U. 1990. Science-fiction de Roger CORMAN avec John Hurt, Raul Julia et Bridget Fonda. - En l'an 2031, un savant poursuit des recherches qui le projettent au XIXe siècle où il rencontre un docteur qui vient de créer un monstre. □ 13 ans+

FRANKIE AND JOHNNY ▷4
É.-U. 1991. Comédie dramatique de Garry MARSHALL avec Michelle Pfeiffer, Al Pacino et Hector Elizondo. - Un ex-détenu est embauché comme cuisinier dans un restaurant populaire où il s'éprend d'une jeune serveuse solitaire et plutôt morose. □ 13 ans+
DVD VA→Cadrage W→9,95 $

FRANKIE AND JOHNNY ▷5
[Rousse qui porte bonheur, Une]
É.-U. 1966. Comédie musicale de Frederick De CORDOVA avec Elvis Presley, Donna Douglas et Nancy Kovack. - Intrigue amoureuse à bord d'un « showboat » sur le Mississippi. □ Général
DVD Cadrage W→11,95 $

FRANKIE STARLIGHT [Frankie] ▷5
IRL. 1995. Drame psychologique de Michael LINDSAY-HOGG avec Anne Parillaud, Corban Walker et Alan Pentony. - Une jeune femme démunie qui vient de mettre au monde un nain est secourue par un officier qui s'attache à l'enfant. □ 13 ans+

FRANTIC ▷4
É.-U. 1988. Drame policier de Roman POLANSKI avec Harrison Ford, Emmanuelle Seigner et Betty Buckley. - En voyage à Paris pour un congrès, un médecin recherche son épouse enlevée sans mobile apparent. □ Général
DVD VA→Cadrage P&S→7,95 $

FREAKED ▷5
É.-U. 1993. Comédie fantaisiste de T. STERN et A. WINTER avec Alex Winter, Randy Quaid et Michael Stoyanov. - Le directeur d'un petit cirque spécialisé dans l'exhibition de monstres transforme un acteur en un horrible mutant.
DVD VA→Cadrage W→23,95 $

FREAKS ▷3
É.-U. 1932. Drame d'horreur de Tod BROWNING avec Harry Earles, Olga Baclanova et Henry Victor. - Dans un cirque, une belle trapéziste accepte d'épouser un nain, dans l'espoir de s'accaparer la fortune dont ce dernier vient d'hériter. - Œuvre insolite inspirée d'un roman de Tod Robbins. Mise en scène sobre. Passages impressionnants. Interprétation réaliste. □ Général
DVD VA→STF→21,95 $

FREAKY FRIDAY ▷4
[Vendredi dingue, dingue, dingue, Un]
É.-U. 2003. Comédie fantaisiste de Mark WATERS avec Jamie Lee Curtis, Lindsay Lohan et Mark Harmon. - La veille de son deuxième mariage, une psychologue est magiquement transportée dans le corps de sa fille adolescente et vice versa. □ Général
DVD VF→Cadrage P&S/W→19,95 $

FREE ENTERPRISE ▷5
É.-U. 1998. Comédie de mœurs de Robert MEYER BURNETT avec Rafer Weigel, Eric McCormack et William Shatner. - Deux amis obsédés par le cinéma de science-fiction tardent à faire face aux réalités de la vie d'adulte.
DVD VA→Cadrage W/16X9→22,95 $

FREE MONEY [Fric d'enfer] ▷5
CAN. 1998. Comédie policière d'Yves SIMONEAU avec Marlon Brando, Charlie Sheen et Mira Sorvino - Deux jeunes paumés qui ont été forcés d'épouser les jumelles d'un gardien de prison tyrannique préparent un vol afin de prendre le large.
DVD VA→Cadrage W→21,95 $

FREE RADICALS
AUT. 2003. Barbara ALBERT
DVD STA→Cadrage W→26,95 $

FREE SOUL, A ▷5
É.-U. 1931. Drame de Clarence BROWN avec Norma Shearer, Lionel Barrymore et Clark Gable. - Un avocat alcoolique tente de réparer ses torts lorsque sa fille est impliquée dans le meurtre d'un gangster. □ Non classé

FREE ZONE ▷4
ISR. 2005. Drame d'Amos GITAI avec Hanna Laslo, Natalie Portman et Hiam Abbass. - Les destins de trois femmes issues d'horizons différents se croisent dans une zone franche en Jordanie.
DVD VA→STA→Cadrage W→34,95 $

FREEBIE AND THE BEAN ▷4
É.-U. 1974. Comédie policière de Richard RUSH avec James Caan, Alan Arkin et Jack Kruschen. - Deux policiers s'emploient à protéger un chef de la pègre jusqu'au moment prévu pour son arrestation. □ 13 ans+

FREEDOMLAND [Couleur du crime, La] ▷4
É.-U. 2006. Drame policier de Joe ROTH avec Samuel L. Jackson, Julianne Moore et Edie Falco. - Le climat s'envenime dans une cité peuplée d'Afro-Américains après qu'une mère de race blanche eut déclaré que son enfant y a été kidnappé. □ 13 ans+ · Violence
DVD VF→STA→Cadrage W→36,95 $

FREEWAY [Sans issue] ▷4
É.-U. 1996. Drame de mœurs réalisé par Matthew BRIGHT avec Reese Witherspoon, Kiefer Sutherland et Brooke Shields. - Une fugueuse échappe à un meurtrier en série, mais ce dernier la poursuit pour achever son œuvre. □ 16 ans+ · Violence · Langage vulgaire

FRÊLE *voir* **Frailty**

FRENCH CAN-CAN ▷3
FR. 1955. Comédie musicale de Jean RENOIR avec Jean Gabin, Françoise Arnoul et Maria Felix. - Une jeune blanchisseuse devient danseuse vedette au Moulin-Rouge. - Œuvre de qualité. Mise en scène pleine de vie. Excellente reconstitution d'époque. □ Général

FRENCH CONNECTION, THE [Filière française, La] ►2
É.-U. 1971. Drame policier de William FRIEDKIN avec Gene Hackman, Roy Scheider et Fernando Rey. - Deux policiers new-yorkais dépistent une importante affaire de contrebande de drogue. - Récit inspiré de faits authentiques. Portrait réaliste du travail policier. Scènes de poursuite haletantes. Excellente composition de G. Hackman. □ 13 ans+
DVD VF→STA→14,95 $ VF→STA→Cadrage W→21,95 $

FRENCH CONNECTION II ▷4
É.-U. 1975. Drame policier de John FRANKENHEIMER avec Gene Hackman, Fernando Rey et Bernard Fresson. - Un policier new-yorkais se rend à Marseille pour aider à la capture du chef d'un important trafic de stupéfiants. □ 13 ans+

FRENCH DETECTIVE, THE *voir* **Adieu poulet**

FRENCH LIEUTENANT'S WOMAN, THE ▷3
[Maîtresse du lieutenant français, La]
ANG. 1981. Drame psychologique de Karel REISZ avec Meryl Streep, Jeremy Irons et Hilton McRae. - Pendant qu'on tourne un film tiré d'un roman situé à l'époque victorienne, les deux interprètes des rôles principaux vivent une liaison. - Adaptation d'un roman de John Fowles. Traitement à deux niveaux un peu déconcertant. Forme très soignée. Jeu nuancé des acteurs. □ Général
DVD VF→STF→11,95 $

FRENCH PUSSYCAT [Loves of a French Pussycat]
ALL. 1972. Hans BILLIAN
DVD VA→24,95 $

FRENZY [Frénésie] ▷3
ANG. 1972. Drame policier d'Alfred HITCHCOCK avec Barry Foster, Jon Finch et Alec McCowen. - La police de Londres se met à la recherche d'un meurtrier maniaque qui étrangle les femmes à l'aide d'une cravate. - Mélange expert de tension et d'humour. Mise en scène d'une grande précision. Interprètes fort bien dirigés. □ 13 ans+
DVD Cadrage W→23,95 $ VF→STA→Cadrage W→22,95 $

FRÉQUENCE MEURTRE ▷4
FR. 1988. Drame policier d'Élizabeth RAPPENEAU avec Catherine Deneuve, André Dussollier et Martin Lamotte. - Alors qu'elle reçoit des appels inquiétants d'un inconnu, une psychiatre apprend que l'assassin de ses parents vient d'être remis en liberté.

FREQUENCY ▷4
É.-U. 2000. Science-fiction de Gregory HOBLIT avec Dennis Quaid, Jim Caviezel et Elizabeth Mitchell. - Lors d'une tempête solaire, un policier dépressif parvient à communiquer par radio avec son père décédé en 1969 et découvre qu'il peut modifier le passé.

FRÈRE ANDRÉ, LE ▷4
QUÉ. 1987. Drame biographique de Jean-Claude LABRECQUE avec Marc Legault, Sylvie Ferlatte et André Cailloux. - Évocation des étapes marquantes de la vie du frère André qui fut réputé pour sa dévotion et ses dons de guérisseur.

FRÈRE DU GUERRIER, LE ▷4
FR. 2002. Drame de Pierre JOLIVET avec Vincent Lindon, Mélanie Doutey et Guillaume Canet. - Au XIIIe siècle, l'épouse d'un herboriste devenu amnésique part avec son beau-frère guerrier à la recherche d'un livre sur les plantes médicinales. □ 13 ans+
DVD VF→Cadrage W→13,95 $

FRÈRE LE PLUS FUTÉ DE SHERLOCK HOLMES, LE
voir **Adventures of Sherlock Holmes' Smarter Brother, The**

FRÈRES DE SANG *voir* **Prisoners of the Sun**

FRÈRES GRIMM, LES *voir* **Brothers Grimm**

FRÈRES KRAYS, LES *voir* **Krays, The**

FRÈRES MCMULLEN, LES
voir **Brothers Mcmullen, The**

FRÈRES MOZART, LES [Mozart Brothers, The] ▷3
SUÈ. 1986. Comédie satirique de Suzanne OSTEN avec Étienne Glaser, Philip Zanden et Henry Bronetl. - Les conceptions particulières d'un metteur en scène chargé de diriger un opéra de Mozart créent tout un brouhaha dans sa troupe. - Vision critique du milieu de l'avant-garde théâtrale. Esprit d'espièglerie. Mouvement d'ensemble impressionnant. Interprétation énergique. □ Général

FRESH ▷4
É.-U. 1994. Drame social de Boaz YAKIN avec Giancarlo Esposito, Sean Nelson et Samuel L. Jackson. - À Brooklyn, un garçon de 12 ans qui écoule de la drogue prépare un grand coup dans le but de mettre fin à la carrière d'un caïd du quartier. □ 13 ans+ · Violence

FRESH BAIT *voir* **Appât, L'**

FRESHMAN, THE [Mes premiers pas dans la mafia] ▷4
É.-U. 1990. Comédie d'Andrew BERGMAN avec Matthew Broderick, Marlon Brando et Penelope Ann Miller. - À New York, un provincial est entraîné dans des aventures rocambolesques par des trafiquants d'animaux en voie d'extinction. □ Général
DVD VF→Cadrage W→9,95 $

FREUD QUITTE LA MAISON [Freud Leaving Home] ▷3
SUÈ. 1991. Drame psychologique de Susanne BIER avec Ghita Norby, Gunilla Röör et Philip Zanden. - Le bonheur des retrouvailles d'une famille réunie à l'occasion d'un anniversaire est vite obscurci par de vieilles dissensions. - Sujet traité avec sensibilité, intensité et humour. Réalisation technique subtile et riche en détails significatifs. Jeu sincère et spontané des interprètes.

FRIC D'ENFER *voir* **Free Money**

FRIDA ▷4
MEX. 1984. Drame biographique de Paul LEDUC avec Ofelia Medina, Juan Jose Gurrola et Salvador Sanchez. - La vie et l'œuvre de la peintre mexicaine Frida Kahlo. □ Général

FRIDA ▷3
É.-U. 2002. Drame biographique de Julie TAYMOR avec Salma Hayek, Alfred Molina et Geoffrey Rush. - Évocation de la vie tumultueuse de la peintre mexicaine Frida Kahlo et de sa relation avec son mari, le muraliste Diego Rivera. - Récit un peu démodé largement compensé par une réalisation vivante, inspirée et colorée. Éloge vibrant de la culture mexicaine. Jeu intense et sensuel de S. Hayek. □ 13 ans+
DVD VF➔STA➔Cadrage W➔23,95 $

FRIDAY NIGHT *voir* **Vendredi Soir**

FRIDAY NIGHT LIGHTS ▷4
[Lumières du vendredi soir, Les]
É.-U. 2004. Drame sportif de Peter BERG avec Billy Bob Thornton, Derek Luke et Garrett Hedlund. - Évocation de la saison 1988 de l'équipe de football des Panthers de l'école secondaire Permian à Odessa au Texas. □ Général
DVD VF➔STF➔Cadrage W➔16,95 $

FRIDAY THE 13TH [Vendredi 13] ▷6
É.-U. 1980. Drame d'horreur de Sean S. CUNNINGHAM avec Betsy Palmer, Adrienne King et Harry Crosby. - Un mystérieux assassin s'en prend aux moniteurs d'une colonie de vacances. □ 18 ans+
DVD VF➔STA➔Cadrage W/16X9➔18,95 $

FRIED GREEN TOMATOES ▷4
[Secret est dans la sauce, Le]
É.-U. 1991. Comédie dramatique de Jon AVNET avec Kathy Bates, Jessica Tandy et Mary Stuart Masterson. - Une vieille dame raconte à une jeune femme les aventures de deux amies qui tenaient un restaurant à l'époque de la Dépression. □ Général
DVD VF➔Cadrage W➔24,95 $

FRIEND
COR. 2002. Kyung-taek KWAK
DVD STA➔Cadrage W➔27,95 $

FRIEND OF THE DECEASED, A ▷4
UKR. 1996. Comédie dramatique de Viatcheslav KRICHTOFOVITCH avec Alexandre Lazarev, Tatiana Krivitskaïa et Evgueni Pachin. - Retrouvant goût à la vie, un paumé doit demander à un garde du corps d'éliminer le tueur à gages qu'il a engagé pour mettre fin à ses jours. □ Général

FRIENDLY PERSUASION [Loi du seigneur, La] ▷4
É.-U. 1956. Étude de mœurs de William WYLER avec Gary Cooper, Dorothy McGuire et Anthony Perkins. - La guerre civile américaine vient surprendre une famille de paysans quakers, pacifiste par conviction religieuse. □ Général

FRIENDS WITH MONEY ▷4
É.-U. 2006. Comédie de mœurs de Nicole HOLOFCENER avec Catherine Keener, Jennifer Aniston et Frances McDormand. - À Los Angeles, trois femmes mariées et prospères s'inquiètent pour leur jeune amie célibataire et peu fortunée.

FRIGHT NIGHT [Vampire, vous avez dit vampire?] ▷4
É.-U. 1985. Drame d'horreur de Tom HOLLAND avec Chris Sarandon, William Ragsdale et Roddy McDowall. - La vie d'un adolescent est bouleversée par l'arrivée d'un nouveau voisin qui se révèle être un vampire. □ 13 ans+
DVD VF➔STF➔Cadrage P&S/W➔18,95 $

FRIGHTENED CITY ▷5
ANG. 1961. Drame policier de John LEMONT avec Sean Connery, Herbert Lom et John Gregson. - À Londres, un homme prend le contrôle du racket de la protection.
DVD VF➔23,95 $

FRIGHTENERS, THE [Chasseurs de fantômes] ▷4
É.-U. 1996. Comédie fantaisiste de Peter JACKSON avec Michael J. Fox, Trini Alvarado et Peter Dobson. - Un chasseur de fantômes doit neutraliser un esprit meurtrier. □ 13 ans+
DVD VA➔STF➔Cadrage W➔31,95 $

FRINGE DWELLERS, THE [Aux frontières de la ville] ▷3
AUS. 1986. Drame social de Bruce BERESFORD avec Kristina Nehm, Justine Saunders et Bob Maza. - Les tribulations d'une famille d'aborigènes australiens dont une des filles rêve de se mêler à la société des Blancs. - Ensemble honnête et convaincant. Réalisation vigoureuse pleine de nuances psychologiques. □ Général

FRISCO KID, THE ▷4
É.-U. 1979. Western de Robert ALDRICH avec Gene Wilder, Harrison Ford et William Smith. - Les mésaventures d'un jeune rabbin parti de la Pologne pour rejoindre la communauté juive de San Francisco.
DVD VA➔STF➔Cadrage W➔16,95 $

FRISSONS *voir* **Shivers**

FRISSONS DANS LA NUIT *voir* **Play Misty for Me**

FRISSONS II *voir* **Scream II**

FRITZ THE CAT ▷4
É.-U. 1972. Dessins animés de Ralph BAKSHI. - Ayant mis le feu à son collège, un étudiant commence une vie de fugitif. □ 18 ans+
DVD VF➔STF➔Cadrage W➔11,95 $

FROGMEN, THE ▷5
É.-U. 1951. Drame de guerre de Lloyd BACON avec Dana Andrews, Richard Widmark et Gary Merrill. - Le nouveau commandant d'une section de nageurs de combat réussit à gagner la confiance de ses hommes.
DVD VA➔13,95 $

FROGS [Grenouilles, Les] ▷4
É.-U. 1972. Drame d'horreur de George McCOWAN avec Ray Milland, Sam Elliott et Joan Van Ark. - Dans des marais de la Floride, des grenouilles et autres reptiles s'attaquent aux humains. □ 13 ans+
DVD Cadrage W➔8,95 $

FROM A WHISPER TO A SCREAM [Offspring, The]
É.-U. 1985. Jeff BURR
DVD VA➔STF➔Cadrage P&S/W➔12,95 $

FROM BEYOND [Aux portes de l'au-delà] ▷5
É.-U. 1986. Drame d'horreur de Stuart GORDON avec Jeffrey Combs, Barbara Crampton et Ted Sorel. - Un savant tué dans des circonstances étranges revient de l'au-delà sous une forme monstrueuse. □ 16 ans+ · Horreur

FROM BEYOND THE GRAVE ▷5
ANG. 1973. Drame d'horreur de Kevin CONNOR avec Peter Cushing, Margaret Leighton et Donald Pleasence. - Un mystérieux antiquaire raconte le sort horrible réservé à certains de ses clients. □ 13 ans+

FROM DUSK TILL DAWN ▷5
É.-U. 1995. Drame d'horreur de Robert RODRIGUEZ avec Harvey Keitel, George Clooney et Quentin Tarantino. - Des voleurs de banque qui ont pris un père et ses enfants en otages se retrouvent coincés pendant une nuit dans un bar infesté de vampires. □ 18 ans+ · Horreur
DVD VA➔Cadrage W➔18,95 $

FROM HELL [Sorti de l'enfer] ▷4
É.-U. 2001. Drame d'horreur d'Albert et Allen HUGUES avec Johnny Depp, Heather Graham et Robbie Coltrane. - Un inspecteur chargé d'enquêter sur les crimes de Jack l'Éventreur tombe amoureux d'une prostituée qu'il tente de protéger du tueur. □ 13 ans+
DVD VA➔STA➔Cadrage W➔34,95 $
VF➔STA➔Cadrage W➔14,95 $

FROM HERE TO ETERNITY ►2
[Tant qu'il y aura des hommes]
É.-U. 1953. Drame psychologique de Fred ZINNEMANN avec Burt Lancaster, Montgomery Clift et Frank Sinatra. - La vie de garnison de soldats américains à Hawaii à la veille de l'attaque de Pearl Harbor. - Psychologie juste. Peinture de mœurs saisissante. Réalisation magistrale. Interprétation vigoureuse. □ Général
DVD VA→STF→36,95 $ VF→STF→23,95 $

FROM NOON TILL THREE ▷4
[C'est arrivé entre midi et trois heures]
É.-U. 1975. Western de Frank D. GILROY avec Charles Bronson, Jill Ireland et Douglas V. Fowley. - La rencontre d'un hors-la-loi et d'une jolie veuve donne naissance à une légende mensongère.

FROM RUSSIA WITH LOVE ▷4
[Bons baisers de Russie]
ANG. 1963. Drame d'espionnage de Terence YOUNG avec Sean Connery, Daniela Bianchi et Pedro Armendariz. - L'agent secret James Bond aide une fonctionnaire russe à s'enfuir à l'Ouest avec une invention stratégique. □ Général

FROM THE HIP ▷5
É.-U. 1987. Drame judiciaire de B. CLARK avec Judd Nelson, John Hurt et Elizabeth Perkins. - Un jeune avocat brillant acquiert au cours d'un procès la certitude que son client est coupable, ce qui lui pose un problème de conscience. □ Général
DVD Cadrage W→22,95 $

FROM THE LIFE OF THE MARIONETTES
voir **De la vie des marionnettes**

FROM THE TERRACE [Du haut de la terrasse] ▷5
É.-U. 1960. Drame psychologique de Mark ROBSON avec Joanne Woodward, Paul Newman et Ina Balin. - Les hauts et les bas financiers et conjugaux de la carrière d'un homme d'affaires. □ Général
DVD VA→STA→Cadrage W→13,95 $

FRONT, THE ▷4
É.-U. 1976. Comédie satirique de Martin RITT avec Woody Allen, Zero Mostel et Andrea Marcovicci. - Un homme connaît des ennuis après avoir accepté de prêter son nom à un ami écrivain boycotté par la télévision. □ Général

FRONT PAGE, THE ▷4
É.-U. 1931. Comédie dramatique de Lewis MILESTONE avec Adolphe Menjou, Pat O'Brien et Mary Brian. - Un journaliste qui veut laisser le métier est entraîné dans un reportage sur l'évasion d'un condamné à mort. □ Général

FRONT PAGE, THE ▷4
É.-U. 1974. Comédie de mœurs de Billy WILDER avec Jack Lemmon, Walter Matthau et Austin Pendleton. - Un journaliste cache un condamné à mort évadé pour s'assurer l'exclusivité de ses déclarations. □ 13 ans+
DVD VA→STA→Cadrage W→15,95 $

FRONTIÈRE DANGEREUSE *voir* **Across the Bridge**

FRUIT DÉFENDU, LE ▷4
FR. 1952. Drame de mœurs d'Henri VERNEUIL avec Fernandel, Françoise Arnoul et Claude Nollier. - Un médecin marié succombe aux charmes d'une jolie fille rencontrée dans une gare. □ Général

FRUIT OF PARADISE
TCH. 1970. Vera CHYTILOVA
DVD STA→29,95 $

FRUITS DE LA PASSION, LES ▷5
FR. 1980. Drame de mœurs de Keiko RERAYAMA avec Klaus Kinski, Isabelle Illiers et Arielle Dombasle. - Les aventures d'une jeune Française placée par son amant dans une maison close de Hong-Kong à l'aube d'une révolution au cours des années 1920.
□ 18 ans+

FUBAR ▷5
CAN. 2002. Comédie de mœurs de Michael DOWSE avec Gordon Skilling, Paul Spence, Tracey Lawrence et David Lawrence. - Un jeune cinéaste albertain tourne un documentaire sur deux jeunes décrocheurs. □ 13 ans+
DVD VA→Cadrage W→23,95 $

FUCKING AMAL *voir* **Qui aimes-tu?**

FUGITIFS, LES ▷4
FR. 1986. Comédie policière de Francis VEBER avec Pierre Richard, Gérard Depardieu et Anaïs Bret. - Pris en otage par un chômeur aux abois, un voleur de banques repenti est entraîné dans une folle poursuite. □ Général

FUGITIVAS
ESP. 2000. Drame de Miguel HERMOSO avec Laia Marull, Beatriz Coronel et Jesus Olmedo. - Une voleuse fuit les lieux d'un hold-up avec la jeune nièce de son petit ami, après que celui-ci fut parti de son côté avec le butin.

FUGITIVE KIND, THE ▷5
[Homme à la peau de serpent, L']
É.-U. 1960. Drame de Sidney LUMET avec Marlon Brando, Anna Magnani et Joanne Woodward. - Un musicien vagabond s'éprend de la femme d'un commerçant invalide. □ Général
DVD VA→STF→12,95 $

FUGITIVE, THE [Dieu est mort] ▷3
É.-U. 1948. Drame de John FORD avec Henry Fonda, Dolores Del Rio et Pedro Armendariz. - La police d'un gouvernement persécuteur pourchasse le dernier prêtre du pays. - Adaptation d'un roman de Graham Greene. Réalisation soignée. Belles images. Interprétation excellente. □ Non classé

FUGITIVE, THE [Fugitif, Le] ▷4
É.-U. 1993. Drame policier d'Andrew DAVIS avec Harrison Ford, Tommy Lee Jones et Sela Ward. - Condamné à la peine capitale pour un meurtre dont il est innocent, un fugitif tente de retrouver le véritable coupable. □ 13 ans+
DVD Cadrage W→9,95 $

FUGUE, LA *voir* **Night Moves**

FÜHRER EX ▷4
ALL. 2002. Drame social de Winfried BONENGEL avec Christian Blümel, Aaron Hildebrandt et Jule Flierl. - Emprisonnés en 1986 pour avoir tenté de fuir la RDA, deux jeunes joignent les rangs d'un groupe néonazi. - Récit dérangeant inspiré de faits vécus.
DVD STF→38,95 $

FULL BLAST ▷4
QUÉ. 1999. Drame de mœurs de Rodrigue JEAN avec David La Haye, Martin Desgagné et Louise Portal. - La dérive existentielle et affective d'une poignée d'amis vivotant dans un village côtier du Nouveau-Brunswick.

FULL BODY MASSAGE ▷4
É.-U. 1995. Drame de Nicolas ROEG avec Mimi Rogers, Bryan Brown et Gareth Williams. - Un masseur et sa cliente, une propriétaire de galerie d'art, échangent propos et confidences.

FULL CIRCLE [Cercle infernal, Le] ▷4
ANG. 1976. Drame psychologique de Richard LONCRAINE avec Mia Farrow, Keir Dullea et Tom Conti. - Après la mort de sa fillette, une femme s'isole et devient victime de phénomènes étranges.
□ 13 ans+

FULL ECLIPSE ▷4
É.-U. 1993. Drame fantastique d'Anthony HICKOX avec Mario Van Peebles, Patsy Kensit et Bruce Payne. - Invité à se joindre à une unité spéciale, un policier de Los Angeles y découvre de curieuses méthodes de combats contre le crime.
DVD VA→STA→Cadrage W→7,95 $

FULL FRONTAL [À découvert] ▷4
É.-U. 2002. Comédie de mœurs de Steven SODERBERGH avec Blair Underwood, Julia Roberts et Catherine Keener. - La journée tumultueuse de diverses personnes invitées en soirée à une réception pour célébrer les quarante ans d'un important producteur de films.
□ 13 ans+
DVD VF→18,95 $

FULL METAL JACKET ►2
É.-U. 1987. Drame de guerre de Stanley KUBRICK avec Matthew Modine, Adam Baldwin et Vincent D'Onofrio. - Dans un camp des Marines américains, des recrues subissent un entraînement rigoureux en vue de combattre au Vietnam. - Vision cynique et désabusée de la guerre et de l'armée. Traitement d'une maîtrise rigoureuse. Interprétation convaincante. □ 13 ans+
DVD VF→STF→Cadrage P&S→17,95 $

FULL METAL YAKUZA
JAP. 1997. Takashi MIIKE
DVD 29,95 $

FULL MONTY, THE [Grand jeu, Le] ▷4
ANG. 1996. Comédie dramatique de Peter CATTANEO avec Robert Carlyle, Tom Wilkinson et Mark Addy. - Six chômeurs décident de tenter leur chance comme strip-teaseurs pour dames. □ Général
DVD Cadrage W→14,95 $

FULL MOON IN PARIS *voir* **Nuits de la pleine lune, Les**

FULL OF LIFE [Pleine de vie] ▷4
É.-U. 1956. Comédie de Richard QUINE avec Judy Holliday, Richard Conte et Salvatore Baccaloni. - Le comportement d'un jeune couple en attente de son premier bébé. □ Général

FUN [Juste pour le fun] ▷4
É.-U. 1994. Drame psychologique de Rafael ZELINSKY avec Alicia Witt, Renee Humphrey et William R. Moses. - Deux adolescentes qui ont commis un meurtre gratuit sont tour à tour interrogées par un journaliste et une travailleuse sociale. □ 13 ans+ · Violence

FUN IN ACAPULCO ▷5
É.-U. 1963. Comédie musicale de Richard THORPE avec Elvis Presley, Ursula Andress et Larry Domasin. - Un marin mis à pied trouve un emploi dans un hôtel d'Acapulco.
DVD VF→9,95 $

FUN WITH DICK AND JANE ▷5
É.-U. 2005. Comédie policière de Dean PARISOT avec Jim Carrey, Téa Leoni et Alec Baldwin. - Pour ne pas perdre sa maison et sauver les apparences, un couple au chômage se lance dans une série de cambriolages. □ Général
DVD VF→STA→Cadrage W→34,95 $

FUN WITH DICK AND JANE ▷5
[Touche pas à mon gazon]
É.-U. 1976. Comédie de mœurs de Ted KOTCHEFF avec George Segal, Jane Fonda et Ed McMahon. - Un ingénieur sans emploi et son épouse ont recours au vol pour maintenir leur train de vie.
□ Général
DVD VA→STA→Cadrage W→17,95 $

FUNERAL, THE [Nos funérailles] ▷4
JAP. 1984. Comédie de mœurs de Juzo ITAMI avec Kin Sugai, Tsutomu Yamazaki et Nobuko Miyamoto. - Les obsèques organisées par un couple d'acteurs à la suite de la mort d'un parent donnent lieu à divers incidents étonnants. □ Général

FUNERAL, THE ▷3
É.-U. 1996. Drame de mœurs d'Abel FERRARA avec Christopher Walken, Vincent Gallo et Chris Penn. - Dans les années 1930, deux mafiosi sont bouleversés par l'assassinat de leur frère dont le corps est exposé à la maison. - Réflexions sur un univers de violence géré par les liens de parenté. Noirceur de la photographie bien adaptée au sujet. Excellents interprètes. □ 16 ans+ · Violence
DVD VF→7,95 $ VF→7,95 $

FUNERAL IN BERLIN ▷3
ANG. 1966. Drame d'espionnage de Guy HAMILTON avec Michael Caine, Paul Hubschmid et Eva Renzi. - Un agent secret britannique est envoyé à Berlin pour organiser la fuite d'un colonel russe. - Scénario fertile en retournements de situations. Intérêt constant. Mise en scène soignée. Interprétation au point. □ Général

FUNNY BONES ▷4
ANG. 1995. Comédie de mœurs de Peter CHELSOM avec Oliver Platt, Lee Evans et Richard Griffiths. - Les tribulations d'un comédien raté qui rêve de marcher sur les traces de son père, un comique de renommée mondiale. □ Général · Déconseillé aux jeunes enfants
DVD VA→10,95 $

FUNNY FACE ▷3
É.-U. 1956. Comédie musicale de Stanley DONEN avec Audrey Hepburn, Fred Astaire et Kay Thompson. - Une histoire d'amour dans le milieu des revues de mode. - Traitement pittoresque et cocasse. Ensemble bien rythmé. Numéros musicaux particulièrement réussis. Heureuse utilisation de la couleur. Interprétation aérienne. □ Général
DVD VF→STA→Cadrage W→9,95 $

FUNNY FELIX *voir* **Drôle de Félix**

FUNNY GAMES
AUT. 1997. Michael HANEKE
DVD VF→STA→Cadrage W/16X9→24,95 $

FUNNY GIRL ▷3
É.-U. 1968. Comédie musicale de William WYLER avec Barbra Streisand, Omar Sharif et Kay Medford. - La carrière de Fanny Brice, vedette comique de Broadway au début du XXe siècle. - Mise en scène soignée. Allure vivante et alerte. Reconstitution d'époque somptueuse. Intelligente mise en valeur du talent de B. Streisand.
□ Général
DVD VF→STF→Cadrage W→23,95 $

FUNNY LADY ▷4
É.-U. 1974. Comédie musicale de Herbert ROSS avec Barbra Streisand, James Caan et Omar Sharif. - Au début des années 1930, les tribulations professionnelles et sentimentales de la comédienne Fanny Brice. □ Général
DVD VF→STF→Cadrage W→36,95 $

FUNNY THING HAPPENED
ON THE WAY TO THE FORUM, A ▷4
ANG. 1966. Comédie de Richard LESTER avec Zero Mostel, Phil Silvers et Jack Gilford. - Dans la Rome antique, un esclave imagine divers stratagèmes pour obtenir à son maître une jeune vierge.
□ Général
DVD VA→STF→Cadrage W→17,95 $

FUREUR DE VIVRE, LA
voir **Rebel without a Cause**

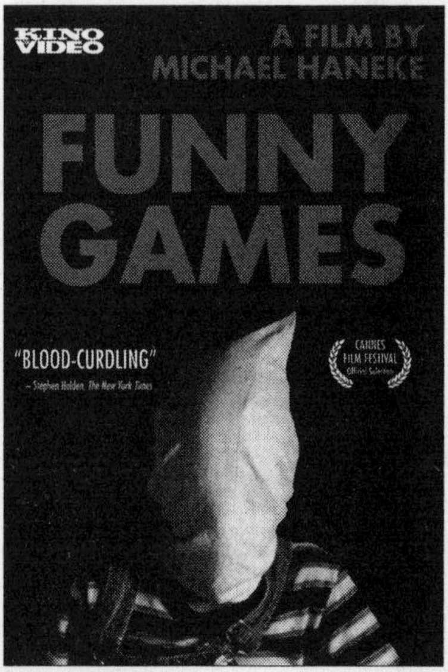

FURIA À BAHIA POUR OSS 117 ▷5

FR. 1965. Drame d'espionnage de André HUNEBELLE avec Mylène Demongeot, Frederick Stafford et Raymond Pellegrin. - Un agent secret se rend au Brésil pour enquêter sur une série d'assassinats politiques.

FURY ▷3

É.-U. 1936. Drame social de Fritz LANG avec Spencer Tracy, Sylvia Sidney et Bruce Cabot. - Après avoir échappé de justesse à un lynchage, un homme entreprend de se venger. - Premier film américain de F. Lang. Traitement vigoureux de style réaliste. Critique caustique de la justice sauvage. Mise en scène puissante. Jeu solide de S. Tracy. □ Général

DVD VA➔STF➔21,95 $

FURY, THE ▷4

É.-U. 1978. Drame fantastique de Brian De PALMA avec Amy Irving, Kirk Douglas et John Cassavetes. - Un ancien agent secret recherche son fils enlevé par une agence de renseignements qui veut utiliser ses pouvoirs télépathiques. - Mélange original de fantastique et d'espionnage. Passages ruisselant de lyrisme. Mise en scène d'une grande virtuosité. Interprètes de valeur. □ 13 ans+

DVD VF➔STA➔Cadrage W➔19,95 $

FURY IS A WOMAN

voir **Siberian Lady Macbeth**

FUTUR EST FEMME, LE ▷5

ITA. 1984. Drame de Marco FERRERI avec Ornella Muti, Hanna Schygulla et Niels Arestrup. - Un couple voit sa vie bouleversée par l'arrivée d'une jeune femme enceinte. □ Général

FUTUREWORLD ▷4

É.-U. 1976. Science-fiction de Richard HEFFRON avec Peter Fonda, Blythe Danner et Arthur Hill. - Les administrateurs d'un parc d'attractions futuriste remplacent certains de leurs invités par des robots à leur image. □ Général

G

G-MEN ▷4
É.-U. 1935. Drame policier de William KEIGHLEY avec James Cagney, Ann Dvorak et Margaret Lindsay. - Les exploits d'un agent du F.B.I. qui connaît bien le milieu de la pègre.

G.I. BLUES [Café Europa en uniforme] ▷5
É.-U. 1960. Comédie musicale de Norman TAUROG avec Robert Ivers, Elvis Presley et Juliet Prowse. - Un soldat américain cantonné en Allemagne fait le pari de passer une nuit avec une danseuse de cabaret. □ Général
DVD VA→STA→Cadrage W→9,95 $

G.I. JANE ▷5
É.-U. 1997. Drame de guerre de Ridley SCOTT avec Viggo Mortensen, Demi Moore et Anne Bancroft. - Le dur entraînement de la première femme à être incorporée dans le corps d'élite des marines.
□ 13 ans+ · Violence
DVD VA→Cadrage W→10,95 $

GABBEH ▷4
IRAN. 1995. Drame poétique de Mohsen MAKHMALBAF avec Shaghayegh Djodat, Hossein Moharami et Roghieh Moharami. - Le voyage d'une tribu nomade du Sud-Est de l'Iran influence le destin d'une jeune tisseuse de tapis. □ Général

GABINO BARRERA
MEX. 1964. René CARDONA
DVD STA→23,95 $

GABLE AND LOMBARD ▷5
É.-U. 1976. Comédie sentimentale de Sidney J. FURIE avec James Brolin, Jill Clayburgh et Allen Garfield. - L'idylle entre deux vedettes de cinéma dans les années 1930.
DVD VA→STF→Cadrage W→17,95 $

GABRIEL OVER THE WHITE HOUSE
É.-U. 1933. Gregory LA CAVA □ Général

GABRIELA ▷5
BRÉ. 1983. Comédie de mœurs de Bruno BARRETO avec Sonia Braga, Marcello Mastroianni et Antonio Cantafora. - En 1925, un cafetier brésilien épouse une ravissante sauvageonne dont l'ardeur amoureuse ne résiste pas à l'usure. □ 13 ans+

GABRIELA
É.-U. 2001. Vincent Jay MILLER
DVD VA→Cadrage P&S→8,95 $

GABRIELLE ▷3
FR. 2005. Drame psychologique de Patrice CHÉREAU avec Isabelle Huppert, Pascal Greggory et Claudia Coli. - En 1912 à Paris, un couple de bourgeois fortunés et mondains découvrent après dix ans de mariage que leur amour s'est éteint. - Autopsie impitoyable d'une relation conjugale. Dialogues d'une extrême dureté psychologique. Images sombres. Mise en scène empreinte de théâtralité. Jeu impérial d'I. Huppert. □ Général
DVD VF→STA→Cadrage W→34,95 $

GABRIELLE [This Time Forever (Yesterday)] ▷6
QUÉ. 1979. Drame sentimental de Laurence L. KENT avec Claire Pimparé, Vincent Van Patten et Eddie Albert. - À Montréal, en 1967, un étudiant américain a une liaison avec une Québécoise avant d'aller combattre au Viêtnam. □ Général

GABY: A TRUE STORY [Gaby: une histoire vraie] ▷4
É.-U. 1987. Drame biographique de Luis MANDOKI avec Rachel Levin, Norma Aleandro et Liv Ullmann. - Grâce à une servante, une enfant qui souffre de paralysie cérébrale arrive à communiquer avec son pied gauche. □ Général · Déconseillé aux jeunes enfants

GACY
É.-U. 2003. Clive SAUNDERS
DVD VA→STA→32,95 $

GADJO DILO *voir* **Étranger fou, L'**

GAGNANT, LE ▷5
FR. 1979. Comédie de Christian GION avec Philippe Ruggieri, Odile Michel et Michel Galabru. - Gagnant à la loterie, un jeune plombier emploie son argent pour démasquer une machination dont il a été victime. □ Général

GALAXY EXPRESS ▷4
JAP. 1979. Dessins animés de Taro RIN. - Avec l'aide d'une jolie blonde à laquelle il s'est attaché, un garçon entreprend de se venger d'un comte cruel qui a tué sa mère. □ Général

GALAXY QUEST [En quête d'une galaxie] ▷4
É.-U. 1999. Comédie fantaisiste de Dean PARISOT avec Tim Allen, Sigourney Weaver et Alan Rickman. - Les vedettes d'une série télévisée de science-fiction sont entraînées par des extraterrestres dans une aventure intersidérale. □ Général
DVD VA→Cadrage W→10,95 $

GALETTE DU ROI, LA ▷5
FR. 1985. Comédie de Jean-Michel RIBES avec Jean Rochefort, Roger Hanin et Pauline Lafont. - Espérant se sauver de la banqueroute, un roi donne sa fille en mariage au fils d'un financier qui a fait fortune dans l'alimentation. □ Général

GALETTES DE PONT-AVEN, LES ▷5
FR. 1975. Comédie de mœurs de Joël SERIA avec Jean-Pierre Marielle, Dolores McDonough et Bernard Fresson. - Un représentant quitte sa femme pour exercer ses talents de peintre et vivre la vie de bohème. □ 18 ans+

GALILEO ▷4
ANG. 1974. Drame historique de Joseph LOSEY avec Chaim Topol, Colin Blakely et Edward Fox. - Les options scientifiques de Galilée le mettent en conflit avec les autorités de l'Église.
DVD VA→Cadrage W/16X9→21,95 $

GALLANT HOURS, THE ▷4
É.-U. 1960. Drame biographique de Robert MONTGOMERY avec James Cagney, Dennis Weaver et Les Tremayne. - La vie de l'amiral Halsey qui eut un rôle important dans la guerre du Pacifique.
□ Général

GALLIPOLI ▷3
AUS. 1981. Drame de guerre de Peter WEIR avec Mel Gibson, Mark Lee et Bill Hunter. - Les expériences de deux jeunes Australiens pendant la guerre 1914-1918. - Mélange habile d'intimisme et de spectaculaire. Mise en scène colorée. Reconstitution finale impressionnante. Jeu sincère de jeunes acteurs sympathiques. □ Général
DVD VF→STA→Cadrage W→15,95 $

GAMBIT ▷4
ANG. 1966. Comédie policière de Ronald NEAME avec Michael Caine, Shirley MacLaine et Herbert Lom. - Avec l'aide d'une danseuse eurasienne, un aventurier veut voler une statue précieuse à un millionnaire arabe. □ Général

GAMBLER, THE ▷3
É.-U. 1974. Drame psychologique de Karel REISZ avec James Caan, Lauren Hutton et Paul Sorvino. - Un professeur endetté par sa passion pour le jeu est poussé par ses créanciers à des actions malhonnêtes. - Évocation juste du milieu. Mise en scène souple et précise. Interprétation convaincante de J. Caan. □ 13 ans+
DVD VF→STA→Cadrage W→19,95 $

GAME 6
É.-U. 2005. Michael HOFFMAN
DVD VA→STA→34,95 $

GAME IS OVER, THE *voir* **Curée, La**

GAME OF DEATH, THE ▷4
ANG. 2000. Drame de Rachel SAMUELS avec David Morrissey, Jonathan Pryce et Catherine Siggins. - En 1899, un homme désespéré se joint à un club secret de suicidaires qui jouent leur vie aux cartes.
DVD Cadrage W→29,95 $

GAME OF SEDUCTION *voir* **Femme fidèle, Une**

GAME, THE [Jouer avec la mort] ▷4
É.-U. 1997. Drame de David FINCHER avec Michael Douglas, Deborah Kara Unger et Sean Penn. - Un financier devient client d'une compagnie récréative dont les jeux dangereux et bizarres bouleversent sa vie quotidienne. □ Général · Déconseillé aux jeunes enfants
DVD VF→Cadrage P&S/W→14,95 $

GAMMICK, LA ▷4
QUÉ. 1974. Drame policier de Jacques GODBOUT avec Marc Legault, André Guy et Pierre Gobeil. - Après avoir abattu un chef de la mafia, un criminel traqué entre en contact avec un animateur de tribune téléphonique à la radio. □ 13 ans+

GANDHI ►2
ANG. 1982. Drame biographique de Richard ATTENBOROUGH avec Ben Kingsley, Rohini Hattangady et Roshan Seth. - Évocation de la vie de l'apôtre hindou de la non-violence. - Heureux mélange d'intimisme et de spectaculaire. Mise en scène classique et soignée. Composition magistrale de B. Kingsley. □ Général
DVD VF→STF→Cadrage W→32,95 $

GANG DE REQUINS *voir* **Shark Tale**

GANG OF FOUR *voir* **Bande des quatre, La**

GANG TAPES
É.-U. 2001. Adam RIPP
DVD VA→STA→Cadrage P&S→7,95 $

GANGS OF NEW YORK [Gangs de New York, Les] ►2
É.-U. 2002. Drame historique de Martin SCORSESE avec Leonardo DiCaprio, Daniel Day-Lewis et Cameron Diaz. - En 1863, dans un quartier malfamé de Manhattan, un fils d'immigrant irlandais veut venger la mort de son père tué par un chef de gang tout-puissant. - Fresque captivante intégrant faits historiques et récit classique de vengeance. Évocation minutieuse d'un New York disparu. Réalisation magistrale. Jeu viscéral de D. Day-Lewis. □ 13 ans+ · Violence
DVD VF→STA→Cadrage W→22,95 $

GANGSTER NO.1 ▷4
ANG. 2000. Thriller de Paul McGUIGAN avec Paul Bettany, David Thewlis et Malcolm McDowell. - Un gangster riche et puissant apprend que son ancien patron, qu'il a jadis trahi pour prendre sa place, va sortir de prison. □ 16 ans+
DVD VA→14,95 $

GARAGE DAYS ▷5
AUS. 2002. Comédie de mœurs d'Alex PROYAS avec Kick Gurry, Maya Stange et Pia Miranda. - À Sydney, les tribulations des musiciens d'un groupe de garage qui aspire à la célébrité.
DVD VA→STF→Cadrage W→29,95 $

GARBO TALKS [À la recherche de Garbo] ▷5
É.-U. 1984. Comédie de Sidney LUMET avec Ron Silver, Catherine Hicks et Anne Bancroft. - Un comptable entreprend de satisfaire le vœu de sa mère qui, avant de mourir, aimerait s'entretenir avec l'actrice Greta Garbo. □ Général

GARCE, LA ▷5
FR. 1984. Drame de mœurs de Christine PASCAL avec Isabelle Huppert, Richard Berry et Vittorio Mezzogiorno. - Après avoir fait de la prison pour viol, un détective privé se voit confier une enquête sur une femme en laquelle il reconnaît sa victime. □ 13 ans+

GARCON ! ▷3
FR. 1983. Comédie dramatique de Claude SAUTET avec Yves Montand, Nicole Garcia et Jacques Villeret. - Les tribulations sentimentales d'un ancien danseur devenu serveur de restaurant. - Peinture de milieu fort alerte. Réalisation sûre. Interprétation très naturelle. □ Général

GARÇON BOUCHER, LE *voir* **Butcher Boy, The**

GARÇON D'HONNEUR *voir* **Wedding Banquet, The**

GARÇON STUPIDE
FR. SUI. 2004. Lionel BAIER
DVD VF→STA→Cadrage W→42,95 $

GARÇONNIÈRE, LA *voir* **Apartment, The**

GARÇONS DE SAINT-VINCENT, LES
voir **Boys of St. Vincent, The**

GARÇONS NE PLEURENT PAS, LES
voir **Boys Don't Cry**

GARDE À VUE ▷3
FR. 1981. Drame policier de Claude MILLER avec Lino Ventura, Michel Serrault et Romy Schneider. - Un notaire soupçonné de l'assassinat de deux fillettes est interrogé par un policier. - Confrontation tendue. Dialogue sarcastique. Mise en scène habile. Passionnant duel d'acteurs.

GARDE DU CORPS, LE ▷5
FR. 1984. Comédie de François LETERRIER avec Gérard Jugnot, Jane Birkin et Sami Frey. - Un employé d'agence matrimoniale s'éprend d'une journaliste qu'il veut protéger d'un meurtrier. □ Général

GARDE DU CORPS, LE *voir* **Bodyguard, The**

GARDEN OF DELIGHTS, THE *voir* **Jardin des délices, Le**

GARDEN OF EDEN *voir* **Jardin d'Éden, Le**

GARDEN OF HEAVEN
COR. 2003. Dong-hyeong LEE
DVD STA→21,95 $

GARDEN OF THE FINZI CONTINI, THE
voir **Jardin des Finzi Contini, Le**

GARDEN STATE ▷4
É.-U. 2004. Comédie dramatique réalisée et interprétée par Zach BRAFF avec Ian Holm et Natalie Portman. - De retour au New Jersey pour l'enterrement de sa mère, un aspirant comédien apathique reprend goût à la vie. □ Général · Déconseillé aux jeunes enfants
DVD VA→Cadrage W→23,95 $

GARDENS OF STONE [Jardins de pierre] ▷4
É.-U. 1987. Drame psychologique de Francis Ford COPPOLA avec James Caan, D.B. Sweeney et James Earl Jones. - Un sergent désabusé, qui fait partie d'une garde d'honneur chargée d'enterrer des combattants tués au Viêtnam, s'intéresse au sort d'un jeune soldat. □ Général
DVD VA→17,95 $

GARDIEN DE LA NUIT, LE [Guardian of the Night] ▷5
FR. 1986. Drame policier de Jean-Pierre LIMOSIN avec Aurelle Doazan, Jean-Philippe Ecoffey et Nicolas Silberg. - En se donnant pour excuse l'amour d'une belle infirmière, un jeune policier vole des voitures et braque des bureaux de poste.
DVD VF→STA→Cadrage W→39,95 $

GARDIEN, LE *voir* **Nightwatch**

GARDIENS DE LA NUIT, LES *voir* **Night Watch**

GARDIENS DU SILENCE, LES *voir* **Silent Witness**

GARE CENTRALE [Central Station] ▷3
BRÉ. FR. 1998. Drame psychologique de Walter SALLES avec Maria Péra, Fernanda Montenegro et Vinicius de Oliveira. - Une écrivaine publique cynique conduit un pauvre gamin chez son père à l'autre bout du Brésil. - Road movie véhiculant de belles émotions. Réalisme social percutant. Mise en scène sobre. □ Général
DVD STA→Cadrage W→38,95 $

GARGOYLES **[Règne des démons, Le]** ▷5
É.-U. 1972. Drame d'horreur de Bill L. NORTON avec Jennifer Salt, Cornel Wilde et Bernie Casey. - Un anthropologue et sa fille affrontent de hideuses créatures sorties de cavernes du Nouveau-Mexique.

GAS
É.-U. 2004. Henry CHAN
DVD VA➜STA➜14,95 $

GAS FOOD LODGING ▷4
É.-U. 1991. Drame sentimental d'Allison ANDERS avec Brooke Adams, Ione Skye et Fairuza Balk. - Les problèmes affectifs d'une mère célibataire et de ses deux adolescentes qui vivent dans un patelin du Nouveau-Mexique. □ 13 ans+

GAS-S-S-S ▷6
É.-U. 1970. Comédie satirique de Roger CORMAN avec Robert Corff, Elaine Giftos et Bud Cort. - Alors qu'un gaz mystérieux élimine toutes les personnes âgées de plus de 25 ans, deux jeunes quittent Dallas et partent à l'aventure.
DVD VA➜STF➜Cadrage W➜18,95 $

GASLIGHT ▷3
ANG. 1940. Drame psychologique de Thorold DICKINSON avec Anton Walbrook, Diana Wynyard et Cathleen Cordell. - Par avidité, un homme amène sa jeune épouse à douter de son équilibre mental. - Développements habilement contrôlés. Mise en scène excellente. Interprétation nuancée.

GASLIGHT ▷3
É.-U. 1944. Drame psychologique de George CUKOR avec Charles Boyer, Ingrid Bergman et Joseph Cotten. - Un pianiste amène sa jeune femme à douter de son équilibre mental. - Atmosphère bien rendue. Effets de suspense habilement maîtrisés. Excellente interprétation. □ Général
DVD VF➜STF➜21,95 $

GASOLINE ▷5
ITA. 2001. Drame de mœurs de Monica Lisa STAMBRINI avec Maya Sansa, Regina Orioli et Mariella Valentini. - Après avoir tué accidentellement la mère de l'une d'elles, deux lesbiennes vivent diverses mésaventures en tentant de se débarrasser du corps. □ Général
DVD STA➜33,95 $

GASPARD ET FILS ▷5
QUÉ. 1988. Comédie de François LABONTÉ avec Jacques Godin, Gaston Lepage et Monique Miller. - Un libraire se joint à son père dans une recherche acharnée d'un billet de loterie gagnant, oublié dans de vieux vêtements offerts à une parente. □ Général

GASPARD ET ROBINSON ▷5
FR. 1990. Comédie dramatique de Tony GATLIF avec Gérard Darmon, Vincent Lindon et Suzanne Flon. - Deux copains sans emploi qui veulent ouvrir une buvette accueillent une vieille dame abandonnée par ses proches et une mendiante avec sa fillette. □ Général

GASPARDS, LES ▷4
FR. 1973. Comédie fantaisiste de Pierre TCHERNIA avec Michel Serrault, Philippe Noiret et Michel Galabru. - Un homme à la recherche de sa fille disparue découvre un peuple vivant dans les sous-sols de Paris. □ Général

GATE OF FLESH
JAP. 1964. Seijun SUZUKI □ 16 ans+
DVD STA➜46,95 $

GATE OF HELL ►2
JAP. 1953. Drame psychologique de Teinosuke KINUGASA avec Machiko Kyo, Kazuo Hasegawa et Isao Yamagata. - Au XIIe siècle, le samouraï Morito s'éprend de la belle Kesa qui se sacrifie pour sauver son mari. - Tragédie puissante. Technique remarquable. Excellente utilisation de la couleur. Jeu nuancé des interprètes. □ Général

GATHERING OF EAGLES, A **[Téléphone rouge, Le]** ▷5
É.-U. 1963. Drame de Delbert MANN avec Rock Hudson, Rod Taylor et Mary Peach. - Les problèmes du nouveau commandant d'une escadrille du Strategic Air Command. □ Général

GATHERING STORM ▷4
[Churchill: pour l'amour d'un empire]
ANG. 2002. Drame historique de Richard LONCRAINE avec Albert Finney, Jim Broadbent et Vanessa Redgrave. - Dans les années 1930, l'ex-ministre anglais Winston Churchill met en garde les gouvernements européens contre la montée du nazisme.
DVD VF➜STF➜Cadrage W➜11,95 $

GATTACA **[Bienvenue à Gattaca]** ▷4
É.-U. 1997. Science-fiction d'Andrew NICCOL avec Ethan Hawke, Uma Thurman et Alan Arkin. - Dans un futur proche, un jeune subalterne défie son destin en s'appropriant l'identité génétique d'un homme considéré comme supérieur. □ Général
DVD VA➜STF➜Cadrage W/16X9➜36,95 $

GAUCHO, THE ▷4
É.-U. 1928. Aventures de F. Richard JONES avec Douglas Fairbanks, Lupe Velez et Gustav von Seyffertitz. - Un gaucho et sa bande s'introduisent dans une cité miraculeuse et entreprennent de neutraliser l'armée qui y fait régner la terreur. □ Général
DVD 26,95 $

GAUNTLET, THE **[Épreuve de force, L']** ▷5
É.-U. 1977. Drame policier réalisé et interprété par Clint EASTWOOD avec Sondra Locke et William Prince. - Dépêché à Las Vegas pour en ramener une prévenue, un officier de police devient la cible de mystérieux assaillants. □ 13 ans+
DVD VF➜STF➜Cadrage W➜7,95 $

GAY DESPERADO
É.-U. 1936. Rouben MAMOULIAN
DVD 49,95 $

GAY DIVORCEE, THE ▷4
É.-U. 1934. Comédie musicale de Mark SANDRICH avec Fred Astaire, Ginger Rogers et Edward Everett Horton. - Un danseur épris d'une jeune femme en instance de divorce est entraîné dans une suite de quiproquos. □ Général

GAZ BAR BLUES ▷4
QUÉ. 2003. Comédie dramatique de Louis BÉLANGER avec Serge Thériault, Gilles Renaud et Sébastien Delorme. - En 1989, dans un quartier défavorisé, les tribulations professionnelles et familiales d'un veuf qui gère un poste d'essence où travaillent ses trois fils. □ Général
DVD VF➜STF➜Cadrage W/16X9➜23,95 $

GAZON MAUDIT ▷4
FR. 1994. Comédie sentimentale réalisée et interprétée par Josiane BALASKO avec Victoria Abril et Alain Chabat. - Mécontente des nombreuses absences de son mari infidèle, une mère de famille se laisse séduire par une lesbienne qui s'installe chez elle. □ 13 ans+

GÉANT *voir* **Giant**

GÉANT DE FER, LE *voir* **Iron Giant, The**

GÉANTS DE L'OUEST, LES *voir* **Undefeated, The**

GEBÜRTIG
ALL. 2002. Robert SCHINDEL et Lucas STEPANIK
DVD STA➜26,95 $

GEISHA, LA ▷4
JAP. 1983. Drame de mœurs de Hideo GOSHA avec Ken Ogata, Kimiko Ikegami et Atsuko Sakano. - Les tribulations dans les années 1930 d'une geisha qui travaille dans un établissement réputé de la ville de Kochi. □ 13 ans+

GEISHA *voir* **Memoirs of a Geisha**

GEISHA BOY, THE **[Kid en kimono, Le]** ▷4
É.-U. 1958. Comédie de Frank TASHLIN avec Jerry Lewis, Nobu McCarthy et Sessue Hayakawa. - Un prestidigitateur maladroit fait partie d'un spectacle pour les soldats américains au Japon. □ Général

GEMINI
JAP. 1999. Shinya TSUKAMOTO
DVD STA➜22,95 $

GENDARME DE SAINT-TROPEZ, LE ▷5
FR. 1964. Comédie de Jean GIRAULT avec Geneviève Grad, Louis de Funès et Michel Galabru. - Les aventures d'un gendarme de village muté à Saint-Tropez au milieu de la colonie des estivants.
DVD VF→36,95 $

GENDARME À NEW YORK, LE ▷4
FR. 1965. Comédie de Jean GIRAULT avec Michel Galabru, Louis de Funès et Jean Lefebvre. - Quelques gendarmes de Saint-Tropez s'en vont représenter la police française dans un congrès international.
DVD VF→36,95 $

GENDARME SE MARIE, LE ▷4
FR. 1968. Comédie de Jean GIRAULT avec Michel Galabru, Louis de Funès et Michel Galabru. - Un gendarme a le coup de foudre pour la veuve d'un colonel de gendarmerie. □ Général
DVD VF→36,95 $

GENDARME EN BALADE, LE ▷5
FR. 1970. Comédie de Jean GIRAULT avec Louis de Funès, Michel Galabru et Jean Lefebvre. - Des gendarmes à la retraite tentent de revivre leurs exploits passés. □ Général
DVD VF→Cadrage P&S→14,95 $

GENDARME ET LES EXTRA-TERRESTRES, LE ▷5
FR. 1978. Comédie de Jean GIRAULT avec Michel Galabru, Louis de Funès et Maria Mauban. - Témoin de l'envol d'une soucoupe volante, un gendarme éprouve des difficultés avec ses supérieurs qui ne le croient pas. □ Général
DVD VF→Cadrage P&S→14,95 $

GENE AUTRY: BELLS OF CAPISTRANO
É.-U. 1942. William M. MORGAN
DVD VA→26,95 $

GENE AUTRY: SIOUX CITY SUE
É.-U. 1946. Frank McDONALD
DVD VA→26,95 $

GÉNÉALOGIES D'UN CRIME ▷4
[Genealogies of a Crime]
FR. 1997. Drame psychologique de Raoul RUIZ avec Catherine Deneuve, Michel Piccoli et Melvil Poupaud. - Un jeune homme accusé du meurtre de sa tante psychanalyste est défendu par une avocate qui ressemble à la défunte.
DVD VF→STA→34,95 $

GENERAL DELLA ROVERE ►2
ITA. 1959. Drame psychologique de Roberto ROSSELLINI avec Anne Vernon, Vittorio de Sica et Hannes Messemer. - À la fin de la guerre, un imposteur qui se fait passer pour un héros de la résistance se laisse prendre à son jeu. - Personnage central excellemment dépeint. Ambiance de l'époque recréée avec réalisme. Développement dramatique captivant. V. De Sica excellent. □ Non classé

GENERAL'S DAUGHTER, THE [Fille du général, La] ▷5
É.-U. 1999. Drame policier de Simon WEST avec John Travolta, Madeleine Stowe et James Cromwell. - Deux agents de la police militaire enquêtent sur le viol et le meurtre d'une femme capitaine, fille d'un général renommé. □ 16 ans+
DVD VF→STA→Cadrage W→19,95 $

GENERAL, THE ►1
É.-U. 1926. Comédie réalisée et interprétée par Buster KEATON avec Marion Mack et Glen Cavender. - Un mécanicien de locomotive récupère son engin volé par des soldats nordistes. - Classique du cinéma comique. Mise en scène d'une grande virtuosité. Excellents effets. Jeu très personnel de la vedette. □ Général
DVD 21,95 $

GENERAL, THE ▷4
IRL. 1998. Drame biographique de John BOORMAN avec Brendan Gleeson, Adrian Dunbar et Sean McGinley. - Évocation de la vie mouvementée du célèbre gangster irlandais Martin Cahill, qui a tenu la police sur les dents durant les années 80. □ 13 ans+ · Violence
DVD VA→STF→Cadrage W→33,95 $

GÉNÉRATION X-TRÊME *voir* **American History X**

GENESIS
1999. Cheick Oumar SISSOKO
DVD STA→23,95 $

GENEVIEVE ▷3
ANG. 1953. Comédie de Henry CORNELIUS avec John Gregson, Dinah Sheridan et Kenneth More. - Des amateurs de vieilles autos participent à un rallye. - Humour allègre. Construction vivante. Trouvailles comiques heureuses. Interprètes enjoués. □ Général

GÉNIAL, MES PARENTS DIVORCENT! ▷4
FR. 1991. Comédie de mœurs de Patrick BRAOUDÉ avec Adrien Dirand et Volodia Serre. - Les rivalités enfantines et les amourettes d'une bande de jeunes qui fréquentent la même école.

GÉNIE CRÉATEUR DE NORMAN MCLAREN, LE
voir **Creative Process: Norman McLaren**

GÉNIE DU MAL, LE *voir* **Compulsion**

GENOU DE CLAIRE, LE [Claire's Knee] ▷3
FR. 1970. Comédie de mœurs d'Éric ROHMER avec Jean-Claude Brialy, Aurora Cornu et Béatrice Romand. - Un diplomate séjourne quelque temps à Annecy avant son mariage. - Analyse subtile et intelligente. Dialogue abondant mais plein de finesse. Décors naturels admirablement photographiés. Interprétation d'une grande distinction. □ Général
DVD 28,95 $

GENS DE DUBLIN, LES *voir* **Dead, The**

GENS DE LA RIZIÈRE, LES [Rice People, The] ▷4
FR. 1994. Drame de mœurs de Rithy PANH avec Peng Phan, Mom Soth et Chhim Naline. - Après la mort accidentelle de son mari, une paysanne cambodgienne doit prendre sur elle la production du riz dont dépend la survie de sa famille.
DVD STA→32,95 $

GENS NORMAUX N'ONT RIEN D'EXCEPTIONNEL, LES ▷4
FR. 1993. Comédie dramatique de Laurence FERREIRA BARBOSA avec Valeria Bruni-Tedeschi, Melvil Poupaud et Marc Citti. - Hospitalisée à la suite d'un accident, une jeune femme décide de se consacrer au bonheur des autres malades, même malgré eux. □ Général

GENTLE INTO THE NIGHT [Passage pour le paradis] ▷5
ITA. 1997. Drame psychologique d'Antonio BAIOCCO avec Julie Harris, Tcheky Karyo et Mariano Rigillo. - Un détective en mission de surveillance doit prendre sous son aile une vieille dame débousolée qui s'est enfuie d'un hospice. □ Général

GENTLEMAN D'EPSOM, LE ▷5
FR. 1962. Comédie de mœurs de Gilles GRANGIER avec Jean Gabin, Louis de Funès et Madeleine Robinson. - Un officier retraité fréquente les milieux hippiques où il monnaie sa supposée connaissance des chevaux de course.

GENTLEMAN JIM ▷4
É.-U. 1941. Drame biographique de Raoul WALSH avec Errol Flynn, Alexis Smith et Jack Carson. - Les exploits du champion boxeur Jim Corbett. □ Général

GENTLEMAN'S AGREEMENT ▷4
É.-U. 1947. Drame social d'Elia KAZAN avec Gregory Peck, Dorothy McGuire et John Garfield. - Un journaliste se fait passer pour un Juif afin d'enquêter sur l'antisémitisme. □ Général
DVD VA→15,95 $

GENTLEMEN OF FORTUNE
RUS. 1972. Aleksandr SERYI
DVD VF→STF→43,95 $

GENTLEMEN PREFER BLONDES ▷4
[Hommes préfèrent les blondes, Les]
É.-U. 1953. Comédie musicale de Howard HAWKS avec Jane Russell, Marilyn Monroe et Charles Coburn. - Les joyeuses aventures de deux danseuses au cours d'un voyage sur un transatlantique. □ Général
DVD VF→STA→Cadrage P&S→14,95 $ VF→STA→14,95 $

GEÔLIÈRE, LA *voir* **Driftwood**

GEORGE WASHINGTON
É.-U. 2000. David Gordon GREEN
DVD VA➔STA➔Cadrage W➔62,95 $

GEORGIA *voir* **Four Friends**

GEORGIA ▷4
AUS. 1988. Drame de Ben LEWIN avec Judy Davis, John Bach et Julia Blake. - Une agente du gouvernement qui fut adoptée en bas âge tente de faire la lumière sur les circonstances troublantes entourant la mort de sa mère biologique. □ 13 ans+

GEORGIA ▷4
É.-U. 1995. Drame psychologique de Ulu GROSBARD avec Jennifer Jason Leigh, Mare Winningham et Ted Levine. - La difficile relation entre deux sœurs chanteuses, dont l'une connaît un grand succès et l'autre pas. □ 13 ans+
DVD VF➔Cadrage W➔17,95 $

GEORGY GIRL ▷4
ANG. 1966. Comédie dramatique de Silvio NARIZZANO avec Lynn Redgrave, Alan Bates et James Mason. - Les tribulations d'une fille pataude qui partage un appartement avec une amie frivole.
□ Non classé
DVD VA➔STA➔Cadrage W➔22,95 $

GERALDINE'S FORTUNE [Fortune de Géraldine, La]
CAN. 2004. John N. SMITH
DVD VF➔27,95 $

GERMANY YEAR ZERO *voir* **Allemagne année zéro**

GERMINAL ▷5
FR. 1963. Drame social de Yves ALLÉGRET avec Jean Sorel, Bernard Blier et Berthe Granval. - En 1863, un homme tente d'améliorer les conditions de travail faites aux mineurs. □ 13 ans+

GERMINAL ▷3
FR. 1993. Drame social de Claude BERRI avec Renaud, Gérard Depardieu et Miou-Miou. - Sous le Second Empire, un ouvrier se révolte contre l'exploitation inhumaine des mineurs et incite ses camarades à déclarer la grève. - Adaptation spectaculaire du roman d'Émile Zola. Recréation saisissante de l'atmosphère grise et lourde de l'œuvre originale. Jeu des comédiens bien adapté au ton de l'ensemble. □ 13 ans+

GERONIMO : AN AMERICAN LEGEND ▷4
É.-U. 1993. Western de Walter HILL avec Jason Patric, Wes Studi et Matt Damon. - Dans les années 1880, un jeune lieutenant se voit confier la mission d'arrêter l'Apache Geronimo qui s'est lancé dans une campagne meurtrière contre les Blancs. □ Général
DVD Cadrage W➔9,95 $

GERRY ▷3
É.-U. 2002. Drame de Gus VAN SANT avec Casey Affleck et Matt Damon. - Après avoir abandonné leur voiture, deux amis se perdent dans le désert et errent pendant des jours. - Récit dépouillé. Remarquable composition visuelle. Climat poétique et étrange. Rythme lent. Jeu minimaliste des deux interprètes. □ Général
DVD VA➔Cadrage W/16X9➔9,95 $

GERTRUDE [Gertrud] ▷3
DAN. 1964. Drame psychologique de Carl Theodor DREYER avec Nina Pena Rode, Axel Gebuhr et Ebbe Rode. - Une femme cherche à satisfaire dans diverses aventures un besoin d'amour exclusif. - Ensemble rigoureux et dépouillé. Beauté plastique. Mise en scène théâtrale. Excellents interprètes. □ 13 ans+

GET CARTER [Loi de milieu, La] ▷5
ANG. 1971. Drame policier de Mike HODGES avec Michael Caine, Ian Hendry et John Osborne. - Un gangster londonien retourne dans sa ville natale pour enquêter sur la mort de son frère. □ 18 ans+
DVD VA➔STA➔Cadrage W➔21,95 $

GET CARTER ▷5
É.-U. 2000. Drame policier de Stephen T. KAY avec Rachael Leigh Cook, Sylvester Stallone et Alan Cumming. - Après une longue absence, un tueur professionnel revient à Seattle pour enquêter sur la mort suspecte de son frère. □ 13 ans+
DVD VF➔STF➔Cadrage W➔9,95 $

GET ON THE BUS ▷4
É.-U. 1996. Drame social de Spike LEE avec Ossie Davis, Charles S. Dutton et Andre Braugher. - Durant leur périple de Los Angeles à Washington, où ils vont participer à un rassemblement d'Afro-Américains, des inconnus se lient d'amitié. □ Général
DVD Cadrage W➔11,95 $

GET OUT YOUR HANKERCHIEFS
voir **Préparez vos mouchoirs**

GET REAL ▷4
ANG. 1998. Comédie dramatique de Simon SHORE avec Charlotte Brittain, Ben Silverstone et Brad Gorton. - L'idylle entre deux étudiants gais qui s'efforcent de garder secrète leur orientation sexuelle.
DVD VA➔STA➔Cadrage W➔21,95 $

GET RICH... OR DIE TRYIN ▷5
É.-U. 2005. Drame de mœurs de Jim SHERIDAN avec Joy Bryant, Curtis « 50 Cent » Jackson et Adewale Akinnuoye-Agbaje. - Un revendeur de drogue de New York rêve de faire carrière comme chanteur hip hop. □ 16 ans+ · Langage vulgaire - Violence
DVD VF➔STA➔Cadrage W➔34,95 $

GET SHORTY [C'est le petit qu'il nous faut] ▷4
É.-U. 1995. Comédie satirique de Barry SONNENFELD avec John Travolta, Gene Hackman et Rene Russo. - Un gangster sympathise avec un producteur de films et s'implique dans le financement de sa prochaine production. □ 13 ans+ · Langage vulgaire
DVD VF➔STF➔Cadrage W➔12,95 $

GET TO KNOW YOUR RABBIT ▷5
É.-U. 1971. Comédie satirique de Brian De PALMA avec Katherine Ross, Tom Smothers et John Astin. - Un cadre insatisfait abandonne carrière et maîtresse pour devenir prestidigitateur itinérant.
□ 13 ans+

GETAWAY, THE [Guet-apens, Le] ▷4
É.-U. 1972. Drame policier de Sam PECKINPAH avec Steve McQueen, Ali MacGraw et Al Lettieri. - Pour sortir de prison, un homme accepte d'organiser un vol de banque pour le compte d'un avocat influent du Texas. □ 13 ans+
DVD VF➔STF➔Cadrage W➔17,95 $

GETAWAY, THE ▷5
É.-U. 1994. Drame policier de Roger DONALDSON avec Michael Madsen, Alec Baldwin et Kim Basinger. - Fuyant vers le Mexique après avoir commis un hold-up, un jeune couple est pris en chasse par la police et par d'anciens complices. □ 16 ans+ · Violence
DVD VF➔Cadrage W➔10,95 $

GETTING ANY ?
JAP. 1995. Takeshi KITANO
DVD STA➔34,95 $

GETTING MARRIED IN BUFFALO JUMP
CAN. 1990. Eric TILL
DVD VA➔16,95 $

GETTYSBURG ▷5
É.-U. 1993. Drame historique de Ronald MAXWELL avec Jeff Daniels, Martin Sheen et Tom Berenger. - En 1863, sur le site de Gettysburg en Pennsylvanie, l'armée des États confédérés du Sud et les troupes nordistes s'affrontent dans une bataille décisive. □ Général
DVD VF➔STF➔Cadrage W➔11,95 $

GHARE BAIRE *voir* **Home and the World, The**

GHOST [Mon fantôme d'amour] ▷4
É.-U. 1990. Drame fantastique de Jerry ZUCKER avec Patrick Swayze, Demi Moore et Whoopi Goldberg. - Devenu un fantôme après son assassinat, un jeune cadre se sert d'un faux médium pour entrer en contact avec sa compagne qui est aux prises avec des criminels.
□ Général
DVD Cadrage W➔14,95 $

GHOST AND MRS. MUIR, THE ▷3
[Aventure de Mme Muir, L']
É.-U. 1947. Comédie fantaisiste de Joseph Leo MANKIEWICZ avec Rex Harrison, Gene Tierney et George Sanders. - Le fantôme d'un capitaine se mêle à la vie d'une jeune veuve qui s'est installée dans une maison au bord de la mer. - Aspects fantastiques évoqués avec finesse. Ton d'humour. Goût et mesure dans la mise en scène. Interprétation subtile. □ Général
DVD VF→STA→14,95 $

GHOST AND THE DARKNESS, THE ▷4
[Fantôme et les ténèbres, Le]
É.-U. 1996. Aventures de Stephen HOPKINS avec Val Kilmer, Michael Douglas et Tom Wilkinson. - En Afrique au XIXe siècle, un ingénieur anglais et un chasseur américain s'efforcent d'abattre deux lions mangeurs d'hommes. □ 13 ans+
DVD Cadrage W→12,95 $

GHOST BREAKERS, THE ▷4
É.-U. 1940. Comédie policière de George MARSHALL avec Paulette Goddard, Bob Hope et Richard Carlson. - Une jeune fille veut entrer en possession de son héritage, un château supposément hanté. □ Général
DVD VA→STF→Cadrage P&S→17,95 $

GHOST DOG: THE WAY OF THE SAMURAÏ ▷3
[Ghost Dog: la voie du samouraï]
É.-U. 1999. Drame policier de Jim JARMUSCH avec Forest Whitaker, John Tormey et Cliff Gorman. - Après un contrat qui a mal tourné, un tueur à gages qui vit selon les préceptes des anciens samouraïs devient la cible d'un clan mafieux. - Relecture originale et fort réjouissante du film de gangsters. Climat envoûtant. Réalisation leste et imaginative. Jeu prenant de F. Whitaker.
DVD VA→Cadrage W→12,95 $

GHOST GOES WEST, THE [Fantôme à vendre] ▷3
ANG. 1935. Comédie fantaisiste de René CLAIR avec Robert Donat, Jean Parker et Eugene Pallette. - Une jeune fille se prend de sympathie pour le fantôme d'un château écossais qu'elle a fait reconstruire en Amérique. - Intrigue originale conduite avec esprit. Réalisation brillante. Fine interprétation. □ Non classé

GHOST IN THE SHELL ▷4
JAP. 1995. Dessins animés de Mamoru OSHII.- Dans une ville futuriste, une policière mi-humaine, mi-robot, poursuit un mystérieux individu qui se sert de l'inforoute à des fins criminelles. □ 13 ans+
DVD VF→STA→Cadrage W→34,95 $

GHOST OF THE NEEDLE
É.-U. 2003. Brian AVENET-BRADLEY
DVD PC

GHOST STORY [Fantôme de Milburn, Le] ▷5
É.-U. 1981. Drame fantastique de John IRVIN avec Craig Wasson, Alice Krige et Fred Astaire. - Dans une petite ville du Vermont, quatre vieillards sont tourmentés par le fantôme d'une jeune femme dont ils avaient provoqué la mort dans leur jeunesse. □ 13 ans+
DVD VA→STF→Cadrage W→18,95 $

GHOST WORLD ▷3
É.-U. 2001. Comédie dramatique de Terry ZWIGOFF avec Thora Birch, Steve Buscemi et Scarlett Johansson. - Une adolescente anticonformiste se lie d'amitié avec un célibataire quadragénaire à la vie tristounette. - Ton d'humour sec et mordant. Personnages observés avec drôlerie, tendresse et nuances. Traitement cultivant intelligemment le goût du kitsch. Alternance parfaite de candeur et d'aplomb dans le jeu de T. Birch. □ 13 ans+
DVD VA→STF→Cadrage W→23,95 $

GHOSTBUSTERS [S.O.S. fantômes] ▷4
É.-U. 1984. Comédie fantaisiste de Ivan REITMAN avec Bill Murray, Sigourney Weaver et Dan Aykroyd. - Des experts en phénomènes paranormaux se lancent en affaires comme chasseurs de fantômes. □ 13 ans+
DVD VA→STA→Cadrage W→23,95 $

GHOSTS OF MISSISSIPPI ▷5
[Fantômes du Mississippi]
É.-U. 1996. Drame judiciaire de Rob REINER avec Alec Baldwin, Whoopi Goldberg et James Woods. - Un procureur remue ciel et terre pour faire inculper le responsable présumé d'un meurtre raciste commis trente ans auparavant. □ Général
DVD VF→STF→Cadrage P&S/W→11,95 $

GHOUL, THE
É.-U. 1933. T. Hayes HUNTER
DVD VA→STF→17,95 $

GIA [Gia: femme de rêve] ▷4
É.-U. 1997. Drame biographique de Michael CRISTOFER avec Faye Dunaway, Angelina Jolie, Eric Michael Cole et Elizabeth Mitchell. - Après avoir tenté de se libérer de l'emprise de la drogue, le mannequin Gia Marie Carrangi meurt du sida en 1986, à l'âge de 26 ans. □ 16 ans+
DVD VA→STF→7,95 $ VA→STF→16,95 $

GIANT [Géant] ▷3
É.-U. 1956. Étude de mœurs de George STEVENS avec Elizabeth Taylor, Rock Hudson et James Dean. - Vingt-cinq années de la vie d'un couple sur une ferme immense au Texas. - Œuvre habile et attachante. Mise en scène d'un mouvement ample. Richesse de l'étude psychologique. Interprétation juste. □ Général
DVD VF→STF→Cadrage W→29,95 $
VA→STF→Cadrage W→29,95 $

GIFT, THE [Don, Le] ▷4
É.-U. 2000. Drame fantastique de Sam RAIMI avec Cate Blanchett, Giovanni Ribisi et Keanu Reeves. - Après avoir contribué à faire condamner l'auteur présumé d'un meurtre, une voyante devient persuadée qu'il était innocent. □ 13 ans+
DVD VF→STA→Cadrage W→13,95 $
VA→STA→Cadrage W→14,95 $

GIFT OF THE MAGI, THE
É.-U. Scott MANSFIELD
DVD VA→34,95 $

GIGI ▷3
É.-U. 1958. Comédie musicale de Vincente MINNELLI avec Leslie Caron, Maurice Chevalier et Louis Jourdan. - Élevée en vue d'une vie galante, Gigi rêve d'amour sincère et de mariage. - Adaptation d'un roman de Colette. Reconstitution somptueuse et soignée de la Belle Époque. Mise en scène brillante. Interprétation pleine d'assurance. □ Général
DVD VF→STA→Cadrage P&S/W→21,95 $

GILDA ▷4
É.-U. 1947. Comédie dramatique de Charles VIDOR avec Rita Hayworth, Glenn Ford et George Macready. - Un gérant de casino épouse la femme de son patron après le suicide apparent de celui-ci. □ Général
DVD VF→STF→Cadrage P&S→23,95 $

GIN GAME, THE
É.-U. 2003. Arvin BROWN
DVD VA→Cadrage W→29,95 $

GINA ▷4
QUÉ. 1975. Drame social de Denys ARCAND avec Céline Lomez, Claude Blanchard et Gabriel Arcand. - L'agression d'une danseuse dans un hôtel en province occasionne un règlement de comptes et cause des soucis à un groupe de cinéastes. □ 13 ans+
DVD VF→21,95 $

GINGER ET FRED [Ginger and Fred] ▷3
ITA. 1985. Comédie satirique de Federico FELLINI avec Giulietta Masina, Marcello Mastroianni et Franco Fabrizi. - Un homme et une femme qui formèrent autrefois un couple de danseurs de music-hall se retrouvent à Rome pour un spectacle de télévision. - Mélange adroit de satire grotesque et d'attendrissement mélancolique. Style baroque propre à l'auteur. Interprétation experte des protagonistes.

GINGER SNAPS [Entre sœurs] ▷4
CAN. 2000. Drame d'horreur de John FAWCETT avec Emily Perkins, Katharine Isabelle et Kris Lemche. - Une adolescente tente de guérir sa sœur devenue loup-garou le soir de ses premières règles. □ 16 ans+ · Horreur
DVD VF➔Cadrage W➔17,95 $

GINGER SNAPS II - UNLEASHED ▷5
CAN. 2004. Drame d'horreur de Brett Sullivan avec Emily Perkins, Tatiana Maslany et Eric Johnson. - Hantée par un loup-garou, une adolescente, elle-même atteinte de lycanthropie, se retrouve internée dans une clinique de désintoxication.
DVD VF➔Cadrage W➔27,95 $

GINGERBREAD MAN, THE ▷4
É.-U. 1997. Drame policier de Robert ALTMAN avec Embeth Davidtz, Kenneth Branagh et Robert Downey Jr. - En aidant une jeune serveuse qui se dit harcelée par son père psychotique, un avocat met en danger la sécurité de sa propre famille. □ Général · Déconseillé aux jeunes enfants
DVD VA➔STF➔Cadrage P&S/W➔10,95 $

GIRL 6 ▷5
É.-U. 1996. Comédie dramatique réalisée et interprétée par Spike LEE avec Theresa Randle et Isaiah Washington. - Au bout de son rouleau, une aspirante actrice accepte un emploi de téléphoniste dans une agence érotique. □ 16 ans+ · Langage vulgaire
DVD VA➔Cadrage W/16X9➔15,95 $

GIRL AT THE WINDOW *voir* **Jeune fille à la fenêtre, Une**

GIRL CAN'T HELP IT, THE ▷4
É.-U. 1956. Comédie satirique de Frank TASHLIN avec Tom Ewell, Jayne Mansfield et Edmond O'Brien. - Un gangster retraité charge un impresario de lancer une chanteuse sans talent. □ Général

GIRL CRAZY ▷4
É.-U. 1943. Comédie musicale de Norman TAUROG avec Mickey Rooney, Judy Garland et Gil Stratton. - Un collégien frivole doit faire un stage dans une institution de l'Ouest à la discipline sévère.

GIRL FROM MISSOURI, THE ▷4
É.-U. 1934. Comédie dramatique de Jack CONWAY avec Jean Harlow, Lionel Barrymore et Franchot Tone. - Les mésaventures d'une jeune femme qui a quitté sa petite ville natale pour trouver un mari fortuné. □ Général

GIRL FROM PETROVKA, THE ▷4
É.-U. 1974. Comédie dramatique de Robert Ellis MILLER avec Goldie Hawn, Hal Holbrook et Anthony Hopkins. - Un journaliste américain travaillant à Moscou s'éprend d'une jeune Russe aux allures bohèmes. □ Général

GIRL FROM RIO
ANG. ESP. 2001. Christopher MONGER
DVD VA➔Cadrage W➔21,95 $

GIRL IN BLACK, A ▷3
GRÈ. 1956. Drame de Michael CACOYANNIS avec Ellie Lambetti, Dimitru Horn et Georges Foundas. - L'amour d'un jeune Athénien pour la fille d'une veuve, mise en quarantaine pour sa conduite légère, lui attire des ennuis. - Intrigue contemporaine traitée dans le style de la tragédie antique. Photographie admirablement composée. Interprétation stylisée.
DVD Cadrage W➔34,95 $

GIRL IN THE CAFÉ, THE ▷4
ANG. 2005. Drame sentimental de David YATES avec Bill Nighy et Kelly Macdonald. - Un fonctionnaire travaillant sur un programme d'aide aux pays pauvres s'éprend d'une mystérieuse jeune femme.
DVD VA➔STF➔Cadrage W➔28,95 $

GIRL IN THE SNEAKERS, THE ▷4
IRAN. 1999. Drame de mœurs de Rasul SADRAMELI avec Pegah Ahangarani, Majid Hajizadeh et Akram Mohammadi. - Une fille de 15 ans s'enfuit de chez elle pour tenter de retrouver un garçon que la police et ses parents lui interdisent de revoir.
DVD 36,95 $

GIRL IN THE YELLOW PAJAMAS, THE
voir **Pyjama Girl Case, The**

GIRL IS A GIRL, A ▷4
CAN. 1999. Comédie de mœurs de Reginald HARKEMA avec Andrew McIntyre, Paige Morrison et Laurie Baranyay. - Les différentes conquêtes amoureuses d'un jeune homme à la recherche de la femme idéale.

GIRL MOST LIKELY TO ... ▷4
É.-U. 1973. Comédie de L. PHILLIPS avec Stockard Channing, Edward Asner, Chuck McCann, Larry Wilcox et Warren Berlinger. - Une jeune fille au physique ingrat se soumet à une opération de chirurgie plastique et prend sa revanche sur les hommes qui l'ont méprisée.
DVD VA➔STF➔11,95 $

GIRL NEXT DOOR, THE [Fille d'à côté, La] ▷5
É.-U. 2004. Comédie sentimentale de Luke GREENFIELD avec Emile Hirsch, Elisha Cuthbert et Timothy Olyphant. - Un étudiant modèle aux grandes ambitions s'éprend d'une belle voisine qui se révèle être une ex-star du porno.
DVD VF➔STA➔Cadrage W➔33,95 $

GIRL OF YOUR DREAMS, THE
ESP. 1998. Fernando TRUEBA
DVD STA➔21,95 $

GIRL ON A MOTORCYCLE [Motocyclette, La] ▷5
ANG. 1968. Drame psychologique de Jack CARDIFF avec Marianne Faithfull, Alain Delon et Roger Mutton. - Une jeune femme s'en va rejoindre son amant sur la motocyclette qu'il lui a offerte en cadeau de noces. □ 18 ans+
DVD Cadrage W➔27,95 $

GIRL WHO HAD EVERYTHING, THE ▷5
É.-U. 1953. Drame de Richard THORPE avec Elisabeth Taylor, William Powell, James Whitmore et Fernando Lamas. - Une jeune fille s'éprend d'un gangster que son père avocat a réussi à faire acquitter.

GIRL WHO KNEW TOO MUCH, THE
voir **Fille qui en savait trop, La**

GIRL WITH A PEARL EARRING ▷3
[Jeune fille à la perle, La]
ANG. 2003. Drame de mœurs de Peter WEBBER avec Colin Firth, Judy Parfitt et Scarlett Johansson. - En 1665, une jeune servante travaillant dans la demeure du peintre Vermeer devient son assistante puis son modèle. - Très belle adaptation du roman de Tracy Chevalier. Observations sociales et psychologiques éloquentes. Suite de magnifiques tableaux vivants inspirés des œuvres du maître hollandais. Interprétation délicatement nuancée de S. Johansson. □ Général
DVD VA➔STA➔12,95 $ VA➔STA➔Cadrage W➔13,95 $

GIRL WITH A SUITCASE *voir*
FILLE À LA VALISE, LA

GIRL WITH GREEN EYES, THE ▷4
ANG. 1964. Drame psychologique de Desmond DAVIS avec Rita Tushingham, Peter Finch et Lynn Redgrave. - Une jeune fille devient amoureuse d'un écrivain d'âge mûr.
DVD VA➔STF➔Cadrage W➔11,95 $

GIRL, INTERRUPTED [Jeune fille interrompue] ▷4
É.-U. 1999. Drame de mœurs de James MANGOLD avec Winona Ryder, Angelina Jolie et Whoopi Goldberg. - À la fin des années 60, une jeune femme ayant tenté de se suicider séjourne un an dans une institution psychiatrique.
DVD VA➔STA➔Cadrage W➔17,95 $

GIRL-GETTERS, THE ▷4
ANG. 1964. Drame psychologique de Michael WINNER avec Jane Merrow, Oliver Reed, Barbara Ferris et Guy Doleman. - Des jeunes gens ont imaginé un système pour faire la connaissance de jolies estivantes. □ Général

GIRLFIGHT ▷4
É.-U. 2000. Drame sportif de Karyn KUSAMA avec Jaime Tirelli, Paul Calderon et Michelle Rodriguez. - Une adolescente au tempérament violent canalise son agressivité dans la boxe et s'ouvre à la vie quand elle tombe amoureuse d'un rival. □ Général · Déconseillé aux jeunes enfants
DVD Cadrage W→10,95 $

GIRLS *voir* **Femmes enfants, Les**

GIRLS, LES ▷4
É.-U. 1957. Comédie musicale de George CUKOR avec Kay Kendall, Mitzi Gaynor et Gene Kelly. - À Londres, un procès oppose deux ex-danseuses de cabaret. □ Général
DVD VF→STA→21,95 $

GIRLS! GIRLS! GIRLS! ▷5
[Des filles, encore des filles]
É.-U. 1962. Comédie musicale de Norman TAUROG avec Elvis Presley, Laurel Goodwin et Jeremy Slate. - Un jeune marin veut gagner de l'argent comme chanteur pour acheter son propre bateau.
DVD VF→9,95 $

GIRLS CAN'T SWIM
voir **Filles ne savent pas nager, Les**

GIRLS IN PRISON
É.-U. 1994. John McNAUGHTON □ 13 ans+
DVD VA→Cadrage P&S→19,95 $

GIRLS TOWN ▷4
É.-U. 1996. Drame de mœurs de Jim McKAY avec Lili Taylor, Anna Grace et Bruklin Harris. - Éprouvées par le suicide d'une amie, trois adolescentes rebelles et désabusées découvrent dans le journal intime de celle-ci les raisons de son geste. □ 13 ans+ · Langage vulgaire

GITAN, LE ▷4
FR. 1975. Drame policier de José GIOVANNI avec Paul Meurisse, Alain Delon et Marcel Bozzuffi. - En poursuivant des exploits criminels, un gitan croise un perceur de coffres recherché pour meurtre. □ 13 ans+

GITANE, LA ▷5
FR. 1985. Comédie de Philippe DE BROCA avec Claude Brasseur, Valérie Kaprisky et Clémentine Célarié. - Un banquier, ayant des problèmes avec les femmes, tombe amoureux d'une gitane qui l'entraîne dans diverses aventures. □ Général

GIVE MY REGARDS TO BROAD STREET ▷5
[Rendez-vous à Broad Street]
ANG. 1984. Comédie musicale de Peter WEBB avec Paul McCartney, Bryan Brown et Ringo Starr. - Un chanteur populaire se fait dérober les bandes types d'enregistrement de son prochain album.
□ Général

GLADIATEUR *voir* **Gladiator**

GLADIATEURS, LES *voir* **Demetrius and the gladiators**

GLADIATOR [Gladiateur] ▷3
É.-U. 2000. Drame épique de Ridley SCOTT avec Russell Crowe, Joaquin Phoenix et Connie Nielsen. - Un général romain devenu gladiateur cherche à se venger de l'empereur qu'il tient responsable de son malheur. - Sujet traité avec un grand impact dramatique. Personnages bien développés. Mise en scène spectaculaire à souhait. Interprétation intense. □ 13 ans+ · Violence
DVD VA→Cadrage W→23,95 $ VF→STA→Cadrage W→42,95 $

GLASS BOTTOM BOAT, THE ▷4
É.-U. 1966. Comédie de Frank TASHLIN avec Doris Day, Rod Taylor et Dom De Luise. - Une jeune veuve est soupçonnée à tort d'être une espionne. □ Général

GLASS MENAGERIE, THE [Ménagerie de verre, La] ▷3
É.-U. 1987. Drame psychologique de Paul NEWMAN avec Karen Allen, Joanne Woodward et John Malkovich. - À la demande de sa mère, un jeune homme cherche un prétendant pour sa sœur qui est affligée d'une infirmité à la jambe et d'une timidité maladive. - Adaptation fidèle de la pièce de Tennessee Williams. Ton intimiste profondément émouvant. Illustration soignée. Excellente interprétation. □ Général

GLASS SHIELD, THE ▷4
É.-U. 1994. Drame policier de Charles BURNETT avec Michael Boatman, Lori Petty et Ice Cube. - En proie au racisme quotidien d'un commissariat de Los Angeles, un jeune policier afro-américain n'ose intervenir lorsqu'un Noir est injustement arrêté sous ses yeux. □ Général
DVD VA→22,95 $

GLASS SLIPPER, THE [Pantoufle de verre, La] ▷4
É.-U. 1955. Comédie musicale de Charles WALTERS avec Leslie Caron, Michael Wilding et Amanda Blake. - Une jeune fille maltraitée par sa famille réussit à se rendre au bal organisé pour fêter le retour d'un prince. □ Non classé

GLEANERS AND I
voir **Glaneurs et la glaneuse, Les**

GLEN OR GLENDA? [I Changed My Sex] ▷7
É.U. 1952. Drame de mœurs réalisé et interprété par Edward D. WOOD Jr. avec Bela Lugosi et Lyle Talbot. - Deux individus veulent changer de sexe, l'un en s'habillant en femme, l'autre en subissant une opération. □ Général
DVD VA→37,95 $

GLENGARRY GLEN ROSS ▷3
É.-U. 1992. Drame de mœurs de James FOLEY avec Jack Lemmon, Al Pacino et Ed Harris. - Menacés de congédiement par leur supérieur, quatre agents immobiliers cherchent le moyen d'augmenter leurs ventes. - Adaptation d'une pièce de David Mamet. Illustration tantôt stylisée tantôt réaliste. Ensemble à la fois émouvant et caustique. Texte rendu à merveille par de prestigieux interprètes. □ 13 ans+ · Langage vulgaire
DVD VF→STA→Cadrage P&S/W→19,95 $

GLENN MILLER STORY, THE [Romance inachevée] ▷4
É.-U. 1954. Drame biographique d'Anthony MANN avec James Stewart, June Allyson et Charles Drake. - La vie d'un musicien de jazz des années 1930. □ Général
DVD VA→STF→10,95 $

GLISSER VERS L'ENFER *voir* **Hell Bent**

GLOBE-TROTTER, LE *voir* **World Traveler**

GLOIRE DE MON PÈRE, LA [My Father's Glory] ▷3
FR. 1990. Chronique de Yves ROBERT avec Philippe Caubère, Nathalie Roussel et Julien Ciamara. - Les aventures d'un garçon de onze ans qui passe les vacances d'été avec sa famille dans une maison à la campagne. - Récit basé sur les souvenirs d'enfance de Marcel Pagnol. Film classique mais lumineux. Scènes familiales ou rurales illustrées avec une beauté simple. Interprétation fort satisfaisante. □ Général

GLOIRE ET ROCK AND ROLL
voir **Telling Lies in America**

GLORIA ▷3
É.-U. 1980. Thriller de John CASSAVETES avec Gena Rowlands, John Adames et Buck Henry. - Une femme se fait la protectrice d'un enfant dont la famille a été abattue par la mafia. - Récit habilement construit bien que légèrement invraisemblable. Traitement d'un réalisme convaincant. Mise en scène nerveuse à souhait. Interprétation forte de G. Rowlands. □ 13 ans+
DVD VA→STF→34,95 $

GLORIA ▷5
É.-U. 1998. Drame de Sidney LUMET avec Sharon Stone, Jean-Luke Figueroa et Jeremy Northam. - La maîtresse d'un mafioso se fait la protectrice d'un gamin dont les parents ont été assassinés par les hommes de main du gangster. □ Général · Déconseillé aux jeunes enfants

GLORY ▷3
É.-U. 1989. Drame historique d'Edward ZWICK avec Morgan Freeman, Matthew Broderick et Denzel Washington. - Durant la guerre de Sécession, un jeune officier nordiste revendique les mêmes droits pour les soldats noirs volontaires qui forment son régiment. - Récit humaniste. Traitement attentif aux émotions des personnages. Mise en scène de qualité. Très bons interprètes. □ 13 ans+
DVD Cadrage W→36,95 $ Cadrage W→18,95 $

GLORY ROAD ▷4
É.-U. 2006. Drame sportif de James GARTNER avec Josh Lucas, Derek Luke et Austin Nichols. - En 1966, un entraîneur de basket-ball collégial conduit en finale de championnat la première équipe entièrement composée de joueurs afro-américains. □ Général
DVD VF→Cadrage W→36,95 $

GLOUPS ! JE SUIS UN POISSON [Help ! I'm a Fish] ▷4
DAN. 2000. Dessins animés de Stefan FJELDMARK et Michael HEGNER. - Trois enfants sont transformés en poissons après avoir bu une potion inventée par un savant farfelu. □ Général

GLUE SNIFFER [Huelepega]
ESP. VEN. 1999. Elia SCHNEIDER
DVD STA→PC

GO ▷4
É.-U. 1999. Comédie dramatique de Doug LIMAN avec Sarah Polley, Desmond Askew et Scott Wolf. - La veille de Noël, les destins de divers personnages s'entrecroisent sur fond de petites arnaques et de folles virées. □ 16 ans+
DVD Cadrage W→11,95 $

GO ASK ALICE ▷4
É.-U. 1972. Drame psychologique de John KORTY avec Jamie Smith-Jackson, William Shatner et Andy Griffith. - Les tristes expériences d'une adolescente tombée sous l'emprise de la drogue. □ Général

GO FISH ▷4
É.-U. 1994. Comédie de mœurs de Rose TROCHE avec Guinevere Turner, V.S. Brodie et T. Wendy McMillan. - Une jeune romancière en herbe qui recherche désespérément l'âme sœur fait la rencontre d'une timide assistante vétérinaire. □ 16 ans+ · Érotisme
DVD VA→STF→Cadrage W→22,95 $

GO FOR BROKE ! ▷4
É.-U. 1950. Drame de guerre de Robert PIROSH avec Van Johnson, Lane Nakano et George Miki. - Les exploits d'un régiment américain composé de soldats d'origine japonaise. □ Général

GO NOW ▷4
ANG. 1995. Drame psychologique de Michael WINTERBOTTOM avec Robert Carlyle, Juliet Aubrey et James Nesbitt. - À Bristol, le bonheur d'un jeune couple est mis à l'épreuve lorsque le garçon découvre qu'il souffre de sclérose en plaques. □ 13 ans+

GO TELL THE SPARTANS ▷4
É.-U. 1978. Drame de guerre de Ted POST avec Burt Lancaster, Craig Wasson et Marc Singer. - En 1964, des soldats américains tentent d'occuper une ancienne base française au Viêtnam. □ 13 ans+
DVD VA→STF→Cadrage W→7,95 $

GO WEST ▷3
É.-U. 1925. Comédie réalisée et interprétée par Buster KEATON avec Howard Truesdale et Kathleen Myers. - Un maladroit engagé sur un ranch s'attache à une vache. - Scénario amusant. Succession de gags désopilants. B. Keaton en bonne forme. □ Général
DVD 21,95 $

GO WEST ▷4
É.-U. 1941. Comédie de Edward BUZZELL avec les frères Marx, John Carroll et Diana Lewis. - Trois vagabonds partent à la recherche de l'or et se retrouvent mêlés à une histoire de cession de terrain. □ Général

GOD HAS A RAP SHEET
É.-U. 2003. Kamal AHMED
DVD VA→Cadrage W→PC

GOD IS BRAZILIAN
BRÉ. 2003. Carlos DIEGUES
DVD STA→Cadrage W→33,95 $

GOD'S LITTLE ACRE ▷4
É.-U. 1958. Comédie dramatique de Anthony MANN avec Robert Ryan, Aldo Ray, Buddy Hackett et Tina Louise. - Un fermier creuse sa terre dans l'espoir d'y trouver un trésor et néglige sa famille. □ Général

GODDESS OF 1967, THE ▷4
AUS. 2000. Drame psychologique de Clara LAW avec Rose Byrne, Rikiya Kurokawa, Elise McCredie et Nicholas Hope. - Une jeune aveugle accompagne un Japonais qui se rend dans l'arrière-pays australien pour régler l'achat d'une voiture de collection. □ 16 ans+

GODDESS OF MERCY
H.K. 2003. Ann HUI
DVD STA→34,95 $

GODFATHER, THE [Parrain, Le] ►1
É.-U. 1972. Drame de mœurs de Francis Ford COPPOLA avec Al Pacino, Marlon Brando et James Caan. - Malgré sa décision de ne pas se mêler aux affaires de la famille, le fils d'un chef de la mafia américaine finit pourtant par succéder à son père. - Évocation fascinante du milieu. Mise en scène vigoureuse et inventive. Photographie remarquable. Tension constante. Excellente interprétation. □ 13 ans+
DVD VF→STA→Cadrage W→21,95 $

GODFATHER II, THE [Parrain II, Le] ►1
É.-U. 1974. Drame de mœurs de Francis Ford COPPOLA avec Al Pacino, Robert De Niro et Diane Keaton. - L'ascension d'un Sicilien dans le monde américain du crime et la consolidation de son empire illégal par son fils. - Complément riche et complexe du film précédent. Fresque grandiose. Cinématographie remarquable. Interprétation de première force. □ 13 ans+
DVD VF→Cadrage W→14,95 $

GODFATHER III, THE [Parrain III, Le] ▷3
É.-U. 1990. Drame de mœurs de Francis Ford COPPOLA avec Al Pacino, Andy Garcia et Sofia Coppola. - Après avoir fait fortune grâce au crime, le parrain de la mafia américaine cherche à œuvrer dans la légitimité tout en étant secondé par un neveu impétueux. - Portrait assez fascinant du personnage principal. Réalisation somptueuse. Séquence finale magistrale. Excellente interprétation. □ 13 ans+
DVD VA→Cadrage W→19,95 $

GODS AND MONSTERS ▷3
É.-U. 1998. Drame psychologique de Bill CONDON avec Brendan Fraser, Ian McKellen et Lynn Redgrave. - En 1957, un cinéaste homosexuel vieillissant et malade se lie d'amitié avec son jeune jardinier. - Récit inspiré de la vie du réalisateur James Whale. Approche sensible et spirituelle. Interprétation remarquable d'I. McKellen. □ 13 ans+

GODS MUST BE CRAZY, THE ▷3
[Dieux sont tombés sur la tête, Les]
A.S. 1981. Comédie de Jamie UYS avec Marius Weyers, Sandra Prisloo et Xao. - Un indigène du Kalahari a pour tâche de se débarrasser d'une bouteille maléfique tombée du ciel. - Fable cocasse nourrie d'observations de mœurs. Mise en scène vivante. Interprétation d'une bonhomie parfaite. □ Général

GODS MUST BE CRAZY II, THE ▷4
[Dieux sont tombés sur la tête... la suite, Les]
A.S. 1988. Comédie de Jamie UYS avec N'xau, Richard Loring, Lena Farugia et Hans Strydom. - Un Bochiman part à la recherche de ses enfants embarqués par inadvertance à l'arrière d'un camion-citerne. □ Général

GODS OF THE PLAGUE
ALL. 1969. Rainer Werner FASSBINDER □ 13 ans+
DVD STA→29,95 $

GODSEND [Adam] ▷5
É.-U. 2004. Thriller de Nick HAMM avec Greg Kinnear, Rebecca Romijn-Stamos et Robert De Niro. - Né d'une expérience de clonage, un gamin de huit ans subit d'étranges transformations psychologiques. □ 13 ans+
DVD VF→STF→9,95 $

GODSPELL [Fièvre de Dieu, La] ▷3
É.-U. 1973. Comédie musicale de David GREENE avec Victor Garber, David Haskell et Lynne Thigpen. - Dans les rues et sur les places de New York, dix jeunes gens revivent divers épisodes de la vie du Christ. - Spectacle vivant et inventif. Sketches de style moderne où fourmillent les trouvailles. □ Général
DVD VA→STA→Cadrage W→38,95 $

GODZILLA AGAINST MECHAGODZILLA ▷5
JAP. 2002. Science-fiction de Masaaki TEZUKA avec Yumiko Shaku, Shin Takuma et Kana Onodera. - De nouveau confronté à la menace de Godzilla, le Japon tente de l'éliminer en se servant d'un robot conçu à son image.
DVD VA→STF→Cadrage W→32,95 $

GODZILLA VS. MONSTER ZERO ▷5
JAP. 1966. Science-fiction d'Inoshiro HONDA avec Nick Adams, Akira Takarada et Kumi Mizumo. - Deux astronautes découvrent une nouvelle planète dont les habitants sont menacés par un monstre gigantesque. □ Général

GODZILLA'S REVENGE ▷5
JAP. 1969. Drame d'horreur d'Inoshiro HONDA avec Tomoneri Yazaki, Kenji Sahara et Mashiko Muka. - Un garçonnet rêve à un séjour dans une île peuplée de monstres gigantesques. □ Général · Déconseillé aux jeunes enfants
DVD VA→Cadrage P&S→17,95 $

GODZILLA, KING OF THE MONSTERS ▷5
JAP. 1954. Science-fiction d'Inoshiro HONDA avec Takashi Shimura, Raymond Burret Momoko Kochi. - Réveillé par des essais nucléaires en haute mer, un monstre gigantesque se met à ravager Tokyo.
DVD Cadrage P&S→18,95 $

GODZILLA : TOKYO S.O.S.
JAP. 2003. Masâki TEZUKA
DVD VA→STA→31,95 $

GOIN' DOWN THE ROAD ▷3
CAN. 1970. Drame social de Donald SHEBIB avec Doug McGrath, Paul Bradley et Jayne Eastwood. - Les mésaventures de deux amis qui quittent la Nouvelle-Écosse pour aller tenter fortune à Toronto. - Ton de chaude humanité. Souci de réalisme. Mise en scène souple. Fines observations. Jeu naturel d'interprètes bien dirigés.
DVD VA→34,95 $

GOIN' SOUTH ▷4
É.-U. 1978. Western réalisé et interprété par Jack NICHOLSON avec Mary Steenburgen et Christopher Lloyd. - Un hors-la-loi condamné à la pendaison obtient sa grâce en épousant une jeune femme.
DVD VA→STA→Cadrage W→10,95 $

GOING ALL THE WAY ▷4
É.-U. 1996. Drame de mœurs de Mark PELLINGTON avec Jeremy Davies, Ben Affleck et Amy Locane. - À leur retour de la guerre de Corée, deux anciens camarades de classe réintègrent leur bourgade du Midwest avec quelques difficultés.
DVD VA→PC

GOING IN STYLE ▷4
É.-U. 1979. Comédie dramatique de Martin BREST avec George Burns, Art Carney et Lee Strasberg. - Pour tromper leur ennui, trois vieillards décident de commettre un hold-up. □ Général
DVD VA→STF→Cadrage W→21,95 $

GOING MY WAY ▷4
É.-U. 1944. Comédie dramatique de Leo McCAREY avec Bing Crosby, Barry Fitzgerald et Risë Stevens. - Un jeune prêtre d'esprit moderne est nommé pour assister le vieux curé d'une grande paroisse.

GOING PLACES *voir* **Valseuses, Les**

GOJOE SPIRIT WAR CHRONICLE
JAP. 2000. Sogo ISHII
DVD VA→STA→Cadrage W→31,95 $

GOLD RUSH, THE [Ruée vers l'or, La] ►1
É.-U. 1925. Comédie dramatique réalisée et interprétée par Charlie CHAPLIN avec Mack Swain et Georgia Hale. - En Alaska, un vagabond part à la découverte d'un filon du précieux métal. - Mélange judicieux de pathétique et de comique. Nombreuses séquences inoubliables. Technique simple et efficace. Jeu de mime remarquable de C. Chaplin.
DVD VF→STF→34,95 $

GOLDEN BALLS *voir* **Macho**

GOLDEN BOWL, THE [Coupe d'or, La] ▷4
É.-U. 2000. Drame de mœurs de James IVORY avec Uma Thurman, Jeremy Northam et Nick Nolte. - Dans les années 1910, un prince italien désargenté qui a épousé la fille d'un milliardaire s'engage dans une liaison avec la jeune épouse de ce dernier. □ Général
DVD VA→STA→Cadrage W→6,95 $

GOLDEN BOY [Esclave aux mains d'or, L'] ▷4
É.-U. 1940. Drame psychologique de Rouben MAMOULIAN avec William Holden, Barbara Stanwyck et Adolphe Menjou. - Ne pouvant gagner sa vie, un violoniste opte pour la boxe. □ Général

GOLDEN BRAID ▷4
AUS. 1990. Drame de Paul COX avec Gosia Dobrowolska, Chris Haywood et Paul Chubb. - Un horloger en vient à négliger sa maîtresse lorsqu'il tombe amoureux d'une tresse dorée qu'il a dénichée dans le tiroir secret d'un buffet vénitien. □ 13 ans+ · Érotisme

GOLDEN COACH, THE *voir* **Carrosse d'or, Le**

GOLDEN EIGHTIES ▷3
FR. 1985. Comédie musicale de Chantal AKERMAN avec Delphine Seyrig, Fanny Cottençon et Charles Denner. - Les échanges amoureux entre les employés d'un magasin de confection et d'un salon de coiffure se faisant face dans une galerie marchande. - Divertissement coloré. Mise en scène rythmée habilement maîtrisée. Interprétation convaincante. □ Général

GOLDEN HORNS
RUS. 1972. Aleksandr ROU
DVD VA→STA→43,95 $

GOLDEN VOYAGE OF SINBAD, THE ▷4
[Voyage fantastique de Sinbad, Le]
ANG. 1973. Conte de Gordon HESSLER avec John Philip Law, Caroline Munro et Tom Baker. - Sinbad et son équipage partent à la recherche d'un trésor dans une île légendaire. □ Général
DVD Cadrage W→23,95 $

GOLDENEYE ▷4
ANG. 1995. Drame d'espionnage de Martin CAMPBELL avec Pierce Brosnan, Sean Bean et Izabella Scorupco. - En Russie, l'agent secret James Bond s'efforce de contrecarrer les plans d'un terroriste qui menace de faire sauter Londres. □ 13 ans+

GOLDFINGER ▷3
ANG. 1964. Drame d'espionnage de Guy HAMILTON avec Sean Connery, Gert Fröbe et Honor Blackman. - L'agent secret James Bond doit surveiller un millionnaire soupçonné de faire la contrebande de l'or. - Invraisemblances colorées d'un ton de satire évident. Réalisation inventive et nerveuse. Interprétation dans le ton voulu. □ 13 ans+

GOLDSTEIN
É.-U. 1964. Philip KAUFMAN et Benjamin MANASTER
DVD VA→29,95 $

GOLEM, THE ▷3
ALL. 1920. Drame fantastique de Paul WEGENER et Carl BOESE avec Paul Wegener, Albert Steinruck et Lyda Salmonova. - Pour protéger la population juive de Cracovie, un rabbin anime une statue d'argile à l'aide de formules cabalistiques. - Classique du cinéma fantastique. Climat d'étrangeté. Trucages étonnamment réussis. □ Général
DVD STA→15,95 $

GOLEM, LE [Golem: the Legend of Prague] ▷5
TCH. 1937. Drame fantastique de Julien DUVIVIER avec Harry Baur, Roger Karl et Ferdinand Hart. - Pour protéger la population juive de Cracovie, un rabbin anime une statue d'argile à l'aide de formules cabalistiques. □ Général

GOLEM: THE PETRIFIED GARDEN
FR. 1993. Amos GITAÏ
DVD VA➔STA➔Cadrage P&S➔PC

GOLEM DE MONTRÉAL, LE ▷5
QUÉ. 2004. Comédie fantaisiste d'Isabelle HAYEUR avec Zébulon Vézina, Réal Bossé et Lazlo Riccardi-Rigaud. - Grâce à une formule magique tirée d'une légende juive, trois enfants donnent naissance à un colosse qui obéit à tous leurs ordres. □ Général
DVD VF➔STA➔22,95 $

GOLIATH AND THE DRAGON ▷5
[Vengeance d'Hercule, La]
ITA. 1961. Aventures de Vittorio COTTAFAVI avec Broderick Crawford, Mark Forrest et Eleonara Ruffo. - Le roi de Mycène s'est juré d'assassiner le demi-dieu Hercule.
DVD STA➔Cadrage W➔39,95 $

GOMEZ ET TAVARES
FR. 2003. Gilles PAQUET-BRENNER
DVD VF➔29,95 $

GONE DU CHAÂBA, LE ▷4
FR. 1997. Chronique de Christophe RUGGIA avec Bouzid Negnoug, Mohamed Fellag et Nabil Ghalem. - Dans les années 60, les tribulations d'un gamin algérien qui vit avec sa famille dans un bidonville de Lyon. □ Général

GONE WITH THE WIND [Autant en emporte le vent] ►2
É.-U. 1939. Drame de mœurs de Victor FLEMING avec Vivien Leigh, Clark Gable et Olivia de Havilland. - Les manœuvres d'une jeune Sudiste égoïste et ambitieuse dans le cadre de la guerre de Sécession. - Adaptation spectaculaire du roman de Margaret Mitchell. Classique du cinéma populaire. Mise en scène impressionnante. Interprétation solide. □ Général
DVD VA➔STF➔Cadrage P&S➔16,95 $ VA➔42,95 $

GONZA THE SPEARMAN ▷3
JAP. 1985. Drame de mœurs de Masahiro SHINODA avec Hiromi Goh, Shima Iwashita et Sholej Hino. - Lorsque l'épouse de son seigneur lui propose sa fille en mariage, un serviteur ambitieux accepte l'offre dans l'espoir de connaître les secrets de la cérémonie du thé. - Adaptation d'une pièce de théâtre japonaise du XVIIIe siècle. Description intéressante des mœurs de l'époque. □ 13 ans+

GOOD BYE LENIN *voir* **Au revoir Lénine**

GOOD EARTH, THE ▷3
É.-U. 1936. Étude de mœurs de Sidney FRANKLIN avec Paul Muni, Luise Rainer et Walter Connolly. - La vie d'un fermier chinois et de sa famille. - Adaptation soignée d'un roman de Pearl Buck. Tableau intéressant de la Chine traditionnelle. Construction anecdotique. Interprétation de classe. □ Général
DVD VF➔STA➔21,95 $

GOOD EVENING, MR. WALLENBERG ▷4
SUÈ. 1990. Drame historique de Kjell GREDE avec Katharina Thalbach, Stellan Skarsgard et Karoly Eperjes. - Les efforts accomplis par un homme d'affaires suédois pour soustraire de nombreux juifs à l'Holocauste. □ 13 ans+
DVD STA➔Cadrage P&S➔31,95 $

GOOD FAIRY, THE ▷4
É.-U. 1935. Comédie sentimentale de William WYLER avec Margaret Sullavan, Herbert Marshall et Frank Morgan. - Une jeune fille candide intervient curieusement dans la vie de trois hommes.
DVD VA➔26,95 $

GOOD FATHER, THE ▷3
ANG. 1986. Drame de mœurs de Mike NEWELL avec Jim Broadbent, Anthony Hopkins et Harriet Walter. - Voulant se venger de son propre échec conjugal, un homme pousse un instituteur à entreprendre des procédures judiciaires pour recouvrer la garde de son fils. - Étude de mœurs d'une intensité particulière. Contexte bien décrit. Mise en scène précise. Interprétation contrôlée. □ Général
DVD VA➔STA➔Cadrage 16X9➔23,95 $

GOOD GIRL, THE ▷4
É.-U. 2001. Comédie dramatique de Miguel ARTETA avec Jennifer Aniston, Jake Gyllenhaal et John C. Reilly. - Pour pimenter sa vie ennuyeuse, une employée d'un magasin à rayons d'une petite ville du Texas trompe son mari avec un jeune caissier tourmenté. □ Général
DVD VA➔14,95 $

GOOD MAN IN AFRICA, A ▷5
É.-U. 1993. Comédie de mœurs de Bruce BERESFORD avec Colin Friels, Sean Connery et John Lithgow. - Pris au piège par un politicien corrompu, un diplomate britannique se doit d'accomplir une délicate mission auprès d'un médecin influent d'un pays d'Afrique. □ Général

GOOD MARRIAGE, A *voir* **Beau mariage, Le**

GOOD MEN, GOOD WOMEN
JAP. TAÏ. 1995. Hsiao-hsien HOU
DVD STA➔Cadrage W➔31,95 $

GOOD MORNING
JAP. 1959. Yasujiro OZU □ Général
DVD STA➔Cadrage W➔46,95 $

GOOD MORNING, BABYLON ▷3
ITA. 1987. Comédie dramatique de Paolo et Vittorio TAVIANI avec Vincent Spano, Joaquim de Almeida et Greta Scacchi. - Partis faire fortune en Amérique, deux jeunes Italiens aboutissent à Hollywood en 1915 où ils travaillent comme manœuvres. - Hommage à tous les artisans obscurs du cinéma. Évocation d'une nostalgie poétique. Interprétation sympathique. □ Général

GOOD MORNING, VIETNAM [Bonjour Viêtnam] ▷4
É.-U. 1987. Comédie dramatique de Barry LEVINSON avec Robin Williams, Forest Whitaker, Chintara Sukapatana et Tung Thanh Tran. - Au Vietnam en 1965, un caporal américain devient le disc-jockey volubile et spirituel d'une émission de radio matinale diffusée par l'armée. □ Général
DVD VF➔Cadrage W➔14,95 $ VF➔Cadrage W➔19,95 $

GOOD MOTHER, THE [Bonne mère malgré tout] ▷4
É.-U. 1998. Drame psychologique de Leonard NIMOY avec Diane Keaton, Liam Neeson et Jason Robards. - Une jeune femme indépendante est poursuivie devant les tribunaux par son ex-mari qui veut obtenir la garde de leur fille. □ Général
DVD VA➔Cadrage W➔10,95 $

GOOD NIGHT, AND GOOD LUCK ▷3
É.-U. 2005. Drame historique réalisé et interprété par George CLOONEY avec David Strathairn et Frank Langella. - En 1953, les efforts du journaliste de CBS Edward R. Murrow et de son équipe pour faire échec au sénateur Joseph McCarthy. - Étude sérieuse sur l'influence des médias, aux résonances toujours actuelles. Dialogues incisifs. Rythme alerte. Excellente reconstitution d'époque. Réalisation assurée. Interprétation de haut vol de D. Strathairn. □ Général
DVD VA➔STF➔Cadrage W➔36,95 $

GOOD NIGHT, MORNING
ITA. 2003. Marco BELLOCCHIO
DVD STA➔34,95 $

GOOD SOLDIER SCHWEIK, THE
TCH. 1956. Karel STEKLY
DVD STA➔29,95 $

GOOD SOLDIER SCHWEIK 2, THE: BEG TO REPORT SIR
TCH. 1957. Karel STEKLY
DVD STA➔29,95 $

GOOD THIEF, THE ▷3
[Dernier coup de Monsieur Bob, Le]
ANG. 2002. Drame policier de Neil JORDAN avec Nick Nolte, Tcheky Karyo et Saïd Taghmaoui. - Un cambrioleur américain, toxicomane et ruiné, participe à un vol de tableaux dans un casino de Monte-Carlo. - Description teintée d'humour d'un milieu glauque et violent. Intrigue complexe pleine de rebondissements. Mise en scène inventive. Très bonne interprétation de N. Nolte. □ Général · Déconseillé aux jeunes enfants
DVD VA➔Cadrage W➔8,95 $

GOOD TIMES ▷5
É.-U. 1966. Comédie musicale de William FRIEDKIN avec Sonny, Cher et George Sanders. - Un jeune chanteur qui rêve de faire du cinéma s'imagine dans divers rôles en compagnie de sa partenaire de scène.
DVD VA➔STF➔Cadrage W➔19,95 $

GOOD WIFE, THE [Parfaite épouse, La] ▷5
AUS. 1986. Drame psychologique de Ken CAMERON avec Rachel Ward, Bryan Brown et Sam Neill. - Dans les années 30, la femme d'un bûcheron peu démonstratif développe une passion obsessionnelle pour un étranger récemment arrivé au village.
DVD VA➔STF➔Cadrage P&S/W➔11,95 $

GOOD WILL HUNTING [Destin de Will Hunting, Le] ▷4
É.-U. 1997. Drame psychologique de Gus VAN SANT avec Matt Damon, Robin Williams et Stellan Skarsgard. - Un jeune génie rebelle et issu d'un milieu défavorisé doit suivre une thérapie avec un psychologue meurtri par la vie. □ 13 ans+ · Langage vulgaire
DVD Cadrage W➔23,95 $

GOOD WOMAN, A [Femme honorable, Une] ▷5
ANG. 2004. Comédie de mœurs de Mike BARKER avec Helen Hunt, Scarlett Johansson, Milena Vukotic et Mark Umbers. - Dans les années 1930, une Américaine sans fortune débarque sur la côte italienne et jette son dévolu sur le riche époux d'une compatriote naïve. □ Général
DVD VF➔STA➔Cadrage W➔24,95 $

GOOD, THE BAD AND THE UGLY, THE ►1
[Bon, la brute et le truand, Le]
ITA. 1967. Western de Sergio LEONE avec Clint Eastwood, Eli Wallach et Lee Van Cleef. - Pendant la guerre de Sécession, trois aventuriers se disputent le secret de la cachette d'un trésor volé à l'armée confédérée. - Variations habiles et originales sur des thèmes connus. Ton d'humour particulier. Style syncopé. Musique mémorable d'Ennio Morricone. Cadrage et montage recherchés. Interprétation savoureuse. □ 13 ans+
DVD VF➔STF➔Cadrage W➔11,95 $
VA➔STF➔Cadrage W/16X9➔34,95 $

GOODBYE AGAIN ▷4
É.-U. 1961. Drame psychologique d'Anatole LITVAK avec Ingrid Bergman, Yves Montand et Anthony Perkins. - Une divorcée dans la quarantaine se console avec un jeune Américain des infidélités de son amant. □ Général

GOODBYE CHARLIE [Au revoir Charlie] ▷4
É.-U. 1964. Comédie fantaisiste de Vincente MINNELLI avec Debbie Reynolds, Tony Curtis et Pat Boone. - Un séducteur impénitent est métamorphosé en femme. □ Général

GOODBYE DRAGON INN
TAÏ. 2003. Ming-Liang TSAI
DVD STA➔Cadrage W➔36,95 $

GOODBYE EMMANUELLE ▷5
FR. 1977. Drame de mœurs de François LETERRIER avec Sylvia Kristel, Umberto Orsini et Jean-Pierre Bouvier. - La jeune femme d'un architecte installé aux îles Seychelles s'éprend d'un cinéaste de passage. □ 18 ans+

GOODBYE GIRL, THE [Adieu, je reste] ▷4
É.-U. 1977. Comédie sentimentale de Herbert ROSS avec Richard Dreyfuss, Marsha Mason et Quinn Cummings. - Les tribulations sentimentales entre un acteur et une ancienne danseuse qui doivent partager le même appartement. □ Général
DVD VF➔STF➔Cadrage P&S/W➔21,95 $

GOODBYE, COLUMBUS ▷3
É.-U. 1969. Drame psychologique de Larry PEERCE avec Richard Benjamin, Ali MacGraw et Jack Klugman. - Un jeune bibliothécaire devient amoureux de la fille d'un nouveau riche. - Accent mis sur la satire de mœurs. Mise en scène soignée. Images fraîches et pimpantes. Interprétation juste.
DVD VA➔STA➔Cadrage W/16X9➔13,95 $

GOODBYE MR. CHIPS ▷3
É.-U. 1939. Comédie dramatique de Sam WOOD avec Robert Donat, Greer Garson et Paul Henreid. - La carrière d'un professeur dans un collège anglais. - Approche humaine et chaleureuse du sujet. Milieu bien observé. Mise en scène soignée. Excellente interprétation.
DVD VA➔STF➔21,95 $ VF➔STF➔Cadrage W➔21,95 $

GOODBYE, MR. CHIPS ▷4
ANG. 1969. Comédie musicale de Herbert ROSS avec Peter O'Toole, Petula Clark et Michael Redgrave. - La carrière d'un professeur dans un collège anglais. □ Général

GOODBYE, MY LADY ▷4
É.-U. 1956. Conte de William A. WELLMAN avec Walter Brennan, Brandon de Wilde et Sidney Poitier. - Un orphelin trouve un chien d'une race rare et l'adopte. □ Général

GOODFELLAS [Affranchis, Les] ►1
É.-U. 1990. Drame de mœurs de Martin SCORSESE avec Ray Liotta, Robert De Niro et Joe Pesci. - Les succès et les revers d'un jeune mafioso de New York. - Scénario foisonnant d'anecdotes drôles, violentes, tragiques ou cyniques. Fresque hautement vibrante et colorée. Milieu de la pègre évoqué de façon à la fois vériste et pittoresque. Réalisation et interprétation très assurées. □ 13 ans+
DVD VA➔STF➔Cadrage W➔17,95 $/32,95 $

GOONIES, THE ▷4
É.-U. 1985. Comédie dramatique de Richard DONNER avec Sean Astin, Josh Brolin et Jeff Cohen. - Parti à la recherche d'un trésor, un groupe de jeunes gens rencontre des difficultés avec une famille de criminels. □ Général
DVD VF➔STF➔Cadrage W➔14,95 $

GORGO ▷4
ANG. 1961. Drame d'horreur de Eugene LOURIE avec Bill Travers, William Sylvester et Vincent Winter. - Un monstre préhistorique apparaît à Londres et y sème la panique. □ Général

GORGON, THE ▷4
ANG. 1964. Drame fantastique de Terence FISHER avec Peter Cushing, Christopher Lee et Richard Pasco. - Dans un petit village d'Allemagne des meurtres sont commis par un être mystérieux qui pétrifie ses victimes. □ Général

GORILLAS IN THE MIST [Gorilles dans la brume] ▷3
É.-U. 1988. Drame biographique de Michael APTED avec Sigourney Weaver, Bryan Brown et John Omirah Miluwi. - En voulant sauver les gorilles de montagne dont elle étudie les mœurs, une chercheuse est confrontée aux préoccupations économiques de la population africaine locale. - Sujet inspiré de la vie de Dian Fossey. Images colorées. Rythme enlevant. Technique bien maîtrisée. Interprétation impressionnante de S. Weaver. □ Général
DVD VF➔Cadrage W➔14,95 $

GORILLES, LES ▷5
FR. 1964. Comédie de Jean GIRAULT avec Darry Cowl, Francis Blanche et Maria Pacôme. - Deux bagagistes égarent la valise d'un diamantaire et s'évertuent à la retrouver. □ Général

GORKY PARK ▷4
É.-U. 1983. Drame policier de Michael APTED avec William Hurt, Joanna Pacula et Lee Marvin. - Un officier de police russe enquête sur la découverte de trois cadavres mutilés dans le parc Gorky, au centre de Moscou. □ 13 ans+
DVD VA➔Cadrage W➔12,95 $

GORMENGHAST ▷3
ANG. 2000. Drame fantastique d'Andy WILSON avec Christopher Lee, Jonathan Rhys-Meyers et Celia Imrie. - Dans un royaume imaginaire, un jeune aide-cuisinier machiavélique et assoiffé de pouvoir s'immisce dans l'entourage de la famille royale.
DVD VA➔Cadrage P&S➔36,95 $

GOSFORD PARK [Weekend à Gosford Park, Un] ▷3
É.-U. 2001. Drame de mœurs de Robert ALTMAN avec Clive Owen, Kelly Macdonald et Emily Watson. - Dans un manoir anglais où sont réunis des invités pour une partie de chasse, des tensions se font jour, tant du côté des maîtres que des serviteurs. - Scénario touffu orchestré de main de maître. Étude souvent fascinante des rapports de classes. Excellent dialogue. Formidable jeu d'ensemble.
□ Général
DVD VA➔STF➔Cadrage W➔22,95 $

GOSPEL ACCORDING TO ST. MATTHEW, THE
voir **Évangile selon Saint-Matthieu, L'**

GOSPEL ROAD [Gospel Road - A Story of Jesus]
É.-U. 1973. Robert ELFSTROM
DVD VA➔Cadrage W➔22,95 $

GOTCHA! [Touché!] ▷4
É.-U. 1985. Comédie policière de Jeff KANEW avec Anthony Edwards, Linda Fiorentino et Klaus Loewitsch. - Un étudiant américain en voyage en Europe est entraîné par une jeune femme dans une affaire d'espionnage. □ 13 ans+
DVD VA➔STF➔Cadrage W➔10,95 $

GOTHIC ▷5
ANG. 1986. Drame fantastique de Ken RUSSELL avec Gabriel Byrne, Julian Sands et Natasha Richardson. - Dans une villa du lac Léman, deux illustres poètes et leurs compagnes font un concours d'histoires macabres lors d'une nuit d'orage de 1816. □ 18 ans+
DVD VA➔Cadrage P&S➔21,95 $

GOTHIKA ▷5
É.-U. 2003. Drame d'horreur de Mathieu KASSOVITZ avec Halle Berry, Robert Downey Jr. et Penélope Cruz. - Une psychiatre d'une prison pour femmes se réveille dans une cellule de son service, où elle apprend qu'on l'accuse du meurtre de son mari. □ 13 ans+ · Horreur
DVD VF➔STF➔Cadrage W➔8,95 $

GOÛT DE LA CERISE, LE ▷3
IRAN. 1997. Drame psychologique d'Abbas KIAROSTAMI avec Homayon Ershadi, Abdolrahman Bagheri et Afshin Korshid Bakhtiari. - Un homme ayant décidé de mettre fin à ses jours part à la recherche de quelqu'un qui acceptera de l'ensevelir après sa mort. - Réflexion originale sur le suicide. Moments empreints d'une subtile poésie. □ Général
DVD STA➔44,95 $

GOÛT DE MIEL, UN *voir* **Taste of Honey, A**

GOÛT DES AUTRES, LE [Taste of Others, The] ▷3
FR. 2000. Comédie dramatique réalisée et interprétée par Agnès JAOUI avec Jean-Pierre Bacri et Anne Alvaro. - Un industriel peu cultivé courtise une actrice de théâtre en s'immisçant dans son cercle d'amis intellectuels. - Étude de mœurs à l'humour fin et délicat. Personnages attachants et subtilement dessinés. Dialogues spirituels. Mise en scène sûre. Jeu sensible des comédiens. □ Général
DVD VF➔STA➔18,95 $ VF➔26,95 $

GOÛT DES JEUNES FILLES, LE ▷4
QUÉ. 2004. Comédie dramatique de John L'ÉCUYER avec Lansana Kourouma, Koumba Ball et Maka Kotto. - À Haïti, en 1971, un adolescent se croyant poursuivi par les tontons macoutes se réfugie chez une jeune fille qui l'initie à l'amour. □ 13 ans+
DVD VF➔29,95 $

GOUTTES D'EAU SUR PIERRES BRÛLANTES ▷4
[Water Drops on Burning Rocks]
FR. 1999. Comédie dramatique de François OZON avec Bernard Giraudeau, Malik Zidi et Ludivine Sagnier. - Un quinquagénaire séduit un jeune homme de trente années son cadet, puis la petite amie de ce dernier. □ 16 ans+
DVD VF➔STA➔Cadrage W➔26,95 $ Cadrage W➔27,95 $

GOVERNESS, THE ▷4
ANG. 1998. Drame psychologique de Sandra GOLDBACHER avec Tom Wilkinson, Minnie Driver et Jonathan Rhys Meyers. - En 1840, une Juive obtient un poste de gouvernante sous une fausse identité et tombe amoureuse de son patron, un passionné de photographie.

GOYA À BORDEAUX ▷3
ESP. 1999. Drame biographique de Carlos SAURA avec Francisco Rabal, Jose Coronado et Dafne Fernandez. - À la veille de sa mort, le célèbre peintre Francisco de Goya raconte à sa fille les étapes décisives de sa vie - Chronique historique et biographique captivante. Traitement pictural d'un esthétisme flamboyant. Mise en scène maîtrisée. Solide composition de F. Rabal. □ Général
DVD VF➔STA➔44,95 $

GOZU
JAP. 2003. Takashi MIIKE
DVD STA➔29,95 $

GRACE ET CHUCK *voir* **Amazing Grace and Chuck**

GRACE OF MY HEART [Grace: la musique du cœur] ▷4
É.-U. 1996. Drame musical d'Allison ANDERS avec Illeana Douglas, Matt Dillon et Eric Stoltz. - Une jeune femme issue d'un milieu aisé s'établit à New York dans l'espoir de percer dans le monde de la chanson. □ Général
DVD VF➔Cadrage W➔10,95 $

GRACE QUIGLEY [Secret de Grace Quigley, Le] ▷5
É.-U. 1984. Comédie dramatique d'Anthony HARVEY avec Katharine Hepburn, Nick Nolte et Kit Le Fever. - Une vieille dame met sur pied une agence pour faciliter, grâce à un tueur à gages, le décès de personnes âgées et solitaires. □ Général

GRADUATE, THE [Lauréat, Le] ►2
É.-U. 1967. Comédie de mœurs de Mike NICHOLS avec Dustin Hoffman, Anne Bancroft et Katharine Ross. - À sa sortie du collège, un jeune homme est séduit par la femme de l'associé de son père puis s'éprend de la fille de celle-ci.- Scénario original et rigoureux. Ton de satire humoristique. Mise en scène très soignée. Interprétation remarquable. □ Général
DVD VA➔STF➔Cadrage W➔12,95 $

GRAFFITI AMÉRICAINS *voir* **American Graffiti**

GRAFFITI PARTY *voir* **Big Wednesday**

GRAIN DE SABLE, LE ▷4
FR. 1982. Drame psychologique de Pomme MEFFRE avec Delphine Seyrig, Brigitte Rouan et Michel Aumont. - Les problèmes d'une quadragénaire qui se retrouve au chômage.

GRAINE DE VIOLENCE *voir* **Blackboard Jungle**

GRAND ALIBI, LE *voir* **Stage Fright**

GRAND AMOUR DE BEETHOVEN, UN ▷4
FR. 1936. Drame biographique d'Abel GANCE avec Harry Baur, Annie Ducaux et Jany Holt. - Évocation de la vie sentimentale tumultueuse du grand compositeur Ludwig van Beethoven. □ Général

GRAND BLANC, LE *voir* **Big White, The**

GRAND BLEU, LE [Big Blue, The] ▷4
FR. 1988. Comédie dramatique de Luc BESSON avec Jean-Marc Barr, Jean Reno et Rosanna Arquette. - L'amitié entre deux plongeurs célèbres continuellement en compétition. □ Général
DVD VF➔STF➔Cadrage W➔36,95 $

GRAND BLOND AVEC UNE CHAUSSURE NOIRE, LE ▷3
FR. 1972. Comédie de Yves ROBERT avec Pierre Richard, Mireille Darc et Bernard Blier. - Un modeste violoniste est entraîné malgré lui dans des disputes de services secrets. - Habile mise au point des effets comiques. Plaisanteries originales et réussies. P. Richard à l'aise dans son personnage de distrait. □ Général
DVD VF➔19,95 $

GRAND CANYON [Au cœur de la ville] ▷4
É.-U. 1991. Drame de mœurs de Lawrence KASDAN avec Kevin Kline, Danny Glover et Mary McDonnell. - Un garagiste et un avocat, tous deux confrontés à divers problèmes, développent une grande amitié fondée sur l'entraide. □ Général
DVD Cadrage W→9,95 $

GRAND CARNAVAL, LE ▷4
FR. 1983. Comédie dramatique d'Alexandre ARCADY avec Roger Hanin, Philippe Noiret et Fiona Gélin. - En novembre 1942, le maire d'un village algérien et son ami cafetier décident de tirer parti de l'arrivée des troupes américaines. □ Général

GRAND CARUSO, LE *voir* **Great Caruso, The**

GRAND CHANTAGE, LE
voir **Sweet Smell of Success**

GRAND CHEF, LE ▷5
FR. 1958. Comédie de Henri VERNEUIL avec Fernandel, Gino Cervi et le petit Papouf. - Deux braves bougres kidnappent un fils de millionnaire qui leur cause un tas d'ennuis. □ Général

GRAND CHEMIN, LE ▷4
FR. 1986. Comédie dramatique de Jean-Loup HUBERT avec Antoine Hubert, Anémone et Richard Bohringer. - Un enfant de la ville qui passe ses vacances dans un village découvre, grâce à une fillette, le monde des adultes. □ 13 ans+

GRAND COUP, LE *voir* **Big Hit, The**

GRAND COUP, LE *voir* **Score, The**

GRAND EMBOUTEILLAGE, LE ▷3
ITA. FR. 1979. Comédie dramatique de Luigi COMENCINI avec Harry Baer, Alberto Sordi et Angela Molina. - Les réactions diverses d'automobilistes bloqués dans un embouteillage prolongé. - Mélange habile de comédie et de satire amère. Éléments épars adroitement intégrés. Interprétation convaincante. □ 13 ans+

GRAND ESCOGRIFFE, LE ▷4
FR. 1977. Comédie policière de Claude PINOTEAU avec Claude Brasseur, Yves Montand et Agostina Belli. - Un chevalier d'industrie entraîne un guide touristique et une comédienne dans une affaire d'enlèvement. □ Général

GRAND FRÈRE, LE ▷5
FR. 1982. Drame policier de Francis GIROD avec Gérard Depardieu, Roger Planchon et Hakim Ghanem. - Un jeune Arabe cache un meurtrier chez lui afin de s'en servir pour venger la mort de son frère, tué par un policier.

GRAND HOTEL ▷4
É.-U. 1932. Drame d'Edmund GOULDING avec John Barrymore, Greta Garbo et Wallace Beery. - Les destins de diverses personnes s'entrecroisent dans un hôtel de Berlin. □ Général
DVD VF→STF→21,95 $ VF→STF→21,95 $

GRAND ILLUSION *voir* **Grande illusion, La**

GRAND JACK, LE
QUÉ. 1987. Herménégilde CHIASSON □ Général

GRAND JACOB, LE *voir* **Big Jake**

GRAND JEU, LE *voir* **Full Monty, The**

GRAND LEBOWSKI, LE *voir* **Big Lebowski, The**

GRAND MCLINTOCK, LE *voir* **Mclintock!**

GRAND MEAULNES, LE ▷4
FR. 1967. Drame de Jean-Gabriel ALBICOCCO avec Brigitte Fossey, Jean Blaise et Alain Libolt. - Un jeune homme recherche une jeune fille qu'il a rencontrée dans d'étranges circonstances. □ Général

GRAND PARDON, LE ▷4
FR. 1982. Drame policier d'Alexandre ARCADY avec Roger Hanin, Bernard Giraudeau et Jean-Louis Trintignant. - Un jeune truand ambitieux cherche à nuire à un Juif qui a pris le contrôle des rackets d'un quartier de Paris. □ 13 ans+

GRAND PARDON II, LE [Day of Atonement] ▷5
FR. 1992. Drame de mœurs d'Alexandre ARCADY avec Roger Hanin, Richard Berry et Gérard Darmon. - Un ancien racketteur parisien parti vivre à Miami chez son fils découvre que celui-ci s'est enrichi en blanchissant l'argent de la drogue. □ 13 ans+ · Violence

GRAND PRIX ▷3
É.-U. 1966. Drame sportif de John FRANKENHEIMER avec James Garner, Yves Montand et Eva Marie Saint. - La saison des grandes courses automobiles réunit plusieurs coureurs dans une même camaraderie et une même rivalité. - Grande ingéniosité technique. Variété des prises de vue. Intrigues diverses quelque peu conventionnelles. Très bons interprètes. □ Général
DVD VF→STF→Cadrage W/16X9→31,95 $

GRAND RESTAURANT, LE ▷4
FR. 1966. Comédie policière de Jacques BESNARD avec Louis de Funès, Bernard Blier et Rosa Maria Rodriguez. - Le patron d'un restaurant est entraîné dans une aventure policière à la suite de la disparition d'un client.

GRAND ROCK, LE ▷5
QUÉ. 1968. Drame de Raymond GARCEAU avec Guy Thauvette, Francine Racette et Jacques Bilodeau. - Un jeune trappeur est entraîné au crime à la suite de son mariage avec une fille cupide. □ 13 ans+

GRAND RÔLE, LE
FR. 2004. Steve SUISSA
DVD VF→STA→30,95 $

GRAND SAUT, LE *voir* **Dream with the Fishes**

GRAND SECRET, LE *voir* **Above and Beyond**

GRAND SERPENT DU MONDE, LE ▷5
QUÉ.. 1998. Drame psychologique d'Yves DION avec Murray Head, Zoé Latraverse et Louise Portal. - Un chauffeur d'autobus nostalgique des voyages rencontre une jeune fille intrigante qui lui propose de partir avec lui vers le sud. □ Général

GRAND SLAM ▷4
ITA. 1967. Drame policier de Giuliano MONTALDO avec Janet Leigh, Robert Hoffman et Edward G. Robinson. - Un professeur organise un vol de banque pendant le carnaval de Rio.
DVD VA→28,95 $

GRAND SOMMEIL, LE *voir* **Big Sleep, The**

GRAND THEFT AUTO ▷5
É.-U. 1977. Comédie réalisée et interprétée par Ron HOWARD avec Nancy Morgan et Barry Cahill. - Une jeune fille s'enfuit avec un camarade dans la Rolls-Royce de son père, ce qui provoque une folle poursuite.
DVD VA→Cadrage P&S→22,95 $

GRAND TIMIDE, LE *voir* **Tall Guy, The**

GRAND VOYAGE, LE ▷3
FR. 2004. Drame psychologique d'Ismaël FERROUKHI avec Nicolas Cazale, Mohamed Majd et Jacky Nercesssian. - Le fils cadet d'une famille d'immigrés marocains établie en France est contraint d'accompagner son père islamiste en pèlerinage à La Mecque. - Road movie explorant avec justesse les relations père-fils. Portrait nuancé des rituels de l'islam. Paysages d'une grande puissance évocatrice. Interprétation convaincante. □ Général

GRAND ZÈLE, LE ▷5
QUÉ. 1992. Comédie satirique de Roger CANTIN avec Raymond Cloutier, Marc Labrèche et Gérard Poirier. - Promu chef de service, un employé de bureau se voit reprocher de ne pas faire des heures supplémentaires.

GRANDE ARNAQUE, LA *voir* **Big Bounce, The**

GRANDE BAGARRE DE DON CAMILLO, LA ▷5
ITA. FR. 1955. Comédie de Carmine GALLONE avec Fernandel, Gino Cervi et Claude Sylvain. - En période d'élection, le curé d'un village se moque du maire communiste. □ Général
DVD VF→33,95 $

GRANDE BOUFFE, LA ▷4
FR. 1973. Comédie satirique de Marco FERRERI avec Ugo Tognazzi, Philippe Noiret et Marcello Mastroianni. - En compagnie de trois prostituées et d'une institutrice, quatre amis se réunissent dans une villa pour s'y suicider par une orgie gastronomique. □ 18 ans+
DVD VF→Cadrage W→21,95 $

GRANDE BOURGEOISE, LA ▷4
ITA. 1974. Drame de mœurs de Mauro BOLOGNINI avec Catherine Deneuve, Giancarlo Giannini et Marcel Bozzuffi. - Au début du siècle, un avocat de Bologne tue son beau-frère pour libérer sa sœur d'une tutelle odieuse. □ Général

GRANDE ÉCOLE
FR. 2004. Robert SALIS
DVD VF→STA→49,95 $

GRANDE ILLUSION, LA [Grand Illusion] ►1
FR. 1937. Drame de Jean RENOIR avec Jean Gabin, Pierre Fresnay et Erich Von Stroheim. - Dans un camp allemand, des prisonniers d'origines diverses sont amenés à fraterniser. - Œuvre puissante. Mise en scène souple et vivante. Grande richesse psychologique. Excellents interprètes. □ Général
DVD VF→STA→62,95 $

GRANDE LESSIVE, LA ▷4
FR. 1968. Comédie satirique de Jean-Pierre MOCKY avec Bourvil, Jean Tissier et Francis Blanche. - Un instituteur part en guerre contre la télévision. □ Général

GRANDE SÉDUCTION, LA [Seducing Dr. Lewis] ▷3
QUÉ. 2003. Comédie dramatique de Jean-François POULIOT avec Raymond Bouchard, David Boutin et Benoît Brière. - Les habitants d'un village isolé organisent une vaste supercherie pour convaincre un médecin de s'installer dans leur patelin. - Portrait social plein de finesse et d'humour. Personnages colorés. Rythme soutenu. Paysages majestueux bien photographiés. Interprétation excellente. □ Général
DVD VF→Cadrage W→22,95 $

GRANDE VADROUILLE, LA ▷3
FR. 1966. Comédie de Gérard OURY avec Louis de Funès, Bourvil et Terry-Thomas. - Un peintre en bâtiment et un chef d'orchestre aident des aviateurs anglais à échapper aux Allemands. - Style populaire de bon aloi. Mouvement d'ensemble fort bien réglé. Gags visuels très réussis. □ Général

GRANDE VILLE, LA *voir* **Big Town, The**

GRANDES ESPÉRANCES, LES *voir* **Great Expectations**

GRANDES GUEULES, LES [Jailbirds' Vacation] ▷4
FR. 1965. Aventures de Robert ENRICO avec Bourvil, Lino Ventura et Jean-Claude Rolland. - Le propriétaire d'une exploitation forestière engage comme bûcherons des prisonniers en libération conditionnelle. □ 13 ans+

GRANDES MANŒUVRES, LES ▷3
FR. 1955. Comédie dramatique de René CLAIR avec Gérard Philipe, Michèle Morgan et Jean Desailly. - Un lieutenant de dragons a parié qu'il séduirait en quinze jours la femme que le sort désignerait. - Marivaudage tendre et cruel. M. Morgan et G. Philipe excellents. □ Général

GRANDES RETROUVAILLES, LES *voir* **Mighty Wind, A**

GRANDES VACANCES, LES ▷5
FR. 1967. Comédie de Jean GIRAULT avec Louis de Funès, François Leccia et Ferdy Mayne. - Un directeur de collège a des ennuis avec son fils. □ Général

GRANDEUR ET DESCENDANCE *voir* **Splitting Heirs**

GRANDFATHER, THE ▷4
ESP. 1998. Drame psychologique de José Luis GARCI avec Fernando Fernan Gomez, Rafael Alonso et Cayetana Guillen Cuervo. - Après le décès de son fils, un vieil homme rend visite à sa belle-fille afin de lui faire avouer lequel de ses deux enfants est illégitime.
DVD Cadrage W→26,95 $

GRANDMOTHER'S HOUSE ▷5
É.-U. 1988. Drame d'horreur de P. RADER avec Eric Foster, Kim Valentine et Len Lesser. - Après la mort de leur père, deux jeunes sont obligés d'aller vivre chez leurs étranges grands-parents.
DVD VF→Cadrage W→28,95 $

GRANDS DUCS, LES ▷4
FR. 1995. Comédie satirique de Patrice LECONTE avec Jean-Pierre Marielle, Philippe Noiret et Jean Rochefort. - Trois comédiens vieillissants partent en tournée avec une troupe de théâtre ringarde. □ Général

GRANGES BRÛLÉES, LES ▷4
FR. 1973. Drame policier de Jean CHAPOT avec Simone Signoret, Alain Delon et Bernard LeCoq. - Un juge d'instruction chargé d'enquêter sur le meurtre d'une jeune femme voit sa tâche rendue difficile par une fermière.

GRAPES OF WRATH, THE ►1
É.-U. 1940. Drame social de John FORD avec Henry Fonda, Jane Darwell et John Carradine. - Des fermiers chassés de leurs terres par un trust agricole cherchent à trouver subsistance en Californie. - Adaptation vigoureuse du roman de John Steinbeck. Œuvre empreinte d'un humanisme profond. Mise en scène et cinématographie remarquables. Excellente interprétation. □ Général
DVD VA→STF→14,95 $

GRASS IS GREENER, THE ▷4
[Ailleurs, l'herbe est plus verte]
É.-U. 1960. Comédie de mœurs de Stanley DONEN avec Cary Grant, Deborah Kerr et Robert Mitchum. - La femme d'un châtelain anglais est momentanément troublée par les avances d'un Américain. □ Général

GRASSHOPPER, THE [Amoureuse, L'] ▷5
É.-U. 1970. Drame psychologique de Jerry PARIS avec Jacqueline Bisset, Jim Brown et Joseph Cotten. - À Las Vegas, une Canadienne connaît plusieurs aventures sentimentales. □ 18 ans+

GRAVE INDISCRETION ▷5
ANG. 1995. Drame de John-Paul DAVIDSON avec Theresa Russell, Alan Bates et Sting. - Le futur gendre d'un paléontologue excentrique est retrouvé mort dans des conditions mystérieuses. □ 13 ans+ · Érotisme

GRAVE OF THE FIREFLIES ▷3
[Tombeau des lucioles, Le]
JAP. 1988. Dessins animés de Isao TAKAHATA - Un garçon et sa petite sœur laissés à eux-mêmes vivent de dures épreuves durant les bombardements américains de 1945 au Japon. - Mélange réussi de réalisme et de poésie. Vision percutante des ravages de la guerre. Animation d'une grande qualité. □ Général
DVD VA→STA→31,95 $ VA→STA→22,95 $

GRAVEYARD OF HONOR
JAP. 1975. Kinji FUKASAKU
DVD STA→33,95 $

GRAY LADY DOWN [Sauvez le Neptune] ▷5
É.-U. 1978. Drame de David GREENE avec Charlton Heston, David Carradine et Stacy Keach. - Les manœuvres entreprises pour sauver l'équipage d'un sous-marin échoué au fond de la mer.
DVD VA→17,95 $

GRAY'S ANATOMY ▷4
É.-U. 1996. Comédie de Steven SODERBERGH avec Spalding Gray. - Angoissé à l'idée d'avoir à se soumettre à une opération à risque, un homme envisage des thérapies alternatives pour régler ses troubles de vision. □ Général
DVD VA→Cadrage W→21,95 $

GREASE [Brillantine] ▷5
É.-U. 1978. Comédie musicale de Randal KLEISER avec Stockard Channing, John Travolta et Olivia Newton-John. - Les difficultés sentimentales de deux étudiants provenant de milieux différents. □ Général
DVD VF→STA→Cadrage W→16,95 $

GREASE 2 [Brillantine 2] ▷5
É.-U. 1982. Comédie musicale de Patricia BIRCH avec Maxwell Caulfield, Michelle Pfeiffer et Eve Arden. - Un jeune Anglais venu étudier aux États-Unis entreprend de conquérir une jolie blonde liée à un groupe de blousons noirs. □ Général
DVD VF➔STA➔Cadrage W➔12,95 $

GREAT BALLOON ADVENTURE, THE
voir **Olly, Olly, Oxen Free**

GREAT BALLS OF FIRE! ▷4
É.-U. 1989. Drame biographique de Jim McBRIDE avec John Doe, Dennis Quaid et Winona Ryder. - Au début d'une carrière prometteuse, le chanteur Jerry Lee Lewis connaît un échec prolongé après que son mariage avec sa petite cousine eut fait scandale. □ Général
DVD VF➔STF➔Cadrage P&S/W➔12,95 $

GREAT CARUSO, THE [Grand Caruso, Le] ▷5
É.-U. 1950. Drame biographique de Richard THORPE avec Mario Lanza, Ann Blyth et Dorothy Kirsten. - La vie d'un célèbre ténor italien du début du siècle. □ Général

GREAT DICTATOR, THE [Dictateur, Le] ►1
É.-U. 1940. Comédie satirique réalisée et interprétée par Charlie CHAPLIN avec Paulette Goddard et Henry Daniell. - Dans les années 1930, un barbier juif, sosie du dictateur de la Tomagne, tente d'éviter la persécution. - Œuvre d'une invention originale. Critique acerbe de la mégalomanie nazie. Mélange d'hilarité et de mélancolie. Chaplin savoureux dans un double rôle. □ Général
DVD VF➔STF➔Cadrage W➔34,95 $

GREAT ESCAPE, THE ▷3
É.-U. 1963. Drame de guerre de John STURGES avec James Garner, Richard Attenborough et Steve McQueen. - Durant la Seconde Guerre mondiale, 76 prisonniers s'évadent d'un camp allemand. - Transposition captivante d'un fait authentique. Mise en scène spectaculaire. Dosage réussi de suspense et d'humour. Personnages bien typés. Mise en scène maîtrisée. Interprétation relevée. □ Général
DVD VF➔STF➔Cadrage W➔12,95 $
VF➔STF➔Cadrage W/16X9➔34,95 $

GREAT EXPECTATIONS [Grandes espérances, Les] ►2
ANG. 1946. Comédie dramatique de David LEAN avec John Mills, Jean Simmons et Valerie Hobson. - Par reconnaissance, un bagnard évadé fait parvenir à un jeune orphelin l'argent nécessaire pour son éducation. - Excellente adaptation du roman de Dickens. Bonne création d'atmosphère. Interprétation remarquable. □ Général
DVD 62,95 $

GREAT EXPECTATIONS [Grandes espérances, Les] ▷4
É.-U. 1998. Drame sentimental d'Alfonso CUARON avec Ethan Hawke, Gwyneth Paltrow et Anne Bancroft. - Un jeune peintre aidé dans sa carrière par un mystérieux bienfaiteur cherche à conquérir le cœur d'une amie d'enfance. □ Général
DVD VF➔STA➔Cadrage W➔9,95 $

GREAT GATSBY, THE ▷3
É.-U. 1974. Drame sentimental de Jack CLAYTON avec Mia Farrow, Robert Redford et Bruce Dern. - Un homme qui s'est enrichi dans des affaires louches cherche à reconquérir un amour perdu. - Adaptation soignée du roman de F. Scott Fitzgerald. Rythme lent. Évocation élégiaque des années 1920. Réalisation somptueuse mais froide. Interprétation de qualité. □ Général
DVD VA➔STA➔Cadrage W/16X9➔14,95 $/18,95 $

GREAT GUNS ▷5
É.-U. 1941. Comédie burlesque de Monty BANKS avec Stan Laurel, Oliver Hardy et Sheila Ryan. - Les domestiques d'un riche conscrit le suivent à l'armée et participent aux grandes manœuvres. □ Général

GREAT IMPOSTOR, THE ▷4
É.-U. 1961. Comédie dramatique de Robert MULLIGAN avec Tony Curtis, Karl Malden et Joan Blackman. - Insatisfait de sa situation sociale, un homme emprunte diverses personnalités.

GREAT LIE, THE ▷5
É.-U. 1941. Drame sentimental d'Edmund GOULDING avec Bette Davis, George Brent et Mary Astor. - L'épouse d'un aviateur disparu élève l'enfant que cet homme a eu d'une autre femme. □ Général

GREAT LOCOMOTIVE CHASE, THE ▷4
É.-U. 1955. Drame historique de Francis D. LYON avec Fess Parker, Jeffrey Hunter et Claude Jarman. - Durant la guerre de Sécession, à Atlanta, des espions Nordistes réussissent à s'emparer d'un train appartenant aux Sudistes.
DVD VA➔STF➔Cadrage W➔18,95 $

GREAT MAN'S LADY, THE ▷5
É.-U. 1942. Western de William A. WELLMAN avec Barbara Stanwyck, Joel McCrea et Brian Donlevy. - Une centenaire se rappelle le soutien qu'elle a apporté à un pionnier de l'Ouest. □ Général

GREAT MCGINTY, THE ▷4
É.-U. 1940. Comédie satirique de Preston STURGES avec Brian Donlevy, Muriel Angelus et Akim Tamiroff. - Pour avoir voulu devenir honnête, un politicien américain est forcé de s'exiler aux Antilles.

GREAT MOMENT, THE ▷4
É.-U. 1944. Drame biographique de Preston STURGES avec Joel McCrea, Betty Field et Harry Carey. - L'histoire du dentiste qui le premier utilisa l'éther comme anesthésique. □ Général

GREAT MOUSE DETECTIVE, THE ▷4
[Basil, détective privé]
É.-U. 1986. Dessins animés de Ron CLEMENTS, John MUSKER, Dave MICHENER et Burny MATTINSON - Une souris détective enquête sur la disparition d'un fabricant de jouets. □ Général
DVD VF➔Cadrage W/16X9➔21,95 $

GREAT NORTHFIELD, MINNESOTA RAID, THE ▷4
É.-U. 1972. Western de Philip KAUFMAN avec Cliff Robertson, Robert Duvall et Luke Askew. - Les circonstances entourant l'attaque d'une banque du Minnesota par la bande de Jesse James. □ 13 ans+

GREAT RACE, THE ▷3
É.-U. 1965. Comédie de Blake EDWARDS avec Natalie Wood, Jack Lemmon et Tony Curtis. - Les aventures abracadabrantes de deux rivaux dans une course d'automobiles au début du xxe siècle. - Pot-pourri de gags et de séquences comiques dans le style de l'époque du cinéma muet. Bons trucages. Personnages pittoresques. □ Non classé
DVD VF➔STF➔Cadrage W➔21,95 $

GREAT RAID, THE ▷5
É.-U. 2004. Drame de guerre de John DAHL avec James Franco, Benjamin Bratt et Connie Nielsen. - En janvier 1945, dans les Philippines, un bataillon de rangers est chargé de libérer 511 soldats américains retenus prisonniers dans un camp japonais. □ 13 ans+ · Violence
DVD VF➔Cadrage W➔34,95 $

GREAT SANTINI, THE ▷4
É.-U. 1979. Drame psychologique de Lewis John CARLINO avec Robert Duvall, Michael O'Keefe et Blythe Danner. - Un officier exerçant son autorité paternelle de façon militaire entre en conflit avec son fils aîné. □ Général
DVD VA➔STF➔Cadrage P&S➔7,95 $

GREAT SILENCE, THE
ITA. 1968. Sergio CORBUCCI
DVD VA➔31,95 $

GREAT TRAIN ROBBERY, THE ▷4
ANG. 1979. Comédie policière de Michael CRICHTON avec Sean Connery, Donald Sutherland et Lesley-Anne Down. - En 1855, un aventurier entreprend de voler des chargements d'or expédiés régulièrement par chemin de fer. □ Général
DVD VA➔STA➔Cadrage W➔12,95 $

GREAT WALDO PEPPER, THE ▷4
É.-U. 1975. Comédie dramatique de George Roy HILL avec Bo Svenson, Robert Redford et Susan Sarandon. - Dans les années 1920, un aviateur étonne les foules par ses exercices de voltige.

GREAT WALL, A [Great Wall is a Great Wall, The] ▷4
É.-U. 1985. Comédie de mœurs réalisée et interprétée par Peter WANG avec Kelvin Han Yee et Li Qinqin. - Rendant visite à leurs parents de Chine, une famille américaine d'origine chinoise éprouve quelques difficultés à s'ajuster aux coutumes du pays.
DVD VA➔STA➔Cadrage W➔23,95 $

GREAT WALTZ, THE ▷4
É.-U. 1938. Comédie musicale de Julien DUVIVIER avec Fernand Gravey, Luise Rainer et Miliza Korjus. - Évocation romantique de la vie et des amours de Johann Strauss. □ Général

GREAT WHITE HOPE, THE [Insurgé, L'] ▷4
É.-U. 1970. Drame social de Martin RITT avec James Earl Jones, Jane Alexander et Chester Morris. - Un boxeur champion de race noire s'attire des ennuis légaux à cause de sa liaison avec une jeune blanche. □ Général

GREAT ZIEGFELD, THE ▷4
É.-U. 1936. Comédie musicale de Robert Z. LEONARD avec William Powell, Luise Rainer et Myrna Loy. - La carrière et les amours d'un célèbre producteur de Broadway. □ Général
DVD VA➔STF➔21,95 $

GREATEST GAME EVER PLAYED ▷4
É.-U. 2005. Drame sportif de Bill PAXTON avec Shia LaBeouf, Josh Flitter et Stephen Dillane. - En 1913, le jeune golfeur amateur Francis Ouimet remporte le U.S. Open contre le champion anglais Harry Vardon. □ Général
DVD VF➔STA➔Cadrage W➔36,95 $

GREATEST SHOW ON EARTH, THE ▷4
É.-U. 1951. Comédie dramatique de Cecil B. DeMILLE avec Cornel Wilde, Betty Hutton, Dorothy Lamour et Charlton Heston. - Divers incidents se produisent pendant une tournée d'un grand cirque. □ Général
DVD VF➔STA➔9,95 $

GREATEST STORY EVER TOLD, THE ▷3
É.-U. 1965. Drame biblique de George STEVENS avec Max Von Sydow, Dorothy McGuire, Michael Anderson Jr. et Charlton Heston. - Évocation des grands moments de la vie du Christ. - Fresque immense traitée avec respect et sincérité. Décors à la fois simples et grandioses. Composition des images remarquable. Interprétation de qualité. □ Général
DVD Cadrage W➔18,95 $ VF➔STF➔Cadrage W➔12,95 $

GREED ▶1
É.-U. 1923. Drame psychologique d'Erich VON STROHEIM avec Zasu Pitts, Gibson Gowland et Jean Hersholt. - Un rustaud, qui a été dénoncé pour pratique illégale de la dentisterie, tue son avare de femme et s'enfuit avec son or. - Classique du cinéma muet. Grande intensité dramatique. Quelques outrances. Évolution psychologique des personnages nettement marquée. Réalisation vigoureuse et réaliste. Interprétation excellente. □ Général

GREEK TYCOON, THE [Empire du Grec, L'] ▷5
É.-U. 1978. Drame de mœurs de J. Lee THOMPSON avec Anthony Quinn, Jacqueline Bisset et Edward Albert. - La vie d'un armateur grec est perturbée à la suite de sa rencontre avec la femme d'un jeune sénateur américain. □ 13 ans+

GREEN BUTCHERS, THE ▷4
DAN. 2003. Comédie satirique d'Anders Thomas JENSEN avec Mads Mikkelsen, Nikolaj Lie Kaas et Line Kruse. - Deux bouchers qui viennent d'ouvrir leur commerce sont amenés à offrir de la viande humaine marinée à leurs clients.
DVD STA➔Cadrage W➔31,95 $

GREEN CARD [Carte verte] ▷4
AUS. 1990. Comédie sentimentale de Peter WEIR avec Gérard Depardieu, Andie McDowell et Bebe Neuwirth. - Un Français qui veut tirer profit du mariage en blanc qu'il a contracté avec une Américaine doit cohabiter avec elle afin de tromper un enquêteur de l'immigration. □ Général
DVD VA➔Cadrage W➔9,95 $

GREEN DOLPHIN STREET ▷5
É.-U. 1946. Aventures de Victor SAVILLE avec Lana Turner, Van Heflin et Donna Reed. - Un planteur de Nouvelle-Zélande épouse par erreur la sœur de celle qu'il aime. □ Général

GREEN DRAGON
É.-U. 2001. Timothy BUI LINH
DVD VA➔9,95 $

GREEN FIRE [Émeraude tragique, L'] ▷5
É.-U. 1954. Aventures d'Andrew MARTON avec Stewart Granger, Grace Kelly et Paul Douglas. - Un aventurier cherche une mine d'émeraudes dans les montagnes de la Colombie. □ Général

GREEN MANSIONS [Vertes demeures] ▷5
É.-U. 1959. Drame sentimental de Mel FERRER avec Audrey Hepburn, Anthony Perkins et Lee J. Cobb. - Un fugitif découvre dans la jungle vénézuélienne une charmante sauvageonne. □ Général

GREEN MILE, THE [Ligne verte, La] ▷4
É.-U. 1999. Drame de Frank DARABONT avec Tom Hanks, Michael Clarke Duncan et David Morse. - En 1935, en Louisiane, un gardien de prison se lie d'amitié avec un condamné à mort doté de pouvoirs de guérison.
DVD Cadrage W➔17,95 $

GREEN PASTURES, THE ▷3
É.-U. 1936. Comédie musicale de W. KEIGHLEY avec Rex Ingram, Oscar Polk et Eddie Anderson. - L'Ancien Testament tel qu'enseigné par un prêcheur noir. - Nombreux personnages interprétés par des Noirs. Présentation du sacré dans un style de légendes populaires. Tableaux savoureux. Interprétation vivante.
DVD VA➔STF➔21,95 $

GREEN ROOM, THE *voir* **Chambre verte, La**

GREEN SLIME, THE [Bataille au-delà des étoiles] ▷5
JAP. 1968. Science-fiction de Kinji FUKASAKU avec Robert Horton, Luciana Paoluzzi et Richard Jaeckel. - L'équipage d'une station spatiale est aux prises avec un monstre né d'une substance mystérieuse. □ Général

GREENFINGERS [Jardinage à l'anglaise] ▷5
ANG. 2000. Comédie de mœurs de Joel HERSHMAN avec Clive Owen et Helen Mirren et David Kelly. - Une célèbre horticultrice prend sous son aile un groupe de détenus qui se sont initiés à l'art du jardinage. □ Général
DVD VF➔STA➔Cadrage P&S/W➔14,95 $

GREETINGS ▷4
É.-U. 1968. Comédie satirique de Brian DE PALMA avec Jonathan Warden, Robert De Niro et Gerritt Graham. - Les tribulations de trois jeunes Américains qui veulent se soustraire au service militaire. □ 13 ans+
DVD VA➔8,95 $

GRÉGOIRE MOULIN CONTRE L'HUMANITÉ ▷5
[Grégoire Moulin versus mankind]
FR. 2001. Comédie réalisée et interprétée par Artus de PENGUERN avec Pascale Arbillot et Didier Benureau. - À la suite de divers malentendus, un homme timide qui a rendez-vous avec la femme de ses rêves a maille à partir avec plusieurs individus en colère.
DVD VF➔STF➔Cadrage W/16X9➔23,95 $

GREGORY'S GIRL ▷3
ÉCO. 1980. Comédie de mœurs de Bill FORSYTH avec Gordon John Sinclair, Dee Hepburn et Jake D'Arcy. - Un adolescent écossais s'entiche d'une camarade d'école, nouvellement admise dans l'équipe de soccer jusque-là réservée aux garçons. - Traitement humoristique d'un sujet connu. Suite de notations bien observées. Jeune héros fort sympathique. □ Général
DVD VA➔Cadrage W➔11,95 $

GREMLINS ▷4
É.-U. 1984. Conte de Joe DANTE avec Zach Galligan, Phoebe Cates et Hoyt Axton. - Un jeune homme reçoit en cadeau un curieux animal qui donne naissance à des monstres déprédateurs. □ 13 ans+
DVD VF➔STF➔Cadrage P&S/W➔21,95 $

GREMLINS 2: THE NEW BATCH ▷4
É.-U. 1990. Comédie fantaisiste de Joe DANTE avec Zach Galligan, Phoebe Cates et John Glover. - Un gratte-ciel est pris d'assaut par une multitude de petits monstres malicieux. □ 13 ans+
DVD VF➔STF➔Cadrage W➔16,95 $

GRENOUILLE ET LA BALEINE, LA ▷4
QUÉ. 1987. Comédie dramatique de Jean-Claude LORD avec Fanny Lauzier, Denis Forest et Marina Orsini. - Un jeune couple aide une fillette qui a une affinité particulière avec la vie marine à lutter contre des spéculateurs. □ Général

GRENOUILLES, LES *voir* **Frogs**

GRÈVE, LA [Strike] ►2
RUS. 1924. En 1912, une grève dans une fonderie russe est brutalement réprimée par les forces de l'ordre. - Événements simplifiés mais illustrés dans un style grandiose. Recherches inventives dans le montage. Nombreuses images inoubliables. Interprétation toute d'une pièce. □ Général
DVD 38,95 $

GREY FOX, THE ▷3
CAN. 1982. Western de Phillip BORSOS avec Richard Farnsworth, Jackie Burroughs et Wayne Robson. - Sorti de prison après trente ans, un ancien voleur de diligences en vient à reprendre la voie du crime. - Intrigue intéressante. Touches originales et pittoresques. Mise en scène inventive. □ Général

GREY OWL ▷5
CAN. 1999. Drame biographique de Richard ATTENBOROUGH avec Pierce Brosnan, Annie Galipeau, Stewart Bick et Vlasta Vrana. - En 1934, les tribulations amoureuses d'un Anglais qui, se faisant passer pour un Amérindien, devint un célèbre militant écologiste. □ Général
DVD Cadrage W➔12,95 $

GREY ZONE, THE ▷4
É.-U. 2001. Drame historique de Tim BLAKE NELSON avec David Arquette, Steve Buscemi et Harvey Keitel. - À l'automne 1944, des prisonniers du camp d'Auschwitz travaillant à la solde des nazis préparent une rébellion. □ 13 ans+
DVD VA➔Cadrage W➔13,95 $

GREYSTOKE: THE LEGEND OF TARZAN ▷3
ANG. 1983. Aventures de Hugh HUDSON avec Christopher Lambert, Andie MacDowell et Ian Holm. - Élevé dans la jungle par une guenon, un orphelin de famille aristocratique est ramené chez lui par un explorateur belge. - Renouvellement de l'histoire de Tarzan. Sujet intelligemment traité. Réalisation somptueuse. Jeu convaincant de C. Lambert. □ Général
DVD VF➔STF➔11,95 $

GRIEVOUS BODILY HARM ▷4
AUS. 1988. Drame policier de Mark JOFFE avec Colin Friels, John Waters et Bruno Lawrence. - Un reporter sans scrupules mène une enquête semée d'embûches pour retrouver une jeune femme qui serait liée à une série de meurtres. □ 13 ans+

GRIFTERS, THE [Arnaqueurs, Les] ▷3
É.-U. 1990. Drame de mœurs de Stephen FREARS avec Anjelica Huston, John Cusack, Stephen Tobolowsky et Annette Bening. - Un jeune arnaqueur devient l'objet d'une rivalité entre sa mère et sa petite amie qui vivent elles aussi d'activités illicites. - Adaptation d'un roman noir de Jim Thompson. Ton mordant alimenté d'effets provocants. Mise en scène habile. Interprétation nuancée et crédible. □ 13 ans+
DVD VF➔Cadrage W➔12,95 $

GRIM REAPER, THE ▷3
ITA. 1962. Drame policier de Bernardo BERTOLUCCI avec Francesco Ruiu, Giancarlo de Rosa et Vincenzo Ciecora. - Le meurtre d'une prostituée entraîne une enquête dans divers quartiers de Rome. - Première œuvre de Bertolucci. Style brillant et nerveux. Montage complexe. Interprètes peu connus fort bien dirigés. □ Général
DVD STA➔Cadrage W➔43,95 $

GRIMM
HOL. 2003. Alex VAN WARMERDAM
DVD STA➔Cadrage W➔29,95 $

GRINCHEUX QUI VOULAIT GÂCHER NOËL, LE
voir **Dr. Seuss' How the Grinch Stole Christmas**

GRINGO *voir* **Old Gringo**

GRISBI *voir* **Touchez pas au grisbi**

GRISSOM GANG, THE ▷4
[Pas d'orchidées pour Miss Blandish]
É.-U. 1971. Drame de Robert ALDRICH avec Scott Wilson, Kim Darby et Tony Musante. - La fille d'un riche industriel enlevée par des criminels s'éprend d'un de ses ravisseurs. □ 18 ans+
DVD VA➔Cadrage W➔12,95 $

GRIZZLY MAN
É.-U. 2005. Werner HERZOG
DVD VA➔Cadrage 16X9➔26,95 $

GROOVE ▷5
É.-U. 2000. Étude de mœurs de Greg HARRISON avec Hamish Linklater, Lola Glaudini et Denny Kirkwood. - Un samedi soir à San Francisco, un aspirant écrivain renfermé participe pour la première fois à un rave. □ Général

GROS PLAN *voir* **Inserts**

GROSS ANATOMY ▷4
É.-U. 1989. Comédie de mœurs de Thom EBERHARDT avec Matthew Modine, Daphne Zuniga et Christine Lahti. - Un étudiant en médecine qui ne tient pas à sacrifier de longues heures aux études est attiré par une consœur ambitieuse
DVD VA➔9,95 $

GROSSE BÊTISE [Breakin' Out]
FR. 2000. Olivier PÉRAY
DVD VF➔STA➔Cadrage W➔44,95 $

GROSSE FATIGUE ▷4
FR. 1994. Comédie réalisée et interprétée par Michel BLANC avec Carole Bouquet et Josianne Balasko. - Un populaire acteur de cinéma découvre qu'il a un sosie qui exploite sa ressemblance à des fins criminelles. □ Général

GROSSE PASTÈQUE, LA ▷4
ITA. 1993. Drame social de Francesca ARCHIBUGI avec Sergio Castellitto, Alessia Fugardi, Silvio Vannucci et Anna Galiena. - Une adolescente qui souffre d'épilepsie parvient à s'épanouir au contact d'autres patients grâce aux soins d'un médecin attentif. □ Général

GROSSE POINT BLANK ▷4
[Tueur de la grosse pointe, Le]
É.-U. 1997. Comédie policière de George ARMITAGE avec Minnie Driver, John Cusack et Dan Aykroyd. - Un jeune tueur à gages ayant des assassins rivaux sur les talons retourne dans sa ville natale pour assister à une réunion d'anciens de son école. □ 13 ans+ · Violence
DVD Cadrage W➔14,95 $

GROUNDHOG DAY [Jour de la marmotte, Le] ▷3
É.-U. 1993. Comédie fantaisiste de Harold RAMIS avec Bill Murray, Andie MacDowell, Stephen Tobolowsky et Chris Elliott. - Un météorologue revit sans cesse la même journée de mille et une façons différentes. - Sujet original exploité de façon réjouissante. Nombreux gags amusants. Réalisation adéquate. Interprétation fort drôle de B. Murray. □ Général
DVD VF➔STF➔Cadrage W➔14,95 $

GROUP, THE ▷3
É.-U. 1965. Drame psychologique de Sidney LUMET avec Joanna Pettet, Shirley Knight et Jessica Walter. - Au cours des années 1930, huit amies de collège connaissent des sorts divers. - Habile reconstitution d'époque. Fines observations psychologiques. Pléiade de jeunes actrices de talent. □ Général

GROWN-UPS ▷4
ANG. 1980. Comédie de mœurs de Mike LEIGH avec Brenda Blethyn, Philip Davis et Lesley Manville. - Les tribulations d'un jeune couple de la classe ouvrière aux prises avec une parente extrêmement envahissante. □ Général
DVD VA➔34,95 $

GROWNUPS
É.-U. 2001. Doug FINELLI
DVD VA➔31,95 $

GRUDGE, THE *voir* **Ju-On: The Grudge**

GRUDGE, THE [Rage meurtrière] ▷4
É.-U. 2004. Drame d'horreur de Takashi SHIMIZU avec Sarah Michelle Gellar, Jason Behr et KaDee Strickland. - À Tokyo, des phénomènes mystérieux se produisent dans une maison où un mari jaloux a tué sa femme et son enfant. □ 13 ans+ · Horreur
DVD VA➔STA➔Cadrage W➔22,95 $

GRUMPIER OLD MEN [Encore les vieux grincheux] ▷5
É.-U. 1995. Comédie sentimentale de Howard DEUTCH avec Walter Matthau, Jack Lemmon et Sophia Loren. - Un veuf s'éprend d'une Italienne qu'il tente d'empêcher de tranformer en restaurant une boutique d'articles de pêche. □ Général
DVD VF➔STF➔Cadrage P&S➔7,95 $

GRUMPY OLD MEN [Vieux garçons, Les] ▷4
É.-U. 1993. Comédie de mœurs de Donald PETRIE avec Jack Lemmon, Walter Matthau et Ann-Margret. - D'anciennes rancunes refont surface entre deux vieux voisins ronchons lorsqu'ils se mettent à courtiser la même femme. □ Général
DVD VF➔Cadrage P&S➔11,95 $

GTO: GREAT TEACHER ONIZUKA [GTO: The Movie]
JAP. 1999. Masayuki SUZUKI
DVD STA➔31,95 $

GUADALCANAL DIARY ▷4
É.-U. 1943. Drame de guerre de Lewis SEILER avec Richard Conte, William Bendix, Lloyd Nolan et Preston Foster. - Une compagnie de *Marines* reçoit l'ordre de reprendre aux Japonais l'île de Guadalcanal. □ Général
DVD VA➔STA➔15,95 $

GUAGUASI
É.-U. 1983. Jorge ULLA
DVD STA➔32,95 $

GUANTANAMERA ▷4
CUB. ESP. 1995. Comédie satirique de Tomas Gutierrez ALEA et Juan Carlos TABIO avec Carlos Cruz, Mirtha Ibarra et Raul Eguren. - Un fonctionnaire cubain éprouve des difficultés à transporter le corps d'une parente à l'autre bout du pays. □ Général
DVD STA➔44,95 $

GUARDIAN OF THE NIGHT
voir **Gardien de la nuit, Le**

GUARDIAN, THE [Nurse, La] ▷4
É.-U. 1990. Drame fantastique de William FRIEDKIN avec Jenny Seagrove, Dwier Brown, Miguel Ferrer et Carey Lowell. - Après la naissance de leur enfant, un couple engage une gardienne à plein temps qui s'avère entretenir un culte à l'endroit d'un arbre maléfique. □ 13 ans+

GUARDSMAN, THE ▷4
É.-U. 1931. Comédie de Sidney FRANKLIN avec Alfred Lunt, Lynn Fontane et Zasu Pitts. - Un acteur prétentieux veut mettre à l'épreuve la fidélité de sa femme. □ Général

GUÉPARD, LE [Leopard, The] ►2
ITA. 1963. Drame de Luchino VISCONTI avec Burt Lancaster, Alain Delon et Claudia Cardinale. - Les réactions d'un aristocrate sicilien devant la révolution menée par Garibaldi en 1860. - Fresque grandiose. Images composées avec soin. Rythme lent. Création magistrale de B. Lancaster.
DVD STA➔Cadrage W➔74,95 $

GUÊPE, LA ▷6
QUÉ. 1986. Drame de mœurs de Gilles CARLE avec Chloé Sainte-Marie, Jim Cooke et Donald Pilon. - Une femme cherche à se venger d'un millionnaire qui a causé la mort de ses deux enfants.

GUERRE À SEPT ANS, LA *voir* **Hope and Glory**

GUERRE D'UN SEUL HOMME, LA ▷4
FR. 1981. Film de montage d'Edgardo COZARINSKY. - Souvenirs d'un officier allemand en poste à Paris pendant l'Occupation, illustrés par des documents d'archives. □ Général

GUERRE DES BOUTONS, LA ▷3
FR. 1961. Comédie de mœurs de Yves ROBERT avec André Treton, Martin Lartigue et Michel Isella. - Conflits entre les gosses de deux villages voisins. - Adaptation d'un roman de Louis Pergaud. Traitement d'une tendresse amusée. Heureux mélange d'humour et de poésie. Mise en scène alerte. Interprétation spontanée. □ Général

GUERRE DES BOUTONS, LA *voir* **War of the Buttons**

GUERRE DES ÉTOILES, LA *voir* **Star Wars**

GUERRE DES MONDES, LA *voir* **War of the Worlds**

GUERRE DES POLICES, LA ▷4
FR. 1979. Drame policier de Robin DAVIS avec Claude Rich, Claude Brasseur et Marlène Jobert. - Deux commissaires de police se livrent une lutte sans merci pour la capture d'un criminel redoutable.
□ 13 ans+

GUERRE DES ROSES, LA *voir* **War of the Roses, The**

GUERRE DES TUQUES, LA ▷4
QUÉ. 1984. Comédie dramatique d'André MELANÇON avec Cédric Plourde, Julien Elie et Maripierre Arseneau-D'Amour. - Pendant les vacances d'hiver, quelques jeunes jouent à la petite guerre.
□ Général

GUERRE DU FEU, LA [Quest for Fire] ▷3
CAN. 1981. Aventures de Jean-Jacques ANNAUD avec Everett McGill, Rae Dawn Chong et Ron Perlman. - Aux temps préhistoriques, trois hommes des cavernes affrontent divers périls afin de trouver du feu pour leur tribu. - Tableau plausible de la vie des premiers ancêtres. Illustration insolite. Mise en scène ingénieuse. Interprétation efficace. □ 13 ans+
DVD 10,95 $

GUERRE EST FINIE, LA ▷3
FR. 1966. Drame psychologique d'Alain RESNAIS avec Ingrid Thulin, Yves Montand et Geneviève Bujold. - Un agent révolutionnaire espagnol vivant en France est désabusé de la lutte qu'il mène. - Récit mené avec concision et précision. Bonne création d'atmosphère. Montage habile alternant la réalité et l'imaginaire. Interprétation de qualité.
DVD Cadrage W➔39,95 $

GUERRE ET PAIX [War and Peace] ►2
RUS. 1967. Drame historique réalisé et interprété par Sergei BONDARCHUK avec Viatcheslav Tikhonov et Ludmila Savelieva. - La vie de quelques personnages de la noblesse russe dans le cadre des campagnes militaires de Napoléon. - Adaptation fidèle du roman de Tolstoï. Fresque remarquable mêlant l'intimisme au spectaculaire. Excellente reconstitution d'époque. Interprétation sensible et convaincante. □ Général
DVD VF➔STF➔Cadrage W➔99,95 $ STA➔33,95 $

GUERRE ET PASSION *voir* **Hanover Street**

GUERRE, LA *voir* **War, The**

GUERRIÈRES, LES *voir* **Born in Flames**

GUESS WHO'S COMING TO DINNER? ▷4
[Devine qui vient dîner ce soir?]
É.-U. 1967. Comédie de mœurs de Stanley E. KRAMER avec Sidney Poitier, Spencer Tracy et Katharine Hepburn. - Une jeune Blanche doit faire accepter à ses parents son mariage avec un Noir.
□ Général
DVD Cadrage W➔18,95 $

GUET-APENS, LE *voir* **Getaway, The**

GUEULE OUVERTE, LA ▷3
FR. 1973. Drame psychologique de Maurice PIALAT avec Philippe Léotard, Hubert Deschamps et Monique Mélinand. - Une femme atteinte du cancer et n'ayant plus que quelques mois à vivre est entourée de ses proches. - Approche sans faux-fuyants du thème de la mort. Style dépouillé et austère. Rythme lent. Climat de méditation douloureuse. □ Général

GUIGNOLO, LE ▷5
FR. 1980. Comédie policière de Georges LAUTNER avec Jean-Paul Belmondo, Michel Galabru et Georges Géret. - Un escroc est entraîné dans une rocambolesque aventure d'espionnage.

GUILTY AS SIN [Avocat du diable, L'] ▷5
É.-U. 1993. Drame policier de Sidney LUMET avec Rebecca De Mornay, Don Johnson et Stephen Lang. - Forcée par la loi de défendre en cour un play-boy qu'elle sait coupable d'un meurtre, une avocate tente en secret de le démasquer. □ 13 ans+

GUILTY BY SUSPICION [Coupable par association] ▷4
É.-U. 1990. Drame de Irwin WINKLER avec Robert De Niro, George Wendt et Annette Bening. - En 1949, un cinéaste refuse de collaborer avec un comité du congrès américain qui veut l'obliger à dénoncer ses amis communistes. □ Général
DVD VA→Cadrage P&S→7,95 $

GUIMBA [Guimba the Tyrant]
BUL. 1995. Cheick Oumar SISSOKO □ Général
DVD STA→Cadrage W→26,95 $

GUINEVERE ▷4
É.-U. 1999. Drame psychologique d'Audrey WELLS avec Sarah Polley, Stephen Rea et Jean Smart. - Éprise d'un photographe d'âge mûr, une femme de vingt ans issue d'une famille aisée décide de s'installer chez lui. □ 13 ans+
DVD Cadrage W→17,95 $

GULLIVER'S TRAVELS ▷4
ANG. 1995. Aventures de Charles STURRIDGE avec Ted Danson, Mary Steenburgen et James Fox. - Durant ses voyages, en plus de visiter une île volante, un médecin rencontre des êtres minuscules, des géants et des chevaux dotés de la parole. □ Général

GUMMO ▷5
É.-U. 1997. Etude de mœurs de Harmony KORINE avec Jacob Reynolds, Nick Sutton et Jacob Swell. - Divers moments dans la vue souvent misérable d'une poignée d'habitants tarés d'un bled perdu de l'Ohio. □ 16 ans+
DVD VA→STA→Cadrage W→33,95 $

GUMSHOE ▷4
ANG. 1971. Comédie policière de Stephen FREARS avec Albert Finney, Frank Finlay et Billie Whitelaw. - Un détective improvisé est embarqué dans une ténébreuse affaire de trafic d'armes. □ Général

GUN CRAZY ▷4
É.-U. 1949. Drame policier de Joseph H. LEWIS avec John Dall, Peggy Cummins et Barry Kroeger. - Un jeune homme qui a la passion des armes à feu se laisse entraîner au crime par une femme. □ Non classé
DVD VA→STF→21,95 $

GUN GLORY [Terreur dans la vallée] ▷4
É.-U. 1957. Western de Roy ROWLAND avec Stewart Granger, Rhonda Fleming et Chill Wills. - Après plusieurs années d'absence, un aventurier éprouvant la nostalgie d'une vie paisible retourne sur sa ferme. □ Général

GUN-SHY
ALL. 2003. Dito TSINTSADZE
DVD STA→Cadrage W→21,95 $

GUNFIGHT AT THE O.K. CORRAL ▷3
É.-U. 1957. Western de John STURGES avec Burt Lancaster, Kirk Douglas et Rhonda Fleming. - Un shérif et un aventurier s'unissent pour lutter contre une bande de tueurs. - Traitement intéressant d'un sujet classique. Bonne construction dramatique. Interprétation solide. □ Général
DVD VA→STA→Cadrage W→10,95 $

GUNFIGHTER, THE ▷3
É.-U. 1950. Western de Henry KING avec Gregory Peck, Helen Westcott et Karl Malden. - Un as du pistolet, victime de sa réputation, aspire en vain à la paix. - Scénario habilement conçu. Réalisation sobre et originale. G. Peck excellent. □ Général

GUNG HO [À l'attaque plein gaz] ▷5
É.-U. 1986. Comédie de mœurs de Ron HOWARD avec Michael Keaton, Gedde Watanabe et Mimi Rogers. - Leur usine ayant fermé ses portes, des travailleurs de Pennsylvanie tentent d'intéresser des industriels japonais à leur entreprise. □ Général
DVD VF→STA→Cadrage W→9,95 $

GUNGA DIN ▷3
É.-U. 1939. Aventures de George STEVENS avec Cary Grant, Sam Jaffe et Joan Fontaine. - Un porteur d'eau hindou se sacrifie pour empêcher les troupes anglaises de tomber dans une embuscade. - Classique du cinéma d'aventures. Mise en scène spectaculaire et habile. Fort bonne distribution. □ Général
DVD VA→STF→21,95 $

GUNMAN IN THE STREETS [Traque, La] ▷5
FR. 1950. Drame policier de Frank TUTTLE avec Simone Signoret, Dane Clark et Robert Duke. - Aidé de son ancienne maîtresse, un bandit tente d'échapper à la police.
DVD VA→Cadrage P&S→39,95 $

GUNMAN'S WALK ▷4
É.-U. 1957. Western de Phil KARLSON avec Van Heflin, Tab Hunter et James Darren. - Un riche et puissant rancher éduque durement ses deux fils. □ Général

GUNRUNNER, THE [Marchand d'armes, Le] ▷5
CAN. 1989. Drame policier de Nardo CASTILLO avec Kevin Costner, Sara Botsford et Paul Soles. - En 1926, un Montréalais qui rentre de Chine pour acheter des armes se heurte à des gangsters.

GUNS AT BATASI [Canons de Batasi, Les] ▷4
ANG. 1964. Drame psychologique de John GUILLERMIN avec Flora Robson, Richard Attenborough, Jack Hawkins et Errol John. - Un sous-officier britannique protège un collègue africain blessé contre des rebelles.
DVD VF→STA→Cadrage W→14,95 $

GUNS OF NAVARONE, THE ▷4
[Canons de Navarone, Les]
ANG. 1961. Drame de guerre de Jack Lee THOMPSON avec Gregory Peck, David Niven et Anthony Quinn. - Un commando britannique est chargé d'aller faire sauter deux puissants canons dans une île de la mer Égée. □ Général
DVD VA→Cadrage W→36,95 $ Cadrage W→23,95 $

GUNS OF THE MAGNIFICENT SEVEN ▷4
[Colts des sept mercenaires, Les]
É.-U. 1969. Western de Paul WENDKOS avec George Kennedy, James Whitmore et Reni Santoni. - Sept aventuriers entreprennent de libérer un chef révolutionnaire mexicain.

GURU, THE ▷4
ANG. 2002. Comédie de Daisy Von SCHERLER MAYER avec Jimi Mistry, Heather Graham et Marisa Tomei. - Grâce aux conseils d'une actrice porno, un danseur indien devient un populaire gourou du sexe auprès du gratin new-yorkais. □ 13 ans+
DVD VF→STF→Cadrage W→10,95 $

GUY L'ÉCLAIR *voir* **Flash Gordon**

GUY NAMED JOE, A ▷5
É.-U. 1946. Drame fantastique de Victor FLEMING avec Spencer Tracy, Irene Dunne, Lionel Barrymore et Van Johnson. - Un as de l'aviation tué au combat devient l'ange gardien d'un jeune pilote. □ Non classé

GUY X ▷**5**
ANG. 2004. Comédie dramatique de Saul METZSTEIN avec Jason Biggs, Natascha McElhone et Jeremy Northam. - Déposé par erreur sur une base américaine au Groënland en 1979, un militaire découvre que celle-ci abrite d'anciens combattants déclarés morts. □ Général · Déconseillé aux jeunes enfants
DVD VA➔Cadrage W/16X9➔34.75

GUYANA TRAGEDY : THE STORY OF JIM JONES ▷**4**
É.-U. 1980. Drame de William A. GRAHAM avec Powers Boothe, Ned Beatty et Meg Foster. - Le directeur d'une secte religieuse entraîne ses partisans dans un suicide collectif. □ Non classé

GUYS AND DOLLS ▷**4**
É.-U. 1955. Comédie musicale de Joseph Leo MANKIEWICZ avec Marlon Brando, Frank Sinatra et Jean Simmons. - Un joueur mauvais garçon relève le défi de séduire une jolie lieutenante de l'Armée du salut. □ Général
DVD VF➔STF➔Cadrage W➔12,95 $/33,95 $

GUYS, THE [Hommes, Les] ▷**4**
É.-U. 2002. Drame psychologique de Jim SIMPSON avec Sigourney Weaver et Anthony LaPaglia. - À New York, une journaliste aide un chef pompier à écrire les éloges funèbres de ses hommes morts lors des attentats du 11 septembre 2001.
DVD VA➔34,95 $

GYPSY ▷**5**
É.-U. 1962. Comédie musicale de Mervyn LeROY avec Natalie Wood, Rosalind Russell et Karl Malden. - Une femme pousse ses deux filles à faire carrière dans le monde du spectacle. □ Général
DVD VA➔STF➔Cadrage W➔14,95 $

GYPSY AND THE GENTLEMAN, THE ▷**4**
ANG. 1958. Aventures de Joseph LOSEY avec Melina Mercouri, Keith Michell et Patrick McGoohan. - Une gitane feint d'être amoureuse d'un gentilhomme anglais dans le but de lui soutirer de l'argent. □ Général

GYPSY MOTHS, THE ▷**4**
[Parachutistes arrivent, Les]
É.-U. 1969. Drame psychologique de John FRANKENHEIMER avec Burt Lancaster, Deborah Kerr et Gene Hackman. - Trois parachutistes, spécialistes de la chute libre, donnent un spectacle dans une petite ville du Kansas.
DVD VF➔STF➔Cadrage W➔7,95 $

H

H ▷4
CAN. 1990. Drame psychologique de Darrell WASYK avec Martin Neufeld et Pascale Montpetit. - Un jeune couple d'héroïnomanes s'isole dans un appartement pour s'imposer une douloureuse cure de désintoxication. □ 18 ans+

H - YOU CAN'T SPELL HELL WITHOUT IT
COR. 2002. Jong-hyuk LEE
DVD STA→Cadrage W→27,95 $

H.H. HOLMES
É.-U. 2004. John BOROWSKI
DVD VA→27,95 $

H.M. DESERTERS
POL. 1986. Janusz MAJEWSKI
DVD STA→28,95 $

HABANERA, LA
É.-U. 1937. Douglas SIRK
DVD STA→23,95 $

HABILLEUR, L' *voir* **Dresser, The**

HABIT ▷4
É.-U. 1995. Drame d'horreur réalisé et interprété par Larry FESSENDEN avec Meredith Snaider et Aaron Beall. - Un jeune homme se persuade que sa nouvelle compagne est un vampire. □ 16 ans+ · Érotisme
DVD Cadrage W→31,95 $

HABIT VERT, L' ▷4
FR. 1937. Comédie de Roger RICHEBÉ avec Elvire Popesco, Victor Boucher et Jules Berry. - Un duc qui fait partie de l'Académie française soutient la candidature d'un nouveau membre qui se trouve être l'amant de sa femme. □ Général

HABITANTS, LES ▷4
HOL. 1992. Comédie de mœurs réalisée et interprétée par Alex van WARMERDAM avec Leonard Lucieer et Jack Wouterse. - Les tribulations des habitants d'un lotissement modèle inachevé, situé dans un trou perdu, au début des années 1960. □ 13 ans+

HABLE CON ELLA *voir* **Parle avec elle**

HAIL THE CONQUERING HERO ▷3
É.-U. 1944. Comédie de Preston STURGES avec Eddie Bracken, Ella Raines et Raymond Walburn. - Un brave type rejeté par l'armée fait croire à son entourage qu'il est un héros. - Bonnes trouvailles comiques. Mise en scène inventive. Excellente direction d'acteurs. □ Général

HAINE, LA ▷3
FR. 1995. Drame social de Mathieu KASSOVITZ avec Vincent Cassel, Hubert Kounde et Saïd Taghmaoui. - Dans une cité de HLM en banlieue de Paris, un jeune Juif agressif et deux de ses amis promènent leur désœuvrement dans les rues, toujours prêts à l'affrontement. - Scénario construit avec rigueur et précision. Climat d'oppression et de haine bien traduit. Réalisation stylisée. Interprétation énergique de V. Cassel. □ 13 ans+

HAIR ▷3
É.-U. 1979. Comédie musicale de Milos FORMAN avec John Savage, Treat Williams et Beverly D'Angelo. - Juste avant de partir faire son service militaire, un jeune homme lie amitié avec un groupe de hippies. - Adaptation réussie d'un spectacle des années 1960. Mélange d'ironie et de tendresse. Mise en scène inventive. Interprétation dynamique. □ Général
DVD VF→STF→Cadrage P&S/W→12,95 $

HAIRDRESSER'S HUSBAND, THE
voir **Mari de la coiffeuse, Le**

HAIRSPRAY ▷5
É.-U. 1988. Comédie musicale de John WATERS avec Ricki Lake, Leslie Ann Powers et Divine. - Désireuse de participer à une émission musicale pour jeunes, une adolescente grassouillette s'impose par son énergie et sa fougue. □ Général
DVD VA→STA→Cadrage W→18,95 $

HAL LE SUPERFICIEL *voir* **Shallow Hal**

HALF A SIXPENCE ▷4
ANG. 1967. Comédie musicale de George SIDNEY avec Tommy Steele, Julia Foster et Penelope Horner. - Un jeune commis de magasin ayant reçu un héritage voit ses amours contrariées par sa nouvelle position sociale.
DVD VA→STA→Cadrage W/16X9→14,95 $

HALF MOON STREET ▷5
ANG. 1986. Drame de mœurs de Bob SWAIM avec Sigourney Weaver, Michael Caine et Nadim Sawalha. - Une Américaine qui augmente ses revenus en accompagnant certains soirs de riches esseulés sert, sans le savoir, de pion dans un sombre complot. □ 13 ans+
DVD VA→STF→Cadrage P&S/W→11,95 $

HALF OF HEAVEN ▷3
ESP. 1986. Chronique de Manuel GUTIERREZ ARAGON avec Angela Molina, Margarita Lozano et Antonio V. Valero. - Sous le regard bienveillant de sa grand-mère, une jeune paysanne espagnole gravit les échelons de la haute société. - Chronique sociale de l'Espagne des années 1950-1960. Traitement oscillant entre le réalisme et la métaphore. Un certain humour cynique. □ Non classé

HALF PAST AUTUMN
É.-U. 2000. Craig RICE
DVD VA→STA→27,95 $

HALFAOUINE, L'ENFANT DES TERRASSES ▷3
[Halfaouine: Boy of the Terraces]
TUN. FR. 1990. Comédie dramatique de Ferid BOUGHEDIR avec Selim Boughedir, Mohamed Driss et Hélène Catzaras. - Dans un quartier populaire de Tunis, un garçonnet observe avec curiosité son entourage d'adultes et vit ses premiers désirs sexuels. - Image inhabituelle des mœurs populaires musulmanes. Commentaire parfois ironique sur le clivage entre les sexes. Tableau varié et coloré. Jeu simple et convaincant. □ 13 ans+
DVD STA→Cadrage W/16X9→24,95 $

HALLELUJAH ►2
É.-U. 1929. Drame de mœurs de King VIDOR avec Daniel L. Haynes, Nina Mae McKinney et William E. Fountaine. - Amoureux d'une prostituée, l'aîné d'une famille de race noire se fait pasteur après avoir accidentellement tué son jeune frère. - Un des premiers films marquants du cinéma parlant. Intrigue prenante. Imagerie captivante et poétique. Utilisation du son remarquable. Acteurs excellents. □ Général
DVD VA→STF→21,95 $

HALLELUJAH TRAIL, THE ▷4
É.-U. 1965. Western de John STURGES avec Burt Lancaster, Lee Remick et Jim Hutton. - Au Colorado, divers groupes opposés se disputent un convoi de whisky. □ Général
DVD VA→STA→Cadrage W→13,95 $

HALLELUJAH, I'M A BUM ! ▷5
É.-U. 1933. Comédie musicale de Lewis MILESTONE avec Al Jolson, Madge Evans et Frank Morgan. - Un clochard sauve de la noyade une jeune femme qui s'avère être la maîtresse du maire de New York avec qui il entretient des rapports amicaux. □ Général
DVD VA→STF→Cadrage P&S→11,95 $

HALLOWEEN ▷4
É.-U. 1978. Drame d'horreur de John CARPENTER avec Nancy Loomis, Jamie Lee Curtis et Donald Pleasence. - Des adolescents sont tués par un déséquilibré échappé d'un asile psychiatrique. □ 13 ans+
DVD VA→Cadrage P&S/W→16,95 $ VA→Cadrage W→34,95 $

HALLOWEEN II ▷5
É.-U. 1981. Drame d'horreur de Rick ROSENTHAL avec Jamie Lee Curtis, Donald Pleasence et Lance Guest. - Un déséquilibré échappé d'une clinique psychiatrique pourchasse dans un hôpital une jeune fille qu'il a attaquée le soir de l'Halloween. □ 18 ans+
DVD VA→STF→Cadrage W→10,95 $

HALLOWEEN H20 : TWENTY YEARS LATER ▷5
[Halloween H20 : vingt ans plus tard]
É.-U. 1998. Drame d'horreur de Steve MINER avec Adam Arkin, Jamie Lee Curtis et Joseph Gordon-Levitt. - Vingt ans après avoir été la cible d'un tueur en série masqué, une femme revit le même cauchemar. □ 13 ans+ · Horreur
DVD VA→Cadrage W→18,95 $

HALLS OF MONTEZUMA ▷4
É.-U. 1950. Drame de guerre de Lewis MILESTONE avec Richard Widmark, Robert Wagner et Jack Palance. - Des soldats américains sont chargés de capturer des Japonais dont on veut obtenir des renseignements.
DVD VF→STA→Cadrage W→15,95 $

HAMBURGER HILL ▷4
É.-U. 1987. Drame de guerre de John IRVIN avec Tim Quill, Dylan McDermott et Courtney Vance. - En 1969, au Viêtnam, une escouade américaine tente à plusieurs reprises de prendre une colline tenue par les Viêt-congs. □ 13 ans+
DVD VA→STA→Cadrage W→11,95 $

HAMLET ►2
ANG. 1948. Drame réalisé et interprété par Laurence OLIVIER avec Jean Simmons et Basil Sydney. - Convaincu qu'il doit tuer son oncle pour venger son père, Hamlet ne se résout pas à commettre l'acte fatal. - Adaptation d'une tragédie de Shakespeare. Mise en scène soignée. Sens éveillé des ressources du cinéma. Interprétation remarquable. □ Général
DVD 44,95 $

HAMLET ▷4
ANG. 1969. Drame de Tony RICHARDSON avec Nicol Williamson, Mariane Faithfull et Mark Dignam. - Convaincu qu'il doit tuer son oncle pour venger son père, Hamlet ne se résout pas à commettre ce crime. □ Général

HAMLET ▷3
ANG. 1990. Drame de Franco ZEFFIRELLI avec Mel Gibson, Glenn Close et Alan Bates. - Après l'apparition du spectre de son père lui révélant avoir été assassiné par son oncle, un prince danois feint la folie pour mieux préparer sa vengeance. - Adaptation resserrée du texte de Shakespeare. Mise en scène à la fois rugueuse et riche. Interprétation convaincante de M. Gibson. Distribution de classe. □ Général
DVD VA→STF→Cadrage W→9,95 $

HAMLET [Hamlet] ▷3
É.-U. 1996. Drame réalisé et interprété par Kenneth BRANAGH avec Derek Jacobi et Richard Briers. - Après l'apparition du spectre de son père lui révélant avoir été assassiné par son oncle, un prince danois feint la folie pour préparer sa vengeance. - Adaptation intégrale de la pièce de Shakespeare. Mise en scène élaborée. Décors lumineux et raffinés. Jeu survolté de K. Branagh au sein d'une excellente distribution. □ Général

HAMLET ▷4
É.-U. 2000. Drame de mœurs de Michael ALMEREYDA avec Ethan Hawke, Kyle MacLachlan et Julia Stiles. - À Manhattan, le fils d'un industriel découvre que son oncle a assassiné son père. □ Général · Déconseillé aux jeunes enfants
DVD VA→Cadrage W→14,95 $

HAMMER
É.-U. 1972. Bruce CLARK
DVD VA→STF→17,95 $

HAMMETT ▷4
É.-U. 1981. Drame policier de Wim WENDERS avec Frederic Forrest, Peter Boyle et Marilu Henner. - Un ex-détective devenu écrivain se laisse entraîner par un ami dans une nouvelle enquête policière. □ 13 ans+
DVD VA→STA→Cadrage W→15,95 $

HAMOUN
IRAN 1990. Dariush MEHRJUI
DVD STA→32,95 $

HANA-BI *voir* **Fireworks**

HAND, THE ▷4
É.-U. 1981. Drame d'horreur d'Oliver STONE avec Michael Caine, Andrea Marcovicci et Mara Hobel. - Un auteur de bandes dessinées à succès est hanté par la main qu'il a perdue lors d'un accident d'auto. □ 13 ans+

HANDFUL OF DUST, A ▷4
ANG. 1988. Drame de mœurs de Charles STURRIDGE avec James Wilby, Kristin Scott-Thomas et Rupert Graves. - Au milieu des années 1930, un couple d'aristocrates anglais se déchire lorsque l'épouse s'entiche d'un parasite mondain. □ Général
DVD VA→Cadrage W→21,95 $

HANDMAID'S TALE, THE ▷5
É.-U. 1990. Science-fiction de Volker SCHLÖNDORFF avec Faye Dunaway, Natasha Richardson, Elizabeth McGovern et Aidan Quinn. - Dans une société totalitaire du futur, une jeune femme est sélectionnée par les autorités pour devenir mère-porteuse. □ 13 ans+

HANDS ACROSS THE TABLE ▷4
É.-U. 1935. Comédie sentimentale de Mitchell LEISEN avec Carole Lombard, Fred MacMurray et Ralph Bellamy. - Deux arrivistes s'éprennent l'un de l'autre. □ Général

HANG'EM HIGH ▷4
É.-U. 1967. Western de Ted POST avec Clint Eastwood, Ed Begley, Ben Johnson et Inger Stevens. - Un ex-prisonnier, devenu adjoint du shérif, recherche l'homme qui l'a fait condamner injustement pour vol. □ 13 ans+
DVD Cadrage W→11,95 $

HANGING GARDEN, THE [Jardin suspendu, Le] ▷3
CAN. 1997. Drame psychologique de Thom FITZGERALD avec Chris Leavins, Kerry Fox et Seana McKenna. - Un jeune homosexuel revient dans sa famille après dix ans d'absence et constate que les blessures d'hier sont encore vives. - Atmosphère proche de celle d'un conte psychanalytique. Réalisation ingénieuse. □ 13 ans+ · Langage vulgaire
DVD VA→PC

HANGMAN'S KNOT ▷4
É.-U. 1952. Western de Roy HUGGINS avec Randolph Scott, Donna Reed et Claude Jarman. - Des Sudistes s'emparent d'un convoi d'or qu'ils doivent défendre.

HANGMEN ALSO DIE ▷3
É.-U. 1943. Drame réalisé par Fritz LANG avec Brian Donlevy, Walter Brennan et Gene Lockart. - À Prague, pendant l'Occupation, les forces allemandes recherchent l'assassin d'un de leurs dignitaires. - Œuvre forte écrite en collaboration avec Bertolt Brecht. Accent mis sur l'intrigue policière. □ Général
DVD 23,95 $

HANNA'S WAR ▷4
É.-U. 1988. Drame de guerre de Menahem GOLAN avec Maruschka Detmers, Ellen Burstyn et Anthony Andrews. - À l'aube de la Seconde Guerre mondiale, une jeune femme s'engage dans les services secrets britanniques et se porte volontaire pour une mission en Europe occupée. □ Général

HANNAH AND HER SISTERS ►2
É.-U. 1986. Comédie dramatique réalisée et interprétée par Woody ALLEN avec Mia Farrow et Barbara Hershey. - Les tribulations de trois sœurs qui rencontrent divers problèmes dans leur carrière ou dans leur vie sentimentale. - Variations neuves sur des thèmes familiers. Situations finement observées. Approche teintée d'ironie. Interprétation de première force. □ Général
DVD VF→STF→Cadrage W→12,95 $

HANNAH K. ▷4
FR. 1983. Drame social de Constantin COSTA-GAVRAS avec Jill Clayburgh, Mohamed Bakri et Jean Yanne. - Pour avoir défendu un Palestinien soupçonné de terrorisme, une avocate juive s'attire des ennuis avec un procureur israélien.

HANNIBAL ▷4
É.-U. 2001. Drame policier de Ridley SCOTT avec Anthony Hopkins, Julianne Moore et Giancarlo Giannini. - Recherché de toutes parts, un célèbre tueur en série cannibale qui vit incognito à Florence est forcé de sortir de sa retraite. □ 16 ans+ · Violence
DVD VF→STA→Cadrage W→11,95 $

HANOI HILTON ▷5
É.-U. 1987. Drame de guerre de Lionel CHETWYND avec Paul Le Mat, Michael Moriarty et Jeffrey Jones. - Un commandant américain fait prisonnier à Hanoi est soumis à la cruauté de ses tortionnaires.

HANOVER STREET [Guerre et passion] ▷5
ANG. 1979. Drame de guerre de Peter HYAMS avec Harrison Ford, Lesley-Anne Down et Christopher Plummer. - En 1943, un pilote américain stationné en Angleterre se voit confier une mission dangereuse en France avec le mari de sa maîtresse. □ Général
DVD VF→STF→Cadrage W→9,95 $

HANS CHRISTIAN ANDERSEN ▷4
É.-U. 1952. Comédie musicale de Charles VIDOR avec Danny Kaye, Zizi Jeanmaire et Farley Granger. - Un cordonnier de village doublé d'un conteur populaire vient en aide à une ballerine qu'il croit malheureuse. □ Général
DVD VF→STF→12,95 $

HANTISE *voir* **Haunting, The**

HANUMAN ▷5
FR. 1998. Aventures de Fred FOUGEA avec Robert Kavanah, Khalid Thiabji et Tabu. - En Inde, un petit singe chassé de sa tribu se lie avec un Écossais venu mettre fin à un trafic d'œuvres d'art volées sur un site sacré. □ Général
DVD VF→11,95 $

HANUSSEN ▷4
HON. 1988. Drame historique d'Istvan SZABO avec Klaus Maria Brandauer, Erland Josephson et Ildiko Bansagi. - Un ancien soldat hongrois possédant des dons de double vue suscite l'intérêt des nazis par ses prédictions. □ 13 ans+

HAPPIEST DAYS OF YOUR LIFE, THE ▷4
ANG. 1950. Comédie de Frank LAUNDER avec Alastair Sim, Richard Wattis et Margaret Rutherford. - Un collège de filles vient occuper par erreur les locaux déjà employés par un collège de garçons. □ Général

HAPPINESS ▷3
É.-U. 1998. Drame de mœurs de Todd SOLONDZ avec Jane Adams, Dylan Baker et Philip Seymour Hoffman. - Trois sœurs et leur entourage vivent de cruelles désillusions dans leur recherche mal avisée du bonheur. - Œuvre féroce et cynique. Grande acuité d'observation de mœurs. Trait vif, acéré et sans compromis sentimentaux. □ 16 ans+
DVD VA→STA→Cadrage W→27,95 $

HAPPINESS OF THE KATAKURIS
JAP. 2001. Takashi MIIKE
DVD STA→Cadrage W→29,95 $

HAPPY ACCIDENTS
É.-U. 2000. Brad ANDERSON
DVD VA→Cadrage W→10,95 $

HAPPY BIRTHDAY ! (TURKE) ▷4
ALL. 1992. Drame policier de Dorris DÖRRIE avec Hansa Czypionka, Ozay et Doris Kunstmann. - À Francfort, la disparition d'un homme mène un détective d'origine turque dans les dédales d'une affaire de corruption policière. □ 13 ans+

HAPPY ENDING, THE ▷4
É.-U. 1969. Drame psychologique de Richard BROOKS avec Jean Simmons, John Forsyth et Shirley Jones. - Une femme mariée insatisfaite cherche confusément à tromper son ennui dans l'alcool. □ 13 ans+

HAPPY ENDINGS ▷4
É.-U. 2005. Drame de mœurs de Don ROOS avec Lisa Kudrow, Steve Coogan et Jesse Bradford. - Dans la région de Los Angeles, diverses personnes en quête d'identité voient leurs destinées s'entrecroiser. □ 13 ans+
DVD VA→STA→Cadrage W→24,95 $

HAPPY GILMORE ▷5
É.-U. 1995. Comédie de Dennis DUGAN avec Adam Sandler, Julie Bowen et Christopher McDonald. - Un hockeyeur raté mais doué pour le golf participe à des tournois pour aider sa grand-mère à récupérer sa maison saisie par le fisc. □ Général
DVD VF→STA→Cadrage W→17,95 $

HAPPY HELL NIGHT
CAN. YOU. 1992. Brian OWENS
DVD VA→18,95 $

HAPPY MEN *voir* **Au bonheur des hommes**

HAPPY TIMES ▷4
CHI. 2000. Comédie dramatique de Zhang YIMOU avec Dong Jie, Zhao Benshan et Dong Lihua. - Pour plaire à une dame qu'il espère épouser prochainement, un ouvrier à la retraite prend en charge la belle-fille aveugle de celle-ci.

HAPPY TOGETHER ▷3
H.K. 1997. Drame psychologique de Wong KAR-WAI avec Leslie Cheung, Tony Leung Chiu-wai et Chang Chen. - Après une douloureuse rupture, deux jeunes gays de Hong-Kong immigrés à Buenos Aires reprennent la vie en commun. - Sujet un peu mince traité dans un style naturaliste émaillé de flashs lyriques. Travail visuel et sonore d'un grand brio. Interprétation convaincante. □ Général · Déconseillé aux jeunes enfants
DVD Cadrage W→26,95 $

HARAKIRI ►2
JAP. 1962. Drame de Masaki KOBAYASHI avec Tatsuya Nakadai, Shima Iwashita et Akira Ishihama. - Un guerrier exerce sa vengeance sur un seigneur qui a poussé son gendre au suicide. - Forte intensité dramatique. Style hiératique d'une grande beauté. Passages d'une violence éprouvante. Interprétation magistrale.
DVD STA→59,95 $

HARCÈLEMENT *voir* **Disclosure**

HARD BOILED ▷4
H.K. 1992. Drame policier de John WOO avec Chow Yun-Fat, Tony Leung Chiu Wai, Bowie Lam et Philip Chan. - Afin de venger la mort de son partenaire, un policier collabore avec un collègue qui s'est infiltré chez des trafiquants d'armes pour abattre leur chef. □ 16 ans+ · Violence
DVD STA→PC

HARD CANDY ▷4
É.-U. 2005. Thriller de David SLADE avec Ellen Page, Patrick Wilson et Sandra Oh. - Une adolescente séquestre un photographe qu'elle soupçonne de pédophilie et de meurtre.

HARD CORE LOGO [Dernière chance, La] ▷**4**
CAN. 1996. Comédie de Bruce McDONALD avec Hugh Dillon, Callum Keith Rennie et John Pyper-Ferguson. - Séparé depuis des années, un groupe punk se réunit à l'occasion d'un concert bénéfice. □ 13 ans+
DVD VA→Cadrage W→32,95 $

HARD COUNTRY [Texas ou la vie, Le] ▷**4**
É.-U. 1981. Drame de mœurs de David GREENE avec Jan-Michael Vincent, Kim Basinger et Michael Parks. - Les problèmes d'un ouvrier du Texas dont la petite amie rêve d'être hôtesse de l'air. □ 13 ans+

HARD DAY'S NIGHT, A [Quatre garçons dans le vent] ▷**4**
ANG. 1964. Comédie musicale de Richard LESTER avec George Harrison, John Lennon, Paul McCartney et Ringo Starr. - Le grand-père de l'un des Beatles ne cesse de leur créer des embêtements au cours d'un voyage à Londres. □ Général
DVD VF→Cadrage W→34,95 $

HARD EIGHT *voir* **Sydney**

HARD LABOUR
ANG. 1973. Mike LEIGH □ Général
DVD VA→34,95 $

HARD RIDE, THE ▷**4**
É.-U. 1970. Drame de Burt TOPPER avec Robert Fuller, Sherry Bain et Tony Russel. - Un sergent, chargé de voir aux funérailles d'un camarade mort au combat, recherche les amis de celui-ci, membres d'un club de motards. □ 13 ans+

HARD TIMES [Bagarreur, Le] ▷**4**
É.-U. 1975. Drame de mœurs de Walter HILL avec Charles Bronson, James Coburn et Strother Martin. - Au début des années 1930, un chômeur accepte de participer à des combats de boxe illégaux. □ 13 ans+
DVD VA→STA→Cadrage P&S/W→17,95 $

HARD WAY, THE [Jouer dur] ▷**4**
É.-U. 1991. Comédie policière de John BADHAM avec James Woods, Michael J. Fox et Stephen Lang. - Un policier se retrouve flanqué d'un acteur d'Hollywood qui veut observer son travail pour la préparation d'un rôle. □ 13 ans+
DVD VF→Cadrage W→10,95 $

HARD WORD, THE
É.-U. 2002. Scott ROBERTS
DVD VA→Cadrage W→32,95 $

HARDCORE ▷**4**
É.-U. 1978. Drame de mœurs de Paul SCHRADER avec Season Hubley, George C. Scott et Peter Boyle. - Un ouvrier aux convictions religieuses profondes part à la recherche de sa fille qui vit de la pornographie après avoir fait une fugue. □ 18 ans+
DVD VA→STA→Cadrage W→10,95 $

HARDER THEY COME, THE ▷**4**
JAM. 1972. Drame de mœurs de Perry HENZELL avec Jimmy Cliff, Carl Bradshaw et Janet Bartley. - En Jamaïque, un jeune campagnard venu tenter fortune à Kingston où il rêve de devenir chanteur s'embarque dans une affaire de trafic de drogue. □ 13 ans+
DVD VA→STA→Cadrage W→62,95 $

HARDER THEY FALL, THE ▷**4**
É.-U. 1956. Drame de mœurs de Mark ROBSON avec Humphrey Bogart, Rod Steiger et Mike Lane. - Un journaliste en chômage accepte d'organiser la publicité de combats de boxe truqués. □ Général

HARDI PARDAILLAN ▷**4**
FR. 1963. Aventures de Bernard BORDERIE avec Gérard Barray, Valérie Lagrange et Guy Delorme. - Le chevalier de Pardaillan accomplit une mission périlleuse pour le roi Henri III.

HARDWARE ▷**4**
ANG. 1990. Science-fiction de Richard STANLEY avec Stacey Travis, Dylan McDermott et John Lynch. - Au XXIe siècle, une jeune sculptrice est attaquée dans son appartement par un robot programmé pour tuer. □ 18 ans+

HAREM ▷**5**
FR. 1985. Drame de mœurs d'Arthur JOFFÉ avec Nastassja Kinski, Ben Kingsley et Dennis Goldson. - D'étranges liens se créent entre un émir et la New-Yorkaise qu'il a enlevée afin de la placer dans son harem. □ Non classé

HAREM SUARE *voir* **Dernier harem, Le**

HARLEM NIGHTS [Nuits de Harlem, Les] ▷**5**
É.-U. 1989. Comédie dramatique réalisée et interprétée par Eddie MURPHY avec Richard Pryor et Danny Aiello. - Les tribulations du fils adoptif du propriétaire d'un club de nuit clandestin à la fin des années 30. □ 13 ans+
DVD VF→STA→Cadrage W→9,95 $

HARLOW ▷**4**
É.-U. 1965. Drame biographique de Gordon DOUGLAS avec Carroll Baker, Martin Balsam et Red Buttons. - Vie d'une vedette de l'écran des années 30. - Bonne reconstitution d'époque et de milieu. Réalisation soignée. C. Baker bien dirigée.

HARMONISTES, LES [Harmonists, The] ▷**4**
ALL. 1997. Drame biographique de Joseph VILSMAIER avec Ulrich Noethen, Ben Becker et Meret Becker. - À Berlin, en 1928, un juif fonde un groupe vocal, dont le grand succès est compromis par l'arrivée au pouvoir des nazis. □ Général
DVD VF→STA→Cadrage W/16X9→12,95 $

HAROLD AND MAUDE ▷**3**
É.-U. 1971. Comédie de mœurs de Hal ASHBY avec Ruth Gordon, Bud Cort et Vivian Pickles. - Un jeune homme obsédé par l'idée de la mort tombe amoureux d'une octogénaire excentrique. - Vision insolite et originale de la vie et des relations humaines. Touches d'humour noir. Photographie et décors soignés. Fine interprétation des protagonistes. □ Général
DVD VF→STA→Cadrage W→15,95 $

HARPER ▷**4**
É.-U. 1966. Drame policier de Jack SMIGHT avec Paul Newman, Arthur Hill et Julie Harris. - Un détective privé est engagé pour retrouver un mari disparu. □ Général

HARRIET THE SPY [Harriet la petite espionne] ▷**4**
É.-U. 1996. Comédie dramatique de Bronwen HUGHES avec Michelle Trachtenberg, Rosie O'Donnell et Vanessa Lee Chester. - Une gamine est rejetée par ses camarades de classe après que ceux-ci aient découvert les notes fantaisistes qu'elle a écrites à leur sujet. □ Général
DVD VF→STA→Cadrage W→8,95 $

HARRISON'S FLOWERS [Des fleurs pour Harrison] ▷**4**
FR. 2002. Drame psychologique d'Elie CHOURAQUI avec Andy MacDowell, David Strathairn et Adrien Brody. - En 1991, une femme part à la recherche de son mari photographe disparu dans la Yougoslavie en guerre.
DVD VA→13,95 $

HARRY AND MAX [Harry + Max]
É.-U. 2004. Christopher MUNCH
DVD VA→Cadrage W→31,95 $

HARRY AND SON [Affrontement, L'] ▷**5**
É.-U. 1984. Comédie dramatique réalisée et interprétée par Paul NEWMAN avec Robby Benson et Ellen Barkin. - Un ouvrier de Floride et son fils qui veut devenir écrivain ont des relations tendues. □ Général

HARRY AND TONTO ▷**3**
É.-U. 1974. Comédie dramatique de Paul MAZURSKY avec Melanie Mayron, Art Carney et Joshua Mostel. - Un septuagénaire chassé de son appartement traverse le pays pour rendre visite à ses enfants. - Approche à la fois réaliste et enjouée. Richesse d'évocation. Personnages pittoresques. Jeu excellent de Carney. □ 13 ans+
DVD VA→STA→Cadrage W→11,95 $

HARRY DANS TOUS SES ÉTATS
voir **Deconstructing Harry**

HARRY POTTER AND THE PHILOSOPHER'S STONE ▷4
[Harry Potter à l'école des sorciers]
É.-U. 2001. Conte de Chris COLUMBUS avec Daniel Radcliffe, Rupert Grint et Emma Watson. - Aidé de ses amis, un jeune apprenti sorcier part à la recherche de la pierre philosophale, également convoitée par un mage diabolique. □ Général
DVD Cadrage W→14,95 $ VF→STF→Cadrage W→14,95 $

HARRY POTTER AND THE CHAMBER OF SECRETS ▷4
[Harry Potter et la chambre des secrets]
É.-U. 2002. Conte de Chris COLUMBUS avec Daniel Radcliffe, Rupert Grint et Emma Watson. - Au péril de leur vie, trois apprentis sorciers enquêtent sur le mystère entourant la chambre des secrets de leur école. □ Général · Déconseillé aux jeunes enfants
DVD VA→STF→Cadrage W→14,95 $ VF→Cadrage W→14,95 $

HARRY POTTER AND THE PRISONER OF AZKABAN ▷4
[Harry Potter et le prisonnier d'azkaban]
É.-U. 2004. Conte d'Alfonso CUARON avec Daniel Radcliffe, Emma Watson et David Thewlis. - Un jeune sorcier apprend qu'un dangereux prisonnier en cavale chercherait à le tuer. □ Général
DVD VF→STA→Cadrage W→14,95 $
VF→STF→Cadrage W→14,95 $

HARRY POTTER AND THE GOBLET OF FIRE ▷4
[Harry Potter et la coupe de feu]
É.-U. 2005. Drame fantastique de Mike NEWELL avec Emma Watson, Daniel Radcliffe et Brendan Gleeson. - Un jeune sorcier est forcé de participer à un important tournoi dont les épreuves sont potentiellement mortelles. □ Général · Déconseillé aux jeunes enfants
DVD VF→STA→Cadrage W→34,95 $
VF→STF→Cadrage W→36,95 $

HARRY, UN AMI QUI VOUS VEUT DU BIEN ▷3
[With a Friend Like Harry...Who Needs Enemies]
FR. 2000. Drame psychologique de Dominik MOLL avec Laurent Lucas, Sergi Lopez et Mathilde Seigner. - Un père de famille en vacances renoue avec un ancien copain de lycée dont l'extrême bienveillance finit par devenir inquiétante. - Suspense subtilement insidieux. Ironie légère aux traits de plus en plus féroces. Personnages habilement développés. Mise en scène sobre. Interprètes fort talentueux.
DVD VF→STA→Cadrage W→12,95 $

HART'S WAR [Combat du lieutenant Hart, Le] ▷4
É.-U. 2002. Drame de guerre de Gregory HOBLIT avec Colin Farrell, Bruce Willis et Terrence Howard. - Prisonnier d'un camp allemand en 1944, un lieutenant américain assure en cour martiale la défense d'un pilote noir accusé de meurtre. □ 13 ans+
DVD VF→STF→Cadrage W→17,95 $
VF→Cadrage P&S/W→36,95 $

HARVEY ▷4
É.-U. 1950. Comédie fantaisiste de Henry KOSTER avec Josephine Hull, James Stewart et Peggy Dow. - Un vieux garçon sympathique converse avec un lapin géant imaginaire. □ Général
DVD VA→STF→Cadrage P&S→18,95 $

HARVEY GIRLS, THE ▷4
É.-U. 1945. Comédie musicale de George SIDNEY avec Judy Garland, John Hodiak et Ray Bolger. - Déçue par le mari qu'on lui destine, une jeune fille se joint à un groupe de serveuses itinérantes.
□ Non classé
DVD VA→STF→21,95 $

HASARD FAIT BIEN LES CHOSES, LE
[As Luck Would Have It]
FR. 2002. Lorenzo GABRIELE
DVD VF→STA→Cadrage W→36,95 $

HASARDS DU CŒUR, LES *voir* **Random Hearts**

HASARDS OU COÏNCIDENCES ▷5
FR. 1998. Comédie dramatique de Claude LELOUCH avec Pierre Arditi, Alessandra Martines et Marc Hollogne. - Son amant et son fils ayant péri en mer, une ancienne danseuse décide d'effectuer et de filmer le voyage qu'ils avaient prévu faire ensemble.

HATARI ! ▷3
É.-U. 1962. Aventures de Howard HAWKS avec John Wayne, Elsa Martinelli et Hardy Kruger. - Des chasseurs se spécialisent dans la capture d'animaux sauvages au Tanganyika. - Scènes trépidantes. Touches d'humour. Musique intéressante. Valeur documentaire. Interprétation dégagée. □ Non classé
DVD VF→STA→Cadrage W→8,95 $

HATCHET MURDERS, THE *voir* **Deep Red**

HAUNTED PALACE, THE ▷4
É.-U. 1963. Drame d'horreur de Roger CORMAN avec Vincent Price, Debra Paget et Lon Chaney Jr. - Au XVIIIe siècle, un homme est possédé par l'âme de son ancêtre, sorcier brûlé en jurant vengeance. □ 13 ans+

HAUNTED SUMMER [Été en enfer, Un] ▷4
É.-U. 1988. Drame de mœurs de Ivan PASSER avec Philip Anglim, Alice Krige et Eric Stoltz. - Au cours de l'été 1816, deux poètes anglais et leurs compagnes vivent dans une exaltation provoquée par l'opium. □ Non classé

HAUNTING, THE [Hantise] ►2
É.-U. 1963. Drame d'horreur de Robert WISE avec Julie Harris, Richard Jackson et Claire Bloom. - Un savant réunit deux femmes dans un manoir présumément hanté pour des expériences métapsychiques. - Effets de terreur réussis. Observations psychologiques fascinantes. Décor excellemment utilisé. Interprètes convaincus.
□ Général
DVD VF→STF→Cadrage W→11,95 $

HAUNTING, THE ▷5
É.-U. 1999. Drame fantastique de Jan DE BONT avec Lili Taylor, Liam Neeson et Catherine Zeta-Jones. - Des phénomènes surnaturels se produisent dans un vieux manoir où un docteur et trois volontaires participent à une étude sur la peur. □ 13 ans+
DVD Cadrage W→10,95 $

HAUT LES CŒURS ! ▷3
FR. 1999. Drame psychologique de Solveig ANSPACH avec Karin Viard, Laurent Lucas et Philippe Duclos. - Une jeune musicienne enceinte de son premier bébé apprend qu'elle est atteinte d'un cancer du sein. - Récit inspiré de l'expérience vécue par la réalisatrice. Grande qualité d'écriture. Ton d'authenticité. Réalisation précise. Interprétation mémorable de K. Viard.

HAUT LES FLINGUES *voir* **City Heat**

HAUTE FIDÉLITÉ *voir* **High Fidelity**

HAUTE TENSION *voir* **Meltdown**

HAUTE TENSION ▷5
FR. 2003. Drame d'horreur d'Alexandre AJA avec Cécile de France, Maïwenn Le Besco et Philippe Nahon. - Sur une ferme isolée, une jeune femme tente d'arrêter le tueur sanguinaire qui a enlevé sa copine. □ 16 ans+ · Violence
DVD VF→Cadrage W→15,95 $

HAUTS DE HURLEVENT, LES *voir* **Wuthering Heights**

HAVANA ▷4
É.-U. 1990. Drame sentimental de Sydney POLLACK avec Robert Redford, Lena Olin et Alan Arkin. - À La Havane, un joueur de poker cynique et désengagé s'éprend de l'épouse d'un riche aristocrate et côtoie malgré lui les rouages de la révolution cubaine.
□ Général
DVD VF→Cadrage W→10,95 $

HAVOC
É.-U. 2005. Barbara KOPPLE
DVD VA→STA→Cadrage W→22,95 $

HAWAII ▷4
É.-U. 1966. Drame social de George Roy HILL avec Max Von Sydow, Julie Andrews et Richard Harris. - Les tribulations d'un ministre calviniste et de son épouse à l'époque de la colonisation d'Hawaii. □ Non classé
DVD VA→12,95 $

HAWK, THE ▷5
ANG. 1992. Drame policier de David HAYMAN avec Helen Mirren, George Costigan et Rosemary Leach. - Une épouse dépressive soupçonne son mari d'être l'assassin qui terrorise une petite ville du Nord de l'Angleterre. □ 13 ans+

HAWKS AND THE SPARROWS, THE
voir **Des oiseaux petits et grands**

HÄXAN *voir* **Sorcellerie à travers les âges, La**

HE DIED WITH A FELAFEL IN HIS HAND
AUS. 2001. Comédie de mœurs de Richard LOWENSTEIN avec Noah Taylor, Emily Hamilton et Romane Bohringer. - Les tribulations d'un jeune décrocheur bohème qui cherche à donner un sens à sa vie.
DVD VA→31,95 $

HE GOT GAME ▷4
É.-U. 1998. Drame psychologique de Spike LEE avec Denzel Washington, Ray Allen et Milla Jovovich. - Un prisonnier est libéré le temps de convaincre son fils basketteur d'accepter de faire partie d'une équipe appuyée par le gouverneur de l'État. □ 13 ans+ · Langage vulgaire
DVD Cadrage W→14,95 $

HE SAID, SHE SAID [Elle et lui] ▷4
É.-U. 1991. Comédie sentimentale de Ken KWAPIS et Marisa SILVER avec Kevin Bacon, Elizabeth Perkins et Sharon Stone. - Après leur rupture, deux animateurs de télévision liés sentimentalement racontent à des amis une version différente de leur vie de couple. □ Général
DVD VA→STA→Cadrage W→10,95 $

HE WALKED BY NIGHT ▷4
É.-U. 1948. Drame policier d'Alfred L. WERKER et Anthony MANN avec Richard Basehart, Scott Brady et Roy Roberts. - La police recherche l'assassin d'un policier. □ Général
DVD VA→STF→12,95 $

HEAD IN THE CLOUDS [Tête dans les nuages, La]
CAN. 2004. Chronique de John DUIGAN avec Charlize Theron, Stuart Townsend et Penélope Cruz. - Dans les années 1930, à Paris, un triangle amoureux naît entre une jeune héritière américaine insouciante, un intellectuel irlandais et une danseuse espagnole. □ 13 ans+
DVD VF→STF→Cadrage W/16X9→22,95 $

HEAD-ON ▷3
ALL. 2003. Drame de mœurs de Fatih AKIN avec Birol Ünel, Sibel Kekilli et Catrin Striebeck. - Deux Allemands d'origine turque blessés par la vie se marient sans réellement s'aimer pour tenter de changer leur destin respectif. - Portrait sans fard de deux écorchés vifs. Illustration précise des points de vue divergents d'une société métissée. Climat dur et pessimiste. Mise en scène rugueuse. Interprétation intense. □ 13 ans+
DVD STA→Cadrage W/16X9→31,95 $

HEALER, THE *voir* **Julie Walking Home**

HEAR MY SONG ▷4
ANG. 1991. Comédie dramatique de Peter CHELSOM avec Adrian Dunbar, Tara Fitzgerald et Ned Beatty. - Un cabaretier crée tout un émoi en annonçant le retour d'un chanteur de charme absent de la scène depuis 30 ans. □ Général

HEART AND SOULS [Dernière chance, La] ▷4
É.-U. 1993. Comédie fantaisiste de Ron UNDERWOOD avec Robert Downey Jr, Charles Grodin et Alfre Woodard. - Quatre anges gardiens chamboulent la vie d'un jeune homme dont ils utilisent le corps pour accomplir sur Terre un dernier souhait. □ Général
DVD VF→STA→Cadrage W→14,95 $

HEART BEAT ▷5
É.-U. 1979. Drame de mœurs de John BYRUM avec Nick Nolte, Sissy Spacek et John Heard. - À la fin des années 50, le jeune écrivain canadien Jack Kerouac et un ami californien s'éprennent tous deux d'une étudiante en peinture. □ 13 ans+

HEART IS A LONELY HUNTER, THE ▷4
[Cœur est un chasseur solitaire, Le]
É.-U. 1968. Drame psychologique de Robert Ellis MILLER avec Sondra Locke, Alan Arkin, Laurinda Barrett et Chuck McCann. - Un sourd-muet exerce une influence bénéfique sur des amis de rencontre. □ Général

HEART IS DECEITFUL ABOVE ALL THINGS, THE
É.-U. 2004. Asia ARGENTO
DVD VA→Cadrage W→22,95 $

HEART OF DARKNESS ▷3
É.-U. 1993. Drame de Nicolas ROEG avec Tim Roth, John Malkovich et Isaach de Bankole. - Le périple congolais d'un jeune négociant qui remonte un fleuve en bateau afin de rencontrer un marchand d'ivoire énigmatique. - Téléfilm adapté fidèlement du roman de Joseph Conrad. Ambiance oppressante. Réalisation assurée. Acteurs de grand talent. □ Général

HEART OF GLASS *voir* **Cœur de verre**

HEART OF ME, THE ▷5
ANG. 2002. Drame sentimental de Thaddeus O'SULLIVAN avec Helena Bonham Carter, Olivia Williams et Paul Bettany. - Dans les années 1930, une jeune femme bohème et excentrique a une liaison avec le mari de sa sœur aînée.
DVD VA→Cadrage W→29,95 $

HEART'S DARK SIDE
voir **Côté obscur du cœur, Le**

HEARTBREAK HOTEL ▷4
É.-U. 1988. Comédie de Chris COLOMBUS avec David Keith, Tuesday Weld et Charlie Schlatter. - Un adolescent décide de kidnapper Elvis Presley pour en faire « cadeau » à sa mère qui ne peut se rendre à son concert.
DVD VA→10,95 $

HEARTBREAK RIDGE [Maître de guerre, Le] ▷5
É.-U. 1986. Comédie dramatique réalisée et interprétée par Clint EASTWOOD avec Mario Van Peebles et Marsha Mason. - Un vétéran de la guerre de Corée se voit chargé d'entraîner des jeunes recrues récalcitrantes. □ Général
DVD VF→STF→9,95 $

HEARTBURN [Brûlure, La] ▷4
É.-U. 1986. Comédie dramatique de Mike NICHOLS avec Meryl Streep, Jack Nicholson et Stockard Channing. - Les tribulations sentimentales d'un couple de journalistes dont le mari jouit d'une certaine réputation de coureur. □ Général
DVD VA→STA→Cadrage W→9,95 $

HEARTLANDS
ANG. É.-U. 2002. Damien O'DONNELL
DVD VA→Cadrage W/16X9→14,95 $

HEARTS AND ARMOUR
voir **Choix des seigneurs, Le**

HEARTS IN ATLANTIS [Cœurs perdus en Atlantide] ▷4
É.-U. 2001. Drame psychologique de Scott HICKS avec Anthony Hopkins, Anton Yelchin et Hope Davis. - Dans les années 1960, un gamin de onze ans qui vit seul avec sa mère se lie d'amitié avec un vieil homme doué de clairvoyance. □ Général · Déconseillé aux jeunes enfants
DVD VF→STF→Cadrage W→9,95 $

HEARTS OF THE WEST [Hollywood Cowboy] ▷4
É.-U. 1975. Comédie satirique de Howard ZIEFF avec Jeff Bridges, Andy Griffith et Blythe Danner. - Au début des années 30, un jeune fermier rêvant de devenir romancier connaît diverses mésaventures à Hollywood.

HEAT ▷5
É.-U. 1972. Drame de mœurs de Paul MORRISSEY avec Sylvia Miles, Joe Dallesandro et Andrea Feldman. - Un jeune acteur qui a connu une gloire précoce mais éphémère devient l'amant d'une ancienne vedette de cinéma. □ 18 ans+
DVD VA→22,95 $

HEAT ▷3
É.-U. 1995. Drame policier de Michael MANN avec Robert De Niro, Al Pacino et Val Kilmer. - Un détective met en branle une opération de surveillance afin de coincer une bande de voleurs habiles. - Ensemble captivant malgré quelques longueurs. Scènes d'action et de suspense d'une forte intensité dramatique. Excellents interprètes. □ 16 ans+ · Violence
DVD VF→STF→Cadrage W→29,95 $

HEAT AND DUST [Chaleur et poussière] ▷3
ANG. 1982. Drame de mœurs de James IVORY avec Julie Christie, Greta Scacchi et Shashi Kapoor. - Une jeune Anglaise se rend en Inde pour enquêter sur l'aventure scandaleuse de sa grand-tante qui fut la maîtresse d'un rajah. - Observations de mœurs et touches psychologiques intéressantes. Interprétation intelligente et nuancée. □ 13 ans+
DVD VA→Cadrage W→26,95 $

HEAT AND LUST
ANG. 2000. Gordon URQUHART
DVD VA→27,95 $

HEAT AND SUNLIGHT
É.-U. 1987. Rob NILSSON □ 13 ans+ · Érotisme
DVD VA→29,95 $

HEATHERS ▷4
É.-U. 1988. Comédie satirique de Michael LEHMANN avec Winona Ryder, Christian Slater, Penelope Milford et Shannen Doherty. - Un garçon inquiétant aide une camarade de classe à éliminer certains élèves de leur école secondaire particulièrement désagréables. □ 13 ans+
DVD VA→Cadrage W→14,95 $

HEATWAVE [Vague de chaleur] ▷4
AUS. 1981. Drame social de Philip NOYCE avec Richard Moir, Judy Davis et Chris Haywood. - Divers attentats se produisent à la suite de l'annonce de la construction d'un luxueux projet domiciliaire dans un quartier populaire. □ 13 ans+

HEAVEN ▷4
É.-U. 1986. Film d'essai de Diane KEATON. - Évocation de diverses conceptions de ce à quoi pourrait ressembler la vie après la mort, au paradis ou en enfer. □ Général
DVD VA→Cadrage P&S→34,95 $

HEAVEN [En enfer avec Heaven] ▷4
N.-Z. 1998. Thriller de Scott REYNOLDS avec Martin Donovan, Danny Edwards et Richard Schiff. - Une effeuilleuse transsexuelle possédant des dons de voyance vient en aide à un architecte dans la dèche. □ 18 ans+
DVD VA→STF→Cadrage W→17,95 $

HEAVEN [Paradis] ▷4
ALL. 2001. Drame de Tom TYKWER avec Cate Blanchett, Giovanni Ribisi et Remo Girone. - Arrêtée comme présumée terroriste, une jeune enseignante gagne la sympathie d'un des policiers chargés de son instruction. □ Général
DVD VA→STA→Cadrage W→14,95 $

HEAVEN AND EARTH ▷5
É.-U. 1993. Chronique d'Oliver STONE avec Hiep Thi Le, Tommy Lee Jones et Joan Chen. - Les tribulations d'une Vietnamienne dont la vie est bouleversée par la guerre. □ 13 ans+
DVD VF→STF→Cadrage W→21,95 $/26,95 $

HEAVEN CAN WAIT [Ciel peut attendre, Le] ▷3
É.-U. 1943. Comédie d'Ernst LUBITSCH avec Gene Tierney, Don Ameche et Charles Coburn. - Un riche Américain qui vient de mourir raconte sa vie au gardien de l'enfer. - Sujet traité avec fantaisie et humour. Mise en scène adroite. Excellente direction d'acteurs. □ Non classé
DVD VA→STA→46,95 $

HEAVEN CAN WAIT ▷4
É.-U. 1978. Comédie fantaisiste de Warren BEATTY et Buck HENRY avec Warren Beatty, Julie Christie et James Mason. - Un joueur de football mort dans un accident reprend vie dans le corps d'un richard. □ Général
DVD VF→STA→Cadrage W→10,95 $

HEAVEN KNOWS, MR. ALLISON [Dieu seul le sait] ▷4
É.-U. 1956. Drame de John HUSTON avec Deborah Kerr et Robert Mitchum. - Pendant la guerre, un soldat américain et une religieuse se trouvent isolés dans une île du Pacifique. □ Général
DVD VA→14,95 $

HEAVEN'S BURNING ▷5
N.-Z. 1997. Drame policier réalisé par Craig LAHIFF avec Russell Crowe, Youki Kudoh et Kenji Isomura. - Après avoir simulé son enlèvement, une Japonaise fuit avec un voleur de banque australien en ayant la police, la mafia et son mari jaloux aux trousses. □ 16 ans+
DVD VA→STF→5,95 $

HEAVEN'S GATE ▷4
É.-U. 1980. Western de Michael CIMINO avec Kris Kristofferson, Isabelle Huppert et Christopher Walken. - Un shérif du Wyoming prend parti pour des fermiers immigrants contre de riches éleveurs qui leur font la vie dure. □ 18 ans+
DVD Cadrage W→17,95 $

HEAVEN'S PRISONERS ▷4
É.-U. 1995. Drame policier de Phil JOANOU avec Alec Baldwin, Teri Hatcher et Eric Roberts. - En enquêtant sur l'écrasement d'un avion transportant des immigrants clandestins, un ex-policier devient la cible de mystérieux tueurs. □ 13 ans+ · Violence
DVD VF→Cadrage W→8,95 $

HEAVENLY CREATURES [Créatures célestes] ▷3
N.-Z. 1994. Drame psychologique de Peter JACKSON avec Melanie Lynskey, Kate Winslet et Sarah Peirse. - Menacées d'être séparées par leurs parents, deux amies adolescentes à l'imagination fertile envisagent un projet meurtrier. - Univers abordé sous un angle résolument original et troublant. Thème riche d'implications psychologiques. Moult détails fantaisistes. Illustration inventive et énergique. Interprétation fort prenante. □ 13 ans+
DVD Cadrage P&S→12,95 $ VF→STA→Cadrage W→12,95 $

HEAVENS ABOVE ▷5
ANG. 1963. Comédie satirique de John BOULTING avec Peter Sellers, Isabel Jeans et Eric Sykes. - Le nouveau pasteur d'une église anglicane provoque involontairement la pagaille chez ses fidèles.
DVD VA→Cadrage W→23,95 $

HEAVY ▷4
É.-U. 1995. Drame psychologique de James MANGOLD avec Pruitt Taylor Vince, Liv Tyler et Shelley Winters. - L'existence morne et triste du cuisinier d'un bar-restaurant est bouleversée par l'arrivée d'une nouvelle serveuse. □ Général

HEAVY METAL [Métal hurlant] ▷4
CAN. 1981. Dessins animés de Gerald POTTERTON. - Suite de sept petits films d'animation ayant pour thème la science-fiction et la fantaisie. □ 13 ans+
DVD Cadrage W→33,95 $

HEAVY METAL 2000 [Métal hurlant F.A.K.K. 2] ▷5
CAN. 2000. Dessins animés de Michael COLDEWEY et Michel LEMIRE. - Dans une lointaine galaxie, une guerrière affronte un tyran surhumain à la recherche d'un sérum d'immortalité. □ 13 ans+ · Violence
DVD Cadrage W→29,95 $

HEAVY PETTING ▷4
É.-U. 1989. Film de montage d'Obie BENZ et Josh WALETZKY avec David Byrne, Spalding Gray et Abbie Hoffman. - Des hommes et des femmes racontent leurs premières expériences sentimentales et sexuelles dans l'Amérique des années 1950. □ 13 ans+

HEAVY TRAFFIC **[Flipper City]** ▷4
É.-U. 1973. Dessins animés de Ralph BAKSHI. - Un jeune New-Yorkais désireux de connaître la gloire comme dessinateur connaît diverses mésaventures. □ 18 ans+
DVD VA➔STF➔12,95 $

HEBREW HAMMER, THE
É.-U. 2003. Jonathan KESSELMAN
DVD VA➔9,95 $

HECATE, MAITRESSE DE LA NUIT ▷5
FR. 1982. Drame de Daniel SCHMID avec Bernard Giraudeau, Lauren Hutton, Jean-Pierre Kalfon et Jean Bouise. - Au cours d'une réception à Berne en 1942, un ambassadeur se remémore l'étrange aventure sentimentale qu'il a vécue alors qu'il était jeune diplomate.

HECTOR ▷4
BEL. 1987. Comédie de mœurs de Stijn CONINX avec Urbanus, Sylvia Millecam et Frank Aendenboom. - Un innocent de trente ans qui a toujours vécu dans un orphelinat est invité à venir demeurer chez des parents pour travailler dans leur boulangerie. □ Général

HEDWIG AND THE ANGRY INCH ▷3
É.-U. 2000. Drame musical réalisé et interprété par John Cameron MITCHELL avec Andrea Martin et Michael Pitt. - En quête d'amour et de gloire, une chanteuse transsexuelle relate sa vie au cours d'une tournée de spectacles. - Adaptation très réussie d'une pièce à succès. Humour mordant. Mélodies accrocheuses. Traitement coloré et extravagant. Interprétation brillante de J.C. Mitchell.
□ 13 ans+
DVD VF➔STA➔Cadrage W➔34,95 $

HEIDI - LE SENTIER DU COURAGE
voir **Courage mountain**

HEIDI ▷4
É.-U. 1937. Comédie dramatique d'Allan DWAN avec Shirley Temple, Jean Hersholt et Mady Christians. - Une charmante orpheline apprivoise un grand-père misanthrope et contribue à la guérison d'une fillette invalide. □ Général

HEIDI ▷4
É.-U. 1993. Comédie dramatique de M. RHODES avec Noley Thornton, Jason Robards et Jane Seymour. - Une petite orpheline apprivoise un grand-père bourru et contribue à la guérison d'une jeune invalide.
DVD VA➔19,95 $

HEIGHT OF THE SKY, THE
É.-U. 1999. Lyn CLINTON
DVD VA➔26,95 $

HEIGHTS ▷5
É.-U. 2004. Drame de mœurs de Chris TERRIO avec Elizabeth Banks, Glenn Close et James Marsden. - À New York, en 24 heures, les destins entrecroisés de cinq personnes qui seront amenées à prendre de grandes décisions sur leur avenir. □ Général
DVD VA➔STF➔Cadrage W➔23,95 $

HEIRESS, THE **[Héritière, L']** ▷3
É.-U. 1949. Drame psychologique de William WYLER avec Olivia de Havilland, Montgomery Clift et Ralph Richardson. - Une jeune fille timide et peu jolie est courtisée par un coureur de dot. - Adaptation d'un roman de Henry James. Mise en scène intelligemment discrète et efficace. Étude psychologique précise. Interprétation remarquable.
□ Non classé

HEIRLOOM **[Zhaibian]**
TAÏ. 2005. Leste CHEN
DVD STA➔Cadrage W➔26,95 $

HEIST **[Vol, Le]** ▷4
É.-U. 2001. Thriller de David MAMET avec Gene Hackman, Danny DeVito et Delroy Lindo. - Une équipe de cambrioleurs met au point un vol audacieux de lingots d'or dans un aéroport. □ 13 ans+
DVD VF➔STF➔Cadrage W➔16,95 $ VF➔16,95 $

HÉLAS POUR MOI **[Oh Woe Is me]** ▷4
FR. 1992. Drame poétique de Jean-Luc GODARD avec Gérard Depardieu, Laurence Masliah et Bernard Verley. - Un éditeur entreprend une enquête sur le cas d'une femme à qui Dieu aurait rendu visite en prenant l'apparence de son époux.

HELEN MORGAN STORY, THE ▷5
É.-U. 1957. Drame biographique de Michael CURTIZ avec Ann Blyth, Paul Newman et Richard Carlson. - La vie d'une chanteuse célèbre dans les clubs de nuit des années 30. □ Général

HELEN OF TROY ▷4
É.-U. 1955. Drame épique de Robert WISE avec Rossana Podesta, Jacques Sernas et Cedric Hardwicke. - Sous prétexte de délivrer la femme d'un roi, les Grecs entrent en guerre contre Troie. □ Général
DVD VF➔STF➔Cadrage W➔21,95 $

HELL BENT **[Glisser vers l'enfer]** ▷4
CAN. 1994. Drame social de John KOZAK avec Danial Sprintz, Kevin Doerksen et Alison Northcott. - Trois jeunes délinquants à la recherche de sensations fortes saccagent la demeure de deux vieillards avant de les tuer. □ 16 ans+ · Violence

HELL IN THE PACIFIC ▷4
É.-U. 1968. Drame de guerre de John BOORMAN avec Lee Marvin et Toshiro Mifune. - Un pilote américain et un officier japonais s'affrontent seuls dans une île du Pacifique. □ Général
DVD VA➔STA➔Cadrage W➔19,95 $

HELL IS A CITY ▷4
ANG. 1960. Drame policier de Val GUEST avec Stanley Baker, John Crawford et Maxine Audley. - Un inspecteur de police se met à la poursuite d'un dangereux criminel qui s'est évadé de prison.
DVD VA➔Cadrage W➔23,95 $

HELL IS FOR HEROES ▷4
É.-U. 1962. Drame de guerre de Don SIEGEL avec Steve McQueen, Fess Parker et Nick Adams. - Un groupe de soldats reçoit la mission de déloger les Allemands d'un blockhaus de la ligne Siegfried.
DVD VF➔STA➔Cadrage W➔10,95 $
VA➔STA➔Cadrage W➔9,95 $

HELL'S ANGELS
É.-U. 1930. Howard HUGHES □ Général
DVD VA➔18,95 $

HELL'S ANGELS ON WHEELS ▷5
É.-U. 1967. Drame social de Richard RUSH avec Adam Roarke, Jack Nicholson et Sabina Scharf. - Un employé de station-service se joint à une bande de motards et connaît des expériences violentes.
□ 13 ans+
DVD VA➔Cadrage 16X9➔29,95 $

HELL'S HIGHWAY: THE TRUE STORY OF HIGHWAY SAFETY FILMS
É.-U. 2003. Bret WOOD
DVD VA➔23,95 $

HELLBOUND: HELLRAISER II ▷5
ANG. 1988. Drame d'horreur de Tony RANDEL avec Ashley Laurence, Clare Higgins et Kenneth Cranham. - Traumatisée par le massacre de ses parents perpétré par des êtres venus d'une autre dimension, une adolescente consulte un psychiatre amateur de sciences ésotériques. □ 18 ans+
DVD VA➔Cadrage W➔15,95 $

HELLBOY ▷4
É.-U. 2004. Drame fantastique de Guillermo DEL TORO avec Ron Perlman, John Hurt et Selma Blair. - Un colosse à la peau rouge doté d'une force surhumaine lutte contre un être machiavélique qui veut anéantir l'humanité. □ 13 ans+
DVD VA➔23,95 $ VA➔39,95 $

HELLÉ ▷5
FR. 1972. Drame psychologique de Roger VADIM avec Gwen Welles, Didier Haudepin et Maria Mauban. - Pendant ses vacances en Savoie, un étudiant est attiré par une sauvageonne sourde-muette.

HELLER IN PINK TIGHTS ▷3
É.-U. 1960. Western de George CUKOR avec Anthony Quinn, Sophia Loren et Steve Forrest. - Les aventures d'une troupe de théâtre en tournée dans l'Ouest. - Sujet original. Mise en scène de classe. Humour constant. Interprétation vivante. □ Général
DVD VA→STA→Cadrage W→10,95 $

HELLO, DOLLY! ▷4
É.-U. 1969. Comédie musicale de Gene KELLY avec Walter Matthau, Barbra Streisand et Michael Crawford. - Une veuve affriolante se met en frais de conquérir un riche marchand. □ Général
DVD VF→14,95 $

HELLRAISER ▷4
ANG. 1986. Drame d'horreur de Clive BARKER avec Claire Higgins, Andrew Robinson et Ashley Laurence. - Un amateur de sensations fortes disparaît après avoir pénétré un univers parallèle par l'entremise d'une boîte magique. □ 13 ans+
DVD VA→Cadrage P&S/W→15,95 $

HELLRAISER V: INFERNO
É.-U. 2000. Scott DERRICKSON
DVD VA→Cadrage W→19,95 $

HELP! ▷3
ANG. 1965. Comédie musicale de Richard LESTER avec Ringo Starr, John Lennon, Paul McCartney et George Harrison. - Le batteur des Beatles porte une bague qui le désigne comme sacrifice humain d'une secte hindoue. - Sujet délirant. Style comique inventif. Mouvement soutenu. Interprétation loufoque. □ Général

HELP! I'M A FISH *voir* **Gloups! Je suis un poisson**

HELSINKI NAPOLI [Helsinki, toute la nuit, Napoli] ▷4
FIN. 1987. Comédie policière de Mika KAURISMÄKI avec Kari Vaananen, Roberta Manfredi et Samuel Fuller. - À Berlin, un chauffeur de taxi est engagé dans une folle aventure après s'être retrouvé avec deux cadavres de truands sur les bras. □ Général

HENRY & JUNE ▷4
É.-U. 1990. Drame biographique de Philip KAUFMAN avec Maria de Medeiros, Fred Ward et Uma Thurman. - Évocation des rapports idéologiques et charnels d'Anaïs Nin avec l'écrivain américain Henry Miller et sa femme June au début des années 1930. □ 18 ans+
DVD VF→Cadrage W→10,95 $

HENRY FOOL ▷4
É.-U. 1997. Comédie satirique de Hal HARTLEY avec Thomas Jay Ryan, James Urbaniak et Parker Posey. - Un éboueur placide voit sa vie profondément bouleversée par la rencontre d'un être énigmatique qui l'incite à devenir poète. □ 16 ans+

HENRY V ▶2
ANG. 1945. Drame historique réalisé et interprété par Laurence OLIVIER avec Robert Newton et Leslie Banks. - Évocation de la campagne entreprise par le roi d'Angleterre Henri V pour appuyer ses prétentions à la couronne de France. - Adaptation puissante de l'œuvre de Shakespeare. Décors stylisés. Maquillages prononcés. Couleurs d'un merveilleux pastel. Interprétation remarquable. □ Général
DVD 62,95 $

HENRY V ▶2
ANG. 1989. Drame historique réalisé et interprété par Kenneth BRANAGH avec Derek Jacobi et Paul Scofield. - Évocation de la campagne militaire entreprise par le roi d'Angleterre Henri V pour appuyer ses prétentions à la couronne de France. - Traitement plus réaliste que stylisé de la pièce de Shakespeare. Accent mis sur les aspects sombres du texte original. Rudesse de l'époque bien rendue. Interprétation solide. □ Général

HENRY VIII ▷4
ANG. 2003. Drame historique de Pete TRAVIS avec Ray Winstone, Helena Bonham Carter et David Suchet. - Intrigues et tourments à la cour d'Angleterre alors que le roi Henry VIII conspire afin de donner son trône à un héritier mâle.
DVD VA→32,95 $

HENRY: PORTRAIT OF A SERIAL KILLER ▷5
[Henry, portrait d'un tueur]
É.-U. 1986. Drame de John McNAUGHTON avec Michael Rooker, Tom Towles, Elizabeth Kaden et Tracy Arnold. - Ayant quitté son mari, une jeune femme va vivre avec son frère, dont le colocataire est un ex-détenu qui se révèle être un meurtrier psychopathe. □ 16 ans+ ·Violence
DVD VA→26,95 $

HERBES FLOTTANTES [Floating Weeds] ▷3
JAP. 1959. Drame de mœurs de Yasujiro OZU avec Haruko Sugimura, Ganjiro Nakamura et Hiroshi Kawaguchi. - Un acteur ambulant contrarie sa maîtresse en tentant de renouer avec son fils illégitime, qui ignore sa véritable identité. - Remake d'un film de 1934 du même auteur. Étude de mœurs attentive et discrète. Excellents interprètes. □ Général

HERBIE: FULLY LOADED ▷5
[Coccinelle, La: tout équipée]
É.-U. 2005. Comédie fantaisiste d'Angela ROBINSON avec Lindsay Lohan, Justin Long et Matt Dillon. - Une Volkswagen dotée d'une vie propre entraîne sa nouvelle propriétaire à défier un champion de course automobile. □ Général
DVD VF→Cadrage W→36,95 $

HERBIE RIDES AGAIN ▷5
[Nouvel amour de coccinelle, Le]
É.-U. 1974. Comédie fantaisiste de Robert STEVENSON avec Keenan Wynn, Helen Hayes et Ken Berry. - Une automobile dotée de pouvoirs extraordinaires défend sa propriétaire contre les manœuvres d'un entrepreneur. □ Général
DVD VA→Cadrage W/16X9→19,95 $

HERCULE CONTRE LES VAMPIRES ▷5
ITA. 1962. Aventures de Mario BAVA avec Reg Park, Giorgio Ardisson et Christopher Lee. - Hercule descend aux enfers pour s'emparer d'une pierre merveilleuse qui pourra guérir sa fiancée atteinte d'un mal mystérieux. □ Général

HERCULES ▷4
É.-U. 1997. Dessins animés de John MUSKER et Ron CLEMENTS. - Ayant grandi sur Terre parmi les humains, le demi-dieu Hercule tente de prouver à son père Zeus qu'il est un vrai héros. □ Général
DVD Cadrage W→28,95 $

HERD, THE ▷4
CAN. 1998. Aventures de Peter LYNCH avec David Hemblen, Colm Feore et Mark McKinney. - Dans les années 1930, un aventurier est engagé par le gouvernement canadien pour guider 3000 rennes sur une distance de 1550 kilomètres.

HERE COMES MR. JORDAN ▷3
É.-U. 1941. Comédie fantaisiste d'Alexander HALL avec Claude Rains, Robert Montgomery et Rita Johnson. - Un boxeur mort prématurément dans un accident d'avion revit dans le corps d'un autre homme. - Scénario original et bien construit. Réalisation habile et pleine d'humour. Interprétation alerte. □ Général

HERE COMES THE GROOM ▷4
É.-U. 1951. Comédie de Frank CAPRA avec Bing Crosby, Jane Wyman et Alexis Smith. - Pour adopter deux orphelins, un journaliste doit se marier dans les cinq jours. □ Général

HÉRITAGE, L' ▷4
ITA. 1976. Drame de mœurs de Mauro BOLOGNINI avec Dominique Sanda, Anthony Quinn et Fabio Testi. - À la fin du XIXe siècle, les astuces d'une jeune femme ambitieuse pour acquérir la fortune de son beau-père. □ Général

HÉRITIÈRE, L' *voir* **Heiress, The**

HÉRITIERS, LES [Inheritors, The] ▷4
AUT. 1999. Drame social de Stefan RUZOWITZKY avec Simon Schwarz, Sophie Rois et Lars Rudolph. - Dans l'Autriche des années 1930, sept ouvriers héritent de la ferme de leur maître, au grand dam des riches propriétaires environnants.

HERO ▷4
É.-U. 1992. Comédie dramatique de Stephen FREARS avec Dustin Hoffman, Geena Davis et Andy Garcia. - Un vagabond se fait passer pour l'auteur d'un sauvetage héroïque qui a été accompli en réalité par un petit escroc désabusé et cynique. □ Général
DVD Cadrage W→10,95 $

HERO [Héros] ►2
CHI. 2002. Drame épique de Zhang YIMOU avec Jet Li, Tony Leung Chiu-wai et Maggie Cheung. - Vers 220 avant J.-C., un guerrier raconte au roi de Qin comment il a empêché trois assassins notoires d'attenter à sa vie. - Récit fascinant et riche en rebondissements, inspiré de légendes chinoises. Propos empreint de romantisme. Traitement lyrique servi par des images d'une sidérante beauté. Interprétation de premier ordre.
DVD VF→STA→Cadrage W/16X9→23,95 $

HEROES [Héros, Le] ▷5
É.-U. 1977. Comédie dramatique de Jeremy Paul KAGAN avec Henry Winkler, Sally Field et Harrison Ford. - Un vétéran soigné dans une clinique psychiatrique s'enfuit vers l'Ouest et fait la rencontre d'une jeune fille sympathique. □ Général

HEROES OF TELEMARK, THE ▷4
ANG. 1965. Drame de guerre de Anthony MANN avec Kirk Douglas, Richard Harris et Ulla Jacobsson. - Des commandos norvégiens sabotent une usine travaillant pour les nazis. □ Général

HEROIN BUSTERS
ITA. 1977. Enzo G. CASTELLARI
DVD VA→Cadrage W→27,95 $

HÉROS COMME TANT D'AUTRES, UN *voir* **In Country**

HÉROS DU DIMANCHE, LES *voir* **Any Given Sunday**

HÉROS TRÈS DISCRET, UN ►2
FR. 1996. Drame de mœurs de Jacques AUDIARD avec Mathieu Kassovitz, Anouk Grinberg et Sandrine Kiberlain. - Après la guerre 1939-1945, un jeune Français s'invente un passé de résistant et réussit à devenir un officier réputé au sein de l'armée. - Récit complexe d'une grande richesse. Réalisation inventive et dépouillée. Montage elliptique raffiné. Intermèdes pseudo-documentaires amusants. Jeu nuancé et subtil de M. Kassovitz. □ Général

HESTER STREET ▷3
É.-U. 1975. Étude de mœurs de Joan Micklin SILVER avec Steven Keats, Carol Kane et Mel Howard. - Au début du siècle, un couple d'immigrants juifs à New York éprouve des difficultés d'adaptation. - Scénario riche en notations psychologiques finement observées. Évocation captivante de milieu. Interprétation convaincante.
□ Général

HEURE DES SORTILÈGES, L' ▷4
ESP. 1985. Comédie fantaisiste de Jaime DE ARMINAN avec Concha Velasco, Francisco Rabal et Victoria Abril. - Un saltimbanque et sa compagne font la rencontre d'une jeune fille dotée d'étranges pouvoirs.

HEURE DU LOUP, L' ►2
SUÉ. 1967. Drame psychologique de Ingmar BERGMAN avec Max Von Sydow, Liv Ullmann et Erland Josephson. - Réfugié avec sa femme dans une île quasi déserte, un peintre sombre peu à peu dans la folie. - Oscillation continuelle entre le réel et l'imaginaire. Thèmes habituels à l'auteur abordés de façon magistrale. Ensemble ambigu mais fascinant. Interprétation de grande classe.
□ 18 ans+
DVD STF→Cadrage W→31,95 $

HEURE LIMITE *voir* **Rush Hour**

HEURES PRÉCIEUSES, LES ▷3
QUÉ. 1989. Drame social de Marie LABERGE et Mireille GOULET avec Denise Gagnon, Raymond Bouchard et Martin Drainville. - Les expériences d'une bénévole dans une clinique où l'on accueille des malades en phase terminale. - Téléfilm à l'approche sensible et délicate d'un thème douloureux. □ Général

HEURES, LES *voir* **Hours, The**

HEUREUX HASARD *voir* **Serendipity**

HEY BABU RIBA [Miriana] ▷4
YOU. 1986. Comédie dramatique de Jovan ACIN avec Milan Strljic, Gala Videnovic et Dragan Bjelogrlic. - À la mort d'une amie, quatre Yougoslaves vivant à l'étranger se réunissent et se remémorent leurs relations mi-amoureuses, mi-amicales avec celle-ci. □ Général
DVD STA→11,95 $

HEY, HAPPY ! ▷4
CAN. 2001. Comédie de mœurs de Noam GONICK avec Jeremie Yuen, Craig Aftanas et Clayton Godson. - À Winnipeg, un DJ qui veut coucher avec son 2000e amant avant une inondation majeure voit ses plans contrecarrés par un coiffeur diabolique.
DVD VA→28,95 $

HI, MOM ! ▷4
É.-U. 1970. Comédie satirique de Brian De PALMA avec Robert De Niro, Charles Durnham et Allen Garfield. - Un cinéaste new-yorkais sème la pagaille lorsqu'il filme à leur insu la vie quotidienne de ses voisins.
DVD VA→12,95 $

HI-LO COUNTRY, THE ▷4
É.-U. 1998. Western de Stephen FREARS avec Woody Harrelson, Billy Crudup et Patricia Arquette. - Après la Seconde Guerre mondiale, au Nouveau-Mexique, deux cow-boys mettent leur amitié en péril pour l'amour d'une femme.
DVD VA→STF→Cadrage W→PC

HIBERNATUS ▷4
FR. 1969. Comédie d'Édouard MOLINARO avec Louis de Funès, Claude Gensac et Bernard Alane. - Les tribulations d'un industriel obligé d'héberger un homme trouvé en état d'hibernation.
□ Général

HIDALGO ▷4
É.-U. 2004. Aventures de Joe JOHNSTON avec Viggo Mortensen, Omar Sharif et Zuleikha Robinson. - En 1890, un cheik invite un cow-boy américain à participer à une course de chevaux à travers le désert arabe. □ Général · Déconseillé aux jeunes enfants
DVD VA→STF→Cadrage W→19,95 $

HIDDEN *voir* **Caché**

HIDDEN, THE ▷4
É.-U. 1987. Drame fantastique de Jack SHOLDER avec Michael Nouri, Kyle MacLachlan et Katherine Cannon. - Aidé par un curieux agent du FBI, un détective lutte contre une créature extraterrestre qui pousse à la violence les humains dans lesquels elle se glisse.
□ 13 ans+
DVD Cadrage W→21,95 $

HIDDEN AGENDA [Secret-défense] ▷4
ANG. 1990. Drame politique de Ken LOACH avec Brian Cox, Frances McDormand et Brad Dourif. - Un policier cherche à éclaircir les circonstances ayant mené à l'assassinat d'un avocat américain par des soldats en Irlande du Nord. □ Général
DVD VA→STA→Cadrage W→12,95 $

HIDDEN FORTRESS *voir* **Forteresse cachée, La**

HIDDEN HALF, THE
IRAN 2001. Tahmineh MILANI
DVD STA→37,95 $

HIDE AND SEEK [Cache-cache] ▷5
É.-U. 2005. Thriller de John POLSON avec Robert De Niro, Dakota Fanning et Famke Janssen. - Après la mort tragique de sa femme, un veuf et sa fillette s'installent dans une grande maison à la campagne où ils vivent d'inquiétantes expériences. □ 13 ans+ · Violence
DVD VF→STA→Cadrage W→34,95 $

HIDE IN PLAIN SIGHT [Disparition commandée] ▷4
É.-U. 1980. Drame social réalisé et interprété par James CAAN avec Jill Eikenberry et Robert Viharo. - Un ouvrier divorcé cherche à retrouver ses enfants disparus avec leur mère. □ Général

HIDEOUS KINKY [Marrakech Express] ▷4
ANG. 1998. Drame de mœurs de Gillies MacKINNON avec Kate Winslet, Saïd Taghmaoui et Bella Riza. - Au début des années 70, une jeune Anglaise s'établit à Marrakech avec ses deux filles dans l'espoir d'y trouver la paix intérieure. □ Général

HIDING & SEEKING
É.-U. 2004. Menachem DAUM et Oren RUDAVSKY
DVD VA→33,95 $

HIER, AUJOURD'HUI ET DEMAIN
voir **Yesterday, Today and Tomorrow**

HIER, AUJOURD'HUI ET POUR TOUJOURS
voir **For the Boys**

HIGH AND LOW *voir* **Entre le ciel et l'enfer**

HIGH ANXIETY ▷4
É.-U. 1977. Comédie policière réalisée et interprétée par Mel BROOKS avec Madeline Kahn et Cloris Leachman. - Le nouveau directeur d'un institut psychiatrique est aux prises avec des collègues qui séquestrent des patients. □ Général

HIGH ART [Art interdit, L'] ▷4
É.-U. 1998. Drame psychologique de Lisa CHOLODENKO avec Ally Sheedy, Radha Mitchell et Patricia Clarkson. - Une jeune adjointe à la rédaction d'un magazine d'art est subjuguée par une photographe lesbienne au mode de vie décadent. □ 13 ans+
DVD VA→16,95 $

HIGH COMMISSIONER, THE ▷5
ANG. 1968. Drame policier de Ralph THOMAS avec Rod Taylor, Christopher Plummer et Lilli Palmer. - Un policier australien se rend en Angleterre pour y arrêter le haut commissaire de son pays impliqué dans une affaire de meurtre.
DVD VA→12,95 $

HIGH CRIMES [Crimes et pouvoir] ▷5
É.-U. 2002. Thriller de Carl FRANKLIN avec Ashley Judd, Morgan Freeman et Jim Caviezel. - Une jeune procureuse obtient l'aide d'un ex-avocat militaire disgracié pour défendre son mari accusé de crimes de guerre. □ 13 ans+
DVD VA→14,95 $ VF→STA→Cadrage W→14,95 $

HIGH FIDELITY [Haute fidélité] ▷4
É.-U. 2000. Comédie sentimentale de Stephen FREARS avec John Cusack, Iben Hjejle et Jack Black. - Atterré par le départ de sa petite amie, un disquaire retrouve ses quatre plus grandes peines d'amour afin de savoir pourquoi ces femmes l'ont rejeté. □ 13 ans+
DVD Cadrage W→14,95 $

HIGH HEELS *voir* **Talons aiguilles**

HIGH HEELS AND LOW LIFES ▷4
ANG. 2001. Comédie policière de Mel SMITH avec Minnie Driver, Mary McCormack et Kevin McNally. - À Londres, une infirmière et une actrice américaine délurée font chanter des gangsters qui viennent de voler une banque.
DVD VA→STF→PC

HIGH HOPES ▷4
ANG. 1988. Comédie satirique de Mike LEIGH avec Philip Davis, Ruth Sheen et Edna Doré. - Un ancien contestataire, qui poursuit une existence de marginal avec sa compagne, connaît divers ennuis avec sa famille. □ Général

HIGH NOON [Train sifflera trois fois, Le] ▶1
É.-U. 1952. Western de Fred ZINNEMANN avec Gary Cooper, Grace Kelly et Thomas Mitchell. - Le shérif d'une petite ville de l'Ouest doit affronter seul un bandit qui revient se venger avec des complices. - Classique incontournable du western. Structure narrative novatrice. Réalisation d'une maîtrise absolue. Tension soutenue avec art. Interprétation solide. □ Général

HIGH PLAINS DRIFTER ▷4
[Homme des hautes plaines, L']
É.-U. 1973. Western réalisé et interprété par Clint EASTWOOD avec Walter Barnes et Verna Bloom. - Un inconnu consent à assumer la protection d'un village mais impose aux habitants d'étranges conditions. □ 13 ans+
DVD VF→STA→Cadrage W→16,95 $

HIGH RISK
H.K. 1995. Jing WONG □ 13 ans+ · Violence
DVD Cadrage W→69,95 $ STA→Cadrage W→69,95 $

HIGH SEASON
É.-U. 1987. Clare PEPLOE
DVD VA→STF→Cadrage W→11,95 $

HIGH SIERRA ▷4
É.-U. 1941. Drame policier de Raoul WALSH avec Humphrey Bogart, Ida Lupino et Joan Leslie. - Un homme est sorti de prison par un ami pour diriger un vol de bijoux. □ Général
DVD VA→STF→21,95 $

HIGH SOCIETY ▷4
É.-U. 1955. Comédie musicale de Charles WALTERS avec Bing Crosby, Frank Sinatra et Grace Kelly. - Venu faire un reportage sur le second mariage d'une riche jeune femme, un journaliste est témoin de curieuses intrigues. □ Général
DVD VF→STF→21,95 $

HIGH SPIRITS [Fantômes sont cinglés, Les] ▷4
ANG. 1988. Comédie fantaisiste de Neil JORDAN avec Steve Guttenberg, Peter O'Toole, Beverly D'Angelo et Daryl Hannah. - Dans l'espoir d'appâter des clients, un châtelain annonce que sa vieille résidence qu'il a transformée en hôtel est hantée. □ 13 ans+
DVD VA→STF→Cadrage P&S/W→12,95 $

HIGH TENSION *voir* **Haute tension**

HIGH WIND IN JAMAICA ▷4
É.-U. 1965. Aventures d'Alexander MACKENDRICK avec Anthony Quinn, Deborah Baxter, Nigel Davenport et James Coburn. - Des enfants échouent sur un bateau pirate et gagnent l'amitié du capitaine.
DVD VF→STA→Cadrage W→13,95 $

HIGHER LEARNING ▷5
É.-U. 1994. Drame social de John SINGLETON avec Kristy Swanson, Omar Epps et Michael Rapaport. - La vie sur un campus universitaire californien vue à travers les expériences de trois étudiants. □ 13 ans+
DVD VF→STF→Cadrage W→18,95 $

HIGHWAY 61 [Autoroute 61] ▷5
CAN. 1991. Comédie dramatique de Bruce McDONALD avec Don McKellar, Valerie Buhagiar et Earl Pastko. - Un jeune barbier un peu naïf conduit à La Nouvelle-Orléans une vagabonde en fuite qui transporte de la drogue volée. □ 13 ans+

HIGHWAY PATROLMAN
MEX. 1992. Alex COX □ 13 ans+

HIGHWAYMEN [Pourchassé]
CAN. 2003. Robert HARMON
DVD VA→18,95 $

HILARY AND JACKIE ▷4
ANG. 1998. Drame biographique d'Anand TUCKER avec Emily Watson, Rachel Griffiths et David Morrissey. - Évocation de la vie de la violoncelliste Jacqueline du Pré et de ses relations tendues avec sa sœur. □ Général

HILL, THE ▷3
ANG. 1965. Drame de Sidney LUMET avec Sean Connery, Harry Andrews et Ian Hendry. - Dans un camp disciplinaire de l'armée, un sous-officier s'acharne sur de nouveaux arrivants. - Grande tension dramatique. Mise en scène vigoureuse. Interprétation solide. □ Général

HILL HALFON DOESN'T ANSWER
ISR. 1975. Assi DAYAN
DVD VA→31,95 $

HILLS HAVE EYES, THE ▷4
É.-U. 2005. Drame d'horreur d'Alexandre AJA avec Aaron Stanford, Ted Levine et Kathleen Quinlan. - Des vacanciers en panne dans le désert du Nouveau-Mexique sont brutalement attaqués par des cannibales aux membres difformes. □ 16 ans+ · Horreur · Violence
DVD VF➔STA➔Cadrage W➔36,95 $

HILLSIDE STRANGLER
É.-U. 2004. Chuck PARELLO
DVD VA➔Cadrage W➔16,95 $ VA➔Cadrage W➔16,95 $

HIMALAYA, L'ENFANCE D'UN CHEF ▷4
FR. 1999. Aventures d'Eric VALLI avec Thilen Lhondup, Lhakpa Tsamchoe et Gurgon Kyap. - Au cœur de l'Himalaya, un ancien chef tibétain prend les commandes d'une caravane de sel à la place de son fils décédé. □ Général
DVD VF➔STA➔Cadrage W➔17,95 $

HIMATSURI ▷4
JAP. 1984. Drame social de Mitsuo YANAGIMACHI avec Kinya Kitaoji, Kiwako Taichi et Ryota Nakamoto. - Dans une région où règne une sourde hostilité entre pêcheurs et bûcherons, un quadragénaire vit en marge, portant à la montagne un amour sacré. □ 13 ans+

HINDENBURG, THE ▷4
É.-U. 1975. Drame de Robert WISE avec George C. Scott, William Atherton et Anne Bancroft. - Les circonstances entourant l'explosion d'un dirigeable allemand à New York en 1937. □ Général
DVD VA➔STF➔Cadrage W➔10,95 $

HINDLE WAKES
ANG. 1927. Maurice ELVEY
DVD 31,95 $

HIRONDELLE A FAIT LE PRINTEMPS, UNE ▷4
FR. 2001. Chronique de Christian CARION avec Mathilde Seigner, Michel Serrault et Jean-Paul Roussillon. - Un vieux veuf bougon vend sa ferme du Vercors à une jeune Parisienne, à la condition de pouvoir continuer à habiter la maison pendant les 18 prochains mois. □ Général
DVD VF➔Cadrage W➔17,95 $

HIROSHIMA, MON AMOUR ▶1
FR. 1958. Drame psychologique d'Alain RESNAIS avec Eiji Okada et Emmanuelle Riva. - Réunis par une liaison amoureuse, une Française et un Japonais évoquent un passé douloureux. - Esthétique exceptionnelle. Style méditatif. Images soignées. Dialogue remarquable. Interprétation de classe. □ 13 ans+
DVD VF➔21,95 $ VF➔STA➔62,95 $

HIS BROTHER *voir* **Son frère**

HIS GIRL FRIDAY [Femme du vendredi, La] ▶2
É.-U. 1939. Comédie de Howard HAWKS avec Cary Grant, Rosalind Russell et Ralph Bellamy. - Un directeur de journal cherche à se réconcilier avec son ex-femme qui est sa meilleure rédactrice. - Classique de l'âge d'or du cinéma américain. Situations traitées sur un ton alerte. Dialogue pétillant. Fine interprétation. □ Général
DVD VA➔STF➔32,95 $ VA➔4,95 $

HIS SECRET LIFE *voir* **Tableau de famille**

HISTOIRE D'ADÈLE H., L' [Story of Adele H., The] ▶2
FR. 1975. Drame psychologique de François TRUFFAUT avec Isabelle Adjani, Bruce Robinson et Sylvia Marriott. - S'étant éprise d'un officier anglais qui la repousse, la seconde fille de Victor Hugo sombre dans le déséquilibre. - Traitement sobre d'un cas authentique. Une certaine distanciation. Aspects psychologiques intelligemment évoqués. Excellente interprétation de I. Adjani. □ Général

HISTOIRE D'AIMER [Histoire d'aimer] ▷4
ITA. 1975. Comédie de mœurs de M. FONDATO avec Monica Vitti, Claudia Cardinale et Giancarlo Giannini. - La femme d'un ingénieur siège sur un jury et s'intéresse au sort de la prévenue. □ Général

HISTOIRE D'AMOUR *voir* **Love Affair**

HISTOIRE D'AMOUR, UNE *voir* **Love Story**

HISTOIRE D'O [Story of O] ▷5
FR. 1975. Drame érotique de Just JAECKIN avec Corinne Cléry, Udo Kier et Anthony Steel. - Pour plaire à son amant, une jeune photographe accepte de se soumettre à une curieuse forme d'initiation érotique dans un château. □ 18 ans+
DVD VA➔24,95 $

HISTOIRE D'UN PÉCHÉ ▷4
POL. 1975. Drame de mœurs de Walerian BOROWCZYK avec Jerzy Zelnik, Grazyna Dlugolecka et Olgierd Lukaszewicz. - Une Polonaise qui veut rejoindre son amant à Rome devient le jouet d'un aventurier. □ 13 ans+

HISTOIRE DE BUDDY HOLLY, L'
voir **Buddy Holly Story, The**

HISTOIRE DE FAMILLE ▷5
QUÉ. 2005. Chronique de Michel POULETTE avec Danielle Proulx, Luc Proulx et Catherine Allard. - Une jeune femme interroge un pianiste ayant écrit un roman visiblement inspiré des événements qui ont marqué sa famille dans les années 1960 et 70. □ 13 ans+
DVD VF➔Cadrage W➔31,95 $

HISTOIRE DE FAMILLE, UNE *voir* **Family Thing, A**

HISTOIRE DE JOHNNY, L' *voir* **Naked**

HISTOIRE DE JOUETS *voir* **Toy Story**

HISTOIRE DE MARIE ET JULIEN
[Story of Marie and Julien, The]
FR. 2003. Jacques RIVETTE
DVD VF➔STA➔29,95 $

HISTOIRE DE MON PÈRE, L' *voir* **This Is My Father**

HISTOIRE DE PEN ▷5
QUÉ. 2002. Drame de Michel JETTÉ avec Emmanuel Auger, Karyne Lemieux et David Boutin. - Les dures expériences d'un jeune criminel qui purge une peine de dix ans dans une prison à sécurité maximum. □ 13 ans+ · Langage vulgaire - Violence
DVD VF➔32,95 $

HISTOIRE DE PIERRA, L' ▷4
ITA. 1983. Drame de mœurs de Marco FERRERI avec Hanna Schygulla, Isabelle Huppert et Marcello Mastroianni. - Les curieuses relations d'une jeune femme avec son père communiste et sa mère libertaire. □ 18 ans+

HISTOIRE DE QIU JU, L' ▷3
CHI. 1992. Comédie dramatique de Yimou ZHANG avec Gong Li, Lei Lao Sheng et Liu Pei Qi. - Une jeune femme enceinte multiplie les recours en justice afin d'obtenir réparation de la part du chef du village qui a blessé son mari. - Peinture ironique et subtile. Satire des travers de la bureaucratie. Ensemble teinté d'un bel humanisme. Illustration simple mais spontanée. Interprètes de talent. □ Général

HISTOIRE DE RUTH, L' *voir* **Story of Ruth, The**

HISTOIRE DE SIN CITY, UNE *voir* **Sin City**

HISTOIRE DE SOLDAT, UNE
voir **Soldier's Story, A**

HISTOIRE DE VENT, UNE ▷4
FR. 1988. Film d'essai de Joris IVENS et Marceline LORIDAN avec Joris Ivens, Liu Guilian et Liu Zhuang. - Un vieil homme retourne en Chine afin de capter et de filmer le vent. □ Général

HISTOIRE DE VIOLENCE, UNE
voir **History of Violence, A**

HISTOIRE DU BRONX, UNE *voir* **Bronx Tale, A**

HISTOIRE INVENTÉE, UNE ▷4
QUÉ. 1990. Comédie dramatique d'André FORCIER avec Jean Lapointe, Louise Marleau et Charlotte Laurier. - Une femme aux multiples amants et sa fille, déçue par un amour récent, courtisent le même homme.

HISTOIRE OFFICIELLE, L' [Official Story, The] ▷3
ARG. 1985. Drame social de Luis PUENZO avec Norma Aleandro, Hector Alterio et Chela Ruiz. - En Argentine, une femme apprend que sa fille adoptive pourrait être l'enfant d'une dissidente morte en prison. - Traitement intelligent d'un problème contemporain. Structure narrative bien ménagée. Rythme assuré. Prises de vues éloquentes. Interprétation d'une conviction émouvante. □ Général
DVD Cadrage W→34,95 $

HISTOIRE SANS FIN, L'
voir **Neverending Story, The**

HISTOIRE SIMPLE, UNE ▷3
FR. 1978. Drame psychologique de Claude SAUTET avec Romy Schneider, Bruno Cremer et Arlette Bonnard. - Les circonstances amènent une femme séparée de son mari à reprendre contact avec lui. - Enchevêtrement de situations diverses. Mise en scène précise. Excellents interprètes. □ Général

HISTOIRE VRAIE, UNE *voir* **Straight Story, The**

HISTOIRES À MOURIR DEBOUT *voir* **Creepshow**

HISTOIRES À RACONTER *voir* **Storytelling**

HISTOIRES D'ÈVE *voir* **Book of Eve, The**

HISTOIRES D'HIVER ▷5
QUÉ. 1998. Chronique de François BOUVIER avec Joël Drapeau-Dalpé, Denis Bouchard et Diane Lavallée. - La vie d'un garçon qui, en 1966, rêve de rencontrer son idole, le joueur de hockey Henri Richard. □ Général

HISTOIRES DE CUISINE [Kitchen Stories] ▷3
NOR. 2003. Comédie dramatique de Bent HAMER avec Joachim Calmeyer, Tomas Norström et Bjorn Floberg. - Pour les besoins d'une étude scientifique, un observateur suédois posté dans la cuisine d'un célibataire norvégien consigne les faits et gestes de ce dernier. □ Général
DVD STF→21,95 $

HISTOIRES DE FANTÔMES CHINOIS ▷4
[Chinese Ghost Story, A]
CHI. 1987. Drame fantastique de Ching Siu TUNG avec Leslie Cheung, Wong Tsu Hsien et Wo Ma. - Un jeune collecteur d'impôts naïf s'éprend d'une belle fantôme qu'un monstre contraint d'attirer les hommes qui lui serviront de pâture. □ 13 ans+
DVD STA→Cadrage W→22,95 $

HISTOIRES EXTRAORDINAIRES ▷4
[Spirits of the Dead]
FR. 1968. Drame fantastique de Roger VADIM, Federico FELLINI et Louis MALLE avec Jane Fonda, Alain Delon et Terence Stamp. - Trois contes fantastiques inspirés d'œuvres d'Edgar Allan Poe. □ 13 ans+
DVD VF→STA→Cadrage W→23,95 $

HISTORY OF VIOLENCE, A ▷3
É.-U. 2005. Thriller de David CRONENBERG avec Maria Bello, Viggo Mortensen et Ed Harris. - Après avoir tué deux dangereux voleurs, un restaurateur du Midwest voit sa paisible vie familiale chamboulée par la visite d'un gangster qui dit bien le connaître. - Récit à la fois subtil et fidèle aux conventions du genre. Réalisation d'une redoutable efficacité. Interprétation très solide. □ 16 ans+ · Violence
DVD VF→STA→Cadrage W→34,95 $

HIT ! ▷4
É.-U. 1973. Drame policier de Sidney J. FURIE avec Richard Pryor, Billy Dee Williams et Paul Hampton. - À la suite de la mort de sa fille, victime de la drogue, un agent fédéral s'en prend directement aux chefs du trafic des stupéfiants. □ Général

HIT, THE [Contrat, Le] ▷3
ANG. 1984. Drame policier de Stephen FREARS avec John Hurt, Terence Stamp et Laura Del Sol. - Un mouchard réfugié en Espagne est enlevé par deux tueurs à gages chargés de le conduire à Paris pour l'exécuter. - Approche originale de thèmes rebattus. Traitement sardonique. Psychologie surprenante. □ 13 ans+

HIT MAN FILE
THAÏ. 2005. Sanajit BANGSAPAN
DVD STA→Cadrage W/16X9→18,95 $

HIT ME
É.-U. 1996. Steven SHAINBERG
DVD VA→34,95 $

HIT THE DECK ▷5
É.-U. 1955. Comédie musicale de Roy ROWLAND avec Jane Powell, Tony Martin et Debbie Reynolds. - Avec l'aide de deux de ses camarades, un marin entreprend de défendre l'honneur de sa sœur courtisée par un homme marié. □ Général

HIT THE ICE ▷5
É.-U. 1943. Comédie de Charles LAMONT avec Bud Abbott, Lou Costello et Ginny Simms. - Les aventures de deux photographes ambulants qui ont surpris des voleurs à l'œuvre. □ Non classé

HITCH ▷4
É.-U. 2005. Comédie sentimentale d'Andy TENNANT avec Will Smith, Eva Mendes et Kevin James. - Alors qu'il conseille un client gaffeur, un consultant en séduction masculine tombe lui-même amoureux d'une journaliste effarouchée. □ Général
DVD VF→STA→Cadrage W→22,95 $

HITCH-HIKER, THE [Auto-stoppeur, L'] ▷4
É.-U. 1953. Drame d'Ida LUPINO avec Frank Lovejoy, Edmond O'Brien et William Talman. - Deux pêcheurs font monter dans leur auto un inconnu qui se révèle être un dangereux criminel. □ Général
DVD 26,95 $

HITCHER, THE ▷4
É.-U. 1986. Drame policier de Robert HARMON avec Rutger Hauer, Thomas Howell et Jennifer Jason Leigh. - Un jeune homme est harcelé par un dangereux psychopathe qu'il a pris en stop. □ 13 ans+
DVD VA→STF→Cadrage W→7,95 $

HITCHER II : I'VE BEEN WAITING
É.-U. 2003. Louis MORNEAU
DVD VF→STF→Cadrage W→8,95 $

HITCHHIKER'S GUIDE TO THE GALAXY ▷4
É.-U. 2005. Comédie fantaisiste de Garth JENNINGS avec Martin Freeman, Mos Def et Sam Rockwell. - Les aventures d'un petit groupe d'humains et d'extraterrestres qui voyagent à travers la galaxie à la recherche du sens de la vie. □ Général · Déconseillé aux jeunes enfants
DVD VF→Cadrage W→36,95 $ VF→Cadrage W→36,95 $

HITMAN ▷4
H.K. 1998. Comédie policière de Tung WAI avec Jet Li, Eric Tsang et Simon Yam. - Deux apprentis tueurs à gages pourchassent un asssassin dont la tête est mise à prix. □ 13 ans+

HIVER 54, L'ABBÉ PIERRE ▷4
FR. 1989. Drame social de Denis AMAR avec Lambert Wilson, Claudia Cardinale et Robert Hirsch. - En 1954, par un hiver particulièrement rigoureux, l'abbé Pierre, apôtre des sans-abri, lance un appel à la population et aux pouvoirs publics. □ Général

HIVER BLEU, L' ▷5
QUÉ. 1979. Drame de mœurs d'André BLANCHARD avec Christiane Lévesque, Nicole Scant et Michel Chénier. - Afin d'améliorer leur sort, deux jeunes filles de la campagne se joignent à une « commune » de Rouyn. □ Général

HO ! ▷4
FR. 1968. Drame policier de Robert ENRICO avec Joanna Shimkus, Jean-Paul Belmondo et Paul Crauchet. - Au service d'un groupe de gangsters, un as de la conduite automobile tombe dans le piège que lui tend la police. □ Non classé

HOBSON'S CHOICE [Chaussure à son pied] ▷3
ANG. 1954. Comédie de David LEAN avec Charles Laughton, John Mills et Brenda De Banzie. - Un bottier de Londres, véritable tyran domestique, est déjoué par sa fille qui devient sa concurrente en affaires. - Récit alerte et riche d'humour. Beaucoup d'atmosphère. Ensemble vivant et pittoresque. Interprétation excellente. □ Général

HOCHELAGA ▷4
QUÉ. 2000. Drame de Michel JETTÉ avec Dominic Darceuil, Jean-Nicolas Verreault et Ronald Houle. - Un jeune délinquant est recruté par une bande de motards criminalisés. □ 13 ans+ · Violence
DVD Cadrage W→17,95 $

HOCUS POCUS [Abracadabra] ▷4
É.-U. 1993. Comédie fantaisiste de Kenny ORTEGA avec Bette Midler, Sarah Jessica Parker et Kathy Najimy. - Durant la nuit de l'Halloween, trois sorcières pourchassent des enfants qui leur ont dérobé un grimoire. □ Général
DVD VA→13,95 $

HOFFA ▷4
É.-U. 1992. Drame biographique réalisé et interprété par Danny DeVITO avec Jack Nicholson et Armand Assante. - Les principales étapes de la carrière controversée du syndicaliste américain Jimmy Hoffa. □ 13 ans+
DVD VF→STA→Cadrage W→15,95 $

HOFFMAN ▷5
ANG. 1969. Comédie de mœurs d'Alvin RAKOFF avec Peter Sellers, Sinéad Cusak et Jeremy Bullock. - Forcée de passer une semaine en tête à tête avec son patron qui la fait chanter, une secrétaire finit par s'éprendre de lui.
DVD VA→Cadrage W→23,95 $

HOLCROFT COVENANT, THE ▷4
ANG. 1985. Drame d'aventures de John FRANKENHEIMER avec Michael Caine, Anthony Andrews, Michael Lonsdale et Victoria Tennant. - En 1985, le fils d'un haut dignitaire nazi est convoqué en Suisse pour recevoir une importante somme d'argent sous certaines conditions.
DVD VF→STF→Cadrage W→12,95 $

HOLD THAT GHOST ▷5
É.-U. 1941. Comédie d'Arthur LUBIN avec Bud Abbott, Lou Costello et Joan Davis. - Deux garagistes héritent d'un manoir supposément hanté. □ Général

HOLD-UP ▷4
FR. 1985. Comédie policière d'Alexandre ARCADY avec Jean-Paul Belmondo, Guy Marchand et Kim Cattrall. - Un vol de banque ingénieux est commis à Montréal, mais des obstacles rendent difficile la fuite des criminels vers l'aéroport. □ Général

HOLE, THE ▷3
TAÏ. 1997. Comédie dramatique de Ming-Liang TSAI avec Yang Kuei-mei, Lee Kang-sheng et Miao Tien. - Dans une ville polluée, un jeune homme observe sa voisine du dessous à la faveur d'un trou dans son plancher. - Mélange étonnant de désespoir et de fantaisie. Rythme lent. Réalisation à la fois rigide et colorée. Interprétation juste. □ Général
DVD STA→31,95 $

HOLE, THE
É.-U. 2003. WASH WEST
DVD VA→27,95 $

HOLE, THE [Refuge, Le] ▷5
ANG. 2001. Thriller de Nick HAMM avec Thora Birch, Desmond Harrington et Embeth Davidtz. - Quatre étudiants se retrouvent enfermés dans un bunker souterrain où ils connaissent un sort funeste. □ 13 ans+
DVD VF→Cadrage W→9,95 $ VA→13,95 $

HOLE IN THE HEAD [Trou dans la tête, Un] ▷5
É.-U. 1959. Comédie dramatique de Frank CAPRA avec Frank Sinatra, Edward G. Robinson et Eddie Hodges. - Au bord de la faillite, un jeune veuf frivole fait appel à son frère.
DVD VF→STF→Cadrage W→12,95 $

HOLES [Passage, Le] ▷4
É.-U. 2003. Comédie dramatique d'Andrew DAVIS avec Sigourney Weaver, Shia LaBeouf et Jon Voight. - Dans un camp de jeunes prisonniers situé en plein désert, un garçon apprend que la directrice recherche activement un trésor. □ Général
DVD VF→Cadrage W→19,95 $

HOLIDAY ▷3
É.-U. 1938. Comédie de George CUKOR avec Katharine Hepburn, Cary Grant et Lew Ayres. - Une jeune fille fantaisiste conquiert le fiancé de sa sœur. - Savoureuse étude de caractères. Mise en scène pleine de brio. Interprétation de classe. □ Général

HOLIDAY INN ▷4
É.-U. 1942. Comédie musicale de Mark SANDRICH avec Bing Crosby, Fred Astaire et Marjorie Reynolds. - Un chanteur et un danseur rivalisent pour l'amour d'une femme. □ Général

HOLLOW MAN [Homme sans ombre, L'] ▷5
É.-U. 2000. Science-fiction de Paul VERHOEVEN avec Elisabeth Shue, Kevin Bacon et Josh Brolin. - Un chercheur sombre dans une folie meurtrière après avoir absorbé une substance l'ayant rendu invisible. □ 13 ans+ · Violence
DVD Cadrage W→17,95 $ VA→Cadrage W→38,95 $

HOLLOW REED ▷4
ANG. 1995. Drame psychologique d'Angela POPE avec Sam Bould, Martin Donovan et Ian Hart. - Un médecin homosexuel tente d'obtenir la garde de son fils qu'il croit brutalisé par le compagnon de son ex-femme. □ 13 ans+

HOLLOW TRIUMPH [Scar, The] ▷4
É.-U. 1948. Drame policier de Steve SEKELY avec Paul Henreid, Joan Bennett et Eduard Franz. - Un gangster assassine son sosie et assume son identité. □ Non classé

HOLLYWOOD COWBOY *voir* **Hearts of the West**

HOLLYWOOD ENDING ▷4
É.-U. 2002. Comédie réalisée et interprétée par Woody ALLEN avec Téa Leoni et Mark Rydell. - Un réalisateur souhaitant relancer sa carrière devient aveugle psychosomatique la veille du tournage d'un film produit par son ex-femme. □ Général
DVD VA→Cadrage W→14,95 $

HOLLYWOOD HOMICIDE [Homicide à Hollywood] ▷4
É.-U. 2003. Comédie policière de Ron SHELTON avec Harrison Ford, Josh Hartnett et Lena Olin. - Diverses tracasseries ralentissent l'enquête de deux détectives sur les meurtres des membres d'un groupe de musique hip hop. □ Général · Déconseillé aux jeunes enfants
DVD VF→STF→10,95 $

HOLLYWOOD OR BUST [Vrai cinglé du cinéma, Un] ▷5
É.-U. 1956. Comédie de Frank TASHLIN avec Dean Martin, Jerry Lewis et Anita Ekberg. - Deux comparses gagnent une auto à la loterie et partent pour Hollywood. □ Général

HOLLYWOOD SHUFFLE ▷4
É.-U. 1987. Comédie réalisée et interprétée par Robert TOWNSEND avec Anne-Marie Johnson et Helen Martin. - Les tribulations d'un jeune acteur de race noire qui rêve de devenir une vedette. □ Général
DVD VA→STF→Cadrage W→11,95 $

HOLY GIRL, THE *voir* **Nina Santa, La**

HOLY LOLA ▷4
FR. 2004. Drame social de Bertrand TAVERNIER avec Jacques Gamblin, Isabelle Carré et Bruno Putzulu. - Venu au Cambodge pour y adopter un enfant, un couple français se bute à de nombreux obstacles qui mettent son amour à rude épreuve.

HOLY MOUNTAIN, THE
ALL. 1926. Arnold FRANCK
DVD STA→26,95 $

HOLY SMOKE [Feu sacré, Le] ▷4
AUS. É.-U. 1999. Drame psychologique de Jane CAMPION avec Kate Winslet, Harvey Keitel et Julie Hamilton. - Une jeune Australienne tombée sous le charme d'un gourou indien subit la cure de déprogrammation d'un expert américain.
DVD Cadrage W→13,95 $

HOMBRE ▷3
É.-U. 1967. Western de Martin RITT avec Paul Newman, Fredric March et Richard Boone. - Un Blanc élevé chez les Apaches affronte des bandits qui ont attaqué une diligence. - Traitement original des conventions du genre. Mise en scène vigoureuse. Comédiens de talent. □ Général
DVD VF→STA→Cadrage W→13,95 $

HOME ALONE [Maman, j'ai raté l'avion] ▷4
É.-U. 1990. Comédie de Chris COLUMBUS avec Macaulay Culkin, Joe Pesci et Catherine O'Hara. - Oublié par sa famille partie pour les vacances de Noël, un gamin se met en frais d'assurer la garde de la maison lorsque surviennent des cambrioleurs. □ Général
DVD VF→STA→Cadrage W→14,95 $

HOME ALONE 2: LOST IN NEW YORK ▷5
[Maman, j'ai encore raté l'avion...]
É.-U. 1992. Comédie de Chris COLUMBUS avec Macaulay Culkin, Joe Pesci et Daniel Stern. - Un gamin débrouillard qui se retrouve seul à New York s'efforce de contrer les activités malhonnêtes de deux bandits. □ Général
DVD VA→Cadrage W→22,95 $

HOME AND THE WORLD, THE [Ghare Baire] ▷3
IND. 1984. Drame psychologique de Satyajit RAY avec Soumitra Chatterjee, Victor Banerjee et Swatilekha Chatterjee. - La jeune femme d'un seigneur aux idées progressistes est attirée par un politicien nationaliste, ami de son mari. - Adaptation d'un roman de Tagore. Traitement subtil et délicat. Place importante donnée aux dialogues. Contexte bien évoqué. □ Général

HOME AT THE END OF THE WORLD, A ▷5
É.-U. 2004. Chronique de Michael MAYER avec Colin Farrell, Robin Wright Penn et Dallas Roberts. - Devenus adultes, deux amis d'enfance ayant connu ensemble leurs premières expériences sexuelles forment un triangle amoureux avec une jeune femme. □ 13 ans+
DVD VA→STF→Cadrage W→14,95 $

HOME FOR THE HOLIDAYS ▷5
[Weekend en famille, Un]
É.-U. 1995. Comédie de mœurs de Jodie FOSTER avec Holly Hunter, Robert Downey Jr. et Anne Bancroft. - Les retrouvailles des membres d'une famille à l'occasion du week-end de l'Action de Grâce tournent aux règlements de compte. □ Général
DVD VF→STF→Cadrage W→12,95 $

HOME FROM THE HILL ▷4
[Celui par qui le scandale arrive]
É.-U. 1960. Drame de Vincente MINNELI avec Robert Mitchum, Eleanor Parker et George Peppard. - Le fils d'un rancher du Texas apprend qu'un employé de son père est son demi-frère. □ Général

HOME MOVIE
É.-U. 2002. Chris SMITH
DVD VA→33,95 $

HOME MOVIES ▷4
É.-U. 1979. Comédie satirique de Brian DE PALMA avec Nancy Allen, Kirk Douglas et Keith Gordon. - Un professeur d'université incite un élève timide à développer le complexe du vedettariat en filmant sa propre vie.
DVD VA→14,95 $

HOME OF OUR OWN, A [Combat de ma mère, Le] ▷5
É.-U. 1993. Mélodrame de Tony BILL avec Kathy Bates, Edward Furlong et Soon-Teck Oh. - En 1962, une mère de famille peu fortunée s'installe avec ses six enfants dans une maison de campagne abandonnée qu'elle s'efforce de rendre habitable. □ Général

HOME OF THE BRAVE ▷3
É.-U. 1948. Drame social de Mark ROBSON avec James Edwards, Douglas Dick et Jeff Corey. - Un psychiatre de l'armée tente de reconstituer les expériences de combat qui ont provoqué une paralysie nerveuse chez un soldat de race noire. - Scénario intéressant sur le thème du racisme. Mise en scène adroite. Interprétation convaincue. □ Général

HOME OF THE BRAVE
É.-U. 2003. Paola Di FLORIO
DVD VA→STA→44,95 $

HOME SWEET HOME
ANG. 1982. Mike LEIGH □ Général
DVD VA→34,95 $

HOMEBODIES ▷4
É.-U. 1973. Comédie dramatique de Larry YUST avec Paula Trueman, Ian Wolfe et Frances Fuller. - Six vieillards refusent de quitter une maison promise à la démolition. □ 13 ans+

HOMECOMING ▷4
É.-U. 1948. Drame de Mervyn LeROY avec Clark Gable, Lana Turner et Anne Baxter. - Un médecin appelé au front durant la guerre revient chez lui bouleversé par cette expérience. □ Général

HOMECOMING, THE ▷4
ANG. 1973. Drame de Peter HALL avec Vivien Merchant et Paul Rogers. - De retour d'Amérique, un homme présente sa femme à son étrange famille. - Adaptation fidèle d'une pièce de Harold Pinter.
DVD VA→Cadrage W→26,95 $

HOMER & EDDIE ▷4
É.-U. 1989. Drame d'Andrei KONCHALOVSKY avec James Belushi, Whoopi Goldberg et Karen Black. - Alors qu'il se rend au chevet de son père mourant, un attardé mental se lie d'amitié à une déséquilibrée évadée d'un asile. □ Général

HOMÈRE: LA DERNIÈRE ODYSSÉE ▷4
ITA. FR. SUI. 1997. Drame psychologique de Fabio CARPI avec Claude Rich, Valeria Cavalli et Grégoire Colin. - Un vieil écrivain devenu aveugle parcourt le monde avec sa compagne pour donner une dernière série de conférences.

HOMEWORK
MEX. 1990. Jaime Humberto HERMOSILLO
DVD STA→38,95 $

HOMEWORK *voir* **Forbidden Homework**

HOMICIDE ▷4
É.-U. 1991. Drame policier de David MAMET avec Joe Mantegna et William H. Macy. - Un inspecteur de police juif chargé d'enquêter sur le meurtre d'une vieille femme découvre l'existence d'une organisation qui lutte contre un groupe néonazi. □ 13 ans+

HOMICIDE À HOLLYWOOD *voir* **Hollywood Homicide**

HOMME, UN *voir* **One Man**

HOMME À ABATTRE, UN ▷4
FR. 1967. Drame policier de Philippe CONDROYER avec Jean-Louis Trintignant, Valérie Lagrange et André Oumansky. - Un groupe d'hommes recherchent en Amérique du Sud un ancien nazi chef de camp de concentration.

HOMME À LA PEAU DE SERPENT, L'
voir **Fugitive Kind, The**

HOMME À TOUT FAIRE, L' ▷5
QUÉ. 1980. Comédie de Micheline LANCTÔT avec Jocelyn Bérubé, Andrée Pelletier et Gilles Renaud. - Les problèmes sentimentaux d'un brave bougre venu de Rimouski pour travailler à Montréal.

HOMME AMOUREUX, UN ▷5
FR. 1987. Drame sentimental de Diane KURYS avec Peter Coyote, Greta Scacchi et Peter Riegert. - Un acteur américain se rend à Rome tourner un film sur un écrivain et s'éprend d'une jeune comédienne.

HOMME AU CERVEAU GREFFÉ, L' ▷4
FR. 1972. Drame psychologique de Jacques DONIOL-VALCROZE avec Mathieu Carrière, Nicoletta Machiavelli et Michel Duchaussoy. - Un chirurgien menacé d'une mort imminente fait transplanter son cerveau dans le corps d'un jeune homme.

HOMME AU CHAPEAU DE SOIE, L' : MAX LINDER ▷3
FR. 1963. Film de montage de M. MAX-LINDER. - Extraits de trois films tournés aux États-Unis par l'acteur français. - Suite continue d'excellents gags. Verve étourdissante. Mise en valeur du talent comique de Max Linder. □ Non classé

HOMME AU COMPLET BLANC, L'
voir **Man in the White Suit, The**

HOMME AU COMPLET GRIS, L'
voir **Man in the Gray Flannel Suit, The**

HOMME AU MASQUE DE CIRE, L'
voir **House of Wax**

HOMME AU MASQUE DE FER, L'
voir **Man in the Iron Mask, The**

HOMME AU PISTOLET D'OR, L'
voir **Man with the Golden Gun, The**

HOMME AUX DEUX CERVEAUX, L'
voir **Man with Two Brains, The**

HOMME AUX DEUX VISAGES, L' (DOUBLE TRAHISON) *voir* **Jigsaw Man, The**

HOMME BICENTENAIRE, L' *voir* **Bicentennial Man**

HOMME BLESSÉ, L' ▷4
FR. 1983. Drame psychologique de Patrice CHÉREAU avec Jean-Hughes Anglade, Vittorio Mezzogiorno et Roland Bertin. - Attiré par un inconnu, un adolescent est entraîné dans des expériences troublantes qui lui font découvrir des tendances homosexuelles.

HOMME C'EST ELLE, L' *voir* **She's the Man**

HOMME D'ELYSIAN FIELDS, L'
voir **Man from Elysian Fields, The**

HOMME D'EXCEPTION, UN *voir* **Beautiful Mind, A**

HOMME DANS LA LUNE, L' ▷3
DAN. 1985. Drame psychologique d'Erik CLAUSEN avec Peter Thiel, Catherine Poul Jupont et Christina Bengtsson. - Libéré après 16 ans de prison pour crime passionnel, un homme ne rêve que de sa fille qu'il n'a jamais revue. - Style poétique. Contraste entre le rêve et la dure réalité. Vision insolite des êtres et des choses. □ Général

HOMME DE FER, L' ►2
POL. 1981. Drame social d'Andrzej WAJDA avec Jerzy Radziwilowicz, Krystyna Janda et Marian Opania. - Un animateur de télévision entreprend de faire un reportage défavorable sur un des chefs ouvriers d'un chantier naval. - Habile mélange de fiction et de réalité. Mise en scène remarquable. Interprétation convaincante.

HOMME DE FER, UN *voir* **Twelve O'clock High**

HOMME DE L'OUEST, L' *voir* **Man of the West**

HOMME DE LA PLAINE, L' *voir* **Man from Laramie, The**

HOMME DE LA RIVIÈRE D'ARGENT, L'
voir **Man from Snowy River, The**

HOMME DE LA TOUR EIFFEL, L'
voir **Man on the Eiffel Tower, The**

HOMME DE MA VIE, L' ▷4
FR. 1992. Comédie sentimentale de Jean-Charles TACCHELLA avec Maria de Medeiros, Thierry Fortineau et Jean-Pierre Bacri. - N'arrivant pas à trouver un emploi, une jeune femme décide de se dégotter un riche mari. □ Général

HOMME DE MARBRE, L' ►2
POL. 1976. Drame social d'Andrzej WAJDA avec Krystyna Janda, Jerzy Radziwilowicz et Tadeusz Lomnicki. - Une journaliste de télévision entreprend une enquête sur le sort d'un ouvrier glorifié dans les années 1950 pour son rendement au travail. - Construction complexe mêlant le passé et le présent. Mise en scène experte. Traitement vivant. Interprétation vibrante. □ Général
DVD STA→36,95 $

HOMME DE NULLE PART, L' [Man from Nowhere] ▷4
FR. 1936. Comédie dramatique de Pierre CHENAL avec Pierre Blanchar, Isa Miranda et Robert Le Vigau. - Un jeune marié, malheureux en ménage, décide de partir à l'étranger et de se faire passer pour mort.

HOMME DE RÊVE, L' ▷4
QUÉ. 1991. Drame psychologique de Robert MÉNARD avec Rita Lafontaine, Claude Gauthier et Michel Dumont. - Une femme de ménage de 50 ans, qui mène une existence terne auprès d'un mari malade, est troublée par la rencontre d'un étranger au profil de l'homme idéal.

HOMME DE RIO, L' [That Man from Rio] ▷3
FR. 1964. Comédie de Philippe DE BROCA avec Françoise Dorléac, Jean-Paul Belmondo et Jean Servais. - Un soldat en permission se rend au Brésil pour retrouver sa fiancée disparue. - Scénario débordant de verve. Décors naturels fort bien exploités. Dialogue savoureux. J-P. Belmondo en pleine forme. □ Général

HOMME DES CAVERNES, L' *voir* **Caveman**

HOMME DES ÉTOILES, L' *voir* **Starman**

HOMME DES HAUTES PLAINES, L'
voir **High Plains Drifter**

HOMME DU KENTUCKY, L' *voir* **Kentuckian, The**

HOMME DU TRAIN, L' [Man on the Train] ▷3
FR. 2002. Comédie dramatique de Patrice LECONTE avec Jean Rochefort, Johnny Hallyday et Jean-François Stévenin. - Venu dévaliser une banque en province, un voleur désabusé est hébergé par un professeur à la retraite en quête d'émotions fortes. - Récit sensible au ton feutré. Humour subtil. □ Général
DVD VF→STA→Cadrage W/16X9→19,95 $

HOMME EN FEU, L' *voir* **Man on Fire**

HOMME EST UNE FEMME COMME LES AUTRES, L' ▷4
FR. 1997. Comédie de mœurs de Jean-Jacques ZILBERMANN avec Antoine de Caunes, Elsa Zylberstein et Gad Elmaleh. - Un musicien homosexuel juif accepte d'épouser une chanteuse très religieuse afin de toucher l'argent promis par son oncle. □ Général

HOMME EST MORT, UN [Outside Man, The] ▷4
FR. 1972. Drame policier de Jacques DERAY avec Jean-Louis Trintignant, Ann-Margret et Roy Scheider. - Après avoir assassiné un chef de la pègre, un tueur à gages se rend compte qu'il a un collègue à ses trousses. □ Général

HOMME EST PASSÉ, UN
voir **Bad Day at Black Rock**

HOMME ET DEUX FEMMES, UN ▷4
FR. 1991. Drame de mœurs réalisé et interprété par Valérie STROH avec Lambert Wilson et Diane Pierens. - Une jeune femme écrit des histoires dans lesquelles elle imagine pousser son amant dans les bras de sa meilleure amie. □ 13 ans+

HOMME ET L'ENFANT, L' ▷5
FR. 1956. Comédie policière de Raoul ANDRÉ avec Juliette Gréco, Eddie Constantine et sa fille Tanya Constantine. - Le directeur d'une fabrique de parfums se voit ravir sa fille adoptive et entreprend de découvrir les kidnappeurs.

HOMME ET SON PÉCHÉ, UN ▷5
QUÉ. 1948. Drame de mœurs de Paul GURY avec Hector Charland, Nicole Germain et Guy Provost. - Un usurier arrive à s'emparer de la terre d'un jeune défricheur.

HOMME ET UNE FEMME, UN ▷3
[Man and a Woman, A]
FR. 1966. Drame psychologique de Claude LELOUCH avec Jean-Louis Trintignant, Anouk Aimée et Pierre Barouh. - Un veuf aime une veuve hantée par le souvenir de son mari. - Ensemble intelligent, sensible et techniquement brillant. Intrigue plutôt mince. Jeu naturel des interprètes. □ Général
DVD VF➔STF➔Cadrage W➔21,95 $

HOMME ET UNE FEMME: VINGT ANS DÉJÀ, UN ▷4
FR. 1986. Comédie dramatique de Claude LELOUCH avec Anouk Aimée, Jean-Louis Trintignant et Evelyne Bouix. - Après un échec professionnel, une productrice de films songe à monter une comédie musicale fondée sur une expérience sentimentale qu'elle a vécue 20 ans auparavant.

HOMME IDÉAL, L' ▷5
QUÉ. 1996. Comédie de Georges MIHALKA avec Marie-Lise Pilote, Macha Grenon et Patrice L'Écuyer. - Une femme célibataire de trente-cinq ans recherche l'homme idéal pour concevoir un enfant. □ Général
DVD 11,95 $

HOMME IDÉAL, L' *voir* **Mr. Wonderful**

HOMME NOMMÉ CHEVAL, UN
voir **Man Called Horse, A**

HOMME NU, L' ▷4
BRÉ. 1997. Comédie de mœurs de Hugo CARVANA avec Claudio Marzo, Lucia Verisimo et Daniel Dantas. - Un musicologue se retrouve nu comme un ver hors de l'appartement de sa nouvelle maîtresse et prend la fuite dans les rues de Rio pour rentrer chez lui. □ Général

HOMME ORCHESTRE, L' ▷4
FR. 1970. Comédie musicale de Serge KORBER avec Louis de Funès, Noëlle Adam et Olivier de Funès. - Le directeur d'une troupe de ballet doit s'occuper du bébé d'une de ses danseuses.

HOMME PARMI LES LIONS, UN
voir **To Walk with Lions**

HOMME PARMI LES LOUPS, UN
voir **Never Cry Wolf**

HOMME PASSIONNÉ, UN [Man of Passion] ▷5
ESP. 1989. Drame de José Anthonoi De La LOMA avec Anthony Quinn, R.J. Williams et Maud Adams. - Un peintre excentrique accueille dans sa demeure son petit-fils de 11 ans, un jeune et talentueux pianiste en congé scolaire.

HOMME PERDU, L' *voir* **Lost Man, The**

HOMME POUR L'ÉTERNITÉ, UN
voir **Man for All Seasons, A**

HOMME PRESQUE PARFAIT, UN *voir* **Nobody's Fool**

HOMME PRESSÉ, L' ▷4
FR. 1977. Drame psychologique d'Édouard MOLINARO avec Alain Delon, Mireille Darc et Michel Duchaussoy. - Les déboires d'un insatisfait assoiffé de temps et d'argent. □ Général

HOMME QUI AIMAIT LES FEMMES, L' ▷3
[Man Who Loved Women, The]
FR. 1977. Comédie dramatique de François TRUFFAUT avec Charles Denner, Brigitte Fossey et Nelly Borgeaud. - Un ingénieur de province entreprend d'écrire un livre sur ses conquêtes féminines. - Mélange bien dosé d'amusement, de tendresse et de gravité. Montage et découpage précis et souples. Jeu riche en nuances de C. Denner. □ Général
DVD VF➔STF➔Cadrage W➔12,95 $

HOMME QUI EN SAVAIT TROP, L'
voir **Man Who Knew Too Much, The**

HOMME QUI GRAVIT UNE COLLINE ET REDESCENDIT UNE MONTAGNE, L'
voir **Englishman Who Went Up a Hill, But Came Down a Mountain, The**

HOMME QUI MURMURAIT À L'OREILLE DES CHEVAUX, L' *voir* **Horse Whisperer, The**

HOMME QUI N'A JAMAIS EXISTÉ, L'
voir **Man Who Never Was, The**

HOMME QUI N'ÉTAIT PAS LÀ, L'
voir **Man Who Wasn't There, The**

HOMME QUI PLEURAIT, L' *voir* **Man Who Cried, The**

HOMME QUI VOULAIT SAVOIR, L' [Vanishing, The] ▷3
HOL. 1988. Drame psychologique de George SLUIZER avec Bernard-Pierre Donnadieu, Gene Bervoets et Johanna Ter Steeg. - Un homme recherche inlassablement sa femme qui a été kidnappée par un professeur obsédé par la tentation du Mal. - Suspense hichtcockien mené avec sang-froid. Intrigue fertile en rebondissements. Réalisation rigoureuse et soignée. Interprétation impressionnante de B.-P. Donnadieu. □ Général
DVD VF➔STA➔Cadrage W➔46,95 $

HOMME SANS OMBRE, L' *voir* **Hollow Man**

HOMME SANS PASSÉ, L' [Man without a Past, The] ▷3
FIN. 2002. Comédie dramatique d'Aki KAURISMÄKI avec Markku Peltola, Kati Outinen et Juhani Niemelä. - Devenu amnésique après avoir été battu et dévalisé par des voyous, un homme est recueilli et soigné par des gens démunis. - Sujet grave abordé avec humour et beaucoup d'humanité. Critique sociale sous-jacente. Réalisation sans fioriture mais assurée. Jeu impassible des interprètes. □ Général
DVD Cadrage W➔21,95 $ Cadrage W➔21,95 $

HOMME SANS VISAGE, L' *voir* **Man without a Face, The**

HOMME SAUVAGE, L' *voir* **Stalking Moon, The**

HOMME SUR LA LUNE, L' *voir* **Man on the Moon**

HOMME SUR LES QUAIS, L' ▷4
FR. 1993. Drame de Raoul PECK avec Jennifer Zubar, Toto Bissainthe et Patrick Rameau. - Dans un petit village d'Haïti, un «tonton macoute» persécute les membres de la famille d'un policier qui s'est opposé à lui. □ Général

HOMME TATOUÉ, L' *voir* **Illustrated Man, The**

HOMME TRANQUILLE, L' *voir* **Quiet Man, The**

HOMME VOILÉ, L' ▷5
FR. 1987. Drame de Maroun BAGDADI avec Bernard Giraudeau, Michel Piccoli et Laure Marsac. - Un tueur à gages revient en France et y retrouve sa fille qui n'a jamais cessé de l'idéaliser.

HOMME VOIT ROUGE, UN *voir* **Terrorists, The**

HOMME-ÉLÉPHANT, L' *voir* **Elephant Man, The**

HOMMES, LES *voir* **Guys, The**

HOMMES, LES ▷5
FR. 1972. Drame policier de Daniel VIGNE avec Michel Constantin, Marcel Bozzuffi et Nicole Calfan. - À sa sortie de prison, un trafiquant de cigarettes américaines s'en prend à des complices qui l'ont lésé. □ Général

HOMMES DU PRÉSIDENT, LES
voir **All the President's Men**

HOMMES EN NOIR *voir* **Men in Black**

HOMMES EN NOIR II *voir* **Men in Black II**

HOMMES PRÉFÈRENT LES BLONDES, LES
voir **Gentlemen prefer blondes**

HOMMES PRÉFÈRENT LES GROSSES, LES ▷5
FR. 1981. Comédie de Jean-Marie POIRÉ avec Josiane Balasko, Ariane Lartéguy et Luis Rego. - Les mésaventures d'une jeune fille boulotte qui, à la suite d'un malentendu, partage son appartement avec un joli mannequin.

HONDO ▷4
É.-U. 1953. Western de John FARROW avec John Wayne, Geraldine Page et Ward Bond. - Un aventurier protège une jeune veuve et son fils contre une attaque d'Indiens. □ Général
DVD VA➔STA➔14,95 $

HONEY & ASHES *voir* **Miel et cendres**

HONEY FOR OSHUN *voir* **Miel para oshun**

HONEY POT, THE ▷3
É.-U. 1967. Comédie de Joseph Leo MANKIEWICZ avec Rex Harrison, Cliff Robertson et Maggie Smith. - Un millionnaire fait croire à trois anciennes maîtresses qu'il est à l'article de la mort. - Adaptation moderne de *Volpone*. Dialogue intelligent et spirituel. Mise en scène élégante. Comédiens de classe. □ 13 ans+

HONEY, I SHRUNK THE KIDS ▷4
[Chérie ! J'ai réduit les enfants]
É.-U. 1989. Comédie fantaisiste de Joe JOHNSTON avec Matt Frewer, Rick Moranis et Marcia Strassman. - Mise au point par un inventeur distrait, une machine à effet réducteur transforme accidentellement des enfants en êtres minuscules. □ Général
DVD VA➔Cadrage W➔19,95 $

HONEYMOON IN VEGAS [Lune de miel à Vegas] ▷5
É.-U. 1992. Comédie sentimentale d'Andrew BERGMAN avec James Caan, Nicolas Cage et Sarah Jessica Parker. - Un détective new-yorkais se voit forcé de céder sa fiancée à un gangster pour un week-end afin de payer une dette de jeu. □ Général
DVD Cadrage W➔11,95 $

HONKYTONK MAN ▷4
É.-U. 1982. Comédie dramatique réalisée et interprétée par Clint EASTWOOD avec Kyle Eastwood et Alexa Kenin. - Dans les années 1930, un chanteur sans succès, atteint de tuberculose, part avec son neveu pour Nashville où il espère acquérir une certaine notoriété. □ 13 ans+
DVD VA➔Cadrage W➔21,95 $

HONNEUR À TOUT PRIX, L' *voir* **Men of Honor**

HONNEUR DES PRIZZI, L' *voir* **Prizzi's Honor**

HONNEUR DES WINSLOW, L' *voir* **Winslow Boy, The**

HONNEUR PERDU DE KATHARINA BLUM, L'
[Lost Honor of Katharina Blum, The]
ALL. 1975. Margarethe VON TROTTA et Volker SCHLÖNDORFF
DVD STA➔Cadrage W/16X9➔46,95 $

HONNI SOIT QUI MAL Y PENSE
voir **Bishop's Wife, The**

HONTE, LA [Shame, The] ▷3
SUÈ. 1968. Drame de Ingmar BERGMAN avec Liv Ullmann, Max Von Sydow et Gunnar Bjornstrand. - Un couple de musiciens vit dans une île alors que la guerre dévaste leur pays. - Parabole chargée d'un sens métaphysique. Image sobre, précise et signifiante. □ 13 ans+
DVD VA➔STF➔Cadrage W➔29,95 $

HOODLUM [Truand] ▷4
É.-U. 1997. Drame policier de Bill DUKE avec Laurence Fishburne, Tim Roth, Andy Garcia et Vanessa Williams. - Dans les années 1930, un gangster de race noire lutte contre un rival blanc pour le contrôle de Harlem. □ 16 ans+ · Violence
DVD VF➔STF➔11,95 $

HOODWINKED ▷4
[Véritable histoire du Petit Chaperon rouge, La]
É.-U. 2005. Film d'animation de Cory EDWARDS, Todd EDAWRDS et Tony LEECH. - Les circonstances de la visite du Petit Chaperon rouge à sa grand-mère donnent lieu à une enquête policière fertile en révélations étonnantes. □ Général

HOOK [Capitaine Crochet] ▷4
É.-U. 1991. Comédie fantaisiste de Steven SPIELBERG avec Robin Williams, Dustin Hoffman et Charlie Korsmo. - Devenu père de famille, Peter Pan doit délivrer ses enfants qui ont été kidnappés par le capitaine Crochet. □ Général
DVD Cadrage W➔17,95 $ VA➔Cadrage W➔21,95 $
VA➔Cadrage W➔34,95 $

HOOSIERS ▷4
É.-U. 1986. Drame sportif de David ANSPAUGH avec Gene Hackman, Barbara Hershey et Dennis Hopper. - En 1951, dans l'Indiana, les efforts d'un entraîneur de basket-ball d'une modeste école secondaire conduisant son équipe au seuil du championnat. □ Général
DVD VF➔STF➔Cadrage P&S/W➔12,95 $
VF➔STF➔Cadrage W➔31,95 $

HOPE AND GLORY [Guerre à sept ans, La] ▷3
ANG. 1987. Chronique de John BOORMAN avec Sebastian Rice-Edwards, Sarah Miles et Sammi Davis. - La vie d'un jeune garçon anglais durant la Seconde Guerre mondiale. - Fresque historique dominée par la vision de l'enfant. Évocations poétiques et nostalgiques. Récit anecdotique. □ Général
DVD VF➔STF➔Cadrage W➔12,95 $

HOPE FLOATS [Espoir retrouvé, L'] ▷5
É.-U. 1998. Drame psychologique de Forest WHITAKER avec Sandra Bullock, Mae Whitman et Gena Rowlands. - Une jeune femme trompée par son mari retourne avec sa petite fille dans son village natal du Texas où sa mère l'accueille. □ Général
DVD VA➔STA➔Cadrage W➔15,95 $

HOPE SPRINGS ▷5
ANG. 2002. Comédie sentimentale de Mark HERMAN avec Heather Graham, Colin Firth et Minnie Driver. - Dans un village du Vermont, un artiste anglais doit choisir entre sa nouvelle flamme et son ex-fiancée qui veut le reconquérir.
DVD VF➔Cadrage W/16X9➔33,95 $

HOPPITY GOES TO TOWN [Mr. Bug Goes to Town] ▷4
É.-U. 1941. Dessins animés de Dave FLEISCHER. - Une sauterelle cherche à sauver de la destruction une communauté d'insectes vivant sur un terrain vague de New York. □ Général · Enfants

HOPSCOTCH [Jeux d'espions] ▷4
É.-U. 1980. Comédie policière de Ronald NEAME avec Ned Beatty, Walter Matthau et Glenda Jackson. - Écrivant ses mémoires, un ex-agent de la CIA se fait poursuivre par ses anciens chefs. □ Général
DVD VA➔Cadrage W➔46,95 $

HORATIO HORNBLOWER
[Horatio Hornblower: The New Adventures]
ANG. 1998. Andrew GRIEVE
DVD VA➔STA➔63,95 $

HORDE SAUVAGE, LA *voir* **Wild Bunch, The**

HORDE SAUVAGE, LA *voir* **Maverick Queen, The**

HORIZONS LOINTAINS *voir* **Far and Away**

HORLOGE BIOLOGIQUE ▷4
QUÉ. 2005. Comédie de mœurs de Ricardo TROGI avec Patrice Robitaille, Pierre-François Legendre et Jean-Philippe Pearson. - Trois amis au début de la trentaine vivent différemment leur rapport à la paternité avec leur conjointe. □ 13 ans+
DVD VF➔STA➔Cadrage W➔34,95 $

HORLOGER DE SAINT-PAUL, L' [Clockmaker, The] ▷3
FR. 1973. Drame psychologique de Bertrand TAVERNIER avec Jean Rochefort, Philippe Noiret et Jacques Denis. - Apprenant que son fils est recherché pour meurtre, un homme remet en question sa responsabilité paternelle. - Adaptation d'un roman de Simenon. Portrait psychologique subtil et nuancé. Réalisation fort adroite. □ Général
DVD VF➔STA➔23,95 $

HORREURS DE FRANKENSTEIN, LES
voir **Horror of Frankenstein, The**

HORROR EXPRESS ▷5
ESP.ANG. 1972. Drame d'horreur d'Eugenio MARTIN avec Christopher Lee, Peter Cushing et Telly Savalas. - Au début du siècle, un fossile transporté sur un train s'anime et fait des victimes. □ 13 ans+
DVD VA➔Cadrage W➔7,95 $

HORROR OF DRACULA ▷3
ANG. 1958. Drame d'horreur de Terence FISHER avec Peter Cushing, Christopher Lee et Carol Marsh. - Un savant lutte contre un vampire. - Traitement fort valable d'un thème classique. Grande beauté plastique. Climat de terreur bien créé. Composition racée de C. Lee. □ 13 ans+
DVD VA➔STF➔21,95 $

HORROR OF FRANKENSTEIN, THE ▷5
[Horreurs de Frankenstein, Les]
ANG. 1970. Drame d'horreur de Jimmy SANGSTER avec Ralph Bates, Kate O'Mara et Graham James. - Un jeune savant crée un monstre à l'aide de plusieurs cadavres. □ 13 ans+
DVD VA➔Cadrage W➔28,95 $

HORS-LA-LOI ▷4
FR. 1985. Drame de mœurs de Robin DAVIS avec Clovis Cornillac, Wadeck Stanczak et Nathalie Spilmont. - Une bande d'adolescents s'enfuit d'un centre de redressement et tente de rejoindre un village abandonné pour s'y installer. □ Général

HORSE, LA ▷4
FR. 1969. Drame policier de Pierre GRANIER-DEFERRE avec Jean Gabin, André Weber et Éléonore Hirt. - Un riche fermier de Normandie découvre que son petit-fils est mêlé à un trafic de drogue et décide de faire justice lui-même. □ 13 ans+

HORSE, THE *voir* **Cheval, mon cheval**

HORSE FEATHERS ▷4
É.-U. 1932. Comédie de Norman Z. McLEOD avec les frères Marx, Thelma Todd et David Landau. - Un directeur de collège accepte comme élèves deux ignorants pour renforcer son équipe de football. □ Général

HORSE IN THE GRAY FLANNEL SUIT, THE ▷5
É.-U. 1968. Comédie de Norman TOKAR avec Dean Jones, Diane Baker et Ellen Janov. - Un publicitaire utilise un cheval pour une campagne de promotion. □ Général
DVD VA➔14,95 $

HORSE OF PRIDE, THE *voir* **Cheval d'orgueil, Le**

HORSE SOLDIERS, THE ▷3
É.-U. 1959. Drame de guerre de John FORD avec John Wayne, William Holden et Constance Towers. - Un régiment de cavalerie nordiste est chargé de détruire un centre de ravitaillement des Sudistes. - Scénario bien construit. Beauté plastique des images. Interprétation vigoureuse. □ Non classé
DVD Cadrage W➔17,95 $

HORSE WHISPERER, THE ▷4
[Homme qui murmurait à l'oreille des chevaux, L']
É.-U. 1998. Drame sentimental réalisé et interprété par Robert REDFORD avec Kristin Scott Thomas et Scarlett Johansson. - Alors qu'il aide une adolescente à se remettre d'un grave accident de cheval, un cow-boy s'éprend de la mère de la jeune fille. □ Général
DVD Cadrage W➔14,95 $

HORSE'S MOUTH, THE ▷4
ANG. 1958. Comédie de Ronald NEAME avec Alec Guinness, Kay Walsh et Robert Coote. - Un peintre excentrique bouleverse un riche appartement pendant l'absence de ses propriétaires. □ Général
DVD VA➔STA➔Cadrage W➔46,95 $

HORSEMEN, THE [Cavaliers, Les] ▷4
É.-U. 1970. Étude de mœurs de John FRANKENHEIMER avec Omar Sharif, Leigh Taylor-Young et Jack Palance. - Le fils d'un chef de clan afghan, humilié par une défaite à une compétition hippique, tente de retrouver son honneur.

HORSEMAN ON THE ROOF, THE
voir **Hussard sur le toit, Le**

HORSEY
CAN. 1997. Kirsten CLARKSON
DVD VA➔Cadrage P&S➔24,95 $

HOSPITAL, THE ▷4
É.-U. 1971. Comédie dramatique de Arthur HILLER avec Diana Rigg, George C. Scott et Barnard Hughes. - Un médecin-chef est inquiété par une série de morts mystérieuses parmi le personnel de l'hôpital. □ 13 ans+
DVD VA➔11,95 $

HOSTEL ▷5
É.-U. 2005. Drame d'horreur d'Eli ROTH avec Jay Hernandez, Derek Richardson et Eythor Gudjonsson. - En Slovaquie, deux étudiants américains en quête d'aventures sexuelles deviennent les victimes de bourreaux sanguinaires. □ 18 ans+ · Horreur - Violence
DVD VF➔STA➔Cadrage W➔36,95 $

HOT DOG...THE MOVIE ▷6
É.-U. 1983. Comédie de P. MARKLE avec Patrick Houser, David Naughton et Tracy N. Smith. - Un jeune Américain qui participe à une compétition de ski s'avère être le rival le plus sérieux des Européens qui dominent l'épreuve.
DVD VA➔STA➔10,95 $

HOT MILLIONS ▷4
ANG. 1968. Comédie d'Eric TILL avec Peter Ustinov, Maggie Smith et Karl Malden. - Un escroc utilise un cerveau électronique pour effectuer des détournements de fonds. □ Général

HOT PURSUIT ▷4
É.-U. 1987. Comédie de Steven LISBERGER avec John Cusack, Wendy Gazelle et Robert Loggia. - Un étudiant doit passer par diverses épreuves avant de réussir à rejoindre le yacht sur lequel il devait passer ses vacances avec sa petite amie.
DVD VA➔STA➔Cadrage W➔10,95 $

HOT SHOTS ! [Des pilotes en l'air] ▷5
É.-U. 1991. Comédie satirique de Jim ABRAHAMS avec Charlie Sheen, Cary Elwes et Valeria Golino. - Un fabricant d'armes tente de saboter la mission d'un groupe d'aviateurs de la marine américaine.
DVD VA➔Cadrage W➔14,95 $

HOT SPOT, THE ▷4
É.-U. 1990. Drame policier de Dennis HOPPER avec Don Johnson, Virginia Madsen et Jennifer Connelly. - Dans une petite ville du Texas, un étranger engagé comme vendeur de voitures connaît des amours tourmentées. □ 18 ans+
DVD Cadrage W➔11,95 $

HOTEL
ANG. 2001. Mike FIGGIS
DVD VA➔21,95 $

HÔTEL D'UN MILLION DE DOLLARS, L'
voir **Million Dollar Hotel**

HÔTEL DU NORD ►2
FR. 1938. Drame de Marcel CARNÉ avec Louis Jouvet, Arletty et Jean-Pierre Aumont. - Deux amoureux ont décidé de se suicider dans le cadre d'un hôtel parisien.- Étude de mœurs à la fois cinglante et poétique. Bonne création d'atmosphère. Dialogue boulevardier. Extraordinaire reconstitution de Paris en studio. Interprétation savoureuse. □ Non classé

HOTEL NEW HAMPSHIRE, THE ▷4
É.-U. 1984. Comédie dramatique de Tony RICHARDSON avec Jodie Foster, Rob Lowe et Beau Bridges. - La vie mouvementée d'une famille farfelue installée dans une ancienne école qu'elle a transformée en hôtel. □ 18 ans+
DVD VF→STF→Cadrage W→9,95 $

HOTEL PARADISO ▷4
ANG. 1966. Comédie de Peter GLENVILLE avec Alec Guinness, Gina Lollobrigida et Robert Morley. - Négligée par son mari, une jolie femme accepte l'invitation d'un voisin galant. □ 13 ans+

HOTEL RWANDA ▷3
A.S. 2004. Drame de Terry GEORGE avec Don Cheadle, Sophie Okonedo et Nick Nolte. - En 1994, lors du génocide rwandais, le gérant hutu d'un hôtel de Kigali parvient à sauver plus de mille Tutsi du massacre. - Récit poignant et révoltant, inspiré d'une histoire vraie. Traitement sensible évitant de sombrer dans le sensationnalisme. Réalisation à la fois nerveuse et précise. Performance remarquable de D. Cheadle □ Général · Déconseillé aux jeunes enfants
DVD VF→STA→18,95 $

HOUDINI ▷5
É.-U. 1953. Drame biographique de George MARSHALL avec Tony Curtis, Janet Leigh et Torin Thatcher. - La vie du célèbre prestidigitateur américain. □ Non classé

HOUND OF THE BASKERVILLES ▷4
É.-U. 1939. Drame policier de Sidney LANFIELD avec Richard Greene, Basil Rathbone et Wendy Barrie. - Sherlock Holmes enquête sur le mystère entourant une vieille famille d'Écosse. □ Général

HOUND OF THE BASKERVILLES, THE ▷4
ANG. 1959. Drame policier de Terence FISHER avec Peter Cushing, André Morell et Christopher Lee. - Le détective Sherlock Holmes tente d'éclaircir le mystère entourant la mort violente des membres d'une famille. □ 13 ans+
DVD VF→STF→Cadrage W→12,95 $

HOUR OF THE GUN [Sept secondes en enfer] ▷4
É.-U. 1967. Western de John STURGES avec James Garner, Jason Robards et Robert Ryan. - Le shérif Wyatt Earp et ses frères sont aux prises avec un clan de hors-la-loi. □ Général
DVD VA→STF→Cadrage W→PC

HOUR OF THE STAR ▷3
BRÉ. 1985. Drame social de Suzana AMARAL avec Marcelia Cartaxo, José Dumont et Tamara Taxman. - Les tribulations d'une jeune paysanne candide qui est venue à Sao Paulo pour gagner sa vie. - Étude compatissante pour les humiliés. Observations teintées d'une ironie réaliste. Mise en images originales. Jeu simple de la protagoniste. □ Général
DVD STA→24,95 $

HOUR OF THE WOLF *voir* **Heure du loup, L'**

HOURS, THE [Heures, Les] ▷3
É.-U. 2002. Drame psychologique de Stephen DALDRY avec Nicole Kidman, Julianne Moore et Meryl Streep. - La romancière Virginia Woolf en 1923, une mère de famille en 1951 et une éditrice en 2002 vivent une journée éprouvante qui les amène à réaliser leur mal-être. - Adaptation intelligente et sensible du roman de Michael Cunningham. Personnages émouvants. Réalisation sobre. Trio d'actrices remarquable. □ Général
DVD VF→STA→Cadrage W→11,95 $

HOUSE ▷5
É.-U. 1985. Drame d'horreur de Steve MINER avec William Katt, Kay Lenz et George Wendt. - Vivant seul dans une maison héritée de sa tante suicidée, un romancier est témoin d'étranges phénomènes. □ 13 ans+
DVD VA→Cadrage W→19,95 $

HOUSE / A HOUSE IN JERUSALEM
ISR. 1979. Amos GITAÏ
DVD STA→29,95 $

HOUSE BY THE CEMETERY ▷6
ITA. 1981. Drame d'horreur de Lucio FULCI avec Catriona McColl, Paolo Malco et Dagmar Lassander. - Un professeur et sa famille font de mystérieuses découvertes dans la vieille demeure où ils viennent de s'installer.
DVD VA→STA→Cadrage W→23,95 $ VA→4,95 $

HOUSE BY THE RIVER
É.-U. 1950. Fritz LANG
DVD VA→21,95 $

HOUSE CALLS [Appelez-moi docteur] ▷5
É.-U. 1978. Comédie de Howard ZIEFF avec Walter Matthau, Glenda Jackson et Art Carney. - Les relations difficiles entre un chirurgien veuf et une divorcée. □ Général
DVD VF→STF→Cadrage W→14,95 $

HOUSE OF 1000 CORPSES ▷5
É.-U. 2000. Drame d'horreur de Rob ZOMBIE avec Sid Haig, Rainn Wilson et Karen Black. - La nuit de l'Halloween, quatre jeunes voyageurs tombent entre les griffes d'une famille de meurtriers sadiques. □ 18 ans+ · Horreur - Violence
DVD VA→STA→Cadrage W→13,95 $

HOUSE OF ANGELS *voir* **Refuge des anges, Le**

HOUSE OF BAMBOO ▷4
É.-U. 1955. Drame policier de Samuel FULLER avec Robert Ryan, Robert Stack et Shirley Yamaguchi. - Un policier américain s'introduit dans une bande de gangsters opérant au Japon.
DVD VF→STA→Cadrage W→14,95 $

HOUSE OF CARDS ▷4
É.-U. 1993. Drame psychologique de Michael LESSAC avec Kathleen Turner, Tommy Lee Jones et Asha Menina. - La veuve d'un archéologue espère la guérison de sa fillette autistique. □ Général

HOUSE OF D
É.-U. 2004. David DUCHOVNY
DVD VA→STA→Cadrage W→24,95 $

HOUSE OF DARK SHADOWS ▷5
[Fiancée du vampire, La]
É.-U. 1970. Drame d'horreur de Dan CURTIS avec Jonathan Frid, Grayson Hall et Kathryn Leigh Scott. - Une femme-médecin lutte contre un vampire qui terrorise un domaine familial de la Nouvelle-Angleterre. □ 13 ans+

HOUSE OF FLYING DAGGERS, THE
voir **Secret des poignards volants, Le**

HOUSE OF FOOLS ▷5
RUS. 2002. Comédie dramatique d'Andrei KONCHALOVSKY avec Julia Vysotsky, Bryan Adams et Sultan Islamov. - Dans un hôpital psychiatrique en Tchétchénie, une jeune patiente s'imagine être la fiancée d'un chanteur rock canadien. □ 13 ans+
DVD STA→Cadrage W→18,95 $

HOUSE OF FRANKENSTEIN ▷5
É.-U. 1944. Drame d'horreur de Erle C. KENTON avec Boris Karloff, John Carradine et Lon Chaney Jr. - Un savant détraqué fait revivre le comte Dracula, le monstre de Frankenstein et un loup-garou pour assouvir sa vengeance. □ Général

HOUSE OF GAMES [Engrenages] ▷4
É.-U. 1987. Drame policier de David MAMET avec Lindsay Crouse, Joe Mantegna et Mike Nussbaum. - En voulant aider un patient, une psychiatre est mêlée à une arnaque qui finit par tourner mal.
DVD Cadrage W→12,95 $

HOUSE OF MIRTH, THE ▷3
[Chez les heureux du monde]
ANG. 2000. Drame de mœurs de Terence DAVIES avec Gillian Anderson, Eric Stoltz et Laura Linney. - Une jeune femme de la haute société new-yorkaise du début du XXe siècle vit une série de revers qui entraîne sa disgrâce. - Adaptation rigoureuse et raffinée d'un roman d'Edith Wharton. Très beau portrait de femme. Mise en scène d'une beauté exquise. Jeu sensible de G. Anderson. □ Général
DVD VA→STF→Cadrage W→39,95 $

HOUSE OF SAND AND FOG, THE ▷4
[Maison de sable et de brume]
É.-U. 2003. Drame de mœurs de Vadim PERELMAN avec Jennifer Connelly, Ben Kingsley et Ron Eldard. - Une jeune femme commet des actes désespérés après que sa maison eut été saisie par la cour et vendue à une famille d'immigrants iraniens. □ 13 ans+
DVD VF→STA→Cadrage W→14,95 $

HOUSE OF STRANGERS ▷3
[Maison des étrangers, La]
É.-U. 1949. Drame psychologique de Joseph Leo MANKIEWICZ avec Edward G. Robinson, Richard Conte et Susan Hayward. - Un banquier tyrannise sa famille et s'attire la haine de trois de ses fils. - Intrigue d'une forte puissance dramatique. Mise en scène solide. Interprétation de classe. □ Général
DVD VA→STA→14,95 $

HOUSE OF THE LONG SHADOWS ▷5
[Manoir de l'horreur, Le]
ANG. 1982. Drame d'horreur de Peter WALKER avec Desi Arnaz Jr., Vincent Price et Christopher Lee. - Un écrivain, qui s'est isolé dans un vieux manoir pour écrire un roman, est dérangé par divers intrus. □ 13 ans+

HOUSE OF THE SPIRITS, THE ▷4
[Maison aux esprits, La]
ALL. 1993. Chronique de Bille AUGUST avec Jeremy Irons, Meryl Streep et Winona Ryder. - Les tribulations d'un riche propriétaire terrien sud-américain qui se comporte de façon intransigeante envers les siens. □ 13 ans+
DVD Cadrage W→13,95 $

HOUSE OF USHER *voir* **Fall of the House of Usher, The**

HOUSE OF VOICES *voir* **Saint Ange**

HOUSE OF WAX [Homme au masque de cire, L'] ▷5
É.-U. 1953. Drame d'horreur d'André De TOTH avec Vincent Price, Frank Lovejoy et Phyllis Kirk. - Saisi de folie homicide, un sculpteur recouvre de cire ses victimes et les expose dans son atelier. □ 13 ans+
DVD VA→11,95 $

HOUSE OF WAX [Maison de cire, La] ▷5
É.-U. 2005. Jaume COLLET-SERRA
DVD VF→STF→Cadrage W→22,95 $

HOUSE OF YES, THE [Drôle de maisonnée] ▷5
É.-U. 1996. Comédie dramatique réalisée par Mark WATERS avec Parker Posey, Josh Hamilton et Tori Spelling. - Une jeune femme souffrant de troubles psychologiques accepte mal que son frère jumeau lui rende visite accompagné par sa fiancée. □ 13 ans+
DVD VA→STA→Cadrage W→14,95 $

HOUSE ON 92nd STREET, THE ▷4
É.-U. 1944. Drame d'espionnage de Henry HATHAWAY avec Signe Hasso, William Eythe et Lloyd Nolan. - Aux États-Unis, des agents nazis tentent de pénétrer les secrets d'État. □ Général
DVD VA→STA→15,95 $

HOUSE ON CARROLL STREET, THE ▷4
É.-U. 1988. Drame policier de Peter YATES avec Kelly McGillis, Jeff Daniels et Mandy Patinkin. - En 1951, devenue lectrice chez une vieille demoiselle, une jeune journaliste sans emploi découvre dans la maison voisine une filière d'aide à d'anciens nazis. □ Général
DVD VA→STF→Cadrage W→12,95 $

HOUSE ON SORORITY ROW ▷5
É.-U. 1982. Drame d'horreur de M. ROSMAN avec Kathryn McNeil, Eileen Davidson et Janis Zido. - Au cours d'une nuit où elles célèbrent leur fin d'année scolaire, sept collégiennes sont assaillies par un mystérieux meurtrier.
DVD VA→Cadrage W→PC

HOUSE ON TELEGRAPH HILL ▷4
É.-U. 1951. Drame de Robert WISE avec Richard Basehart, Gordon Gebert, Valentina Cortese et William Lundigan. - Une Polonaise se substitue à une amie décédée et découvre qu'on cherche à supprimer le fils de la morte.
DVD VA→STA→15,95 $

HOUSE ON THE EDGE OF THE PARK, THE
[Maison au fond du parc, La]
É.-U. 1980. Ruggero DEODATO □ 18 ans+
DVD VA→Cadrage W→28,95 $

HOUSE ON TURK STREET, THE *voir* **No Good Deed**

HOUSE PARTY ▷4
É.-U. 1990. Comédie musicale de Reginald HUDLIN avec Robin Harris, Christopher Reid et Christopher Martin. - Malgré l'interdiction de son père, un adolescent se rend à une fête organisée par un copain en l'absence de ses parents. □ 13 ans+

HOUSE THAT DRIPPED BLOOD ▷4
ANG. 1970. Film à sketches de Peter DUFFELL avec Denholm Elliott, Peter Cushing et Christopher Lee. - Un agent immobilier raconte à un policier les étranges événements survenus dans une maison isolée dont il a la charge.
DVD VA→12,95 $

HOUSE WITH THE LAUGHING WINDOW, THE
ITA. 1976. Pupi AVATI
DVD STA→37,95 $

HOUSEBOAT ▷4
É.-U. 1958. Comédie de Melville SHAVELSON avec Cary Grant, Sophia Loren et Martha Hyer. - La fille d'un musicien italien se fait engager comme bonne par un riche veuf installé sur une péniche avec ses enfants. □ Non classé
DVD VF→STA→Cadrage W→14,95 $

HOUSEHOLD SAINTS ▷4
É.-U. 1992. Comédie de mœurs de Nancy SAVOCA avec Tracey Ullman, Vincent D'Onofrio et Lili Taylor. - À New York, un couple italo-américain s'inquiète pour sa fille unique qui souhaite devenir religieuse. □ Général

HOUSEHOLDER, THE ▷4
IND. 1963. Comédie dramatique de James IVORY avec Shashi Kapoor, Leela Naidu et Durga Khote. - Deux jeunes époux dont le mariage a été arrangé en viennent à vivre heureux ensemble après des débuts difficiles. □ Général
DVD VA→STA→33,95 $

HOUSEKEEPING [Pas si folle] ▷3
É.-U. 1987. Comédie dramatique de Bill FORSYTH avec Christine Lahti, Sara Walker et Andrea Burchill. - Élevées par leur grand-mère après le suicide de leur mère, deux adolescentes sont prises en charge à la mort de l'aïeule par une tante attirée par l'errance. - Récit insolite. Aspects sombres et même inquiétants. Mise en scène inventive. □ Général

HOUSESITTER [Maîtresse de maison, La] ▷4
É.-U. 1992. Comédie de Frank OZ avec Steve Martin, Goldie Hawn et Dana Delany. - Une jeune serveuse emménage dans la maison de campagne d'un architecte célibataire et se fait passer pour sa femme auprès des villageois. □ Général
DVD VF→STA→Cadrage W→28,95 $

HOW CAN I *voir* **Como Voy A Olvidarte**

HOW GREEN WAS MY VALLEY ►2
[Qu'elle était verte ma vallée]
É.-U. 1940. Drame social de John FORD avec Walter Pidgeon, Maureen O'Hara et Roddy McDowall. - Un jeune Gallois se rappelle les transformations qui ont affecté les mineurs de son coin de pays. - Adaptation d'un roman à succès. Œuvre de qualité traitée en nuances et demi-teintes. Excellente interprétation. □ Général
DVD VA→14,95 $

HOW I WON THE WAR ▷4
ANG. 1967. Comédie satirique de Richard LESTER avec Michael Crawford, Roy Kinnear et John Lennon. - Les mésaventures d'un officier borné pendant la guerre 1939-1945. □ Non classé

HOW MANY MILES TO BABYLON?
ANG. 1982. Drame de Moira ARMSTRONG avec Daniel Day-Lewis et Christopher Fairbank. - Au cours de la Première Guerre mondiale, un geôlier se lie d'amitié avec un détenu condamné à la chaise électrique. □ Général

HOW THE WEST WAS WON ▷4
[Conquête de l'Ouest, La]
É.-U. 1962. Western de Henry HATHAWAY, George MARSHALL et John FORD avec Debbie Reynolds, George Peppard et Carroll Baker. - Différentes étapes de la conquête de l'Ouest vues à travers l'histoire d'une famille de pionniers. □ Général
DVD VF→STF→Cadrage W→9,95 $

HOW TO BEAT THE HIGH COST OF LIVING? ▷5
[Y'a pas de petites économies]
É.-U. 1980. Comédie de Robert SCHEERER avec Jane Curtin, Susan Saint James et Jessica Lange. - Trois jeunes femmes, dont les problèmes conjugaux se doublent d'ennuis financiers, unissent leurs forces pour réussir un vol extravagant.
DVD VA→STF→11,95 $

HOW TO GET AHEAD IN ADVERTISING ▷4
ANG. 1989. Comédie satirique de Bruce ROBINSON avec Rachel Ward, Richard E. Grant et Richard Wilson. - Obsédé par ses préoccupations professionnelles, un publicitaire s'imagine que l'anthrax qu'il a au cou prend la forme d'une tête qui discute avec lui. □ 13 ans+
DVD VA→Cadrage W→59,95 $ VA→STF→11,95 $

HOW TO KILL A JUDGE
ITA. 1974. Damiano DAMIANI
DVD VA→STA→27,95 $

HOW TO MAKE AN AMERICAN QUILT ▷4
[Couvre-lit à l'américaine]
É.-U. 1995. Film à sketches de Jocelyn MOORHOUSE avec Winona Ryder, Anne Bancroft et Ellen Burstyn. - Afin de guider les choix d'une jeune femme qui hésite à se marier, des dames plus âgées lui racontent des épisodes de leurs propres vies sentimentales. □ Général
DVD VF→Cadrage W→10,95 $

HOW TO MARRY A MILLIONAIRE ▷5
[Comment épouser un millionnaire]
É.-U. 1953. Comédie de Jean NEGULESCO avec Marilyn Monroe, Lauren Bacall et Betty Grable. - Trois jeunes femmes se lancent à la chasse au millionnaire. □ Général
DVD Cadrage W→14,95 $

HOW TO MURDER YOUR WIFE ▷4
[Comment tuer votre femme]
É.-U. 1964. Comédie de mœurs de Richard QUINE avec Jack Lemmon, Virna Lisi et Terry-Thomas. - Un auteur de bandes dessinées trouve que la vie conjugale nuit à son inspiration. □ Général
DVD VF→STF→11,95 $

HOW TO STEAL A MILLION ▷4
[Comment voler un million de dollars]
É.-U. 1966. Comédie policière de William WYLER avec Peter O'Toole, Audrey Hepburn et Charles Boyer. - Un détective accepte d'aider une jeune fille à voler une statue dans un musée. □ Général
DVD VA→14,95 $

HOW TO SUCCEED IN BUSINESS WITHOUT REALLY TRYING ▷4
[Comment réussir en affaires sans vraiment essayer]
É.-U. 1966. Comédie musicale de David SWIFT avec Robert Morse, Michele Lee et Rudy Vallee. - Un laveur de carreaux décide de faire son chemin dans le monde des affaires. □ Général

HOWARDS END [Retour à Howards End] ▷3
ANG. 1991. Drame de mœurs de James IVORY avec Helena Bonham, Emma Thompson Carter et Anthony Hopkins. - Les tribulations de deux sœurs de la petite-bourgeoisie londonienne qui fréquentent une famille d'aristocrates. - Adaptation d'un roman de E.M. Forster. Récit naviguant habilement entre l'ironie et le tragique. Mise en images très soignée. Comédiens de grande classe. □ Général
DVD VA→Cadrage W→33,95 $

HOWARDS OF VIRGINIA, THE ▷4
É.-U. 1940. Drame de Frank LLOYD avec Cary Grant, Martha Scott et Cedric Hardwicke. - L'histoire d'un couple mal assorti à l'époque de la Révolution américaine.

HOWL'S MOVING CASTLE [Château ambulant, Le] ▷3
JAP. 2004. Film d'animation de Hayao MIYAZAKI - Dans un pays en guerre, une jeune chapelière, transformée en femme de 90 ans par une sorcière, se réfugie dans le château ambulant d'un magicien. - Histoire imaginative inspirée du roman de Diana Wynne Jones. Univers magique et parfois surréaliste d'une conception fort originale. Rythme inégal. Illustration opulente. Grande maîtrise technique.
DVD VF→STA→34,95 $

HOWLING, THE [Hurlements] ▷4
É.-U. 1980. Drame d'horreur de Joe DANTE avec Dee Wallace, Dennis Dugan et Patrick Macnee. - Soignée dans une clinique installée en pleine nature, une journaliste découvre qu'elle est entourée de loups-garous. □ 13 ans+
DVD VA→STF→Cadrage W→11,95 $

HOWLING II: YOUR SISTER IS A WEREWOLF
[Howling II: Striba - Werewolf Bitch]
É.-U. 1986. Philippe MORA
DVD VA→STF→12,95 $

HOWLING III: THE MARSUPIALS ▷5
AUS. 1987. Drame d'horreur de P. MORA avec Barry Otto, Imogen Annesley et Asha Blahova. - Obsédé par l'étude des loups-garous, un chercheur scientifique s'intéresse à une espèce australienne s'apparentant aux marsupiaux.
DVD VA→Cadrage W→9,95 $

HOWLING IV ▷6
É.-U. 1988. Drame d'horreur de J. HOUGH avec Romy Windsor, Michael T. Weiss et Anthony Hamilton. - Victime d'hallucinations, une romancière se retire à la campagne où elle découvre une secte de loup-garous.

HOWLING V: THE REBIRTH ▷6
[Howling V: The Rebirth / Howling VI: The Freaks]
ANG. 1989. Drame d'horreur de N. SUNDTRÔM avec Philip Davis, Victoria Catlin et Elizabeth She. - À Budapest, des personnes d'origines diverses sont conviées à la mystérieuse réouverture d'un château laissé à l'abandon depuis cinq cents ans.

HUCKLEBERRY FINN ▷5
É.-U. 1974. Comédie musicale de Jack Lee THOMPSON avec Jeff East, Paul Winfield et Harvey Korman. - Un adolescent s'enfuit avec un esclave noir sur un radeau le long du Mississippi.
DVD VA→STA→11,95 $

HUCKSTERS, THE ▷5
É.-U. 1947. Comédie satirique de Jack CONWAY avec Clark Gable, Deborah Kerr et Ava Gardner. - Un ancien soldat se fait une carrière dans la publicité commerciale. □ Général

HUD ▷3
É.-U. 1963. Western de Martin RITT avec Paul Newman, Brandon de Wilde et Patricia Neal. - Le fils d'un rancher du Texas vit égoïstement à la recherche des plaisirs faciles. - Évocation psychologique intéressante de l'Ouest contemporain. Mise en scène de style réaliste. Passages impressionnants. Interprétation de classe. □ Général
DVD VA→Cadrage W→9,95 $

HUDSUCKER PROXY, THE [Opération Hudsucker] ▷3
É.-U. 1994. Comédie satirique de Joel COEN avec Tim Robbins, Jennifer Jason Leigh et Paul Newman. - En 1958, à New York, un coursier naïf se retrouve du jour au lendemain président d'une grande compagnie. - Délirante satire du monde des affaires. Extraordinaire virtuosité technique. Superbes décors stylisés. T. Robbins merveilleux dans son rôle. □ Général
DVD VF→STF→Cadrage P&S/W→13,95 $

HUELEPEGA *voir* **Glue Sniffer**

HUGO POOL ▷5
É.-U. 1997. Comédie de mœurs de Robert DOWNEY Sr. avec Alyssa Milano, Patrick Dempsey et Cathy Moriarty. - Une jeune nettoyeuse de piscines privées se fait aider par ses parents paumés afin de servir 44 clients en une journée. □ Général

HUILE DE LORENZO, L' *voir* **Lorenzo's Oil**

HUIT EN-DESSOUS *voir* **Eight Below**

HUIT FEMMES *voir* **8 Femmes**

HUIT HEURES DE SURSIS *voir* **Odd Man Out**

HUITIÈME JOUR, LE ▷4
FR. 1996. Comédie dramatique de Jaco VAN DORMAËL avec Daniel Auteuil, Pascal Duquenne et Miou-Miou. - Un banquier qui a des ennuis familiaux rencontre par hasard un jeune mongolien parti à la recherche de sa mère.

HUKKLE ▷3
HON. 2002. Comédie de mœurs de Gyorgy PALFI avec Ferenc Bandi, Jozsefné Racz et Agi Margitai. - Dans un village rural en apparence paisible, les hommes meurent un après l'autre de façon mystérieuse. - Œuvre insolite dissimulant sous l'allure d'un tableau pastoral les éléments d'une énigme policière. Regard partagé entre le surréalisme et le documentaire. Traitement visuel et sonore fort inventif. Interprétation d'une adéquate neutralité.
DVD STA➜33,95 $

HULK, THE ▷3
É.-U. 2003. Science-fiction d'Ang LEE avec Eric Bana, Jennifer Connelly et Sam Elliott. - Victime d'une mutation génétique, un savant qui a été exposé aux rayons gamma se transforme, lorsqu'il est en colère, en un géant vert invincible. - Récit étoffé et imaginatif d'après une bande dessinée. Personnages habilement fouillés. Réalisation fougueuse inspirée de l'esthétique des « comic books ».
□ Général · Déconseillé aux jeunes enfants
DVD VF➜Cadrage W➜14,95 $

HULLABALOO OVER GEORGIE AND BONNIE'S PICTURES ▷5
ANG. 1978. Drame de mœurs de James IVORY avec Peggy Ashcroft, Victor Bannerjee et Jane Booker. - Des amateurs d'art rivalisent pour mettre la main sur la collection de peintures miniatures d'un maharajah.
DVD VA➜STA➜33,95 $

HUMAN COMEDY, THE ▷4
É.-U. 1943. Comédie dramatique de Clarence BROWN avec Mickey Rooney, Marsha Hunt et Van Johnson. - La vie d'une famille américaine pendant que le fils aîné est parti à la guerre. □ Général

HUMAN CONDITION I: NO GREATER LOVE, THE ►2
JAP. 1959. Drame social de Masaki KOBAYASHI avec Tatsuya Nakadai, Michiyo Aratama et So Yamamura. - Pour éviter d'être mobilisé, un Japonais idéaliste accepte un poste de surintendant dans une mine de Mandchourie. - Style intense et vigoureux. Scènes admirablement composées. Forte interprétation. □ Général

HUMAN CONDITION II: THE ROAD TO ETERNITY, THE ▷3
JAP. 1960. Drame social de Masaki KOBAYASHI avec Tatsuya Nakadai, Michiyo Aratama et Keiji Sada. - Un sous-officier japonais cherche à introduire dans l'armée des méthodes plus humaines. - Second épisode d'une trilogie. Mise en scène riche en détails significatifs. Interprétation excellente. □ Général

HUMAN CONDITION III: A SOLDIER'S PRAYER, THE ►2
JAP. 1961. Drame social de Masaki KOBAYASHI avec Tatsuya Nakadai, Yusuke Kawazu et Kyoko Kishida. - À la fin de la guerre, un soldat japonais entreprend un long et exténuant voyage afin de rejoindre sa femme en Mandchourie du Sud. - Tableau des conséquences de la guerre présenté avec réalisme et grandeur. Plusieurs scènes d'une force dramatique rare. Interprétation remarquable de T. Nakadai. □ Général

HUMAN NATURE [Nature humaine, La] ▷5
É.-U. 2001. Comédie fantaisiste de Michael GONDRY avec Patricia Arquette, Tim Robbins et Rhys Ifans. - Un savant et sa compagne affligée d'une pilosité excessive entreprennent de civiliser un homme ayant grandi dans la forêt à l'état sauvage. □ 13 ans+
DVD VA➜Cadrage W➜23,95 $

HUMAN RESOURCES *voir* **Ressources humaines**

HUMAN STAIN, THE [Tache, La] ▷4
É.-U. 2003. Drame psychologique de Robert BENTON avec Anthony Hopkins, Nicole Kidman et Ed Harris. -Un ex-professeur de littérature âgé de 71 ans noue une relation passionnée avec une jeune concierge abîmée par la vie. □ 13 ans+
DVD VA➜22,95 $

HUMAN TRAFFIC [Cédez le passage] ▷5
ANG. 1999. Comédie dramatique de Justin KERRIGAN avec John Simm, Lorraine Pilkington et Shaun Parkes. - Cinq jeunes amis exorcisent leurs frustrations quotidiennes en s'éclatant le soir venu dans des raves. □ 16 ans+
DVD VA➜Cadrage W➜14,95 $

HUMANITÉ, L' ▷3
FR. 1999. Drame de Bruno DUMONT avec Emmanuel Schotté et Séverine Caneele. - Un policier de province qui enquête sur le meurtre sordide d'une fillette passe beaucoup de temps avec sa voisine et le petit ami de celle-ci. - Propos ambigu. Touches insolites et surréalistes troublantes. Style préconisant de longs plans fixes. Cadrages remarquables. Acteurs très bien dirigés. □ 16 ans+

HUMORESQUE ▷4
É.-U. 1946. Drame psychologique de Jean NEGULESCO avec Joan Crawford, John Garfield et Oscar Levant. - Une femme riche mais malheureuse en ménage protège un jeune violoniste dont elle s'éprend. □ Général
DVD VA➜STF➜21,95 $

HUNCHBACK OF NOTRE-DAME ▷3
É.-U. 1939. Drame de William DIETERLE avec Maureen O'Hara, Charles Laughton et Thomas Mitchell. - Un bossu, sonneur des cloches de Notre-Dame, se fait le protecteur d'une jeune gitane. - Adaptation somptueuse d'un roman de Victor Hugo. Mise en scène soignée. Composition remarquable de C. Laughton. □ Général
DVD VA➜STF➜21,95 $

HUNCHBACK OF NOTRE-DAME, THE ▷3
[Bossu de Notre-Dame, Le]
É.-U. 1923. Drame de Wallace WORSLEY avec Lon Chaney, Patsy Ruth Miller et Ernest Torrence. - Un bossu, sonneur des cloches de Notre-Dame, se fait le protecteur d'une gitane. - Adaptation d'un roman de Victor Hugo. Mise en scène spectaculaire. Mise en valeur du talent de composition de L. Chaney. □ Général

HUNGARIAN FAIRY TALE, A ▷3
HON. 1986. Conte de Gyula GAZDAG avec Arpad Vermes, Maria Varga et Frantisek Husak. - Un orphelin va à la recherche de son père sans savoir que l'État lui en a désigné un d'office. - Satire des mœurs bureaucratiques. Mise en scène inventive. Illustration soignée.

HUNGER *voir* **Faim, La**

HUNGER, THE ▷4
ANG. 1983. Drame fantastique de Tony SCOTT avec Catherine Deneuve, David Bowie et Susan Sarandon. - Une vampire jette son dévolu sur une femme médecin que son compagnon est allé consulter lorsqu'il s'est soudain senti vieillir. □ 16 ans+ · Violence
DVD VF➜STF➜Cadrage W➜21,95 $

HUNT FOR RED OCTOBER ▷4
[À la poursuite d'Octobre rouge]
É.-U. 1990. Drame d'espionnage de John McTIERNAN avec Sean Connery, Alec Baldwin et Scott Glenn. - Le commandant d'un sous-marin soviétique qui met le cap vers les États-Unis pour passer à l'Ouest éveille ainsi l'inquiétude des Américains qui ne connaissent pas ses intentions. □ Général
DVD VF➜Cadrage W➜12,95 $

HUNTER, THE ▷5
É.-U. 1980. Drame policier de Buzz KULIK avec Steve McQueen, Kathryn Harrold et Eli Wallach. - Les exploits d'un chasseur de primes contemporain. □ 13 ans+
DVD VA➜Cadrage W➜10,95 $

HUNTERS, THE ▷5
É.-U. 1958. Drame de guerre de Dick POWELL avec Robert Mitchum, Robert Wagner et May Britt. - Pendant la guerre de Corée, un pilote s'éprend de la femme d'un camarade.
DVD VA➜STA➜Cadrage W➜13,95 $

HUNTING FLIES
voir **Chasse aux mouches, La**

HUNTING PARTY, THE ▷5
É.-U. 1971. Western de Don MEDFORD avec Oliver Reed, Candice Bergen et Gene Hackman. - Un riche propriétaire poursuit des hors-la-loi qui ont enlevé sa femme.
DVD VA➜STF➜11,95 $

HURLEMENTS *voir* **Howling, The**

HURLEVENT [Wuthering Heights]
FR. 1985. Jacques RIVETTE
DVD VF➜STA➜Cadrage W➜39,95 $

HURLYBURLY ▷5
É.-U. 1998. Drame de mœurs d'Anthony DRAZAN avec Sean Penn, Kevin Spacey et Chazz Palminteri. - Les tribulations d'un agent de casting hollywoodien au mode de vie excessif et de ses amis méprisants, cyniques et misogynes. □ 13 ans+ · Langage vulgaire
DVD Cadrage W➜32,95 $

HURRICANE, THE [Ouragan, L'] ▷4
É.-U. 1999. Drame biographique de Norman JEWISON avec Denzel Washington, Vicellous Reon Shannon et Deborah Kara Unger. – Les efforts d'un jeune Noir et de trois activistes pour faire libérer le boxeur Rubin Carter, injustement condamné pour meurtre.
DVD VF➜Cadrage W➜9,95 $

HUSBANDS ▷3
É.-U. 1970. Drame psychologique réalisé et interprété par John CASSAVETES avec Ben Gazzara et Peter Falk. - À la suite de l'enterrement d'un ami commun, trois vieux copains d'âge moyen font les quatre cents coups. - Dosage équilibré d'humanité, de pathos et d'humour. Écriture reposant en partie sur un travail d'improvisation. Mise en scène habile. Interprétation solide. □ 13 ans+

HUSBANDS AND LOVERS [Époux et amants] ▷5
ITA. 1991. Drame de mœurs de Mauro BOLOGNINI avec Julian Sands, Joanna Pacula et Tchéky Karyo. - Après avoir consenti à ce que sa femme prenne un amant, un jeune scénariste en vient pourtant à être jaloux. □ Non classé

HUSBANDS AND WIVES [Maris et femmes] ▷3
É.-U. 1992. Comédie de mœurs réalisée et interprétée par Woody ALLEN avec Mia Farrow et Judy Davis. - La rupture d'un couple d'amis amène deux intellectuels à remettre en question leur propre mariage. - Scénario plein de finesses. Ton tragicomique. Mise en scène nerveuse et spontanée. Excellents interprètes. □ Général
DVD 33,95 $ VF➜STF➜Cadrage W➜34,95 $

HUSH-A-BYE-BABY ▷4
IRL. 1990. Drame social de Margo HARKIN avec Emer McCourt, Michael Liebman et Cathy Casey. - Dans un quartier catholique d'une ville d'Irlande du Nord, une élève n'ose avouer à ses parents qu'elle est enceinte d'un jeune activiste incarcéré. □ 13 ans+

HUSH... HUSH, SWEET CHARLOTTE ▷5
É.-U. 1964. Drame d'horreur de Robert ALDRICH avec Bette Davis, Olivia de Havilland et Joseph Cotten. - Une femme déséquilibrée est l'objet d'un complot de la part d'une cousine qui veut toucher son héritage. □ Non classé
DVD VA➜STA➜Cadrage W➜15,95 $

HUSSARD SUR LE TOIT, LE ▷4
[Horseman on the Roof, The]
FR. 1995. Drame de Jean-Paul RAPPENEAU avec Olivier Martinez, Juliette Binoche et Jean Yanne. - En 1832, dans une Provence dévastée par le choléra, un colonel italien et une jeune aristocrate vivent ensemble diverses aventures. □ 13 ans+
DVD VF➜STA➜Cadrage W➜19,95 $

HUSTLE [Cité des dangers, La] ▷4
É.-U. 1975. Drame policier de Robert ALDRICH avec Burt Reynolds, Catherine Deneuve et Paul Winfield. - Les déboires professionnels et sentimentaux d'un officier de police de Los Angeles.
DVD VA➜STA➜Cadrage W➜15,95 $

HUSTLE AND FLOW ▷4
É.-U. 2005. Drame musical de Craig BREWER avec Terrence Howard, Anthony Anderson et Taryn Manning. - Un souteneur aspirant à une vie meilleure cherche à réaliser ses ambitions musicales en devenant rappeur. □ 13 ans+
DVD VA➜STA➜Cadrage W➜34,95 $

HUSTLER, THE [Arnaqueur, L'] ▷3
É.-U. 1961. Étude de mœurs de Robert ROSSEN avec Paul Newman, Piper Laurie et George C. Scott. - Un as du billard connaît des échecs professionnels et sentimentaux. - Excellente étude de milieu. Habile création d'atmosphère. Personnages bien analysés et bien interprétés. □ Général

HYENAS ▷4
SÉN. 1992. Drame social de Djibril Diop MAMBÉTY avec Mansour Diouf, Ami Diakhate et Mahouredia Gueye. - Après avoir acquis une fortune colossale, une femme qui a jadis été victime d'injustice revient dans son village natal pour se venger. □ Général
DVD STA➜26,95 $

HYSTERICAL BLINDNESS ▷5
É.-U. 2002. Drame de mœurs de Mira NAIR avec Uma Thurman, Juliette Lewis et Gena Rowlands. - Les tribulations de deux amies d'un quartier ouvrier du New Jersey à la recherche du bonheur et du grand amour.
DVD VA➜STA➜Cadrage W➜16,95 $

I

I CHANGED MY SEX *voir* **Glen or Glenda ?**

I AM A FUGITIVE FROM A CHAIN GANG ▷**3**
É.-U. 1932. Drame social de Mervyn LEROY avec Paul Muni, Glenda Farrell et Edward Ellis. - Mêlé involontairement à un vol, un homme est condamné à une vie de bagnard. - Critique sociale traitée avec vigueur. Construction dramatique solide. □ 13 ans+
DVD VA→STF→21,95 $

I AM CUBA *voir* **Je suis Cuba**

I AM DINA [Je suis Dina] ▷**4**
DAN. 2002. Drame d'Ole BORNEDAL avec Maria Bonnevie, Gérard Depardieu et Christopher Eccleston. - En Norvège, au XIXe siècle, une jeune femme volontaire et passionnée ne peut s'empêcher de détruire les personnes qu'elle aime. □ 13 ans+
DVD VF→16,95 $ VA→16,95 $

I AM SAM [Je suis Sam] ▷**5**
É.-U. 2001. Drame social de Jessie NELSON avec Michelle Pfeiffer, Sean Penn, Dianne Wiest et Dakota Fanning. - Pour récupérer la garde de sa fille de sept ans placée en famille d'accueil, un déficient mental obtient l'aide d'une avocate efficace mais névrosée. □ Général
DVD VA→14,95 $

I CAN'T SLEEP *voir* **J'ai pas sommeil**

I CAPTURE THE CASTLE ▷**3**
[Demoiselles du château, Les]
ANG. 2003. Drame sentimental de Tim FYWELL avec Romola Garai, Rose Byrne et Henry Thomas. - Les démêlés sentimentaux d'une jeune Anglaise dont la famille excentrique et sans le sou habite un château délabré. - Adaptation finement ciselée du roman de Dodie Smith. Récit d'un éveil à l'amour à la fois drolatique et sensible. □ Général
DVD VF→STF→Cadrage W/16X9→39,95 $

I CONFESS [Loi du silence, La] ▷**3**
É.-U. 1953. Drame policier d'Alfred HITCHCOCK avec Montgomery Clift, Karl Malden et Anne Baxter. - Un prêtre accusé d'un crime dont il connaît l'auteur est lié par le secret de la confession. - Film tourné en partie à Québec. Climat dramatique habilement composé. Mise en scène experte. Interprétation solide. □ Non classé
DVD VA→14,95 $

I DIED A THOUSAND TIMES ▷**4**
É.-U. 1955. Drame policier de Stuart HEISLER avec Jack Palance, Shelley Winters et Lauri Nelson. - À la suite d'un vol, un gangster est cerné sur une montagne par la police. □ Général

I DON'T KNOW WHAT YOUR EYES HAVE DONE TO ME
[Yo no sé qué me han hechos tus ochos]
ARG. 2003. Sergio WOLF et Lorena MUNOZ
DVD STA→29,95 $

I DON'T WANT TO TALK ABOUT IT ▷**4**
ARG. 1993. Comédie dramatique de Maria Luisa BEMBERG avec Marcello Mastroianni, Luisina Brando et Alejandra Podesta. - Une veuve est désespérée de voir le fortuné Italien qu'elle aime demander la main de sa fille naine. □ Général

I DREAMED OF AFRICA ▷**5**
É.-U. 2000. Drame biographique de Hugh HUDSON avec Vincent Perez, Kim Basinger et Liam Aiken. - Une femme part vivre en Afrique avec son fils et son nouveau mari. □ Général
DVD Cadrage W→33,95 $

I HAVE FOUND IT
IND. 2000. Rajiv MENON
DVD VA→STA→Cadrage W→21,95 $

I HEART HUCKABEES ▷**4**
É.-U. 2004. Comédie de mœurs de David O. RUSSELL avec Jason Schwartzman, Jude Law et Mark Wahlberg. - Un couple de détectives existentiels chamboule l'existence d'un militant écologiste en lutte contre un arrogant promoteur immobilier. □ 13 ans+
DVD VA→15,95 $ VA→39,95 $

I HIRED A CONTRACT KILLER
voir **J'ai engagé un tueur**

I INSIDE, THE
ANG. É.-U. 2003. Roland SUSO RICHTER
DVD VA→33,95 $

I KNOW WHERE I'M GOING ! ▷**5**
ANG. 1944. Drame de Michael POWELL et Emeric PRESSBURGER avec Roger Livesey, Wendy Hiller et Pamela Brown. - Une jeune Anglaise renonce à un mariage d'argent pour épouser un jeune Écossais pauvre mais séduisant.
DVD VA→STA→67,95 $

I LIKE IT LIKE THAT ▷**3**
É.-U. 1994. Comédie dramatique de Darnell MARTIN avec Lauren Velez, Jon Seda et Tomas Melly. - Lorsque son cavaleur de mari se retrouve en prison, une mère de famille du Bronx parvient grâce à son obstination à se trouver un emploi. - Peinture énergique d'un milieu ethnique. Préoccupations sociales variées. Traitement d'une justesse de ton remarquable. Interprétation spontanée et sincère. □ 13 ans+
DVD VA→21,95 $

I LIVE IN FEAR ▷**4**
JAP. 1955. Drame psychologique d'Akira KUROSAWA avec Toshiro Mifune, Eiko Miyoshi et Takashi Shimura. - Les enfants d'un industriel obsédé par le péril atomique cherchent à le faire frapper d'incompétence.

I LOVE A MAN IN UNIFORM ▷**4**
[Amour, obsession et uniforme]
CAN. 1993. Drame psychologique de David WELLINGTON avec Tom McCamus, Brigitte Bako et Kevin Tighe. - Un jeune comédien en vient à se confondre dans la vie de tous les jours avec le policier fictif qu'il incarne au petit écran. □ 13 ans+ · Violence

I LOVE TROUBLE [Bagarre à la une] ▷**5**
É.-U. 1994. Comédie policière de Charles SHYER avec Nick Nolte, Julia Roberts, Kelly Rutherford et Saul Rubinek. - Une rivalité s'installe entre un journaliste d'expérience et une jeune reporter qui enquêtent tous deux sur un accident de train plus que suspect. □ Général
DVD VF→STA→Cadrage W→14,95 $

I LOVE YOU ▷**4**
FR. 1986. Comédie de Marco FERRERI avec Christophe Lambert, Eddy Mitchell et Agnès Soral. - Un homme devient obsédé par un porte-clés en forme de visage de femme qui lui murmure « I love you » lorsqu'il siffle. □ Général

I LOVE YOU AGAIN ▷**4**
É.-U. 1940. Comédie de W.S. VAN DYKE II avec William Powell, Frank McHugh, Myrna Loy et Edmond Lowe. - À la suite d'un choc sur la tête, un bon bourgeois sérieux devient un aventurier audacieux. □ Général

I LOVE YOU TO DEATH [Je t'aime à te tuer] ▷3
É.-U. 1990. Comédie de Lawrence KASDAN avec Kevin Kline, Tracey Ullman et Joan Plowright. - Lorsqu'elle découvre que son mari court la prétentaine, une jeune femme décide de le tuer avec l'aide de sa mère. - Scénario inspiré d'un fait divers authentique. Ton loufoque réjouissant. Rythme alerte. Interprétation vivante. □ Général
DVD VA→Cadrage W→23,95 $

I LOVE YOU TOO
HOL. 2001. Ruud VAN HEMERT
DVD STA→26,95 $

I LOVE YOU, ALICE B. TOKLAS [Kiss My Butterfly] ▷4
É.-U. 1968. Comédie de Hy AVERBACK avec Peter Sellers, Leigh Taylor-Young et Joyce Van Patten. - Par amour pour une jeune bohème, un avocat se convertit au mode de vie des « hippies ».
□ 18 ans+
DVD VA→STF→21,95 $

I LOVE YOUR WORK
É.-U. 2003. Adam GOLDBERG
DVD VA→STA→31,95 $

I MARRIED A WITCH [Ma femme est une sorcière] ▷3
É.-U. 1943. Comédie fantaisiste de René CLAIR avec Fredric March, Veronica Lake et Cecil Kellaway. - Un sorcier et sa fille revivent pour se venger sur le descendant de leur bourreau. - Fantaisie et humour savamment dosés. □ Général

I MARRIED AN ANGEL ▷4
É.-U. 1941. Comédie musicale de W.S. VAN DYKE II avec Jeannette MacDonald, Nelson Eddy et Edward E. Norton. - Une humble sténographe dispute à une ambitieuse secrétaire l'amour d'un riche banquier. □ Général

I MOBSTER
É.-U. 1958. Roger CORMAN
DVD VA→10,95 $

I NEVER PROMISED YOU A ROSE GARDEN ▷3
É.-U. 1976. Drame psychologique de A. PAGE avec Kathleen Quinlan, Bibi Andersson et Sylvia Sidney. - Les dures expériences vécues en clinique par une adolescente schizophrène compliquent le travail de la psychiatre qui la soigne. - Scénario intelligemment conduit. Exploration passionnante du monde de la folie. Excellente interprétation de K. Quinlan.
DVD VA→STA→14,95 $

I NEVER SANG FOR MY FATHER ▷3
[Mon père n'a jamais écouté mes chansons]
É.-U. 1969. Drame psychologique de Gilbert CATES avec Melvyn Douglas, Gene Hackman et Estelle Parsons. - Un professeur veuf attaché à ses vieux parents est incapable de communiquer avec son père. - Étude psychologique d'une grande densité. Rythme souple. Interprétation sensible et retenue. □ 13 ans+

I OUGHT TO BE IN PICTURES ▷4
[Je me fais du cinéma]
É.-U. 1982. Comédie dramatique de Herbert ROSS avec Ann-Margret, Dinah Manoff et Walter Matthau. - Désireuse de devenir actrice de cinéma, une adolescente se rend en Californie où elle retrouve, après seize ans de séparation, son père qui est scénariste. □ Général

I REMEMBER MAMA [Tendresse] ▷4
É.-U. 1947. Comédie dramatique de George STEVENS avec Barbara Bel Geddes, Irene Dunne et Oscar Homolka. - L'histoire d'une famille d'immigrants norvégiens installée à San Francisco. □ Général
DVD VA→STF→21,95 $

I REMEMBER ME
É.-U. 2000. Kim A. SNYDER
DVD VA→44,95 $

I SEE A DARK STRANGER ▷4
ANG. 1945. Drame d'espionnage de Frank LAUNDER avec Deborah Kerr, Trevor Howard et Raymond Huntley. - Une patriote irlandaise fait de l'espionnage pour les Allemands pendant la guerre.
DVD VA→23,95 $

I SHOT ANDY WARHOL ▷3
É.-U. 1995. Drame de mœurs de Mary HARRON avec Stephen Dorff, Lili Taylor et Jared Harris. - Évocation des faits et circonstances qui ont amené une jeune auteure radicale à tirer sur un célèbre artiste new-yorkais. - Portrait implacable d'une marginale. Récit aux accents féministes. Reconstitution précise du milieu. Jeu intense et plein d'humour de L. Taylor. □ 16 ans+ · Langage vulgaire

I STAND ALONE *voir* **Seul contre tous**

I WALK THE LINE ▷3
É.-U. 1970. Drame psychologique de John FRANKENHEIMER avec Gregory Peck, Tuesday Weld et Estelle Parsons. - Un shérif du Tennessee se prend d'une folle passion pour une adolescente dont le père est un fabricant clandestin d'alcool. - Histoire sordide racontée avec dignité. Mise en scène de classe. Interprétation nuancée.
DVD VA→STA→Cadrage W→17,95 $

I WALKED WITH A ZOMBIE ▷3
[I Walked with a Zombie / Body Snatcher]
É.-U. 1943. Drame d'horreur de Jacques TOURNEUR avec Tom Conway, Frances Dee et James Ellison. - Aux Antilles, une infirmière est menacée par des pratiques superstitieuses. - Charme désuet. Très beaux éclairages tamisés. Climat envoûtant à souhait. Interprétation dans le ton.
DVD VA→STF→21,95 $

I WANNA HOLD YOUR HAND ▷5
É.-U. 1978. Comédie de Robert ZEMECKIS avec Nancy Allen, Wendi Jo Sperber et Theresa Saldana. - En février 1964, quatre adolescentes se rendent à New York pour tenter de rencontrer les Beatles.
□ Général
DVD VA→16,95 $

I WANT TO GO HOME ! ▷4
FR. 1989. Comédie d'Alain RESNAIS avec Adolph Green, Laura Benson et Gérard Depardieu. - Les mésaventures d'un dessinateur de bandes dessinées américain n'ayant jamais voyagé et se rendant à Paris surtout pour revoir sa fille dont il est sans nouvelles.
□ Général

I WANT TO LIVE ! ▷3
É.-U. 1958. Drame social de Robert WISE avec Susan Hayward, Simon Oakland et Virginia Vincent. - Une prostituée au dossier chargé est condamnée pour le meurtre d'une vieille dame. - Réquisitoire contre la peine capitale. Sujet tiré d'un fait réel. Drame prenant et bien réalisé. Interprétation brillante de S. Hayward.
□ Non classé
DVD VF→STF→12,95 $

I WAS A MALE WAR BRIDE ▷4
É.-U. 1949. Comédie sentimentale de Howard HAWKS avec Cary Grant, Ann Sheridan et Marion Marshall. - Les tribulations d'un officier français qui a épousé une militaire américaine. □ Général
DVD VA→14,95 $

I WENT DOWN ▷4
IRL. 1997. Comédie policière de Paddy BREATHNACH avec Brendan Gleeson, Peter McDonald et Peter Caffrey. - Un caïd charge deux truands mal assortis de retrouver un ancien associé qui l'a trahi.
□ 13 ans+ · Violence

I WILL WALK LIKE A CRAZY HORSE
voir **J'irai comme un cheval fou**

I'D CLIMB THE HIGHEST MOUNTAIN ▷4
É.-U. 1951. Comédie de Henry KING avec Susan Hayward, Rory Calhoun et William Lundigan. - Au début du siècle, un jeune pasteur protestant nommé dans une région rurale doit gagner la confiance de ses nouveaux fidèles. □ Général

I'LL BE SEEING YOU ▷4
É.-U. 1947. Mélodrame de William DIETERLE avec Ginger Rogers, Joseph Cotten, Spring Byington et Shirley Temple. - Au cours d'une permission, une jeune détenue rencontre un soldat qui s'éprend d'elle.
DVD VA→STF→18,95 $

I'LL CRY TOMORROW ▷4
É.-U. 1955. Drame biographique de Daniel MANN avec Eddie Albert, Susan Hayward et Richard Conte. - L'histoire de la chanteuse Lilian Roth, ses déboires sentimentaux et sa lutte contre l'alcoolisme. □ Général

I'LL DO ANYTHING [Je ferai n'importe quoi] ▷4
É.-U. 1994. Comédie de mœurs de James L. BROOKS avec Nick Nolte, Whittni Wright, Joely Richardson et Albert Brooks. - À Hollywood, un acteur sans succès se retrouve avec la garde de sa fillette qui, contre toute attente, décroche un rôle dans une série télévisée. □ Général

I'LL SEE YOU IN MY DREAMS ▷5
É.-U. 1951. Comédie musicale de Michael CURTIZ avec Doris Day, Danny Thomas et Frank Lovejoy. - Un parolier connaît le succès grâce à l'aide de son épouse. □ Général

I'LL SLEEP WHEN I'M DEAD ▷4
ANG. 2003. Thriller de Mike HODGES avec Clive Owen, Charlotte Rampling et Malcolm McDowell. - Un ancien gangster qui s'est retiré à la campagne revient à Londres pour venger la mort sordide de son jeune frère.
DVD VA➜Cadrage W➜14,95 $

I'M ALL RIGHT, JACK ▷4
ANG. 1959. Comédie satirique de John BOULTING avec Peter Sellers, Ian Carmichael et Terry-Thomas. - L'ardeur au travail d'un employé d'usine occasionne une grève.

I'M DANCING AS FAST AS I CAN ▷4
É.-U. 1981. Drame psychologique de J. HOFSSIS avec Geraldine Page, Jill Clayburgh et Nicol Williamson. - Les difficultés d'une productrice d'émissions de télévision qui fait un usage abusif de tranquillisants.
DVD VA➜STA➜Cadrage W➜14,95 $

I'M NO ANGEL ▷5
É.-U. 1933. Comédie de Wesley RUGGLES avec Mae West, Cary Grant et Edward Arnold. - Une artiste de cirque profite d'une tournée pour appâter les gogos. □ Général

I'M NOT RAPPAPORT [Banc de Carter, Le] ▷5
É.-U. 1996. Comédie dramatique de Herb GARDNER avec Walter Matthau, Ossie Davis, Craig T. Nelson et Amy Irving. - Toujours prêt à lutter contre les injustices du monde qui l'entoure, un vieillard entraîne dans ses croisades un vieux concierge au tempérament paisible. □ Général
DVD VA➜STA➜Cadrage W➜17,95 $

I'M NOT SCARED *voir* **Je n'ai pas peur**

I'VE HEARD THE MERMAIDS SINGING ▷4
[Chant des sirènes, Le]
CAN. 1987. Comédie de Patricia ROZEMA avec Sheila McCarthy, Paule Baillargeon et Ann-Marie McDonald. - Malgré son incompétence manifeste, une jeune femme se trouve un emploi temporaire dans une galerie d'art à Toronto. □ Général
DVD VF➜14,95 $

I, CLAUDIA
CAN. 2004. Chris ABRAHAM
DVD VA➜32,95 $

I, MONSTER ▷5
ANG. 1970. Drame d'horreur de Stephen WEEKS avec Christopher Lee, Peter Cushing et Mike Raven. - Un savant absorbe une drogue de son invention et se transforme en un être brutal.
DVD VA➜Cadrage W➜17,95 $

I, ROBOT [Robots, Les] ▷4
É.-U. 2004. Science-fiction d'Alex PROYAS avec Will Smith, Bridget Moynahan et Alan Tudyk. - En 2035, un détective soupçonne un robot d'être mêlé à l'apparent suicide d'un scientifique. □ Général · Déconseillé aux jeunes enfants
DVD VF➜STA➜Cadrage W/16X9➜36,95 $
VA➜STF➜Cadrage 16X9➜31,95 $

I... COMME ICARE ▷4
FR. 1979. Drame social d'Henri VERNEUIL avec Yves Montand, Pierre Vernier et Didier Sauvegrain. - Un procureur obtient de rouvrir l'enquête sur le meurtre d'un président. □ Général

I.Q. [Q.I.] ▷4
É.-U. 1994. Comédie sentimentale de Fred SCHEPISI avec Tim Robbins, Meg Ryan et Walter Matthau. - S'étant pris de sympathie pour un jeune mécanicien, le physicien Albert Einstein décide de l'aider à conquérir le cœur de sa nièce. □ Général
DVD VA➜STA➜Cadrage W➜8,95 $

ICE AGE [Ère de glace, L'] ▷4
É.-U. 2002. Film d'animation de Chris WEDGE et Carlos SALDANHA. - Aux temps préhistoriques, un mammouth taciturne, un paresseux volubile et un tigre aux dents de sabre retors ramènent à sa tribu un bébé humain égaré. □ Général
DVD VF➜22,95 $

ICE AGE - THE MELTDOWN ▷4
É.-U. 2006. Film d'animation de Carlos SALDANHA. - À la fin de la dernière glaciation, les aventures d'un groupe d'animaux qui font un long voyage pour fuir une inondation imminente.

ICE CASTLES [Château de rêves] ▷4
É.-U. 1978. Drame sentimental de Donald WRYE avec Lynn-Holly Johnson, Robby Benson et Colleen Dewhurst. - Une jeune fille douée pour le patinage artistique fait preuve de courage à la suite d'un accident. □ Général
DVD VA➜Cadrage W➜16,95 $

ICE HARVEST, THE [Moisson de glace, La] ▷4
É.-U. 2005. Comédie policière de Harold RAMIS avec John Cusack, Billy Bob Thornton et Connie Nielsen. - La veille de Noël, un avocat et son complice volent une forte somme à un chef de la pègre. □ 13 ans+ · Violence
DVD VF➜Cadrage W➜34,95 $

ICE PRINCESS [Princesse sur la glace, Une] ▷5
É.-U. 2005. Drame sportif de Tim FYWELL avec Joan Cusack, Kim Cattrall et Michelle Trachtenberg. - Au risque de décevoir sa mère, une adolescente douée pour les sciences réalise son rêve de faire carrière en patinage artistique. □ Général
DVD VA➜STF➜Cadrage W➜34,95 $

ICE STATION ZEBRA ▷4
[Destination: Zebra, station polaire]
É.-U. 1968. Drame d'espionnage de John STURGES avec Rock Hudson, Patrick McGoohan et Ernest Borgnine. - Un sous-marin atomique est chargé de récupérer une capsule spatiale tombée au pôle Nord. □ Général
DVD VA➜Cadrage W➜11,95 $

ICE STORM, THE [Tempête de glace] ▷3
É.-U. 1997. Drame de mœurs d'Ang LEE avec Kevin Kline, Joan Allen et Christina Ricci. - Au début des années 70, les parents et les enfants de deux familles bourgeoises voisines vivent entre eux des relations troubles. - Fable morale reflétant un climat de désenchantement social. Finesse du trait psychologique. Touches d'ironie. Mise en scène évocatrice. Interprètes de classe. □ 13 ans+
DVD Cadrage W➜9,95 $

ICEMAN ▷3
É.-U. 1984. Science-fiction de Fred SCHEPISI avec Timothy Hutton, John Lone et Lindsay Crouse. - Dans une station arctique, des savants découvrent le corps congelé d'un homme préhistorique qui, une fois dégelé, reprend vie. - Traitement inventif. Imagerie splendide. Éléments d'une poésie sauvage. Réalisation efficace. Composition attachante de J. Lone. □ Général
DVD VA➜Cadrage P&S➜9,95 $

ICEMAN COMETH, THE ▷4
É.-U. 1973. Drame psychologique de John FRANKENHEIMER avec Lee Marvin, Robert Ryan et Fredric March. - Après avoir exprimé de la sympathie à un groupe de personnes qui entretiennent leurs illusions par l'alcool, un démarcheur change d'attitude.
DVD VA➜Cadrage W➜26,95 $

ICEMAN COMETH, THE
É.-U. 1960. Sidney LUMET
DVD VA→Cadrage P&S→39,95 $

ICHI THE KILLER ▷5
JAP. 2001. Thriller de Takashi MIIKE avec Tadanobu Asano, Nao Omori et Shinya Tsukamoto. - Un yakuza adepte de la torture extrême se met à la recherche d'un mystérieux assassin qui décime les bandes rivales d'un quartier corrompu de Tokyo.
DVD VA→STA→Cadrage W/16X9→19,95 $

ICICLE THIEF, THE *voir* **Voleur de savonnette, Le**

IDAHO *voir* **My Own Private Idaho**

IDEAL HUSBAND, AN [Mari idéal, Un] ▷4
ANG. 1999. Comédie de mœurs d'Oliver PARKER avec Julianne Moore, Rupert Everett et Jeremy Northam. - À Londres, dans les années 1890, une intrigante exerce un chantage sur un jeune parlementaire bien en vue. □ Général
DVD VA→STA→Cadrage W→17,95 $
VF→STF→Cadrage W→14,95 $

IDÉALISTE, L' *voir* **Rainmaker, The**

IDENTIFICATION D'UNE FEMME ▷3
ITA. 1982. Drame psychologique de Michelangelo ANTONIONI avec Tomas Milian, Daniela Silverio et Christine Boisson. - Les relations passionnées et sans issue d'un cinéaste avec une jeune femme de l'aristocratie romaine. - Variations sur le thème de la notion d'identité. Film énigmatique et fascinant. □ 13 ans+

IDENTITÉS *voir* **Shattered Image**

IDENTITY [Identité] ▷4
É.-U. 2003. Thriller de James MANGOLD avec Ray Liotta, John Cusack et Amanda Peet. - Coincés un soir d'orage dans un motel isolé, onze étrangers sont éliminés un après l'autre par un tueur mystérieux. □ 13 ans+ · Violence
DVD VA→16,95 $

IDIOT, L' [Idiot, The]
JAP. 1951. Akira KUROSAWA
DVD STA→69,95 $

IDIOTS, LES [Idiots, The] ▷3
DAN. 1998. Drame de mœurs de Lars VON TRIER avec Jens Albinus, Bodil Jorgensen et Louise Hassing. - Une femme taciturne se joint à des marginaux qui s'amusent à se faire passer pour des handicapés mentaux en public. - Étrange mélange de drame et d'humour. □ 16 ans+
DVD VF→STA→23,95 $

IDOLE INSTANTANÉE ▷5
QUÉ. 2005. Comédie satirique de Yves DESGAGNÉS avec Claudine Mercier, Maxime Denommée et Louise Turcot. - Quatre jeunes femmes très différentes participent à une émission de téléréalité dans l'espoir de devenir en 24 heures une étoile de la chanson. □ Général
DVD VF→Cadrage W→34,95 $

IDOLMAKER, THE [Temps du Rock'n'Roll, Le] ▷4
É.-U. 1980. Drame de mœurs de Taylor HACKFORD avec Ray Sharkey, Tovah Feldshuh et Peter Gallagher. - En 1959, un compositeur frustré devenu impresario crée de nouvelles vedettes de la chanson. □ Général
DVD Cadrage W→11,95 $

IF A MAN ANSWERS [Mari en laisse, Un] ▷5
É.-U. 1962. Comédie de Henry LEVIN avec Sandra Dee, Bobby Darin et Micheline Presle. - L'épouse d'un jeune photographe veut transformer son mari selon les conseils de sa mère.
DVD VA→17,95 $

IF IT'S TUESDAY, THIS MUST BE BELGIUM ▷5
É.-U. 1969. Comédie de Mel STUART avec Ian McShane, Suzanne Pleshette et Norman Fell. - Divers incidents émaillent un tour d'Europe devant conduire des Américains dans neuf pays en dix-huit jours.

IF THESE WALLS COULD TALK ▷5
[Si les murs racontaient]
É.-U. 1996. Film à sketches de CHER et Nancy SAVOCA avec Demi Moore, Sissy Spacek et Anne Heche. - Les difficultés rencontrées par trois jeunes femmes qui sont chacune confrontées à une grossesse non désirée. □ 13 ans+
DVD VA→STF→7,95 $

IF THESE WALLS COULD TALK II ▷4
[Si les murs racontaient II]
É.-U. 1999. Film à sketches de Martha COOLIDGE et Jane ANDERSON avec Vanessa Redgrave, Chloe Sevigny et Ellen DeGeneres. - À trois époques différentes, trois couples lesbiens sont confrontés à divers problèmes sociaux.
DVD VA→STF→Cadrage W→7,95 $

IF THEY TELL YOU I FELL...
ESP. 1989. Vicente ARANDA
DVD STA→38,95 $

IF YOU WERE YOUNG: RAGE
JAP. 1970. Kinji FUKASAKU
DVD STA→Cadrage W→33,95 $

IF.... ►2
ANG. 1968. Drame de mœurs de Lindsay ANDERSON avec Malcolm MacDowell, David Wood et Richard Warwick. - Dans un collège anglais, un conflit latent finit par éclater en révolte ouverte. - Montage brillant. Mise en scène très inventive. Passage adroit du réalisme à la fantaisie. Interprétation juste. □ 18 ans+

IGBY GOES DOWN [Igby en chute libre] ▷4
É.-U. 2002. Comédie de mœurs de Burr STEERS avec Kieran Culkin, Susan Sarandon et Jeff Goldblum. - En révolte contre sa famille bourgeoise dysfonctionnelle, un garçon de 17 ans s'enfuit à New York où il vit diverses tribulations. - Vision caustique de l'Amérique républicaine. □ 13 ans+
DVD VF→STF→Cadrage W→12,95 $

IKIRU *voir* **Vivre**

IL BELL'ANTONIO *voir* **Bel Antonio, Le**

IL DANSE AVEC LES LOUPS *voir* **Dances with Wolves**

IL EST PLUS FACILE POUR UN CHAMEAU... ▷4
FR. 2003. Comédie dramatique réalisée et interprétée par Valeria BRUNI-TEDESCHI avec Chiara Mastroianni et Marysa Borini. - Se sentant coupable de son immense richesse, une dramaturge en herbe compose difficilement avec divers aspects de sa vie. □ Général
DVD VF→STA→21,95 $

IL ÉTAIT UN CRIME *voir* **Once Upon a Crime**

IL ÉTAIT UNE FOIS AU MEXIQUE
voir **Once Upon a Time in Mexico**

IL ÉTAIT UNE FOIS BROADWAY
voir **Bloodhounds of Broadway**

IL ÉTAIT UNE FOIS DANS L'OUEST
voir **Once Upon a Time in the West**

IL ÉTAIT UNE FOIS EN AMÉRIQUE
voir **Once Upon a Time in America**

IL ÉTAIT UNE FOIS EN CHINE ▷4
[Once Upon a Time in China]
H.K. 1991. Aventures de Tsui HARK avec Yuen Biao, Rosamund Kwan et Jet Li. - En Chine, à la fin du XIXe siècle, un médecin champion d'arts martiaux lutte contre des esclavagistes.
DVD STA→26,95 $ Cadrage W→9,95 $ 64,95 $

IL ÉTAIT UNE FOIS... LA PRINCESSE BOUTON D'OR
voir **Princess Bride, The**

IL FAUT MARIER PAPA
voir **Courtship of Eddie's Father, The**

IL FAUT SAUVER LE SOLDAT RYAN
voir **Saving Private Ryan**

IL FAUT TUER BIRGITT HAAS ▷4
FR. 1980. Drame d'espionnage de Laurent HEYNEMANN avec Philippe Noiret, Jean Rochefort et Lisa Kreuzer. - Les services secrets allemands choisissent un chômeur pour tuer une terroriste notoire sous couvert d'un crime passionnel. □ Général

IL GRIDO *voir* **Cri, Le**

IL MAESTRO ▷5
BEL. 1989. Drame psychologique de Marion HANSEL avec Malcolm McDowell, Charles Aznavour et Andréa Ferréol. - Un chef d'orchestre réputé se rappelle un curieux incident qu'il a vécu pendant la guerre. □ Général

IL NE FAUT PAS MOURIR POUR ÇA ▷3
QUÉ. 1967. Comédie dramatique de Jean-Pierre LEFEBVRE avec Marcel Sabourin, Suzanne Grossman et Claudine Monfette (Mouffe). - Une journée dans la vie de bohème d'un doux excentrique. - Atmosphère habilement créée. Mise en scène soignée. Nombreuses touches insolites. M. Sabourin fantaisiste et sensible.
DVD VF➔28,95 $

IL PLEUT SUR SANTIAGO [It's Raining on Santiago] ▷4
FR. 1975. Drame poétique de Helvio SOTO avec Laurent Terzieff, Riccardo Cucciola et Maurice Garrel. - Rappel du coup d'état militaire monté contre le gouvernement de l'Union Populaire au Chili, le 11 septembre 1973.
DVD VF➔STA➔Cadrage W➔PC

IL SUFFIT D'UNE NUIT *voir* **Up at the Villa**

IL Y A DES JOURS... ET DES LUNES ▷4
FR. 1990. Comédie dramatique de Claude LELOUCH avec Gérard Lanvin, Patrick Chesnais et Vincent Lindon. - Par une journée de pleine lune et de passage à l'heure d'été, des couples ayant filé le parfait amour finissent par se déchirer. □ Général

IL Y A LONGTEMPS QUE JE T'AIME ▷4
FR. 1979. Comédie dramatique de Jean-Charles TACCHELLA avec Jean Carmet, Marie Dubois et Alain Doutey. - La séparation et le rapprochement d'un couple marié depuis vingt-cinq ans.
□ Général

ILAYUM MULLUM *voir* **Leaves and Thorns**

ÎLE, L' ▷5
FR. 1987. Aventures de François LETERRIER avec Bruno Cremer, Serge Dupire et Martin Lamotte. - En 1787, l'équipage mutiné d'un voilier anglais s'installe dans une île en compagnie d'indigènes rébarbatifs. □ Général

ÎLE AU SOLEIL, UNE *voir* **Island in the Sun**

ÎLE AU TRÉSOR, L' *voir* **Treasure Island**

ÎLE AUX BALEINES, L' *voir* **When the Whales Came**

ÎLE DE CAUCHEMAR *voir* **Island of Terror**

ÎLE DE MON ENFANCE, L' ▷4
[Island on Bird Street, The]
DAN. 1997. Drame de Soren KRAGH-JACOBSEN avec Patrick Bergin, Jordan Kiziuk et Jack Warden. - Après que sa famille eut été emportée par les nazis, un gamin de onze ans apprend à survivre seul dans le ghetto juif de Varsovie. □ Général · Déconseillé aux jeunes enfants

ÎLE DE SABLE, L' ▷5
QUÉ. 1999. Drame psychologique de Johanne PRÉGENT avec Caroline Dhavernas, Sébastien Huberdeau et Anick Lemay. -

ÎLE DU DOCTEUR MOREAU, L'
voir **Island of Dr. Moreau, The**

ÎLE FANTASTIQUE DE DAFFY DUCK, L'
voir **Daffy Duck's Movie: Fantastic Island**

ÎLE MYSTÉRIEUSE, L' *voir* **Mysterious Island**

ÎLE SUR LE TOIT DU MONDE, L'
voir **Island at the Top of the World, The**

ILLEGALLY YOURS ▷6
É.-U. 1988. Comédie policière de Peter BOGDANOVICH avec Colleen Camp et Rob Lowe. - Un étudiant tente de prouver l'innocence d'une jeune femme accusée du meurtre d'un maître-chanteur.
DVD VA➔STF➔Cadrage P&S/W➔12,95 $

ILLUMINATA ▷4
É.-U. 1998. Comédie de mœurs réalisée et interprétée par John TURTURRO avec Katherine Borowitz et Susan Sarandon. - À New York, au début du siècle, une troupe de théâtre se démène pour faire jouer la dernière pièce d'un dramaturge. □ 13 ans+
DVD VA➔Cadrage W➔17,95 $

ILLUMINATION GARANTIE
voir **Enlightenment Guaranteed**

ILLUSION TRAVELS BY STREETCAR
voir **On a volé un tram**

ILLUSIONNISTE, L' ▷4
HOL. 1983. Comédie fantaisiste de Jos STELLING avec Freek de Jonge, Jim van der Woude et Catrien Wolthuizen. - Un illusionniste a une expérience étrange qui lui rappelle les tribulations qu'il a connues avec son frère, un simple d'esprit.

ILLUSTRATED MAN, THE [Homme tatoué, L'] ▷5
É.-U. 1969. Science-fiction de Jack SMIGHT avec Rod Steiger, Claire Bloom et Robert Drivas. - Les tatouages dont un homme est recouvert entraînent un compagnon dans un monde d'anticipation.

ILS ▷4
FR. 1970. Drame fantastique de Jean-Daniel SIMON avec Michel Duchaussoy, Charles Vanel et Alexandra Stewart. - Un peintre est désorienté par la mort d'un confrère qu'il considérait comme son père spirituel.

ILS AIMAIENT LA VIE [Kanal]
POL. 1957. Andrzej WAJDA □ Non classé
DVD STA➔29,95 $

ILS ÉTAIENT TOUS MES FILS *voir* **All My Sons**

ILS SE MARIÈRENT ET EURENT BEAUCOUP D'ENFANTS ▷4
FR. 2004. Comédie dramatique réalisée et interprétée par Yvan ATTAL avec Charlotte Gainsbourg et Alain Chabat. - Une jeune femme trompée par son mari se prend à rêver d'une autre vie après avoir croisé le regard d'un bel inconnu.
DVD VF➔31,95 $

ILS SONT GRANDS, CES PETITS ▷5
FR. 1979. Comédie fantaisiste de Joël SANTONI avec Catherine Deneuve, Claude Brasseur et Claude Piéplu. - La fille d'un inventeur disparu et un spécialiste en électronique unissent leurs efforts pour lutter contre un promoteur immobilier. □ Général

ILS VONT TOUS BIEN [Everybody's Fine] ▷3
ITA. 1990. Comédie dramatique de Giuseppe TORNATORE avec Marcello Mastroianni, Michèle Morgan et Valeria Cavali. - Un pensionné sicilien décide d'aller rendre visite sans s'annoncer à ses cinq enfants dispersés dans l'Italie continentale. - Fresque sociale et familiale habilement construite. Mise en scène de métier. Interprétation nuancée de M. Mastroianni. □ Général

IMAGE PERDUE, UNE *voir* **Blackout, The**

IMAGE, THE [Cas de conscience en direct] ▷4
É.-U. 1989. Comédie dramatique de Peter WERNER avec Albert Finney, John Malhonet et Kathy Baker. - En plus de ses problèmes conjugaux, un reporter de la télévision a des ennuis avec la veuve d'un banquier qui s'est suicidé à la suite d'une de ses émissions.

IMAGES ▷3
IRL. 1972. Drame psychologique de Robert ALTMAN avec Susannah York, René Auberjonois et Marcel Bozzuffi. - Une femme est sujette à des hallucinations au cours d'un séjour de vacances à la campagne. - Jeux entre l'imagination et la réalité. Réalisation technique de qualité. Excellente composition de S. York.
DVD VA➔PC

IMAGINARY CRIMES ▷4
É.-U. 1994. Drame de mœurs d'Anthony DRAZEN avec Harvey Keitel, Fairuza Balk et Kelly Lynch. - Au début des années 1960, un veuf aux entreprises financières douteuses élève seul ses deux filles.
□ Général
DVD Cadrage W→21,95 $

IMAGINARY HEROES
É.-U. 2004. Dan HARRIS
DVD VA→STF→Cadrage W→23,95 $

IMAGINING ARGENTINA
ANG. ARG. 2003. Christopher HAMPTON
DVD VA→STA→Cadrage W→34,95 $

IMITATEUR, L' *voir* **Copycat**

IMITATION OF LIFE ▷4
É.-U. 1934. Mélodrame de John M. STAHL avec Claudette Colbert, Warren William et Louise Beavers. - L'amitié fidèle d'une femme d'affaires blanche et d'une cuisinière noire à travers les années et diverses épreuves. □ Général

IMITATION OF LIFE ▷3
É.-U. 1959. Drame sentimental de Douglas SIRK avec Lana Turner, Juanita Moore et John Gavin. - Une actrice considère sa servante de race noire comme une amie et une confidente. - Classique de l'âge d'or du mélodrame hollywoodien. Réalisation de grande qualité. Interprétation juste. □ Général

IMMEDIATE FAMILY ▷5
É.-U. 1989. Drame psychologique de Jonathan KAPLAN avec Glenn Close, Mary Stuart Masterson et James Woods. - Un couple stérile héberge une adolescente enceinte dans l'intention d'adopter son enfant. □ Général
DVD VA→24,95 $

IMMORTAL BACHELOR *voir* **Histoire d'aimer**

IMMORTAL BATTALION, THE [Way Ahead, The] ▷4
ANG. 1943. Drame de guerre de Carol REED avec David Niven, Stanley Holloway et Raymond Huntley. - L'entraînement et les premières expériences de combat de soldats anglais en 1941.
□ Général

IMMORTAL BELOVED [Ludwig Van B.] ▷4
É.-U. 1994. Drame biographique de Bernard ROSE avec Isabella Rossellini, Gary Oldman et Jeroen Krabbe. - À la mort de Beethoven, son secrétaire découvre que le compositeur a légué tous ses biens à une mystérieuse bien-aimée dont personne ne connaît l'identité.
□ Général
DVD VA→STA→Cadrage W→23,95 $

IMMORTAL SERGEANT ▷5
É.-U. 1943. Drame de guerre de J. STAHL avec Maureen O'Hara, Henry Fonda et Thomas Mitchell. - Un sous-officier timide doit prendre charge d'une patrouille isolée dans le désert de Lybie.
DVD VF→STA→14,95 $

IMMORTEL [Immortal (Ad Vitam)] ▷3
FR. 2004. Science-fiction d'Enki BILAL avec Linda Hardy, Thomas Kretschmann et Charlotte Rampling. - À New York, en 2095, le dieu Horus doit, pour conserver son immortalité, s'approprier un corps humain et féconder une mutante. - Scénario labyrinthique adapté de deux œuvres du réalisateur-bédéiste. Hallucinante fresque rétro-futuriste. Décors impressionnants produits par images de synthèse. Réalisation d'une froideur clinique. Interprétation un peu désincarnée. □ 13 ans+
DVD VF→Cadrage W→29,95 $

IMMORTELS, LES ▷5
QUÉ. 2003. Comédie dramatique de Paul THINEL avec Guillaume Lemay-Thivierge, Jean Lapointe et Isabelle Lemme. - Floués par leur compagnie de disques, les membres d'un jeune groupe s'allient à la fanfare des retraités d'une aciérie en pleine restructuration.
□ Général
DVD VF→41,95 $

IMMUNITÉ DIPLOMATIQUE
voir **Diplomatic Immunity**

IMPACT ▷4
É.-U. 1949. Drame policier d'Arthur LUBIN avec Brian Donlevy, Ella Raines et Charles Coburn. - Victime d'une tentative d'assassinat ourdie par sa femme et l'amant de celle-ci, un industriel se cache sous un faux nom chez une garagiste dont il finit par s'éprendre.
□ Général

IMPACT FATAL *voir* **Torque**

IMPARDONNABLE *voir* **Unforgiven**

IMPASSE, L' *voir* **No Way Out**

IMPORTANCE OF BEING EARNEST, THE ▷3
ANG. 1952. Comédie de mœurs d'Anthony ASQUITH avec Michael Redgrave, Joan Greenwood et Michael Denison. - À la fin du XIXe siècle, deux jeunes bourgeois oisifs cultivent les quiproquos dans leurs conquêtes amoureuses. - Adaptation élégante de la pièce d'Oscar Wilde. Dialogue spirituel et ironique. □ Général
DVD VA→STA→49,95 $

IMPORTANCE OF BEING EARNEST, THE ▷4
[Ernest ou l'importance d'être constant]
ANG. 2002. Comédie de mœurs d'Oliver PARKER avec Colin Firth, Rupert Everett et Reese Witherspoon. - Les aventures amoureuses de deux jeunes bourgeois oisifs qui s'amusent à cultiver les quiproquos dans leur entourage. □ Général
DVD VF→Cadrage W→18,95 $

IMPORTANT C'EST D'AIMER, L' ▷4
FR. 1974. Drame de mœurs d'Andrzej ZULAWSKI avec Fabio Testi, Romy Schneider et Jacques Dutronc. - Un photographe épris d'une actrice jadis célèbre lui obtient un rôle dans une pièce qu'il commandite par des moyens malhonnêtes. □ 18 ans+

IMPOSTEUR, L' *voir* **Deceiver**

IMPOSTEURS, LES *voir* **Object of Beauty, The**

IMPROMPTU ▷3
ANG. 1990. Comédie de mœurs de James LAPINE avec Judy Davis, Hugh Grant et Bernadette Peters. - Amoureuse du compositeur Frédéric Chopin, la romancière George Sand se rend au château où il séjourne pour lui déclarer son amour. - Intrigues sentimentales se mêlant adroitement à une satire de mœurs discrète mais savoureuse. Belle reconstitution d'époque. Mise en scène souple. Distribution judicieusement choisie. □ Général
DVD VF→STF→Cadrage W→12,95 $

IMPULSE ▷5
É.-U. 1984. Drame d'horreur de G. BAKER avec Meg Tilly, Tim Matheson et Hume Cronyn. - Un couple découvre que des villageois sont victimes de matières toxiques qui les rendent violents.
DVD VA→STF→Cadrage P&S→13,95 $

IN & OUT [Pot aux roses, Le] ▷4
É.-U. 1997. Comédie de mœurs de Frank OZ avec Kevin Kline, Joan Cusack et Matt Dillon. - La vie d'un enseignant d'une petite ville est bouleversée par la déclaration publique d'un ancien étudiant qui le dit homosexuel. □ Général · Déconseillé aux jeunes enfants
DVD VF→STA→Cadrage W→8,95 $

IN A GLASS CAGE
ESP. 1985. Augustin VILLARONGA □ 18 ans+ · Violence
DVD STA→39,95 $ STA→28,95 $

IN A LONELY PLACE [Violent, Le] ▷4
É.-U. 1950. Drame policier de Nicholas RAY avec Humphrey Bogart, Gloria Grahame et Frank Lovejoy. - Un scénariste violent est accusé à tort de meurtre. □ Général
DVD VF→STF→34,95 $

IN A YEAR OF THIRTEEN MOONS
[Année des treize lunes, L']
ALL. 1979. Rainer Werner FASSBINDER
DVD STA→31,95 $

IN AMERICA **[Bienvenue en Amérique]** ▷4
IRL. 2002. Chronique de Jim SHERIDAN avec Paddy Considine, Samantha Morton et Sarah Bolger. - Un jeune couple irlandais, pauvre et traumatisé par la mort de son bébé, vient refaire sa vie à New York avec ses deux fillettes. □ Général
DVD VF→STA→Cadrage W→15,95 $

IN CELEBRATION ▷3
ANG. 1974. Drame psychologique de Lindsay ANDERSON avec Alan Bates, James Bolan et Brian Cox. - Trois frères s'affrontent à l'occasion du quarantième anniversaire de mariage de leurs parents. - Théâtre filmé. Mise en scène solide et souple.
DVD VA→Cadrage W→26,95 $

IN CHINA, THEY EAT DOGS
DAN. 1999. Lasse SPANG OLSEN
DVD STA→34,95 $

IN COLD BLOOD **[De sang froid]** ►2
É.-U. 1967. Drame policier de Richard BROOKS avec Robert Blake, Scott Wilson et John Forsythe. - Le crime et le châtiment de deux inadaptés qui ont tué une famille de fermiers du Kansas. - Reconstitution d'un fait authentique. Mise en scène remarquable par son réalisme artistique et sa tension dramatique. Acteurs fort bien dirigés. □ 13 ans+ · Violence
DVD VF→STF→Cadrage W→34,95 $

IN COUNTRY **[Héros comme tant d'autres, Un]** ▷4
É.-U. 1989. Drame psychologique de Norman JEWISON avec Emily Lloyd, Bruce Willis et Joan Allen. - N'ayant jamais connu son père qui est mort au Viêtnam, une adolescente cherche à en savoir plus sur lui. □ Général
DVD VA→STF→Cadrage W→7,95 $

IN CUSTODY ▷4
ANG. 1993. Drame d'Ismael MERCHANT avec Shashi Kapoor, Om Puri et Shabana Azmi. - En Inde, un professeur de collège éprouve des difficultés à interviewer un poète qu'il admire. □ Général
DVD STA→23,95 $

IN DREAMS **[Prémonitions]** ▷5
É.-U. 1998. Drame fantastique de Neil JORDAN avec Annette Bening, Robert Downey Jr. et Aidan Quinn. - Victime d'étranges cauchemars liés aux méfaits d'un tueur en série, une artiste décide de partir à la recherche de celui-ci. □ 13 ans+ · Violence
DVD VA→STA→Cadrage W→10,95 $

IN GOOD COMPANY **[En bonne compagnie]** ▷4
É.-U. 2004. Comédie dramatique de Paul WEITZ avec Dennis Quaid, Topher Grace et Scarlett Johansson. - Un cadre quinquagénaire, qui accepte mal son nouveau patron âgé de 26 ans, découvre que sa fille a une liaison avec le jeune homme. □ Général
DVD VF→STF→Cadrage W/16X9→23,95 $

IN HARM'S WAY ▷4
É.-U. 1965. Drame de guerre de Otto PREMINGER avec John Wayne, Patricia Neal et Kirk Douglas. - Les problèmes sentimentaux et les exploits guerriers d'officiers de marine pendant la guerre du Pacifique. □ Général
DVD VA→STA→Cadrage W→10,95 $

IN HER SHOES **[Chaussure à son pied]** ▷4
É.-U. 2005. Comédie dramatique de Curtis HANSON avec Cameron Diaz, Toni Collette et Shirley MacLaine. - Deux sœurs aux tempéraments très opposés se brouillent puis se réconcilient grâce à l'intervention de leur grand-mère. □ Général
DVD VF→STF→Cadrage W→34,95 $

IN JULY *voir* **Julie en juillet**

IN LIKE FLINT ▷4
É.-U. 1967. Comédie de Gordon DOUGLAS avec James Coburn, Andrew Duggan et Lee J. Cobb. - Un agent secret empêche un groupe de femmes de dominer le monde. □ Non classé

IN MACARTHUR PARK
É.-U. 1977. Bruce SCHWARTS
DVD VA→25,95 $

IN MY COUNTRY ▷5
ANG. 2004. Drame politique de John BOORMAN avec Juliette Binoche, Samuel L. Jackson et Brendan Gleeson. - En Afrique du Sud, pendant la Commission Vérité et réconciliation en 1996, deux journalistes aux visions opposées font de stupéfiantes découvertes. □ 13 ans+
DVD VA→STF→Cadrage W→22,95 $

IN MY SKIN *voir* **Dans ma peau**

IN NAME ONLY ▷4
É.-U. 1939. Drame sentimental de John CROMWELL avec Cary Grant, Carole Lombard et Kay Francis. - Un homme mal marié s'éprend d'une jeune veuve. □ Général

IN OLD ARIZONA
É.-U. 1928. Raoul WALSH et Irving CUMMINGS
DVD VA→15,95 $

IN OLD CHICAGO ▷4
É.-U. 1938. Comédie dramatique de Henry KING avec Tyrone Power, Alice Faye et Don Ameche. - En 1871, le fils d'une veuve devient maire de Chicago et doit lutter contre les agissements malhonnêtes de son frère. □ Général
DVD VA→STA→15,95 $

IN PRAISE OF LOVE *voir* **Éloge de l'amour, L'**

IN PRAISE OF OLDER WOMEN ▷5
[En hommage aux femmes de trente ans]
CAN. 1977. Comédie dramatique de George KACZENDER avec Tom Berenger, Karen Black et Susan Strasberg. - Les amours d'un Hongrois qui, au cours des années, préfère les femmes plus âgées que lui. □ 18 ans+
DVD VA→9,95 $

IN SEARCH OF THE CASTAWAYS ▷4
[Enfants du capitaine Grant, Les]
É.-U. 1962. Aventures de Robert STEVENSON avec Hayley Mills, Maurice Chevalier et Wilfrid Hyde-White. - Un vieux savant et deux enfants partent à la recherche d'un naufragé. □ Général

IN THE BEDROOM **[Sans issue]** ▷3
É.-U. 2001. Drame de Todd FIELD avec Tom Wilkinson, Sissy Spacek et Marisa Tomei. - Les épreuves d'un couple dont le fils a été tué d'une balle à la tête par un homme qui a obtenu d'être libéré sous caution en attendant son procès. - Enjeux sociaux et humains exposés avec intelligence et sensibilité. Psychologie nuancée et convaincante. Passages déchirants. Réalisation tout en retenue. Excellents interprètes. □ 13 ans+
DVD VF→STF→Cadrage W/16X9→17,95 $

IN THE COMPANY OF MEN ▷4
É.-U. 1997. Drame de mœurs de Neil LaBUTE avec Aaron Eckhart, Stacy Edwards et Matt Malloy. - Deux hommes d'affaires désabusés des femmes décident de se faire aimer d'une secrétaire avec l'intention de la laisser tomber brutalement. □ 13 ans+
DVD Cadrage W→38,95 $

IN THE CUT **[À vif]** ▷5
É.-U. 2003. Drame policier de Jane CAMPION avec Meg Ryan, Mark Ruffalo et Jennifer Jason Leigh. - À Manhattan, une professeure d'anglais s'engage dans une relation sexuelle intense avec un policier à la recherche d'un tueur en série. □ 13 ans+ · Érotisme
DVD VF→17,95 $ VF→STF→17,95 $

IN THE GLOAMING ▷4
É.-U. 1996. Drame psychologique de Christopher REEVE avec Glenn Close, Robert Sean Leonard et Bridget Fonda. - Un jeune homosexuel dans la vingtaine atteint du sida vient terminer sa vie dans sa famille. □ Général

IN THE GOOD OLD SUMMERTIME ▷4
É.-U. 1950. Comédie musicale de Robert Z. LEONARD avec Judy Garland, Van Johnson et S.Z. Sakall. - Un magasin de musique de Chicago sert de cadre à des complications sentimentales au début du XXe siècle. □ Général
DVD VA→21,95 $

IN THE HEAT OF THE NIGHT ▷3
[Dans la chaleur de la nuit]
É.-U. 1967. Drame policier de Norman JEWISON avec Sidney Poitier, Rod Steiger et Warren Oates. - Un détective de race noire aide un shérif du Mississippi à résoudre une affaire de meurtre. - Mélange de constat social et d'intrigue policière. Mise en scène vigoureuse. Très bons interprètes. □ Général
DVD VF→STF→Cadrage W→11,95 $

IN THE LAND OF THE DEAF *voir* **Pays des sourds, Le**

IN THE LINE OF FIRE [Sur la ligne de feu] ▷3
É.-U. 1993. Drame policier de Wolfgang PETERSEN avec John Malkovich, Clint Eastwood et Rene Russo. - Un agent des services secrets s'efforce de coincer un psychopathe qui menace de tuer le président des États-Unis. - Thriller solide et original. Climat de tension efficacement créé. Séquences de poursuite menées avec maestria. Interprétation irréprochable. □ 13 ans+
DVD VF→STF→Cadrage W→17,95 $

IN THE MOOD ▷4
É.-U. 1987. Comédie de mœurs de Phil Alden ROBINSON avec Patrick Dempsey, Talia Balsam et Beverly D'Angelo. - Dans les années 1940, un adolescent se met à défrayer la chronique lorsque, pour son premier succès sentimental, il épouse une jeune mère de famille. □ Général

IN THE MOOD FOR LOVE *voir* **Silences du désir, Les**

IN THE MOUTH OF MADNESS [Antre de la folie, L'] ▷4
É.-U. 1994. Drame fantastique de John CARPENTER avec Sam Neill, Julie Carmen et Jurgen Prochnow. - Un enquêteur recherche un écrivain disparu dont les romans exercent un étrange pouvoir hallucinatoire sur les lecteurs. □ 13 ans+ · Horreur
DVD VF→Cadrage W→8,95 $

IN THE NAME OF THE FATHER [Au nom du père] ▷3
IRL. 1993. Drame judiciaire de Jim SHERIDAN avec Daniel Day-Lewis, Pete Postlethwaite et Emma Thompson. - Injustement accusés d'avoir participé à un attentat terroriste, un jeune Irlandais et son père purgent une longue peine d'emprisonnement. - Histoire tirée d'une expérience vécue. Accent mis sur les aspects humains du récit. Mise en scène vigoureuse. Jeu poignant des interprètes. □ 13 ans+
DVD VF→Cadrage W→18,95 $

IN THE NAME OF THE POPE KING
voir **Au nom du pape roi**

IN THE REALM OF PASSION ▷3
[Empire de la passion, L']
JAP. 1978. Drame fantastique de Nagisa OSHIMA avec Kazuko Yoshiyuki, Tatsuya Fuji et Takahiro Tamura. - Deux amants qui ont supprimé un mari gêneur sont hantés par le fantôme de leur victime. - Thème fantastique bien traité. Mise en scène rigoureuse. Rythme plutôt lent. Nature admirablement photographiée. Interprétation convaincante. □ 18 ans+
DVD VF→STF→21,95 $ STA→Cadrage W→24,95 $

IN THE REALM OF SENSES [Empire des sens, L'] ▷3
JAP. 1976. Drame de mœurs de Nagisa OSHIMA avec Eiko Matsuda, Tatsuya Fuji et Aoi Nakajima. - En 1936, une servante d'auberge devient la maîtresse du mari de sa patronne. - Traitement audacieux. Exploration cruelle de relations perverses. Mise en scène maîtrisée. Acteurs de talent.
DVD VF→STF→21,95 $

IN THE SPIRIT ▷4
É.-U. 1990. Comédie de Sandra SEACAT avec Elaine May, Marlo Thomas et Jeannie Berlin. - Les mésaventures d'une décoratrice, d'une prostituée et d'une épouse dont les destins séparés se croisent occasionnellement. □ Non classé

IN THE WINTER DARK ▷4
AUS. 1998. Thriller de James BOGLE avec Brenda Blethyn, Ray Barrett et Richard Roxburgh. - Dans une vallée isolée, des tensions divisent un couple et deux voisins terrorisés par une bête sanguinaire qui rôde dans les environs. □ 13 ans+

IN THIS WORLD ▷4
ANG. 2002. Drame social de Michael WINTERBOTTOM avec Jamal Udin Torabi, Enayatullah et Imran Paracha. - Deux jeunes Afghans vivant dans un camp de réfugiés au Pakistan décident d'entreprendre un long périple à destination de Londres.

IN WHICH WE SERVE ▷3
ANG. 1942. Drame de guerre de Noel COWARD et David LEAN avec Noel Coward, John Mills et Celia Johnson. - L'histoire d'un navire de guerre et des membres de son équipage. - Scénario de style documentaire, simple et discret. Mise en scène réaliste et sobre. Effets dramatiques et techniques équilibrés. Interprétation excellente. □ Général

IN-LAWS, THE [Beaux-pères, Les] ▷5
É.-U. 2003. Comédie d'Andrew FLEMING avec Michael Douglas, Albert Brooks et Robin Tunney. - Un podologue anxieux est entraîné dans une folle aventure par le futur beau-père de sa fille, un agent de la CIA. □ Général · Violence - Langage vulgaire
DVD VA→STA→Cadrage W→11,95 $

IN-LAWS, THE [Ne tirez pas sur le dentiste] ▷5
É.-U. 1979. Comédie policière d'Arthur HILLER avec Peter Falk, Alan Arkin et Richard Albertini. - Un dentiste est entraîné dans de folles aventures par le père du fiancé de sa fille. □ Général
DVD VF→STA→Cadrage W→21,95 $

INADAPTÉS, LES *voir* **Outsiders, The**

INCIDENT, THE ▷3
É.-U. 1967. Thriller de Larry PEERCE avec Tony Musante, Martin Sheen et Beau Bridges. - Deux voyous terrorisent les passagers d'un wagon de métro. - Sujet inspiré d'un fait divers. Dramatisation d'une grande intensité. Montage rapide et nerveux. Interprétation d'une belle solidité.

INCIDENT, THE [Incident, L'] ▷4
É.-U. 1990. Drame policier de Joseph SARGENT avec Peter Firth, Walter Matthau et William Schallert. - Un avocat découvre un sombre secret en enquêtant sur son client, un prisonnier de guerre allemand accusé du meurtre d'un médecin. □ Général

INCIDENT AT BLOOD PASS
JAP. 1970. Hiroshi INAGAKI
DVD STA→29,95 $

INCIDENT AT LOCH NESS ▷4
É.-U. 2004. Comédie dramatique réalisée et interprétée par Zak PENN avec Werner Herzog et Kitana Baker. - Divers incidents vont interrompre le tournage d'un documentaire de Werner Herzog sur le monstre du Loch Ness. □ Général
DVD VA→9,95 $

INCOMPARABLE MADEMOISELLE C, L' ▷4
QUÉ. 2004. Comédie fantaisiste de Richard CIUPKA avec Marie-Chantal Perron, Mylène St-Sauveur et Pierre Lebeau. - Une jeune femme excentrique redonne de la joie de vivre aux habitants moroses d'une ville menacée par les plans d'un roi du casino véreux. □ Général
DVD VF→29,95 $

INCONNU DANS LA MAISON, L' ▷5
FR. 1992. Drame judiciaire de Georges LAUTNER avec Jean-Paul Belmondo, Cristiana Reali et Renée Faure. - Un avocat apathique et alcoolique assume la défense de l'amant de sa fille qu'il croit innocent du crime dont on l'accuse. □ Général

INCONNU DE LAS VEGAS, L' *voir* **Ocean's Eleven**

INCONNUS DANS LA MAISON, LES ▷3
FR. 1942. Drame policier de Henri DECOIN avec Raimu, Juliette Faber et Mouloudji . - Un avocat déchu reprend conscience de sa responsabilité et prouve l'innocence d'un accusé. - Adaptation réussie d'un roman de Simenon. Bonne création d'atmosphère. Composition remarquable de Raimu. □ Non classé

INCORRUPTIBLES, LES
voir **Untouchables, The**

INCREDIBLE JOURNEY, THE ▷4
[Incroyable randonnée, L']
É.-U. 1963. Conte de Fletcher MARKLE avec Émile Genest, John Drainie et Tommy Tweed. - Deux chiens et un chat connaissent diverses mésaventures en voulant retourner à leur ancien foyer. □ Général

INCREDIBLE MR. LIMPET, THE ▷4
É.-U. 1964. Comédie d'Arthur LUBIN avec Don Knotts, Carole Cook et Andrew Duggan. - Un passionné des poissons se voit, selon son rêve le plus cher, changé en poisson, ce qui lui vaut la célébrité. □ Général
DVD VA➔STF➔Cadrage P&S/W➔16,95 $

INCREDIBLE SHRINKING MAN, THE ▷4
É.-U. 1957. Science-fiction de Jack ARNOLD avec Grant Williams, Randy Stuart et Paul Langton. - Après avoir traversé un nuage radioactif, un homme se met à rétrécir. □ Non classé

INCREDIBLE SHRINKING WOMAN, THE ▷4
É.-U. 1981. Comédie fantaisiste de Joel SCHUMACHER avec Lily Tomlin, Charles Grodin, Raymond Bailey et Ned Beatty. - À cause de l'effet conjugué des produits chimiques qu'elle emploie dans ses tâches domestiques, une femme se met à rétrécir. □ Général

INCREDIBLES, THE [Incroyables, Les] ▷3
É.-U. 2004. Film d'animation de Brad BIRD. - Les exploits d'une famille de superhéros en lutte contre un inventeur mégalomane. - Intrigue pleine de fantaisie, d'humour et de trouvailles inventives. Parodie savoureuse des films de superhéros et des James Bond. Formidable design rétro dans le style moderniste des années 1950 et 60. Animation somptueuse. □ Général
DVD VA➔Cadrage W➔34,95 $ VF➔STA➔Cadrage W➔34,95 $

INCREDIBLY TRUE ADVENTURE OF TWO GIRLS IN LOVE, THE ▷4
É.-U. 1995. Comédie sentimentale de Maria MAGGENTI avec Laurel Hollomon, Nicole Parker et Maggie Moore. - Deux adolescentes, l'une blanche et l'autre noire, vivent avec une relative sérénité une idylle amoureuse qui provoque la consternation dans leur entourage. □ 13 ans+
DVD VA➔STA➔Cadrage W/16X9➔23,95 $

INCROYABLE RANDONNÉE, L'
voir **Incredible Journey, The**

INCUBUS
É.-U. 1965. Leslie STEVENS
DVD VA➔29,95 $

INDECENT PROPOSAL [Proposition indécente] ▷5
É.-U. 1993. Drame sentimental d'Adrian LYNE avec Demi Moore, Woody Harrelson et Robert Redford. - Un milliardaire offre un million de dollars à une jeune femme mariée en échange d'une nuit d'amour. □ 13 ans+ · Érotisme
DVD VF➔STA➔Cadrage W➔12,95 $

INDEPENDANCE DAY ▷5
[Independance Day 10th Ann. Ed.]
É.-U. 1996. Science-fiction de Roland EMMERICH avec Will Smith, Bill Pullman et Jeff Goldblum. - Après avoir détruit trois grandes villes américaines, d'immenses soucoupes volantes s'apprêtent à envahir la Terre. □ 13 ans+
DVD VF➔STA➔Cadrage W➔21,95 $
VA➔STA➔Cadrage W➔21,95 $

INDESTRUCTIBLE, L' *voir* **Unbreakable**

INDIA SONG ▷3
FR. 1975. Drame psychologique de Marguerite DURAS avec Michel Lonsdale, Delphine Seyrig et Mathieu Carrière. - À Calcutta, dans les années 30, la femme de l'ambassadeur de France aux Indes est l'objet de l'attention de plusieurs hommes. - Film étrange et déconcertant. Commentaires ou dialogues en voix off. Création d'un climat onirique. □ Général

INDIAN FIGHTER, THE [Or des Sioux, L'] ▷4
É.-U. 1955. Western d'André De TOTH avec Kirk Douglas, Elsa Martinelli et Walter Matthau. - Deux aventuriers tentent de s'approprier une mine d'or exploitée par des Indiens. □ Général
DVD VA➔11,95 $

INDIAN IN THE CUPBOARD, THE ▷4
[Indien du placard, L']
É.-U. 1995. Conte de Frank OZ avec Hal Scardino, Litefoot et Lindsay Crouse. - Grâce à une armoire antique dotée de pouvoirs magiques, un gamin donne vie à une figurine en plastique représentant un guerrier iroquois. □ Général
DVD VF➔STF➔Cadrage P&S/W➔18,95 $

INDIAN RUNNER, THE ▷4
É.-U. 1990. Drame psychologique de Sean PENN avec Valeria Golino, David Morse et Viggo Mortensen. - À son retour du Viêtnam, un jeune homme instable parvient difficilement à se réintégrer dans la société malgré le soutien de son frère policier. □ 13 ans+ · Violence
DVD VF➔STF➔Cadrage W➔12,95 $

INDIAN TOMB, THE ▷5
ALL. 1958. Aventures de Fritz LANG avec Debra Paget, Claus Holm et Paul Hubschmidt. - Rêvant de s'emparer du trône, le frère d'un maharadjah veut amener celui-ci à épouser une danseuse sacrée afin que le peuple se dresse contre lui.
DVD 44,95 $

INDIANA JONES & THE TEMPLE OF DOOM ▷4
[Indiana Jones et le temple maudit]
É.-U. 1984. Aventures de Steven SPIELBERG avec Harrison Ford, Kate Capshaw et Ke Huy Quan. - En 1935, un archéologue aventureux enquête sur d'étranges agissements dans le palais d'un maharadjah. □ 13 ans+

INDIANA JONES AND THE LAST CRUSADE ▷4
[Indiana Jones et la dernière croisade]
É.-U. 1989. Aventures de Steven SPIELBERG avec Harrison Ford, Sean Connery et Allison Doody. - En 1938, un archéologue aventurier tente de retrouver son père retenu prisonnier en Europe. □ Général

INDIC, L' ▷5
FR. 1983. Drame policier de Serge LEROY avec Daniel Auteuil, Pascale Rocard et Thierry Lhermitte. - Pour coincer un truand important, un inspecteur de police se sert de la maîtresse de l'homme de confiance du gangster. □ Général

INDIEN DANS LA VILLE, UN ▷5
FR. 1994. Comédie de Hervé PALUD avec Thierry Lhermitte, Ludwig Briand et Patrick Timsit. - Un boursier stressé doit s'occuper de son fils de dix ans, né dans la jungle amazonienne, qui débarque à Paris pour la première fois. □ Général

INDIEN DU PLACARD, L'
voir **Indian in the Cupboard, The**

INDISCREET ▷4
É.-U. 1958. Comédie sentimentale de Stanley DONEN avec Ingrid Bergman, Cary Grant et Phyllis Calvert. - Une actrice découvre que le diplomate dont elle est amoureuse n'est pas marié comme il l'affirme. □ Général

INDISCRETION OF AN AMERICAN WIFE ▷4
ITA. 1953. Drame psychologique de Vittorio DE SICA avec Jennifer Jones, Montgomery Clift, Richard Beymer et Gino Cervi. - À la gare centrale de Rome, une Américaine tente de rompre avec son amant italien. □ Général
DVD VA➔26,95 $

INDISCRÉTION, L' ▷4
FR. 1982. Drame policier de Pierre LARY avec Jean Rochefort, Dominique Sanda et Jean-Pierre Marielle. - Un homme est entraîné dans une étrange aventure alors qu'il découvre que son poste de radio capte les bruits émanant d'un logement voisin.

INDOCHINE ▷4
FR. 1991. Chronique de Régis WARGNIER avec Catherine Deneuve, Vincent Perez et Linh Dan Pham. - Follement éprise d'un officier de la marine française, la propriétaire d'une plantation en Indochine voit sa fille adoptive s'amouracher du même homme. □ Général
DVD VF→Cadrage W→21,95 $

INDOMPTABLE ANGÉLIQUE ▷5
FR. ALL. ITA. 1967. Mélodrame de Bernard BORDERIE avec Michèle Mercier, Robert Hossein et Roger Pigaut. - À la recherche de son mari disparu, une comtesse est enlevée par des pirates et vendue comme esclave. □ 13 ans+

INÉVITABLE CATASTROPHE, L' *voir* **Swarm, The**

INFERNO ▷4
ITA. 1979. Drame d'horreur de Dario ARGENTO avec Irene Miracle, Leigh McCloskey et Sacha Pitoeff. - Une jeune femme soupçonne la présence de forces maléfiques dans le vieil immeuble qu'elle habite à New York.
DVD VA→Cadrage W→11,95 $

INFIDÈLE *voir* **Faithless**

INFIDÈLE *voir* **Unfaithful**

INFIDÈLEMENT VÔTRE *voir* **Unfaithfully Yours**

INFINITY ▷4
É.-U. 1996. Drame sentimental réalisé et interprété par Matthew BRODERICK avec Patricia Arquette et Peter Riegert. - Tout en contribuant à mettre au point la première bombe atomique, le physicien Richard Feynman doit prendre soin de sa jeune épouse qui se meurt de la tuberculose. □ Général

INFLUENCES *voir* **People I Know**

INFORMER, THE ►2
É.-U. 1935. Drame psychologique de John FORD avec Preston Foster, Victor McLaglen et Margot Grahame. - Pour toucher une prime, un miséreux trahit un ami dont la tête est mise à prix. - Adaptation d'un roman de Liam O'Flaherty. Drame puissant. Réalisation magistrale. Forte composition de V. McLaglen. □ Général

INHERIT THE WIND ▷4
É.-U. 1999. Drame social de Daniel PETRIE Jr. avec Jack Lemmon, George C. Scott et Beau Bridges. - En 1925, un instituteur du Tennessee est poursuivi pour avoir enseigné en classe la théorie de l'évolution de Darwin.

INHERIT THE WIND [Souffle de la haine, Le] ▷4
É.-U. 1960. Drame social de Stanley E. KRAMER avec Spencer Tracy, Fredric March, Donna Anderson et Gene Kelly. - En 1925, un instituteur est arrêté pour avoir enseigné en classe la théorie de Darwin. □ Général
DVD VF→STF→13,95 $

INHERITANCE, THE *voir* **Héritage, L'**

INHERITANCE, THE
NOR. 2003. Per FLY
DVD STA→Cadrage 16X9→39,95 $

INHERITORS, THE *voir* **Héritiers, Les**

INITIATION, L' ▷6
QUÉ. 1969. Drame psychologique de Denis HÉROUX avec Chantal Renaud, Jacques Riberolles et Danielle Ouimet. - Une étudiante en lettres est initiée aux plaisirs de l'amour par un écrivain. □ 16 ans+ · Érotisme

INITIATION, THE ▷6
[Initiation, The / Mountaintop Massacre]
É.-U. 1982. Drame d'horreur de L. STEWART avec Daphne Zuniga, Vera Miles et Clu Gulager. - Des meurtres horribles se produisent dans l'entourage d'une jeune femme hantée par de mystérieux cauchemars.
DVD VA→Cadrage W→10,95 $ VA→14,95 $

INITIÉ, L' *voir* **Insider, The**

INN OF THE SIXTH HAPPINESS, THE ▷4
ANG. 1958. Drame de Mark ROBSON avec Ingrid Bergman, Curt Jurgens et Robert Donat. - Les expériences d'une jeune Anglaise qui s'est rendue en Chine comme missionnaire. □ Général
DVD VF→14,95 $

INNER CIRCLE, THE *voir* **Cercle des intimes, Le**

INNERSPACE [Aventure intérieure, L'] ▷4
É.-U. 1987. Comédie fantaisiste de Joe DANTE avec Martin Short, Dennis Quaid et Meg Ryan. - Pour échapper à des espions, un sous-marin et son pilote ont été miniaturisés et injectés dans le corps d'un passant. □ Général
DVD VF→STA→Cadrage W→9,95 $

INNOCENCE ▷3
AUS. 2000. Drame psychologique de Paul COX avec Julia Blake, Charles Tingwell et Terry Norris. - Une septuagénaire mariée renoue avec un musicien veuf qui fut son premier amour il y a quarante ans. - Étude sensible du désir amoureux et sexuel chez les gens du troisième âge. Approche à la fois osée et pudique. Réalisation assurée. Jeu poignant des principaux interprètes. □ Général
DVD VA→36,95 $

INNOCENCE ▷4
FR. 2004. Conte de Lucile HADZIHALILOVIC avec Zoé Auclair, Bérangère Haubruge et Hélène de Fougerolles. - Une année dans la vie de jeunes filles qui apprennent la danse classique dans un internat coupé du reste du monde où règne une atmosphère mystérieuse. □ Général
DVD VF→STA→Cadrage W→34,95 $

INNOCENCE SANS PROTECTION, L' ▷4
[Innocence Unprotected]
YOU. 1968. Film d'essai de Dusan MAKAVEJEV avec Dragoljub Aleksic, Ana Milosavljevic et Beba Jovanovic. - Rappel des circonstances de la réalisation du premier film parlant serbe. □ Général

INNOCENT, L' [Innocent, The] ▷3
ITA. 1976. Drame psychologique de Luchino VISCONTI avec Laura Antonelli, Giancarlo Giannini et Jennifer O'Neil. - En 1900, un comte affichant des théories libertaires est troublé lorsqu'il apprend que sa femme attend un enfant à la suite d'une aventure passagère. - Mise en scène fort soignée d'un récit mélodramatique. Reconstitution d'époque réussie. Interprétation emphatique. □ 13 ans+

INNOCENT, THE [Prix de l'innocence, Le] ▷5
É.-U. 1993. Drame d'espionnage de John SCHLESINGER avec Campbell Scott, Isabella Rossellini et Anthony Hopkins. - À Berlin en 1955, un ingénieur anglais chargé de mettre sur écoute les lignes téléphoniques soviétiques s'amourache d'une espionne allemande. □ 13 ans+
DVD VF→11,95 $

INNOCENT BLOOD [Sang des innocents, Le] ▷5
É.-U. 1992. Drame d'horreur de John LANDIS avec Anne Parillaud, Anthony LaPaglia et Robert Loggia. - Une femme vampire et un policier font équipe pour éliminer un mafioso qui a été transformé en mort-vivant. □ 16 ans+ · Horreur
DVD VF→Cadrage P&S→7,95 $

INNOCENT SORCERERS *voir* **Innocents charmeurs, Les**

INNOCENTS AUX MAINS SALES, LES ▷4
[Innocents with Dirty Hands]
FR. ITA. ALL. 1975. Drame policier de Claude CHABROL avec Romy Schneider, Rod Steiger et Paolo Giusti. - Une jeune femme complote avec son amant l'assassinat de son mari pour s'emparer de sa fortune. □ 13 ans+

INNOCENTS CHARMEURS, LES
[Innocent Sorcerers]
POL. 1960. Andrzej WAJDA □ Général
DVD STA→29,95 $

INNOCENTS WITH DIRTY HANDS
voir **Innocents aux mains sales, Les**

INNOCENTS, THE ►2
ANG. 1961. Drame fantastique de Jack CLAYTON avec Deborah Kerr, Martin Stephens et Pamela Franklin. - La gouvernante de deux orphelins croit discerner autour d'eux des influences maléfiques. - Adaptation magistrale d'un roman d'Henry James. Climat envoûtant créé avec beaucoup d'habileté. Photographie expressive. Interprètes admirablement dirigés. □ Général
DVD VA→STA→Cadrage W→15,95 $

INNOCENTS, LES [Dreamers, The] ▷4
FR. 2003. Drame de mœurs de Bernardo BERTOLUCCI avec Michael Pitt, Eva Green et Louis Garrel. - Au printemps 1968, à Paris, un étudiant américain forme un ménage à trois avec une jeune Française et son frère jumeau. □ 16 ans+ · Érotisme
DVD VF→STA→Cadrage W→10,95 $ VF→Cadrage W→33,95 $

INQUIÉTUDES ▷5
FR. 2003. Drame psychologique de Gilles BOURDOS avec Grégoire Colin, Julie Ordon et Brigitte Catillon. - Tourmentés par leur passé, un jeune homme épris de pureté et une adolescente en mal de liberté s'éprennent l'un de l'autre, pour le meilleur et pour le pire.
DVD VF→STA→Cadrage W/16X9→34,95 $

INSATIABILITY
POL. 2003. Wiktor GRODECKI
DVD STA→27,95 $

INSECT WOMAN *voir* **Femme insecte, La**

INSÉPARABLES ▷4
FR. 1999. Comédie dramatique de Michel COUVELARD avec Jean-Pierre Darroussin, Catherine Frot et Fabienne Babe. - Traversant une crise existentielle tenace, un acteur désœuvré retourne dans sa ville natale dans l'espoir d'y trouver réconfort. □ Général

INSERTS [Gros plan] ▷4
ANG. 1975. Drame de mœurs de John BYRUM avec Richard Dreyfuss, Jessica Harper et Veronica Cartwright. - Dans les années 30, un jeune réalisateur en pleine déchéance en est réduit à tourner des films pornographiques. □ 18 ans+
DVD VF→STF→Cadrage W→12,95 $

INSIDE ▷4
É.-U. 1996. Drame policier d'Arthur PENN avec Louis Gossett Jr, Eric Stoltz et Nigel Hawthorne. - Après la chute de l'apartheid, un policier tortionnaire doit rendre des comptes à un enquêteur noir qui a été témoin de ses méthodes brutales. □ 13 ans+ · Violence
DVD VA→Cadrage W→26,95 $

INSIDE DAISY CLOVER ▷4
[Daisy Clover, la jeune rebelle]
É.-U. 1965. Drame psychologique de Robert MULLIGAN avec Robert Redford, Natalie Wood et Christopher Plummer. - Un producteur fait d'une jeune fille pauvre une vedette de cinéma. □ Général

INSIDE DEEP THROAT
É.-U. 2005. Fenton BAILEY et Randy BARBATO
DVD VA→STF→Cadrage W→34,95 $

INSIDE I'M DANCING
voir **Rory O'Shea Was Here**

INSIDE MOVES ▷4
É.-U. 1980. Drame psychologique de Richard DONNER avec John Savage, David Morse et Diana Scarwid. - Devenu infirme à la suite d'un suicide raté, un jeune homme se lie d'amitié avec un barman. □ Général

INSIDER, THE [Initié, L'] ▷3
É.-U. 1999. Drame de Michael MANN avec Al Pacino, Russell Crowe et Christopher Plummer. - Un journaliste de la télévision se bat pour faire diffuser un reportage controversé dans lequel un scientifique s'attaque à l'industrie du tabac. - Sujet inspiré d'une histoire vraie. Intrigue racontée avec limpidité et intelligence. Traitement tendu et maîtrisé. Interprétation prenante. □ Général
DVD VA→Cadrage W→14,95 $

INSIGNIFICANCE [Nuit de réflexion, Une] ▷4
ANG. 1985. Comédie de Nicolas ROEG avec Theresa Russell, Michael Emil et Tony Curtis. - Une nuit d'été favorise des rencontres entre une actrice de cinéma, un savant réputé, un champion de base-ball et un sénateur. □ 13 ans+

INSOMNIA ▷3
NOR. 1997. Thriller d'Erik SKJOLDBJAERG avec Stellan Skarsgard, Sverre Anker Ousdal et Bjorn Floberg. - En voulant tendre un piège au meurtrier d'une adolescente, un détective insomniaque tue accidentellement son partenaire. - Suspense psychologique adroitement construit. Climat de mystère et de menace savamment entretenu. Style visuel recherché. Interprétation de premier ordre. □ 13 ans+
DVD Cadrage W→46,95 $

INSOMNIA [Insomnie] ▷3
É.-U. 2002. Drame policier de Christopher NOLAN avec Al Pacino, Robin Williams et Hilary Swank. - En Alaska, un détective insomniaque tue accidentellement son partenaire en voulant tendre un piège au meurtrier d'une adolescente. - Remake habile et intelligent d'un suspense norvégien. Personnages nuancés. Réalisation alerte. Atmosphère glauque parfois presque onirique. Interprétation excellente. □ 13 ans+
DVD VF→STF→Cadrage W→11,95 $ VF→Cadrage W→11,95 $

INSOMNIO [Sleepless in Madrid]
ESP. 1998. Chus GUTIÉRREZ
DVD STA→Cadrage W→29,95 $

INSOUMISE, L' *voir* **Jezebel**

INSOUTENABLE LÉGÈRETÉ DE L'ÊTRE, L'
voir **Unbearable Lightness of Being, The**

INSPECTEUR HARRY, L' *voir* **Dirty Harry**

INSPECTEUR LA BAVURE ▷4
FR. 1980. Comédie de Claude ZIDI avec Dominique Lavanant, Michel Coluche et Gérard Depardieu. - Les mésaventures d'un policier dont les maladresses sont exploitées par une journaliste. □ Général

INSPECTEUR LAVARDIN ▷4
FR. 1986. Comédie policière de Claude CHABROL avec Jean Poiret, Jean-Claude Brialy et Bernadette Lafont. - Un inspecteur qui enquête sur le meurtre d'un écrivain catholique réputé reconnaît dans la veuve un amour de jeunesse.
DVD VF→STA→Cadrage W→21,95 $

INSPECTEUR NE RENONCE JAMAIS, L'
voir **Enforcer, The**

INSPECTOR CLOUSEAU ▷5
ANG. 1968. Comédie policière de Bud YORKIN avec Alan Arkin, Frank Finlay et Delia Boccardo. - Un policier français est prêté à Scotland Yard pour résoudre l'énigme du vol du train postal. □ Général
DVD VA→STF→Cadrage W→11,95 $

INSPECTOR GENERAL, THE ▷4
É.-U. 1949. Comédie de Henry KOSTER avec Danny Kaye, Barbara Bates et Walter Slezak. - Un vagabond est pris pour un fonctionnaire impérial.
DVD VA→Cadrage W→27,95 $

INSTANT D'INNOCENCE, UN ▷3
[Moment of Innocence, A]
IRAN. 1996. Comédie dramatique réalisée et interprétée par Mohsen MAKHMALBAF avec Mirhadi Tayebi et Ali Bakhshi. - Un cinéaste propose à un policier de reconstituer devant la caméra l'altercation qu'ils ont eue 22 ans plus tôt. - Variation subtile sur le thème du cinéma comme révélateur de vérité. Production artisanale. □ Général
DVD STA→39,95 $

INSTINCT DE TUER, L' *voir* **Better Tomorrow, A**

INSTINCT DE VENGEANCE *voir* **Quick and the Dead, The**

INSTITUTE BENJAMENTA ▷4
[This Dream People Call Human Life]
ANG. 1995. Drame fantastique des Brothers QUAY avec Mark Rylance, Alice Krige, Daniel Smith et Gottfried John. - Un jeune homme s'inscrit comme élève dans un institut à l'ambiance mystérieuse où un frère et une sœur dispensent une formation pour domestiques. □ 13 ans+

INSURGÉ, L' *voir* **Great White Hope, The**

INTACTO ▷4
ESP. 2001. Thriller de Juan Carlos FRESNADILLO avec Eusebio Poncela, Leonardo Sbaraglia et Monica Lopez. - Pour exercer une vengeance, un rescapé d'un tremblement de terre se sert d'un survivant d'un accident d'avion qu'il entraîne dans une série de compétitions étranges. □ 13 ans+
DVD STA➔33,95 $

INTENDANT SANSHO, L'
voir **Sansho the Bailiff**

INTENDED, THE
ANG. DAN. 2002. Kristian LEVRING
DVD VA➔Cadrage W➔34,95 $

INTERIORS ▷4
É.-U. 1978. Drame psychologique de Woody ALLEN avec Marybeth Hurt, Diane Keaton et Geraldine Page. - Trois sœurs se confient leurs problèmes à l'occasion de la séparation de leurs parents. □ Général
DVD Cadrage W➔12,95 $

INTERMÈDE *voir* **Intermission**

INTERMEZZO ▷4
SUÈ. 1937. Drame sentimental de Gustaf MOLANDER avec Gosta Ekman, Ingrid Bergman et Inga Tidblad. - Un violoniste de renom s'engage dans une liaison adultère avec une jeune pianiste qui l'accompagne durant une tournée. □ Général

INTERMISSION [Intermède] ▷4
IRL. 2003. Comédie dramatique de John CROWLEY avec Cillian Murphy, Kelly Macdonald et Colin Farrell. - À Dublin, les destins entrecroisés de divers individus engagés dans des projets d'ordre sentimental, professionnel ou criminel □ 13 ans+
DVD VA➔STA➔Cadrage W➔7,95 $

INTERNAL AFFAIRS [Enquêtes internes] ▷4
É.-U. 1990. Drame policier de Mike FIGGIS avec Richard Gere, Andy Garcia et Nancy Travis. - Un nouvel enquêteur de la police découvre qu'un collègue est l'auteur de crimes graves. □ 18 ans+
DVD VF➔STA➔Cadrage W➔9,95 $

INTERNATIONAL HOUSE ▷4
É.-U. 1933. Comédie de A. Edward SUTHERLAND avec W.C. Fields, George Burns et Gracie Allen. - Diverses personnes sont réunies dans un hôtel de Shanghai à l'occasion des essais d'une nouvelle invention, la télévision. □ Non classé

INTERNES CAN'T TAKE MONEY ▷4
É.-U. 1937. Drame d'Alfred SANTELL avec Barbara Stanwyck, Joel McCrea et Lloyd Nolan. - Un chirurgien fait une opération d'urgence qui lui vaut la gratitude d'un gang de criminels. □ Général

INTERPRETER, THE [Interprète, L'] ▷4
É.-U. 2005. Thriller de Sydney POLLACK avec Nicole Kidman, Sean Penn et Catherine Keener. - Une interprète aux Nations Unies surprend dans ses écouteurs une conversation où il est question d'assassiner le dictateur d'un pays africain. □ Général · Déconseillé aux jeunes enfants
DVD VF➔STF➔Cadrage W➔16,95 $

INTERROGATION ▷5
POL. 1982. Drame politique de Richard BUGAJSKI avec Krystyna Janda, Janusz Gajos et Adam Ferency. - À Varsovie, en 1951, une chanteuse de cabaret, arrêtée pour espionnage, subit les sévices de ses tortionnaires qui veulent l'utiliser dans un procès politique. □ 13 ans+

INTERRUPTED MELODY [Mélodie interrompue] ▷5
É.-U. 1955. Drame biographique de Curtis BERNHARDT avec Glenn Ford, Eleanor Parker et Roger Moore. - L'histoire de la cantatrice Marjorie Lawrence qui, victime de la polio, reprend sa carrière et connaît de nouveaux triomphes. □ Général

INTERVENTION DIVINE ▷3
PAL. 2002. Comédie satirique réalisée et interprétée par Elia SULEIMAN avec Manal Khader et Nayef Fahoum Daher. - Un Palestinien de Jérusalem ne peut voir son amoureuse, qui vit à Ramallah, que dans le stationnement d'un poste de contrôle israélien. - Scénario axé sur les travers de la vie quotidienne. Féroce satire politique en filigrane. Structure plutôt éclatée. Réalisation souple. Jeu d'ensemble dans le ton voulu. □ Général
DVD VF➔STF➔Cadrage W➔21,95 $ STF➔21,95 $

INTERVIEW, THE ▷4
AUS. 1998. Drame policier de Craig MONAHAN avec Hugo Weaving, Tony Martin, Paul Sonkkila et Aaron Jeffery. - Soupçonné d'un crime mystérieux, un individu est interrogé par deux enquêteurs tenaces. □ Général
DVD VA➔29,95 $

INTERVIEW WITH THE ASSASSIN
É.-U. 2002. Neil BURGER
DVD VA➔Cadrage W➔9,95 $

INTERVIEW WITH THE VAMPIRE ▷3
[Entretien avec un vampire]
É.-U. 1994. Drame d'horreur de Neil JORDAN avec Tom Cruise, Brad Pitt et Kirsten Dunst. - Un vampire raconte à un intervieweur les événements qu'il a vécus au XIXe siècle auprès de deux autres vampires, un dandy cynique et une gamine. - Adaptation fort satisfaisante du roman d'Anne Rice. Atmosphère de mélancolie lugubre. Réalisation poétique. Composition réussie de T. Cruise. □ 16 ans+ · Horreur
DVD VF➔STF➔Cadrage W➔27,95 $

INTIMACY [Intimité] ▷3
FR. 2000. Drame de mœurs de Patrice CHÉREAU avec Mark Rylance, Kerry Fox, Susannah Harker et Timothy Spall. - Un barman entretient avec une inconnue une liaison purement physique qui prend une autre tournure lorsqu'il en découvre plus sur la vie de celle-ci. - Portrait pessimiste et cru des relations amoureuses. Climat déprimant. Images sombres. Réalisation très souple. Interprètes jouant avec une rare conviction des rôles exigeants. □ 16 ans+ · Érotisme
DVD VA➔17,95 $

INTIME *voir* **Closer**

INTIME ET PERSONNEL
voir **Up Close and Personal**

INTO THE BLUE ▷5
É.-U. 2005. Thriller de John STOCKWELL avec Paul Walker, Jessica Alba et Scott Caan. - À la recherche du trésor d'un pirate, quatre amateurs de plongée sous-marine découvrent l'épave d'un avion contenant une importante quantité de cocaïne. □ 13 ans+
DVD VA➔STF➔Cadrage W➔36,95 $

INTO THE NIGHT ▷4
É.-U. 1985. Drame policier de John LANDIS avec Jeff Goldblum, Michelle Pfeiffer et Kathryn Harrold. - Un ingénieur se retrouve mêlé malgré lui dans une affaire de contrebande d'émeraudes. □ 13 ans+
DVD VA➔17,95 $

INTO THE WEST [Chevauchée magique, La] ▷3
IRL. 1992. Aventures de Mike NEWELL avec Gabriel Byrne, Ciaran Fitzgerald et Ruaidhri Conroy. - Après la confiscation par la police de leur cheval, deux enfants de Dublin fuient avec la bête en s'imaginant être des héros de western. - Conte de fées moderne se présentant comme un « Road Movie » initiatique. Équilibre réussi entre le fantastique et le social. Beau travail de caméra. Jeu naturel des enfants. □ Général

INTOLERABLE CRUELTY [Intolérable cruauté] ▷4
É.-U. 2003. Comédie sentimentale de Joel COEN avec George Clooney, Catherine Zeta-Jones et Paul Adelstein. - En quête de défis, un avocat renommé trouve une adversaire à sa taille en la personne d'une redoutable croqueuse de diamants. □ Général
DVD VF→STF→Cadrage W→9,95 $

INTOLERANCE ►1
É.-U. 1916. Drame social de David W. GRIFFITH avec Lilian Gish, Mea Marsh et Robert Harron. - Quatre épisodes évoquant l'idée d'intolérance à travers les âges. - Œuvre marquante des débuts du cinéma. Fresque monumentale. Mise en scène des plus inventives. Direction d'acteurs éblouissante. □ Général
DVD 23,95 $

INTRA-TERRESTRE, L' *voir* **Blast from the Past**

INTROUVABLE, L' *voir* **Thin Man, The**

INTRUDER, THE ▷4
É.-U. 1961. Drame social de Roger CORMAN avec William Shatner, Leo Gordon et Beverly Lunsford. - Dans une petite ville du Sud, un prétendu travailleur social sème la zizanie en poussant les citoyens à s'opposer par la force à une loi anti-raciste.
DVD VA→STA→Cadrage W→19,95 $

INTRUDER IN THE DUST ▷3
É.-U. 1950. Drame social de Clarence BROWN avec Elizabeth Patterson, Juano Hernandez et Claude Jarman jr. - Dans une ville du Sud, une vieille dame et un adolescent s'emploient à innocenter un Noir accusé de meurtre. - Adaptation soignée d'un roman de William Faulkner. Sujet développé avec rigueur et intelligence. Mise en scène sobre et efficace. □ Général

INTRUS, L' ▷4
FR. 1984. Drame psychologique d'Irène JOUANNET avec Marie Dubois, Richard Anconina et Christine Murillo. - Pour échapper à la police, un jeune homme se réfugie chez une femme solitaire et cherche à percer les secrets de celle-ci. □ Général

INTRUS, L' [Intruder, The]
FR. 2004. Claire DENIS
DVD VF→STA→Cadrage W→34,95 $

INUGAMI
JAP. 2001. Masato HARADA
DVD STA→22,95 $

INUTILES, LES [Vitelloni, I] ▷3
ITA. 1952. Drame de mœurs de Federico FELLINI avec Franco Interlenghi, Franco Fabrizi et Leonora Ruffo. - Forcé d'épouser la mère de son enfant, un jeune homme oisif supporte mal le poids de ses nouvelles responsabilités. - Thème original. Peinture des caractères diversifiée. Approche subtile. Réalisation souple et sensible. Très bonne interprétation. □ Non classé
DVD STA→23,95 $ STA→46,95 $

INVASION LOS ANGELES *voir* **They Live**

INVASION OF THE BODY SNATCHERS ▷3
É.-U. 1978. Science-fiction de Philip KAUFMAN avec Brooke Adams, Donald Sutherland et Leonard Nimoy. - Un inspecteur sanitaire découvre que ses concitoyens sont transformés par des êtres d'origine mystérieuse. - « Remake » d'un classique du genre. Mise en scène réussie. Détails inquiétants suggérés par des moyens subtils. Suspense ingénieux et bien dosé. Bonne interprétation de D. Sutherland. □ 13 ans+
DVD VF→STF→Cadrage W→12,95 $

INVASION OF THE BODY SNATCHERS, THE ▷3
É.-U. 1955. Science-fiction de Don SIEGEL avec Kevin McCarthy, Dana Wynter, King Donovan et Larry Gates. - Le médecin d'un village de Californie découvre que ses concitoyens sont transformés par des êtres d'origine mystérieuse. - Intrigue classique conduite avec beaucoup de savoir-faire. Climat de tension soutenu. Aspects symboliques fort intéressants. Interprétation dans le ton voulu. □ Général

INVASIONS BARBARES, LES ▷3
QUÉ. 2003. Comédie dramatique de Denys ARCAND avec Rémy Girard, Stéphane Rousseau et Marie-Josée Croze. - Un jeune et riche financier entreprend d'adoucir les derniers jours de son père, un universitaire atteint du cancer. - Scénario touffu dressant un constat cynique des valeurs de la société actuelle. Méditation poignante sur la peur de la mort. Dialogues incisifs. Réalisation assurée. Interprétation un peu disparate. □ 13 ans+
DVD VF→Cadrage W→23,95 $

INVENTING THE ABBOTTS ▷4
É.-U. 1997. Drame de mœurs de Pat O'CONNOR avec Joaquin Phoenix, Billy Crudup et Liv Tyler. - Dans une petite ville de l'Illinois à la fin des années 1950, les destins des trois filles d'une famille aisée et de deux garçons d'un milieu plus modeste se croisent à plus d'une reprise. □ Général
DVD Cadrage W→9,95 $

INVENTION DE L'AMOUR, L' ▷5
QUÉ. 2000. Drame sentimental de Claude DEMERS avec David La Haye, Pascale Montpetit et Delphine Brodeur. - Un écrivain et une mère de famille vivent une relation passionnée dans laquelle vient s'immiscer une jeune prostituée. □ 13 ans+ · Érotisme
DVD VF→STA→Cadrage P&S→17,95 $

INVINCIBLE *voir* **Undisputed**

INVINCIBLE [Invinsible] ▷4
ALL. 2001. Drame de Werner HERZOG avec Tim Roth, Jouko Ahola et Anna Gourari. - À Berlin, en 1932, un colosse juif se produit dans un spectacle de cabaret dirigé par un hypnotiseur fanatique d'Hitler.
DVD VF→STA→Cadrage W→18,95 $

INVISIBLE CIRCUS, THE ▷5
É.-U. 2000. Drame de mœurs d'Adam BROOKS avec Jordana Brewster, Christopher Eccleston et Cameron Diaz. - Une adolescente décide de retracer le parcours suivi par sa sœur lors d'un voyage en Europe où cette dernière s'est suicidée. □ Général · Déconseillé aux jeunes enfants
DVD VA→Cadrage W→28,95 $

INVISIBLE MAN, THE ▷3
É.-U. 1933. Science-fiction de James WHALE avec Claude Rains, Gloria Stuart et William Harrigan. - Un chimiste devenu invisible grâce à un produit qu'il a découvert fait des recherches pour revenir à son état premier. - Scénario tiré d'un roman de H.G. Wells. Trucages fort habiles. Mise en scène inventive. □ Général

INVISIBLE MAN RETURNS, THE ▷4
É.-U. 1940. Drame policier de Joe MAY avec Vincent Price, Cedric Hardwicke et John Sutton. - Inventeur d'une formule pour se rendre invisible, un chimiste sauve un ami de la pendaison. □ Général

INVISIBLE RAY, THE ▷5
É.-U. 1936. Drame d'horreur de Lambert HILLYER avec Boris Karloff, Bela Lugosi et Frances Drake. - Un savant découvre une nouvelle substance radioactive. □ Général

INVITATION, L' ▷3
SUI. 1972. Comédie satirique de Claude GORETTA avec Jean-Luc Bideau, Jean Champion et Michel Robin. - Un employé de bureau invite ses collègues à une fête champêtre qui dégénère en un désagréable affrontement. - Sens précis de la description. Volonté de critique sociale. Personnages bien typés. □ Général

INVITATION AU VOYAGE ▷4
FR. 1982. Drame psychologique de Peter DEL MONTE avec Laurent Malet, Nina Scott et Aurore Clément. - Un jeune homme enferme dans un étui à violoncelle le corps de sa sœur morte accidentellement et part à l'aventure. □ 13 ans+

INVITATION TO A GUNFIGHTER ▷4
[Mercenaire de minuit, Le]
É.-U. 1964. Western de Richard WILSON avec Yul Brynner, George Segal et Janice Rule. - Un tueur prend le parti de l'homme qu'il doit abattre pour toucher une prime. □ Général
DVD VA→STF→12,95 $

INVITATION TO HELL ▷4
É.-U. 1984. Drame fantastique de Wes CRAVEN avec Susan Lucci, Robert Urich et Joanna Cassidy. - La famille d'un ingénieur tombe sous l'emprise d'une femme diabolique qui dirige un club select. - Téléfilm au mélange astucieux de fantastique et de modernisme. Mise en scène convaincante d'éléments peu plausibles. Interprétation acceptable.

INVITATION TO THE DANCE [Invitation à la danse] ▷3
É.-U. 1952. Spectacle musical de Gene KELLY avec Igor Youskevitch, Claire Sombert et Tamara Toumanova. - Trois sketches bâtis sur des musiques de Jacques Ibert, André Prévin et Rimski-Korsakov. - Mélange de ballet classique et de danses modernes. Agréable divertissement sur de la musique de qualité. Danseurs adroits.

INVITATIONS DANGEREUSES, LES
voir **Last of Sheila, The**

INVITÉ D'HONNEUR, L' *voir* **Best Man, The**

INVITÉ D'HONNEUR, L' ▷4
ITA. 1997. Comédie sentimentale de Pupi AVATI avec Inès Sastre, Diego Abatantuono et Dario Cantarelli. - Lors d'un mariage de raison, la future épouse s'éprend du témoin de celui qui doit devenir son mari. □ Général

IP5 - L'ÎLE AUX PACHYDERMES ▷5
FR. 1992. Drame de Jean-Jacques BEINEIX avec Olivier Martinez, Sekkou Sall et Yves Montand. - Deux jeunes marginaux vivent diverses aventures avec un étrange vieillard qui tente de retrouver l'emplacement d'un lac où il connut jadis l'amour de sa vie. □ Général

IPCRESS FILE, THE [Ipcress danger immédiat] ▷4
ANG. 1964. Drame d'espionnage de Sidney J. FURIE avec Michael Caine, Nigel Green et Sue Lloyd. - Un agent secret démasque un traître parmi ses supérieurs. □ 13 ans+

IRIS [Poèmes pour Iris] ▷4
ANG. 2001. Drame biographique de Richard EYRE avec Judi Dench, Jim Broadbent et Kate Winslet. - Mariée depuis 40 ans au critique littéraire John Bayley, l'écrivaine Iris Murdoch se découvre atteinte de la maladie d'Alzheimer.
DVD VF→Cadrage W→17,95 $

IRLANDAIS, L' *voir* **Prayer for the Dying, A**

IRMA LA DOUCE ▷3
É.-U. 1963. Comédie de Billy WILDER avec Shirley MacLaine, Jack Lemmon et Herschel Bernardi. - Un ancien gendarme devient le protecteur d'une prostituée. - Satire inventive. Nombreuses trouvailles comiques. Interprétation brillante. □ Général
DVD VF→STF→Cadrage W→11,95 $

IRMA VEP ▷4
FR. 1996. Drame de mœurs d'Olivier ASSAYAS avec Maggie Cheung, Jean-Pierre Léaud et Nathalie Richard. - Un cinéaste dépressif accepte de tourner un remake d'un vieux film muet, espérant ainsi redorer son blason. □ Général

IRON FISTED MONK
H.K. 1977. Sammo HUNG
DVD VA→STA→Cadrage W→9,95 $

IRON GIANT, THE [Géant de fer, Le] ▷3
É.-U. 1999. Dessins animés de Brad BIRD. - En 1957, un garçon de neuf ans se lie d'amitié avec un gigantesque robot venu de l'espace. - Illustration remarquable d'un livre pour enfants. Réalisation inventive au rythme trépidant. Scénario ingénieux. Idées amusantes. □ Général
DVD Cadrage W→11,95 $

IRON MASK, THE ▷4
É.-U. 1929. Aventures d'Allan DWAN avec Douglas Fairbanks, Marguerite de la Motte et Ulrich Haupt. - D'Artagnan et ses compagnons volent au secours du roi Louis XIV enfermé dans un château par son frère jumeau. □ Général
DVD 26,95 $

IRON MONKEY ▷3
H.K. 1993. Aventures de Yuen WOO-PING avec Yu Rong-Guang, Donnie Yen et Jean Wang. - Un gouverneur corrompu kidnappe le fils d'un champion d'arts martiaux pour forcer ce dernier à le débarrasser d'un justicier masqué. - Scénario bien construit multipliant les combats époustouflants. Personnages habilement typés. Sens de l'humour et de la fantaisie. Mise en scène souple et inventive. Interprétation vigoureuse à souhait. □ 13 ans+
DVD VA→STA→18,95 $

IRONIE DU SORT, L' ▷4
FR. 1973. Drame d'Édouard MOLINARO avec Pierre Clémenti, Marie-Hélène Breillat et Jacques Spiesser. - Hypothèse sur la vie d'un couple qui aurait pu être formé si le jeune homme n'était pas mort sous l'Occupation. □ Général

IRONWEED ▷3
É.-U. 1987. Drame psychologique d'Hector BABENCO avec Jack Nicholson, Meryl Streep et Carroll Baker. - Un père de famille au passé malheureux partage sa vie de vagabond avec une compagne de fortune. - Mouvement lent et mesuré. Contexte social évoqué avec précision. Compositions poignantes des deux protagonistes.

IRONY OF FATE, OR ENJOY YOUR BATH
RUS. 1975. Eldar RYAZANOV
DVD STA→74,95 $

IRRÉVERSIBLE ▷4
FR. 2002. Drame de Gaspar NOÉ avec Monica Bellucci, Vincent Cassel et Albert Dupontel. - Deux hommes cherchent à venger le viol atroce d'une amie. □ 18 ans+ · Violence
DVD VF→STA→Cadrage W→18,95 $

IS PARIS BURNING? *voir* **Paris brûle-t-il?**

ISADORA ▷3
ANG. 1968. Drame biographique de Karel REISZ avec Vanessa Redgrave, Jason Robards et James Fox. - La vie passionnée de la danseuse Isadora Duncan. - Intéressante évocation d'époque. Construction complexe. Mise en scène brillante. Jeu fervent de V. Redgrave. □ 13 ans+

ISHTAR ▷5
É.-U. 1987. Comédie d'Elaine MAY avec Warren Beatty, Dustin Hoffman et Isabelle Adjani. - Lors d'une escale dans un petit émirat, deux chansonniers sont embarqués dans une dangereuse histoire d'espionnage. □ Général

ISLA, LA *voir* **Jamais je ne t'oublierai**

ISLAND, THE ▷5
É.-U. 2005. Science-fiction de Michael BAY avec Ewan McGregor, Scarlett Johansson et Djimon Hounsou. - En 2019, un couple découvre un terrible secret au sujet de la ville intérieure où vivent les humains à la suite d'une catastrophe écologique. □ Général · Déconseillé aux jeunes enfants
DVD VF→STF→Cadrage W→34,95 $

ISLAND AT THE TOP OF THE WORLD, THE ▷5
[Île sur le toit du monde, L']
É.-U. 1974. Aventures de Robert STEVENSON avec David Hartman, Donald Sinden et Jacques Marin. - Une expédition à la recherche d'un jeune homme disparu dans l'Arctique découvre une île verdoyante habitée par des Vikings. □ Général
DVD VA→19,95 $

ISLAND IN THE SUN [Île au soleil, Une] ▷4
É.-U. 1956. Drame de Robert ROSSEN avec James Mason, Harry Belafonte et Joan Fontaine. - Les problèmes que rencontre une famille anglaise établie dans une île des Antilles. □ Général
DVD VA→STA→Cadrage W→22,95 $

ISLAND OF DR. MOREAU, THE ▷5
[Île du docteur Moreau, L']
É.-U. 1977. Science-fiction de Don TAYLOR avec Burt Lancaster, Michael York et Nigel Davenport. - Un savant habitant une île isolée tente de transformer des animaux en êtres humains. □ 13 ans+
DVD VF→STF→Cadrage W→12,95 $

ISLAND OF LOST SOULS ▷4
É.-U. 1933. Drame d'horreur de Erle C. KENTON avec Kathleen Burke, Charles Laughton et Bela Lugosi. - Dans une île du Pacifique, un savant fou transforme des animaux en êtres d'apparence humaine. □ Général

ISLAND OF TERROR [Île de cauchemar] ▷4
ANG. 1966. Drame d'horreur de Terence FISHER avec Peter Cushing, Carole Gray et Edward Judd. - En voulant fabriquer un remède contre le cancer, des savants donnent naissance à des bêtes monstrueuses. □ Général

ISLAND ON BIRD STREET, THE
voir **Île de mon enfance, L'**

ISLANDS IN THE STREAM ▷4
É.-U. 1976. Drame de Franklin J. SCHAFFNER avec George C. Scott, David Hemmings et Claire Bloom. - Un sculpteur américain vivant en solitaire dans une île reçoit la visite de ses trois fils et de son ex-femme. □ Général
DVD VF→STA→Cadrage W→14,95 $

ISLE, THE ▷4
COR. 2000. Drame de mœurs de Ki-duk KIM avec Suh Jung, Yoo-suk Kim et Sung-hee Park. - Une femme muette, gardienne d'un parc de maisons flottantes, s'éprend d'un jeune meurtrier après l'avoir sauvé du suicide. □ 16 ans+
DVD STA→Cadrage W→33,95 $

IT ALL STARTS TODAY
voir **Ça commence aujourd'hui**

IT CONQUERED THE WORLD ▷5
É.-U. 1956. Science-fiction de Roger CORMAN avec Peter Graves, Beverly Garland et Lee Van Cleef. - Un monstre venu d'une autre planète trouble la sécurité des Terriens. □ Non classé

IT COULD HAPPEN TO YOU ▷5
[Milliardaire malgré lui]
É.-U. 1994. Comédie sentimentale d'Andrew BERGMAN avec Nicolas Cage, Bridget Fonda et Rosie Perez. - Un policier partage avec une jeune serveuse, à qui il doit un pourboire, les quatre millions de dollars qu'il a remportés à la loterie. □ Général
DVD VF→STF→Cadrage P&S→34,95 $

IT HAPPENED AT THE WORLD'S FAIR ▷5
[Blondes, brunes et rousses]
É.-U. 1963. Comédie musicale de Norman TAUROG avec Elvis Presley, Joan O'Brien et Gary Lockwood. - Les mésaventures de deux copains aviateurs à la foire internationale de Seattle.
DVD VF→STF→Cadrage W→16,95 $

IT HAPPENED IN BROOKLYN ▷5
É.-U. 1947. Comédie musicale de Richard WHORF avec Frank Sinatra, Kathryn Grayson et Peter Lawford. - Un jeune soldat démobilisé se fait ravir par un ami le cœur de son professeur de musique. □ Non classé

IT HAPPENED IN THE PARK
voir **Amants de villa Borghese, Les**

IT HAPPENED ONE NIGHT ▷3
É.-U. 1934. Comédie de Frank CAPRA avec Clark Gable, Claudette Colbert et Walter Connolly. - Un journaliste vient en aide à la fille d'un milliardaire qui a fui son foyer pour rejoindre celui qu'elle aime. - Classique de la comédie américaine. Ensemble savoureux bien que désuet. Mise en scène enjouée. Interprétation séduisante. □ Général
DVD VA→STA→34,95 $

IT HAPPENED ONE SUMMER *voir* **State Fair**

IT HAPPENED TO JANE ▷4
É.-U. 1959. Comédie de Richard QUINE avec Jack Lemmon, Doris Day et Ernie Kovacs. - Une jeune veuve qui fait le commerce des homards à maille à partir avec une compagnie de chemin de fer.
DVD VA→Cadrage W→23,95 $

IT HAPPENED TOMORROW [C'est arrivé demain] ▷4
É.-U. 1944. Comédie fantaisiste de René CLAIR avec Dick Powell, Linda Darnell et Jack Oakie. - Un journaliste reçoit d'un fantôme les nouvelles du lendemain. □ Général
DVD VA→19,95 $

IT HAPPENS EVERY SPRING ▷4
É.-U. 1949. Comédie de Lloyd BACON avec Ray Milland, Jean Peters et Paul Douglas. - Un professeur de chimie découvre un moyen infaillible de gagner au base-ball. □ Général

IT RUNS IN THE FAMILY [C'est de famille] ▷5
É.-U. 2003. Comédie dramatique de Fred SCHEPISI avec Michael Douglas, Kirk Douglas et Cameron Douglas. - Les hauts et les bas d'un riche avocat new-yorkais qui communique difficilement avec ses deux fils et son vieux père. □ Général
DVD VF→STF→Cadrage W→11,95 $

IT SEEMED LIKE A GOOD IDEA AT THE TIME ▷5
CAN. 1974. Comédie de John TRENT avec Anthony Newley, Stefanie Powers et Isaac Hayes. - Un peintre impécunieux imagine un canular pour nuire à un politicien soutenu par le nouveau mari de son ex-femme. □ Général

IT SHOULD HAPPEN TO YOU ▷4
[Femme qui s'affiche, Une]
É.-U. 1954. Comédie satirique de George CUKOR avec Judy Holliday, Jack Lemmon et Peter Lawford. - Pour se faire connaître à New York, une jeune femme loue un panneau publicitaire. □ Général
DVD VA→STF→Cadrage W→32,95 $

IT STARTED IN NAPLES [C'est arrivé à Naples] ▷5
É.-U. 1960. Comédie de Melville SHAVELSON avec Clark Gable, Sophia Loren, Giovanni Filidoro et Vittorio de Sica. - Un homme dispute la garde de son neveu à une parente danseuse de cabaret. □ Non classé
DVD VA→Cadrage W→14,95 $

IT STARTED WITH EVE ▷4
É.-U. 1941. Comédie de Henry KOSTER avec Deanna Durbin, Charles Laughton et Robert Cummings. - Un jeune homme présente à son père mourant une fausse fiancée. □ Général

IT TAKES A THIEF
É.-U. 1960. John GILLING
DVD VA→9,95 $

IT'S A MAD, MAD, MAD, MAD WORLD ▷4
É.-U. 1963. Comédie burlesque de Stanley E. KRAMER avec Spencer Tracy, Ethel Merman et Sid Caesar. - Un gangster mourant révèle à plusieurs personnes la cachette du butin d'un vol et la course au trésor commence. □ Général
DVD VF→STA→Cadrage W→12,95 $

IT'S A WONDERFUL LIFE [Vie est belle, La] ►2
É.-U. 1946. Comédie fantaisiste de Frank CAPRA avec James Stewart, Donna Reed et Lionel Barrymore. - Un ange descend du ciel pour montrer à un ingénieur découragé tout le bien qu'il a réalisé dans sa vie. - Traitement original et souvent touchant. Mise en scène inventive. Œuvre empreinte d'un humanisme chaleureux. Interprétation fort sympathique de J. Stewart. □ Général

IT'S ALIVE ! [Monstre est vivant, Le] ▷5
É.-U. 1974. Drame d'horreur de Larry COHEN avec John Ryan, Sharon Farrell et James Dixon. - Un nouveau-né monstrueux, doué d'une force prodigieuse, s'enfuit dans la nuit en semant la mort sur son passage. □ 13 ans+
DVD VF→STF→Cadrage W→8,95 $

IT'S ALL ABOUT LOVE ▷5
DAN. 2003. Science-fiction de Thomas VINTERBERG avec Joaquin Phoenix, Claire Danes et Sean Penn. - En 2021, alors que d'étranges phénomènes naturels bouleversent la planète, un homme cherche à protéger sa femme, une athlète vedette que l'on veut cloner.
DVD VF→Cadrage W→31,95 $

IT'S ALL GONE PETE TONG! [Quel délire, Pete Tong!]
CAN. É.-U. 2004. Michael DOWSE
DVD VF→34,95 $

IT'S ALWAYS FAIR WEATHER ▷3
[Beau fixe sur New York]
É.-U. 1955. Comédie musicale de Gene KELLY et Stanley DONEN avec Gene Kelly, Dan Dailey et Michael Kidd. - Trois compagnons d'armes se retrouvent après dix ans de séparation. - Adroit mélange de critique sociale et de numéros musicaux. Mise en scène souple. Bons interprètes.
DVD VA→STF→Cadrage W→21,95 $

IT'S IN THE BAG ▷4
É.-U. 1945. Comédie de Richard WALLACE avec Fred Allen, Binnie Barnes et Robert Benchley. - Un saltimbanque recherche de l'argent caché dans le dossier d'une chaise. □ Général

IT'S MY PARTY [Dernier anniversaire, Le] ▷4
É.-U. 1995. Drame de Randal KLEISER avec Eric Roberts, Gregory Harrison et Lee Grant. - Un jeune architecte atteint du sida invite ses proches parents et amis à venir passer un week-end d'adieux en sa compagnie. □ 13 ans+
DVD VF→STF→Cadrage W→12,95 $

IT'S MY TURN [C'est ma chance] ▷4
É.-U. 1980. Comédie sentimentale de Claudia WEILL avec Jill Clayburgh, Michael Douglas et Charles Grodin. - Vivant en ménage avec un divorcé, une universitaire repense à sa situation après une aventure sentimentale.

IT'S RAINING ON SANTIAGO *voir* **Il pleut sur Santiago**

ITALIAN FOR BEGINNERS *voir* **Italien pour débutants**

ITALIAN JOB, THE ▷4
ANG. 1969. Comédie policière de Peter COLLINSON avec Noel Coward, Michael Caine et Maggie Blye. - Un petit escroc anglais conçoit le projet d'un vol de quatre millions en lingots d'or à Turin. □ Général
DVD VA→STA→Cadrage W→9,95 $

ITALIAN JOB, THE [Boulot à l'italienne, Un] ▷4
É.-U. 2003. Thriller de F. Gary GRAY avec Mark Wahlberg, Charlize Theron et Edward Norton. - Cinq cambrioleurs entreprennent de voler un butin en lingots d'or à un complice qui les a trahis. □ Général · Violence
DVD VA→STA→Cadrage W→12,95 $

ITALIAN STALLION
É.-U. 1970. Morton LEWIS
DVD VA→18,95 $

ITALIEN POUR DÉBUTANTS [Italian for Beginners] ▷3
DAN. 2000. Comédie de mœurs de Lone SCHERFIG avec Anders W. Berthelsen, Lars Kaalund et Anette Stovelbaek. - Dans la grisaille d'une petite ville de banlieue, un cours d'italien contribue à rapprocher trois hommes et trois femmes esseulés. - Film choral aux personnages attachants. Accent mis sur le caractère humain du sujet. Mise en scène rugueuse. Distribution vivante. □ Général
DVD STA→19,95 $

ITINÉRAIRE D'UN ENFANT GÂTÉ ▷4
FR. 1988. Comédie dramatique de Claude LELOUCH avec Jean-Paul Belmondo, Richard Anconina et Marie-Sophie L. - Un homme quinquagénaire abandonne famille et travail et se fait passer pour mort afin de courir l'aventure autour du monde.

IVAN LE TERRIBLE, 1re PARTIE ►1
RUS. 1944. Drame historique de Sergei EISENSTEIN avec Nikolai Tcherkassov, Serafina Birman et Piotr Kadochnikov. - Couronné tsar de toutes les Russies, Ivan IV doit lutter contre ses ennemis. - Monument épique remarquable. Images lyriques et dramatiques. Rythme lent. N. Tcherkassov excellent. □ Général
DVD STA→39,95 $

IVAN LE TERRIBLE, 2e PARTIE ►1
RUS. 1945. Drame historique de Sergei EISENSTEIN avec Nikolai Tcherkassov, Serafina Birman et Andrei Abrikosov. - Parvenu au sommet de la puissance, le tsar Ivan IV doit lutter contre une révolte des nobles. - Psychologie complexe du personnage. Atmosphère de noblesse et d'horreur. Images admirablement composées. Musique puissante de Prokofiev. Interprétation stylisée. □ Général
DVD STA→37,95 $

IVAN VASILIEVICH: BACK TO THE FUTURE
RUS. 1973. Leonid GAIDAI
DVD STA→43,95 $

IVANHOE ▷4
É.-U. 1951. Aventures de Richard THORPE avec Robert Taylor, Joan Fontaine et Elizabeth Taylor. - À la tête des Saxons, Ivanhoe parvient à réinstaller sur son trône le roi Richard Cœur de Lion. □ Général
DVD VF→STF→21,95 $

IVANHOE ▷4
ANG. 1982. Aventures de Douglas CAMFIELD avec James Mason, Anthony Andrews et Olivia Hussey. - Chargé de réunir une rançon pour libérer un roi, un chevalier saxon reçoit l'aide d'un marchand juif. □ Général

IVRE D'AMOUR *voir* **Punch-Drunk Love**

IVRESSE AU COMBAT *voir* **Drunken Master II**

IXE-13 ▷4
QUÉ. 1971. Comédie musicale de Jacques GODBOUT avec André Dubois, Marc Laurendeau et Louise Forestier. - L'as des espions canadiens a maille à partir avec une espionne chinoise. □ Général

IZO [Way to Fight, The]
JAP. 2004. Takashi MIIKE
DVD STA→Cadrage W→22,95 $ VA→STA→32,95 $

IZZY ET SAM *voir* **Crossing Delancey**

J

J'ACCUSE ▷3

FR. 1938. Drame social de Abel GANCE avec Victor Francen, Jean Max et Renée Devillers. - Refusant toute nouvelle guerre, un ancien combattant fait appel aux morts du dernier conflit pour obliger les hommes à oublier leurs querelles. - Réquisitoire généreux et sincère contre la guerre. Souffle lyrique impressionnant. Quelques exagérations de style. Jeu théâtral des acteurs. □ Général

J'AI CONNU ERNEST HEMINGWAY

voir **Wrestling Ernest Hemingway**

J'AI ENGAGÉ UN TUEUR [I Hired a Contract Killer] ▷3

FIN. 1991. Comédie dramatique d'Aki KAURISMÄKI avec Jean-Pierre Léaud, Margi Clarke et Kenneth Colley. - Un chômeur malheureux engage un tueur à gages pour mettre fin à ses jours. - Préoccupations existentielles traitées avec un humour particulier. Absurdité des situations bien rendue par le montage et les cadrages. Très bonne composition de J.-P. Léaud. □ Général

J'AI MON VOYAGE ! [Enuff Is Enuff] ▷5

QUÉ. 1973. Comédie de Denis HÉROUX avec Dominique Michel, Jean Lefebvre et René Simard. - Un Français établi au Québec entraîne sa famille dans un voyage à travers le Canada après avoir accepté une situation à Vancouver. □ Général

J'AI PAS SOMMEIL [I Can't Sleep] ▷4

FR. 1994. Drame de mœurs de Claire DENIS avec Line Renaud, Katherine Golubeva et Richard Gourcet. - Une jeune Lithuanienne nouvellement débarquée à Paris découvre qu'un homosexuel logeant dans son hôtel est un tueur en série.
DVD VF→STA→Cadrage W→21,95 $

J'AIME, J'AIME PAS ▷5

QUÉ. 1995. Drame de mœurs de Sylvie GROULX avec Lucie Laurier, Dominic Darceuil et Patrick Labbé. - Une jeune mère célibataire tombe amoureuse d'un étudiant qui tourne une vidéo sur ses conditions de vie. □ Général

J'EMBRASSE PAS ▷3

FR. 1991. Drame psychologique d'André TÉCHINÉ avec Manuel Blanc, Philippe Noiret et Emmanuelle Béart. - Un jeune campagnard venu à Paris pour suivre des cours d'art dramatique en vient à faire le trottoir pour gagner sa vie. - Étonnant mélange de pudeur visuelle, de dialogues décapants et de scènes troublantes. Traitement détaché. Goût prononcé pour la métaphore. Interprètes de talent. □ 13 ans+

J'EN SUIS ! ▷6

QUÉ. 1997. Comédie de mœurs de Claude FOURNIER avec Roy Dupuis, Patrick Huard et Albert Millaire. - Un jeune architecte se fait passer pour homosexuel auprès d'un employeur gay. □ 13 ans+ · Érotisme
DVD VF→STA→28,95 $

J'IRAI AU PARADIS CAR L'ENFER EST ICI ▷4

FR. 1997. Drame de mœurs de Xavier DURRINGER avec Arnaud Giovaninetti, Gérald Laroche et Claire Keim. - Le fils rebelle d'un gangster influent se joint à un petit groupe de bandits bientôt plongé dans une guerre intestine sanglante. □ 16 ans+ · Violence

J'IRAI COMME UN CHEVAL FOU ▷5
[I Will Walk Like a Crazy Horse]

FR. 1973. Drame poétique de Fernando ARRABAL avec Emmanuelle Riva, George Shannon et Hachemi Marzouk. - Soupçonné de meurtre, un homme se réfugie au désert et y rencontre un homme sans âge à qui il décide de faire connaître la civilisation. □ 18 ans+

J.A. MARTIN, PHOTOGRAPHE ▷3

QUÉ. 1976. Drame psychologique de Jean BEAUDIN avec Marcel Sabourin, Monique Mercure et Jean Lapointe. - Au début du xxe siècle, un photographe ambulant effectuant une tournée annuelle se voit obligé d'emmener sa femme. - Étude intéressante des relations d'un couple mêlée à l'évocation des mœurs d'une époque. Mise en scène soignée. Ton intimiste. Interprétation juste.

J.W. COOP ▷4

É.-U. 1971. Drame psychologique réalisé et interprété par Cliff ROBERTSON avec Christina Ferrare et Geraldine Page. - Après dix ans de prison, un champion de rodéo est décontenancé par les changements effectués dans son milieu. □ Général
DVD VA→21,95 $

JABBERWOCKY ▷4

ANG. 1977. Comédie de Terry GILLIAM avec Michael Palin et Max Wall. - Au Moyen Âge, le fils d'un tonnelier est amené par diverses circonstances à affronter une bête monstrueuse. □ 13 ans+
DVD VF→STF→Cadrage P&S/W→23,95 $

JACK ▷5

É.-U. 1996. Comédie dramatique de Francis Ford COPPOLA avec Robin Williams, Adam Zolotin et Jennifer Lopez. - Un enfant de dix ans, qui en paraît quarante à cause d'une maladie génétique, tente de s'intégrer à l'école. □ Général
DVD VA→18,95 $ VF→Cadrage W→19,95 $

JACK & SARAH ▷4

ANG. 1995. Comédie sentimentale de Tim SULLIVAN avec Richard E. Grant, Samantha Mathis et Ian McKellen. - Devant s'occuper seul de son bébé après le décès de sa femme, un avocat engage comme gardienne une jeune serveuse sans expérience. □ Général
DVD VA→STF→Cadrage P&S→12,95 $

JACK JOHNSON AND FRIENDS - SEPTEMBER SESSIONS

É.-U. 2003. Jack JOHNSON
DVD VA→18,95 $

JACK PARADISE : LES NUITS DE MONTRÉAL ▷5

QUÉ. 2004. Drame musical de Gilles NOËL avec Roy Dupuis, Dawn Tyler Watson et Geneviève Rioux . - La vie d'un pianiste de jazz montréalais de race blanche, des années 1930 à la fin des années 1960. □ Général
DVD VF→STA→33,95 $

JACK THE BEAR ▷4

É.-U. 1992. Drame psychologique de Marshall HERSKOVITZ avec Danny DeVito, Robert J. Steinmiller Jr et Miko Hughes. - Les problèmes rencontrés par un veuf qui doit élever seul ses deux fils de 3 et 12 ans. □ Général
DVD VA→10,95 $

JACKAL, THE [Chacal, Le] ▷5

É.-U. 1997. Drame policier de Michael CATON-JONES avec Bruce Willis, Richard Gere et Diane Venora. - Un tueur mystérieux à la solde de la mafia russe menace d'assassiner une personnalité haut placée du gouvernement américain. □ 13 ans+
DVD VF→STF→Cadrage W→17,95 $

JACKET, THE [Camisole de force, La] ▷5

É.-U. 2005. Thriller de John MAYBURY avec Adrien Brody, Keira Knightley et Jennifer Jason Leigh. - Condamné pour meurtre, un ex-soldat amnésique subit en institut psychiatrique un traitement expérimental qui lui permet de voir son avenir. □ 13 ans+
DVD VF→STF→Cadrage W→16,95 $

JACKIE BROWN ▷3
É.-U. 1997. Drame policier de Quentin TARANTINO avec Pam Grier, Samuel L. Jackson et Robert Forster. - Une hôtesse de l'air échafaude un plan audacieux pour s'emparer d'une importante somme d'argent appartenant à un trafiquant d'armes. - Intrigue riche et complexe quant aux motivations des personnages. Réalisation assurée. Solide interprétation. □ 13 ans+ · Langage vulgaire - Violence
DVD VA→Cadrage W/16X9→39,95 $

JACKNIFE ▷4
É.-U. 1988. Drame psychologique de David JONES avec Robert De Niro, Kathy Baker et Ed Harris. - Difficilement remis de ses expériences de guerre au Viêtnam, un camionneur vivant seul avec sa sœur reçoit la visite impromptue d'un vieux compagnon d'armes.

JACKPOT, THE ▷4
É.-U. 1950. Comédie de Walter LANG avec Barbara Hale, James Gleason et James Stewart. - L'heureux gagnant d'un concours connaît de multiples complications financières et matrimoniales.

JACOB'S LADDER [Échelle de Jacob, L'] ▷4
É.-U. 1990. Drame fantastique d'Adrian LYNE avec Tim Robbins, Elizabeth Pena et Danny Aiello. - Un facteur new-yorkais souffrant d'hallucinations est convaincu que ses maux proviennent d'une épreuve subie durant la guerre du Viêtnam. □ 13 ans+
DVD Cadrage W→18,95 $

JACQUES BREL IS ALIVE AND WELL AND LIVING IN PARIS ▷5
CAN. 1974. Comédie musicale de Denis HÉROUX avec Elly Stone, Mort Shuman et Joe Masiell. - Une série d'expériences bizarres au son des chansons de Jacques Brel.
DVD VA→Cadrage W→26,95 $

JACQUES ET NOVEMBRE ▷3
QUÉ. 1984. Drame psychologique de Jean BEAUDRY et François BOUVIER avec Jean Beaudry, Carole Fréchette et Marie Cantin. - Pour occuper ses derniers jours, un jeune homme atteint d'une maladie incurable réalise un journal filmé à l'aide d'une caméra vidéo. - Étude intelligente d'une attitude humaniste devant la mort. Traitement chaleureux. Touches poétiques. J. Beaudry d'une vérité bouleversante. □ Général

JACQUOT DE NANTES ▷3
FR. 1991. Chronique d'Agnès VARDA avec Laurent Monnier, Brigitte de Villepoix et Daniel Dublet. - En 1939, le jeune fils d'un garagiste de Nantes rêve d'entreprendre une carrière de cinéaste. - Évocation de l'enfance du cinéaste Jacques Demy. Montage complexe. Hommage d'une grande tendresse. Nombreux détails drôlement observés. □ Général

JAGGED EDGE [À double tranchant] ▷4
É.-U. 1985. Drame policier de Richard MARQUAND avec Glenn Close, Jeff Bridges et Peter Coyote. - Une avocate tombe amoureuse d'un de ses clients soupçonné d'avoir assassiné son épouse.
□ 18 ans+
DVD Cadrage W→16,95 $

JAGUAR, LE ▷5
FR. 1996. Comédie de Francis VEBER avec Jean Reno, Patrick Bruel et Harrisson Lowe. - Un jeune joueur professionnel parisien a été choisi par un Indien d'Amazonie afin qu'il aille récupérer son âme dans la forêt. □ 13 ans+

JAILBIRDS' VACATION *voir* **Grandes gueules, Les**

JALOUSIE ▷5
FR. 1990. Comédie de mœurs de Kathleen FONMARTY avec Lio, Christian Vadim et Odette Laure. - Éprise d'un décorateur coureur de jupons, une jeune photographe est dévorée, petit à petit, par une jalousie chronique. □ Général

JAMAICA INN [Taverne de la Jamaïque, La] ▷4
ANG. 1939. Drame d'Alfred HITCHCOCK avec Charles Laughton, Maureen O'Hara et Horace Hodges. - Au début du XIXe siècle, un policier arrive à s'introduire dans un groupe de naufrageurs.
DVD 23,95 $

JAMAIS JE NE T'OUBLIERAI [Isla, La] ▷4
ARG. 1979. Drame psychologique de Alejandro DORIA avec Graciela Dufau, Lizardo Laphitz et Sandra Mihanovich. - La guérison d'un jeune homme soigné en clinique psychiatrique est favorisée par l'attention que lui porte une adolescente également sous traitement.

JAMAIS LE DIMANCHE [Never on Sunday] ▷3
GRÈ. 1960. Comédie satirique réalisée et interprétée par Jules DASSIN avec Melina Mercouri et Georges Foundas. - Un touriste américain tombe amoureux d'une prostituée grecque qu'il tente de réformer. - Récit enlevé. Mise en scène vivante. Musique envoûtante. M. Mercouri remarquable. □ Général
DVD VA→Cadrage W→12,95 $

JAMAIS PLUS JAMAIS *voir* **Never Say Never Again**

JAMAIS SANS MA FILLE
voir **Not Without My Daughter**

JAMBON JAMBON ▷4
ESP. 1992. Drame de mœurs de Bigas LUNA avec Penelope Cruz, Javier Bardem et Stefania Sandrelli. - Une mère dominatrice complote pour empêcher son fils d'épouser la fille d'une tenancière de bordel qu'il a rendue enceinte. □ 13 ans+ · Érotisme

JAMBOREE ▷6
É.-U. 1957. Comédie musicale de R. LOCKWOOD avec Kay Medford, Robert Pastine et Freda Halloway. - Un jeune chanteur et une jeune chanteuse provoquent une mésentente momentanée chez le couple qui les a lancés.
DVD VA→STF→21,95 $

JAMES AND THE GIANT PEACH ▷3
[James et la pêche géante]
É.-U. 1996. Conte de Henry SELICK avec Paul Terry, Joanna Lumley et Miriam Margolyes. - Un gamin fait un voyage fabuleux à bord d'une pêche géante avec des insectes aussi grands que lui et doués de la parole. - Mélange d'animation avec figurines et d'action réelle avec acteurs. Fantaisie raffinée et poétique. Conception visuelle saisissante. □ Général
DVD Cadrage W→19,95 $

JAMES JOYCE'S WOMEN ▷4
É.-U. 1983. Drame biographique de Michael PEARCE avec Fionnula Flanagan, Timothy E. O'Grady et Chris O'Neill. - En 1957, un journaliste a un entretien avec la veuve de l'écrivain irlandais James Joyce, qui évoque divers moments de sa vie. □ 18 ans+

JAMES JOYCE: A PORTRAIT OF THE ARTIST AS A YOUNG MAN ▷3
ANG. 1977. Drame psychologique de Joseph STRICK avec Bosco Hogan, T.P. McKenna et Rosaleen Linehan. - L'enfance et l'adolescence d'un jeune Irlandais qui veut devenir écrivain. - Adaptation soignée du roman de James Joyce. Photographie admirable. Dialogue important à saveur littéraire. □ 13 ans+

JAN DARA ▷5
THAÏ. 2001. Chronique de Nonzee NIMIBUTR avec Christy Cheung, Suwinit Panjamawat et Eakarat Sarsukh. - Dans les années 1930, au sein d'une famille aisée de Bangkok, un adolescent détesté par son père a une liaison avec l'ex-maîtresse de ce dernier. □ 16 ans+ · Érotisme
DVD VF→STF→Cadrage W→16,95 $

JANE AUSTEN IN MANHATTAN ▷5
É.-U. 1980. Comédie dramatique de James IVORY avec Anne Baxter, Robert Powell et Sean Young. - Une pièce inédite de Jane Austen est au centre d'une rivalité entre deux troupes de théâtre, l'une d'avant-garde, l'autre classique.
DVD VA→23,95 $

JANE EYRE ▷4
É.-U. 1943. Drame psychologique de Robert STEVENSON avec Orson Welles, Joan Fontaine et Margaret O'Brien. - Un amour profond naît entre une jeune gouvernante et le propriétaire d'un riche manoir.
□ Général

JANE EYRE ▷4
ANG. 1970. Drame sentimental de Daniel MANN avec Susannah York, George C. Scott et Rachel Kempson. - Une orpheline est employée comme gouvernante chez un seigneur campagnard qui s'éprend d'elle.

JANE EYRE ▷4
ANG. 1996. Drame psychologique de Franco ZEFFIRELLI avec William Hurt, Charlotte Gainsbourg et Joan Plowright. - Une jeune femme devient gouvernante dans un manoir appartenant à un homme sévère duquel elle s'éprend. □ Général
DVD VA→Cadrage W→19,95 $

JANE EYRE ▷4
ANG. 1997. Drame psychologique de Robert YOUNG avec Samantha Morton, Ciaran Hinds et Gemma Jones. - Une jeune femme devient gouvernante dans un manoir appartenant à un homme sévère dont elle s'éprend. □ Général

JANE WHITE IS SICK AND TWISTED
É.-U. 2002. David Michael LATT
DVD VA→6,95 $

JANICE BEARD: 45 WORDS PER MINUTE
ANG. 1999. Clare KILNER
DVD VA→22,95 $

JANIS & JOHN ▷4
FR. 2003. Comédie dramatique de Samuel BENCHETRIT avec Sergi Lopez et Marie Trintignant. - Un assureur demande à sa femme et à un acteur de se faire passer pour Janis Joplin et John Lennon afin d'escroquer un cousin cinglé qui admire les deux vedettes.
DVD VF→11,95 $

JANUARY MAN, THE [Calendrier meurtrier] ▷4
É.-U. 1988. Drame policier de Pat O'CONNOR avec Kevin Kline, Mary Elizabeth Mastrantonio et Rod Steiger. - Un ex-policier est rappelé en service pour traquer un mystérieux meurtrier qui commet un crime par mois depuis un an. □ Général
DVD VF→STF→Cadrage W→8,95 $ VF→PC

JAPANESE STORY
AUS. 2003. Sue BROOKS
DVD VA→STA→Cadrage W→36,95 $

JAPON ▷3
MEX. 2001. Drame poétique de Carlos REYGADAS avec Alejandro Ferretis, Magdalena Flores et Carlos Reygadas Barquin. - Un peintre suicidaire quitte Mexico pour un bled perdu en montagne et retrouve goût à la vie grâce à une vieille métisse qui l'héberge. - Rugueuse étude de mœurs aux accents lyriques. Images d'une beauté sauvage. Réalisation atypique au style dépouillé et âpre. Interprétation naturaliste. □ 13 ans+
DVD STA→29,95 $

JARDIN D'ÉDEN, LE ▷4
MEX. 1994. Drame de mœurs de Maria NOVARO avec Renée Coleman, Bruno Bichir et Gabriela Roel. - Les hauts et les bas quotidiens de divers personnages vivant dans une petite ville-frontière au nord du Mexique. □ Général
DVD STA→Cadrage P&S→26,95 $

JARDIN DES DÉLICES, LE [Garden of Delights, The] ►2
ESP. 1970. Comédie satirique de Carlos SAURA avec Jose Luis Lopez Vasquez, Lucky Seto et Francisco Pierra. - La famille d'un amnésique cherche à découvrir l'endroit où il a déposé sa fortune. - Mélange de réalisme et de fantaisie. Montage complexe et intelligent. Touches satiriques mordantes. Protagoniste excellent. □ Général

JARDIN DES FINZI CONTINI, LE ▷3
[Garden of the Finzi Contini, The]
ITA. 1971. Drame psychologique de Vittorio DE SICA avec Lino Capolicchio, Dominique Sanda et Helmut Berger. - Une riche famille juive italienne sort de son isolement alors que s'amorce une persécution antisémite. - Drame d'époque évoqué avec élégance et sensibilité. Psychologie juste. Mise en scène intimiste. □ Général
DVD STA→Cadrage W→39,95 $

JARDIN SECRET, LE *voir* **Secret Garden, The**

JARDIN SUSPENDU, LE *voir* **Hanging Garden, The**

JARDINAGE À L'ANGLAISE *voir* **Greenfingers**

JARDINIER D'ARGENTEUIL, LE ▷5
FR. 1966. Comédie de Jean-Paul LE CHANOIS avec Jean Gabin, Liselotte Pulver et Pierre Vernier. - Un vieux jardinier imprime des billets de banque pour joindre les deux bouts. □ Général

JARDINS DE PIERRE *voir* **Gardens of Stone**

JARHEAD ▷4
É.-U. 2005. Drame de guerre de Sam MENDES avec Jake Gyllenhaal, Peter Sarsgaard et Jamie Fox. - Stationnés dans le désert de l'Arabie Saoudite avant le début de la Guerre du Golfe, des jeunes Marines attendent impatiemment d'aller au combat. · Langage vulgaire
DVD VF→STA→Cadrage W→34,95 $

JASON AND THE ARGONAUTS ▷4
ANG. 1963. Drame fantastique de Don CHAFFEY avec Nancy Kovack, Todd Armstrong et Niall MacGinnis. - Aidé par les dieux de l'Olympe, le prince Jason ramène la Toison d'or dans son royaume. □ Général
DVD VF→STF→Cadrage W→23,95 $

JAWS [Dents de la mer, Les] ►2
É.-U. 1975. Drame de Steven SPIELBERG avec Roy Scheider, Richard Dreyfuss et Robert Shaw. - Un requin fait des ravages près des plages d'une île côtière. - Scénario savamment construit. Personnages pittoresques. Réalisation impeccable. Tension soutenue. Souci du détail percutant. Interprétation savoureuse. □ 13 ans+
DVD VF→STF→Cadrage W→22,95 $

JAWS II [Dents de la mer II, Les] ▷5
É.-U. 1978. Drame de Jeannot SZWARC avec Roy Scheider, Lorraine Gary et Murray Hamilton. - Un requin fait des ravages dans les eaux avoisinant une station balnéaire. □ 13 ans+
DVD VF→Cadrage W→9,95 $

JAWS IV: THE REVENGE [Dents de la mer IV, Les] ▷5
É.-U. 1987. Drame d'horreur de Joseph SARGENT avec Lorraine Gary, Michael Caine et Lance Guest. - Une veuve dont le fils a été tué par un requin décide d'affronter seule un de ces monstres marins, convaincue que celui-ci a un compte à régler avec sa famille. □ Général
DVD VF→STF→Cadrage W→10,95 $

JAZZ SINGER ▷4
É.-U. 1927. Comédie musicale d'Alan CROSLAND avec Al Jolson, May McAvoy et Warner Oland. - Le fils d'un chantre de synagogue fait carrière dans le monde du spectacle. □ Général

JAZZ SINGER ▷5
É.-U. 1952. Comédie musicale de Michael CURTIZ avec Danny Thomas, Peggy Lee et Mildred Dunnock. - Le fils d'un chantre de synagogue cherche à faire carrière dans le monde du spectacle. □ Général

JAZZ SINGER, THE ▷5
É.-U. 1980. Comédie musicale de Richard FLEISCHER avec Neil Diamond, Laurence Olivier et Lucie Arnaz. - Le fils d'un chantre de synagogue cherche à faire carrière dans le monde du spectacle. □ Général
DVD VA→Cadrage W→23,95 $

JE FERAI N'IMPORTE QUOI *voir* **I'll Do Anything**

JE ME FAIS DU CINÉMA
voir **I Ought to Be in Pictures**

JE N'AI PAS PEUR [I'm Not Scared] ▷4
ITA. 2003. Drame de Gabriele SALVATORES avec Giuseppe Cristiano, Mattia Di Pierro et Aitana Sanchez Gijon. - À l'été de 1978, en Sicile, un gamin découvre dans un trou creusé dans la terre un enfant nu, couvert de plaies et enchaîné. □ Général · Déconseillé aux jeunes enfants
DVD STF→Cadrage W→18,95 $

JE RÈGLE MON PAS SUR LE PAS DE MON PÈRE ▷4
FR. 1998. Comédie de Rémi WATERHOUSE avec Jean Yanne, Guillaume Canet et Laurence Côte. - Un jeune cuisinier retrouve son père illégitime, un petit escroc qui le prend comme associé en ignorant sa véritable identité. □ 13 ans+

JE RENTRE À LA MAISON ▷4
FR. 2001. Comédie dramatique de Manoel de OLIVEIRA avec Michel Piccoli, Antoine Chappey et John Malkovich. - Confronté à un drame personnel, un acteur prestigieux mais vieillissant s'accroche à son amour du métier. □ Général
DVD VF→STA→Cadrage W→14,95 $

JE RESTE ! ▷5
FR. 2003. Comédie sentimentale de Diane KURYS avec Vincent Perez, Sophie Marceau, Pascale Roberts et Charles Berling. - Se pliant depuis des années aux mille et un caprices de son mari égoïste et infidèle, une femme décide de le rejeter, mais il refuse de partir. □ Général
DVD VF→34,95 $

JE SAIS QUE TU SAIS ▷4
ITA. 1982. Comédie de mœurs réalisée et interprétée par Alberto SORDI avec Monica Vitti et Isabelle de Bernardi. - Par suite d'une erreur d'un détective privé, un employé de banque apprend des choses surprenantes sur la vie de sa femme et de sa fille. □ 13 ans+

JE SUIS CUBA [I Am Cuba] ►2
RUS. 1964. Film à sketches de Mikhail KALATOZOV avec Luz Maria Collazo, Jean Bouise et Sergio Corrieri. - Quatre histoires se déroulant à Cuba à l'aube de la révolution de Fidel Castro. - Œuvre propagandiste rendant hommage aux Cubains et à leur pays. Traitement à la fois sensuel, poétique et onirique. Utilisation étonnante de la caméra. □ Général
DVD STA→Cadrage W→41,95 $

JE SUIS DINA *voir* **I Am Dina**

JE SUIS LE SEIGNEUR DU CHÂTEAU ▷3
FR. 1989. Drame psychologique de Régis WARGNIER avec Régis Arpin, David Behar et Jean Rochefort. - Le fils de douze ans d'un hobereau de province accepte mal de partager son domaine avec le garçon de la nouvelle gouvernante. - Adaptation intelligente d'un roman de Susan Hill. Intrigue finement nuancée. Illustration de qualité. Jeu d'une intensité surprenante.

JE SUIS LOIN DE TOI MIGNONNE ▷5
QUÉ. 1976. Comédie de mœurs de Claude FOURNIER avec Denise Filiatrault, Dominique Michel et Marc Legault. - En 1940, les aventures de deux sœurs qui travaillent dans une usine de munitions en espérant un mariage prochain. □ 13 ans+

JE SUIS SAM *voir* **I Am Sam**

JE SUIS TIMIDE... MAIS JE ME SOIGNE ▷4
FR. 1978. Comédie réalisée et interprétée par Pierre RICHARD avec Aldo Maccione et Mimi Coutelier. - Un grand timide quitte son emploi pour suivre à Nice une jeune fille dont il s'est épris sans oser l'aborder. □ Général

JE T'AIME À TE TUER *voir* **I Love You to Death**

JE VAIS CRAQUER ▷5
FR. 1979. Comédie satirique de François LETERRIER avec Christian Clavier, Nathalie Baye et Maureen Kerwin. - Un jeune cadre congédié se met à fréquenter les milieux du cinéma où il espère faire carrière. □ 18 ans+

JE VOUS SALUE MARIE ▷4
FR. 1984. Drame poétique de Jean-Luc GODARD avec Myriem Roussel, Thierry Rode, Juliette Binoche et Philippe Lacoste. - Transposition dans un contexte moderne de l'histoire de Marie et Joseph. □ 13 ans+

JEALOUSY *voir* **Celos**

JEAN DE FLORETTE ▷3
FR. 1986. Comédie dramatique de Claude BERRI avec Daniel Auteuil, Gérard Depardieu et Yves Montand. - En bouchant la source qui se trouve sur la terre d'un voisin décédé, deux cultivateurs espèrent pousser son héritier à quitter le domaine. - Récit âpre et lumineux. Images soignées. Interprétation fortement contrastée. □ Général

JEANNE D'ARC *voir* **Joan of Arc**

JEANNE ET LE GARÇON FORMIDABLE ▷4
[Jeanne and the Perfect Guy]
FR. 1998. Comédie musicale d'Olivier DUCASTEL avec Virginie Ledoyen, Mathieu Demy et Jacques Bonnaffé. - Une jeune standardiste ayant déjà deux amants tombe amoureuse d'un jeune séropositif. □ 13 ans+
DVD VF→STA→PC

JEANNE LA PUCELLE 1 : LES BATAILLES ▷3
[Joan the Maid : The Battles]
FR. 1993. Drame historique de Jacques RIVETTE avec Sandrine Bonnaire, André Marcon et Jean-Louis Richard. - En 1428, forte de certaines révélations divines, une jeune campagnarde prend le commandement d'une armée pour aller délivrer Orléans des mains des Anglais. - Fresque minutieuse au style narratif dépouillé. Réalisation simple et austère. Excellente partition musicale. Interprétation terre-à-terre de S. Bonnaire. □ Général

JEANNE LA PUCELLE 2 : LES PRISONS ▷3
[Joan the Maid : The Prisons]
FR. 1993. Drame historique de Jacques RIVETTE avec Sandrine Bonnaire, André Marcon et Jean-Louis Richard. - Jeanne d'Arc va combattre l'ennemi anglais en Normandie où elle se fait arrêter puis emprisonner, pour être ensuite abandonnée par son roi et excommuniée par l'Église. - Fresque minutieuse au style narratif dépouillé. Réalisation simple et austère. Excellente partition musicale. Interprétation terre-à-terre de S. Bonnaire. □ Général

JEFFERSON IN PARIS [Jefferson à Paris] ▷4
É.-U. 1995. Drame biographique de James IVORY avec Nick Nolte, Greta Scacchi et Thandie Newton. - À la fin du XVIIIe siècle, l'ambassadeur américain à Paris s'adonne aux plaisirs de la cour et courtise la belle épouse d'un peintre anglais. □ Général
DVD VA→14,95 $

JEFFREY ▷4
É.-U. 1995. Comédie de mœurs de Christopher ASHLEY avec Steven Weber, Patrick Stewart et Michael T. Weiss. - Fatigué de vivre avec la peur du sida, un jeune homosexuel décide de mettre un terme à sa vie sexuelle. □ 13 ans+ · Langage vulgaire

JENNIFER 8 ▷4
É.-U. 1992. Drame policier de Bruce ROBINSON avec Andy Garcia, Uma Thurman et Lance Henricksen. - Un détective enquête sur une sombre affaire de meurtres en série, dont les victimes sont de jeunes femmes aveugles. □ 13 ans+
DVD VF→STA→Cadrage W/16X9→9,95 $

JEREMIAH JOHNSON ▷3
É.-U. 1971. Western de Sydney POLLACK avec Robert Redford, Delle Bolton et Will Geer. - Les expériences d'un trappeur qui s'est installé dans une région sauvage des Rocheuses pour fuir la civilisation. - Style ample fait de grandeur et de simplicité. Évocation d'époque réussie. Admirables paysages d'une sauvage splendeur. R. Redford excellent. □ Général
DVD VF→STF→Cadrage W→8,95 $

JERICHO MANSIONS [Résidence Jéricho]
ANG. CAN. 2003. Alberto SCIAMMA
DVD VA→26,95 $

JEROME
É.-U. 1999. David ELTON
DVD Cadrage W→24,95 $

JERRY CHEZ LES CINOQUES *voir* **Disorderly Orderly, The**

JERRY MAGUIRE ▷4
É.-U. 1996. Comédie dramatique de Cameron CROWE avec Tom Cruise, Cuba Gooding Jr. et Renée Zellweger. - Congédié de l'agence d'athlètes professionnels qui l'employait, un agent ambitieux investit toutes ses énergies dans la carrière d'un jeune joueur de football intraitable. □ Général
DVD VF→STF→Cadrage W→39,95 $ Cadrage W→16,95 $

JERSEY GIRL [Fille du New Jersey, La] ▷5
É.-U. 2004. Comédie dramatique de Kevin SMITH avec Ben Affleck, Liv Tyler et Raquel Castro. - Devenu en peu de temps veuf et chômeur, un riche publicitaire new-yorkais se voit forcé de retourner vivre chez son père avec sa fillette. □ Général
DVD VA→14,95 $

JERUSALEM ▷3
SUÈ. 1996. Chronique de Bille AUGUST avec Maria Bonnevie, Ulf Friberg et Pernilla August. - L'arrivée d'un prédicateur charismatique bouleverse la vie des habitants d'un village suédois au début du XXe siècle. - Saga inspirée d'un roman de Selma Lagerlöf. Style ample et mesuré. Passages d'une grande beauté. Interprétation de qualité.

JESSE JAMES ▷4
É.-U. 1939. Western de Henry KING avec Tyrone Power, Henry Fonda et Nancy Kelly. - Spoliés par des profiteurs, les deux fils d'un fermier du Missouri deviennent des hors-la-loi. □ Général

JESUIT JOE ▷4
CAN. 1991. Western de Olivier AUSTEN avec Peter Tarter, John Walsh et Laurence Treil. - En 1911, dans le Grand Nord canadien, un métis hors-la-loi recherche sa sœur qui a été enlevée par un Indien et ses acolytes. □ 13 ans+

JESUS CHRIST SUPERSTAR ▷4
É.-U. 1973. Drame musical de Norman JEWISON avec Ted Neeley, Carl Anderson et Yvonne Elliman. - Évocation des derniers jours de la vie de Jésus sous forme de spectacle musical. □ Général
DVD VF→STF→18,95 $

JESUS CHRIST VAMPIRE HUNTER
CAN. 2001. Lee DEMARBRE
DVD VA→32,95 $

JÉSUS DE MONTRÉAL ▷3
QUÉ. 1989. Drame de Denys ARCAND avec Lothaire Bluteau, Catherine Wilkening et Johanne-Marie Tremblay. - Sollicité par un religieux pour rénover la présentation d'un chemin de croix dramatique, un jeune acteur met au point une version révisée de la passion du Christ. - Intrigue intelligemment construite. Vision critique riche et complexe. Ruptures de ton bien utilisées. Interprétation prenante. □ 13 ans+

JESUS OF NAZARETH [Jésus de Nazareth] ▷3
ANG. 1976. Drame biblique de Franco ZEFFIRELLI avec Robert Powell, Olivia Hussey et James Farentino. - Illustration des principales étapes de la vie du Christ. - Téléfilm à la production somptueuse. Évocation bien située dans le contexte historique. Mise en scène habile et soignée. Quelques libertés sur le plan dramatique. Interprétation de classe. □ Général
DVD VA→23,95 $ VF→39,95 $

JESUS' SON ▷4
É.-U. 1999. Drame de mœurs d'Alison MACLEAN avec Billy Crudup, Samantha Morton et Denis Leary. - Durant les années 1970, les tribulations d'un jeune junkie de 20 ans qui ne vit que pour se défoncer. □ 13 ans+
DVD VA→Cadrage W→21,95 $

JESUS, YOU KNOW
AUT. 2003. Ulrich SEIDL
DVD STA→Cadrage W/16X9→23,95 $

JET PILOT ▷4
É.-U. 1950. Comédie dramatique de Josef VON STERNBERG avec John Wayne, Janet Leigh et Jay C. Flippen. - Les aventures d'une jeune femme pilote venue de Russie atterrir sur une base militaire américaine en Alaska.

JEU D'ENFANT *voir* **Child's Play**

JEU D'ENFANTS, UN ▷5
FR. 2001. Drame fantastique de Laurent TUEL avec Karin Viard, Charles Berling et Camille Vatel. - Une jeune mère de famille soupçonne ses deux enfants d'être possédés par des esprits malins. □ 13 ans+ · Horreur

JEU DE L'ANGE, LE *voir* **Favourite Game, The**

JEU DE LA RUE, LE *voir* **Above the Rim**

JEU DE MASSACRE [Killing Game, The] ▷3
FR. 1966. Comédie satirique d'Alain JESSUA avec Jean-Pierre Cassel, Claudine Auger et Michel Duchaussoy. - Un jeune couple, auteur de bandes dessinées, vient près d'être désuni par la rencontre d'un mythomane riche et oisif. - Œuvre brillante malgré quelques aspects un peu gratuits. Jeu de l'esprit transposé en des images originales. Utilisation expressive de la couleur. Interprètes bien dirigés. □ Général

JEU DU FAUCON, LE
voir **Falcon and the Snowman, The**

JEUNE ADAM *voir* **Young Adam**

JEUNE EINSTEIN, LE *voir* **Young Einstein**

JEUNE FEMME CHERCHE COLOCATAIRE
voir **Single White Female**

JEUNE FILLE À LA FENÊTRE, UNE ▷4
[Girl at the Window]
QUÉ. 2001. Drame psychologique de Francis LECLERC avec Fanny Mallette, Evelyne Rompré et Hugues Frenette. - Se sachant condamnée par une maladie, une jeune villageoise part étudier le piano à Québec, où elle découvre une vie animée et exaltante.
DVD VF→23,95 $

JEUNE FILLE À LA PERLE, LA
voir **Girl with a Pearl Earring**

JEUNE FILLE AU CARTON À CHAPEAU, LA
voir **Girl with the Hat Box, The**

JEUNE FILLE ET LA MORT, LA
voir **Death and the Maiden**

JEUNE FILLE INTERROMPUE *voir* **Girl, Interrupted**

JEUNE FILLE, LA *voir* **Young One, The**

JEUNE MAGICIEN, LE [Young Magician, The] ▷4
CAN. 1986. Comédie fantaisiste de Waldemar DZIKI avec Rusty Jedwab, Edward Garson et Natasza Maraszek. - Un jeune garçon découvre qu'il possède un pouvoir de télékinésie dont il contrôle mal les effets. □ Général

JEUNE WERTHER, LE ▷3
FR. 1992. Drame de mœurs de Jacques DOILLON avec Ismaël Jolé-Ménébhi, Mirabelle Rousseau et Thomas Brémond. - Des adolescents entreprennent une enquête afin de découvrir les raisons du suicide d'un camarade. - Scénario exprimant admirablement le désarroi des jeunes face à la mort. Propos allégé par un humour salutaire. Mise en scène précise et fluide. Jeunes interprètes criants de naturel. □ Général

JEUNES ANNÉES D'UNE REINE, LES ▷5
ALL. 1955. Comédie sentimentale de Ernest MARISCHKA avec Romy Schneider, Adrian Hoven et Magda Schneider. - La jeune reine Victoria s'éprend d'un inconnu qui se trouve être le prince qu'on lui destine.

JEUNES FAUVES, LES *voir* **To Sir, with Love**

JEUNESSE EN FOLIE *voir* **Kitchen Party**

JEUX D'ARTIFICES ▷4
FR. 1987. Comédie dramatique de Virginie THÉVENET avec Myriam David, Gaël Séguin et Ludovic Henry. - À la mort de leur mère, un frère et une sœur sont livrés à eux-mêmes et à leurs fantasmes. □ Général

JEUX D'ENFANTS ▷4
FR. 2003. Chronique de Yann SAMUELL avec Guillaume Canet, Marion Cotillard, Joséphine Lebas-Joly et Thibault Verhaeghe. - Une fille et un garçon qui n'osent pas s'avouer leur amour s'amusent au fil des ans à se lancer des défis de plus en plus hasardeux. □ 13 ans+
DVD VF➔Cadrage W➔18,95 $

JEUX D'ESPIONNAGE *voir* **Spy Game**

JEUX D'ESPIONS *voir* **Hopscotch**

JEUX D'ÉTÉ ▷3
SUÈ. 1950. Drame psychologique de Ingmar BERGMAN avec Birger Malmsten, Maj-Britt Nilsson et Alf Kjellin. - Une ballerine revit en pensée les jours heureux du passé. - Œuvre de jeunesse où l'auteur transpose une expérience personnelle. Images d'une grande beauté. Interprétation juste et nuancée. □ 13 ans+

JEUX DE CHATS [Cat's Play]
HON. 1972. Karoly MAKK □ Général
DVD STA➔29,95 $

JEUX DE GUERRE *voir* **Patriot Games**

JEUX DE GUERRE *voir* **Wargames**

JEUX INTERDITS [Forbidden Games] ►2
FR. 1952. Drame de René CLÉMENT avec Brigitte Fossey, Georges Poujouly et Lucien Hubert. - Un garçonnet prend sous sa protection une orpheline recueillie par ses parents. - Analyse subtile et pénétrante de l'univers des enfants. Vision critique de la guerre située dans un univers poétique. Remarquable direction des jeunes interprètes. □ Général
DVD VF➔STA➔41,95 $

JEUX SONT FAITS, LES *voir* **Reindeer Games**

JEWEL OF THE NILE, THE [Diamant du Nil, Le] ▷4
É.-U. 1985. Aventures de Lewis TEAGUE avec Spiros Focas, Danny DeVito, Kathleen Turner et Michael Douglas. - Un couple, croyant s'emparer d'un magnifique diamant, s'aperçoit que le joyau en question n'est autre qu'un vieux sage emprisonné par un potentat arabe. □ Général

JEZEBEL [Insoumise, L'] ▷3
É.-U. 1938. Drame psychologique de William WYLER avec Bette Davis, Henry Fonda et George Brent. - Dans les années 1850, une jeune femme qui a éloigné son fiancé par ses caprices le retrouve dans des circonstances dramatiques. - Somptueuse évocation d'époque. Climat romantique bien dosé. Réalisation soignée et précise. Très bonne interprétation. □ Général
DVD VA➔STF➔21,95 $

JFK ▷3
É.-U. 1991. Drame judiciaire d'Oliver STONE avec Kevin Costner, Sissy Spacek et Joe Pesci. - En 1966, un procureur de La Nouvelle-Orléans ouvre une enquête sur l'assassinat du président John F. Kennedy. - Scénario touffu fondé à la fois sur des faits réels et des hypothèses. Utilisation astucieuse de documents d'archives. Suspense d'une intensité certaine. Interprètes talentueux. □ 13 ans+
DVD VF➔STF➔31,95 $

JIGSAW MAN, THE ▷5
[Homme aux deux visages, L']
ANG. 1984. Drame d'espionnage de Terence YOUNG avec Michael Caine, Laurence Olivier et Susan George. - Un transfuge anglais est renvoyé dans son pays par les Russes pour récupérer une liste compromettante. □ Général

JIM THORPE - ALL AMERICAN ▷4
É.-U. 1951. Drame biographique de Michael CURTIZ avec Burt Lancaster, Charles Bickford et Phyllis Thaxter. - Les succès et défaites d'un joueur de football amérindien. □ Général

JIMI HENDRIX AT THE DICK CAVETT SHOW
É.-U. Bob SMEATON
DVD VA➔14,95 $

JIMMY NEUTRON BOY GENIUS ▷4
[Jimmy Neutron : un garçon génial]
É.-U. 2001. Film d'animation de John A. DAVIS - Un garçon surdoué organise le sauvetage des parents de sa ville enlevés par des extraterrestres.
DVD VA➔12,95 $

JIMMY SHOW, THE
É.-U. 2001. Frank WHALEY
DVD VA➔24,95 $

JIMMYWORK ▷5
CAN. 2004. Comédie de Simon SAUVÉ avec James G. Weber, Manzur Ahsan Chowdhury et SQ Moshiqur Rahman. - Fatigué de vivre de petites combines, un magouilleur quinquagénaire tente un grand coup sous l'œil inquiet d'un documentariste. □ Général · Déconseillé aux jeunes enfants
DVD VA➔STF➔Cadrage W➔31,95 $

JOAN OF ARC ▷4
É.-U. 1948. Drame historique de FLEMING, Victor avec Ingrid Bergman, Jose Ferrer, Gene Lockhart et Francis L. Sullivan. - Une simple paysanne devient chef de guerre pour répondre à une inspiration céleste.
DVD VA➔29,95 $

JOAN OF ARC [Jeanne d'Arc] ▷4
É.-U. 1999. Drame historique de Christian DUGUAY avec Leelee Sobieski, Chad Willett et Jacqueline Bisset. - Au XVe siècle, une simple paysanne prend la tête de l'armée française au nom de Dieu afin de combattre l'occupant anglais. □ Général
DVD VA➔Cadrage W➔16,95 $ VF➔STF➔8,95 $

JOAN THE MAID : THE BATTLES
voir **Jeanne la Pucelle 1 : les batailles**

JOAN THE MAID : THE PRISONS
voir **Jeanne la Pucelle 2 : les prisons**

JOAN THE WOMAN
É.-U. 1917. Cecil B. DeMILLE □ Général
DVD 37,95 $

JOB, THE *voir* **Emploi, L'**

JODY ET LE FAON *voir* **Yearling, The**

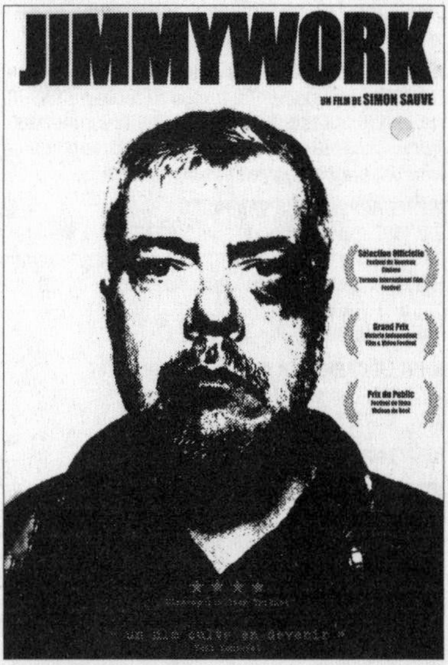

© 2005 Mongrel Media

JOE ▷4
É.-U. 1970. Drame psychologique de John G. AVILDSEN avec Dennis Patrick, Peter Boyle et Susan Sarandon. - Un ouvrier gueulard se lie d'amitié avec un homme qui vient de tuer un hippie dans un moment de colère. □ 13 ans+ · Violence
DVD VA➔STF➔Cadrage W➔11,95 $

JOE GOULD'S SECRET ▷4
É.-U. 2000. Drame biographique réalisé et interprété par Stanley TUCCI, avec Ian Holm et Hope Davis. - Dans les années 1940, un journaliste du *New Yorker* devient le biographe d'un excentrique sans-abri aux ambitions littéraires.
DVD Cadrage W➔22,95 $

JOE KIDD ▷4
É.-U. 1972. Western de John STURGES avec Clint Eastwood, Robert Duvall et John Saxon. - Un rancher engagé dans une expédition punitive contre des Mexicains finit par s'allier à ceux-ci. □ Général
DVD VF➔Cadrage W➔14,95 $

JOE LOUIS STORY, THE ▷4
É.-U. 1953. Drame biographique de R. GORDON avec Coley Wallace, Paul Stewart et Hilda Simms. - La carrière tumultueuse du célèbre boxeur Joe Louis. □ Général

JOE VERSUS THE VOLCANO [Joe contre le volcan] ▷4
É.-U. 1990. Comédie fantaisiste de John Patrick SHANLEY avec Tom Hanks, Meg Ryan et Lloyd Bridges. - Un homme détestant son travail et n'ayant plus que six mois à vivre reçoit la visite d'un excentrique milliardaire qui lui offre de terminer sa vie sur un coup d'éclat. □ Général
DVD VF➔STF➔Cadrage W➔11,95 $

JOE'S SO MEAN TO JOSEPHINE ▷4
CAN. 1996. Drame psychologique de Peter WELLINGTON avec Eric Thal, Sarah Polley et Don McKellar. - Une jeune étudiante en journalisme et un beau ténébreux vivent une relation sentimentale tumultueuse. □ 13 ans+

JOFROI ▷4
FR. 1934. Comédie de Marcel PAGNOL avec Vincent Scotto, Henri Poupon et Annie Toinon. - Un paysan est bouleversé à la pensée qu'on doit abattre les arbres de son verger. □ Général

JOHN AND JULIE [Voyageur sans billet, Le] ▷4
ANG. 1954. Comédie de William FAIRCHILD avec Colin Gibson, Lesley Dudley et Constance Cummings. - Deux enfants font l'école buissonnière pour assister au couronnement de la reine.

JOHN AND THE MISSUS [Exil déchirant, L'] ▷4
CAN. 1986. Drame social réalisé et interprété par Gordon PINSENT avec Jackie Burroughs et Randy Follett. - Au début des années 1960, un Terre-Neuvien refuse de quitter son village lorsque la mine de cuivre où il travaillait s'apprête à fermer. □ Général

JOHN CARPENTER'S VAMPIRES ▷5
É.-U. 1997. Drame d'horreur de John CARPENTER avec Sheryl Lee, James Woods et Daniel Baldwin. - Un chasseur de vampires et son équipe affrontent un redoutable buveur de sang âgé de 600 ans. □ 16 ans+ · Horreur
DVD VA➔32,95 $ Cadrage W➔16,95 $

JOHN LE CARRE'S A MURDER OF QUALITY
ANG. 1991. Gavin MILLAR
DVD VA➔32,95 $

JOHN MCCABE *voir* **McCabe & Mrs. Miller**

JOHN PAUL JONES ▷5
É.-U. 1959. Aventures de John FARROW avec Robert Stack, Marisa Pavan et Charles Coburn. - Un habile marin se met au service des États-Unis en rébellion contre l'Angleterre. □ Général

JOHNNY ANGEL ▷5
É.-U. 1945. Drame policier d'Edwin L. MARIN avec George Raft, Claire Trevor et Marvin Miller. - Un officier de la marine marchande cherche les assassins de son père. □ Non classé

JOHNNY APOLLO ▷5
É.-U. 1940. Drame policier de Henry HATHAWAY avec Tyrone Power, Dorothy Lamour et Edward Arnold. - Un financier malhonnête condamné à la prison y est bientôt rejoint par son fils. □ Non classé

JOHNNY BELINDA ▷4
É.-U. 1948. Drame de mœurs de Jean NEGULESCO avec Jane Wyman, Lew Ayres et Charles Bickford. - Un médecin s'intéresse au sort d'une jeune sourde-muette devenue mère après avoir été violée. □ Général
DVD VF➔STA➔21,95 $

JOHNNY BELLE GUEULE
voir **Johnny Handsome**

JOHNNY COME LATELY ▷5
É.-U. 1943. Comédie dramatique de William K. HOWARD avec James Cagney, Grace George et Marjorie Main. - Un journaliste devenu vagabond aide une veuve, directrice de journal, à triompher de ses ennemis. □ Non classé

JOHNNY CURE-DENT [Johnny Stecchino] ▷5
ITA. 1991. Comédie policière réalisée et interprétée par Roberto BENIGNI avec Nicoletta Braschi et Paolo Bonacelli. - Un pauvre mal-aimé est confondu avec un mafioso repenti à qui toute la Sicile veut faire la peau. □ Général

JOHNNY ENGLISH ▷5
ANG. 2003. Comédie satirique de Peter HOWITT avec Rowan Atkinson, Natalie Imbruglia et John Malkovich. - Un agent secret timide et maladroit tente de déjouer les plans d'un riche Français qui rêve d'usurper le trône d'Angleterre. □ Général
DVD VF➔STF➔Cadrage W➔9,95 $
VA➔STF➔Cadrage W➔9,95 $

JOHNNY GOT HIS GUN [Johnny s'en va-t-en guerre] ▷3
É.-U. 1971. Drame social de Dalton TRUMBO avec Timothy Bottoms, Jason Robards et Diane Varsi. - Un soldat dont les bras, les jambes et le visage ont été emportés par une bombe est maintenu en vie dans un hôpital militaire. - Sujet nettement antibelliciste. Traitement poignant d'un cas pathétique. Quelques envolées imaginatives un peu hors contexte. Interprétation sobre. □ 13 ans+

JOHNNY GUITAR ►2
É.-U. 1954. Western de Nicholas RAY avec Sterling Hayden, Joan Crawford et Scott Brady. - Grâce à un ancien amoureux, la propriétaire d'un saloon réussit à l'emporter sur une ennemie. - Classique du western. Approche originale du genre. Climat dramatique très réussi. Réalisation d'une grande maîtrise. Forte interprétation. □ Général

JOHNNY HANDSOME [Johnny belle gueule] ▷5
É.-U. 1989. Drame de Walter HILL avec Mickey Rourke, Ellen Barkin et Elizabeth McGovern. - En prison, un voleur à l'apparence hideuse se fait refaire le visage par un médecin qui croit pouvoir guérir les tendances criminelles par la chirurgie plastique. □ 18 ans+
DVD VA➔Cadrage P&S➔18,95 $

JOHNNY MNEMONIC ▷5
CAN. 1995. Science-fiction de Robert LONGO avec Keanu Reeves, Dolph Lundgren et Takeshi. - En 2021, un jeune courrier entreprend une mission périlleuse consistant à transporter une formule secrète implantée dans son cerveau. □ 13 ans+ · Violence
DVD Cadrage W➔8,95 $

JOHNNY SUEDE ▷5
É.-U. 1991. Comédie dramatique de Tom DiCILLO avec Calvin Levels, Brad Pitt et Alison Moir. - Les tribulations sentimentales d'un jeune excentrique qui rêve de devenir vedette de rock'n roll. □ 13 ans+

JOHNSONS, THE ▷5
HOL. 1991. Drame d'horreur de Rudolf VAN DEN BERG avec Monique Van de Ven, Esmée de la Bretonière et Kenneth Herdigen. - Une photographe et sa fille adolescente sont tourmentées par sept frères psychopathes possédés par un esprit malin. □ 16 ans+ · Horreur

JOKE, THE
TCH. 1968. Jaromil JIRES
DVD STA→37,95 $

JOLIE FEMME, UNE *voir* **Pretty Woman**

JOLSON STORY, THE ▷4
É.-U. 1946. Drame biographique d'Alfred E. GREEN avec Larry Parks, Evelyn Keyes et William Demarest. - La vie du célèbre chanteur de jazz Al Jolson. □ Non classé
DVD VA→STA→23,95 $

JONAS QUI AURA 25 ANS EN L'AN 2000 ▷3
[Jonah Who Will Be 25 in the Year 2000]
SUI. 1976. Comédie de mœurs d'Alain TANNER avec Jean-Luc Bideau, Jacques Denis et Miou-Miou. - À Genève, les circonstances mettent en contact divers jeunes gens d'esprit contestataire. - Étude primesautière de problèmes contemporains. Ton ironique. Effets de distanciation. □ Général

JONATHAN LIVINGSTON SEAGULL ▷3
[Jonathan Livingston le goéland]
É.-U. 1973. Conte de Hall BARTLETT. - Les rêves et les exploits d'un goéland désireux de se livrer à des choses plus importantes que la chasse quotidienne pour la survie.- Adaptation du livre de Richard Bach. Illustration riche. Certains développements un peu lents. Amples paysages marins. Envolées lyriques. □ Général

JORY ▷5
É.-U. 1972. Western de Jorge FONS avec Robby Benson, John Marley et B.J. Thomas. - Après la mort de son père, un adolescent se joint à un convoi de chevaux en route pour le Nouveau Mexique. □ Général

JOSEPH ANDREWS ▷4
[Aventures amoureuses de Joseph Andrews, Les]
ANG. 1976. Comédie de mœurs de Tony RICHARDSON avec Michael Hordern, Peter Firth et Ann-Margret. - Un jeune valet convoité par la femme de son maître est entraîné dans de folles aventures.
DVD VA→STA→Cadrage W→18,95 $

JOSÉPHA ▷4
FR. 1981. Comédie dramatique de Christopher FRANK avec Miou-Miou, Claude Brasseur et Bruno Cremer. - Les difficultés professionnelles et sentimentales d'un couple de comédiens. □ Général

JOSEY WALES, HORS-LA-LOI
voir **Outlaw Josey Wales, The**

JOSHUA THEN AND NOW ▷4
[Joshua, hier et aujourd'hui]
CAN. 1985. Comédie dramatique de Ted KOTCHEFF avec Gabrielle Lazure, James Woods et Alan Arkin. - À l'occasion d'une crise familiale, un écrivain se remémore les étapes de sa carrière. □ 13 ans+

JOUE-LA COMME BECKHAM *voir* **Bend It Like Beckham**

JOUER AVEC LA MORT *voir* **Game, The**

JOUER DUR *voir* **Hard Way, The**

JOUET, LE ▷4
FR. 1976. Comédie satirique de Francis VEBER avec Pierre Richard, Michel Bouquet et Fabrice Gréco. - Un journaliste doit accepter de se soumettre aux caprices du jeune fils de son patron qui l'a choisi comme « jouet ». □ Général

JOUET DANGEREUX, UN ▷4
ITA. 1978. Drame psychologique de Giuliano MONTALDO avec Nino Manfredi, Marlène Jobert et Vittorio Mezzogiorno. - Un comptable se passionne pour les armes et l'auto-défense après avoir été blessé dans un hold-up.

JOUETS *voir* **Toys**

JOUEUR, LE ▷4
FR. 1958. Drame psychologique de Claude AUTANT-LARA avec Gérard Philipe, Liselotte Pulver et Françoise Rosay. - Après des déboires amoureux, un jeune homme se livre à la passion du jeu. □ Général

JOUEUR D'ÉCHEC, LE [Chess Player, The]
FR. 1927. Raymond BERNARD
DVD VF→STA→41,95 $

JOUJOU, LE *voir* **Toy, The**

JOUR « S... », LE ▷4
QUÉ. 1984. Comédie dramatique de Jean-Pierre LEFEBVRE avec Pierre Curzi, Marie Tifo et Marcel Sabourin. - Au cours d'une journée, un éditeur quadragénaire vit divers incidents lui rappelant les étapes de sa vie dans un contexte québécois en changement. □ Général

JOUR À NEW YORK, UN *voir* **On the Town**

JOUR D'APRÈS, LE
voir **Day After Tomorrow, The**

JOUR DE COLÈRE [Day of Wrath] ►1
DAN. 1942. Drame de Carl Theodor DREYER avec Lisbeth Movin, Thorkild Roose et Preben Lerdorff. - Ayant provoqué la mort de son mari, une femme est accusée de sorcellerie. - Œuvre d'une valeur exceptionnelle. Beauté plastique des images. Interprétation remarquable. □ Général
DVD STA→PC

JOUR DE FÊTE ▷3
FR. 1949. Comédie réalisée et interprétée par Jacques TATI avec Guy Decomble et Paul Frankeur. - Un facteur s'efforce tant bien que mal de donner un coup de main à des forains pour les préparatifs d'une fête de village. - Premier long métrage de J. Tati restauré avec les négatifs couleurs originaux. Gags visuels efficaces. Notations de mœurs amusantes. Personnage central cocasse. □ Général

JOUR DE FORMATION *voir* **Training Day**

JOUR DE LA MARMOTTE, LE *voir* **Groundhog Day**

JOUR DU DAUPHIN, LE *voir* **Day of the Dolphin, The**

JOUR LE PLUS LONG, LE *voir* **Longest Day, The**

JOUR SE LÈVE, LE ►2
FR. 1939. Drame de Marcel CARNÉ avec Jean Gabin, Arletty et Jules Berry. - Un ouvrier est poussé au désespoir quand il apprend l'infidélité de celle qu'il aime. - Film de classe. Excellente photographie. Beaucoup de rythme. Interprétation puissante. □ Général

JOURNAL D'UN CURÉ DE CAMPAGNE, LE ►1
[Diary of a Country Priest]
FR. 1950. Drame religieux de Robert BRESSON avec Claude Laydu, Armand Guibert et Nicole Ladmiral. - Le ministère difficile d'un jeune curé pauvre et malade. - Adaptation fidèle du roman de Georges Bernanos. Réalisation sobre, soignée, au rythme méditatif. Jeu admirablement contrôlé des comédiens. □ Général
DVD VF→STA→62,95 $

JOURNAL D'UN SÉDUCTEUR, LE ▷4
[Diary of a Seducer]
FR. 1995. Comédie de mœurs réalisée et interprétée par Danièle DUBROUX avec Chiara Mastroianni et Melvil Poupaud. - Une étudiante tombe amoureuse d'un jeune homme ténébreux qui l'entraîne dans une étrange affaire d'homicide. □ Général

JOURNAL D'UNE FEMME DE CHAMBRE, LE ▷3
[Diary of a Chambermaid]
FR. 1964. Drame de mœurs de Luis BUÑUEL avec Jeanne Moreau, George Géret et Michel Piccoli. - Une femme s'engage comme domestique chez des gens au comportement bizarre. - Adaptation d'un roman d'Octave Mirbeau. Riche observation de mœurs. Beauté formelle. Mise en scène d'une grande précision. Ton de satire accentué. J. Moreau excellente. □ 13 ans+
DVD VF→STA→Cadrage W/16X9→44,95 $

JOURNAL D'UNE FILLE PERDUE [Diary of a Lost Girl]
ALL. 1929. Georg Wilhelm PABST □ Général
DVD STA→23,95 $

JOURNAL DE BRIDGET JONES, LE
voir **Bridget Jones's Diary**

JOURNAL DE LADY M., LE ▷5
SUI. 1993. Drame d'Alain TANNER avec Myriam Mézières, Juanjo Puligcorbé et Félicité Wouassi. - Après avoir découvert que son amant est père de famille, une chanteuse de cabaret lui suggère de venir habiter chez elle avec sa femme et ses enfants. □ 16 ans+

JOURNAL INTIME [Caro Diario] ▷3
ITA. 1993. Film à sketches réalisé et interprété par Nanni MORETTI avec Renato Carpentieri et Antonio Neiwiller. - Trois épisodes dans la vie d'un cinéaste romain. - Tableau vivant et personnel de l'Italie contemporaine. Œuvre attachante et sereine. Traitement varié allant de la fantaisie à la satire. Musique irrésistible. N. Moretti fort à l'aise. □ Général

JOURNAL, LE *voir* **Paper, The**

JOURNÉE D'IVAN DENISOVICH, UNE
voir **One Day in the Life of Ivan Denisovich**

JOURNÉE EN TAXI, UNE ▷5
QUÉ. 1981. Comédie dramatique de Robert MÉNARD avec Jean Yanne, Gilles Renaud et Michel Forget. - L'amitié progressive entre un chauffeur de taxi et un prisonnier libéré pour trente-six heures.

JOURNÉE PARTICULIÈRE, UNE [Special Day, A] ▷3
ITA. 1977. Comédie de mœurs d'Ettore SCOLA avec Sophia Loren, Marcello Mastroianni et Françoise Berd. - Restée seule dans son appartement pendant un défilé marquant le passage d'Hitler à Rome, une femme rencontre un autre locataire. - Observations pertinentes d'ordre politique autant que psychologique. Excellents comédiens. □ Général
DVD VA→STA→Cadrage W→24,95 $

JOURNEY FOR MARGARET ▷4
É.-U. 1942. Drame de guerre de W.S. VAN DYKE II avec Robert Young, Laraine Day et Margaret O'Brien. - Un correspondant de presse et sa femme s'attachent à deux enfants victimes des bombardements. □ Général

JOURNEY INTO FEAR ▷4
É.-U. 1943. Drame d'espionnage de Norman FOSTER avec Joseph Cotten, Dolores Del Rio et Orson Welles. - Pendant un voyage en Turquie, un Américain est poursuivi par des agents allemands. □ Général

JOURNEY OF HOPE *voir* **Voyage vers l'espoir**

JOURNEY OF NATTY GANN, THE [Natty Gann] ▷4
É.-U. 1985. Aventures de Jeremy KAGAN avec Meredith Salenger, Ray Wise et John Cusack. - Dans les années 1930, une fillette aux allures de garçon décide de traverser les États-Unis pour rejoindre son père. □ Général

JOURNEY TO KAFIRISTAN
ALL. 2001. Donatello et Fosco DUBINI
DVD STA→34,95 $

JOURNEY TO THE CENTER OF THE EARTH ▷4
É.-U. 1959. Science-fiction de Henry LEVIN avec Pat Boone, James Mason et Arlene Dahl. - Un professeur d'université veut parvenir au centre de la Terre en passant par un volcan éteint. □ Général
DVD VF→STA→14,95 $

JOURNEY TO THE SUN [Voyage vers le soleil] ▷4
TUR. 1999. Drame de mœurs de Yesim USTAOGLU avec Newroz Baz, Nazmi Qirix et Mizgin Kapazan. - À travers son amitié avec un jeune vendeur de la rue, un employé de la voirie d'Istanbul découvre la répression dont sont victimes les Kurdes.
DVD STA→21,95 $

JOURNEY TO THE WESTERN XIA EMPIRE
CHI. 1997. Lu WEI
DVD STA→Cadrage W→29,95 $

JOURS DE CINÉ [Movie Days] ▷5
ISL. 1994. Drame de mœurs de Fridrik Thor FRIDRIKSSON avec Orvar Jens Arnarsson, Jon Sigurbjornsson et Rurik Haraldsson. - Au début des années 1960, un jeune garçon fasciné par les films hollywoodiens passe les vacances dans une ferme. □ Général

JOURS DE TONNERRE *voir* **Days of Thunder**

JOURS SOMBRES *voir* **Dark Days**

JOURS TRANQUILLES À CLICHY ▷5
[Quiet Days in Clichy]
FR. 1989. Comédie dramatique de Claude CHABROL avec Stéphanie Cotta, Andrew McCarthy et Nigel Havers. - Un écrivain américain se remémore les aventures qu'il a vécues à Paris dans les années 1930 avec un photographe et une aguichante adolescente. □ 13 ans+

JOY HOUSE *voir* **Félins, Les**

JOY LUCK CLUB, THE [Club de la chance, Le] ▷3
É.-U. 1993. Chronique de Wayne WANG avec Tsai Chin, Kieu Chinh et Lisa Lu. - Les tribulations de quatre femmes chinoises qui traversent diverses épreuves dans leur pays d'origine avant d'immigrer aux États-Unis. - Scénario fluide et captivant divisé en sketches. Ensemble touchant. Mise en scène soignée mettant en valeur d'excellentes comédiennes. □ Général
DVD VA→Cadrage P&S→14,95 $

JOY OF LIVING ▷4
É.-U. 1938. Comédie sentimentale de Tay GARNETT avec Douglas Fairbanks Jr., Irene Dunne et Alice Brady. - Un joyeux luron s'éprend d'une vedette exploitée par sa famille. □ Général

JOY RIDE [Virée d'enfer] ▷4
É.-U. 2001. Thriller de John DAHL avec Steve Zahn, Paul Walker et Leelee Sobieski. - Deux frères vivent un véritable cauchemar après avoir fait une mauvaise plaisanterie à un mystérieux camionneur. □ 13 ans+
DVD VF→Cadrage W→10,95 $

JOYEUSE PARADE, LA
voir **There's No Business Like Show Business**

JOYEUX CALVAIRE [Poverty and Other Delights] ▷4
QUÉ. 1996. Drame de mœurs de Denys ARCAND avec Gaston Lepage, Benoît Brière et Chantal Baril. - Tout en déambulant dans Montréal, deux clochards se racontent des anecdotes et rencontrent plusieurs personnages excentriques. □ 13 ans+

JOYLESS STREET *voir* **Rue sans joie, La**

JOYRIDE
É.-U. 1977. Joseph RUBEN
DVD VA→STF→Cadrage P&S/W→20,95 $

JOYRIDE ▷5
É.-U. 1996. Drame policier de Q. PEEBLES avec Tobey Maguire, Amy Hathaway et Wilson Cruz. - Deux jeunes volent la voiture d'une tueuse à gages qui a caché un cadavre dans le coffre.
DVD VA→5,95 $

JU-DOU ▷3
CHI. 1990. Drame de mœurs de Yimou ZHANG avec Gong Li, Li Baotian et Li Wei. - Le neveu adoptif d'un vieux teinturier s'éprend de la jeune épouse maltraitée de ce dernier. - Évocation fascinante et détaillée de traditions oubliées. Drame âpre et cruel. Illustration soignée. Interprétation soutenue de G. Li. □ Général
DVD STA→Cadrage W→22,95 $

JU-ON : THE GRUDGE [Grudge, The] ▷4
É.-U. 2004. Drame d'horreur de Takashi SHIMIZU avec Sarah Michelle Gellar, Jason Behr et KaDee Strickland. - À Tokyo, des phénomènes mystérieux se produisent dans une maison où un mari jaloux a tué sa femme et son enfant.
DVD VA→STA→24,95 $

JU-REI : THE UNCANNY
JAP. 1996. Koji SHIRAISHI
DVD STA→24,95 $

JUAREZ ▷4
É.-U. 1939. Drame historique de William DIETERLE avec Paul Muni, Bette Davis et Brian Aherne. - Un homme politique mexicain mène la résistance contre un souverain imposé par des puissances étrangères.

JUBAL
É.-U. 1956. Delmer DAVES
DVD VA→Cadrage W→17,95 $

JUBILEE
ANG. 1977. Derek JARMAN □ 16 ans+
DVD VA→Cadrage W→62,95 $

JUDE ▷4
É.-U. 1996. Mélodrame de Michael WINTERBOTTOM avec Kate Winslet, Christopher Eccleston et Liam Cunningham. - Dans l'Angleterre de la fin du XIXe siècle, un aspirant universitaire vit un amour passionné et scandaleux avec sa cousine. □ 13 ans+

JUDEX
FR. 1916. Louis FEUILLADE
DVD 59,95 $

JUDGMENT AT NUREMBERG ▷3
É.-U. 1961. Drame social de Stanley E. KRAMER avec Spencer Tracy, Richard Widmark et Maximilian Schell. - Histoire romancée d'un procès intenté par les Américains aux dirigeants nazis. - Œuvre forte et honnête. Style sobre et concis. Texte d'une grande intelligence. Distribution remarquable. □ Général
DVD VA→STF→Cadrage W→12,95 $

JUDGMENT NIGHT [Nuit du jugement, La] ▷4
É.-U. 1993. Drame policier de Stephen HOPKINS avec Denis Leary, Emilio Estevez et Cuba Gooding Jr. - Quatre amis qui se sont égarés dans un quartier industriel sont pris en chasse par des tueurs après avoir été témoins d'un meurtre. □ 13 ans+ · Violence
DVD VF→STF→Cadrage W→18,95 $

JUDY BERLIN ▷4
É.-U. 1998. Comédie dramatique d'Eric MENDELSOHN avec Edie Falco, Aaron Harnick et Barbara Barrie. - Alors qu'une éclipse solaire plonge leur petite ville dans la pénombre, quelques individus en crise font le point sur leur existence. □ Général
DVD VA→Cadrage W→9,95 $

JUGE, LE ▷4
FR. 1984. Drame policier de Philippe LEFEBVRE avec Jacques Perrin, Richard Bohringer et Daniel Duval. - À Marseille, la lutte courageuse et ardue d'un juge d'instruction contre un magnat de la drogue. □ Non classé

JUGÉ COUPABLE *voir* **True Crime**

JUGE ET HORS-LA-LOI
voir **Life and Times of Judge Roy Bean**

JUGE ET L'ASSASSIN, LE ▷3
FR. 1976. Drame social de Bertrand TAVERNIER avec Philippe Noiret, Michel Galabru et Jean-Claude Brialy. - À la fin du XIXe siècle, un juge d'instruction circonvient un assassin pour faire progresser sa carrière. - Tableau complexe et critique de l'époque. Progression intelligente et vigoureuse. Interprétation remarquable. □ 13 ans+

JUGE FALCONE *voir* **Excellent Cadavers**

JUGE FAYARD DIT «LE SHÉRIF», LE ▷4
FR. 1977. Drame policier de Yves BOISSET avec Patrick Dewaere, Aurore Clément et Philippe Léotard. - Un juge d'instruction tente de démanteler une bande avec laquelle sont acoquinés des politiciens.

JUGGERNAUT ▷4
ANG. 1974. Drame policier de Richard LESTER avec Richard Harris, Omar Sharif et David Hemmings. - Un inconnu place des bombes à bord d'un paquebot et réclame une rançon au directeur de la ligne transatlantique. □ Général
DVD VA→12,95 $

JUICE ▷4
É.-U. 1992. Drame social d'Ernest R. DICKERSON avec Omar Epps, Khalil Kain et Jermaine Hopkins. - Un adolescent de Harlem participe avec des copains à un hold-up qui a des conséquences tragiques. □ 13 ans+
DVD Cadrage W→13,95 $

JULES DE LONDRES *voir* **Wrong Arm of the Law, The**

JULES ET JIM ►1
FR. 1961. Drame sentimental de François TRUFFAUT avec Jeanne Moreau, Oskar Werner et Henri Serre. - Deux amis aiment la même femme qui répond à l'amour de chacun d'eux. - Adaptation brillante du roman d'Henri-Pierre Roché. Curieux mélange d'amertume et de désinvolture. Montage audacieux. Mise en scène inventive. Œuvre importante de la Nouvelle Vague. Excellente interprétation.
DVD VF→STA→62,95 $ VF→STA→Cadrage W→22,95 $

JULIA ▷3
É.-U. 1977. Drame psychologique de Fred ZINNEMANN avec Jane Fonda, Vanessa Redgrave et Jason Robards. - Une dramaturge retrouve une amie de jeunesse engagée dans la résistance antinazie. - Scénario tiré d'un livre autobiographique de Lillian Hellman. Mélange habile de réalisme et d'art. Excellente interprétation.
DVD VF→Cadrage W→15,95 $

JULIA AND JULIA ▷4
ITA. 1987. Drame psychologique de Peter DEL MONTE avec Kathleen Turner, Gabriel Byrne et Sting. - La vie d'une veuve bascule brusquement dans une autre dimension où elle vit l'existence qu'elle aurait eue si son mari n'était pas mort six ans auparavant. □ 13 ans+

JULIAN PO ▷4
É.-U. 1997. Comédie dramatique d'Alan WADE avec Christian Slater, Robin Tunney et Michael Parks. - Retenu dans un bled perdu par une panne de voiture, un comptable dépressif aux tendances suicidaires devient le centre d'attraction des habitants.
DVD VA→STA→Cadrage W→22,95 $

JULIE EN JUILLET [In July] ▷4
ALL. 2000. Comédie sentimentale de Fatih AKIN avec Christiane Paul, Moritz Bleibtreu et Mehmet Kurtulus. - Flanqué d'une compagne de voyage secrètement amoureuse de lui, un jeune professeur fait le trajet Hambourg-Istanbul pour rejoindre une femme dont il est épris. □ Général
DVD STA→Cadrage W→38,95 $ STF→Cadrage W→38,95 $

JULIE WALKING HOME [Retour de Julie, Le] ▷5
CAN. 2001. Drame d'Agnieszka HOLLAND avec Miranda Otto, William Fichtner et Lothaire Bluteau. - Accompagnée de son fils cancéreux, une jeune Canadienne part à la rencontre d'un guérisseur russe résidant en Pologne. □ Général · Déconseillé aux jeunes enfants
DVD VF→37,95 $

JULIETTE DES ESPRITS [Juliet of the Spirits] ►2
ITA. 1965. Drame psychologique de Federico FELLINI avec Giulietta Masina, Sandra Milo et Mario Pisu. - Se sentant négligée par son mari, une femme se laisse aller à des visions fantastiques. - Style flamboyant. Opulence visuelle remarquable où abondent les images baroques. Réalisation d'une grande souplesse. Rôle plutôt effacé de la protagoniste. □ 13 ans+
DVD STA→Cadrage W→46,95 $

JULIETTE ET JULIETTE ▷5
FR. 1973. Comédie de mœurs de Rémo FORLANI avec Annie Girardot, Marlène Jobert et Pierre Richard. - Venant de milieux différents, deux femmes se rencontrent, sympathisent et fondent un magazine féministe.

JULIUS CAESAR ▷3
É.-U. 1953. Drame historique de Joseph Leo MANKIEWICZ avec Marlon Brando, James Mason et John Gielgud. - À Rome, en l'an 44 avant J.-C., des sénateurs, inquiets de la puissance de César, décident de l'assassiner. - Scénario fidèle au texte de Shakespeare. Réalisation habile. Admirable dialogue servi par d'excellents interprètes. □ Général

JULIUS CAESAR ▷5
É.-U. 1970. Drame historique de Stuart BURGE avec Charlton Heston, Jason Robards et Richard Johnson. - Après avoir participé à l'assassinat de César, Brutus doit affronter Marc-Antoine et Octave. □ Général

JUMANJI ▷4
É.-U. 1995. Drame fantastique de Joe JOHNSTON avec Robin Williams, Bonnie Hunt et Kirsten Dunst. - En jouant à un jeu de dés aux pouvoirs surnaturels, des enfants libèrent dans notre monde des créatures fantastiques. □ Général
DVD 17,95 $ VF→STF→Cadrage W→23,95 $

JUMEAU, LE ▷5
FR. 1984. Comédie de Yves ROBERT avec Pierre Richard, Carey More et Camilla More. - Pour faire la cour à deux jumelles, un séducteur s'invente un frère jumeau. □ Général

JUMENT-VAPEUR, LA ▷5
FR. 1978. Comédie dramatique de Joyce BUÑUEL avec Carole Laure, Pierre Santini et Liliane Roveyre. - Après sept ans de mariage, une épouse insatisfaite tente de résister aux avances d'un architecte. □ Général

JUMPIN' JACK FLASH ▷5
É.-U. 1986. Comédie policière de Penny MARSHALL avec Whoopi Goldberg, Stephen Collins et John Wood. - Après avoir capté sur son ordinateur un message d'un agent secret britannique, une employée de banque est traquée par des tueurs. □ Général
DVD VF→STA→Cadrage P&S→13,95 $

JUMPING JACKS [Parachutiste malgré lui] ▷5
É.-U. 1951. Comédie de Norman TAUROG avec Jerry Lewis, Dean Martin et Mona Freeman. - Un artiste de music-hall partage la vie d'un régiment de parachutistes. □ Général

JUNE BRIDE ▷4
É.-U. 1948. Comédie sentimentale de Bretaigne WINDUST avec Bette Davis, Robert Montgomery, Betty Lynn et Fay Bainter. - Deux journalistes tentent de faire un reportage sur un mariage typiquement américain.

JUNEBUG ▷4
É.-U. 2004. Drame psychologique de Phil MORRISON avec Embeth Davidtz, Amy Adams et Alessandro Nivola - La directrice d'une galerie d'art de Chicago est accueillie avec suspicion par la famille de son jeune époux originaire de la Caroline du Nord.
DVD VA→STF→Cadrage W→34,95 $

JUNGLE BOOK ▷4
É.-U. 1942. Aventures de Zoltan KORDA avec Sabu, Patricia O'Rourke et Joseph Calleia. - Trois hommes essaient de s'emparer d'un trésor qu'un enfant sauvage a découvert. □ Général

JUNGLE BOOK, THE [Livre de la jungle, Le] ▷4
É.-U. 1967. Dessins animés de Wolfgang REITHERMAN. - Une panthère au bon cœur découvre un bébé abandonné dans la jungle et le confie à une louve pour qu'elle l'élève. □ Général

JUNGLE BOOK, THE [Livre de la jungle, Le] ▷4
É.-U. 1994. Aventures de Stephen SOMMERS avec Jason Scott Lee, Cary Elwes et Lena Headey. - En voulant retrouver celle qu'il aime, un garçon qui a grandi parmi les animaux sauvages de la jungle entre en lutte avec un militaire anglais. □ Général
DVD VF→STF→Cadrage W→13,95 $

JUNGLE FEVER ▷4
É.-U. 1991. Drame de mœurs de Spike LEE avec Wesley Snipes, Annabella Sciorra et John Turturro. - L'idylle entre un architecte de race noire et sa jeune secrétaire italo-américaine a des conséquences néfastes sur la vie de l'un et de l'autre. □ 13 ans+

JUNIOR BONNER ▷3
É.-U. 1972. Étude de mœurs de Sam PECKINPAH avec Steve McQueen, Robert Preston et Ida Lupino. - Un champion de rodéos revient dans sa ville natale à l'occasion d'une compétition. - Regard sympathique sur l'Ouest contemporain. Observations intéressantes. Mise en scène souple. Interprétation convaincante. □ Général
DVD VA→13,95 $

JUNIPER TREE, THE ▷4
SUÈ. 1990. Drame de Nietzchka KEENE avec Björk Gudmundsdottir, Bryndis Petra Bragadottir et Valdimar Orn Flygenring. - Au Moyen Âge, après que sa mère ait été brûlée pour sorcellerie, une Islandaise va vivre avec son nouvel époux et son beau-fils. □ 13 ans+
DVD VA→23,95 $

JUNIPER TREE, THE *voir* **Piège d'Issoudun, Le**

JUNK FOOD
É.-U. 1997. Masashi YAMAMOTO
DVD STA→15,95 $

JUNK MAIL ▷3
NOR. 1997. Comédie dramatique de Pal SLETAUNE avec Robert Skjaerstad, Andrine Saether et Per Egil Aske. - Un facteur minable s'immisce dans l'intimité d'une jeune femme sourde mêlée à un vol qui a mal tourné. - Univers glauque dépeint à l'aide de trouvailles drolatiques ou insolites. □ 13 ans+

JUPON ROUGE, LE ▷4
FR. 1986. Drame psychologique de Geneviève LEFEBVRE avec Marie-Christine Barrault, Alida Valli et Guillemette Grobon. - Les relations sentimentales tourmentées entre trois femmes d'âges différents. □ Général

JURASSIC PARK [Parc jurassique, Le] ▷3
É.-U. 1993. Science-fiction de Steven SPIELBERG avec Sam Neill, Laura Dern et Richard Attenborough. - Grâce au clônage, un promoteur réussit à peupler une île déserte de dinosaures en vue d'en faire un parc d'attractions. - Adaptation nerveuse et inventive d'un roman de Michael Crichton. Touches d'humour et d'ironie. Trucages étonnants. Interprétation sensible et énergique. □ Général
DVD Cadrage W→18,95 $

JURASSIC PARK: THE LOST WORLD ▷4
[Monde perdu: Parc jurassique, Le]
É.-U. 1997. Aventures de Steven SPIELBERG avec Jeff Goldblum, Julianne Moore et Pete Postlethwaite. - Deux expéditions rivales se rendent dans une île peuplée de dinosaures. □ 13 ans+
DVD VA→Cadrage W→22,95 $/56,95 $/149,95 $

JURASSIC PARK III [Parc jurassique III, Le] ▷5
É.-U. 2001. Science-fiction de Joe JOHNSTON avec Sam Neill, William H. Macy et Tea Leoni. - Un couple recrute un paléontologue pour retrouver son fils disparu dans une île peuplée de dinosaures. □ Général
DVD VF→Cadrage W→22,95 $

JURY OF ONE *voir* **Verdict**

JUSQU'AU BOUT DU MONDE
voir **Until the End of the World**

JUST A QUESTION OF LOVE
voir **Juste une question d'amour**

JUST AROUND THE CORNER [Vie en rose, La] ▷5
É.-U. 1938. Comédie de Irving CUMMINGS avec Shirley Temple, Charles Farrell et Joan Davis. - Une fillette s'efforce de venir en aide à son père ruiné.
DVD VA→14,95 $

JUST BEFORE NIGHTFALL *voir* **Juste avant la nuit**

JUST LIKE A WOMAN ▷4
ANG. 1992. Comédie de mœurs de Christopher MONGER avec Adrian Pasdar, Julie Walters et Paul Freeman. - Rejeté par son épouse qui le croit infidèle, un jeune financier qui s'adonne au travestisme tombe amoureux d'une divorcée délurée. □ Général

JUST LIKE HEAVEN [Et si c'était vrai] ▷4
É.-U. 2005. Comédie sentimentale de Mark WATERS avec Reese Witherspoon, Mark Ruffalo et Dina Waters. - Un veuf dépressif découvre dans son nouvel appartement le spectre d'une jeune femme ayant été victime d'un accident de voiture. □ Général
DVD VF→STF→Cadrage W→34,95 $

JUST TELL ME WHAT YOU WANT ▷5
É.-U. 1980. Drame de mœurs de Sidney LUMET avec Ali McGraw, Alan King et Myrna Loy. - La liaison orageuse d'un financier tyrannique et d'une productrice d'émissions de télévision.

JUST VISITING ▷5

FR. 2001. Comédie fantaisiste de Jean-Marie GAUBERT avec Jean Reno, Christian Clavier et Christina Applegate. - Un chevalier français du XIIe siècle et son valet sont projetés dans le Chicago d'aujourd'hui par un magicien anglais. □ Général

DVD VA➔STA➔Cadrage W➔14,95 $

JUSTE AVANT LA NUIT [Just Before Nightfall] ►2

FR. 1970. Drame psychologique de Claude CHABROL avec Michel Bouquet, Stéphane Audran et François Périer. - Un homme exempt de tout soupçon pour un meurtre qu'il a commis sent monter le remords en lui. - Construction rigoureuse et subtile. Mise en images et réalisation technique d'une grande précision. Interprétation remarquable de M. Bouquet.

JUSTE POUR LE FUN *voir* **Fun**

JUSTE UNE QUESTION D'AMOUR ▷4
[Just a Question of Love]

FR. 1999. Drame psychologique de Christian FAURE avec Cyrille Thouvenin, Stéphan Guérin-Tillié et Caroline Veyt. - Un jeune chercheur ouvertement gay s'engage dans une liaison avec un étudiant qui cache son homosexualité à ses parents.

DVD VF➔STA➔39,95 $

JUSTICE AU CŒUR, LA *voir* **Sling Blade**

JUSTICE POUR TOUS *voir* **And Justice for All**

JUSTICIER DE MINUIT, LE *voir* **10 to Midnight**

JUSTICIER HORS-LA-LOI *voir* **Stander**

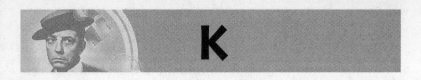

K

K ▷4
FR. 1997. Drame policier d'Alexandre ARCADY avec Patrick Bruel, Isabella Ferrari et Marthe Keller. - Un policier français enquête à Berlin sur un Allemand qu'un vieil ami juif avait abattu avant de mourir de façon suspecte. □ 13 ans+

K-19 : THE WIDOWMAKER ▷4
[K-19 : terreur sous la mer]
É.-U. 2002. Drame de guerre de Kathryn BIGELOW avec Harrison Ford, Liam Neeson et Peter Sarsgaard. - En 1961, une fuite dans le réacteur d'un sous-marin soviétique menace de provoquer une fusion nucléaire aux conséquences catastrophiques. □ Général · Déconseillé aux jeunes enfants
DVD VA→Cadrage W→12,95 $

K-9 ▷5
É.-U. 1989. Comédie policière de Rod DANIEL avec James Belushi, Mel Harris et Kevin Tighe. - Avec l'aide d'un cabot malin et capricieux, un détective cherche à prendre sur le fait un important trafiquant. □ Général

K-PAX [K-Pax l'homme qui vient de loin] ▷4
É.-U. 2001. Drame fantastique de Iain SOFTLEY avec Kevin Spacey, Jeff Bridges et Mary McCormack. - Dans un institut psychiatrique, un patient cherche à convaincre son médecin traitant qu'il est un extraterrestre sur le point de retourner sur sa planète.
DVD VF→STA→Cadrage W→9,95 $

KABLOONAK ▷4
CAN. 1994. Drame biographique de Claude MASSOT avec Charles Dance, Adamie Inukpuk et Seporah Q. Ungalaq. - En 1920, un cinéaste passe plusieurs mois en compagnie d'un chasseur inuit et de sa famille. □ Général

KADOSH ▷3
ISR. 1999. Drame de mœurs d'Amos GITAÏ avec Yaël Abecassis, Meital Barda et Yoram Hattab. - Deux sœurs vivant dans une communauté ultra-orthodoxe de Jérusalem cherchent à échapper à la sujétion que leur impose leur religion. - Critique sérieuse de l'intégrisme religieux. Rythme lent. Mise en scène sobre. Jeu très intérieur des interprètes. □ Général
DVD STA→Cadrage W→23,95 $

KAENA : LA PROPHÉTIE [Kaena : The Prophecy] ▷4
FR. 2003. Film d'animation de Chris DELAPORTE et Tarik HAMDINE. - Sur une planète constituée d'un entrelacs gigantesque de racines et de troncs d'arbres, une jeune fille cherche à libérer son peuple du joug d'étranges créatures.
DVD VF→Cadrage W→18,95 $

KAFKA ▷3
É.-U. 1991. Drame fantastique de Steven SODERBERGH avec Jeremy Irons, Theresa Russell et Joel Grey. - En 1919, à Prague, un employé de bureau enquête sur la disparition mystérieuse d'un collègue de travail. - Climat de cauchemar kafkaïen bien traduit. Mise en scène inventive et raffinée. Moments de terreur palpable. Interprétation remarquable de J. Irons. □ 13 ans+

KAGEMUSHA ▶2
JAP. 1980. Drame épique d'Akira KUROSAWA avec Tatsuya Nakadai, Tsutomu Yamazaki et Kenichi Hagiwara. - Au XVIe siècle, les membres d'un clan guerrier cachent la mort de leur seigneur en utilisant un sosie. - Spectacle d'envergure riche en morceaux de bravoure impressionnants. Réalisation magistrale. Acteurs admirablement dirigés. □ Général
DVD STA→62,95 $

KAGERO-ZA
JAP. 1981. Seijun SUZUKI
DVD STA→Cadrage W→24,95 $

KALAMAZOO ▷5
QUÉ. 1988. Comédie fantaisiste d'André FORCIER avec Rémy Girard, Marie Tifo et Tony Nardi. - Un sexagénaire n'ayant jamais connu d'aventure sentimentale tombe follement amoureux d'une femme qui semble avoir une queue de poisson à la place des jambes.

KALEIDOSCOPE ▷4
É.-U. 1966. Comédie policière de Jack SMIGHT avec Warren Beatty, Susannah York et Clive Revill. - Un habile joueur affronte au poker un chef de la pègre. □ Général

KALIFORNIA ▷4
É.-U. 1993. Drame de mœurs de Dominic SENA avec Juliette Lewis, Brad Pitt et David Duchovny. - Un meurtrier et sa petite amie répondent à l'annonce d'un jeune couple qui se cherche des compagnons de route pour un voyage vers la Californie. □ 16 ans+ · Violence
DVD VF→Cadrage W→12,95 $

KAMA SUTRA : A TALE OF LOVE ▷4
IND. 1996. Mélodrame de Mira NAIR avec Indira Varma, Sarita Choudhury et Ramon Tikaram. - Au XVIe siècle en Inde, une jeune reine et la fille d'un serviteur se disputent le cœur d'un roi. □ 16 ans+ · Érotisme
DVD Cadrage W→27,95 $

KAMERADSCHAFT *voir* **Tragédie de la mine, La**

KAMIKAZE '89 ▷5
ALL. 1982. Drame policier de Wolf GREMM avec Rainer Werner Fassbinder, Gunther Kaufmann et Franco Nero. - Un policier enquête sur l'existence d'une bombe placée dans un édifice où se trouvent les bureaux d'une entreprise dominant la vie de la population allemande. □ Général

KAMOURASKA ▷3
QUÉ. 1973. Drame sentimental de Claude JUTRA avec Geneviève Bujold, Richard Jordan et Philippe Léotard. - Rendue malheureuse par son mari, le seigneur de Kamouraska, une jeune femme pousse un médecin américain à le tuer. - Adaptation soignée du roman d'Anne Hébert. Climat d'envoûtement poétique. Forte interprétation de G. Bujold. □ 13 ans+

KANAL *voir* **Ils aimaient la vie**

KANDAHAR ▷4
IRAN. 2001. Drame social de Moshen MAKHMALBAF avec Nelofer Pazira, Hassan Tantai et Sadou Teymouri. - Une journaliste d'origine afghane tente de rejoindre la ville de Kandahar pour ramener sa sœur infirme qui a fait le vœu de se suicider. □ Général
DVD VA→STF→27,95 $ VA→STA→Cadrage W→27,95 $

KANGAROO ▷4
AUS. 1986. Drame de mœurs de Tim BURSTALL avec Colin Friels, Judy Davis et John Walton. - En 1922, un écrivain anglais installé en Australie avec sa femme est mêlé à des luttes politiques. □ Général

KANSAS CITY ▷4
É.-U. 1996. Drame psychologique de Robert ALTMAN avec Jennifer Jason Leigh, Miranda Richardson et Harry Belafonte. - Une femme kidnappe l'épouse d'un gouverneur pour faire libérer son mari aux prises avec la pègre. □ 13 ans+
DVD VA→STA→Cadrage W→23,95 $

KANTO WANDERER
JAP. 1963. Seijun SUZUKI
DVD STA→Cadrage W/16X9→23,95 $

KAO [Face]
JAP. 2000. Junji SAKAMOTO
DVD STA→Cadrage W→27,95 $

KAOS ▶2
ITA. 1984. Film à sketches de Paolo et Vittorio TAVIANI avec Claudio Bigagli, Margarita Lozano et Omero Antonutti. - Illustration de contes siciliens tirés de l'œuvre de Pirandello. - Évocation diversifiée de la Sicile ancienne. Problèmes humains traités avec un mélange de rudesse et de sensibilité. Mise en scène ample et aérée. Interprétation d'une force naturelle contrôlée. □ Général

KARATE BEARFIGHTER
JAP. 1977. Kazuhiko YAMAGUCHI
DVD STA→21,95 $

KARATE BULLFIGHTER
JAP. 1975. Kazuhiko YAMAGUCHI
DVD STA→21,95 $

KARATE KID, THE [Moment de vérité, Le] ▷4
É.-U. 1984. Comédie dramatique de John G. AVILDSEN avec Ralph Macchio, Noriyuki Morita et Elisabeth Shue. - Souffre-douleur de ses camarades d'école, un adolescent de petite taille est initié aux arts martiaux par un vieux Japonais. □ Général
DVD VF→STA→Cadrage W→17,95 $

KARATE KID II, THE ▷5
É.-U. 1986. Drame sportif de John G. AVILDSEN avec Ralph Macchio, Noriyuki Morita et Tamlyn Tomita. - Un jeune karateka américain, accompagnant son maître au Japon, s'attire l'inimitié du neveu d'un ancien ennemi de celui-ci. □ Général
DVD Cadrage W→24,95 $

KARATE KID III, THE ▷5
É.-U. 1989. Drame sportif de John G. AVILDSEN avec Ralph Macchio, Noriyuki Morita et Robyn Lively. - Un spéculateur organise un combat de karaté entre un jeune gladiateur sans scrupule et un adolescent timide détenteur du titre de champion. □ Général

KARLA ▷6
É.-U. 2005. Drame policier de Joel BENDER avec Laura Prepon, Leonard Kelly-Young, Misha Collins et Patrick Bauchau. - Afin d'obtenir sa libération conditionnelle, une criminelle raconte à un psychiatre les circonstances entourant sa participation à trois meurtres. □ 16 ans+ · Violence

KARMEN [Karmen Geï] ▷5
SÉN. 2001. Drame musical de Joseph Gaï RAMAKA avec Djeïnaba Diop Gaï, Magaye Adama Niang et El Hadji N'Diaye. - À Dakar, la romance entre un officier et une femme intrigante connaît une issue tragique. □ Général

KARMINA ▷5
QUÉ. 1996. Comédie fantaisiste de Gabriel PELLETIER avec Isabelle Cyr, Robert Brouillette et Yves Pelletier. - Fuyant un mariage imposé par ses parents, une vampire trouve refuge auprès de sa tante qui l'incite à redevenir humaine. □ 13 ans+
DVD VF→18,95 $

KARMINA 2 ▷5
QUÉ. 2001. Comédie fantaisiste de Gabriel PELLETIER avec Gildor Roy, Diane Lavallée, Robert Brouillette et Yves Pelletier. - Un douanier tente de retrouver le secret d'une potion permettant aux vampires de garder forme humaine. □ Général · Déconseillé aux jeunes enfants
DVD VF→STF→Cadrage W→23,95 $

KARNAVAL ▷4
FR. 1998. Drame de mœurs de Thomas VINCENT avec Sylvie Testud, Amar Ben Abdallah et Clovis Cornillac. - Lors du carnaval de Dunkerque, la jeune épouse d'un gardien de sécurité a une brève aventure avec un mécanicien beur. □ 13 ans+

KASPAR HAUSER ▷4
ALL. 1993. Chronique historique de Peter SEHR avec Katharina Thalbach, André Eisermann et Uwe Ochsenknecht. - La destinée tragique d'un jeune prince héritier du grand-duché de Bade qui, victime de machinations, grandit dans l'anonymat et la misère. □ 13 ans+

KATE & LEOPOLD [Kate et Léopold] ▷5
É.-U. 2001. Comédie sentimentale de James MANGOLD avec Hugh Jackman, Meg Ryan et Liev Schreiber. - Un jeune duc new-yorkais du XIXe siècle est transporté magiquement en 2001 par un de ses descendants dont il s'éprend de la voisine.
DVD VF→STA→Cadrage P&S/W→19,95 $

KATI ET STEFFI *voir* **Big Girls Don't Cry**

KATIA ▷4
FR. 1959. Drame sentimental de Robert SIODMAK avec Romy Schneider, Curd Jurgens et Pierre Blanchar. - Le tsar Alexandre II s'éprend d'une jeune fille de petite noblesse. □ Général

KATIA ISMAÏLOVA ▷4
RUS. 1994. Drame psychologique de Valeri TODOROVSKI avec Ingeborga Dapkounaite, Alice Freindlikh et Vladimir Machkov. - Une jeune femme qui séjourne avec sa belle-mère dans une datcha près de Moscou s'engage dans une relation adultère passionnée. □ 13 ans+

KATRYN'S PLACE ▷5
CAN. 2002. Drame de mœurs de B. de BURGH avec Pascale Montpetit, Éric Goulem et France Arbour. - En suivant les traces du chien fugueur de son défunt mari, une immigrante polonaise découvre des secrets troublants sur le disparu. □ 13 ans+

KATZELMACHER
ALL. 1969. Rainer Werner FASSBINDER
DVD STA→44,95 $

KEDMA
FR. ISR. ITA. 2002. Amos GITAÏ
DVD STA→Cadrage 16X9→24,95 $

KEEP WALKING
ITA. 1982. Ermanno OLMI
DVD STA→37,95 $

KEEP YOUR RIGHT UP ! *voir* **Soigne ta droite !**

KEEPER, THE ▷4
É.-U. 1996. Drame psychologique de Joe BREWSTER avec Giancarlo Esposito, Regina Taylor et Isaach de Bankole. - Un gardien de prison oublie ses convictions idéalistes lorsque sa femme s'éprend d'un ancien détenu. □ 13 ans+ · Langage vulgaire
DVD VA→26,95 $

KEEPER, THE [Ravisseur, Le]
CAN. 2004. Paul LYNCH
DVD VF→Cadrage W→29,95 $

KEEPER OF THE FLAME ▷4
É.-U. 1942. Drame de George CUKOR avec Spencer Tracy, Katharine Hepburn et Richard Whorf. - Un journaliste découvre un mystère dans la vie d'un homme public décédé. □ Général

KEEPING THE FAITH [Au nom d'Anna] ▷4
É.-U. 2000. Comédie sentimentale réalisée et interprétée par Edward NORTON avec Ben Stiller et Jenna Elfman. - À New York, un prêtre catholique et un rabbin tombent tous les deux amoureux d'une amie d'enfance devenue une séduisante femme d'affaires.
DVD Cadrage W→15,95 $

KEEPING TRACK [Double impasse] ▷5
CAN. 1986. Drame policier de Robin SPRY avec Margot Kidder, Michael Sarrazin et Alan Scarfe. - Une analyste bancaire et un reporter vedette de télévision sont engagés malgré eux dans une ténébreuse intrigue d'espionnage.

KEETJE TIPPEL
HOL. 1976. Paul VERHOEVEN □ 16 ans+ · Érotisme
DVD Cadrage W→34,95 $

KELLY'S HEROES [De l'or pour les braves] ▷4
É.-U. 1970. Comédie de Brian G. HUTTON avec Clint Eastwood, Telly Savalas et Donald Sutherland. - Des soldats américains traversent les lignes allemandes en francs-tireurs pour s'emparer de l'or conservé dans une banque. □ Général
DVD VF→STF→Cadrage W→9,95 $

KENNEDY ET MOI ▷4
FR. 1999. Comédie dramatique de Sam KARMANN avec Jean-Pierre Bacri, Nicole Garcia et François Chattot. - Un écrivain dépressif en vient à convoiter la montre de son psychanalyste, qu'aurait portée John F. Kennedy le jour de sa mort. □ Général

KENNY *voir* **Kid Brother, The**

KENNY AND CO. ▷4
É.-U. 1976. Comédie dramatique de Don COSCARELLI avec Dan McCann, Mike Baldwin et Jeff Roth. - Trois jeunes garçons sont victimes d'un aîné qui profite de sa force pour exiger d'eux des tributs en argent.
DVD VA→Cadrage W→16,95 $

KENTUCKIAN, THE [Homme du Kentucky, L'] ▷5
É.-U. 1955. Western réalisé et interprété par Burt LANCASTER avec Dianne Foster et Walter Matthau. - Pour mettre fin à une vendetta, un montagnard du Kentucky décide d'aller s'établir au Texas avec son jeune fils. □ Général
DVD Cadrage W→11,95 $

KENTUCKY FRIED MOVIE
É.-U. 1976. John LANDIS
DVD VA→Cadrage P&S/W→10,95 $

KERMESSE DE L'OUEST, LA
voir **Paint Your Wagon**

KERMESSE HÉROÏQUE, LA [Carnival in Flanders] ►2
FR. 1935. Comédie satirique de Jacques FEYDER avec Françoise Rosay, Jean Murat et Louis Jouvet. - Les femmes d'un village des Flandres se chargent d'amadouer les envahisseurs espagnols. - Excellente reconstitution de l'époque. Images remarquables inspirées des peintres flamands. Interprétation de première classe. □ Général

KEY, THE *voir* **Clé, La**

KEY, THE ▷4
ANG. 1958. Drame de guerre de Carol REED avec William Holden, Sophia Loren et Trevor Howard. - Un marin confie sa fiancée à un ami au cas où il ne reviendrait pas d'une mission périlleuse. □ Général

KEY LARGO ▷3
É.-U. 1949. Drame psychologique de John HUSTON avec Humphrey Bogart, Lauren Bacall et Edward G. Robinson. - Un ancien combattant doit affronter des gangsters redoutables. - Climat de tension habilement créé. Personnages campés avec netteté. Mise en scène vigoureuse. Jeu solide des interprètes. □ Général
DVD VF→STF→21,95 $

KEY TO REBECCA, THE [Code Rebecca, Le] ▷5
ANG. 1985. Drame d'espionnage de David HEMMINGS avec Cliff Robertson, David Soul et Season Hubley. - Au Caire en 1942, les services secrets britanniques sont à la recherche d'un dangereux espion allemand. □ Non classé

KEYS OF THE KINGDOM, THE ▷4
É.-U. 1946. Drame psychologique de John M. STAHL avec Gregory Peck, Thomas Mitchell et Vincent Price. - La vie d'un missionnaire catholique anglais en Chine. □ Général
DVD VF→STA→14,95 $

KHALED ▷4
CAN. 2001. Drame d'Asghar MASSOMBAGI avec Michael D'Ascenzo, Michèle Duquet et Lynne Deragon. - Un gamin replié sur lui-même garde le secret sur la mort de sa mère avec qui il vivait seul dans un taudis de Toronto.
DVD VA→Cadrage W→29,95 $

KHARTOUM ▷4
ANG. 1965. Drame historique de Basil DEARDEN avec Charlton Heston, Laurence Olivier et Richard Johnson. - Un agitateur musulman assiège la ville de Khartoum défendue par une garnison britannique. □ Général
DVD VA→STF→Cadrage W→11,95 $

KIBAKICHI
JAP. 2003. Tomoo HARAGUCHI
DVD VA→26,95 $

KIBAKICHI 2
JAP. 2005. Daiji HATTORI
DVD VA→STA→Cadrage W→23,95 $

KICHIKU
JAP. 1997. Kazuyoshi KUMAKIRI
DVD STA→28,95 $

KICKING AND SCREAMING ▷5
É.-U. 2005. Comédie de Jesse DYLAN avec Robert Duvall, Musetta Vander, Will Ferrell et Kate Walsh. - Même s'il ne connaît rien au soccer, un vendeur de vitamines peu sportif devient l'entraîneur de l'équipe de son fils afin de battre la formation dirigée par son père. □ Général
DVD VF→Cadrage W→22,95 $

KID, THE [Kid, The / Dog's Life, A] ►1
É.-U. 1921. Comédie dramatique réalisée et interprétée par Charles CHAPLIN avec Jackie Coogan et Carl Miller. - Un vagabond adopte un gamin abandonné par sa mère. - Premier long métrage de C. Chaplin. Sorte d'hymne à l'amour, à l'amitié et à la complicité entre générations. Efficacité lapidaire du récit. Gags désopilants. Interprétation sublime. □ Général
DVD VA→STF→34,95 $

KID BROTHER, THE [Kenny] ▷4
CAN. 1987. Drame psychologique de Claude GAGNON avec Kenny Easterday, Caitlin Clarke et Liane Curtis. - Privé de la moitié de son corps, un adolescent vit sa situation d'infirme avec un courage serein et une débrouillardise étonnante. □ Général

KID DE CINCINNATI, LE *voir* **Cincinnati Kid, The**

KID EN KIMONO, LE *voir* **Geisha Boy, The**

KID FOR TWO FARTHINGS, A ▷4
ANG. 1955. Comédie de mœurs de Carol REED avec Jonathan Ashmore, Celia Johnson et Diana Dors. - Dans un quartier pauvre de Londres, un garçonnet croit avoir trouvé un animal magique. □ Général
DVD VA→23,95 $

KID FROM BROOKLYN, THE ▷4
É.-U. 1949. Comédie de Norman Z. McLEOD avec Danny Kaye, Virginia Mayo et Vera-Ellen. - Pour avoir voulu dépanner une chanteuse, un simple livreur de lait est pris pour un champion boxeur. □ Général

KID GALAHAD ▷5
É.-U. 1962. Drame de P. KARLSON avec Elvis Presley, Gig Young et Joan Blackman. - Un jeune fermier devient un habile boxeur malgré de nombreuses embûches.
DVD VA→STF→Cadrage W→12,95 $

KID GALAHAD [Battling Bellhop] ▷4
É.-U. 1937. Drame de Michael CURTIZ avec Edward G. Robinson, Wayne Morris et Humphrey Bogart. - Le gérant d'un jeune boxeur se retourne contre son poulain lorsque sa sœur s'éprend de lui. □ Général

KID MILLIONS ▷3
É.-U. 1934. Comédie musicale de Roy DEL RUTH avec Eddie Cantor, Ann Sothern et George Murphy. - Un pauvret de Brooklyn s'en va réclamer un héritage de plusieurs millions en Égypte. - Production fastueuse. Scènes fort réussies. Ensemble plaisant. Jeu trépidant de E. Cantor. □ Général
DVD VA→STF→11,95 $

KID SENTIMENT ▷5
QUÉ. 1968. Étude de mœurs de Jacques GODBOUT avec François Guy, Louis Parizeau et Michèle Mercure. - Deux adolescents se trouvent des partenaires féminines pour une soirée. □ 13 ans+

KIDNAPPING CAUCASIAN STYLE
RUS. 1966. Leonid GAIDAI
DVD STA→31,95 $

KIDS [Ados] ▷4
É.-U. 1995. Drame de mœurs de Larry CLARK avec Leo Fitzpatrick, Sarah Henderson et Justin Pierce. - À Manhattan, en plein été, une bande d'adolescents ratisse les rues de la ville à la recherche de sensations fortes. □ 16 ans+ · Langage vulgaire
DVD VA→Cadrage W→31,95 $

KIDS RETURN ▷4
JAP. 1996. Comédie dramatique de Takeshi KITANO avec Masanobu Ando, Ken Kanedo et Leo Morimoto. - Deux amis cancres quittent leur lycée pour se lancer sans succès, l'un dans la boxe, l'autre dans le gangstérisme. □ Général
DVD STA→49,95 $

KIKA ▷4
ESP. 1993. Comédie de mœurs de Pedro ALMODOVAR avec Peter Coyote et Veronica Forqué. - Les tribulations d'une jeune maquilleuse à l'optimisme inébranlable qui évolue parmi des gens excentriques et souvent sans scrupule. □ 16 ans+ · Langage vulgaire

KIKOKU *voir* **Yakuza Demon**

KIKUJIRO ▷4
JAP. 1999. Comédie dramatique réalisée et interprétée par Takeshi KITANO avec Yusuke Sekiguchi et Kayoko Kishimoto. - Un quinquagénaire bourru et magouilleur devient le compagnon de voyage d'un enfant à la recherche de sa mère. □ Général
DVD Cadrage W→39,95 $

KILL ! [Kiru]
JAP. 1968. Kihachi OKAMOTO
DVD STA→Cadrage W→41,95 $

KILL BILL I [Tuer Bill I] ▷3
É.-U. 2003. Thriller de Quentin TARANTINO avec Uma Thurman, Lucy Liu et Sonny Chiba. - Laissée pour morte à son mariage par les membres d'une organisation criminelle, une ex-tueuse professionnelle exerce sur eux une terrible vengeance. - Hommage déroutant et ludique aux films de samouraï et aux westerns spaghetti. Réalisation fulgurante et constamment inventive. Passages d'une violence inouïe. Jeu très intense d'U. Thurman. □ 16 ans+ · Violence
DVD VF→Cadrage W/16X9→21,95 $

KILL BILL II [Tuer Bill II] ▷3
É.-U. 2004. Thriller de Quentin TARANTINO avec Uma Thurman, David Carradine et Michael Madsen. - Victime d'un attentat perpétré par ses anciens complices, une ex-tueuse exerce sur eux une terrible vengeance. - Suite complétant parfaitement le premier volet, malgré un rythme plus lent. Clins d'œil stylistiques et thématiques au western spaghetti. Trouvailles surprenantes et réjouissantes. Réalisation et direction d'acteurs originales. □ 13 ans+ · Violence
DVD VA→Cadrage W→23,95 $

KILL ME AGAIN ▷4
É.-U. 1989. Drame policier de John DAHL avec Val Kilmer, Joanne Whalley et Michael Madsen. - Un détective privé s'attire des ennuis en montant une supercherie pour faire croire à la mort d'une cliente. □ 13 ans+ · Violence
DVD 11,95 $

KILL ME TOMORROW
É.-U. 1999. Patrick McGUINN
DVD 49,95 $

KILLER, THE ▷4
H.K. 1989. Drame policier de John WOO avec Chow Yun-Fat, Danny Lee et Sally Yeh. - Un policier lancé aux trousses d'un tueur professionnel se retrouve mêlé à un affrontement entre celui-ci et un gangster. □ 18 ans+

KILLER ELITE, THE ▷4
É.-U. 1975. Drame d'espionnage de Sam PECKINPAH avec James Caan, Robert Duvall et Arthur Hill. - Un agent spécial blessé par un faux ami au cours d'une mission veut se venger. □ 13 ans+
DVD Cadrage W→12,95 $

KILLER KONDOM ▷5
ALL. 1996. Comédie policière de Martin WALZ avec Udo Samel, Peter Lohmeyer et Leonard Lansink. - À New York, un détective gay enquête sur les mystérieuses castrations dont sont victimes les clients d'un hôtel miteux. □ Non classé
DVD 26,95 $

KILLER ME
É.-U. 2001. Zachary HANSEN
DVD VA→38,95 $

KILLER'S KISS ▷4
É.-U. 1955. Drame policier de Stanley KUBRICK avec Frank Silvera, Jamie Smith et Irene Kane. - Un boxeur s'éprend d'une danseuse et la défend contre des gangsters. □ Non classé
DVD 12,95 $

KILLERS, THE ▷3
É.-U. 1946. Drame policier de Robert SIODMAK avec Ava Gardner, Burt Lancaster et Edmond O'Brien. - Deux enquêtes sont menées parallèlement au sujet d'un meurtre commis par des tueurs professionnels. - Sujet tiré d'une nouvelle d'Ernest Hemingway. Récit compliqué mais bien mené. Mise en scène habile. Interprétation solide. □ Général

KILLERS, THE ▷4
É.-U. 1964. Drame policier de Don SIEGEL avec John Cassavetes, Lee Marvin et Angie Dickinson. - Surpris de l'attitude d'une de leurs victimes devant la mort, deux tueurs à gages entreprennent une enquête sur son passé. □ Général

KILLERS TWO
H.K. 1989. John WOO □ 13 ans+ · Violence

KILLING, THE [Coup manqué] ▷3
É.-U. 1956. Drame policier de Stanley KUBRICK avec Sterling Hayden, Coleen Gray et Vince Edwards. - Un ex-bagnard organise avec des complices un vol de deux millions de dollars dans un hippodrome. - Structure narrative innovatrice. Style abrupt et explosif. Étonnantes prises de vues. Interprétation efficace. □ Général
DVD VA→STF→Cadrage P&S→12,95 $

KILLING FIELDS, THE [Déchirure, La] ▷3
É.-U. 1984. Drame social de Roland JOFFE avec Sam Waterston, Haing S. Ngor et John Malkovich. - Lorsqu'il est fait prisonnier par des Khmers rouges, un journaliste cambodgien est laissé à lui-même malgré les efforts d'un collègue américain pour l'aider. - Récit fondé sur une expérience vécue. Passages intenses. Illustration inspirée. Interprétation sobre et convaincante. □ 13 ans+
DVD VA→STF→Cadrage W→21,95 $

KILLING FLOOR, THE ▷3
É.-U. 1984. Drame social de Bill DUKE avec Damien Leake, Clarence Felder et Moses Gunn. - Évocation dramatique de luttes raciales et syndicales dans les abattoirs de Chicago en 1919. - Scénario résultant d'une recherche historique scrupuleuse. Mise en scène forte et réaliste. □ Général

KILLING GAME, THE *voir* **Jeu de massacre**

KILLING KIND, THE
ANG. 2001. Paul SAROSSY
DVD VA→STA→Cadrage W/16X9→23,95 $

KILLING MACHINE
JAP. 1975. Norifumi SUZUKI
DVD STA→23,95 $

KILLING ME SOFTLY
É.-U. 2002. Chen KAIGE
DVD VA→Cadrage W→11,95 $

KILLING OF A CHINESE BOOKIE, THE ▷3
É.-U. 1976. Drame social de John CASSAVETES avec Ben Gazzara, Timothy Carey et Seymour Cassell. - Un joueur invétéré doit éliminer un Chinois pour s'acquitter d'une dette qu'il a contractée envers des gangsters. - Curieux contraste entre le monde violent décrit et le style introspectif de la mise en scène. Improvisations contrôlées propres à l'auteur. Jeu fort convaincant de B. Gazzara. □ 13 ans+
DVD 43,95 $

KILLING OF SISTER GEORGE, THE ▷4
ANG. 1968. Drame psychologique de Robert ALDRICH avec Beryl Reid, Susannah York et Coral Browne. - Une comédienne lesbienne est aux prises avec des difficultés sentimentales et professionnelles.
DVD VA➔STA➔Cadrage W➔12,95 $

KILLING ZOE ▷4
É.-U. 1993. Drame policier de Roger AVARY avec Eric Stoltz, Jean-Hugues Anglade et Julie Delpy. - Un jeune perceur de coffres-forts américain vient rejoindre un ami français à Paris pour participer avec lui à un audacieux vol de banque. □ 16 ans+ · Violence
DVD VF➔STA➔Cadrage W➔19,95 $

KIM ▷5
É.-U. 1950. Aventures de Victor SAVILLE avec Dean Stockwell, Errol Flynn et Paul Lukas. - En Inde, un orphelin élevé par un vieux lama sert d'espion aux Anglais. □ Général
DVD VF➔STF➔21,95 $

KIND HEARTS AND CORONETS ▷3
ANG. 1949. Comédie satirique de Robert HAMER avec Dennis Price, Alec Guinness et Valerie Hobson. - Renié par les siens à cause de la mésalliance de sa mère, un descendant de famille noble décide de supprimer les héritiers légaux qui le précèdent. - Humour britannique savoureux. Mise en scène adroite. Composition pittoresque de plusieurs personnages par A. Guinness. □ Non classé
DVD VA➔Cadrage P&S➔23,95 $

KING & COUNTRY **[Pour l'exemple]** ▷3
ANG. 1964. Drame de guerre de Joseph LOSEY avec Dirk Bogarde, Tom Courtenay et Leo McKern. - En 1917, un jeune soldat britannique est accusé de désertion. - Style soigné et vigoureux. Contexte de guerre évoqué avec réalisme. Interprétation excellente. □ Général
DVD VA➔33,95 $

KING AND FOUR QUEENS, THE ▷5
[Roi et quatre reines, Un]
É.-U. 1956. Western de Raoul WALSH avec Clark Gable, Eleanor Parker et Jo Van Fleet. - Un hors-la-loi se réfugie dans un ranch où quatre veuves tombent amoureuses de lui. □ Non classé

KING AND HIS MOVIE, A
ARG. 1986. Carlos SORIN
DVD STA➔29,95 $

KING AND I, THE ▷4
É.-U. 1955. Comédie musicale de Walter LANG avec Deborah Kerr, Yul Brynner et Rita Moreno. - En 1862, une veuve anglaise est chargée de l'éducation des enfants du roi de Siam. □ Général

KING ARTHUR **[Roi Arthur, Le]** ▷5
É.-U. 2004. Drame épique d'Antoine FUQUA avec Clive Owen, Ioan Gruffud et Keira Knightley. - Au cinquième siècle après J.-C., le commandant romano-breton Arthur et ses chevaliers de la Table Ronde s'efforcent de repousser l'envahisseur saxon. □ Général · Déconseillé aux jeunes enfants
DVD VF➔STF➔Cadrage W/16X9➔21,95 $
VF➔Cadrage W➔21,95 $

KING CREOLE **[Bagarre au King Creole]** ▷5
É.-U. 1958. Mélodrame de Michael CURTIZ avec Elvis Presley, Dolores Hart et Carolyn Jones. - Malgré l'opposition de son père, un jeune homme entreprend une carrière de chanteur dans les cafés de La Nouvelle-Orléans. □ Général
DVD 9,95 $

KING IN NEW YORK, A ▷4
ANG. 1956. Comédie satirique réalisée et interprétée par Charles CHAPLIN avec Dawn Addams et Michael Chaplin. - Un roi détrôné connaît à New York diverses mésaventures. □ Général

KING KONG ►2
É.-U. 1933. Drame fantastique d'Ernest B. SCHOEDSACK et Merian C. COOPER avec Bruce Cabot, Fay Wray et Robert Armstrong. - Des explorateurs s'emparent d'un gorille géant dans une île du Pacifique. - Œuvre capitale du cinéma fantastique. Mélange de romantisme et d'horreur. Illustration fascinante et souvent poétique. Trucages réussis. Interprétation dans le ton. □ Général
DVD VA➔STF➔16,95 $/31,95 $/39,95 $

KING KONG ▷4
É.-U. 1976. Drame fantastique de John GUILLERMIN avec Jeff Bridges, Jessica Lange et Charles Grodin. - Des explorateurs s'emparent d'un gorille géant et l'emmènent à New York où il cause des ravages. □ Général
DVD VF➔STF➔Cadrage W➔12,95 $

KING KONG ▷3
É.-U. 2005. Drame fantastique de Peter JACKSON avec Naomi Watts, Adrien Brody et Jack Black. - Au début des années 1930, une équipe de cinéma découvre une île du Pacifique habitée par des dinosaures et un gorille géant. - Remake opulent et parfois excessif du classique de 1933. Plusieurs séquences d'action et d'affrontements saisissantes. Trucages réussis. Décors et paysages d'une rare beauté. Jeu senti et fougueux de N. Watts. □ 13 ans+
DVD VF➔STF➔Cadrage W➔34,95 $

KING LEAR ▷3
ANG. 1970. Drame de Peter BROOK avec Paul Scofield, Irene Worth et Ian Hogg. - Un vieux roi est dépouillé par ses filles à qui il a cédé son royaume. - Œuvre de Shakespeare traitée dans le style du théâtre de l'absurde. Ensemble doté de force et de grandeur. P. Scofield excellent dans le rôle-titre. □ Général

KING LEAR
É.-U. 1974. Edwin SHERIN
DVD 39,95 $

KING LEAR (TV) ▷3
ANG. 1983. Drame de Michael ELLIOTT avec Lawrence Olivier, John Hurt et Anna Calder-Marshall. - Un vieux roi est dépouillé par ses filles à qui il a cédé son royaume. - Téléfilm adapté de la pièce de Shakespeare. Mise en scène soignée. Distribution de choix. Jeu excellent de L. Olivier.
DVD VA➔24,95 $

KING LEAR ▷4
É.-U. 1987. Film d'essai de Jean-Luc GODARD avec Peter Sellers, Burgess Meredith et Molly Ringwald. - Un descendant de Shakespeare cherche à produire une nouvelle version cinématographique de la pièce *Le Roi Lear*. □ Général

KING OF COMEDY, THE **[Valse des pantins, La]** ▷3
É.-U. 1982. Comédie satirique de Martin SCORSESE avec Robert De Niro, Jerry Lewis et Sandra Bernhard. - Un homme enlève l'animateur d'un talk-show pour obtenir de présenter un monologue comique à la télévision. - Vision critique du rêve de succès à l'américaine. Humour grinçant. Style fruste et direct. Interprètes très bien dirigés. □ Général
DVD VF➔STF➔10,95 $

KING OF HEARTS *voir* **Roi de cœur, Le**

KING OF JAZZ ▷4
É.-U. 1930. Spectacle musical de John Murray ANDERSON avec Paul Whiteman, John Boles et Laura La Plante. - Spectacle de music-hall dirigé par le Paul Whiteman Orchestra. □ Non classé

KING OF KINGS ▷4
É.-U. 1961. Drame biblique de Nicholas RAY avec Jeffrey Hunter, Siobhan McKenna et Robert Ryan. - Présentation de la vie et de la passion de Jésus. □ Général
DVD VF➔STF➔12,95 $

KING OF KINGS, THE
É.-U. 1927. Cecil B. DeMILLE □ Général
DVD VA→62,95 $

KING OF MARVIN GARDENS, THE ▷5
É.-U. 1972. Drame psychologique de Bob RAFELSON avec Jack Nicholson, Bruce Dern et Ellen Burstyn. - Un animateur radiophonique est entraîné par son frère mégalomane dans une aventure tragique. □ 13 ans+
DVD Cadrage W→28,95 $

KING OF MASKS, THE ▷4
CHI. 1995. Drame de Wu TIANMING avec Chu Yuk, Chao Yimyim et Zhao Zhigang. - Un vieux maître de l'opéra chinois, soucieux de transmettre son savoir à un héritier, adopte un enfant de la rue. □ Général
DVD 37,95 $

KING OF NEW YORK [Roi de New York, Le] ▷5
É.-U. 1989. Drame policier d'Abel FERRARA avec Victor Argo, Janet Julian et Christopher Walken. - À New York, un policier décide d'éliminer un gangster récemment sorti de prison qui veut prendre le contrôle du trafic des stupéfiants. □ 18 ans+
DVD VA→STA→Cadrage W→23,95 $

KING OF THE ANTS ▷4
É.-U. 2003. Thriller de Stuart GORDON avec Chris McKenna, Kari Wuhrer et Daniel Baldwin. - Un jeune peintre en bâtiment se compromet dans une sordide histoire de meurtre.
DVD VA→Cadrage W→9,95 $

KING OF THE CORNER
É.-U. 2004. Peter RIEGERT
DVD VA→28,95 $

KING OF THE GYPSIES [Roi des gitans, Le] ▷5
É.-U. 1978. Drame de mœurs de Frank PIERSON avec Eric Roberts, Susan Sarandon et Sterling Hayden. - Parvenu à l'adolescence, le fils du roi des gitans cherche à échapper à son milieu. □ 13 ans+

KING OF THE HILL [Seul dans son royaume] ▷4
É.-U. 1993. Drame de mœurs de Steven SODERBERGH avec Jesse Bradford, Jeroen Krabbé et Lisa Eichhorn. - À Saint Louis, dans les années 1930, un jeune garçon doit se débrouiller seul pour subvenir à ses besoins après avoir été séparé des siens. □ Général

KING OF THIEVES
ALL. BEL. 2004. Ivan FILA
DVD STA→36,95 $

KING RALPH [Ralph Superking] ▷5
É.-U. 1991. Comédie satirique de David S. WARD avec Peter O'Toole, John Goodman et Camille Coduri. - Un musicien de bar au tempérament débonnaire apprend qu'il est héritier de la couronne d'Angleterre. □ Général
DVD VA→16,95 $

KING RAT ▷3
É.-U. 1965. Drame de guerre de Bryan FORBES avec George Segal, James Fox et Tom Courtenay. - Dans un camp de prisonniers, un Américain astucieux se crée une situation privilégiée. - Bonne reconstitution du contexte des camps. Mise en scène soignée. Personnages bien campés. Interprétation de classe. □ Général
DVD VA→STA→21,95 $

KING SOLOMON'S MINES ▷4
ANG. 1937. Aventures de R. STEVENSON avec Cedric Hardwicke, Paul Robeson et Anna Lee. - En Afrique, des explorateurs recherchent une mine de diamants légendaire.
DVD VF→STF→Cadrage W→12,95 $

KING SOLOMON'S MINES ▷4
[Mines du roi Salomon, Les]
É.-U. 1950. Aventures de Compton BENNETT et Andrew MARTON avec Deborah Kerr, Stewart Granger et Richard Carlson. - Une femme part au Congo à la recherche de son mari disparu. □ Général
DVD VF→STF→21,95 $

KING'S THIEF, THE [Voleur du roi, Le] ▷5
É.-U. 1955. Aventures de Robert Z. LEONARD avec Edmund Purdom, Ann Blyth et David Niven. - Un voleur de grand chemin démasque la félonie d'un ministre. □ Général

KING'S WHORE *voir* **Putain du roi, La**

KINGDOM 1, THE ▷3
DAN. 1994. Drame fantastique de Lars VON TRIER avec Ernst Hugo Jaregard, Kirsten Rolffes et Ghita Norby. - Diverses intrigues se déroulent parmi les employés et les patients d'un hôpital soumis à des phénomènes surnaturels. - Téléfilm à l'univers d'une étrangeté savamment créée. Nombreux détails à la fois fascinants et déconcertants. Humour sardonique. Illustration stylisée. Interprétation dans le ton voulu. □ 13 ans+
DVD 34,95 $

KINGDOM 2, THE ▷3
DAN. 1997. Drame fantastique de Lars VON TRIER avec Ernst Hugo Jaregard, Kirsten Rolffes et Udo Kier. - Diverses intrigues se déroulent parmi les employés et les patients d'un hôpital soumis à des phénomènes surnaturels. - Suite d'un téléfilm à succès. Intrigues poussant un cran plus loin l'humour absurde et le fantastique horrifiant. Mise en scène maîtrisée. Interprétation dans le ton. □ 13 ans+

KINGDOM OF HEAVEN [Royaume des cieux, Le] ▷4
ANG. 2005. Drame épique de Ridley SCOTT avec Orlando Bloom, Eva Green et Marton Csokas. - À la fin du XIIe siècle, un jeune chevalier français qui s'est joint aux croisés doit défendre Jérusalem contre les troupes musulmanes. □ 13 ans+ · Violence
DVD VF→STF→Cadrage W→36,95 $
VA→STA→Cadrage W→39,95 $

KINGPIN [Roi de la quille, Le] ▷5
É.-U. 1996. Comédie de Peter et Bobby FARRELLY avec Woody Harrelson, Randy Quaid et Vanessa Angel. - Un naïf très doué pour les quilles tombe sous la coupe d'un arnaqueur qui veut l'amener à participer à un tournoi lucratif. □ Général
DVD VA→STF→Cadrage P&S/W→12,95 $

KINGS GO FORTH ▷5
É.-U. 1958. Drame de Delmer DAVES avec Frank Sinatra, Tony Curtis et Natalie Wood. - Deux soldats s'éprennent de la même fille qui se révèle de sang mêlé. □ Non classé
DVD VF→STF→Cadrage P&S→11,95 $

KINGS OF THE ROAD *voir* **Au fil du temps**

KINGS ROW ▷5
É.-U. 1941. Drame de Sam WOOD avec Ann Sheridan, Robert Cummings et Ronald Reagan. - Les déboires amoureux et les malchances de deux jeunes gens d'une petite ville de province. □ Général

KINKY BOOTS ▷4
ANG. 2005. Comédie dramatique de Julian JARROLD avec Chiwetel Ejiofor, Joel Edgerton et Sarah-Jane Potts. - Héritier d'une usine de chaussures au bord de la faillite, un jeune Anglais se lance dans la fabrication de bottes à talons hauts destinées aux « drag queens ».

KINI & ADAMS ▷4
FR. 1997. Comédie dramatique d'Idrissa OUEDRAOGO avec Vusi Kunene, David Mohloki et Nthati Moshesh. - Dans un village africain, l'amitié entre deux hommes de condition modeste est mise à mal par la soudaine réussite sociale de l'un d'eux.

KINSEY ▷3
É.-U. 2004. Drame biographique de Bill CONDON avec Liam Neeson, Laura Linney et Peter Sarsgaard. - L'existence tumultueuse du scientifique Alfred Kinsey, dont les ouvrages sur la sexualité ont bouleversé les États-Unis dans les années 1950. - Récit mêlant habilement histoire personnelle et portrait d'époque. Traitement intelligent et sensible de sujets parfois délicats. Style vivant et expressif. Distribution remarquable dominée par L. Neeson. □ 13 ans+
DVD VF→STF→Cadrage W→41,95 $
VF→STA→Cadrage W→22,95 $

KIPPUR ▷3
ISR. 2000. Drame de guerre d'Amos GITAÏ avec Liron Levo, Tomer Ruso et Uri Ran Klauzner. - Pendant la guerre du Yom Kippour, deux réservistes de l'armée israélienne se joignent à une unité portant secours aux combattants blessés. - Scénario basé sur une expérience personnelle du réalisateur. Traitement très réaliste. Virtuosité technique. Interprétation intense. □ 13 ans+
DVD STA→Cadrage W→23,95 $

KIRIKOU ET LA SORCIÈRE ▷3
[Kirikou and the Sorceress]
FR. 1998. Dessins animés de Michel OCELOT. - Un tout petit garçon tient tête à la méchante sorcière qui terrorise son village africain. - Fable charmante et d'un bel humanisme inspirée de contes d'Afrique occidentale. Chansons toutes simples ponctuant agréablement l'action. Graphisme savamment stylisé. Couleurs éclatantes. Animation vivante. □ Général
DVD VF→STF→14,95 $

KIRU *voir* **Kill !**

KISMET ▷5
É.-U. 1955. Comédie musicale de Vincente MINNELLI avec Howard Keel, Ann Blyth et Dolores Gray. - À Bagdad, un poète mendiant est nommé émir par le grand vizir, à condition d'empêcher le mariage que veut contracter le calife. □ Non classé

KISS, THE
É.-U. 2003. Gorman BECHARD
DVD VA→28,95 $

KISS BEFORE DYING, A ▷5
É.-U. 1956. Drame policier de Gerd OSWALD avec Robert Wagner, Virginia Leith et Jeffrey Hunter. - Une étudiante démasque le meurtrier de sa sœur.
DVD VF→STF→11,95 $

KISS BEFORE DYING, A [Baiser avant de mourir, Un] ▷5
É.-U. 1991. Drame policier de James DEARDEN avec Matt Dillon, Sean Young et Max Von Sydow. - Une jeune femme de famille riche en vient à craindre pour sa vie quand elle découvre que son mari est un arriviste aux intentions malveillantes. □ 13 ans+
DVD VA→Cadrage W→9,95 $

KISS KISS BANG BANG ▷4
É.-U. 2005. Comédie policière de Shane BLACK avec Robert Downey Jr., Val Kilmer et Michelle Monaghan. - À Los Angeles, un apprenti acteur et un détective privé qui l'aide à se préparer pour un rôle se retrouvent mêlés à une sombre histoire de meurtre. □ 13 ans+ · Violence
DVD VA→STF→Cadrage W→34,95 $

KISS ME DEADLY [En quatrième vitesse] ▷3
É.-U. 1954. Drame policier de Robert ALDRICH avec Ralph Meeker, Albert Dekker et Paul Stewart. - Un détective privé mène une enquête sur la mort d'une jeune femme. - Œuvre forte. Réalisation vigoureuse. Conclusion originale. Interprétation convaincue. □ Général
DVD VA→STF→Cadrage W→12,95 $

KISS ME GUIDO [Embrasse-moi Gino] ▷4
É.-U. 1997. Comédie de mœurs de Tony VITALE avec Nick Scotti, Anthony Barrile et Anthony DeSando. - Un livreur de pizza qui rêve de devenir acteur éprouve des réticences à partager un logement avec un chorégraphe gay. □ Général · Déconseillé aux jeunes enfants
DVD VA→STA→Cadrage W→10,95 $

KISS ME KATE ▷4
É.-U. 1953. Drame policier de George SIDNEY avec Kathryn Grayson, Howard Keel et Ann Miller. - Des époux divorcés doivent jouer ensemble à la scène une parodie de *La Mégère apprivoisée*.
DVD VF→STA→21,95 $

KISS ME, STUPID [Embrasse-moi Idiot] ▷5
É.-U. 1964. Comédie de Billy WILDER avec Dean Martin, Kim Novak et Ray Walston. - Pour retenir un chanteur à qui il veut vendre ses œuvres, un homme lui présente une prostituée comme sa femme.
DVD VF→STF→Cadrage W→11,95 $

KISS MY BUTTERFLY
voir **I Love You, Alice B. Toklas**

KISS OF DEATH ▷4
É.-U. 1946. Drame policier de Henry HATHAWAY avec Richard Widmark, Victor Mature et Brian Donlevy. - Devenu mouchard pour aider sa famille, un gangster affronte ses anciens complices. □ Général
DVD VA→STA→14,95 $

KISS OF DEATH [Baiser de la mort, Le]
ANG. 1977. Mike LEIGH □ Général
DVD VA→34,95 $

KISS OF DEATH [Baiser de la mort, Le] ▷5
É.-U. 1994. Drame policier de Barbet SCHROEDER avec David Caruso, Nicolas Cage et Samuel L. Jackson. - Afin d'exercer une vengeance personnelle, un ex-détenu accepte de s'infiltrer dans l'entourage d'un mafioso pour le compte d'un procureur. □ 13 ans+ · Violence
DVD VF→STA→Cadrage W→13,95 $

KISS OF THE SPIDER WOMAN ▷3
[Baiser de la femme araignée, Le]
BRÉ. 1984. Drame d'Hector BABENCO avec William Hurt, Raul Julia et Sonia Braga. - Deux détenus qui partagent la même cellule, l'un étalagiste homosexuel, l'autre prisonnier politique, en viennent à sympathiser. - Jeu de contrastes entre la fiction filmique et la réalité. Mise en scène solide. Interprétation intelligente et nuancée. □ Général

KISS OF THE VAMPIRE ▷4
ANG. 1963. Drame d'horreur de Don SHARP avec Noel Willman, Edward de Souza et Jennifer Daniel. - Les mésaventures d'un couple de jeunes mariés aux prises avec le grand-prêtre d'une secte de vampires. □ Général

KISS OR KILL [Amants diaboliques, Les] ▷4
AUS. 1997. Drame policier de Bill BENNETT avec Frances O'Connor, Matt Day et Chris Haywood. - Des meurtres mystérieux se produisent dans le sillage d'un jeune couple d'arnaqueurs qui fuit la police après avoir involontairement tué un homme. □ 16 ans+

KISS THE GIRLS [Et tombent les filles] ▷5
É.-U. 1997. Drame policier de Gary FLEDER avec Morgan Freeman, Ashley Judd et Cary Elwes. - Un flic aux trousses d'un kidnappeur de femmes obtient l'aide d'une des victimes qui a réussi à s'évader. □ 13 ans+ · Violence
DVD VF→STA→Cadrage W→9,95 $

KISS THEM FOR ME ▷5
É.-U. 1957. Comédie de Stanley DONEN avec Cary Grant, Jayne Mansfield et Suzy Parker. - Les mésaventures de trois militaires en permission à San Francisco.
DVD VA→STA→Cadrage W→13,95 $

KISSED [Extase] ▷5
CAN. 1996. Drame psychologique de Lynne STOPKEWICH avec Molly Parker, Peter Outerbridge et Jay Brazeau. - Une jeune employée de salon funéraire qui s'adonne à des actes de nécrophilie s'éprend d'un étudiant en médecine. □ 18 ans+
DVD VF→Cadrage W→16,95 $

KISSING JESSICA STEIN ▷4
[Aventures romantiques de Jessica Stein, Les]
É.-U. 2001. Comédie sentimentale de Charles HERMAN-WURMFELD avec Jennifer Westfeldt, Heather Juergensen et Scott Cohen. - Bien que résolument hétérosexuelle, une jeune rédactrice s'éprend d'une galeriste tentée par la bisexualité. □ Général
DVD VA→10,95 $

KITCHEN PARTY [Jeunesse en folie] ▷4
CAN. 1997. Comédie de mœurs de Gary BURNS avec Laura Harris, Scott Speedman et Gillian Barber. - Deux soirées entre amis, l'une réunissant des adultes et l'autre, leurs enfants adolescents, tournent au vinaigre. □ 13 ans+ · Langage vulgaire
DVD VA→17,95 $

KITCHEN STORIES *voir* **Histoires de cuisine**

KITCHEN TOTO, THE ▷4
ANG. 1987. Drame social de Harry HOOK avec Edwin Mahinda, Bob Peck et Phyllis Logan. - Au Kenya en 1952, un jeune Noir de treize ans, témoin du meurtre de son père par un groupe indépendantiste, est placé par sa mère comme marmiton chez le chef britannique de la police locale. □ 13 ans+

KITSCH
POL. 2002. Mariusz PUJSZO
DVD STA→34,95 $

KITTY FOYLE ▷4
É.-U. 1940. Comédie de Sam WOOD avec Ginger Rogers, Dennis Morgan et James Craig. - Humiliée par la famille de son mari, une jeune femme demande le divorce. □ Non classé
DVD VA→21,95 $

KLUTE ▷3
É.-U. 1971. Drame policier de Alan J. PAKULA avec Jane Fonda, Donald Sutherland et Charles Cioffi. - Venu à New York pour enquêter sur une disparition, un policier s'éprend d'une call-girl. - Habile mélange d'étude psychologique et d'enquête policière. Traitement humain. Bonne création d'ambiance. Excellente interprétation de J. Fonda. □ 13 ans+
DVD 21,95 $

KM. 0 ▷4
ESP. 2000. Comédie de mœurs de Yolanda GARCIA SERRANO et Juan Luis Iborra avec Concha Velasco, Georges Corraface et Silke. - Au cours d'une soirée à Madrid, des couples se font et se défont au gré de divers concours de circonstances.
DVD STA→Cadrage W→27,95 $

KNACK, AND HOW TO GET IT, THE ▷3
ANG. 1964. Comédie fantaisiste de Richard LESTER avec Rita Tushingham, Michael Crawford et Ray Brooks. - Un jeune homme envie la facilité d'un ami pour la conquête des filles. - Trouvailles originales. Rythme alerte. Réalisation inventive. Interprétation enjouée. □ Général
DVD VF→STA→Cadrage W→18,95 $

KNIFE IN THE WATER
voir **Couteau dans l'eau, Le**

KNIGHT WITHOUT ARMOUR ▷3
[Chevalier sans armure]
ANG. 1937. Aventures de Jacques FEYDER avec Robert Donat, Marlene Dietrich et Irene Vanburgh. - Un Anglais aide une comtesse à s'enfuir de Russie lors de la révolution bolchévique. - Évocation somptueuse de la Russie tsariste et révolutionnaire. Mise en scène de qualité. □ Général

KNIGHT'S TALE, A ▷5
É.-U. 2001. Aventures de Brian HELGELAND avec Shanynn Sossamon, Heath Ledger et Rufus Sewell. - Un jeune écuyer se fait passer pour un noble chevalier afin de pouvoir participer à des tournois.
DVD VF→STF→Cadrage W→18,95 $
VA→STA→Cadrage W→10,95 $

KNIGHTRIDERS ▷5
É.-U. 1981. Drame de George A. ROMERO avec Ed Harris, Gary Lahti et Tom Savini. - Un groupe de motards monte un spectacle forain conçu comme un tournoi médiéval où les motocyclettes remplacent les chevaux. □ 13 ans+
DVD VA→Cadrage W→16,95 $

KNIGHTS OF THE ROUND TABLE ▷4
[Chevaliers de la table ronde, Les]
É.-U. 1954. Drame de Richard THORPE avec Robert Taylor, Ava Gardner et Mel Ferrer. - Le chevalier Lancelot s'éprend de la femme de son suzerain, le roi Arthur. □ Non classé
DVD VA→STF→21,95 $

KNIGHTS OF THE TEUTONIC ORDER
voir **Chevaliers Teutoniques, Les**

KNIVES OF THE AVENGER ▷5
ITA. 1965. Aventures de Mario BAVA avec Cameron Mitchell, Fausto Tozzi et Elisa Mitchell. - Un guerrier barbare se fait le protecteur de la fille d'un ancien ennemi.
DVD STA→39,95 $

KNOCK ON ANY DOOR ▷4
É.-U. 1949. Drame de Nicholas RAY avec Humphrey Bogart, John Derek et George Macready. - L'enfance malheureuse d'un meurtrier dans les quartiers populaires de New York. □ Général

KNOCKABOUT
H.K. 1979. Sammo HUNG
DVD VA→STA→9,95 $

KNOCKAROUND GUYS [Des hommes de main] ▷5
É.-U. 2002. Drame policier de Brain KOPPELMAN et David LEVIEN avec Barry Pepper, Seth Green et Vin Diesel. - Le fils d'un puissant gangster de Brooklyn doit récupérer un demi-million de dollars dont s'est emparé un shérif du Montana. □ 13 ans+ · Violence
DVD VF→STA→Cadrage P&S/W→14,95 $

KNUTE ROCKNE, ALL AMERICAN ▷4
É.-U. 1940. Drame biographique de Lloyd BACON avec Pat O'Brien, Ronald Reagan et Gale Page. - La vie d'un célèbre entraîneur de football de l'université Notre Dame. □ Non classé

KOKO FLANEL ▷5
BEL. 1989. Comédie de Stijn CONINX avec Urbanus, Bea Van der Maat et Willeke Van Ammelrooy. - Un modeste vendeur, benêt et lourdaud, devient la vedette d'une campagne de publicité pour une ligne de vêtements. □ Non classé

KOLYA ▷3
TCH. 1996. Comédie dramatique de Jan SVERAK avec Zdenek Sverak, Andrej Chalimon et Libuse Safrankova. - Un musicien tchèque dans la cinquantaine se retrouve avec la garde d'un gamin russe de cinq ans. - Histoire toute simple racontée de façon attendrissante. Sens affiné de l'observation des petits détails drôles ou touchants. Illustration très soignée. Excellente interprétation. □ Général
DVD VF→STA→Cadrage W/16X9→14,95 $

KOMA ▷5
H.K. 2004. Thriller de Lo CHI-LEUNG avec Karena Lam, Angelica Lee et Andy Hui. - Une jeune femme est terrorisée par un mystérieux tueur en série qui prélève un rein sur chacune de ses victimes.
DVD STA→Cadrage W→27,95 $

KONTROLL ▷4
HON. 2003. Drame de Nimrod ANTAL avec Sandor Csanyi, Zoltan Mucsi et Sandor Badar. - Les tribulations d'un contrôleur du métro de Budapest, dans lequel sévit un tueur masqué.
DVD STA→29,95 $

KORCZAK ▷3
POL. 1990. Drame biographique d'Andrzej WAJDA avec Wojtek Pszoniak, Eva Dalkowska et Piotr Kozlowski. - En 1939, à Varsovie, le directeur d'un orphelinat pour enfants juifs doit faire face à de nombreuses difficultés lorsque les Allemands envahissent le pays. - Évocation d'une figure héroïque polonaise. Tension dramatique appréciable. Illustration directe et précise. Jeu nuancé et convaincant de W. Pszoniak. □ Général

KOTCH ▷4
É.-U. 1971. Comédie dramatique de Jack LEMMON avec Walter Matthau, Deborah Winters et Felicia Farr. - Alors que son fils et sa bru veulent le placer dans une institution, un vieillard part à l'aventure. □ 13 ans+
DVD VA→STF→Cadrage W→11,95 $

KRAMER VS. KRAMER ▷3
É.-U. 1979. Drame psychologique de Robert BENTON avec Dustin Hoffman, Meryl Streep et Justin Henry. - La vie d'un publicitaire est perturbée par le départ de sa femme qui lui laisse la garde de leur jeune fils. - Suite de scènes rapides et éloquentes. Mise en scène habile. Touches psychologiques valables. Interprétation de classe.
DVD VF→STF→Cadrage W→36,95 $

KRAPATCHOUK - LES HOMMES DE NULLE PART ▷4
FR. 1991. Comédie dramatique d'Enrique Gabriel LIPSCHUTZ avec Guy Pion, Piotr Zaitchenko et Angela Molina. - À la suite d'un concours de circonstances, deux ouvriers d'Europe de l'Est en séjour à Paris sont pris pour des espions russes. □ Général

KRAYS, THE [Frères Krays, Les] ▷3
ANG. 1990. Drame biographique de Peter MEDAK avec Gary Kemp, Martin Kemp et Billie Whitelaw. - Élevés dans un quartier pauvre de Londres, deux jumeaux s'imposent avec une violence sadique dans le milieu du crime organisé. - Portrait de criminels psychopathes brossé avec un souci marqué de réalisme social. Climat oppressant habilement créé. Réalisation expressive. Très bons comédiens. □ 18 ans+

KRIEMHILDE'S REVENGE
voir **Nibelungen, Les**

KRULL ▷4
É.-U. 1983. Drame fantastique de Peter YATES avec Ken Marshall, Lysette Anthony et Freddie Jones. - S'étant fait enlever sa jeune épouse par les envahisseurs de sa planète, un prince recrute des brigands pour aller la délivrer. □ Général
DVD VF➜STF➜Cadrage W➜17,95 $

KUFFS ▷5
É.-U. 1991. Drame policier de Bruce A. EVANS avec Christian Slater, Mila Jovovitch et Tony Goldwyn. - Un jeune homme traque le meurtrier de son frère aîné dont il vient d'hériter de l'agence de sécurité. □ 13 ans+

KUNDUN ▷4
É.-U. 1997. Drame biographique de Martin SCORSESE avec Tenzin Thuthob Tsarong, Gyurme Tethong et Tencho Gyalpo. - Évocation de la jeunesse du quatorzième dalaï-lama, chef spirituel des Tibétains exilé en Inde. □ Général
DVD VA➜Cadrage W➜10,95 $

KUNG FU HUSTLE ▷3
H.K. 2004. Comédie fantaisiste réalisée et interprétée par Stephen CHOW avec Yuen Wah et Yuen Qiu. - Au tournant des années 1940, des as du kung-fu se font les protecteurs d'un quartier populaire où des gangsters veulent imposer leur loi. - Mélange décoiffant d'arts martiaux et de slapstick. Clins d'œil aux films de gangsters, d'horreur et aux « cartoons ». Réalisation énergique truffée d'effets numériques. Interprétation dans le ton voulu. □ 13 ans+ · Violence
DVD VF➜STA➜Cadrage W➜23,95 $

KUNG-FU MASTER ! ▷3
FR. 1987. Comédie dramatique d'Agnès VARDA avec Jane Birkin, Mathieu Demy et Charlotte Gainsbourg. - Une Anglaise trouve le moyen de revoir un camarade de sa fille qu'elle a remarqué lors d'une réception. - Approche pleine de tact et de justesse. Interprétation d'un naturel convaincant. □ Général

KWAIDAN ►2
JAP. 1965. Film à sketches de Masaki KOBAYASHI avec Tatsuya Nakadai, Rentaro Mikuni et Tetsuro Tamba. - Quatre histoires fantastiques. - Thèmes insolites. Mise en scène luxueuse. Admirables compositions picturales. Interprétation contrôlée. □ Général
DVD STA➜Cadrage W➜46,95 $

LES MEILLEURES **RÉÉDITIONS** DE L'ANNÉE

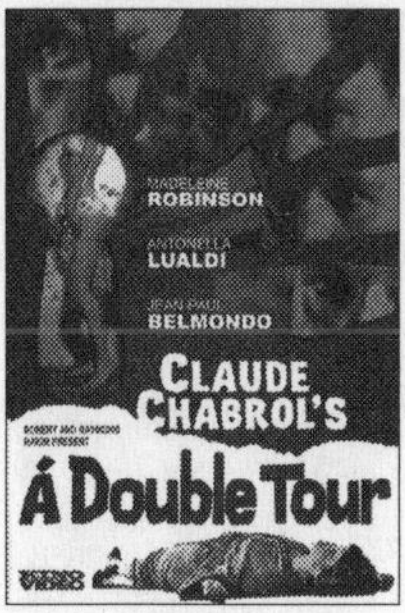

© 2005 Kino International Corp.

À DOUBLE TOUR

© 2006 The Criterion Collection

À NOS AMOURS

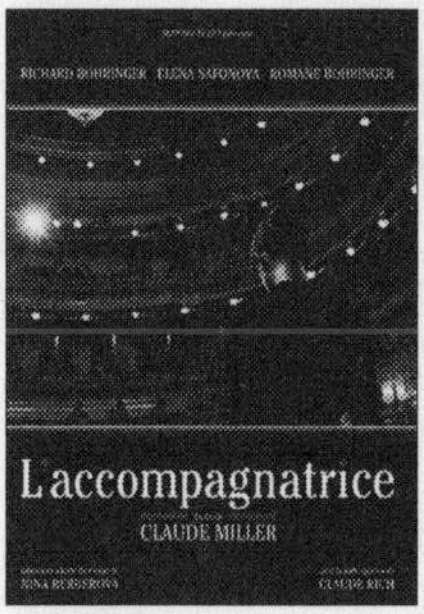

© 2006 Christal Films

ACCOMPAGNATRICE, L'

© 1987 Argos Films - Road Movie

AILES DU DÉSIR, LES

© 2006 The Criterion Collection

ASCENSEUR POUR L'ÉCHAFAUD

© 2005 Christal Films

AVEU, L'

© 2006 Warner Bros. Entertainment Inc.

BABY DOLL

© 2005 the Criterion Collection

BAD TIMING

© Alliance Atlantis Vivafilm

BAISERS VOLÉS

© 2006 Facets Multi-Media Inc.

BATAILLE DU RAIL, LA

© 2005 Kimstim Inc.

BETTY

© 2005 The Criterion Collection

BOUDU SAUVÉ DES EAUX

© 2005 Turner Entertainment Co.

CAMILLE

© 2005 Turner Entertainment Co

CAT PEOPLE

© 2005 Christal Films

CÉSAR ET ROSALIE

© 2006 Twentieth Century Fox Home Entertainment

COMPULSION

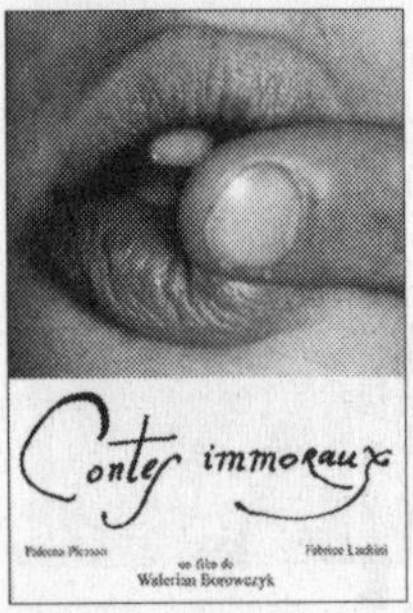

© 1974 Argos Films

CONTES IMMORAUX

© 2005 Warner Bros. Entertainment Inc.

COSMOS

© 2005 The Criterion Collection

CRAZED FRUIT

© 2005 Koch Lorber Films LLC

DADDY NOSTALGIE

© Alliance Atlantis Vivafilm

DERNIER MÉTRO, LE

© Alliance Atlantis Vivafilm

DEUX ANGLAISES ET LE CONTINENT, LES

© 2006 Project X Distribution Limited

EDVARD MUNCH

© 1978 Argos Films, Oshima Productions

EMPIRE DE LA PASSION, L'

© 1976 Argos Films, Oshima Productions

EMPIRE DES SENS, L'

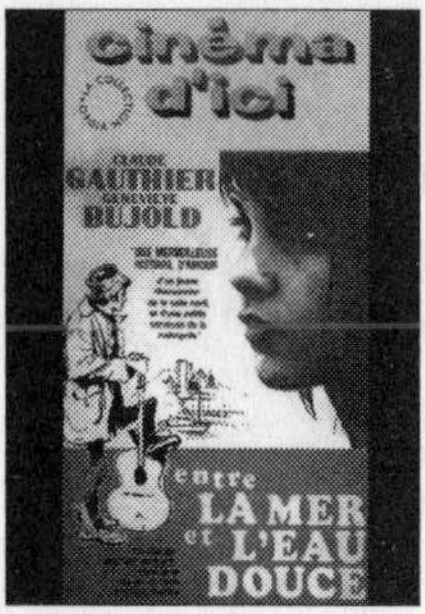

© 1967 Cinéma Libre Distribution

ENTRE LA MER ET L'EAU DOUCE

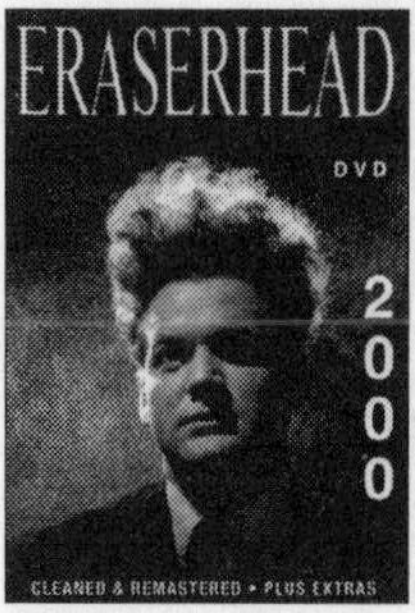

© 2005 Absurda

ERASERHEAD

© Alliance Atlantis Vivafilm

FEMME D'À CÔTÉ, LA

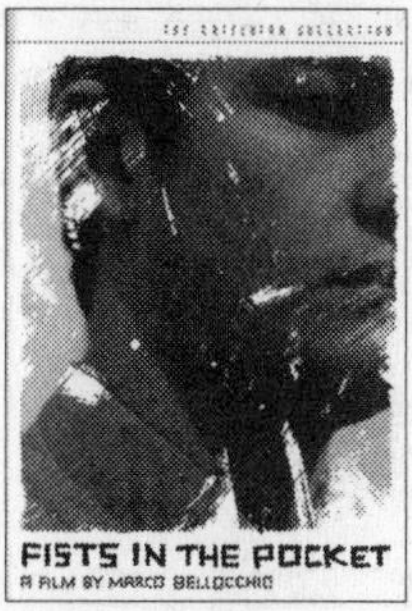

© 2006 The Criterion Collection

FISTS IN THE POCKETS

© 2005 Kino International Corp.

FLIC STORY

© 1975 Christal Films

GINA

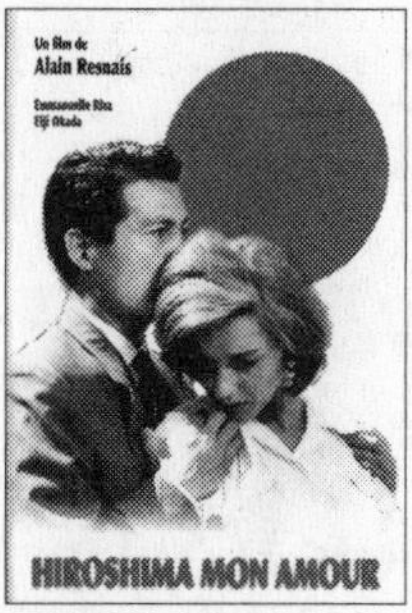

© 1959 Argos Films

HIROSHIMA, MON AMOUR

© 2005 Twentieth Century Fox Home Entertainment LLC.

INNOCENTS, THE

© 2005 Criterion Collection

JEUX INTERDITS (FORBIDDEN GAMES)

© Alliance Atlantis Vivafilm

JULES ET JIM

© 2005 Twentieth Century Fox Home Entertainment LLC.

JULIA

LIFEBOAT

LOLA

NIGHT OF THE IGUANA

NINOTCHKA

PARIS-TEXAS

**PASSENGER, THE
(PROFESSION: REPORTER)**

PETITE VOLEUSE, LA

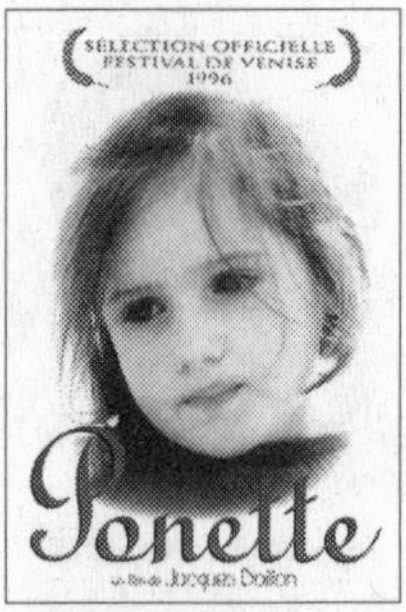

PONETTE

RÉJEANNE PADOVANI

ROMAN SPRING OF MRS. STONE

RYAN'S DAUGHTER

SAMOURAÏ, LE

© 2005 Warner Bros. Entertainment

SCARECROW

© 2006 Turner Entertainment Co. and Warner Bros. Entertainment Inc.

SWEET BIRD OF YOUTH

© 1979 Frank Seitz Film, Bioskop Film, Argo Films

TAMBOUR, LE

© 2005 Koch Lorber Films LLC.

TEOREMA

© 2005 Kino International Corp

THÉRÈSE RAQUIN

© Alliance Atlantis Vivafilm

TIREZ SUR LE PIANISTE

© 2006 Koch Lorber Films

TOUS LES MATINS DU MONDE

© 2005 Twentieth Century Fox Home Entertainment LLC

TWO FOR THE ROAD

© Mizoguchi

UGETSU (CONTES DE LA LUNE VAGUE APRÈS LA PLUIE)

© 2005 MGM Home Entertainment LLC

VINCENT AND THEO

© 2006 The Criterion Collection

VIRGIN SPRING, THE

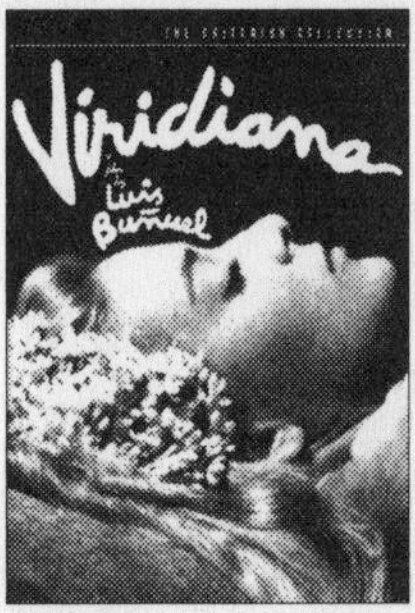

© 2006 The Criterion Collection

VIRIDIANA

© 2005 Equinoxe Films

2 SECONDES

© Villeneuve

32 AOÛT SUR TERRE, UN

© Alliance Atlantis Vivafilm

400 COUPS, LES

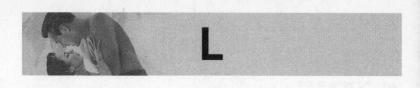

L

L.627 ▷3
FR. 1992. Drame policier de Bertrand TAVERNIER avec Didier Bezace, Jean-Paul Comart et Charlotte Kady. - Les difficultés quotidiennes rencontrées par les membres d'une brigade anti-drogue installée dans des baraquements minables à Paris. - Sujet traité avec une énergie et un brio peu communs. Constat social critique. Mise en scène réaliste. Interprétation empreinte d'une force étonnante. □ 13 ans+

L.A. CONFIDENTIAL [Los Angeles interdite] ▷3
É.-U. 1997. Drame policier de Curtis HANSON avec Kevin Spacey, Russell Crowe et Guy Pearce. - À Los Angeles, dans les années 50, trois policiers aux méthodes bien différentes enquêtent sur une fusillade dans un snack-bar. - Film noir au scénario d'une complexité étourdissante. Reconstitution d'époque soignée. Mise en scène énergique. Excellents numéros d'acteur. □ 16 ans+ · Violence
DVD VF→STF→Cadrage W→16,95 $

L.A. STORY ▷4
É.-U. 1991. Comédie fantaisiste de Mick JACKSON avec Steve Martin, Victoria Tennant et Sarah Jessica Parker. - Un météorologue farfelu travaillant pour un poste de télévision de Los Angeles s'éprend d'une journaliste anglaise venue faire un reportage dans la région. □ Général
DVD 17,95 $

L.I.E. [L.I.E. l'autoroute de Long Island] ▷4
É.-U. 2001. Drame psychologique de Michael CUESTA avec Paul Franklin Dano, Brian Cox et Billy Kay. - Se sentant négligé par son père, un adolescent se lie d'amitié avec un sexagénaire pédophile. □ 16 ans+
DVD VA→STA→Cadrage W/16X9→17,95 $

LA BAMBA ▷4
É.-U. 1987. Drame biographique de Luis VALDEZ avec Lou Diamond Phillips, Esai Morales et Rosana De Soto. - Évocation de la brève carrière d'un jeune chanteur « chicano » de la fin des années 1950. □ Général
DVD VA→STA→Cadrage W→18,95 $

LA BAULE-LES PINS [C'est la vie] ▷3
FR. 1989. Comédie dramatique de Diane KURYS avec Julie Bataille, Candice Lefranc et Nathalie Baye. - Leurs parents en mésentente étant restés à Lyon, deux gamines sont obligées de passer les vacances avec leur bonne. - Dernier chapitre d'une trilogie à saveur autobiographique. Ton juste et tendre. Mise en scène aérée et vivante. Interprétation naturelle. □ Général

LÀ-BAS MON PAYS ▷4
FR. 2000. Drame d'Alexandre ARCADY avec Antoine de Caunes, Nozha Khouadra et Mathilda May. - Un lecteur de nouvelles reprend contact avec son pays natal, l'Algérie, 30 ans après l'avoir quitté.

LABYRINTH [Labyrinthe] ▷3
ANG. 1986. Conte de Jim HENSON avec Jennifer Connelly, David Bowie et Toby Froud. - Une adolescente retrouvera son petit frère si elle parvient à traverser en temps voulu le labyrinthe qui mène au château du roi des lutins. - Scénario inspiré de diverses œuvres classiques. Ensemble imaginatif. Réalisation ingénieuse. □ Général
DVD VA→STA→Cadrage W→23,95 $/36,95 $/59,95 $

LABYRINTH OF PASSION ▷5
ESP. 1982. Comédie de mœurs de Pedro ALMODOVAR avec Cecilia Roth, Imanol Arias et Helga Line. - À Madrid, le hasard ménage de multiples rencontres autour d'une nymphomane avouée et d'une psychologue. □ 18 ans+

LAC PLACIDE *voir* **Lake Placid**

LACENAIRE [Élégant criminel, L'] ▷4
FR. 1990. Drame de mœurs de Francis GIROD avec Daniel Auteuil, Jean Poiret et Maiwenn Le Besco. - Les tribulations d'un criminel notoire du XIXe siècle. □ Général

LACOMBE, LUCIEN ►2
FR. 1974. Drame psychologique de Louis MALLE avec Pierre Blaise, Aurore Clément et Holger Lowenadler. - En 1944, un jeune paysan entre dans une milice française au service de l'occupant. - Évocation habile du climat de l'occupation à travers un cas d'espèce. Suite de tableaux significatifs. Mise en scène vigoureuse. Direction habile d'acteurs non-professionnels.

LADIES IN LAVENDER [Parfum de lavande] ▷4
ANG. 2004. Comédie dramatique de Charles DANCE avec Judi Dench, Maggie Smith et Daniel Bruhl. - En 1936, dans un village côtier de l'Angleterre, deux sœurs âgées accueillent chez elles un jeune naufragé polonais qui s'avère être un violoniste prodige. □ Général
DVD VF→STF→Cadrage W→22,95 $

LADIES OF THE BOIS DE BOULOGNE, THE
voir **Dames du Bois de Boulogne, Les**

LADIES' MAN, THE ▷4
É.-U. 1961. Comédie réalisée et interprétée par Jerry LEWIS avec Helen Traubel et Pat Stanley. - Un misogyne trouve un emploi dans une pension pour jeunes filles. □ Général
DVD VA→Cadrage W→10,95 $

LADO OSCURO DEL CORAZÔN, EL
voir **Côté obscur du cœur, Le**

LADY AND THE DUKE, THE *voir* **Anglaise et le duc, L'**

LADY AND THE OUTLAW, THE *voir* **Billy Two Hats**

LADY AND THE TRAMP [Belle et le clochard, La] ▷4
É.-U. 1954. Dessins animés de Hamilton LUSKE, Clyde GERONIMI et Wilfred JACKSON. - Frustrée de l'affection de ses maîtres par la naissance d'un enfant, une gentille chienne s'enfuit et gagne la protection d'un sympathique chien errant. □ Général
DVD VF→Cadrage W→35,95 $

LADY CHATTERLEY ▷5
ANG. 1992. Drame de mœurs de Ken RUSSELL avec Sean Bean, Joely Richardson et James Wilby. -La femme d'un noble anglais paralysé par des blessures de guerre s'engage dans une relation amoureuse avec son garde-chasse. □ 13 ans+
DVD VA→24,95 $

LADY CHATTERLEY'S LOVER ▷5
ANG. 1981. Drame de mœurs de Just JAECKIN avec Sylvia Kristel, Nicholas Clay et Shane Briant. - La femme d'un noble anglais paralysé par des blessures de guerre est attirée par les charmes de son garde-chasse.
DVD VA→STF→Cadrage P&S/W→12,95 $

LADY CHATTERLEY'S LOVER
voir **Amant de Lady Chatterley, L'**

LADY EVE, THE [Cœur pris au piège] ▷3
É.-U. 1941. Comédie de Preston STURGES avec Barbara Stanwyck, Henry Fonda et Charles Coburn. - À bord d'un paquebot, une aventurière cherche à faire la conquête d'un riche explorateur. - Divertissement mené avec brio. Bons passages comiques. Interprétation alerte. □ Non classé
DVD VA→62,95 $

LADY FOR A DAY ▷4
É.-U. 1933. Comédie de Frank CAPRA avec Warren William, May Robson et Guy Kibbee. - Un joueur professionnel transforme une vendeuse de pommes de façon à ce que la fille de celle-ci pense qu'elle est une dame du monde. □ Général
DVD VA→Cadrage P&S→34,95 $

LADY FROM SHANGHAI, THE ▷3
[Dame de Shanghai, La]
É.-U. 1947. Drame policier réalisé et interprété par Orson WELLES avec Rita Hayworth et Everett Sloane. - Un marin irlandais rencontre une femme qui l'entraîne dans des aventures crapuleuses. - Scénario bien structuré. Style brillant. Effets visuels et dramatiques remarquables. Interprétation de classe. □ Général
DVD VF→STF→Cadrage P&S→34,95 $

LADY IN QUESTION, THE ▷4
É.-U. 1940. Comédie de Charles VIDOR avec Rita Hayworth, Brian Aherne et Glenn Ford. - Un juré se fait le protecteur d'une jeune femme qu'il a fait acquitter dans un procès pour meurtre.
□ Non classé

LADY IN THE LAKE ▷4
É.-U. 1947. Drame policier réalisé et interprété par Robert MONTGOMERY avec Audrey Totter et Lloyd Nolan. - Chargé par une femme d'une enquête, un détective privé court plusieurs périls.
□ Non classé

LADY IN WHITE ▷4
É.-U. 1988. Drame fantastique de Frank LALOGGIA avec Lukas Haas, Len Cariou et Alex Rocco. - De retour dans sa ville natale, un célèbre écrivain de romans d'épouvante se remémore les événements fantastiques qui ont marqué son enfance. □ 13 ans+
DVD VA→STF→Cadrage W→11,95 $

LADY IS WILLING, THE ▷4
É.-U. 1941. Comédie de Mitchell LEISEN avec Marlene Dietrich, Fred MacMurray, Stanley Ridges et Aline MacMahon. - Les mésaventures d'une vedette célibataire qui a recueilli un bébé abandonné. □ Général

LADY JANE ▷4
ANG. 1985. Drame historique de Trevor NUNN avec Helena Bonham Carter, Cary Elwes et John Wood. - Son fils étant marié avec la cousine du roi Edouard VI, un lord anglais fait en sorte que le monarque la nomme comme héritière de la couronne.
DVD VF→STA→Cadrage W→21,95 $/13,95 $

LADY L ▷4
ANG. 1965. Comédie de Peter USTINOV avec Sophia Loren, Paul Newman et David Niven. - L'épouse d'un aristocrate britannique raconte ses amours de jeunesse avec un anarchiste. □ Général

LADY MACBETH OF MTSENSK
TCH. 1992. Petr WEIGL
DVD STA→41,95 $

LADY OF BURLESQUE ▷5
É.-U. 1943. Drame policier de William WELLMAN avec Barbara Stanwyck, Michael O'Shea et J. Edward Bromberg. - Plusieurs crimes sont commis dans les coulisses d'un music-hall de Broadway.
DVD VA→Cadrage P&S→39,95 $

LADY SINGS THE BLUES ▷4
É.-U. 1972. Drame biographique de Sidney J. FURIE avec Diana Ross, Billy Dee Williams et Richard Pryor. - La vie dramatique de la célèbre chanteuse de race noire Billie Holiday. □ 13 ans+
DVD VA→STA→Cadrage W→15,95 $

LADY SNOWBLOOD
JAP. 1973. Toshiya FUJITA
DVD STA→Cadrage W→29,95 $

LADY SNOWBLOOD: LOVE SONG OF VENGEANCE
JAP. 1974. Toshiya FUJITA
DVD STA→29,95 $

LADY VANISHES, THE ▷3
ANG. 1938. Drame d'espionnage d'Alfred HITCHCOCK avec Michael Redgrave, Margaret Lockwood et Paul Lukas. - Une jeune Anglaise s'inquiète de la disparition mystérieuse d'une voyageuse sur un train. - Intrigue ingénieuse. Mise en scène inventive. Interprétation sympathique. □ Général
DVD 62,95 $

LADY VANISHES, THE [Femme disparaît, Une] ▷4
ANG. 1979. Comédie policière d'Anthony PAGE avec Elliott Gould, Cybill Shepherd et Herbert Lorn. - En 1939, une Américaine s'inquiète de la disparition mystérieuse d'une voyageuse sur un train allemand. □ Non classé

LADY WITH THE DOG, THE
voir **Dame au petit chien, La**

LADY'S NOT FOR BURNING, THE
ANG. 1987. Film de Julian AMYES avec Kenneth Branagh, Cherie Lunghi et Bernard Hepton. - Téléfilm adapté d'une pièce de théâtre.
□ Général

LADYBIRD, LADYBIRD [Mère indigne] ▷3
ALL. 1994. Drame social de Ken LOACH avec Crissy Rock, Vladimir Vega et Ray Winstone. - Bien que l'assistance sociale lui ait enlevé ses quatre enfants, une mère décide de fonder une nouvelle famille avec un réfugié paraguayen. - Récit tiré d'une histoire vraie. Approche épousant le point de vue de l'héroïne. Portrait de femme riche et incisif. Réalisation intransigeante. Interprétation d'un naturel désarmant. □ 13 ans+ · Langage vulgaire

LADYHAWKE [Femme de la nuit, La] ▷4
É.-U. 1985. Drame fantastique de Richard DONNER avec Matthew Broderick, Rutger Hauer et Michelle Pfeiffer. - Au Moyen Âge, un jeune tire-laine trouve le moyen de réunir des amants ensorcelés par un cruel évêque. □ 13 ans+
DVD VF→STF→Cadrage P&S/W→16,95 $

LADYKILLERS, THE [Tueurs de dames, Les] ▷3
ANG. 1955. Comédie d'Alexander MACKENDRICK avec Cecil Parker, Alec Guinness et Katie Johnson. - Des gangsters se servent de la maison d'une vieille dame pour organiser un hold-up. - Humour macabre mais fort drôle. Traitement original et spirituel. Mise en scène alerte. Excellents interprètes. □ Général
DVD VF→Cadrage W→17,95 $

LADYKILLERS, THE [Tueurs de dames, Les] ▷4
É.-U. 2003. Comédie policière de Joel et Ethan COEN avec Tom Hanks, Irma P. Hall et Marlon Wayans. - Des criminels se servent de la maison d'une veuve pour organiser le cambriolage d'un casino flottant d'une petite ville du Mississippi. □ Général · Déconseillé aux jeunes enfants
DVD VA→STF→Cadrage W→19,95 $

LAGAAN: ONCE UPON A TIME IN INDIA
IND. 2001. Drame musical d'Ashutosh GOWARIKER avec Rachel Shelley, Gracy Singh et Aamir Khan. - À l'époque victorienne, des villageois indiens mettent en jeu leurs droits territoriaux dans un match de criquet contre les Britanniques.
DVD 36,95 $

LAGON BLEU, LE *voir* **Blue Lagoon, The**

LAIR OF THE WHITE WORM, THE ▷4
ANG. 1988. Drame fantastique de Ken RUSSELL avec Amanda Donohue, Hugh Grant et Sammi Davis. - Un jeune archéologue entre en lutte contre une femme aux allures reptiliennes qui est en quête d'une victime pour un sacrifice humain. □ 18 ans+
DVD VA→Cadrage W→17,95 $

LAISSE TES MAINS SUR MES HANCHES ▷4
FR. 2003. Comédie sentimentale réalisée et interprétée par Chantal LAUBY avec Jean-Pierre Martins et Armelle Deutsch. - Une actrice quadragénaire un peu déprimée s'éprend d'un forain d'origine andalouse plutôt bourru.
DVD VF→Cadrage W→22,95 $

LAISSEZ-PASSER ▷3
FR. 2001. Comédie dramatique de Bertrand TAVERNIER avec Denis Podalydès, Jacques Gamblin et Marie Gillain. - À Paris, durant la Seconde Guerre mondiale, un scénariste et un assistant-réalisateur luttent chacun à sa façon contre l'occupant allemand. - Récit librement inspiré de faits vécus. Sujet grave abordé avec légèreté. Personnages pittoresques. Mise en scène dynamique. Distribution impeccable.
DVD VF→8,95 $

LAKE OF DRACULA ▷5
JAP. 1976. Drame d'horreur de Michio YAMAMOTO avec Mori Kishida, Midori Fugita et Sanae Emi. - Dans la banlieue de Tokyo, deux jeunes filles et un médecin sont aux prises avec des vampires.
□ Général

LAKE PLACID [Lac Placide] ▷5
É.-U. 1999. Drame d'horreur de Steve MINER avec Bridget Fonda, Oliver Platt et Bill Pullman. - Un saurien gigantesque sème la panique dans un lac du Maine, où une équipe de spécialistes tente de le maîtriser. □ Général · Déconseillé aux jeunes enfants
DVD VA→Cadrage W→14,95 $

LAMERICA ▷3
ITA. 1994. Drame social de Gianni AMELIO avec Enrico Lo Verso, Carmelo Di Mazzarelli et Michele Placido. - Un entrepreneur italien éprouve beaucoup de difficultés à ramener à Tirana un ex-prisonnier politique à l'esprit troublé servant de prête-nom pour l'achat d'une usine. - Scénario touffu. Fines observations politiques et sociales. Climat dur et étouffant. Style apparenté au néoréalisme. Duo d'acteurs contrasté. □ Général

LAN YU ▷4
H.K. 2001. Drame de mœurs de Stanley KWAN avec Liu Ye, Hu Jun et Su Jin. - À Pékin, en 1988, un homme d'affaires prospère s'engage dans une liaison avec un étudiant venu de la campagne.
DVD STA→Cadrage W→29,95 $

LANCE BRISÉE, LA *voir* **Broken Lance**

LANCE-PIERRES, LE [Slingshot, The] ▷4
SUÈ. 1993. Chronique d'Ake SANDGREN avec Jesper Salen, Stellan Skarsgard et Basia Frydman. - À Stockholm, dans les années 1920, un gamin est victime d'ostracisme à l'école parce qu'il est juif et que son père s'avoue publiquement socialiste. □ Général

LANCELOT DU LAC [Lancelot of the Lake] ►2
FR. 1974. Drame de Robert BRESSON avec Luc Simon, Laura Duke Condominas et Humbert Balsan. - Un Chevalier de la Table Ronde se sent coupable, à cause de son amour pour la reine, de l'échec encouru dans la quête du Graal. - Vieille légende représentée dans un style très personnel. Spectacle quasi abstrait à force de dépouillement. Interprétation dans le ton particulier à l'auteur.
DVD VF→STA→39,95 $

LANCER-FRAPPÉ *voir* **Slap Shot**

LAND AND FREEDOM [Terre et liberté] ▷3
ANG. 1995. Drame historique de Ken LOACH avec Ian Hart, Rosana Pastor et Iciar Bollain.- Une jeune femme découvre que son défunt grand-père a combattu contre les fascistes durant la guerre civile d'Espagne. - Point de vue bien documenté. Dimension humaine omniprésente. Reconstitution d'époque réaliste. □ Général

LAND BEFORE TIME, THE ▷3
É.-U. 1988. Dessins animés de Don BLUTH. - Un groupe de jeunes dinosaures affrontent plusieurs dangers pour atteindre une vallée paradisiaque. - Sujet ne manquant ni de charme ni d'humour. Illustration très soignée. Animation de qualité. □ Général

LAND BEFORE TIME, THE ▷3
[Petit-Pied le dinosaure]
É.-U. 1988. Dessins animés de Don BLUTH. - Un groupe de jeunes dinosaures affrontent plusieurs dangers pour atteindre une vallée paradisiaque. - Sujet ne manquant ni de charme ni d'humour. Illustration très soignée. Animation de qualité. □ Général
DVD 23,95 $

LAND OF THE DEAD ▷4
É.-U. 2005. Drame d'horreur de George A. ROMERO avec Simon Baker, John Leguizamo et Asia Argento. - Dans un monde post-apocalyptique infesté de zombies, des survivants vivent retranchés dans une ville fortifiée. □ 13 ans+ · Horreur
DVD VA→STF→Cadrage W→22,95 $

LAND OF THE PHARAOHS [Terre des Pharaons, La] ▷4
É.-U. 1955. Drame historique de Howard HAWKS avec Jack Hawkins, Joan Collins et Dewey Martin. - Le pharaon Chéops fait construire une pyramide qui doit lui servir de tombeau. □ Général

LAND RAIDERS ▷5
É.-U. 1969. Western de Nathan Hertz JURAN avec Telly Savalas, George Maharis et Janet Landgard. - Un riche rancher d'origine mexicaine veut s'emparer des terres habitées par les Apaches.

LANDLORD, THE ▷4
É.-U. 1970. Comédie dramatique de Hal ASHBY avec Beau Bridges, Lee Grant et Diana Sands. - Un jeune oisif de famille riche acquiert le sens des responsabilités au contact d'une population défavorisée.
□ 13 ans+

LANGAGE DU CORPS, LE *voir* **Body Language**

LANGRISHE GO DOWN
ANG. 1978. David Hugh JONES
DVD VA→29,95 $

LANGUE DES PAPILLONS, LA *voir* **Butterfly**

LANTANA ▷3
AUS. 2001. Drame psychologique de Ray LAWRENCE avec Anthony LaPaglia, Geoffrey Rush et Barbara Hershey. - Un policier infidèle enquête sur la disparition d'une psychiatre que sa femme consultait à son insu. - Enchevêtrement fluide de diverses histoires. Accent mis davantage sur les liens psychologiques que sur l'enquête policière. Réalisation alerte. Interprétation d'ensemble excellente. □ Général

LAPUTA ▷3
ALL. 1986. Drame sentimental de Helma SANDERS-BRAHMS avec Sami Frey et Krystyna Janda. - Un architecte français passe quelques heures à Berlin avec une Polonaise qui est sa maîtresse. - Intrigue amoureuse à connotations politiques. Traitement intellectuel. Excellent duel d'acteurs. □ Général

LARAMIE PROJECT, THE ▷4
É.-U. 2002. Drame social de Moisés KAUFMAN avec Amy Madigan, Nestor Carbonell et Christina Ricci. - Une troupe de théâtre recueille les témoignages des habitants d'une ville du Wyoming où a eu lieu le meurtre d'un étudiant gay en 1998.
DVD VA→STF→Cadrage P&S/W→16,95 $

LARKS ON A STRING ▷3
TCH. 1969. Comédie dramatique de Jiri MENZEL avec Vaclav Neckar, Rudolf Hrusinsky et Jitka Zelenohorska. - Dans les années 1950, un groupe d'hommes et de femmes que le nouveau régime tient pour des bourgeois travaille sur une décharge de ferraille sous la surveillance d'un gardien débonnaire. - Critique satirique du stalinisme. Fresque intimiste et délicate. Réalisation vive. Humour très caustique. Excellente interprétation. □ Général

LARMES AMÈRES DE PETRA VON KANT, LES ▷3
[Bitter Tears of Petra Von Kant]
ALL. 1972. Drame psychologique de Rainer Werner FASSBINDER avec Margit Carstensen, Hanna Schygulla et Irm Hermann. - Une dessinatrice de mode a une liaison homosexuelle avec un mannequin. - Style flamboyant adapté au caractère de la protagoniste. Origine théâtrale évidente. Thème traité avec rigueur. □ 13 ans+
DVD STA→37,95 $

LARMES D'UN HOMME, LES *voir* **Man Who Cried, The**

LAROSE, PIERROT ET LA LUCE ▷5
QUÉ. 1982. Comédie dramatique de Claude GAGNON avec Richard Niquette, Luc Matte et Louise Portal. - Deux anciens amis se retrouvent à l'occasion de la restauration d'une vieille demeure appartenant à l'un d'eux. □ Général

LASSIE COME HOME [Fidèle Lassie, La] ▷4
É.-U. 1943. Aventures de Fred M. WILCOX avec Roddy McDowall, Donald Crisp et Edmund Gwenn. - Une chienne séparée de son jeune maître entreprend une longue randonnée pour le retrouver.
DVD VA➔18,95 $

LAST ACTION HERO [Dernier des héros, Le] ▷4
É.-U. 1993. Comédie fantaisiste de John McTIERNAN avec Arnold Schwarzenegger, Austin O'Brien et Charles Dance. - Grâce à un billet magique, un garçon est projeté à l'intérieur du film d'action de son héros préféré. □ 13 ans+ · Violence
DVD VF➔STF➔Cadrage W➔11,95 $

LAST AMERICAN HERO ▷4
É.-U. 1973. Drame de L. JOHNSON avec Jeff Bridges, Valerie Perrine et Geraldine Fitzgerald. - Pour venir en aide à son père emprisonné pour fabrication clandestine d'alcool, un jeune campagnard se lance dans les compétitions automobiles.
DVD VA➔STA➔14,95 $

LAST ANGRY MAN, THE ▷4
É.-U. 1959. Drame social de Daniel MANN avec Paul Muni, David Wayne et Joby Baker. - Un vieux médecin est appelé à participer à une émission de télévision. □ Non classé

LAST BEST SUNDAY, THE
É.-U. 1999. Don MOST
DVD VA➔Cadrage W➔39,95 $

LAST BLUES, THE
HON. ITA. POL. 2002. Péter GARDOS
DVD VA➔29,95 $

LAST CASTLE, THE [Dernier château, Le] ▷5
É.-U. 2001. Drame de Rod LURIE avec Robert Redford et Mark Ruffalo. - Un général incarcéré dans une prison militaire mène une rébellion afin de destituer le tyrannique directeur. □ 13 ans+
DVD VF➔STF➔Cadrage W➔10,95 $

LAST DANCE [Dernière danse, La] ▷5
É.-U. 1995. Drame judiciaire de Bruce BERESFORD avec Sharon Stone, Rob Morrow et Randy Quaid. - Un jeune avocat tente désespérément d'obtenir une commutation de peine pour une meurtrière condamnée à mort. □ 13 ans+
DVD VA➔11,95 $ VF➔PC

LAST DAYS ▷3
É.-U. 2005. Drame de mœurs de Gus VAN SANT avec Michael Pitt, Lukas Haas et Scott Green. - Installé avec quelques compagnons dans une maison de campagne décrépite, un musicien troublé vit ses derniers jours. - Évocation du destin tragique de la rock star Kurt Cobain. Composition visuelle fascinante. Réalisation mariant poésie et expérimentation. Interprétation un peu désincarnée. □ Général
DVD VF➔STA➔Cadrage P&S/W➔31,95 $

LAST DAYS OF CHEZ NOUS, THE ▷4
AUS. 1990. Drame psychologique de Gillian ARMSTRONG avec Lisa Harrow, Bruno Ganz et Kerry Fox. - Une romancière parvient difficilement à vaincre l'indifférence que lui manifestent de plus en plus souvent son mari et son propre père. □ Général

LAST DAYS OF DISCO, THE ▷4
É.-U. 1998. Drame de mœurs de Whit STILLMAN avec Chloe Sevigny, Kate Beckinsale et Chris Eigeman. - Au début des années 80, des amis dans la vingtaine vivent divers chassés-croisés amoureux et professionnels. □ Général

LAST DAYS OF PATTON, THE ▷4
É.-U. 1986. Drame historique de Delbert MANN avec Eva Marie Saint, George C. Scott et Murray Hamilton. - Alors qu'il a un commandement dans l'Allemagne occupée après la guerre, le général américain George Patton est victime d'un accident. □ Général

LAST DAYS OF POMPEII ▷5
É.-U. 1935. Aventures de Ernest B. SCHOEDSACK avec Preston Foster, Basil Rathbone et Alan Hale. - Un gladiateur ambitieux se convertit au christianisme pendant l'éruption du Vésuve.
DVD VA➔STF➔21,95 $

LAST DETAIL, THE [Dernière corvée, La] ▷3
É.-U. 1973. Comédie dramatique de Hal ASHBY avec Otis Young, Jack Nicholson et Randy Quaid. - Deux marins chargés de conduire en prison un jeune matelot se prennent de sympathie pour lui. - Scénario riche d'humanité. Mise en scène attentive aux détails significatifs. Personnages frustes interprétés de façon nuancée. □ 13 ans+
DVD Cadrage W➔34,95 $

LAST EMBRACE ▷4
É.-U. 1979. Drame policier de Jonathan DEMME avec John Glover, Roy Scheider et Janet Margolin. - Un agent secret qui sort d'une grave dépression est aux prises avec un meurtrier déséquilibré. □ 13 ans+

LAST EMPEROR, THE [Dernier empereur, Le] ►2
ITA. 1987. Drame biographique de Bernardo BERTOLUCCI avec Peter O'Toole, John Lone et Joan Chen. - L'histoire du dernier empereur à régner sur la Chine. - L'histoire de Pu Yi, le dernier empereur à régner sur la Chine. - Vaste fresque illustrant soixante ans d'histoire chinoise. Séquences d'une munificence éblouissante tournées dans la Cité interdite. Rythme solennel. Illustration majestueuse. Ensemble à la fois instructif et fascinant. Très bonne interprétation. □ Général

LAST EXIT TO BROOKLYN ▷3
[Dernière sortie pour Brooklyn]
ALL. 1989. Drame social de Uli EDEL avec Stephen Lang, Jennifer Jason-Leigh et Burt Young. - En 1952, une grève interminable génère à Brooklyn des tensions sociales extrêmes. - Scénario dispersé illustrant un climat social désespérant. Traitement réaliste de situations sordides. Technique maîtrisée. □ 18 ans+

LAST GOODBYE
É.-U. 2004. Jacob GENTRY
DVD VA➔STF➔Cadrage W➔14,95 $

LAST HOLIDAY ▷5
É.-U. 2005. Comédie dramatique de Wayne WANG avec Queen Latifah, LL Cool J et Timothy Hutton. - Se croyant atteinte d'une maladie mortelle, une vendeuse à l'existence routinière décide de s'offrir un séjour de rêve dans un palace en Europe. □ Général
DVD VF➔STA➔Cadrage W➔34,95 $

LAST HOLIDAY ▷4
ANG. 1950. Comédie dramatique de Henry CASS avec Beatrice Campbell, Alec Guinness et Kay Walsh. - Se croyant atteint d'une maladie mortelle, un modeste employé décide de profiter de la vie. □ Général

LAST HUNT, THE [Dernière chasse, La] ▷3
É.-U. 1955. Western de Richard BROOKS avec Robert Taylor, Stewart Granger et Debra Paget. - Un chasseur de bisons est conduit à sa perte par sa haine pour les Indiens. - Étude d'un cas limite. Tension dramatique. Aspects documentaires valables. □ Général

LAST HURRAH, THE ▷4
É.-U. 1958. Comédie de mœurs de John FORD avec Spencer Tracy, Jeffrey Hunter et Dianne Foster. - La dernière campagne électorale du maire irlandais d'une grande ville américaine. □ Général
DVD Cadrage W➔33,95 $

LAST LAUGH, THE *voir* **Dernier des hommes, Le**

LAST LETTERS HOME - VOICES OF AMERICAN TROOPS FROM THE BATTLEFIELDS OF IRAQ
voir **Last Letters Home**

LAST LETTERS HOME
[Last Letters Home - Voices of American Troops from the Battlefields of Iraq]
É.-U. 2004. Bill COUTURIÉ
DVD VA➔STF➔21,95 $

LAST LIFE IN THE UNIVERSE
JAP. THAI 2003. Pen-Ek RATANARUANG
DVD VA➔27,95 $

LAST METRO, THE *voir* **Dernier métro, Le**

LAST MINUTE, THE
ANG. É.-U. 2001. Stephen NORRINGTON
DVD VA→26,95 $

LAST MOGUL, THE
CAN. 2005. Barry AVRICH
DVD VA→29,95 $

LAST NIGHT [Minuit] ▷4
CAN. 1998. Drame réalisé et interprété par Don McKELLAR avec Sandra Oh et Callum Keith Rennie. - À quelques heures de la fin du monde, des hommes et des femmes occupent de manières diverses leurs derniers moments de vie. □ 13 ans+
DVD VA→STA→31,95 $

LAST OF ENGLAND, THE
ANG. 1987. Derek JARMAN □ Non classé
DVD VA→Cadrage W→23,95 $

LAST OF MRS. CHEYNEY, THE ▷4
É.-U. 1937. Comédie de Richard BOLESLAWSKI avec Joan Crawford, William Powell et Robert Montgomery. - Un aristocrate anglais s'éprend d'une élégante voleuse de bijoux. □ Général

LAST OF SHEILA, THE ▷5
[Invitations dangereuses, Les]
É.-U. 1973. Drame policier de Herbert ROSS avec Richard Benjamin, James Mason et James Coburn. - Un producteur d'Hollywood invite des amis à jouer à un jeu au cours duquel il est assassiné.
□ 13 ans+
DVD VA→21,95 $

LAST OF THE AKO CLAN, THE
voir **Sword of Vengeance**

LAST OF THE MOHICANS, THE ▷5
É.-U. 1936. Aventures de George B. SEITZ avec Randolph Scott, Binnie Barnes et Heather Angel. - Un trappeur et un Indien mohican protègent les filles d'un général anglais contre les Hurons.
□ Général

LAST OF THE MOHICANS, THE ▷4
[Dernier des Mohicans, Le]
É.-U. 1992. Aventures de Michael MANN avec Daniel Day-Lewis, Madeleine Stowe et Russel Means. - En 1757, un jeune aventurier blanc, fils adoptif d'un Mohican, est mêlé à la guerre opposant Anglais et Français. □ 13 ans+ · Violence
DVD VF→Cadrage W→14,95 $

LAST OF THE RED HOT LOVERS ▷4
[Don Juan de New York, Le]
É.-U. 1972. Comédie de Gene SAKS avec Alan Arkin, Sally Kellerman et Paula Prentiss. - Saisi par la tentation de l'infidélité, un quadragénaire marié a des rendez-vous avec trois femmes. □ Général
DVD VA→STA→Cadrage W→10,95 $

LAST ORDERS [Dernière tournée, La] ▷3
ANG. 2001. Drame psychologique de Fred SCHEPISI avec Michael Caine, Bob Hoskins et Ray Winstone. - Trois sexagénaires londoniens accompagnent le fils de leur ami récemment décédé pour aller disperser les cendres du défunt dans la mer. - Adaptation fort réussie d'un roman de Graham Swift. Récit alternant habilement les points de vue et les époques. Personnages prenants. Mise en scène sobre. Excellente interprétation.

LAST PICTURE SHOW, THE [Dernière séance, La] ▷3
É.-U. 1971. Drame psychologique de Peter BOGDANOVICH avec Timothy Bottoms, Jeff Bridges et Cybill Shepherd. - Les aventures amoureuses de deux adolescents vivant dans un village du Texas en 1950. - Évocation d'époque réussie. Climat pessimiste. Mise en scène adroite. Interprètes talentueux. □ 18 ans+
DVD Cadrage W→23,95 $

LAST REMAKE OF BEAU GESTE, THE ▷5
[Mon beau légionnaire]
É.-U. 1977. Comédie réalisée et interprétée par Marty FELDMAN avec Michael York et Ann-Margret. - Les mésaventures de frères jumeaux engagés dans la Légion étrangère et poursuivis par leur belle-mère intrigante. □ Général

LAST SAFARI, THE ▷5
ANG. 1967. Aventures de Henry HATHAWAY avec Stewart Granger, Kaz Garas et Gabrielle Licudi. - Un guide entreprend seul un safari pour tuer l'éléphant qui a causé la mort de son ami.

LAST SAMURAI, THE [Dernier samouraï, Le] ▷4
É.-U. 2003. Drame de guerre d'Edward ZWICK avec Ken Watanabe, Tom Cruise, William Atherton et Koyuki. - En 1876, un capitaine américain venu entraîner les troupes de l'empereur japonais est fait prisonnier par un samouraï rebelle dont il épouse la cause.
□ 13 ans+ · Violence
DVD VF→STF→Cadrage W→8,95 $/14,95 $

LAST SEDUCTION, THE [Séduction fatale] ▷3
É.-U. 1993. Drame policier de John DAHL avec Linda Fiorentino, Peter Berg et Bill Pullman. - Une femme machiavélique séduit un jeune homme inoffensif afin de l'amener à tuer son mari à qui elle a dérobé une forte somme. - Utilisation astucieuse des codes du film noir. Intrigue aux développements parfois surprenants. Montage fluide. Illustration soignée. Mise en scène précise. Très bonne interprétation de L. Fiorentino. □ 16 ans+ · Érotisme
DVD VA→Cadrage P&S→6,95 $

LAST SEPTEMBER ▷4
IRL. 1998. Drame de mœurs de Deborah WARNER avec Maggie Smith, Michael Gambon, Richard Roxburgh et Keeley Hawes. - En 1920, une jeune aristocrate anglo-irlandaise est courtisée par un soldat britannique mais se sent plutôt attirée par un rebelle irlandais.

LAST SHOT, THE ▷5
É.-U. 2004. Comédie policière de Jeff NATHANSON avec Matthew Broderick, Alec Baldwin et Toni Collette. - Un jeune cinéaste entreprend le tournage d'un film sans se douter que cette production sert de couverture à une enquête du FBI sur la mafia.
DVD VA→STF→Cadrage W→32,95 $

LAST STAND AT SABER RIVER ▷4
É.-U. 1996. Western de Dick LOWRY avec Tom Selleck, Suzy Amis et Rachel Duncan. - Après avoir combattu dans l'armée sudiste, un fermier découvre que son ranch en Arizona a été réquisitionné par des Nordistes.
DVD VA→STF→14,95 $

LAST STARFIGHTER, THE ▷4
É.-U. 1984. Science-fiction de Nick CASTLE avec Lance Guest, Robert Preston et Catherine Mary Stewart. - Un adolescent habile aux jeux vidéo est recruté par des extraterrestres pour combattre dans une guerre interplanétaire. □ Général
DVD VA→Cadrage W→19,95 $

LAST SUMMER IN THE HAMPTONS ▷3
É.-U. 1995. Comédie dramatique d'Henry JAGLOM avec Victoria Foyt, Viveca Lindfors et Jon Robin Baitz. - Une actrice monte une dernière pièce de théâtre dans sa résidence de campagne. - Réflexion fascinante sur le métier d'acteur. Structure anecdotique. Réalisation simple et chaleureuse. □ 13 ans+
DVD VA→Cadrage P&S→19,95 $

LAST SUPPER, THE ▷3
CUB. 1977. Drame social de Tomas GUTIERREZ ALEA avec Nelson Villagra, Silvano Rey et Luis Alberto Garcia. - À la fin du XVIIIe siècle, un riche propriétaire de plantations sucrières convie à sa table douze de ses esclaves le soir du Jeudi Saint. - Curieuse parabole sur l'exploitation du sentiment religieux. Contexte historique bien évoqué. Réalisation d'une vigueur convaincante. Personnages campés avec force.

LAST SUPPER, THE ▷5
É.-U. 1995. Comédie de Stacy TITLE avec Cameron Diaz, Ron Eldard et Annabeth Gish. - Cinq jeunes intellectuels de gauche invitent à dîner chaque semaine un représentant de l'extrême droite afin de l'assassiner. □ 13 ans+

LAST TANGO IN PARIS
voir **Dernier tango à Paris, Le**

LAST TEMPTATION OF CHRIST, THE ▷3
[Dernière tentation du Christ, La]
É.-U. 1988. Drame religieux de Martin SCORSESE avec Willem Dafoe, Harvey Keitel et Barbara Hershey. - Crucifié, Jésus est l'objet d'un délire hallucinatoire qui lui fait entrevoir une vie paisible de patriarche. - Adaptation d'un roman de Kazantsakis. Exploration insolite du thème de l'humanité du Christ. Illustration soignée. Interprétation inégale. □ 18 ans+
DVD VA➔STA➔Cadrage W➔62,95 $

LAST TIME I SAW PARIS, THE ▷5
[Dernière fois que j'ai vu Paris, La]
É.-U. 1954. Drame de Richard BROOKS avec Elizabeth Taylor, Van Johnson et Walter Pidgeon. - La vie insouciante et légère d'un couple conduit leur union à un fiasco. □ Général
DVD VA➔7,95 $

LAST TRAIN FROM GUN HILL ▷4
É.-U. 1959. Western de John STURGES avec Anthony Quinn, Kirk Douglas, Brian G. Hutton et Carolyn Jones. - Un représentant de la loi se rend à Gun Hill pour y rechercher les meurtriers de sa femme.
DVD VF➔STA➔Cadrage W➔10,95 $

LAST TRAIN, THE *voir* **Train, Le**

LAST TUNNEL, THE *voir* **Dernier tunnel, Le**

LAST TYCOON, THE ▷3
É.-U. 1976. Drame psychologique d'Elia KAZAN avec Robert De Niro, Ingrid Boulting, Tony Curtis et Robert Mitchum. - La vie d'un producteur de films est bouleversée par son attachement à une jeune étrangère ressemblant à sa femme décédée. - Adaptation d'un roman de F. Scott Fitzgerald. Évocation élégante du milieu cinématographique des années 1930. Excellente interprétation de R. De Niro. □ Général
DVD VA➔STA➔Cadrage W➔9,95 $

LAST UNICORN ▷4
É.-U. 1982. Dessins animés de Jules BASS et Arthur RANKIN Jr. - Aidée par un apprenti magicien, une licorne part à la recherche de ses congénères retenues captives par un roi cruel. □ Général
DVD VA➔18,95 $

LAST VALLEY, THE ▷4
ANG. 1970. Drame de James CLAVELL avec Michael Caine, Omar Sharif et Florinda Bolkan. - Pendant la guerre de trente ans, le chef d'une bande de mercenaires accepte d'épargner un village éloigné.
DVD VA➔Cadrage W➔18,95 $

LAST VOYAGE, THE [Panique à bord] ▷4
É.-U. 1960. Drame d'Andrew L. STONE avec Robert Stack, Dorothy Malone et George Sanders. - Alors qu'un paquebot est en train de couler, un homme tente de sauver sa femme clouée par des débris au sol de sa cabine. □ Général

LAST WAGON, THE [Dernière caravane, La] ▷4
É.-U. 1955. Western de D. DAVES avec Richard Widmark, Felicia Farr et Susan Kohner. - Un homme accusé de meurtre conduit en lieu sûr les survivants d'une attaque indienne.
DVD VF➔STA➔Cadrage W➔14,95 $

LAST WAVE, THE ▷4
AUS. 1977. Drame fantastique de Peter WEIR avec Olivia Hamnett, Richard Chamberlain et David Gulpilil. - Un avocat de Sydney assurant la défense d'aborigènes fait de curieux rêves prémonitoires. □ Général
DVD VA➔STA➔Cadrage W➔46,95 $

LAST WILL OF DR. MABUSE, THE
voir **Testament du Dr. Mabuse, Le**

LAST YEAR AT MARIENBAD
voir **Année dernière à Marienbad, L'**

LATE AUGUST AT HOTEL OZONE
voir **End of August at the Hotel Ozone, The**

LATE BLOOMERS ▷4
É.-U. 1995. Comédie sentimentale de Julia DYER avec Gary Carter, Connie Nelson et Dee Hennigan. - À la surprise générale, une femme mariée et une enseignante tombent éperdument amoureuses l'une de l'autre. □ Général · Déconseillé aux jeunes enfants

LATE CHRYSANTHEMUMS
voir **Chrysanthème tardif, Le**

LATE MARRIAGE *voir* **Mariage tardif**

LATE NIGHT SHOPPING
ALL. ANG. 2001. Saul METZSTEIN
DVD VA➔33,95 $

LATE SHOW, THE ▷3
É.-U. 1976. Drame policier de Robert BENTON avec Art Carney, Lily Tomlin et Bill Macy. - Un détective privé à la retraite découvre un lien entre la disparition d'un chat et le meurtre d'un ancien associé. - Intrigue sinueuse. Sens précis du détail pittoresque. Mélange insolite de drame et d'humour. Interprétation savoureuse. □ Général
DVD VA➔STF➔Cadrage W➔21,95 $

LATE SPRING *voir* **Printemps tardif**

LATTER DAYS
É.-U. 2003. C. Jay COX
DVD VA➔Cadrage W➔28,95 $

LAUGHING POLICEMAN, THE [Flic ricanant, Le] ▷4
É.-U. 1973. Drame policier de Stuart ROSENBERG avec Walter Matthau, Bruce Dern et Lou Gossett. - La police de San Francisco recherche un inconnu qui a tué tous les passagers d'un autobus. □ 13 ans+

LAUGHTER AND PUNISHMENT
voir **Rire et châtiment**

LAURA ▷3
É.-U. 1944. Drame policier d'Otto PREMINGER avec Gene Tierney, Dana Andrews et Clifton Webb. - Une jeune femme qu'on croit victime d'un meurtre reparaît soudain bien vivante. - Scénario astucieusement construit. Réalisation adroite. Climat de mystère bien entretenu. Excellents interprètes. □ Général
DVD VA➔14,95 $

LAURA CADIEUX... LA SUITE ▷5
QUÉ. 1999. Comédie de mœurs de Denise FILIATRAULT avec Ginette Reno, Pierrette Robitaille et Sonia Vachon. - Un groupe de femmes issues d'un milieu populaire se payent du bon temps lors d'une croisière sur le Saint-Laurent. □ Général
DVD 23,95 $

LAURA LAUR ▷5
QUÉ. 1989. Drame psychologique de Brigitte SAURIOL avec Paula de Vasconcelos, Dominique Briand, Andrée Lachapelle et André Lacoste. - Un quinquagénaire fait la connaissance d'une jeune femme impulsive et fuyante qui trouble son existence en devenant sa maîtresse. □ 18 ans+

LAURÉAT, LE *voir* **Graduate, The**

LAUREL & HARDY'S LAUGHING 20'S ▷3
É.-U. 1965. Film de montage de Robert YOUNGSON. - Quelques séquences des meilleurs courts métrages de Stan Laurel et Oliver Hardy. - Extraits bien choisis parmi les plus drôles. Bonne démonstration du talent comique des deux acteurs. Choix limité à l'époque du muet. □ Non classé

LAUREL & HARDY : BABES IN TOYLAND ▷4
[Jour, une bergère, Un]
É.-U. 1939. Comédie de Charley B. ROGERS avec Stan Laurel, Oliver Hardy et Charlotte Henry. - Un vieil harpagon convoite une jeune fille amoureuse d'un jouvenceau.
DVD 13,95 $

LAUREL CANYON ▷4
É.-U. 2002. Drame de mœurs de Lisa CHOLODENKO avec Christian Bale, Frances McDormand et Kate Beckinsale. - À Los Angeles, une productrice de disques qui fait montre d'une grande liberté de mœurs accueille son fils conservateur et sa fiancée. □ 13 ans+
DVD VA➔STF➔Cadrage W➔17,95 $

LAUREL ET HARDY CONSCRITS *voir* **Flying Deuces**

LAURIER BLANC *voir* **White Oleander**

LAUTLOS *voir* **Soundless**

LAUTREC ▷4
FR. 1998. Drame biographique de Roger PLANCHON avec Régis Royer, Elsa Zylberstein et Anémone. - La vie mouvementée du peintre Henri de Toulouse-Lautrec. □ 13 ans+

LAVENDER HILL MOB, THE [De l'or en barres] ▷3
ANG. 1951. Comédie de Charles CRICHTON avec Alec Guinness, Stanley Holloway et Sidney James. - Un employé de la Banque d'Angleterre organise un vol après vingt ans de travail honnête. - Traitement original. Rythme vif. Humour constant. Savoureuse composition de A. Guinness. □ Non classé
DVD VA➔Cadrage P&S➔23,95 $

LAVIGUEUR DÉMÉNAGENT, LES [Flodder] ▷5
HOL. 1986. Comédie de Dick MAAS avec Nelly Frijda, Huub Stapel et Appolonia von Ravenstein. - Relogée par le service social dans une maison d'un quartier huppé, une famille sème l'indignation chez ses nouveaux voisins par ses manières frustes. □ 13 ans+

LAW AND DISORDER [Loi et le désordre, La] ▷4
É.-U. 1974. Comédie de mœurs de Ivan PASSER avec Carroll O'Connor, Ernest Borgnine et Ann Wedgworth. - Un chauffeur de taxi forme un corps auxiliaire de police pour mettre fin aux déprédations de quelques voyous.
DVD Cadrage W➔27,95 $

LAW AND JAKE WADE, THE ▷4
É.-U. 1958. Western de John STURGES avec Robert Taylor, Richard Widmark et Patricia Owens. - Un ex-bandit devenu shérif doit faire face à un ancien complice. □ Général

LAW AND ORDER ▷5
É.-U. 1953. Western de Nathan Hertz JURAN avec Ronald Reagan, Dorothy Malone et Preston Foster. - Un ancien shérif et ses deux frères s'opposent aux menées d'un chef de bande. □ Général

LAW OF DESIRE *voir* **Loi du désir, La**

LAW OF ENCLOSURES, THE ▷5
CAN. 2000. Drame psychologique de John GREYSON avec Sarah Polley, Brendan Fletcher et Diane Ladd. - Dans une ville, à une même époque, les tribulations d'un jeune couple et d'un autre d'âge mûr qui sont en fait le même. □ Général

LAWLESS HEART ▷4
ANG. 2001. Drame de mœurs de Neil HUNTER et Tom HUNSINGER avec Tom Hollander, Douglas Henshall et Bill Nighy. - Dans une petite ville d'Angleterre, la mort d'un jeune restaurateur gay a diverses répercussions sur ses proches. □ 13 ans+ · Sexualité explicite · Langage vulgaire
DVD VA➔24,95 $

LAWMAN ▷4
É.-U. 1970. Western de Michael WINNER avec Burt Lancaster, Robert Ryan et Lee J. Cobb. - Un shérif part au Nouveau-Mexique à la recherche des responsables de la mort d'un homme de son village. □ 13 ans+
DVD VF➔STF➔Cadrage W➔12,95 $

LAWN DOGS ▷4
ANG. 1997. Comédie dramatique de John DUIGAN avec Mischa Barton, Sam Rockwell et Kathleen Quinlan. - L'amitié entre une fillette et un tondeur de pelouse de dix ans son aîné cause un certain émoi dans une banlieue du Kentucky.
DVD VA➔STF➔Cadrage W➔27,95 $

LAWRENCE OF ARABIA ▶1
ANG. 1962. Drame historique de David LEAN avec Peter O'Toole, Alec Guinness et Anthony Quinn. - Pendant la Première Guerre mondiale, un lieutenant britannique devient le commandant de troupes arabes au Moyen-Orient. - Film à grand spectacle doté de valeurs psychologiques. Portrait nuancé du héros. Remarquables images du désert. Mise en scène ample et spectaculaire. Excellente distribution. □ Général
DVD VA➔Cadrage W➔36,95 $ VA➔Cadrage W/16X9➔49,95 $
VA➔STF➔Cadrage W➔18,95 $

LAWS OF GRAVITY ▷4
É.-U. 1992. Étude de mœurs de Nick GOMEZ avec Peter Greene, Adam Trese et Edie Falco. - À Brooklyn, deux jeunes voyous acceptent de cacher les armes volées d'un camarade revenant de Floride. □ 13 ans+ · Langage vulgaire

LAYER CAKE *voir* **Méli-Mélo**

LAYER CAKE ▷3
ANG. 2004. Thriller de Matthew VAUGHN avec Daniel Craig, Colm Meaney et George Harris. - Alors qu'il désire se retirer du milieu, un trafiquant de drogue londonien se retrouve au centre d'une guerre opposant trois dangereux gangsters. - Récit ingénieux et compliqué à souhait. Réalisation précise et inventive. Rythme soutenu. Interprétation finement ciselée. □ 13 ans+ · Violence
DVD VA➔STA➔Cadrage W➔23,95 $

LÉA ▷3
ALL. 1996. Mélodrame d'Ilvan FILA avec Lenka Vlasakova, Christian Redl et Hanna Schygulla. - Une jeune femme traumatisée par une enfance malheureuse est forcée d'épouser un ancien légionnaire taciturne et brutal. - Récit insolite et touchant inspiré de faits réels. Poésie prenante. Climat sombre et oppressant. Réalisation assurée, aux effets parfois appuyés. Interprétation très émouvante. □ Général · Déconseillé aux jeunes enfants

LEAGUE OF GENTLEMEN, THE ▷3
ANG. 1960. Drame policier de Basil DEARDEN avec Jack Hawkins, Nigel Patrick et Richard Attenborough. - Un colonel limogé décide d'accomplir un audacieux vol de banque à la façon d'une opération militaire. - Sujet original. Réalisation de qualité. Montage habile. Touches d'humour appréciables. Excellents interprètes. □ Général

LEAGUE OF THEIR OWN, A [Ligue en jupon, Une] ▷5
É.-U. 1992. Comédie dramatique de Penny MARSHALL avec Geena Davis, Tom Hanks et Lori Petty. - Durant la Seconde Guerre mondiale, deux sœurs sont repêchées pour jouer dans une équipe féminine de base-ball. □ Général
DVD VF➔STA➔Cadrage W➔23,95 $

LEAN ON ME [École de l'espoir, L'] ▷4
É.-U. 1989. Drame social de John G. AVILDSEN avec Robert Guillaume, Morgan Freeman et Beverly Todd. - Le nouveau directeur autoritaire d'une école secondaire subit la résistance de certains parents et professeurs. □ 13 ans+

LEARNING TREE, THE ▷4
É.-U. 1969. Étude de mœurs de Gordon PARKS avec Kyle Johnson, Alex Clarke et Estelle Evans. - Dans les années 1920, un adolescent noir fait l'apprentissage de la vie dans un village du Kansas. □ Général

LEATHER BOYS, THE ▷4
ANG. 1963. Drame psychologique de Sidney J. FURIE avec Rita Tushingham, Colin Campbell et Dudley Sutton. - Un jeune blouson noir motocycliste quitte sa nouvelle épouse qu'il juge trop immature pour aller vivre avec un de ses amis.
DVD Cadrage W➔22,95 $

LEATHERFACE: TEXAS CHAINSAW MASSACRE III ▷6
É.-U. 1989. Drame d'horreur de Jeff BURR avec Kate Hodge, Ken Foree et William Butler. - Un jeune couple de passage au Texas emprunte une route qui mène dans les terres d'une famille de cannibales.
DVD VA➔STA➔Cadrage W/16X9➔15,95 $

LEAVE HER TO HEAVEN ▷4
É.-U. 1946. Drame de John M. STAHL avec Gene Tierney, Cornel Wilde et Vincent Price. - Une femme jalouse ne supporte personne entre elle et son mari. □ Général
DVD VA→15,95 $

LEAVES AND THORNS [Ilayum Mullum] ▷4
IND. 1994. Drame de mœurs de K.P. SASI avec Pallari Joshi, Shanti Krishna et Kanya. - Après le suicide d'une amie, trois jeunes femmes se révoltent contre la manière dont elles sont traitées par les hommes. □ Général

LEAVES FROM SATAN'S BOOK
voir **Pages arrachées du livre de Satan**

LEAVING LAS VEGAS [Adieu Las Vegas] ▷3
É.-U. 1995. Drame psychologique de Mike FIGGIS avec Nicolas Cage, Elisabeth Shue et Julian Sands. - À Las Vegas, une jeune prostituée s'attache à un scénariste paumé que l'alcool est en train de tuer à petit feu. - Œuvre lyrique et envoûtante. Détresse des personnages rendue de façon déchirante. Élans oniriques subtils. Jeu remarquable des deux vedettes. □ 16 ans+
DVD VA→Cadrage W→12,95 $

LEAVING METROPOLIS ▷5
CAN. 2002. Drame de mœurs de Brad FRASER avec Troy Ruptash, Vincent Corazza et Cherilee Taylor. - Un peintre gay, devenu depuis peu serveur dans un restaurant de quartier, entreprend de séduire son patron hétérosexuel et marié. □ 16 ans+
DVD VA→21,95 $

LEAVING NORMAL [En quête de liberté] ▷5
É.-U. 1992. Comédie dramatique d'Edward ZWICK avec Meg Tilly, Christine Lahti et Patrika Darbo. - Une barmaid au tempérament frondeur s'en va vivre en Alaska avec une amie de fortune qui fuit son mari abusif. □ 13 ans+

LEÇON D'AMOUR, UNE ▷3
SUÈ. 1954. Comédie de mœurs de Ingmar BERGMAN avec Gunnar Bjornstrand, Eva Dahlbeck et Harriet Andersson. - Un gynécologue s'efforce de reconquérir sa femme qui veut le quitter. - Agréable comédie. Ton ironique. Interprétation fine et pleine de brio. □ Non classé

LEÇON DE PIANO, LA *voir* **Piano, The**

LEÇONS DE LA VIE, LES *voir* **Browning Version, The**

LEÇONS SUR L'OREILLER *voir* **Sleeping Dictionary**

LECTRICE, LA ▷3
FR. 1988. Comédie de mœurs de Michel DEVILLE avec Miou-Miou, Patrick Chesnais et Maria Casarès. - Offrant ses services comme lectrice à domicile, une jeune femme rencontre des clients aux goûts divers. - Suite de saynètes décrites avec justesse et malice. Mouvement alerte. Images gracieuses. Interprétation pleine de finesse de Miou-Miou. □ 13 ans+

LEFT HAND OF GOD, THE ▷4
[Main gauche du Seigneur, La]
É.-U. 1955. Drame psychologique d'Edward DMYTRYK avec Gene Tierney, Humphrey Bogart et Lee J. Cobb. - Un aventurier, prisonnier d'un bandit chinois, s'évade en empruntant les vêtements et l'identité d'un prêtre. □ Non classé

LEFT LUGGAGE [À la recherche du passé] ▷5
HOL. 1998. Drame de mœurs de Jeroen KRABBÉ avec Laura Fraser, Isabella Rossellini et Maximilian Schell. - En 1972, à Anvers, une jeune Juive se trouve un emploi de gouvernante dans une famille hassidique traditionaliste où elle s'attache à un enfant renfermé.
DVD VA→Cadrage P&S→15,95 $

LEFT-HANDED GUN, THE ▷3
É.-U. 1958. Western d'Arthur PENN avec Paul Newman, Lita Milan et John Dehner. - Pour venger la mort de son patron, Billy le Kid commet plusieurs meurtres. - Traitement original d'un thème classique. Psychologie et symbolisme bien dosés. Cadrages recherchés. Interprétation solide. □ Non classé

LEGACY, THE ▷5
ANG. 1978. Drame fantastique de Richard MARQUAND avec Sam Elliott, Katharine Ross et Margaret Tyzack. - Les invités d'un riche seigneur meurent l'un après l'autre dans des conditions horribles.
DVD VA→STF→Cadrage W→18,95 $

LEGAL EAGLES ▷4
É.-U. 1986. Comédie policière d'Ivan REITMAN avec Robert Redford, Debra Winger et Daryl Hannah. - L'assistant d'un procureur est sollicité par une collègue pour venir en aide à une cliente accusée de vol de tableau. □ Général
DVD VA→STF→Cadrage W→10,95 $

LEGEND ▷4
ANG. 1985. Conte de Ridley SCOTT avec Tom Cruise, Mia Sara et Tim Curry. - Un jeune garçon et une bande de lutins volent au secours d'une princesse enlevée par le prince des Ténèbres. □ Général
DVD VA→STF→Cadrage W→22,95 $

LEGEND OF 1900, THE ▷5
[Leggenda del pianista sull'oceano, La]
ITA. 1999. Conte de Giuseppe TORNATORE avec Tim Roth, Pruitt Taylor Vince et Mélanie Thierry. - Né au début du XXe siècle sur un transatlantique, un pianiste prodige passe sa vie sur le bateau sans jamais poser le pied à terre.
DVD VF→STA→Cadrage W→33,95 $

LEGEND OF BAGGER VANCE, THE ▷5
É.-U. 2000. Drame sportif de Robert REDFORD avec Matt Damon, Will Smith et Charlize Theron. - En 1931, un jeune golfeur traumatisé par les horreurs de la guerre retrouve un sens à sa vie grâce à l'aide d'un mystérieux caddy noir. □ Général
DVD VA→STA→Cadrage W→13,95 $

LEGEND OF HELL HOUSE, THE ▷4
[Maison des damnés, La]
ANG. 1973. Drame fantastique de John HOUGH avec Clive Revill, Pamela Franklin et Roddy McDowall. - Un financier engage un physicien pour mener une enquête scientifique dans une de ses propriétés qui a la réputation d'être hantée. □ 13 ans+
DVD VF→STA→Cadrage W→9,95 $

LEGEND OF RED DRAGON
voir **New Legend of Shaolin, The**

LEGEND OF RITA, THE [Trois vies de Rita Vogt, Les] ▷4
ALL. 2000. Chronique de Volker SCHLÖNDORFF avec Bibiana Beglau, Martin Wuttke et Nadja Uhl. - Durant les années 1980, une jeune terroriste d'Allemagne de l'Ouest se réfugie à l'Est où les autorités lui procurent une nouvelle identité. □ 13 ans+

LEGEND OF SURAM FORTRESS, THE
voir **Légende de la citadelle de Souram, La**

LEGEND OF SURIYOTHAI
THAÏ. 2001. Chatrichalerm YUKOL
DVD STF→Cadrage W→38,95 $

LEGEND OF THE SWORDSMAN
H.K. 1991. Siu-Tung CHING et Stanley TONG
DVD VA→Cadrage W→9,95 $

LEGEND OF ZORRO, THE [Légende de Zorro, La] ▷5
É.-U. 2005. Aventures de Martin CAMPBELL avec Antonio Banderas, Catherine Zeta-Jones et Rufus Sewell. - Un justicier masqué cherche à reconquérir sa femme qui l'a quitté pour un rival aux intentions malveillantes. □ Général
DVD VF→STA→Cadrage W→23,95 $

LÉGENDE DE LA CITADELLE DE SOURAM, LA ►2
[Legend of Suram Fortress, The]
RUS. 1984. Chronique de Sergei PARADJANOV avec Zourab Kipchidzé, Levan Outchanetchvili et Veneriko Andjaparidzé. - Un esclave affranchi donne naissance à un fils qui est destiné à terminer la construction d'une forteresse dont l'un des murs s'écroule régulièrement. - Suite de courts tableaux vivants. Éléments historiques confondus avec la légende. Illustration colorée. Style hiératique de l'interprétation.
DVD 29,95 $

LÉGENDE DE ZORRO, LA *voir* **Legend of Zorro, The**

LÉGENDE DES BALEINES, LA *voir* **Whale Rider**

LÉGENDE DU PIANISTE SUR L'OCÉAN, LA *voir* **Legend of 1900, The**

LÉGENDES D'AUTOMNE *voir* **Legends of the Fall**

LÉGENDES DE RITA, LES *voir* **Legend of Rita, The**

LEGENDS OF THE FALL [Légendes d'automne] ▷5
É.-U. 1994. Chronique d'Edward ZWICK avec Brad Pitt, Aidan Quinn et Anthony Hopkins. - Au début du xxe siècle dans le Montana, trois frères vivent tour à tour une aventure sentimentale avec la même jeune femme. □ Général
DVD VF→STA→Cadrage W→23,95 $
VF→STF→Cadrage W→17,95 $

LEGIONNAIRE ▷5
É.-U. 1998. Aventures de Peter MacDONALD avec Jean-Claude Van Damme, Steven Berkoff et Ana Sofrenovic. - Dans les années 20, un boxeur injustement accusé de meurtre s'engage dans la Légion étrangère afin d'échapper à la justice. □ 13 ans+ · Violence

LÉGITIME VIOLENCE ▷5
FR. 1982. Drame policier de Serge LEROY avec Claude Brasseur, Véronique Genest et Thierry Lhermitte. - Un homme entreprend de retrouver les criminels qui ont abattu sa famille au cours d'un hold-up dans une gare.

LEGONG: DANCE OF THE VIRGINS
É.-U. 1935. Henry DE LA FALAISE
DVD VA→41,95 $

LEILA ▷3
IRAN. 1996. Drame de mœurs de Dariush MEHRJUI avec Leila Hatami, Ali Mosaffa et Jamileh Sheikhi. - Sous la pression de sa belle-mère, une jeune Iranienne infertile se résout à trouver une deuxième épouse à son mari. - Histoire déchirante racontée avec beaucoup d'intelligence. Réalisation sobre attentive aux personnages. Interprétation tout en retenue de L. Hatami.
DVD STA→Cadrage W→34,95 $

LEMON DROP KID, THE ▷4
É.-U. 1951. Comédie de Sidney LANFIELD avec Marilyn Maxwell, Bob Hope et Lloyd Nolan. - Un pauvre diable fait perdre une forte somme à un bandit et est sommé de le dédommager. □ Non classé

LEMONADE JOE ▷3
TCH. 1964. Comédie satirique de O. LIPSKY avec Karel Fiala, Olga Schoberova et Rudolf Deyl. - Un redresseur de torts défend deux belles contre les entreprises d'un sombre individu. - Pastiche réussi et fort drôle des clichés du western. Nombreuses trouvailles de mise en scène. Personnages bien campés.
DVD STA→29,95 $

LEMONY SNICKET'S A SERIES OF UNFORTUNATE EVENTS ▷3
[Lemony Snickets: désastreuses aventures des orphelins Baudelaire, Les]
É.-U. 2004. Comédie fantaisiste de Brad SILBERLING avec Jim Carrey, Emily Browning et Liam Aiken. - Après la mort tragique de leurs parents, trois enfants sont placés sous la garde d'un comte sans scrupules qui convoite leur héritage. - Adaptation imaginative des trois premiers romans de la série Lemony Snicket. Croisement habile d'humour, de macabre et de fantastique. Décors d'une fantaisie délirante. Superbes prouesses techniques. Excellente direction d'acteurs. □ Général
DVD VF→STA→Cadrage W→14,95 $

LENDEMAIN DU CRIME, LE *voir* **Morning After, The**

LENINGRAD COWBOYS GO AMERICA ▷4
FIN. 1989. Comédie satirique d'Aki KAURISMÄKI avec Kari Vaananen, Matti Pellonpaa et Sakke Jarvenpaa. - Un groupe de musiciens folkloriques russes à l'allure punk tente sa chance aux États-Unis. □ Général

LENNY ▷3
É.-U. 1975. Drame biographique de Bob FOSSE avec Valerie Perrine, Dustin Hoffman et Jan Miner. - Durant les années 1960, le monologuiste Lenny Bruce atteint une certaine notoriété grâce à l'anticonformisme de ses numéros. - Vision plutôt réaliste d'un personnage mythifié. Montage complexe et fort habile. Emploi heureux d'une photographie en noir et blanc. Interprétation de premier ordre. □ 18 ans+
DVD VF→STF→Cadrage W→17,95 $

LEO TOLSTOY'S ANNA KARENINA ▷4
[Anna Karenine d'après Léon Tolstoi]
É.-U. 1997. Drame sentimental de Bernard ROSE avec Sophie Marceau, Sean Bean et Alfred Molina. - L'histoire d'amour entre une femme mariée et un officier de l'armée russe connaît une issue dramatique.

LÉOLO ▷4
QUÉ. 1992. Chronique de Jean-Claude LAUZON avec Maxime Collin, Ginette Reno et Roland Blouin. - Un jeune garçon qui vit dans un quartier populaire de Montréal tente d'oublier sa dure réalité familiale en cultivant son goût pour le rêve.
DVD VF→23,95 $

LÉON MORIN, PRÊTRE ▷3
FR. 1961. Drame psychologique de Jean-Pierre MELVILLE avec Jean-Paul Belmondo, Emmanuelle Riva et Irène Tunc. - Une jeune femme incroyante s'éprend du prêtre qui la ramène lentement au christianisme. - Bonne création d'atmosphère. Excellents interprètes. □ Général

LEON THE PIG FARMER ▷4
ANG. 1993. Comédie de mœurs de Vadim JEAN et Gary SINYOR avec Mark Frankel, Janet Suzman et Brian Glover. - Né d'une insémination artificielle, un jeune juif découvre un jour que son père biologique est un éleveur de porcs. □ Général

LEON: THE PROFESSIONAL *voir* **Professional, The**

LEOPARD, THE *voir* **Guépard, Le**

LESS THAN ZERO ▷4
É.-U. 1987. Drame psychologique de Marek KANIEVSKA avec Andrew McCarthy, Robert Downey Jr. et Jami Gertz. - Avec l'aide d'une copine mannequin, un étudiant cherche à aider un ami d'enfance devenu esclave de la drogue. □ 13 ans+
DVD VF→STA→Cadrage W→9,95 $

LESSON IN LOVE, A *voir* **Leçon d'amour, Une**

LET 'EM HAVE IT
É.-U. 1935. Sam WOOD
DVD VA→9,95 $

LET HIM HAVE IT ▷4
ANG. 1991. Drame social de Peter MEDAK avec Chris Eccleston, Paul Reynolds et Tom Courtenay. - Un garçon de 19 ans, d'une intelligence inférieure à la moyenne, est injustement accusé de meurtre. □ 13 ans+

LET JOY REIGN SUPREME *voir* **Que la fête commence!**

LET'S DANCE ▷4
É.-U. 1950. Comédie musicale de Norman Z. McLEOD avec Fred Astaire, Betty Hutton et Roland Young. - Deux partenaires de music-hall se retrouvent après quelques années. □ Général

LET'S DO IT AGAIN ▷4
É.-U. 1975. Comédie réalisée et interprétée par Sidney POITIER avec Bill Cosby et John Amos. - Deux ouvriers noirs d'Atlanta exécutent un plan extravagant pour renflouer les fonds du club social dont ils sont membres. □ Général
DVD VA→STF→Cadrage W→16,95 $

LET'S LOVE HONG KONG
H.K. 2002. Yau CHING
DVD STA→33,95 $

LET'S MAKE LOVE **[Milliardaire, Le]** ▷4
É.-U. 1960. Comédie musicale de George CUKOR avec Marilyn Monroe, Yves Montand et Tony Randall. - Un milliardaire s'éprend d'une danseuse à qui il cache son identité. □ Général
DVD VF➔STA➔Cadrage W➔14,95 $

LET'S SCARE JESSICA TO DEATH ▷5
É.-U. 1971. Drame d'horreur de John HANCOCK avec Zohra Lampert, Barton Hayman et Kevin O'Connor. - Une jeune femme s'installe avec son mari dans une ferme du Connecticut qui a la réputation d'être hantée.

LETHAL WEAPON **[Arme fatale, L']** ▷4
É.-U. 1987. Drame policier de Richard DONNER avec Mel Gibson, Danny Glover et Gary Busey. - Sa fille ayant été enlevée par des trafiquants de drogues, un policier et son collègue se lancent à sa rescousse au péril de leur vie. □ 18 ans+
DVD VF➔STF➔Cadrage W➔16,95 $

LETHAL WEAPON 2 **[Arme fatale 2, L']** ▷4
É.-U. 1989. Drame policier de Richard DONNER avec Mel Gibson, Danny Glover et Joe Pesci. - Deux inspecteurs disparates poursuivent des truands qui se révèlent être des agents sud-africains protégés par leur immunité diplomatique. □ 13 ans+
DVD VF➔STF➔Cadrage W➔11,95 $

LETHAL WEAPON 3 **[Arme fatale 3, L']** ▷5
É.-U. 1992. Comédie policière de Richard DONNER avec Mel Gibson, Danny Glover et Joe Pesci. - Deux policiers casse-cou enquêtent sur les activités d'un ex-flic qui s'est converti dans le trafic d'armes. □ 13 ans+
DVD VF➔STF➔Cadrage W➔11,95 $

LETHAL WEAPON 4 **[Arme fatale 4, L']** ▷5
É.-U. 1998. Comédie policière de Richard DONNER avec Mel Gibson, Danny Glover et Jet Li. - Deux inspecteurs de Los Angeles ont maille à partir avec des membres des triades chinoises établis dans la ville. □ 13 ans+ · Violence
DVD VA➔STA➔Cadrage W➔9,95 $

LETTER, THE ▷4
É.-U. 1940. Drame psychologique de William WYLER avec Bette Davis, Herbert Marshall et James Stephenson. - Une femme mariée tue son amant qui l'avait délaissée. □ Général
DVD VA➔STF➔21,95 $

LETTER FROM AN UNKNOWN WOMAN ▷3
[Lettre d'une inconnue]
É.-U. 1948. Drame sentimental de Max OPHÜLS avec Joan Fontaine, Louis Jourdan et Mady Christians. - Un musicien libertin reçoit une lettre d'une inconnue en qui il découvre la seule femme qu'il ait vraiment aimée. - Adaptation réussie de la nouvelle de Stefan Zweig. Traitement nostalgique et poétique. Mise en scène maîtrisée. Très belle photographie. Souci du détail. J. Fontaine excellente. □ Général

LETTER TO BREZHNEV ▷4
ANG. 1985. Comédie sentimentale de Chris BERNARD avec Margi Clarke, Alexandra Pigg et Peter Firth. - Les tribulations sentimentales de deux Anglaises qui ont rencontré deux matelots russes dont le navire a fait escale à Liverpool. □ Général

LETTER TO THREE WIVES, A ▷3
É.-U. 1948. Comédie de mœurs de Joseph Leo MANKIEWICZ avec Jeanne Crain, Linda Darnell et Ann Sothern. - Craignant d'être abandonnées par leurs maris respectifs, trois jeunes femmes revivent en esprit leur vie conjugale. - Original et bien construit. Réalisation soignée. Style discret et allusif. Interprétation nuancée. □ Général
DVD VA➔14,95 $

LETTERS FROM THE PARK ▷4
CUB. 1988. Drame poétique de Tomàs Gutiérrez ALEA avec Victor Laplace, Ivonne Lopez et Miguel Paneque. - Un écrivain public continue d'envoyer des lettres d'amour à la fiancée d'un jeune homme bien que ce dernier se soit désintéressé d'elle. □ Général

LETTERS IN THE WIND
IRAN 2002. Ali Reza AMINI
DVD STA➔29,95 $

LETTRE D'UNE INCONNUE
voir **Letter from an Unknown Woman**

LETTRE ÉCARLATE, LA ▷5
ALL. 1972. Drame de mœurs de Wim WENDERS avec Lou Castel, Senta Berger, Laura Currie et Hans Christian Blech. - Au XVIIe siècle, un médecin revient incognito dans un village puritain de la Nouvelle-Angleterre afin de se venger d'un pasteur qui a séduit sa femme. □ Général

LETTRE ÉCARLATE, LA *voir* **Scarlet Letter, The**

LETTRES DE MANSFIELD *voir* **Mansfield Park**

LETTRES DE MON MOULIN I, LES ▷4
FR. 1954. Film à sketches de Marcel PAGNOL avec Rellys, Henri Vilbert et Édouard Delmont. - Deux contes d'Alphonse Daudet : *Le secret de maître Cornille* et *L'élixir du père Gaucher*. □ Général

LETTRES DE MON MOULIN II, LES ▷4
FR. 1954. Film à sketches de Marcel PAGNOL avec Rellys, Henri Vilbert et Édouard Delmont. - Deux contes d'Alphonse Daudet : *Les trois messes basses* et *Le curé de Cucugnan*. □ Général

LEVITATION
É.-U. 1997. Scott D. GOLDSTEIN
DVD VA➔Cadrage P&S➔38,95 $

LEVITY **[Salut, Le]**
É.-U. 2003. Ed SOLOMON
DVD VA➔32,95 $

LEVY ET GOLIATH ▷4
FR. 1986. Comédie dramatique de Gérard OURY avec Richard Anconina, Michel Boujenah, Jean-Claude Brialy et Souad Amidou. - Bien qu'ayant suivi des chemins opposés, deux frères, issus d'une famille juive, décident d'affronter ensemble un redoutable caïd. □ Général

LEY LINES
JAP. 1999. Takashi MIIKE
DVD STA➔Cadrage W➔28,95 $

LI *voir* **Between the Devil and the Deep Blue Sea**

LIAISON FATALE *voir* **Fatal Attraction**

LIAISON PORNOGRAPHIQUE, UNE ▷4
[Affair of Love, An]
FR. BEL. SUI. LUX. 1999. Drame de mœurs de Frédéric FONTEYNE avec Nathalie Baye, Sergi Lopez et Jacques Viala. - Un homme et une femme vivant une liaison purement sexuelle hésitent à s'engager dans une véritable relation amoureuse.
DVD VF➔STA➔Cadrage W➔46,95 $

LIAISONS DANGEREUSES, LES
voir **Dangerous Liaisons**

LIAISONS DANGEREUSES, LES ▷5
FR. 1959. Étude de mœurs de Roger VADIM avec Gérard Philipe, Jeanne Moreau et Annette Stroyberg. - Les aventures extra-conjugales de deux jeunes époux qui se racontent mutuellement leurs entreprises de séduction. □ Général
DVD VF➔STA➔36,95 $

LIAISONS INTERDITES *voir* **Bound**

LIAM ▷4
ANG. 2000. Drame de mœurs de Stephen FREARS avec Ian Hart, Claire Hackett et Anthony Borrows. - À Liverpool, dans les années 1930, les tribulations d'un gamin de sept ans, cadet d'une famille ouvrière catholique très pauvre. □ Général
DVD VA➔STA➔Cadrage W➔5,95 $

LIANNA
É.-U. 1983. John SAYLES □ Non classé
DVD VA➔STA➔Cadrage W➔32,95 $

LIAR LIAR **[Menteur menteur]** ▷4
É.-U. 1997. Comédie de Tom SHADYAC avec Jim Carrey, Maura Tierney et Justin Cooper. - Le fils délaissé d'un avocat particulièrement menteur fait le vœu que son père ne puisse dire que la vérité durant vingt-quatre heures. □ Général
DVD VF➔Cadrage W➔14,95 $

LIBELED LADY ▷4
É.-U. 1936. Comédie de Jack CONWAY avec William Powell, Myrna Loy et Spencer Tracy. - Un directeur de journal cherche à échapper à une poursuite pour libelle diffamatoire. □ Général
DVD VA➔STF➔21,95 $

LIBELLULE *voir* **Dragonfly**

LIBERA ME ▷3
FR. 1993. Film d'essai d'Alain CAVALIER avec Pierre Concha, Annick Concha et Thierry Labelle. - Dans un pays où règne un régime répressif, un réseau de résistants rivalise d'ingéniosité pour mettre en échec cette dictature. - Récit plutôt abstrait développé sans dialogue ou commentaire. Succession de brèves scènes filmées sans décors. Ensemble fascinant et déroutant. □ Général

LIBERTARIAS ▷5
ESP. 1995. Drame historique de Vincente ARANDA avec Ana Belen, Ariadna Gil et Victoria Abril. - Durant la guerre civile espagnole, une jeune nonne se joint à un groupe de miliciennes combattant les fascistes. □ 13 ans+ · Violence

LIBERTIN, LE ▷5
FR. 2000. Comédie de Gabriel AGHION avec Vincent Pérez, Fanny Ardant et Michel Serrault. - Alors qu'il rédige l'article de son Encyclopédie traitant de la morale, le philosophe Diderot se complaît dans une vie de libertinage et de provocations. □ 13 ans+ · Érotisme
DVD VF➔Cadrage W➔17,95 $

LIBERTINE, THE **[Rochester, le dernier des libertins]** ▷5
ANG. 2005. Drame historique de Laurence DUNMORE avec Johnny Depp, Samantha Morton et John Malkovich. - Vie et mort de John Wilmot, poète et libre-penseur du XVIIe siècle, dont la quête perpétuelle des plaisirs charnels a choqué la cour du roi Charles II. □ 13 ans+ · Langage vulgaire - Érotisme
DVD VA➔STA➔Cadrage W➔34,95 $

LIBERTY HEIGHTS ▷3
É.-U. 1999. Chronique de Barry LEVINSON avec Ben Foster, Adrien Brody et Joe Mantegna. - Les tribulations d'une famille juive de Baltimore au milieu des années 50. - Tableau de mœurs pittoresque et nostalgique. Évocation douce-amère des préjugés de classe et de race. Climat d'époque chatoyant. Interprétation sensible et attachante.
DVD VA➔STF➔Cadrage W➔7,95 $

LIBRE COMME RORY O'SHEA
voir **Rory O'shea Was Here**

LICENCE TO KILL **[Permis de tuer]** ▷4
ANG. 1989. Drame policier de John GLEN avec Timothy Dalton, Carey Lowell et Robert Davi. - L'agent secret James Bond se lance aux trousses d'un trafiquant de drogue qui a cruellement attaqué un couple d'amis. □ 13 ans+

LIE WITH ME ▷5
CAN. 2005. Drame de mœurs de Clement VIRGO avec Lauren Lee Smith, Eric Balfour et Don Francks. - Une jeune femme avide d'expériences purement sexuelles voit son existence bouleversée par sa rencontre avec un homme dont elle tombe amoureuse. □ 18 ans+ · Érotisme
DVD VA➔29,95 $

LIEBESTRAUM ▷4
É.-U. 1991. Drame psychologique de Mike FIGGIS avec Bill Pullman, Kevin Anderson et Pamela Gildley. - En se glissant dans une bâtisse abandonnée depuis 30 ans, un architecte est étrangement assailli par des images d'un drame passionnel lointain. □ Non classé
DVD VF➔STF➔Cadrage W➔22,95 $

LIEN, LE *voir* **Flesh and Bone**

LIENS DE SANG, LES **[Blood Relatives]** ▷5
FR. 1977. Drame policier de Claude CHABROL avec Aude Landry, Donald Sutherland et Lisa Langlois. - Un inspecteur de police tente d'éclaircir un meurtre dans lequel une adolescente incrimine son frère. □ 13 ans+

LIENS DU SOUVENIR, LES *voir* **Unstrung Heroes**

LIES
COR. 1999. Sun-woo JANG
DVD STA➔36,95 $

LIEU DU CRIME, LE ▷4
FR. 1985. Drame de mœurs d'André TÉCHINÉ avec Catherine Deneuve, Wadeck Stanczak et Nicolas Giraudi. - La vie rangée d'une femme est bousculée lorsque son fils fait la rencontre d'un évadé de prison. □ Général

LIFE AND DEATH OF COLONEL BLIMP, THE ▷4
ANG. 1943. Comédie de Michael POWELL et Emeric PRESSBURGER avec Anton Walbrook, Roger Livesey et Deborah Kerr. - L'amitié entre un officier anglais et un Allemand survit aux conflits entre leurs deux pays.
DVD VA➔Cadrage P&S➔62,95 $

LIFE AND DEATH OF PETER SELLERS, THE ▷4
É.-U. 2004. Drame biographique de Stephen HOPKINS avec Geoffrey Rush, Charlize Theron et Emily Watson. - La vie tumultueuse et la carrière de l'acteur anglais Peter Sellers, le célèbre interprète de l'inspecteur Clouseau.
DVD VA➔STF➔Cadrage W➔29,95 $

LIFE AND HARD TIMES OF GUY TERRIFICO
CAN. 2005. Michael MABBOTT
DVD VA➔STF➔34,95 $

LIFE AND NOTHING BUT
voir **Vie et rien d'autre, La**

LIFE AND TIMES OF JUDGE ROY BEAN ▷4
[Juge et hors-la-loi]
É.-U. 1972. Western de John HUSTON avec Paul Newman, Victoria Principal et Ned Beatty. - Après avoir échappé de justesse à la pendaison, un hors-la-loi s'institue lui-même défenseur de la loi sous le titre de juge.
DVD VA➔STF➔21,95 $

LIFE AQUATIC WITH STEVE ZISSOU, THE ▷4
[Vie aquatique, La]
É.-U. 2004. Comédie de Wes ANDERSON avec Bill Murray, Owen Wilson et Cate Blanchett. - Un océanographe sur le déclin part en expédition, flanqué d'un soi-disant fils illégitime et d'une journaliste fuyant une vie personnelle tourmentée. □ Général · Déconseillé aux jeunes enfants
DVD VA➔STF➔Cadrage W➔33,95 $/39,95 $

LIFE CLASSES ▷4
CAN. 1987. Drame de mœurs de David McGILLIVRAY avec Jacinta Cormier, Leon Dubinsky et Evelyn Garbary. - Après diverses expériences, une jeune femme qui s'était installée à Halifax pour élever son enfant retourne dans son île natale. □ Non classé

LIFE IN THE THEATER, A ▷4
É.-U. 1993. Drame de Gregory MOSHER avec Jack Lemmon et Matthew Broderick. - Deux acteurs s'observent et s'affrontent lors d'une saison de théâtre. □ Général

LIFE IS A DREAM
voir **Mémoire des apparences, La**

LIFE IS BEAUTIFUL *voir* **Vie est belle, La**

LIFE IS SWEET **[Drôle de vie]** ▷4
ANG. 1990. Comédie de mœurs de Mike LEIGH avec Jim Broadbent, Alison Steadman et Timothy Spall. - Les hauts et les bas d'un couple au tempérament jovial dont les deux filles jumelles ne partagent pas vraiment la joie de vivre. □ 13 ans+

LIFE LESS ORDINARY, A ▷4
É.-U. 1997. Comédie fantaisiste de Danny BOYLE avec Cameron Diaz, Ewan McGregor et Holly Hunter. - Deux anges doivent favoriser une histoire amoureuse entre un concierge récemment congédié et la fille de son riche patron qu'il a kidnappée. □ 13 ans+
DVD Cadrage W→8,95 $

LIFE OF BUDDHA
FR. 2003. Martin MEISSONNIER
DVD VF→STA→37,95 $

LIFE OF DAVID GALE, THE [Vie de David Gale, La] ▷5
É.-U. 2003. Thriller d'Alan PARKER avec Kevin Spacey, Kate Winslet et Laura Linney. - Une journaliste s'efforce en 24 heures d'innocenter un condamné à mort dont elle a recueilli le témoignage. □ 13 ans+
DVD VF→STF→Cadrage W→10,95 $

LIFE OF EMILE ZOLA, THE ▷4
É.-U. 1937. Drame historique de William DIETERLE avec Paul Muni, Gloria Holden et Donald Crisp. - Romancier célèbre, Émile Zola se porte à la défense du capitaine Dreyfus faussement accusé de trahison. □ Général
DVD VA→STF→21,95 $

LIFE OF OHARU *voir* **Vie d'Oharu, La**

LIFE ON A STRING ▷4
CHI. 1991. Drame poétique de Chen KAIGE avec Liu Zhongyuan, Huang Lei et Xu Qing. - Un vieux sage et son jeune disciple, tous deux aveugles et musiciens, parcourent la Chine en jouant des airs traditionnels pour apaiser les humains. □ Général
DVD STA→26,95 $

LIFE SHOW
CHI. 2002. Huo JIANQI
DVD STA→Cadrage W→21,95 $

LIFE STINKS [Chienne de vie] ▷5
É.-U. 1991. Comédie satirique réalisée et interprétée par Mel BROOKS avec Lesley Ann Warren et Jeffrey Tambor. - À la suite d'un pari, un milliardaire doit vivre en clochard pendant un mois dans le quartier le plus défavorisé de Los Angeles. □ Général
DVD VF→STF→Cadrage P&S/W→12,95 $

LIFE WITH JUDY GARLAND: ME & MY SHADOWS ▷3
É.-U. 2001. Drame biographique de Robert Allan ACKERMAN avec Judy Davis, Victor Garber et Tammy Blanchard. - Les hauts et les bas de la vie et de la carrière de Judy Garland. - Téléfilm brossant un portrait à la fois vibrant et touchant de la femme meurtrie derrière la légende. Vision critique du star-system hollywoodien. Scénario bien construit. Réalisation de classe. Excellents interprètes.
DVD 8,95 $

LIFE WITH MIKEY [Enfance de l'art, L'] ▷5
É.-U. 1993. Comédie de James LAPINE avec Michael J. Fox, Christina Vidal et Nathan Lane. - Une fillette au franc-parler qui a décroché le premier rôle dans une série de publicités de biscuits décide de venir habiter chez son impresario.
DVD VF→13,95 $

LIFE, AND NOTHING MORE *voir* **And Life Goes on...**

LIFEBOAT ▷3
É.-U. 1943. Drame de guerre d'Alfred HITCHCOCK avec Tallulah Bankhead, William Bendix et Walter Slezak. - Le drame de neuf rescapés d'un double naufrage en haute mer. - Ensemble remarquable de sobriété et de vérité. Montage habile. Très belles images. Interprétation de qualité. □ Général
DVD VA→STA→22,95 $

LIFEGUARD ▷5
É.-U. 1975. Comédie dramatique de D. PETRIE avec Sam Elliott, Anne Archer et Kathleen Quinlan. - Les aventures amoureuses d'un gardien de plage.
DVD VA→STA→Cadrage W→10,95 $

LIFT, THE ▷5
HOL. 1983. Drame d'horreur de Dick MAAS avec Huub Stapel et Willeke Van Ammelrooy. - Un réparateur est aux prises avec un ascenseur qui s'acharne à faire périr ses usagers. □ 13 ans+

LIGHT IN THE FOREST, THE [Lueur dans la forêt] ▷4
É.-U. 1958. Drame de Herschel DAUGHERTY avec Fess Parker, James MacArthur et Carol Lynley. - Au XVIIIe siècle, les problèmes de réadaptation d'un jeune Blanc qui a grandi chez les Indiens. □ Général

LIGHT OF DAY ▷4
É.-U. 1987. Drame de mœurs de Paul SCHRADER avec Michael J. Fox, Joan Jett et Gena Rowlands. - Un jeune ouvrier de Cleveland et sa sœur font partie d'un groupe amateur de musique rock, ce qui les met en conflit avec leur mère. □ Général

LIGHT SLEEPER ▷4
É.-U. 1991. Drame de mœurs de Paul SCHRADER avec Willem Dafoe, Susan Sarandon et Dana Delany. - Un livreur de drogue se met à se questionner sur le bien-fondé de ses activités illicites et prend conscience de sa solitude. □ 13 ans+ · Langage vulgaire
DVD VA→Cadrage P&S→21,95 $

LIGHT YEARS [Enfance de l'art, L'] ▷4
FR. 1987. Dessins animés de René LALOUX. - Un jeune prince livre une lutte sans merci contre des forces maléfiques qui ont envahi sa paisible planète. □ Non classé

LIGHTHOUSE, THE *voir* **Faro, El**

LIGHTNING OVER WATER [Nick's Movie] ▷3
ALL. 1980. Film d'essai réalisé et interprété par Wim WENDERS et Nicholas RAY avec Ronee Blakley. - Avec l'aide d'un cinéaste allemand, un réalisateur américain atteint d'un cancer incurable décide de tourner un film sur ses propres expériences. - Œuvre intelligente, riche en éléments humains. Mélange de réalité et de fiction. Quelques passages pénibles. □ Général
DVD VA→Cadrage P&S→29,95 $

LIGHTSHIP, THE [Bateau-phare, Le] ▷4
É.-U. 1985. Drame psychologique de Jerzy SKOLIMOWSKI avec Klaus Maria Brandauer, Robert Duvall et Michael Lyndon. - Trois bandits en fuite prennent le contrôle d'un bateau-phare et tiennent en otage le capitaine et son fils. □ Général
DVD VA→STA→Cadrage W→15,95 $

LIGNE VERTE, LA *voir* **Green Mile, The**

LIGNES INTERDITES *voir* **Flatliners**

LIGUE EN JUPON, UNE *voir* **League of Their Own, A**

LIGUE MAJEURE *voir* **Major League**

LIKE A BRIDE [Novia que te vea]
MEX. 1994. Guita SCHYFTER
DVD STA→PC

LIKE A FISH OUT OF WATER
voir **Comme un poisson hors de l'eau**

LIKE WATER FOR CHOCOLATE ▷4
[Saveur de passion, Une]
MEX. 1992. Comédie dramatique d'Alfonso ARAU avec Marco Leonardi, Lumi Cavazos et Regina Torné John. - Une mère tyrannique vivant dans un ranch oblige sa plus jeune fille à lui servir de bonne et de cuisinière. □ Général
DVD 17,95 $

LILI ▷4
É.-U. 1952. Comédie musicale de Charles WALTERS avec Leslie Caron, Mel Ferrer et Jean-Pierre Aumont. - Une orpheline recueillie par un cirque ambulant finit par devenir amoureuse d'un montreur de marionnettes. □ Général

LILIAN'S STORY ▷4
AUS. 1995. Drame de mœurs de Jerzy DOMARADZKI avec Ruth Cracknell, Barry Otto et Toni Collette. - Victime d'un père abusif, une femme qui a passé 40 ans de sa vie dans un institut psychiatrique doit se réadapter à la société.
DVD VA→Cadrage W→24,95 $

LILIES [Feluettes, Les] ▷3
CAN. 1996. Drame psychologique de John GREYSON avec Jason Cadieux, Danny Gilmore et Brent Carver. - Un détenu demande à être entendu en confession par l'évêque responsable de sa condamnation quarante ans plus tôt. - Excellente adaptation de la pièce *Les Feluettes* de Michel Marc Bouchard. Récit complexe abordé avec finesse. Facture audacieuse axée sur l'imaginaire. □ 13 ans+
DVD VF→STA→23,95 $

LILIES OF THE FIELD ▷3
É.-U. 1963. Comédie dramatique de Ralph NELSON avec Sidney Poitier, Lilia Skala et Stanley Adams. - Un ouvrier itinérant construit une chapelle pour une communauté de religieuses. - Approche simple et humoristique. Images claires et poétiques. Jeu souple et nuancé de S. Poitier. □ Général
DVD Cadrage W→11,95 $

LILIOM
FR. 1934. Fritz LANG
DVD VF→STA→24,95 $

LILITH ▷4
É.-U. 1964. Drame psychologique de Robert ROSSEN avec Jean Seberg, Warren Beatty et Peter Fonda. - Dans une clinique psychiatrique, l'amour d'un infirmier pour une patiente a des conséquences dramatiques. □ Général
DVD VA→STA→Cadrage W→23,95 $

LILO AND STITCH [Lilo et Stitch] ▷4
É.-U. 2002. Dessins animés de Chris SANDERS et Dean DeBLOIS. - Une petite orpheline d'Hawaii adopte une créature extraterrestre recherchée par son inventeur. □ Général
DVD VF→STA→Cadrage W/16X9→34,95 $

LIMBO ▷4
É.-U. 1999. Drame psychologique de John SAYLES avec David Strathairn, Mary Elizabeth Mastrantonio et Vanessa Martinez. - Naufragés dans une île en Alaska, un pêcheur, sa nouvelle compagne et la fille de celle-ci apprennent à survivre et à se rapprocher. □ Général
DVD Cadrage W→33,95 $

LIMELIGHT [Feux de la rampe, Les] ►2
É.-U. 1952. Comédie dramatique réalisée et interprétée par Charles CHAPLIN avec Claire Bloom et Sidney Chaplin. - Un vieux clown sauve une jeune danseuse du suicide et lui redonne le goût de vivre. - Œuvre simple, poignante et d'une grande richesse psychologique. Méditation élégiaque sur la jeunesse et la vieillesse. Fine composition de Chaplin. □ Général
DVD VF→STF→Cadrage W→34,95 $

LIMEY, THE [Anglais, L'] ▷3
É.-U. 1999. Drame policier de Steven SODERBERGH avec Terence Stamp, Peter Fonda et Luis Guzman. - Un repris de justice anglais se rend à Los Angeles dans le but avoué de tuer les responsables de la mort de sa fille. - Brillant exercice de style. Ingénieux retours en arrière. Rythme sans faille. Réalisation assurée. Jeu intense de T. Stamp. □ 13 ans+ · Violence
DVD Cadrage W→18,95 $

LIMIER, LE *voir* **Sleuth**

LIMITE EXTRÊME *voir* **Vertical Limit**

LINDBERGH KIDNAPPING CASE, THE ▷4
É.-U. 1976. Drame de Buzz KULIK avec Cliff DeYoung, Anthony Hopkins et Joseph Cotten. - Rappel des faits entourant l'enlèvement du bébé d'un héros de l'aviation au début des années 1930. □ Général

LINK ▷4
ANG. 1985. Drame d'horreur de Richard FRANKLIN avec Elisabeth Shue, Terence Stamp et Steven Pinner. - En stage chez un professeur spécialisé dans l'étude des primates, une zoologue s'inquiète de l'attitude menaçante d'un chimpanzé dressé. □ Non classé
DVD VA→Cadrage W→27,95 $

LION IN WINTER, THE [Lion en hiver, Le] ▷4
ANG. 1968. Drame historique d'Anthony HARVEY avec Peter O'Toole, Katharine Hepburn et Jane Merrow. - Henri II d'Angleterre a avec sa femme et ses fils une réunion de famille acrimonieuse. □ 13 ans+
DVD VA→STF→Cadrage W→12,95 $

LION IS IN THE STREETS, A ▷4
É.-U. 1953. Drame social de Raoul WALSH avec Barbara Hale, Anne Francis et James Cagney. - Un homme généreux se lance en politique et se laisse corrompre par l'appétit du pouvoir. □ Général

LION KING, THE [Roi lion, Le] ▷3
É.-U. 1994. Dessins animés de Roger ALLERS et Rob MINKOFF. - Destiné à devenir le roi de la jungle, un lionceau a maille à partir avec son oncle machiavélique qui manœuvre pour usurper le trône. - Fable initiatique prenante. Personnages bien typés. Bonne dose d'humour. □ Général
DVD VA→54,95 $

LION OF THE DESERT [Lion du désert, Le] ▷4
ANG. ITA. LIB. LIBYE 1981. Drame de guerre de Moustapha AKKAD avec Anthony Quinn, Oliver Reed et Rod Steiger. - À la fin des années 20, un vieil instituteur de village devient le chef de la résistance à l'occupation de la Lybie par l'Italie. □ Général
DVD VA→Cadrage W→27,95 $

LIPSTICK [Viol et châtiment] ▷5
É.-U. 1976. Drame psychologique de Lamont JOHNSON avec Chris Sarandon, Margaux Hemingway et Anne Bancroft. - Une « cover-girl » intente un procès pour viol à un professeur de musique.
DVD VF→STA→Cadrage W→15,95 $

LIQUID SKY ▷5
É.-U. 1982. Drame fantastique de Slava TSUKERMAN avec Anna Carlisle, Paula E. Sheppard et Bob Brady. - Un jeune mannequin dont la vie est dominée par la drogue et le sexe voit ses compagnons de plaisir décimés par des extraterrestres. □ 18 ans+

LISA AND THE DEVIL ▷4
ITA. 1972. Drame fantastique de Mario BAVA avec Telly Savalas, Elke Sommer et Sylva Koscina. - Une jeune touriste se retrouve perdue dans une villa où elle vit des expériences bizarres et terrifiantes.

LISBON [Lisboa]
ESP. 1998. Thriller d'Antonio HERNANDEZ avec Carmen Maura, Sergi Lopez et Federico Luppi. - Un voyageur de commerce se retrouve compromis dans une dangereuse histoire après avoir eu une aventure avec une inconnue.
DVD STA→Cadrage W→21,95 $

LISBON STORY ▷4
ALL. 1994. Film d'essai de Wim WENDERS avec Rudiger Vogler, Patrick Bauchau et Teresa Salgueiro. - Un preneur de son allemand rejoint à Lisbonne un ami compatriote qui y tourne un film à la manière des pionniers du cinéma.

LISBON STORY *voir* **Chanson de Lisbonne, La**

LISE ET ANDRÉ ▷4
FR. 2000. Drame de Denis DERCOURT avec Isabelle Candelier, Michel Duchaussoy et Hélène Surgère. - Pour sauver son fils dans le coma, une call-girl force un prêtre désabusé à l'accompagner dans un village où la Vierge aurait accompli un miracle. □ Général

LIST OF ADRIAN MESSENGER, THE ▷4
É.-U. 1963. Comédie policière de John HUSTON avec Kirk Douglas, George C. Scott et Dana Wynter. - Un détective recherche un criminel maniaque et habile. □ Général

LISTE D'ATTENTE [Waiting List] ▷4
CUB. 2000. Conte de Juan Carlos TABÌO avec Vladimir Cruz, Tahimi Alvarino et Jorge Perugorria. - Désespérés d'attendre un autobus qui ne vient pas, des passagers d'une gare routière s'unissent pour réparer le car de la station. □ Général
DVD STA→PC

LISTE DE SCHINDLER, LA
voir **Schindler's List**

LISTE NOIRE ▷5

QUÉ. 1995. Drame judiciaire de Jean-Marc VALLÉE avec Michel Côté, Geneviève Brouillette et Sylvie Bourque. - Lors de son procès, une prostituée remet à un juge la liste de ses clients où figurent des hauts magistrats. □ 13 ans+ · Érotisme

DVD VF➔21,95 $

LISTEN, DARLING ▷4

É.-U. 1938. Comédie sentimentale de Edwin L. MARIN avec Freddie Bartholomew, Judy Garland et Walter Pidgeon. - La fille d'une jeune veuve entreprend de lui choisir un second mari à sa convenance. □ Général

LISZTOMANIA ▷5

ANG. 1975. Comédie musicale de Ken RUSSELL avec Roger Daltrey, Sarah Kestelman et Paul Nicholas. - Après plusieurs démêlés sentimentaux, le compositeur Franz Liszt rentre dans les ordres et reçoit la mission de combattre l'influence de Richard Wagner. □ 13 ans+

LITTLE BIG MAN ▷3

[Extravagantes aventures d'un visage pâle, Les]

É.-U. 1970. Western d'Arthur PENN avec Dustin Hoffman, Dan George et Faye Dunaway. - Les mésaventures d'un jeune Blanc élevé par les Indiens puis ramené parmi les siens. - Mythes du western pris à partie en un joyeux jeu de massacre. Évocation savoureuse du contexte d'époque. Éléments caricaturaux. Excellente interprétation. □ Général

DVD VF➔STA➔Cadrage W➔14,95 $

LITTLE BUDDHA [Petit Bouddha] ▷3

FR. 1993. Conte de Bernardo BERTOLUCCI avec Keanu Reeves, Alex Wiesendanger et Ying Ruocheng. - Un garçonnet de Seattle qui pourrait être la réincarnation d'un lama tibétain découvre dans un livre la légende du prince Siddhartha, le futur Bouddha. - Histoire envoûtante développée avec une belle fluidité. Aspects féeriques bien rendus par une réalisation somptueuse. Interprétation sans apprêt. □ Général

LITTLE CAESAR ▷3

É.-U. 1931. Drame policier de Mervyn LeROY avec Glenda Farrell, Edward G. Robinson et Douglas Fairbanks Jr. - L'ascension et la chute d'un chef de gang à l'époque de la prohibition. - Classique du genre. Approche réaliste. Mise en scène alerte. E.G. Robinson remarquable. □ Général

DVD VA➔STF➔21,95 $

LITTLE COLONEL, THE ▷4

É.-U. 1935. Comédie dramatique de David BUTLER avec Shirley Temple, Lionel Barrymore et Evelyn Venable. - Un vieux Sudiste qui n'a pas pardonné à sa fille d'avoir épousé un Nordiste est conquis par la gentillesse de sa petite-fille. □ Général

LITTLE DORRIT: LITTLE DORRIT'S STORY ▷3

ANG. 1987. Drame social de Christine EDZARD avec Sarah Pickering, Alec Guinness et Amelda Brown. - En Angleterre au XIXe siècle, une jeune fille qui a grandi en prison devient la couturière d'une vieille femme. - Récit adapté d'un roman de Charles Dickens. Rigueur narrative. Habile reconstitution d'époque. Réalisation maîtrisée. Excellents comédiens. □ Général

LITTLE DORRIT: NOBODY'S FAULT ▷3

ANG. 1987. Drame social de Christine EDZARD avec Derek Jacobi, Joan Greenwood et Roshan Seth. - En Angleterre au XIXe siècle, une jeune couturière, qui vit en prison avec son père endetté, reçoit l'aide du fils de sa patronne. - Récit adapté d'un roman de Charles Dickens. Personnages pittoresques. Habile reconstitution d'époque. Réalisation maîtrisée. Interprétation colorée de grands comédiens. □ Général

LITTLE DRUMMER GIRL, THE ▷4

É.-U. 1984. Drame d'espionnage de George Roy HILL avec Diane Keaton, Yorgo Voyagis et Klaus Kinski. - Une actrice américaine est engagée par des agents israéliens dans le but d'éliminer un chef terroriste arabe. □ 13 ans+

LITTLE FISH ▷4

AUS. 2005. Drame de mœurs de Rowan WOODS avec Hugo Weaving, Cate Blanchett et Dustin Nguyen. - Désireuse de se lancer en affaires, une ex-toxicomane se bute à l'incompréhension de la banque et aux activités illicites de ses proches. □ 13 ans+

DVD VF➔STF➔34,95 $

LITTLE FOXES, THE ▷3

É.-U. 1941. Drame psychologique de William WYLER avec Bette Davis, Herbert Marshall et Teresa Wright. - Une femme cupide provoque la mort de son mari pour s'approprier sa fortune. - Adaptation d'une pièce de Lillian Hellman. Excellente étude psychologique. Réalisation soignée. Interprétation remarquable. □ Général

DVD 13,95 $

LITTLE GIANT ▷5

É.-U. 1946. Comédie de William A. SEITER avec Lou Costello, Bud Abbott et Brenda Joyce. - Les mésaventures d'un jeune provincial qui s'est trouvé un emploi de démarcheur.

LITTLE GIRL WHO LIVES DOWN THE LANE, THE ▷4

[Petite fille au bout du chemin, La]

CAN. 1976. Drame policier de Nicolas GESSNER avec Jodie Foster, Scott Jacoby et Martin Sheen. - Une petite fille mystérieuse vit seule dans une maison isolée louée par son père.

LITTLE MAN TATE [Petit homme, Le] ▷3

É.-U. 1991. Comédie dramatique réalisée et interprétée par Jodie FOSTER avec Adam Hann-Byrd et Dianne Wiest. - Une serveuse célibataire inscrit son fils prodige de sept ans dans un institut pour jeunes génies. - Sujet abordé avec sensibilité et humour. Récit plein de finesse et de vivacité. Réalisation bien maîtrisée. Performances touchantes des interprètes. □ Général

DVD VF➔STF➔Cadrage W➔12,95 $

LITTLE MANHATTAN [Petit Manhattan, Le] ▷5

É.-U. 2005. Comédie sentimentale de Mark LEVIN avec Charlie Ray, Josh Hutcherson et Bradley Whitford. - À New York, un gamin de onze ans dont les parents se préparent à divorcer connaît ses premiers émois amoureux. □ Général

DVD VF➔STA➔Cadrage P&S/W➔34,95 $

LITTLE MERMAID ▷3

É.-U. 1989. Dessins animés de John MUSKER et Ron CLEMENTS. - Une sirène signe un pacte avec une sorcière pour retrouver un prince qu'elle a sauvé de la noyade. - Adaptation étoffée d'un conte de Hans Christian Andersen. Techniques d'animation très réussies. Numéros musicaux mémorables. □ Général

DVD VA➔34,95 $

LITTLE MINISTER, THE ▷4

É.-U. 1934. Drame sentimental de Richard WALLACE avec Katharine Hepburn, John Beal et Donald Crisp. - Une jeune aristocrate aux allures fantasques s'éprend d'un pasteur débutant. □ Général

LITTLE NIKITA [Chantage au KGB] ▷5

É.-U. 1988. Drame d'espionnage de Richard BENJAMIN avec Sidney Poitier, River Phoenix et Richard Jenkins. - Un adolescent apprend que ses parents sont des Russes nantis d'une identité fictive pour des raisons d'espionnage. □ Général

DVD VF➔STF➔34,95 $

LITTLE ODESSA [Odessa U.S.A.] ▷3

É.-U. 1994. Drame psychologique de James GRAY avec Tim Roth, Edward Furlong et Moira Kelly. - Lorsqu'un contrat l'oblige à revenir dans le ghetto russe new-yorkais de son enfance, un tueur à gages ravive de vieilles querelles avec son père. - Accent mis sur la psychologie des personnages. Tension sourde. Réalisation d'une force dramatique étonnante. □ 13 ans+ · Violence

DVD VA➔17,95 $

LITTLE OTIK ▷4

TCH. 2000. Conte de Jan SVANKMAJER avec Veronika Zilkova, Jan Hartl et Kristina Adamcova. - Un couple adopte un bébé ayant la forme d'une souche d'arbre et qui s'avère bientôt si affamé qu'il en vient à dévorer des humains.

DVD STA➔Cadrage W➔38,95 $

LITTLE PRINCESS, THE ▷4
É.-U. 1939. Mélodrame de Walter LANG avec Shirley Temple, Richard Greene et Anita Louise. - La fillette d'un officier est traitée en paria après la mort présumée de son père. □ Général

LITTLE PRINCE, THE ▷4
ANG. 1974. Comédie musicale de Stanley DONEN avec Steven Warner, Richard Kiley et Bob Fosse. - Un aviateur en panne dans le désert fait la connaissance d'un étrange enfant qui dit venir d'un lointain astéroïde. □ Général
DVD VA→STA→Cadrage W/16X9→16,95 $

LITTLE PRINCESS, A [Petite princesse, La] ▷3
É.-U. 1995. Conte d'Alfonso CUARON avec Liesel Matthews, Eleanor Bron et Liam Cunningham. - Une fillette dont le père serait mort ruiné est réduite à l'état de servante par l'acariâtre directrice d'une école huppée où elle avait été placée en pension. - Adaptation enchanteresse du conte de Frances Hodgson Burnett. Œuvre sensible et charmante. □ Général
DVD VF→STA→Cadrage P&S/W→7,95 $

LITTLE ROMANCE, A ▷4
É.-U. 1979. Comédie sentimentale de George Roy HILL avec Diane Lane, Thelonious Bernard et Laurence Olivier. - Un vieux pickpocket parisien favorise les amours candides d'une petite Américaine et d'un jeune Français. □ Général
DVD VA→STF→13,95 $

LITTLE SHOP OF HORRORS ▷4
[Petite boutique des horreurs, La]
É.-U. 1986. Comédie musicale de Frank OZ avec Rick Moranis, Ellen Greene et Vincent Gardenia. - Un jeune fleuriste alimente une plante étrange qui se nourrit exclusivement de sang humain. □ Général
DVD VF→STF→Cadrage W→8,95 $

LITTLE SHOTS OF HAPPINESS
É.-U. 1997. Todd VEROW
DVD VA→24,95 $

LITTLE THEATRE OF JEAN RENOIR, THE
voir **Petit théâtre de Jean Renoir, Le**

LITTLE TREASURE ▷5
É.-U. 1984. Drame de Anthony SHARP avec Margot Kidder, Ted Danson et Burt Lancaster. - Invitée au Mexique par son père, une strip-teaseuse se retrouve mêlée à une affaire d'argent volé.

LITTLE VERA *voir* **Petite Vera, La**

LITTLE VOICE ▷4
ANG. 1998. Comédie dramatique de Mark HERMAN avec Jane Horrocks, Brenda Blethyn et Michael Caine. - Un impresario ringard s'intéresse à une jeune femme renfermée, qui imite à la perfection ses chanteuses favorites. □ Général · Déconseillé aux jeunes enfants
DVD VA→Cadrage W→14,95 $

LITTLE WOMEN ▷3
É.-U. 1933. Chronique de George CUKOR avec Katharine Hepburn, Joan Bennett et Paul Lukas. - Au XIXe siècle, les problèmes sentimentaux des quatre filles d'un médecin parti à la guerre. - Adaptation d'un classique de la littérature enfantine. Traitement sincère et raffiné. Mise en scène experte. Interprétation juste. □ Général
DVD VA→STF→21,95 $

LITTLE WOMEN [Quatre filles du Dr. March, Les] ▷4
É.-U. 1949. Comédie dramatique de Mervyn LeROY avec June Allyson, Margaret O'Brien et Janet Leigh. - La vie de quatre sœurs éduquées par leur mère en l'absence de leur père pendant la guerre civile américaine. □ Général
DVD VA→STF→21,95 $

LITTLE WOMEN [Quatre filles du Dr. March, Les] ▷3
É.-U. 1994. Drame de mœurs de Gillian ARMSTRONG avec Winona Ryder, Gabriel Byrne et Trini Alvarado. - Durant la guerre de Sécession, les quatre filles d'un médecin parti au front s'épanouissent au contact de leur mère. - Adaptation captivante du roman de Louisa May Alcott. Illustration réaliste d'une grande beauté plastique. Réalisation d'une souplesse exemplaire. □ Général
DVD VA→Cadrage W→18,95 $

LITTLEST HORSE THIEVES ▷4
ANG. 1976. Drame social de Charles JARROTT avec Alastair Sim, Peter Barkworth et Maurice Colbourne. - En 1909, dans une région minière, des enfants tentent de sauver des poneys destinés à l'extermination.

LITTLEST REBEL, THE ▷4
É.-U. 1935. Comédie dramatique de David BUTLER avec Shirley Temple, John Boles et Bill Robinson. - La fillette d'un officier sudiste obtient la libération de son père capturé par l'ennemi. □ Général

LITTORAL ▷4
QUÉ. 2004. Drame psychologique de Wajdi MOUAWAD avec Steve Laplante, Gilles Renaud et Miro. - Malgré l'hostilité de sa famille, un jeune Québécois décide d'aller enterrer son père dans son village natal au Liban. □ Général · Déconseillé aux jeunes enfants
DVD VA→27,95 $

LIVE AND LET DIE [Vivre et laisser mourir] ▷4
ANG. 1973. Drame policier de Guy HAMILTON avec Roger Moore, Yaphet Kotto et Jane Seymour. - James Bond enquête sur la mort de trois agents britanniques assassinés le même jour en des lieux différents. □ Général

LIVE BAIT ▷4
CAN. 1995. Comédie de mœurs de Bruce SWEENEY avec Tom Scholte, Micki Maunsell et Kevin McNulty. - Un jeune homme de 23 ans malchanceux en amour s'engage dans une liaison avec une sexagénaire. □ Général

LIVE FLESH *voir* **En chair et en os**

LIVE FROM BAGHDAD [En direct de Bagdad] ▷4
É.-U. 2002. Drame de Mick JACKSON avec Michael Keaton, Helena Bonham Carter et Jeffrey Wright. - Les tribulations d'un groupe de journalistes de la chaîne américaine CNN envoyés à Bagdad pour couvrir la guerre du Golfe.
DVD VA→STF→11,95 $

LIVES OF A BENGAL LANCER, THE ▷4
É.-U. 1935. Aventures de Henry HATHAWAY avec Gary Cooper, Franchot Tone et Richard Cromwell. - En Inde, au siècle dernier, trois soldats anglais partagent diverses aventures. □ Non classé

LIVING CORPSE, THE
1967. Khwaja SARFRAZ
DVD STA→22,95 $

LIVING DAYLIGHTS, THE [Tuer n'est pas jouer] ▷4
ANG. 1987. Drame d'espionnage de John GLEN avec Maryam d'Abo, Timothy Dalton et Jeroen Krabbé. - L'agent secret James Bond doute de la sincérité d'un général du KGB qui a fait défection. □ Général
DVD VA→Cadrage W→27,95 $

LIVING END, THE ▷4
É.-U. 1992. Drame de mœurs de Gregg ARAKI avec Craig Gilmore, Mike Dytri et Darcy Marta. - Un jeune écrivain séropositif vit une relation amoureuse intense avec un vagabond lui aussi atteint du sida et dont le désespoir l'entraîne dans des actions autodestructrices. □ 18 ans+ · Violence

LIVING IN OBLIVION [Ça tourne à Manhattan] ▷4
É.-U. 1994. Comédie de Tom DICILLO avec Steve Buscemi, Catherine Keener et Dermot Mulroney. - Un jeune réalisateur doit faire face à toutes sortes de problèmes lors du tournage de son premier film. □ Général
DVD VA→STA→Cadrage W→9,95 $

LIVING OUT LOUD [Bonjour la vie] ▷4
É.-U. 1998. Comédie dramatique de Richard LaGRAVENESE avec Holly Hunter, Danny DeVito et Queen Latifah. - Une femme qui se remet difficilement de son divorce se lie d'amitié avec l'opérateur d'ascenseur de sa luxueuse résidence. □ Général · Déconseillé aux jeunes enfants
DVD VA→Cadrage W→26,95 $

LIVRE DE LA JUNGLE, LE *voir* **Jungle Book, The**

LIZARD IN A WOMAN'S SKIN
ITA. 1971. Lucio FULCI
DVD VA→STA→35,95 $

LLOYD'S OF LONDON ▷4
É.-U. 1936. Chronique de Henry KING avec Tyrone Power, Madeleine Carroll et C. Aubrey Smith. - Au XVIIIe siècle, un jeune homme fait carrière à la compagnie d'assurances Lloyds à Londres. □ Général

LOCAL HERO ▷3
ANG. 1983. Comédie de Bill FORSYTH avec Peter Riegert, Denis Lawson et Burt Lancaster. - Le représentant d'une compagnie de pétrole du Texas négocie l'achat d'un territoire sur la côte d'Écosse. - Observation pertinente et contrastée de conceptions de vie différentes. Détails d'une fantaisie insolite. Interprétation savoureuse.
DVD Cadrage W→7,95 $

LOCALS, THE ▷5
N.-Z. 2003. Drame fantastique de Greg PAGE avec John Barker, Dwayne Cameron et Kate Elliott. - Deux amis s'égarent sur une route en rase campagne où ils sont témoins d'étranges phénomènes durant la nuit.
DVD VA→11,95 $

LOCATAIRE, LE [Tenant, The] ▷3
FR. 1976. Drame psychologique réalisé et interprété par Roman POLANSKI avec Isabelle Adjani et Melvyn Douglas. - Un homme emménage dans un appartement laissé libre par le suicide de sa locataire et se laisse envahir par l'angoisse. - Climat obsessionnel. Mélange bien dosé de réalisme et d'onirisme. Interprétation convaincante d'un personnage déséquilibré. □ 13 ans+
DVD VF→STA→Cadrage W/16X9→9,95 $

LOCH NESS
ANG. É.-U. John HENDERSON
DVD VF→STF→Cadrage W→11,95 $

LOCK, STOCK & TWO SMOKING BARRELS ▷4
[Arnaques, crimes et botanique]
ANG. 1998. Comédie policière de Guy RITCHIE avec Jason Flemyng, Dexter Fletcher et Nick Moran. - Quatre petits arnaqueurs sont mêlés à un sanglant imbroglio impliquant des gangsters rivaux.
□ 16 ans+ · Violence
DVD VA→STF→Cadrage W→18,95 $

LOCKED UP
ALL. 2004. Jorg ANDREASM
DVD STA→Cadrage W→28,95 $

LODGER, THE ▷4
ANG. 1926. Drame policier d'Alfred HITCHCOCK avec Ivor Novello, Malcolm Keen et Marie Ault. - Un homme qui vient d'emménager dans une pension de famille est accusé d'être l'auteur de nombreux meurtres. □ Général

LOGAN'S RUN [Âge de cristal, L'] ▷4
É.-U. 1976. Science-fiction de Michael ANDERSON avec Michael York, Jenny Agutter et Peter Ustinov. - Dans une civilisation de l'avenir, les citoyens sont éliminés lorsqu'ils atteignent l'âge de trente ans. □ Général
DVD VF→STF→Cadrage W→5,95 $

LOI DE LA NUIT, LA *voir* **Night and the City**

LOI DE LA RUE, LA *voir* **Boyz'n the Hood**

LOI DE MILIEU, LA *voir* **Get Carter**

LOI DU COCHON, LA ▷5
QUÉ. 2001. Thriller d'Érik CANUEL avec Isabel Richer, Sylvain Marcel et Catherine Trudeau. - La vie de deux sœurs tourne au drame lorsque l'aînée s'en prend à deux criminels qui font pousser de la marijuana sur la terre familiale. □ 13 ans+ · Violence
DVD VF→23,95 $

LOI DU DÉSIR, LA [Law of Desire] ▷4
ESP. 1986. Comédie dramatique de Pedro ALMODOVAR avec Eusebio Poncela, Carmen Maura et Antonio Banderas. - Un cinéaste homosexuel qui souffre d'amnésie est injustement soupçonné du meurtre d'un ancien amant. □ 18 ans+

LOI DU SEIGNEUR, LA *voir* **Friendly Persuasion**

LOI DU SILENCE, LA *voir* **I Confess**

LOI ET LE DÉSORDRE, LA *voir* **Law and Disorder**

LOIN DE CHEZ EUX *voir* **Dirty Pretty Things**

LOIN DE LA TERRE *voir* **Outland**

LOIN DES BARBARES ▷4
FR. 1993. Drame psychologique de Liria BEGEJA avec Dominique Blanc, Timo Filoko et Sulejman Pitarka. - Une jeune Parisienne d'origine albanaise rencontre un réfugié albanais clandestin qui lui révèle que son père, qu'elle croyait mort, serait toujours vivant.
□ Général

LOIN DES REGARDS *voir* **Out of Sight**

LOIN DU PARADIS *voir* **Return to Paradise**

LOIN DU PARADIS *voir* **Far from Heaven**

LOINTAIN [Distant] ▷3
TUR. 2002. Drame psychologique de Nuri Bilge CEYLAN avec Zuhal Gencer Erkaya, Muzaffer Ozdemir et Mehmet Emin Toprak. - Espérant trouver du travail à Istanbul, un chômeur quitte sa campagne et débarque chez son cousin, un photographe désabusé et peu accueillant. - Autopsie froide et implacable du mal de vivre de deux solitaires. Climat morose. Dialogues réduits au minimum. Mise en scène à la fois austère et poétique. Jeu d'une belle sobriété.
DVD VA→34,95 $

LOLA ▷3
FR. 1960. Comédie dramatique de Jacques DEMY avec Anouk Aimée, Marc Michel et Elina Labourdette. - Une jeune femme espère toujours le retour de l'homme dont elle a eu un enfant. - Récit léger et fantaisiste. Conte de fées à la moderne. Imagerie soignée.
□ Non classé
DVD VF→STA→33,95 $

LOLA ▷5
ANG. 1969. Drame psychologique de Richard DONNER avec Charles Bronson, Susan George et Orson Bean. - Un écrivain d'âge mûr épouse une adolescente capricieuse et fantasque. □ Général

LOLA ▷5
CAN. 2001. Drame de mœurs de Carl BESSAI avec Sabrina Grdevich, Colm Feore et Joanna Going. - Désenchantée par la vie qu'elle mène, une jeune femme adopte l'identité d'une inconnue qui vient de se faire tuer.
DVD VA→9,95 $

LOLA MONTÈS ▶1
FR. 1955. Drame biographique de Max OPHÜLS avec Martine Carol, Peter Ustinov et Anton Walbrook. - Les étapes de la vie aventureuse d'une célèbre courtisane. - Film insolite au style baroque. Utilisation remarquable d'une construction en flash-back. Décors, costumes et photographie superbes. Mise en scène d'une admirable virtuosité. Distribution de classe. □ Général
DVD Cadrage W→39,95 $

LOLITA ▷3
É.-U. 1962. Drame psychologique de Stanley KUBRICK avec James Mason, Sue Lyon et Shelley Winters. - Les tribulations d'un professeur d'âge mûr qui s'éprend de la fille adolescente d'une veuve chez qui il loge. - Adaptation intelligente d'un roman audacieux de Vladimir Nabokov. Mise en scène fort maîtrisée. Interprétation remarquable. □ Général
DVD VF→STF→Cadrage W→21,95 $

LOLITA ▷5
É.-U. 1997. Drame psychologique d'Adrian LYNE avec Jeremy Irons, Dominique Swain et Melanie Griffith. - Un professeur d'âge mûr entretient une relation trouble avec une nymphette dont il a épousé la mère. □ 16 ans+
DVD VA→Cadrage W→12,95 $ VA→Cadrage W→13,95 $

LOLO
MEX. 1992. Francisco ATHIÉ
DVD STA➔Cadrage P&S➔26,95 $

LONE STAR ▷5
É.-U. 1951. Western de Vincent SHERMAN avec Clark Gable, Ava Gardner et Broderick Crawford. - En 1848, les partisans de l'indépendance du Texas s'opposent à ceux qui préfèrent l'annexion aux États-Unis. □ Général

LONE STAR ▷3
É.-U. 1995. Drame policier de John SAYLES avec Chris Cooper, Elizabeth Pena et Joe Morton. - Dans une petite localité frontalière du Texas, un shérif enquête sur un meurtre vieux de près de 40 ans dans lequel serait impliqué son père. - Intrigue complexe et détaillée. Étude de milieu intéressante. □ 13 ans+
DVD VF➔STF➔Cadrage W➔9,95 $

LONELINESS OF THE LONG DISTANCE RUNNER, THE ▷3
ANG. 1962. Drame social de Tony RICHARDSON avec Tom Courtenay, Michael Redgrave et James Bolam. - Un délinquant excellent coureur doit représenter un institut de réhabilitation dans une compétition. - Traitement original. Forte peinture de caractères. Mise en scène inventive de style réaliste. Jeu intelligent des acteurs. □ Non classé

LONELY ARE THE BRAVE ▷4
É.-U. 1962. Western de David MILLER avec Kirk Douglas, Walter Matthau et Gena Rowlands. - Un cow-boy s'échappe de prison et tient tête à la police. □ Général

LONELY GUY, THE ▷5
É.-U. 1984. Comédie satirique d'Arthur HILLER avec Steve Martin, Charles Grodin, Steve Lawrence et Judith Ivey. - Un provincial qui vit seul à New York en vient à écrire un livre qui le rend célèbre. □ Général
DVD VA➔STF➔Cadrage W➔10,95 $

LONELY HEARTS ▷3
AUS. 1982. Comédie sentimentale de Paul COX avec Norman Kaye, Wendy Hughes, Jonathan Hardy et Jon Finlayson. - Après la mort de sa vieille mère dont il prenait soin, un célibataire fait la rencontre d'une employée de banque qui souffre d'une timidité maladive. - Tableau à la fois ironique et sympathique de gens moyens qui découvrent l'amour. Ensemble au charme particulier. Humour insolite. □ Général

LONELY PASSION OF JUDITH HEARNE, THE ▷4
ANG. 1987. Drame psychologique de Jack CLAYTON avec Maggie Smith, Bob Hoskins et Marie Kean. - Une déception amoureuse porte un dur coup à l'équilibre psychologique d'une célibataire d'âge mûr. □ Général

LONELYHEARTS ▷5
É.-U. 1959. Drame psychologique de Vincent J. DONEHUE avec Montgomery Clift, Robert Ryan et Dolores Hart. - Un journaliste qui tient le courrier du cœur est impliqué dans les problèmes d'une correspondante.

LONG DAY CLOSES, THE ▷3
ANG. 1992. Chronique de Terence DAVIES avec Marjorie Yates, Leigh McCormack et Anthony Watson. - Dans un quartier ouvrier de Liverpool dans les années 1950, un garçonnet friand de cinéma éprouve de la difficulté à s'adapter à sa nouvelle école. - Enfilade d'instants de vie croqués au fil du temps qui passe. Climat discret de nostalgie. Illustration splendide. Interprétation dans le ton de l'ensemble. □ Général

LONG DAY'S JOURNEY INTO NIGHT ►2
É.-U. 1962. Drame psychologique de Sidney LUMET avec Katharine Hepburn, Ralph Richardson et Jason Robards Jr. - Les tribulations d'une famille dont chacun des membres, malade ou déséquilibré, est un poids pour les autres. - Adaptation remarquable d'une pièce de théâtre de Eugene O'Neill. Découpage intelligent. Bons jeux de caméra. Interprétation de classe. □ Non classé

LONG DAY'S JOURNEY INTO NIGHT ▷4
CAN. 1996. Drame psychologique de David WELLINGTON avec William Hutt, Martha Henry et Tom McCamus. - Une famille évoque souvenirs et rancœurs au cours d'une chaude journée d'été. □ Général
DVD VA➔27,95 $

LONG DIMANCHE DE FIANÇAILLES, UN ▷3
[Very Long Engagement, A]
FR. 2004. Drame de Jean-Pierre JEUNET avec Audrey Tautou, Albert Dupontel et Gaspard Ulliel. - En 1919, une jeune Bretonne qui refuse de croire à la mort de son fiancé sur le front de la Somme mène une enquête pour le retrouver. - Adaptation réussie du roman de Sébastien Japrisot. Récit touffu mené d'une main sûre. Touches de fantaisie. Mise en scène souvent spectaculaire. Reconstitution d'époque très crédible. Interprétation de qualité. □ 13 ans+
DVD VF➔STF➔Cadrage W➔21,95 $

LONG GOOD FRIDAY, THE ▷4
ANG. 1979. Drame policier de John MACKENZIE avec Bob Hoskins, Helen Mirren et Derek Thompson. - Alors qu'il négocie une entente avec la mafia américaine, un caïd de la pègre londonienne est confronté à des attentats contre ses proches. □ 13 ans+
DVD VA➔Cadrage W/16X9➔22,95 $

LONG GOODBYE, THE [Privé, Le] ▷3
É.-U. 1973. Drame policier de Robert ALTMAN avec Elliott Gould, Nina van Pallandt et Sterling Hayden. - Un détective privé doit se démêler avec une affaire de meurtre et avec la disparition d'un homme. - Traitement très personnel d'un roman de Raymond Chandler. Mise en images inventive. Humour particulier. Interprétation originale d'E. Gould. □ 13 ans+
DVD VF➔STF➔Cadrage W➔12,95 $

LONG GRAY LINE, THE [Ce n'est qu'un au revoir] ▷4
É.-U. 1954. Drame biographique de John FORD avec Tyrone Power, Maureen O'Hara et Robert Francis. - La carrière de Marty Maher, instructeur sportif à l'école militaire de West Point. □ Non classé
DVD VA➔STF➔Cadrage P&S/W➔39,95 $

LONG HAIR OF DEATH
ITA. 1964. Antonio MARGHERITI
DVD VA➔15,95 $

LONG HOT SUMMER, THE ▷4
É.-U. 1958. Drame psychologique de Martin RITT avec Paul Newman, Joanne Woodward et Orson Welles. - Un jeune homme hardi s'engage chez un tyrannique planteur du sud des États-Unis. □ Non classé
DVD VA➔16,95 $

LONG KISS GOODNIGHT, THE ▷5
[Souviens-toi, Charlie]
É.-U. 1996. Drame d'espionnage de Renny HARLIN avec Geena Davis, Samuel L. Jackson et Patrick Malahide. - Avec l'aide d'un détective privé, une institutrice amnésique découvre qu'elle était un agent secret et que son ancien chef veut l'éliminer. □ 13 ans+ · Violence
DVD VF➔STF➔Cadrage W➔14,95 $

LONG LIFE, HAPPINESS & PROSPERITY ▷5
CAN. 2002. Comédie dramatique de Mina SHUM avec Valerie Tian, Sandra Oh et Russell Yuen. - Pour améliorer la situation de sa mère célibataire, une jeune Sino-Canadienne use de sortilèges taoïstes aux effets inattendus. □ Général
DVD VA➔Cadrage W➔23,95 $

LONG NIGHT, THE
É.-U. 1947. Anatole LITVAK
DVD 26,95 $

LONG PANTS [Sa première culotte] ▷3
É.-U. 1927. Comédie de Frank CAPRA avec Harry Langdon, Alma Bennett et Priscilla Bonner. - Les mésaventures d'un campagnard naïf qui s'est épris d'une criminelle. - Œuvre marquante du cinéma comique muet. Mise en scène inventive. □ Général

LONG RETOUR, LE *voir* **Long Way Home, The**

LONG RIDERS, THE ▷4
É.-U. 1980. Western de Walter HILL avec James Keach, Stacy Keach et David Carradine. - Les exploits d'une bande de hors-la-loi unis par des liens familiaux. □ 13 ans+
DVD Cadrage W→11,95 $

LONG SHIPS, THE [Drakkars, Les] ▷5
ANG. 1964. Aventures de Jack CARDIFF avec Richard Widmark, Sidney Poitier, Rosanna Schiaffino et Beba Loncar. - Un chef viking et un cheik maure sont à la recherche d'une énorme cloche d'or. □ Général
DVD VA→STF→Cadrage W→33,95 $

LONG VOYAGE HOME, THE ▷3
É.-U. 1940. Drame de John FORD avec John Wayne, Thomas Mitchell et Barry Fitzgerald. - La vie des matelots d'un cargo transportant des munitions pendant la guerre. - Adaptation soignée d'une pièce de Eugene O'Neil. Attention apportée au climat plus qu'à l'intrigue. □ Non classé
DVD VA→STF→21,95 $

LONG WALK HOME, THE ▷3
[Marche pour la liberté, La]
É.-U. 1990. Drame social de Richard PEARCE avec Sissy Spacek, Whoopi Goldberg et Dwight Schultz. - En 1955, en Alabama, une bourgeoise soutient la cause des Noirs qui protestent contre la ségrégation. - Évocation d'un moment clé de la lutte des Noirs aux États-Unis. Description convaincante du contexte. Mise en scène d'une précision éloquente. Interprétation sobre des protagonistes. □ Général
DVD VA→8,95 $

LONG WEEKEND, THE ▷4
AUS. 1977. Drame fantastique de Colin EGGLESTON avec John Hargreaves, Briony Behets, Michael Aitkens et Mike McEwen. - Un couple affronte divers phénomènes bizarres sur une plage isolée. □ 13 ans+

LONG, LONG TRAILER, THE ▷4
É.-U. 1954. Comédie de Vincente MINNELLI avec Lucille Ball, Desi Arnaz et Marjorie Main. - Un couple fait son voyage de noces dans une roulotte géante. □ Général
DVD VF→STF→Cadrage P&S→16,95 $

LONGEST DAY, THE [Jour le plus long, Le] ▷3
É.-U. 1962. Drame de guerre de Ken ANNAKIN, Andrew MARTON, Bernhard WICKI et Gerd OSWALD avec John Wayne, Robert Mitchum et Hans Christian Blech. - Le débarquement allié en Normandie, le 6 juin 1944. - Reconstitution historique impressionnante. Suite d'anecdotes véridiques. Distribution composée de nombreuses vedettes. □ Général
DVD VF→STA→Cadrage W→21,95 $

LONGEST YARD, THE ▷4
É.-U. 1974. Drame social de Robert ALDRICH avec Burt Reynolds, Eddie Albert et Ed Lauter. - Un ancien joueur de football échoue en prison et accepte de former une équipe de prisonniers pour l'opposer à celle des gardiens dans un match. □ 13 ans+
DVD VF→STA→Cadrage W→12,95 $

LONGEST YARD, THE ▷5
É.-U. 2005. Comédie sportive de Peter SEGAL avec Adam Sandler, Chris Rock et Burt Reynolds. - Un ex-footballeur envoyé derrière les barreaux recrute des bagnards pour affronter l'équipe des gardiens de son pénitencier. □ Général
DVD VF→STA→Cadrage W→19,95 $

LONGTIME COMPANION ▷4
[Compagnon de longue date, Un]
É.-U. 1990. Drame de mœurs de Norman RENÉ avec Campbell Scott, Bruce Davison et Stephen Caffrey. - Ravagé par le virus du sida, un groupe d'homosexuels new-yorkais développe un sens aigu de solidarité. □ Général
DVD VA→STF→Cadrage W→PC

LOOK AT ME *voir* **Comme une image**

LOOK BACK IN ANGER [Corps sauvages, Les] ▷3
ANG. 1959. Étude de mœurs de Tony RICHARDSON avec Richard Burton, Mary Ure et Claire Bloom. - Un homme névrosé rend la vie impossible à sa femme. - Psychologie fouillée. Réalisation habile. Interprétation excellente. □ Non classé
DVD VA→STF→Cadrage W→11,95 $

LOOK WHO'S TALKING [De quoi j'me mêle] ▷4
É.-U. 1989. Comédie sentimentale d'Amy HECKERLING avec Kirstie Alley, John Travolta et George Segal. - Ayant rompu avec son amant, une jeune femme entreprend de trouver un nouveau père à son bébé avec l'aide d'un chauffeur de taxi. □ Général
DVD VF→STF→Cadrage W→23,95 $

LOOKING FOR MR. GOODBAR ▷3
[À la recherche de M. Goodbar]
É.-U. 1977. Drame psychologique de Richard BROOKS avec Diane Keaton, Tuesday Weld et William Atherton. - Une enseignante préfère les amants d'un soir à un engagement sentimental durable. - Intrigue basée sur un fait divers transposé en roman. Critique de milieu valable. Interprétation nuancée de D. Keaton. □ 18 ans+

LOOKING FOR RICHARD ▷4
É.-U. 1996. Film d'essai réalisé et interprété par Al PACINO avec Harris Yulin et Penelope Allen. - Évocation des recherches menées par le cinéaste sur les contextes artistique et historique de la pièce *Richard III* de William Shakespeare. □ Général

LOOKING GLASS WAR, THE ▷4
[Miroir aux espions, Le]
ANG. 1969. Drame d'espionnage de Frank R. PIERSON avec Ralph Richardson, Christopher Jones et Anthony Hopkins. - Les services secrets anglais envoient un agent enquêter sur l'installation de fusées russes en Allemagne de l'Est.
DVD VA→STA→32,95 $

LORD JIM ▷4
ANG. 1964. Aventures de Richard BROOKS avec Peter O'Toole, Paul Lukas et James Mason. - Un officier de marine dégradé trouve l'occasion de se réhabiliter dans un pays d'Asie. □ Général
DVD VF→STF→Cadrage W→23,95 $

LORD LOVE A DUCK ▷5
É.-U. 1966. Comédie de George AXELROD avec Roddy McDowall, Tuesday Weld et Martin West. - Un étudiant farfelu choisit une condisciple comme objet d'expériences psychologiques.
DVD VA→STA→Cadrage W→17,95 $

LORD OF ILLUSIONS [Maître de l'illusion, Le] ▷4
É.-U. 1995. Drame d'horreur de Clive BARKER avec Scott Bakula, Kevin J. O'Connor et Famke Janssen. - Un détective privé est mêlé à une sombre affaire de sorcellerie alors qu'il enquête sur le meurtre d'un célèbre illusionniste. □ 16 ans+ · Horreur
DVD VA→STF→Cadrage W→11,95 $

LORD OF THE FLIES ▷3
ANG. 1963. Drame poétique de Peter BROOK avec James Aubrey, Tom Chapin et Hugh Edwards. - Naufragés dans une île, des enfants adoptent des coutumes bizarres. - Parabole morale et sociale très originale. Style direct et vivant. Excellente direction des enfants. □ Général
DVD VA→STA→62,95 $

LORD OF THE FLIES ▷4
É.-U. 1990. Drame de Harry HOOK avec Balthazar Getty, Chris Furrh et Danuel Pipoly. - De jeunes naufragés sont pris en charge par un colonel et un adolescent belliqueux qui profitent de leur autorité pour faire régner un climat d'affrontement. □ 13 ans+
DVD VA→STF→Cadrage W→12,95 $

LORD OF THE RINGS, THE ▷4
[Seigneur des anneaux, Le]
É.-U. 1978. Dessins animés de Ralph BAKSHI. - Trois gnomes entreprennent un long voyage en vue de détruire la puissance d'un anneau magique, convoité par un sinistre seigneur. □ Général
DVD VF→STF→Cadrage W→13,95 $

LORD OF THE RINGS: THE FELLOWSHIP OF THE RING ►2
[Seigneur des anneaux: la communauté de l'anneau, Le]
É.-U. 2001. Conte de Peter JACKSON avec Viggo Mortensen, Elijah Wood et Ian McKellen. - Un groupe d'humains et de personnages fabuleux entreprennent un périple pour détruire un anneau magique convoité par un sinistre seigneur. - Brillante adaptation du premier tome du roman de J.R.R. Tolkien. Récit imaginatif. Impressionnante conception visuelle. Réalisation au souffle épique majestueux. Interprétation convaincue. □ Général · Déconseillé aux jeunes enfants
DVD VA→STA→Cadrage P&S/16X9→17,95 $
VF→STA→Cadrage W/16X9→17,95 $
VF→Cadrage W→34,95 $ VA→Cadrage W→99,95 $

LORD OF THE RINGS: THE TWO TOWERS, THE ►2
[Seigneur des anneaux: les deux tours, Le]
É.-U. 2002. Conte de Peter JACKSON avec Elijah Wood, Sean Astin et Viggo Mortensen. - Des humains et des êtres fabuleux combattent les armées d'un sinistre seigneur et d'un sorcier qui convoitent un anneau magique. - Adaptation fulgurante du second tome du roman de J.R.R. Tolkien. Décors monumentaux magnifiquement photographiés. Réalisation spectaculaire. Interprétation intense. □ Général · Déconseillé aux jeunes enfants
DVD VA→Cadrage W→17,95 $ VF→Cadrage W/16X9→34,95 $
Cadrage W/16X9→99,95 $

LORD OF THE RINGS: THE RETURN OF THE KING ►2
[Seigneur des anneaux: le retour du roi]
É.-U. 2003. Conte de Peter JACKSON avec Viggo Mortensen, Elijah Wood et Ian McKellen. - Des humains et des êtres fabuleux livrent un dernier combat contre la gigantesque armée d'un sinistre seigneur qui convoite un anneau maléfique. - Adaptation titanesque du dernier tome du roman de Tolkien. Multiples intrigues savamment imbriquées. Passages prenants. Scènes de bataille d'une magnificence et d'une ampleur inégalées. Interprétation saisissante d'E. Wood. □ Général · Déconseillé aux jeunes enfants
DVD VA→STA→Cadrage W→17,95 $ VA→Cadrage W→112,95 $
VA→STF→Cadrage W/16X9→34,95 $

LORD OF WAR [Seigneur de guerre] ▷4
É.-U. 2005. Thriller d'Andrew NICCOL avec Nicolas Cage, Bridget Moynahan, Shake Tukhmanyan et Jared Leto. - Pourchassé par un agent d'Interpol, un trafiquant d'armes américain d'origine ukrainienne s'interroge sur les implications morales de son métier. □ 13 ans+ · Violence
DVD VF→Cadrage W→27,95 $ VA→Cadrage W→24,95 $

LORDS OF DISCIPLINE, THE ▷4
É.-U. 1982. Drame de mœurs de Franc RODDAM avec David Keith, Robert Prosky et G.D. Spradlin. - En 1964, dans une académie militaire d'un État du Sud, un aîné est chargé de protéger un nouvel élève de race noire.
DVD VA→Cadrage W→14,95 $

LORDS OF DOGTOWN [Seigneurs de Dogtown, Les] ▷5
É.-U. 2005. Drame sportif de Catherine HARDWICKE avec Emile Hirsch, John Robinson et Victor Rasuk. - En 1975, trois adolescents californiens révolutionnent la pratique de la planche à roulettes et deviennent des grandes vedettes de ce sport. □ Général · Déconseillé aux jeunes enfants
DVD VF→STA→Cadrage W→22,95 $
VA→STA→Cadrage W→22,95 $

LORDS OF FLATBUSH, THE ▷4
[Mains dans les poches, Les]
É.-U. 1974. Étude de mœurs de Stephen F. VERONA et Martin DAVIDSON avec Perry King, Sylvester Stallone et Susan Blakely. - Les déboires sentimentaux de deux adolescents faisant partie d'un club de Brooklyn dans les années 1950. □ 13 ans+
DVD VA→STA→Cadrage W→34,95 $

LORENZO'S OIL [Huile de Lorenzo, L'] ▷3
É.-U. 1992. Drame de George MILLER avec Nick Nolte, Susan Sarandon et Peter Ustinov. - Un couple s'efforce de mettre au point un traitement qui guérirait leur fils atteint d'une dystrophie très rare et fatale. - Récit basé sur une histoire aussi étonnante que véridique. Structure dramatique puissante. Éléments médicaux présentés avec rigueur. Mise en scène sobre. Interprétation d'une intensité bien contrôlée. □ 13 ans+
DVD VA→STF→Cadrage W→17,95 $

LORNA DOONE
É.-U. 1922. Maurice TOURNEUR
DVD 24,95 $

LOS AMANTES DE LA ISLA DEL DIA
voir **Quartier de femmes**

LOS ANGELES INTERDITE *voir* **L.A. Confidential**

LOS OLVIDADOS ►2
MEX. 1950. Drame social de Luis BUNUEL avec Alfonso Mejia, Roberto Cobo et Estella Inda. - Dans un quartier misérable, des enfants abandonnés vivent sous la conduite d'un évadé de pénitencier. - Peinture sociale empreinte de cruauté et de poésie âpre. Traitement de style néoréaliste avec des touches surréalistes. Photographie d'une beauté sombre. Excellente interprétation. □ 13 ans+

LOSS OF SEXUAL INNOCENCE, THE ▷4
É.-U. 1999. Drame de mœurs de Mike FIGGIS avec Julian Sands, Saffron Burrows et Stefano Dionisi. - L'aventure sexuelle d'un réalisateur et de son assistante se termine sur une note tragique lors d'un tournage en Tunisie. □ 16 ans+

LOST AND DELIRIOUS [Rebelles] ▷4
CAN. 2001. Drame psychologique de Léa POOL avec Mischa Barton, Piper Perabo et Jessica Paré. - Dans un collège privé huppé, trois jeunes filles découvrent l'amour et l'amitié dans des circonstances dramatiques. □ 13 ans+
DVD VF→Cadrage P&S→7,95 $ VA→STA→Cadrage W→7,95 $

LOST ANGELS [Carrefour des innocents] ▷4
É.-U. 1989. Drame social de Hugh HUDSON avec Adam Horovitz, Donald Sutherland et Amy Locane. - À la suite de délits mineurs, un adolescent vivant avec sa mère divorcée est placé dans une institution pour jeunes mésadaptés. □ Général

LOST BOYS, THE ▷4
É.-U. 1987. Drame d'horreur de Joel SCHUMACHER avec Jason Patric, Corey Haim, Dianne Wiest et Kiefer Sutherland. - Un adolescent se rend compte que son frère est devenu un vampire après un rite d'initiation bizarre que lui a fait subir une bande de motards. □ 13 ans+
DVD VF→Cadrage W→31,95 $

LOST CAPONE, THE ▷4
É.-U. 1990. Drame policier de John GRAY avec Adrian Pasdar, Ally Sheedy et Eric Roberts. - Le frère cadet du gangster Al Capone renonce à mener une vie malhonnête et devient shérif sous un pseudonyme dans une petite ville.

LOST COMMAND [Centurions, Les] ▷4
É.-U. 1966. Drame de guerre de Mark ROBSON avec Anthony Quinn, Alain Delon et Maurice Ronet. - Un épisode de la lutte entre l'armée française et les fellaghas durant la guerre d'Algérie.
DVD VA→23,95 $

LOST EMBRACE *voir* **Fils d'Élias, Le**

LOST HIGHWAY [Route perdue] ▷3
É.-U. 1996. Drame fantastique de David LYNCH avec Patricia Arquette, Balthazar Getty et Bill Pullman. - Un musicien et un jeune garagiste sont plongés dans une mystérieuse histoire de meurtres. - Lieux communs du film noir greffés sur une toile de fond onirique et bizarre. Péripéties déconcertantes. Climat de mystère habilement entretenu. Interprétation dans le ton voulu. □ 16 ans+ · Érotisme
DVD VA→Cadrage P&S→9,95 $ Cadrage P&S→9,95 $

LOST HONOR OF KATHARINA BLUM, THE
voir **Honneur perdu de Katharina Blum, L'**

LOST HORIZON ▷4
É.-U. 1936. Aventures de Frank CAPRA avec Ronald Colman, Jane Wyatt et Sam Jaffe. - Cinq Européens qui ont fui la révolution chinoise entrent dans une sorte de paradis terrestre au cœur des monts Himalaya. □ Général
DVD 38,95 $

LOST IN AMERICA ▷4
É.-U. 1985. Comédie réalisée et interprétée par Albert BROOKS avec Julie Hagerty et Garry Marshall. - Les aventures d'un publicitaire qui quitte son emploi et convainc sa femme de partir sur les routes à la recherche de l'Amérique et d'eux-mêmes. □ Général
DVD VA➜STF➜Cadrage W➜21,95 $

LOST IN SPACE [Perdus dans l'espace] ▷5
É.-U. 1998. Science-fiction de Stephen HOPKINS avec Gary Oldman, William Hurt et Matt LeBlanc. - Au milieu du XXIe siècle, un vaisseau spatial à la dérive échoue sur une étrange planète menacée de destruction. □ Général · Déconseillé aux jeunes enfants
DVD VF➜Cadrage W➜8,95 $

LOST IN THE STARS ▷5
É.-U. 1973. Drame social de Daniel MANN avec Brock Peters, Melba Moore et Clifton Davis. - En Afrique du Sud, les difficultés d'un pasteur noir de campagne avec son fils parti travailler à la ville. - Adaptation d'une pièce de Maxwell Anderson.
DVD VA➜Cadrage W/16X9➜23,95 $

LOST IN TRANSLATION [Traduction infidèle] ▷3
É.-U. 2003. Comédie sentimentale de Sofia COPPOLA avec Bill Murray, Scarlett Johansson et Giovanni Ribisi. - Une tendre complicité se développe entre un acteur hollywoodien venu à Tokyo tourner une publicité et une jeune compatriote délaissée par son mari. - Mélange à la fois triste et euphorique de romantisme, de satire et de poésie urbaine. □ Général
DVD VF➜STF➜Cadrage W/16X9➜14,95 $

LOST IN YONKERS [Vie de famille à Yonkers] ▷4
É.-U. 1993. Comédie dramatique de Martha COOLIDGE avec Brad Stoll, Mercedes Ruehl et Mike Damus. - Au début des années 1940, une célibataire de 36 ans vit toujours chez sa mère dont elle craint l'autorité. □ Général
DVD VA➜Cadrage W➜34,95 $

LOST LANGUAGE OF CRANES, THE ▷4
ANG. 1991. Drame de mœurs de Nigel FINCH avec Brian Cox, Eileen Atkins et Angus MacFadyen. - Confus quant à sa propre orientation sexuelle, un professeur est troublé par l'annonce de l'homosexualité de son fils. □ 16 ans+

LOST MAN, THE [Homme perdu, L'] ▷4
É.-U. 1969. Drame policier de Robert Alan ARTHUR avec Sidney Poitier, Joanna Shimkus et Al Freeman Jr. - Blessé dans un hold-up, un activiste de race noire tente d'échapper à la police.

LOST MOMENT, THE ▷4
É.-U. 1947. Drame psychologique de Martin GABEL avec Robert Cummings, Susan Hayward et Agnes Moorehead. - À Venise, un éditeur américain cherche à obtenir d'une vieille femme les lettres d'amour que lui a écrites un poète disparu. □ Général

LOST PATROL, THE [Patrouille perdue, La] ▷3
É.-U. 1934. Drame de John FORD avec Victor McLaglen, Boris Karloff et Wallace Ford. - Une patrouille anglaise, perdue dans le désert, est traquée par les Arabes. - Traitement sobre et dépouillé. Mise en scène solide. □ Général

LOST SON, THE ▷4
ANG. 1999. Drame policier de Chris MENGES avec Daniel Auteuil, Katrin Cartlidge et Nastassja Kinski. - Un détective privé tente d'identifier la tête dirigeante d'un réseau de prostitution qui exploite des enfants.
DVD VA➜Cadrage W➜41,95 $

LOST WEEKEND, THE ▷3
É.-U. 1945. Drame psychologique de Billy WILDER avec Ray Milland, Jane Wyman, Bessie Love et Philip Terry. - Quelques journées critiques dans la vie d'un alcoolique. - Étude psychologique assez poussée. Style vigoureux. Composition remarquable de R. Milland. □ Général
DVD VA➜STF➜19,95 $

LOST WORLD, THE ▷4
É.-U. 1925. Drame fantastique de Harry HOYT avec Wallace Beery, Bessie Love et Lewis Stone. - Des explorateurs découvrent une région où vivent encore des animaux préhistoriques. □ Général
DVD 31,95 $

LOST YEAR, A *voir* **Ano perdito, Un**

LOTNA *voir* **Dernière charge, La**

LOTUS EATERS, THE [Croqueurs de lotus, Les] ▷4
CAN. 1993. Comédie dramatique de Paul SHAPIRO avec Sheila McCarthy, R.H. Thomson et Michèle-Barbara Pelletier. - Directeur dans une école primaire, un père de famille a une liaison avec une jeune institutrice. □ Général

LOUIS 19, LE ROI DES ONDES ▷6
QUÉ. 1994. Comédie de Michel POULETTE avec Martin Drainville, Agathe de la Fontaine et Dominique Michel. - Un modeste vendeur remporte un concours dont le prix consiste à diffuser en direct, 24 heures sur 24, la vie quotidienne du gagnant. □ Général
DVD VF➜10,95 $

LOUIS, ENFANT ROI ▷5
FR. 1992. Drame historique de Roger PLANCHON avec Maxime Mansion, Carmen Maura et Paolo Graziosi. - En 1649, alors que la reine-mère assure la régence jusqu'à la majorité de Louis XIV, une révolte fomentée par des nobles éclate à Paris. □ 13 ans+ · Érotisme

LOUISIANA ▷5
FR. 1983. Mélodrame de Philippe DE BROCA avec Margot Kidder, Ian Charleson et Victor Lanoux. - Au XIXe siècle, les tribulations d'une jeune femme volontaire qui prend le contrôle d'une plantation de coton. □ Général

LOULOU [Pandora's Box] ►1
ALL. 1928. Drame de Georg Wilhelm PABST avec Louise Brooks, Fritz Kamter et Franz Lederer. - La déchéance d'une jeune femme trop belle. - Œuvre marquante de la fin du cinéma muet. Utilisation magistrale des jeux d'ombres et de lumière. Interprétation extraordinaire de L. Brooks. □ Non classé

LOULOU [Pandora's Box] ▷4
FR. 1979. Drame de mœurs de Maurice PIALAT avec Isabelle Huppert, Gérard Depardieu et Guy Marchand. - Une jeune femme quitte son mari pour aller vivre avec un désœuvré. □ 18 ans+
DVD VF➜STA➜Cadrage W➜29,95 $

LOUP *voir* **Wolf**

LOUP-GAROU DE PARIS, LE
voir **American Werewolf in Paris**

LOVE *voir* **Amour**

LOVE ! VALOUR ! COMPASSION ! ▷4
É.-U. 1996. Comédie dramatique de Joe MANTELLO avec Jason Alexander, Randy Becker et Stephen Bogardus. - Un groupe d'amis homosexuels se réunit dans une maison de campagne au cours de trois week-ends estivaux. □ 16 ans+
DVD VA➜STA➜Cadrage W/16X9➜21,95 $

LOVE & ANARCHY ▷3
ITA. 1973. Comédie satirique de Lina WERTMÜLLER avec Giancarlo Giannini, Mariangela Melato et Lina Polito. - Venu à Rome pour tuer Mussolini, un paysan s'installe dans une maison de passe. - Sorte de fable à saveur politique. Caricature mordante. Description baroque. □ 13 ans+
DVD Cadrage W➜26,95 $

LOVE & POP
JAP. 1998. Hideaki ANNO
DVD STA➔23,95 $

LOVE ACTUALLY [Réellement l'amour] ▷4
ANG. 2003. Comédie sentimentale de Richard CURTIS avec Hugh Grant, Laura Linney et Colin Firth. - À Londres, à l'approche des Fêtes, plusieurs personnes de tous âges rencontrent l'amour ou vivent des déceptions sentimentales. □ 13 ans+
DVD VF➔STF➔Cadrage W➔14,95 $

LOVE AFFAIR ▷4
É.-U. 1939. Comédie sentimentale de Leo McCAREY avec Charles Boyer, Irene Dunne et Lee Bowman. - Deux jeunes gens aux mœurs frivoles épris l'un de l'autre décident de se séparer pour éprouver leur amour. □ Général
DVD VA➔7,95 $

LOVE AFFAIR [Histoire d'amour] ▷5
É.-U. 1994. Drame sentimental de Glenn Gordon CARON avec Warren Beatty, Annette Bening et Katharine Hepburn. - Bien qu'ils soient déjà fiancés chacun de leur côté, un ex-joueur de football et une musicienne tombent amoureux l'un de l'autre durant une croisière. □ Général
DVD VF➔STF➔Cadrage W➔PC

LOVE AFFAIR: OR THE CASE OF THE MISSING SWITCHBOARD OPERATOR *voir* **Affaire de cœur, Une**

LOVE AMONG THE RUINS ▷3
É.-U. 1975. Comédie de mœurs de George CUKOR avec Katharine Hepburn, Laurence Olivier et Colin Blakely. - Un éminent avocat londonien est consulté par une riche veuve qu'il aime en secret depuis cinquante ans. - Téléfilm aux nuances psychologiques subtiles. Mise en scène élégante et sûre. □ Non classé

LOVE AND A .45 [Amour et un .45, L'] ▷4
É.-U. 1994. Drame policier de C.M. TALKINGTON avec Gil Bellows, Renee Zellweger et Rory Cochrane. - Recherché de toutes parts, un jeune couple est obligé de fuir et de vivre en hors-la-loi. □ 18 ans+ · Violence

LOVE AND DEATH ▷3
É.-U. 1975. Comédie réalisée et interprétée par Woody ALLEN avec Diane Keaton et Harold Gould. - Les tribulations militaires et sentimentales d'un paysan russe pendant les campagnes de Napoléon. - Parodie loufoque de *Guerre et paix* de Tolstoï. Nombreux gags visuels. Réalisation technique soignée. Excellente interprétation. □ Général
DVD VA➔STF➔Cadrage P&S/W➔12,95 $

LOVE AND DEATH ON LONG ISLAND ▷4
[Rendez-vous à Long Island]
ANG. 1997. Comédie dramatique de Richard KWIETNIOWSKI avec John Hurt, Jason Priestley et Fiona Loewi. - Obsédé par la beauté d'un jeune acteur américain, un vieil intellectuel anglais décide de s'introduire dans sa vie. □ Général

LOVE AND HUMAN REMAINS ▷4
[De l'amour et des restes humains]
CAN. 1993. Drame de mœurs de Denys ARCAND avec Thomas Gibson, Ruth Marshall et Cameron Bancroft. - Les tribulations amoureuses d'un groupe de jeunes gens aux diverses orientations sexuelles. □ 16 ans+ · Érotisme

LOVE AT FIRST BITE ▷5
É.-U. 1979. Comédie de S. DRAGOTI avec George Hamilton, Susan Saint James et Richard Benjamin. - Le comte Dracula se rend à New York et recherche de nuit la femme de ses rêves.
DVD VA➔STA➔Cadrage P&S/W➔12,95 $

LOVE AT LARGE [Amour poursuite, L'] ▷4
É.-U. 1990. Comédie policière d'Alan RUDOLPH avec Tom Berenger, Elizabeth Perkins et Anne Archer. - Engagé par une femme riche pour enquêter sur un amant mystérieux, un détective découvre qu'il est lui-même l'objet d'une filature. □ Général
DVD VA➔STF➔Cadrage P&S/W➔17,95 $

LOVE AT STAKE
É.-U. 1988. John MOFFITT
DVD VA➔STF➔Cadrage W➔12,95 $

LOVE AT THE TOP *voir* **Mouton enragé, Le**

LOVE BUG, THE [Amour de coccinelle, Un] ▷4
É.-U. 1968. Comédie de Robert STEVENSON avec Dean Jones, Michele Lee et David Tomlinson. - Un amateur de courses automobiles achète une Volkswagen qui se révèle dotée de qualités extraordinaires. □ Général

LOVE CAN SERIOUSLY DAMAGE YOUR HEALTH ▷4
ESP. 1996. Comédie de Manuel Gomez PEREIRA avec Penelope Cruz, Gabino Diego et Ana Belen. - Durant 30 ans, une femme collectionne les maris célèbres pendant que son amour de jeunesse mène une vie conjugale plus conventionnelle. □ Général
DVD STA➔Cadrage P&S➔38,95 $

LOVE CRAZY ▷4
É.-U. 1941. Comédie de Jack CONWAY avec William Powell, Myrna Loy et Gail Patrick. - Injustement accusé d'infidélité, un homme se fait passer pour fou afin d'empêcher sa femme de demander le divorce. □ Général

LOVE FIELD ▷4
É.-U. 1991. Drame de Jonathan KAPLAN avec Michelle Pfeiffer, Dennis Haysbert et Stephanie McFadden. - Après avoir mis la police aux trousses d'un Noir qu'elle soupçonnait injustement d'avoir kidnappé une fillette, une femme s'efforce de lui venir en aide. □ Général
DVD VA➔Cadrage W➔11,95 $

LOVE FINDS ANDY HARDY ▷4
É.-U. 1938. Comédie de George B. SEITZ avec Lewis Stone, Mickey Rooney et Judy Garland. - Un juge doit sermonner son fils qui s'engage trop facilement dans des aventures sentimentales. □ Général
DVD VA➔21,95 $

LOVE HAPPY ▷4
É.-U. 1949. Comédie de David MILLER avec les frères Marx, Vera Ellen et Ilona Massey. - Divers personnages recherchent un collier de diamants volé. □ Général
DVD VA➔14,95 $

LOVE HURTS ▷4
É.-U. 1989. Comédie dramatique de Bud YORKIN avec Jeff Daniels, Judith Ivey et Cynthia Sikes. - Les tribulations d'un jeune père de famille infidèle qui participe aux préparatifs du mariage de sa sœur. □ Général

LOVE IN GERMANY, A *voir* **Amour en Allemagne, Un**

LOVE IN THE AFTERNOON ▷4
É.-U. 1956. Comédie sentimentale de Billy WILDER avec Gary Cooper, Audrey Hepburn et Maurice Chevalier. - La fille d'un détective privé s'éprend d'un libertin que son père est chargé de surveiller. □ Général
DVD VA➔STF➔Cadrage W➔21,95 $

LOVE IN THE CITY *voir* **Amour à la ville, L'**

LOVE IN THOUGHTS
ALL. 2004. Achim VON BORRIES
DVD STA➔31,95 $

LOVE IS A MANY-SPLENDORED THING ▷4
É.-U. 1955. Drame sentimental de Henry KING avec William Holden, Jennifer Jones et Torin Thatcher. - À Hong-Kong, une Eurasienne s'éprend d'un journaliste américain en instance de divorce. □ Général
DVD VF➔STA➔Cadrage W➔14,95 $

LOVE IS BETTER THAN EVER ▷5
É.-U. 1952. Comédie sentimentale de Stanley DONEN avec Larry Parks, Elizabeth Taylor et Josephine Hutchinson. - Une jeune fille annonce ses fiançailles avec un célibataire endurci. □ Général

LOVE IS COLDER THAN DEATH
ALL. 1969. Rainer Werner FASSBINDER
DVD STA→Cadrage W→29,95 $

LOVE IS THE DEVIL ▷4
ANG. 1997. Drame biographique de John MAYBURY avec Derek Jacobi, Daniel Craig et Tilda Swinton. - La vie et la carrière du peintre anglais Francis Bacon, qui a vécu plusieurs années avec un amant qui lui servait de modèle.
DVD VA→38,95 $

LOVE JONES ▷4
É.-U. 1997. Comédie sentimentale réalisée par Theodore WITCHER avec Larenz Tate, Nia Long et Isaiah Washington. - Deux jeunes artistes hésitent à s'engager dans une relation stable, préoccupés qu'ils sont par leur indépendance et leur carrière. □ Général

LOVE LETTER
JAP. 1995. Shunji IWAI
DVD STA→69,95 $

LOVE LETTER FOR A PORTUGUESE NUN
ALL. SUI. 1977. Jess (Jesus) FRANCO
DVD VA→Cadrage W→42,95 $

LOVE LETTERS ▷5
É.-U. 1983. Drame sentimental d'Amy JONES avec Jamie Lee Curtis, James Keach et Amy Madigan. - Une jeune animatrice de radio s'engage dans une liaison avec un homme marié qui refuse pourtant de quitter son épouse.

LOVE LETTERS ▷5
É.-U. 1945. Drame psychologique de William DIETERLE avec Joseph Cotten, Jennifer Jones et Ann Richards. - Une femme amnésique est partagée entre deux amours. □ Général

LOVE LIGHT, THE
É.-U. 1921. Frances MARION
DVD STA→46,95 $

LOVE ME OR LEAVE ME ▷4
É.-U. 1955. Drame biographique de Charles VIDOR avec Doris Day, James Cagney et Cameron Mitchell. - La carrière de la chanteuse Ruth Etting dans les années 1920. □ Général
DVD VA→21,95 $

LOVE ME TENDER [Chevalier du crépuscule, Le] ▷5
É.-U. 1956. Western de Robert D. WEBB avec Richard Egan, Elvis Presley et Debra Paget. - Des fils d'une famille sudiste sont mêlés au vol d'une somme d'argent appartenant à l'armée nordiste. □ Général
DVD VA→STA→Cadrage W→9,95 $ VA→Cadrage W→22,95 $

LOVE MEETINGS
ITA. 1963. Pier Paolo PASOLINI □ Général
DVD VA→Cadrage W→39,95 $

LOVE NEST ▷5
É.-U. 1952. Comédie de Joseph M. NEWMAN avec June Haver, William Lundigan et Marilyn Monroe. - Un ancien combattant et sa femme gèrent une pension de famille. □ Général
DVD VA→STA→14,95 $

LOVE OBJECT
É.-U. 2002. Robert PARIGI
DVD VA→Cadrage W/16X9→23,95 $

LOVE OF A MAN, THE
ESP. 1997. Comédie de mœurs de Yolanda Garcia SERRANO et Juan Luis IBORRA avec Loles Leon, Andrea Occhipinti et Pedro Mari Sanchez. - Les tribulations sentimentales de deux amis, une institutrice et un avocat gay, tous deux à la recherche de l'homme idéal.

LOVE OF JEANNE NEY, THE [Amour de Jeanne Ney, L']
ALL. 1927. Georg Wilhelm PABST □ Général
DVD STA→23,95 $

LOVE ON THE RUN *voir* **Amour en fuite, L'**

LOVE ON THE RUN ▷4
É.-U. 1936. Comédie de W.S. VAN DYKE II avec Joan Crawford, Clark Gable et Franchot Tone. - Remettant en question son futur mariage avec un espion, une riche Américaine invite deux journalistes à l'accompagner dans sa fuite à travers l'Europe. □ Général

LOVE SERENADE ▷4
AUS. 1996. Comédie dramatique de Shirley BARRETT avec Miranda Otto, Rebecca Frith et George Shevtsov. - Dans une petite ville isolée, une rivalité fait surface entre deux sœurs célibataires vivant ensemble lorsqu'un disc-jockey très populaire loue la maison voisine. □ Général
DVD VA→9,95 $

LOVE STORY [Histoire d'amour, Une] ▷4
É.-U. 1970. Comédie dramatique d'Arthur HILLER avec Ali MacGraw, Ryan O'Neal et Ray Milland. - Un fils de bonne famille étudiant en droit s'éprend d'une camarade d'origine modeste. □ Général
DVD VF→STA→Cadrage W→9,95 $

LOVE STREET *voir* **Rue des plaisirs**

LOVE THAT BOY
CAN. 2003. Andrea DORFMAN
DVD VA→Cadrage W→33,95 $

LOVE THE HARD WAY
É.-U. 2001. Peter SEHR
DVD VA→18,95 $

LOVE WITH THE PROPER STRANGER ▷3
[Certaine rencontre, Une]
É.-U. 1963. Comédie dramatique de Robert MULLIGAN avec Steve McQueen, Natalie Wood et Edie Adams. - Une jeune fille enceinte qui songe à se faire avorter reprend contact avec son amant d'un jour. - Histoire bien racontée. Jeu spontané et nuancé des interprètes. □ Général

LOVE'S A BITCH *voir* **Amours chiennes**

LOVE'S LABOUR'S LOST [Peines d'amour perdues] ▷4
ANG. 1999. Comédie musicale réalisée et interprétée par Kenneth BRANAGH avec Alessandro Nivola et Alicia Silverstone. - En 1639, le vœu de chasteté du roi de Navarre et de ses amis est menacé par la visite de la princesse de France et de ses suivantes. □ Général
DVD Cadrage W→27,95 $

LOVE, ETC. ▷4
FR. 1996. Drame sentimental de Marion VERNOUX avec Charlotte Gainsbourg, Yvan Attal et Charles Berling. - Une jeune femme entretient une liaison avec le meilleur ami de son mari. □ 13 ans+

LOVE, LUDLOW
É.-U. 2005. Adrienne J. WEISS
DVD VA→STA→Cadrage W/16X9→14,95 $

LOVE, SEX AND EATING THE BONES ▷4
[Amour en chair et en os, L']
CAN. 2003. Comédie dramatique de David SUTHERLAND avec Hill Harper, Marlyne N. Afflack et Mark Taylor. - Avide consommateur de films pornos, un aspirant photographe éprouve des difficultés érectiles en compagnie de sa nouvelle copine. □ 13 ans+ · Érotisme
DVD VA→28,95 $

LOVE-MOI ▷4
QUÉ. 1991. Drame social de Marcel SIMARD avec Germain Houde, Paule Baillargeon et Mario St-Armand. - Un auteur découvre la triste réalité de six jeunes délinquants en travaillant avec eux à la mise sur pied d'une pièce de théâtre. □ 13 ans+

LOVED ONE, THE [Cher disparu, Le] ▷4
É.-U. 1965. Comédie satirique de Tony RICHARDSON avec Robert Morse, Anjanette Comer et Rod Steiger. - Un jeune Anglais se trouve un emploi dans un cimetière de luxe à Hollywood. □ Non classé
DVD VF→STA→Cadrage W→21,95 $

LOVEFILM
HON. 1970. Istvan SZABO
DVD STA→23,95 $

LOVELY AND AMAZING ▷4
É.-U. 2002. Comédie de mœurs de Nicole HOLOFCENER avec Catherine Keener, Brenda Blethyn et Emily Mortimer. - Trois sœurs complexées par leur apparence physique ou leur statut social font face à diverses déconvenues dans leur recherche du bonheur.
□ 13 ans+
DVD VA➔STA➔Cadrage W➔12,95 $

LOVER, THE *voir* **Milena**

LOVER, THE [Amant, L'] ▷4
FR. 1991. Drame sentimental de Jean-Jacques ANNAUD avec Jane March, Tony Leung et Frédérique Méninger. - En 1929, à Saïgon, une adolescente française devient la maîtresse d'un riche Chinois.
□ 16 ans+ · Érotisme
DVD VF➔STF➔Cadrage W➔12,95 $

LOVER COME BACK ▷4
É.-U. 1961. Comédie de Delbert MANN avec Doris Day, Rock Hudson et Tony Randall. - À l'emploi d'agences de publicité rivales, un homme et une femme se font la lutte pour obtenir de gros contrats. □ Général
DVD VA➔STA➔Cadrage W➔18,95 $

LOVER'S PRAYER
ANG. É.-U. 2000. Anselmo REVERGE
DVD VA➔Cadrage W➔8,95 $

LOVERS ▷3
ESP. 1991. Drame sentimental de Vincente ARANDA avec Victoria Abril, Jorge Sanz et Maribel Verdu. - Une veuve endettée pousse son amant à subtiliser les économies que la fiancée de celui-ci amasse en vue du mariage. - Intrigue fort bien nouée inspirée d'un fait divers survenu dans les années 1950. Atmosphère d'époque crédible. Caméra habile et inquisitrice. Interprétation solide. □ 13 ans+ · Érotisme

LOVERS ▷5
FR. 1999. Drame de mœurs de Jean-Marc BARR avec Dragan Nicolic, Élodie Bouchez et Sergeï Trifunovic. - À Paris, une jeune libraire vit une relation amoureuse intense avec un peintre yougoslave sans-papiers.

LOVERS AND OTHER STRANGERS ▷4
[Lune de miel aux orties]
É.-U. 1970. Comédie de Cy HOWARD avec Bonnie Bedelia, Michael Brandon et Gig Young. - Diverses complications sentimentales dans une famille, à l'occasion d'un mariage.
DVD VA➔STF➔11,95 $

LOVERS OF DEVIL'S ISLAND *voir* **Quartier de femmes**

LOVERS OF THE ARTIC CIRCLE, THE
voir **Amants du cercle polaire, Les**

LOVERS ON THE BRIDGE
voir **Amants du Pont-Neuf, Les**

LOVERS, THE *voir* **Amants, Les**

LOVES OF A BLONDE *voir* **Amours d'une blonde, Les**

LOVES OF A FRENCH PUSSYCAT *voir* **French Pussycat**

LOVES OF CARMEN, THE [Amours de Carmen, Les] ▷5
É.-U. 1948. Drame sentimental de Charles VIDOR avec Rita Hayworth, Glenn Ford et Ron Randell. - Un officier est entraîné au banditisme par sa passion pour une gitane volage. □ Général

LOVIN' MOLLY ▷5
É.-U. 1973. Drame de mœurs de Sidney LUMET avec Blythe Danner, Anthony Perkins et Beau Bridges. - Au Texas une jeune paysanne accorde ses faveurs à deux amis épris d'elle et épouse un troisième homme.

LOVING COUPLES ▷5
É.-U. 1980. Comédie de Jack SMIGHT avec Shirley MacLaine, James Coburn et Susan Sarandon. - Chassés-croisés sentimentaux entre deux couples de générations différentes.
DVD VA➔STA➔7,95 $

LOVING COUPLES [Amoureux, Les] ▷4
SUÈ. 1965. Drame psychologique de M. ZETTERLING avec Gio Petre, Harriet Andersson et Gunnel Lindblom. - Trois jeunes femmes qui se trouvent dans une clinique revivent leur passé.
DVD STF➔29,95 $

LOWER DEPTHS, THE *voir* **Bas-fonds, Les**

LUCAS ▷4
É.-U. 1986. Comédie dramatique de David SELTZER avec Corey Haim, Kerri Green et Charlie Sheen. - Un jeune génie force l'entraîneur du club de football de son école secondaire à l'accepter malgré qu'il soit le souffre-douleur des costauds de l'équipe.
□ Général
DVD VF➔STA➔Cadrage P&S/W➔9,95 $

LUCIE AUBRAC ▷4
FR. 1997. Drame historique de Claude BERRI avec Carole Bouquet, Daniel Auteuil et Jean-Roger Milo. - Durant la Seconde Guerre mondiale à Lyon, l'épouse d'un résistant détenu par les nazis échafaude un audacieux plan pour le libérer. □ Général

LUCIEN BROUILLARD ▷4
QUÉ. 1983. Drame social de Bruno CARRIÈRE avec Pierre Curzi, Marie Tifo et Roger Blay. - Un contestataire soucieux de justice sociale est entraîné par un ami dans un complot meurtrier.
□ Général

LUCKY LUCIANO ▷3
ITA. 1973. Drame biographique de Francesco ROSI avec Gian Maria Volontè, Rod Steiger et Charles Siragusa. - En 1946, un policier américain tente de réunir des preuves contre l'un des chefs de la pègre américaine déporté dans son Italie natale. - Contexte politique et sociologique bien évoqué. Reconstitution rigoureuse des faits. Interprétation efficace de G.M. Volontè. □ 13 ans+

LUDWIG [Crépuscule des dieux, Le] ►2
ITA. 1972. Drame historique de Luchino VISCONTI avec Helmut Berger, Romy Schneider et Trevor Howard. - La vie de plus en plus déséquilibrée du roi Louis II de Bavière. - Fresque historique impressionnante. Construction quelque peu morcelée. Mise en scène soignée et intelligente. Trame musicale admirable. Interprétation fort valable.

LUDWIG VAN B. *voir* **Immortal Beloved**

LUEUR DANS LA FORÊT
voir **Light in the Forest, The**

LUEUR DANS LA NUIT, UNE
voir **Shining Through**

LUEUR MAGIQUE *voir* **Firelight**

LUI, MOI, ELLE ET L'AUTRE *voir* **Chances Are**

LUKE LA MAIN FROIDE *voir* **Cool Hand Luke**

LULU ON THE BRIDGE [Lulu sur le pont] ▷4
É.-U. 1998. Drame fantastique de Paul AUSTER avec Harvey Keitel, Mira Sorvino et Willem Dafoe. - Un saxophoniste dont la carrière a pris fin à la suite d'une grave blessure découvre une mystérieuse pierre qui l'amène à rencontrer le grand amour. □ Général
DVD VA➔STF➔27,95 $

LUMIÈRE ET COMPAGNIE ▷4
FR. 1995. Film d'essai de Sarah MOON. - Trente-neuf cinéastes tournent chacun un film de 52 secondes avec une caméra identique à celle des frères Lumière.
DVD 31,95 $

LUMIÈRES DU VENDREDI SOIR, LES
voir **Friday Night Lights**

LUMUMBA ▷4
FR. 2000. Drame biographique de Raoul PECK avec Eriq Ebouaney, Alex Descas et Maka Kotto. - En 1961, quelques mois après avoir été élu à la tête du premier gouvernement indépendant du Congo, Patrice Lumumba est assassiné. □ 13 ans+
DVD VF➔STA➔Cadrage W➔8,95 $

LUNA PAPA ▷4
ALL. 1999. Comédie de mœurs de Bahktyar KHUDOJNAZAROV avec Chulpan Khamatova, Moritz Bleibtreu et Ato Mukhamedshanov. - Avec l'aide de son père et de son frère demeuré, une jeune femme tente de retrouver l'inconnu qui l'a mise enceinte. □ Général
DVD STF→Cadrage W→34,95 $

LUNA PARK *voir* **Montagnes russes au Luna Park**

LUNATIC, THE ▷4
É.-U. 1990. Comédie de mœurs de Lol CREME avec Paul Campbell, Julie T. Wallace et Reggie Carter. - En Jamaïque, un simple d'esprit qui discute régulièrement avec un arbre est engagé comme guide par une touriste allemande. □ Général

LUNDI MATIN [Monday Morning] ▷3
FR. 2002. Comédie satirique d'Otar IOSSELIANI avec Jacques Bidou, Arrigo Mozzo IOSSELIANI Anne Kravz-Tarnavsky. - Las de son existence routinière, un ouvrier vivant à la campagne quitte momentanément travail et famille pour une escapade à Venise. - Regard amusé sur l'absurdité de la vie moderne. Nombreuses situations cocasses. Réalisation tout en finesse. Jeu pince-sans-rire des interprètes. □ Général

LUNE DANS LE CANIVEAU, LA ▷5
FR. 1983. Drame poétique de Jean-Jacques BEINEIX avec Gérard Depardieu, Nastassia Kinski et Victoria Abril. - Un débardeur obsédé par le souvenir de sa sœur qui s'est suicidée cherche l'oubli auprès d'une jeune femme riche. □ 13 ans+

LUNE DE MIEL ▷5
FR. 1985. Drame psychologique de Patrick JAMAIN avec Nathalie Baye, John Shea et Richard Berry. - Pour pouvoir rester aux États-Unis, une jeune Française contracte un mariage blanc avec un homme qui cache un déséquilibre profond. □ 13 ans+

LUNE DE MIEL À VEGAS *voir* **Honeymoon in Vegas**

LUNE DE MIEL AUX ORTIES
voir **Lovers and Other Strangers**

LUNE ROUGE *voir* **China Moon**

LUNE VIENDRA D'ELLE-MÊME, LA ▷4
QUÉ. 2004. Drame psychologique de Marie-Jan SEILLE avec France Castel, Isabelle Leblanc et Nathalie Malette. - Par amitié, une coiffeuse quinquagénaire tente de soulager les souffrances d'une jeune sidéenne en phase terminale. □ Général
DVD VF→33,95 $

LUNES DE FIEL *voir* **Bitter Moon**

LUNETTES D'OR, LES ▷4
ITA. 1987. Drame de mœurs de Giuliano MONTALDO avec Philippe Noiret, Rupert Everett et Valeria Golino. - En 1938, la bonne société d'une petite ville italienne ne peut pardonner à un médecin, pourtant bien considéré, sa liaison homosexuelle avec un jeune boxeur. □ Général

LUNULE, LA *voir* **Pyx, The**

LURED [Filles disparaissent, Des] ▷5
É.-U. 1947. Comédie policière de Douglas SIRK avec Lucille Ball, George Sanders et Boris Karloff. - Une danseuse aide la police à capturer un maniaque. □ Général
DVD 26,95 $

LUSH LIFE [À trois temps] ▷4
É.-U. 1993. Drame psychologique de Michael ELIAS avec Forest Whitaker, Jeff Goldblum et Kathy Baker. - Une amitié de longue date entre deux musiciens de jazz est mise à l'épreuve lorsque l'un d'eux se découvre atteint d'un cancer incurable.

LUST FOR GOLD ▷5
É.-U. 1949. Western de S. Sylvan SIMON avec Glenn Ford, Ida Lupino et Gig Young. - Une mine d'or légendaire coûte la vie à ceux qui tentent de la repérer.
DVD VA→17,95 $

LUST FOR LIFE ▷3
É.-U. 1956. Drame biographique de Vincente MINNELLI avec Anthony Quinn, Kirk Douglas et James Donald. - Les grands moments de la vie du peintre Vincent Van Gogh. - Atmosphère d'époque bien évoquée. Mise en scène soignée. Interprétation de classe. □ Non classé
DVD VA→STF→Cadrage W→21,95 $

LUSTER
É.-U. 2002. Everett LEWIS
DVD VA→21,95 $

LUTIN, LE *voir* **Elf**

LUV [Ma femme et nous] ▷4
É.-U. 1967. Comédie satirique de Clive DONNER avec Jack Lemmon, Peter Falk et Elaine May. - Un candidat au suicide est sauvé de la mort par un vieil ami. □ Général

LUZHIN DEFENCE. THE [Défense Loujine, La] ▷4
ANG. 2000. Drame psychologique de Marleen GORRIS avec John Turturro, Emily Watson et Geraldine James. - En 1929, alors qu'il participe à un championnat, un joueur d'échecs replié sur lui-même et obsessionnel tombe amoureux d'une jeune femme.

LYDIA ▷4
É.-U. 1941. Drame sentimental de Julien DUVIVIER avec Merle Oberon, Joseph Cotten et Edna May Oliver. - Une vieille demoiselle se remémore les quatre idylles qui ont marqué sa vie. □ Général

LYS BRISÉ, LE *voir* **Broken Blossoms**

M

M LE MAUDIT ►1
ALL. 1931. Drame policier de Fritz LANG avec Peter Lorre, Gustav Grundgens et Otto Wernicke. - Dans une ville d'Allemagne, on recherche un maniaque qui s'attaque à des petites filles. - Œuvre importante de l'école expressionniste allemande. Premier film sonore de Lang. Réussite technique. Excellente création d'atmosphère. Composition remarquable de P. Lorre. □ Général
DVD STA→62,95 $

M*A*S*H [MASH] ▷3
É.-U. 1969. Comédie de Robert ALTMAN avec Elliott Gould, Donald Sutherland et Tom Skerritt. - Pendant la guerre de Corée, trois chirurgiens militaires s'amusent à des plaisanteries baroques au détriment de leurs collègues. - Construction fragmentaire et anecdotique. Mélange de réalisme et de satire. Rythme et souplesse. Interprétation savoureuse. □ 13 ans+
DVD VF→STF→Cadrage W→21,95 $

M. BUTTERFLY ▷4
É.-U. 1993. Drame de mœurs de David CRONENBERG avec Jeremy Irons, John Lone et Ian Richardson. - À Pékin, en 1964, un comptable de l'ambassade de France a une liaison avec une chanteuse d'opéra énigmatique. □ 13 ans+

M. SAMEDI SOIR *voir* **Mr. Saturday Night**

MA 6-T VA CRACK-ER ▷4
FR. 1997. Drame social de Jean-François RICHET avec Arco Descat C., Jean-Marie Robert et Malik Zeggou. - Dans une banlieue défavorisée, des affrontements entre jeunes désœuvrés suscitent une intervention policière musclée. □ 16 ans+ · Violence

MA BELLE-MÈRE EST UNE EXTRATERRESTRE *voir* **My Stepmother Is an Alien**

MA BLONDE, MA MÈRE ET MOI *voir* **Only the Lonely**

MA FEMME EST DINGUE *voir* **For Pete's Sake**

MA FEMME EST UNE ACTRICE ▷4
[My Wife Is an Actress]
FR. 2001. Comédie dramatique réalisée et interprétée par Yvan ATTAL avec Charlotte Gainsbourg et Terence Stamp. - Un journaliste sportif traverse une crise de jalousie lorsque sa femme, une actrice célèbre, tourne avec un don juan du cinéma. □ Général
DVD VF→17,95 $

MA FEMME EST UNE SORCIÈRE *voir* **I Married a Witch**

MA FEMME ET NOUS *voir* **Luv**

MA FEMME S'APPELLE REVIENS ▷5
FR. 1981. Comédie de Patrice LECONTE avec Michel Blanc, Xavier Saint-Macary et Anémone. - Les tribulations sentimentales d'un médecin d'urgence-santé qui vient d'être plaqué par sa femme. □ Général

MA FEMME... S'APPELLE MAURICE ▷6
[My Wife Maurice]
FR. 2002. Comédie de Jean-Marie POIRÉ avec Philippe Chevallier, Régis Laspalès et Alice Evans. - Pour empêcher sa maîtresse de rencontrer sa femme, un homme demande à un inconnu de se faire passer pour cette dernière en se déguisant.
DVD VF→STA→36,95 $

MA MAISON EN OMBRIE *voir* **My House in Umbria**

MA MÈRE
FR. 2004. Drame de mœurs de Christophe HONORÉ avec Isabelle Huppert, Louis Garrel et Emma de Caunes. - À la mort de son mari, une femme initie son fils de 17 ans à la débauche dans l'espoir que celui-ci apprenne enfin qui elle est vraiment. - Adaptation provocante mais très prétentieuse d'un roman inachevé de Georges Bataille. Réalisation complaisante. I. Huppert glaciale aux côtés du fiévreux L. Garrel.
DVD VF→STA→Cadrage W→29,95 $

MA NUIT CHEZ MAUD [My Night at Maud's] ►2
FR. 1969. Drame psychologique d'Éric ROHMER avec Jean-Louis Trintignant, Françoise Fabian et Marie-Christine Barrault. - Un jeune ingénieur croyant résiste aux avances d'une divorcée par respect pour sa future épouse. - Excellente analyse psychologique. Dialogue intelligemment soutenu. Réalisation élégante. J.-L. Trintignant remarquable d'aisance. □ 13 ans+
DVD Cadrage W→21,95 $

MA PETITE ENTREPRISE ▷4
FR. 1999. Comédie de Pierre JOLIVET avec Vincent Lindon, François Berléand et Roschdy Zem. - Le propriétaire d'une menuiserie incendiée organise un casse dans les bureaux de sa compagnie d'assurances pour modifier sa police invalidée par un courtier magouilleur.

MA SAISON PRÉFÉRÉE [My Favorite Season] ▷3
FR. 1993. Drame psychologique d'André TÉCHINÉ avec Catherine Deneuve, Daniel Auteuil et Marthe Villalonga. - Après trois ans de relations rompues, diverses difficultés familiales finissent par rapprocher un frère et une sœur d'âge mûr. - Fine analyse psychologique. Va-et-vient habile entre la tragédie et la drôlerie. Traitement sobre et touchant. Comédiens de haut vol.

MA SŒUR EST DU TONNERRE *voir* **My Sister Eileen**

MA SORCIÈRE BIEN-AIMÉE *voir* **Bewitched**

MA VIE *voir* **My Life**

MA VIE DE CHIEN [My Life as a Dog] ▷3
SUÈ. 1985. Drame de Lasse HALLSTRÖM avec Anton Glanzelius, Tomas von Brömssen et Anki Liden. - Un enfant, envoyé chez son oncle à la campagne, se fait des amis qu'il aimerait décrire à sa mère souffrante. - Suite d'anecdotes tragicomiques. Récit émouvant. Film plein de candeur réalisé avec brio. □ Général
DVD STA→Cadrage W→62,95 $

MA VIE EN CINÉMASCOPE ▷4
QUÉ. 2004. Drame biographique de Denise FILIATRAULT avec Denis Bernard, Pascale Bussières et Michel Barrette. - En 1952, sur le point de subir une lobotomie, la chanteuse Alys Robi se remémore les moments marquants de sa vie et de sa carrière. □ Général · Déconseillé aux jeunes enfants
DVD VF→STA→Cadrage W→36,95 $

MA VIE EN ROSE [My Life in Pink] ▷3
FR. BEL. 1997. Comédie dramatique d'Alain BERLINER avec Georges Du Fresne, Michèle Laroque et Jean-Philippe Ecoffey. - Persuadé qu'il est une fille, un gamin en vient à faire le désespoir de ses parents. - Sujet audacieux habilement traité sur un ton fantaisiste. Ensemble à la fois vivant, coloré, drôle et touchant. □ 13 ans+

MA VIE EST UN ENFER ▷5
FR. 1991. Comédie fantaisiste réalisée et interprétée par Josiane BALASKO avec Daniel Auteuil et Michael Lonsdale. - Une célibataire grassouillette fait un pacte avec un messager du diable pour être transformée en une irrésistible séductrice. □ 13 ans+

MA VIE EST UNE CHANSON
voir **Words and Music**

MA VOISINE DANSE LE SKA ▷5
QUÉ. 2003. Comédie dramatique de Nathalie SAINT-PIERRE avec Frédéric Desager, Alexandrine Agostini et Paul Buissonneau. - À Montréal, un photographe suicidaire reprend goût à la vie au contact de sa nouvelle voisine qui souffre comme lui de solitude. □ 13 ans+
DVD VF→38,95 $

MABOROSI ▷4
JAP. 1995. Drame psychologique de Hirokazu KORE-EDA avec Makiko Esumi, Takashi Naito et Tadanobu Asano. - Hantée par le suicide de son mari, une jeune femme tente de refaire sa vie. □ Général
DVD STA→Cadrage W→29,95 $

MABUSE, LE JOUEUR *voir* **Dr. Mabuse: The Gambler**

MAC ▷4
É.-U. 1992. Comédie dramatique réalisée et interprétée par John TURTURRO avec Michael Badalucco et Carl Capotorto. - À New York, dans les années 1950, trois frères d'origine italienne vivent divers conflits après avoir fondé une petite compagnie de construction. □ 13 ans+

MACADAM COW-BOY *voir* **Midnight Cowboy**

MACAO [Paradis des mauvais garçons, Le] ▷5
É.-U. 1952. Drame policier de Josef VON STERNBERG avec Robert Mitchum, Jane Russell et William Bendix. - Un homme achève la mission d'un policier tué par le tenancier d'une maison de jeu. □ Général

MACARIO ▷3
MEX. 1960. Conte de Roberto GAVALDÓN avec Enrique Lucero, Ignacio López Tarso et Pina Pellicer. - Un bûcheron devient guérisseur après s'être assuré la complicité de la Mort. - Conte folklorique aux retournements naïfs et pourtant astucieux. Imagerie intéressante. Photographie bien conçue. Interprétation fort appropriée. □ Général

MACARONI ▷4
ITA. 1985. Comédie de mœurs d'Ettore SCOLA avec Jack Lemmon, Marcello Mastroianni et Isa Danieli. - Un industriel américain de passage à Naples retrouve un ami qu'il a connu dans cette ville quarante ans auparavant. □ Général

MACARTHUR ▷4
É.-U. 1977. Drame biographique de Joseph SARGENT avec Gregory Peck, Ed Flanders et Dan O'Herlihy. - La carrière militaire du général MacArthur depuis l'attaque des Philippines par les Japonais en 1942 jusqu'à la guerre de Corée. □ Général
DVD VA→STF→Cadrage W→13,95 $

MACBETH ►2
É.-U. 1948. Drame réalisé et interprété par Orson WELLES avec Dan O'Herlihy et Jeanette Nolan. - Le comte Macbeth assassine le roi d'Écosse afin de prendre sa place. - Œuvre puissante et originale. Transposition audacieuse et impressionnante de la pièce de Shakespeare. Très belle photo. Interprétation magistrale. □ Général

MACBETH ▷3
ANG. 1971. Drame de Roman POLANSKI avec Jon Finch, Francesca Annis et Martin Shaw. - La déchéance de Macbeth qui s'empare du trône d'Écosse en assassinant le roi Duncan. - Adaptation impressionnante de la tragédie de Shakespeare. Nombreuses touches personnelles du réalisateur. Aspects oniriques ou fantastiques réussis. Insistance sur les aspects violents. Interprétation froide. □ 13 ans+
DVD VA→STF→Cadrage W→39,95 $

MACHINE, LA ▷5
FR. 1994. Drame fantastique de François DUPEYRON avec Gérard Depardieu, Nathalie Baye et Didier Bourdon. - Après une expérience scientifique, l'esprit d'un meurtrier se retrouve dans le corps d'un psychiatre et vice-versa. □ 16 ans+ · Violence

MACHINE À EXPLORER LE TEMPS, LA
voir **Time Machine, The**

MACHINE GUN MOLLY
voir **Monica la mitraille**

MACHINIST, THE ▷4
ESP. 2004. Thriller de Brad ANDERSON avec Christian Bale, Jennifer Jason Leigh et Aitana Sánchez-Gijón. - Rongé par la culpabilité après avoir provoqué un grave accident, un machiniste insomniaque sombre dans une paranoïa grandissante. □ 13 ans+
DVD VA→STA→Cadrage W→15,95 $

MACHO [Golden Balls] ▷5
ESP. 1993. Comédie de mœurs de Bigas LUNA avec Javier Bardem, Maribel Verdu et Maria de Medeiros. - Furieux de l'infidélité de sa maîtresse, un ouvrier décide de s'enrichir grâce aux femmes et de construire le plus haut gratte-ciel de la ville. □ 16 ans+ · Érotisme
DVD STA→32,95 $

MACKENNA'S GOLD ▷5
É.-U. 1968. Western de J. Lee THOMPSON avec Gregory Peck, Omar Sharif et Telly Savalas. - Plusieurs personnes se disputent un filon d'or appartenant aux Apaches. □ 13 ans+
DVD VA→STA→Cadrage W→9,95 $

MACKINTOSH MAN, THE ▷4
ANG. 1973. Drame d'espionnage de John HUSTON avec Paul Newman, Dominique Sanda et James Mason. - Un voleur placé sous les ordres d'un important chef de la pègre se révèle être un agent des services secrets. □ 13 ans+

MAD ABOUT MUSIC ▷4
É.-U. 1938. Comédie musicale de Norman TAUROG avec Deanna Durbin, Herbert Marshall et Arthur Treacher. - Une adolescente prétend être la fille d'un grand aventurier afin d'impressionner ses camarades de classe.

MAD CITY [Reportage en direct] ▷4
É.-U. 1997. Drame social de Constantin COSTA-GAVRAS avec Dustin Hoffman, John Travolta et Alan Alda. - Un chômeur armé, qui a pris des otages dans un musée, est manipulé par un journaliste qui désire contrôler la couverture de l'incident. □ Général
DVD VF→STF→Cadrage W→7,95 $

MAD DOG AND GLORY [Flingueur et Glory] ▷4
É.-U. 1993. Comédie policière de John McNAUGHTON avec Robert De Niro, Uma Thurman et Bill Murray. - Pour remercier un policier célibataire qui lui a sauvé la vie, un mafioso lui offre en cadeau pour sept jours une de ses employées. □ 13 ans+
DVD VA→17,95 $

MAD DOGS
ANG. 2002. Ahmed A. JAMAL
DVD VA→34,95 $

MAD LOVE [Amour fou, L'] ▷4
É.-U. 1935. Drame d'horreur de Karl FREUND avec Peter Lorre, Colin Clive et Frances Drake. - Un célèbre pianiste découvre qu'un chirurgien fou lui a greffé les mains d'un tueur. □ Général

MAD LOVE ▷4
É.-U. 1995. Drame sentimental d'Antonia BIRD avec Chris O'Donnell, Drew Barrymore et Joan Allen. - Une adolescente rebelle s'échappe d'un hôpital psychiatrique et fuit en voiture avec son petit ami vers le Mexique. □ Général
DVD VF→STA→Cadrage W→14,95 $

MAD LOVE ▷5
ESP. 2001. Drame historique de Vicente ARANDA avec Pilar López de Ayala, Daniele Liotti et Manuela Arcuri. - Au XVIe siècle, la reine Jeanne de Castille est déclarée folle par son mari infidèle, l'archiduc Philippe, qui cherche à assumer seul le pouvoir.
DVD STA→39,95 $

MAD MAX [Bolides hurlants] ▷4
AUS. 1979. Science-fiction de George MILLER avec Mel Gibson, Joanne Samuel et Hugh Keays-Byrme. - Un ex-policier poursuit des motards qui ont tué sa femme. □ 18 ans+
DVD VA→STF→Cadrage P&S/W→18,95 $

MAD MAX 2: THE ROAD WARRIOR [Défi, Le] ▷3
AUS. 1981. Science-fiction de George MILLER avec Bruce Spence, Mel Gibson et Vernon Wells. - Dans un monde dévasté par la guerre, un ex-policier lutte contre des pillards à la recherche de sources d'énergie. - Suite de *Mad Max*. Western futuriste et apocalyptique. Scènes d'action époustouflantes. Interprétation convenable.
□ 18 ans+
DVD VA→Cadrage W→16,95 $

MAD MAX 3: BEYOND THE THUNDERDOME ▷4
AUS. 1985. Science-fiction de George MILLER et George OGILVIE avec Mel Gibson, Tina Turner, Frank Thring et Helen Buday. - Dans un monde dévasté par une guerre nucléaire, un aventurier est recueilli par une bande d'enfants qui le prennent pour un Messie.
□ 13 ans+
DVD VF→STF→Cadrage W→16,95 $

MADADAYO ▷3
JAP. 1993. Drame psychologique d'Akira KUROSAWA avec Tatsuo Matsumura, Kyoko Kagawa et Hisashi Igawa. - Un professeur qui a pris sa retraite pour se consacrer à l'écriture maintient des liens privilégiés avec ses anciens étudiants. - Dernier film du cinéaste. Succession de tableaux intimistes émaillés d'humour et de poésie. Réflexion sereine sur la fuite du temps. Images composées avec art. Interprètes bien dirigés.
DVD Cadrage W→32,95 $

MADAGASCAR ▷4
É.-U. 2005. Film d'animation d'Eric DARNELL et Tom McGRATH. - Par un concours de circonstances, quatre animaux nés au zoo de Central Park se retrouvent dans la jungle de Madagascar.
DVD VA→STF→Cadrage W→36,95 $

MADAME BOVARY
FR. 1933. Jean RENOIR

MADAME BOVARY ▷4
É.-U. 1949. Drame de Vincente MINNELLI avec Jennifer Jones, James Mason et Van Heflin. - Après avoir épousé un médecin qui ne peut lui offrir la vie de luxe dont elle est avide, une provinciale multiplie les aventures extraconjugales.

MADAME BOVARY ▷4
FR. 1991. Drame de mœurs de Claude CHABROL avec Isabelle Huppert, Jean-François Balmer et Christophe Malavoy. - La jeune épouse d'un médecin de province tente de déjouer son ennui en s'engageant dans diverses aventures galantes et en dépensant follement. □ Général
DVD VF→STA→Cadrage W→24,95 $

MADAME BROUETTE ▷5
SÉN. 2002. Drame de mœurs de Moussa SENE ABSA avec Rokhaya Niang, Aboubacar Sadikh Bâ, Kadiatou Sy et Ndèye Sénéba Seck. - À Dakar, les circonstances entourant la mort d'un policier corrompu qui vivait depuis peu avec une jeune mère divorcée au caractère déterminé.
DVD VF→29,95 $

MADAME BUTTERFLY ▷3
FR. 1995. Drame musical de Frédéric MITTERAND avec Ying Huang, Richard Troxell et Ning Liang. - Une Japonaise de quinze ans vit un grand malheur après avoir été abandonnée par son mari, un lieutenant de la marine américaine. - Adaptation tout en retenue de l'opéra de Puccini. Respect de la délicatesse et du caractère intimiste de l'œuvre. □ Général

MADAME CLAUDE ▷5
FR. 1977. Drame de Just JAECKIN avec Françoise Fabian, Murray Head, Vibeke Knudsen et Dayle Haddon. - Un jeune photographe cause des ennuis à la directrice d'un réseau de call-girls.
□ 18 ans+

MADAME CURIE ▷4
É.-U. 1943. Drame biographique de Mervyn LeROY avec Greer Garson, Walter Pidgeon et Albert Basserman. - La vie de Pierre et Marie Curie, découvreurs du radium. □ Général

MADAME DE... ►1
FR. 1953. Drame de Max OPHÜLS avec Charles Boyer, Danielle Darrieux et Vittorio de Sica. - Un diplomate italien s'éprend d'une femme du monde et est provoqué en duel par le mari de celle-ci. - Atmosphère romantique parfaitement recréée. Caméra maniée avec une aisance prodigieuse. Montage harmonieux. Interprétation remarquable. □ Général

MADAME DU BARRY [Passion] ▷3
ALL. 1919. Drame historique de Ernst LUBITSCH avec Pola Negri, Emil Jannings et Harry Liedtke. - La vie amoureuse d'une favorite du roi Louis XV. - Évocation historique luxueuse pour l'époque. Mise en scène soignée. Décors magnifiques. Mouvements de foule réussis. Interprétation un peu chargée.

MADAME ÉDOUARD
FR. 2004. Nadine MONFILS
DVD VF→Cadrage W/16X9→34,95 $

MADAME MINIVER *voir* **Mrs. Miniver**

MADAME PORTE LA CULOTTE *voir* **Adam's Rib**

MADAME ROSA *voir* **Vie devant soi, La**

MADAME SANS-GÊNE ▷5
FR. 1961. Comédie de CHRISTIAN-JAQUE avec Sophia Loren, Robert Hossein, Renaud Mary et Julien Bertheau. - Une lavandière épouse un sergent de l'armée de Bonaparte qui deviendra maréchal.
□ Général

MADAME SATA
BRÉ. 2002. Karim AINOUZ
DVD STA→Cadrage W→31,95 $

MADAME SOUSATZKA ▷3
É.-U. 1988. Comédie dramatique de John SCHLESINGER avec Shirley MacLaine, Navin Chowdhry et Shabana Azmi. - Un jeune pianiste accepte de se produire en public malgré l'opposition de son professeur qui craint qu'il ne soit pas prêt. - Ensemble très intéressant. Approche sensible des personnages. Réalisation un peu conventionnelle. Interprétation pleine de brio de S. MacLaine.
□ Général

MADE [Match, Le] ▷4
É.-U. 2001. Comédie policière réalisée et interprétée par Jon FAVREAU avec Vince Vaughn et Sean Combs. - Un gangster de Los Angeles confie à deux amis néophytes une mystérieuse mission à New York. □ 13 ans+

MADE FOR EACH OTHER ▷4
É.-U. 1938. Comédie dramatique de John CROMWELL avec James Stewart, Carole Lombard et Charles Coburn. - Un jeune ménage sans fortune connaît diverses difficultés. □ Non classé

MADE IN BRITAIN ▷4
ANG. 1983. Drame social d'Alan CLARKE avec Terry Richards, Tim Roth et Bill Stewart. - Un jeune skinhead résiste aux efforts de travailleurs sociaux qui tentent de le réformer.
DVD VA→STA→27,95 $

MADE IN ESTONIA
2003. Rando PETTAI
DVD STA→32,95 $

MADELINE ▷4
É.-U. 1998. Comédie de Daisy VON SCHERLER MAYER avec Hatty Jones, Frances McDormand et Nigel Hawthorne. - Les tribulations d'une petite orpheline pleine d'entrain et de débrouillardise qui vit dans un pensionnat pour jeunes filles. □ Général
DVD Cadrage W→17,95 $

MADEMOISELLE ▷4
ANG. 1966. Drame psychologique de Tony RICHARDSON avec Jeanne Moreau, Ettore Manni et Keith Skinner. - Une institutrice de village allume des incendies et nourrit une passion secrète pour un bûcheron italien. □ 13 ans+
DVD VF→STF→12,95 $

MADEMOISELLE ▷4
FR. 2000. Comédie dramatique de Philippe LIORET avec Sandrine Bonnaire, Jacques Gamblin et Zinedine Soualem. - Une représentante de commerce mariée et menant une vie rangée est attirée par un comédien itinérant désabusé. □ Général

MADEMOISELLE JULIE [Miss Julie] ►2
SUÈ. 1950. Drame psychologique d'Alf SJÖBERG avec Anita Bjork, Ulf Palme et Anders Henrikson. - Une jeune châtelaine névrosée a une aventure amoureuse avec un domestique. - Adaptation inventive de la pièce de Strindberg. Œuvre envoûtante, réalisée de main de maître. Montage souple se jouant des structures temporelles. Excellente interprétation. □ Non classé

MADIGAN ▷4
É.-U. 1968. Drame policier de Don SIEGEL avec Richard Widmark, Henry Fonda et Harry Guardino. - Un policier de New York recherche un meurtrier qui lui a volé son arme. □ Général
DVD VF→Cadrage W→10,95 $

MADIGAN'S MILLIONS
É.-U. ESP. ITA. 1968. Giorgio GENTILI
DVD VA→22,95 $

MADNESS OF KING GEORGE, THE ▷3
[Folie du roi George, La]
ANG. 1994. Comédie dramatique de Nicholas HYTNER avec Nigel Hawthorne, Helen Mirren et Ian Holm. - Le roi George III d'Angleterre éprouve des troubles nerveux qui provoquent chez lui des comportements grossiers et irresponsables. - Rappel historique placé sous le signe de l'humour et de l'absurde. Dialogues truculents. Production somptueuse. Acteurs admirables. □ Général

MADO POSTE RESTANTE ▷4
FR. 1989. Comédie de mœurs d'Alexandre ADABACHIAN avec Marianne Groves, Oleg Yankovsky et Isabelle Gélinas. - Les tribulations d'une grosse fille sympathique qui livre le courrier en bicyclette dans son village. □ Général

MAEDCHEN IN UNIFORM *voir* **Jeunes filles en uniforme**

MAËLSTROM ▷4
QUÉ. 2000. Drame psychologique de Denis VILLENEUVE avec Marie-Josée Croze, Jean-Nicolas Verreault et Stéphanie Morgenstern. - Après avoir tué un homme avec sa voiture sans s'arrêter, une jeune femme rongée par la culpabilité rencontre le fils de la victime. □ 13 ans+
DVD VF→STA→Cadrage W→23,95 $

MAGDALENE SISTERS [Sœurs Madeleine, Les] ▷3
ANG. 2002. Drame social de Peter MULLAN avec Nora-Jane Noone, Anne-Marie Duff et Geraldine McEwan. - Pour expier leurs prétendus péchés, de jeunes Irlandaises sont envoyées dans un couvent catholique dirigé par des sœurs tyranniques. - Dramatisation efficace de faits vécus. Ferme dénonciation de comportements injustes et cruels. Réalisation fort expressive. Interprétation d'ensemble remarquable. □ 13 ans+
DVD VF→STF→23,95 $

MAGIC [Magie] ▷5
É.-U. 1978. Drame psychologique de Richard ATTENBOROUGH avec Anthony Hopkins, Ann-Margret et Burgess Meredith. - Atteint de déséquilibre mental, un ventriloque en vient à croire que sa marionnette acquiert une vie propre. □ 13 ans+
DVD VA→22,95 $

MAGIC CHRISTIAN, THE [Beatle au paradis, Un] ▷5
ANG. 1969. Comédie satirique de Joseph McGRATH avec Peter Sellers, Ringo Starr et Raquel Welch. - Un homme richissime s'amuse à mettre en scène des supercheries pour prouver la vénalité et le snobisme de ses contemporains. □ Général

MAGIC FLUTE, THE *voir* **Flûte enchantée, La**

MAGIC OF MARCIANO, THE
É.-U. FR. 2000. Tony BARBIERI
DVD VA→23,95 $

MAGICIAN, THE *voir* **Visage, Le**

MAGICIEN D'OZ, LE *voir* **Wizard of Oz, The**

MAGIE DU DESTIN, LA *voir* **Sleepless in Seattle**

MAGIE NOIRE *voir* **Black Rainbow**

MAGNIFICENT AMBERSONS, THE ►1
É.-U. 1941. Drame psychologique d'Orson WELLES avec Tim Holt, Joseph Cotten et Dolores Costello. - L'orgueilleux héritier d'une riche famille connaît des revers qui l'humaniseront. - Film d'une facture magistrale. Traitement à la fois nostalgique et moderne. Grande richesse psychologique. Interprétation excellente. □ Général

MAGNIFICENT DOLL ▷4
É.-U. 1946. Drame biographique de Frank BORZAGE avec Ginger Rogers, David Niven et Burgess Meredith. - Une jeune veuve de Virginie épouse un membre du congrès appelé à devenir président des États-Unis. □ Général

MAGNIFICENT MATADOR, THE ▷5
[Brave et la belle, Le]
É.-U. 1956. Drame de Budd BOETTICHER avec Anthony Quinn, Maureen O'Hara et Manuel Rajas. - Un célèbre matador doit guider les premiers pas de son fils naturel dans l'arène. □ Général

MAGNIFICENT OBSESSION ▷4
É.-U. 1954. Drame sentimental de Douglas SIRK avec Jane Wyman, Rock Hudson et Agnes Moorehead. - Un jeune homme tente de réparer le mal qu'il a involontairement causé à une femme. □ Non classé

MAGNIFICENT SEVEN, THE [Sept mercenaires, Les] ▷3
É.-U. 1960. Western de John STURGES avec Yul Brynner, Eli Wallach et Steve McQueen. - Des paysans font appel à sept habiles tireurs pour se défendre contre des pillards. - Adaptation fort habile d'un film japonais dans le cadre du western. Atmosphère mexicaine bien reconstituée. Mise en scène vigoureuse. Excellente distribution.
DVD VA→STF→Cadrage W→33,95 $
VF→STF→Cadrage W→12,95 $

MAGNIFICENT YANKEE, THE ▷5
É.-U. 1950. Drame biographique de John STURGES avec Louis Calhern, Ann Harding et Eduard Franz. - La vie et les œuvres d'Oliver Wendell Holmes, juge de la Cour suprême des États-Unis de 1902 à 1933. □ Général

MAGNIFIQUE, LE ▷4
FR. 1973. Comédie fantaisiste de Philippe DE BROCA avec Jean-Paul Belmondo, Jacqueline Bisset et Vittorio Caprioli. - L'auteur d'une série de romans populaires s'inspire de sa voisine pour composer un personnage. □ Général
DVD VF→STA→Cadrage W/16X9→33,95 $

MAGNOLIA ►2
É.-U. 1999. Drame de mœurs de Paul Thomas ANDERSON avec John C. Reilly, Tom Cruise et Julianne Moore. - Au cours d'une journée, diverses personnes habitant Los Angeles vivent des crises familiales ou professionnelles très marquantes. - Fresque ambitieuse et bouleversante où s'enchevêtrent brillamment des intrigues multiples. Réalisation d'une belle virtuosité. Interprétation exceptionnelle.
DVD VA→STA→Cadrage W→29,95 $

MAGNUM FORCE [À coups de magnum] ▷5
É.-U. 1973. Drame policier de Ted POST avec Clint Eastwood, Hal Holbrook et Felton Perry. - Un détective à qui on confie une enquête sur une série de meurtres découvre que des policiers sont mêlés à l'affaire. □ 18 ans+
DVD VF→STF→Cadrage W→16,95 $

MAHABHARATA, THE ►2
ANG. 1989. Drame épique de Peter BROOK avec Robert Langton-Lloyd, Antonin Stahly-Vishwanadan et Bruce Myers. - Cinq frères et leurs cent cousins se font une guerre sans merci pour pouvoir régner sur le monde. - Gigantesque fresque basée sur l'un des plus anciens livres de l'humanité. Histoire riche en péripéties. Grande réussite visuelle. Réalisation impeccable. Très brillante distribution. □ Général
DVD VA→54,95 $

MAHLER ▷3
ANG. 1974. En 1911, le compositeur Gustav Mahler, tombé malade après une tournée américaine, se remémore quelques étapes de sa vie. - Sujet traité au moyen d'un flot d'images où se mêlent évocation du passé et fantasmes purs et simples. Style flamboyant et démesuré. Extraits musicaux judicieusement choisis. Interprètes talentueux. □ Général
DVD Cadrage P&S→49,95 $

MAIDS, THE ▷5
ANG. 1974. Drame psychologique de Christopher MILES avec Glenda Jackson, Susannah York et Vivien Merchant. - Deux sœurs se révoltent contre une riche Parisienne chez qui elles font le service domestique.
DVD VA→Cadrage W→26,95 $

MAIDS OF WILKO *voir* **Demoiselles de Wilko, Les**

MAIN AU COLLET, LA *voir* **To Catch a Thief**

MAIN BASSE SUR LA TV *voir* **Network**

MAIN DROITE DU DIABLE, LA *voir* **Betrayed**

MAIN GAUCHE DU SEIGNEUR, LA
voir **Left Hand of God, The**

MAINS D'ORLAC, LES ▷4
AUT. 1924. Drame fantastique de Robert WIENE avec Conrad Veidt, Alexandra Sorina et Carmen Cartellieri. - Un pianiste croit qu'on lui a greffé les mains d'un tueur à la suite d'un accident.

MAINS DANS LES POCHES, LES
voir **Lords of Flatbush, The**

MAINS DE DIEU, LES *voir* **Touch**

MAIS QU'EST-CE QUE J'AI FAIT AU BON DIEU POUR AVOIR UNE FEMME QUI BOIT DANS LES CAFÉS AVEC LES HOMMES? ▷5
FR. 1980. Comédie de Jan SAINT-HAMONT avec Antoinette Moya, Robert Castel et Michel Boujenah. - La vie de famille d'un garagiste pied-noir est perturbée par un inspecteur d'impôts. □ Général

MAIS QUI A TUÉ HARRY? *voir* **Trouble with Harry, The**

MAISON ASSASSINÉE, LA ▷5
FR. 1987. Drame de mœurs de Georges LAUTNER avec Patrick Bruel, Anne Brochet et Roger Jendly. - Après la Grande Guerre, un homme retourne dans son village d'enfance et entreprend de percer le mystère entourant le massacre de sa famille.

MAISON AU FOND DU PARC, LA
voir **House on the Edge of the Park, The**

MAISON AUX ESPRITS, LA
voir **House of the Spirits, The**

MAISON DE CIRE, LA *voir* **House of Wax**

MAISON DE JEANNE, LA ▷4
FR. 1987. Comédie dramatique de Magali CLÉMENT avec Christine Boisson, Benoît Régent et Jean-Pierre Bisson. - Le nouveau propriétaire d'une auberge-restaurant s'éprend de la jeune femme mariée qui la dirige. □ Général

MAISON DE SABLE ET DE BRUME
voir **House of Sand and Fog, The**

MAISON DES DAMNÉS, LA
voir **Legend of Hell House, The**

MAISON DES ÉTRANGERS, LA *voir* **House of Strangers**

MAISON DU LAC, LA *voir* **On Golden Pond**

MAISON RUSSIE, LA *voir* **Russia House, The**

MAISON SOUS LES ARBRES, LA ▷4
FR. 1971. Drame policier de René CLÉMENT avec Faye Dunaway, Frank Langella et Barbara Parkins. - Deux enfants, dont les parents sont aux prises avec différents problèmes, sont victimes d'un enlèvement. □ Général

MAÎTRE À BORD: DE L'AUTRE CÔTÉ DU MONDE
voir **Master and Commander: The Far Side of the World**

MAÎTRE D'ÉCOLE, LE ▷5
FR. 1981. Comédie de Claude BERRI avec Coluche, Josiane Balasko et Jacques Debary. - Un chômeur devient instituteur suppléant dans une école de province.

MAÎTRE DE GUERRE, LE
voir **Heartbreak Ridge**

MAÎTRE DE L'ILLUSION, LE
voir **Lord of Illusions**

MAÎTRE DE LA CAMORRA, LE ▷5
ITA. 1986. Drame policier de Giuseppe TORNATORE avec Laura Del Sol, Ben Gazzara et Leo Guillotta. - À partir de sa cellule, un criminel condamné à la prison pour meurtre réussit à s'imposer comme le chef de la mafia. □ 13 ans+

MAÎTRE DE MUSIQUE, LE ▷3
BEL. 1988. Drame musical de Gérard CORBIAU avec José Van Dam, Anne Roussel et Philippe Volter. - Un célèbre chanteur soumet son protégé à un concours de chant classique où le vainqueur sera départagé par un duel musical. - Intrigue sans surprise mais bien soutenue par une mise en scène soignée. Trame musicale très riche. Interprétation fort satisfaisante.

MAÎTRE DES ÉLÉPHANTS, LE ▷4
FR. 1995. Drame psychologique de Patrick GRANDPERRET avec Jacques Dutronc, Erwan Baynaud et Halibou Bouba. - À la suite du décès de sa mère, un gamin est envoyé en Afrique retrouver son père qui lui est inconnu.

MAÎTRE DU JEU, LE *voir* **Runaway Jury**

MAÎTRE DU LOGIS, LE ▷3
DAN. 1925. Comédie dramatique de Carl Theodor DREYER avec Johannes Meyer, Astrid Holm et Mathilde Nielsen. - Un père de famille qui tyrannise sa femme pourtant dévouée se voit servir une bonne leçon par sa vieille nourrice venue demeurer chez lui quelque temps. - Huis clos à l'écriture épurée. Discours féministe d'une étonnante modernité. Grande maîtrise du langage filmique. Interprétation fort expressive. □ Général

MAÎTRES DU TEMPS, LES [Time Masters] ▷3
FR. 1982. Dessins animés de René LALOUX. - Le commandant d'un vaisseau spatial et ses passagers partent à la rescousse d'un petit orphelin égaré sur une planète éloignée. - Adaptation d'un roman de Stefan Wul. Thème classique de science-fiction doté de variations surprenantes. Illustration imaginative et soignée. Touches poétiques.

MAÎTRESSE ▷5
FR. 1976. Drame de mœurs de Barbet SCHROEDER avec Bulle Ogier, Gérard Depardieu et Holger Lowenadler. - Un ouvrier en chômage fait la connaissance d'une jeune femme qui reçoit des hommes qui la paient pour leur faire subir des tourments raffinés.
DVD VF→STA→Cadrage W→46,95 $

MAÎTRESSE DE MAISON, LA *voir* **Housesitter**

MAÎTRESSE DU LIEUTENANT FRANÇAIS, LA
voir **French Lieutenant's Woman, The**

MAÎTRESSE LÉGITIME, LA [Wifemistress] ▷5
ITA. 1977. Drame de mœurs de Marco VICARIO avec Laura Antonelli, Marcello Mastroianni et Annie Belle. - Croyant son mari mort, une femme prend en main ses affaires pendant que celui-ci l'observe de la maison d'en face. □ 18 ans+

MAJA NUE, LA *voir* **Naked Maja, The**

MAJESTIC, THE [Majestic, Le] ▷5
É.-U. 2001. Drame de Frank DARABONT avec Jim Carrey, Laurie Holden et Martin Landau. - En 1951, un scénariste sur la liste noire perd la mémoire et aboutit dans une petite ville où il est pris pour un soldat que l'on croyait mort à la guerre.
DVD VF→STF→Cadrage W→9,95 $

MAJOR AND THE MINOR, THE ▷4
[Uniformes et jupons courts]
É.-U. 1942. Comédie de Billy WILDER avec Ginger Rogers, Ray Milland et Rita Johnson. - Une jeune femme déguisée en fillette tombe sous la protection d'un officier qui enseigne dans une académie militaire. □ Général

MAJOR BARBARA ▷4
ANG. 1941. Comédie de mœurs de Gabriel PASCAL avec Wendy Hiller, Rex Harrison et Robert Morley. - Un riche fabricant d'armes cherche à reconquérir sa fille qui s'est engagée dans l'Armée du salut. □ Général

MAJOR DUNDEE ▷4
É.-U. 1964. Western de Sam PECKINPAH avec Charlton Heston, Richard Harris et Senta Berger. - En 1864, pour venger le massacre d'une garnison, un officier américain part en guerre contre les Apaches malgré les ordres reçus. □ Général
DVD VF➔Cadrage W➔23,95 $

MAJOR LEAGUE [Ligue majeure] ▷4
É.-U. 1989. Comédie de David S. WARD avec Charlie Sheen, Tom Berenger et Corbin Bernsen. - Désireuse de transférer sa franchise à Miami, la nouvelle propriétaire d'une équipe de base-ball de Cleveland met tout en œuvre pour que celle-ci reste au dernier rang. □ Général

MAJORITY OF ONE, A ▷4
É.-U. 1961. Comédie de Mervyn LeROY avec Rosalind Russell, Alec Guinness et Ray Danton. - Une Juive de Brooklyn renonce à l'amour d'un riche Japonais sur les instances de son gendre. □ Général

MAKING LOVE ▷4
É.-U. 1982. Drame psychologique d'Arthur HILLER avec Michael Ontkean, Kate Jackson et Harry Hamlin. - Un jeune médecin révèle à sa femme une aventure homosexuelle, ce qui perturbe la vie du couple. □ 13 ans+
DVD VA➔STA➔Cadrage W➔15,95 $

MAKING MR. RIGHT ▷4
[Et la femme créa l'homme parfait]
É.-U. 1987. Comédie fantaisiste de Susan SEIDELMAN avec Ann Magnuson, John Malkovich et Ben Masters. - Chargée de promouvoir la mise au point d'un androïde, une jeune femme suscite chez l'automate des réactions non prévues. □ Général

MAL, LE *voir* **Sin**

MAL D'AIMER, LE ▷4
FR. 1986. Drame de mœurs de Giorgio TREVES avec Robin Renucci, Isabelle Pasco et Piera Degli Esposti. - Au XVIe siècle, un jeune médecin soignant des victimes de la syphillis tente d'épargner une jeune patiente qui ne présente aucun symptôme du mal. □ 13 ans+

MALABAR PRINCESS ▷4
FR. 2003. Comédie dramatique de Gilles LEGRAND avec Jules-Angelo Bigarnet, Jacques Villeret et Michèle Laroque. - Séjournant chez son grand-père dans le massif du Mont-Blanc, un gamin entreprend de retrouver sa mère, disparue il y a cinq ans dans cette région.
DVD VF➔STA➔31,95 $

MALAYA ▷5
É.-U. 1948. Drame de guerre de Richard THORPE avec James Stewart, Spencer Tracy et Valentina Cortese. - Pendant la guerre, un journaliste est chargé de faire sortir de la Malaisie occupée des réserves de caoutchouc. □ Général

MALCOLM X ▷3
É.-U. 1992. Drame biographique réalisé et interprété par Spike LEE avec Denzel Washington et Angela Bassett. - Les faits marquants de la vie de l'activiste noir Malcolm Little, surnommé Malcolm X. - Description rigoureuse de l'évolution du protagoniste. Contexte social et politique dépeint de manière vibrante. Illustration et bande sonore fort soignées. Jeu d'une grande conviction de D. Washington. □ 13 ans+
DVD VA➔STF➔Cadrage W➔21,95 $
VF➔STF➔Cadrage W➔31,95 $

MALDONNE ▷4
FR. 1968. Drame policier de Sergio GOBBI avec Pierre Vaneck, Elsa Martinelli et Robert Hossein. - Un homme accepte de tenir la place d'un disparu à qui il ressemble.

MALE AND FEMALE
É.-U. 1919. Cecil B. DeMILLE □ Général
DVD STA➔39,95 $

MALE ANIMAL, THE ▷4
É.-U. 1942. Comédie de Elliott NUGENT avec Henry Fonda, Olivia de Havilland et Jack Carson. - Un professeur de collège déplore l'importance donnée au sport dans son institution.

MALÉDICTION DE LA PANTHÈRE ROSE, LA
voir **Revenge of the Pink Panther, The**

MALÉDICTION, LA *voir* **Omen, The**

MALÉFICE *voir* **Cursed**

MALÉFIQUE ▷5
FR. 2002. Drame d'horreur d'Éric VALETTE avec Gérald Laroche, Philippe Laudenbach et Clovis Cornillac. - Quatre détenus découvrent dans leur cellule un mystérieux bouquin renfermant des formules de magie noire.
DVD VF➔13,95 $

MALÈNA ▷4
ITA. 2000. Drame de mœurs de Giuseppe TORNATORE avec Monica Bellucci, Giuseppe Sulfaro et Luciano Federico. - En 1940, dans un village sicilien, un adolescent est fasciné par la beauté d'une jeune veuve en proie aux médisances des villageoises. □ 13 ans+
DVD VF➔STA➔Cadrage W➔18,95 $

MÂLES, LES ▷4
QUÉ. 1971. Comédie de Gilles CARLE avec Donald Pilon, René Blouin et Andrée Pelletier. - Un étudiant et un bûcheron qui vivent dans les bois depuis un an et demi décident d'aller enlever une femme au village le plus proche.

MALGRÉ PICASSO *voir* **Surviving Picasso**

MALICE ▷5
É.-U. 1993. Drame policier de Harold BECKER avec Alec Baldwin, Nicole Kidman et Bill Pullman. - Un professeur met à jour une machination diabolique impliquant son épouse et un chirurgien. □ Général · Langage vulgaire
DVD VA➔STF➔Cadrage P&S/W➔12,95 $

MALICE@DOLL
JAP. 2000. Keitarou MOTONAGA
DVD VA➔STA➔28,95 $

MALICIA [Malicious] ▷4
ITA. 1973. Comédie de mœurs de Salvatore SAMPERI avec Laura Antonelli, Alessandro Momo et Turi Ferro. - Une jeune paysanne, engagée comme bonne par un commerçant veuf, se rend bientôt indispensable à toute la famille. □ 18 ans+

MALIN, LE *voir* **Wise Blood**

MALLRATS [Flâneurs, Les] ▷5
É.-U. 1995. Comédie de Kevin SMITH avec Jeremy London, Jason Lee et Shannen Doherty. - Quatre jeunes qui passent leur temps à hanter les allées d'un centre commercial entreprennent de saboter un jeu télévisé tourné sur place. □ 13 ans+ · Langage vulgaire
DVD VA➔STA➔Cadrage W➔16,95 $

MALOTRU, LE *voir* **Brimstone & Treacle**

MALQUERIDA, LA [Woman Who Was Never Loved, The]
MEX. 1949. Emilio FERNANDEZ
DVD 18,95 $

MALTESE FALCON, THE ▷3
É.-U. 1941. Drame policier de John HUSTON avec Humphrey Bogart, Mary Astor et Peter Lorre. - Un détective est chargé de retrouver une statuette de prix. - Récit mystérieux à souhait, d'après un roman de Dashiell Hammett. Intrigue conduite avec rigueur. Touches d'humour. Premier film de J. Huston. Interprétation solide. □ Général
DVD VF➔STF➔21,95 $

MAM'ZELLE CRICRI ▷5
AUT. 1957. Comédie musicale de Ernest MARISCHKA avec Romy Schneider, Hans Moser et Magda Schneider. - La nièce d'une boulangère viennoise crée un petit scandale en voulant aider son amoureux qui a composé une marche militaire pour l'empereur.
DVD VF→12,95 $

MAMA TURNS 100 *voir* **Maman a cent ans**

MAMAN A CENT ANS [Mama Turns 100] ▷3
ESP. 1979. Comédie dramatique de Carlos SAURA avec Geraldine Chaplin, Rafaela Aparicio et Norman Brinsky. - À l'occasion d'une fête, une jeune femme retourne dans une famille où elle a servi comme gouvernante. - Vision satirique de la vie familiale à l'espagnole. Intentions symboliques sensibles. Interprétation savoureuse. □ Général

MAMAN ET LA PUTAIN, LA ▷3
FR. 1973. Étude de mœurs de Jean EUSTACHE avec Jean-Pierre Léaud, Bernadette Lafont et Françoise Lebrun. - Un jeune homme épris de deux femmes se voit acculé à un choix. - Film insolite dominé par des dialogues aussi savoureux que crus. Traitement complexe des personnages. Mise en scène minimaliste. Interprétation désinvolte. □ 13 ans+

MAMAN KUSTERS S'EN VA-T-AU CIEL ▷3
[Mother Kusters Goes to Heaven]
ALL. 1975. Drame de mœurs de Rainer Werner FASSBINDER avec Brigitte Mira, Ingrid Caven et Karlheinz Boehm. - La veuve d'un ouvrier qui s'est suicidé est victime de la duplicité d'un journaliste. - Charge critique présentée dans un style aparemment distant et objectif. Progression mesurée et logique. Mise en scène sobre. B. Mira remarquable de justesse.
DVD STA→29,95 $

MAMAN LAST CALL ▷5
QUÉ. 2005. Comédie de mœurs de François BOUVIER avec Sophie Lorain, Patrick Huard et Anne-Marie Cadieux. - Une journaliste de 37 ans, ardente féministe, voit sa vie bouleversée en apprenant qu'elle est enceinte. □ Général
DVD VF→Cadrage W→29,95 $

MAMAN NE SE LAISSE PAS MARCHER SUR LES PIEDS *voir* **Serial Mom**

MAMAN TRÈS CHÈRE *voir* **Mommie Dearest**

MAMAN, J'AI RATÉ L'AVION *voir* **Home Alone**

MAMBO ITALIANO ▷4
QUÉ. 2003. Comédie de mœurs d'Émile GAUDREAULT avec Luke Kirby, Peter Miller et Claudia Ferri. - Un jeune Italo-Canadien provoque tout un tumulte dans sa famille lorsqu'il annonce à ses parents qu'il est gay. - Peinture de mœurs chaleureuse et enjouée, peuplée de personnages attachants. Traitement d'une exubérance contagieuse. Réalisation pleine d'idées fantaisistes. Comédiens savoureux. □ Général
DVD VF→Cadrage W→16,95 $

MAMMA ROMA ▷3
ITA. 1962. Drame psychologique de Pier Paolo PASOLINI avec Anna Magnani, Franco Citti et Ettore Garofolo. - Une ancienne prostituée s'efforce d'assurer l'avenir de son fils. - Portrait émouvant de gens humbles. Mise en scène expressive hésitant entre le néoréalisme et le symbolisme. Interprétation haute en couleur d'A. Magnani.

MAN, THE ▷6
É.-U. 2005. Comédie policière de Les MAYFIELD avec Eugene Levy, Samuel L. Jackson et Luke Goss. - Un policier dur à cuire recrute de force un honnête vendeur de produits dentaires pour l'aider dans le cadre d'une enquête sur un trafic d'armes. □ Général · Déconseillé aux jeunes enfants
DVD VF→Cadrage W→34,95 $

MAN AND A WOMAN, A
voir **Homme et une femme, Un**

MAN BITES DOG *voir* **C'est arrivé près de chez vous**

MAN CALLED HORSE, A ▷4
[Homme nommé Cheval, Un]
É.-U. 1969. Drame de Elliot SILVERSTEIN avec Richard Harris, Jean Gascon et Corinna Tsopei. - Chassant dans les territoires indiens d'Amérique, un aristocrate anglais est capturé par des Sioux.
□ 13 ans+
DVD VF→STA→Cadrage W→15,95 $

MAN CALLED PETER, A ▷5
É.-U. 1955. Drame biographique de Henry KOSTER avec Jean Peters, Richard Todd et Richard Burton. - La vie d'un ministre presbytérien devenu chapelain du Sénat américain.
DVD VA→STA→14,95 $

MAN ESCAPED, A
voir **Condamné à mort s'est échappé, Un**

MAN FACING SOUTHEAST ▷3
ARG. 1986. Drame psychologique d'Eliseo SUBIELA avec Lorenzo Quinteros, Hugo Soto et Ines Vernengo. - Des incidents bizarres se produisent dans un hôpital psychiatrique lorsqu'arrive un patient qui se dit extraterrestre. - Scénario insolite. Climat étrange et envoûtant. □ Général

MAN FOR ALL SEASONS, A ►2
[Homme pour l'éternité, Un]
ANG. 1966. Drame historique de Fred ZINNEMAN avec Wendy Hiller, Paul Scofield et Robert Shaw. - Évocation de la vie et du martyre de Thomas More, chancelier d'Angleterre sous Henri VIII. - Adaptation intelligente d'une œuvre théâtrale. Dialogue incisif. Mise en scène de qualité. Remarquable interprétation de P. Scofield.
DVD Cadrage W→23,95 $

MAN FROM DEEP RIVER
ITA. 1972. Umberto LENZI
DVD VA→32,95 $

MAN FROM ELYSIAN FIELDS, THE ▷5
[Homme d'Elysian Fields, L']
É.-U. 2001. Drame de mœurs de George HICKENLOOPER avec Andy Garcia, Olivia Williams et Julianna Margulies. - Pour faire vivre sa famille, un écrivain talentueux mais sans succès se résigne à prendre un emploi d'escorte.
DVD VA→Cadrage W→11,95 $

MAN FROM LARAMIE, THE ▷3
[Homme de la plaine, L']
É.-U. 1955. Western d'Anthony MANN avec James Stewart, Arthur Kennedy et Cathy O'Donnell. - Un homme tente de découvrir ceux qui ont armé les Indiens responsables de la mort de son frère. - Film vigoureux aux allures de tragédie. Utilisation habile des paysages. Jeu solide de J. Stewart. □ Général
DVD Cadrage W→16,95 $

MAN FROM NOWHERE
voir **Homme de nulle part, L'**

MAN FROM SNOWY RIVER, THE ▷4
[Homme de la rivière d'argent, L']
AUS. 1982. Aventures de George MILLER avec Tom Burlinson, Kirk Douglas et Sigrid Thornton. - Un jeune montagnard employé par un éleveur de chevaux se révèle habile dresseur. □ Général
DVD VA→STA→Cadrage W→14,95 $

MAN FROM THE ALAMO, THE ▷4
[Bastion de la liberté, Le]
É.-U. 1953. Western de Budd BOETTICHER avec Glenn Ford, Julie Adams et Chill Wills. - Considéré comme déserteur, un homme tente de prouver sa valeur. □ Non classé

MAN IN THE GLASS BOOTH, THE ▷5
É.-U. 1974. Drame psychologique d'Arthur HILLER avec Maximilian Schell, Lawrence Pressman et Lois Nettleton. - Un financier juif se révèle être un ancien officier nazi des camps de la mort qui a volé l'identité d'une de ses victimes.
DVD VA→Cadrage W→23,95 $

MAN IN THE GRAY FLANNEL SUIT, THE ▷4
[Homme au complet gris, L']
É.-U. 1955. Drame psychologique de Nunnally JOHNSON avec Gregory Peck, Jennifer Jones et Fredric March. - Un ancien officier tente de faire carrière dans le monde des affaires.
DVD VA→STA→Cadrage W→15,95 $

MAN IN THE IRON MASK, THE ▷5
[Homme au masque de fer, L']
É.-U. 1998. Aventures de Randall WALLACE avec Leonardo DiCaprio, Jeremy Irons et John Malkovich. - Trois anciens mousquetaires organisent l'évasion du frère jumeau du roi Louis XIV, qui est retenu prisonnier à la Bastille. □ Général
DVD VA→Cadrage W→12,95 $

MAN IN THE MOON, THE [Été en Louisiane, Un] ▷4
É.-U. 1991. Drame sentimental de Robert MULLIGAN avec Reese Witherspoon, Emily Warfield et Sam Waterston. - Deux jeunes sœurs tombent amoureuses du même adolescent, qui préfère l'aînée malgré son affection pour la cadette. □ Général
DVD VF→STF→Cadrage W→12,95 $

MAN IN THE SHADOW [Salaire du diable, Le] ▷4
É.-U. 1957. Western de Jack ARNOLD avec Jeff Chandler, Orson Welles et Coleen Miller. - Un shérif tente de débarrasser une région d'un homme qui règne en despote. □ Général

MAN IN THE WHITE SUIT, THE ▷3
[Homme au complet blanc, L']
ANG. 1951. Comédie satirique d'Alexander MACKENDRICK avec Alec Guinness, Joan Greenwood et Cecil Parker. - Un inventeur fabrique un tissu inusable, ce qui bouleverse les magnats de l'industrie textile. - Thème original réalisé sur un ton humoristique. Mise en scène inventive. Fine interprétation. □ Non classé
DVD VA→Cadrage P&S→23,95 $

MAN IN THE WILDERNESS ▷3
ANG. 1971. Aventures de Richard C. SARAFIAN avec John Huston, Richard Harris et Prunella Ransome. - En 1820, un explorateur laissé pour mort par ses compagnons parvient à se remettre sur pied. - Scénario basé sur une aventure authentique. Images d'une grande beauté. Climat de l'époque bien reconstitué. Interprétation vigoureuse. □ 13 ans+

MAN IS NOT A BIRD, A
voir **Homme n'est pas un oiseau, L'**

MAN OF A THOUSAND FACES ▷4
É.-U. 1956. Drame biographique de Joseph PEVNEY avec James Cagney, Dorothy Malone et Jane Greer. - Quelques étapes de la vie de l'acteur américain Lon Chaney, vedette du cinéma dans les années 1920. □ Général

MAN OF ASHES
TUN. 1986. Nouri BOUZID
DVD 26,95 $

MAN OF IRON *voir* **Homme de fer, L'**

MAN OF LA MANCHA ▷5
É.-U. 1972. Comédie musicale d'Arthur HILLER avec James Coco, Peter O'Toole et Sophia Loren. - Enfermé dans les prisons de l'Inquisition espagnole, l'écrivain Miguel Cervantes raconte à ses compagnons l'histoire de Don Quichotte. □ Général
DVD VA→STF→Cadrage W/16X9→12,95 $

MAN OF MARBLE
voir **Homme de marbre, L'**

MAN OF NO IMPORTANCE, A ▷4
ANG. 1994. Drame psychologique de Suri KRISHNAMMA avec Albert Finney, Tara Fitzgerald et Brenda Fricker. - Dans les années 1960 à Dublin, un conducteur d'autobus vit des moments difficiles alors qu'il songe à monter une pièce d'Oscar Wilde avec certains de ses passagers. □ Général

MAN OF PASSION
voir **Homme passionné, Un**

MAN OF THE WEST [Homme de l'Ouest, L'] ▷4
É.-U. 1958. Western d'Anthony MANN avec Gary Cooper, Julie London et Lee J. Cobb. - Un ex-bandit devenu honnête tombe entre les mains de ses anciens complices. □ Non classé

MAN OF THE YEAR ▷4
É.-U. 1995. Comédie réalisée et interprétée par Dirk SHAFER avec Vivian Paxton et Mary Stein. - Un homosexuel élu «homme de l'année» par les lectrices de *Playgirl* doit cacher son orientation sexuelle s'il veut remplir son mandat. □ Général

MAN OF THE YEAR
É.-U. 2003. Straw WEISMAN
DVD VA→37,95 $

MAN ON FIRE [Homme en feu, L'] ▷5
É.-U. 2004. Thriller de Tony SCOTT avec Denzel Washington, Dakota Fanning et Christopher Walken. - À Mexico, après l'enlèvement de la fillette d'un riche industriel, son garde du corps décide d'éliminer les ravisseurs.
DVD VF→STA→22,95 $

MAN ON THE EIFFEL TOWER, THE ▷4
[Homme de la tour Eiffel, L']
É.-U. 1948. Drame policier réalisé et interprété par Burgess MEREDITH avec Charles Laughton et Franchot Tone. - Le commissaire Maigret enquête sur le meurtre d'une riche Américaine.
□ Non classé

MAN ON THE MOON [Homme sur la lune, L'] ▷4
É.-U. 1999. Drame biographique de Milos FORMAN avec Jim Carrey, Danny DeVito et Courtney Love. - La vie et la carrière du comique Andy Kaufman, vedette de *Saturday Night Live* et de *Taxi*, mort d'un cancer en 1984.
DVD VF→Cadrage W→10,95 $

MAN ON THE TRACKS
POL. 1957. Andrzej MUNK
DVD STA→32,95 $

MAN ON THE TRAIN *voir* **Homme du train, L'**

MAN TROUBLE ▷5
É.-U. 1992. Comédie policière de Bob RAFELSON avec Ellen Barkin, Jack Nicholson, Harry Dean Stanton et Beverly d'Angelo. - Le propriétaire d'une agence de sécurité se voit offrir une petite fortune en échange d'un manuscrit écrit par une cliente dont il s'est épris. □ Général
DVD VA→Cadrage W→9,95 $

MAN WHO CAME TO DINNER, THE ▷4
É.-U. 1942. Comédie de William KEIGHLEY avec Monty Woolley, Bette Davis et Ann Sheridan. - Invité chez des admirateurs, un conférencier se voit forcé d'y rester plusieurs jours par suite d'un accident.
DVD VA→STF→21,95 $

MAN WHO CAPTURED EICHMANN, THE ▷4
É.-U. 1996. Drame de William A. GRAHAM avec Robert Duvall, Arliss Howard et Jeffrey Tambor. - En 1960, des agents secrets israéliens kidnappent un ancien officier nazi qui s'est réfugié à Buenos Aires. □ Général

MAN WHO COPIED, THE
BRÉ. 2003. Jorge FURTADO
DVD STA→31,95 $

MAN WHO COULD WORK MIRACLES, THE ▷4
ANG. 1936. Comédie de Lothar MENDES avec Roland Young, Ralph Richardson et Edward Chapman. - Un homme moyen se découvre soudain le pouvoir de réaliser tous ses désirs. □ Général

MAN WHO CRIED, THE [Larmes d'un homme, Les] ▷5
ANG. 2000. Chronique de Sally POTTER avec Christina Ricci, Cate Blanchett et Johnny Depp. - En 1937, une jeune danseuse russe d'origine juive débarque à Paris, où elle lie amitié avec une compatriote et s'amourache d'un ténébreux cavalier tzigane.
DVD 18,95 $

MAN WHO FELL TO EARTH, THE ▷4
ANG. 1976. Science-fiction de Nicolas ROEG avec David Bowie, Rip Torn et Candy Clark. - Vivant incognito sur la Terre, un extraterrestre met sa vie en danger lorsqu'il offre à un avocat de New York des plans d'inventions révolutionnaires. □ 13 ans+
DVD VA→Cadrage W→34,95 $

MAN WHO HAUNTED HIMSELF, THE ▷5
ANG. 1970. Drame psychologique de Basil DEARDEN avec Roger Moore, Hildegard Neil et Olga Georges-Picot. - À la suite d'un accident, un homme d'affaires semble souffrir d'un dédoublement de personnalité. □ Général
DVD VF→Cadrage W→29,95 $

MAN WHO KNEW TOO LITTLE, THE ▷5
[Agent fait l'idiot, L']
É.-U. 1997. Comédie de Jon AMIEL avec Bill Murray, Joanne Whalley et Peter Gallagher. - Croyant participer à un jeu interactif avec des acteurs, un touriste est plongé dans une véritable intrigue d'espionnage à Londres. □ Général
DVD VF→STF→Cadrage W→7,95 $

MAN WHO KNEW TOO MUCH, THE ▷4
ANG. 1934. Drame policier d'Alfred HITCHCOCK avec Leslie Banks, Edna Best et Peter Lorre. - Des espions enlèvent la fillette d'un couple anglais pour empêcher la révélation d'un complot meurtrier. □ Général
DVD VA→13,95 $

MAN WHO KNEW TOO MUCH, THE ▷3
[Homme qui en savait trop, L']
É.-U. 1956. Thriller d'Alfred HITCHCOCK avec James Stewart, Doris Day et Daniel Gélin. - Des criminels enlèvent le fils d'un médecin pour l'empêcher de révéler un complot meurtrier. - Remake d'un film de 1934 du même réalisateur. Intrigue habilement agencée. Mélange de suspense et d'humour. Séquence de l'attentat durant un concert particulièrement remarquable. Réalisation souple. Interprètes dans la note. □ Général

MAN WHO LOVED CAT DANCING, THE ▷4
[Fantôme de Cat Dancing, Le]
É.-U. 1973. Western de Richard C. SARAFIAN avec Sarah Miles, Burt Reynolds et Jack Warden. - Témoin du vol d'un train, une jeune femme est enlevée par les criminels. □ 13 ans+

MAN WHO LOVED WOMEN, THE
voir **Homme qui aimait les femmes, L'**

MAN WHO LOVED WOMEN, THE ▷4
É.-U. 1983. Comédie dramatique de Blake EDWARDS avec Burt Reynolds, Julie Andrews et Kim Basinger. - L'enterrement d'un sculpteur donne lieu à l'évocation de ses nombreuses aventures amoureuses.

MAN WHO NEVER WAS, THE ▷4
[Homme qui n'a jamais existé, L']
ANG. 1955. Drame de guerre de Ronald NEAME avec Clifton Webb, Stephen Boyd, Gloria Grahame et Robert Flemyng. - Les services secrets britanniques montent une supercherie pour tromper les Allemands. □ Non classé
DVD VF→14,95 $

MAN WHO SHOT LIBERTY VALANCE, THE ▷3
É.-U. 1962. Western de John FORD avec John Wayne, Edmond O'Brien, James Stewart et Vera Miles. - Un jeune avocat tente de débarrasser une ville d'un bandit qui la terrorise. - Bonne construction dramatique. Rythme alerte. Réalisation sûre. Interprétation solide. □ Général
DVD VA→STA→Cadrage W→10,95 $

MAN WHO WASN'T THERE, THE ▷3
[Homme qui n'était pas là, L']
É.-U. 2001. Drame psychologique de Joel COEN avec Billy Bob Thornton, Frances McDormand et James Gandolfini. - Dans les années 1940, un barbier au tempérament amorphe tue l'amant de sa femme, mais cette dernière est accusée du meurtre. - Film noir insolite prétexte à une analyse de caractère méticuleuse. Rythme lent et hypnotique. Magnifiques images en noir et blanc à la texture satinée. Composition sobre de B.B. Thornton. □ 13 ans+ · Violence
DVD VF→STF→Cadrage W→17,95 $

MAN WHO WOULD BE KING, THE ▷3
ANG. 1975. Aventures de John HUSTON avec Sean Connery, Michael Caine et Christopher Plummer. - Deux sergents de l'armée des Indes décident d'aller tenter fortune dans une région inexplorée. - Adaptation d'une nouvelle de Kipling. Vision ironique et colorée des clichés de l'impérialisme. Contexte quasi mythique. Réalisation sûre. Interprétation savoureuse. □ Général
DVD VA→STF→Cadrage W→21,95 $

MAN WITH BOGART'S FACE, THE ▷5
É.-U. 1980. Comédie policière de Robert DAY avec Robert Sacchi, Michelle Phillips et Franco Nero. - Les mésaventures d'un homme qui, s'étant fait refaire le visage à l'image d'Humphrey Bogart, ouvre une agence de détective privé.
DVD Cadrage W→39,95 $

MAN WITH NINE LIVES, THE
É.-U. 1940. Nick GRINDE
DVD VA→STF→17,95 $

MAN WITH ONE RED SHOE, THE ▷4
É.-U. 1985. Comédie policière de Stan DRAGOTI avec Tom Hanks, Dabney Coleman et Lori Singer. - Un jeune musicien, pris à tort pour un super-agent secret, est l'objet d'une surveillance constante.
DVD VA→15,95 $

MAN WITH THE GOLDEN ARM, THE ▷4
É.-U. 1955. Drame psychologique d'Otto PREMINGER avec Frank Sinatra, Eleanor Parker et Kim Novak. - Après une cure dans un hôpital pour narcomanes, un homme a des problèmes personnels et retombe sous l'emprise de la drogue. □ 13 ans+
DVD VA→14,95 $

MAN WITH THE GOLDEN GUN, THE ▷5
[Homme au pistolet d'or, L']
ANG. 1974. Drame d'espionnage de Guy HAMILTON avec Roger Moore, Christopher Lee et Britt Ekland. - L'agent secret James Bond tente de démasquer un tueur à gages qui a reçu comme mission de l'abattre. □ Général

MAN WITH TWO BRAINS, THE ▷5
[Homme aux deux cerveaux, L']
É.-U. 1983. Comédie de Carl REINER avec Steve Martin, Kathleen Turner et David Warner. - Un chirurgien mal marié s'éprend d'un cerveau de femme conservé par un collègue autrichien. □ 13 ans+
DVD VA→Cadrage P&S→7,95 $

MAN WITHOUT A FACE, THE ▷5
[Homme sans visage, L']
É.-U. 1993. Mélodrame réalisé et interprété par Mel GIBSON avec Nick Stahl et Margaret Whitton. - Se sentant rejeté par les siens, un garçon se lie d'amitié avec un professeur atrocement défiguré qui vit comme un reclus. □ Général
DVD VF→STF→Cadrage W/16X9→11,95 $

MAN WITHOUT A PAST, THE
voir **Homme sans passé, L'**

MAN WITHOUT A STAR ▷3
É.-U. 1955. Western de King VIDOR avec Kirk Douglas, Jeanne Crain et William Campbell. - Deux amis sont mêlés à une querelle entre éleveurs de bétail. - Réalisation magistrale d'un thème classique. Photographie soignée. Bonne création de K. Douglas. □ Général

MAN'S FAVORITE SPORT? ▷3
É.-U. 1963. Comédie de Howard HAWKS avec Rock Hudson, Paula Prentiss et John McGiver. - Un vendeur d'articles de pêche passe pour une autorité en la matière et se voit forcé de participer à un tournoi. - Trouvailles heureuses. Mise en scène assurée. Interprétation enjouée. □ Non classé
DVD VA→17,95 $

MANCHURIAN CANDIDATE ▷3
É.-U. 1962. Drame d'espionnage de John FRANKENHEIMER avec Frank Sinatra, Laurence Harvey et Janet Leigh. - Les communistes utilisent un soldat américain comme assassin grâce à l'emprise hypnotique acquise sur lui. - Science-fiction, satire politique et suspense habilement mêlés. Réalisation originale. Interprétation de qualité. □ Général
DVD VF➔STF➔Cadrage W➔12,95 $

MANCHURIAN CANDIDATE, THE ▷4
[Candidat mandchou, Le]
É.-U. 2004. Thriller de Jonathan DEMME avec Denzel Washington, Liev Schreiber et Meryl Streep. - Un militaire découvre qu'un candidat à la vice-présidence des États-Unis serait sous l'emprise hypnotique d'une mystérieuse organisation. □ 13 ans+
DVD VF➔STA➔Cadrage W/16X9➔12,95 $

MANDAT, LE *voir* **Assignment, The**

MANDERLAY ▷4
DAN. 2005. Drame social de Lars VON TRIER avec Bryce Dallas Howard, Isaach de Bankolé et Danny Glover. - En 1933, la fille d'un gangster tente d'aider les ouvriers noirs d'une plantation isolée de l'Alabama à se libérer de leur condition d'esclaves. □ 13 ans+
DVD VA➔STF➔Cadrage W➔33,95 $

MANDOLINE DU CAPITAINE CORELLI, LA
voir **Captain Corelli's Mandolin**

MANGO KISS
É.-U. 2004. Sascha RICE
DVD VA➔STA➔36,95 $

MANHATTAN ►1
É.-U. 1979. Comédie sentimentale réalisée et interprétée par Woody ALLEN avec Diane Keaton et Michael Murphy. - Un auteur de textes pour la télévision expérimente diverses relations sentimentales. - Heureuse alliance de mélancolie et d'ironie. Fines notes d'observation critique. Superbe mise en valeur du caractère romantique de New York. Très belles compositions picturales en noir et blanc. Excellente interprétation. □ 13 ans+
DVD VA➔STF➔Cadrage P&S/W➔12,95 $

MANHATTAN MELODRAMA ▷4
É.-U. 1934. Drame de W.S. VAN DYKE II avec Clark Gable, William Powell et Myrna Loy. - Un procureur se voit forcé de requérir contre un ami d'enfance dans un procès pour meurtre. □ Général

MANHATTAN MURDER MYSTERY ▷4
[Meurtre mystérieux à Manhattan]
É.-U. 1993. Comédie policière réalisée et interprétée par Woody ALLEN avec Diane Keaton et Alan Alda. - Une femme sollicite l'aide de son mari et d'un ami pour enquêter sur un voisin qu'elle soupçonne de meurtre. □ Général
DVD Cadrage W➔33,95 $

MANHUNT [Caceria]
ARG. 2001. Ezio MASSA
DVD STA➔24,95 $

MANHUNTER ▷4
É.-U. 1986. Drame policier de Michael MANN avec Tom Noonan, William L. Petersen et Kim Greist. - Un ancien agent du FBI reprend du service pour aider à la capture d'un maniaque meurtrier.
□ 13 ans+
DVD VA➔STF➔Cadrage P&S➔12,95 $

MANIC ▷4
É.-U. 2001. Drame de Jordan MELAMED avec Joseph Gordon-Levitt, Michael Bacall, Blayne Weaver et Don Cheadle. - Les tribulations de divers adolescents traités dans un institut psychiatrique réservé aux mineurs.
DVD VA➔STA➔Cadrage W➔7,95 $

MANNA FROM HEAVEN
É.-U. 2002. Gabrielle et Maria BURTON
DVD VA➔STF➔Cadrage 16X9➔34,95 $

MANNERS OF DYING [Exécution, L'] ▷4
CAN. 2005. Drame de Jeremy Peter ALLEN avec Roy Dupuis, Serge Houde, John Maclaren et Tony Robinow. - Un directeur de prison est troublé par la dernière volonté d'un condamné à mort qui lui demande d'envoyer à sa mère l'enregistrement vidéo de son exécution. □ 13 ans+
DVD VF➔29,95 $

MANNY & LO ▷4
É.-U. 1996. Comédie dramatique de Lisa KRUEGER avec Scarlett Johansson, Aleksa Palladino et Mary Kay Place. - Deux adolescentes orphelines en rupture avec la société kidnappent une vendeuse d'une boutique de maternité qui finira par s'occuper d'elles.
□ 13 ans+

MANOIR DE L'HORREUR, LE
voir **House of the Long Shadows**

MANON DES SOURCES ▷3
FR. 1952. Drame de Marcel PAGNOL avec Jacqueline Pagnol, Edmond Ardisson, Rellys et Raymond Pellegrin. - Apprenant qu'elle a été frustrée par des concitoyens, une jeune fille détourne la source qui alimente le patelin. - Pittoresque tableau de mœurs. Dialogues riches et poétiques. Mise en scène aérée. Rellys remarquable. □ Général

MANON DES SOURCES [Manon of the Spring] ►2
FR. 1986. Comédie dramatique de Claude BERRI avec Emmanuelle Béart, Yves Montand et Daniel Auteuil. - Une sauvageonne se venge de deux cultivateurs qui ont causé indirectement la mort de son père. - Remake d'un film de 1952 et suite de *Jean de Florette*. Situations dures mais émouvantes. Traitement pittoresque. Réalisation habile. Interprétation appropriée. □ Général

MANOUSHE
BRÉ. 1998. Luiz BEGAZO
DVD STA➔26,95 $

MANS, LE ▷4
É.-U. 1971. Drame sportif de Lee H. KATZIN avec Steve McQueen, Siegfried Rauch et Elga Andersen. - Un pilote de course américain participe aux 24 heures du Mans. □ Général
DVD VF➔STA➔Cadrage W➔14,95 $

MANSFIELD PARK [Lettres de Mansfield] ▷3
ANG. 1999. Drame sentimental de Patricia ROZEMA avec Frances O'Connor, Jonny Lee Miller, Amelia Warner et Embeth Davidtz. - Une jeune femme d'origine modeste tente de faire sa marque chez des parents de la haute société anglaise. - Adaptation brillante d'un roman de Jane Austen. Dialogues riches et spirituels. Touches de modernité. Images somptueuses. Interprétation dans la note.
□ Général
DVD Cadrage W➔18,95 $

MANUEL, LE FILS EMPRUNTÉ ▷4
QUÉ. 1990. Drame psychologique de François LABONTÉ avec Nuno da Costa, Francisco Rabal et Kim Yaroshevskaya. - Le fils d'un immigrant portugais se dirige vers la délinquance jusqu'au jour où un vieil anarchiste espagnol l'initie à la lecture.

MANUSCRIT ÉROTIQUE, LE ▷5
QUÉ. 2002. Comédie sentimentale de Jean-Pierre LEFEBVRE avec Lyne Riel, Sylvie Moreau et François Papineau. - Une secrétaire célibataire travaillant pour une maison d'édition se laisse aller à des rêveries en lisant le manuscrit d'un roman érotique.
DVD VF➔28,95 $

MANUSCRIT TROUVÉ À SARAGOSSE, LE ▷3
[Saragossa Manuscript]
POL. 1964. Drame fantastique de Wojciech HAS avec Zbigniew Cybulski, Kazimierz Opalinski et Iga Cembrynska. - Un officier polonais découvre à Saragosse un manuscrit illustré racontant l'étrange aventure d'un chevalier hollandais. - Construction complexe et ingénieuse. Réalisation à la fois somptueuse, raffinée et souple. Excellents comédiens.
DVD STA➔Cadrage W➔39,95 $

MANXMAN, THE ▷5
ANG. 1929. Drame de mœurs d'Alfred HITCHCOCK avec Carl Brisson, Malcolm Keen et Anny Ondra. - De retour de l'étranger, un pêcheur de l'île de Man épouse sa fiancée, qui a eu entre-temps un enfant avec son ami. □ Général
DVD 12,95 $

MAP OF THE HUMAN HEART [Cœur de métisse] ▷4
AUS. 1992. Drame de mœurs de Vincent WARD avec Jason Scott Lee, Anne Parillaud et Patrick Bergin. - Un adolescent inuit, qui s'est lié d'amitié avec une jeune métisse cri lors d'un séjour dans un sanatorium, la retrouve des années plus tard. □ Général

MAP OF THE WORLD, A [Carte du monde, La] ▷4
É.-U. 1999. Drame psychologique de Scott ELLIOTT avec Sigourney Weaver, David Strathairn et Julianne Moore. - Une mère de famille qui travaille comme infirmière dans une école élémentaire est accusée à tort d'avoir molesté un garçonnet.
DVD Cadrage W→27,95 $

MAR, EL
ESP. 2000. Augusto VILLARONGA
DVD STA→44,95 $

MARAIS, LE ▷4
QUÉ. 2002. Drame fantastique de Kim NGUYEN avec Gregory Hlady, Paul Ahmarani et Gabriel Gascon. - En Europe de l'Est, au XIXe siècle, des paysans superstitieux accusent de meurtre deux hommes vivant reclus au bord d'un marais. □ 13 ans+
DVD VF→16,95 $

MARAT SADE ►2
[Persecution and Assassination of Jean-Paul Marat as Performed by the Inmates of the Asylum of Charenton under the Direction of the Marquis de Sade, The]
ANG. 1966. Drame psychologique de Peter BROOK avec Patrick Magee, Ian Richardson et Glenda Jackson. - Interné à l'asile de Charenton, le marquis de Sade monte une pièce de théâtre sur l'assassinat de Jean-Paul Marat. - Adaptation originale d'une pièce de Peter Weiss. Allégorie d'un monde absurde. Rôle primordial de la couleur et de l'éclairage. Talent remarquable des comédiens. □ 13 ans+
DVD VA→Cadrage W→12,95 $

MARATHON MAN [Coureur de marathon, Le] ►2
É.-U. 1976. Drame d'espionnage de John SCHLESINGER avec Dustin Hoffman, Laurence Olivier et Marthe Keller. - La vie d'un étudiant américain est perturbée par la mort accidentelle d'un Allemand. - Intrigue complexe conduite avec savoir-faire. Climat de forte tension. Réalisation d'une grande maîtrise esthétique et technique. Interprétation convaincue. □ 13 ans+
DVD VF→STA→Cadrage W→14,95 $

MARCH OF THE EMPEROR
voir **Marche de l'empereur, La**

MARCH OF THE WOODEN SOLDIERS
voir **Laurel & Hardy: Babes in Toyland**

MARCH OF THE WOODEN SOLDIERS ▷4
É.-U. 1939. Comédie musicale de Charles R. ROGERS et Gus MEINS avec Stan Laurel, Oliver Hardy et Felix Knight. - Au pays des jouets, deux sympathiques bouffons viennent en aide à une bergère convoitée par un vieux grigou. □ Non classé
DVD VA→11,95 $

MARCHAND D'ARMES, LE *voir* **Gunrunner, The**

MARCHAND DE QUATRE SAISONS, LE ▷3
[Merchant of Four Seasons, The]
ALL. 1971. Drame psychologique de Rainer Werner FASSBINDER avec Hans Hirschmuller, Irm Hermann et Hanna Schygulla. - Un homme devenu marchand de primeurs à la criée sombre dans l'alcoolisme et mène la vie dure à sa femme. - Observations psychologiques et sociales. Mise en scène riche de détails significatifs. Interprétation remarquablement naturelle. □ Non classé
DVD STA→37,95 $

MARCHAND DE RÊVES, LE *voir* **Starmaker, The**

MARCHE À L'OMBRE ▷4
FR. 1984. Comédie de mœurs réalisée et interprétée par Michel BLANC avec Gérard Lanvin et Sophie Duez. - Les mésaventures de deux compères marseillais qui débarquent à Paris sans un sou en poche. □ Général

MARCHE OU CRÈVE: VENGEANCE DÉFINITIVE
voir **Die Hard with a Vengeance**

MARCHE POUR LA LIBERTÉ, LA
voir **Long Walk Home, The**

MAREBITO
JAP. 2004. Takashi SHIMIZU
DVD STF→34,95 $

MARÉE ROUGE *voir* **Crimson Tide**

MARGARET'S MUSEUM [Musée de Margaret, Le] ▷4
CAN. 1995. Drame social de Mort RANSEN avec Helena Bonham Carter, Clive Russell et Kenneth Welsh. - À la fin des années 1940 au Cap Breton, une jeune femme s'oppose à ce que son mari aille risquer sa vie dans les mines. □ 13 ans+
DVD VA→Cadrage W→14,95 $

MARGARETTE'S FEAST
BRÉ. É.-U. 2002. RENATO FALCAO
DVD STA→27,95 $

MARGINAL, LE ▷5
FR. 1983. Drame policier de Jacques DERAY avec Jean-Paul Belmondo, Henry Silva et Tchéky Karyo. - Un commissaire aux méthodes peu orthodoxes est envoyé à Marseille pour lutter contre le trafic de la drogue. □ 13 ans+

MARI DE LA COIFFEUSE, LE ▷3
[Hairdresser's Husband, The]
FR. 1990. Comédie de mœurs de Patrice LECONTE avec Maurice Chevit, Jean Rochefort et Anna Galiéna. - Fasciné par les coiffeuses depuis sa tendre enfance, un homme épouse l'une d'entre elles et passe son temps à l'observer. - Variations personnelles sur un sujet plutôt mince. Description subtile d'une obsession. Mise en scène de métier. Interprétation tout en finesse de J. Rochefort. □ 13 ans+

MARI EN LAISSE, UN *voir* **If a Man Answers**

MARI IDÉAL, UN *voir* **Ideal Husband, An**

MARIA CHAPDELAINE ▷4
QUÉ. 1983. Drame de mœurs de Gilles CARLE avec Carole Laure, Nick Mancuso et Yoland Guérard. - La fille d'un colonisateur est courtisée par trois hommes de caractères différents. □ Général

MARIA FULL OF GRACE ▷3
É.-U. 2003. Drame social de Joshua MARSTON avec Catalina Sandino Moreno, Yenny Paola Vega et Jhon Alex Toro. - Souhaitant améliorer son sort, une adolescente colombienne accepte de transporter une importante quantité d'héroïne à New York. - Récit crédible et nuancé, mariant un admirable souci d'authenticité à une grande tension dramatique. Personnages bien typés. Mise en scène assurée. Jeu intense de C.S. Moreno. □ 13 ans+
DVD STA→Cadrage 16X9→31,95 $

MARIA'S LOVERS ▷4
É.-U. 1984. Drame psychologique d'Andrei KONCHALOVSKY avec Nastassja Kinski, John Savage et Keith Carradine. - L'amour éthéré que porte un ancien prisonnier de guerre à son épouse lui fait perdre ses moyens dans les relations sexuelles. □ 13 ans+
DVD VF→STF→Cadrage P&S/W→12,95 $

MARIAGE ▷4
FR. 1974. Drame psychologique de Claude LELOUCH avec Bulle Ogier, Rufus et Marie Déa. - Les étapes de la vie d'un couple qui finit par s'installer dans une sorte de routine résignée. □ Général

MARIAGE À L'ITALIENNE [Marriage Italian Style] ▷4
ITA. 1964. Comédie dramatique de Vittorio DE SICA avec Sophia Loren, Marcello Mastroianni et Aldo Puglisi. - Une ancienne prostituée se fait épouser par un vieil amant.

MARIAGE DE L'ANNÉE, LE
voir **Big Fat Greek Wedding, My**

MARIAGE DE MARIA BRAUN, LE ▷3
[Marriage of Maria Braun, The]
ALL. 1978. Drame social de Rainer Werner FASSBINDER avec Hanna Schygulla, Klaus Lowitsch et Ivan Desny. - Les tribulations d'une femme qui atteint le succès financier dans l'Allemagne d'après-guerre. - Scénario complexe et riche en valeur symbolique. Traitement d'une froide objectivité. □ 13 ans+

MARIAGE DE MON MEILLEUR AMI, LE
voir **My Best Friend's Wedding**

MARIAGE DES MOUSSONS, LE [Monsoon Wedding] ▷4
IND. 2001. Comédie dramatique de Mira NAIR avec Naseeruddin Shah, Vijay Raaz et Vasundhara Das. - À New Delhi, diverses intrigues amoureuses et la révélation de secrets de famille douloureux troublent les préparatifs d'un mariage. □ Général
DVD VF→STF→Cadrage W→36,95 $

MARIAGE DU SIÈCLE, LE ▷5
FR. 1985. Comédie satirique de Philippe GALLAND avec Anémone, Thierry Lhermitte et Jean-Claude Brialy. - Une princesse est séduite par un play-boy le jour de l'annonce de son mariage avec un cousin, ce qui provoque un grand scandale à la cour.

MARIAGE ROYAL *voir* **Royal Wedding**

MARIAGE TARDIF [Late Marriage] ▷4
ISR. 2001. Drame de mœurs de Dover KOSASHVILI avec Lior Louie Ashkenazi, Ronit Elkabetz et Moni Moshonov. - Un Juif dans la trentaine est forcé par ses parents de quitter sa maîtresse et de se soumettre à un mariage arrangé.
DVD STF→16,95 $

MARIAGES ▷4
QUÉ. 2001. Drame psychologique de Catherine MARTIN avec Marie-Ève Bertrand, Guylaine Tremblay et Mirianne Brûlé. - À la fin du XIXe siècle, une jeune femme promise au couvent s'éprend du fiancé de sa nièce. □ Général

MARIAGES ! ▷5
FR. 2003. Comédie de mœurs de Valérie GUIGNABODET avec Chloé Lambert, Jean Dujardin et Mathilde Seigner. - Un mariage est l'occasion pour trois couples de différentes générations de s'interroger sur l'engagement et la force du sentiment amoureux. □ Général
DVD VF→STA→Cadrage W→34,95 $

MARIANELA ▷5
ESP. 1974. Mélodrame de Angelino FONS avec Rocio Durcal, Pierre Orcel et Jacqueline Parent. - Une jeune paysanne infirme tombe amoureuse d'un aristocrate aveugle à qui elle sert de guide.

MARIANNE AND JULIANE
voir **Années de plomb, Les**

MARIE ▷4
É.-U. 1985. Drame social de Roger DONALDSON avec Sissy Spacek, Jeff Daniels et Fred Thompson. - Une femme, ayant accédé à une haute fonction au ministère de la Justice, découvre des cas de corruption dans son service. □ 13 ans+

MARIE A UN JE-NE-SAIS-QUOI
voir **There's Something About Mary**

MARIE ANTOINETTE ▷4
É.-U. 1939. Drame historique de W.S. VAN DYKE II avec Norma Shearer, Tyrone Power et Robert Morley. - Histoire de la reine de France, depuis son mariage jusqu'à sa mort. □ Général

MARIE DE NAZARETH ▷4
FR. 1994. Drame religieux de Jean DELANNOY avec Myriam Muller, Didier Biennaîme et Francis Lalanne. - La vie du Christ vue par les yeux de sa mère, Marie de Nazareth. □ Général

MARIE STUART, REINE D'ÉCOSSE
voir **Mary, Queen of Scots**

MARIE WALEWSKA *voir* **Conquest**

MARIE-JO ET SES DEUX AMOURS ▷4
FR. 2002. Mélodrame de Robert GUÉDIGUIAN avec Ariane Ascaride, Jean-Pierre Darroussin et Gérard Meylan. - À Marseille, une ambulancière quadragénaire est tiraillée entre son mari et son amant. □ 13 ans+
DVD VF→11,95 $

MARIÉE CADAVÉRIQUE, LA
voir **Tim Burton's Corpse Bride**

MARIÉE EST EN FUITE, LA *voir* **Runaway Bride**

MARIÉE EST TROP BELLE, LA [Bridal Night] ▷5
FR. 1956. Comédie de Pierre GASPARD-HUIT avec Brigitte Bardot, Louis Jourdan et Micheline Presle. - Une jeune villageoise devient cover-girl pour un magazine féminin. □ Général

MARIÉE ÉTAIT EN NOIR, LA ▷3
FR. 1967. Drame policier de François TRUFFAUT avec Jeanne Moreau, Jean-Claude Brialy et Charles Denner. - Une jeune femme entreprend de tuer un à un les responsables de la mort de son mari. - Intrigue rigoureusement conduite. Variations ingénieuses. Réalisation experte. Excellente interprétation. □ Général
DVD Cadrage W→12,95 $

MARIÉE SANGLANTE, LA ▷4
[Blood-Spattered Bride, The]
ESP. 1972. Drame fantastique de Vicente ARANDA avec Simon Andreu, Maribel Martin et Alexandra Bastedo. - L'épouse d'un noble souffre de cauchemars où une femme en robe de mariée la pousse à des violences sanglantes.
DVD STA→Cadrage W→49,95 $

MARIÉES MAIS PAS TROP ▷5
FR. 2003. Comédie de Catherine CORSINI avec Émilie Dequenne, Jane Birkin, Pierre Richard et Jérémie Elkaïm. - Une mangeuse d'hommes donne des leçons de séduction à sa petite-fille, une jeune femme naïve et trop romantique. □ Général · Déconseillé aux jeunes enfants
DVD VF→11,95 $

MARIÉS DE L'AN DEUX, LES ▷4
FR. 1971. Aventures de Jean-Paul RAPPENEAU avec Jean-Paul Belmondo, Marlène Jobert et Michel Auclair. - Après avoir fait fortune en Amérique, un homme rentre en France, en 1792, pour obtenir le divorce de son épouse.

MARIO ▷3
QUÉ. 1984. Drame psychologique de Jean BEAUDIN avec Xavier Norman Petermann, Francis Reddy et Nathalie Chalifour. - Un adolescent invente des jeux guerriers pour distraire son petit frère muet. - Adaptation libre d'un roman de Claude Jasmin. Belle photographie. Mise en scène sensible. Très bonne présence du jeune protagoniste. □ Général

MARIO, MARIA ET MARIO ▷5
ITA. 1993. Drame de mœurs d'Ettore SCOLA avec Giulio Scarpati, Valeria Cavalli et Enrico Lo Verso. - Deux jeunes époux communistes traversent une crise conjugale qui coïncide avec l'effritement de leurs idéaux politiques. □ Général

MARION BRIDGE ▷4
CAN. 2002. Drame psychologique de Wiebke VON CAROSFELD avec Molly Parker, Rebecca Jenkins et Stacy Smith. - Une jeune femme revient auprès de sa mère gravement malade et renoue avec ses deux sœurs qui l'accueillent avec méfiance. □ Général
DVD VA→33,95 $

MARIS ET FEMMES
voir **Husbands and Wives**

MARIS, LES FEMMES, LES AMANTS, LES ▷4
FR. 1989. Comédie de mœurs de Pascal THOMAS avec Susan Moncur, Clément Thomas et Jean-François Stévenin. - Les tribulations d'un groupe d'amis qui passent leurs vacances à l'île de Ré avec leurs enfants, alors que leurs épouses sont restées à Paris. □ Général

MARIUS ▷3
FR. 1931. Comédie dramatique d'Alexander KORDA et Marcel PAGNOL avec Pierre Fresnay, Raimu, Fernand Charpin et Orane Demazis. - Un jeune homme est partagé entre son amour pour une femme et l'attirance de la mer et de l'aventure. - Présentation filmée d'une pièce de Marcel Pagnol. Atmosphère bien reconstituée. Mise en scène asservie au dialogue. Savoureuse interprétation de Raimu. □ Général

MARIUS ET JEANNETTE ▷3
FR. 1996. Drame sentimental de Robert GUÉDIGUIAN avec Ariane Ascaride, Jacques Boudet, Gérard Meylan et Pascale Roberts. - La relation entre une mère de deux enfants et un gardien de cimenterie qui ont été tous deux blessés par la vie. - Milieu populaire pittoresque dépeint avec émotion. Souci du contexte social. Humour charmant. □ Général

MARJORIE MORNINGSTAR ▷5
É.-U. 1958. Drame sentimental de Irving RAPPER avec Natalie Wood, Gene Kelly et Claire Trevor. - Une jeune fille qui rêve d'une carrière théâtrale s'éprend d'un artiste bohème. □ Non classé

MARK OF ZORRO, THE ▷4
É.-U. 1920. Aventures de Fred NIBLO avec Douglas Fairbanks, Marguerite de la Motte et Noah Beery. - Un justicier masqué lutte contre la tyrannie d'un gouverneur en Californie. □ Général

MARK OF ZORRO, THE ▷4
É.-U. 1941. Aventures de Rouben MAMOULIAN avec Tyrone Power, Linda Darnell, Gale Sondergaard et Basil Rathbone. - Un jeune aristocrate se transforme en justicier masqué pour lutter contre un tyran. □ Général
DVD VA→STA→22,95 $

MARKED WOMAN ▷5
É.-U. 1937. Drame policier de Lloyd BACON avec Bette Davis, Humphrey Bogart et Eduardo Ciannelli. - Un procureur recherche des criminels dans le milieu des boîtes de nuit. □ Non classé
DVD VA→STF→21,95 $

MARMOTTES, LES ▷5
FR. 1993. Comédie de mœurs d'Élie CHOURAQUI avec Jean-Hugues Anglade, Jacqueline Bisset et Christine Boisson. - À Noël, une réunion de parents et d'amis dans une station de ski donne lieu à diverses intrigues sentimentales. □ 13 ans+

MARNIE ▷4
É.-U. 1964. Drame psychologique d'Alfred HITCHCOCK avec Sean Connery, Tippi Hedren et Diane Baker. - Un éditeur épouse une femme qui vole par déséquilibre psychologique et tente de la guérir. □ 13 ans+
DVD VF→STA→Cadrage W→22,95 $

MAROONED ▷4
É.-U. 1969. Science-fiction de John STURGES avec Gregory Peck, Richard Crenna et Gene Hackman. - Les manœuvres entreprises pour rescaper trois astronautes dont la capsule ne peut plus revenir sur terre. □ Général
DVD VA→STF→Cadrage W→18,95 $

MARQUIS ▷4
FR. 1989. Comédie fantaisiste de Henri XHONNEUX. - Emprisonné à la Bastille pour blasphème, le marquis de Sade écrit des textes pornographiques satirisant les vices et les vertus de la société qui l'a condamné. □ 18 ans+

MARQUIS S'AMUSE, LE ▷4
ITA. 1981. Comédie de Mario MONICELLI avec Alberto Sordi, Paolo Stoppa et Caroline Berg. - Au début du XIXe siècle, un marquis romain, camérier du pape, ne songe qu'à s'amuser aux dépens d'autrui. □ 13 ans+

MARQUISE ▷4
FR. 1997. Comédie dramatique de Véra BELMONT avec Sophie Marceau, Bernard Giraudeau et Lambert Wilson. - Après être passée par la troupe de Molière, une jeune danseuse devient la maîtresse de Racine et la coqueluche de Versailles. □ Général

MARQUISE D'O..., LA [Marquise of O, The] ►2
ALL. 1976. Drame de mœurs d'Éric ROHMER avec Édith Clever, Bruno Ganz et Peter Luhr. - Une jeune veuve italienne se trouve inexplicablement enceinte après avoir été sauvée d'un sort déshonorant par un officier russe. - Adaptation d'une nouvelle de Heinrich Von Kleist. Grande beauté picturale inspirée des peintres du XVIIIe siècle. Œuvre originale réalisée avec goût. Interprétation dans le ton voulu.
DVD STA→33,95 $

MARRAKECH EXPRESS *voir* **Hideous Kinky**

MARRIAGE ITALIAN STYLE
voir **Mariage à l'italienne**

MARRIAGE OF MARIA BRAUN, THE
voir **Mariage de Maria Braun, Le**

MARRIAGE OF THE BLESSED
IRAN 1989. Mohsen MAKHMALBAF

MARRIED TO THE MOB [Veuve mais pas trop] ▷4
É.-U. 1988. Comédie policière de Jonathan DEMME avec Michelle Pfeiffer, Matthew Modine et Dean Stockwell. - Un agent du FBI est chargé de surveiller une jeune femme dont le mari vient d'être tué par un mafioso. □ Général
DVD Cadrage W→11,95 $

MARRIED WOMAN, A
voir **Femme mariée, Une**

MARRYING KIND, THE ▷3
É.-U. 1952. Comédie de George CUKOR avec Judy Holliday, Aldo Ray et Madge Kennedy. - Un juge chargé du divorce d'un jeune couple s'emploie à les réconcilier. - Vision humoristique de la vie conjugale. Mise en scène vive et alerte. □ Général

MARS ATTACKS ! [Mars attaque !] ▷3
É.-U. 1996. Comédie fantaisiste de Tim BURTON avec Annette Bening, Jack Nicholson, Danny DeVito et Glenn Close. - Des Martiens malicieux envahissent la Terre, où ils s'amusent à décimer les humains et à détruire les villes. - Scénario d'une imagination fertile et délirante. Nombreux flashs satiriques ou surréalistes réjouissants. □ Général
DVD VF→STF→Cadrage W→7,95 $

MARSEILLAISE, LA ▷3
FR. 1938. Drame épique de Jean RENOIR avec Pierre Renoir, Andrex et Lise Delamare. - Un bataillon de Marseillais est mêlé à divers événements de la Révolution française. - Fresque qui allie l'épopée au tableau de mœurs. Mise en scène grandiose alternant avec des notes intimes ou folkloriques. □ Général

MARTHE ▷4
FR. 1997. Drame sentimental de Jean-Loup HUBERT avec Clotilde Courau, Guillaume Depardieu et Bernard Giraudeau. - Durant la Première Guerre mondiale, un soldat en convalescence se lie sentimentalement avec une institutrice. □ 13 ans+

MARTIEN DE NOËL, LE ▷4
QUÉ. 1971. Conte de Bernard GOSSELIN avec Marcel Sabourin, Catherine Leduc et François Gosselin. - Deux enfants d'un village du Québec se lient d'amitié avec un extraterrestre.

MARTIN
É.-U. 1976. George A. ROMERO □ 13 ans+
DVD VA→Cadrage W→11,95 $

MARTIN'S DAY ▷5
CAN. 1984. Aventures de Alan GIBSON avec Richard Harris, Justin Henry et James Coburn. - Un jeune garçon qui a été kidnappé par un prisonnier évadé sympathise avec ce dernier. □ Général

MARTINGALE, LA ▷5
SUI. 1983. Drame d'Alain BLOCH avec Omar Sharif, Catherine Spaak et Jean-Pierre Gros. - Un joueur tricheur vient en aide à une jeune femme ennuyée par des dettes de jeu et un amant encombrant. □ Non classé

MARTY ▷3
É.-U. 1954. Drame psychologique de Delbert MANN avec Ernest Borgnine, Betsy Blair et Esther Minciotti. - Un garçon boucher timide s'éprend d'une institutrice d'allure réservée. - Étude de milieu sobre et réaliste. Analyse psychologique subtile. Interprétation sensible. □ Général
DVD VF→STF→12,95 $

MARVIN'S ROOM ▷4
É.-U. 1996. Comédie dramatique de Jerry ZAKS avec Meryl Streep, Diane Keaton et Leonardo DiCaprio. - Deux sœurs se réconcilient après des années de brouille lorsque l'une d'entre elles est atteinte de leucémie. □ Général
DVD VA→Cadrage W→22,95 $

MARY OF SCOTLAND ▷3
É.-U. 1936. Drame historique de John FORD avec Katharine Hepburn, Fredric March et Florence Eldridge. - Les amours malheureuses et la fin tragique de Marie Stuart, reine d'Écosse. - Moments de grande intensité. Mise en scène de classe. Éclairages soignés. Excellente interprétation. □ Non classé

MARY POPPINS [Mary Poppins: 40th Anniversary] ▷3
É.-U. 1964. Comédie musicale de Robert STEVENSON avec Julie Andrews, Dick Van Dyke et David Tomlinson. - Deux enfants découvrent un monde de joie et de fantaisie grâce à une gouvernante dotée de pouvoirs magiques. - Mélange réussi d'humour et de fantaisie. Mise en scène habile. Trucages ingénieux. Interprétation enjouée. □ Général
DVD VF→Cadrage W→34,95 $

MARY POUR TOUJOURS [Forever Mary] ▷4
ITA. 1989. Drame social de Marco RISI avec Michele Placido, Claudio Amendola et Alessandro di Sanzo. - Un professeur de lettres qui travaille temporairement dans une maison de redressement pour adolescents tente d'amadouer les jeunes délinquants de sa classe.

MARY REILLY ▷4
É.-U. 1996. Drame fantastique de Stephen FREARS avec Julia Roberts, John Malkovich et Glenn Close. - Une jeune servante découvre qu'un terrible secret unit le docteur qui l'emploie et son assistant. □ 13 ans+ · Horreur
DVD Cadrage W→11,95 $

MARY SHELLEY'S FRANKENSTEIN [Frankenstein] ▷4
É.-U. 1994. Drame fantastique réalisé et interprété par Kenneth BRANAGH avec Robert De Niro et Helena Bonham Carter. - En 1793, un étudiant en médecine réussit à donner vie à une créature composée de morceaux humains. □ 13 ans+ · Horreur
DVD VA→Cadrage W→10,95 $

MARY, QUEEN OF SCOTS ▷4
[Marie Stuart, reine d'écosse]
ANG. 1971. Drame historique de Charles JARROTT avec Vanessa Redgrave, Glenda Jackson et Nigel Davenport. - Le destin tragique de la reine d'Écosse Marie Stuart et ses démêlés avec Elizabeth d'Angleterre.

MASADA [Masada: 01] ▷4
É.-U. 1981. Drame historique de Boris SAGAL avec Peter O'Toole, Peter Strauss et Barbara Carrera. - En l'an 73 après J.-C., une légion romaine veut s'emparer d'une forteresse où sont retranchés des rebelles palestiniens et leurs familles. □ Non classé

MASALA ▷4
CAN. 1991. Comédie de mœurs réalisée et interprétée par Srinivas KRISHNA avec Sakina Jaffrey et Zohra Segal. - Les tribulations des membres d'une famille indienne vivant à Toronto. □ 13 ans+
DVD VA→21,95 $

MASCULIN, FÉMININ [Masculine, Feminine] ▷4
FR. 1966. Étude de mœurs de Jean-Luc GODARD avec Jean-Pierre Léaud, Chantal Goya et Marlène Jobert. - Un apprenti journaliste devient l'amant d'une jeune chanteuse.

MASCULINE MYSTIQUE, THE ▷4
CAN. 1984. Film à sketches de John N. SMITH et Giles WALKER avec Stefan Wodoslawsky, Char Davies et Sam Grana. - Les tribulations de quatre hommes qui s'interrogent sur leurs relations avec les femmes. □ Général

MASK [Masque, Le] ▷4
É.-U. 1985. Drame psychologique de Peter BOGDANOVICH avec Eric Stoltz, Cher et Sam Elliott. - Rendu hideux par une maladie incurable, un adolescent fait face à ses problèmes avec optimisme et détermination. □ 13 ans+
DVD VA→Cadrage W→17,95 $

MASK, THE ▷4
É.-U. 1994. Comédie fantaisiste de Charles RUSSELL avec Jim Carrey, Cameron Diaz et Peter Greene. - Un masque ancien transforme un célibataire timoré en un exubérant personnage au faciès vert qui peut accomplir d'incroyables exploits. □ Général
DVD VA→Cadrage W→17,95 $

MASK OF FU MANCHU, THE ▷4
É.-U. 1932. Aventures de Charles BRABIN avec Boris Karloff, Lewis Stone et Karen Morley. - Une expédition d'archéologues entre en lutte contre un génie du crime désireux d'assurer sa domination sur les populations asiatiques. □ Général

MASK OF ZORRO, THE [Masque de Zorro, Le] ▷4
É.-U. 1998. Aventures de Martin CAMPBELL avec Antonio Banderas, Anthony Hopkins et Catherine Zeta-Jones. - Au XIXe siècle en Californie, un justicier masqué se trouve un successeur pour combattre un cruel gouverneur espagnol. □ Général · Déconseillé aux jeunes enfants
DVD VF→STF→36,95 $ VF→STF→Cadrage W→22,95 $

MASOCH ▷5
ITA. 1980. Drame biographique de Franco TAVIANI avec Paolo Malco, Francesca de Sapio et Fabrizio Bentivoglio. - En 1865, un chevalier auteur de romans sadomasochistes épouse une admiratrice et l'oblige à s'adonner à des fantaisies perverses. □ 18 ans+

MASQUE DE L'ARAIGNÉE, LE *voir* **Along Came a Spider**

MASQUE DE ZORRO, LE *voir* **Mask of Zorro, The**

MASQUE DU DÉMON, LE [Black Sunday] ▷4
ITA. 1961. Drame d'horreur de Mario BAVA avec Barbara Steele, John Richardson et Andrea Checchi. - Suppliciée pour sorcellerie, une princesse reprend vie deux siècles après sa mort. □ 13 ans+

MASQUE OF THE RED DEATH, THE ▷4
ANG. 1964. Drame fantastique de Roger CORMAN avec Vincent Price, Jane Asher et Hazel Court. - Un prince croit échapper à la mort rouge qui dévaste la région en s'enfermant dans son château avec ses invités. □ 13 ans+

MASQUE, LE *voir* **Mask**

MASQUERADE ▷4
É.-U. 1988. Drame de mœurs de Bob SWAIM avec Rob Lowe, Meg Tilly et Doug Savant. - Une riche orpheline s'éprend du jeune barreur d'un yacht de course sans savoir que celui-ci est mêlé à un complot criminel. □ 13 ans+
DVD VA➔STF➔Cadrage W/16X9➔17,95 $

MASQUES ▷4
FR. 1986. Drame policier de Claude CHABROL avec Philippe Noiret, Robin Renucci et Anne Brochet. - Sous prétexte d'écrire sa biographie, un romancier se rend chez une vedette de la télévision pour enquêter discrètement sur la disparition d'une jeune fille. □ Général
DVD VF➔STA➔Cadrage W➔23,95 $

MASS APPEAL ▷4
É.-U. 1984. Drame de Glenn JORDAN avec Jack Lemmon, Zeljko Ivanek et Charles Durning. - Le curé d'une paroisse bourgeoise de Los Angeles voit son travail pastoral remis en question par l'arrivée d'un séminariste ardent et absolu.

MASSACRE [Come and See] ▷3
RUS. 1985. Drame de guerre d'Elem KLIMOV avec Lubomiras Lauciavicus, Alexei Kravchenko et Olga Mironova. - En 1943, les dures expériences de guerre d'un adolescent biélorusse. - Scènes hallucinantes. Situations dramatiques et guerrières quelque peu simplifiées. Passages percutants. Interprétation d'une conviction conquérante. □ 13 ans+
DVD VF➔STA➔Cadrage P&S➔24,95 $

MASSACRE À LA TRONÇONNEUSE
voir **Texas Chainsaw Massacre, The**

MASSACRE DE FORT APACHE, LE *voir* **Fort Apache**

MASSACRE IN ROME *voir* **Représailles**

MASSAÏ - LES GUERRIERS DU VENT ▷5
[Massaï - les guerriers de la pluie]
FR. 2004. Conte de Pascal PLISSON avec Ngotiek Ole Mako, Paul Nteri Ole Sekenan et Parkasio Ole Muntet. - Au Kenya, des jeunes guerriers massaï partent tuer un lion mythique pour mettre fin à la sécheresse dans leur village. □ Général
DVD STF➔31,95 $

MASSEY SAHIB
voir **In the Days of the Raj**

MASTER, THE ▷5
H.K. 1992. Film d'arts martiaux de Tsui HARK avec Jet Lee, Yuen Wah et Crystal Hwoh. - Un champion de kung-fu entraîne trois jeunes hispanophones pour l'aider à lutter contre ses ennemis. □ Non classé

MASTER AND COMMANDER: THE FAR SIDE OF THE WORLD ▷3
[Maître à bord: de l'autre côté du monde]
É.-U. 2003. Aventures de Peter WEIR avec Russell Crowe, James D'Arcy, Max Pirkis et Paul Bettany. - En 1805, durant les guerres napoléoniennes, la vie à bord d'un navire anglais qui pourchasse un vaisseau français dans les mers du sud. □ Général · Déconseillé aux jeunes enfants
DVD VF➔STA➔Cadrage W➔22,95 $ VA➔Cadrage W➔22,95 $

MASTER OF BALLANTRAE, THE ▷4
É.-U. 1953. Aventures de William KEIGHLEY avec Anthony Steel, Beatrice Campbell et Errol Flynn. - Un Écossais part à l'aventure autour du monde alors que son frère gère le manoir familial. □ Général
DVD VF➔STF➔21,95 $

MASTER OF THE WORLD ▷4
É.-U. 1961. Aventures de William WITNEY avec Vincent Price, Charles Bronson et Mary Webster. - Un savant, inventeur d'un navire volant, menace le monde de destruction s'il refuse d'opter pour la paix contre la guerre. □ Non classé

MATA HARI ▷5
É.-U. 1932. Drame d'espionnage de George FITZMAURICE avec Greta Garbo, Ramon Novarro, C. Henry Gordon et Lionel Barrymore. - Une danseuse espionne en France pour le compte de l'Allemagne. □ Général
DVD VF➔STF➔21,95 $

MATA HARI ▷6
É.-U. 1984. Drame d'espionnage de C. HARRINGTON avec Sylvia Kristel, Christopher Cazenove et Olivier Tobias. - Durant la Première Guerre mondiale, une séduisante danseuse est amenée à travailler comme espionne pour le compte des Allemands.
DVD VA➔STF➔Cadrage P&S/W➔12,95 $

MATADOR ▷4
ESP. 1985. Drame de mœurs de Pedro ALMODOVAR avec Assumpta Serna, Nacho Martinez et Antonio Banderas. - Une avocate perverse défend un jeune torero qui s'est accusé de crimes qu'il n'a pas commis. □ 18 ans+

MATADOR, THE ▷4
É.-U. 2005. Comédie policière de Richard SHEPARD avec Pierce Brosnan, Hope Davis, Adam Scott et Greg Kinnear. - À Mexico, un tueur à gages irlandais à quelques mois de la retraite se prend d'affection pour un Américain sans histoire. □ 13 ans+ · Érotisme · Langage vulgaire

MATCH, LE *voir* **Made**

MATCH FACTORY GIRL, THE ▷3
FIN. 1989. Drame social d'Aki KAURISMÄKI avec Kati Outinen, Elina Salo et Esko Nikkari. - Une ouvrière menant une existence monotone rencontre un homme séduisant qui la met enceinte. - Variations sur le thème des exclus de notre société. Description d'un univers sombre et déprimant. Mise en scène sobre et lente. Interprétation adéquate. □ Général

MATCH PARFAIT *voir* **Fever Pitch**

MATCH POINT ▷3
ANG. 2005. Drame de mœurs de Woody ALLEN avec Jonathan Rhys Meyers, Scarlett Johansson et Emily Mortimer. - Un professeur de tennis d'origine modeste, marié à la fille d'un riche homme d'affaires londonien, s'engage dans une liaison passionnée avec une Américaine. - Œuvre inspirée reprenant les thèmes chers au cinéaste. Subtile peinture de milieu, marquée de quelques traits d'ironie. Réalisation fluide et racée. Interprétation impeccable. □ Général · Déconseillé aux jeunes enfants
DVD VF➔STF➔Cadrage W➔34,95 $

MATCHMAKER, THE ▷4
É.-U. 1958. Comédie de Joseph ANTHONY avec Shirley Booth, Anthony Perkins et Shirley MacLaine. - Une pétillante veuve d'âge moyen joue à la marieuse. □ Général
DVD VA➔STA➔Cadrage W➔14,95 $

MATCHMAKER, THE ▷5
IRL. 1997. Comédie sentimentale de Mark JOFFE avec David O'Hara, Janeane Garofalo, Jay O. Sanders et Milo O'Shea. - Un vieux marieur se met en frais de favoriser une union entre une jeune Américaine en mission d'affaires dans un village irlandais et un journaliste local.
DVD VA➔STA➔Cadrage W➔9,95 $

MATCHSTICK MEN [Moins que rien, Les] ▷4
É.-U. 2003. Comédie policière de Ridley SCOTT avec Nicolas Cage, Alison Lohman et Sam Rockwell. - Un escroc souffrant de troubles obsessionnels compulsifs retrouve sa fille adolescente qu'il entraîne dans ses arnaques. □ Général
DVD VF➔STF➔Cadrage W➔7,95 $

MATEWAN ►2
É.-U. 1987. Drame social de John SAYLES avec Chris Cooper, Will Oldham et James Earl Jones. - En 1920, un organisateur syndical se rend dans un village de Virginie pour aider des mineurs engagés dans une grève. - Rappel dramatisé d'un incident réel. Traitement solide et signifiant. Tableau d'époque des plus plausibles. Photographie soignée. Interprétation pittoresque et fort convaincante. □ 13 ans+
DVD VA→Cadrage P&S→11,95 $

MATILDA ▷3
É.-U. 1996. Comédie fantaisiste réalisée et interprétée par Danny DE VITO avec Mara Wilson et Rhea Perlman. - Les tribulations d'une fillette prodige qui est envoyée par ses parents bébêtes dans une école dirigée par une tortionnaire. - Fantaisie enfantine teintée d'humour noir. Satire mordante du mode de vie matérialiste nord-américain. □ Général
DVD VF→Cadrage W→18,95 $

MATIN COMME LES AUTRES, UN *voir* **Beloved Infidel**

MATINEE ▷4
É.-U. 1993. Comédie fantaisiste de Joe DANTE avec John Goodman, Cathy Moriarty et Simon Fenton. - Durant la crise des missiles cubains en 1962, la première d'un film de science-fiction provoque tout un émoi dans une petite ville de Floride. □ Général

MATINS INFIDÈLES, LES ▷4
QUÉ. 1988. Comédie dramatique de Jean BEAUDRY et François BOUVIER avec Denis Bouchard, Jean Beaudry et Violaine Forest. - Un photographe qui a entrepris avec un écrivain un projet d'envergure ne tarde pas à rompre ses engagements. □ 13 ans+

MATOU, LE ▷4
QUÉ. 1985. Comédie dramatique de Jean BEAUDIN avec Serge Dupire, Monique Spaziani et Jean Carmet. - Le jeune propriétaire d'un restaurant est en butte aux manœuvres occultes d'un mystérieux vieillard. □ Général

MATRIX, THE [Matrice, La] ▷3
É.-U. 1999. Science-fiction d'Andy et Larry WACHOWSKI avec Keanu Reeves, Laurence Fishburne et Carrie-Anne Moss. - Un informaticien découvre que les humains vivent dans une réalité virtuelle contrôlée par des machines. - Scénario imaginatif et délirant. Scènes d'action palpitantes. Technique impressionnante. Jeu racé de K. Reeves.

MATRIX RELOADED, THE [Matrice rechargée, La] ▷4
É.-U. 2003. Science-fiction d'Andy et Larry WACHOWSKI avec Keanu Reeves, Laurence Fishburne et Carrie-Anne Moss. - Trois combattants cherchent dans un monde parallèle virtuel le moyen de contrer les menées d'une entité qui menace l'humanité. □ 13 ans+ · Violence
DVD VF→STF→Cadrage W→8,95 $/14,95 $

MATRIX, THE: REVOLUTIONS ▷4
[Matrice, La: révolutions]
É.-U. 2003. Science-fiction d'Andy et Larry WACHOWSKI avec Keanu Reeves, Carrie-Anne Moss et Hugo Weaving. - Des humains réfugiés dans une ville souterraine subissent l'assaut d'une armée de machines. □ 13 ans+ · Violence
DVD VF→STF→Cadrage W/16X9→14,95 $
VF→STF→Cadrage W→8,95 $

MATRONI ET MOI ▷4
QUÉ. 1999. Comédie policière de Jean-Philippe DUVAL avec Alexis Martin, Pierre Lebeau et Guylaine Tremblay. - Un jeune intellectuel féru de grands principes philosophiques se retrouve mêlé à une rivalité entre gangsters. □ 13 ans+
DVD VF→STA→Cadrage P&S→19,95 $

MATT HELM AGENT TRÈS SPÉCIAL *voir* **Silencers, The**

MATTER OF DIGNITY
GRÈ. 1957. Michael CACOYANNIS
DVD Cadrage W→31,95 $

MATTER OF TASTE, A *voir* **Affaire de goût, Une**

MATUSALEM ▷4
QUÉ. 1993. Comédie fantaisiste de Roger CANTIN avec Marc Labrèche, Émile Proulx-Cloutier et Jod Léveillé-Bernard. - Un jeune garçon vient en aide à un fantôme qui tente de récupérer un parchemin que convoitent également des pirates. □ Général
DVD VF→14,95 $

MATUSALEM 2: LE DERNIER DES BEAUCHESNE ▷5
QUÉ. 1997. Aventures de Roger CANTIN avec Marc Labrèche, Émile Proulx-Cloutier et Steve Gendron. - Quatre jeunes adolescents et un professeur d'histoire sont projetés dans le passé dans une île tropicale infestée de flibustiers. □ Général
DVD VF→16,95 $

MAU MAU SEX SEX
É.-U. 2001. Ted BONNITT
DVD VA→29,95 $

MAUDITE APHRODITE *voir* **Mighty Aphrodite**

MAUDITE GALETTE, LA ▷4
QUÉ. 1972. Drame policier de Denys ARCAND avec Luce Guilbeault, Marcel Sabourin et René Caron. - Un meurtre crapuleux est l'occasion d'une suite de règlements de comptes. □ 13 ans+

MAUDITS SAUVAGES ▷4
QUÉ. 1971. Comédie satirique de Jean-Pierre LEFEBVRE avec Pierre Dufresne, Rachel Cailhier et Nicole Filion. - Un coureur des bois profite d'une jeune Amérindienne qu'il a prise comme concubine.
DVD VF→28,95 $

MAURICE ▷4
ANG. 1987. Drame psychologique de James IVORY avec James Wilby, Hugh Grant et Rupert Graves. - À Cambridge au début du siècle, deux jeunes universitaires sont liés par une amitié teintée de sentiments amoureux. □ Général
DVD VA→STA→Cadrage W→33,95 $

MAUSOLEUM *voir* **One Dark Night**

MAUVAIS ESPRIT
FR. 2003. Patrick ALESSANDRIN
DVD VF→18,95 $

MAUVAIS GARÇONS *voir* **Bad Boys**

MAUVAIS GENRE [Transfixed] ▷5
FR. 1997. Comédie dramatique de Laurent BÉNÉGUI avec Jacques Gamblin et Elina Löwensohn. - À l'insu de sa copine, un romancier suffisant suit une inconnue qui a acheté son bouquin. □ Général
DVD VF→STA→44,95 $

MAUVAIS ŒIL *voir* **Snake Eyes**

MAUVAIS SANG ►2
FR. 1986. Drame poétique de Léos CARAX avec Denis Lavant, Juliette Binoche et Michel Piccoli. - Engagé pour cambrioler le coffre d'un laboratoire, un jeune voleur est fasciné par la maîtresse de son chef. - Intrigue policière prétexte à variations poétiques. Nombreuses références cinématographiques. Traitement original de toute beauté. Interprétation insolite. □ Général
DVD VF→STA→Cadrage 16X9→37,95 $

MAUVAISE ÉDUCATION, LA [Bad Education] ▷3
ESP. 2004. Drame de mœurs de Pedro ALMODOVAR avec Gael Garcia Bernal, Fele Martinez et Daniel Giménez Cacho. - Un acteur tourmenté propose à un ami d'enfance devenu cinéaste de tourner un film inspiré de leur propre vie. - Intrigue à tiroirs mélangeant astucieusement film noir, étude de mœurs et éléments autobiographiques. Mise en scène maîtrisée. Interprétation sensible de G. Garcia Bernal. □ 13 ans+ · Érotisme
DVD VF→STA→29,95 $

MAUVAISE GRAINE [Bad Seed]
É.-U. 1933. Billy WILDER □ Général
DVD VF→STA→PC

MAVERICK ▷4
É.-U. 1994. Western de Richard DONNER avec Mel Gibson, Jodie Foster et James Garner. - Les tribulations d'un jeune joueur professionnel qui s'efforce de trouver l'argent qui lui manque pour s'inscrire à un important tournoi de poker. □ Général
DVD Cadrage W→9,95 $

MAVERICK QUEEN, THE [Horde sauvage, La] ▷4
É.-U. 1956. Western de Joseph KANE avec Barbara Stanwick, Barry Sullivan et Scott Brady. - La propriétaire d'un hôtel du Wyoming fréquenté par des hors-la-loi s'éprend d'un jeune étranger.
□ Général

MAX ▷5
HON. 2002. Drame de Menno MEYJES avec John Cusack, Noah Taylor et Leelee Sobieski. - En 1918, à Munich, un galeriste juif prend sous son aile le miséreux Adolf Hitler, un aspirant peintre également attiré par l'action politique. □ Général
DVD VA→Cadrage W→36,95 $

MAX [Par amour pour Max] ▷4
CAN. 1993. Drame psychologique de Charles WILKINSON avec R.H. Thomson, Denise Crosby et Fabio Wilkinson. - Lorsqu'il apprend que son fils est atteint d'une maladie probablement causée par la pollution, un homme emmène sa famille vivre dans une ferme.
□ Général

MAX DUGAN RETURNS [Retour de Max Dugan, Le] ▷4
É.-U. 1983. Comédie de Herbert ROSS avec Marsha Mason, Jason Robards et Donald Sutherland. - Une femme qui vit avec son fils adolescent voit leur existence transformée par l'arrivée de son père, absent depuis près de trente ans. □ Général
DVD VA→Cadrage W→14,95 $

MAX ET JÉRÉMIE ▷4
FR. 1992. Drame policier de Claire DEVERS avec Philippe Noiret, Christophe Lambert et Jean-Pierre Marielle. - Un jeune voyou s'acoquine avec un vieux tueur à gages à la retraite qu'il a pour mission d'abattre.

MAX ET LES FERRAILLEURS ▷3
FR. 1970. Drame policier de Claude SAUTET avec Michel Piccoli, Romy Schneider et Bernard Fresson. - Un inspecteur de police déçu par ses échecs pousse des jeunes à commettre un vol pour mieux les prendre. - Fascinante étude psychologique. Mise en scène vigoureuse et sobre. Personnages bien campés. □ Général

MAX, MON AMOUR ▷5
FR. 1986. Drame de mœurs de Nagisa OSHIMA avec Diana Quick, Charlotte Rampling et Anthony Higgins. - Un diplomate découvre, indigné, que son épouse a un amant chimpanzé. □ 13 ans+

MAXIE ▷5
É.-U. 1985. Comédie fantaisiste de Paul AARON avec Glenn Close, Mandy Patinkin et Ruth Gordon. - Le fantôme d'une danseuse s'empare du corps d'une jeune femme afin de réussir une audition qu'elle n'a pu passer de son vivant. □ Général
DVD VA→STF→19,95 $

MAY ▷4
É.-U. 2002. Drame d'horreur de Lucky McKEE avec Angela Bettis, Jeremy Sisto et Anna Faris. - À la suite de diverses déceptions amoureuses, une jeune femme solitaire et mal dans sa peau sombre dans une folie meurtrière.
DVD VA→STA→Cadrage W→13,95 $

MAYA ▷5
IND. 2001. Drame de mœurs de Digvijay SINGH avec Nitya Shetty, Nikhil Yadav et Anant Nag. - Dans un village indien, une adolescente est soumise par sa famille à un rite de passage cruel.
DVD VF→STF→Cadrage 16X9→16,95 $

MAYBE BABY [Peut-être bien] ▷5
ANG. 2001. Comédie sentimentale de Ben ELTON avec Hugh Laurie, Joely Richardson et Rowan Atkinson. - Un producteur de la télévision s'inspire des problèmes d'infertilité de son couple pour écrire une comédie sentimentale. □ Général
DVD VF→STA→7,95 $

MAYBE, MAYBE NOT [Nouveaux mecs, Les] ▷5
ALL. 1994. Comédie de mœurs de Sönke WORTMANN avec Katja Riemann, Til Schweiger et Joachim Krol. - Chassé par sa fiancée, un coureur de jupons s'installe chez un homosexuel. □ 13 ans+ · Langage vulgaire

MAYERLING ▷5
ANG. 1968. Drame de Terence YOUNG avec Catherine Deneuve, Omar Sharif et James Mason. - En 1888, le tragique roman d'amour de l'archiduc Rodolphe d'Autriche et de Maria Vetsera. □ Non classé

MAYOR OF CASTERBRIDGE, THE ▷4
ANG. 2001. Chronique de David THACKER avec Ciaran Hinds, James Purefoy et Jodhi May. - Au XIXe siècle, un riche marchand retrouve sa femme et son enfant qu'il avait vendus à un marin à la suite d'une beuverie.
DVD VA→24,95 $

MAYRIG ▷4
FR. 1991. Chronique de Henri VERNEUIL avec Claudia Cardinale, Omar Sharif et Cédric Doucet. - Dans les années 1920, la difficile intégration d'une famille de réfugiés arméniens venue s'installer à Marseille. □ Général

MAZEPPA ▷4
FR. 1992. Drame de mœurs réalisé et interprété par BARTABAS avec Miguel Bosé, Eva Schakmundes et Brigitte Mary. - Afin d'étudier de plus près les chevaux, le peintre romantique Géricault séjourne parmi les membres d'un cirque spécialisé dans les spectacles équestres. □ Général

MCCABE & MRS. MILLER [John McCabe] ▷3
É.-U. 1971. Western de Robert ALTMAN avec Warren Beatty, Julie Christie et René Auberjonois. - Une prostituée offre son aide à un joueur qui a établi un saloon sur un terrain qu'il a gagné. - Approche originale des traditions du western. Traitement réaliste. Images ressemblant à de vieilles photos qui s'animent. Jeu insolite des vedettes. □ 18 ans+
DVD VF→STF→Cadrage W→21,95 $

MCKENZIE BREAK, THE ▷4
IRL. ANG. 1970. Drame de guerre de Lamont JOHNSON avec Brian Keith, Helmut Griem et Ian Hendry. - En Écosse, un officier américain tente d'empêcher une évasion de prisonniers de guerre allemands.
□ 13 ans+
DVD VF→STF→Cadrage W→12,95 $

MCLINTOCK ! [Grand McLintock, Le] ▷4
É.-U. 1963. Western de Andrew V. McLAGLEN avec John Wayne, Maureen O'Hara et Stefanie Powers. - Un riche rancher cherche à reconquérir sa femme, dont il est séparé. □ Général
DVD VF→8,95 $ VA→STA→Cadrage W→14,95 $

MCQ [Silencieux au bout du canon, Un] ▷5
É.-U. 1973. Drame policier de John STURGES avec John Wayne, Eddie Albert et Diana Muldaur. - Après le meurtre d'un de ses camarades, un lieutenant de police devient détective privé pour enquêter plus librement. □ Général
DVD VF→STF→Cadrage W→14,95 $

ME AND HIM ▷5
ALL. 1988. Comédie de mœurs de Dorris DÖRRIE avec Griffin Dunne, Ellen Greene et Carey Lowell. - Le jour de son anniversaire, un architecte menant une existence très sage est interpellé par son membre viril, qui l'engage à tenter diverses aventures. □ Non classé

ME AND THE COLONEL ▷4
É.-U. 1958. Comédie dramatique de Peter GLENVILLE avec Danny Kaye, Curt Jurgens et Nicole Maurey. - Un colonel polonais antisémite se voit obligé de voyager avec un Juif pour échapper aux Allemands. □ Général

ME AND YOU AND EVERYONE WE KNOW ▷3
[Moi, toi et tous les autres]
É.-U. 2005. Comédie dramatique réalisée et interprétée par Miranda JULY avec John Hawkes et Miles Thompson. - Dans une petite ville américaine, une artiste conceptuelle excentrique tente d'établir une relation avec un vendeur de chaussures récemment divorcé. - Tableau doux-amer d'un milieu marginal. Ton humoristique et poétique. Personnages attachants. Réalisation modeste mais empreinte d'originalité. Interprétation charmante de M. July. □ 13 ans+
DVD VF→STF→Cadrage W→31,95 $

ME MYSELF I [Chance de ma vie, La] ▷4
AUS. 1999. Comédie fantaisiste de Philippa KARMEL avec Rachel Griffiths, David Roberts et Sandy Winton. - Une journaliste célibataire est projetée comme par magie dans l'existence de son double, femme au foyer et mère de famille. □ Général

ME WITHOUT YOU
É.-U. 2001. Sandra GOLDBACHER
DVD VA➔Cadrage W➔32,95 $

ME YOU THEM [Toi, moi et eux] ▷4
BRÉ. 2000. Comédie de mœurs d'Andrucha WADDINGTON avec Regina Casé, Lima Duarte et Stenio García. - Dans la campagne brésilienne, une paysanne vit avec son vieux mari paresseux, ses deux amants et ses quatre fils.

ME, MYSELF & IRENE ▷5
É.-U. 2000. Comédie policière de Bobby et Peter FARRELLY avec Jim Carrey, Renée Zellweger et Chris Cooper. - Un policier souffrant d'un dédoublement de la personnalité assure la protection d'une jeune femme pourchassée par des tueurs. □ 13 ans+ · Langage vulgaire
DVD Cadrage W➔15,95 $

MEAN CREEK ▷4
É.-U. 2004. Drame de mœurs de Jacob Aaron ESTES avec Rory Culkin, Scott Mechlowicz et Trevor Morgan. - Des jeunes invitent un camarade de classe rustaud et querelleur à une excursion sur une rivière avec l'intention de l'humilier. □ 13 ans+
DVD VA➔STA➔Cadrage W/16X9➔10,95 $

MEAN GIRLS [Méchantes ados] ▷4
É.-U. 2004. Comédie satirique de Mark WATERS avec Lindsay Lohan, Rachel McAdams et Jonathan Bennett. - En se vengeant d'une consœur populaire mais sournoise, une élève naïve tombe dans les mêmes travers qu'elle. □ Général
DVD VF➔STA➔Cadrage W➔14,95 $

MEAN SEASON, THE ▷4
É.-U. 1985. Drame policier de Phillip BORSOS avec Kurt Russell, Mariel Hemingway et Richard Jordan. - Un maniaque avide de publicité se sert d'un journaliste comme confident téléphonique après chacun de ses crimes. □ 13 ans+
DVD VA➔Cadrage W➔11,95 $

MEAN STREETS ►2
É.-U. 1973. Drame social de Martin SCORSESE avec Robert De Niro, Harvey Keitel et Amy Robinson. - Dans le quartier italien de New York, deux jeunes hommes sont mêlés aux activités de la mafia. - Portrait à la fois dur et pittoresque du milieu. Scénario bien construit. Mise en scène inventive et efficace. Interprètes convaincants. □ 18 ans+
DVD VA➔STA➔Cadrage W➔18,95 $

MEANTIME ▷4
ANG. 1983. Comédie dramatique de Mike LEIGH avec Phil Daniels, Tim Roth et Pam Ferris. - Le quotidien gris d'une famille de chômeurs dans une cité d'une banlieue londonienne.
DVD VA➔22,95 $

MÉCANIQUES CÉLESTES [Celestial Clockwork] ▷5
FR. VEN. BEL. ESP. 1994. Comédie fantaisiste de Fina TORRES avec Ariadna Gil, Arielle Dombasle et Evelyne Didi. - Une soprano vénézuélienne réfugiée à Paris veut obtenir le rôle principal d'un film-opéra. □ Général

MÉCHANT MALADE *voir* **Anger Management**

MÉCHANT MENTEUR *voir* **Big Fat Liar**

MÉCHANT PÈRE NOËL *voir* **Bad Santa**

MÉCHANTES ADOS *voir* **Mean Girls**

MÉDÉE [Medea] ▷3
ITA. 1969. Drame poétique de Pier Paolo PASOLINI avec Maria Callas, Giuseppe Gentile et Laurent Terzieff. - Répudiée par son époux Jason, Médée se venge cruellement sur ses enfants. - Évocation stylisée d'une tragédie grecque. Ensemble d'une grande richesse visuelle. Style insolite. □ Général

MÉDIA SOUS CONTRÔLE *voir* **Control Room**

MEDICINE MAN ▷4
É.-U. 1992. Aventures de John McTIERNAN avec Sean Connery, Lorraine Bracco et Jose Wilker. - En Amazonie, une chercheuse vient en aide à un médecin sur le point de trouver la formule d'un sérum contre le cancer. □ Général
DVD VF➔Cadrage W➔9,95 $ VF➔Cadrage W➔29,95 $

MEDITERRANEO ▷3
ITA. 1991. Comédie de mœurs de Gabriele SALVATORES avec Diego Abatantuono, Claudio Bigagli et Giuseppe Cederna. - Durant la Seconde Guerre mondiale, huit soldats italiens sympathisent avec les habitants d'une petite île grecque qu'ils occupent pendant plusieurs années. - Histoire bucolique située dans un contexte presque intemporel. Mise en images superbe. Personnages fort bien typés. Interprétation naturelle. □ Général

MEDIUM COOL ▷3
É.-U. 1969. Drame de Haskell WEXLER avec Robert Forster, Verna Bloom et Peter Bonerz. - Les problèmes professionnels et personnels d'un reporter pour la télévision. - Traitement original. Mélange de fiction et de réalité. Éléments de réflexion sur les médias. Montage adroit. Interprétation valable. □ Général
DVD VA➔STA➔Cadrage W➔19,95 $

MEE POK MAN
CHI. 1995. Eric KHOO □ 13 ans+
DVD VA➔38,95 $

MEET DANNY WILSON ▷5
É.-U. 1951. Comédie musicale de Joseph PEVNEY avec Frank Sinatra, Shelley Winter et Alex Nicol. - Un chanteur et un pianiste sont tous deux épris d'une vedette en vogue. □ Général

MEET JOE BLACK [Rencontre avec Joe Black] ▷5
É.-U. 1998. Drame sentimental de Martin BREST avec Brad Pitt, Anthony Hopkins et Claire Forlani. - Empruntant le corps d'un jeune homme décédé, la Mort visite le monde des vivants et s'éprend d'une jolie mortelle. □ Général
DVD Cadrage W➔15,95 $

MEET JOHN DOE ▷3
É.-U. 1941. Comédie satirique de Frank CAPRA avec Gary Cooper, Barbara Stanwyck et Edward Arnold. - Un journal fabrique de toutes pièces un représentant de l'Américain type. - Traits satiriques ingénieux. Mise en scène soignée. □ Non classé
DVD 27,95 $ VA➔11,95 $

MEET ME IN ST. LOUIS [Chant du Missouri, Le] ►2
É.-U. 1944. Comédie musicale de Vincente MINNELLI avec Margaret O'Brien, Judy Garland et Mary Astor. - La vie paisible d'une famille de Saint Louis est bouleversée par l'annonce d'un déménagement à New York. - Charmante chronique familiale. Évocation pittoresque et colorée de la vie au tournant du xxe siècle. Numéros musicaux délicieux. Mise en scène souple. Interprétation sympathique.
DVD VA➔34,95 $

MEET THE FEEBLES [Feebles, Les] ▷4
N.-Z. 1989. Comédie fantaisiste de Peter JACKSON. - Divers incidents perturbent le travail d'une troupe d'artistes de variétés qui prépare fébrilement un spectacle pour la télévision. □ 18 ans+
DVD VA➔Cadrage P&S➔26,95 $

MEET THE FOCKERS [Autre belle-famille, L'] ▷5
É.-U. 2004. Comédie de Jay ROACH avec Ben Stiller, Robert De Niro et Dustin Hoffman. - Après avoir été accepté de haute lutte par son futur beau-père, un infirmier doit lui présenter ses parents, un couple d'excentriques. □ Général · Déconseillé aux jeunes enfants
DVD VF➔Cadrage W➔23,95 $

MEET THE PARENTS [Belle famille, La] ▷4
É.-U. 2000. Comédie de Jay ROACH avec Robert De Niro, Ben Stiller et Blythe Danner. - Un infirmier désirant épouser sa petite amie ne répond guère aux exigences de son futur beau-père, un ancien psychologue de la CIA. □ Général
DVD VA➔Cadrage W➔23,95 $

MEETING VENUS [Tentation de Vénus, La] ▷4
ANG. 1991. Drame de mœurs d'Istvan SZABO avec Niels Arestrup, Glenn Close et Erland Josephson. - Un chef d'orchestre qui éprouve des difficultés dans les préparatifs d'un spectacle d'opéra a une liaison avec la soprano vedette. □ Général

MEETINGS WITH REMARKABLE MEN
[Rencontres avec des hommes remarquables]
ANG. 1979. Peter BROOK
DVD VA→STF→38,95 $

MÉGÈRE APPRIVOISÉE, LA
voir **Taming of the Shrew, The**

MEILLEUR DE LA VIE, LE ▷5
FR. 1984. Drame psychologique de Renaud VICTOR avec Sandrine Bonnaire, Jacques Bonnaffé et Jean-Marc Bory. - La relation amoureuse très instable d'une étudiante et d'un postier dont les caractères diffèrent énormément. □ Non classé

MEILLEUR ESPOIR FÉMININ ▷4
FR. 2000. Comédie dramatique réalisée et interprétée par Gérard JUGNOT avec Bérénice Bejo et Antoine Duléry. - Un coiffeur de province vivant seul avec sa fille adolescente s'oppose vivement à ce que celle-ci tourne dans un film à Paris. □ Général

MEILLEUR QUE LE CHOCOLAT
voir **Better Than Chocolate**

MEILLEUR, LE *voir* **Natural, The**

MEILLEURE FAÇON DE MARCHER, LA ▷3
[Best Way to Walk, The]
FR. 1975. Drame psychologique de Claude MILLER avec Patrick Dewaere, Patrick Bouchitey et Christine Pascal. - Un conflit personnel se développe entre deux moniteurs dans une colonie de vacances. - Approche psychologique intelligente. Climat d'opposition dramatique maintenu avec adresse. Interprétation contrastée.
DVD VF→STA→36,95 $

MEILLEURES INTENTIONS, LES ▷3
[Best Intentions, The]
SUÈ. 1992. Drame biographique de Bille AUGUST avec Pernilla August, Samuel Fröler et Max von Sydow. - En Suède, à la fin du XIXe siècle, deux jeunes époux aux tempéraments différents vivent une relation tumultueuse. - Scénario intimiste écrit par Ingmar Bergman. Traitement d'un classicisme rigoureux. Images magnifiques. Interprétation émouvante de P. August. □ Général

MELINDA AND MELINDA ▷4
É.-U. 2004. Comédie dramatique de Woody ALLEN avec Radha Mitchell, Will Ferrell et Chiwetel Ejiofor. - Quatre intellectuels s'amusent à débattre du caractère à la fois tragique et comique d'une anecdote rapportée par l'un d'entre eux. □ Général
DVD VF→STA→Cadrage P&S/W→33,95 $

MÉLODIE DU BONHEUR, LA
voir **Sound of Music, The**

MÉLODIE EN SOUS-SOL [Any Number Can Win] ▷4
FR. 1962. Thriller de Henri VERNEUIL avec Jean Gabin, Alain Delon et Maurice Biraud. - Un gangster mûrissant met au point un vol important au Casino de Cannes.

MÉLODIE INTERROMPUE
voir **Interrupted Melody**

MÉLODIE MEURTRIÈRE ▷4
ITA. 1978. Comédie policière de Sergio CORBUCCI avec Marcello Mastroianni, Ornella Muti et Michel Piccoli. - Un mandoliniste impécunieux est entraîné dans une affaire ténébreuse après avoir accepté de jouer la sérénade devant un immeuble.

MELTDOWN [Haute Tension] ▷4
H.K. 1995. Thriller de Wong JING avec Jet Li, Jackie Cheung et Chingmy Yau. - Un ancien policier devenu cascadeur lutte contre des criminels qui retiennent plusieurs otages dans un gratte-ciel.
DVD VF→STA→Cadrage W→22,95 $

MELVIN AND HOWARD ▷4
É.-U. 1980. Comédie dramatique de Jonathan DEMME avec Paul Le Mat, Mary Steenburgen et Jason Robards. - Les tribulations d'un brave garçon qui croit avoir fait la rencontre d'un milliardaire excentrique. □ 13 ans+
DVD VA→STF→Cadrage W→17,95 $

MELVIN GOES TO DINNER ▷4
É.-U. 2003. Comédie dramatique de Bob ODENKIRK avec Michael Blieden, Stephanie Courtney, Annabelle Gurwitch et Matt Price. - Réunis dans un restaurant, deux hommes et deux femmes se racontent leur vie tout en discutant de sujets aussi variés que le sexe et la religion.
DVD VA→Cadrage W→31,95 $

MEMBER OF THE WEDDING, THE ▷3
É.-U. 1953. Drame psychologique de Fred ZINNEMANN avec Julie Harris, Ethel Waters et Brandon De Wilde. - Les tourments d'une adolescente fantasque se font jour à l'occasion du mariage de son frère. - Adaptation soignée d'une pièce de Carson McCullers. Thème riche en observations subtiles. Mise en scène d'une grande finesse de touche. Excellente interprétation. □ Général

MÊME LES COW-GIRLS ONT LE VAGUE À L'ÂME
voir **Even Cowgirls Get the Blues**

MEMENTO ▷3
É.-U. 2000. Drame policier de Christopher NOLAN avec Guy Pearce, Carrie-Anne Moss et Joe Pantoliano. - Un homme qui recherche l'assassin de sa femme souffre d'une forme d'amnésie effaçant de sa mémoire les choses vécues l'instant d'avant. - Chronologie des événements défilant à rebours. Tour de force narratif insolite et fascinant. Réalisation fort habile. Jeu expressif et nuancé de G. Pearce. □ 13 ans+ · Violence
DVD VA→28,95 $

MEMENTO MORI
COR. 1999. Tae-yong KIM et Kyu-dong KIM
DVD STA→Cadrage W→27,95 $

MÉMOIRE DANS LA PEAU, LA
voir **Bourne Identity, The**

MÉMOIRE, LA [Egyptian Story, An] ▷4
ÉGY. 1982. Drame psychologique de Youssef CHAHINE avec Nour El Cherif, Magda El Khatib et Soheir El Bably. - Alors qu'il subit une opération cardiaque, un cinéaste plonge dans un curieux rêve surréaliste où défile tout son passé.

MÉMOIRES AFFECTIVES ▷4
QUÉ. 2004. Drame psychologique de Francis LECLERC avec Roy Dupuis, Rosa Zacharie et Guy Thauvette. - Émergeant d'un long coma, un vétérinaire se retrouve totalement amnésique et hanté par d'étranges visions. □ Général
DVD VF→STF→Cadrage W→34,95 $

MÉMOIRES DE BRIGHTON BEACH
voir **Brighton Beach Memoirs**

MÉMOIRES DE FEMMES
voir **Woman's Tale, A**

MEMOIRS OF A GEISHA [Geisha] ▷4
É.-U. 2005. Drame de mœurs de Rob MARSHALL avec Zhang Ziyi, Ken Watanabe et Michelle Yeoh. - À Kyoto, dans les années 1930, une jeune geisha suscite la convoitise de tous les hommes et la jalousie d'une rivale. □ Général
DVD VA→STA→Cadrage W→36,95 $

MEMOIRS OF A SURVIVOR ▷4
ANG. 1981. Science-fiction de David GLADWELL avec Julie Christie, Christopher Guard et Leonie Mellinger. - Une femme observe le monde dévasté qui l'entoure où les enfants revenus à l'état préhistorique se livrent à l'anthropophagie.
DVD VA→Cadrage W→27,95 $

MEMORIA DEL SAQUEO
voir **Mémoire d'un saccage**

MEMORIES OF A MARRIAGE ▷4
DAN. 1989. Comédie dramatique de Kaspar ROSTRUP avec Frits Helmuth, Ghita Norby et Mikael Helmuth. - Au cours d'une fête, un ouvrier à la retraite se remémore sa vie commune avec sa femme. □ Général

MEMORIES OF MURDER
COR. 2003. Joon-ho BONG
DVD VA→STA→Cadrage W→22,95 $

MEMORIES OF UNDERDEVELOPMENT ▷3
CUB. 1968. Drame psychologique de Tomas GUTIERREZ ALEA avec Sergio Corrieri, Daisy Granados et Eslinda Nunez. - En 1961, alors que sa famille s'exile aux États-Unis, un Cubain observe avec détachement les changements apportés par la révolution. - Réflexion politique valable et nuancée. Traitement intelligent du sujet. Recherches stylistiques. Interprètes dirigés avec justesse.

MEMPHIS BELLE ▷4
ANG. 1990. Drame de guerre de Michael CATON-JONES avec Eric Stoltz, Matthew Modine et Tate Donovan. - En 1943, un capitaine aux commandes d'un bombardier B-17 espère réussir une mission qui fera de ses hommes et de lui des héros. □ Général
DVD VF→STF→Cadrage W→11,95 $

MEN *voir* **Mes deux hommes**

MEN, THE ▷3
É.-U. 1949. Drame psychologique de Fred ZINNEMANN avec Marlon Brando, Teresa Wright et Everett Sloane. - Un jeune soldat grièvement blessé retrouve son équilibre grâce au dévouement de sa fiancée. - Traitement sobre mais émouvant. Style dépouillé. Interprétation de classe. Premier film de M. Brando. □ Non classé

MEN DON'T LEAVE ▷4
É.-U. 1989. Drame psychologique de Paul BRICKMAN avec Jessica Lange, Chris O'Donnell et Arliss Howard. - Les difficultés rencontrées par une jeune mère qui doit élever seule ses deux garçons après la mort de son mari. □ Général

MEN IN BLACK [Hommes en noir] ▷4
É.-U. 1997. Comédie fantaisiste de Barry SONNENFELD avec Tommy Lee Jones, Will Smith et Linda Fiorentino. - Deux agents secrets sont chargés de contrôler les activités d'extraterrestres séjournant incognito sur la Terre. □ Général
DVD VF→STF→Cadrage W→19,95 $
VA→STF→Cadrage W→34,95 $

MEN IN BLACK II [Hommes en noir II] ▷4
É.-U. 2002. Comédie fantaisiste de Barry SONNENFELD avec Tommy Lee Jones, Will Smith et Lara Flynn Boyle. - Deux agents secrets doivent protéger la Terre des manigances d'une extraterrestre. □ Général
DVD VF→Cadrage W→21,95 $ VF→STF→Cadrage W→21,95 $
VA→STF→Cadrage W→34,95 $

MEN IN WAR ►2
É.-U. 1956. Drame de guerre de Anthony MANN avec Robert Ryan, Aldo Ray et Robert Keith. - Pendant la guerre de Corée, un peloton d'infanterie cerné par l'ennemi tente de rejoindre son bataillon. - Caractère d'authenticité. Réalisation vigoureuse. Excellents interprètes.

MEN OF HONOR [Honneur à tout prix, L'] ▷5
É.-U. 2000. Drame biographique de George TILLMAN Jr. avec Cuba Gooding Jr., Robert De Niro et Aunjanue Ellis. - L'histoire de Carl Brashear, qui devint dans les années 1950 le premier Noir à obtenir un diplôme de l'école de plongée de la marine américaine. □ Général
DVD VF→STA→Cadrage W→13,95 $

MEN OF RESPECT ▷5
É.-U. 1990. Étude de mœurs de William REILLY avec John Turturro, Katherine Borowitz et Dennis Farina. - Poussé par sa femme et soutenu par les prédictions d'une voyante, un gangster impose sa loi dans la mafia new-yorkaise. □ 18 ans+

MEN OF THE FIGHTING LADY ▷4
[Escadrille panthère]
É.-U. 1954. Drame de guerre de Andrew MARTON avec Van Johnson, Walter Pidgeon et Dewey Martin. - Les exploits d'une escadrille d'avions américains durant la guerre de Corée. □ Non classé

MEN WHO TREAD ON THE TIGER'S TAIL, THE
voir **Hommes qui marchent sur la queue du tigre, Les**

MEN WITH GUNS ▷3
É.-U. 1997. Drame social de John SAYLES avec Federico Luppi, Damian Delgado et Dan Rivera Gonzalez. - Dans un contexte de guerre civile, un vieux médecin latino-américain entreprend un voyage en vue de renouer avec ses étudiants partis pratiquer en régions rurales. - Critique politique et sociale teintée d'humanisme. Rythme lent. Climat de violence latente. □ Général

MENACE, LA ▷4
FR. 1977. Drame policier d'Alain CORNEAU avec Yves Montand, Carole Laure et Jean-François Balmer. - Le directeur d'une entreprise de camionnage tente de disculper sa jeune maîtresse d'une accusation de meurtre. □ Général

MENACE II SOCIETY [Menace pour la société] ▷4
É.-U. 1993. Drame social de Allen HUGHES et Albert HUGHES avec Tyrin Turner, Jada Pinkett et Vonte Sweet. - Un adolescent de Los Angeles qui vit du trafic de la drogue en vient à recourir à des actes de violence extrême pour régler ses différends avec autrui. □ 16 ans+ · Violence

MENACE SUR LA GARENNE
voir **Watership Down**

MÉNAGERIE DE VERRE, LA
voir **Glass Menagerie, The**

MENEUR, LE *voir* **Player, The**

MENSONGE ▷4
FR. 1992. Drame psychologique de François MARGOLIN avec Nathalie Baye, Didier Sandre et Hélène Lapiower. - Ayant découvert qu'elle est séropositive, une jeune mère de famille qui a toujours été fidèle enquête sur le passé de son mari. □ Général

MENSONGES ET TRAHISONS ET PLUS SI AFFINITÉS ▷4
FR. 2004. Comédie de mœurs de Laurent TIRARD avec Édouard Baer, Marie-Josée Croze et Alice Taglioni. - Un écrivain qui gagne sa vie à rédiger des biographies de vedettes est tiraillé entre deux femmes. □ Général
DVD VF→29,95 $

MENTEUR MENTEUR *voir* **Liar Liar**

MÉPHISTO ▷3
HON. 1981. Drame social d'Istvan SZABO avec Rolf Hoppe, Klaus Maria Brandauer et Karin Boyd. - Un acteur ambitieux met son talent au service du régime nazi. - Évocation d'époque stylisée. Psychologie fouillée. Mise en scène ample et colorée. Interprétation nuancée. □ Général
DVD STA→Cadrage W→34,95 $

MÉPRIS, LE [Contempt] ▷3
FR. 1963. Drame psychologique de Jean-Luc GODARD avec Brigitte Bardot, Michel Piccoli et Jack Palance. - Un scénariste se plie aux exigeances d'un producteur et perd l'amour de sa femme. - Adaptation à la fois fascinante et irritante du roman d'Alberto Moravia. Évolution psychologique fort intéressante. Mise en scène d'un style insolite. Interprétation relevée. □ Général
DVD VF→STA→Cadrage W/16X9→62,95 $

MER, LA [Sea, The] ▷4
ISL. 2002. Drame de mœurs de Baltasar KORMAKUR avec Gunnar Eyjolfsson, Hilmir Snaer Gudnason et Gudrun S. Gisladottir. - Désirant désigner son successeur, le directeur d'une conserverie de poissons convoque un conseil de famille qui s'avère acrimonieux. □ 13 ans+
DVD STA→Cadrage W→29,95 $

MER DE SALTON, LA *voir* **Salton Sea, The**

MER INTÉRIEURE, LA [Sea Inside, The] ▷3
ESP. 2004. Drame biographique d'Alejandro AMENABAR avec Javier Bardem, Belen Rueda et Lola Duenas. - Avec l'aide d'une avocate, et malgré son entourage, un quadriplégique cloué à son lit depuis 28 ans tente d'obtenir le droit de mourir. - Récit basé sur la vie et l'œuvre du militant espagnol Ramon Sampedro. Réflexion nuancée sur l'euthanasie. Personnages attachants. Mise en scène soignée. Interprétation magistrale de J. Bardem. □ Général · Déconseillé aux jeunes enfants
DVD VF→STA→Cadrage W→31,95 $

MERCENAIRE DE MINUIT, LE
voir **Invitation to a Gunfighter**

MERCENAIRES DE L'ESPACE, LES
voir **Battle Beyond the Stars**

MERCHANT OF FOUR SEASONS, THE
voir **Marchand de quatre saisons, Le**

MERCHANT OF VENICE ▷4
[William Shakespeare's the Merchant of Venice]
É.-U. 2004. Drame de Michael RADFORD avec Al Pacino, Jeremy Irons et Joseph Fiennes. - À Venise en 1596, un armateur emprunte une importante somme d'argent à un usurier juif qui exige une livre de sa chair en cas de non-remboursement. □ Général
DVD VA→STF→Cadrage W→23,95 $

MERCI D'AVOIR ÉTÉ MA FEMME *voir* **Starting Over**

MERCI LA VIE ▷3
FR. 1991. Comédie dramatique de Bertrand BLIER avec Charlotte Gainsbourg, Anouk Grinberg et Gérard Depardieu. - Une jeune étudiante est entraînée dans une folle randonnée par une fille étrange et particulièrement délurée. - Exercice de style excentrique où l'imaginaire se mêle à la réalité. Grande virtuosité narrative et technique. Jeux temporels déconcertants. Interprétation enthousiaste. □ 13 ans+

MERCI POUR LE CHOCOLAT [Nightcap] ▷4
FR. 2000. Drame psychologique de Claude CHABROL avec Anna Mouglalis, Isabelle Huppert et Jacques Dutronc. - À la recherche de ses origines, une jeune pianiste côtoie la famille d'une femme d'affaires dont l'amabilité cache une redoutable perversité.
□ Général
DVD VF→STA→Cadrage W→12,95 $

MERCREDI DES CENDRES, LE *voir* **Ash Wednesday**

MERCURE À LA HAUSSE *voir* **Mercury Rising**

MERCURY RISING [Mercure à la hausse] ▷5
É.-U. 1998. Drame policier de Harold BECKER avec Bruce Willis, Alec Baldwin, Kim Dickens et Miko Hugues. - Un agent du FBI protège un enfant autiste menacé de mort depuis qu'il a décodé un message secret émanant de la défense nationale. □ 13 ans+ · Violence

MÈRE ET FILS [Mother and Son] ▶2
RUS. 1997. Drame poétique d'Alexandre SOKOUROV avec Alexei Ananishnov et Gudrun Geyer. - Une vieille femme mourante est réconfortée par son fils dévoué et aimant. - Élégie contemplative sur l'humanité confrontée à la nature et la mort. Suite d'images d'une stupéfiante beauté composées avec une minutie extrême. Interprétation prenante.
DVD STA→Cadrage W→21,95 $

MÈRE INDIGNE *voir* **Ladybird, Ladybird**

MÈRE JEANNE DES ANGES
[Mother Joan of the Angels]
POL. 1960. Jerzy KAWALEROWICZ □ Général
DVD STA→29,95 $

MÈRE TERESA *voir* **Mother Teresa**

MERLIN L'ENCHANTEUR
voir **Sword in the Stone, The**

MERMAIDS [Sirènes, Les] ▷4
É.-U. 1990. Comédie dramatique de Richard BENJAMIN avec Winona Ryder, Cher et Bob Hoskins. - En pleine crise d'adolescence, la fille aînée d'une femme excentrique hésite entre devenir religieuse ou céder aux avances d'un jeune homme. □ Général
DVD VF→STF→Cadrage W→12,95 $

MERRILL'S MARAUDERS ▷3
É.-U. 1962. Drame de guerre de Samuel FULLER avec Jeff Chandler, Ty Hardin et Andrew Duggan. - Un régiment américain affronte les Japonais dans la jungle birmane. - Approche réaliste. Mise en scène vigoureuse et soignée. Excellente interprétation d'ensemble.

MERRY CHRISTMAS, MR. LAWRENCE [Furyo] ▶2
ANG. 1982. Drame de guerre de Nagisa OSHIMA avec David Bowie, Ryuichi Sakamoto et Tom Conti. - Les difficiles relations entre des prisonniers de guerre anglais et leurs geôliers japonais. - Contexte dramatique intense et prenant. Photographie soignée. Climat d'étrangeté bien créé. Interprétation solide. □ Général

MERRY WAR, A ▷4
ANG. 1997. Comédie de mœurs de Robert BIERMAN avec Richard E. Grant, Helena Bonham Carter et Julian Wadham. - À Londres, dans les années 1930, un publicitaire quitte son emploi et sacrifie son confort matériel pour devenir poète. □ Général

MERRY WIDOW, THE [Veuve joyeuse, La] ▷4
É.-U. 1935. Comédie musicale de Ernst LUBITSCH avec Jeanette MacDonald, Maurice Chevalier et Edward Everett Horton. - Un aristocrate est chargé de séduire une riche veuve pour sauver les finances de son pays. □ Non classé

MERRY WIDOW, THE ▷5
É.-U. 1953. Comédie musicale de Curtis BERNHARDT avec Lana Turner, Fernando Lamas et Una Merkel. - Le roi de Marsovie charge son neveu de séduire une riche veuve pour sauver les finances du pays. □ Général

MERTON OF THE MOVIES ▷4
É.-U. 1947. Comédie de Robert ALTON avec Red Skelton, Virginia O'Brien et Gloria Grahame. - Au temps du cinéma muet, un maladroit rêve de devenir un grand acteur dramatique.

MERVEILLEUSE ANGÉLIQUE ▷5
FR. 1965. Aventures de Bernard BORDERIE avec Michèle Mercier, Claude Giraud et Jean-Louis Trintignant. - Les intrigues amoureuses d'une jeune veuve noble pour faciliter son entrée à la cour du roi.
□ 13 ans+

MERVEILLEUSE VISITE, LA
FR. 1974. Marcel CARNÉ □ Général

MES CHERS VOISINS *voir* **Comunidad, La**

MES DEUX HOMMES [Men] ▷4
ALL. 1985. Comédie de mœurs de Dorris DÖRRIE avec Heiner Lauterbach, Uwe Ochsenknecht et Ulrike Kriena. - Un publicitaire entreprend de pousser l'amant bohème de sa femme à se ranger pour mettre fin à leur liaison. □ Général

MES ENFANTS NE SONT PAS COMME LES AUTRES ▷4
FR. 2002. Drame psychologique de Denis DERCOURT avec Richard Berry, Élodie Peudepièce et Frédéric Roullier. - Un veuf pousse ses deux enfants à devenir des musiciens virtuoses au prix de maints sacrifices.
DVD VF→38,95 $

MES MEILLEURS COPAINS ▷5
FR. 1989. Comédie de Jean-Marie POIRÉ avec Gérard Lanvin, Christian Clavier et Louise Portal. - Au cours d'un week-end, cinq hommes se remémorent leur jeunesse passée aux côtés de leur copine québécoise revenue en France pour donner un concert rock.
□ 13 ans+

MES NUITS SONT PLUS BELLES QUE VOS JOURS
FR. 1989. Andrzej ZULAWSKI
DVD VF→33,95 $

MES PREMIERS PAS DANS LA MAFIA
voir **Freshman, The**

MESMER ▷4
ANG. 1994. Drame biographique de Roger SPOTTISWOODE avec Alan Rickman, Amanda Ooms et Jan Rubes. - Au XVIIIe siècle, un médecin autrichien est obligé de se réfugier à Paris à cause de ses théories. □ 13 ans+

MESMERIZED [Shocked] ▷5
ANG. AUS. N.-Z. 1986. Drame judiciaire de Michael LAUGHLIN avec Jodie Foster, John Lithgow et Michael Murphy. - Au XIXe siècle, une jeune orpheline est jugée pour le meurtre de son mari, un homme d'âge mûr au comportement fort étrange. □ Général

MESSAGE, THE [Mohammed, Messenger of God] ▷5
ANG. 1976. Drame historique de Moustapha AKKAD avec Anthony Quinn, Michael Ansara et Irène Papas. - Évocation des débuts de la religion islamique. □ Général
DVD VA→Cadrage W→28,95 $

MESSENGER, THE: THE STORY OF JOAN OF ARC ▷4
[Messagère: l'histoire de Jeanne d'Arc, La]
FR. 1999. Drame historique de Luc BESSON avec Milla Jovovich, John Malkovich et Faye Dunaway. - En 1429, forte de supposées révélations divines, une simple paysanne devient chef des armées du roi de France Charles VII. □ 16 ans+ · Violence
DVD Cadrage W→17,95 $

MÉTAL HURLANT *voir* **Heavy Metal**

MÉTAMORPHOSE *voir* **Mimic**

METEOR ▷5
É.-U. 1979. Drame de Ronald NEAME avec Sean Connery, Karl Malden et Brian Keith. - Des savants russes et américains unissent leurs forces pour détruire un météore se dirigeant vers la Terre. □ 13 ans+
DVD VA→STF→Cadrage W→11,95 $

METEOR AND SHADOW
GRÈ. 1985. Takis SPETSIOTIS
DVD 39,95 $

METROLAND ▷4
FR. ANG. 1997. Drame de mœurs de Philip SAVILLE avec Emily Watson, Christian Bale et Lee Ross. - Un père de famille qui mène une vie confortable et rangée voit ressurgir son passé de jeune bohème contestataire lorsqu'il renoue avec un vieil ami. □ 13 ans+ · Érotisme
DVD VA→Cadrage P&S→5,95 $

METROPOLIS ►1
ALL. 1926. Science-fiction de Fritz LANG avec Brigitte Helm, Alfred Abel et Gustav Froehlich. - Dans une cité de l'avenir, sous la conduite d'un robot d'allure féminine, les travailleurs se révoltent contre la classe dirigeante. - Œuvre visionnaire au message social critique. Quelques naïvetés. Décors futuristes habilement imaginés. Nombreuses scènes impressionnantes. Trucages étonnants pour l'époque. Interprétation dans la note. □ Général
DVD 23,95 $

METROPOLIS ▷3
JAP. 2001. Dessins animés de RINTARO. - Dans une cité du futur, le neveu d'un détective qui recherche un savant fou tombe amoureux de la jeune androïde créée par ce dernier. - Récit s'inspirant d'un classique de la science-fiction réalisé par Fritz Lang. Traitement sérieux des aspects politiques et philosophiques du sujet. Touches de poésie visuelle. Animation d'une grande richesse.
DVD VF→Cadrage W→32,95 $ VF→Cadrage W→34,95 $

METROPOLITAN ▷4
É.-U. 1989. Comédie de mœurs de Whit STILLMAN avec Edward Clements, Carolyn Farina et Christopher Eigeman. - Un étudiant sans le sou est invité à se joindre à un groupe de jeunes New-Yorkais de familles fortunées qui se réunissent par simple distraction.
DVD VA→STA→54,95 $

METTONS LES VOILES *voir* **Nuns on the Run**

MEURS UN AUTRE JOUR *voir* **Die Another Day**

MEURTRE À HOLLYWOOD *voir* **Sunset**

MEURTRE À L'AMÉRICAINE *voir* **All-American Murder**

MEURTRE AU 1600 *voir* **Murder at 1600**

MEURTRE AU GALOP *voir* **Murder at the Gallop**

MEURTRE AU SOLEIL *voir* **Evil Under the Sun**

MEURTRE AVEC PRÉMÉDITATION
voir **Murder in the First**

MEURTRE DANS LE SANG, LE *voir* **Natural Born Killers**

MEURTRE DANS UN JARDIN ANGLAIS
voir **Draughtsman's Contract, The**

MEURTRE EN ÉQUATION *voir* **Murder by Numbers**

MEURTRE MYSTÉRIEUX À MANHATTAN
voir **Manhattan Murder Mystery**

MEURTRE PAR DÉCRET *voir* **Murder by Decree**

MEURTRE PARFAIT *voir* **Perfect Murder, A**

MEURTRES À BROOKLYN *voir* **Strapped**

MEURTRES À DOMICILE ▷5
FR. 1981. Drame policier de Marc LOBET avec Bernard Giraudeau, Anny Duperey et Daniel Emilfork. - Une femme policière est chargée d'enquêter sur un meurtre commis dans l'immeuble où elle vit.

MEURTRES EN DIRECT *voir* **Wrong Is Right**

MEXICAN, THE [Mexicain, Le] ▷4
É.-U. 2001. Comédie policière de Gore VERBINSKI avec Brad Pitt, Julia Roberts et James Gandolfini. - Alors qu'il se trouve au Mexique en mission pour la pègre, un jeune homme apprend que sa petite amie a été kidnappée. □ 13 ans+ · Violence
DVD VA→STA→Cadrage W→13,95 $

MI VIDA LOCA *voir* **My Crazy Life**

MI-FUGUE, MI-RAISIN ▷5
ESP. 1994. Comédie de Fernando COLOMO avec Pere Ponce, Penélope Cruz et Rosa Maria Sarda. - Un jeune musicien homosexuel aux prises avec une mère possessive s'amourache d'une amie. □ Général

MIAMI RHAPSODY ▷4
É.-U. 1995. Comédie de mœurs de David FRANKEL avec Sarah Jessica Parker, Antonio Banderas et Gil Bellows. - En découvrant les déboires conjugaux de quelques couples de son entourage, une jeune publiciste en vient à remettre en question son futur mariage. □ Général
DVD VA→Cadrage W→10,95 $

MIAOU! ▷5
HOL. 2001. Comédie fantaisiste de Vincent BAL avec Theo Maasen, Carice van Houten et Sarah Bannier. - Une chatte mystérieusement transformée en jeune femme lie amitié avec un timide journaliste. □ Général
DVD VF→29,95 $

MICHAEL
DAN. 1924. Carl Theodor DREYER
DVD STA→24,95 $

MICHAEL [Archange, L'] ▷4
É.-U. 1996. Comédie fantaisiste de Nora EPHRON avec William Hurt, John Travolta et Andie MacDowell. - Une équipe d'un journal à sensation se rend dans une petite ville de l'Iowa afin de faire un reportage sur un ange. □ Général
DVD VF→STF→Cadrage P&S→13,95 $

MICHAEL COLLINS ▷4
ANG. 1996. Drame historique de Neil JORDAN avec Liam Neeson, Aidan Quinn et Julia Roberts. - Les activités terroristes et politiques d'un révolutionnaire irlandais jusqu'à son assassinat en 1922. □ 13 ans+
DVD VF→STF→Cadrage W→14,95 $

MICKEY BLUE EYES [Mickey belle gueule] ▷4
É.-U. 1999. Comédie policière de Kelly MAKIN avec Hugh Grant, James Caan et Jeanne Tripplehorn. - En voulant épouser la fille d'un gangster, un Anglais, directeur d'une salle de ventes new-yorkaise, se voit malgré lui impliqué dans la mafia. □ Général
DVD VA→STA→Cadrage W→7,95 $

MICKI + MAUDE ▷5
É.-U. 1984. Comédie de Blake EDWARDS avec Dudley Moore, Amy Irving et Ann Reinking. - Un reporter de télévision, devenu bigame, est décontenancé lorsque ses deux compagnes sont enceintes en même temps. □ Général
DVD VA→STA→Cadrage W→9,95 $

MIDAQ ALLEY
MEX. 1995. Jorge FONS □ 13 ans+

MIDNIGHT ▷4
É.-U. 1939. Comédie de Mitchell LEISEN avec Claudette Colbert, John Barrymore et Don Ameche. - Les aventures d'une jeune Américaine en voyage à Paris. □ Général
DVD 39,95 $

MIDNIGHT
BRÉ. 1998. Walter SALLES et Daniela THOMAS
DVD STA→29,95 $

MIDNIGHT CLEAR, A [Section 44] ▷4
É.-U. 1992. Drame de guerre de Keith GORDON avec Ethan Hawke, Peter Berg et Kevin Dillon. - Au cours de la campagne des Ardennes, des soldats américains cherchent à gagner la confiance de leur ennemi démoralisé. □ Général
DVD VA→STF→Cadrage P&S→18,95 $

MIDNIGHT COWBOY [Macadam cow-boy] ►2
É.-U. 1969. Drame psychologique de John SCHLESINGER avec Jon Voight, Dustin Hoffman et Sylvia Miles. - Les déboires d'un jeune homme qui part du Texas pour se rendre à New York dans l'espoir d'y faire fortune en se prostituant. - Subtil mélange d'amertume et de drôlerie. Imagerie stupéfiante. Réalisation brillante. Excellente interprétation. □ 18 ans+
DVD VF→Cadrage W→38,95 $ VF→Cadrage P&S/W→12,95 $

MIDNIGHT DANCERS ▷5
PHIL. 1994. Drame de mœurs de Mel CHIONGLO avec Alex Del Rosario, Grandong Cervantes, Ryan Aristorenas et Lawrence David. - Les tribulations de trois frères homosexuels qui gagnent leur vie à Manille en dansant dans un bar ou en se prostituant. □ 13 ans+ · Érotisme
DVD STA→27,95 $

MIDNIGHT EXPRESS [Express de minuit, L'] ▷4
ANG. 1978. Drame d'Alan PARKER avec Brad Davis, John Hurt et Randy Quaid. - Un jeune Américain est enfermé dans une prison turque pour trafic de drogues. □ 18 ans+
DVD VF→STF→Cadrage W→17,95 $

MIDNIGHT IN THE GARDEN OF GOOD AND EVIL ▷4
[Minuit dans le jardin du bien et du mal]
É.-U. 1997. Drame judiciaire de Clint EASTWOOD avec Kevin Spacey, John Cusack et Jack Thompson. - Un journaliste new-yorkais suit le procès pour meurtre d'un riche antiquaire homosexuel de Georgie. □ Général
DVD VF→STF→Cadrage W→7,95 $

MIDNIGHT LACE ▷4
É.-U. 1960. Drame policier de David MILLER avec Doris Day, Rex Harrison et Myrna Loy. - L'épouse d'un financier reçoit de mystérieuses menaces de mort. □ Général

MIDNIGHT RUN ▷4
É.-U. 1988. Comédie policière de Martin BREST avec Robert De Niro, Charles Grodin, Joe Pantoliano et Yaphet Kotto. - Un chasseur de primes doit ramener de New York à Los Angeles un comptable qui a volé des millions de dollars à son patron mafioso. □ Général
DVD VA→17,95 $

MIDSUMMER NIGHT'S DREAM, A ▷3
ANG. 1968. Comédie fantaisiste de Peter HALL avec Diana Rigg, Michael Jayston et Ian Holm. - Des génies de la forêt interviennent dans les intrigues amoureuses de quelques humains. - Téléfilm au traitement réaliste de la féerie. Adaptation intelligente de la pièce de Shakespeare. □ Non classé

MIDSUMMER NIGHT'S DREAM, A ▷5
É.-U. 1999. Comédie fantaisiste de Michael HOFFMAN avec Kevin Kline, Calista Flockhart et Michelle Pfeiffer. - Au XIXe siècle, dans un bois enchanté de la Toscane, un lutin espiègle provoque de surprenants chassés-croisés amoureux. □ Général
DVD VA→Cadrage W→9,95 $

MIDSUMMER NIGHT'S SEX COMEDY, A ▷3
[Comédie érotique d'une nuit d'été]
É.-U. 1982. Comédie de mœurs réalisée et interprétée par Woody ALLEN avec Mia Farrow et Jose Ferrer. - Au début du siècle, un courtier new-yorkais excentrique invite quelques amis à sa maison de campagne. - Aimable pochade. Amusants chassés-croisés amoureux. Jolies illustrations champêtres. Touches d'ironie. Interprétation fantaisiste. □ 13 ans+
DVD VA→STF→Cadrage W→12,95 $

MIDWAY [Bataille de Midway, La] ▷5
É.-U. 1976. Drame de guerre de Jack SMIGHT avec Charlton Heston, Henry Fonda et Toshiro Mifune. - Six mois après Pearl Harbor, les Américains déjouent une attaque de la flotte japonaise contre l'île Midway. □ Général
DVD VF→Cadrage W→18,95 $

MIDWINTER'S TALE, A [Au beau milieu de l'hiver] ▷4
ANG. 1995. Comédie de Kenneth BRANAGH avec Michael Maloney, Richard Briers, Joan Collins et Mark Hadfield. - Un acteur désœuvré entreprend de monter *Hamlet* dans une vieille église de campagne. □ Général

MIEL DU DIABLE, LE [Devil's Honey] ▷6
ITA. 1986. Drame psychologique de Lucio FULCI avec Brett Halsey, Bianca Marsillach et Stefano Madia. - Après la mort subite de son ami lors d'une opération chirurgicale, une femme enlève et séquestre le médecin qu'elle juge responsable du décès. □ 18 ans+

MIEL ET CENDRES [Honey & Ashes] ▷5
SUI. 1995. Drame social de Nadia FARÈS avec Nozha Khouadra, Amel Ledhili et Naji Najeh. - Le destin de trois femmes tunisiennes qui cherchent à s'émanciper dans une société dominée par l'autorité masculine.
DVD VA→Cadrage W→27,95 $

MIEL PARA OSHUN [Honey for Oshun]
CUB. ESP. 2001. Humberto SOLAS
DVD VA→STA→Cadrage W→31,95 $

MIFUNE ▷4
DAN. 1999. Comédie dramatique de Soren KRAGH-JACOBSEN avec Anders W. Berthelsen, Iben Hjejle et Jesper Asholt - À la mort de son père, un yuppie marié retourne seul à la ferme familiale et s'éprend de la gouvernante qu'il a engagée pour s'occuper de son frère simple d'esprit. □ 13 ans+

MIGHTY APHRODITE [Maudite aphrodite] ▷3
É.-U. 1995. Comédie réalisée et interprétée par Woody ALLEN avec Mira Sorvino et F. Murray Abraham. - Le père adoptif d'un enfant très intelligent découvre que la mère biologique est une prostituée plutôt gourde. - Humour savamment ironique. Personnages subtilement dépeints. Réalisation légère. Interprétation savoureuse. □ 13 ans+ · Langage vulgaire
DVD Cadrage W→19,95 $

MIGHTY JOE YOUNG [Monsieur Joe] ▷5
É.-U. 1949. Aventures d'Ernest B. SCHOEDSACK avec Terry Moore, Ben Johnson et Robert Armstrong. - Un impresario revient d'Afrique avec un immense gorille qui n'obéit qu'à sa jeune maîtresse. □ Non classé
DVD VA→STF→21,95 $

MIGHTY QUINN, THE [Quinn enquête] ▷5
É.-U. 1989. Drame policier de Carl SCHENKEL avec M. Emmet Walsh, Denzel Washington et Sheryl Lee Ralph. - Lors d'une enquête sur le meurtre d'un Américain, un policier des Caraïbes soupçonne un ami d'enfance et un curieux touriste.
DVD Cadrage W→17,95 $

MIGHTY WIND, A [Grandes retrouvailles, Les] ▷3
É.-U. 2003. Comédie satirique réalisée et interprétée par Christopher GUEST avec Bob Balaban et Eugene Levy. - Les retrouvailles houleuses des membres de trois groupes de musique folk lors d'un concert en hommage à leur producteur décédé. - Brillante satire d'un genre musical et de son passé glorieux. Heureux mélange de cynisme et de nostalgie. Utilisation judicieuse du style faux documentaire. Jeu impeccable des interprètes. □ Général
DVD VA→Cadrage W→14,95 $

MIGHTY, THE [Croisade des braves, La] ▷4
É.-U. 1998. Drame psychologique de Peter CHELSOM avec Elden Henson, Kieran Culkin et Sharon Stone. - Deux adolescents rejetés, l'un costaud mais analphabète, l'autre surdoué mais handicapé, s'allient pour affronter l'adversité. □ Général
DVD VA→Cadrage W→12,95 $

MIGRATING FORMS
É.-U. 2000. James FOTOPOULOS
DVD VA→44,95 $

MIGRATORY BIRD
TAÏ. 2001. Ding YA MIN
DVD VA→STA→21,95 $

MIKADO, THE ▷4
ANG. 1938. Comédie musicale de Victor SCHERTZINGER avec Kenny Baker, Martyn Green et Sydney Granville. - Les tribulations d'un troubadour qui s'éprend de la pupille du grand exécuteur de l'empereur du Japon.
DVD VA→49,95 $

MIKADO, THE ▷4
ANG. 1967. Spectacle musical de Stuart BURGE avec Philip Potter, Valerie Masterson et John Reed. - Présentation sur scène de la célèbre opérette du duo anglais Gilbert et Sullivan.

MIKEY AND NICKY ▷5
É.-U. 1976. Drame policier d'Elaine MAY avec Peter Falk, John Cassavetes et Ned Beatty. - Deux amis d'enfance à l'emploi de la pègre se retrouvent alors que l'un d'eux se sent menacé de mort. □ Non classé

MILAGRO BEANFIELD WAR, THE ▷4
É.-U. 1988. Comédie dramatique de Robert REDFORD avec John Heard, Sonia Braga et Carlos Riquelme. - Au Nouveau-Mexique, des villageois prennent la défense d'un fermier qui a utilisé l'eau destinée à un riche promoteur pour arroser son champ. □ Général
DVD VF→STF→Cadrage W→14,95 $

MILDRED PIERCE ▷4
É.-U. 1945. Drame de Michael CURTIZ avec Joan Crawford, Zachary Scott et Jack Carson. - Une jeune femme se tue au travail pour élever sa fille et n'en retire qu'une suite de déceptions. □ Non classé
DVD VA→STF→21,95 $

MILENA [Lover, The] ▷4
FR. 1990. Drame biographique de Véra BELMONT avec Valérie Kaprisky, Stacy Keach et Gudrun Landgrebe. - En 1920, une jeune femme abandonne ses études de médecine et s'installe à Vienne, où elle fréquente le milieu des artistes et des écrivains. □ Général

MILES FROM HOME ▷4
É.-U. 1988. Drame social de Gary SINISE avec Richard Gere, Kevin Anderson et Penelope Ann Miller. - Ayant été avisés par leur banque d'une saisie prochaine, deux frères mettent le feu à leur ferme et partent à l'aventure sur les routes. □ Général
DVD VA→10,95 $

MILKY WAY, THE *voir* **Voie lactée, La**

MILKY WAY, THE ▷4
É.-U. 1936. Comédie de Leo McCAREY avec Harold Lloyd, Adolphe Menjou et Verree Teasdale. - Un laitier timide devenu boxeur est vainqueur à son insu de combats truqués.

MILL ON THE FLOSS, THE ▷5
ANG. 1939. Drame de Tim WHELAN avec Geraldine Fitzgerald, Frank Lawton et James Mason. - Une querelle entre deux familles a des conséquences dramatiques.

MILLE BOLLE BLU ▷4
ITA. 1992. Comédie de mœurs de Leone POMPUCCI avec Paolo Bonacelli, Clelia Rodinella et Stefania Montorsi. - Chronique de la vie des résidents d'un quartier populaire de Rome à la veille de l'éclipse solaire de 1961. □ Général

MILLE ET UNE NUITS, LES [Arabian Nights] ▷4
ITA. 1974. Conte de Pier Paolo PASOLINI avec Ines Pellegrini, Ninetto Davoli et Franco Citti. - Enlevée à son maître, une belle esclave passe par d'étonnantes aventures. □ 18 ans+

MILLE ET UNE RECETTES DU CUISINIER AMOUREUX, LES [Chef in Love] ▷5
FR. 1996. Comédie dramatique de Nana DJORDJADZE avec Pierre Richard, Nino Kirtadze et Teimour Kahmhadze. - Un illustre chef cuisinier français tombe amoureux d'une princesse dans la Géorgie des années 1920. □ Général · Déconseillé aux jeunes enfants

MILLE MILLIARDS DE DOLLARS ▷4
FR. 1981. Drame social d'Henri VERNEUIL avec Patrick Dewaere, Caroline Cellier et Mel Ferrer. - Un journaliste enquête sur un industriel qui, à la tête d'une entreprise nationale, s'est laissé acheter par une multinationale américaine. □ Général

MILLENIUM MAMBO
TAÏ. 2001. Hou HSIAO-HSIEN
DVD STA→26,95 $

MILLER'S CROSSING [Cadavre sous le chapeau, Un] ▷3
É.-U. 1990. Drame policier de Joel COEN avec Gabriel Byrne, Marcia Gay Harden et Albert Finney. - Après une liaison avec la maîtresse de son patron, le bras droit d'un magnat de la pègre se met au service d'un rival méfiant. - Pastiche soigné des films de gangsters des années 1930. Illustration intelligemment stylisée. Forte interprétation. □ 13 ans+
DVD VF→STA→Cadrage W→13,95 $

MILLIARDAIRE MALGRÉ LUI
voir **It Could Happen to You**

MILLIARDAIRE, LE *voir* **Let's Make Love**

MILLIE *voir* **Thoroughly Modern Millie**

MILLION, LE ▷3
FR. 1931. Comédie fantaisiste de René CLAIR avec René Lefèvre, Annabella et Paul Olivier. - Un homme qui a gagné un million à la loterie cherche son billet qu'il a égaré. - Fantaisie alerte. Réalisation maîtrisée. □ Général
DVD VF→STA→44,95 $

MILLION DOLLAR BABY ►2
[Fille à un million de dollars]
É.-U. 2004. Drame réalisé et interprété par Clint EASTWOOD avec Hilary Swank et Morgan Freeman. - Un vieil entraîneur macho accepte d'aider une jeune boxeuse ambitieuse issue d'un milieu très modeste. - Récit d'une sensibilité rare sur le monde de la boxe. Réalisation en tous points remarquable. Composition énergique et bouleversante d'H. Swank. □ 13 ans+
DVD VF→STF→Cadrage W→14,95 $

MILLION DOLLAR HOTEL ▷5
[Hôtel d'un million de dollars, L']
ALL. 2000. Drame policier de Wim WENDERS avec Jeremy Davies, Mel Gibson et Milla Jovovich. - Dans un hôtel décrépit peuplé de marginaux, un agent du FBI enquête sur la mort suspecte du fils d'un magnat de la presse. □ 13 ans+
DVD Cadrage W→7,95 $

MILLION DOLLAR LEGS ▷4
É.-U. 1932. Comédie de Edward CLINE avec W.C. Fields, Jack Oakie et Lyda Roberti. - Le président d'un petit pays veut renflouer sa caisse avec les talents athlétiques de ses compatriotes. □ Général

MILLION DOLLAR MERMAID [Première sirène, La] ▷5
É.-U. 1952. Drame biographique de Mervyn LeROY avec Esther Williams, Victor Mature et Walter Pidgeon. - Une jeune paraplégique, Annette Kellerman, devient, grâce à sa ténacité, une championne de natation. □ Général

MILLION POUND NOTE, THE ▷4
ANG. 1954. Comédie de Ronald NEAME avec Gregory Peck, Jane Griffiths et Ronald Squire. - Grâce à l'effet produit sur son entourage par un billet de banque d'un million de livres qu'on lui a remis, un jeune homme devient riche. □ Général

MILLIONAIRE DOGS *voir* **Trésor de Sherman**

MILLIONS ▷4
ANG. 2004. Comédie fantaisiste de Danny BOYLE avec Alex Etel, Lewis McGibbon et James Nesbitt. - Un gamin fasciné par les saints se retrouve en possession d'un gros magot qu'il décide d'utiliser pour aider les pauvres. □ Général
DVD VA➔STF➔Cadrage W➔34,95 $

MILOU EN MAI ▷3
FR. 1989. Comédie de mœurs de Louis MALLE avec Michel Piccoli, Miou-Miou et Michel Duchaussoy. - À la suite du décès de leur aïeul au mois de mai 1968, les membres d'une famille se réunissent dans le domaine familial et organisent tant bien que mal la succession. - Évocation légère et ironique d'événements historiques. Rythme soutenu. Illustration plaisante. Jeu candide et nuancé de M. Piccoli. □ 13 ans+

MILWAUKEE, MINNESOTA
É.-U. 2003. Allan MINDEL
DVD VA➔Cadrage W➔27,95 $

MIMI MÉTALLO BLESSÉ DANS SON HONNEUR ▷4
[Seduction of Mimi, The]
ITA. 1972. Comédie satirique de Lina WERTMÜLLER avec Giancarlo Giannini, Mariangela Melato et Agostina Belli. - Rapatrié par la mafia, qu'il avait défiée, un Sicilien s'irrite de voir que sa femme attend un enfant d'un autre homme. □ 13 ans+
DVD 19,95 $

MIMIC [Métamorphose] ▷4
É.-U. 1997. Drame d'horreur de Guillermo DEL TORO avec Jeremy Northam, Mira Sorvino et Charles S. Dutton. - Des insectes créés par manipulation génétique pour enrayer une épidémie subissent une mutation et en viennent à menacer l'espèce humaine.
□ 13 ans+ · Horreur
DVD VA➔Cadrage W➔19,95 $

MINA TANNENBAUM ▷4
FR. 1993. Comédie dramatique de Martine DUGOWSON avec Romane Bohringer, Elsa Zylberstein et Jean-Philippe Ecoffey. - Les hauts et les bas de l'amitié entre deux jeunes Parisiennes juives nées le même jour à la fin des années 1950. □ Général

MINCE LIGNE ROUGE, LA
voir **Thin Red Line, The**

MINES DU ROI SALOMON, LES
voir **King Solomon's Mines**

MINISTRY OF FEAR [Espions sur la tamise] ▷3
É.-U. 1944. Drame d'espionnage de Fritz LANG avec Ray Milland, Marjorie Reynolds et Carl Esmond. - Un ancien détenu parvient à démasquer une bande d'espions nazis. - Sujet ingénieux tiré du roman de Graham Greene. □ Général

MINIVER STORY, THE ▷4
É.-U. 1950. Drame psychologique de H.C. POTTER avec Greer Garson, Walter Pidgeon et Leo Genn. - Une mère de famille atteinte d'un mal incurable consacre ses derniers mois de vie au bonheur des siens. □ Général

MINNESOTA BLUES *voir* **Feeling Minnesota**

MINNIE AND MOSKOWITZ ▷3
É.-U. 1971. Comédie de mœurs réalisée et interprétée par John CASSAVETES avec Gena Rowlands et Seymour Cassel. - L'idylle surprenante entre deux personnes de milieux différents. - Suite de saynètes riches en observations savoureuses. Structure dramatique plutôt lâche. Interprétation excellente. □ Général

MINOR MISHAPS ▷5
DAN. 2002. Drame de mœurs d'Annette K. OLESEN avec Jorgen Kiil, Maria Wurgler Rich, Jesper Christensen et Henrik Prip. - À la suite du décès de son épouse dans un accident de la route, un infirmier vieillissant et ses quatre enfants adultes sont plongés dans diverses crises. □ Général
DVD STA➔29,95 $

MINORITY REPORT [Rapport minoritaire] ▷3
É.-U. 2002. Science-fiction de Steven SPIELBERG avec Tom Cruise, Colin Farrell et Samantha Morton. - En 2054, une invention capable de prédire les meurtres permet aux policiers d'arrêter les suspects avant que les crimes soient commis. - Adaptation inventive d'une nouvelle de Philip K. Dick. Suspense policier campé dans un contexte futuriste fascinant. Réalisation d'une grande virtuosité. Jeu vigoureux de T. Cruise. □ 13 ans+
DVD VF➔STA➔Cadrage 16X9➔15,95 $
VA➔STA➔Cadrage W/16X9➔14,95 $

MINUIT *voir* **Last Night**

MINUIT DANS LE JARDIN DU BIEN ET DU MAL
voir **Midnight in the Garden of Good and Evil**

MINUS MAN, THE ▷4
É.-U. 1999. Drame psychologique de Hampton FANCHER avec Owen Wilson, Brian Cox et Janeane Garofalo. - Un jeune homme réservé cachant des pulsions meurtrières vient s'installer dans une petite ville paisible. □ 13 ans+
DVD VA➔Cadrage W➔9,95 $

MIRACLE, THE ▷4
ANG. 1990. Drame sentimental de Neil JORDAN avec Niall Byrne, Beverly D'Angelo et Donal McCann. - Un jeune saxophoniste poursuit de ses avances une vedette américaine de music-hall dont le passé semble receler un secret. □ 13 ans+

MIRACLE À MILAN [Miracle in Milan] ►2
ITA. 1950. Comédie fantaisiste de Vittorio DE SICA avec Emma Grammatica, Francesco Golisano et Paolo Stoppa. - Un orphelin aux pouvoirs magiques veut aider des gagne-petit à sortir de leur misère. - Œuvre originale. Mélange de réalisme et de féerie. Nombreuses trouvailles. Interprétation remarquable. □ Général

MIRACLE OF MARCELINO, THE ▷4
[Marcelino pan y vino]
ESP. 1954. Conte de Ladislao VAJDA avec Pablito Calvo, Juan Calvo et Rafael Rivelles. - Un garçonnet remuant et espiègle cause bien des problèmes aux moines espagnols qui l'élèvent. □ Général
DVD STA➔26,95 $

MIRACLE OF MORGAN'S CREEK, THE ▷4
É.-U. 1943. Comédie de Preston STURGES avec Betty Hutton, Eddie Bracken et Diana Lynn. - Un jeune naïf se met dans le pétrin en tentant de venir en aide à une amie enceinte. □ Général

MIRACLE OF OUR LADY OF FATIMA, THE ▷5
[Miracle de Fatima, Le]
É.-U. 1953. Drame religieux de John BRAHM avec Susan Whitney, Gilbert Roland et Angela Clarke. - Récit romancé des apparitions de la Vierge à des enfants portugais.
DVD VF➔STA➔Cadrage W➔21,95 $

MIRACLE OF THE BELLS, THE ▷5
É.-U. 1948. Mélodrame de Irving PICHEL avec Fred MacMurray, Lee J. Cobb, Frank Sinatra et Alida Valli. - Après avoir tenu un rôle important dans un film, une jeune fille meurt avec l'espoir de son succès. □ Général

MIRACLE ON 34th STREET ▷4
[Miracle de la 34e rue, Le]
É.-U. 1947. Comédie de George SEATON avec Edmund Gwenn, Maureen O'Hara et Natalie Wood. - Engagé pour personnifer le père Noël dans un magasin, un vieux monsieur prétend être le véritable père Noël. □ Général

MIRACLE ON 34th STREET ▷4
[Miracle sur la 34e rue, Le]
É.-U. 1994. Conte de Les MAYFIELD avec Richard Attenborough, Elizabeth Perkins et Mara Wilson. - Un sympathique vieillard engagé pour personnifier le père Noël dans un grand magasin new-yorkais prétend être le seul et unique père Noël. □ Général · Enfants

MIRACLE POUR RALPH, UN *voir* **Saint Ralph**

MIRACLE WORKER, THE ▷3
É.-U. 1962. Drame psychologique d'Arthur PENN avec Patty Duke, Anne Bancroft et Victor Jory. - Une jeune femme entreprend l'éducation d'une petite fille sourde, muette et aveugle. - Scénario rappelant l'histoire authentique d'Helen Keller. Sujet exploité avec talent et originalité. Interprétation exceptionnelle. □ Général
DVD VF→STF→Cadrage W→12,95 $

MIRACULÉ, LE ▷5
FR. 1986. Comédie burlesque de Jean-Pierre MOCKY avec Michel Serrault, Jean Poiret et Jeanne Moreau. - Un inspecteur d'assurances muet surveille un clochard qui a touché une forte prime à cause d'une paralysie et qui se rend à Lourdes pour obtenir sa prétendue guérison.

MIRAGE ▷4
É.-U. 1965. Drame policier d'Edward DMYTRYK avec Gregory Peck, Diane Baker et Walter Matthau. - Un homme se rend compte qu'il a perdu la mémoire et se voit poursuivi par des personnages mystérieux. □ Non classé

MIRAGE
MAC. 2004. Svetozar RISTOVSKI
DVD VA→STA→36,95 $

MIRCH MASALA *voir* **Spices**

MIRIANA *voir* **Hey Babu Riba**

MIROIR, LE [Mirror, The] ►1
U.R.S.S. 1974. Drame poétique d'Andreï TARKOVSKY avec Margarita Terekhova, Oleg Yankovsky et Ignat Daniltsev. - Sur le point de se séparer de sa femme, un cinéaste se remémore la vie de sa mère en songeant aussi aux liens qui l'unissent à son fils. - Fresque mémorielle envoûtante proposant un hommage unique à la mère et la mère patrie. Style hermétique renouvelant le cinéma onirique et poétique. Images d'une beauté saisissante. Interprétation subtile et lumineuse de M. Terekhova dans un double rôle. □ Général
DVD STA→23,95 $

MIROIR À DEUX VISAGES, LE *voir* **Mirror Has Two Faces**

MIROIR AUX ESPIONS, LE *voir* **Looking Glass War, The**

MIROIR DU CŒUR *voir* **Winter Guest, The**

MIROIR SE BRISA, LE *voir* **Mirror Crack'd, The**

MIRROR, THE *voir* **Miroir, Le**

MIRROR, THE
IRAN 1997. Jafar PANAHI
DVD STA→Cadrage W→26,95 $

MIRROR CRACK'D, THE [Miroir se brisa, Le] ▷4
ANG. 1980. Drame policier de Guy HAMILTON avec Angela Lansbury, Elizabeth Taylor et Rock Hudson. - Une vieille demoiselle aide son neveu policier à résoudre une affaire de meurtre. □ Général
DVD VA→Cadrage W→10,95 $

MIRROR HAS TWO FACES ▷5
[Miroir à deux visages, Le]
É.-U. 1996. Comédie sentimentale réalisée et interprétée par Barbra STREISAND avec Jeff Bridges et Lauren Bacall. - Une enseignante assoiffée de romantisme s'engage dans une relation avec un collègue qui prône l'amour platonique. □ Général
DVD VA→Cadrage W→16,95 $

MISE À NUE *voir* **Suddenly Naked**

MISÉRABLES DU XXe SIÈCLE, LES ▷4
FR. 1995. Chronique de Claude LELOUCH avec Michel Boujenah, Jean-Paul Belmondo et Alessandra Martines. - Les tribulations d'un déménageur qui vient en aide à une famille juive durant l'Occupation. □ Général

MISÉRABLES, LES ▷4
FR. 1934. Drame de Raymond BERNARD avec Harry Baur, Charles Vanel et Florelle. - La vie tourmentée d'un forçat évadé au début du XIXe siècle.

MISÉRABLES, LES ▷4
É.-U. 1935. Drame de Richard BOLESLAWSKI avec Fredric March, Charles Laughton et Rochelle Hudson. - Un ancien forçat est poursuivi par la haine d'un policier. □ Général

MISÉRABLES, LES ▷5
FR. 1957. Drame de Jean-Paul LE CHANOIS avec Jean Gabin, Bernard Blier et Bourvil. - Un ancien forçat recherche le bonheur en faisant le bien. □ Général

MISÉRABLES, LES ▷3
FR. 1982. Drame de Robert HOSSEIN avec Lino Ventura, Michel Bouquet et Jean Carmet. - Un ancien forçat est poursuivi par la haine implacable d'un policier. - Adaptation soignée du roman de Victor Hugo. Suite de scènes composées avec vigueur. Tableau d'époque réussi. □ Général

MISÉRABLES, LES ▷4
É.-U. 1998. Drame de Bille AUGUST avec Liam Neeson, Geoffrey Rush et Uma Thurman. - Un ex-bagnard qui a entrepris de recueillir une petite orpheline est inlassablement traqué par son ancien geôlier. □ Général

MISERY ▷5
É.-U. 1989. Drame d'horreur de Rob REINER avec James Caan, Kathy Bates et Richard Farnsworth. - Victime d'un accident d'automobile, un romancier à succès est recueilli et soigné par une infirmière qui s'avère être une admiratrice tortionnaire. □ 13 ans+
DVD VA→Cadrage W→12,95 $

MISFITS, THE ►2
É.-U. 1961. Drame psychologique de John HUSTON avec Clark Gable, Marilyn Monroe et Montgomery Clift. - À Reno, une jeune femme qui vient de divorcer s'éprend d'un cow-boy solitaire. - Œuvre insolite et vivante. Psychologie fouillée. Excellents moments cinématographiques. Interprétation remarquable. □ Général
DVD VF→STF→Cadrage W→8,95 $

MISHIMA ▷3
É.-U. 1985. Drame biographique de Paul SCHRADER avec Ken Ogata, Masayuki Shionoya et Naoko Otani. - Guidé par l'amour des armes et de l'art, l'écrivain Yukio Mishima proclame sa fidélité à l'empereur et couronne son existence en se faisant hara-kiri. - Récit vigoureusement construit. Formalisme du traitement reflétant bien l'œuvre de l'écrivain. Interprétation intense. □ 13 ans+

MISS DAISY ET SON CHAUFFEUR
voir **Driving Miss Daisy**

MISS EUROPE *voir* **Prix de beauté**

MISS EVERS' BOYS [Patients de Mlle Evers, Les] ▷4
É.-U. 1996. Drame de Joseph SARGENT avec Alfre Woodard, Craig Sheffer et Laurence Fishburne - Une infirmière participe à une expérience gouvernementale secrète étudiant les effets de la syphilis sur un groupe d'Afro-Américains.

MISS GRANT TAKES RICHMOND ▷4
É.-U. 1949. Comédie de Lloyd BACON avec Lucille Ball, William Holden et Janis Certer. - Une secrétaire peu douée prend, en l'absence de son patron malhonnête, des initiatives que celui-ci ne peut désavouer. □ Général

MISS JULIE *voir* **Mademoiselle Julie**

MISS JULIE ▷4
ANG. 1999. Drame psychologique de Mike FIGGIS avec Saffron Burrows, Peter Mullan et Maria Doyle Kennedy. - Durant une journée d'été, une jeune châtelaine aux émotions fragiles fait des avances à un domestique qui se jouera de ses sentiments.
DVD Cadrage W➔9,95 $

MISS MARY ▷4
ARG. 1986. Drame de mœurs de Maria Luisa BEMBERG avec Julie Christie, Nacha Guevara, Sofia Viruboff et Donald McIntire. - En 1938, un riche Argentin de la haute bourgeoisie engage une gouvernante anglaise pour veiller à l'éducation de ses trois enfants. □ Général

MISS MÉTÉO ▷4
CAN. 2005. Comédie de François BOUVIER avec Anne-Marie Cadieux, Patrice Robitaille et Sophie Prégent. - À l'approche de ses quarante ans, une présentatrice de la météo traverse une crise personnelle et professionnelle.
DVD VF➔Cadrage W/16X9➔23,95 $

MISS MONA ▷4
FR. 1986. Drame de mœurs de Mehdi CHAREF avec Jean Carmet, Ben Smail et Albert Delpy. - À Paris, un Nord-Africain et un travesti s'unissent pour obtenir l'argent voulu pour la réalisation de leur rêve. □ 13 ans+

MISS MOSCOU ▷5
QUÉ. 1991. Comédie satirique de Gilles CARLE avec Renée Faure, Chloé Sainte-Marie et Michel Côté. - Les colocataires d'un logement de Moscou accueillent un des leurs qui vit depuis quinze ans au Canada. □ Général

MISS SADIE THOMPSON [Belle du Pacifique, La] ▷5
É.-U. 1953. Drame de Curtis BERNHARDT avec Rita Hayworth, Russell Collins, Jose Ferrer et Aldo Ray. - Dans une île du Pacifique, un pasteur puritain lutte contre l'influence d'une entraîneuse. □ Non classé

MISSING [Porté disparu] ▷3
É.-U. 1981. Drame social de COSTA-GAVRAS avec Jack Lemmon, Sissy Spacek et John Shea. - Un Américain se rend au Chili à la recherche de son fils disparu lors du coup d'État de 1973. - Sujet tiré d'une expérience vécue. Mise en scène adroite. Passages particulièrement percutants. Interprétation fort convaincante. □ Général
DVD VA➔Cadrage W➔10,95 $

MISSING, THE [Disparues, Les] ▷4
É.-U. 2003. Western de Ron HOWARD avec Cate Blanchett, Tommy Lee Jones et Evan Rachel Wood. - En 1885, une femme qui recherche sa fille kidnappée par des Apaches obtient l'aide de son père revenu après des années d'absence.
DVD VF➔STF➔Cadrage W➔24,95 $ VA➔STA➔36,95 $
VF➔STA➔Cadrage W➔22,95 $

MISSING GUN, THE
CHI. 2002. Chuan LU
DVD STA➔31,95 $

MISSION, THE ▷3
ANG. 1986. Drame historique de Roland JOFFÉ avec Robert De Niro, Jeremy Irons et Ray McAnally. - Au cours du XVIIIe siècle en Amérique du Sud, des jésuites qui ont fondé des missions destinées à protéger les indigènes des esclavagistes reçoivent l'ordre d'abandonner leur œuvre. - Intrigue à saveur politique. Bonne mise en images. Décor naturel éblouissant. Interprétation intense. □ Général
DVD VA➔32,95 $

MISSION: IMPOSSIBLE ▷3
É.-U. 1996. Drame d'espionnage de Brian DE PALMA avec Tom Cruise, Jon Voight et Emmanuelle Béart. - Un agent secret s'efforce de démasquer le responsable de la mort de ses coéquipiers. - Scénario complexe inspiré d'une série télévisée. Impressionnants morceaux de bravoure. □ Général
DVD VF➔STA➔Cadrage W➔19,95 $

MISSION: IMPOSSIBLE II ▷4
É.-U. 2000. Drame d'espionnage de John WOO avec Tom Cruise, Thandie Newton et Dougray Scott. - Un agent secret lutte contre un espion renégat qui a dérobé un virus mortel qu'il menace de répandre sur la ville de Sydney.
DVD VF➔STA➔Cadrage W➔16,95 $

MISSION: IMPOSSIBLE III ▷4
É.-U. 2006. Drame d'espionnage de J.J. ABRAMS avec Tom Cruise, Philip Seymour Hoffman et Michelle Monaghan. - Un ex-agent secret doit reprendre du service pour combattre un redoutable trafiquant d'armes qui a kidnappé son épouse.

MISSION KASHMIR [Mission Cachemire]
IND. 2000. Drame de Vidhu Vinod CHOPRA avec Hrithik Roshan, Sonali Kulkarni et Sanjay Dutt. - Un policier du Cachemire adopte le fils d'un couple qui a péri lors d'un raid contre des séparatistes musulmans.
DVD VA➔STF➔Cadrage W➔34,95 $

MISSION TO MARS [Mission sur Mars] ▷5
É.-U. 2000. Science-fiction de Brian DE PALMA avec Gary Sinise, Tim Robbins, Jerry O'Connell et Connie Nielsen. - Deux expéditions américaines se rendent sur Mars et y découvrent le secret de la vie sur Terre.
DVD Cadrage W➔17,95 $

MISSIONARY, THE ▷4
ANG. 1982. Comédie de mœurs de Richard LONCRAINE avec Michael Palin, Maggie Smith et Denholm Elliott. - Après avoir servi en Afrique, un jeune pasteur anglican se voit confier un apostolat auprès de filles de joie. □ 13 ans+
DVD VA➔STF➔Cadrage P&S➔11,95 $

MISSISSIPPI BURNING [Mississippi brûle, Le] ▷4
É.-U. 1988. Drame social d'Alan PARKER avec Gene Hackman, Willem Dafoe et Frances McDormand. - Durant l'été 1964, dans une région rurale du Mississippi, deux agents du FBI sont chargés d'enquêter sur la disparition de trois activistes qui militaient en faveur des droits civiques. □ 13 ans+
DVD VF➔STF➔Cadrage W➔12,95 $

MISSISSIPPI MASALA ▷4
É.-U. 1991. Drame de mœurs de Mira NAIR avec Sarita Choudhury, Denzel Washington et Roshan Seth. - Une fille d'immigrants indiens doit faire face aux préjugés défavorables de sa famille lorsqu'elle s'éprend d'un jeune Noir. □ Général
DVD VA➔STA➔Cadrage W➔9,95 $

MISSISSIPPI MERMAID, THE
voir **Sirène du Mississippi, La**

MISSOURI BREAKS, THE [Duel des géants, Le] ▷4
É.-U. 1976. Western d'Arthur PENN avec Marlon Brando, Jack Nicholson et Kathleen Lloyd. - Au Montana, un riche rancher engage un aventurier pour éliminer des voleurs de chevaux qui lui occasionnent des pertes. □ Général
DVD VA➔STF➔Cadrage W➔12,95 $

MISTER FROST ▷4
ANG. 1990. Drame fantastique de Philip SETBON avec Kathy Baker, Jeff Goldblum, Jean-Pierre Cassel et Alan Bates. - Une jeune psychiatre s'intéresse au cas d'un meurtrier qui lui affirme être le diable. □ Général

MISTER ROBERTS ▷4
É.-U. 1955. Comédie dramatique de John FORD et Mervyn LeROY avec Henry Fonda, Jack Lemmon, William Powell et James Cagney. - Un officier d'un petit cargo s'entend mal avec son capitaine. □ Général
DVD VF➔STF➔Cadrage W➔21,95 $

MISTRESS ▷4
É.-U. 1992. Comédie dramatique de Barry PRIMUS avec Robert Wuhl, Martin Landau et Robert De Niro. - Les financiers qui produisent le nouveau long métrage d'un jeune cinéaste veulent tous que leurs maîtresses jouent dans le film. □ Général

MISTS OF AVALON ▷4
É.-U. 2001. Drame fantastique d'Uli EDEL avec Anjelica Huston, Julianna Margulies et Joan Allen. - L'histoire du roi Arthur racontée du point de vue des personnages féminins de la légende.
DVD VF→STF→Cadrage W→16,95 $

MO' BETTER BLUES ▷4
É.-U. 1990. Drame musical réalisé et interprété par Spike LEE avec Denzel Washington et Cynda Williams. - Les tribulations sentimentales et professionnelles d'un trompettiste réputé se produisant avec un groupe de jazz. □ Général

MOBY DICK ►2
É.-U. 1956. Drame épique de John HUSTON avec Gregory Peck, Richard Basehart et Leo Genn. - Les aventures fantastiques d'un équipage parti chasser une monstrueuse baleine blanche. - Adaptation soignée du roman de Herman Melville. Aspects symboliques et philosophiques. Ensemble spectaculaire. Interprétation de classe. □ Général
DVD VF→STF→Cadrage P&S→12,95 $

MODELO ANTIGUO
MEX. 1992. Raùl ARAIZA
DVD STA→26,95 $

MODELS
AUT. 1998. Ulrich SEIDL
DVD STA→Cadrage W→21,95 $

MODERATO CANTABILE ▷3
FR. 1960. Drame sentimental de Peter BROOK avec Jeanne Moreau, Jean-Paul Belmondo et Didier Haudepin. - Une femme mariée s'éprend d'un jeune homme d'un milieu différent du sien. - Atmosphère étrange et poétique. Belle musique. Images, montage et interprétation de qualité.

MODERN ROMANCE ▷5
É.-U. 1981. Comédie de mœurs réalisée et interprétée par Albert BROOKS avec Kathryn Harrold et Bruno Kirby. - Les difficultés sentimentales d'un monteur de films velléitaire.
DVD VA→STA→Cadrage W→17,95 $

MODERN TIMES ►1
É.-U. 1936. Comédie satirique réalisée et interprétée par Charlie CHAPLIN avec Paulette Goddard et Henry Bergman. - Les mésaventures d'un ouvrier d'usine rendu fou par le travail à la chaîne. - Chef-d'œuvre du cinéma comique. Dernier film « muet » de Chaplin. Construction anecdotique. Charme et humour constants. Gags inventifs. Charlot à son meilleur. □ Général
DVD VF→STF→31,95 $

MODERNS, THE [Modernes, Les] ▷4
É.-U. 1988. Drame de mœurs d'Alan RUDOLPH avec Keith Carradine, Linda Fiorentino et John Lone. - Dans les années 1920 à Paris, un artiste américain tente de reconquérir son ex-épouse, qui est maintenant mariée à un collectionneur au tempérament violent. □ Général
DVD VA→STF→Cadrage W→11,95 $

MODESTY BLAISE ▷4
ANG. 1966. Comédie policière de Joseph LOSEY avec Monica Vitti, Dirk Bogarde et Terence Stamp. - Une criminelle réformée est chargée de la protection d'un envoi de diamants.

MOGAMBO ▷4
É.-U. 1953. Aventures de John FORD avec Clark Gable, Ava Gardner et Grace Kelly. - Au cœur de l'Afrique, des aventures de chasse alternent avec des escarmouches sentimentales. □ Non classé
DVD VF→STF→21,95 $

MOHAMMED, MESSENGER OF GOD *voir* **Message, The**

MOI WILLY, FILS DE ROCKSTAR
voir **My Dad the Rock Star**

MOI, CÉSAR, 10 ANS 1/2, 1 M 39 ▷4
FR. 2003. Comédie de Richard BERRY avec Jules Sitruk, Mabo Kouyaté et Joséphine Berry. - Un écolier parisien aide son meilleur ami à retrouver son père à Londres, en compagnie d'une camarade de classe dont il est épris.
DVD VF→16,95 $

MOI, CHRISTIANE F., 13 ANS, DROGUÉE, PROSTITUÉE [Christiane F.: A True Story] ▷4
ALL. 1981. Drame social d'Uli EDEL avec Natja Burnkhorst, Thomas Hausten et Jens Kuphal. - Une adolescente laissée le plus souvent à elle-même par sa mère divorcée tombe dans l'engrenage de la drogue et de la prostitution. □ 13 ans+
DVD VA→STA→33,95 $

MOI, TOI ET TOUS LES AUTRES
voir **Me and You and Everyone We Know**

MOINE ET LA SORCIÈRE, LE [Sorceress] ▷4
FR. 1986. Drame historique de Suzanne SCHIFFMAN avec Tcheky Karyo, Christine Boisson et Jean Carmet. - Au XIIIe siècle, arrivé dans un village pour vérifier le culte qu'on y porte à un saint inconnu, un moine accuse de sorcellerie une femme qui soigne les gens par des plantes. □ Général

MOINS CHER À LA DOUZAINE
voir **Cheaper by the Dozen**

MOINS QUE RIEN, LES *voir* **Matchstick Men**

MOIS À LA CAMPAGNE, UN
voir **Month in the Country, A**

MOÏSE: L'AFFAIRE ROCH THÉRIAULT ▷4
[Savage Messiah]
CAN. 2002. Drame de Mario AZZOPARDI avec Polly Walker, Luc Picard et Isabelle Blais. - L'étrange relation platonique entre le sculpteur français Henri Gaudier et la Polonaise Sophie Brzeska. □ 13 ans+
DVD VF→6,95 $

MOISSON DE GLACE, LA *voir* **Ice Harvest, The**

MOISSONS DE LA COLÈRE, LES *voir* **Country**

MOITIÉ GAUCHE DU FRIGO, LA ▷4
QUÉ. 2000. Comédie dramatique de Philippe FALARDEAU avec Paul Ahmarani, Stéphane Demers et Geneviève Néron. - En recherche active d'emploi, un jeune ingénieur permet à son colocataire de tourner un documentaire sur sa vie de tous les jours. □ Général

MOITIÉ MOITIÉ ▷5
FR. 1989. Comédie sentimentale de Paul BOUJENAH avec Michel Boujenah, Zabou et Jean-Pierre Bisson. - Une architecte et un couturier orphelin se disputent la demeure de leur enfance dont ils ont hérité à part égale à la mort de leur grand-mère.

MOLIÈRE ►2
FR. 1978. Drame biographique d'Ariane MNOUCHKINE avec Philippe Caubère, Joséphine Derenne et Brigitte Catillon. - Évocation de la vie et de l'œuvre du grand dramaturge français du XVIIe siècle. - Suite de tableaux hauts en couleur. Fresque impressionnante. Mise en scène enlevée. Interprétation vivante.

MOLL FLANDERS ▷5
É.-U. 1996. Drame de mœurs de Pen DENSHAM avec Robin Wright, Morgan Freeman et Stockard Channing. - Les tribulations d'une jeune femme démunie mais courageuse dans le Londres du XVIIe siècle. □ Général
DVD Cadrage W→9,95 $

MOLLY MAGUIRES, THE ▷3
É.-U. 1969. Au XIXe siècle, un policier infiltre une société secrète de mineurs de Pennsylvanie qui luttent contre des conditions de vie injustes. - Tableau sombre et réaliste de la situation. Intérêt soutenu. Réalisation vigoureuse. Excellents interprètes. □ 13 ans+
DVD VA→STA→Cadrage W→10,95 $

MOLLYCODDLE, THE ▷4
É.-U. 1920. Comédie de Victor FLEMING avec Douglas Fairbanks, Wallace Beery et Ruth Renick. - Un contrebandier s'en prend à un jeune Américain élevé en Angleterre qu'il croit être un agent secret. □ Général

MOLOCH ▷4
ALL. 1999. Drame historique d'Aleksandr SOKOUROV avec Elena Rufanova, Leonid Mosgovoi et Leonid Sokol. - Au printemps de 1942, Hitler passe une journée de repos auprès de sa maîtresse Eva Braun dans la forteresse de Berchtesgaden.
DVD STA→28,95 $

MOLOKAÏ ▷5
AUS. 1999. Drame biographique de Paul COX avec David Wenham, Kate Ceberano et Chris Haywood. - Les efforts accomplis par un missionnaire pour aider des lépreux confinés dans une île de l'archipel d'Hawaii à la fin du XIXe siècle.

MOMENT D'ÉGAREMENT, UN ▷4
FR. 1977. Comédie dramatique de Claude BERRI avec Jean-Pierre Marielle, Victor Lanoux et Agnès Sorel. - Un divorcé d'âge mûr a une aventure sentimentale avec la fille adolescente d'un vieil ami.
□ Non classé

MOMENT DE VÉRITÉ, LE
voir **Karate Kid, The**

MOMENT OF INNOCENCE, A
voir **Instant d'innocence, Un**

MOMENT TO MOMENT [Choc] ▷5
É.-U. 1965. Drame de Mervyn LeROY avec Sean Garrison, Jean Seberg et Honor Blackman. - La femme d'un psychiatre croit avoir tué un homme.

MOMMIE DEAREST [Maman très chère] ▷4
É.-U. 1981. Drame biographique de Frank PERRY avec Faye Dunaway, Diana Scarwid et Mara Hobel. - Les relations éprouvantes d'une actrice célèbre avec sa fille adoptive. □ 13 ans+
DVD VF→STA→Cadrage W→14,95 $

MOMMY
É.-U. 1995. Max Allan COLLINS
DVD VA→Cadrage W→11,95 $

MON AMI LE TRAÎTRE ▷4
FR. 1988. Drame de guerre de José GIOVANNI avec Thierry Frémont, André Dussollier et Valérie Kaprisky. - À la Libération, un petit voyou ayant servi dans la Gestapo durant la guerre tente de se « racheter » en collaborant avec la Sûreté française.

MON AMI MACHUCA
ANG. CHL. ESP. FR. 2003. Andrés WOOD
DVD STF→39,95 $

MON AMIE MAX ▷4
QUÉ. 1993. Drame psychologique de Michel BRAULT avec Geneviève Bujold, Marthe Keller et Johanne McKay. - Une pianiste s'efforce de retrouver son fils qu'elle a été forcée d'abandonner à sa naissance, vingt-cinq ans plus tôt. □ Général

MON AMIE PIERRETTE ▷4
QUÉ. 1968. Comédie de mœurs de Jean-Pierre LEFEBVRE avec Francine Mathieu, Yves Marchand et Raôul Duguay. - Un étudiant va rejoindre une jeune amie au chalet d'été loué par les parents de celle-ci. □ Général

MON BEAU LÉGIONNAIRE
voir **Last Remake of Beau Geste, The**

MON BEL AMOUR, MA DÉCHIRURE ▷5
FR. 1987. Drame psychologique de José PINHEIRO avec Catherine Wilkening, Stéphane Ferrara et Vera Gregh. - S'étant prise d'une folle passion pour un jeune voyou qui l'a violée, une comédienne voit sa carrière perturbée par l'esprit opportuniste de celui-ci.

MON CHER PETIT VILLAGE [My Sweet Little Village] ▷3
TCH. 1986. Comédie de mœurs de Jiri MENZEL avec Janos Ban, Marian Labuda et Rudolf Hrusinsky. - Un chauffeur de camion tente de contrecarrer les manœuvres de certains officiels qui guignent la maison de son assistant un peu simple d'esprit. - Observations ironiques et sympathiques de mœurs villageoises. Interprétation pittoresque. □ Général

MON CHER SUJET ▷3
FR. 1988. Drame psychologique d'Anne-Marie MIÉVILLE avec Gaële Le Roi, Anny Romand et Hélène Roussel. - Les relations complexes qui réunissent une grand-mère, sa fille et sa petite-fille. - Sensibilité intéressante. Montage kaléidoscopique et impressionniste. Interprétation sobre et juste. □ Général

MON CHIEN SKIP *voir* **My Dog Skip**

MON COIN DE PARADIS *voir* **My Blue Heaven**

MON COUSIN AMÉRICAIN *voir* **My American Cousin**

MON COUSIN VINNY *voir* **My Cousin Vinny**

MON DIEU, COMMENT SUIS-JE TOMBÉE SI BAS? ▷4
[Till Marriage Do Us Part]
ITA. 1974. Comédie de Luigi COMENCINI avec Laura Antonelli, Alberto Lionello et Michele Placido. - Les mésaventures d'une aristocrate qui a fait un mariage malheureux. □ 13 ans+

MON ÉPOUSE FAVORITE *voir* **My Favorite Wife**

MON ÉTÉ D'AMOUR *voir* **My Summer of Love**

MON FANTÔME D'AMOUR *voir* **Ghost**

MON FILS EST ASSASSIN (CHER PAPA) ▷4
FR. ITA. CAN. 1978. Comédie satirique de Dino RISI avec Vittorio Gassman, Stefano Madia et Aurore Clément. - Un homme d'affaires italien découvre que son fils fait partie d'un groupe terroriste.
□ Non classé

MON FILS EST FANATIQUE *voir* **My Son the Fanatic**

MON FRÈRE VENU D'AILLEURS
voir **Brother from Another Planet, The**

MON HOMME ▷4
FR. 1995. Comédie de mœurs de Bertrand BLIER avec Anouk Grinberg, Gérard Lanvin et Valéria Bruni Tedeschi. - Une prostituée heureuse de son métier demande à un clochard de devenir son proxénète. □ 16 ans+ · Érotisme

MON IDOLE ▷5
FR. 2002. Comédie dramatique réalisée et interprétée par Guillaume CANET avec François Berléand et Diane Kruger. - Un jeune ambitieux rêvant de devenir animateur de télévision tombe sous la coupe d'un puissant producteur et de son épouse □ 13 ans+
DVD VF→21,95 $

MON NOM EST JOE *voir* **My Name Is Joe**

MON NOM EST PERSONNE *voir* **My Name Is Nobody**

MON ONCLE ►1
FR. 1957. Comédie satirique réalisée et interprétée par Jacques TATI avec Alain Bécourt et Jean-Pierre Zola. - Un sympathique hurluberlu réussit à distraire son jeune neveu qui s'ennuie dans le confort moderne où vivent ses parents. - Satire admirable d'un monde dépersonnalisé. Traitement d'une grande tendresse et d'une belle finesse. Suite ininterrompue de gags visuels. Thème musical allègre. Jeu parfait de Tati. □ Général
DVD VF→STA→44,95 $

MON ONCLE ANTOINE ►2
QUÉ. 1971. Comédie dramatique de Claude JUTRA avec Jacques Gagnon, Jean Duceppe et Olivette Thibault. - Un jeune garçon donne un coup de main au magasin général de son oncle et l'accompagne aussi dans sa fonction de croque-mort. - Grande richesse d'observation. Climat de tranquille désespérance. Sens intelligent du populisme. Interprétation juste et pittoresque. □ Général

MON ONCLE D'AMÉRIQUE ►1
FR. 1980. Drame psychologique d'Alain RESNAIS avec Gérard Depardieu, Nicole Garcia et Roger Pierre. - Les destins entrecroisés de divers personnages viennent illustrer des théories sur le comportement humain. - Présentation passionnante des théories du professeur Henri Laborit. Mise en scène intelligente. Montage souple. Excellente interprétation.
DVD VF→STA→29,95 $

MON PÈRE *voir* **Dad**

MON PÈRE CE HÉROS *voir* **My Father the Hero**

MON PÈRE N'A JAMAIS ÉCOUTÉ MES CHANSONS *voir* **I Never Sang for My Father**

MON PÈRE, CE HÉROS ▷4
FR. 1991. Comédie de mœurs de Gérard LAUZIER avec Gérard Depardieu, Marie Gillain et Patrick Mille. - Pour impresssionner un garçon qui lui plaît, une adolescente fait passer son père pour son amant. □ Général

MON XXe SIÈCLE [My Twentieth Century] ▷3
HON. 1988. Comédie fantaisiste d'Ildiko ENYEDI avec Dorotha Segda, Oleg Jankovski et Peter Andorai. - Ayant été élevées séparément, deux jumelles de Budapest mènent une existence différente à l'aube du xxe siècle. - Ensemble touffu rempli d'apartés et de références cinématographiques. Heureux mélange d'effets gratuits et d'exigences picturales. Verve visuelle certaine. Interprétation amusée. □ 13 ans+

MONA LISA ▷3
ANG. 1986. Comédie dramatique de Neil JORDAN avec Bob Hoskins, Cathy Tyson et Michael Caine. - Engagé comme chauffeur d'une call-girl, un truand de petite envergure fraîchement sorti de prison est entraîné dans une aventure sordide et violente. - Évocation réaliste d'un milieu interlope. Touches sensibles de stylisation romantique. Interprétation convaincante de B. Hoskins. □ 13 ans+
DVD VA➔Cadrage W/16X9➔22,95 $

MONA LISA SMILE [Sourire de Mona Lisa, Le] ▷5
É.-U. 2003. Drame psychologique de Mike NEWELL avec Julia Roberts, Kirsten Dunst et Dominic West. - En 1953, une professeure d'histoire de l'art dans un collège huppé tente d'élargir les horizons étriqués de ses brillantes étudiantes. □ Général
DVD VF➔18,95 $

MONDAY MORNING *voir* **Lundi Matin**

MONDAYS IN THE SUN ▷3
ESP. 2002. Drame social de Fernando Leon De ARANOA avec Luis Tosar, Javier Bardem, Nieve de Medina et José Angel Egido. - Les hauts et les bas de trois ouvriers au chômage dans une ville portuaire d'Espagne. - Suite d'anecdotes où se mêlent drame et comédie douce-amère. Personnages sympathiques et pleins d'authenticité. Peinture sociale vivante et d'une sobre intensité. Interprétation formidable.
DVD STA➔Cadrage W➔23,95 $

MONDE À PART, UN *voir* **World Apart, A**

MONDE D'APU, LE ▶1
IND. 1959. Drame psychologique de Satyajit RAY avec Soumitra Chatterji, Sharmila Tagore et Alok Chakravarty. - Un jeune écrivain est bouleversé par la mort de son épouse. - Œuvre d'une fine sensibilité chargée d'une émotion latente. Observation patiente et attentive de la vie quotidienne en Inde. Réalisation de qualité. Excellents interprètes. □ Général

MONDE DE COOL, LE *voir* **Cool World**

MONDE DE L'OUEST, LE *voir* **Westworld**

MONDE DE MARTY, LE ▷5
FR. 1999. Comédie dramatique de Denis BARDIAU avec Michel Serrault, Jonathan Demurger, Camille Japy et Annick Alane. - Dans un hôpital, une amitié improbable naît entre un gamin cancéreux et un vieillard paralysé et muet, atteint de la maladie d'Alzheimer. □ Général

MONDE IDÉAL, UN *voir* **Perfect World, A**

MONDE NE SUFFIT PAS, LE *voir* **World Is Not Enough, The**

MONDE PERDU : JURASSIC PARK, LE *voir* **Jurassic Park: The Lost World**

MONDE PSYCHÉDÉLIQUE, UN *voir* **Psych-Out**

MONDE SANS PITIÉ, UN ▷3
FR. 1989. Comédie de mœurs d'Éric ROCHANT avec Hippolyte Girardot, Mireille Perrier et Yvan Attal. - Grand désabusé, un jeune homme prend la vie comme elle vient jusqu'au jour où il rencontre une jeune fille sérieuse dont il tombe amoureux. - Étude de milieu teintée d'ironie. Dialogues savoureux. Personnages typés et attachants. Mise en scène sobre et efficace. Interprétation d'un naturel convaincant.

MONDE SANS TERRE, UN *voir* **Waterworld**

MONDE SELON GARP, LE *voir* **World According to Garp**

MONDE SELON WAYNE, LE *voir* **Wayne's World**

MONDES POSSIBLES *voir* **Possible Worlds**

MONDO ▷3
FR. 1995. Conte de Tony GATLIF avec Ovidiu Balan, Pierrette Fesch et Jerry Smith. - À Nice, un jeune orphelin vagabond découvre le monde avec émerveillement, tout en se débrouillant pour subsister. - Regard affectueux et idéaliste sur un milieu marginal. Émotion et poésie à fleur de peau. Mise en images éloquente. □ Général

MONEY PIT, THE [Foire aux malheurs, La] ▷5
É.-U. 1986. Comédie de Richard BENJAMIN avec Tom Hanks, Shelley Long et Alexander Godunov. - Après s'être acheté à prix raisonnable une belle maison de banlieue, un jeune couple new-yorkais se voit obligé d'entreprendre une restauration en règle de l'édifice. □ Général
DVD VA➔18,95 $

MONGOLIAN TALE, A ▷3
CHI. 1995. Étude de mœurs réalisée par Xei FIE avec Tengger, Dalarsurong et Narenhua. - Deux enfants qui grandissent ensemble dans la steppe mongolienne doivent se marier, mais leur projet est compromis lorsque le jeune homme part étudier en ville. - Récit empreint de noblesse. Intérêt ethnographique. Ellipses déroutantes. Paysages bien photographiés. Interprétation des plus naturelles. □ Général

MONICA LA MITRAILLE [Machine Gun Molly] ▷4
QUÉ. 2004. Drame biographique de Pierre HOULE avec Céline Bonnier, Frank Schorpion et Patrick Huard. - Dans les années 1960, à Montréal, le parcours d'une criminelle notoire surnommée Monica la Mitraille. □ 13 ans+
DVD VF➔STF➔Cadrage W/16X9➔19,95 $

MONIKA ▷3
SUÈ. 1953. Drame psychologique de Ingmar BERGMAN avec Harriet Andersson, Lars Ekberg et John Harryson. - Deux jeunes gens s'évadent en pleine nature mais connaissent bientôt des désillusions. - Bonne étude de caractères. Photographie admirable. Excellente interprétation de H. Andersson. □ 13 ans+

MONKEY BUSINESS ▷4
É.-U. 1931. Comédie burlesque de Norman Z. McLEOD avec les frères Marx, Thelma Todd et Tom Kennedy. - Quatre loustics embarquent sur un paquebot comme passagers clandestins. □ Général

MONKEY BUSINESS [Chérie, je me sens rajeunir] ▷4
É.-U. 1952. Comédie de Howard HAWKS avec Cary Grant, Ginger Rogers et Marilyn Monroe. - Un savant et sa femme ont de curieuses réactions après avoir absorbé un élixir de jeunesse. □ Général

MONKEY HUSTLE
É.-U. 1976. Arthur MARKS
DVD VA➔STF➔11,95 $

MONKEY SHINES ▷4
É.-U. 1987. Drame d'horreur de George A. ROMERO avec Jason Beghe, John Pankow et Kate McNeil. - Une guenon qui a reçu des injections de cellules de cerveau humain s'en prend aux personnes contre lesquelles son maître a des griefs. □ 13 ans+
DVD VF➔STF➔Cadrage P&S/W➔11,95 $

MONNAIE COURANTE *voir* **Quick Change**

MONSIEUR ▷3
BEL. 1990. Comédie de Jean-Philippe TOUSSAINT avec Dominic Gould, Wojtek Pszoniak et Alexandra Stewart. - Un jeune cadre au comportement amoureux plutôt étrange connaît diverses mésaventures avant de rencontrer la femme de sa vie. - Observations acides sur les comportements contemporains. Ton d'humour insolite. Superbes images en noir et blanc. □ Général

MONSIEUR BALBOSS ▷4
FR. 1974. Comédie satirique de Jean MARBŒUF avec Michel Galabru, Marcel Guiet et Michèle Simonnet. - Un commissaire de police profite de ses fonctions pour assouvir ses tendances au désordre dans la légalité.

MONSIEUR BATIGNOLE ▷4
FR. 2001. Comédie dramatique réalisée et interprétée par Gérard JUGNOT avec Jules Sitruk et Jean-Paul Rouve. - En 1942, un charcutier parisien entreprend d'escorter trois enfants juifs jusqu'à la frontière suisse. □ Général
DVD VF→STA→Cadrage 16X9→21,95 $

MONSIEUR HIRE ▷3
FR. 1989. Drame policier de Patrice LECONTE avec Michel Blanc, Sandrine Bonnaire et Luc Thuillier. - Un homme réservé et peu affable, sur qui pèsent des soupçons de meurtre, observe secrètement sa voisine d'en face dont il est amoureux. - Adaptation habile d'un roman de Georges Simenon. Traitement insolite. Réalisation dépouillée. Bonne création d'atmosphère. Interprétation sobre et convaincante. □ Général

MONSIEUR IBRAHIM ET LES FLEURS DU CORAN ▷4
FR. 2003. Comédie dramatique de François DUPEYRON avec Omar Sharif, Pierre Boulanger et Gilbert Melki. - Dans les années 1960 à Paris, un adolescent juif laissé à lui-même se lie d'amitié avec un vieux musulman qui lui fait découvrir la vie. □ Général · Déconseillé aux jeunes enfants
DVD VF→18,95 $

MONSIEUR JOE *voir* **Mighty Joe Young**

MONSIEUR KLEIN [Mr. Klein] ▷3
FR. 1976. Drame social de Joseph LOSEY avec Alain Delon, Michael Lonsdale et Juliet Berto. - Un homme qui profite de l'Occupation pour s'enrichir cherche à prouver qu'il n'est pas juif. - Thème traité avec habileté. Suspense quasi abstrait. Traitement plutôt froid. A. Delon fort bien dirigé. □ Non classé
DVD VF→STA→Cadrage W→23,95 $

MONSIEUR MÉTÉO *voir* **Weather Man, The**

MONSIEUR QUIGLEY L'AUSTRALIEN
voir **Quigley Down Under**

MONSIEUR RIPOIS ▷4
FR. 1993. Comédie de mœurs de Luc BÉRAUD avec Laurent Malet, Bernadette Lafont et Jean-Louis Roux. - L'itinéraire d'un immigré français échoué à Montréal qui est obsédé par son besoin de séduction et de liberté. □ Général

MONSIEUR SCHMIDT *voir* **About Schmidt**

MONSIEUR VERDOUX ▷3
É.-U. 1947. Comédie dramatique réalisée et interprétée par Charles CHAPLIN avec Martha Raye et Isobel Elsom. - Licencié après trente ans de service, un caissier de banque décide de recourir à des moyens extrêmes pour faire vivre sa famille. - Thème inspiré de l'affaire Landru. Humour noir intelligemment nuancé mais néanmoins assez mordant. Scénario dominé par le comique verbal. Portrait du héros teinté d'amertume. Interprétation excellente. □ Général
DVD VF→STF→29,95 $

MONSIEUR VINCENT ▷3
FR. 1947. Drame biographique de Maurice CLOCHE avec Pierre Fresnay, Aimé Clariond et Yvonne Gaudeau. - Quelques épisodes de la vie de saint Vincent de Paul. - Œuvre remarquable. Mise en scène appliquée aux images soignées. Dialogue expressif écrit par Jean Anouilh. Création saisissante de P. Fresnay. □ Général

MONSIGNOR ▷5
É.-U. 1982. Drame de Frank PERRY avec Fernando Rey, Christopher Reeve et Geneviève Bujold. - Les entreprises douteuses d'un prêtre américain engagé dans l'administration financière du Vatican. □ 13 ans+

MONSOON WEDDING *voir* **Mariage des Moussons, Le**

MONSTER [Monstre] ▷4
É.-U. 2003. Drame biographique de Patty JENKINS avec Charlize Theron, Christina Ricci et Bruce Dern. - À la fin des années 1980, peu après avoir entamé une liaison avec une jeune fille, la prostituée Aileen Wuornos se met à tuer ses clients. □ 16 ans+ · Violence
DVD VF→STF→Cadrage W→10,95 $/22,95 $

MONSTER CLUB, THE ▷5
ANG. 1980. Drame d'horreur de Roy Ward BAKER avec Vincent Price, Donald Pleasence et John Carradine. - Trois histoires d'horreur se déroulent dans un club disco spécialisé dans le genre.
DVD VA→Cadrage W→24,95 $

MONSTER DOG
É.-U. 1984. Claudio FRAGASSO
DVD VA→29,95 $

MONSTER IN A BOX ▷4
É.-U. 1991. Film d'essai de Nick BROOMFIELD avec Spalding Gray. - Le comédien Spalding Gray raconte les mésaventures qu'il a vécues en essayant d'écrire son premier roman autobiographique. □ Général

MONSTER'S BALL [Bal du monstre, Le] ▷4
É.-U. 2001. Drame de Marc FORSTER avec Billy Bob Thornton, Halle Berry et Heath Ledger. - Un ancien gardien de prison s'éprend de la veuve d'un détenu qu'il a accompagné dans le couloir de la mort.
DVD VF→Cadrage W→15,95 $

MONSTER-IN-LAW
É.-U. 2005. Comédie sentimentale de Robert LUKETIC avec Jennifer Lopez, Jane Fonda et Michael Vartan. - Une ancienne animatrice vedette de la télévision met tout en œuvre pour empêcher son fils chirurgien d'épouser une jeune réceptionniste. - Péripéties d'une grande platitude. Inspiration comique déficiente. Personnages insipides. Réalisation de routine. Jeu outrancier de J. Fonda.
DVD VA→STA→Cadrage W→22,95 $

MONSTERS INC. [Monstres, inc.] ▷3
É.-U. 2001. Film d'animation de Peter DOCTER, David SILVERMAN et Lee UNKRICH - Un yéti se fait le protecteur d'une fillette qui s'est retrouvée dans l'univers parallèle où vivent les monstres chargés de hanter les garde-robes des enfants. - Idée de départ originale et fantaisiste à souhait. Traitement constamment drôle et enlevé. Personnages désopilants. Scènes d'action particulièrement ébouriffantes. Illustration colorée et inventive. Animation par ordinateur raffinée.
DVD VF→Cadrage W/16X9→29,95 $

MONSTRE, LE [Monster, The] ▷5
ITA. 1994. Comédie policière réalisée et interprétée par Roberto BENIGNI avec Nicoletta Braschi et Michel Blanc. - Confondu avec un meurtrier, un hurluberlu s'éprend de la policière qui est chargée de le piéger. □ 13 ans+

MONSTRE DES MARAIS, LE
voir **Creature from the Black Lagoon**

MONSTRE DES TEMPS PERDUS, LE
voir **Beast from 20,000 Fathoms, The**

MONSTRE EST VIVANT, LE *voir* **It's Alive!**

MONSTRES DE L'ESPACE, LES
voir **Quatermass and the Pit**

MONSTRESSES, LES ▷5
ITA. 1979. Film à sketches de Luigi ZAMPA avec Ursula Andress, Laura Antonelli et Monica Vitti. - Huit histoires montrant les frasques de jeunes femmes pleines de tempérament. □ 13 ans+

MONSTURD
É.-U. 2003. Rick POPKO et Dan WEST
DVD VA➔10,95 $

MONTAGNE DU DIEU CANNIBALE, LA ▷5
[Mountain of the Cannibal God]
ITA. 1978. Aventures de Sergio MARTINO avec Ursula Andress, Stacy Keach et Claudio Cassinelli. - Une jeune femme fait face à divers dangers pour retrouver son mari disparu en Nouvelle-Guinée.
DVD VA➔Cadrage W➔29,95 $

MONTAGNE ÉLECTORALE, LA *voir* **Silver City**

MONTAGNE ENSORCELÉE, LA
voir **Escape to Witch Mountain**

MONTAGNES RUSSES AU LUNA PARK [Luna Park] ▷4
RUS. 1992. Drame de mœurs de Pavel LOUNGUINE avec Andrei Goutine, Oleg Borisov et Natalia Egorova. - N'ayant jamais connu son père, un jeune Moscovite fasciste apprend que celui-ci est un musicien juif.

MONTE LÀ-D'SSUS
voir **Absent-Minded Professor, The**

MONTE WALSH ▷4
É.-U. 1970. Western de William A. FRAKER avec Lee Marvin, Jeanne Moreau, Michael Conrad et Jack Palance. - Un vieux cow-boy se met à la recherche de l'assassin d'un ancien compagnon de travail. □ Général

MONTENEGRO ▷5
SUÈ. 1981. Comédie satirique de Dusan MAKAVEJEV avec Susan Anspach, Erland Josephson et Bora Todorovic. - Une Américaine vivant en Suède connaît d'étranges expériences avec des immigrants yougoslaves. □ 13 ans+

MONTH BY THE LAKE, A [Romance sur le lac] ▷4
ANG. 1995. Comédie sentimentale de John IRVIN avec Vanessa Redgrave, James Fox et Uma Thurman. - Lors d'un séjour en Italie, une Anglaise d'un certain âge tombe amoureuse d'un major qui se laisse cependant désirer. □ Général
DVD VA➔Cadrage W➔18,95 $

MONTH IN THE COUNTRY, A ▷3
[Mois à la campagne, Un]
ANG. 1987. Drame psychologique de Pat O'CONNOR avec Colin Firth, Kenneth Branagh et Natasha Richardson. - Durant l'été 1920, un ancien soldat traumatisé par ses expériences dans les tranchées retrouve la paix mentale en restaurant la fresque d'une église. - Récit plein de finesse et de mélancolie. Ensemble dépouillé et subtil. Belle photographie. □ Général

MONTPARNASSE 19 ▷4
FR. 1957. Drame biographique de Jacques BECKER avec Gérard Philipe, Anouk Aimée et Lino Ventura. - La destinée tragique du peintre Modigliani. □ 13 ans+

MONTPARNASSE-PONDICHÉRY ▷5
FR. 1993. Comédie réalisée et interprétée par Yves ROBERT avec Miou-Miou et Jacques Perrin. - L'amitié entre une mère célibataire de quarante ans et un septuagénaire qui tentent tous les deux de passer leur bac.

MONTRÉAL VU PAR... [Montreal Sextet] ▷3
QUÉ. 1991. Film à sketches de Denys ARCAND, Michel BRAULT, Atom EGOYAN, Jacques LEDUC, Léa POOL et Patricia ROZEMA avec Sheila McCarthy, Hélène Loiselle et Maury Chaykin. - Six histoires se déroulant à Montréal. - Visions personnelles et plutôt intimistes de Montréal. Discours à la fois passionné et réfléchi sur la ville. Technique impeccable. Interprétation de premier ordre. □ 13 ans+

MONTY PYTHON AND THE HOLY GRAIL ▷4
ANG. 1975. Comédie satirique réalisée et interprétée par Terry GILLIAM et Terry JONES avec Graham Chapman et John Cleese. - Ayant reçu du ciel la mission de rechercher le Saint-Graal, le roi Arthur et ses preux se lancent dans l'aventure. □ Général
DVD VA➔49,95 $ Cadrage W➔34,95 $

MONTY PYTHON'S LIFE OF BRIAN ▷3
ANG. 1979. Comédie satirique réalisée et interprétée par Terry JONES avec Graham Chapman et John Cleese. - La vie d'un jeune homme né à Bethléem en même temps qu'un certain Jésus. - Parodie des récits bibliques aussi farfelue qu'irrévérencieuse. Mise en scène habile. Plaisanteries servies avec verve. Excellents interprètes. □ 18 ans+
DVD VA➔23,95 $

MONTY PYTHON LIVE AT THE HOLLYWOOD BOWL ▷5
ANG. 1981. Comédie de Terry HUGHES avec Graham Chapman, John Cleese et Terry Gilliam. - Enregistrement d'un spectacle comique donné par les membres du groupe Monty Python en 1980. □ 13 ans+

MONTY PYTHON'S THE MEANING OF LIFE ▷4
[Monty Python : le sens de la vie]
ANG. 1983. Comédie satirique réalisée et interprétée par Terry JONES et Terry GILLIAM avec John Cleese et Michael Palin. - Diverses étapes de la vie depuis la naissance jusqu'à la mort. □ 13 ans+
DVD VF➔STF➔Cadrage W➔18,95 $

MONUMENT AVE. ▷4
É.-U. 1997. Drame de mœurs de Ted DEMME avec Denis Leary, Colm Meaney et Famke Janssen. - Témoin du meurtre d'un ami, un voleur de voitures membre d'une bande d'escrocs hésite à dénoncer le parrain local, qui en est responsable. □ 13 ans+ · Langage vulgaire
DVD VA➔STA➔Cadrage W➔26,95 $

MOODY BEACH ▷4
QUÉ. 1990. Drame sentimental de Richard ROY avec Michel Côté, Claire Nebout et Andrée Lachapelle. - Un quadragénaire tourmenté abandonne son travail et part pour la Floride, où il possède une maison qu'il découvre occupée par une jeune inconnue. □ Général

MOOKIE ▷5
FR. 1998. Comédie de Hervé PALUD avec Jacques Villeret, Eric Cantona et Emiliano Suarez. - Pour empêcher des scientifiques de mettre la main sur une guenon parlante, un moine français fuit avec elle à Mexico en compagnie d'un boxeur. □ Général

MOOLAADÉ ▷3
SÉN. 2004. Drame social d'Ousmane SEMBÈNE avec Fatoumata Coulibaly, Maïmouna Hélène Diarra et Rasmane Ouedraogo. - Dans un village africain, quatre fillettes fuient l'excision et trouvent refuge chez une femme ayant jadis refusé que sa fille subisse cette pratique. - Dénonciation virulente de l'excision au sein d'une vibrante chronique villageoise. Grande importance accordée aux rituels. Réalisation maîtrisée. Images composées avec soin. Interprétation tour à tour naturelle et stylisée. □ 13 ans+
DVD STA➔Cadrage 16X9➔33,95 $

MOON AND SIXPENCE, THE ▷4
É.-U. 1942. Drame psychologique d'Albert LEWIN avec Doris Dudley, George Sanders et Herbert Marshall. - Un courtier anglais quitte sa famille pour se consacrer à la peinture dans les mers du Sud.

MOON CHILD
JAP. 2003. Takahisa ZEZE
DVD STA➔Cadrage W➔49,95 $

MOON FOR THE MISBEGOTTEN
É.-U. 1975. José QUINTERO et Gordon RIGSBY
DVD VA➔Cadrage P&S➔39,95 $

MOON IS BLUE, THE ▷4
É.-U. 1952. Comédie sentimentale d'Otto PREMINGER avec William Holden, David Niven et Maggie MacNamara. - Deux hommes deviennent amoureux d'une charmante jeune fille. □ Général

MOON OVER PARADOR [Pleine lune sur Parador] ▷4
É.-U. 1988. Comédie de Paul MAZURSKY avec Richard Dreyfuss, Raul Julia et Sonia Braga. - Un acteur est appelé à remplacer le président d'un petit pays d'Amérique du Sud, mort d'une crise cardiaque. □ Général
DVD VA➔19,95 $

MOONLIGHT AND VALENTINO ▷4
É.-U. 1995. Comédie dramatique de David ANSPAUGH avec Gwyneth Paltrow, Elizabeth Perkins et Whoopi Goldberg. - Après la mort accidentelle de son mari, une jeune femme est consolée par sa sœur, par sa meilleure amie et par l'ex-épouse de son père.
□ Général
DVD VF➔STF➔Cadrage W➔11,95 $

MOONLIGHT IN TOKYO
H.K. 2005. Siu Fai MAK et Felix CHONG
DVD STA➔27,95 $

MOONLIGHT MILE ▷5
É.-U. 2002. Drame psychologique de Brad SIBERLING avec Jake Gyllenhaal, Dustin Hoffman et Susan Sarandon. - Un couple qui se remet lentement de la mort de sa fille vit une relation affective particulière avec le jeune homme qui devait épouser celle-ci.
□ Général
DVD VA➔18,95 $

MOONLIGHT WHISPERS [Sasayaki] ▷4
JAP. 1999. Drame de mœurs d'Akihiko SHIOTA avec Kenji Mizuhashi, Tsugumi et Kota Kusano. - Un adolescent aux tendances fétichistes et masochistes s'engage dans une relation trouble avec une fille de son âge. □ 16 ans+
DVD STA➔Cadrage W➔18,95 $

MOONLIGHTING ▷3
ANG. 1982. Comédie satirique de Jerzy SKOLIMOWSKI avec Jeremy Irons, Eugene Lipinski et Jiri Stanislav. - Les difficultés de quatre ouvriers polonais qui se rendent à Londres pour y travailler clandestinement. - Mélange adroit de tragique et de comique. Traitement humoristique décapant. Mise en scène efficace aux détails parfois déconcertants. Interprétation convaincante de J. Irons. □ Général

MOONRAKER ▷4
ANG. 1979. Science-fiction de Lewis GILBERT avec Roger Moore, Lois Chiles et Michael Lonsdale. - L'agent secret James Bond est chargé d'enquêter sur la disparition en plein ciel d'une navette spatiale. □ Général

MOONRISE ▷4
É.-U. 1948. Drame de Frank BORZAGE avec Dane Clark, Gail Russell et Ethel Barrymore. - Le fils d'un meurtrier en vient lui-même à tuer un camarade qui le persécute. □ Général

MOONSTRUCK [Éclair de lune] ▷4
É.-U. 1987. Comédie de mœurs de Norman JEWISON avec Cher, Nicolas Cage et Olympia Dukakis. - Les tribulations sentimentales d'une veuve qui se laisse prendre par la passion tumultueuse du frère de son fiancé. □ Général
DVD VF➔STF➔Cadrage W➔22,95 $
VA➔STF➔Cadrage P&S➔12,95 $

MORE ▷4
LUX. 1969. Drame psychologique de Barbet SCHROEDER avec Klaus Grunberg, Mimsy Farmer et Heinz Engelman. - Un étudiant allemand est entraîné dans l'enfer de la drogue par une jeune Américaine.
□ 13 ans+
DVD VA➔23,95 $

MORE ABOUT THE CHILDREN OF NOISY VILLAGE ▷4
SUÈ. 1986. Drame de Lasse HALLSTRÖM avec Linda Bergström, Crispin Dickson Wendenius et Henrik Larsson. - Les aventures de six jeunes Suédois dans un petit village de province au cours des années 1920. □ Général

MORE THE MERRIER, THE ▷3
É.-U. 1943. Comédie de George STEVENS avec Jean Arthur, Joel McCrea et Charles Coburn. - Pendant une crise de logement à Washington, une jeune fille partage son appartement avec un vieux monsieur et un aviateur. - Scénario fertile en situations amusantes. Mise en scène précise et efficace. Interprétation brillante.
□ Non classé
DVD VA➔30,95 $

MORGAN: A SUITABLE CASE FOR TREATMENT ▷3
ANG. 1966. Comédie dramatique de Karel REISZ avec David Warner, Vanessa Redgrave et Irene Handl. - Un peintre excentrique met tout en œuvre pour empêcher sa femme de divorcer et de se remarier. - Style résolument insolite. Intérêt constant. Fines observations psychologiques. Interprétation de premier ordre. □ Non classé
DVD VA➔Cadrage W➔24,95 $

MORITURI ▷4
É.-U. 1965. Drame de guerre de Bernhard WICKI avec Marlon Brando, Yul Brynner et Janet Margolin. - Un espion américain est placé à bord d'un cargo allemand transportant du caoutchouc.
□ 13 ans+

MORNING AFTER, THE [Lendemain du crime, Le] ▷4
É.-U. 1986. Drame policier de Sidney LUMET avec Jane Fonda, Jeff Bridges et Raul Julia. - Un policier à la retraite entreprend d'innocenter une alcoolique qui s'est réveillée un matin aux côtés d'un homme mort poignardé. □ Général
DVD VA➔STF➔Cadrage W➔21,95 $

MORNING GLORY ▷3
É.-U. 1933. Drame psychologique de Lowell SHERMAN avec Douglas Fairbanks Jr., Katharine Hepburn et Adolphe Menjou. - Une jeune fille se donne tout entière à sa passion pour le théâtre. - Milieu bien décrit. Mise en scène soignée. Interprétation remarquable de K. Hepburn. □ Général

MOROCCO ▷3
É.-U. 1930. Drame sentimental de Josef VON STERNBERG avec Marlene Dietrich, Gary Cooper et Adolphe Menjou. - L'idylle tumultueuse d'une chanteuse de cabaret et d'un soldat de la légion étrangère.- Intrigue romanesque abordée avec un certain sens de l'ironie. Mise en scène stylisée. Photographie superbe. Interprètes de valeur. □ Général

MORONS FROM OUTER SPACE
ANG. 1985. Mike HODGES □ Général
DVD VF➔STF➔11,95 $

MORS AUX DENTS, LE *voir* **Rounders, The**

MORT À SMOOCHY *voir* **Death to Smoochy**

MORT À VENISE ►1
ITA. 1971. Drame psychologique de Luchino VISCONTI avec Silvana Mangano, Dirk Bogarde et Bjorn Anderssen. - Un compositeur faisant une cure de repos à Venise est attiré par la beauté d'un adolescent polonais. - Adaptation magistrale du roman de Thomas Mann. Reconstitution d'époque finement stylisée. Rythme lent et méditatif. Images superbement composées. Jeu excellent de D. Bogarde.
□ Général
DVD VA➔STF➔Cadrage W➔21,95 $

MORT AUX TROUSSES, LA *voir* **North by Northwest**

MORT D'UN BÛCHERON, LA ▷4
QUÉ. 1973. Comédie dramatique de Gilles CARLE avec Carole Laure, Daniel Pilon et Denise Filiatrault. - Une jeune fille venue à Montréal pour retrouver son père est exploitée par un tenancier de cabaret.
□ 13 ans+

MORT D'UN POURRI ▷4
FR. 1977. Drame policier de Georges LAUTNER avec Alain Delon, Ornella Muti et Michel Aumont. - Un homme est entraîné dans une sombre affaire par un ami député qui meurt assassiné. □ Général

MORT DANS LA PEAU, LA *voir* **Bourne Supremacy, The**

MORT DANS LE SANG, LA *voir* **Romper Stomper**

MORT DE MARIO RICCI, LA ▷3
SUI. 1983. Drame de mœurs de Claude GORETTA avec Gian Maria Volontè, Magali Noël et Heinz Bennent. - De passage dans un village suisse pour une interview, un reporter de télévision tente d'éclaircir les circonstances entourant la mort d'un ouvrier italien. - Œuvre sérieuse et mûre. Réalisation sûre. Jeu intelligent de G.M. Volontè.
□ Général

MORT EN DIRECT, LA ▷3
FR. 1979. Science-fiction de Bertrand TAVERNIER avec Harvey Keitel, Romy Schneider et Harry Dean Stanton. - Une malade incurable est épiée par la télévision comme un objet de spectacle. - Évocation déroutante de la société de l'avenir. Montage précis. Interprétation touchante de R. Schneider. □ Général

MORT ÉTAIT AU RENDEZ-VOUS, LA *voir* **Conflict**

MORT ÉTAIT AU RENDEZ-VOUS, LA ▷4
[Death Rides a Horse]
ITA. 1967. Western de Giulio PETRONI avec Lee Van Cleef, John Philip Law et Luigi Pistilli. - Deux hommes rivalisent dans l'assouvissement d'une vengeance sur des ennemis communs.

MORT FRAPPE TROIS FOIS, LA *voir* **Dead Ringer**

MORT PRÉMÉDITÉE *voir* **Shot in the Heart**

MORT SUR LE NIL *voir* **Death on the Nile**

MORT SUSPENDUE, LA *voir* **Touching the Void**

MORT UN DIMANCHE DE PLUIE ▷5
FR. 1986. Drame policier de Joël SANTONI avec Nicole Garcia, Jean-Pierre Bacri et Jean-Pierre Bisson. - Engagé par un architecte pour entretenir sa maison, un couple cherche à se venger d'un accident dont il le croit responsable. □ 18 ans+

MORT VOUS VA SI BIEN, LA *voir* **Death Becomes Her**

MORTAL PASSIONS ▷4
É.-U. 1989. Drame d'Andrew LANE avec Zach Galligan, Michael Bowen et Krista Errickson. - Une épouse convainc son amant d'assassiner son mari afin de toucher une importante somme d'argent. □ Non classé

MORTAL STORM, THE ▷4
É.-U. 1940. Drame psychologique de Frank BORZAGE avec James Stewart, Margaret Sullavan et Robert Young. - Les débuts de l'hitlérisme en Allemagne causent la mésentente dans une famille d'intellectuels. □ Général

MORTAL THOUGHTS [Pensées mortelles] ▷5
É.-U. 1991. Drame policier d'Alan RUDOLPH avec Demi Moore, Glenne Headly and Bruce Willis. - Un policier tente d'éclaircir les circonstances entourant le meurtre d'un homme brutal qui a été tué par sa femme avec l'aide d'une amie. □ 13 ans+
DVD VA➔10,95 $

MORTELLE RANDONNÉE ▷3
FR. 1983. Drame policier de Claude MILLER avec Michel Serrault, Isabelle Adjani et Guy Marchand. - Un détective privé s'attache à une jeune criminelle et la suit de loin dans ses déplacements. - Traitement subtil. Variations ingénieuses. Bonnes compositions de M. Serrault et I. Adjani.
DVD VF➔STA➔33,95 $

MORTS SUSPECTES *voir* **Coma**

MORVERN CALLAR [Voyage de Morvern Callar, Le] ▷4
ANG. 2001. Drame de mœurs de Lynne RAMSAY avec Samantha Morton, Kathleen McDermott et Raife Patrick Burchell. - À la suite du suicide de son petit ami, une jeune femme désaxée part en voyage en Espagne avec une copine. □ 13 ans+
DVD VF➔STA➔Cadrage W/16X9➔23,95 $

MOSCOU À NEW YORK *voir* **Moscow on the Hudson**

MOSCOU EST INSENSIBLE AUX LARMES ▷4
[Moscow Does Not Believe in Tears]
RUS. 1980. Drame sentimental de Vladimir MENSHOV avec Vera Alentova, Alexei Batalov et Raissa Riasanova. - Les problèmes sentimentaux de trois jeunes filles russes qui vivent dans un foyer pour ouvrières. □ Général
DVD VF➔STF➔24,95 $

MOSCOW ON THE HUDSON [Moscou à New York] ▷4
É.-U. 1984. Comédie dramatique de Paul MAZURSKY avec Robin Williams, Maria Conchita Alonso et Cleavent Derricks. - À l'occasion d'un voyage en Amérique, un membre de l'orchestre d'un cirque russe fait défection. □ 13 ans+

MOSQUITO COAST, THE ▷4
É.-U. 1986. Aventures de Peter WEIR avec Harrison Ford, River Phoenix et Helen Mirren. - Un inventeur désabusé entraîne sa famille en Amérique centrale et devient le chef d'un village qu'il dote d'une glacière géante. □ Général
DVD VF➔STF➔Cadrage P&S/W➔7,95 $

MOST DANGEROUS GAME, THE ▷4
[Chasses du Comte Zaroff, Les]
É.-U. 1932. Drame d'horreur d'Ernest B. SCHOEDSACK avec Leslie Banks, Joel McCrea et Fay Wray. - Des naufragés abordent une île habitée par un mégalomane qui organise des parties de chasse à l'homme. □ Général
DVD 39,95 $

MOST TERRIBLE TIME IN MY LIFE, THE
JAP. 1994. Kaizo HAYASHI
DVD STA➔Cadrage W➔18,95 $

MOSTLY MARTHA [Comme il faut] ▷4
ALL. 2001. Comédie dramatique de Sandra NETTELBECK avec Martina Gedeck, Maxime Foerste et Sergio Castellitto. - À la mort de sa sœur, une chef renommée au tempérament difficile recueille sa jeune nièce, qu'elle arrive à amadouer grâce aux conseils de son aide-cuisiner. □ Général
DVD STA➔Cadrage W➔19,95 $

MOTARD TÉMÉRAIRE, LE *voir* **Reckless**

MOTEL CACTUS
COR. 1997. Ki-Yong PARK
DVD STA➔23,95 $

MOTEL HELL [Nuits de cauchemar] ▷5
É.-U. 1980. Drame d'horreur de Kevin CONNOR avec Rory Calhoun, Nancy Parsons et Nina Axelord. - Les tenanciers d'un motel s'emploient à piéger des voyageurs pour les tuer et les transformer en viandes fumées. □ 13 ans+

MOTHER ▷4
É.-U. 1996. Comédie de mœurs réalisée et interprétée par Albert BROOKS avec Debbie Reynolds et Rob Morrow. - Un homme dans la quarantaine retourne vivre avec sa mère avec qui il a toujours entretenu une relation tendue. □ Général
DVD VF➔STA➔Cadrage W➔8,95 $

MOTHER ►2
U.R.S.S. 1926. Drame social de Vsevolod POUDOVKINE avec Vera Baranovskaia, Nikolaï Batalov et Anna Semtzova. - Une femme du peuple en vient à partager l'idéal socialiste de son fils militant. - Adaptation sensible d'un roman de Maxime Gorki. Mise en scène admirablement composée. Montage lyrique. Interprétation juste. Classique du cinéma muet.

MOTHER, THE ▷3
ANG. 2003. Drame de mœurs de Roger MICHELL avec Anne Reid, Daniel Craig et Cathryn Bradshaw. - Récemment veuve, une sexagénaire noue une liaison avec l'amant de sa propre fille. - Illustration à la fois dure et compatissante d'une relation interdite. Sujet délicat traité avec nuance et sensibilité. Grande finesse psychologique. Excellente interprétation. □ 13 ans+

MOTHER AND SON *voir* **Mère et fils**

MOTHER INDIA ▷5
IND. 1957. Mélodrame de Mehbood KHAN avec Nargis, Rajendra Kumar et Sunil Dutt. - Les nombreux malheurs d'une femme indienne.
DVD STA➔33,95 $

MOTHER JOAN OF THE ANGELS
voir **Mère Jeanne des Anges**

MOTHER KUSTERS GOES TO HEAVEN
voir **Maman Kusters s'en va-t-au ciel**

MOTHER NIGHT [Nuit noire] ▷4
É.-U. 1996. Drame d'espionnage de Keith GORDON avec Nick Nolte, Sheryl Lee et Alan Arkin. - Dans les années 1940, à Berlin, un dramaturge américain espionne pour les alliés en se faisant passer pour un sympathisant nazi. □ 13 ans+
DVD VA→Cadrage W→27,95 $

MOTHER'S BOYS [Obsession] ▷5
É.-U. 1993. Thriller de Yves SIMONEAU avec Jamie Lee Curtis, Peter Gallagher et Joanne Whalley-Kilmer. - Une femme malveillante implique ses fils dans un complot visant à éliminer la nouvelle compagne de son mari.
DVD VA→STF→5,95 $

MOTHER, JUGS & SPEED ▷5
É.-U. 1976. Comédie dramatique de Peter YATES avec Bill Cosby, Raquel Welch et Harvey Keitel. - Les mésaventures de trois employés d'un service privé d'ambulances. □ 13 ans+
DVD VF→STA→13,95 $

MOTHMAN PROPHECIES, THE ▷4
[Prophétie des ombres, La]
É.-U. 2001. Drame fantastique de Mark PELLINGTON avec Richard Gere, Laura Linney et Will Patton. - Dans une petite ville de Virginie, un journaliste et une policière enquêtent sur d'étranges phénomènes, annonciateurs d'une terrible tragédie. □ Général
DVD VF→Cadrage P&S/W→17,95 $
VF→STF→Cadrage P&S/W→17,95 $ VA→34,95 $

MOTOCYCLETTE, LA *voir* **Girl on a Motorcycle**

MOTORCYCLE DIARIES, THE *voir* **Carnets de voyage**

MOTS BLEUS, LES ▷4
FR. 2004. Drame psychologique d'Alain CORNEAU avec Sergi Lopez, Sylvie Testud et Camille Gauthier. - Une jeune femme volontairement illettrée inscrit sa fillette mutique à une école pour sourds-muets dirigée par un enseignant meurtri par la vie. □ Général · Déconseillé aux jeunes enfants
DVD VF→33,95 $

MOTS POUR LE DIRE, LES ▷4
FR. 1983. Drame psychologique de José PINHEIRO avec Nicole Garcia, Marie-Christine Barrault et Daniel Mesguich. - Une jeune mère dans la trentaine, angoissée et souffrant d'hémorragies, entreprend une thérapie avec un psychiatre. □ 13 ans+

MOUCHE, LA *voir* **Fly, The**

MOUCHETTE ►2
FR. 1967. Drame psychologique de Robert BRESSON abec Nadine Nortier, Jean-Claude Guilbert et Marie Cardinal. - Une adolescente taciturne et malheureuse finit par s'enlever la vie. - Adaptation fidèle au roman de Bernanos. Style épuré, d'un grand pouvoir de suggestion. Interprètes admirablement dirigés. □ Général

MOULIN ROUGE ►2
ANG. 1952. Drame biographique de John HUSTON avec Jose Ferrer, Colette Marchand et Zsa Zsa Gabor. - Quelques épisodes de la vie du célèbre peintre Toulouse-Lautrec. - Excellente reconstitution d'époque. Étude psychologique intéressante. Interprétation de classe. □ Non classé
DVD VA→STF→10,95 $

MOULIN ROUGE ▷3
É.-U. 2001. Comédie musicale de Baz LUHRMANN avec Nicole Kidman, Ewan McGregor et Richard Roxburgh. - À Paris, en 1900, un poète et une chanteuse du Moulin Rouge vivent un grand amour placé sous le signe de la tragédie. - Tourbillon effréné de numéros musicaux exubérants et de scènes burlesques. Utilisation efficace de chansons pop. Style d'un baroque délirant. Interprétation vibrante. □ Général
DVD VF→Cadrage W→29,95 $ 14,95 $

MOUNTAIN, THE ▷4
É.-U. 1956. Drame psychologique d'Edward DMYTRYK avec Spencer Tracy, Robert Wagner et Claire Trevor. - Un vieux guide et son jeune frère gravissent une montagne pour retrouver les survivants d'un accident d'avion. □ Général

MOUNTAIN OF THE CANNIBAL GOD
voir **Montagne du Dieu Cannibale, La**

MOUNTAINS OF THE MOON ▷3
É.-U. 1989. Drame historique de Bob RAFELSON avec Iain Glen, Patrick Bergin et Fiona Shaw. - Un géographe irlandais et un explorateur anglais se lancent à la recherche des sources du Nil au siècle dernier. - Situations dramatiques donnant lieu à d'intéressantes confrontations. Effets spéciaux admirablement exécutés. Paysages magnifiques. Reconstitution d'époque juste. Interprétation convaincante. □ 13 ans+
DVD VA→18,95 $

MOURIR À TUE-TÊTE ▷3
QUÉ. 1979. Drame social d'Anne-Claire POIRIER avec Julie Vincent, Germain Houde et Monique Miller. - Bouleversée par un viol, une infirmière n'arrive pas à retrouver son équilibre. - Sujet vivement et crûment engagé. Illustration stylisée. Une certaine distanciation intellectuelle. Tendances démonstratives. Interprétation juste.

MOURIR D'AIMER ▷4
FR. 1970. Drame psychologique d'André CAYATTE avec Annie Girardot, Bruno Pradal et François Simon. - À la suite d'une liaison avec un de ses élèves, une enseignante est emprisonnée et subit un procès. □ 13 ans+

MOURNING BECOMES ELECTRA
É.-U. 1947. Dudley NICHOLS
DVD VA→Cadrage W→28,95 $

MOUSE ON THE MOON, THE [Souris sur la lune, La] ▷4
ANG. 1963. Comédie de Richard LESTER avec Ron Moody, David Kossoff et Bernard Cribbins. - Un petit pays qu'aident les États-Unis et la Russie devance ceux-ci sur la Lune.
DVD VA→STA→Cadrage W→17,95 $

MOUSE THAT ROARED, THE ▷4
[Souris qui rugissait, La]
ANG. 1959. Comédie satirique de Jack ARNOLD avec Peter Sellers, Jean Seberg et David Kossoff. - Un minuscule pays déclare la guerre aux États-Unis pour régler ses problèmes financiers. □ Général
DVD VA→STF→Cadrage W→34,95 $

MOUSQUETAIRE, LE *voir* **Musketeer, The**

MOUSTACHE, LA ▷3
FR. 2005. Drame psychologique d'Emmanuel CARRÈRE avec Vincent Lindon, Emmanuelle Devos et Hippolyte Girardot. - Un architecte s'étant rasé la moustache plonge dans l'abîme du doute lorsque ni sa femme, ni ses amis ne remarquent le changement. - Intrigue cauchemardesque et prenante. Crescendo dramatique crédible. Réalisation réaliste et élégante. Climat à la limite du fantastique. Interprétations nuancées et attachantes de V. Lindon et E. Devos.

MOUSTACHU, LE ▷4
FR. 1987. Comédie policière de Dominique CHAUSSOIS avec Jean Rochefort, Jean-Claude Brialy et Grace de Capitani. - La mission d'un agent secret français est sabotée de façon à discréditer le nouveau patron des services de sécurité. □ Général

MOUTH TO MOUTH *voir* **Bouche à bouche**

MOUTON ENRAGÉ, LE [Love at the Top] ▷4
FR. 1973. Comédie de mœurs de Michel DEVILLE avec Jean-Louis Trintignant, Jean-Pierre Cassel, Jean-François Balmer et Romy Schneider. - Sur les conseils d'un ami romancier, un employé de banque timide gagne la confiance d'un riche financier et fait des conquêtes féminines.
DVD VF→STA→Cadrage W→25,95 $

MOUVEMENTS DU DÉSIR ▷5
QUÉ. 1993. Drame sentimental de Léa POOL avec Valérie Kaprisky, Jean-François Pichette et Jolianne L'Allier-Matteau. - Deux jeunes gens vivent une aventure amoureuse dans un train à destination de Vancouver.

MOVIE DAYS *voir* **Jours de ciné**

MOZART BROTHERS, THE *voir* **Frères Mozart, Les**

MR. & MRS. BRIDGE ▷4
É.-U. 1990. Drame psychologique de James IVORY avec Joanne Woodward, Paul Newman et Margaret Welsh. - Un avocat austère et sa femme, passive et soumise, voient leurs trois enfants quitter le foyer familial dans des circonstances parfois difficiles. □ Général
DVD 17,95 $

MR. AND MRS. SMITH ▷4
É.-U. 1941. Comédie d'Alfred HITCHCOCK avec Robert Montgomery, Carole Lombard et Gene Raymond. - Mésententes et réconciliations d'un jeune couple.
DVD VA→21,95 $

MR. AND MRS. SMITH [M. et Mme Smith] ▷4
É.-U. 2005. Comédie policière de Doug LIMAN avec Brad Pitt, Angelina Jolie et Vince Vaughn. - Deux époux menant une petite vie bourgeoise tranquille découvrent qu'ils exercent, chacun à l'insu de l'autre, le métier d'assassin. □ 13 ans+ · Violence
DVD VF→STA→Cadrage W→34,95 $

MR. BLANDINGS BUILDS HIS DREAM HOUSE ▷4
É.-U. 1948. Comédie de H.C. POTTER avec Cary Grant, Myrna Loy et Melvyn Douglas. - Un couple new-yorkais achète une vieille maison en banlieue. □ Général
DVD VA→STF→21,95 $

MR. BUG GOES TO TOWN
voir **Hoppity Goes to Town**

MR. DEEDS GOES TO TOWN ▷3
[Extravagant M. Deeds, L']
É.-U. 1936. Comédie de Frank CAPRA avec Gary Cooper, Douglas Dumbrille et Jean Arthur. - Héritier d'une fortune considérable, M. Deeds est traduit en justice pour sa prodigalité. - Touches d'humour et de fantaisie. Éléments de satire sociale. Mise en scène inventive. Fine interprétation. □ Général
DVD 23,95 $

MR. DESTINY ▷4
É.-U. 1990. Comédie fantaisiste de James ORR avec James Belushi, Linda Hamilton et Hart Bochner. - Un barman a le pouvoir de faire vivre à un homme l'existence qu'il aurait eue s'il avait su frapper la balle lors d'un match fatidique de baseball vingt ans auparavant.
DVD VA→11,95 $

MR. HOBBS TAKES A VACATION ▷4
É.-U. 1962. Comédie de Henry KOSTER avec James Stewart, Lauri Peters et Maureen O'Hara. - Les vacances mouvementées d'une famille dans un chalet au bord de la mer. □ Général
DVD VA→STA→14,95 $

MR. HOLLAND'S OPUS ▷4
É.-U. 1995. Comédie dramatique de Stephen HEREK avec Richard Dreyfuss, Glenne Headly et Jay Thomas. - Un compositeur se dévoue pendant trente ans à l'enseignement de la musique dans une école secondaire. □ Général
DVD VF→Cadrage W→14,95 $

MR. HULOT'S HOLIDAY
voir **Vacances de monsieur Hulot, Les**

MR. JONES ▷4
É.-U. 1993. Comédie dramatique de Mike FIGGIS avec Richard Gere, Lena Olin et Delroy Lindo. - Une jeune psychiatre peu heureuse dans sa vie affective succombe au charme d'un maniaco-dépressif. □ 13 ans+

MR. KLEIN *voir* **Monsieur Klein**

MR. MUSIC ▷5
É.-U. 1950. Comédie musicale de R. HAYDN avec Bing Crosby, Nancy Olson et Charles Coburn. - Un compositeur de revues musicales doué mais paresseux se fait adjoindre par son producteur une jeune secrétaire énergique. □ Général

MR. NORTH ▷4
É.-U. 1988. Comédie de Danny HUSTON avec Anthony Edwards, Robert Mitchum et Lauren Bacall. - Dans les années 1920, un mystérieux jeune homme connaît divers ennuis à cause de l'étrange particularité qu'il semble avoir de soulager les migraines. □ Général
DVD VF→STA→Cadrage W→11,95 $

MR. PEABODY AND THE MERMAID ▷4
É.-U. 1948. Comédie de Irving PICHEL avec William Powell, Irene Hervey et Ann Blyth. - Un pêcheur attrape une sirène et la ramène chez lui. □ Général

MR. SATURDAY NIGHT [M. Samedi Soir] ▷4
É.-U. 1992. Comédie dramatique réalisée et interprétée par Billy CRYSTAL avec David Paymer et Julie Warner. - Un comédien qui a eu son heure de gloire dans les années 1950 tente de raviver sa carrière. □ Général
DVD VA→STF→Cadrage W→8,95 $

MR. SKEFFINGTON ▷5
É.-U. 1943. Drame psychologique de Vincent SHERMAN avec Bette Davis, Claude Rains et Walter Abel. - Une femme vaniteuse qui a raté son mariage s'assagit en vieillissant.
DVD VA→STF→21,95 $

MR. SMITH GOES TO WASHINGTON ▷3
É.-U. 1939. Comédie satirique de Frank CAPRA avec James Stewart, Jean Arthur et Claude Rains. - Un chef scout est choisi pour remplacer un sénateur décédé. - Critique sociale présentée sur un ton spirituel et léger. Réalisation adroite. Interprétation pleine de finesse. □ Général
DVD 37,95 $

MR. TOAD'S WILD RIDE
ANG. 1996. Terry JONES □ Général
DVD VA→Cadrage W→18,95 $

MR. VAMPIRE
H.K. 1985. Ricky LAU
DVD STA→Cadrage W→9,95 $

MR. VINCENT
É.-U. 1997. Robert CELESTINO
DVD VA→Cadrage W→33,95 $

MR. WONDERFUL [Homme idéal, L'] ▷4
É.-U. 1993. Comédie sentimentale d'Anthony MINGHELLA avec Matt Dillon, Annabella Sciorra et Mary-Louise Parker. - Pour ne plus devoir verser une grosse pension alimentaire à son ex-épouse, un jeune électricien tente de lui trouver un nouveau mari. □ Général
DVD VF→Cadrage P&S/W→7,95 $

MRS. BROWN [Dame Brown] ▷4
ANG. 1997. Drame biographique de John MADDEN avec Judi Dench, Billy Connolly et Geoffrey Palmer. - Après la mort de son époux, la reine Victoria sympathise avec un palefrenier au franc-parler, ce qui suscite de nombreuses rumeurs. □ Général
DVD 14,95 $

MRS. DALLOWAY ▷4
ANG. 1997. Drame psychologique de Marleen GORRIS avec Vanessa Redgrave, Natasha McElhone et Rupert Graves. - Les souvenirs d'une femme d'âge mûr refont surface le jour où elle donne une réception chez elle. □ Général

MRS. DOUBTFIRE ▷4
É.-U. 1993. Comédie dramatique de Chris COLUMBUS avec Robin Williams, Sally Field et Pierce Brosnan. - N'ayant pu obtenir la garde de ses enfants, un père divorcé se déguise en vieille dame anglaise et se fait engager comme bonne par son ex-femme. □ Général

MRS. HENDERSON PRESENTS ▷4
ANG. 2005. Comédie dramatique de Stephen FREARS avec Judi Dench, Bob Hoskins et Will Young. - Dans les années 1930, à Londres, une riche veuve a maille à partir avec le directeur artistique du théâtre qu'elle a acheté pour tromper son ennui. □ Général · Déconseillé aux jeunes enfants
DVD VF→STA→Cadrage W→34,95 $

MRS. MINIVER [Madame Miniver] ▷3
É.-U. 1943. Étude de mœurs de William WYLER avec Greer Garson, Walter Pidgeon et Teresa Wright. - La vie d'une famille anglaise durant la Seconde Guerre mondiale. - Peinture très intéressante. Réalisation soignée. Simplicité et sobriété. Interprétation juste et nuancée. □ Général
DVD VF→STF→23,95 $

MRS. PARKER AND THE VICIOUS CIRCLE ▷4
É.-U. 1994. Drame biographique d'Alan RUDOLPH avec Jennifer Jason Leigh, Matthew Broderick, Jennifer Beals et Campbell Scott. - Dans les années 1920, une écrivaine new-yorkaise à l'esprit raffiné cache des amours malheureuses et un profond mal de vivre. □ Général
DVD VF→Cadrage W→14,95 $

MRS. SOFFEL ▷4
É.-U. 1984. Drame de Gillian ARMSTRONG avec Diane Keaton, Mel Gibson et Matthew Modine. - Subjuguée par un condamné à mort, l'épouse d'un directeur de prison accepte de collaborer à une évasion. □ Général
DVD VA→STA→Cadrage W→7,95 $

MUCH ADO ABOUT NOTHING ▷3
[Beaucoup de bruit pour rien]
ANG. 1993. Comédie sentimentale réalisée et interprétée par Kenneth BRANAGH avec Emma Thompson et Denzel Washington. - De retour d'une campagne militaire, un prince et ses soldats se livrent aux jeux de l'amour avec les belles d'un village toscan. - Adaptation exubérante d'une pièce de Shakespeare. Ronde grouillante de vie et de bonne humeur. Décors naturels enchanteurs. Numéros d'acteurs formidables. □ Général

MULAN ▷4
É.-U. 1998. Dessins animés de Barry COOK et Tony BANCROFT. - Une jeune Chinoise impétueuse se déguise en homme pour se joindre à l'armée impériale en lutte contre des hordes barbares. □ Général
DVD Cadrage W→26,95 $ VA→Cadrage W/16X9→34,95 $
VF→Cadrage W/16X9→34,95 $

MULHOLLAND DRIVE ►2
É.-U. 2001. Thriller de David LYNCH avec Naomi Watts, Laura Elena Harring et Justin Theroux. - À Hollywood, les destins d'une jeune femme amnésique, d'une starlette et d'un cinéaste aux prises avec la mafia se croisent de façon mystérieuse. - Récit énigmatique au grand pouvoir de fascination. Climat d'inquiétude admirablement soutenu. Flashs satiriques d'un humour féroce. Images et bande sonore envoûtantes. Excellente direction d'acteurs. □ 13 ans+
DVD VA→22,95 $

MULHOLLAND FALLS [Chutes Mulholland, Les] ▷4
É.-U. 1996. Drame policier de Lee TAMAHORI avec Nick Nolte, Melanie Griffith, Michael Madsen et Chazz Palminteri. - Enquêtant sur le meurtre de son ancienne maîtresse, un policier de choc est amené à s'intéresser aux activités d'une base militaire. □ 13 ans+ ·Violence
DVD VA→STF→Cadrage W→12,95 $

MULLETVILLE
É.-U. 2002. Tony LEAHY
DVD VA→STA→24,95 $

MULTIPLICITY [Multiplicité] ▷4
É.-U. 1996. Comédie de Harold RAMIS avec Andie MacDowell, Michael Keaton et Harris Yulin. - Un homme affairé a recours au clonage pour répondre à ses nombreuses obligations familiales et professionnelles. □ Général
DVD VF→STA→Cadrage W/16X9→18,95 $

MUMFORD ▷5
É.-U. 1999. Comédie dramatique de Lawrence KASDAN avec Loren Dean, Hope Davis et Jason Lee. - Un ancien fonctionnaire qui se fait passer pour un psychologue se lie d'amitié avec ses clients. □ 13 ans+
DVD Cadrage W→14,95 $

MUMMY, THE [Mummy, The] ▷4
É.-U. 1932. Drame d'horreur de Karl FREUND avec Boris Karloff, Zita Johann et David Manners. - Un prêtre de l'ancienne Égypte reprend vie au XXe siècle. □ Général
DVD VA→STF→39,95 $

MUMMY, THE ▷4
ANG. 1959. Drame d'horreur de Terence FISHER avec Christopher Lee, Peter Cushing et Yvonne Furneaux. - Un archéologue anglais faisant des fouilles en Égypte est aux prises avec une momie ressuscitée. □ Non classé
DVD VF→STF→Cadrage W→7,95 $

MUNCHHAÜSEN
ALL. 1943. Josef VON BAKY
DVD STA→24,95 $

MUNICH ▷3
É.-U. 2005. Drame d'espionnage de Steven SPIELBERG avec Eric Bana, Daniel Craig et Ciaran Hinds. - Des agents recrutés par le Mossad pourchassent les responsables de l'assassinat de onze athlètes israéliens lors des Jeux Olympiques de 1972 à Munich. - Récit haletant à portée symbolique, inspiré d'événements réels. Personnages d'une grande complexité. Réalisation brillante et inventive. Interprétation solide. □ 13 ans+ ·Violence
DVD VF→STA→Cadrage W→34,95 $ VF→Cadrage W→44,95 $

MUPPET CHRISTMAS CAROL, THE ▷4
É.-U. 1992. Conte de Brian HENSON avec Michael Caine, Steve Whitmire et Jerry Nelson. - La veille de Noël, un vieil homme riche et avare reçoit la visite de trois spectres qui lui font prendre conscience de ses fautes. □ Général
DVD VF→20,95 $

MUPPET MOVIE, THE ▷4
[Muppets, ça c'est du cinéma, Les]
É.-U. 1979. Comédie musicale de James FRAWLEY avec Charles Durning, Austin Pendleton et Mel Brooks. - Une grenouille quitte ses marais pour aller tenter sa chance à Hollywood. □ Général
DVD VF→STF→21,95 $

MUPPET TREASURE ISLAND ▷4
É.-U. 1995. Comédie fantaisiste de Brian HENSON avec Tim Curry, Kevin Bishop et Jennifer Saunders. - Parti à la recherche d'un trésor enfoui dans une île, l'équipage d'un navire doit faire face à des pirates. □ Général
DVD VF→20,95 $

MUPPETS TAKE MANHATTAN, THE ▷4
[Muppets attaquent Broadway, Les]
É.-U. 1984. Comédie fantaisiste de Frank OZ avec Juliana Donald et Lonny Price. - Les tribulations d'une grenouille et de ses compagnons venus à New York pour monter un spectacle musical.
DVD VF→STA→Cadrage P&S/W→18,95 $

MUR, LE ▷4
FR. TUR. 1983. Drame social de Yilmaz GÜNEY avec Tuncel Kurtiz, Ahmet Ziyrek et Nicolas Hossein. - Dans une prison turque, des jeunes détenus se rebellent pour obtenir un meilleur traitement. □ 13 ans+

MUR DE L'ATLANTIQUE, LE ▷5
FR. 1970. Comédie de Marcel CAMUS avec Bourvil, Peter McEnery et Sophie Desmarets. - Un aubergiste normand est mêlé malgré lui à l'évasion d'un aviateur anglais et à un vol de documents à l'état-major allemand. □ Général

MURDER ▷4
ANG. 1930. Drame policier d'Alfred HITCHCOCK avec Norah Baring, Herbert Marshall et Edward Chapman. - Juré dans un procès pour meurtre, un acteur s'emploie à disculper l'accusée. □ Général

MURDER AHOY [Passage à tabac] ▷4
ANG. 1964. Comédie policière de George POLLOCK avec Margaret Rutherford, Charles Tingwell et Lionel Jeffries. - Une vieille demoiselle enquête sur la mort d'un administrateur d'une œuvre de rééducation pour jeunes délinquants. □ Non classé

MURDER AT 1600 **[Meurtre au 1600]** ▷4
É.-U. 1997. Drame policier de Dwight H. LITTLE avec Wesley Snipes, Diane Lane et Alan Alda. - Un détective de la police de Washington mène une enquête sur le meurtre d'une secrétaire survenu à la Maison-Blanche. □ 13 ans+
DVD VF→STF→Cadrage W→8,95 $

MURDER AT THE GALLOP **[Meurtre au galop]** ▷4
ANG. 1963. Comédie policière de George POLLOCK avec Margaret Rutherford, Robert Morley et Flora Robson. - Une vieille demoiselle enquête sur la mort étrange d'un riche vieillard. □ Non classé

MURDER BY DEATH **[Cadavre au dessert, Un]** ▷4
É.-U. 1976. Comédie policière de Robert MOORE avec Peter Falk, David Niven et Peter Sellers. - Un millionnaire excentrique réunit dans son manoir cinq détectives célèbres avec promesse d'un meurtre mystérieux à élucider. □ Général
DVD VA→STA→Cadrage P&S/W→29,95 $

MURDER BY DECREE **[Meurtre par décret]** ▷4
CAN. 1978. Drame policier de Bob CLARK avec James Mason, Christopher Plummer et David Hemmings. - Le détective Sherlock Holmes entreprend de résoudre l'énigme d'un meurtrier mystérieux s'attaquant aux prostituées. □ 13 ans+

MURDER BY NUMBERS **[Meurtre en équation]** ▷5
É.-U. 2002. Drame policier de Barbet SCHROEDER avec Sandra Bullock, Ryan Gosling et Michael Pitt. - Une détective ayant vécu une expérience traumatisante tente de démasquer deux adolescents qui croient avoir commis le meurtre parfait. □ 13 ans+ · Violence
DVD VF→STF→Cadrage P&S→11,95 $

MURDER IN THE FIRST ▷4
[Meurtre avec préméditation]
É.-U. 1994. Drame judiciaire de Mark ROCCO avec Christian Slater, Kevin Bacon et Gary Oldman. - L'avocat d'un prisonnier d'Alcatraz qui est accusé du meurtre d'un codétenu veut prouver que son client a souffert de conditions de détention inhumaines. □ 13 ans+ · Violence
DVD VF→STF→Cadrage P&S/W→11,95 $

MURDER IN THE HEARTLAND ▷4
É.-U. 1993. Drame judiciaire de Robert MARKOWITZ avec Tim Roth, Fairuza Balk et Kate Reid. - En 1958, durant une fugue avec sa petite amie, un jeune délinquant désaxé du Nebraska commet une série de meurtres. □ 16 ans+ · Violence
DVD VA→26,95 $

MURDER ON THE ORIENT EXPRESS ▷4
ANG. 1974. Drame policier de Sidney LUMET avec Albert Finney, Lauren Bacall et Martin Balsam. - Le détective Hercule Poirot enquête sur l'assassinat d'un industriel américain à bord d'un train de luxe.
DVD VF→STA→Cadrage W→9,95 $

MURDER SHE SAID **[Train de 16 h 50, Le]** ▷4
ANG. 1962. Comédie policière de George POLLOCK avec Margaret Rutherford, Arthur Kennedy et James Robertson Justice. - Une vieille demoiselle témoin d'un meurtre décide de mener sa propre enquête. □ Non classé

MURDER, HE SAYS ▷4
É.-U. 1945. Comédie de George MARSHALL avec Fred MacMurray, Helen Walker et Marjorie Main. - Un agent recenseur a des ennuis avec une famille de montagnards. □ Général

MURDER, INC. **[Crime société anonyme]** ▷4
É.-U. 1960. Drame policier de S. ROSENBERG avec Stuart Whitman, May Britt et Peter Falk. - Un jeune homme impliqué dans le monde de la pègre est menacé de mort.
DVD VA→STA→14,95 $

MURDER, MY SWEET ▷3
É.-U. 1946. Drame policier d'Edward DMYTRYK avec Dick Powell, Claire Trevor et Lloyd Nolan. - Après avoir enquêté sur une série de meurtres, un détective est lui-même soupçonné. - Adaptation d'un roman de Raymond Chandler. Excellente analyse de caractères. Réalisation pleine de brio. Interprétation vigoureuse. □ Général
DVD VA→STF→21,95 $

MURDEROUS MAIDS *voir* **Blessures assassines, Les**

MURIEL OU LE TEMPS D'UN RETOUR ►2
FR. ITA. 1962. Drame psychologique d'Alain RESNAIS avec Jean-Pierre Kérien, Delphine Seyrig et Jean-Baptiste Thierrée. - Une femme sent renaître son amour pour un ancien amant qu'elle revoit après une séparation de vingt ans. - Manifestation exemplaire du travail de l'auteur sur le thème de la mémoire. Montage fragmenté. Mise en scène d'un art consommé. Interprètes de grand talent. □ Général

MURIEL'S WEDDING **[Muriel]** ▷4
AUS. 1994. Comédie dramatique de Paul J. HOGAN avec Rachel Griffiths, Toni Collette et Bill Hunter. - Peu appréciée de son entourage, une fille grassouillette qui rêve d'un mariage romantique quitte son bled natal pour aller vivre à Sydney avec une copine. □ Général
DVD VA→Cadrage W→11,95 $

MURPHY'S ROMANCE ▷4
É.-U. 1985. Comédie dramatique de Martin RITT avec Sally Field, James Garner et Brian Kerwin. - Installée avec son jeune fils sur un petit ranch en Arizona, une divorcée se lie d'amitié avec un veuf d'âge mûr. □ Général
DVD VA→STA→Cadrage W→16,95 $

MURPHY'S WAR ▷4
ANG. 1970. Drame de guerre de Peter YATES avec Peter O'Toole, Philippe Noiret et Sian Phillips. - Rescapé d'un torpillage, un matelot anglais entreprend une lutte inégale contre un sous-marin allemand. □ Général
DVD VA→STA→Cadrage W→10,95 $

MUSE, THE ▷4
É.-U. 1999. Comédie réalisée et interprétée par Albert BROOKS avec Sharon Stone et Andie MacDowell. - Un scénariste hollywoodien en manque d'inspiration obtient l'aide d'une femme mystérieuse qui prétend être une muse. □ Général
DVD Cadrage W→21,95 $

MUSÉE DE MARGARET, LE *voir* **Margaret's Museum**

MUSES ORPHELINES, LES ▷4
QUÉ. 2000. Drame psychologique de Robert FAVREAU avec Fanny Mallette, Marina Orsini et Céline Bonnier. - Une jeune femme réunit frère et sœurs dans la maison familiale pour annoncer le retour de leur mère, partie vingt ans plus tôt. □ 13 ans+

MUSIC BOX ▷4
É.-U. 1989. Drame judiciaire de COSTA-GAVRAS avec Jessica Lange, Armin Mueller-Stahl et Frederic Forrest. - Une criminologue réputée défend son père accusé de crimes contre l'humanité commis à la fin de la Deuxième Guerre mondiale. □ Général
DVD VA→18,95 $

MUSIC LOVERS, THE ▷3
ANG. 1970. Drame biographique de Ken RUSSELL avec Richard Chamberlain, Glenda Jackson et Isabella Telezynska. - La vie du célèbre compositeur Tchaïkovski. - Style flamboyant teinté de symbolisme freudien. Images admirablement composées. Spectacle complexe. Excellents comédiens. □ 18 ans+

MUSIC MAN, THE ▷4
É.-U. 1962. Comédie musicale de Morton DA COSTA avec Robert Preston, Shirley Jones et Buddy Hackett. - Un escroc se présente aux habitants d'une petite ville comme un professeur de musique. □ Général
DVD VA→STF→Cadrage W→21,95 $

MUSIC OF THE HEART **[Violons du cœur, Les]** ▷4
É.-U. 1999. Drame biographique de Wes CRAVEN avec Meryl Streep, Angela Bassett et Aidan Quinn. - En 1988, une mère de famille divorcée entreprend d'enseigner le violon à des écoliers d'un quartier défavorisé de New York. □ Général
DVD VF→STA→Cadrage W→18,95 $

MUSIC-HALL *voir* **Bamboozled**

MUSIQUE LA PLUS TRISTE DU MONDE, LA
voir **Saddest Music in the World**

MUSKETEER, THE [Mousquetaire, Le] ▷5
É.-U. 2001. Aventures de Peter HYAMS avec Justin Chambers, Tim Roth et Mena Suvari. - Un jeune aventurier obtient l'aide de trois mousquetaires pour venger la mort de son père. □ Général
DVD VF→STA→Cadrage W→9,95 $

MUSSOLINI AND I ▷5
ITA. 1984. Drame historique d'Alberto NEGRIN avec Anthony Hopkins, Susan Sarandon et Bob Hoskins. - Les tribulations du comte Galeazzo Ciano, gendre du Duce. □ Général
DVD VF→STA→38,95 $

MUST LOVE DOGS [Doit aimer les chiens] ▷5
É.-U. 2005. Comédie sentimentale de Gary David GOLDBERG avec Diane Lane, John Cusack et Dermot Mulroney. - Pressée par sa famille, une enseignante quadragénaire récemment divorcée rencontre par Internet un homme également blessé par une rupture. □ Général
DVD VF→STF→Cadrage W→34,95 $

MUSTANG ▷5
QUÉ. 1975. Comédie dramatique de Marcel LEFEBVRE et Yves GÉLINAS avec Willie Lamothe, Luce Guilbeault et Albert Millaire. - Venu donner un spectacle à un festival western, un chanteur tente d'éclaircir le mystère entourant la mort d'un vieil ami. □ Général

MUTE WITNESS [Témoin muet] ▷4
ANG. 1994. Drame policier d'Anthony WALLER avec Mary Sudina, Fay Ripley et Evan Richards. - Témoin d'un meurtre, une jeune maquilleuse muette est prise en chasse par des tueurs dans un studio de cinéma déserté. □ 16 ans+ · Violence

MUTINY ON THE BOUNTY ▷4
É.-U. 1962. Drame historique de Lewis MILESTONE avec Marlon Brando, Trevor Howard et Richard Harris. - En 1788, au cours d'un voyage dans le Pacifique, la tyrannie du capitaine du Bounty suscite la révolte de l'équipage. □ Général

MUTINY ON THE BOUNTY [Révoltés du Bounty, Les] ▷4
É.-U. 1935. Drame de Frank LLOYD avec Clark Gable, Charles Laughton et Franchot Tone. - En 1788, au cours d'un voyage, la tyrannie du capitaine du Bounty suscite la révolte de l'équipage. □ Général
DVD VF→STF→21,95 $

MY AMERICAN COUSIN [Mon cousin américain] ▷3
CAN. 1985. Comédie dramatique de Sandy WILSON avec Margret Langrick, John Wildman et Richard Donat. - Au début de l'été 1959, une adolescente trouve sa vie ennuyeuse jusqu'au jour où survient son cousin de Californie. - Heureux mélange de gentillesse, de nostalgie et de sens du pittoresque. Rythme dégagé. Touches d'un humour discret. □ Général

MY BEAUTIFUL LAUNDRETTE ▷3
ANG. 1985. Comédie de mœurs de Stephen FREARS avec Gordon Warnecke, Daniel Day-Lewis et Saeed Jaffrey. - Le fils d'un immigrant pakistanais reçoit de son oncle la gérance d'une laverie automatique en quartier populaire. - Description insolite du vécu des immigrés en Angleterre. Variations psychologiques et sentimentales originales. Mise en scène vive et colorée. Interprétation convaincante. □ 13 ans+
DVD VA→STA→Cadrage W→22,95 $

MY BEST FIEND *voir* **Mon ennemi intime**

MY BEST FRIEND'S WEDDING ▷4
[Mariage de mon meilleur ami, Le]
É.-U. 1997. Comédie sentimentale de Paul J. HOGAN avec Julia Roberts, Dermot Mulroney et Cameron Diaz. - Une jeune femme tente de faire échouer le projet de mariage entre une riche héritière et un ami qu'elle aime secrètement. □ Général
DVD Cadrage W→33,95 $

MY BLUE HEAVEN ▷5
É.-U. 1950. Comédie musicale de H. KOSTER avec Betty Grable, Dan Dailey et David Wayne. - Après un accident, une jeune femme adopte deux bébés pour apprendre peu après qu'elle est enceinte.
DVD VA→STA→18,95 $

MY BLUE HEAVEN [Mon coin de paradis] ▷4
É.-U. 1990. Comédie policière de Herbert ROSS avec Steve Martin, Rick Moranis et Joan Cusack. - Placé sous la protection d'un policier, un mafioso qui doit témoigner contre un chef de la pègre s'engage en toute impunité dans divers délits. □ Général
DVD VF→7,95 $

MY BRILLIANT CAREER ▷3
AUS. 1979. Comédie dramatique de Gillian ARMSTRONG avec Judy Davis, Sam Neill et Wendy Hughes. - Les premières expériences de vie d'une adolescente désireuse de faire une carrière littéraire. - Récit d'esprit féministe. Mise en scène habile. Évocation d'époque précise et pittoresque. Interprétation spontanée de J. Davis.
DVD VA→Cadrage W→39,95 $

MY COUSIN VINNY [Mon cousin Vinny] ▷4
É.-U. 1992. Comédie de Jonathan LYNN avec Joe Pesci, Marisa Tomei et Ralph Macchio. - Deux jeunes collégiens accusés injustement de meurtre sont défendus par un avocat farfelu et sans expérience. □ Général
DVD Cadrage W→14,95 $

MY CRAZY LIFE [Mi vida loca] ▷5
É.-U. 1993. Drame de mœurs d'Allison ANDERS avec Angel Aviles, Seidy Lopez et Marlo Marron. - Deux jeune femmes qui ont eu chacune un enfant du même homme oublient leurs rivalités et décident de s'entraider quand le père est assassiné. □ Général

MY DARLING CLEMENTINE ►1
[Poursuite infernale, La]
É.-U. 1946. Western de John FORD avec Henry Fonda, Linda Darnell et Victor Mature. - Le shérif Wyatt Earp et ses frères affrontent un clan rival en Arizona. - Évocation épique d'un fait authentique. Progression dramatique basée sur l'évolution psychologique des personnages. Photographie de grande qualité. Interprétation sobre et puissante. □ Général
DVD VF→STA→15,95 $

MY DINNER WITH ANDRÉ ▷3
É.-U. 1981. Comédie de mœurs de Louis MALLE avec Wallace Shawn, Andre Gregory et Jean Leneuer. - Un dîner au restaurant est l'occasion d'un long échange entre deux amis qui se sont perdus de vue depuis quelques années. - Expérience intéressante fondée sur l'art de la conversation. Réalisation adroite. Interprétation naturelle.

MY DOG SKIP [Mon chien Skip] ▷4
É.-U. 2000. Chronique de Jay RUSSELL avec Frankie Muniz, Diane Lane et Kevin Bacon. - Au début des années 1940, dans un village au Mississippi, un gamin de huit ans et son chien vivent toutes sortes d'aventures.
DVD VF→STF→Cadrage W→21,95 $

MY FAIR LADY ►2
É.-U. 1964. Comédie musicale de George CUKOR avec Rex Harrison, Audrey Hepburn et Wilfrid Hyde-White. - Un expert en phonétique fait le pari de transformer en grande dame une vendeuse de fleurs au langage populacier. - Fine psychologie. Mise en scène magistrale. Musique agréable. Interprétation remarquable. □ Général
DVD VF→STF→Cadrage W→21,95 $
VA→STF→Cadrage W→29,95 $

MY FAMILY [Rêves de famille] ▷4
É.-U. 1995. Chronique de Gregory NAVA avec Jimmy Smits, Esai Morales et Eduardo Lopez Rojas. - Deux jeunes Mexicains immigrés en Californie au début des années 1920 fondent une famille qui traversera diverses épreuves au fil des ans. □ Général
DVD VF→STA→Cadrage 16X9→21,95 $

MY FATHER IS A HERO
H.K. 1995. Yuen KWAI □ Général
DVD STA→Cadrage W→79,95 $

MY FATHER THE HERO **[Mon père ce héros]** ▷4
É.-U. 1994. Comédie de mœurs de Steve MINER avec Gérard Depardieu, Katherine Heigl et Dalton James. - Une adolescente fait passer son père pour son amant afin d'impressionner un garçon qui lui plaît. □ Général
DVD VA→Cadrage W→9,95 $

MY FATHER'S GLORY *voir* **Gloire de mon père, La**

MY FAVORITE BRUNETTE ▷5
É.-U. 1947. Comédie policière d'E. NUGENT avec Bob Hope, Dorothy Lamour et Peter Lorre. - Les bévues d'un détective amateur à la poursuite de gangsters.
DVD VA→7,95 $

MY FAVORITE SEASON *voir* **Ma saison préférée**

MY FAVORITE WIFE **[Mon épouse favorite]** ▷3
É.-U. 1940. Comédie de Garson KANIN avec Irene Dunne, Cary Grant et Randolph Scott. - Le jour de son remariage, un homme voit reparaître son ancienne épouse qu'il croyait morte. - Comédie menée bon train. Situations inventives. Dialogue vif. Interprètes rompus au genre.
DVD VA→STF→21,95 $

MY FAVORITE YEAR ▷4
É.-U. 1982. Comédie de Richard BENJAMIN avec Peter O'Toole, Mark Linn-Baker et Jessica Harper. - Un jeune gagman est chargé de veiller à ce qu'un acteur célèbre mais alcoolique se présente indemne à une émission de télévision. □ Général
DVD VF→STF→Cadrage W→8,95 $

MY FIRST MISTER ▷5
É.-U. 2001. Comédie dramatique de Christine LAHTI avec Leelee Sobieski, Albert Brooks et Carol Kane. - Une adolescente marginale et mal dans sa peau se lie d'amitié avec son patron, un quinquagénaire taciturne. □ 13 ans+
DVD VA→STA→Cadrage W→10,95 $

MY FOOLISH HEART ▷4
É.-U. 1949. Drame de mœurs de Mark ROBSON avec Susan Hayward, Dana Andrews et Kent Smith. - Se découvrant enceinte, une étudiante manœuvre pour se faire épouser par le fiancé d'une amie. □ Général

MY GIANT ▷5
É.-U. 1998. Comédie de Michael LEHMANN avec Billy Crystal, Kathleen Quinlan et Gheorghe Muresan. - Un impresario compte sur son nouveau protégé, un jeune homme de très grande taille, pour relancer sa carrière qui périclite.
DVD VA→STF→Cadrage W→7,95 $

MY GIRL **[Été des mes 11 ans, L']** ▷5
É.-U. 1991. Comédie dramatique d'Howard ZIEFF avec Anna Chlumsky, Dan Aykroyd et Jamie Lee Curtis. - Une fillette hypocondriaque accepte difficilement que son père embaumeur se remarie avec la maquilleuse qui travaille pour lui. □ Général

MY HOUSE IN UMBRIA **[Ma maison en Ombrie]** ▷4
ANG. 2003. Drame de Richard LONCRAINE avec Maggie Smith, Chris Cooper et Emmy Clarke. - Quatre personnes blessées lors d'un attentat terroriste se rapprochent les unes des autres durant leur convalescence dans une villa italienne. □ Général
DVD VF→STF→11,95 $

MY LEFT FOOT ▷3
ANG. 1989. Drame biographique de Jim SHERIDAN avec Daniel Day-Lewis, Ray McAnally et Brenda Fricker. - Évocation de la vie d'un peintre écrivain victime de paralysie cérébrale qui n'a de contrôle que sur son pied gauche. - Thème touchant et profondément humain habilement traité. Style rude et sans concession. Construction classique. Interprétation remarquable de D. Day-Lewis. □ Général

MY LIFE **[Ma vie]** ▷4
É.-U. 1993. Drame psychologique de Bruce Joel RUBIN avec Michael Keaton, Nicole Kidman et Bradley Whitford. - Atteint d'un cancer, un homme espère vivre assez longtemps pour assister à la naissance du bébé que porte sa femme. □ Général

MY LIFE AND TIMES WITH ANTONIN ARTAUD / THE TRUE STORY OF ARTAUD AND MOMO
voir **En compagnie d'Antonin Artaud**

MY LIFE AS A DOG *voir* **Ma vie de chien**

MY LIFE IN PINK *voir* **Ma vie en rose**

MY LIFE SO FAR **[Petit monde de Fraser, Le]** ▷4
É.-U. 1999. Comédie dramatique de Hugh HUDSON avec Colin Firth, Robert Norman et Irène Jacob. - À la fin des années 1920 dans un domaine écossais, un inventeur excentrique s'éprend de la fiancée de son beau-frère. □ Général
DVD VA→Cadrage W→11,95 $

MY LIFE TO LIVE *voir* **Vivre sa vie**

MY LIFE WITHOUT ME ▷4
CAN. 2003. Drame psychologique d'Isabel COIXET avec Sarah Polley, Mark Ruffalo et Deborah Harry. - Apprenant qu'elle est atteinte d'un cancer incurable, une jeune mère de famille dresse la liste des choses qu'elle veut accomplir avant de mourir. □ Général
DVD VF→STA→Cadrage W/16X9→16,95 $

MY LITTLE CHICKADEE ▷4
É.-U. 1940. Comédie d'Edward CLINE avec Mae West, W.C. Fields et Joseph Calleia. - Une aventurière se rend dans l'Ouest pour y tenter fortune. □ Général

MY LITTLE EYE **[Œil témoin, L']** ▷4
ANG. 2002. Drame d'horreur de Marc EVANS avec Jennifer Sky, Sean Cw Johnson et Kris Lemche. - Dans une ferme isolée, cinq jeunes participant à un projet de télé-réalité vivent des expériences terrifiantes.
DVD VA→STF→Cadrage W/16X9→22,95 $

MY MAN GODFREY ▷3
É.-U. 1936. Comédie de Gregory LA CAVA avec William Powell, Carole Lombard et Eugene Pallette. - Les aventures d'un clochard que deux jeunes filles ont recueilli et installé chez elles comme maître d'hôtel. - Classique de la comédie d'avant-guerre. Réalisation alerte et soignée. □ Général
DVD VA→STA→Cadrage P&S→62,95 $ VA→9,95 $

MY MAN GODFREY ▷4
É.-U. 1957. Comédie d'Henry KOSTER avec June Allyson, David Niven et Martha Hyer. - Une famille fantaisiste recueille un pauvre hère qui devient un serviteur précieux. □ Général

MY MOTHER'S CASTLE *voir* **Château de ma mère, Le**

MY NAME IS BILL W. ▷4
É.-U. 1989. Drame de Daniel PETRIE avec James Woods, JoBeth Williams et James Garner. - Grâce aux encouragements de sa femme et de ses amis, un jeune courtier alcoolique entreprend de lutter contre son vice. □ Général
DVD VA→STF→21,95 $

MY NAME IS IVAN *voir* **Enfance d'Ivan, L'**

MY NAME IS JOE **[Mon nom est Joe]** ▷4
ANG. 1998. Drame de mœurs de Ken LOACH avec Peter Mullan, Louise Goodall et David McKay. - Un ex-alcoolique en chômage s'éprend d'une assistante sociale qui mène une vie calme et rangée. □ 13 ans+

MY NAME IS MODESTY
É.-U. 2003. Scott SPIEGEL
DVD VA→14,95 $

MY NAME IS NOBODY **[Mon nom est Personne]** ▷4
ITA. 1973. Western de Tonino VALERII avec Henry Fonda, Terence Hill et Jean Martin. - Un pistolero célèbre est aux prises avec les manigances d'un admirateur. □ Général
DVD VA→22,95 $

MY NEW GUN
É.-U. 1992. Stacy COCHRAN
DVD VA→STA→Cadrage W→17,95 $

MY NIGHT AT MAUD'S *voir* **Ma nuit chez Maud**

MY OWN PRIVATE IDAHO [Idaho] ▷3
É.-U. 1991. Drame social de Gus VAN SANT avec River Phoenix, Keanu Reeves et William Richert. - Un jeune prostitué qui souffre de narcolepsie se lie d'amitié avec le fils rebelle du maire de la ville. - Exercice de style original sur le thème de la marginalité. Milieu décrit de manière à la fois réaliste et stylisée. Réalisation inventive. Interprètes bien dirigés. □ 13 ans+
DVD VA→STA→Cadrage W→22,95 $

MY SEX LIFE (OR HOW I GOT INTO AN ARGUMENT)
voir **Comment je me suis disputé... (ma vie sexuelle)**

MY SISTER EILEEN [Ma sœur est du tonnerre] ▷4
É.-U. 1955. Comédie musicale de Richard QUINE avec Janet Leigh, Betty Garrett et Jack Lemmon. - Deux sœurs vont chercher fortune à New York. □ Général
DVD VA→10,95 $

MY SON THE FANATIC [Mon fils est fanatique] ▷4
ALL. 1997. Comédie de mœurs d'Udayan PRASAD avec Om Puri, Rachel Griffiths et Stellan Skarsgard. - En Angleterre, un chauffeur de taxi pakistanais, dont le fils est devenu un intégriste religieux, se réfugie dans les bras d'une prostituée. □ 13 ans+
DVD VA→Cadrage W→11,95 $

MY STEPMOTHER IS AN ALIEN ▷4
[Ma belle-mère est une extraterrestre]
É.-U. 1988. Comédie fantaisiste de Richard BENJAMIN avec Kim Basinger, Dan Aykroyd et Alyson Hannigan. - Une belle extraterrestre, venue sur Terre pour sauver sa planète lointaine, épouse un savant candide. □ Général

MY SUMMER OF LOVE [Mon été d'amour] ▷3
ANG. 2004. Drame de mœurs de Pawel PAWLIKOWSKI avec Natalie Press, Emily Blunt et Paddy Considine. - Durant leurs vacances d'été, deux adolescentes issues de milieux différents vivent une troublante histoire d'amour. - Adaptation libre d'un roman de Helen Cross. Fine étude de caractères. Atmosphère langoureuse. Réalisation et photographie soignées. Excellents interprètes. □ 13 ans+
DVD VA→STF→Cadrage W→31,95 $

MY SWEET LITTLE VILLAGE *voir* **Mon cher petit village**

MY TWENTIETH CENTURY *voir* **Mon XXe siècle**

MY WIFE IS AN ACTRESS
voir **Ma femme est une actrice**

MY WIFE MAURICE *voir* **Ma femme... s'appelle Maurice**

MYSTÈRE ALEXINA, LE ▷4
FR. 1985. Drame psychologique de René FERET avec Philippe Vuillemin, Valérie Stroh et Véronique Silver. - Au XIXe siècle, les tribulations d'un garçon qu'on a élevé comme une fille.

MYSTÈRE CHEZ LES VIKINGS ▷4
ISL. 1984. Aventures de Hrafn GUNNLAUGSSON avec Jacob Thor Einarsson, Edda Bjorgvinsdottir et Helgi Skulasson. - Un Irlandais se rend en Islande pourchasser les pillards vikings qui ont tué ses parents et enlevé sa sœur lorsqu'il était enfant.

MYSTÈRE DE LA CHAMBRE JAUNE, LE ▷4
FR. 2003. Comédie policière de Bruno PODALYDÈS avec Denis Podalydès, Jean-Noël Brouté et Pierre Arditi. - Dans les années 1920, un reporter et un photographe tentent d'élucider le mystère entourant une tentative d'assassinat contre la fille d'un savant. □ Général
DVD VF→29,95 $

MYSTÈRE DES DOUZE CHAISES, LE
voir **Twelve Chairs, The**

MYSTÈRE SILKWOOD, LE *voir* **Silkwood**

MYSTÈRE VON BULOW, LE *voir* **Reversal of Fortune**

MYSTÈRES DE L'OUEST, LES *voir* **Wild Wild West**

MYSTÉRIEUSE MADEMOISELLE C., LA ▷4
QUÉ. 2002. Comédie fantaisiste de Richard CIUPKA avec Marie-Chantal Perron, Gildor Roy et Ève Lemieux. - Une suppléante excentrique redonne le goût d'apprendre à une classe d'élèves de sixième année peu motivés. □ Général
DVD VF→17,95 $ VF→Cadrage W→28,95 $

MYSTERIOUS HOUSE OF USHER, THE
voir **Fall of the House of Usher, The**

MYSTERIOUS ISLAND [Île mystérieuse, L'] ▷4
ANG. 1961. Aventures de Cy ENDFIELD avec Michael Craig, Joan Greenwood et Michael Callan. - Un personnage mystérieux vient en aide à des naufragés dans une île déserte. □ Général
DVD VA→STF→22,95 $

MYSTERIOUS SKIN ▷3
É.-U. 2005. Drame de mœurs de Gregg ARAKI avec Joseph-Gordon Levitt, Brady Corbet et Jeff Licon. - Deux jeunes adultes, l'un prostitué et l'autre persuadé d'avoir déjà été kidnappé par des extraterrestres, sont liés par un troublant secret d'enfance. - Thème de la pédophilie traité par le biais d'un portrait incisif et pénétrant de marginaux. Mélange percutant de sensibilité et de cynisme. Humour acidulé. Réalisation expressive. Interprétation excellente.

MYSTERY OF CHARLES DICKENS, THE
ANG. 2002. Patrick GARLAND
DVD VA→PC

MYSTERY OF EDWIN DROOD, THE ▷4
É.-U. 1935. Drame policier de Stuart WALKER avec Claude Rains, Heather Angel et Douglass Montgomery. - Un homme apparemment respectable est l'auteur de sombres forfaits. □ Général

MYSTERY OF RAMPO, THE ▷4
JAP. 1994. Drame fantastique de Kazuyoshi OKUYAMA avec Naoto Takenaka, Masahiro Motoki et Michiko Hada. - Un écrivain est intrigué par une femme accusée d'avoir asphyxié son mari de la même manière que l'héroïne de son dernier roman. □ 13 ans+
DVD STA→Cadrage W→26,95 $

MYSTERY TRAIN ▷4
É.-U. 1989. Film à sketches de Jim JARMUSCH avec Youki Kudoh, Masatoshi Nagase et Nicoletta Braschi. - À Memphis, deux jeunes Japonais sur les traces d'Elvis Presley passent la nuit dans un hôtel miteux où séjournent une Italienne et trois loubards. □ Général
DVD VA→STF→Cadrage W→11,95 $

MYSTERY, ALASKA ▷5
É.-U. 1999. Drame sportif de Jay ROACH avec Russell Crowe, Mary McCormack et Burt Reynold. - L'équipe de hockey de la petite ville de Mystery en Alaska doit affronter les Rangers de New York.
DVD VA→Cadrage W→13,95 $

MYSTIC PIZZA ▷4
É.-U. 1988. Comédie dramatique de Donald PETRIE avec Julia Roberts, Annabeth Gish et Adam Storke. - Les tribulations sentimentales de deux sœurs au tempérament différent qui travaillent dans une pizzeria d'une petite ville. □ Général

MYSTIC RIVER ►2
É.-U. 2003. Drame policier de Clint EASTWOOD avec Sean Penn, Tim Robbins et Kevin Bacon. - Trois amis d'enfance issus d'un quartier ouvrier irlandais de Boston se retrouvent 25 ans plus tard, à la suite du meurtre de la fille de l'un d'entre eux. -Adaptation prenante du roman de Dennis Lehane. Récit intelligemment développé. Méditation profonde sur le désir de vengeance. Mise en scène dépouillée et précise. Interprétation remarquable. □ 13 ans+
DVD VF→Cadrage W→8,95 $ VF→STF→Cadrage W→46,95 $

MYTH OF THE FINGERPRINTS, THE [Désillusions] ▷4
É.-U. 1996. Drame psychologique de Bart FREUNDLICH avec Noah Wyle, Julianne Moore et Blythe Danner. - Un jeune homme retrouve sa famille après trois ans d'absence et renoue avec une ancienne flamme qui l'avait abandonné. □ Non classé

N

N'IMPORTE OÙ SAUF ICI *voir* **Anywhere But Here**

N'OUBLIE PAS QUE TU VAS MOURIR ▷**4**
FR. 1995. Drame psychologique réalisé et interprété par Xavier BEAUVOIS avec Chiara Mastroianni et Roschdy Zem. - En apprenant qu'il est séropositif, un jeune étudiant se lance dans une série d'expériences extrêmes. □ 16 ans+ · Érotisme

NADA ▷**3**
FR. 1974. Drame policier de Claude CHABROL avec Michel Aumont, Fabio Testi, Mariangela Melato et Maurice Garrel. - Des anarchistes enlèvent l'ambassadeur américain à Paris et le séquestrent dans une ferme abandonnée. - Histoire fertile en péripéties. Action menée avec brio. Traitement ironique. Personnages campés avec précision. □ 18 ans+

NADIA
ISR. 1987. Amnon RUBINSTEIN □ Général

NADINE ▷**4**
É.-U. 1987. Comédie policière de Robert BENTON avec Jeff Bridges, Kim Basinger et Rip Torn. - En voulant récupérer des photos compromettantes, une jeune femme et son ex-mari ont maille à partir avec un homme d'affaires véreux. □ Général
DVD VF→STF→Cadrage W→22,95 $

NADJA ▷**4**
É.-U. 1994. Drame fantastique de Michael ALMEREYDA avec Suzy Amis, Galaxy Craze et Martin Donovan. - À New York, de nos jours, la fille de Dracula tente de séduire une jeune femme dont le beau-père est un chasseur de vampires. □ 13 ans+

NAISSANCE, LA *voir* **Birth**

NAISSANCE D'UNE NATION, LA
voir **Birth of a Nation, The**

NAKED [Histoire de Johnny, L'] ▷**3**
ANG. 1993. Drame de mœurs de Mike LEIGH avec David Thewlis, Lesley Sharp et Katrin Cartlidge. - Les tribulations d'un jeune marginal de Manchester qui s'en va retrouver son ancienne compagne à Londres. - Mélange de pathétique et de comique. Humour vif et railleur. Étude de caractères incisive. Ensemble réalisé avec énormément d'énergie brute. Interprétation remarquable. □ 16 ans+ · Langage vulgaire

NAKED [Défi, Le] ▷**5**
ALL. 2002. Comédie de mœurs de Doris DÖRRIE avec Jürgen Vogel, Benno Fürmann et Heike Makatsch. - Lors d'un souper, trois couples de classes sociales différentes se remettent ouvertement en question. □ Général
DVD STF→29,95 $

NAKED CITY, THE ▷**3**
É.-U. 1947. Drame policier de Jules DASSIN avec Barry Fitzgerald, Howard Duff et Dorothy Hart. - Une enquête policière dans le cadre des rues de New York. - Classique du film noir américain. Mise en scène fort adroite. Personnages bien campés. □ Général

NAKED CIVIL SERVANT, THE ▷**4**
ANG. 1976. Drame psychologique de Jack GOLD avec John Hurt, Patricia Hodge et Colin Higgins. - Dans les années 1930, un homosexuel décide de s'afficher comme tel en dépit des attaques de la société où il vit. □ Non classé

NAKED GUN, THE [Agent fait la farce, L'] ▷**4**
É.-U. 1988. Comédie de David ZUCKER avec Leslie Nielsen, Ricardo Montalban et Priscilla Presley. - Démis de ses fonctions, un policier maladroit mais têtu lutte seul pour empêcher l'assassinat de la reine Élisabeth de passage aux États-Unis. □ Général
DVD VF→STA→Cadrage W→9,95 $

NAKED GUN 2 1/2: THE SMELL OF FEAR, THE ▷**5**
[Agent fait la farce 2 1/2: l'odeur de la peur, L']
É.-U. 1991. Comédie policière de David ZUCKER avec Leslie Nielsen, Priscilla Presley et George Kennedy. - Un policier gaffeur découvre qu'un célèbre savant connu pour ses positions écologiques a été remplacé par un sosie à la solde des industries polluantes. □ Général

NAKED GUN 33 1/3: THE FINAL INSULT, THE ▷**5**
[Agent fait la farce 33 1/3: l'insulte finale, L']
É.-U. 1994. Comédie policière de Peter SEGAL avec Leslie Nielsen, Priscilla Presley et George Kennedy. - Un inspecteur de police gaffeur tente d'empêcher un criminel de commettre un attentat durant la cérémonie des Oscars. □ Général
DVD VF→STA→Cadrage W→9,95 $

NAKED IN NEW YORK ▷**5**
É.-U. 1994. Comédie dramatique de Dan ALGRANT avec Eric Stoltz, Mary Louise Parker et Ralph Macchio. - Les tribulations sentimentales et professionnelles d'un jeune dramaturge qui se rend à New York dans l'espoir d'y monter sa pièce. □ 13 ans+
DVD VA→23,95 $

NAKED JUNGLE, THE ▷**4**
[Quand la marabunta gronde]
É.-U. 1953. Aventures de Byron HASKIN avec Charlton Heston, Eleanor Parker et Abraham Sofaer. - Le propriétaire d'un riche domaine d'Amérique du Sud doit faire face à une invasion de fourmis. □ Général
DVD VA→STA→10,95 $

NAKED LUNCH [Festin nu, Le] ▷**4**
CAN. 1991. Drame fantastique de David CRONENBERG avec Peter Weller, Judy Davis et Ian Holm. - Après avoir accidentellement tué sa femme, un exterminateur se réfugie dans un étrange pays imaginaire peuplé de créatures bizarres. □ 18 ans+
DVD VA→STA→Cadrage W→59,95 $
VF→STF→Cadrage W→23,95 $

NAKED MAJA, THE [Maja nue, La] ▷**5**
É.-U. 1959. Drame biographique de Henry KOSTER avec Anthony Franciosa, Ava Gardner et Gino Cervi. - Le peintre Goya s'éprend d'une duchesse dont il s'inspire pour ses œuvres. □ Général

NAKED POISON
H.K. 2000. Man Kei CHIN
DVD STA→24,95 $

NAKED PREY, THE [Proie nue, La] ▷**4**
É.-U. 1964. Aventures réalisées et interprétées par Cornel WILDE avec Ken Gampu et Gert Van Der Berg. - En Afrique, un chasseur blanc est poursuivi dans la brousse par des indigènes.

NAKED SPUR, THE [Appât, L'] ▷**3**
É.-U. 1952. Western d'Anthony MANN avec James Stewart, Robert Ryan et Janet Leigh. - Une forte récompense est offerte pour la capture d'un tueur réfugié dans la montagne avec une orpheline. - Récit vigoureux et attachant. Paysages admirables. Forte interprétation. □ Général

NAKED WEAPON
H.K. 2002. Siu-Tung CHING
DVD VA→STA→Cadrage W→24,95 $

NAKED WORLD
É.-U. 2003. Arlene DONNELLY NELSON
DVD VA→STA→27,95 $

NAME OF THE ROSE, THE [Nom de la rose, Le] ▷3
ALL. 1986. Thriller de Jean-Jacques ANNAUD avec Sean Connery, Christian Slater et F. Murray Abraham. - En 1327, lors d'une importante réunion ecclésiastique dans un monastère, un moine enquête sur diverses morts étranges. - Adaptation fort réussie d'un roman d'Umberto Eco. Intrigue policière dans un contexte inusité. Utilisation inventive des décors. Rythme soutenu. Jeu intelligent de S. Connery. □ 13 ans+
DVD VA→STF→Cadrage W→9,95 $

NAMELESS, THE
ESP. 1999. Jaume BALAGUERO
DVD VA→STA→Cadrage W→34,95 $

NANAS, LES ▷4
FR. 1984. Comédie satirique d'Annick LANOË avec Marie-France Pisier, Clémentine Célarié et Dominique Lavanant. - Plaquée par son amant, une femme cherche réconfort auprès de ses amies. □ Général

NANG NAK
THAÏ. 1999. Nonzee NIMIBUTR
DVD STA→Cadrage W→24,95 $

NANNY, THE ▷5
ANG. 1965. Drame de Seth HOLT avec Bette Davis, Wendy Craig, Pamela Franklin et William Dix. - Un jeune garçon qui a subi un traitement psychiatrique prétend que sa gouvernante veut le tuer. □ Général

NANNY, THE
ITA. 1999. Marco BELLOCCHIO
DVD STA→Cadrage W→36,95 $

NANNY MCPHEE [Nounou McPhee] ▷4
ANG. 2005. Comédie fantaisiste de Kirk JONES avec Colin Firth, Emma Thompson et Thomas Sangster. - Une gouvernante hideuse aux pouvoirs surnaturels vient en aide à un veuf aux prises avec sept enfants indisciplinés. □ Général
DVD VF→STA→Cadrage W→34,95 $

NAPOLÉON ►1
FR. 1927. Drame historique d'Abel GANCE avec Albert Dieudonné, Antonin Artaud et Gina Manès. - Quelques étapes de la vie de Napoléon Bonaparte. - Version restaurée par un historien anglais en 1980. Style tempétueux. Souffle épique indéniable. Montage très adroit. Interprétation stylisée. □ Général

NAPOLÉON ▷4
FR. 1954. Drame historique de Sacha GUITRY avec Daniel Gélin, Raymond Pellegrin et Michèle Morgan. - Quelques moments de la vie de Napoléon. □ Général

NAPOLÉON [Napoleon] ▷4
FR. 2002. Drame historique d'Yves SIMONEAU avec Christian Clavier, Isabella Rossellini et Gérard Depardieu. - La vie de Napoléon Bonaparte, depuis le Directoire jusqu'à sa mort.
DVD VF→31,95 $ VA→STF→31,95 $

NAPOLEON AND SAMANTHA ▷5
É.-U. 1972. Comédie dramatique de B. McEVEETY avec Johnny Whitaker, Jodie Foster et Michael Douglas. - Après la mort de son grand-père, un orphelin part avec un lion inoffensif et une compagne de jeu à travers les montagnes.
DVD VF→STF→Cadrage W→21,95 $

NAPOLEON DYNAMITE ▷5
É.-U. 2004. Comédie de mœurs de Jared HESS avec Jon Heder, Jon Gries et Tina Majorino. - Dans un patelin de l'Idaho, un élève du secondaire excentrique et impopulaire aide son nouvel ami mexicain à devenir président de sa classe. □ Général
DVD VA→STF→Cadrage W→36,95 $
VA→STA→Cadrage W→34,95 $

NARAYAMA BUSHI-KO ▷3
JAP. 1957. Drame de Keisuke KINOSHITA avec Kinuro Tanaka, Teiji Takahashi et Yuko Machizuki. - Une vieille femme se préoccupe de trouver une épouse à son fils veuf avant de mourir. - Curieux style théâtral. Rappel de vieilles coutumes japonaises. □ Général

NARC [Narco] ▷4
É.-U. 2002. Drame policier de Joe CARNAHAN avec Jason Patric, Ray Liotta et Krista Bridges. - À Detroit, un policier de l'escouade des narcotiques fait équipe avec un collègue belliqueux pour enquêter sur la mort d'un agent double. □ 13 ans+ · Langage vulgaire · Violence
DVD VF→STA→Cadrage W→12,95 $

NARCISSE NOIR, LE *voir* **Black Narcissus**

NARCO *voir* **Narc**

NARCOTIC
É.-U. 1933. Dwain ESPER □ Non classé

NARGESS
IRAN 1992. Rakhshan BANI-ETEMAD □ Général

NARROW MARGIN, THE ▷4
É.-U. 1952. Drame policier de Richard FLEISCHER avec Jacqueline White, Charles McGraw et Marie Windsor. - Des gangsters tentent d'empêcher la veuve d'un des leurs de témoigner en justice. □ Général
DVD VA→STF→21,95 $

NASHEEM *voir* **Femmes**

NASHVILLE ►1
É.-U. 1975. Étude de mœurs de Robert ALTMAN avec Ronee Blakley, Henry Gibson et Geraldine Chaplin. - Divers incidents se produisent dans la capitale de la musique country à l'occasion de l'organisation d'une réunion politique. - Œuvre clef de l'auteur. Construction narrative riche et audacieuse. Mise en scène fort inventive. Ensemble solide et coloré. Interprétation naturelle. □ 13 ans+
DVD VA→STA→Cadrage W→10,95 $

NASSER ASPHALT [Wet Asphalt]
ALL. 1958. Frank WISBAR
DVD VA→16,95 $

NASTY GIRL, THE ▷3
ALL. 1989. Comédie satirique de Michael VERHOEVEN avec Lena Stolze, Robert Giggenbach, Monika Baumgartner et Hans-Reinhard Müller. - Une écolière qui participe à un concours de dissertation choisit d'écrire sur le comportement de ses concitoyens durant la période nazie. - Évocation ironique de l'occultation faite en Allemagne du nazisme. Effets de mise en scène insolites. Vivacité de la vedette. □ Général

NASTY HABITS ▷5
ANG. 1976. Comédie satirique de M. LINDSAY-HOGG avec Glenda Jackson, Sandy Dennis et Geraldine Page. - Dans un couvent de Philadelphie, une religieuse, qui convoite le poste d'abbesse, utilise des moyens détournés pour contrer les menées de sa principale rivale.
DVD VA→16,95 $

NATHALIE ▷5
FR. 2003. Drame de mœurs d'Anne FONTAINE avec Fanny Ardant, Emmanuelle Béart et Gérard Depardieu. - Une gynécologue engage une prostituée de luxe qui devra séduire son mari infidèle et lui raconter ensuite leurs ébats. □ 13 ans+
DVD VF→STA→Cadrage W/16X9→16,95 $

NATION SECRÈTE *voir* **Secret Nation**

NATIONAL LAMPOON'S ANIMAL HOUSE ▷5
É.-U. 1978. Comédie satirique de John LANDIS avec John Belushi, Tim Matheson et John Vernon. - Un directeur de collège cherche un moyen pour expulser un groupe d'élèves indisciplinés et débraillés. □ 18 ans+
DVD VA→STF→Cadrage W→23,95 $

NATIONAL LAMPOON'S MOVIE MADNESS
É.-U. 1982. Henry JAGLOM et Bob GIRALDI
DVD VA→STF→11,95 $

NATIONAL LAMPOON'S VACATION ▷5
[Bonjour les vacances]
É.-U. 1983. Comédie de Harold RAMIS avec Chevy Chase, Beverly d'Angelo et Anthony Michael Hall. - Les tribulations d'une famille de Chicago en route pour la Californie.
DVD VA→STF→Cadrage P&S→19,95 $

NATIONAL LAMPOON'S EUROPEAN VACATION ▷5
[Bonjour les vacances II]
É.-U. 1985. Comédie d'Amy HECKERLING avec Chevy Chase, Beverly D'Angelo et Jason Lively. - Les tribulations d'une famille qui a gagné un voyage de deux semaines en Europe.
DVD VA→STA→Cadrage W→24,95 $

NATIONAL LAMPOON'S CHRISTMAS VACATION ▷5
É.-U. 1989. Comédie de Jeremiah S. CHECHIK avec Chevy Chase, Beverly D'Angelo et Randy Quaid. - Divers incidents surviennent lorsqu'un homme décide de faire vivre à sa famille un vrai Noël à l'ancienne. □ 13 ans+
DVD VF→STF→Cadrage W→21,95 $

NATIONAL TREASURE [Trésor national] ▷5
É.-U. 2004. Aventures de Jon TURTELTAUB avec Nicolas Cage, Diane Kruger et Justin Bartha. - Un aventurier tente de contrecarrer les plans d'un associé malhonnête qui cherche à dérober le trésor mythique des Templiers. □ Général
DVD VA→Cadrage W→36,95 $

NATIONAL VELVET ▷4
É.-U. 1944. Comédie dramatique de Clarence BROWN avec Mickey Rooney, Elizabeth Taylor et Donald Crisp. - Une fillette gagne un cheval dans une loterie et le mène à la victoire dans une course importante. □ Général
DVD VF→STF→7,95 $

NATIONALE 7 ▷3
FR. 2000. Comédie de mœurs de Jean-Pierre SINAPI avec Nadia Kaci et Olivier Gourmet. - Un foyer pour handicapés moteur est mis sens dessus dessous lorsqu'un patient myopathe réclame le droit à l'amour physique. - Récit humaniste inspiré de faits réels. Sujet fort délicat traité avec un humour plein de doigté. Réalisation adroite et vivante. Interprétation très convaincante. □ 16 ans+

NATIVE SON
ARG. 1950. Pierre CHENAL □ Général

NATTY GANN *voir* **Journey of Natty Gann, The**

NATURAL, THE [Meilleur, Le] ▷4
É.-U. 1984. Drame sportif de Barry LEVINSON avec Robert Redford, Robert Duvall et Wilford Brimley. - Dévié d'une carrière prometteuse par un attentat, un joueur de baseball revient au jeu seize ans plus tard. □ Général
DVD Cadrage W→17,95 $

NATURAL BORN KILLERS ▷4
[Meurtre dans le sang, Le]
É.-U. 1994. Drame social d'Oliver STONE avec Woody Harrelson, Juliette Lewis et Robert Downey Jr. - Les tribulations d'un jeune couple de tueurs dont les exploits sanglants obtiennent une large couverture médiatique. □ 18 ans+ · Violence
DVD VA→STF→Cadrage W→12,95 $ VA→Cadrage W→16,95 $

NATURAL CITY
COR. 2003. Byung-chun MIN
DVD STA→Cadrage W→27,95 $

NATURE HUMAINE, LA *voir* **Human Nature**

NAUGHTY GIRL *voir* **Cette sacrée gamine**

NAVAJO JOE ▷5
ITA. 1966. Western de Sergio CORBUCCI avec Burt Reynolds, Aldo Sambrell et Nicoletta Machiavelli. - Un Indien poursuit une bande de meurtriers qui ont massacré sa tribu. □ 13 ans+ · Violence

NAVIGATOR, THE ►1
É.-U. 1924. Comédie de Buster KEATON et Donald CRISP avec Buster Keaton, Kathryn McGuire et Frederick Vroom. - Rejeté par sa dulcinée, un jeune homme s'embarque par erreur sur un paquebot que des espions font dériver vers la haute mer. - Classique incontournable de la comédie américaine. Gags visuels mis au point avec une rare perfection. Ensemble plein d'invention et d'originalité. Composition délectable de B. Keaton. □ Général
DVD 19,95 $

NAVIGATOR: A MEDIEVAL ODYSSEY, THE ▷3
N.-Z. 1988. Drame fantastique de Vincent WARD avec Bruce Lyons, Hamish McFarlane et Chris Haywood. - En 1348, pour conjurer la peste qui menace leur village, cinq pèlerins creusent un tunnel qui les mène à leur grand étonnement dans une ville du XXe siècle. - Sujet allégorique et actuel traité de façon habile. Utilisation judicieuse des contrastes. Interprétation en harmonie avec l'ensemble. □ Général

NAVY BLUE AND GOLD ▷5
É.-U. 1938. Comédie de Sam WOOD avec Robert Young, James Stewart et Robert Montgomery. - À l'École navale d'Annapolis, trois cadets de conditions sociales différentes se lient d'amitié.

NAZARIN ►2
MEX. 1959. Drame religieux de Luis BUÑUEL avec Francisco Rabal, Marga Lopez et Rita Macedo. - Un prêtre est forcé de quitter son poste et devient pèlerin mendiant. - Œuvre ambiguë d'un style très dépouillé. Notations cruelles caractéristiques de l'auteur. F. Rabal excellent dans le rôle-titre. □ Non classé

NE DITES RIEN *voir* **Don't Say a Word**

NÉ EN ABSURDISTAN [Born in Absurdistan] ▷4
AUT. 1999. Comédie de mœurs de Houchang ALLAHYARI avec Karl Markovics, Julia Stemberger et Ahmet Ugurlu. - Un haut fonctionnaire provoque par inadvertance la déportation d'une famille d'émigrés turcs dont le bébé a été interverti avec le sien à la pouponnière. □ Général
DVD STA→Cadrage P&S→36,95 $

NE PAS AVALER *voir* **Nil by Mouth**

NE TIREZ PAS SUR LE DENTISTE *voir* **In-Laws, The**

NÉ UN QUATRE JUILLET *voir* **Born on the Fourth of July**

NE VOUS RETOURNEZ PAS *voir* **Don't Look Now**

NÉANT, LE *voir* **Nothing**

NEAR DARK [Aux frontières de l'aube] ▷4
É.-U. 1987. Drame d'horreur de Kathryn BIGELOW avec Adrian Pasdar, Jenny Wright et Lance Henriksen. - En voulant faire la conquête d'une belle inconnue, un jeune fermier du Texas tombe aux mains d'une bande de vampires. □ 13 ans+
DVD VA→23,95 $ VA→Cadrage W→11,95 $

NED KELLY ▷4
ANG. 1970. Aventures de Tony RICHARDSON avec Mick Jagger, Diane Craig et Clarissa Kaye. - Malgré sa volonté de ne plus enfreindre la loi, un jeune Irlandais établi en Australie est obligé de commettre de graves méfaits. □ Général
DVD VA→STF→Cadrage W→11,95 $

NED KELLY
É.-U. 2003. Gregor JORDAN
DVD VA→STF→Cadrage W→17,95 $

NEF DES FOUS, LA *voir* **Ship of Fools**

NÈG', LE ▷3
QUÉ. 2002. Drame policier de Robert MORIN avec Vincent Bilodeau, Robin Aubert et Béatrice Picard. - Dans la campagne québécoise, deux policiers enquêtent sur un drame survenu après la destruction d'un nègre de jardin par un jeune Noir. - Dénonciation virulente du racisme et de la bêtise humaine en milieu rural. Récit pluriel adoptant les points de vue contradictoires des témoins du drame. Réalisation assurée et imaginative. Interprétation juste et souvent savoureuse. □ 13 ans+
DVD VF→STA→17,95 $

NEGOTIATOR, THE [Négociateur, Le] ▷4
É.-U. 1998. Drame policier de F. Gary GRAY avec Kevin Spacey, Samuel L. Jackson, John Spencer et David Morse. - Pour tenter de se disculper d'un meurtre qu'il n'a pas commis, un négociateur de la police de Chicago prend des collègues en otage. □ 13 ans+ · Violence
DVD VF➔STF➔Cadrage W➔9,95 $

NEIGE TOMBAIT SUR LES CÈDRES, LA
voir **Snow Falling on Cedars**

NELL ▷4
É.-U. 1994. Drame psychologique de Michael APTED avec Jodie Foster, Liam Neeson et Natasha Richardson. - Un médecin de campagne parvient petit à petit à communiquer avec une jeune sauvageonne qui a été découverte dans une cabane isolée en forêt. □ Général
DVD VF➔STA➔14,95 $

NELLIGAN ▷4
QUÉ. 1991. Drame biographique de Robert FAVREAU avec Marc St-Pierre, Lorraine Pintal et Gabriel Arcand. - Évocation des moments les plus déterminants de la vie du poète québécois Émile Nelligan. □ Général

NELLY ET MONSIEUR ARNAUD ▷3
FR. 1995. Drame psychologique de Claude SAUTET avec Michel Serrault, Emmanuelle Béart et Jean-Hugues Anglade. - Une relation ambiguë naît entre un juge à la retraite et la jeune secrétaire qui lui tape sa biographie. - Approche d'une grande sensibilité et d'une belle pudeur. Traitement raffiné. Justesse de ton de l'interprétation. □ Général
DVD VF➔STA➔28,95 $

NÉNETTE ET BONI
FR. 1996. Claire DENIS

NEON BIBLE, THE ▷4
ANG. 1994. Drame de mœurs de Terence DAVIES avec Gena Rowlands, Jacob Tierney, Denis Leary et Diana Scarwid. - Dans les années 1940, un garçon grandit au sein d'une famille pauvre dans une communauté rurale et puritaine du sud des États-Unis. □ Général

NERFS À VIF, LES *voir* **Cape Fear**

NEST OF THE GENTRY
RUS. 1969. Andrei KONCHALOVSKY
DVD STA➔41,95 $

NETCHAÏEV EST DE RETOUR ▷5
FR. 1991. Drame policier de Jacques DERAY avec Yves Montand, Vincent Lindon et Miou-Miou. - Tout en tentant de découvrir qui l'a trahi naguère, un ancien terroriste négocie son amnistie en échange d'informations.

NETTOYAGE À SEC [Dry Cleaning] ▷3
FR. 1997. Drame psychologique d'Anne FONTAINE avec Miou-Miou, Charles Berling et Stanislas Merhar. - Un couple de blanchisseurs se prend d'affection pour un jeune homme mystérieux qui essaie de les séduire à tour de rôle. - Variations sur le thème de l'ambiguïté de mœurs. Développements à la tension bien amenée. Mise en scène délicate et retenue. Interprètes de talent.

NETWORK [Main basse sur la TV] ▷3
É.-U. 1976. Comédie satirique de Sidney LUMET avec Faye Dunaway, William Holden et Peter Finch. - Apprenant son congédiement, un animateur-vedette se met en colère sur les ondes et s'attire la sympathie du public. - Charge caricaturale contre les milieux de direction de la télévision. Mise en scène vigoureuse et assurée. Progression dramatique efficace. Comédiens de talent. □ 13 ans+
DVD VA➔STF➔Cadrage P&S/W➔21,95 $
VF➔STF➔Cadrage W➔32,95 $

NEUF SEMAINES ET DEMIE *voir* **9 1/2 Weeks**

NEUROSIA
É.-U. 1995. Rosa VON PRAUNHEIM □ 18 ans+ · Sexualité explicite

NEUVAINE, LA ▷3
QUÉ. 2005. Drame psychologique de Bernard ÉMOND avec Élise Guilbault, Patrick Drolet et Denise Gagnon. - À Sainte-Anne-de-Beaupré, une urgentologue suicidaire est sauvée par un jeune homme qui fait une neuvaine pour obtenir la guérison de sa grand-mère mourante. □ Général · Déconseillé aux jeunes enfants
DVD VF➔Cadrage W➔33,95 $

NEUVIÈME PORTE, LA *voir* **Ninth Gate, The**

NEVADA SMITH ▷4
É.-U. 1966. Western d'Henry HATHAWAY avec Steve McQueen, Karl Malden et Brian Keith. - Un jeune métis décide de régler leur compte aux trois hommes qui ont massacré ses parents. □ 13 ans+

NEVER A DULL MOMENT ▷5
É.-U. 1968. Comédie policière de J. PARIS avec Edward G. Robinson, Dick Van Dyke et Dorothy Provine. - Un acteur est entraîné malgré lui par une bande de gangsters qui le prennent pour un tueur célèbre.
DVD VA➔STF➔Cadrage W➔21,95 $

NEVER CRY WOLF [Homme parmi les loups, Un] ▷3
É.-U. 1983. Aventures de Carroll BALLARD avec Charles Martin Smith, Brian Dennehy et Zachary Ittimangnaq. - Les mésaventures d'un biologiste venu étudier les mœurs des loups dans le Grand Nord. - Péripéties captivantes. Réalisation pittoresque. Passages d'une beauté poétique appréciable. Jeu sympathique du protagoniste. □ Général
DVD VA➔19,95 $

NEVER GIVE A SUCKER AN EVEN BREAK ▷3
É.-U. 1941. Comédie burlesque d'Edward CLINE avec W.C. Fields, Gloria Jean et Franklin Pangborn. - Un personnage savoureux vient proposer un scénario farfelu à un producteur. - Remarquable exploitation du non-sens. Situations d'une drôlerie originale. W.C. Fields à son meilleur. □ Non classé

NEVER LET GO
ANG. 1960. Drame policier de J. GUILLERMIN avec Richard Todd, Peter Sellers et Elizabeth Sellars. - Un modeste commis-voyageur entreprend une enquête sur le vol de son auto.
DVD VA➔STF➔Cadrage W➔11,95 $

NEVER LET ME GO
É.-U. 1953. Delmer DAVES □ Général

NEVER ON SUNDAY *voir* **Jamais le dimanche**

NEVER SAY NEVER AGAIN [Jamais plus jamais] ▷4
ANG. 1983. Drame d'espionnage d'Irvin KERSHNER avec Sean Connery, Klaus Maria Brandauer et Barbara Carrera. - L'agent secret James Bond est chargé de retrouver deux engins nucléaires volés par une organisation criminelle internationale. □ Général
DVD VA➔STA➔Cadrage W➔12,95 $

NEVER SO FEW ▷5
É.-U. 1959. Drame de guerre de J. STURGES avec Gina Lollobrigida, Frank Sinatra et Steve McQueen. - En Birmanie, des soldats américains aident les indigènes à combattre les Japonais. □ Non classé
DVD VF➔STF➔Cadrage W➔21,95 $

NEVERENDING STORY, THE [Histoire sans fin, L'] ▷3
ALL. 1984. Conte de Wolfgang PETERSEN avec Noah Hathaway, Barret Oliver et Tami Stronach. - Un jeune garçon trouve un livre merveilleux dont la lecture l'entraîne dans un monde fantaisiste. - Récit où l'imaginaire est bien exploité. Trucages appropriés à un univers fantastique. Réalisation astucieuse. □ Général
DVD VF➔STF➔Cadrage P&S/W➔16,95 $

NEVEU DE BEETHOVEN, LE
voir **Beethoven's Nephew**

NEW AGE, THE ▷4
É.-U. 1994. Drame de mœurs de Michael TOLKIN avec Peter Weller, Judy Davis et Patrick Bauchau. - Un couple de yuppies qui traverse une crise financière et conjugale cherche réconfort dans la philosophie du « nouvel âge ». □ 13 ans+ · Érotisme

NEW CENTURIONS, THE ▷4
É.-U. 1972. Drame social de Richard FLEISCHER avec Stacy Keach, Georges C. Scott et Scott Wilson. - Les dures expériences d'un jeune homme qui s'engage dans le corps policier de Los Angeles.
□ 13 ans+

NEW EVE, THE *voir* **Nouvelle Ève, La**

NEW JERSEY DRIVE ▷4
É.-U. 1994. Drame social de Nick GOMEZ avec Sharron Corley, Gabriel Casseus et Saul Stein. - Les tribulations d'un adolescent de race noire dont les délits attirent l'attention de la police locale.
□ 13 ans+ · Langage vulgaire
DVD VA➔14,95 $

NEW KIND OF LOVE, A [Fille à la casquette, La] ▷5
É.-U. 1963. Comédie de Melville SHAVELSON avec Paul Newman, Joanne Woodward et Thelma Ritter. - Une dessinatrice de mode aux allures masculines fait la conquête d'un journaliste. □ Général
DVD VA➔10,95 $

NEW LAND, THE ▶2
SUÈ. 1972. Drame social de Jan TROELL avec Max Von Sydow, Liv Ullmann et Eddie Axberg. - Les problèmes rencontrés par des immigrants suédois installés au Minnesota. - Suite de *The Emigrants*. Fresque impressionnante. Photographie de grande beauté. Attachante description de mœurs. Interprétation d'une vérité exceptionnelle. □ Général

NEW LEAF, A ▷4
É.-U. 1970. Comédie de mœurs réalisée et interprétée par Elaine MAY avec Walter Matthau et George Rose. - Un héritier ruiné fait un mariage d'intérêt et songe à tuer sa nouvelle épouse. □ Général

NEW LEGEND OF SHAOLIN, THE
[Legend of Red Dragon]
H.K. 1994. Corey YUEN et Wong JING □ 13 ans+
DVD STA➔21,95 $ VA➔STA➔Cadrage W➔16,95 $

NEW LIFE, A ▷4
É.-U. 1988. Comédie dramatique réalisée et interprétée par Alan ALDA avec Ann-Margret et Veronica Hamel. - Une belle entente s'établit entre une femme-médecin et un divorcé qui a du mal à se faire à sa vie d'homme seul. □ Général

NEW MEXICO *voir* **Deadly Companions, The**

NEW POLICE STORY
H.K. 2004. Benny CHAN

NEW ROSE HOTEL ▷5
É.-U. 1998. Drame de mœurs d'Abel FERRARA avec Christopher Walken, Asia Argento et Willem Dafoe. - Dans le futur, deux agents engagent une séductrice pour convaincre un savant d'offrir ses services à une grande corporation. □ 13 ans+ · Érotisme
DVD VA➔STA➔Cadrage W➔6,95 $

NEW WATERFORD GIRL ▷4
CAN. 1999. Comédie de mœurs d'Allan MOYLE avec Liane Balaban, Tara Spencer Nairn et Andrew McCarthy. - Une adolescente renfermée qui rêve de quitter son village du Cap-Breton se lie d'amitié avec sa nouvelle voisine très dégourdie. □ Général
DVD 28,95 $

NEW WORLD, THE [Nouveau monde, Le] ▷3
É.-U. 2005. Drame historique de Terrence MALICK avec Colin Farrell, Q'Orianka Kilcher et Christian Bale. - En 1607, un explorateur anglais fait prisonnier en Virginie par des Amérindiens s'éprend d'une des princesses de la tribu. - Évocation lyrique de l'histoire de Pocahontas. Narration elliptique. Traitement visuel et sonore exquis. Interprètes bien dirigés. □ Général · Déconseillé aux jeunes enfants
DVD VA➔STA➔Cadrage W➔34,95 $

NEW YEAR'S DAY ▷4
É.-U. 1989. Comédie de mœurs réalisée et interprétée par Henry JAGLOM avec Maggie Jakobson et Gwen Welles. - À son arrivée à New York, un jeune homme découvre que le nouvel appartement qu'il a loué est encore habité par trois jeunes femmes. □ Général

NEW YORK DOLL
É.-U. 2005. Greg WHITELEY
DVD VA➔29,95 $

NEW YORK STORIES ▷4
É.-U. 1989. Film à sketches de Martin SCORSESE, Francis Ford COPPOLA et Woody ALLEN avec Nick Nolte, Heather McComb et Mia Farrow. - La ville de New York sert de cadre et de point commun à trois histoires légères. □ Général
DVD VF➔Cadrage W➔14,95 $

NEW YORK, DEUX HEURES DU MATIN
voir **Fear City**

NEW YORK, NEW YORK ▷3
É.-U. 1977. Drame sentimental de Martin SCORSESE avec Liza Minnelli, Robert De Niro et Barry Primus. - Les relations tumultueuses d'un couple de musiciens dans les années d'après-guerre. - Évocation nostalgique de la vie et de la musique d'une époque. Mise en scène très adroite. Musique bien choisie. Interprétation forte. □ Général
DVD VA➔12,95 $

NEWSIES ▷4
É.-U. 1992. Comédie musicale de Kenny ORTEGA avec Christian Bale, Bill Pullman et Ann-Margret. - À New-York, au XIXe siècle, un jeune camelot qui a incité ses pairs à faire la grève perd leur confiance quand un propriétaire de journal achète sa docilité.
□ Général
DVD VA➔19,95 $

NEWTON BOYS, THE ▷4
É.-U. 1998. Drame policier de Richard LINKLATER avec Skeet Ulrich, Matthew McConaughey, Ethan Hawke et Julianna Margulies. - Dans les années 1920, quatre frères texans forment une bande de redoutables voleurs de banques. □ Général · Déconseillé aux jeunes enfants
DVD Cadrage W➔26,95 $

NEXT OF KIN ▷5
CAN. 1984. Comédie de mœurs d'Atom EGOYAN avec Berge Fazlian, Patrick Tierney et Arsinee Khanjian. - Malheureux chez lui, un jeune bourgeois se fait passer pour l'enfant perdu d'une famille arménienne. □ Général

NEXT OF KIN ▷5
É.-U. 1989. Drame policier de John IRVIN avec Patrick Swayze, Liam Neeson et Adam Baldwin. - Un policier s'attaque à un gangster qui a abattu son frère.
DVD VA➔Cadrage P&S➔7,95 $

NEXT STOP, GREENWICH VILLAGE ▷5
É.-U. 1976. Comédie de mœurs de Paul MAZURSKY avec Lenny Baker, Shelley Winters et Ellen Greene. - En 1953, un jeune homme désireux de devenir acteur quitte ses parents et s'installe à Greenwich Village. □ 13 ans+
DVD VA➔STA➔10,95 $

NEXT STOP, WONDERLAND ▷4
É.-U. 1997. Comédie sentimentale de Brad ANDERSON avec Hope Davis, Alan Gelfant et Victor Argo. - Les tribulations sentimentales et professionnelles d'une infirmière et d'un plombier que le destin va rapprocher petit à petit. □ Général
DVD Cadrage W➔17,95 $

NEZ ROUGE ▷5
QUÉ. 2003. Comédie sentimentale d'Érik CANUEL avec Patrick Huard, Michèle Barbara Pelletier et Pierre Lebeau. - Un critique littéraire condamné par la cour à travailler comme bénévole pour Nez Rouge fait équipe avec une écrivaine dont il a déjà démoli l'œuvre. □ Général
DVD VF➔STA➔Cadrage 16X9➔31,95 $

NGV : THROUGH THE LENS
É.-U. 1995. Gretchen JORDON-BASTOW
DVD VA➔21,95 $

NI POUR NI CONTRE (BIEN AU CONTRAIRE) ▷4
FR. 2002. Thriller de Cédric KLAPISCH avec Marie Gillain, Vincent Elbaz et Simon Abkarian. - Une jeune cameraman se laisse entraîner par quatre petits malfrats qui projettent de se servir d'elle pour réaliser un vol important. □ 13 ans+ · Violence
DVD VF→21,95 $

NI VU, NI CONNU ▷4
FR. 1958. Comédie d'Yves ROBERT avec Louis de Funès, Noëlle Adam et Moustache. - Un braconnier malicieux fait le désespoir du garde-champêtre d'un petit village. □ Général

NIAGARA ▷5
É.-U. 1953. Drame d'Henry HATHAWAY avec Marilyn Monroe, Joseph Cotten et Jean Peters. - Avec l'aide de son amant, une femme tente de se débarrasser de son mari. □ Général
DVD VF→STA→14,95 $ VF→STA→14,95 $

NIBELUNGEN, LES [Kriemhilde's Revenge]
ALL. ANG. 1924. Fritz LANG □ Général

NICHOLAS AND ALEXANDRA ▷3
ANG. 1971. Drame historique de Franklin J. SCHAFFNER avec Michael Jayston, Janet Suzman et Harry Andrews. - Évocation de la vie du dernier tsar de Russie. - Intérêt constant. Souci de vérité historique. Mise en images soignée. Bon usage de riches décors. Interprétation nuancée. □ Général

NICHOLAS NICKLEBY ▷4
É.-U. 2002. Chronique de Douglas MCGRATH avec Charlie Hunnam, Jamie Bell et Christopher Plummer. - Au milieu du XIXᵉ siècle, un jeune homme s'attire la haine de son oncle tyrannique. - Adaptation vivante du roman de Dickens.
DVD VF→11,95 $ VF→STF→11,95 $

NICK OF TIME [Par la peau des dents] ▷5
É.-U. 1995. Drame policier de John BADHAM avec Johnny Depp, Christopher Walken et Charles S. Dutton. - Deux criminels prennent en otage la fillette d'un comptable pour forcer ce dernier à commettre un meurtre. □ 13 ans+
DVD VF→STA→Cadrage W→14,95 $

NICK'S MOVIE voir **Lightning Over Water**

NICO & DANI ▷4
ESP. 2000. Drame de mœurs de Cesc GAY avec Fernando Ramallo, Jordi Vilches et Marieta Orozco. - Durant leurs vacances d'été, deux amis adolescents voulant perdre leur virginité réalisent qu'ils ne partagent pas la même orientation sexuelle.
DVD STA→Cadrage W→28,95 $

NICOTINE voir **Smoke**

NIGAUD DE PROFESSEUR voir **Nutty Professor, The**

NIGHT & DAY ▷5
É.-U. 1946. Comédie musicale de Michael CURTIZ avec Cary Grant, Jane Wyman et Alexis Smith. - Biographie romancée du célèbre compositeur de musique légère Cole Porter.
DVD VA→STA→21,95 $

NIGHT AND FOG IN JAPAN
JAP. 1960. Nagisa OSHIMA
DVD STA→PC

NIGHT AND THE CITY [Forbans de la nuit, Les] ▷3
É.-U. 1950. Drame de Jules DASSIN avec Richard Widmark, Gene Tierney et Herbert Lom. - Un aventurier rêve d'organiser des combats de lutte à Londres qu'un autre homme en a le monopole. - Milieu crapuleux évoqué avec force. Mise en scène vigoureuse. Photographie recherchée. R. Widmark excellent. □ Général
DVD VA→STA→62,95 $

NIGHT AND THE CITY [Loi de la nuit, La] ▷4
É.-U. 1992. Drame de mœurs d'Irwin WINKLER avec Robert De Niro, Jessica Lange et Cliff Gorman. - Un avocat new-yorkais sans envergure décide d'organiser un combat de boxe pour faire concurrence à un promoteur influent. □ Général

NIGHT AND THE MOMENT, THE
ANG. FR. ITA. 1994. Anna Maria TATO □ 13 ans+ · Érotisme

NIGHT AT THE GOLDEN EAGLE
É.-U. 2002. Adam RIFKIN
DVD VA→9,95 $

NIGHT AT THE OPERA, A ▷3
É.-U. 1935. Comédie de Sam WOOD avec les frères Marx, Allan Jones et Kitty Carlisle. - Trois compères ont résolu de faire entrer à l'Opéra un ténor sans engagement. - Scénario lâche prétexte à une suite de situations loufoques. Mise en scène solide. Invention comique exubérante des vedettes. □ Général
DVD VA→STF→21,95 $

NIGHT CALLER FROM OUTER SPACE
ANG. 1965. John GILLING □ Général

NIGHT CAP
QUÉ. 1974. André FORCIER □ Général

NIGHT CROSSING [Nuit de l'évasion, La] ▷4
É.-U. 1981. Drame de Delbert MANN avec John Hurt, Jane Alexander et Beau Bridges. - Deux ouvriers d'Allemagne de l'Est tentent de franchir le rideau de fer avec leurs familles à l'aide d'un ballon à air chaud.
DVD VA→19,95 $

NIGHT FALLS ON MANHATTAN
[Nuit tombe sur Manhattan, La] ▷4
É.-U. 1996. Drame judiciaire de Sidney LUMET avec Andy Garcia, Ian Holm et Lena Olin. - Un procureur de New York s'occupe de cas de corruption impliquant des policiers de la ville, y compris peut-être son propre père. □ 13 ans+
DVD Cadrage W→37,95 $

NIGHT FLIER ▷5
É.-U. 1998. Drame d'horreur de M. PAVIA avec Miguel Ferrer, Julie Entwisle et Dan Monahan. - Un journaliste se lance aux trousses d'un vampire qui se déplace la nuit à bord d'un Cessna à la recherche de victimes.
DVD VA→Cadrage W→8,95 $

NIGHT FLIGHT FROM MOSCOW [Serpent, Le] ▷4
FR. 1972. Drame d'espionnage d'Henri VERNEUIL avec Yul Brynner, Henry Fonda et Dirk Bogarde. - La C.I.A. vérifie les dires d'un colonel russe qui demande asile aux États-Unis.
DVD VF→Cadrage W→26,95 $

© 2006 Twentieth Century Fox Home Entertainment LLC.

NIGHT FULL OF RAIN, A ▷4
É.-U. 1977. Comédie dramatique de Lina WERTMULLER avec Giancarlo Giannini, Candice Bergen et Michael Tucker. - Un journaliste communiste italien et sa jeune épouse américaine se disent leurs quatre vérités au long d'une nuit pluvieuse.

NIGHT GAMES ▷5
É.-U. 1979. Drame psychologique de Roger VADIM avec Cindy Pickett, Joanna Cassidy et Barry Primus. - Pendant l'absence de son mari, une jeune femme inhibée sexuellement se soumet aux étreintes d'un visiteur nocturne affublé de costumes bizarres.

NIGHT HEAVEN FELL *voir* **Bijoutiers du clair de lune, Les**

NIGHT IN CASABLANCA, A ▷4
[Nuit à Casablanca, Une]
É.-U. 1945. Comédie d'Archie MAYO avec les frères Marx, Lisette Verea et Charles Drake. - Un directeur d'hôtel et deux employés déjouent des espions allemands. □ Général
DVD VA→STF→21,95 $

NIGHT IS MY FUTURE
SUÈ. 1948. Ingmar BERGMAN

NIGHT LARRY KRAMER KISSED ME, THE
É.-U. 2000. Tim KIRKMAN
DVD VA→28,95 $

NIGHT MAGIC [Nuit magique] ▷4
QUÉ. 1985. Comédie musicale de Lewis FUREY avec Nick Mancuso, Carole Laure et Jean Carmet. - En une nuit magique, trois muses viennent inspirer un chanteur réputé et l'une d'elles s'éprend de lui. □ Général

NIGHT MONSTER ▷5
É.-U. 1942. Drame d'horreur de Ford BEEBE avec Bela Lugosi, Lionel Atwill et Irene Hervey. - Un infirme commet une série de crimes nocturnes. □ Général

NIGHT MOTHER [Bonsoir maman] ▷5
É.-U. 1986. Drame psychologique de Tom MOORE avec Ed Berke, Sissy Spacek et Anne Bancroft. - Une divorcée annonce à sa mère veuve qu'elle a l'intention de se suicider.

NIGHT MOVES [Fugue, La] ▷3
É.-U. 1975. Drame policier d'Arthur PENN avec Gene Hackman, Jennifer Warren et Susan Clark. - Un détective privé découvre l'infidélité de sa femme en même temps qu'il recherche une adolescente disparue. - Intrigue d'une belle densité dramatique. Climat d'inquiétude efficace. Mouvement souple et fluide. Excellente interprétation. □ 18 ans+
DVD VA→STF→Cadrage W→21,95 $

NIGHT MUST FALL ▷4
É.-U. 1937. Drame psychologique de Richard THORPE avec Robert Montgomery, Rosalind Russell et May Whitty. - Un déséquilibré gagne la confiance d'une vieille dame avant de la tuer. □ Général

NIGHT OF EVIL
É.-U. 1962. Richard GALBREATH □ Non classé

NIGHT OF LOVE, A
É.-U. 1987. Dusan MAKAVEJEV □ 13 ans+ · Érotisme

NIGHT OF THE COMET ▷4
É.-U. 1984. Science-fiction de Thom EBERHARDT avec Catherine Mary Stewart, Kelli Maroney et Robert Beltran. - Deux sœurs qui ont échappé aux effets radioactifs d'une comète sont secourues par des savants aux intentions non désintéressées. □ 13 ans+

NIGHT OF THE GENERALS, THE ▷4
ANG. 1967. Drame policier d'Anatole LITVAK avec Omar Sharif, Peter O'Toole et Tom Courtenay. - Un officier allemand soupçonne un général du meurtre d'une prostituée. □ Non classé

NIGHT OF THE GHOULS ▷7
É.-U. 1959. Drame d'horreur d'Edward D. WOOD Jr. avec Criswell et Kenne Duncan. - Un savant fou qui prétend ressusciter les morts est stupéfait de constater qu'il en est effectivement capable.
DVD VA→39,95 $

NIGHT OF THE HUNTER, THE ►1
É.-U. 1955. Drame de Charles LAUGHTON avec Robert Mitchum, Shelley Winters et Lillian Gish. - Un prêcheur fanatique terrorise des enfants pour s'emparer de leur fortune. - Œuvre unique. Réalisation poétique teintée d'expressionnisme allemand. Mélange étonnant d'épouvante et de féerie. Interprétation saisissante de R. Mitchum.
DVD 11,95 $

NIGHT OF THE IGUANA, THE ▷3
É.-U. 1964. Drame psychologique de John HUSTON avec Richard Burton, Deborah Kerr et Ava Gardner. - Un pasteur ivrogne devenu guide pour touristes échoue dans un hôtel minable du Mexique. - Adaptation d'une pièce de Tennessee Williams. Rythme et images bien adaptés au caractère sombre du sujet. Jeu subtil et nuancé des interprètes. □ Non classé
DVD VF→STA→Cadrage W→21,95 $

NIGHT OF THE LEPUS ▷6
É.-U. 1972. Drame d'horreur de W.F. CLAXTON avec Stuart Whitman, Janet Leigh et Rory Calhoun. - À la suite d'une expérience scientifique, des lapins d'une taille énorme mettent en danger une région de l'Ouest.
DVD VF→STF→Cadrage W→21,95 $

NIGHT OF THE LIVING DEAD ▷4
[Nuit des morts-vivants, La]
É.-U. 1968. Drame d'horreur de George A. ROMERO avec Duane Jones, Judith O'Dea et Karl Hardman. - Diverses personnes réfugiées dans une maison isolée sont assiégées par une horde de morts-vivants. □ 18 ans+
DVD VA→15,95 $/23,95 $

NIGHT OF THE SHOOTING STARS, THE
voir **Nuit de San Lorenzo, La**

NIGHT ON EARTH ▷5
É.-U. 1991. Film à sketches de Jim JARMUSCH avec Winona Ryder, Gena Rowlands et Giancarlo Esposito. - Simultanément, autour du globe, cinq chauffeurs de taxi font la connaissance de clients très particuliers. □ 13 ans+ · Langage vulgaire

NIGHT PASSAGE ▷4
É.-U. 1957. Western de James NEILSON avec James Stewart, Audie Murphy et Brandon De Wilde. - Après une série de vols sur un train, un homme est chargé de transporter la paye d'un groupe d'ouvriers.
DVD VA→17,95 $

NIGHT PATROL
É.-U. 1984. Jackie KONG
DVD VA→STA→10,95 $

NIGHT PORTER, THE [Portier de nuit] ►2
ITA. 1973. Drame psychologique de Liliana CAVANI avec Charlotte Rampling, Dirk Bogarde et Philippe Leroy. - Un ancien officier nazi, devenu portier de nuit, rencontre une femme qu'il a connue et torturée en camp de concentration et reprend sur elle sa domination. - Étude bouleversante de déviations de l'instinct. Traitement d'une grande rigueur. Climat de cauchemar. Interprétation de grande classe. □ 18 ans+
DVD VA→STA→Cadrage W→46,95 $

NIGHT SHIFT ▷5
É.-U. 1982. Comédie de Ron HOWARD avec Henry Winkler, Michael Keaton et Shelley Long. - Deux employés de la morgue deviennent les agents d'affaires d'un groupe de prostituées. □ Général
DVD VA→STF→Cadrage W/16X9→8,95 $

NIGHT STALKER, THE / NIGHT STRANGLER, THE ▷4
É.-U. 1972. Dan CURTIS et John Llewellyn MOXEY
DVD VA→STF→18,95 $

NIGHT SUN *voir* **Soleil même la nuit, Le**

NIGHT TIDE ▷4
É.-U. 1961. Drame fantastique de Curtis HARRINGTON avec Linda Lawson, Dennis Hopper et Gavin Muir. - Un marin s'éprend d'une jeune fille à la conduite bizarre. □ 13 ans+

NIGHT TO REMEMBER, A ▷3
ANG. 1958. Drame de Roy Ward BAKER avec Kenneth More, Ronald Allen et Laurence Naismith. - La tragédie du Titanic qui sombra dans l'Atlantique en 1912. - Atmosphère très bien reconstituée. Réalisation technique adroite. Interprétation excellente. □ Général
DVD Cadrage W→64,95 $

NIGHT TRAIN
É.-U. 1999. Les BERNSTIEN
DVD VA→PC

NIGHT TRAIN MURDERS
ITA. 1975. Aldo LADO
DVD VA→Cadrage W→28,95 $

NIGHT TRAIN TO MUNICH ▷4
ANG. 1940. Drame d'espionnage de Carol REED avec Rex Harrison, Margaret Lockwood et Paul Henreid. - Un agent secret vient en aide à un savant et à sa fille, enlevés par des nazis. □ Général

NIGHT VISITOR, THE ▷4
É.-U. 1970. Drame policier de Laslo BENEDEK avec Max Von Sydow, Trevor Howard et Liv Ullmann. - Enfermé dans un asile pour un meurtre qu'il n'a pas commis, un homme s'évade pour se venger.

NIGHT WALKER, THE [Celui qui n'existait pas] ▷4
É.-U. 1964. Drame d'horreur de William CASTLE avec Barbara Stanwyck, Robert Taylor et Lloyd Bochner. - Une femme est ébranlée par des cauchemars continuels. □ 13 ans+

NIGHT WATCH
ARG. FR. 2005. Edgardo COZARINSKY
DVD STA→Cadrage W→28,95 $

NIGHT WATCH [Gardiens de la nuit, Les] ▷5
RUS. 2004. Drame fantastique de Timur BEKMAMBETOV avec Konstantin Khabensky, Vladimir Menshov et Viktor Verzhbitsky. - À Moscou, un affrontement éclate entre les forces de la lumière et les monstres de la nuit. □ 13 ans+ · Horreur - Violence
DVD VF→Cadrage W→36,95 $

NIGHTBREAKER ▷4
É.-U. 1989. Drame social de Peter MARKLE avec Martin Sheen, Emilio Estevez et Lea Thompson. - Alors qu'il s'apprête à recevoir un prix honorifique, un neurologue se culpabilise d'avoir participé à de novices recherches sur le nucléaire.

NIGHTCAP *voir* **Merci pour le chocolat**

NIGHTHAWKS ▷5
É.-U. 1981. Drame policier de Bruce MALMUTH avec Sylvester Stallone, Rutger Hauer et Billy Dee Williams. - Deux policiers de New York recherchent un terroriste venu d'Europe. □ 13 ans+
DVD VA→STF→Cadrage W→19,95 $

NIGHTMARE
COR. 2000. Byeong-ky AHN
DVD STA→Cadrage W→21,95 $

NIGHTMARE ALLEY ▷4
É.-U. 1947. Drame d'E. GOULDING avec Tyrone Power, Joan Blondell et Coleen Gray. - Un charlatan réussit à se rallier un certain public avant la découverte de ses supercheries.
DVD VA→STA→14,95 $

NIGHTMARE BEFORE CHRISTMAS, THE ►2
[Étrange Noël de monsieur Jack, L']
É.-U. 1993. Conte de Henry SELICK. - Après avoir kidnappé Santa Claus, les monstres de l'Halloween préparent une fête de Noël aux accents lugubres. - Film d'animation utilisant de superbes petites figurines. Mélange réjouissant de fantaisie, de poésie et de macabre. Profusion de détails savoureux. Brio technique étonnant. Musique et chansons agréables. □ Général
DVD VF→Cadrage W→19,95 $

NIGHTMARE ON ELM STREET, A ▷4
É.-U. 1984. Drame d'horreur de Wes CRAVEN avec Ronee Blakley, Heather Langenkamp et John Saxon. - Une adolescente découvre que le personnage qui hante ses rêves est un meurtrier d'enfants.
DVD VA→STA→Cadrage W→7,95 $

NIGHTS OF CABIRIA
voir **Nuits de Cabiria, Les**

NIGHTSONGS ▷3
É.-U. 1984. Drame social de Marva NABILI avec Mabel Kwong, David Lee et Victor Wong. - Les problèmes d'adaptation d'une réfugiée vietnamienne accueillie par une famille chinoise de New York. - Traitement naturel de style documentaire. Sujet riche en notations culturelles. □ Général

NIGHTWATCH [Gardien, Le] ▷5
É.-U. 1997. Drame d'horreur d'Ole BORNEDAL avec Ewan McGregor, Nick Nolte et Josh Brolin. - À la suite de divers incidents bizarres, un jeune gardien de nuit dans une morgue est soupçonné d'une série de meurtres. □ 16 ans+
DVD Cadrage W→13,95 $

NIJINSKY ▷4
ANG. 1980. Drame biographique de Herbert ROSS avec Alan Bates, George de la Pena et Leslie Browne. - La vie du célèbre danseur étoile et chorégraphe des Ballets russes de Monte-Carlo. □ 13 ans+

NIJINSKY : THE DIARIES OF VASLAV NIJINSKY
ALL. AUT. 2001. Paul COX
DVD VA→31,95 $

NIKITA [Femme Nikita, La] ▷4
FR. 1990. Drame policier de Luc BESSON avec Anne Parillaud, Jean-Hugues Anglade, Patrick Fontana et Tchéky Karyo. - Officiellement morte, une criminelle est soumise à un entraînement rigoureux en vue de devenir une tueuse à l'emploi des services secrets. □ 13 ans+

NIKLASHAUSEN JOURNEY, THE
ALL. 1970. Rainer Werner FASSBINDER
DVD STA→29,95 $

NIL BY MOUTH [Ne pas avaler] ▷3
ANG. 1997. Drame de mœurs réalisé par Gary OLDMAN avec Ray Winstone, Kathy Burke et Charlie Creed-Miles. - Une femme et sa mère tentent de maintenir l'équilibre familial malgré la misère qui règne dans leur banlieue pauvre de Londres. - Peinture de mœurs très crue. Errance émotive des personnages fort bien rendue. Réalisation nerveuse. □ 13 ans+ · Violence

NIMITZ, RETOUR VERS L'ENFER
voir **Final Countdown, The**

NIÑA SANTA, LA [Holy Girl, The]
ARG. ESP. ITA. 2004. Lucrecia MARTEL
DVD STF→Cadrage W→27,95 $

NINA TAKES A LOVER ▷5
É.-U. 1993. Comédie de mœurs d'Alan JACOBS avec Laura San Giacomo, Paul Rhys et Michael O'Keefe. - Se sentant négligée par son mari, une jeune femme s'engage dans une relation avec un photographe qu'elle a rencontré dans un parc. □ Général
DVD VA→STF→Cadrage W→21,95 $

NINE LIVES
É.-U. 2005. Rodrigo GARCIA
DVD VA→STF→Cadrage W→34,95 $

NINE QUEENS ▷4
ARG. 2000. Thriller de Fabian BIELINSKI avec Ricardo Darin, Gaston Pauls et Leticia Bredice. - Deux arnaqueurs de Buenos Aires tentent de vendre une contrefaçon d'une série de timbres rares à un riche collectionneur vénézuélien. □ Général
DVD STF→Cadrage W→39,95 $

NINOTCHKA ▷3
É.-U. 1939. Comédie d'Ernst LUBITSCH avec Greta Garbo, Melvyn Douglas et Sig Rumann. - Venue à Paris pour rappeler à l'ordre des délégués soviétiques, une commissaire du peuple est prise au piège de l'amour. - Satire amusante. Réalisation habile. Interprétation tout en finesse. □ Général
DVD VA→STF→21,95 $ VA→STF→21,95 $

NINTH CONFIGURATION, THE ▷5
É.-U. 1979. Drame psychologique de William Peter BLATTY avec Stacy Keach, Scott Wilson et Ed Flanders. - Pendant la guerre du Vietnam, des militaires américains souffrant de graves problèmes psychologiques sont soignés dans un château. □ Non classé
DVD VA→Cadrage W→21,95 $

NINTH DAY, THE
ALL. 2004. Volker SCHLÖNDORFF
DVD STF→Cadrage W/16X9→31,95 $

NINTH GATE, THE [Neuvième porte, La] ▷4
FR. ESP. 1999. Drame fantastique de Roman POLANSKI avec Johnny Depp, Emmanuelle Seigner et Frank Langella. - Un chasseur de livres anciens est chargé par un riche collectionneur de retrouver les trois copies d'un ouvrage écrit par le Diable.
DVD VA→Cadrage W/16X9→18,95 $

NIXON ▷4
É.-U. 1995. Drame biographique d'Oliver STONE avec Anthony Hopkins, Joan Allen et Paul Sorvino. - La vie et la carrière politique du 37e président des États-Unis, Richard Nixon. □ Général
DVD VA→STF→Cadrage W→14,95 $

NÔ ▷4
QUÉ. 1998. Comédie satirique de Robert LEPAGE avec Anne-Marie Cadieux, Alexis Martin et Richard Fréchette. - En octobre 1970, une comédienne de théâtre en tournée au Japon hésite à annoncer à son ami, sympatisant du FLQ, qu'elle est enceinte. □ Général
DVD VF→38,95 $

NO DEBES ESTAR AQUI
voir **You Should Not Be Here**

NO DIRECTION HOME - BOB DYLAN
É.-U. 2005. Martin SCORSESE
DVD VA→34,95 $

NO END
POL. 1985. Krzysztof KIESLOWSKI
DVD STA→Cadrage W/16X9→23,95 $

NO GOOD DEED [House on Turk Street, The]
ALL. É.-U. 2002. Bob RAFELSON
DVD VF→STF→22,95 $

NO HABRA MAS PENAS NI OLVIDO
ARG. 1983. Hector OLIVERA
DVD STA→26,95 $

NO HIGHWAY IN THE SKY ▷4
ANG. 1951. Comédie dramatique d'Henry KOSTER avec James Stewart, Marlene Dietrich et Glynis Johns. - Un savant parvient à faire accepter sa théorie sur la résistance des avions. □ Général

NO LOOKING BACK ▷4
É.-U. 1998. Drame psychologique réalisé et interprété par Edward BURNS avec Lauren Holly et Jon Bon Jovi. - Après trois ans d'absence, un idéaliste tente de reconquérir une ancienne flamme désormais fiancée à son meilleur ami. □ Général

NO MAN IS AN ISLAND ▷4
É.-U. 1962. Drame de guerre de Richard GOLDSTONE et John MONKS Jr. avec Jeffrey Hunter, Marshall Thompson et Barbara Perez. - Un soldat américain est caché par les habitants d'une île d'où il peut aider ses compatriotes.
DVD VA→17,95 $

NO MAN OF HER OWN ▷4
É.-U. 1932. Comédie sentimentale de Wesley RUGGLES avec Clark Gable, Carole Lombard et Grant Mitchell. - Pour gagner un pari, un joueur professionnel épouse une jeune provinciale. □ Général

NO MAN'S LAND ▷3
FR. ITA. ANG. 2001. Drame de guerre de Danis TANOVIC avec Branko Djuric, Rene Bitorajac et Filip Sovagovic. - En 1993, alors que la guerre bat son plein en Bosnie, deux soldats ennemis se retrouvent isolés dans une tranchée. - Fable humaniste et plaidoyer pacifiste à l'humour caustique. Réalisation conventionnelle mais jamais statique malgré le huis clos de l'intrigue. Interprétation sobre et sentie. □ 13 ans+
DVD VF→STF→Cadrage P&S/W→12,95 $

NO MERCY [Sans pitié] ▷4
É.-U. 1986. Drame policier de Richard PEARCE avec Richard Gere, Kim Basinger, George Dzundza et Jeroen Krabbé. - Un policier de Chicago se rend en Louisiane pour retrouver une jeune femme susceptible de l'éclairer sur l'identité du meurtrier de son collègue. □ 13 ans+
DVD VA→Cadrage W→9,95 $

NO REGRETS FOR OUR YOUTH
voir **Je ne regrette pas ma jeunesse**

NO REST FOR THE BRAVE
[Pas de repos pour les braves]
AUT. FR. 2003. ALAIN GUIRAUDIE
DVD VF→STA→Cadrage W→36,95 $

NO SKIN *voir* **Sans la peau**

NO SMOKING ►2
FR. 1993. Comédie dramatique d'Alain RESNAIS avec Sabine Azéma et Pierre Arditi. - Les tribulations d'un directeur d'école alcoolique et de son épouse qui songe à le quitter. - Film jumeau de *Smoking*. Scénario ludique offrant plusieurs variations possibles à partir d'une situation donnée. Ton enjoué et théâtral. Décors naïfs. Jeu remarquable des deux uniques comédiens dans neuf rôles différents. □ Général

NO TE ENGANES CORAZON
[Don't Fool Yourself Dear]
MEX. 1937. Miguel CONTRERAS TORRES
DVD STA→24,95 $

NO TURNING BACK
É.-U. 2003. Julia MONTEJO et Jesus NEBOT
DVD VA→34,95 $

NO WAY OUT [Impasse, L'] ▷3
É.-U. 1950. Drame social de Joseph L. MANKIEWICZ avec Sidney Poitier, Richard Widmark, Stephen McNally et Linda Darnell. - Un gangster raciste tient un médecin noir responsable de la mort de son frère. - Style vigoureux. Forte tension dramatique. Interprétation solide. □ Général
DVD VA→STA→14,95 $

NO WAY OUT ▷4
É.-U. 1987. Drame policier de Roger DONALDSON avec Kevin Costner, Gene Hackman et Sean Young. - Alors que les preuves sont contre lui, un officier du Pentagone cherche à démasquer l'assassin de la maîtresse de son patron. □ Général
DVD Cadrage W→12,95 $

NO WAY TO TREAT A LADY ▷4
É.-U. 1967. Comédie policière de Jack SMIGHT avec Rod Steiger, George Segal et Lee Remick. - À New York, un maniaque meurtrier s'attaque à des femmes d'âge mûr. □ 13 ans+
DVD VA→29,95 $

NO, NO, NANETTE *voir* **Tea for Two**

NOBODY
JAP. 1999. Shundo OHKAWA
DVD STA→Cadrage W→32,95 $

NOBODY KNOWS ►2
JAP. 2004. Drame de mœurs de Hirokazu KORE-EDA avec Yuya Yagira, Auy Kitaura et Hiei Kimura. - Quatre enfants abandonnés par leur mère vivent seuls pendant plusieurs mois dans un petit logement de Tokyo. - Récit bouleversant jouant sur une tension dramatique subtile entre le monde adulte et celui de l'enfance. Traitement au ton réaliste et allusif où percent des brèches d'attendrissement. Réalisation à la fois dépouillée et fortement expressive. Interprétation très naturelle. □ 13 ans+
DVD STA→Cadrage W/16X9→29,95 $

NOBODY LOVES ME ▷4
ALL. 1994. Comédie de mœurs de Doris DÖRRIE avec Maria Schrader, Pierre Sanoussi-Bliss et Michael Von Au. - À l'aube de ses trente ans, une célibataire tente de séduire le gérant de son immeuble avec l'aide d'un voisin pratiquant le vaudou. □ Général

NOBODY'S FOOL [Coup de folie, Un] ▷5
É.-U. 1986. Comédie sentimentale de Evelyn PURCELL avec Rosanna Arquette, Eric Roberts et Jim Youngs. - Une serveuse de restaurant s'efforce de se guérir d'un échec sentimental en affichant des attitudes excentriques. □ Général

NOBODY'S FOOL [Homme presque parfait, Un] ▷3
É.-U. 1994. Drame psychologique de Robert BENTON avec Paul Newman, Jessica Tandy et Melanie Griffith. - Un sexagénaire insouciant reprend peu à peu conscience de ses responsabilités lorsque son fils qu'il connaît à peine revient en ville. - Observation attentive des relations aussi bien sentimentales que sociales. Psychologie raffinée des personnages. Humour fin. Interprétation de qualité. □ Général
DVD VA➔STA➔Cadrage W➔10,95 $

NOCE, LA ▷3
RUS. 2000. Comédie de mœurs de Pavel LOUNGINE avec Marat Basharov, Maria Mironova et Andrei Panine. - Un jeune mineur qui épouse son amie d'enfance se met dans le pétrin en voulant lui offrir un cadeau de noce. - Portrait de société savoureux. Scénario d'une exubérance bienvenue. Réalisation mouvementée. Distribution éclatante. □ Général

NOCE BLANCHE ▷3
FR. 1989. Drame psychologique de Jean-Claude BRISSEAU avec Bruno Cremer, Vanessa Paradis et Ludmila Mikael. - Un professeur de lycée s'entiche d'une de ses élèves, au point de délaisser progressivement sa femme. - Sujet délicat traité avec hardiesse. Mise en scène forte et rigoureuse. Interprétation convaincante de V. Paradis. □ 13 ans+

NOCE EN GALILÉE [Wedding in Galilee] ▷3
BEL. 1987. Drame de mœurs de Michel KHLEIFI avec Bushra Karaman, Ali M. El Akili et Makram Khouri. - Un notable palestinien obtient une exemption au couvre-feu pour les noces de son fils à condition que le gouverneur militaire israélien soit invité à la fête. - Film complexe et intéressant. Traitement critique et intelligent. Belle illustration. Réalisation maîtrisée. Interprétation nuancée. □ Général
DVD STA➔Cadrage W/16X9➔26,95 $

NOCES BARBARES, LES ▷3
BEL. 1987. Drame psychologique de Marion HANSEL avec Thierry Frémont, Marianne Basler et Yves Cotton. - Après s'être échappé d'une pension pour déficients mentaux, un jeune homme se souvient des étapes de sa vie d'enfant mal aimé. - Peinture de sentiments exacerbés. Histoire pathétique. Traitement flamboyant d'une sensibilité frémissante. □ 13 ans+

NOCES DE CENDRES, LES *voir* **Ash Wednesday**

NOCES DE PAPIER, LES [Paper Wedding] ▷3
QUÉ. 1988. Drame de mœurs de Michel BRAULT avec Geneviève Bujold, Manuel Aranguiz et Gilbert Sicotte. - Une enseignante accepte d'épouser un réfugié chilien pour lui éviter la déportation. - Téléfilm aux variations mi-sérieuses, mi-humoristiques. Réalisation souple. Fines observations psychologiques. Interprétation de classe.

NOCES DE SANG [Blood Wedding] ▷3
ESP. 1981. Spectacle musical de Carlos SAURA avec Antonio Gades, Cristina Hoyos et Juan Antonio. - Une troupe de danseurs se prépare à la répétition générale d'un ballet de style flamenco. - Formes chorégraphiques stylisées. Mise en scène dépouillée. Excellents danseurs. □ Non classé

NOCES ROUGES, LES ▷3
FR. 1973. Drame de mœurs de Claude CHABROL avec Michel Piccoli, Stéphane Audran et Claude Piéplu. - La femme d'un maire de province et son amant s'entendent pour supprimer le mari gênant. - Verve critique anti-bourgeoise inspirée par un fait divers. Style rigoureusement contrôlé. □ 13 ans+

NOËL BLANC *voir* **White Christmas**

NOËL MAGIQUE, UN *voir* **One Magic Christmas**

NŒUDS ET DÉNOUEMENTS *voir* **Shipping News, The**

NOI
ALL. ANG. DAN. ISL. 2003. Dagur KARI
DVD STA➔Cadrage W➔26,95 $

NOIR COMME LE SOUVENIR ▷5
FR. 1995. Drame policier de Jean-Pierre MOCKY avec Jane Birkin, Benoît Régent et Sabine Azéma. - Sa fille ayant été assassinée dix-sept ans auparavant, une mère perd pied lorsque les témoins du drame sont tués successivement. □ 13 ans+

NOIRS ET BLANCS EN COULEURS ▷3
[Black and White in Color]
FR. 1976. Comédie satirique de Jean-Jacques ANNAUD avec Jean Carmet, Jacques Spiesser et Jacques Dufilho. - En 1915, les Français d'un petit poste frontière en Afrique entrent en lutte avec leurs voisins allemands. - Mise en boîte du bellicisme et du colonialisme. □ Général
DVD VF➔STA➔32,95 $ VF➔STA➔33,95 $

NOISES OFF ! ▷4
É.-U. 1992. Comédie de Peter BOGDANOVICH avec Carol Burnett, Michael Caine et Denholm Elliott. - Les nombreuses difficultés rencontrées par un metteur en scène de théâtre aux prises avec une troupe de comédiens indisciplinés. □ Général
DVD VF➔Cadrage W/16X9➔14,95 $

NOM DE CODE : SHIRI ▷4
COR. 1999. Thriller de Je-gyu KANG avec Suk-kyu Han, Min-sik Choi et Yoon-jin Kim. - À Séoul, des agents spéciaux luttent contre des terroristes nord-coréens qui se sont emparés d'un liquide explosif capable de détruire la ville.
DVD VF➔STF➔Cadrage W➔32,95 $/36,95 $

NOM DE LA ROSE, LE *voir* **Name of the Rose, The**

NOMADS
É.-U. 1986. John McTIERNAN □ Non classé
DVD VA➔STF➔Cadrage P&S/W➔12,95 $

NOMADS OF THE NORTH
É.-U. 1920. David M. HARTFORD □ Général

NOMME CABLE HOGUE, UN
voir **Ballad of Cable Hogue, The**

NON COUPABLE *voir* **Time to Kill**

NON TI MUOVERE *voir* **Écoute-moi**

NONE BUT THE BRAVE ▷4
É.-U. 1965. Drame de guerre réalisé et interprété par Frank SINATRA avec Clint Walker et Tatsuya Mihashi. - Dans une île du Pacifique, un officier américain et un officier japonais conviennent d'une trêve afin de faire soigner un blessé. □ Général

NONE BUT THE LONELY HEART ▷4
É.-U. 1944. Drame psychologique de Clifford ODETS avec Cary Grant, Ethel Barrymore et Barry Fitzgerald. - Un jeune homme né dans un quartier misérable sacrifie tout à son esprit d'indépendance.

NORA ▷5
ANG. 1999. Drame biographique de Pat MURPHY avec Susan Lynch, Ewan McGregor et Peter McDonald. - En 1904, Nora Barnacle, domestique dans un hôtel de Dublin, s'engage dans une relation amoureuse intense avec le jeune écrivain James Joyce. □ 13 ans+

NORD ▷3
FR. 1991. Drame social réalisé et interprété par Xavier BEAUVOIS avec Bernard Verley et Bulle Ogier. - Le petit quotidien déprimant d'une famille dont le père pharmacien est un alcoolique. - Décomposition d'une cellule familiale dépeinte avec une acuité surprenante. Style d'une lucidité et d'une rigueur sans concession. Interprétation d'un réalisme confondant. □ 13 ans+

NORMA JEAN AND MARILYN ▷4
É.-U. 1996. Drame biographique de Tim Fywell avec Ashley Judd, Mira Sorvino et Josh Charles. - Évocation de la vie tourmentée de l'actrice américaine Marilyn Monroe.
DVD VA➔STA➔7,95 $

NORMA RAE ▷3
É.-U. 1979. Drame social de Martin RITT avec Sally Field, Ron Leibman et Beau Bridges. - Une ouvrière de filature offre son appui à un organisateur syndical, ce qui lui amène des ennuis. - Scénario tiré d'un fait vécu. Mise en scène contrôlée. Description réaliste du milieu. Excellente interprétation de S. Field. □ Général
DVD VA➔Cadrage W➔9,95 $

NORMAL ▷4
É.-U. 2003. Drame de Jane ANDERSON avec Tom Wilkinson et Jessica Lange. - Un père de famille d'âge mûr annonce aux siens qu'il veut subir une opération pour changer de sexe.
DVD VA➔11,95 $

NORMAL LIFE ▷4
É.-U. 1995. Drame de mœurs de John McNAUGHTON avec Luke Perry, Ashley Judd et Bruce Young. - Engagé dans une relation tumultueuse avec une jeune femme rebelle, un policier n'hésite pas à recourir au crime pour la rendre heureuse. □ 16 ans+ · Violence
DVD VA➔STA➔Cadrage W➔23,95 $

NORTH BY NORTHWEST [Mort aux trousses, La] ►1
É.-U. 1959. Drame d'espionnage d'Alfred HITCHCOCK avec Cary Grant, Eva Marie Saint et James Mason. - Un publicitaire pris pour un agent secret est entraîné dans une série d'aventures. - Suspense mené de façon magistrale. Tension tempérée d'humour. Suite ébouriffante d'escapades périlleuses. Réalisation d'une étourdissante invention. Interprétation dégagée. □ Général
DVD VF➔STF➔Cadrage W➔21,95 $

NORTH COUNTRY ▷4
É.-U. 2005. Drame social de Niki CARO avec Charlize Theron, Frances McDormand et Sean Bean. - En 1989, au Minnesota, une mère célibataire issue d'un milieu modeste poursuit la compagnie minière où elle travaille pour harcèlement sexuel. □ 13 ans+
DVD VF➔STF➔Cadrage W➔21,95 $

NORTH DALLAS FORTY ▷4
É.-U. 1979. Comédie dramatique de Ted KOTCHEFF avec Nick Nolte, Mac Davis et Dayle Haddon. - Un joueur professionnel de football persiste à jouer pour le club qui l'emploie même si l'on commence à négliger ses talents. □ 13 ans+
DVD VA➔STA➔Cadrage W➔10,95 $

NORTH OF PITTSBURGH ▷4
CAN. 1992. Comédie dramatique de Richard MARTIN avec Viveca Lindfors, Jeff Schultz et Bryon Lucas. - Un jeune trafiquant de marijuana ontarien accompagne sa grand-mère jusqu'à Pittsburgh, où elle s'en va toucher une compensation pour la mort de son mari. □ Général

NORTH TO ALASKA ▷4
É.-U. 1960. Comédie d'Henry HATHAWAY avec John Wayne, Stewart Granger et Capucine. - En Alaska, deux amis prospecteurs rivalisent pour l'amour d'une fille de joie. □ Général
DVD VA➔15,95 $

NORTHFORK ▷4
É.-U. 2002. Drame fantastique de Michael POLISH avec James Woods, Nick Nolte et Duel Farnes. - En 1955, alors que des fonctionnaires évacuent les derniers résidents d'une petite ville condamnée, un enfant mourant rêve qu'il est un ange. - Fable crépusculaire sur le thème du passage d'un monde à un autre. □ Général
DVD VA➔STA➔Cadrage W/16X9➔19,95 $

NORTHWEST FRONTIER (FLAME OVER INDIA) ▷4
ANG. 1960. Aventures de J. Lee THOMPSON avec Lauren Bacall, Kenneth More et Herbert Lom. - Pendant une révolution, un capitaine anglais est chargé de conduire en lieu sûr le fils d'un maharadjah. □ Général

NORTHWEST PASSAGE ▷3
É.-U. 1940. Aventures de King VIDOR avec Spencer Tracy, Robert Young et Walter Brennan. - En 1759, un jeune peintre se joint à un groupe de miliciens en lutte contre les Indiens. - Puissante fresque guerrière et forestière. Séquences grandioses. Moments d'émotion. Interprétation solide. □ Général

NOS ENFANTS CHÉRIS ▷4
FR. 2002. Comédie de mœurs de Benoit COHEN avec Mathieu Demy, Romane Bohringer et Laurence Côte. - En vacances avec des amis, un père de famille au début de la trentaine renoue avec son ex, mariée et mère de deux enfants. □ Général
DVD VF➔29,95 $

NOS FUNÉRAILLES *voir* **Funeral, The**

NOS MEILLEURES ANNÉES [Best of Youth, The] ▷3
ITA. 2003. Chronique de Marco TULLIO GIORDANA avec Luigi Lo Cascio, Alessio Boni et Adriana Asti. - Les trajectoires distinctes de deux frères d'une famille romaine, du milieu des années 1960 jusqu'au début du nouveau siècle. - Mélange réussi de drames intimistes et d'événements socio-historiques. Récit fluide aux péripéties variées. Ton chaleureux. Facture classique. Interprétation de haut niveau. □ Général
DVD VF➔STF➔Cadrage W➔34,95 $

NOS PLUS BELLES ANNÉES
voir **Way We Were, The**

NOSFERATU ►1
ALL. 1922. Drame fantastique de Friedrich Wilhelm MURNAU avec Max Schreck, Alexander Granach et Gustav von Vangengheim. - Les exploits maléfiques d'un vampire. - Première version cinématographique de la légende de Dracula. Images envoûtantes. Climat d'horreur souvent saisissant. Composition hallucinante de M. Shreck. □ Général
DVD STA➔16,95 $

NOSFERATU : FANTÔME DE LA NUIT ►2
[Nosferatu the Vampyre]
ALL. FR. 1978. Drame fantastique de Werner HERZOG avec Klaus Kinski, Isabelle Adjani et Bruno Ganz. - Au cours d'un voyage en Transylvanie, un jeune homme devient la victime d'un vampire. - Transposition originale de la légende de Dracula. Climat de romantisme noir. Rythme lent. Composition insolite de K. Kinski. □ Général
DVD VA➔STA➔Cadrage W➔29,95 $

NOSTALGHIA ▷3
RUS. 1983. Drame d'Andrei TARKOVSKY avec Oleg Yankovsky, Domiziana Giordano et Erland Josephson. - Un écrivain russe recherche en Italie les traces d'un compatriote musicien dont il veut écrire la biographie. - Scénario prétexte à une réflexion poétique sur l'exil. Récit plutôt obscur. Rythme lent. □ Général

NOSTRADAMUS ▷5
FR. ALL. ROU. 1994. Drame biographique de Roger CHRISTIAN avec Tchéky Karyo, F. Murray Abraham et Amanda Plummer. - Évocation de la vie de Nostradamus, célèbre astrologue et médecin du XVIe siècle. □ 13 ans+

NOT AS A STRANGER ▷5
[Pour que vivent les hommes]
É.-U. 1955. Drame de Stanley E. KRAMER avec Olivia de Havilland, Robert Mitchum, Gloria Grahame et Frank Sinatra. - Un étudiant en médecine est prêt à tout pour devenir un chirurgien célèbre. □ Général

NOT FOR PUBLICATION
É.-U. 1984. Paul BARTEL □ Non classé

NOT MOZART
ANG. É.-U. 1991. DIVERS
DVD VA➔34,95 $

NOT ON THE LIPS
voir **Pas sur la bouche**

NOT ONE LESS ▷3
CHI. 1999. Drame social de Yimou ZHANG avec Wei Minzhi, Zhang Huike et Tian Zhenda. - Une adolescente de 13 ans, désignée substitut dans une école de village, doit s'occuper d'un groupe de 28 élèves pendant un mois. - Récit sobre axé sur l'émotion. Mise en scène dépouillée et fluide. Interprétation solide d'acteurs non professionnels. □ Général
DVD Cadrage W→39,95 $

NOT WITH MY WIFE, YOU DON'T! ▷5
[Deux minets pour Juliette]
É.-U. 1966. Comédie de Norman PANAMA avec Tony Curtis, Virna Lisi et George C. Scott. - Un officier supérieur américain tente de reconquérir son ancienne amie maintenant mariée.

NOT WITHOUT MY DAUGHTER ▷4
[Jamais sans ma fille]
É.-U. 1990. Drame de mœurs de Brian GILBERT avec Sally Field, Alfred Molina et Sheila Rosenthal. - L'épouse et la fille d'un médecin musulman installé aux États-Unis sont retenues contre leur gré en Iran. □ Général
DVD Cadrage W→12,95 $

NOTEBOOK ON CITIES AND CLOTHES
ALL. 1990. Wim WENDERS □ Général
DVD VA→28,95 $

NOTEBOOK, THE [Pages de notre amour, Les] ▷5
É.-U. 2004. Drame sentimental de Nick CASSAVETES avec Ryan Gosling, Rachel McAdams et James Garner. - Pour distraire une dame âgée qui n'a plus toute sa tête, un vieil homme lui fait la lecture d'une ancienne histoire d'amour entre un ouvrier et une jeune bourgeoise. □ Général
DVD VA→STA→Cadrage W→23,95 $

NOTES DE CHEVET *voir* **Pillow Book, The**

NOTHING [Néant, Le] ▷5
CAN. 2003. Comédie fantaisiste de Vincenso NATALI avec David Hewlett, Andrew Miller et Elana Shilling. - Pour faire échec à leurs problèmes, deux copains paumés parviennent à effacer le monde qui les entoure.
DVD VF→STF→Cadrage W→14,95 $

NOTHING BUT A MAN ▷4
É.-U. 1964. Drame social de Michael ROEMER avec Ivan Dixon, Abbey Lincoln et Julius Harris. - Les difficultés de vie d'un ouvrier noir de l'Alabama. □ Général
DVD VA→36,95 $

NOTHING BUT TROUBLE ▷5
É.-U. 1944. Comédie de Sam TAYLOR avec Stan Laurel, Oliver Hardy et Mary Boland. - Deux chômeurs trouvent un emploi au service d'un jeune roi en exil. □ Général

NOTHING IN COMMON [Rien en commun] ▷4
É.-U. 1986. Comédie dramatique de Garry MARSHALL avec Tom Hanks, Jackie Gleason et Eva Marie Saint. - Perturbé par la séparation de ses parents, un jeune publicitaire reste auprès de son père malade. □ Général
DVD VF→STF→Cadrage W→PC

NOTHING SACRED ▷3
É.-U. 1937. Comédie de William A. WELLMAN avec Carole Lombard, Fredric March et Walter Connolly. - Atteinte de radiations mortelles, une jeune femme est exploitée par un journaliste de New York. - Un des grands succès de la comédie d'avant-guerre. Récit drôlement excentrique. □ Général
DVD 32,95 $

NOTHING TO LOSE [Rien à perdre] ▷5
É.-U. 1997. Comédie policière de Steve OEDEKERK avec Martin Lawrence, Tim Robbins et John C. McGinley. - Voulant se venger de son patron qui l'aurait cocufié, un publicitaire cambriole le bureau de celui-ci avec l'aide d'un petit escroc. □ 13 ans+
DVD Cadrage W→14,95 $

NOTORIOUS ►2
É.-U. 1946. Drame d'espionnage d'Alfred HITCHCOCK avec Cary Grant, Ingrid Bergman et Claude Rains. - Les services secrets utilisent la fille d'un espion allemand pour retrouver ses complices. - Suspense à contenu psychologique. Scénario rigoureusement construit. Réalisation inventive. Interprétation nuancée. □ Général

NOTORIOUS BETTIE PAGE, THE ▷4
É.-U. 2005. Drame biographique de Mary HARRON avec Gretchen Mol, Chris Bauer et Lili Taylor. - La carrière du modèle féminin Bettie Page, qui a connu un grand succès au début des années 1950 en posant pour des magazines érotiques.

NOTORIOUS NOBODIES
voir **Illustres Inconnus**

NOTRE HISTOIRE ▷4
FR. 1984. Comédie dramatique de Bertrand BLIER avec Alain Delon, Nathalie Baye et Michel Galabru. - Un homme connaît diverses tribulations après s'être installé chez une inconnue qu'il a rencontrée dans un train. □ Général

NOTRE HISTOIRE *voir* **Story of Us, The**

NOTRE MUSIQUE
FR. SUI. 2004. Jean-Luc GODARD
DVD VF→STA→42,95 $

NOTRE-DAME DE PARIS ▷4
FR. 1956. Drame de Jean DELANNOY avec Anthony Quinn, Gina Lollobrigida et Jean Danet. - Au Moyen Âge, une jeune danseuse accusée de sorcellerie est défendue par un bossu. □ Général

NOTTI BIANCHE, LE *voir* **Nuits Blanches**

NOTTING HILL ▷4
ANG. 1999. Comédie sentimentale de Roger MICHELL avec Hugh Grant, Julia Roberts et Rhys Ifans. - Un libraire londonien et une star américaine de cinéma tombent amoureux après plusieurs rencontres impromptues. □ Général
DVD VF→Cadrage W→15,95 $

NOUNOU MCPHEE *voir* **Nanny McPhee**

NOUS ÉTIONS GUERRIERS *voir* **Once Were Warriors**

NOUS ÉTIONS SOLDATS *voir* **We Were Soldiers**

NOUS NOUS SOMMES TANT AIMÉS ►2
[We All Loved Each Other So Much]
ITA. 1975. Comédie dramatique d'Ettore SCOLA avec Nino Manfredi, Vittorio Gassman et Stefania Sandrelli. - Trois hommes de milieux divers qui se sont liés d'amitié dans la Résistance connaissent des sorts différents. - Scénario complexe. Mouvement souple. Mise en scène fort habile. Interprétation vivante. □ Général
DVD STA→59,95 $

NOUS SOMMES DE RETOUR! - UNE HISTOIRE DE DINOSAURES
voir **We're Back! - A Dinosaur's Story**

NOUVEAU MONDE, LE *voir* **New World, The**

NOUVEAU MONDE, LE ▷4
FR. 1995. Drame psychologique d'Alain CORNEAU avec Nicolas Chatel, Sarah Grappin et James Gandolfini. - À la fin des années 1950, un jeune Français se joint à un groupe de musiciens de jazz formé de soldats américains en poste près d'Orléans. □ 13 ans+

NOUVEAU TESTAMENT, LE ▷5
FR. 1936. Comédie réalisée et interprétée par Sacha GUITRY avec Jacqueline Delubac et Charles Deschamps. - L'ouverture prématurée du testament d'un médecin révèle à sa femme une vieille liaison de celui-ci. □ Général

NOUVEAUX MECS, LES *voir* **Maybe, Maybe Not**

NOUVEL AGENT, LE *voir* **Recruit, The**

NOUVEL AMOUR DE COCCINELLE, LE
voir **Herbie Rides Again**

NOUVELLE ÈVE, LA [New Eve, The] ▷4
FR. 1998. Comédie sentimentale de Catherine CORSINI avec Karin Viard, Pierre-Loup Rajot et Catherine Frot. - Une célibataire dans la trentaine tombe éperdument amoureuse d'un père de famille qu'elle va tout faire pour conquérir. □ Général
DVD Cadrage W→39,95 $

NOUVELLE VAGUE ▷4
FR. 1990. Film d'essai de Jean-Luc GODARD avec Roland Amstutz, Alain Delon et Domiziana Giordano. - Après la mort de son amant, un voyageur solitaire qu'elle a accueilli chez elle, une riche femme d'affaires devient la maîtresse du frère de celui-ci. □ Général

NOUVELLE-FRANCE ▷5
QUÉ. 2004. Drame de Jean BEAUDIN avec Noémie Godin-Vigneau, David La Haye et Juliette Gosselin. - En 1759, à Québec, les amours d'une jeune mère veuve et d'un coureur des bois connaissent une issue tragique. □ Général · Déconseillé aux jeunes enfants
DVD VF→Cadrage W→31,95 $

NOVEMBER ▷4
É.-U. 2004. Drame de Greg HARRISON avec Courteney Cox, James Le Gros et Anne Archer. - Après l'assassinat de son copain dans une épicerie, une photographe rongée par la culpabilité développe d'étranges visions. □ 13 ans+
DVD VA→STF→Cadrage W→32,95 $

NOVO ▷5
FR. 2002. Comédie dramatique de Jean-Pierre LIMOSIN avec Anna Mouglalis, Eduardo Noriega, Eric Caravaca et Nathalie Richard. - Un jeune homme privé de mémoire à long terme entreprend chaque jour une nouvelle relation amoureuse avec une de ses collègues. □ 16 ans+
DVD VF→STA→Cadrage W/16X9→21,95 $

NOW AND FOREVER ▷5
É.-U. 1934. Comédie d'Henry HATHAWAY avec Gary Cooper, Shirley Temple et Carole Lombard. - Un escroc se laisse attendrir par la grâce d'une fillette. □ Général

NOW, VOYAGER ▷3
É.-U. 1942. Drame psychologique d'Irving RAPPER avec Bette Davis, Paul Henreid et Claude Rains. - Durant une croisière, une femme neurasthénique s'éprend d'un homme marié. - Scénario complexe mais bien raconté. Tendances mélodramatiques. Mise en scène soignée. Interprétation de classe. □ Non classé
DVD VA→STF→21,95 $

NOWHERE ▷4
É.-U. 1997. Comédie de mœurs de Gregg ARAKI avec James Duval, Rachel True, Nathan Bexton et Kathleen Robertson. - Lors d'une journée composée de toutes sortes d'abus de drogues et de sexe, un étudiant constate qu'un extraterrestre a kidnappé un ami. □ 16 ans+ · Violence

NOWHERE IN AFRICA ▷4
ALL. 2001. Chronique de Caroline LINK avec Juliane Köhler, Merab Ninidze et Sidede Onyulo. - Pour fuir la persécution nazie en Allemagne, une famille juive s'installe sur une ferme au Kenya. □ Général · Érotisme
DVD VA→STA→38,95 $

NOYADE INTERDITE ▷5
FR. 1987. Drame policier de Pierre GRANIER-DEFERRE avec Philippe Noiret, Guy Marchand et Elizabeth Bourgine. - Deux policiers qui se détestent doivent enquêter sur une série de morts mystérieuses survenues dans une petite station balnéaire. □ Général

NU DE FEMME ▷4
ITA. 1981. Comédie de mœurs réalisée et interprétée par Nino MANFREDI avec Eleonora Giorgi et Georges Wilson. - À Venise, un homme rencontre une femme légère ressemblant étrangement à son épouse. □ Général

NUDE FOR SATAN
ITA. 1974. Luigi BATZELLA □ Non classé
DVD STA→Cadrage W→39,95 $

NUDE ON THE MOON
É.-U. 1961. Doris WISHMAN □ Non classé
DVD VA→39,95 $

NUDE SET, THE *voir* **Mademoiselle Strip-Tease**

NUIT À CASABLANCA, UNE *voir* **Night in Casablanca, A**

NUIT AMÉRICAINE, LA [Day for Night] ▷3
FR. 1973. Comédie dramatique réalisée et interprétée par François TRUFFAUT avec Jean-Pierre Léaud et Jacqueline Bisset. - Des incidents inattendus posent des problèmes d'ordres divers à un réalisateur en plein tournage. - Chronique agréable révélant plusieurs trucs du métier. Mise en scène vivante et mobile. □ Général

NUIT AVEC HORTENSE, LA ▷5
QUÉ. 1988. Drame sentimental de Jean CHABOT avec Carole Laure, Lothaire Bluteau et Paul Hébert. - Alors qu'il se disposait à s'en aller vivre ailleurs, un jeune homme en peine d'amour fait la rencontre d'une femme qui soigne aussi une blessure sentimentale. □ 13 ans+

NUIT AVEC TOI, UNE
QUÉ. 1993. Claude DEMERS □ Général

NUIT D'ÉTÉ EN VILLE ▷4
FR. 1990. Comédie de mœurs de Michel DEVILLE avec Jean-Hugues Anglade et Marie Trintignant. - Deux jeunes gens qui viennent de faire connaissance font l'amour et passent une nuit blanche à bavarder.

NUIT D'IVRESSE ▷5
FR. 1986. Comédie de Bernard NAUER avec Josiane Balasko, Thierry Lhermitte et France Roche. - À peine sortie de prison, une jeune femme rencontre un animateur de télévision éméché qui l'entraîne dans une réception mondaine. □ Général

NUIT DE L'ÉVASION, LA *voir* **Night Crossing**

NUIT DE NOCES ▷5
QUÉ. 2001. Comédie de mœurs d'Émile GAUDREAULT avec François Morency, Geneviève Brouillette et Pierrette Robitaille. - Les mésaventures d'un jeune couple venu avec parents et amis se marier à Niagara Falls. □ Général
DVD VF→14,95 $

NUIT DE RÉFLEXION, UNE *voir* **INSIGNIFICANCE**

NUIT DE SAINT-GERMAIN DES PRÉS, LA ▷4
FR. 1977. Drame policier de Bob SWAIM avec Michel Galabru, Mort Shuman et Chantal Dupuy. - Recherchant des bijoux volés pour le compte d'une compagnie d'assurances, un détective est confronté à un assassinat.

NUIT DE SAN LORENZO, LA ▷3
[Night of the Shooting Stars, The]
ITA. 1981. Drame de guerre de Paolo et Vittorio TAVIANI avec Omero Antonutti, Margarita Lozano et Sabina Vannucchi. - Défiant l'ordre des Allemands de se regrouper dans une cathédrale, les habitants d'une petite ville de Toscane partent à la rencontre des Américains. - Récit basé sur un fait vécu. Fresque vivante et dramatique. Touches poétiques. Notes pittoresques. Interprétation naturelle. □ Général

NUIT DE VARENNES, LA ▷3
FR. 1982. Drame historique d'Ettore SCOLA avec Hanna Schygulla, Jean-Louis Barrault et Marcello Mastroianni. - En 1791, l'écrivain Restif de la Bretonne rencontre diverses personnalités dans une diligence qui se rend à Metz. - Fantaisie satirico-philosophique. Dialogues abondants mais pleins de finesse. □ Général

NUIT DES FORAINS, LA [Sawdust and Tinsel] ▷3
SUÈ. 1953. Drame psychologique d'Ingmar BERGMAN avec Ake Gronberg, Harriet Andersson et Hasse Ekman. - Un directeur de cirque ambulant tente une réconciliation avec sa femme. - Variations riches de signification psychologique. Image travaillée dans un mode expressionniste efficace. Interprétation de première force. □ Général

NUIT DES MORTS-VIVANTS, LA
voir **Night of the Living Dead**

NUIT DES ROIS, LA *voir* **Twelfth Night**

NUIT DES TRAQUÉES, LA
FR. 1980. Jean ROLLIN

NUIT DU DÉLUGE [Nuit du déluge, La] ▷4
QUÉ. 1996. Drame poétique de Bernar HÉBERT avec Geneviève Rochette, Julie McClemens et Jacques Godin. - Seule survivante d'un déluge, une jeune femme met au monde un enfant avec l'aide des fantômes de ses proches. □ Général

NUIT DU JUGEMENT, LA
voir **Judgment Night**

NUIT DU LOUP-GAROU, LA
voir **Curse of the Werewolf, The**

NUIT FANTASTIQUE, LA [Fantastic Night] ▷4
FR. 1942. Comédie fantaisiste de Marcel L'HERBIER avec Fernand Gravey, Micheline Presle et Saturnin Fabre. - Hanté chaque nuit par une jeune fille voilée, un étudiant constate après diverses péripéties que le songe est devenu réalité.

NUIT MAGIQUE *voir* **Night Magic**

NUIT NOIRE *voir* **Mother Night**

NUIT PORTE-JARRETELLES, LA ▷5
FR. 1984. Comédie dramatique de Virginie THÉVENET avec Jezabel Carpi, Ariel Genet et Arielle Dombasle. - Au cours d'un souper entre amis, une fille délurée jette son dévolu sur un adolescent timide et l'entraîne dans une tournée du Paris nocturne. □ 18 ans+

NUIT TOMBE SUR MANHATTAN, LA
voir **Night Falls on Manhattan**

NUIT TRÈS MORALE, UNE ▷4
HON. 1977. Comédie de Karoly MAKK avec Carla Romanelli, Margit Makay et Irène Psota. - À la fin du siècle, un étudiant tente de cacher à sa mère, venue le visiter, qu'il habite dans une maison close.

NUITS AVEC MON ENNEMI, LES
voir **Sleeping with the Enemy**

NUITS BLANCHES [Notti bianche, Le] ▷3
ITA. 1957. Drame poétique de Luchino VISCONTI avec Maria Schell, Marcello Mastroianni et Jean Marais. - Un homme s'éprend d'une jeune fille qui attend le retour de celui qu'elle aime. - Climat poétique. Mise en scène brillamment stylisée. Interprétation nuancée.
DVD STA→46,95 $

NUITS DE CABIRIA, LES [Nights of Cabiria] ►1
ITA. 1957. Drame psychologique de Federico FELLINI avec Giulietta Masina, François Périer et Amedeo Nazzari. - Une prostituée connaît une amère déception amoureuse. - Œuvre riche de sens. Images pleines de vie où alternent une poésie tendre et un humour parfois féroce. Création magistrale de G. Masina, à la fois spontanée et vulnérable. □ Non classé
DVD VA→STA→Cadrage W→62,95 $

NUITS DE CAUCHEMAR *voir* **Motel Hell**

NUITS DE DRACULA, LES ▷5
ESP. 1969. Drame d'horreur de Jess FRANCO avec Christopher Lee, Herbert Lom et Fred Williams. - Le directeur d'une clinique psychiatrique est amené à entrer en lutte avec un vampire. □ 13 ans+

NUITS DE HARLEM, LES *voir* **Harlem Nights**

NUITS DE LA PLEINE LUNE, LES ▷3
[Full Moon in Paris]
FR. 1984. Comédie de mœurs d'Éric ROHMER avec Pascale Ogier, Fabrice Luchini et Tchéky Karyo. - Vivant une union heureuse en banlieue, une jeune femme, par besoin d'indépendance, s'aménage un studio à Paris pour y séjourner à l'occasion. - Exploration subtile des mœurs sentimentales. Mise en scène précise. Interprétation piquante de P. Ogier. □ Général
DVD VF→STA→44,95 $

NUITS ENDIABLÉES *voir* **Boogie Nights**

NUITS FAUVES, LES ▷3
FR. 1992. Drame de mœurs réalisé et interprété par Cyril COLLARD avec Romane Bohringer et Carlos Lopez. - Un jeune sidéen s'engage dans une liaison avec une actrice débutante tout en poursuivant une relation avec un homosexuel. - Thème sordide traité avec vérité et lucidité. Style narratif empreint d'une émotion à fleur de peau. Mise en scène énergique. Interprétation d'un naturel confondant. □ 16 ans+

NUITS MOSCOVITES, LES ▷4
FR. 1934. Drame sentimental d'Alexis GRANOWSKY avec Harry Baur, Germaine Dermoz, Annabella et Pierre-Richard Willm. - À Moscou, en 1916, une infirmière incite un marchand à venir en aide à un jeune officier compromis dans une affaire d'espionnage. □ Non classé

NUMBER 17 ▷5
ANG. 1932. Comédie policière d'Alfred HITCHCOCK avec Leon M. Lion, Anne Grey, Donald Calthrop et John Stuart. - Une jeune voleuse de bijoux repentie aide un détective à coincer ses anciens partenaires qui cherchent à s'emparer d'un précieux collier. □ Général

NUMÉRO DEUX
FR. 1975. Jean-Luc GODARD

NUN AND THE BANDIT, THE ▷4
AUS. 1992. Drame psychologique de Paul COX avec Gosia Dobrowolska, Chris Haywood et Victoria Eagger. - Afin d'obtenir une compensation financière d'un oncle magouilleur, un homme séquestre la petite fille de celui-ci avec une de ses tantes qui est religieuse. □ Général

NUN'S STORY, THE [Au risque de se perdre] ▷3
É.-U. 1959. Drame psychologique de Fred ZINNEMANN avec Audrey Hepburn, Peter Finch et Edith Evans. - Après diverses obédiences, une jeune religieuse quitte sa communauté. - Œuvre de grande valeur. Partie documentaire émouvante. Interprétation remarquable. □ Général
DVD VF→STF→Cadrage W→21,95 $

NUN, THE *voir* **Religieuse, La**

NUNS ON THE RUN [Mettons les voiles] ▷5
ANG. 1990. Comédie policière de Jonathan LYNN avec Eric Idle, Robbie Coltrane et Camille Coduri. - Pourchassés par leur chef à qui ils ont dérobé une forte somme, deux criminels trouvent refuge dans une école dirigée par des religieuses.
DVD VA→15,95 $

NUREMBERG ▷4
CAN. 2000. Drame historique d'Yves SIMONEAU avec Brian Cox, Alec Baldwin et Jill Hennessy. - Au lendemain de la Seconde Guerre mondiale, des criminels de guerre nazis subissent un procès à Nuremberg.
DVD 8,95 $

NURSE BETTY ▷4
É.-U. 2000. Comédie dramatique de Neil LaBUTE avec Morgan Freeman, Renée Zellweger et Chris Rock. - Témoin du meurtre de son mari, une jeune femme perd contact avec la réalité et se croit l'héroïne d'un soap télévisé. □ 13 ans+
DVD VA→STA→Cadrage W→9,95 $

NURSE, LA *voir* **Guardian, The**

NUTCRACKER, THE
É.-U. 1977. Tony CHARMOLI □ Non classé

NUTCRACKER MOTION PICTURE, THE ▷3
É.-U. 1986. Spectacle musical de Carroll BALLARD avec Hugh Bigney, Patricia Barker et Vanessa Sharp. - Une jeune fille rêve qu'un casse-noisette à figure humaine s'anime et se transforme en un beau chevalier servant. - Adaptation du célèbre ballet de Tchaïkovski. Spectacle d'allure onirique. Monde fantaisiste mariant la danse et les trucages. □ Général

NUTCRACKER PRINCE, THE ▷4
CAN. 1990. Dessins animés de Paul SCHIBLI. - La nuit de Noël, une fillette rêve qu'elle est transportée au royaume des jouets par un soldat de bois qui a pris forme humaine. □ Général

NUTS [toquée] ▷4
É.-U. 1987. Drame judiciaire de Martin RITT avec Barbra Streisand, Richard Dreyfuss et Maureen Stapleton. - Un avocat défend une call-girl accusée d'homicide involontaire dont les parents voudraient qu'elle soit soignée dans une institution psychiatrique. □ Général
DVD VF→STF→Cadrage W→13,95 $

NUTS IN MAY
ANG. 1976. Mike LEIGH □ Général

NUTTY PROFESSOR, THE [Nigaud de professeur] ▷3
É.-U. 1963. Comédie réalisée et interprétée par Jerry LEWIS avec Stella Stevens et Del Moore. - Un professeur timide découvre un produit qui le transforme en don Juan irrésistible. - Parodie loufoque de *Dr. Jekyll et Mr. Hyde*. Ensemble très drôle où perce un accent de tendresse. J. Lewis remarquable dans un double rôle. □ Général
DVD VF→STA→Cadrage W→10,95 $

NUTTY PROFESSOR, THE ▷4
[Nigaud de professeur]
É.-U. 1996. Comédie de Tom SHADYAC avec Eddie Murphy, Jada Pinkett et Larry Miller. - Un professeur obèse épris d'une jolie collègue devient un séducteur irrésistible après avoir absorbé une potion de son invention. □ Général
DVD VF→Cadrage W→22,95 $

NYMPH, THE
ITA. 1996. Lina WERTMULLER
DVD STA→24,95 $

O

O (OTHELLO) ▷5
É.-U. 2001. Drame de mœurs de Tim Blake NELSON avec Mekhi Phifer, Josh Hartnett et Julia Stiles. - Envieux des succès d'un camarade de classe, un collégien cherche à le briser en lui faisant croire que sa petite amie le trompe. □ 13 ans+
DVD VA→Cadrage W→8,95 $
VA→STA→Cadrage P&S/W→9,95 $

O BROTHER, WHERE ART THOU? ▷3
É.-U. 2000. Comédie de Joel COEN avec George Clooney, John Turturro, John Goodman et Tim Blake Nelson. - Dans le Sud profond, durant la Grande Dépression, trois bagnards en fuite vivent des aventures rocambolesques. - Péripéties truculentes et pleines d'imagination. Personnages d'un pittoresque irrésistible. Dialogues savoureux. Réalisation enlevante. Comédiens fort inspirés.
□ Général
DVD VA→STA→Cadrage W→19,95 $

O LUCKY MAN! ▷3
ANG. 1973. Comédie satirique de Lindsay ANDERSON avec Ralph Richardson, Malcolm McDowell et Rachel Roberts. - Un jeune homme ayant obtenu le poste de représentant d'une compagnie de café dans un vaste territoire est pris dans toutes sortes de mésaventures. - Satire bouffonne et cruelle de la vie contemporaine. Unité de style respectée. Interprétation enthousiaste de M. McDowell. □ 13 ans+

O PIONEERS! ▷4
É.-U. 1991. Drame social de Glenn JORDAN avec Jessica Lange, Tom Aldredge et David Strathairn. - Au tournant du xxe siècle, une fille d'immigrants suédois se retrouve à la tête d'une vaste exploitation agricole au Nebraska.
DVD VA→24,95 $

O.K... LALIBERTÉ ▷4
QUÉ. 1973. Comédie dramatique de Marcel CARRIÈRE avec Jacques Godin, Luce Guilbeault et Jean Lapointe. - Ayant perdu son emploi et quitté sa femme, un homme de 40 ans doit s'adapter à un changement de vie.

OASIS
COR. 2002. Chang-dong LEE
DVD 29,95 $

OASIS GLACIALE *voir* **Cold Comfort**

OBJECT OF BEAUTY, THE [Imposteurs, Les] ▷5
ANG. 1990. Comédie de mœurs de Michael LINDSAY-HOGG avec John Malkovich, Andie MacDowell et Lolita Davidovich. - Deux jeunes amants oisifs et endettés s'accusent mutuellement d'un vol commis, en fait, par une employée de l'hôtel où ils demeurent.
□ Général
DVD VA→Cadrage P&S→13,95 $

OBJECTIVE BURMA! [Cross My Heart] ▷4
É.-U. 1944. Drame de guerre de Raoul WALSH avec Errol Flynn, William Prince et James Brown. - En Birmanie, des parachutistes en mission derrière les lignes ennemies tentent de regagner leurs troupes.
DVD VA→STF→Cadrage P&S→21,95 $

OBLOMOV ▷3
RUS. 1979. Comédie sentimentale de Nikita MIKHALKOV avec Oleg Tabakov, Youri Bogatyrev et Elena Solovei. - Sorti de sa torpeur par un ami commerçant, un propriétaire terrien entreprend une idylle avec une jeune fille rencontrée à une réunion sociale. - Film poétique célébrant l'âme russe. Réflexions pertinentes. Mise en scène ample et colorée. Interprétation savoureuse. □ Général
DVD STA→Cadrage W→26,95 $

OBSÉDÉ EN PLEIN JOUR, L' [Violence at Noon]
JAP. 1966. Nagisa OSHIMA □ Non classé

OBSÉDÉ, L' *voir* **Collector, The**

OBSERVATIONS UNDER THE VOLCANO
É.-U. 1984. Christian BLACKWOOD □ Non classé

OBSESSED ▷5
CAN. 1987. Drame judiciaire de Robin SPRY avec Kerrie Keane, Saul Rubinek et Daniel Pilon. - Une Montréalaise est prête à tout pour venger son fils, tué par un chauffard américain qui a pris la fuite.
□ Général

OBSESSION *voir* **Mother's Boys**

OBSESSION, L' *voir* **Crossing Guard, The**

OBSESSION ▷3
É.-U. 1975. Drame policier de Brian DE PALMA avec Cliff Robertson, Geneviève Bujold et John Lithgow. - Un homme d'affaires s'éprend d'une jeune Italienne qui ressemble étrangement à sa femme morte au cours d'un enlèvement. - Suspense romantique au style fluide. Climat d'inquiétude admirablement créé. Trame musicale efficace. Interprétation prenante. □ 13 ans+

OBSESSION À BERLIN [Berlin Affair, The] ▷5
ITA. 1985. Drame psychologique de Liliana CAVANI avec Gudrun Landgrebe, Kevin McNally et Mio Takaki. - En 1938, une élève de l'Institut des Beaux-Arts de Berlin entretient une liaison avec la fille de l'ambassadeur du Japon. □ Non classé

OBSESSION FATALE *voir* **Unlawful Entry**

OCCURRENCE AT OWL CREEK BRIDGE
voir **Rivière du hibou, La**

OCÉAN NOIR *voir* **Open Water**

OCEAN'S 11 [Inconnu de Las Vegas, L'] ▷5
É.-U. 1960. Comédie dramatique de Lewis MILESTONE avec Frank Sinatra, Dean Martin, Sammy Davis Jr. et Richard Conte. - Un vétéran réunit d'anciens compagnons d'armes pour effectuer un vol à Las Vegas. □ Non classé
DVD VF→STF→Cadrage W→24,95 $

OCEAN'S ELEVEN [Inconnu de Las Vegas, L'] ▷3
É.-U. 2001. Thriller de Steven SODERBERGH avec George Clooney, Brad Pitt et Julia Roberts. - Un criminel réunit autour de lui dix experts dans différents domaines pour cambrioler trois casinos à Las Vegas. - Suspense au scénario ingénieux et spirituel. Sens de l'humour réjouissant. Rebondissements nombreux et bien amenés. Réalisation souple et élégante. Excellente distribution.
DVD VF→STF→Cadrage W→9,95 $

OCEAN'S 12 [Retour de Danny Ocean, Le] ▷4
É.-U. 2004. Comédie policière de Steven SODERBERGH avec George Clooney, Brad Pitt et Catherine Zeta-Jones. - Un cambrioleur et sa bande doivent perpétrer divers casses en Europe pour rembourser une ancienne victime qui n'entend pas à rire.
DVD VF→STF→14,95 $ VF→Cadrage W→8,95 $

OCTOBER *voir* **Octobre**

OCTOBER MOON
É.-U. 2005. Jason Paul Collum
DVD VA→27,95 $

OCTOBER SKY **[Ciel d'octobre]**
É.-U. 1999. Drame biographique de Joe JOHNSTON avec Jake Gyllenhall, Chris Cooper et Laura Dern. - En 1957, le passage de Spoutnik incite un adolescent de la Virginie de l'ouest à construire des fusées, malgré la désapprobation de son père. - Récit inspiré de la vie de Homer Hickam. Contexte social bien cerné. Réalisation vivante. Excellents interprètes. □ Général
DVD VA→STF→Cadrage W→14,95 $

OCTOBRE **[October]** ►1
RUS. 1928. Drame épique de Sergei EISENSTEIN avec Nikandlov, Vladimir Popov et Boris Livanov. - Évocation de la révolution bolchevique d'octobre 1917 en Russie. - Œuvre marquante du cinéma russe. Traitement grandiose. Style dynamique. Art raffiné du montage. Interprétation appropriée. □ Général
DVD 49,95 $

OCTOBRE **[Octobre]** ▷4
QUÉ. 1994. Drame social de Pierre FALARDEAU avec Hugo Dubé, Luc Picard et Pierre Rivard. - En octobre 1970, quatre membres du Front de Libération du Québec kidnappent un ministre et le séquestrent plusieurs jours dans un bungalow. □ 13 ans+
DVD VF→17,95 $

OCTOPUSSY ▷5
ANG. 1983. Drame d'espionnage de John GLEN avec Roger Moore, Maud Adams et Louis Jourdan. - L'agent secret James Bond évente un complot d'un général russe pour miner le système de défense occidental. □ Général
DVD VA→Cadrage W→27,95 $

ODD COUPLE, THE **[Drôle de couple]** ▷4
É.-U. 1967. Comédie de Gene SAKS avec Jack Lemmon, Walter Matthau et John Fielder. - Rejeté par sa femme, un homme se réfugie chez un ami divorcé. □ Général
DVD Cadrage W→9,95 $

ODD MAN OUT **[Huit heures de sursis]** ▷3
ANG. 1946. Drame de Carol REED avec James Mason, Kathleen Ryan et Robert Newton. - Blessé au cours d'un cambriolage, le chef d'une organisation politique erre dans les rues de Belfast. - Sujet intéressant. Forte tension dramatique. □ Général
DVD 49,95 $

ODD OBSESSION *voir* **Étrange obsession, L'**

ODD ONE DIES, THE
H.K. 1997. Patrick YAU □ 13 ans+

ODDS AGAINST TOMORROW ▷3
É.-U. 1959. Drame policier de Robert WISE avec Harry Belafonte, Robert Ryan et Ed Begley. - Un ancien policier organise un vol de banque avec un Noir qui s'est endetté aux courses et un ex-détenu au chômage.? Incidences raciales bien amenées. Réalisation brillante. Suspense soutenu. Montage nerveux. Très bonne interprétation. □ Général
DVD VA→STF→11,95 $

ODESSA FILE, THE ▷4
ANG. 1974. Thriller de Ronald NEAME avec Jon Voight, Maximilian Schell, Derek Jacobi et Mary Tamm. - Un journaliste tente de démasquer les membres d'une association secrète d'anciens SS. □ Général
DVD Cadrage W→18,95 $

ODESSA U.S.A. *voir* **Little Odessa**

ODEUR DE LA PAPAYE VERTE, L' ▷3
[Scent of Green Papaya, The]
FR. 1993. Drame de mœurs de Tran Anh HUNG avec Tran Nu Yên-Khê, Lu Man San et Truong Thi Lôc. - À Saïgon, une jeune servante à l'emploi de commerçants passe au service d'un musicien dont elle est amoureuse. - Observations minutieuses mettant en lumière la poésie cachée des gestes quotidiens. Sensualité merveilleusement suggérée par la caméra et la bande sonore. Interprétation dans le ton voulu. □ Général
DVD STA→Cadrage P&S→54,95 $

ODEUR DES FAUVES, L' **[Scandal Man]** ▷5
FR. 1971. Drame de Richard BALDUCCI avec Maurice Ronet, Josephine Chaplin et Vittorio De Sica. - Un journaliste déchu s'attire des ennuis en révélant la liaison de la fille d'un politicien américain avec un Noir.
DVD VF→STA→33,95 $

ODYSSÉE D'ALICE TREMBLAY, L' ▷5
QUÉ. 2002. Comédie fantaisiste de Denise FILIATRAULT avec Sophie Lorain, Martin Drainville et Pierrette Robitaille. - Une jeune mère célibataire est projetée magiquement dans un monde fantaisiste où elle croise des personnages de contes célèbres. □ Général
DVD VF→STF→Cadrage W→23,95 $

ODYSSEY, THE **[Odyssée, L']** ▷4
É.-U. 1997. Drame épique d'Andrei KONCHALOVSKY avec Armand Assante, Greta Scacchi et Geraldine Chaplin. - Le guerrier Ulysse et ses hommes doivent surmonter maintes épreuves durant leur voyage de retour après la guerre de Troie. □ Général

ODYSSEY OF THE PACIFIC, THE ▷4
[Empereur du Pérou, L']
CAN. 1981. Conte de Fernando ARRABAL avec Mickey Rooney, Jonathan Starr et Anick. - Un vieux cheminot et deux enfants décident d'aider un jeune réfugié cambodgien à retrouver sa mère restée au Cambodge. □ Général
DVD VA→18,95 $

ŒDIPE ROI **[Œdipus Rex]** ►2
ITA. 1967. Drame de Pier Paolo PASOLINI avec Franco Citti, Silvana Mangano et Ninetto Davoli. - Un prince de Thèbes est condamné par le destin à tuer son père et à épouser sa mère. - Traitement poétique d'un vieux mythe grec. Recréation imaginative de décors à l'antique. Mise en scène riche d'idées. Interprétation stylisée. □ Général
DVD VA→Cadrage W→39,95 $

ŒIL AU BEUR(RE) NOIR, L' ▷4
FR. 1987. Comédie de mœurs de Serge MEYNARD avec Pascal Légitimus, Smaïn et Julie Jézéquel. - Un peintre de race noire et son copain arabe unissent leurs efforts pour dénicher un appartement à Paris. □ Général

ŒIL DU DIABLE, L' **[Devil's Eye, The]** ▷3
SUÈ. 1960. Comédie d'Ingmar BERGMAN avec Jarl Kulle, Bibi Andersson et Nils Poppe. - Le diable confie à Don Juan la mission de séduire une jeune fille dont la vertu l'offense. - Plein de fantaisie et d'ironie. Mise en scène experte mêlant le raffinement au burlesque. □ 13 ans+

ŒIL DU TÉMOIN, L' *voir* **Eyewitness**

ŒIL DU TIGRE, L' *voir* **Rocky III**

ŒIL POUR ŒIL *voir* **Eye for an Eye**

ŒIL PUBLIC, L' *voir* **Public Eye, The**

ŒIL TÉMOIN, L' *voir* **My Little Eye**

ŒUVRE DE DIEU, LA PART DU DIABLE, L'
voir **Cider House Rules, The**

OF FREAKS AND MEN
RUS. 1998. Aleksei BALABANOV
DVD STA→Cadrage W→39,95 $

OF HUMAN BONDAGE ▷4
É.-U. 1934. Drame psychologique de John CROMWELL avec Bette Davis, Leslie Howard et Frances Dee. - Un étudiant en médecine tombe sous l'emprise d'une femme ambitieuse et sans scrupules. □ Général
DVD VA→7,95 $

OF HUMAN HEARTS ▷4
É.-U. 1938. Drame de Clarence BROWN avec James Stewart, Gene Reynolds, Walter Huston et Beulah Bondi. - Au milieu du XIXe siècle, le fils d'un pasteur sévère quitte sa famille pour étudier la médecine. □ Général

OF LOVE AND SHADOWS ▷5
ESP. 1994. Drame de Betty KAPLAN avec Jennifer Connelly, Antonio Banderas et Camilo Gallardo. - Au Chili, en 1978, une journaliste de mode et un photographe rebelle mènent une dangereuse enquête sur les abus de l'armée.
DVD VA➜Cadrage W➜9,95 $

OF MICE AND MEN [Souris et des hommes, Des] ▷4
É.-U. 1939. Drame de mœurs de Lewis MILESTONE avec Burgess Meredith, Lon Chaney Jr. et Betty Field. - Un colosse simple d'esprit, protégé par un ami débrouillard, en vient à commettre un meurtre. □ Général
DVD VA➜31,95 $

OF MICE AND MEN [Souris et des hommes, Des] ▷4
É.-U. 1992. Drame de mœurs réalisé et interprété par Gary SINISE avec John Malkovich et Ray Walston. - En Californie, durant la Dépression, deux amis vagabonds se trouvent un emploi dans une ferme dirigée par un homme belliqueux. □ Général
DVD VF➜STF➜Cadrage W➜18,95 $

OF UNKNOWN ORIGIN [Terreur à domicile] ▷4
CAN. 1983. Drame d'horreur de George P. COSMATOS avec Peter Weller, Jennifer Dale et Shannon Tweed. - Un jeune cadre est obsédé par la présence d'un rat dans sa maison qu'il a lui-même restaurée. □ 13 ans+
DVD VA➜STF➜Cadrage W➜7,95 $

OFF LIMITS ▷4
É.-U. 1988. Drame policier de Christopher CROWE avec Willem Dafoe, Gregory Hines et Fred Ward. - À Saïgon en 1968, deux sergents de l'armée américaine enquêtent sur des meurtres dont l'auteur présumé serait un officier.
DVD VA➜Cadrage W/16X9➜16,95 $

OFF SEASON, THE
É.-U. 2004. James Felix McKENNEY
DVD VA➜24,95 $

OFF THE MAP
É.-U. 2003. Campbell SCOTT
DVD VA➜STA➜Cadrage W➜32,95 $

OFFENCE, THE ▷5
ANG. 1973. Drame policier de Sidney LUMET avec Sean Connery, Trevor Howard et Vivien Merchant. - Croyant tenir le coupable de crimes crapuleux, un policier malmène si bien son suspect qu'il finit par le tuer. □ 13 ans+ · Violence

OFFICER AND A GENTLEMAN, AN ▷4
É.-U. 1981. Drame psychologique de Taylor HACKFORD avec Richard Gere, Debra Winger et David Keith. - Un jeune défavorisé s'inscrit à une école d'officiers-pilotes de la marine où il subit un entraînement fort exigeant. □ 13 ans+
DVD VF➜STA➜Cadrage W➜9,95 $

OFFICIAL STORY, THE *voir* **Histoire officielle, L'**

OFFSPRING, THE *voir* **From a Whisper to a Scream**

OGRE, THE [Roi des aulnes, Le] ▷4
ALL. 1996. Drame de Volker SCHLÖNDORFF avec John Malkovich, Armin Mueller-Stahl et Gottfried John. - Fait prisonnier en 1939, un Français simple d'esprit kidnappe des enfants pour le compte de l'armée allemande. □ 13 ans+
DVD VA➜STA➜Cadrage W➜24,95 $

OH GOD: BOOK 2
É.-U. 1980. Gilbert CATES
DVD VA➜11,95 $

OH WOE IS ME *voir* **Hélas pour moi**

OH! CALCUTTA!
É.-U. 1972. Jacques LEVY
DVD VA➜29,95 $

OIES SAUVAGES, LES *voir* **Wild Geese, The**

OISEAU AU PLUMAGE DE CRISTAL, L'
voir **Bird with the Crystal Plumage, The**

OISEAU D'ARGILE, L' ▷4
BAN. 2001. Chronique de Tareque MASUD avec Nurul Islam Bablu, Russell Farazi et Jayanto Chattopadhyay. - À la fin des années 1960, au Pakistan oriental, un médecin rigoriste envoie son jeune fils dans une école coranique. □ Général

OKLAHOMA! ▷4
É.-U. 1955. Comédie musicale de Fred ZINNEMANN avec Gordon MacRae, Shirley Jones et Rod Steiger. - Drame de jalousie entre les deux prétendants d'une jeune fermière. □ Général
DVD VA➜STA➜Cadrage W➜31,95 $

OKLAHOMA KID ▷5
É.-U. 1939. Western de Lloyd BACON avec James Cagney, Humphrey Bogart et Rosemary Lane. - Un aventurier s'oppose à des bandits qui dominent un village de l'Ouest.

OKOGE ▷4
JAP. 1992. Drame social de Takehiro NAKAJIMA avec Misa Shimizu, Takehiro Murata et Takao Nakahara. - Une jeune Japonaise célibataire et hétérosexuelle observe avec curiosité un couple homosexuel qu'elle a accueilli dans son appartement. □ 16 ans+ · Érotisme

OLD ACQUAINTANCE ▷4
É.-U. 1943. Drame psychologique de V. SHERMAN avec Bette Davis, Miriam Hopkins et John Loder. - Les tribulations sentimentales de deux amies devenues romancières.
DVD VA➜STF➜21,95 $

OLD DARK HOUSE, THE ▷4
É.-U. 1932. Drame d'horreur de James WHALE avec Boris Karloff, Melvyn Douglas et Charles Laughton. - Des voyageurs trouvent refuge dans une vieille demeure où résident des individus tous plus excentriques et bizarres les uns que les autres. □ Général
DVD 15,95 $

OLD GRINGO [Gringo] ▷4
É.-U. 1989. Aventures de Luis PUENZO avec Gregory Peck, Jane Fonda et Jimmy Smits. - Se rendant au Mexique en 1910, une femme se fait enlever par un chef rebelle qui veut s'emparer de l'hacienda où elle devait travailler. □ Non classé
DVD VA➜Cadrage W/16X9➜24,95 $

OLD HOTTABYCH
RUS. 1956. Gennadi KAZANSKY
DVD STA➜41,95 $

OLD MAN AND THE SEA, THE ▷4
É.-U. 1958. Drame de John STURGES avec Spencer Tracy, Felipe Pazos et Harry Bellaver. - Un vieux pêcheur malchanceux capture un énorme espadon. □ Général
DVD Cadrage W➜21,95 $

OLD YELLER [Fidèle vagabond, Le] ▷4
É.-U. 1957. Western de Robert STEVENSON avec Dorothy McGuire, Tommy Kirk et Fess Parker. - Au Texas, un jeune garçon se prend d'amitié pour un chien errant qui devient le protecteur de ses nouveaux maîtres. □ Général
DVD VA➜Cadrage P&S➜18,95 $

OLDBOY [15 ans volés] ▷3
COR.S. 2003. Thriller de Chan-wook PARK avec Min-Sik Choi, Ji-Tae Yoo et Hye-Jung Gang. - Un homme d'affaires séquestré pendant 15 ans par un mystérieux ravisseur cherche à se venger lorsqu'il recouvre sa liberté. - Variation audacieuse sur le thème de la vengeance, oscillant entre la tragédie grecque et les mangas. Récit aux développements surprenants. Traitement stylisé de la violence. Interprétation forte de Choi Min-Sik. □ 16 ans+ · Violence
DVD VA➜STF➜Cadrage W➜31,95 $

OLIVER! ►2
ANG. 1968. Comédie musicale de Carol REED avec Mark Lester, Ron Moody et Jack Wild. - En Angleterre, au XIXe siècle, un orphelin tombe aux mains de voleurs avant de rencontrer un protecteur. - Excellente transposition du roman de Dickens. Ballets d'une grande beauté. Mise en scène très soignée. Jeu pittoresque des interprètes. □ Général
DVD VA➜Cadrage W➜23,95 $ VA➜STF➜Cadrage W➜23,95 $

OLIVER AND COMPANY [Oliver et compagnie] ▷4
É.-U. 1988. Dessins animés de George SCRIBNER. - Un chaton abandonné est recueilli par une bande de chiens errants, puis adopté par une riche fillette.
DVD VF➜Cadrage W➜26,95 $

OLIVER TWIST
É.-U. 1922. Frank LLOYD □ Général
DVD VA➜39,95 $

OLIVER TWIST ▶2
ANG. 1948. Drame de David LEAN avec John Howard Davis, Robert Newton et Alec Guinness. - Un orphelin tombe entre les mains de pickpockets mais est recueilli par un vieil homme. - Adaptation d'un roman de Dickens. Excellente création d'atmosphère. Mise en scène et interprétation remarquables. □ Général
DVD VA➜62,95 $

OLIVER TWIST ▷4
FR. 2005. Drame de Roman POLANSKI avec Barney Clark, Ben Kingsley et Jamie Foreman. - Un orphelin tombé aux mains de malfaiteurs est recueilli par un vieil homme bon. □ Général
DVD VF➜STF➜Cadrage W➜23,95 $

OLIVIER, OLIVIER ▷4
FR. 1992. Drame d'Agnieszka HOLLAND avec Brigitte Roüan, François Cluzet et Grégoire Colin. - Six ans après la disparition inexpliquée d'un garçon de neuf ans, un policier croit le retrouver en la personne d'un adolescent prostitué. □ 13 ans+

OLLY, OLLY, OXEN FREE ▷4
[Great Balloon Adventure, The]
É.-U. 1977. Comédie dramatique de Richard A. COLLA avec Kevin McKenzie, Katharine Hepburn et Dennis Dimster. - Une vieille dame excentrique aide deux garçonnets à remettre en état un ballon dirigeable. □ Général

OMAGH ▷3
IRL. 2004. Drame social de Pete TRAVIS avec Gerard McSorley et Michèle Forbes. - En 1998, les familles des victimes d'un attentat perpétré par une cellule radicale R31. SCARY de l'IRA forment un comité de soutien pour obtenir justice. - Récit prenant et souvent révoltant, inspiré de faits vécus. Grande tension dramatique dans la première partie. Traitement réaliste. Caméra à l'épaule nerveuse et inquisitrice. Jeu à la fois sobre et intense de G. McSorley.

OMBRE D'EMMA, L' [Emma's Shadow] ▷4
DAN. 1988. Comédie dramatique de Soeren KRAGH-JACOBSEN avec Line Kruse, Borje Ahlstedt et Henrik Larsen. - Se sentant négligée par ses parents fortunés, une enfant décide de faire croire à son propre kidnapping. □ Général

OMBRE D'UN DOUTE, L' *voir* **Before and After**

OMBRE D'UN GÉANT, L' *voir* **Cast a Giant Shadow**

OMBRE DE LA TERRE, L' ▷3
TUN. 1982. Chronique de Taib LOUHICHI avec Despina Tomazani, Abdellatif Hamrouni et Hélène Catzaras. - Les difficultés d'une famille de nomades berbères vivant au bord du désert saharien. - Intrigue révélatrice de coutumes particulières. Illustration sobre et envoûtante. □ Général

OMBRE DU VAMPIRE, L' *voir* **Shadow of the Vampire**

OMBRE ROUGE, L' ▷4
FR. 1981. Drame d'espionnage de Jean-Louis COMOLLI avec Claude Brasseur, Jacques Dutronc et Nathalie Baye. - En 1937, un agent soviétique en France est chargé par un ami de s'occuper de trafic d'armes. □ Général

OMBRES ET BROUILLARD *voir* **Shadows and Fog**

OMEGA MAN, THE [Survivant, Le] ▷4
É.-U. 1971. Science-fiction de Boris SAGAL avec Charlton Heston, Anthony Zerbe et Rosalind Cash. - Un savant est le seul rescapé d'une épidémie universelle dont les victimes deviennent des monstres meurtriers. □ 13 ans+
DVD VA➜STF➜Cadrage P&S/W➜21,95 $

OMEN, THE [Damien] ▷4
É.-U. 1976. Drame fantastique de Richard DONNER avec Gregory Peck, Lee Remick et David Warner. - Des incidents troublants sont provoqués par la présence d'un enfant adopté à sa naissance par un diplomate. □ 13 ans+
DVD VF➜STA➜Cadrage W➜31,95 $

OMEN III, THE: THE FINAL CONFLICT ▷5
[Malédiction finale, La]
É.-U. 1981. Drame fantastique de Graham BAKER avec Sam Neill, Lisa Harrow et Rossano Brazzi. - Convaincus qu'un jeune ambassadeur américain est le fils de Satan, des moines s'engagent à le tuer. □ 13 ans+

ON A CLEAR DAY ▷4
ANG. 2004. Comédie dramatique de Gaby DELLAL avec Peter Mullan, Brenda Blethyn et Jamie Sives. - À Glasgow, un chef de chantier naval réduit au chômage décide de traverser la Manche à la nage pour redonner un sens à sa vie.

ON A CLEAR DAY YOU CAN SEE FOREVER ▷4
É.-U. 1969. Comédie musicale de Vincente MINNELLI avec Barbra Streisand, Yves Montand et Bob Newhart. - Un professeur de psychologie entreprend une série d'expériences avec une jeune fille particulièrement vulnérable à l'hypnotisme. □ Général
DVD VF➜STA➜Cadrage W➜14,95 $

ON A VOLÉ LA CUISSE DE JUPITER ▷4
FR. 1979. Comédie policière de Philippe DE BROCA avec Annie Girardot, Philippe Noiret, Catherine Alric et Francis Perrin. - Un couple en voyage de noces en Grèce est mêlé aux tribulations d'un jeune archéologue.

ON A VOLÉ UN TRAM ▷4
[Illusion Travels by Streetcar]
MEX. 1953. Comédie de Luis BUÑUEL avec Carlos Navarro, Fernando Soto et Lilia Prado. - Désolés de voir leur tramway mis au rancart, deux employés le volent durant la nuit. □ Non classé

ON ACHÈVE BIEN LES CHEVAUX
voir **They Shoot Horses, Don't They?**

ON APPROVAL ▷4
ANG. 1944. Comédie réalisée et interprétée par Clive BROOK avec Beatrice Lillie, Googie Withers et Roland Culver. - Au début du siècle, une jeune veuve entreprend de passer quelque temps avec son soupirant avant d'accepter de l'épouser. □ Général

ON BORROWED TIME ▷4
É.-U. 1939. Comédie fantaisiste de Harold S. BUCQUET avec Lionel Barrymore, Cedric Hardwicke et Bobs Watson. - Un vieil homme retient la mort prisonnière dans un pommier. □ Général

ON CONNAÎT LA CHANSON ▷3
FR. 1997. Comédie de mœurs d'Alain RESNAIS avec Sabine Azéma, Agnès Jaoui et André Dussollier. - Deux sœurs sont au centre de divers chassés-croisés amoureux et professionnels impliquant des parents, des amis et des amants. - Dialogues émaillés d'extraits de chansons du répertoire français. Écriture pleine de fraîcheur et de finesse. □ Général

ON DANGEROUS GROUND ▷4
É.-U. 1951. Drame policier de Nicholas RAY avec Ida Lupino, Robert Ryan et Ward Bond. - Un inspecteur de police brutal et tyrannique s'adoucit au contact d'une jeune aveugle dont il s'est épris. □ Non classé

ON EDGE
É.-U. 2001. Karl SLOVIN
DVD VA➜STA➜Cadrage W➜17,95 $

ON EST LOIN DU SOLEIL ▷3
QUÉ. 1970. Drame de Jacques LEDUC avec J. Léo Gagnon, Esther Auger et Marcel Sabourin. - La vie quotidienne et sans éclat d'une famille empreinte de l'esprit de renoncement.- Œuvre d'un grand humanisme. Structure narrative complexe. Esthétisme austère et dépouillé. Jeu fort prenant d'E. Auger. □ Général

ON GOLDEN POND [Maison du lac, La] ▷4
É.-U. 1981. Comédie dramatique de Mark RYDELL avec Henry Fonda, Katharine Hepburn et Jane Fonda. - La visite de leur fille et de son ami vient compliquer le séjour estival de vieux époux près d'un lac. □ Général
DVD VA➔24,95 $

ON GUARD ! *voir* **Bossu, Le**

ON HER MAJESTY'S SECRET SERVICE ▷4
[Au service secret de sa majesté]
ANG. 1969. Drame d'espionnage de Peter HUNT avec George Lazenby, Diana Rigg et Telly Savalas. - L'agent secret James Bond réussit à découvrir le repaire d'un vieil ennemi. □ Général

ON N'Y JOUE QU'À DEUX *voir* **Only Two Can Play**

ON NE MEURT QUE DEUX FOIS ▷4
FR. 1985. Drame policier de Jacques DERAY avec Michel Serrault, Charlotte Rampling et Xavier Deluc. - Un inspecteur aux méthodes originales enquête sur le meurtre d'un pianiste réputé. □ 13 ans+

ON NE VIT QUE DEUX FOIS *voir* **You Only Live Twice**

ON OUR MERRY WAY ▷5
É.-U. 1947. Film à sketches de King VIDOR et Leslie FENTON avec Burgess Meredith, Fred MacMurray et Paulette Goddard. - Un aspirant-journaliste interroge diverses personnes sur le rôle joué par un enfant dans leur vie. □ Général
DVD VA➔23,95 $

ON PEUT TOUJOURS RÊVER ▷4
FR. 1991. Comédie réalisée et interprétée par Pierre RICHARD avec Smaïn et Jacques Seiler. - Un riche financier désabusé qui s'adonne au vol à l'étalage par distraction se prend d'affection pour un jeune Arabe l'ayant un jour pris à partie en public.

ON S'FAIT LA VALISE, DOCTEUR *voir* **What's Up, Doc?**

ON THE AIR
MEX. 1995. Juan Carlos De LLACA
DVD STA➔38,95 $

ON THE BANKS OF THE NIEMEN
POL. 1987. Zbigniew KUZMINSKI
DVD STA➔29,95 $

ON THE BEACH ▷4
É.-U. 1959. Drame de Stanley E. KRAMER avec Gregory Peck, Ava Gardner et Fred Astaire. - Les derniers survivants d'une guerre atomique attendent une extermination certaine. □ Non classé
DVD VF➔STF➔Cadrage W➔12,95 $

ON THE OUTS
É.-U. 2005. Lori SILVERBUSH, Michael SKOLNIK
DVD VA➔Cadrage W➔21,95 $

ON THE TOWN [Jour à New York, Un] ►2
É.-U. 1949. Comédie musicale de Gene KELLY et Stanley DONEN avec Frank Sinatra, Betty Garrett et Gene Kelly. - Les aventures de trois marins en permission pour vingt-quatre heures à New York. - Adaptation très réussie d'un spectacle de Broadway. Ballets imaginatifs et remarquablement menés. Mise en scène entraînante. Excellents interprètes. □ Général
DVD VF➔STF➔21,95 $

ON THE WATERFRONT [Sur les quais] ►1
É.-U. 1954. Drame social d'Elia KAZAN avec Marlon Brando, Eva Marie Saint et Karl Malden. - Dans le port de New York, un ancien boxeur et un prêtre s'opposent à des criminels qui exploitent les débardeurs. - Œuvre phare du cinéma américain. Discours humaniste alliant réalisme et pathos. Réalisation d'une grande richesse d'expression. Interprétation inoubliable. □ Général
DVD VF➔STA➔36,95 $

ON TOP OF THE WHALE *voir* **Toit de la baleine, Le**

ON VALENTINE'S DAY ▷4
É.-U. 1986. Comédie dramatique de Ken HARRISON avec Hallie Foote, William Converse-Roberts et Steven Hill. - En 1917, divers personnages aux problèmes différents recherchent l'amitié d'un jeune couple qui vit dans une pension de famille. □ Général

ONCE AROUND [Ce cher intrus] ▷4
É.-U. 1991. Comédie sentimentale de Lasse HALLSTRÖM avec Richard Dreyfuss, Holly Hunter et Danny Aiello. - Un homme heureux en mariage éprouve des difficultés à se faire accepter par sa belle-famille. □ Général
DVD VA➔Cadrage W➔9,95 $

ONCE IN A BLUE MOON [Rendez-vous sur la Lune] ▷5
CAN. 1995. Conte de Philip SPINK avec Cody Serpa, Simon Baker et Deanna Milligan. - En 1967, deux gamins de la banlieue de Vancouver tentent de construire une fusée spatiale pour s'envoler vers la Lune.

ONCE MORE *voir* **Encore: Once More**

ONCE UPON A CRIME [Il était un crime] ▷5
É.-U. 1992. Comédie policière d'Eugène LEVY avec Sean Young, Richard Lewis et John Candy. - En voyage en Europe, un couple d'Américains est mêlé à une affaire de meurtre à la suite de la découverte du cadavre d'une femme riche.

ONCE UPON A HONEYMOON ▷4
É.-U. 1942. Comédie de Leo McCAREY avec Ginger Rogers, Albert Dekker, Cary Grant et Walter Slezak. - En 1939, un journaliste américain s'attache à une compatriote qui a épousé à son insu un espion nazi. □ Général

ONCE UPON A TIME ▷4
É.-U. 1944. Comédie d'Alexander HALL avec Cary Grant, Janet Blair et Ted Donaldson. - Un promoteur cherche à s'emparer d'une chenille dansante appartenant à un jeune garçon.
DVD VA➔STF➔39,95 $

ONCE UPON A TIME IN AMERICA ►1
[Il était une fois en Amérique]
ITA. 1984. Drame de mœurs de Sergio LEONE avec Robert De Niro, James Woods et Elizabeth McGovern. - L'ascension et la chute d'une bande de gangsters de New York. - Évocation symbolique de la dégradation du rêve américain. Scénario riche et puissant. Montage complexe. Climat à la fois ironique et mélancolique. Images superbes. Interprétation fort convaincante. □ 13 ans+
DVD VF➔STF➔Cadrage W➔32,95 $
VF➔STA➔Cadrage W➔22,95 $

ONCE UPON A TIME IN CHINA I
voir **Il était une fois en Chine**

ONCE UPON A TIME IN CHINA II
[Il était une fois en Chine II]
H.K. 1993. Lik-Chi LEE □ 13 ans+ · Violence
DVD Cadrage W➔59,95 $ VA➔STF➔Cadrage W➔9,95 $

ONCE UPON A TIME IN CHINA III
H.K. 1993. Hark TSUI □ Général
DVD VA➔Cadrage W➔9,95 $

ONCE UPON A TIME IN CHINA V
H.K. 1994. Hark TSUI □ Général

ONCE UPON A TIME IN MEXICO ▷5
[Il était une fois au Mexique]
É.-U. 2003. Thriller de Robert RODRIGUEZ avec Johnny Depp, Salma Hayek, Mickey Rourke et Antonio Banderas. - Un agent corrompu de la CIA recrute un jeune guitariste et tireur d'élite pour affronter un criminel qui fomente un coup d'État contre le président du Mexique. □ 16 ans+
DVD VA➔34,95 $ VA➔STA➔Cadrage W➔17,95 $

ONCE UPON A TIME IN THE MIDLANDS ▷4
ANG. 2002. Comédie dramatique de Shane MEADOWS avec Robert Carlyle, Rhys Ifans et Shirley Henderson. - Un truand revient dans sa ville natale pour tenter de reconquérir son ex-copine qui a refusé la demande en mariage de son nouveau conjoint. □ Général · Déconseillé aux jeunes enfants
DVD VA➔STF➔Cadrage W➔32,95 $

ONCE UPON A TIME IN THE WEST ►1
[Il était une fois dans l'Ouest]
ITA. 1968. Western de Sergio LEONE avec Charles Bronson, Henry Fonda et Claudia Cardinale. - Un inconnu au passé mystérieux se fait le protecteur d'une femme menacée par des bandits. - Western au souffle opératique grandiose. Notes d'humour sarcastique. Mise en scène spectaculaire et fort inventive. Traitement stylisé. Montage remarquable. Musique inoubliable d'Ennio Morricone. Très bonne distribution. □ 13 ans+
DVD VA➔Cadrage W/16X9➔14,95 $

ONCE UPON A TIME, CINEMA
IRAN 1992. Mohsen MAKHMALBAF □ Général

ONCE UPON A TIME... WHEN WE WERE COLORED ▷4
É.-U. 1995. Drame psychologique de Tim REID avec Al Freeman Jr., Phylicia Rashad et Leon. - Dans les années 1950, au Mississippi, un jeune Noir découvre la ségrégation et voit les tensions raciales s'intensifier. □ Général

ONCE WERE WARRIORS [Nous étions guerriers] ►2
N.-Z. 1994. Drame social de Lee TAMAHORI avec Rena Owen, Temuera Morrison et Mamaengaroa Kerr-Bell. - Une mère de famille aborigène accepte de plus en plus mal le climat de violence que fait régner autour d'elle son mari macho. - Drame familial d'une justesse et d'une intelligence surprenantes. Réalisation d'une efficacité à couper le souffle. Interprétation d'un naturel confondant. □ 13 ans+ · Violence
DVD VA➔21,95 $

ONCLE ROGER *voir* **Roger Dodger**

ONE DARK NIGHT [Mausoleum] ▷6
É.-U. 1982. Drame d'horreur de T. McLOUGHLIN avec Meg Tilly, Melissa Newman et Robin Evans. - Pour faire partie d'un club sélect, une étudiante doit passer une nuit dans le mausolée où l'on vient d'ensevelir un homme aux pouvoirs mystérieux.
DVD VA➔Cadrage W➔22,95 $

ONE DAY IN THE LIFE OF IVAN DENISOVICH ▷3
[Journée d'Ivan Denisovich, Une]
ANG. 1971. Drame social de Casper WREDE avec Tom Courtenay, Alfred Burke et James Maxwell. - La vie dans un camp de travail soviétique. - Adaptation fidèle du roman de Soljenitsyne. Traitement sobre et retenu. □ Non classé

ONE FALSE MOVE ▷4
É.-U. 1990. Drame policier de Carl FRANKLIN avec Bill Paxton, Cynda Williams et Billy Bob Thornton. - Deux policiers de Los Angeles et le shérif d'une petite localité tentent de capturer trois fugitifs qui ont commis un vol de cocaïne. □ 16 ans+ · Violence
DVD Cadrage W➔35,95 $

ONE FINE DAY [Beau jour, Un] ▷4
É.-U. 1996. Comédie sentimentale de Michael HOFFMAN avec Michelle Pfeiffer, George Clooney et Mae Whitman. - Forcés de passer la journée avec leurs enfants respectifs, une architecte et un journaliste décident de s'entraider afin que chacun puisse venir à bout d'importantes obligations professionnelles. □ Général
DVD VA➔STA➔Cadrage W➔14,95 $

ONE FLEW OVER THE CUCKOO'S NEST ►2
[Vol au-dessus d'un nid de coucou]
É.-U. 1975. Comédie dramatique de Milos FORMAN avec Jack Nicholson, Louise Fletcher et Will Sampson. - Un délinquant admis en observation psychiatrique pousse les autres patients à contester l'autorité de l'infirmière en charge. - Fable originale sur le thème de l'anarchie versus l'ordre établi. Drôlerie et pathétique bien dosés. Climat de forte tension créé par l'antagonisme des deux personnages principaux, remarquablement interprétés □ 13 ans+
DVD VF➔STF➔Cadrage W➔14,95 $/21,95 $

ONE FROM THE HEART ▷3
É.-U. 1982. Drame sentimental de Francis Ford COPPOLA avec Frederic Forrest, Teri Garr et Nastassia Kinski. - Après une dispute de couple, un mécanicien de Las Vegas a une aventure avec une artiste de cirque alors que sa femme s'éprend d'un prétendu chanteur. - Exercice de style peu ordinaire sur fond de romance douce-amère. Effets de montage réussis. Emploi sophistiqué de la couleur. Direction d'acteurs fort valable. □ 13 ans+
DVD VA➔34,95 $

ONE HOUR PHOTO [Photo Obsession] ▷4
É.-U. 2002. Thriller de Mark ROMANEK avec Robin Williams, Connie Nielsen et Michael Vartan. - Un homme solitaire devient obsédé par le bonheur apparemment parfait d'une famille qui est cliente du laboratoire de photos où il travaille. □ 13 ans+
DVD VF➔STA➔Cadrage W➔14,95 $

ONE HUNDRED AND ONE NIGHT
voir **Cent et une nuits, Les**

ONE LAST THING ...
É.-U. 2005. Alex STEYERMARK
DVD VA➔26,95 $

ONE MAGIC CHRISTMAS [Noël magique, Un] ▷4
CAN. 1985. Conte de Phillip BORSOS avec Mary Steenburgen, Harry Dean Stanton et Elizabeth Harnois. - Chaque année, un ange a pour mission de redonner l'esprit de Noël à une personne déprimée. □ Général

ONE MAN [Homme, Un] ▷4
CAN. 1977. Drame social de Robin SPRY avec Len Cariou, Jayne Eastwood et Carol Lazare. - Un reporter de télévision met la main sur des documents compromettants au sujet d'un cas de pollution industrielle. □ Général

ONE MISSED CALL
JAP. 2003. Takashi MIIKE
DVD VA➔STA➔Cadrage W➔31,95 $

ONE NIGHT AT MCCOOL'S [Soir au bar McCool, Un] ▷4
É.-U. 2001. Comédie policière de Harald ZWART avec Matt Dillon, Liv Tyler et John Goodman. - Un barman naïf, un avocat marié et un détective veuf tombent sous le charme d'une jeune femme manipulatrice. □ 13 ans+ · Violence
DVD VA➔Cadrage W➔7,95 $

ONE NIGHT OF LOVE ▷4
É.-U. 1934. Comédie musicale de Victor SCHERTZINGER avec Grace Moore, Tullio Carminati et Lyle Talbot. - Une jeune Américaine venue étudier le chant en Italie s'éprend de son professeur. □ Général

ONE NIGHT STAND [Pour une nuit] ▷5
É.-U. 1997. Drame sentimental de Mike FIGGIS avec Wesley Snipes, Nastassja Kinski et Robert Downey Jr. - Durant sa visite à New York à un ami mourant, un publicitaire marié rencontre une jeune femme qui va bouleverser sa vie sentimentale. □ 16 ans+ · Érotisme
DVD Cadrage W➔27,95 $

ONE OF OUR AIRCRAFT IS MISSING ▷4
ANG. 1941. Drame de guerre de Michael POWELL et Emeric PRESSBURGER avec Godfrey Tearle, Eric Portman et Hugh Williams. - Des pilotes anglais dont l'appareil a été abattu en Hollande cherchent à regagner leur pays.

ONE TOUCH OF VENUS ▷4
É.-U. 1949. Comédie musicale de William SEITER avec Ava Gardner, Robert Walker et Eve Arden. - Après avoir embrassé une statue de Vénus, un étalagiste timide et naïf voit celle-ci prendre vie pour ensuite lui compliquer l'existence. □ Général

ONE TRUE THING [Contre cœur] ▷4
É.-U. 1998. Drame psychologique de Carl FRANKLIN avec Renée Zellweger, Meryl Streep et William Hurt. - À la demande de son père, une journaliste interrompt sa carrière pour s'occuper de sa mère atteinte d'un cancer incurable. □ Général
DVD VA➔Cadrage W➔19,95 $

ONE WEEK
É.-U. 2001. Carl SEATON
DVD VA➔9,95 $

ONE WONDERFUL SUNDAY
voir **Merveilleux dimanche, Un**

ONE, TWO, THREE ▷4
É.-U. 1961. Comédie satirique de Billy WILDER avec James Cagney, Horst Buchholz et Pamela Tiffin. - À Berlin, malgré la surveillance d'un employé de son père, une Américaine épouse un communiste. □ Général
DVD VF→STF→Cadrage W→12,95 $

ONE-EYED JACKS [Vengeance aux deux visages, La] ▷3
É.-U. 1961. Western réalisé et interprété par Marlon BRANDO avec Karl Malden et Pina Pellicer. - Après sa libération, un bandit décide de se venger d'un complice qui l'a trahi. - Traitement personnel d'un thème classique. Mise en scène concertée. Beauté formelle des images. Interprétation pittoresque. □ 13 ans+
DVD VF→8,95 $ VA→8,95 $

ONE-TRICK PONY ▷4
É.-U. 1980. Drame psychologique de Robert M. YOUNG avec Paul Simon, Blair Brown et Rip Torn. - Les difficultés professionnelles et conjugales d'un chanteur de rock qui fut jadis célèbre. □ 13 ans+

ONEGIN ▷5
ANG. 1999. Drame sentimental de Martha FIENNES avec Ralph Fiennes, Liv Tyler, Toby Stephens. L'histoire d'amour tragique entre un aristocrate et une campagnarde dans la Russie du XIXe siècle.
DVD VF→Cadrage W→6,95 $

ONG-BAK - LE GUERRIER [Ong Bak] ▷4
THAÏ. 2003. Film d'arts martiaux de Prachya PINKAEW avec Tony Jaa, Petchthai Wongkamlao et Pumwaree Yodkamol. - Un jeune paysan se rend à Bangkok pour récupérer une statue de bouddha volée dans son village par des brigands.
DVD VF→Cadrage W→31,95 $ VA→STA→Cadrage W→34,95 $

ONIBABA *voir* **Femme diabolique, La**

ONION FIELD, THE [Tueurs de flics] ▷4
É.-U. 1979. Drame social de Harold BECKER avec James Woods, John Savage et Franklyn Seales. - Les complications judiciaires qui suivent le meurtre d'un policier par un voyou. □ 13 ans+
DVD VA→STF→Cadrage W→11,95 $

ONLY ANGELS HAVE WINGS ▷4
É.-U. 1939. Aventures d'Howard HAWKS avec Cary Grant, Jean Arthur et Rita Hayworth. - Une jeune artiste se joint à une équipe d'aviateurs qui tentent d'établir un courrier postal en Amérique du Sud.
DVD 38,95 $

ONLY ONE NIGHT
SUÈ. 1942. Drame de mœurs de Gustaf MOLANDER avec Alno Taube, Edvin Adolphson et Ingrid Bergman. - En apprenant qu'il est le fils illégitime d'un baron, un employé de cirque se met à fréquenter le grand monde et tente de séduire une jolie aristocrate. □ Général

ONLY THE BRAVE
AUS. 1994. Ana KOKKINOS

ONLY THE LONELY [Ma blonde, ma mère et moi] ▷4
É.-U. 1991. Comédie sentimentale de Chris COLUMBUS avec John Candy, Maureen O'Hara et Ally Sheedy. - Nouvellement fiancé, un homme de 38 ans a du mal à se libérer de l'emprise de sa mère, une femme possessive avec qui il demeure. □ Général
DVD VA→Cadrage W→16,95 $

ONLY TWO CAN PLAY [On n'y joue qu'à deux] ▷4
ANG. 1962. Comédie de Sidney GILLIAT avec Peter Sellers, Virginia Maskell et Mai Zetterling. - Un bibliothécaire marié se laisse prendre aux charmes d'une femme riche et légère. □ Non classé

ONLY YOU [Seulement toi] ▷5
É.-U. 1994. Comédie sentimentale de Norman JEWISON avec Marisa Tomei, Robert Downey Jr. et Bonnie Hunt. - Se croyant prédestinée à épouser un inconnu avec qui elle a parlé une fois au téléphone, une jeune femme s'envole pour l'Italie afin de le retrouver. □ Général
DVD VA→Cadrage W→16,95 $

OPEN CITY *voir* **Rome, ville ouverte**

OPEN DOORS ▷3
ITA. 1990. Drame judiciaire de Gianni AMELIO avec Gian Maria Volonté, Ennio Fantastichini et Renzo Giovampietro. - En 1937, à Palerme, un juge courageux cherche des circonstances atténuantes qui pourraient éviter à un meurtrier d'être exécuté. - Adaptation libre d'un roman de L. Sciascia. Plaidoyer contre la peine de mort mené avec force et sobriété. Réalisation stylisée. Jeu intelligent de G.M. Volonté. □ 13 ans+

OPEN HEARTS ▷3
DAN. 2002. Drame sentimental de Susanne BIER avec Sonja Richter, Mads Mikkelsen et Nikolaj Lie Kaas. - Une jeune femme entame une liaison avec l'époux de celle qui a provoqué la paralysie de son fiancé lors d'un accident de voiture. - Personnages émouvants et complexes. Traitement réaliste et dépouillé soutenu par une caméra nerveuse. Film réalisé selon les principes de Dogme 95. Jeu d'ensemble remarquable. □ 13 ans+
DVD STA→Cadrage W→29,95 $

OPEN RANGE [Ouest sauvage, L'] ▷4
É.-U. 2003. Western réalisé et interprété par Kevin COSTNER avec Robert Duvall et Annette Bening. - De passage dans un village du Montana, deux éleveurs de bétail itinérants affrontent un puissant propriétaire de ranch et un shérif corrompu. □ Général · Déconseillé aux jeunes enfants
DVD VF→Cadrage W/16X9→19,95 $

OPEN WATER [Océan noir] ▷5
É.-U. 2004. Thriller de Chris KENTIS avec Blanchard Ryan, Daniel Travis et Saul Stein. - Un jeune couple faisant de la plongée sous-marine se retrouve abandonné en haute mer dans un secteur infesté de requins. □ Général · Déconseillé aux jeunes enfants
DVD VA→STA→Cadrage W/16X9→26,95 $

OPEN YOUR EYES *voir* **Ouvre les yeux**

OPENING NIGHT ►2
É.-U. 1977. Drame psychologique de John CASSAVETES avec Gena Rowlands, Ben Gazzara et Joan Blondell. - Bouleversée par la mort accidentelle d'une jeune admiratrice, une actrice qui accepte mal le passage du temps a de la difficulté à répéter une nouvelle pièce. - Illustration prenante du problème du vieillissement. Style d'improvisation contrôlée propre à l'auteur. Quelques explorations psychologiques surprenantes. Jeu convaincant de G. Rowlands. □ Général

OPERA
ITA. 1987. Dario ARGENTO
DVD VA→Cadrage W→16,95 $ VA→Cadrage W→34,95 $

OPÉRA DE LA TERREUR : LE LIVRE DES MORTS
voir **Evil Dead, The**

OPÉRA DE QUAT'SOUS, L' [Threepenny Opera, The] ▷3
ALL. 1931. Comédie musicale de Georg Wilhelm PABST avec Rudolph Forster, Lotte Lenya et Carola Neher. - À Londres, un roi de la pègre s'attire des ennuis en épousant la fille du roi des mendiants. - Transposition réussie d'une pièce de Kurt Weill et Bertolt Brecht. Approche novatrice pour l'époque. Réalisation de métier. Bonne interprétation. □ Général

OPERATION AMSTERDAM ▷4
ANG. 1958. Drame de guerre de Michael McCARTHY avec Peter Finch, Eva Bartok et Tony Britton. - En 1940, trois hommes sont chargés de soustraire à l'occupant les diamants d'Amsterdam.
DVD VA→11,95 $

OPÉRATION BEURRE DE PINOTTES
voir **Peanut Butter Solution, The**

OPÉRATION CHIMPANZÉ *voir* **Project X**

OPÉRATION CORNED BEEF ▷5
FR. 1990. Comédie policière de Jean-Marie POIRÉ avec Christian Clavier, Jean Reno et Isabelle Renauld. - Un simple citoyen compromet involontairement la mission d'un agent secret français qui tente de démanteler un réseau de trafic d'armes. □ Général

OPERATION DAYBREAK [Price of Freedom] ▷4
É.-U. 1975. Drame de guerre de Lewis GILBERT avec Martin Shaw, Timothy Bottoms et Anton Diffring. - En 1941, trois Tchèques sont parachutés au-dessus de leur pays natal avec mission d'assassiner le gouverneur allemand. □ Général

OPÉRATION DIABOLIQUE *voir* **Seconds**

OPÉRATION HUDSUCKER *voir* **Hudsucker Proxy, The**

OPERATION PETTICOAT ▷4
É.-U. 1959. Comédie de Blake EDWARDS avec Cary Grant, Tony Curtis et Joan O'Brien. - L'équipage d'un sous-marin connaît diverses mésaventures causées par les frasques d'un officier. □ Non classé

OPERATION SCORPIO
H.K. 1991. David LAI

OPÉRATION SWORDFISH *voir* **Swordfish**

OPERATION Y & OTHER SHURIK'S ADVENTURES
RUS. 1965. Leonid GAIDAI
DVD STA➔31,95 $

OPINION PUBLIQUE, L' *voir* **Woman of Paris, A**

OPNAME [En observation] ▷3
HOL. 1979. Drame social de E. VAN ZUYLER et Marja KOK avec Helmert Woundenberg, Frank Groothof et Hans Man In't Velol. - Admis à l'hôpital pour des examens, un homme s'étonne de voir son séjour se prolonger. - Essai cinématographique d'un groupe expérimental de théâtre. Vision critique habilement nuancée. □ Général

OPPOSITE OF SEX, THE [Envers du sexe, L'] ▷4
É.-U. 1998. Comédie de mœurs de Don ROOS avec Lisa Kudrow, Christina Ricci et Martin Donovan. - Un professeur homosexuel voit sa vie professionnelle et sa vie amoureuse chamboulées par les frasques de sa demi-sœur impudente. □ 13 ans+ · Langage vulgaire
DVD VF➔STF➔Cadrage W➔37,95 $

OR - MON TRÉSOR ▷3
ISR. 2004. Drame de mœurs de Keren YEDAYA avec Dana Ivgi, Ronit Elkabetz et Meshar Cohen. - Une étudiante dégourdie tente par tous les moyens d'éloigner sa mère de la prostitution tout en assurant le roulement du ménage familial. - Récit douloureux traité de façon frontale et sans aucun sentimentalisme. Climat à la fois sordide et tendre. Réalisation rigoureuse et dépouillée. Interprétation vibrante.
DVD STF➔38,95 $

OR DE MACKENNA, L' *voir* **Mackenna's Gold**

OR DES SIOUX, L' *voir* **Indian Fighter, The**

ORANGE MÉCANIQUE *voir* **Clockwork Orange, A**

ORANGES ARE NOT THE ONLY FRUIT ▷3
ANG. 1990. Drame psychologique de Beeban KIDRON avec Kenneth Cranham, Geraldine McEwan et Charlotte Coleman. - Dans les années 1960, une jeune fille élevée par une mère fanatiquement puritaine se découvre lesbienne. - Exploration riche et percutante du thème du passage à l'âge adulte. Mélange incisif d'humour, de cruauté et de tendresse. Réalisation évocatrice. Excellente distribution. Téléfilm.

ORCA [Orca the Killer Whale] ▷4
É.-U. 1977. Aventures de Michael ANDERSON avec Richard Harris, Charlotte Rampling et Bo Derek. - Un épaulard courroucé par la mort de sa femelle fait des ravages dans un petit port de Terre-Neuve. □ 13 ans+
DVD VA➔STA➔Cadrage W/16X9➔15,95 $

ORDET *voir* **Parole, La**

ORDINARY DECENT CRIMINAL
É.-U. 2000. Thaddeus O'SULLIVAN
DVD VA➔18,95 $

ORDINARY MAGIC ▷4
CAN. 1993. Comédie dramatique de Giles WALKER avec Ryan Reynolds, Glenne Headly et Paul Anka. - Confié à la garde d'une tante qui habite l'Ontario, un orphelin né en Inde de parents canadiens commence une grève de la faim afin de lutter contre un promoteur sans scrupules. □ Général

ORDINARY PEOPLE [Gens comme les autres, Des] ▷3
É.-U. 1980. Drame psychologique de Robert REDFORD avec Donald Sutherland, Mary Tyler Moore et Timothy Hutton. - Un adolescent supporte mal la mort accidentelle de son frère aîné. - Sujet intéressant. Aspects sociologiques et psychologiques valables. Mise en scène sûre. Acteurs bien dirigés. □ 13 ans+
DVD VF➔STA➔Cadrage W➔10,95 $

ORDO ▷4
FR. 2003. Comédie dramatique de Laurence FERREIRA BARBOSA avec Roschdy Zem, Marie-Josée Croze et Scali Delpeyrat. - Un officier de marine découvre par hasard qu'une star de cinéma serait la jeune femme avec laquelle il a été brièvement marié 16 ans plus tôt. □ Général · Déconseillé aux jeunes enfants
DVD VF➔STF➔Cadrage W➔29,95 $

ORDRES, LES ►2
QUÉ. 1974. Drame social de Michel BRAULT avec Jean Lapointe, Hélène Loiselle et Guy Provost. - Évocation du sort de cinq personnes victimes de l'application des mesures de guerre en octobre 1970 au Québec. - Style réaliste d'allure documentaire. Dramatisation percutante. Mise en images sobre et juste. Interprétation prenante. □ Général

OREILLE D'UN SOURD, L' ▷5
QUÉ. 1996. Comédie satirique de Mario BOLDUC avec Micheline Lanctôt, Marcel Sabourin et Paul Hébert. - Une institutrice fait appel à son amant truand afin d'assassiner son beau-père dans l'espoir de toucher un héritage prétendument substantiel. □ 13 ans+

ORFEU
BRÉ. 1999. Carlos DIEGUES
DVD STA➔Cadrage P&S➔38,95 $

ORFEU NEGRO [Black Orpheus] ▷3
BRÉ. FR. ITA. 1959. Drame poétique de Marcel CAMUS avec Breno Mello, Marpessa Dawn et Lourdes de Oliveira. - À Rio, un jeune homme se fait le protecteur d'une adolescente qui fuit un mystérieux poursuivant. - Transposition heureuse de la légende d'Orphée. Spectacle envoûtant et coloré. Interprétation chaleureuse. □ Non classé
DVD 46,95 $

ORGANIZATION, THE ▷4
É.-U. 1971. Drame policier de Don MEDFORD avec Sidney Poitier, Gerald S. O'Loughlin et Sheree North. - Aidé par un groupe clandestin, un officier de police enquête sur le meurtre d'un trafiquant de drogue. □ 13 ans+
DVD Cadrage W➔11,95 $

ORGANIZER, THE *voir* **Camarades, Les**

ORGAZMO ▷5
É.-U. 1998. Comédie satirique réalisée et interprétée par Trey PARKER avec Dian Bachar et Robyn Lynne. - Un jeune acteur mormon qui a besoin d'argent pour se marier accepte à contrecœur d'être la vedette d'un film porno. □ 16 ans+ · Langage vulgaire
DVD VA➔STF➔Cadrage W➔23,95 $

ORGUEIL ET PASSION
voir **Pride and the Passion, The**

ORGUEIL ET PRÉJUGÉS *voir* **Pride & Prejudice**

ORGUEILLEUX, LES ▷3
FR. 1953. Drame de Yves ALLÉGRET avec Gérard Philipe, Michèle Morgan et Carlos Lopez Moctezuma. - Au Mexique, une Française s'intéresse à un médecin déchu. - Œuvre de qualité. Très bonne reconstitution d'atmosphère. Interprétation remarquable. □ Général

ORIANE ▷3
VEN. 1984. Drame psychologique de Fina TORRES avec Daniela Silverio, Doris Wells et Claudia Venturini. - Une jeune femme se rend à l'hacienda de sa tante défunte et se souvient des amours dramatiques de celle-ci. - Climat mystérieux et poétique. Photographie soignée. Rythme mesuré. Interprétation pleine de justesse.

ORLANDO ▷4
ANG. 1992. Étude de mœurs de Sally POTTER avec Tilda Swinton, Billy Zane et Lothaire Bluteau. - Au fil d'un capricieux destin, un noble anglais est tour à tour poète et ambassadeur, avant de se réveiller dans le corps d'une femme. □ Général
DVD VA➔STF➔Cadrage W➔49,95 $

ORPHANS ▷4
É.-U. 1987. Drame psychologique d'Alan J. PAKULA avec Matthew Modine, Albert Finney et Kevin Anderson. - Un gangster en fuite exerce un irrésistible ascendant sur deux orphelins qui vivent seuls dans une maison délabrée. □ Général

ORPHANS OF THE STORM [Deux orphelines, Les] ▷3
É.-U. 1921. Mélodrame de David W. GRIFFITH avec Lillian Gish, Dorothy Gish et Joseph Schildkraut. - Les tribulations de deux sœurs adoptives dans le contexte de la Révolution française. - Adaptation somptueuse d'un mélodrame classique. Échantillon intéressant du travail d'un pionnier du cinéma. Interprétation vivante. □ Général
DVD 24,95 $

ORPHÉE ►2
FR. 1949. Drame poétique de Jean COCTEAU avec Jean Marais, Maria Casarès et François Périer. - Un poète connaît une aventure étonnante après avoir été entraîné dans l'au-delà par la Mort. - Méditation poétique sur l'amour et la mort. Conception étrange de l'au-delà. Mise en scène pleine de brio. Excellents interprètes. □ Général

ORPHEUS DESCENDING ▷4
É.-U. 1990. Drame psychologique de Peter HALL avec Vanessa Redgrave, Kevin Anderson et Brad Sullivan. - Une commerçante mariée à un homme malade et hargneux se laisse séduire par un vagabond qu'elle engage comme commis. □ Non classé

OSAKA ELEGY
JAP. 1936. Kenji MIZOGUCHI □ Général

OSAMA ▷3
AFG. 2003. Drame social de Siddik BARMAK avec Marina Golbahari, Khwaja Nader et Arif Herati. - Sous le régime des talibans, une fille de douze ans se déguise en garçon pour trouver le travail qui lui permettra d'aider sa famille. - Dénonciation accablante de l'intégrisme. Sujet grave traité sans effets mélodramatiques. Illustration sobre, proche du documentaire. Jeu naturel des interprètes non professionnels.
DVD STA➔Cadrage W➔17,95 $/22,95 $

OSCAR ▷4
FR. 1967. Comédie d'Édouard MOLINARO avec Louis de Funès, Claude Rich et Claude Gensac. - Un industriel apprend que son comptable le vole et est l'amant de sa fille. □ Général

OSCAR ▷4
É.-U. 1991. Comédie de John LANDIS avec Sylvester Stallone, Tim Curry et Vincent Spano. - Un gangster désirant retourner dans le droit chemin tente de démêler un quiproquo impliquant sa fille, son chauffeur, son comptable et la fiancée de ce dernier. □ Général
DVD VA➔Cadrage W➔PC

OSCAR AND LUCINDA ▷4
AUS. 1997. Drame psychologique de Gillian ARMSTRONG avec Ralph Fiennes, Cate Blanchett et Tom Wilkinson. - Dans l'Australie du XIXe siècle, un pasteur et une riche héritière donnent libre cours à leur amour né d'une passion commune pour le jeu. □ Général
DVD VA➔STF➔Cadrage W➔10,95 $

OSCAR THIFFAULT
QUÉ. 1987. Serge GIGUÈRE □ Général

OSMOSIS JONES ▷5
É.-U. 2001. Comédie fantaisiste de Peter et Bobby FARRELLY, P. KROON et T. SITO avec Bill Murray, Elena Franklin et Molly Shannon. - Un globule blanc affronte un dangereux virus à l'intérieur du corps d'un employé de zoo qui a avalé un aliment contaminé. □ Général
DVD VF➔STA➔Cadrage W➔8,95 $

OSSESSIONE [Amants diaboliques, Les] ▷3
ITA. 1942. Drame de mœurs de Luchino VISCONTI avec Massimo Girotti, Clara Calamai et Juan de Landa. - Une femme pousse son amant à assassiner son mari. - Premier film de Visconti. Intrigue inspirée du *Facteur sonne toujours deux fois*. Traitement précurseur du néoréalisme. Réalisation à la fois rugueuse et maîtrisée. □ Général
DVD STA➔41,95 $

OTALIA DE BAHIA ▷4
FR. 1976. Comédie dramatique de Marcel CAMUS avec Antonio Pitanga, Mira Fonseca et Maria Viana. - Abandonnée après s'être refusée à celui qu'elle aime, une jeune fille se laisse mourir de langueur. □ Général

OTHELLO
ALL. 1922. Dimitri BUCHOWETZKI
DVD STA➔Cadrage P&S➔23,95 $

OTHELLO ►1
É.-U. 1951. Drame réalisé et interprété par Orson WELLES avec Suzanne Cloutier et Michéal MacLiammoir. - Un intrigant cherche à causer la chute d'un officier noir en lui faisant croire que sa femme est infidèle. - Adaptation éblouissante de l'œuvre de Shakespeare. Images en noir et blanc d'une beauté exceptionnelle. Décors magnifiques. Interprétation remarquable. □ Général

OTHELLO
ANG. 1965. Stuart BURGE □ Non classé

OTHELLO ▷3
ITA. 1986. Drame musical de Franco ZEFFIRELLI avec Placido Domingo, Katia Ricciarelli et Justino Diaz. - Un intrigant cherche à causer la chute d'un officier maure au service de Venise en lui faisant croire que sa femme est infidèle. - Adaptation austère d'un opéra de Verdi tiré de la pièce de Shakespeare. Partie lyrique et composition des images impressionnantes. □ Général

OTHELLO ▷4
É.-U. 1995. Drame d'Oliver PARKER avec Laurence Fishburne, Irène Jacob et Kenneth Branagh. - Le lieutenant perfide d'un officier maure de Venise fait croire à ce dernier que son épouse lui est infidèle, ce qui attise sa jalousie meurtrière. □ 13 ans+
DVD Cadrage W➔21,95 $

OTHER PEOPLE'S MONEY ▷5
É.-U. 1991. Comédie de Norman JEWISON avec Danny DeVito, Penelope Ann Miller et Gregory Peck. - Alors qu'il cherche à liquider une usine, un requin de la finance tombe amoureux de la jeune avocate engagée par ses adversaires. □ Général
DVD VF➔STF➔Cadrage W➔14,95 $

OTHER SIDE OF THE BED, THE ▷5
ESP. 2002. Comédie musicale d'Emilio MARTINEZ-LAZARO avec Ernesto Alterio, Paz Vega et Guillermo Toledo. - Largué par sa petite amie, un homme confie ses malheurs à un copain sans se douter qu'il est le nouvel amant de la jeune femme.
DVD STA➔29,95 $

OTHER, THE *voir* **Autre, L'**

OTHER, THE ►2
É.-U. 1972. Drame psychologique de Robert MULLIGAN avec Chris Udvarnoky, Martin Udvarnoky et Uta Hagen. - Sur une ferme du Connecticut dans les années 1930, un jeune garçon attribue à son frère jumeau les méfaits et accidents qui se produisent. - Éléments de mystère habilement entretenus. Très belle évocation du climat de l'époque. Réalisation poétique et intelligente. Interprètes dirigés de main de maître. □ 13 ans+

OTHERS, THE **[Autres, Les]** ▷3
É.-U. 2001. Drame fantastique d'Alejandro AMENABAR avec Nicole Kidman, Fionnula Flanagan et Alakina Mann. - D'étranges phénomènes viennent troubler la quiétude d'une mère qui vit dans un manoir avec ses deux enfants et trois domestiques. □ Général · Déconseillé aux jeunes enfants
DVD VF➔Cadrage W/16X9➔14,95 $

OÙ ÊTES-VOUS DONC ? ▷3
QUÉ. 1969. Comédie satirique de Gilles GROULX avec Georges Dor, Christian Bernard et Claudine Monfette. - Les aventures d'un jeune campagnard venu tenter sa chance à la ville. - Ensemble de facture moderne et insolite. Réflexion désinvolte sur le contexte québécois. Interprétation détendue. □ Général

OÙ LE SOLEIL EST FROID ▷4
ROU. 1990. Drame sentimental de Bogdan DUMITRESCU avec Oana Pellea et Gheorghe Visu. - Au bord de la mer Noire, le gardien d'un phare héberge pendant quelques jours une jeune campeuse égarée. □ Général

OUBLI, L' *voir* **Forgotten, The**

OUBLIÉS, LES *voir* **Blossoms in the Dust**

OUBLIONS PARIS *voir* **Forget Paris**

OUEST SAUVAGE, L' *voir* **Open Range**

OUI OU NON AVANT LE MARIAGE
voir **Under the Yum-Yum Tree**

OUI OUI **[Tak Tak]** ▷5
POL. 1992. Comédie de mœurs de Jacek GASIOROWSKI avec Zbiegniew Zamachowski, Maria Gladkowska et Monika Bolly. - En 1970 à Paris, les aventures sentimentales d'un jeune étudiant polonais. □ Général · Déconseillé aux jeunes enfants

OUIJA BOARD, THE *voir* **Bunshinsaba**

OUR DAILY BREAD ▷3
É.-U. 1934. Drame social de King VIDOR avec Karen Morley, Tom Keene et John Qualen. - Des chômeurs cherchent à se refaire une vie sur une ferme abandonnée. - Approche réaliste et humaine des problèmes de la dépression économique. Images poétiques. Un certain souffle épique. Interprétation un peu faible. □ Général

OUR DANCING DAUGHTERS
É.-U. 1928. Harry BEAUMONT □ Général

OUR HOSPITALITY ▷3
É.-U. 1923. Comédie de Buster KEATON et Jack BLYSTONE avec Buster Keaton, Natalie Talmadge et Joe Roberts. - Introduit au sein d'une famille ennemie, un jeune homme est sauvé de la mort par les lois de l'hospitalité.

OUR LADY OF THE ASSASSINS
voir **Vierge des tueurs, La**

OUR MAN FLINT ▷4
É.-U. 1965. Comédie de Daniel MANN avec James Coburn, Lee J. Cobb et Gila Golan. - Un agent secret lutte contre un groupe de savants qui veut dominer le monde en contrôlant le climat. □ Général

OUR MODERN MAIDENS
É.-U. 1929. Jack CONWAY □ Général

OUR RELATIONS ▷4
É.-U. 1936. Comédie de Harry LACHMAN avec Stan Laurel, Oliver Hardy et James Finlayson. - La rencontre de deux couples de jumeaux séparés depuis longtemps provoque des quiproquos et des situations cocasses. □ Général

OUR SONS ▷4
É.-U. 1991. Drame psychologique de John ERMAN avec Julie Andrews, Ann-Margret et Hugh Grant. - Lorsque l'amant de son fils se révèle atteint du sida, une femme prend contact avec la mère du malade.
DVD VF➔6,95 $

OUR TIMES ...
IRAN 2002. Rakhshan BANI-ETEMAD
DVD STA➔31,95 $

OUR TOWN
É.-U. 1940. Sam WOOD
DVD VA➔24,95 $

OUR TOWN ▷4
É.-U. 1945. Drame de Sam WOOD avec William Holden, Martha Scott et Frank Craven. - Les heurs et malheurs des habitants d'une petite ville américaine. □ Général

OUR VINES HAVE TENDER GRAPES ▷4
É.-U. 1945. Comédie dramatique de Roy ROWLAND avec Edward G. Robinson, Margaret O'Brien et Jackie Jenkins. - La vie simple d'une famille de fermiers au Wisconsin. □ Général

OURAGAN SUR LE CAINE
voir **Caine Mutiny, The**

OURAGAN VIENT DE NAVARONE, L'
voir **Force 10 from Navarone**

OURAGAN,L' *voir* **Hurricane, The**

OURS ET LA POUPÉE, L' **[bear & the doll, The]** ▷3
FR. 1969. Comédie sentimentale de Michel DEVILLE avec Brigitte Bardot, Jean-Pierre Cassel et Daniel Ceccaldi. - Une divorcée capricieuse s'éprend d'un violoncelliste bourru qui résiste à ses avances. - Marivaudage spirituel. Heureux effets de montage. Mise en scène d'une fantaisie charmante. Fine interprétation.
DVD VA➔11,95 $

OURS, L' *voir* **Bear, The**

OUT OF AFRICA **[Souvenirs d'Afrique]** ▷3
É.-U. 1985. Drame sentimental de Sydney POLLACK avec Meryl Streep, Robert Redford et Klaus Maria Brandauer. - En 1913, en Afrique, une riche Danoise, séparée de son mari, se met à cultiver du café et à sympathiser avec un chasseur anglais dont elle tombe amoureuse. - Adaptation d'un roman d'Isak Dinesen. Réalisation de belle facture. Traitement envoûtant. Interprétation nuancée et sobre. □ Général
DVD Cadrage W➔18,95 $

OUT OF BOUNDS
ANG. 2000. Thriller de Merlin WARD avec Sophia Myles, Michael Elphick, Sophie Ward et George Asprey. - Une jeune fille fréquentant une école privée craint pour sa vie à la suite de divers incidents mystérieux.
DVD VA➔29,95 $

OUT OF SIGHT **[Loin des regards]** ▷3
É.-U. 1998. Comédie policière de Steven SODERBERGH avec George Clooney, Jennifer Lopez et Ving Rhames. - Une jeune policière se lance aux trousses d'un criminel évadé de prison pour qui elle a eu le coup de foudre. - Intrigue riche en situations jouissives et en personnages savoureusement typés. Réalisation intelligente. □ 13 ans+

OUT OF THE BLUE **[Plus rien à perdre]** ▷4
É.-U. 1980. Drame psychologique réalisé et interprété par Dennis HOPPER avec Linda Manz et Sharon Farrell. - Les problèmes émotifs et familiaux d'une adolescente qui, sous des allures punk, cache une sensibilité blessée. □ 18 ans+
DVD VA➔Cadrage W➔PC

OUT OF THE DARK
H.K. 1995. Jeffrey LAU □ Général

OUT OF THE PAST ▷3
É.-U. 1947. Drame policier de Jacques TOURNEUR avec Jane Greer, Kirk Douglas et Robert Mitchum. - Un détective privé au passé chargé a maille à partir avec un gangster. - Classique du film noir américain. Excellents dialogues. Réalisation soignée. Belles images. Interprétation dans le ton voulu. □ Général
DVD VA➔STF➔21,95 $

OUT OF TIME [Temps limite] ▷3
É.-U. 2003. Thriller de Carl FRANKLIN avec Denzel Washington, Eva Mendes et Sanaa Lathan. - Un policier ayant volé une forte somme d'argent pour aider sa maîtresse découvre qu'il a été manipulé et risque d'être inculpé pour meurtre. □ Général · Déconseillé aux jeunes enfants
DVD VA→STF→Cadrage W→11,95 $

OUT-OF-TOWNERS, THE ▷4
É.-U. 1969. Comédie d'Arthur HILLER avec Jack Lemmon et Sandy Dennis. - Un couple se rend à New York pour affaires et est victime de plusieurs contrariétés. □ Général
DVD VF→STA→Cadrage W/16X9→9,95 $

OUT-OF-TOWNERS, THE ▷5
[Banlieusards arrivent en ville, Les]
É.-U. 1999. Comédie de Sam WEISMAN avec Goldie Hawn, Steve Martin et John Cleese. - Un couple du Midwest connaît diverses mésaventures lors d'un séjour à New York. □ Général
DVD VF→STA→Cadrage W→12,95 $

OUTBREAK [Épidémie, L'] ▷4
É.-U. 1995. Drame de Wolfgang PETERSEN avec Dustin Hoffman, Rene Russo et Morgan Freeman. - Un bactériologiste s'efforce de sauver les habitants d'une petite ville qui sont atteints d'un virus mortel se propageant rapidement. □ Général · Déconseillé aux jeunes enfants
DVD VF→STF→Cadrage W→11,95 $

OUTLAND [Loin de la Terre] ▷4
É.-U. 1981. Science-fiction de Peter HYAMS avec Sean Connery, Frances Sternhagen et Peter Boyd. - Sur une station spatiale, un directeur de police découvre un trafic de drogue et entre en lutte avec des tueurs. □ 13 ans+
DVD VA→STF→Cadrage W→7,95 $

OUTLAW, THE ▷4
[Banni, le - la véritable histoire de Billy the Kid]
É.-U. 1946. Western d'Howard HUGHES avec Jane Russell, Jack Buetel et Walter Huston. - Billy le Kid est aux prises avec un shérif tenace et une femme vengeresse. □ Général
DVD VF→8,95 $ VA→7,95 $

OUTLAW AND HIS WIFE, THE *voir* **Proscrits, Les**

OUTLAW JOSEY WALES, THE ▷4
[Josey Wales, hors-la-loi]
É.-U. 1976. Western réalisé et interprété par Clint EASTWOOD avec Dan George et Sondra Locke. - Après la guerre civile, un fermier du Missouri considéré comme un hors-la-loi tente de rejoindre les territoires indiens. □ 13 ans+
DVD VF→STF→Cadrage W→9,95 $

OUTPOST IN MOROCCO ▷5
É.-U. 1949. Aventures de Robert FLOREY avec George Raft, Marie Windsor et Akim Tamiroff. - Un officier de la légion étrangère est chargé d'escorter le convoi de la fille d'un chef arabe.
DVD VA→34,95 $

OUTRAGE, THE ▷4
É.-U. 1964. Drame de Martin RITT avec Paul Newman, Claire Bloom et Laurence Harvey. - Quatre personnes mêlées à un meurtre donnent des versions différentes de l'affaire. □ Général

OUTRAGE ▷5
ESP. 1993. Drame psychologique de Carlos SAURA avec Francesca Neri, Antonio Banderas et Walter Vidarte. - Une artiste de cirque fuit après avoir abattu les trois voyous qui l'ont violée. □ 13 ans+ · Violence
DVD 19,95 $

OUTRAGEOUS! ▷4
CAN. 1977. Drame psychologique de R. BENNER avec Craig Russell, Hollis McLaren et Allan Moyle. - Une jeune femme s'enfuit d'une clinique psychiatrique et se réfugie chez un ami homosexuel.
DVD VA→23,95 $

OUTRAGEOUS FORTUNE ▷4
[Chance pas croyable, Une]
É.-U. 1987. Comédie policière d'Arthur HILLER avec Shelley Long, Bette Midler, Robert Prosky et Peter Coyote. - Deux rivales font équipe pour retrouver leur amant commun qui a disparu mystérieusement.
DVD Cadrage W→9,95 $

OUTREMER ▷4
FR. 1989. Drame psychologique réalisé et interprété par Brigitte ROÜAN avec Nicole Garcia et Marianne Basler. - Les destins différents de trois sœurs, filles de colons français vivant en Algérie dans les années 1940 et 1950. □ Général

OUTSIDE CHANCE OF MAXIMILIAN GLICK, THE ▷4
CAN. 1989. Comédie dramatique d'Allan A. GOLDSTEIN avec Noam Zylberman, Saul Rubinek et Fairuza Balk. - Les mésaventures d'un jeune garçon juif qui prépare un concours de piano avec une catholique de son âge. □ Général

OUTSIDE MAN, THE *voir* **Homme est mort, Un**

OUTSIDE THE LAW
É.-U. 1930. Tod BROWNING □ Général

OUTSIDER, THE
HON. 1981. Béla TARR
DVD STA→36,95 $

OUTSIDERS, THE [Inadaptés, Les] ▷4
É.-U. 1983. Drame de mœurs de Francis Ford COPPOLA avec Ralph Macchio, C. Thomas Howell et Matt Dillon. - Au début des années 1960, des adolescents des quartiers pauvres de Tulsa sont en rivalité avec ceux de milieux plus favorisés. □ Général
DVD VA→STF→Cadrage P&S/W→16,95 $
VA→STF→Cadrage W→31,95 $

OUTSKIRTS, THE
RUS. 1998. Petr LUTSIK
DVD STA→29,95 $

OUVRE LES YEUX [Open Your Eyes] ▷4
ESP. 1997. Science-fiction d'Alejandro AMENABAR avec Eduardo Noriega, Penelope Cruz et Chete Lera. - Un jeune play-boy défiguré à la suite d'un accident est accusé d'un meurtre dont il n'a aucun souvenir. □ 13 ans+
DVD STA→Cadrage W→18,95 $

OVER THE HEDGE [Nos voisins les hommes] ▷4
É.-U. 2006. Film d'animation de Tim JOHNSON et Karey Kirkpatrick. - Menés par un raton laveur retors, des animaux volent la nourriture des humains qui ont construit un quartier résidentiel dans leur forêt alors qu'ils hibernaient.

OVER THE TOP [Bras de fer, Le] ▷6
É.-U. 1987. Comédie dramatique de Menahem GOLAN avec David Mendenhall, Sylvester Stallone et Susan Blakely. - Un camionneur espère gagner grâce à un concours de lutte au poignet une forte somme qui lui permettrait de reprendre son fils des mains de son beau-père. □ Général
DVD VA→STF→Cadrage W→14,95 $

OVERBOARD [Belle naufragée, La] ▷5
É.-U. 1987. Comédie de Garry MARSHALL avec Goldie Hawn, Kurt Russell, Katherine Helmond et Edward Herrmann. - Rabroué par une millionnaire, un menuisier profite que celle-ci soit devenue amnésique pour se venger en lui faisant croire qu'elle est sa femme. □ Général
DVD VF→STF→Cadrage W→12,95 $

OVERTURE, THE
THAÏ. 2004. Itthisoontorn VICHAILAK
DVD STA→Cadrage W/16X9→23,95 $

OVERTURE TO GLORY
ISR. 1940. Max NOSSECK □ Général

OWL AND THE PUSSYCAT, THE ▷4
É.-U. 1970. Comédie d'Herbert ROSS avec Barbra Streisand et George Segal. - Une fille facile s'installe chez un romancier qui l'a fait chasser de sa pension pour conduite immorale. □ 18 ans+
DVD VF→STF→Cadrage P&S/W→23,95 $

OWL'S CASTLE
JAP. 1999. Masahiro SHINODA
DVD STA→PC

OWNING MAHOWNY [Double vie de Mahowny, La] ▷4
CAN. 2003. Drame psychologique de Richard KWIETNIOWSKI avec Philip Seymour Hoffman, John Hurt et Minnie Driver. - Un banquier d'allure réservée détourne des millions de dollars à même la marge de crédit de ses clients pour jouer au casino. □ Général
DVD VF→8,95 $

OX, THE ▷4
SUÈ. 1991. Drame de mœurs de Sven NYKVIST avec Ewa Fröling, Stellan Skarsgard et Lennart Hjulstrom. - Au XIXe siècle, un paysan suédois est condamné à la prison à perpétuité pour avoir tué le bœuf de son maître afin de sauver sa famille de la famine.
□ 13 ans+

OX-BOW INCIDENT, THE ▷3
É.-U. 1943. Western de William A. WELLMAN avec Henry Fonda, Dana Andrews et Anthony Quinn. - À la suite de l'assassinat d'un rancher, la population d'un village lynche trois innocents. - Traitement original. Vision critique. Mise en scène sobre et expressive. Interprétation homogène. □ Général
DVD VA→STA→14,95 $

OYSTER PRINCESS, THE
ALL. 1919. Ernst LUBITSCH

OZ, UN MONDE EXTRAORDINAIRE
voir **Return to Oz**

OZIAS LEDUC
QUÉ. 1996. Michel BRAULT □ Général

P

P'TIT CON ▷4
FR. 1983. Comédie satirique de Gérard LAUZIER avec Bernard Brieux, Guy Marchand et Caroline Cellier. - Les tribulations d'un adolescent de dix-huit ans complexé et révolté contre son milieu.
□ 13 ans+

P.R.O.F.S. ▷5
FR. 1985. Comédie satirique de Patrick SCHULMANN avec Patrick Bruel, Fabrice Luchini et Laurent Gamelon. - Quatre jeunes professeurs d'un lycée de province font équipe pour éliminer par divers moyens des collègues qu'ils jugent indignes d'enseigner.
□ 13 ans+

P.S.
É.-U. 2004. Dylan KIDD
DVD VA→STA→Cadrage W→34,95 $

PACIFIC EXPRESS *voir* **Union Pacific**

PACIFIC HEIGHTS [Fenêtre sur Pacifique] ▷4
É.-U. 1990. Drame psychologique de John SCHLESINGER avec Michael Keaton, Melanie Griffith et Matthew Modine. - Un jeune couple de propriétaires engage une guerre des nerfs avec un locataire aux attitudes bizarres. □ 13 ans+
DVD VA→Cadrage W→7,95 $

PACK, THE ▷4
É.-U. 1977. Drame d'horreur de Robert CLOUSE avec Joe Don Baker, Richard B. Shull et Hope Alexander-Willis. - Dans une île éloignée, des chiens abandonnés par des touristes de passage se réunissent en meute et se mettent à attaquer la population. □ 13 ans+

PACTE AVEC UN TUEUR *voir* **Best Seller**

PACTE DES LOUPS, LE ▷4
FR. 2000. Aventures de Christophe GANS avec Samuel Le Bihan, Mark Dacascos et Émilie Dequenne. - En 1766, un chevalier est chargé par le roi de France de capturer une bête monstrueuse qui sème la terreur dans le Gévaudan. □ 13 ans+ · Violence
DVD VF→STF→Cadrage W/16X9→8,95 $/24,95 $

PADRE NUESTRO ▷4
ESP. 1985. Comédie satirique de Francisco REGUEIRO avec Victoria Abril, Fernando Rey et Francisco Rabal. - Averti de sa mort imminente, un cardinal espagnol de la curie vaticane rentre au pays pour régler des affaires de famille. □ 13 ans+

PADRE, PADRONE ►2
ITA. 1977. Drame social de Paolo et Vittorio TAVIANI avec Saverio Marconi, Omero Antonutti et Marcella Michelangeli. - La vie d'un jeune Sarde arraché à l'école par son père pour garder les moutons dans la montagne. - Transposition d'une expérience vécue. Images dépouillées d'une sévère beauté. Contexte sociologique bien observé. Interprétation d'un naturel discret. □ Général
DVD STA→27,95 $

PAGAILLE, LA ▷5
FR. 1991. Comédie de mœurs de Pascal THOMAS avec Rémy Girard, Coralie Seyrig et Sabine Haudepin. - Un couple séparé depuis sept ans projette de revivre ensemble malgré l'opposition de son entourage. □ Général

PAGE FOLLE, UNE [Page of Madness, A] ▷3
JAP. 1926. Drame psychologique de Teinosuke KINUGASA avec Masao Inoue, Yoshie Nakagawa et Ayako Iijima. - Un ancien marin s'est fait engager comme concierge de l'asile psychiatrique où sa femme est internée. - Vision quasi surréaliste du milieu. Technique inventive. Rythme vertigineux. Film muet aux intertitres peu nombreux.

PAGE OF MADNESS, A *voir* **Page folle, Une**

PAGEMASTER, THE ▷4
[Richard et le secret des livres magiques]
É.-U. 1994. Conte de Maurice HUNT et Joe JOHNSTON avec Macaulay Culkin, Christopher Lloyd et Ed Begley Jr. - Durant un violent orage, un gamin trouve refuge dans une bibliothèque où il est projeté dans l'univers des livres d'aventures et d'horreur.
□ Général · Enfants
DVD VA→14,95 $

PAGES ARRACHÉES DU LIVRE DE SATAN
[Leaves from Satan's Book]
DAN. 1919. Carl Theodor DREYER □ Général
DVD STA→27,95 $

PAGES DE NOTRE AMOUR, LES *voir* **Notebook, The**

PAIN ET CHOCOLAT [Bread and Chocolate] ▷3
ITA. 1973. Comédie de mœurs de Franco BRUSATI avec Nino Manfredi, Anna Karina et Johnny Dorelli. - Un Italien tente de se trouver du travail en Suisse. - Traitement aigre-doux d'un problème social. Mise en scène alerte. □ Général
DVD STA→46,95 $

PAIN IN THE A.., A *voir* **Emmerdeur, L'**

PAIN, AMOUR ET FANTAISIE ▷4
[Bread, Love and Dreams]
ITA. 1953. Comédie de Luigi COMENCINI avec Vittorio de Sica, Gina Lollobrigida et Roberto Risso. - Une jolie sauvageonne, amoureuse d'un carabinier, est victime des mauvaises langues de son pays.

PAIN, TULIPES ET COMÉDIE [Bread and Tulips] ▷4
ITA. 2000. Comédie sentimentale de Silvio SOLDINI avec Licia Maglietta, Bruno Ganz et Giuseppe Battiston. - Par un concours de circonstances, une mère au foyer désenchantée fait une escapade à Venise où elle reprend goût à la vie et trouve l'amour véritable.
□ Général
DVD STA→Cadrage W→13,95 $

PAINT IT BLACK
É.-U. 1989. Tim HUNTER □ Non classé

PAINT YOUR WAGON [Kermesse de l'Ouest, La] ▷5
É.-U. 1969. Comédie musicale de Joshua LOGAN avec Lee Marvin, Clint Eastwood et Jean Seberg. - En Californie, des mineurs privés de femmes convainquent un Mormon de passage de vendre à l'encan une de ses épouses. □ Général
DVD VF→STA→Cadrage W→10,95 $

PAINTED LIPS
ARG. 1974. Leopoldo TORRE NILSSON

PAISÀ [Paisan] ►2
ITA. 1946. Film à sketches de Roberto ROSSELLINI avec Carmela Sagio, Maria Michi et Dots Johnson. - Six courts épisodes relatifs à la campagne d'Italie, en 1943. - Un classique du néoréalisme. Mélange de documentaire et de fiction. Portrait extrêmement évocateur des conséquences dramatiques de la guerre. Simplicité de ton. Sens du rythme. Interprétation excellente. □ Général

PAJAMA GAME, THE ▷4
É.-U. 1957. Comédie musicale de George ABBOTT et Stanley DONEN avec Doris Day, John Raitt et Carol Haney. - Une syndicaliste s'éprend de son patron en dépit d'un conflit au sujet d'une augmentation de salaire. □ Général
DVD VA→21,95 $

PAJARICO - PETIT OISEAU SOLITAIRE ▷4
ESP. 1997. Comédie dramatique de Carlos SAURA avec Alejandro Martinez, Dafne Fernandez et Manuel Bandera. - Un petit garçon dont les parents sont en instance de divorce séjourne quelque temps chez ses oncles dans le sud de l'Espagne. □ 13 ans+

PAL JOEY [Blonde et la rousse, La] ▷4
É.-U. 1957. Comédie musicale de George SIDNEY avec Frank Sinatra, Rita Hayworth et Kim Novak. - Un chanteur de music-hall hésite entre deux femmes qui sollicitent son amour. □ Général
DVD Cadrage W→26,95 $

PALACE ▷5
FR. 1984. Comédie dramatique d'Édouard MOLINARO avec Claude Brasseur, Daniel Auteuil et Gudrun Landgrebe. - Un prisonnier de guerre français retrouve en Allemagne son frère qui s'est créé en captivité une situation confortable. □ Général

PALACE ▷4
ESP. 1995. Comédie burlesque réalisée et interprétée par TRICICLE avec Jean Rochefort et Lydia Bosch. - Divers incidents cocasses se produisent parmi le personnel et les clients d'un grand hôtel dirigé par trois frères écervelés. □ Général

PALAIS ROYAL ! ▷4
FR. 2005. Comédie satirique réalisée et interprétée par Valérie LEMERCIER avec Lambert Wilson et Catherine Deneuve. - Après avoir subi diverses humiliations, une reine timide et maladroite se révolte contre la monarchie en manipulant les médias à son avantage.

PALE RIDER [Cavalier solitaire, Le] ▷4
É.-U. 1985. Western réalisé et interprété par Clint EASTWOOD avec Sydney Penny et Michael Moriarty. - Un cavalier mystérieux vient en aide à des prospecteurs tourmentés par les hommes de main d'un riche entrepreneur. □ 13 ans+
DVD VF→STF→Cadrage W→8,95 $

PALEFACE, THE ▷4
É.-U. 1948. Comédie de Norman Z. McLEOD avec Bob Hope, Jane Russell et Robert Armstrong. - Chargée de démasquer des trafiquants d'armes, une aventurière s'assure l'aide involontaire d'un dentiste ambulant. □ Général
DVD VA→Cadrage P&S→26,95 $

PALINDROMES ▷4
É.-U. 2004. Comédie dramatique de Todd SOLONDZ avec Rachel Corr, Stephen Adly Guirgis et Ellen Barkin. - Forcée par sa mère à se faire avorter, une adolescente du New Jersey décide de fuguer et vit diverses expériences plus ou moins pénibles.
DVD VA→31,95 $

PALLBEARER, THE [Porteur, Le] ▷4
É.-U. 1996. Comédie sentimentale de Matt REEVES avec David Schwimmer, Gwyneth Paltrow et Barbara Hershey. - Un jeune homme devient l'amant d'une femme d'âge mûr au moment même où la fille qu'il aime secrètement s'intéresse enfin à lui. □ Général
DVD VA→Cadrage W→19,95 $

PALM BEACH STORY, THE ▷4
É.-U. 1941. Comédie de Preston STURGES avec Claudette Colbert, Joel McCrea et Mary Astor. - Une jeune femme croit rendre service à son mari, inventeur impécunieux, en obtenant un divorce. □ Général
DVD VA→STF→14,95 $

PALMES DE M. SCHUTZ, LES ▷3
FR. 1996. Comédie de Claude PINOTEAU avec Charles Berling, Isabelle Huppert et Philippe Noiret. - La découverte de la radioactivité et du radium par Pierre et Marie Curie provoque des étincelles dans le monde scientifique. - Évocation réussie de la rencontre de deux grands esprits. Peinture amusée et intelligente de la recherche scientifique. □ Général

PALMETTO ▷5
É.-U. 1997. Drame policier de Volker SCHLÖNDORFF avec Woody Harrelson, Elisabeth Shue et Gina Gershon. - À peine sorti de prison, un journaliste se laisse entraîner par une belle inconnue dans une histoire de faux enlèvement qui tournera mal. □ Général · Déconseillé aux jeunes enfants
DVD VA→STF→Cadrage W→7,95 $

PALOMBELLA ROSSA ▷3
ITA. 1989. Comédie satirique réalisée et interprétée par Nanni MORETTI avec Mariella Valentini et Silvio Orlando. - Un député communiste italien qui a perdu la mémoire participe avec son équipe à un match décisif de water-polo. - Métaphore subtile sur le discours politique. Climat d'amerturme tempéré par un humour irrésistible. Mise en scène intelligente et dynamique. Interprétation savoureuse. □ Général

PALOOKAVILLE ▷4
É.-U. 1995. Comédie policière d'Alan TAYLOR avec Vincent Gallo, William Forsythe et Adam Trese. - Trois amis chômeurs projettent le vol d'un camion blindé en dépit des soupçons du beau-frère policier de l'un d'entre eux. □ 13 ans+
DVD VA→STA→PC

PAN TADEUSZ
POL. 1999. Andrzej WAJDA
DVD STA→39,95 $

PANDAEMONIUM [Pandémonium]
ANG. 2000. Julien TEMPLE
DVD VA→Cadrage P&S→14,95 $

PANDORA AND THE FLYING DUTCHMAN ▷4
ANG. 1951. Drame fantastique d'Albert LEWIN avec Ava Gardner, James Mason et Nigel Patrick. - Une jeune Américaine s'éprend d'un héros légendaire et consent à mourir pour lui. □ Général
DVD 24,95 $

PANDORA'S BOX *voir* **Loulou**

PANIC ▷4
É.-U. 2001. Drame psychologique de H. BROMELL avec William H. Macy, Donald Sutherland et Neve Campbell. - Un père de famille qui travaille pour l'agence d'assassins de son père traverse une douloureuse période de remise en question.
DVD VA→STA→Cadrage W→19,95 $

PANIC IN NEEDLE PARK ▷3
É.-U. 1971. Drame social de Jerry SCHATZBERG avec Kitty Winn, Al Pacino et Alan Vint. - Venue étudier à New York, une jeune fille connaît l'expérience des stupéfiants et est entraînée dans une déchéance progressive. - Tableau véridique du monde des habitués de la drogue. Ensemble dur mais prenant. Jeu sincère des interprètes.
DVD VF→Cadrage W→13,95 $

PANIC IN THE STREETS ▷4
É.-U. 1950. Drame policier d'Elia KAZAN avec Richard Widmark, Paul Douglas et Barbara Bel Geddes. - Pour éviter une épidémie, on recherche l'assassin d'un homme atteint d'une maladie contagieuse. □ Général
DVD VA→STA→15,95 $

PANIC ROOM [Chambre forte, La] ▷4
É.-U. 2002. Thriller de David FINCHER avec Jodie Foster, Forest Whitaker and Dwight Yoakam. - Une mère et sa fille se réfugient dans une chambre fortifiée lorsque des voleurs s'introduisent la nuit dans leur somptueuse demeure. □ 13 ans+ · Violence
DVD VF→10,95 $ VA→STF→51,95 $ VF→Cadrage W→10,95 $

PANIQUE ▷5
QUÉ. 1977. Drame social de Jean-Claude LORD avec Jean Coutu, Paule Baillargeon et Gérard Poirier. - Des produits chimiques provenant d'une usine de pâte à papier contaminent l'eau potable d'une grande ville et provoquent la maladie et la mort de plusieurs enfants. □ 13 ans+

PANIQUE À BORD *voir* **Last Voyage, The**

PANNE FATALE *voir* **Breakdown**

PANTALEON Y LAS VISITADORAS
ESP. PÉR. 1999. Francisco J. LOMBARDI
DVD STA→24,95 $

PANTHER ▷4
É.-U. 1995. Chronique de Mario Van PEEBLES avec Kadeem Hardison, Bokeem Woodbine et Joe Don Baker. - Un vétéran du Viêtnam se joint à un groupe de Noirs décidés à freiner la violence exercée à leur endroit par la police d'Oakland. □ 13 ans+ · Violence

PANTHÈRE ROSE, LA *voir* **Pink Panther, The**

PANTOUFLE DE VERRE, LA
voir **Glass Slipper, The**

PAPA EST EN VOYAGE D'AFFAIRES ▷3
[Father is Away on Business]
YOU. 1985. Comédie dramatique d'Emir KUSTURICA avec Moreno de Bartoli, Miki Manojlovic et Mirjana Karanovic. - Dans les années 1950, les tribulations d'une famille yougoslave dont le père est emprisonné à tort pour déviation politique. - Mélange astucieux de candeur et de truculence. Rythme allègre. Mise en scène révélatrice et ironique. Interprètes fort bien dirigés. □ 13 ans+
DVD STA→28,95 $

PAPA EST PARTI, MAMAN AUSSI ▷4
FR. 1988. Comédie de mœurs de Christine LIPINSKA avec Sophie Aubry, Jérôme Kircher et Benoît Magimel. - Ses parents ayant quitté la maison après une dispute, une adolescente décide de s'occuper toute seule de ses frères et de sa sœur. □ Général

PAPA LONGUES JAMBES
voir **Daddy Long Legs**

PAPARAZZI ▷4
FR. 1998. Comédie d'Alain BERBERIAN avec Patrick Timsit, Vincent Lindon et Catherine Frot. - Un concours de circonstances plonge un sympathique veilleur de nuit dans l'univers excitant et frénétique d'un paparazzi. □ Général

PAPE DE GREENWICH VILLAGE, LE
voir **Pope of Greenwich Village, The**

PAPER CHASE, THE ▷4
É.-U. 1973. Drame de James BRIDGES avec Timothy Bottoms, John Houseman, Graham Beckel et Lindsay Wagner. - Les problèmes scolaires et sentimentaux d'un étudiant en droit à l'université Harvard. □ Général

PAPER CLIPS [Trombones, Les]
É.-U. 2004. Elliot BERLIN et Joe FAB
DVD VA→STF→34,95 $

PAPER LION ▷5
É.-U. 1968. Comédie d'A. MARCH avec Alan Alda, Lauren Hutton et Joe Schmidt. - Pour écrire une série d'articles, un journaliste s'introduit dans une équipe professionnelle de football.
DVD VA→STA→Cadrage W→17,95 $

PAPER MARRIAGE
ANG. POL. 1992. Krzysztof LANG
DVD VA→STA→Cadrage P&S→6,95 $

PAPER MOON [Barbe à papa, La] ▷4
É.-U. 1973. Comédie dramatique de Peter BOGDANOVICH avec Ryan O'Neal, Tatum O'Neal et Madeline Kahn. - Durant la Dépression, une orpheline se fait la complice d'un escroc chargé de la conduire chez sa tante. □ 13 ans+
DVD VF→Cadrage W→16,95 $

PAPER WEDDING *voir* **Noces de papier, Les**

PAPER, THE [Journal, Le] ▷4
É.-U. 1994. Comédie dramatique de Ron HOWARD avec Michael Keaton, Robert Duvall et Glenn Close. - Une lutte de pouvoir féroce se déclare entre le rédacteur en chef d'un journal à sensations et sa supérieure immédiate. □ Général

PAPERHOUSE ▷4
ANG. 1988. Drame fantastique de Bernard ROSE avec Elliott Spears, Charlotte Burke et Glenne Headly. - Lors d'expériences oniriques, une écolière croit pouvoir modifier le destin de ses compagnons. □ Général

PAPILLON ▷3
É.-U. 1973. Drame social de Franklin J. SCHAFFNER avec Steve McQueen, Dustin Hoffman et Victor Jory. - Envoyé à une colonie pénitentiaire en Guyane, un voleur tente plusieurs fois de s'évader. - Adaptation vigoureuse du livre d'Henri Charrière. Reconstitution convaincante des événements et des lieux. Interprétation de première force. □ 13 ans+
DVD VA→STF→Cadrage W→21,95 $

PAPILLON, LE [Butterfly, The] ▷4
FR. 2002. Comédie dramatique de Philippe MUYL avec Michel Serrault, Claire Bouanich et Nade Dieu. - Une fillette négligée par sa mère impose sa présence à un vieux collectionneur de papillons lors d'une expédition à la montagne. □ Général
DVD VF→Cadrage W/16X9→29,95 $ VF→STA→34,95 $

PAPILLON BLEU, LE *voir* **Blue Butterfly, The**

PAPILLON SUR L'ÉPAULE, UN ▷4
FR. 1978. Drame policier de Jacques DERAY avec Lino Ventura, Claudine Auger et Nicole Garcia. - Un Français de passage à Barcelone est entraîné dans une affaire mystérieuse. □ Général

PAPY FAIT DE LA RÉSISTANCE ▷4
FR. 1983. Comédie de Jean-Marie POIRÉ avec Christian Clavier, Martin Lamotte et Dominique Lavanant. - En 1943, les membres d'une famille de musiciens se retrouvent mêlés à la Résistance.

PAR AMOUR POUR ELLE
voir **When a Man Loves a Woman**

PAR AMOUR POUR MAX *voir* **Max**

PAR LA PEAU DES DENTS *voir* **Nick of Time**

PAR-DELÀ LES NUAGES [Beyond the Clouds] ▷4
ITA. 1995. Film à sketches de Michelangelo ANTONIONI et Wim WENDERS avec John Malkovich, Sophie Marceau et Irène Jacob. - Un cinéaste qui voyage en Italie et en France imagine quatre histoires d'amours impossibles.

PARACHUTISTE MALGRÉ LUI *voir* **Jumping Jacks**

PARACHUTISTES ARRIVENT, LES
voir **Gypsy Moths, The**

PARADE ▷4
FR. 1974. Spectacle musical réalisé et interprété par Jacques TATI avec Karl Kassmayer et Pia Colombo. - Sur une piste de cirque, Jacques Tati se fait le présentateur de diverses attractions et exécute quelques numéros de mime. □ Général

PARADE DU PRINTEMPS *voir* **Easter Parade**

PARADINE CASE, THE ▷3
É.-U. 1947. Drame policier d'Alfred HITCHCOCK avec Gregory Peck, Alida Valli et Charles Laughton. - Un jeune et brillant avocat défend une femme accusée de meurtre. - Construction dramatique solide. Mise en scène d'une grande virtuosité. Excellente distribution. □ Général

PARADIS *voir* **Heaven**

PARADIS DES MAUVAIS GARCONS, LE *voir* **Macao**

PARADIS POUR TOUS ▷4
FR. 1982. Comédie dramatique d'Alain JESSUA avec Patrick Dewaere, Fanny Cottençon et Jacques Dutronc. - Un homme vit dans un optimisme béat après avoir subi une cure spéciale. □ 13 ans+

PARADISE ▷4
É.-U. 1991. Drame sentimental de Mary Agnes DONOHUE avec Don Johnson, Melanie Griffith et Elijah Wood. - Un garçonnet en vacances à la campagne se lie d'amitié avec une fillette dégourdie tout en essayant d'amadouer ses hôtes, un couple désuni. □ Général

PARADISE NOW
É.-U. 1970. Sheldon ROCHLIN □ Non classé

PARADISE NOW [Aux portes du paradis]
ALL. FR. ISR. 2005. Hany ABU-ASSAD
DVD STF→Cadrage W→34,95 $

PARADISE ROAD ▷4
AUS. 1997. Drame de guerre de Bruce BERESFORD avec Glenn Close, Pauline Collins et Cate Blanchett. - Dans un camp japonais lors de la Seconde Guerre mondiale, des prisonnières de diverses nationalités montent un ensemble vocal. □ 13 ans+
DVD Cadrage W→9,95 $

PARADISE UNDER THE STARS
CUB. ESP. 1999. Gerardo CHIJONA

PARADISE, HAWAIIAN STYLE ▷5
É.-U. 1966. Comédie musicale de Michael MOORE avec Elvis Presley, Suzanna Leigh et James Shigeta. - Un pilote de ligne lance avec un ami un service de transport par hélicoptère aux îles Hawaï.
DVD 9,95 $

PARALLAX VIEW, THE [À cause d'un assassinat] ▷3
É.-U. 1974. Drame policier d'Alan J. PAKULA avec Warren Beatty, Hume Cronyn et Paula Prentiss. - Un journaliste entreprend une enquête personnelle autour de l'assassinat d'un sénateur dont il a été témoin. - Suspense fascinant et astucieusement agencé. Progression logique de l'intrigue vers une fin surprenante. Jeu aisé de W. Beatty. □ Général
DVD VF→STA→Cadrage W→9,95 $

PARANO ▷4
FR. 1993. Film à sketches de Yann PIQUER, Alain ROBAK, Manuel FLÈCHE, Anita ASSAL et John HUDSON avec Gustave Parking, Smaïn et Patrick Bouchitey. - Une belle jeune fille raconte à un timide des anecdotes inquiétantes. □ 16 ans+

PARAPLUIES DE CHERBOURG, LES ►1
[Umbrellas of Cherbourg, The]
FR. 1963. Drame musical de Jacques DEMY avec Anne Vernon, Catherine Deneuve et Nino Castelnuovo. - Une jeune fille s'éprend d'un garagiste qui doit bientôt la quitter pour l'Algérie. - Thème mélodramatique. Traitement d'une grande fraîcheur. Musique et images harmonieusement conjuguées. Dialogues entièrement chantés. Interprétation charmante.
DVD VF→STA→24,95 $

PARASITE MURDERS, THE *voir* **Shivers**

PARC JURASSIQUE, LE *voir* **Jurassic Park**

PARDNERS ▷5
É.-U. 1955. Comédie de Norman TAUROG avec Jerry Lewis, Dean Martin et Agnes Moorehead. - Les fils de deux ranchers tués par des bandits démasquent les assassins de leurs pères. □ Général

PARDON US ▷4
É.-U. 1931. Comédie de James PARROTT avec Stan Laurel, Oliver Hardy et Wilfrid Lucas. - Deux bons bougres emprisonnés pour un délit mineur font échouer une mutinerie. □ Général

PARENT TRAP, THE [Attrape parents, L'] ▷4
É.-U. 1961. Comédie de David SWIFT avec Hayley Mills, Maureen O'Hara et Brian Keith. - Deux jumelles s'emploient à réconcilier leurs parents séparés depuis plusieurs années. □ Général

PARENTHÈSE ENCHANTÉE, LA ▷4
FR. 1999. Étude de mœurs de Michel SPINOSA avec Vincent Elbaz, Clotilde Courau et Karin Viard. - En pleine période de libération sexuelle, cinq amis vivent divers émois et déchirements amoureux dans leur passage à la vie adulte. □ 13 ans+

PARENTHOOD [Portrait craché d'une famille modèle] ▷4
É.-U. 1989. Comédie dramatique de Ron HOWARD avec Steve Martin, Mary Steenburgen et Dianne Wiest. - Les divers problèmes que rencontrent les membres d'une même famille à élever leurs enfants. □ Général

PARENTS ▷4
É.-U. 1988. Comédie dramatique de Bob BALABAN avec Bryan Madorsky, Randy Quaid et Mary Beth Hurt. - Victime de cauchemars à cause des goûts culinaires de ses parents, un jeune homme découvre que ceux-ci raffolent de la chair humaine. □ 13 ans+

PARENTS TERRIBLES, LES [Storm Within, The] ▷3
FR. 1948. Drame de Jean COCTEAU avec Jean Marais, Yvonne de Bray et Gabrielle Dorziat. - Un jeune homme s'est épris de la maîtresse de son père et veut l'épouser. - Adaptation fidèle de la pièce de Cocteau. Atmosphère morbide suggérée par les décors et les éclairages. □ Général

PARFAIT AMOUR [Perfect Love]
FR. 1996. Catherine BREILLAT
DVD VF→STA→36,95 $

PARFAITE ÉPOUSE, LA *voir* **Good Wife, The**

PARFAITE FORME, LA *voir* **Perfect**

PARFAITEMENT NORMAL
voir **Perfectly Normal**

PARFUM D'YVONNE, LE ▷4
FR. 1993. Drame sentimental de Patrice LECONTE avec Jean-Pierre Marielle, Hippolyte Girardot et Sandra Majani. - À la fin des années 1950, un jeune Parisien qui séjourne en Suisse tombe amoureux d'une actrice toujours flanquée de son mentor homosexuel.
□ 13 ans+

PARFUM DE FEMME [Scent of a Woman] ▷3
ITA. 1974. Comédie dramatique de Dino RISI avec Vittorio Gassman, Alessandro Momo et Agostina Belli. - Un jeune soldat accompagne un capitaine rendu aveugle par une explosion dans un voyage de Milan à Naples. - Passages équilibrés de la comédie au drame. Mise en scène vivante et assurée. □ 13 ans+

PARFUM DE LAVANDE
voir **Ladies in Lavender**

PARFUM DE SCANDALE *voir* **Widow's Peak**

PARI, LE ▷5
FR. 1997. Comédie réalisée et interprétée par Didier BOURDON et Bernard CAMPAN avec Isabelle Ferron. - Les tribulations de deux beaux-frères qui font le pari de cesser de fumer. □ Général

PARI CRUEL, UN *voir* **Cruel Intentions**

PARIS BLUES ▷4
É.-U. 1961. Drame musical de Martin RITT avec Paul Newman, Sidney Poitier et Joanne Woodward. - Deux musiciens de jazz américains résidant à Paris ont chacun une idylle avec une compatriote de passage. □ Général

PARIS BRÛLE-T-IL ? [Is Paris Burning?] ▷4
FR. 1966. Drame de guerre de René CLÉMENT avec Gert Froebe, Orson Welles et Bruno Cremer. - Au début d'août 1944, le nouveau commandant de la place de Paris reçoit d'Hitler l'ordre de détruire la Ville lumière. □ Non classé
DVD VF→STA→Cadrage W→14,95 $

PARIS DOES STRANGE THINGS
voir **Éléna et les hommes**

PARIS MINUIT ▷4
FR. 1986. Drame policier réalisé et interprété par Frédéric ANDRÉI avec Isabelle Texier et Gabriel Cattand. - Après un vol de bijouterie manqué, un garçon et une fille s'enfuient chacun de son côté en communiquant par code. □ Général

PARIS TROUT [Crimes sans remords] ▷4
É.-U. 1991. Drame de mœurs de Stephen GYLLENHAAL avec Dennis Hopper, Barbara Hershey et Ed Harris. - Un avocat vient en aide à l'épouse d'un de ses clients, un commerçant meurtrier qui menace de s'en prendre à elle. □ 18 ans+

PARIS UNDERGROUND
É.-U. 1945. Gregory RATOFF
DVD VA→18,95 $

PARIS VU PAR... [Paris vu par (six in Paris)] ▷4
FR. 1965. Film à sketches de Jean DOUCHET, Jean ROUCH, Jean-Luc GODARD, Jean-Daniel POLLET, Éric ROHMER et Claude CHABROL. - Incidents situés dans divers quartiers de Paris.

PARIS WHEN IT SIZZLES [Deux têtes folles] ▷4
É.-U. 1963. Comédie de Richard QUINE avec Audrey Hepburn, William Holden, Raymond Bussières et Grégoire Aslan. - Un scénariste et sa secrétaire imaginent diverses variations au sujet d'un film. □ Général
DVD Cadrage W→14,95 $

PARIS, FRANCE ▷4
É.-U. 1993. Drame de mœurs de Gérard CICCORITTI avec Leslie Hope, Peter Outerbridge et Victor Ertmanis. - Tentant vainement de terminer un roman érotique, une femme mariée décide de chercher l'inspiration dans sa relation tumultueuse avec un poète bisexuel. □ 18 ans+ · Érotisme

PARIS, TEXAS ►2
ALL. 1984. Drame de Wim WENDERS avec Harry Dean Stanton, Hunter Carson et Nastassja Kinski. - Après une longue errance, un homme regagne l'affection de son jeune fils et se met à la recherche de son épouse. - Traitement insolite de thèmes psychologiques ou sociaux. Style poétique d'une grande beauté. Interprétation remarquable du protagoniste. □ Général
DVD VF→Cadrage W→21,95 $ VA→STA→Cadrage W→16,95 $

PARISIAN LOVE
É.-U. 1925. Louis J. GASNIER □ Général
DVD Cadrage P&S→26,95 $

PARISIENNE, UNE ▷4
FR. 1957. Comédie de Michel BOISROND avec Brigitte Bardot, Charles Boyer et Henri Vidal. - La jeune épouse d'un haut fonctionnaire courtise un prince en visite à Paris afin d'exciter la jalousie de son mari. □ Général

PARLE AVEC ELLE [Hable con ella] ►2
ESP. 2001. Drame de Pedro ALMODOVAR avec Javier Camara, Dario Grandinetti et Leonor Watling. - Un infirmier solitaire qui aime secrètement une patiente comateuse se lie d'amitié avec un écrivain dont la compagne est elle aussi dans le coma. - Réflexion vibrante et touchante sur l'amour fou. Récit magistralement construit. Réalisation originale et pleine d'aisance. Jeu intense des protagonistes. □ 13 ans+
DVD VF→STF→27,95 $

PARLEZ-MOI D'AMOUR ▷5
FR. 2002. Drame psychologique de Sophie MARCEAU avec Judith Godrèche, Niels Arestrup et Anne Le Ny. - Chronique du divorce entre une jeune femme et un écrivain alcoolique d'âge mûr avec qui elle a eu trois enfants.
DVD VF→STA→Cadrage 16X9→16,95 $

PARLEZ-NOUS D'AMOUR ▷5
QUÉ. 1976. Drame de mœurs de Jean-Claude LORD avec Jacques Boulanger, Monique Mercure et Claude Michaud. - Les désenchantements de l'animateur d'une émission de variétés à la télévision. □ 13 ans+

PAROLE DE FLIC ▷5
FR. 1985. Drame policier de José PINHEIRO avec Alain Delon, Fiona Gélin et Jacques Perrin. - Un ancien policier entreprend d'éliminer les assassins de sa fille adolescente. □ 13 ans+

PAROLE, LA [Ordet] ►1
DAN. 1955. Drame religieux de Carl Theodor DREYER avec Henrik Malberg, Preben Lerdorff Rye et Brigitte Federspiel. - Se prenant pour Jésus, un fils de fermier annonce la mort et la résurrection de sa belle-sœur qui souffre d'un enfantement difficile. - Sujet abordé avec un dépouillement exemplaire. Rythme hiératique. Réalisation admirable. Images particulièrement soignées. Interprétation quelque peu théâtrale. □ Général
DVD STA→PC

PARRAIN D'UN JOUR, LE *voir* **Things Change**

PARRAIN, LE *voir* **Godfather, The**

PART DES TÉNÈBRES, LA
voir **Dark Half, The**

PARTIE D'ÉCHECS, LA ▷5
FR. 1993. Drame de Yves HANCHAR avec Denis Lavant, Pierre Richard et Catherine Deneuve. - Au XIXe siècle, un jeune champion d'échecs participe à un tournoi organisé par une marquise qui a promis d'offrir sa fille au vainqueur. □ Général

PARTIE DE CAMPAGNE, UNE ►2
FR. 1936. Comédie sentimentale de Jean RENOIR avec Sylvia Bataille, Georges Darnoux et Gabriello. - Au cours d'une sortie à la campagne, la fille et la femme d'un brave commerçant font la rencontre de deux séducteurs. - Adaptation d'une nouvelle de Guy de Maupassant. Sujet délicat traité avec une justesse de ton remarquable. Mélange de réalisme critique et de poésie. Excellente direction d'acteurs. □ Général

PARTIE DE CHASSE, LA *voir* **Shooting Party, The**

PARTIE DE PLAISIR, UNE [Piece of Pleasure, A] ▷5
FR. 1974. Drame psychologique de Claude CHABROL avec Paul Gégauff, Danièle Gégauff et Paula Moore. - Un couple se désagrège après entente sur une mutuelle liberté sexuelle. □ 13 ans+
DVD VF→STA→Cadrage W→26,95 $

PARTIR, REVENIR ▷4
FR. 1985. Drame de Claude LELOUCH avec Evelyne Bouix, Richard Anconina et Annie Girardot. - Rescapée des camps nazis, une Juive cherche à découvrir le délateur qui a provoqué l'extermination de sa famille.

PARTIS POUR LA GLOIRE ▷4
QUÉ. 1975. Drame de mœurs de Clément PERRON avec Serge L'Italien, Rachel Cailhier et Jacques Thisdale. - En 1942, deux jeunes Beaucerons tentent d'échapper à la conscription. □ Général

PARTITION INACHEVÉE POUR PIANO MÉCANIQUE ►2
[Unfinished Piece for Mechanical Piano, An]
RUS. 1976. Comédie dramatique de Nikita MIKHALKOV avec Alexandre Kaliaguine, Elena Solovei et Evguénia Glouchenko. - Lors d'une réception champêtre donnée par la veuve d'un général, un instituteur marié renoue avec un amour de jeunesse. - Adaptation fort réussie de pièces de Tchékhov. Images d'une grande beauté. Mouvement souple et fluide. Interprètes talentueux. □ Général
DVD STA→41,95 $

PARTNER ▷4
ITA. 1968. Drame fantastique de Bernardo BERTOLUCCI avec Pierre Clementi, Tina Aumont et Sergio Tofano. - Un jeune metteur en scène de théâtre se sent poussé par son double à des entreprises hasardeuses. □ Général

PARTNER(S)
É.-U. 2005. Dave DIAMOND
DVD VA→Cadrage 16X9→24,95 $

PARTY, THE [Party, La] ▷3
É.-U. 1967. Comédie de Blake EDWARDS avec Peter Sellers, Claudine Longet et Steve Franken. - Un producteur d'Hollywood donne une réception qui est bouleversée par un acteur maladroit. - Situation de base très simple. Nombreuses variations comiques. Accent mis sur les gags visuels. P. Sellers au sommet de sa forme. □ Général
DVD VA→STA→Cadrage W→12,95 $

PARTY, LE ▷5
QUÉ. 1990. Drame social de Pierre FALARDEAU avec Lou Babin, Julien Poulin et Charlotté Laurier. - Dans un pénitencier, au cours d'un spectacle présenté par des artistes venus de l'extérieur, un détenu tente de s'évader et un autre de se suicider. □ 18 ans+
DVD 17,95 $

PARTY ▷4
POR. 1996. Drame psychologique de Manoel de OLIVEIRA avec Michel Piccoli, Irène Papas et Leonor Silveira. - Un couple marié depuis dix ans se remet en question à la suite de la visite d'une actrice grecque et de son amant français.

PARTY GIRL [Traquenard] ▷4
É.-U. 1958. Drame policier de Nicholas RAY avec Robert Taylor, Cyd Charisse et Lee J. Cobb. - À Chicago, un avocat se met au service d'un chef de gang. □ Non classé

PARTY GIRL [Folies de Miss Party, Les] ▷4
É.-U. 1994. Comédie de Daisy VON SCHERLER MAYER avec Parker Posey, Omar Townsend et Sacha von Scherler. - Une jeune femme qui gravite dans les milieux branchés et qui ne pense qu'à s'amuser finit par changer ses habitudes après avoir obtenu un emploi de bibliothécaire. □ Général

PARTY MONSTER ▷5
É.-U. 2003. Drame biographique de Fenton BAILEY et Randy Barbato avec Macaulay Culkin, Seth Green et Chloe Sevigny. - L'ascension et la déchéance de Michael Alig, personnalité marquante de la « club culture » new-yorkaise au milieu des années 1990. □ 16 ans+
DVD VA→STA→Cadrage W→21,95 $

PAS BESOIN DES HOMMES *voir* **Boys on the Side**

PAS D'ORCHIDÉES POUR MISS BLANDISH
voir **Grissom Gang, The**

PAS DE RÉPIT POUR MÉLANIE ▷3
QUÉ. 1990. Comédie dramatique de Jean BEAUDRY avec Marie-Stéphane Gaudry, Kesnamelly Neff et Vincent Bolduc. - En lisant le livre *Le Petit Prince*, une fillette tente d'apprivoiser une vieille dame recluse dans sa maison depuis la mort de son mari. - Film de la série *Contes pour tous*. Histoire habilement construite. Suspense bien maintenu. □ Général

PAS DE REPOS POUR LES BRAVES
voir **No Rest for the Brave**

PAS SI FOLLE *voir* **Housekeeping**

PAS SI MÉCHANT QUE ÇA ▷4
FR. 1974. Comédie dramatique de Claude GORETTA avec Gérard Depardieu, Marlène Jobert et Dominique Labourier. - À la mort de son père, un jeune homme constate la mauvaise situation de l'entreprise familiale et se met à faire des hold-up.

PAS SUR LA BOUCHE [Not on the Lips]
FR. 2003. Alain RESNAIS
DVD VF→STA→Cadrage W→39,95 $

PAS SUSPENDU DE LA CIGOGNE, LE ►2
FR. 1991. Drame de Theo ANGELOPOULOS avec Gregory Karr, Marcello Mastroianni et Jeanne Moreau. - Dans un ghetto de réfugiés en Grèce, un journaliste croit reconnaître un politicien qui a disparu voilà quelques années. - Œuvre rigoureuse et grave sur les thèmes de l'exil et de la séparation. Ensemble émouvant et fascinant. Rythme lent. Images magnifiques. Comédiens de très grande valeur. □ Général

PAS TRÈS CATHOLIQUE ▷4
FR. 1993. Comédie dramatique de Tonie MARSHALL avec Anémone, Grégoire Colin et Denis Podalydes. - Chargée de surveiller des dealers à la sortie d'un lycée, une détective quadragénaire à la vie dissolue tombe sur son fils qui ne l'a jamais connue.

PASCALI'S ISLAND ▷4
ANG. 1988. Drame de James DEARDEN avec Ben Kingsley, Charles Dance et Helen Mirren. - En 1908, sur la petite île de Nisi, un informateur à la solde des Turcs offre ses services à un Anglais qui se dit archéologue. □ Général

PASQUALINO *voir* **Seven Beauties**

PASSAGE À TABAC *voir* **Murder Ahoy**

PASSAGE POUR LE PARADIS
voir **Gentle into the Night**

PASSAGE TO INDIA, A [Route des Indes, La] ▷3
ANG. 1984. Drame de mœurs de David LEAN avec Judy Davis, Victor Banerjee et Peggy Ashcroft. - En Inde, dans les années 1920, une jeune Anglaise accuse de tentative de viol un médecin musulman avec qui elle avait lié amitié. - Adaptation intelligente d'un roman de E.M. Forster. Traitement subtil d'un thème connu. Illustration d'un classicisme raffiné. Interprétation de qualité. □ Général
DVD VA→Cadrage W→39,95 $

PASSAGE, LE *voir* **Holes**

PASSAGER CLANDESTIN, LE ▷4
HOL. 1997. Drame psychologique de Ben Van LIESHOUT avec Ariane Schluter, Bekzod Mukhamedkarimov et Sjamoerat Oetemratov. - Las de la vie qu'il mène dans son petit village, un Ouzbek s'embarque clandestinement sur un navire et se retrouve à Rotterdam.
□ Général

PASSANTE DU SANS-SOUCI, LA ▷4
FR. 1981. Drame de Jacques ROUFFIO avec Romy Schneider, Michel Piccoli et Gérard Klein. - Après avoir tué l'ambassadeur du Paraguay en France, un homme se livre à la police et explique à sa femme les raisons de son geste. □ Général

PASSE DU SIÈCLE, LA *voir* **Deal of the Century**

PASSÉ REVIENT, LE *voir* **Dead Again**

PASSE-MURAILLE, LE ▷4
FR. 1950. Comédie fantaisiste de Jean BOYER avec Bourvil, Joan Greenwood et Marcelle Arnold. - Un fonctionnaire découvre qu'il a le don de traverser les murs. □ Général

PASSENGER, THE *voir* **Profession : Reporter**

PASSENGER, THE ►2
POL. 1961. Drame de guerre d'Andrzej MUNK avec Aleksandra Slaka, Anna Ciepielewska et Marek Walczewski. - Dans un camp de concentration nazi, une gardienne tente de se soumettre une prisonnière par un traitement de faveur. - Œuvre singulièrement attachante quoiqu'inachevée. Images sobres et bouleversantes. Interprètes féminines admirablement dirigées. □ Général · Déconseillé aux jeunes enfants

PASSION ▷3
FR. 1982. Drame de Jean-Luc GODARD avec Isabelle Huppert, Michel Piccoli et Jerzy Radziwilowicz. - Alors qu'il tourne en Suisse un film sur des œuvres d'art célèbres, un cinéaste polonais se lie d'amitié avec une jeune ouvrière. - Sorte de patchwork sur le sens de l'art, du cinéma et de la société. Idées symboliques tantôt simplistes, tantôt ingénieuses. Mise en scène fouillée. Interprètes de talent.

PASSION *voir* **Madame du Barry**

PASSION, UNE [Passion of Anna, The] ▷3
SUÈ. 1969. Drame psychologique d'Ingmar BERGMAN avec Max Von Sydow, Liv Ullmann et Bibi Andersson. - Deux femmes tentent de combler la solitude d'un peintre qui s'est retiré dans une île. - Exploration des thèmes chers à l'auteur. Mise en scène maîtrisée et austère. Interprétation forte. □ 13 ans+
DVD STF→Cadrage W→29,95 $

PASSION ANDALOUSE ▷4
ESP. 1989. Drame musical de Vincente ESCRIVA avec Juan Paredes, Esperanza Campuzano et Cristina Hoyos. - Les amours contrariées d'un couple de gitans espagnols dont les familles poursuivent une rivalité qui dure depuis longtemps. □ Général

PASSION BÉATRICE, LA ▷3
FR. 1987. Drame de mœurs de Bertrand TAVERNIER avec Bernard-Pierre Donnadieu, Julie Delpy et Nils Tavernier. - Au XIVe siècle, après une longue captivité, un chevalier tourmenté et violent pille les villages d'alentour et va jusqu'à violer sa fille pour défier Dieu. - Drame pur et dépouillé inspiré de loin d'un fait divers.

PASSION D'AMOUR ▷3
ITA. 1980. Drame psychologique d'Ettore SCOLA avec Bernard Giraudeau, Valeria d'Obici et Jean-Louis Trintignant. - En 1862, un officier de cavalerie est poursuivi par les attentions d'une femme d'une laideur exceptionnelle. - Sujet insolite. Climat d'époque bien créé. Mise en scène rigoureuse. Interprétation convaincante.
□ Général

PASSION D'AMOUR *voir* **Passion Fish**

PASSION DANS LE DÉSERT *voir* **Passion in the Desert**

PASSION DE JEANNE D'ARC, LA ►1
[Passion of Joan of Arc]
FR. 1928. Drame historique de Carl T. DREYER avec Silvain, Renée Falconetti et Antonin Artaud. - Le procès et la mort de Jeanne d'Arc. - Drame psychologique d'une puissance remarquable. Décors sobres et stylisés. Utilisation saisissante des gros plans. Jeu admirable de R. Falconetti. □ Général
DVD STA➜62,95 $

PASSION FISH [Passion d'amour] ▷4
É.-U. 1992. Comédie dramatique de John SAYLES avec Mary McDonnell, Alfre Woodard et David Strathairn. - Victime d'un accident qui l'a condamnée au fauteuil roulant, une actrice aigrie s'attache à l'infirmière qui prend soin d'elle. □ Général
DVD Cadrage W➜34,95 $

PASSION IN THE DESERT [Passion dans le désert] ▷4
É.-U. 1997. Aventures de Lavinia CURRIER avec Ben Daniels, Michel Piccoli et Paul Meston. - En 1798, un officier français perdu dans le désert égyptien se lie d'amitié avec un léopard. □ 13 ans+

PASSION MEURTRIÈRE *voir* **Prick Up Your Ears**

PASSION OF ANNA, THE *voir* **Passion, Une**

PASSION OF MIND ▷5
É.-U. 2000. Drame psychologique d'Alain BERLINER avec Demi Moore, Stellan Skarsgard et William Fichtner. - Une jeune femme en vient à confondre sa vraie vie avec celle, très différente, dont elle rêve la nuit. □ Général
DVD VA➜STA➜Cadrage W➜10,95 $

PASSION OF THE CHRIST, THE ▷4
[Passion du Christ, La]
É.-U. - 2004. Drame religieux de Mel GIBSON avec Jim Caviezel, Maia Morgenstern et Monica Bellucci. - Les douze dernières heures de la vie de Jésus. - Illustration percutante et ultraviolente du supplice du Christ. Utilisation de langues anciennes dans les dialogues. □ 16 ans+ · Violence
DVD STA➜Cadrage W➜16,95 $

PASSIONADA
É.-U. 2002. Dan IRELAND
DVD VA➜STF➜Cadrage W➜32,95 $

PASSIONATE FRIENDS, THE ▷4
[Amants passionnés, Les]
ANG. 1949. Drame psychologique de David LEAN avec Ann Todd, Trevor Howard et Claude Rains. - La femme d'un riche financier est tentée de partir avec un ami d'enfance.

PASSIONNÉMENT ▷5
FR. 1999. Drame psychologique de Bruno NUYTTEN avec Gérard Lanvin, Charlotte Gainsbourg et Eric Ruff. - Une adolescente se fait raconter par un ami les circonstances de la mort de son père, victime d'un drame passionnel. □ Général

PASSIONS
RUS. 1994. Kira MURATOVA
DVD STA➜49,95 $

PASSIONS TOURMENTÉES *voir* **Steel Magnolias**

PASSOVER FEVER ▷5
ISR. 1995. Drame de mœurs de Shemi ZARHIN avec Gila Almagor, Yossef Shiloah et Miki Kam. - Les préoccupations des membres d'une famille qui se réunit à l'occasion de la Pâque. □ Général

PAST PERFECT
CAN. 2002. Daniel MACIVOR
DVD VA➜33,95 $

PAT AND MIKE ▷3
É.-U. 1952. Comédie de George CUKOR avec Katharine Hepburn, Spencer Tracy et Aldo Ray. - Un promoteur sportif pousse une monitrice de culture physique à se lancer dans les compétitions professionnelles. - Fine satire des milieux sportif et universitaire. Mise en scène souple et vivante. Excellents interprètes. □ Général
DVD 29,95 $

PAT GARRETT & BILLY THE KID ▷4
[Pat Garrett et Billy le Kid]
É.-U. 1973. Western de Sam PECKINPAH avec James Coburn, Kris Kristofferson et Bob Dylan. - La fin du célèbre bandit Billy le Kid poursuivi par son ami le shérif Pat Garrett. □ 13 ans+
DVD VF➜STF➜Cadrage W➜21,95 $

PATCH OF BLUE, A ▷3
É.-U. 1965. Drame sentimental de Guy GREEN avec Sidney Poitier, Elizabeth Hartman et Shelley Winters. - Un Noir s'intéresse à une jeune aveugle et l'aide à sortir de son milieu sordide. - Œuvre pleine de charme et de délicatesse. Réalisation sobre et efficace. Interprètes bien dirigés. □ Général
DVD VF➜STF➜Cadrage W➜21,95 $

PATH TO WAR [Sur le chemin de la guerre] ▷4
É.-U. 2002. Drame politique de John FRANKENHEIMER avec Michael Gambon, Alec Baldwin et Donald Sutherland. - Dans les années 1960, le président Lyndon B. Johnson et ses conseillers décident s'ils poursuivront ou non la guerre au Vietnam. □ Non classé
DVD VF➜STF➜Cadrage W➜7,95 $
VA➜STA➜Cadrage W➜7,95 $

PATHER PANCHALI *voir* **Complainte du sentier, La**

PATHS OF GLORY [Sentiers de la gloire, Les] ►2
É.-U. 1957. Drame de guerre de Stanley KUBRICK avec Kirk Douglas, Adolphe Menjou et Ralph Meeker. - Durant la Première Guerre mondiale, trois soldats sont traduits en cour martiale pour avoir fui devant l'ennemi. - Récit antibelliciste captivant et d'une brutale ironie. Scènes de combat hallucinantes. Réalisation de grande qualité. Personnages fort bien dessinés et interprétés avec un cynisme calculé. □ Général
DVD VF➜STF➜12,95 $

PATIENCE DES FEMMES FAIT LA FORCE DES HOMMES, LA ▷4
ALL. 1980. Drame social de Cristina PERINCIOLI avec Elisabeth Walinski, Eberhard Feik et Dora Kuerten. - Les problèmes d'une femme battue désireuse de se séparer de son mari.

PATIENT ANGLAIS, LE *voir* **English Patient, The**

PATIENTS DE MLLE EVERS, LES *voir* **Miss Ever's Boys**

PATRICIA ET JEAN-BAPTISTE ▷5
QUÉ. 1967. Comédie satirique réalisée et interprétée par Jean-Pierre LEFEVBRE avec Patricia Kaden-Lacroix. - Un petit employé d'une fabrique de Montréal aide une jeune Française à se trouver un logis.
DVD VF➜28,95 $

PATRIOT, THE [Patriot, The - Extended Cut] ▷4
É.-U. 2000. Drame historique de Roland EMMERICH avec Mel Gibson, Heath Ledger et Jason Isaacs. - En 1776, un fermier pacifique se résout à prendre part à l'insurrection des colons américains contre l'autorité britannique. □ 13 ans+ · Violence
DVD VA➜Cadrage W➜21,95 $ VA➜STF➜Cadrage W➜34,95 $

PATRIOTES, LES ▷4
FR. 1994. Drame d'espionnage d'Éric ROCHANT avec Yvan Attal, Yossi Banai et Sandrine Kiberlain. - Un jeune Juif d'origine française exécute des missions d'espionnage à Paris et à Washington pour le compte du Mossad, l'agence de renseignements israélienne. □ Général

PATRIOT GAMES [Jeux de guerre] ▷4
É.-U. 1992. Drame d'espionnage de Phillip NOYCE avec Harrison Ford, Anne Archer et Patrick Bergin. - Un ancien agent de la CIA et sa famille deviennent la cible d'un terroriste irlandais. □ 13 ans+ · Violence
DVD VF➜Cadrage W➜12,95 $

PATROUILLE PERDUE, LA *voir* **Lost Patrol, The**

PATSY, THE ▷4
É.-U. 1964. Comédie réalisée et interprétée par Jerry LEWIS avec Ina Balin et Everett Sloane. - Un jeune homme un peu benêt est choisi pour remplacer un comédien célèbre. □ Général
DVD VA➜14,95 $

PATTERNS ▷4
É.-U. 1955. Drame social de F. COOK avec Van Heflin, Everett Sloane et Beatrice Straight. - Le président d'une grande compagnie compte sur un jeune directeur pour évincer un associé.
DVD VA➜18,95 $

PATTES BLANCHES
FR. 1949. Jean GRÉMILLON □ Général

PATTON ▷3
É.-U. 1969. Drame biographique de Franklin J. SCHAFFNER avec George C. Scott, Karl Malden et Stephen Young. - Les péripéties de la carrière d'un général américain. - Portrait complexe d'une forte personnalité. Mise en scène intelligente. Interprétation nuancée et réfléchie. □ Général
DVD VA➜STA➜Cadrage W➜14,95 $
VF➜STA➜Cadrage W➜21,95 $

PAULETTE
FR. 1986. Claude CONFORTÈS

PAULIE ▷4
É.-U. 1998. Comédie fantaisiste de John ROBERTS avec Tony Shalhoub, Gena Rowlands et Cheech Marin. - Un perroquet capable de converser comme un humain fait un long voyage pour retrouver sa jeune propriétaire. □ Général
DVD VA➜Cadrage W➜14,95 $ VA➜Cadrage W➜17,95 $

PAULINE À LA PLAGE [Pauline at the Beach] ▷3
FR. 1982. Comédie de mœurs d'Éric ROHMER avec Amanda Langlet, Arielle Dombasle et Féodor Atkine. - Au cours d'un séjour sur la côte normande, une adolescente et sa cousine divorcée vivent des déceptions amoureuses. - Fines observations de mœurs sous une apparence frivole. Marivaudage intelligemment conduit. Illustration soignée. Interprétation dans le ton voulu. □ 13 ans+
DVD VF➜STF➜Cadrage W➜26,95 $

PAULINE ET PAULETTE ▷4
BEL. 2001. Comédie dramatique de Lieven DEBRAUWER avec Dora Van Der Groen, Ann Petersen et Rosemarie Bergmans. - Dans un village flamand, une handicapée intellectuelle sexagénaire tente de gagner l'affection de sa sœur, qui désire la placer en institution. □ Général

PAUMÉS ET CORROMPUS *voir* **Doom Generation, The**

PAUSE... QUATRE SOUPIRS, UNE
voir **Bodies, Rest and Motion**

PAVILION OF WOMEN [Pavillon des femmes, Le] ▷5
É.-U. 2000. Drame de mœurs de Yim HO avec Willem Dafoe, Luo Yan et Shek Sau. - Dans la Chine de 1938, un missionnaire américain s'éprend d'une des concubines d'un riche seigneur.
DVD VF➜Cadrage W➜9,95 $

PAVILLON DE L'OUBLI, LE *voir* **Sleep Room, The**

PAVILLON DES FEMMES, LE *voir* **Pavilion of Women**

PAWNBROKER, THE ▷3
É.-U. 1964. Drame psychologique de Sidney LUMET avec Rod Steiger, Jaime Sanchez et Brock Peters. - Un vieux Juif, victime des camps de concentration, exerce avec dureté son métier de prêteur sur gages. - Étude psychologique présentée avec force et réalisme. Réalisation de qualité. Solide composition de R. Steiger. □ Général

PAYBACK [Règlement, Le] ▷5
É.-U. 1999. Drame policier de Brian HELGELAND avec Mel Gibson, Gregg Henry et Maria Bello. - Un escroc doit affronter une meute de gangsters pour récupérer un magot qu'on lui a dérobé. □ 16 ans+ ·Violence
DVD Cadrage W➜14,95 $

PAYS OÙ RÊVENT LES FOURMIS VERTES, LE ▷4
[Where the Green Ants Dream]
ALL. 1984. Drame social de Werner HERZOG avec Bruce Spence, Wandjuk Marika et Roy Marika. - En Australie, des aborigènes s'opposent à des explorations minières dans des terres qu'ils considèrent comme sacrées. □ Général
DVD VA➜19,95 $

PEACE HOTEL
H.K. 1995. Kei-Fei WAI □ 13 ans+ ·Violence
DVD Cadrage W➜59,95 $

PEANUT BUTTER SOLUTION, THE ▷4
[Opération beurre de pinottes]
QUÉ. 1985. Comédie fantaisiste de Michael RUBBO avec Mathew Mackay, Siluk Saysanasy et Alison Podbrey. - Après avoir subi une grande frayeur, un jeune garçon perd puis regagne ses cheveux dans des conditions fantastiques. □ Général

PEARLS OF THE CROWN, THE
voir **Perles de la couronne, Les**

PEASANTS IN DISTRESS
CAMB. 1995. Sihanouk NORODOM □ Général

PEASANTS, THE
POL. 1973. Jan RYBKOWSKI □ 13 ans+

PEAU BLANCHE, LA ▷4
QUÉ. 2004. Drame fantastique de Daniel ROBY avec Marc Paquet, Marianne Farley et Frédéric Pierre. - Un étudiant tombe amoureux d'une jeune femme rousse au tempérament sauvage, dont la famille recèle de troublants secrets. □ 13 ans+
DVD VF➜STA➜28,95 $

PEAU D'ÂNE [Donkey Skin] ▷3
FR. 1970. Conte de Jacques DEMY avec Catherine Deneuve, Jean Marais et Jacques Perrin. - Pour échapper à son père qui désire l'épouser, une princesse s'enfuit du château revêtue d'une peau d'âne. - Adaptation charmante et élégante du conte de Perrault. Évocation simple et poétique du merveilleux.
DVD VF➜STA➜Cadrage W➜32,95 $

PEAU D'ANGE ▷5
FR. 2002. Drame de Vincent PEREZ avec Morgane Moré, Guillaume Depardieu et Magalie Woch. - Une naïve adolescente venue de la campagne est séduite et abandonnée par un jeune homme tourmenté et arriviste.
DVD VF➜21,95 $

PEAU D'HOMME, CŒUR DE BÊTE
[Skin of Man, Heart of Beast]
FR. 1999. Hélène ANGEL
DVD VF➜STA➜PC

PEAU DOUCE, LA [Soft Skin, The] ▷3
FR. 1964. Drame psychologique de François TRUFFAUT avec Jean Desailly, Françoise Dorléac et Nelly Benedetti. - La liaison d'un homme marié avec une hôtesse de l'air a des conséquences tragiques. - Renouvellement d'un sujet conventionnel. Style sobre et classique, attentif aux détails significatifs. □ Général
DVD VF➜STA➜Cadrage W➜22,95 $

PEAUX DE VACHES ▷4
FR. 1988. Drame de mœurs de Patricia MAZUY avec Sandrine Bonnaire, Jean-François Stévenin et Jacques Spiesser. - Le retour inopiné d'un fermier qui a été condamné pour un homicide involontaire provoque des tensions familiales que cherche à comprendre sa nouvelle belle-sœur. □ Général

PÉCHÉ DU FRÈRE AMARO, LE ▷4
[Crime of Father Amaro, The]
MEX. 2002. Drame de mœurs de Carlos CARRERA avec Gael García Bernal, Ana Claudia Talancon et Sancho Gracia. - Un jeune prêtre nouvellement arrivé dans une paroisse rurale du Mexique s'engage dans une liaison secrète avec une adolescente. □ 13 ans+
DVD STA➜23,95 $

PECKER ▷5
É.-U. 1998. Comédie satirique de John WATERS avec Christina Ricci, Edward Furlong et Lili Taylor. - Un jeune photographe issu d'un milieu prolétaire connaît la célébrité grâce à une exposition de ses œuvres à Manhattan. □ 13 ans+
DVD Cadrage W→17,95 $

PÉDALE DOUCE ▷5
FR. 1996. Comédie de mœurs de Gabriel AGHION avec Fanny Ardant, Patrick Timsit et Richard Berry. - Une restauratrice qui a accepté de se faire passer pour l'épouse d'un homme d'affaires homosexuel s'éprend d'un client homophobe de ce dernier. □ 13 ans+

PEDDLER, THE
IRAN 1986. Mohsen MAKHMALBAF □ Général

PEDESTRIAN, THE
ALL. 1974. Maximillian SCHELL □ Non classé

PEE-WEE'S BIG ADVENTURE ▷4
É.-U. 1985. Comédie burlesque de Tim BURTON avec Paul Reubens, Elizabeth Daily et Mark Holton. - S'étant fait voler sa bicyclette, un homme-enfant la récupère après une folle poursuite qui le mène dans un studio hollywoodien. □ Général
DVD VF→STF→Cadrage W→21,95 $

PEEP « TV » SHOW
JAP. 2003. Yutaka TSUCHIYA

PEEPING TOM [Voyeur, Le] ▷3
ANG. 1959. Drame d'horreur de Michael POWELL avec Carl Boehm, Moira Shearer et Anna Massey. - Un technicien de cinéma à l'esprit dérangé se délecte en filmant la peur qu'il provoque chez des jeunes filles qu'il tue. - Observation morbide d'un cas pathologique. Mise en scène soignée. Interprétation de qualité. □ Général
DVD STA→Cadrage W→62,95 $

PEGGY SUE GOT MARRIED ▷4
[Peggy Sue s'est mariée]
É.-U. 1986. Comédie fantaisiste de Francis Ford COPPOLA avec Kathleen Turner, Nicolas Cage et Barry Miller. - Au cours d'une fête, une femme de quarante-trois ans s'évanouit et se retrouve à son réveil vingt-cinq ans plus tôt alors qu'elle était adolescente. □ Général
DVD VF→STF→Cadrage W→9,95 $

PEINDRE OU FAIRE L'AMOUR ▷3
FR. 2005. Comédie de mœurs d'Arnaud et Jean-Marie LARRIEU avec Sabine Azéma, Daniel Auteuil et Sergi Lopez. - Dans le Vercors, un couple de quinquagénaires se laisse tenter par une expérience échangiste avec un aveugle hédoniste et sa jeune épouse. - Œuvre à la fois fine et coquine, déjouant constamment les attentes du spectateur. Ambiance bucolique. Paysages magnifiques. Interprétation attachante.

PEINES D'AMOUR PERDUES *voir* **Love's Labour's Lost**

PELICAN BRIEF, THE [Affaire pélican, L'] ▷4
É.-U. 1993. Drame politique d'Alan J. PAKULA avec Julia Roberts, Denzel Washington et Sam Shepard. - Une étudiante en droit devient la cible d'assassins après avoir rédigé un exposé sur le meurtre mystérieux de deux juges de la Cour suprême. □ Général
DVD VF→STF→Cadrage W→16,95 $

PELLE LE CONQUÉRANT [Pelle the conqueror] ►2
DAN. 1987. Drame de mœurs de Bille AUGUST avec Max Von Sydow, Pelle Hvenegaard et Bjorn Granath. - Au début du XXe siècle, un ouvrier suédois se rend au Danemark avec son fils et trouve un emploi dans un domaine rural. - Récit basé sur le roman de Martin Andersen Nexö. Fresque impressionnante sur la vie rurale de l'époque. Intérêt constant. Mise en scène de qualité. Interprétation excellente. □ Général
DVD STA→10,95 $

PENALTY, THE
É.-U. 1920. Wallace WORSLEY □ Général
DVD Cadrage P&S→15,95 $

PENITENTIARY ▷6
É.-U. 1979. Drame de mœurs de J. FANAKA avec Thommy Pollard, Leon Isaac Kennedy et Hazel Spear. - Envoyé en prison à la suite d'une bagarre meurtrière, un jeune Noir trompe son ennui en pratiquant la boxe.
DVD VA→16,95 $

PENNIES FROM HEAVEN ▷4
É.-U. 1936. Comédie musicale de Norman Z. McLEOD avec Bing Crosby, Madge Evans et Louis Armstrong. - Un chanteur de rues s'occupe d'une orpheline.

PENNIES FROM HEAVEN ▷3
É.-U. 1981. Comédie musicale de Herbert ROSS avec Steve Martin, Bernadette Peters et Jessica Harper. - Dans les années 1930, les problèmes financiers et sentimentaux d'un vendeur de partitions musicales. - Hommage au cinéma d'antan. Numéros musicaux bien conçus. Mise en scène stylisée. Interprétation dans la note voulue. □ 13 ans+
DVD VA→STF→21,95 $

PENNIES FROM HEAVEN SET ▷3
ANG. 1979. Comédie musicale de Piers HAGGARD avec Bob Hoskins, Gemma Craven et Kenneth Colley. - Dans les années 1930, les problèmes sentimentaux et financiers d'un vendeur de partitions musicales. - Téléfilm rendant hommage au cinéma d'antan. Traitement d'une grande fraîcheur. Nombreuses trouvailles réjouissantes. Interprétation savoureuse.
DVD VA→64,95 $

PENNY SERENADE ▷4
É.-U. 1941. Comédie sentimentale de George STEVENS avec Irene Dunne, Cary Grant et Edgar Buchanan. - Sur le point de quitter son mari, une jeune femme écoute un disque qui lui rappelle ses expériences conjugales. □ Général

PENSÉES MORTELLES *voir* **Mortal Thoughts**

PENSION DES ÉTRANGES, LA ▷5
QUÉ. 2004. Comédie dramatique de Stella GOULET avec Sophie Dion, Andrée Lachapelle et Huguette Oligny. - Pour mieux aider sa mère atteinte de la maladie d'Alzheimer, une jeune femme ouvre chez elle une petite pension pour personnes âgées. □ Général
DVD VF→39,95 $

PEOPLE I KNOW [Influences] ▷5
É.-U. 2002. Drame de mœurs de Dan ALGRANT avec Al Pacino, Kim Basinger et Ryan O'Neal. - 24 heures dans la vie d'un relationniste de presse new-yorkais sur le déclin, qui sera témoin de la mort plus que suspecte d'une jeune starlette.
DVD VA→22,95 $

PEOPLE UNDER THE STAIRS, THE ▷4
[Sous-sol de la peur, Le]
É.-U. 1991. Drame d'horreur de Wes CRAVEN avec Everett McGill, Brandon Adams et Wendy Robie. - Un adolescent s'introduit par effraction dans une grande demeure qui recèle des secrets horrifiants. □ 13 ans+
DVD VA→STF→Cadrage W→17,95 $

PEOPLE VS. JEAN HARRIS
É.-U. 1981. George SCHAEFER
DVD VA→7,95 $

PEOPLE VS. LARRY FLYNT, THE ▷4
É.-U. 1996. Drame biographique de Milos FORMAN avec Woody Harrelson, Courtney Love et Edward Norton. - Les démêlés avec la justice américaine de Larry Flynt, fondateur du magazine pornographique *Hustler*. □ 13 ans+ · Érotisme
DVD VF→STF→33,95 $

PEOPLE WILL TALK ▷4
É.-U. 1951. Comédie dramatique de Joseph Leo MANKIEWICZ avec Cary Grant, Jeanne Crain et Hume Cronyn. - Un médecin qui prône des méthodes nouvelles réussit à confondre un collègue envieux. □ Général
DVD VA→STA→14,95 $

PÉPÉ LE MOKO ▷3
FR. 1937. Drame policier de Julien DUVIVIER avec Jean Gabin, Mireille Balin et Charpin. - Un criminel s'est réfugié dans le quartier de la casbah à Alger pour échapper à la police. - Intrigue habilement conduite. Excellent jeu de J. Gabin.
DVD VF→STA→46,95 $

PEPI, LUCI, BOM AND THE OTHER GIRLS ▷6
ESP. 1980. Comédie satirique de Pedro ALMODOVAR avec Carmen Maura, Eva Siva et Alaska. - Une jeune femme violée par un policier véreux débauche l'épouse de ce dernier avec l'aide d'une chanteuse punk lesbienne. □ 16 ans+ · Langage vulgaire

PEPPERMINT FRAPPÉ ▷3
ESP. 1967. Drame de mœurs de Carlos SAURA avec Jose Luis Lopez Vasquez, Geraldine Chaplin et Alfredo Mayo. - Obsédé par l'épouse d'un ami d'enfance, un médecin oblige son assistante à devenir le sosie de celle-ci. - Variations sur des thèmes chers à Buñuel et Hitchcock. Charge féroce sur la bourgeoisie provinciale. Réalisation aboutie. G. Chaplin excellente dans un double rôle. □ Général

PERCEVAL LE GALLOIS [Perceval] ►2
FR. 1978. Drame de Éric ROHMER avec Fabrice Luchini, André Dussollier et Arielle Dombasle. - Un jeune homme candide aspire à devenir chevalier à la cour du roi Arthur. - Transcription originale d'une chanson de geste. Décors stylisés. Ton finement archaïque. Interprètes bien dirigés.
DVD VF→STA→36,95 $

PERCY
ANG. 1971. Ralph THOMAS
DVD VA→Cadrage W→24,95 $

PERDUS DANS L'ESPACE *voir* **Lost in Space**

PÈRE [Father] ▷3
HON. 1966. Drame historique d'Istvan SZABO avec Miklos Gabor, Andras Balint et Dani Erdelyi. - Un jeune homme n'arrive pas à se libérer de l'image fabuleuse qu'il s'est forgée dans son enfance de son père mort à la guerre. - Histoire contemporaine de la Hongrie évoquée à travers le destin du héros. Imagination et réalité habilement entremêlées. Style lyrique. Excellente interprétation.
DVD STA→23,95 $

PÈRE DE FAMILLE *voir* **Family Man, The**

PÈRE DE LA MARIÉE, LE *voir* **Father of the Bride**

PÈRE ET FILS ▷4
FR. 2003. Comédie dramatique de Michel BOUJENAH avec Philippe Noiret, Charles Berling et Pascal Elbé. - Un veuf septuagénaire joue au malade imaginaire afin de convaincre ses trois fils de l'accompagner au Québec pour y admirer les baleines. □ Général
DVD VF→23,95 $

PÈRE ET FILS [Father and Son] ▷4
RUS. 2003. Drame poétique d'Alexandre SOKOUROV avec Andrei Shetinin, Alexei Neimyshev et Alexandre Rasbash. - Les liens ambigus entre un ancien officier veuf et son fils soldat qui vivent dans le même appartement.
DVD STA→44,95 $

PÈRE MALGRÉ LUI *voir* **Tunnel of Love**

PÈRE NOËL EST UNE ORDURE, LE ▷4
FR. 1982. Comédie de Jean-Marie POIRÉ avec Thierry Lhermitte et Anémone. - La veille de Noël, divers incidents perturbent le travail des employés d'une association d'aide aux désespérés. □ Général

PEREZ FAMILY, THE [Famille Perez, La] ▷4
É.-U. 1995. Comédie dramatique de Mira NAIR avec Marisa Tomei, Alfred Molina et Chazz Palminteri. - À la suite d'un malentendu au bureau d'immigration, deux Cubains venant à peine de se rencontrer sont inscrits comme mari et femme dans leurs demandes de statut de réfugiés. □ Général

PERFECT [Parfaite forme, La] ▷5
É.-U. 1985. Comédie dramatique de James BRIDGES avec John Travolta, Jamie Lee Curtis et Jann Wenner. - Un journaliste entreprend d'écrire un article sur la popularité des centres de conditionnement physique. □ Général
DVD VA→10,95 $

PERFECT COUPLE, THE ▷4
É.-U. 1979. Comédie de mœurs de Robert ALTMAN avec Paul Dooley, Marta Heflin et Ted Neeley. - Deux personnes provenant de milieux différents font connaissance par l'intermédiaire d'une agence de rencontres.

PERFECT FIT, A
É.-U. 2005. Ron BROWN
DVD VA→21,95 $

PERFECT FURLOUGH, THE ▷5
É.-U. 1958. Comédie de Blake EDWARDS avec Tony Curtis, Janet Leigh et Keenan Wynn. - Les aventures d'un soldat qui s'est mérité un congé à Paris en compagnie d'une vedette d'Hollywood. □ Général

PERFECT LOVE *voir* **Parfait amour**

PERFECT MURDER, A [Meurtre parfait] ▷5
É.-U. 1998. Drame policier d'Andrew DAVIS avec Michael Douglas, Gwyneth Paltrow et Viggo Mortensen. - Un financier conclut une entente avec l'amant de sa femme pour qu'il assassine cette dernière. □ 13 ans+
DVD Cadrage W→11,95 $

PERFECT MURDER, THE
ANG. 1988. Zafar HAI
DVD VA→23,95 $

PERFECT SON, THE [Secret de famille] ▷4
CAN. 2000. Drame psychologique de Leonard FARLINGER avec Colm Feore, David Cubitt et Chandra West. - Un jeune aspirant écrivain sortant d'une cure de désintoxication donne un sens à sa vie en veillant sur son frère aîné atteint du sida. □ Général

PERFECT STORM, THE [Tempête, La] ▷5
É.-U. 2000. Aventures de Wolfgang PETERSEN avec George Clooney, Mark Wahlberg et Diane Lane. - Des pêcheurs doivent braver une terrible tempête provoquée par la convergence de plusieurs systèmes météorologiques. □ Général · Déconseillé aux jeunes enfants
DVD VF→STF→Cadrage W→9,95 $

PERFECT WORLD, A [Monde idéal, Un] ▷4
É.-U. 1993. Drame policier réalisé et interprété par Clint EASTWOOD avec Kevin Costner et T.J. Lowther. - Pourchassé par la police, un détenu évadé parvient à transformer cette cavale en un jeu pour l'enfant qu'il a pris en otage. □ 13 ans+
DVD VF→STF→9,95 $

PERFECTLY NORMAL [Parfaitement normal] ▷4
CAN. 1990. Comédie dramatique d'Yves SIMONEAU avec Michael Riley, Robbie Coltrane et Deborah Duchene. - Un modeste chauffeur de taxi qui a hérité d'une vaste maison ramène chez lui un client rêvant de diriger un restaurant pour mélomanes. □ Général

PÉRIGORD NOIR ▷5
FR. 1988. Comédie de mœurs de Nicolas RIBOWSKI avec Roland Giraud, Jean Carmet et Lydia Galin. - Une jeune Africaine se fait passer pour la fille illégitime d'un fermier français en vue de lui soutirer de l'argent.

PÉRIL EN LA DEMEURE ▷3
FR. 1984. Drame policier de Michel DEVILLE avec Christophe Malavoy, Nicole Garcia et Anémone. - En acceptant de donner des cours de guitare à la fille d'un couple fortuné, un musicien est entraîné dans une sombre intrigue. - Histoire troublante aux retournements déroutants. Dialogues intelligents.

PÉRIL JEUNE, LE ▷3
FR. 1994. Comédie dramatique de Cédric KLAPISCH avec Romain Duris, Julien Lambroschini et Nicolas Koretzky. - Quatre copains se remémorent leur année de terminale en 1975 au cours de laquelle ils séchaient impunément les cours. - Juxtaposition habile des souvenirs de plusieurs personnages. Sens poussé de l'observation psychologique. Réalisation sensible. Jeunes interprètes de talent.

PERIOD OF ADJUSTMENT ▷4
É.-U. 1962. Comédie de George Roy HILL avec Jim Hutton, Tony Franciosa et Jane Fonda. - Les problèmes d'adaptation d'un jeune couple en voyage de noces. □ Général

PERLE NOIRE, LA *voir* **Black Pearl, The**

PERLES DE LA COURONNE, LES ▷4
[Pearls of the Crown, The]
FR. 1937. Comédie réalisée et interprétée par Sacha GUITRY et CHRISTIAN-JAQUE avec Raimu et Jacqueline Delubac. - L'histoire supposée de sept perles de valeur est l'occasion d'une promenade à travers l'histoire. □ Général

PERMANENT RECORD [À la vie, à la mort] ▷4
É.-U. 1988. Drame psychologique de Marisa SILVER avec Keanu Reeves, Alan Boyce et Michelle Meyrink. - Un adolescent est bouleversé par le suicide de son meilleur ami qui était un élève talentueux et fort apprécié. □ Général
DVD VA→14,95 $

PERMIS DE CONDUIRE, LE
FR. 1973. Jean GIRAULT □ Général

PERMIS DE TUER *voir* **Licence to Kill**

PERMISSION, LA *voir* **Story of a Three-Day Pass**

PERSECUTION AND ASSASSINATION OF JEAN-PAUL MARAT AS PERFORMED BY THE INMATES OF THE ASYLUM OF CHARENTON UNDER THE DIRECTION OF THE MARQUIS DE SADE, THE *voir* **Marat Sade**

PERSONA ►1
SUÈ. 1966. Drame psychologique d'Ingmar BERGMAN avec Liv Ullmann, Bibi Andersson et Margaretha Krook. - D'étranges relations s'établissent entre une infirmière et une actrice devenue muette à la suite d'un choc psychique.- Récit énigmatique. Exploration de thèmes fascinants. Réalisation d'une grande richesse esthétique. Excellente interprétation. □ 18 ans+
DVD VA→STF→29,95 $

PERSONAL BEST ▷4
É.-U. 1982. Drame sportif de Robert TOWNE avec Mariel Hemingway, Patrice Donnelly et Scott Glenn. - Une liaison amoureuse se développe entre deux jeunes femmes qui s'entraînent à la course en vue de participer aux Jeux olympiques de 1980. □ 13 ans+

PERSONAL PROPERTY
É.-U. 1937. W. S. VAN DYKE II □ Général

PERSONAL SERVICES ▷4
ANG. 1986. Comédie de mœurs de Terry JONES avec Julie Walters, Alec McCowen et Danny Schiller. - Afin d'arrondir ses fins de mois, une mère célibataire en vient à ouvrir une maison de passe à l'intention d'une clientèle d'âge mûr. □ 13 ans+

PERSONAL VELOCITY ▷4
É.-U. 2002. Film à sketches de Rebecca MILLER avec Kyra Sedgwick, Parker Posey et Fairuza Balk. - Trois histoires mettant en scène des femmes qui sont à un tournant décisif dans leur vie. □ 13 ans+
DVD VA→STF→Cadrage P&S/W→11,95 $

PERSONNE NE M'AIME ▷4
FR. 1993. Comédie dramatique de Marion VERNOUX avec Bernadette Lafont, Bulle Ogier et Lio. - Accompagnée de sa sœur et de deux amies de fortune, une femme lunatique se rend à la mer pour aller rejoindre son mari qu'elle soupçonne d'infidélité. □ Général

PERSONNEL [Subsidiaries]
POL. 1975. Krzysztof KIESLOWSKI □ Général

PERSUASION ▷3
ANG. 1995. Drame de mœurs de Roger MICHELL avec Amanda Root, Ciaran Hinds et Susan Fleetwood. - En 1814, une jeune femme n'ose pas avouer ses sentiments à un officier de la marine dont elle est secrètement amoureuse. - Adaptation délicate du dernier roman de Jane Austen. Progression lente mais néanmoins prenante. Mise en scène souple. Interprétation sensible. □ Général

PESTE, LA [Plague, The] ▷5
FR. 1992. Drame de Luis PUENZO avec William Hurt, Sandrine Bonnaire et Jean-Marc Barr. - Dans une ville d'Amérique du Sud, un docteur s'acharne à enrayer une épidémie de peste tandis qu'une journaliste et un caméraman cherchent à quitter les lieux. □ Général

PETE N' TILLIE ▷4
É.-U. 1972. Comédie dramatique de Martin RITT avec Walter Matthau, Carol Burnett et Geraldine Page. - Les joies et les épreuves d'un couple qui s'est uni à un âge déjà mûr.
DVD VA→9,95 $

PETE'S DRAGON [Peter et Elliott le dragon] ▷4
É.-U. 1977. Comédie musicale de Don CHAFFEY avec Sean Marshall, Helen Reddy et Jim Dale. - Grâce à un dragon débonnaire, un jeune orphelin échappe à des tuteurs cruels et se réfugie dans un village côtier. □ Général
DVD Cadrage W→26,95 $

PETER PAN
É.-U. 1924. Herbert BRENON □ Général
DVD VA→Cadrage P&S→24,95 $

PETER PAN ▷4
É.-U. 1952. Dessins animés de Hamilton LUSKE, Clyde GERONIMI et Wilfred JACKSON. - Trois enfants sont entraînés par un petit garçon qui a refusé de grandir dans une île où ils doivent affronter des pirates qui ont enlevé une princesse indienne. □ Général
DVD PC

PETER PAN ▷4
É.-U. 2003. Comédie fantaisiste de P.J. HOGAN avec Rachel Hurd-Wood, Jeremy Sumpter et Jason Isaacs. - Au début du XXe siècle, trois enfants sont entraînés par un petit garçon qui a refusé de grandir dans un pays imaginaire où sévissent des pirates. □ Général
DVD VF→STF→Cadrage W→14,95 $

PETER'S FRIENDS [Amis de Peter, Les] ▷3
ANG. 1992. Comédie dramatique réalisée et interprétée par Kenneth BRANAGH avec Stephen Fry, Kenneth Branagh et Emma Thompson. - Un châtelain célibataire invite pour le nouvel an ses anciens amis d'université, dont plusieurs ne se sont pas revus depuis dix ans. - Équilibre habilement maintenu entre le drame et la comédie. Ton comique piquant souvent teinté d'ironie douce-amère. □ 13 ans+

PETIT BAIGNEUR, LE ▷4
FR. 1968. Comédie réalisée et interprétée par Robert DHÉRY avec Louis de Funès et Colette Brosset. - Un constructeur de voiliers cherche à réengager un ingénieur qu'il a congédié cavalièrement. □ Général

PETIT BONHOMME *voir* **Big**

PETIT BOUDDHA *voir* **Little Buddha**

PETIT CRIMINEL, LE ▷3
FR. 1990. Drame de mœurs de Jacques DOILLON avec Richard Anconina, Gérald Thomassin et Clotilde Courau. - Après avoir commis un hold-up, un adolescent force un policier à le conduire dans une ville voisine où il veut retrouver sa sœur. - Heureux mélange de finesse narrative et de précision technique. Traitement d'un intérêt soutenu. Jeu étonnant de justesse de G. Thomassin. □ Général

PETIT DIABLE, LE ▷4
ITA. 1988. Comédie fantaisiste réalisée et interprétée par Roberto BENIGNI avec Walter Matthau et Nicoletta Braschi. - Après avoir exorcisé une femme, un prêtre est poursuivi par un jeune homme bizarre qui s'avère être un démon. □ Général

PETIT HOMME, LE *voir* **Little Man Tate**

PETIT MANHATTAN, LE *voir* **Little Manhattan**

PETIT MONDE DE CHARLOTTE, LE *voir* **Charlotte's Web**

PETIT MONDE DE DON CAMILLO, LE ▷3
FR. 1952. Comédie de Julien DUVIVIER avec Fernandel, Franco Interlenghi, Gino Cervi et Sylvie. - Le curé d'une petite localité d'Italie a maille à partir avec le maire communiste. - Adaptation vivante des contes de Guareschi. Réalisation de qualité. Bons dialogues. □ Général
DVD VF→33,95 $

PETIT MONDE DE FRASER, LE *voir* **My Life So Far**

PETIT MONDE DES EMPRUNTEURS, LE
voir **Borrowers, The**

PETIT POULET *voir* **Chicken Little**

PETIT PRINCE A DIT, LE ▷3
FR. 1992. Drame psychologique de Christine PASCAL avec Richard Berry, Marie Kleiber et Anémone. - Une fillette atteinte d'une tumeur incurable au cerveau tente de rapprocher ses parents divorcés. - Sujet délicat traité avec un doigté remarquable. Scénario épuré et sensible. Réalisation sobre. Acteurs faisant preuve d'une grande présence. □ Général

PETIT SOLDAT, LE ▷3
FR. 1961. Drame psychologique de Jean-Luc GODARD avec Michel Subor, Anna Karina et Henri-Jacques Huet. - Un déserteur qui travaille pour une organisation terroriste est capturé par des rivaux. - Séduisant et irritant à la fois. Commentaire chargé de citations. Mise en scène désinvolte. Bonne direction d'acteurs.
DVD VF→STA→29,95 $

PETIT STUART *voir* **Stuart Little**

PETIT THÉÂTRE DE JEAN RENOIR, LE ▷4
[Little Theatre of Jean Renoir, The]
FR. 1969. Film à sketches de Jean RENOIR avec Jeanne Moreau, Fernand Sardou et Nino Formicola. - Le dernier réveillon, La Belle Époque, La cireuse électrique et Le roi d'Yvetot. □ Général

PETIT VENT DE PANIQUE, UN ▷5
QUÉ. 1999. Comédie de mœurs de Pierre GRECO avec Marie-Joanne Boucher, Martin Laroche et Geneviève Bilodeau. - Habitant ensemble, deux sœurs et leur frère se compliquent la vie en se croyant la cible d'un tueur en série. □ Général

PETIT-PIED LE DINOSAURE
voir **Land Before Time, The**

PETITE APOCALYPSE, LA ▷4
FR. 1992. Comédie satirique de COSTA-GAVRAS avec Jiri Menzel, André Dussollier et Pierre Arditi. - Un éditeur veut organiser un formidable coup médiatique pour lancer l'œuvre d'un écrivain polonais réfugié en France. □ Général

PETITE AURORE L'ENFANT MARTYRE, LA ▷7
QUÉ. 1952. Mélodrame de Jean-Yves BIGRAS avec Yvonne Laflamme, Lucie Mitchell et Paul Desmarteaux. - La deuxième femme d'un fermier inflige des mauvais traitements à la fillette de celui-ci.
□ 13 ans+
DVD VF→STA→16,95 $

PETITE BANDE, LA ▷3
FR. 1982. Conte de Michel DEVILLE avec François Marthouret, Andrew Chandler et Hélène Dassule. - Sept petits Anglais aventureux font une escapade en France, où ils connaissent diverses tribulations. - Récit inspiré d'un fait divers authentique. Traitement inventif fondé sur la puissance de l'image. □ Général

PETITE BOUTIQUE DES HORREURS, LA
voir **Little Shop of Horrors**

PETITE CHÉRIE ▷4
FR. 1999. Drame de mœurs d'Anne VILLACÈQUE avec Corinne Debonnière, Jonathan Zaccaï et Laurence Février. - Un séducteur désœuvré et manipulateur épouse une femme au physique ingrat qui vit encore chez ses parents. □ 13 ans+

PETITE FILLE AU BOUT DU CHEMIN, LA
voir **Little Girl Who Lives Down the Lane, The**

PETITE FILLE EN VELOURS BLEU, LA ▷4
FR. 1978. Drame de mœurs d'Alan BRIDGES avec Michel Piccoli, Claudia Cardinale et Lara Wendel. - En juin 1940, un chirurgien autrichien réfugié à Nice accueille chez lui une baronne italienne et sa fille adolescente. □ Général

PETITE JÉRUSALEM, LA ▷4
FR. 2005. Drame psychologique de Karin ALBOU avec Fanny Valette, Elsa Zylberstein et Bruno Todeschini. - En banlieue de Paris, une étudiante juive qui tente de s'affranchir du joug familial se découvre une attirance pour un collègue musulman. □ Général · Déconseillé aux jeunes enfants
DVD VF→Cadrage W/16X9→34,95 $

PETITE LILI, LA ▷4
FR. 2003. Drame de mœurs de Claude MILLER avec Ludivine Sagnier, Robinson Stévenin et Nicole Garcia. - Chassés-croisés professionnels et amoureux entre une comédienne célèbre, un réalisateur établi, un apprenti cinéaste et une aspirante actrice.
□ Général
DVD VF→21,95 $

PETITE PRINCESSE, LA *voir* **Little Princess, A**

PETITE SIRÈNE, LA ▷4
FR. 1980. Comédie dramatique de Roger ANDRIEUX avec Laura Alexis, Philippe Léotard et Evelyne Dress. - Une adolescente de quatorze ans tente de conquérir l'amour d'un mécanicien de quarante ans. □ 13 ans+

PETITE VERA, LA [Little Vera] ▷3
RUS. 1988. Drame social de Vasily PICHUL avec Natalia Niegoda, Andrei Sokolov et Youri Nazarov. - Après avoir obtenu de son amoureux une promesse de mariage, une adolescente reçoit l'accord de ses parents en faisant croire qu'elle est enceinte. - Vision acerbe de l'insatisfaction des jeunes. Approche réaliste et critique de la vie d'une famille d'ouvriers. Suite de scènes vives et caustiques. □ 13 ans+
DVD STA→Cadrage W→39,95 $

PETITE VOITURE, LA [Cochecito, El]
ESP. 1960. Marco FERRERI □ Général

PETITE VOIX DU CŒUR, LA *voir* **Where the Heart Is**

PETITE VOLEUSE, LA ▷3
FR. 1988. Drame de mœurs de Claude MILLER avec Charlotte Gainsbourg, Didier Bezace et Simon de la Brosse. - Dans les années 1950, une adolescente mal dans sa peau quitte sa famille pour mener une vie libre qui la conduit en maison de redressement. - Récit mis en valeur par de petites touches pleines de justesse et de tendresse amusée. Cadre d'époque bien reconstitué. Interprétation sensible de C. Gainsbourg. □ Général
DVD VF→Cadrage W/16X9→21,95 $

PETITS DÉSORDRES AMOUREUX ▷4
FR. 1997. Comédie de mœurs d'Olivier PÉRAY avec Bruno Putzulu, Smadi Wolfman et Vincent Elbaz. - Un jeune homme fait le pari de pouvoir séduire une inconnue et passer la nuit avec elle sans lui faire l'amour.

PETITS FRÈRES ▷4
FR. 1998. Drame social de Jacques DOILLON avec Stéphanie Touly, Iliès Sefraoui et Mustapha Goumane. - Une adolescente en fugue rencontre dans une cité HLM quatre garçons magouilleurs qui l'aident à chercher sa chienne enlevée. - Portrait social parfois cruel et inquiétant. Mise en scène nerveuse. Jeu d'un naturel désarmant de jeunes non professionnels. □ 13 ans+
DVD VF→STA→Cadrage W→34,95 $

PETITS MEURTRES ENTRE AMIS *voir* **Shallow Grave**

PETRIFIED FOREST, THE ▷4
É.-U. 1935. Drame psychologique d'Archie MAYO avec Leslie Howard, Bette Davis et Humphrey Bogart. - Un gangster en fuite tient sous la menace diverses personnes dans un restaurant isolé dans le désert. □ Général
DVD VA→STF→21,95 $

PETULIA ▷3
É.-U. 1968. Drame psychologique de Richard LESTER avec Julie Christie, George C. Scott et Richard Chamberlain. - Un médecin en instance de divorce s'éprend d'une jeune femme excentrique. - Procédés originaux et raffinés de mise en scène. Film conçu en forme de puzzle. Interprétation de classe. □ Non classé
DVD VF→STF→Cadrage W→21,95 $

PEU DE NOUS DEUX, UN *voir* **Sum of Us, The**

PEU DE SOLEIL DANS L'EAU FROIDE, UN ▷4
[Few Hours of Sunlight, A]
FR. 1971. Drame psychologique de Jacques DERAY avec Marc Porel, Claudine Auger et Bernard Fresson. - Une femme mariée abandonne sa vie provinciale pour aller vivre avec un journaliste parisien.
DVD VF→23,95 $

PEU IMPORTE L'AMOUR
voir **What's Love Got to Do with It?**

PEUR, LA [Fear] ▷3
ALL. 1954. Drame psychologique de Roberto ROSSELLINI avec Ingrid Bergman, Mathias Wieman et Kurt Kreuger. - Un mari terrorise sa femme dans le but de lui faire avouer une faute. - Étude psychologique pénétrante. Style dépouillé. Bonne création d'atmosphère. Bergman remarquable.

PEUR DU LOUP, LA *voir* **Woodsman, The**

PEUR ET DÉGOÛT À LAS VEGAS
voir **Fear and Loathing in Las Vegas**

PEUT-ÊTRE ▷5
FR. 1999. Science-fiction de Cédric KLAPISCH avec Romain Duris, Jean-Paul Belmondo et Géraldine Pailhas. - Un jeune Parisien qui hésite à devenir père se retrouve projeté dans le futur où il rencontre son fils âgé de 70 ans. □ Général

PEUT-ÊTRE BIEN *voir* **Maybe Baby**

PEYTON PLACE ▷4
É.-U. 1957. Drame de Mark ROBSON avec Lana Turner, Hope Lange et Diane Varsi. - Dans une petite ville, des conflits naissent entre des jeunes et leurs parents. □ Général
DVD VF→STA→Cadrage W→14,95 $

PHANTASM [Fantasme] ▷4
É.-U. 1979. Drame d'horreur de Don COSCARELLI avec Michael Baldwin, Bill Thornbury et Reggie Bannister. - En explorant une grande maison au centre d'un cimetière, un jeune garçon y découvre des activités surprenantes. □ 13 ans+

PHANTOM LADY ▷4
É.-U. 1944. Drame policier de Robert SIODMAK avec Alan Curtis et Ella Raines. - Un architecte accusé du meurtre de son épouse cherche une femme mystérieuse qui pourrait le disculper.

PHANTOM OF THE OPERA, THE ▷3
[Fantôme de l'Opéra, Le]
É.-U. 1925. Drame d'horreur de Rupert JULIAN avec Lon Chaney, Mary Philbin et Norman Kerry. - Un musicien défiguré se terre dans les sous-sols de l'Opéra de Paris. - Classique du cinéma d'horreur. Climat fort bien créé pour l'époque. Suspense habilement construit. Composition remarquable de Chaney. □ Général
DVD VA→36,95 $ 31,95 $

PHANTOM OF THE OPERA ▷4
É.-U. 1942. Drame d'horreur d'Arthur LUBIN avec Nelson Eddy, Susanna Foster et Claude Rains. - Un personnage mystérieux favorise la carrière d'une jeune chanteuse. □ Général

PHANTOM OF THE OPERA, THE ▷4
[Fantôme de l'Opéra, Le]
ANG. 1962. Drame d'horreur de Terence FISHER avec Herbert Lom, Heather Sears et Edward de Souza. - Un personnage mystérieux favorise la carrière d'une jeune chanteuse d'opéra. □ Général

PHANTOM OF THE OPERA, THE ▷5
É.-U. 1989. Drame d'horreur de Dwight H. LITTLE avec Robert Englund, Jill Schoelen et Alex Hyde-White. - Transportée dans l'Angleterre victorienne, une chanteuse d'opéra voit sa carrière facilitée par l'action d'un inconnu vivant dans le sous-sol du théâtre. □ 18 ans+
DVD VA→STF→11,95 $

PHANTOM OF THE OPERA
ITA. 1998. Dario ARGENTO
DVD VA→Cadrage P&S/W→14,95 $

PHANTOM OF THE OPERA [Fantôme de l'Opéra, Le] ▷5
ANG. 2004. Drame musical de Joel SCHUMACHER avec Emmy Rossum, Gerard Butler et Patrick Wilson. - À Paris, en 1870, un personnage mystérieux qui hante les coulisses d'une salle d'opéra s'éprend d'une jeune chanteuse. □ Général
DVD VF→STF→Cadrage W/16X9→27,95 $

PHANTOM OF THE PARADISE ▷3
É.-U. 1974. Drame musical de Brian DE PALMA avec William Finley, Paul Williams et Jessica Harper. - Le compositeur d'un opéra rock se fait voler son œuvre par un imprésario machiavélique. - Transposition inventive du *Fantôme de l'opéra*. Climat hystérique approprié. Style d'un baroque délirant. Interprétation dans la note. □ 13 ans+
DVD VF→STA→Cadrage W→9,95 $

PHANTOM SHIP
ANG. 1935. Jack KING
DVD VA→24,95 $

PHANTOM TOLLBOOTH, THE ▷4
É.-U. 1969. Dessins animés de Chuck JONES et Abe LEVITOW. - Un écolier entreprend un voyage fantastique grâce à une boîte immense contenant un poste à péage magique. □ Général · Enfants

PHAR LAP ▷4
AUS. 1983. Drame sportif de Simon WINCER avec Tom Burlinson, Martin Vaughan et Ron Liebman. - Dans les années 20, un entraîneur de chevaux transforme un poulain sans prestance en un champion invincible. □ Général

PHARAON, LE ▷3
POL. 1965. Drame historique de Jerzy KAWALEROWICZ avec Jerzy Selnik, Barbara Bryl et Piotr Pawlowski. - Un jeune pharaon lutte contre l'influence exercée par les prêtres dans le gouvernement du pays. - Reconstitution de grande classe. Mise en scène quelque peu statique. □ 13 ans+

PHASE IV ▷3
É.-U. 1974. Science-fiction de Saul BASS avec Nigel Davenport, Michael Murphy et Lynne Frederick. - Deux savants étudient le comportement de fourmis semblant avoir été l'objet d'une mutation qui les rend capables d'actions surprenantes. - Intrigue insolite. Mise en scène inventive. Grande réussite technique. □ 13 ans+

PHENOMENA *voir* **Creepers**

PHENOMENON ▷5
É.-U. 1996. Drame fantastique de Jon TURTELTAUB avec Forest Whitaker, John Travolta, Kyra Sedgwick. - Un mécanicien se retrouve doté de facultés intellectuelles prodigieuses après avoir été frappé par une lumière mystérieuse. □ Général
DVD VF→Cadrage W→14,95 $

PHILADELPHIA [Philadelphie] ▷4
É.-U. 1993. Drame judiciaire de Jonathan DEMME avec Tom Hanks, Denzel Washington et Mary Steenburgen. - Un avocat poursuit en justice ses anciens patrons qui l'ont congédié après avoir appris qu'il était homosexuel et atteint du sida. □ Général
DVD VF→STF→Cadrage W→22,95 $

PHILADELPHIA STORY, THE ►2
É.-U. 1940. Comédie de mœurs de George CUKOR avec Katharine Hepburn, James Stewart et Cary Grant. - Un journaliste et sa photographe se rendent à Philadelphie pour un reportage sur le second mariage d'une fille de riche famille. - Théâtre filmé avec goût, finesse et élégance. Décors somptueux. Dialogue fort spirituel. Interprètes remarquables. □ Général
DVD 21,95 $ VA→31,95 $

PHILADELPHIA, HERE I COME
ANG. 1975. Brian FRIEL
DVD VA➜Cadrage W/16X9➜26,95 $

PHONE
COR. 2002. Byeong-ki AHN
DVD STA➜Cadrage W➜27,95 $

PHONE BOOTH [Cabine, La] ▷4
É.-U. 2002. Thriller de Joel SCHUMACHER avec Forest Whitaker, Colin Farrell, Kiefer Sutherland et Radha Mitchell. - À Manhattan, un relationniste se retrouve piégé dans une cabine téléphonique par un tireur embusqué qui dicte ses volontés au bout du fil. □ 13 ans+
DVD VF➜15,95 $

PHONE CALL FROM A STRANGER ▷4
É.-U. 1952. Film à sketches de Jean NEGULESCO avec Gary Merrill, Shelley Winters et Bette Davis. - Le survivant d'un accident d'avion entre en contact avec les parents des victimes. □ Général

PHÖRPA *voir* **Cup, The**

PHOTO OBSESSION *voir* **One Hour Photo**

PHYSICAL EVIDENCE ▷5
É.-U. 1988. Drame policier de Michael CRICHTON avec Theresa Russell, Burt Reynolds et Ned Beatty. - Une avocate de l'aide juridique se porte à la défense d'un policier réputé violent qui est accusé de meurtre.
DVD VA➜PC

PI ▷4
É.-U. 1997. Drame psychologique de Darren ARONOFSKY avec Sean Gullette, Pamela Hart, Mark Margolis et Ben Shenkman. - Un mathématicien schizophrène est pris en filature par des gens qui cherchent à exploiter ses découvertes sur la théorie du chaos. □ 13 ans+
DVD VA➜Cadrage W➜18,95 $

PIAF ▷4
FR. 1973. Drame biographique de Guy CASARIL avec Brigitte Ariel, Pascale Christophe et Guy Tréjan. - La jeunesse et les débuts difficiles de la célèbre chanteuse Édith Piaf. □ Général

PIANIST, THE [Pianiste, Le] ▷5
CAN. 1992. Drame psychologique de Claude GAGNON avec Gail Travers, Macha Grenon et Eiji Okuda. - Deux sœurs adolescentes ont le béguin pour leur voisin, un pianiste japonais de renommée mondiale. □ 13 ans+
DVD VA➜26,95 $

PIANIST, THE [Pianiste, Le] ▷3
FR. 2001. Drame biographique de Roman POLANSKI avec Adrien Brody, Frank Finlay et Ed Stoppard. - Durant la Seconde Guerre mondiale, un célèbre pianiste juif polonais parvient à survivre en restant caché près du ghetto de Varsovie. - Adaptation sentie et fort efficace des mémoires de Wladyslaw Szpilman. Réalisation maîtrisée. Ambitieuse reconstitution d'époque. Jeu prenant d'A. Brody. □ 13 ans+
DVD VA➜Cadrage W➜21,95 $ VA➜22,95 $

PIANISTE, LA [Piano Teacher, The] ▷3
AUT. 2001. Drame de mœurs de Michael HANEKE avec Isabelle Huppert, Benoît Magimel et Annie Girardot. - À Vienne, une professeure de piano quadragénaire à la sexualité déviante est courtisée par un de ses jeunes étudiants. - Adaptation dérangeante du roman d'Elfriede Jelinek. Quelques passages confinant au grotesque. Mise en scène élégante et contrôlée. Performance magistrale d'I. Huppert □ 18 ans+
DVD VF➜STA➜Cadrage W➜8,95 $

PIANO LESSON, THE ▷4
É.-U. 1995. Drame de Lloyd RICHARDS avec Charles Dutton, Tommy Hollis, Alfre Woodard et Carl Gordon. - Afin de s'acheter une terre, un Noir tente de convaincre sa sœur de vendre le piano familial. □ Général

PIANO, THE [Leçon de piano, La] ►2
AUS. 1992. Drame sentimental de Jane CAMPION avec Holly Hunter, Harvey Keitel et Anna Paquin. - Vers 1850, en Nouvelle-Zélande, une jeune muette venue vivre avec un colon qu'elle a épousé par correspondance s'éprend d'un voisin. - Récit d'une belle et moderne intensité romanesque. Apprentissage de l'amour scruté avec acuité. Grande beauté formelle. Interprétation superbe. □ 13 ans+

PICK A STAR
É.-U. 1937. Richard SEDGWICK □ Général

PICKPOCKET ►1
FR. 1959. Drame psychologique de Robert BRESSON avec Martin Lassalle, Marika Green et Pierre Leymarie. - Arrêté par la police, un pickpocket se réhabilite grâce au souvenir de sa mère et à la sympathie d'une jeune fille. - Quête allégorique sur les profondeurs de l'âme. Traitement austère et dépouillé. Montage d'une exactitude remarquable. □ Non classé
DVD VF➜STA➜54,95 $

PICKUP ON SOUTH STREET ▷4
É.-U. 1953. Drame policier de Samuel FULLER avec Richard Widmark, Jean Peters et Thelma Ritter. - En volant un portefeuille, un pickpocket est mêlé à une affaire d'espionnage. □ Non classé
DVD VA➜STA➜46,95 $

PICNIC ▷3
É.-U. 1955. Drame psychologique de Joshua LOGAN avec William Holden, Kim Novak et Rosalind Russell. - À l'occasion d'un pique-nique, un jeune homme s'éprend de la fiancée d'un ami. - Adaptation réussie d'une pièce de William Inge. Analyse psychologique subtile. □ Non classé
DVD Cadrage W➜28,95 $

PICNIC AT HANGING ROCK ▷3
AUS. 1975. Drame de Peter WEIR avec Rachel Roberts, Dominic Guard et Helen Morse. - Trois adolescents disparaissent mystérieusement au cours d'une excursion scolaire dans une région volcanique. - Climat d'étrangeté. Scénario inspiré d'un fait divers. Images d'une exquise beauté. Trame musicale appropriée. Bon jeu des interprètes. □ Général

PICONE [Where's Picone?] ▷4
ITA. 1983. Comédie de mœurs de Nanni LOY avec Giancarlo Giannini, Lina Sastri et Aldo Giuffré. - Un chômeur débrouillard consent à aider une jeune femme qui lui demande d'enquêter sur la mort de son mari. □ Général

PICTURE BRIDE, THE ▷4
JAP. 1994. Drame social de Kayo HATTA avec Youki Kudoh, Akira Takayama et Tamlyn Tomita. - En 1918, une Japonaise mariée à un ouvrier agricole observe les dures conditions de vie dans les plantations de canne à sucre d'Hawaï. □ Général

PICTURE CLAIRE ▷5
CAN. 2001. Thriller de Bruce McDONALD avec Juliette Lewis, Gina Gershon et Callum Keith Rennie. - Venue à Toronto pour rejoindre son petit ami, une Québécoise qui parle à peine l'anglais se retrouve mêlée à une affaire de meurtre.
DVD VA➜Cadrage P&S➜7,95 $

PICTURE OF DORIAN GRAY, THE ▷3
[Portrait de Dorian Gray, Le]
É.-U. 1945. Drame fantastique d'Albert LEWIN avec George Sanders, Hurd Hatfield et Donna Reed. - Un viveur obtient le pouvoir de rester jeune alors que son portrait porte les marques de la dégradation et du vieillissement. - Habile transposition du roman d'Oscar Wilde. Mise en scène bien adaptée. Éclairages étudiés. Interprétation rigoureuse. □ Général

PIECE OF PLEASURE, A *voir* **Partie de plaisir, Une**

PIECE OF THE ACTION, A ▷5
É.-U. 1977. Comédie policière réalisée et interprétée par Sidney POITIER avec Bill Cosby et Denise Nicholas. - Un policier en retraite exerce un chantage bénéfique auprès de deux escrocs.
DVD VA➜STF➜Cadrage W➜16,95 $

PIECES OF APRIL [Festin à New York, Un] ▷4
É.-U. 2003. Comédie dramatique de Peter HEDGES avec Katie Holmes, Patricia Clarkson et Derek Luke. - La journée mouvementée d'une punkette qui a invité sa famille à célébrer la Thanksgiving dans son appartement miteux de Manhattan. □ Général
DVD VF➔STF➔Cadrage W➔12,95 $

PIEDS FROIDS, LES *voir* **Cold Feet**

PIÉGÉ *voir* **Quicksand**

PIÈGE D'ISSOUDUN, LE [Juniper Tree, The] ▷5
QUÉ. 2003. Drame psychologique de Micheline LANCTÔT avec Sylvie Drapeau, Frédérick de Grandpré et Shanie Beauchamps. - Interceptée près de Québec, une mère infanticide en état de choc est ramenée chez elle à Montréal par un policier qui ignore tout de son crime. □ Général · Déconseillé aux jeunes enfants
DVD VF➔STA➔23,95 $

PIÈGE DE CRISTAL *voir* **Die Hard**

PIÈGE DE VÉNUS, LE ▷5
ALL. 1988. Comédie dramatique de Robert VAN ACKEREN avec Horst-Günther Marx, Myriem Roussel et Sonia Kirchberger. - Bien que vivant avec une maîtresse magnifique, un médecin rêve de la femme idéale qu'il croit reconnaître en une jeune fille croisée lors d'une promenade nocturne.

PIÈGE INFERNAL, LE *voir* **Squeeze, The**

PIÈGE MORTEL *voir* **Deathtrap**

PIERRE DANS LA BOUCHE, UNE ▷4
FR. 1983. Drame policier de Jean-Louis LECONTE avec Harvey Keitel, Michel Robin et Catherine Frot. - D'étranges rapports s'établissent entre un acteur devenu aveugle et un fugitif blessé qui s'est réfugié chez lui. □ Général

PIERROT LE FOU ►2
FR. 1965. Comédie dramatique de Jean-Luc GODARD avec Jean-Paul Belmondo, Anna Karina et Dirk Sanders. - Un homme marié s'enfuit avec une amie qui fait partie d'un groupe terroriste. - Style brillant et insolite. Construction désinvolte. Collage de pièces disparates. J.-P. Belmondo excellent. □ 13 ans+

PIGEON, LE [Big Deal on Madonna Street] ▷3
ITA. 1958. Comédie de Mario MONICELLI avec Vittorio Gassman, Marcello Mastroianni et Renato Salvatori. - À Rome, de modestes escrocs décident de réaliser un grand coup. - Savoureux pastiche du film policier. Scénario fertile en détails comiques et en rebondissements. Personnages dessinés avec une ironie teintée de tendresse. Réalisation habile. Excellents interprètes. □ Général
DVD STA➔Cadrage P&S➔46,95 $

PIGSKIN PARADE ▷5
É.-U. 1936. Comédie musicale de David BUTLER avec Stuart Erwin, Patsy Kelly et Jack Haley. - L'entraîneur de football d'un collège américain découvre un campagnard habile à manier le ballon. □ Général

PILES NON COMPRISES
voir **Batteries Not Included**

PILLOW BOOK, THE [Notes de chevet] ▷3
ANG. 1996. Drame psychologique de Peter GREENAWAY avec Vivian Wu, Ewan McGregor, Yoshi Oida et Ken Ogata. - Une jeune femme qui calligraphie ses écrits sur les corps d'hommes de passage en vient à exercer une cruelle vengeance sur un éditeur. - Discours intelligent et pertinent sur la passion de l'écriture. Réalisation somptueuse, rigoureuse et complexe. Interprètes excellents. □ 13 ans+ · Érotisme

PILLOW TALK ▷4
É.-U. 1959. Comédie de Michael GORDON avec Doris Day, Rock Hudson et Tony Randall. - Une idylle s'ébauche entre un chansonnier et une décoratrice qui partagent la même ligne téléphonique. □ Non classé
DVD VA➔STF➔Cadrage W➔18,95 $

PILOT, THE ▷4
É.-U. 1979. Drame psychologique réalisé et interprété par Cliff ROBERTSON avec Diane Baker et Gordon MacRae. - Après avoir échappé de justesse à des situations critiques, un pilote de ligne alcoolique se résout à consulter un médecin. □ Général

PIN ▷4
CAN. 1988. Drame psychologique de Sandor STERN avec David Hewlett, Cyndy Preston et John Ferguson. - Un jeune homme est convaincu que le mannequin anatomique dont se servait son père médecin est animé d'une vie propre. □ Général
DVD VA➔Cadrage W➔7,95 $

PIN DOWN GIRL
É.-U. 1951. Robert C. DETRANO □ Non classé

PIN UP GIRL ▷5
É.-U. 1944. Comédie musicale de Bruce HUMBERSTONE avec Betty Grable, John Harvey et Martha Raye. - Durant une soirée organisée en son honneur, un militaire est perturbé par une jeune fille du Missouri. □ Général
DVD VA➔STA➔Cadrage W➔19,95 $

PINK CADILLAC [Cadillac rose, La] ▷5
É.-U. 1989. Comédie policière de Buddy VAN HORN avec Clint Eastwood, Bernadette Peters et Michael Des Barres. - Un chasseur de primes poursuit une jeune femme accusée de trafic de fausse monnaie qui s'est enfuie avec son bébé dans la Cadillac rose d'un dangereux criminel.
DVD VF➔STF➔Cadrage W➔21,95 $

PINK FLAMINGOS ▷7
É.-U. 1972. Comédie satirique de John WATERS avec Divine, David Lochary et Mary Vivian Pearce. - Un travesti meurtrier défend son titre de «personne la plus dégueulasse au monde». □ 18 ans+ · Violence
DVD VA➔18,95 $

PINK FLOYD - THE WALL [Wall, The] ▷3
ANG. 1982. Drame musical d'Alan PARKER avec Bob Geldof, Kevin McKeon et Eleanor David. - Sous l'influence de la drogue, le mentor d'un groupe rock est victime d'hallucinations où s'entremêlent réalité et fantasmes. - Cauchemar psychédélique. Effets symboliques, tantôt percutants, tantôt agressifs. Critique mordante d'une société traumatisante. Interprétation dans la note de B. Geldof. □ 13 ans+
DVD VA➔Cadrage W➔31,95 $

PINK PANTHER, THE [Panthère rose, La] ▷4
ANG. 1963. Comédie policière de Blake EDWARDS avec Peter Sellers, David Niven et Capucine. - Un policier maladroit tente d'empêcher un gentleman cambrioleur de s'emparer d'un bijou de grand prix. □ Général
DVD VF➔STF➔Cadrage W➔12,95 $

PINK PANTHER, THE ▷5
É.-U. 2006. Comédie policière de Shawn LEVY avec Steve Martin, Jean Reno et Kevin Kline. - À Paris, un inspecteur gaffeur enquête sur le meurtre de l'entraîneur de l'équipe française de soccer. □ Général
DVD VF➔STA➔Cadrage W➔34,95 $

PINK PANTHER STRIKES AGAIN, THE ▷4
ANG. 1976. Comédie policière de Blake EDWARDS avec Peter Sellers, Herbert Lom et Lesley Anne Down. - Un fou menace le monde de destruction à moins qu'on n'élimine l'inspecteur Clouseau. □ Général
DVD VF➔STF➔Cadrage W➔12,95 $

PINKY ▷3
É.-U. 1949. Drame social d'Elia KAZAN avec Jeanne Crain, Ethel Barrymore et Ethel Waters. - Les problèmes d'une jeune infirmière de race noire qui passe pour une Blanche. - Thème humain traité avec adresse. Mise en scène solide. Interprétation prenante. □ Général
DVD VA➔STA➔22,95 $

PINOCCHIO ▷3
É.-U. 1940. Dessins animés de Ben SHARPSTEEN et Hamilton LUSKE. - Une fée exauce le souhait d'un vieux sculpteur en donnant vie à une marionnette à l'effigie d'un petit garçon. - Histoire inspirée du conte de Collodi. Ensemble coloré, fantaisiste et joyeux. Minutie des détails. Complexité des mouvements. □ Général

PINOCCHIO ▷5
ITA. 2002. Conte réalisé et interprété par Roberto BENIGNI avec Nicoletta Braschi et Carlo Giuffre. - Animé d'une vie propre, un pantin de bois insouciant et espiègle cause bien des ennuis à son vieux père sculpteur.
DVD VF→STA→Cadrage W/16X9→22,95 $

PINOCCHIO 3000 ▷5
CAN. 2004. Film d'animation de Daniel ROBICHAUD. - Un petit robot qui souhaite devenir humain doit contrecarrer les plans d'un méchant maire qui veut transformer tous les enfants en robots.
□ Général
DVD VF→17,95 $

PINOT, SIMPLE FLIC ▷4
FR. 1984. Comédie policière réalisée et interprétée par Gérard JUGNOT avec Fanny Bastien et Pierre Mondy. - Un gendarme peu futé s'occasionne des problèmes en voulant réformer une jeune délinquante. □ 13 ans+

PIONEERS IN INGOLSTADT
ALL. 1971. Rainer Werner FASSBINDER

PIONNIERS DE L'ESPACE, LES *voir* **Space Cowboys**

PIPE DREAM
É.-U. 2002. John WALSH
DVD VA→32,95 $

PIPICACADODO [Seeking Asylum] ▷4
ITA. 1979. Comédie dramatique de Marco FERRERI avec Roberto Begnini, Dominique Laffin et Chiara Moretti. - Un éducateur dans un jardin d'enfants utilise des méthodes insolites pour attirer l'attention des petits. □ Général

PIQUE-NIQUE DE LULU KREUTZ, LE ▷5
FR. 1999. Comédie dramatique de Didier MARTINY avec Philippe Noiret, Carole Bouquet et Niels Arestrup. - Lors d'un pique-nique en montagne, un célèbre musicien risque de provoquer un drame en tentant de reconquérir une collègue accompagnée de son mari.
□ Général

PIRATE, LA ▷4
FR. 1984. Drame de mœurs de Jacques DOILLON avec Jane Birkin, Maruschka Detmers et Philippe Léotard. - Une femme quitte son mari pour renouer une liaison tourmentée avec une autre femme.
□ 18 ans+

PIRATE, THE ▷3
É.-U. 1948. Comédie musicale de Vincente MINNELLI avec Judy Garland, Gene Kelly et Walter Slezak. - Un saltimbanque se fait passer pour un pirate afin de gagner le cœur d'une jeune fille romantique. - Spectacle plein de vie. Chansons entraînantes de Cole Porter. Mise en scène inventive et colorée. Vedettes à leur meilleur. □ Général

PIRATE DES CARAÏBES, LE *voir* **Swashbuckler**

PIRATE NOIR, LE *voir* **Black Pirate, The**

PIRATES ▷4
FR. 1986. Aventures de Roman POLANSKI avec Walter Matthau, Cris Campion et Charlotte Lewis. - Au XVIIe siècle, un vieux forban et son jeune disciple s'en prennent à un galion espagnol chargé d'un trésor aztèque. □ Général

PIRATES OF THE CARIBBEAN: THE CURSE OF THE BLACK PEARL ▷4
[Pirates des Caraïbes: la malédiction de la perle noire]
É.-U. 2003. Aventures de Gore VERBINSKI avec Johnny Depp, Geoffrey Rush et Orlando Bloom. - Un jeune armurier et un flibustier font équipe pour secourir la fille d'un gouverneur anglais qui a été enlevée par des pirates morts-vivants. □ Général · Déconseillé aux jeunes enfants
DVD VF→STF→Cadrage W→19,95 $ VF→Cadrage W→19,95 $

PIRATES OF THE XXth CENTURY
RUS. 1979. Boris DUROV
DVD STA→41,95 $

PISCINE, LA ▷3
FR. 1968. Drame psychologique de Jacques DERAY avec Alain Delon, Romy Schneider et Maurice Ronet. - Un écrivain raté se prend de querelle avec un ami et le noie dans la piscine d'une villa. - Facture très soignée. Rythme lent. Psychologie bien observée. Fort bonne interprétation. □ 13 ans+

PISCINE, LA [Swimming Pool] ▷4
FR. 2003. Drame de mœurs de François OZON avec Ludivine Sagnier, Charlotte Rampling et Jean-Marie Lamour. - Une romancière anglaise réservée tisse des liens troubles avec une jeune Française qui partage avec elle une maison de campagne.
□ 13 ans+ · Érotisme
DVD VF→STF→28,95 $ VF→Cadrage W→29,95 $

PISTE DE SANTA FE, LA *voir* **Santa Fe Trail**

PISTES TROUBLES *voir* **Twisted**

PIT AND THE PENDULUM, THE ▷4
É.-U. 1961. Drame d'horreur de Roger CORMAN avec Vincent Price, John Kerr et Barbara Steele. - Un seigneur retiré dans son château est soupçonné d'avoir tué sa femme. □ 13 ans+
DVD VF→STF→Cadrage W→12,95 $

PITCH BLACK [Chronicles of Riddick - Pitch Black] ▷4
É.-U. 2000. Science-fiction de David N. TWOHY avec Radha Mitchell, Vin Diesel et Cole Hauser. - Naufragés sur une planète désertique, une dizaine de personnes sont menacées par des monstres qui attaquent à la faveur de la nuit.
DVD VF→STF→Cadrage W→17,95 $

PITFALL ▷4
É.-U. 1948. Drame psychologique d'André De TOTH avec Dick Powell, Lizabeth Scott et Jane Wyatt. - Un inspecteur d'assurances est entraîné dans une aventure sanglante à cause de son engouement pour une aventurière. □ Général

PITTSBURGH ▷5
É.-U. 1942. Drame de Lewis SEILER avec Marlène Dietrich, John Wayne et Randolph Scott. - Deux mineurs deviennent des magnats de l'acier à la suite d'une escroquerie. □ Général

PIXOTE ▷3
BRÉ. 1980. Drame social d'Hector BABENCO avec Fernando Ramos da Silva, Jorge Juliao et Marilia Pera. - Les tribulations d'un gamin sans foyer qui s'est évadé d'une institution pour mineurs et qui a formé une petite bande de voleurs. - Regard lucide et brutal sur la grande misère des enfants abandonnés du Brésil. □ 18 ans+

PIZZÉRIA EN RÉVOLTE, LA *voir* **Do the Right Thing**

PIZZICATA
ITA. 1996. Edoardo WINSPEARE

PLACARD, LE ▷4
FR. 2000. Comédie de mœurs de Francis VEBER avec Daniel Auteuil, Gérard Depardieu et Michèle Laroque. - Pour éviter d'être licencié, un comptable d'une usine de préservatifs se fait passer pour un homosexuel auprès de ses patrons. □ Général
DVD VF→Cadrage W→17,95 $

PLACE FOR LOVERS, A *voir* **Temps des amants, Le**

PLACE IN THE SUN, A ►2
É.-U. 1950. Drame psychologique de George STEVENS avec Shelley Winters, Montgomery Clift et Elizabeth Taylor. - Un ambitieux songe à tuer une ancienne maîtresse qui nuit à son ascension sociale. - Adaptation d'un roman de Theodore Dreiser. Grande densité dramatique. Mise en scène particulièrement soignée. Interprétation de classe. □ Général
DVD VA→STA→Cadrage P&S→14,95 $

PLACE IN THE WORLD, A
ARG. FR. URU. 1992. Adolfo ARISTARAIN □ Général

PLACE VENDÔME ▷4
FR. 1997. Drame psychologique de Nicole GARCIA avec Catherine Deneuve, Jean-Pierre Bacri, Jacques Dutronc et Emmanuelle Seigner. - Après le suicide d'un joaillier, son épouse alcoolique sort de sa réclusion et entreprend de vendre des pierres volées qu'il détenait. □ Général

PLACES IN THE HEART [Saisons du cœur, Les] ▷3
É.-U. 1984. Drame de Robert BENTON avec Sally Field, Danny Glover et John Malkovich. - Les épreuves d'une jeune veuve au Texas dans les années 1930. - Vision convaincante de la vie rurale américaine. Traitement riche en chaleur humaine. Photographie soignée et poétique. Interprétation solide. □ Général
DVD VF→STF→Cadrage P&S/W→17,95 $

PLAGE, LA *voir* **Beach, The**

PLAGUE OF THE ZOMBIES, THE ▷5
ANG. 1965. Drame d'horreur de John GILLING avec Andre Morell, Diane Clare et John Carson. - Deux médecins découvrent que le châtelain d'un village s'adonne à des pratiques de sorcellerie. □ Général
DVD VF→Cadrage W→32,95 $

PLAGUE, THE *voir* **Peste, La**

PLAINSMAN, THE ▷4
É.-U. 1936. Western de Cecil B. DeMILLE avec Gary Cooper, Jean Arthur et Charles Bickford. - Wild Bill Hickok et ses amis, Buffalo Bill et Calamity Jane, combattent des scélérats qui vendent des armes aux Indiens. □ Général
DVD VA→STF→17,95 $

PLAISIR DE LA PEUR, LE *voir* **Tenebre**

PLAISIR, LE ►2
FR. 1951. Film à sketches de Max OPHÜLS avec Jean Gabin, Claude Dauphin et Danielle Darrieux. - Adaptation de trois contes de Maupassant : Le Masque, Le Modèle et La Maison Tellier. - Mise en scène d'une habileté étourdissante. Rythme souple. Beaux décors. Éclatante distribution. □ Général

PLAISIRS INCONNUS [Unknown Pleasures] ▷4
CHI. 2002. Étude de mœurs de Jia ZHANG-KE avec Wu Qiong, Zhao Wei Wei et Zhao Tao. - Dans une ville industrielle du Nord de la Chine, deux jeunes hommes mènent une vie insouciante et infructueuse. □ Général
DVD 29,95 $

PLAN 9 FROM OUTER SPACE ▷7
É.-U. 1958. Science-fiction d'Edward D. WOOD Jr. avec Gregory Walcott, Mona McKinnon et Dudley Mæanlove. - Des extraterrestres tentent de ressusciter les morts et d'en faire des ennemis destructeurs du genre humain. □ Général
DVD 22,95 $

PLAN DE VOL *voir* **Flightplan**

PLANES, TRAINS AND AUTOMOBILES ▷5
[Voyage tous risques]
É.-U. 1987. Comédie de John HUGHES avec Steve Martin, John Candy et Laila Robins. - Bien qu'il ait hérité d'un compagnon de voyage plutôt encombrant, un cadre tente désespérément et par tous les moyens de rejoindre sa famille à Chicago. □ Général

PLANET OF THE APES ▷3
[Planet of the Apes - 30th Anniversary]
É.-U. 1967. Science-fiction de Franklin J. SCHAFFNER avec Charlton Heston, Kim Hunter et Maurice Evans. - Trois astronautes débarquent sur une planète dominée par un peuple de singes intelligents. - Allégorie prémonitoire originale. Analogies amusantes. Mise en scène ingénieuse. Masques mobiles étonnamment réussis. Interprétation savoureuse. □ Général
DVD VF→STA→Cadrage W→31,95 $ VA→Cadrage W→14,95 $
VF→STA→Cadrage P&S→48,95 $

PLANET OF THE APES [Planète des singes, La] ▷4
É.-U. 2001. Science-fiction de Tim BURTON avec Mark Wahlberg, Helena Bonham Carter et Tim Roth. - Un pilote se retrouve naufragé sur une planète où des singes intelligents ont réduit les humains à l'esclavage. □ Général · Déconseillé aux jeunes enfants
DVD VA→STA→Cadrage W→15,95 $
VF→STA→Cadrage W→31,95 $

PLANET OF THE VAMPIRES ▷5
ITA. 1965. Science-fiction de Mario BAVA avec Barry Sullivan, Norma Bengell et Angel Aranda. - Des astronautes sont aux prises avec des êtres étrangers sur une planète inconnue. □ Non classé
DVD VA→STF→Cadrage W→12,95 $

PLANÈTE AU TRÉSOR, LA *voir* **Treasure Planet**

PLANÈTE SAUVAGE, LA [Fantastic Planet] ►2
FR. 1973. Dessins animés de René LALOUX. - Sur une planète habitent des créatures intelligentes à la peau bleue qui emploient comme animaux domestiques des êtres plus petits à la forme humaine. - Intrigue de science-fiction fort originale. Méthodes d'animation inventives. Touches poétiques. □ Général
DVD VF→Cadrage W/16X9→21,95 $
VF→STA→Cadrage W→18,95 $

PLANK, THE ▷4
ANG. 1967. Comédie burlesque réalisée et interprétée par Erik SYKES avec Tommy Cooper et Jimmy Edwards. - Les tribulations d'une planche qui cause un tas d'ennuis à ceux qui la manipulent. □ Général

PLANQUE, LA ▷5
QUÉ. 2004. Drame policier d'Alexandre CHARTRAND et Thierry GENDRON avec Martin Desgagné, Pierre-Antoine Lasnier et Marie-Josée Forget. - En route vers les États-Unis, deux trafiquants de drogue sont forcés de revoir leurs plans et de se cacher dans une usine désaffectée. □ 13 ans+
DVD VF→33,95 $

PLANTE HUMAINE, LA ▷4
QUÉ. 1996. Dessins animés de Pierre HÉBERT. - Le monde vu à travers l'imaginaire et le regard d'un veuf retraité qui mène une petite vie tranquille. □ Général

PLAQUES TECTONIQUES, LES
voir **Tectonic Plates**

PLASTIC AGE, THE
É.-U. 1925. Wesley RUGGLES □ Général

PLATINUM BLONDE ▷4
É.-U. 1931. Comédie de mœurs de Frank CAPRA avec Robert Williams, Jean Harlow et Loretta Young. - Un journaliste qui a épousé une riche héritière n'arrive pas à s'adapter aux mœurs aristocratiques de sa belle-famille. □ Général
DVD VA→STF→18,95 $

PLATOON [Platoon - Collector's Edition] ▷3
É.-U. 1986. Drame de guerre d'Oliver STONE avec Charlie Sheen, Tom Berenger et Willem Dafoe. - S'étant porté volontaire pour aller combattre au Viêtnam, un jeune homme découvre la dure réalité de la guerre. - Portrait sans concession. Intrigue un peu forcée. Style réaliste d'une intensité impressionnante. Rythme soutenu. Interprétation crédible. □ 13 ans+
DVD VF→STF→Cadrage W→12,95 $

PLAXMOL *voir* **Flubber**

PLAY FOR ME
ARG. 2001. Rodrigo FURTH
DVD STA→Cadrage P&S→24,95 $

PLAY IT AGAIN, SAM ▷4
É.-U. 1972. Comédie satirique d'Herbert ROSS avec Woody Allen, Diane Keaton et Tony Roberts. - Un critique de cinéma timide s'identifie à Humphrey Bogart pour s'encourager dans ses poursuites amoureuses. □ Général
DVD VF→STA→Cadrage W→9,95 $

PLAY MISTY FOR ME **[Frissons dans la nuit]** ▷4
É.-U. 1971. Drame policier réalisé et interprété par Clint EASTWOOD avec Jessica Walter et Donna Mills. - L'animateur d'une émission radiophonique est aux prises avec une admiratrice déséquilibrée. □ 18 ans+
DVD VA→Cadrage W→18,95 $

PLAY TIME ►1
FR. 1967. Comédie satirique réalisée et interprétée par Jacques TATI avec Barbara Dennek et Bill Kearns. - Un homme s'égare dans les corridors d'un building ultra-moderne et connaît diverses mésaventures. - Satire sociale ambitieuse et fort originale. Riche succession de trouvailles comiques. Galerie variée de personnages finement dessinés. Décors utilisés avec génie. Interprétation sympathique de J. Tati. □ Général

PLAYA AZUL
MEX. 1992. Alfredo JOSKOWICZ
DVD STA→23,95 $

PLAYBOYS, THE **[Secret de Tara, Le]** ▷3
IRL. 1992. Drame sentimental de Gillies MacKINNON avec Robin Wright, Albert Finney et Aidan Quinn. - En 1957, dans un village d'Irlande du Sud, un policier alcoolique est amoureux d'une jeune mère célibataire qui lui préfère un comédien ambulant. - Sujet abordé avec justesse et sensibilité. Mise en scène délicate et nuancée. Interprétation intense de A. Finney. □ Général
DVD VA→STF→Cadrage 16X9→17,95 $

PLAYER, THE **[Meneur, Le]** ►2
É.-U. 1992. Comédie satirique de Robert ALTMAN avec Tim Robbins, Greta Scacchi et Whoopi Goldberg. - Un jeune cadre d'Hollywood vit des heures d'angoisse après avoir tué accidentellement un scénariste. - Scénario particulièrement bien construit. Critique mordante des milieux du cinéma hollywoodien. Mise en scène à la fois souple et complexe. Distribution réunissant plusieurs vedettes. □ Général
DVD VF→STF→Cadrage W→23,95 $

PLAZA SUITE ▷4
É.-U. 1970. Film à sketches d'Arthur HILLER avec Walter Matthau, Maureen Stapleton, Barbara Harris et Lee Grant. - Trois incidents se situant dans une même chambre d'hôtel. □ 13 ans+
DVD VF→STA→Cadrage W/16X9→11,95 $

PLEASANTVILLE **[Bienvenue à Pleasantville]** ▷3
É.-U. 1998. Comédie fantaisiste de Gary ROSS avec Tobey Maguire, Reese Witherspoon et Joan Allen. - Un adolescent timoré et sa sœur plus délurée sont projetés dans l'univers d'une série télévisée des années 1950. - Fable amusante et caustique sur la liberté et la tolérance. Effets visuels impressionnants. Interprétation sensible. □ Général
DVD Cadrage W→21,95 $

PLEASE DON'T EAT MY MOTHER!
É.-U. 1972. Carl MONSON □ 18 ans+ · Érotisme
DVD VA→Cadrage P&S→23,95 $

PLEASE DON'T EAT THE DAISIES ▷4
É.-U. 1960. Comédie de Charles WALTERS avec David Niven, Doris Day et Janis Paige. - Les tribulations familiales et professionnelles d'un critique théâtral. □ Non classé
DVD VF→STF→Cadrage W→21,95 $

PLEASE NOT NOW *voir* **Bride sur le cou, La**

PLEASURE PARTY *voir* **Partie de plaisir, Une**

PLEDGE, THE **[Promesse, La]** ▷4
É.-U. 2000. Drame policier de Sean PENN avec Jack Nicholson, Robin Wright Penn et Aaron Eckhart. - Un policier à la retraite est obsédé par son désir de remplir la promesse qu'il a faite à une mère de retrouver l'assassin de sa fillette. □ 13 ans+
DVD VF→STF→Cadrage W→16,95 $

PLEIN FER ▷4
FR. 1990. Drame de mœurs de Josée DAYAN avec François Negret, Jean-Pierre Bisson et Serge Reggiani. - Une sombre affaire de meurtre semble être à l'origine d'un duel opposant deux champions de la pétanque. □ Général

PLEIN SOLEIL **[Purple Noon]** ▷3
FR. 1959. Thriller de René CLÉMENT avec Alain Delon, Marie Laforêt et Maurice Ronet. - Un jeune homme sans scrupules tue son ami et se fait passer pour lui afin de s'emparer de sa fortune. - Suspense racé d'après le roman *Le Talentueux M. Ripley* de Patricia Highsmith. Coup de théâtre final assez surprenant. Traitement d'une grande beauté formelle. Rythme soutenu. Interprétation solide.
DVD VF→STA→Cadrage W→54,95 $

PLEIN SUD ▷4
FR. 1980. Comédie dramatique de Luc BÉRAUD avec Patrick Dewaere, Clio Goldsmith et Jeanne Moreau. - Un professeur d'université vit une relation amoureuse tumultueuse avec une belle inconnue. □ 13 ans+

PLEINE DE VIE *voir* **Full of Life**

PLEINE LUNE SUR PARADOR *voir* **Moon Over Parador**

PLENTY ▷4
ANG. 1985. Drame psychologique de Fred SCHEPISI avec Meryl Streep, Charles Dance et Tracey Ullman. - Une Anglaise aigrie qui a tendance à idéaliser son passé dans la Résistance éprouve de la difficulté à trouver le bonheur. □ Général
DVD VF→Cadrage W→14,95 $

PLEURE PAS GERMAINE ▷4
BEL. 2000. Comédie dramatique d'Alain de HALLEUX avec Rosa Renom, Dirk Roofthooft et Cathy Grosjean. - Un père de famille belge déménage en Espagne avec les siens, dans le but secret d'y retrouver celui qui aurait causé la mort de sa fille aînée. □ 13 ans+

PLOMBIER, LE *voir* **Plumber, The**

PLOT AGAINST HARRY, THE ▷4
É.-U. 1968. Comédie de Michael ROEMER avec Martin Priest, Ben Lang et Henry Nemo. - Ses problèmes familiaux se mêlant à ses activités professionnelles, un bookmaker minable éprouve bien du mal à reprendre ses affaires en main à sa sortie de prison.
DVD VA→29,95 $

PLOTS WITH A VIEW *voir* **Undertaking Betty**

PLOUFFE, LES ▷3
QUÉ. 1981. Comédie dramatique de Gilles CARLE avec Gabriel Arcand, Émile Genest et Pierre Curzi. - À la fin des années 1930, les membres d'une famille habitant la basse-ville de Québec affrontent diverses situations. - Adaptation du roman de Roger Lemelin. Suite de scènes colorées. Évocation juste de l'époque. □ Général

PLUCKING THE DAISY *voir* **En effeuillant la marguerite**

PLUIE NOIRE **[Black Rain]** ►2
JAP. 1989. Drame social de Shohei IMAMURA avec Yoshiko Tanaka, Kazuo Kitamura et Etsuko Ichihara. - Après avoir subi les effets d'une pluie radioactive lors du bombardement d'Hiroshima, des habitants d'un village voisin tentent de reprendre le cours de la vie. - Entrée en matière au ton cauchemardesque. Évocation sobre des conséquences d'un désastre atomique. Réalisation fort maîtrisée. Excellente interprétation.

PLUMBER, THE **[Plombier, Le]** ▷4
AUS. 1979. Comédie satirique de Peter WEIR avec Judy Morris, Robert Coleby et Ivar Kants. - Un plombier impose sa présence à un couple d'universitaires. □ Non classé

PLUME ET LE SANG, LA *voir* **Quills**

PLUNDER OF THE SUN
É.-U. 1953. John FARROW

PLUNKETT & MACLEANE ▷4
ANG. TCH. 1999. Aventures de Jake SCOTT avec Jonny Lee Miller, Robert Carlyle et Liv Tyler. - En 1748, deux voleurs de grand chemin évoluent dans la haute société londonienne en se faisant passer pour un gentleman et son serviteur. □ 13 ans+

PLUS BEAU MÉTIER DU MONDE, LE ▷4
FR. 1996. Comédie de mœurs de Gérard LAUZIER avec Gérard Depardieu, Michèle Laroque et Souad Amidou. - Un professeur d'histoire quitte la campagne pour s'installer à Paris où il hérite d'une classe formée d'élèves particulièrement difficiles.

PLUS BEL ÂGE, LE ▷5
FR. 1994. Drame de mœurs de Didier HAUDEPIN avec Gaël Morel, Élodie Bouchez et Melvil Poupaud. - Une étudiante tente de découvrir les motifs du suicide d'une brillante consœur. · Érotisme

PLUS BELLES ANNÉES DE NOTRE VIE, LES
voir **Best Years of Our Lives, The**

PLUS ÇA VA, MOINS ÇA VA ▷4
FR. 1977. Comédie policière de Michel VIANEY avec Jean-Pierre Marielle, Jean Carmet et Louis Jourdan. - À Saint-Tropez, deux policiers enquêtent sur un meurtre dont la victime a été trouvée près d'une riche villa. □ 13 ans+

PLUS LONGUE NUIT DU DIABLE, LA ▷4
[Devil's Nightmare]
BEL. 1972. Drame d'horreur de Jean BRISMÉE avec Erika Blanc, Jean Servais et Daniel Emilfork. - Un groupe de touristes est accueilli par un soir d'orage dans un château sur lequel pèse une malédiction. □ 18 ans+ · Horreur

PLUS RIEN À PERDRE *voir* **Out of the Blue**

POCAHONTAS ▷4
É.-U. 1995. Dessins animés de Mike GABRIEL et Eric GOLDBERG. - Au début du XVIIe siècle, l'amour naissant entre une jeune Amérindienne et un capitaine anglais est menacé par l'antagonisme qui divise leurs peuples respectifs. □ Général
DVD VF→Cadrage P&S→29,95 $ VF→32,95 $

POCKETFUL OF MIRACLES ▷4
É.-U. 1961. Comédie de Frank CAPRA avec Bette Davis, Glenn Ford et Hope Lange. - Un gangster transforme une pauvresse en grande dame pour qu'elle puisse marier sa fille à un noble espagnol. □ Général
DVD VA→STF→Cadrage W→12,95 $

POCKETFUL OF RYE, A ▷4
ANG. 1989. Drame policier de Guy SLATER avec Joan Hickson, Fabia Drake et Timothy West. - Une vieille dame futée enquête sur l'empoisonnement mystérieux d'un financier bougon peu apprécié par son entourage. □ Général

PODIUM ▷4
FR. 2003. Comédie fantaisiste de Yann MOIX avec Jean-Paul Rouve, Benoît Poelvoorde et Julie Depardieu. - Un ex-sosie du chanteur Claude François reprend son personnage à l'occasion d'un concours organisé par une grande chaîne de télévision. □ Général
DVD VF→29,95 $

POÈMES POUR IRIS *voir* **Iris**

POÈTES MAUDITS, LES *voir* **Total Eclipse**

POETIC JUSTICE ▷4
É.-U. 1993. Drame psychologique de John SINGLETON avec Janet Jackson, Tupac Shakur et Tyra Ferrell. - Une coiffeuse qui se remet difficilement de la mort de son copain se joint à une amie pour un périple avec deux postiers. □ 13 ans+ · Langage vulgaire
DVD VA→Cadrage W→17,95 $

POIDS DE L'EAU, LE *voir* **Weight of Water, The**

POINT BLANK [Point de non-retour, Le] ▷4
É.-U. 1967. Drame policier de John BOORMAN avec Lee Marvin, Angie Dickinson et Keenan Wynn. - Laissé pour mort après sa participation à un vol, un criminel cherche à récupérer sa part du magot. □ 13 ans+
DVD VF→STF→Cadrage W→21,95 $

POINT BREAK [Extrême limite] ▷4
É.-U. 1991. Drame policier de Kathryn BIGELOW avec Patrick Swayze, Keanu Reeves, John C. McGinley et Gary Busey. - Un agent du FBI enquête sur une série de vols de banque commis par des adeptes du surf. □ 13 ans+

POINT DE CHUTE *voir* **Terminal Velocity**

POINT DE NON-RETOUR, LE
voir **Point Blank**

POINT LIMITE *voir* **Fail-Safe**

POINT LIMITE ZÉRO *voir* **Vanishing Point**

POINT OF NO RETURN [Sans retour] ▷5
É.-U. 1993. Drame policier de John BADHAM avec Bridget Fonda, Gabriel Byrne et Dermot Mulroney. - Une jeune criminelle condamnée à mort accepte de devenir tueuse à l'emploi des services secrets américains. □ 13 ans+ · Violence

POINT ZABRISKIE *voir* **Zabriskie Point**

POINTSMAN, THE ▷4
HOL. 1986. Comédie dramatique de Jos STELLING avec Jim van der Woude, Stéphanie Excoffier et John Kraaykamp. - Descendue d'un train par erreur en rase campagne, une voyageuse cherche refuge chez un aiguilleur aux comportements bizarres. □ 13 ans+

POISON ▷4
É.-U. 1990. Film à sketches de Todd HAYNES avec Edith Meeks, Larry Maxwell et Scott Renderer. - L'histoire d'un garçon qui a commis un parricide, d'un jeune savant qui se transforme en monstre libidineux et d'un bagnard qui s'éprend d'un codétenu. □ 18 ans+
DVD 21,95 $

POISON, LA ▷4
FR. 1951. Comédie dramatique de Sacha GUITRY avec Michel Simon, Jean Debucourt et Pauline Carton. - Un homme trouve le moyen de se débarrasser impunément de son épouse qui veut aussi l'assassiner. □ Général

POISSON D'AVRIL ▷5
FR. 1954. Comédie de Gilles GRANGIER avec Bourvil, Annie Cordy et Pierre Dux. - Après bien des aventures, une femme qui a injustement accusé son époux d'infidélité s'aperçoit de son erreur.

POLA X ▷4
FR. 1999. Drame de mœurs de Leos CARAX avec Katerina Golubeva, Guillaume Depardieu et Catherine Deneuve. - Sur le point de se marier, un jeune écrivain de famille aisée s'enfuit avec une inconnue qui prétend être sa sœur.
DVD VF→STA→29,95 $

POLAR ▷4
FR. 1983. Drame policier de Jacques BRAL avec Jean-François Balmer, Sandra Montaigu et Pierre Santini. - Un détective privé plutôt paumé s'attire de nombreux ennuis lorsqu'il décide d'aider une jeune inconnue à éclaircir les circonstances entourant un meurtre. □ Non classé

POLAR EXPRESS [Boréal-Express] ▷4
É.-U. 2004. Film d'animation de Robert ZEMECKIS. - La veille de Noël, un petit garçon qui ne croit pas au père Noël monte à bord d'un train magique à destination du Pôle Nord. □ Général
DVD VA→STA→Cadrage W→17,95 $
VF→STF→Cadrage W→35,95 $/59,95 $

POLICE ▷3
FR. 1985. Drame policier de Maurice PIALAT avec Gérard Depardieu, Sophie Marceau et Richard Anconina. - Un commissaire s'éprend de la maîtresse d'un trafiquant de drogue qu'il vient d'arrêter. - Réalisation personnelle. Intrigue peu serrée. Traitement réaliste. Ton de mélancolie. Bonne interprétation. □ Général

POLICE PUISSANCE 7 *voir* **Seven-Ups, The**

POLICE PYTHON 357 ▷4
FR. 1975. Drame policier d'Alain CORNEAU avec Yves Montand, Simone Signoret et François Périer. - Un policier chargé d'enquêter sur le meurtre d'une amie s'aperçoit que les indices peuvent l'incriminer. □ Général

POLISH WEDDING ▷5
É.-U. 1997. Comédie de mœurs de Theresa CONNELLY avec Lena Olin, Gabriel Byrne et Claire Danes. - Les membres d'une famille d'origine polonaise vivant dans un quartier ouvrier de Detroit affrontent divers problèmes sentimentaux. □ Général
DVD VA→Cadrage W→9,95 $

POLLO, LE CHAT SANS QUEUE ▷5
SUÈ. 1985. Dessins animés de Stig LASSEBY et Jan GISSBERG. - Souffre-douleur des félins délinquants de son quartier, un chat doit pourtant faire preuve de valeur pour impressionner son amie.

POLLOCK ▷4
É.-U. 2000. Drame biographique réalisé et interprété par Ed HARRIS avec Marcia Gay Harden et Amy Madigan. - La vie professionnelle et sentimentale du peintre abstrait new-yorkais Jackson Pollock, de 1941 jusqu'à sa mort en 1956. □ Général
DVD VA→STF→Cadrage W→22,95 $

POLLUX, LE MANÈGE ENCHANTÉ ▷4
FR. 2005. Film d'animation de Jean DUVAL, Frank PASSINGHAM et David BORTHWICK. - Un chien et ses amis tentent d'empêcher un méchant sorcier d'emprisonner la planète dans les glaces.
□ Général
DVD VF→Cadrage W→37,95 $

POLLYANNA ▷4
É.-U. 1960. Conte de David SWIFT avec Hayley Mills, Jane Wyman et Karl Malden. - Une orpheline de treize ans réussit à ramener la joie dans le cœur de plusieurs personnes aigries. □ Général
DVD VA→Cadrage W→21,95 $

POLTERGEIST [Vengeance des fantômes, La] ▷3
É.-U. 1982. Drame fantastique de Tobe HOOPER avec JoBeth Williams, Craig T. Nelson, Dominique Dunne et Beatrice Straight. - D'étranges phénomènes surnaturels se font sentir dans une maison de banlieue. - Histoire de fantômes au superlatif. Trucages étonnants. Habileté technique remarquable. Interprètes convaincants. □ 13 ans+
DVD VF→STF→Cadrage W→16,95 $

POLTERGEIST II ▷4
É.-U. 1986. Drame fantastique de Brian GIBSON avec JoBeth Williams, Craig T. Nelson et Will Sampson. - Chassée de sa maison californienne par des fantômes, une famille doit une nouvelle fois les affronter en Arizona. □ 13 ans+

POLYESTER *voir* **Desperate Living**

POLYESTER ▷6
É.-U. 1981. Comédie de John WATERS avec Divine, Tab Hunter et Edith Massey. - Les problèmes d'une ménagère de banlieue dont la famille s'en va à la débandade. □ 18 ans+
DVD VA→18,95 $

POLYGRAPHE, LE ▷4
QUÉ. 1996. Drame psychologique de Robert LEPAGE avec Patrick Goyette, Marie Brassard et Peter Stormare. - Le meurtre non résolu d'une jeune femme bouleverse l'existence de son compagnon, qui n'a plus aucun souvenir de la nuit du drame. □ 13 ans+

POMME, LA ▷3
IRAN. 1998. Drame de mœurs de Samira MAKHMALBAF avec Zahra Naderi, Massoumeh Naderi et Ghorban Ali Naderi. - Une assistante sociale vient en aide à deux fillettes séquestrées pendant onze ans par leur vieux père et leur mère aveugle. - Reconstitution tragicomique d'une situation peu banale avec les protagonistes réels du drame. Critique en filigrane du patriarcat. Style apparenté au néo-réalisme. Mise en scène discrète. □ Général

POMME, LA QUEUE ET LES PÉPINS, LA ▷7
QUÉ. 1974. Comédie de mœurs de Claude FOURNIER avec Donald Lautrec, Han Masson et Janine Sutto. - Durant son voyage de noces, une homme devenu soudainement impuissant cherche à retrouver sa virilité par tous les moyens.

POMPIERS EN ALERTE *voir* **Backdraft**

PONETTE ►2
FR. 1996. Drame psychologique de Jacques DOILLON avec Victoire Thivisol, Matiaz Bureau Caton et Xavier Beauvois. - Une petite fille qui a perdu sa mère dans un accident de voiture ne peut se résoudre à ne plus jamais la revoir. - Sujet grave traité avec une grande finesse. Mise en scène d'une infinie délicatesse. Interprétation poignante de l'adorable V. Thivisol. □ Général
DVD VF→Cadrage W→21,95 $

PONT DE CASSANDRA, LE *voir* **Cassandra Crossing, The**

PONT ENTRE DEUX RIVES, UN [Bridge, The] ▷4
FR. 1998. Drame sentimental de Gérard DEPARDIEU et Frédéric AUBURTIN avec Carole Bouquet, Gérard Depardieu et Charles Berling. - Au début des années 1960, une jeune mère au foyer s'engage dans une liaison adultère avec un ingénieur. □ Général

PONT SUR LA RIVIÈRE KWAI, LE
voir **Bridge on the River Kwai, The**

POOKIE *voir* **Sterile Cuckoo, The**

POOR WHITE TRASH
É.-U. 2000. Michael ADDIS □ Non classé
DVD VA→Cadrage 16X9→13,95 $

POP AMÉRICAIN *voir* **American Pop**

POPE JOAN
ANG. ITA. 1972. Michael ANDERSON
DVD VA→9,95 $

POPE OF GREENWICH VILLAGE, THE ▷4
[Pape de Greenwich Village, Le]
É.-U. 1984. Drame de mœurs de Stuart ROSENBERG avec Mickey Rourke, Eric Roberts et Daryl Hannah. - Congédiés de leur travail, deux jeunes gens réalisent un cambriolage sans se douter que l'argent volé appartient à un caïd de la pègre. □ 13 ans+
DVD VF→STA→Cadrage W→12,95 $

POPEYE ▷4
É.-U. 1980. Comédie de Robert ALTMAN avec Robin Williams, Shelley Duvall et Paul L. Smith. - Un marin solitaire à la recherche de son vieux père arrive dans un village côtier dominé par un despote. □ Général
DVD VA→STA→Cadrage W→14,95 $

POPI ▷4
É.-U. 1969. Comédie d'Arthur HILLER avec Alan Arkin, Rita Moreno et Miguel Alejandro. - Un veuf portoricain vivant pauvrement dans un quartier de New York cherche à assurer l'avenir de ses deux fils.
DVD VA→STF→Cadrage P&S→11,95 $

POR LA LIBRE
MEX. 2000. Juan Carlos De LLACA
DVD STA→PC

PORCHERIE [Porcile] ▷3
ITA. 1969. Drame poétique de Pier Paolo PASOLINI avec Pierre Clémenti, Jean-Pierre Léaud et Anne Wiazemsky. - L'étrange histoire d'un jeune homme attiré par les porcs s'entremêle à celle d'un vagabond coupable de cannibalisme. - Recherche poétique tourmentée. Œuvre insolite et intéressante. Contrastes bien évoqués entre les deux récits. Interprétation stylisée. □ 13 ans+
DVD VA→Cadrage W→39,95 $

PORCILE *voir* **Porcherie**

PORCO ROSSO
FR. JAP. 1992. Hayao MIYAZAKI
DVD STA→Cadrage W→33,95 $

PORK CHOP HILL ▷3
É.-U. 1959. Drame de guerre de Lewis MILESTONE avec Gregory Peck, Harry Guardino et Rip Torn. - À la fin de la guerre de Corée, un lieutenant américain reçoit l'ordre d'attaquer une colline de valeur stratégique douteuse. - Vision critique de la guerre. Habile reconstitution. Ensemble convaincant. Jeu sincère des interprètes.
DVD Cadrage W→11,95 $

PORN THEATRE *voir* **Chatte à deux têtes, La**

PORNOGRAFIA
POL. 2003. Jan Jakub KOLSKI
DVD STA→29,95 $

PORNOGRAPHE, LE ▷3
FR. 2001. Drame psychologique de Bertrand BONELLO avec Jean-Pierre Léaud, Jérémie Renier et Dominique Blanc. - Inactif depuis quinze ans, un réalisateur de films pornos tournant un nouveau projet tente de regagner l'estime de son fils adolescent. - Regard lucide sur une génération à travers le portrait sensible d'un cas particulier. Approche critique du milieu. Réalisation sobre et précise. Jeu maîtrisé de J.-P. Léaud. □ 18 ans+

PORNOGRAPHERS, THE
JAP. 1966. Shohei IMAMURA □ Général
DVD STA→Cadrage W→46,95 $

PORNOGRAPHER, THE
É.-U. 1999. Doug ATCHISON
DVD VA→Cadrage P&S→32,95 $

PORNOGRAPHY
É.-U. Fenton BAILEY et Randy BARBATO
DVD VA→Cadrage 16X9→29,95 $

PORT DJEMA ▷4
FR. 1996. Drame psychologique d'Eric HEUMANN avec Jean-Yves Dubois, Nathalie Boutefeu et Christophe Odent. - Afin d'élucider les circonstances de la mort d'un ami, un médecin français se rend dans une région d'Afrique de l'Est déchirée par la guerre civile. □ Général

PORT OF CALL *voir* **Ville Portuaire**

PORT OF SHADOWS *voir* **Quai des brumes**

PORTE DE L'ENFER, LA *voir* **Gate of Hell**

PORTÉ DISPARU *voir* **Missing**

PORTE S'OUVRE, LA *voir* **No Way Out**

PORTE-BONHEUR, LE *voir* **Two Bits**

PORTES DE L'ESPRIT, LES *voir* **Stir of Echoes**

PORTES DU DESTIN, LES *voir* **Sliding Doors**

PORTES TOURNANTES, LES ▷4
QUÉ. 1988. Drame de Francis MANKIEWICZ avec Monique Spaziani, Gabriel Arcand et François Méthé. - À partir de documents adressés à son père, un jeune garçon revit l'histoire de sa grand-mère, une ancienne pianiste du cinéma muet. □ Général

PORTEUR DE SERVIETTE, LE ▷4
ITA. 1991. Comédie satirique de Daniele LUCHETTI avec Silvio Orlando, Nanni Moretti et Anne Roussel. - Engagé pour écrire les discours d'un politicien populaire qu'il admire, un professeur découvre avec surprise le cynisme et l'opportunisme de cet individu. □ Général

PORTEUR, LE *voir* **Pallbearer, The**

PORTIER DE NUIT *voir* **Night Porter, The**

PORTION D'ÉTERNITÉ ▷4
QUÉ. 1989. Drame social de Robert FAVREAU avec Danielle Proulx, Marc Messier et Patricia Nolin. - Une femme cadre du ministère de la Santé enquête sur les activités d'un laboratoire spécialisé en manipulations génétiques.

PORTRAIT CRACHÉ D'UNE FAMILLE MODÈLE
voir **Parenthood**

PORTRAIT D'UN ASSASSIN ▷4
FR. 1949. Drame de Bernard ROLAND avec Arletty, Pierre Brasseur et Erich Von Stroheim. - Une femme qui travaille dans le milieu du cirque fait courir un grave péril à un acrobate.

PORTRAIT DE DORIAN GRAY, LE
voir **Picture of Dorian Gray, The**

PORTRAIT DE FEMME
voir **Portrait of a Lady, The**

PORTRAIT OF A LADY, THE **[Portrait de femme]** ▷4
É.-U. 1996. Drame psychologique de Jane CAMPION avec Nicole Kidman, John Malkovich et Barbara Hershey. - Bien qu'elle soit éprise de liberté, une jeune Américaine ayant hérité d'une fortune se précipite dans un mariage qui lui causera une amère déception. □ Général

PORTRAIT OF HELL
JAP. 1969. Shiro TOYODA
DVD STA→Cadrage W→29,95 $

PORTRAIT OF JENNIE ▷4
É.-U. 1948. Drame fantastique de William DIETERLE avec Joseph Cotten, Jennifer Jones et Ethel Barrymore. - Un peintre désillusionné est réconforté par ses rencontres avec une mystérieuse jeune fille. □ Général
DVD VA→STF→19,95 $

PORTRAITS CHINOIS ▷5
FR. 1996. Comédie de mœurs de Martine DUGOWSON avec Helena Bonham Carter, Romane Bohringer et Elsa Zylberstein. - Neuf amis travaillant dans le milieu de la mode ou du cinéma vivent diverses aventures sentimentales et professionnelles. □ Général
DVD Cadrage W→27,95 $

POSEIDON ADVENTURE, THE ▷5
[Aventure du Poséidon, L']
É.-U. 1972. Drame de Ronald NEAME avec Gene Hackman, Ernest Borgnine et Shelley Winters. - Quelques survivants cherchent à s'échapper d'un paquebot renversé par une lame de fond. □ 13 ans+
DVD VF→STA→Cadrage W→21,95 $

POSERS **[Vipères]**
CAN. 2002. Katie TALLO
DVD VF→STA→Cadrage W→21,95 $ VF→21,95 $

POSITION DE L'ESCARGOT, LA ▷5
QUÉ. 1998. Drame psychologique de Michka SAÄL avec Mirella Tomassini, Victor Lanoux et Jude-Antoine Jarda. - À Montréal, une jeune Juive maghrébine renoue avec son père disparu depuis vingt ans et s'amourache d'un squatter jamaïcain. □ 13 ans+

POSITIVELY TRUE ADVENTURE OF THE ALLEGED TEXAS CHEERLEADER-MURDERING MOM, THE ▷4
É.-U. 1993. Comédie dramatique de Michael RITCHIE avec Holly Hunter, Beau Bridges et Swoosie Kurtz. - Une Texane veut faire assassiner la mère d'une rivale de sa fille afin d'assurer à cette dernière une place au sein d'un groupe de meneuses de claque.
DVD VA→STF→Cadrage P&S→16,95 $

POSSE ▷4
É.-U. 1975. Western réalisé et interprété par Kirk DOUGLAS avec Bruce Dern et Bo Hopkins. - Un marshall désireux d'accéder au poste de sénateur compte sur la capture d'un voleur de trains pour favoriser sa campagne électorale. □ Général
DVD VA→STA→Cadrage W/16X9→13,95 $

POSSE ▷5
É.-U. 1993. Western réalisé et interprété par Mario VAN PEEBLES avec Stephen Baldwin et Charles Lane. - Durant la guerre hispano-américaine, six fuyards se réfugient avec une cargaison d'or dans la ville natale de leur chef. □ 16 ans+ · Violence
DVD Cadrage W→11,95 $

POSSESSION ▷3
FR. 1981. Drame fantastique d'Andrzej ZULAWSKI avec Isabelle Adjani, Sam Neill et Heinz Bennent. - De retour à Berlin après une longue absence, un homme découvre que sa femme se terre dans un logement minable avec un compagnon mystérieux. - Récit déroutant enrichi de touches insolites. Traitement particulier de la couleur. □ 18 ans+
DVD VA→14,95 $

POSSESSION ▷4
É.-U. 2002. Drame sentimental de Neil LaBUTE avec Aaron Eckhart, Gwyneth Paltrow et Jeremy Northam. - À Londres, deux universitaires tombent amoureux en découvrant des lettres qui révèlent la liaison passionnée de deux poètes du XIXe siècle. □ Général
DVD VF➔Cadrage W➔14,95 $

POSSIBLE WORLDS [Mondes possibles] ▷5
QUÉ. 2000. Science-fiction de Robert LEPAGE avec Tom McCamus, Tilda Swinton et Sean McCann. - Un homme retrouvé mort vit simultanément plusieurs existences au cours desquelles il tombe amoureux de la même femme. □ Général
DVD VA➔38,95 $

POST COÏTUM, ANIMAL TRISTE ▷3
FR. 1997. Drame psychologique réalisé et interprété par Brigitte ROÜAN avec Patrick Chesnais et Boris Terral. - Une quadragénaire mariée vit le choc d'une relation passionnée avec un amant beaucoup plus jeune qu'elle. - Dissection d'une passion amoureuse et de ses séquelles. Récit bien construit. Quelques touches fantaisistes. □ 13 ans+

POST MORTEM ▷4
QUÉ. 1999. Drame psychologique de Louis BÉLANGER avec Sylvie Moreau, Gabriel Arcand et Hélène Loiselle. - Le destin d'une jeune mère célibataire qui vit d'expédients croise celui d'un gardien de morgue solitaire.

POSTCARDS FROM AMERICA
ANG. É.-U. 1994. Steve MCLEAN
DVD VA➔42,95 $

POSTCARDS FROM THE EDGE ▷4
[Bons baisers d'Hollywood]
É.-U. 1990. Comédie satirique de Mike NICHOLS avec Meryl Streep, Shirley MacLaine et Gene Hackman. - Une actrice de cinéma traverse une période difficile après être sortie d'une cure de désintoxication. □ Général
DVD VF➔STF➔Cadrage W➔11,95 $

POSTE RESTANTE *voir* **84 Charing Cross Road**

POSTIÈRE, LA ▷4
QUÉ. 1992. Comédie de mœurs de Gilles CARLE avec Chloé Sainte-Marie, Nicolas François Rives et Steve Gendron. - En 1935, dans un village québécois, un jeune garçon observe avec curiosité les petites intrigues du monde adulte.

POSTINO, IL [Facteur de Neruda, Le] ▷3
ITA. 1994. Comédie dramatique de Michael RADFORD avec Maria Grazia Cucinotta, Massimo Troisi et Philippe Noiret. - Un célèbre poète chilien réfugié dans une île de la Méditerranée se lie d'amitié avec un modeste et timide fils de pêcheur. - Sujet abordé avec charme, simplicité et douceur. Mise en scène sobre et soignée. Connivence chaleureuse entre les deux principaux interprètes. □ Général
DVD VF➔STA➔Cadrage W➔14,95 $

POSTMAN ALWAYS RINGS TWICE, THE ▷4
É.-U. 1946. Drame de Tay GARNETT avec John Garfield, Lana Turner et Cecil Kellaway. - La femme et l'employé d'un garagiste deviennent amants et décident de supprimer le mari gênant. □ Général
DVD VF➔STF➔21,95 $

POSTMAN ALWAYS RINGS TWICE, THE ▷4
[Facteur sonne toujours deux fois, Le]
É.-U. 1981. Drame de mœurs de Bob RAFELSON avec Jessica Lange, Jack Nicholson et John Colicos. - La femme et l'employé d'un garagiste deviennent amants et décident de supprimer le mari gênant. □ 18 ans+
DVD 7,95 $

POSTMAN FIGHTS BACK, THE
H.K. 1981. Ronny YU
DVD STA➔9,95 $

POT AUX ROSES, LE *voir* **In & Out**

POTEMKIN *voir* **Cuirassé Potemkine, Le**

POTINS DU SUD *voir* **Something to Talk About**

POTLUCK
É.-U. 2002. Allison THOMPSON
DVD P&S 29,95 $

POTS CASSÉS, LES ▷5
QUÉ. 1993. Comédie dramatique de François BOUVIER avec Gilbert Sicotte, Marie Tifo et Marc Messier. - Un homme d'affaires taciturne qui rêve de devenir romancier et son épouse au tempérament suicidaire traversent une crise conjugale.

POULET AU VINAIGRE [Cop au vin] ▷4
FR. 1984. Drame policier de Claude CHABROL avec Jean Poiret, Michel Bouquet et Stéphane Audran. - Trois notables d'une petite ville utilisent des moyens malhonnêtes pour mener à bien leur entreprise immobilière. □ Général
DVD VF➔STA➔Cadrage W➔21,95 $

POULETS EN FUITE *voir* **Chicken Run**

POUPÉES RUSSES, LES ▷4
FR. 2005. Comédie sentimentale de Cédric KLAPISCH avec Romain Duris, Kelly Reilly et Audrey Tautou. - Les tribulations professionnelles et sentimentales d'un aspirant écrivain, de Paris à Londres en passant par Saint-Petersbourg. □ Général
DVD VF➔STA➔Cadrage W➔31,95 $

POUR 100 BRIQUES, T'AS PLUS RIEN ▷4
FR. 1982. Comédie policière d'Édouard MOLINARO avec Daniel Auteuil, Gérard Jugnot et Anémone. - Deux chômeurs mettent au point un hold-up de banque avec prise d'otages. □ Général

POUR L'AMOUR DE NOS FILS
voir **Some Mother's Son**

POUR L'AMOUR DE ROSEANNA
voir **For Roseanna**

POUR L'AMOUR DE THOMAS ▷4
FR. 1994. Drame psychologique de Claude GAGNON avec Brigitte Fossey, Mathieu Rozé et Marie Tifo. - Voulant fuir la sollicitude envahissante de sa mère, un jeune séropositif se réfugie dans une île où il est accueilli comme un fils par une femme.

POUR L'EXEMPLE *voir* **King & Country**

POUR LA PEAU D'UN FLIC ▷4
FR. 1981. Drame policier réalisé et interprété par Alain DELON avec Anne Parillaud et Michel Auclair. - Un détective privé rencontre plusieurs obstacles dans sa détermination à retrouver une aveugle disparue. □ 13 ans+

POUR LE PIRE ET POUR LE MEILLEUR
voir **As Good As It Gets**

POUR QUE LES AUTRES VIVENT *voir* **Abandon Ship!**

POUR QUE VIVENT LES HOMMES
voir **Not as a Stranger**

POUR QUELQUES DOLLARS DE PLUS
voir **For a Few Dollars More**

POUR RIRE! ▷5
FR. 1996. Comédie de mœurs de Lucas BELVAUX avec Jean-Pierre Léaud, Ornella Muti et Antoine Chappey. - Afin de récupérer sa femme, un cocu fait semblant de sympathiser avec son rival qui ne connaît pas sa véritable identité. □ Général

POUR SACHA ▷5
FR. 1991. Drame sentimental d'Alexandre ARCADY avec Sophie Marceau, Richard Berry et Fabien Orcier. - En 1967, alors que la guerre menace d'éclater, un jeune couple qui a quitté la France pour s'installer dans un kibboutz en Israël accueille des amis parisiens. □ Général

POUR TOUJOURS *voir* **Always**

POUR UNE NUIT *voir* **One Night Stand**

POUR UNE POIGNÉE D'HERBE ▷4
ALL. 2000. Drame social de Roland SUSO RICHTER avec Arman Inci, Oliver Korittke et Ercan Durmaz. - À Hambourg, un garçonnet kurde qui revend de la drogue pour son oncle se lie d'amitié avec un chauffeur de taxi cachant un lourd secret. □ 13 ans+

POUR UNE POIGNÉE DE DOLLARS
voir **Fistful of Dollars, A**

POURCHASSÉ *voir* **Highwaymen**

POURQUOI PAS ! ▷4
FR. 1977. Comédie de mœurs de Coline SERREAU avec Sami Frey, Christine Murillo et Mario Gonzales. - Une jeune femme séparée de son mari vit un curieux ménage à trois avec deux hommes. □ 18 ans+

POURSUITE INFERNALE, LA *voir* **My Darling Clementine**

POURVU QUE CE SOIT UNE FILLE ▷4
ITA. 1985. Comédie dramatique de Mario MONICELLI avec Philippe Noiret, Liv Ullmann et Giuliana De Sio. - La mort d'un comte provoque la dispersion momentanée de sa famille, mais celle-ci se réunira bientôt sur des bases nouvelles. □ Général

POUSSE MAIS POUSSE ÉGAL ▷6
QUÉ. 1974. Comédie de Denis HÉROUX avec Gilles Latulippe, Céline Lomez et Denis Drouin. - Un père est exaspéré par l'intérêt que porte sa fille à un hurluberlu maladroit. □ Général

POUSSIÈRE D'ANGE ▷4
FR. 1987. Drame policier d'Édouard NIERMANS avec Bernard Giraudeau, Fanny Bastien et Michel Aumont. - Un inspecteur dépressif est amené à enquêter sur deux meurtres ayant un rapport avec une jeune fille bizarre qu'il s'efforce de protéger.

POUSSIÈRE, LA SUEUR ET LA POUDRE, LA
voir **Culpepper Cattle Company**

POUSSIÈRES DE VIE ▷5
FR. 1994. Drame de Rachid BOUCHAREB avec Daniel Guyant, Gilles Chitlaphone et Jéhan Pagès. - En 1975, au Viêtnam, un jeune métis est envoyé par les communistes dans un camp de rééducation en pleine jungle.

POUVOIR D'EXÉCUTER *voir* **Absolute Power**

POUVOIR INTIME ▷4
QUÉ. 1986. Drame policier d'Yves SIMONEAU avec Marie Tifo, Pierre Curzi et Jacques Godin. - Le hold-up d'un camion de sécurité est mis au point grâce à de nombreuses connivences, mais l'affaire tourne mal. □ Général

POVERTY AND OTHER DELIGHTS *voir* **Joyeux Calvaire**

POWAQQATSI
É.-U. 1988. Godfrey REGGIO □ Général
DVD VA→Cadrage P&S/W→12,95 $

POWER ▷4
É.-U. 1986. Drame social de Sidney LUMET avec Richard Gere, Julie Christie et Gene Hackman. - Un conseiller en médias, qui ne se préoccupe pas de l'idéologie de ses clients, révise ses positions lorsqu'un vieil ami sénateur abandonne son poste. □ Général
DVD VF→Cadrage P&S→7,95 $

POWDER ▷4
É.-U. 1995. Drame fantastique de Victor SALVA avec Sean Patrick Flanery, Lance Henriksen et Mary Steenburgen. - L'existence marginale d'un adolescent né sans pigmentation et sans pilosité, mais doté d'une intelligence prodigieuse et de dons surnaturels. □ Général
DVD Cadrage W→14,95 $

POWWOW HIGHWAY ▷4
É.-U. 1988. Comédie dramatique de Jonathan WACKS avec Gary Farmer, A. Martinez et Joanelle Nadine Romero. - Un Cheyenne contestataire part libérer sa sœur que des promoteurs véreux ont fait incarcérer dans l'intention de l'intimider. □ Général
DVD VA→Cadrage W/16X9→15,95 $

PRANCER ▷4
É.-U. 1989. Comédie fantaisiste de John HANCOCK avec Rebecca Harrell, Sam Elliott et Cloris Leachman. - À quelques jours de Noël, une fillette de neuf ans prend soin d'un renne blessé sans prévenir son père. □ Général
DVD VF→STF→Cadrage W→11,95 $

PRAYER FOR THE DYING, A [Irlandais, L'] ▷4
ANG. 1987. Drame policier de Mike HODGES avec Mickey Rourke, Bob Hoskins, Christopher Fulford et Alan Bates. - Désireux de fuir son pays et d'abandonner ses activités, un terroriste irlandais se voit obligé de commettre un nouveau meurtre en échange d'un passeport. □ Général
DVD VA→12,95 $

PREDATOR [Prédateur, Le] ▷4
É.-U. 1987. Science-fiction de John McTIERNAN avec Arnold Schwarzenegger, Carl Weathers, Jesse Ventura et Elpidia Carrillo. - Un commando qui s'est aventuré dans la jungle dans le but de libérer un sénateur enlevé par des guérilleros doit faire face à un extraterrestre. □ 13 ans+
DVD VA→Cadrage W→22,95 $ VF→Cadrage W→14,95 $

PRÉDICATEUR, LE *voir* **Apostle, The**

PREFAB PEOPLE
HON. 1982. Béla TARR
DVD STA→36,95 $

PREMIER CHEVALIER, LE *voir* **First Knight**

PREMIER ENVOL, LE *voir* **Fly Away Home**

PREMIER JUILLET - LE FILM ▷5
CAN. 2004. Comédie de mœurs de Philippe GAGNON avec Martin Laroche, Sabine Karsenti et Christian Brisson Dargis. - Les tribulations d'une famille, d'un trio d'amis et d'un jeune couple emportés par la vague de déménagements qui frappe Montréal chaque premier juillet.
DVD VF→Cadrage W→17,95 $

PREMIER VOYAGE ▷4
FR. 1980. Comédie dramatique de Nadine TRINTIGNANT avec Marie Trintignant, Vincent Trintignant et Richard Berry. - À la mort de leur mère, deux enfants partent à la recherche de leur père dont ils sont sans nouvelles. □ Général

PREMIÈRE AVENTURE DE SHERLOCK HOLMES, LA
voir **Young Sherlock Holmes**

PREMIÈRE FOIS QUE J'AI EU 20 ANS, LA ▷4
FR. 2004. Comédie dramatique de Lorraine LÉVY avec Marilou Berry, Catherine Jacob et Serge Riaboukine. - Dans les années 1960, une adolescente au physique ingrat qui joue de la contrebasse veut faire partie d'un ensemble de jazz traditionnellement réservé aux garçons. □ Général
DVD VF→Cadrage W→31,95 $

PREMIÈRE SIRÈNE, LA
voir **Million Dollar Mermaid**

PREMONITION ▷4
JAP. 2004. Drame d'horreur de Norio TSURUTA avec Noriko Sakai, Hiroshi Mikami et Hana Inoue. - Un professeur découvre un mystérieux journal dans lequel sont rapportés des événements funestes du futur.
DVD STA→Cadrage W→24,95 $

PRÉMONITIONS *voir* **In Dreams**

PRÉNOM : CARMEN [First Name : Carmen] ▷3
FR. 1983. Drame de mœurs réalisé et interprété par Jean-Luc GODARD avec Maruschka Detmers et Jacques Bonaffé. - Prétextant y tourner un film, une jeune femme demande à emprunter l'appartement de son oncle, où elle compte se réfugier après un hold-up. - Transposition moderne d'un thème classique. Traitement désinvolte et parodique. Mise en scène inventive. Interprétation assurée. □ 13 ans+

PRÉPAREZ VOS MOUCHOIRS ▷4
[Get Out Your Hankerchiefs]
FR. 1977. Comédie de mœurs de Bertrand BLIER avec Gérard Depardieu, Patrick Dewaere et Carole Laure. - Décontenancé par la mélancolie chronique de sa femme, un homme invite un inconnu à lui venir en aide. □ 18 ans+
DVD VF→STA→Cadrage W→23,95 $

PRESENCE OF MIND *voir* **Celo, El**

PRÉSIDENT AMÉRICAIN, UN
voir **American President, The**

PRÉSIDENT D'UN JOUR *voir* **Dave**

PRESIDENT'S LAST BANG
COR. 2005. Sang-soo IM
DVD STA→Cadrage W/16X9→24,95 $

PRESIDIO, THE ▷5
[Presidio : Base Militaire San Francisco]
É.-U. 1988. Drame policier de Peter HYAMS avec Sean Connery, Mark Harmon et Meg Ryan. - Chargé d'enquêter sur un meurtre dans une base militaire, un détective doit composer avec un officier avec lequel il a eu des mésententes. □ Général
DVD VF→STA→Cadrage W→9,95 $

PRESQUE CÉLÈBRE *voir* **Almost Famous**

PRESSURE POINT ▷4
É.-U. 1962. Drame psychologique de Hubert CORNFIELD avec Sidney Poitier, Bobby Darin et Peter Falk. - Dans une prison fédérale, un psychiatre de race noire tente de libérer de ses complexes un Blanc raciste. □ 13 ans+
DVD VA→STF→Cadrage W→13,95 $

PRESUMED INNOCENT ▷3
É.-U. 1990. Drame policier d'Alan J. PAKULA avec Harrison Ford, Greta Scacchi et Brian Dennehy. - Soupçonné d'avoir tué une collègue dont il était l'amant, un avocat marié cherche à prouver son innocence. - Histoire bien ficelée. Climat de suspicion et de suspense habilement entretenu. Mise en scène précise. Interprétation juste. □ Général
DVD VF→STF→Cadrage W→7,95 $

PRÊT-À-PORTER [Ready to Wear] ▷4
É.-U. 1994. Comédie satirique de Robert ALTMAN avec Sophia Loren, Marcello Mastroianni et Kim Basinger. - Les plus grands couturiers internationaux se réunissent à Paris pour le lancement annuel des nouvelles lignes de prêt-à-porter. □ Général
DVD VA→Cadrage W→17,95 $

PRÉTENDU VOYAGE DE BILL ET TED, LE
voir **Bill and Ted's Bogus Journey**

PRÊTRE *voir* **Priest**

PRETTY BABY ▷3
É.-U. 1977. Drame de mœurs de Louis MALLE avec Brooke Shields, Keith Carradine et Susan Sarandon. - Ayant grandi dans une maison close de La Nouvelle-Orléans, la fille d'une prostituée est initiée au métier à l'âge de douze ans. - Sujet fort délicat abordé avec un certain tact. Bonne évocation d'époque. Mise en images soignée. Interprètes bien dirigés. □ 18 ans+
DVD VF→STA→Cadrage W/16X9→15,95 $

PRETTY BOY FLOYD ▷6
É.-U. 1960. Drame policier de H.J.LEDER avec John Ericson, Joan Harvey et Carl York. - Un jeune délinquant devient célèbre par les vols et les meurtres qu'il commet. □ Général
DVD VA→10,95 $

PRETTY IN PINK [Rose Bonbon] ▷4
É.-U. 1986. Comédie dramatique de Howard DEUTCH avec Molly Ringwald, Andrew McCarthy et Jon Cryer. - Les tribulations sentimentales d'une adolescente, fille de chômeur, étudiant dans une école fréquentée par des jeunes de milieu aisé. □ Général
DVD VF→STA→Cadrage W→14,95 $

PRETTY PERSUASION ▷5
É.-U. 2005. Comédie dramatique de Marcos SIEGA avec Evan Rachel Wood, Elisabeth Harnois et Adi Schnall. - Trois adolescentes fréquentant une école secondaire privée de Beverly Hills accusent injustement un professeur de harcèlement sexuel. □ 13 ans+ · Langage vulgaire
DVD VA→Cadrage W→24,95 $

PRETTY VILLAGE, PRETTY FLAME
GRÈ. YOU. 1996. Srdjan DRAGOJEVIC
DVD STA→19,95 $

PRETTY WOMAN [Jolie Femme, Une] ▷5
É.-U. 1990. Comédie sentimentale de Garry MARSHALL avec Julia Roberts, Richard Gere et Laura San Giacomo. - Une prostituée de Los Angeles ayant tiré d'affaire un financier new-yorkais est invitée à passer, contre rémunération, quelques jours avec lui. □ Général
DVD VF→STA→Cadrage W→21,95 $

PREUVE, LA *voir* **Proof**

PREUVE DE VIE *voir* **Proof of Life**

PRICE ABOVE RUBIES, A ▷5
É.-U. 1998. Drame de mœurs de Boaz YAKIN avec Renée Zellweger, Christopher Eccleston et Glenn Fitzgerald. - Une Juive mariée à un rigoriste voit l'occasion de s'émanciper lorsqu'elle va travailler dans la bijouterie de son beau-frère. □ Général
DVD VA→Cadrage W→11,95 $

PRICE OF FREEDOM *voir* **Operation Daybreak**

PRICK UP YOUR EARS [Passion meurtrière] ▷3
ANG. 1987. Drame biographique de Stephen FREARS avec Alfred Molina, Gary Oldman et Vanessa Redgrave. - La relation tumultueuse entre le célèbre dramaturge Joe Orton et son ami homosexuel connaît un dénouement tragique. - Ton de loufoquerie sardonique. Retours en arrière brefs et percutants. □ 13 ans+
DVD VA→STF→Cadrage W→19,95 $

PRIDE AND PREJUDICE ▷3
É.-U. 1940. Comédie de mœurs de Robert Z. LEONARD avec Greer Garson, Laurence Olivier et Mary Boland. - Au XIXe siècle, cinq filles d'une famille bourgeoise anglaise déshéritée aspirent au mariage. - Transposition théâtrale du roman de Jane Austen. Tableau d'un charme désuet. Intéressantes observations de mœurs. Dialogue fin. Interprétation de qualité. □ Général

PRIDE & PREJUDICE [Orgueil et préjugés] ▷3
ANG. 2005. Drame sentimental de Joe WRIGHT avec Keira Knightley, Matthew MacFadyen et Rosamund Pike. - À la fin du XVIIIe siècle, la fille d'un bourgeois désargenté repousse les avances d'un aristocrate qu'elle juge arrogant. - Adaptation soignée du roman de Jane Austen. Réalisation fort habile. Caméra très fluide. Bonne interprétation. □ Général
DVD VA→STA→Cadrage W→22,95 $

PRIDE AND THE PASSION, THE [Orgueil et passion] ▷4
É.-U. 1957. Drame de Stanley E. KRAMER avec Cary Grant, Frank Sinatra et Sophia Loren. - Des guérilleros espagnols s'emparent d'un immense canon pour tenter d'enlever Avila aux soldats de Napoléon. □ Général
DVD VA→STF→Cadrage W→11,95 $

PRIDE OF THE YANKEES, THE ▷4
É.-U. 1942. Drame biographique de Sam WOOD avec Gary Cooper, Teresa Wright et Walter Brennan. - La carrière du champion de baseball Lou Gehrig. □ Général
DVD VF→STF→Cadrage P&S→11,95 $

PRIEST [Prêtre] ▷3
ANG. 1994. Drame de mœurs d'Antonia BIRD avec Linus Roache, Tom Wilkinson et Robert Carlyle. - Un jeune prêtre catholique se retrouve au centre d'un scandale après avoir eu une relation homosexuelle. - Propos audacieux soulevant de nombreux tabous. Sujet abordé avec sincérité et authenticité. Mise en scène sobre. Interprétation pleine de conviction. □ 13 ans+
DVD Cadrage W→11,95 $

PRIMARY COLORS [Couleurs primaires] ▷4
É.-U. 1998. Comédie dramatique de Mike NICHOLS avec Adrian Lester, John Travolta et Emma Thompson. - Les tribulations du chef de campagne d'un politicien adultère qui brigue la direction du parti démocrate. □ Général
DVD VF→Cadrage W→9,95 $

PRIME [Entre elles et lui] ▷5
É.-U. 2005. Comédie sentimentale de Ben YOUNGER avec Uma Thurman, Meryl Streep et Bryan Greenberg. - À New York, une divorcée de 37 ans s'éprend d'un peintre juif beaucoup plus jeune qu'elle, en ignorant que c'est le fils de sa psychothérapeute. □ Général
DVD VF→Cadrage W→34,95 $

PRIME CUT ▷4
É.-U. 1972. Drame policier de Michael RITCHIE avec Lee Marvin, Gene Hackman et Sissy Spacek. - Un racketter entre en lutte avec un envoyé du syndicat du crime. □ 13 ans+

PRIME OF MISS JEAN BRODIE, THE ▷3
ANG. 1969. Drame psychologique de Ronald NEAME avec Maggie Smith, Robert Stephens et Pamela Franklin. - Dans les années 1930, une institutrice qui se veut d'avant-garde a une mauvaise influence sur ses élèves. - Scénario bien construit. Analyse psychologique heureuse. Climat d'époque habilement reconstitué. Jeu remarquable de M. Smith. □ 13 ans+
DVD VA→14,95 $

PRIMER ▷4
É.-U. 2004. Science-fiction réalisée et interprétée par Shane CARRUTH avec David Sullivan et Casey Gooden. - Deux ingénieurs conçoivent une machine à voyager dans le temps dont l'utilisation aura des conséquences imprévues. □ Général
DVD VA→18,95 $

PRIMROSE PATH, THE ▷4
É.-U. 1940. Comédie dramatique de Gregory LA CAVA avec Ginger Rogers, Joel McCrea et Marjorie Rambeau. - Le mariage de deux jeunes gens est mis en péril quand le mari découvre les antécédents peu respectables de sa belle-famille. □ Général

PRINCE À NEW YORK, UN *voir* **Coming to America**

PRINCE AND THE PAUPER, THE ▷4
É.-U. 1937. Aventures de William KEIGHLEY avec Errol Flynn, Claude Rains et les jumeaux Mauch. - Un enfant des rues est pris pour le prince héritier auquel il ressemble. □ Général
DVD VF→STF→21,95 $

PRINCE AND THE SHOWGIRL, THE ▷4
[Prince et la danseuse, Le]
ANG. 1956. Comédie satirique réalisée et interprétée par Laurence OLIVIER avec Marilyn Monroe et Sybil Thorndike. - Un grand-duc décide de tromper son ennui avec une danseuse américaine.

PRINCE CASSE-NOISETTE, LE
voir **Nutcracker Prince, The**

PRINCE D'ÉGYPTE, LE *voir* **Prince of Egypt, The**

PRINCE DE JUTLAND, LE *voir* **Royal Deceit**

PRINCE DE NEW YORK, LE *voir* **Prince of the City**

PRINCE DES MARÉES, LE *voir* **Prince of Tides, The**

PRINCE DES TÉNÈBRES *voir* **Prince of Darkness**

PRINCE DU PACIFIQUE, LE ▷5
FR. 2000. Aventures d'Alain CORNEAU avec Thierry Lhermitte, Patrick Timsit et Marie Trintignant. - Durant la Première Guerre mondiale, un officier français tente de destituer un compatriote qui règne en despote dans une île du Pacifique.

PRINCE ET LA DANSEUSE, LE
voir **Prince and the Showgirl, The**

PRINCE OF DARKNESS [Prince des ténèbres] ▷5
É.-U. 1987. Drame fantastique de John CARPENTER avec Donald Pleasence, Victor Wong et Lisa Blount. - Un prêtre fait appel à un professeur pour lutter contre Satan, qui s'avère être une entité extraterrestre détenue provisoirement en état de sommeil. □ 13 ans+
DVD VA→19,95 $

PRINCE OF EGYPT, THE [Prince d'Égypte, Le] ▷4
É.-U. 1998. Dessins animés de Brenda CHAPMAN, Steve HICKNER et Simon WELLS. - L'histoire de Moïse, qui libéra le peuple hébreu du joug des Égyptiens. □ Général
DVD Cadrage W→22,95 $ VA→14,95 $

PRINCE OF JUTLAND *voir* **Royal Deceit**

PRINCE OF THE CITY [Prince de New York, Le] ▷3
É.-U. 1981. Drame policier de Sidney LUMET avec Treat Williams, Jerry Orbach et Norman Parker. - Un jeune policier accepte de participer à une enquête fédérale sur la corruption policière. - Scénario particulièrement complexe. Sujet inspiré d'une expérience vécue. Approche réaliste. Mise en scène rigoureuse. Interprétation convaincante. □ 13 ans+

PRINCE OF TIDES, THE [Prince des marées, Le] ▷4
É.-U. 1991. Drame psychologique réalisé et interprété par Barbra STREISAND avec Nick Nolte et Blythe Danner. - En vue d'aider la psychiatre qui soigne sa sœur, un enseignant au chômage accepte de lui décrire le milieu familial où ils ont grandi. □ 13 ans+
DVD VF→STF→Cadrage W→17,95 $

PRINCE VALIANT ▷4
É.-U. 1953. Aventures d'Henry HATHAWAY avec James Mason, Robert Wagner et Janet Leigh. - Sacré chevalier, le fils d'un roi exilé tente de démasquer un traître. □ Général
DVD VF→STA→Cadrage W→13,95 $

PRINCES DE LA GÂCHETTE, LES
voir **Young Guns**

PRINCES EN EXIL *voir* **Princes in Exile**

PRINCES ET PRINCESSES ▷3
FR. 1999. Dessins animés de Michel OCELOT. - Aidés par un vieux technicien et son ordinateur magique, deux enfants inventent des fables dont ils deviennent les héros. - Contes pleins de finesse, d'humour et de poésie. Graphisme raffiné inspiré de la technique des ombres chinoises. Climat d'une féerie toute simple mais séduisante. □ Général

PRINCES IN EXILE [Princes en exil] ▷5
CAN. 1990. Drame psychologique de Giles WALKER avec Zachary Ansley, Stacie Mistysyn et Nicholas Shields. - Des adolescents souffrant du cancer passent ensemble leur été dans un camp de vacances. □ Général

PRINCESS AND THE PEA, THE
RUS. 1976. Boris RYTSAREV
DVD VF→STF→47,95 $

PRINCESS AND THE PIRATE, THE ▷4
É.-U. 1944. Comédie de David BUTLER avec Bob Hope, Virginia Mayo et Victor McLaglen. - Un comédien et une princesse sont faits prisonniers par des pirates.
DVD VA→STF→11,95 $

PRINCESS AND THE WARRIOR, THE ▷4
ALL. 2000. Drame de Tom TYKWER avec Franka Potente, Benno Fürmann et Joachim Krol. - Une infirmière timide part à la recherche du mystérieux jeune homme qui lui a sauvé la vie sur les lieux d'un terrible accident. □ 13 ans+
DVD STF→Cadrage W→39,95 $

PRINCESS BRIDE, THE ▷4
[Il était une fois... la princesse bouton d'or]
É.-U. 1987. Comédie fantaisiste de Rob REINER avec Robin Wright, Cary Elwes et Mandy Patinkin. - Un grand-père raconte à son petit-fils malade l'histoire d'une princesse qui est délivrée des griffes d'un prince infâme par son chevalier bien-aimé. □ Général
DVD VF→STF→Cadrage W→32,95 $
VA→STA→Cadrage W→12,95 $

PRINCESS CARABOO ▷4
ANG. 1994. Comédie dramatique de Michael AUSTIN avec Phoebe Cates, Wendy Hughes et Kevin Kline. - En Angleterre, au XIXe siècle, une aristocrate prend sous son aile une jeune inconnue qui s'exprime dans une langue exotique et semble être de sang royal. □ Général
DVD VA→STF→Cadrage P&S→9,95 $

PRINCESS MONONOKE [Princesse Mononoke] ▷3
JAP. 1997. Dessins animés de Hayao MIYAZAKI. - Cherchant le remède d'un mal inconnu, un jeune prince arrive dans une forêt magique où une guerre oppose hommes et animaux. - Conte fantastique aux images riches et somptueuses. Scénario complexe et captivant. Approche nuancée à l'imagination fertile. □ Général
DVD VF→STA→Cadrage W→22,95 $

PRINCESSE SUR LA GLACE, UNE *voir* **Ice Princess**

PRINCESSE TAM-TAM [Princess Tam Tam] ▷5
FR. 1935. Comédie d'Edmond GRÉVILLE avec Joséphine Baker, Albert Préjean et Robert Arnoux. - Un auteur parisien ramène d'un voyage en Afrique une jeune indigène qu'il fait passer pour une princesse. □ Général
DVD VF→STA→24,95 $

PRINTEMPS DE GLACE, UN *voir* **Early Frost, An**

PRINTEMPS SOUS LA NEIGE, LE *voir* **Bay Boy, The**

PRINTEMPS TARDIF [Late Spring] ▷3
JAP. 1949. Drame psychologique de Yasujiro OZU avec Stesuko Hara, Chishu Ryu et Haruko Sugimura. - Pour décider sa fille à se marier, un veuf lui annonce son propre remariage. - Style sobre et discret. Observations précises. Interprétation juste.
DVD STA→52,95 $

PRINTEMPS, ÉTÉ, AUTOMNE, HIVER... ET PRINTEMPS
voir **Spring, Summer, Fall, Winter & Spring**

PRIS AU JEU *voir* **Two for the Money**

PRISE DU POUVOIR PAR LOUIS XIV, LA ▷3
[Rise of Louis XIV, The]
FR. 1966. Drame historique de Roberto ROSSELLINI avec Jean-Marie Patte, Raymond Jourdan et Françoise Ponty. - À la mort de son ministre Mazarin, le jeune roi Louis XIV prend lui-même en mains la direction de la France. - Téléfilm au souci minutieux de reconstitution historique. Acteurs peu connus mais bien dirigés. □ Général

PRISONER, THE ▷3
ANG. 1955. Drame psychologique de Peter GLENVILLE avec Alec Guinness, Jack Hawkins et Wilfrid Lawson. - Dans un pays totalitaire, un cardinal emprisonné est soumis à une série d'interrogatoires destinés à le briser psychologiquement. - Œuvre austère. Réalisation inventive. Interprétation remarquable de Guinness.
DVD VA→STF→Cadrage W→9,95 $

PRISONER OF HONOR ▷4
É.-U. 1991. Drame historique de Ken RUSSELL avec Richard Dreyfuss, Oliver Reed et Peter Firth. - Au XIXe siècle, un colonel français cherche à prouver la responsabilité d'un chef d'état-major dans l'arrestation d'un capitaine juif accusé injustement de trahison.
DVD VA→17,95 $

PRISONER OF SECOND AVENUE, THE ▷4
É.-U. 1975. Comédie de mœurs de Melvin FRANK avec Gene Saks, Jack Lemmon et Anne Bancroft. - Supportant mal les frustrations de la vie dans un grand ensemble urbain, un homme perd son emploi et tombe dans un état dépressif. □ Général
DVD VA→STF→Cadrage W→13,95 $

PRISONER OF THE MOUNTAINS ▷4
RUS. 1996. Drame de guerre de Sergei BODROV avec Oleg Menshikov, Sergei Bodrov Jr et Djemal Sikharulidze. - Durant la guerre opposant Moscou à la Tchétchénie, deux soldats russes sont faits prisonniers par des paysans. □ 13 ans+
DVD STA→Cadrage W→13,95 $

PRISONER OF ZENDA, THE ▷4
É.-U. 1937. Aventures de John CROMWELL avec Madeleine Carroll, Ronald Colman et Douglas Fairbanks Jr. - Un Anglais prend temporairement la place d'un roi dont il est le sosie. □ Non classé

PRISONER OF ZENDA, THE ▷4
É.-U. 1952. Aventures de Richard THORPE avec Stewart Granger, Deborah Kerr et James Mason. - Un roi enlevé à la veille de son couronnement est remplacé par un sosie. □ Général

PRISONER OF ZENDA, THE ▷5
[Prisonnier de Zenda, Le]
É.-U. 1979. Comédie de Richard QUINE avec Peter Sellers, Lionel Jeffries et Lynne Frederick. - Un cocher londonien est entraîné dans une extraordinaire aventure à cause de sa ressemblance frappante avec le roi d'un petit pays. □ Général

PRISONERS OF THE SUN [Frères de sang] ▷4
AUS. 1991. Drame judiciaire de Stephen WALLACE avec Bryan Brown, George Takei et Terry O'Quinn. - À la fin de la Seconde Guerre mondiale, des soldats japonais soupçonnés d'avoir massacré des prisonniers australiens subissent un procès. □ Non classé

PRISONNIER DE ZENDA, LE
voir **Prisoner of Zenda, The**

PRISONNIER DU PASSÉ
voir **Random Harvest**

PRISONNIÈRE ESPAGNOLE, LA
voir **Spanish Prisoner, The**

PRISONNIÈRE, LA *voir* **Man with a Maid, A**

PRISONNIÈRE, LA ▷3
FR. 1968. Drame psychologique d'Henri-Georges CLOUZOT avec Laurent Terzieff, Elisabeth Wiener et Bernard Fresson. - La jeune femme d'un peintre tombe sous l'influence d'un pervers. - Traitement sérieux d'un sujet scabreux. Montage d'une grande précision. □ Non classé

PRIVATE BENJAMIN [Bidasse, La] ▷5
É.-U. 1980. Comédie de Howard ZIEFF avec Goldie Hawn, Eileen Brennan et Armand Assante. - Une jeune veuve s'engage dans l'armée et se fait remarquer au cours de grandes manœuvres. □ 18 ans+
DVD VF→STF→Cadrage W→7,95 $

PRIVATE CONFESSIONS ▷3
SUÈ. 1997. Drame psychologique de Liv ULLMANN avec Pernilla August, Max von Sydow et Samuel Fröler. - Une mère de famille troublée par sa liaison avec un séminariste se confie à un vieux pasteur qu'elle connaît depuis l'enfance. - Téléfilm intelligemment structuré, écrit par Ingmar Bergman. Grande acuité psychologique. Réalisation soignée. Interprétation vibrante.

PRIVATE DIARY
ALL. ESP. 2003. Pedro USABIAGA
DVD STA→27,95 $

PRIVATE FUNCTION, A ▷3
ANG. 1984. Comédie satirique de Malcolm MOWBRAY avec Maggie Smith, Michael Palin et Denholm Elliott. - En Angleterre, en 1947, en plein rationnement, un couple s'empare d'une truie que des notables élevaient en cachette. - Tableau satirique de la société anglaise. Traitement humoristique approprié. Personnages savoureux. Interprétation pittoresque de M. Smith. □ Général
DVD VA→STF→Cadrage P&S/W→12,95 $

PRIVATE LESSONS ▷6
É.-U. 1980. Comédie de mœurs d'Alan MYERSON avec Sylvia Kristel, Eric Brown et Howard Hesseman. - Une gouvernante et un chauffeur imaginent un stratagème pour obtenir du fils de leur riche patron une somme rondelette.
DVD VA→STA→17,95 $

PRIVATE LIFE
RUS. 1982. Yuli RAIZMAN □ Général

PRIVATE LIFE OF DON JUAN, THE ▷4
ANG. 1934. Comédie satirique d'Alexander KORDA avec Douglas Fairbanks, Merle Oberon, Bruce Winston et Benita Hume. - Après avoir fait croire à sa mort, Don Juan voit ses charmes tourner court. □ Général

PRIVATE LIFE OF HENRY VIII, THE ▷4
ANG. 1933. Drame historique d'Alexander KORDA avec Charles Laughton, Merle Oberon et Binnie Barnes. - Les mésaventures matrimoniales du célèbre roi d'Angleterre. □ Non classé

PRIVATE LIFE OF SHERLOCK HOLMES, THE ▷4
ANG. 1970. Comédie policière de Billy WILDER avec Colin Blakely, Robert Stephens et Genevieve Page. - Le célèbre détective est mêlé à une affaire d'espionnage où il n'a pas le beau rôle. □ Général
DVD VA➔STF➔Cadrage W➔11,95 $

PRIVATE LIVES ▷4
É.-U. 1931. Comédie de Sidney FRANKLIN avec Norma Shearer, Robert Montgomery et Reginald Denny. - S'étant retrouvés par hasard, des époux divorcés se rendent compte qu'ils s'aiment toujours. □ Général

PRIVATE LIVES OF ELIZABETH AND ESSEX, THE ▷4
[Vie privée d'Elisabeth d'Angleterre, La]
É.-U. 1939. Drame historique de Michael CURTIZ avec Bette Davis, Errol Flynn et Olivia de Havilland. - Les relations sentimentales et politiques de la reine d'Angleterre avec le comte d'Essex. □ Général
DVD STF➔21,95 $

PRIVATE PARTS ▷4
É.-U. 1997. Comédie de Betty THOMAS avec Howard Stern, Robin Quivers, Mary McCormack et Alison Stern. - L'ascension fulgurante d'un animateur radiophonique au style provocant. □ 16 ans+ · Langage vulgaire
DVD VF➔Cadrage W➔10,95 $

PRIVATE'S PROGRESS ▷4
ANG. 1955. Comédie satirique de John BOULTING avec Richard Attenborough, Dennis Price et Ian Carmichael. - Un étudiant mobilisé par l'armée britannique est incapable de s'adapter à la vie militaire. - Peinture humoristique du milieu. Rythme alerte. Gags amusants. Bonne interprétation.

PRIVATES ON PARADE ▷4
É.-U. 1984. Comédie satirique de Michael BLAKEMORE avec John Cleese, Denis Quilley et Michael Elphick. - À Singapour, à la fin de la Seconde Guerre mondiale, un major est chargé d'organiser des spectacles pour les troupes bloquées loin de l'Angleterre. □ 13 ans+ · Violence
DVD VA➔STA➔Cadrage W➔11,95 $

PRIVÉ, LE *voir* **Long Goodbye, The**

PRIX DE BEAUTÉ [Miss Europe]
FR. 1930. Augusto GENINA
DVD VF➔STA➔24,95 $

PRIX DE L'INNOCENCE, LE *voir* **Innocent, The**

PRIX DE LA SURVIE, LE
ALL. 1979. Hans NOEVER □ Non classé

PRIX DU DANGER, LE ▷5
FR. 1982. Science-fiction d'Yves BOISSET avec Gérard Lanvin, Michel Piccoli et Marie-France Pisier. - Participant à un jeu télévisé basé sur le principe de la chasse à l'homme, un jeune chômeur découvre que la compétition est truquée. □ 13 ans+

PRIX DU DÉSIR, LE ▷4
ITA. 2004. Drame de mœurs de Roberto ANDO avec Daniel Auteuil, Anna Mouglalis, Giorgio Lupano et Greta Scacchi. - Un auteur célèbre écrivant sous un pseudonyme voit son secret menacé après avoir eu une aventure avec la future femme de son beau-fils. □ 13 ans+ · Érotisme
DVD VF➔Cadrage W➔38,95 $

PRIZE, THE ▷4
É.-U. 1963. Drame policier de Mark ROBSON avec Paul Newman, Edward G. Robinson et Elke Sommer. - Un romancier, gagnant du prix Nobel, démasque un complot. □ Général

PRIZE WINNER OF DEFIANCE OHIO ▷4
É.-U. 2005. Drame de Jane ANDERSON avec Julianne Moore, Woody Harrelson et Laura Dern. - Dans les années 1950, l'épouse d'un ouvrier assure la subsistance de leurs dix enfants en participant à des concours radiophoniques.
DVD VA➔STF➔Cadrage W➔34,95 $

PRIZZI'S HONOR [Honneur des Prizzi, L'] ▷3
É.-U. 1985. Comédie policière de John HUSTON avec Jack Nicholson, Kathleen Turner et William Hickey. - Un tueur à gages travaillant pour une famille de la pègre s'éprend d'une femme qui exerce le même métier que lui. - Parodie joyeusement féroce des films de gangsters. Intrigue savamment compliquée. Bonne dose d'humour noir. Réalisation fort adroite. Interprétation savoureuse. □ 13 ans+
DVD VA➔STA➔Cadrage W➔12,95 $

PRO, LE *voir* **Tin Cup**

PRODIGE, LE *voir* **Shine**

PRODUCERS, THE [Producteurs, Les] ▷5
É.-U. 1968. Comédie de Mel BROOKS avec Zero Mostel, Gene Wilder et Dick Shawn. - Un producteur tente par des moyens malhonnêtes de faire fortune avec une pièce. □ Non classé
DVD VA➔STF➔Cadrage P&S/W➔22,95 $

PRODUCERS, THE [Producteurs, Les] ▷4
É.-U. 2005. Comédie musicale de Susan STROMAN avec Nathan Lane, Matthew Broderick et Uma Thurman. - Un producteur de Broadway au bord de la faillite et un comptable timide échafaudent un projet malhonnête afin de s'enrichir rapidement. □ Général
DVD VF➔STF➔Cadrage W➔34,95 $

PRODUCING ADULTS
FIN. SUI. 2004. Aleksi Salmenperä
DVD STA➔Cadrage W➔39,95 $

PROF, LE ▷5
FR. 1999. Comédie de mœurs d'Alexandre JARDIN avec Jean-Hugues Anglade, Yvan Attal et Hélène de Fougerolles. - Pressenti pour un poste de proviseur, un enseignant compromet ses chances en remettant en question les méthodes d'éducation actuelles.

PROFANATEURS : L'INVASION CONTINUE, LES
voir **Body Snatchers**

PROFESSION : GÉNIE *voir* **Real Genius**

PROFESSION : HÔTESSE DE L'AIR
voir **View from the Top, A**

PROFESSION : REPORTER [Passenger, The] ▷3
ITA. 1975. Drame de Michelangelo ANTONIONI avec Jack Nicholson, Maria Schneider et Jenny Runacre. - De passage en Afrique, un journaliste désabusé emprunte l'identité d'un autre voyageur qui vient de mourir. - Scénario ambigu et complexe. Traitement formel d'une fascinante beauté. Personnages énigmatiques interprétés avec talent. □ Général
DVD VA➔STF➔Cadrage W➔32,95 $

PROFESSIONAL, THE [Professionnel, Le] ▷4
FR. 1994. Drame policier de Luc BESSON avec Jean Reno, Natalie Portman et Gary Oldman. - Un redoutable tueur à gages recueille une adolescente dont la famille a été décimée par un détective véreux et psychopathe. □ 16 ans+ · Violence
DVD VF➔STF➔Cadrage W➔21,95 $/38,95 $ VF➔33,95 $

PROFESSIONALS, THE ▷3
É.-U. 1966. Western de Richard BROOKS avec Burt Lancaster, Lee Marvin et Claudia Cardinale. - Quatre aventuriers se rendent au Mexique pour retrouver une femme enlevée par un hors-la-loi. - Décors grandioses d'une farouche splendeur. Mise en scène vigoureuse et spectaculaire. □ 13 ans+
DVD VA➔Cadrage W➔18,95 $

PROFESSIONNEL, LE ▷4
FR. 1981. Drame policier de Georges LAUTNER avec Jean-Paul Belmondo, Robert Hossein et Jean-Louis Richard. - Les services secrets français tentent de neutraliser un ancien agent qui veut tuer un homme politique africain. □ Général
DVD VF→Cadrage W→46,95 $

PROFESSOR DOWELL'S TESTAMENT
RUS. 1984. Leonid MENAKER
DVD STA→47,95 $

PROFIL BAS ▷5
FR. 1993. Drame policier de Claude ZIDI avec Patrick Bruel, Sandra Speichert et Didier Bezace. - Pour humilier un commissaire de police qui a tenté de le faire abattre, un jeune flic organise une série de hold-up audacieux. □ 13 ans+

PROIE NUE, LA *voir* **Naked Prey, The**

PROIES, LES *voir* **Beguiled, The**

PROJECT X [Opération chimpanzé] ▷4
É.-U. 1987. Science-fiction de Jonathan KAPLAN avec Matthew Broderick, Helen Hunt et Bill Sadler. - Un chimpanzé capable de communiquer par signes est envoyé dans un centre de recherches de l'aviation où il sert de cobaye. □ Général
DVD VA→14,95 $

PROJET BLAIR, LE
voir **Blair Witch Project, The**

PROJET D'ALEXANDRA, LE
voir **Alexandra's Project**

PROM QUEEN [Reine du bal, La] ▷5
CAN. 2004. Drame social de John L'ECUYER avec Aaron Ashmore, Marie Tifo et Jean-Pierre Bergeron. - Un jeune gay entre en lutte avec le directeur de son école secondaire qui lui interdit de venir au bal des finissants avec son petit ami.
DVD VF→16,95 $ VF→16,95 $

PROMESSE, LA *voir* **Pledge, The**

PROMESSE, LA ▷5
ALL. 1994. Drame sentimental de Margarethe VON TROTTA avec Corinna Harfouch, Meret Becker et August Zirner. - Les tribulations de deux amants qui ont été séparés après avoir tenté de traverser le mur de Berlin. □ Général

PROMESSE, LA ▷3
BEL. 1996. Drame social de Jean-Pierre et Luc DARDENNE avec Jérémie Renier, Olivier Gourmet et Assita Ouedraogo. - Un adolescent s'oppose à son père après la mort accidentelle d'un des ouvriers clandestins de ce dernier. - Thème de l'immigration clandestine abordé avec franchise. Portrait d'une relation filiale d'une justesse de ton remarquable. □ 13 ans+
DVD VF→STA→27,95 $

PROMISE, LA *voir* **Bride, The**

PROMISE, THE
ESP. 2004. Hector CARRÉ
DVD STA→Cadrage W→34,95 $

PROMISED LAND ▷5
É.-U. 1987. Drame psychologique de Michael HOFFMAN avec Jason Gedrick, Kiefer Sutherland et Meg Ryan. - De jeunes adultes ayant suivi des chemins différents depuis leur adolescence se retrouvent après plusieurs années dans leur ville natale. □ Général

PROMISED LAND, THE
voir **Terre de la grande promesse, La**

PROMOTER, THE *voir* **Card, The**

PROMOTION CANAPÉ ▷5
FR. 1990. Comédie satirique de Didier KAMINKA avec Margot Abascal, Grace de Capitani et Thierry Lhermitte.- À Paris, deux employées du service des postes utilisent leurs charmes pour gravir rapidement les échelons.

PROOF [Preuve, La] ▷3
AUS. 1991. Drame psychologique de Jocelyn MOORHOUSE avec Hugo Weaving, Russell Crowe et Geneviève Picot. - Un jeune aveugle qui prend des photos pour conserver une preuve du monde dans lequel il vit demande à un plongeur de restaurant de les lui décrire. - Émotions humaines peintes avec une rigueur presque cruelle. Progression narrative habile. Interprétation nuancée. □ 13 ans+
DVD VA→PC

PROOF [Preuve irréfutable, La] ▷4
É.-U. 2005. Drame psychologique de John MADDEN avec Gwyneth Paltrow, Anthony Hopkins et Hope Davis. - Les retrouvailles difficiles de deux sœurs après le décès de leur père, un mathématicien célèbre qui souffrait d'aliénation mentale. □ Général
DVD VA→STA→Cadrage W→34,95 $

PROOF OF LIFE [Preuve de vie] ▷4
É.-U. 2000. Drame de Taylor HACKFORD avec Meg Ryan, Russell Crowe et David Morse. - Un expert en kidnapping se prend d'affection pour l'épouse d'un ingénieur américain dont il doit négocier la libération auprès de terroristes sud-américains. □ 13 ans+ · Violence
DVD Cadrage W→12,95 $

PROPAGANDA ▷4
TUR. 1999. Comédie dramatique de Sinan CETIN avec Kemal Sunal, Metin Akpinar et Meltem Cumbul. - En 1948, dans le sud-est de la Turquie, un douanier doit ériger une frontière qui sépare son village natal en deux. □ Général

PROPHECY ▷5
É.-U. 1979. Drame d'horreur de John FRANKENHEIMER avec Robert Foxworth, Talia Shire et Armand Assante. - Un médecin enquêtant sur la pollution dans une région sauvage découvre d'étranges mutations animales. □ 13 ans+
DVD 13,95 $

PROPHECY, THE [Prophétie, La] ▷4
É.-U. 1995. Drame fantastique de Gregory WIDEN avec Christopher Walken, Elias Koteas et Eric Stoltz. - Décidé à anéantir l'espèce humaine, l'archange Gabriel voit ses plans contrecarrés par un détective et une jeune enseignante. □ 13 ans+ · Horreur
DVD VA→Cadrage W→12,95 $

PROPHÉTIE DES GRENOUILLES, LA ▷3
FR. 2003. Dessins animés de Jacques-Rémy GIRERD. - À la suite d'un terrible déluge, un groupe d'humains et d'animaux sont forcés de cohabiter dans une grange transformée en bateau de fortune. - Ravissant conte à saveur écologique. Message pacifiste limpide livré au sein d'une fable pleine d'humour, de finesse et de tendresse. Récit habilement construit. Dessins ensoleillés. Performances vocales inspirées. □ Général
DVD VF→STA→Cadrage W→14,95 $

PROPHÉTIE DES OMBRES, LA
voir **Mothman Prophecies, The**

PROPHÉTIE, LA *voir* **Prophecy, The**

PROPOS ET CONFIDENCES
voir **Walking and Talking**

PROPOSITION, THE ▷4
AUS. 2005. Western de John HILLCOAT avec Guy Pearce, Ray Winstone et Emily Watson. - Au XIXe siècle, le meurtre sordide d'une famille de fermiers force le shérif à pactiser avec un des criminels impliqués afin de capturer le chef de sa bande.

PROPOSITION INDÉCENTE
voir **Indecent Proposal**

PROPRIÉTAIRE, LA *voir* **Proprietor, The**

PROPRIETOR, THE [Propriétaire, La] ▷5
É.-U. 1996. Drame psychologique d'Ismail MERCHANT avec Jeanne Moreau, Sean Young et Sam Waterston. - Après trente ans à New York, une romancière française retourne à Paris afin d'acquérir la maison de son enfance. □ Général

PROSCRITS, LES [Outlaw and His Wife, The]
SUÈ. 1917. Victor SJÖSTRÖM □ Général

PROSPERO'S BOOKS ▷4
ANG. 1991. Drame poétique de Peter GREENAWAY avec John Gielgud, Isabelle Pasco et Michael Clark. - Ayant été victime d'un complot, un vieux duc imagine une grande tempête faisant échouer dans son île ceux qui l'ont obligé à s'exiler. □ 13 ans+

PROTEUS ▷5
CAN. 2003. Drame de mœurs de John GREYSON avec Rouxnet Brown, Shaun Smyth et Neil Sandilands. - En 1735, dans une prison près de Cape Town, un prisonnier hollandais a une relation amoureuse avec un détenu africain.
DVD VA→STA→36,95 $

PROTOCOL ▷4
É.-U. 1984. Comédie satirique de Herbert ROSS avec Goldie Hawn, Chris Sarandon et Gail Strickland. - Devenue par pur hasard une héroïne nationale, une serveuse de cabaret est manœuvrée par les services diplomatiques pour amadouer un émir arabe.

PROUD ONES [Shérif, Le] ▷4
É.-U. 1955. Western de R.D.WEBB avec Robert Ryan, Virginia Mayo et Jeffrey Hunter. - Un jeune cowboy aide un shérif à faire régner la paix dans une petite ville.
DVD VF→STA→Cadrage W→14,95 $

PROUD REBEL, THE ▷4
É.-U. 1958. Western de Michael CURTIZ avec Alan Ladd, David Ladd et Olivia de Havilland. - Un homme tente de gagner l'argent nécessaire à l'opération de son fils muet. □ Général

PROVA D'ORCHESTRA ▷3
ITA. 1978. Comédie satirique de Federico FELLINI avec Balduin Baas, Clara Colosimo et Elisabeth Labi. - Un chef d'orchestre voit son autorité contestée puis réaffirmée à la suite d'un événement insolite. - Réjouissante parabole politique. Détails burlesques inattendus. □ Général

PROVIDENCE ►2
FR. 1976. Drame psychologique d'Alain RESNAIS avec Dirk Bogarde, Ellen Burstyn et John Gielgud. - Au long d'une nuit d'insomnie, un romancier guetté par la mort imagine les développements d'une nouvelle intrigue. - Œuvre complexe et énigmatique. Mélange de réel et d'imaginaire. Mise en scène contrôlée. Montage précis. Interprètes habilement dirigés. □ Général

PROZAC NATION
ALL. É.-U. 2001. Erik SKJOLDBJAERG
DVD VA→STF→Cadrage W→32,95 $

PSY ▷5
FR. 1980. Comédie de Philippe DE BROCA avec Patrick Dewaere, Anny Duperey et Michel Creton. - Une séance de psychothérapie de groupe est perturbée par l'arrivée d'un trio poursuivi par la police.

PSYCH-OUT [Monde psychédélique, Un] ▷5
É.-U. 1967. Drame psychologique de Richard RUSH avec Susan Strasberg, Jack Nicholson et Dean Stockwell. - Une jeune sourde est entraînée dans le monde de trois musiciens hippies, à San Francisco. □ 18 ans+

PSYCHO [Psychose] ►1
É.-U. 1960. Drame policier d'Alfred HITCHCOCK avec Janet Leigh, Anthony Perkins et Vera Miles. - Des meurtres successifs se produisent dans un motel géré par un jeune homme étrange. - Œuvre clé dans l'histoire du cinéma de terreur. Scénario construit avec une habileté diabolique. Photographie et montage étonnamment percutants. Épisodes terrifiants. Interprétation de qualité. □ 13 ans+
DVD VF→Cadrage W→22,95 $

PSYCHO [Psychose] ▷4
É.-U. 1998. Drame policier de Gus VAN SANT avec Vince Vaughn, Anne Heche et Julianne Moore. - Des meurtres successifs se produisent dans un motel géré par un jeune homme étrange. □ 13 ans+ · Violence
DVD VF→STA→Cadrage W→9,95 $

PSYCHO II ▷4
É.-U. 1983. Drame psychologique de Richard FRANKLIN avec Anthony Perkins, Meg Tilly et Vera Miles. - De nouveaux assassinats se produisent dans un motel géré par un homme qui a été soigné pour sa folie meurtrière. □ 18 ans+
DVD VA→STF→Cadrage W→15,95 $

PSYCHO III ▷5
É.-U. 1986. Drame policier réalisé et interprété par Anthony PERKINS avec Diana Scarwid et Roberta Maxwell. - Après avoir été incarcéré pendant vingt ans, un homme rouvre un motel et croit reconnaître, dans sa première cliente, une de ses victimes d'autrefois. □ 18 ans+
DVD VF→STF→Cadrage W→14,95 $

PSYCHO-CIRCUS *voir* **Circus of Fear**

PSYCHOSE *voir* **Psycho**

PTU
H.K. 2003. Johnny TO
DVD STA→Cadrage W→37,95 $

PUBERTY BLUES ▷4
AUS. 1981. Comédie de mœurs de Bruce BERESFORD avec Nell Schofield, Jad Capelja et Geoff Rhoe. - Les expériences de deux adolescentes admises dans un club consacré à l'admiration des garçons qui font de l'aquaplane. □ 13 ans+

PUBLIC ACCESS ▷4
É.-U. 1992. Drame de mœurs réalisé par Bryan SINGER avec Ron Marquette, Dina Brooks et Burt Williams. - Un inconnu aux intentions mystérieuses sème la pagaille dans une bourgade paisible par l'entremise d'une émission télévisée de tribune téléphonique. □ 13 ans+
DVD VA→24,95 $

PUBLIC ENEMY, THE ▷4
É.-U. 1931. Drame policier de William A. WELLMAN avec James Cagney, Jean Harlow et Eddie Woods. - La carrière d'un gangster au temps de la prohibition. □ Général
DVD VA→STF→21,95 $

PUBLIC EYE, THE [Œil public, L'] ▷4
É.-U. 1992. Drame policier de Howard FRANKLIN avec Joe Pesci, Barbara Hershey et Stanley Tucci. - À New York, dans les années 1940, un photographe se laisse impliquer par une riche héritière dans une affaire opposant des gangsters. □ 13 ans+

PUDDING CHÔMEUR ▷5
QUÉ. 1996. Comédie de Gilles CARLE avec Chloé Ste-Marie, Louis-Philippe Davignon-Daigneault et François Léveillée. - Une jeune idéaliste fait croire que son neveu possède des dons miraculeux. □ Érotisme

PULP FICTION [Fiction pulpeuse] ►2
É.-U. 1994. Drame de mœurs de Quentin TARANTINO avec John Travolta, Bruce Willis et Samuel L. Jackson. - Deux tueurs à la solde d'un caïd de la drogue sont amenés à croiser les destins de divers personnages aussi louches qu'eux. - Récits parallèles brillamment enchevêtrés. Situations souvent drôles et surprenantes. Réalisation maîtrisée. Excellents interprètes. □ 16 ans+ · Violence
DVD VA→Cadrage W→22,95 $

PUMP UP THE VOLUME ▷4
É.-U. 1990. Comédie dramatique d'Allan MOYLE avec Christian Slater, Samantha Mathis et Ellen Greene. - Un étudiant timide et solitaire se défoule en animant incognito à la radio une émission pirate où il tient des propos provocateurs. □ 13 ans+
DVD VA→STA→Cadrage P&S/W→19,95 $

PUMPKIN EATER, THE ▷3
ANG. 1964. Drame psychologique de Jack CLAYTON avec Anne Bancroft, Peter Finch et James Mason. - Malgré plusieurs mariages, une femme ne réussit pas à se défaire de son insécurité émotionnelle. - Vision critique de personnages déséquilibrés. Écriture recherchée et audacieuse. Comédiens remarquables. □ Général

PUNCH-DRUNK LOVE [Ivre d'amour] ▷3
É.-U. 2002. Comédie sentimentale de Paul Thomas ANDERSON avec Adam Sandler, Emily Watson et Luis Guzman. - Un célibataire au tempérament instable vit un premier grand amour qui lui donne le courage de tenir tête à des escrocs qui le harcèlent. - Scénario traitant les conventions du genre à rebrousse-poil. Situations imprévisibles et déroutantes. Mise en scène virtuose. Interprétation dans le ton voulu. □ 13 ans+
DVD VF➜STF➜Cadrage W➜37,95 $ VA➜STA➜37,95 $
VA➜STF➜23,95 $

PUNCHLINE [Rien que pour rire] ▷4
É.-U. 1988. Comédie dramatique de David SELTZER avec Tom Hanks, Sally Field et John Goodman. - Délaissant ses études pour présenter des monologues comiques, un étudiant aide une collègue à améliorer son numéro. □ Général
DVD VF➜STF➜Cadrage W➜9,95 $

PUNISHMENT PARK
É.-U. 1971. Peter WATKINS
DVD VA➜STF➜27,95 $

PUPPETMASTER, THE
TAÏ. 1993. Hsiao-hsien HOU
DVD STA➜Cadrage P&S➜27,95 $

PURE ▷5
CAN. 2005. Drame de mœurs de Jim DONOVAN avec Laura Jordan, Gianpaolo Venuta et Tim Rozon. - Les déceptions vécues par une ancienne « clubbeuse » de 22 ans qui veut retourner étudier et se trouver un appartement à Montréal. □ 13 ans+
DVD VA➜STF➜34,95 $

PURE FORMALITÉ, UNE ▷3
ITA. 1994. Drame policier de Giuseppe TORNATORE avec Gérard Depardieu, Roman Polanski et Sergio Rubini. - Impliqué dans des événements tragiques dont il n'a aucun souvenir, un écrivain est interrogé toute une nuit par un commissaire énigmatique. - Huis clos aux accents kafkaïens. Climat glauque et oppressant. Mise en scène pleine d'aisance. Impressionnant duel d'acteurs.

PURGATORY ▷4
É.-U. 1999. Western d'Uli EDEL avec Sam Shepard, Eric Roberts et Peter Stormare. - Des hors-la-loi en fuite trouvent refuge dans un étrange village qui recèle un secret terrifiant.
DVD VA➜STF➜14,95 $

PURITAINE, LA ▷3
FR. 1986. Drame psychologique de Jacques DOILLON avec Michel Piccoli, Sandrine Bonnaire et Sabine Azéma. - En attendant le retour de sa fille, un metteur en scène fait jouer à ses jeunes comédiennes diverses variations sur le thème de leurs retrouvailles. - Thème de la relation père/fille joliment développé. Interprétation habile.
□ Général

PURPLE BUTTERFLY
voir **Triade du papillon, La**

PURPLE HEART, THE ▷4
É.-U. 1944. Drame de guerre de Lewis MILESTONE avec Dana Andrews, Richard Conte et Farley Granger. - Huit aviateurs américains prisonniers des Japonais sont soumis à un procès public.
□ Non classé

PURPLE NOON *voir* **Plein soleil**

PURPLE PLAIN, THE ▷4
ANG. 1954. Drame de guerre de Robert PARRISH avec Gregory Peck, Bernard Lee et Brenda de Branzie. - En Birmanie, un pilote de guerre est démoralisé par la mort de sa femme. □ Général

PURPLE RAIN ▷5
É.-U. 1984. Comédie musicale d'Albert MAGNOLI avec Prince Rogers Jackson, Apollonia Kotero et Morris Day. - Tout en cherchant à lancer sa carrière, un jeune chanteur rock s'intéresse à une jolie fille qui a les mêmes ambitions que lui. □ 13 ans+
DVD VA➜Cadrage W➜32,95 $

PURPLE ROSE OF CAIRO, THE ▷3
[Rose pourpre du Caire, La]
É.-U. 1985. Comédie fantaisiste de Woody ALLEN avec Mia Farrow, Jeff Daniels et Danny Aiello. - Un personnage de film quitte l'écran en pleine projection pour aller conter fleurette à une spectatrice. - Fines variations sur les rapports entre le cinéma et la vie. Évocation plutôt caricaturale des années 1930. Réussites techniques. Interprétation touchante de M. Farrow. □ Général
DVD VF➜STF➜Cadrage W➜12,95 $

PURSUED ▷4
É.-U. 1947. Western de Raoul WALSH avec Robert Mitchum, Teresa Wright et Judith Anderson. - Des circonstances tragiques font naître la haine entre un orphelin et sa famille adoptive. □ Général

PURSUED
CAN. É.-U. 2004. Kristoffer TABORI
DVD VA➜31,95 $

PURSUIT OF HAPPINESS, THE ▷4
É.-U. 1970. Drame psychologique de Robert MULLIGAN avec Michael Sarrazin, Barbara Hershey et Arthur Hill. - Un jeune bohème tente d'échapper aux conséquences judiciaires d'un accident.
□ 13 ans+

PUSHER ▷4
DAN. 1996. Drame de mœurs de Nicolas Winding REFN avec Kim Bodnia, Zlatko Buric et Laura Drasbaek. - Un jeune revendeur de drogues craint les représailles d'un gangster qui lui avait confié un lot d'héroïne que la police a confisqué.
DVD STA➜Cadrage W➜34,95 $

PUSHING HANDS ▷4
TAÏ. 1991. Comédie dramatique d'Ang LEE avec Sihung Lung, Deb Snyder et Bo Z. Wang. - Un vieux professeur de tai-chi quitte Beijing pour venir s'installer chez son fils à New York, où il a du mal à s'adapter à ses nouvelles conditions de vie. □ Général

PUSHING TIN [À la limite] ▷4
É.-U. 1999. Comédie dramatique de Mike NEWELL avec John Cusack, Billy Bob Thornton et Cate Blanchett. - À New York, la rivalité entre deux contrôleurs aériens a des répercussions sur leurs vies de couple. □ Général
DVD Cadrage W➜13,95 $

PUTAIN DU ROI, LA [King's Whore] ▷4
FR. 1990. Drame historique d'Axel CORTI avec Timothy Dalton, Valeria Golino et Stéphane Freiss. - Au XVIIe siècle, l'épouse d'un comte désargenté accepte à contrecœur les avances d'un monarque qu'elle s'emploie ensuite à faire souffrir. □ 13 ans+

PYGMALION ▷3
ANG. 1938. Comédie d'Anthony ASQUITH avec Leslie Howard, Wendy Hiller et Wilfrid Lawson. - Un expert en phonétique fait le pari de transformer en grande dame une vendeuse de fleurs au langage populacier. - Adaptation soignée de la pièce de G.B. Shaw. Dialogue abondant et brillant. Mise en scène sobre et subtile. Direction sûre d'habiles comédiens. □ Général
DVD VA➜STA➜46,95 $

PYJAMA GIRL CASE, THE
[Girl in the Yellow Pajamas, The]
ITA. 1977. Flavio MOGHERINI
DVD VA➜Cadrage W➜27,95 $

PYX, THE [Lunule, La] ▷4
CAN. 1973. Drame policier de Harvey HART avec Karen Black, Christopher Plummer et Yvette Brind'Amour. - Un inspecteur enquête sur la mort d'une prostituée tombée du toit d'un hôtel de passe de Montréal. □ 18 ans+

Q

Q & A [Contre-enquête] ▷3
É.-U. 1990. Drame policier de Sidney LUMET avec Timothy Hutton, Nick Nolte et Armand Assante. - En enquêtant sur la mort d'un trafiquant portoricain abattu par un flic, un avocat découvre des relents de corruption et de racisme dans le corps policier. - Récit complexe mais intéressant. Traitement réaliste. Illustration fort soignée. Interprétation solide. □ 13 ans+
DVD VA→9,95 $

Q.I. *voir* **I.Q.**

Q: THE WINGED SERPENT ▷4
[Épouvante sur New York]
É.-U. 1982. Drame d'horreur de Larry COHEN avec Michael Moriarty, David Carradine et Richard Roundtree. - En fuyant des complices, un gangster découvre le nid géant d'un monstre ailé responsable de meurtres horribles. □ 18 ans+

QU'ELLE ÉTAIT VERTE MA VALLÉE
voir **How Green Was My Valley**

QU'EST-CE QU'ON ATTEND POUR ÊTRE HEUREUX? ▷4
FR. 1982. Comédie dramatique de Coline SERREAU avec Henri Garcin, André Julien et Mathé Souverbie. - Les comédiens réunis pour le tournage d'un film publicitaire se révoltent contre les exigences du réalisateur. □ Général

QU'EST-IL ARRIVÉ À TANTE ALICE?
voir **What Ever Happened to Aunt Alice?**

QUACKSER FORTUNE HAS A COUSIN IN THE BRONX ▷4
É.-U. 1970. Comédie de Waris HUSSEIN avec Gene Wilder, Margot Kidder et May Ollis. - Une jeune Américaine étudiant en Irlande s'intéresse à un modeste marchand d'engrais.
DVD VA→STA→44,95 $

QUADROPHENIA ▷4
ANG. 1979. Drame de mœurs de Franc RODDAM avec Phil Daniels, Leslie Ash et Mark Wingett. - En 1963, un garçon de bureau participe à un affrontement violent qui oppose sa bande de Mods à leurs rivaux, les Rockers. I 13 ans+
DVD VA→Cadrage W→28,95 $

QUAI DES BRUMES [Port of Shadows] ►2
FR. 1938. Drame de Marcel CARNÉ avec Jean Gabin, Michèle Morgan et Michel Simon. - Un déserteur devient meurtrier par amour pour une jeune fille. - Sujet sombre. Réalisation de qualité. Progression dramatique remarquable. Jeu solide des acteurs. □ Général
DVD VF→STA→46,95 $

QUAI DES ORFÈVRES, LE ►2
FR. 1947. Drame policier de Henri-Georges CLOUZOT avec Louis Jouvet, Bernard Blier et Suzy Delair. - Un mari jaloux est accusé du meurtre d'un rival. - Intrigue policière doublée d'une étude de mœurs fort intelligente. Très bonne création d'atmosphère campée dans le milieu du music-hall parisien. Mise en scène précise. Jeu intelligent de comédiens de premier ordre.
DVD VF→STA→46,95 $

QUAND EST-CE QU'ON ARRIVE?
voir **Are We There Yet?**

QUAND HARRY RENCONTRE SALLY
voir **When Harry Met Sally**

QUAND J'AVAIS CINQ ANS, JE M'AI TUÉ ▷5
FR. 1994. Drame psychologique de Jean-Claude SUSSFELD avec Dimitri Rougeul, Hippolyte Girardot et Patrick Bouchitey. - Dans un institut psychiatrique pour enfants, un gamin rêveur établit une belle complicité avec un jeune stagiaire. □ Général

QUAND JE SERAI PARTI... VOUS VIVREZ ENCORE ▷5
QUÉ. 1998. Drame historique de Michel BRAULT avec Francis Reddy, David Boutin et Claude Gauthier. - En 1839, un jeune Patriote est condamné à mort pour avoir pris part à la révolte contre l'autorité britannique au Bas-Canada. □ Général

QUAND L'ESPRIT VIENT AUX FEMMES
voir **Born Yesterday**

QUAND L'INSPECTEUR S'EMMÊLE
voir **Shot in the Dark, A**

QUAND LA MARABUNTA GRONDE
voir **Naked Jungle, The**

QUAND LA MER MONTE ▷3
FR. 2004. Comédie sentimentale de Yolande MOREAU et Gilles PORTE avec Yolande Moreau, Wim Willaert et Jacky Berroyer. - Pendant la tournée de son spectacle solo dans le nord de la France, une comédienne quinquagénaire s'éprend d'un jeune homme marginal. - Intrigue d'une grande finesse sur le thème de la fragilité du sentiment amoureux. Nombreuses touches de fantaisie. Réalisation dépouillée. Jeu candide et touchant des deux interprètes. □ Général
DVD VF→STA→Cadrage W→28,95 $

QUAND LES ÉTOILES RENCONTRENT LA MER ▷4
[When the Stars Meet the Sea]
FR. MAD. 1996. Conte de Raymond RAJAONARIVELO avec Jean Rabenjamina, Rondro Rasoanaivo et Aimée Razafindrafarasoa. - À Madagascar, un enfant né lors d'une éclipse se révèle doté de pouvoirs magiques. □ Général

QUAND LES FEMMES S'EN MÊLENT
voir **Working Girl**

QUAND PASSENT LES CIGOGNES ►2
[Cranes Are Flying, The]
RUS. 1957. Drame psychologique de Mikhail KALATOZOV avec Tatiana Samoilova, Alexis Batalov et Vassili Merkuryev. - La guerre vient détruire l'idylle de deux jeunes gens. - Histoire banale renouvelée par un traitement frais et poétique. Grande virtuosité technique. Interprétation sensible de T. Samoilova. □ Général
DVD STA→Cadrage W→46,95 $

QUAND SOUFFLE LE VENT
voir **When the Wind Blows**

QUAND TOMBE LA NUIT
voir **When Night Is Falling**

QUAND TU SERAS DÉBLOQUÉ, FAIS-MOI SIGNE ▷5
FR. 1981. Comédie de François LETERRIER avec Christian Clavier, Marie-Anne Chazel et Philippe Léotard. - Après s'être querellé avec sa femme, un cadre parisien décide d'aller passer ses vacances dans une communauté hippie. □ Non classé

QUARANTAINE, LA ▷5
QUÉ. 1982. Étude de mœurs d'Anne-Claire POIRIER avec Monique Mercure, Roger Blay et Jacques Godin. - La réunion d'un groupe d'amis d'enfance donne lieu à un déballage de secrets. □ Général

QUARANTIÈMES RUGISSANTS, LES ▷4
FR. 1981. Drame psychologique de Christian DE CHALONGE avec Jacques Perrin, Julie Christie et Michel Serrault. - Un homme s'improvise navigateur pour expérimenter un radar anti-collision au cours d'une course en solitaire autour du monde.

QUARRY, THE ▷5
BEL. 1998. Drame de Marion HANSEL avec John Lynch, Jonne Phillips et Oscar Petersen. - Un fugitif tue accidentellement un pasteur en route pour sa nouvelle paroisse dans la brousse et prend son identité.
DVD Cadrage W→49,95 $

QUARTET ▷4
ANG. 1948. Film à sketches de Ken ANNAKIN, Ralph SMART, Harold FRENCH et Arthur CRABTREE avec Cecil Parker, Dirk Bogarde, George Cole et Basil Radford. - Quatre histoires humoristiques tirées de nouvelles de W. Somerset Maugham. □ Général

QUARTET ▷4
ANG. 1980. Drame de mœurs de James IVORY avec Alan Bates, Isabelle Adjani et Maggie Smith. - À Paris, dans les années 1920, la jeune épouse d'un Polonais emprisonné pour trafic d'œuvres d'art a une liaison avec un riche Anglais. □ 13 ans+
DVD VF→STA→Cadrage W→23,95 $

QUARTIER DE FEMMES **[Devil's Island Lovers]**
ESP. FR. 1974. Jess (Jesus) FRANCO
DVD STA→Cadrage W→16,95 $

QUARTIER MOZART
CAM. 1992. Jean-Pierre BEKOLO □ Général

QUATERMASS 2 **[Enemy from Space]** ▷4
ANG. 1957. Science-fiction de Val GUEST avec Brian Donlevy, John Longden et Sydney James. - Après une étrange pluie de météorites, des extraterrestres se sont emparés du corps de certains humains. □ Général

QUATERMASS AND THE PIT ▷4
[Five Million Years to Earth]
ANG. 1967. Science-fiction de Roy Ward BAKER avec Andrew Keir, James Donald et Barbara Shelley. - Un bolide étrange est découvert par des ouvriers dans le sous-sol de Londres. □ Général
DVD VA→PC

QUATERMASS XPERIMENT, THE ▷4
ANG. 1955. Science-fiction de Val GUEST avec Jack Warner, Brian Donlevy et Margia Dean. - Une fusée revient sur Terre avec seulement un de ses trois passagers, lequel est l'objet d'inquiétantes transformations. □ Général

QUATRE AVENTURES DE REINETTE ET MIRABELLE ▷4
FR. 1986. Comédie de mœurs d'Éric ROHMER avec Jessica Forde, Joëlle Miquel et Philippe Laudenbach. - Une jeune campagnarde intéressée par la peinture et une étudiante parisienne apprennent à se connaître à travers diverses aventures. □ Général

QUATRE FANTASTIQUES, LES *voir* **Fantastic 4**

QUATRE FILLES DU DR MARCH, LES
voir **Little Women**

QUATRE FILLES ET UN JEAN
voir **Sisterhood of the Traveling Pants**

QUATRE FRÈRES *voir* **Four Brothers**

QUATRE GARÇONS DANS LE VENT
voir **Hard Day's Night, A**

QUATRE JOURS EN NOVEMBRE
voir **Four Days in November**

QUATRE MARIAGES ET UN ENTERREMENT
voir **Four Weddings and a Funeral**

QUATRE MOUSQUETAIRES, LES
voir **Four Musketeers, The**

QUATRE PLUMES, LES
voir **Four Feathers, The**

QUATRE SUITES *voir* **Four Rooms**

QUATRIÈME DIMENSION, LA
voir **Twilight Zone: The Movie**

QUATRIÈME GUERRE, LA *voir* **Fourth War, The**

QUATRIÈME HOMME, LE **[Fourth Man, The]** ▷4
HOL. 1983. Drame de Paul VERHOEVEN avec Jeroen Krabbe, Renée Soutendijk et Thom Hoffman. - Porté à fantasmer sur la mort, un écrivain bisexuel redoute d'être assassiné par la veuve chez qui il séjourne. □ 18 ans+
DVD Cadrage W→34,95 $

QUE DIEU BÉNISSE L'AMÉRIQUE ▷4
QUÉ. 2005. Comédie dramatique de Robert MORIN avec Gildor Roy, Sylvain Marcel et Sylvie Léonard. - Le 11 septembre 2001, un pédophile menacé par un tueur en série fait diverses rencontres avec ses voisins banlieusards à qui il n'avait jamais parlé. □ 13 ans+
DVD VF→STA→Cadrage W→31,95 $

QUE LA BÊTE MEURE **[This Man Must Die]** ▷3
FR. 1969. Thriller de Claude CHABROL avec Michel Duchaussoy, Jean Yanne et Caroline Cellier. - Un romancier recherche pour se venger le chauffard qui a tué son jeune fils. - Suspense prenant. Mise en scène sûre. Enjeux moraux habilement nuancés. Personnages bien dessinés. Excellents interprètes.

QUE LA FÊTE COMMENCE! ▷3
[Let Joy Reign Supreme]
FR. 1974. Drame historique de Bertrand TAVERNIER avec Philippe Noiret, Jean Rochefort et Jean-Pierre Marielle. - En 1719, l'abbé Dubois, conseiller du régent Philippe d'Orléans, profite d'une insurrection pour arriver à ses fins. - Chronique historique vivante. Tableau critique d'une époque décadente. □ 13 ans+
DVD VF→STA→Cadrage W→23,95 $

QUE LE SPECTACLE COMMENCE
voir **All That Jazz**

QUE VIVA MEXICO! ▷3
RUS. 1979. Étude de mœurs de Sergei EISENSTEIN. - Fresque historico-romancée sur le Mexique. - Remontage d'un film inachevé d'Eisenstein datant de 1931. Savoir-faire technique indéniable. Décors étonnants. Commentaire parfois envahissant. □ Général
DVD STA→Cadrage P&S→23,95 $

QUÉBEC-MONTRÉAL ▷4
QUÉ. 2002. Comédie de mœurs de Ricardo TROGI avec Patrice Robitaille, Jean-Philippe Pearson et Isabelle Blais. - Les tribulations sentimentales de divers jeunes adultes qui font le trajet Québec-Montréal en voiture. □ 13 ans+
DVD VF→STF→Cadrage W→23,95 $

QUEEN BEE **[Femme diabolique, Une]** ▷5
É.-U. 1955. Drame psychologique de Ranald MacDOUGALL avec Joan Crawford, Barry Sullivan et John Ireland. - Une femme s'acharne à gâcher la vie de son entourage. □ Général
DVD VA→STA→Cadrage W→33,95 $

QUEEN CHRISTINA **[Reine Christine, La]** ▷4
É.-U. 1933. Drame historique de Rouben MAMOULIAN avec Greta Garbo, John Gilbert et Lewis Stone. - La reine de Suède s'éprend d'un ambassadeur et abdique pour le suivre. □ Général
DVD VF→STF→21,95 $ VF→STF→21,95 $

QUEEN KELLY ▷3
É.-U. 1929. Drame d'Erich VON STROHEIM avec Gloria Swanson, Walter Byron et Seena Owen. - Une couventine est remarquée par le fiancé de la reine, ce qui l'entraîne dans de sinistres mésaventures. - Restauration d'un film inachevé. Style extravagant. Invention visuelle. Jeu maniéré de G. Swanson. □ Général
DVD 23,95 $

QUEEN MARGOT *voir* **Reine Margot, La**

QUEEN OF HEARTS [Dame de cœur] ▷4
ANG. 1988. Comédie dramatique de Jon AMIEL avec Anita Zagaria, Joseph Long et Eileen Way. - Le jeune fils d'un couple italien installé à Londres compte sur une boîte magique pour régler les problèmes de sa famille. □ Général

QUEEN OF SOUTH
voir **Reyna del Sur, La**

QUEENIE IN LOVE ▷5
É.-U. 2001. Comédie de mœurs d'Amos KOLLEK avec Valerie Geffner, Victor Argo et Louise Lasser. - Une jeune New-Yorkaise de famille aisée aspirant à devenir actrice s'attache peu à peu à un ex-policier sexagénaire qui vit seul. □ 13 ans+

QUEENS LOGIC ▷4
É.-U. 1990. Drame psychologique de Steve RASH avec Kevin Bacon, Joe Mantegna et Linda Fiorentino. - Les tribulations sentimentales et professionnelles d'un groupe d'amis vivant dans un quartier populaire de New York. - □ Général
DVD VA➔Cadrage P&S➔22,95 $

QUEL DÉLIRE, PETE TONG !
voir **It's All Gone Pete Tong !**

QUELLE AFFAIRE ! *voir* **Risky Business**

QUELLE FAMILLE ! *voir* **Used People**

QUELLE HEURE EST-IL ? ▷3
ITA. 1989. Comédie dramatique d'Ettore SCOLA avec Marcello Mastroianni, Massimo Troisi et Anne Parillaud. - Un riche avocat au tempérament expansif et généreux organise un avenir confortable à son fils qui préférerait pourtant une vie plus simple. - Thème du conflit des générations abordé avec intelligence et sensibilité. Réalisation attentive aux personnages. Interprétation excellente.

QUELLE NUIT DE GALÈRE *voir* **After Hours**

QUELLE VIE DE CHIEN *voir* **Shaggy Dog, The**

QUELQUE CHOSE D'INATTENDU
voir **Something's Gotta Give**

QUELQUE PART DANS LE TEMPS
voir **Somewhere in Time**

QUELQUES ARPENTS DE NEIGE ▷5
QUÉ. 1972. Drame de Denis HÉROUX avec Daniel Pilon, Christine Olivier et Jean Duceppe. - Une histoire d'amour située dans le cadre de l'insurrection de 1837. □ Général

QUELQUES JOURS AVEC MOI ▷3
FR. 1987. Comédie dramatique de Claude SAUTET avec Daniel Auteuil, Sandrine Bonnaire et Jean-Pierre Marielle. - Un jeune cadre s'éprend de la domestique du directeur d'un supermarché dont il doit vérifier les comptes. - Peinture pittoresque d'un milieu provincial. Mise en scène souple et précise. □ Général

QUERELLE ▷4
ALL. 1982. Drame de mœurs de Rainer Werner FASSBINDER avec Brad Davis, Franco Nero et Jeanne Moreau. - En permission à Brest, un beau matelot suscite maints désirs tant chez les hommes que chez les femmes. □ 18 ans+
DVD VF➔STF➔Cadrage W➔34,95 $

QUEST FOR FIRE *voir* **Guerre du feu, La**

QUESTION OF SILENCE, A ▷4
HOL. 1981. Drame judiciaire de Marleen GORRIS avec Nelly Frijda, Cox Habbema et Henriette Tol. - Une psychiatre interroge trois femmes accusées de complicité de meurtre, mais qui ne se connaissaient pas avant le crime. □ 13 ans+

QUESTION PIÈGE *voir* **Quiz Show**

QUI A TIRÉ SUR NOS HISTOIRES D'AMOUR? ▷5
QUÉ. 1986. Drame de mœurs de Louise CARRÉ avec Monique Mercure, Guylaine Normandin et August Schellenberg. - Une femme indépendante accueille durant l'été sa fille qui doit partir suivre des cours en Californie.

QUI A TUÉ BAMBI ? [Who Killed Bambi ?]
FR. 2003. GILLES MARCHAND
DVD VF➔STA➔Cadrage W➔36,95 $

QUI A TUÉ MONA ?
voir **Drowning Mona**

QUI AIMES-TU ? [Fucking Amal] ▷4
SUÈ. 1998. Drame de mœurs de Lukas MOODYSSON avec Rebecca Liljeberg, Alexandra Dahlström et Erica Carlson. - Une adolescente donne par bravade un baiser à une copine lesbienne, ce qui déclenche en elle des sentiments insoupçonnés.

QUI EST GILBERT GRAPE ?
voir **What's Eating Gilbert Grape ?**

QUI SUIS-JE ? *voir* **Who Am I This Time ?**

QUI VEUT LA PEAU DE ROGER RABBIT?
voir **Who Framed Roger Rabbit ?**

QUICK AND THE DEAD, THE ▷4
[Instinct de Vengeance]
É.-U. 1995. Western de Sam RAIMI avec Gene Hackman, Sharon Stone et Russell Crowe. - Une jeune femme au passé mystérieux s'inscrit à un tournoi de duels au pistolet organisé par le maire corrompu d'une petite ville de l'Ouest. □ 13 ans+ · Violence
DVD VA➔STF➔36,95 $ VF➔STF➔Cadrage W➔10,95 $

QUICK CHANGE [Monnaie courante] ▷5
É.-U. 1990. Comédie policière de Howard FRANKLIN et Bill MURRAY avec Bill Murray, Geena Davis et Randy Quaid. - Après avoir commis un vol de banque, des criminels éprouvent maintes difficultés à se rendre à l'aéroport. □ Général
DVD VA➔STF➔Cadrage W➔16,95 $

QUICKIE, THE ▷5
ALL. 2001. Drame de mœurs de Sergei BODROV avec Vladimir Mashkov, Jennifer Jason Leigh et Henry Thomas. - Un parrain de la mafia russe qui a reçu des menaces de mort donne une grande réception dans sa villa de Los Angeles.
DVD VF➔10,95 $

QUICKSAND [Piégé]
É.-U. 2001. John MACKENZIE
DVD VF➔STF➔Cadrage W/16X9➔17,95 $

QUICKSILVER ▷5
É.-U. 1986. Comédie dramatique de Tim DONNELLY avec Kevin Bacon, Jami Gertz et Rudy Ramos. - Un messager cycliste défie un trafiquant de drogues avec lequel des camarades de travail ont eu maille à partir.
DVD VF➔STF➔18,95 $

QUICONQUE MEURT, MEURT À DOULEUR ▷4
QUÉ. 1997. Drame de Robert MORIN avec Claude, Alain et Patrick. - Lors d'une descente policière dans une piquerie, deux flics et un cameraman de la télévision sont pris en otages par des junkies. □ 16 ans+ · Langage vulgaire

QUIET AMERICAN, THE ▷4
É.-U. 1957. Drame d'espionnage de Joseph L. MANKIEWICZ avec Audie Murphy, Michael Redgrave et Georgia Moll. - En Indochine, un jeune Américain intervient maladroitement dans les conflits locaux.
DVD VA➔12,95 $

QUIET AMERICAN, THE ▷3
[Américain bien tranquille, Un]
AUS. 2002. Drame de Philip NOYCE avec Michael Caine, Brendan Fraser et Do Thin Hai Yen. - À Saïgon, durant la guerre d'Indochine, un correspondant anglais rivalise avec un Américain pour l'amour d'une jeune Vietnamienne. - Adaptation intelligente d'un roman de Graham Greene. Trame sentimentale adroitement intégrée à un thriller de guerre et d'espionnage. Réalisation de qualité. Interprétation riche et nuancée de M. Caine. □ 13 ans+
DVD VF➔STA➔Cadrage W➔14,95 $

QUIET DAYS IN CLICHY
DAN. 1970. Jens Jorgen THORSEN
DVD Cadrage W→28,95 $

QUIET DAYS IN CLICHY *voir* **Jours tranquilles à Clichy**

QUIET EARTH, THE [Dernier survivant, Le] ▷4
N.-Z. 1985. Science-fiction de Geoff MURPHY avec Bruno Lawrence, Alison Routledge et Peter Smith. - Se croyant seul rescapé d'une catastrophe nucléaire, un savant découvre deux autres survivants qui l'aideront à conjurer une nouvelle calamité. □ Général
DVD VA→Cadrage W/16X9→18,95 $

QUIET FAMILY
COR. 1998. Ji-woon KIM
DVD STA→27,95 $

QUIET MAN, THE [Homme tranquille, L'] ▷3
É.-U. 1952. Comédie de John FORD avec John Wayne, Maureen O'Hara et Barry Fitzgerald. - Un boxeur américain revient dans son pays natal, l'Irlande, et songe à se marier. - Peinture de mœurs pittoresque et pleine de fraîcheur. Mise en scène souple et vigoureuse. Interprétation savoureuse. □ Général

QUIET ROOM, THE ▷4
AUS. 1996. Drame psychologique de Rolf DE HEER avec Chloe Ferguson, Celine O'Leary et Paul Blackwell. - Vivant mal la discorde qui s'est installée entre ses parents, une fillette a décidé de ne plus leur parler. □ Général

QUIGLEY DOWN UNDER ▷4
[Monsieur Quigley l'Australien]
É.-U. 1990. Aventures de Simon WINCER avec Tom Selleck, Laura San Giacomo et Alan Rickman. - Un aventurier américain prend fait et cause en faveur d'aborigènes australiens menacés par un rancher meurtrier. □ 13 ans+
DVD VA→Cadrage W→11,95 $

QUILL
JAP. 2004. Yoichi SAI
DVD STA→26,95 $

QUILLER MEMORANDUM, THE ▷4
ANG. 1966. Drame d'espionnage de Michael ANDERSON avec Max Von Sydow, George Segal et Senta Berger. - Un agent secret est chargé de démasquer un groupe de néonazis à Berlin. □ Général

QUILLS [Plume et le sang, La] ▷3
É.-U. 2000. Drame de Philip KAUFMAN avec Geoffrey Rush, Kate Winslet et Joaquin Phoenix. - Interné à l'hospice de Charenton, le Marquis de Sade défie les autorités qui lui interdisent d'écrire. - Discours caustique sur la liberté d'expression. Développements dramatiques percutants. Dialogue tonique et abrasif. Réalisation riche et vigoureuse. Interprétation forte. □ 16 ans+
DVD VF→STA→Cadrage W→9,95 $

QUILOMBO ▷3
BRÉ. 1984. Drame épique de Carlos DIEGUES avec Zézé Motta, Antonio Pompeo et Toni Tornado. - Au milieu du XVIIe siècle, des esclaves en fuite forment une république autonome dans les montagnes. - Sorte d'opéra primitif. Nombreux chants et danses. Illustration de qualité. Spectacle impressionnant. Présence étonnante des interprètes.

QUINN ENQUÊTE
voir **Mighty Quinn, The**

QUINTET ▷3
É.-U. 1978. Science-fiction de Robert ALTMAN avec Paul Newman, Vittorio Gassman et Bibi Andersson. - Dans un monde de l'avenir envahi par le froid, des hommes s'adonnent à un jeu étrange dont l'enjeu est la mort. - Parabole futuriste sur le thème de la survie. Tourné dans les décors de l'Expo 67 de Montréal. Réalisation fort intelligente. Interprétation solide. □ Général

QUIZ SHOW [Question piège] ▷3
É.-U. 1994. Drame social de Robert REDFORD avec Ralph Fiennes, John Turturro et Rob Morrow. - En 1958, un avocat découvre que le producteur d'un jeu télévisé s'arrange pour faire gagner un jeune concurrent populaire auprès du public. - Scénario basé sur une histoire vraie. Traitement rigoureux du thème de l'éthique dans le monde du spectacle. Psychologie fouillée. Illustration fort soignée. Distribution de grande classe. □ Général
DVD Cadrage W→9,95 $

QUO VADIS? ▷3
É.-U. 1951. Drame historique de Mervyn LeROY avec Peter Ustinov, Robert Taylor, Patricia Laffan et Deborah Kerr. - Durant la persécution de Néron, un général romain s'éprend d'une jeune chrétienne. - Adaptation spectaculaire du roman de Sienkiewicz. Intérêt soutenu. Mouvements de foule réussis. Bonne distribution. □ Général

QUO VADIS? ▷5
ITA. 1985. Drame historique de Franco ROSSI avec Klaus Maria Brandauer, Frederic Forrest et Marie-Thérèse Relin. - L'empereur romain Néron persécute les chrétiens et déclenche l'incendie de Rome en 64 après J.-C. □ Non classé

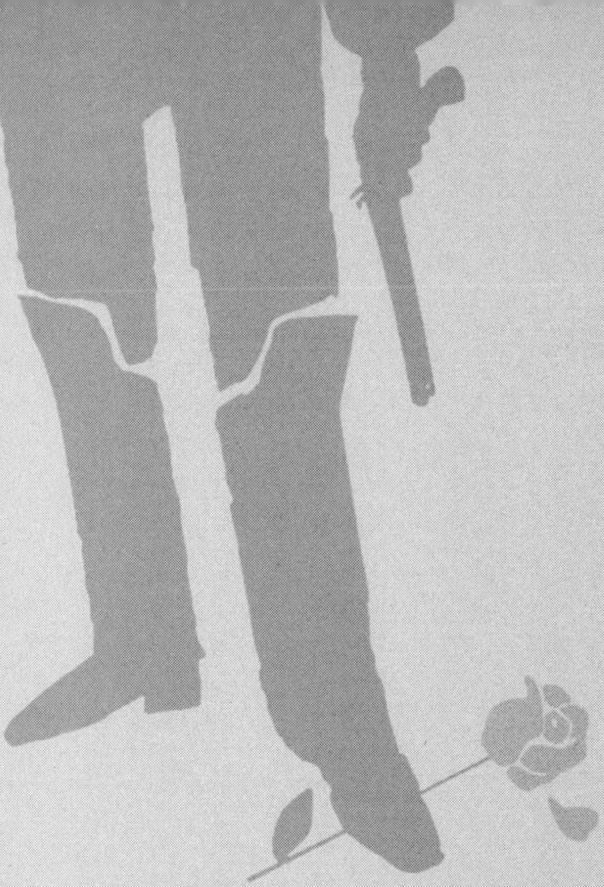

50 COFFRETS

DE COLLECTION

ASTAIRE & ROGERS SIGNATURE COLLECTION (PAS DE VISUELS POUR LE MOMENT)

BEN-HUR : THE FOUR DISCS COLLECTOR'S EDITION
4 DVD

BETTE DAVIS COLLECTION VOL. 2, THE
7 DVD
Marked Woman, Jezebel, The Man Who Came to Dinner, Old Acquaintance, What Ever Happened to Baby Jane ? (Two-Disc Special Edition)

BUSBY BERKELEY COLLECTION, THE
6 DVD
Footlight Parade, Gold Diggers of 1933, Dames, Gold Diggers of 1935, 42nd Street

BUSTER KEATON COLLECTION, THE
2 DVD

CANADA EN GUERRE, LE
4 DVD

CARY GRANT BOX SET, THE
5 DVD
Holiday, Only Angels Have Wings, The Talk of the Town, His Girl Friday, The Awful Truth

CHINA RISES

CHRONIQUES DE LA GUERRE DES LODOSS
3 DVD

© Warner Bros. Entertainment Inc.

CLARK GABLE SIGNATURE COLLECTION
6 DVD
Dancing Lady, China Seas, San Francisco, Wife vs. Secretary, Boom Town, Mogambo

© DEP

CLAUDE LELOUCH : LES GRANDS CLASSIQUES
6 DVD
Hommes-femmes : mode d'emploi, Mariage, Smic, smac, smoc, Le chat et la souris, Il y a des jours et des lunes, La belle histoire

© DEP

COFFRET BELMONDO VOL. 1
2 DVD
Cent mille dollars au soleil, Le cerveau

© DEP

COLLECTION LOUIS DE FUNÈS VOL. 1
2 DVD
Oscar – L'homme orchestre

© 2005 imavision

DIANE DUFRESNE VOUS FAIT ENCORE UNE SCÈNE
5 DVD

© 2005 DEP

DOSSIERS DA VINCI, LES
3 DVD

© 2005 DEP

FANTOMAS COLLECTION
3 DVD
Fantomas, Fantomas contre Scotland Yard, Fantomas se déchaîne

© Cult-Epics

FERNANDO ARRABAL COLLECTION, THE
3 DVD
Viva la muerte, J'irai comme un cheval fou,The Guernica Tree

© Warner Bros. Entertainment Inc.

FILM NOIR COLLECTION VOL. 3
7 DVD
Border Incident, His Kind of Woman, Lady in the Lake, On Dangerous Ground, The Racket

© Warner Bros. Entertainment Inc.

FILMS OF FAITH COLLECTION
3 DVD
The Nun's Story, The Shoes of the Fisherman, The Miracle of Our Lady of Fatima

© Facets

GREENAWAY : THE EARLY FILMS
2 DVD

© Alliance Atlantis Vivafilm Inc - New Line Productions, Inc.

HAROLD LLOYD COMEDY COLLECTION GIFT SET
7 DVD

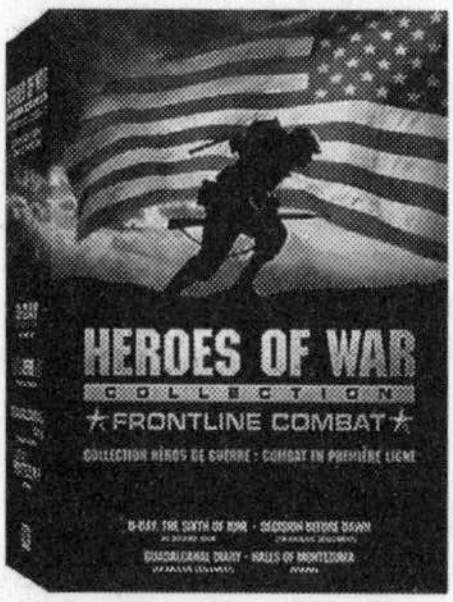

© Fox Home Entertainment

HEROES OF WAR COLLECTION : FRONTLINE COMBAT
Halls of Montezuma, Decision Before Dawn, D-Day the Sixth of June, Guadalcanal Diary

© Fox Home Entertainment

HEROES OF WAR COLLECTION : SOLDIER'S STORIES
Men of Honor, Courage Under Fire, Tigerland, The Thin Red Line

© Facets

HOU HSIAO-HSIEN : THE DIRECTOR'S LIMITED EDITION COLLECTION
5 DVD

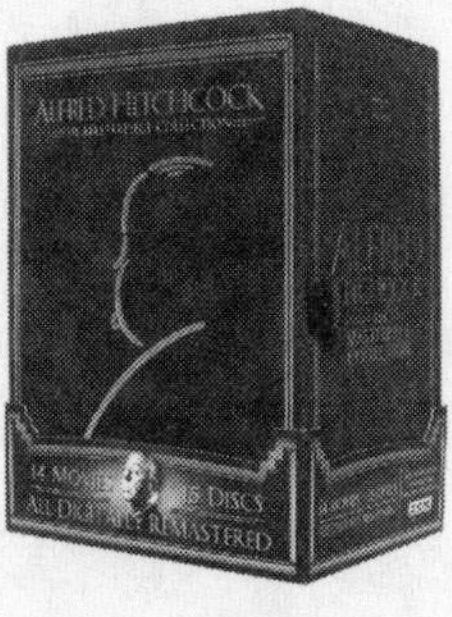

© Universal Studios

HITCHCOCK MASTERPIECE COLLECTION
15 DVD
The Birds, Family Plot, Frenzy, The Man Who Knew Too Much, Marnie, Psycho, Rear Window, Rope, Saboteur, Shadow of a Doubt, Topaz, Torn Curtain, The Trouble with Harry, Vertigo + DVD bonus

© Warner Bros. Entertainment Inc.

JACQUES COUSTEAU : PACIFIC EXPLORATIONS
6 DVD

© Warner Bros. Entertainment Inc.

JOHN FORD FILMS COLLECTION
5 DVD
Cheyenne Autumn, The Informer,
Sergeant Rutledge, The Lost Patrol,
Mary of Scotland

© Warner Bros. Entertainment Inc.

KING KONG COLLECTION
2DVD

© Tai-seng

LEGEND OF CONDOR HERO, THE: THE COMPLETE SAGA

© Warner Bros. Entertainment Inc.

LIFE OF MAMMALS, THE
4 DVD

© Animego - Koch Lorber

LONE WOLF AND CUB DVD COLLECTOR'S EDITION BOX
6 DVD
Sword of Vengeance, Baby Cart at the
River Styx, Baby Cart to Hades, Baby Cart
in Peril, Baby Cart in the Land of Demons,
White Heaven in Hell

© Kino on video

MAIKU HAMA: THE PRIVATE EYE TRILOGY
3 DVD

© Fox Home Entertainment

MEL BROOKS COLLECTION
7 DVD
Blazing Saddles, Young Frankenstein,
Silent Movie, Robin Hood: Men In Tights,
To Be or Not to Be, History of the World,
Part I, The Twelve Chairs, High Anxiety

© 2006 Office National du film

MICHEL BRAULT
Les raquetteurs, La lutte, Québec-USA ou l'invasion pacifique, Pour la suite du monde, Les enfants du silence, Le temps perdu, Geneviève, Entre la mer et l'eau douce, Les enfants du néant, Éloge du Chiac, L'Acadie l'Acadie ? ! ?, Le bras de levier et la rivière, Les ordres

En supplément : Le cheval de Troie de l'esthétique - réalisé par Gilles Noël (2005),
Le direct avant la lettre - réalisé par Denys Desjardins (2005)

© Criterion Collection - Paradox Entertainment LLC

ORSON WELLES : COMPLETE MR. ARKADIN A.K.A. CONFIDENTIAL REPORT, THE

3DVD

© Image entertainment

PATLABOR THE MOVIE LIMITED COLLECTOR'S EDITION

© Warner Bros. Entertainment Inc.

PECKINPAH COLLECTION, THE

4 DVD

The Wild Bunch, Pat Garrett and Billy the Kid, Ride the High Country, The Ballad of Cable Hogue

© DEP

PRINCESSE SAPHIR

4 DVD

© Criterion Collection - Paradox Entertainment LLC

REBEL SAMURAI : SIXTIES SWORDPLAY CLASSICS

4 DVD

Sword of the Beas, Samurai Rebellion, Kill !, Rebellion

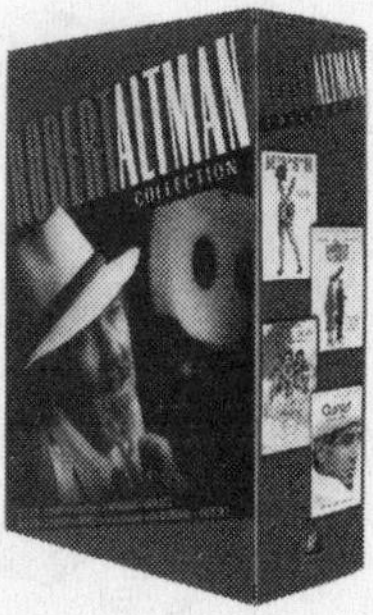

© Fox Home Entertainment

ROBERT ALTMAN COLLECTION, THE

4 DVD

M*A*S*H, A Perfect Couple, Quintet, A Wedding

© DEP

RUSH REPLAY X 3

4 DVD

© Kino on video

SEIJUN SUZUKI : TAISHO TRILOGY

3 DVD

© Troma team - Koch Lorber

SERIAL BOX LIMITED EDITION

4 DVD

Flash Gordon - Zorro - Radar Men from the Moon - Tarzan

© Warner Bros. Entertainment Inc.

TENNESSEE WILLIAMS FILM COLLECTION
7 DVD
A Streetcar Named Desire 1951 Two-Disc Special Edition, Cat on a Hot Tin Roof 1958 Deluxe Edition, Sweet Bird of Youth, The Night of the Iguana, Baby Doll, The Roman Spring of Mrs. Stone

© Warner Bros. Entertainment Inc

THIN MAN COLLECTION, THE
7 DVD
The Thin Man, After the Thin Man, Another Thin Man, Shadow of the Thin Man, The Thin Man Goes Home, Song of the Thin Man

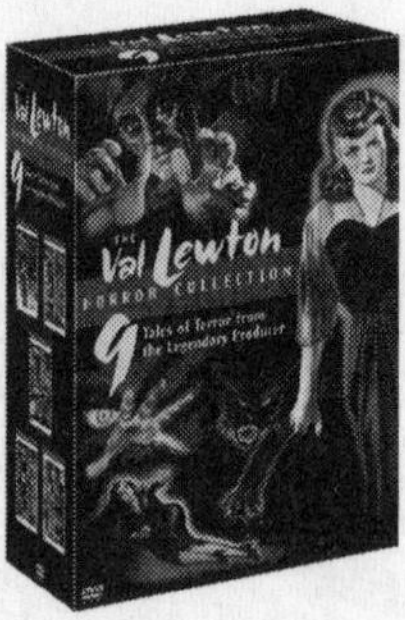

© Warner Bros. Entertainment Inc.

VAL LEWTON FILMS COLLECTION
5 DVD
Cat People, The Curse of the Cat People, I Walked with a Zombie, The Body Snatcher, Isle of the Dead, Bedlam, The Leopard Man, The Ghost Ship, The Seventh Victim, Shadows in the Dark

© Warner Bros. Entertainment Inc.

WARNER BROS. TOUGH GUYS COLLECTION
6 DVD
Bullets or Ballots, City for Conquest, Each Dawn I Die, G Men, San Quentin, A Slight Case of Murder

© DEP

WORK OF DIRECTORS VOL. 2, THE
4 DVD
Mark Romanek, Jonathan Glazer, Anton Corbijn, Stéphane Sednaoui

© Criterion Collection - Paradox Entertainment LLC

3 FILMS BY LOUIS MALLE
3DVD
Au revoir les enfants, Lacombe Lucien, Murmur of the Heart

© Criterion Collection - Paradox Entertainment LLC

6 MORAL TALES BY ERIC ROHMER
6 DVD
La boulangère de Monceau, La carrière de Suzanne, Ma nuit chez Maud, La collectionneuse, Le genou de Claire, L'amour l'après-midi

R-POINT
COR. 2004. Su-chang KONG
DVD STA→Cadrage W→27,95 $

R.P.M. ▷5
É.-U. 1970. Drame social de Stanley E. KRAMER avec Anthony Quinn, Ann-Margret et Gary Lockwood. - Un professeur aux idées avancées est nommé à la tête d'une université pour faire échec à la contestation étudiante. □ 13 ans+

R2PC
É.-U. 2000. Bret STERN
DVD VA→Cadrage W→24,95 $

RABBIT-PROOF FENCE ▷3
[Enfants de la liberté, Les]
AUS. 2002. Drame de Philip NOYCE avec Everlyn Sampi, Tianna Sansbury et Kenneth Branagh. - Dans l'Australie de 1931, trois jeune filles s'évadent d'une institution pour métis afin de regagner à pied leur communauté aborigène. - Récit humaniste touchant inspiré de faits vécus. Dialogues peu abondants. Belle création d'atmosphère. Photographie superbe. Forte présence d'E. Sampi.
DVD VA→18,95 $

RABID [Rage] ▷5
CAN. 1976. Drame d'horreur de David CRONENBERG avec Marilyn Chambers, Frank Moore et Joe Silver. - Un docteur expérimente sur une jeune femme de nouvelles méthodes de greffe qui ont d'étranges résultats. □ 13 ans+
DVD VF→23,95 $

RACCOURCI, LE *voir* **Time to Kill**

RACCROCHEZ, C'EST UNE ERREUR
voir **Sorry, Wrong Number**

RACE DES SEIGNEURS, LA ▷5
[Creezy (La race des seigneurs)]
FR. 1973. Drame psychologique de Pierre GRANIER-DEFERRE avec Alain Delon, Sydne Rome et Jeanne Moreau. - Le chef d'un parti de gauche s'efforce de servir à la fois ses ambitions politiques et son amour pour un mannequin. □ 13 ans+
DVD VF→STA→Cadrage W→26,95 $

RACE WITH THE DEVIL ▷5
É.-U. 1975. Aventures de Jack STARRETT avec Peter Fonda, Warren Oates et Loretta Swit. - Des vacanciers sont poursuivis par les adeptes d'un culte satanique dont ils ont surpris par hasard les cérémonies secrètes. □ 13 ans+
DVD VA→Cadrage W→16,95 $

RACHEL AND THE STRANGER ▷4
É.-U. 1948. Western de Norman FOSTER avec Loretta Young, William Holden et Robert Mitchum. - Vers 1800, dans le Nord-Ouest, les aventures d'un veuf qui a acheté et épousé une jeune fille pour prendre soin de son enfant. □ Non classé

RACHEL, RACHEL ▷3
É.-U. 1968. Drame psychologique de Paul NEWMAN avec Joanne Woodward, Estelle Parsons et James Olson. - Dans une petite ville de province, le drame d'une institutrice célibataire sentant venir l'âge mûr avec inquiétude. - Étude psychologique et sociale sensible et juste. Approche chaleureuse des personnages. Mise en scène de style intimiste. J. Woodward remarquable. □ 13 ans+

RACING WITH THE MOON ▷4
É.-U. 1984. Drame psychologique de Richard BENJAMIN avec Sean Penn, Elizabeth McGovern et Nicolas Cage. - Les tribulations amoureuses de deux adolescents californiens en 1942, à la veille de leur mobilisation pour l'armée. □ 13 ans+
DVD VA→STA→Cadrage W→15,95 $

RACKET, THE ▷4
É.-U. 1951. Drame policier de John CROMWELL avec Robert Ryan, Robert Mitchum et Lizabeth Scott. - Un policier lutte contre des criminels qui ont l'appui de politiciens malhonnêtes. □ Non classé

RADAR MEN FROM THE MOON
É.-U. 1952. Fred C. BRANNON
DVD VA→26,95 $ VA→26,95 $

RADIANCE ▷4
AUS. 1998. Drame de mœurs de Rachel PERKINS avec Rachel Maza, Deborah Mailman et Trisha Morton-Thomas. - Trois sœurs aborigènes ravivent les plaies du passé à l'occasion des funérailles de leur mère.

RADIO DAYS ▷3
É.-U. 1987. Chronique de Woody ALLEN avec Seth Green, Julie Kavner et Dianne Wiest. - Un narrateur évoque l'influence des émissions radiophoniques durant son enfance dans un quartier new-yorkais au début des années 1940. - Adroit mélange de nostalgie rêveuse et d'ironie tendre. Climat d'époque habilement recréé. Récit anecdotique bien rythmé. Bonne interprétation.
□ Général
DVD VA→Cadrage W→12,95 $

RADIO FLYER [Rêve de Bobby, Le] ▷4
É.-U. 1992. Comédie dramatique de Richard DONNER avec Joseph Mazzello, Elijah Wood et Lorraine Bracco. - Un garçonnet maltraité par son beau-père obtient l'aide de son frère pour construire un objet volant dans l'espoir de s'enfuir. □ Général
DVD VA→STA→23,95 $

RAFALES ▷4
QUÉ. 1990. Drame policier d'André MELANÇON avec Marcel Leboeuf, Denis Bouchard et Claude Blanchard. - Après un hold-up raté, un cambrioleur désemparé obtient l'aide d'un animateur de radio qui lui donne l'occasion de parler sur les ondes. □ Général

RAFIOT HÉROÏQUE, LE
voir **Wackiest Ship in the Army, The**

RAGE *voir* **Rabid**

RAGE ▷5
É.-U. 1972. Drame réalisé et interprété par George C. SCOTT avec Richard Basehart et Martin Sheen. - Le fils d'un éleveur de moutons de l'Arizona est victime d'un gaz expérimental échappé d'un avion militaire par accident. □ Général

RAGE AU CŒUR, LA *voir* **Devil's Own, The**

RAGE DE L'ANGE, LA ▷5
QUÉ. 2006. Drame social de Dan BIGRAS avec Isabelle Guérard, Alexandre Castonguay et Patrick Martin. - Après une enfance difficile, trois adolescents se retrouvent dans la rue et attisent malgré eux les rivalités entre deux bandes criminelles.

RAGE IN HARLEM, A ▷4
É.-U. 1991. Comédie policière de Bill DUKE avec Forest Whitaker, Gregory Hines et Robin Givens. - Mêlée à un coup qui tourne mal, l'amie d'un chef de bande s'enfuit avec une malle pleine d'or et se réfugie chez un comptable inoffensif à qui elle simule le grand amour. □ 13 ans+

RAGE MEURTRIÈRE *voir* **Grudge, The**

RAGGEDY MAN ▷4
É.-U. 1981. Drame de Jack FISK avec Sissy Spacek, Eric Roberts et Henry Thomas. - En 1944, la vie difficile d'une mère de famille divorcée, standardiste dans une petite ville du Texas.

RAGGEDY RAWNEY, THE ▷4
ANG. 1988. Drame réalisé et interprété par Bob HOSKINS avec Dexter Fletcher et Zoe Nathenson. - Revêtu de vêtements féminins, un jeune déserteur rejoint une troupe de gitans avec qui il connaît divers malheurs. □ 13 ans+
DVD VA→STF→Cadrage W/16X9→17,95 $

RAGING BULL ►1
É.-U. 1980. Drame biographique de Martin SCORSESE avec Robert De Niro, Cathy Moriarty et Joe Pesci. - La carrière et les problèmes personnels du champion boxeur Jake La Motta. - Œuvre maîtresse de l'auteur. Mise en scène brillamment vigoureuse. Photographie et montage d'une force peu commune. Remarquable composition de R. De Niro. □ 13 ans+
DVD VF→STF→Cadrage W→28,95 $
VA→STA→Cadrage W→12,95 $

RAGTIME ▷3
É.-U. 1981. Drame de Milos FORMAN avec Howard E. Rollins, James Olson et Brad Dourif. - Une famille de la banlieue de New York est mêlée à divers événements qui font la manchette des journaux au début du xxe siècle. - Scénario tiré du roman de E.L. Doctorow. Fresque impressionnante de la vie américaine. Forme dramatique rigoureuse tempérée d'ironie. Interprétation fort convaincante. □ Général
DVD VF→STA→Cadrage W/16X9→9,95 $

RAIDERS OF LEYTE GULF, THE
É.-U. 1963. Eddie ROMERO
DVD VA→Cadrage P&S→21,95 $

RAIDERS OF THE LOST ARK ▷3
[Aventuriers de l'arche perdue, Les]
É.-U. 1981. Aventures de Steven SPIELBERG avec Harrison Ford, Karen Allen et Paul Freeman. - Un professeur aventureux se rend en Égypte où il doit retrouver l'Arche d'alliance avant les nazis. - Intrigue invraisemblable menée avec verve. Passages brillants. Rythme soutenu. Interprètes fort convaincants. □ 13 ans+

RAILROAD MAN, THE
ITA. 1956. Pietro GERMI
DVD STA→39,95 $

RAILROADED
É.-U. 1947. Anthony MANN □ Général
DVD 24,95 $

RAIN ▷4
É.-U. 1932. Drame de mœurs de Lewis MILESTONE avec Joan Crawford, Walter Huston et William Gargan. - Dans une île du Pacifique, une prostituée est en butte aux pressions d'un pasteur qui veut l'amener à changer de vie. □ Général
DVD VA→29,95 $ VA→21,95 $

RAIN
N.-Z. 2001. Christine JEFFS
DVD VA→34,95 $

RAIN MAN ▷3
É.-U. 1988. Drame psychologique de Barry LEVINSON avec Dustin Hoffman, Tom Cruise et Valeria Golino. - Son frère autiste ayant hérité de la fortune de leur père, un vendeur de voitures décide de l'enlever dans le but de faire valoir ses droits. - Scénario original. Road movie d'allure intimiste. Composition exceptionnelle de D. Hoffman. □ Général
DVD VF→STF→Cadrage W/16X9→13,95 $

RAIN PEOPLE, THE ▷3
É.-U. 1969. Drame psychologique de Francis Ford COPPOLA avec Shirley Knight, James Caan et Robert Duvall. - Une jeune femme ayant quitté son mari part à l'aventure en automobile et accepte la présence d'un auto-stoppeur. - Étude riche en approches psychologiques et en valeurs humaines. Montage inventif. Images expressives. Interprétation convaincante. □ 13 ans+

RAINBOW
CHI. 2004. Gao XIAO-SONG
DVD STA→29,95 $

RAINBOW, THE ▷4
ANG. 1988. Drame de mœurs de Ken RUSSELL avec Sammi Davis, Paul McGann et Amanda Donohoe. - Les premières expériences sentimentales et professionnelles d'une jeune fille qui a subi l'influence des idées libertines de la monitrice sportive de son école. □ Non classé

RAINING STONES ▷3
ANG. 1993. Drame social de Ken LOACH avec Bruce Jones, Julie Brown et Ricky Tomlinson. - Alors qu'il a promis d'acheter une robe à sa fille pour sa première communion, un chapardeur voit ses activités illégales paralysées par le vol de sa camionnette. - Œuvre tragicomique pleine d'entrain et d'esprit. Description de milieu intelligente. Réalisation spontanée. Interprétation d'un naturel confondant. □ 13 ans+

RAINMAKER, THE [Idéaliste, L'] ▷4
É.-U. 1956. Drame psychologique de Joseph ANTHONY avec Burt Lancaster, Katharine Hepburn et Wendell Corey. - Une célibataire endurcie tombe amoureuse d'un charlatan. □ Général
DVD VF→STA→Cadrage W→14,95 $

RAINMAKER,THE ▷4
É.-U. 1997. Drame judiciaire de Francis FORD COPPOLA avec Matt Damon, Danny DeVito et Claire Danes. - Un avocat sans expérience poursuit une grande firme d'assurances qui a escroqué une femme dont le fils se meurt de leucémie. □ Général · Déconseillé aux jeunes enfants
DVD Cadrage W→9,95 $

RAINS CAME, THE ▷4
É.-U. 1939. Drame de Clarence BROWN avec Myrna Loy, Tyrone Power et George Brent. - Mariée à un noble anglais, une Américaine s'éprend d'un médecin hindou. □ Général
DVD VA→STA→15,95 $

RAINTREE COUNTY [Arbre de vie, L'] ▷5
É.-U. 1957. Drame psychologique d'Edward DMYTRYK avec Eva Marie Saint, Elizabeth Taylor et Montgomery Clift. - À l'époque de la guerre de Sécession, un jeune campagnard épouse une névrosée et connaît maintes mésaventures. □ Général

RAINY DOG
JAP. 1997. Takashi MIIKE
DVD STA→28,95 $

RAISE THE RED LANTERN *voir* **Épouses et concubines**

RAISIN IN THE SUN, A ▷4
É.-U. 1961. Drame social de Daniel PETRIE avec Sidney Poitier, Claudia McNeil et Ruby Dee. - Les tribulations d'une famille de Noirs pauvres mais courageux qui rêvent d'une meilleure condition sociale. □ Général
DVD VA→Cadrage W→34,95 $

RAISING ARIZONA [Arizona junior] ▷3
É.-U. 1987. Comédie de Joel COEN avec Nicolas Cage, Holly Hunter et Trey Wilson. - Ne pouvant pas avoir d'enfant, un jeune couple décide de voler un des nouveau-nés d'une famille de quintuplés. - Série de situations extravagantes. Plusieurs gags bien amenés. Beaucoup de rythme. Mise en scène inventive. Interprétation dynamique. □ Général
DVD Cadrage W→14,95 $

RAISING CAIN [Esprit de Caïn, L'] ▷4
É.-U. 1992. Drame policier de Brian DE PALMA avec John Lithgow, Lolita Davidovich et Steven Bauer. - Un psychologue kidnappe des bambins pour les livrer à son père, qui poursuit des recherches mystérieuses sur l'enfance. □ 16 ans+
DVD VF→Cadrage W→9,95 $

RAISING HEROES
É.-U. 1996. Douglas LANGWAY □ 16 ans+ · Violence
DVD VA➔STA➔49,95 $

RAISING VICTOR VARGAS [Victor Vargas] ▷3
É.-U. 2002. Drame de mœurs de Peter SOLLETT avec Victor Rasuk, Judy Marte et Altagracia Guzman. - Les difficultés sentimentales et familiales d'un garçon de seize ans d'origine hispanique vivant à New York. - Regard nuancé sur les tourments de l'adolescence. Mise en scène souple et empreinte d'authenticité. Jeu naturel et spontané des interprètes. □ Général · Déconseillé aux jeunes enfants
DVD VF➔STA➔Cadrage W➔27,95 $ Cadrage W➔21,95 $

RAISON D'ÉTAT, LA ▷4
FR. 1978. Drame social d'André CAYATTE avec Monica Vitti, Jean Yanne et Michel Bouquet. - Une biologiste italienne entreprend de divulguer un dossier contre les trafics d'armes établi par un collègue assassiné. □ Général

RAISON ET SENTIMENTS *voir* **Sense and Sensibility**

RALPH SUPERKING *voir* **King Ralph**

RAMBLING ROSE [Rose passion] ▷4
É.-U. 1991. Comédie de mœurs de Martha COOLIDGE avec Laura Dern, Lukas Haas et Robert Duvall. - Engagée comme ménagère par une famille du Sud, une jeune fille aux mœurs légères bouleverse la vie tranquille d'un village. □ 13 ans+
DVD VA➔23,95 $

RAMBO *voir* **First Blood**

RAMBO: FIRST BLOOD PART 2 ▷5
É.-U. 1985. Aventures de George P. COSMATOS avec Julia Nickson, Sylvester Stallone et Charles Napier. - Un ancien soldat d'élite reçoit pour mission de prouver que les Vietnamiens détiennent encore, dans des camps secrets, des prisonniers de guerre américains.
DVD VA➔22,95 $

RAMI & JULIET ▷4
DAN. 1988. Drame social d'Erik CLAUSEN avec Sogie Grobel, Seleh Malek et Steen Jägensen. - Malgré les tensions raciales qui sévissent dans son pays, une jeune Danoise a une idylle avec un réfugié palestinien. □ Général

RAMPAGE [Enragé] ▷4
É.-U. 1987. Drame policier de William FRIEDKIN avec Michael Biehn, Alex McArthur et Nicholas Campbell. - Malgré ses convictions libérales, un procureur exige la peine capitale pour un accusé qui a commis des meurtres particulièrement sadiques. □ 16 ans+ · Violence

RAN ►2
JAP. 1985. Drame d'Akira KUROSAWA avec Tatsuya Nakadai, Mieko Harada et Akira Terao. - Dans le Japon du Moyen Âge, la décision d'un vieux chef de clan de partager son fief entre ses fils provoque des guerres intestines. - Transposition magistrale du *Roi Lear* de Shakespeare. Mise en scène énergique et superbement contrôlée. Judicieuse utilisation des couleurs. □ Général
DVD STA➔Cadrage W➔54,95 $ STA➔31,95 $

RANCHO DELUXE ▷5
É.-U. 1975. Comédie de mœurs de Frank PERRY avec Jeff Bridges, Sam Waterston et Clifton James. - Au Montana, deux hommes vivent en désœuvrés et subviennent à leurs besoins en tuant des bêtes isolées. □ 13 ans+
DVD VA➔Cadrage W➔11,95 $

RANCHO NOTORIOUS ▷4
É.-U. 1952. Western de Fritz LANG avec Marlene Dietrich, Mel Ferrer et Arthur Kennedy. - Pour trouver l'assassin de sa fiancée, un cowboy se mêle à une bande de hors-la-loi. □ Non classé

RANCID ALUMINUM
ANG. 2000. Ed THOMAS
DVD VA➔STA➔Cadrage W➔5,95 $

RANÇON *voir* **Ransom**

RANDOM HARVEST [Prisonnier du passé] ▷4
É.-U. 1945. Drame sentimental de Mervyn LeROY avec Greer Garson, Ronald Colman et Susan Peters. - À la suite de la guerre 14-18, une femme cherche à regagner l'amour de son mari devenu amnésique. □ Général
DVD VF➔STF➔21,95 $

RANDOM HEARTS [Hasards du cœur, Les] ▷5
É.-U. 1999. Drame sentimental de Sydney POLLACK avec Kristin Scott Thomas, Harrison Ford et Charles S. Dutton. - Un policier dont l'épouse a péri dans un accident d'avion avec son amant s'éprend de la veuve de ce dernier, une politicienne en réélection. □ Général
DVD Cadrage W➔29,95 $

RANDONNÉE POUR UN TUEUR *voir* **Shoot to Kill**

RANDONNEURS, LES ▷4
FR. 1997. Comédie de mœurs réalisée et interprétée par Philippe HAREL avec Benoît Poelvoorde et Karin Viard. - Lors d'une randonnée dans les montagnes corses, la tension monte entre quatre Parisiens et leur guide. □ Général

RANSOM [Rançon] ▷4
É.-U. 1996. Drame policier de Ron HOWARD avec Mel Gibson, Rene Russo et Gary Sinise. - Lorsque son jeune fils est kidnappé, un riche financier décide d'offrir le montant de la rançon en récompense pour la capture des ravisseurs. □ 13 ans+ · Violence
DVD VF➔14,95 $

RAPA-NUI ▷5
É.-U. 1994 Aventures de Kevin REYNOLDS avec Jason Scott Lee, Esai Morales et Sandrine Holt. - Dans l'île de Pâques, deux amis sont obligés de s'affronter dans une compétition qui déterminera le prochain seigneur des lieux. □ Général

RAPACE, LE ▷4
FR. ITA. 1968. Aventures de José GIOVANNI avec Lino Ventura, Xavier Marc et Rosa Furman. - En 1938, des révolutionnaires mexicains engagent un homme pour tuer le président du pays. □ Général

RAPIDES ET DANGEREUX 2 *voir* **2 Fast 2 Furious**

RAPPORT MINORITAIRE *voir* **Minority Report**

RARE BREED, THE ▷4
É.-U. 1965. Western d'Andrew V. McLAGLEN avec James Stewart, Maureen O'Hara et Brian Keith. - Une veuve vend un taureau de race à un rancher du Texas. □ Général · Déconseillé aux jeunes enfants
DVD VA➔18,95 $

RASHOMON ►1
JAP. 1952. Drame psychologique d'Akira KUROSAWA avec Toshiro Mifune, Machiko Kyo et Masayuki Mori. - Quatre témoins apportent des versions différentes d'un assaut meurtrier. - Scénario d'une grande richesse psychologique. Mise en scène superbement orchestrée. Très belles images. Interprétation forte. □ Général
DVD VA➔STA➔Cadrage W➔59,95 $

RASPOUTINE ▷5
FR. 1954. Drame historique de Georges COMBRET avec Pierre Brasseur, Claude Laydu et Isa Miranda. - Un guérisseur devient tout-puissant à la cour du Tsar. □ Général

RASPUTIN ▷4
É.-U. 1995. Drame biographique de Uli EDEL avec Alan Rickman, Greta Scacchi et Ian McKellen. - Un moine étrange acquiert du pouvoir à la cour impériale de Russie. □ Général

RASPUTIN [Agony]
RUS. 1977. Elem KLIMOV □ Général
DVD STA➔Cadrage W➔21,95 $

RASPUTIN AND THE EMPRESS ▷4
É.-U. 1933. Drame historique de Richard BOLESLAWSKI avec John, Ethel et Lionel Barrymore. - À la cour de Russie, en 1913, Raspoutine devient le favori de la tzarine. □ Général

RAT ▷5
ANG. 2000. Comédie fantaisiste de Steve BARRON avec Imelda Staunton, Pete Postlethwaite et Frank Kelly. - Le père d'une famille ouvrière irlandaise se transforme du jour au lendemain en rat blanc. □ Général
DVD VA➔STF➔Cadrage W➔10,95 $

RATCATCHER ▷4
ANG. 1999. Drame de mœurs de Lynne RAMSAY avec William Eadie, Tommy Flanagan et Leanne Mullen. - Au cours des années 1970 dans un quartier défavorisé de Glasgow, un gamin porteur d'un lourd secret vit diverses expériences.
DVD VA➔Cadrage W➔46,95 $

RAVAGERS, THE
É.-U. 1965. Eddie ROMERO
DVD VA➔Cadrage P&S➔19,95 $

RAVEN, THE ▷4
É.-U. 1935. Drame d'horreur de Louis FRIEDLANDER avec Boris Karloff, Bela Lugosi et Irene Ware. - Un chirurgien influencé par les œuvres d'Edgar Allan Poe exerce des tortures sur diverses personnes. □ Général

RAVEN, THE ▷4
É.-U. 1963. Comédie fantaisiste de Roger CORMAN avec Vincent Price, Boris Karloff, Jack Nicholson et Peter Lorre. - Un corbeau qui prend forme humaine suscite un duel entre deux sorciers. □ 13 ans+

RAVENOUS ▷4
É.-U. 1999. Drame d'horreur d'Antonia BIRD avec Guy Pearce, Robert Carlyle et Jeremy Davies. - En 1847, des soldats isolés dans un avant-poste militaire de la Sierra Nevada sont aux prises avec un cannibale. □ 16 ans+ · Horreur
DVD VA➔Cadrage W➔14,95 $

RAVISSANTE IDIOTE, UNE ▷4
FR. 1963. Comédie d'Édouard MOLINARO avec Anthony Perkins, Brigitte Bardot et Grégoire Aslan. - Un jeune espion se sert de celle qu'il aime pour subtiliser des dossiers.

RAVISSEUR, LE *voir* **Keeper, The**

RAWHIDE [Attaque de la malle-poste, L'] ▷4
É.-U. 1951. Western de Henry HATHAWAY avec Tyrone Power, Susan Hayward et Hugh Marlowe. - Quatre bandits s'installent en maîtres dans une station-relais. - Récit bien construit. Intérêt soutenu. Interprétation valable. □ Général

RAY ▷4
É.-U. 2004. Drame biographique de Taylor HACKFORD avec Jamie Foxx, Kerry Washington et Clifton Powell. - La vie et la carrière du musicien Ray Charles, qui a perdu la vue à l'âge de sept ans. □ Général
DVD VF➔STF➔Cadrage W➔23,95 $/57,95 $

RAYON VERT, LE [Summer] ▷3
FR. 1986. Comédie dramatique d'Éric ROHMER avec Marie Rivière, Vincent Gauthier et Carita. - Les problèmes de vacances d'une jeune fille solitaire qui cherche l'âme sœur. - Climat de détente et de liberté. Bonne part d'improvisation. Sens raffiné de l'observation des mœurs. □ Général
DVD VF➔STA➔44,95 $

RAZMOKET, LES *voir* **Rugrats Movie, The**

RAZÓN DE LA CULPA, LA
[Reason for Your Mistake, The]
MEX. 1943. Juan Jose ORTEGA
DVD STA➔18,95 $

RAZOR'S EDGE, THE [Fil du rasoir, Le] ▷4
É.-U. 1946. Drame psychologique d'Edmund GOULDING avec Tyrone Power, Gene Tierney et Clifton Webb. - Désorienté après sa démobilisation, un homme se met à voyager dans le but de découvrir le sens de la vie. □ Général
DVD VA➔STA➔15,95 $

RAZOR'S EDGE, THE [Sur le fil du rasoir] ▷5
É.-U. 1984. Drame psychologique de John BYRUM avec Bill Murray, Theresa Russell et Catherine Hicks. - Éprouvé par la guerre, un homme abandonne sa carrière de financier et perd sa fiancée en cherchant à donner un sens à sa vie. □ Général
DVD VA➔STA➔Cadrage W➔36,95 $

RE-ANIMATOR [Réanimateur, Le] ▷4
É.-U. 1985. Dame d'horreur de Stuart GORDON avec Jeffrey Combs et Bruce Abbott. - Un étudiant en médecine met au point un sérum qui rend possible la réanimation des cadravres. □ 13 ans+
DVD VA➔Cadrage W➔20,95 $

REACHING FOR THE MOON ▷4
É.-U. 1931. Comédie sentimentale d'E. GOULDING avec Douglas Fairbanks, Bebe Daniels et Edward Everett Horton. - Un financier sans expérience sentimentale entreprend de faire la conquête d'une belle.
DVD VA➔13,95 $

READY TO WEAR *voir* **Prêt-à-porter**

REAL BLONDE, THE ▷4
É.-U. 1997. Comédie satirique de Tom DiCILLO avec Matthew Modine, Catherine Keener et Daryl Hannah. - Poussé par son amie, un aspirant acteur qui cherche vainement un rôle sérieux finit par accepter de tourner dans un vidéoclip. □ Général
DVD VA➔STA➔Cadrage W➔19,95 $

REAL FICTION
COR. 2000. Ki-duk KIM
DVD STA➔PC

REAL GENIUS [Profession: génie] ▷4
É.-U. 1985. Comédie de Martha COOLIDGE avec Val Kilmer, Gabe Jarret et William Atherton. - Deux étudiants brillants sont chargés de mettre au point un rayon laser surpuissant sans savoir qu'on veut s'en servir à des fins militaires. □ Général
DVD VA➔STF➔Cadrage P&S/W➔18,95 $

REAL GLORY, THE ▷4
É.-U. 1939. Aventures de Henry HATHAWAY avec Gary Cooper, David Niven et Andrea Leeds. - Des officiers américains aident des indigènes philippins à combattre des brigands. □ Général

REAL LIFE ▷5
É.-U. 1979. Comédie satirique réalisée et interprétée par Albert BROOKS avec Charles Grodin et Frances Lee McCain. - Une petite équipe de cinéastes réalise un documentaire sur la vie quotidienne d'une famille américaine. □ Général
DVD Cadrage W➔32,95 $

REAL WOMEN HAVE CURVES
É.-U. 2002. Patricia CARDOSO
DVD VA➔STF➔Cadrage W➔11,95 $

REALITY BITES [Réalité mordante] ▷5
É.-U. 1994. Comédie de mœurs réalisée et interprétée par Ben STILLER avec Winona Ryder et Ethan Hawke. - Une jeune vidéaste a le cœur tiraillé entre un musicien indolent et un yuppie qui travaille pour une station de télévision. □ Général
DVD VF➔STF➔14,95 $

RÉANIMATEUR, LE *voir* **Re-Animator**

REAP THE WILD WIND ▷4
É.-U. 1942. Aventures de Cecil B. DeMILLE avec Ray Milland, Paulette Goddard et John Wayne. - Au XIXe siècle, un capitaine de navire lutte contre des pilleurs d'épaves. □ Général
DVD 17,95 $

REAR WINDOW [Fenêtre sur cour] ►1
É.-U. 1954. Thriller d'Alfred HITCHCOCK avec James Stewart, Grace Kelly et Wendell Corey. - En observant ses voisins, un photographe pressent un meurtre et tente de confondre l'assassin. - Scénario d'une grande puissance dramatique, agrémenté de nombreuses touches d'humour. Belle densité psychologique. Réalisation magistrale. Ambiance sonore finement élaborée. Excellents interprètes.
DVD Cadrage W➔22,95 $

REASON FOR YOUR MISTAKE, THE
voir **Razón de la culpa, La**

REBECCA ▷3
É.-U. 1939. Drame psychologique d'Alfred HITCHCOCK avec Joan Fontaine, Laurence Olivier et Judith Anderson. - L'épouse d'un aristocrate anglais s'inquiète du mystère qui entoure la mort de la première femme de son mari. - Atmosphère de tension fort bien créée. Maîtrise technique. Interprètes habilement dirigés. □ Général

REBEL WITHOUT A CAUSE [Fureur de vivre, La] ►2
É.-U. 1955. Drame psychologique de Nicholas RAY avec James Dean, Natalie Wood et Sal Mineo. - Le drame d'adolescents en mal d'affection aboutit à trois morts violentes. - Constat lucide du désarroi de l'adolescence. Construction dramatique solide. Mise en scène efficace. Remarquable création de J. Dean. □ 13 ans+
DVD VF→STA→Cadrage W→29,95 $
VF→STF→Cadrage W→22,95 $

REBELLE DE LA PRAIRIE
voir **Light in the Forest, The**

REBELLE, LE *voir* **Fountainhead, The**

REBELLES *voir* **Lost and Delirious**

REBELS OF THE NEON GOD ▷4
TAÏ. 1992. Drame psychologique de Tsai MING-LIANG avec Chao-jung Chen, Yu-wen Wang et Kang-sheng Lee. - Le quotidien de quatre jeunes sans avenir qui promènent leur solitude dans les quartiers chauds de Taipei. □ 13 ans+
DVD STA→21,95 $

RECHERCHE SUSAN, DÉSESPÉRÉMENT
voir **Desperately Seeking Susan**

RECKLESS
É.-U. 1935. Victor FLEMING □ Non classé

RECKLESS [Motard téméraire, Le] ▷5
É.-U. 1984. Drame social de James FOLEY avec Aidan Quinn, Daryl Hannah et Kenneth McMillan. - Un adolescent rebelle, fils d'un ouvrier alcoolique, s'éprend d'une jeune fille de milieu aisé.

RECKLESS ▷4
É.-U. 1995. Comédie fantaisiste de Norman RENÉ avec Mia Farrow, Scott Glenn et Mary-Louise Parker. - Une femme se réfugie chez des inconnus lorsque son époux lui annonce qu'il a engagé un tueur pour se débarrasser d'elle. □ Général

RECKONING, THE ▷4
ANG. 2004. Drame de Paul McGUIGAN. avec Paul Bettany, Willem Dafoe et Gina McKee. - En 1380, un prêtre défroqué qui s'est joint à des acteurs ambulants cherche à disculper une sourde-muette accusée de meurtre □ Général · Déconseillé aux jeunes enfants
DVD VA→STA→Cadrage W→34,95 $

RECONSTRUCTION
DAN. 2003. Christoffer BOE
DVD STA→Cadrage P&S→46,95 $

RÉCRÉATION, LA ▷5
FR. 1961. Drame psychologique de François MOREUIL avec Jean Seberg, Christian Marquand et Françoise Prévost. - Une adolescente a une aventure amoureuse dont elle sort désemparée.

RECRUE, LA *voir* **Rookie, The**

RECRUIT, THE [Nouvel agent, Le] ▷5
É.-U. 2003. Drame d'espionnage de Roger DONALDSON avec Colin Farrell, Al Pacino et Bridget Moynahan. - Un jeune génie de l'informatique est recruté par un vétéran de la CIA qui lui donne la mission de débusquer un traître au sein de l'agence. □ Général
DVD VF→Cadrage W→14,95 $

RED ▷4
QUÉ. 1970. Drame de Gilles CARLE avec Daniel Pilon, Geneviève Deloir et Gratien Gélinas. - Un métis soupçonné de l'assassinat de sa demi-sœur s'enfuit dans la nature puis revient châtier le vrai coupable. □ 13 ans+

RED AND THE WHITE, THE *voir* **Rouges et blancs**

RED BADGE OF COURAGE, THE ▷3
[Charge victorienne, La]
É.-U. 1951. Drame de guerre de John HUSTON avec Audie Murphy, Bill Mauldin et Douglas Dick. - Les premières heures au combat d'un jeune fermier durant la guerre de Sécession. - Étude psychologique intéressante. Ensemble d'une concision classique. Excellents interprètes. □ Général
DVD VF→STF→21,95 $

RED BALLOON, THE *voir* **Ballon rouge, Le**

RED BEARD *voir* **Barbe-rousse**

RED CHERRY
CHI. 1995. Ye DAYING □ 13 ans+ · Violence
DVD Cadrage W→38,95 $

RED CORNER [Coin rouge] ▷5
É.-U. 1997. Drame judiciaire de Jon AVNET avec Richard Gere, Bai Ling et Tsai Chin. - Lors d'un voyage d'affaires en Chine, un avocat américain est accusé à tort du meurtre de la fille d'un général.
DVD Cadrage W→11,95 $

RED DESERT, THE *voir* **Désert rouge, Le**

RED DRAGON [Dragon rouge] ▷4
É.-U. 2002. Drame policier de Brett RATNER avec Edward Norton, Anthony Hopkins et Ralph Fiennes. - Un agent du FBI consulte en prison un brillant psychopathe qui pourrait l'aider à arrêter un dangereux tueur en série. □ 16 ans+ · Violence
DVD VA→Cadrage W→9,95 $/39,95 $

RED DWARF, THE *voir* **Nain rouge, Le**

RED EYE [Vol sous haute pression] ▷4
É.-U. 2005. Thriller de Wes CRAVEN avec Rachel McAdams, Cillian Murphy et Brian Cox. - Sur le vol Dallas-Miami, un passager prend discrètement en otage sa voisine de siège pour l'obliger à participer à un attentat contre un politicien. □ 13 ans+
DVD VA→STA→34,95 $

RED GARTERS ▷4
É.-U. 1954. Comédie musicale de George MARSHALL avec Rosemary Clooney, Jack Carson et Guy Mitchell. - Un cow-boy recherche le meurtrier de son frère. □ Général

RED HEAT [Double détente] ▷4
É.-U. 1988. Drame policier de Walter HILL avec James Belushi, Arnold Schwarzenegger et Peter Boyle. - Un policier de Chicago fait équipe avec un collègue moscovite chargé de ramener des États-Unis un dangereux trafiquant de drogue géorgien. □ 13 ans+

RED HOUSE, THE ▷4
É.-U. 1947. Drame de Delmer DAVES avec Edward G. Robinson, Lon McCallister et Allene Roberts. - Un jeune homme engagé par un fermier infirme s'intéresse au mystère qui entoure un bois voisin.

RED LIGHTS *voir* **Feux rouges**

RED LION
JAP. 1969. Kihachi OKAMOTO
DVD STA→28,95 $

RED MEAT
É.-U. 1998. Allison BURNETT
DVD VA→23,95 $

RED PONY, THE ▷4
É.-U. 1949. Western de Lewis MILESTONE avec Robert Mitchum, Peter Miles et Myrna Loy. - Un cow-boy aide le jeune fils d'un rancher à élever un poulain que son père lui a donné. □ Général

RED RIVER [Rivière rouge, La] ▷3
É.-U. 1948. Western de Howard HAWKS avec Montgomery Clift, John Wayne et Walter Brennan. - Au cours de la transhumance de leur troupeau de bestiaux, une rivalité naît entre deux hommes. - Scénario bien construit. Souffle et ampleur dans la mise en scène. Interprétation excellente. □ Général
DVD 12,95 $

RED RIVER VALLEY
CHI. 1997. Feng XIANING
DVD STA→Cadrage W→29,95 $

RED ROCK WEST ▷4
É.-U. 1992. Drame policier de John DAHL avec Nicolas Cage, Dennis Hopper et Lara Flynn Boyle. - Un jeune Texan qui se retrouve sans le sou dans un bled perdu est confondu avec un tueur à gages. □ 13 ans+ · Violence
DVD VA→STF→5,95 $

RED SHADOW
JAP. 2001. Hiroyuki NAKANO
DVD STA→Cadrage W→34,95 $

RED SHOES, THE [Chaussons rouges, Les] ▷3
ANG. 1947. Drame musical de Michael POWELL avec Ludmilla Tcherina, Moira Shearer et Anton Walbrook. - Une ballerine n'arrive pas à choisir entre l'art et l'amour. - Intrigue conventionnelle. Partie chorégraphique exceptionnellement réussie. Technique inventive. Interprétation stylisée. □ Général
DVD VA→Cadrage P&S→62,95 $

RED SORGHUM ▷3
CHI. 1987. Drame de mœurs de Yimou ZHANG avec Gong Li, Jiang Wen et Teng Rujun. - La vie d'une femme, de son arrivée à une fabrique de vin dont elle prendra la direction à son action de résistance contre l'envahisseur japonais. - Récit à saveur historique. Traitement lyrique. Décor naturel évocateur. Forte présence des protagonistes. □ 13 ans+

RED SQUIRREL, THE *voir* **Écureuil rouge, L'**

RED SUN *voir* **Soleil rouge**

RED TENT, THE ▷4
ITA. 1969. Drame de Mikhail KALATOZOV avec Peter Finch, Claudia Cardinale et Sean Connery. - En 1928, neuf membres d'une expédition au Pôle Nord réussissent à survivre après l'écrasement de leur dirigeable sur une banquise. □ Général
DVD VA→Cadrage W→14,95 $

RED VIOLIN, THE *voir* **Violon rouge, Le**

RED-HEADED WOMAN
É.-U. 1932. Jack CONWAY □ Général

REDBOY 13
É.-U. 1997. Marcus VAN BAVEL
DVD VA→23,95 $

REDHEAD FROM WYOMING, THE ▷5
É.-U. 1952. Western de Lee SHOLEM avec Maureen O'Hara, Alex Nicol et Alexander Scourby. - La directrice d'une maison de jeu est soupçonnée de complicité avec des voleurs de bétail.
DVD VA→STF→17,95 $

REDS ►2
É.-U. 1981. Drame biographique réalisé et interprété par Warren BEATTY avec Diane Keaton et Jack Nicholson. - L'idylle du journaliste John Reed avec Louise Bryant et l'engagement du couple dans la révolution russe. - Récit complexe. Brillante évocation d'époque. Montage intelligent. Jeu nuancé et convaincant des comédiens. □ Général

RÉELLEMENT L'AMOUR *voir* **Love Actually**

REF, THE [Drôles d'otages] ▷4
É.-U. 1994. Comédie satirique de Ted DEMME avec Denis Leary, Judy Davis et Kevin Spacey. - À la veille de Noël, un cambrioleur activement recherché par la police se réfugie à la pointe du fusil chez un couple bourgeois en pleine crise conjugale. □ 13 ans+ · Langage vulgaire
DVD VA→10,95 $

REFLECTING SKIN, THE [Enfant miroir, L'] ▷3
ANG. 1990. Drame psychologique de Philip RIDLEY avec Lindsay Duncan, Viggo Mortensen et Jeremy Cooper. - Un jeune garçon s'inquiète lorsque son grand frère s'amourache de leur mystérieuse voisine qu'il croit être une vampire. - Exploration douloureuse et poétique de l'enfance. Traitement singulier et puissant. Réalisation d'une grande beauté picturale. Interprétation dans le ton. □ 13 ans+

REFLECTIONS IN A GOLDEN EYE ▷4
É.-U. 1967. Drame psychologique de John HUSTON avec Elizabeth Taylor, Marlon Brando et Brian Keith. - Un major développe une passion pour un soldat qui s'éprend quant à lui de l'épouse de l'officier. □ Général

REFUGE DES ANGES, LE [House of Angels] ▷4
SUÈ. 1993. Comédie dramatique de Colin NUTLEY avec Helena Bergstrom, Richard Wolff et Sven Wollter. - Venue prendre possession d'une ferme qu'elle a eue en héritage, une jeune citadine excentrique sème malgré elle la zizanie parmi les villageois. □ 13 ans+

REFUGE, LE *voir* **Hole, The**

REGAIN ▷3
FR. 1937. Drame social de Marcel PAGNOL avec Orane Demazis, Fernandel et Marguerite Moreno. - Un homme et une femme tentent de faire revivre un village abandonné. - Adaptation poétique d'un roman de Giono. Belles images. Dialogue riche. Excellents interprètes. □ Général

REGARD D'ULYSSE, LE [Ulysse's Gaze] ►2
GRÈ. 1995. Drame de Theo ANGELOPOULOS avec Harvey Keitel, Maïa Morgenstern et Erland Josephson. - En pleine crise personnelle et professionnelle, un cinéaste américain d'origine grecque parcourt les Balkans dévastés par la guerre. - Œuvre philosophique et humaniste au rythme méditatif. Nombreuses trouvailles narratives et formelles. H. Keitel remarquable de sobriété dans le rôle principal. □ Général
DVD Cadrage W→43,95 $

REGARDE LA MER [See the Sea]
FR. 1997. François OZON
DVD VF→STA→37,95 $

REGARDE LES HOMMES TOMBER ▷4
FR. 1994. Drame policier de Jacques AUDIARD avec Jean-Louis Trintignant, Jean Yanne et Mathieu Kassovitz. - Un vieux commis voyageur abandonne épouse et boulot afin de poursuivre à travers la France deux truands qui ont agressé son meilleur ami. □ 13 ans+

REGARDING HENRY [À propos d'Henry] ▷4
É.-U. 1991. Drame psychologique de Mike NICHOLS avec Harrison Ford, Annette Bening et Bill Nunn. - Après un accident qui l'a rendu amnésique, un avocat cynique reprend sa vie professionnelle et familiale avec de meilleurs sentiments. □ Général
DVD VA→STA→Cadrage W→10,95 $

REGINA ▷4
ISL. 2002. Comédie musicale de Maria SIGURDARDOTTIR avec Sigurbjörg Alma Ingolfsdottir, Benedikt Clausen et Baltasar Kormakur. - Une fillette ayant le pouvoir d'obtenir des autres tout ce qu'elle veut en chantant entreprend de neutraliser un voleur de bijoux.
DVD VF→29,95 $

RÈGLE DU JEU, LA [Rules of the Game] ►1
FR. 1939. Comédie de Jean RENOIR avec Mila Parély, Marcel Dalio et Roland Toutain. - À l'occasion d'une réception dans un château, des chassés-croisés amoureux s'engagent tant entre invités et maîtres qu'entre serviteurs. - Œuvre clé de son auteur. Habile entrecroisement d'intrigues. Sens marqué de l'observation de mœurs. Réalisation brillante. Interprétation intelligente. □ Général
DVD VF→STA→62,95 $

RÈGLEMENT, LE *voir* **Payback**

RÈGLEMENTS DE COMPTE *voir* **Big Heat, The**

RÈGLES D'ENGAGEMENT, LES
voir **Rules of Engagement**

RÈGNE DE FEU *voir* **Reign of Fire**

RÈGNE DES DÉMONS, LE *voir* **Gargoyles**

REIGN OF FIRE [Règne de feu] ▷4
É.-U. 2002. Drame fantastique de Rob BOWMAN avec Christian Bale, Matthew McConaughey et Izabella Scorupco. - Dans un futur post-apocalyptique, des humains réfugiés dans un château fort sont en proie aux attaques de dragons. □ Général · Déconseillé aux jeunes enfants
DVD VA➔15,95 $

REINDEER GAMES [Jeux sont faits, Les] ▷5
É.-U. 2000. Drame policier de John FRANKENHEIMER avec Ben Affleck, Charlize Theron et Gary Sinise. - À sa sortie de prison, un voleur d'automobiles est entraîné malgré lui dans le hold-up d'un casino.
DVD Cadrage W➔22,95 $

REINE AFRICAINE, LA *voir* **African Queen, The**

REINE BLANCHE, LA ▷5
FR. 1991. Mélodrame de Jean-Loup HUBERT avec Catherine Deneuve, Richard Bohringer et Bernard Giraudeau. - De retour dans sa ville natale après vingt ans d'absence, un père de famille retrouve son amour de jeunesse. □ Général

REINE CHRISTINE, LA *voir* **Queen Christina**

REINE DES BANDITS, LA *voir* **Bandit Queen**

REINE DU BAL, LA *voir* **Prom Queen**

REINE MARGOT, LA ▷4
FR. 1954. Drame historique de Jean DRÉVILLE avec Jeanne Moreau, Françoise Rosay et Armando Francioli. - Une tranche de la vie de l'intrigante et frivole Marguerite de Valois. □ Non classé

REINE MARGOT, LA [Queen Margot] ▷3
FR. 1993. Drame historique de Patrice CHÉREAU avec Isabelle Adjani, Daniel Auteuil et Jean-Hugues Anglade. - En 1572, à Paris, après le mariage de la sœur du roi Charles IX, les extrémistes papistes se livrent au massacre des protestants durant la nuit de la Saint-Barthélémy. - Adaptation du roman d'Alexandre Dumas. Déploiement de cruauté et d'amour exacerbés. Ensemble réglé avec virtuosité. Acteurs de haut vol. □ 13 ans+ · Violence
DVD VF➔STA➔Cadrage W➔18,95 $

REINES D'UN JOUR ▷4
FR. 2001. Comédie de mœurs de Marion VERNOUX avec Karin Viard, Hélène Fillières et Victor Lanoux.- Durant 24 heures, quatre personnes vivent des contrariétés de toutes sortes. □ Général
DVD VF➔Cadrage W➔11,95 $

REIVERS, THE ▷4
É.-U. 1969. Comédie dramatique de Mark RYDELL avec Steve McQueen, Mitch Vogel et Rupert Crosse. - En l'absence de ses parents, un jeune garçon de douze ans se laisse entraîner dans une escapade avec un employé. □ Général

RÉJEANNE PADOVANI ▷3
QUÉ. 1973. Drame social de Denys ARCAND avec Jean Lajeunesse, Luce Guilbeault et Pierre Thériault. - Une réception offerte par un entrepreneur en construction est troublée par le retour de son ex-femme. - Critique sociale présentée sur un ton retenu. Mise en scène adroitement contrôlée.
DVD VF➔21,95 $

RELAX... IT'S JUST SEX ▷5
É.-U. 1999. Comédie dramatique de P.J. CASTELLANETA avec Jennifer Tilly, Mitchell Anderson et Cynda Williams. - Un groupe d'amis composé d'hétérosexuels et de gais connaît diverses tribulations sentimentales.
DVD VA➔Cadrage W➔32,95 $

RELIGIEUSE, LA [Nun, The] ▷3
FR. 1966. Drame psychologique de Jacques RIVETTE avec Anna Karina, Liselotte Pulver et Francine Bergé. - L'histoire d'une vocation forcée au XVIIIe siècle. - Style classique. Mise en images sobre.
□ Non classé

RELUCTANT DEBUTANTE, THE ▷3
É.-U. 1958. Comédie de mœurs de Vincente MINNELLI avec Rex Harrison, Kay Kendall et Sandra Dee. - Une jeune fille de bonne société parvient à épouser celui qu'elle aime malgré l'opposition de ses parents. - Ton satirique et humoristique. Fine observations des mœurs de la haute société. Interprétation brillante.

REMAINS OF THE DAY, THE [Vestiges du jour, Les] ▷3
É.-U. 1993. Drame psychologique de James IVORY avec Anthony Hopkins, Emma Thompson et James Fox. - Un majordome zélé et loyal envers son maître fait passer son travail avant sa vie personnelle. - Sujet traité en demi-teinte. Mise en scène élégante et maîtrisée. Illustration recherchée. Interprétation magistrale de A. Hopkins. □ Général
DVD Cadrage W➔39,95 $

REMBRANDT ▷3
ANG. 1936. Drame biographique d'Alexander KORDA avec Charles Laughton, Gertrude Lawrence et Elsa Lanchester. - Les dernières années de la vie du célèbre peintre hollandais. - Intéressante évocation d'époque. Riche dialogue. Mise en scène spectaculaire et soignée. Jeu nuancé et intelligent de C. Laughton. □ Général

REMBRANDT ▷5
FR. 1999. Drame biographique de Charles MATTON avec Klaus Maria Brandauer, Romane Bohringer et Jean Rochefort. - À la veille de sa mort, le peintre Rembrandt van Rijn se remémore les moments marquants de sa vie. □ Général · Déconseillé aux jeunes enfants

REMEMBER ME, MY LOVE ▷4
ITA. 2003. Drame de mœurs de Gabriele MUCCINO avec Fabrizio Bentivoglio, Laura Morante et Nicoletta Romanoff. - Un couple en pleine crise de la quarantaine et ses deux enfants adolescents vivent des hauts et des bas dans leur recherche du bonheur.
DVD STA➔Cadrage W➔31,95 $

REMEMBER THE NIGHT ▷4
É.-U. 1939. Comédie de Mitchell LEISEN avec Barbara Stanwyck, Fred MacMurray et Beulah Bondi. - Un assistant-procureur accueille chez lui une voleuse de bijoux. □ Général

REMEMBER THE TITANS [En souvenir des Titans] ▷4
É.-U. 2000. Drame sportif de Boaz YAKIN avec Denzel Washington, Will Patton et Donald Adeosun Faison. - En 1971, l'entraîneur noir d'une équipe de football interraciale inculque à ses joueurs des valeurs qui font d'eux des champions respectés. □ Général
DVD VF➔Cadrage W➔21,95 $

REMEMBERING THE COSMOS FLOWER
JAP. 1998. Junichi SUZUKI
DVD Cadrage W➔27,95 $

REMONTONS LES CHAMPS-ÉLYSÉES ▷4
FR. 1938. Comédie réalisée et interprétée par Sacha GUITRY avec Lisette Lanvin et Jean Davy. - Broderies sur la petite histoire, aux alentours des Champs-Elysées.

RENARD DU DÉSERT, LE *voir* **Desert Fox, The**

RENARD S'ÉVADE À TROIS HEURES, LE
voir **After the Fox**

RENCONTRE AVEC JOE BLACK *voir* **Meet Joe Black**

RENCONTRE FATALE *voir* **Sea of Love**

RENCONTRES AVEC DES HOMMES REMARQUABLES
voir **Meetings with Remarkable Men**

RENCONTRES DU TROISIÈME TYPE
voir **Close Encounters of the Third Kind**

RENDEZ-VOUS ▷4
FR. 1985. Drame d'André TÉCHINÉ avec Juliette Binoche, Lambert Wilson, Jean-Louis Trintignant et Wadeck Stanczak. - Une jeune actrice est aimée par deux hommes dont l'un a des tendances perverses. □ 18 ans+
DVD VF➔STA➔Cadrage W➔23,95 $

RENDEZ-VOUS À BROAD STREET
voir **Give My Regards to Broad Street**

RENDEZ-VOUS À LONG ISLAND
voir **Love and Death on Long Island**

RENDEZ-VOUS D'ANNA, LES ▷3
BEL. 1978. Drame psychologique de Chantal AKERMAN avec Aurore Clément, Helmut Griem et Léa Massari. - Une jeune cinéaste célibataire qui voyage de ville en ville pour présenter son nouveau film fait diverses rencontres. - Suite de confidences filmées de façon relativement neutre. Nombreux plans-séquences fixes. Rythme lent bien contrôlé. Belle lumière naturelle. Jeu détaché de A. Clément. □ Général

RENDEZ-VOUS DE JUILLET ▷3
FR. 1949. Étude de mœurs de Jacques BECKER avec Daniel Gélin, Nicole Courcel et Brigitte Auber. - Les conflits de quelques jeunes Parisiens avec leurs parents. - Sujet intéressant. Personnages bien dessinés. Réalisation habile. □ Général

RENDEZ-VOUS DE PARIS, LES ▷4
FR. 1994. Film à sketches d'Éric ROHMER avec Clara Bellar, Antoine Basler et Aurore Rauscher. - Trois histoires portant sur les caprices amoureux de jeunes Parisiens. □ Général

RENDEZ-VOUS SUR LA LUNE *voir* **Once in a Blue Moon**

RENEGADE ▷5
FR. 2003. Western de Jan KOUNEN avec Vincent Cassel, Michael Madsen et Juliette Lewis. - Initié aux rites chamanistes, un marshall lutte contre des bandits qui recherchent un trésor dans un territoire indien sacré.
DVD VF→STF→Cadrage W→18,95 $

RENEGADES [Renégats, Les] ▷4
É.-U. 1989. Drame policier de Jack SHOLDER avec Kiefer Sutherland, Lou Diamond Phillips et Rob Knepper. - À la suite d'un incident très éprouvant, un jeune Indien s'associe contre son gré à un policier blanc pour faire face à des criminels. □ 13 ans+
DVD VA→STF→17,95 $

RENT ▷4
É.-U. 2005. Drame musical de Chris COLUMBUS avec Adam Pascal, Rosario Dawson et Anthony Rapp. - En 1989, à New York, un groupe de jeunes s'efforcent de surmonter les nombreux obstacles qu'ils rencontrent dans leur recherche du bonheur et de la réussite.
□ Général · Déconseillé aux jeunes enfants
DVD VA→Cadrage W→37,95 $

REPENTANCE, THE
RUS. 1984. Tengiz ABULADZE
DVD VF→STF→43,95 $

RÉPÉTITION, LA [Replay] ▷4
FR. 2001. Drame psychologique de Catherine CORSINI avec Pascale Bussières, Emmanuelle Béart et Jean-Pierre Kalfon. - Après dix années de silence, une comédienne de théâtre retrouve une amie d'enfance admirative et envieuse qui devient vite envahissante.
□ 13 ans+
DVD VF→STA→PC

RÉPÉTITION D'ORCHESTRE *voir* **Prova d'orchestra**

REPLAY *voir* **Répétition, La**

REPO MAN ▷4
É.-U. 1984. Comédie fantaisiste d'Alex COX avec Emilio Estevez, Harry Dean Stanton et Olivia Barash. - La découverte et la prise en charge d'une voiture remplie de substances radioactives par un jeune punk entraîne celui-ci dans une série d'aventures. □ 18 ans+
DVD VA→STA→Cadrage W→24,95 $

REPORT ON THE PARTY AND THE GUESTS, A
voir **Fête et les invités, La**

REPORT TO THE COMMISSIONER ▷4
É.-U. 1974. Drame policier de Milton KATSELAS avec Michael Moriarty, Yaphet Kotto et Susan Blakely. - Un jeune policier est accusé du meurtre d'un collègue qui travaillait incognito dans les milieux de la drogue.

REPORT, THE *voir* **Reportaje**

REPORTAGE EN DIRECT *voir* **Mad City**

REPORTAJE [Report, The]
MEX. 1953. Emilio FERNANDEZ
DVD STA→26,95 $

REPOS DU GUERRIER, LE ▷5
FR. 1962. Drame psychologique de Roger VADIM avec Brigitte Bardot, Robert Hossein et James Robertson. - Une jeune bourgeoise s'éprend d'un désœuvré qu'elle a sauvé du suicide. □ Général

REPRÉSAILLES [Massacre in Rome] ▷4
ITA. 1973. Drame de guerre de George P. COSMATOS avec Richard Burton, Marcello Mastroianni et Leo Mckern. - Les autorités nazies décident, à la suite d'une attaque des résistants, de fusiller dix Italiens pour chaque Allemand tué.

RÉPRESSION ▷4
ARG. 1986. Drame social d'Hector OLIVERA avec Alejo Carcia Pintos, Vita Escardo et Pablo Novarro. - À Buenos Aires, des étudiants qui ont pris part à un mouvement contestataire sont arrêtés et torturés par des militaires.

REPUBLIC OF LOVE [République de l'amour, La] ▷5
CAN. 2004. Comédie dramatique de Deepa MEHTA avec Bruce Greenwood, Emilia Fox et Edward Fox. - À la veille de son mariage avec celui qu'elle croit être l'homme de sa vie, une jeune femme remet tout en question lorsque ses parents se séparent. □ Général
DVD VA→21,95 $

REPULSION ►2
ANG. 1965. Drame psychologique de Roman POLANSKI avec Catherine Deneuve, Yvonne Furneaux et Ian Hendry. - Une jeune fille angoissée finit par sombrer dans une folie meurtrière. - Analyse clinique d'un cas pathologique. Réalisation fort adroite. Images hallucinantes. Bonne création d'atmosphère. C. Deneuve remarquable. □ Général
DVD VA→15,95 $

REQUIEM FOR A DREAM [Retour à Brooklyn] ▷3
É.-U. 2000. Drame de mœurs de Darren ARONOFSKY avec Ellen Burstyn, Jared Leto et Jennifer Connelly. - La descente aux enfers de quatre personnes ayant développé une dépendance aux drogues. - Adaptation dérangeante et percutante du roman de Hubert Selby Jr. Traitement visuel et sonore possédant un grand pouvoir d'évocation. Interprétation intense. □ 16 ans+
DVD VF→STA→Cadrage W/16X9→18,95 $

REQUIEM FOR A HEAVYWEIGHT ▷4
É.-U. 1962. Drame psychologique de Ralph NELSON avec Anthony Quinn, Jackie Gleason et Julie Harris. - Un boxeur déchu est victime d'exploiteurs. □ Général
DVD VA→STF→Cadrage P&S/W→34,95 $

REQUIEM POUR UN BEAU SANS-CŒUR ▷4
QUÉ. 1992. Drame policier de Robert MORIN avec Gildor Roy, Jean-Guy Bouchard et Brigitte Paquette. - Un dangereux criminel qui s'est évadé de prison renoue avec ses proches et se venge de ses ennemis. □ 16 ans+

RESCAPÉS, LES *voir* **Survivors, The**

RESCUERS DOWN UNDER, THE ▷3
É.-U. 1990. Dessins animés de Hendel BUTOY et Mike GABRIEL. - Deux souris viennent au secours d'un jeune garçon qui a été fait prisonnier par un braconnier. - Histoire parsemée d'humour et dotée d'un rythme vif. Graphisme soigné. □ Général
DVD Cadrage W→18,95 $

RESCUERS, THE [Bernard et Bianca] ▷4
É.-U. 1977. Dessins animés de Wolfgang REITHERMAN, Art STEVENS et John LOUNSBERY. - Deux souris viennent en aide à une orpheline séquestrée par une femme cupide. □ Général
DVD VF→Cadrage W→19,95 $

RESERVOIR DOGS ▷3
É.-U. 1991. Drame policier de Quentin TARANTINO avec Harvey Keitel, Tim Roth et Steve Buscemi. - Surpris par la police alors qu'ils cambriolent un diamantaire, cinq escrocs battent en retraite et en viennent à se soupçonner mutuellement de trahison. - Récit aux dialogues incisifs. Mise en scène dépouillée et rigoureuse. Montage dynamique. Distribution solide. □ 18 ans+ · Violence
DVD VA→STF→Cadrage W→14,95 $ VA→Cadrage W→18,95 $

RÉSIDENCE JÉRICHO *voir* **Jericho Mansions**

RESPIRO ▷4
ITA. 2002. Comédie dramatique d'Emanuele CRIALESE avec Valeria Golino, Vincenzo Amato et Francesco Casisa. - Dans un village de pêcheurs dans une île au sud de la Sicile, une jeune mère de famille au tempérament fantasque suscite l'hostilité de son entourage.
□ Général
DVD STF→21,95 $ VF→STF→Cadrage W/16X9→21,95 $

RESSOURCES HUMAINES [Human Resources] ▷4
FR. 1999. Drame social de Laurent CANTET avec Jalil Lespert, Jean-Claude Vallod et Chantal Barré. - Un étudiant en gestion qui fait un stage à l'usine où son père est ouvrier se retrouve au centre d'un conflit de travail. □ Général
DVD VF→STA→Cadrage W→24,95 $

RESSUSCITER LES MORTS *voir* **Bringing Out the Dead**

RESTAURATION *voir* **Restoration**

RESTE *voir* **Stay**

RESTORATION [Restauration] ▷4
É.-U. 1995. Comédie dramatique de Michael HOFFMAN avec Robert Downey Jr., Sam Neill et Meg Ryan. - Les tribulations d'un médecin anglais du XVIIe siècle qui, après un séjour à la cour du roi, s'en va soigner les plus démunis. □ 13 ans+
DVD VA→Cadrage W→11,95 $

RESURRECTION ▷5
É.-U. 1980. Drame fantastique de Daniel PETRIE avec Ellen Burstyn, Sam Shepard et Roberts Blossom. - Une jeune femme devenue infirme à la suite d'un accident de voiture découvre qu'elle possède des dons de guérisseuse.

RETOUR, LE [Return, The] ▷3
RUS. 2003. Drame psychologique d'Andrei ZVIAGUINTSEV avec Ivan Dobronravov, Vladimir Garine et Konstantin Lavronenko. - De retour après douze ans d'absence, un homme part quelques jours en voyage de pêche avec ses deux fils adolescents. - Récit énigmatique empruntant plusieurs voies imprévues. Sens poétique de l'image. Climat de sourde violence. Réalisation assurée. Interprétation criante de vérité.
DVD STA→Cadrage 16X9→23,95 $

RETOUR À BROOKLYN *voir* **Requiem for a Dream**

RETOUR À COLD MOUNTAIN *voir* **Cold Mountain**

RETOUR À HOWARDS END *voir* **Howards End**

RETOUR À L'ÉCOLE *voir* **Back to School**

RETOUR À LA VIE D'UN HOMME DÉCHU
voir **Clean and Sober**

RETOUR DE BATMAN, LE *voir* **Batman Returns**

RETOUR DE CASANOVA, LE ▷4
FR. 1992. Comédie dramatique d'Édouard NIERMANS avec Alain Delon, Fabrice Luchini et Elsa. - Un séducteur vieillissant et ruiné s'efforce en vain de conquérir le cœur d'une belle jeune fille érudite.
□ Général

RETOUR DE DANNY OCEAN, LE *voir* **Ocean's 12**

RETOUR DE DON CAMILLO, LE ▷4
FR. 1952. Comédie de Julien DUVIVIER avec Fernandel, Gino Cervi et Édouard Delmont. - Le curé d'un village italien est de nouveau aux prises avec le maire communiste. □ Général
DVD VF→33,95 $

RETOUR DE JULIE, LE
voir **Julie Walking Home**

RETOUR DE L'ÉTALON NOIR, LE
voir **Black Stallion Returns, The**

RETOUR DE L'INSPECTEUR HARRY, L'
voir **Sudden Impact**

RETOUR DE LA PANTHÈRE ROSE, LE
voir **Return of the Pink Panther, The**

RETOUR DE MARTIN GUERRE, LE ▷3
[Return of Martin Guerre, The]
FR. 1982. Drame de mœurs de Daniel VIGNE avec Nathalie Baye, Gérard Depardieu et Roger Planchon. - Au milieu du XVIe siècle, un tribunal du parlement de Toulouse doit se prononcer sur une accusation d'imposture contre un paysan. - Tableau de mœurs bien reconstitué. Traitement sérieux et documenté. □ Général

RETOUR DE MAX DUGAN, LE
voir **Max Dugan Returns**

RETOUR DES AVENTURIERS DU TIMBRE PERDU, LE
voir **Return of Tommy Tricker, The**

RETOUR DES MORTS VIVANTS, LE
voir **Return of the Living Dead, The**

RETOUR DU GRAND BLOND, LE ▷4
FR. 1974. Comédie policière d'Yves ROBERT avec Pierre Richard, Mireille Darc et Jean Rochefort. - Un capitaine des services secrets s'associe à un violoniste de concert pour prouver la culpabilité meurtrière d'un de ses supérieurs. □ Général
DVD VF→19,95 $

RETOUR DU JEDI, LE *voir* **Star Wars: Return of the Jedi**

RETOUR VERS LE FUTUR *voir* **Back to the Future**

RETURN, THE *voir* **Retour, Le**

RETURN FROM WITCH MOUNTAIN ▷4
[Visiteurs d'un autre monde, Les]
É.-U. 1978. Comédie fantaisiste de John HOUGH avec Kim Richards, Christopher Lee et Bette Davis. - Deux orphelins d'origine extraterrestre servent de cobayes à un savant qui veut conquérir le monde.
DVD VA→18,95 $

RETURN OF A MAN CALLED HORSE, THE ▷4
É.-U. 1976. Western de Irvin KERSHNER avec Richard Harris, Gale Sondergaard et Geoffrey Lewis. - Un gentilhomme anglais retourne en Amérique pour retrouver une tribu indienne avec laquelle il a vécu quelque temps. □ Général
DVD VA→STF→Cadrage W→11,95 $

RETURN OF CHANDU
É.-U. 1934. Ray TAYLOR
DVD VA→8,95 $

RETURN OF COUNT YORGA, THE ▷5
É.-U. 1971. Drame d'horreur de Bob KELLJAN avec Robert Quarry, Mariette Hartley et Roger Perry. - Un jeune homme s'efforce de libérer sa fiancée tombée sous l'emprise d'un vampire.

RETURN OF DRACULA, THE ▷5
É.-U. 1957. Drame d'horreur de Paul LANDRES avec Francis Lederer, Norma Eberhardt, Jimmy Baird et Ray Stricklyn. - Un vampire assassine un artiste et prend sa place auprès de sa famille établie en Californie.

RETURN OF FRANK JAMES, THE ▷4
É.-U. 1940. Western de Fritz LANG avec Henry Fonda, Gene Tierney et John Carradine. - Un hors-la-loi réformé part à la recherche des assassins de son frère. □ Général

RETURN OF MARTIN GUERRE, THE
voir **Retour de martin guerre, Le**

RETURN OF SABATA *voir* **Sabata Trilogy, The**

RETURN OF THE DRAGON ▷5
H.K. 1973. Aventures réalisées et interprétées par Bruce LEE avec Nora Miao et Jon T. Benn. - Un jeune Chinois, expert en arts martiaux, se rend à Rome pour aider une compatriote aux prises avec un gangster. □ Général
DVD Cadrage W→16,95 $

RETURN OF THE KING, THE ▷4
É.-U. 1980. Dessins animés de Jules BASS et Arthur RANKIN Jr. - Un nain entreprend un périlleux voyage pour sauver du Mal sa région natale. □ Général · Enfants
DVD VA→STF→28,95 $

RETURN OF THE LIVING DEAD, THE ▷4
[Retour des morts vivants, Le]
É.-U. 1984. Drame d'horreur de Dan O'BANNON avec Clu Gulager, Don Calfa et James Karen. - Deux employés d'une firme de produits médicaux libèrent par mégarde un gaz qui s'avère susceptible de réanimer les morts. □ 13 ans+
DVD VA→→Cadrage P&S/W/16X9 11,95 $

RETURN OF THE MUSKETEERS, THE ▷4
ANG. 1989. Aventures de Richard LESTER avec Michael York, Richard Chamberlain et Oliver Reed. - D'Artagnan, aidé de ses trois amis mousquetaires, lutte contre le cardinal Mazarin qui complote pour éloigner du pouvoir le jeune roi Louis XIV. □ Général

RETURN OF THE PINK PANTHER, THE ▷4
[Retour de la panthère rose, Le]
ANG. 1974. Comédie policière de Blake EDWARDS avec Peter Sellers, Christopher Plummer et Catherine Schell. - Un inspecteur français est appelé à enquêter sur le vol d'un énorme diamant dans un musée arabe. □ Général
DVD VF→STF→Cadrage W→15,95 $

RETURN OF THE SECAUCUS 7 ▷4
É.-U. 1979. Étude de mœurs de John SAYLES avec Adam Lefevre, Bruce MacDonald et Jean Passanante. - Des amis qui se sont connus lors de manifestations étudiantes se réunissent comme chaque année dans une maison de campagne. □ 13 ans+
DVD VA→STA→33,95 $

RETURN OF THE VAMPIRE, THE
É.-U. 1943. Lew LANDERS et Kurt NEUMANN □ Général
DVD VA→STA→Cadrage P&S→23,95 $

RETURN OF TOMMY TRICKER, THE ▷5
[Retour des aventuriers du timbre perdu, Le]
QUÉ. 1994. Comédie fantaisiste de Michael RUBBO avec Michael Stevens, Joshawa Mathers et Heather Goodsell. - Des amis philatélistes s'efforcent de libérer un jeune garçon retenu prisonnier dans un timbre depuis 65 ans. □ Général

RETURN TO ME ▷4
É.-U. 2000. Comédie sentimentale de Bonnie HUNT avec David Duchovny, Minnie Driver et Carroll O'Connor. - Un architecte s'éprend d'une jeune serveuse en ignorant qu'on lui a transplanté le cœur de sa défunte épouse. □ Général
DVD VA→STF→Cadrage W→11,95 $

RETURN TO OZ [Oz, un monde extraordinaire] ▷4
É.-U. 1985. Conte de Walter MURCH avec Fairuza Balk, Nicol Williamson et Jean Marsh. - Au cours d'un voyage dans un pays imaginaire, une petite fille vient à bout des maléfices d'un roi malveillant et rend le trône à son héritière légitime. □ Général
DVD VF→19,95 $

RETURN TO PARADISE ▷4
É.-U. 1953. Aventures de Mark ROBSON avec Gary Cooper, Roberta Haynes et Barry Jones. - Dans une île du Pacifique, un aventurier entre en conflit avec un pasteur fanatique. □ Général

RETURN TO PARADISE [Loin du paradis] ▷4
É.-U. 1998. Drame judiciaire de Joseph RUBEN avec Vince Vaughn, Anne Heche et David Conrad. - Pour sauver un ami condamné à mort pour possession de drogue en Asie, deux Américains sont invités à se rendre sur place pour avouer leur complicité. □ 13 ans+
DVD VA→Cadrage W→18,95 $

RETURN TO PEYTON PLACE ▷5
É.-U. 1961. Drame de mœurs de José FERRER avec Carol Lynley, Jeff Chandler et Mary Astor. - Une adolescente provoque un scandale en publiant un roman où elle met en scène les habitants de sa petite ville. □ Non classé
DVD VA→14,95 $

RETURN TO SALEM'S LOT, A [Enfant lumière, L'] ▷5
É.-U. 1987. Drame d'horreur de Larry COHEN avec Michael Moriarty, Samuel Fuller et Richard Addison Reed. - Un anthropologue cynique lutte contre des villageois aux comportements vampiriques pour enlever son fils à leur influence. □ Non classé

REVANCHE *voir* **Revenge**

REVANCHE, LA *voir* **Rocky II**

RÊVE AVEUGLE ▷5
QUÉ. 1994. Drame psychologique de Diane BEAUDRY avec Linda Sorgini, Antoine Durand et Ai Thuy Huynh. - Les tribulations d'un couple qui a entrepris des démarches afin d'adopter une jeune Asiatique.

RÊVE DE BOBBY, LE *voir* **Radio Flyer**

RÊVE DE SINGE [Bye Bye Monkey] ▷4
ITA. 1977. Comédie dramatique de Marco FERRERI avec Gérard Depardieu, Marcello Mastroianni et Gail Lawrence. - Un Français vivant à New York se prend d'affection pour un bébé chimpanzé qu'un ami italien lui a confié. □ 18 ans+

REVENANTS, LES [They Came Back] ▷4
FR. 2004. Drame fantastique de Robin CAMPILLO avec Géraldine Pailhas, Jonathan Zaccaï et Frédéric Pierrot. - Après que les morts du monde entier eurent mystérieusement repris vie, les autorités cherchent à faciliter leur réinsertion sociale.
DVD VF→STA→Cadrage W/16X9→29,95 $

REVENGE [Revanche] ▷5
É.-U. 1989. Drame de mœurs de Tony SCOTT avec Kevin Costner, Anthony Quinn et Madeleine Stowe. - Après avoir découvert que sa femme le trompe avec un jeune pilote, un riche propriétaire mexicain exerce une dure vengeance contre eux. □ 18 ans+
DVD VA→Cadrage W→23,95 $

REVENGE OF FRANKENSTEIN, THE ▷4
ANG. 1958. Drame d'horreur de Terence FISHER avec Peter Cushing, Francis Matthews et Eunice Gayson. - Un savant mutile les patients d'un hôpital afin de se servir de leurs membres pour créer un nouveau corps humain et lui donner vie.
DVD VA→23,95 $

REVENGE OF THE PINK PANTHER, THE ▷4
[Malédiction de la panthère rose, La]
ANG. 1978. Comédie policière de Blake EDWARDS avec Peter Sellers, Dyan Cannon et Herbert Lom. - Le représentant français d'un syndicat du crime veut se valoriser en assassinant l'inspecteur Clouseau. □ Général
DVD VF→STF→Cadrage W→11,95 $

REVENGE, THE *voir* **Zemsta**

REVERSAL OF FORTUNE [Mystère Von Bulow, Le] ▷3
É.-U. 1990. Drame judiciaire de Barbet SCHROEDER avec Jeremy Irons, Ron Silver et Glenn Close. - Un avocat assume en appel la défense d'un richard reconnu coupable d'avoir provoqué l'état comateux de sa femme. - Reconstitution détaillée d'une affaire notoire. Réalisation intelligente et méthodique. Interprétation brillante de J. Irons et de R. Silver. □ Général
DVD VF→STF→Cadrage W→14,95 $

RÊVES [Dreams] ▷3
JAP. 1990. Film à sketches d'Akira KUROSAWA avec Akira Terao, Toshihiko Nakano et Mitsunori Isaki. - Huit histoires inspirées des rêves de l'auteur. - Œuvre personnelle et poétique sur les thèmes de la vie et de la nature. Propos parfois inutilement appuyés. Mise en images de toute beauté. □ Général
DVD STA→Cadrage W→21,95 $

RÊVES DE FAMILLE *voir* **My Family**

RÊVES DE FEMMES [Dreams] ▷3
SUÈ. 1955. Drame d'Ingmar BERGMAN avec Eva Dahlbeck, Harriet Andersson et Gunnar Bjornstrand. - Deux jeunes femmes se rendent travailler dans une ville où elles nouent diverses relations amoureuses. - Construction rigoureuse. Excellente technique. Objectivité un peu froide. □ 13 ans+

RÊVES ÉLECTRIQUES *voir* **Electric Dreams**

RÊVES EN CAGE *voir* **Train of Dreams**

RÊVES SANGLANTS *voir* **Sender, The**

RÊVEUR: INSPIRÉ D'UNE HISTOIRE VRAIE, LE
voir **Dreamer: Inspired by a True Story**

RÊVEURS MAGNIFIQUES
voir **Beautiful Dreamers**

REVOIR JULIE ▷5
CAN. 1998. Comédie dramatique de Jeanne CRÉPEAU avec Dominique Leduc, Stéphanie Morgenstern et Marcel Sabourin. - Une anglophone de Montréal part à la campagne retrouver une amie francophone après quinze années sans nouvelles d'elle.

RÉVOLTE DES ANGES, LA *voir* **Falling Angels**

RÉVOLTÉS DE L'AN 2000, LES ▷4
ESP. 1976. Drame d'horreur de Chicho IBANEZ-SERRADOR avec Lewis Fiander, Prunella Ransome et Antonio Iranzo. - Un jeune couple en vacances dans une île est aux prises avec des enfants meurtriers. □ 13 ans+

RÉVOLTÉS DU BOUNTY, LES
voir **Mutiny on the Bounty**

REVOLUTION #9
É.-U. 2001. Tim McCANN
DVD VA→26,95 $

RÉVOLUTION FRANÇAISE 1: LES ANNÉES LUMIÈRE, LA ▷4
FR. 1989. Drame historique de Robert ENRICO avec François Cluzet, Klaus Maria Brandauer et Peter Ustinov - Évocation des faits entourant la Révolution française, de 1789 à l'été 1792. □ Général

RÉVOLUTION FRANÇAISE 2: LES ANNÉES TERRIBLES, LA ▷4
FR. 1989. Drame historique de Richard HEFFRON avec Klaus Maria Brandauer, Andrzej Seweryn et François Cluzet. - Évocation des faits entourant la Révolution française, à partir de 1792 jusqu'à l'exécution de Robespierre en 1794. □ 13 ans+

RÉVOLUTIONNAIRE, LE
QUÉ. 1965. Jean-Pierre LEFEBVRE
DVD VF→28,95 $

REYNA DEL SUR, LA [Queen of South]
MEX. 2003. Luis ESTRADA
DVD STA→24,95 $

RHAPSODY IN AUGUST ▷3
JAP. 1991. Drame psychologique d'Akira KUROSAWA avec Sachiko Murase, Hidetaka Yoshioka et Mie Suzuki. - Une survivante du bombardement nucléaire de Nagasaki fait prendre conscience de cette tragédie à ses quatre petits-enfants. - Portrait familial intimiste et poétique. Profonde sincérité du propos. Composition picturale impressionnante. Interprétation bien dosée. □ Général
DVD STF→Cadrage W/16X9→24,95 $

RHAPSODY OF SPRING
CHI. 1998. Teng WENJI
DVD STA→29,95 $

RHINOCEROS ▷5
É.-U. 1973. Comédie satirique de Tom O'HORGAN avec Gene Wilder, Zero Mostel et Karen Black. - Dans une petite ville américaine, les habitants se transforment un à un en rhinocéros.
DVD VA→Cadrage W→26,95 $

RHYTHM ON THE RIVER ▷5
É.-U. 1940. Comédie musicale de Victor SCHERTZINGER avec Bing Crosby, Mary Martin et Oscar Levant. - Un jeune homme et une jeune fille à l'emploi d'un compositeur de chansons décident d'unir leurs talents. □ Général

RICE PEOPLE, THE *voir* **Gens de la rizière, Les**

RICH AND STRANGE ▷4
ANG. 1929. Comédie sentimentale d'Alfred HITCHCOCK avec Harry Kendall, Joan Barry, Betty Amann et Percy Marmont. - Un jeune couple s'offre une croisière autour du monde à la suite d'un héritage. □ Général

RICH IN LOVE [Amour en trop, L'] ▷4
É.-U. 1992. Chronique de Bruce BERESFORD avec Albert Finney, Jill Clayburgh et Kathryn Erbe. - Lorsque sa mère quitte le foyer familial sans crier gare, une adolescente s'efforce tant bien que mal de prendre en charge les affaires de la maison. □ Général

RICH KIDS *voir* **Chicos Ricos**

RICHARD ET LE SECRET DES LIVRES MAGIQUES
voir **Pagemaster, The**

RICHARD III
ANG. 1912. James KEANE
DVD VA→Cadrage P&S→23,95 $

RICHARD III ▷3
ANG. 1955. Drame historique réalisé et interprété par Laurence OLIVIER avec Ralph Richardson et Claire Bloom. - La carrière chargée de meurtres et d'intrigues d'un roi d'Angleterre du XVe siècle. - Adaptation soignée d'une pièce de Shakespeare. Grande beauté visuelle. Réalisation souple. Interprétation hors pair. □ Général
DVD VA→STA→Cadrage W→62,95 $

RICHARD III ▷4
ANG. 1995. Drame de Richard LONCRAINE avec Ian McKellen, Annette Bening et Jim Broadbent. - Dans une Angleterre meurtrie par la guerre civile, un lord sanguinaire entreprend de décimer la famille royale afin d'usurper la couronne. □ 13 ans+

RICKSHAW BOY
CHI. 1982. Ling ZIFENG
DVD STA→37,95 $

RICOCHET ▷5
É.-U. 1991. Drame policier de Russell MULCAHY avec John Lithgow, Denzel Washington et Ice T. - Un évadé de prison conçoit un plan diabolique en vue de ruiner la vie du policier qui l'avait appréhendé. □ 18 ans+
DVD VF→STF→Cadrage W→11,95 $

RIDDANCE ▷4
HON. 1973. Drame psychologique de Marta MESZAROS avec Gabor Nagy, Erzsebet Kutvolgyi et Marianne Moor. - Une jeune ouvrière, fille de parents divorcés, est honteuse de sa condition et ment pour impressionner celui qu'elle aime. □ 13 ans+

RIDE BACK, THE ▷5
É.-U. 1957. Western de Allen H. MINER avec Anthony Quinn, William Conrad et Lita Milan. - Un shérif et un hors-la-loi qu'il ramène du Mexique font face à divers dangers.
DVD VA→17,95 $

RIDE BEYOND VENGEANCE ▷5
É.-U. 1966. Western de B. McEVEETY avec Chuck Connors, Kathryn Hays et Michael Rennie. - Un chasseur de bisons s'en prend à trois hommes qui l'ont dépouillé de sa fortune.
DVD VA→17,95 $

RIDE IN THE WHIRLWIND ▷4
É.-U. 1966. Western de Monte HELLMAN avec Cameron Mitchell, Jack Nicholson et Brandon Carroll. - Trois cow-boys qui sont confondus avec des voleurs de diligence doivent fuir le shérif et ses hommes.

RIDE ME [Ego Trip] ▷5
QUÉ. 1994. Comédie policière de Bashar SHBIB avec Frédérick Duval, Bianca Rossini et Adam Coleman Howard. - Une femme charge un détective d'enquêter sur les circonstances entourant la mort de son frère et le suicide de la petite amie de celui-ci.
□ Général

RIDE THE HIGH COUNTRY ▷3
[Coups de feu dans la sierra]
É.-U. 1962. Western de Sam PECKINPAH avec Randolph Scott, Joel McCrea et Mariette Hartley. - Un ancien shérif est engagé pour assurer le transport d'une cargaison d'or. - Traitement original et savoureux d'un thème classique. Intérêt soutenu. Paysages bien intégrés à l'action. Interprétation solide de vétérans du genre.
□ Non classé
DVD VF→STF→Cadrage W→21,95 $

RIDE WITH THE DEVIL ▷4
É.-U. 1999. Chronique d'Ang LEE avec Tobey Maguire, Skeet Ulrich et Jewel. - Durant la guerre de Sécession, des jeunes civils voués à la cause sudiste participent au conflit sans supervision militaire.
□ 13 ans+
DVD Cadrage W→17,95 $

RIDER NAMED DEATH, THE
RUS. 2004. Karen SHAKHNAZAROV
DVD STA→Cadrage W→26,95 $

RIDICULE ▷3
FR. 1996. Comédie dramatique de Patrice LECONTE avec Charles Berling, Jean Rochefort et Fanny Ardant. - Grâce à son bel esprit, un gentilhomme se fait connaître à Versailles, où il espère obtenir une audience avec le roi afin de plaider la cause des paysans de sa région. - Dialogues de grande qualité aux nombreuses réparties savoureuses. Ton ironique et mordant. □ 13 ans+
DVD VF→STA→Cadrage W→31,95 $

RIDING HIGH ▷4
É.-U. 1950. Comédie de Frank CAPRA avec Bing Crosby, Frances Gifford, Coleen Gray et Charles Bickford. - Les problèmes professionnels et amoureux d'une jeune propriétaire de chevaux de course. □ Général
DVD VA→STA→13,95 $

RIDING IN CARS WITH BOYS ▷5
[Au volant avec les garçons]
É.-U. 2001. Chronique de Penny MARSHALL avec Drew Barrymore, Steve Zahn et Brittany Murphy. - Dans les années 1960, une adolescente enceinte renonce à l'université pour épouser le père, un irresponsable héroïnomane. □ Général
DVD VF→17,95 $ VF→STF→Cadrage W→17,95 $

RIDING THE BULLET ▷6
É.-U. 2004. Drame d'horreur de Mick GARRIS avec Jonathan Jackson, David Arquette et Erika Christensen. - Durant une nuit, un jeune homme fait d'étranges rencontres alors qu'il voyage en stop pour aller rendre visite à sa mère hospitalisée.
DVD VA→STA→Cadrage W→25,95 $

RIEL ▷5
CAN. 1979. Drame historique de George BLOOMFIELD avec Roger Blay, Raymond Cloutier et Christopher Plummer. - Louis Riel prend la tête des métis de l'Ouest canadien pour lutter contre les empiètements des colons anglais. □ Général

RIEN À FAIRE ▷4
FR. 1999. Comédie dramatique de Marion VERNOUX avec Valeria Bruni Tedeschi, Patrick Dell'Isola et Sergi Lopez. - Une ouvrière au chômage et un cadre récemment congédié deviennent amis puis amants, en dépit de leurs conjoints respectifs. □ Général

RIEN À PERDRE *voir* **Nothing to Lose**

RIEN EN COMMUN *voir* **Nothing in Common**

RIEN N'ARRÊTE LA MUSIQUE
voir **Can't Stop the Music**

RIEN NE VA PLUS ▷4
FR. 1997. Comédie policière de Claude CHABROL avec Michel Serrault, Isabelle Hupert et François Cluzet. - Un duo de malfaiteurs entreprend de dérober une importante somme d'argent à la mafia antillaise. □ Général

RIEN QU'UN JEU ▷5
QUÉ. 1983. Drame de Brigitte SAURIOL avec Jennifer Grenier, Raymond Cloutier et Marie Tifo. - Une adolescente se rebelle contre son père, qui l'a entraînée dans des relations incestueuses.
□ 13 ans+

RIEN QUE POUR RIRE *voir* **Punchline**

RIEN QUE POUR VOS YEUX *voir* **For Your Eyes Only**

RIEN SUR ROBERT ▷5
FR. 1998. Comédie de mœurs de Pascal BONITZER avec Fabrice Luchini, Sandrine Kiberlain et Valentina Cervi. - À la suite d'une bourde professionnelle, un critique voit son amie remettre en question leur relation. □ 13 ans+

RIFF RAFF ▷5
É.-U. 1935. Drame social de J. Walter RUBEN avec Spencer Tracy, Jean Harlow et Joseph Calleia. - Les ennuis d'un pêcheur de thon insatisfait de sa situation. □ Non classé

RIFF-RAFF ▷4
ANG. 1991. Drame social de Ken LOACH avec Robert Carlyle, Emer McCourt et Jimmy Coleman. - Épris d'une jeune chanteuse, un ouvrier de la construction découvre qu'elle se drogue. □ 13 ans+

RIGHT STUFF, THE [Étoffe des héros, L'] ▷3
É.-U. 1983. Chronique de Philip KAUFMAN avec Sam Shepard, Scott Glenn et Ed Harris. - Les exploits des pilotes d'essai et des premiers astronautes américains qui ont contribué à la conquête de l'espace. - Traitement critique et humoristique. Agréable dosage de vulgarisation scientifique et de drame humain. Effets visuels réussis. Interprétation solide. □ Général
DVD VF→STA→Cadrage W→11,95 $
VF→STF→Cadrage W→22,95 $

RING, THE
ANG. 1927. Alfred HITCHCOCK □ Général

RING, THE [Cercle, Le] ▷4
É.-U. 2002. Drame d'horreur de Gore VERBINSKI avec Naomi Watts, Martin Henderson et David Dorfman. - Une journaliste enquête sur une mystérieuse cassette vidéo qui a causé la mort de quatre adolescents. □ 13 ans+
DVD VF→STF→Cadrage W→16,95 $

RING TWO, THE [Cercle 2, Le] ▷5
É.-U. 2005. Drame d'horreur de Hideo NAKATA avec Naomi Watts, David Dorfman et Simon Baker. - Une journaliste cherche à sauver son petit garçon qui est possédé par l'esprit d'une fillette morte dans des circonstances horribles. □ 13 ans+
DVD VF→STA→Cadrage P&S→22,95 $
VF→STF→Cadrage W→22,95 $

RING OF BRIGHT WATER ▷4
ANG. 1969. Comédie dramatique de Jack COUFFER avec Bill Travers, Virginia McKenna et Peter Jeffrey. - Un modeste employé achète une loutre et s'installe à la campagne pour mieux l'observer.
□ Général
DVD VA→11,95 $

RING VIRUS, THE
COR. 1999. Dong-bin KIM
DVD STA→Cadrage W→21,95 $

RINGU
JAP. 1998. Hideo NAKATA
DVD STF→Cadrage W→23,95 $

RINGU 2
JAP. 1999. Hideo NAKATA
DVD STF→Cadrage W→29,95 $

RIO BRAVO ▷3
É.-U. 1959. Western de Howard HAWKS avec John Wayne, Dean Martin et Walter Brennan. - Un shérif arrête un dangereux bandit et doit affronter ceux qui le protègent. - Construction dramatique solide. Rythme vivant alternant des moments de tension et de détente. Mise en scène pleine d'assurance. Interprétation savoureuse de personnages bien typés. □ Non classé
DVD VA➔STF➔Cadrage W➔16,95 $

RIO CONCHOS ▷4
É.-U. 1964. Western de Gordon DOUGLAS avec Stuart Whitman, Richard Boone et Tony Franciosa. - Un officier de cavalerie est chargé de retrouver des criminels qui ont volé une cargaison d'armes. □ Général

RIO DAS MORTES
ALL. 1971. Rainer Werner FASSBINDER
DVD STA➔29,95 $

RIO GRANDE ▷3
É.-U. 1950. Western de John FORD avec John Wayne, Maureen O'Hara et Claude Jarman. - Un colonel en lutte contre les Indiens a sous ses ordres son fils séparé de lui depuis plusieurs années. - Intrigue habilement développée. Passages spectaculaires. Interprétation vigoureuse. □ Général
DVD VA➔22,95 $

RIO LOBO ▷4
É.-U. 1970. Western de Howard HAWKS avec John Wayne, Jorge Rivero et Jennifer O'Neill. - Après la guerre civile, un colonel du Texas recherche le traître qui a causé la capture d'un train chargé d'or. □ Général
DVD VF➔STA➔Cadrage W➔19,95 $

RIO NEGRO [Black River] ▷5
VEN. 1990. Drame historique d'Atahualpa LICHY avec Angela Molina, Frank Ramirez et Daniel Alvarado. - Dans les années 1910, la province du Rio Negro en Amazonie tombe sous le joug d'un gouverneur corrompu, puis d'un tyran cruel.

RIPLEY'S GAME [Ripley s'amuse]
ANG. É.-U. ITA. 2002. Liliana CAVANI
DVD VF➔STA➔Cadrage W/16X9➔23,95 $

RIPOUX, LES ▷4
FR. 1984. Comédie policière de Claude ZIDI avec Philippe Noiret, Thierry Lhermitte et Grace de Capitani. - Les combines d'un inspecteur débrouillard sont compromises par l'arrivée d'un jeune collègue intègre. □ Général
DVD VF➔17,95 $

RIPOUX CONTRE RIPOUX ▷4
FR. 1990. Comédie policière de Claude ZIDI avec Philippe Noiret, Thierry Lhermitte, Jean-Pierre Castaldi et Guy Marchand. - Suspendus après avoir été accusés de recel, deux policiers parisiens tentent de déjouer les manœuvres malhonnêtes de leurs remplaçants. □ Général

RIPOUX 3, LES ▷5
FR. 2003. Comédie policière de Claude ZIDI avec Philippe Noiret, Thierry Lhermitte et Lorant Deutsch. - Un inspecteur de police à la retraite impliqué malgré lui dans une affaire de blanchiment d'argent demande l'aide de son ancien partenaire. □ Général
DVD VF➔Cadrage W/16X9➔17,95 $

RIRE ET CHÂTIMENT [Laughter and Punishment] ▷5
FR. 2003. Comédie sentimentale réalisée et interprétée par Isabelle DOVAL avec José Garcia et Laurent Lucas. - Un ostéopathe bouteen-train entreprend de reconquérir sa femme, qui l'a quitté en lui reprochant son égocentrisme. □ Général
DVD VF➔11,95 $

RISE AND FALL OF LEGS DIAMOND, THE ▷4
É.-U. 1960. Drame policier de Budd BOETTICHER avec Ray Danton, Karen Steele et Elaine Stewart. - La carrière d'un gangster des années 1920. □ Général

RISE OF CATHERINE THE GREAT, THE ▷4
ANG. 1934. Drame historique de Paul CZINNER avec Elisabeth Bergner, Douglas Fairbanks jr et Flora Robson. - Évocation de la vie d'une princesse allemande qui devint impératrice de Russie. □ Général

RISE OF LOUIS XIV, THE
voir **Prise du pouvoir par Louis XIV, La**

RISING SUN [Soleil levant] ▷4
É.-U. 1993. Drame policier de Philip KAUFMAN avec Wesley Snipes, Sean Connery et Harvey Keitel. - Deux policiers de Los Angeles enquêtent sur un meurtre commis dans les bureaux d'une grande entreprise japonaise. □ 13 ans+ · Érotisme
DVD VA➔Cadrage W➔14,95 $

RISKY BUSINESS [Quelle affaire !] ▷5
É.-U. 1983. Comédie de mœurs de Paul BRICKMAN avec Tom Cruise, Rebecca De Mornay et Joe Pantoliano. - Pendant que ses parents sont en voyage, un étudiant de high school est entraîné par un camarade dans une aventure avec une prostituée. □ 13 ans+
DVD VF➔STF➔Cadrage W➔11,95 $

RIVE DROITE, RIVE GAUCHE ▷5
FR. 1984. Drame de Philippe LABRO avec Gérard Depardieu, Nathalie Baye et Bernard Fresson. - Les difficultés professionnelles et sentimentales d'un avocat prospère au service d'un armateur malhonnête. □ Général

RIVER, THE ►2
É.-U. 1951. Drame de mœurs de Jean RENOIR avec Patricia Walters, Adrienne Corri et Arthur Shields. - Les tribulations d'une adolescente anglaise qui vit avec sa famille sur les bords du Gange en Inde. - Scénario assez mince prétexte à une description admirable de l'Inde. Approche psychologique de l'adolescence traitée avec beaucoup de tact. Mise en scène maîtrisée. Bonne interprétation.
DVD VA➔STA➔46,95 $

RIVER, THE [Rivière, La] ▷4
É.-U. 1984. Drame social de Mark RYDELL avec Mel Gibson, Sissy Spacek et Scott Glenn. - Les ennuis d'une famille de fermiers dont la terre longe une rivière qui a tendance à déborder. □ Général
DVD VF➔Cadrage W➔10,95 $

RIVER, THE ▷3
TAÏ. 1996. Drame de mœurs de Tsai MING-LIANG avec Lee Kangsheng, Miao Tien et Lu Hsiao-ling. - Atteint d'une étrange douleur au cou, un jeune homme qui vit avec ses parents désunis fait la tournée des guérisseurs avec son père. - Récit métaphorique et audacieux illustrant avec une pénétrante subtilité le drame de l'incommunicabilité entre les êtres. Mise en scène précise et soignée. Interprétation dans le ton. □ 13 ans+

RIVER CALLED TITAS, A
IND. 1973. Ritwik GHATAK
DVD STA➔PC

RIVER OF NO RETURN ▷4
É.-U. 1953. Western d'Otto PREMINGER avec Robert Mitchum, Marilyn Monroe et Tommy Rettig. - Pour fuir les Indiens, un veuf, son jeune fils et une chanteuse s'aventurent en radeau sur une rivière dangereuse. □ Non classé
DVD VF➔STA➔Cadrage W➔14,95 $

RIVER RAT, THE ▷4
É.-U. 1984. Drame psychologique de Tom RICKMAN avec Tommy Lee Jones, Martha Plimpton et Brian Dennehy. - Après avoir retrouvé sa fille à sa sortie de prison, un homme a une confrontation violente avec un fonctionnaire du pénitencier. □ Général

RIVER RUNS THROUGH IT, A ▷5
[Rivière du sixième jour, La]
É.-U. 1992. Drame de mœurs de Robert REDFORD avec Craig Sheffer, Brad Pitt et Tom Skerritt. - Une passion commune pour la pêche à la truite sauvegarde l'amitié entre deux frères aux tempéraments fort différents. □ Général
DVD Cadrage W➔19,95 $ VA➔Cadrage W➔23,95 $

RIVER WILD, THE [Rivière sauvage, La] ▷4
É.-U. 1994. Aventures de Curtis HANSON avec Meryl Streep, Kevin Bacon et David Strathairn. - Durant une expédition en rafting, une famille tombe sur deux fugitifs qui lui réservent un mauvais sort.
□ Général
DVD VA→Cadrage W→13,95 $

RIVER'S EDGE ▷4
É.-U. 1986. Drame social de Tim HUNTER avec Keanu Reeves, Crispin Glover et Ione Skye Leitch. - Des camarades d'école vivent des moments troubles quand un des leurs étrangle sa petite amie.
□ 13 ans+
DVD VA→STF→Cadrage W→11,95 $

RIVIÈRE, LA *voir* **River, The**

RIVIÈRE DE NOS AMOURS, LA *voir* **Indian Fighter, The**

RIVIÈRE DU SIXIÈME JOUR, LA
voir **River Runs Through It, A**

RIVIÈRE ROUGE, LA *voir* **Red River**

RIVIÈRE SAUVAGE, LA *voir* **River Wild, The**

RIVIÈRES POURPRES, LES [Crimson Rivers, The] ▷4
FR. 2000. Drame policier de Mathieu KASSOVITZ avec Jean Reno, Vincent Cassel et Nadia Fares. - Dans une ville universitaire des Alpes, deux policiers font équipe pour élucider une série de meurtres aussi atroces que mystérieux. □ 16 ans+
DVD VF→STF→Cadrage W→9,95 $

RIZ AMER [Bitter Rice] ▷3
ITA. 1949. Drame social de Giuseppe De SANTIS avec Silvana Mangano, Doris Dowling et Vittorio Gassman. - La vie pénible des femmes qui travaillent dans les rizières du nord de l'Italie. - Œuvre saisissante, de grande qualité. Valeur documentaire. S. Mangano remarquable. □ Général

ROAD GAMES ▷4
AUS. 1980. Drame de R. FRANKLIN avec Stacy Keach, Jamie Lee Curtis et Marion Edward. - Un chauffeur de camion poursuit un automobiliste qu'il croit être un tueur recherché.
DVD VA→Cadrage W→10,95 $

ROAD HOME, THE *voir* **Souvenirs**

ROAD TO EL DORADO, THE ▷4
É.-U. 2000. Dessins animés d'Eric Bibo BERGERON et Don PAUL. - Au XVIe siècle, en Amérique, deux petits escrocs espagnols trouvent l'El Dorado, la légendaire cité de l'or.
DVD Cadrage W→15,95 $ VA→Cadrage W→15,95 $

ROAD TO HONG KONG, THE ▷5
[Astronautes malgré eux]
É.-U. 1962. Comédie de Norman PANAMA avec Bing Crosby, Bob Hope et Joan Collins. - Deux amis mêlés à une affaire d'espionnage sont envoyés dans l'espace à bord d'un missile interplanétaire.
□ Général
DVD VF→STF→11,95 $

ROAD TO MOROCCO ▷5
É.-U. 1942. Comédie de David BUTLER avec Bing Crosby, Bob Hope et Dorothy Lamour. - Deux naufragés connaissent des aventures étonnantes au Maroc. □ Général
DVD VA→STF→Cadrage P&S→19,95 $

ROAD TO PERDITION [Voie de perdition] ▷3
É.-U. 2002. Drame de mœurs de Sam MENDES avec Tom Hanks, Tyler Hoechlin et Paul Newman. - Dans les années 1930, un tueur à gages tente de protéger son jeune fils d'un criminel qui veut sa peau. - Variation originale sur le thème du gangstérisme. Réalisation inspirée. Grande qualité picturale. Interprétation nuancée.
□ 13 ans+ · Violence
DVD VF→STF→Cadrage W→14,95 $

ROAD TO RIO [En route vers Rio] ▷5
É.-U. 1947. Comédie de Norman Z. McLEOD avec Bing Crosby, Bob Hope et Dorothy Lamour. - Embarqués clandestinement sur un bateau, deux compères se disputent l'amour d'une fille. □ Général

ROAD TO SINGAPORE [En route pour Singapour] ▷5
É.-U. 1940. Comédie musicale de Victor SCHERTZINGER avec Bing Crosby, Bob Hope et Dorothy Lamour. - Deux individus réfugiés dans une île pour éviter le mariage tombent amoureux d'une danseuse.
□ Général
DVD VA→STF→Cadrage P&S→17,95 $

ROAD TO UTOPIA ▷5
É.-U. 1945. Comédie de Hal WALKER avec Bob Hope, Bing Crosby et Dorothy Lamour. - Deux gais lurons disputent à deux redoutables bandits les plans d'une mine d'or. □ Général
DVD VA→STF→Cadrage P&S→23,95 $

ROAD TO WELLVILLE, THE ▷5
[Aux bons soins du docteur Kellogg]
É.-U. 1994. Comédie de mœurs d'Alan PARKER avec Anthony Hopkins, Bridget Fonda et Matthew Broderick. - En 1907, un jeune couple séjourne dans un sanatorium où il suit une cure de santé aux méthodes farfelues. □ 13 ans+
DVD VA→Cadrage P&S→34,95 $

ROAD TO ZANZIBAR ▷5
É.-U. 1941. Comédie de Victor SCHERTZINGER avec Bing Crosby, Bob Hope et Dorothy Lamour. - Deux Américains arrivent à Zanzibar, où ils connaissent les aventures les plus abracadabrantes.
□ Général
DVD VA→STF→Cadrage P&S→17,95 $

ROADKILL ▷5
CAN. 1989. Comédie musicale de Bruce McDONALD avec Valerie Buhagiar, Gerry Quigley, Bruce McDonald et Larry Hudson. - Partie à la recherche d'un groupe rock, une jeune femme à l'emploi d'un promoteur de concerts fait diverses rencontres surprenantes.
□ Général
DVD VA→21,95 $

ROARING TWENTIES, THE ▷3
É.-U. 1939. Drame policier de Raoul WALSH avec James Cagney, Humphrey Bogart et Priscilla Lane. - Un chauffeur de taxi affronte un ancien ami devenu chef de gang à l'époque de la prohibition. - Tableau d'époque percutant. Mise en scène énergique. Solide distribution. □ Non classé
DVD VA→STF→21,95 $

ROB ROY ▷4
É.-U. 1995. Aventures de Michael CATON-JONES avec Liam Neeson, Jessica Lange et John Hurt. - En Écosse, au début du XVIIIe siècle, le chef d'un clan de montagnards entre en lutte contre un aristocrate qui persécute les siens. □ Général · Déconseillé aux jeunes enfants
DVD VA→Cadrage W→12,95 $

ROBBY, KALLE ET PAUL ▷4
ALL. 1988. Comédie de mœurs réalisée et interprétée par Dani LEVY avec Frank Beilicke et Josef Hofmann. - À la suite de diverses déceptions, trois célibataires qui partagent le même appartement décident de ne plus recevoir de filles. □ Général

ROBE NOIRE *voir* **Black Robe**

ROBE, THE [Tunique, La] ▷5
É.-U. 1953. Drame biblique d'Henry KOSTER avec Richard Burton, Jean Simmons et Victor Mature. - Les tribulations d'un officier romain qui a gagné aux dés la tunique du Christ lors de la crucifixion. □ Général
DVD Cadrage W→14,95 $

ROBERT ET ROBERT ▷4
FR. 1978. Comédie de Claude LELOUCH avec Charles Denner, Jacques Villeret et Jean-Claude Brialy. - Un timide sympathise avec un chauffeur de taxi solitaire inscrit comme lui à une agence de rencontres.

ROBERTA ▷4
É.-U. 1935. Comédie musicale de William SEITER avec Irene Dunne, Fred Astaire et Ginger Rogers. - Un musicien américain hérite d'une maison de couture à Paris. □ Général

ROBERTO SUCCO ▷3
FR. 2001. Drame policier de Cédric KAHN avec Stefano Cassetti, Isild Le Besco et Patrick Dell'Isola. - Pendant qu'il accumule divers délits graves en France, un jeune parricide italien s'éprend d'une lycéenne naïve. □ 13 ans+
DVD VF→Cadrage W→11,95 $

ROBIN AND MARIAN [Rose et la flèche, La] ▷3
ANG. 1976. Comédie dramatique de Richard LESTER avec Sean Connery, Audrey Hepburn et Robert Shaw. - De retour après vingt ans d'absence, Robin des Bois apprend que son amie Marianne est menacée d'emprisonnement par un shérif. - Mélange de romantisme et de réalisme. Mise en scène aisée et inventive. Interprétation convaincue d'acteurs de talent. □ Général
DVD VA→36,95 $

ROBIN AND THE SEVEN HOODS ▷5
É.-U. 1964. Comédie musicale de Gordon DOUGLAS avec Frank Sinatra, Dean Martin et Bing Crosby. - À Chicago, dans les années 1920, un membre de la pègre se fait passer pour un nouveau Robin des Bois.
DVD VF→STF→Cadrage W→21,95 $

ROBIN DES BOIS *voir* **Robin Hood**

ROBIN DES BOIS: HÉROS EN COLLANTS
voir **Robin Hood: Men in Tights**

ROBIN HOOD ▷3
É.-U. 1922. Aventures d'Allan DWAN avec Douglas Fairbanks, Enid Bennett et Wallace Beery. - Un jeune seigneur se fait hors-la-loi pour lutter contre les exactions d'un tyran. - Classique du cinéma d'aventures. Illustration somptueuse d'une légende célèbre. Jeu bondissant de D. Fairbanks. □ Général
DVD STA→23,95 $

ROBIN HOOD [Robin des bois] ▷4
É.-U. 1973. Dessins animés de Wolfgang REITHERMAN. - Sous les traits d'un renard, Robin des Bois tente de tenir tête au prince Jean qui opprime le peuple en l'absence du roi Richard. □ Général
DVD VA→26,95 $

ROBIN HOOD: MEN IN TIGHTS ▷5
[Robin des bois: héros en collants]
É.-U. 1993. Comédie réalisée et interprétée par Mel BROOKS avec Cary Elwes, Richard Lewis et Roger Rees. - Un noble anglais entre en lutte contre un prince tyrannique et son shérif qui l'ont dépossédé de ses terres. □ Général

ROBIN HOOD: PRINCE OF THIEVES ▷4
[Robin Hood: prince des voleurs]
É.-U. 1991. Aventures de Kevin REYNOLDS avec Kevin Costner, Morgan Freeman et Alan Rickman. - Au XIIe siècle, un noble anglais fait équipe avec des hors-la-loi pour combattre un despote qui l'a dépossédé de ses terres. □ 13 ans+
DVD VF→STF→Cadrage W→9,95 $/32,95 $

ROBINSON DES MERS DU SUD, LES
voir **Swiss Family Robinson**

ROBOCOP ▷3
É.-U. 1987. Science-fiction de Paul VERHOEVEN avec Peter Weller, Nancy Allen et Ronny Cox. - À Detroit, au XXIe siècle, le corps d'un policier assassiné sert de soutien à un androïde programmé pour lutter contre les malfaiteurs. - Variations intéressantes sur des sujets d'actualité. Réalisation énergique et originale. Ensemble impressionnant. Interprétation efficace. □ 13 ans+
DVD Cadrage W→12,95 $

ROBOT STORIES
É.-U. 2004. Greg PAK
DVD VA→Cadrage W→26,95 $

ROBOTS ▷3
É.-U. 2005. Film d'animation de Chris WEDGE et Carlos SALDANHA. - Dans un monde peuplé uniquement de robots, un jeune inventeur doit contrecarrer les plans machiavéliques d'un tyran. - Récit enlevé à l'humour savoureux. Monde imaginaire d'une fantaisie inventive. Galerie de personnages attachants. Éléments de satire du capitalisme. Réalisation d'une grande virtuosité. □ Général
DVD VF→STA→Cadrage W→36,95 $

ROBOTS, LES *voir* **I, Robot**

ROCCO ET SES FRÈRES [Rocco & His Brothers] ▷3
ITA. 1960. Drame social de Luchino VISCONTI avec Alain Delon, Renato Salvatori et Annie Girardot. - Les tribulations d'une famille calabraise venue s'installer à Milan. - Fresque mouvementée et vigoureuse de style néoréaliste. Excellente direction d'acteurs. □ Non classé
DVD STA→Cadrage W→47,95 $

ROCHER, LE *voir* **Rock, The**

ROCHESTER, LE DERNIER DES LIBERTINS
voir **Libertine, The**

ROCK, THE [Rocher, Le] ▷4
É.-U. 1996. Drame policier de Michael BAY avec Sean Connery, Nicolas Cage et Ed Harris. - Des militaires rebelles se sont emparés de la prison d'Alcatraz, d'où ils menacent de faire sauter des bombes sur San Francisco. □ 13 ans+ · Violence
DVD VF→STA→Cadrage W→15,95 $

ROCK SCHOOL
É.-U. 2005. DON ARGOTT
DVD VA→STA→28,95 $

ROCK STAR ▷4
É.-U. 2001. Drame de mœurs de Stephen HEREK avec Mark Wahlberg, Jennifer Aniston et Dominic West. - Au milieu des années 1980, un adolescent de Pittsburgh qui joue dans un groupe de garage remplace au pied levé son idole à la tête d'une formation rock réputée. □ 13 ans+
DVD VF→STF→Cadrage W→16,95 $

ROCK'N NONNE *voir* **Sister Act**

ROCK-A-BYE BABY [Trois bébés sur les bras] ▷4
É.-U. 1958. Comédie de Frank TASHLIN avec Jerry Lewis, Marilyn Maxwell et Connie Stevens. - Une vedette d'Hollywood donne naissance à trois bébés qu'elle confie à un ami d'enfance.

ROCK-A-DOODLE [Rock-O-Rico] ▷4
IRL. 1991. Dessins animés de Don BLUTH et Dan KUENSTER. - Un gamin transformé en chat tente de déjouer les plans d'un hibou sorcier qui veut faire régner une nuit d'orage éternelle sur la campagne. □ Général
DVD VA→STF→11,95 $

ROCKETEER, THE ▷4
É.-U. 1991. Science-fiction de Joe JOHNSTON avec Bill Campbell, Jennifer Connelly et Timothy Dalton. - Un espion nazi convoite une fusée tombée entre les mains d'un jeune pilote qui s'en sert pour voler comme un oiseau. □ Général
DVD VF→Cadrage W→14,95 $

ROCKING HORSE WINNER, THE ▷4
ANG. 1949. Drame fantastique d'Anthony PELISSIER avec John Howard Davies, Valerie Hobsen et John Mills. - Un garçonnet acquiert le pouvoir de discerner les futurs gagnants de courses de chevaux. □ Général
DVD VA→STA→31,95 $

ROCKING SILVER ▷4
DAN. 1983. Comédie dramatique réalisée et interprétée par Erik CLAUSEN avec Leif Sylvester Petersen et Eva Madsen. - Un débardeur quitte son foyer pour partir à la recherche des membres du groupe rock qu'il avait formé à l'âge de vingt ans. □ Général

ROCKY ▷4
É.-U. 1976. Comédie dramatique de John G. AVILDSEN avec Talia Shire, Sylvester Stallone et Burgess Meredith. - Un boxeur de troisième ordre a l'occasion d'affronter un champion. □ Général
DVD VF→STF→Cadrage W→11,95 $

ROCKY HORROR PICTURE SHOW, THE ▷5
ANG. 1975. Comédie musicale de Jim SHARMAN avec Tim Curry, Susan Sarandon et Barry Boswick. - Par une nuit d'orage, deux jeunes gens trouvent refuge chez un savant créateur d'un colosse musclé. □ Général
DVD VA➔STA➔Cadrage W➔14,95 $

ROCKY II [Revanche, La] ▷5
É.-U. 1979. Comédie dramatique réalisée et interprétée par Sylvester STALLONE avec Talia Shire et Carl Weathers. - Après une gloire passagère, un boxeur retombé dans la dèche accepte un combat revanche. □ Général
DVD VF➔12,95 $

ROCKY III [Œil du tigre, L'] ▷4
É.-U. 1982. Drame sportif réalisé et interprété par Sylvester STALLONE avec Talia Shire et Carl Weathers. - Après avoir défendu son titre dans des combats faciles, un champion de boxe doit affronter un adversaire dangereux. □ Général
DVD VF➔STF➔Cadrage W➔12,95 $

ROCKY IV ▷5
É.-U. 1985. Drame sportif réalisé et interprété par Sylvester STALLONE avec Dolph Lundgren et Talia Shire. - Un boxeur américain décide d'affronter un colosse russe dans un match dont l'issue peut avoir des retombées politiques. □ Général
DVD VF➔STF➔Cadrage W➔12,95 $

ROCKY V ▷5
É.-U. 1990. Drame sportif de John G. AVILDSEN avec Sylvester Stallone, Tommy Morrison et Talia Shire. - Un champion de boxe entraîne un jeune pugiliste qui, après quelques succès, tombe entre les mains d'un promoteur malhonnête. □ Général
DVD VF➔STF➔12,95 $

RODRIGO D. - NO FUTURE ▷5
COL. 1991. Drame social de Victor GAVIRIA avec Ramiro Meneses, Carlos M. Resrepo. - Les tribulations d'un groupe de jeunes délinquants vivant dans un quartier pauvre de Medellín, en Colombie.
DVD STA➔37,95 $

ROGER DODGER [Oncle Roger] ▷4
É.-U. 2002 Drame de mœurs de Dylan KIDD avec Campbell Scott, Jesse Eisenberg et Isabella Rossellini. - Un publicitaire cynique et désabusé par les relations amoureuses prend sous son aile son neveu adolescent qui veut perdre sa virginité □ 13 ans+
DVD VA➔STA➔Cadrage W➔18,95 $

ROGOPAG
ITA. 1962. Roberto ROSSELLINI, Jean-Luc GODARD, Pier Paolo PASOLINI, Ugo GREGORETTI. □ Général

ROGUE TRADER ▷5
ANG. 1999. Drame biographique de James DEARDEN avec Anna Friel, Ewan McGregor et Tom Wu. - L'histoire du courtier Nick Leeson, dont les manœuvres frauduleuses ont entraîné la faillite d'une prestigieuse banque anglaise en 1995. □ Général
DVD VA➔Cadrage W➔18,95 $

ROI ARTHUR, LE *voir* **King Arthur**

ROI DANSE, LE ▷4
FR. 2000. Drame historique de Gérard CORBIAU avec Benoît Magimel, Boris Terral et Tcheky Karyo. - L'ascension du compositeur Jean-Baptiste Lully à la cour du roi Louis XIV. □ Général · Déconseillé aux jeunes enfants
DVD VF➔STA➔Cadrage W➔13,95 $

ROI DE CŒUR, LE [King of Hearts] ▷3
FR. 1966. Comédie fantaisiste de Philippe DE BROCA avec Alan Bates, Jean-Claude Brialy et Geneviève Bujold. - Pendant la guerre 1914-1918, un soldat écossais arrive dans une petite ville de France où seuls sont demeurés les pensionnaires d'un asile d'aliénés. - Comédie douce-amère où s'entremêlent fantaisie, satire et humour. Mise en scène élégante et inventive. Interprètes bien dirigés. □ 13 ans+
DVD VF➔Cadrage W➔12,95 $

ROI DE LA QUILLE, LE *voir* **Kingpin**

ROI DE NEW YORK, LE *voir* **King of New York**

ROI DES AULNES, LE *voir* **Ogre, The**

ROI DES DISTRAITS, LE
voir **Absent-Minded Professor, The**

ROI DES GITANS, LE *voir* **King of the Gypsies**

ROI ET L'OISEAU, LE ▷3
FR. 1979. Dessins animés de Paul GRIMAULT. - Un jeune ramoneur enlève une bergère au roi prétentieux qui veut l'épouser. - Adaptation fantaisiste par Jacques Prévert d'un conte d'Andersen. Version amplifiée du film *La Bergère et le ramoneur*. Touches d'ironie et de poésie. □ Général
DVD VF➔13,95 $

ROI ET QUATRE REINES, UN
voir **King and Four Queens, The**

ROI LION, LE *voir* **Lion King, The**

ROI PÊCHEUR, LE *voir* **Fisher King, The**

ROIS DU GAG, LES ▷5
FR. 1984. Comédie de Claude ZIDI avec Michel Serrault, Gérard Jugnot et Thierry Lhermitte. - Pour renouveler le contenu de son émission de télévision, un comédien vedette engage deux comiques de banlieue comme gagmen. □ Général
DVD VF➔21,95 $

ROIS DU KIDNAPPING, LES *voir* **Suicide Kings**

RÔLE DE SA VIE, LE ▷4
FR. 2004. Comédie dramatique de François FAVRAT avec Karin Viard, Agnès Jaoui et Jonathan Zaccaï. - Une modeste journaliste voit sa vie bouleversée lorsqu'elle devient l'assistante personnelle de son actrice de cinéma préférée. □ Général
DVD VF➔STA➔Cadrage 16X9➔21,95 $

ROLLERBALL ▷4
É.-U. 1975. Science-fiction de Norman JEWISON avec James Caan, John Houseman et Maud Adams. - En 2018, dans un monde pacifié, un sport a été mis au point pour satisfaire les instincts de violence de la populace. □ 13 ans+
DVD VA➔STF➔Cadrage W➔12,95 $

ROLLERCOASTER ▷4
É.-U. 1977. Drame policier de James GOLDSTONE avec George Segal, Timothy Bottoms et Susan Strasberg. - Pour cesser ses attentats à la bombe contre des parcs d'attractions, un jeune homme exige une forte rançon. □ Général
DVD Cadrage W➔32,95 $

ROLLS-ROYCE JAUNE, LA *voir* **Yellow Rolls-Royce, The**

ROMAINE ▷5
FR. 1996. Comédie de mœurs réalisée et interprétée par Agnès OBADIA avec Eva Ionesco et Martine Delumeau. - Une jeune célibataire mal dans sa peau rencontre des garçons et des filles avec qui elle se lie d'amitié avant d'être frappée d'amnésie temporaire. □ Général · Déconseillé aux jeunes enfants

ROMAN D'UN TRICHEUR, LE ►2
FR. 1936. Comédie satirique réalisée et interprétée par Sacha GUITRY avec Serge Grave et Jacqueline Delubac. - Assis à la terrasse d'un café, un homme d'un certain âge se remémore son passé de tricheur professionnel. - Scénario original au style révolutionnaire pour l'époque. Ensemble spirituel et humoristique. Mise en scène alerte. Comédiens au meilleur de leur forme. □ Général

ROMAN DE MARGUERITE GAUTHIER, LE *voir* **Camille**

ROMAN HOLIDAY [Vacances romaines] ▷3
É.-U. 1953. Comédie sentimentale de William WYLER avec Audrey Hepburn, Gregory Peck et Eddie Albert. - Une jeune princesse en visite à Rome fait une escapade avec un journaliste. - Thème conventionnel traité de façon charmante. Réalisation souple. Décors naturels bien exploités. A. Hepburn exquise dans son premier rôle important. □ Général
DVD VF➔STA➔Cadrage P&S➔12,95 $

ROMAN SCANDALS ▷4
É.-U. 1933. Comédie musicale de Frank TUTTLE avec Eddie Cantor, Ruth Etting et Gloria Stuart. - Un jeune amateur d'histoire rêve qu'il se trouve dans la Rome antique. □ Général

ROMAN SPRING OF MRS. STONE, THE
É.-U. 2003. Robert Allan ACKERMAN
DVD VA→26,95 $

ROMAN SPRING OF MRS. STONE, THE ▷4
[Visage du plaisir, Le]
É.-U. 1961. Drame psychologique de Jose QUINTERO avec Vivien Leigh, Warren Beatty et Lotte Lenya. - Une veuve s'éprend d'un gigolo. □ Non classé
DVD VF→STF→Cadrage W→21,95 $

ROMANCE ▷4
FR. 1999. Drame de mœurs de Catherine BREILLAT avec Caroline Ducey, Sagamore Stévenin et François Berléand. - Frustrée par le refus de son compagnon de lui faire l'amour, une jeune enseignante vit des expériences sexuelles avec d'autres hommes. □ 18 ans+ · Érotisme
DVD VF→STA→32,95 $

ROMANCE INACHEVÉE
voir **Glenn Miller Story, The**

ROMANCE SUR LE LAC
voir **Month by the Lake, A**

ROMANCING THE STONE ▷4
[À la poursuite du diamant vert]
É.-U. 1984. Aventures de Robert ZEMECKIS avec Kathleen Turner, Michael Douglas et Danny DeVito. - Une romancière se rend en Colombie pour secourir sa sœur enlevée par des bandits.
□ Général

ROMANTIC ENGLISHWOMAN, THE ▷4
[Anglaise romantique, Une]
ANG. 1975. Comédie dramatique de Joseph LOSEY avec Glenda Jackson, Michael Caine et Helmut Berger. - Un romancier imagine, pour les besoins d'un scénario, une liaison de sa femme avec un personnage étrange qui s'est imposé chez eux.

ROME, VILLE OUVERTE [Open City] ►1
ITA. 1946. Drame de guerre de Roberto ROSSELLINI avec Anna Magnani, Aldo Fabrizi et Marcello Pagliero. - Quelques aspects de la Résistance italienne durant la dernière guerre mondiale. - Chef-d'œuvre du néoréalisme italien. Peinture authentique, objective et extrêmement tragique d'une communauté vivant sous occupation. Sujet traité avec un rare souci de vérité. Réalisation d'une extraordinaire simplicité d'expression. Interprétation remarquable.
□ Général
DVD 49,95 $

ROMÉO ▷4
HOL. 1990. Drame psychologique de Rita HORST avec Monique Van de Ven, Johan Leysen et Ottolien Boeschoten. - Un couple se déchire lorsque son premier enfant meurt à la naissance. □ Général

ROMEO & JULIET ►2
ANG. 1968. Drame de Franco ZEFFIRELLI avec Olivia Hussey, Leonard Whiting et Milo O'Shea. - Deux adolescents s'aiment d'un amour ardent en dépit de la haine qui divise leurs familles. - Rajeunissement de la pièce de Shakespeare grâce au jeu d'acteurs adolescents. Mise en scène somptueuse. Excellente direction d'acteurs. □ Général
DVD VA→STA→Cadrage W→10,95 $

ROMÉO & JULIETTE DE WILLIAM SHAKESPEARE
voir **William Shakespeare's Romeo & Juliet**

ROMEO AND JULIET ▷4
É.-U. 1936. Drame de George CUKOR avec Leslie Howard, Norma Shearer, Edna May Oliver et John Barrymore. - L'amour de deux jeunes gens est voué à la tragédie à cause de l'hostilité de leurs familles. □ Non classé

ROMEO AND JULIET ▷3
ANG. 1954. Drame de Renato CASTELLANI avec Laurence Harvey, Susan Shentall et Flora Robson. - La haine qui oppose deux familles fait obstacle à l'amour d'un couple d'adolescents. - Excellente adaptation de l'œuvre de Shakespeare. Très beaux décors. Interprétation sensible.

ROMEO IS BLEEDING [Roméo pris au piège] ▷4
É.-U. 1993. Drame policier de Peter MEDAK avec Gary Oldman, Lena Olin et Annabella Sciorra. - Un policier corrompu a maille à partir avec une tueuse à gages qu'il tente d'abattre pour le compte d'un chef de la mafia. □ 18 ans+ · Violence
DVD VA→STF→Cadrage W→11,95 $

ROMÉO PRIS AU PIÈGE
voir **Romeo Is Bleeding**

ROMERO ▷4
É.-U. 1989. Drame social de John DUIGAN avec Raul Julia, Richard Jordan et Ana Alicia. - Nommé archevêque du Salvador pour ses positions modérées, le père Romero ne peut rester indifférent face aux atrocités commises par les militaires. □ 13 ans+

ROMPER STOMPER [Mort dans le sang, La] ▷5
AUS. 1992. Drame de mœurs de Geoffrey WRIGHT avec Russell Crowe, Daniel Pollock et Jacqueline McKenzie. - Une fille de bonne famille se joint à un groupe de skinheads qui multiplie les affrontements violents avec de jeunes Asiatiques. □ 18 ans+ · Violence
DVD VA→Cadrage P&S/W→17,95 $

ROMUALD ET JULIETTE ▷4
FR. 1989. Comédie dramatique de Coline SERREAU avec Daniel Auteuil, Firmine Richard et Pierre Vernier. - Une femme de ménage dans une compagnie laitière aide son jeune directeur, qui est victime d'un complot, à retrouver son poste. □ Général

ROMY & MICHELE'S HIGH SCHOOL REUNION ▷4
[Romy et Michèle, les reines de la soirée]
É.-U. 1996. Comédie de David MIRKIN avec Mira Sorvino, Lisa Kudrow et Janeane Garofalo. - Deux copines un peu paumées font croire qu'elles mènent la grande vie afin de bien paraître lors d'une réunion d'anciens de leur école. □ Général
DVD VF→STA→Cadrage W→14,95 $

RONDE, LA ►2
FR. 1950. Film à sketches de Max OPHÜLS avec Simone Signoret, Simone Simon et Danielle Darrieux. - Un « meneur de jeu » présente une suite d'histoires de passions amoureuses dans la Vienne des années 1900. - Scénario bien construit adapté d'une pièce d'Arthur Schnitzler. Mise en scène de classe. Ton de légèreté et d'ironie. Excellente distribution. □ Non classé

RONDE, LA
FR. 1964. Roger VADIM
DVD VF→STA→Cadrage W/16X9→23,95 $

RONDE DES COCUS, LA *voir* **Town and Country**

RONIN ▷4
É.-U. 1998. Drame d'espionnage de John FRANKENHEIMER avec Robert De Niro, Jean Reno et Natascha McElhone. - Un groupe d'ex-agents secrets devenus mercenaires doit s'emparer d'une mystérieuse valise convoitée par de nombreux pays. □ 13 ans+ · Violence
DVD VF→STF→Cadrage W→33,95 $ Cadrage W→12,95 $

RONIN GAI
JAP. 1990. Kazuo KUROKI
DVD STA→34,95 $

ROOF *voir* **Toit, Le**

ROOFTOPS ▷4
É.-U. 1989. Drame social de Robert WISE avec Jason Gedrick, Troy Beyer et Eddie Vélez. - Une guerre de gangs éclate entre les acolytes d'un vendeur de drogue et des adolescents sans logis de Manhattan dont le passe-temps est une danse de combat.
□ 13 ans+

ROOKIE, THE ▷5
É.-U. 1990. Drame policier réalisé et interprété par Clint EASTWOOD avec Charlie Sheen et Raul Julia. - Un jeune détective fait équipe avec un policier expérimenté qui ne recule devant aucune irrégularité pour inculper un dangereux criminel. □ 13 ans+
DVD VA→STF→Cadrage W→21,95 $

ROOKIE, THE [Recrue, La] ▷4
É.-U. 2002. Drame sportif de John Lee HANCOCK avec Dennis Quaid, Rachel Griffiths et Brian Cox. - À la suite d'un pari avec ses élèves, un professeur de chimie dans la trentaine rejoint les rangs d'une équipe de baseball professionnelle. □ Général
DVD VA→Cadrage W→13,95 $/18,95 $ VA→18,95 $

ROOM AT THE TOP ▷3
[Chemins de la haute ville, Les]
ANG. 1959. Drame psychologique de Jack CLAYTON avec Simone Signoret, Laurence Harvey et Heather Sears. - Un jeune ambitieux séduit une riche héritière qu'il veut épouser. - Étude critique du milieu social. Valeur psychologique. Excellents dialogues. Réalisation attentive aux détails réalistes. S. Signoret remarquable.

ROOM TO RENT [Chambre à louer] ▷5
ANG. 2000. Comédie de mœurs de Khalid AL-HAGGAR avec Saïd Taghmaoui, Juliette Lewis et Rupert Graves. - À Londres, un jeune scénariste égyptien dont le visa va bientôt expirer décide de faire un mariage blanc pour rester en Angleterre.
DVD Cadrage W→34,95 $

ROOM WITH A VIEW, A [Chambre avec vue] ▷3
ANG. 1985. Comédie dramatique de James IVORY avec Helena Bonham Carter, Julian Sands et Maggie Smith. - Au début du siècle, dans une pension de Florence, une jeune Anglaise rencontre un compatriote et sa vie s'en trouve bouleversée. - Adaptation fort agréable du roman de E.M. Forster. Fine étude de mœurs. Romantisme d'un charme désuet. Contexte d'époque fort habilement recréé. □ Général
DVD VF→STF→Cadrage W→31,95 $

ROOMMATES [Attachement filial] ▷5
É.-U. 1994. Comédie dramatique de Peter YATES avec Peter Falk, D.B. Sweeney et Julianne Moore. - Un jeune homme qui termine ses études de médecine est forcé d'accueillir chez lui son grand-père dont le vieux logement a été démoli. □ Général
DVD VA→Cadrage W→PC

ROOSTER COGBURN ▷4
É.-U. 1975. Western de Stuart MILLAR avec John Wayne, Katharine Hepburn et Richard Jordan. - Une institutrice d'âge mûr et un jeune Indien s'attachent aux pas d'un vieux policier et l'assistent dans sa lutte contre des criminels. □ Général
DVD VA→Cadrage W→19,95 $

ROPE [Corde, La] ▷3
É.-U. 1948. Thriller d'Alfred HITCHCOCK avec James Stewart, John Dall et Farley Granger. - Après avoir commis un meurtre gratuit, deux jeunes gens offrent une réception aux parents et amis de la victime. - Adaptation souple d'une pièce de théâtre filmée en une série de plans-séquences de huit minutes. Technique précise. Tension soutenue. Interprétation convaincante. □ Général
DVD VA→23,95 $ VF→STA→22,95 $

RORY O'SHEA WAS HERE [Inside I'm Dancing] ▷4
ANG. 2004. Drame psychologique de Damien O'DONNELL avec James McAvoy, Steven Robertson et Romola Garai. - Deux handicapés, l'un timide et l'autre rebelle, décident de s'installer en appartement et tombent amoureux de la jeune femme qui s'occupe d'eux. □ Général
DVD VF→STF→Cadrage W→34,95 $

ROSA LUXEMBOURG ▷4
ALL. 1985. Drame biographique de Margarethe Von TROTTA avec Barbara Sukowa, Daniel Olbrychski et Otto Sander. - La vie mouvementée et difficile de la célèbre doctrinaire socialiste du début du dernier siècle.

ROSALIE FAIT SES COURSES ▷4
[Rosalie Goes Shopping]
ALL. 1988. Comédie de Percy ADLON avec Marianne Sagebrecht, Brad Davis et Judge Reinhold. - Mariée à un pilote qui n'arrive pas à faire vivre sa famille, une ménagère use et abuse des cartes de crédit. □ Général

ROSE, THE ▷4
É.-U. 1979. Drame psychologique de Mark RYDELL avec Bette Midler, Frederic Forrest et Alan Bates. - Entraînée dans des tournées épuisantes, une chanteuse populaire cherche un remède à la tension dans l'alcool et la drogue. □ 18 ans+
DVD VF→STA→Cadrage W→9,95 $

ROSE BONBON *voir* **Pretty in Pink**

ROSE ET LA FLÈCHE, LA *voir* **Robin and Marian**

ROSE PASSION *voir* **Rambling Rose**

ROSE POURPRE DU CAIRE, LA
voir **Purple Rose of Cairo, The**

ROSE TATTOO, THE ▷4
É.-U. 1955. Comédie dramatique de Daniel MANN avec Anna Magnani, Burt Lancaster et Marisa Pavan. - Une émigrée italienne qui vit en Floride avec sa fille ne peut se consoler de la mort de son époux. □ Général
DVD VA→STA→Cadrage W→19,95 $

ROSEAUX SAUVAGES, LES [Wild Reeds] ▷3
FR. 1994. Drame d'André TÉCHINÉ avec Élodie Bouchez, Gaël Morel et Stéphane Rideau. - En 1962, un jeune homme timide se lie d'amitié avec un pied-noir révolté, une jeune communiste et un paysan rustre qui fréquentent le même lycée. - Évocation habile de l'éveil sexuel et politique du protagoniste. Mise en scène souple et discrète. Photographie lumineuse. Excellente distribution.

ROSEBUD ▷5
É.-U. 1974. Drame policier de Otto PREMINGER avec Peter O'Toole, Cliff Gorman et Claude Dauphin. - Des terroristes palestiniens enlèvent la petite-fille d'un riche financier et quatre de ses amies.

ROSELAND ▷4
É.-U. 1977. Film à sketches de James IVORY avec Teresa Wright, Lou Jacobi et Geraldine Chaplin. - Une salle de danse de New York sert de cadre à trois intrigues. □ Général
DVD VA→STA→23,95 $

ROSELYNE ET LES LIONS ▷4
FR. 1989. Comédie dramatique de Jean-Jacques BEINEIX avec Isabelle Pasco, Gérard Sandoz et Philippe Clévenot. - Chassés du zoo où ils ont appris le dressage de fauves, deux jeunes partent sur les routes à la recherche d'un cirque où ils pourront déployer leurs talents. □ Général

ROSEMARY'S BABY [Bébé de Rosemary, Le] ►2
É.-U. 1968. Drame fantastique de Roman POLANSKI avec Mia Farrow, John Cassavetes et Ruth Gordon. - Une jeune femme enceinte se convainc d'être en butte à des manifestations de sorcellerie. - Histoire bizarre. Fantastique rendu quasi vraisemblable. Progression savamment contrôlée. Suspense prenant. Composition sensible de M. Farrow. □ 18 ans+
DVD VF→STA→Cadrage W→13,95 $

ROSENCRANTZ AND GUILDENSTERN ARE DEAD ▷4
ANG. 1990. Comédie dramatique de Tom STOPPARD avec Gary Oldman, Tim Roth et Richard Dreyfuss. - Deux amis du prince Hamlet sont les témoins impuissants des épreuves que doit endurer le jeune homme à la suite de l'assassinat du roi. □ Général
DVD VA→28,95 $

ROSENSTRASSE ▷4
ALL. 2003. Drame de Margarethe Von TROTTA avec Katja Riemann, Maria Schrader et Martin Feifel. - À la mort de son mari, une New-Yorkaise se remet à pratiquer sa religion juive, un comportement lié à un moment tragique de son enfance à Berlin en 1943.
DVD STA→21,95 $

ROSETTA ▷3
BEL. 1999. Drame social de Jean-Pierre et Luc DARDENNE avec Émilie Dequenne, Fabrizio Rongione et Anne Yernaux. - La fille adolescente d'une alcoolique irresponsable est prête à tout pour obtenir un travail et accéder à une vie normale. - Constat social implacable, comparant le marché de l'emploi à une jungle. Caméra à l'épaule traquant sans répit la protagoniste. Interprétation énergique et touchante d'É. Dequenne.

ROSEWOOD ▷4
É.-U. 1997. Drame social réalisé par John SINGLETON avec Ving Rhames, Jon Voight et Don Cheadle. - En 1923, en Floride, une jeune Blanche accuse injustement un Noir d'un village voisin de l'avoir violée, ce qui déclenche des représailles sanglantes. □ 13 ans+ · Violence
DVD VA→STF→Cadrage W→8,95 $

ROSIE ▷4
BEL. 1998. Drame psychologique de Patrice TOYE avec Aranka Coppens, Sara de Roo et Franck Vercruyssen. - Une adolescente de treize ans, vivant avec sa mère et un oncle qu'elle n'aime pas, décroche progressivement de la réalité. □ 13 ans+

ROUGE AUX LÈVRES, LE [Daughter of Darkness] ▷4
BEL. 1971. Drame d'horreur de Harry KUMEL avec Delphine Seyrig, Danielle Ouimet, Andrea Rau et John Karlen. - Une jeune mariée en voyage de noces tombe sous la coupe d'une femme-vampire. □ 18 ans+
DVD VA→29,95 $

ROUGE BAISER ▷4
FR. 1985. Comédie dramatique de Véra BELMONT avec Charlotte Valandrey, Lambert Wilson et Marthe Keller. - En 1952, une adolescente qui milite au Parti communiste s'éprend d'un photographe de *Paris-Match*. □ Général

ROUGE ET LE NOIR, LE ▷4
FR. 1954. Drame psychologique de Claude AUTANT-LARA avec Gérard Philipe, Danielle Darrieux et Antonella Lualdi. - Un jeune ambitieux choisit la carrière ecclésiastique pour réussir dans la société. □ Général

ROUGE VENISE ▷4
ITA. 1988. Comédie policière d'Étienne PÉRIER avec Vincent Spano, Wojtek Pszoniak, Massimo Dapporto et Isabel Russinova. - À Venise en 1735, un jeune dramaturge injustement accusé d'avoir tué ses mécènes entreprend de dénoncer le vrai coupable au moyen d'un spectacle. □ Général

ROUGES ET BLANCS [Red and the White, The] ▷3
HON. 1967. Drame de guerre de Miklos JANCSO avec Andras Kovaks, Mikhael Kozakov, József Madaras et Tibor Molnar. - Des volontaires hongrois sont mêlés à la guerre civile en Russie en 1918. - Œuvre fascinante malgré un récit difficile à suivre. Mise en scène au style original favorisant des déplacements de personnages ou de caméra dans de vastes espaces. Interprétation sobre. □ Non classé
DVD STA→23,95 $

ROUGH NIGHT IN JERICHO [Violence à Jéricho] ▷4
É.-U. 1967. Western d'Arnold LAVEN avec Dean Martin, George Peppard et Jean Simmons. - Un homme règle son compte à un aventurier qui tient sous sa coupe une petite ville. □ 13 ans+

ROULETTE CHINOISE [Chinese Roulette] ▷4
ALL. 1976. Drame de Rainer Werner FASSBINDER avec Margit Carstensen, Alexander Allerson et Andrea Schober. - Une adolescente infirme rejoint ses parents qui sont avec leurs amants respectifs dans leur villa de montagne. □ Général
DVD STA→32,95 $

ROULEZ JEUNESSE ▷4
FR. 1992. Comédie dramatique de Jacques FANSTEN avec Daniel Gélin, Jean Carmet et Grégoire Colin. - Un groupe de retraités vivent une aventure avec deux jeunes délinquants qu'ils ont fait sortir de prison. □ Général

ROUND MIDNIGHT [Autour de minuit] ►2
FR. 1986. Drame musical de Bertrand TAVERNIER avec Dexter Gordon, François Cluzet et Gabrielle Haker. - Un jeune Parisien, amateur de jazz, se lie d'amitié avec un vieux saxophoniste américain alcoolique et devient son gérant. - Scénario nourri par l'amour du jazz. Séquences musicales de premier ordre. Réalisation d'une authenticité sensible et d'une mélancolie nuancée. Interprétation prenante. □ Général
DVD VA→STF→Cadrage W→21,95 $

ROUNDERS, THE [Mors aux dents, Le] ▷4
É.-U. 1964. Western de Burt KENNEDY avec Glenn Ford, Henry Fonda et Chill Wills. - Deux cow-boys à court d'argent tentent d'exploiter un cheval très rétif. □ 13 ans+

ROUNDERS [Dernier tour de table] ▷5
É.-U. 1998. Drame de mœurs de John DAHL avec Matt Damon, Edward Norton et Gretchen Mol. - Un étudiant doué pour les cartes effectue une tournée des tables de poker new-yorkaises afin de rembourser la dette d'un copain. □ 13 ans+
DVD VA→Cadrage W→22,95 $

ROUSSE QUI PORTE BONHEUR, UNE
voir **Frankie and Johnny**

ROUTE DE CORINTHE, LA ▷4
[Who's Got the Black Box?]
FR. 1967. Comédie policière de Claude CHABROL avec Jean Seberg, Maurice Christian Marquand, Ronet et Michel Bouquet. - La femme d'un agent secret assassiné poursuit l'enquête de son mari. □ Général
DVD VF→STA→Cadrage W→27,95 $

ROUTE DE L'OUEST, LA
voir **Way West, The**

ROUTE DES INDES, LA
voir **Passage to India, A**

ROUTE PERDUE *voir* **Lost Highway**

ROUTES DU SUD, LES ▷4
FR. 1978. Drame psychologique de Joseph LOSEY avec Miou-Miou, Yves Montand et Laurent Malet. - Un scénariste d'origine espagnole s'interroge sur sa vie après la mort de sa femme dans une mission clandestine. □ Général

ROVER DANGERFIELD ▷4
É.-U. 1991. Dessins animés de Jim GEORGE et Bob SEELEY. - Les mésaventures d'un chien citadin qui aboutit dans une ferme où il doit s'adapter à la vie campagnarde. □ Général

ROX ET ROUKY *voir* **Fox and the Hound, The**

ROXANNE ▷4
É.-U. 1987. Comédie sentimentale de Fred SCHEPISI avec Steve Martin, Daryl Hannah et Rick Rossovich. - Un pompier affligé d'un très long nez écrit pour un collègue des lettres d'amour destinées à une astronome dont il est également épris. □ Général
DVD VF→STF→Cadrage P&S/W→18,95 $

ROXIE HART ▷4
É.-U. 1942. Comédie satirique de William A. WELLMAN avec Ginger Rogers, Adolphe Menjou et Robert Montgomery. - Dans les années 1920, une danseuse avide de publicité s'accuse d'un meurtre qu'elle n'a pas commis. □ Général
DVD VA→STA→13,95 $

ROYAL BONBON ▷5
FR. 2002. Drame poétique de Charles NAJMAN avec Dominique Batraville, Verlus Delorme, Benji et Anne-Louise Mesadieux. - À Cap-Haïtien, un vagabond qui se prend pour un roi du XIXe siècle recrée la cour de ce dernier en s'entourant de villageois superstitieux. □ Général

ROYAL DECEIT [Prince de Jutland, Le]
DAN. 1994. Gabriel AXEL □ 13 ans+
DVD VA→18,95 $

ROYAL TENENBAUMS, THE ▷4
[Famille Tenenbaum, La]
É.-U. 2001. Comédie de mœurs de Wes ANDERSON avec Gene Hackman, Anjelica Huston et Ben Stiller. - Un père excentrique prétend être mourant afin de se rapprocher de sa femme et de ses trois enfants dysfonctionnels qui l'ont renié.
DVD VA→STA→Cadrage W→19,95 $ VA→Cadrage W→19,95 $

ROYAL WARRIORS
H.K. 1986. David CHUNG □ 13 ans+
DVD STA→Cadrage W→9,95 $

ROYAL WEDDING [Mariage royal] ▷4
É.-U. 1951. Comédie musicale de Stanley DONEN avec Fred Astaire, Jane Powell et Peter Lawford. - Deux danseurs, frère et sœur, sont engagés à Londres dans une revue musicale à l'occasion du mariage de la princesse héritière. □ Général
DVD VA→7,95 $

ROYAUME DES CIEUX, LE *voir* **Kingdom of Heaven**

RUBBER'S LOVER
JAP. 1996. Shozin FUKUI
DVD STA→29,95 $

RUBY ▷6
É.-U. 1977. Drame fantastique de C. HARRINGTON avec Piper Laurie, Stuart Whitman et Roger Davis. - La fille d'un gangster assassiné sert de médium à l'esprit vengeur de son père.
DVD VA→Cadrage W→19,95 $

RUBY GENTRY ▷4
É.-U. 1953. Drame de King VIDOR avec Jennifer Jones, Charlton Heston et Karl Malden. - Les amours contrariées d'une femme ambitieuse.

RUCKUS
É.-U. 1982. Max KLEVEN
DVD VA→9,95 $

RUDE ▷5
CAN. 1995. Film à sketches de Clement VIRGO avec Maurice Dean Wint, Rachael Crawford et Clark Johnson. - Trois histoires se déroulant dans un quartier noir de Toronto à l'approche de Pâques. □ 16 ans+ · Langage vulgaire

RUDE BOY ▷3
ANG. 1980. Drame social de Jack HAZAN et David MINGWAY avec Ray Gange, Joe Strummer et Mike Jones. - Un paumé réussit à obtenir une place dans l'organisation technique des concerts d'un groupe punk. - Mi-constat social, mi-spectacle musical. Contexte de dégradation urbaine saisi avec dureté. Traitement d'une objectivité froide. Interprétation remarquable de R. Gange. □ 13 ans+

RUDE JOURNÉE POUR LA REINE ▷4
FR. 1973. Drame psychologique de René ALLIO avec Simone Signoret, Jacques Debary et Olivier Perrier. - Une femme de ménage oublie ses problèmes quotidiens dans des rêves de grandeur.

RUE ARLINGTON *voir* **Arlington Road**

RUE BARBARE ▷5
FR. 1983. Drame de mœurs de Gilles BÉHAT avec Bernard Giraudeau, Bernard-Pierre Donnadieu et Jean-Pierre Sentier. - Un ouvrier paisible s'attire des ennuis lorsqu'il vient en aide à une jeune femme victime de viol et d'enlèvement. □ 18 ans+

RUE CASES-NÈGRES ▷3
FR. 1983. Drame social de Euzhan PALCY avec Garry Cadenat, Darling Légitimus et Joël Palcy. - Dans les années 1930, l'enfance d'un jeune Martiniquais doué pour les études. - Traitement chaleureux. Illustration soignée. Interprétation d'un grand naturel.

RUE CHAUDE, LA *voir* **Walk on the Wild Side**

RUE DE LA HONTE, LA [Street of Shame] ▷3
JAP. 1956. Drame de mœurs de Kenji MIZOGUCHI avec Machiko Kyo, Aiko Mimasu et Ayako Wakao. - Le sort pitoyable de femmes qui se livrent à la prostitution à Tokyo. - Sujet traité avec tact et intelligence. Excellente direction d'acteurs. □ Général

RUE DE LA SARDINE *voir* **Cannery Row**

RUE DES PLAISIRS [Love Street] ▷5
FR. 2001. Drame sentimental de Patrice LECONTE avec Patrick Timsit, Laetitia Casta et Vincent Elbaz. - Un homme candide qui a grandi heureux dans un bordel parisien tombe amoureux d'une jeune prostituée dont il devient le protecteur.
DVD VF→STA→Cadrage W→16,95 $

RUE SANS JOIE, LA [Joyless Street] ▷3
ALL. 1925. Drame social de Georg Wilhelm PABST avec Greta Garbo, Asta Nielsen et Werner Krauss. - La crise économique pousse vers la déchéance une jeune Viennoise de bonne famille. - Œuvre représentative d'un courant réaliste du cinéma muet en Allemagne. Tendances mélodramatiques. Mise en scène forte. Interprétation typée. □ Général

RUÉE VERS L'OR, LA *voir* **Gold Rush, The**

RUES DE FEU, LES *voir* **Streets of Fire**

RUES DE MON ENFANCE, LES ▷3
DAN. 1986. Drame social d'Astrid HENNING-JENSEN avec Sofie Graböl, Louise Fribo et Vigga Bro. - Dans les années 1930, une jeune fille d'un milieu ouvrier voit sa vie perturbée par son entrée dans l'adolescence. - Traitement sensible et plein de tact. Bonne reconstitution d'époque. □ Général

RUFFIAN, LE ▷4
FR. 1982. Aventures de José GIOVANNI avec Lino Ventura, Bernard Giraudeau, August Schellenberg et Claudia Cardinale. - Un Français immigré au Canada tente, avec quelques amis, de récupérer un chargement d'or perdu dans une chute d'eau du Grand Nord. □ Général

RUGGLES OF RED GAP ▷4
É.-U. 1935. Comédie de Leo McCAREY avec Zasu Pitts, Charles Laughton et Charles Ruggles. - Un valet britannique bien stylé est amené dans une bourgade de l'Ouest par ses nouveaux maîtres. □ Non classé

RUGRATS IN PARIS: THE MOVIE ▷4
É.-U. 2000. Dessins animés de Stig BERGQVIST et Paul DEMEYER. - En voyage à Paris avec ses amis, un gamin tente d'empêcher son papa veuf d'épouser la méchante directrice d'un parc d'attractions. □ Général
DVD VA→Cadrage W→13,95 $

RUGRATS MOVIE, THE [Razmoket, Les] ▷4
É.-U. 1998. Dessins animés de Igor KOVALYOV et Norton VIRGIEN. - Quatre bambins et un nourrisson se retrouvent perdus en forêt, où ils vivent de périlleuses aventures. □ Général · Enfants
DVD Cadrage W→11,95 $

RULES
É.-U. 2000. Juan E. MARTINEZ Jr.
DVD VA→Cadrage W→28,95 $

RULES OF ATTRACTION, THE ▷5
É.-U. 2002. Comédie dramatique de Roger AVARY avec James Van Der Beek, Shannyn Sossamon et Ian Somerhalder. - Les comportements amoureux débridés de quelques étudiants d'un collège de la Nouvelle-Angleterre. □ 16 ans+
DVD VA→Cadrage W→9,95 $

RULES OF ENGAGEMENT ▷5
[Règles d'engagement, Les]
É.-U. 2000. Drame judiciaire de William FRIEDKIN avec Tommy Lee Jones, Ben Kingsley, Samuel L. Jackson et Guy Pearce. - Un colonel de l'armée responsable d'un massacre au Yémen demande à un vieux compagnon d'armes de le défendre en cour martiale. □ 13 ans+ · Violence
DVD VF→STA→Cadrage W→11,95 $
VA→STA→Cadrage W→11,95 $

RULES OF THE GAME
voir **Règle du jeu, La**

RULING CLASS, THE ▷3
ANG. 1972. Comédie satirique de Peter MEDAK avec Carolyn Seymour, Peter O'Toole et William Mervyn. - Un homme cupide tente de s'emparer de la fortune de son neveu qui est fou à lier en le mariant à sa propre maîtresse. - Satire féroce de l'aristocratie anglaise. Traitement fort inventif proche du théâtre de l'absurde. □ 13 ans+
DVD VA➔STA➔Cadrage W/16X9➔62,95 $

RUMBLE FISH [Rusty James] ▷3
É.-U. 1983. Drame social de Francis Ford COPPOLA avec Matt Dillon, Mickey Rourke et Diane Lane. - Un ancien chef de bande qui a renoncé à la violence s'efforce de montrer à son frère l'inutilité de ces affrontements entre clans. - Adaptation d'un roman de S.E. Hinton. Nombreux effets stylistiques. Réalisation originale. Interprétation convaincante. □ 13 ans+
DVD VF➔STF➔Cadrage W➔26,95 $

RUMOR HAS IT... [Rumeur court, La] ▷5
É.-U. 2005. Comédie sentimentale de Rob REINER avec Jennifer Aniston, Kevin Costner et Mark Ruffalo. - Après avoir découvert que sa famille a inspiré l'histoire du film *The Graduate*, une jeune femme cherche à en savoir plus sur ses véritables origines. □ Général
DVD VF➔STF➔Cadrage W➔34,95 $

RUN LOLA RUN *voir* **Cours, Lola, cours**

RUN SILENT, RUN DEEP ▷4
É.-U. 1958. Drame de guerre de Robert WISE avec Clark Gable, Burt Lancaster et Jack Warden. - Un commandant engage son sous-marin dans un combat audacieux contre un convoi japonais. □ Général
DVD Cadrage W➔12,95 $

RUN TIGER RUN
H.K. 1985. John WOO □ Général

RUN, MAN, RUN ▷4
ITA. 1968. Western de Sergio SOLLIMA avec Tomas Milian, Donal O'Brien et Chelo Alonso. - Un jeune voleur mexicain habile à lancer le couteau contribue à l'évasion d'un chef révolutionnaire. - Longue poursuite pleine de péripéties et de retournements de situation. T. Milian mène le jeu avec entrain.
DVD VA➔28,95 $

RUNAWAY BRIDE [Mariée est en fuite, La] ▷5
É.-U. 1999. Comédie sentimentale de Garry MARSHALL avec Julia Roberts, Richard Gere et Joan Cusack. - Un journaliste s'intéresse à une jeune femme qui a pris l'habitude de fuir chaque fois qu'elle est sur le point de se marier. □ Général
DVD VA➔Cadrage W➔21,95 $

RUNAWAY JURY [Maître du jeu, Le] ▷4
É.-U. 2003. Drame judiciaire de Gary FLEDER avec John Cusack, Gene Hackman et Dustin Hoffman. - Une poursuite intentée contre un important fabricant d'armes devient le jouet d'un juré manipulateur et de sa mystérieuse amie. □ Général
DVD VF➔STA➔Cadrage W➔15,95 $

RUNAWAY TRAIN [À bout de course] ▷3
É.-U. 1985. Drame d'Andrei KONCHALOVSKY avec Jon Voight, Eric Roberts et John P. Ryan. - Deux forçats s'échappent à bord d'un train dont ils s'aperçoivent trop tard qu'il est hors de contrôle. - Scénario fondé sur un incident réel. Nombreuses scènes hallucinantes. Mise en scène impressionnante. Interprétation de haut niveau. □ 13 ans+
DVD Cadrage W➔12,95 $

RUNDOWN, THE [Traqueur, Le] ▷4
É.-U. 2003. Aventures de Peter BERG avec The Rock, Seann William Scott et Rosario Dawson. - Un dur à cuire est engagé par un millionnaire pour retrouver son fils parti à la recherche d'un précieux artefact dans la jungle du Brésil. □ Général · Déconseillé aux jeunes enfants
DVD VF➔STF➔Cadrage W➔22,95 $

RUNNING ON EMPTY ▷4
É.-U. 1988. Drame social de Sidney LUMET avec Christine Lahti, River Phoenix et Judd Hirsch. - Recherché depuis 1971 par le FBI, un couple d'anciens activistes vit depuis lors sous différentes identités avec leurs deux enfants. □ Général
DVD VA➔Cadrage P&S➔7,95 $

RUNNING SCARED [Sauve qui peut] ▷5
É.-U. 1986. Comédie policière de Peter HYAMS avec Billy Crystal, Gregory Hines et Darlanne Fluegel. - Deux policiers de Chicago cherchent à prendre sur le fait un important trafiquant de drogue.
DVD Cadrage W➔11,95 $

RUNNING SCARED [Traqué] ▷5
É.-U. 2006. Thriller de Wayne KRAMER avec Paul Walker, Cameron Bright et Vera Farmiga. - Un gangster doit retrouver un revolver incriminant qui a passé entre les mains d'un gamin russe et de divers individus crapuleux. □ 16 ans+ · Violence
DVD VF➔STF➔Cadrage W➔34,95 $

RUNNING TIME
É.-U. 1997. Josh BECKER
DVD VA➔23,95 $

RUPTURE(S) ▷5
FR. 1993. Comédie dramatique de Christine CITTI avec Michel Piccoli, Emmanuelle Béart et Nada Strancar. - Des amis éprouvent de la difficulté à se remettre du suicide d'une de leurs camarades. □ Général

RUPTURE, LA ▷3
FR. 1970. Drame psychologique de Claude CHABROL avec Stéphane Audran, Jean-Pierre Cassel et Michel Bouquet. - Un industriel cherche à compromettre sa bru qui veut obtenir le divorce d'avec son fils. - Intrigue assez compliquée teintée d'un ton d'ironie sèche. Personnages bien campés. □ 18 ans+

RUSH ▷4
É.-U. 1991. Drame policier de Lili Fini ZANUCK avec Jason Patric, Jennifer Jason Leigh et Sam Elliott. - Deux jeunes enquêteurs œuvrent incognito dans l'entourage d'un propriétaire de bar soupçonné de diriger un réseau de trafic de drogue. □ 13 ans+
DVD VF➔STF➔Cadrage W➔12,95 $

RUSH HOUR [Heure limite] ▷4
É.-U. 1998. Comédie policière de Brett RATNER avec Jackie Chan, Chris Tucker et Elizabeth Peña. - Un policier de Hong-Kong et un détective de Los Angeles recherchent la fillette kidnappée d'un diplomate chinois en poste aux États-Unis. □ 13 ans+
DVD VA➔Cadrage W➔23,95 $

RUSHMORE ▷4
É.-U. 1998. Comédie de mœurs de Wes ANDERSON avec Jason Schwartzman, Bill Murray et Olivia Williams. - Un adolescent fantasque tombe éperdument amoureux d'une jeune enseignante courtisée par un millionnaire. □ Général
DVD VA➔STA➔Cadrage W➔19,95 $

RUSLAN AND LUDMILA ▷4
RUS. 1972. Conte de Aleksandr PTOUCHKO avec Valeri Kosinets, Natalia Petrova et Vladimir Fiodorov. - Un vaillant guerrier lutte pour sauver sa jeune épouse capturée par nain maléfique.
DVD VF➔STF➔74,95 $

RUSSIA HOUSE, THE [Maison Russie, La] ▷4
É.-U. 1990. Drame d'espionnage de Fred SCHEPISI avec Sean Connery, Michelle Pfeiffer et James Fox. - Les services secrets des forces alliées somment un éditeur anglais de se rendre en Russie pour contacter l'auteur d'un manuscrit sur la Défense soviétique. □ Général
DVD VF➔STF➔Cadrage W➔11,95 $

RUSSIAN ARK *voir* **Arche russe, L'**

RUSSIAN DOLL
AUS. 2001. Stavros KAZANTZIDIS
DVD VA➔36,95 $

RUSSIANS ARE COMING, THE RUSSIANS ARE COMING, THE [Russes arrivent, Les] ▷4
É.-U. 1966. Comédie de Norman JEWISON avec Carl Reiner, Alan Arkin et Brian Keith. - L'échouage d'un sous-marin russe sème la panique dans une île côtière.
DVD VA➔Cadrage W➔11,95 $

RUSTY JAMES *voir* **Rumble Fish**

RUTHLESS ▷4
É.-U. 1948. Drame psychologique d'Edgar G. ULMER avec Zachary Scott, Louis Hayward et Diana Lynn. - Bien qu'affichant des sentiments humanitaires, un magnat de l'industrie se conduit en fait comme un rapace. □ Général

RUTHLESS PEOPLE ▷4
[Y a-t-il quelqu'un pour tuer ma femme?]
É.-U. 1986. Comédie policière de Jim ABRAHAMS, David et Jerry ZUCKER avec Danny DeVito, Bette Midler et Judge Reinhold. - Ayant déjà songé à tuer sa femme, un homme d'affaires retors se garde bien de payer la rançon le jour où celle-ci se fait kidnapper. □ 13 ans+
DVD VA➔Cadrage W➔21,95 $

RUTLES, THE: ALL YOU NEED IS CASH, THE ▷4
ANG. 1978. Comédie satirique d'Eric IDLE et Gary WEIS avec Eric Idle, Neil Innes, John Halsey et Ricky Fataar. - L'histoire fictive d'un groupe populaire de musique rock, les Rutles. □ Général
DVD VA➔Cadrage P&S➔24,95 $

RYAN'S DAUGHTER [Fille de Ryan, La] ►2
ANG. 1970. Drame sentimental de David LEAN avec Sarah Miles, Robert Mitchum et Christopher Jones. - En 1916, dans un village irlandais, la jeune épouse de l'instituteur s'éprend d'un officier anglais. - Fragile histoire sentimentale située dans un cadre grandiose. Paysages et mœurs évoqués avec pittoresque. Réalisation magnifique. S. Miles admirable. □ 13 ans+
DVD VF➔STF➔Cadrage W➔31,95 $

S

S. ▷5
BEL. 1998. Drame de mœurs de G. HENDERICK avec Natali Broods, Dora van der Groen et Koen Van Kaam. - Meurtrie par l'existence, une jeune femme trouve dans le sexe et la violence le réconfort dont elle a besoin. □ 18 ans+ · Érotisme · Langage vulgaire · Violence
DVD VF➜STA➜42,95 $

S'EN FOUT LA MORT ▷3
FR. 1990. Drame de mœurs de Claire DENIS avec Alex Descas, Isaach de Bankolé et Jean-Claude Brialy. - Deux Noirs s'occupent de combats de coqs clandestins organisés par un restaurateur de la banlieue parisienne. - Description directe et abrupte d'un monde marginal. Aspects socio-psychologiques intéressants. Rugosité de la mise en scène. Interprètes bien choisis. □ 13 ans+

S.O.B. ▷4
É.-U. 1981. Comédie satirique de Blake EDWARDS avec William Holden, Julie Andrews et Richard Mulligan. - Les tribulations d'un producteur dont le dernier film est un fiasco artistique et financier. □ 13 ans+
DVD VF➜STF➜Cadrage W➜21,95 $

S.O.S. FANTÔMES *voir* **Ghostbusters**

S.O.S. ICEBERG
ALL. 1933. Tay GARNETT et Arnold FANCK
DVD VA➜STA➜24,95 $

S.O.S. LA VIE !
voir **Two Thousand and None**

SA PREMIÈRE CULOTTE *voir* **Long Pants**

SABAH ▷4
CAN. 2005. Comédie dramatique de Ruba NADDA avec Arsinée Khanjian, Shawn Doyle, Kathryn Winslow et Fadia Nadda. - À Toronto, une femme d'origine syrienne tente de cacher à sa famille très conservatrice son idylle avec un Canadien non musulman.
□ Général
DVD VA➜Cadrage 16X9➜31,95 $

SABATA ▷4
ITA. 1969. Western de Frank KRAMER avec Lee Van Cleef, William Berger et Franco Ressel. - Un aventurier récupère le butin d'un vol et en démasque les organisateurs.

SABLES MORTELS *voir* **White Sands**

SABLES MOUVANTS, LES ▷4
FR. 1995. Drame social de Paul CARPITA avec Beppé Clerici, Daniel San Pedro et Guy Belaidi. - En Camargue, un mécanicien espagnol est exploité comme d'autres clandestins par l'homme de main d'un promoteur véreux. □ Général

SABOTAGE ▷3
ANG. 1936. Drame d'espionnage d'Alfred HITCHCOCK avec Sylvia Sidney, Oscar Homolka et John Loder. - Une jeune femme découvre que son mari, gérant de cinéma, est un agent à la solde de l'étranger. - Suspense construit avec savoir-faire. Mise en scène habile. Scènes prenantes. Interprétation solide. □ Non classé
DVD VA➜26,95 $

SABOTEUR ▷4
É.-U. 1942. Drame d'espionnage d'Alfred HITCHCOCK avec Priscilla Lane, Robert Cummings et Otto Kruger. - Un individu accusé à tort de sabotage entreprend de découvrir les vrais coupables.
□ Non classé
DVD 23,95 $ VA➜STA➜22,95 $

SABRINA ▷4
É.-U. 1954. Comédie sentimentale de Billy WILDER avec Audrey Hepburn, Humphrey Bogart et William Holden. - Un homme d'affaires tente de mettre un terme à l'idylle de son frère avec la fille de leur chauffeur. □ Général
DVD VF➜STA➜10,95 $

SABRINA ▷4
É.-U. 1995. Comédie dramatique de Sydney POLLACK avec Harrison Ford, Julia Ormond, Nancy Marchand et Greg Kinnear. - Les deux héritiers d'une famille fortunée tombent sous le charme de la fille de leur chauffeur qui rentre de Paris métamorphosée en femme du monde. □ Général
DVD VF➜STA➜Cadrage W➜10,95 $

SABU
JAP. 2002. Takashi MIIKE
DVD STA➜29,95 $

SACCO & VANZETTI ▷3
ITA. 1971. Drame social de Giuliano MONTALDO avec Riccardo Cucciola, Gian-Maria Volontè et Cyril Cusack. - À Boston, en 1920, deux immigrants italiens sont accusés d'avoir participé à un hold-up. - Évocation prenante d'une affaire célèbre. Mise en scène dépouillée et réaliste. □ Général

SACRÉE FRIPOUILLE, UNE
voir **Flim Flam Man, The**

SACRIFICE, LE [Sacrifice, The] ►2
SUÈ. 1986. Drame poétique d'Andrei TARKOVSKY avec Erland Josephson, Allan Edwall, Sven Wollter et Susan Fleetwood. - À l'annonce d'une catastrophe nucléaire, un écrivain prie Dieu d'épargner sa famille, offrant en échange un sacrifice. - Film poétique et énigmatique à connotations mystiques. Rythme lent et envoûtant. Beauté formelle éblouissante. Interprétation grave et prenante. □ Général
DVD STA➜34,95 $

SADA
JAP. 1998. Nobuhiko OBAYASHI
DVD STA➜23,95 $

SADDEST MUSIC IN THE WORLD ▷4
[Musique la plus triste du monde, La]
CAN. 2003. Comédie dramatique de Guy MADDIN avec Isabella Rossellini, Mark McKinney et Maria de Medeiros. - En 1933, à Winnipeg, une baronne de la bière lance un concours pour déterminer quelle est la musique la plus triste au monde.
DVD VA➜STF➜Cadrage W➜29,95 $ VF➜Cadrage W➜31,95 $

SADE ▷4
FR. 2000. Drame historique de Benoît JACQUOT avec Daniel Auteuil, Isild Le Besco et Marianne Denicourt. - Transféré en 1794 de la prison de Saint-Lazarre à la clinique de Picpus, le Marquis de Sade y fait l'éducation d'une jeune noble.
DVD VF➜STA➜Cadrage W➜12,95 $

SADIE MCKEE
É.-U. 1934. Clarence BROWN □ Non classé

SADIE THOMPSON ▷5
É.-U. 1928. Drame de mœurs de Raoul WALSH avec Gloria Swanson, Lionel Barrymore et Blanche Friderici. - Un administrateur sévère s'entiche d'une fille de petite vertu qu'il voulait chasser de l'île qui est sous son contrôle. □ Général
DVD VA➜26,95 $

SAFE ▷3
É.-U. 1994. Drame de Todd HAYNES avec Julianne Moore, Xander Berkeley et Peter Friedman. - Une ménagère qui mène une vie monotone dans une maison cossue de banlieue se met à souffrir d'étranges malaises qui attaquent son système immunitaire. - Cas pathologique bizarre évoqué de façon clinique. Utilisation habile du son et de la lumière. Mise en scène dépouillée. Jeu très sensible de J. Moore. □ Général
DVD VA➔STF➔8,95 $

SAFETY OF OBJECTS, THE [Confort des objets, Le] ▷5
É.-U. 2001. Drame psychologique de Rose TROCHE avec Glenn Close, Dermot Mulroney et Patricia Clarkson. - Quelques jours dans l'existence tourmentée de quatre familles voisines vivant en banlieue. □ 13 ans+
DVD VA➔17,95 $

SAGA OF GOSTA BERLING, THE
SUÈ. 1920. Mauritz STILLER
DVD 24,95 $

SAHARA ▷4
É.-U. 1942. Drame de guerre de Zoltan KORDA avec Humphrey Bogart, Bruce Bennett et Lloyd Bridges. - Pendant la retraite de Lybie, l'équipage d'un tank résiste aux attaques nazies. □ Général
DVD VA➔31,95 $

SAHARA ▷5
É.-U. 1983. Aventures de A.V. McLAGLEN avec Brooke Shields, Lambert Wilson et Horst Buchholz. - Pour honorer la mémoire de son père, constructeur d'autos de courses, une jeune fille se lance dans une compétition automobile en plein désert.

SAHARA ▷5
É.-U. 2005. Aventures de Breck EISNER avec Matthew McConaughey, Steve Zahn et Penélope Cruz. - Deux chercheurs de trésors et une femme médecin découvrent l'origine d'une mystérieuse épidémie qui décime la population du Mali. □ Général
DVD VA➔STA➔Cadrage W➔19,95 $

SAIGON: YEAR OF THE CAT ▷3
ANG. 1983. Drame psychologique de Stephen FREARS avec Judi Dench, Frederic Forrest et E.G. Marshall. - Alors que s'achève la guerre du Vietnam, une Anglaise d'âge mûr a une liaison avec un diplomate américain qui se révèle être un agent secret. - Intrigue intéressante bien qu'un peu confuse. Bonne saisie du contexte. Réalisation vivante. Interprétation solide. Film tourné pour la télévision.

SAINT, THE ▷5
É.-U. 1997. Aventures de Phillip NOYCE avec Val Kilmer, Elisabeth Shue et Rade Serbedzija. - Un aventurier charme une jeune physicienne afin de lui soutirer une formule secrète pour le compte d'un gangster russe. □ Général
DVD VF➔Cadrage W➔9,95 $

SAINT ANGE [House of Voices] ▷5
FR. 2004. Drame fantastique de Pascal LAUGIER avec Virginie Ledoyen, Lou Doillon et Catriona MacColl. - Une jeune femme engagée pour nettoyer un orphelinat désaffecté y est témoin d'étranges phénomènes.
DVD VF➔STA➔Cadrage W➔31,95 $

SAINT CLARA ▷5
ISR. 1995. Comédie fantaisiste d'Ari FOLMAN et Uri SIVAN avec Lucy Dubinchik, Halil Elohev et Johnny Peterson. - Une jeune clairvoyante bouleverse son école et sa ville lorsqu'elle devine les questions d'un examen de mathématiques. □ Général

SAINT JACK ▷4
É.-U. 1979. Drame réalisé et interprété par Peter BOGDANOVICH avec Ben Gazzara et Denholm Elliott. - Un Américain vivant à Singapour exerce la fonction d'entremetteur auprès de quelques prostituées locales. □ 18 ans+

SAINT JOAN ▷4
É.-U. 1956. Drame d'Otto PREMINGER avec Jean Seberg, Richard Widmark et Richard Todd. - La vie de Jeanne d'Arc vue par le dramaturge George Bernard Shaw. □ Général

SAINT MONICA [Sainte Monica]
CAN. 2002. Terrance ODETTE
DVD VF➔STA➔Cadrage W➔16,95 $
VF➔STA➔Cadrage 16X9➔16,95 $

SAINT RALPH [Miracle pour Ralph, Un] ▷5
CAN. 2004. Comédie dramatique de Michael MacGOWAN avec Adam Butcher, Campbell Scott et Gordon Pinsent. - Dans les années 1950 à Hamilton, un garçon de 14 ans croit que sa victoire au marathon de Boston pourra tirer sa mère d'un profond coma. □ Général
DVD VF➔Cadrage W➔18,95 $

SAINT-CYR ▷4
FR. 2000. Drame historique de Patricia MAZUY avec Isabelle Huppert, Nina Meurisse et Morgane Moré. - Une ancienne courtisane de Louis XIV qui dirige un institut modèle pour jeunes filles dérive peu à peu dans la folie.

SAINT MICHEL AVAIT UN COQ ▷3
[St. Michael Had a Rooster]
ITA. 1971. Drame psychologique de Paolo et Vittorio TAVIANI avec Giulio Brogi, Renato Scarpa et Vittorio Fantoni. - En Italie, à la fin du XIXe siècle, un anarchiste emprisonné rêve à son action future. - Grande beauté formelle. Réflexions politiques intéressantes. Mise en scène d'une belle intelligence. Trame musicale de qualité. Interprétation solide.
DVD STA➔Cadrage P&S➔38,95 $

SAINTS-MARTYRS-DES-DAMNÉS ▷5
QUÉ. 2005. Drame fantastique de Robin AUBERT avec François Chénier, Isabelle Blais et Luc Senay. - Un journaliste est dépêché avec son ami photographe dans un village perdu pour enquêter sur des disparitions mystérieuses. □ 13 ans+ · Horreur
DVD VF➔STA➔31,95 $

SAISON BLANCHE ET SÈCHE, UNE
voir **Dry White Season, A**

SAISON DANS LA VIE D'EMMANUEL, UNE ▷6
FR. 1972. Drame de Claude WEISZ avec Germaine Montero, Manuel Pinto et Georges Domergue. - Le sort malheureux des divers membres d'une famille de miséreux.

SAISONS DU CŒUR, LES
voir **Places in the Heart**

SAKHAROV ▷4
ANG. 1984. Drame biographique de Jack GOLD avec Jason Robards, Glenda Jackson et Paul Freeman. - La vie du célèbre dissident soviétique Andrei Sakharov. □ Non classé

SALAAM BOMBAY ! ▷3
IND. 1988. Drame social de Mira NAIR avec Shafik Syed, Sarfuddin Qurassi et Raju Barnard. - Chassé de sa famille, un jeune garçon se débrouille pour survivre dans le quartier des prostituées de Bombay. - Histoire poignante. Traitement convaincant. Rythme soutenu. Interprétation naturelle. □ Général

SALAIRE DE LA PEUR, LE [Wages of Fear, The] ►2
FR. 1952. Drame psychologique d'Henri-Georges CLOUZOT avec Yves Montand, Charles Vanel et Peter Van Eyck. - Quatre hommes déchus acceptent de convoyer deux camions de nitroglycérine. - Forte intensité dramatique. Virtuosité technique. Excellents interprètes. □ Général
DVD VF➔STA➔49,95 $

SALAIRE DU DIABLE, LE *voir* **Man in the Shadow**

SALE COMME UN ANGE ▷5
FR. 1990. Drame psychologique de Catherine BREILLAT avec Claude Brasseur, Lio, Nils Tavernier. - Un inspecteur de police solitaire et misogyne profite de l'absence forcée de son adjoint pour séduire sa belle épouse. □ 13 ans+

SALÉ SUCRÉ [Eat Drink Man Woman] ▷4
TAÏ. 1994. Comédie dramatique d'Ang LEE avec Sihung Lung, Kuei-Mei Yang et Chien-Lien Wu. - Les tribulations sentimentales et professionnelles d'un vieux chef cuisinier et de ses trois filles adultes qui demeurent encore avec lui. □ Général

SALEM'S LOT: THE MOVIE ▷4
É.-U. 1979. Drame d'horreur de Tobe HOOPER avec James Mason, David Soul et Bonnie Bedelia. - Un romancier enquêtant sur une maison hantée la trouve occupée par des vampires. □ 13 ans+ · Horreur
DVD VA➔STF➔16,95 $

SALLAH ▷4
ISR. 1964. Comédie d'Ephraim KISHON avec Haym Topol, Shraga Friedman et Geula Noni. - Les difficultés d'un Juif venu s'installer en Israël avec sa famille. □ Général

SALLE DE BAIN, LA ▷3
FR. 1988. Comédie de mœurs de John LVOFF avec Tom Novembre, Gunilla Karlzen et Jiri Stanislav. - Un individu étrange qui vit dans sa salle de bain voit son intimité troublée par les travaux de rénovation que fait effectuer sa compagne. - Adaptation réussie d'un livre de Jean-Philippe Toussaint. Traitement à la fois sobre et stylisé. □ Général

SALLY OF THE SAWDUST ▷4
É.-U. 1925. Comédie de David Wark GRIFFITH avec Carol Dempster, W. C. Fields et Alfred Lunt. - Un forain veille de son mieux au bonheur de l'orpheline dont il a la garde. □ Général
DVD 38,95 $

SALMONBERRIES ▷4
ALL. 1991. Drame psychologique de Percy ADLON avec K.D. Lang, Rosel Zech et Chuck Connors. - En Alaska, une jeune métisse aux allures d'androgyne se lie d'amitié avec une bibliothécaire d'origine est-allemande qui vit dans l'ombre d'un passé tragique. □ 13 ans+
DVD VA➔39,95 $

SALO OU LES CENT VINGT JOURNÉES DE SODOME ▷4
ITA. 1975. Drame de Pier Paolo PASOLINI avec Paolo Bonacelli, Giorgio Cataldi et Uberto P. Quintavalle. - À la fin de la Seconde Guerre mondiale, quatre notables fascistes assouvissent leurs plaisirs particuliers en soumettant des jeunes gens à des jeux pervers. □ 18 ans+

SALOME ▷5
É.-U. 1953. Drame biblique de William DIETERLE avec Rita Hayworth, Stewart Granger et Charles Laughton. - Salomé sert d'instrument à sa mère pour obtenir d'Hérode la mort du Précurseur. □ Général

SALOME'S LAST DANCE ▷4
ANG. 1988. Comédie dramatique de Ken RUSSELL avec Imogen Millais-Scott et Glenda Jackson. - En 1892, le dramaturge anglais Oscar Wilde assiste à la représentation de sa nouvelle pièce *Salomé*, mise à l'index par le gouvernement. □ 13 ans+
DVD Cadrage W➔PC

SALSA ▷5
FR. 1999. Comédie sentimentale de Joyce SHERMAN BUNUEL avec Vincent Lecoeur, Christianne Gout et Catherine Samie. - Un pianiste classique se joint à un groupe de musique salsa en se faisant passer pour un Cubain.
DVD VF➔16,95 $

SALT OF THE EARTH [Sel de la Terre, Le] ▷3
É.-U. 1954. Drame social d'Hector BIBERMAN avec Juan Chacon, Rosaura Revueltas et Will Geer. - Les ouvriers d'une mine du Nouveau-Mexique se mettent en grève. - Moyens sobres de style néoréaliste. Direction d'acteurs excellente. □ Général

SALT ON OUR SKIN [Vaisseaux du cœur, Les] ▷5
ALL. 1992. Mélodrame d'Andrew BIRKIN avec Greta Scacchi, Vincent d'Onofrio et Anaïs Jeanneret. - La longue liaison amoureuse d'une intellectuelle française et d'un marin écossais. □ Général

SALTON SEA, THE [Mer de Salton, La] ▷4
É.-U. 2001. Thriller de D.J. CARUSO avec Val Kilmer, Peter Sarsgaard et Vincent D'Onofrio. - Pour venger le meurtre de sa femme tuée lors d'une descente de police, un musicien de jazz toxicomane devient informateur. □ 16 ans+ · Violence
DVD VF➔STF➔Cadrage W/16X9➔16,95 $

SALUT COUSIN ! ▷3
FR. ALG. BEL. LUX. 1996. Comédie de mœurs de Merzak ALLOUACHE avec Gad Elmaleh, Mess Hattou et Magaly Berdy. - Débarquant à Paris chez son cousin, un jeune Algérien naïf, venu accomplir une transaction douteuse, vit certaines désillusions. - Intéressante comparaison de cultures. Réalisation sensible aux affects des personnages. □ Général

SALUT L'ARTISTE ! ▷4
FR. 1973. Comédie de mœurs d'Yves ROBERT avec Marcello Mastroianni, Françoise Fabian et Jean Rochefort. - Les ennuis professionnels et sentimentaux d'un acteur de second plan.

SALUT VICTOR ! ▷3
QUÉ. 1988. Drame psychologique d'Anne-Claire POIRIER avec Jean-Louis Roux, Jacques Godin et Julie Vincent. - Une chaude amitié se développe entre deux vieillards qui résident dans une maison de retraite huppée. - Téléfilm au ton intimiste fort bien soutenu. Bonne étude de caractères. Mise en scène nuancée. Excellente interprétation. □ Général

SALUT, LE *voir* **Levity**

SALVADOR ▷4
É.-U. 1985. Drame social d'Oliver STONE avec James Woods, Elpedia Carrillo et John Savage. - Lors d'un reportage sur la crise politique du Salvador, un journaliste est témoin des exactions des troupes pro-gouvernementales. □ 13 ans+

SALVATORE GIULIANO ►2
ITA. 1962. Drame social de Francesco ROSI avec Frank Wolff, Cicero Fernando et Salvo Randone. - La vie d'un célèbre bandit sicilien. - Tableau social complexe et captivant. Austère et dépouillé. Interprètes vrais.
DVD STA➔Cadrage W➔62,95 $

SAM & ME [Sam et moi] ▷4
CAN. 1991. Comédie de mœurs de Deepa MEHTA avec Ranjit Chowdhry, Peter Boretski et Om Puri. - Fraîchement débarqué à Toronto, un jeune Indien se lie d'amitié avec un vieux Juif excentrique qu'il est chargé de surveiller. □ Général

SAM WHISKEY ▷5

É.-U. 1969. Western de Arnold LAVEN avec Burt Reynolds, Angie Dickinson, William Schallert et Clint Walker. - Un aventurier est engagé par une femme pour récupérer de l'or volé autrefois par son défunt mari.

DVD VA→11,95 $

SAMARITAN GIRL

COR. 2004. Ki-duk KIM

DVD STA→Cadrage W→27,95 $

SAME SEX PARENTS

voir **Parents pas comme les autres, Des**

SAMMY & ROSIE GET LAID ▷3

ANG. 1987. Drame de mœurs de Stephen FREARS avec Shashi Kapoor, Frances Barber et Ayub Khan Din. - À Londres, un jeune couple qui vit avec une grande liberté de mœurs accueille le père du mari, un politicien pakistanais. - Exploration des problèmes de l'Angleterre thatchérienne. Approche explosive et virulente. Traitement vif et précis. Interprétation étonnante. □ 13 ans+

SAMOURAÏ, LE ▷3

FR. 1967. Thriller de Jean-Pierre MELVILLE avec Alain Delon, François Périer et Nathalie Delon. - Un tueur à gages qui agit en solitaire est recherché à la fois par la police et par des criminels. - Drame policier se haussant jusqu'à la tragédie. Mise en scène fignolée. Jeu contrôlé de A. Delon. □ 13 ans+

DVD VF→STA→Cadrage W→41,95 $

SAMSARA ▷4

IND. 2001. Chronique de Pan NALIN avec Shawn Ku, Christy Chung et Kelsang Tashi. - Ayant quitté son monastère en raison d'obsédants désirs charnels, un jeune moine bouddhiste travaille dans une ferme où il s'éprend d'une paysanne. □ Général · Déconseillé aux jeunes enfants

DVD STA→34,95 $

SAMURAI 1 : MUSASHI MYAMOTO ▷3

JAP. 1954. Aventures de Hiroshi INAGAKI avec Toshiro Mifune, Kaoru Yachigusa et Mariko Okada. - Les exploits d'un noble et courageux samuraï dans le Japon du XVIIe siècle. - Premier épisode d'une trilogie. Chronique au récit feuilletonesque. Traitement à la fois épique et pittoresque. □ Général

DVD STA→Cadrage W→46,95 $

SAMURAI 2 : DUEL AT ICHIJOJI ▷3

JAP. 1954. Aventures de Hiroshi INAGAKI avec Toshiro Mifune, Kaoru Yachigusa et Mariko Okada. - Les exploits d'un noble et courageux samouraï dans le Japon du XVIIe siècle. - Deuxième épisode d'une trilogie. Chronique au récit feuilletonesque. Traitement à la fois épique et pittoresque. □ Général

DVD STA→Cadrage W→46,95 $

SAMURAI 3 : DUEL AT GANRYU ▷3

JAP. 1954. Aventures de Hiroshi INAGAKI avec Toshiro Mifune, Kaoru Yachigusa et Mariko Okada. - Les exploits d'un noble et courageux samouraï dans le Japon du XVIIe siècle. - Troisième épisode d'une trilogie. Chronique au récit feuilletonesque. Traitement à la fois épique et pittoresque. □ Général

DVD STA→Cadrage W→46,95 $

SAMURAI ASSASSIN

JAP. 1965. Kihachi OKAMOTO

DVD STA→29,95 $

SAMURAI BANNERS

JAP. 1969. Hiroshi INAGAKI

DVD STA→29,95 $

SAMURAI CHAMPLOO II

JAP. 2004. Shinichirô WATANABE

DVD VA→STA→47,95 $

SAMURAI CHAMPLOO III

JAP. 2004. Shinichirô WATANABE

DVD VA→STA→44,95 $

SAMURAI FICTION

JAP. 1998. Hiroyuki NAKANO

DVD STA→Cadrage W→32,95 $

SAMURAI REBELLION ►2

JAP. 1967. Drame de Masaki KOBAYASHI avec Toshiro Mifune, Takeshi Kato et Tatsuya Nakadai. - Un samouraï et son fils résistent à une réclamation injuste de leur seigneur. - Progression lente entrecoupée de duels savamment réglés. Composition hiératique des images. Dignité d'inspiration confinant à la tragédie. Interprétation forte. □ Général

DVD STA→Cadrage W→41,95 $

SAMURAI SPY

JAP. 1965. Masahiro SHINODA

DVD STA→Cadrage W→41,95 $

SAN ANTONIO ▷6

FR. 2004. Comédie policière de Frédéric AUBURTIN avec Gérard Lanvin, Gérard Depardieu et Michel Galabru. - Un commissaire de la police française est chargé d'enquêter sur la disparition du président de la République. □ Général · Déconseillé aux jeunes enfants

DVD VF→Cadrage W→31,95 $

SAN FRANCISCO ▷4

É.-U. 1936. Drame de W.S. VAN DYKE II avec Clark Gable, Spencer Tracy et Jeanette MacDonald. - Un libertin s'amende sous l'influence d'une jeune fille honnête. □ Général

DVD VF→STF→21,95 $

SANCTION, LA *voir* **Eiger Sanction, The**

SAND PEBBLES, THE ▷3

É.-U. 1966. Drame social de Robert WISE avec Steve McQueen, Richard Attenborough et Richard Crenna. - En Chine, en 1926, une canonnière reçoit mission de veiller à la sécurité des ressortissants américains. - Fresque impressionnante. Mise en scène soignée. Intérêt constant. Interprétation juste. □ Général · Déconseillé aux jeunes enfants

SANDLOT, THE ▷4

É.-U. 1993. Comédie fantaisiste de David Mickey EVANS avec Tom Guiry, Mike Vitar et Patrick Renna. - Des gamins tentent par divers stratagèmes de récupérer une balle autographiée par Babe Ruth que l'un d'eux a frappée jusque dans la cour d'un voisin inquiétant. □ Général · Enfants

DVD 14,95 $

SANDPIPER, THE [Chevalier des sables, Le] ▷5

É.-U. 1965. Drame psychologique de Vincente MINNELLI avec Richard Burton, Elizabeth Taylor et Eva Marie Saint. - Un ministre protestant marié se laisse entraîner par la passion qu'il éprouve pour une artiste bohème. □ Général

SANDRA [Sandra of a Thousand Delights] ▷3

ITA. 1965. Drame psychologique de Luchino VISCONTI avec Claudia Cardinale, Jean Sorel et Michael Craig. - L'amitié trouble entre un jeune homme et sa sœur compromet le mariage de cette dernière. - Transposition à l'époque moderne du mythe d'Électre. Œuvre solennelle et froide aux images d'une grande beauté. Interprètes de valeur.

SANDS OF IWO JIMA ▷4

É.-U. 1949. Drame de guerre d'Allan DWAN avec John Wayne, John Agar et Forrest Tucker. - L'entraînement puis l'entrée en action d'une escouade de fusiliers marins durant la dernière guerre. □ Général

SANG D'UN POÈTE, LE [Blood of a Poet] ▷3

FR. 1930. Film d'essai de Jean COCTEAU avec Enrique Rivero, Lee Miller et Pauline Carton. - Suite de tableaux cherchant à exprimer les rêves d'un poète. - Ensemble original et poétique. Œuvre s'inscrivant dans le mouvement surréaliste français. □ Général

SANG DES AUTRES, LE ▷5

FR. CAN. 1983. Drame de Claude CHABROL avec Michael Ontkean, Jodie Foster et Sam Neill. - Par amour pour un militant communiste, une jeune styliste s'engage dans la Résistance. □ Non classé

SANG DES INNOCENTS, LE *voir* **Innocent Blood**

SANGLANTES CONFESSIONS *voir* **True Confessions**

SANGO MALO *voir* **Maître du Canton, Le**

SANGUINAIRES, LES
FR. 1997. Drame de mœurs Laurent CANTET avec Frédéric Pierrot, Catherine Baugué et Djallil Lespert. - Pour échapper à la folie du 31 décembre 1999, une bande de Parisiens stressés décident de se retrancher dans une île déserte.
DVD VF→STA→Cadrage W→29,95 $

SANJURO ▷3
JAP. 1962. Aventures d'Akira KUROSAWA avec Toshiro Mifune, Tatsuya Nakadai et Reiko Dan. - Un samouraï errant vient en aide à neuf jeunes gens en révolte contre la corruption qui s'est installée dans leur clan. - Film d'action mené avec brio. Touches d'humour rude. Mise en scène pleine d'aisance. Interprétation truculente de Mifune. □ 13 ans+
DVD STA→Cadrage W→46,95 $

SANS AMOUR *voir* **Without Love**

SANS ANESTHÉSIE [Without Anesthesia] ▷3
POL. 1978. Drame psychologique de Andrzej WAJDA avec Zbigniew Zapasiewicz, Eva Dalkowska et Andrzej Seweryn. - Un grand reporter fait face à un échec conjugal doublé d'une disgrâce professionnelle. - Sujet intéressant. Mélange habile de notations psychologiques et sociales. Mise en scène vigoureuse. Interprètes bien dirigés.

SANS ISSUE *voir* **Freeway**

SANS ISSUE *voir* **In the Bedroom**

SANS LA PEAU ▷4
ITA. 1994. Comédie dramatique d'Alessandro D'ALATRI avec Anna Galiena, Massimo Ghini et Kim Rossi Stuart. - Un jeune couple vient en aide à un garçon qui souffre d'une curieuse maladie mentale se traduisant par une incapacité à contrôler ses émotions les plus intimes. □ Général · Déconseillé aux jeunes enfants

SANS LAISSER DE TRACES ▷5
HON. 1982. Drame policier de Peter FABRY avec Tamas Cseh, Miklos B. Szekely et Karoly Dunai. - Un décorateur d'étalage imagine un ingénieux stratagème pour commettre des vols audacieux.

SANS LIMITES *voir* **Without Limits**

SANS NOUVELLES DE DIEU *voir* **Don't Tempt Me**

SANS PAROLE *voir* **Speechless**

SANS PEUR *voir* **Fearless**

SANS PITIÉ *voir* **No Mercy**

SANS RÉMISSION *voir* **American Me**

SANS RETOUR *voir* **Point of No Return**

SANS SOLEIL ▷3
FR. 1982. Film d'essai de Chris MARKER. - Un cameraman livre pêle-mêle des observations filmées à l'occasion de voyages au Japon et en Afrique comme l'illustration de lettres à une amie. - Œuvre dense. Montage complexe. Ensemble captivant.

SANS TOIT NI LOI [Vagabond] ►2
FR. 1985. Drame de mœurs d'Agnès VARDA avec Sandrine Bonnaire, Macha Méril et Yolande Moreau. - Diverses personnes évoquent leurs contacts avec une jeune vagabonde trouvée morte dans un champ. - Réflexions pertinentes sur les rapports de la société avec les marginaux. Traitement réaliste et prenant. Mise en scène dépouillée. S. Bonnaire remarquable dans un rôle exigeant. □ Général
DVD VF→STA→Cadrage W→46,95 $

SANS UN CRI ▷4
FR. 1991. Drame psychologique de Jeanne LABRUNE avec Rémi Martin, Nicolas Prive et Lio. - Un camionneur souvent absent reproche à son enfant d'accaparer toute l'attention de sa mère. □ 13 ans+

SANSHIRO SUGATA *voir* **Légende du grand judo, La**

SANSHO THE BAILIFF [Intendant Sansho, L'] ►2
JAP. 1954. Drame de Kenji MIZOGUCHI avec Kinuyo Tanaka, Kyoko Kagawa et Yoshiyaki Hanayaki. - Le fils d'un gouverneur déchu retrouve son rang après avoir été traité comme un esclave. - Éléments mélodramatiques transfigurés par un style raffiné. Images remarquables. Tableau vivant et nuancé du Japon féodal. Interprétation retenue.

SANTA CLAUS: THE MOVIE ▷5
ANG. 1985. Conte de Jeannot SZWARC avec David Huddleston, Dudley Moore et John Lithgow. - Un vieux forestier qui, depuis des siècles, distribue des jouets la nuit de Noël doit contrer les manigances d'un financier mégalomane. □ Général
DVD VA→Cadrage W→18,95 $

SANTA FE TRAIL [Piste de Santa Fe, La] ▷4
É.-U. 1940. Drame historique de Michael CURTIZ avec Errol Flynn, Olivia de Havilland et Raymond Massey. - En 1850, l'abolitionniste John Brown tente d'imposer ses idées par la force. □ Général
DVD VF→8,95 $ VA→15,95 $

SANTO VS THE RIDERS OF TERROR
MEX. 1970. René CARDONA
DVD STA→16,95 $

SAPHEAD, THE [Ce crétin de Malec] ▷3
É.-U. 1921. Comédie d'Herbert BLACHE avec Buster Keaton, Beula Booker et Irving Cummings. - Pour se valoriser auprès de celle qu'il aime, un riche innocent devient courtier à la bourse. - Premier long métrage de Keaton. Touches satiriques amusantes. Habile mélange de sentiments et d'humour. Jeu contrôlé du comédien. □ Général
DVD 19,95 $

SARABAND ►2
SUÈ. 2003. Drame psychologique d'Ingmar BERGMAN avec Liv Ullmann, Erland Josephson et Börje Ahlstedt. - Venue visiter son premier mari, une avocate d'âge mûr découvre des tensions familiales qui couvent depuis trente ans. - Réunion prenante des deux protagonistes de *Scènes de la vie conjugale*. Dialogues touffus donnant lieu à de brillantes variations sur les thèmes chers à l'auteur. Mise en scène très maîtrisée. Jeu vibrant d'interprètes de grand talent. □ Général
DVD STF→23,95 $

SARAFINA! ▷5
A.S. 1992. Drame musical de Darrell James ROODT avec Leleti Khumalo, Whoopi Goldberg et Miriam Makeba. - Une jeune Noire sud-africaine qui rêve de devenir une star participe à une rébellion d'étudiants qui protestent contre l'apartheid. □ 13 ans+ · Violence

SARAGOSSA MANUSCRIPT
voir **Manuscrit trouvé à Saragosse, Le**

SARAH ▷4
FR. 1983. Drame poétique de Maurice DUGOWSON avec Jacques Dutronc, Gabrielle Lazure et Heinz Bennent. - Un expert en assurances est intrigué par la disparition de l'interprète du rôle-titre d'un film. □ Général

SARAH, PLAIN AND TALL ▷4
É.-U. 1991. Drame de mœurs de Glenn JORDAN avec Glenn Close, Christopher Walken et Lexi Randall. - Une célibataire va vivre pendant un mois chez un fermier veuf, père de deux enfants, qui cherche à se remarier. □ Non classé

SARRASINE, LA ▷4
QUÉ. 1992. Drame social de Paul TANA avec Enrica Maria Modugno, Tony Nardi et Jean Lapointe. - À Montréal, en 1904, un tailleur d'origine sicilienne est condamné à mort pour avoir tué accidentellement un Canadien français. □ Général

SASAYAKI *voir* **Moonlight Whispers**

SATAN BUG, THE ▷4
É.-U. 1964. Science-fiction de John STURGES avec George Maharis, Anne Francis et Richard Basehart. - Un paranoïaque menace d'utiliser des liquides mortels pour établir la paix dans le monde. □ Général

SATAN NEVER SLEEPS ▷5
É.-U. 1962. Drame religieux de Léo McCAREY avec Clifton Webb, William Holden et France Nuyen. - Une jeune Chinoise s'éprend d'un prêtre dont la mission est occupée par les communistes.
DVD VA➔14,95 $

SATAN'S BED
É.-U. 1965. Marshall SMITH □ 16 ans+

SATAN'S BREW ▷4
ALL. 1976. Comédie de Rainer W. FASSBINDER avec Kurt Raab, Margit Carstensen, Volker Spengler et Helen Vita. - Un poète en mal d'inspiration vit diverses expériences inspirées de fantasmes délirants.
DVD STA➔31,95 $

SATAN'S SADIST
É.-U. 1970. Al ADAMSON □ Non classé
DVD VA➔27,95 $

SATANIC RITES OF DRACULA ▷5
ANG. 1973. Drame d'horreur d'Alan GIBSON avec Christopher Lee, Peter Cushing et Michael Cole. - Les services secrets britanniques font appel à un spécialiste en sciences occultes pour contrecarrer les projets du comte Dracula. □ 13 ans+
DVD Cadrage W➔27,95 $ VA➔4,95 $

SATI *voir* **Widow Immolation**

SATIN ROUGE ▷4
TUN. 2001. Comédie dramatique de Raja AMARI avec Hiam Abbass, Hend el Fahem et Maher Kamoun. - Issue d'une famille traditionaliste, une veuve s'affirme en découvrant les plaisirs de la danse orientale dans un cabaret de Tunis. □ Général
DVD STA➔34,95 $

SATIN STEEL
H.K. 1994. Alex Leung SIU-HUNG □ 16 ans+ · Violence

SATURDAY
ARG. 2001. Juan VILLEGAS

SATURDAY NIGHT AND SUNDAY MORNING ▷3
[Cabochard, Le]
ANG. 1961. Drame psychologique de Karel REISZ avec Albert Finney, Shirley Ann Field et Rachel Roberts. - Les liaisons amoureuses d'un jeune ouvrier anglais. - Bonnes observations de comportement. Interprétation sobre et juste. □ Général
DVD VA➔STF➔Cadrage W➔11,95 $

SATURDAY NIGHT FEVER [Fièvre du samedi soir, La] ▷5
É.-U. 1977. Étude de mœurs de John BADHAM avec John Travolta, Karen Lynn Gorney et Donna Pescow. - Les ambitions d'un adolescent de Brooklyn qui fréquente les discothèques pour oublier un quotidien banal. □ 13 ans+
DVD VF➔STA➔13,95 $

SATURDAY NIGHTS AT THE BATHS
É.-U. 1975. David BUCKLEY
DVD VA➔27,95 $

SATURN 3 ▷5
ANG. 1980. Science-fiction de Stanley DONEN avec Kirk Douglas, Farrah Fawcett et Harvey Keitel. - Sur la troisième lune de Saturne, l'arrivée d'un officier chargé de fabriquer un robot perturbe la vie d'un couple déjà installé. □ 13 ans+

SAUF-CONDUITS, LES ▷4
QUÉ. 1991. Drame psychologique de Manon BRIAND avec Patrick Goyette, Julie Lavergne et Luc Picard. - Des complications surgissent lorsque l'amitié qui unit une femme et deux hommes se transforme peu à peu en sentiment amoureux. □ Général

SAULABI
COR. 2002. Jong-geum MUN
DVD STA➔24,95 $

SAULES EN HIVER, LES
voir **Willows in Winter, The**

SAUT DE L'ANGE, LE ▷4
FR. 1971. Drame policier d'Yves BOISSET avec Jean Yanne, Senta Berger et Sterling Hayden. - Ayant échappé à un attentat organisé par un politicien véreux, un jeune homme cherche vengeance.
□ 13 ans+

SAUVAGE, LE ▷4
FR. 1975. Comédie sentimentale de Jean-Paul RAPPENEAU avec Yves Montand, Catherine Deneuve et Tony Roberts. - Une jeune femme s'impose à un homme qui s'est retiré dans une île isolée.
□ Général

SAUVE QUI PEUT *voir* **Running Scared**

SAUVE-TOI LOLA ▷5
FR. 1986. Comédie dramatique de Michel DRACH avec Carole Laure, Jeanne Moreau et Dominique Labourier. - Se découvrant atteinte du cancer, une jeune avocate décide, avec d'autres femmes dans le même cas, de faire face à la maladie. □ Général

SAUVEZ LE NEPTUNE *voir* **Gray Lady Down**

SAVAGE INNOCENTS, THE [Dents du diable, Les] ▷4
ITA. FR. ANG. 1959. Drame de mœurs de Nicholas RAY avec Anthony Quinn, Yoko Tani et Peter O'Toole. - Un Esquimau est recherché par la police après avoir tué accidentellement un missionnaire.
□ Non classé

SAVAGE MESSIAH ▷4
ANG. 1972. Drame biographique de Ken RUSSELL avec Scott Anthony, Dorothy Tutin et Helen Mirren. - Un jeune sculpteur français et une Polonaise de vingt ans son aînée vivent une étrange relation platonique. □ 13 ans+

SAVAGE MESSIAH
voir **Moïse : l'affaire Roch Thériault**

SAVAGES ▷3
É.-U. 1972. Drame de James IVORY avec Louis J. Stadlen, Anne Francine et Kathleen Widdoes. - Une tribu primitive investit un manoir abandonné et y élabore un simulacre de civilisation. - Récit résolument insolite aux allures de parabole. Traits caricaturaux. Réalisation précise. Interprétation stylisée. □ 13 ans+
DVD VA➔Cadrage W➔33,95 $

SAVANNAH, LA BALLADE ▷5
FR. 1988. Comédie policière de Marco PICO avec Jacques Higelin, Daniel Martin et Élodie Gaultier. - Croyant à un enlèvement, la police traque la voiture de deux truands où s'est cachée la fillette en fugue d'un politicien. □ Général

SAVE THE GREEN PLANET !
COR. 2003. Jun-hwan JEONG
DVD STA➔Cadrage W➔29,95 $

SAVE THE TIGER ▷4
É.-U. 1972. Drame psychologique de John G. AVILDSEN avec Jack Lemmon, Jack Gilford et Laurie Heineman. - Le directeur d'une maison de couture tente de se tirer d'une mauvaise posture financière. □ 13 ans+
DVD VA➔STA➔Cadrage W➔14,95 $

SAVED ! ▷4
É.-U. 2004. Comédie de mœurs de Brian DANNELLY avec Jena Malone, Mandy Moore et Macaulay Culkin. - Dans une communauté de chrétiens fondamentalistes, une jeune fille tente de cacher sa grossesse et se lie d'amitié avec d'autres marginaux. □ Général
DVD Cadrage W➔11,95 $

SAVED BY THE BELLES ▷5
CAN. 2003. Comédie dramatique de Ziad TOUMA avec Steven Turpin, Brian C. Warren et Karen Simpson. - À Montréal, un travesti et une VJ excentrique traversent une crise d'identité après avoir recueilli un jeune homme amnésique. □ 13 ans+ · Langage vulgaire
DVD VF➔STF➔26,95 $

SAVEUR DE PASSION, UNE
voir **Like Water for Chocolate**

SAVING FACE ▷4
É.-U. 2004. Comédie sentimentale d'Alice Wu avec Michelle Krusiec, Joan Chen et Lynn Chen. - La mère et les grands-parents d'une jeune Sino-Américaine lesbienne désespèrent de la voir un jour se trouver un mari.
DVD VF➜STF➜Cadrage W➜34,95 $

SAVING GRACE ▷5
ANG. 1999. Comédie de Nigel COLE avec Brenda Blethyn, Craig Ferguson et Martin Clunes. - Pour sauver son manoir convoité par des créanciers, une veuve se lance avec son jardinier dans la culture de la marijuana. □ 13 ans+
DVD VA➜Cadrage W➜27,95 $

SAVING PRIVATE RYAN ▶2
[Il faut sauver le soldat Ryan]
É.-U. 1998. Drame de guerre de Steven SPIELBERG avec Tom Hanks, Edward Burns et Tom Sizemore. - En juin 1944, un commando américain recherche en France un parachutiste dont les trois frères ont été tués au combat. - Œuvre magistrale d'une virtuosité époustouflante. Réflexion probante sur les enjeux de la guerre. Reconstitution minutieuse. Jeu bouleversant de T. Hanks. □ 13 ans+ ·Violence
DVD VA➜Cadrage W➜23,95 $

SAVIOUR OF THE SOUL
H.K. 1991. Corey YUEN et David LAI
DVD STA➜Cadrage W➜21,95 $

SAW II [Décadence II]
É.-U. 2005. Darren Lynn BOUSMAN
DVD VF➜Cadrage W➜31,95 $

SAWAKO *voir* **Dolls**

SAWDUST AND TINSEL
voir **Nuit des forains, La**

SAY ANYTHING... ▷4
É.-U. 1989. Comédie dramatique de Cameron CROWE avec John Cusack, Ione Skye et John Mahoney. - Une jeune étudiante studieuse qui vit seule avec son père se fait courtiser par un garçon timide mais original. □ Général

SAYONARA ▷4
É.-U. 1957. Drame social de Joshua LOGAN avec Marlon Brando, Miko Taka et Red Buttons. - Pendant la guerre de Corée, un aviateur américain s'éprend d'une Japonaise. □ Non classé
DVD VF➜STF➜Cadrage W➜12,95 $

SCALPHUNTERS, THE ▷4
É.-U. 1968. Western de Sydney POLLACK avec Burt Lancaster, Ossie Davis et Shelley Winters. - En compagnie d'un esclave noir, un trappeur pourchasse des Indiens qui se sont approprié ses fourrures. □ Non classé
DVD VA➜STF➜11,95 $

SCANDAL ▷3
JAP. 1950. Drame de Akira KUROSAWA avec Toshiro Mifune, Yoshiko Yamaguchi et Takashi Shimura. - Un peintre poursuit en justice un magazine qui a publié un article diffamatoire sur sa relation avec une chanteuse célèbre. - Récit d'un intérêt soutenu. Touches subtiles d'ironie. Réalisation maîtrisée. Interprétation juste.
DVD STA➜59,95 $

SCANDAL [Scandale] ▷4
ANG. 1988. Drame de mœurs de Michael CATON-JONES avec John Hurt, Joanne Whalley-Kilmer et Ian McKellen. - À Londres, au début des années 1960, une danseuse devient la maîtresse du ministre de la Guerre tout en poursuivant une liaison avec un attaché militaire russe. □ 13 ans+

SCANDAL MAN *voir* **Odeur des fauves, L'**

SCANDALE *voir* **Scandal**

SCANDALE À LA COUR
voir **Breath of Scandal, A**

SCANDALE D'ESTHER COSTELLO, LE
voir **Story of Esther Costello, The**

SCANDALE D'ÉTAT *voir* **Show of Force, A**

SCANDALE PRESQUE PARFAIT, UN
voir **Almost Perfect Affair, An**

SCANDALEUSE DE BERLIN, LA *voir* **Foreign Affair, A**

SCANNERS ▷5
CAN. 1980. Science-fiction de David CRONENBERG avec Stephen Lack, Michael Ironside et Patrick McGoohan. - Un vagabond doté de pouvoirs télépathiques particuliers est appelé à lutter contre un mégalomane semblablement privilégié. □ 13 ans+
DVD VF➜STF➜Cadrage W➜22,95 $

SCAR OF SHAME
É.-U. 1927. Frank PEREGINI □ Général

SCAR, THE *voir* **Hollow Triumph**

SCAR, THE
POL. 1976. Krzysztof KIESLOWSKI
DVD STA➜Cadrage W/16X9➜23,95 $

SCARAMOUCHE ▷4
É.-U. 1952. Aventures de George SIDNEY avec Stewart Granger, Eleanor Parker et Mel Ferrer. - Sous le règne de Louis XVI, un jeune homme entreprend de venger un ami tué en duel par un aristocrate. □ Général
DVD VF➜STF➜21,95 $

SCARECROW ▷3
É.-U. 1973. Drame psychologique de Jerry SCHATZBERG avec Gene Hackman, Al Pacino et Penny Allen. - Deux marginaux se rencontrent par hasard le long d'une route et deviennent des amis inséparables. - Mélange de comique et de tragique. Mise en scène intelligente. Jeu exceptionnel des deux principaux interprètes. □ 13 ans+
DVD VF➜STF➜Cadrage W➜21,95 $

SCARFACE ▶2
É.-U. 1932. Drame policier de Howard HAWKS avec Paul Muni, Ann Dvorak et George Raft. - La vie et la mort d'un gangster américain à l'époque de la prohibition. - Un classique du genre. Construction remarquable. Rythme croissant avec l'action. Mise en scène très soignée. Musique de bonne venue. Interprétation vigoureuse. □ Général

SCARFACE [Balafré, Le] ▷4
É.-U. 1983. Drame policier de Brian DE PALMA avec Al Pacino, Steven Bauer et Michelle Pfeiffer. - L'ascension fulgurante d'un expatrié cubain dans le milieu de la pègre de Miami. □ 18 ans+
DVD VA➜STF➜Cadrage W➜23,95 $
VF➜STF➜Cadrage W➜59,95 $

SCARLET AND THE BLACK, THE ▷4
É.-U. 1983. Drame de guerre de Jerry LONDON avec Christopher Plummer, Gregory Peck, et Olga Karlatos. - Un prélat irlandais du Vatican aide des soldats alliés à échapper aux Allemands. □ Général

SCARLET DIVA ▷5
ITA. 2000. Drame de mœurs réalisé et interprété par Asia ARGENTO avec Jean Shepherd et Vera Gemma. - Les tribulations professionnelles et amoureuses d'une jeune actrice italienne qui désire devenir réalisatrice pour tourner un récit inspiré de sa vie. □ 16 ans+
DVD VF➜Cadrage W/16X9➜21,95 $

SCARLET EMPRESS, THE ▶1
É.-U. 1934. Drame de Josef VON STERNBERG avec Marlene Dietrich, John Lodge et Sam Jaffe. - En 1744, pour donner un héritier à son neveu, Élisabeth de Russie fait venir de Prusse une jeune princesse qui deviendra la grande Catherine. - Interprétation stylisée des faits historiques. Nombreuses touches d'humour noir. Décors d'un baroque extravagant. Beauté plastique exceptionnelle. M. Dietrich remarquable. □ Général
DVD VA➜STA➜Cadrage P&S➜46,95 $

SCARLET FLOWER, THE
RUS. 1991. Vladimir GRAMMATIKOV
DVD VA→STF→41,95 $

SCARLET LETTER, THE **[Lettre écarlate, La]** ▷5
É.-U. 1995. Drame de Roland JOFFE avec Demi Moore, Gary Oldman et Robert Duvall. - Dans la Nouvelle-Angleterre puritaine du XVIIe siècle, une jeune femme qui a commis l'adultère est emprisonnée puis accusée de sorcellerie. □ 13 ans+
DVD VA→10,95 $

SCARLET PIMPERNEL, THE ▷4
ANG. 1982. Aventures de Clive DONNER avec Anthony Andrews, Jane Seymour et Ian McKellen. - Pendant la Révolution française, un noble anglais enlève des condamnés à la guillotine. □ Général
DVD VA→26,95 $

SCARLET PIMPERNEL, THE ▷4
ANG. 1934. Aventures de Harold YOUNG avec Leslie Howard, Merle Oberon et Raymond Massey. - Pendant la Révolution française, un aristocrate anglais arrive à soustraire des condamnés à la guillotine. □ Général
DVD VA→7,95 $

SCARLET SAILS
RUS. 1961. Aleksandr PTOUCHKO
DVD STA→39,95 $

SCARLET STREET ▷4
É.-U. 1946. Drame de mœurs de Fritz LANG avec Edward G. Robinson, Joan Bennett et Dan Duryea. - Un comptable d'âge mûr s'amourache d'une fille perverse qui se joue de lui. □ Général
DVD VA→21,95 $

SCARS OF DRACULA, THE ▷5
[Cicatrices de Dracula, Les]
ANG. 1970. Drame fantastique de Roy Ward BAKER avec Christopher Lee, Dennis Waterman et Jenny Hanley. - Un couple à la recherche d'un jeune libertin est aux prises avec le comte Dracula. □ 13 ans+ · Violence
DVD VA→Cadrage W→28,95 $

SCARY MOVIE 4 ▷5
É.-U. 2006. Comédie satirique de David ZUCKER avec Anna Faris, Craig Bierko et Regina Hall. - Pour freiner une invasion extraterrestre, une travailleuse sociale doit trouver le meurtrier du garçon qui hante la maison d'une vieille dame malade.

SCAVENGERS, THE ▷5
É.-U. 1959. Drame policier de John CROMWELL avec Vince Edwards, Carol Ohmart et Vic Diaz. - Un ancien contrebandier retrouve sa femme disparue et résout l'énigme d'un vol de cinq millions
DVD VA→26,95 $

SCÉNARIO EN OR, UN
voir **Big Picture, The**

SCENE AT THE SEA, A
JAP. 1992. Takeshi KITANO
DVD STA→49,95 $

SCÈNES DE LA VIE CONJUGALE ►2
[Scenes from a Marriage]
SUÈ. 1973. Drame psychologique d'Ingmar BERGMAN avec Liv Ullmann, Erland Josephson et Bibi Andersson. - Les tiraillements dans la vie conjugale d'un couple marié depuis dix ans, dont l'union est citée en exemple. - Suite de conversations filmées. Acuité des observations. Mise en scène intelligente. Extraordinaire qualité d'interprétation. □ 13 ans+

SCENES FROM A MALL ▷4
[Scènes de ménage dans un centre commercial]
É.-U. 1991. Comédie de mœurs de Paul MAZURSKY avec Woody Allen, Bette Midler et Bill Irwin. - Un avocat et une psychologue mariés depuis 16 ans se disputent lors d'une journée de magasinage dans un centre commercial. □ Général
DVD VA→14,95 $ VF→Cadrage W→13,95 $

SCENES FROM THE CLASS STRUGGLE IN BEVERLY HILLS ▷5
É.-U. 1989. Comédie satirique de Paul BARTEL avec Jacqueline Bisset, Ray Sharkey et Robert Beltran. - Les chassés-croisés sentimentaux entre les hôtes d'une vaste demeure appartenant à une veuve de Beverly Hills. □ 18 ans+

SCENT OF A WOMAN **[Parfum de femme]** ▷4
É.-U. 1992. Comédie dramatique de Martin BREST avec Al Pacino, Chris O'Donnell et James Rebhorn. - Un ancien militaire aveugle au tempérament difficile entreprend un périple à New York en compagnie d'un collégien qui a été engagé pour veiller sur lui.
□ 13 ans+ · Langage vulgaire
DVD Cadrage W→15,95 $

SCENT OF GREEN PAPAYA, THE
voir **Odeur de la papaye verte, L'**

SCHINDLER'S LIST **[Liste de Schindler, La]** ►2
É.-U. 1993. Drame de guerre de Steven SPIELBERG avec Liam Neeson, Ben Kingsley et Ralph Fiennes. - Un industriel allemand s'arrange pour sauver de l'Holocauste les employés juifs qui travaillent dans son usine de Cracovie. - Histoire authentique. Approche dure et lucide d'une histoire authentique. Mise en scène nerveuse. Ensemble d'une beauté austère. Interprétation pleine de retenue. □ 13 ans+ · Violence
DVD VF→STF→Cadrage W→21,95 $

SCHIZO **[Schiza]**
ALL. FR. RUS. 2004. Gulshat OMAROVA
DVD STA→Cadrage W→39,95 $

SCHIZOPOLIS ▷5
É.-U. 1996. Comédie satirique réalisée et interprétée par Steven SODERBERGH avec Betsy Brantley et David Jensen. - Un employé de bureau sombre dans une étrange dérive mentale. □ Général
DVD VA→Cadrage W→59,95 $

SCHOOL DAZE ▷5
É.-U. 1988. Comédie satirique réalisée et interprétée par Spike LEE avec Larry Fishburne, Giancarlo Esposito et Tisha Campbell. - Dans un collège fréquenté uniquement par des Noirs, deux groupes rivaux s'affrontent. □ Général
DVD Cadrage W→9,95 $ VA→17,95 $

SCHOOL OF FLESH *voir* **École de la chair, L'**

SCHOOL OF ROCK **[École du Rock, L']** ▷4
É.-U. 2003. Comédie de Richard LINKLATER avec Jack Black, Joan Cusack et Miranda Cosgrove. - Un guitariste déchu qui se fait passer pour un instituteur transforme une classe d'enfants de dix ans en groupe de rock. □ Général
DVD VF→STA→Cadrage W→20,95 $

SCHOOL OF THE HOLY BEAST
[Convent of the Sacred Beast]
JAP. 1974. Norifumi SUZUKI
DVD STA→33,95 $

SCHOOL TIES **[Collège d'élite]** ▷4
É.-U. 1992. Drame social de Robert MANDEL avec Brendan Fraser, Chris O'Donnell et Andrew Lowery. - Un jeune Juif d'origine modeste qui a été admis dans un collège huppé est l'objet de préjugés de classe et de religion. □ Général
DVD VA→STA→Cadrage W→10,95 $

SCHPOUNTZ, LE ▷4
FR. 1938. Comédie de Marcel PAGNOL avec Fernandel, Orane Demazis et Charpin. - Un garçon naïf est persuadé qu'il possède des dons d'acteur. □ Général

SCHULTZE GETS THE BLUES ▷4
ALL. 2003. Comédie dramatique de Michael SCHORR avec Horst Krause, Harald Warmbrunn et Karl-Fred Müller. - Dans un village est-allemand, un mineur à la retraite se découvre une passion pour la musique cajun, qui l'emmènera jusque dans le sud des États-Unis. □ Général
DVD STA→Cadrage W→34,95 $

SCIUSCIA [Shoe-Shine] ▶2
ITA. 1946. Drame social de Vittorio de SICA avec Rinaldo Smordoni, Franco Interlenghi et Aniello Mele. - Le drame de deux petits Italiens mêlés au marché noir dans la période d'après-guerre. - Œuvre forte, remarquable de vérité et de poésie. Style néoréaliste. Témoignage sincère sur un problème tragique de l'époque. Interprétation d'un naturel étonnant.

SCORCHERS ▷4
É.-U. 1991. Comédie de mœurs de David BEAIRD avec Leland Crooke, Emily Lloyd et Faye Dunaway. - Deux histoires racontées parallèlement, l'une impliquant un couple de jeunes mariés et l'autre une prostituée confrontée à l'épouse d'un de ses clients. □ Général

SCORE, THE [Grand Coup, Le] ▷4
É.-U. 2001. Drame policier de Frank OZ avec Robert De Niro, Edward Norton et Marlon Brando. - Des voleurs organisent un cambriolage audacieux à l'intérieur de l'édifice des Douanes du Vieux-Montréal.
DVD VF➔STA➔Cadrage W➔13,95 $

SCORPIO ▷4
É.-U. 1972. Drame d'espionnage de Michael WINNER avec Burt Lancaster, Alain Delon et Paul Scofield. - Un Français au service de la CIA reçoit l'ordre de tuer son supérieur soupçonné d'être un agent double. □ Général
DVD VF➔STF➔Cadrage W➔11,95 $

SCOTLAND, PA
É.-U. 2001. Billy MORRISSETTE
DVD VA➔Cadrage W➔41,95 $

SCOTT OF THE ANTARTIC ▷4
ANG. 1948. Drame biographique de Charles FREND avec John Mills, Harold Warrender et Derek Bond. - L'histoire de l'expédition tragique du capitaine Scott au pôle Sud. □ Général

SCOUMOUNE, LA ▷4
FR. 1972. Drame policier de José GIOVANNI avec Claudia Cardinale, Jean-Paul Belmondo et Michel Constantin. - Les tribulations d'un truand marseillais dans les années 1930 et 1940. □ 13 ans+

SCREAM ▷4
É.-U. 1996. Drame d'horreur de Wes CRAVEN avec David Arquette, Neve Campbell et Courteney Cox. - Une adolescente devient la cible d'un mystérieux meurtrier masqué. □ 16 ans+ · Violence
DVD Cadrage W➔51,95 $ Cadrage W➔17,95 $

SCREAM AND SCREAM AGAIN ▷4
ANG. 1969. Science-fiction de Gordon HESSLER avec Vincent Price, Christopher Matthews et Marshall Jones. - Après l'échec de la police, un jeune médecin légiste décide de poursuivre l'enquête sur deux meurtres mystérieux. □ 13 ans+

SCREAM II [Frissons II] ▷4
É.-U. 1997. Drame d'horreur de Wes CRAVEN avec Neve Campbell, Courteney Cox et David Arquette. - Des meurtres mystérieux se produisent dans l'entourage d'une jeune fille qui se remet à peine d'une semblable série noire. □ 16 ans+ · Violence
DVD Cadrage W➔17,95 $

SCREAM III [Frissons III] ▷4
É.-U. 2000. Drame d'horreur de Wes CRAVEN avec Neve Campbell, Courteney Cox Arquette et David Arquette. - Le tournage d'un film d'horreur est perturbé par une série de meurtres commis par un tueur masqué.
DVD Cadrage W➔17,95 $

SCREAM, BLACULA, SCREAM ! ▷5
É.-U. 1973. Drame d'horreur de Bob KELLJAN avec William Marshall, Pam Grier et Don Mitchell. - Un jeune homme fait appel à un vampire pour obtenir la direction d'un culte vaudou. □ 13 ans+
DVD VA➔STA➔Cadrage W➔11,95 $

SCROOGE ▷3
ANG. 1970. Comédie musicale de Ronald NEAME avec Albert Finney, Alec Guinness et Edith Evans. - La nuit de Noël, un vieil avare fait un rêve qui l'amène à changer d'attitude. - Illustration somptueuse d'un conte de Dickens. Riche évocation des traditions de Noël à l'anglaise. □ Général
DVD VA➔STA➔Cadrage W➔15,95 $

SCROOGE [Christmas Carol, A] ▷4
ANG. 1951. Conte de B.D. HURST avec Kathleen Harrison, Alastair Sim et Jack Warner. - Durant la nuit de Noël, un homme au cœur sec fait un rêve qui le décide à semer le bonheur autour de lui.
DVD VA➔27,95 $

SCROOGED [fantômes en fête] ▷4
É.-U. 1988. Comédie fantaisiste de Richard DONNER avec Bill Murray, Karen Allen et Bobcat Goldthwait. - Le président arriviste et hargneux d'un réseau de télévision reçoit la visite de fantômes qui l'incitent à reconsidérer sa vie. □ Général
DVD VF➔STA➔Cadrage W➔15,95 $

SCRUBBERS ▷4
ANG. 1982. Drame social de Mai ZETTERLING avec Amanda York, Chrissie Cotterill et Elizabeth Edmonds. - Les tribulations d'un groupe de jeunes délinquantes qui séjournent dans une maison de redressement. □ 13 ans+

SCUM ▷4
ANG. 1979. Drame social d'Alan CIARKE avec Ray Winstone, Mick Ford et John Judd. - Les tribulations d'un jeune délinquant qui séjourne dans une maison de redressement.
DVD VA➔STA➔27,95 $

SE SOUVENIR DES BELLES CHOSES ▷4
FR. 2001. Comédie dramatique de Zabou BREITMAN avec Isabelle Carré, Bernard Campan et Bernard Le Coq. - Une jeune femme souffrant de pertes de mémoire fréquentes s'éprend d'un veuf au passé douloureux rencontré dans une maison de santé. □ Général · Déconseillé aux jeunes enfants
DVD VF➔21,95 $

SEA CHASE, THE ▷4
É.-U. 1955. Aventures de John FARROW avec John Wayne, Lana Turner et David Farrar. - Un navire allemand poursuivi par les Anglais tente de joindre un port neutre.
DVD VA➔STF➔Cadrage W➔14,95 $

SEA HAWK, THE ▷4
É.-U. 1940. Aventures de Michael CURTIZ avec Errol Flynn, Brenda Marshall et Flora Robson. - Le capitaine d'un vaisseau corsaire britannique apporte son aide à la reine Elizabeth menacée par l'armada espagnole. □ Non classé
DVD VA➔STF➔21,95 $

SEA INSIDE, THE *voir* **Mer intérieure, La**

SEA IS WATCHING, THE
JAP. 2002. Kei KUMAI
DVD STA➔Cadrage W➔39,95 $

SEA OF GRASS, THE ▷4
É.-U. 1947. Western d'Elia KAZAN avec Katharine Hepburn, Spencer Tracy et Robert Walker. - La vie conjugale difficile d'un important rancher de l'Ouest. □ Général

SEA OF LOVE [Rencontre fatale] ▷4
É.-U. 1989. Drame policier d'Harold BECKER avec Al Pacino, Ellen Barkin et John Goodman. - Enquêtant sur un meurtre, un détective de la police de New York s'éprend d'une femme qui pourrait bien être le coupable qu'il recherche. □ 13 ans+
DVD VA➔STF➔Cadrage W➔15,95 $

SEA WOLF, THE [Vaisseau fantôme, Le] ▷4
É.-U. 1941. Drame de Michael CURTIZ avec Edward G. Robinson, Ida Lupino et John Garfield. - Un forban de la mer fait régner la terreur sur son bateau.

SEA WOLVES, THE ▷4
É.-U. 1980. Drame de guerre d'Andrew V. McLAGLEN avec Gregory Peck, Roger Moore et David Niven. - En 1943, un commando d'anciens militaires entreprend de neutraliser un poste d'espionnage allemand dans l'océan Indien. □ Général
DVD VA➔STF➔Cadrage W➔7,95 $

SEABISCUIT ▷4
É.-U. 2003. Drame sportif de Gary ROSS avec Tobey Maguire, Jeff Bridges et Chris Cooper. - Dans les années 1930, un cheval de course qu'on donnait perdant devient un champion national grâce aux efforts d'un commerçant, d'un cow-boy et d'un jockey.
□ Général
DVD VF→STA→Cadrage W→14,95 $ VA→Cadrage W→14,95 $

SEAGULL'S LAUGHTER, THE
ISL. 2001. Àgust GUÕMUNDSSON
DVD STA→33,95 $

SEALED SOIL, THE
IRAN 1977. Marva NABILI □ Général

SEANCE
JAP. 2000. Kiyoshi KUROSAWA
DVD STA→28,95 $

SEANCE ON A WET AFTERNOON ▷3
ANG. 1964. Drame psychologique de Bryan FORBES avec Kim Stanley, Richard Attenborough et Nanette Newman. - Une femme qui s'adonne au spiritisme fait enlever une fillette. - Bon film de suspense. Réalisation sobre et efficace. Excellents interprètes.
□ Général
DVD VA→23,95 $

SEARCH, THE ▷3
É.-U. 1947. Drame social de Fred ZINNEMANN avec Montgomery Clift, Ivan Jandl, Jarmila Novotna et Aline MacMahon. - Un orphelin de guerre devient le protégé d'un soldat américain. - Valeur documentaire incontestable. Traitement sobre. Interprétation remarquable. □ Général

SEARCH AND DESTROY ▷5
É.-U. 1995. Comédie de mœurs de David SALLE avec Griffin Dunne, Illeana Douglas et Christopher Walken. - Un homme d'affaires endetté croit qu'il pourra transformer sa vie s'il réussit à porter au grand écran le roman d'un célèbre gourou. □ 13 ans+
DVD VA→9,95 $

SEARCHERS, THE ►1
É.-U. 1955. Western de John FORD avec John Wayne, Jeffrey Hunter et Vera Miles. - Un aventurier se met à la poursuite des Comanches qui ont enlevé ses deux nièces. - Une des œuvres maîtresses de l'auteur. Style épique. Réalisation grandiose au rythme lent. Traitement rude et humoristique. Interprétation intense. □ Général
DVD VF→STF→Cadrage W→31,95 $
VF→STF→Cadrage P&S/W→16,95 $

SEARCHING FOR BOBBY FISCHER ▷4
[À la recherche de Bobby Fisher]
É.-U. 1993. Drame de Steven ZAILLIAN avec Joe Mantegna, Max Pomeranc et Joan Allen. - Obnubilés par le succès de leur gamin joueur d'échecs, un couple pousse ce dernier à s'améliorer sans cesse. □ Général
DVD VA→STA→Cadrage W→19,95 $

SEASIDE *voir* **Bord de mer**

SEASON FIVE *voir* **Cinquième saison**

SEASON OF THE HUNTED
É.-U. 2003. Ron SPERLING
DVD VA→STA→28,95 $

SEBASTIANE
ANG. 1976. Derek JARMAN □ 18 ans+
DVD STA→Cadrage W→23,95 $

SECOND AWAKENING OF CHRISTA KLAGES, THE ▷4
ALL. 1978. Drame psychologique de Margarethe VON TROTTA avec Tina Engel, Silvia Reize et Marius Muller-Westernhagen. - Pour sauver de la faillite la garderie où elle travaille, une femme entreprend un hold-up de banque avec deux amis. □ Général

SECOND BEST ▷4
ANG. 1994. Drame psychologique de Chris MENGES avec William Hurt, Chris Clearly Miles et Keith Allen. - Postier dans un petit village anglais, un célibataire morose décide d'adopter un garçon de dix ans qui se montre d'un abord difficile. □ Général

SECOND BEST ▷5
É.-U. 2004. Comédie dramatique d'Eric WEBER avec Joe Pantoliano, Boyd Gaines et Jennifer Tilly. - L'existence d'un quinquagénaire divorcé et chômeur est bouleversée par l'arrivée dans son patelin d'un ami d'enfance devenu producteur à Hollywood.
DVD VA→29,95 $

SECOND CIRCLE
RUS. 1990. Aleksandr SOKOUROV
DVD STA→21,95 $

SECOND GENERATION
ANG. 2003. JON SEN
DVD VA→32,95 $

SECONDA VOLTA, LA ▷4
ITA. 1995. Drame psychologique de Mimmo CALOPRESTI avec Nanni Moretti, Valeria Bruni-Tedeschi et Valeria Milillo. - Un professeur turinois reconnaît dans une employée de bureau une terroriste qui, douze ans plus tôt, avait tenté de l'abattre d'une balle dans la tête lors d'un attentat. □ Général

SECONDS [Opération diabolique] ▷3
É.-U. 1966. Drame psychologique de John FRANKENHEIMER avec Rock Hudson, John Randolph et Salome Jens. - Un homme d'âge mûr change de physique et retrouve la jeunesse grâce à une intervention chirurgicale. - Sujet original. Atmosphère de cauchemar fort bien évoquée. Réalisation inventive. Interprétation intelligente.
DVD VF→STA→Cadrage W→16,95 $

SECRET, LE ▷3
FR. 2000. Drame psychologique de Virginie WAGON avec Anne Coesens, Michel Bompoil et Tony Todd. - Mariée et mère d'un bambin, une vendeuse d'encyclopédies âgée de 35 ans a une aventure sexuelle avec un danseur afro-américain quinquagénaire. - Exploration fine et intelligente du désir féminin. Réalisation assurée et attentive. Performance fort convaincante d'A. Coesens dans un rôle exigeant. □ 16 ans+ · Érotisme

SECRET ADVENTURES OF TOM THUMB, THE ▷3
ANG. 1993. Conte de Dave BORTHWICK avec Nick Upton, Deborah Collar et Frank Passingham. - Un gamin haut de trois pouces est kidnappé par des savants qui l'emmènent dans un terrifiant laboratoire d'où il tente de s'évader. - Conte au climat glauque, horrifiant, fantaisiste et poétique tout à la fois. Remarquable mélange d'animation de figurines et d'action réelle avec acteurs.
□ 13 ans+

SECRET AGENT ▷4
ANG. 1936. Drame d'espionnage d'Alfred HITCHCOCK avec John Gielgud, Robert Young et Madeleine Carroll. - Un écrivain est envoyé en Suisse sous un faux nom pour éliminer un espion allemand.
□ Général
DVD VA→13,95 $

SECRET AGENT, THE ▷5
É.-U. 1995. Drame d'espionnage de Christopher HAMPTON avec Bob Hoskins, Patricia Arquette, Jim Broadbent et Gérard Depardieu. - À Londres, en 1907, un agent provocateur utilise le frère handicapé de sa femme pour commettre un acte de terrorisme.
□ 13 ans+
DVD VF→Cadrage W→9,95 $

SECRET BALLOT ▷4
IRAN 2001. Comédie satirique de Babak PAYAMI avec Nassim Abdi, Cyrus Abidi et Youssef Habashi. - Dans une île au large de l'Iran, un militaire obtus escorte une responsable électorale idéaliste chargée de faire voter les insulaires.
DVD STA→39,95 $

SECRET BEYOND THE DOOR ▷4
É.-U. 1947. Drame psychologique de Fritz LANG avec Joan Bennett, Michael Redgrave et Anne Revere. - Une femme se rend compte que son mari est un dangereux maniaque. □ Général

SECRET CEREMONY [Cérémonie secrète] ▷3
ANG. 1968. Drame psychologique de Joseph LOSEY avec Mia Farrow, Elizabeth Taylor et Robert Mitchum. - Une jeune fille troublée par la mort de sa mère installe chez elle une femme qui ressemble à celle-ci. - Situations peu vraisemblables. Bonne création d'atmosphère. □ Non classé

SECRET DE FAMILLE *voir* **Perfect Son, The**

SECRET DE GRACE QUIGLEY, LE *voir* **Grace Quigley**

SECRET DE JÉRÔME, LE ▷5
QUÉ. 1994. Drame de mœurs de Phil COMEAU avec Myriam Cyr, Germain Houde et Rémy Girard. - En 1863, dans un petit village de la Nouvelle-Écosse, un couple sans enfant recueille un inconnu amputé des deux jambes et apparemment muet.

SECRET DE LA BANQUISE, LE *voir* **Bear Island**

SECRET DE LA CHAMBRE CLAIRE, LE *voir* **White Room**

SECRET DE LA PLANÈTE DES SINGES, LE
voir **Beneath the Planet of the Apes**

SECRET DE MON SUCCÈS, LE
voir **Secret of My Success, The**

SECRET DE TARA, LE *voir* **Playboys, The**

SECRET DÉFENSE ▷5
FR. 1997. Drame psychologique de Jacques RIVETTE avec Sandrine Bonnaire, Jerzy Radziwilowicz et Laure Marsac. - Une scientifique décide de régler son compte à un ancien associé de son père, qu'elle croit responsable de la mort de ce dernier.

SECRET DES CENDRES, LE *voir* **Smoke Signals**

SECRET DES POIGNARDS VOLANTS, LE ▷3
[House of Flying Daggers, The]
CHI. 2004. Film d'aventures de Zhang YIMOU avec Takeshi Kaneshiro, Zhang Ziyi et Andy Lau. - En Chine, au IXe siècle, un jeune capitaine s'éprend de la fille présumée du chef d'un clan de rebelles. - Récit d'amour et de guerre un peu naïf mais aux rebondissements bien amenés. Scènes d'arts martiaux réglées comme de magnifiques ballets. Grande beauté plastique. Interprétation vigoureuse. □ Général · Déconseillé aux jeunes enfants
DVD STA→Cadrage W→23,95 $

SECRET DIARY OF SIGMUND FREUD, THE ▷5
É.-U. 1984. Comédie de Danford B. GREENE avec Bud Cort, Carol Kane et Klaus Kinski. - Amoureux d'une infirmière qui zézaie, le jeune Sigmund Freud élabore ses premières théories sur la psychanalyse. □ Général

SECRET DU BONHEUR, LE *voir* **Being Human**

SECRET EST DANS LA SAUCE, LE
voir **Fried Green Tomatoes**

SECRET GARDEN, THE [Jardin secret, Le] ▷5
É.-U. 1949. Comédie de Fred McLEOD WILCOX avec Margaret O'Brien, Dean Stockwell et Brian Roper. - Une jeune orpheline autoritaire et dure amenée des Indes chez un riche parent se transforme peu à peu au contact d'un petit paysan. □ Non classé

SECRET GARDEN, THE [Jardin secret, Le] ▷4
É.-U. 1993. Conte d'Agnieszka HOLLAND avec Kate Maberly, Heydon Prowse et Andrew Knott. - Après la mort de ses parents, une fillette vient habiter le château d'un oncle anglais où elle découvre un jardin secret auquel elle redonne vie. □ Général
DVD VF→STF→Cadrage W→7,95 $

SECRET HONOR
É.-U. 1984. Robert ALTMAN □ Général
DVD VA→62,95 $

SECRET LIFE OF WALTER MITTY, THE ▷5
[Vie secrète de Walter Mitty, La]
É.-U. 1947. Comédie de Norman Z. MCLEOD avec Danny Kaye, Boris Karloff et Virginia Mayo. - Un timide rêve à des exploits imaginaires. □ Général

SECRET LIVES OF DENTISTS, THE ▷4
É.-U. 2003. Drame de mœurs d'Alan RUDOLPH avec Campbell Scott, Hope Davis et Denis Leary. - La lente désintégration d'un couple de dentistes dont le mari soupçonne sa femme d'infidélité. □ Général
DVD VA→STA→32,95 $

SECRET NATION [Nation secrète] ▷5
CAN. 1992. Drame politique de Michael JONES avec Cathy Jones, Mary Walsh et Michael Wade. - Quarante ans après l'annexion de Terre-Neuve au Canada, une étudiante en histoire est intriguée par les controverses entourant cet événement. □ Général

SECRET OF MY SUCCESS, THE ▷4
[Secret de mon succès, Le]
É.-U. 1987. Comédie de Herbert ROSS avec Michael J. Fox, Helen Slater et Richard Jordan. - Voulant faire carrière dans le monde des affaires, un livreur de courrier réussit à s'immiscer parmi les cadres supérieurs de son entreprise. □ Général
DVD PC

SECRET OF NIMH, THE [Brisby et le secret de Nimh] ▷3
É.-U. 1982. Dessins animés de Don BLUTH. - Une souris des champs se voit obligée de demander de l'aide à une colonie de rats pour déménager son logis. - Intrigue à la fois naïve et complexe. Graphisme d'une grande précision. Personnages bien typés et pittoresques. □ Général
DVD Cadrage W→11,95 $

SECRET OF ROAN INISH, THE ▷3
É.-U. 1994. Conte de John SAYLES avec Jeni Courtney, Mick Lally et Eileen Colgan. - Dans un village côtier irlandais, une fillette se persuade que son petit frère, prétendument mort noyé, aurait en réalité été élevé par des phoques dans une île voisine. - Atmosphère envoûtante gavée de vieux mythes gaéliques. Récit attaché aux détails du quotidien. Très beau travail d'illustration. Interprétation dans le ton voulu. □ Général
DVD VA→STA→Cadrage P&S/W→33,95 $

SECRET OF SANTA VITTORIA, THE ▷4
É.-U. 1969. Comédie de Stanley E. KRAMER avec Anthony Quinn, Anna Magnani et Hardy Kruger. - Les habitants d'un village italien font en sorte de cacher aux Allemands la provision de vin qui constitue leur seule richesse. □ Général

SECRET SOCIETY
ANG. 2000. Imogen KIMMEL
DVD VA→Cadrage W→34,95 $

SECRET WINDOW [Fenêtre secrète] ▷4
É.-U. 2004. Thriller de David KOEPP avec Johnny Depp, John Turturro et Maria Bello. - Un écrivain qui vit dans une maison isolée en forêt est harcelé par un inconnu qui l'accuse de plagiat. □ 13 ans+
DVD VA→Cadrage W→17,95 $

SECRET-DÉFENSE *voir* **Hidden Agenda**

SECRÉTAIRE, LA *voir* **Secretary**

SECRETARY [Secrétaire, La] ▷4
É.-U. 2002. Comédie sentimentale de Steven SHAINBERG avec Maggie Gyllenhaal, James Spader et Jeremy Davies. - Une jeune secrétaire souffrant de troubles psychologiques s'engage dans une relation sadomasochiste avec son patron avocat. □ 16 ans+ · Érotisme
DVD VA→STA→Cadrage W→13,95 $

SECRETO DE AMOR
MEX. 2004. GABRIEL SORIANO
DVD STA→29,95 $

SECRETS AND LIES [Secrets et mensonges] ▶2
ANG. 1996. Drame psychologique de Mike LEIGH avec Brenda Blethyn, Timothy Spall et Marianne Jean-Baptiste. - Une ouvrière de race blanche voit réapparaître dans sa vie sa fille de race noire qu'elle fut forcée d'abandonner à sa naissance, 27 ans auparavant. - Portrait de famille évoluant entre la tragédie et la comédie. Approche pleine d'authenticité et de compassion. Mise en scène intelligente. Interprétation remarquable. □ Général

SECRETS D'ADOS *voir* **Admissions**

SECRETS DE LA PRINCESSE DE CARDIGNAN, LES ▷4
FR. 1982. Drame psychologique de Jacques DERAY avec Claudine Auger, Marina Vlady et François Marthouret. - Une princesse ruinée se joue des sentiments d'un écrivain naïf. □ Non classé

SECRETS DES BARAN, LES *voir* **Baran**

SECRETS ET MENSONGES *voir* **Secrets and Lies**

SECRETS OF WOMEN *voir* **Attente des femmes, L'**

SECTION 44 *voir* **Midnight Clear, A**

SECTION, LA *voir* **Stick, The**

SECUESTRO EXPRESS
VEN. 2005. Jonathan JAKUBOWICZ
DVD STA→Cadrage W→32,95 $

SEDUCED AND ABANDONED
voir **Séduite et abandonnée**

SEDUCING DR. LEWIS *voir* **Grande séduction, La**

SEDUCING MAARYA ▷5
CAN. 1999. Drame de mœurs de Hunt HOE avec Nandana Sen, Cas Anvar et Vijay Mehta. - Un veuf d'origine indienne tombe amoureux de la femme qu'il a choisie comme épouse pour son fils.
DVD VA→Cadrage W→37,95 $

SÉDUCTEURS, LES *voir* **Bedtime Story**

SÉDUCTION EN MODE MINEUR *voir* **Tadpole**

SÉDUCTION FATALE *voir* **Last Seduction, The**

SEDUCTION OF JOE TYNAN, THE ▷4
É.-U. 1979. Drame social de Jerry SCHATZBERG avec Alan Alda, Meryl Streep et Barbara Harris. - Les problèmes professionnels et sentimentaux d'un sénateur aux idées libérales.

SEDUCTION OF MIMI, THE
voir **Mimi métallo blessé dans son honneur**

SÉDUITE ET ABANDONNÉE [Seduced and Abandoned]
ITA. 1964. Pietro GERMI □ 13 ans+

SEE NO EVIL [Terreur aveugle] ▷4
É.-U. 1971. Drame de Richard FLEISCHER avec Mia Farrow, Norman Eshley et Robin Bailey. - Une jeune aveugle dont les parents ont été tués pendant son absence fuit avec une preuve contre l'assassin. □ 13 ans+

SEE NO EVIL, HEAR NO EVIL ▷4
[Diable ! vois-tu ce que j'entends ?]
É.-U. 1989. Comédie policière d'Arthur HILLER avec Gene Wilder, Richard Pryor et Joan Severance. - Deux vendeurs de journaux de Manhattan, l'un sourd l'autre aveugle, doivent prouver leur innocence dans une affaire de meurtre.
DVD VA→Cadrage W→23,95 $

SEE THE SEA *voir* **Regarde la mer**

SEE YOU IN THE MORNING ▷4
É.-U. 1989. Drame psychologique d'Alan J. PAKULA avec Jeff Bridges, Alice Krige et Farrah Fawcett. - Les difficultés psychologiques et sentimentales d'un psychiatre qui s'est remarié avec une veuve après s'être séparé d'un mannequin. □ Général

SEED OF CHUCKY ▷6
É.-U. 2004. Drame d'horreur de Don MANCINI avec Jennifer Tilly, Redman et Hannah Spearritt. - Un couple de meurtriers réincarné dans deux poupées retrouve son rejeton à Hollywood pour le tournage d'un film sur leurs sinistres exploits.
DVD VA→Cadrage W→16,95 $

SEEING OTHER PEOPLE
É.-U. 2004. Wallace WOLODARSKY
DVD VF→STF→Cadrage W→28,95 $

SEEKING ASYLUM *voir* **Pipicacadodo**

SEEMS LIKE OLD TIMES ▷4
É.-U. 1980. Comédie de Jay SANDRICH avec Goldie Hawn, Chevy Chase et Charles Grodin. - Un écrivain forcé par deux bandits à commettre un vol de banque se réfugie chez son ex-femme maintenant mariée à un procureur.
DVD VA→STF→Cadrage P&S/W→29,95 $

SEIGNEUR DE GUERRE *voir* **Lord of War**

SEIGNEUR DES ANNEAUX, LE
voir **Lord of the Rings, The**

SEIGNEUR DES ANNEAUX, LE : LA COMMUNAUTÉ DE L'ANNEAU
voir **Lord of the Rings : The Fellowship of the Ring**

SEIGNEUR DES ANNEAUX, LE : LES DEUX TOURS
voir **Lord of the Rings : The Two Towers, The**

SEIGNEUR DES ANNEAUX, LE : LE RETOUR DU ROI
voir **Lord of the Rings : The Return of the King**

SEIGNEURS DE DOGTOWN, LES *voir* **Lords of Dogtown**

SEINS DE GLACE, LES ▷4
FR. 1974. Drame policier de Georges LAUTNER avec Alain Delon, Mireille Darc et Claude Brasseur. - Un scénariste de télévision s'éprend d'une jeune femme mystérieuse. □ Non classé

SEIZURE [Tango Macabre] ▷6
CAN. 1973. Drame d'horreur d'Oliver STONE avec Jonathan Frid, Martine Beswick et Christina Pickles. - Trois étranges personnages font irruption dans une maison de campagne dont ils forcent les occupants à se livrer à des jeux cruels. □ 13 ans+

SEL DE LA TERRE, LE *voir* **Salt of the Earth**

SEND ME NO FLOWERS ▷4
É.-U. 1964. Comédie de Norman JEWISON avec Rock Hudson, Doris Day et Tony Randall. - Se croyant à tort condamné à mourir sous peu, un homme cherche un nouveau mari pour sa femme. □ Général
DVD VF→18,95 $

SENDER, THE [Rêves sanglants] ▷4
ANG. 1982. Drame fantastique de Roger CHRISTIAN avec Kathryn Harrold, Zeljko Ivanek et Shirley Knight. - Une psychiatre vit de curieuses expériences en s'occupant d'un jeune amnésique doté d'extraordinaires pouvoirs télépathiques. □ 13 ans+

SÉNÉCHAL LE MAGNIFIQUE ▷5
FR. 1957. Comédie de Jean BOYER avec Fernandel, Nadia Grey et Armontel . - Un acteur sans succès se prend à jouer, dans la vie réelle, les personnages de ses rôles.

SENSE AND SENSIBILITY [Raison et sentiments] ▷3
É.-U. 1995. Comédie dramatique d'Ang LEE avec Emma Thompson, Kate Winslet et Émilie François. - Les tribulations sentimentales de deux sœurs dans l'Angleterre du XVIIIe siècle. - Adaptation alerte et spirituelle d'un roman de Jane Austen. Personnages habilement cernés. Réalisation lumineuse et aérée. Interprétation pleine de fraîcheur et d'intelligence. □ Général
DVD VA→STA→Cadrage W→18,95 $

SENSO [Wanton Countess, The] ▷3
ITA. 1954. Drame sentimental de Luchino VISCONTI avec Alida Valli, Farley Granger et Massimo Girotti. - Une comtesse vénitienne s'éprend d'un aventurier qui lui soutire de l'argent. - Thème mélodramatique. Photographie admirable. □ Général

SENSUOUS NURSE, THE
ITA. 1975. Nello ROSSATI
DVD VA→STA→Cadrage W→31,95 $

SENTIERS DE LA GLOIRE, LES *voir* **Paths of Glory**

SENTINELLE, LA ▷4
FR. 1991. Drame d'Arnaud DESPLECHIN avec Emmanuel Salinger, Thibault de Montalembert et Jean-Louis Richard. - Un étudiant en médecine est propulsé dans une affaire d'espionnage après avoir trouvé une tête momifiée dans ses bagages. □ 13 ans+
DVD VF→STA→44,95 $

SENZA PELLE *voir* **Sans la peau**

SEPARATE BUT EQUAL [Séparés mais égaux] ▷4
É.-U. 1991. Drame historique de George STEVENS Jr. avec Sidney Poitier, Burt Lancaster et Richard Kiley. - Dans les années 1950, un avocat de New York se bat en Cour suprême pour l'abolition de la ségrégation raciale dans les écoles. □ Non classé

SEPARATE LIES ▷3
ANG. 2005. Drame de mœurs de Julian FELLOWES avec Emily Watson, Tom Wilkinson et Rupert Everett. - Pour tromper son ennui, la jeune épouse d'un avocat londonien très respecté se met à fréquenter un aristocrate blasé. - Regard d'une ironie amère sur la désintégration d'un couple avec en toile de fond une intrigue criminelle. Portrait révélateur et subtil des personnages. Savant mélange d'élégance et de précision dans la mise en scène. Interprétation richement nuancée. □ Général
DVD VF➔STF➔Cadrage P&S/W➔34,95 $

SEPARATE PEACE, A ▷3
É.-U. 1972. Drame psychologique de Larry PEERCE avec Parker Stevenson, John Heyl et Victor Bevine. - L'amitié qui unit deux collégiens est mise à rude épreuve après que l'un d'eux fut victime d'un accident provoqué par l'autre. - Adaptation soignée d'un roman de John Knowles. Étude intéressante et positive d'un milieu d'éducation. Savoir-faire indéniable. Images expressives. Débutants talentueux.
DVD VA➔19,95 $

SEPARATE TABLES ▷4
É.-U. 1958. Drame psychologique de Delbert MANN avec Deborah Kerr, David Niven et Burt Lancaster. - De petits drames se jouent dans un hôtel où viennent se réfugier des personnes solitaires. □ Général
DVD VF➔STF➔Cadrage W➔13,95 $

SÉPARATION, LA ▷3
FR. 1994. Drame psychologique de Christian VINCENT avec Daniel Auteuil, Isabelle Huppert et Jérôme Deschamps. - Les rapports entre deux époux s'enveniment de jour en jour quand le mari découvre que sa femme aime un autre homme. - Crise conjugale analysée avec acuité. Observations psychologiques subtiles. Mise en scène d'une pudeur touchante. Comédiens de grand talent.
DVD VF➔STA➔Cadrage W➔31,95 $

SÉPARÉS MAIS ÉGAUX *voir* **Separate But Equal**

SEPT *voir* **Seven**

SEPT ANS AU TIBET *voir* **Seven Years in Tibet**

SEPT ANS DE RÉFLEXION *voir* **Seven Year Itch, The**

SEPT FEMMES DE BARBE-ROUSSE, LES *voir* **Seven Brides for Seven Brothers**

SEPT HOMMES À L'AUBE *voir* **Operation Daybreak**

SEPT MERCENAIRES, LES *voir* **Magnificent Seven, The**

SEPT PÉCHÉS CAPITAUX, LES ▷5
FR. 1952. Film à sketches d'Eduardo DE FILIPPO, Jean DRÉVILLE, Yves ALLÉGRET, Roberto ROSSELLINI, Claude AUTANT-LARA et Carlo RIM avec Maurice Ronet, Gérard Philipe et Viviane Romance. - Sept sketches illustrant les sept péchés capitaux.

SEPT PÉCHÉS CAPITAUX, LES [Seven Deadly Sins, The] ▷5
FR. 1961. Film à sketches de Philippe DE BROCA, Claude CHABROL, Jacques DEMY, Sylvain DHOMME, Jean-Luc GODARD, Édouard MOLINARO et Roger VADIM. - Sept sketches illustrant les sept péchés capitaux. □ Général

SEPT SAMOURAÏS, LES [Seven Samurai, The] ►1
JAP. 1954. Aventures d'Akira KUROSAWA avec Takasi Shimura, Toshiro Mifune et Yoshio Inaba. - Sept samouraïs viennent en aide aux habitants d'un village menacé par des bandits. - Peinture remarquable, tragique et poétique à la fois. Mise en scène d'un dynamisme extraordinaire. Interprétation de grande classe. □ Général
DVD STA➔Cadrage P&S➔62,95 $

SEPT SECONDES EN ENFER *voir* **Hour of the Gun**

SEPT VOLEURS, LES *voir* **Seven Thieves**

SEPTEMBER ▷4
É.-U. 1987. Drame psychologique de Woody ALLEN avec Mia Farrow, Dianne Wiest et Sam Waterston. - Installée dans une maison de campagne, une jeune femme dépressive reçoit divers invités de passage. □ Général
DVD VF➔STF➔Cadrage W➔12,95 $

SEPTEMBER 30, 1955 [30 septembre 1955] ▷4
É.-U. 1977. Comédie dramatique de James BRIDGES avec Richard Thomas, Deborah Benson et Lisa Blount. - Bouleversé par la mort du jeune acteur James Dean, un collégien cherche à évoquer l'esprit du défunt dans de naïves expériences de spiritisme. □ Général

SEPTEMBRE 11-09-01 [September 01-09-11] ▷3
FR. 2002. Film à sketches collectif avec Emmanuelle Laborit, Maryam Karimi et Nour el-Cherif. - Onze cinéastes du monde entier donnent en 11 minutes, 9 secondes et une image leur vision des attentats du 11 septembre 2001. - Impressionnante collection de points de vue. Approches diversifiées mais complémentaires. Passages bouleversants. Interprètes convaincants.
DVD STF➔Cadrage W/16X9➔18,95 $

SEPTIÈME CIEL, LE [Seventh Heaven] ▷5
FR. 1997. Drame psychologique de Benoît JACQUOT avec Sandrine Kiberlain, Vincent Lindon et François Berléand. - Une femme déprimée se métamorphose grâce à un hypnotiseur, ce qui finit par inquiéter son mari. □ Général
DVD VF➔STA➔44,95 $

SEPTIÈME PROPHÉTIE, LA *voir* **Seventh Sign, The**

SEPTIÈME SCEAU, LE *voir* **Seventh Seal, The**

SEPTIÈME VOYAGE DE SINBAD, LE *voir* **7th Voyage of Sinbad, The**

SÉRAPHIN ▷5
QUÉ. 1949. Comédie dramatique de Paul GURY avec Hector Charland, Guy Provost et Suzanne Avon. - Un avare qui pressure les colonisateurs des Laurentides connaît une suite de déboires.

SÉRAPHIN, UN HOMME ET SON PÉCHÉ [Seraphin: Heart of Stone] ▷4
QUÉ. 2002. Drame de mœurs de Charles BINAMÉ avec Pierre Lebeau, Karine Vanasse et Roy Dupuis. - En 1890, dans un village québécois miséreux, une jeune fille doit renoncer à celui qu'elle aime pour épouser un avare au cœur de pierre. □ 13 ans+
DVD VF➔STF➔Cadrage W➔23,95 $/39,95 $

SERENDIPITY [Heureux hasard] ▷4
É.-U. 2001. Comédie sentimentale de Peter CHELSOM avec John Cusack, Kate Becksinsale et Jeremy Piven. - Deux jeunes gens épris l'un de l'autre décident de placer leur avenir entre les mains du destin. □ Général
DVD VF➔Cadrage W➔15,95 $

SERENITY ▷4
É.-U. 2005. Science-fiction de Joss WHEDON avec Nathan Fillion, Gina Torres et Alan Tudyk. - Dans un lointain futur, des rebelles luttent contre un gouvernement totalitaire qui exerce un contrôle absolu sur les habitants du système solaire. □ 13 ans+ · Violence
DVD VF➔STF➔Cadrage W➔22,95 $

SERGEANT RUTLEDGE ▷3
É.-U. 1960. Western de John FORD avec Jeffrey Hunter, Woody Strode et Constance Towers. - Un sergent de race noire est accusé injustement de meurtre et de viol. - Sujet original. Souffle épique. Photographie soignée. Interprétation solide de W. Strode. □ Général

SERGEANT YORK ▷3
É.-U. 1941. Drame biographique de Howard HAWKS avec Walter Brennan, Gary Cooper et Joan Leslie. - Un fermier du Tennessee devient un des plus grands héros de la guerre 1914-1918. - Évocation pittoresque. Touches humoristiques. Mise en scène souple. Composition savoureuse de Cooper. □ Général

SERIAL LOVER ▷5

FR. 1998. Comédie policière de James HUTH avec Michèle Laroque, Albert Dupontel et Élise Tielrooy. - Le souper d'anniversaire d'une romancière tourne au vinaigre quand elle tue accidentellement chacun de ses quatre prétendants. □ 13 ans+ · Violence

SERIAL MOM ▷4
[Maman ne se laisse pas marcher sur les pieds]

É.-U. 1994. Comédie satirique de John WATERS avec Kathleen Turner, Sam Waterston et Ricki Lake. - Une mère de famille modèle se laisse aller à des pulsions meurtrières chaque fois que quelqu'un menace le bonheur des siens. □ 13 ans+ · Langage vulgaire
DVD VF➔STF➔Cadrage P&S➔7,95 $

SERIES 7 : THE CONTENDERS ▷3

É.-U. 2000. Comédie satirique de Daniel MINAHAN avec Brooke Smith, Glenn Fitzgerald et Marylouise Burke. - Dans le cadre d'un reality show, six personnes choisies au hasard doivent s'entretuer, la victoire allant à l'ultime survivante. - Satire virulente et jouissive des dérives du voyeurisme télévisuel. Réalisation fort assurée imitant le style racoleur des reality shows. Interprétation solide.
□ 16 ans+ · Violence
DVD VA➔27,95 $ VA➔STA➔Cadrage W➔28,95 $

SERPENT AND THE RAINBOW, THE ▷4
[Emprise des ténèbres, L']

É.-U. 1987. Drame d'horreur de Wes CRAVEN avec Bill Pullman, Cathy Tyson et Zakes Mokae. - Un anthropologue se rend en Haïti dans le but de découvrir les éléments d'une potion qui plonge son consommateur dans le coma. □ 18 ans+
DVD VF➔STF➔Cadrage W➔17,95 $

SERPENT'S EGG, THE ▷3

ALL. 1977. Drame social d'Ingmar BERGMAN avec David Carradine, Liv Ullmann et Heinz Bennent. - En 1923, à Berlin, trois trapézistes se retrouvent aux prises avec un inquiétant médecin qui pratique de mystérieuses expériences sur le corps humain. - Illustration proche de l'expressionnisme des années 1920. Traitement percutant. □ 13 ans+
DVD VA➔STF➔Cadrage W➔31,95 $

SERPENT'S KISS ▷5

FR. 1997. Drame de mœurs de Philippe ROUSSELOT avec Ewan McGregor, Greta Scacchi et Pete Postlethwaite. - En 1699, l'aménagement d'un somptueux jardin sur une riche propriété donne lieu à des intrigues amoureuses et à des complots.
DVD Cadrage W➔34,95 $

SERPENT, LE [Night Flight from Moscow] ▷4

FR. 1972. Drame d'espionnage d'Henri VERNEUIL avec Yul Brynner, Henry Fonda et Dirk Bogarde. - La CIA vérifie les dires d'un colonel russe qui demande asile aux États-Unis. □ Général

SERPICO ▷3

É.-U. 1973. Drame policier de Sidney LUMET avec Al Pacino, John Randolph et Tony Roberts. - Un jeune policier intègre lutte contre la corruption chez ses collègues. - Récit vigoureux et percutant tiré de faits authentiques. Suite de scènes colorées et vivantes. Excellente interprétation d'A. Pacino. □ 13 ans+
DVD VF➔STA➔Cadrage W➔9,95 $

SERVANT, THE ▷3

ANG. 1963. Drame psychologique de Joseph LOSEY avec Dirk Bogarde, Sarah Miles et James Fox. - Un jeune bourgeois se laisse dominer progressivement par un serviteur pervers. - Récit ironique. Traitement baroque et insolite. Mise en scène très recherchée.
□ 13 ans+
DVD VA➔Cadrage W➔22,95 $

SERVING IN SILENCE:
THE MARGARETHE CAMMERMEYER STORY ▷4

É.-U. 1994. Drame social de Jeff BLECKNER avec Glenn Close, Judy Davis, Wendy Makkena et Lorena Gale. - Une femme officier de l'armée américaine est licenciée à cause de son orientation sexuelle. □ Général

SESSION 9 ▷4

É.-U. 2001. Drame d'horreur de Brad ANDERSON avec Peter Mullan, David Caruso et Stephen Gevedon. - Des ouvriers engagés pour travailler dans un asile désaffecté réagissent de façon bizarre à l'atmosphère sinistre des lieux. □ 13 ans+ · Violence
DVD VA➔Cadrage W➔29,95 $

SET-UP, THE ▷3

É.-U. 1949. Drame de Robert WISE avec Robert Ryan, Audrey Totter et George Tobias. - Un boxeur est victime des combinards qui avaient arrangé un combat. - Remarquable document sur les milieux de la boxe. Très bonne mise en scène. Jeu expressif des interprètes. □ Général
DVD VA➔STF➔23,95 $

SEUIL, LE *voir* **Threshold**

SEUL AU MONDE *voir* **Cast Away**

SEUL CONTRE TOUS [I Stand Alone] ▷4

FR. 1998. Drame de Gaspard NOÉ avec Philippe Nahon, Blandine Lenoir et Frankye Pain. - La déchéance d'un ancien détenu, paumé et violent, qui rumine des obsessions vengeresses contre ses proches et toute la société.
DVD VF➔STA➔41,95 $

SEUL DANS SON ROYAUME *voir* **King of the Hill**

SEULEMENT TOI *voir* **Only You**

SEVEN [Sept] ▷3

É.-U. 1995. Drame policier de David FINCHER avec Brad Pitt, Morgan Freeman et Gwyneth Paltrow. - Deux détectives enquêtent sur les crimes d'un tueur qui s'inspire des sept péchés capitaux pour choisir ses victimes et leur châtiment. - Suspense aux idées dramatiques puissantes. Ambiance glauque et angoissante à souhait. Réalisation brillante. Interprétation pleine de conviction.
□ 16 ans+ · Horreur
DVD VF➔39,95 $

SEVEN BEAUTIES [Pasqualino] ►2

ITA. 1975. Comédie satirique de Lina WERTMULLER avec Giancarlo Giannini, Shirley Stoler et Fernando Rey. - Un truand napolitain se plie à diverses exigences pour assurer sa survie, surtout lorsqu'il se retrouve en camp de concentration. - Situations paradoxales brassées avec vigueur. Vision grotesque de l'univers concentrationnaire. Éléments de réflexion. Excellente composition de G. Giannini.
□ 13 ans+
DVD STA➔Cadrage W➔29,95 $

SEVEN BRIDES FOR SEVEN BROTHERS ▷3
[Sept femmes de Barbe-Rousse, Les]

É.-U. 1954. Comédie musicale de Stanley DONEN avec Jane Powell, Howard Keel et Jeff Richards. - Sept frères montagnards enlèvent des jeunes filles au village voisin. - Mélange d'humour et de fantaisie. Danses bien exécutées. Musique entraînante. Interprétation alerte. □ Général
DVD VF➔STF➔Cadrage W➔21,95 $/31,95 $
VA➔STA➔Cadrage W➔31,95 $

SEVEN CHANCES ▷3

É.-U. 1925. Comédie réalisée et interprétée par Buster KEATON avec T. Roy Barnes et Ruth Dwyer. - Un jeune homme qui doit hériter d'une fortune s'il se marie fait face à un afflux de fiancées. - Scénario prétexte à une inénarrable poursuite. Invention comique constante. B. Keaton à son meilleur. □ Général
DVD 19,95 $

SEVEN CITIES OF GOLD ▷4

É.-U. 1955. Aventures de Robert D. WEBB avec Michael Rennie, Richard Egan et Anthony Quinn. - Un missionnaire participe à une expédition espagnole pour coloniser la Californie au XVIIIe siècle.

SEVEN DAYS IN MAY ▷4

É.-U. 1963. Drame social de John FRANKENHEIMER avec Fredric March, Burt Lancaster et Kirk Douglas. - Le chef du Pentagone prend la tête d'un complot pour déposer le président des États-Unis.
DVD VA➔STF➔Cadrage W➔21,95 $

SEVEN DEAD IN THE CAT'S EYE
voir **Morte negli occhi del gatto, La**

SEVEN DEADLY SINS, THE
voir **Sept péchés capitaux, Les**

SEVEN MEN FROM NOW
É.-U. 1956. Budd BOETTICHER
DVD VA➔14,95 $

SEVEN NOTES IN BLACK [Emmurée vivante, L']
ITA. 1977. Lucio FULCI
DVD VA➔27,95 $

SEVEN PERCENT SOLUTION, THE ▷3
É.-U. 1976. Comédie policière de Herbert ROSS avec Nicol Williamson et Alan Arkin. - Le docteur Sigmund Freud et le détective Sherlock Holmes unissent leurs forces pour résoudre une affaire d'enlèvement. - Point de départ ingénieux. Développements imaginatifs. Mise en scène soignée. Interprètes de talent. □ 13 ans+

SEVEN SAMURAI, THE *voir* **Sept samouraïs, Les**

SEVEN THIEVES [Sept voleurs, Les] ▷4
É.-U. 1960. Drame policier d'Henry HATHAWAY avec Rod Steiger, Edward G. Robinson et Joan Collins. - Un professeur américain organise un hold-up audacieux au casino de Monte-Carlo.

SEVEN TIMES LUCKY ▷4
CAN. 2004. Drame policier de Gary B. YATES avec Kevin Pollak, Liane Balaban et Jonas Chernick. - Un escroc sans envergure ayant perdu une importante somme d'argent aux courses est trahi par son associée, une jeune pickpocket ambitieuse. □ Général · Déconseillé aux jeunes enfants

SEVEN WOMEN FOR SATAN
FR. 1976. Michel LEMOINE
DVD VF➔STA➔Cadrage W➔PC

SEVEN YEAR ITCH, THE [Sept ans de réflexion] ▷3
É.-U. 1954. Comédie satirique de Billy WILDER avec Tom Ewell, Marilyn Monroe et Evelyn Keyes. - Pendant une absence de sa femme, un homme flirte avec une jolie voisine. - Scénario fertile en situations drôles. Ensemble plein de fraîcheur et de charme. Mise en scène fort habile. Interprétation attachante de M. Monroe dans un de ses rôles les plus célèbres. □ Général
DVD Cadrage W➔14,95 $ VF➔STA➔Cadrage W➔14,95 $

SEVEN YEARS IN TIBET [Sept ans au Tibet] ▷4
É.-U. 1997. Drame biographique de Jean-Jacques ANNAUD avec Brad Pitt, David Thewlis et B.D. Wong. - Pendant la Seconde Guerre mondiale, un alpiniste autrichien parti à la conquête de l'Himalaya rencontre le dalaï-lama. □ Général
DVD VA➔STA➔Cadrage W➔36,95 $ Cadrage W➔18,95 $

SEVEN-UPS, THE [Police puissance 7] ▷4
É.-U. 1973. Drame policier de P. D'ANTONI avec Roy Scheider, Tony Lo Bianco et Larry Haines. - Un policier est à la tête d'une équipe spécialisée dans l'arrestation de criminels passibles de fortes sentences.
DVD VA➔STA➔Cadrage W➔14,95 $

SEVENTEEN YEARS
CHI. ITA. 1999. Zhang YUAN
DVD STA➔Cadrage W➔23,95 $

SEVENTH CONTINENT, THE
AUT. 1989. Drame psychologique de Michael HANEKE avec Dieter Berner, Udo Samel et Leni Tanzer. Une famille à la vie monotone décide de fuir son passé et d'émigrer en Australie.
DVD STA➔Cadrage W/16X9➔24,95 $

SEVENTH CROSS, THE ▷3
É.-U. 1944. Drame de Fred ZINNEMANN avec Spencer Tracy, Signe Hasso et Hume Cronyn. - Sept hommes s'échappent d'un camp de concentration allemand en 1936 et sont pourchassés impitoyablement. - Traitement réaliste et sombre. Mise en scène prenante. Jeu excellent de S. Tracy. □ Général

SEVENTH HEAVEN *voir* **Septième ciel, Le**

SEVENTH SEAL, THE [Septième sceau, Le] ►1
SUÉ. 1957. Drame d'Ingmar BERGMAN avec Gunnar Bjornstrand, Bibi Andersson et Max Von Sydow. - Un chevalier revenu des Croisades alors que son pays est en proie à la peste obtient un sursis de la Mort. - Légende symbolique aux images merveilleuses. Œuvre d'une grande richesse. Jeu remarquable des interprètes. □ 13 ans+
DVD STA➔Cadrage P&S➔62,95 $

SEVENTH SIGN, THE [Septième prophétie, La] ▷5
É.-U. 1988. Drame fantastique de Carl SCHULTZ avec Demi Moore, Jurgen Prochnow et Michael Biehn. - Une jeune femme enceinte croit que son nouveau locataire est impliqué dans des phénomènes cataclysmiques. □ 13 ans+
DVD VF➔STF➔Cadrage W➔19,95 $

SEVENTH VEIL, THE ▷4
ANG. 1945. Drame psychologique de Compton BENNETT avec James Mason, Ann Todd et Herbert Lom. - Un psychiatre tente de découvrir les causes du déséquilibre d'un pianiste. - Atmosphère bien créée. Technique classique. Situations dramatiques judicieusement exploitées. Bons interprètes. □ Général

SEVILLANAS ▷4
ESP. 1992. Spectacle musical de Carlos SAURA avec Rocio Jurado, Paco de Lucia et Manolo Sanlucar. - Présentation d'une dizaine de numéros de danse flamenco chorégraphiés par Matilde Coral.

SEX AND A GIRL [Alex in Wonder]
É.-U. 2001. Drew Ann ROSENBERG
DVD 31,95 $

SEX AND LUCIA ▷5
ESP. 2001. Drame sentimental de Julio MEDEM avec Paz Vega, Tristan Ulloa et Najwa Nimri. - Croyant son conjoint romancier mort dans un accident, une jeune serveuse madrilène fuit dans une île paradisiaque dont lui avait parlé l'écrivain. □ 16 ans+ · Érotisme

SEX IS COMEDY
FR. 2002. Catherine BREILLAT
DVD VA➔Cadrage W➔17,95 $

SEX, DRUGS, ROCK & ROLL ▷4
É.-U. 1991. Drame social de John McNAUGHTON avec Eric Bogosian. - Spectacle filmé mettant en valeur le monologuiste Eric Bogosian. □ 13 ans+

SEX, LIES, AND VIDEOTAPE ▷4
[Sexe, mensonges et vidéos]
É.-U. 1989. Drame de mœurs de Steven SODERBERGH avec Andie MacDowell, James Spader et Laura San Giacomo. - Une épouse trompée se confie à un jeune homme qui passe son temps à enregistrer les confidences intimes des femmes qu'il rencontre. □ 13 ans+
DVD Cadrage W➔11,95 $

SEX, POLITICS AND COCKTAILS
É.-U. 2002. Julien HERNANDEZ
DVD VA➔31,95 $

SEX, SECRETS AND LIES
É.-U. 2001. Stan ALLEN
DVD VA➔Cadrage P&S➔36,95 $

SEX-SHOP ▷5
FR. 1972. Comédie satirique réalisée et interprétée par Claude BERRI avec Juliet Berto et Jean-Pierre Marielle. - Un libraire transforme son établissement en boutique spécialisée dans la vente de livres et gadgets érotiques.

SEXE DES ÉTOILES, LE ▷4
QUÉ. 1993. Drame psychologique de Paule BAILLARGEON avec Marianne-Coquelicot Mercier, Denis Mercier et Sylvie Drapeau. - Vivant seule avec sa mère, une fillette de 12 ans renoue avec son père, qui a changé de sexe depuis qu'il les a quittées. □ 13 ans+
DVD 11,95 $

SEXE, MENSONGES ET VIDÉOS
voir **Sex, Lies, and Videotape**

SEXMISSION
POL. 1984. Juliusz MACHULSKI
DVD STA➔34,95 $

SEXTETTE ▷7
É.-U. 1979. Comédie musicale de Ken HUGHES avec Mae West, Timothy Dalton et Dom De Luise. - Une vedette de cinéma vieillissante qui vient d'épouser son sixième mari voit sa nuit de noces gâchée par divers incidents. □ Non classé
DVD 14,95 $

SEXUAL DEPENDENCY
É.-U. 2003. Rodrigo BELLOTT
DVD VA➔STA➔39,95 $

SEXUS *voir* **Nuit la plus longue, La**

SEXY BEAST ▷4
ANG. 2000. Thriller de Jonathan GLAZER avec Ray Winstone, Ben Kingsley et Ian McShane. - Un criminel à la retraite est relancé par un ancien complice tyrannique qui veut l'obliger à participer à un cambriolage. □ 13 ans+ · Langage vulgaire - Violence
DVD VA➔15,95 $

SGT. PEPPER'S LONELY HEART CLUB BAND ▷5
É.-U. 1978. Comédie musicale de Michael SCHULTZ avec Peter Frampton, Sandy Farina et Frankie Howerd. - Un groupe de musiciens revient à son village d'origine pour défendre les habitants contre un escroc. □ Général
DVD VA➔STF➔Cadrage W➔9,95 $

SHABBAT SHALOM ! ▷4
QUÉ. 1992. Drame psychologique de Michel BRAULT avec Gilbert Sicotte, Robert Brouillette et Popeck. - Le fils d'un maire s'indigne devant l'opposition de son père au projet de construction d'une nouvelle synagogue. □ Général

SHACKLETON ▷4
ANG. 2001. Aventures de Charles STURRIDGE avec Kenneth Branagh, Lorcan Cranitch et Kevin McNally. - En 1914, l'explorateur anglais Ernest Shackleton dirige une périlleuse expédition maritime dans l'Antarctique.
DVD VA➔38,95 $

SHADE
É.-U. 2003. Damian NIEMAN
DVD VA➔STF➔Cadrage W➔7,95 $

SHADOW, THE ▷4
É.-U. 1994. Drame fantastique de Russell MULCAHY avec Alec Baldwin, John Lone et Penelope Ann Miller. - Un justicier capable de se rendre invisible affronte un guerrier asiatique qui veut faire exploser une bombe atomique sur New York. □ Général
DVD VF➔Cadrage W➔9,95 $

SHADOW OF ANGELS
ALL. 1976. Daniel Schmid □ 13 ans+ · Langage vulgaire

SHADOW HUNTERS
JAP. 1972. Toshio MASUDA
DVD STA➔Cadrage W➔27,95 $

SHADOW HUNTERS II : ECHO OF DESTINY
JAP. Toshio MASUDA
DVD STA➔Cadrage W➔27,95 $

SHADOW MAGIC ▷4
É.-U. 2000. Drame biographique d'Ann HU avec Xia Yu, Jared Harris et Liu Peiqi. - En 1902, à Pékin, un photographe s'associe à un entrepreneur anglais pour ouvrir le premier cinéma chinois.

SHADOW OF A DOUBT ►2
É.-U. 1942. Drame policier d'Alfred HITCHCOCK avec Teresa Wright, Joseph Cotten et Patricia Collinge. - Se voyant soupçonné d'un crime par sa nièce, un homme tente de l'éliminer. - Suspense psychologique intelligemment développé. Contexte social et familial fort habilement décrit. Réalisation parfaitement maîtrisée. Interprétation impeccable. □ Général
DVD VF➔STA➔22,95 $

SHADOW OF CHINA ▷5
JAP. 1990. Drame de mœurs de Mitsuo YANAGIMACHI avec John Lone, Koichi Sato et Sammi Davis. - Un journaliste japonais enquête sur le passé secret d'un financier de Hong Kong.

SHADOW OF THE VAMPIRE **[Ombre du vampire, L']** ▷4
ANG. 2000. Drame fantastique d'E. Elias MERHIGE avec John Malkovich, Willem Dafoe et Udo Kier. - En 1921, un cinéaste recrute un vrai vampire pour jouer dans une adaptation de Dracula.
□ Général · Déconseillé aux jeunes enfants
DVD VF➔Cadrage W➔13,95 $

SHADOW RIDERS ▷5
É.-U. 1982. Western d'A.V. McLAGLEN avec Tom Selleck, Sam Elliott et Ben Johnson. - Les aventures de trois frères partis chercher fortune dans l'Ouest.
DVD VA➔STF➔17,95 $

SHADOW YOU SOON WILL BE, A
ARG. 1994. Hector OLIVERA □ Général
DVD STA➔Cadrage W➔26,95 $

SHADOWLANDS **[Univers des ombres, L']** ▷4
ANG. 1993. Drame sentimental de Richard ATTENBOROUGH avec Anthony Hopkins, Debra Winger et Edward Hardwicke. - Un écrivain réputé qui enseigne à Oxford se lie d'une amitié polie mais un peu froide avec une admiratrice new-yorkaise qu'il finit pourtant par épouser. □ Général

SHADOWS ▷3
É.-U. 1960. Étude de mœurs de John CASSAVETES avec Hugh Hurd, Lelia Goldoni et Ben Carruthers. - Une jeune New-Yorkaise de race noire à la peau blanche s'éprend d'un Blanc qui hésite à l'épouser lorsqu'il fait la connaissance de ses frères noirs. - Première œuvre du réalisateur. Dramatisation en grande partie improvisée. Ensemble vrai et attachant. Cadrages très expressifs. Interprétation naturelle. □ Général

SHADOWS AND FOG **[Ombres et brouillard]** ▷3
É.-U. 1991. Comédie réalisée et interprétée par Woody ALLEN avec Mia Farrow et John Malkovich. - Dans une ville d'Europe centrale, un modeste employé est enrôlé à son corps défendant par des citoyens à la recherche d'un étrangleur. - Amusant pastiche des films expressionnistes allemands. Décors et photographie superbes.
□ Général
DVD VF➔STF➔Cadrage W➔12,95 $

SHADOWS IN THE SUN
É.-U. 2005. Brad MIRMAN
DVD VF➔STF➔34,95 $

SHADOWS OF FORGOTTEN ANCESTORS
voir **Chevaux de feu, Les**

SHADOWS ON THE STAIRS
É.-U. 1941. D. Ross LEDERMAN □ Général

SHAFT ▷4
É.-U. 1971. Drame policier de Gordon PARKS avec Moses Gunn, Richard Roundtree et Christopher St.John. - Un détective privé est engagé par le chef de la pègre du quartier noir de Harlem pour retrouver sa fille enlevée par la Mafia. □ 13 ans+
DVD VF➔STA➔Cadrage W➔16,95 $

SHAFT ▷5
É.-U. 2000. Drame policier de John SINGLETON avec Christian Bale, Samuel L. Jackson et Geoffrey Wright. - Devant l'inefficacité de la justice, un policier donne sa démission pour prendre sur lui de neutraliser un jeune et riche meurtrier raciste. □ 13 ans+
DVD VF➔STA➔Cadrage W➔10,95 $

SHAFT IN AFRICA ▷5
É.-U. 1973. Drame policier de John GUILLERMIN avec Richard Roundtree, Frank Finlay et Vonetta McGee. - Un détective de race noire entreprend de démanteler un trafic de travailleurs émigrés.
□ 18 ans+
DVD VF➔STF➔Cadrage W➔7,95 $

SHAFT'S BIG SCORE! ▷4
É.-U. 1972. Drame policier de Gordon PARKS avec Joseph Mascolo, Richard Roundtree et Wally Taylor. - Un détective privé de race noire enquête sur l'assassinat du frère de sa maîtresse, entrepreneur en assurances et en pompes funèbres. □ 13 ans+
DVD Cadrage W→5,95 $

SHAGGY DOG, THE [Quelle vie de chien] ▷4
É.-U. 1959. Comédie fantaisiste de Charles BARTON avec Tommy Kirk, Fred MacMurray et Kevin Corcoran. - Un adolescent trouve une bague magique du Moyen Âge qui le transforme en chien.
□ Général
DVD VF→19,95 $

SHAKA ZULU ▷4
A.S. 1986. Drame historique de William C. FAURE avec Henry Cele, Robert Powell et Edward Fox. - L'épopée de Shaka, le grand chef Zoulou qui fonda un véritable empire dans l'Afrique australe au début du XIXe siècle.
DVD VA→89,95 $ VF→PC

SHAKE HANDS WITH THE DEVIL ▷4
É.-U. 1959. Drame historique de Michael ANDERSON avec James Cagney, Don Murray et Dana Wynter. - Un jeune homme est amené à participer à la lutte pour l'indépendance de l'Irlande. □ Général

SHAKE IT ALL ABOUT ▷4
DAN. 2001. Comédie de mœurs de Hella JOOF avec Troels Lyby, Mads Mikkelsen et Charlotte Munck. - Un architecte homosexuel a une aventure avec la belle-sœur de son amant.
DVD VA→STA→Cadrage W→33,95 $

SHAKES THE CLOWN ▷4
É.-U. 1991. Comédie dramatique réalisée et interprétée par Bobcat GOLDTHWAIT avec Julie Brown et Tom Kenny. - Un clown essaie de se disculper du meurtre de son impresario dont il est accusé.
□ 13 ans+ · Langage vulgaire

SHAKESPEARE IN LOVE [Shakespeare et Juliette] ▷3
É.-U. 1998. Comédie sentimentale de John MADDEN avec Joseph Fiennes, Gwyneth Paltrow et Colin Firth. - À Londres, en 1593, un dramaturge trouve l'inspiration en tombant amoureux d'une jeune noble promise à un lord. - Fantaisie charmante autant que bouffonne pastichant l'œuvre de Shakespeare. Interprétation de première classe. □ Général
DVD VF→Cadrage W→19,95 $

SHAKESPEARE WALLAH ▷4
ANG. 1965. Étude de mœurs de James IVORY avec Geoffrey Kendal, Felicity Kendal et Shashi Kapoor. - Une troupe d'acteurs anglais tente sans succès de jouer le répertoire de Shakespeare en Inde.
□ Non classé
DVD VA→STA→Cadrage 16X9→33,95 $

SHALAKO ▷5
ANG. 1968. Western d'Edward DMYTRYK avec Sean Connery, Brigitte Bardot et Peter Van Eyck. - Un éclaireur de l'armée vient en aide à des aristocrates qui se sont aventurés en territoire indien au cours d'une expédition de chasse. □ 13 ans+
DVD VA→STF→Cadrage W→17,95 $

SHALL WE DANCE ▷4
É.-U. 1937. Comédie musicale de Mark SANDRICH avec Fred Astaire, Ginger Rogers et Edward Everett Horton. - Un danseur classique s'éprend d'une danseuse à claquettes. □ Général
DVD VA→STF→21,95 $

SHALL WE DANCE? [Si on dansait] ▷5
É.-U. 2004. Comédie sentimentale de Peter CHELSOM avec Richard Gere, Jennifer Lopez et Susan Sarandon. - À l'insu de sa famille, un avocat décide de prendre des cours de danse sociale pour se rapprocher d'une danseuse dont il est tombé amoureux. □ Général
DVD VA→Cadrage W→23,95 $

SHALL WE DANCE? ▷4
JAP. 1996. Comédie de mœurs de Masayuki SUO avec Koji Yakusho, Tamiyo Kusakari, Eriko Watanabe et Naoto Takenaka. - Un comptable décide de prendre des cours de danse sociale à l'insu de sa femme et de sa fille. □ Général
DVD VA→STA→Cadrage W→23,95 $

SHALLOW GRAVE [Petits meurtres entre amis] ▷3
ANG. 1994. Drame policier de Danny BOYLE avec Kerry Fox, Ewan McGregor et Christopher Eccleston. - Trois amis habitant un grand appartement découvrent leur nouveau colocataire sans vie dans son lit avec une valise pleine d'argent. - Astucieux cocktail d'humour noir et de suspense macabre. Dénouement surprenant. Réalisation percutante. Interprétation fort convaincante. □ 16 ans+ · Violence

SHALLOW GROUND [Écorché, L'] ▷5
É.-U. 2005. Drame d'horreur de Sheldon WILSON avec Stan Kirsch, Timothy V. Murphy et Lindsey Stoddart. - Le shérif d'une petite ville cherche à éclaircir le mystère entourant un étrange garçon muet ayant été découvert en pleine nuit, le corps couvert de sang.
DVD VA→Cadrage 16X9→28,95 $
VF→Cadrage 16X9→28,95 $

SHALLOW HAL [Hal le superficiel] ▷5
É.-U. 2001. Comédie fantaisiste de Bobby et Peter FARRELLY avec Jack Black, Gwyneth Paltrow et Jason Alexander. - Après avoir subi un lavage de cerveau, un homme s'éprend d'une jeune femme obèse qu'il perçoit comme une svelte déesse blonde. □ Général
DVD VF→STA→Cadrage W→19,95 $

SHAME, THE *voir* **Honte, La**

SHAMPOO [Shampooing] ▷5
É.-U. 1974. Comédie de mœurs de Hal ASHBY avec Warren Beatty, Julie Christie et Goldie Hawn. - Les aventures sentimentales d'un coiffeur pour dames à Los Angeles. □ 13 ans+
DVD VF→STF→18,95 $

SHANDURAÏ *voir* **Besieged**

SHANE ▷3
É.-U. 1953. Western de George STEVENS avec Alan Ladd, Brandon de Wilde et Jean Arthur. - Un aventurier s'unit à des fermiers qu'on veut chasser d'une région de l'Ouest. - Western en forme de chanson de geste. Présentation originale des personnages et de l'époque. Style sobre et vigoureux. Interprétation juste. □ Général
DVD VF→STA→Cadrage W→10,95 $

SHANGHAI EXPRESS ▷3
É.-U. 1932. Aventures de Josef VON STERNBERG avec Marlene Dietrich, Clive Brook et Warner Oland. - Dans un train de voyageurs retenu par des rebelles chinois, une prostituée est prête à se sacrifier pour un amour ancien. - Climat exotique recréé avec faste. Mise en scène raffinée. Bonne utilisation des interprètes. □ Général

SHANGHAI KNIGHTS ▷4
[Chevaliers de Shanghai, Les]
É.-U. 2003. Comédie policière de David DOBKIN avec Jackie Chan, Owen Wilson, Fann Wong et Aaron Johnson. - Un Chinois expert en arts martiaux et son compagnon d'aventures américain luttent contre un lord anglais qui complote contre la famille royale.
□ Général
DVD VF→Cadrage W/16X9→13,95 $ VF→13,95 $

SHANGHAI NOON [Cowboy de Shanghai, Le] ▷4
É.-U. 2000. Comédie de Tom DEY avec Jackie Chan, Owen Wilson et Lucy Liu. - En 1887, un garde impérial de Chine se rend dans l'Ouest américain pour sauver une princesse kidnappée par des malfaiteurs. □ Général
DVD Cadrage W→15,95 $

SHANGHAI SURPRISE ▷5
ANG. 1986. Aventures de Jim GODDARD avec Sean Penn, Madonna et Paul Freeman. - À Shanghai, en 1938, une jeune missionnaire demande à un aventurier de retrouver une importante quantité d'opium abandonnée par un trafiquant.
DVD VA→17,95 $

SHANGHAI TRIAD
voir **Triade de Shanghai, La**

SHAOLIN SOCCER ▷4
H.K. 2001. Comédie fantaisiste réalisée et interprétée par Stephen CHOW avec Vicki Zhao Wei et Ng Man Tat. - Les exploits presque surhumains d'une équipe de joueurs de soccer qui utilisent des techniques spéciales de kung-fu. □ Général
DVD VF→STA→Cadrage W/16X9→19,95 $
VA→Cadrage W→PC

SHAPE OF THINGS TO COME ▷5
CAN. 1979. Science-fiction de George McGOWAN avec Barry Morse, Nicholas Campbell et Eddie Benton. - Installée sur la Lune après une guerre destructrice, la race humaine est aux prises avec un ennemi provenant d'une planète lointaine.
DVD VF→Cadrage W→26,95 $

SHAPE OF THINGS, THE [Forme des choses, La] ▷4
É.-U. 2002. Drame de mœurs de Neil LaBUTE avec Paul Rudd, Rachel Weisz et Gretchen Mol. - Une étudiante aux Beaux-Arts encourage son nouveau petit ami, un garçon timide et empoté, à changer son apparence physique. □ Général
DVD VA→Cadrage W→36,95 $

SHARK SKIN MAN AND PEACH HIP GIRL
JAP. 1999. Katsuhito ISHII
DVD STA→Cadrage W→15,95 $

SHARK TALE [Gang de requins] ▷4
É.-U. 2004. Film d'animation de Vicky JENSON, Bibo BERGERON et Rob LETTERMAN. - Avec l'aide d'un requin végétarien, un ambitieux poisson se fait passer pour un redoutable tueur de squales.
□ Général
DVD VF→STF→Cadrage W→23,95 $

SHATTERED [Troubles] ▷3
É.-U. 1991. Drame policier de Wolfgang PETERSEN avec Tom Berenger, Greta Scacchi et Bob Hoskins. - Devenu amnésique à la suite d'un accident de voiture, un homme demande à un détective d'enquêter sur son passé. - Déferlement de rebondissements surprenants. Bonne création d'ambiance. Suspense mené avec beaucoup d'assurance. Interprétation solide. □ 13 ans+
DVD VA→Cadrage W→11,95 $

SHATTERED GLASS ▷3
É.-U. 2003. Drame de Billy RAY avec Hayden Christensen, Peter Sarsgaard et Hank Azaria. - Un jeune journaliste travaillant pour un prestigieux magazine est soupçonné d'avoir fabriqué de toutes pièces les éléments d'un reportage. - Scénario intelligent et nuancé, inspiré de l'histoire vraie du journaliste Stephen Glass. □ Général
DVD VA→STA→32,95 $

SHATTERED IMAGE [Identités] ▷5
ANG. 1998. Drame fantastique de Raul RUIZ avec Anne Parillaud, William Baldwin et Lisanne Falk. - Une jeune mariée, hantée par des rêves où elle se voit dans la peau d'une tueuse à gages, découvre que son mari veut l'assassiner. □ 13 ans+ · Violence

SHAUN OF THE DEAD ▷4
ANG. 2004. Comédie d'horreur d'Edgar WRIGHT avec Simon Pegg, Nick Frost et Kate Ashfield. - Tandis qu'il tente de reconquérir sa petite amie, un jeune vendeur londonien doit lutter contre une invasion soudaine de morts vivants. □ 13 ans+ · Horreur
DVD VF→STF→Cadrage W→17,95 $

SHAWSHANK REDEMPTION, THE ▷4
[À l'ombre de Shawshank]
É.-U. 1994. Drame de Frank DARABONT avec Tim Robbins, Morgan Freeman et Bob Gunton. - Injustement condamné pour meurtre, un jeune banquier passe vingt ans en prison avant d'apprendre par un autre détenu l'identité du véritable assassin. □ 13 ans+ · Langage vulgaire
DVD VF→STF→Cadrage W→23,95 $/36,95 $
VF→STA→Cadrage W→33,95 $

SHE ▷4
É.-U. 1935. Aventures de Irving PICHEL et Lansing C. HOLDEN avec Helen Gahagan, Randolph Scott et Helen Mack. - Des explorateurs découvrent en Sibérie une oasis tropicale souterraine où règne une femme possédant le secret de la vie éternelle. □ Général
DVD 23,95 $

SHE DONE HIM WRONG ▷4
É.-U. 1933. Comédie de Lowell SHERMAN avec Mae West, Cary Grant et Owen Moore. - Les amours tumultueuses d'une aventurière.
□ Général

SHE HATE ME ▷5
É.-U. 2004. Comédie dramatique de Spike LEE avec Anthony Mackie, Kerry Washington et Ellen Barkin. - Congédié pour avoir dénoncé ses patrons corrompus, un cadre afro-américain gagne ensuite sa vie en faisant des enfants à de riches lesbiennes.
DVD VA→22,95 $

SHE MUST BE SEEING THINGS
É.-U. 1990. Sheila McLAUGHLIN □ 13 ans+

SHE WORE A YELLOW RIBBON ▷3
[Charge héroïque, La]
É.-U. 1949. Western de John FORD avec John Wayne, Joanne Dru et Victor McLaglen. - La dernière mission militaire d'un vétéran de l'armée américaine contre les indiens. - Œuvre de qualité. Très bons moments épiques. Photographie souvent grandiose. Solide interprétation. □ Général
DVD VF→STF→Cadrage P&S→9,95 $ VF→STF→21,95 $

SHE'S GOTTA HAVE IT ▷4
É.-U. 1986. Comédie de mœurs réalisée et interprétée par Spike LEE avec Tracy Camilla Johns et Tommy Redmond Hicks. - Une jeune Noire de New York tente en vain de créer une entente entre ses trois amoureux. □ 13 ans+

SHE'S HAVING A BABY ▷4
É.-U. 1987. Comédie dramatique de John HUGHES avec Kevin Bacon, Elizabeth McGovern et Alec Baldwin. - Alors que sa femme accouche, un jeune publicitaire se rappelle les principaux événements de sa vie avec elle. □ Général
DVD VF→STA→Cadrage W→10,95 $

SHE'S SO LOVELY [Fou d'elle] ▷4
É.-U. 1997. Comédie dramatique de Nick CASSAVETES avec Sean Penn, Robin Wright Penn et John Travolta. - L'amour fou d'un couple de paumés est mis à rude épreuve lorsque le mari est condamné à dix ans de prison. □ 13 ans+

SHE'S THE MAN [Homme c'est elle, L'] ▷5
É.-U. 2005. Comédie sentimentale d'Andy FICKMAN avec Amanda Bynes, Channing Tatum et Laura Ramsey. - Une adolescente se travestit en son frère jumeau afin de pouvoir participer à une compétition masculine de soccer. □ Général
DVD VA→STA→Cadrage W→34,95 $

SHE'S THE ONE [C'est elle] ▷4
É.-U. 1996. Comédie de mœurs réalisée et interprétée par Edward BURNS avec Mike McGlone, Cameron Diaz et John Mahoney. - Deux frères, l'un chauffeur de taxi, l'autre courtier à Wall Street, éprouvent chacun des difficultés à vivre une relation amoureuse stable.
□ Général
DVD Cadrage W→9,95 $

SHE-DEVIL [Diable, La] ▷4
É.-U. 1989. Comédie de Susan SEIDELMAN avec Roseanne Barr, Meryl Streep et Ed Begley Jr. - Découvrant que son mari la trompe avec une riche romancière, une femme obèse jure de détruire la vie de celui-ci. □ 13 ans+
DVD VF→STF→Cadrage W→12,95 $

SHEENA ▷5
É.-U. 1984. Aventures de John GUILLERMIN avec Tanya Roberts, Ted Wass et Trevor Thomas. - Une petite Américaine perdue dans la jungle africaine devient à l'âge adulte la protectrice de la tribu qui l'a élevée. □ Général
DVD VF→STF→Cadrage P&S/W→11,95 $

SHEER MADNESS *voir* **Amie, L'**

SHEIK, THE
É.-U. 1921. George MELFORD □ Général

SHELTER OF THE WINGS *voir* **À l'abri de leurs ailes**

SHELTERING SKY, THE [Thé au Sahara, Un] ▷3
ANG. 1990. Drame psychologique de Bernardo BERTOLUCCI avec Debra Winger, John Malkovich et Campbell Scott. - Lors d'un voyage en Afrique du Nord, un couple de New-Yorkais traverse une grave crise conjugale. - Œuvre fascinante et déconcertante. Description percutante du choc des cultures. Nombreuses ellipses. Excellent travail d'illustration. Interprètes de talent. □ 13 ans+
DVD VF→STF→Cadrage W→21,95 $

SHENANDOAH ▷4
É.-U. 1965. Drame d'Andrew V. McLAGLEN avec James Stewart, Glenn Corbett et Rosemary Forsyth. - Une famille de fermiers de Virginie subit les contrecoups de la guerre de Sécession. □ Non classé
DVD VF→13,95 $

SHEPHERD OF THE HILLS, THE ▷4
É.-U. 1940. Drame de Henry HATHAWAY avec John Wayne, Betty Field et Harry Carey. - Un étranger s'impose à un clan de rudes montagnards. □ Général

SHÉRIF, LE *voir* **Proud Ones**

SHERLOCK JR. ►1
É.-U. 1924. Comédie réalisée et interprétée par Buster KEATON avec Kathryn McGuire et Ward Crane. - Un jeune projectionniste qui rêve de devenir détective pénètre en pensée dans le film policier qu'il projette sur l'écran. - Œuvre marquante du cinéaste. Scénario d'une invention comique constante. Notes poétiques savoureuses. Interprétation finement bouffonne. □ Général
DVD 21,95 $

SHIKOKU
JAP. 1999. Shunichi NAGASAKI
DVD STA→Cadrage W/16X9→21,95 $

SHINE [Prodige, Le] ▷3
AUS. 1996. Drame psychologique de Scott HICKS avec Noah Taylor, Armin Mueller-Stahl et Geoffrey Rush. - Un pianiste prodige sombre dans la dépression après avoir brisé les liens avec son père tyrannique. - Récit inspiré de la vie du virtuose David Helfgott. Regard précis et sensible. Mise en scène ample et gracieuse. N. Taylor et G. Rush prodigieux. □ Général
DVD VA→STF→31,95 $ Cadrage W→31,95 $

SHINING, THE [Enfant-lumière, L'] ►2
É.-U. 1980. Drame d'horreur de Stanley KUBRICK avec Jack Nicholson, Shelley Duvall et Scatman Crothers. - Engagé comme gardien d'un hôtel en montagne pendant l'hiver, un homme subit une étrange transformation mentale. - Fantastique mâtiné de psychologique. Séquences impressionnantes. Mise en scène brillante. Interprétation excellente. □ 18 ans+
DVD VF→STA→Cadrage P&S→17,95 $

SHINING THROUGH [Lueur dans la nuit, Une] ▷4
É.-U. 1992. Drame d'espionnage de David SELTZER avec Melanie Griffith, Michael Douglas et Liam Neeson. - Une jeune employée des services secrets américains est envoyée en mission à Berlin pour espionner un dirigeant nazi. □ 13 ans+
DVD VF→STA→Cadrage W→10,95 $

SHINJUKU TRIAD SOCIETY
JAP. 1995. Takashi MIIKE
DVD STA→28,95 $

SHIP OF FOOLS [Nef des fous, La] ▷3
É.-U. 1965. Drame social de Stanley E. KRAMER avec Oskar Werner, Simone Signoret et Vivien Leigh. - Diverses intrigues se font jour entre les passagers d'un navire voguant vers l'Allemagne en 1933. - Intrigues multiples habilement construites. Scénario enrichi d'intentions symboliques. Réalisation recherchée. Équipe prestigieuse d'interprètes. □ 13 ans+
DVD VA→STF→32,95 $

SHIPPING NEWS, THE [Nœuds et dénouements] ▷4
É.-U. 2001. Drame de mœurs de Lasse HALLSTRÖM avec Kevin Spacey, Julianne Moore et Judi Dench. - Déboussolés par diverses épreuves familiales, un père, sa fillette et sa tante s'efforcent de panser les blessures de leur passé. □ 13 ans+
DVD VF→Cadrage W→19,95 $

SHIPWRECKED ▷4
NOR. 1990. Aventures de Nils GAUP avec Stian Smedstad, Gabriel Byrne et Louisa Haigh. - Naufragés dans une île déserte, un jeune mousse et ses compagnons entrent en lutte contre un flibustier. □ Général

SHIRI *voir* **Nom de code: Shiri**

SHIRLEY VALENTINE ▷4
ANG. 1989. Comédie sentimentale de Lewis GILBERT avec Pauline Collins, Tom Conti et Bernard Hill. - Une ménagère dans la quarantaine remet en question sa façon de vivre et profite d'un voyage en Grèce pour connaître quelques moments de folie. □ Général

SHIVERS [Frissons] ▷6
CAN. 1974. Drame d'horreur de David CRONENBERG avec Paul Hampton, Lynn Lowry et Alan Migicovsky. - Une maison de rapport est envahie par des parasites maléfiques créés par un savant qui s'est suicidé. □ 13 ans+ · Horreur

SHOCK ▷4
ITA. 1977. Drame d'horreur de Mario BAVA avec Daria Nicolodi, John Steiner et David Colin Jr. - Habité par l'esprit vengeur de son défunt père, un gamin trouble l'existence de sa mère remariée.
DVD VA→Cadrage W→10,95 $

SHOCK TO THE SYSTEM, A ▷4
É.-U. 1990. Comédie satirique de Jan EGLESON avec Michael Caine, Elizabeth McGovern et Peter Riegert. - Frustré d'une promotion sur laquelle il comptait, un publicitaire décide de régler ses problèmes en provoquant autour de lui quelques morts « accidentelles ». □ Général

SHOCK WAVES [Damnés du passé, Les] ▷5
É.-U. 1975. Drame d'horreur de Ken WIEDERHORN avec Brooke Adams, Peter Cushing et John Carradine. - Des naufragés sont pourchassés dans une île par des soldats nazis que des expériences scientifiques ont transformés en êtres monstrueux. □ Non classé
DVD VA→Cadrage W→26,95 $/39,95 $

SHOCKED *voir* **Mesmerized**

SHOE, THE
ALL. 1998. Laila PAKALNINA
DVD STA→29,95 $

SHOE-SHINE *voir* **Sciuscia**

SHOES OF THE FISHERMAN, THE ▷4
[Souliers de Saint-Pierre, Les]
É.-U. 1968. Drame de Michael ANDERSON avec Anthony Quinn, Oskar Werner et Lee McKern. - Un évêque russe libéré d'un camp de travail se rend à Rome et est élu pape. □ Général
DVD VF→STF→Cadrage W→21,95 $

SHOGUN ▷4
É.-U. 1980. Aventures de Jerry LONDON avec Richard Chamberlain, Yoko Shimada et Toshiro Mifune. - Les aventures d'un navigateur anglais dans le Japon du XVIIe siècle.
DVD VA→STA→76,95 $

SHOGUN'S NINJA
JAP. 1980. Norifumi SUZUKI
DVD STA→22,95 $

SHOGUN'S SAMURAI
JAP. 1978. Kinji FUKASAKU
DVD STA→22,95 $

SHOOT OR BE SHOT
É.-U. 2002. Randy ARGUE
DVD VA→13,95 $

SHOOT THE MOON ▷3
É.-U. 1981. Drame psychologique d'Alan PARKER avec Albert Finney, Diane Keaton et Dana Hill. - Un écrivain quitte sa famille pour aller vivre avec une jeune maîtresse. - Détails révélateurs de tensions. Notations justes. Mise en scène nerveuse. Interprétation fort satisfaisante. □ Général

SHOOT THE PIANO PLAYER
voir **Tirez sur le pianiste**

SHOOT TO KILL [Randonnée pour un tueur] ▷4
É.-U. 1988. Drame policier de Roger SPOTTISWOODE avec Sidney Poitier, Tom Berenger et Kirstie Alley. - Avec l'aide d'un guide de montagne, un policier se lance aux trousses d'un criminel à travers les Rocheuses. □ 13 ans+
DVD VF→Cadrage W→9,95 $

SHOOTING, THE ▷3
É.-U. 1966. Western de Monte HELLMAN avec Warren Oates, Millie Perkins et Will Hutchins. - Un prospecteur qui a accepté de conduire une inconnue à travers le désert découvre que celle-ci est à la poursuite de quelqu'un qu'elle veut tuer. - Approche fort originale de certains éléments habituels au genre. Sorte de parabole existentialiste au climat particulier. □ Général

SHOOTING LIVIEN
É.-U. 2005. Rebecca COOK
DVD VA→STA→Cadrage W→31,95 $

SHOOTING PARTY, THE [Partie de chasse, La]
RUS. 1977. Emil LOTEANU □ Général
DVD VA→28,95 $

SHOOTING PARTY, THE ▷3
ANG. 1984. Drame de mœurs de Alan BRIDGES avec James Mason, Judi Bowker et Rupert Frazer. - En 1913, au cours d'une partie de chasse, une rivalité sportive se dessine entre un avocat bien nanti et un aristocrate mal marié. - Étude de milieu intéressante. Mélange d'élégance et de mélancolie. □ Général
DVD VA→STA→Cadrage W→24,95 $

SHOOTIST, THE ▷4
É.-U. 1976. Western de Don SIEGEL avec John Wayne, Lauren Bacall et Ron Howard. - Les derniers jours d'un tireur célèbre qui se sait atteint de cancer. □ Général
DVD VA→STA→Cadrage W→12,95 $

SHOP AROUND THE CORNER, THE ▷3
É.-U. 1940. Comédie d'Ernst LUBITSCH avec Margaret Sullavan, James Stewart et William Tracy. - Un employé de magasin a une correspondance sentimentale avec une jeune fille qui se trouve être à son insu une compagne de travail. - Fine adaptation d'une pièce hongroise. Mise en scène alerte. Jeu approprié des vedettes. □ Général
DVD VF→STF→19,95 $

SHOP ON MAIN STREET, THE ▷3
TCH. 1964. Drame de guerre de Ján KADAR et Elmar KLOS avec Ida Kaminska, Josef Kroner et Hana Slivkova. - Pendant la guerre, un homme se prend d'affection pour une vieille dame juive et tente de lui éviter la déportation. - Évocation lyrique d'une période cruelle. Détails bien observés. □ Général
DVD STA→49,95 $

SHOPGIRL ▷4
É.-U. 2004. Comédie dramatique d'Anand TUCKER avec Steve Martin, Clare Danes, Bridgette Wilson, Jason Schwartzman et Sam Bottoms. - À Los Angeles, une vendeuse au tempérament mélancolique est courtisée à la fois par un jeune musicien fauché et par un millionnaire d'âge mûr. □ Général · Déconseillé aux jeunes enfants
DVD VA→STA→Cadrage W→34,95 $

SHOPPING FOR FANGS
CAN. É.-U. 1997. Quentin LEE et Justin LIN □ 13 ans+
DVD VA→STA→23,95 $

SHORT CIRCUIT [Cœur circuit] ▷4
É.-U. 1986. Comédie fantaisiste de John BADHAM avec Ally Sheedy, Steve Guttenberg et Austin Pendleton. - Un jeune savant a mis au point un robot perfectionné auquel s'intéressent les autorités militaires. □ Général
DVD VA→Cadrage W→9,95 $

SHORT CUTS [Chassés-croisés, Les] ▷3
É.-U. 1993. Étude de mœurs de Robert ALTMAN avec Bruce Davison, Andie MacDowell et Chris Penn. - Quelques jours dans la vie de diverses personnes vivant dans la région de Los Angeles. - Fresque vivante et variée. Regard satirique sur les mœurs de notre époque. Ensemble monté avec brio. Extraordinaire équipe d'interprètes. □ 13 ans+ · Langage vulgaire
DVD VA→STA→Cadrage W→61,95 $
VF→STF→Cadrage W→23,95 $

SHORT FILM ABOUT KILLING, A ▷3
POL. 1988. Drame psychologique de Krzysztof KIESLOWSKI avec Krzysztof Globisz, Miroslaw Baka et Jan Tesarz. - Le premier client d'un avocat est un jeune homme qui a tué sans raison apparente un chauffeur de taxi. - Épisode d'une série télévisée inspirée de *Décalogue*. Présentation factuelle et froide des situations. Couleurs livides. Interprétation d'un naturel confondant.
DVD STA→Cadrage 16X9→23,95 $

SHORT FILM ABOUT LOVE, A ►2
POL. 1988. Drame psychologique de Krzysztof KIESLOWSKI avec Olaf Lubaszenko, Grazyna Szapolowska et Stefania Iwinska. - Un jeune homme timide et renfermé tombe amoureux d'une voisine qu'il observe à la longue-vue. - Téléfilm au récit inspiré de *Décalogue*. Analyse de mœurs pénétrante et percutante. Traitement vif et concis faisant la part belle au visuel. Interprétation d'une rare sensibilité.
DVD STA→Cadrage 16X9→23,95 $

SHOT IN THE DARK, A ▷4
[Quand l'inspecteur s'emmêle]
ANG. 1964. Comédie de Blake EDWARDS avec Peter Sellers, Elke Sommer et Herbert Lom. - Un inspecteur maladroit enquête sur le meurtre du chauffeur d'un industriel français. □ 13 ans+
DVD VF→STF→Cadrage W→12,95 $

SHOT IN THE HEART [Mort préméditée] ▷4
É.-U. 2001. Drame d'Agnieszka HOLLAND avec Sam Shepard, Elias Koteas et Giovanni Ribisi. - Un meurtrier condamné à mort refuse de lutter pour obtenir une commutation de peine, malgré les pressions de sa famille.
DVD VA→STF→Cadrage W→16,95 $

SHOUT, THE ▷3
ANG. 1978. Drame psychologique de Jerzy SKOLIMOWSKI avec Alan Bates, Susannah York et John Hurt. - Un jeune écrivain fait la connaissance d'un homme qui se prétend doté de dons surnaturels. - Récit capricieux. Nombreux détails insolites. Fascinant exercice de style. □ 13 ans+

SHOUT AT THE DEVIL ▷4
ANG. 1976. Aventures de Peter R. HUNT avec Lee Marvin, Roger Moore et Barbara Parkins. - En Afrique, deux trafiquants d'ivoire s'en prennent à un cuirassé allemand pour exercer une vengeance. □ Général

SHOW BOAT ▷3
É.-U. 1936. Comédie musicale de James WHALE avec Irene Dunne, Allan Jones et Helen Morgan. - Abandonnée par son mari, une chanteuse fait de leur fille la vedette d'un spectacle flottant. - Adaptation réussie d'une œuvre théâtrale. Réalisation souple et vivante. Jolies mélodies de Jerome Kern. Distribution de classe. □ Général

SHOW BOAT ▷4
É.-U. 1951. Comédie musicale de George SIDNEY avec Ava Gardner, Kathryn Grayson et Howard Keel. - Intrigues sentimentales sur un bateau-théâtre le long du Mississippi. □ Général
DVD VA→STA→21,95 $

SHOW ME LOVE *voir* **Qui aimes-tu?**

SHOW OF FORCE, A [Scandale d'État] ▷5
É.-U. 1990. Drame social de Bruno BARRETO avec Lou Diamond Philips, Amy Irving et Andy Garcia. - À Porto Rico, en 1978, une journaliste de la télévision enquête sur la mort de deux jeunes séparatistes abattus par la police.
DVD VA→Cadrage W→14,95 $

SHOW TRUMAN, LE
voir **Truman Show, The**

SHOWBOY
É.-U. 2002. Lindy HEYMANN et Christian TAYLOR
DVD VA→PC

SHOWER ▷4
CHI. 1999. Comédie dramatique de Yang ZHANG avec Zhu Xu, Pu Cunxin et Jiang Wu. - De retour dans sa petite ville natale, un homme d'affaires de Pékin se prend d'affection pour les clients qui fréquentent le bain public de son vieux père. □ Général
DVD Cadrage W→38,95 $

SHOWTIME [Flics en direct] ▷5
É.-U. 2002. Comédie policière de Tom DEY avec Eddie Murphy, Rene Russo et Robert De Niro, . - Contraint de participer à un reality show, un détective renfrogné doit faire équipe avec un policier gaffeur mais qui crève l'écran. □ Général · Déconseillé aux jeunes enfants
DVD VF→STF→Cadrage W→7,95 $

SHREK ▷3
É.-U. 2001. Film d'animation d'Andrew ADAMSON et Vicky JENSON. - Un ogre mesquin délivre une princesse irascible des griffes d'un dragon pour le compte d'un vil petit seigneur. - Pastiche mordant et ironique des contes de fée. Nombreux gags savoureux. Invention visuelle constante. Images de synthèse d'une étonnante fluidité.
□ Général
DVD VF→STF→Cadrage P&S/W→34,95 $ VA→23,95 $

SHREK 2 ▷3
É.-U. 2004. Film d'animation d'Andrew ADAMSON, Kelly ASBURY et Conrad VERNON. - Une fée intrigante cherche à briser l'union entre un ogre et une princesse afin de favoriser le mariage de son propre fils. - Suite fidèle à l'esprit satirique réjouissant du premier film. Caricature mordante et inspirée de certains aspects de la culture américaine. Intrigue fourmillant de gags, de clins d'œil et d'anachronismes savoureux. Technique éblouissante.
DVD VA→STF→Cadrage W→23,95 $

SHUCKING THE CURVE
É.-U. 1998. Todd VEROW
DVD VA→22,95 $

SI JE T'AIME... PRENDS GARDE À TOI ▷5
FR. 1998. Drame psychologique de Jeanne LABRUNE avec Nathalie Baye, Daniel Duval et Jean-Pierre Darroussin. - Une romancière entame une relation destructrice avec un hystérique jaloux et violent. □ 16 ans+

SI JOLI VILLAGE, UN ▷4
FR. 1978. Drame policier d'Étienne PÉRIER avec Jean Carmet, Valérie Mairesse et Victor Lanoux. - Un juge d'instruction enquête sur la disparition mystérieuse de la femme du propriétaire d'une tannerie.

SI LES MURS RACONTAIENT
voir **If These Walls Could Talk**

SI LOIN, SI PROCHE [Far Away, So Close] ▷4
ALL. 1992. Conte de Wim WENDERS avec Otto Sander, Horst Buchholz et Willem Dafoe. - Un ange qui s'est vu accorder une courte période de vie humaine sur la terre doit réapprendre à vivre comme un mortel. □ Général

SI ON DANSAIT *voir* **Shall We Dance?**

SIAM SUNSET [Soleil de siam] ▷4
AUS. 1999. Comédie dramatique de John POLSON avec Linus Roache, Danielle Cormack et Ian Bliss. - Inconsolable depuis la mort de sa femme et convaincu d'être la cible d'une conspiration cosmique, un Anglais s'embarque pour un voyage organisé en Australie. □ 13 ans+

SIBERIADE ▷4
RUS. 1979. Drame épique d'Andrei KONCHALOVSKY avec Vitale Solomina, Nikita Mikhalkov, Natalya Andrejchenko et Ludmila Gourtchenko. - La vie des gens d'un village de Sibérie au début du siècle. □ Général

SIBERIAN LADY MACBETH [Fury Is a Woman]
YOU. 1962. Andrzej WAJDA □ Général
DVD STA→23,95 $

SICILIAN, THE ▷4
É.-U. 1987. Drame social de Michael CIMINO avec Christophe Lambert, Joss Ackland et Giulia Baschi. - En Sicile, dans les années 1940, un hors-la-loi marginal qui refuse de s'allier avec la mafia s'attire l'admiration du peuple qu'il défend contre les oppresseurs.
□ Général
DVD VA→Cadrage P&S→11,95 $

SID AND NANCY ▷4
ANG. 1986. Drame de mœurs d'Alex COX avec Gary Oldman, Chloe Webb et David Hayman. - La relation perturbée entre un bassiste punk et une jeune Américaine adepte des drogues dures connaît une longue déchéance. □ 13 ans+
DVD Cadrage W→12,95 $

SIDDHARTHA ▷4
É.-U. 1972. Drame poétique de Conrad ROOKS avec Shashi Kapoor, Simi Karemal et Romesh Sharma. - Un jeune brahmane quitte la riche demeure de son père pour partir avec un compagnon à la recherche de la sagesse.
DVD VA→Cadrage P&S→42,95 $

SIDEWALKS OF NEW YORK ▷5
É.-U. 1931. Comédie de Jules WHITE avec Buster Keaton, Anita Page et Cliff Edwards. - Un millionnaire candide entreprend de réformer une bande de jeunes voyous. □ Général

SIDEWALKS OF NEW YORK ▷5
É.-U. 2001. Comédie sentimentale réalisée et interprétée par Edward BURNS avec Heather Graham et Stanley Tucci. - À New York, des couples se forment et se défont au hasard des rencontres.
□ 13 ans+ · Langage vulgaire
DVD VA→STA→21,95 $

SIDEWAYS [À la dérive] ▷3
É.-U. 2004. Comédie dramatique d'Alexander PAYNE avec Paul Giamatti, Thomas Haden Church et Virginia Madsen. - À une semaine de son mariage, un incorrigible coureur de jupons fait la tournée des vignobles californiens avec un copain dépressif. - Étude de mœurs écrite avec finesse et sensibilité. Humour doux-amer pimenté d'ironie. Personnages bien développés. Réalisation souple et alerte. Interprétation inspirée. □ 13 ans+
DVD VF→Cadrage W→23,95 $

SIÈGE DE L'ÂME, LE ▷4
QUÉ. 1997. Conte d'Olivier ASSELIN avec Emmanuel Bilodeau, Lucille Fluet et Rémy Girard. - À la fin du XIXe siècle, un jeune scientifique un peu rêveur cherche à retracer l'existence de l'âme dans le corps d'une momie dont le cœur bat encore. □ Général

SIEGE, THE [Siège, Le] ▷4
É.-U. 1998. Drame politique d'Edward ZWICK avec Annette Bening, Denzel Washington et Bruce Willis. - À New York, un agent du FBI lutte contre des terroristes arabes alors que l'armée occupe le district de Brooklyn. □ 13 ans+ · Violence
DVD VF→STA→Cadrage W→14,95 $

SIESTA ▷4
É.-U. 1987. Drame psychologique de Mary LAMBERT avec Ellen Barkin, Gabriel Byrne, Isabella Rossellini et Julian Sands. - Une cascadeuse, vedette de spectacles aériens audacieux, retrouve un ancien amant qui vient d'épouser une jeune femme jalouse.
□ 13 ans+

SIGN OF THE CROSS, THE ▷5
É.-U. 1933. Drame historique de Cecil B. DeMILLE avec Frederic March, Claudette Colbert et Charles Laughton. - Quelques phases de l'histoire romaine, au temps de Néron et de la persécution des chrétiens. □ Général

SIGNES *voir* **Signs**

SIGNORA DI TUTTI, LA
voir **Dame de tout le monde, La**

SIGNS [Signes] ▷3
É.-U. 2002. Drame fantastique de M. Night SHYAMALAN avec Mel Gibson, Joaquin Phoenix et Rory Culkin. - Sur une ferme en Pennsylvanie, un ex-révérend veuf, ses deux enfants et son frère appréhendent une invasion de la planète par des extraterrestres. - Scénario astucieux. Touches d'humour irrésistibles. Réalisation maîtrisée créant un intense climat d'angoisse. Interprétation relevée. □ Général · Déconseillé aux jeunes enfants
DVD VF➜Cadrage W➜15,95 $

SIGNS AND WONDERS ▷3
FR. 2000. Drame de mœurs de Jonathan NOSSITER avec Stellan Skarsgard, Charlotte Rampling et Deborah Kara Unger. - Un Américain établi à Athènes se convainc de la pertinence de divers signes et prémonitions qui l'amènent à bouleverser sa vie familiale. - Fin regard sur les superstitions et leurs conséquences. Virtuosité technique. Réalisation très souple. Interprètes de grand talent. □ 13 ans+
DVD VA➜27,95 $

SILENCE, LE [Silence, The] ►2
SUÈ. 1963. Drame d'Ingmar BERGMAN avec Ingrid Thulin, Gunnel Lindblom et Jorgen Lindstrom. - À l'occasion d'un voyage, deux femmes et un enfant descendent dans un hôtel d'une ville inconnue. - Images d'une grande beauté. Climat de lourdeur et d'amertume. Mise en scène parfaitement maîtrisée. Images d'une grande beauté. Interprétation remarquable. □ 13 ans+

SILENCE, LE [Silence, The] ▷5
IRAN 1998. Conte de Mohsen MAKHMALBAF avec Tahmineh Normatova, Nadereh Abdelahyeva et Golbibi Ziadolahyeva. - Au Tadjikistan, un gamin aveugle a des ennuis pour avoir suivi un musicien au lieu d'aller travailler chez un luthier. □ Général
DVD STA➜39,95 $

SILENCE, LE ▷4
FR. 2004. Drame psychologique d'Orso MIRET avec Mathieu Demy, Natacha Régnier et Thierry De Peretti. - Dans un village corse, un vacancier est témoin d'un meurtre et hésite à dénoncer le coupable par crainte de représailles. □ Général · Déconseillé aux jeunes enfants
DVD VF➜33,95 $

SILENCE DE LA MER, LE ▷3
FR. 1948. Drame psychologique de Jean-Pierre MELVILLE avec Howard Vernon, Nicole Stéphane et Jean-Marie Robain. - Logeant chez des Français pendant la guerre, un officier allemand est en butte au silence de ses hôtes. - Atmosphère extraordinairement prenante. Excellente interprétation. □ Général

SILENCE DES PALAIS, LE ▷3
TUN. FR. 1994. Drame de Moufida TLATLI avec Hend Sabri, Amel Hedhili et Najia Ouerghi. - Une chanteuse se souvient de son enfance passée comme fille de servante dans le palais d'un prince de Tunis. - Conditions d'existence des femmes dépeintes avec beaucoup de sensibilité. Luminosité de la photographie. □ Général

SILENCE OF THE LAMBS, THE ▷3
É.-U. 1991. Drame policier de Jonathan DEMME avec Jodie Foster, Anthony Hopkins et Scott Glenn. - Une jeune stagiaire du FBI est chargée d'interroger un dangereux meurtrier afin d'obtenir de lui des informations sur un autre tueur recherché par la police. - Suspense d'une efficacité peu commune. Réalisation précise et habile. Interprétation de première force. □ 18 ans+
DVD VF➜STF➜Cadrage W➜19,95 $

SILENCERS, THE [Matt Helm agent très spécial] ▷5
É.-U. 1965. Comédie policière de Phil KARLSON avec Dean Martin, Stella Stevens et Victor Buono. - Un agent secret doit découvrir la source d'une entreprise de sabotage des missiles américains. □ Général
DVD VA➜STF➜Cadrage W➜32,95 $

SILENCES DU DÉSIR, LES [In the Mood for Love] ►2
H.K. 2000. Drame sentimental de Kar-Wai WONG avec Maggie Cheung Man-yuk, Tony Leung Chiu-wai et Rebecca Pan. - Découvrant que leurs époux respectifs ont une liaison, un journaliste et une secrétaire se sentent attirés l'un par l'autre. - Regard pudique sur le désir. Traitement visuel d'un lyrisme magnifique. Musique envoûtante. Jeu retenu mais très senti des deux vedettes. □ Général
DVD STA➜Cadrage W/16X9➜71,95 $
STF➜Cadrage 16X9➜19,95 $ VF➜Cadrage W➜19,95 $

SILENCIEUX AU BOUT DU CANON, UN *voir* **MCQ**

SILENCIO ROTO [Broken Silence]
MEX. 2001. Montxo ARMENDARIS
DVD STA➜34,95 $

SILENT ENEMY, THE
É.-U. 1930. H.P. CARVER □ Général
DVD VA➜Cadrage P&S➜49,95 $

SILENT FALL [Témoin silencieux] ▷5
É.-U. 1994. Drame psychologique de Bruce BERESFORD avec Richard Dreyfuss, Ben Faulkner et Linda Hamilton. - Témoin du meurtre de ses parents, un enfant autiste est confié aux soins d'un psychologue qui tente de découvrir l'identité du meurtrier. □ Général
DVD VF➜STF➜Cadrage W➜7,95 $

SILENT HILL ▷5
CAN. 2006. Drame d'horreur de Christophe GANS avec Radha Mitchell, Sean Bean et Laurie Holden. - Voulant guérir sa fille de ses crises de somnambulisme, une jeune mère débarque dans une ville étrange dont les habitants sont prisonniers des forces de la nuit.

SILENT LOVE, A [Amour muet, Un] ▷4
CAN. 2003. Comédie dramatique de Federico HIDALGO avec Noel Burton, Vanessa Bauche et Susana Salazar. - Un quinquagénaire montréalais épouse une jeune Mexicaine qui exige que sa mère vienne habiter avec eux au Canada pour quelque temps.
DVD VF➜STF➜Cadrage W➜31,95 $
VF➜STA➜Cadrage W➜31,95 $

SILENT MOVIE ▷3
É.-U. 1976. Comédie réalisée et interprétée par Mel BROOKS avec Marty Feldman et Dom DeLuise. - Un réalisateur fait la chasse aux vedettes pour le tournage d'un film muet. - Pastiche inventif d'un style de cinéma révolu. Cascade de gags désopilants. Collaboration amusée de vedettes connues. □ Général

SILENT PARTNER, THE [Argent de la banque, L'] ▷4
CAN. 1978. Drame policier de Daryl DUKE avec Elliott Gould, Christopher Plummer et Céline Lomez. - Un caissier d'une banque de Toronto profite d'un hold-up pour détourner à son profit une somme importante. □ 13 ans+

SILENT RUNNING ▷4
É.-U. 1972. Science-fiction de Douglas TRUMBULL avec Bruce Dern, Cliff Potts et Ron Rifkin. - Un astronaute refuse d'obéir à l'ordre de détruire d'immenses serres convoyées dans l'espace. □ Général
DVD VA➜18,95 $

SILENT TOUCH, THE [Ange de la musique, L'] ▷4
DAN. 1992. Drame psychologique de Krzysztof ZANUSSI avec Max Von Sydow, Lothaire Bluteau et Sarah Miles. - Un vieux musicien reclus voit sa vie bouleversée à la suite de sa rencontre avec un jeune musicologue qui l'incite à se remettre au piano. □ Général

SILENT WATERS
ALL. FR. PAK. 2003. Sabiha SUMAR
DVD STA➜31,95 $

SILK STOCKINGS ▷4
É.-U. 1957. Comédie musicale de Rouben MAMOULIAN avec Fred Astaire, Cyd Charisse et Janis Paige. - Une représentante du Parti arrive à Paris pour forcer trois délégués russes à rentrer dans leur pays. □ Général
DVD VF→STF→Cadrage W→21,95 $

SILKWOOD [Mystère Silkwood, Le] ▷3
É.-U. 1983. Drame social de Mike NICHOLS avec Meryl Streep, Kurt Russell et Cher . - Une ouvrière dans une fabrique d'éléments radioactifs milite pour la sécurité au travail. - Évocation engagée de faits vécus. Traitement réaliste. Réalisation sobre et vivante. Interprétation étonnamment colorée de M. Streep. □ Général
DVD VA→STF→Cadrage P&S/W→11,95 $

SILVER CITY [Montagne électorale, La] ▷4
É.-U. 2004. Drame policier de John SAYLES avec Danny Huston, Chris Cooper et Maria Bello. - En menant une enquête sur une mort suspecte, un détective privé met au jour un scandale qui pourrait compromettre un politicien en vue. □ Général
DVD VF→STA→Cadrage W/16X9→33,95 $

SILVER LODE ▷4
É.-U. 1954. Western d'Allan DWAN avec John Payne, Lizabeth Scott et Dan Duryea. - Dans une bourgade de l'Ouest, quatre cavaliers viennent arrêter pour meurtre un homme qui va se marier.
□ Non classé

SILVER STREAK ▷4
É.-U. 1976. Comédie policière d'Arthur HILLER avec Gene Wilder, Jill Clayburgh et Patrick McGoohan. - Au cours d'un voyage en train, un éditeur est mêlé à une affaire de meurtre. □ Général
DVD VA→9,95 $

SILVERADO ▷4
É.-U. 1985. Western de Lawrence KASDAN avec Scott Glenn, Kevin Kline et Brian Dennehy. - Quatre aventuriers s'unissent pour éliminer un puissant rancher qui domine la ville de Silverado. □ Général
DVD VA→Cadrage W→22,95 $

SIMBA ▷4
ANG. 1955. Aventures de Brian Desmond HURST avec Dirk Bogarde, Donald Sinden et Virginia McKenna. - Au Kenya, un jeune homme tente de démasquer le chef des Mau-Mau qui ont tué son frère.
□ Général

SIMON BIRCH ▷5
É.-U. 1998. Comédie dramatique de Mark Steven JOHNSON avec Ian Michael Smith, Joseph Mazzello et Oliver Platt. - L'amitié entre un jeune garçon qui cherche à connaître l'identité de son père et un gamin qui souffre d'un syndrome retardant sa croissance.
□ Général
DVD VA→Cadrage W→9,95 $

SIMON LES NUAGES ▷4
QUÉ. 1990. Conte de Roger CANTIN avec Patrick St-Pierre, Hugolin Chevrette-Landesque et Jessica Barker. - Un été, à la campagne, des enfants partent à la recherche d'un monde fantastique où vivent des animaux disparus du reste du monde. □ Général

SIMON OF THE DESERT
MEX. 1965. Luis BUÑUEL □ 13 ans+

SIMON THE MAGICIAN
HON. 1999. Ildiko ENYEDI
DVD VF→STA→PC

SIMONE ▷4
É.-U. 2001. Comédie satirique d'Andrew NICCOL avec Al Pacino, Simone (Rachel Roberts) et Catherine Keener. - Un réalisateur déchu relance sa carrière en créant secrètement une actrice virtuelle qui devient une star mondiale. □ Général
DVD VA→17,95 $

SIMONE BARBÈS OU LA VERTU
FR. 1980. Marie-Claude TREILHOU
DVD Cadrage W→39,95 $

SIMPLE MEN ▷4
É.-U. 1991. Comédie policière de Hal HARTLEY avec Robert Burke, William Sage et Karen Sillas. - Deux frères s'emploient à retrouver leur père anarchiste qui s'est échappé de prison. □ Général
DVD VA→Cadrage W→24,95 $

SIMPLE PLAN, A ▷4
É.-U. 1998. Drame policier de Sam RAIMI avec Bill Paxton, Billy Bob Thornton et Bridget Fonda. - La découverte d'un gros magot plonge trois hommes dans un engrenage fatal nourri de paranoïa et de trahison. □ 13 ans+ · Violence
DVD VA→STA→Cadrage W→12,95 $

SIMPLE SOUHAIT, UN *voir* **Simple Wish, A**

SIMPLE WISH, A [Simple souhait, Un] ▷4
É.-U. 1997. Comédie fantaisiste de Michael RITCHIE avec Martin Short, Mara Wilson et Kathleen Turner. - Un magicien novice plonge une fillette dans une suite de mésaventures en voulant exaucer son souhait le plus cher. □ Général

SIN [Mal, Le]
É.-U. 2003. Michael STEVENS

SIN CITY [Histoire de Sin City, Une] ▷4
É.-U. 2005. Thriller de Frank MILLER et Robert RODRIGUEZ avec Mickey Rourke, Bruce Willis et Clive Owen. - Trois histoires se déroulant dans une ville où règnent la dépravation et la corruption.
□ 16 ans+ · Violence
DVD VF→STA→Cadrage W→34,95 $/42,95 $

SIN DEJAR HUELLA
ESP. MEX. 2000. Maria NOVARO
DVD STA→PC

SIN DESTINO
MEX. 2002. Leopoldo LABORDE
DVD STA→Cadrage W→29,95 $

SIN OF HAROLD DIDDLEBOCK, THE ▷4
É.-U. 1950. Comédie de Preston STURGES avec Harold Lloyd, Frances Ramsden et Jimmy Colin. - À la suite de son congédiement, après 22 ans de service, un homme rangé s'enivre et gagne une fortune aux courses. □ Général

SIN OF MADELON CLAUDET, THE
É.-U. 1931. Edgar SELWYN □ Général

SINBAD ▷3
HON. 1972. Drame poétique de Zoltan HUSZARIIK avec Zoltan Latinovits, Margit Dayka et Eva Ruttkay. - Alors qu'il va mourir, un séducteur voit défiler dans son esprit les souvenirs de ses diverses conquêtes amoureuses. - Photographie nuancée et de toute beauté constituant une expérience visuelle peu commune. Interprétation dans la note. □ Général

SINBAD AND THE EYE OF THE TIGER ▷5
[Sinbad et l'œil du tigre]
É.-U. 1977. Drame fantastique de Sam WANAMAKER avec Patrick Wayne, Patrick Troughton et Jane Seymour. - Sinbad entreprend un voyage pour trouver une solution au problème d'un prince transformé en babouin. □ Général
DVD VA→STA→Cadrage W→23,95 $

SINBAD OF THE SEVEN SEAS
É.-U. ITA. 1989. Enzo G. CASTELLARI
DVD VA→STF→11,95 $

SINBAD THE SAILOR ▷4
É.-U. 1949. Aventures de Richard WALLACE avec Maureen O'Hara, Douglas Fairbanks Jr. et Walter Slezak. - Les tribulations d'un marin à la recherche d'une île mystérieuse contenant un fabuleux trésor.
□ Général

SINCERELY YOURS ▷5
É.-U. 1955. Mélodrame de Gordon DOUGLAS avec Liberace, Joanne Dru et Dorothy Malone. - S'apercevant qu'il devient sourd, un pianiste se met à observer son entourage.

SINFUL NUNS OF ST-VALENTINE
ITA. 1973. Sergio GRIECO □ 16 ans+ · Érotisme

SINGAPORE ▷5
É.-U. 1947. Aventures de John BRAHM avec Fred MacMurray, Ava Gardner et Roland Culver. - De retour à Singapour après cinq ans, un trafiquant retrouve amnésique sa fiancée qu'il croyait morte.

SINGE EN HIVER, UN ▷4
FR. 1962. Comédie de mœurs d'Henri VERNEUIL avec Jean Gabin, Jean-Paul Belmondo et Suzanne Flon. - Influencé par un jeune client, un aubergiste alcoolique manque momentanément à sa promesse de ne plus boire. □ Non classé

SINGIN' IN THE RAIN [Chantons sous la pluie] ►1
É.-U. 1952. Comédie musicale de Gene KELLY et Stanley DONEN avec Gene Kelly, Debbie Reynolds et Donald O'Connor. - À la naissance du cinéma parlant, une jeune inconnue détrône une vedette. - Numéros musicaux parfaitement réussis. Utilisation ingénieuse des effets sonores. Bonne humeur constante. Interprétation enjouée. □ Général
DVD VF→STF→Cadrage 16X9→21,95 $ VF→STF→21,95 $

SINGING DETECTIVE, THE ▷5
É.-U. 2003. Comédie dramatique de Keith GORDON avec Robert Downey Jr., Robin Wright Penn et Mel Gibson. - Hospitalisé pour une maladie de la peau, un auteur de romans policiers en vient à mélanger la réalité avec l'univers de son œuvre. □ 13 ans+
DVD VA→Cadrage W→14,95 $

SINGING FOREST, THE
É.-U. 2003. Jorge AMEER
DVD VA→27,95 $

SINGLE GIRL, A *voir* **Fille seule, La**

SINGLE STANDARD, THE
É.-U. 1929. John S. ROBERTSON □ Non classé

SINGLE WHITE FEMALE ▷4
[Jeune femme cherche colocataire]
É.-U. 1992. Drame psychologique de Barbet SCHROEDER avec Jennifer Jason Leigh, Bridget Fonda et Steven Weber. - Une jeune libraire introvertie adopte une attitude dangereusement possessive à l'égard de sa nouvelle colocataire. □ 16 ans+
DVD VA→STA→Cadrage W→17,95 $

SINGLES [Célibataires] ▷4
É.-U. 1992. Comédie sentimentale de Cameron CROWE avec Bridget Fonda, Campbell Scott et Kyra Sedwick. - Les hauts et les bas sentimentaux d'un groupe de jeunes célibataires vivant à Seattle. □ Général
DVD VF→STF→Cadrage P&S/W→7,95 $

SINGULIER DIRECTEUR, UN
voir **Barefoot Executive, The**

SINK THE BISMARCK! ▷4
ANG. 1960. Drame de guerre de Lewis GILBERT avec Kenneth More, Dana Wynter et Carl Mohner. - La marine anglaise parvient à couler le plus gros des cuirassés allemands. □ Non classé
DVD VA→14,95 $

SIR ARNE'S TREASURE
SUÈ. 1919. Mauritz STILLER
DVD 24,95 $

SIREN OF THE TROPICS [Sirène des tropiques, La]
FR. 1927. Mario NALPAS et Henri ÉTIÉVANT
DVD STA→26,95 $

SIRÈNE DES TROPIQUES, LA *voir* **Siren of the Tropics**

SIRÈNE DU MISSISSIPPI, LA ▷4
[Mississippi Mermaid, The]
FR. 1969. Drame policier de François TRUFFAUT avec Jean-Paul Belmondo, Catherine Deneuve et Michel Bouquet. - Un jeune et riche planteur épouse une aventurière qui s'enfuit bientôt avec sa fortune. □ 13 ans+
DVD VF→STA→Cadrage W→12,95 $

SIRÈNE ROUGE, LA ▷5
FR. 2002. Thriller d'Olivier MEGATON avec Jean-Marc Barr, Alexandra Negrao et Asia Argento. - Pourchassée par les hommes de main de sa mère meurtrière, une fillette en fugue est protégée par un mercenaire.
DVD VF→9,95 $

SIRÈNES, LES *voir* **Mermaids**

SIRENS [Sirènes] ▷4
AUS. 1994. Comédie de mœurs de John DUIGAN avec Hugh Grant, Tara Fitzgerald et Sam Neill. - Dans les années 1930 en Australie, la femme d'un pasteur protestant sent s'éveiller en elle une sensualité insoupçonnée au contact de l'univers d'un peintre. □ 16 ans+ · Érotisme
DVD VA→6,95 $

SIROCCO ▷5
É.-U. 1951. Aventures de Curtis BERNHARDT avec Humphrey Bogart, Marta Toren et Lee J. Cobb. - En 1925, à Damas, un trafiquant d'armes est mêlé à des conflits entre Français et Syriens. □ Général

SISSI ▷4
AUT. 1955. Comédie sentimentale d'Ernst MARISCHKA avec Romy Schneider, Karlheinz Boehm et Magda Schneider. - Le jeune empereur d'Autriche venu en Bavière pour rencontrer la princesse qu'on lui destine lui préfère sa sœur. □ Général

SISSI ET SON DESTIN ▷5
AUT. 1957. Drame historique d'Ernst MARISCHKA avec Karlheinz Boehm, Romy Schneider, Gustav Knuth et Magda Schneider. - La jeune impératrice Sissi rentre à Vienne auprès de son mari après un séjour en Hongrie où elle a contracté une maladie de poitrine. □ Général

SISSI IMPÉRATRICE ▷4
AUT. 1956. Drame historique d'Ernst MARISCHKA avec Karlheinz Boehm, Romy Schneider et Vilma Degischer. - La jeune femme de l'empereur François-Joseph d'Autriche se heurte à l'hostilité de sa belle-mère.

SISTER ACT [Rock'n Nonne] ▷5
É.-U. 1992. Comédie d'Emile ARDOLINO avec Whoopi Goldberg, Maggie Smith et Kathy Najimy. - Afin de protéger une chanteuse de variétés témoin d'un meurtre, un policier la cache dans un couvent où elle doit se déguiser en nonne. □ Général
DVD Cadrage W→14,95 $

SISTER KENNY ▷4
É.-U. 1946. Drame biographique de Dudley NICHOLS avec Rosalind Russell, Alexander Knox et Dean Jagger. - Une infirmière lutte pour faire admettre une nouvelle méthode de traitement de la poliomyélite. □ Non classé

SISTER STREET FIGHTER
H.K. 1975. Kazuhiko YAMAGUCHI □ 13 ans+ · Violence

SISTER, MY SISTER ▷4
ANG. 1994. Drame de mœurs de Nancy MECKLER avec Joely Richardson, Jodhi May et Julie Walters. - En 1932, la relation passionnée entre deux sœurs travaillant comme domestiques chez une bourgeoise acariâtre connaît une fin tragique. □ 16 ans+
DVD VA→Cadrage P&S→34,95 $

SISTER, SISTER
É.-U. 1987. Bill CONDON
DVD VA→Cadrage W→14,95 $

SISTERHOOD OF THE TRAVELING PANTS ▷4
[Quatre filles et un jean]
É.-U. 2005. Comédie dramatique de Ken KWAPIS avec Amber Tamblyn, America Ferrara et Alexis Bledel. - Quatre amies qui seront séparées pendant l'été décident de se partager une paire de jeans en guise de porte-bonheur. □ Général
DVD VF→STA→Cadrage W→22,95 $
VF→STF→Cadrage W→11,95 $

SISTERS ▷4
É.-U. 1972. Drame policier de Brian DE PALMA avec Margot Kidder, Jennifer Salt et Bill Finley. - Une journaliste ayant été témoin d'un meurtre essaie de prouver la véracité de ses dires. □ 18 ans+
DVD VA→STA→Cadrage W→46,95 $

SISTERS, THE [Sœurs, Les]
É.-U. 2005. Arthur Allan SEIDLEMAN
DVD VF→STA→Cadrage W→34,95 $

SISTERS OF GION
JAP. 1936. Kenji MIZOGUCHI □ Général

SISTERS, OR THE BALANCE OF HAPPINESS ▷3
ALL. 1979. Drame psychologique de Margarethe Von TROTTA avec Jutta Lampe, Gudrun Gabriel et Jessica Früh. - Après avoir poussé sa sœur au suicide par ses exigences, une femme entreprend la formation d'une compagne de travail. - Intrigue menée avec assurance. Mise en scène bien contrôlée. □ Général

SITCOM ▷5
FR. 1998. Comédie satirique de François OZON avec Evelyne Dandry, François Marthouret et Marina De Van. - Une famille bourgeoise se transforme radicalement après que le père eut ramené à la maison un petit rat de laboratoire. □ 16 ans+

SITTING DUCKS ▷4
É.-U. 1978. Comédie de Henry JAGLOM avec Michael Emil, Zack Norman et Patrice Townsend. - Partis à l'aventure à bord d'une limousine, deux quinquagénaires font la rencontrent d'un duo de jeunes femmes qui s'avèrent être de dangereuses tueuses à gages. □ Non classé
DVD VA→Cadrage P&S→31,95 $

SITTING IN LIMBO [Dure réalité] ▷3
QUÉ. 1986. Drame social de John N. SMITH avec Pat Dillon, Fabian Gibbs et Sylvie Clarke. - Une jeune Noire se révèle enceinte d'un camarade d'école charmant mais irresponsable. - Sujet abordé avec un grand souci d'authenticité. Comédiens non professionnels jouant avec une spontanéité convaincante. □ Général

SITTING PRETTY [Bonne à tout faire] ▷4
É.-U. 1948. Comédie de Walter LANG avec Clifton Webb, Maureen O'Hara et Robert Young. - Un original s'engage comme bonne d'enfants pour avoir le loisir d'écrire un roman. □ Général

SITUATIONS COMPROMETTANTES
voir **Compromising Positions**

SIX DAYS, SEVEN NIGHTS [Six jours, sept nuits] ▷5
É.-U. 1998. Comédie sentimentale d'Ivan REITMAN avec Anne Heche, Harrison Ford et David Schwimmer. - Après s'être écrasé dans une île du Pacifique, un pilote d'avion au tempérament indépendant doit endurer le caractère explosif de sa passagère. □ Général
DVD VF→18,95 $

SIX DEGREES OF SEPARATION ▷4
É.-U. 1993. Comédie dramatique de Fred SCHEPISI avec Stockard Channing, Donald Sutherland et Will Smith. - Un jeune inconnu qui se fait passer pour le fils de Sidney Poitier s'immisce dans la vie d'un couple de riches New-Yorkais. □ Général
DVD Cadrage W→12,95 $

SIX JOURS, SEPT NUITS *voir* **Six Days, Seven Nights**

SIX OF A KIND ▷4
É.-U. 1933. Comédie de Leo McCAREY avec Mary Boland, Charlie Ruggles, George Burns et Gracie Allen. - Deux couples entreprennent un voyage en automobile à travers les États-Unis. □ Général

SIX STRING SAMURAI
É.-U. 1998. Lance MUNGIA
DVD VA→STA→23,95 $

SIXIÈME SENS, LE *voir* **Sixth Sense, The**

SIXTEEN CANDLES [Amour à seize ans, L'] ▷5
É.-U. 1984. Comédie de mœurs de John HUGHES avec Anthony Michael Hall, Molly Ringwald et Michael Schoeffling. - Les difficultés familiales et sentimentales d'une adolescente qui vient d'avoir seize ans.
DVD VA→Cadrage W→23,95 $

SIXTH SENSE, THE [Sixième sens, Le] ▷3
É.-U. 1999. Drame fantastique de M. Night SHYAMALAN avec Bruce Willis, Haley Joel Osment et Toni Collette. - Un psychologue s'occupe d'un jeune garçon fréquemment visité par des esprits qui le chargent de messages particuliers. - Intrigue fort habilement construite. Écriture rigoureuse et subtile. Mise en scène raffinée. Interprétation souvent bouleversante. □ 13 ans+
DVD VF→Cadrage W→19,95 $ VF→Cadrage W→31,95 $

SIXTY-NINE *voir* **6ixtynin9**

SKELETON KEY, THE ▷5
É.-U. 2005. Drame d'horreur de Iain SOFTLEY avec Kate Hudson, Gena Rowlands et John Hurt. - En Louisiane, une infirmière découvre des traces de magie noire dans la demeure décrépite de son patient paralysé et muet. □ 13 ans+ · Horreur
DVD VF→STF→Cadrage W→22,95 $

SKIN DEEP [Amour est une grande aventure, L'] ▷5
É.-U. 1989. Comédie de mœurs de Blake EDWARDS avec John Ritter, Alyson Reed et Vincent Gardenia. - Un romancier à succès cherche à reconquérir le cœur de son ex-épouse malgré qu'il se sente irrésistiblement attiré par toutes les jolies femmes. □ 13 ans+
DVD VF→STF→Cadrage W→16,95 $

SKIN GAME, THE ▷4
ANG. 1931. Drame de mœurs d'Alfred HITCHCOCK avec Edmund Gwenn, C.V. France et Jill Esmond. - Des propriétaires terriens entrent en lutte avec des voisins qu'ils considèrent comme des parvenus. □ Général
DVD 13,95 $

SKIN GAME ▷4
É.-U. 1971. Comédie de Paul BOGART avec James Garner, Lou Gossett et Susan Clark. - En 1857, deux compères mettent au point un stratagème pour se faire de l'argent au profit des naïfs. □ Général

SKIN OF MAN, HEART OF BEAST
voir **Peau d'homme, cœur de bête**

SKOKIE [Skokie, le village de la colère] ▷4
É.-U. 1981. Drame social de Herbert WISE avec Danny Kaye, John Rubinstein et Kim Hunter. - Les habitants juifs d'une petite ville américaine cherchent à empêcher une manifestation organisée par un parti nazi. □ Non classé

SKULL, THE ▷4
ANG. 1965. Drame d'horreur de Freddie FRANCIS avec Christopher Lee, Peter Cushing et Patrick Wymark. - Un savant achète le crâne du marquis de Sade qui exerce sur lui une influence maléfique. □ Général

SKY ABOVE, THE MUD BELOW, THE
voir **Ciel et la boue, Le**

SKY CAPTAIN AND THE WORLD OF TOMORROW ▷4
[Capitaines Sky et le monde de demain]
É.-U. 2004. Science-fiction de Kerry CONRAN avec Gwyneth Paltrow, Jude Law et Angelina Jolie. - En 1939, un aviateur intrépide et une journaliste téméraire cherchent à neutraliser un savant fou qui veut détruire le monde. □ Général
DVD VF→STA→Cadrage W/16X9→14,95 $

SKY HIGH [Sky High - école des superhéros] ▷4
É.-U. 2005. Comédie fantaisiste de Mike MITCHELL avec Michael Angarano, Kurt Russell et Danielle Panabaker. - Dans une école située dans les nuages, la première année au secondaire d'un fils de superhéros qui n'a pas encore découvert ses superpouvoirs. □ Général
DVD VF→STA→36,95 $

SKY IS FALLING, THE
voir **Ciel tombe, Le**

SKY IS FALLING, THE
ITA. 2000. Andrea et Antonio FRAZZI
DVD STA→Cadrage W→PC

SKYLINE
ESP. 1983. Fernando COLOMO □ Général

SKYSCRAPER SOULS
É.-U. 1932. Edgar SELWYN □ Général

SLACKER ▷5
É.-U. 1991. Film à sketches réalisé et interprété par Richard LINKLATER avec Rudy Basquez et Jean Caffeine. - Un bref moment dans la vie d'une centaine de Texans qui, en solo ou en petits groupes, vaquent à leurs occupations. □ Général
DVD VA→STA→62,95 $

SLAM ▷4
É.-U. 1998. Drame social de Marc LEVIN avec Saul Williams, Sonja Sohn et Bonz Malone. - Encouragé par une jeune bénévole qu'il a connue dans un pénitencier, un revendeur de drogue doué pour la poésie tente de repartir à neuf. □ 13 ans+ · Langage vulgaire

SLAM DANCE [Danse mortelle] ▷4
É.-U. 1987. Drame policier de Wayne WANG avec Tom Hulce, Mary Elizabeth Mastrantonio et Virginia Madsen. - Alors qu'il cherche à se réconcilier avec sa femme, un caricaturiste se trouve mêlé à une affaire de meurtre et entreprend de mener sa propre enquête. □ 13 ans+
DVD VA→STA→Cadrage P&S/W→11,95 $

SLAP SHOT [Lancer-frappé] ▷4
É.-U. 1976. Comédie de George Roy HILL avec Paul Newman, Michael Ontkean, Strother Martin et Lindsay Crouse. - Les tentatives du gérant d'une équipe de hockey pour sauver l'avenir de son club. □ 13 ans+

SLASHERS
CAN. 2001. Maurice DEVEREAUX
DVD VA→Cadrage P&S→7,95 $

SLAUGHTERHOUSE-FIVE ▷3
É.-U. 1971. Drame fantastique de George Roy HILL avec Michael Sacks, Valerie Perrine et Eugene Roche. - Un optométriste qui voyage dans le temps est placé sous observation par des extraterrestres. - Adaptation soignée du roman de Kurt Vonnegut. Jeux avec le temps et l'espace. Transitions d'une rare souplesse. Interprétation sensible de M. Sacks. □ Général
DVD VA→Cadrage W→18,95 $

SLAVE OF LOVE, A *voir* **Esclave de l'amour, L'**

SLAVE OF THE CANNIBAL GOD
voir **Montagne du Dieu Cannibale, La**

SLAYGROUND
ANG. 1983. Terry BEDFORD
DVD VF→Cadrage W→23,95 $

SLEAZY UNCLE, THE ▷4
ITA. 1989. Comédie de mœurs de Franco BRUSATI avec Vittorio Gassman, Giancarlo Giannini et Stefania Sandrelli. - Appelé à payer les frais d'hôpital de son oncle, un père de famille morose cherche à découvrir qui est ce parent excentrique. □ Non classé

SLEEP ROOM, THE [Pavillon de l'oubli, Le] ▷4
CAN. 1997. Drame social d'Anne WHEELER avec Leon Pownall, Macha Grenon et Nicola Cavendish. - Vers la fin des années 1950, les patients d'un institut psychiatrique de Montréal sont utilisés comme cobayes pour des recherches sur le lavage de cerveau subventionnées par la CIA. □ 13 ans+

SLEEP WITH ME [Femme de mon ami, La] ▷5
É.-U. 1994. Comédie de Rory KELLY avec Eric Stoltz, Meg Tilly et Craig Sheffer. - Une rivalité se dessine entre deux amis de longue date lorsque l'un d'eux avoue être amoureux de l'épouse de l'autre. □ 13 ans+
DVD VA→STF→Cadrage W→12,95 $

SLEEPER ▷4
É.-U. 1973. Science-fiction réalisée et interprétée par Woody ALLEN avec Diane Keaton et John Beck. - Un homme du xxe siècle se réveille après avoir été conservé en hibernation pendant 200 ans. □ 13 ans+
DVD VA→STF→Cadrage P&S/W→12,95 $

SLEEPERS [Correction, La] ▷5
É.-U. 1995. Drame de Barry LEVINSON avec Jason Patric, Robert De Niro et Kevin Bacon. - En maison de correction, quatre jeunes subissent les sévices d'un garde sadique dont ils se vengeront des années plus tard. □ 16 ans+
DVD VF→STF→Cadrage W→16,95 $

SLEEPING BEAUTY, THE ▷3
É.-U. 1958. Dessins animés de Clyde GERONIMI. - Victime d'un mauvais sort que lui a jeté une sorcière, une princesse est sauvée par le prince d'un royaume voisin. - Illustration à la fois classique et neuve du conte de Charles Perrault. Mélange de sentimentalité gentillette et d'affrontements cauchemardesques. Bon sens du mouvement. Habile dosage d'humour et de suspense. Production de Walt Disney. □ Général

SLEEPING DICTIONARY [Leçons sur l'oreiller]
É.-U. 2002. Drame sentimental de Guy JENKIN avec Hugh Dancy, Jessica Alba et Bob Hoskins. - Dans les années 1930, en Malaisie, un jeune fonctionnaire britannique tombe éperdument amoureux d'une belle indigène.
DVD VF→STA→Cadrage W→36,95 $

SLEEPING TIGER ▷5
ANG. 1954. Drame psychologique de Joseph LOSEY avec Dirk Bogarde, Alexis Smith et Alexander Knox. - Un psychiatre recueille chez lui un jeune voyou qu'il va tenter de guérir de ses complexes l'incitant à la violence.

SLEEPING WITH THE ENEMY ▷5
[Nuits avec mon ennemi, Les]
É.-U. 1991. Drame psychologique de Joseph RUBEN avec Julia Roberts, Patrick Bergin et Elizabeth Lawrence. - L'épouse d'un homme froid et brutal se fait passer pour morte et s'établit dans une petite ville sous un nom d'emprunt. □ 13 ans+
DVD VA→14,95 $

SLEEPLESS ▷6
ITA. 2001. Drame d'horreur de Dario ARGENTO avec Max von Sydow, Stefano Dionisi et Chiari Caselli. - Un inspecteur de police à la retraite s'intéresse à une série de meurtres qui semble reliée à un cas non résolu sur lequel il a enquêté jadis.
DVD VA→Cadrage P&S→33,95 $

SLEEPLESS IN MADRID *voir* **Insomnio**

SLEEPLESS IN SEATTLE [Magie du destin, La] ▷4
É.-U. 1993. Comédie sentimentale de Nora EPHRON avec Tom Hanks, Meg Ryan et Bill Pullman. - Convaincue qu'il est l'homme de sa vie, une journaliste de Baltimore cherche à rencontrer un veuf de Seattle qu'elle a entendu sur une tribune téléphonique. □ Général
DVD 23,95 $

SLEEPY HOLLOW ▷3
É.-U. 1999. Drame fantastique de Tim BURTON avec Johnny Depp, Christina Ricci, Michael Gambon et Miranda Richardson. - En 1799, un policier enquête sur des meurtres bizarres que des villageois attribuent à un cavalier fantôme. - Scénario ingénieux. Touches d'ironie dans les dialogues. Climat envoûtant de conte de fées lugubre. Illustration magnifique. Jeu excentrique de J. Depp. □ 13 ans+ · Horreur
DVD VF→STA→Cadrage W→12,95 $

SLENDER THREAD, THE ▷4
É.-U. 1965. Drame psychologique de Sydney POLLACK avec Sidney Poitier, Anne Bancroft et Telly Savalas. - Par téléphone, un étudiant tente de sauver une femme qui a avalé une forte dose de somnifères. □ Général

SLEUTH [Limier, Le] ▷3
ANG. 1972. Comédie policière de Joseph L. MANKIEWICZ avec Laurence Olivier, Michael Caine et Eve Channing. - Un auteur de romans policiers invite à son manoir l'amant de sa femme pour discuter à l'amiable de la situation. - Transposition inventive d'une pièce d'Anthony Shaffer. Intrigue riche en retournements de situations. Éléments de satire sur la lutte des classes. Décors somptueux. Mise en scène souple. Étonnant duel d'acteurs. □ Général

SLIDING DOORS [Portes du destin, Les] ▷4
ANG. 1997. Comédie sentimentale de Peter HOWITT avec Gwyneth Paltrow, John Hannah et John Lynch. - Une jeune Londonienne connaît deux destins différents, l'un heureux et l'autre malheureux, selon qu'elle rate ou non un métro. □ Général

SLIGHT FEVER OF A 20-YEAR-OLD
JAP. 1993. Ryosuke HASHIGUCHI
DVD STA➔Cadrage W➔27,95 $

SLIGHTLY PREGNANT MAN, A
voir **Événement le plus important depuis que l'homme a marché sur la Lune, L'**

SLIM SUSIE
SUÈ. 2003. Ulf MALMROS
DVD STA➔33,95 $

SLING BLADE [Justice au cœur, La] ▷3
É.-U. 1995. Drame psychologique réalisé et interprété par Billy Bob THORNTON avec Dwight Yoakam et J.T. Walsh. - Un simple d'esprit qui a passé les 30 dernières années de sa vie dans un asile retourne vivre dans sa petite ville natale du Sud. - Scénario sensible et intelligent. Étude de milieu nuancée. Dialogues évocateurs. Réalisation d'une rigueur exemplaire. Jeu inoubliable du protagoniste. □ 13 ans+
DVD Cadrage W➔23,95 $ 23,95 $

SLINGSHOT, THE *voir* **Lance-pierres, Le**

SLIP SLIDE ADVENTURES *voir* **Water Babies, The**

SLIPPER AND THE ROSE, THE ▷4
ANG. 1976. Comédie musicale de Brian FORBES avec Gemma Craven, Richard Chamberlain et Michael Hordern. - Une orpheline trouve le moyen d'aller au bal royal et conquiert le cœur du prince héritier.

SLIPPING DOWN LIFE, A
É.-U. 1999. Toni KALEM
DVD VA➔32,95 $

SLITHER ▷4
É.-U. 1973. Comédie policière de Howard ZIEFF avec James Caan, Sally Kellerman et Peter Boyle. - Deux escrocs unissent leurs efforts pour chercher un magot bien caché.

SLIVER ▷5
É.-U. 1993. Drame policier de Phillip NOYCE avec Sharon Stone, William Baldwin et Tom Berenger. - Une jeune éditrice qui demeure depuis peu dans un gratte-ciel de Manhattan soupçonne tour à tour deux de ses voisins d'être des meurtriers. □ 16 ans+ · Érotisme
DVD VA➔STA➔Cadrage W➔14,95 $

SLOGANS ▷3
FR. 2001. Comédie satirique de Gjergj XHUVANI avec Artur Gorishti, Luiza Xhuvani et Agim Qirjaqi. - Un jeune professeur vient enseigner dans un village albanais où maîtres et élèves doivent construire à flanc de montagne des slogans avec des pierres. - Dénonciation par l'humour des injustices et absurdités d'un régime totalitaire. Traitement à mi-chemin entre poésie et surréalisme. Mise en scène dépouillée. Jeu parfaitement adapté des comédiens. □ Général

SLUTTY SUMMER
É.-U. 2004. Casper ANDREAS
DVD VA➔29,95 $

SMALL BACK ROOM, THE ▷4
ANG. 1948. Drame de guerre de Michael POWELL et Emeric PRESSBURGER avec David Farrar, Kathleen Byron et Jack Hawkins. - Un savant infirme se libère de ses complexes en désamorçant une bombe.

SMALL CHANGE *voir* **Argent de poche, L'**

SMALL CIRCLE OF FRIENDS, A ▷4
É.-U. 1980. Drame social de Rob COHEN avec Brad Davis, Jameson Parker et Karen Allen. - Réunis par le hasard, deux anciens étudiants de Harvard évoquent leurs souvenirs.
DVD VA➔STF➔17,95 $

SMALL FACES ▷4
ANG. 1995. Drame de Gillies et Billy MacKINNON avec Joseph MacFadden, Iain Robertson et J.S. Duffy. - À Glasgow en 1968, un jeune garçon hésite entre l'influence de ses deux frères, l'un membre d'un gang et l'autre artiste. □ 13 ans+

SMALL TIME ▷4
ANG. 1996. Comédie de mœurs réalisée et interprétée par Shane MEADOWS avec Mat Hand et Dena Smiles. - Dans une ville ouvrière anglaise, quatre amis sans emploi font équipe pour commettre divers larcins. □ Non classé

SMALL TIME CROOKS [Escrocs mais pas trop] ▷4
É.-U. 2000. Comédie de mœurs réalisée et interprétée par Woody ALLEN avec Tracey Ullman et Hugh Grant. - Devenu riche du jour au lendemain, un couple ignare et vulgaire tente d'évoluer parmi la haute société de Manhattan. □ Général
DVD Cadrage W➔9,95 $

SMALLEST SHOW ON EARTH ▷5
ANG. 1956. Comédie de Basil DEARDEN avec Bill Travers, Virginia MacKenna et Peter Sellers. - Un jeune couple prend en mains la gérance d'une vieille salle de cinéma.
DVD VA➔Cadrage W➔23,95 $

SMASH PALACE ▷4
N.-Z. 1981. Drame psychologique de Roger DONALDSON avec Bruno Lawrence, Anna Jamison et Greer Robson. - Le propriétaire d'une entreprise de récupération d'autos endommagées voit sa vie bouleversée par le départ de sa femme et de sa fillette.

SMASH-UP, THE STORY OF A WOMAN [Vie perdue, Une] ▷4
É.-U. 1947. Comédie dramatique de Stuart HEISLER avec Susan Hayward, Lee Bowman et Eddie Albert. - Une ancienne chanteuse sombre dans l'alcoolisme lorsque son mari connaît le succès comme chanteur populaire. □ Général

SMASHING MACHINE
É.-U. 2003. John HYAMS
DVD VA➔24,95 $

SMASHING TIME [Deux anglaises en délire] ▷4
ANG. 1967. Comédie de Desmond DAVIS avec Lynn Redgrave, Rita Tushingham et Michael York. - Les diverses mésaventures de deux Juives provinciales venues à Londres pour acquérir la gloire.
□ Général

SMELL OF CAMPHOR, FRAGRANCE OF JASMINE ▷4
IRAN 2000. Drame psychologique réalisé et interprété par Bahman FARMANARA avec Roya Nonahali et Reza Kianian. - Les hauts et les bas d'un cinéaste vieillissant et malade qui en est réduit à tourner un film de commande sur les rites funéraires.
DVD STA➔34,95 $

SMIC, SMAC, SMOC ▷4
FR. 1971. Comédie de Claude LELOUCH avec Charles Gérard, Amidou et Jean Collomb. - Deux ouvriers d'un chantier naval organisent une fête pour un ami qui se marie. □ Général

SMILE ▷4
É.-U. 1974. Étude de mœurs de Michael RITCHIE avec Bruce Dern, Barbara Feldon et Michael Kidd. - Les organisateurs et les candidates d'un concours de beauté vivent diverses mésaventures.
□ 13 ans+
DVD VA➔STF➔Cadrage W➔17,95 $

SMILES OF A SUMMER NIGHT
voir **Sourires d'une nuit d'été**

SMILIN' THROUGH
É.-U. 1932. Sidney FRANKLIN □ Général

SMILLA'S SENSE OF SNOW ▷5
ALL. 1996. Drame policier de Bille AUGUST avec Julia Ormond, Gabriel Byrne et Richard Harris. - Une jeune mathématicienne entreprend sa propre enquête sur la mort mystérieuse d'un voisin de six ans avec qui elle avait lié amitié. □ 13 ans+
DVD Cadrage W→9,95 $

SMITHEREENS ▷4
É.-U. 1982. Drame de mœurs de S. SEIDELMAN avec Susan Berman, Brad Rinn et Richard Hell. - Les tribulations d'une jeune fille venue tenter fortune à New York en espérant faire son chemin dans le monde du rock.
DVD VA→Cadrage W→28,95 $

SMOKE [Nicotine] ▷4
É.-U. 1995. Drame de mœurs de Wayne WANG avec William Hurt, Harvey Keitel, Giancarlo Esposito et Harold Perrineau Jr. - Entrecroisement de diverses intrigues ayant pour héros le proriétaire d'une tabagie, son ancienne maîtresse, un romancier et un adolescent bohème. □ Général
DVD VF→STA→Cadrage W→12,95 $

SMOKE SIGNALS [Secret des cendres, Le] ▷4
É.-U. 1997. Comédie dramatique de Chris EYRE avec Adam Beach, Evan Adams et Irene Bedard. - Une amitié se dessine entre deux jeunes Amérindiens aux tempéraments différents qui font ensemble un voyage en dehors de leur réserve. □ Général

SMOKEY AND THE BANDIT ▷5
[Cours après moi sherif]
É.-U. 1977. Comédie de Hal NEEDHAM avec Burt Reynolds, Sally Field et Jackie Gleason. - Un chauffeur de camion est chargé de rapporter du Texas en Géorgie un chargement de bière de contrebande. □ Général
DVD VF→STF→Cadrage W→24,95 $

SMOKEY AND THE BANDIT 2 ▷5
[Tu fais pas le poids, shérif]
É.-U. 1980. Comédie de Hal NEEDHAM avec Burt Reynolds, Jackie Gleason et Sally Field. - Un chauffeur de camion transporte un éléphant de Miami à Dallas pour un congrès républicain. □ Général

SMOKING ►2
FR. 1993. Comédie dramatique d'Alain RESNAIS avec Sabine Azéma et Pierre Arditi. - Les tribulations d'un directeur d'école alcoolique et de son épouse qui aimerait changer sa vie. - Film jumeau de *No Smoking*. Scénario ludique offrant plusieurs variations possibles à partir d'une situation donnée. Ton enjoué et théâtral. Décors naïfs. Jeu remarquable des deux uniques comédiens dans neuf rôles différents. □ Général

SMOOTH TALK ▷3
É.-U. 1985. Drame psychologique de Joyce CHOPRA avec Laura Dern, Mary Kay Place et Treat Williams. - Une adolescente qui s'ennuie dans sa petite ville fait la rencontre d'un étranger suspect. - Adaptation d'une nouvelle de Joyce Carol Oates. Mélange de réalisme et de poésie. Mise en scène inventive. Très bonne caractérisation de l'héroïne.
DVD VA→STF→Cadrage W→12,95 $

SMOOTHIE - MAURICE CULLAZ
FR. 2005. Jean-Henri MEUNIER
DVD VA→STF→29,95 $

SNAKE EYES [Mauvais œil] ▷4
É.-U. 1998. Drame policier de Brian DE PALMA avec Nicolas Cage, Gary Sinise et Carla Gugino. - Un policier s'efforce de reconstituer le fil des événements entourant un assassinat qui a été commis durant un match de boxe. □ Général · Déconseillé aux jeunes enfants
DVD VA→STA→Cadrage W→9,95 $

SNAKE OF JUNE, A ▷4
JAP. 2002. Thriller réalisé et interprété par Shinya TSUKAMOTO avec Asuka Kurosawa et Yuji Koutari. - Un désaxé exerce un chantage sur un couple qu'il force à commettre divers actes déviants ou humiliants.
DVD STA→Cadrage W→27,95 $

SNAKE PIT, THE [Fosse aux serpents, La] ▷3
É.-U. 1948. Drame psychologique d'Anatole LITVAK avec Olivia de Havilland, Leo Genn et Mark Stevens. - Une femme souffrant de déséquilibre mental fait un séjour pénible dans un asile d'aliénés. - Scénario tiré d'une expérience vécue. Réalisation habile d'un dur réalisme. Interprétation prenante. □ Général
DVD VF→STA→14,95 $

SNAPPER, THE [Bébé, Le] ▷3
ANG. 1993. Comédie de mœurs de Stephen FREARS avec Colm Meaney, Tina Kellegher et Ruth McCabe. - L'aînée d'une famille de cinq enfants vivant dans un quartier ouvrier de Dublin provoque tout un émoi lorsqu'elle tombe enceinte. - Téléfilm au récit savoureux. Alliage de tendresse et d'humour. Personnages pleins de verve. Style naturaliste tout simple. Interprétation volubile. □ Général

SNATCH [Tu braques ou tu raques] ▷4
ANG. 2000. Comédie policière de Guy RITCHIE avec Jason Statham, Dennis Farina et Brad Pitt. - Le vol d'un diamant et la tenue d'un combat de boxe clandestin donnent lieu à divers affrontements et règlements de comptes entre gangsters. □ 16 ans+ · Violence
DVD VF→STF→Cadrage P&S/W→36,95 $
VA→STF→Cadrage W/16X9→36,95 $
VA→STA→Cadrage W→22,95 $

SNEAKERS [Escrocs, Les] ▷4
É.-U. 1992. Comédie policière de Phil Alden ROBINSON avec Robert Redford, Dan Aykroyd et Mary McDonnell. - Des voleurs professionnels férus d'électronique sont engagés pour dérober une mystérieuse boîte noire. □ Général
DVD VF→STA→Cadrage W→10,95 $

SNOW FALLING ON CEDARS ▷4
[Neige tombait sur les cèdres, La]
É.-U. 1999. Drame de mœurs de Scott HICKS avec Ethan Hawke, Youki Kudoh et Max von Sydow. - En 1950, lors d'un procès pour meurtre, un journaliste hésite à divulguer de l'information qui innocenterait le mari d'une Japonaise dont il est amoureux.
□ Général · Déconseillé aux jeunes enfants
DVD Cadrage W→19,95 $

SNOW MAIDEN, THE
RUS. 1969. Pavel KADOCHNIKOV
DVD STA→43,95 $

SNOW WALKER, THE [Détour, Le] ▷4
CAN. 2003. Aventures de Charles Martin SMITH avec Barry Pepper, Annabella Piugattuk et James Cromwell. - Son hydravion s'étant écrasé dans l'Arctique, un pilote raciste doit survivre avec l'aide d'une jeune Inuit tuberculeuse.
DVD VF→14,95 $ VA→STA→17,95 $

SNOW WHITE AND THE SEVEN DWARFS ▷3
[Blanche-Neige et les sept nains]
É.-U. 1936. Dessins animés de Dave HAND. - Une princesse poursuivie par la haine de sa belle-mère la reine trouve refuge chez sept nains dans la forêt. - Adaptation enjouée d'un conte des frères Grimm. Mélange d'humour bon enfant, de charmante féerie et d'épouvante. Invention technique. Trame musicale pleine d'entrain. Premier long métrage en dessins animés produit par Walt Disney.
□ Général

SNOWS OF KILIMANJARO ▷4
É.-U. 1952. Drame psychologique de Henry KING avec Gregory Peck, Susan Hayward, Hildegard Knef et Ava Gardner. - Perdu dans la brousse africaine, un écrivain-explorateur qui se meurt évoque son passé.
DVD VA→9,95 $

SO CLOSE [Arme virtuelle]
H.K. 2002. Corey YUEN
DVD VF→STF→32,95 $

SO CLOSE TO PARADISE
CHI. 1998. Wang XIAOSHUAI
DVD STA→34,95 $

SO DEAR TO MY HEART ▷4
[Danny, le petit mouton noir]
É.-U. 1948. Conte d'Harold SCHUSTER et Hamilton LUSKE avec Bobby Driscoll, Luana Patten et Beulah Bondi. - Un orphelin s'attache à un agneau noir et décide de l'inscrire à un concours agricole. □ Général
DVD 27,95 $

SO ENDS OUR NIGHT ▷4
É.-U. 1941. Drame de John CROMWELL avec Fredric March, Glenn Ford et Margaret Sullavan. - Avant la guerre, des Allemands antinazis ou juifs essaient de fuir leur pays. □ Général

SO PROUDLY WE HAIL ▷5
É.-U. 1944. Drame de guerre de Mark SANDRICH avec Claudette Colbert, Paulette Goddard et Walter Abel. - La vie des infirmières de l'armée américaine durant la guerre du Pacifique. □ Général

SO THIS IS NEW YORK ▷4
É.-U. 1948. Comédie de mœurs de Richard FLEISCHER avec Henry Morgan, Rudy Vallee et Virginia Grey. - Un commercant naïf débarque à New York avec sa femme et sa sœur pour trouver un mari à cette dernière. □ Général

SOAPDISH [Vie est un téléroman, La] ▷4
É.-U. 1991. Comédie satirique de Michael HOFFMAN avec Sally Field, Kevin Kline et Cathy Moriarty. - Les tribulations d'une vedette de téléromans qui doit faire face à une rivale intrigante tout en s'occupant de sa jeune nièce qui veut devenir actrice. □ Général
DVD VF→STA→Cadrage W→12,95 $

SOCIÉTÉ DES POÈTES DISPARUS, LA
voir **Dead Poets Society**

SODOM AND GOMORRAH ▷5
ITA. 1962. Drame de Robert ALDRICH avec Stewart Granger, Pier Angeli et Anouk Aimée. - Les événements conduisant à la destruction de Sodome et Gomorrhe. □ Non classé

SŒURS, LES *voir* **Sisters, The**

SŒURS CASSE-COU, LES *voir* **Come to the Stable**

SŒURS HAMLET, LES ▷5
FR. 1996. Drame d'Abdelkrim BAHLOUL avec Berenice Bejo, Émilie Altmayer et Mouloud Tadjer. - Un Maghrébin vient en aide à deux sœurs banlieusardes bloquées en pleine nuit à Paris. □ Général

SŒURS MADELEINE, LES *voir* **Magdalene Sisters**

SOFIE ▷4
DAN. 1992. Drame de mœurs de Liv ULLMANN avec Karen-Lise Mynster, Erland Josephson et Ghita Norby. - Une jeune Juive se soumet à la volonté de ses parents qui veulent la voir épouser un fils de bonne famille qu'elle n'aime pas. □ Général

SOFT FRUIT ▷4
AUS. 1999. Comédie dramatique de Christina ANDREEF avec Jeanie Drynan, Linal Haft et Russell Dykstra. - Les membres d'une famille dysfonctionnelle se réunissent autour de leur mère malade qui veut profiter de la vie au maximum avant de mourir.

SOFT SKIN, THE *voir* **Peau douce, La**

SOIF, LA [Three Strange Loves] ▷3
SUÈ. 1949. Drame psychologique d'Ingmar BERGMAN avec Eva Henning, Birger Malmsten et Birgit Tengroth. - Les relations douloureuses d'une femme et de son mari. - Construction dramatique complexe. Excellents interprètes. □ Non classé

SOIGNE TA DROITE ! [Keep Your Right Up !] ▷4
FR. 1987. Comédie réalisée et interprétée par Jean-Luc GODARD avec Jacques Villeret, Dominique Lavanant et Michel Galabru. - Les tribulations d'un auteur de films qui s'efforce de livrer sa dernière œuvre à un distributeur.
DVD VF→STA→37,95 $

SOIR APRÈS LA GUERRE, UN ▷4
FR. 1998. Drame social de Rithy PANH avec Chea Lyda Chan, Narith Roeun et Ratha Keo. - Au Cambodge, un militaire démobilisé survit péniblement avec une prostituée qu'il tente d'arracher à l'emprise d'un proxénète.

SOIR AU BAR MCCOOL, UN *voir* **One Night at McCool's**

SOIR AU MUSIC-HALL, UN
FR. 1956. Henri DECOIN
DVD VF→21,95 $

SOIRÉE D'ANNIVERSAIRE *voir* **Anniversary Party, The**

SOIS BELLE ET TAIS-TOI ▷5
FR. 1958. Comédie policière de Marc ALLÉGRET et Henri VERNEUIL avec Henri Vidal, Mylène Demongeot et Darry Cowl. - Évadée d'une maison de rééducation, une jeune fille épouse un policier.

SOIS COOL *voir* **Be Cool**

SOLARIS ►2
RUS. 1972. Science-fiction d'Andrei TARKOVSKY avec Donatas Banjonis, Natalya Bondartchouk et Youri Jarvet. - Un psychologue appelé à faire enquête sur une station orbitale est victime d'expériences bizarres. - Exploration complexe des thèmes de science-fiction. Images fascinantes. Mise en scène imposante. Interprétation solide. □ Général
DVD STA→Cadrage W→62,95 $

SOLARIS ▷3
É.-U. 2002. Science-fiction de Steven SODERBERGH avec George Clooney, Natascha McElhone et Jeremy Davies. - Les occupants d'une station spatiale, en orbite autour d'une planète au pouvoir mystérieux, sont soumis à d'étranges phénomènes. - Œuvre éthérée au style froid et rigoureux. Rythme engourdi bien adapté au climat onirique recherché. Style visuel raffiné empreint de poésie. Interprétation dans le ton voulu. □ Général
DVD VF→Cadrage W→15,95 $

SOLAS ▷4
ESP. 1999. Drame psychologique de Benito ZAMBRANO avec Ana Fernandez, Maria Galiana et Carlos Alvarez-Novoa. - Une célibataire alcoolique, qui attend un enfant d'un homme marié, accueille temporairement sa mère dont le mari est à l'hôpital.
DVD STA→24,95 $

SOLDAT AMÉRICAIN, UN [American Soldier, The] ▷4
ALL. 1970. Drame policier de Rainer Werner FASSBINDER avec Karl Scheydt, Elga Sorbas et Jan George. - Un jeune Allemand ayant servi dans l'armée américaine au Vietnam devient tueur à gages.
DVD STA→29,95 $

SOLDATS SANS BATAILLE *voir* **Buffalo Soldiers**

SOLDIER OF ORANGE [Dernier des héros, Le] ▷4
HOL. 1978. Drame de guerre de Paul VERHOEVEN avec Rutger Hauer, Peter Faber et Jeroen Krabbe. - Les tribulations d'un étudiant hollandais devenu pilote et agent secret durant la Seconde Guerre mondiale. □ 13 ans+
DVD STA→Cadrage W→34,95 $

SOLDIER'S DAUGHTER NEVER CRIES, A ▷4
É.-U. 1998. Chronique de James IVORY avec Leelee Sobieski, Kris Kristofferson et Barbara Hershey. - Les tribulations de la famille d'un écrivain américain installée à Paris dans les années 1960 et 1970. □ Général
DVD VA→Cadrage P&S→17,95 $

SOLDIER'S STORY, A [Histoire de soldat, Une] ▷4
É.-U. 1984. Drame social de Norman JEWISON avec Art Evans, Howard E. Rollins Jr. et Adolph Caesar. - En 1944, un officier afro-américain est envoyé en Floride pour enquêter sur le meurtre d'un sergent-instructeur de race noire. □ Général
DVD Cadrage W→17,95 $

SOLDIERS IN THE ARMY OF GOD
É.-U. 2000. Marc LEVIN et DAPHNE PINKERSON
DVD VA→STA→27,95 $

SOLEIL ▷4
FR. 1997. Chronique réalisée et interprétée par Roger HANIN avec Sophia Loren et Nicolas Olczyk. - Pendant la Seconde Guerre mondiale, un garçon juif accepte mal les sacrifices que doit faire sa mère pour élever seule sa famille en Algérie. □ Général

SOLEIL, LE ▷3
RUS. 2005. Drame historique d'Alexandre SOKOUROV avec Issey Ogata, Robert Dawson et Shiro Sano. - Le 15 août 1945, l'empereur Hirohito reconnaît l'amère défaite du Japon face aux forces alliées. - Évocation intimiste d'événements historiques marquants. Mise en scène stylisée. Effets sonores saisissants. Interprétation raffinée d'I. Ogata. □ Général
DVD VA→STF→Cadrage W→33,95 $

SOLEIL BRILLE POUR TOUT LE MONDE, LE
voir **Sun Shines Bright, The**

SOLEIL DE NUIT *voir* **White Nights**

SOLEIL DE SIAM *voir* **Siam Sunset**

SOLEIL LEVANT *voir* **Rising Sun**

SOLEIL MÊME LA NUIT, LE [Night Sun] ▷3
ITA. 1989. Drame psychologique de Paolo et Vittorio TAVIANI avec Julian Sands, Nastassja Kinski et Charlotte Gainsbourg. - Lorsqu'il apprend, à la veille de ses noces, que sa future épouse a été la maîtresse du roi, un jeune baron décide de devenir moine et de mener une vie d'ermite. - Adaptation fidèle d'un roman de Tolstoï. Illustration soignée. Traitement fort intéressant. Interprétation assez sensible de J. Sands. □ Général
DVD STA→Cadrage W→32,95 $

SOLEIL NOIR, LE *voir* **Threads**

SOLEIL ROUGE [Red Sun] ▷4
FR. 1971. Western de Terence YOUNG avec Charles Bronson, Toshiro Mifune et Alain Delon. - En compagnie d'un samouraï, un aventurier recherche un sabre précieux volé à l'ambassadeur du Japon. □ Général
DVD VA→Cadrage P&S→16,95 $

SOLEIL SE LÈVE EN RETARD, LE ▷4
QUÉ. 1976. Comédie sentimentale d'André BRASSARD avec Rita Lafontaine, Yvon Deschamps et Denise Filiatrault. - Ayant fait appel à une agence de rencontres, une jeune femme fait la connaissance d'un célibataire timide.

SOLEIL TROMPEUR [Burnt by the Sun] ▷3
RUS. 1994. Drame psychologique réalisé et interprété par Nikita MIKHALKOV avec Oleg Menchikov et Ingeborga Dapkounaite. - En 1936, alors qu'il passe un dimanche en famille, un colonel soviétique voit débarquer l'ancien amant de sa femme qu'il avait jadis contraint à l'exil. - Charge anti-stalinienne savamment construite. Habile peinture de mœurs au ton nostalgique et tragique. Interprétation de qualité. □ Général

SOLEIL VERT *voir* **Soylent Green**

SOLID GOLD CADILLAC, THE ▷4
[Cadillac en or massif, Une]
É.-U. 1955. Comédie satirique de Richard QUINE avec Judy Holliday, Paul Douglas et Fred Clark. - Une petite actionnaire d'une compagnie inquiète les administrateurs par ses interventions. □ Général
DVD VA→STA→Cadrage W→21,95 $

SOLITAIRE, LE ▷5
FR. 1987. Drame policier de Jacques DERAY avec Jean-Paul Belmondo, Jean-Pierre Malo et Franck Ayas. - Un policier entreprend de venger la mort d'un collègue abattu par un dangereux gangster. □ 13 ans+

SOLITAIRE DE FORT HUMBOLDT, LE
voir **Breakheart Pass**

SOLO ▷5
QUÉ. 1991. Drame psychologique de Paule BAILLARGEON avec Julie Vincent, Marc Messier et Johanne Fontaine. - À la recherche de la compagne idéale, un homme aigri par un amour déçu fait la connaissance d'une jeune femme rangée et solitaire. □ Général

SOLO MIA ▷4
ESP. 2001. Drame de Javier BALAGUER avec Sergi Lopez, Paz Vega et Elvira Minguez. - Les expériences pénibles d'une jeune femme mariée à un homme violent.
DVD STA→29,95 $

SOLO POUR DEUX *voir* **All of Me**

SOLOMON AND SHEBA ▷5
É.-U. 1959. Drame de King VIDOR avec Yul Brynner, Gina Lollobrigida et George Sanders. - Le roi Salomon lutte contre la reine de Saba qui veut s'emparer d'Israël. □ Général

SOMBRAS EN UNA BATALLA
voir **Shadows in a Conflict**

SOME CAME RUNNING ▷3
É.-U. 1959. Drame psychologique de Vincente MINNELLI avec Frank Sinatra, Shirley MacLaine et Dean Martin. - Un romancier désabusé revient dans sa petite ville natale. - Bonne étude de milieu. Réalisation soignée. Interprétation saisissante de S. MacLaine. □ Général

SOME FOLKS CALL IT A SLING BLADE
É.-U. 1993. George HICKENLOOPER
DVD VA→29,95 $

SOME GIRLS ▷4
É.-U. 1988. Comédie dramatique de Michael HOFFMAN avec Patrick Dempsey, Jennifer Connelly, Sheila Kelley et Lila Kedrova. - Ayant accepté de passer Noël à Québec dans la famille d'une amie, un jeune Américain est confronté à l'excentricité de ses riches hôtes. □ Général

SOME KIND OF WONDERFUL ▷4
É.-U. 1987. Comédie sentimentale de Howard DEUTCH avec Eric Stoltz, Mary Stuart Masterson et Lea Thompson. - Amoureux d'une camarade de classe, un étudiant d'un « high school » s'engage dans des frais exceptionnels pour sortir avec elle. □ Général
DVD VF→STA→Cadrage W→16,95 $

SOME LIKE IT HOT ►2
É.-U. 1959. Comédie de Billy WILDER avec Marilyn Monroe, Tony Curtis et Jack Lemmon. - Pour fuir la pègre, deux témoins d'un meurtre se travestissent et se joignent à un orchestre féminin. - Scénario fertile en situations drôles. Personnages savoureux et attachants. Bon accompagnement musical. Mise en scène fort alerte. Interprétation dégagée. □ Général
DVD VF→STF→Cadrage W→12,95 $ VF→Cadrage W→12,95 $

SOME MOTHER'S SON [Pour l'amour de nos fils] ▷3
IRL. 1996. Drame réalisé par Terry GEORGE avec Helen Mirren, Fionnula Flanagan et Aidan Gillen. - En 1981, en Irlande du Nord, deux femmes ont à décider si elles doivent accepter que les autorités interrompent de force la grève de la faim de leurs fils. - Drame puissant inspiré de faits vécus. Scénario captivant et implacable. □ Général

SOMEBODY TO LOVE
É.-U. 1994. Alexandre ROCKWELL □ 13 ans+ · Langage vulgaire

SOMEBODY UP THERE LIKES ME ▷3
É.-U. 1955. Drame psychologique de Robert WISE avec Paul Newman, Pier Angeli et Everett Sloane. - Un jeune homme révolté se réhabilite en devenant boxeur. - Film inspiré de la vie de l'ancien champion Rocky Graziano. Peinture réussie des milieux de la boxe. Mise en scène brillante, teintée d'expressionnisme. Jeu vigoureux de P. Newman. □ Général

SOMEONE ELSE'S AMERICA
voir **Amérique des autres, L'**

SOMEONE TO LOVE ▷4
É.-U. 1987. Comédie de mœurs réalisée et interprétée par Henry JAGLOM avec Orson Welles et Andrea Marcovicci. - Souffrant lui-même de problèmes sentimentaux, un réalisateur réunit diverses personnes en mal d'amour pour discuter de relations humaines devant une équipe de tournage. □ Général

SOMETHING LIKE HAPPINESS ▷3
TCH. 2005. Drame de Bohdan SLAMA avec Tatiana Vilhelmova, Pavel Liska et Ana Geislerova. - Une jeune employée d'épicerie et son ami d'enfance secrètement épris d'elle recueillent les enfants de leur copine internée dans un institut psychiatrique. - Récit prenant et chaleureux mais ultimement désespérant. Décor industriel urbain évocateur. Réalisation attentive aux personnages. Interprètes justes et touchants.

SOMETHING OF VALUE [Carnaval des dieux, Le] ▷4
É.-U. 1956. Drame social de Richard BROOKS avec Rock Hudson, Sidney Poitier et Dana Wynter. - L'amitié tourmentée entre un Blanc et un Noir dans le cadre de la révolte des Mau-Mau. □ Non classé

SOMETHING THE LORD MADE ▷4
É.-U. 2004. Drame biographique de Joseph SARGENT avec Alan Rickman, Mos Def et Mary Stuart Masterson. - L'histoire de deux pionniers de la chirurgie cardiaque, Alfred Blalock et son assistant afro-américain Vivien Thomas.
DVD VA→STF→Cadrage W/16X9→31,95 $

SOMETHING TO TALK ABOUT [Potins du sud] ▷5
É.-U. 1995. Comédie dramatique de Lasse HALLSTRÖM avec Julia Roberts, Robert Duvall et Gena Rowlands. - Ayant surpris son époux dans les bras d'une autre femme, une jeune mère de famille quitte la maison avec sa fillette et retourne chez ses parents. □ Général
DVD VF→STF→Cadrage P&S/W→9,95 $

SOMETHING WICKED THIS WAY COMES ▷4
[Foire des ténèbres, La]
É.-U. 1983. Drame fantastique de Jack CLAYTON avec Jason Robards, Vidal Peterson et Shawn Carson. - Deux jeunes garçons aventureux enquêtent sur la vraie nature des attractions offertes par d'étranges forains aux allures sinistres. □ Général
DVD VA→Cadrage P&S/W→28,95 $ VA→18,95 $

SOMETHING WILD [Dangereuse sous tous rapports] ▷4
É.-U. 1986. Comédie dramatique de Jonathan DEMME avec Jeff Daniels, Melanie Griffith et Ray Liotta. - Un cadre new-yorkais est entraîné dans une randonnée impromptue par une jeune femme fantasque. □ 13 ans+
DVD VA→STF→Cadrage W→11,95 $

SOMETHING'S GOTTA GIVE ▷4
[Quelque chose d'inattendu]
É.-U. 2003. Comédie sentimentale de Nancy MEYERS avec Diane Keaton, Jack Nicholson et Amanda Peet. - Un riche coureur de jupons sexagénaire qui ne fréquente que des jeunes femmes tombe pourtant amoureux de la mère de sa nouvelle conquête. □ Général
DVD VF→STF→Cadrage W→18,95 $

SOMETIMES A GREAT NOTION ▷3
É.-U. 1971. Drame social réalisé et interprété par Paul NEWMAN avec Henry Fonda et Michael Sarrazin. - Les tribulations d'une famille dirigeant une exploitation forestière indépendante. - Valeur dramatique indéniable. Approche documentaire et humaine. Photographie admirable. Excellente composition de H. Fonda. □ Général

SOMETIMES IN APRIL ▷4
É.-U. 2005. Drame de Raoul PECK avec Idris Elba, Debra Winger et Carole Karemera. - En 2004, au Rwanda, un ancien officier hutu se rend au procès de son frère jugé pour son implication dans le génocide de 1994.
DVD VF→STF→Cadrage W→29,95 $

SOMEWHERE I'LL FIND YOU ▷5
É.-U. 1942. Drame de guerre de Wesley RUGGLES avec Clark Gable, Lana Turner et Robert Sterling. - Deux frères, correspondants de guerre, se disputent l'amour d'une infirmière.

SOMEWHERE IN THE NIGHT ▷4
É.-U. 1945. Drame psychologique de J. MANKIEWICZ avec John Hodiak, Nancy Guild et Lloyd Nolan. - Un amnésique essaie de retrouver son passé et sa personnalité.
DVD VA→15,95 $

SOMEWHERE IN TIME [Quelque part dans le temps] ▷4
É.-U. 1980. Drame fantastique de Jeannot SZWARC avec Christopher Reeve, Jane Seymour et Christopher Plummer. - Un jeune dramaturge traverse la barrière du temps afin de rencontrer une actrice du début XXe siècle. □ Général
DVD Cadrage W→18,95 $

SOMME DE TOUTES LES PEURS, LA
voir **Sum of All Fears, The**

SOMMERSBY ▷4
É.-U. 1993. Drame sentimental de Jon AMIEL avec Richard Gere, Jodie Foster et Bill Pullman. - Après la fin de la guerre de Sécession, un soldat revient complètement transformé dans son village où il retrouve sa femme qui le croyait mort. □ Général
DVD VF→STF→Cadrage P&S/W→18,95 $

SON ANGE GARDIEN *voir* **Forever Darling**

SON FRÈRE [His Brother] ▷3
FR. 2003. Drame psychologique de Patrice CHÉREAU avec Bruno Todeschini, Éric Caravaca et Nathalie Boutefeu. - Deux frères qui s'étaient perdus de vue reprennent contact lorsque l'aîné annonce qu'il est atteint d'une maladie incurable. - Approche frontale d'un sujet douloureux. Étude psychologique intense et fouillée. Montage serré. Mise en scène directe. Interprétation d'un réalisme saisissant. □ 13 ans+
DVD VF→STA→31,95 $

SON OF DRACULA ▷4
É.-U. 1943. Drame d'horreur de Robert SIODMAK avec Lon Chaney Jr., Louise Albritton et Robert Paige. - Un comte mystérieux épouse une jolie fille et la transforme en vampire. □ Général · Déconseillé aux jeunes enfants

SON OF FRANKENSTEIN ▷4
É.-U. 1938. Drame d'horreur de Rowland V. LEE avec Boris Karloff, Basil Rathbone et Bela Lugosi. - Le fils du baron Frankenstein poursuit l'œuvre de son père en ranimant le monstre que ce dernier avait créé. □ Général

SON OF FURY ▷4
É.-U. 1942. Aventures de John CROMWELL avec Tyrone Power, Gene Tierney et George Sanders. - Un Anglais, dépossédé de ses biens, fait fortune dans les mers du Sud. □ Général

SON OF PALEFACE ▷4
É.-U. 1952. Comédie de Frank TASHLIN avec Bob Hope, Jane Russell et Roy Rogers. - Le fils d'un tueur d'Indiens recherche un trésor caché par son père. □ Non classé

SON OF THE BRIDE, THE ▷4
ARG. 2001. Comédie dramatique de Juan Jose CAMPANELLA avec Ricardo Darin, Hector Alterio et Norma Aleandro. - Un restaurateur quadragénaire de Buenos Aires néglige sa famille au profit de son boulot. □ Général
DVD STA→39,95 $

SON OF THE MASK, THE [Fils du masque, Le] ▷6
É.-U. 2005. Comédie fantaisiste de Lawrence GUTERMAN avec Jamie Kennedy, Alan Cumming et Traylor Howard. - La vie d'un jeune dessinateur est chamboulée lorsqu'il découvre que son bébé a hérité des pouvoirs d'un masque magique. □ Général

SON OF THE PINK PANTHER ▷5
[Fils de la panthère rose, Le]
É.-U. 1993. Comédie policière de Blake EDWARDS avec Roberto Benigni, Herbert Lom et Claudia Cardinale. - Un commissaire de police chargé de retrouver une princesse kidnappée par des terroristes doit faire appel aux services d'un gendarme gaffeur. □ Général
DVD VF→STF→Cadrage W→12,95 $

SON OF THE SHEIK ▷4
É.-U. 1926. Mélodrame de George FITZMAURICE avec Rudolph Valentino, Vilma Banky et Montague Love. - Le fils d'un sheik s'éprend d'une belle danseuse qui sert d'appât à des voleurs.
DVD 26,95 $

SON'S ROOM, THE *voir* **Chambre du fils, La**

SONATE D'AUTOMNE *voir* **Autumn Sonata**

SONATINE ▷4
QUÉ. 1983. Drame psychologique de Micheline LANCTÔT avec Pascale Bussières, Marcia Pilote et Pierre Fauteux. - Les problèmes de deux adolescentes qui souffrent de l'indifférence du monde qui les entoure. □ 13 ans+

SONATINE ▷4
JAP. 1993. Drame policier réalisé et interprété par Takeshi KITANO avec Aya Kokumai et Tetsu Watanabe - Le chef d'un groupe de yakuzas attend avec ses hommes au bord de la mer la reprise éventuelle d'une sanglante guerre de gangs. □ 13 ans+ · Violence
DVD VF→STA→Cadrage W→PC

SONG FOR MARTIN, A ▷3
DAN. 2001. Drame psychologique de Bille AUGUST avec Sven Wollter, Viveka Seldahl et Reine Brynolfsson. - La vie heureuse d'un compositeur de renom marié à une violoniste bascule dans le drame lorsqu'il se découvre atteint de la maladie d'Alzheimer. - Sujet douloureux abordé avec sensibilité et retenue. Climat mélancolique. Rythme lent. Réalisation assurée. Interprétation bouleversante.
DVD STA→24,95 $

SONG IS BORN, A [Chanson est née, Une] ▷4
É.-U. 1948. Comédie musicale de Howard HAWKS avec Danny Kaye, Virginia Mayo et Benny Goodman. - Un jeune musicologue découvre le jazz et l'amour à travers de curieuses mésaventures. □ Général

SONG OF BERNADETTE, THE ▷4
É.-U. 1944. Drame biographique de Henry KING avec Jennifer Jones, Charles Bickford et Anne Revere. - L'histoire des apparitions de la Vierge à la petite Bernadette Soubirous. □ Général
DVD VA→STA→Cadrage P&S→14,95 $

SONG OF LOVE ▷4
É.-U. 1947. Drame biographique de Clarence BROWN avec Paul Henried, Katharine Hepburn et Robert Walker. - Les joies et les épreuves de la pianiste Clara Wieck, épouse du compositeur Robert Schumann. □ Général

SONG OF SONGS, THE ▷4
É.-U. 1933. Drame de Rouben MAMOULIAN avec Marlene Dietrich, Brian Aherne et Lionel Atwill. - Une jeune paysanne connaît une vie orageuse après avoir servi de modèle à un sculpteur. □ Général

SONG OF THE EXILE ▷4
H.K. 1990. Drame psychologique d'Ann HUI avec Shwu-Fen Chang, Maggie Cheung et Chi-Hung Lee. - Une jeune Chinoise qui part à la découverte de ses racines se heurte à sa mère d'origine japonaise. □ Général

SONG OF THE THIN MAN ▷4
É.-U. 1947. Comédie policière d'Edward BUZZELL avec William Powell, Myrna Loy et Keenan Wynn. - Un détective à la retraite résoud le mystère entourant un meurtre commis à bord d'un navire de plaisance. □ Général

SONG TO REMEMBER, A ▷5
É.-U. 1945. Drame biographique de Charles VIDOR avec Paul Muni, Cornel Wilde et Merle Oberon. - Évocation des amours de Chopin et de George Sand. □ Non classé

SONG WITHOUT END ▷4
É.-U. 1960. Drame musical de Charles VIDOR et George CUKOR avec Dirk Bogarde, Capucine et Geneviève Page. - Les amours contrariées du compositeur Franz Liszt avec une princesse autrichienne.

SONGE D'UNE NUIT D'ÉTÉ, LE
voir **Midsummer Night's Dream, A**

SONGS FROM THE SECOND FLOOR
voir **Chansons du deuxième étage**

SONGWRITER ▷4
É.-U. 1984. Comédie musicale d'Alan RUDOLPH avec Willie Nelson, Lesley Ann Warren et Kris Kristofferson. - Les difficultés professionnelles d'un chanteur-compositeur de musique country lié par contrat à un promoteur malhonnête. □ Général
DVD VA→21,95 $

SONIA
QUÉ. 1986. Paule BAILLARGEON □ Général

SONNY ▷5
É.-U. 2002. Drame de mœurs de Nicolas CAGE avec James Franco, Brenda Blethyn et Mena Suvari. - À la Nouvelle-Orléans, les tribulations d'un jeune homme que sa mère pousse à se prostituer.
DVD VA→STF→11,95 $

SONS OF KATIE ELDER, THE ▷4
É.-U. 1965. Western d'Henry HATHAWAY avec John Wayne, Dean Martin et James Gregory. - Quatre frères se retrouvent pour venger la mort de leur mère. □ Général
DVD VF→STA→Cadrage W→10,95 $

SONS OF THE DESERT ▷3
É.-U. 1934. Comédie de William SEITER avec Stan Laurel, Oliver Hardy et Mae Busch. - Deux compères tentent d'assister à un congrès malgré le refus de leurs épouses. - Gags réjouissants. Subtilité dans les relations entre les personnages. Un des meilleurs films de Laurel et Hardy. □ Général

SOPHIE SCHOLL - LES DERNIERS JOURS ▷4
ALL. 2005. Drame historique de Marc ROTHEMUND avec Julia Jentsch, Alexander Held et Fabian Hinrichs. - En 1943, une étudiante allemande, membre d'une association clandestine opposée à Hitler, est capturée puis exécutée au terme d'un procès-éclair.

SOPHIE'S CHOICE [Choix de Sophie, Le] ▷3
É.-U. 1982. Drame psychologique d'Alan J. PAKULA avec Meryl Streep, Kevin Kline et Peter MacNicol. - Un jeune écrivain découvre progressivement le passé douloureux d'une Polonaise rescapée des camps nazis. - Adaptation prenante du roman de William Styron. Mise en images soignée. Intérêt soutenu. Interprétation remarquable de M. Streep. □ 13 ans+
DVD VA→18,95 $

SORCERER ▷4
É.-U. 1977. Aventures de William FRIEDKIN avec Roy Scheider, Bruno Cremer et Francisco Rabal. - Sur des routes difficiles en pleine jungle, quatre hommes transportent en camion des explosifs particulièrement dangereux. □ 13 ans+
DVD VA→STF→18,95 $

SORCERESS *voir* **Moine et la sorcière, Le**

SORCIER D'OZ, LE *voir* **Wizard of Oz**

SORCIÈRES, LES *voir* **Witches, The**

SORCIÈRES D'EASTWICK, LES
voir **Witches of Eastwick, The**

SORCIÈRES DE SALEM, LES [Crucible, The] ▷4
ALL. FR. 1956. Drame social de Raymond ROULEAU avec Yves Montand, Simone Signoret et Mylène Demongeot. - Dans une ville où règne le puritanisme, un incident déclenche une chasse aux sorcières.

SORROW AND THE PITY, THE
voir **Chagrin et la pitié, Le**

SORRY, WRONG NUMBER ▷3
[Raccrochez, c'est une erreur]
É.-U. 1948. Drame policier d'Anatole LITVAK avec Barbara Stanwyck, Burt Lancaster et Wendell Corey. - Une infirme apprend au téléphone qu'on veut la tuer. - Tension soutenue avec habileté et efficacité. Excellente interprétation. □ Général
DVD VF→STA→Cadrage P&S→14,95 $

SORT DE L'AMÉRIQUE, LE ▷4
QUÉ. 1996. Film d'essai réalisé et interprété par Jacques GODBOUT avec René-Daniel Dubois et Philippe Falardeau. - Un cinéaste qui prépare un documentaire sur la bataille des Plaines d'Abraham rencontre un ami dramaturge en train d'écrire un scénario hollywoodien sur ce sujet. □ Général

SORTI DE L'ENFER *voir* **From Hell**

SORTILÈGE DU SCORPION DE JADE, LE
voir **Curse of the Jade Scorpion, The**

SORUM
COR. 2001. Jong-chan YUN
DVD STA→Cadrage W→27,95 $

SOTTO, SOTTO
ITA. 1984. Lina WERTMULLER □ Général

SOUCOUPES VOLANTES ATTAQUENT, LES
voir **Earth vs. the Flying Saucers**

SOUFFLE AU CŒUR, LE ▷3
FR. 1971. Drame psychologique de Louis MALLE avec Lea Massari, Benoît Ferreux et Daniel Gélin. - Un adolescent atteint d'un souffle au cœur doit faire un séjour dans une ville d'eau avec sa mère. - Tableau satirique d'une société bourgeoise. Construction anecdotique. Traitement léger d'éléments troubles. Interprétation vivante et naturelle. □ 18 ans+

SOUFFLE DE LA HAINE, LE
voir **Inherit the Wind**

SOUFFLE DE LA TEMPÊTE, LE
voir **Comes a Horseman**

SOUFFLE DE LA VIOLENCE, LE
voir **Violent Men, The**

SOUFFLE SAUVAGE *voir* **Blowing Wild**

SOUL HAUNTED BY PAINTING, A
CHI. 1995. Shuqin HUANG
DVD STA→29,95 $

SOUL KEEPER, THE *voir* **Âme en jeu, L'**

SOUL VENGEANCE
É.-U. 1975. Jamaa FANAKA
DVD VA→Cadrage P&S→11,95 $

SOULIERS DE SAINT-PIERRE, LES
voir **Shoes of the Fisherman, The**

SOULS AT SEA ▷4
É.-U. 1937. Drame d'Henry HATHAWAY avec Gary Cooper, George Raft et Frances Dee. - Un négrier passe en jugement pour avoir abandonné dix-neuf personnes sur un navire en perdition. □ Général

SOUND OF MUSIC, THE [Mélodie du bonheur, La] ▷3
É.-U. 1965. Comédie musicale de Robert WISE avec Julie Andrews, Christopher PlummerRichard Haydn et Eleanor Parker. - Devenue gouvernante des enfants d'un noble autrichien, une novice entraîne toute la famille au chant choral. - Agréable transposition de l'histoire de la famille Trapp. Photographie grandiose. Musique plaisante. Mise en scène fort adroite. Interprétation des plus sympathiques. □ Général
DVD VF→STA→Cadrage P&S→22,95 $
VF→STA→Cadrage W→31,95 $

SOUND OF THE SEA ▷5
ESP. 2001. Drame de mœurs de Bigas LUNA avec Jordi Molla, Leonor Watling et Eduard Fernandez. - Son époux étant disparu durant une tempête en mer, une jeune femme de condition modeste se remarie avec un riche prétendant.
DVD STA→Cadrage W→21,95 $

SOUND OF THUNDER, A ▷6
É.-U. 2005. Science-fiction de Peter HYAMS avec Edward Burns, Catherine McCormack et Ben Kingsley. - En 2055, un voyageur temporel parti chasser le dinosaure à l'ère préhistorique déclenche une chaîne d'événements qui met l'humanité en péril. □ Général · Déconseillé aux jeunes enfants
DVD VA→STF→Cadrage W/16X9→21,95 $

SOUNDER ▷3
É.-U. 1972. Drame de Martin RITT avec Kevin Hooks, Paul Winfield et Cicely Tyson. - Au début des années 1930, les difficultés d'une famille de race noire en Louisiane. - Intrigue simple mais riche en aspects humains. Évocation intéressante de l'époque. Interprétation sobre et prenante. □ Général

SOUNDMAN
É.-U. 1999. Steven HO
DVD VA→Cadrage P&S→37,95 $

SOUPÇON DE ROSE, UN *voir* **Touch of Pink**

SOUPE AUX CHOUX, LA ▷4
FR. 1981. Comédie fantaisiste de Jean GIRAULT avec Louis de Funès, Jean Carmet et Jacques Villeret. - Deux vieux paysans reçoivent la visite d'un extraterrestre. □ Général

SOUPER, LE ▷4
FR. 1992. Drame historique d'Édouard MOLINARO avec Claude Brasseur, Claude Rich et Ticky Holgado. - À la suite de la défaite de Napoléon, le politicien Talleyrand et le chef de la police Fouché se réunissent autour d'un souper pour discuter de l'avenir de la France. □ Général

SOURCE, LA [Virgin Spring, The] ►1
SUÈ. 1959. Drame poétique d'Ingmar BERGMAN avec Max Von Sydow, Brigitta Petersson et Gunnel Lindblom. - Des bergers violent et tuent une jeune fille puis demandent asile à ses parents. - Sujet d'une profondeur spirituelle incontestable. Contexte médiéval poétiquement évoqué. Traitement remarquable de dépouillement et de beauté formelle. Excellente interprétation. □ 13 ans+
DVD STA→54,95 $

SOURIRE DE MONA LISA, LE
voir **Mona Lisa Smile**

SOURIRE, LE ▷4
FR. 1993. Comédie dramatique de Claude MILLER avec Jean-Pierre Marielle, Emmanuelle Seigner et Richard Bohringer. - Un sexagénaire qui n'en a plus pour longtemps à vivre fait la connaissance d'une ravissante jeune femme à qui il propose une aventure galante. □ 13 ans+ · Érotisme

SOURIRES D'UNE NUIT D'ÉTÉ ►2
[Smiles of a Summer Night]
SUÈ. 1955. Comédie d'Ingmar BERGMAN avec Eva Dalhbeck, Gunnar Bjornstrand et Ulla Jacobsson. - Suite de chassés-croisés amoureux dans un milieu bourgeois suédois. - Comédie à la fois enjouée et amère. Sens du dialogue. Acuité psychologique. Œuvre empreinte d'une ironie désabusée. Interprétation de qualité. □ 13 ans+
DVD STA→46,95 $

SOURIS QUI RUGISSAIT, LA
voir **Mouse That Roared, The**

SOURIS SUR LA LUNE, LA
voir **Mouse on the Moon, The**

SOUS LE CIEL DU NEVADA *voir* **Blue Sky**

SOUS LE SABLE ▷3
FR. 2000. Drame psychologique de François OZON avec Charlotte Rampling, Bruno Cremer et Jacques Nolot. - Une femme dont le mari a mystérieusement disparu lors d'une baignade en mer se comporte comme s'il vivait toujours à ses côtés. - Étude d'un cas pathologique ménageant des effets de surprise. Traitement dépouillé. Mise en scène astucieuse. Jeu un peu froid, mais fort sensible de C. Rampling. □ 13 ans+
DVD VF→16,95 $

SOUS LE SIGNE DE MONTE-CRISTO ▷4
FR. 1968. Aventures d'André HUNEBELLE avec Paul Barge, Paul Le Person, Pierre Brasseur et Anny Duperey. - Injustement condamné, un prisonnier s'évade et revient se venger une fois devenu riche. □ Non classé

SOUS LE SOLEIL DE SATAN [Under Satan's Sun] ▷3
FR. 1987. Drame religieux réalisé et interprété par Maurice PIALAT avec Gérard Depardieu et Sandrine Bonnaire. - Un curé de campagne tente en vain de ramener un jeune prêtre robuste mais tourmenté à un certain équilibre. - Adaptation d'un roman de Bernanos. Traitement austère et sombre. Ellipses surprenantes. Mise en scène très dépouillée. Interprétation d'une densité appréciable. □ Général

SOUS LE SOLEIL DE TOSCANE
voir **Under the Tuscan Sun**

SOUS LES DRAPS, LES ÉTOILES ▷5
QUÉ. 1989. Drame sentimental de Jean-Pierre GARIÉPY avec Guy Thauvette, Marie-Josée Gauthier et Marcel Sabourin. - Un astronome qui revient d'un long voyage s'éprend d'une femme obsédée par le désir de s'enfuir à l'étranger.

SOUS LES TOITS DE PARIS ▷4
[Under the Roofs of Paris]
FR. 1930. Comédie de René CLAIR avec Albert Préjean, Pola Illery et Gaston Modot. - Une jeune fille fait la coquette avec un chanteur de rues. □ Général
DVD VF→STA→39,95 $

SOUS-DOUÉS EN VACANCES, LES ▷5
FR. 1981. Comédie de Claude ZIDI avec Daniel Auteuil, Grace de Capitani et Guy Marchand. - Un naïf tente de retrouver une belle avec qui il s'est trouvé des affinités sentimentales grâce à un ordinateur.
DVD VF→21,95 $

SOUS-SOL ▷5
QUÉ. 1996. Drame psychologique de Pierre GANG avec Richard Moffatt, Louise Portal et Isabelle Pasco. - Depuis que son père est mort après une nuit d'ébats amoureux, un adolescent refuse de grandir, prisonnier de sa peur du sexe. □ 16 ans+

SOUS-SOL DE LA PEUR, LE
voir **People Under the Stairs, The**

SOUTH CENTRAL ▷4
É.-U. 1992. Drame social de Steve ANDERSON avec Glenn Plummer, Byron Keith Minns et Lexie D. Bigham. - À sa sortie d'un long séjour en prison, un criminel de Los Angeles entreprend d'éloigner son fils d'un puissant gang. □ 13 ans+

SOUTH PACIFIC ▷4
É.-U. 1958. Comédie musicale de Joshua LOGAN avec Mitzi Gaynor, Rossano Brazzi et John Kerr. - Les aventures sentimentales d'une infirmière et d'un aviateur dans une île du Pacifique pendant la guerre. □ Général

SOUTH PARK: BIGGER, LONGER AND UNCUT ▷4
[South Park: plus grand, plus long et sans coupure]
É.-U. 1999. Dessins animés de Trey PARKER. - Dans une petite ville du Colorado, des parents sont outrés par le langage ordurier que leurs enfants ont appris au cinéma.
DVD VF→STA→Cadrage W→12,95 $

SOUTH RIDING ▷4
ANG. 1938. Drame de Victor SAVILLE avec Edna Best, Ralph Richardson et Edmund Gwenn. - Un aristocrate anglais voit sa fortune se réduire de plus en plus. □ Général

SOUTHERN COMFORT ▷4
É.-U. 1981. Drame de Walter HILL avec Keith Carradine, Powers Boothe et Fred Ward. - L'attitude irréfléchie de certains réservistes de la milice d'État de Louisiane suscite la colère des trappeurs d'une région marécageuse. □ 18 ans+
DVD Cadrage W→12,95 $

SOUTHERNER, THE ▷3
É.-U. 1945. Drame social de Jean RENOIR avec Zachary Scott, Betty Field et Beulah Bondi. - Les difficultés d'une famille installée sur une terre en friche. - Thème humain traité avec un souci de vérité. Jeu solide de Z. Scott. □ Général
DVD VA→28,95 $

SOUVENIRS [Road Home, The] ▷4
CHI. 1999. Drame sentimental de Yimou ZHANG avec Zhang Ziyi, Sun Honglei et Zheng Hao. - À la mort de son père, un homme se remémore l'histoire d'amour vécue par ses parents dans la Chine des années 1950. □ Général
DVD VF→STF→Cadrage W→39,95 $

SOUVENIRS DE BROKEBACK MOUNTAIN
voir **Brokeback Mountain**

SOUVENIRS INTIMES ▷5
QUÉ. 1999. Drame psychologique de Jean BEAUDIN avec James Hyndman, Pascale Bussières et Pierre-Luc Brillant. - Un peintre paraplégique reçoit des appels nocturnes d'une ancienne amie qui partage avec lui un lourd secret. □ 13 ans+
DVD VF→11,95 $

SOUVIENS-TOI, CHARLIE
voir **Long Kiss Goodnight, The**

SOYLENT GREEN [Soleil vert] ▷4
É.-U. 1973. Science-fiction de Richard FLEISCHER avec Charlton Heston, Edward G. Robinson et Leigh Taylor-Young. - En 2022, à New York, un policier enquête sur l'assassinat d'un directeur d'une usine de nourriture synthétique. □ 13 ans+
DVD VA→STF→Cadrage W→11,95 $

SPACE COWBOYS [Pionniers de l'espace, Les] ▷4
É.-U. 2000. Science-fiction réalisée et interprétée par Clint EASTWOOD avec Tommy Lee Jones et Marcia Gay Harden. - Quatre pilotes d'essai à la retraite sont envoyés dans l'espace pour réparer un satellite soviétique menaçant de s'écraser sur la Terre. □ Général
DVD VF→STA→Cadrage W→9,95 $

SPACEBALLS [Folle histoire de l'espace, La] ▷5
É.-U. 1987. Science-fiction de Mel BROOKS avec Bill Pullman, Daphne Zuniga et Mel Brooks. - Convoitant l'atmosphère d'une planète, un cruel mercenaire lutte contre un aventurier qui tente de l'empêcher d'enlever la fille du roi régnant sur cet astre. □ Général
DVD VF→STF→Cadrage W→12,95 $/29,95 $

SPACECAMP [Cap sur les étoiles] ▷4
É.-U. 1986. Science-fiction de Harry WINER avec Kate Capshaw, Lea Thompson et Tate Donovan. - Alors qu'ils visitent une navette spatiale de la NASA, des adolescents se trouvent propulsés dans l'espace par erreur. □ Général
DVD VA→Cadrage W→26,95 $

SPAIN AGAIN [España otra vez]
ESP. 1969. Jaime CAMINO
DVD STA→PC

SPANGLISH [Spanglish : j'en perds mon latin] ▷4
É.-U. 2004. Comédie dramatique de James L. BROOKS avec Paz Vega, Adam Sandler et Tea Leoni. - Une jeune immigrante mexicaine se trouve un emploi de ménagère dans une famille aisée dont les membres traversent diverses crises.
DVD VF→Cadrage W→18,95 $ VF→STA→Cadrage W→18,95 $

SPANISH PRISONER, THE ▷3
[Prisonnière espagnole, La]
É.-U. 1997. Drame policier de David MAMET avec Campbell Scott, Rebecca Pidgeon et Steve Martin. - En voulant protéger sa dernière découverte, un jeune inventeur met le doigt dans l'engrenage d'un complot diabolique. - Brillant échafaudage de faux-semblants et de rebondissements. Dialogues fort réussis. □ Général

SPANKING THE MONKEY ▷4
É.-U. 1994. Comédie dramatique de David O. RUSSELL avec Jeremy Davies, Alberta Watson et Carla Gallo. - Un rapport troublant se développe entre une mère convalescente et son fils adolescent. □ 13 ans+

SPARTACUS ▷3
É.-U. 1960. Drame historique de Stanley KUBRICK avec Laurence Olivier, Kirk Douglas et Jean Simmons. - En 73 avant J.-C., le gladiateur Spartacus se fait le chef d'une révolte contre les Romains. - Données historiques assez bien respectées. Mise en scène intelligemment spectaculaire. Ensemble impressionnant. Bonne interprétation. □ Général
DVD VA→STA→Cadrage W→74,95 $

SPARTAN ▷4
É.-U. 2003. Thriller de David MAMET avec Val Kilmer, Derek Luke et Kristin Bell. - Les services secrets américains font appel à un militaire d'élite pour retrouver la fille du président qui a été kidnappée. □ 13 ans+ · Violence
DVD VA→STF→Cadrage W→11,95 $

SPAWN OF THE NORTH ▷4
É.-U. 1938. Aventures de Henry HATHAWAY avec George Raft, Henry Fonda et Dorothy Lamour. - Devenus adultes, deux amis d'enfance se retrouvent dans des situations qui les opposent. □ Général

SPEAKEASY
É.-U. 2002. Brendan MURPHY
DVD VA→33,95 $

SPEAKING PARTS ▷4
CAN. 1989. Comédie dramatique d'Atom EGOYAN avec Michael McManus, Arsinée Khanjian et Gabrielle Rose. - Un garçon d'étage dans un hôtel profite du séjour d'une scénariste pour faire progresser sa carrière d'acteur. □ 13 ans+
DVD VA→STF→36,95 $

SPECIAL BULLETIN [Bulletin spécial] ▷3
É.-U. 1982. Drame social de Edward ZWICK avec Christopher Allport, Ed Flanders et Kathryn Walker. - Des terroristes menacent de faire sauter une bombe atomique. - Sujet tourné à la façon d'un reportage télévisé en direct. Mise en scène très convaincante. Effets impressionnants. Interprétation dans le ton voulu.

SPECIAL DAY, A *voir* **Journée particulière, Une**

SPECIALIST, THE
voir **Spécialiste : le portrait d'un criminel moderne, Un**

SPÉCIALISTES, LES ▷4
FR. 1985. Drame policier de Patrice LECONTE avec Gérard Lanvin, Bernard Giraudeau et Christiane Jean. - Deux évadés s'associent pour réaliser un cambriolage audacieux dans un casino appartenant à la pègre.

SPEECHLESS [Sans parole] ▷4
É.-U. 1994. Comédie sentimentale de Ron UNDERWOOD avec Michael Keaton, Geena Davis et Christopher Reeve. - Un rédacteur qui écrit les discours d'un politicien tombe amoureux d'une jeune femme qui exerce le même métier pour le compte d'un candidat rival. □ Général
DVD VA→11,95 $

SPEED [Clanches !] ▷4
É.-U. 1994. Drame policier de Jan DE BONT avec Keanu Reeves, Sandra Bullock et Dennis Hopper. - Un jeune policier s'efforce de secourir les passagers d'un autobus piégé qui ne peut rouler à moins de 80 km/h. □ Général
DVD VA→Cadrage W→15,95 $ VA→STA→Cadrage W→21,95 $

SPELLBOUND ▷3
É.-U. 1945. Drame policier d'Alfred HITCHCOCK avec Gregory Peck, Ingrid Bergman et Leo G. Carroll. - Le nouveau directeur d'une clinique psychiatrique se révèle être un imposteur soupçonné de meurtre. - Excellent film policier mâtiné de psychologie. Trouvailles de style originales. Interprétation de qualité. □ Général

SPETTERS ▷4
HOL. 1980. Drame social de Paul VERHOEVEN avec Toon Agterberg, Hans van Tongeren et Renee Soutendijk. - Les désillusions de trois jeunes Hollandais passionnés de moto qui côtoient une jeune fille délurée et opportuniste. □ 18 ans+
DVD VA→STF→12,95 $

SPHERE ▷5
É.-U. 1998. Science-fiction de Barry LEVINSON avec Dustin Hoffman, Sharon Stone, Peter Coyote et Samuel L. Jackson. - En explorant un vaisseau spatial gisant au fond de la mer, des scientifiques affrontent une sphère mystérieuse. □ Général · Déconseillé aux jeunes enfants
DVD VF→STF→Cadrage W→11,95 $

SPHINX ▷5
É.-U. 1980. Aventures de Franklin J. SCHAFFNER avec Frank Langella, Lesley-Anne Down et Maurice Ronet. - Une jeune égyptologue met à jour un trafic clandestin de trésors archéologiques. □ Général

SPHINX, LE ▷5
QUÉ. 1995. Comédie dramatique de Louis SAÏA avec Marc Messier, Céline Bonnier et Serge Thériault. - Un homme marié quitte sa famille pour aller vivre avec une chanteuse de boîte de nuit érotique dont il est tombé amoureux. □ 13 ans+

SPIDER ▷3
CAN. 2002. Drame psychologique de David CRONENBERG avec Ralph Fiennes, Miranda Richardson et Gabriel Byrne. - Un homme qui a passé 20 ans dans un institut psychiatrique se souvient des événements traumatisants de son enfance ayant conduit à son internement. - Scénario rigoureux entraînant le spectateur au cœur de l'univers intérieur d'un schizophrène. Rythme très posé. Mise en scène dépouillée. Jeu intériorisé de R. Fiennes. □ 13 ans+
DVD VA→STA→Cadrage W→24,95 $

SPIDER BABY
É.-U. 1964. Jack HILL □ Général
DVD VA→Cadrage W→24,95 $

SPIDER FOREST
COR. 2004. Il-gon SONG
DVD STA→27,95 $

SPIDER-MAN ▷4
É.-U. 2002. Drame fantastique de Sam RAIMI avec Tobey Maguire, Kirsten Dunst et Willem Dafoe. - Après avoir été piqué par une araignée mutante, un collégien timoré acquiert d'étonnantes facultés qui lui permettent de devenir un justicier. □ Général · Déconseillé aux jeunes enfants
DVD VF→STF→Cadrage W→18,95 $/32,95 $
VA→Cadrage W→16,95 $/32,95 $

SPIDER-MAN 2 ▷3
É.-U. 2004. Drame fantastique de Sam RAIMI avec Tobey Maguire, Kirsten Dunst et Alfred Molina. - Un justicier masqué qui vit une crise d'identité décide d'abandonner ses activités au moment où sévit un redoutable savant fou. - Scénario très solide dosant habilement péripéties spectaculaires et approfondissement psychologique. Réalisation assurée aux effets spéciaux fort réussis. Interprétation attachante de T. Maguire. □ Général · Déconseillé aux jeunes enfants
DVD VA→STF→Cadrage W→18,95 $
VF→STF→Cadrage W→62,95 $

SPIDERS *voir* **Araignées, Les**

SPIES *voir* **Espions, Les**

SPIES LIKE US ▷4
É.-U. 1985. Comédie de John LANDIS avec Chevy Chase, Dan Aykroyd et Donna Dixon. - Pour faire diversion face aux Russes, les services secrets américains envoient au Pakistan deux employés incompétents. □ Général

SPIKE OF BENSONHURST ▷4
É.-U. 1988. Comédie de mœurs de Paul MORRISSEY avec Sasha Mitchell, Ernest Borgnine et Anne De Salvo. - À Brooklyn, un jeune boxeur cherche à attirer l'attention d'un caïd local tout en faisant la cour à sa fille. □ Général

SPINOUT [Tombeur de ces demoiselles, Le] ▷5
É.-U. 1966. Comédie musicale de Norman TAUROG avec Deborah Walley, Elvis Presley et Carl Betz. - La popularité d'un jeune chanteur et pilote d'autos de courses lui crée toutes sortes d'ennuis.
DVD VF→STF→Cadrage W→8,95 $

SPIRAL *voir* **Uzumaki**

SPIRAL STAIRCASE, THE ▷3
É.-U. 1945. Drame policier de Robert SIODMAK avec Dorothy McGuire, George Brent et Ethel Barrymore. - Une jeune muette est menacée par un meurtrier dont elle a surpris le crime. - Construction ingénieuse. Tension habilement soutenue. Jeu intelligent et sensible de D. McGuire.
DVD VA→STF→12,95 $

SPIRAL STAIRCASE, THE ▷5
ANG. 1975. Drame policier de Peter COLLINSON avec Jacqueline Bisset, Christopher Plummer et John Philip Law. - Une jeune muette se sent menacée par un tueur mystérieux qui s'attaque à des infirmes. □ Général

SPIRIT OF ST. LOUIS, THE ▷3
É.-U. 1957. Drame biographique de Billy WILDER avec James Stewart, Murray Hamilton et Patricia Smith. - En 1927, la traversée aérienne de l'Atlantique par Charles Lindbergh. - Reconstitution réussie d'un exploit important. Réalisation ingénieuse faisant un usage habile du retour en arrière. Interprétation naturelle.
□ Général

SPIRIT OF THE BEEHIVE, THE *voir* **Esprit de la ruche, L'**

SPIRIT: STALLION OF THE CIMARRON ▷4
[Spirit: l'étalon des plaines]
É.-U. 2002. Film d'animation réalisé par Kelly ASBURY et Leslie COOK. - Capturé par des soldats de la cavalerie, un mustang sauvage, fougueux et extrêmement rapide, devient l'ami d'un jeune Amérindien. □ Général
DVD VA→21,95 $ VF→STF→14,95 $

SPIRITS OF THE DEAD *voir* **Histoires extraordinaires**

SPITFIRE ▷4
É.-U. 1943. Drame biographique réalisé et interprété par Leslie HOWARD avec David Niven et Rosamund John. - Récit de la carrière de Reginald Mitchell, inventeur d'un avion de combat. □ Général

SPITFIRE GRILL, THE ▷5
É.-U. 1995. Drame social de Lee David ZLOTOFF avec Alison Elliott, Ellen Burstyn et Marcia Gay Harden. - Dans un village, un notable voit d'un mauvais œil qu'une ancienne détenue devienne serveuse dans un restaurant local. □ Général
DVD VF→STF→Cadrage P&S/W→7,95 $

SPLASH ▷4
É.-U. 1984. Comédie fantaisiste de Ron HOWARD avec Tom Hanks, Daryl Hannah et John Candy. - Un jeune commerçant célibataire se désole de n'avoir jamais connu l'amour véritable, jusqu'au jour où une sirène le sauve de la noyade. □ Général
DVD VF→21,95 $

SPLENDOR IN THE GRASS ▷3
[Fièvre dans le sang, La]
É.-U. 1961. Drame psychologique d'Elia KAZAN avec Natalie Wood, Warren Beatty et Pat Hingle. - Dans les années 1920, l'amour de deux jeunes gens aux prises avec l'incompréhension de leurs parents. - Traitement intelligent. Mise en scène brillante. Habile reconstitution d'époque. Bonne direction d'acteurs. □ Non classé
DVD VF→STF→Cadrage P&S/W→21,95 $

SPLIT IMAGE ▷4
É.-U. 1982. Drame psychologique de Ted KOTCHEFF avec Michael O'Keefe, Brian Dennehy et James Woods. - Un adolescent sportif est entraîné par une jeune femme dans une organisation qui se révèle être une secte. □ Non classé

SPLIT SECOND ▷4
É.-U. 1953. Drame de Dick POWELL avec Stephen McNally, Alexis Smith et Jan Sterling. - Des bandits se cachent avec des otages dans une mine choisie pour l'explosion d'une bombe atomique.
□ Général

SPLITTING HEIRS [Grandeur et descendance] ▷4
ANG. 1993. Comédie satirique de Robert YOUNG avec Eric Idle, Rick Moranis et Barbara Hershey. - Un modeste employé de banque découvre que son riche patron et lui ont été interchangés lorsqu'il étaient bébés. □ Général
DVD VA→Cadrage W→10,95 $

SPOILERS, THE ▷4
É.-U. 1942. Aventures de Ray ENRIGHT avec John Wayne, Marlene Dietrich et Randolph Scott. - En Alaska, au début du siècle, deux hommes et une femme se disputent la propriété d'une mine d'or.
□ Non classé
DVD VA→STF→19,95 $

SPOILS OF WAR
ARG. ESP. 2000. David BLAUSTEIN
DVD STA→29,95 $

SPONGEBOB SQUAREPANTS MOVIE, THE ▷4
[Bob l'éponge: le film]
É.-U. 2004. Film d'animation de Stephen HILLENBURG. - Bob l'éponge et son ami, Patrick l'étoile de mer, doivent retrouver la couronne du roi Neptune, qui a été volée. □ Général
DVD VF→Cadrage W→19,95 $

SPOTSWOOD *voir* **Efficiency Expert, The**

SPRING, SUMMER, FALL, WINTER & SPRING ▷3
[Printemps, été, automne, hiver... et printemps]
COR.S. 2003. Drame poétique de Jong-geum MUN avec Yeong-Su Oh, Yeong-Min Kim et Yeo-Jin Ha. - Évocation des étapes de la vie d'un moine bouddhiste et de son vieux maître à travers le passage des saisons dans un temple flottant au milieu d'un étang. - Touchante réflexion spirituelle sur l'existence humaine. Schéma narratif simple mais efficace. Images bucoliques tout à fait exquises. Réalisation précise au rythme méditatif. Interprétation naturelle.
□ 13 ans+
DVD STF→36,95 $

SPRINGTIME IN THE ROCKIES ▷5
É.-U. 1942. Comédie musicale d'Irving CUMMINGS avec Betty Grable, John Payne et Carmen Miranda. - Un danseur cherche à reconquérir son ancienne partenaire en tournée au Canada.
□ Général

SPUN ▷4
É.-U. 2002. Drame de mœurs de Jonas AKERLUND avec Brittany Murphy, Jason Schwartzman et Mickey Rourke. - En échange de substances hallucinogènes, un jeune homme accepte d'être le chauffeur d'un étrange fabricant de drogues chimiques.
□ 18 ans+
DVD VF➔STF➔Cadrage W➔32,95 $

SPY GAME [Jeux d'espionnage] ▷4
É.-U. 2001. Drame d'espionnage de Tony SCOTT avec Brad Pitt, Robert Redford, Stephen Dillane et Catherine McCormack. - En 1991, un agent de la CIA à la veille de prendre sa retraite n'a que 24 heures pour organiser l'évasion d'un jeune collègue détenu en Chine. □ 13 ans+
DVD VF➔STA➔Cadrage W➔9,95 $

SPY IN BLACK, THE ▷5
ANG. 1939. Drame d'espionnage de Michael POWELL avec Conrad Veidt, Valerie Hobson et Marius Goring. - Le capitaine d'un sous-marin allemand débarque dans une île écossaise pour prendre contact avec un espion. □ Général

SPY KIDS ▷4
É.-U. 2001. Comédie fantaisiste de Robert RODRIGUEZ avec Alexa Vega, Daryl Sabara et Antonio Banderas. - Deux enfants entreprennent de sauver leurs parents agents secrets qui ont été faits prisonniers par un mégalomane voulant dominer le monde.
□ Général
DVD VF➔STA➔Cadrage W➔14,95 $

SPY KIDS II: THE ISLAND OF LOST DREAMS ▷4
[Espions en herbe II, Les: l'île des rêves perdus]
É.-U. 2002. Comédie fantaisiste de Robert RODRIGUEZ avec Alexa Vega, Daryl Sabara, Carla Gugino et Antonio Banderas. - Faisant partie d'une élite juvénile d'espions américains, deux enfants se rendent dans une île secrète pour récupérer une invention diabolique. □ Général
DVD VF➔STF➔Cadrage W➔14,95 $

SPY WHO CAME IN FROM THE COLD, THE ▷3
ANG. 1965. Drame d'espionnage de Martin RITT avec Richard Burton, Claire Bloom et Oskar Werner. - Pour remplir une mission, un espion britannique feint d'être prêt à livrer ses secrets aux communistes. - Adaptation d'un roman de John Le Carré. Intrigue complexe. Réalisation sobre et efficace. Interprètes remarquables.
□ Non classé
DVD VF➔STA➔Cadrage W➔10,95 $

SPY WHO LOVED ME, THE [Espion qui m'aimait, L'] ▷4
ANG. 1977. Drame d'espionnage de Lewis GILBERT avec Roger Moore, Barbara Bach et Curt Jurgens. - L'agent secret James Bond et une collègue soviétique enquêtent sur la disparition de deux sous-marins atomiques. □ Général
DVD VF➔STF➔23,95 $

SQUEEZE, THE [Piège infernal, Le] ▷5
ANG. 1977. Drame policier de Michael APTED avec Stacy Keach, David Hemmings et Stephen Boyd. - Un policier déchu pourchasse des gangsters qui ont enlevé son ex-femme.

SQUEEZE ▷4
É.-U. 1997. Drame de mœurs de Robert PATTON-SPRUILL avec Tyrone Burton, Eddie Cutanda et Phuong Duong. - Dans un quartier déshérité de Boston, trois adolescents naviguent entre la délinquance et le désir de mener une vie honnête. □ 13 ans+ · Violence

SQUID AND THE WHALE, THE ▷4
É.-U. 2005. Drame psychologique de Noah BAUMBACH avec Jeff Daniels, Laura Linney et Jesse Eisenberg. - La séparation d'un couple d'écrivains chamboule la vie de leurs fils âgés de seize et douze ans. □ 13 ans+
DVD VF➔STA➔Cadrage W➔34,95 $

SS HELL CAMP
ITA. 1977. Luigi BATZELLA
DVD STA➔24,95 $

SSSSSSS [Cobra, Le] ▷5
É.-U. 1973. Drame d'horreur de Bernard L. KOWALSKI avec Strother Martin, Dirk Benedict et Heather Menzies. - Un savant passionné par l'étude des serpents expérimente un traitement sur un étudiant.
□ 13 ans+
DVD VA➔STF➔Cadrage W➔18,95 $

ST. ELMO'S FIRE [Feu de St-Elme, Le] ▷4
É.-U. 1985. Comédie dramatique de Joel SCHUMACHER avec Rob Lowe, Mare Winningham et Emilio Estevez. - Les ambitions et les affections d'un groupe de jeunes gens qui se retrouvent régulièrement dans un café-restaurant de Washington. □ 13 ans+
DVD VF➔STF➔Cadrage W➔16,95 $

ST. IVES ▷5
É.-U. 1976. Drame policier de J. Lee THOMPSON avec Charles Bronson, Jacqueline Bisset et John Houseman. - Les mésaventures d'un journaliste chargé de livrer la rançon demandée pour le retour de documents volés.
DVD VF➔STF➔Cadrage W➔14,95 $

ST. JOHN'S WORT
JAP. 2001. Shimoyama TEN
DVD STA➔7,95 $

ST. MICHAEL HAD A ROOSTER
voir **Saint-Michel avait un coq**

ST. VALENTINE'S DAY MASSACRE, THE ▷4
É.-U. 1967. Drame de Roger CORMAN avec Jason Robards, George Segal et Ralph Meeker. - À Chicago, la rivalité entre deux bandes criminelles provoque des tueries. □ 13 ans+
DVD VF➔STA➔Cadrage W➔14,95 $

STACY
JAP. 2001. Naoyuki TOMOMATSU
DVD STA➔Cadrage W➔PC

STAGE BEAUTY [Belle de scène] ▷4
ANG. 2004. Comédie de mœurs de Richard EYRE avec Billy Crudup, Claire Danes et Rupert Everett. - Au XVIIe siècle, la carrière d'un acteur spécialisé dans les rôles féminins est menacée lorsque le roi redonne le droit aux femmes de jouer au théâtre. □ Général · Déconseillé aux jeunes enfants
DVD VA➔24,95 $

STAGE DOOR ▷3
É.-U. 1937. Drame psychologique de Gregory La CAVA avec Ginger Rogers, Katharine Hepburn et Adolphe Menjou. - Les tribulations d'une jeune débutante dans le monde du spectacle. - Adaptation fort réussie d'une pièce de théâtre. Réalisation de qualité. K. Hepburn excellente. □ 13 ans+
DVD VA➔STF➔21,95 $

STAGE FRIGHT [Grand Alibi, Le] ▷3
É.-U. 1950. Drame policier d'Alfred HITCHCOCK avec Jane Wyman, Richard Todd et Marlene Dietrich. - Une jeune femme s'efforce d'aider un ami accusé de meurtre. - Ensemble d'une grande virtuosité narrative. Très bonne réalisation. Suspense soutenu. Interprètes bien dirigés. □ Non classé
DVD VA➔21,95 $

STAGE FRIGHT ▷5
ITA. 1986. Drame d'horreur de Michele SOAVI avec Barbara Cupisti, David Brandon et Jo Ann Smith. - Un maniaque meurtrier s'attaque à des acteurs isolés dans un théâtre où ils répètent un spectacle musical. □ 13 ans+
DVD VA➔18,95 $

STAGECOACH [Chevauchée fantastique, La] ▶1
É.-U. 1939. Western de John FORD avec John Wayne, Thomas Mitchell et Claire Trevor. - Le voyage périlleux en diligence de neuf personnes. - Classique incontournable du western. Caractères bien typés. Ton épique nuancé de touches psychologiques. Paysages de l'Ouest remarquablement photographiés. Interprétation très juste.
□ Non classé
DVD VA➔STF➔19,95 $

STAGGERED ▷4
ANG. 1994. Comédie réalisée et interprétée par Martin CLUNES avec Michael Praed et Anna Chancellor. - Un jeune Londonien est abandonné dans une île déserte d'Écosse par un rival, trois jours avant son mariage. □ 13 ans+

STAIRWAY TO HEAVEN ▷3
[Matter of Life and Death, A]
ANG. 1946. Drame fantastique de Michael POWELL et Emeric PRESSBURGER avec David Niven, Roger Livesey et Kim Hunter. - Alors qu'il est entre la vie et la mort, un aviateur blessé subit un procès dans l'au-delà. - Thème original. Fantaisie et humour. Réalisation soignée. □ Général

STAIRWAY TO THE DISTANT PAST
JAP. 1995. Kaizo HAYASHI
DVD STA→Cadrage W→22,95 $

STAKEOUT [Filature, La] ▷4
É.-U. 1987. Drame policier de John BADHAM avec Richard Dreyfuss, Madeleine Stowe et Emilio Estevez. - Deux policiers sont chargés de surveiller la maison de l'ancienne maîtresse d'un criminel dangereux qui vient de s'évader. □ 13 ans+
DVD VA→Cadrage W→14,95 $

STALAG 17 ▷3
É.-U. 1952. Drame de guerre de Billy WILDER avec William Holden, Don Taylor et Otto Preminger. - Dans un camp de concentration, un prisonnier débrouillard est soupçonné de traîtrise par ses compagnons. - Adaptation réussie d'une pièce à succès. Touches d'un humour sardonique. Mise en scène soignée. Création vigoureuse de W. Holden. □ Général
DVD VF→19,95 $

STALIN'S BRIDE
HON. 1990. Péter BACSÓ
DVD STA→29,95 $

STALINGRAD
ALL. 1959. Frank WISBAR
DVD STA→46,95 $

STALINGRAD ▷4
ALL. 1992. Drame historique de Joseph VILSMAIER avec Dominique Horwitz, Thomas Kretschmann et Jochen Nickel. - En 1942 commence la bataille la plus sanglante de la Seconde Guerre mondiale lorsque l'armée allemande se retrouve dans Stalingrad. □ 13 ans+
DVD VA→STA→52,95 $

STALKER ►2
RUS. 1979. Drame fantastique d'Andrei TARKOVSKY avec Alexandre Kaidanovski, Anatoli Solonitsine et Nikolaï Grinko. - Un guide amène un écrivain et un savant dans une région dont l'accès est interdit. - Fascinante allégorie sur la quête des connaissances. Récit sombre mais significatif. Ensemble assez exigeant. Forme très soignée. Interprétation appropriée. □ Général
DVD VF→STF→74,95 $

STALKING MOON, THE [Homme sauvage, L'] ▷4
É.-U. 1968. Western de Robert MULLIGAN avec Gregory Peck, Eva Marie Saint et Robert Forster. - Un homme aide une jeune femme et son enfant à fuir les Apaches qui la gardent captive depuis dix ans. □ Général

STAN THE FLASHER ▷6
FR. 1989. Drame psychologique de Serge GAINSBOURG avec Claude Berri, Aurore Clément, Michel Robin et Élodie Bouchez. - Méprisé et trompé par sa femme, un enseignant qui affiche une attitude provocante cherche des consolations auprès de ses étudiantes. □ 13 ans+

STAND AND DELIVER [Envers et contre tout] ▷4
É.-U. 1988. Drame social de Ramon MENENDEZ avec Edward James Olmos, Lou Diamond Phillips et Rosana De Soto. - Un immigrant enseigne avec succès les mathématiques à de jeunes délinquants dans un *high school* de Los Angeles. □ Général
DVD VA→Cadrage P&S→7,95 $

STAND BY ME [Compte sur moi] ▷3
É.-U. 1986. Comédie dramatique de Rob REINER avec Wil Wheaton, River Phoenix et Corey Feldman. - En apprenant la mort de son ami d'enfance, un romancier se remémore une aventure qu'ils ont vécue à l'âge de douze ans. - Adaptation d'une nouvelle autobiographique de Stephen King. Traitement chaleureux et sensible. Contexte campagnard pittoresque. Jeunes interprètes fort bien dirigés. □ Général
DVD VF→STF→Cadrage W→23,95 $ VF→STF→33,95 $

STAND UP AND CHEER ▷4
É.-U. 1934. Comédie musicale de Hamilton MacFADDEN avec Warner Baxter, Madge Evans et James Dunn. - Un producteur théâtral reçoit un poste au gouvernement pour divertir le peuple de ses problèmes.

STAND-IN, THE ▷4
É.-U. 1937. Comédie satirique de Tony GARNETT avec Leslie Howard, Joan Blondell et Humphrey Bogart. - Un banquier venu à Hollywood pour vérifier la situation financière d'un studio s'éprend de la doublure d'une vedette.
DVD VA→29,95 $

STANDER [Justicier hors-la-loi] ▷4
CAN. 2003. Drame policier de Bronwen HUGHES avec Tom Jane, Dexter Fletcher, Deborah Kara Unger et David Patrick O'Hara. - En 1976, un policier de Johannesburg révolté par l'apartheid tourne le dos à la loi et devient un braqueur de banques notoire. □ 13 ans+
DVD VF→STA→Cadrage W/16X9→34,95 $

STANLEY & IRIS ▷4
É.-U. 1989. Drame psychologique de Martin RITT avec Robert De Niro, Jane Fonda et Martha Plimpton. - Une ouvrière, veuve de fraîche date, sympathise avec un cuisinier analphabète auquel elle apprend à lire et à écrire. □ Général
DVD VA→STF→Cadrage P&S/W→11,95 $

STANLEY AND LIVINGSTONE ▷3
É.-U. 1939. Drame historique de Henry KING avec Spencer Tracy, Nancy Kelly et Richard Greene. - Un reporter est envoyé en Afrique afin de retrouver la trace du docteur Livingstone. - Film bien monté, d'une valeur historique certaine. Interprétation intelligente et forte de S. Tracy. □ Général

STAR, THE ▷4
É.-U. 1952. Drame psychologique de Stuart HEISLER avec Bette Davis, Sterling Hayden, Warner Anderson et Natalie Wood. - Une vedette de cinéma vieillissante accepte mal le déclin de sa carrière. □ Non classé
DVD VA→STF→21,95 $

STAR ! ▷3
É.-U. 1968. Comédie musicale de Robert WISE avec Julie Andrews, Daniel Massey, Michael Craig et Richard Crenna. - Une artiste anglaise de music-hall, Gertrude Lawrence, devient l'idole du public américain. - Remarquable reconstitution de l'atmosphère d'époque. Réalisation originale. Montage réussi. Distribution solide. □ Général

STAR 80 ▷3
É.-U. 1983. Drame de mœurs de Bob FOSSE avec Eric Roberts, Mariel Hemingway et Cliff Robertson. - Le destin tragique d'une jeune *playmate* canadienne, assassinée par son mari à l'aube d'une carrière au cinéma. - Scénario tiré d'un fait réel. Traitement vigoureux. Aperçus incisifs sur certaines mœurs. Composition fort convaincante de E. Roberts. □ 18 ans+
DVD VA→Cadrage P&S→8,95 $

STAR CHAMBER, THE ▷4
É.-U. 1983. Drame policier de Peter HYAMS avec Michael Douglas, Hal Holbrook et Yaphet Kotto. - Un juge se joint à une association clandestine de magistrats qui se donne pour mission de faire exécuter les criminels impunis. □ Général
DVD VA→Cadrage W→9,95 $

STAR IS BORN, A ▷3
É.-U. 1937. Drame psychologique de William A. WELLMAN avec Janet Gaynor, Fredric March et Adolphe Menjou. - Un comédien de renom voit son étoile pâlir alors que sa jeune femme connaît la gloire. - Première version d'un sujet souvent repris. Bonne peinture du milieu du cinéma. □ Général
DVD VA→49,95 $

STAR IS BORN, A ▷3
É.-U. 1954. Comédie musicale de George CUKOR avec Judy Garland, James Mason et Jack Carson. - Un comédien sombre dans l'alcoolisme alors que sa jeune épouse connaît la gloire. - Habile mélange d'éléments dramatiques et de numéros musicaux. Mise en scène souple et inventive. Excellents interprètes. □ Non classé
DVD VA→STF→Cadrage W→21,95 $

STAR IS BORN, A [Étoile est née, Une] ▷5
É.-U. 1976. Drame musical de Frank PIERSON avec Gary Busey, Barbra Streisand et Kris Kristofferson. - Un chanteur populaire sombre dans l'alcoolisme alors que son épouse connaît la gloire. □ Général

STAR TREK I: THE MOTION PICTURE ▷4
É.-U. 1979. Science-fiction de Robert WISE avec William Shatner, Leonard Nimoy et Persis Khambatta. - Au XXIVe siècle, un amiral reprend la direction d'un vaisseau spatial pour affronter une force mystérieuse et destructrice. □ Général
DVD VF→STA→Cadrage W→14,95 $

STAR TREK II: THE WRATH OF KHAN ▷4
É.-U. 1982. Science-fiction de Nicholas MEYER avec Leonard Nimoy, William Shatner et Ricardo Montalban. - Le commandant d'un vaisseau spatial entre en lutte avec un vieil ennemi. □ Général
DVD VF→STA→Cadrage W→14,95 $

STAR TREK III: THE SEARCH FOR SPOCK ▷4
É.-U. 1984. Science-fiction de Leonard NIMOY avec William Shatner, Christopher Lloyd et Robin Curtis. - Le commandant d'un vaisseau spatial s'en va récupérer le cadavre de son second sur une planète fertilisée artificiellement. □ Général
DVD VA→STA→Cadrage W→14,95 $

STAR TREK IV: THE VOYAGE HOME ▷4
É.-U. 1986. Science-fiction réalisée et interprétée par Leonard NIMOY avec William Shatner et Catherine Hicks. - Pour sauver la Terre d'un grave péril, l'équipage d'un vaisseau spatial du futur est obligé de revenir au XXe siècle. □ Général
DVD VF→STA→Cadrage W→14,95 $

STAR TREK V: THE FINAL FRONTIER ▷5
É.-U. 1989. Science-fiction réalisée et interprétée par William SHATNER avec Leonard Nimoy et Laurence Luckinbill. - Au XXIVe siècle, un vaisseau spatial est dépêché sur une planète lointaine pour y régler une prise d'otages qui menace la paix interplanétaire. □ Général
DVD VF→STA→Cadrage W→14,95 $

STAR TREK VI: THE UNDISCOVERED COUNTRY ▷4
É.-U. 1991. Science-fiction de Nicholas MEYER avec William Shatner, Leonard Nimoy et DeForest Kelley. - Tenus responsables de la mort d'un chancelier, le capitaine et le docteur d'un vaisseau spatial sont condamnés à l'exil sur une planète de glace. □ Général
DVD VF→STA→Cadrage W→14,95 $

STAR TREK: GENERATIONS ▷5
É.-U. 1994. Science-fiction de David CARSON avec Patrick Stewart, William Shatner et Jonathan Frakes. - Au XXIVe siècle, deux capitaines de vaisseau spatial affrontent un docteur fou dont les expériences risquent de détruire tout un système solaire.
DVD VF→STA→Cadrage W→14,95 $

STAR TREK: FIRST CONTACT ▷4
É.-U. 1996. Science-fiction de Jonathan FRAKES avec Patrick Stewart, Brent Spiner et Alfre Woodard. - Le capitaine d'un vaisseau spatial du XXIVe siècle revient sur la Terre en 2063 afin d'empêcher la destruction de l'humanité. □ Général
DVD VF→STA→Cadrage W→14,95 $

STAR TREK IX: INSURRECTION ▷5
É.-U. 1998. Science-fiction de Jonathan FRAKES avec Patrick Stewart, Brent Spiner et Donna Murphy. - Le capitaine d'un vaisseau spatial vient en aide à une civilisation dont la planète agit comme une fontaine de Jouvence. □ Général
DVD VF→STA→Cadrage W→14,95 $

STAR TREK: NEMESIS ▷5
É.-U. 2002. Science-fiction de Stuart BAIRD avec Patrick Stewart, Tom Hardy et Brent Spiner. - Au XXVe siècle, le capitaine d'un vaisseau spatial affronte un ennemi qui se révèle être son propre clone □ Général
DVD VF→STA→Cadrage W→14,95 $

STAR WARS [Guerre des étoiles, La] ▷3
É.-U. 1977. Science-fiction de George LUCAS avec Mark Hamill, Carrie Fisher et Alec Guinness. - Ayant appris d'un robot qu'une princesse est gardée prisonnière par un tyran, le fils d'un chevalier de l'espace part à son secours. - Scénario inventif. Habile création d'un monde fantastique. Excellente réalisation technique. Interprétation convaincue. □ Général

STAR WARS: EMPIRE STRIKES BACK, THE ▷3
[Empire contre-attaque, L']
É.-U. 1980. Science-fiction d'Irvin KERSHNER avec Mark Hamill, Harrison Ford et Carrie Fisher. - Des aventuriers de l'espace luttent contre l'empereur tyrannique d'une lointaine galaxie. - Suite de *Star Wars*. Aventures imaginatives. Illustration plus qu'honorable. Étonnantes réussites visuelles. Interprétation décontractée et convaincante. □ Général

STAR WARS: RETURN OF THE JEDI ▷4
[Retour du Jedi, Le]
É.-U. 1983. Science-fiction de Richard MARQUAND avec Mark Hamill, Carrie Fisher et Harrison Ford. - Quelques rebelles luttent contre l'empereur tyrannique de la galaxie. □ Général

STAR WARS EPISODE I -
THE PHANTOM MENACE [Menace fantôme, La] ▷4
É.-U. 1999. Science-fiction de George LUCAS avec Liam Neeson, Ewan McGregor et Natalie Portman. - Recueilli par deux chevaliers de l'espace, un garçon vient en aide à une jeune reine dont la planète est en guerre. □ Général
DVD VA→Cadrage W→22,95 $

STAR WARS EPISODE II:
ATTACK OF THE CLONES ▷3
[Star Wars épisode II: attaque des clones]
É.-U. 2002. Science-fiction de George LUCAS avec Ewan McGregor, Natalie Portman et Hayden Christensen. - Dans une galaxie en guerre, deux chevaliers de l'espace se font les protecteurs d'une jeune sénatrice menacée par des assassins. - Aventures au mouvement ample, émaillées de nombreux flashs inventifs. Conception visuelle imaginative et spectaculaire. Interprétation satisfaisante. □ Général
DVD VA→Cadrage W→22,95 $

STAR WARS EPISODE III -
REVENGE OF THE SITH ▷3
É.-U. 2005. Science-fiction de George LUCAS avec Ewan McGregor, Hayden Christensen et Ian McDiarmid. - Convoitant un pouvoir indicible, un chevalier Jedi en vient à trahir les siens en s'associant à un vil sénateur qui complote pour devenir empereur de la galaxie. - Tragédie épique au traitement solennel. Illustration luxuriante et grandiose. Nombreux morceaux de bravoure spectaculaires. Réalisation parfois lourde. Interprètes de première force. □ Général · Déconseillé aux jeunes enfants
DVD VF→STF→Cadrage W→34,95 $

STARDOM ▷5
QUÉ. 2000. Comédie satirique de Denys ARCAND avec Jessica Paré, Dan Aykroyd et Thomas Gibson. - Une hockeyeuse adolescente d'une grande beauté connaît une ascension fulgurante dans le monde de la mode et du jet-set international. □ Général
DVD Cadrage W→8,95 $

STARDUST MEMORIES ▷3
É.-U. 1980. Comédie satirique réalisée et interprétée par Woody ALLEN avec Charlotte Rampling et Jessica Harper. - Les ennuis d'un auteur de films à l'occasion d'un stage de discussion sur son œuvre. - Variations sur les relations entre le cinéma et la vie. Utilisation subtile du noir et blanc. Envolées loufoques. Interprétation comiquement morose. □ Général
DVD Cadrage W→12,95 $

STARKWEATHER
É.-U. 2004. Byron WERNER
DVD VA→29,95 $

STARLIGHT HOTEL ▷4
N.-Z. 1987. Drame social de Sam PILLSBURY avec Greer Robson, Peter Phelps et Marshall Napier. - En tentant de rejoindre son père, une enfant fait la rencontre d'un vagabond avec lequel elle connaît diverses mésaventures. □ Général

STARMAKER, THE [Marchand de rêves, Le] ▷4
ITA. 1995. Drame de mœurs de Giuseppe TORNATORE avec Sergio Castellitto, Tiziana Lodato et Franco Scaldati. - En 1953, un escroc parcourt les villages de Sicile en se faisant passer pour un recruteur de talents envoyé par un studio de cinéma. □ 13 ans+
DVD VF→STA→12,95 $

STARMAN [Homme des étoiles, L'] ▷4
É.-U. 1984. Science-fiction de John CARPENTER avec Jeff Bridges, Karen Allen et Charles Martin Smith. - Naufragé sur Terre, un extraterrestre prend les traits d'un homme et tente de rejoindre les siens avec l'aide d'une jeune femme. □ Général
DVD Cadrage W→11,95 $

STARRING ROSA FURR
É.-U. 2003. Lara MARTIN
DVD PC

STARS AND BARS ▷5
É.-U. 1988. Comédie de mœurs de Pat O'CONNOR avec Daniel Day-Lewis, Harry Dean Stanton et Martha Plimpton. - Les tribulations d'un jeune Anglais qui veut absolument réussir son intégration en Amérique.

STARS FELL ON HENRIETTA, THE ▷4
[Ciel sourit à Henrietta, Le]
É.-U. 1995. Comédie dramatique de James KEACH avec Robert Duvall, Aidan Quinn, Brian Dennehy et Frances Fisher. - En 1935, un couple de paysans texans démunis accueille un vieux bourlingueur excentrique qui prétend pouvoir repérer les gisements de pétrole. □ Général

STARS LOOK DOWN, THE ▷4
ANG. 1939. Drame social de Carol REED avec Michael Redgrave, Margaret Lockwood et Emlyn Williams. - Un fils de mineur devenu instituteur prend la défense de ses concitoyens contre des conditions de travail dangereuses.

STARSHIP INVASIONS ▷5
CAN. 1977. Science-fiction d'Ed HUNT avec Christopher Lee, Robert Vaughn et Daniel Pilon. - Des extraterrestres veulent conquérir la Terre pour y transporter la population de leur planète menacée de disparition. □ Général

STARSKY & HUTCH ▷5
É.-U. 2004. Comédie policière de Todd PHILLIPS avec Ben Stiller, Owen Wilson, Snoop Dogg et Vince Vaughn. - Au milieu des années 1970, deux jeunes policiers aux méthodes opposées luttent contre un trafiquant de drogue. □ Général · Déconseillé aux jeunes enfants
DVD VF→STA→Cadrage W→8,95 $ VF→Cadrage W→8,95 $

STARSTRUCK ▷5
AUS. 1982. Drame musical de G. ARMSTRONG avec Jo Kennedy, Ross O'Donovan et Pat Evison. - Deux adolescents s'activent à sauver de la faillite l'entreprise familiale en organisant un concours de talent.
DVD VA→Cadrage W→36,95 $

START THE REVOLUTION WITHOUT ME ▷5
É.-U. 1969. Comédie de Bud YORKIN avec Gene Wilder, Donald Sutherland et Hugh Griffith. - Deux couples de jumeaux intervertis à leur naissance sont mêlés à divers quiproquos à la veille de la Révolution française. □ Non classé
DVD VF→STF→21,95 $

STARTING OVER [Merci d'avoir été ma femme] ▷4
É.-U. 1979. Comédie sentimentale de Alan J. PAKULA avec Burt Reynolds, Jill Clayburgh et Candice Bergen. - Un écrivain dans la trentaine tente de refaire sa vie après s'être séparé de sa femme sur l'initiative de celle-ci. □ 13 ans+
DVD VA→STA→Cadrage W→9,95 $

STATE AND MAIN [Attention on tourne] ▷3
É.-U. 2000. Comédie de mœurs de David MAMET avec William H. Macy, Philip Seymour, Michael Higgins Hoffman et Rebecca Pidgeon. - L'arrivée impromptue d'une équipe de tournage hollywoodienne met en émoi la communauté d'une petite ville. - Fable morale très ludique. Récit intelligent aux dialogues truculents. Mise en scène d'un art consommé. Excellent jeu d'ensemble des interprètes. □ Général
DVD VA→STA→Cadrage P&S/W→23,95 $

STATE FAIR [It Happened One Summer] ▷4
É.-U. 1945. Comédie musicale de Walter LANG avec Jeanne Crain, Dana Andrews et Dick Haymes. - Les aventures et mésaventures d'une famille de fermiers à une foire locale. □ Général

STATE OF GRACE [Anges de la nuit, Les] ▷4
É.-U. 1990. Drame policier de Phil JOANOU avec Sean Penn, Gary Oldman et Robin Wright. - Un jeune policier s'infiltre dans une bande de mafiosi irlandais de New York dont fait partie un de ses amis d'enfance. □ 18 ans+
DVD VF→STF→Cadrage W→12,95 $

STATE OF MIND
ANG. 2003. Christopher MENAUL
DVD VA→21,95 $

STATE OF MIND, A
ANG. COR. 2004. Daniel GORDON
DVD VA→STA→Cadrage W/16X9→23,95 $

STATE OF SIEGE *voir* **État de siège**

STATE OF THE UNION ▷4
É.-U. 1948. Comédie dramatique de Frank CAPRA avec Katharine Hepburn, Spencer Tracy, Van Johnson et Angela Lansbury. - Un directeur de journal devient candidat à la présidence des États-Unis. □ Général

STATE OF THINGS, THE
voir **État des choses, L'**

STATE'S ATTORNEY ▷4
É.-U. 1932. Drame judiciaire de George ARCHAINBAUD avec John Barrymore, Helen Twelvetrees et William Boyd. - Un jeune avocat attaché au bureau du procureur s'efforce d'inculper un influent mafioso. □ Non classé

STATEMENT, THE [Exposé] ▷5
CAN. 2003. Thriller de Norman JEWISON avec Michael Caine, Tilda Swinton et Jeremy Northam. - Dans les années 1990, une juge pourchasse un ex-milicien du régime de Vichy accusé de crimes contre l'humanité, qui jouit toujours de la protection de l'Église. □ Général
DVD VF→STF→Cadrage W→34,95 $

STATESIDE
ALL. É.-U. 2004. Reverge ANSELMO
DVD VA→Cadrage W→7,95 $

STATION, THE ▷5
ITA. 1990. Comédie dramatique réalisée et interprétée par Sergio RUBINI avec Margherita Buy et Ennio Fantastichini. - Le travail routinier d'un chef de gare est perturbé par l'arrivée d'une belle blonde qui fuit son fiancé. □ Général

STATION AGENT, THE [Agent de la gare, L'] ▷4
É.-U. 2003. Comédie dramatique de Thomas McCARTHY avec Peter Dinklage, Patricia Clarkson et Bobby Cannavale. - À la mort de son seul ami, un nain peu sociable et passionné par les trains hérite d'une ancienne gare où il liera de nouvelles amitiés.
DVD VA→STF→Cadrage W→22,95 $

STATION NORD ▷6
QUÉ. 2002. Conte de Jean-Claude LORD avec Xavier Morin-Lefort, Benoît Brière et Roxane Gaudette-Loiseau. - Après avoir péri en forêt durant une tempête de neige, un jeune facteur devient un lutin chargé de répondre au courrier du Père Noël. □ Général
DVD VF→29,95 $

STAVISKY ▷3
FR. ITA. 1974. Drame social d'Alain RESNAIS avec Charles Boyer, Jean-Paul Belmondo et Claude Rich. - Évocation de la vie d'un escroc célèbre des années 1930. - Style souple et élégant. Structure complexe. Conception raffinée de la mise en scène. □ Général
DVD VF→STA→Cadrage W→86,95 $

STAY [Reste] ▷5
É.-U. 2005. Thriller de Marc FORSTER avec Ewan McGregor, Ryan Gosling et Naomi Watts. - Tandis qu'il cherche à empêcher un étudiant de se suicider, un psychiatre en vient à croire qu'il évolue dans un univers parallèle à la réalité. □ 13 ans+
DVD VF→STF→Cadrage P&S/W→34,95 $

STAY HUNGRY ▷5
É.-U. 1976. Comédie de mœurs de Bob RAFELSON avec Arnold Schwarzenegger, Jeff Bridges et Sally Field. - Un agent immobilier qui négocie l'achat d'un club sportif s'intéresse à ceux qui le fréquentent. □ 13 ans+
DVD VA→STF→Cadrage W/16X9→11,95 $

STAYING ALIVE ▷5
É.-U. 1983. Comédie dramatique de Sylvester STALLONE avec John Travolta, Cynthia Rhodes et Finola Hughes. - Sorti vainqueur d'un concours de danse, un jeune homme entreprend une carrière de danseur à New York.
DVD VA→STA→13,95 $

STEALING BEAUTY ▷4
ITA. 1996. Drame psychologique de Bernardo BERTOLUCCI avec Liv Tyler, Jeremy Irons et Sinead Cusack. - Une jeune Américaine passe ses vacances en Toscane chez des amis de sa mère récemment décédée. □ 13 ans+ · Érotisme
DVD VF→STA→Cadrage W→9,95 $

STEALING HEAVEN ▷5
ANG. 1986. Drame historique de Clive DONNER avec Derek de Lint, Kim Thompson et Denholm Elliott. - Au XIIe siècle, à Paris, une couventine s'engage dans une liaison avec un clerc, de vingt ans son aîné. □ Non classé

STEAMBOAT BILL JR. ►1
É.-U. 1928. Comédie de Charles REISNER avec Buster Keaton, Ernest Torrence et Tom McGuire. - Un jeune homme maladroit s'éprend de la fille du concurrent de son père qui est capitaine de bateau à vapeur. - Excellente comédie de l'époque du muet. Charme nostalgique. Remarquable mise au point des gags. B. Keaton attendrissant et drôle. □ Général
DVD 19,95 $

STEEL MAGNOLIAS [Passions tourmentées] ▷4
É.-U. 1989. Comédie dramatique d'Herbert ROSS avec Sally Field, Dolly Parton et Shirley MacLaine. - Dans une petite ville, un groupe d'amies se retrouve régulièrement au salon de coiffure de l'une d'elles pour y échanger propos et confidences. □ Général
DVD VA→STA→Cadrage W→15,95 $

STEFANO QUANTESTORIE ▷4
ITA. 1993. Comédie fantaisiste réalisée et interprétée par Maurizio NICHETTI avec Elena Sofia Ricci et Amanda Sandrelli. - Un Romain qui mène une vie sans surprises rêve à ce qu'aurait été son existence s'il n'était pas devenu un gendarme. □ Général

STELLA ▷4
GRÈ. 1955. Drame psychologique de Michael CACOYANNIS avec Melina Mercouri, Georges Foundas et Sophia Vembo. - La vedette d'un cabaret va d'amour en amour mais refuse toujours le mariage. □ Général
DVD Cadrage W→31,95 $

STELLA ▷5
FR. 1983. Drame de guerre de Laurent HEYNEMANN avec Nicole Garcia, Thierry Lhermitte et Jean-Claude Brialy. - À l'été 1944, un jeune Parisien qui travaille pour la Gestapo afin d'obtenir la libération de sa maîtresse juive doit fuir avec celle-ci à l'approche des forces alliées. □ Général

STELLA ▷5
É.-U. 1990. Mélodrame de John ERMAN avec Bette Midler, Trini Alvarado et Stephen Collins. - N'étant plus en mesure d'assurer l'avenir de sa fille, une serveuse de bar fait en sorte que son père légitime l'accueille chez lui et veille à ses études. □ Général
DVD VA→9,95 $ VF→Cadrage W→9,95 $

STELLA DALLAS ▷4
É.-U. 1937. Mélodrame de King VIDOR avec Barbara Stanwyck, John Boles et Anne Shirley. - Devant le manque d'éducation de sa fille, une mère s'efface et accepte que celle-ci aille vivre avec son père qui s'est remarié. □ Général
DVD VA→STF→12,95 $

STELLA DOES TRICKS ▷4
ANG. 1996. Comédie de mœurs de Coky GIEDROYC avec Kelly MacDonald, James Bolam et Hans Mathieson. - Une jeune prostituée qui a connu une enfance malheureuse s'efforce d'améliorer son sort et de régler des comptes avec son passé. □ Non classé

STENDHAL SYNDROME, THE ▷5
ITA. 1996. Drame d'horreur de Dario ARGENTO avec Asia Argento, Thomas Kretschmann et Marco Leonardi. - Une jeune policière hantée par d'étranges visions se lance aux trousses d'un tueur en série.
DVD VA→Cadrage W→17,95 $

STEPFATHER, THE ▷4
É.-U. 1986. Drame policier de Joseph RUBEN avec Terry O'Quinn, Jill Schoelen et Shelley Hack. - Un psychopathe qui a massacré sa femme et ses enfants change d'identité et se bâtit une nouvelle existence avec une veuve et sa fille. □ 13 ans+

STEPFORD WIVES, THE [Épouses modèles, Les] ▷4
É.-U. 1975. Drame psychologique de Bryan FORBES avec Katharine Ross, Paula Prentiss et Patrick O'Neal. - Une jeune femme constate que la majorité des épouses d'une localité de banlieue ont subi des transformations de personnalité. □ Général
DVD VA→14,95 $

STEPFORD WIVES, THE [Femmes de Stepford, Les]
É.-U. 2004. Frank OZ
DVD VF→STA→Cadrage W→12,95 $

STEPMOM [Blonde de mon père, La] ▷5
É.-U. 1998. Mélodrame de Chris COLUMBUS avec Julia Roberts, Susan Sarandon et Ed Harris. - Une jeune photographe de mode a de la difficulté à se faire accepter par les enfants de son nouveau compagnon de vie. □ Général
DVD Cadrage W→17,95 $

STEPPENWOLF ▷4
ALL. 1974. Drame psychologique de Fred HAINES avec Max Von Sydow, Dominique Sanda et Pierre Clémenti. - La vie d'un écrivain misanthrope est bouleversée par sa rencontre avec une entraîneuse. □ 13 ans+

STEPPING OUT [Amour de prof, Un] ▷4
É.-U. 1991. Comédie dramatique de Lewis GILBERT avec Liza Minnelli, Sheila McCarthy et Shelley Winters. - Une danseuse professionnelle entreprend de monter un numéro avec des amateurs pour un spectacle de charité. □ Général

STERILE CUCKOO, THE [Pookie] ▷4
É.-U. 1969. Drame psychologique de Alan J. PAKULA avec Liza Minnelli, Wendell Burton et Tim McIntire. - Une adolescente traumatisée par une enfance frustrée recherche l'amour et la sécurité auprès d'un étudiant. □ 13 ans+

STICK, THE [Section, La] ▷4
A.S. 1988. Drame de guerre de Darrell James ROODT avec Sean Taylor, Greg Latter et Frantz Dobrowsky. - Quelque part en Afrique, sept soldats blancs qui doivent capturer un sorcier influent sont assaillis par un ennemi invisible. □ 13 ans+

STILL CRAZY [Cinglés, Les] ▷4
ANG. 1998. Comédie de Brian GIBSON avec Stephen Rea, Billy Connolly et Jimmy Nail. - Les membres d'un groupe rock à succès des années 1970 décident de reprendre la carrière musicale et les tournées. □ Général
DVD VA→STA→Cadrage P&S/W→9,95 $

STILL OF THE NIGHT ▷4
É.-U. 1982. Drame policier de Robert BENTON avec Roy Scheider, Meryl Streep et Sara Botsford. - Un psychiatre soupçonne une jeune femme mystérieuse du meurtre d'un de ses patients. □ Général

STILL SMOKIN' ▷7
É.-U. 1983. Comédie réalisée et interprétée par Thomas CHONG avec Cheech Marin et Hans Van In't Veld. - Deux hurluberlus américains sont appelés à participer à un festival du film à Amsterdam, où ils ne tardent pas à semer le désordre. □ 13 ans+
DVD VA→STA→Cadrage W→11,95 $

STING, THE [Arnaque, L'] ▷3
É.-U. 1973. Comédie policière de George Roy HILL avec Paul Newman, Robert Redford et Robert Shaw. - Deux escrocs montent une habile supercherie pour se venger d'un chef de la pègre. - Évocation réussie du climat et du style des films de gangsters des années 1930. Retournements de l'intrigue fort bien agencés. Interprétation pleine d'aisance. □ Général
DVD VF→STA→Cadrage W→31,95 $

STIR CRAZY [Faut s'faire la malle] ▷5
É.-U. 1980. Comédie de Sydney POITIER avec Gene Wilder, Richard Pryor et Georg Stanford Brown. - Accusés à tort d'un vol de banque, un dramaturge et un acteur font l'expérience de la vie en prison. □ 13 ans+

STIR OF ECHOES [Portes de l'esprit, Les] ▷4
É.-U. 1999. Drame fantastique de David KOEPP avec Kevin Bacon, Kathryn Erbe et Kevin Dunn. - Un père de famille de Chicago est en proie à des visions fantômatiques après avoir été hypnotisé. □ 13 ans+ · Violence
DVD Cadrage W→18,95 $ VA→Cadrage W→23,95 $

STOLEN KISSES *voir* **Baisers volés**

STOLEN LIFE ▷5
É.-U. 1947. Drame sentimental de Curtis BERNHARDT avec Bette Davis, Dane Clark et Glenn Ford. - Les tribulations de deux jumelles amoureuses du même homme.

STONE BOY ▷4
É.-U. 1983. Drame psychologique de C. CAIN avec Jason Presson, Robert Duvall et Glenn Close. - Un adolescent de douze ans se referme sur lui-même après avoir tué accidentellement son frère aîné.
DVD VA→Cadrage W→15,95 $

STONE PILLOW ▷5
É.-U. 1985. Comédie dramatique de G. SCHAEFER avec Lucille Ball, Daphne Zuniga et Stefan Schnabel. - Une jeune assistante sociale s'intéresse au cas d'une vieille femme sans foyer qui vit dans les rues.
DVD VA→12,95 $

STONE READER
É.-U. 2002. Mark MOSKOWITZ
DVD VA→Cadrage W→42,95 $

STORM IN A TEACUP ▷4
ANG. 1937. Comédie de Victor SAVILLE avec Rex Harrison, Vivien Leigh et Cecil Parker. - Un politicien est pris à partie par un journaliste pour un incident banal. - □ Général

STORM OF THE CENTURY ▷4
É.-U. 1999. Drame fantastique de Craig R. BAXLEY avec Tim Daly, Colm Feore et Debrah Farentino. - À l'approche d'une violente tempête hivernale, un inconnu aux pouvoirs surnaturels cause la mort de plusieurs habitants d'un village côtier.

STORM OVER ASIA
RUS. 1928. Vsevolod POUDOVKINE □ Général
DVD 39,95 $

STORM OVER MONT BLANC
ALL. 1930. Arnold FANCK
DVD STA→23,95 $

STORM WITHIN, THE
voir **Parents terribles, Les**

STORMY MONDAY ▷4
ANG. 1988. Drame de mœurs de Mike FIGGIS avec Melanie Griffith, Sean Bean et Sting. - Une serveuse et un apprenti écrivain sont mêlés à une lutte entre un gérant de club et un homme d'affaires véreux. □ Général
DVD VA→STF→Cadrage W→11,95 $

STORMY WEATHER ▷4
É.-U. 1943. Comédie musicale d'Andrew L. STONE avec Lena Horne, Bill Robinson et Fats Waller. - Un vétéran de la Grande Guerre traverse des difficultés diverses avant de devenir une vedette de music-hall. □ Général
DVD VA→STA→22,95 $

STORMY WEATHER ▷4
FR. 2003. Drame psychologique de Solveig ANSPACH avec Élodie Bouchez, Didda Jonsdottir et Baltasar Kormakur. - Se rendant en Islande pour soigner une de ses patientes, une psychiatre française est confrontée à une situation déstabilisante. □ Général
DVD VF→STF→38,95 $

STORY OF A LOVE AFFAIR
ITA. 1950. Michelangelo ANTONIONI
DVD STA→37,95 $

STORY OF A PROSTITUTE
JAP. 1965. Seijun SUZUKI □ 13 ans+
DVD STA→46,95 $

STORY OF A THREE-DAY PASS
É.-U. FR. 1968. Melvin VAN PEEBLES
DVD VA→Cadrage P&S→14,95 $

STORY OF ADELE H., THE
voir **Histoire d'Adèle H., L'**

STORY OF ALEXANDER GRAHAM BELL, THE ▷4
É.-U. 1939. Drame biographique d'Irving CUMMINGS avec Don Ameche, Henry Fonda et Loretta Young. - Les tribulations de l'inventeur du téléphone. □ Général

STORY OF DR. WASSELL, THE ▷4
É.-U. 1944. Drame de guerre de Cecil B. DeMILLE avec Gary Cooper, Laraine Day et Signe Hasso. - Un médecin américain, surpris en Chine par la guerre, accomplit plusieurs exploits. □ Général

STORY OF ESTHER COSTELLO, THE ▷4
[Scandale d'Esther Costello, Le]
ANG. 1957. Drame psychologique de David MILLER avec Rossano Brazzi, Joan Crawford et Heather Sears. - Une jeune femme recueille une enfant sourde-muette-aveugle et entreprend sa rééducation. □ Général

STORY OF FAUSTA, THE ▷4
BRÉ. 1988. Drame social de Bruno BARRETO avec Betty Faria, Daniel Filho et Brandao Filho. - Une femme de ménage brésilienne se révolte contre ses dures conditions de vie. □ Général

STORY OF G.I. JOE, THE ▷4
É.-U. 1945. Drame de guerre de William A. WELLMAN avec Burgess Meredith, Robert Mitchum et Freddy Steele. - La vie d'une compagnie d'infanterie américaine pendant la campagne d'Afrique du Nord et d'Italie. □ 13 ans+
DVD 36,95 $

STORY OF JACOB AND JOSEPH, THE ▷4
ANG. 1973. Drame biblique de Michael CACOYANNIS avec Keith Michell, Tony Lo Bianco et Colleen Dewhurst. - Évocation de la vie du patriarche Jacob et de celle de son fils Joseph, intendant d'Égypte.

STORY OF LOUIS PASTEUR, THE ▷3
É.-U. 1936. Drame biographique de William DIETERLE avec Paul Muni, Henry O'Neill et Josephine Hutchinson. - Évocation de la carrière d'un grand savant français. - Scénario intéressant. Mise en scène imposante. □ Général

STORY OF MARIE AND JULIEN, THE
voir **Histoire de Marie et Julien**

STORY OF O *voir* **Histoire d'O**

STORY OF QIU JU, THE *voir* **Histoire de Qiu Ju, L'**

STORY OF ROBIN HOOD, THE ▷4
ANG. 1951. Aventures de Ken ANNAKIN avec Richard Todd, Joan Rice et James Hayter. - Robin des Bois tente de tenir tête au prince Jean, qui opprime le peuple en l'absence du roi Richard. □ Général

STORY OF RUTH, THE [Histoire de Ruth, L'] ▷5
É.-U. 1960. Drame biblique de Henry KOSTER avec Elana Eden, Stuart Whitman et Tom Tryon. - Une jeune Moabite, veuve d'un Israélite, suit sa belle-mère à Bethléem. □ Général
DVD VF→STA→Cadrage W→15,95 $

STORY OF SEABISCUIT, THE
É.-U. 1949. David BUTLER
DVD VA→STF→7,95 $

STORY OF THE LAST CHRYSANTHEMUM, THE
JAP. 1939. Kenji MIZOGUCHI □ Général

STORY OF US, THE [Notre histoire] ▷5
É.-U. 1999. Comédie sentimentale de Rob REINER avec Bruce Willis, Michelle Pfeiffer et Tim Matheson. - Au moment où il envisage la séparation après quinze ans de mariage, un couple fait le point sur les moments marquants de sa vie conjugale. □ Général
DVD VF→Cadrage W→10,95 $

STORY OF VERNON & IRENE CASTLE, THE ▷4
É.-U. 1939. Comédie musicale de H.C. POTTER avec Fred Astaire, Ginger Rogers et Walter Brennan. - Vie romancée de deux danseurs célèbres. □ Général

STORY OF WOMEN *voir* **Affaire de femmes, Une**

STORYTELLING [Histoires à raconter] ▷4
É.-U. 2001. Drame de mœurs de Todd SOLONDZ avec Selma Blair, Mark Webber et Paul Giamatti. - L'histoire d'une étudiante qui a une humiliante aventure d'un soir avec son professeur et celle d'un jeune décrocheur qui vit au sein d'une famille aisée. □ 16 ans+
DVD VA→38,95 $

STOWAWAY IN THE SKY *voir* **Voyage en ballon, Le**

STRADA, LA ►1
ITA. 1954. Drame poétique de Federico FELLINI avec Giulietta Masina, Anthony Quinn et Richard Basehart. - La vie de nomades d'un couple mal assorti composé d'un saltimbanque brutal et d'une adolescente un peu simple d'esprit. - Histoire simple et tragique admirablement racontée. Climat poétique soutenu. Interprétation remarquable. □ Général
DVD STA→Cadrage W→62,95 $

STRADA BLUES [Sud] ▷4
ITA. 1990. Comédie de mœurs de Gabriele SALVATORES avec Diego Abatantuono, Fabrizio Bentivoglio et Laura Morante. - Deux vieux copains quadragénaires partagent une passion identique du théâtre et aiment la même femme. □ Général

STRAIGHT FOR THE HEART *voir* **À corps perdu**

STRAIGHT STORY, THE [Histoire vraie, Une] ►2
É.-U. 1999. Drame de David LYNCH avec Richard Farnsworth, Sissy Spacek et Wiley Harker. - Un homme de 73 ans entreprend un long voyage au volant d'une tondeuse à gazon pour se réconcilier avec son frère malade. - Récit humaniste inspiré d'un fait vécu. Traitement privilégiant la simplicité. Réalisation fluide et maîtrisée. Performance prenante de R. Farnsworth. □ Général
DVD VA→Cadrage P&S→19,95 $
VF→STF→Cadrage W→18,95 $

STRAIGHT TO HELL ▷5
É.-U. 1987. Comédie satirique d'Alex COX avec Sy Richardson, Joe Strummer et Dick Rude. - Après un audacieux vol de banque, quatre gangsters entrent en conflit avec des hors-la-loi qui veulent s'emparer de leur butin. □ Non classé
DVD VA→Cadrage W→29,95 $

STRAIT-JACKET ▷5
É.-U. 1964. Drame d'horreur de William CASTLE avec Joan Crawford, Diane Baker et Leif Erickson. - Une meurtrière revient chez sa fille après avoir passé vingt ans dans un asile d'aliénés. □ 13 ans+
DVD VA→Cadrage W→36,95 $

STRANGE AFFAIR OF UNCLE HARRY, THE ▷4
É.-U. 1945. Drame policier de Robert SIODMAK avec Geraldine Fitzgerald, George Sanders et Ella Raines. - Un célibataire dominé par ses deux sœurs a recours au meurtre pour échapper à leur influence. □ Général

STRANGE BEDFELLOWS ▷4
É.-U. 1964. Comédie de Melvin FRANK avec Rock Hudson, Gina Lollobrigida et Edward Judd. - Au cours d'un voyage d'affaires, un homme renoue avec sa femme, dont il s'était séparé. □ Général
DVD VA→STF→Cadrage W→18,95 $

STRANGE BEDFELLOWS
AUS. 2004. Dean MURPHY
DVD VA→Cadrage W→9,95 $

STRANGE BEHAVIOR
É.-U. 1981. Michael LAUGHLIN □ 13 ans+ · Horreur
DVD VA→Cadrage W→19,95 $

STRANGE CARGO ▷4
É.-U. 1940. Drame de Frank BORZAGE avec Clark Gable, Ian Hunter et Joan Crawford. - Dans un bagne de Guyane, des prisonniers tentent une évasion à travers la jungle. □ Non classé

STRANGE CASE OF DR. JEKYLL AND MR. HYDE, THE ▷4
CAN. 1968. Drame fantastique de Charles JARROTT avec Jack Palance, Oscar Homolka, Denholm Elliott et Billie Whitelaw. - Un savant se transforme en monstre en expérimentant une formule nouvelle.
DVD VA→21,95 $

STRANGE CASE OF LIZZIE BORDEN, THE
voir **A&E Biography**

STRANGE CASE OF THE END OF CIVILISATION AS WE KNOW IT, THE
ANG. 1977. Joseph McGRATH □ Général
DVD VA→19,95 $

STRANGE DAYS ▷4
É.-U. 1995. Science-fiction de Kathryn BIGELOW avec Ralph Fiennes, Angela Bassett et Juliette Lewis. - En 1999, un trafiquant d'enregistrements virtuels illégaux est mêlé à une affaire de meurtre qui risque d'entraîner une escalade de violence raciale sans précédent. □ 16 ans+ · Violence
DVD Cadrage W→9,95 $

STRANGE DOOR, THE ▷5
É.-U. 1951. Drame d'horreur de Joseph PEVNEY avec Boris Karloff, Charles Laughton et Sally Forrest. - Un seigneur corrompu veut forcer sa nièce à épouser un débauché. □ Général

STRANGE FRUIT
É.-U. 2004. Kyle SCHICKNER
DVD VA→33,95 $

STRANGE INTERLUDE ▷5
É.-U. 1932. Mélodrame de Robert Z. LEONARD avec Norma Shearer, Clark Gable et Alexander Kirkland. - Une femme fait preuve d'une possessivité excessive envers son fils qui est né d'une relation adultère. □ Général

STRANGE INVADERS ▷4
É.-U. 1983. Science-fiction de Michael LAUGHLIN avec Paul LeMat, Nancy Allen et Michael Lerner. - S'inquiétant de l'absence prolongée de son ex-femme, un professeur découvre que le village de celle-ci est occupé par des extraterrestres.
DVD VA→STF→Cadrage W→11,95 $

STRANGE ONE, THE [Demain ce seront des hommes] ▷4
É.-U. 1956. Drame de Jack GARFEIN avec Ben Gazzara, George Peppard et Pat Hingle. - Dans une école militaire, un cadet sadique terrorise ses camarades. □ Général

STRANGER, THE ▷3
É.-U. 1945. Drame d'espionnage réalisé et interprété par Orson WELLES avec Loretta Young et Edward G. Robinson. - Un policier trouve un criminel de guerre nazi qui se cache sous une fausse identité dans une petite ville américaine. - Intrigue conventionnelle renouvelée par une mise en scène brillante. □ Général
DVD VA→10,95 $ VA→4,95 $

STRANGER, THE
IND. 1990. Satyajit RAY □ Non classé

STRANGER AMONG US, A ▷5
[Étrangère parmi nous, Une]
É.-U. 1992. Drame policier de Sidney LUMET avec Melanie Griffith, Eric Thal et Tracey Pollan. - Afin d'enquêter sur le meurtre d'un bijoutier juif, une policière demande à un rabbin de la faire passer pour un membre de sa communauté. □ Général
DVD VA→Cadrage W→9,95 $

STRANGER ON MY LAND ▷4
É.-U. 1987. Drame social de Larry ELIKANN avec Tommy Lee Jones, Dee Wallace Stone et Terry O'Quinn. - Un fermier lutte contre l'établissement d'une base aérienne sur ses terres. □ Général

STRANGER THAN PARADISE ▷3
É.-U. 1984. Comédie de mœurs de Jim JARMUSCH avec John Lurie, Esther Balint et Richard Edson. - Accompagné d'un copain, un émigré hongrois invite sa cousine à se joindre à eux pour un périple en Floride. - Approche rappelant l'école tchèque des années 1960. Dialogue éloquent dans sa banalité. Mise en scène minimale mais expressive. □ Général

STRANGER WORE A GUN, THE ▷5
É.-U. 1952. Western d'André De TOTH avec Randolph Scott, Claire Trevor et Joan Weldon. - Un homme dresse deux bandes de pillards l'une contre l'autre. - Intrigue conventionnelle. Poursuites spectaculaires. Interprétation dans la note. □ Général

STRANGERS *voir* **Voyage in Italy**

STRANGERS ON A TRAIN ▶2
É.-U. 1951. Drame policier d'Alfred HITCHCOCK avec Farley Granger, Robert Walker et Ruth Roman. - Un dément tue la femme encombrante d'un joueur de tennis et en retour exige de lui un meurtre. - Adaptation d'un roman de Patricia Highsmith. Grande qualité technique. Forte tension. Passages d'un rare brio. Interprètes convaincants. □ Général
DVD VF→STF→14,95 $ VA→31,95 $

STRAPLESS ▷4
ANG. 1989. Drame psychologique de David HARE avec Blair Brown, Bruno Ganz et Bridget Fonda. - Une femme médecin constate que l'homme qu'elle a épousé n'est pas celui qu'elle croyait connaître.

STRAPPED [Meurtres à Brooklyn] ▷4
É.-U. 1993. Drame social de Forest WHITAKER avec Kia Joy Goodwin, Bokeem Woodbine et Fredro. - Un ex-vendeur de drogue est obligé de devenir indicateur pour la police s'il veut que sa fiancée sorte de prison. □ 13 ans+ · Langage vulgaire

STRASS CAFÉ ▷4
QUÉ. 1980. Drame poétique de Léa POOL et Luc CARON. - Évocation de l'aventure amoureuse d'une chanteuse employée dans un café près du port. □ Général

STRATEGIC AIR COMMAND ▷4
É.-U. 1955. Comédie dramatique d'Anthony MANN avec James Stewart, June Allyson et Frank Lovejoy. - Les problèmes conjugaux et professionnels d'un pilote de bombardier dans l'aviation américaine. □ Non classé

STRATÉGIE DE L'ARAIGNÉE, LA ▷3
[Spider's Stratagem, The]
ITA. 1970. Drame psychologique de Bernardo BERTOLUCCI avec Giulio Brogi, Alida Valli et Tino Scotti. - Un jeune homme tente d'éclaircir les circonstances entourant la mort de son père, considéré comme un héros de la Résistance. - Montage très élaboré. Riche invention visuelle. Interprétation excellente. □ Général

STRATTON STORY, THE ▷4
É.-U. 1948. Drame sportif de Sam WOOD avec James Stewart, June Allyson et Frank Morgan. - Un joueur de baseball voit sa carrière brisée par un accident de chasse. □ Général

STRAW DOGS ▷3
ANG. 1971. Thriller de Sam PECKINPAH avec Dustin Hoffman, Susan George et Peter Vaughan. - Un universitaire pacifique est poussé à la violence pour défendre sa femme et ses biens. - Sujet traité de façon très convaincante. Tension maintenue avec habileté. Réalisation d'une grande rigueur. Scène finale très réussie. Interprétation intense de D. Hoffman. □ 18 ans+
DVD VA→STF→Cadrage W→18,95 $

STRAWBERRY AND CHOCOLATE ▷3
[Fraises et chocolat]
CUB. 1993. Drame de mœurs de Tomas Gutiérrez ALEA et Juan Carlos TABIO avec Vladimir Cruz, Jorge Perugorria et Mirta Ibarra. - Un jeune étudiant cubain fidèle à la ligne révolutionnaire devient l'ami d'un artiste homosexuel. - Intéressante confrontation entre deux aspects de la société cubaine. Sens marqué de l'observation. Mise en scène intelligente. Jeu touchant de J. Perugorria.
DVD STA→Cadrage W/16X9→23,95 $

STRAY CAT ROCK: SEX HUNTER
JAP. 1970. Yasuharu HASEBE
DVD STA→Cadrage W/16X9→23,95 $

STRAY DOG *voir* **Chien enragé, Un**

STREAMERS
É.-U. 1983. Robert ALTMAN □ 13 ans+

STREET MOBSTER
JAP. 1972. Kinji FUKASAKU
DVD STA→Cadrage W/16X9→46,95 $

STREET OF LOVE AND HOPE
JAP. 1959. Nagisa OSHIMA

STREET OF SHAME *voir* **Rue de la honte, La**

STREET SCENE ▷4
É.-U. 1931. Drame de mœurs de King VIDOR avec Sylvia Sidney, William Collier Jr. et Estelle Taylor. - Les habitants d'une rue de quartier dans une grande ville vivent divers incidents dramatiques dont un meurtre.
DVD VA→34,95 $

STREET SMART ▷4
É.-U. 1986. Drame policier de Jerry SCHATZBERG avec Christopher Reeve, Morgan Freeman et Kathy Baker. - Après avoir inventé de toutes pièces un reportage sur la vie d'un souteneur, un journaliste a des ennuis avec un dangereux proxénète poursuivi pour meurtre. □ 13 ans+
DVD VA→STF→Cadrage W→11,95 $

STREET WITH NO NAME, THE ▷5
É.-U. 1948. Drame policier de William KEIGHLEY avec Mark Stevens, Richard Widmark et Barbara Lawrence. - Afin de déjouer une bande de gangsters, un policier s'introduit dans le groupe. □ Non classé
DVD VA→STA→14,95 $

STREETCAR NAMED DESIRE, A ▷4
É.-U. 1995. Drame psychologique de Glenn JORDAN avec Jessica Lange, Alec Baldwin et Diane Lane. - Une femme déchue séjourne chez sa sœur, mariée à un ouvrier brutal. □ 13 ans+

STREETCAR NAMED DESIRE, A ▷3
[Tramway nommé Désir, Un]
É.-U. 1951. Drame psychologique d'Elia KAZAN avec Vivien Leigh, Marlon Brando et Kim Hunter. - Le séjour d'une femme déchue chez sa sœur mariée à un ouvrier brutal tourne à la tragédie. - Habile reconstitution du climat propre aux pièces de Tennessee Williams. Mélange de réalisme sordide et de poésie. Interprétation de première force. □ 13 ans+
DVD VA→STF→21,95 $ VF→STF→32,95 $

STREETS OF FIRE [Rues de feu, Les] ▷5
É.-U. 1984. Drame musical de Walter HILL avec Michael Pare, Amy Madigan et Diane Lane. - Un ancien soldat d'élite se lance à la poursuite d'une bande de motards qui ont enlevé une chanteuse de rock. □ 13 ans+
DVD VF→STF→Cadrage W→18,95 $

STRICTLY BALLROOM [Fais-moi danser] ▷4
AUS. 1992. Comédie dramatique de Baz LUHRMANN avec Paul Mercurio, Tara Morice et Bill Hunter. - Un jeune couple de danseurs refuse de se plier aux codes de chorégraphie dictés par les organisateurs d'une épreuve nationale. □ Général
DVD VA→Cadrage W/16X9→27,95 $

STRIKE *voir* **Grève, La**

STRIKE ! [Filles font la loi, Les] ▷4
É.-U. 1998. Comédie de Sarah KERNOCHAN avec Kirsten Dunst, Gaby Hoffmann et Lynn Redgrave. - En 1963, dans un pensionnat pour jeunes filles en Nouvelle-Angleterre, des élèves s'opposent à un projet de fusion avec une école pour garçons. □ Général

STRIKE OF DEATH
H.K. 1996. John WOO □ 13 ans+ · Violence

STRIKE UP THE BAND ▷4
É.-U. 1940. Comédie musicale de Busby BERKELEY avec Mickey Rooney, Judy Garland et Paul Whiteman. - Les difficultés d'un étudiant désireux de former un orchestre. □ Général

STRINGS [Fil de la vie, Le] ▷3
DAN. 2004. Conte d'Anders RONNOW KLARLUND. - Croyant à tort que son père le roi a été assassiné, un jeune prince traverse le pays afin de le venger. - Riche évocation des tragédies anciennes au moyen de marionnettes à fils. Intrigue minimaliste aux articulations parfois grinçantes. Réalisation poétique au souffle épique. Ton solennel.
DVD VF→STA→34,95 $

STRIP JACK NAKED
ANG. 1991. Ron PECK
DVD VA→29,95 $

STRIPES [Stripes - Extended Cut] ▷5
É.-U. 1981. Comédie de Ivan REITMAN avec Bill Murray, Harold Ramis et Warren Oates. - Les mésaventures de deux amis qui s'engagent dans l'armée et se retrouvent dans un bataillon d'inadaptés. □ 13 ans+
DVD VA→Cadrage W→23,95 $ Cadrage W→17,95 $

STRIPTEASE ▷5
É.-U. 1996. Comédie policière d'Andrew BERGMAN avec Demi Moore, Ving Rhames et Burt Reynolds. - Une jeune strip-teaseuse est mêlée malgré elle à une affaire de meurtre impliquant un politicien. □ 13 ans+ · Érotisme
DVD VF→STF→Cadrage P&S/W→14,95 $

STROMBOLI ▷3
ITA. 1949. Drame psychologique de Roberto ROSSELLINI avec Ingrid Bergman, Mario Vitale et Renzo Cezana. - Une réfugiée lithuanienne souffre de la vie misérable qu'elle mène auprès de son mari italien dans une île de la Méditerranée. - Tableau émouvant de la souffrance humaine. Style néoréaliste épuré et volontairement austère. Mise en scène des plus rigoureuses. Interprétation sincère de I. Bergman. □ Général

STRONG MAN, THE ►2
É.-U. 1926. Comédie de Frank CAPRA avec Harry Langdon, Priscilla Bonner et Arthur Thalasso. - Un Belge candide, devenu l'associé d'un Hercule de foire, recherche aux États-Unis sa marraine de guerre. - Classique du cinéma muet. Grande invention comique. Mise en scène précise. Jeu à la fois touchant et drôle de H. Langdon. □ Général

STROSZEK *voir* **Ballade de Bruno, La**

STUART LITTLE [Petit Stuart] ▷4
É.-U. 1999. Comédie fantaisiste de Rob MINKOFF avec Geena Davis, Hugh Laurie et Jonathan Lipnicki. - Une famille new-yorkaise adopte une souris dotée de la parole, au grand dam du chat de la maison. □ Général

STUART LITTLE 2 [Petit Stuart 2, Le] ▷4
É.-U. 2002. Comédie fantaisiste de Rob MINKOFF avec Geena Davis, Hugh Laurie et Jonathan Lipnicki. - Une souris adoptée par une famille humaine de Manhattan vient en aide à une oiselle persécutée par un faucon. □ Général

STUCK ON YOU [Collé à toi] ▷5
É.-U. 2003. Comédie de Bobby FARRELLY et Peter FARRELLY avec Greg Kinnear, Matt Damon et Wen Yann Shih. - Les aventures professionnelles et amoureuses de deux frères siamois à Hollywood. □ Général
DVD VF→STA→Cadrage W→15,95 $

STUD, THE ▷5
ANG. 1978. Drame de mœurs de Quentin MASTERS avec Joan Collins, Oliver Tobias et Emma Jacobs. - Les tribulations sentimentales d'un jeune homme qui dirige une boîte de nuit, grâce à l'argent de son insatiable maîtresse. □ 18 ans+

STUDY IN TERROR, A ▷4
ANG. 1965. Drame policier de James HILL avec John Neville, Donald Houston et Anthony Quayle. - À la fin du XIXe siècle, Sherlock Holmes enquête sur le meurtre de trois femmes de mœurs légères. □ 13 ans+

STUNT MAN, THE [Diable en boîte, Le] ▷3
É.-U. 1979. Comédie dramatique de Richard RUSH avec Peter O'Toole, Steve Railsback et Barbara Hershey. - Un jeune homme qui fuit la police est engagé comme cascadeur par un réalisateur fantasque. - Démystification ludique et astucieuse des artifices du cinéma. Jeu constant entre l'illusion et la réalité. Habile utilisation de trucages. Mise en scène souple. Bonne composition de P. O'Toole. □ 13 ans+
DVD VA→Cadrage W→16,95 $

STUPEUR ET TREMBLEMENTS ▷4
FR. 2003. Comédie dramatique d'Alain CORNEAU avec Sylvie Testud, Kaori Tsuji et Taro Suwa. - Une interprète d'origine belge engagée dans une grande compagnie de Tokyo subit diverses humiliations de la part de sa supérieure.

SUBSIDIARIES *voir* **Personnel**

SUBSTANCE OF FIRE, THE ▷4
É.-U. 1996. Drame psychologique de Daniel J. SULLIVAN avec Ron Rifkin, Tony Goldwyn et Sarah Jessica Parker. - La lente érosion du pouvoir qu'exerce un éditeur tyrannique sur sa compagnie et ses enfants.
DVD VA→18,95 $

SUBURBIA
É.-U. 1984. Penelope SPHEERIS
DVD VA→STA→14,95 $

SUBURBIA ▷4
É.-U. 1996. Drame social de Richard LINKLATER avec Jayce Bartok, Amie Carey et Nicky Katt. - Un groupe de jeunes paumés se réunissent un soir pour attendre le retour d'un ancien camarade de classe qui est devenu chanteur vedette. □ 13 ans+ · Langage vulgaire

SUBWAY ▷4
FR. 1985. Drame policier de Luc BESSON avec Christophe Lambert, Isabelle Adjani et Michel Galabru. - Poursuivi par les hommes de main d'un affairiste malhonnête, un jeune homme se réfugie dans les couloirs interdits du métro. □ Général

SUCCESS IS THE BEST REVENGE ▷3
ANG. 1984. Drame psychologique de Jerzy SKOLIMOWSKI avec Michael York, Michael Lyndon et Anouk Aimée. - Les problèmes professionnels et familiaux d'un metteur en scène polonais exilé à Londres avec sa femme et ses deux fils. - Constat douloureux et amer. Mise en images inventive et vigoureuse. □ Général

SUCH A LONG JOURNEY ▷5
CAN. 1998. Drame de mœurs de Sturla GUNNARSSON avec Roshan Seth, Soni Razdan et Om Puri. - En Inde, un père de famille sans histoire se laisse entraîner par un ami d'enfance dans une sale affaire de blanchiment d'argent. □ 13 ans+

SUD *voir* **Strada Blues**

SUDDEN FEAR ▷4
É.-U. 1952. Drame psychologique de David MILLER avec Joan Crawford, Jack Palance et Gloria Grahame. - Une riche femme de lettres apprend que son mari veut l'assassiner. □ Général
DVD 23,95 $

SUDDEN IMPACT [Retour de l'inspecteur Harry, L'] ▷5
É.-U. 1983. Drame policier réalisé et interprété par Clint EASTWOOD avec Sondra Locke et Pat Hingle. - Un inspecteur de police aux méthodes brutales est chargé d'enquêter sur une affaire de meurtre. □ 18 ans+
DVD VF→STF→Cadrage W→16,95 $

SUDDEN MANHATTAN
É.-U. 1997. Adrienne SHELLY
DVD VA→Cadrage P&S→24,95 $

SUDDEN TERROR *voir* **Eyewitness**

SUDDENLY ▷4
É.-U. 1953. Drame policier de Lewis ALLEN avec Frank Sinatra, Sterling Hayden et Nancy Gates. - Chargés d'assassiner le président des États-Unis, un tueur à gages et ses complices s'installent de force dans une maison privée. □ Général
DVD 26,95 $

SUDDENLY NAKED [Mise à nue] ▷5
CAN. 2001. Comédie sentimentale d'Anne WHEELER avec Wendy Crewson, Peter Coyote et Joe Cobden. - Une romancière de 39 ans en manque d'inspiration s'éprend d'un écrivain prodige âgé de 20 ans.
DVD VF→Cadrage W→11,95 $

SUDDENLY, LAST SUMMER ▷3
É.-U. 1959. Drame de Joseph Leo MANKIEWICZ avec Elizabeth Taylor, Montgomery Clift et Katharine Hepburn. - Un médecin soigne une jeune fille traumatisée par la mort horrible de son cousin. - Adaptation intelligente d'une pièce de Tennessee Williams. Mise en scène soignée. Interprétation remarquable. □ 13 ans+
DVD Cadrage W→32,95 $

SUDS
É.-U. 1920. John Francis DILLON
DVD STA→31,95 $

SUE PERDUE DANS MANHATTAN ▷4
[Sue Lost in Manhattan]
É.-U. 1997. Drame psychologique d'Amos KOLLEK avec Anna Thomson, Matthew Powers et Tahnee Welch. - Après avoir perdu son emploi de secrétaire, une New-Yorkaise sombre dans le désespoir et la déchéance. □ 13 ans+

SUEURS FROIDES *voir* **Vertigo**

SUGAR ▷4
CAN. 2004. Drame de mœurs de John PALMER avec Andre Noble, Brendan Fehr et Maury Chaykin. - À Toronto, un banlieusard gay de dix-huit ans qui cherche à perdre sa virginité se lie d'amitié avec un jeune prostitué.
DVD VA→9,95 $

SUGARBABY ▷4
ALL. 1985. Comédie satirique de Percy ADLON avec Marianne Sägebrecht, Eisi Gulp et Manuela Denz. - Une femme peu attirante tombe amoureuse d'un conducteur de métro marié. □ 13 ans+

SUGARLAND EXPRESS, THE ▷3
[Folle course vers Sugarland, La]
É.-U. 1974. Comédie dramatique de Steven SPIELBERG avec Goldie Hawn, Michael Sacks et William Atherton. - Un couple de délinquants s'empare de la voiture d'un policier pour aller reprendre leur enfant confié en adoption. - Récit rocambolesque inspiré de faits réels. Ingénieuse utilisation du pittoresque de la route. Personnages vivants et touchants. Grande habileté technique. Interprètes d'un naturel étonnant. □ 13 ans+
DVD VA→STF→Cadrage W→9,95 $

SUICIDE À WETHERBY *voir* **Wetherby**

SUICIDE CLUB
JAP. 2002. Shion SONO
DVD STA→Cadrage W→36,95 $ STA→Cadrage W→20,95 $

SUICIDE KINGS [Rois du kidnapping, Les] ▷5
É.-U. 1997. Drame policier de Peter O'FALLON avec Christopher Walken, Sean Patrick Flanery et Jay Mohr. - Quatre fils de familles aisées enlèvent un ex-mafioso pour le contraindre à retrouver les ravisseurs de la sœur de l'un d'eux. □ 13 ans+ · Violence
DVD VA→Cadrage W→13,95 $

SUITE 16 [Suite Sixteen] ▷5
BEL. 1994. Drame de mœurs de Dominique DERUDDERE avec Pete Postlethwaite, Antonie Kamerling et Geraldine Pailhas. - Un jeune gigolo profite des largesses d'un riche invalide qui exige en retour des faveurs troublantes. □ 16 ans+ · Érotisme

SUIVEUR, LE *voir* **Following**

SUJET CAPITAL, UN *voir* **Citizen Ruth**

SULLIVAN'S TRAVELS ►2
É.-U. 1941. Comédie de Preston STURGES avec Joel McCrea, Veronica Lake et Robert Warwick. - Pour étudier la misère de plus près, un cinéaste se déguise en clochard. - Œuvre maîtresse d'un excellent auteur comique. Mise en scène vivante. Interprétation de qualité. □ Non classé
DVD VA→STA→62,95 $

SUM OF ALL FEARS, THE ▷4
[Somme de toutes les peurs, La]
É.-U. 2002. Drame d'espionnage de Phil Alden ROBINSON avec Ben Affleck, Morgan Freeman et James Cromwell. - Un groupe de néonazis se procure une bombe nucléaire dont il entend se servir pour provoquer un conflit entre la Russie et les États-Unis. □ 13 ans+
DVD VF→STA→Cadrage W→11,95 $

SUM OF US, THE [Peu de nous deux, Un] ▷4
AUS. 1994. Comédie dramatique de Kevin DOWLING et Geoff BURTON avec Jack Thompson, Russell Crowe et John Polson. - Un veuf d'âge mûr manifeste une grande ouverture d'esprit face à l'orientation homosexuelle de son fils qui vit avec lui. □ 13 ans+

SUMMER *voir* **Rayon vert, Le**

SUMMER AND SMOKE ▷4
É.-U. 1962. Drame psychologique de Peter GLENVILLE avec John McIntire, Laurence Harvey et Geraldine Page. - Un jeune médecin viveur connaît une rude épreuve qui l'amène à changer de vie. □ Général

SUMMER AT LA GOULETTE *voir* **Été à La Goulette, Un**

SUMMER HEAT [Été dans la peau, L'] ▷4
É.-U. 1987. Drame de mœurs de Michie GLEASON avec Lori Singer, Anthony Edwards et Bruce Abbott. - Un homme à l'emploi d'un fermier en vient à le tuer afin de s'enfuir avec sa femme dont il est amoureux.

SUMMER HOLIDAY ▷4
ANG. 1963. Comédie musicale de Peter YATES avec Cliff Richard, Lauri Peters et Melvyn Hayes. - Quatre jeunes Anglais font un voyage à travers l'Europe à bord d'un autobus à deux étages.
DVD VF→Cadrage W→23,95 $

SUMMER HOUSE, THE ▷4
ANG. 1992. Comédie de mœurs de Waris HUSSEIN avec Jeanne Moreau, Lena Headey et Julie Walters. - Une vieille dame délurée trouve un subterfuge pour faire avorter le mariage d'une jeune fille qui souhaite en fait devenir religieuse. □ Général

SUMMER IN ST. TROPEZ, A *voir* **Été à Saint-Tropez, Un**

SUMMER INTERLUDE *voir* **Jeux d'été**

SUMMER LOVERS ▷5
É.-U. 1982. Comédie sentimentale de Randal KLEISER avec Peter Gallagher, Daryl Hannah et Valérie Quennessen. - Dans les îles grecques, l'aventure amoureuse entre un étudiant américain, son amie et une jeune Française.
DVD VA→12,95 $

SUMMER NIGHT WITH A GREEK PROFILE, ALMOND EYES AND A SCENT OF BASIL
[Summer Night]
ITA. 1987. Lina WERTMULLER

SUMMER OF '42 ▷4
É.-U. 1971. Drame psychologique de Robert MULLIGAN avec Gary Grimes, Jennifer O'Neil et Jerry Houser. - Un adolescent en vacances se prend d'affection pour la jeune femme d'un aviateur parti à la guerre. □ 18 ans+
DVD VF→STF→Cadrage W→21,95 $

SUMMER OF AVIYA, THE [Été d'Aviya, L'] ▷4
ISR. 1988. Drame psychologique réalisé et interprété par Eli COHEN avec Gila Almagor et Kaipo Cohen. - Son père ayant disparu durant l'Holocauste, une fillette voit dans la complicité entre sa mère et un voisin un remède à l'absence paternelle. □ Général

SUMMER OF INNOCENCE *voir* **Big Wednesday**

SUMMER OF SAM ▷4
É.-U. 1999. Drame social de Spike LEE avec John Leguizamo, Adrien Brody et Mira Sorvino. - Au cours de l'été 1977, les crimes d'un tueur en série créent des tensions sociales dans un quartier populaire de New York. □ 16 ans+
DVD Cadrage W→14,95 $

SUMMER SCHOOL [Classes vacances] ▷5
É.-U. 1987. Comédie de Carl REINER avec Mark Harmon, Kirstie Alley et Robin Thomas. - Un professeur est chargé de donner des cours de rattrapage d'anglais à de jeunes cancres durant les vacances d'été.
DVD VF→STA→Cadrage W→9,95 $

SUMMER WISHES, WINTER DREAMS ▷3
É.-U. 1973. Drame psychologique de Gilbert CATES avec Joanne Woodward, Martin Balsam et Sylvia Sidney. - Avec l'aide de son mari, une femme d'âge mûr arrive à affronter franchement ses angoisses. - Ton sobre et convaincant. Mise en scène discrète. Interprétation prenante. □ Général

SUMMER'S TALE, A *voir* **Conte d'été**

SUMMERTIME ▷3
ANG. 1955. Comédie dramatique de David LEAN avec Katharine Hepburn, Rossano Brazzi et Darren McGavin. - Une célibataire américaine en voyage à Venise a une aventure sentimentale avec un antiquaire. - Nuances psychologiques bien rendues. Excellente utilisation du décor. Humour fin. Jeu remarquable de la vedette.
DVD VA→Cadrage P&S→46,95 $

SUN ON THE STUBBLE, THE *voir* **Valley Between**

SUN SHINES BRIGHT, THE ▷3
[Soleil brille pour tout le monde, Le]
É.-U. 1953. Comédie de mœurs de John FORD avec Arleen Whelan, Charles Winninger et John Russell. - Dans une petite ville du Sud, un juge généreux n'hésite pas à poser des actes populaires. - Thème original. Mise en scène experte. Interprétation savoureuse.
□ Non classé

SUN VALLEY SERENADE ▷4
É.-U. 1944. Comédie musicale de Bruce HUMBERSTONE avec Sonja Henie, John Payne, Glenn Miller et Lynn Bari. - Une jeune Norvégienne adoptée par un pianiste de jazz s'éprend de son protecteur.
□ Non classé

SUNCHASER [À la poursuite du soleil] ▷5
É.-U. 1996. Drame de Michael CIMINO avec Woody Harrelson, Jon Seda et Anne Bancroft. - Un jeune métis atteint d'un cancer kidnappe un médecin pour l'obliger à le conduire auprès d'un sorcier navajo en Arizona. □ 13 ans+

SUNDAY ▷3
É.-U. 1997. Drame psychologique réalisé par Jonathan NOSSITER avec David Suchet, Lisa Harrow et Jared Harris. - Un dimanche, à New York, une étrange relation s'amorce entre un clochard et une actrice qui croit reconnaître en lui un célèbre cinéaste. - Observations psychologiques complexes et riches. Mise en scène très assurée. Interprétation hors-pair d'acteurs peu connus. □ 13 ans+ · Langage vulgaire

SUNDAY IN NEW YORK [Dimanche à New York, Un] ▷5
É.-U. 1963. Comédie de Peter TEWKSBURY avec Jane Fonda, Rod Taylor et Cliff Robertson. - Surprise par son fiancé avec un autre homme, une jeune fille lui fait croire qu'il s'agit de son frère.
□ Général

SUNDAY IN THE COUNTRY
voir **Dimanche à la campagne, Un**

SUNDAY'S CHILDREN
voir **Enfants du dimanche, Les**

SUNDAY, BLOODY SUNDAY ►2
ANG. 1971. Drame psychologique de John SCHLESINGER avec Peter Finch, Glenda Jackson et Murray Head. - Un jeune sculpteur, une divorcée et un médecin homosexuel semblent s'accommoder du genre de relations existant entre eux. - Exploration critique du monde contemporain. Mise en scène précise et raffinée. Interprétation remarquable.
DVD VA→12,95 $

SUNDOWNERS, THE ▷3
É.-U. 1960. Étude de mœurs de Fred ZINNEMANN avec Deborah Kerr, Robert Mitchum et Peter Ustinov. - Un berger australien impose à sa famille une vie de nomades. - Scénario intelligent. Superbe photo d'extérieurs. Interprétation de qualité. □ Général

SUNFLOWER *voir* **Fleurs du soleil, Les**

SUNSET [Meurtre à Hollywood] ▷5
É.-U. 1988. Drame policier de Blake EDWARDS avec Bruce Willis, James Garner et Malcom McDowell. - En 1929, un ancien marshall de l'Ouest tente d'innocenter le fils d'un producteur hollywoodien soupçonné de meurtre. □ Général

SUNSET BOULEVARD ►1
É.-U. 1950. Drame psychologique de Billy WILDER avec William Holden, Gloria Swanson et Erich Von Stroheim. - Un scénariste criblé de dettes vit aux dépens d'une ancienne vedette qui espère revenir à l'écran. - Univers bizarre traité sur le mode expressionniste. Photographie remarquable. Ensemble à la fois puissant et fascinant. Interprétation hallucinante de G. Swanson. □ Général
DVD VF→STA→17,95 $

SUNSET PASS
É.-U. 1933. Henry HATHAWAY
DVD VA→12,95 $

SUNSET STORY
É.-U. 2003. Laura GABBERT
DVD VA→24,95 $

SUNSET STRIP ▷5
É.-U. 2000. Drame de mœurs d'Adam COLLIS avec Simon Baker, Anna Friel et Nick Stahl. - À Los Angeles, en 1972, un groupe de jeunes tente de se faire une place au soleil dans l'industrie de la musique rock.
DVD VA→9,95 $

SUNSHINE ▷4
HON. 1999. Chronique d'Istvan SZABÒ avec Rosemary Harris, Ralph Fiennes et Rachel Weisz. - Les joies et les peines d'une grande famille juive de Budapest, de la fin du XVIIIe siècle à nos jours. □ 13 ans+
DVD VA→STA→Cadrage W→28,95 $

SUNSHINE BOYS, THE [Ennemis comme avant] ▷4
É.-U. 1975. Comédie de Herbert ROSS avec Walter Matthau, George Burns et Richard Benjamin. - Après huit ans de séparation, deux artistes de music-hall sont invités à refaire équipe. □ Général
DVD VF→STF→Cadrage W→21,95 $

SUNSHINE STATE [Floridiens, Les] ▷4
É.-U. 2002. Drame social de John SAYLES avec Edie Falco, Angela Bassett et Timothy Hutton. - Une vague de spéculation immobilière affecte de diverses façons les habitants d'une petite ville de la Floride.

SUPER FLY T.N.T. ▷5
É.-U. 1973. Aventures réalisées et interprétées par Ron O'NEAL avec Roscoe Lee Browne et Sheila Frazier. - Un trafiquant accepte de négocier un achat d'armes pour des révolutionnaires africains.

SUPER FUZZ ▷4
É.-U. ITA. 1980. Comédie de Sergio CORBUCCI avec Terence Hill, Ernest Borgnine et Joanne Dru. - Un policier doté de pouvoirs extraordinaires entre en lutte avec l'organisateur d'un trafic de fausse monnaie. □ Général

SUPERGIRL : THE MOVIE ▷5
ANG. 1984. Drame fantastique de Jeannot SZWARC avec Helen Slater, Faye Dunaway et Peter O'Toole. - Une jeune extraterrestre lutte contre une sorcière pour récupérer une sphère précieuse. - Scénario inspiré de bandes dessinées.
DVD VA→Cadrage W→19,95 $/49,95 $

SUPERMAN : THE MOVIE ▷4
É.-U. 1978. Science-fiction de Richard DONNER avec Christopher Reeve, Gene Hackman et Margot Kidder. - Un enfant venu d'une autre planète et doté de pouvoirs extraordinaires se transforme en justicier. □ Général

SUPERMAN II ▷4
ANG. 1980. Science-fiction de Richard LESTER avec Christopher Reeve, Margot Kidder et Terence Stamp. - Un extraterrestre vivant sur la Terre entre en lutte avec trois criminels issus de la même planète que lui. □ Général

SUPERMAN III ▷4
ANG. 1983. Science-fiction de Richard LESTER avec Christopher Reeve, Richard Pryor et Robert Vaughn. - Les plans criminels d'un financier qui utilise les talents d'un spécialiste en informatique sont contrecarrés par un surhomme. □ Général

SUR LA LIGNE DE FEU *voir* **In the Line of Fire**

SUR LA ROUTE DE MADISON
voir **Bridges of Madison County, The**

SUR LA TERRE COMME AU CIEL ▷4
BEL. 1991. Drame de Marion HANSEL avec Carmen Maura, Didier Bezace et Samuel Mussen. - Dans la semaine où elle doit accoucher, une journaliste entend son futur bébé lui faire part de son refus de venir au monde. □ Général

SUR LE CHEMIN DE LA GUERRE *voir* **Path to War**

SUR LE FIL DU RASOIR
voir **Razor's Edge, The**

SUR LE SEUIL [Evil Words] ▷5
QUÉ. 2003. Drame fantastique d'Éric TESSIER avec Michel Côté, Patrick Huard et Catherine Florent. - Un psychiatre désabusé doit s'occuper d'un écrivain suicidaire dont les romans d'horreur semblent anticiper des faits divers atroces. □ 13 ans+ · Violence · Horreur
DVD VF→STF→Cadrage 16X9→23,95 $

SUR LE TERRITOIRE DES COMANCHES
voir **Comanche Territory**

SUR LES QUAIS
voir **On the Waterfront**

SUR MES LÈVRES ▷3
FR. 2001. Drame psychologique de Jacques AUDIARD avec Vincent Cassel, Emmanuelle Devos et Olivier Gourmet. - Une employée d'agence immobilière atteinte de surdité s'attache à un ex-prisonnier qui s'apprête à voler un petit malfrat. - Réflexion judicieuse sur la vie moderne doublée d'un étonnant portrait de femme. Intrigue de film noir habilement menée. Réalisation minutieuse et stylisée. Interprétation sensible. □ 13 ans+
DVD VF→11,95 $

SUR MESURE *voir* **By Design**

SUR UN ARBRE PERCHÉ ▷4
FR. 1971. Comédie de Serge KORBER avec Geraldine Chaplin, Louis de Funès et Olivier de Funès. - Un automobiliste et ses passagers quittent la route accidentellement pour aller se percher sur un arbre au flanc d'une falaise. □ Général

SURE DEATH
JAP. 1984. Kinji FUKASAKU
DVD VA→STA→Cadrage W→27,95 $

SURE THING, THE ▷4
É.-U. 1985. Comédie sentimentale de Rob REINER avec Daphne Zuniga, John Cusack, Anthony Edwards et Nicolette Sheridan. - Un universitaire qui poursuit de ses avances une camarade de classe plutôt distante la retrouve par hasard lors d'un voyage vers la Californie. □ Général

SURFACING ▷5
CAN. 1981. Drame psychologique de Claude JUTRA avec Kathleen Beller, Joseph Bottoms et R.H. Thomson. - Une jeune femme entraîne quelques amis dans la forêt du Grand Nord à la recherche de son père disparu. □ 13 ans+

SURPRISE PARTY ▷5
FR. 1982. Comédie dramatique de Roger VADIM avec Philippine Leroy-Beaulieu, Christian Vadim et Caroline Cellier. - Les aventures amoureuses de quelques adolescents d'Amboise au début des années 1950. □ 13 ans+

SURRENDER DOROTHY
É.-U. 1998. Kevin DiNOVIS
DVD VA→Cadrage W→28,95 $

SURVENANT, LE ▷4
QUÉ. 2005. Drame de mœurs d'Érik CANUEL avec Jean-Nicolas Verreault, Anick Lemay et Gilles Renaud. - En 1910, un étranger à l'esprit libre bouleverse la quiétude d'une petite communauté rurale vivant en autarcie. □ Général
DVD VF→STF→Cadrage W→33,95 $

SURVIVAL
É.-U. 1992. Sergio GOYRI
DVD STA→26,95 $

SURVIVANT, LE *voir* **Omega Man, The**

SURVIVANTS, LES *voir* **Alive**

SURVIVING DESIRE
É.-U. 1991. Hal HARTLEY □ Général
DVD VA→Cadrage P&S→21,95 $

SURVIVING PICASSO [Malgré Picasso] ▷4
É.-U. 1996. Drame biographique de James IVORY avec Anthony Hopkins, Natascha McElhone et Julianne Moore. - Dix ans dans la vie tumultueuse et parfois scandaleuse du peintre espagnol Pablo Picasso. □ Général

SURVIVORS, THE [rescapés, Les] ▷4
É.-U. 1983. Comédie satirique de Michael RITCHIE avec Robin Williams, Walter Matthau et Jerry Reed. - Après avoir réussi à désarmer un bandit dans un hold-up, un chômeur s'inscrit dans une société d'autodéfense. □ Général
DVD VF➔27,95 $ VF➔STF➔21,95 $

SUSAN AND GOD ▷4
É.-U. 1940. Drame psychologique de George CUKOR avec Joan Crawford, Fredric March et Ruth Hussey. - Prise par son intérêt pour une secte religieuse, une femme risque de briser son foyer.

SUSIE ET LES BAKER BOYS
voir **Fabulous Baker Boys, The**

SUSPECT ▷4
É.-U. 1987. Drame judiciaire de Peter YATES avec Cher, Dennis Quaid et Liam Neeson. - Chargée de défendre un vagabond accusé de meurtre, une avocate est aidée par un membre du jury dans son enquête. □ 13 ans+
DVD VF➔STF➔Cadrage P&S/W➔11,95 $

SUSPECT ZERO ▷5
É.-U. 2004. Drame policier d'E. Elias MERHIGE avec Aaron Eckhart, Ben Kingsley et Carrie-Anne Moss. - Un jeu du chat et de la souris s'engage entre un agent du FBI et un tueur en série qui lui envoie des indices sur ses crimes. □ 13 ans+
DVD VF➔STA➔Cadrage W➔14,95 $

SUSPECTS DE CONVENANCE *voir* **Usual Suspects, The**

SUSPICION *voir* **Under Suspicion**

SUSPICION ▷3
É.-U. 1941. Drame d'Alfred HITCHCOCK avec Joan Fontaine, Cary Grant et Cedric Hardwicke. - Une femme soupçonne son mari de vouloir la tuer. - Sujet prenant. Rythme soutenu. Photographie soignée. Excellents interprètes. □ Général
DVD VA➔21,95 $

SUSPICIOUS RIVER ▷5
CAN. 2000. Drame de mœurs de Lynne STOPKEWICH avec Molly Parker, Callum Keith Rennie et Joel Bissonnette. - Une jeune employée de motel qui se prostitue avec des clients s'engage dans une relation trouble avec l'un d'eux. □ 16 ans+
DVD VA➔34,95 $

SUSPIRIA ▷4
ITA. 1977. Drame fantastique de Dario ARGENTO avec Jessica Harper, Stefania Casini et Joan Bennett. - Une jeune Américaine s'inscrit à une académie de danse à Munich qui s'avère être le gîte d'un groupe de sorcières. □ 18 ans+
DVD STA➔Cadrage W➔16,95 $
VF➔STA➔Cadrage W➔34,95 $

SUSSURO NEL BUIO, UN [Whisper in the Dark, A]
ITA. 1976. Marcello ALIPRANDI
DVD VA➔STA➔Cadrage W➔28,95 $

SUTURE ▷3
É.-U. 1993. Drame policier de Scott McGEHEE et David SIEGEL avec Dennis Haysbert, Mel Harris et Sab Shimono. - Un Noir amnésique que son frère blanc a tenté de tuer est curieusement pris pour ce dernier par son entourage. - Brillante réflexion sur les thèmes de l'identité et le regard porté par les autres sur soi. Recherche formelle abstraite et intellectualisée. Images insolites. Interprétation appropriée. □ 13 ans+
DVD VA➔STF➔Cadrage W➔22,95 $

SUZANNE ▷5
QUÉ. 1980. Drame sentimental de Robin SPRY avec Jennifer Dale, Winston Rekert, Michelle Rossignol et Gabriel Arcand. - Les difficultés sentimentales d'une adolescente dont la mère est francophone et le père écossais. □ 18 ans+

SUZHOU RIVER
CHI. 2000. Lou YE
DVD STA➔39,95 $

SVENGALI ▷4
É.-U. 1931. Drame d'Archie MAYO avec John Barrymore, Marian Marsh et Bramwell Fletcher. - Un hypnotiseur tente par son pouvoir de faire d'une jeune fille une grande cantatrice.
DVD 29,95 $

SWAMP GIRL
É.-U. 1966. Don S. DAVIS

SWAMP THING [Créature des marais, La] ▷5
É.-U. 1981. Drame fantastique de Wes CRAVEN avec Adrienne Barbeau, Louis Jourdan et Dick Durock. - Un jeune savant entre en contact avec un liquide de son invention et se transforme en un mutant végétal. □ 13 ans+
DVD VA➔STF➔Cadrage W➔12,95 $

SWAN, THE ▷4
É.-U. 1955. Comédie dramatique de Charles VIDOR avec Grace Kelly, Alec Guinness et Louis Jourdan. - Une jeune aristocrate destinée à un prince est amoureuse d'un simple précepteur. □ Non classé

SWANN ▷4
CAN. ANG. 1995. Drame psychologique de Anna BENSON avec Miranda Richardson, Brenda Fricker et Michael Ontkean. - Une romancière choisit comme sujet la vie d'une poétesse morte tragiquement. □ 13 ans+

SWANN IN LOVE
voir **Amour de swann, Un**

SWARM, THE [Inévitable Catastrophe, L'] ▷5
É.-U. 1978. Drame de Irwin ALLEN avec Michael Caine, Richard Widmark et Henry Fonda. - Des manœuvres de défense sont organisées contre l'invasion d'un essaim d'abeilles meurtrières d'origine africaine. □ Général
DVD VA➔STF➔Cadrage W➔21,95 $

SWASHBUCKLER [Pirate des Caraïbes, Le] ▷5
É.-U. 1976. Aventures de James GOLDSTONE avec Robert Shaw, Geneviève Bujold et Peter Boyle. - En Jamaïque, la fille d'un magistrat emprisonné fait appel à un pirate pour délivrer son père. □ Général
DVD VF➔Cadrage W➔16,95 $

SWEDENHIELMS ▷5
SUÈ. 1935. Comédie dramatique de Gustaf MOLANDER avec Gosta Ekman, Hakan Westergren et Ingrid Bergman. - Un scientifique pressenti pour obtenir le prix Nobel découvre qu'un membre de sa famille est un fraudeur. □ Non classé

SWEET AND LOWDOWN [Accords et désaccords] ▷4
É.-U. 1999. Comédie dramatique de Woody ALLEN avec Sean Penn, Samantha Morton et Uma Thurman. - Évocation de la vie sentimentale et professionnelle d'un jazzman américain des années 1930.
DVD 36,95 $

SWEET BIRD OF YOUTH ▷4
É.-U. 1962. Drame psychologique de Richard BROOKS avec Paul Newman, Geraldine Page et Ed Begley. - Un jeune homme revient dans sa ville natale en compagnie d'une ancienne actrice d'Hollywood. □ 13 ans+
DVD VF➔STF➔Cadrage W➔21,95 $

SWEET CHARITY ▷3
É.-U. 1968. Comédie musicale de Bob FOSSE avec Shirley MacLaine, John McMartin et Chita Rivera. - Une danseuse employée dans une boîte minable rêve de mariage en dépit d'expériences décevantes avec les hommes. - Adaptation à l'américaine des *Nuits de Cabiria* de Fellini. Trouvailles ingénieuses. Ensemble attachant et savoureux. Brio de S. MacLaine. □ Général
DVD VA➔STF➔Cadrage W➔18,95 $

SWEET DREAMS ▷4
É.-U. 1985. Drame biographique de Karel REISZ avec Jessica Lange, Ed Harris et Ann Wedgeworth. - Évocation de la vie sentimentale tumultueuse de la vedette de musique country Patsy Cline, qui a disparu dans un accident d'avion en 1963. □ Général
DVD VA→STF→Cadrage W→7,95 $

SWEET ECSTASY ▷6
FR. 1962. Drame de M. PECAS avec Elke Sommer, Pierre Brice et Christian Pezey. - Un garçon, faisant partie d'une bande de jeunes gens, convoite la petite amie du chef du groupe.
DVD VA→31,95 $

SWEET EMMA, DEAR BÖBE ▷3
HON. 1991. Drame d'Istvan SZABO avec Johanna Ter Steege, Eniko Börcsök et Peter Andorai. - À Budapest, après la chute du communisme, deux institutrices qui enseignent maintenant l'anglais luttent contre la dureté de la vie quotidienne. - Constat politique plutôt sombre. Regard attentif et lyrique par moments. Réalisation épurée. Solide composition des interprètes.

SWEET HEARTS DANCE ▷4
É.-U. 1988. Comédie dramatique de Robert GREENWALD avec Don Johnson, Jeff Daniels et Susan Sarandon. - Les tribulations sentimentales de deux amis d'enfance, dont l'un est célibataire et l'autre marié. □ Général

SWEET HEREAFTER, THE [De beaux lendemains] ▷3
CAN. 1997. Drame psychologique d'Atom EGOYAN avec Ian Holm, Sarah Polley et Bruce Greenwood. - Un avocat tente de convaincre les parents des victimes d'une tragédie routière de participer à un recours collectif. - Approche très sensible d'un drame aux résonances universelles. Construction à la fois complexe et fluide.
□ Général
DVD VA→STF→Cadrage W→18,95 $

SWEET HOME ALABAMA ▷5
É.-U. 2002. Comédie sentimentale d'Andy TENNANT avec Reese Witherspoon, Josh Lucas et Patrick Dempsey. - Fiancée au fils de la mairesse de New York, une jeune designer de mode doit se rendre dans son Alabama natal pour divorcer de son premier mari.
□ Général
DVD VF→Cadrage W→19,95 $

SWEET LIBERTY ▷4
É.-U. 1986. Comédie réalisée et interprétée par Alan ALDA avec Lise Hilboldt et Michael Caine. - Un écrivain tente de remédier au fait qu'un réalisateur de films a l'intention de tourner une comédie burlesque en se servant du scénario d'un de ses romans.
□ Général
DVD VA→Cadrage P&S→10,95 $

SWEET LORRAINE [Douce Lorraine] ▷4
É.-U. 1986. Comédie dramatique de Steve GOMER avec Maureen Stapleton, Trini Alvarado et Lee Richardson. - Alors que ses parents s'apprêtent à divorcer, une jeune fille s'en va passer l'été dans le vieil hôtel que possède sa grand-mère. □ Général

SWEET NOTHING ▷4
É.-U. 1995. Drame de mœurs de Gary WINICK avec Mira Sorvino, Michael Imperioli et Paul Calderon. - Devenu trafiquant de drogue, un modeste employé de Wall Street sombre vite dans l'enfer du crack. □ 13 ans+ · Langage vulgaire

SWEET NOVEMBER ▷5
É.-U. 2001. Drame sentimental de Pat O'CONNOR avec Keanu Reeves, Charlize Theron et Jason Isaacs. - Une jeune femme atteinte d'une maladie incurable entreprend une liaison d'un mois avec un jeune publicitaire qu'elle juge complexé. □ Général
DVD VF→STF→Cadrage W→11,95 $

SWEET NOVEMBER [Amant de novembre, L'] ▷5
É.-U. 1967. Comédie dramatique de Robert Ellis MILLER avec Sandy Dennis, Anthony Newley et Theodore Bikel. - Une jeune femme atteinte d'une maladie incurable entreprend des liaisons successives avec des hommes qu'elle juge complexés.

SWEET SIXTEEN ▷3
ANG. 2002. Drame de mœurs de Ken LOACH avec Martin Compston, William Ruane et Annmarie Fulton. - Un jeune décrocheur devient revendeur d'héroïne dans l'espoir d'offrir une vie confortable à sa mère qui doit bientôt sortir de prison. - Mélange bien dosé de désespoir, d'humour et de compassion. Tableau social réaliste et sans concession sentimentale, empreint d'un humanisme touchant. Réalisation souple et très expressive. Excellente direction d'acteurs.
□ 13 ans+ · Langage vulgaire
DVD VA→STA→Cadrage W→33,95 $

SWEET SMELL OF SUCCESS [Grand chantage, Le] ►2
É.-U. 1956. Drame d'Alexander MACKENDRICK avec Burt Lancaster, Tony Curtis et Susan Harrison. - Un journaliste se plaît à salir la réputation des gens. - Critique acerbe du milieu. Forte consistance dramatique. Photographie remarquable. Interprétation impeccable.
□ Général
DVD VF→STF→Cadrage W→12,95 $

SWEET SWEETBACK'S BAAD ASSSSS SONG ▷5
É.-U. 1971. Drame de mœurs réalisé et interprété par Melvin VAN PEEBLES avec Simon Chuckster, John Dullaghan et Hubert Scales. - Les tribulations d'un jeune fugitif noir qui a tué deux policiers blancs.

SWEETHEARTS ▷5
É.-U. 1937. Comédie musicale de W.S. VAN DYKE II avec Jeanette MacDonald, Nelson Eddy et Frank Morgan. - Le producteur d'une opérette cherche à empêcher ses vedettes de partir pour Hollywood.
□ Général

SWEETIE ▷5
AUS. 1989. Drame psychologique de Jane CAMPION avec Genevieve Lemon, Karen Colston et Tom Lycos. - Déjà préoccupée par sa vie sentimentale, une ouvrière supporte mal la présence chez elle de sa sœur obèse et vulgaire. □ 13 ans+

SWEPT AWAY
voir **Vers un destin insolite sur les flots bleus de l'été**

SWEPT AWAY [À la dérive] ▷5
É.-U. 2002. Comédie de mœurs de Guy RITCHIE avec Adriano Giannini, Madonna et Bruce Greenwood. - Une femme riche se retrouve naufragée dans une île déserte avec un serviteur qu'elle traitait avec mépris. □ Général
DVD VF→24,95 $ VA→21,95 $

SWEPT FROM THE SEA [Balayés par la mer] ▷5
ANG. 1997. Drame sentimental de Beeban KIDRON avec Rachel Weisz, Vincent Perez et Ian McKellen. - Au XIXe siècle, dans un village côtier anglais, une servante rêveuse s'éprend d'un naufragé ukrainien mal accueilli par la communauté
DVD VF→STF→Cadrage W→17,95 $

SWIMMER, THE ▷5
É.-U. 1967. Drame psychologique de Frank PERRY avec Janice Rule, Burt Lancaster et Janet Landgard. - Un homme décide de rentrer chez lui en traversant à la nage les piscines du voisinage.
□ Général

SWIMMING ▷4
É.-U. 2000. Drame de mœurs de Robert J. SIEGEL avec Lauren Ambrose, Jennifer Dundas Lowe, Jamie Harrold et Joelle Carter. - Les premiers émois amoureux d'une adolescente qui travaille avec son frère dans un snack-bar sur le bord d'une plage en Caroline du Sud.
DVD VA→29,95 $

SWIMMING POOL *voir* **Piscine, La**

SWIMMING TO CAMBODIA ▷4
É.-U. 1987. Film d'essai de Jonathan DEMME avec Spalding Gray. - Un homme explique l'expérience qu'il a vécue lorsqu'il a été appelé à tenir un rôle secondaire dans le film *The Killing Fields*.
□ Général
DVD VA→Cadrage P&S→23,95 $

SWIMMING UPSTREAM ▷4
AUS. 2002. Drame de Russell MULCAHY avec Geoffrey Rush, Judy Davis et Jesse Spencer. - À Brisbane, dans les années 1950-1960, un père alcoolique et violent entraîne ses deux fils à la natation.
DVD VA➔STF➔Cadrage 16X9➔22,95 $

SWIMMING WITH SHARKS [Bye Bye Boss] ▷5
É.-U. 1995. Drame de George HUANG avec Kevin Spacey, Frank Whaley et Michelle Forbes. - L'assistant d'un producteur de films tyrannique se révolte après avoir été longtemps son souffre-douleur. □ 13 ans+
DVD VA➔17,95 $

SWINDLE, THE *voir* **Bidone, Il**

SWING ▷4
FR. 2001. Chronique de Tony GATLIF avec Oscar Copp, Lou Rech et Tchavolo Schmitt. - Un gamin issu d'un milieu cossu s'aventure dans une banlieue pauvre où il découvre la culture des gitans et leur musique. □ Général
DVD VF➔STA➔Cadrage W➔33,95 $ VF➔34,95 $

SWING KIDS ▷4
É.-U. 1993. Drame de Thomas CARTER avec Robert Sean Leonard, Christian Bale et Frank Whaley. - En 1939, de jeunes rebelles allemands s'adonnent aux joies d'une danse américaine malgré la désapprobation des autorités nazies. □ 13 ans+
DVD VA➔10,95 $

SWING SHIFT ▷4
É.-U. 1984. Comédie dramatique de Jonathan DEMME avec Goldie Hawn, Kurt Russell et Christine Lahti. - En 1941, une jeune femme dont le mari s'est engagé dans la marine s'en va travailler dans une usine. □ Général
DVD VA➔STA➔12,95 $

SWING TIME ▷3
É.-U. 1936. Comédie musicale de George STEVENS avec Fred Astaire, Ginger Rogers et Victor Moore. - Après avoir promis le mariage à une jeune fille de bonne famille, un danseur tombe amoureux de sa partenaire. - Scénario prétexte à d'excellents numéros de danse. Intermèdes comiques bien amenés. Interprétation dégagée. □ Général
DVD VA➔STF➔21.98

SWINGERS [Célibataires en cavale] ▷4
É.-U. 1996. Comédie de mœurs de Doug LIMAN avec Jon Favreau, Vince Vaughn et Ron Livingston. - À Hollywood, un comédien au chômage qui espère renouer avec son ex-copine fait la tournée des bars branchés de la ville avec ses copains. □ 13 ans+ · Langage vulgaire
DVD VA➔18,95 $

SWISS FAMILY ROBINSON ▷4
[Robinson des mers du Sud, Les]
É.-U. 1960. Aventures de Ken ANNAKIN avec John Mills, Dorothy McGuire et James MacArthur. - Une famille suisse échouée dans une île du Pacifique est aux prises avec des pirates qui détiennent une jeune fille. □ Général
DVD VA➔Cadrage P&S➔21,95 $

SWITCHING CHANNELS ▷4
É.-U. 1987. Comédie de Ted KOTCHEFF avec Kathleen Turner, Burt Reynolds et Christopher Reeve. - Une brillante journaliste accepte de faire un dernier reportage sur un condamné à mort avant de quitter la station de télévision dirigée par son ex-mari. □ Général

SWOON
É.-U. 1991. Tom KALIN □ 16 ans+ · Érotisme
DVD VA➔PC

SWORD IN THE STONE, THE [Merlin l'enchanteur] ▷4
É.-U. 1963. Dessins animés de Wolfgang REITHERMAN. - L'enchanteur Merlin entreprend l'éducation d'un jeune orphelin en qui il voit le futur roi d'Angleterre. □ Général
DVD 21,95 $

SWORD OF DOOM
JAP. 1967. Kihachi OKAMOTO □ 16 ans+
DVD STA➔46,95 $

SWORD OF GIDEON ▷3
É.-U. 1986. Drame d'espionnage de M. ANDERSON avec Steven Bauer, Michael York et Rod Steiger. - Un commando est créé pour venger les onze athlètes israéliens tués dans un attentat lors des Jeux olympiques de Munich. - Téléfilm au scénario prenant. Nombreux rebondissements. Mise en scène soignée. Distribution prestigieuse. □ Général
DVD VF➔10,95 $

SWORD OF THE BEAST
JAP. 1965. Hideo GOSHA
DVD STA➔Cadrage W➔43,95 $

SWORD OF VENGEANCE [Fall of Ako Castle, The]
JAP. 1978. Kinji FUKASAKU
DVD STA➔22,95 $

SWORDFISH [Opération Swordfish] ▷5
É.-U. 2001. Drame policier de Dominic SENA avec John Travolta, Hugh Jackman et Halle Berry. - Un jeune pirate de l'informatique se compromet dans une dangereuse escroquerie montée par un criminel mégalomane. □ 13 ans+
DVD VF➔STF➔Cadrage W➔11,95 $

SWORDSMAN II
H.K. 1991. Siu-Tung CHING et Stanley TONG □ 13 ans+ · Violence
DVD STA➔Cadrage W➔PC

SWORDSMEN IN DOUBLE FLAG TOWN
CHI. 1990. He PING
DVD STA➔31,95 $

SYBIL ▷4
É.-U. 1976. Drame psychologique de Daniel PETRIE avec Sally Field, Joanne Woodward et Brad Davis. - Une femme psychiatre s'emploie à guérir une jeune fille souffrant d'une forme de schizophrénie l'amenant à emprunter diverses personnalités. □ Non classé
DVD VA➔STF➔27,95 $

SYDNEY [Hard Eight] ▷4
É.-U. 1996. Drame de mœurs de Paul Thomas ANDERSON avec Philip Baker Hall, John C. Reilly et Gwyneth Paltrow. - Un jeune homme démuni qui a perdu tout son argent au casino devient le protégé d'un joueur vétéran au passé secret. □ 13 ans+
DVD VA➔STA➔Cadrage P&S/W➔32,95 $

SYLVIA ▷4
ANG. 2003. Drame biographique de Christine JEFFS avec Gwyneth Paltrow, Daniel Craig et Jared Harris. - Dans les années 1960, le mariage tumultueux de l'écrivain anglais Ted Hugues et de la poétesse américaine Sylvia Plath ravive les tendances suicidaires de celle-ci. □ 13 ans+
DVD VA➔STA➔Cadrage W/16X9➔22,95 $

SYLVIA SCARLETT ▷4
É.-U. 1936. Comédie de George CUKOR avec Katharine Hepburn, Cary Grant et Brian Aherne. - Déguisée en garçon, la fille d'un escroc connaît diverses aventures. □ Non classé

SYLVIE ET LE FANTÔME ▷3
FR. 1945. Comédie fantaisiste de Claude AUTANT-LARA avec Odette Joyeux, François Périer et Pierre Larquey. - Les mésaventures d'une adolescente qui s'est éprise du fantôme qui hante le château qu'elle habite. - Joli conte. Réalisation légère et soignée.

SYMPATHY FOR LADY VENGEANCE ▷3
COR.S. 2005. Thriller de Chan-wook PARK avec Young-ae Lee, Min-sik Choi et Yae-young Kwon. - Une femme ayant purgé 13 ans de prison pour l'enlèvement et le meurtre d'un petit garçon entreprend de se venger du véritable responsable de ces crimes. - Récit troublant parsemé de touches fantaisistes ou oniriques. Chronologie éclatée. Réalisation inventive. Plusieurs images d'une beauté exquise. Interprétation solide.

SYMPATHY FOR MR. VENGEANCE
COR. 2002. Chan-wook Park
DVD VF→STA→Cadrage W→31,95 $

SYMPATHY FOR THE UNDERDOG
JAP. 1971. Kinji FUKASAKU
DVD STA→28,95 $

SYMPHONIE PASTORALE, LA ▷**3**
FR. 1946. Drame psychologique de Jean DELANNOY avec Michèle Morgan, Pierre Blanchar et Line Noro. - Un pasteur protestant convoite une jeune aveugle qu'il a élevée. - Adaptation libre d'un roman d'André Gide. Grande valeur dramatique. Interprétation touchante de M. Morgan. □ Général

SYNDROME CHINOIS, LE
voir **China Syndrome, The**

SYRIANA ▷**4**
É.-U. 2005. Drame de Stephen GAGHAN avec George Clooney, Matt Damon et Jeffrey Wright. - La fusion entre deux pétrolières américaines et la lutte de pouvoir entre deux princes du golfe Persique a des répercussions sur la vie de divers individus. □ 13 ans+
DVD VA→STA→Cadrage W→34,95 $

T

T'EMPÊCHES TOUT LE MONDE DE DORMIR ! ▷5
FR. 1982. Comédie de Gérard LAUZIER avec Daniel Auteuil, Anne Jousset et Catherine Alric. - Un joyeux bohème impose sa présence à deux jeunes femmes chez qui il s'est introduit.

T'ES BELLE JEANNE ▷4
QUÉ. 1988. Drame social de Robert MÉNARD avec Marie Tifo, Michel Côté et Pierre Curzi. - À la suite d'un accident, une enseignante se retrouve paralysée et se voit confrontée à une dure réalité. □ Général

T-MEN
É.-U. 1947. Anthony MANN
DVD VA→10,95 $

TABAGIE EN FOLIE, LA
voir **Blue in the Face**

TABLE FOR FIVE ▷5
É.-U. 1983. Drame sentimental de Robert LIEBERMAN avec Jon Voight, Marie-Christine Barrault et Richard Crenna. - Pour renouer avec ses trois enfants, un divorcé les emmène en croisière en Europe. □ Général

TABLEAU DE FAMILLE [His Secret Life] ▷4
ITA. 2001. Drame de mœurs de Ferzan OZPETEK avec Margherita Buy, Stefano Accorsi et Serra Yilmaz. - Après la mort accidentelle de son mari, une femme découvre qu'il avait une liaison avec un homme. □ Général
DVD VF→STF→18,95 $

TABOO
É.-U. 2001. Max MAKOWSKI

TABOU [Taboo] ▷3
JAP. 1999. Drame de mœurs de Nagisa OSHIMA avec Beat Takeshi, Ryuhei Matsuda et Shinji Takeda. - La beauté délicate d'un guerrier appartenant à la milice d'un shogun déclenche dissensions et jalousie parmi cette troupe d'élite. - Analogies fascinantes entre le désir sexuel et les rituels guerriers. Traitement stylisé et un peu froid. Réalisation d'une grande rigueur. Interprètes intenses.
□ 13 ans+
DVD STA→Cadrage W→26,95 $

TACHE, LA *voir* **Human Stain, The**

TADPOLE [Séduction en mode mineur] ▷4
É.-U. 2002. Comédie de mœurs de Gary WINICK avec Sigourney Weaver, Aaron Stanford et John Ritter. - Un adolescent brillant et cultivé entreprend de séduire la seconde épouse de son père.
□ Général
DVD VA→18,95 $

TAE GUK GI : BROTHERHOOD OF WAR
COR. 2004. Je-gyu KANG
DVD STA→23,95 $

TAI CHI II
H.K. 1996. Woo-Ping YUEN □ Général

TAI CHI MASTER, THE [Twin Warriors] ▷4
H.K. 1994. Drame de Yuen Woo PING avec Jet Li, Michelle Yeoh et Chin Siu-hou. - Un moine bouddhiste devient général d'un empereur tyrannique, tandis que son ancien confrère joint les rangs de la résistance. □ 13 ans+

TAILOR OF PANAMA, THE [Tailleur de Panama, Le] ▷4
É.-U. 2001. Drame d'espionnage de John BOORMAN avec Pierce Brosnan, Geoffrey Rush et Jamie Lee Curtis. - Un tailleur anglais installé à Panama est entraîné dans une affaire d'espionnage par un agent secret roublard. □ 13 ans+
DVD VF→STF→Cadrage W→18,95 $

TAIS-TOI ▷5
FR. 2003. Comédie policière de Francis VEBER avec Jean Reno, Gérard Depardieu et Jean-Pierre Malo. - Un tueur assoiffé de vengeance s'évade de prison en compagnie d'un imbécile heureux fort comme un bœuf qui veut être son ami. □ Général
DVD VF→29,95 $

TAK TAK *voir* **Oui oui**

TAKE CARE OF MY CAT
COR. 2001. Jae-eun JEONG
DVD STA→34,95 $

TAKE ME OUT TO THE BALL GAME ▷4
É.-U. 1949. Comédie musicale de Busby BERKELEY avec Frank Sinatra, Esther Williams et Gene Kelly. - Deux membres d'une équipe championne de baseball se disputent le cœur de la jolie propriétaire du club. □ Général
DVD VA→STA→21,95 $

TAKE THE MONEY AND RUN ▷4
É.-U. 1969. Comédie réalisée et interprétée par Woody ALLEN avec Janet Margolin et Marcel Hillaire. - Un adolescent maladroit décide de faire carrière dans le vol. □ Général
DVD VA→Cadrage W→12,95 $

TAKING LIVES [Voleur de vies] ▷5
É.-U. 2004. Drame policier de D.J. CARUSO avec Angelina Jolie, Ethan Hawke et Tchéky Karyo. - La police de Montréal obtient l'aide d'une agente du FBI pour traquer un tueur en série qui vole l'identité de ses victimes. □ 13 ans+ · Violence
DVD VF→STF→Cadrage W→8,95 $

TAKING OF PELHAM ONE TWO THREE, THE ▷4
É.-U. 1974. Drame policier de Joseph SARGENT avec Robert Shaw, Walter Matthau et Martin Balsam. - Quatre hommes s'emparent d'un train du métro de New York et tiennent les passagers en otage.
□ 13 ans+
DVD Cadrage W→12,95 $

TAKING SIDES : LE CAS FURTWANGLER ▷4
ALL. 2001. Drame historique d'Istvan SZABO avec Harvey Keitel, Stellan Skarsgard et Moritz Bleibtreu. - À Berlin, en 1946, un officier américain interroge le chef d'orchestre Wilhelm Furtwängler, soupçonné de complicité avec le régime nazi. □ Général
DVD VF→Cadrage W→29,95 $

TALE OF SPRINGTIME, A *voir* **Conte de printemps**

TALE OF TIME LOST, THE
RUS. 1964. Aleksandr PTOUCHKO
DVD VF→VF→49,95 $

TALE OF TSAR SALTAN, THE
RUS. 1966. Aleksandr PTOUSHKO
DVD VF→VF→Cadrage 16X9→41,95 $

TALE OF TWO CITIES, A ▷3
É.-U. 1935. Drame de Jack CONWAY avec Ronald Colman, Elizabeth Allen et Edna May Oliver. - Un avocat anglais déchu tait son amour pour la fiancée d'un aristocrate français dont il a sauvé la vie. - Illustration soignée d'un roman de Dickens. Scènes de foule impressionnantes. Humour pittoresque. Interprétation de qualité.
□ Général

TALE OF TWO CITIES, A ▷5
ANG. 1958. Drame de Ralph THOMAS avec Dirk Bogarde, Dorothy Tutin et Cecil Parker. - Un avocat anglais sauve de la guillotine un aristocrate français. □ Général
DVD VA→24,95 $

TALE OF TWO SISTERS, A ▷3
COR.S. 2003. Drame fantastique de Jee-woon KIM avec Soo-jung Im, Jeong-a Yeom et Geun-young Moon. - Dans une grande maison de campagne, deux sœurs adolescentes tourmentées par leur belle-mère sont témoins d'incidents étranges. - Récit triste, poétique et angoissant. Habile mélange d'étude psychologique et d'horreur. Rebondissements surprenants. Rythme d'une lenteur savamment calculée. Mise en scène raffinée. Interprètes convaincus.
□ 13 ans+
DVD STA→Cadrage W→22,95 $ STA→Cadrage W→27,95 $

TALENTED MR. RIPLEY, THE ▷3
[Énigmatique monsieur Ripley, L']
É.-U. 1999. Drame policier d'Anthony MINGHELLA avec Matt Damon, Gwyneth Paltrow et Jude Law. - Un jeune homme de condition modeste qui éprouve du désir et de l'envie pour un ami fortuné en vient à le tuer, puis emprunte son identité. - Adaptation fignolée d'un roman de Patricia Highsmith. Personnages approfondis. Réalisation et interprétation de grande classe.
DVD VF→STA→Cadrage W→10,95 $

TALES FROM THE CRYPT ▷4
É.-U. 1972. Film à sketches de Freddie FRANCIS avec Ralph Richardson, Joan Collins et Ian Hendry. - Cinq personnes égarées dans une crypte font la rencontre d'un moine étrange qui leur révèle la conséquence possible de leurs passions. □ 13 ans+

TALES FROM THE DARKSIDE: THE MOVIE ▷4
É.-U. 1990. Film à sketches de John HARRISON avec Deborah Harry, Christian Slater et Steve Buscemi. - Un jeune garçon raconte trois histoires d'horreur à une femme cannibale dans l'espoir que celle-ci ne le dévore pas. □ 13 ans+
DVD VF→STA→Cadrage W→29,95 $

TALES FROM THE GIMLI HOSPITAL ▷4
CAN. 1988. Comédie fantaisiste de Guy MADDIN avec Michael Gottli, Kyle McCulloch et Angela Heck. - Au début du xxe siècle, dans un hôpital de fortune, une âpre rivalité naît entre deux hommes liés par un terrible secret. □ Général
DVD VA→Cadrage P&S→24,95 $

TALES OF BEATRIX POTTER ▷3
ANG. 1971. Spectacle musical de Reginald MILLS avec les danseurs du Royal Ballet. - Une fillette vivant à la campagne imagine diverses aventures survenant aux animaux qui lui sont familiers. - Musique agréable. Masques ingénieusement conçus. Danseurs agiles et sympathiques. □ Général
DVD VA→Cadrage W/16X9→17,95 $

TALES OF HOFFMANN [Contes d'Hoffmann, Les] ▷3
ANG. 1950. Spectacle musical de Michael POWELL et Emeric PRESSBURGER avec Moira Shearer, Ludmilla Tcherina et Robert Helpmann. - Dans une taverne allemande, Hoffmann évoque le souvenir des femmes qu'il a aimées. - Adaptation soignée de l'opéra d'Offenbach. Images somptueuses. Œuvre charmante pleine de symbolisme. Interprètes de valeur.
DVD VA→STA→54,95 $

TALES OF MANHATTAN ▷4
É.-U. 1942. Film à sketches de Julien DUVIVIER avec Charles Boyer, Edward G. Robinson et Rita Hayworth. - Un habit de soirée porte malheur à ses propriétaires successifs. □ Général

TALES OF ORDINARY MADNESS
voir **Conte de la folie ordinaire**

TALES OF TERROR ▷5
É.-U. 1962. Drame d'horreur de Roger CORMAN avec Vincent Price, Peter Lorre et Debra Paget. - Trois contes horrifiques tirés de l'œuvre d'Edgar Allan Poe. □ Général
DVD Cadrage W→12,95 $

TALES THAT WITNESS MADNESS
ANG. 1973. Freddie FRANCIS □ 13 ans+

TALK OF THE TOWN, THE ▷3
É.-U. 1942. Comédie dramatique de George STEVENS avec Cary Grant, Ronald Colman et Jean Arthur. - Un juriste protège un ouvrier faussement accusé d'avoir mis le feu à un atelier. - Intrigue originale. Mise en scène nerveuse et dynamique. Interprétation sympathique. □ Général
DVD VA→VF→39,95 $

TALK RADIO ▷4
É.-U. 1988. Drame social d'Oliver STONE avec Eric Bogosian, Ellen Greene, John C. McGinley et Leslie Hope. - Un animateur de radio, aux méthodes abruptes et cyniques, reçoit des menaces de mort durant son émission nocturne de tribune téléphonique.
□ 13 ans+
DVD VA→VF→Cadrage W→13,95 $

TALK TO HER *voir* **Parle avec elle**

TALKING PICTURE, A
POR. 2003. Manoel DE OLIVEIRA
DVD VF→STA→Cadrage W→23,95 $

TALL GUY, THE [Grand timide, Le] ▷5
ANG. 1989. Comédie satirique de Mel SMITH avec Jeff Goldblum, Emma Thompson, Geraldine James et Rowan Atkinson. - À la suite de son renvoi d'un théâtre, un acteur de second ordre voit sa carrière prendre un nouvel envol et ses amours s'embrouiller.
□ 13 ans+

TALL IN THE SADDLE ▷5
É.-U. 1944. Western d'Edwin L. MARIN avec John Wayne, Ella Raines et Ward Bond. - Un contremaître de ranch et sa fiancée sont mêlés à l'assassinat d'un fermier. □ Général
DVD VA→VF→8,95 $

TALL STORY [Tête à l'envers, La] ▷5
É.-U. 1960. Comédie de Joshua LOGAN avec Anthony Perkins, Jane Fonda et Ray Walston. - Une jeune fille s'inscrit dans un collège avec l'intention d'y dénicher un mari.

TALL TALE ▷4
É.-U. 1995. Aventures de Jeremiah CHECHIK avec Patrick Swayze, Nick Stahl, Roger Aaron Brown et Oliver Platt. - Pour contrecarrer les manœuvres d'un entrepreneur véreux qui veut s'emparer de la ferme familiale, un gamin obtient l'aide de trois héros de l'Ouest.
□ Général

TALONS AIGUILLES [High Heels] ▷3
ESP. 1991. Comédie dramatique de Pedro ALMODOVAR avec Marisa Paredes, Victoria Abril, Anna Lizaran et Miguel Bosé. - Les retrouvailles tendues entre une ancienne vedette de la chanson et sa fille, qui s'est mariée avec un vieil amant de celle-ci.- Goût insolite pour les effets kitsch. Personnages décrits avec un humour ironique. Mise en scène colorée. Interprétation dans le ton voulu.
□ Général

TAMAS & JULI ▷4
HONG. 1997. Drame sentimental d'Ildiko ENYEDI avec David Janosi, Marta Angyal, Ferenc Elek et Gyorgy Barko. - Une idylle se développe petit à petit entre un jeune mineur et une timide institutrice de maternelle.
DVD STA→29,95 $

TAMBOUR, LE [Tin Drum, The] ▷3
ALL. 1979. Chronique de V. SCHLÖNDORFF avec David Bennent, Angela Winkler et Mario Adorf. - Dégoûté par le monde des adultes, un enfant traverse sans grandir la période du nazisme en Allemagne. - Adaptation du roman de Günter Grass. Vision satirique mordante de vingt années tragiques de l'histoire allemande. Situations tantôt absurdes, tantôt pathétiques. Style baroque parfois flamboyant. Détails insolites dans la mise en scène. D. Bennent remarquablement dirigé. □ 13 ans+
DVD VF→STF→Cadrage W/16X9→21,95 $ STA→66,95 $

TAMING OF THE SHREW, THE ▷3
[Mégère apprivoisée, La]
ANG. 1966. Comédie de Franco ZEFFIRELLI avec Richard Burton, Elizabeth Taylor et Michael York. - Un gentilhomme ruiné accepte d'épouser une jeune fille au caractère difficile qu'il se charge d'amadouer. - Écrit de Shakespeare transposé avec verve. Mise en scène somptueuse et vivante. Interprétation de premier ordre.
□ Non classé
DVD Cadrage W➔23,95 $

TAMPOPO ▷3
JAP. 1986. Comédie satirique de Juzo ITAMI avec Tsutomu Yamazaki, Nobuko Miyamoto et Koji Yakusho. - Après avoir défendu une restauratrice contre des gangsters, un camionneur entreprend de faire d'elle la meilleure cuisinière de nouilles du Japon. - Histoire curieusement conçue. Série d'anecdotes comiques sur le thème de la bouffe. Traitement soigné. Interprétation dans le ton voulu.
□ Général

TANG LE ONZIÈME ▷4
FR. 1998. Conte de Dai SIJIE avec Akihiro Nishida, Tapa Sudana et Nguyen Minh Chau. - Un Vietnamien, père de neuf enfants, et sa femme enceinte sont attirés dans un village de montagne afin que le nouveau-né réalise une vieille prophétie.

TANGO ▷4
FR. 1992. Comédie satirique de Patrice LECONTE avec Thierry Lhermitte, Richard Bohringer et Philippe Noiret. - Six ans après qu'un juge l'a acquitté du meurtre de son épouse, un pilote d'avion se voit obligé par celui-ci d'aller tuer une autre femme. □ 13 ans+

TANGO ▷4
ESP. ARG. 1998. Drame musical de Carlos SAURA avec Miguel Angel Sola, Mia Maestro et Cecilia Narova. - Un metteur en scène préparant un spectacle de tango est séduit par une de ses danseuses, maîtresse d'un producteur mafieux. □ Général
DVD VA➔VF➔Cadrage W➔37,95 $

TANGO LESSON, THE ▷4
ANG. 1997. Drame psychologique réalisé et interprété par Sally POTTER avec Pablo Veron et Gustavo Naveira. - Une cinéaste anglaise demande à un danseur argentin renommé de lui donner des cours de tango. □ Général

TANGO MACABRE *voir* **Seizure**

TANGO, OUR DANCE
ARG. 1988. Jorge ZANADA
DVD STA➔29,95 $

TANGOS : L'EXIL DE GARDEL ▷3
FR. 1985. Drame musical de Fernando SOLANAS avec Miguel Angel, Marie Laforêt Sola et Philippe Léotard. - À Paris, un groupe d'Argentins en exil cherche à monter un spectacle musical placé sous le patronage d'un chanteur de tango mort en 1935. - Sorte de collage politique, poétique et musical sur les thèmes de l'absence et de la nostalgie. Mise en scène adroite.

TANGUY ▷4
FR. 2001. Comédie de mœurs d'Étienne CHATILIEZ avec André Dussollier, Sabine Azéma et Eric Berger. - Un universitaire de 28 ans qui vit toujours chez ses parents résiste aux tentatives de ceux-ci de le mettre à la porte.
DVD VF➔Cadrage W➔12,95 $

TANT QU'IL Y AURA DES HOMMES
voir **From Here to Eternity**

TANTE JULIA ET LE SCRIBOUILLARD
voir **Tune in Tomorrow...**

TAO OF STEVE ▷4
É.-U. 2000. Comédie sentimentale de Jenniphr GOODMAN avec Donal Logue, Greer Goodman et Kimo Wills. - Un séducteur bedonnant et bohème cherche à reconquérir une femme avec qui il a eu une aventure au temps du collège. □ Général
DVD Cadrage W➔29,95 $

TAPE ▷3
É.-U. 2001. Drame psychologique de Richard LINKLATER avec Ethan Hawke, Robert Sean Leonard et Uma Thurman. - À l'occasion d'une réunion d'anciens élèves, un dealer et un cinéaste remuent leur passé trouble avec une camarade de classe. - Huis clos au ton caustique adapté d'une pièce de Stephen Belber. Dialogue mordant habilement ciselé. Tension psychologique adroitement soutenue. Réalisation précise. Excellents interprètes.
DVD VA➔STA➔Cadrage W➔5,95 $

TAPS [Dernier Clairon, Le] ▷4
É.-U. 1981. Drame social d'Harold BECKER avec George C. Scott, Timothy Hutton et Sean Penn. - Des élèves d'une école militaire occupent l'institution pour en empêcher la fermeture. □ 13 ans+

TAR ANGEL *voir* **Ange de goudron, L'**

TARAS BULBA ▷5
É.-U. 1962. Aventures de J. Lee THOMPSON avec Yul Brynner, Tony Curtis et Christine Kaufman. - Vers la fin du XVe siècle, un chef cosaque considère comme traître son fils qui s'est épris d'une Polonaise. □ Non classé

TAREA, LA *voir* **Forbidden Homework**

TAREA PROHIBIDA, LA
MEX. 1992. Jaime Humberto HERMOSILLO
DVD STA➔23,95 $

TARGET ▷4
É.-U. 1985. Drame d'espionnage d'Arthur PENN avec Matt Dillon, Gene Hackman et Joseph Sommer. - Révélant sa vie antérieure à son fils, un ancien agent secret doit se rendre à Paris, où sa femme a été enlevée par un espion communiste. □ Général

TARGETS ▷4
É.-U. 1968. Drame policier de Peter BOGDANOVICH avec Boris Karloff, Tom O'Kelly et Nancy Hsuch. - Un déséquilibré commet quelques assassinats pour ensuite se réfugier derrière l'écran d'un ciné-parc où est présenté le dernier film d'un acteur à la retraite.
□ Général
DVD VA➔Cadrage W➔9,95 $

TARKA THE OTTER ▷4
ANG. 1978. Étude de mœurs de David COBHAM avec Peter Bennett, Edward Underdown et Brenda Cavendish. - Les diverses aventures d'une loutre.

TARNATION ▷3
É.-U. 2004. Film d'essai réalisé et interprété par Jonathan CAOUETTE avec Renée Leblanc et David Sanin Paz. - Évocation de la vie du réalisateur, atteint de troubles de dépersonnalisation, et de sa relation avec sa mère adorée qui a subi de nombreux abus psychiatriques. - Autoportrait poignant réalisé sous forme de collage, mêlant divers matériaux visuels et sonores captés à différentes périodes. Montage vif. Esthétique « trash ». Incursion quasi impudique dans l'univers du principal intéressé. □ 16 ans+
DVD VA➔VF➔29,95 $

TARPAN *voir* **Absolution, The**

TARTUFFE, LE ▷4
FR. 1984. Drame réalisé et interprété par Gérard DEPARDIEU avec François Périer et Élisabeth Depardieu. - Un bourgeois s'entiche d'un faux dévot qu'il favorise au détriment de sa famille. □ Général

TARZAN ▷4
É.-U. 1999. Dessins animés de Kevin LIMA et Chris BUCK. - Au XIXe siècle dans la jungle africaine, un homme-singe est séduit par une jeune exploratrice escortée par un chasseur menaçant.
□ Général
DVD VF➔Cadrage W➔34,95 $

TARZAN AND HIS MATE ▷5
É.-U. 1934. Aventures de Cedric GIBBONS avec Johnny Weissmuller, Maureen O'Sullivan et Neil Hamilton. - Deux chasseurs tentent de convaincre Tarzan de les conduire au cimetière des éléphants.
□ Non classé

TARZAN FINDS A SON ! ▷5
É.-U. 1939. Aventures de Richard THORPE avec Johnny Weissmuller, Maureen O'Sullivan et Johnny Sheffield. - Seul survivant d'un accident d'avion, un enfant est adopté par Tarzan et connaît diverses aventures. □ Général

TARZAN THE APE MAN ▷7
É.-U. 1981. Aventures de J. DEREK avec Bo Derek, Richard Harris et Miles O'Keeffe. - Au cours d'une expédition dans une région inexplorée d'Afrique, une jeune femme aventureuse rencontre un homme-singe.
DVD VA➔VF➔Cadrage W/16X9➔8,95 $

TARZAN'S NEW YORK ADVENTURE ▷5
[Aventures de Tarzan à New York, Les]
É.-U. 1942. Aventures de Richard THORPE avec Johnny Weissmuller, Maureen O'Sullivan et Charles Bickford. - Le seigneur de la jungle se rend en Amérique pour retrouver son fils adoptif qu'on lui a enlevé. □ Général

TARZAN'S SECRET TREASURE ▷5
É.-U. 1941. Aventures de Richard THORPE avec Johnny Weissmuller, Maureen O'Sullivan et Johnny Sheffield. - Tarzan, sa femme et son fils sont momentanément victimes d'aventuriers en quête d'une mine d'or. □ Général

TARZAN, THE APE MAN [Tarzan, l'homme-singe] ▷4
É.-U. 1932. Aventures de W.S. VAN DYKE II avec Johnny Weissmuller, Maureen O'Sullivan et C. Aubrey Smith. - La fille d'un explorateur, à la recherche de son père dans la jungle, est enlevée par un curieux homme-singe. □ Général

TARZOON ! LA HONTE DE LA JUNGLE ▷4
BEL. 1975. Dessins animés de Jean-Paul PICHA et Boris SZULZINGER. - Tarzoon l'homme-singe part à la rescousse de sa compagne enlevée par les soldats d'une méchante reine. □ 13 ans+

TASTE OF CHERRY, THE *voir* **Goût de la cerise, Le**

TASTE OF HONEY, A [Goût de miel, Un] ▷3
ANG. 1961. Drame sentimental de Tony RICHARDSON avec Rita Tushingham, Dora Bryan et Murray Melvin. - Délaissée par une mère volage, une adolescente a une aventure avec un marin. - Adaptation prenante de la pièce de Shelagh Delaney. Mise en scène sobre et expressive. Beaucoup d'atmosphère. Psychologie juste. R. Tushingham excellente.

TASTE OF OTHERS, THE *voir* **Goût des autres, Le**

TASTE THE BLOOD OF DRACULA ▷4
ANG. 1969. Drame d'horreur de Peter SASDY avec Christopher Lee, Geoffrey Keen et Linda Hayden. - Trois bourgeois anglais à la recherche de sensations nouvelles se trouvent aux prises avec un aristocrate en qui s'est réincarné Dracula. □ 13 ans+
DVD VA➔VF➔Cadrage W/16X9➔9,95 $

TATIE DANIELLE ▷4
FR. 1990. Comédie satirique d'Étienne CHATILIEZ avec Catherine Jacob, Tsilla Chelton et Isabelle Nanty. - Une petite vieille acariâtre se retrouve aux soins d'une gardienne qui ne s'en laisse pas imposer. □ Général

TATTOO ▷4
É.-U. 1981. Drame psychologique de Bob BROOKS avec Bruce Dern, Maud Adams et Leonard Frey. - Un tatoueur déséquilibré retient prisonnière une jeune femme dont il est épris. □ 18 ans+

TATTOOED LIFE
JAP. 1965. Seijun SUZUKI
DVD STA➔Cadrage W/16X9➔23,95 $

TAUREAU ▷5
QUÉ. 1972. Drame de mœurs de Clément PERRON avec André Melançon, Monique Lepage et Michèle Magny. - Dans un village de la Beauce, un simple d'esprit est en butte à l'hostilité des habitants. □ 13 ans+

TAVERNE DE LA JAMAÏQUE, LA *voir* **Jamaica Inn**

TAXI ▷5
FR. 1997. Comédie policière de Gérard PIRÈS avec Samy Nacéri, Frédéric Diefenthal et Marion Cotillard. - Un chauffeur de taxi fou du volant doit collaborer avec un policier maladroit pour coincer un gang de braqueurs de banques. □ Général
DVD VF➔18,95 $

TAXI 2 ▷5
FR. 2000. Comédie policière de Gérard KRAWCZYK avec Samy Naceri, Frédéric Diefenthal et Emma Sjöberg. - Un chauffeur de taxi marseillais porté sur la vitesse et son copain policier se lancent aux trousses de yazukas qui ont kidnappé un ministre japonais. □ Général
DVD VF➔17,95 $

TAXI 3 ▷6
FR. 2003. Comédie policière de Gérard KRAWCZYK avec Samy Naceri, Frédéric Diefenthal et Bernard Farcy. - Un chauffeur de taxi marseillais porté sur la vitesse et son copain policier cherchent à coincer des braqueurs de banques déguisés en pères Noël. □ Général
DVD VF➔STA➔17,95 $

TAXI ▷5
É.-U. 2004. Comédie policière de Tim STORY avec Jimmy Fallon, Queen Latifah et Jennifer Esposito. - Ayant perdu son permis de conduire, un policier new-yorkais fait équipe avec une chauffeuse de taxi maniaque de la vitesse pour capturer des braqueuses de banques. □ Général
DVD VA➔STA➔Cadrage W➔33,95 $

TAXI BLUES ▷3
RUS. 1990. Drame de mœurs de Pavel LOUNGUINE avec Piotr Mamonov, Piotr Zaitchenko et Vladimir Kachpur. - À Moscou, un saxophoniste excentrique vit une amitié ambiguë avec un chauffeur de taxi entêté à qui il doit de l'argent. - Récit grouillant de vie. Approche teintée d'ironie corrosive. Réalisation un peu rugueuse mais efficace. Interprétation réussie. □ 13 ans+

TAXI DE NUIT ▷4
FR. 1993. Drame policier de Serge LEROY avec Laure Marsac, Bruno Cremer et Didier Bezace. - À Paris, dans un proche futur, une jeune infirmière, un chauffeur de taxi et un hôtelier sont soumis durant une nuit à un rigoureux contrôle policier. □ Général

TAXI DRIVER [Chauffeur de taxi] ►1
É.-U. 1976. Drame psychologique de Martin SCORSESE avec Robert De Niro, Cybill Shepherd et Jodie Foster. - Un jeune homme devient chauffeur de taxi et supporte mal le monde sordide qu'il doit côtoyer. - Vision hallucinante de la corruption dans les grandes villes. Style insolite d'une vigueur peu commune. Excellente interprétation de R. De Niro. □ 13 ans+
DVD VA➔STA➔Cadrage W➔23,95 $

TAXI MAUVE, UN ▷3
FR. 1977. Drame psychologique d'Yves BOISSET avec Philippe Noiret, Peter Ustinov et Charlotte Rampling. - Un Français qui s'est installé en Irlande est mêlé au destin de curieux personnages. - Transcription fidèle d'un roman de Michel Déon. Mise en scène élégante et souple. □ Général

TAXI POUR TOBROUK, UN ▷4
FR. 1960. Drame de guerre de Denys DE LA PATELLIÈRE avec Lino Ventura, Charles Aznavour et Hardy Kruger. - Quatre soldats français regagnent leurs lignes avec un prisonnier allemand. □ Général

TAXI ZUM KLO [En taxi aux toilettes] ▷5
ALL. 1980. Étude de mœurs réalisée et interprétée par Frank RIPPLOH avec Bernd Broaderup et Gitte Lederer. - Un instituteur homosexuel court l'aventure la nuit dans les boîtes spécialisées de la ville. □ 18 ans+

TAXING WOMAN, A ▷4
JAP. 1987. Comédie satirique de Juzo ITAMI avec Nobuko Miyamoto, Tsutomu Yamazaki et Masahiko Tsugawa. - Une inspectrice des impôts s'attaque à un homme d'affaires retors qui a des intérêts dans une chaîne d'hôtels. □ Général

TAXING WOMAN RETURN, A ▷4
JAP. 1988. Comédie satirique de Juzo ITAMI avec Nobuko Miyamoto, Rentaro Mikuni et Toru Masuoka. - Une inspectrice des impôts s'attaque à un doyen d'un faux culte religieux en rupture avec la loi. □ Général

TCHAIKOVSKY ▷4
RUS. 1970. Drame biographique d'Igor TALANKIN avec Innokenti Smoktounovski, Antonia Chouranova et Evgueni Leonov. - La vie du compositeur Piotr Illitch Tchaïkovski. □ Général
DVD VF→STA→Cadrage W→24,95 $

TCHAO PANTIN ▷4
FR. 1983. Drame policier de Claude BERRI avec Michel Coluche, Richard Anconina et Agnès Soral. - Avec l'aide d'une fille délurée, un pompiste de nuit entreprend de venger la mort d'un jeune ami abattu par des truands. □ 13 ans+

TCHIN-TCHIN *voir* **Fine Romance, A**

TE SOUVIENS-TU DE DOLLY BELL?
[Do You Remember Dolly Bell?]
YOU. 1981. Emir KUSTURICA
DVD STA→Cadrage 16X9→29,95 $

TEA AND SYMPATHY ▷4
É.-U. 1955. Drame psychologique de Vincente MINNELLI avec Deborah Kerr, John Kerr et Leif Erickson. - La femme d'un professeur d'université s'intéresse à un élève méprisé de ses camarades. □ Général

TEA FOR TWO [No, No, Nanette] ▷5
É.-U. 1950. Comédie musicale de David BUTLER avec Gordon MacRae, Doris Day et Gene Nelson. - Après s'être engagée à financer une revue, une jeune femme apprend qu'elle est ruinée. □ Non classé

TEA WITH MUSSOLINI ▷5
ITA. 1999. Chronique de Franco ZEFFIRELLI avec Cher, Judi Dench et Joan Plowright. - Élevé par la secrétaire anglaise de son père, un jeune garçon grandit dans l'Italie de l'ère fasciste. □ Général
DVD VF→VF→Cadrage W→12,95 $

TEACHER'S PET [Chou-chou du professeur, Le] ▷4
É.-U. 1957. Comédie de George SEATON avec Doris Day, Clark Gable, Mamie Van Doren et Gig Young. - Un reporter aguerri participe incognito à des cours de journalisme et s'éprend de son professeur. □ Non classé
DVD VA→STA→Cadrage W→9,95 $

TEACHERS ▷4
É.-U. 1984. Comédie satirique d'Arthur HILLER avec Nick Nolte, JoBeth Williams et Ralph Macchio. - Un professeur de sciences sociales est amené à lutter contre le climat de pagaille et d'incurie qui règne dans son école. □ 13 ans+

TEAHOUSE OF THE AUGUST MOON, THE ▷4
É.-U. 1956. Comédie satirique de Daniel MANN avec Marlon Brando, Glenn Ford et Eddie Albert. - Un officier américain de l'armée d'occupation est chargé de démocratiser les habitants d'une île japonaise. □ Général

TEAM AMERICA: WORLD POLICE ▷4
[Escouade américaine: police du monde]
É.-U. 2004. Comédie fantaisiste de Trey PARKER. - Une escouade antiterroristes américaine lutte contre le président de la Corée du Nord, qui a imaginé un plan diabolique pour détruire le monde. □ 13 ans+
DVD VF→STA→Cadrage W→34,95 $

TECTONIC PLATES [Plaques tectoniques, Les] ▷4
CAN. 1991. Film d'essai de Peter METTLER avec Michael Benson, Normand Bissonnette et Céline Bonnier. - Un homme part pour New York retrouver un ancien amant après avoir discuté avec une enseignante qui l'a également aimé. □ Général

TEENAGE CAVEMAN
É.-U. 1958. Roger CORMAN □ Général

TEHERAN 43 ▷5
RUS. FR. 1981. Drame d'espionnage d'Alexander ALOV et Vladimir NAUMOV avec Natacha Belokhvostikova, Igor Kostolevsky et Alain Delon. - La vente à Paris de documents sur un attentat à Téhéran pendant la guerre ravive la lutte entre agents secrets et terroristes jadis mêlés à l'affaire. □ Non classé

TELEFON ▷4
É.-U. 1977. Drame d'espionnage de Don SIEGEL avec Charles Bronson, Lee Remick et Donald Pleasence. - Un fonctionnaire russe tente d'appliquer aux États-Unis une opération de sabotage mise au point sous le régime stalinien. □ Général

TÉLÉPHONE ROUGE, LE
voir **Gathering of Eagles, A**

TÉLÉPHONE SONNE TOUJOURS DEUX FOIS, LE ▷5
FR. 1985. Comédie policière de Jean-Pierre VERGNE avec Didier Bourdon, Seymour Brussel et Bernard Campan. - Un jeune détective privé entreprend de démasquer un sadique qui tue des vieilles dames après leur avoir téléphoné.

TELL ME A RIDDLE
É.-U. 1980. Lee GRANT □ Général

TELL ME SOMETHING
COR. 1999. Yoon-hyun CHANG
DVD VA→STA→Cadrage W→26,95 $

TELL THEM WHO YOU ARE
É.-U. 2005. Mark WEXLER
DVD VA→29,95 $

TELL THEM WILLIE BOY IS HERE ▷3
É.-U. 1969. Western d'Abraham POLONSKY avec Robert Redford, Robert Blake et Katharine Ross. - Au début du xxe siècle, un Indien est l'objet d'une poursuite après avoir tué le père de celle qu'il aime. - Récit intelligemment mené. Intentions symboliques. Mise en scène vigoureuse. Interprétation sobre. □ Général

TELLING LIES IN AMERICA ▷5
[Gloire et Rock and Roll]
CAN. 1997. Drame de mœurs de Guy FERLAND avec Kevin Bacon, Brad Renfro et Calista Flockhart. - Le fils adolescent d'un nouvel immigrant subit l'influence néfaste d'un animateur de radio malhonnête. □ Général · Déconseillé aux jeunes enfants
DVD Cadrage W→7,95 $

TÉMOIN À CHARGE
voir **Witness for the Prosecution**

TÉMOIN MUET *voir* **Mute Witness**

TÉMOIN SILENCIEUX *voir* **Silent Fall**

TÉMOIN SOUS SURVEILLANCE *voir* **Witness**

TEMPEST ▷4
É.-U. 1928. Mélodrame de Sam TAYLOR avec John Barrymore, Camilla Horn et Louis Wolheim. - Amoureux de la fille d'un général, un jeune officier est accusé de trahison à la suite d'un malheureux quiproquo.
DVD VA→34,95 $

TEMPEST ▷4
É.-U. 1982. Comédie satirique de Paul MAZURSKY avec Susan Sarandon, John Cassavetes et Raul Julia. - Installé dans une île grecque, un architecte new-yorkais réserve à son ex-femme une curieuse réception. □ Général

TEMPÊTE DE GLACE *voir* **Ice Storm, The**

TEMPÊTE, LA *voir* **Perfect Storm, The**

TEMPS D'UNE CHASSE, LE ▷4
QUÉ. 1972. Étude de mœurs de Francis MANKIEWICZ avec Guy L'Écuyer, Pierre Dufresne et Marcel Sabourin. - Trois amis consacrent une fin de semaine d'automne à une partie de chasse. □ Général

TEMPS DE L'INNOCENCE, LE
voir **Age of Innocence, The**

TEMPS DE LA COLÈRE, LE
voir **Between Heaven and Hell**

TEMPS DES AMANTS, LE [Place for Lovers, A] ▷5
ITA. 1969. Drame sentimental de Vittorio DE SICA avec Marcello Mastroianni, Faye Dunaway et Caroline Mortimer. - Une riche Américaine atteinte d'une maladie incurable a une liaison avec un ingénieur italien. □ 13 ans+

TEMPS DES BARBARES, LE ▷4
QUÉ. 1999. Film d'essai de Jean-Daniel LAFOND avec Olivier Perrier. - Un fermier invite les habitants de son village à une conférence traitant de l'état du monde et du rôle qu'y jouent les médias en cette fin de xxe siècle.

TEMPS DES GITANS, LE [Time of the Gypsies] ►2
YOU. 1988. Drame de mœurs d'Emir KUSTURICA avec Ljubica Adzovic, Davor Dujmovic et Bora Todorovic. - Deux jeunes gitans sont confiés à un affairiste qui dirige un réseau d'enfants entraînés à voler et à se prostituer. - Réalisme sombre allégé par des touches de fantastique. Critique sociale pertinente agrémentée de détails pittoresques. Mise en scène foisonnante. Interprétation savoureuse. □ 13 ans+

TEMPS DES LOUPS, LE ▷4
FR. 1969. Drame policier de Sergio GOBBI avec Robert Hossein, Charles Aznavour et Virna Lisi. - Un commissaire de police cherche à arrêter les exploits d'un gangster qui se trouve être un camarade d'enfance. □ 13 ans+

TEMPS DU LOUP, LE [Time of the Wolf]
ALL. AUT. FR. 2003. Michael HANEKE
DVD VF→STA→38,95 $

TEMPS DU ROCK'N'ROLL, LE
voir **Idolmaker, The**

TEMPS DU SILENCE, LE ▷4
ESP. 1986. Drame de mœurs de Vincente ARANDA avec Imanol Arias, Victoria Abril et Francisco Rabal. - À la fin des années 1940, un jeune médecin qui fait des recherches sur le cancer se fait prendre dans une histoire d'avortement. □ 13 ans+

TEMPS FOU, LE *voir* **Box of Moonlight**

TEMPS LIMITE *voir* **Out of Time**

TEMPS POUR L'IVRESSE DES CHEVAUX, UN ▷3
[Time for Drunken Horses, A]
IRAN 2000. Drame de mœurs de Bahman GHOBADI avec Madi Ekhtiar-Dini, Ayoub Ahmadi et Nezhad Ekhtiar-Dini. - Dans le Kurdistan iranien, quatre orphelins se débattent pour financer l'opération de leur frère atteint d'une forme grave de nanisme. - Récit profondément humaniste inspiré de faits réels. Réalisation simple et directe proche du documentaire. Jeu sincère de non-professionnels. □ Général

TEMPS QUI CHANGENT, LES ▷4
FR. 2004. Drame psychologique d'André TÉCHINÉ avec Catherine Deneuve, Gérard Depardieu et Gilbert Melki. - Un ingénieur cherche à reconquérir la femme qu'il aime depuis 30 ans, une animatrice de radio établie à Tanger.
DVD VF→Cadrage W→31,95 $

TEMPS RETROUVÉ, LE [Time Regained] ▷3
FR. 1999. Comédie dramatique de Raul RUIZ avec Emmanuelle Béart, Marcello Mazzarella et Pascal Greggory. - En 1922, un romancier à l'article de la mort revit en esprit l'univers de ses récits. - Adaptation audacieuse et intelligente de l'œuvre de Marcel Proust. Mise en scène imaginative. Illustration luxueuse. Interprétation de haut calibre. □ Général
DVD VF→STA→Cadrage W→23,95 $

TEMPTATION OF A MONK ▷4
H.K. 1993. Drame de Clara LAW avec Wu Hsin-Kuo, Joan Cheng et Zhang Fengyi. - Après avoir été entraîné dans un complot, un général chinois se réfugie dans un monastère, où il se fait passer pour un moine afin d'échapper à ses ennemis. □ 13 ans+ · Violence

TEMPTRESS MOON ▷4
H.K. 1996. Drame de mœurs de Chen KAIGE avec Leslie Cheung, Gong Li et Kevin Lin. - Un gigolo a pour mission de séduire la riche héritière de la demeure où il a vécu étant enfant. □ Général
DVD STA→Cadrage W→18,95 $

TEN ▷3
IRAN 2002. Drame d'Abbas KIAROSTAMI avec Mania Akbari, Amin Maher et Roya Arabshahi. - Une femme divorcée discute à bord de son auto avec son jeune fils, qui lui adresse toutes sortes de reproches, ainsi qu'avec diverses passagères. □ Général
DVD STA→33,95 $

TEN COMMANDMENTS, THE ▷5
É.-U. 1923. Drame biblique de Cecil B. De MILLE avec Theodore Roberts et Richard Dix. - Le thème des dix commandements est illustré à travers l'histoire de Moïse et par le biais d'un mélodrame contemporain sur la rivalité entre deux frères. □ Général

TEN COMMANDMENTS, THE ▷4
[Dix commandements, Les]
É.-U. 1956. Drame biblique de Cecil B. DeMILLE avec Charlton Heston, Anne Baxter et Yvonne De Carlo. - Moïse, révolté par la condition servile de ses frères israélites, entreprend de les faire sortir d'Égypte. - Œuvre spectaculaire. Reconstitution historique minutieuse. Très bonne interprétation. □ Général
DVD VA→STA→26,95 $

TEN DAYS THAT SHOCK THE WORLD *voir* **Octobre**

TEN DAYS WONDER *voir* **Décade prodigieuse, La**

TEN LITTLE INDIANS ▷4
É.-U. 1965. Drame policier de George POLLOCK avec Hugh O'Brian, Shirley Eaton et Wilfrid Hyde-White. - Dix personnes réunies dans un lieu inaccessible sont tuées l'une après l'autre par un mystérieux assassin. □ Général
DVD VA→VF→Cadrage W/16X9→21,95 $

TEN LITTLE INDIANS [Dix petits nègres, Les] ▷5
ANG. 1975. Drame policier de Peter COLLINSON avec Oliver Reed, Elke Sommer et Richard Attenborough. - Dix personnes réunies dans un lieu inaccessible sont tuées l'une après l'autre par un mystérieux assassin. □ Général

TENANT OF WILDFELL HALL, THE ▷3
ANG. 1996. Drame de mœurs de Mike BARKER avec Tara Fitzgerald, Rupert Graves et Toby Stephens. - Contrairement aux règles de la société victorienne, une aristocrate fuit son mari alcoolique et s'installe dans un coin reculé avec son fils. - Téléfilm adapté consciencieusement du roman d'Anne Brontë. Modernité du contenu psychologique. Mise en scène soignée. Fort bonne interprétation. □ Général · Déconseillé aux jeunes enfants

TENANT, THE *voir* **Locataire, Le**

TENDER COMRADE ▷5
É.-U. 1944. Drame sentimental d'Edward DMYTRYK avec Ginger Rogers, Robert Ryan et Ruth Hussey. - Cinq jeunes femmes dont les maris sont à la guerre partagent le même logement. □ Non classé

TENDER MERCIES ▷3
É.-U. 1982. Drame de mœurs de Bruce BERESFORD avec Robert Duvall, Tess Harper et Betty Buckley. - Un ancien chanteur de musique country s'attache à une veuve et à son jeune garçon. - Étude réaliste de gens simples. Climat mélancolique. Belles images. Interprétation juste. □ Général
DVD VF→Cadrage W→16,95 $

TENDER TRAP, THE ▷5
É.-U. 1955. Comédie de Charles WALTERS avec Frank Sinatra, Debbie Reynolds et David Wayne. - Une ingénue maligne entreprend la conquête d'un célibataire endurci. □ Général

TENDERNESS OF THE WOLVES
ALL. 1973. Ulli LOMMEL
DVD STA→31,95 $

TENDRE CLARA *voir* **Clara's Heart**

TENDRE GUERRE ▷6
QUÉ. 1993. Drame psychologique de Daniel MORIN avec Gérald Thomassin, Marcel Lebœuf et Francis Patenaude. - Après la mort de sa mère, un adolescent va vivre avec son père, un vétéran canadien de la guerre du Viêtnam qui se terre dans un village depuis dix ans. □ Général

TENDRES COUSINES ▷6
FR. 1980. Comédie dramatique de David HAMILTON avec Thierry Tevini, Anja Shute et Macha Méril. - À l'été 1939, les expériences amoureuses d'un adolescent de quatorze ans en vacances à la ferme familiale. □ 18 ans+

TENDRES PASSIONS
voir **Terms of Endearment**

TENDRESSE *voir* **I Remember Mama**

TENEBRE [Plaisir de la peur, Le]
ITA. 1982. Dario ARGENTO □ 18 ans+
DVD Cadrage W→34,95 $

TENSION *voir* **Heat**

TENSION, LA *voir* **Tribute**

TENTATION DE VÉNUS, LA *voir* **Meeting Venus**

TENUE CORRECTE EXIGÉE ▷4
FR. 1997. Comédie de Philippe LIORET avec Jacques Gamblin, Elsa Zylberstein et Zabou. - Un sans-abri tente de rejoindre sa riche épouse dans un hôtel chic pour qu'elle signe les papiers de leur divorce. □ Général

TENUE DE SOIRÉE ▷3
FR. 1986. Comédie de mœurs de Bertrand BLIER avec Gérard Depardieu, Michel Blanc et Miou-Miou. - Un couple de paumés tombe sous l'emprise d'un personnage douteux qui vit de cambriolages. - Parabole insolente sur un certain déséquilibre moral contemporain. Ton du théâtre de l'absurde. Situations extravagantes. Humour cynique. Interprètes savoureux et très à l'aise.
DVD VA→Cadrage W→17,95 $

TEOREMA ►1
ITA. 1968. Drame poétique de Pier Paolo PASOLINI avec Terence Stamp, Silvana Mangano et Massimo Girotti. - De passage dans une famille bourgeoise de Milan, un jeune étranger en séduit chaque membre. - Allégorie mystérieuse aux scènes elliptiques. Mise en scène d'un art rigoureusement contrôlé. Interprétation stylisée. □ 18 ans+
DVD STA→Cadrage W→28,95 $

TEQUILA SUNRISE ▷3
É.-U. 1988. Drame policier de Robert TOWNE avec Mel Gibson, Michelle Pfeiffer et Kurt Russell. - Un détective de la brigade des narcotiques surveille un vieil ami qui serait lié à un mystérieux criminel mexicain. - Scénario nourri de complexités et d'ambiguïtés intrigantes. Climat romantique dans la tradition du film noir. Illustration contrastée. Interprétation attrayante. □ Général
DVD VF→VF→Cadrage W→11,95 $

TERMINAL, THE [Terminal, Le] ▷4
É.-U. 2004. Comédie dramatique de Steven SPIELBERG avec Catherine Zeta-Jones, Tom Hanks et Stanley Tucci. - Un voyageur d'Europe de l'Est sans visa reste bloqué dans un aéroport de New York pendant des mois. □ Général
DVD VA→STF→Cadrage W/16X9→16,95 $
VF→STF→Cadrage W→22,95 $

TERMINAL MAN, THE ▷5
É.-U. 1974. Science-fiction de Mike HODGES avec George Segal, Joan Hackett et Richard A. Dysart. - Un homme subit une opération chirurgicale devant l'aider à maîtriser des crises de violence incontrôlables. □ 13 ans+

TERMINAL STATION
ITA. 1953. Vittorio DE SICA

TERMINAL VELOCITY [Point de chute] ▷5
É.-U. 1994. Drame d'espionnage de Deran SERAFIAN avec Charlie Sheen, Nastassja Kinski et James Gandolfini. - Un instructeur de parachutisme se voit impliqué dans la mission d'une ancienne espionne du KGB qui tente de déjouer les plans de gangsters russes. □ 13 ans+
DVD VF→Cadrage W→14,95 $

TERMINATOR, THE ▷4
É.-U. 1984. Science-fiction de James CAMERON avec Arnold Schwarzenegger, Linda Hamilton et Michael Biehn. - Un androïde cherche à tuer une jeune femme qui a pour protecteur un homme venu de l'avenir. □ 18 ans+
DVD VF→VF→Cadrage W/16X9→11,95 $

TERMINATOR II: JUDGMENT DAY ▷4
[Terminator II: The Ultimate DVD Edition]
É.-U. 1991. Science-fiction de James CAMERON avec Arnold Schwarzenegger, Linda Hamilton et Robert Patrick. - Menacés par un robot meurtrier venu du futur, une mère et son garçon sont secourus par un cyborg d'apparence humaine. □ 13 ans+
DVD VA→Cadrage W→23,95 $

TERMINATOR III: RISE OF THE MACHINES ▷4
[Terminator III: la guerre des machines]
É.-U. 2003. Science-fiction de Jonathan MOSTOW avec Arnold Schwarzenegger, Nick Stahl et Claire Danes. - Un couple destiné à mener la rébellion des humains contre la domination des machines est au centre d'un duel entre deux robots destructeurs. □ 13 ans+ · Violence
DVD VA→STF→Cadrage W→13,95 $
VF→STF→Cadrage W→8,95 $

TERMINI STATION ▷4
CAN. 1989. Drame psychologique d'Allan KING avec Megan Follows, Colleen Dewhurst et Gordon Clapp. - Une jeune prostituée essaie de convaincre sa mère alcoolique de la suivre à Montréal pour y refaire leur vie. □ Général

TERMS OF ENDEARMENT [Tendres passions] ▷4
É.-U. 1983. Drame psychologique de James L. BROOKS avec Debra Winger, Shirley MacLaine et Jack Nicholson. - Les relations d'une veuve avec sa fille au long d'une trentaine d'années. □ 13 ans+
DVD VA→STA→Cadrage W→8,95 $

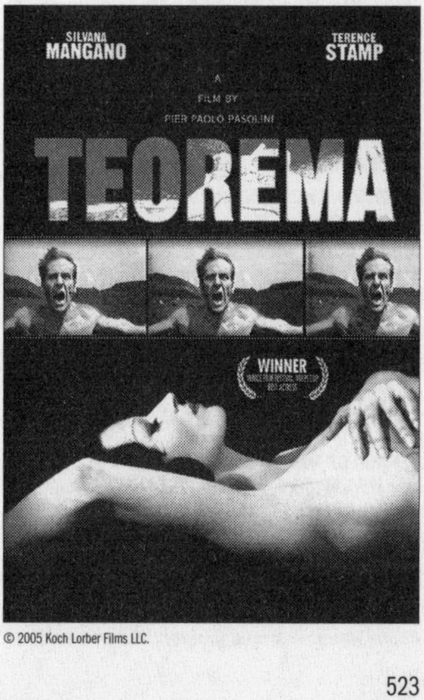

TERRA TREMA, LA [Terre tremble, La] ►2
ITA. 1948. Drame social de Luchino VISCONTI - Les conditions de vie misérables des pêcheurs siciliens, pressurés par des mareyeurs injustes. - Œuvre puissante. Grande beauté plastique. Jeu sincère d'interprètes non professionnels choisis sur place.
DVD STA→Cadrage P&S→41,95 $

TERRE, LA
FR. 1921. André ANTOINE
DVD PC

TERRE, LA [Earth] ►1
RUS. 1930. Drame social d'Aleksandr DOVJENKO avec Semyon Svashenko, Stepan Shkurat et Mikola Nademsky. - Au début du régime soviétique, des paysans ukrainiens reçoivent leur premier tracteur et sont confrontés à un riche propriétaire qui refuse de partager sa terre. - Classique du cinéma soviétique. Œuvre d'une grande ferveur. Réalisation empreinte de lyrisme et de poésie.
□ Général
DVD STA→39,95 $

TERRE DAMNÉE *voir* **Copper Canyon**

TERRE DE LA GRANDE PROMESSE, LA [Promised Land, The] ►2
POL. 1975. Drame social d'Andrzej WAJDA avec Daniel Olbrychski, Wojciech Pszoniak et Andrzej Şeweryn. - En Pologne vers la fin du XIXe siècle, trois amis s'associent pour exploiter une filature. - Fresque impressionnante. Rythme nerveux. Mise en scène précise. Interprétation animée. □ Général
DVD STA→36,95 $

TERRE DES PHARAONS, LA
voir **Land of the Pharaohs**

TERRE EN TRANSES [Terra em Transe] ▷3
BRÉ. 1967. Drame social de Glauber ROCHA avec Jardel Filho, Glauce Rocha et Jose Lewgoy. - Les désillusions d'un jeune journaliste face aux hommes politiques de son pays. - Souffle grandiose et poétique. Images expressives. Réalisation soignée. Interprétation vigoureuse.

TERRE ET LIBERTÉ *voir* **Land and Freedom**

TERREUR À DOMICILE *voir* **Of Unknown Origin**

TERREUR AVEUGLE *voir* **See No Evil**

TERREUR DANS LA VALLÉE *voir* **Gun Glory**

TERREUR SUR LA LIGNE *voir* **When a Stranger Calls**

TERRIBLE PARENTS, THE *voir* **Parents terribles, Les**

TERROR, THE ▷5
É.-U. 1963. Drame d'horreur de Roger CORMAN avec Boris Karloff, Jack Nicholson et Sandra Knight. - Un homme part à la recherche d'une mystérieuse jeune fille. □ Général

TERROR IN THE MIDNIGHT SUN
É.-U. 1959. Virgil W. VOGEL
DVD VA→39,95 $

TERROR OF DR. MABUSE, THE
voir **Testament du Dr. Mabuse, Le**

TERROR OF FRANKENSTEIN ▷4
IRL. 1977. Drame d'horreur de Calvin FLOYD avec Leon Vitali, Per Oscarsson et Nicholas Clay. - Un jeune savant donne vie à une créature humaine formée avec des pièces de divers cadavres.
DVD VA→19,95 $

TERROR OF MECHAGODZILLA ▷5
JAP. 1975. Science-fiction d'Inoshiro HONDA avec Katsuhiko Sasaki, Tomoko Ai et Akihika Hirata. - Godzilla protège le Japon contre l'attaque de monstres gigantesques. □ Général
DVD VA→Cadrage P&S→17,95 $

TERRORIST, THE ▷3
IND. 1998. Drame psychologique de Santosh SIVAN avec Ayesha Dharkar, Parmeshwaran et Vishnu Vardhan. - Sur le point de perpétrer un attentat suicide, une jeune révolutionnaire est amenée à remettre en question ses convictions et son sens du sacrifice. - Méditation simple et poignante sur la vie et la mort. Réalisation tour à tour nerveuse et lyrique. Illustration inspirée. Jeu intense d'A. Dharkar.
DVD Cadrage W→26,95 $

TERRORISTS, THE [Homme voit rouge, Un] ▷4
ANG. 1974. Drame policier de Caspar WREDE avec Sean Connery, Ian McShane et Jeffry Wickham. - Dans un pays scandinave, un colonel s'efforce de déjouer les plans d'un groupe de terroristes anglais.
DVD VF→STA→Cadrage W→10,95 $

TESIS [Thesis] ▷4
ESP. 1996. Drame policier d'Alejandro AMENABAR avec Ana Torrent, Fele Martinez et Eduardo Noriega. - Une étudiante d'une université de Madrid cherche à démasquer un auteur de *snuff movies* qui sévit dans son entourage.

TESS ▷3
FR. 1979. Chronique de Roman POLANSKI avec Nastassia Kinski, Peter Firth et Leigh Lawson. - La fille d'un ivrogne descendant d'une noble famille connaît diverses mésaventures sentimentales. - Illustration somptueuse d'un roman de Thomas Hardy. Mise en scène d'un ton retenu. Images d'une beauté constante. Interprètes dirigés de façon stylisée. □ Général

TESS OF THE D'URBERVILLES ▷4
ANG. 1998. Mélodrame d'Ian SHARP avec Justine Waddell, Jason Flemyng et Oliver Milburn. - Une servante, fille d'un ivrogne descendant d'une famille noble, connaît diverses mésaventures sentimentales.
DVD VA→26,95 $

TESS OF THE STORM COUNTRY
É.-U. 1922. John S. ROBERTSON □ Général
DVD 49,95 $

TESSERACT, THE
ANG. JAP. THAÏ. 2003. Oxide PANG CHUN
DVD VA→Cadrage W→28,95 $

TEST PILOT ▷4
É.-U. 1938. Drame sentimental de Victor FLEMING avec Clark Gable, Myrna Loy et Spencer Tracy. - Les épreuves sentimentales et professionnelles d'un pilote d'essai. □ Non classé

TESTAMENT [Dernier Testament, Le] ▷4
É.-U. 1983. Drame social de Lynne LITTMAN avec Jane Alexander, William Devane et Ross Harris. - Les effets d'une guerre atomique sur une famille d'une petite ville de Californie. □ Général
DVD VA→STA→Cadrage W/16X9→14,95 $

TESTAMENT D'ORPHÉE, LE ▷3
FR. 1959. Drame poétique réalisé et interprété par Jean COCTEAU avec Édouard Dermit et Maria Casarès. - Un poète évoque les mythes à travers lesquels il s'est dépeint. □ Général

TESTAMENT D'UN POÈTE JUIF ASSASSINÉ, LE ▷4
FR. 1987. Drame social de Frank CASSENTI avec Michel Jonasz, Erland Josephson et Wojtech Pszoniak. - Un jeune garçon apprend l'histoire de son père, un Juif communiste qui avait été accusé injustement de trahison par la police de Staline.

TESTAMENT DU DR MABUSE, LE [Testament of Dr. Mabuse, The] ▷3
ALL. 1932. Drame policier de Fritz LANG avec Otto Ernicke, Oskar Beregi et Gustav Diessl. - Un commissaire enquête sur un docteur enfermé dans une clinique psychiatrique qui serait à l'origine d'une vague de crimes. - Éléments politiques prémonitoires. Atmosphère inquiétante. Intrigue un peu chargée. Savoir-faire technique. Interprétation convaincue. □ Général
DVD 46,95 $ STA→62,95 $

TÊTE À CLAQUES *voir* **Brain Donors**

TÊTE À L'ENVERS, LA *voir* **Tall Story**

TÊTE DANS LES NUAGES, LA *voir* **Head in the Clouds**

TÊTE DANS LES NUAGES, LA
voir **Dazed and Confused**

TÊTES VIDES CHERCHENT COFFRE PLEIN
voir **Brink's Job, The**

TETSUO II : THE BODY HAMMER
JAP. 1992. Shinya TSUKAMOTO □ 16 ans+ · Horreur

TETSUO - THE IRON MAN
JAP. 1988. Shinya TSUKAMOTO
DVD STA→27,95 $

TEX ▷4
É.-U. 1982. Drame psychologique de Tim HUNTER avec Matt Dillon, Jim Metzler et Emilio Estevez. - Les tribulations d'un adolescent qui vit sur une ferme de l'Oklahoma avec son frère pendant que leur père court les rodéos. □ Général
DVD Cadrage W→29,95 $

TEXAS ▷4
É.-U. 1941. Western de George MARSHALL avec Glenn Ford, William Holden et Claire Trevor. - Deux amis d'enfance se retrouvent au Texas dans des camps opposés. □ Général
DVD VA→17,95 $

TEXAS ACROSS THE RIVER ▷4
É.-U. 1966. Western de Michael GORDON avec Dean Martin, Alain Delon et Rosemary Forsyth. - Un aristocrate espagnol et un aventurier texan connaissent ensemble diverses aventures. □ Général

TEXAS CHAINSAW MASSACRE, THE ▷4
[Massacre à la tronçonneuse]
É.-U. 1974. Drame d'horreur de Tobe HOOPER avec Marilyn Burns, Allen Danziger et Paul A. Partain. - Passant la nuit dans une maison abandonnée, cinq jeunes gens deviennent les victimes d'une famille de maniaques meurtriers. □ 18 ans+

TEXAS CHAINSAW MASSACRE, THE ▷5
[Massacre à la tronçonneuse]
É.-U. 2003. Drame d'horreur de Marcus NISPEL avec Jessica Biel, Jonathan Tucker et Mike Vogel. - Cinq jeunes roulant sur une route secondaire du Texas sont victimes d'une famille de maniaques se livrant à d'atroces pratiques meurtrières. □ 16 ans+ · Horreur
DVD VF→STA→Cadrage W→17,95 $

TEXAS OU LA VIE, LE *voir* **Hard Country**

TEXASVILLE ▷5
É.-U. 1990. Étude de mœurs de Peter BOGDANOVICH avec Jeff Bridges, Cybill Sheperd et Annie Potts. - Un père de famille retrouve une ancienne camarade de classe qu'il a aimée. □ Général
DVD VF→VF→Cadrage W→11,95 $

THANK YOU FOR SMOKING ▷4
É.-U. 2005. Comédie satirique de Jason REITMAN avec Aaron Eckhart, Cameron Bright et Katie Holmes. - Les tribulations professionnelles et personnelles d'un lobbyiste redoutable et charmeur à la solde des multinationales du tabac.

THAT COLD DAY IN THE PARK ▷4
CAN. 1969. Drame psychologique de Robert ALTMAN avec Sandy Dennis, Michael Burns et Luana Anders. - Une célibataire frustrée donne refuge à un jeune inconnu qui garde avec elle un mutisme complet. □ Non classé

THAT DARN CAT ! [Espion aux pattes de velours, L'] ▷4
É.-U. 1965. Comédie policière de Robert STEVENSON avec Hayley Mills, Dean Jones et Dorothy Provine. - Deux gangsters ayant dévalisé une banque et kidnappé la caissière sont découverts grâce à un chat siamois. □ Général

THAT DAY *voir* **Ce jour-là**

THAT FORSYTE WOMAN ▷4
É.-U. 1949. Drame de Compton BENNETT avec Errol Flynn, Greer Garson et Walter Pidgeon. - Une jeune femme mal mariée s'éprend du mari de sa cousine. □ Général

THAT FUNNY FEELING ▷5
É.-U. 1965. Comédie de Richard THORPE avec Sandra Dee, Bobby Darin et Donald O'Connor. - Une jeune fille profite de l'absence du propriétaire d'un appartement pour y donner un rendez-vous à un jeune homme.
DVD VA→Cadrage W→17,95 $

THAT HAMILTON WOMAN ▷4
É.-U. 1941. Drame historique d'Alexander KORDA avec Vivien Leigh, Laurence Olivier et Alan Mowbray. - La vie scandaleuse d'une pauvresse devenue la femme d'un lord et la maîtresse de l'amiral Nelson. □ Non classé

THAT MAN FROM RIO *voir* **Homme de Rio, L'**

THAT OBSCURE OBJECT OF DESIRE
voir **Cet obscur objet du désir**

THAT SINKING FEELING
ANG. 1979. Bill FORSYTH □ Général

THAT THING YOU DO ! [Wonders, Les] ▷4
É.-U. 1996. Comédie dramatique réalisée et interprétée par Tom HANKS avec Tom Everett Scott, Johnathon Schaech et Liv Tyler. - En 1964, l'ascension fulgurante mais courte d'un groupe de rock'n'roll. □ Général

THAT TOUCH OF MINK ▷5
É.-U. 1962. Comédie sentimentale de Delbert MANN avec Doris Day, Cary Grant et Gig Young. - Les aventures sentimentales d'un homme d'affaires avec une jeune fille naïve et réservée. □ Général

THAT UNCERTAIN FEELING ▷4
É.-U. 1941. Comédie d'Ernst LUBITSCH avec Merle Oberon, Melvyn Douglas et Burgess Meredith. - Un pianiste excentrique vient déranger les habitudes d'un ménage bourgeois de New York.
□ Général
DVD VA→17,95 $

THAT'LL BE THE DAY ▷4
ANG. 1973. Drame psychologique de Claude WHATHAM avec David Essex, Ringo Starr et Rosemary Leach. - Les tribulations d'un adolescent qui abandonne ses études et finit par se joindre à un groupe musical. □ Général

THAT'S DANCING ! ▷4
É.-U. 1985. Film de montage de Jack HALEY Jr. - Sélection de numéros de danse présentés dans divers films depuis les débuts du cinéma sonore. □ Général

THAT'S ENTERTAINMENT ▷3
É.-U. 1974. Film de montage de Jack HALEY Jr. avec Fred Astaire, Gene Kelly et Judy Garland. - Anthologie d'extraits de comédies musicales tournées dans les studios de la MGM. - Spectacle impressionnant. Montage intelligemment fait. Évocation nostalgique réussie. Passages particulièrement brillants. □ Général
DVD VA→VF→Cadrage W/16X9→21,95 $

THAT'S ENTERTAINMENT ! PART 3 ▷3
É.-U. 1994. Film de montage de Bud FRIEDGEN et Michael J. SHERIDAN. - Anthologie d'extraits de comédies musicales tournées dans les studios de la MGM. - Troisième volet d'un panorama nostalgique des réalisations du passé. Sélection remarquablement cohérente et homogène. Plusieurs documents inédits. Trucages numériques et restauration impressionnants. □ Général
DVD VA→VF→Cadrage W/16X9→21,95 $

THAT'S LIFE ! [C'est la vie] ▷4
É.-U. 1986. Comédie dramatique de Blake EDWARDS avec Jack Lemmon, Julie Andrews et Robert Loggia. - Les tribulations d'une famille qui s'apprête à fêter les 60 ans du père. □ Général

THAT'S THE WAY I LIKE IT [Forever Fever] ▷5
SIN. 1999. Comédie de mœurs de Glen GOEI avec Adrian Pang, Medaline Tan et Anna Belle Francis. - Pour se procurer la moto de ses rêves, un jeune homme s'inscrit à une compétition de danse disco. □ Général
DVD Cadrage W→17,95 $

THÉ AU HAREM D'ARCHIMÈDE, LE ▷3
FR. 1985. Étude de mœurs de Mehdi CHAREF avec Rémi Martin, Kader Boukhanef et Laure Duthilleul. - L'amitié de deux adolescents, dont l'un est d'origine nord-africaine, dans un quartier pauvre de Paris. - Situations critiques décrites avec un réalisme teinté de compassion. Interprétation d'une spontanéité appréciable.

THÉ AU SAHARA, UN *voir* **Sheltering Sky, The**

THEATER OF BLOOD [Théâtre de sang] ▷3
ANG. 1973. Drame d'horreur de Douglas HICKOX avec Vincent Price, Diana Rigg et Ian Hendry. - Après un suicide raté, un acteur shakespearien que tout le monde croit mort entreprend de tuer les critiques qui lui ont été défavorables. - Humour noir dans un style flamboyant. Développements inventifs. Scènes de meurtres d'une conception extravagante. Réalisation adroite et inventive. Cabotinage inspiré de V. Price. □ 13 ans+
DVD VF➔STF➔Cadrage W➔12,95 $

THÉÂTRE DE SANG *voir* **Theater of Blood**

THELMA & LOUISE ▷3
É.-U. 1991. Drame policier de Ridley SCOTT avec Susan Sarandon, Geena Davis et Harvey Keitel. - Après avoir abattu un violeur, une serveuse et une femme au foyer deviennent des fugitives qui s'enfoncent de plus en plus dans le crime. - Road movie à saveur féministe ponctué de scènes d'action palpitantes. Héroïnes attachantes. Sens de l'image étonnant. Interprétation à la fois humaine et pittoresque. □ 18 ans+
DVD VF➔VF➔Cadrage W➔12,95 $

THEM ! ▷4
É.-U. 1954. Science-fiction de Gordon DOUGLAS avec Edmund Gwenn, James Whitmore et Joan Weldon. - Des radiations provoquées par une explosion atomique ont transformé des fourmis en bêtes monstrueuses. □ Général
DVD VA➔VF➔Cadrage P&S➔21,95 $

THÈME, LE ▷3
RUS. 1979. Drame psychologique de Gleb PANFILOV avec Mikhail Oulianov, Inna Tchourikova et Evgueni Vesnik. - Un dramaturge reconnu s'intéresse à une jeune femme qui lui fait connaître un poète oublié. - Sujet peu banal. Thèmes développés avec nuances dans un climat feutré. Touches d'humour critique. Belles images. Interprétation à la hauteur.

THEODORA GOES WILD ▷4
É.-U. 1936. Comédie de Richard BOLESLAWSKI avec Irene Dunne, Melvyn Douglas et Thomas Mitchell. - Sous un pseudonyme, une jeune fille écrit un roman qui révolutionne sa ville. □ Général

THEORY OF FLIGHT, THE ▷5
ANG. 1998. Comédie dramatique de Paul GREENGRASS avec Kenneth Branagh, Helena Bonham Carter et Gemma Jones. - Un excentrique passionné de machines volantes aide une handicapée dans son projet de ne pas mourir vierge. □ 13 ans+

THÉRAPIE DE DÉTRAQUÉS *voir* **Beyond Therapy**

THERE WAS A CROOKED MAN ▷3
É.-U. 1970. Western de Joseph Leo MANKIEWICZ avec Kirk Douglas, Henry Fonda et Hume Cronyn. - Un prisonnier profite de la libéralité d'un nouveau directeur du bagne pour s'établir un plan d'évasion. - Action menée avec maîtrise et entrain. Conflits exposés de façon originale et vivante. Personnages tracés avec un humour vigoureux. Interprétation solide. □ 13 ans+

THERE'S A GIRL IN MY SOUP ▷5
ANG. 1970. Comédie de Roy BOULTING avec Peter Sellers, Goldie Hawn et Tony Britton. - Un don Juan gastronome se laisse prendre au charme d'une jeune hippie. □ 13 ans+

THERE'S NO BUSINESS LIKE SHOW BUSINESS ▷5
[Joyeuse Parade, La]
É.-U. 1954. Comédie musicale de Walter LANG avec Ethel Merman, Donald O'Connor et Marilyn Monroe. - Deux époux vedettes de music-hall élèvent trois enfants dont certains suivent leurs traces.
DVD VA➔Cadrage W➔14,95 $

THERE'S SOMETHING ABOUT MARY ▷4
[Marie a un je-ne-sais-quoi]
É.-U. 1998. Comédie sentimentale de Peter et Bobby FARRELLY avec Ben Stiller, Cameron Diaz, Lee Evans, Chris Elliott et Matt Dillon. - Chargé de retrouver l'amour de jeunesse d'un client, un privé minable en tombe amoureux et entreprend de la séduire.
□ 13 ans+
DVD VA➔STA➔Cadrage W➔22,95 $ VA➔14,95 $

THÉRÈSE ►2
FR. 1986. Drame biographique d'Alain CAVALIER avec Catherine Mouchet, Aurore Prieto, Sylvie Habault et Hélène Alexandridis. - La vie au Carmel de Lisieux de la jeune Thérèse Martin en route vers la sainteté. - Évocation admirable. Traitement d'un dépouillement exemplaire. Mise en scène remarquable. Jeu conquérant de C. Mouchet.
DVD VF➔STA➔Cadrage W➔22,95 $

THÉRÈSE - THE STORY OF SAINT THÉRÈSE OF LISIEUX
É.-U. 2004. Leonardo DEFILIPPIS
DVD VA➔VF➔21,95 $

THERESE AND ISABELLE
ALL. 1968. Radley METZGER □ 13 ans+
DVD VA➔PC

THÉRÈSE RAQUIN ▷3
FR. 1953. Drame de M. CARNÉ avec Simone Signoret, Raf Vallone et Jacques Duby. - Un camionneur tue le mari de celle qu'il aime et est l'objet d'un chantage. - Bonne transposition du roman de Zola. Réalisation très habile. Excellents interprètes.
DVD VF➔STA➔23,95 $

THESE THOUSAND HILLS [Duel dans la boue] ▷5
É.-U. 1959. Western de R. FEISCHER avec Don Murray, Richard Egan et Lee Remick. - Un jeune ambitieux vient chercher fortune au Montana.
DVD VF➔STA➔Cadrage W➔14,95 $

THESE THREE ▷3
É.-U. 1935. Drame psychologique de William WYLER avec Merle Oberon, Miriam Hopkins et Joel McCrea. - Une adolescente calomnie les directrices de son école. - Adaptation d'une pièce de Lillian Hellman. Drame rigoureusement construit. Mise en scène intelligente. Excellente interprétation. □ Général

THESIS *voir* **Tesis**

THEY ALL LAUGHED [Et tout le monde riait] ▷4
É.-U. 1981. Comédie de mœurs de Peter BOGDANOVICH avec Ben Gazzara, Audrey Hepburn et John Ritter. - Les chassés-croisés amoureux de deux détectives new-yorkais qui s'éprennent des femmes qu'ils sont censés surveiller. □ Général

THEY CALL ME MISTER TIBBS ! ▷5
É.-U. 1970. Drame policier de Gordon DOUGLAS avec Sidney Poitier, Martin Landau et Barbara McNair. - Un détective enquête sur l'assassinat d'une call-girl. □ Général
DVD VA➔Cadrage W➔11,95 $

THEY CAME BACK *voir* **Revenants, Les**

THEY CAME TO CORDURA ▷3
É.-U. 1959. Drame de Robert ROSSEN avec Gary Cooper, Rita Hayworth et Van Heflin. - Une expédition permet à un officier qui se croit lâche de se conduire en héros. - Étude psychologique intéressante. Mise en scène vigoureuse. G. Cooper convaincant.
□ Général

THEY DIED WITH THEIR BOOTS ON ▷4
[Charge fantastique, La]
É.-U. 1942. Western de Raoul WALSH avec Errol Flynn, Olivia de Havilland, Charley Grapewin et Arthur Kennedy. - La carrière du général Custer, vaincu par les Sioux à la bataille de Little Big Horn.
□ Général
DVD VF➔STF➔21,95 $

THEY DRIVE BY NIGHT ▷5
É.-U. 1940. Drame de Raoul WALSH avec George Raft, Humphrey Bogart et Ann Sheridan. - Les difficultés professionnelles et sentimentales de deux frères qui ont monté une petite compagnie de transport. □ Général
DVD VA➔VF➔21,95 $

THEY GO BOOM
É.-U. 1929. James PARROTT □ Non classé

THEY LIVE [Invasion Los Angeles] ▷5
É.-U. 1988. Drame fantastique de John CARPENTER avec Roddy Piper, Keith David et Meg Foster. - Un travailleur itinérant découvre que des extraterrestres se sont emparés de postes de commande et soumettent l'humanité à leur vouloir. □ 13 ans+
DVD VA➔STF➔Cadrage W➔17,95 $

THEY MADE ME A CRIMINAL ▷4
É.-U. 1939. Drame policier de Busby BERKELEY avec John Garfield, Ann Sheridan et Claude Rains. - Un boxeur est injustement soupçonné de meurtre. □ Général

THEY MET IN BOMBAY ▷4
É.-U. 1941. Comédie de Clarence BROWN avec Clark Gable, Rosalind Russell et Peter Lorre. - Venu à Bombay pour dérober un pendentif de diamants, un voleur affronte une jolie aventurière. □ Général

THEY SHALL HAVE MUSIC ▷4
É.-U. 1939. Comédie musicale d'Archie MAYO avec Jascha Heifetz, Andrea Leeds et Joel McCrea. - Une école de musique pour orphelins est sauvée de la ruine par un violoniste célèbre. □ Général

THEY SHOOT HORSES, DON'T THEY? ►2
[On achève bien les chevaux]
É.-U. 1969. Drame social de Sydney POLLACK avec Jane Fonda, Michael Sarrazin et Gig Young. - Durant la Dépression, une jeune femme meurtrie participe à un marathon de danse. - Parabole amère sur la vie en société. Tableau d'époque impressionnant. Vigueur et efficacité de la description. Interprétation de premier ordre. □ 13 ans+
DVD VA➔STF➔Cadrage W➔13,95 $

THEY WERE EXPENDABLE ▷3
É.-U. 1945. Drame de guerre de John FORD avec John Wayne, Robert Montgomery et Donna Reed. - En 1941, dans le Pacifique, des vedettes lance-torpilles combattent la flotte japonaise. - Œuvre d'une vérité saisissante et d'une grande beauté. Passages impressionnants. Personnages conventionnels mais bien campés. □ Général
DVD 21,95 $ VA➔VF➔21,95 $

THEY WON'T BELIEVE ME ▷4
É.-U. 1947. Drame d'Irving PICHEL avec Robert Young, Susan Hayward et Jane Greer. - Un homme est accusé du meurtre de sa femme qui s'est pourtant suicidée. □ Non classé

THEY'RE PLAYING WITH FIRE
É.-U. 1984. Howard AVEDIS
DVD VA➔24,95 $

THICKER THAN WATER
É.-U. 1999. Richard Jr. CUMMINGS

THIEF, THE *voir* **Voleur et l'enfant, Le**

THIEF, THE ▷4
É.-U. 1952. Drame d'espionnage de Russell ROUSE avec Ray Milland, Rita Gam et Martin Gabel. - Un savant qui a livré des secrets à des agents étrangers est traqué par les services du contre-espionnage. □ Général

THIEF ▷4
É.-U. 1981. Drame policier de Michael MANN avec James Caan, Tuesday Weld et Robert Prosky. - Un cambrioleur expert de caractère indépendant accepte de travailler pour un receleur notoire. □ 13 ans+
DVD VA➔VF➔Cadrage W➔12,95 $

THIEF AND THE COBBLER, THE ▷4
[Voleur et le cordonnier, Le]
É.-U. 1993. Dessins animés de Richard WILLIAMS. - Une princesse et un cordonnier sauvent le royaume enchanté de Bagdad menacé par un barbare qui possède une gigantesque machine de guerre.
DVD VA➔18,95 $

THIEF OF BAGDAD, THE ▷3
É.-U. 1924. Aventures de Raoul WALSH avec Douglas Fairbanks, Julanne Johnston et Snitz Edwards. - Un habile voleur à la tire s'éprend de la fille du calife de Bagdad. - Féerie pseudo-orientale aux effets spectaculaires. Trucages réussis. Rythme allègre et soutenu. Jeu bondissant de la vedette. Un classique du cinéma muet.
DVD STA➔24,95 $

THIEF OF BAGDAD, THE ▷4
ANG. 1940. Drame fantastique de Ludwig BERGER, Michael POWELL et Tim WHELAN avec Conrad Veidt, Sabu et June Duprez. - Un voleur débrouillard aide un jeune calife à reprendre son trône. □ Général

THIEVES LIKE US ▷3
É.-U. 1974. Drame policier de Robert ALTMAN avec Keith Carradine, Shelley Duvall et John Schuck. - En 1937, trois voleurs de banque sont séparés à la suite d'un hold-up et traqués par la police. - Climat d'époque bien évoqué. Réalisation sobre et réaliste. Interprétation juste. □ 13 ans+

THIEVES' HIGHWAY
É.-U. 1949. Jules DASSIN
DVD VA➔STA➔62,95 $

THIN MAN GOES HOME, THE ▷4
É.-U. 1944. Comédie policière de Richard THORPE avec William Powell, Myrna Loy et Lucile Watson. - Un détective, en visite dans son village natal, doit enquêter sur l'assassinat mystérieux d'un jeune peintre. □ Général

THIN MAN, THE [Introuvable, L'] ▷3
É.-U. 1934. Comédie policière de W.S. VAN DYKE II avec William Powell, Myrna Loy et Maureen O'Sullivan. - Un détective amateur et son épouse mènent une enquête privée sur une étrange affaire de meurtre. - Heureux mélange de comédie et de suspense. Mise en scène alerte. Gags inventifs. Interprétation agréablement dégagée des deux vedettes. □ Général
DVD VF➔STF➔21,95 $ VF➔STF➔21,95 $

THIN RED LINE, THE [Attaque dura sept jours, L'] ▷4
É.-U. 1964. Drame de guerre d'Andrew MARTON avec Keir Dullea, Jack Warden et Ray Daley. - Dans l'île de Guadalcanal, des soldats américains parviennent à déloger des mitrailleurs japonais.
DVD 18,95 $

THIN RED LINE, THE ►2
É.-U. 1998. Drame de guerre de Terrence MALICK avec Sean Penn, Jim Caviezel et Ben Chaplin. - En 1942, une troupe de soldats américains affronte des Japonais dans l'île de Guadalcanal. - Œuvre intense adaptée du roman de James Jones. Mosaïque impressionniste riche en observations contemplatives sur le comportement humain. Distribution remarquable. □ 13 ans+ · Violence
DVD VA➔STA➔Cadrage W➔14,95 $

THING, THE *voir* **Thing from Another World, The**

THING, THE [Effroyable chose, L'] ▷4
É.-U. 1982. Science-fiction de John CARPENTER avec Kurt Russell, Wilford Brimley et Richard Dysart. - La vie d'une station de recherche en Antarctique est perturbée par l'intrusion d'un extraterrestre polymorphe. □ 13 ans+
DVD VF➔Cadrage W➔22,95 $ VA➔STF➔18,95 $

THING CALLED LOVE, THE ▷5
[Cette chose qu'on appelle l'amour]
É.-U. 1993. Drame sentimental de Peter BOGDANOVICH avec Samantha Mathis, River Phoenix et Dermot Mulroney. - À Nashville, une serveuse qui aspire à devenir chanteuse de musique country a le cœur tiraillé entre deux jeunes musiciens. □ Général
DVD VA➔STA➔Cadrage W➔14,95 $

THING FROM ANOTHER WORLD, THE [Thing, The] ▷4
É.-U. 1951. Drame fantastique de Christian NYBY avec Margaret Sheridan, Kenneth Tobey et James Arness. - Des savants tentent de détruire un monstre venant d'une autre planète. □ Général
DVD VA➔STF➔11,95 $

THINGS BEHIND THE SUN ▷4
É.-U. 2001. Drame psychologique d'Allison ANDERS avec Gabriel Mann, Kim Dickens et Don Cheadle. - Un journaliste recueille le témoignage d'une jeune chanteuse de rock encore traumatisée par un viol dont elle a été victime durant son adolescence.
DVD VA➔PC

THINGS CHANGE [Parrain d'un jour, Le] ▷4
É.-U. 1988. Comédie de David MAMET avec Don Ameche, Joe Mantegna et Robert Prosky. - Un mafioso prend en pitié un vieux cireur de chaussures qui a accepté, contre une forte somme d'argent, d'aller en prison à la place d'un meurtrier auquel il ressemble. □ Général
DVD VA➔Cadrage W➔38,95 $

THINGS I LEFT IN HAVANA
[Cosas que dejé en La Habana]
CUB. ESP. 1997. Manuel Gutiérrez ARAGÓN
DVD STA➔Cadrage P&S➔31,95 $

THINGS TO COME ▷4
ANG. 1936. Science-fiction de William Cameron MENZIES avec Raymond Massey, Ralph Richardson et Margaretta Scott. - Après une guerre mondiale, une société de savants prend la direction des destinées de la Terre. □ Général
DVD 24,95 $

THINGS TO DO IN DENVER WHEN YOU'RE DEAD ▷4
É.-U. 1995. Drame policier de Gary FLEDER avec Andy Garcia, Gabrielle Anwar et Christopher Walken. - Après avoir raté une mission que leur avait confiée un puissant mafioso, des criminels deviennent la cible d'un redoutable tueur à gages. □ 16 ans+ · Violence
DVD VA➔Cadrage W➔31,95 $

THINGS YOU CAN TELL JUST BY LOOKING AT HER ▷4
É.-U. 2000. Drame de mœurs de Rodrigo GARCIA avec Glenn Close, Cameron Diaz et Holly Hunter. - Les destins entrecroisés de sept femmes habitant à Los Angeles.
DVD VF➔VF➔Cadrage W➔12,95 $

THIRD MAN, THE ►1
ANG. 1949. Drame policier de Carol REED avec Alida Valli, Joseph Cotten et Orson Welles. - À Vienne, juste après la guerre, un journaliste défend la mémoire d'un ami accusé de marché noir. - Scénario mystérieux à souhait et bien construit, écrit par Graham Greene. Réalisation brillante d'une grande beauté plastique. Superbe création d'atmosphère apparentée au film noir. Interprétation mémorable. □ Général

THIRD MIRACLE, THE [Troisième miracle, Le] ▷4
É.-U. 1999. Drame religieux d'Agnieszka HOLLAND avec Ed Harris, Anne Heche et Armin Mueller-Stahl. - Un prêtre à la foi chancelante enquête sur des soi-disant miracles attribués à une immigrante autrichienne morte à Chicago.
DVD Cadrage W➔32,95 $

THIRST ▷4
AUS. 1979. Drame d'horreur de Ron HARDY avec Chantal Contouri, David Hemmings et Henry Silva. - Une secte qui se nourrit de sang humain séquestre une jeune femme qu'elle estime être la lointaine descendante de leur fondatrice. □ 13 ans+
DVD VA➔Cadrage W➔18,95 $

THIRTEEN [Treize ans] ▷4
É.-U. 2003. Drame de mœurs de Catherine HARDWICKE avec Evan Rachel Wood, Nikki Reed et Holly Hunter. - Dans une banlieue de Los Angeles, la vie d'une adolescente timide prend un virage malsain lorsqu'elle devient amie avec une élève délinquante. □ 13 ans+
DVD VF➔STA➔Cadrage W➔14,95 $

THIRTEEN DAYS [13 days] ▷4
É.-U. 2000. Drame historique de Roger DONALDSON avec Kevin Costner, Bruce Greenwood et Steven Culp. - La crise des missiles cubains d'octobre 1962, racontée du point de vue de John F. Kennedy et de ses conseillers. □ Général
DVD VA➔STA➔Cadrage W➔19,95 $

THIRTY SECONDS OVER TOKYO ▷4
É.-U. 1944. Drame de guerre de Mervyn LeROY avec Spencer Tracy, Van Johnson et Phyllis Thaxter. - Un jeune pilote participe à une mission de bombardement sur Tokyo. □ Général

THIRTY-NINE STEPS, THE ▷4
ANG. 1978. Drame d'espionnage de Don SHARP avec Robert Powell, David Warner et Karen Dotrice. - En 1914, un ingénieur assiste la police dans le démantèlement d'un piège monté par des espions allemands visant à assassiner un chef d'État.

THIS BOY'S LIFE [Tu seras un homme...] ▷4
É.-U. 1993. Drame psychologique de Michael CATON-JONES avec Robert De Niro, Ellen Barkin et Leonardo DiCaprio. - Croyant trouver en lui le modèle idéal pour son jeune fils, une divorcée se remarie avec un homme qui se révèle tyrannique et très violent. □ 13 ans+ · Langage vulgaire
DVD VF➔STF➔Cadrage W➔16,95 $

THIS DREAM PEOPLE CALL HUMAN LIFE
voir **Institute Benjamenta**

THIS GIRL'S LIFE
É.-U. 2003. ASH
DVD VA➔29,95 $ VA➔29,95 $

THIS GUN FOR HIRE ▷4
É.-U. 1942. Drame policier de Frank TUTTLE avec Veronica Lake, Alan Ladd et Robert Preston. - Un tueur à gages, payé avec de la fausse monnaie, tente de démasquer celui qui l'a employé. □ Général
DVD VA➔17,95 $

THIS IS MY FATHER [Histoire de mon père, L'] ▷4
CAN. 1998. Drame sentimental de Paul QUINN avec Aidan Quinn, James Caan et Moya Farrelly. - Un professeur américain qui n'a jamais connu son père découvre l'histoire d'amour que ses parents ont vécue à la fin des années 1930 en Irlande. □ Général
DVD VA➔Cadrage W➔21,95 $

THIS IS NOT A LOVE SONG
ANG. 2002. Bille ELTRINGHAM

THIS IS SPINAL TAP ▷4
É.-U. 1983. Comédie satirique réalisée et interprétée par Rob REINER avec Michael McKean et Christopher Guest. - Un cinéaste américain accompagne des musiciens rock anglais en tournée aux États-Unis. □ Général
DVD VA➔VF➔Cadrage W➔12,95 $

THIS ISLAND EARTH ▷4
É.-U. 1955. Science-fiction de Joseph M. NEWMAN avec Jeff Morrow, Faith Domergue et Rex Reason. - Des habitants de l'espace kidnappent deux savants de la Terre. □ Général

THIS LAND IS MINE ▷4
É.-U. 1943. Drame de guerre de Jean RENOIR avec Maureen O'Hara, Charles Laughton et George Sanders. - Un maître d'école est mêlé à une affaire de sabotage. □ Général

THIS MAN MUST DIE *voir* **Que la bête meure**

THIS NIGHT I'LL POSSESS YOUR CORPSE
BRÉ. 1966. José Mojica MARINS □ 16 ans+ · Horreur

THIS PROPERTY IS CONDEMNED ▷4
É.-U. 1966. Drame psychologique de Sydney POLLACK avec Natalie Wood, Robert Redford et Kate Reid. - Les tristes expériences sentimentales d'une jeune femme dont la mère tient une pension fréquentée par des cheminots. □ Non classé
DVD VA➔STA➔Cadrage W➔9,95 $

THIS SPORTING LIFE ▷3
ANG. 1963. Drame psychologique de Lindsay ANDERSON avec Richard Harris, Rachel Roberts et Alan Badel. - Un mineur devenu célèbre au rugby cherche à conquérir le cœur d'une jeune veuve chez qui il a pris pension. - Exploration psychologique intéressante. Utilisation habile du procédé du retour en arrière. □ Général

THIS STRANGE PASSION *voir* **El**

THIS TIME FOREVER (YESTERDAY) *voir* **Gabrielle**

THOMAS CROWN AFFAIR, THE ▷4
É.-U. 1968. Drame policier de Norman JEWISON avec Steve McQueen, Faye Dunaway et Paul Burke. - Un financier de Boston organise des vols de banque pour le plaisir. □ 13 ans+
DVD VA→VF→Cadrage W→12,95 $

THOMAS CROWN AFFAIR ▷4
É.-U. 1999. Drame policier de John McTIERNAN avec Rene Russo, Pierce Brosnan et Denis Leary. - Une investigatrice d'une compagnie d'assurances cherche à piéger un millionnaire qui a volé une toile de maître juste pour le plaisir de la chose. □ Général
DVD VF→VF→Cadrage W→12,95 $

THOMAS EST AMOUREUX [Thomas in Love] ▷4
BEL. 2000. Comédie dramatique de Pierre-Paul RENDERS avec Benoît Verhaert, Aylin Yay et Magali Pinglaut. - Ne communiquant avec le monde extérieur que par écrans interposés, un agoraphobe s'éprend d'une prostituée pour handicapés. □ 13 ans+
DVD 10,95 $

THORNBERRYS, LE FILM : LES FOLLES AVENTURES DE LA FAMILLE DE LA JUNGLE
voir **Wild Thornberrys Movie, The**

THOROUGHLY MODERN MILLIE [Millie] ▷4
É.-U. 1967. Comédie musicale de George Roy HILL avec Julie Andrews, James Fox et Mary Tyler Moore. - Dans les années 1920, une jeune provinciale arrive à New York à la recherche du prince charmant. □ Général
DVD VA→19,95 $

THOSE DARING YOUNG MEN IN THEIR JAUNTY JALOPIES ▷4
ANG. FR. ITA. 1969. Comédie de Ken ANNAKIN avec Terry-Thomas, Tony Curtis et Susan Hampshire. - Des coureurs de divers pays participent en 1927 au rallye automobile de Monte-Carlo.
□ Général

THOSE MAGNIFICENT MEN IN THEIR FLYING MACHINES ▷3
ANG. 1965. Comédie de Ken ANNAKIN avec Stuart Whitman, Sarah Miles et James Fox. - La traversée Londres-Paris en avion au début du xxe siècle. - Évocation d'époque pittoresque. Trucages au point. Humour et satire. Distribution de classe. □ Général
DVD VA→14,95 $

THOSE WHO LOVE ME CAN TAKE THE TRAIN
voir **Ceux qui m'aiment prendront le train**

THOU SHALT NOT KILL... EXCEPT
É.-U. 1985. Josh BECKER
DVD VA→Cadrage W→18,95 $

THOUSAND ACRES, A ▷5
É.-U. 1997. Mélodrame de Jocelyn MOORHOUSE avec Jessica Lange, Michelle Pfeiffer et Jason Robards. - Une querelle entre un fermier à la retraite et ses trois filles réveille de vieux démons. □ Général
DVD Cadrage W→14,95 $

THOUSAND CLOWNS, A ▷4
É.-U. 1965. Comédie de Fred COE avec Jason Robards, Barbara Harris et Barry Gordon. - Une assistante sociale s'éprend d'un charmant bohème. □ Général

THOUSANDS CHEER ▷4
É.-U. 1943. Comédie musicale de George SIDNEY avec Kathryn Grayson, Gene Kelly et John Boles. - Une jeune chanteuse, fille d'un colonel, organise un spectacle pour les soldats de son père.

THREADS [Soleil noir, Le] ▷3
ANG. 1984. Science-fiction de Mick JACKSON avec Karen Meagher, Rita May et David Brierly. - Les conséquences d'une attaque nucléaire sur une ville industrielle anglaise. - Téléfilm aux détails percutants. Interprétation prenante. □ Non classé

THREE
COR. H.K. THAÏ. 2002. Nonzee NIMIBUTR, Ji-woon KIM et Peter CHAN
DVD VA→STA→42,95 $

THREE AGES, THE ▷4
É.-U. 1923. Comédie de Buster KEATON et Edward CLINE avec Buster Keaton, Wallace Beery et Margaret Leahy. - Rivalités amoureuses entre un timide et un fanfaron aux temps préhistoriques, sous l'empire romain et à l'époque contemporaine. □ Général
DVD 19,95 $

THREE AMIGOS ! ▷4
É.-U. 1986. Comédie de John LANDIS avec Steve Martin, Chevy Chase et Martin Short. - Pour se défendre contre des bandits, les habitants d'un village mexicain font appel à trois acteurs qui s'imaginent qu'on leur demande de donner un spectacle.
□ Général
DVD VA→VF→Cadrage P&S→11,95 $

THREE BROTHERS *voir* **Trois frères**

THREE BURIALS OF MELQUIADES ESTRADA, THE [Trois enterrements] ▷3
É.-U. 2005. Drame réalisé et interprété par Tommy LEE JONES avec Barry Pepper et Julio Cesar Cedillo. - Le propriétaire d'un ranch texan force le meurtrier de son ami mexicain à aller avec lui l'enterrer dans son village natal. - Scénario habilement construit comportant de nombreux enjeux moraux. Personnages complexes et nuancés. Réalisation maîtrisée. Interprétation remarquable.
□ 13 ans+
DVD VA→STA→Cadrage W→34,95 $

THREE CABALLEROS, THE [Trois Caballeros, Les] ▷4
É.-U. 1945. Dessins animés de Norman FERGUSON. - Les aventures d'un canard qui célèbre son anniversaire en compagnie d'un perroquet brésilien et d'un coq mexicain. □ Général
DVD 19,95 $

THREE CAME HOME [Captives à Bornéo] ▷3
É.-U. 1950. Drame de guerre de Jean NEGULESCO avec Claudette Colbert, Patric Knowles et Sessue Hayakawa. - Dans un camp de concentration japonais, des femmes luttent contre la maladie et le désespoir. - Œuvre vigoureuse et sobre. Cachet d'authenticité. Photo soignée. C. Colbert émouvante.

THREE CASES OF MURDER ▷4
ANG. 1954. Film à sketches de David EADY, Wendy TOYE et George More O'FERRALL avec Orson Welles, Allan Badel et John Gregson. - Trois contes abordant de façon mystérieuse le thème de la mort.
□ Général

THREE COINS IN THE FOUNTAIN ▷4
[Fontaine des amours, La]
É.-U. 1954. Comédie dramatique de Jean NEGULESCO avec Dorothy McGuire, Jean Peters et Clifton Webb. - Trois jeunes Américaines, en séjour à Rome, sont à la recherche du bonheur. □ Général
DVD VF→STA→Cadrage W→14,95 $

THREE COMRADES ▷4
É.-U. 1938. Drame de Frank BORZAGE avec Franchot Tone, Robert Young et Margaret Sullavan. - Dans l'Allemagne des années 1920, la vie de trois amis est bouleversée par la rencontre d'une jeune femme. □ Général

THREE DANCING SLAVES *voir* **Clan, Le**

THREE FACES OF EVE, THE ▷4
É.-U. 1957. Drame psychologique de Nunnaly JOHNSON avec Joanne Woodward, Lee J. Cobb et David Wayne. - Une jeune femme souffre de dédoublement de personnalité. □ Général
DVD VA→15,95 $

THREE FACES WEST ▷5
É.-U. 1940. Drame de Bernard VORHAUS avec John Wayne, Charles Coburn et Sigrid Curie. - Un chirurgien viennois fuyant les nazis s'installe avec sa fille dans une région aride des États-Unis.
DVD VA➔17,95 $

THREE FUGITIVES [Trois fugitifs] ▷4
É.-U. 1989. Comédie de Francis VEBER avec Nick Nolte, Martin Short et James Earl Jones. - Pris en otage par un apprenti voleur de banques, un ex-détenu vient en aide à son ravisseur bien malgré lui. □ Général
DVD VA➔STA➔10,95 $

THREE KINGS [Trois rois] ▷4
É.-U. 1999. Drame de guerre de David O. RUSSELL avec George Clooney, Mark Wahlberg et Ice Cube. - À la fin de la guerre du Golfe, quatre soldats américains partent à la recherche d'or koweitien stocké dans des bunkers irakiens. □ 13 ans+ · Violence
DVD VA➔STA➔Cadrage W➔11,95 $

THREE MEN AND A BABY ▷4
[Trois hommes et un bébé]
É.-U. 1987. Comédie de Leonard NIMOY avec Tom Selleck, Steve Guttenberg et Ted Danson. - Un acteur et deux amis qui partagent le même appartement vont devoir se transformer en pères adoptifs d'un bébé déposé devant leur porte.
DVD 14,95 $

THREE MEN AND A CRADLE
voir **Trois hommes et un couffin**

THREE MEN AND A LITTLE LADY ▷5
[Trois hommes et une jeune demoiselle]
É.-U. 1990. Comédie d'Emile ARDOLINO avec Tom Selleck, Ted Danson et Nancy Travis. - Trois célibataires qui se sont attachés à une fillette tentent de faire échouer les plans de mariage de sa mère.
DVD 14,95 $

THREE MEN ON A HORSE ▷4
É.-U. 1936. Comédie de Mervyn LeROY avec Frank McHugh, Joan Blondell et Guy Kibbee. - Un timide se révèle avoir un talent infaillible pour discerner les chevaux gagnants aux courses.

THREE MUSKETEERS, THE
É.-U. 1921. Fred NIBLO □ Général
DVD STA➔26,95 $

THREE MUSKETEERS, THE ▷4
É.-U. 1948. Aventures de George SIDNEY avec Gene Kelly, Lana Turner et Van Heflin. - Quatre camarades sauvent la reine de France d'un complot politique. □ Général

THREE MUSKETEERS, THE ▷4
[Trois mousquetaires, Les]
ANG. 1974. Aventures de Richard LESTER avec Michael York, Charlton Heston et Oliver Reed. - D'Artagnan obtient l'aide de trois mousquetaires pour remplir une mission reçue de la reine.
□ Général

THREE MUSKETEERS, THE ▷5
[Trois mousquetaires, Les]
É.-U. 1993. Aventures de Stephen HEREK avec Chris O'Donnell, Kiefer Sutherland et Tim Curry. - Un jeune aventurier fougueux se joint à trois mousquetaires afin de déjouer un complot visant à faire assassiner le roi. □ Général

THREE MUSKETEERS, THE (MICKEY MOUSE) ▷4
[Trois mousquetaires, les (Mickey Mouse)]
É.-U. 2004. Dessins animés de Donovan COOK. - Trois mousquetaires se font les protecteurs d'une princesse qui a reçu des menaces d'enlèvement.
DVD VF➔Cadrage W➔32,95 $

THREE OF HEARTS - A POSTMODERN FAMILY
É.-U. 2004. Susan KAPLAN
DVD VA➔31,95 $

THREE SEASONS *voir* **Trois saisons**

THREE SISTERS
ANG. 1970. Laurence OLIVIER
DVD VA➔Cadrage W➔26,95 $

THREE SMART GIRLS ▷4
É.-U. 1937. Comédie d'Henry KOSTER avec Deanna Durbin, Binnie Barnes et Charles Winninger. - Trois adolescentes dont les parents vivent séparés décident de les réunir. □ Général

THREE SMART GIRLS GROW UP ▷4
É.-U. 1939. Comédie d'Henry KOSTER avec Deanna Durbin, Charles Winninger et Nan Grey. - Une adolescente s'efforce maladroitement de favoriser les idylles de ses deux sœurs aînées. □ Général

THREE STRANGE LOVES *voir* **Soif, La**

THREE... EXTREMES *voir* **3 Extremes**

THREEPENNY OPERA, THE *voir* **Opéra de quat'sous, L'**

THRESHOLD [Seuil, Le] ▷4
CAN. 1981. Drame de Richard PEARCE avec Donald Sutherland, Jeff Goldblum et Mare Winningham. - Un chirurgien spécialisé en greffes cardiaques s'intéresse aux recherches d'un confrère qui cherche à mettre au point un cœur artificiel.

THRILL OF IT ALL, THE ▷4
É.-U. 1963. Comédie de Norman JEWISON avec Doris Day, James Garner et Edward Andrews. - Une épouse modèle est engagée pour faire des messages publicitaires à la télévision. □ Général
DVD VA➔17,95 $

THRILLER: A CRUEL PICTURE
SUÈ. 1974. Bo Arne VIBENIUS
DVD VA➔STA➔Cadrage W➔PC

THRONE OF BLOOD *voir* **Château de l'araignée, Le**

THROUGH A GLASS DARKLY
voir **Comme dans un miroir**

THROUGH THE BACK DOOR
É.-U. 1921. Jack PICKFORD et Alfred E. GREEN
DVD STA➔31,95 $

THROW MOMMA FROM THE TRAIN ▷4
[Balance maman hors du train]
É.-U. 1987. Comédie policière réalisée et interprétée par Danny DeVITO avec Billy Crystal et Anne Ramsey. - Un romancier spolié par sa femme et un apprenti écrivain étouffé par une mère infernale ont envie de voir disparaître la cause de leurs tourments. □ Général
DVD VF➔STF➔Cadrage W➔11,95 $

THUMBSUCKER ▷4
É.-U. 2004. Drame psychologique de Mike MILLS avec Lou Pucci, Tilda Swinton et Vince Vaughn. - Un adolescent timide ayant l'habitude de sucer son pouce voit sa vie transformée le jour où on lui impose de prendre du Ritalin. □ 13 ans+
DVD VF➔VF➔Cadrage W➔34,95 $

THUNDER BAY ▷4
É.-U. 1953. Aventures d'Anthony MANN avec James Stewart, Joanne Dru et Dan Duryea. - Deux hommes qui ont découvert du pétrole doivent lutter contre les pêcheurs de l'endroit. □ Général

THUNDER BIRDS
É.-U. 1942. William WELLMAN
DVD VA➔STA➔14,95 $

THUNDER OF DRUMS, A ▷4
É.-U. 1961. Western de Joseph M. NEWMAN avec Richard Boone, George Hamilton et Luana Patten. - Un lieutenant entre en conflit avec son commandant.

THUNDERBALL ▷4
ANG. 1965. Drame d'espionnage de Terence YOUNG avec Sean Connery, Claudine Auger et Adolfo Celi. - L'agent secret James Bond est aux prises avec une organisation criminelle qui exige une rançon sous peine d'anéantir une ville importante. □ Non classé

THUNDERBOLT [Thunderbolt - pilote de l'extrême]
H.K. 1995. Gordon CHAN
DVD VF→STA→Cadrage P&S/W→22,95 $

THUNDERBOLT AND LIGHTFOOT ▷4
É.-U. 1974. Drame policier de Michael CIMINO avec Clint Eastwood, Jeff Bridges et George Kennedy. - Un jeune vagabond se lie d'amitié avec un criminel en fuite et est entraîné dans un cambriolage. □ 13 ans+
DVD VA→Cadrage W→12,95 $

THUNDERHEART [Cœur de tonnerre] ▷4
É.-U. 1992. Drame policier de Michael APTED avec Val Kilmer, Sam Shepard et Graham Greene. - Un jeune agent du FBI est envoyé dans une réserve amérindienne du Dakota pour y élucider un meurtre. □ 13 ans+
DVD VF→STF→Cadrage W→17,95 $

THX-1138 [THX 1138] ▷3
É.-U. 1970. Science-fiction de George LUCAS avec Robert Duvall, Donald Pleasence et Maggie McOmie. - Dans une société de l'avenir, un technicien tente de s'évader d'une clinique où on le tient prisonnier. - Style épuré quasi abstrait. Propos ambitieux. Ensemble assez fascinant. Interprétation froide. □ Général
DVD VF→STF→Cadrage W/16X9→21,95 $
STF→Cadrage W/16X9→31,95 $

TI-CUL TOUGAS ▷4
QUÉ. 1975. Comédie de mœurs de Jean-Guy NOËL avec Micheline Lanctôt, Claude Maher et Suzanne Garceau. - Réfugiés aux îles de la Madeleine avec de l'argent volé, un musicien et son amie préparent leur fuite en Californie. □ 13 ans+

TI-MINE, BERNIE PIS LA GANG ▷4
QUÉ. 1976. Comédie de mœurs de Marcel CARRIÈRE avec Marcel Sabourin, Jean Lapointe et Rita Lafontaine. - Un homme ayant accueilli son frère à sa sortie de communauté décide de réaliser avec lui le vieux rêve de la famille d'aller vivre en Floride. □ Général

TIE ME UP, TIE ME DOWN! *voir* **Attache-moi!**

TIENS, LES MIENS ET LES NÔTRES, LES
voir **Yours, Mine and Ours**

TIERRA *voir* **Earth**

TIETA OF AGRESTE ▷4
BRÉ. 1996. Comédie de mœurs de Carlos DIEGUES avec Sonia Braga, Marilia Pera et Chico Anysio. - Vingt-six ans après avoir été chassée de son village natal, une femme y revient pour étaler sa nouvelle richesse. □ 13 ans+
DVD 19,95 $

TIGER AND THE PUSSYCAT, THE ▷4
ITA. 1967. Comédie satirique de Dino RISI avec Vittorio Gassman, Ann-Margret et Eleanor Parker. - Un industriel marié se laisse prendre aux avances d'une jeune capricieuse. □ 13 ans+

TIGER BAY [Yeux du témoin, Les] ▷3
ANG. 1959. Drame policier de Jack Lee THOMPSON avec Hayley Mills, Horst Buchholz et John Mills. - Une fillette gagne la sympathie d'un meurtrier. - Bon suspense. Interprètes très bien dirigés.

TIGERLAND ▷4
É.-U. 2000. Drame de guerre de Joel SCHUMACHER avec Colin Farrell, Matthew Davis et Clifton Collins Jr. - En 1971, dans un camp militaire, des recrues subissent un entraînement rigoureux en prévision de leur départ pour le Vietnam.
DVD Cadrage W→9,95 $

TIGHT LITTLE ISLAND, THE *voir* **Whiskey Galore**

TIGHT SPOT ▷4
É.-U. 1955. Drame policier de Phil KARLSON avec Ginger Rogers, Edward G. Robinson et Brian Keith. - Une prisonnière est libérée pour aider la police à mettre la main sur un dangereux chef de gang. □ Général

TIGHTROPE [Corde raide, La] ▷4
É.-U. 1984. Drame policier de Richard TUGGLE avec Clint Eastwood, Geneviève Bujold et Alison Eastwood. - Un détective qui enquête sur une série de meurtres dont les victimes sont des femmes se découvre des affinités perverses avec l'assassin. □ 18 ans+
DVD VF→STF→Cadrage W→21,95 $

TIGRE ET DRAGON *voir* **Crouching Tiger, Hidden Dragon**

TIGRE SE PARFUME À LA DYNAMITE, LE ▷5
FR. 1965. Comédie policière de Claude CHABROL avec Roger Hanin, Margaret Lee et Michel Bouquet. - Un agent secret est chargé de protéger un trésor.

TIL DEATH
MEX. 1994. Fernando SARINANA

TILAÏ ▷3
BUR. FR. SUI. 1990. Drame de mœurs d'Idrissa OUEDRAOGO avec Rasmane Ouedraogo, Ina Cissé et Roukietou Barry. - Un jeune Africain a une liaison amoureuse avec la deuxième épouse de son père. - Traditions et coutumes ancestrales abordées sous un angle critique. Tragédie exposée dans un style dépouillé. Œuvre à la fois simple et forte. Interprétation sans artifices.

TILL HUMAN VOICES WAKE US ▷5
AUS. 2001. Drame fantastique de Michael PETRONI avec Guy Pearce, Helena Bonham Carter et Lindley Joyner. - Un jeune homme est confronté aux fantômes de son passé lorsqu'il revient dans sa ville natale où il a vécu jadis une terrible tragédie.
DVD VA→18,95 $

TILL MARRIAGE DO US PART
voir **Mon Dieu, comment suis-je tombée si bas?**

TILL THE CLOUDS ROLL BY ▷5
É.-U. 1947. Drame biographique de Richard WHORF avec Robert Walker, June Allyson et Van Heflin. - La carrière du populaire compositeur américain Jerome Kern. □ Général
DVD VA→VF→21,95 $

TILL THE END OF TIME ▷4
É.-U. 1946. Drame psychologique d'Edward DMYTRYK avec Dorothy McGuire, Guy Madison et Robert Mitchum. - Un soldat démobilisé se réadapte difficilement à la vie civile. □ Non classé

TILLIE'S PUNCTURED ROMANCE ▷3
É.-U. 1914. Comédie burlesque de Mack SENNETT avec Charlie Chaplin, Marie Dressler et Mabel Normand. - Les aventures rocambolesques d'un escroc mondain en quête d'une bonne fortune. - Ensemble d'une fantaisie loufoque éblouissante. C. Chaplin savoureux. □ Général
DVD 37,95 $

TIM BURTON'S CORPSE BRIDE ►2
[Mariée cadavérique, La]
É.-U. 2005. Film d'animation de Tim BURTON et Mike JOHNSON. - À la suite d'un malentendu, un jeune homme se retrouve malgré lui fiancé au spectre d'une jeune femme qui l'emmène dans l'au-delà. - Délicieuse fantaisie musicale mêlant poésie, humour noir, mélancolie et satire sociale. Récit truffé de trouvailles inventives. Grande beauté visuelle. Réalisation technique éblouissante.
□ Général · Déconseillé aux jeunes enfants
DVD VF→STF→Cadrage W→21,95 $

TIME AFTER TIME [C'était demain] ▷4
É.-U. 1979. Science-fiction de Nicholas MEYER avec Malcolm McDowell, David Warner et Mary Steenburgen. - L'écrivain H.G. Wells poursuit dans l'avenir Jack l'Éventreur, qui lui a emprunté sa machine à voyager dans le temps. □ 13 ans+
DVD VF→STF→Cadrage W→21,95 $

TIME AND TIDE [Contre courant] ▷5
H.K. 2000. Drame policier de Hark TSUI avec Nicholas Tse, Wu Bai et Anthony Wong. - Un jeune garde du corps se retrouve dans le feu de l'action lorsque l'assassinat d'un client par des gangsters provoque une explosion de violences. □ 16 ans+ · Violence

TIME BANDITS ▷4
ANG. 1981. Comédie fantaisiste de Terry GILLIAM avec David Rappaport, Craig Warnock et David Warner. - Un jeune garçon connaît diverses aventures lorsqu'il est entraîné par six nains dans un voyage dans le temps. □ Général
DVD Cadrage W→61,95 $

TIME CODE ▷4
É.-U. 2000. Drame de mœurs de Mike FIGGIS avec Salma Hayek, Jeanne Tripplehorn et Stellan Skarsgard. - Diverses intrigues se déroulent au cours d'un après-midi dans les bureaux d'une compagnie de production de films. □ Général

TIME FOR DRUNKEN HORSES, A
voir **temps pour l'ivresse des chevaux, un**

TIME FOR DYING, A ▷3
É.-U. 1971. Western de Budd BOETTICHER avec Richard Lapp, Anne Randall et Audie Murphy. - Un jeune chasseur de primes rêvant de se mesurer à Jesse James et Billy le Kid connaît toutes sortes de mésaventures. - Récit picaresque teinté d'amertume. Portrait démystificateur du Far West. Réalisation sobre et effacée. Interprétation solide.

TIME FOR REVENGE ▷4
ARG. 1981. Drame d'Adolfo ARISTARAIN avec Federico Luppi, Julio de Grazia et Haydee Padilla. - Un homme simule un accident pour escroquer la compagnie minière qui l'emploie. □ Général

TIME MACHINE, THE ▷4
[Machine à explorer le temps, La]
É.-U. 1960. Science-fiction de George PAL avec Rod Taylor, Yvette Mimieux et Alan Young. - Un savant anglais est transporté dans l'avenir par un appareil de son invention. - D'après le roman de H.G. Wells. □ Général
DVD VF→STF→Cadrage W→21,95 $

TIME MACHINE, THE ▷5
[Machine à explorer le temps, La]
É.-U. 2002. Science-fiction de Simon WELLS avec Guy Pearce, Samantha Mumba et Jeremy Irons. - Un savant de la fin du XIXe siècle voyage dans le futur jusqu'en l'an 800 000 grâce à une machine de son invention. □ Général · Déconseillé aux jeunes enfants
DVD VF→Cadrage W→15,95 $ VF→Cadrage P&S/W→14,95 $

TIME MASTERS *voir* **Maîtres du temps, Les**

TIME OF FAVOR ▷4
ISR. 2000. Drame de Joseph CEDAR avec Aki Avni, Tinkerbell et Edan Alterman. - En Israël, un jeune soldat s'éprend de la fille d'un rabbin orthodoxe promise en mariage à un élève de ce dernier.
DVD STA→Cadrage P&S→29,95 $

TIME OF THE GYPSIES *voir* **Temps des gitans, Le**

TIME OF THE WOLF *voir* **Temps du loup, Le**

TIME REGAINED *voir* **Temps retrouvé, Le**

TIME TO KILL [Non coupable] ▷4
ITA. 1989. Drame pychologique de Giuliano MONTALDO avec Nicolas Cage, Ricky Tognazzi et Giancarlo Giannini. - En Éthiopie, à la fin des années 1930, un lieutenant de l'armée italienne vit des moments difficiles après avoir violé et tué une jeune indigène.
□ 13 ans+

TIME TO KILL, A ▷5
É.-U. 1996. Drame judiciaire de Joel SCHUMACHER avec Matthew McConaughey et Samuel L. Jackson. - Une ville du sud des États-Unis est secouée par des tensions raciales durant le procès d'un Noir qui a abattu deux jeunes violeurs blancs. □ 13 ans+
DVD VF→VF→Cadrage W→16,95 $

TIME WITHOUT PITY ▷4
ANG. 1956. Drame policier de Joseph LOSEY avec Peter Cushing, Michael Redgrave et Ann Todd. - Un écrivain alcoolique tente d'innocenter son fils d'une accusation de meurtre. □ Général
DVD VA→23,95 $

TIMES TO COME ▷5
ARG. 1988. Drame politique de Gustavo MOSQUERA avec Hugo Soto, Juan Leyrado et Charly Garcia. - Dans un État totalitaire de l'Amérique du Sud, un jeune homme est blessé lors d'une manifestation par un policier sadique qui tente d'étouffer l'affaire.
□ 13 ans+

TIMESCAPE ▷4
É.-U. 1991. Science-fiction de David N. TWOHY avec Jeff Daniels, Ariana Richards et Emilia Crow. - Un aubergiste découvre que l'étrange groupe de touristes qu'il héberge vient du futur pour assister aux plus importants désastres du passé. □ Général

TIN CUP [Pro, Le] ▷4
É.-U. 1996. Comédie sentimentale de Ron SHELTON avec Kevin Costner, Rene Russo et Don Johnson. - Un ex-champion de golf reprend goût à la compétition au contact d'une séduisante psychologue. □ Général
DVD VF→STF→Cadrage W→10,95 $

TIN DRUM, THE *voir* **Tambour, Le**

TIN MEN ▷4
É.-U. 1987. Comédie de Barry LEVINSON avec Richard Dreyfuss, Danny DeVito et Barbara Hershey. - Se rejetant mutuellement la responsabilité d'un accident de voiture, deux vendeurs d'aluminium se lancent dans une escalade de mesquineries. □ Général
DVD VA→VF→Cadrage W→14,95 $

TIN STAR, THE ▷3
É.-U. 1957. Western d'Anthony MANN avec Henry Fonda, Anthony Perkins et Betsy Palmer. - Un ancien shérif désabusé est amené à faire l'éducation d'un jeune confrère. - Traitement original d'un thème classique. Mise en scène contrôlée. Personnages bien dessinés. Interprétation solide. □ Général
DVD VA→STA→Cadrage W/16X9→9,95 $

TINAMER ▷4
QUÉ. 1987. Drame poétique de Jean-Guy NOËL avec Sarah Jeanne Salvy, Gilles Vigneault et Louise Portal. - Un médecin qui choie particulièrement sa fille s'oppose à ce qu'elle aille à l'école avant d'avoir cueilli une branche d'un arbre mythique. □ Général

TINGLER, THE
É.-U. 1959. William CASTLE □ Général
DVD Cadrage W→10,95 $

TINTIN ET LE MYSTÈRE DE LA TOISON D'OR ▷4
FR. 1961. Aventures de Jean-Jacques VIERNE avec Jean-Pierre Talbot, Georges Wilson et Georges Loriot. - Tintin aide le capitaine Haddock à se débarrasser de bandits qui veulent s'emparer d'un bateau dont il a hérité. □ Général

TINTIN ET LES ORANGES BLEUES ▷5
FR. 1964. Aventures de Philippe CONDROYER avec Jean-Pierre Talbot, Jean Bouise et Alvarez. - Le reporter Tintin et ses amis vont en Espagne à la recherche d'une mystérieuse orange bleue.
□ Général

TIP OFF, THE
É.-U. 1931. Albert S. ROGELL □ Non classé

TIPTOES
É.-U. FR. 2003. Matthew BRIGHT
DVD VA→STA→Cadrage W→18,95 $

TIR À VUE ▷5
FR. 1984. Drame policier de Marc ANGELO avec Laurent Malet, Sandrine Bonnaire, Michel Jonasz et Jean Carmet. - Les tribulations d'un jeune homme révolté et d'une adolescente délurée qui défient la police en commettant des crimes selon leurs caprices du moment.

TIR GROUPÉ ▷4
FR. 1982. Drame policier de Jean-Claude MISSIAEN avec Gérard Lanvin, Véronique Jannot et Michel Constantin. - Insatisfait du travail des policiers, un homme s'efforce de traquer les assassins de sa fiancée.

TIRELIRE, COMBINES ET CIE ▷4

QUÉ. 1992. Comédie de Jean BEAUDRY avec Vincent Bolduc, Pierre-Luc Brillant et Delphine Piperni. - Croyant son père en difficulté financière, un garçonnet décide de se lancer en affaires avec un ami. □ Général

TIRESIA ▷3

FR. 2003. Drame de mœurs de Bertrand BONELLO avec Laurent Lucas, Clara Choveaux et Thiago Telès. - Une transsexuelle recueillie par une adolescente muette hérite du don de voyance après qu'un exalté qui l'avait séquestrée lui eut crevé les yeux. - Relecture ambiguë et moderne d'un mythe grec. Traitement mi-poétique, mi-réaliste. Grande beauté formelle. Réalisation épurée. Interprétation volontairement figée. □ 16 ans+

DVD VF→STA→Cadrage W/16X9→18,95 $

TIREZ SUR LE PIANISTE [Shoot the Piano Player] ▷3

FR. 1960. Drame de François TRUFFAUT avec Charles Aznavour, Marie Dubois et Nicole Berger. - Les tribulations d'un pianiste déchu qui fait danser les habitués d'un bistro minable. - Traitement à la fois grave et désinvolte. C. Aznavour remarquable. □ Général

DVD VF→STA→54,95 $ VF→STF→Cadrage W→21,95 $

TITAN A.E. [Titan après la terre] ▷4

É.-U. 2000. Dessins animés de Don BLUTH et Gary GOLDMAN. - En l'an 3043, après que la Terre eut été détruite par des extraterrestres, des humains recherchent dans l'espace un engin capable de créer une nouvelle planète. □ Général · Déconseillé aux jeunes enfants

DVD Cadrage W→9,95 $

TITANIC

ALL. 1943. Herbert SELPIN et Werner KLINGLER

DVD STA→23,95 $

TITANIC ▷4

É.-U. 1952. Drame de Jean NEGULESCO avec Clifton Webb, Barbara Stanwyck et Richard Basehart. - Récit de la catastrophe maritime du Titanic. □ Général

DVD 14,95 $

TITANIC ▷3

É.-U. 1997. Drame sentimental de James CAMERON avec Leonardo DiCaprio, Kate Winslet et Billy Zane. - Une dame de 101 ans raconte l'aventure amoureuse qu'elle a vécue à bord du Titanic en 1912. - Œuvre personnelle à la fois intimiste et spectaculaire. Portrait attachant d'une jeune femme moderne. Reconstitution impressionnante. Effets spéciaux étonnants. □ Général · Déconseillé aux jeunes enfants

DVD VF→STA→Cadrage W→34,95 $

TITUS ▷4

É.-U. 1999. Drame de Julie TAYMOR avec Anthony Hopkins, Jessica Lange et Alan Cumming. - Un général romain s'attire la haine éternelle de la reine des Goths en sacrifiant l'un de ses fils après une conquête.

DVD VA→STA→Cadrage W→19,95 $

TO BE OR NOT TO BE [Être ou ne pas être] ▷3

É.-U. 1941. Comédie satirique d'Ernst LUBITSCH avec Jack Benny, Carole Lombard et Robert Stack. - Pendant la guerre, une troupe d'acteurs polonais réussit à mystifier les Allemands. - Récit peu vraisemblable mais bien mené. Mise en scène habile.

DVD VA→27,95 $

TO CATCH A THIEF [Main au collet, La] ▷3

É.-U. 1955. Comédie policière d'Alfred HITCHCOCK avec Cary Grant, Grace Kelly et Charles Vanel. - Un ex-voleur tente de prouver son innocence à la suite d'une série de vols sensationnels. - Ton badin. Rythme trépidant. Caméra habile. Beaux paysages. Interprétation dégagée. □ Général

DVD VF→STA→Cadrage W→9,95 $

TO DIE (OR NOT)

ESP. 2000. Ventura PONS

DVD STA→Cadrage W→39,95 $

TO DIE FOR ▷4

É.-U. 1995. Comédie satirique de Gus VAN SANT avec Joaquin Phoenix, Nicole Kidman et Matt Dillon. - Obsédée par l'idée de devenir une personnalité de la télévision, une femme fait assassiner son mari pour l'empêcher de freiner son plan de carrière. □ 13 ans+

DVD Cadrage W→18,95 $

TO HAVE AND HAVE NOT ▷4

É.-U. 1944. Aventures de Howard HAWKS avec Humphrey Bogart, Lauren Bacall et Walter Brennan. - Le propriétaire d'un bateau de pêche aide un agent de la France libre à échapper à la police de Vichy. □ Général

DVD VA→VF→21,95 $

TO JOY *voir* **Vers la joie**

TO KILL A MOCKINGBIRD ▷3

É.-U. 1962. Drame social de Robert MULLIGAN avec Gregory Peck, Mary Badham et Philip Alford. - En 1932, dans un village de l'Alabama, un avocat humaniste défend un Noir injustement accusé du viol d'une Blanche. - Récit sensible empruntant le point de vue des enfants du protagoniste. Réalisation maîtrisée. Création remarquable de G. Peck. Enfants très bien dirigés. □ Général

DVD VF→VF→Cadrage W→31,95 $

TO KILL A PRIEST [Complot, Le] ▷3

É.-U. 1988. Drame social d'Agnieszka HOLLAND avec Christophe Lambert, Ed Harris et Joanne Whalley. - Dans la Pologne de 1981, un milicien s'en prend à un prêtre dont les sermons restent vigoureux malgré la proclamation de l'État de guerre. - Intrigue inspirée de faits réels. Interprétation impressionnante. □ 13 ans+

TO LIVE *voir* **Vivre**

TO LIVE AND DIE IN L.A. ▷4

É.-U. 1985. Drame policier de William FRIEDKIN avec William L. Petersen, Willem Dafoe et John Pankow. - Un agent du gouvernement tente par tous les moyens de coincer un habile faux-monnayeur. □ 18 ans+

DVD VF→STA→Cadrage W→12,95 $

TO PLAY OR TO DIE

HOL. 1990. Frank KROM □ 13 ans+

TO PLEASE A LADY ▷5

É.-U. 1950. Drame de Clarence BROWN avec Clark Gable, Barbara Stanwyck et Adolphe Menjou. - Une journaliste entreprend une campagne de presse contre un pilote de courses automobiles qui a causé la mort d'un rival. □ Général

TO SEE PARIS AND DIE

RUS. 1993. Alexandre PROCHKINE □ 13 ans+

TO SIR, WITH LOVE [Jeunes fauves, Les] ▷4

ANG. 1967. Drame social de James CLAVELL avec Sidney Poitier, Judy Geeson, Suzy Kendall et Christian Roberts. - Un instituteur improvisé parvient à apprivoiser une classe d'élèves à problèmes. □ Général

DVD VA→STA→Cadrage P&S/W→33,95 $

TO SLEEP WITH ANGER ▷4

É.-U. 1989. Comédie dramatique de Charles BURNETT avec Danny Glover, Paul Butler et Mary Alice. - Les tensions entre deux frères différents augmentent encore lorsqu'un ami de leur père vient s'installer dans la maison. □ Général

TO THE DEVIL... A DAUGHTER ▷5

ANG. 1976. Drame fantastique de Peter SYKES avec Christopher Lee, Richard Widmark, Michael Goodliffe et Nastassja Kinski. - Spécialiste en sciences occultes, un romancier est appelé au secours d'une adolescente sous l'emprise d'un prêtre excommunié démoniaque. □ 18 ans+

DVD VA→Cadrage W→11,95 $

TO THE SHORES OF TRIPOLI

É.-U. 1942. Bruce HUMBERSTONE □ Général

DVD VA→STA→14,95 $

TO WALK WITH LIONS ▷5
[Homme parmi les lions, Un]
CAN. 1999. Drame d'aventures de Carl SCHULTZ avec Richard Harris, John Michie et Kerry Fox. - Au Kenya, un jeune Anglais devient l'assistant d'un écologiste qui a mis sur pied une réserve destinée à retourner dans la brousse des lions domestiqués.
DVD VA→Cadrage W→6,95 $

TO WONG FOO, THANKS FOR EVERYTHING, JULIE NEWMAR ▷4
[À Wong Foo, merci pour tout, Julie Newmar]
É.-U. 1995. Comédie de mœurs de Beeban KIDRON avec Wesley Snipes, Patrick Swayze et John Leguizamo. - Trois travestis tombent en panne d'automobile dans un bled perdu du Nebraska où ils demeurent coincés pendant 48 heures. □ Général
DVD VF→Cadrage W→10,95 $

TOAST OF NEW ORLEANS, THE ▷5
É.-U. 1950. Comédie musicale de Norman TAUROG avec Kathryn Grayson, Mario Lanza et David Niven. - Un pêcheur qui est devenu chanteur d'opéra tombe amoureux de la soprano de la troupe.
□ Général

TOBY MCTEAGUE ▷5
QUÉ. 1985. Aventures de Jean-Claude LORD avec Yannick Bisson, Winston Rekert et Liliane Clune. - Dans un village isolé du Nord, un adolescent entreprend de remplacer son père dans une course de traîneaux tirés par des chiens.

TOCA PARA MI
ARG. 2001. Rodrigo FURTH
DVD STA→24,95 $

TODAY WE LIVE
É.-U. 1933. Howard HAWKS □ Général

TODO EL PODER
MEX. 1999. Fernando SARINANA
DVD STA→24,95 $

TOGETHER *voir* **Tous ensemble**

TOGETHER *voir* **Virtuose, Le**

TOI ET MOI AUSSI ▷4
ALL. 1986. Comédie dramatique d'Helmut BERGER avec Anja Franke, Dani Levy et Jens Naumann. - À Berlin, un couple qui est en train de vivre une mauvaise passe sentimentale se trouve embarqué dans une étrange aventure policière. □ Général

TOI, MOI ET EUX *voir* **Me You Them**

TOILE D'ARAIGNÉE, LA *voir* **Drowning Pool, The**

TOILERS AND THE WAYFARERS, THE
É.-U. 1995. Keith FROELICH
DVD VA→STA→PC

TOIT DE LA BALEINE, LE [On Top of the Whale]
FR. 1981. Raul RUIZ □ Non classé

TOIT, LE [Roof] ▷3
ITA. 1956. Drame social de Vittorio de SICA avec Gabriella Pallotta, Giorgio Listuzzi et Gastone Rengelli. - Profitant d'une loi défendant d'expulser les habitants d'un logis où le toit est posé, un jeune couple se bâtit une maison en une nuit. - Peinture réaliste des personnages et de leurs problèmes. Ton chaleureux. Interprétation simple et naturelle.

TOKYO COWBOY ▷4
CAN. 1994. Comédie de mœurs de Kathy GARNEAU avec Hiromoto Ida, Christianne Hirt et Janne Mortil. - Les tribulations d'un jeune Japonais en visite chez une artiste canadienne avec laquelle il entretient une correspondance de longue date. □ Général

TOKYO DECADENCE ▷5
JAP. 1992. Drame de mœurs de Kyu MUKARAMI avec Miho Nikaido, Sayoko Amano et Tenmei Kano. - Une prostituée, spécialisée dans les pratiques sadomasochistes, recherche un ancien client dont elle est amoureuse. □ 18 ans+ · Érotisme

TOKYO DRIFTER
JAP. 1966. Seijun SUZUKI □ 13 ans+
DVD Cadrage W→46,95 $

TOKYO EYES ▷4
FR. 1998. Drame policier de Jean-Pierre LIMOSIN avec Shinji Takeda, Hinano Yoshikawa et Kaori Mizushima. - À Tokyo, une adolescente sympathise avec un jeune criminel activement recherché par la police.
DVD VF→STA→Cadrage 16X9→15,95 $

TOKYO FIST
JAP. 1995. Shinya TSUKAMOTO
DVD STA→24,95 $

TOKYO JOE ▷5
É.-U. 1949. Drame d'espionnage de Stuart HEISLER avec Humphrey Bogart, Alexander Knox et Florence Marly. - Un Japonais fait chanter un homme dont la femme a trahi la cause américaine.

TOKYO RAIDERS ▷5
H.K. 2000. Comédie policière de Jingle MA avec Tony Leung Chiu-wai, Kelly Chen et Cecilia Cheung. - La disparition mystérieuse d'un homme d'affaires lié à la pègre déclenche une chasse à l'homme semée de rebondissements.
DVD Cadrage W→24,95 $

TOKYO STORY ►1
JAP. 1953. Drame de mœurs de Yasujiro OZU avec Chishu Tyu, Chiyeko Higashiyama et Setsuko Hara. - Pris par leurs préoccupations, un médecin et une coiffeuse négligent leurs vieux parents venus à Tokyo pour passer du temps avec eux. - Réflexion profonde sur le sens des liens familiaux. Grande finesse d'observation. Réalisation attentive. Interprètes parfaitement dirigés.
DVD STA→62,95 $

TOLÉRANCE ▷5
FR. 1989. Comédie satirique de Pierre-Henry SALFATI avec Ugo Tognazzi, Rupert Everett et Anne Brochet. - La vie d'un petit noble italien est perturbée le jour où sa femme hérite d'un ermite dont la présence sème la zizanie. □ 13 ans+

TOLL GATE, THE
É.-U. 1920. Lambert HILLYER □ Général

TOM & VIV ▷4
ANG. 1994. Drame biographique de Brian GILBERT avec Miranda Richardson, Willem Dafoe et Rosemary Harris. - Un jeune poète épouse une fille de bonne famille sans savoir qu'elle souffre d'un déséquilibre mental. □ Général

TOM AND JERRY : THE MOVIE ▷4
[Tom et Jerry: le film]
É.-U. 1992. Dessins animés de Phil ROMAN. - Un chat et une souris viennent en aide à une fillette qui a maille à partir avec sa méchante tutrice. □ Général

TOM EST TOUT SEUL ▷5
FR. 1994. Comédie dramatique de Fabien OTENIENTE avec Florent Pagny, Jean Rochefort et Martin Lamotte. - Après le départ de sa fiancée, un pianiste se met à fréquenter une laverie automatique où il rencontre un vieux dandy expert en thérapie du cœur.
□ Général

TOM ET LOLA ▷5
FR. 1989. Drame fantastique de Bertrand ARTHUYS avec Neil Stubbs, Mélodie Collin, Marc Berman et Cécile Magnet. - Deux enfants sans défenses immunitaires s'échappent des bulles stérilisées où ils ont toujours vécu et projettent de fuir vers les montagnes. □ Général

TOM HORN ▷4
É.-U. 1980. Western de William WIARD avec Steve McQueen, Richard Farnsworth et Linda Evans. - En 1901, un ancien héros des guerres indiennes est engagé par une association d'éleveurs pour faire la lutte aux voleurs de bétail. □ 13 ans+
DVD VF→VF→Cadrage W→21,95 $

TOM JONES ▷3
ANG. 1963. Comédie de Tony RICHARDSON avec Albert Finney, Susannah York et Hugh Griffith. - Les aventures d'un séduisant gaillard d'origine illégitime dans l'Angleterre du XVIIIe siècle. - Adaptation vivante d'un roman d'Henry Fielding. Chronique truculente menée bon train. Mise en scène alerte. Bons interprètes.
□ Général
DVD VF→VF→Cadrage W→12,95 $

TOM SAWYER ▷4
É.-U. 1972. Comédie musicale de Don TAYLOR avec Johnny Whitaker, Jeff East et Celeste Holm. - Au cours d'une escapade nocturne, un garçonnet devient témoin d'un meurtre. □ Général
DVD VA→STA→11,95 $

TOM THUMB ▷3
É.-U. 1958. Conte de George PAL avec Russ Tamblyn, Alan Young et Terry-Thomas. - Pour les récompenser d'une bonne action, une fée donne à un bûcheron et à sa femme un enfant minuscule. - Heureux agencement de marionnettes, de dessins animés et d'acteurs vivants. Climat de bonne humeur. Interprétation délicieuse de R. Tamblyn. □ Général
DVD Cadrage W→21,95 $

TOMAHAWK ▷5
É.-U. 1951. Western de George SHERMAN avec Van Heflin, Yvonne de Carlo et Preston Foster. - Un trappeur sert de médiateur entre Blancs et Indiens pour tenter d'éviter un conflit. □ Général

TOMB OF LIGEIA ▷4
ANG. 1965. Drame d'horreur de Roger CORMAN avec Vincent Price, Elizabeth Shepherd et John Westbrook. - Une jeune fille épouse un veuf hanté par le fantôme de sa première femme. □ 13 ans+

TOMBEAU DES LUCIOLES, LE *voir* **Grave of the Fireflies**

TOMBÉS DU CIEL [Fallen from Heaven] ▷3
PÉR. ESP. 1990. Drame de mœurs de Francisco J. LOMBARDI avec Gustavo Bueno, Diana Quijano et Leontina Antonina. - Un animateur de radio, un vieux couple de bourgeois ainsi qu'une pauvre servante et ses deux petits-fils essuient plusieurs revers dans leur recherche du bonheur. - Entremêlement habile de trois récits. Ensemble dominé par l'obsession de la mort et des inégalités sociales.
□ 13 ans+

TOMBEUR DE CES DEMOISELLES, LE *voir* **Spinout**

TOMBSTONE [Duel au soleil] ▷4
É.-U. 1993. Western de George P. COSMATOS avec Kurt Russell, Val Kilmer et Michael Biehn. - Un shérif à la retraite qui désire mener une existence tranquille décide pourtant de reprendre les armes afin de mater une bande de hors-la-loi. □ 13 ans+ · Violence
DVD VA→STA→Cadrage W→18,95 $

TOMIE
JAP. 1999. Ataru OIKAWA
DVD STA→Cadrage W→26,95 $

TOMIE FORBIDDEN FRUIT
JAP. 2002. Toru NAKAHARA
DVD Cadrage W→21,95 $

TOMIE REPLAY
JAP. 2000. Tomijiro MITSUISHI
DVD STA→29,95 $

TOMMY ▷3
ANG. 1975. Drame musical de Ken RUSSELL avec Ann-Margret, Oliver Reed et Roger Daltrey. - Les tribulations peu ordinaires d'un orphelin de guerre qu'une expérience traumatisante a rendu sourd, muet et aveugle. - Adaptation cinématographique d'un opéra rock. Outrance et démesure propres au réalisateur. Grande invention visuelle. Interprétation caricaturale. □ Général
DVD Cadrage W→16,95 $ VA→36,95 $

TOMMY TRICKER AND THE STAMP TRAVELLER ▷4
[Aventuriers du timbre perdu, Les]
CAN. 1988. Comédie fantaisiste de Michael RUBBO avec Lucas Evans, Anthony Rogers et Jill Stanley. - Miniaturisés grâce à une formule magique, deux enfants se rendent en Australie à bord d'un timbre, afin de retrouver une collection philatélique exceptionnelle.
□ Général

TOMORROW ▷3
É.-U. 1971. Drame psychologique de Joseph ANTHONY avec Robert Duvall, Olga Bellin et Sudie Bond. - Un ouvrier agricole recueille une femme enceinte qui a fui son mari et sa famille. - Film prenant inspiré par une nouvelle de William Faulkner. Mise en scène sobre et éloquente. Belles images. Interprétation solide de R. Duvall.
DVD VA→31,95 $

TOMORROW IS FOREVER ▷5
É.-U. 1949. Mélodrame d'Irving PICHEL avec Claudette Colbert, Orson Welles et George Brent. - Un homme qu'on croyait mort réapparaît après vingt ans pour retrouver sa femme remariée et son fils. □ Général

TOMORROW NEVER COMES ▷5
CAN. 1978. Drame policier de P. COLLINSON avec Oliver Reed, Susan George et Stephen McHattie. - Après avoir tué un policier par accident, un jeune homme se barricade dans l'appartement d'une amie.
DVD VA→17,95 $

TOMORROW NEVER DIES [Demain ne meurt jamais] ▷4
ANG. 1997. Drame d'espionnage de Roger SPOTTISWOODE avec Pierce Brosnan, Jonathan Pryce et Michelle Yeoh. - Un agent secret affronte un magnat des médias qui veut faire éclater une guerre mondiale afin de faire mousser ses cotes d'écoute. □ 13 ans+ · Violence

TOMORROW WE MOVE *voir* **Demain on déménage**

TONGAN NINJA
N.-Z. 2002. Jason STUTTER
DVD VA→24,95 $

TONI ▷3
FR. 1935. Drame de Jean RENOIR avec Édouard Delmont, Charles Blavette et Célia Montalvan. - Dans un milieu d'immigrés, l'amour d'un ouvrier italien pour une voisine espagnole se termine en tragédie. - Peinture réaliste. Aperçus sociaux. Découpage soigné. Interprétation sobre.

TONIGHT OR NEVER
É.-U. 1931. Mervyn LeROY
DVD VA→49,95 $

TONNERRE DE FEU *voir* **Blue Thunder**

TONTONS FARCEURS, LES *voir* **Family Jewels, The**

TONTONS FLINGUEURS, LES ▷4
FR. 1963. Comédie policière de Georges LAUTNER avec Lino Ventura, Bernard Blier et Sabine Sinjen. - En mourant, un gangster confie ses affaires et sa fille à un ami. - Humour et désinvolture. Dialogues savoureux. Rythme alerte. Interprétation amusée.
DVD VF→Cadrage W/16X9→19,95 $

TONY ROME ▷4
É.-U. 1967. Drame policier de Gordon DOUGLAS avec Frank Sinatra, Jill St. John et Simon Oakland. - Les mésaventures d'un détective privé aux prises avec les exigences de plusieurs membres d'une même famille.
DVD VF→STA→Cadrage W→14,95 $

TOO BEAUTIFUL FOR YOU *voir* **Trop belle pour toi !**

TOO HOT TO HANDLE ▷5
É.-U. 1938. Aventures de Jack CONWAY avec Clark Gable, Myrna Loy et Walter Pidgeon. - Rivalité de deux firmes d'actualités cinématographiques entraînées dans des reportages coloniaux. □ Général

TOO HOT TO HANDLE ▷5
ANG. 1960. Drame policier de Terence YOUNG avec Jayne Mansfield, Leo Glenn et Karl Boehm. - Enquêtant sur les boîtes de nuit, un journaliste est témoin de la guerre que se livrent deux propriétaires et qui aboutit au meurtre d'une danseuse.
DVD VA→9,95 $

TOO LATE THE HERO ▷4
É.-U. 1969. Drame de guerre de Robert ALDRICH avec Michael Caine, Cliff Robertson et Ian Bannen. - Un officier américain reçoit l'ordre de se joindre à une patrouille britannique en mission spéciale dans une île des Nouvelles-Hébrides. □ Général
DVD VA→Cadrage W→19,95 $

TOO MUCH FLESH ▷4
FR. 2000. Drame de mœurs de Pascal ARNOLD et Jean-Marc BARR avec Jean-Marc Barr, Élodie Bouchez et Rosanna Arquette. - Dans une communauté puritaine de l'Illinois, un fermier marié à une femme frigide découvre la sexualité auprès d'une jeune Française.

TOOLBOX MURDERS ▷5
É.-U. 2003. Drame d'horreur de Tobe HOOPER avec Angela Bettis, Brent Roam et Juliet Landau. - À Los Angeles, des meurtres sanglants se produisent dans un vieil immeuble à logements où vient d'emménager un jeune couple.
DVD VA→24,95 $

TOOTSIE ▷3
É.-U. 1982. Comédie de mœurs de Sydney POLLACK avec Dustin Hoffman, Jessica Lange et Teri Garr. - Un acteur au chômage décide de se déguiser en femme pour solliciter un rôle dans un feuilleton télévisé. - Développements comiques enrichis d'observations sociales. Ton juste. Ensemble d'un équilibre surprenant. Tour de force d'interprétation de D. Hoffman. □ 13 ans+
DVD VF→VF→Cadrage W→15,95 $

TOP GUN ▷5
É.-U. 1986. Drame de Tony SCOTT avec Tom Cruise, Kelly McGillis et Anthony Edwards. - Ayant fait montre de courage, un jeune pilote est envoyé dans une école où l'on forme l'élite de l'aviation navale américaine. □ Général
DVD VA→Cadrage W→15,95 $

TOP HAT ▷3
É.-U. 1935. Comédie musicale de Mark SANDRICH avec Fred Astaire, Ginger Rogers et Edward Everett Horton. - À la suite d'un malentendu, une jeune femme croit qu'un danseur qui lui fait la cour est le mari d'une amie. - Intrigue mince prétexte à d'excellents numéros de danse. Ton de légèreté et de fantaisie. Interprétation dans la note. □ Général
DVD VA→VF→21,95 $

TOP SECRET ! ▷5
É.-U. 1984. Comédie de Jim ABRAHAMS, David et Jerry ZUCKER avec Val Kilmer, Lucy Gutteridge et Jeremy Kemp. - Un chanteur américain de rock'n'roll est entraîné dans une aventure d'espionnage abracadabrante en Allemagne de l'Est. □ 13 ans+
DVD VA→Cadrage W→9,95 $

TOPAZ ▷4
É.-U. 1969. Drame d'espionnage d'Alfred HITCHCOCK avec Frederick Stafford, John Forsythe et John Vernon. - Un agent français obtient des renseignements à Cuba pour le compte des Américains.
□ Général
DVD Cadrage W→23,95 $ VA→VF→Cadrage W→22,95 $

TOPAZE ▷4
FR. 1933. Comédie satirique de Louis GASNIER avec Louis Jouvet, Edwige Feuillère et Marcel Vallée. - Un professeur timide est entraîné dans des escroqueries financières.

TOPAZE ▷4
FR. 1950. Comédie satirique de Marcel PAGNOL avec Fernandel, Pierre Larquey et Hélène Perdrière. - Renvoyé de son école à cause de sa probité professionnelle, un professeur devient l'homme de paille d'un politicien véreux. □ Non classé

TOPKAPI ▷3
É.-U. 1964. Comédie policière de Jules DASSIN avec Maximilian Schell, Melina Mercouri et Peter Ustinov. - Une femme organise le vol d'un objet précieux dans un musée d'Istanbul. - Suspense adroitement maîtrisé. Touches d'humour. Séquence de vol particulièrement réussie. Comédiens de classe. □ Général

TOPPER RETURNS ▷4
É.-U. 1941. Comédie fantaisiste de Roy DEL RUTH avec Roland Young, Joan Blondell et Carole Landis. - Un brave homme visité par des fantômes est mêlé à une affaire de meurtre.

TOPSY-TURVY ▷3
ANG. 1999. Comédie de mœurs de Mike LEIGH avec Jim Broadbent, Allan Corduner et Timothy Spall. - En 1885, à Londres, les tribulations entourant la création d'un opéra comique du célèbre duo Gilbert et Sullivan. - Coulisses du théâtre explorées avec finesse et humanité. Personnages savoureusement typés. Dialogue d'un grand brio. Réalisation mettant parfaitement en valeur le jeu d'excellents comédiens.
DVD VA→VF→Cadrage W→8,95 $

TOQUÉE *voir* **Nuts**

TORA ! TORA ! TORA ! ▷3
É.-U. 1970. Drame historique de Richard FLEISCHER, Toshio MASUDA et Kinji FUKASUKU avec George Macready, So Yamamura et Martin Balsam. - En 1941, les Japonais attaquent la base américaine de Pearl Harbor. - Reconstitution impressionnante et convaincante. Interprétation fort satisfaisante. □ Général
DVD VF→STA→Cadrage W→14,95 $/21,95 $
VA→STA→Cadrage W→14,95 $

TORCH SONG TRILOGY ▷5
É.-U. 1988. Comédie dramatique de Paul BOGART avec Harvey Fierstein, Anne Bancroft et Matthew Broderick. - Les tribulations amoureuses tumultueuses d'un homosexuel new-yorkais qui recherche le grand amour. □ 13 ans+
DVD VF→STA→Cadrage W/16X9→23,95 $

TORMENT *voir* **Tourments**

TORN CURTAIN ▷4
É.-U. 1966. Drame d'espionnage d'Alfred HITCHCOCK avec Paul Newman, Julie Andrews et Hansjörg Felmy. - Un savant américain se rend en Allemagne de l'Est où il joue la comédie de la défection pour obtenir des secrets importants. □ Non classé
DVD VA→STA→Cadrage W→22,95 $

TORNADE *voir* **Twister**

TORPEDO BOMBERS
RUS. 1983. Semyon ARANOVICH
DVD STA→47,95 $

TORQUE [Impact fatal] ▷5
É.-U. 2004. Thriller de Joseph KAHN avec Martin Henderson, Monet Mazur et Ice Cube. - Un motard et son ex-petite amie se retrouvent aux prises avec deux bandes rivales de motards criminalisés.
□ Général · Déconseillé aux jeunes enfants
DVD VF→STF→Cadrage W→8,95 $

TORRENTS OF SPRING
voir **Eaux printanières, Les**

TORSO
ITA. 1973. Sergio MARTINO
DVD VA→Cadrage W→32,95 $

TORTILLA FLAT ▷4
É.-U. 1942. Drame de mœurs de Victor FLEMING avec Spencer Tracy, Hedy Lamarr et John Garfield. - Des oisifs d'un village de Californie tentent d'empêcher l'un des leurs de se marier. □ Général

TORTILLA SOUP
É.-U. 2001. Maria RIPOLL
DVD VA→STA→Cadrage P&S/W→16,95 $

TORTUES VOLENT AUSSI, LES
voir **Turtles Can Fly**

TORTURE CHAMBER OF BARON BLOOD, THE ▷5
ITA. 1972. Drame d'horreur de Mario BAVA avec Joseph Cotten, Elke Sommer et Massimo Girotti. - Un jeune aristocrate autrichien fait revivre un ancêtre sanguinaire par des incantations magiques.
□ Général

TORTURE GARDEN ▷4
ANG. 1967. Drame d'horreur de F. FRANCIS avec Michael Bryant, Beverly Adams et Jack Palance. - Un bateleur prédit un avenir horrifique à quatre personnes.
DVD VA→VF→Cadrage W→16,95 $

TOTAL ECLIPSE [Poètes maudits, Les] ▷5
FR. 1995. Drame biographique d'Agnieszka HOLLAND avec David Thewlis, Leonardo DiCaprio et Romane Bohringer. - Au début des années 1870, le jeune poète Arthur Rimbaud s'engage dans une liaison orageuse avec l'écrivain Paul Verlaine. □ 13 ans+
DVD Cadrage W→27,95 $

TOTAL RECALL [Voyage au centre de la mémoire] ▷4
É.-U. 1990. Science-fiction de Paul VERHOEVEN avec Rachel Ticotin, Arnold Schwarzenegger et Michael Ironside. - En 2084, un ouvrier est pourchassé jusque sur la planète Mars par des agresseurs mystérieux. □ 18 ans+

TOTALE, LA ▷4
FR. 1991. Comédie de Claude ZIDI avec Thierry Lhermitte, Miou-Miou et Eddy Mitchell. - Un agent secret qui a toujours laissé croire aux siens qu'il n'était qu'un modeste fonctionnaire décide de monter une mascarade pour épater son épouse infidèle. □ Général

TOTALLY F*ED UP**
É.-U. 1996. Gregg ARAKI □ 13 ans+ · Langage vulgaire
DVD VA→Cadrage W→36,95 $

TOTO LE HÉROS ▷3
BEL. 1990. Comédie dramatique de Jaco VAN DORMAEL avec Michel Bouquet, Jo De Backer et Thomas Godet. - Un vieil homme qui a mené une existence morose veut tuer un ancien voisin d'enfance qu'il considère responsable de ses malheurs. - Scénario complexe mais limpide. Climat de nostalgie quasi onirique. Ensemble tantôt drôle tantôt poignant. Grande maîtrise technique. Interprétation superbe de vérité.

TOUCH [Mains de Dieu, Les] ▷4
É.-U. 1996. Comédie satirique de Paul SCHRADER avec Bridget Fonda, Christopher Walken et Skeet Ulrich. - Voulant exploiter les dons d'un jeune guérisseur charismatique, un escroc convainc sa partenaire de gagner sa confiance. □ Général

TOUCH ME IN THE MORNING [Trailer Town]
É.-U. 2001. Giuseppe ANDREWS
DVD VA→22,95 $

TOUCH OF CLASS, A ▷4
ANG. 1973. Comédie sentimentale de Melvin FRANK avec George Segal, Glenda Jackson et Paul Sorvino. - Un Américain travaillant à Londres a une liaison avec une divorcée. □ 13 ans+
DVD VF→VF→Cadrage W→21,95 $

TOUCH OF EVIL ►1
É.-U. 1958. Drame policier réalisé et interprété par Orson WELLES avec Charlton Heston et Janet Leigh. - Un policier mexicain démasque les méthodes peu orthodoxes d'un collègue américain. - Traitement fort original d'un sujet classique. Style éblouissant. Excellents interprètes. □ 13 ans+
DVD VA→VF→Cadrage W→18,95 $

TOUCH OF PINK [Soupçon de rose, Un] ▷4
CAN. 2004. Comédie sentimentale de Ian Iqbal RASHID avec Jimi Mistry, Kyle MacLachlan et Suleka Mathew. - Un photographe d'origine pakistanaise qui hésite à révéler à sa mère son homosexualité reçoit les conseils divergents de son amant et d'un ami imaginaire. □ Général
DVD VF→14,95 $

TOUCHE PAS À MON GAZON
voir **Fun with Dick and Jane**

TOUCHE PAS LA FEMME BLANCHE ▷5
[Don't Touch the White Woman]
FR. 1973. Comédie satirique de Marco FERRERI avec Marcello Mastroianni, Catherine Deneuve et Michel Piccoli. - Le général Custer lance une expédition contre les Sioux et se fait massacrer avec ses hommes. □ Général
DVD VF→STA→Cadrage P&S→34,95 $

TOUCHÉ ! *voir* **Gotcha !**

TOUCHEZ PAS AU GRISBI [Grisbi] ►2
FR. 1954. Drame policier de Jacques BECKER avec Jean Gabin, René Dary et Jeanne Moreau. - Après avoir réussi un coup important, deux gangsters sont trahis par la maîtresse de l'un d'eux qui les dénonce à une bande rivale. - Atmosphère prenante. Rythme admirablement soutenu. Mise en scène excellente. Interprétation remarquable de J. Gabin.
DVD VF→STA→46,95 $

TOUKI BOUKI ▷4
SÉN. 1972. Comédie policière de Djibril Diop MAMBETY avec Magaye Niang, Mareme Niang et Moustapha Touré. - Un jeune Sénégalais essaie par divers moyens malhonnêtes de se procurer l'argent voulu pour aller à Paris avec sa petite amie. □ Général
DVD VF→STA→23,95 $

TOUR DU MONDE EN 80 JOURS, LE
voir **Around the World in 80 Days**

TOURMENTS [Torment] ▷3
SUÈ. 1944. Drame psychologique d'Alf SJÖBERG avec Stig Jarrel, Alf Kjellin et Mai Zetterling. - Un étudiant s'éprend d'une fille déchue qui se dit terrorisée par un sadique. - Scénario d'Ingmar Bergman. Réalisation teintée d'expressionnisme. □ 13 ans+

TOUS EN SCÈNE *voir* **Band Wagon, The**

TOUS ENSEMBLE [Togheter] ▷4
SUÈ. 2000. Comédie dramatique de Lukas MOODYSSON avec Gustaf Hammarsten, Lisa Lindgren et Mikael Nykvist. - En 1975, une femme battue s'en va vivre avec ses deux enfants chez son frère qui habite en communauté avec des amis. □ 13 ans+

TOUS LES AUTRES S'APPELLENT ALI ▷3
[Ali : Fear Eats the Soul]
ALL. 1973. Drame psychologique de Rainer Werner FASSBINDER avec Brigitte Mira, El Hedi Ben Salem et Barbara Valentin. - Une femme de ménage dans la soixantaine songe à épouser un Marocain, ce qui lui occassionne des ennuis. - Présentation intéressante de diverses formes de préjugés. Personnages plutôt schématiques. □ Général
DVD STA→62,95 $

TOUS LES AUTRES, SAUF MOI ▷4
CAN. 2006. Comédie dramatique réalisée et interprétée par Ann ARSON avec Johanne Marie Tremblay et Tania Kontoyanni. - Tombée enceinte par accident, une cinéaste prétexte le tournage d'un documentaire afin de sonder l'opinion de son entourage sur la maternité. □ Général
DVD VF→Cadrage W→34,95 $

TOUS LES CHIENS VONT AU PARADIS
voir **All Dogs Go to Heaven**

TOUS LES MATINS DU MONDE ▷3
FR. 1991. Drame d'Alain CORNEAU avec Jean-Pierre Marielle, Anne Brochet et Gérard Depardieu. - Un virtuose de la viole vivant en reclus avec ses deux filles accepte difficilement la présence d'un jeune élève. - Récit raconté avec une grande sobriété de ton. Évocation fastueuse et précise. Images composées comme des tableaux d'époque. Musique admirable. Jeu tout en retenue des interprètes. □ Général
DVD VF→STA→Cadrage W→32,95 $

TOUS SUR ORBITE !
ALL. FR. Nicolas GESSNER
DVD VF→42,95 $

TOUT ÇA... POUR ÇA ! ▷4
FR. 1992. Comédie de mœurs de Claude LELOUCH avec Marie-Sophie L., Fabrice Luchini et Francis Huster. - Les mésaventures de cinq couples éprouvant diverses difficultés conjugales. □ Général

TOUT CE QUE LE CIEL PERMET
voir **All That Heaven Allows**

TOUT CE QUE VOUS AVEZ TOUJOURS VOULU SAVOIR SUR LE SEXE SANS JAMAIS OSER LE DEMANDER
voir **Everything You Always Wanted to Know About Sex But Were Afraid to Ask**

TOUT EST À VENDRE [Everything for Sale] ▷3
POL. 1968. Drame psychologique de Andrzej WAJDA avec Beata Tyszkiewicz, Elsbieta Czyzewska et Andrzej Lapicki. - Un acteur meurt pendant le tournage d'un film. - Passionnante étude sur les rapports entre le cinéma et la vie. Montage complexe. Mise en scène brillante. Interprétation solide.
DVD STA➔37,95 $

TOUT FEU, TOUT FLAMME ▷4
FR. 1981. Comédie de Jean-Paul RAPPENEAU avec Yves Montand, Isabelle Adjani et Jean-Luc Bideau. - Un père prodigue entraîne sa fille dans ses manœuvres financières. □ Général

TOUT LE MONDE DIT : I LOVE YOU
voir **Everyone Says I Love You**

TOUT LE MONDE N'A PAS EU LA CHANCE D'AVOIR DES PARENTS COMMUNISTES ▷4
FR. 1993. Comédie dramatique de Jean-Jacques ZILBERMANN avec Josiane Balasko, Maurice Benichou et Catherine Hiégel. - En 1958, une mère de famille se voue à la cause du Parti communiste malgré les objections de son mari. □ Général

TOUT LE MONDE PEUT SE TROMPER ▷5
FR. 1982. Comédie policière de Jean COUTURIER avec Bernard Le Coq, Fanny Cottençon et Francis Perrin. - À la suite d'un hold-up, une employée de bijouterie s'empare d'une partie du butin, ce qui l'entraîne dans une série de mésaventures.

TOUT LE PLAISIR EST POUR MOI ▷5
FR. 2004. Comédie de mœurs d'Isabelle BROUÉ avec Marie Gillain, Julien Boisselier et Garance Clavel. - La vie d'une jeune femme épanouie sexuellement est chamboulée lorsqu'elle croit avoir « perdu » son clitoris. □ 13 ans+ · Érotisme
DVD VF➔31,95 $

TOUT SUR MA MÈRE [All About My Mother] ▷3
ESP. FR. 1999. Drame de mœurs de Pedro ALMODOVAR avec Cecilia Roth, Marisa Paredes et Penélope Cruz. - La mère d'un adolescent tué dans un accident tente de retrouver le père de ce dernier qu'elle avait quitté dix-huit ans plus tôt. - Vibrant hommage aux femmes. Accents mélodramatiques. Mise en scène très relevée. Jeu sensible de C. Roth.

TOUT VA BIEN
FR. 1972. Drame social de Jean-Luc GODARD et Jean-Paul GORIN avec Yves Montand, Jane Fonda et Vittorio Caprioli. - Une journaliste et son mari sont retenus dans un bureau par des ouvriers en grève.
DVD VF➔STA➔Cadrage W➔44,95 $

TOUT VA BIEN... ON S'EN VA ▷4
FR. 2000. Drame psychologique de Claude MOURIÉRAS avec Miou-Miou, Natacha Régnier et Michel Piccoli. - À Lyon, la vie de trois sœurs est perturbée par le retour de leur père, absent depuis quinze ans. □ Général

TOUTE LA VILLE ACCUSE ▷4
FR. 1956. Comédie de Claude BOISSOL avec Jean Marais, Etchika Choureau et Noël Roquevert. - Tous les matins, un jeune romancier peu fortuné découvre à sa porte un sac d'argent. □ Général

TOUTE UNE NUIT ▷4
BEL. 1982. Film d'essai de Chantal AKERMAN avec Aurore Clément, Pierre Forget et Véronique Silver. - Par une chaude nuit d'été à Bruxelles, des couples se forment ou se brisent dans diverses parties de la ville. □ Général

TOUTE UNE VIE ▷5
FR. 1975. Chronique de Claude LELOUCH avec Marthe Keller, André Dussollier et Charles Denner. - Divers incidents menant à la rencontre de l'héritière d'un riche industriel avec un jeune voleur devenu réalisateur de films. □ Général
DVD VF➔34,95 $

TOUTES CES FEMMES [All These Women] ▷4
SUÈ. 1964. Comédie satirique d'Ingmar BERGMAN avec Jarl Kulle, Bibi Andersson et Eva Dahlbeck. - Un critique qui veut écrire la biographie d'un violoniste défunt assiste au défilé de ses nombreuses « veuves ».

TOUTES LES FILLES SONT FOLLES ▷5
FR. 2002. Comédie sentimentale de Pascale POUZADOUX avec Barbara Schulz, Camille Japy et Antoine Duléry. - Avec la complicité involontaire de sa sœur, une enseignante solitaire kidnappe celui qu'elle croit être l'homme idéal. □ Général
DVD VF➔38,95 $

TOUTES PEINES CONFONDUES ▷3
FR. 1992. Drame policier de Michel DEVILLE avec Patrick Bruel, Jacques Dutronc et Mathilda May. - Un inspecteur de police voit son intégrité mise au défi lorsqu'il est appelé à enquêter dans l'entourage d'un trafiquant de drogue. - Thriller déroutant fondé sur le jeu subtil des relations entre les personnages. Mise en scène d'une élégance glaciale. Climat quasi surréaliste. Bons interprètes. □ Général

TOWERING INFERNO, THE ▷4
É.-U. 1974. Drame de John GUILLERMIN et Irwin ALLEN avec Paul Newman, Steve McQueen et William Holden. - Un incendie se déclare au 81e étage d'un gratte-ciel de San Francisco alors qu'une réception est en cours au 135e. □ 13 ans+
DVD VA➔STA➔Cadrage W➔21,95 $

TOWN AND COUNTRY [Ronde des cocus, La] ▷5
É.-U. 2001. Comédie de mœurs de Peter CHELSOM avec Warren Beatty, Diane Keaton et Goldie Hawn. - Un architecte qui a toujours été fidèle à sa femme se laisse tenter par le démon du midi.
□ Général · Déconseillé aux jeunes enfants
DVD VF➔19,95 $

TOWN THAT DREADED SUNDOWN, THE
É.-U. 1977. Charles B. PIERCE □ 13 ans+

TOWN WITHOUT PITY [Ville sans pitié] ▷5
É.-U. 1961. Drame de Gottfried REINHARDT avec E.G. Marshall, Kirk Douglas et Robert Blake. - Quatre soldats américains cantonnés en Allemagne sont traduits en cour martiale pour viol. □ 13 ans+
DVD VF➔STF➔Cadrage P&S➔12,95 $

TOXIC AFFAIR ▷5
FR. 1993. Comédie dramatique de Philomène ESPOSITO avec Sergio Castellitto, Isabelle Adjani et Clémentine Célarié. - Complètement esseulée depuis que son amant l'a quittée, une jeune femme s'efforce difficilement de reprendre sa vie en main. □ Général

TOXIC AVENGER, THE [Toxic le ravageur] ▷7
É.-U. 1984. Drame d'horreur de Michael HERZ et Samuel WEIL avec Mark Torgl, Mitchell Cohen et Andree Maranda. - Tombé dans un baril de déchets toxiques, un garçon malingre se transforme en un colosse monstrueux qui s'attaque aux truands de la ville. □ 13 ans+
DVD 22,95 $

TOY, THE [Joujou, Le] ▷5
É.-U. 1982. Comédie de Richard DONNER avec Richard Pryor, Jackie Gleason et Scott Schwartz. - Un journaliste dans la dèche accepte de devenir pour une semaine le « jouet » du jeune fils de son patron.
DVD VF➔STF➔Cadrage P&S/W➔9,95 $

TOY STORY [Histoire de jouets] ▷3
É.-U. 1995. Dessins animés de John LASSETER. - Animés d'une vie propre, les jouets d'un petit garçon vivent des aventures périlleuses lorsqu'ils tombent entre les mains d'un jeune voisin malicieux. - Premier long métrage entièrement animé par ordinateur. Récit imaginatif et plein d'humour. Aspects techniques remarquables. Héros attachants. □ Général · Enfants
DVD VF➔STA➔34,95 $

TOY STORY 2 ▷3
É.-U. 1999. Dessins animés de John LASSETER, Lee UNKRICH et Ash BRANNON. - Des jouets animés d'une vie propre partent à la rescousse d'un des leurs enlevé par un collectionneur cupide. - Récit très bien construit. Mélange habile d'humour, d'action et d'émotion. Animation par ordinateur de grande qualité. Réalisation sans faille.
DVD VA→Cadrage W→34,95 $

TOYS [Jouets] ▷5
É.-U. 1992. Comédie dramatique de Barry LEVINSON avec Robin Williams, Michael Gambon et Joan Cusack. - Un homme tente de déjouer les plans machiavéliques de son oncle militaire qui fabrique des armes dans une usine de jouets. □ Général
DVD VA→Cadrage W→9,95 $

TRACK 29
ANG. 1988. Nicolas ROEG □ 13 ans+

TRACK DOWN
É.-U. 2000. Joe CHAPPELLE
DVD VA→31,95 $

TRACK OF THE CAT ▷4
É.-U. 1954. Western de William A. WELLMAN avec Robert Mitchum, Teresa Wright et Diana Lynn. - Les membres d'une famille pourchassent un félin prédateur. □ Général

TRADER HORN ▷4
É.-U. 1931. Aventures de W.S. Van DYKE avec Harry Carey, Edwina Booth et Duncan Renaldo. - Dans la jungle africaine, des explorateurs délivrent une jeune Blanche captive d'une tribu indigène. □ Général

TRADING PLACES [Fauteuil pour deux, Un] ▷4
É.-U. 1983. Comédie de John LANDIS avec Dan Aykroyd, Eddie Murphy et Jamie Lee Curtis. - Pour les besoins d'un pari, deux hommes d'affaires remplacent leur directeur par un Noir sans formation financière. □ 13 ans+
DVD VF→STA→Cadrage W→8,95 $

TRADUCTION INFIDÈLE
voir **Lost in Translation**

TRAFFIC ▷3
É.-U. 2000. Drame de Steven SODERBERGH avec Michael Douglas, Benicio Del Toro et Catherine Zeta-Jones. - Trois histoires entremêlées racontant les efforts de politiciens et de policiers engagés dans la lutte contre le trafic des stupéfiants. - Fresque ample et fort bien construite. Grande maîtrise esthétique et technique. Distribution de haut vol. □ 13 ans+
DVD VA→STA→Cadrage W→39,95 $
VA→STF→Cadrage W→15,95 $

TRAFIC ▷3
FR. 1971. Comédie réalisée et interprétée par Jacques TATI avec Maria Kimberly et Marcel Fraval. - Un dessinateur industriel se rend en Hollande pour la présentation d'une camionnette à une exposition. - Satire du rôle qu'occupe l'automobile dans notre société. Gags nombreux et réussis. Observation précise. Climat euphorique. Présence amusante de J. Tati dans le rôle de M. Hulot. □ Général

TRAGÉDIE D'UN HOMME RIDICULE, LA
ITA. 1981. Bernardo BERTOLUCCI □ Général

TRAGÉDIE DE LA MINE, LA [Kameradschaft] ▷3
ALL. 1931. Drame de Georg Wilhelm PABST avec Alexandre Granach, Fritz Kampers et Georges Chalia. - Des mineurs allemands secourent des mineurs français bloqués dans une galerie. - Intérêt documentaire. Excellente construction dramatique. Mise en scène vigoureuse et réaliste. □ Non classé

TRAGEDY OF A RIDICULOUS MAN
voir **Tragédie d'un homme ridicule, La**

TRAGEDY OF JAPAN
JAP. 1953. Keisuke KINOSHITA

TRAIL OF THE LONESOME PINE, THE ▷4
É.-U. 1936. Drame de Henry HATHAWAY avec Fred MacMurray, Henry Fonda et Sylvia Sidney. - Deux familles vivent isolées dans les montagnes du Cumberland, en inimitié l'une envers l'autre. □ Général

TRAIL OF THE PINK PANTHER ▷5
É.-U. 1982. Comédie policière de Blake EDWARDS avec Joanna Lumley, Peter Sellers et Richard Mulligan. - Une journaliste de la télévision entreprend une enquête sur la disparition d'un policier célèbre dans un accident d'avion. □ Général
DVD VF→VF→Cadrage W→12,95 $

TRAILER TOWN
voir **Touch Me in the Morning**

TRAILER: THE MOVIE
É.-U. 1999. Ian McCRUDDEN
DVD 24,95 $

TRAIN, THE [Train, Le] ▷4
FR. 1964. Drame de guerre de John FRANKENHEIMER avec Burt Lancaster, Jeanne Moreau et Paul Scofield. - Des cheminots français cherchent à empêcher le transport d'œuvres d'art en Allemagne, à la fin de la guerre. □ Général
DVD VA→Cadrage W→12,95 $

TRAIN, LE [Last Train, The] ▷4
FR. 1973. Drame sentimental de Pierre GRANIER-DEFERRE avec Jean-Louis Trintignant, Romy Schneider et Maurice Biraud. - Alors que les Allemands entrent en France, un homme séparé de sa femme est attiré par une inconnue sur un train bondé. □ Général

TRAIN DE 16 H 50, LE
voir **Murder She Said**

TRAIN DE VIE ▷4
FR. 1998. Comédie dramatique de Radu MIHAILEANU avec Lionel Abelanski, Rufus et Clément Harari. - Avant l'arrivée des nazis, les habitants d'un village juif d'Europe de l'Est décident de fuir en organisant un faux train de déportés.

TRAIN OF DREAMS [Rêves en cage] ▷4
CAN. 1987. Drame social de John N. SMITH avec Jason St. Amour, Marcella Santa Maria et Fred Ward. - Purgeant une sentence dans un centre de redressement, un adolescent rebelle est amené par un éducateur à réfléchir sur sa situation. □ Général

TRAIN RIDE TO HOLLYWOOD
É.-U. 1978. Charles R. RONDEAU □ Général

TRAIN SIFFLERA TROIS FOIS, LE *voir* **High Noon**

TRAINING DAY [Jour de formation] ▷4
É.-U. 2001. Drame policier d'Antoine FUQUA avec Ethan Hawke, Denzel Washington et Scott Glenn. - Un jeune policier de Los Angeles passe un jour de formation avec un détective de l'escouade des narcotiques qui s'avère corrompu. □ 13 ans+
DVD VF→STF→Cadrage W→13,95 $ VF→17,95 $

TRAINS ÉTROITEMENT SURVEILLÉS ▷3
[Closely Watched Trains]
TCH. 1966. Comédie dramatique de Jiri MENZEL avec Vaclav Neckar, Jitka Bendova et Joseph Somr. - Après une expérience amoureuse manquée, un jeune homme tente de se suicider. - Approche ironique et sympathique du sujet. Humour surgissant de détails minutieusement observés. Ton caricatural tempéré de chaleur humaine. Photographie soignée. Interprétation naturelle. □ Général
DVD STA→39,95 $

TRAINSPOTTING [Ferrovipathes] ▷3
ANG. 1995. Comédie de mœurs de Danny BOYLE avec Ewan McGregor, Robert Carlyle et Kelly Macdonald. - La vie quotidienne d'un petit groupe de toxicomanes de la banlieue d'Édimbourg à la fin des années 1980. - Approche à la fois provocatrice et énergisante. Fantaisie flirtant avec le surréalisme. □ 16 ans+ · Langage vulgaire
DVD VF→36,95 $

TRAITEMENT DE CHOC ▷4
FR. 1972. Drame d'Alain JESSUA avec Annie Girardot, Alain Delon et Robert Hirsch. - La directrice d'une boutique de vêtements de Paris se rend en Bretagne pour suivre en clinique une cure de rajeunissement. □ 18 ans+

TRAMP, TRAMP, TRAMP ▷3
É.-U. 1926. Comédie d'Harry EDWARDS avec Harry Langdon, Joan Crawford et Tom Murray. - Pour sauver son père de la ruine, un jeune homme participe à un concours de marche. - Classique du cinéma muet. Scénario amusant. Gags inventifs. Interprétation candide de H. Langdon. □ Général

TRAMWAY NOMMÉ DÉSIR, UN
voir **Streetcar Named Desire, A**

TRANCE *voir* **Fan, The**

TRANCERS [Flic du futur, Le] ▷4
É.-U. 1984. Science-fiction de Charles BAND avec Tim Thomerson, Helen Hunt et Michael Stefani. - En l'an 2247, un policier en chasse d'un criminel notoire que l'on croit mort retourne dans le passé et emprunte l'identité d'un aïeul pour poursuivre ses recherches. □ 13 ans+

TRANSAMERICA ▷4
É.-U. 2005. Comédie dramatique de Duncan TUCKER avec Felicity Huffman, Kevin Zegers et Elizabeth Pena. - Un transsexuel sur le point d'être opéré pour devenir une femme se rend à New York retrouver un fils dont il ignorait l'existence. □ 16 ans+
DVD VF➜STA➜Cadrage W➜34,95 $

TRANSFIXED *voir* **Mauvais genre**

TRANSGENERATION
É.-U. 2005. Jeremy SIMMONS
DVD VA➜31,95 $

TRANSPORTER, THE [Transporteur, Le] ▷5
FR. 2002. Thriller de Corey YUEN avec Jason Statham, Shu Qi et François Berléand. - Un as du volant qui met ses talents au service de criminels est amené à lutter contre des trafiquants d'esclaves. □ 13 ans+ · Violence
DVD VA➜18,95 $ VF➜STA➜Cadrage W➜22,95 $

TRANSPORTER 2, THE ▷5
FR. 2005. Thriller de Louis LETERRIER avec Jason Statham, Amber Valletta et Kate Nauta. - Un ancien militaire d'élite affronte des criminels qui ont inoculé un virus mortel dans le corps du jeune fils d'un politicien. □ 13 ans+ · Violence
DVD VF➜VF➜Cadrage W➜34,95 $

TRAP, THE
JAP. 1996. Kaizo HAYASHI
DVD STA➜Cadrage W➜22,95 $

TRAPEZE ▷3
É.-U. 1955. Drame de Carol REED avec Burt Lancaster, Tony Curtis et Gina Lollobrigida. - Une brune capiteuse sème la discorde dans un cirque. - Triangle classique. Extraordinaire numéro de trapèze. Aspects techniques remarquables. Interprètes à la hauteur.

TRAPPE, LA ▷4
SUÈ. 1987. Comédie policière de Jonas FRICK avec Bjorn Skifs, Gunnel Fred et Gino Samil. - Emprisonné à tort, un professeur de chimie découvre une vaste conspiration criminelle. □ Général

TRAPPE DANS LE PLANCHER, LA
voir **Door in the Floor**

TRAQUÉ *voir* **Running Scared**

TRAQUE, LA *voir* **Gunman in the Streets**

TRAQUENARD *voir* **Party Girl**

TRAQUÉS, LES ▷4
FR. 1976. Drame policier de Serge LEROY avec Bernard Fresson, Jean-Louis Trintignant et Mireille Darc. - Un homme et son jeune beau-fils sont pris en chasse par un inconnu sur la route entre Rome et Paris.

TRAQUEUR, LE *voir* **Rundown, The**

TRASH ▷5
É.-U. 1970. Drame de mœurs de Paul MORRISSEY avec Holly Woodlawn, Joe Dallesandro et Jane Forth. - Les tribulations d'un jeune héroïnomane et de son ami travesti qui vivent de divers expédients. □ 18 ans+
DVD VA➜22,95 $

TRASHIN' ▷6
É.-U. 1986. Drame sportif de David WINTERS avec Josh Brolin, Robert Rusler et Pamela Gidley. - Un jeune champion de planche à roulettes tombe amoureux de la sœur d'un rival.
DVD VF➜VF➜Cadrage P&S/W➜12,95 $

TRAUMA ▷6
É.-U. 1993. Drame d'horreur de Dario ARGENTO avec Christopher Rydell, Asia Argento et Piper Laurie. - Une jeune anorexique et son copain tentent de percer le mystère entourant une série de meurtres dont les victimes ont été décapitées. □ 16 ans+ · Horreur
DVD VA➜Cadrage 16X9➜23,95 $

TRAVELLERS
IRAN 1992. Bahram BEYZAI □ Général

TRAVELLERS AND MAGICIANS ▷4
BHOUT. 2003. Conte de Khyentse NORBU avec Tshewang Dendup, Ap Dochu et Sonam Kinga. - En route pour chercher son visa, un fonctionnaire fait la rencontre d'un moine bouddhiste qui veut le dissuader de partir pour les États-Unis. □ Général
DVD STA➜Cadrage W/16X9➜29,95 $

TRAVELLING AVANT ▷4
FR. 1987. Drame de Jean-Charles TACCHELLA avec Thierry Frémont, Ann-Gisel Glass et Simon de la Brosse. - Les aventures sentimentales de trois amis passionnés de cinéma les empêchent de fonder ensemble un ciné-club. □ Général

TRAVELS WITH MY AUNT ▷4
ANG. 1972. Comédie policière de George CUKOR avec Maggie Smith, Lou Gossett et Alec McCowen. - Un austère comptable londonien est entraîné dans une folle aventure par une tante excentrique. □ Général

TRAVERSÉE DE PARIS, LA ▷3
FR. 1956. Comédie dramatique de Claude AUTANT-LARA avec Jean Gabin, Bourvil et Louis de Funès. - En 1942, les tribulations de deux hommes mêlés à des opérations de marché noir. - Ton d'humour noir. Interprétation remarquable. □ Général

TRAVERSÉES ▷4
TUN. 1982. Drame social de Mahmoud Ben MAHMOUD avec Fadhel Jaziri, Julian Negulesco et Eva Darlan. - Deux réfugiés sont retenus sur un traversier après avoir été rejetés de chaque côté de la Manche par les douanes anglaise et belge.

TRAVIATA, LA ►2
ITA. 1982. Spectacle musical de Franco ZEFFIRELLI avec Teresa Stratas, Placido Domingo et Cornell McNeil. - Un jeune homme s'éprend d'une courtisane qui le quitte pour sauvegarder son avenir et son honneur. - Adaptation somptueuse de l'opéra de Verdi. Images imprégnées de lyrisme. Décors luxueux. Interprétation admirable de T. Stratas. □ Général

TREASURE ISLAND ▷4
É.-U. 1934. Aventures de Victor FLEMING avec Wallace Beery, Jackie Cooper et Lionel Barrymore. - Un jeune garçon fait partie d'une expédition organisée pour trouver le trésor d'un pirate. □ Général

TREASURE ISLAND ▷4
É.-U. 1950. Aventures de Byron HASKIN avec Robert Newton, Bobby Driscoll et Basil Sidney. - Un jeune garçon et un chef de pirates font partie d'une expédition à la recherche d'un trésor. □ Général
DVD VA➜18,95 $

TREASURE ISLAND
RUS. 1971. Yevgeni FRIDMAN
DVD VA➜Cadrage W➜49,95 $

TREASURE ISLAND ▷5
ANG. 1972. Aventures de John HOUGH avec Orson Welles, Kim Burfield et Walter Slezak. - Un jeune garçon et un chef de pirates font partie d'une même expédition à la recherche d'un trésor. - Beaux décors naturels. Mise en scène correcte. O. Welles pittoresque dans le rôle du pirate.

TREASURE ISLAND [Île au trésor, L'] ▷4
É.-U. 1990. Aventures de Fraser C. HESTON avec Charlton Heston, Christian Bale et Richard Johnson. - Après avoir reçu d'un marin mourant la carte d'une île où se trouve un trésor caché par des pirates, le fils d'un aubergiste part à sa recherche en compagnie de notables. □ Non classé

TREASURE OF THE AMAZON ▷6
MEX. 1985. Aventures de R. CARDONA avec Stuart Whitman, Ann Sidney et Emilio Fernandez. - Divers aventuriers se disputent la possession d'un lot de pierres précieuses en Amazonie.
DVD VA➔Cadrage W➔32,95 $

TREASURE OF THE SIERRA MADRE, THE ►1
É.-U. 1948. Drame de John HUSTON avec Humphrey Bogart, Walter Huston et Tim Holt. - Trois aventuriers cherchent un gisement d'or au Mexique. - Adaptation d'un roman de B. Traven. Œuvre humaine et très dramatique. Mise en scène soignée. Interprétation remarquable.
DVD VA➔VF➔22,95 $

TREASURE PLANET [Planète au trésor, La] ▷4
É.-U. 2002. Film d'animation de John MUSKER et Ron CLEMENTS - Un garçon se joint à une expédition à la recherche d'une planète où se trouve un trésor également convoité par des pirates de l'espace. □ Général
DVD VF➔Cadrage 16X9➔34,95 $

TREE GROWS IN BROOKLYN, A ▷4
É.-U. 1948. Comédie dramatique d'Elia KAZAN avec Joan Blondell, Peggy Ann Garner et Dorothy McGuire. - Les problèmes familiaux d'une adolescente au début du siècle. □ Général

TREE OF THE WOODEN CLOGS, THE
voir **Arbre aux sabots, L'**

TREES LOUNGE ▷4
É.-U. 1996. Drame de mœurs réalisé et interprété par Steve BUSCEMI avec Mark Boone Jr. et Chloe Sevigny. - Les tribulations d'un célibataire paumé et sans emploi qui passe son temps à pinter dans un bar minable. □ 13 ans+
DVD VA➔Cadrage W/16X9➔17,95 $/42,95 $

TREIZE À LA DOUZAINE *voir* **Cheaper by the Dozen**

TREIZE ANS *voir* **Thirteen**

TREIZE JOURS *voir* **Thirteen Days**

TREMORS ▷5
É.-U. 1989. Drame d'horreur de Ron UNDERWOOD avec Kevin Bacon, Fred Ward et Finn Carter. - Dans une petite ville du Nevada, deux travailleurs itinérants et une jeune sismologue doivent contrer les assauts d'étranges créatures. □ 13 ans+

TRENCH, THE
ANG. FR. 1999. William BOYD
DVD VA➔PC

TRENTE-SIX HEURES AVANT LE DÉBARQUEMENT
voir **36 Hours**

TRÉSOR DE CANTENAC, LE ▷4
FR. 1950. Conte réalisé et interprété par Sacha GUITRY avec Lana Marconi et Pauline Carton. - Après avoir découvert un trésor caché dans son château par un de ses ancêtres, un comte emploie sa fortune à faire le bonheur des villageois.

TRÉSOR DE SHERMAN [Millionaire Dogs]
ALL. 1999. Michael SCHOEMANN
DVD VF➔31,95 $

TRÉSOR NATIONAL *voir* **National Treasure**

TRÈVE, LA [Truce, The] ▷4
ITA. 1996. Drame biographique de Francesco ROSI avec John Turturro, Massimo Ghini et Rade Serbedzija. - Libéré du camp d'Auschwitz en 1945, un juif italien entreprend un voyage parsemé d'embûches pour rentrer dans son pays. □ Général
DVD VF➔STA➔Cadrage W➔11,95 $

TRÈVE POUR L'AMOUR, UNE *voir* **Dying Young**

TRIADE DE SHANGHAI, LA [Shanghai Triad] ▷4
CHI. 1995. Drame de Yimou ZHANG avec Gong Li, Li Baotian et Wang Xiaoxiao. - En 1930, un jeune garçon découvre le monde de la pègre chinoise en étant au service de la maîtresse d'un mafioso. □ Général
DVD Cadrage W➔39,95 $

TRIADE DU PAPILLON, LA [Purple Butterfly]
CHI. FR. 2003. Lou YE
DVD VF➔21,95 $ STA➔21,95 $

TRIAL, THE ►2
FR. 1962. Drame réalisé et interprété par Orson WELLES avec Anthony Perkins et Romy Schneider. - Un homme en état d'arrestation n'arrive pas à savoir de quel crime on l'accuse. - Œuvre insolite et hardie. Récit fidèle à l'esprit du roman de Kafka. Décors hallucinants. A. Perkins excellent. □ 13 ans+
DVD 10,95 $ VA➔4,95 $

TRIBUTE [Fils pour l'été, Un] ▷4
CAN. 1980. Drame psychologique de Bob CLARK avec Jack Lemmon, Robby Benson et Lee Remick. - Apprenant qu'il ne lui reste que quelques mois à vivre, un écrivain raté tente de renouer avec son fils. □ Général

TRIBUTE TO A BAD MAN ▷4
É.-U. 1955. Western de Robert WISE avec James Cagney, Irene Papas et Don Dubbins. - Un éleveur dur et impitoyable finit par reconnaître l'odieux de sa conduite. □ Général

TRICHE, LA ▷4
FR. 1984. Drame de mœurs de Yannick BELLON avec Victor Lanoux, Xavier Deluc et Anny Duperey. - Un commissaire de police marié et père de famille s'engage dans une liaison avec un jeune musicien qu'il a rencontré en enquêtant sur un meurtre. □ 13 ans+

TRICHEURS ▷5
FR. 1983. Drame de mœurs de Barbet SCHROEDER avec Jacques Dutronc, Bulle Ogier et Kurt Raab. - Un joueur invétéré devient le complice d'un tricheur professionnel qui a mis au point une méthode infaillible pour tromper les croupiers. □ Non classé
DVD VF➔STA➔23,95 $

TRICK ▷4
É.-U. 1999. Comédie de mœurs de Jim FALL avec John Paul Pitoc, Christian Campbell et Tori Spelling. - À New York, deux jeunes homosexuels qui viennent de faire connaissance passent la nuit à chercher un endroit pour faire l'amour. □ 13 ans+
DVD VA➔STA➔Cadrage W➔32,95 $

TRILOGY OF TERROR ▷4
É.-U. 1975. Film à sketches de Dan CURTIS avec Karen Black, Robert Burton et John Karlin. - Trois récits étranges basés sur des nouvelles du romancier Richard Matheson. □ 13 ans+ · Horreur

TRIO INFERNAL, LE ▷4
FR. 1974. Drame policier de Francis GIROD avec Michel Piccoli, Romy Schneider et Mascha Gomska. - Au cours des années 1920, un avocat s'engage dans une série de crimes crapuleux avec la complicité de deux sœurs allemandes. □ 18 ans+

TRIOMPHE DE LA VOLONTÉ, LE [Triumph of the Will]
ALL. 1935. Leni RIEFENSTAHL □ Général
DVD STA➔54,95 $ STA➔41,95 $

TRIP, THE ▷4
É.-U. 1967. Drame psychologique de Roger CORMAN avec Peter Fonda, Bruce Dern et Dennis Hopper. - Initié par son ami au LSD, un jeune homme vit diverses aventures durant ses hallucinations.

TRIP TO BOUNTIFUL, THE ▷3

É.-U. 1985. Drame psychologique de Peter MASTERSON avec John Heard, Geraldine Page et Carlin Glynn. - Voulant échapper à une existence familiale médiocre, une vieille dame tente de retourner sur les lieux de son enfance. - Film modeste et nostalgique. Mise en scène retenue. Observations psychologiques intéressantes. Ton de vraisemblance. Composition touchante de G. Page. □ Général

DVD VF→19,95 $

TRIPLE AGENT ▷3

FR. 2004. Drame d'espionnage d'Éric ROHMER avec Serge Renko, Katerina Didaskalou et Cyrielle Clair. - Dans les années 1930, un jeune général tsariste exilé à Paris cache à son épouse la véritable nature de ses activités d'espionnage. - Récit intrigant inspiré d'un événement véridique jamais élucidé. Dialogue omniprésent mais d'une grande intelligence. Fascinante leçon d'histoire. Réalisation maîtrisée. Interprétation dans la note.

DVD VF→STA→34,95 $

TRIPLETTES DE BELLEVILLE, LES ►2

[Belleville rendez-vous]

FR. 2003. Dessins animés de Sylvain CHOMET. - Aidée d'un trio de chanteuses excentriques et d'un chien débrouillard, une vieille dame tente de libérer son petit-fils cycliste qui a été kidnappé par la mafia française. - Œuvre cultivant avec beaucoup d'esprit un humour d'observation à la Tati. Personnages aux idiosyncrasies insolites et savoureuses. Facture visuelle d'une formidable originalité. Chanson thème mémorable. □ Général

DVD VF→STF→23,95 $

TRISTRAM SHANDY - A COCK & BULL STORY ▷3

ANG. 2005. Comédie de Michael WINTERBOTTOM avec Steve Coogan, Rob Brydon et Keeley Hawes. - Les tribulations de l'acteur Steve Coogan lors du tournage d'un film inspiré d'un roman satirique du XVIIIe siècle. - Transposition espiègle de l'œuvre de Laurence Sterne. Sens de la digression répondant à celui de l'œuvre originale. Rythme alerte. Images soignées lors des séquences du film dans le film. Jouissif exercice d'autodérision de la part de S. Coogan.

TRISTAN ▷4

FR. 2003. Thriller de Philippe HAREL avec Mathilde Seigner, Jean-Jacques Vanier et Jean-Louis Loca. - Une jeune commissaire de police croit être sur la piste d'un tueur en série qui séduit ses victimes puis les pousse au suicide. □ Général · Déconseillé aux jeunes enfants

DVD VF→31,95 $

TRISTAN AND ISOLDE [Tristan et Yseult] ▷4

ANG. 2005. Drame sentimental de Kevin Reynolds avec James Franco, Sophia Myles et Rufus Sewell. - Au début du Moyen-Âge, un chevalier anglais et une princesse irlandaise vivent une passion secrète malgré la rivalité qui oppose leurs peuples respectifs. □ Général · Déconseillé aux jeunes enfants

DVD VA→STA→Cadrage W→36,95 $

TRISTANA ►2

ESP. 1970. Drame psychologique de Luis BUÑUEL avec Catherine Deneuve, Fernando Rey et Franco Nero. - Une orpheline tombe amoureuse d'un jeune peintre et s'enfuit avec lui pour échapper à son tuteur qui a fait d'elle sa maîtresse. - Style d'une rigueur exceptionnelle. Mise en scène dépouillée. Interprètes dirigés avec sûreté. □ 13 ans+

TRISTESSE ET BEAUTÉ ▷5

FR. 1985. Drame psychologique de Joy FLEURY avec Myriem Roussel, Charlotte Rampling et Andrzej Zulawski. - Pour venger une amie, une jeune peintre espère détruire le bonheur familial de l'ancien amant de celle-ci. □ 13 ans+

TRIUMPH OF THE SPIRIT ▷4

É.-U. 1989. Drame biographique de Robert M. YOUNG avec Willem Dafoe, Edward James Olmos et Wendy Gazelle. - Emprisonné dans le camp de concentration d'Auschwitz, un Grec juif survit en participant à des matches de boxe pour le plaisir de ses gardiens. □ 13 ans+

DVD VA→VF→Cadrage P&S/W→11,95 $

TRIUMPH OF THE WILL *voir* **Triomphe de la volonté, Le**

TRIXIE ▷5

É.-U. 2000. Comédie policière d'Alan RUDOLPH avec Emily Watson, Dermot Mulroney et Nick Nolte. - Victime de sa candeur, une gardienne de sécurité se compromet dans une sombre histoire de meurtre et de chantage.

TROG ▷5

ANG. 1970. Science-fiction de Freddie FRANCIS avec Joan Crawford, Michael Gough et Joe Cornelius. - Une anthropologue étudie les réactions d'un homme primitif découvert dans une caverne. □ 13 ans+

TROIE *voir* **Troy**

TROIS BÉBÉS SUR LES BRAS *voir* **Rock-a-Bye Baby**

TROIS CABALLEROS, LES *voir* **Three Caballeros, The**

TROIS COULEURS - BLANC ▷3

FR. 1993. Comédie dramatique de Krzysztof KIESLOWSKI avec Zbigniew Zamachowski, Julie Delpy et Janusz Gajos. - Toujours amoureux de son ex-épouse qui vit à Paris, un nouveau riche polonais se fait passer pour mort afin d'appâter celle-ci avec son héritage. - Histoire d'amour singulière évoquant de manière métaphorique les liens entre l'Est et l'Ouest. Ironie douce-amère. Interprètes magnifiquement dirigés. □ Général

DVD VF→STA→18,95 $

TROIS COULEURS - BLEU ►2

FR. 1993. Drame psychologique de Krzysztof KIESLOWSKI avec Juliette Binoche, Benoît Régent et Florence Pernel. - Après avoir perdu son mari et sa fillette dans un accident, une jeune femme tente d'effacer toute trace de son passé. - Récit bouleversant raconté par petites touches allusives. Ton de mystère envoûtant. Grande profondeur psychologique. Composition visuelle admirable. Jeu sobre et sensible de J. Binoche. □ Général

DVD VF→STA→18,95 $

TROIS COULEURS - ROUGE ►2

FR. 1994. Drame psychologique de Krzysztof KIESLOWSKI avec Irène Jacob, Jean-Louis Trintignant et Jean-Pierre Lorit. - Une complicité inattendue se développe entre un vieux juge cynique et une jeune femme sensible. - Œuvre subtilement émouvante et intelligente. Jeux du destin évoqués avec une grande aisance d'écriture. Psychologie pénétrante. Images recherchées. I. Jacob radieuse. □ Général

DVD VF→STA→18,95 $

TROIS ENTERREMENTS

voir **Three Burials of Melquiades Estrada, The**

TROIS FRÈRES [Three Brothers] ►2

ITA. 1981. Drame social de Francesco ROSI avec Philippe Noiret, Michele Placido et Vittorio Mezzogiorno. - Les trois fils d'un fermier sont réunis dans la maison familiale à l'occasion de la mort de leur mère. - Scénario inspiré d'une nouvelle russe. Film intelligemment réflexif. Mise en images admirable. Interprétation solide. □ Général

DVD STA→34,95 $

TROIS FRÈRES, LES ▷5

FR. 1995. Comédie de mœurs réalisée et interprétée par Didier BOURDON et Bernard CAMPAN avec Pascal Légitimus. - Trois frères qui ne se sont connus qu'à la mort de leur mère sont obligés de cohabiter après avoir perdu leur héritage. □ Général

TROIS FUGITIFS *voir* **Three Fugitives**

TROIS HOMMES ET UN BÉBÉ

voir **Three Men and a Baby**

TROIS HOMMES ET UN COUFFIN ▷4

[Three Men and a Cradle]

FR. 1985. Comédie de mœurs de Coline SERREAU avec Roland Giraud, Michel Boujenah et André Dussollier. - Trois célibataires endurcis partageant un grand appartement vont devoir se transformer en pères adoptifs d'un bébé déposé devant leur porte.

DVD VF→Cadrage W/16X9→21,95 $

TROIS HOMMES ET UNE JEUNE DEMOISELLE
voir **Three Men and a Little Lady**

TROIS JOURS À VIVRE ▷5
FR. 1957. Drame policier de Gilles GRANGIER avec Daniel Gélin, Jeanne Moreau et Lino Ventura. - Un acteur témoin d'un meurtre est poursuivi par celui qu'il a fait condamner injustement.

TROIS MOUSQUETAIRES, LES
voir **Three Musketeers, The**

TROIS PLACES POUR LE 26 ▷5
FR. 1988. Comédie musicale de Jacques DEMY avec Yves Montand, Mathilda May et Françoise Fabian. - Arrivé à Marseille pour y monter une comédie musicale qui retrace les plus importantes étapes de sa carrière, Yves Montand tombe amoureux d'une jeune danseuse. □ Général

TROIS POMMES À CÔTÉ DU SOMMEIL ▷4
QUÉ. 1988. Drame psychologique de Jacques LEDUC avec Normand Chouinard, Paule Baillargeon et Josée Chaboillez. - Le jour de ses quarante ans, un journaliste se souvient de certaines étapes de sa vie.

TROIS ROIS *voir* **Three Kings**

TROIS SAISONS [Three Seasons] ▷4
É.-U. VIÊT. 1999. Drame de mœurs de Tony BUI avec Don Duong, Nguyen Ngoc Hiep et Nguyen Huu Duoc. - À Ho Chi Minh-Ville, les tribulations de divers habitants et d'un ex-soldat américain.
DVD 16,95 $ VF➔STA➔Cadrage W➔16,95 $

TROIS SŒURS ▷3
ITA. 1988. Comédie dramatique de Margarethe VON TROTTA avec Fanny Ardant, Greta Scacchi et Valeria Golino. - Les élans sentimentaux et les déceptions amoureuses de trois sœurs vivant en Italie du Nord. - Récit rappelant l'œuvre de Tchekhov. Réflexions amères et ironiques sur la vie et l'amour. Ensemble complexe mais fort bien orchestré. Jeu brillant des protagonistes.

TROIS VIES DE RITA VOGT, LES
voir **Legend of Rita, The**

TROIS VIES ET UNE SEULE MORT ▷4
FR. 1995. Comédie dramatique de Raul RUIZ avec Anna Galiena, Marcello Mastroianni et Marisa Paredes. - Quatre histoires vécues par un homme atteint du syndrome de la « personnalité multiple ». □ 13 ans+

TROIS VISAGES DE LA PEUR, LES [Black Sabbath] ▷3
ITA. 1963. Drame d'horreur de Mario BAVA avec Jacqueline Pierreux, Michèle Mercier et Boris Karloff. - Trois histoires de fantômes. - Climat de terreur habilement créé. Nombreuses touches originales. Sens marqué de l'image. Bons interprètes.

TROISIÈME MIRACLE, LE *voir* **Third Miracle, The**

TROJAN WOMEN, THE [Troyennes, Les] ▷3
ANG. É.-U. 1971. Drame de Michael CACOYANNIS avec Katharine Hepburn, Geneviève Bujold et Vanessa Redgrave. - Après la chute de Troie, les femmes des vaincus attendent qu'on statue sur leur sort. - Adaptation prenante de la tragédie classique d'Euripide. Aspect intemporel de l'œuvre accentué. □ Général
DVD STA➔Cadrage W➔23,95 $

TROMA'S WAR
É.-U. 1988. Michael HERZ et Samuel WEIL □ 16 ans+ · Violence

TROMBONES, LES *voir* **Paper Clips**

TROMEO & JULIET
É.-U. 1996. Lloyd KAUFMAN □ 18 ans+ · Érotisme
DVD Cadrage W➔22,95 $

TROMPÉE *voir* **Deceived**

TRON [Tron (20th Anniversary)] ▷3
É.-U. 1982. Science-fiction de Steven LISBERGER avec Jeff Bridges, David Warner et Bruce Boxleitner. - Un ingénieur en électronique se retrouve à l'intérieur d'un ordinateur sophistiqué où il découvre un mini-monde surprenant. - Vision imaginative d'un monde fantastique. Traitement fascinant. Réalisation fort originale. Interprétation dans le ton voulu. □ Général
DVD VA➔STF➔Cadrage W➔19,95 $

TROP BELLE POUR TOI ! [Too Beautiful for You] ▷3
FR. 1989. Comédie sentimentale de Bertrand BLIER avec Gérard Depardieu et Josiane Balasko. - L'époux d'une femme superbe se prend d'une folle passion pour une secrétaire sans charme apparent. - Variations originales sur le thème du triangle sentimental. Développements ingénieux. Trame musicale habilement utilisée. Réalisation brillante. Interprétation pleine d'aisance. □ 13 ans+
DVD VF➔Cadrage W➔21,95 $

TROP C'EST TROP *voir* **Two Much**

TROP PLEIN D'AMOUR *voir* **Amour dangereux, L'**

TROP TARD ▷4
ROU. 1996. Drame policier de Lucian PINTILIE avec Cecilia Barbora, Razvan Vasilescu et Ion Fiscuteanu. - Malgré l'hostilité ambiante, un procureur enquête sur des meurtres mystérieux commis dans une mine. □ 13 ans+

TROPIC OF CANCER ▷4
É.-U. 1969. Drame psychologique de Joseph STRICK avec Rip Torn, James Callahan et David Bauer. - Les problèmes d'un écrivain américain installé à Paris. □ 13 ans+ · Langage vulgaire

TROPICAL MALADY
ALL. FR. ITA. THAÏ. 2004. Apichatpong WEERASETHAKUL
DVD STA➔Cadrage W➔36,95 $

TROU, LE ►2
FR. 1959. Thriller de Jacques BECKER avec Philippe Leroy, Jean Kéraudy et Marc Michel. - La tentative d'évasion de quatre détenus est mise en péril par l'arrivée d'un nouveau compagnon de cellule. - Sujet traité avec authenticité et sobriété. Bande sonore d'une puissance d'expression exceptionnelle. Mise en scène précise et efficace. Acteurs fort bien dirigés. □ Général
DVD VF➔STA➔Cadrage W➔49,95 $

TROU DANS LA TÊTE, UN *voir* **Hole in the Head**

TROU NOIR, LE *voir* **Black Hole, The**

TROUBLE EN DOUBLE *voir* **Big Business**

TROUBLE EVERY DAY
FR. 2001. Claire DENIS
DVD VF➔STA➔24,95 $ VF➔STA➔24,95 $

TROUBLE IN PARADISE ▷3
É.-U. 1932. Comédie de Ernst LUBITSCH avec Herbert Marshall, Miriam Hopkins et Kay Francis. - Deux escrocs amants et associés décident de faire main basse sur la fortune d'une jeune veuve. - Sujet satirique traité avec fantaisie et humour. Personnages très typés. Montage nerveux. Acteurs de grand talent.
DVD VA➔STA➔62,95 $

TROUBLE MAN ▷5
É.-U. 1972. Drame policier de I. DIXON avec Robert Hooks, Paul Winfield et Ralph Waite. - Dans les milieux noirs de Los Angeles, des gangsters compromettent un homme qui tient le haut pavé grâce à diverses combines.
DVD VA➔STA➔Cadrage P&S/W➔14,95 $

TROUBLE WITH ANGELS, THE ▷4
É.-U. 1965. Comédie d'Ida LUPINO avec Rosalind Russell, Hayley Mills et June Harding. - Les frasques d'une adolescente espiègle dans un pensionnat dirigé par des religieuses. □ Général
DVD VA➔STA➔32,95 $

TROUBLE WITH HARRY, THE ▷3
[Mais qui a tué Harry ?]
É.-U. 1955. Comédie policière d'Alfred HITCHCOCK avec Shirley MacLaine et John Forsythe. - La découverte d'un cadavre dans les bois complique la vie de diverses personnes.- Exercice d'humour noir sur un ton léger. Mise en scène efficace. Décor automnal bien utilisé. Interprétation piquante de S. MacLaine. □ Général
DVD VA➔STF➔Cadrage W➔22,95 $

TROUBLE WITH PERPETUAL DEJA VU
É.-U. 1999. Todd VEROW
DVD VA→21,95 $

TROUBLES *voir* **Shattered**

TROUVER NEMO *voir* **Finding Nemo**

TROY [Troie] ▷4
É.-U. 2004. Drame épique de Wolfgang PETERSEN avec Brad Pitt, Eric Bana et Orlando Bloom. - L'enlèvement de la reine Hélène de Sparte par le jeune prince Pâris provoque la guerre de Troie.
□ 13 ans+ · Violence
DVD VF→STF→Cadrage W→14,95 $

TROYENNES, LES
voir **Trojan Women, The**

TRUAND *voir* **Hoodlum**

TRUCE, THE *voir* **Trève, La**

TRUDEAU ▷4
CAN. 2002. Drame biographique de Jerry CICCORITTI avec Colm Feore, Polly Shannon et Patrick McKenna. - La vie et la carrière politique de l'ancien premier ministre canadien Pierre Elliott Trudeau.
DVD VA→29,95 $

TRUE BELIEVER ▷4
É.-U. 1988. Drame judiciaire de Joseph RUBEN avec James Woods, Robert Downey Jr. et Margaret Colin. - Un avocat contestataire qui a accepté de défendre un Coréen accusé à tort de meurtre découvre d'étranges failles dans l'enquête policière. □ 13 ans+
DVD Cadrage W→23,95 $

TRUE CONFESSIONS [Sanglantes confessions] ▷3
É.-U. 1981. Drame policier d'Ulu GROSBARD avec Robert Duvall, Robert De Niro et Charles Durning. - À la fin des années 1940, deux frères, l'un policier et l'autre prêtre, voient leurs vies bouleversées par une affaire de meurtre. - Film complexe mais fort intéressant. Bonne évocation d'époque. Climat d'opacité et de mystère. Interprétation de première force. □ 13 ans+

TRUE CRIME [Jugé coupable] ▷4
É.-U. 1999. Drame judiciaire réalisé et interprété par Clint EASTWOOD avec Isaiah Washington et James Woods. - Un reporter croit pouvoir prouver en quelques heures l'innocence d'un condamné à mort.
□ 13 ans+
DVD VA→STA→Cadrage W→7,95 $

TRUE GRIT [100 pour le shérif] ▷4
É.-U. 1969. Western de Henry HATHAWAY avec John Wayne, Kim Darby et Glen Campbell. - Une adolescente et deux hommes se mettent à la recherche d'un meurtrier enfui en territoire indien.
□ Général
DVD VF→STA→Cadrage W→10,95 $

TRUE LIES [Vrai mensonge] ▷4
É.-U. 1994. Comédie de James CAMERON avec Arnold Schwarzenegger, Jamie Lee Curtis et Tom Arnold. - Sur les traces d'un dangereux terroriste, un agent secret néglige sa mission afin d'espionner sa femme infidèle. □ 13 ans+ · Violence

TRUE LOVE ▷4
É.-U. 1989. Comédie de mœurs de Nancy SAVOCA avec Annabella Sciorra, Ron Eldard, Aida Turturro et Star Jasper. - À quelques jours de son mariage, une jeune femme s'interroge sur l'attitude de son fiancé qui semble avoir du mal à renoncer à sa vie de célibataire.
□ Général
DVD VA→11,95 $

TRUE ROMANCE [À cœur perdu] ▷5
É.-U. 1993. Drame policier de Tony SCOTT avec Christian Slater, Patricia Arquette et Dennis Hopper. - La pègre et la police à ses trousses, un jeune couple de Detroit se rend à Hollywood dans l'espoir d'y vendre une cargaison de cocaïne volée. □ 16 ans+ · Violence
DVD VF→STF→29,95 $

TRUE STORIES ▷4
É.-U. 1986. Comédie satirique réalisée et interprétée par David BYRNE avec John Goodman et Swoosie Kurtz. - Un guide invite le spectateur à explorer une petite ville du Texas. □ Général
DVD VA→Cadrage P&S→7,95 $

TRUITE, LA ▷4
FR. 1982. Drame de mœurs de Joseph LOSEY avec Isabelle Huppert, Jean-Pierre Cassel et Jeanne Moreau. - Les tribulations d'une jeune arriviste qui a pour politique de tout obtenir des hommes qui la désirent, sans rien leur donner en échange. □ 13 ans+
DVD VF→STA→Cadrage W→23,95 $

TRULY, MADLY, DEEPLY ▷4
[Beaucoup, passionnément, à la folie]
ANG. 1991. Drame fantastique d'Anthony MINGHELLA avec Juliet Stevenson, Alan Rickman et Bill Paterson. - Une jeune traductrice a la surprise de voir réapparaître en chair et en os son défunt mari revenu d'outre-tombe. □ Général
DVD VF→STF→Cadrage P&S→11,95 $

TRUMAN SHOW, THE [Show Truman, Le] ▷4
É.-U. 1998. Comédie dramatique de Peter WEIR avec Jim Carrey, Laura Linney et Noah Emmerich. - Un banlieusard découvre que depuis sa naissance des caméras le surveillent et diffusent à travers le monde sa vie quotidienne. □ Général
DVD VF→STA→Cadrage W→14,95 $

TRUST ▷4
É.-U. 1990. Comédie de mœurs de Hal HARTLEY avec Adrienne Shelly, Martin Donovan et Merritt Nelson. - Un adolescent au tempérament rebelle qui s'est lié avec une fille à problèmes s'en va vivre avec elle chez sa mère. □ 13 ans+

TRUTH ABOUT CATS AND DOGS, THE ▷4
[Vérité sur les chats et les chiens, La]
É.-U. 1996. Comédie sentimentale de Michael LEHMANN avec Janeane Garofalo, Uma Thurman et Ben Chaplin. - Une animatrice de radio demande à sa jolie voisine de se faire passer pour elle auprès d'un jeune homme qui lui plaît. □ Général
DVD VF→Cadrage W→11,95 $

TRUTH ABOUT CHARLIE, THE ▷5
[Vérité à propos de Charlie, La]
É.-U. 2002. Thriller de Jonathan DEMME avec Thandie Newton, Mark Wahlberg et Tim Robbins. - À la mort de son mari, une jeune Américaine résidant à Paris apprend que le défunt a caché une grosse somme convoitée par divers individus. □ Général
DVD VF→STA→Cadrage W→10,95 $

TRUTH OR CONSEQUENCES N.M. ▷5
[Évidences ou conséquences N.M.]
É.-U. 1997. Drame policier réalisé et interprété par Kiefer SUTHERLAND avec Vincent Gallo et Mykelti Williamson. - Après un vol qui a mal tourné, quatre truands prennent un couple en otages, alors que la police et la mafia sont à leurs trousses.
□ 16 ans+ · Violence
DVD VA→STF→Cadrage P&S/W→18,95 $

TSOTSI ▷3
AFR.S. 2005. Drame policier de Gavin HOOD avec Terry Pheto, Presley Chweneyagae et Kenneth Nkosi. - Un délinquant du ghetto ramène chez lui le bébé qui se trouvait sur la banquette arrière de la voiture qu'il a volée. - Portrait puissant et sans fard de la misère et de l'exclusion d'une frange de la société noire d'Afrique du Sud. Approche naturaliste aux accents poétiques. Réalisation sobre, mesurée et tendue. Jeu poignant de T. Pheto.

TU BRAQUES OU TU RAQUES *voir* **Snatch**

TU COURS POUR RIEN NELSON *voir* **Wrong Guy, The**

TU PEUX COMPTER SUR MOI *voir* **You Can Count on Me**

TU RIS [You Laugh]
ITA. 1998. Vittorio TAVIANI et Paolo TAVIANI
DVD STA→38,95 $

TU SERAS UN HOMME... *voir* **This Boy's Life**

TUCKER: THE MAN AND HIS DREAM ▷3
É.-U. 1988. Drame social de Francis Ford COPPOLA avec Joan Allen, Jeff Bridges et Martin Landau. - Dans les années 1940, un entrepreneur indépendant qui a conçu une nouvelle automobile a des ennuis avec les grosses sociétés concurrentes. - Scénario inspiré de faits authentiques. Récit habilement évocateur de l'époque illustrée. Mise en scène énergique. Détails précis. Interprétation sûre. □ Général
DVD VF→STA→Cadrage W→14,95 $

TUER BILL *voir* **Kill Bill**

TUER N'EST PAS JOUER *voir* **Living Daylights, The**

TUEUR DE LA GROSSE POINTE, LE
voir **Grosse Point Blank**

TUEUR, LE ▷5
FR. 1972. Drame policier de Denys de La PATELLIÈRE avec Jean Gabin, Fabio Testi et Uschi Glas. - Un commissaire chargé de retracer un assassin est contré dans ses recherches par un supérieur partisan des méthodes scientifiques. □ Général

TUEURS DE DAMES, LES *voir* **Ladykillers, The**

TUEURS DE FLICS *voir* **Onion Field, The**

TUEZ CHARLEY VARRICK *voir* **Charley Varrick**

TULIPE NOIRE, LA ▷4
FR. 1964. Aventures de CHRISTIAN-JAQUE avec Alain Delon, Virna Lisi et Adolfo Marsillach. - Pour ne pas être démasqué, un justicier se fait remplacer par son frère jumeau. □ Non classé

TULLY ▷4
É.-U. 2000. Drame de mœurs de Hilary BIRMINGHAM avec Anson Mount, Glenn Fitzgerald et Julianne Nicholson. - Les relations entre deux frères et leur père fermier, un veuf dont le passé recèle de troublants secrets.
DVD VA→9,95 $

TUMBLEWEEDS
É.-U. 1925. King BAGGOT □ Général
DVD VA→Cadrage P&S→42,95 $

TUMBLEWEEDS [Vagabondes, Les] ▷4
É.-U. 1998. Drame réalisé et interprété par Gavin O'CONNOR avec Janet McTeer et Kimberly J. Brown. - Les tribulations d'une mère immature et bohème et de sa fille adolescente qui rêve d'une vie plus stable. □ Général
DVD Cadrage W→29,95 $

TUMULTES ▷4
BEL. 1990. Drame psychologique de Bertrand VAN EFFENTERRE avec Bruno Crémer, Nelly Borgeaud et Julie Jézéquel. - La brusque disparition d'un des leurs bouleverse profondément les membres d'une famille. □ Général

TUNE, THE ▷4
É.-U. 1991. Dessins animés de Bill PLYMPTON. - S'étant perdu en se rendant à un rendez-vous avec un producteur, un auteur en profite pour composer de nouvelles chansons. □ Général
DVD VA→33,95 $

TUNE IN TOMORROW... ▷4
[Tante Julia et le scribouillard]
É.-U. 1990. Comédie dramatique de Jon AMIEL avec Keanu Reeves, Barbara Hershey et Peter Falk. - L'élan amoureux d'un jeune journaliste pour sa tante inspire un auteur de feuilleton radiophonique qui s'arrange même pour que le couple vive les situations qu'il imagine. □ Général
DVD VF→Cadrage P&S→10,95 $

TUNES OF GLORY ▷4
ANG. 1960. Comédie dramatique de Ronald NEAME avec Alec Guinness, John Mills et Susannah York. - Les conflits entre l'ancien et le nouveau commandant d'un régiment écossais. □ Général
DVD VA→STA→Cadrage W→46,95 $

TUNIQUE, LA *voir* **Robe, The**

TUNNEL, LE ▷3
ALL. 2001. Drame de Roland SUSO RICHTER avec Heino Ferch, Sebastian Koch et Nicolette Krebitz. - En 1961, un nageur est-allemand ayant passé à l'Ouest creuse avec un petit groupe un tunnel sous le mur de Berlin pour favoriser d'autres évasions. - Touchante ode à la liberté basée sur une histoire authentique. Récit d'une grande densité dramatique. Réalisation efficace. Interprètes solides.
DVD VF→VF→33,95 $

TUNNEL OF LOVE [Père malgré lui] ▷5
É.-U. 1958. Comédie de Gene KELLY avec Richard Widmark, Doris Day et Gia Scala. - Un homme croit être le père d'un enfant que sa femme veut adopter. □ Général

TURBULENCE DES FLUIDES, LA [Chaos and desire] ▷4
QUÉ. 2002. Drame de Manon BRIAND avec Pascale Bussières, Jean-Nicolas Verreault et Julie Gayet. - Une jeune sismologue appelée à enquêter sur la disparition mystérieuse de la marée à Baie-Comeau s'éprend d'un pilote d'avion-citerne. □ Général
DVD VF→STF→Cadrage W→34,95 $

TURK 182 ▷4
É.-U. 1985. Comédie dramatique de Bob CLARK avec Timothy Hutton, Robert Culp et Kim Cattrall. - Un pompier et son frère, en conflit avec le maire de New York, contribuent à sa défaite électorale. □ Général
DVD VA→Cadrage W→15,95 $

TURKISH DELIGHT ▷4
HOL. 1973. Drame de mœurs de Paul VERHOEVEN avec Rutger Hauer, Monique Van de Ven et Tonny Huudeman. - Un jeune sculpteur farouchement non conformiste tombe passionnément amoureux de la fille d'un commerçant. □ 18 ans+ · Érotisme
DVD Cadrage W→34,95 $

TURN OF THE SCREW, THE ▷5
É.-U. 1974. Drame fantastique de D. CURTIS avec Lynn Redgrave, Megs Jenkins et Jasper Jacob. - La gouvernante de deux enfants croit discerner autour d'eux la présence d'esprits maléfiques.
DVD VA→21,95 $

TURNING POINT, THE ▷4
É.-U. 1977. Comédie dramatique d'Herbert ROSS avec Shirley MacLaine, Anne Bancroft et Leslie Browne. - Une ancienne ballerine qui a renoncé à une carrière prometteuse retrouve une camarade devenue une étoile du ballet. □ Général
DVD VA→Cadrage W/16X9→16,95 $

TURTLE DIARY ▷4
ANG. 1985. Comédie dramatique de John IRVIN avec Glenda Jackson, Ben Kingsley et Michael Gambon. - Deux solitaires songent à rendre les tortues du zoo de Londres à leur habitat naturel.
□ Général

TURTLES CAN FLY [Tortues volent aussi, Les] ▷3
IRAN 2004. Comédie dramatique de Bahman GHOBADI avec Soran Ebrahim, Avaz Latif et Hirsh Feyssal. - En 2003, dans un camp de réfugiés kurde à la frontière de la Turquie et de l'Irak, divers orphelins tentent d'améliorer leur sort. - Chronique de temps de guerre mêlant le comique et le tragique. Récit peu banal et souvent poignant. Mise en scène assurée. Jeunes interprètes non professionnels efficacement dirigés. □ 13 ans+
DVD STF→Cadrage 16X9→33,95 $

TUTTLES OF TAHITI, THE ▷4
É.-U. 1942. Comédie de Charles VIDOR avec Charles Laughton, Jon Hall et Peggy Drake. - Un jeune sang-mêlé sauve sa famille de difficultés financières. □ Non classé

TUVALU ▷4
ALL. 1999. Conte de Veit HELMER avec Denis Lavant, Chulpan Khamatova et Philippe Clay. - Les amours et les rêves d'un jeune homme qui se bat pour empêcher la destruction du vieux bain public délabré de son père.
DVD Cadrage W→21,95 $

TWELFTH NIGHT [Nuit des rois, La] ▷4
ANG. 1996. Comédie dramatique de Trevor NUNN avec Imogen Stubbs, Helena Bonham Carter et Toby Stephens. - Une jeune femme se déguise en homme afin d'entrer au service d'un duc dont elle s'éprend secrètement, tandis que lui aime une comtesse qui s'entiche de la travestie. □ Général
DVD VA➔33,95 $

TWELVE CHAIRS, THE ▷4
[Mystère des douze chaises, Le]
É.-U. 1970. Comédie de Mel BROOKS avec Frank Langella, Ron Moody et Dom DeLuise. - Diverses personnes sont à la recherche d'une fortune cachée dans le siège d'une chaise de style.

TWELVE O'CLOCK HIGH [Homme de fer, Un] ▷4
É.-U. 1950. Drame de guerre d'Henry KING avec Gregory Peck, Hugh Marlowe et Dean Jagger. - Le commandant de bombardiers américains est chargé d'organiser des raids de jour sur l'Allemagne. □ Général
DVD VF➔STA➔15,95 $

TWENTIETH CENTURY ▷4
É.-U. 1934. Comédie d'Howard HAWKS avec John Barrymore, Carole Lombard et Walter Connolly. - Abandonné par sa vedette qui est en même temps sa femme, un directeur de théâtre est acculé à la ruine. □ Général
DVD VA➔18,95 $

TWENTY BUCKS ▷4
É.-U. 1994. Comédie dramatique de Keva ROSENFELD avec Linda Hunt, Brendan Fraser et Elizabeth Shue. - La trajectoire d'un billet de vingt dollars passant de main en main après qu'une jeune femme l'ait laissé tomber. □ 13 ans+

TWENTY-FOUR EYES
JAP. 1954. Keisuke KINOSHITA

TWENTYFOURSEVEN ▷4
ANG. 1997. Drame social de Shane MEADOWS avec Bob Hoskins, Danny Nussbaum et James Hooton. - Un homme entreprend d'arracher un groupe de jeunes à leur monde de violence en les convainquant de s'adonner à la boxe. □ 13 ans+

TWENTYNINE PALMS
ALL. ANG. FR. 2003. Bruno DUMONT
DVD VF➔STA➔Cadrage W➔36,95 $

TWICE A WOMAN *voir* **Homme, deux femmes, Un**

TWICE-TOLD TALES ▷5
É.-U. 1963. Drame d'horreur de Sidney SALKOW avec Vincent Price, Sebastian Cabot et Brett Halsey. - Trois histoires fantastiques tirées de l'œuvre de l'écrivain américain Nathaniel Hawthorne. □ Général
DVD 12,95 $

TWILIGHT ▷4
É.-U. 1997. Drame policier de Robert BENTON avec Paul Newman, Susan Sarandon et Gene Hackman. - Un détective privé vieillissant enquête sur une affaire de chantage dont est victime un couple d'anciennes stars de cinéma. □ 13 ans+
DVD VF➔STA➔Cadrage W➔10,95 $

TWILIGHT, THE
IRAN 2002. Mohammad RASOULOF
DVD STA➔29,95 $

TWILIGHT SAMURAÏ
JAP. 2002. Yoji YAMADA
DVD STA➔37,95 $

TWILIGHT ZONE: THE MOVIE ▷4
[Quatrième dimension, La]
É.-U. 1983. Film à sketches de Joe DANTE, John LANDIS, George MILLER et Steven SPIELBERG avec Vic Morrow, Scatman Crothers, Kathleen Quinlan et John Lithgow. - Quatre histoires extraordinaires inspirées d'une série télé à succès des années 1960. □ 13 ans+

TWILIGHT'S LAST GLEAMING ▷4
É.-U. ALL. 1977. Drame de Robert ALDRICH avec Burt Lancaster, Charles Durning et Richard Widmark. - Un ancien général s'empare d'une base de lancement de missiles nucléaires et exerce un chantage sur le gouvernement américain. □ Général

TWIN FALLS IDAHO ▷4
É.-U. 1998. Drame psychologique réalisé et interprété par Michael POLISH avec Mark Polish et Michele Hicks. - Une prostituée rencontre deux frères siamois rattachés au niveau du torse et tombe amoureuse de l'un d'eux. □ Général

TWIN PEAKS ▷3
É.-U. 1990. Drame policier de David LYNCH avec Kyle MacLachlan, Michael Ontkean et Piper Laurie. - Un inspecteur du FBI est appelé à enquêter sur la mort violente d'une étudiante dans une petite ville en apparence paisible. - Téléfilm à l'atmosphère macabre et déroutante habilement créée. Touche d'humour noir. Réalisation inventive. Bonne interprétation de Kyle MacLachlan.

TWIN PEAKS: FIRE WALK WITH ME ▷4
É.-U. 1992. Drame fantastique de David LYNCH avec Sheryl Lee, Moira Kelly et Ray Wise. - Une lycéenne qui mène une vie secrète marquée par la drogue et la prostitution est tourmentée par des visions étranges. □ 16 ans+
DVD VF➔VF➔Cadrage W➔23,95 $

TWIN SISTERS ▷4
P.-B. 2002. Chronique de Ben SOMBOGAART avec Thekla Reuten, Nadja Uhl et Ellen Vogel. - Les destins parallèles de deux jumelles allemandes séparées à l'âge de six ans après la mort de leurs parents en 1926.
DVD VF➔STA➔Cadrage W➔33,95 $

TWIN TOWN ▷4
ANG. 1997. Comédie dramatique de Kevin ALLEN avec Llyr Evans, Rhys Ifans, Dougray Scott et Dorien Thomas. - À la suite d'un accident de travail dont est victime leur père, deux frères délinquants affrontent l'employeur afin d'obtenir compensation. □ 16 ans+

TWIN WARRIORS [Tai Chi Master] ▷4
H.K. 1994. Drame de Woo-ping YUEN avec Jet Li, Michelle Yeoh et Chin Siu-hou. - Un moine bouddhiste devient général d'un empereur tyrannique, tandis que son ancien confrère joint les rangs de la résistance.
DVD Cadrage W➔10,95 $

TWIST ▷4
CAN. 2003. Drame social de Jacob TIERNEY avec Nick Stahl, Joshua Close et Michèle-Barbara Pelletier. - Sous la domination d'un violent proxénète, un prostitué toxicomane recrute un jeune fugueur naïf qui s'éprend vite de lui. □ 16 ans+
DVD VA➔32,95 $ VF➔31,95 $

TWIST AGAIN À MOSCOU ▷4
FR. 1986. Comédie satirique de Jean-Marie POIRÉ avec Philippe Noiret, Christian Clavier et Agnès Soral. - Le directeur d'un grand hôtel de Moscou aide son beau-frère et sa famille à fuir à l'étranger. □ Général

TWIST AND SHOUT
DAN. 1984. Bille AUGUST □ 13 ans+

TWIST OF FAITH
É.-U. 2004. Kirby DICK
DVD VA➔STA➔27,95 $

TWISTED
É.-U. 1996. Seth Michael DONSKY □ 18 ans+

TWISTED [Pistes troubles] ▷5
É.-U. 2003. Drame policier de Philip KAUFMAN avec Ashley Judd, Andy Garcia et Samuel L. Jackson. - Une détective de San Francisco enquête sur une série de meurtres dont les victimes sont toutes d'anciens amants. □ 13 ans+
DVD VA➔14,95 $

TWISTED OBSESSION ▷4
ESP. 1988. Drame psychologique de Fernando TRUEBA avec Jeff Goldblum, Miranda Richardson et Liza Walker. - Un scénariste voit sa vie bouleversée après avoir accepté d'adapter un roman qu'il a jadis écrit sous un nom d'emprunt. □ Non classé

TWISTER [Tornade] ▷4
É.-U. 1996. Drame de Jan DE BONT avec Helen Hunt, Bill Paxton et Jami Gertz. - Des scientifiques tentent de percer le mystère des tornades en les étudiant de près, souvent au risque de leur vie. □ Général
DVD VF→STF→Cadrage W→8,95 $

TWITCH OF THE DEATH NERVE
voir **Baie sanglante, La**

TWO BITS [Porte-bonheur, Le] ▷4
É.-U. 1995. Comédie dramatique de James FOLEY avec Jerry Barone, Al Pacino et Mary Elizabeth Mastrantonio. - À Philadelphie, en 1933, le petit-fils d'un vieil Italien mourant tente de réunir les 25 cents nécessaires pour pouvoir se payer un billet de cinéma. □ Général
DVD VF→Cadrage W→11,95 $

TWO BROTHERS *voir* **Deux frères**

TWO DAUGHTERS ▷3
IND. 1961. Conte de Satyajit RAY avec Anil Chatterji, Chandana Banerji et Soumitra Chatterji. - Deux histoires d'amour mettant en scène un maître de poste et un diplômé en droit. - Œuvre chaleureuse et émouvante. Interprétation naturelle. □ Non classé

TWO DEATHS ▷4
ANG. 1995. Drame psychologique de Nicolas ROEG avec Michael Gambon, Sonia Braga et Patrick Malahide. - Un docteur fait des révélations troublantes à des amis, lors d'un souper se déroulant pendant le coup d'État de 1989 en Roumanie. □ 13 ans+ · Violence

TWO ENGLISH GIRLS
voir **2 Anglaises et le continent, Les**

TWO EVIL EYES ▷5
ITA. 1990. Drame d'horreur de George A. ROMERO et Dario ARGENTO avec Bingo O'Malley, Adrienne Barbeau et Harvey Keitel. - Adaptation de deux contes d'Edgar Allan Poe, *L'étrange cas de M. Valdemar* et *Le chat noir*. □ Non classé
DVD VA→Cadrage W→21,95 $

TWO FACES OF DR. JEKYLL, THE ▷4
ANG. 1961. Drame d'horreur de Terence FISHER avec Paul Massie, Dawn Adams et Christopher Lee. - Le docteur Jekyll assume une seconde personnalité à l'aide d'une drogue de son invention. □ Général

TWO FOR THE MONEY [Pris au jeu] ▷5
É.-U. 2005. Thriller de D.J. CARUSO avec Matthew McConaughey, Al Pacino, Armand Assante et Rene Russo. - Un ex-footballeur recyclé dans le pari sportif tente sa chance avec une importante firme de consultants new-yorkaise. □ Général · Déconseillé aux jeunes enfants
DVD VF→STF→Cadrage W→22,95 $

TWO FOR THE ROAD ▷3
ANG. 1967. Comédie de Stanley DONEN avec Audrey Hepburn, Albert Finney et Claude Dauphin. - La vie d'un couple vue à travers le prisme de voyages en France. - Analyse pleine de finesse des aléas de la vie conjugale. Mise en scène alerte. Interprétation nuancée. □ Non classé
DVD VA→STA→Cadrage W→15,95 $

TWO FOR THE SEESAW ▷4
É.-U. 1962. Drame psychologique de Robert WISE avec Robert Mitchum, Shirley MacLaine et Edmon Ryan. - En instance de divorce, un homme s'éprend d'une femme bohème. □ Général

TWO GIRLS AND A GUY ▷5
É.-U. 1997. Comédie dramatique de James TOBACK avec Heather Graham, Natasha Gregson Wagner et Robert Downey Jr. - Découvrant qu'elles partagent le même amant depuis dix mois, deux femmes décident de confronter ce dernier. □ 13 ans+ · Langage vulgaire
DVD VA→STA→Cadrage W→9,95 $

TWO HANDS ▷4
AUS. 1999. Comédie policière de Gregor JORDAN avec Heath Ledger, Bryan Brown et Rose Byrne. - Les ennuis d'un petit escroc qui a égaré les dix mille dollars qu'un mafioso lui avait confiés pour une livraison.
DVD VA→9,95 $

TWO JAKES, THE ▷3
É.-U. 1990. Drame policier réalisé et interprété par Jack NICHOLSON avec Harvey Keitel et Meg Tilly. - Un détective privé cherche à démêler une sombre affaire de meurtre dans laquelle est impliqué un de ses clients. - Suite du film *Chinatown*. Œuvre fort complexe. Intérêt soutenu. Mise en scène précise et intelligente. Climat envoûtant. Excellents interprètes. □ Général
DVD VF→STA→Cadrage W→9,95 $

TWO MEN IN TOWN
voir **Deux hommes dans la ville**

TWO MUCH [Trop c'est trop] ▷5
É.-U. 1996. Comédie de Fernando TRUEBA avec Antonio Banderas, Melanie Griffith et Daryl Hannah. - Afin de courtiser en toute impunité la sœur de sa future épouse, le directeur d'une galerie d'art s'invente un jumeau.
DVD VF→13,95 $

TWO MULES FOR SISTER SARA ▷4
É.-U. 1969. Western de Don SIEGEL avec Shirley MacLaine, Clint Eastwood et John Kelly. - Au Mexique, un aventurier se fait le protecteur d'une fausse religieuse pourchassée par des soldats français. □ Général
DVD VF→VF→Cadrage W→16,95 $

TWO NIGHTS WITH CLEOPATRA
ITA. 1953. Mario MATTOLI
DVD STA→26,95 $

TWO OF A KIND
É.-U. 1982. Roger YOUNG

TWO OF A KIND
É.-U. 1983. John HERZFELD
DVD VF→STA→Cadrage W→9,95 $

TWO OF US, THE
ANG. 1987. Roger TONGE
DVD VA→17,95 $

TWO OR THREE THINGS I KNOW ABOUT HER
voir **Deux ou trois choses que je sais d'elle**

TWO THOUSAND AND NONE [S.O.S. la vie !] ▷4
CAN. 2000. Comédie dramatique d'Arto PARAGAMIAN avec John Turturro, Katherine Borowitz et Oleg Kisseliov. - Atteint d'une maladie incurable au cerveau, un paléontologue vit ses derniers jours avec légèreté, ce qui déconcerte ses proches. □ Général

TWO WOMEN [Ciociara, La] ▷3
ITA. 1960. Drame de Vittorio DE SICA avec Sophia Loren, Eleonora Brown et Jean-Paul Belmondo. - Pendant la guerre, une femme gagne son village natal avec sa fillette. - Grand souci de vérité. Interprétation saisissante. □ Non classé
DVD VA→Cadrage P&S→11,95 $ STA→Cadrage P&S→7,95 $

TWO YEARS BEFORE THE MAST ▷4
É.-U. 1945. Aventures de John FARROW avec Alan Ladd, Brian Donlevy et William Bendix. - La dure existence des matelots à bord d'un navire marchand au XIXe siècle. □ Général

TWO-FACED WOMAN ▷4
É.-U. 1941. Comédie de George CUKOR avec Greta Garbo, Melvyn Douglas et Roland Young. - Afin d'éprouver son mari, une jeune femme se fait passer pour sa sœur jumelle. □ Général

TWO-MINUTE WARNING ▷**4**
É.-U. 1976. Drame policier de Larry PEERCE avec Charlton Heston, John Cassavetes et Beau Bridges. - La police cherche à neutraliser un tueur qui se manifeste à l'occasion d'une partie de football.
DVD VA→Cadrage W→10,95 $

TWO-WAY STRETCH ▷**5**
ANG. 1961. Comédie policière de Robert DAY avec Peter Sellers, Wilfrid White et Lionel Jeffries. - Trois prisonniers s'évadent pour réaliser un vol puis rentrent en prison pour s'assurer un alibi.
□ Non classé
DVD VA→Cadrage W→23,95 $

TY-PEUPE ▷**4**
QUÉ. 1971. Comédie fantaisiste de Fernand BÉLANGER avec Yves Angrignon, Élizabeth Bart, Claude Marchand et Gilbert Roudier. - Deux jeunes gens fantasques cherchent du travail sans vraiment vouloir en trouver. □ Général

TYCOON ▷**5**
É.-U. 1948. Drame sentimental de Richard WALLACE avec John Wayne, Laraine Day et Cedric Hardwicke. - Un ingénieur éprouve des difficultés lorsqu'il s'éprend de la fille de son patron. □ Général

TYCOON : A NEW RUSSIAN
RUS. 2002. Pavel LOUNGUINE
DVD STA→Cadrage W→47,95 $

TYKHO MOON ▷**4**
FR. 1996. Science-fiction d'Enki BILAL avec Julie Delpy, Johan Leysen et Michel Piccoli. - Sur la Lune, un dictateur mourant recherche un homme amnésique dont les cellules pourraient lui sauver la vie. □ Général · Déconseillé aux jeunes enfants

U

U-571 ▷4
É.-U. 2000. Drame de guerre de Jonathan MOSTOW avec Matthew McConaughey, Bill Paxton et Harvey Keitel - Durant la Seconde Guerre mondiale, des marins américains détournent un sous-marin allemand pour y subtiliser un décodeur secret.
DVD Cadrage W➔17,95 $

U-TURN [Demi-tour] ▷5
É.-U. 1997. Drame de mœurs d'Oliver STONE avec Sean Penn, Jennifer Lopez et Nick Nolte. - Un jeune homme tombe en panne de voiture dans un bled miteux où il est entraîné dans une sombre histoire de meurtre. □ 16 ans+ · Violence
DVD Cadrage W➔17,95 $

U.S. MARSHALS [Hommes de loi, Des] ▷5
É.-U. 1998. Drame policier de Stuart BAIRD avec Tommy Lee Jones, Wesley Snipes et Robert Downey Jr. - Un policier tenace pourchasse un évadé accusé du meurtre de deux agents des services secrets. □ 13 ans+
DVD VF➔STF➔Cadrage W➔9,95 $

U.S.S. TEAKETTLE *voir* **You're in the Navy Now**

UGETSU *voir* **Contes de la lune vague après la pluie, Les**

UGLY, THE [Bête, La] ▷5
N.-Z. 1996. Drame d'horreur de Scott REYNOLDS avec Paolo Rotondo, Rebecca Hobbs et Jennifer Ward-Lealand. - Une psychiatre interroge un tueur en série interné dans une clinique afin de découvrir les véritables motifs derrière ses nombreux crimes. □ 16 ans+ · Horreur
DVD VA➔Cadrage W➔27,95 $

UGLY AMERICAN, THE [Vilain américain, Le] ▷5
É.-U. 1963. Drame social de George ENGLUND avec Marlon Brando, Eiji Okada et Pat Hingle. - Un ambassadeur américain commet des maladresses qui compromettent sa mission en Asie. □ Non classé
DVD VF➔STF➔18,95 $

UGOLIN ▷3
FR. 1952. Drame de Marcel PAGNOL avec Jacqueline Pagnol, Rellys et Raymond Pellegrin. - Les habitants d'un village provençal tentent de se faire pardonner le mal qu'ils ont pu occasionner à une jeune sauvageonne. - Deuxième partie du film *Manon des Sources*. Pittoresque tableau de mœurs. Dialogue riche et poétique. Rellys remarquable. □ Général

ULEE'S GOLD ▷4
É.-U. 1996. Drame psychologique de Victor NUNEZ avec Peter Fonda, Patricia Richardson et Jessica Biel. - Un apiculteur au tempérament passif et réservé doit agir lorsque des criminels menacent la sécurité des siens. □ Général
DVD Cadrage W➔11,95 $

ULTIMATE WARRIOR, THE ▷5
É.-U. 1975. Science-fiction de Robert CLOUSE avec Yul Brynner, Max Von Sydow et Joanna Miles. - En 2012, après des épidémies consécutives à une crise d'énergie, quelques survivants se disputent les ressources matérielles dans les rues de New York. □ 13 ans+

ULTIME ATTAQUE, L' *voir* **Zulu Dawn**

ULYSSES' GAZE *voir* **Regard d'Ulysse, Le**

ULYSSES ▷4
ANG. 1966. Drame psychologique de Joseph STRICK avec Milo O'Shea, Barbara Jefford et Maurice Roëves. - Une journée dans la vie de trois personnages vivant à Dublin.
DVD VA➔Cadrage W➔32,95 $

ULZANA'S RAID ▷4
É.-U. 1972. Western de Robert ALDRICH avec Burt Lancaster, Bruce Davison, Richard Jaeckel et Jorge Luke. - Un jeune officier prend la tête d'un détachement lancé à la poursuite d'un chef apache. □ 13 ans+

UMBERTO D. ►1
ITA. 1951. Drame social de Vittorio DE SICA avec Carlo Battisti, Maria Pia Casilio et Lina Gennari. - Un vieux retraité est aux prises avec les difficultés de la vie. - Chef-d'œuvre poignant de sincérité et de sobriété. Un sommet du néoréalisme. Photo remarquable. Excellente direction d'acteurs. □ Général
DVD STA➔46,95 $

UMBRELLAS OF CHERBOURG, THE
voir **Parapluies de Cherbourg, Les**

UN, DEUX, TROIS SOLEIL ▷4
FR. 1993. Comédie dramatique de Bertrand BLIER avec Anouk Grinberg, Marcello Mastroianni et Myriam Boyer. - Élevée dans une cité-dortoir par une mère infantile et un père alcoolique, une jeune fille essuie bien des revers dans sa recherche du bonheur. □ 13 ans+
DVD VF➔STA➔Cadrage 16X9➔22,95 $

UNAPPROACHABLE, THE
ALL. 1982. Krzysztof ZANUSSI □ Non classé

UNBEARABLE LIGHTNESS OF BEING, THE ▷3
[Insoutenable Légèreté de l'être, L']
É.-U. 1988. Drame de mœurs de Philip KAUFMAN avec Daniel Day-Lewis, Juliette Binoche et Lena Olin. - Les tribulations d'un chirurgien volage et d'une jeune provinciale qui ont quitté la Tchécoslovaquie en 1968 pour s'installer en Suisse. - Adaptation réussie du roman de M. Kundera. Évocation habile du contexte social et politique. Mélange d'émotion et d'ironie. Interprétation nuancée et attachante. □ 13 ans+
DVD VF➔STF➔Cadrage W➔31,95 $

UNBELIEVABLE TRUTH, THE ▷4
É.-U. 1989. Comédie de mœurs de Hal HARTLEY avec Adrienne Shelly, Robert Burke et Christopher Cooke. - Malgré le désaccord de son père, une jeune fille de 18 ans s'intéresse à un ex-détenu de retour dans sa ville natale. □ Général

UNBORN BUT FORGOTTEN
COR. 2002. Chang-jae IM
DVD STA➔Cadrage W➔27,95 $

UNBREAKABLE [Indestructible, L'] ▷3
É.-U. 2000. Drame fantastique de M. Night SHYAMALAN avec Bruce Willis, Samuel L. Jackson et Robin Wright Penn. - Sorti indemne d'un terrible accident de train, un garde de sécurité apprend d'un homme mystérieux qu'il serait doté de pouvoirs surnaturels. - Thème original développé avec rigueur et intelligence. Ton de gravité mélancolique. Réalisation inspirée. Interprétation sentie. □ Général · Déconseillé aux jeunes enfants
DVD VF➔Cadrage W➔19,95 $

UNCLES, THE ▷4
CAN. 2000. Comédie dramatique de Jim ALLODI avec Chris Owens, Kelly Harms et Tara Rosling. - Le jeune gérant d'un restaurant torontois est confronté à divers problèmes familiaux, sentimentaux et professionnels. □ Général

UNCLE TOM'S CABIN
É.-U. 1927. Harry POLLARD □ Général

UNCONQUERED ▷4
É.-U. 1947. Aventures de Cecil B. DeMILLE avec Gary Cooper, Howard Da Silva et Paulette Goddard. - Un milicien déjoue les projets d'un commerçant qui veut provoquer une guerre avec les Indiens.
□ Général

UNCOVERED
ANG. ESP. 1994. Jim McBRIDE
DVD VA→Cadrage P&S→6,95 $

UNCUT ▷5
CAN. 1997. Film d'essai de John GREYSON avec Matthew Ferguson, Michael Achtman et Damon D'Oliveira. - Trois jeunes homosexuels sont accusés d'avoir produit un vidéoclip jugé diffamatoire envers un célèbre politicien. □ 13 ans+ · Érotisme

UNDEAD ▷6
AUS. 2002. Drame d'horreur de Peter et Michael SPIERIG avec Felicity Mason, Mungo McKay et Rob Jenkins. - À la suite d'une pluie de météores, les habitants d'un petit village australien sont transformés en zombies. □ 13 ans+ · Horreur
DVD VA→STA→Cadrage W→26,95 $

UNDEFEATED, THE [Géants de l'Ouest, Les] ▷4
É.-U. 1969. Western d'Andrew V. McLAGLEN avec John Wayne, Rock Hudson et Roman Gabriel. - Après la guerre civile, des Nordistes sont amenés à secourir des Sudistes au Mexique. □ Général
DVD VF→STA→Cadrage W→29,95 $

UNDER CAPRICORN [Amants du Capricorne, Les] ▷3
É.-U. 1949. Drame psychologique d'Alfred HITCHCOCK avec Ingrid Bergman, Joseph Cotten et Michaël Wilding. - Un aristocrate irlandais retrouve en Australie sa cousine mariée à un ex-bagnard enrichi. - Atmosphère lourde. Interprétation dans la note voulue.
□ Non classé
DVD VA→28,95 $

UNDER FIRE ▷3
É.-U. 1983. Drame social de Roger SPOTTISWOODE avec Nick Nolte, Joanna Cassidy et Gene Hackman. - Les aventures de trois journalistes américains qui se retrouvent au Nicaragua en 1979 pendant la guerre civile. - Incidents réels transposés dans une fiction dramatique. Mise en scène sûre. Interprétation solide. □ Général
DVD VF→VF→Cadrage W→12,95 $

UNDER SATAN'S SUN *voir* **Sous le soleil de Satan**

UNDER SIEGE [Cuirassé en péril] ▷5
É.-U. 1992. Drame de guerre d'Andrew DAVIS avec Steven Seagal, Tommy Lee Jones et Gary Busey. - Un officier de la Marine américaine entreprend d'éliminer un à un des terroristes qui se sont emparés d'un cuirassé. □ 16 ans+ · Violence
DVD VF→STF→Cadrage W→16,95 $

UNDER SUSPICION [Suspicion] ▷4
É.-U. 1999. Drame policier de Stephen HOPKINS avec Morgan Freeman, Gene Hackman et Monica Bellucci. - À Porto Rico, un détective tente de faire avouer à un riche avocat qu'il a tué deux fillettes. □ 13 ans+

UNDER SUSPICION [Faute de preuves] ▷4
ANG. 1991. Drame policier de Simon MOORE avec Liam Neeson, Laura San Giacomo et Kenneth Cranham. - Soupçonné du meurtre de sa femme et d'un de ses clients, un détective privé tente de prouver qu'il est innocent. □ 13 ans+
DVD VA→18,95 $ Cadrage W→19,95 $

UNDER THE DOMIM TREE ▷4
ISR. 1994. Drame d'Eli COHEN avec Kaipo Cohen, Riki Blich et Orli Perl. - Dans un kibboutz d'Israël, des orphelins rescapés des camps nazis cherchent à panser les cicatrices du passé. □ Général

UNDER THE EARTH
ARG. 1986. Beda Docampo FEIJOO □ Non classé

UNDER THE FLAG OF THE RISING SUN
JAP. 1972. Kinji FUKASAKU
DVD STA→Cadrage 16X9→28,95 $

UNDER THE LIGHTHOUSE DANCING
AUS. 1997. Graheme RATTIGAN
DVD VA→21,95 $

UNDER THE MOONLIGHT
IRAN 2001. Seyyed Reza MIR-KARIMI
DVD STA→36,95 $

UNDER THE ROOFS OF PARIS
voir **Sous les toits de Paris**

UNDER THE SKIN ▷5
ANG. 1997. Drame psychologique de Carine ADLER avec Samantha Morton, Claire Rushbrook et Rita Tushingham. - À la mort de sa mère, une jeune femme traverse une période de crise qu'elle tente d'apaiser par un comportement sexuel débridé. □ 16 ans+

UNDER THE SKIN OF THE CITY
IRAN 2001. Rakhshan BANI ETEMAD
DVD STA→Cadrage W→PC

UNDER THE SUN
SUÈ. 1998. Colin NUTLEY
DVD STA→PC

UNDER THE TUSCAN SUN ▷4
[Sous le soleil de Toscane]
É.-U. 2003. Chronique d'Audrey WELLS avec Diane Lane, Sandra Oh et Lindsay Duncan. - Lors d'un voyage en Italie, une écrivaine américaine, désabusée depuis son divorce, décide d'acheter une villa décrépite pour y refaire sa vie. □ Général
DVD VF→Cadrage 16X9→21,95 $

UNDER THE VOLCANO ▷3
É.-U. 1984. Drame psychologique de John HUSTON avec Albert Finney, Jacqueline Bisset et Anthony Andrews. - Au Mexique, en 1938, la lente dérive d'un ex-consul britannique qui sombre dans l'alcool pour oublier la réalité. - Scénario tiré du roman de Malcolm Lowry. Notations allégoriques. □ 13 ans+

UNDER THE YUM-YUM TREE ▷5
[Oui ou non avant le mariage]
É.-U. 1963. Comédie de David SWIFT avec Jack Lemmon, Carol Lynley et Dean Jones. - Deux jeunes gens tentent une expérience platonique de vie commune avant leur mariage. □ Général

UNDERGROUND ▷5
É.-U. 1941. Drame de guerre de V. SHERMAN avec Jeffrey Lynn, Philip Dorn et Kaaren Verne. - L'affrontement de deux frères aux convictions sociales opposées sous le régime nazi.
DVD VA→18,95 $

UNDERGROUND ►2
FR. 1995. Comédie dramatique d'Emir KUSTURICA avec Miki Manojlovic, Lazar Ristovski et Mirjana Jokovic. - Des Yougoslaves sont cachés dans une cave pendant 20 ans par un profiteur qui leur fait croire que la guerre 1939-1945 n'est pas terminée. - Fresque surréaliste d'une folle démesure sur l'histoire de la Yougoslavie communiste. Métaphores puissantes. Mise en scène d'une énergie peu commune. Interprètes de talent. □ 13 ans+
DVD STA→41,95 $

UNDERNEATH, THE ▷4
É.-U. 1994. Drame policier de Steven SODERBERGH avec Peter Gallagher, Alison Elliott et William Fichtner. - Surpris avec la fiancée d'un truand, un jeune homme fait diversion en proposant à ce dernier de voler un fourgon blindé. □ Général
DVD VA→VF→Cadrage W→10,95 $

UNDERTAKING BETTY [Plots with a View]
ALL. ANG. É.-U. 2002. Nick HURRAN
DVD VA→STA→33,95 $

UNDERTOW ▷4
É.-U. 2004. Drame de mœurs de David Gordon GREEN avec Jamie Bell, Josh Lucas et Davon Alan. - En Géorgie, un adolescent et son petit frère fuient leur oncle qui a tué leur père pour un paquet de pièces d'or mexicaines. □ 13 ans+
DVD VA→VF→Cadrage W/16X9→23,95 $

UNDERWORLD BEAUTY
JAP. 1958. Seijun SUZUKI
DVD STA→Cadrage W/16X9→23,95 $

UNDERWORLD U.S.A. [Bas-fonds new-yorkais, Les] ▷3
É.-U. 1959. Drame policier de Samuel FULLER avec Cliff Robertson, Dolores Dorn et Beatrice Kay. - Un jeune voyou, témoin du meurtre de son père, retrouve, vingt ans plus tard, les quatre meurtriers. - Ensemble aussi violent que nerveux. Réalisation efficace. Interprètes convaincants. □ Général

UNDISPUTED [Invincible] ▷4
É.-U. 2002. Drame sportif de Walter HILL avec Ving Rhames, Wesley Snipes et Peter Falk. - Dans une prison à sécurité maximum, un champion de boxe condamné pour viol accepte d'affronter un codétenu qui n'a jamais perdu un match. □ 13 ans+
DVD VF→34,95 $

UNE CHANTE, L'AUTRE PAS, L' ▷4
FR. 1976. Étude de mœurs d'Agnès VARDA avec Valérie Mairesse, Thérèse Liotard et Ali Raffi. - En 1962 à Paris, deux jeunes femmes se lient d'amitié et connaissent diverses aventures. □ Général

UNE POUR TOUTES ▷5
FR. 1999. Comédie de Claude LELOUCH avec Anne Parillaud, Jean-Pierre Marielle et Marianne Denicourt. - Trois actrices dans la dèche séduisent de riches passagers du Concorde Paris-New York afin de leur soutirer de l'argent. □ Général

UNFAIR COMPETITION *voir* **Concurrence déloyale**

UNFAITHFUL [Infidèle] ▷5
É.-U. 2002. Drame de mœurs d'Adrian LYNE avec Diane Lane, Richard Gere et Olivier Martinez. - Une mère de famille s'engage dans une liaison adultère qui aura des conséquences tragiques lorsque son mari découvrira la vérité. □ 13 ans+ · Érotisme
DVD VA→Cadrage W→18,95 $ VA→18,95 $

UNFAITHFULLY YOURS [Infidèlement vôtre] ▷3
É.-U. 1948. Comédie de Preston STURGES avec Rex Harrison, Linda Darnell et Barbara Lawrence. - Durant un concert, un chef d'orchestre évoque différents moyens de tuer son épouse infidèle. - Scénario amusant. Mise en scène brillante. Interprétation excellente. □ Général
DVD VA→STA→46,95 $

UNFAITHFULLY YOURS [Faut pas en faire un drame] ▷4
É.-U. 1984. Comédie d'Howard ZIEFF avec Dudley Moore, Nastassja Kinski et Armand Assante. - Parce qu'il soupçonne son épouse de l'avoir trompé avec un violoniste, un chef d'orchestre imagine un plan machiavélique pour se débarrasser d'eux. □ Général

UNFINISHED LIFE, AN [Vie inachevée, Une] ▷5
É.-U. 2005. Drame psychologique de Lasse HALLSTRÖM avec Robert Redford, Jennifer Lopez et Morgan Freeman. - Fuyant son petit ami violent, une femme se réfugie avec sa fille adolescente au ranch du père de son défunt mari, avec qui elle a de vieux comptes à régler. □ Général
DVD VF→STA→Cadrage W→34,95 $

UNFINISHED PIECE FOR MECHANICAL PIANO, AN
voir **Partition inachevée pour piano mécanique**

UNFORGETTABLE [Double mémoire] ▷5
É.-U. 1996. Drame fantastique de John DAHL avec Ray Liotta, Linda Fiorentino et Peter Coyote. - Afin d'élucider le meurtre de sa femme, un médecin utilise une nouvelle formule qui permet de s'injecter la mémoire d'une autre personne. □ 13 ans+ · Violence
DVD VF→STF→Cadrage P&S/W→11,95 $

UNFORGIVEN, THE [Vent de la plaine, Le] ▷3
É.-U. 1960. Western de John HUSTON avec Audrey Hepburn, Burt Lancaster et Lillian Gish. - Un cavalier excentrique révèle que la benjamine d'une famille de colons est une Indienne. - Belle création d'atmosphère. Photographie soignée. Mise en scène ample et vigoureuse. Interprètes bien dirigés. □ Général
DVD VA→19,95 $

UNFORGIVEN [Impardonnable] ►2
É.-U. 1992. Western réalisé et interprété par Clint EASTWOOD avec Gene Hackman et Morgan Freeman. - Un vieux hors-la-loi repenti et son ancien compagnon décident de reprendre les armes afin de retrouver deux voyous dont les têtes ont été mises à prix. - Critique assez virulente de l'héroïsme viril. Ensemble contemplatif, intelligent et sensible. Mise en scène sobre et précise. Interprétation impeccable. □ 13 ans+
DVD VF→STF→Cadrage W→21,95 $/29,95 $

UNHOOK THE STARS [Décroche les étoiles] ▷4
É.-U. 1997. Drame psychologique de Nick CASSAVETES avec Gena Rowlands, Marisa Tomei et Gérard Depardieu. - Veuve et esseulée, une sexagénaire s'occupe du petit garçon d'une jeune voisine en difficulté. □ Général
DVD VA→Cadrage W→11,95 $

UNIFORMES ET JUPONS COURTS
voir **Major and the Minor, The**

UNINVITED, THE ▷5
É.-U. 1946. Drame de Lewis ALLEN avec Ray Milland, Gail Russell et Donald Crisp. - Croyant leur maison hantée, deux jeunes gens tentent d'éclaircir le problème. □ Général

UNION PACIFIC [Pacific Express] ▷3
É.-U. 1940. Western de Cecil B. DeMILLE avec Barbara Stanwyck, Joel McCrea et Robert Preston. - Les constructeurs du premier chemin de fer dans l'Ouest font face à diverses difficultés. - Un classique du genre. Mise en scène somptueuse. Beaucoup d'action. Interprètes de valeur. □ Général

UNITED 93 ▷3
ANG. 2006. Drame historique de Paul GREENGRASS avec Christian Clemenson, Ben Sliney et Omar Berdouni. - Reconstitution des incidents ayant entouré le détournement du vol 93 de la United Airlines par des terroristes, le 11 septembre 2001. - Sujet exploré avec sobriété et méticulosité. Récit raconté en temps réel. Mise en scène haletante. Interprétation convaincante.

UNITED STATES OF LELAND ▷5
É.-U. 2003. Drame psychologique de Matthew RYAN HOGE avec Don Cheadle, Ryan Gosling et Chris Klein. - Après avoir tué un enfant handicapé, le fils sensible et timide d'un écrivain célèbre se lie d'amitié avec un professeur du pénitencier où il est détenu. □ 13 ans+
DVD VA→STA→Cadrage W→15,95 $

UNIVERS DES OMBRES, L'
voir **Shadowlands**

UNKNOWN PLEASURES
voir **Plaisirs inconnus**

UNLAWFUL ENTRY [Obsession fatale] ▷5
É.-U. 1992. Drame policier de Jonathan KAPLAN avec Kurt Russell, Ray Liotta et Madeleine Stowe. - Un jeune couple se lie d'amitié avec un policier en apparence très sympathique mais qui se révèle être un psychopathe dangereux. □ 13 ans+
DVD VF→STA→Cadrage W→14,95 $

UNLEASHED
É.-U. 2005. Louis LETERRIER
DVD VF→VF→Cadrage W→23,95 $

UNLUCKY MONKEY
JAP. 1998. Hiroyuki TANAKA

UNMARRIED WOMAN, AN [Femme libre, La] ▷3
É.-U. 1977. Drame psychologique de Paul MAZURSKY avec Jill Clayburgh, Alan Bates et Michael Murphy. - Bouleversée par le départ de son mari, une femme tente de reconquérir son indépendance. - Touches d'humour. Personnages plausibles. □ 13 ans+
DVD VF→STA→Cadrage W→15,95 $

UNPUBLISHED STORY
ANG. 1942. Harold FRENCH
DVD VA→21,95 $

UNREMARKABLE LIFE, AN ▷4
É.-U. 1988. Drame psychologique de Amin Q. CHAUDHRI avec Patricia Neal, Shelley Winters et Mako. - Une célibataire à la retraite, qui fréquente depuis peu un garagiste chinois, éprouve de la difficulté à se dégager de l'influence de sa sœur veuve.
DVD VA→9,95 $

UNS ET LES AUTRES, LES ▷4
FR. 1980. Chronique de Claude LELOUCH avec Robert Hossein, Nicole Garcia et Daniel Olbrychski. - Cinquante ans d'histoire contemporaine vus à travers le destin de divers personnages de quatre pays différents. □ Général
DVD VF→Cadrage W→34,95 $

UNSINKABLE MOLLY BROWN, THE ▷4
É.-U. 1964. Comédie musicale de Charles WALTERS avec Debbie Reynolds, Harve Presnell et Ed Begley. - Les aventures d'une jeune fermière qui, après avoir épousé un bûcheron, devient millionnaire. □ Général
DVD Cadrage W→21,95 $

UNSTRUNG HEROES [Liens du souvenir, Les] ▷4
É.-U. 1995. Comédie dramatique de Diane KEATON avec Nathan Watt, Andie MacDowell et John Turturro. - Sa mère souffrant d'une grave maladie, un jeune garçon va vivre chez ses deux oncles excentriques qui auront une influence positive sur lui. □ Général
DVD VA→Cadrage W→9,95 $

UNTAMED HEART [Cœur sauvage] ▷4
É.-U. 1993. Drame sentimental de Tony BILL avec Marisa Tomei, Christian Slater et Rosie Perez. - La relation amoureuse entre une serveuse et un jeune plongeur de restaurant au tempérament fragile et taciturne. □ Général
DVD VA→STF→Cadrage W→12,95 $

UNTIL SEPTEMBER ▷5
É.-U. 1984. Drame sentimental de Richard MARQUAND avec Karen Allen, Thierry Lhermitte et Christopher Cazenove. - Une Américaine de passage à Paris entame une liaison avec un banquier dont l'épouse s'est absentée pour quelques jours. □ 13 ans+

UNTIL THE END OF THE WORLD ▷4
[Jusqu'au bout du monde]
ALL. 1991. Science-fiction de Wim WENDERS avec William Hurt, Solveig Dommartin et Sam Neill. - Parcourant le monde pour remplir une mission secrète, le fils d'un inventeur est pourchassé par divers individus, dont une jeune femme qui s'est éprise de lui. □ Général

UNTIL THEY SAIL [Femmes coupables] ▷5
É.-U. 1957. Drame de Robert WISE avec Joan Fontaine, Paul Newman et Jean Simmons. - Les aventures de quatre femmes dont la vie a été bouleversée par la guerre. □ Général

UNTOLD SCANDAL
COR. 2003. Je-yong LEE
DVD STA→Cadrage W→24,95 $

UNTOUCHABLES, THE [Incorruptibles, Les] ▷3
É.-U. 1987. Drame policier de Brian DE PALMA avec Kevin Costner, Sean Connery et Robert De Niro. - À Chicago, en 1930, l'agent fédéral Eliot Ness est chargé de mettre fin aux activités du mafioso Al Capone, qui dirige un vaste réseau de contrebande. - Récit solidement structuré. Réalisation inventive. Interprétation d'une assurance peu commune. □ 13 ans+
DVD VF→STA→Cadrage W/16X9→10,95 $

UNVEILED
ALL. AUT. 2004. Angelina MACCARONE
DVD STA→32,95 $

UP !
É.-U. 1976. Russ MEYER □ 18 ans+
DVD VA→59,95 $

UP AND DOWN ▷4
TCH. 2004. Drame social de Jan HREBEJK avec Petr Forman, Emilia Vasaryova, Jirí Machácek et Natasa Burger. - À Prague, un bébé abandonné transforme l'existence de personnes issues de diverses classes sociales. □ 13 ans+
DVD STA→Cadrage W→38,95 $

UP AT THE VILLA [Il suffit d'une nuit] ▷4
É.-U. 2000. Drame de mœurs de Philip HAAS avec Kristin Scott Thomas, Sean Penn et Anne Bancroft. - En 1938, à Florence, une jeune veuve anglaise courtisée par plusieurs hommes se retrouve compromise dans un sombre drame passionnel. □ Général
DVD VA→STF→Cadrage W→23,95 $

UP CLOSE AND PERSONAL ▷5
[Intime et personnel]
É.-U. 1996. Comédie sentimentale de Jon AVNET avec Robert Redford, Michelle Pfeiffer et Stockard Channing. - Un reporter réputé s'éprend d'une jeune femme à qui il enseigne le journalisme télévisé. □ Général
DVD VA→Cadrage W→14,95 $

UP IN ARMS ▷4
É.-U. 1944. Comédie musicale de Elliott NUGENT avec Danny Kaye, Dinah Shore et Dana Andrews. - Les mésaventures d'un malade imaginaire appelé à servir dans l'armée. □ Général

UP THE DOWN STAIRCASE ▷3
É.-U. 1967. Drame psychologique de Robert MULLIGAN avec Sandy Dennis, Patrick Bedford et Eileen Heckart. - Les débuts difficiles d'une jeune institutrice dans un quartier populaire de New York. - Ton d'authenticité exceptionnel. Intérêt social évident. Réalisation de qualité. Interprétation juste. □ 13 ans+

UP THE SANDBOX ▷5
É.-U. 1972. Comédie satirique de Irvin KERSHNER avec Barbra Streisand, David Selby et Jane Hoffman. - La femme d'un professeur, mère de deux enfants, laisse aller son imagination à diverses fantaisies.
DVD VA→VF→Cadrage W→11,95 $

UP TO A CERTAIN POINT ▷4
CUB. 1983. Comédie dramatique de Tomas GUTIERREZ ALEA avec Oscar Alvarez, Mirta Ibarra et Coralia Veloz. - Un cinéaste marié qui prépare un film sur le machisme s'entiche d'une ouvrière qui vit seule avec son fils.

UPRISING, THE ▷4
É.-U. 2001. Drame de guerre de Jon AVNET avec Leelee Sobieski, Hank Azaria et Donald Sutherland. - Dans le ghetto de Varsovie, un groupe de Juifs organise la résistance contre l'oppresseur nazi.
DVD VA→VF→Cadrage W→21,95 $

UPSIDE OF ANGER, THE [Femme en colère, Une] ▷4
É.-U. 2005. Comédie dramatique de Mike BINDER avec Joan Allen, Kevin Costner et Erika Christensen. - Rendue cynique par l'abandon inexpliqué de son mari, une femme au foyer déverse sa rogne sur ses quatre filles et s'engage dans une liaison avec son voisin. □ Général · Déconseillé aux jeunes enfants
DVD VA→STA→Cadrage W→22,95 $

UPTOWN SATURDAY NIGHT ▷4
É.-U. 1974. Comédie réalisée et interprétée par Sidney POITIER avec Bill Cosby et Harry Belafonte. - Apprenant qu'il a gagné le gros lot, un ouvrier tente de trouver les voleurs qui lui ont pris son portefeuille. □ Général
DVD VA→VF→Cadrage W→8,95 $

URANUS ▷4
FR. 1990. Drame de mœurs de Claude BERRI avec Philippe Noiret, Gérard Depardieu et Michel Blanc. - Dans une petite ville de France, peu après la guerre, un cabaretier est injustement accusé d'avoir caché un collaborateur. □ Général

URBAN COWBOY ▷4
É.-U. 1980. Drame de mœurs de James BRIDGES avec John Travolta, Debra Winger, Madolyn Smith Osborne et Scott Glenn. - Les problèmes sentimentaux d'un jeune Texan qui fréquente une salle de danse populaire. □ Général
DVD VF→STA→Cadrage W→10,95 $

URBANIA ▷3
É.-U. 2000. Drame de mœurs de Jon SHEAR avec Dan Futterman, Alan Cumming et Matt Keeslar. - Un jeune homme en deuil de son amoureux erre dans les rues de Manhattan où il fait des rencontres insolites. - Scénario personnel et inventif. Heureuse alternance entre la rage et la tendresse. Montage audacieux. Interprétation remarquable. □ 13 ans+
DVD VA→PC

URGA [Close to Eden] ►2
RUS. 1991. Drame de mœurs de Nikita MIKHALKOV avec Bayaertu, Badema et Vladimir Gostukhrin. - Après avoir sympathisé avec un routier russe dont le camion est tombé en panne, un éleveur mongol l'accompagne en ville pour y faire des courses. - Fable simple mais fort émouvante sur la perte d'identité culturelle. Souffle lyrique teinté d'une douce mélancolie et d'une fine ironie. Mise en scène d'une sobriété éloquente. Interprétation magnifique. □ Général

URINAL
CAN. 1988. John GREYSON □ 16 ans+

USED PEOPLE [Quelle famille !] ▷4
É.-U. 1992. Comédie dramatique de Beeban KIDRON avec Shirley MacLaine, Marcello Mastroianni et Kathy Bates. - Veuve depuis peu, une femme d'âge mûr crée des remous dans sa famille immédiate lorsqu'elle se met à fréquenter un vieux prétendant. □ 13 ans+

USHPIZIN
ISR. 2004. Giddi (Gidi) DAR
DVD STA→Cadrage W→34,95 $

USUAL SUSPECTS, THE [Suspects de convenance] ▷3
É.-U. 1995. Drame policier de Bryan SINGER avec Gabriel Byrne, Chazz Palminteri et Kevin Spacey. - Interrogé par un enquêteur à la suite de l'explosion d'un cargo, un criminel lui raconte les événements qui sont à l'origine de cette affaire énigmatique. - Intrigue habilement tricotée. Réalisation très léchée sans être maniérée. Excellente partition musicale. Belles performances des acteurs.
□ 13 ans+ · Langage vulgaire
DVD VF→32,95 $ VF→STF→Cadrage P&S/W→23,95 $

UTU
N.-Z. 1988. Geoff MURPHY □ 13 ans+
DVD VA→Cadrage W→26,95 $

UTZ ▷4
ANG. 1992. Drame de George SLUIZER avec Armin Mueller-Stahl, Brenda Fricker et Peter Riegert. - À la mort d'un important collectionneur tchèque, le propriétaire d'une galerie d'art new-yorkaise cherche à récupérer de précieuses figurines de porcelaine.
□ Général

UZUMAKI [Spiral]
JAP. 2000. HIGUCHINSKY
DVD STA→Cadrage W→19,95 $

V FOR VENDETTA ▷4
É.-U. 2005. Drame fantastique de James McTEIGUE avec Natalie Portman, Hugo Weaving et Stephen Rea. - Dans une société totalitaire, une jeune femme se lie à un justicier masqué qui cherche à renverser le gouvernement en commettant des actes terroristes.

VA SAVOIR ▷3
FR. 2001. Comédie sentimentale de Jacques RIVETTE avec Jeanne Balibar, Sergio Castellitto et Jacques Bonnaffé. - Chassés-croisés sentimentaux autour d'une actrice française vivant à Rome qui revoit son ex-amant lors d'une tournée à Paris. - Marivaudages élevés au rang de grand art. Intrigue aux rebondissements audacieux. Mise en scène réglée comme un ballet. Interprétation aérienne. □ Général
DVD VF→Cadrage W→21,95 $

VA, VIS ET DEVIENS
BEL. FR. ISR. ITA. 2005. Radu MIHAILEANU
DVD VF→VF→34,95 $

VACANCES DE MONSIEUR HULOT, LES ►1
[Mr. Hulot's Holiday]
FR. 1953. Comédie satirique réalisée et interprétée par Jacques TATI avec Louis Perrault et André Dubois. - Un vacancier un peu lunatique multiplie les incidents cocasses dans une station balnéaire. - Suite de situations finement observées. Abondance de gags ingénieux. Étude de milieu fort subtile. Personnage original créé par J. Tati. □ Général
DVD VF→STA→44,95 $

VACANCES ROMAINES *voir* **Roman Holiday**

VACHE ET LE PRISONNIER, LA ▷4
FR. 1959. Comédie d'Henri VERNEUIL avec Fernandel, René Havard et Inge Schoener. - Un prisonnier de guerre conçoit un moyen ingénieux de s'évader. □ Général

VACUUMING COMPLETELY NUDE IN PARADISE ▷4
ANG. 2001. Comédie de mœurs de Danny BOYLE avec Timothy Spall, Michael Begley et David Crellin. - À la recherche d'un emploi stable, un jeune homme accepte par dépit de devenir l'apprenti d'un vendeur d'aspirateurs obsessif.
DVD VA→15,95 $

VAGABOND *voir* **Sans toit ni loi**

VAGABONDES, LES *voir* **Tumbleweeds**

VAGUE DE CHALEUR *voir* **Heatwave**

VAISSEAU FANTÔME, LE *voir* **Sea Wolf, The**

VAISSEAU SPATIAL SUR VÉNUS
voir **First Spaceship on Venus**

VAISSEAUX DU CŒUR, LES
voir **Salt on Our Skin**

VAL ABRAHAM, LE [Abraham's Valley] ►2
POR. 1993. Drame de mœurs de Manoel DE OLIVEIRA avec Leonor Silveira, Luis Miguel Cintra et Rui de Carvalho. - La jeune épouse d'un médecin de campagne trompe son ennui auprès de divers amants. - Scénario proposant une lecture personnelle et contemporaine de *Madame Bovary*, de Flaubert. Mise en scène majestueuse d'une lenteur contemplative. Jeu sobre de L. Silveira. □ Général
DVD STA→PC

VALACHI PAPERS, THE ▷4
ITA. 1972. Drame policier de Terence YOUNG avec Charles Bronson, Lino Ventura, Gerald S. O'Loughlin et Joseph Wiseman. - Un membre de la mafia accepte de témoigner devant une commission sénatoriale américaine.
DVD VA→STA→Cadrage P&S→23,95 $

VALENTIN ▷5
ARG. 2002. Comédie dramatique réalisée et interprétée par Alejandro AGRESTI avec Rodrigo Noya et Carmen Maura. - À Buenos Aires, dans les années 1960, un gamin abandonné par sa mère et délaissé par son père rêve d'une famille unie.
DVD STA→Cadrage W→22,95 $

VALENTINO ▷5
ANG. 1977. Drame biographique de Ken RUSSELL avec Rudolf Noureev, Leslie Caron et Michelle Phillips. - Évocation de la carrière et des amours de Rudolf Valentino, vedette du cinéma muet.
□ 13 ans+

VALÉRIE ▷6
QUÉ. 1969. Mélodrame de Denis HÉROUX avec Danielle Ouimet, Guy Godin et Kim Wilcox. - Alors qu'un peintre veuf s'éprend d'elle, une jeune femme entreprend de vendre ses charmes en tant que call-girl. □ 13 ans+ · Érotisme

VALERIE AND HER WEEK OF WONDERS
TCH. 1970. Jaromil JIRES
DVD STA→PC

VALEURS DE LA FAMILLE ADDAMS, LES
voir **Addams Family Values, The**

VALIANT ▷5
ANG. 2005. Film d'animation de Gary CHAPMAN. - En 1944, des pigeons voyageurs chargés de livrer un message urgent à l'état-major de Londres sont interceptés par des rapaces nazis.
□ Général
DVD VF→Cadrage W→35,95 $

VALLÉE, LA ▷5
FR. 1972. Drame de Barbet SCHROEDER avec Bulle Ogier, Michael Gothard et Jean-Pierre Kalfon. - En Nouvelle-Guinée, la femme d'un diplomate français se joint à un groupe de jeunes hippies qui recherchent une vallée mystérieuse.
DVD VF→STA→Cadrage W→23,95 $

VALLÉE DE LA VENGEANCE, LA
voir **Vengeance Valley**

VALLÉE DES GÉANTS, LA *voir* **Big Trees, The**

VALLÉE DES NUAGES, LA *voir* **Walk in the Clouds, A**

VALLEY BETWEEN [Sun on the Stubble, The]
AUS. 1996. INCONNU
DVD VA→34,95 $

VALLEY GIRL ▷4
É.-U. 1983. Comédie de mœurs de Martha COOLIDGE avec Deborah Foreman, Nicolas Cage et Elizabeth Daily. - Une adolescente d'un quartier bourgeois de Los Angeles s'éprend d'un garçon de milieu populaire. □ 18 ans+
DVD VF→VF→Cadrage P&S/W→17,95 $

VALLEY OF DECISION, THE ▷4
É.-U. 1945. Drame sentimental de Tay GARNETT avec Greer Garson, Gregory Peck, Lionel Barrymore et Donald Crisp. - Le fils aîné d'un maître de forges s'éprend de la femme de chambre de sa mère.
□ Général

VALLEY OF THE BEES, THE
TCH. 1967. Frantisek VLACIL

VALLEY OF THE DOLLS ▷5
É.-U. 1967. Drame psychologique de Mark ROBSON avec Barbara Parkins, Patty Duke et Sharon Tate. - Une secrétaire dans un bureau d'avocats est témoin des malheurs de quelques actrices.
□ 18 ans+
DVD VA➔STA➔Cadrage W➔39,95 $

VALLEY OF THE KINGS ▷5
É.-U. 1954. Aventures de Robert PIROSH avec Robert Taylor, Eleanor Parker et Carlos Thompson. - Les tribulations de la fille d'un égyptologue en voyage en Égypte avec son mari. □ Général

VALMONT ▷3
ANG. 1989. Comédie de mœurs de Milos FORMAN avec Colin Firth, Annette Bening et Meg Tilly. - Une marquise fait appel à un vieux complice de plaisir pour se venger de son amant, qui vient de l'abandonner pour épouser une fille de quinze ans. - Adaptation libre du roman *Les Liaisons dangereuses*, de Choderlos de Laclos. Illustration somptueuse, élégante et rythmée. Interprétation vive et nuancée. □ 13 ans+
DVD VA➔VF➔Cadrage W➔12,95 $

VALSE DES PANTINS, LA *voir* **King of Comedy, The**

VALSEUSES, LES [Going Places] ▷4
FR. 1973. Drame de mœurs de Bertrand BLIER avec Gérard Depardieu, Patrick Dewaere et Miou-Miou. - Deux voyous partent à l'aventure en entraînant une jeune coiffeuse avec eux. □ 18 ans+
DVD VF➔STA➔Cadrage W➔23,95 $

VAMPIRE AU PARADIS, UN ▷4
FR. 1991. Comédie fantaisiste d'Abdelkrim BAHLOUL avec Bruno Cremer, Farid Chopel et Laure Marsac. - Un Arabe qui se prend pour un vampire vient en aide à un couple de Français bourgeois dont la fille semble victime d'un mystérieux envoûtement. □ Général

VAMPIRE LOVERS, THE ▷4
ANG. 1970. Drame fantastique de Roy Ward BAKER avec Ingrid Pitt, Madeleine Smith et Peter Cushing. - Deux jeunes filles de notables meurent étrangement après le passage d'une étrangère qui se révèle être une vampire.

VAMPIRE, VOUS AVEZ DIT VAMPIRE?
voir **Fright Night**

VAMPYR, THE
ANG. 1993. Nigel FINCH □ 13 ans+ · Érotisme

VAMPYR ►2
FR. 1932. Drame fantastique de Carl Theodor DREYER avec Julian West, Maurice Schutz et Sybille Schmitz. - Un jeune homme arrive dans un village où il est témoin de phénomènes étranges. - Classique du cinéma fantastique. Œuvre insolite et onirique au rythme lent. Récit mystérieux. Climat de cauchemar envoûtant. Photographie remarquable. Interprétation bien accordée au ton particulier de l'ensemble. □ Général
DVD 39,95 $

VAMPYROS LESBOS ▷7
ESP. 1970. Drame fantastique de Jesus FRANCO avec Soledad Miranda, Dennis Price et Ewa Stroemberg. - Sur le bord de la Méditerranée, une descendante du comte Dracula jette son dévolu sur une jeune avocate. □ 16 ans+

VAN, THE ▷4
ANG. 1996. Comédie dramatique de Stephen FREARS avec Colm Meaney, Donal O'Kelly et Ger Ryan. - À Dublin, un chômeur s'achète une vieille camionnette délabrée pour la transformer, avec l'aide d'un copain, en snack-bar ambulant. □ Général

VAN GOGH ▷3
FR. 1991. Drame biographique de Maurice PIALAT avec Jacques Dutronc, Alexandra London et Gérard Sety. - Évocation du séjour au printemps 1890 du peintre Van Gogh chez un docteur amateur d'art.- Derniers moments de la vie du peintre évoqués avec certaines libertés historiques. Suite de tableaux pittoresques aux tonalités propres à l'artiste. J. Dutronc crédible. □ Général

VANAPRASTHAM
IND. 1999. Shaji N. KARUN

VANDALE, LE *voir* **Come and Get It**

VANILLA SKY [Ciel couleur vanille, Un] ▷4
É.-U. 2001. Thriller de Cameron CROWE avec Tom Cruise, Penélope Cruz et Cameron Diaz. - Un riche play-boy défiguré est accusé d'un meurtre commis dans des circonstances où le rêve se confondait avec la réalité. □ 13 ans+
DVD VF➔STA➔Cadrage W➔11,95 $

VANILLE FRAISE ▷5
FR. 1989. Comédie de Gérard OURY avec Pierre Arditi, Sabine Azéma et Isaach de Bankolé. - Mariée à un chirurgien jaloux qui ignore son passé d'espionne, une femme accepte d'accomplir une nouvelle mission à l'insu de son époux. □ Général

VANINA VANINI ▷4
ITA. 1961. Drame de Roberto ROSSELLINI avec Sandra Milo, Laurent Terzieff et Martine Carol. - La fille d'un prince s'éprend d'un fugitif qui lutte contre l'oppresseur autrichien.

VANISHING, THE
voir **Homme qui voulait savoir, L'**

VANISHING, THE [Disparue, La] ▷5
É.-U. 1993. Drame psychologique de George SLUIZER avec Jeff Bridges, Kiefer Sutherland et Nancy Travis. - Un jeune homme recherche inlassablement son amie qui a été kidnappée par un professeur en apparence inoffensif. □ Général
DVD VA➔9,95 $

VANISHING AMERICAN, THE
É.-U. 1925. George B. SEITZ □ Général

VANISHING POINT [Point limite zéro] ▷5
É.-U. 1971. Drame de Richard C. SARAFIAN avec Barry Newman, Cleavon Little et Dean Jagger. - Chargé de conduire une auto de Denver à Los Angeles, un chauffeur part à une vitesse folle sur la route. □ 13 ans+
DVD VF➔STA➔Cadrage W➔14,95 $

VANITY FAIR [Foire aux vanités, La] ▷4
É.-U. 2004. Chronique de Mira NAIR avec Reese Witherspoon, James Purefoy et Romola Garai. - Au début du XIXe siècle, en Angleterre, une jeune orpheline met tout en œuvre pour favoriser son ascension dans la haute société.
DVD VF➔STF➔Cadrage W➔23,95 $

VANYA ON 42nd STREET ▷3
É.-U. 1994. Drame de Louis MALLE avec Wallace Shawn, Julianne Moore et Brooke Smith. - Réunie dans un théâtre abandonné de New York, une troupe d'acteurs répète la pièce *Oncle Vania*, de Tchekhov. - Chassé-croisé de désillusions politiques, d'amours secrètes et de trahisons. Traitement privilégiant le verbe à l'état brut. Montage dynamique. Mise en images dépouillée. Distribution excellente. □ Général

VARIAN'S WAR ▷4
CAN. 2000. Drame biographique de Lionel CHETWYND avec William Hurt, Julia Ormond et Matt Craven. - En 1940, le journaliste américain Varian Fry entreprend de sauver des artistes, des intellectuels et des scientifiques européens menacés par les nazis. □ Général
DVD VF➔34,95 $

VARIETY LIGHTS *voir* **Feux du Music-Hall, Les**

VASSILY BUSLAYEV
RUS. 1982. Gennadi VASILYEV
DVD STA➔39,95 $

VATEL ▷4
FR. 2000. Drame historique de Roland JOFFÉ avec Gérard Depardieu, Uma Thurman et Tim Roth. - En 1671, au château de Chantilly, l'intendant du prince de Condé organise trois jours de fêtes et de banquets en l'honneur du roi Louis XIV et de sa cour. □ Général
DVD VA➔Cadrage W➔22,95 $

VELVET GOLDMINE ▷4
ANG. É.-U. 1998. Drame musical de Todd HAYNES avec Jonathan Rhys Meyers, Christian Bale et Ewan McGregor. - En 1984, un journaliste doit retrouver un célèbre chanteur de *Glam Rock* qui était son idole de jeunesse. □ 13 ans+ · Érotisme
DVD VA→Cadrage W→19,95 $

VELVET HUSTLER
JAP. 1967. Toshio MASUDA □ Général

VENDREDI 13 *voir* **Friday the 13th**

VENDREDI DINGUE, DINGUE, DINGUE, UN
voir **Freaky Friday**

VENDREDI SOIR [Friday Night]
FR. 2002. Claire DENIS
DVD VF→STA→Cadrage W→21,95 $

VENGANZA DE GABINO BARRERA
MEX. 1967. René CARDONA
DVD STA→23,95 $

VENGEANCE AUX DEUX VISAGES, LA
voir **One-Eyed Jacks**

VENGEANCE AVEUGLE *voir* **Blind Fury**

VENGEANCE D'HERCULE, LA
voir **Goliath and the Dragon**

VENGEANCE D'UNE BLONDE, LA ▷5
FR. 1993. Comédie de mœurs de Jeannot SZWARC avec Christian Clavier, M.-A. Chazel et Clémentine Célarié. - Un présentateur de journal télévisé s'engage dans une course au succès qui menace de briser son mariage et de ruiner sa réputation. □ Général

VENGEANCE D'UNE FEMME, LA ▷3
FR. 1989. Drame psychologique de Jacques DOILLON avec Isabelle Huppert, Béatrice Dalle et Jean-Louis Murat. - Croyant que son mari s'est suicidé après avoir été abandonné par sa maîtresse, une femme pousse une amie à lui avouer qu'elle est celle-ci. - Long tête-à-tête habilement tendu. Jeu nuancé et solide des protagonistes.

VENGEANCE DE LA FEMME EN NOIR, LA ▷5
QUÉ. 1997. Comédie fantaisiste de Roger CANTIN avec Germain Houde, Marc Labrèche et Raymond Bouchard. - Un comédien est persécuté par un inspecteur de police qui le croit impliqué dans une affaire d'enlèvement. □ Général

VENGEANCE DES FANTÔMES, LA *voir* **Poltergeist**

VENGEANCE DU SERPENT À PLUMES, LA ▷5
FR. 1984. Comédie de Gérard OURY avec Coluche, Maruschka Detmers et Luis Rego. - Un homme hérite d'un appartement qui est le repaire d'un groupe de terroristes, ce qui l'entraîne dans une folle aventure au Mexique.

VENGEANCE QUI EST MIENNE, LA ▷3
[Vengeance Is Mine]
JAP. 1979. Drame psychologique de Shohei IMAMURA avec Ken Ogata, Rentaro Mikuni et Chocho Mikayo. - Les tribulations d'un meurtrier devenu l'ennemi public numéro un au Japon dans les années 1960. - Scénario inspiré de faits vécus. Construction complexe utilisant de nombreux flash-back. Réalisation percutante. Interprétation dans le ton voulu. □ 13 ans+ · Violence

VENGEANCE SECRÈTE *voir* **Fourth Angel**

VENGEANCE VALLEY [Vallée de la vengeance, La] ▷4
É.-U. 1950. Western de Richard THORPE avec Burt Lancaster, Robert Walker et Joanne Dru. - Un cow-boy adopté par un rancher s'efforce de réparer les fredaines du fils de son bienfaiteur. □ Général
DVD VF→8,95 $ VA→9,95 $ VA→26,95 $

VENGO ▷4
ESP. 2000. Drame musical de Tony GATLIF avec Antonio Canales, Orestes Villasan Rodriguez et Antonio Perez Dechent. - Le chef d'un clan gitan s'efforce de protéger son neveu handicapé qui est menacé par la vendetta d'une famille rivale.
DVD STA→33,95 $

VÉNITIENNE, LA ▷5
ITA. 1986. Comédie de mœurs de Mauro BOLOGNINI avec Laura Antonelli, Monica Guerritore et Jason Connery. - Au XVIe siècle, deux Vénitiennes se partagent le cœur d'un bel étranger.

VENOM
É.-U. 2004. Brett BOWER
DVD VA→27,95 $

VENT DE GALERNE ▷5
FR. 1988. Drame historique de Bernard FAVRE avec Jean-François Casabonne, Charlotte Laurier et Roger Jendly. - En 1793, un mouvement de révolte se répand en Vendée contre l'armée républicaine. □ Général

VENT DE LA PLAINE, LE
voir **Unforgiven, The**

VENT DU WYOMING, LE ▷5
QUÉ. 1994. Comédie dramatique d'André FORCIER avec Sarah-Jeanne Salvy, François Cluzet, France Castel et Marc Messier. - Une jeune fille qui s'est fait voler son amoureux par sa mère décide de séduire un écrivain français que sa sœur convoite. □ 13 ans+ · Érotisme

VENT NOUS EMPORTERA, LE ▷3
[Wind Will Carry Us, The]
FR. 1999. Drame de mœurs d'Abbas KIAROSTAMI avec Behzad Dourani. - Trois hommes de Téhéran s'installent dans un village reculé du Kurdistan pour mener une mission aux objectifs obscurs. - Écriture sobre, voire minimaliste. Récit envoûtant à portée métaphysique. Réalisation d'une grande minutie. Interprétation à la hauteur.
DVD STA→29,95 $

VÉNUS & FLEUR ▷4
FR. 2003. Comédie sentimentale d'Emmanuel MOURET avec Verouschka Knoge, Isabelle Pirès et Julien Imbert. - À Marseille, pendant les vacances d'été, une Russe délurée et sa nouvelle amie, une Parisienne coincée, recherchent le garçon idéal. □ Général
DVD VF→38,95 $

VÉNUS AU VISON *voir* **Butterfield 8**

VÉNUS BEAUTÉ (INSTITUT) ▷4
FR. 1998. Comédie dramatique de Tonie MARSHALL avec Nathalie Baye, Bulle Ogier et Samuel Le Bihan. - Une esthéticienne quadragénaire et célibataire se fait courtiser par un jeune homme qui a eu le coup de foudre pour elle.
DVD VF→STA→34,95 $

VENUS DE MILO
QUÉ. 2002. Diana Lewis
DVD VF→VF→29,95 $

VERA CRUZ ▷3
É.-U. 1953. Western de Robert ALDRICH avec Gary Cooper, Burt Lancaster et Denise Darcel. - Des aventuriers tentent de s'emparer d'un convoi d'or devant servir à la révolution mexicaine. - Habile reconstitution du contexte d'époque. Rythme rapide. Beaux paysages. Excellent duel d'acteurs. □ Général

VERA DRAKE ►2
ANG. 2004. Drame social de Mike LEIGH avec Imelda Staunton, Phil Davis et Peter Wight. - En 1950, dans un quartier ouvrier de Londres, une mère de famille dévouée est arrêtée pour avoir pratiqué des avortements illégaux. - Sujet délicat traité avec une profonde humanité. Mise en scène totalement maîtrisée. Reconstitution d'époque criante de vérité. Performance inoubliable d'I. Staunton. □ Général
DVD VF→STA→34,95 $

VERAZ ▷5
FR. 1991. Drame de Xavier CASTANO avec Jean-Michel Portal, Kirk Douglas et Marie Fugain. - Un garçon en fugue est secouru par un vieux bûcheron bourru et solitaire qui vit dans les espaces sauvages des Pyrénées.

VERDICT [Jury of One] ▷4
FR. 1974. Drame judiciaire d'André CAYATTE avec Jean Gabin, Sophia Loren et Michel Albertini. - La mère d'un jeune homme accusé de meurtre fait enlever la femme du juge pour obtenir par la force un acquittement.

VERDICT, THE [Verdict, Le] ▷4
É.-U. 1982. Drame judiciaire de Sidney LUMET avec Paul Newman, Charlotte Rampling et James Mason. - Un avocat déchu se voit confier une cause importante qui lui permettra de reprendre en main sa carrière. □ Général
DVD VF➔STA➔Cadrage W➔14,95 $

VÉRITABLE HISTOIRE DU PETIT CHAPERON ROUGE, LA *voir* **Hoodwinked**

VÉRITÉ À PROPOS DE CHARLIE, LA
voir **Truth About Charlie, The**

VÉRITÉ NUE, LA
voir **Where the Truth Lies**

VÉRITÉ SI JE MENS, LA ▷4
FR. 1996. Comédie de Thomas GILOU avec Richard Anconina, Elie Kakou et José Garcia. - Un jeune chômeur se fait passer pour un Juif afin de gagner la confiance d'un commerçant de tissus.
□ Général · Déconseillé aux jeunes enfants

VÉRITÉ SI JE MENS II, LA ▷4
FR. 2000. Comédie de Thomas GILOU avec José Garcia, Richard Anconina et Elisa Tovati. - Avec l'aide de quatre amis, un fabricant de vêtements d'un quartier juif de Paris se venge d'un gros distributeur qui l'a escroqué. □ Général
DVD VF➔16,95 $

VÉRITÉ SUR LES CHATS ET LES CHIENS, LA
voir **Truth About Cats and Dogs, The**

VERONICA GUERIN ▷5
É.-U. 2003. Drame social de Joel SCHUMACHER avec Ciaran Hinds, Cate Blanchett et Gerald McSorley. - En 1994, une journaliste de Dublin entreprend au péril de sa vie de prouver que certains criminels locaux sont liés au trafic de drogue. □ 13 ans+
DVD VF➔Cadrage W/16X9➔14,95 $

VERONICO CRUZ *voir* **Dette, La**

VERONIKA VOSS ►2
ALL. 1982. Drame de Rainer Werner FASSBINDER avec Rosel Zech, Hilmar Thate et Annemarie Dueringer. - En 1955, un journaliste sportif s'intéresse au sort d'une ancienne star de cinéma victime des manigances de sa psychanalyste. - Scénario complexe et profond. Traitement raffiné du noir et blanc. Compositions picturales rappelant le cinéma d'antan. Interprétation admirable.
□ Général

VERS LA JOIE [To Joy] ▷3
SUÈ. 1954. Drame d'Ingmar BERGMAN avec Maj Britt Nilsson, Stig Olin et Victor Sjostrom. - Les déboires d'un couple de musiciens. - Étude psychologique intéressante. Très bonne interprétation.
□ Non classé

VERS UN DESTIN INSOLITE SUR LES FLOTS BLEUS DE L'ÉTÉ [Swept Away] ▷4
ITA. 1974. Comédie satirique de Lina WERTMULLER avec Giancarlo Giannini et Mariangela Melato. - Naufragés dans une île, la femme d'un industriel et un matelot communiste ont de curieux rapports.
□ 18 ans+
DVD STA➔Cadrage W➔24,95 $

VERSAILLES RIVE GAUCHE ▷4
FR. 1991. Comédie de mœurs de Bruno PODALYDÈS avec Denis Podalydès, Isabelle Candelier et Philippe Uchan. - Ayant invité une jeune fille à un tête-à-tête galant dans son minuscule appartement, un garçon un peu gêné s'emmêle dans une série de mensonges.
□ Général

VERTES DEMEURES *voir* **Green Mansions**

VERTICAL LIMIT [Limite extrême] ▷4
É.-U. 2000. Aventures de Martin CAMPBELL avec Chris O'Donnell, Robin Tunney et Bill Paxton. - Six alpinistes risquent leur vie pour secourir trois des leurs qui ont été victimes d'une avalanche.
□ Général · Déconseillé aux jeunes enfants
DVD VF➔STF➔Cadrage W➔17,95 $ VA➔STF➔36,95 $

VERTICAL RAY OF THE SUN, THE
voir **À la verticale de l'été**

VERTIGO [Sueurs froides] ►1
É.-U. 1958. Thriller d'Alfred HITCHCOCK avec James Stewart, Kim Novak et Barbara Bel Geddes. - Un détective à la retraite est bouleversé par l'apparent suicide d'une femme qu'on l'avait chargé de surveiller. - Œuvre clé de l'auteur et du genre. Scénario ingénieux et riche. Suspense évoluant à la lisière du fantastique. Réalisation de grande classe profitant d'une illustration somptueuse. Remarquable musique de Bernard Herrmann. Jeu excellent de J. Stewart.
□ Général
DVD VA➔STF➔Cadrage W➔23,95 $

VERY ANNIE MARY
ANG. 2001. Sara SUGARMAN
DVD VA➔31,95 $

VERY LONG ENGAGEMENT, A
voir **Long dimanche de fiançailles, Un**

VERY OLD MAN WITH ENORMOUS WINGS, THE
CUB. ESP. ITA. 1988. Fernando BIRRI □ 13 ans+

VERY PRIVATE AFFAIR, A *voir* **Vie privée**

VESTIGES DU JOUR, LES
voir **Remains of the Day, The**

VEUVE COUDERC, LA ▷3
FR. 1971. Drame de mœurs de Pierre GRANIER-DEFERRE avec Simone Signoret, Alain Delon et Jean Tissier. - Une veuve embauche un inconnu qui se révèle être un prisonnier en fuite. - Adaptation réussie du roman de Georges Simenon. Bonne évocation d'époque. Contexte paysan décrit avec un mélange heureux de réalisme et de poésie. Interprétation sobre et réfléchie. □ Général

VEUVE DE SAINT-PIERRE, LA ▷4
[Widow of Saint-Pierre, The]
FR. 1999. Drame de Patrice LECONTE avec Juliette Binoche, Daniel Auteuil et Emir Kusturica. - En 1850, à Saint-Pierre-et-Miquelon, un condamné à mort devient le protégé de l'épouse du capitaine qui en a la garde. □ Général
DVD VF➔STA➔Cadrage W➔31,95 $

VEUVE JOYEUSE, LA *voir* **Merry Widow, The**

VEUVE MAIS PAS TROP *voir* **Married to the Mob**

VEUVE NOIRE, LA *voir* **Black Widow**

VIA DOLOROSA
É.-U. 2000. John BAILEY
DVD VA➔37,95 $

VIBRATION
SUÈ. 1968. Torbjörn AXELMAN
DVD VA➔Cadrage W➔54,95 $

VICE VERSA ▷4
É.-U. 1988. Comédie fantaisiste de Brian GILBERT avec Judge Reinhold, Fred Savage et Corinne Bohrer. - Par l'action d'un crâne doté de pouvoirs mystérieux, la personnalité d'un garçon de 11 ans se retrouve dans le corps de son père et vice versa. □ Général
DVD VA➔STA➔Cadrage W➔17,95 $

VICES PRIVÉS ET VERTUS PUBLIQUES ▷4
[Vices and Pleasures]
HON. 1976. Drame de mœurs de Miklos JANCSO avec Lajos Balazsovits, Teresa Ann Savoy et Franco Branciaroli. - Le prince héritier d'un empire européen qui conspire contre son père organise une orgie impliquant plusieurs nobles pour provoquer un scandale.
□ 18 ans+

VICTIM ▷3
ANG. 1961. Drame social de Basil DEARDEN avec Dirk Bogarde, Sylvia Sims et Dennis Price. - La police est sur la piste d'un maître-chanteur qui s'en prend aux homosexuels. - Œuvre sobre, prenante et bien écrite. Problème délicat traité avec tact. □ 13 ans+
DVD VA➔Cadrage W➔23,95 $

VICTIMES DU VIÊT-NAM *voir* **Casualties of War**

VICTOIRE SUR LA NUIT *voir* **Dark Victory**

VICTOR VARGAS *voir* **Raising Victor Vargas**

VICTOR/VICTORIA ▷4
ANG. 1982. Comédie de Blake EDWARDS avec Julie Andrews, James Garner et Robert Preston. - Dans le Paris des années 1930, une chanteuse sans emploi se fait passer pour un travesti. □ 13 ans+
DVD VF➔VF➔Cadrage W➔21,95 $
VA➔VF➔Cadrage W➔21,95 $

VICTORY ▷4
É.-U. 1981. Drame de guerre de John HUSTON avec Sylvester Stallone, Michael Caine et Max Von Sydow. - Des prisonniers de guerre ont l'occasion de former une équipe de soccer et d'affronter des sportifs allemands pour un match. □ Général
DVD VF➔VF➔Cadrage W➔7,95 $

VICTORY AT ENTEBBE ▷5
É.-U. 1976. Drame de Marvin J. CHOMSKY avec Burt Lancaster, Helen Hayes et Helmut Berger. - Un commando israélien se rend en Ouganda rescaper les passagers d'un avion détourné par des terroristes palestiniens. □ Général

VIDEODROME ▷5
CAN. 1982. Drame fantastique de David CRONENBERG avec James Woods, Deborah Harry et Sonja Smits. - En enquêtant sur une chaîne de télévision clandestine, le directeur d'une station indépendante est entraîné dans un monde hallucinatoire. □ 18 ans+
DVD VA➔59,95 $ VF➔Cadrage W➔10,95 $

VIDOCQ ▷5
FR. 2001. Drame fantastique de PITOF avec Gérard Depardieu, Guillaume Canet et Inès Sastre. - En 1830, à Paris, le soi-disant biographe d'un célèbre détective disparu poursuit l'enquête entamée par ce dernier sur un redoutable meurtrier masqué.
□ 13 ans+ · Violence
DVD VF➔STA➔Cadrage 16X9➔16,95 $

VIE À BELLES DENTS, LA
voir **But Not for Me**

VIE À L'ENVERS, LA ▷3
FR. 1963. Drame d'Alain JESSUA avec Charles Denner, Anna Gaylor et Nane Germon. - Un homme trouve un charme étrange à s'enfermer de plus en plus dans la solitude. - Style très personnel. Insolite. Excellente réalisation. Interprètes bien dirigés.

VIE APRÈS L'AMOUR, LA ▷5
QUÉ. 2000. Comédie sentimentale de Gabriel PELLETIER avec Michel Côté, Sylvie Léonard et Patrick Huard. - Quand son épouse le quitte après 20 ans de mariage, un homme tente par tous les moyens de redonner un sens à sa vie. □ Général
DVD VF➔23,95 $

VIE AQUATIQUE, LA
voir **Life Aquatic with Steve Zissou, The**

VIE AVEC MON PÈRE, LA ▷4
QUÉ. 2005. Comédie dramatique de Sébastien ROSE avec Raymond Bouchard, Paul Ahmarani et David La Haye. - Connaissant des problèmes de santé, un écrivain célèbre revient auprès de ses deux fils aux caractères très opposés. □ 13 ans+
DVD VF➔Cadrage W➔31,95 $

VIE CRIMINELLE D'ARCHIBALD DE LA CRUZ, LA ▷3
MEX. 1955. Drame psychologique de Luis BUÑUEL avec Ernesto Alonso, Miroslava Stern et Ariadna Welter. - Un homme retrouve une boîte à musique qu'il avait reçue en cadeau étant enfant et à qui il attribuait le pouvoir de réaliser ses désirs homicides. - Scénario insolite aux accents surréalistes. Touches d'humour noir.

VIE D'OHARU, LA [Life of Oharu]
JAP. 1952. Kenji MIZOGUCHI □ Général

VIE D'UN HÉROS, LA ▷4
QUÉ. 1994. Étude de mœurs de Micheline LANCTÔT avec Véronique Le Flaguais, Gilbert Sicotte et Marie Cantin. - Dans les années 1940, une famille de riches cultivateurs des Cantons de l'Est recueille un prisonnier allemand détenu dans une base militaire voisine.

VIE DE BESTIOLE, UNE *voir* **Bug's Life, A**

VIE DE CHÂTEAU, LA ▷3
FR. 1965. Comédie sentimentale de Jean-Paul RAPPENEAU avec Catherine Deneuve, Philippe Noiret et Pierre Brasseur. - Chassés-croisés amoureux dans un château de Normandie pendant la guerre. - Légèreté de touche. Images gracieuses. Dialogue spirituel. Interprétation juste.
DVD VF➔STA➔Cadrage W➔22,95 $

VIE DE DAVID GALE, LA
voir **Life of David Gale, The**

VIE DE FAMILLE À YONKERS
voir **Lost in Yonkers**

VIE DE JÉSUS, LA ▷3
FR. 1997. Drame social de Bruno DUMONT avec David Douche, Marjorie Cottreel et Kader Chaatouf. - Dans une petite ville du Nord de la France, un jeune homme désœuvré s'en prend, avec l'aide de ses copains, à un jeune Maghrébin qui tourne autour de sa petite amie. - Description implacable d'une problématique sociale propre à un milieu défavorisé. Traitement hyperréaliste. □ 16 ans+

VIE DEVANT SOI, LA [Madame Rosa] ▷3
FR. 1977. Drame de mœurs de Moshe MIZHARI avec Simone Signoret, Samy Ben Youb et Claude Dauphin. - Une ancienne prostituée gagne sa vie en prenant en pension les enfants des filles de joie. - Adaptation chaleureuse du roman d'Émile Ajar. Excellente composition de S. Signoret. □ Général

VIE EN ROSE, LA *voir* **Just Around the Corner**

VIE EST BELLE, LA *voir* **It's a Wonderful Life**

VIE EST BELLE, LA
ZAÏ. 1987. Benoît LAMY

VIE EST BELLE, LA ▷4
BEL. FR. ZAÏ. 1987. Comédie musicale de Benoît LAMY et Mweze NGANGURA avec Papa Wemba, Krubwa Bibi et Kanku Kasongo. - Les tribulations d'un campagnard pauvre du Zaïre qui se rend à la capitale dans l'espoir de devenir chanteur. □ Général

VIE EST BELLE, LA [Life is Beautiful] ▷3
ITA. 1997. Comédie dramatique réalisée et interprétée par Roberto BENIGNI avec Nicoletta Braschi et Giorgio Cantarini. - Déporté dans un camp de concentration avec son jeune fils, un libraire juif tente de lui faire croire qu'il ne s'agit que d'un jeu. - Œuvre farcie de trouvailles comiques tout en atteignant une grande humanité. Touches poétiques attendrissantes. Construction solide.
□ Général
DVD Cadrage W➔23,95 $ VF➔STA➔Cadrage W➔23,95 $

VIE EST UN LONG FLEUVE TRANQUILLE, LA ▷4
FR. 1987. Comédie d'Étienne CHATILIEZ avec Hélène Vincent, André Wilms et Benoît Magimel. - Intervertis à leur naissance par une infirmière, deux enfants ont été élevés dans des milieux diamétralement opposés à celui de leurs parents naturels. □ Général

VIE EST UN MIRACLE, LA ▷4
SERB. 2004. Comédie dramatique d'Emir KUSTURICA avec Slavko Stimac, Natasa Solak et Vesna Trivalic. - Au moment où la guerre éclate en Bosnie, un Serbe tombe amoureux d'une otage musulmane dont il a la garde. □ 13 ans+
DVD VF➔29,95 $

VIE EST UN TÉLÉROMAN, LA *voir* **Soapdish**

VIE ET RIEN D'AUTRE, LA [Life and Nothing But] ►2
FR. 1989. Drame social de Bertrand TAVERNIER avec Philippe Noiret, Sabine Azéma et Pascale Vignal. - En 1920, un commandant de l'armée française qui est chargé d'identifier les disparus de la Grande Guerre s'éprend d'une femme à la recherche de son mari. - Tableau saisissant et plein d'ironie. Climat quasi surréaliste. Mise en scène rigoureuse et minutieuse. Jeu intense et nuancé de P. Noiret. □ Général
DVD VF→STA→Cadrage W→24,95 $

VIE FANTÔME, LA ▷4
QUÉ. 1992. Drame de mœurs de Jacques LEDUC avec Ron Lea, Pascale Bussières et Johanne-Marie Tremblay. - Un homme marié entretient une relation extraconjugale avec une jeune libraire. □ 16 ans+

VIE HEUREUSE DE LÉOPOLD Z., LA ▷4
QUÉ. 1965. Comédie de Gilles CARLE avec Guy L'Écuyer, Paul Hébert et Suzanne Valéry. - La veille de Noël, un déneigeur s'efforce de compléter ses achats de cadeaux en pleine tempête de neige. □ Général

VIE INACHEVÉE, UNE *voir* **Unfinished Life, An**

VIE NOUVELLE, LA ▷5
FR. 2002. Drame de mœurs de Philippe GRANDRIEUX avec Zach Knighton, Anna Mouglalis et Marc Barbé. - Un jeune militaire américain en permission dans les Balkans entreprend de sauver de la déchéance une prostituée ukrainienne. □ 16 ans+
DVD VF→11,95 $

VIE PERDUE, UNE *voir* **Smash-Up, the Story of a Woman**

VIE PRIVÉE [Very Private Affair, A] ▷3
FR. 1962. Drame psychologique de Louis MALLE avec Brigitte Bardot, Marcello Mastroianni et Ursula Kubler. - Une cover-girl connaît un succès rapide au cinéma. - Transposition habile du « mythe » Bardot. Grande qualité picturale. Ensemble un peu froid. Montage soigné. Interprètes bien dirigés. □ Général

VIE PRIVÉE D'ÉLISABETH D'ANGLETERRE, LA
voir **Private Lives of Elizabeth and Essex, The**

VIE PROMISE ▷5
FR. 2002. Drame psychologique d'Olivier DAHAN avec Maud Forget, Isabelle Huppert et Pascal Greggory. - Une prostituée prend la fuite avec sa fille adolescente après que celle-ci a tué un souteneur.
DVD VF→STA→29,95 $

VIE RÊVÉE DES ANGES, LA ▷3
[Dreamlife of Angels, The]
FR. 1998. Drame de mœurs d'Erick ZONCA avec Elodie Bouchez, Natacha Régnier et Grégoire Colin. - Une jeune routarde fraîchement débarquée à Lille se lie d'amitié avec une jeune ouvrière qui vit diverses déceptions amoureuses. - Portrait juste et âpre d'une certaine jeunesse. Mise en scène très fluide. Interprétation contrastée des deux comédiennes. □ 13 ans+
DVD VF→STF→Cadrage W→34,95 $

VIE SECRÈTE DE WALTER MITTY, LA
voir **Secret Life of Walter Mitty, The**

VIEILLE FILLE, LA ▷3
FR. 1971. Comédie satirique de Jean-Pierre BLANC avec Annie Girardot, Philippe Noiret et Marthe Keller. - Au cours de vacances, un homme d'âge mûr réussit à forcer l'intimité d'une demoiselle solitaire. - Chronique humoristique de la vie des vacanciers. Touches caricaturales. □ Général

VIEILLE QUI MARCHAIT DANS LA MER, LA ▷4
FR. 1991. Comédie dramatique de Laurent HEYNEMANN avec Jeanne Moreau, Michel Serrault et Luc Thuillier. - Une vieille arnaqueuse s'acoquine avec un jeune play-boy au grand dam de son associé. □ 13 ans+

VIENS CHEZ MOI, J'HABITE CHEZ UNE COPINE ▷4
FR. 1981. Comédie de Patrice LECONTE avec Michel Blanc, Sylvie Granotier, Bernard Giraudeau et Thérèse Liotard. - Réfugié chez un couple ami, un chômeur sème la pagaille en prenant de plus en plus ses aises. □ Général

VIERGE DES TUEURS, LA ▷4
[Our Lady of the Assassins]
COL. 2000. Drame de mœurs de Barbet SCHROEDER avec Juan David Restrepo, German Jaramillo et Anderson Ballasteros. - À Medellín, un écrivain désabusé s'éprend d'un jeune de la rue employé comme tueur à gages par les cartels de la drogue. - □ 16 ans+ · Violence
DVD STA→Cadrage W→33,95 $

VIES DE LOULOU, LES [Ages of Loulou, The]
ESP. 1990. Bigas LUNA □ 18 ans+ · Érotisme
DVD STA→PC

VIEUX FUSIL, LE ▷3
FR. 1975. Drame de guerre de Robert ENRICO avec Philippe Noiret, Romy Schneider et Joachim Hansen. - Un chirurgien exerce une vengeance meurtrière sur les soldats allemands qui ont massacré sa femme et sa fille. - Construction solide. Interprétation convaincue de P. Noiret. □ 13 ans+

VIEUX GARÇONS, LES *voir* **Grumpy Old Men**

VIEUX PAYS OÙ RIMBAUD EST MORT, LE ▷4
CAN. 1977. Comédie satirique de Jean-Pierre LEFEBVRE avec Marcel Sabourin, Anouk Ferjac et Myriam Boyer. - Les observations d'un Québécois venu en France vérifier ses sources nationales.
DVD VF→28,95 $

VIEW FROM THE BRIDGE *voir* **Vu du pont**

VIEW FROM THE SUMMIT *voir* **Vue du sommet**

VIEW FROM THE TOP, A ▷5
[Profession: hôtesse de l'air]
É.-U. 2003. Comédie de Bruno BARRETO avec Gwyneth Paltrow, Mark Ruffalo et Mike Myers. - Une jeune femme poursuit sans relâche son rêve de devenir une hôtesse de l'air de prestige. □ Général
DVD VF→STA→Cadrage W→14,95 $

VIEW TO A KILL, A [Dangereusement vôtre] ▷5
ANG. 1985. Drame d'espionnage de John GLEN avec Roger Moore, Christopher Walken et Grace Jones. - L'agent secret James Bond est chargé de surveiller un industriel richissime qui veut prendre le contrôle mondial de l'informatique. □ Général

VIGILANTE, EL *voir* **School Killer**

VIGO: A PASSION FOR LIFE ▷5
[Vigo: histoire d'une passion]
FR. 1998. Drame biographique de Julien TEMPLE avec James Frain, Romane Bohringer et Nicholas Barnes. - La vie et la carrière du cinéaste Jean Vigo, qui est mort de la tuberculose en 1934 après avoir réalisé son chef-d'œuvre, *L'Atalante*.

VIKINGS, THE ▷3
É.-U. 1958. Aventures de Richard FLEISCHER avec Kirk Douglas, Tony Curtis et Janet Leigh. - Un chef viking a, sans le savoir, son demi-frère comme principal adversaire. - Film à grand spectacle. Reconstitution historique réussie. Interprétation excellente. □ Général
DVD VF→VF→Cadrage W→12,95 $

VILAIN AMÉRICAIN, LE *voir* **Ugly American, The**

VILLA PARANOÏA ▷4
DAN. 2004. Comédie dramatique réalisée et interprétée par Erik CLAUSEN avec Sonja Richter et Frits Helmuth. - Une actrice névrosée accepte un emploi d'aide-soignante auprès du vieux père paralysé et muet d'un éleveur de poulets célibataire. □ Général
DVD VF→33,95 $

VILLAGE, THE [Village, Le] ▷5
É.-U. 2004. Thriller de M. Night SHYAMALAN avec Joaquin Phoenix, Bryce Dallas Howard et William Hurt. - Les habitants d'un village isolé ne s'aventurent jamais dans la forêt voisine où vivraient de terrifiantes créatures. □ Général · Déconseillé aux jeunes enfants
DVD VF→STF→Cadrage W/16X9→19,95 $

VILLAGE DES DAMNÉS, LE *voir* **Village of the Damned**

VILLAGE OF DREAMS ▷3
JAP. 1995. Chronique de Yoichi HIGASHI avec Keigo Matsuyama, Shogo Matsuyama et Mieko Harada. - Dans le Japon rural de la fin des années 1940, les escapades et les jeux de deux frères jumeaux qui partagent un imaginaire fertile. - Récit oscillant entre réalisme et rêverie. Climat d'insouciance enfantine obscurci par quelques zones d'ombres. Réalisation délicate. Jeunes comédiens bien dirigés.
DVD 49,95 $

VILLAGE OF THE DAMNED [Village des damnés, Le] ▷4
ANG. 1960. Science-fiction de Wolf RILLA avec George Sanders, Barbara Shelley et Martin Stephens. - À la suite d'un phénomène inexplicable, les femmes d'un village donnent naissance à des enfants dotés de pouvoirs étranges. □ Général

VILLAGE OF THE DAMNED [Village des damnés, Le] ▷5
É.-U. 1995. Science-fiction de John CARPENTER avec Christopher Reeve, Kirstie Alley, Michael Paré et Linda Kozlowski. - À la suite d'un phénomène mystérieux, les jeunes femmes d'un village donnent naissance à d'étranges enfants doués de pouvoirs télépathiques. □ 13 ans+
DVD VA➜STA➜Cadrage W➜10,95 $

VILLE ABANDONNÉE, LA *voir* **Yellow Sky**

VILLE CONQUISE *voir* **City for Conquest**

VILLE DONT LE PRINCE EST UN ENFANT, LA ▷4
[Fire That Burns, The]
FR. 1996. Drame psychologique réalisé et interprété par Christophe MALAVOY avec Naël Marandin et Clément Van den Bergh. - Dans une école catholique, un abbé épris d'un élève rebelle prend ombrage de l'amitié qui lie l'enfant à un garçon plus âgé.

VILLE EST TRANQUILLE, LA ▷4
FR. 2000. Drame social de Robert GUÉDIGUIAN avec Jean-Pierre Darroussin, Ariane Ascaride et Gérard Meylan. - À Marseille, les destins entrecroisés de diverses personnes confrontées à la drogue, la prostitution, le chômage et la violence raciale. □ 13 ans+

VILLE ET LES CHIENS, LA [City of the Dogs, The] ▷4
PÉR. 1984. Drame de mœurs de Francisco J. LOMBARDI avec Pablo Serra, Gustavo Bueno et Juan M. Ochoa. - Un nouvel élève d'une académie militaire prend en charge les trafics illicites qui ont cours dans l'école. □ 13 ans+
DVD STA➜PC

VILLE PORTUAIRE [Port of Call] ▷4
SUÈ. 1948. Drame psychologique d'Ingmar BERGMAN avec Nine-Christine Jonsson, Bengt Eklund et Berta Hall. - Un marin s'engage comme débardeur et fait la connaissance d'une jeune fille en proie à diverses difficultés. □ Non classé

VILLE PRÈS DE LA MER, UNE *voir* **City by the Sea**

VILLE SANS PITIÉ *voir* **Town Without Pity**

VINCENT AND ME [Vincent et moi] ▷4
CAN. 1990. Comédie dramatique de Michael RUBBO avec Nina Petronzio, Christopher Forrest et Paul Klerk. - Une jeune artiste de 13 ans se rend à Amsterdam pour démasquer les faussaires qui ont vendu un de ses dessins comme une œuvre de Vincent Van Gogh. □ Général

VINCENT AND THEO ▷3
ANG. 1990. Drame biographique de Robert ALTMAN avec Tim Roth, Paul Rhys et Johanna Ter Steege. - La vie miséreuse du peintre Vincent Van Gogh et ses rapports parfois houleux avec son frère Théo. - Récit fort évocateur. Réalisation maîtrisée. Montage particulièrement riche. T. Roth et P. Rhys remarquables d'émotion.
□ Général
DVD VA➜VF➜12,95 $

VINCENT, FRANÇOIS, PAUL ET LES AUTRES ▷3
FR. 1974. Chronique de Claude SAUTET avec Yves Montand, Michel Piccoli et Stéphane Audran. - La vie et les problèmes d'un petit groupe de bons amis qui se retrouvent souvent en famille. - Tableau sympathique et humoristique. Rythme fluide créé par une mise en scène précise et souple. Jeu juste et naturel des interprètes.
□ Général

VIOL D'UNE JEUNE FILLE DOUCE, LE ▷4
QUÉ. 1968. Comédie satirique de Gilles CARLE avec Daniel Pilon, Julie Lachapelle et Katherine Mousseau. - Une jeune fille attend un enfant sans savoir qui en est le père. □ 13 ans+

VIOL ET CHÂTIMENT *voir* **Lipstick**

VIOLENCE À JÉRICHO *voir* **Rough Night in Jericho**

VIOLENCE AT NOON *voir* **Obsédé en plein jour, L'**

VIOLENCE ET PASSION [Conversation Piece] ▷3
ITA. 1973. Drame psychologique de Luchino VISCONTI avec Burt Lancaster, Silvana Mangano et Helmut Berger. - Forcé de louer une partie de son appartement, un professeur à la retraite devient l'observateur de curieuses mœurs. - Vision critique de la décadence des mœurs. Rythme ample et méditatif. □ 13 ans+

VIOLENT CITY *voir* **Cité de la violence**

VIOLENT COP
JAP. 1989. Takeshi KITANO □ 18 ans+ · Violence
DVD STA➜Cadrage W➜34,95 $

VIOLENT MEN, THE [Souffle de la violence, Le] ▷4
É.-U. 1954. Western de Rudolph MATÉ avec Barbara Stanwyck, Glenn Ford et Edward G. Robinson. - Un jeune rancher décide de tenir tête à un éleveur de troupeaux ambitieux. □ Général
DVD VA➜17,95 $

VIOLENT NAPLES ▷5
ITA. 1977. Drame policier de Umberto LENZI avec Maurizio Merli, John Saxon et Tomas Milian. - Afin de se venger d'un ex-polilcier, un criminel se met au service d'un gangster américain.
DVD VA➜STA➜27,95 $

VIOLENT PROFESSIONALS
ITA. 1973. Sergio MARTINO
DVD STA➜Cadrage W➜24,95 $

VIOLENT, LE *voir* **In a Lonely Place**

VIOLET ▷5
CAN. 2000. Comédie dramatique de Ron HOUSE avec Mary Walsh, Peter MacNeill et Andrew Younghusband. - Les tribulations d'une famille d'excentriques Terre-Neuviens dont la mère superstitieuse est convaincue qu'elle mourra bientôt.

VIOLON ROUGE, LE [Red Violin, The] ▷4
QUÉ. ANG. ITA. 1998. Chronique de François GIRARD avec Samuel L. Jackson, Jean-Luc Bideau et Sylvia Chang. - Après avoir traversé les époques et les continents, un superbe violon italien du XVIIe siècle est mis aux enchères à Montréal. □ Général · Déconseillé aux jeunes enfants
DVD VA➜Cadrage W➜22,95 $

VIOLONS DU BAL, LES ▷4
FR. 1973. Chronique de Michel DRACH avec Marie-José Nat, David Drach et Jean-Louis Trintignant. - Un cinéaste veut filmer ses souvenirs d'enfant juif sous l'Occupation. □ Général

VIOLONS DU CŒUR, LES *voir* **Music of the Heart**

VIP, MON FRÈRE LE SURHOMME ▷4
ITA. 1968. Dessins animés de Bruno BOZZETTO. - Le frère rachitique d'un surhomme connaît des aventures surprenantes dans une île supposément déserte.

VIPÈRE AU POING ▷4
FR. 2004. Comédie dramatique de Philippe de BROCA avec Jules Sitruk, Catherine Frot et Jacques Villeret. - Dans les années 1920, un gamin d'une famille bourgeoise désargentée se révolte contre sa mère autoritaire et cruelle. □ Général
DVD VA➜STA➜Cadrage W➜27,95 $

VIPÈRES *voir* **Posers**

VIRÉE D'ENFER *voir* **Joy Ride**

VIRGIN AMONG THE LIVING DEAD
É.-U. 1973. Jesús FRANCO
DVD VF→STA→36,95 $

VIRGIN ISLAND ▷5
ANG. 1958. Comédie de Pat JACKSON avec Virginia Maskell, John Cassavetes et Sidney Poitier. - Un jeune couple s'installe dans une île inhabitée des Antilles. □ Général

VIRGIN MACHINE
É.-U. 1988. Monika TREUT □ 16 ans+ · Érotisme
DVD VA→STA→29,95 $

VIRGIN QUEEN, THE ▷5
É.-U. 1954. Drame historique d'Henry KOSTER avec Bette Davis, Richard Todd et Joan Collins. - Sous le règne d'Elizabeth, Walter Raleigh envisage la possibilité de conquérir le Nouveau Monde. □ Général

VIRGIN SPRING, THE *voir* **Source, La**

VIRGIN SUICIDES, THE ▷3
É.-U. 1999. Comédie dramatique de Sofia COPPPOLA avec Kirsten Dunst, James Woods et Kathleen Turner. - Dans une banlieue cossue, des adolescents sont fascinés par leurs voisines, des beautés blondes surprotégées par leurs parents. - Étude à la fois lyrique et caustique de l'éveil sexuel. Personnages féminins énigmatiques. Photographie magnifique. Interprètes de talent. □ Général
DVD VF→STA→Cadrage W→10,95 $

VIRGINIA CITY ▷4
É.-U. 1940. Western de Michael CURTIZ avec Errol Flynn, Randolph Scott et Miriam Hopkins. - Des Sudistes tentent de faire parvenir une importante cargaison d'or à une bande d'amis.

VIRGINIAN, THE ▷4
É.-U. 1929. Western de Victor FLEMING avec Gary Cooper, Walter Huston et Richard Arlen. - Le contremaître d'un ranch se voit forcé de pendre un ami, devenu voleur de bétail. □ Non classé

VIRIDIANA ►2
ESP. MEX. 1961. Drame de Luis BUÑUEL avec Silvia Pinal, Francisco Rabal et Fernando Rey. - Une jeune fille transforme le domaine de son oncle décédé en asile pour mendiants. - Ensemble violemment satirique réalisé avec un talent remarquable. Images d'une grande valeur poétique. Excellents interprètes. □ 13 ans+
DVD STA→41,95 $

VIRTUOSE, LE [Together] ▷4
CHI. 2002. Mélodrame de Chen KAIGE avec Tang Yun, Liu Peiqi et Chen Hong. - Déterminé à faire de son fils un violoniste célèbre, un cuisinier campagnard s'installe avec lui à Beijing, au prix de nombreux sacrifices. □ Général
DVD VF→STF→Cadrage W/16X9→22,95 $

VISAGE DE FEMME, UN [Woman's Face, A] ▷4
SUÈ. 1939. Drame psychologique de Gustaf MOLANDER avec Ingrid Bergman, Anders Henrikson et Karin Carlsson-Kavil. - Une femme défigurée retrouve la beauté grâce à une chirurgie plastique, mais ne peut échapper à son passé de criminelle. □ Non classé

VISAGE DE LA PEUR, LE *voir* **Hills Have Eyes, The**

VISAGE DU PLAISIR, LE
voir **Roman Spring of Mrs. Stone, The**

VISAGE PÂLE ▷4
QUÉ. 1984. Drame de mœurs de Claude GAGNON avec Luc Matte, Allison Odjig et Guy Thauvette. - Un instructeur sportif, en vacances dans une région du nord du Québec, est en butte à l'hostilité d'un trio de désœuvrés.

VISAGE, LE [Magician, The] ►2
SUÈ. 1959. Drame psychologique d'Ingmar BERGMAN avec Max Von Sydow, Ingrid Thulin et Gunnar Bjornstrand. - Un illusionniste ambulant fait croire à sa propre mort. - Film déroutant. Variations originales sur le thème de l'illusion. Atmosphère envoûtante. Interprétation de classe. □ Général

VISIBLEMENT JE VOUS AIME ▷5
FR. 1995. Drame de mœurs de Jean-Michel CARRÉ avec Denis Lavant, Dominique Froh et Vanessa Guedj. - Forcé à séjourner dans un centre de rééducation pour autistes, un jeune délinquant s'acclimate difficilement à son groupe. □ 13 ans+

VISIONS OF SUGARPLUMS
É.-U. 2001. Edward G. FASULO
DVD VA→42,95 $

VISITEURS, LES ▷4
FR. 1993. Comédie de Jean-Marie POIRÉ avec Christian Clavier, Jean Reno et Valérie Lemercier. - Un chevalier du XIIe siècle et son valet sont projetés en 1993 par un magicien. □ Général
DVD VF→29,95 $

VISITEURS II, LES COULOIRS DU TEMPS, LES ▷6
FR. 1998. Comédie fantaisiste de Jean-Marie POIRÉ avec Christian Clavier, Jean Reno et Muriel Robin. - Un chevalier du XIIe siècle retourne dans le futur pour ramener à son époque un valet qui a dérobé des bijoux. □ Général
DVD VF→29,95 $

VISITEURS D'UN AUTRE MONDE, LES
voir **Return from Witch Mountain**

VISITEURS DU SOIR, LES ►2
FR. 1942. Drame fantastique de Marcel CARNÉ avec Arletty, Alain Cuny et Jules Berry. - Un ménestrel, serviteur du diable, s'éprend de la fille d'un baron. - Histoire poétique conçue par Jacques Prévert. Rythme lent et envoûtant. Beauté plastique des images. Interprétation stylisée. □ Général

VISITING HOURS ▷5
QUÉ. 1981. Drame de Jean-Claude LORD avec Michael Ironside, Lee Grant et Linda Purl. - Un déséquilibré pourchasse dans un hôpital une animatrice de télévision qui a dénoncé la violence faite aux femmes. □ 18 ans+
DVD VA→15,95 $

VISITOR Q ▷5
JAP. 2001. Drame de mœurs de Takashi MIIKE avec Kenichi Endo, Shungiku Uchida et Kazushi Watanabe. - Un jeune inconnu vient bouleverser la vie des membres d'une famille dysfonctionnelle, amenant ceux-ci à se libérer par le sexe et la violence. □ 18 ans+ · Érotisme - Violence
DVD STA→Cadrage P&S→31,95 $

VISITORS, THE ▷3
É.-U. 1971. Drame psychologique d'Elia KAZAN avec Patrick McVey, Patricia Joyce et James Woods. - Deux vétérans du Viêtnam veulent se venger d'un camarade qui les avait dénoncés pour le viol et le meurtre d'une jeune Vietnamienne. - Parabole dénonçant la guerre et ses répercussions psychologiques. Réalisation de qualité. Interprétation excellente. □ 13 ans+

VISITORS
AUS. 2003. Richard FRANKLIN
DVD VA→24,95 $

VITAL
JAP. 2004. Shinya TSUKAMOTO
DVD STA→Cadrage W→27,95 $

VITE, VITE [Deprisa, deprisa]
ESP. FR. 1981. Carlos SAURA □ 13 ans+ · Violence

VITELLONI, I *voir* **Inutiles, Les**

VIVA LA MUERTE ▷4
FR. 1970. Drame psychologique de Fernando ARRABAL avec Madhi Chaouch, Nuria Espert et Anouk Ferjac. - Les troubles affectifs et psychologiques d'un jeune Espagnol dont le père a été fusillé pendant la guerre civile.

VIVA LA VIE ▷4
FR. 1983. Drame de Claude LELOUCH avec Michel Piccoli, Evelyne Bouix et Charlotte Rampling. - Un industriel et une actrice disparus semblent avoir été enlevés par des extraterrestres. □ Général

VIVA MARIA ▷4
FR. 1965. Comédie de Louis MALLE avec Brigitte Bardot, Jeanne Moreau et Claudio Brook. - Les aventures de deux chanteuses mêlées à la révolution mexicaine. □ Général
DVD VA→STA→12,95 $

VIVA VILLA ! ▷3
É.-U. 1934. Aventures de Jack CONWAY avec Wallace Beery, Fay Wray et Leo Carillo. - Un chef de bande s'unit à un riche propriétaire pour faire une révolution au Mexique. - Évocation fictive de faits réels. Mise en scène puissante et efficace. Photographie admirable. Création magistrale de W. Beery. □ Général

VIVA ZAPATA ! ►2
É.-U. 1952. Drame historique d'Elia KAZAN avec Marlon Brando, Jean Peters et Anthony Quinn. - Au Mexique, en 1911, un paysan entreprend la lutte contre la dictature aristocratique. - Remarquable étude de caractères. Climat d'époque bien rendu. Mise en scène vigoureuse et précise. Excellente interprétation. □ Général

VIVE L'AMOUR ▷3
TAÏ. 1994. Drame psychologique de Tsai MING-IIANG avec Yang Kuei-mei, Lee Kang-sheng et Chen Chao-jung. - Le hasard réunit une agente immobilière, un jeune homme suicidaire et un vendeur itinérant dans un appartement désert. - Étude poignante sur la difficile quête de l'amour. Rythme méditatif. Cadrages recherchés. Mise en scène dépouillée. Jeu intériorisé des comédiens. □ 13 ans+
DVD Cadrage W→34,95 $

VIVE LA RÉPUBLIQUE ! ▷4
FR. 1997. Comédie de mœurs d'Éric ROCHANT avec Hippolyte Girardot, Antoine Chappey et Gad Elmaleh. - Trois chômeurs décident de fonder leur propre parti politique. □ Général

VIVE LES FEMMES ▷6
FR. 1984. Comédie de Claude CONFORTÈS avec Maurice Risch, Roland Giraud et Catherine Leprince. - Un dragueur impénitent et son voisin, un solitaire débraillé, rencontrent sur une plage une institutrice en vacances avec son amie. □ 18 ans+

VIVEMENT DIMANCHE ! [Confidentially Yours] ▷3
FR. 1983. Comédie policière de François TRUFFAUT avec Fanny Ardant, Jean-Louis Trintignant et Philippe Laudenbach. - Une secrétaire délurée se lance dans une enquête afin de sauver son patron accusé d'un double meurtre. - Transposition habile d'un roman américain. Retournements surprenants. Jeu plein de brio de F. Ardant. □ Général
DVD VF→STF→Cadrage W→21,95 $

VIVRE [Ikiru] ►2
JAP. 1952. Drame psychologique d'Akira KUROSAWA avec Takashi Shimura, Miki Odagiri et Nobuo Kaneko. - Un fonctionnaire atteint de cancer cherche à donner un sens à sa vie. - Ensemble mélangeant l'étude psychologique et le drame social. Récit très bien mené. Interprétation sincère et convaincante. □ Général
DVD STA→62,95 $

VIVRE [To Live] ▷3
CHI. 1994. Chronique de Yimou ZHANG avec Ge You, Gong Li et Niu Ben. - Un couple de prolétaires subit les contrecoups des divers bouleversements politiques qui secouent la Chine à partir des années 1940. - Survol de l'histoire contemporaine chinoise. Esthétisme classique et sophistiqué. Éléments mélodramatiques. Étincelles d'humour noir. Imagerie colorée. Interprètes d'une crédibilité admirable. □ Général
DVD STA→PC

VIVRE ET LAISSER MOURIR
voir **Live and Let Die**

VIVRE LIBRE *voir* **Born Free**

VIVRE SA VIE [My Life to Live] ▷3
FR. 1962. Drame psychologique de Jean-Luc GODARD avec Anna Karina, Saddy Rebot et André S. Labarthe. - Une prostituée a maille à partir avec son souteneur lorsqu'elle décide de tout quitter pour un homme qui l'aime. - Chronique traitée en profondeur. Désinvolture tempérée par une certaine stylisation. Facture originale. Tentative valable de cinéma intimiste. A. Karina émouvante. □ Général
DVD VF→STA→22,95 $

VIXEN ▷5
É.-U. 1968. Mélodrame de Russ MEYER avec Erica Gavin, Harrison Page et Garth Pillsbury. - Les aventures extraconjugales de la femme d'un pilote de brousse du Nord-Ouest canadien. □ 18 ans+

VOCE DELLA LUNA, LA ▷4
ITA. 1990. Comédie fantaisiste de Federico FELLINI avec Roberto Benigni, Paolo Villaggio et Nadia Ottaviani. - Se sentant appelé par la voix de la lune venue du fond d'un puits, un villageois candide se voit entraîné dans une curieuse aventure où il fait d'étranges rencontres. □ Général

VOGUE OF 1938
É.-U. 1937. Irving CUMMINGS
DVD VA→26,95 $

VOICI POLLY *voir* **Along Came Polly**

VOIE DE PERDITION *voir* **Road to Perdition**

VOIE LACTÉE, LA [Milky Way, The] ▷3
FR. 1968. Comédie satirique de Luis BUÑUEL avec Laurent Terzieff, Paul Frankeur et Delphine Seyrig. - Évocation de problèmes d'ordre religieux rencontrés par deux hommes qui se rendent à Saint-Jacques de Compostelle. - Survol caustique des recherches théologiques. Épisodes humoristiques. Style sec et précis teinté de surréalisme. Interprétation détachée. □ Général

VOISINS, LES ▷4
CAN. 1987. Comédie satirique de Micheline GUERTIN avec Marc Messier, Serge Thériault et Murielle Dutil. - Trois couples de banlieusards se réunissent pour une soirée qui tourne au vinaigre.
DVD VF→26,95 $

VOIX DES VENTS, LA *voir* **Windtalkers**

VOIX LOINTAINES, VIES IMMOBILES
voir **Distant Voices, Still Lives**

VOL, LE *voir* **Heist**

VOL AU-DESSUS D'UN NID DE COUCOU
voir **One Flew Over the Cuckoo's Nest**

VOL DES DRAGONS, LE
voir **Flight of Dragons**

VOL DU SPHINX, LE ▷5
FR. 1984. Aventures de Laurent FERRIER avec Alain Souchon, Miou-Miou et François Perrot. - Un pilote d'avion, établi dans le Sud du Maroc, est entraîné malgré lui dans une dangereuse affaire de trafic d'armes.

VOL SOUS HAUTE PRESSION *voir* **Red Eye**

VOLCANO HIGH
COR. 2001. Tae-gyun KIM
DVD STA→21,95 $

VOLERE, VOLARE *voir* **Amour avec des gants, L'**

VOLEUR D'ENFANTS, LE ▷3
ITA. 1992. Drame psychologique de Gianni AMELIO avec Enrico Lo Verso, Valentina Scalici et Giuseppe Ieracitano. - Un carabinier s'attache à deux enfants qu'il doit escorter jusque dans un foyer d'accueil. - Road Movie de style néoréaliste. Émotions exprimées avec pudeur et délicatesse. Mise en scène sensible et feutrée. Interprétation sobre. □ Général

VOLEUR DE BICYCLETTE, LE [Bicycle Thief, The] ►1
ITA. 1948. Drame social de Vittorio DE SICA avec Lianella Carrel, Lamberto Maggiorani et Enzo Staiola. - Un père de famille se fait voler la bicyclette dont il a besoin pour son travail. - Œuvre maîtresse du néoréalisme. Technique simple mais précise. Remarquable direction d'acteurs non professionnels. □ Général
DVD VA→STA→37,95 $

VOLEUR DE CAMÉRA, LE ▷5
QUÉ. 1992. Film d'essai réalisé et interprété par Claude FORTIN avec Madeleine Bélair et Jacinthe Marceau. - Un jeune homme utilise une caméra volée pour tourner un document soi-disant révolutionnaire sur les jeunes et la télévision. □ Général

VOLEUR DE CRIMES, LE ▷4
FR. 1969. Drame psychologique de Nadine TRINTIGNANT avec Jean-Louis Trintignant, Robert Hossein et Florinda Bolkan. - Un déséquilibré s'accuse du meurtre d'une jeune fille qui s'est suicidée. □ Non classé

VOLEUR DE SAVONNETTE, LE [Icicle Thief, The] ▷4
ITA. 1989. Comédie fantaisiste réalisée et interprétée par Maurizio NICHETTI avec Caterina Sylos Labini et Federico Rizzo. - Lors de sa diffusion au petit écran, un film en noir et blanc est transformé par l'irruption de personnages issus de messages publicitaires. □ Général

VOLEUR DE VIE ▷5
FR. 1998. Drame psychologique d'Yves ANGELO avec Emmanuelle Béart, Sandrine Bonnaire et André Dussollier. - La relation entre une jeune enseignante aux mœurs légères et sa sœur, qui mène une existence austère. □ 13 ans+

VOLEUR DE VIES *voir* **Taking Lives**

VOLEUR DU ROI, LE *voir* **King's Thief, The**

VOLEUR ET L'ENFANT, LE [Thief, The] ▷4
RUS. 1997. Drame de mœurs de Pavel TCHOUKHRAÏ avec Vladimir Machkov, Ekaterina Rednikova et Micha Philiptchouk. - Dans l'URSS des années 1950, un cambrioleur qui se fait passer pour un militaire prend sous son aile une veuve et son petit garçon. □ Général · Déconseillé aux jeunes enfants

VOLEUR ET LE CORDONNIER, LE
voir **Thief and the Cobbler, The**

VOLEUR VIT EN ENFER, LE
QUÉ. 1984. Robert MORIN

VOLEURS, LES ▷3
FR. 1996. Drame psychologique d'André TÉCHINÉ avec Daniel Auteuil, Catherine Deneuve et Laurence Côte. - À Lyon, un policier solitaire et taciturne tente de se lier à une professeure de philosophie qui entretient, comme lui, une liaison amoureuse avec une jeune voleuse exaltée. - Scénario touffu. Construction morcelée intégrant plusieurs procédés narratifs. Interactions complexes entre les personnages. Distribution de grande classe. □ 13 ans+

VOLGA BOATMAN, THE
É.-U. 1926. Cecil B. DeMILLE □ Général

VON RICHTHOFEN AND BROWN [Baron rouge, Le] ▷4
É.-U. 1971. Drame de guerre de Roger CORMAN avec John Phillip Law, Don Stroud et Barry Primus. - Un jeune fermier canadien affronte victorieusement dans un combat aérien l'as de l'aviation allemande de la guerre 14-18. □ Général

VON RYAN'S EXPRESS ▷4
É.-U. 1965. Drame de guerre de Mark ROBSON avec Frank Sinatra, Trevor Howard et Edward Mulhare. - Un colonel organise l'évasion d'un groupe de prisonniers de guerre. □ Général
DVD Cadrage W→14,95 $

VOTEZ MCKAY *voir* **Candidate, The**

VOULEZ-VOUS DANSER AVEC MOI ? ▷5
[Come Dance with Me]
FR. 1959. Comédie policière de Michel BOISROND avec Brigitte Bardot, Henri Vidal et Noël Roquevert. - Une jeune femme mène sa propre enquête sur le meurtre dont son mari est accusé. □ Général
DVD Cadrage W→16,95 $

VOUS AVEZ UN MESSAGE *voir* **You've Got Mail**

VOUS NE L'EMPORTEREZ PAS AVEC VOUS
voir **You Can't Take It with You**

VOVOCHKA
RUS. 2002. Andrei MAKSIMOV
DVD VF→39,95 $

VOYAGE, LE ▷3
ARG. FR. ESP. 1992. Drame poétique de Fernando SOLANAS avec Walter Quiroz, Soledad Alfaro et Ricardo Bartis. - Un adolescent argentin traverse l'Amérique latine du sud au nord afin d'aller rejoindre son père, qui est parti en Amazonie. - Road Movie insolite. Réflexions sociales servies dans un écrin surréaliste. Moments de tendresse et d'humour. Illustration magnifique. Interprètes excellents. □ Général

VOYAGE À ROME ▷5
FR. 1992. Comédie de mœurs de Michel LENGLINEY avec Gérard Jugnot, Suzanne Flon et François Périer. - Apprenant que sa mère veut quitter son père, un quadragénaire au bord du divorce emmène celle-ci à Rome afin de lui faire changer d'avis.

VOYAGE AU CENTRE DE LA MÉMOIRE *voir* **Total Recall**

VOYAGE AU DÉBUT DU MONDE ▷4
[Voyage to the Beginning of the World]
POR. 1997. Drame psychologique de Manoel de OLIVEIRA avec Marcello Mastroianni, Jean-Yves Gautier et Leonor Silveira. - Accompagné d'un vieux cinéaste avec qui il tourne un film au Portugal, un acteur français visite la région natale de son père.
DVD VF→STA→36,95 $

VOYAGE AU PAYS IMAGINAIRE *voir* **Finding Neverland**

VOYAGE DE FELICIA, LE *voir* **Felicia's Journey**

VOYAGE DE MORVERN CALLAR, LE *voir* **Morvern Callar**

VOYAGE DU CAPITAINE FRACASSE, LE ▷4
FR. 1991. Comédie dramatique d'Ettore SCOLA avec Vincent Perez, Emmanuelle Béart et Ornella Muti. - Au XVIIe siècle, un jeune baron désargenté se joint à une troupe de saltimbanques. □ Général

VOYAGE EN ITALIE, LE *voir* **Voyage in Italy**

VOYAGE FANTASTIQUE DE SINBAD, LE
voir **Golden Voyage of Sinbad, The**

VOYAGE IN ITALY [Voyage en Italie, Le] ▷3
ITA. 1953. Drame psychologique de Roberto ROSSELLINI avec Ingrid Bergman, George Sanders et Anna Proclemer. - Des malentendus éclatent dans un ménage mal assorti, à l'occasion d'un séjour en Italie. - Partie documentaire intéressante. Mise en scène dépouillée. Ensemble froid. I. Bergman émouvante. □ Général

VOYAGE IN TIME
ITA. 1983. Andrei TARKOVSKY et Tonino GUERRA
DVD STA→37,95 $

VOYAGE OF THE DAMNED ▷4
ANG. 1976. Drame social de Stuart ROSENBERG avec Max Von Sydow, Faye Dunaway et Oskar Werner. - Le capitaine d'un navire ayant à son bord des Juifs libérés par les Allemands se voit refuser l'entrée du pays de sa destination. □ Général

VOYAGE TO THE BEGINNING OF THE WORLD
voir **Voyage au début du monde**

VOYAGE TO THE BOTTOM OF THE SEA ▷5
É.-U. 1961. Science-fiction d'Irwin ALLEN avec Walter Pidgeon, Joan Fontaine et Robert Sterling. - L'inventeur d'un super sous-marin atomique sauve la Terre d'une catastrophe. □ Général

VOYAGE TOUS RISQUES
voir **Planes, Trains and Automobiles**

VOYAGE VERS L'ESPOIR [Journey of Hope] ▷3
SUI. 1990. Drame social de Xavier KOLLER avec Nur Sürer, Emin Sivas et Necmettin Cobanoglu. - Accompagnés d'un de leurs fils, des paysans turcs quittent leur pays pour un voyage à l'issue duquel ils espèrent s'installer en Suisse. - Équipée tragique abordée avec un grand souci d'authenticité. Mise en images classique et efficace. Interprétation d'une simplicité émouvante. □ Général

VOYAGE VERS LE SOLEIL *voir* **Journey to the Sun**

VOYAGER ▷4
ALL. 1991. Mélodrame de Volker SCHLÖNDORFF avec Sam Shepard, Julie Delpy et Barbara Sukowa. - Lors d'un séjour en Europe, un ingénieur américain s'éprend d'une jeune femme dont il apprend qu'elle est la fille d'une amie d'études. □ Général

VOYAGES ▷3
FR. 1999. Drame psychologique d'Emmanuel FINKIEL avec Shulamit Adar, Liliane Rovère et Esther Gorintin. - D'Auschwitz à Tel-Aviv en passant par Paris, les destins entrecroisés de trois femmes juives ayant survécu à l'Holocauste. - Triptyque intelligemment conçu. Traitement profondément sensible et humaniste. Réalisation d'une exquise délicatesse. Interprétation fort émouvante. □ Général
DVD VF→STA→31,95 $

VOYAGES DE GULLIVER, LES
voir **3 Worlds of Gulliver, The**

VOYAGEUR MALGRÉ LUI
voir **Accidental Tourist, The**

VOYAGEUR SANS BILLET, LE
voir **John and Julie**

VOYEUR *voir* **Eye of the Beholder**

VOYEUR, LE *voir* **Peeping Tom**

VOYOU, LE [Crook, The] ▷3
FR. 1970. Thriller de Claude LELOUCH avec Jean-Louis Trintignant, Christine Lelouch, Danièle Delorme et Charles Denner. - Un homme organise avec minutie l'enlèvement de l'enfant d'un employé de banque et réclame une rançon aux patrons du père. - Construction habile et riche en surprises. Réalisation désinvolte. Interprétation d'une grande aisance.
DVD VF→STA→12,95 $

VRAI CINGLÉ DU CINÉMA, UN *voir* **Hollywood or Bust**

VRAI CRIME D'AMOUR, UN ▷3
ITA. 1973. Drame sentimental de Luigi COMENCINI avec Stefania Sandrelli, Giuliano Gemma et Brizio Montinaro. - Une Sicilienne venue travailler à Milan et un jeune ouvrier d'usine tombent amoureux l'un de l'autre malgré leurs différences d'origine et de tempérament. - Sorte de mélodrame néoréaliste comportant des notations sociales fort valables. Réalisation discrète. □ Non classé

VRAI MENSONGE *voir* **True Lies**

VRAIE NATURE DE BERNADETTE, LA ▷3
CAN. 1972. Comédie dramatique de Gilles CARLE avec Micheline Lanctôt, Donald Pilon et Reynald Bouchard. - Une femme imbue de théories naturistes et libertaires quitte son foyer pour s'en aller vivre à la campagne avec son jeune fils. - Récit plein de fantaisie et de pittoresque. Quelques éléments de charge caricaturale. Contexte rural illustré avec verve. Excellente interprétation de M. Lanctôt. □ Général

VU DU PONT [View from the Bridge] ▷3
FR. 1961. Drame psychologique de Sidney LUMET avec Raf Vallone, Maureen Stapleton et Carol Lawrence. - À New York, un émigré italien s'éprend de la nièce de sa femme. - Adaptation soignée d'une pièce d'Arthur Miller. Grande intensité dramatique. Atmosphère bien reconstituée. Interprétation magistrale de R. Vallone

VUKOVAR
YOU. 1995. Boro DRASKOVIC □ 13 ans+ · Violence

W DJANGO !
ITA. 1972. Edoardo MULARGIA
DVD STA→24,95 $

WACKIEST SHIP IN THE ARMY, THE ▷4
[Rafiot héroïque, Le]
É.-U. 1960. Comédie de Richard MURPHY avec Jack Lemmon, Ricky Nelson et Chips Rafferty. - Un officier d'infanterie reçoit mission de commander un vieux voilier pendant la guerre du Pacifique.
□ Non classé

WAG THE DOG [Hommes d'influence, Des] ▷4
É.-U. 1997. Comédie satirique de Barry LEVINSON avec Dustin Hoffman, Robert de Niro et Anne Heche. - Afin de minimiser dans les médias les effets d'un scandale, la Maison-Blanche invente une guerre entre les États-Unis et l'Albanie. □ Général
DVD VF→STF→Cadrage W→18,95 $

WAGES OF FEAR, THE
voir **Salaire de la peur, Le**

WAGNER ▷4
ANG. 1983. Drame biographique de Tony PALMER avec Richard Burton, Vanessa Redgrave, Ralph Richardson et Gemma Craven. - La vie, les œuvres et les amours du célèbre compositeur allemand.
□ Général
DVD VA→54,95 $

WAGON MASTER ▷4
É.-U. 1950. Western de John FORD avec Ward Bond, Ben Johnson et Harry Carey Jr. - Des bandits sèment la terreur dans une caravane de Mormons. □ Non classé

WAIKIKI WEDDING ▷4
É.-U. 1937. Comédie musicale de Frank TUTTLE avec Bing Crosby, Bob Burns et Martha Raye. - Les mésaventures d'un publicitaire chargé d'accompagner à Hawaii la gagnante d'un concours de beauté. □ Général

WAIT UNTIL DARK ▷4
É.-U. 1967. Drame policier de Terence YOUNG avec Audrey Hepburn, Richard Crenna et Alan Arkin. - Une aveugle est traquée par des criminels qui recherchent de la drogue. □ Non classé
DVD VF→VF→Cadrage W→21,95 $

WAIT UNTIL SPRING, BANDINI ▷3
BEL. 1989. Drame de mœurs de Dominique DERUDDERE avec Joe Mantegna, Ornella Muti, Faye Dunaway et Michael Bacall. - En 1928, dans une petite ville du Colorado, un jeune adolescent s'emploie à réconcilier ses parents lorsque ceux-ci se séparent. - Récit au ton pudique et mélancolique. Climat d'époque bien évoqué. Nombreux détails bien observés. Très bonne interprétation.
□ Général

WAITING ▷4
AUS. 1990. Comédie de mœurs de Jackie McKIMMIE avec Noni Hazlehurst, Deborra-Lee Furness et Frank Whitten. - Enceinte d'un enfant qu'elle a conçu à la demande d'une amie stérile, une femme réunit chez elle son entourage afin qu'il assiste à l'accouchement.
□ 13 ans+ · Langage vulgaire

WAITING
É.-U. 2000. Patrick HASSON
DVD VA→28,95 $

WAITING FOR GUFFMAN ▷4
É.-U. 1996. Comédie satirique réalisée et interprétée par Christopher GUEST avec Eugene Levy et Fred Willard. - Une troupe d'artistes amateurs monte un spectacle pour fêter l'anniversaire de fondation d'un patelin du Midwest. □ Général
DVD VA→VF→Cadrage W→21,95 $

WAITING LIST *voir* **Liste d'attente**

WAITRESS !
É.-U. 1981. Lloyd KAUFMAN □ Non classé
DVD VA→32,95 $

WAKE ISLAND ▷4
É.-U. 1942. Drame de guerre de John FARROW avec Brian Donlevy, Robert Preston et Macdonald Carey. - La garnison militaire d'une île du Pacifique subit l'assaut des forces japonaises. □ Général
DVD VA→17,95 $

WAKING LIFE ▷4
É.-U. 2001. Film d'animation de Richard LINKLATER. - Les déambulations et les rencontres d'un jeune homme qui en vient à réaliser qu'il rêve sa propre vie. □ Général
DVD VA→VF→Cadrage W→9,95 $

WAKING NED DEVINE ▷4
ANG. 1998. Comédie de mœurs de Kirk JONES avec Ian Bannen, David Kelly et Fionnula Flanagan. - Deux septuagénaires montent une combine pour tirer profit d'un billet gagnant de loterie appartenant à un ami qui vient de mourir. □ Général
DVD Cadrage W→9,95 $

WAKING THE DEAD ▷5
É.-U. 1999. Drame de Keith GORDON avec Billy Crudup, Jennifer Connelly et Molly Parker. - Dix ans après avoir perdu sa bien-aimée dans une explosion de voiture, un politicien est hanté par des visions de la jeune femme. □ 13 ans+ · Érotisme
DVD VA→Cadrage W→10,95 $

WALK IN THE CLOUDS, A [Vallée des nuages, La] ▷4
É.-U. 1995. Drame sentimental d'Alfonso ARAU avec Keanu Reeves, Aitana Sanchez-Gijon et Giancarlo Giannini. - En 1945, une jeune fille enceinte qui craint la colère de son père demande à un soldat de jouer le rôle de son mari pour sauver les apparences.
□ Général
DVD VF→STA→Cadrage W→14,95 $

WALK IN THE SPRING RAIN ▷5
É.-U. 1969. Drame sentimental de Guy GREEN avec Anthony Quinn, Ingrid Bergman et Fritz Weaver. - La femme d'un professeur d'université installé à la campagne se sent attirée par un homme fruste.
□ Général

WALK IN THE SUN, A [Commando de la mort, Le] ▷3
É.-U. 1946. Drame de guerre de Lewis MILESTONE avec Dana Andrews, Richard Conte et Sterling Holloway. - Compte rendu, heure par heure, de la mission d'un commando américain en Italie. - Dialogue discret. Psychologie juste. □ Général
DVD VA→7,95 $

WALK ON THE MOON, A ▷4
É.-U. 1998. Drame psychologique de Tony GOLDWYN avec Diane Lane, Liev Schreiber et Viggo Mortensen. - Durant l'été 1969, une jeune mère délaissée par son mari a une liaison avec un vendeur ambulant au mode de vie hippie. □ Général
DVD VA→Cadrage W→11,95 $

WALK ON THE WILD SIDE [Rue chaude, La] ▷4
É.-U. 1962. Drame social d'Edward DMYTRYK avec Laurence Harvey, Barbara Stanwyck et Jane Fonda. - Un jeune homme libère sa fiancée d'une maison close. □ Général

WALK ON WATER ▷4
ISR. 2004. Drame psychologique d'Eytan FOX avec Lior Ashkenazi, Knut Berger et Caroline Peters. - Au contact d'un homosexuel allemand qu'il est chargé d'espionner, un agent des services secrets israéliens remet en question divers aspects de son existence.
□ Général · Déconseillé aux jeunes enfants
DVD VA➔STA➔Cadrage W➔29,95 $

WALK THE LINE ▷4
É.-U. 2005. Drame biographique de James MANGOLD avec Joaquin Phoenix, Reese Witherspoon et Ginnifer Goodwin. - La carrière du musicien américain Johnny Cash et sa relation avec la chanteuse June Carter. □ Général
DVD VF➔STA➔Cadrage W➔34,95 $ VF➔Cadrage W➔39,95 $

WALK, DON'T RUN ▷4
É.-U. 1966. Comédie de Charles WALTERS avec Samantha Eggar, Cary Grant et Jim Hutton. - Pendant les Jeux olympiques à Tokyo, un industriel et un étudiant partagent l'appartement d'une jeune fille. □ Général
DVD VA➔VF➔Cadrage W➔34,95 $

WALKABOUT ▷4
AUS. 1970. Aventures de Nicolas ROEG avec Jenny Agutter, David Gumpilil et Lucien John. - Un indigène débrouillard vient en aide à deux enfants égarés dans une région désertique. □ 13 ans+
DVD Cadrage W➔46,95 $

WALKING AND TALKING [Propos et confidences] ▷4
É.-U. 1995. Comédie sentimentale de Nicole HOLOFCENER avec Catherine Keener, Anne Heche et Liev Schreiber. - L'amitié entre deux inséparables copines d'enfance connaît des moments difficiles quand l'une d'elles décide de se marier. □ Général
DVD VF➔Cadrage W➔11,95 $

WALKING ON WATER
AUS. 2002. Tony AYRES
DVD VA➔Cadrage W➔34,95 $

WALL, THE ▷3
É.-U. 1982. Drame de guerre de Robert MARKOWITZ avec Tom Conti, Lisa Eichhorn et Eli Wallach. - Les Juifs parqués par les Allemands dans le ghetto de Varsovie se soulèvent contre leurs oppresseurs en 1943. - Téléfilm adapté d'un roman de John Hersey. Sujet fortement dramatique. Tension soutenue. Réalisation vigoureuse. Interprétation solide.
DVD VA➔12,95 $

WALL STREET ▷3
É.-U. 1987. Drame de mœurs d'Oliver STONE avec Charlie Sheen, Michael Douglas et Daryl Hannah. - Un important spéculateur s'intéresse à un courtier ambitieux qu'il mêle à quelques-unes de ses affaires aventureuses. - Vision privilégiée du milieu des affaires. Récit nerveux et complexe. Réalisation contrôlée et souvent inventive. Interprétation solide de M. Douglas. □ Général
DVD 15,95 $

WALLACE & GROMIT THE CURSE OF THE WERE-RABBIT ▷3
[Wallace et Gromit - le mystère du lapin-garou]
ANG. 2005. Film d'animation de Nick PARK et Steve BOX. - Un inventeur et son fidèle petit chien cherchent à capturer un lapin géant qui festoie la nuit dans les potagers de leur village. - Récit fertile en gags amusants et spirituels. Gentille caricature de la société anglaise provinciale. Galerie de personnages colorés et délicieux. Scènes de poursuites ébouriffantes. Excellente qualité technique. □ Général
DVD VF➔STA➔Cadrage W➔34,95 $

WALPURGIS NIGHT *voir* **Nuit de la Saint-Jean, La**

WALTZ OF THE TOREADORS ▷4
ANG. 1962. Comédie dramatique de John GUILLERMIN avec Peter Sellers, Dany Robin et Margaret Leighton. - Un général à la retraite se laisse aller à des amours faciles. □ Général
DVD Cadrage W➔39,95 $

WANDA NEVADA ▷5
É.-U. 1979. Aventures réalisées et interprétées par Peter FONDA avec Brooke Shields et Luke Askew. - Un aventurier et une adolescente entrent en lutte avec des criminels pour prendre possession d'une mine d'or.

WANDERERS, THE ▷4
É.-U. 1979. Drame de mœurs de Philip KAUFMAN avec Ken Wahl, John Friedrich, Toni Kalem et Karen Allen. - Au début des années 1960, alors qu'ils terminent leurs études, les membres d'un gang non violent du Bronx sentent que leur vie est en train de changer.
□ 18 ans+
DVD VA➔VF➔Cadrage W➔21,95 $

WANNSEE CONFERENCE, THE ▷3
ALL. 1984. Drame historique de Heinz SCHIRK avec Gerd Böckmann, Dietrich Mattausch et Harald Dietl. - Reconstitution de la réunion du 20 janvier 1942 à Berlin durant laquelle de hauts dignitaires nazis discutèrent de l'extermination totale des Juifs. - Évocation détaillée d'un fait authentique. Interprétation fort convaincante.
□ Général

WANTON COUNTESS, THE *voir* **Senso**

WAR, THE [Guerre, La] ▷5
É.-U. 1994. Drame de mœurs de Jon AVNET avec Elijah Wood, Kevin Costner et Mare Winningham. - Bien que leur père, vétéran du Viêtnam, les incite à rejeter la violence, des enfants ne cessent de se battre avec des voyous du voisinage. □ Général
DVD VF➔Cadrage W➔10,95 $

WAR AND PEACE *voir* **Guerre et paix**

WAR AND PEACE ►2
ITA. 1955. Drame historique de King VIDOR avec Audrey Hepburn, Henry Fonda et Mel Ferrer. - Intrigues amoureuses dans la noblesse russe à l'époque des guerres napoléoniennes. - Adaptation fastueuse du roman de Tolstoï. Réalisation intelligente et soignée. Distribution brillante. □ Non classé
DVD VA➔STA➔Cadrage W➔16,95 $

WAR BETWEEN MEN AND WOMEN, THE ▷4
É.-U. 1972. Comédie sentimentale de Melville SHAVELSON avec Jack Lemmon, Barbara Harris et Jason Robards. - Un humoriste faisant profession de misogynie s'éprend pourtant d'une charmante divorcée. □ Général

WAR GAME, THE
ANG. 1965. Peter WATKINS □ 13 ans+

WAR HUNT ▷4
É.-U. 1962. Drame de guerre de Denis SANDERS avec John Saxon, Robert Redford et Tommy Matsuda. - Durant la guerre de Corée, un soldat américain est troublé par la conduite étrange d'un compagnon de combat.
DVD VA➔VF➔Cadrage W➔17,95 $

WAR LOVER, THE ▷4
É.-U. 1962. Drame psychologique de Philip LEACOCK avec Steve McQueen, Robert Wagner et Shirley Ann Field. - Durant la Seconde Guerre mondiale, les mésaventures d'un pilote d'avion téméraire et indiscipliné. □ Général
DVD VA➔VF➔Cadrage P&S/W➔24,95 $

WAR OF THE BUTTONS [Guerre des boutons, La] ▷4
ANG. 1994. Comédie de John ROBERTS avec Gregg Fitzgerald, John Coffey, Gerard Kearney et Eveanna Ryan. - Les conflits entre les enfants de deux petits villages voisins de l'Irlande profonde.
□ Général

WAR OF THE ROSES, THE [Guerre des roses, La] ▷4
É.-U. 1989. Comédie de mœurs réalisée et interprétée par Danny DeVITO avec Michael Douglas et Kathleen Turner. - Espérant conserver la maison familiale après son divorce, une épouse avide d'indépendance se bute au refus de son mari de quitter les lieux.
□ 13 ans+
DVD VF➔STA➔Cadrage W➔10,95 $

WAR OF THE WORLDS ▷5
É.-U. 1952. Science-fiction de Byron HASKIN avec Gene Barry, Ann Robinson et Les Tremayne. - Des Martiens envahissent la Terre et y sèment la terreur. □ Général
DVD VA➔STA➔15,95 $

WAR OF THE WORLDS [Guerre des mondes, La] ▷3
É.-U. 2005. Science-fiction de Steven SPIELBERG avec Tom Cruise, Dakota Fanning et Miranda Otto. - Un père de famille et ses deux enfants vivent de terribles épreuves alors que des extraterrestres envahissent la Terre. - Adaptation moderne et spectaculaire du roman de H.G. Wells. Intrigue fertile en péripéties menées tambour battant. Réalisation technique impressionnante. Interprétation convaincante. □ 13 ans+
DVD VF➔STF➔Cadrage W➔36,95 $
VA➔STF➔Cadrage W➔42,95 $

WAR REQUIEM
ANG. 1988. Derek JARMAM □ 13 ans+

WAR STORIES ▷5
É.-U. 2002. Drame de guerre de Robert SINGER avec Lake Bell, Jeff Goldblum et Louise Lombard. - Les expériences de deux reporters américains couvrant la guerre civile en Ouzbékistan.
DVD VA➔23,95 $

WAR WAGON, THE [Caravane de feu, La] ▷4
É.-U. 1967. Western de Burt KENNEDY avec John Wayne, Kirk Douglas et Robert Walker. - Un ancien rancher organise l'attaque d'un wagon blindé chargé d'or. □ Général
DVD VF➔STA➔Cadrage W➔10,95 $

WAR WINDOW *voir* **Atalia**

WAR ZONE, THE ▷3
ANG. 1998. Drame de mœurs de Tim ROTH avec Ray Winstone, Lara Belmont et Freddie Cunliffe. - Un garçon de quinze ans vivant dans un coin retiré de la campagne anglaise soupçonne son père d'abuser sexuellement de sa sœur aînée. - Approche dure et hyperréaliste du thème de l'inceste. Atmosphère sombre et étouffante. Réalisation sans apprêt. Interprétation sobre. □ 16 ans+
DVD VF➔Cadrage W➔9,95 $

WARGAMES [Jeux de guerre] ▷4
É.-U. 1983. Comédie dramatique de John BADHAM avec Matthew Broderick, Ally Sheedy et Dabney Coleman. - Un passionné d'informatique provoque un état d'alerte en entrant en contact, par inadvertance, avec l'ordinateur qui contrôle le programme de défense américain. □ Général

WARLOCK ▷4
É.-U. 1959. Western d'Edward DMYTRYK avec Henry Fonda, Richard Widmark et Anthony Quinn. - Un habile tireur impose sa loi à une ville de l'Ouest. □ Général
DVD VA➔14,95 $

WARLOCK [Warlock le sorcier] ▷5
É.-U. 1989. Drame fantastique de Steve MINER avec Julian Sands, Lori Singer et Richard E. Grant. - Victime d'un sort qui la fait vieillir prématurément, une femme se joint à un inconnu pour tenter d'anéantir un sorcier nanti de pouvoirs étonnants. □ 13 ans+
DVD VA➔STF➔Cadrage P&S➔31,95 $

WARLORD, THE ▷4
É.-U. 1965. Drame de Franklin J. SCHAFFNER avec Charlton Heston, Rose-Mary Forsyth et Richard Boone. - Un seigneur du Moyen Âge s'éprend de la fiancée d'un paysan. □ Général

WARM DECEMBER, A ▷5
É.-U. 1973. Drame sentimental réalisé et interprété par Sidney POITIER avec Esther Anderson et Yvette Curtis. - Une idylle se développe entre un veuf américain de passage en Angleterre et une jeune Africaine souffrant d'une maladie incurable. □ Général

WARM SPRING
CHI. 2002. Wulan TANA
DVD STA➔Cadrage W➔21,95 $

WARM SUMMER RAIN ▷5
É.-U. 1988. Drame de mœurs de J. GAYTON avec Kelly Lynch, Barry Tubb et Ron Sloan. - Après avoir tenté de se suicider, une jeune femme un peu confuse se retrouve avec un inconnu dans une maison abandonnée.
DVD VA➔VF➔Cadrage P&S/W➔11,95 $

WARM WATER UNDER A RED BRIDGE
voir **De l'eau tiède sous un pont rouge**

WARRIOR, THE
ALL. ANG. FR. 2001. Asif KAPADIA
DVD STA➔Cadrage W➔34,95 $

WARRIOR, THE *voir* **Musa : The Warrior**

WARRIORS OF HEAVEN AND EARTH ▷4
H.K. 2003. Aventures de He PING avec Jiang Wen, Kiichi Nakai et Wang Xueqi. - Dans la Chine ancienne, un samouraï japonais et un lieutenant rebelle de l'armée chinoise se font les protecteurs d'un jeune moine menacé par un cruel seigneur.
DVD STA➔23,95 $

WARRIORS, THE ▷4
É.-U. 1979. Drame social de Walter HILL avec Michael Beck, Deborah Van Valkenburgh et James Remar. - Tenus responsables du meurtre d'un chef de bande, des adolescents ont à faire un trajet éprouvant pour rentrer dans leur quartier. □ 18 ans+
DVD VA➔STA➔Cadrage W➔15,95 $

WARSZAWA, ANNÉE 5703 ▷5
FR. 1992. Drame psychologique de Janusz KIJOWSKI avec Lambert Wilson, Hannah Schygulla et Julie Delpy. - Un couple ayant fui le ghetto juif de Varsovie trouve refuge chez la voisine d'un ami en se faisant passer pour frère et sœur. □ 13 ans+

WASABI ▷5
FR. 2001. Comédie policière de Gérard KRAWCZYK avec Jean Reno, Ryoko Hirosue et Michel Muller. - À Tokyo, un inspecteur de police parisien s'emploie à protéger sa fille japonaise menacée par de dangereux yakuzas. □ 13 ans+
DVD VF➔16,95 $

WASH, THE ▷4
É.-U. 1988. Drame psychologique de Michael Toshiyuki UNO avec Mako, Nobu McCarthy, Sab Shimono et Patti Yasutake. - Bien qu'elle ait quitté son époux après quarante ans de mariage, une Japonaise installée en Californie continue de faire sa lessive. □ Général

WASHINGTON SQUARE ▷4
É.-U. 1997. Mélodrame d'Agneszka HOLLAND avec Jennifer Jason Leigh, Albert Finney et Ben Chaplin. - Une jeune fille riche et peu jolie tombe amoureuse d'un coureur de dot, défiant ainsi les volontés de son père. □ Général
DVD VA➔10,95 $

WASP WOMAN, THE ▷6
É.-U. 1959. Science-fiction de Roger CORMAN avec Susan Cabot, Fred Eisley et Barboura Morris. - Une femme qui utilise un élixir de jeunesse à base d'enzymes de guêpes se voit transformée en meurtrière femme-insecte. □ Général

WATCH ON THE RHINE ▷4
É.-U. 1943. Drame de Herman SHUMLIN avec Bette Davis, Paul Lukas et Geraldine Fitzgerald. - Une jeune Américaine se réfugie chez ses parents avec son mari, un Allemand poursuivi par des agents nazis. □ Général

WATCH OUT, WE'RE MAD
ITA. 1974. Enzo BARBONI
DVD VA➔21,95 $

WATCH THE BIRDIE ▷4
É.-U. 1951. Comédie de Jack DONOHUE avec Red Skelton, Arlene Dahl et Ann Miller. - Un photographe au bord de la faillite s'éprend d'une riche femme d'affaires. □ Général

WATCHER, THE ▷5
É.-U. 2000. Drame policier de Joe CHARBANIC avec James Spader, Keanu Reeves et Marisa Tomei. - À Chicago, un ex-agent du FBI surmené reprend du service pour coincer un tueur en série qui joue au chat et à la souris avec lui. □ 13 ans+ · Violence
DVD VF→Cadrage W→10,95 $

WATCHER IN THE WOODS, THE ▷4
[Yeux de la forêt, Les]
ANG. 1981. Drame fantastique de John HOUGH avec Lynn-Holly Johnson, Kyle Richards et Bette Davis. - Après l'installation de sa famille dans une vieille maison, une adolescente ne tarde pas à être le centre de curieux phénomènes. □ 13 ans+
DVD VA→19,95 $

WATER ▷4
CAN. 2005. Drame social de Deepa MEHTA avec Sarala, Seema Biswas et Lisa Ray. - En 1938 aux Indes, une fillette perd son mari et se voit forcée de vivre recluse dans un ahsram en compagnie d'autres veuves. □ Général
DVD VF→Cadrage W→22,95 $ VF→Cadrage W→31,95 $
VF→STA→Cadrage W→31,95 $

WATER BABIES, THE [Enfants de la rivière, Les] ▷4
ANG. 1979. Comédie musicale de L. JEFFRIES avec James Mason, Billie Whitelaw et Tommy Pender. - Un petit ramoneur accusé de vol plonge dans un étang et découvre un étrange monde aquatique.
DVD VA→STA→12,95 $

WATER DROPS ON BURNING ROCKS
voir **Gouttes d'eau sur pierres brûlantes**

WATER ENGINE, THE ▷4
É.-U. 1992. Drame de Steven SCHACHTER avec Charles Durning, Patti LuPone et William H. Macy. - À Chicago, dans les années 1930, un jeune inventeur a maille à partir avec un financier véreux.
□ Général

WATER UNDER THE BRIDGE
É.-U. 2003. Clark BIGHAM
DVD VA→STA→Cadrage W→21,95 $

WATERBOY, THE ▷5
É.-U. 1998. Comédie de Frank CORACI avec Adam Sandler, Kathy Bates et Henry Winkler. - Le porteur d'eau d'une équipe de football devient un joueur redoutable en extériorisant sa rage d'éternel souffre-douleur.
DVD VF→Cadrage W→14,95 $

WATERDANCE, THE ▷4
É.-U. 1992. Drame psychologique de Neal JIMENEZ et Michael STEINBERG avec Eric Stoltz, Wesley Snipes et William Forsythe. - Un jeune écrivain hospitalisé à la suite d'un accident trouve réconfort auprès de deux compagnons de convalescence. □ Général

WATERLAND ▷4
ANG. 1992. Drame de mœurs de Stephen GYLLENHAAL avec Jeremy Irons, Ethan Hawke et Sinead Cusack. - Un enseignant britannique tente de sensibiliser ses élèves américains à l'histoire en leur racontant sa vie durant la Seconde Guerre mondiale. □ 13 ans+ · Érotisme
DVD VF→Cadrage W→14,95 $

WATERLOO ▷3
ITA. 1971. Drame historique de Sergei BONDARCHUK avec Rod Steiger, Christopher Plummer and Dan O'Herlihy. - Reconstitution de la dernière bataille de l'empereur Napoléon contre l'alliance des nations européennes en 1815. - Moyens somptueux intelligemment utilisés. Évocation d'époque réussie. Éléments stratégiques et atouts spectaculaires bien mis en valeur. Excellents interprètes.
□ Général

WATERLOO BRIDGE ▷4
É.-U. 1940. Drame psychologique de Mervyn LeROY avec Robert Taylor, Vivien Leigh et Lucile Watson. - Croyant son fiancé mort à la guerre, une jeune fille tombe de déchéance en déchéance.
□ Général

WATERMELON MAN, THE ▷5
É.-U. 1970. Comédie de Melvin Van PEEBLES avec Estelle Parsons, Godfrey Cambridge et Howard Caine. - Un Blanc se réveille un matin pour s'apercevoir qu'il s'est transformé en Noir. □ 13 ans+

WATERSHIP DOWN [Menace sur la garenne] ▷3
ANG. 1978. Dessins animés de Martin ROSEN. - Leur terrier étant menacé de destruction, des lapins sauvages se cherchent un nouveau foyer. - Scénario tiré d'un livre de Richard Adams. Campagne anglaise évoquée avec finesse. Réalisation technique souple. Ensemble fort intéressant. □ Général
DVD VF→STF→Cadrage W→9,95 $ VF→STF→8,95 $

WATERWORLD [Monde sans terre, Un] ▷4
É.-U. 1995. Science-fiction de Kevin REYNOLDS avec Kevin Costner, Dennis Hopper et Jeanne Tripplehorn. - Dans le futur, après que la fonte des glaces a submergé les continents, un marin solitaire protège une femme et une fillette contre des pirates. □ 13 ans+
DVD Cadrage W→10,95 $

WAX MASK
É.-U. 1997. Sergio STIVALETTI

WAXWORKS
ALL. 1924. Paul LENI
DVD STA→18,95 $

WAY AHEAD, THE *voir* **Immortal Battalion, The**

WAY DOWN EAST [À travers l'orage] ►2
É.-U. 1920. Mélodrame de David W. GRIFFITH avec Lilian Gish, Richard Barthelmess et Lowell Sherman. - Une orpheline trompée par un séducteur est chassée par les fermiers chez qui elle s'est engagée comme servante. - Classique du cinéma muet. Transposition inventive d'une pièce à succès. Affabulation naïve. Séquence finale particulièrement réussie. □ Général
DVD 44,95 $

WAY HOME, THE ▷4
COR. 2002. Comédie dramatique de Jeong-Hyang LEE avec Seung-Ho Yoo, Eul-Boon Kim et Hyo-hee Dong. - Un gamin égoïste habitué au confort de la grande ville séjourne chez sa grand-mère qui vit pauvrement dans une cabane à la campagne. □ Général
DVD STA→Cadrage W→21,95 $

WAY OUT WEST ▷4
É.-U. 1937. Comédie de James W. HORNE avec Stan Laurel, Oliver Hardy et James Finlayson. - Deux bons bougres sont chargés de remettre des titres de propriété à une serveuse de cabaret.
□ Non classé

WAY TO FIGHT, THE *voir* **Izo**

WAY WE LIVE NOW, THE ▷4
ANG. 2001. Drame de mœurs de David YATES avec David Suchet, Matthew MacFadyen et Paloma Baeza. - Dans le Londres des années 1870, un financier aussi mystérieux que charismatique devient la coqueluche d'un cercle d'aristocrates.
DVD VA→Cadrage W→46,95 $

WAY WE WERE, THE [Nos plus belles années] ▷4
É.-U. 1973. Drame sentimental de Sydney POLLACK avec Barbra Streisand, Robert Redford et Bradford Dillman. - L'idylle difficultueuse d'une jeune femme aux idées radicales et d'un romancier désengagé. □ Général
DVD VA→STA→Cadrage W→17,95 $

WAY WEST, THE [Route de l'Ouest, La] ▷5
É.-U. 1967. Western de Andrew V. McLAGLEN avec Kirk Douglas, Robert Mitchum et Richard Widmark. - En 1843, un groupe de pionniers du Missouri émigre vers les plaines fertiles de l'Oregon.
□ Général

WAYNE'S WORLD [Monde selon Wayne, Le] ▷5
É.-U. 1992. Comédie de Penelope SPHEERIS avec Mike Myers, Dana Carvey et Rob Lowe. - Deux adolescents qui animent un talk-show pseudo-culturel signent un contrat avec une importante chaîne de télévision. □ Général
DVD VF→STA→Cadrage W→12,95 $

WAYNE'S WORLD 2 ▷5
É.-U. 1993. Comédie de Stephen SURJIK avec Mike Myers, Dana Carvey et Christopher Walken. - Les deux animateurs farfelus d'un talk-show diffusé sur une chaîne communautaire tentent d'organiser un gigantesque festival rock. □ Général
DVD VF→STA→Cadrage W→12,95 $

WE ALL LOVED EACH OTHER SO MUCH
voir **Nous nous sommes tant aimés**

WE DIVE AT DAWN ▷4
ANG. 1943. Drame de guerre d'Anthony ASQUITH avec John Mills, Eric Portman et Leslie Weston. - L'histoire d'un sous-marin de guerre et des membres de son équipage. □ Général

WE DON'T LIVE HERE ANYMORE ▷4
[Chemin de nos foyers, Le]
É.-U. 2004. Drame de mœurs de John CURRAN avec Mark Ruffalo, Laura Dern et Peter Krause. - Deux couples voient leur amitié et leur mariage mis en péril lorsque le mari de l'une a une liaison avec la femme de l'autre □ 13 ans+
DVD VF→STA→Cadrage W/16X9→21,95 $

WE FAW DOWN
É.-U. 1928. Leo McCAREY □ Non classé

WE LIVE AGAIN ▷4
É.-U. 1934. Drame de Rouben MAMOULIAN avec Fredric March, Anna Sten et Jane Baxter. - Un prince russe veut réparer le mal qu'il a fait à une servante.
DVD VA→12,95 $

WE THINK THE WORLD OF YOU ▷5
ANG. 1988. Comédie de mœurs de Colin GREGG avec Alan Bates, Gary Oldman et Liz Smith. - Un bureaucrate homosexuel se prend d'affection pour la chienne d'un ancien amant maintenant en prison pour cambriolage. □ Général

WE WERE SOLDIERS [Nous étions soldats] ▷4
É.-U. 2002. Drame de guerre de Randall WALLACE avec Mel Gibson, Sam Elliott et Barry Pepper. - En 1965, un officier américain prend la tête d'un bataillon dans la première attaque héliportée contre les Nord-Vietnamiens. □ 13 ans+ · Violence
DVD VF→STA→14,95 $

WE WERE STRANGERS ▷4
É.-U. 1949. Drame historique de John HUSTON avec Jennifer Jones, John Garfield, Gilbert Roland et Pedro Armendariz. - Des révolutionnaires tentent de tuer les chefs du gouvernement cubain.
DVD VA→22,95 $

WE'RE BACK ! - A DINOSAUR'S STORY ▷4
[Nous sommes de retour ! - Une histoire de dinosaures]
É.-U. 1993. Dessins animés de Dick ZONDAG, Ralph ZONDAG, Phil NIBBELINK et Simon WELLS. - À bord de son vaisseau spatio-temporel, un capitaine se rend à l'époque préhistorique afin d'en ramener quatre dinosaures. □ Général · Enfants

WE'RE NO ANGELS ▷4
É.-U. 1955. Comédie de Michael CURTIZ avec Humphrey Bogart, Peter Ustinov et Aldo Ray. - Trois bagnards évadés viennent en aide à une famille de commerçants. □ Général

WE'RE NO ANGELS ▷5
É.-U. 1989. Comédie de Neil JORDAN avec Robert De Niro, Sean Penn et Demi Moore. - Entraînés malgré eux dans l'évasion d'un condamné à mort, deux prisonniers se font passer pour des prêtres dans le but de franchir la frontière canadienne toute proche.
□ 13 ans+
DVD VA→STA→Cadrage W/16X9→10,95 $

WE'RE NOT DRESSING ▷4
É.-U. 1934. Comédie musicale de Norman TAUROG avec Bing Crosby, Carole Lombard et George Burns. - Après le naufrage d'un yacht privé, un jeune marin prend la direction d'un groupe de richards.
□ Général

WE'RE NOT MARRIED ▷5
É.-U. 1952. Film à sketches d'Edmund GOULDING avec Ginger Rogers, Fred Allen et Marilyn Monroe. - Deux ans après leur mariage, cinq couples apprennent que leur union n'était pas légale.
□ Non classé
DVD VA→STA→15,95 $

WEATHER MAN, THE [Monsieur Météo] ▷4
É.-U. 2005. Comédie dramatique de Gore VERBINSKI avec Nicolas Cage, Michael Caine et Hope Davis. - Un présentateur météo récemment divorcé tente de mettre de l'ordre dans sa vie personnelle.
□ 13 ans+
DVD VF→STA→Cadrage W→34,95 $

WEDDING, A ▷4
É.-U. 1978. Comédie de mœurs de Robert ALTMAN avec Carol Burnett, Vittorio Gassman et Geraldine Chaplin. - Diverses intrigues s'entrecroisent au cours d'une réception somptueuse donnée à l'occasion d'un mariage. □ 13 ans+

WEDDING BANQUET, THE [Garçon d'honneur] ▷4
TAI. 1993. Comédie de mœurs d'Ang LEE avec Winston Chao, May Chin et Mitchell Lichtenstein. - Pour faire plaisir à ses parents qui ignorent son homosexualité, un Taiwanais habitant New York décide d'épouser une compatriote. □ Général

WEDDING BELL BLUES ▷4
É.-U. 1996. Comédie de mœurs de Dana LUSTIG avec Illeana Douglas, Paulina Porizkova et Julie Warner. - Lassées des remarques de leurs parents, trois jeunes femmes au bord de la trentaine décident de se dénicher un mari d'un jour à Las Vegas. □ Général

WEDDING CRASHERS ▷5
É.-U. 2005. Comédie de David DOBKIN avec Owen Wilson, Vince Vaughn et Rachel McAdams. - Deux célibataires endurcis s'invitent à des réceptions de mariage où ils multiplient les conquêtes amoureuses sans lendemain. □ 13 ans+
DVD VF→VF→Cadrage W→34,95 $

WEDDING IN GALILEE
voir **Noce en Galilée**

WEDDING IN WHITE ▷3
CAN. 1972. Drame de mœurs de William FRUET avec Carol Kane, Donald Pleasence et Doris Petrie. - Une adolescente violée par un camarade de son frère et devenue enceinte est poussée par ses parents à épouser un vieil homme. - Sens critique très aigu. Mise en scène réaliste et vivante. Mise en images nette et précise. Interprétation d'une rare vérité.

WEDDING MARCH, THE ▷3
É.-U. 1928. Drame de mœurs réalisé et interprété par Erich VON STROHEIM avec Fay Wray et Zasu Pitts. - Le fils d'une famille aristocratique désargentée est forcé d'abandonner celle qu'il aime afin de se plier à un mariage de convenance. - Portrait féroce d'un monde de privilégiés. Réalisation inventive. Interprétation solide d'E. von Stroheim. □ 13 ans+

WEDDING NIGHT, THE ▷4
É.-U. 1935. Drame de King VIDOR avec Gary Cooper, Anna Sten et Ralph Bellamy. - Un romancier s'éprend d'une jeune paysanne d'origine polonaise promise au fils d'un fermier voisin. □ Général

WEDDING PARTY, THE
É.-U. 1969. Brian DE PALMA, Wilford LEACH et Cynthia MUNROE
□ 13 ans+
DVD VA→16,95 $

WEDDING SINGER, THE [Chanteur de noces, Le] ▷5
É.-U. 1998. Comédie sentimentale de Frank CORACI avec Adam Sandler, Drew Barrymore et Christine Taylor. - Laissé pour compte le jour de son mariage, un chanteur de noces tombe amoureux d'une jeune serveuse promise à un autre. □ Général
DVD Cadrage W→23,95 $ VF→STA→Cadrage W→24,95 $

WEDDINGS AND BABIES
É.-U. 1958. Morris ENGEL □ Général

WEEDS ▷4
É.-U. 1987. Drame social de John HANCOCK avec Rita Taggart, Nick Nolte et Lane Smith. - Un prisonnier retrouve le courage de vivre en montant une troupe de théâtre dans son pénitencier. □ 13 ans+

WEEK-END [Weekend] ▷3
FR. 1967. Comédie satirique de Jean-Luc GODARD avec Mireille Darc, Jean Yanne et Jean-Pierre Léaud. - Les mésaventures d'un couple qui se rend à la campagne en fin de semaine dans l'espoir de toucher un héritage. - Poème surréaliste sur l'état de la civilisation moderne. Humour cruel. Images d'un style pop-art prononcé. Interprétation dans la note voulue.

WEEK-END À GOSFORD PARK, UN *voir* **Gosford Park**

WEEK-END EN FAMILLE, UN *voir* **Home for the Holidays**

WEEK-END IN HAVANA ▷5
É.-U. 1941. Comédie musicale de Walter LANG avec Alice Faye, John Payne et Carmen Miranda. - À la suite d'un accident, un employé d'une compagnie de navigation doit s'occuper de distraire une jeune vendeuse en vacances. □ Général
DVD VF➔STA➔21,95 $

WEEK-END SUR DEUX, UN ▷4
FR. 1989. Drame psychologique de Nicole GARCIA avec Nathalie Baye, Joachim Serreau et Félicie Pasotti. - Une actrice séparée de son mari qui ne voit ses deux enfants qu'à l'occasion entraîne ces derniers dans une errance de quelques jours sur la route. □ Général

WEEKEND AT BERNIE'S ▷4
É.-U. 1989. Comédie de Ted KOTCHEFF avec Andrew McCarthy, Jonathan Silverman et Mary Stewart. - Craignant d'être accusés de meurtre, deux employés dissimulent la mort de leur patron en laissant son corps à la vue de tous. □ Général
DVD VA➔VF➔Cadrage W➔12,95 $

WEEKEND AT THE WALDORF ▷4
É.-U. 1945. Comédie de Robert Z. LEONARD avec Ginger Rogers, Walter Pidgeon et Van Johnson. - Diverses intrigues s'entremêlent dans le cadre d'un hôtel de New York. □ Général

WEEKEND, THE ▷5
É.-U. 1999. Drame de B. SKEET avec Jared Harris, Deborah Kara Unger et David Conrad. - Des conflits éclatent entre des parents et amis qui se sont réunis pour marquer le premier anniversaire du décès d'un proche, emporté par le sida.
DVD VA➔42,95 $

WEIGHT OF WATER, THE [Poids de l'eau, Le] ▷5
É.-U. 2000. Thriller de Kathryn BIGELOW avec Catherine McCormack, Sarah Polley et Sean Penn. - Une reporter dont le mariage bat de l'aile enquête sur le mystère entourant un double meurtre à la hache qui s'est produit au XIXe siècle.
DVD VF➔32,95 $ VA➔STA➔Cadrage W/16X9➔11,95 $

WELCOME BACK, MR. MCDONALD
JAP. 1997. Koki MITANI
DVD STA➔Cadrage W➔26,95 $

WELCOME TO COLLINWOOD ▷4
[Bienvenue à Collinwood]
É.-U. 2002. Comédie policière d'Anthony RUSSO et Joe RUSSO avec Sam Rockwell, William H. Macy et Michael Jeter. - De nombreux ennuis s'abattent sur des petits truands qui organisent un important cambriolage. □ Général
DVD VF➔STF➔Cadrage W➔11,95 $

WELCOME TO DESTINATION SHANGHAI
CHI. 2003. Andrew CHENG
DVD STA➔33,95 $

WELCOME TO L.A. ▷4
É.-U. 1976. Drame de mœurs d'Alan RUDOLPH avec Keith Carradine, Geraldine Chaplin et Harvey Keitel. - Après une absence de trois ans, un jeune écrivain revient à Los Angeles et y fait de curieuses rencontres. □ 13 ans+

WELCOME TO MOOSEPORT ▷5
[Bienvenue à Mooseport]
É.-U. 2003. Comédie de Donald PETRIE avec Gene Hackman, Ray Romano et Maura Tierney. - Un ancien président des États-Unis et un modeste quincaillier s'affrontent pour le poste de maire. □ Général
DVD VF➔STA➔Cadrage W➔14,95 $

WELCOME TO SARAJEVO [Bienvenue à Sarajevo] ▷4
ANG. 1997. Drame de guerre de Michael WINTERBOTTOM avec Stephen Dillane, Woody Harrelson et Emira Nusevic. - Durant le siège de Sarajevo, un journaliste britannique s'efforce de sauver les enfants d'un orphelinat fréquemment bombardé. □ 13 ans+ · Violence
DVD VF➔19,95 $

WELCOME TO THE DOLLHOUSE ▷4
[Bienvenue dans l'âge ingrat]
É.-U. 1995. Comédie dramatique de Todd SOLONDZ avec Heather Matarazzo, Daria Kalinina et Matthew Faber. - Les frustrations d'une jeune fille de 11 ans qui est le souffre-douleur de son entourage alors qu'elle vit un éveil sexuel douloureux. □ 13 ans+ · Langage vulgaire

WELL, THE
AUS. 1997. Samantha LANG
DVD VA➔36,95 $

WEND KUUNI
BUL. 1982. Gaston KABORE □ Général

WENDIGO ▷5
É.-U. 2002. Drame fantastique de Larry FESSENDEN avec Patricia Clarkson, Jake Weber et Erik Per Sullivan. - Une famille de New York venue passer des vacances hivernales dans une région montagneuse est confrontée à des incidents surnaturels étranges.
DVD VA➔STA➔Cadrage W➔36,95 $

WENT TO CONEY ISLAND ON A MISSION FROM GOD... BE BACK BY FIVE
É.-U. 1998. Richard SCHENKMAN
DVD VA➔Cadrage W➔31,95 $

WEREWOLF OF LONDON ▷4
É.-U. 1935. Drame d'horreur de Stuart WALKER avec Valerie Hobson, Henry Hull et Warner Oland. - Un botaniste devient victime d'une malédiction orientale et se transforme en loup-garou. □ Général

WERNER HERZOG'S WOYZECK *voir* **Woyzeck**

WES CRAVEN'S NEW NIGHTMARE ▷5
É.-U. 1994. Drame d'horreur de Wes CRAVEN avec Robert Englund, Heather Langenkamp et Miko Hughes. - Une vedette de films d'horreur est tourmentée par des visions montrant le spectre meurtrier qu'elle affrontait au cinéma. □ 16 ans+ · Horreur

WEST BEYROUTH ▷4
FR. LIB. 1998. Chronique de Ziad DOUEIRI avec Rami Doueiri, Mohammad Chamas et Rola Al Amin. - Durant la guerre civile au Liban, un adolescent facétieux prend peu à peu conscience de la gravité de la situation. □ Général

WEST SIDE STORY ►1
É.-U. 1961. Comédie musicale de Robert WISE et Jerome ROBBINS avec Natalie Wood, Richard Beymer et George Chakiris. - La sœur du chef d'une bande d'adolescents s'éprend d'un membre d'une bande rivale. - Sorte de Roméo et Juliette à New York. Danses et chants parfaitement intégrés à l'action. Musique mémorable de Leonard Bernstein. Rythme enlevant. Mise en scène brillante. Interprétation dans la note. □ Général
DVD VA➔29,95 $

WESTERN ▷4
FR. 1997. Comédie dramatique de Manuel POIRIER avec Sergi Lopez, Sacha Bourdo et Elisabeth Vitali. - Deux copains partent ensemble sur les routes de Bretagne à la recherche de l'amour en connaissant des fortunes diverses. □ Général

WESTERN UNION ▷4
É.-U. 1940. Western de Fritz LANG avec Randolph Scott, Robert Young et Dean Jagger. - Illustration romantique de l'établissement de la première ligne télégraphique reliant l'est et l'ouest des États-Unis. □ Général

WESTERNER, THE [Cavalier du désert, Le] ▷3
É.-U. 1940. Western de William WYLER avec Gary Cooper, Walter Brennan et Doris Davenport. - Faussement accusé de vol de chevaux, un cow-boy errant est aux prises avec un propriétaire de saloon qui s'est institué juge. - Approche psychologique valable. Humour constant. Belle photographie. Interprétation savoureuse. □ Général

WESTFRONT 1918
voir **Quatre de l'infanterie**

WESTWARD THE WOMEN ▷4
É.-U. 1952. Western de William A. WELLMAN avec Robert Taylor, Denise Darcel et Julie Bishop. - Un convoi transporte dans l'Ouest des femmes destinées en mariage à des colons. □ Général

WESTWORLD [Monde de l'Ouest, Le] ▷4
É.-U. 1973. Science-fiction de Michael CRICHTON avec Richard Benjamin, Yul Brynner et James Brolin. - Un parc d'attractions offre à ses visiteurs l'illusion de vivre à trois époques différentes grâce à des robots programmés à forme humaine. □ 13 ans+
DVD 29,95 $

WET ASPHALT *voir* **Nasser Asphalt**

WET HOT AMERICAN SUMMER ▷5
É.-U. 2001. Comédie de D. WAIN avec Janeane Garofalo, David Hyde Pierce et Michael Showalter. - La dernière journée de travail mouvementée des moniteurs d'un camp d'été.
DVD VA→Cadrage W→14,95 $

WETHERBY [Suicide à Wetherby] ▷3
ANG. 1985. Drame psychologique de David HARE avec Vanessa Redgrave, Tim McInnerny et Stuart Wilson. - Un policier s'interroge sur les motifs qui ont poussé un jeune homme à se suicider alors qu'il rendait visite à une institutrice. - Analyse subtile de rapports humains douloureux. Interprétation d'une fine intelligence.
□ 13 ans+
DVD VA→23,95 $

WHALE RIDER [Légende des baleines, La] ▷3
N.-Z. 2002. Drame de Niki CARO avec Keisha Castle-Hughes, Rawiri Paratene et Vicky Haughton. - En Nouvelle-Zélande, une jeune Maorie défie son grand-père en suivant l'enseignement de la tradition orale réservé aux garçons. - Évocation sensible d'un mode de vie ancestral confronté au monde moderne. Réalisation sobre.
□ Général
DVD VA→18,95 $

WHALES OF AUGUST, THE ▷3
[Baleines du mois d'août, Les]
É.-U. 1987. Drame psychologique de Lindsay ANDERSON avec Lillian Gish, Bette Davis et Vincent Price. - Passant l'été dans une île côtière comme elles le font depuis plusieurs années, deux sœurs âgées reçoivent la visite d'une vieille amie et d'un voisin. - Étude de personnages fort intéressante. Mise en scène classique et maîtrisée. □ Général
DVD VA→STF→Cadrage W→12,95 $

WHAT! NO BEER?
É.-U. 1933. Edward SEDGWICK □ Général

WHAT? *voir* **Diary of Forbidden Dreams**

WHAT A WAY TO GO! ▷4
É.-U. 1964. Comédie de J. LEE THOMPSON avec Shirley MacLaine, Paul Newman et Gene Kelly. - Une jeune femme devient multimillionnaire par suite de quatre veuvages.
DVD VA→STA→Cadrage W→9,95 $

WHAT A WOMAN!
voir **Chance d'être femme, La**

WHAT ABOUT BOB? [Comment ça va Bob?] ▷4
É.-U. 1991. Comédie de Frank OZ avec Bill Murray, Richard Dreyfuss et Julie Hagerty. - En vacances à la campagne avec sa famille, un psychiatre réputé reçoit la visite inopinée d'un patient trop dépendant qui souffre de paranoïa. □ Général
DVD Cadrage W→9,95 $

WHAT DREAMS MAY COME ▷4
[Au-delà de nos rêves]
É.-U. 1998. Drame fantastique de Vincent WARD avec Robin Williams, Annabella Sciorra et Cuba Gooding Jr. - Un pédiatre mort dans un accident part rechercher en enfer son épouse qui vient de se suicider. □ Général
DVD VA→STF→Cadrage W→9,95 $

WHAT EVER HAPPENED TO AUNT ALICE? ▷4
[Qu'est-il arrivé à tante Alice?]
É.-U. 1969. Drame policier de Lee H. KATZIN avec Geraldine Page, Ruth Gordon, Robert Fuller et Rosemary Forsyth. - Une veuve ruinée assassine ses employées après les avoir dépouillées de leurs économies.
DVD VA→STF→Cadrage W→12,95 $

WHAT EVER HAPPENED TO BABY JANE? ▷3
É.-U. 1962. Drame d'horreur de Robert ALDRICH avec Bette Davis, Joan Crawford, Wesley Addy et Victor Buono. - Une ancienne vedette de cinéma devenue infirme est tourmentée par sa sœur. - Suspense psychologique nourri de touches d'humour noir. Traitement insolite. Mise en scène contrôlée. Interprétation remarquable.
□ Général
DVD VF→VF→Cadrage W/16X9→31,95 $
VA→VF→Cadrage W→21,95 $

WHAT HAPPENED WAS... ▷4
É.-U. 1993. Drame psychologique réalisé et interprété par Tom NOONAN avec Karen Sillas. - Un dîner en tête-à-tête entre deux employés d'une firme d'avocats tourne au vinaigre lorsque les banalités qu'ils échangent révèlent progressivement leur insécurité et leur solitude. □ Général

WHAT HAVE I DONE TO DESERVE THIS? ▷4
ESP. 1984. Comédie de mœurs de Pedro ALMODOVAR avec Carmen Maura, Luis Hostalot et Ryo Hiruma. - Les tribulations d'une femme de ménage qui s'éreinte du matin au soir pour faire vivre sa famille.
□ 13 ans+
DVD STA→Cadrage W→34,95 $

WHAT LIES BENEATH [Apparences] ▷4
É.-U. 2000. Drame fantastique de Robert ZEMECKIS avec Michelle Pfeiffer, Harrison Ford et Diana Scarwid. - Témoin de phénomènes bizarres, une femme devient persuadée que la maison qu'elle habite avec son mari est hantée. □ 13 ans+
DVD VA→Cadrage W→14,95 $

WHAT MAKES WOMAN LAUGH
ESP. 1997. Joaquin ORISTRELL
DVD STA→26,95 $

WHAT PLANET ARE YOU FROM? ▷5
É.-U. 2000. Comédie fantaisiste de Mike NICHOLS avec Garry Shandling, Annette Bening et Greg Kinnear. - Un extraterrestre est dépêché sur Terre avec pour mission d'avoir un enfant d'une humaine.
DVD VA→STA→Cadrage W→10,95 $

WHAT PRICE GLORY? ▷4
É.-U. 1952. Comédie dramatique de John FORD avec James Cagney, Dan Dailey et Corinne Calvet. - La rivalité de deux militaires américains dans le contexte de la guerre 1914-1918. □ Non classé
DVD VA→13,95 $

WHAT PRICE HOLLYWOOD? ▷4
É.-U. 1932. Comédie dramatique de George CUKOR avec Constance Bennett, Lowell Sherman et Neil Hamilton. - Une actrice de cinéma doit faire face à un scandale lorsqu'un réalisateur alcoolique se suicide chez elle. □ Non classé

WHAT THE BLEEP DO WE KNOW? ▷5
É.-U. 2004. Film d'essai de Mark VICENTE, Betsy CHASE et William ARNTZ avec Marlee Matlin, Elaine Hendrix et Barry Newman. - À travers diverses expériences, une jeune femme déprimée découvre les grandes lignes de la théorie quantique.
DVD VA➔23,95 $

WHAT TIME IS IT THERE
TAÏ. 2001. Ming-Liang TSAI
DVD VF➔Cadrage W➔26,95 $

WHAT WOMEN WANT [Ce que femme veut] ▷4
É.-U. 2000. Comédie sentimentale de Nancy MEYERS avec Mel Gibson, Helen Hunt et Marisa Tomei. - Un publicitaire qui a le don de lire dans les pensées des femmes chipe les idées d'une rivale dont il s'éprend. □ Général
DVD VA➔Cadrage W➔11,95 $

WHAT YOUR EYES DON'T SEE
ARG. 2001. Beda Docampo FEIJOO
DVD STA➔Cadrage P&S➔27,95 $

WHAT'S EATING GILBERT GRAPE? ▷4
[Qui est gilbert grape?]
É.-U. 1993. Drame de mœurs de Lasse HALLSTRÖM avec Johnny Depp, Leonardo DiCaprio et Juliette Lewis. - Un livreur d'épicerie qui veille sur sa mère obèse et son frère simple d'esprit vit une amourette avec une jeune fille de passage dans la région. □ Général
DVD VA➔STA➔Cadrage W➔19,95 $

WHAT'S IT ALL ABOUT?
voir **Comment et le pourquoi, Le**

WHAT'S LOVE GOT TO DO WITH IT? ▷4
[Peu importe l'amour]
É.-U. 1993. Drame biographique de Brian GIBSON avec Angela Bassett, Laurence Fishburne et Vanessa Bell Calloway. - Évocation de la vie privée et de la carrière de la chanteuse Tina Turner.
□ 13 ans+
DVD VF➔Cadrage W➔14,95 $

WHAT'S NEW, PUSSYCAT? ▷5
É.-U. 1965. Comédie de Clive DONNER avec Romy Schneider, Peter Sellers et Peter O'Toole. - Un psychiatre a pour client un homme qui se désole de l'attrait qu'il éprouve pour les femmes. □ 18 ans+
DVD VF➔VF➔Cadrage W➔12,95 $

WHAT'S THE MATTER WITH HELEN? ▷4
É.-U. 1971. Drame policier de Curtis HARRINGTON avec Shelley Winters, Debbie Reynolds et Dennis Weaver. - Des violences criminelles se produisent dans une école de danse d'Hollywood dirigée par deux vieilles amies. □ 13 ans+

WHAT'S UP, DOC? [On s'fait la valise, docteur] ▷4
É.-U. 1972. Comédie de Peter BOGDANOVICH avec Barbra Streisand, Ryan O'Neal et Madeline Kahn. - Un musicologue est importuné par une jeune fille excentrique. □ Général
DVD VF➔STF➔13,95 $

WHAT'S UP, TIGER LILY? ▷6
JAP. É.-U. 1966. Comédie d'espionnage de Senkichi TANIGUCHI et Woody ALLEN avec Tatsuya Mihashi, Mie Hama et Tadao Nakamaru. - Le potentat d'un petit État d'Asie charge un agent secret de récupérer une recette de salade aux œufs qu'on lui a volée.
□ Général
DVD VA➔29,95 $

WHATEVER HAPPENED TO HAROLD SMITH ▷4
ANG. 1999. Comédie de mœurs de Peter HEWITT avec Laura Fraser, Michael Legge et Tom Courtenay. - En 1977, un jeune homme féru de musique disco, dont le père possède des pouvoirs paranormaux, se transforme en punk pour séduire une collègue. □ Général
DVD VA➔STA➔Cadrage W/16X9➔27,95 $

WHEN A MAN LOVES A WOMAN ▷5
[Par amour pour elle]
É.-U. 1994. Drame psychologique de Luis MANDOKI avec Andy Garcia, Meg Ryan et Lauren Tom. - Après avoir suivi avec succès une cure de désintoxication, une mère de famille pose un regard neuf sur sa vie. □ Général
DVD VF➔Cadrage W➔9,95 $

WHEN A STRANGER CALLS [Terreur sur la ligne] ▷5
É.-U. 1979. Drame policier de Fred WALTON avec Charles Durning, Tony Beckley et Carol Kane. - Un inconnu terrorise au téléphone une gardienne d'enfants. □ 13 ans+
DVD VF➔STF➔Cadrage W➔17,95 $

WHEN A STRANGER CALLS ▷6
É.-U. 2006. Drame d'horreur de Simon WEST avec Camilla Belle, Tommy Flanagan et Tessa Thompson. - Une adolescente est terrorisée par des appels anonymes provenant de l'intérieur de la vaste maison où elle garde deux enfants. □ 13 ans+ · Violence
DVD VA➔STA➔Cadrage W➔36,95 $

WHEN A WOMAN ASCENDS THE STAIRS
voir **Femme monte l'escalier, Une**

WHEN BOYS FLY
É.-U. 2002. Stewart HALPERN et Lenid ROLOV
DVD VA➔28,95 $

WHEN BRENDAN MET TRUDY ▷5
IRL. 2000. Comédie sentimentale de K.J. WALSH avec Marie Mullen, Peter MacDonald et Flora Montgomery. - Un cinéphile timoré tombe amoureux d'une jeune femme délurée qui se révèle être une cambrioleuse.
DVD VF➔VF➔Cadrage W➔28,95 $

WHEN DINOSAURS RULED THE EARTH ▷5
ANG. 1970. Aventures de Val GUEST avec Victoria Vetri, Robin Hawdon et Patrick Allen. - À une époque préhistorique, une jeune fille destinée à être sacrifiée par les siens obtient la protection d'un chasseur d'une autre tribu. □ Général

WHEN EVERYTHING IS IN ORDER
ESP. 2002. César Martinez HERRADA
DVD STA➔26,95 $

WHEN FATHER IS AWAY ON BUSINESS
voir **Papa est en voyage d'affaires**

WHEN HARRY MET SALLY ▷4
[Quand Harry rencontre Sally]
É.-U. 1989. Comédie sentimentale de Rob REINER avec Billy Crystal, Meg Ryan et Carrie Fisher. - Une amitié de longue date entre un homme et une femme est remise en question quand ils vivent ensemble une aventure amoureuse d'un soir. □ Général
DVD VA➔STF➔Cadrage W➔12,95 $

WHEN NIGHT IS FALLING [Quand tombe la nuit] ▷4
CAN. 1995. Drame psychologique de Patricia ROZEMA avec Pascale Bussières, Rachael Crawford, David Fox et Henry Czerny. - Une enseignante qui doit bientôt se marier est troublée par sa rencontre avec une flamboyante artiste de cirque qui la désire. □ 13 ans+ · Érotisme
DVD VF➔STF➔Cadrage W➔17,95 $

WHEN STRANGERS APPEAR ▷4
[Au hasard de l'étranger]
N.-Z. 2001. Thriller de Scott REYNOLDS avec Radha Mitchell, Josh Lucas et Barry Watson. - Un jeune homme fait irruption dans un snack-bar isolé tenu par une jeune femme et prétend être la cible de dangereux criminels.

WHEN THE CAT'S AWAY
voir **Chacun cherche son chat**

WHEN THE DALTONS RODE ▷4
É.-U. 1940. Western de George, MARSHALL avec Randolph Scott, Kay Francis et Brian Donlevy. - Les déprédations d'une famille de hors-la-loi au Kansas.
DVD VA➔STA➔17,95 $

WHEN THE STARS MEET THE SEA
voir **Quand les étoiles rencontrent la mer**

WHEN THE WHALES CAME [Île aux baleines, L'] ▷4
ANG. 1983. Drame de mœurs de Clive REES avec Max Rennie, Helen Pearce et Paul Scofield. - En 1914, dans une petite île au large de l'Angleterre, deux enfants lient amitié avec un vieil homme solitaire et sourd. □ Général

WHEN THE WIND BLOWS ▷4
ANG. 1986. Dessins animés de Jimmy MURAKAMI. - Sous le regard étonné de sa femme, un vieil homme se prépare au conflit nucléaire qui risque de dévaster leur région. □ Général

WHEN WORLDS COLLIDE ▷5
É.-U. 1951. Science-fiction de Rudolph MATÉ avec Richard Derr, Barbara Rush et John Hoyt. - Grâce à une fusée construite par un millionnaire, quarante personnes échappent à la destruction de la Terre. □ Général
DVD VF➔STA➔Cadrage P&S➔10,95 $ VF➔STA➔9,95 $

WHERE ANGELS FEAR TO TREAD ▷3
ANG. 1991. Comédie dramatique de Charles STURRIDGE avec Helen Mirren, Rupert Graves et Helena Bonham Carter. - Lorsque sa femme meurt en accouchant, un jeune Italien entre en conflit avec sa belle-famille anglaise au sujet de la garde de l'enfant. - Adaptation délicate et sensible d'un roman de E.M. Forster. Différences culturelles habilement illustrées. Interprétation nuancée. □ Général
DVD VA➔Cadrage P&S➔9,95 $

WHERE EAGLES DARE ▷4
ANG. 1968. Drame d'espionnage de Brian G. HUTTON avec Richard Burton, Clint Eastwood et Mary Ure. - Les services secrets envoient un commando délivrer un général prisonnier dans une forteresse nazie. □ 13 ans+
DVD VF➔VF➔Cadrage W➔11,95 $

WHERE IS THE FRIEND'S HOME? ▷4
IRAN. 1987. Drame d'Abbas KIAROSTAMI avec Babak Ahmadpoor, Ahmad Ahmadpoor et Khodabakhsh Defai. - Un écolier tente de trouver la maison d'un camarade de classe dans le village voisin pour lui rendre un cahier qu'il lui a pris par mégarde. □ Général

WHERE THE GREEN ANTS DREAM
voir **Pays où rêvent les fourmis vertes, Le**

WHERE THE HEART IS ▷5
É.-U. 1990. Comédie de mœurs de John BOORMAN avec Dabney Coleman, Uma Thurman et Suzy Amis. - Mis à la porte par leur père et relogés dans un édifice désaffecté, trois jeunes gens tirent habilement parti de la situation. □ Général
DVD VA➔PC

WHERE THE HEART IS [Petite voix du cœur, La] ▷5
É.-U. 2000. Chronique de Matt WILLIAMS avec Natalie Portman, James Frain et Ashley Judd. - Les tribulations d'une mère adolescente démunie qui parvient à s'en sortir grâce à la générosité des gens qu'elle rencontre. □ Général

WHERE THE LILIES BLOOM ▷4
É.-U. 1974. Comédie dramatique de William A. GRAHAM avec Julie Gholson, Jan Smithers et Matthew Burrill. - À la mort de leur père, un fermier pauvre, trois enfants s'entendent pour cacher ce décès afin d'éviter d'être placés dans des institutions. □ Général

WHERE THE RIVERS FLOW NORTH ▷4
É.-U. 1993. Drame de Jay CRAVEN avec Rip Torn, Tantoo Cardinal et Bill Raymond. - Dans les années 1920, au Vermont, un vieux rustre et sa compagne résistent aux manœuvres d'hommes d'affaires qui veulent acquérir leur propriété. □ Général

WHERE THE SIDEWALK ENDS ▷4
É.-U. 1950. Drame policier d'Otto PREMINGER avec Dana Andrews, Gene Tierney et Gary Merrill. - Un fils de gangster devenu policier tue accidentellement le témoin d'un meurtre.
DVD VA➔STA➔15,95 $

WHERE THE TRUTH LIES [Vérité nue, La] ▷3
CAN. 2005. Drame de mœurs d'Atom EGOYAN avec Kevin Bacon, Colin Firth et Alison Lohman. - En 1974, une journaliste enquête sur la mort d'une femme de chambre retrouvée 15 ans auparavant dans la suite d'hôtel d'un célèbre duo d'artistes de variétés. - Adaptation personnelle d'un roman de Rupert Holmes. Récit complexe habilement construit. Atmosphère élégante et sulfureuse. Réalisation maîtrisée. Interprétation impeccable des deux vedettes masculines. □ 16 ans+ · Érotisme
DVD VF➔Cadrage W➔34,95 $

WHERE THERE'S LIFE ▷5
É.-U. 1947. Comédie de Sidney LANFIELD avec Bob Hope, Signe Hasso, George Coulouris et William Bendix. - Un animateur d'émissions radiophoniques apprend qu'il est l'héritier d'un trône.
□ Général

WHERE WERE YOU WHEN THE LIGHTS WENT OUT? ▷5
É.-U. 1968. Comédie de Hy AVERBACK avec Doris Day, Robert Morse et Patrick O'Neal. - Une panne d'électricité à New York provoque des quiproquos dans un ménage. □ Général

WHERE'S PICONE? *voir* **Picone**

WHERE'S POPPA? ▷4
É.-U. 1970. Comédie de Carl REINER avec George Segal, Ruth Gordon et Trish Van Devere. - Un avocat de New York s'éprend de l'infirmière qu'il a engagée pour prendre soin de sa vieille mère.
□ 13 ans+
DVD VA➔13,95 $

WHIRLPOOL ▷5
É.-U. 1949. Drame policier d'Otto PREMINGER avec Gene Tierney, Jose Ferrer et Richard Conte. - Une kleptomane est aux prises avec un hypnotiseur sans scrupules.
DVD VA➔STA➔15,95 $

WHIRLPOOL OF FATE *voir* **Fille de l'eau, La**

WHISKEY GALORE [Whisky à Gogo] ▷3
ANG. 1949. Comédie de Alezander MACKENDRICK avec Basil Radford, Joan Greenwood et James Robertson Justice. - En 1943, un cargo chargé de whisky échoue près d'une île écossaise dont les habitants sont privés d'alcool. - Étude de mœurs intéressante et fort pittoresque. Gags nombreux et savoureux. Mise en scène vivante. Interprétation enjouée.

WHISPER IN THE DARK, A
voir **Sussuro nel buio, Un**

WHISPER OF THE HEART
JAP. 1995. Yoshifumi KONDO
DVD VA➔STA➔34,95 $

WHISPERING CORRIDORS
COR. 1998. Ki-hyung PARK
DVD STA➔Cadrage W➔27,95 $

WHISTLE BLOWER, THE ▷4
ANG. 1986. Drame d'espionnage de Simon LANGTON avec Michael Caine, Nigel Havers et Felicity Dean. - Son fils ayant trouvé la mort dans des circonstances mystérieuses, un vétéran de la guerre de Corée entreprend ses propres recherches pour éclaircir l'affaire.
□ Général
DVD VF➔VF➔12,95 $

WHISTLING IN THE DARK ▷4
É.-U. 1940. Comédie policière de S. Sylvan SIMON avec Red Skelton, Conrad Veidt et Ann Rutherford. - Un animateur radiophonique spécialisé en récits policiers est mêlé à un complot meurtrier par un charlatan. □ Général

WHITE BALLOON [Ballon blanc, Le] ▷3
IRAN 1995. Comédie de mœurs de Jafar PANAHI avec Mohsen Kalifi, Aida Mohammadkhani, Anna Borkowska et Fereshteh Sadr Orfani. - Une fillette de sept ans s'efforce de récupérer un billet de banque qu'elle a perdu dans un soupirail fermé par une grille. - Œuvre simple et charmante. Suspense d'une réelle efficacité. Savoureuse peinture de mœurs. Réalisation souple et aérée. Jeune héroïne attachante.

WHITE BUFFALO, THE ▷4
É.-U. 1977. Western de J. Lee THOMPSON avec Charles Bronson, Will Sampson et Jack Warden. - Un aventurier et un Indien unissent leurs forces pour abattre un bison blanc qui fait des ravages au Dakota. □ 13 ans+

WHITE CHRISTMAS [Noël blanc] ▷4
É.-U. 1954. Comédie musicale de Michael CURTIZ avec Danny Kaye, Bing Crosby et Rosemary Clooney. - Deux ex-soldats devenus vedettes de music-hall décident d'égayer le Noël de leur ancien général. □ Général
DVD 16,95 $

WHITE CLIFFS OF DOVER, THE ▷4
É.-U. 1943. Drame sentimental de Clarence BROWN avec Irene Dunne, Alan Marshall et Van Johnson. - Une Américaine mariée à un Anglais perd son mari à la guerre et élève seule leur fils. □ Général

WHITE COUNTESS, THE ▷4
ANG. 2005. Drame sentimental de James IVORY avec Ralph Fiennes, Natasha Richardson et Vanessa Redgrave. - À Shanghaï, en 1936, un riche Américain aveugle est secrètement épris d'une aristocrate russe déchue, obligée de se vendre pour nourrir sa famille. □ Général
DVD VA→STA→Cadrage W→34,95 $

WHITE DAWN, THE ▷3
É.-U. 1974. Aventures de Philip KAUFMAN avec Warren Oates, Timothy Bottoms et Lou Gossett. - Trois marins séparés de leur baleinier sont recueillis par des Esquimaux. - Confrontation intéressante entre les races et les cultures. Paysages admirablement photographiés. Interprétation simple et naturelle.
DVD VA→Cadrage W→14,95 $

WHITE DIAMOND
ALL. 2004. Werner HERZOG
DVD VA→STA→Cadrage W→36,95 $

WHITE DOVE, THE
TCH. 1960. Frantisek VLACIL
DVD STA→39,95 $

WHITE FANG [Croc-blanc] ▷4
É.-U. 1991. Aventures de Randal KLEISER avec Ethan Hawke, Klaus Maria Brandauer, Seymour Cassel et James Remar. - Venu au Yukon réclamer le terrain censément aurifère exploité par son père décédé, un adolescent se lie à un chien-loup qui lui a sauvé la vie. □ Général
DVD VA→STF→Cadrage P&S→15,95 $

WHITE HEAT ▷3
É.-U. 1949. Drame policier de Raoul WALSH avec James Cagney, Virginia Mayo et Edmond O'Brien. - Un policier arrive à s'introduire dans l'entourage d'un bandit redoutable. - Clichés du genre traités de façon vigoureuse et parfois neuve. Mise en scène experte. Jeu solide des interprètes. □ Général
DVD VA→VF→21,95 $

WHITE HELL OF PITZ PALU, THE
ALL. 1929. Arnold FANCK
DVD STA→27,95 $

WHITE HUNTER, BLACK HEART ▷4
[Chasseur blanc, cœur noir]
É.-U. 1990. Drame psychologique réalisé et interprété par Clint EASTWOOD avec Jeff Fahey et George Dzundza. - Un scénariste découvre que le réalisateur d'un film tourné en Afrique voue un intérêt démesuré à la chasse à l'éléphant. □ Général
DVD VF→STF→Cadrage W→21,95 $

WHITE LIES ▷4
CAN. 1997. Drame social de Kari SKOGLAND avec Sarah Polley, Tanya Allen et Jonathan Scarfe. - Une étudiante qui a rejoint un groupe raciste par Internet finit par se questionner sur son engagement. □ 16 ans+ · Violence
DVD VA→7,95 $

WHITE LIGHTNING ▷5
É.-U. 1973. Drame policier de Joseph SARGENT avec Burt Reynolds, Jennifer Billingsley et Ned Beatty. - Pour obtenir sa libération, un prisonnier accepte d'aider des agents du gouvernement à prouver la complicité d'un shérif avec des contrebandiers d'alcool.
DVD VA→11,95 $

WHITE LINE FEVER ▷5
É.-U. 1975. Drame social de Jonathan KAPLAN avec Jan-Michael Vincent, Kay Lenz et L.Q. Jones. - Un jeune camionneur refuse de se mêler à des trafics illégaux et en subit de durs contrecoups. □ 13 ans+

WHITE LIONESS, THE ▷4
SUÈ. 1996. Drame policier de Per BERGLUND avec Rolf Lassgård, Marius Weyers et Basil Appollis. - Un policier établit un lien entre le meurtre mystérieux d'une femme dans un village suédois et un complot en vue d'assassiner Nelson Mandela.
DVD STA→Cadrage W→32,95 $

WHITE MEN CAN'T JUMP ▷5
[Blancs ne savent pas sauter, Les]
É.-U. 1992. Comédie de Ron SHELTON avec Wesley Snipes, Woody Harrelson et Rosie Perez. - Un Noir et un Blanc, particulièrement doués pour le basket-ball et pour l'escroquerie, s'associent afin de participer à un tournoi très lucratif. □ 13 ans+
DVD VA→Cadrage W→15,95 $

WHITE MISCHIEF ▷4
ANG. 1987. Drame de mœurs de Michael RADFORD avec Greta Scacchi, Charles Dance et Joss Ackland. - En 1940, au Kenya, un Anglais de petite noblesse voit sa jeune épouse tomber amoureuse d'un aristocrate élégant et débauché. □ Général

WHITE NIGHTS [Soleil de nuit] ▷4
É.-U. 1985. Drame musical de Taylor HACKFORD avec Mikhail Baryshnikov, Gregory Hines et Jerzy Skolimowski. - Après l'atterrissage forcé de son avion en U.R.S.S., un danseur russe, passé à l'Ouest, se voit obligé de donner un spectacle à Leningrad. □ Général

WHITE OLEANDER [Laurier blanc] ▷4
É.-U. 2002. Drame psychologique de Peter KOSMINSKY avec Alison Lohman, Michelle Pfeiffer et Patrick Fugit. - Lorsque sa mère artiste est condamnée pour meurtre, une adolescente de Los Angeles passe d'une famille d'accueil à une autre. □ Général
DVD VF→STF→Cadrage W→9,95 $

WHITE ROOM [Secret de la chambre claire, Le] ▷4
CAN. 1990. Drame psychologique de Patricia ROZEMA avec Kate Nelligan, Maurice Godin et Sheila McCarthy. - Dans l'espoir de percer le secret d'une femme solitaire et mystérieuse, un jeune homme se fait engager par elle comme jardinier. □ 13 ans+
DVD VF→36,95 $

WHITE SANDS [Sables mortels] ▷5
É.-U. 1992. Drame policier de Roger DONALDSON avec Willem Dafoe, Mary Elizabeth Mastrantonio et Mickey Rourke. - Afin d'élucider le mystère entourant la mort d'un escroc, un policier décide de prendre l'identité de celui-ci. □ 13 ans+
DVD VF→STF→Cadrage W→7,95 $

WHITE SHEIK, THE
voir **Courrier du cœur, Le**

WHITE SUN OF THE DESERT
RUS. 1970. Vladimir MOTYL

WHITE ZOMBIE ▷4
É.-U. 1932. Drame fantastique de Victor HALPERIN avec Bela Lugosi, Madge Bellamy et John Harrow. - Au cours d'un voyage à Haïti, une jeune femme est victime d'un sorcier. □ Général
DVD VA→16,95 $

WHITE-COLLAR WORKER KINTARO
JAP. 1999. Takashi MIIKE
DVD STA→Cadrage W→26,95 $

WHO AM I THIS TIME? [Qui suis-je?] ▷4
É.-U. 1982. Comédie de mœurs de Jonathan DEMME avec Susan Sarandon, Christopher Walken et Robert Ridgely. - Une idylle se dessine entre un quincaillier timide et une jeune téléphoniste qui jouent ensemble dans un spectacle de théâtre amateur.

WHO CAN KILL A CHILD?
ESP. 1976. Chicho IBÁÑEZ-SERRADOR
DVD VA➔STA➔Cadrage W➔27,95 $

WHO FINDS A FRIEND FINDS A TREASURE
ITA. 1981. Sergio CORBUCCI

WHO FRAMED ROGER RABBIT? ▷3
[Qui veut la peau de Roger Rabbit?]
É.-U. 1988. Comédie de Robert ZEMECKIS avec Bob Hoskins, Christopher Lloyd et Joanna Cassidy. - En 1947, dans un Hollywood imaginaire, un détective tente d'innocenter un personnage de dessins animés accusé à tort de meurtre. - Intrigue d'une fantaisie réjouissante. Prouesses techniques peu communes. Réalisation ingénieuse. Bonne composition d'acteurs. □ Général
DVD VF➔Cadrage P&S/W➔19,95 $

WHO IS HARRY KELLERMAN AND WHY IS HE TELLING THOSE TERRIBLE THINGS ABOUT ME? ▷5
É.-U. 1971. Comédie dramatique de Ulu GROSBARD avec Dustin Hoffman, Jack Warden et Barbara Harris. - Un chanteur populaire parvenu au faîte de la gloire songe pourtant au suicide. □ Général

WHO IS KILLING THE GREAT CHEFS OF EUROPE? ▷4
É.-U. 1978. Comédie policière de Ted KOTCHEFF avec George Segal, Jacqueline Bisset et Robert Morley. - Un assassin mystérieux s'en prend à divers cuisiniers réputés.

WHO KILLED BAMBI? *voir* **Qui a tué Bambi?**

WHO THE HELL IS JULIETTE?
MEX. 1997. Carlos MARCOVICH □ Général
DVD 24,95 $

WHO'LL STOP THE RAIN ▷4
É.-U. 1978. Drame policier de Karel REISZ avec Nick Nolte, Michael Moriarty et Tuesday Weld. - Troublé par ses expériences au Viêtnam, un journaliste entreprend de faire passer aux États-Unis deux kilos d'héroïne brute. □ 13 ans+
DVD VA➔VF➔Cadrage W➔11,95 $

WHO'S AFRAID OF VIRGINIA WOOLF? ▷3
É.-U. 1966. Drame psychologique de Mike NICHOLS avec Richard Burton, Elizabeth Taylor, George Segal et Sandy Dennis. - Un professeur et sa femme se querellent devant des invités. - Œuvre vigoureuse fidèle à la pièce originale d'Edward Albee. Grande valeur psychologique. Interprétation d'une rare qualité. □ Général
DVD VA➔VF➔Cadrage W➔21,95 $

WHO'S GOT THE BLACK BOX?
voir **Route de Corinthe, La**

WHO'S MINDING THE MINT? ▷4
É.-U. 1967. Comédie de Howard MORRIS avec Jim Hutton, Milton Berle, Joey Bishop et Walter Brennan. - Un employé du trésor américain cherche à remplacer de l'argent qu'il a détruit par inadvertance. □ Général

WHO'S MINDING THE STORE? ▷4
[Chef de rayon explosif, Un]
É.-U. 1963. Comédie burlesque de Frank TASHLIN avec Jerry Lewis, Jill St. John et Agnes Moorehead. - Une femme riche veut détacher sa fille d'un prétendant en confiant à ce dernier les tâches les plus ingrates dans un magasin.

WHO'S THAT GIRL? ▷5
É.-U. 1987. Comédie de James FOLEY avec Madonna, Griffin Dunne et Haviland Morris. - La veille de son mariage, un avocat est entraîné dans une folle aventure par une jeune femme libérée sur parole. □ Général
DVD VF➔VF➔Cadrage W➔16,95 $

WHO'S THAT KNOCKING AT MY DOOR? ▷4
É.-U. 1968. Drame de mœurs de Martin SCORSESE avec Harvey Keitel, Zina Bethune et Lennard Kuras. - Un jeune Italo-Américain issu d'une famille catholique très religieuse apprend que sa nouvelle petite amie a déjà été victime d'un viol. □ Non classé
DVD VA➔VF➔Cadrage W➔21,95 $

WHO'S WHO
ANG. 1978. Mike LEIGH □ Général

WHOEVER SLEW AUNTIE ROO? ▷4
ANG. 1971. Drame de Curtis HARRINGTON avec Shelley Winters, Mark Lester et Chloe Franks. - Une riche veuve invite pour Noël des enfants d'un orphelinat et s'attache à une fillette. □ 13 ans+

WHOLE NEW THING
É.-U. 2005. Amnon BUCHBINDER
DVD VA➔Cadrage W/16X9➔29,95 $

WHOLE TOWN'S TALKING, THE ▷3
É.-U. 1935. Comédie policière de John FORD avec Jean Arthur, Edward G. Robinson et Wallace Ford. - Un timide employé de banque est le sosie d'un criminel notoire. - Développements alertes sur un thème classique. Réalisation vivante et drôle. □ Général

WHOLE WIDE WORLD, THE ▷4
É.-U. 1996. Drame sentimental de Dan IRELAND avec Vincent d'Onofrio, Renée Zellweger et Ann Wedgeworth. - Au Texas, dans les années 1930, une jeune institutrice et un écrivain misanthrope vivent une relation d'amour difficile. □ Général
DVD VA➔VF➔Cadrage W➔9,95 $

WHOOPS APOCALYPSE! ▷4
ANG. 1986. Comédie de T. BUSSMAN avec Loretta Swit, Peter Cook et Michael Richards. - Un pays d'Amérique centrale reçoit un ultimatum de la Grande-Bretagne après avoir envahi une colonie de celle-ci.

WHOSE LIFE IS IT ANYWAY? ▷3
[C'est ma vie après tout]
É.-U. 1981. Drame psychologique de John BADHAM avec Richard Dreyfuss, John Cassavetes, Bob Balaban et Christine Lahti. - Paralysé à la suite d'un accident, un sculpteur exige qu'on le laisse mourir. - Scénario tiré d'une pièce à succès. Réalisation fort efficace. □ Général

WHY CAN'T I BE A MOVIE STAR
CAN. Albert NERENBERG
DVD VA➔23,95 $

WHY DO THEY CALL IT LOVE WHEN THEY MEAN SEX
ESP. 1992. Manuel GOMEZ PEREIRA
DVD STA➔Cadrage W➔29,95 $

WHY HAS BODHI-DHARMA LEFT FOR THE EAST? ▷4
COR. 1989. Drame poétique de Yong Kyun BAE avec Pan-Yong Yi, Won-Sop Sin et Hae-Jin Huang. - Un vieux maître bouddhiste vivant isolé dans les montagnes partage son savoir avec un jeune moine et un enfant.
DVD STA➔59,95 $

WHY ROCK THE BOAT? ▷4
QUÉ. 1974. Comédie de mœurs de John HOWE avec Stuart Gillard, Tiiu Leek et Ken James. - À Montréal dans les années 1940, les premières expériences professionnelles et amoureuses d'un jeune journaliste. □ Général

WICKER MAN, THE ▷4
ANG. 1974. Drame d'horreur de Robin HARDY avec Christopher Lee, Edward Woodward, Diane Cilento et Britt Ekland. - En enquêtant sur une disparition d'enfant dans une île au large de l'Écosse, un policier découvre que les habitants s'adonnent à des rites païens. □ Général
DVD VA➔Cadrage W➔13,95 $

WICKER PARK [Appartement, L'] ▷5
É.-U. 2004. Drame sentimental de Paul McGUIGAN avec Josh Hartnett, Rose Byrne et Diane Kruger. - Croyant avoir reconnu une femme qu'il a déjà aimée, un homme sur le point de se marier décide de la retrouver à tout prix.
DVD VA→STF→Cadrage W→11,95 $

WIDE BLUE ROAD, THE
voir **Dénommé Squarcio, Un**

WIDE SARGASSO SEA ▷4
AUS. 1992. Mélodrame de John DUIGAN avec Karina Lombard, Nathaniel Parker et Claudia Robinson. - En Jamaïque au XIXe siècle, l'épouse d'un Anglais fait appel aux pouvoirs vaudous de sa nourrice lorsqu'elle sent celui-ci lui échapper. □ 16 ans+ · Érotisme
DVD VA→21,95 $

WIDOW OF SAINT-PIERRE, THE
voir **Veuve de Saint-Pierre, La**

WIDOW'S PEAK [Parfum de scandale] ▷5
ANG. 1994. Comédie dramatique de John IRVIN avec Mia Farrow, Joan Plowright et Natasha Richardson. - Au milieu des années 1920, dans un village irlandais, un profond antagonisme entre deux voisines donne lieu à un affrontement nourri de scandales. □ Général
DVD VA→STA→Cadrage W→22,95 $

WIFE, THE ▷4
É.-U. 1996. Drame psychologique réalisé et interprété par Tom NOONAN avec Julie Hagerty et Wallace Shawn. - Un couple de thérapeutes « nouvel âge » passe une soirée avec un patient et son épouse durant laquelle se multiplient les psychodrames.
DVD VA→PC

WIFE TO BE SACRIFICED
JAP. 1974. Masaru KONUMA
DVD STA→Cadrage W→21,95 $

WIFE VS SECRETARY ▷5
É.-U. 1936. Comédie dramatique de C. BROWN avec Clark Gable, Myrna Loy et Jean Harlow. - L'épouse d'un éditeur se méprend sur la nature des relations entre son mari et sa secrétaire.
DVD VF→VF→21,95 $

WIFEMISTRESS *voir* **Maîtresse légitime, La**

WILBUR (WANTS TO KILL HIMSELF) ▷4
DAN. 2002. Comédie dramatique de Lone SCHERFIG avec Jamie Sives, Adrian Rawlins et Shirley Henderson. - Un jeune homme qui tente à répétition de se suicider tombe amoureux de la nouvelle épouse de son frère qui se meurt d'un cancer. □ 13 ans+
DVD VA→Cadrage W→29,95 $

WILBY CONSPIRACY, THE ▷5
É.-U. 1975. Drame social de Ralph NELSON avec Michael Caine, Sidney Poitier et Nicol Williamson. - Un ingénieur anglais de passage en Afrique du Sud se voit forcé de partager la fuite d'un activiste noir. □ 13 ans+
DVD VA→VF→Cadrage W→11,95 $

WILD ANGELS, THE ▷5
É.-U. 1966. Drame social de Roger CORMAN avec Peter Fonda, Nancy Sinatra et Bruce Dern. - Une bande de motocyclistes parcourt les routes de Californie en quête de sensations vives. □ 18 ans+
DVD VA→Cadrage W→12,95 $

WILD AT HEART ▷4
É.-U. 1990. Drame de mœurs de David LYNCH avec Nicolas Cage, Laura Dern et Diane Ladd. - Un voyou et sa maîtresse tentent d'échapper à des tueurs lancés à leurs trousses par la mère de la jeune femme. □ 18 ans+
DVD VA→STA→Cadrage W/16X9→12,95 $

WILD BILL ▷4
É.-U. 1995. Western de Walter HILL avec Jeff Bridges, Ellen Barkin et John Hurt. - Évocation de la vie tumultueuse du légendaire tireur Wild Bill Hickok et de sa rencontre avec Calamity Jane. □ 13 ans+
DVD VF→VF→Cadrage W→10,95 $

WILD BUNCH, THE [Horde sauvage, La] ►2
É.-U. 1969. Western de Sam PECKINPAH avec William Holden, Ernest Borgnine et Robert Ryan. - En 1913, des hors-la-loi américains s'entendent avec un général mexicain pour lui vendre des armes volées. - Classique du genre. Tableau sauvage et réaliste de l'époque. Réalisation vigoureuse et inventive. Interprétation robuste. □ 13 ans+ · Violence
DVD VF→STF→Cadrage W→21,95 $
VA→STF→Cadrage W→9,95 $

WILD CHILD, THE *voir* **Enfant sauvage, L'**

WILD DOGS, THE ▷4
CAN. 2002. Drame social réalisé et interprété par Thom FITZGERALD avec Mihai Calota et Alberta Watson. - Envoyé à Bucarest afin d'y photographier des filles d'âge mineur, un pornographe canadien est bouleversé par la misère endémique de la ville. □ 13 ans+
DVD STA→28,95 $

WILD GEESE, THE [Oies sauvages, Les] ▷4
ANG. 1978. Aventures de Andrew V. McLAGLEN avec Richard Burton, Richard Harris et Roger Moore. - Un mercenaire expérimenté accepte de mener en Afrique une expédition dangereuse pour libérer un chef d'État déposé.

WILD HEARTS CAN'T BE BROKEN [À cœur vaillant] ▷4
É.-U. 1991. Comédie dramatique de Steve MINER avec Gabrielle Anwar, Michael Schoeffling et Cliff Robertson. - Au début des années 1930, une orpheline engagée par un forain comme palefrenier s'entraîne en cachette pour devenir plongeuse à cheval. □ Général
DVD VF→19,95 $

WILD HORSE MESA
É.-U. 1932. Henry HATHAWAY
DVD VA→12,95 $

WILD IN THE COUNTRY ▷5
É.-U. 1961. Drame psychologique de Philip DUNNE avec Elvis Presley, Hope Lange et Tuesday Weld. - Un jeune garçon de ferme révolté s'adoucit au contact d'une femme psychiatre.
DVD VA→9,95 $

WILD ONE, THE ▷3
É.-U. 1953. Drame psychologique de Laslo BENEDEK avec Marlon Brando, Mary Murphy et Robert Keith. - Deux bandes rivales de motocyclistes sèment la terreur dans une petite ville. - Étude psychologique d'un vif intérêt. Forte interprétation de M. Brando. □ 13 ans+
DVD VA→17,95 $

WILD PARTY, THE ▷4
É.-U. 1975. Drame de mœurs de James IVORY avec James Coco, Raquel Welch et Perry King. - Un acteur comique du cinéma muet organise une réception à l'occasion de la sortie de son film. □ 18 ans+
DVD VA→VF→Cadrage W→17,95 $

WILD REEDS *voir* **Roseaux sauvages, Les**

WILD ROVERS ▷4
É.-U. 1971. Western de Blake EDWARDS avec William Holden, Ryan O'Neal et Karl Malden. - Après un vol de banque, deux cow-boys partent pour le Mexique et sont poursuivis par les fils de leur ancien employeur. □ 13 ans+

WILD SEARCH
H.K. 1989. Ringo LAM
DVD VF→Cadrage W→PC

WILD STRAWBERRIES *voir* **Fraises sauvages, Les**

WILD THORNBERRYS MOVIE, THE ▷4
[Thornberrys, le film: les folles aventures de la famille de la jungle]
É.-U. 2002. Dessins animés de Jeff McGRATH et Cathy MALKASIAN - En Afrique, une fillette anglaise ayant le don de parler aux animaux entreprend de sauver des éléphants menacés par des braconniers. □ Général
DVD VA→16,95 $

WILD WEST ▷4
É.-U. 1992. Comédie de mœurs de David ATTWOOD avec Naveen Andrews, Sarita Choudhury et Ronny Jhutti. - Les tribulations d'un groupe de musiciens country de Londres composé d'Anglo-Pakistanais. □ 13 ans+

WILD WILD WEST [Mystères de l'Ouest, Les] ▷5
É.-U. 1999. Comédie fantaisiste de Barry SONNENFELD avec Will Smith, Kevin Kline et Kenneth Branagh. - En 1869, deux agents fédéraux affrontent un mégalomane sudiste qui veut anéantir les États-Unis. □ Général · Déconseillé aux jeunes enfants
DVD VA➔Cadrage W➔11,95 $

WILD ZERO
JAP. 2000. Tetsuro TAKEUCHI
DVD STA➔Cadrage W➔PC

WILDCATS [Femme de choc] ▷4
É.-U. 1985. Comédie de mœurs de Michael RITCHIE avec Goldie Hawn, James Keach et Swoosie Kurtz. - Ayant accepté le défi d'entraîner une équipe de football dans un quartier défavorisé, une jeune femme obtient de haute lutte l'appui de ses joueurs.
DVD VF➔STF➔Cadrage W➔8,95 $

WILDE ▷5
ANG. 1997. Drame biographique de Brian GILBERT avec Stephen Fry, Jude Law et Jennifer Ehle. - Les principaux événements ayant marqué la vie amoureuse et publique de l'écrivain homosexuel Oscar Wilde. □ 13 ans+
DVD VA➔STA➔Cadrage W➔39,95 $

WILDFLOWER ▷4
É.-U. 1991. Drame psychologique de Diane KEATON avec Beau Bridges, Susan Blakely et Patricia Arquette. - En Georgie, dans les années 1930, un frère et une sœur se lient d'amitié avec une adolescente épileptique qui vit en recluse sous la domination de son beau-père.
DVD VA➔5,95 $

WILL PENNY [Will Penny, le solitaire] ▷4
É.-U. 1967. Western de Tom GRIES avec Charlton Heston, Joan Hackett et Donald Pleasence. - Un cow-boy d'âge mûr est aux prises avec une famille de rôdeurs. □ Non classé
DVD VF➔STA➔Cadrage W➔9,95 $

WILL SUCCESS SPOIL ROCK HUNTER? ▷4
É.-U. 1956. Comédie de Frank TASHLIN avec Jayne Mansfield, Tony Randall et Betsy Drake. - Un agent de publicité a recours à une vedette pour lancer un nouveau rouge à lèvres. □ Général

WILLARD ▷5
É.-U. 1970. Drame d'horreur de Daniel MANN avec Bruce Davison, Ernest Borgnine et Sondra Locke. - Un jeune homme qui élève des rats dans ses temps libres lance un jour ses rongeurs à l'assaut de son patron qui lui mène la vie dure. □ 13 ans+

WILLARD ▷4
É.-U. 2003. Drame d'horreur de Glen MORGAN avec Crispin Glover, R. Lee Ermey et Laura Elena Harring. - Un jeune commis de bureau solitaire réussit à dresser des centaines de rats qu'il utilise pour se venger de son odieux patron. □ 13 ans+
DVD VA➔17,95 $

WILLIAM EGGLESTON IN THE REAL WORLD
É.-U. 2005. Michael ALMEREYDA
DVD VA➔26,95 $

WILLIAM SHAKESPEARE'S ROMEO & JULIET ▷4
[Roméo & Juliette de William Shakespeare]
É.-U. 1996. Drame de Baz LUHRMANN avec Leonardo DiCaprio, Claire Danes et John Leguizamo. - Dans une grande ville industrielle, deux jeunes issus de familles riches et rivales s'éprennent l'un de l'autre. □ 13 ans+
DVD VF➔STA➔Cadrage W➔14,95 $ Cadrage W➔21,95 $

WILLIAM SHAKESPEARE'S THE MERCHANT OF VENICE *voir* **Merchant of Venice**

WILLIE AND PHIL ▷4
É.-U. 1980. Comédie de mœurs de Paul MAZURSKY avec Michael Ontkean, Ray Sharkey, Jan Miner et Margot Kidder. - Deux amis aiment la même femme qui répond à l'amour de chacun d'eux. □ 13 ans+

WILLOW ▷4
É.-U. 1988. Conte de Ron HOWARD avec Warwick Davis, Joanne Whalley, Val Kilmer et Jean Marsh. - Un nain est chargé de conduire dans un château lointain un bébé qui est menacé par une cruelle reine. □ Général
DVD VF➔STA➔Cadrage W➔22,95 $

WILLOWS IN WINTER, THE [Saules en hiver, Les] ▷4
ANG. 1996. Dessins animés de Dave UNWIN. - L'amitié entre une taupe, un rat, une loutre, un blaireau et un crapaud qui vivent sur le bord d'une belle rivière.

WILLY WONKA AND THE CHOCOLATE FACTORY ▷4
[Willy Wonka au pays enchanté]
É.-U. 1971. Conte de Mel STUART avec Gene Wilder, Peter Ostrum et Jack Albertson. - Un confiseur cache dans les enveloppes de ses produits cinq billets donnant droit à une visite de sa merveilleuse fabrique de sucreries. □ Général
DVD VF➔STF➔Cadrage W➔16,95 $
VA➔STF➔Cadrage P&S/W➔17,95 $

WILSON ▷3
É.-U. 1944. Drame biographique d'Henry KING avec Alexander Knox, Thomas Mitchell, Geraldine Fitzgerald et Charles Coburn. - Woodrow Wilson, professeur d'université, devient président des États-Unis en 1912. - Fresque impressionnante dont l'élément humain n'est pas exclu. Mise en scène très soignée. Excellente interprétation. □ Général

WIMBLEDON ▷4
É.-U. 2004. Comédie sentimentale de Richard LONCRAINE avec Paul Bettany, Kirsten Dunst et Sam Neill. - Lors de son tournoi d'adieu, un joueur de tennis sur le déclin se remet à gagner lorsqu'il s'éprend d'une jeune consœur américaine. □ Général
DVD VF➔VF➔Cadrage W➔16,95 $

WINCHESTER '73 ▷4
É.-U. 1950. Western d'Anthony MANN avec James Stewart, Shelley Winters et Dan Duryea. - Une rivalité éclate entre deux frères au sujet d'une carabine d'un nouveau modèle. □ Général
DVD VA➔VF➔19,95 $

WIND, THE ►1
É.-U. 1928. Western de Victor SJÖSTRÖM avec Lillian Gish, Lars Hanson et Montagu Love. - Pour échapper à la méchanceté de la femme de son cousin chez qui elle séjourne, une jeune naïve se marie avec le premier venu. - Classique du cinéma muet. Adaptation dépouillée d'une œuvre de Dorothy Scarborough. Intrigue mélodramatique aux accents tragiques. Réalisation technique fort soignée. Interprétation éthérée et touchante de L. Gish. □ Général

WIND AND THE LION, THE ▷4
É.-U. 1975. Aventures de John MILIUS avec Sean Connery, Candice Bergen et Brian Keith. - En 1904, au Maroc, un chef berbère provoque un incident international en enlevant une Américaine et ses deux enfants. □ Général
DVD VF➔VF➔Cadrage W➔11,95 $

WIND WILL CARRY US, THE
voir **Vent nous emportera, Le**

WINDIGO ▷4
QUÉ. 1994. Drame de mœurs de Robert MORIN avec Guy Nadon, Donald Morin et Richard Kistabish. - Un journaliste de télévision se rend dans le nord du Québec pour rencontrer un leader amérindien qui a déclaré l'indépendance de son peuple. □ Général

WINDOW, THE ▷4
É.-U. 1949. Drame policier de Ted TETZLAFF avec Bobby Driscoll, Arthur Kennedy et Barbara Hale. - Un garçonnet est témoin d'un meurtre mais personne ne veut le croire. □ Non classé

WINDOW TO PARIS ▷5
RUS. 1993. Comédie fantaisiste de Yuri MAMIN avec Agnès Soral, Sergei Dontsov et Viktor Mikhailov. - Un professeur de musique découvre dans son logement de Saint-Pétersbourg une fenêtre magique qui débouche sur Paris. □ Général

WINDTALKERS [Voix des vents, La] ▷4
É.-U. 2002. Drame de guerre de John WOO avec Nicolas Cage, Adam Beach et Peter Stormare. - En 1944, durant l'invasion d'une île du Pacifique, un officier américain accompagne un soldat navajo qui détient le secret d'un important code radio. □ 13 ans+ · Violence
DVD VF→STA→Cadrage W→11,95 $ VA→29,95 $

WING AND A PRAYER ▷5
É.-U. 1944. Drame de guerre de Henry HATHAWAY avec Don Ameche, Dana Andrews et Charles Bickford. - Un porte-avions sert de leurre au début de la guerre du Pacifique pour tromper les Japonais sur l'état de la flotte américaine.
DVD VA→14,95 $

WINGS ▷4
É.-U. 1927. Drame de guerre de William A. WELLMAN avec Clara Brown, Charles Buddy Rogers et Richard Arlen. - Les exploits de deux jeunes aviateurs durant la Première Guerre mondiale. □ Général

WINGS OF COURAGE
É.-U. FR. 1995. Jean-Jacques ANNAUD □ Général

WINGS OF DESIRE *voir* **Ailes du désir, Les**

WINGS OF EAGLES, THE [Aigle vole au soleil, L'] ▷5
É.-U. 1956. Drame biographique de John FORD avec John Wayne, Maureen O'Hara et Dan Dailey. - Les problèmes professionnels et matrimoniaux d'un pilote de guerre devenu scénariste à Hollywood. □ Général
DVD VA→STF→Cadrage W→21,95 $

WINGS OF THE DOVE ▷4
ANG. 1997. Drame de mœurs de Iain SOFTLEY avec Helena Bonham Carter, Linus Roache et Alison Elliott. - En 1910, une aristocrate pousse son amant démuni dans les bras d'une riche amie gravement malade dans l'espoir qu'il hérite de sa fortune.
DVD VA→STA→Cadrage W→18,95 $

WINGS OF THE MORNING ▷4
ANG. 1937. Comédie dramatique d'Harold D. SCHUSTER avec Annabella, Henry Fonda et Stewart Rome. - Une jeune gitane se déguise en garçon pour s'occuper d'un cheval de course auquel elle s'est attachée. □ Général

WINNING ▷4
É.-U. 1969. Drame de James GOLDSTONE avec Paul Newman, Joanne Woodward et Robert Wagner. - Le mariage d'un pilote d'autos de course est mis en péril à cause de sa passion pour son métier. □ Général
DVD VA→Cadrage W→10,95 $

WINSLOW BOY, THE [Honneur des Winslow, L'] ▷4
É.-U. 1998. Drame de mœurs de David MAMET avec Nigel Hawthorne, Jeremy Northam et Rebecca Pidgeon. - En Angleterre, en 1912, le père d'un élève de l'école navale accusé de vol intente un retentissant procès pour rétablir l'honneur de la famille. □ Général
DVD Cadrage W→38,95 $

WINTER GUEST, THE [Miroir du cœur] ▷4
ANG. 1997. Drame psychologique d'Alan RICKMAN avec Phyllida Law, Emma Thompson et Gary Hollywood. - Une jeune femme et sa vieille mère se disent leurs quatre vérités à la faveur d'une promenade au bord de la mer en hiver. □ Général

WINTER KILLS ▷4
É.-U. 1979 Drame policier de William RICHERT avec Jeff Bridges, John Huston et Belinda Bauer. - Un homme enquête sur la mort de son frère qui fut assassiné alors qu'il exerçait la présidence des États-Unis.
DVD VA→14,95 $

WINTER LIGHT *voir* **Communiants, Les**

WINTER MEETING ▷5
É.-U. 1948. Drame sentimental de Bretaigne WINDUST avec Bette Davis, James Davis et Janis Paige. - Une célibataire s'éprend d'un héros de guerre qui songe à devenir prêtre.

WINTER SLEEPERS ▷4
ALL. 1997. Drame de Tom TYKWER avec Ulrich Matthes, Floriane Daniel et Marie-Lou Sellem. - Un grave accident de voitures près d'une station de ski affecte de diverses façons le destin de cinq personnes. □ 13 ans+
DVD STA→Cadrage W→32,95 $

WINTER SOLSTICE
É.-U. 2004. John STERNFELD
DVD VA→STA→34,95 $

WINTER WAR, THE
FIN. 1989. Pekka PARIKKA

WINTERSET ▷4
É.-U. 1936. Drame d'Alfred SANTELL avec Burgess Meredith, Eduardo Ciannelli et Margo . - Un jeune homme tente de prouver que son père était innocent du crime pour lequel on l'a exécuté.

WISDOM [Engrenage fatal] ▷6
É.-U. 1987. Drame de mœurs réalisé et interprété par Emilio ESTEVEZ avec Demi Moore et William Allen. - Poursuivi par la police pour vols de banques, un jeune criminel entraîne son amie dans une fuite à travers le pays. □ 13 ans+

WISE BLOOD [Malin, Le] ▷3
É.-U. 1979. Drame psychologique de John HUSTON avec Brad Dourif, Amy Wright et Daniel Shor. - À son retour de guerre, le petit-fils d'un prédicateur se met à prêcher une religion sans Christ. - Récit anecdotique riche en surprises. Interprètes adroitement dirigés. □ Général

WISE GUYS [Deux nigauds dans la mafia, Les] ▷4
É.-U. 1986. Comédie de Brian DE PALMA avec Danny DeVito, Joe Piscopo et Harvey Keitel. - Deux petits malfrats doivent trouver un moyen de rembourser l'argent qu'ils ont fait perdre à leur chef. □ Général
DVD VF→STF→Cadrage W→14,95 $

WISH YOU WERE HERE ▷4
ANG. 1987. Drame psychologique de David LELAND avec Emily Lloyd, Jesse Birdsall, Geoffrey Hutchings et Tom Bell. - Se sentant étouffée par la mesquinerie de sa petite ville, une adolescente rebelle des années 1950 se défend par une effronterie manifeste. □ Général

WISHING STAIRS
COR. 2003. Jae-yeon YOON
DVD STA→Cadrage W→27,95 $

WIT [Bel esprit] ▷3
É.-U. 2001. Drame psychologique de Mike NICHOLS avec Emma Thompson, Eileen Atkins et Audra McDonald. - Une professeure de littérature se découvre atteinte d'un cancer en phase terminale. - Téléfilm d'après une pièce de Margaret Edson. Monologues finement écrits. Climat de tristesse tempéré par un humour doux-amer. Mise en scène épurée. Interprétation bouleversante d'E. Thompson.
DVD VA→STF→Cadrage W→6,95 $

WITCH FROM NEPAL
CHI. 1985. Siu-Tung CHING □ 13 ans+
DVD Cadrage W→49,95 $

WITCH HUNT [Chasse aux sorcières] ▷4
É.-U. 1994. Drame fantastique de Paul SCHRADER avec Dennis Hopper, Penelope Ann Miller, Sheryl Lee Ralph et Eric Bogosian. - Sur les traces d'un riche et infidèle producteur de films, un détective se retrouve au centre d'une sombre affaire de magie noire. □ Général

WITCHCRAFT THROUGH THE AGES
voir **Sorcellerie à travers les âges, La**

WITCHES, THE [Sorcières, Les] ▷4
ANG. 1989. Comédie fantaisiste de Nicolas ROEG avec Jasen Fisher, Anjelica Huston et Mai Zetterling. - Transformé en souris par des sorcières réunies en congrès dans un hôtel, un gamin doit compter sur l'aide de sa grand-mère pour lutter contre ces méchantes femmes. □ Général
DVD VF➔Cadrage P&S➔7,95 $

WITCHES OF EASTWICK, THE ▷4
[Sorcières d'Eastwick, Les]
É.-U. 1987. Comédie fantaisiste de George MILLER avec Jack Nicholson, Cher, Michelle Pfeiffer et Susan Sarandon. - Dans un village de Nouvelle-Angleterre, trois jeunes femmes esseulées sont séduites par un étranger qui semble être le diable en personne. □ Général
DVD VF➔STF➔Cadrage W➔7,95 $

WITCHES' HAMMER
TCH. 1969. Otakar VAVRA
DVD STA➔39,95 $

WITH A FRIEND LIKE HARRY... WHO NEEDS ENEMIES
voir **Harry, un ami qui vous veut du bien**

WITH ALL DELIBERATE SPEED
É.-U. 2004. Peter GILBERT
DVD VA➔23,95 $

WITH FIRE AND SWORD
POL. 1999. Jerzy HOFFMAN
DVD STA➔64,95 $

WITH LOVE AND HISSES
É.-U. 1927. Fred GUIOL

WITH SIX YOU GET EGGROLL ▷4
É.-U. 1968. Comédie de mœurs de H. MORRIS avec Doris Day, Brian Keith et Barbara Hershey. - Une veuve mère de trois garçons épouse un veuf lui-même père d'une grande fille.
DVD VA➔VF➔Cadrage W➔14,95 $

WITHNAIL AND I ▷4
ANG. 1986. Comédie de mœurs de Bruce ROBINSON avec Paul McGann, Richard E. Grant et Richard Griffiths. - Fatigué de leur existence étriquée, deux acteurs sans emploi décident d'aller vivre quelque temps à la campagne. □ Général

WITHOUT A CLUE ▷4
ANG. 1988. Comédie policière de Thom EBERHARDT avec Michael Caine, Ben Kingsley et Lysette Anthony. - Attribuant ses exploits à un personnage fictif, un médecin mêlé à des enquêtes policières pousse la supercherie jusqu'à engager un comédien pour tenir ce rôle. □ Général
DVD VA➔VF➔12,95 $

WITHOUT A TRACE ▷4
É.-U. 1983. Drame policier de Stanley R. JAFFE avec Kate Nelligan, Judd Hirsch et David Dukes. - La police enquête afin de retrouver un petit garçon de huit ans disparu un matin en se rendant à l'école.
DVD VA➔Cadrage W➔15,95 $

WITHOUT ANESTHESIA
voir **Sans anesthésie**

WITHOUT LIMITS [Sans limites] ▷4
É.-U. 1998. Drame biographique de Robert TOWNE avec Donald Sutherland, Billy Crudup et Monica Potter. - La carrière du coureur de longue distance américain Steve Prefontaine qui a fait sa marque au début des années 1970. □ Général
DVD VF➔STF➔Cadrage P&S/W➔7,95 $

WITHOUT LOVE [Sans amour] ▷4
É.-U. 1945. Comédie de Harold S. BUCQUET avec Katharine Hepburn, Spencer Tracy, Patricia Morison et Lucille Ball. - Un inventeur contracte un mariage blanc avec une jeune veuve. □ Général

WITHOUT YOU I'M NOTHING: SANDRA BERNHARD ▷4
É.-U. 1990. Spectacle musical de John BOSKOVICH avec Sandra Bernhard. - Enregistrement d'un spectacle de monologues et de chansons donné par Sandra Bernhard. □ 13 ans+
DVD VA➔VF➔12,95 $

WITNESS [Témoin sous surveillance] ▷4
É.-U. 1985. Drame policier de Peter WEIR avec Harrison Ford, Kelly McGillis et Josef Sommer. - Un policier doit protéger un jeune garçon, membre d'une secte rigoriste, qui a été le témoin d'un meurtre. □ 13 ans+
DVD VF➔STA➔Cadrage W➔15,95 $

WITNESS FOR THE PROSECUTION ▷3
[Témoin à charge]
É.-U. 1957. Drame judiciaire de Billy WILDER avec Tyrone Power, Charles Laughton, Elsa Lanchester et Marlene Dietrich. - Un vieil avocat accepte de plaider une cause perdue, persuadé de l'innocence de son client. - Adaptation d'une pièce d'Agatha Christie. Réalisation brillante. Touches d'humour. C. Laughton excellent. □ Général
DVD VA➔Cadrage W➔12,95 $

WITTGENSTEIN ▷4
ANG. 1993. Film d'essai de Derek JARMAN avec Karl Johnson, Michael Gough et John Quentin. - La vie et l'œuvre du célèbre philosophe viennois Ludwig Wittgenstein. □ Général

WIZ, THE ▷4
É.-U. 1978. Comédie musicale de Sidney LUMET avec Diana Ross, Michael Jackson et Nipsey Russell. - Une jeune institutrice de race noire est emportée avec son chien par une bourrasque de neige dans le merveilleux pays d'Oz. □ Général
DVD VA➔VF➔Cadrage W➔10,95 $

WIZARD OF GORE, THE
É.-U. 1970. Herschell Gordon LEWIS
DVD VA➔Cadrage P&S➔23,95 $

WIZARD OF OZ, THE [Magicien d'Oz, Le] ►2
É.-U. 1939. Comédie musicale de Victor FLEMING avec Frank Morgan, Bert Lahr, Judy Garland et Ray Bolger. - Une petite fille du Kansas est emportée par un cyclone dans un pays féerique. - Récit fantaisiste à souhait. Trucages ingénieux. Mise en scène imaginative. Utilisation assez saisissante de la couleur après une première partie en noir et blanc. Jeu plein de fraîcheur de J. Garland. □ Général
DVD VF➔STF➔18,95 $/31,95 $/49,95 $

WIZARDS ▷4
É.-U. 1976. Dessins animés de Ralph BAKSHI. - Dans un monde de l'avenir, deux jumeaux s'affrontent, l'un luttant pour les forces du bien et l'autre pour l'emprise du mal. □ Général
DVD VA➔STA➔Cadrage W➔14,95 $

WOLF [Loup] ▷4
É.-U. 1994. Drame fantastique de Mike NICHOLS avec Michelle Pfeiffer, Jack Nicholson et James Spader. - Après avoir été mordu par un loup, un éditeur apathique constate d'étranges transformations dans son physique et dans sa personnalité. □ 13 ans+ ·Violence
DVD Cadrage W➔17,95 $

WOLF CREEK ▷4
AUS. 2004. Drame d'horreur de Greg McLEAN avec Nathan Phillips, Cassandra Magrath et Kestie Morassi. - Dans une région sauvage de l'Australie, trois jeunes touristes sont enlevés et torturés par un meurtrier psychopathe. □ 18 ans+
DVD VF➔STA➔Cadrage W➔34,95 $

WOLF MAN, THE ▷4
É.-U. 1941. Drame d'horreur de George WAGGNER avec Claude Rains, Warren William, Lon Chaney Jr. et Ralph Bellamy. - Après avoir été mordu par un loup, un homme se transforme en loup-garou. □ Général

WOLFEN ▷4
É.-U. 1981. Drame fantastique de Michael WADLEIGH avec Albert Finney, Diane Venora et Gregory Hines. - En enquêtant sur des morts brutales, un détective découvre la présence dans sa ville de loups dotés de facultés extraordinaires. □ 13 ans+
DVD VF→VF→Cadrage W→7,95 $

WOMAN AND A WOMAN, A
POL. 1980. Ryszard BUGAJSKI et Janusz DYMEK □ Général

WOMAN CALLED GOLDA, A ▷4
É.-U. 1982. Drame biographique d'Alan GIBSON avec Judy Davis, Ingrid Bergman et Jack Thompson. - La vie de Golda Meir qui dirigea l'État d'Israël au cours des années 1970. □ Non classé

WOMAN DEMON HUMAN
CHI. 1987. Huang SHUQIN
DVD STA→29,95 $

WOMAN IN QUESTION, THE ▷3
É.-U. 1950. Drame policier d'Anthony ASQUITH avec Jean Kent, Dirk Bogarde et Susan Shaw. - Un inspecteur interroge successivement diverses personnes qui ont cotoyé une cartomancienne retrouvée morte assassinée et que chacun dépeint sous un jour différent. - Thème intelligent habilement développé. Mise en scène soignée. □ Général

WOMAN IN RED, THE ▷5
É.-U. 1984. Comédie de mœurs réalisée et interprétée par Gene WILDER avec Charles Grodin et Kelly Le Brock. - Un cadre de San Francisco, réservé et mari fidèle, voit sa vie perturbée par la rencontre d'une éblouissante jeune femme.
DVD VA→11,95 $

WOMAN IN THE DUNES *voir* **Femme de sable, La**

WOMAN IN THE MOON
ALL. 1929. Fritz LANG
DVD STA→24,95 $

WOMAN IN THE WINDOW, THE ▷3
É.-U. 1944. Drame policier de Fritz LANG avec Joan Bennett, Edward G. Robinson et Raymond Massey. - Un respectable professeur commet un crime pour les beaux yeux d'une jeune femme inconnue. - Atmosphère lourde et angoissante. Remarquable utilisation des effets sonores. Décors fantastiques. Excellente interprétation. □ Général

WOMAN IS A WOMAN, A
voir **Femme est une femme, Une**

WOMAN NEXT DOOR, THE *voir* **Femme d'à côté, La**

WOMAN OF AFFAIRS, A
É.-U. 1928. Clarence BROWN □ Non classé

WOMAN OF PARIS, A [Opinion publique, L'] ▷3
É.-U. 1923. Drame de Charles CHAPLIN avec Edna Purviance, Carl Miller et Adolphe Menjou. - Une provinciale devenue la maîtresse d'un riche Parisien retrouve un amour de jeunesse. - Intrigue naïve traitée avec finesse. Touches ironiques bien amenées. Réalisation souple. Interprétation un peu guindée.

WOMAN OF THE PORT
MEX. 1934. Arcady BOYTLER et Raphael J. SEVILLA
DVD STA→25,95 $

WOMAN OF THE YEAR ▷4
É.-U. 1942. Comédie de George STEVENS avec Spencer Tracy, Katharine Hepburn et Fay Bainter. - Chassés-croisés sentimentaux entre une journaliste et un reporter sportif. □ Général
DVD VF→VF→21,95 $

WOMAN SESAME OIL MAKER
CHI. 1993. Xie FEI
DVD STA→29,95 $

WOMAN THOU ART LOOSED
É.-U. 2004. Michael SCHULTZ
DVD VA→36,95 $

WOMAN TIMES SEVEN ▷5
É.-U. 1967. Film à sketches de Vittorio DE SICA avec Shirley MacLaine, Peter Sellers et Alan Arkin. - Aventures montrant plusieurs types de femmes et leurs problèmes. □ 13 ans+

WOMAN UNDER THE INFLUENCE, A ►2
[Femme sous influence, Une]
É.-U. 1974. Drame psychologique de John CASSAVETES avec Gene Rowlands, Peter Falk et Katherine Cassavetes. - La femme d'un ouvrier souffre d'un déséquilibre mental. - Traitement riche en observations vivantes. Mise en scène tablant sur l'improvisation. Interprétation prenante. □ 13 ans+

WOMAN WHO WAS NEVER LOVED, THE
voir **Malquerida, La**

WOMAN WITH RED BOOTS, THE
voir **Femme aux bottes rouges, La**

WOMAN'S FACE, A *voir* **Visage de femme, Un**

WOMAN'S SECRET, A ▷5
É.-U. 1949. Drame policier de Nicholas RAY avec Maureen O'Hara, Gloria Grahame et Melvyn Douglas. - Une femme s'accuse d'avoir tiré sur une chanteuse dont elle supervisait la carrière. □ Non classé

WOMAN'S TALE, A [Mémoires de femmes] ▷3
AUS. 1990. Drame psychologique de Paul COX avec Sheila Florance, Gosia Dobrowolska et Norman Kaye. - Une vieille dame atteinte d'un cancer tient mordicus à finir ses jours dans sa demeure. - Sujet empreint de gravité et de mélancolie. Traitement chaleureux et positif. Réalisation sobre. Composition magnifique de S. Florance. □ Général

WOMAN'S WORLD ▷4
É.-U. 1954. Comédie dramatique de Jean NEGULESCO avec Clifton Webb, Cornel Wilde et June Allyson. - Des intrigues se nouent autour d'un poste à obtenir dans une grande compagnie. □ Général

WOMEN *voir* **Elles**

WOMEN, THE ▷3
É.-U. 1939. Comédie satirique de George CUKOR avec Norma Shearer, Joan Crawford et Rosalind Russell. - Après avoir divorcé de son mari qui l'a trompée, une femme décide de le reprendre à sa rivale. - Théâtre filmé. Dialogue mordant. Mise en scène variée. Portrait critique d'une certaine société. Brillante distribution exclusivement féminine. □ Général
DVD VF→STA→21,95 $ VF→VF→21,95 $

WOMEN AND MEN: STORIES OF SEDUCTION ▷4
É.-U. 1990. Film à sketches de Frederic RAPHAEL, Ken RUSSELL et Tony RICHARDSON avec Elizabeth McGovern, Peter Weller et Melanie Griffith. - Dans les années 1920 et 1930, divers couples américains se forment et se déchirent.

WOMEN FROM THE LAKE OF SCENTED SOULS, THE ▷3
CHI. 1993. Drame de mœurs de Fei XIE avec Siqin Gaowa, Wu Yujuan et Lei Luosheng. - Dans la Chine du Nord, une mère de famille à la tête d'une entreprise d'huile de sésame complote afin de marier son fils épileptique. - Scénario adapté d'un roman de Zhou Daxin. Intéressants aperçus sur la Chine actuelle. Traitement lyrique. Réalisation méticuleuse. Interprétation fort nuancée.

WOMEN IN LOVE ▷4
ANG. 1969. Drame psychologique de Ken RUSSELL avec Glenda Jackson, Alan Bates, Jennie Linden et Oliver Reed. - Deux sœurs élevées dans un village minier ont une vie sentimentale compliquée. □ 18 ans+
DVD VA→VF→Cadrage W→27,95 $

WOMEN ON THE ROOF, THE ▷5
SUÈ. 1989. Drame de Carl-Gustav NYKVIST avec Amanda Ooms, Helena Bergström et Stellan Skarsgard. - Durant l'été de 1914, une jeune fille réservée voit sa vie bouleversée par une excentrique voisine photographe. □ 16 ans+

WOMEN ON THE VERGE OF A NERVOUS BREAKDOWN
voir **Femmes au bord de la crise de nerfs**

WOMEN TALKING DIRTY
ANG. 1999. Coky GIEDROYC
DVD VA→24,95 $

WONDER BOYS ▷4
É.-U. 2000. Comédie dramatique de Curtis HANSON avec Michael Douglas, Tobey Maguire et Frances McDormand. - Un écrivain qui éprouve de la difficulté à terminer son nouveau roman a des ennuis avec son éditeur, sa maîtresse et un étudiant dépressif. □ Général
DVD Cadrage W→15,95 $

WONDER MAN ▷4
É.-U. 1945. Comédie de Bruce HUMBERSTONE avec Danny Kaye, Virginia Mayo et Vera-Ellen. - Poussé par l'esprit de son jumeau assassiné, un homme se sent obligé de le venger. □ Général

WONDERFUL LIFE ▷4
ANG. 1964. Comédie musicale de Sidney J. FURIE avec Cliff Richard, Susan Hampshire et Walter Slezak. - Des jeunes gens ajoutent à un scénario ordinaire une version musicale ingénieuse.

WONDERFUL WORLD OF THE BROTHERS GRIMM, THE ▷4
É.-U. 1962. Drame biographique d'Henry LEVIN et George PAL avec Laurence Harvey, Karl Boehm et Claire Bloom. - Les tribulations de deux frères écrivains, auteurs de contes de fées.

WONDERLAND ▷4
ANG. 1999. Drame de mœurs de Michael WINTERBOTTOM avec Shirley Henderson, Gina McKee et Molly Parker. - À Londres, un week-end dans la vie un peu morose des membres d'une famille ordinaire en quête d'amour et de bonheur. □ Général · Déconseillé aux jeunes enfants
DVD VA→VF→Cadrage W→18,95 $

WONDERLAND ▷4
É.-U. 2003. Drame de mœurs de James COX avec Val Kilmer, Kate Bosworth et Josh Lucas. - En 1981, un acteur de films pornographiques est impliqué dans un quadruple meurtre commis dans la maison d'un dealer de Los Angeles. - Récit sordide inspiré de faits vécus. □ 16 ans+ · Violence
DVD VA→STA→Cadrage W→13,95 $

WONDERS, LES *voir* **That Thing You Do !**

WOODEN GUN, THE
ISR. 1979. Ilan MOSHENSON □ Général

WOODEN MAN'S BRIDE ▷3
CHI. 1994. Drame de mœurs de Jianxin HUANG avec Wang Lan, Chang Shih et Ku Paoming. - Dans les années 1920, en Chine, une jeune fille se voit forcée par sa belle-mère de vivre comme une épouse avec une statue de son mari, mort le jour de leurs noces. - Peinture allégorique et subtile de la Chine féodale. Touches mordantes et inattendues. Réalisation adroite. Interprétation solide.
DVD STA→26,95 $

WOODSMAN, THE **[Peur du loup, La]** ▷3
É.-U. 2004. Drame psychologique de Nicole KASSELL avec Kevin Bacon, Kyra Sedgwick et Benjamin Bratt. - Hanté par ses pulsions sexuelles déviantes, un pédophile tente de reprendre une vie normale à Philadelphie après douze années passées en prison. - Puissante étude psychologique. Sujet délicat traité avec retenue. Réalisation minutieuse au montage fluide. Quelques moments de forte tension. Jeu sobre et nuancé de K. Bacon. □ 13 ans+
DVD VF→STA→31,95 $

WOOL CAP, THE
É.-U. 2004. Steven SCHACHTER
DVD VA→STA→14,95 $

WORDS AND MUSIC **[Ma vie est une chanson]** ▷4
É.-U. 1948. Comédie musicale de Norman TAUROG avec Mickey Rooney, Tom Drake, Judy Garland et June Allyson. - Évocation de la carrière en tandem de Richard Rodgers et Lorenz Hart, auteurs de comédies musicales.

WORKER AND THE HAIRDRESSER IN WHIRL OF SEX AND POLITICS, THE
ITA. 1996. Lina WERTMULLER

WORKING
É.-U. 1982. Studs TERKEL
DVD VA→Cadrage P&S→34,95 $

WORKING GIRL **[Quand les femmes s'en mêlent]** ▷4
É.-U. 1988. Comédie dramatique de Mike NICHOLS avec Melanie Griffith, Harrison Ford, Alec Baldwin et Sigourney Weaver. - Après avoir découvert que sa patronne a utilisé à son profit une de ses idées, une secrétaire profite de son absence pour prendre sa place. □ 13 ans+
DVD VF→STA→Cadrage W→10,95 $

WORLD, THE
CHI. FR. JAP. 2004. Ke Jia ZHANG
DVD STA→Cadrage W→22,95 $

WORLD ACCORDING TO GARP, THE ▷3
[Monde selon Garp, Le]
É.-U. 1982. Comédie dramatique de George Roy HILL avec Robin Williams, Mary Beth Hurt et Glenn Close. - Les problèmes familiaux d'un jeune écrivain. - Adaptation intéressante du roman de John Irving. Vision excentrique de la vie. Traitement primesautier. Style vif et percutant. Interprétation dans le ton voulu.
DVD VF→STF→Cadrage W→11,95 $

WORLD APART, A **[Monde à part, Un]** ▷3
ANG. 1988. Drame social de Chris MENGES avec Barbara Hershey, Jodhi May et Linda Mvusi. - Une adolescente de 13 ans est troublée par les activités de ses parents engagés dans une lutte contre l'apartheid en Afrique du Sud. - Intrigue tirée de faits vécus. Approche intimiste convaincante. Réalisation et interprétation sobres. □ Général
DVD VA→STF→Cadrage W→12,95 $

WORLD IN HIS ARMS, THE ▷5
É.-U. 1952. Aventures de Raoul WALSH avec Gregory Peck, Ann Blyth et Anthony Quinn. - Un corsaire, chasseur de phoques, tombe amoureux d'une comtesse russe. □ Général

WORLD IS NOT ENOUGH, THE ▷5
[Monde ne suffit pas, Le]
É.-U. 1999. Drame d'espionnage de Michael APTED avec Pierce Brosnan, Sophie Marceau et Robert Carlyle. - Au Moyen-Orient, l'agent secret James Bond doit protéger une riche héritière contre un dangereux terroriste. □ 13 ans+

WORLD OF APU, THE *voir* **Monde d'Apu, Le**

WORLD OF GEISHA, THE
JAP. 1973. Tatsumi KUMASHIRO
DVD STA➔Cadrage W➔21,95 $

WORLD OF HENRY ORIENT, THE ▷4
É.-U. 1964. Comédie de George Roy HILL avec Peter Sellers, Tippy Walker et Merrie Spaeth. - Deux adolescentes entreprennent d'étudier les habitudes de vie d'un musicien qui est leur idole. □ Général
DVD VA➔VF➔11,95 $

WORLD OF STRANGERS, A *voir* **Dilemme**

WORLD OF SUZIE WONG, THE ▷5
É.-U. 1960. Drame psychologique de Richard QUINE avec William Holden, Nancy Kwan et Michael Wilding. - Un peintre américain travaillant à Hong-Kong s'éprend d'une jeune prostituée chinoise qui lui sert de modèle. □ Non classé
DVD VA➔STA➔Cadrage W➔13,95 $

WORLD TRAVELER [Globe-trotter, Le] ▷5
É.-U. 2001. Drame psychologique de Bart FREUNDLICH avec Billy Crudup, Julianne Moore, Liane Balaban et Clevant Derricks. - Pris d'un besoin soudain de donner un nouveau sens à sa vie, un jeune architecte abandonne femme et enfant pour prendre la route.
DVD VA➔19,95 $

WORLD'S FASTEST INDIAN, THE ▷4
N.-Z. 2005. Drame biographique de Roger DONALDSON avec Anthony Hopkins, Annie Whittle et Aaron Murphy. - En 1962, un Néo-Zélandais sexagénaire se rend au Speed Week de Bonneville en Utah pour briser un record de vitesse avec sa vieille moto. □ Général
DVD VF➔Cadrage W➔34,95 $

WORLD'S GREATEST LOVER ▷5
É.-U. 1977. Comédie réalisée et interprétée par Gene WILDER avec Carol Kane et Dom De Luise. - Profitant d'un concours organisé pour trouver un rival à Rudolph Valentino, un couple se rend à Hollywood.
DVD VF➔STA➔Cadrage W➔14,95 $

WORM EATERS, THE
É.-U. 1977. Herb ROBINS
DVD VA➔Cadrage W➔18,95 $

WOYZECK
HON. 1994. Janos SZASZ □ 13 ans+

WOYZECK [Werner Herzog's Woyzeck]
ALL. 1979. Werner HERZOG □ Non classé
DVD Cadrage W➔34,95 $

WR: MYSTERIES OF THE ORGANISM ▷3
YOU. 1971. Film d'essai de Dusan MAKAVEJEV avec Milens Dravic, Tuli Kupferberg et Ivida Vidovic. - Présentation alternée de la vie et de l'œuvre de Wilhelm Reich et des efforts d'une militante communiste pour convertir son entourage à la libération sexuelle. - Œuvre à la fois irritante et brillante. Montage particulièrement astucieux. □ 18 ans+

WRECK OF THE MARY DEARE, THE ▷4
[Cargaison dangereuse]
É.-U. 1959. Drame policier de Michael ANDERSON avec Gary Cooper, Charlton Heston et Michael Redgrave. - Le capitaine d'un remorqueur aide un collègue à se justifier d'une accusation de sabordage. □ Général

WRESTLING ERNEST HEMINGWAY ▷5
[J'ai connu Ernest Hemingway]
É.-U. 1993. Drame psychologique de Randa HAINES avec Richard Harris, Robert Duvall et Shirley MacLaine. - Malgré leur différence de tempérament, un ancien marin irlandais et un barbier cubain à la retraite se lient d'une profonde amitié. □ Général

WRITTEN ON THE WIND ▷3
É.-U. 1956. Drame de Douglas SIRK avec Rock Hudson, Lauren Bacall et Robert Stack. - Les déboires sentimentaux des enfants d'un magnat du pétrole. - Thème surchargé mais fort intéressant. Réalisation et décors soignés. Jeu stylisé des interprètes.
DVD VA➔STA➔Cadrage W➔46,95 $

WRONG ARM OF THE LAW, THE [Jules de Londres] ▷4
ANG. 1963. Comédie policière de Cliff OWEN avec Peter Sellers, Lionel Jeffries et Nanette Newman. - Des voleurs londoniens s'entendent avec Scotland Yard pour faire arrêter une bande rivale.
DVD VA➔21,95 $

WRONG BOX, THE [Corbillard s'emballe, Le] ▷3
ANG. 1966. Comédie de Bryan FORBES avec John Mills, Michael Caine et Ralph Richardson. - Divers individus se retrouvent mêlés à des intrigues et des imbroglios pour obtenir un héritage. - Comédie noire d'un style à l'emporte-pièce. Époque victorienne évoquée avec beaucoup de saveur. Excellente interprétation. □ Général

WRONG IS RIGHT [Meurtres en direct] ▷4
É.-U. 1982. Comédie satirique de Richard BROOKS avec Sean Connery, George Grizzard et Henri Silva. - Dans un pays arabe, un journaliste est témoin d'événements durant lesquels des fanatiques tentent de s'approprier des bombes atomiques. □ Général

WRONG MAN, THE ▷3
É.-U. 1956. Drame policier d'Alfred HITCHCOCK avec Henry Fonda, Vera Miles et Anthony Quayle. - Un musicien est emprisonné à cause de sa ressemblance avec un voleur. - Reconstitution d'un fait réel. Mise en scène étonnamment sobre de la part d'Hitchcock. Jeu retenu et convaincant de H. Fonda. □ Général
DVD VA➔21,95 $

WRONG MOVE, THE *voir* **Faux mouvement**

WU JI - LA LÉGENDE DES CAVALIERS DU VENT ▷5
CHI. 2005. Drame d'aventures de Chen KAIGE avec Hiroyuki Sanada, Cecilia Cheung et Jang Dong-kun. - Un général et un duc se disputent une princesse éprise d'un esclave.

WUTHERING HEIGHTS *voir* **Hurlevent**

WUTHERING HEIGHTS [Abismos de pasion] ▷4
MEX. 1953. Drame de Luis BUÑUEL avec Jorge Mistral, Irasema Dilian et Lilia Padro. - L'amour passionné entre la fille de riches propriétaires terriens et un garçon que ceux-ci ont adopté.

WUTHERING HEIGHTS [Hauts de Hurlevent, Les] ▷3
É.-U. 1938. Drame sentimental de William WYLER avec Laurence Olivier, Merle Oberon et David Niven. - L'amour passionné entre la fille d'un bourgeois anglais et un garçon que celui-ci a recueilli. - Adaptation soignée du roman d'Emily Brontë. Nuances psychologiques bien rendues. Interprétation adaptée au romantisme de l'œuvre. □ Général

WUTHERING HEIGHTS [Hauts de Hurlevent, Les] ▷4
ANG. 1970. Drame sentimental de Robert FUEST avec Anna Calder-Marshall, Timothy Dalton et Ian Ogilvie. - Un enfant trouvé qui a été élevé dans une famille riche devient amoureux de la fille de son bienfaiteur. □ Général
DVD VF➔STF➔Cadrage P&S/W➔12,95 $

WYATT EARP ▷4
É.-U. 1994. Western de Lawrence KASDAN avec Kevin Costner, Dennis Quaid et Gene Hackman. - Les tribulations d'un héros de l'Ouest qui s'impose comme shérif malgré des méthodes peu orthodoxes. □ 13 ans+ · Violence
DVD VF➔VF➔Cadrage W➔14,95 $
VA➔VF➔Cadrage W➔33,95 $

X

X, Y AND ZEE ▷4
ANG. 1971. Drame de Brian G. HUTTON avec Elizabeth Taylor, Michael Caine et Susannah York. - Une femme jalouse met tout en œuvre pour briser la liaison de son mari avec une jeune veuve.

X-15 ▷5
É.-U. 1961. Drame de mœurs de Richard DONNER avec David McLean, Charles Bronson et Ralph Taeger. - Les difficultés que doivent affronter des pilotes d'essai. □ Non classé
DVD VA➔VF➔Cadrage W➔11,95 $

X-FILES: THE MOVIE [Aux frontières du réel: le film] ▷4
É.-U. 1998. Science-fiction de Rob BOWMAN avec David Duchovny, Gillian Anderson et Martin Landau. - Deux agents du FBI enquêtent sur un groupe paragouvernemental qui cherche à cacher la présence d'extraterrestres sur la Terre. □ 13 ans+

X-MEN ▷4
É.-U. 2000. Science-fiction de Bryan SINGER avec Hugh Jackman, Patrick Stewart et Anna Paquin. - Des mutants aux pouvoirs fantastiques, voués à faire le bien, entrent en lutte avec des congénères maléfiques. □ 13 ans+
DVD VF➔STA➔Cadrage W/16X9➔19,95 $
VF➔STA➔Cadrage W➔16,95 $

X-MEN II ▷4
É.-U. 2003. Science-fiction de Bryan SINGER avec Patrick Stewart, Hugh Jackman et Ian McKellen. - Deux bandes de mutants, l'une belliqueuse, l'autre pacifique, font équipe pour lutter contre un militaire qui veut les annihiler. □ Général · Déconseillé aux jeunes enfants
DVD VF➔STA➔Cadrage W➔22,95 $

X-MEN - THE LAST STAND ▷4
[X-Men - l'engagement ultime]
É.-U. 2006. Science-fiction de Brett RATNER avec Hugh Jackman, Ian McKellen et Halle Berry. - Une découverte scientifique permettant de neutraliser les pouvoirs surnaturels des mutants provoque des affrontements entre ces derniers et les forces de l'ordre.

X: THE MAN WITH THE X-RAY EYES ▷5
É.-U. 1963. Science-fiction de Roger CORMAN avec Ray Milland, Diana Van Der Vlis, John Hoyt et Harold J. Stone. - Un savant expérimente un sérum qui permet de voir à travers les matières solides. □ Général
DVD VA➔VF➔Cadrage W/16X9➔13,95 $

XANADU ▷5
É.-U. 1980. Comédie musicale de Robert GREENWALD avec Olivia Newton-John, Michael Beck et Gene Kelly. - La vie d'un artiste-peintre est bouleversée par la rencontre d'une mystérieuse jeune femme et d'un musicien à la retraite. □ Général
DVD Cadrage W➔18,95 $

XIU-XIU, THE SENT DOWN GIRL ▷4
CHI. 1998. Drame de Joan CHEN avec Lu Lu, Lopsang et Gao Jie. - Durant la révolution culturelle chinoise, une adolescente est confinée dans une région isolée pour y apprendre le dressage des chevaux. □ 13 ans+

XXL ▷5
FR. 1997. Comédie de mœurs d'Ariel ZEITOUN avec Elsa Zylberstein, Michel Boujenah, Catherine Jacob et Gérard Depardieu. - Un commerçant juif parisien entre en rivalité avec un restaurateur qui a séduit sa fiancée en plus de convoiter le même local que lui. □ Général

XXX ▷5
É.-U. 2002. Drame d'espionnage de Rob COHEN avec Vin Diesel, Asia Argento et Marton Csokas. - Un criminel casse-cou est forcé par les services secrets américains d'infiltrer à Prague un gang d'anarchistes russes ayant conçu une redoutable arme chimique. □ 13 ans+ · Violence
DVD VF➔STA➔Cadrage W➔16,95 $

Y

Y A-T-IL QUELQU'UN POUR TUER MA FEMME?
voir **Ruthless People**

Y A-T-IL UN FRANÇAIS DANS LA SALLE? ▷5
FR. 1982. Comédie satirique de Jean-Pierre MOCKY avec Victor Lanoux, Marion Peterson et Jacques Dutronc. - Un homme politique voit sa carrière mise en péril par le suicide d'un vieil oncle qui l'a élevé.

Y A-T-IL UN PILOTE DANS L'AVION? *voir* **Airplane!**

Y AURA-T-IL DE LA NEIGE À NOËL? ▷3
FR. 1996. Drame social de Sandrine VEYSSET avec Dominique Reymond, Daniel Duval et Jessica Martinez. - Une cultivatrice tente de protéger ses sept enfants de leur père, dont le foyer légitime est ailleurs. - Grande justesse de ton dans ce portrait d'une situation familiale douloureuse. Accent mis sur les gestes quotidiens. Style visuel brut. Jeu fort naturel des enfants. □ Général

Y TU MAMÁ TAMBIEN *voir* **Et... Ta mère aussi**

Y'A PAS DE PETITES ÉCONOMIES
voir **How to Beat the High Cost of Living?**

YAKUZA, THE ▷4
É.-U. 1974. Drame policier de Sydney POLLACK avec Ken Takakura, Robert Mitchum et Keiko Kishi. - Un ex-policier américain se rend au Japon pour retrouver la fille d'un ami enlevée par un clan criminel. □ 13 ans+

YAKUZA DEMON [Kikoku]
JAP. 2003. Takashi MIIKE
DVD STA→24,95 $

YAKUZA GRAVEYARD
JAP. 1976. Kinji FUKASAKU
DVD STA→Cadrage W/16X9→21,95 $

YAKUZA IN LOVE, A
JAP. 1997. Rokuro MOCHIZUKI
DVD STA→27,95 $

YANA'S FRIENDS ▷4
ISR. 1999. Comédie dramatique d'Arik KAPLUN avec Evlyn Kaplun, Nir Levi et Dalia Friedland. - En 1991 dans un immeuble de Tel-Aviv, les tribulations d'une jeune émigrée russe et de ses voisins.
□ Général
DVD STA→21,95 $

YANKEE DOODLE DANDY ▷3
É.-U. 1942. Drame biographique de Michael CURTIZ avec James Cagney, Walter Huston et Joan Leslie. - La vie de George M. Cohan, vedette du music-hall au début du siècle. - Scénario anecdotique. Traitement chaleureux. Excellents numéros musicaux. Mise en scène inventive. Jeu énergique de J. Cagney. □ Non classé
DVD VA→VF→32,95 $

YANKS ▷3
ANG. 1979. Drame de guerre de John SCHLESINGER avec Richard Gere, Lisa Eichhorn et Vanessa Redgrave. - Les relations établies entre les habitants d'une petite ville anglaise et les soldats américains cantonnés près de là. - Traitement nostalgique. Interprétation sobre. □ 13 ans+
DVD VA→Cadrage W→9,95 $

YARDS, THE ▷3
É.-U. 2000. Drame de James GRAY avec Mark Wahlberg, Joaquin Phoenix et Charlize Theron. - À peine sorti de prison, un jeune homme issu d'un milieu ouvrier se laisse compromettre dans une sale histoire de corruption et de meurtre. - Thriller axé sur l'analyse des relations entre les personnages. Climat de film noir à la fois tendu et envoûtant. Réalisation maîtrisée. Excellente distribution.
□ Général · Déconseillé aux jeunes enfants
DVD VF→Cadrage W→13,95 $ VA→Cadrage W→22,95 $

YEAR MY VOICE BROKE, THE ▷4
AUS. 1987. Comédie dramatique de John DUIGAN avec Noah Taylor, Loene Carmen et Ben Mendelsohn. - Les tribulations sentimentales d'un jeune provincial amoureux d'une amie d'enfance qui a une liaison avec un délinquant. □ Général

YEAR OF LIVING DANGEROUSLY, THE ▷3
[Année de tous les dangers, L']
AUS. 1982. Drame de Peter WEIR avec Mel Gibson, Sigourney Weaver et Linda Hunt. - En 1965, les expériences d'un jeune journaliste australien en Indonésie. - Tableau social vigoureusement brossé. Réalisation sûre. Personnages intéressants interprétés avec conviction. □ Général
DVD VF→STF→Cadrage W→11,95 $

YEAR OF THE GUN [Année de violence, Une] ▷5
É.-U. 1991. Drame social de John FRANKENHEIMER avec Andrew McCarthy, Valeria Golino et Sharon Stone. - En 1978, à Rome, un journaliste américain qui rédige un roman inspiré par les activités des Brigades rouges doit faire face à des terroristes qui le soupçonnent d'être un informateur. □ 13 ans+
DVD 9,95 $

YEAR OF THE QUIET SUN, A
voir **Année du soleil tranquille, L'**

YEAR OF THE YAO
CHI. É.-U. 2004. James D. STERN et Adam DEL DEO
DVD VA→STA→34,95 $

YEARLING, THE [Jody et le faon] ▷4
É.-U. 1946. Drame de Clarence BROWN avec Claude Jarman Jr., Gregory Peck et Jane Wyman. - L'attachement d'un enfant pour un faon qu'il a élevé est mis à rude épreuve lorsque l'animal devient nuisible. □ Non classé
DVD VF→STF→7,95 $

YEELEN ▷3
MALI 1987. Drame poétique de Souleymane CISSÉ avec Issiaka Kane, Niamanto Sanogo et Aoua Sangare. - Fuyant la colère d'un père qui le refuse comme son égal, un jeune Africain découvre qu'il a lui aussi certains pouvoirs magiques. - Évocation de traditions ancestrales fondées sur des croyances animistes. Développements plutôt sybillins. Images d'une grande beauté. Mouvement lent et solennel. Interprétation d'un hiératisme un peu forcé.
DVD STA→23,95 $

YELLOW FOUNTAIN, THE
ESP. FR. 1999. Miguel SANTESMASES
DVD STA→PC

YELLOW ROLLS-ROYCE, THE ▷5
[Rolls-Royce jaune, La]
ANG. 1965. Film à sketches d'Anthony ASQUITH avec Jeanne Moreau, Shirley MacLaine et Ingrid Bergman. - Une voiture de luxe est le point de rencontre de diverses aventures galantes. □ Non classé

YELLOW SKY [Ville abandonnée, La] ▷4
É.-U. 1948. Western de W. WELLMAN avec Anne Baxter, Gregory Peck et Richard Widmark. - Des hors-la-loi se réfugient dans une ville abandonnée où habitent un vieux chercheur d'or et sa petite-fille.
DVD VF→STA→14,95 $

YELLOW SUBMARINE ▷3
ANG. 1968. Dessins animés de George DUNNING. - À l'aide de chansons, les Beatles chassent de Pepperland les Blues Meanies réfractaires au bonheur et à la musique. - Film d'animation au style moderne et fantaisiste. Feu d'artifice vibrant de couleurs.
□ Non classé

YELLOWKNIFE ▷4
CAN. 2002. Drame de mœurs de Rodrigue JEAN avec Sébastien Huberdeau, Hélène Florent et Philippe Clément. - En route pour Yellowknife, deux jeunes de Moncton font diverses rencontres troublantes. □ 16 ans+

YENTL ▷3
É.-U. 1983. Comédie musicale réalisée et interprétée par Barbra STREISAND avec Mandy Patinkin et Amy Irving. - Au début du siècle, une jeune Juive se déguise en garçon pour poursuivre des études. - Climat de conte folklorique. Traitement à la fois intimiste et spectaculaire. Mise en scène adroite. Interprétation savoureuse.
□ Général

YES ▷5
ANG. 2004. Drame de mœurs de Sally POTTER avec Joan Allen, Simon Abkarian et Sam Neill. - À Londres, une biologiste mariée à un politicien infidèle s'engage dans une liaison passionnée avec un cuisinier d'origine libanaise. □ Général
DVD VA➔VF➔Cadrage W➔23,95 $

YES SIR ! MADAME ▷4
QUÉ. 1994. Film d'essai réalisé et interprété par Robert MORIN. - À l'aide d'une caméra, un homme scrute le récit chronologique des événements qui ont marqué sa vie. □ Général

YES YES *voir* **Oui oui**

YESTERDAY ▷4
AFR.S. 2004. Drame de Darrell James ROODT avec Leleti Khumalo, Lihle Mvelase et Kenneth Kambule. - Les épreuves d'une femme zulu atteinte du sida qui s'accroche à la vie pour s'occuper de sa petite fille.
DVD VA➔STA➔28,95 $

YESTERDAY, TODAY AND TOMORROW ▷4
[Hier, aujourd'hui et demain]
ITA. 1964. Film à sketches de Vittorio DE SICA avec Sophia Loren, Marcello Mastroianni et Aldo Guiffre. - Une vendeuse de cigarettes, l'épouse d'un industriel et une call-girl connaissent diverses formes d'amour. □ Général
DVD VA➔14,95 $ VA➔STA➔27,95 $

YEUX BANDÉS, LES ▷3
ESP. 1978. Drame psychologique de Carlos SAURA avec Geraldine Chaplin, Jose Luis Gomez et Xavier Elorriaga. - Bouleversé par le témoignage d'une femme qui a été torturée, un metteur en scène décide de monter une pièce sur ce thème. - Enchevêtrement ardu de rêve et de réalité, de sentiment et de politique.

YEUX D'UN ANGE, LES *voir* **Angel Eyes**

YEUX DE BRAISE, LES *voir* **Blink**

YEUX DE LA FORÊT, LES
voir **Watcher in the Woods, The**

YEUX DE LAURA MARS, LES
voir **Eyes of Laura Mars, The**

YEUX DU TÉMOIN, LES *voir* **Tiger Bay**

YEUX GRANDS FERMÉS, LES *voir* **Eyes Wide Shut**

YEUX NOIRS, LES [Dark Eyes] ►2
ITA. 1987. Comédie sentimentale de Nikita MIKHALKOV avec Marcello Mastroianni, Elena Sofonova et Silvana Mangano. - Sur un bateau de croisière, un Italien raconte à un Russe les tribulations sentimentales qu'il a vécues lors de ses séjours en Russie. - Film complexe et charmeur inspiré de Tchekhov. Mélange d'exubérance et de mélancolie. Mise en scène souple et colorée. Interprétation pleine de finesse. □ Général

YEUX ROUGES, LES ▷4
QUÉ. 1982. Drame policier d'Yves SIMONEAU avec Marie Tifo, Jean-Marie Lemieux et Pierre Curzi. - À Québec, la police recherche un assassin qui s'en prend aux jeunes femmes. □ Général

YEUX SANS VISAGE, LES [Eyes Without a Face] ▷3
FR. 1959. Drame d'horreur de Georges FRANJU avec Pierre Brasseur, Edith Scob et Alida Valli. - Un médecin tente de donner un nouveau visage à sa fille défigurée. - Mélange de poésie et d'épouvante. Scènes d'un réalisme impressionnant. Traitement insolite. Bons interprètes. □ Non classé
DVD VF➔STA➔46,95 $

YEUX, LA BOUCHE, LES ▷4
ITA. 1982. Drame de Marco BELLOCCHIO avec Lou Castel, Angela Molina et Emmanuelle Riva. - Un comédien revient à la maison familiale à l'occasion de la mort de son frère jumeau qui s'est suicidé. □ Général

YI YI ►2
TAÏ. 1999. Comédie dramatique d'Edward YANG avec Wu Nianzhen, Kelly Lee et Jonathan Chang. - Un homme vit divers bouleversements familiaux et professionnels après avoir croisé par hasard un amour de jeunesse. - Chronique douce-amère mêlant drôlerie, poésie et réalisme quotidien. Harmonisation limpide de plusieurs intrigues. Mise en scène brillante. Interprètes d'un naturel rafraîchissant. □ Général
DVD STA➔Cadrage W/16X9➔34,95 $

YIDDISH CONNECTION ▷5
FR. 1986. Comédie policière de Paul BOUJENAH avec Charles Aznavour, Ugo Tognazzi et André Dussollier. - Ayant un pressant besoin d'argent, quatre Juifs parisiens décident de cambrioler un malfrat avec l'aide d'un voleur professionnel. □ Général

YOJIMBO ▷3
JAP. 1961. Aventures d'Akira KUROSAWA avec Toshiro Mifune, Tatsuya Nakadai et Eijiro Tono. - Un samouraï errant arrive dans un village divisé en deux factions rivales. - Film nippon aux allures de western. Style d'une grande habileté. Détails d'une ironie savoureuse. Composition originale et vigoureuse de T. Mifune. □ Général
DVD STA➔Cadrage W➔46,95 $

YOL ►2
TUR. 1982. Étude de mœurs de Yilmaz GÜNEY et Serif GOREN avec Tarik Akan, Serif Sezer et Halil Ergün. - Durant une permission de sortie, cinq détenus vivent des expériences différentes. Intéressante évocation d'un pays aux traditions oppressives. Tableau de mœurs passionnant. Images à la fois réalistes et poétiques. Interprétation simple et efficace. □ Général

YOLANDA AND THE THIEF ▷4
É.-U. 1945. Comédie musicale de Vincente MINNELLI avec Fred Astaire, Lucille Bremer et Frank Morgan. - Un escroc se présente comme l'ange gardien de la jeune héritière d'une immense fortune.
□ Général

YOM YOM
FR. ISR. 1998. Amos GITAÏ
DVD STA➔Cadrage W➔24,95 $

YOU AND ME
É.-U. 1938. Fritz LANG □ Général

YOU ARE HERE
É.-U. 2000. Jeff WINNER
DVD VA➔24,95 $

YOU CAN COUNT ON ME [Tu peux compter sur moi] ▷3
É.-U. 2000. Drame psychologique de Kenneth LONERGAN avec Laura Linney, Mark Ruffalo et Rory Culkin. - Devenus orphelins en bas âge, une mère célibataire à l'existence rangée et son frère paumé vivent des retrouvailles houleuses. - Grande finesse d'écriture. Psychologie d'une rare justesse. Dénouement authentiquement émouvant. Réalisation discrète. Interprétation nuancée et prenante.
□ Général

YOU CAN'T TAKE IT WITH YOU ▷3
[Vous ne l'emporterez pas avec vous]
É.-U. 1938. Comédie de Frank CAPRA avec James Stewart, Jean Arthur et Lionel Barrymore. - Le fils d'un banquier entre en contact avec une famille d'excentriques. - Adaptation fort réussie d'une pièce de théâtre à succès. Rythme alerte. Touches de critique sociale. Interprétation spirituelle. □ Général
DVD VA→STF→39,95 $

YOU LAUGH *voir* **Tu ris**

YOU ONLY LIVE ONCE ►2
É.-U. 1937. Drame policier de Fritz LANG avec Henry Fonda, Sylvia Sidney et Barton MacLane. - Un ancien forçat est condamné à mort pour un crime qu'il n'a pas commis. - Climat de tragédie. Éléments percutants de critique sociale. Touches d'expressionnisme. Excellente création d'H. Fonda.
DVD VA→27,95 $

YOU ONLY LIVE TWICE [On ne vit que deux fois] ▷4
ANG. 1967. Drame d'espionnage de Lewis GILBERT avec Sean Connery, Tetsuro Tamba et Donald Pleasence. - L'agent secret James Bond recherche au Japon le repaire d'un syndicat international du crime. □ Non classé

YOU WERE NEVER LOVELIER ▷5
É.-U. 1942. Comédie musicale de William SEITER avec Fred Astaire, Rita Hayworth et Adolphe Menjou. - Une jeune fille riche devient amoureuse d'un artiste de music-hall. □ Non classé
DVD VA→STA→23,95 $

YOU'LL GET OVER IT *voir* **À cause d'un garçon**

YOU'LL NEVER GET RICH ▷4
[Amour vient en dansant, L']
É.-U. 1940. Comédie musicale de Sidney LANFIELD avec Fred Astaire, Rita Hayworth et Robert Benchley. - Deux hommes ont le béguin pour une jolie ballerine.

YOU'RE A BIG BOY NOW ▷4
É.-U. 1967. Comédie de Francis Ford COPPOLA avec Peter Kastner, Elizabeth Hartman et Geraldine Page. - Un jeune homme qui cherche à manifester son indépendance s'éprend d'une actrice. □ Général

YOU'RE IN THE NAVY NOW [U.S.S. Teakettle] ▷4
É.-U. 1951. Comédie de Henry HATHAWAY avec Gary Cooper, Millard Mitchell et Eddie Albert. - Des réservistes sans expérience sont engagés à bord d'un bateau équipé d'un nouveau modèle de chaudière qui ne s'avère pas au point.
DVD VF→STA→14,95 $

YOU'RE MISSING THE POINT *voir* **Ahi esta el detalle**

YOU'RE TELLING ME! ▷4
É.-U. 1934. Comédie d'Erle KENTON avec W.C. Fields, Joan Marsh et Buster Crabbe. - Les tribulations d'un inventeur malchanceux. □ Général

YOU'VE GOT MAIL [Vous avez un message] ▷5
É.-U. 1998. Comédie de Nora EPHRON avec Tom Hanks, Meg Ryan et Parker Posey. - Une jeune libraire part en guerre contre un riche concurrent sans se rendre compte qu'il s'agit de son bien-aimé correspondant anonyme sur Internet. □ Général
DVD VA→STF→Cadrage W→9,95 $
VF→STF→Cadrage W→9,95 $

YOUCEF : LA LÉGENGE DU 7e DORMANT ▷4
ALG. 1993. Conte de Mohamed CHOUIKH avec Mohamed Ali Allalou, Selma Shiraz et Youcef Benadouda. - Un ancien combattant du FLN algérien qui souffre d'amnésie depuis trente ans s'enfuit d'une clinique en croyant son pays toujours sous occupation.

YOUNG ADAM [Jeune Adam] ▷4
ANG. 2002. Drame de mœurs de David MACKENZIE avec Ewan McGregor, Tilda Swinton et Peter Mullan. - Dans les années 1950, en Écosse, une mère qui habite et travaille sur une péniche a une liaison adultère avec un jeune vagabond au passé trouble. □ 13 ans+ · Érotisme

YOUNG AMERICANS ▷4
É.-U. 1993. Drame policier de Danny CANNON avec Harvey Keitel, Iain Glen et John Wood. - Un policier américain se rend à Londres afin d'assister la police locale dans sa guerre contre des caïds de la drogue. □ 13 ans+
DVD 19,95 $

YOUNG AND INNOCENT ▷4
ANG. 1937. Drame policier d'Alfred HITCHCOCK avec Nova Pilbeam, Derrick de Marney et Percy Marmont. - La fille d'un commissaire de police vient en aide à un jeune homme soupçonné du meurtre d'une actrice. □ Général
DVD VA→11,95 $

YOUNG APHRODITES ▷3
GRÈ. 1962. Drame poétique de Nikos KOUNDOUROS avec Eleni Prokopiou, Vangelis Joannides, Takis Emmanouel et Kleopatra Rota. - Les amours contrariées d'un jeune berger et d'une adolescente. - Scénario dépouillé servant de support à un poème en images. □ Non classé

YOUNG AT HEART ▷5
É.-U. 1954. Comédie dramatique de Gordon DOUGLAS avec Frank Sinatra, Doris Day et Ethel Barrymore. - Deux musiciens se disputent l'amour d'une jeune provinciale. □ Général
DVD VA→18,95 $

YOUNG BESS ▷4
É.-U. 1953. Drame historique de George SIDNEY avec Jean Simmons, Charles Laughton et Stewart Granger. - La jeunesse d'Elizabeth d'Angleterre. □ Général

YOUNG CARUSO, THE *voir*
CARUSO, LA LÉGENDE D'UNE VOIX

YOUNG EINSTEIN [Jeune Einstein, Le] ▷4
AUS. 1988. Comédie réalisée et interprétée par Yahoo SERIOUS avec Odile Le Clezio et John Howard. - En 1905, un jeune Australien, qui a découvert le moyen de mettre des bulles dans la bière, connaît diverses aventures. □ Général
DVD VF→STF→Cadrage W→11,95 $

YOUNG FRANKENSTEIN [Frankenstein junior] ▷3
É.-U. 1974. Comédie de Mel BROOKS avec Gene Wilder, Peter Boyle et Marty Feldman. - Ayant hérité du domaine familial, un descendant du baron Frankenstein reprend les expériences de son ancêtre. - Rappel satirique des films d'horreur des années 1930. Scènes réussies de parodie loufoque. Interprétation habilement caricaturale. □ 13 ans+

YOUNG GIRL AND THE MONSOON
É.-U. 1999. James RYAN
DVD VA→34,95 $

YOUNG GIRLS OF ROCHEFORT, THE
voir **Demoiselles de Rochefort, Les**

YOUNG GIRLS OF WILKO
voir **Demoiselles de Wilko, Les**

YOUNG GODS
FIN. 2003. Jukka-Pekka SIILI
DVD STA→Cadrage W→31,95 $

YOUNG GUNS [Princes de la gâchette, Les] ▷4
É.-U. 1988. Western de Christopher CAIN avec Emilio Estevez, Kiefer Sutherland et Lou Diamond Phillips. - Après s'être fait justice en exécutant les meurtriers de leur bienfaiteur, de jeunes cow-boys sont poursuivis par les hommes de main d'un entrepreneur véreux. □ Général
DVD VA→23,95 $ VA→Cadrage P&S→14,95 $

YOUNG GUNS II ▷4
É.-U. 1990. Western de Geoff MURPHY avec William L. Petersen, Emilio Estevez et Christian Slater. - Un hors-la-loi notoire et sa bande sont pourchassés par un ancien complice devenu shérif. □ 13 ans+

YOUNG LIONS, THE [Bal des maudits, Le] ▷3
É.-U. 1958. Drame de guerre d'Edward DMYTRYK avec Marlon Brando, Montgomery Clift et Dean Martin. - La Seconde Guerre mondiale telle que vécue par un officier allemand et deux soldats américains. - Thème anti-belliciste intelligemment développé. Mise en scène vigoureuse. Montage parallèle habilement utilisé. Mélange de puissance et de sensibilité dans l'interprétation. □ Général
DVD Cadrage W→16,95 $

YOUNG MAGICIAN, THE
voir **Jeune magicien, Le**

YOUNG MAN WITH A HORN ▷4
É.-U. 1950. Drame psychologique de Michael CURTIZ avec Kirk Douglas, Lauren Bacall et Hoagy Carmichael. - Après avoir connu la célébrité, un trompettiste déchoit mais retrouve finalement son équilibre. □ Non classé
DVD VA→VF→21,95 $

YOUNG MR. LINCOLN ►2
É.-U. 1939. Drame biographique de John FORD avec Henry Fonda, Alice Brady, Arleen Whelan et Marjorie Weaver. - L'apprentissage rural d'un jeune avocat destiné à devenir président des États-Unis. - Excellente évocation d'époque. Réalisation souple et colorée, d'une grande maîtrise. H. Fonda parfaitement à l'aise dans le rôle-titre. □ Général
DVD VA→STA→54,95 $

YOUNG ONE, THE [Jeune fille, La] ▷3
MEX. 1960. Drame de Luis BUÑUEL avec Zachary Scott, Kay Meersman et Bernie Hamilton. - Un Noir pourchassé se réfugie dans une île où un garde-chasse vit seul avec une adolescente. - Thème intéressant. Mise en scène sobre et réaliste. Interprétation dépouillée et juste. □ Général

YOUNG POISONER'S HANDBOOK, THE ▷4
ANG. 1995. Comédie dramatique de Benjamin ROSS avec Hugh O'Conor, Antony Sher et Ruth Sheen. - Un adolescent fasciné par les poisons se met à intoxiquer tous ceux et celles qui lui rendent la vie difficile. □ 13 ans+

YOUNG SHERLOCK HOLMES ▷3
[Première aventure de Sherlock Holmes, La]
É.-U. 1986. Comédie policière de Barry LEVINSON avec Nicholas Rowe, Alan Cox et Sophie Ward. - À la suite de la mort mystérieuse de leur professeur, deux adolescents enquêtent sur une série de décès semblables survenus à Londres. - Variation inédite sur un thème connu. Ton humoristique. Illustration efficace. Réalisation fort adroite. Interprétation convaincante. □ 13 ans+
DVD VF→STA→Cadrage W→8,95 $

YOUNG THUGS: INNOCENT BLOOD
JAP. 1997. Takashi MIIKE
DVD STA→28,95 $

YOUNG THUGS: NOSTALGIA
JAP. 1998. Takashi MIIKE
DVD STA→Cadrage W→28,95 $

YOUNG TOM EDISON ▷4
É.-U. 1944. Drame biographique de Norman TAUROG avec Mickey Rooney, George Bancroft et Fay Bainter. - Les mésaventures d'un jeune bricoleur aux idées inventives. □ Général

YOUNGER AND YOUNGER ▷4
ALL. 1993. Comédie dramatique de Percy ADLON avec Donald Sutherland, Lolita Davidovich et Brendan Fraser. - Un veuf rêveur et idéaliste, propriétaire d'un entrepôt, croit apercevoir en chair et en os sa défunte épouse.

YOUR FRIENDS & NEIGHBORS [Amis et voisins] ▷5
É.-U. 1998. Drame de mœurs de Neil LaBUTE avec Ben Stiller, Aaron Eckhart et Jason Patric. - Divers chassés-croisés amoureux et des aventures adultères viennent chambouler la vie d'un groupe d'amis dans la trentaine. □ 16 ans+

YOURS, MINE AND OURS ▷4
É.-U. 1968. Comédie de Melville SHAVELSON avec Lucille Ball, Henry Fonda et Van Johnson. - Un veuf père de dix enfants épouse une veuve elle-même mère de huit enfants. □ Général
DVD VA→VF→Cadrage P&S→12,95 $

YOURS, MINE AND OURS ▷5
[Tiens, les miens et les nôtres, Les]
É.-U. 2005. Comédie de Raja GOSNELL avec Dennis Quaid, Rene Russo et Sean Faris. - Les difficultés rencontrées par un amiral veuf et père de huit enfants, qui épouse une designer veuve et mère de dix enfants. □ Général
DVD VF→STA→Cadrage W→34,95 $

YOUTH OF THE BEAST
JAP. 1963. Seijun SUZUKI □ 13 ans+
DVD STA→Cadrage W/16X9→46,95 $

YUL 871 ▷5
QUÉ. 1966. Drame psychologique de Jacques GODBOUT avec Charles Denner, Andrée Lachapelle et Paul Buissonneau. - Un ingénieur européen est de passage à Montréal pour traiter une affaire.

YUMEJI
JAP. 1991. Seijun SUZUKI
DVD STA→Cadrage W→24,95 $

Z ▶2
FR. 1969. Drame politique de COSTA-GAVRAS avec Yves Montand, Jean-Louis Trintignant et Jacques Perrin. - En Grèce, un juge d'instruction intègre enquête sur un assassinat politique. - Scénario très bien construit. Mise en scène sobre et dense. Style nerveux. Rythme rapide. Personnages campés avec beaucoup de justesse. □ Général
DVD VF➔Cadrage W➔21,95 $

ZABRISKIE POINT [Point Zabriskie] ▷3
É.-U. 1970. Drame de Michelangelo ANTONIONI avec Daria Halprin, Mark Frechette et Rod Taylor. - Après une manifestation contestataire, un étudiant s'enfuit au désert et y passe quelque temps avec une amie de rencontre. - Vision insolite du contexte américain. Suite d'images poétiques. Bonne utilisation du décor naturel. Interprétation correcte. □ 18 ans+

ZACHARIAH ▷4
É.-U. 1970. Western de George ENGLUND avec John Rubinstein, Don Johnson et William Challee. - Après s'être joints à des hors-la-loi, deux amis habiles au pistolet viennent près de s'affronter. □ Général
DVD VA➔17,95 $

ZANDY'S BRIDE ▷4
É.-U. 1974. Western de Jan TROELL avec Gene Hackman, Liv Ullmann et Eileen Heckart. - Un rancher installé dans une région sauvage épouse une jeune femme connue par correspondance. □ 13 ans+

ZARDOZ ▷4
ANG. 1973. Science-fiction de John BOORMAN avec Sean Connery, Charlotte Rampling et Sara Kestelman. - En 2293, un guerrier arrive à pénétrer dans un domaine clos où vit une caste de privilégiés. □ 13 ans+
DVD VF➔STA➔Cadrage W➔9,95 $

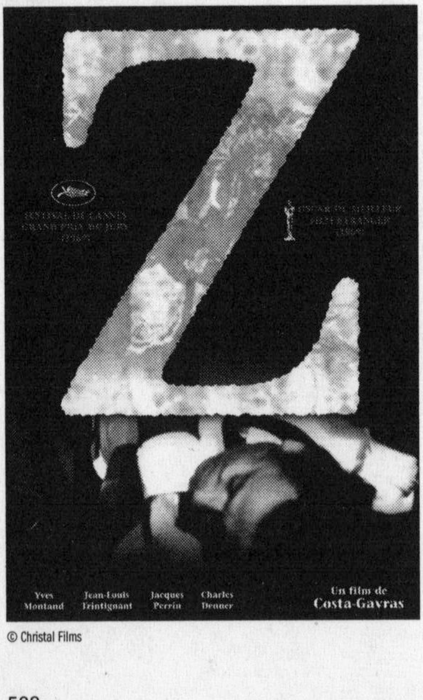

© Christal Films

ZATHURA ▷4
É.-U. 2005. Science-fiction de Jon FAVREAU avec Jonah Bobo, Josh Hutcherson et Dax Shephard. - En jouant à un jeu de société doté de propriétés magiques, deux garçonnets sont précipités dans l'espace où ils vivent diverses péripéties. □ Général
DVD VF➔VF➔Cadrage W➔36,95 $

ZATOICHI ▷3
JAP. 2003. Aventures réalisées et interprétées par Takeshi KITANO avec Tadanobu ASANO et Michiyo OGUSU. - Au XIXe siècle, un ancien samouraï devenu aveugle affronte un puissant gang pour aider deux geishas à venger la mort de leurs parents. - Scénario habilement construit, inspiré des exploits d'un héros très populaire au Japon. Mariage admirable de la bande sonore avec le montage. Réalisation astucieuse et énergique. Jeu savoureux de T. Kitano.
DVD VF➔STF➔Cadrage W/16X9➔28,95 $ VA➔28,95 $

ZAZIE DANS LE MÉTRO ▶2
FR. 1960. Comédie de Louis MALLE avec Catherine Demongeot, Philippe Noiret et Vittorio Caprioli. - Une fillette qui rêve d'aller dans le métro s'échappe de chez son oncle afin d'errer à sa guise. - Adaptation désinvolte du roman de Raymond Queneau. Traitement brillant, original et d'une rare virtuosité. Scénario savoureux. Interprétation pittoresque.

ZEBRAHEAD ▷4
É.-U. 1991. Drame social d'Anthony DRAZAN avec N'Bushe Wright, Michael Rapaport et Paul Butler. - Un jeune étudiant afro-américain est jaloux de l'idylle entre un Blanc et une consœur noire. □ 13 ans+ · Langage vulgaire
DVD VA➔VF➔Cadrage W➔9,95 $

ZÈBRE, LE ▷4
FR. 1992. Comédie dramatique de Jean POIRET avec Caroline Cellier, Thierry Lhermitte et Christian Pereira. - De peur que son mariage ne sombre dans la monotonie, un notaire invente diverses excentricités pour raviver la passion amoureuse de sa femme.

ZELARY ▷4
TCH. 2003. Drame de guerre d'Ondrej TROJAN avec Anna Geislerova, György Cserhalmi et Jaroslava Adamova. - En 1943, pour fuir la Gestapo, une infirmière pragoise suit dans son village isolé un paysan dont elle a sauvé la vie. □ 13 ans+ · Violence
DVD STA➔Cadrage W➔36,95 $

ZELIG ▶2
É.-U. 1983. Comédie réalisée et interprétée par Woody ALLEN avec Mia Farrow et Ellen Garrison. - À la fin des années 1920, un homme attire l'attention de la presse par ses facultés de transformation. - Fiction présentée comme un documentaire. Trucages habiles donnant une impression de vraisemblance à de pseudo-documents d'époque. Ton d'humour permanent. Fine interprétation. □ Général
DVD VA➔VF➔Cadrage W➔12,95 $

ZEMSTA [Revenge, The]
POL. 2002. Andrzej WAJDA
DVD STA➔36,95 $

ZENTROPA *voir* **Europa**

ZEPPELIN ▷5
ANG. 1971. Drame d'espionnage d'Étienne PÉRIER avec Michael York, Elke Sommer et Marius Goring. - Au cours de la guerre 1914-1918, des Allemands veulent utiliser un ballon dirigeable pour s'emparer de documents historiques en Écosse. □ Général

ZERO
É.-U. 1997. James FOTOPOULOS
DVD VA→44,95 $

ZÉRO DE CONDUITE ►2
FR. 1933. Comédie satirique de Jean VIGO avec Jean Dasté, Robert Le Flon, Léon Larive et Du Veron. - Les élèves d'un collège se révoltent contre la discipline imposée. - Tableau poétique de l'enfance. Observations sarcastiques. Mise en scène inventive. Personnages caricaturés.

ZERO FOCUS
JAP. 1961. Yoshitaro Nomura
DVD STA→Cadrage W/16X9→23,95 $

ZERO KELVIN
NOR. 1995. Hans Petter MOLAND □ 13 ans+ · Langage vulgaire
DVD STA→Cadrage W→26,95 $

ZEROS, THE
É.-U. 2001. John RYMAN
DVD VA→24,95 $

ZHAIBIAN *voir* **Heirloom**

ZHOU YU'S TRAIN ▷5
CHI. 2003. Drame sentimental de Sun Zhou avec Gong Li, Tony Leung Kar-fai et Sun Honglei. - Une jeune porcelainière qui prend le train deux fois par semaine pour rendre visite à son amant poète se fait courtiser par un autre homme.

ZIEGFELD FOLLIES ▷4
É.-U. 1946. Comédie musicale de Vincente MINNELLI avec Fred Astaire, William Powell et Gene Kelly. - Au ciel, un grand producteur de music-hall rêve à un spectacle. □ Général
DVD VA→VF→21,95 $

ZIEGFELD GIRL ▷4
É.-U. 1941. Comédie musicale de Robert Z. LEONARD avec Lana Turner, Judy Garland et James Stewart. - Les expériences de trois jeunes femmes engagées dans un fastueux spectacle de music-hall. □ Général
DVD VF→VF→21,95 $

ZIGEUNERWEISEN
JAP. 1980. Seijun SUZUKI
DVD STA→Cadrage W→24,95 $

ZIGGY STARDUST AND THE SPIDERS FROM MARS
ANG. 1983. Don A. PENNEBAKER □ Général
DVD VA→29,95 $ VA→Cadrage W→34,95 $

ZIGRAIL ▷3
QUÉ. 1995. Drame psychologique d'André TURPIN avec Dorothée Berryman, André Charlebois, Sonia Vigneault et Ariane Cordeau. - Un jeune Montréalais s'en va rejoindre sa copine enceinte qui séjourne à Istanbul où elle songe à se faire avorter. - Road movie initiatique. Structure narrative libre. Traitement expérimental aux effets recherchés. Œuvre insolite et envoûtante. Interprétation naturelle. □ Général

ZINAT
IRAN 1994. Ebrahim MOKHTARI □ Général

ZIZANIE, LA ▷5
FR. 1978. Comédie de Claude ZIDI avec Louis de Funès, Annie Girardot et Julien Guiomar. - Un industriel, maire de son village, contrarie sa femme qui le quitte et devient son adversaire aux élections. □ Général

ZOLTAN : HOUND OF DRACULA ▷5
É.-U. 1977. Drame d'horreur de Albert BAND avec Michael Pataki, Jose Ferrer et Reggie Nalder. - En Roumanie, des militaires mettent à jour la crypte de Dracula d'où s'échappent un ancien serviteur du comte et son chien vampire. □ 13 ans+
DVD VF→Cadrage W/16X9→11,95 $

ZOMBI - DAWN OF THE DEAD ▷4
[Dario Argento Presents George A. Romero's Zombi (Dawn of the Dead)]
É.-U. 1978. Drame d'horreur de George A. ROMERO avec David Emge, Ken Foree et Scott Reiniger. - Menacées par l'attaque de morts vivants, quatre personnes trouvent refuge dans un centre d'achats de banlieue.
DVD VA→Cadrage W→22,95 $

ZOMBIE - LE CRÉPUSCULE DES MORTS-VIVANTS
voir **Dawn of the Dead**

ZOMBIE [Enfer des zombies, L'] ▷6
ITA. 1979. Drame d'horreur de Lucio FULCI avec Richard Johnson, Tisa Farrow et Ian McCulloch. - Après avoir été attaqué par une créature étrange, un policier aide une jeune fille à retrouver son père disparu dans une île des Caraïbes.
DVD VA→Cadrage W→29,95 $

ZOMBIE AND THE GHOST TRAIN
FIN. 1993. Mika KAURISMÄKI □ Général

ZOMBIES *voir* **Dawn of the Dead**

ZONE NEUTRE, LA *voir* **Dead Zone, The**

ZONZON ▷4
FR. 1998. Drame social de Laurent BOUHNIK avec Gaël Morel, Pascal Greggory et Jamel Debbouze. - Trois détenus issus de milieux différents en viennent à cohabiter dans une même cellule de prison.

ZOO - A ZED AND TWO NOUGHTS ▷3
ANG. 1985. Comédie dramatique de Peter GREENAWAY avec Brian Deacon, Eric Deacon et Andréa Ferréol. - Après la mort accidentelle de leurs épouses, deux frères jumeaux deviennent obsédés par la décomposition chez les animaux et les plantes. - Scénario déconcertant. Personnages insolites. Images savamment composées. Jeu énergique d'A. Ferréol.
DVD Cadrage W→21,95 $

ZOO LA NUIT, UN ▷4
QUÉ. 1987. Drame de mœurs de Jean-Claude LAUZON avec Gilles Maheu, Roger Le Bel et Germain Houde. - Harcelé par un policier véreux, un ex-détenu reprend contact avec son père dont il tente de rendre les dernières heures plus agréables. □ 13 ans+

ZOOLANDER ▷4
É.-U. 2001. Comédie réalisée et interprétée par Ben STILLER avec Owen Wilson et Christine Taylor. - Un couturier fait subir un lavage de cerveau à un top modèle masculin pour qu'il assassine un chef d'État. □ Général
DVD VF→STA→Cadrage W→11,95 $

ZOOT SUIT ▷4
É.-U. 1981. Drame musical de Luis VALDEZ avec Edward James Olmos, Daniel Valdez et Tyne Daly. - Le procès pour meurtre du chef d'une bande d'adolescents d'origine mexicaine se déroule dans un climat chargé de préjugés.
DVD VA→9,95 $

ZORBA LE GREC [Zorba the Greek] ▷3
GRÈ. 1964. Étude de mœurs de Michael CACOYANNIS avec Anthony Quinn, Alan Bates et Irene Papas. - Un jeune écrivain anglais se lie d'amitié avec un Grec exubérant et original. - Adaptation d'un roman de Kazantzakis. Traitement énergique. Mélange habile de comique et de dramatique. A. Quinn remarquable. □ 13 ans+
DVD VA→14,95 $

ZORRO ▷4
ITA. 1975. Aventures de Duccio TESSARI avec Alain Delon, Stanley Baker et Ottavia Piccolo. - Un justicier masqué emprunte l'identité d'un gouverneur assassiné.
DVD STA→9,95 $

ZORRO'S BLACK WHIP
É.-U. 1944. Wallace GRISSELL
DVD VA→PC

ZOUZOU **[Zou Zou]** ▷4

FR. 1934. Comédie dramatique de Marc ALLÉGRET avec Joséphine Baker, Jean Gabin et Pola Illery. - Une jeune blanchisseuse mulâtre devient danseuse vedette aux Folies Bergère. □ Général

DVD VF→STA→24,95 $

ZULU ▷4

ANG. 1963. Drame historique de Cy ENDFIELD avec Stanley Baker, Michael Caine et Ulla Jacobsson. - Les soldats d'une garnison britannique soutiennent l'assaut d'une troupe de Zoulous.
□ Général

DVD Cadrage W→12,95 $

ZULU DAWN **[Ultime attaque, L']** ▷4

ANG. 1979. Drame de guerre de Douglas HICKOX avec Peter O'Toole, Burt Lancaster et Simon Ward. - En 1878, au Natal, le commandant de l'armée britannique envisage une guerre préventive contre les Zoulous. □ Général

ZUS & ZO ▷5

P.-B. 2001. Comédie de mœurs de Paula van der Oest avec Monic Hendrickx, Anneke Blok et Sylvia Poorta. - Pour hériter de la villa de ses parents, un jeune gay décide d'épouser une femme, au grand dam de ses trois sœurs.

DVD VA→26,95 $

CHIFFRES

1 CHANCE SUR 2 ▷5
FR. 1997. Comédie policière de Patrice LECONTE avec Jean-Paul Belmondo, Alain Delon et Vanessa Paradis. - Poursuivie par la mafia russe, une jeune voleuse de voitures est aidée par deux anciens amants de sa mère, dont l'un serait son père. □ 13 ans+

1-900 (SEX WITHOUT HANGUPS) ▷4
HOL. 1994. Drame de mœurs de Theo VAN GOGH avec Ariane Schluter et Ad Van Kempen. - Chaque semaine, deux solitaires se téléphonent pour partager leurs fantasmes tout en étant d'accord pour ne jamais se rencontrer. □ 18 ans+ · Érotisme

10 [Elle] ▷4
É.-U. 1979. Comédie de mœurs de Blake EDWARDS avec Dudley Moore, Julie Andrews et Bo Derek. - Un compositeur de chansons à succès dans la quarantaine est ébloui par la beauté d'une jeune femme qu'il cherche à revoir. □ 13 ans+
DVD VF→STF→Cadrage W→7,95 $

10 RILLINGTON PLACE ▷3
ANG. 1971. Drame policier de Richard FLEISCHER avec Richard Attenborough, John Hurt et Pat Heywood. - Un déséquilibré tue une femme dont le mari est condamné à sa place. - Histoire basée sur une cause célèbre des archives judiciaires anglaises. Traitement réaliste et sobre. Contexte social bien exposé. Interprétation remarquable. □ 13 ans+

10 THINGS I HATE ABOUT YOU ▷5
[10 choses que je déteste de toi]
É.-U. 1999. Comédie sentimentale de Gil JUNGER avec Heath Ledger, Julia Stiles, Joseph Gordon-Levitt et Larisa Oleynik. - Une adolescente se voit interdire par son père de sortir avec un garçon tant que sa grande sœur revêche n'aura pas elle aussi un compagnon. □ Général
DVD VF→Cadrage W→13,95 $

10 TO MIDNIGHT [Justicier de minuit, Le] ▷5
É.-U. 1983. Drame policier de John LEE THOMPSON avec Charles Bronson, Gene Davis et Andrew Stevens. - Un policier s'acharne sur un déséquilibré qu'il croit coupable de plusieurs meurtres sans en avoir la preuve.
DVD VA→STA→Cadrage P&S/W→12,95 $

100 POUR LE SHÉRIF *voir* **True Grit**

100 MEN AND A GIRL ▷4
É.-U. 1937. Comédie musicale de Henry KOSTER avec Deanna Durbin, Adolphe Menjou et Mischa Auer. - Forts de l'encouragement d'une fillette débrouillarde, des musiciens sans emploi forment un nouvel orchestre. □ Général

100 RIFLES ▷5
É.-U. 1968. Western de Tom GRIES avec Jim Brown, Burt Reynolds et Raquel Welch. - Un shérif de race noire poursuit un voleur de banque au Mexique.
DVD VF→STA→Cadrage W→14,95 $

1000 EYES OF DR. MABUSE, THE
voir **Diabolique Dr Mabuse, Le**

101 DALMATIANS [101 dalmatiens] ▷3
É.-U. 1961. Dessins animés de Wolfgang REITHERMAN, Hamilton LUSKE et Clyde GERONIMI. - Un couple de dalmatiens se lance à la recherche de ses chiots kidnappés par une femme cruelle. - Ton comique parfois assez mordant. Rythme habilement maintenu. Dessin stylisé et poétique. Animation aux mouvements énergiques et fluides. Production de Walt Disney. □ Général

101 DALMATIANS ▷5
É.-U. 1996. Comédie fantaisiste de Stephen HEREK avec Glenn Close, Jeff Daniels et Joely Richardson. - Une femme cruelle charge deux brigands maladroits de voler les chiots dalmatiens d'un jeune couple. □ Général

101 REYKJAVIK ▷4
ISL. 2000. Comédie de mœurs de Baltasar KORMAKUR avec Hilmir Snaer Gudnason, Victoria Abril et Hanna Maria Karlsdottir. - Un jeune homme de 28 ans sans emploi et vivant chez sa mère est troublé par l'arrivée d'une amie de celle-ci, une Espagnole sulfureuse.

102 DALMATIANS [102 dalmatiens, Les] ▷5
É.-U. 2000. Comédie fantaisiste de Kevin LIMA avec Glenn Close, Gérard Depardieu et Ioan Gruffudd. - Une fanatique de la fourrure et un couturier crapuleux rêvent de confectionner un manteau en peau de dalmatiens. □ Général

10th VICTIM *voir* **Dixième Victime, La**

11: F14 ▷4
É.-U. 2003. Comédie dramatique de Greg Marcks avec Blake Heron, Henry Thomas et Barbara Hershey. - Dans une petite ville américaine, des liens inattendus émergent entre divers incidents se déroulant presque simultanément.
DVD VA→Cadrage W→22,95 $

11 H 11 HELL'S GATE [11 h 11 les portes de l'enfer]
CAN. 2004. Michael BAFARO
DVD VF→31,95 $ VA→16,95 $

12 ANGRY MEN ►2
É.-U. 1957. Drame psychologique de Sidney LUMET avec Henry Fonda, Lee J. Cobb et Martin Balsam. - La délibération d'un jury dans une affaire de meurtre. - Tour de force de mise en scène dans un espace restreint. Discussions intelligemment et vivement menées. Solide équipe d'interprètes. □ Général
DVD VF→STF→Cadrage W→11,95 $

12 ANGRY MEN ▷4
É.-U. 1997. Drame judiciaire de William FRIEDKIN avec Courtney B. Vance, Jack Lemmon et George C. Scott. - Les membres d'un jury délibèrent à l'issue du procès d'un jeune latino accusé de meurtre.

12 MONKEYS [12 singes] ▷3
É.-U. 1995. Science-fiction de Terry GILLIAM avec Bruce Willis, Madeleine Stowe et Brad Pitt. - Un homme du futur recherche en 1996 l'origine d'un virus mystérieux qui a décimé 99 % de l'humanité. - Œuvre complexe inspirée de *La Jetée* de Chris Marker. Vision pessimiste du proche avenir. Réalisation baroque et onirique. Rebondissement parfois déroutants. Interprètes convaincus.
□ 13 ans+ · Violence
DVD VF→STF→Cadrage W→16,95 $

13 CONVERSATIONS ABOUT ONE THING ▷4
É.-U. 2001. Drame de mœurs de Jill SPRECHER avec Matthew McConaughey, Alan Arkin et John Turturro. - Voyant leur vie bousculée par des événements marquants, quatre personnes de milieux différents s'interrogent sur la poursuite du bonheur. □ Général

13 DAYS *voir* **Thirteen Days**

13 GOING ON 30 [13 ans, bientôt 30] ▷4
É.-U. 2004. Comédie fantaisiste de Gary WINICK avec Jennifer Garner, Mark Ruffalo et Judy Greer. - À la suite d'un vœu, une adolescente de 1987 se retrouve en 2004, dans le corps d'une femme de carrière âgée de 30 ans.
DVD VA→23,95 $

13 JOURS *voir* **Thirteen Days**

13 RUE MADELEINE ▷4
É.-U. 1946. Drame de guerre de Henry HATHAWAY avec James Cagney, Annabella et Richard Conte. - Des agents secrets américains parachutés en France sont mis en péril par la présence d'un espion allemand dans leur groupe. □ Général
DVD VA➔STA➔14,95 $

13th WARRIOR, THE [13e guerrier, Le] ▷5
É.-U. 1999. Aventures de John McTIERNAN avec Antonio Banderas, Vladimir Kulich et Diane Venora. - Un jeune Arabe érudit prête main-forte à des guerriers vikings aux prises avec un clan de barbares cannibales. □ 13 ans+ · Violence
DVD VA➔Cadrage W➔15,95 $

1492 : CONQUEST OF PARADISE ▷5
[1492 : Christophe Colomb]
ANG. 1992. Drame historique de Ridley SCOTT avec Sigourney Weaver, Gérard Depardieu et Armand Assante. - Les principales étapes de la découverte du Nouveau Monde par le navigateur génois Christophe Colomb. □ 13 ans+ · Violence

15 ANS VOLÉS *voir* **Oldboy**

15 AOÛT ▷5
FR. 2001. Comédie de mœurs de Patrick ALESSANDRIN avec Richard Berry, Charles Berling, Mélanie Thierry et Jean-Pierre Darroussin. - Leurs femmes ayant déguerpi durant les vacances, trois hommes doivent s'occuper seuls des enfants et des tâches ménagères.
DVD VF➔Cadrage W➔11,95 $

15 FÉVRIER 1839 ▷4
QUÉ. 2000. Drame historique de Pierre FALARDEAU avec Luc Picard, Frédéric Gilles et Sylvie Drapeau. - En 1839, les dernières vingt-quatre heures en prison de deux patriotes condamnés à mort par les Anglais. □ Général
DVD VF➔STA➔Cadrage W➔29,95 $

15 MINUTES ▷5
É.-U. 2001. Drame policier de John HERZFELD avec Robert De Niro, Edward Burns et Karel Roden. - La police recherche deux meurtriers qui espèrent devenir riches et célèbres en filmant leurs crimes avec une caméra vidéo. □ 13 ans+ · Violence
DVD VA➔STA➔Cadrage W➔11,95 $

16 BLOCKS ▷5
É.-U. 2006. Drame policier de Richard DONNER avec Bruce Willis, Mos Def et David Morse. - Alors qu'il escorte à pied un criminel jusqu'au palais de justice, un détective désabusé affronte des collègues désireux d'éliminer son prisonnier. □ 13 ans+ · Violence
DVD VF➔STF➔Cadrage W➔34,95 $

16 YEARS OF ALCOHOL
ANG. 2003. Richard JOBSON
DVD VA➔Cadrage W➔27,95 $

1776 ▷4
É.-U. 1972. Comédie musicale de Peter H. HUNT avec William Daniels, Howard Da Silva et Ken Howard. - Les représentants des colonies américaines réunis à Philadelphie s'entendent pour signer une déclaration d'indépendance. □ Général

17th BRIDE, THE
ISR. 1985. Nadav LEVITAN
DVD VA➔31,95 $

18 ANS APRÈS ▷5
FR. 2003. Comédie de mœurs de Coline SERREAU avec Madeleine Besson, André Dussollier et Michel Boujenah. - Les trois pères adoptifs d'une adolescente parisienne partent la rejoindre en Provence où elle passe ses vacances avec sa mère.
DVD VF➔8,95 $

18 FINGERS OF DEATH
É.-U. 2006. James LEW
DVD VA➔22,95 $

1860 ▷4
ITA. 1933. Drame historique d'Alessandro BLASETTI avec Antonio Gulino, Aita Bella et Toto Maiorana. - Un jeune montagnard sicilien s'engage dans les troupes de Garibaldi lors de la guerre d'indépendance de l'Italie. □ Général

19 MONTHS ▷5
CAN. 2002. Comédie de Randall COLE avec Benjamin Ratner, Sergio Di Zio, Angela Vint et Kari Matchett. - Une petite équipe de cinéma capture sur le vif les tribulations d'un jeune couple en instance de rupture.
DVD VA➔9,95 $

1900 ▷3
ITA. 1976. Drame social de Bernardo BERTOLUCCI avec Robert De Niro, Burt Lancaster et Gérard Depardieu. - Au long d'un demi-siècle, l'amitié entre un propriétaire terrien et un ouvrier agricole passe par de rudes épreuves. - Vision lyrique, riche en notations sociales et folkloriques. Vaste fresque à la mise en scène maîtrisée. Didactisme transparent vers la fin. Distribution de classe.
□ 13 ans+

1918 ▷3
É.-U. 1984. Drame psychologique de Ken HARRISON avec William Converse-Roberts, Hallie Foote et Matthew Broderick. - En 1918 dans un village du Texas, un père de famille contribuant à l'effort de guerre est atteint de la grippe espagnole. - Adaptation d'une pièce de Horton Foote inspirée de ses antécédents familiaux. Délicatesse dans l'approche. Climat de rêverie poétique. Interprétation mariant avec bonheur réserve et sensibilité. □ Général

1941 ▷4
É.-U. 1979. Comédie de Steven SPIELBERG avec John Belushi, Toshiro Mifune et Bobby DiCicco. - En décembre 1941, un sous-marin japonais sème la panique sur la côte Ouest des États-Unis.
□ Général
DVD Cadrage W➔14,95 $

1969 ▷5
É.-U. 1988. Comédie dramatique d'Ernest THOMPSON avec Kiefer Sutherland, Robert Downey Jr. et Bruce Dern. - Au printemps de 1969, deux collégiens joignent les rangs de mouvements contestataires.
DVD VA➔STF➔Cadrage P&S/W➔11,95 $

1984 ▷4
ANG. 1956. Science-fiction de Michael ANDERSON avec Edmond O'Brien, Michael Redgrave et Jan Sterling. - Dans un pays totalitaire de l'avenir, un homme et une femme commettent le crime de s'éprendre l'un de l'autre.

1984 ►2
ANG. 1984. Science-fiction de Michael RADFORD avec John Hurt, Richard Burton et Suzanna Hamilton. - Malgré les interdictions d'un régime totalitaire, un homme entretient une liaison clandestine avec une collègue. - Adaptation habile du roman de George Orwell. Traitement fidèle à la vision futuriste des années 1940. Illustration impressionnante. Interprétation juste. □ 13 ans+

2 ANGLAISES ET LE CONTINENT, LES ▷3
[Two English Girls]
FR. 1971. Drame sentimental de François TRUFFAUT avec Jean-Pierre Léaud, Kika Markham et Stacey Tendeter. - Au tournant du xxe siècle, un jeune Français s'éprend successivement des deux filles d'une amie anglaise de sa mère. - Style sobre et intimiste. Ensemble mené avec une rare maîtrise. Jeu retenu et touchant des deux jeunes actrices anglaises. □ Général
DVD VF➔STA➔Cadrage W➔22,95 $

2 DAYS IN THE VALLEY [2 jours dans la vallée] ▷4
É.-U. 1996. Drame policier de John HERZFELD avec Danny Aiello, James Spader et Eric Stoltz. - Trahi par son complice après avoir commis un meurtre, un tueur à gages vieillissant se cache dans une riche demeure où il séquestre les occupants. □ 13 ans+ · Violence
DVD VF➔Cadrage W➔7,95 $

2 FAST 2 FURIOUS **[Rapides et dangereux 2]** ▷5
É.-U. 2003. Drame policier de John SINGLETON avec Paul Walker, Tyrese et Eva Mendes. - Deux coureurs automobiles casse-cou sont recrutés par le FBI pour infiltrer l'entourage d'un dangereux criminel. □ 13 ans+
DVD VF➜STF➜Cadrage W➜21,95 $

2 HOMMES, 2 FEMMES, 4 PROBLÈMES ▷4
ALL. 1997. Comédie sentimentale de Vivian NAEFE avec Heino Ferch, Aglaia Szyszkowitz et Gedeon Burkhard. - Apprenant que son époux est à Venise avec sa maîtresse, une serveuse allemande part à sa recherche, flanquée de ses enfants et du mari de sa rivale. □ Général

2 SECONDES **[2 seconds]** ▷5
QUÉ. 1998. Comédie de mœurs de Manon BRIAND avec Charlotte Laurier, Dino Tavarone et Yves Pelletier. - Devenue courrier à bicyclette à Montréal, une ex-championne de vélo de montagne sympathise avec un ancien coureur cycliste italien. □ Général
DVD VF➜Cadrage W➜21,95 $

20 H 17 RUE DARLING ▷4
QUÉ. 2003. Drame psychologique de Bernard ÉMOND avec Luc Picard, Guylaine Tremblay et Diane Lavallée. - Ayant survécu à l'explosion de son immeuble, un ex-journaliste alcoolique cherche un sens à ce drame en fouillant le passé de ses voisins disparus. □ Général
DVD VF➜17,95 $

20 MILLION MILES TO EARTH ▷5
É.-U. 1956. Science-fiction de Nathan Hertz JURAN avec William Hopper, Joan Taylor et Frank Puglia. - Le capitaine d'une fusée interplanétaire rapporte sur la Terre une minuscule créature provenant de la planète Vénus. □ Général
DVD 21,95 $

20,000 LEAGUES UNDER THE SEA
É.-U. 1916. Stuart PATON □ Non classé

20,000 LEAGUES UNDER THE SEA ▷3
[20 000 lieues sous les mers]
É.-U. 1954. Science-fiction de Richard FLEISCHER avec James Mason, Kirk Douglas et Peter Lorre. - Au milieu du XIXe siècle, un savant et deux compagnons sont recueillis à bord d'un submersible mystérieux. - Adaptation habile d'un roman de Jules Verne. Décors fantastiques. Trucages réussis. Excellente interprétation. □ Général
DVD VA➜20,95 $

20,000 LEAGUES UNDER THE SEA ▷4
[20 000 lieues sous les mers]
É.-U. 1997. Aventures de Rod HARDY avec Michael Caine, Mia Sara et Patrick Dempsey. - Au XIXe siècle, des naufragés sont recueillis à bord du mystérieux sous-marin d'un savant génial et misanthrope.

200 MOTELS ▷5
É.-U. 1971. Spectacle musical de Frank ZAPPA et Tony PALMER. - Dans un motel d'une petite ville américaine, Frank Zappa et son groupe musical répètent et échangent des propos divers. □ 13 ans+

2001 : A SPACE ODYSSEY ►1
[2001 : odyssée de l'espace]
ANG. 1968. Science-fiction de Stanley KUBRICK avec Keir Dullea, Gary Lockwood et William Sylvester. - Une expédition se dirige vers Jupiter après la découverte d'une mystérieuse stèle sur la Lune. - Anticipation intelligente aux aspects fascinants. Mouvement ample et envoûtant. Composition visuelle magistrale. Interprètes bien dirigés. □ Général
DVD VF➜STF➜Cadrage W➜18,95 $

2010 : THE YEAR WE MAKE CONTACT ▷4
[2010 : l'année du premier contact]
É.-U. 1984. Science-fiction de Peter HYAMS avec Roy Scheider, Helen Mirren et John Lithgow. - Une expédition spatiale est à la recherche d'un astronef américain disparu près de Jupiter en 2001. □ Général
DVD VF➜STF➜Cadrage P&S/W➜7,95 $

2046 ▷3
CHI. 2004. Drame sentimental de Wong KAR-WAI avec Tony Leung Chiu-wai, Zhang Ziyi et Gong Li. - De retour à Hong Kong en 1966, un ex-journaliste qui écrit un roman de science-fiction est hanté par un amour perdu. - Intrigue labyrinthique mêlant fiction et réalité sur des thèmes d'anticipation et de romance. Ton nostalgique. Poème visuel hallucinant. Mise en scène flamboyante. Interprétation un peu somnambulesque. □ Général · Déconseillé aux jeunes enfants
DVD STF➜Cadrage W➜34,95 $ STA➜Cadrage W➜36,95 $

21 GRAMS **[21 grammes]** ▷3
É.-U. 2003. Drame d'Alejandro González IÑÁRRITU avec Sean Penn, Benicio Del Toro et Naomi Watts. - Un accident tragique lie les destins d'un enseignant malade, d'une jeune mère de famille et d'un ex-détenu qui vient en aide aux délinquants. - Regard pénétrant sur la condition humaine et les tournants du destin. Récit labyrinthique multipliant les sauts dans le temps. □ 13 ans+
DVD VF➜STF➜Cadrage W/16X9➜23,95 $

21 HOURS AT MUNICH ▷4
É.-U. 1976. Drame de W.A. GRAHAM avec William Holden, Franco Nero et Shirley Knight. - En 1972, des terroristes s'en prennent aux athlètes israéliens participant aux Jeux olympiques de Munich.
DVD VA➜STA➜Cadrage W➜23,95 $

24 HEURES DE LA VIE D'UNE FEMME ▷4
FR. 2002. Drame sentimental de Laurent BOUHNIK avec Agnès Jaoui, Michel Serrault et Nikolaj Coster-Waldau. - À Nice, un vieil homme désabusé raconte à une jeune fille l'intense mais brève passion d'une femme vertueuse pour un joueur compulsif au début du XXe siècle. □ Général · Déconseillé aux jeunes enfants
DVD VF➜Cadrage W➜13,95 $

24 HOUR PARTY PEOPLE ▷4
ANG. 2002. Chronique de Michael WINTERBOTTOM avec Steve Coogan, Lennie James et Shirley Anderson. - La carrière du producteur et journaliste Tony Wilson, qui a contribué à l'essor de la scène musicale new wave de Manchester dans les années 1970 et 1980. □ 13 ans+ · Langage vulgaire
DVD VA➜18,95 $

25 RUE DES SAPEURS **[25 Fireman's Street]** ▷4
HON. 1973. Drame d'Istvan SZABO avec Rita Bekes, Lucyna Winnicka et Peter Muller. - Durant une chaude nuit d'été, les rêves entremêlés des résidents d'un immeuble de Budapest qui sera bientôt démoli. □ Général
DVD STA➜Cadrage W➜23,95 $

25 WATTS
URU. 2001. Juan Pablo REBELLA et Pablo STOLL
DVD STA➜29,95 $

25th HOUR **[25e heure, La]** ▷4
É.-U. 2002. Drame de mœurs de Spike LEE avec Edward Norton, Philip Seymour Hoffman et Barry Pepper. - À New York, un trafiquant de drogue dispose d'une dernière journée de liberté avant de purger une peine de sept ans de prison. □ Général · Déconseillé aux jeunes enfants
DVD VF➜15,95 $

27 MISSING KISSES
ALL. ANG. FR. 2000. Nana DZHORDZHADZE

28 DAYS **[28 jours]** ▷5
É.-U. 2000. Comédie dramatique de Betty THOMAS avec Sandra Bullock, Viggo Mortensen et Dominic West. - Une rédactrice est amenée à réévaluer sa vie après que la cour l'eut condamnée à 28 jours de réhabilitation pour ivresse au volant.
DVD Cadrage W➜16,95 $

28 DAYS LATER **[28 jours plus tard]** ▷4
ANG. 2002. Drame d'horreur de Danny BOYLE avec Cilliam Murphy, Naomie Harris et Christopher Eccleston. - Quelques individus luttent pour leur survie après qu'une épidémie virale eut transformé les habitants de l'Angleterre en zombies cannibales. □ 16 ans+
DVD VA➜Cadrage W➜15,95 $ VF➜STA➜Cadrage W➜15,95 $

29th STREET ▷4
É.-U. 1991. Comédie dramatique de George GALLO avec Anthony LaPaglia, Danny Aiello et Lainie Kazan. - Les tribulations d'une famille italo-américaine dont l'un des fils est un incroyable veinard.
DVD VA→Cadrage W→15,95 $

3 DAYS OF THE CONDOR ▷3
É.-U. 1975. Drame d'espionnage de Sydney POLLACK avec Robert Redford, Faye Dunaway et Cliff Robertson. - Un employé d'un bureau de décodage de la CIA devient fugitif à la suite du massacre de ses collègues. - Scénario rocambolesque mis en scène avec savoir-faire et efficacité. Tension soutenue. Bonne utilisation de décors réels. Interprétation convaincante. □ 13 ans+
DVD VA→STA→Cadrage W→10,95 $

3 EXTREMES [Three... Extremes] ▷3
H.K. 2004. Drame d'horreur de Fruit CHAN, Park Chan-Wook et Takashi Miike avec Bai Ling, Lee Byung-Hu et Kyoko Hasegawa. - Trois histoires où des gens ordinaires sont amenés par les circonstances à commettre des actes horribles. - Fables modernes cultivant l'insolite et le macabre avec beaucoup d'imagination. Démonstration impressionnante de la virtuosité des cinéastes. Interprétation plus que satisfaisante. □ 16 ans+ · Horreur
DVD STA→Cadrage W→26,95 $

3 EXTREMES II ▷3
COR. H.K. JAP. 2005. DIVERS
DVD STA→Cadrage W→27,95 $

3 GARÇONS, 1 FILLE, 2 MARIAGES
[3 Guys, 1 Girl, 2 Weddings]
FR. 2004. Stéphane CLAVIER
DVD VF→STA→Cadrage W→36,95 $

3 GODFATHERS ▷4
É.-U. 1949. Western de John FORD avec Pedro Armendariz, John Wayne et Harry Carey Jr. - Trois hors-la-loi en fuite dans le désert prennent en charge un nouveau-né. □ Général
DVD VF→STA→21,95 $

3 HOMMES À ABATTRE ▷4
FR. 1980. Drame policier de Jacques DERAY avec Alain Delon, Dalila di Lazzaro et Michel Auclair. - En portant secours à un automobiliste blessé, un homme se trouve entraîné dans une sombre affaire.
□ 18 ans+

3 MOUSQUETAIRES, LES ▷4
FR. 1953. Aventures d'André HUNEBELLE avec Georges Marchal, Bourvil et Gino Cervi. - Le chevalier D'Artagnan et ses trois amis mousquetaires remplissent une mission pour le compte de la reine.

3 NEEDLES ▷4
CAN. 2005. Drame social de Thom FITZGERALD. Avec Chloë Sevigny, Lucy Liu et Shawn Ashmore. - Au même moment, sur trois continents, trois histoires mettent en lumière les différents modes de transmission du virus du sida. □ 13 ans+
DVD VF→STA→Cadrage W→34,95 $

3 STEPS TO HEAVEN
ANG. 1995. Constantine GIANNARIS
DVD VA→33,95 $

3 WOMEN ►2
É.-U. 1977. Drame psychologique de Robert ALTMAN avec Shelley Duvall, Sissy Spacek et Janice Rule. - Une jeune fille s'attache à une compagne de travail dont la logeuse peint d'étranges murales. - Film chargé d'images symboliques. Variations insolites sur le thème de l'identité. Climat onirique subtil. Photographie et interprétation admirables.
DVD VA→STA→Cadrage W/16X9→54,95 $

3 WORLDS OF GULLIVER, THE ▷4
[Voyages de Gulliver, Les]
ANG. 1960. Conte de Jack SHER avec Kerwin Mathews, Jo Morrow et June Thorburn. - Un jeune homme échoue dans une île peuplée de nains, puis dans une autre où vivent des géants. □ Général
DVD VA→STF→23,95 $

3-IRON ▷4
COR.S. 2004. Drame de mœurs de Ki-duk KIM avec Seung-yeon Lee, Jae Hee et Hyeok-ho Gweon. - Un jeune homme solitaire qui squatte les demeures de diverses personnes tombe un jour sur une femme battue avec qui il prend la fuite.
DVD VF→STF→Cadrage W→23,95 $

3:10 TO YUMA ▷3
É.-U. 1956. Western de Delmer DAVES avec Glenn Ford, Van Heflin et Felicia Farr. - Un fermier accepte de surveiller un hors-la-loi jusqu'à l'arrivée du train qui l'emmènera en prison. - Climat de suspense bien créé. Belle photographie. Interprètes solides.
□ Général
DVD VA→STF→18,95 $

30 FOOT BRIDE OF CANDY ROCK, THE ▷6
É.-U. 1959. Comédie de Sidney MILLER avec Lou Costello, Dorothy Provine et Gale Gordon. - Les mésaventures d'un éboueur qui a inventé une machine à faire grandir les humains. □ Général

301, 302
COR. 1995. Cheol-su PARK
DVD STA→Cadrage P&S→26,95 $

317e SECTION, LA ▷3
FR. 1965. Drame de guerre de Pierre SCHOENDOERFFER avec Bruno Cremer, Jacques Perrin et Pierre Fabre. - En Indochine, une section française tente de rejoindre une colonne de renfort. - Souci d'authenticité. Photographie bien adaptée au sujet. □ Général

32 AOÛT SUR TERRE, UN ▷4
QUÉ. 1998. Comédie dramatique de Denis VILLENEUVE avec Pascale Bussières, Alexis Martin et Richard S. Hamilton. - Une jeune femme ayant survécu à un accident de voiture convainc son meilleur ami de lui faire un enfant dans le désert de sel près de Salt Lake City.
□ Général
DVD VF→Cadrage W→21,95 $

32 SHORT FILMS ABOUT GLENN GOULD ▷3
[32 films brefs sur Glenn Gould]
QUÉ. 1993. Film d'essai de François GIRARD avec Colm Feore, Gale Garnett et David Hughes. - Trente-deux tableaux évoquant diverses étapes de la vie et de la carrière du pianiste canadien Glenn Gould. - Mosaïque impressionniste réalisée avec maestria. Ensemble riche et varié. Composition intense de C. Feore. □ Général

36 FILLETTE ▷4
FR. 1987. Drame psychologique de Catherine BREILLAT avec Étienne Chicot, Delphine Zentout et Olivier Parnière. - Une adolescente de 14 ans en vacances avec ses parents à Biarritz aguiche un quadragénaire. □ 18 ans+
DVD VF→STA→19,95 $

36 HOURS [Trente-six heures avant le débarquement] ▷4
É.-U. 1964. Drame d'espionnage de George SEATON avec James Garner, Eva Marie Saint et Rod Taylor. - Un officier américain enlevé par les Allemands réussit à échapper au piège tendu pour le faire parler. □ Général

36 QUAI DES ORFÈVRES ▷4
FR. 2004. Drame policier d'Olivier MARCHAL avec Daniel Auteuil, Gérard Depardieu et André Dussollier. - La rivalité entre deux policiers haut gradés qui aspirent à la même promotion a des conséquences tragiques. □ 13 ans+ · Violence
DVD VF→STA→Cadrage W→34,95 $

37°2 LE MATIN [Betty Blue] ▷3
FR. 1986. Drame psychologique de Jean-Jacques BEINEIX avec Jean-Hughes Anglade, Béatrice Dalle et Gérard Darmon. - Une jeune femme impulsive tente vainement de trouver un éditeur pour le manuscrit de son ami avec qui elle vit une relation amoureuse passionnée. - Adaptation d'un roman de Philippe Djian. Naturalisme teinté de poésie. Interprétation intense et spontanée. □ 13 ans+

38: VIENNA BEFORE THE FALL
AUT. 1989. Wolfgang GLÜCK □ Non classé

39 STEPS, THE ▷3
ANG. 1935. Drame policier de Alfred HITCHCOCK avec Robert Donat, Madeleine Carroll et Godfrey Tearle. - Un jeune Canadien est mêlé malgré lui à une dramatique affaire d'espionnage. - Scénario fort bien mené. Intérêt dramatique soutenu. Touches humoristiques. Milieu bien caractérisé. Bonne interprétation. □ Général
DVD VA→64,95 $

4 FACES OF EVE
H.K. 1996. Kwok-Leung GAN □ 13 ans+

4 FOR TEXAS ▷5
É.-U. 1963. Western de Robert ALDRICH avec Frank Sinatra, Dean Martin et Ursula Andress. - Un shérif malhonnête et un aventurier se disputent la possession d'un magot. □ Non classé
DVD VF→STF→Cadrage W→13,95 $

40 DAYS AND 40 NIGHTS [40 jours et 40 nuits] ▷5
É-U. 2002. Comédie sentimentale de Michael LEHMANN avec Josh Hartnett, Shannyn Sossamon et Vinessa Shaw. - Un jeune tombeur rencontre le grand amour juste après avoir fait vœu de chasteté pour une période de 40 jours.
DVD VF→Cadrage W→14,95 $

40 YEAR OLD VIRGIN [40 ans et encore puceau] ▷5
É.-U. 2005. Comédie sentimentale de Judd APATOW avec Steve Carell, Catherine Keener et Paul Rudd. - Poussé par ses collègues de travail, un homme au seuil de la quarantaine entreprend de remédier à sa totale inexpérience en matière de sexualité.
□ 13 ans+ · Langage vulgaire
DVD VF→STF→Cadrage W→22,95 $

400 COUPS, LES [400 Blows, The] ►1
FR. 1958. Drame psychologique de François TRUFFAUT avec Jean-Pierre Léaud, Albert Rémy et Claire Maurier. - Le drame d'un adolescent mal compris par ses parents et par ses maîtres. - Premier film marquant de la Nouvelle Vague. Plaidoyer bouleversant sur l'enfance mal aimée. Mélange innovateur de poésie et de réalisme. Interprétation naturelle et désarmante de J.-P. Léaud. □ Général
DVD VF→STA→Cadrage W→22,95 $

42nd STREET ▷3
É.-U. 1933. Comédie musicale de Lloyd BACON avec Ruby Keeler, Dick Powell et Warner Baxter. - Un producteur de Broadway lutte contre la maladie pour monter un spectacle qui le sauvera de la faillite. - Classique du genre. Intrigue prétexte à des numéros musicaux remarquables de Busby Berkeley. Interprétation dans la note. □ Général
DVD VA→STF→21,95 $

47 RONIN, PART 1 ►2
JAP. 1942. Drame de Kenji MIZOGUCHI avec Arashi Yashisaburo, Mimôsu Mampo et Nakamura Ganemon. - Un seigneur qu'on a forcé à se suicider est vengé par ses guerriers. - Illustration ample et solennelle d'un incident historique. Cadrages d'une élégante rigueur. Interprétation contrôlée. □ Général

47 RONIN, PART 2 ►2
JAP. 1942. Drame de Kenji MIZOGUCHI avec Arashi Yashisaburo, Mimôsu Mampo et Nakamura Ganemon. - Un seigneur qu'on a forcé à se suicider est vengé par ses guerriers. - Illustration ample et solennelle d'un incident historique. Cadrages d'une élégante rigueur. Interprétation contrôlée. □ Général

48 HOURS ▷4
É.-U. 1982. Drame policier de Walter HILL avec Nick Nolte, Eddie Murphy et James Remar. - Pour retrouver un criminel qui vient de s'évader, un policier fait sortir de prison pour quarante-huit heures un ancien complice du fugitif. □ 18 ans+
DVD VF→Cadrage W→11,95 $

49th PARALLEL, THE ▷4
ANG. 1940. Drame de guerre de Michael POWELL avec Laurence Olivier, Eric Portman et Leslie Howard. - L'équipage d'un sous-marin allemand coulé sur les côtes du Canada tente de rejoindre les États-Unis, alors pays neutre. □ Général

4e POUVOIR, LE ▷4
FR. 1985. Drame social de Serge LEROY avec Philippe Noiret, Nicole Garcia et Roland Blanche. - Un journaliste et une présentatrice de télévision détiennent des preuves de l'implication du gouvernement français dans un assassinat politique. □ Général

4th FLOOR, THE ▷5
É.-U. 1999. Drame d'horreur de Josh KLAUSNER avec Juliette Lewis, William Hurt et Shelley Duvall. - Récemment installée dans un vieil immeuble d'appartements, une jeune femme est terrorisée par une voisine mystérieuse et recluse.
DVD VA→STA→Cadrage W→26,95 $

5 CARD STUD [Cinq cartes à abattre] ▷4
É.-U. 1968. Western de Henry HATHAWAY avec Dean Martin, Robert Mitchum et Roddy McDowall. - Un mystérieux assassin se met à tuer ceux qui ont lynché un tricheur. □ Général
DVD VF→STA→Cadrage W→9,95 $

5 CHILDREN AND IT
ANG. 2004. John STEPHENSON
DVD VA→STF→Cadrage P&S/W→11,95 $

5 CORNERS ▷4
ANG. 1987. Drame psychologique de Tony BILL avec Jodie Foster, John Turturro et Tim Robbins. - Après avoir fait de la prison pour tentative de viol, un déséquilibré revient dans son quartier de New York pour revoir sa victime. □ 13 ans+

5 DOLLS FOR AUGUST MOON ▷5
[Cinq filles par une nuit chaude d'été]
ITA. 1970. Drame policier de Mario BAVA avec William Berger, Ira Furstenberg et Howard Ross. - Une série de meurtres se commet dans une île où sont réunies dix personnes.
DVD 37,95 $

5 FINGERS [Affaire Cicéron, L'] ▷3
É.-U. 1952. Drame d'espionnage de Joseph Leo MANKIEWICZ avec James Mason, Danielle Darrieux et Michael Rennie. - Les exploits véridiques de l'espion Ulysse Diello, alias Cicéron, durant la dernière guerre mondiale. - Suspense bien construit. Mise en scène très habile. Interprétation brillante. □ Général

5 X 2 ▷4
FR. 2004. Drame de mœurs de François OZON avec Stéphane Freiss, Valeria Bruni-Tedeschi, Françoise Fabian et Géraldine Pailhas. - Cinq étapes distinctes et déterminantes de la vie d'un couple, de la prononciation du divorce à la première rencontre.
□ 13 ans+ · Érotisme
DVD VF→STA→Cadrage W/16X9→33,95 $

5 % DE RISQUE ▷4
FR. 1979. Drame de Jean POURTALÉ avec Bruno Ganz, Jean-Pierre Cassel et Aurore Clément. - Un physicien accepte de venir en aide à un ami politicien désireux de se débarrasser d'un maître-chanteur. □ Général

50 FIRST DATES ▷5
É.-U. 2004. Comédie sentimentale de Peter SEGAL avec Adam Sandler, Drew Barrymore, Sean Astin et Rob Schneider. - Un vétérinaire s'éprend d'une jeune amnésique qu'il doit reconquérir chaque jour.
DVD VA→18,95 $

52 PICK-UP ▷4
É.-U. 1986. Drame policier de John FRANKENHEIMER avec Roy Scheider, Ann-Margret et John Glover. - Les maîtres-chanteurs d'un industriel qui refuse de payer tuent sa maîtresse et font en sorte qu'il puisse être accusé de ce meurtre. □ 13 ans+

54 ▷5
É.-U. 1998. Drame de mœurs de Mark CHRISTOPHER avec Ryan Phillippe, Mike Myers et Neve Campbell. - Les tribulations d'un jeune barman d'origine modeste qui travaille dans une discothèque fréquentée par des célébrités. □ 13 ans+
DVD VA→Cadrage W→11,95 $

55 DAYS AT PEKING ▷4
É.-U. 1963. Drame de Nicholas RAY avec Charlton Heston, Ava Gardner et David Niven. - En 1900, l'attaque du quartier international de Pékin par les Boxers. □ Général

61 ▷4
É.-U. 2001. Drame sportif de Billy CRYSTAL avec Anthony Michael Hall, Barry Pepper et Thomas Jane. - En 1961, deux joueurs de baseball rivalisent pour battre le record du plus grand nombre de coups de circuit en une seule saison établi par Babe Ruth.

633 SQUADRON ▷4
É.-U. 1964. Drame de guerre de Walter GRAUMAN avec George Chakiris, Cliff Robertson et Maria Perschy. - Une escadrille de bombardiers reçoit pour mission de détruire une usine allemande en Norvège.
DVD VA→17,95 $

6e JOUR, LE *voir* **6th Day, The**

6IXTYNIN9 [69]
THAÏ. 1999. Pen-Ek RATANARUANG
DVD STA→36,95 $

6th DAY, THE [6E jour, Le] ▷5
É.-U. 2000. Science-fiction de Roger SPOTTISWOODE avec Arnold Schwarzenegger, Tony Goldwyn et Michael Rapaport. - Dans le futur, un pilote d'hélicoptère découvre qu'il a été remplacé auprès des siens par un clone. □ 13 ans+ · Violence
DVD 23,95 $

7 ANS DE MARIAGE ▷5
FR. 2003. Comédie de mœurs réalisée et interprétée par Didier BOURDON avec Catherine Frot et Jacques Weber. - Marié depuis sept ans, un urgentologue cherche à raviver la flamme dans son couple en partageant ses fantasmes sexuels avec sa femme. □ 13 ans+
DVD VF→31,95 $

7 DAYS TO LIVE ▷5
ALL. 2000. Drame d'horreur de Sebastian NIEMANN avec Amanda Plummer, Sean Pertwee et Nick Brimble. - Après le décès tragique de son fils, un couple emménage dans une vieille maison où l'épouse a des visions annonçant sa propre mort.
DVD Cadrage W→34,95 $

7 FACES OF DR. LAO ▷4
É.-U. 1964. Conte de George PAL avec Tony Randall, Arthur O'Connell et Barbara Eden. - Un mystérieux Chinois présente un curieux spectacle dans un village de l'Ouest. □ Général
DVD VA→STF→Cadrage P&S/W→21,95 $

7 FOIS... (PAR JOUR) ▷6
QUÉ. 1971. Comédie de Denis HÉROUX avec Jean Coutu, Rosanna Schiaffino et Dalia Friedland. - Un architecte canadien installé en Israël souffre d'une propension au donjuanisme. □ 18 ans+

7 MORTS SUR ORDONNANCE ▷3
FR. 1975. Drame psychologique de Jacques ROUFFIO avec Michel Piccoli, Charles Vanel et Gérard Depardieu. - À dix ans d'intervalle, des querelles entre médecins ont des conséquences tragiques dans une ville de province. - Récit complexe. Réalisation adroite et précise. Forte tension dramatique. Peinture de mœurs corrosive. Interprétation exceptionnelle. □ 18 ans+

71 FRAGMENTS OF A CHRONOLOGY OF CHANCE
ALL. AUT. 1994. Michael HANEKE
DVD STA→Cadrage W/16X9→24,95 $

7e CIBLE, LA ▷4
FR. 1984. Drame policier de Claude PINOTEAU avec Lino Ventura, Jean Poiret et Élisabeth Bourgine. - Un ex-journaliste se voit contraint de verser une forte somme à un maître chanteur, s'il ne veut pas être victime d'un attentat. □ Général

7th DAWN, THE ▷5
É.-U. 1964. Drame de Lewis GILBERT avec William Holden, Tetsuro Tamba, Capucine et Susannah York. - En Malaisie, trois anciens compagnons d'armes doivent sacrifier leur amitié à leur loyauté envers la cause qu'ils défendent. □ Général

7th VOYAGE OF SINBAD, THE ▷4
[Septième voyage de Sinbad, Le]
É.-U. 1958. Conte de Nathan Hertz JURAN avec Kerwin Mathews, Kathryn Grant et Torin Thatcher. - Un hardi marin entreprend un périlleux voyage pour sauver sa fiancée des maléfices d'un magicien. □ Général
DVD Cadrage W→23,95 $

8 FEMMES [Huit femmes] ▷4
FR. 2001. Comédie policière de François OZON avec Catherine Deneuve, Isabelle Huppert et Emmanuelle Béart. - Dans un manoir isolé, la découverte du maître de maison poignardé dans son lit éveille des soupçons mutuels chez les huit femmes de son entourage immédiat. □ Général
DVD VF→Cadrage W→21,95 $

8 MILE ▷3
É.-U. 2002. Drame de mœurs de Curtis HANSON avec Eminem, Kim Basinger et Brittany Murphy. - Vivant dans un quartier pauvre de Detroit, un jeune ouvrier blanc aspire à devenir une vedette de la musique hip hop. - Incursion fascinante dans la culture du rap. Milieu dur décrit avec justesse. Réalisation sobre et intimiste. Interprétation énigmatique de la vedette. □ 13 ans+ · Langage vulgaire
DVD VF→STA→Cadrage W→14,95 $

8 MILLION WAYS TO DIE ▷4
É.-U. 1986. Drame policier de Hal ASHBY avec Jeff Bridges, Rosanna Arquette et Andy Garcia. - Un policier déchu et alcoolique enquête sur le meurtre d'une call-girl qui lui avait demandé son aide pour échapper à son souteneur. □ 13 ans+

8 MM (EIGHT MILIMETERS) ▷5
É.-U. 1999. Drame policier de Joel SCHUMACHER avec Nicolas Cage, Joaquin Phoenix et James Gandolfini. - En enquêtant sur le meurtre présumé d'une adolescente, un détective se retrouve plongé dans le monde de la pornographie clandestine. □ 18 ans+
DVD VA→STA→Cadrage W→18,95 $

8 1/2 ►1
ITA. 1963. Drame psychologique de Federico FELLINI avec Marcello Mastroianni, Anouk Aimée et Sandra Milo. - En cure de repos, un réalisateur prépare de peine et de misère son prochain film. - Scénario fait d'allusions à l'œuvre et à la vie de l'auteur. Ensemble insolite et poétique. Mise en scène magistrale. Jeu souple de M. Mastroianni. □ Général
DVD VA→STA→29,95 $ STA→Cadrage W→62,95 $

8 1/2 WOMEN [8 femmes 1/2] ▷5
ANG. 1999. Comédie dramatique de Peter GREENAWAY avec John Standing, Matthew Delamere et Polly Walker. - À la mort de son épouse, un riche homme d'affaires et son fils réunissent dans leur manoir diverses femmes qui doivent satisfaire leurs désirs sexuels particuliers.
DVD VA→34,95 $

800 BULLETS
ESP. 2002. Alex de la IGLESIA
DVD STA→Cadrage W→28,95 $

84 CHARING CROSS ROAD [Poste restante] ▷3
ANG. 1986. Chronique de David JONES avec Anne Bancroft, Judi Dench et Anthony Hopkins. - Un libraire londonien et une écrivaine américaine développent une amitié en entretenant une correspondance durant plus de vingt ans. - Récit riche en observations de mœurs et en touches psychologiques. Traitement subtil et délicat. Interprétation remarquable. □ Général
DVD VA→STF→Cadrage P&S→24,95 $

84 CHARLIE MOPIC ▷4
É.-U. 1988. Drame de guerre de Patrick DUNCAN avec Jonathan Emerson, Richard Brooks et Jason Tomlins. - En 1969, un caméraman militaire accompagne un peloton de soldats en mission de reconnaissance dans la brousse au Viêtnam. □ 13 ans+

9 1/2 WEEKS [Neuf semaines et demie] ▷5
É.-U. 1985. Drame psychologique de Adrian LYNE avec Mickey Rourke, Kim Basinger et Margaret Whitton. - Une divorcée fait la rencontre d'un homme d'allure mystérieuse qui l'entraîne progressivement dans ses fantasmes sexuels. □ 18 ans+
DVD VF→STA→Cadrage W→21,95 $

9 DEAD GAY GUYS
ANG. 2002. Lab KY MO
DVD VA→STA→Cadrage W→21,95 $

9 SONGS ▷5
ANG. 2004. Drame érotique de Michael WINTERBOTTOM avec Kieran O'Brien et Margo Stilley. - Un glaciologue anglais se remémore sa récente liaison avec une jeune étudiante américaine.
□ 18 ans+ · Érotisme
DVD VA→STF→31,95 $

9 TO 5 [Comment se débarrasser de son patron] ▷4
É.-U. 1980. Comédie de Colin HIGGINS avec Lily Tomlin, Dolly Parton et Jane Fonda. - Ayant des raisons différentes d'en vouloir à leur patron, trois secrétaires trouvent l'occasion de se venger.
DVD VF→STA→Cadrage W→21,95 $

90 DAYS [90 jours pour tomber en amour] ▷4
CAN. 1985. Comédie de Giles WALKER avec Stefan Wodoslawsky, Christine Pak et Sam Grana. - Un solitaire accueille chez lui une jeune Coréenne qu'il compte épouser à la fin de son permis de séjour.

964 PINOCCHIO
JAP. 1991. Shozin FUKUI
DVD STA→21,95 $

99 WOMEN [99 Women - X Rated French Version]
ESP. Jess FRANCO
DVD VA→Cadrage W→29,95 $ VF→STA→Cadrage W→42,95 $

LES DOCUMENTAIRES

À LA RECHERCHE DE LOUIS ARCHAMBAULT
QUÉ. 2000. Documentaire de Werner VOLKMER et Arian EMOND.

ABEGWEIT
CAN. 1998. Documentaire de S. MORIN. - Reportage sur la construction du pont de la Confédération qui relie l'Île-du-Prince-Édouard au continent.

ACADIE, L'ACADIE, L'
QUÉ. 1970. Documentaire de Pierre PERRAULT et Michel BRAULT. - En février 1968, les étudiants de l'Université de Moncton, au Nouveau-Brunswick, organisent une marche vers l'hôtel de ville pour réclamer le respect du bilinguisme. - Montage habilement concerté. Exemple type de cinéma pris sur le vif. Atmosphère bien rendue.

ACTION : THE OCTOBER CRISIS OF 1970
CAN. 1974. Documentaire de Robin SPRY. - Réunion, dans un ordre chronologique strict, d'un certain nombre de documents d'actualité relatifs à la crise d'octobre 1970.

AFFAIRE NORMAN WILLIAM, L'
QUÉ. 1994. Documentaire de Jacques GODBOUT. - Portrait du Québécois Pierre Doris Maltais, alias Norman William, qui fut tour à tour espion, felquiste, trafiquant et même gourou.

AFTER STONEWALL
É.-U. 1999. Documentaire de John SCAGLIOTTI. - Rappel des principaux événements politiques, sociaux et culturels ayant marqué la communauté homosexuelle nord-américaine depuis l'émeute de Stonewall en 1969.

AGRONOMIST, THE
É.-U. 2003. Documentaire de Jonathan DEMME. - Portrait du journaliste haïtien Jean Dominique, qui a été un grand défenseur des droits humains dans son pays avant d'être assassiné en avril 2000. - Étude du personnage et de ses idéaux allant de pair avec un efficace rappel historique. Document d'une indéniable valeur politique, humaine et artistique. Montage à la fois discret et très inventif.

ALDOUS HUXLEY : THE GRAVITY OF LIGHT
CAN. 1997. Documentaire d'Oliver HOCKENHULL. - Présentation de divers aspects de l'œuvre et de la philosophie de l'écrivain anglais Aldous Huxley.

ALIAS WILL JAMES
QUÉ. 1988. Documentaire de Jacques GODBOUT. - Évocation de la vie d'Ernest Dufault, un Québécois qui se fit passer pour un cow-boy de l'Ouest et qui connut plusieurs succès littéraires.

ALMONDS AND RAISINS
ANG. 1983. Documentaire de Russ KAREL. - L'histoire du cinéma yiddish américain des années 1930 qui a engendré plus de 300 films dont la plupart sont tombés dans l'oubli.

AMERICAN DREAM
É.-U. 1990. Documentaire de Barbara KOPPLE. - Évocation d'un conflit de travail dans une manufacture alimentaire du Minnesota en 1984.

AMERICAN MOVIE
É.-U. 1999. Documentaire de Chris SMITH. - Un cinéaste en herbe de trente ans s'efforce de terminer un court métrage avec l'aide de parents et amis.

AMERICAN PIMP
É.-U. 1999. Documentaire d'Albert HUGHES et Allen HUGHES. - Des proxénètes afro-américains acceptent de se confier à la caméra, s'exprimant sur leur mode de vie et décrivant les règles du milieu dans lequel ils évoluent.

AMOUREUX DE MONTRÉAL, LES
QUÉ. 1992. Documentaire de Jacques GIRALDEAU. - Le fascinant éclectisme de l'univers architectural de Montréal.

ANDRÉ MATHIEU : MUSICIEN
QUÉ. 1993. Documentaire de Jean-Claude LABRECQUE. - Évocation de la vie tragique et de l'œuvre méconnue d'André Mathieu, pianiste et compositeur québécois décédé à l'âge de 39 ans.

ANNA 6-18
RUS. 1993. Documentaire de Nikita MIKHALKOV. - Sur une période de vingt ans, le cinéaste russe questionne sa fille sur ses désirs, ses peurs et ses aspirations. - Œuvre empreinte d'un bel humanisme. Ensemble riche sur le plan psychologique et philosophique. Tableau émouvant de la Russie. Montage percutant. Commentaires des plus révélateurs.

ANNE FRANK REMEMBERED
É.-U. 1995. Documentaire de Jon BLAIR. - Diverses personnes qui ont côtoyé Anne Frank tracent un portrait de cette victime de l'Holocauste rendue célèbre par le journal qu'elle tint pendant la Seconde Guerre mondiale. - Nombreux témoignages émouvants et révélateurs. Travail de recherche exemplaire. Portrait nuancé de l'héroïne.

ANTICOSTE, L'
QUÉ. 1986. Documentaire de Bernard GOSSELIN. - Évocation de souvenirs historiques relatifs aux caractères sociaux et géographiques de l'île d'Anticosti. - Sujet agréablement présenté. Traitement exhaustif. Information riche et bien articulée.

ANTONIO GAUDÍ
JAP. 1985. Documentaire de Hiroshi TESHIGAHARA. - Hommage à l'œuvre unique et fascinante de l'architecte espagnol Antonio Gaudí. - Document privilégiant l'image et la musique plutôt que la narration. Illustration d'un lyrisme en parfaite symbiose avec le sujet. Excellente bande sonore composée par Toru Takemitsu.

ARCHE DE VERRE : L'AVENTURE
QUÉ. 1994. Documentaire de Bernard GOSSELIN. - Rétrospective des étapes ayant mené à la création du biodôme de Montréal.

ARCHITECTURES 1-4
DVD 1 : The Bauhaus / The Faculty of Architecture in Oporto / Family Lodging in Guise / Nemausus 1 / The Georges Pompidou Center / The Post Office Savings Bank in Vienna.
DVD 2 : The Villa Dall'ava / The Johnson Wax Building / The Galleria Umberto I / Satolas - TGV / The Stone Thermal Bath / The Paris Fine Art School.
DVD 3 : The Jewish Museum Berlin / The Garnier Opera / The Convent of La Tourette / The Casa Mila / The Auditorium Building in Chicago / The Municipal Center of Saynatsalo.
+ DVD 4

ARISTOCRATS, THE
É.-U. 2005. Documentaire de Paul PROVENZA. - Des humoristes américains évoquent une blague célèbre dans leur milieu, caractérisée par sa très grande vulgarité.

ATLANTIS
FR. 1991. Documentaire de Luc BESSON - Collection de vignettes explorant divers aspects de la vie sous-marine. - Ode visuelle et sonore à la gloire des fonds marins. Approche poétique dénuée de tout commentaire. Climat parfois onirique ou féerique. Partition musicale envoûtante. Photographie d'une précision remarquable.

ATOMIC CAFE, THE
É.-U. 1982. Film de montage de Jayne LOADER, Kevin et Pierce RAFFERTY. - Assemblage de documents de l'après-guerre traitant de la bombe atomique.

AU CHIC RESTO POP
QUÉ. 1990. Documentaire de Tahani RACHED - Évocation des difficultés rencontrées par les employés d'un restaurant de Montréal où l'on sert des repas aux plus démunis.

AU PAYS DE NEUFVE-FRANCE
Vol. 1 : La traversée d'hiver à l'Isle-aux-Coudres, Les Goélettes, Le Jean Richard, L'Anse-aux-Basques
Vol. 2 : La Rivière du Gouffre, En r'venant de St-Hilarion, La pitoune
Vol. 3 : Tête-à-la-Baleine, L'Anse Tabatière, Toutes Isles
Vol. 4 : Ka Ke Ki Ku, Attiuk, Les diamands du Canada

AUTOPORTRAIT
QUÉ. 1962. Film de montage de Guy GLOVER. - Analyse de l'évolution du cinéma canadien.

AVANT LE JOUR
QUÉ. 1999. Documentaire de Lucie LAMBERT. - Des habitants de la basse Côte-Nord affirment leur volonté de continuer à vivre là malgré les difficultés économiques.

AVANT-CINÉ, L'
ALL. 1985. Documentaire de Werner NEKES. - Évocation des recherches et expérimentations tentées, avant l'invention du cinématographe, pour donner l'illusion d'une image en mouvement.

AYN RAND : A SENSE OF LIFE
É.-U. 1998. Documentaire de Michael PAXTON. - Biographie de la romancière et philosophe américaine Ayn Rand, rendue célèbre par le livre *The Fountainhead*.

BACON : LE FILM
QUÉ. 2001. Documentaire de Hugo LATULIPPE. - Reportage critique sur les méthodes de production des éleveurs de porcs québécois et leurs effets négatifs sur l'environnement.

BARAKA : WORLD BEYOND WORDS
É.-U. 1992. Documentaire de Ron FRICKE. - Observations de divers aspects de l'activité humaine et animale sur notre planète.

BEFORE STONEWALL
É.-U. 1984. Documentaire de Greta SCHILLER. - Les efforts tentés par les homosexuels pour affirmer leurs droits avant les années 1970.

BERKELEY IN THE SIXTIES
É.-U. 1990. Documentaire de Mark KITCHELL. - La montée et le déclin de la contestation étudiante à l'université de Berkeley au cours des années 1960. - Ensemble assez percutant. Approche intéressante. Sujet traité de façon fouillée. Réalisation alerte.

BERLIN : SYMPHONY OF A GREAT CITY
ALL. 1927. Documentaire de Walther RUTTMANN. - Diverses impressions de la ville de Berlin au cours d'une même journée. - Mélange fascinant d'observations documentaires, d'expérimentations techniques, de poésie urbaine et de contemplation. Travail très poussé sur les cadrages, les trucages optiques et le montage. Effets sonores et musique utilisés avec art. Ensemble constituant un remarquable document historique sur le Berlin des années 1920.

BEST OF THE BEST : ROMANTIC TALES AND OTHER WHIMSICAL
Contient : Bob's Birthday / A Chairy Tale / The Drag / The Family That Dwelt Apart / George And Rosemary / Pas De Deux / The Romance Of Transportation In Canada / The Street / Strings / Walking

BIG ONE, THE
É.-U. 1997. Documentaire de Michael MOORE. - Le cinéaste parcourt les États-Unis afin d'enquêter sur la situation des travailleurs face aux politiques de rentabilité maximum des grandes compagnies.

BIRD NOW
BEL. 1987. Documentaire de Marc HURAUX. - La vie, les succès et les malheurs du célèbre jazzman Charlie Parker.

BLACK FOX, THE
É.-U. 1963. Film de montage de Louis Clyde STOUMEN. - Évocation de la carrière d'Hitler, de la montée du nazisme à son écroulement.

BLAST'EM
É.-U. 1992. Documentaire de Joseph BLASIOLI - Portrait de photographes, comme Victor Malafronte, qui se sont spécialisés dans la prise de clichés pour rubriques mondaines et journaux à sensations.

BLEUS AU CŒUR, LES
QUÉ. 1987. Documentaire de Suzanne GUY. - Quelques détenues de la Maison Tanguay parlent de leur situation et des circonstances qui les ont conduites à la détention.

BLIND SPOT : HITLER'S SECRETARY
AUT. 2002. Documentaire d'André HELLER et Othmar SCHMIDERER. - Les confidences d'une secrétaire d'Adolf Hitler, de son entrée en fonction en 1942 jusqu'aux derniers jours du Führer dans son bunker.

BLOOD IN THE FACE
É.-U. 1991. Documentaire de Kevin RAFFERTY et Anne BOHLEN et J. RIDGEWAY. - Historique du mouvement néonazi aux États-Unis et portraits de quelques-uns de ses adeptes.

BORN INTO BROTHELS
É.-U. 2004. Documentaire de Ross KAUFFMAN et Zana BRISKI. - Une photographe britannique vient en aide à des enfants vivant dans les bordels de Calcutta. - Portrait sans fard d'un milieu d'une pauvreté extrême. Utilisation éloquente de la photographie. Montage fluide. Protagonistes d'une grande spontanéité.

BOWLING FOR COLUMBINE
É.-U. 2002. Documentaire de Michael MOORE - Enquête sur la fascination des Américains pour les armes à feu, qui va de pair avec un besoin maladif de sécurité. - Critique impétueuse et provocante de la société et des politiques américaines. Tableau à la fois choquant et satirique. Style documentaire d'une grande verve. Utilisation percutante de films d'archives.

BREASTS : A DOCUMENTARY
É.-U. 1996. Documentaire de M. SPADOLA. - Une vingtaine de femmes témoignent de l'importance qu'occupent les seins dans leur vie.

BRIEF HISTORY OF TIME, A
ANG. 1992. Documentaire d'Errol MORRIS. - Le physicien Stephen Hawking explique sa théorie sur la formation de l'univers et sur l'évolution de celui-ci. - Propos illustrés avec précision par des effets spéciaux impeccables. Anecdotes biographiques et notions scientifiques subtilement liées. Traitement soigné.

BROTHER'S KEEPER
É.-U. 1992. Documentaire de Joe BERLINGER et Bruce SINOFSKY. - Les membres d'une petite localité organisent la défense d'un vieux fermier accusé du meurtre de son frère. - Portrait bouleversant empreint d'une grande délicatesse et d'une poésie légèrement austère. Réalisation assurée et souvent inventive. Charisme des intervenants mis à profit.

BUENA VISTA SOCIAL CLUB
ALL.-É.-U. 1999. Documentaire de Wim WENDERS. - Des musiciens cubains des années 1930 connaissent une renommée mondiale après avoir été redécouverts par un guitariste américain.

BULLET IN THE HEAD
CAN. 1990. Drame de guerre réalisé et interprété par Attila BERTALAN avec David Garfinkle et Andrea Sadler. - Au début du siècle, dans un pays européen où une guerre fait rage, un jeune soldat blessé d'une balle à la tête erre dans la forêt.

BURNING TIMES, THE
CAN. 1990. Documentaire de Donna READ. - Hommage aux sorcières d'hier et d'aujourd'hui.

CAFFE ITALIA MONTRÉAL
QUÉ. 1985. Documentaire de Paul TANA avec Pierre Curzi, Toni Nardi et Aldo Nova. - Kaléidoscope de l'expérience italienne au Québec.

CALCUTTA
FR. 1968. Documentaire de Louis MALLE. - Images prises sur le vif de la vie dans la ville de Calcutta, en Inde. - Document éloquent offrant des éléments de réflexion sur la misère et les inégalités sociales du tiers-monde. Nombreux aspects abordés en peu de temps. Réalisation de qualité.

CALLE 54
ESP. 2000. Documentaire de Fernando TRUEBA. - Un voyage dans l'univers du jazz latino à travers des performances de musiciens de différents pays.

CANADA AT WAR
Vol.1 : (Summer 1936 - Summer 1942) Germany Fires the First Shot of World War II / Britain Accepts Churchill's Challenge of Blood, Sweat and Tears / The Battle of the Atlantic Begins.
Vol.2 : (December 1940 - July 1943) Japan Strikes at Pearl Harbour / The Invasion of Dieppe / The RCAF Strikes Back.

Vol.3: (July 1943 - September 1944) Canadians Push Into Italy / Canadians Cross the Gustav / D-Day... The Victorious Return.
Vol.4: (June 1944 - August 1946) Return to Flanders / Conscription Threatens Unity / First Atomic Bomb Is Dropping / The Cold War Begins.

CAPTURING THE FRIEDMANS
É.-U. 2003. Documentaire d'Andrew JARECKI. - Reportage sur l'enquête ayant mené en 1987 à la condamnation d'un professeur retraité et de son fils pour agressions sexuelles sur des enfants. - Description intimiste d'une famille dysfonctionnelle. Critique nuancée du système judiciaire américain.

CARMEN MIRANDA: BANANAS IS MY BUSINESS
É.-U. 1995. Documentaire de Helena SOLBERG et David MEYER. - Évocation de la vie tumultueuse et de la courte carrière de l'actrice brésilienne Carmen Miranda.

CASA LOMA: JOURNAL DE BORD
CAN. 2002. Documentaire de Carlos FERRAND. - L'aventure collective vécue par une troupe de théâtre expérimental formée par la comédienne et metteure en scène Pol Pelletier.

CASA, LA
QUÉ. 1986. Documentaire de Michel RÉGNIER. - En Équateur, un homme pauvre décide de construire une case en bois sur pilotis pour loger sa nombreuse famille.

CATWALK
É.-U. 1995. Documentaire de Robert LEACOCK. - Reportage sur la carrière du mannequin vedette Christy Turlington au cours d'une série de défilés à Milan, Paris et New York.

CE QU'IL RESTE DE NOUS
QUÉ. 2004. Documentaire de François PRÉVOST et Hugo LATULIPPE. - Une Québécoise née de parents tibétains en exil retourne là-bas pour diffuser clandestinement un message d'espoir du dalaï-lama. - Remarquable plaidoyer en faveur de la liberté du peuple tibétain. Démarche courageuse illustrant l'ampleur de la répression. Regard critique sur l'efficacité de la non-violence comme moyen de contestation. Montage intelligent.

CELLULOID CLOSET, THE
É.-U. 1995. Documentaire de Rob EPSTEIN et Jeffrey FRIEDMAN. - Survol des changements d'attitude face à l'homosexualité depuis le début du cinéma hollywoodien.

CHAGRIN ET LA PITIÉ, LE
SUI. 1969. Documentaire de Marcel OPHÜLS. - À l'aide d'interviews et de bandes d'actualités, le film fait revivre la période de l'occupation allemande en France. - Bain d'époque aidant à comprendre la complexité des événements et les diverses nuances d'opinion. Montage intelligent. Reflet de l'histoire contemporaine respectueux des faits et des personnes.

CHARADE CHINOISE
QUÉ. 1987. Documentaire de Jacques LEDUC. - Une étude sur les attitudes actuelles de gens qui furent des activistes politiques il y a plusieurs années.

CHEMIN BRUT DE LISETTE ET LE ROMAIN
QUÉ. 1995. Documentaire de Richard BOUTET. - Deux patients ayant passé de nombreuses années dans un hôpital psychiatrique apprivoisent leurs traumatismes à travers la réalisation de peintures.

CHER FIDEL, L'HISTOIRE DE MARITA
ALL. 2000. Documentaire de Wilfried HUISMANN - Le destin hors du commun de l'ancienne espionne Marita Lorenz, qui fut la maîtresse de Fidel Castro.

CHOIX D'UN PEUPLE, LE
QUÉ. 1985. Documentaire de Hugues MIGNAULT. - Évocation de l'un des événements marquants de l'histoire politique du Québec: le référendum de 1980.

CHRISTO À PARIS
FR. 1990. Documentaire de David et Albert MAYSLES. - Les efforts déployés par l'artiste Christo pour convaincre les autorités parisiennes de le laisser recouvrir le Pont-Neuf avec du tissu.

CHRONIQUE D'UN GÉNOCIDE ANNONCÉ
CAN. 1996. Documentaire de Danièle LACOURSE et Yvan PATRY. - La genèse, le déroulement et les lendemains du tragique génocide rwandais de 1994.

CHUCK BERRY: HAIL! HAIL! ROCK
É.-U. 1987. Documentaire de Taylor HACKFORD. - Évocation de la carrière de Chuck Berry, un des pionniers du rock'n'roll.

CIAO, FEDERICO!
É.-U. 1970. Documentaire de Gideon BACHMANN. - Reportage sur les méthodes de travail du cinéaste Federico Fellini.

CIEL ET LA BOUE, LE
FR. 1960. Documentaire de Pierre-Dominique GAISSEAU. - Ce film raconte une expédition franco-néerlandaise dans des territoires encore inconnus de la Nouvelle-Guinée. - Sincérité et vérité des images. Commentaire sobre et intelligent. Scènes délicates.

CINÉMA, CINÉMA
QUÉ. 1985. Documentaire de Gilles CARLE et Werner NOLD. - Évocation de 25 ans de cinéma de l'Office national du film.

CINEMANIA
É.-U. 2002. Documentaire d'Angela CHRISTLIEB et Stephen Kijak. - Portraits de cinq New-Yorkais qui passent l'essentiel de leur temps à voir des films dans les différents cinémas répertoire de leur ville.

CLAUDE SAUTET OU LA MAGIE INVISIBLE
FR. 2003. Documentaire de N.T. BINH. - Peu avant sa mort en juillet 2000, Claude Sautet accorde un entretien au cours duquel il évoque sa carrière et son métier de metteur en scène.

CLOWNS, THE
ITA. 1969. Documentaire de Federico FELLINI. - Le célèbre réalisateur présente sa vision personnelle du monde du cirque. - Mélange de grotesque et de mélancolie savamment dosé avec une chaude humanité. Grande richesse imaginative. Séquence finale particulièrement colorée.

COLD CASE FILES - MOST INFAMOUS CASES
One Night on the Bayou / Killer In The County / Frozen in Time / A Map to Murder / The Zodiac Killer / The Green River Killer / Weepy-Voiced Killer / The Lady Killer / Kidnapped / Love Triangle

COMIC BOOK CONFIDENTIAL
CAN. 1988. Documentaire de Ron MANN. - Tour d'horizon de l'histoire de la bande dessinée américaine.

COMMON THREADS: STORIES FROM THE QUILT
É.-U. 1989. Documentaire de Robert EPSTEIN et Jeffrey FRIEDMAN. - Évocation de la vie de cinq victimes du sida à l'occasion de la confection d'une courtepointe géante en leur mémoire.

CONQUÊTE DE L'AMÉRIQUE
QUÉ. 1991. Documentaire d'Arthur LAMOTHE avec Pierre Leblanc, Walter Massey et Terrence La Brosse. - Les traditions de vie et les revendications territoriales des Montagnais de la Côte-Nord.

CONQUÊTE DU GRAND ÉCRAN - L'AVENTURE DU CINÉMA QUÉBÉCOIS, LA
QUÉ. 1996. Documentaire d'André GLADU. - Évocation de 100 ans de cinéma au Québec. - Ensemble bien documenté. Mélange heureux d'archives, de dramatisation et d'interviews. Montage vivant.

CONTES SAUVAGES, LES
FR. 1992. Documentaire de Frédéric ROSSIF, Gérald CALDERON et Jean-Charles CUTTOLI. - Exploration de la faune peuplant l'ex-Union Soviétique, des glaces de Sibérie jusqu'aux déserts brûlants de la frontière afghane.

CONTROL ROOM
É.-U. 2004. Documentaire de Jehane NOUJAIM. - Durant l'invasion de l'Irak, les reportages de la chaîne d'information en langue arabe Al-Jazeera suscitent la controverse en contredisant la rhétorique des médias officiels américains. - Documentaire lucide sur le journalisme en temps de guerre. Analyse éclairante de la perception par le monde arabe de l'occupation américaine. Approche à la fois discrète et fort attentive faisant confiance à l'intelligence du spectateur. Montage alerte.

CORPORATION, THE
CAN. 2003. Documentaire de Mark ACHBAR et Jennifer ABBOTT. - Divers intervenants tracent un portrait « psychologique » des grandes multinationales qui dominent le monde. - Analyse étoffée d'un sujet fort ambitieux. Bon dosage d'entrevues, de films d'archives et d'exposé sociopolitique. Montage orienté selon les vues altermondialistes. Touches humoristiques parfois forcées.

COURTESANS OF BOMBAY, THE
ANG. 1983. Documentaire d'Ismail MERCHANT. - La vie des habitants d'un immeuble de Bombay où des jeunes filles chantent et dansent pour un auditoire masculin.

COUSIN BOBBY
É.-U. 1992. Documentaire de Jonathan DEMME. - Portrait d'un pasteur épiscopalien de Harlem qui s'implique activement dans sa communauté afin d'améliorer la qualité de vie de ses paroissiens.

CREATIVE PROCESS: NORMAN MCLAREN
CAN. 1990. Documentaire de Donald McWILLIAMS. - Évocation de la carrière du cinéaste canadien Norman McLaren.

CROP CIRCLES: QUEST FOR TRUTH
Enquête sur l'apparition mystérieuse de formes géométriques tracées à même des champs de culture aux quatre coins du le monde.

CRUMB
É.-U. 1994. Documentaire de Terry ZWIGOFF. - Portrait de Robert Crumb, un des chefs de file de la bande dessinée underground aux États-Unis. - Document exceptionnel tourné sur une période de dix ans. Franchise et impudeur des propos recueillis. Témoignages révélateurs. Montage dynamique.

CRY OF THE WILD
CAN. 1974. Documentaire de Bill MASON. - Les expériences d'un naturaliste qui étudie les mœurs des loups.

CULLODEN
ANG. 1964. Documentaire de Peter WATKINS. - Reconstitution de la bataille de Culloden en Écosse qui opposa, le 16 avril 1746, les régiments d'élite anglais et les partisans de Charles Edouard Stuart.

DARK DAYS
É.-U. 2000. Documentaire de Marc SINGER. - Des sans-abri ayant élu domicile dans les tunnels du métro de New York racontent comment ils vivent au jour le jour. - Portrait révélateur d'une société clandestine. Accent placé sur l'aspect humain. Images rugueuses. Valeur ethnographique indéniable.

DARWIN'S NIGHTMARE
FR. 2004. Documentaire de Hubert SAUPER. - En Tanzanie, malgré le commerce florissant de la perche du Nil, la population vit dans un dénuement extrême, décimée par la famine et le sida. - Constat implacable des ravages de la colonisation et de la mondialisation. Observations d'un réalisme saisissant. Témoignages empreints de détresse. Réalisation d'une sobriété exemplaire.

DAYTONA
QUÉ. 2003. Documentaire de Martin FOURNIER. - Venus à Daytona pour s'éclater durant la période de relâche scolaire du printemps, six jeunes Québécois vivent diverses frustrations. - Expérience intéressante de cinéma-vérité débouchant sur une démystification du rêve américain. Portrait amer et désenchanté d'une certaine jeunesse québécoise. Mélange habile de témoignages, d'observations neutres et de création d'atmosphère.

DEADLY CURRENTS
CAN. 1991. Documentaire de Simcha JACOBOVICI. - Évocation de la réalité quotidienne du conflit israélo-palestinien dans les territoires occupés.

DEAR AMERICA: LETTERS HOME FROM VIETNAM
É.-U. 1987. Documentaire de Bill COUTURIÉ. - Images d'archives sur la guerre du Viêtnam accompagnées sur la bande sonore par la lecture de lettres envoyées à leurs familles par des soldats. - Œuvre issue d'un long travail de recherche et de montage. Ensemble d'une souplesse et d'une complexité impressionnantes. Documents d'archives bien choisis et d'un réalisme souvent saisissant.

DEATH IN GAZA
ANG. 2004. Documentaire de James MILLER. - Reportage sur des enfants palestiniens vivant dans la zone israélo-arabe de la bande de Gaza.

DECADE UNDER THE INFLUENCE, A
É.-U. 2003. Documentaire de Ted DEMME et Richard LaGRAVENESE. - Portrait de la nouvelle génération de cinéastes et d'interprètes qui ont apporté du sang neuf au cinéma hollywoodien au tournant des années 1960 et 1970.

DERRIÈRE L'IMAGE
QUÉ. 1978. Documentaire de Jacques GODBOUT. - Étude des différentes étapes de la préparation d'émissions d'information à la télévision.

DOUBLE DARE
É.-U. 2003. Documentaire d'Amanda MICHELI. - À Hollywood, la rencontre entre deux cascadeuses, la sexagénaire Jeannie Epper et la jeune Néo-Zélandaise Zoe Bell.

DREAMLAND
CAN. 1973. Documentaire de D. BRITTAIN. - Histoire du cinéma canadien de ses débuts en 1895 jusqu'en 1939.

DU CŒUR À L'ÂME
QUÉ. 1996. Documentaire de Suzanne GUY. - Huit personnes racontent la quête qu'ils ont entreprise pour trouver un sens, spirituel ou autre, à leur existence.

DU GRAND LARGE AUX GRAND LACS
QUÉ. 1982. Documentaire de Jacques-Yves COUSTEAU. - L'équipe du commandant Cousteau explore les eaux du Saint-Laurent.

EAST SIDE STORY
ALL. 1997. Film de montage de Dana RANGA et Andrew HORN. - Anthologie d'extraits de comédies musicales tournées à partir du début des années 1930 jusqu'aux années 1960 dans les pays de l'Est.

ED WOOD STORY: PLAN 9 COMPANION
É.-U. 1992. Documentaire. - L'histoire du tournage du film *Plan 9 from Outer Space* d'Edward D. Wood Jr.

ELIA KAZAN: A DIRECTOR'S JOURNEY
É.-U. 1995. Documentaire de Richard SCHICKEL. - Évocation de la carrière et des méthodes de travail du cinéaste Elia Kazan. - Téléfilm réunissant plusieurs documents percutants. Montage minutieux d'extraits de films et de témoignages. Sélection cohérente et homogène.

ENDLESS SUMMER
É.-U. 1966. Documentaire de B. BROWN. - Deux jeunes Américains pratiquent le surfing aux quatre coins du monde.

ENDLESS SUMMER 2
É.-U. 1994. Documentaire de B. BROWN. - Deux jeunes surfeurs parcourent le monde en quête des plus belles vagues à conquérir.

ENFANCE À NATASHQUAN, UNE
QUÉ. 1993. Documentaire de Michel MOREAU. - Le chansonnier Gilles Vigneault nous entraîne dans l'univers de ses souvenirs de jeunesse.

ENFANTS DU REFUS GLOBAL, LES
QUÉ. 1997. Documentaire de Manon BARBEAU. - Les répercussions qu'a eues le manifeste du Refus global sur certains enfants de signataires qui ont fait passer leur rôle d'artiste avant celui de parent.

ENRON - THE SMARTEST GUYS IN THE ROOM
É.-U. 2005. Documentaire d'Alex GIBNEY. - Chronique des événements ayant mené à la retentissante faillite de la compagnie américaine Enron à la fin de 2001. - Œuvre bien documentée et solidement structurée. Portrait dévastateur d'une clique de dirigeants d'entreprise et de courtiers arrogants et âpres au gain. Plusieurs révélations révoltantes. Réalisation vivante agrémentée d'un humour ironique décapant.

ERREUR BORÉALE, L'
QUÉ. 1999. Documentaire de Richard DESJARDINS et Robert MONDERIE. - Enquête sur l'état de santé précaire de la forêt boréale québécoise.

ESPOIR VIOLENT, L'
QUÉ. 1988. Documentaire de Nicola ZAVAGLIA. - Entretiens avec des personnes qui ont été soignées pour maladie mentale.

EST-CE AINSI QUE LES HOMMES VIVENT?
QUÉ. 1992. Documentaire de Guy SIMONEAU. - Des hommes d'âges et de milieux différents racontent leur mal de vivre et le cheminement qu'ils ont entrepris pour s'épanouir.

ÊTRE ET AVOIR
FR. 2002. Documentaire de Nicolas PHILIBERT. - Incursion pendant presque toute une année scolaire dans le quotidien d'une classe unique d'une petite école française de niveau primaire en région rurale. - Regard objectif et sans fard sur le monde de l'enfance et de l'éducation. Portrait chaleureux d'un enseignant dévoué. Réalisation attentive aux détails. Sujets à l'aise devant la caméra.

EXILES, THE
É.-U. 1989. Documentaire de Richard KAPLAN. - Des intellectuels et des artistes européens qui ont échappé aux persécutions nazies en se réfugiant aux États-Unis racontent leur exil. - Mélange d'interviews et de documents d'époque. Nombreux aspects intéressants. Montage efficace.

EYES OF TAMMY FAYE
É.-U. 1999. Documentaire de Fenton BAILEY et Randy BARBATO. - Les nombreux déboires et scandales de la vie de Tammy Faye, l'ancienne épouse du télévangéliste Jim Bakker.

F FOR FAKE
É.-U. 1973. Documentaire d'Orson WELLES. - Présentation d'éléments d'information sur deux faussaires célèbres. - Éléments de réflexion sur les faux-semblants et la vérité dans la pratique de l'art. Utilisation habile des mots et des images. O. Welles très à l'aise en commentateur facétieux.

F.B.I. STORY, THE
É-U. 1959. Documentaire de Mervyn Le ROY avec James Stewart, Vera Miles et Murray Hamilton. - L'évolution du FBI depuis sa fondation, en 1924.

FAHRENHEIT 9/11
É.-U. 2004. Documentaire de Michael MOORE. - Reportage critique sur les quatre ans de présidence de George W. Bush, marqués par les attentats du 11 septembre 2001 et la guerre en Irak. - Charge virulente bombardant le spectateur d'observations percutantes. Expérience souvent forte en émotion. Utilisation éloquente de films d'archives et d'actualités. Touches satiriques propres à l'auteur. Présence sobre de M. Moore dans son rôle de narrateur.

FALL OF SAIGON
É.-U. 1995. Documentaire de M. DUTFIELD. - Un rappel des principaux faits entourant la chute de Saigon en avril 1975 et le départ en catastrophe des Américains.

FAMILY
DAN. 2001. Documentaire de Sami SAIF et Phie AMBO. - Après la mort de son frère et de sa mère, un cinéaste part à la recherche de son père, qui a abandonné les siens plusieurs années auparavant.

FAST, CHEAP & OUT OF CONTROL
É.-U. 1997. Documentaire d'Errol MORRIS avec Dave Hoover, George Mendonça et Ray Mendez. - Quatre hommes œuvrant dans des domaines fort différents évoquent le rapport particulier qu'ils entretiennent avec le monde animal, végétal et robotique.

FELLINI ROMA
ITA. 1971. Documentaire de Federico FELLINI avec Peter Gonzales, Britta Barnes et Fionna Florence. - Vision personnelle de l'auteur de la ville éternelle depuis la découverte qu'il en fit jusqu'à l'idée qu'il a de sa permanence. - Fresque variée et pittoresque. Suite de visions poétiques extravagantes et baroques. Transposition de la réalité en images colorées dans le style propre au réalisateur.

FELLINI: JE SUIS UN GRAND MENTEUR
FR. 2001. Documentaire de Damian PETTIGREW. - Portrait du cinéaste italien Federico Fellini par le biais d'une série d'entrevues réalisées en 1992, un an avant sa mort.

FIANCÉS DE LA TOUR EIFFEL, LES
QUÉ. 1993. Documentaire de Gilles BLAIS. - Sept déficients intellectuels québécois participent en France à un festival de théâtre pour artistes handicapés mentaux.

FILTH AND THE FURY, THE
ANG. 1999. Documentaire de Julien TEMPLE. - Portrait du groupe The Sex Pistols, figure de proue du mouvement punk anglais du milieu des années 1970.

FIRE ON THE MOUNTAIN
É.-U. 1996. Documentaire de Beth et George GAGE. - L'histoire d'un régiment de l'armée américaine dont les membres ont été spécialement entraînés pour combattre les nazis en montagnes.

FOG OF WAR, THE
É.-U. 2003. Documentaire d'Errol MORRIS. - Entrevue avec Robert S. McNamara, qui fut Secrétaire à la Défense sous les administrations de John F. Kennedy et Lyndon B. Johnson. - Fascinante leçon d'histoire illustrée par de nombreux films d'archives fort éloquents. Portrait nuancé d'un homme politique intelligent mais plein de contradictions. Montage souple et vivant.

FOR ALL MANKIND
É.-U. 1989. Documentaire d'Al REINERT. - Meilleurs extraits des deux mille heures de pellicule filmées par les 24 astronautes des missions Apollo. - Puissance évocatrice des images. Précision remarquable. Musique envoûtante.

FORBIDDEN LOVE
CAN. 1992. Documentaire d'Aerlyn WEISSMAN et Lynne FERNIE. - Des Canadiennes ayant vécu leur jeunesse dans les années 1950 racontent leurs cheminements amoureux et social en tant que lesbiennes.

FORCIER: «EN ATTENDANT...»
QUÉ. 1988. Documentaire de Marc-André BERTHIAUME et Yves BÉLANGER. - Évocation de la carrière du cinéaste québécois André Forcier.

FRANCŒUR: EXIT POUR NOMADES
QUÉ. 1992. Documentaire de Pierre BASTIEN avec Lucien Francœur, Jerry Snell et Vic Vogel. - Portrait du poète rocker de l'avant-garde québécoise Lucien Francœur.

FRENCHKISS: LA GÉNÉRATION DU RÊVE
CAN. 1999. Documentaire de Catherine ANNAU. - Huit Canadiens dans la trentaine, souverainistes ou fédéralistes, racontent comment ils ont vécu les années au pouvoir du premier ministre P. E. Trudeau, qui rêvait d'un pays uni et vraiment bilingue.

FROM MAO TO MOZART: ISAAC STERN IN CHINA
É.-U. 1980. Documentaire de Murray LERNER avec Isaac Stern, David Golub et Tan Shuzhen. - Le voyage en Chine du violoniste américain Isaac Stern. - Mise en valeur de la personnalité du musicien. Aspects touristiques et sociologiques intéressants. Beaux moments d'émotion.

FROM THE JOURNALS OF JEAN SEBERG
É.-U. 1995. Documentaire de Mark RAPPAPORT avec Mary Beth Hurt. - Évocation de la vie et de la carrière de l'actrice américaine Jean Seberg. - Vision désabusée et cinglante de l'industrie du cinéma. Analyse intéressante de l'image de la femme au cinéma. Interprétation sensible de Mary Beth Hurt.

GAME OVER
CAN. 2003. Documentaire de Vikram JAYANTI. - Enquête sur la partie d'échecs tenue en 1997 à New York entre le champion Garry Kasparov et un ordinateur conçu par IBM.

GAY SEX IN THE SEVENTIES
É.-U. 2005. Documentaire de Joseph F. LOVETT. - Chronique de la culture gay new-yorkaise dans les années 1970, après les émeutes de Stonewall et avant l'apparition du sida.

GÉNÉRAL IDI AMIN DADA

FR. 1974. Documentaire de Barbet SCHROEDER. - Enregistrement des déclarations du président de la république de l'Ouganda sur sa conception du gouvernement et la politique d'autres hommes d'État.

GENESIS

FR. 2004. Documentaire de Claude NURIDSANY et Marie PÉRENNOU avec Sotigui Kouyaté. - Un griot africain raconte la création du monde, l'apparition de la vie sur Terre ainsi que l'évolution des espèces animales. - Approche poétique de diverses théories scientifiques. Images magnifiques et fort évocatrices. Musique envoûtante. Présence chaleureuse de S. Kouyaté.

GENOCIDE

É.-U. 1981. Documentaire de Arnold SCHWARTZMAN. - Évocation de l'extermination de millions de Juifs par les nazis pendant la guerre 1939-1945.

GEORGE GERSHWIN REMEMBERED

ANG. 1987. Documentaire de P. ADAM. - La vie et la carrière du compositeur George Gershwin.

GEORGE STEVENS: A FILMAKER'S JOURNEY

É.-U. 1984. Documentaire de George STEVENS Jr. - Biographie du cinéaste George Stevens qui fut reconnu en son temps comme l'un des maître de la comédie à l'américaine. - Intéressante rétrospective. Montage adroit. Extraits de films bien choisis.

GET BRUCE!

É.-U. 1999. Documentaire d'Andrew J. KUEHN. - Portrait de Bruce Vilanch, scripteur de blagues pour les célébrités apparaissant aux galas télévisés ou à d'autres événements publics.

GIRL NEXT DOOR, THE

É.-U. 1999. Documentaire de Christine FUGATE. - La vie privée et professionnelle de Stacy Valentine, une jeune star du cinéma porno américain.

GIRL TALK

É.-U. 1988. Documentaire de Kate DAVIS. - Évocation de la vie perturbée de trois adolescentes.

GLANEURS ET LA GLANEUSE, LES

FR. 2000. Documentaire d'Agnès VARDA. - La cinéaste tente de faire un lien entre la toile de Millet *Les glaneuses* et des gens qui, par nécessité, par choix ou par hasard, sont aujourd'hui en contact avec les rebuts des autres. - Œuvre brillante et sensible mélangeant réflexions poétiques et étude sociale. Commentaires personnels mâtinés d'un humour savoureux. Réalisation fort souple.

GO FURTHER

CAN. 2003. Documentaire de Ron MANN. - L'acteur Woody Harrelson effectue avec divers militants une tournée de la côte ouest américaine pour sensibiliser la population aux valeurs écologiques.

GODDESS REMEMBERED

CAN. 1989. Documentaire de Donna READ. - Les racines de la spiritualité féminine contemporaine seraient à rechercher dans les cultes ancestraux des déesses.

GOOD WOMAN OF BANGKOK, THE

AUS. 1991. Documentaire de Dennis O'ROURKE avec Yaowalak Chonchanakun. - Un cinéaste se rend à Bangkok où il fait la connaissance d'une jeune prostituée à qui il propose d'être le sujet d'un portrait filmique.

GRAND-REMUE MÉNAGE, LE

QUÉ. 1978. Documentaire de Sylvie GROULX et Francine ALLAIRE. - Évolution des relations entre l'homme et la femme illustrée à travers diverses manifestations individuelles ou sociales.

GRANDE TRAVERSÉE, LA

QUÉ. 2003. Documentaire de Jean LEMIRE. - Des scientifiques qui effectuent un long voyage dans l'Arctique à bord d'un voilier constatent les effets désastreux du réchauffement de la planète.

GRASS

CAN. 1999. Documentaire de Ron MANN. - Bilan satirique et critique des efforts déployés par le gouvernement américain pour lutter contre la consommation de marijuana dès les années 1930.

GREAT DAY IN HARLEM, A

É.-U. 1994. Documentaire de Jean BACH. - Évocation d'une séance de photos tenue à Harlem en 1958, réunissant une grande brochette de musiciens ayant marqué le jazz durant trois décennies.

GREY GARDENS

É.-U. 1975. Documentaire d'Albert et David MAYSLES, Ellen HOVDE et Muffie MEYER. - Portrait d'Edith Bouvier Beale et de sa fille Edie, respectivement tante et cousine de Jacqueline Kennedy Onassis, deux recluses dans une maison délabrée de Long Island.

GUNNER PALACE

É.-U. 2004. Documentaire de Michael TUCKER et Petra EPPERLEIN. - Deux cinéastes relatent le quotidien d'une unité de l'armée américaine installée dans un palace en ruines à Bagdad.

HARLAN COUNTY USA

É.-U. 1976. Documentaire de Barbara KOPPLE. - Les étapes et le contexte d'une grève dans les mines de charbon du Kentucky en 1973. - Illustration d'une situation complexe à l'aide d'interviews, de scènes prises sur le vif et de bandes d'actualités. Montage efficace. Ensemble vigoureux et instructif.

HAUNTED WORLD OF EDWARD D. WOOD JR.

É.-U. 1995. Documentaire de Brett THOMPSON. - La vie et la carrière d'Edward D. Wood Jr., considéré par plusieurs comme le plus mauvais cinéaste de tout les temps.

HEARTS AND MINDS

É.-U. 1974. Documentaire de Peter DAVIS. - Présentation des divers aspects de l'intervention militaire des États-Unis au Viêtnam. - Approche honnête et intelligente d'un sujet vaste et complexe. Effort d'objectivité. Images éloquentes. Montage habile.

HEARTS OF DARKNESS: A FILMMAKER'S APOCALYPSE

É.-U. 1991. Documentaire de Fax BAHR et Eleanor COPPOLA. - Les nombreuses difficultés rencontrées par le cinéaste Francis Ford Coppola lors du tournage de son film *Apocalypse Now*. - Témoignage révélateur de l'ambition artistique de Coppola. Traitement habilement descriptif. Ensemble captivant.

HEIDI FLEISS - HOLLYWOOD MADAM

É.-U. 1995. Documentaire de Nick BROOMFIELD. - Portrait de la responsable d'un réseau de call-girls hollywoodien dont l'arrestation a créé un scandale.

HELMUT NEWTON: FRAMES FROM THE EDGE

ANG. 1988. Documentaire d'Adrian MABEN. - Portrait du célèbre photographe berlinois Helmut Newton.

HEMP REVOLUTION, THE

AUS. 1995. Documentaire de Anthony CLARKE. - Aperçu des possibilités industrielles, économiques et écologiques de la culture du chanvre et discussion sur les raisons de sa présente interdiction.

HÉRITIERS DU MOUTON NOIR, LES

QUÉ. 2003. Documentaire de Jacques GODBOUT. - Un bilan du chemin parcouru depuis dix ans par divers politiciens québécois ayant vécu l'effervescence politique qui a suivi l'échec de l'accord du lac Meech.

HOLLYWOODISM: JEWS, MOVIES, AND THE AMERICAN DREAM

CAN. 1997. Documentaire de Simcha JACOBOVICI. - Comment le rêve américain est né de l'imaginaire des immigrants juifs qui ont fondé les studios d'Hollywood au début du siècle.

HOMAGE TO CHAGALL

CAN. 1977. Documentaire de Harry RASKY. - Évocation de l'œuvre et de la vie du peintre Chagall.

HOME
CAN. 2002. Film d'essai de Phyllis KATRAPANI avec Jacinthe Laguë, François Papineau et Atanas Katrapani. - Né à Montréal d'un père grec et d'une mère turque, un cartographe marin s'interroge sur son identité culturelle.

HOMME DE PAROLE, UN
QUÉ. 1991. Documentaire d'Alain CHARTRAND. - Portrait du syndicaliste Michel Chartrand.

HOOP DREAMS
É.-U. 1994. Documentaire de Steve JAMES. - Deux jeunes Afro-Américains, amateurs de basket-ball, témoignent de leurs désirs et de la dure réalité de leur existence. - Propos intelligent. Analyse pertinente du contexte socio-économique. Belle mise en image en images. Impact dramatique digne de certains films de fiction. Protagonistes tout à fait naturels.

HOTEL TERMINUS: THE LIFE AND TIMES OF KLAUS BARBIE
É.-U. 1988. Documentaire de Marcel OPHÜLS. - Évocation de la vie d'un ancien chef de la Gestapo condamné pour crimes contre l'humanité. - Document d'histoire assez exceptionnel. Mise en lumière d'aspects étonnants de l'agir humain. Souci du détail significatif. Montage précis.

HUMILIATED, THE
DAN. 1998. Documentaire de Jesper JARGIL. - Compte rendu sous forme de journal filmé du tournage du film *Les idiots* de Lars von Trier.

IL Y A LONGTEMPS QUE JE T'AIME
CAN. 1989. Film de montage de Anne-Claire POIRIER - L'évolution de l'image de la femme à partir du regard porté sur elle par l'Office National du Film.

IMAGINE: JOHN LENNON
É.-U. 1988. Documentaire d'Andrew SOLT. - Soutenu par sa musique, le chanteur John Lennon raconte sa vie à travers une myriade d'interviews.

IMAX SPACE COLLECTION,THE
BLUE PLANET / HAIL COLUMBIA / THE DREAM IS ALIVE / DESTINY IN SPACE / MISSION TO MIR

IN SEARCH OF DRACULA
É.-U. 1975. Documentaire de Calvin FLOYD avec Christopher Lee. - L'histoire de Vlad Dracul, comte roumain du xve siècle, dont la vie a inspiré la légende de Dracula.

IN THE REALMS OF THE UNREAL - THE MYSTERY OF HENRY DARGER
É.-U. 2004. Documentaire de Jessica YU. - Un portrait de l'artiste américain Henry Darger, dont les peintures et les écrits ont été découverts seulement après sa mort en 1973 à l'âge de 81 ans.

INCIDENT AT OGLALA
É.-U. 1992. Documentaire de Michael APTED. - Enquête sur le procès de Leonard Peltier, un Amérindien qui aurait été injustement condamné pour le meurtre de deux agents du FBI en 1975.

INTO THE ARMS OF STRANGERS: STORIES OF THE KINDERTRANSPORT
É.-U. 2000. Documentaire de Mark Jonathan HARRIS. - L'expérience de divers enfants allemands, autrichiens et tchèques d'origine juive, évacués en Angleterre en 1938 afin de les protéger des purges nazies.

IT'S ALL TRUE
É.-U. 1993. Documentaire d'Orson WELLES, Richard WILSON, Myron MEISEL et Bill KROHN. - Reportage sur les difficultés encourues par le réalisateur Orson Welles lors du tournage au Brésil en 1942 d'un film resté inachevé. - Document fascinant et émouvant.

JACQUES MESRINE
FR. 1983. Documentaire de Hervé PALUD. - Documents, photos et interviews décrivent la vie d'un gangster notoire.

JAMES DEAN STORY, THE
É.-U. 1957. Documentaire de Robert ALTMAN et George W. GEORGE. - La vie d'un acteur de talent mort prématurément à l'âge de vingt-cinq ans.

JANE B. PAR AGNÈS V.
FR. 1987. Documentaire d'Agnès VARDA avec Jane Birkin, Philippe Léotard et Jean-Pierre Léaud. - Portrait de l'actrice Jane Birkin alternant avec des saynètes sur des thèmes variés. - Traitement original. Mise en scène vive et colorée.

JARDIN DE CELIBIDACHE, LE
FR. 1997. Documentaire de Serge Ioan CELIBIDACHI. - Portrait du célèbre chef d'orchestre d'origine roumaine Sergiu Celibidache.

JFK ASSASSINATION: JIM GARRISON
É.-U. 1992. Documentaire de John BARBOUR. - Présentation des éléments ayant servi au procureur Jim Garrison pour étayer sa thèse selon laquelle John F. Kennedy aurait été tué par des agents de la CIA.

JIMI HENDRIX
É.-U. 1973. Documentaire de Joe BOYD, John HEAD et Gary WEIS. - Évocation de la carrière de Jimi Hendrix, guitariste et chanteur mort en 1970 à l'âge de 27 ans.

JOHN HUSTON AND THE DUBLINERS
É.-U. 1987. Documentaire de Lilyan SIEVERNICH. - Compte rendu du tournage de *The Dead*, dernier long métrage réalisé par le cinéaste John Huston.

KATHARINE HEPBURN
É.-U. 1993. Documentaire de David HEELEY. - L'actrice américaine Katharine Hepburn évoque divers moments de sa vie et de sa prodigieuse carrière.

KID STAYS IN THE PICTURE, THE
É.-U. 2002. Documentaire de Brett MORGEN et Nanette BURSTEIN. - Le producteur Robert Evans relate sa fulgurante ascension dans le monde du cinéma et ses revers de fortune dans les années 1980.

KOKO, LE GORILLE QUI PARLE
FR. 1978. Documentaire de Barbet SCHROEDER. - En Californie, une étudiante en psychologie apprend à un gorille une forme de langage par signes.

KOYAANISQATSI
É.-U. 1983. Documentaire de Godfrey REGGIO. - Par des images éloquentes, l'instabilité d'une existence moderne trépidante est comparée à la beauté de l'ordre naturel.

KURT & COURTNEY
ANG. 1997. Documentaire de Nick BROOMFIELD. - Enquête sur les rumeurs voulant qu'un célèbre chanteur de rock officiellement suicidé aurait plutôt été assassiné par un tueur à la solde de son épouse.

LAST DAYS, THE
É.-U. 1998. Documentaire de James MOLL. - Témoignages de cinq Juifs originaires de la Hongrie ayant survécu aux camps nazis.

LATCHO DROM
FR. 1993. Documentaire de Tony GATLIF. - Voyage musical à travers les variantes que les mélodies gitanes ont adoptées de l'Asie à l'Europe. - Document inclassable ne contenant aucune narration. Propos descriptif essentiellement axé sur l'émotion du jeu des musiciens. Images belles et éloquentes. Ensemble dégageant une profonde humanité.

LATE GREAT PLANET EARTH
É.-U. 1978. Documentaire de Rolf FORSBERG. - Évocation de différents phénomènes qui annonceraient la fin du monde.

LAUZON LAUZONE
QUÉ. 2000. Documentaire de Louis BÉLANGER et Isabelle HÉBERT - Portrait du cinéaste québécois Jean-Claude Lauzon, décédé prématurément dans un accident d'avion en 1997.

LEE KONITZ: PORTRAIT DE L'ARTISTE EN SAXOPHONISTE
QUÉ. 1988. Documentaire de Robert DAUDELIN. - Portrait du saxophoniste de jazz Lee Konitz.

LET IT COME DOWN: THE LIFE OF PAUL BOWLES
CAN. 1998. Documentaire de Jennifer BAICHWAL. - Évocation de la vie de l'auteur américain Paul Bowles et de ses retrouvailles en 1995 avec Allen Ginsberg et William Burroughs.

LIBERTY STREET BLUES
QUÉ. 1988. Documentaire d'André GLADU avec Michael White, Sadie Colar et Chester Zardis. - Portrait musical et sociologique du jazz à La Nouvelle-Orléans.

LIFE AND TIMES OF ALLEN GINSBERG, THE
É.-U. 1993. Documentaire de Jerry ARONSON. - Les principaux événements qui ont marqué la vie et la carrière du poète américain Allen Ginsberg.

LIFE AND TIMES OF FRIDA KAHLO
É.-U. 2005. Documentaire d'Amy Stechler Burns. - La vie et la carrière de l'artiste peintre mexicaine Frida Kahlo.

LIFE APART, A: HASIDISM IN AMERICA
É.-U. 1997. Documentaire de Menachem DAUM et Oren RUDAVSKY. - Portrait de la communauté hassidique de Brooklyn, dont le mode de vie très orthodoxe l'isole du reste de la population.

LIGHT FANTASTICK, THE
CAN. 1974. Documentaire de Rupert GLOVER et Michel PATENAUDE. - Rétrospective du film d'animation à l'Office national du film. - Choix intéressant de documents. Clair exposé des diverses techniques. Montage réussi.

LIGHTNING IN A BOTTLE
É.-U. 2004. Documentaire d'Antoine FUQUA. - Les moments marquants d'un concert de blues ayant réuni plus de 50 artistes au Radio City Music Hall de New York en février 2003.

LILY TOMLIN: APPEARING NIGHTLY
É.-U. 1986. Documentaire de Nick BROOMFIELD et Joan CHURCHILL. - Présentation du long travail de préparation du one-woman show que Lily Tomlin devait présenter à New York en septembre 1985. - Portrait fort sympathique de l'actrice. Approche uniquement professionnelle. Ensemble captivant.

LIP GLOSS
CAN. 1993. Documentaire de Lois SIEGEL. - Un travesti montréalais évoque la petite histoire locale du monde de la variété.

LISTEN UP: THE LIVES OF QUINCY JONES
É.-U. 1990. Documentaire d'Ellen WEISSBROD - Portrait du musicien et producteur de disques Quincy Jones.

LITTLE DIETER NEEDS TO FLY
ALL. 1997. Documentaire de Werner HERZOG avec Dieter Dengler. - Après la Seconde Guerre mondiale, un Allemand immigre aux États-Unis où il réalise son rêve de devenir pilote juste au moment où éclate la guerre du Viêtnam.

LONG WAY HOME, THE
É.-U. 1997. Documentaire de Mark Jonathan HARRIS. - Les dures épreuves subies par les survivants de l'Holocauste durant la période entre la fin de la guerre et la fondation de l'État d'Israël. - Leçon d'histoire bouleversante. Aspects critiques incisifs.

LOOKING FOR RICHARD
É.-U. 1996. Film d'essai réalisé et interprété par Al PACINO avec Harris Yulin et Penelope Allen. - Évocation des recherches menées par le cinéaste sur les contextes artistique et historique de la pièce *Richard III* de William Shakespeare.

LOST IN LA MANCHA
ANG. 2001. Documentaire de K. FULTON et L. PEPE. - Chronique du tournage tumultueux et inachevé d'une adaptation du roman Don Quichotte par le cinéaste Terry Gilliam.

LOUISIANA STORY
É.-U. 1949. Documentaire de Robert FLAHERTY. - Dans un bayou de la Louisiane, un gamin sympathise avec des ouvriers qui travaillent sur une plate-forme de forage. - Véritable poème cinématographique. Intrigue quasi inexistante. Grande qualité de la mise en images. Acteurs occasionnels excellents.

LOVE GODDESSES, THE
É.-U. 1964. Documentaire de Saul J. TURELL et Graeme FERGUSON. - Aperçu de l'évolution de l'érotisme féminin au cinéma.

LUCY AND DESI: A HOME MOVIE
É.-U. 1992. Documentaire de Lucy ARNAZ, Laurence LUCKINBILL. - Aperçu de certains aspects de la vie tumultueuse du couple que formaient Lucille Ball et Desi Arnaz.

LUMIÈRES DANS LA GRANDE NOIRCEUR
QUÉ. 1991. Documentaire de Sophie BISSONNETTE. - Profil de Léa Roback, octogénaire qui a milité toute sa vie dans des mouvements syndicalistes et féministes.

MAN OF ARAN
É.-U. 1934. Documentaire de Robert FLAHERTY. - Reportage sur la rude vie quotidienne des pêcheurs de l'île d'Aran. - Ensemble d'une beauté austère. Photographie remarquable. Montage habile.

MAN WHO SAW TOMORROW, THE
É.-U. 1981. Documentaire de Robert GUÉNETTE. - Réunion d'observations pseudo-historiques pour démontrer l'exactitude des prophéties de Nostradamus.

MAN WITH THE MOVIE CAMERA
U.R.S.S. 1929. Documentaire de Dziga VERTOV. - Une journée dans la vie des habitants de Kiev, Moscou et Odessa dans la Russie soviétique des années 1920. - Film phare du cinéma muet. Réflexion puissante et vibrante sur le dynamisme du peuple russe. Invention visuelle constamment renouvelée. Réalisation fougueuse et magistrale, d'un enthousiasme communicatif.

MAN YOU LOVED TO HATE, THE
É.-U. 1979. Documentaire de Patrick MONTGOMERY. - Évocation de la vie et de la carrière d'Erich von Stroheim, cinéaste et comédien.

MANUFACTURING CONSENT: NOAM CHOMSKY AND THE MEDIAS
CAN. 1992. Documentaire de Mark ACHBAR et Peter WINTONICK. - Portrait du linguiste américain Noam Chomsky dont les théories remettent en question la pratique de la démocratie dans les sociétés occidentales. - Variété remarquable de documents d'archives et de témoignages. Vulgarisation captivante de théories complexes. Traitement ne manquant ni d'humour, ni de dynamisme. Réalisation inventive.

MARCHE DE L'EMPEREUR, LA
FR. 2004. Documentaire de Luc JACQUET. - Exploration des caractéristiques et du cycle reproducteur des manchots empereurs, une espèce animale vivant en Antarctique. - Récit documentaire sous la forme d'un conte narré à trois voix. Réalisation d'une grande virtuosité. Musique envoûtante. Images spectaculaires.

MARIA CALLAS
ANG. 1987. Documentaire de Tony PALMER. - Portrait de la soprano Maria Callas.

MARJOE
É.-U. 1972. Documentaire de Howard SMITH et Sarah KERNOCHAN. - Portrait d'un prédicateur évangéliste qui explique les trucs dont il se sert pour exploiter la crédulité des gens.

MARK TWAIN
É.-U. 2001. Documentaire de Ken BURNS. - La vie de l'écrivain américain Mark Twain, auteur des célèbres romans *Tom Sawyer* et *Les Aventures de Huckleberry Finn*. - Portrait riche en éléments d'information et en documents d'archives variés. Œuvre rendant un hommage pertinent aux qualités d'écrivain et d'humaniste de Twain. Traitement d'ensemble chaleureux et vivant. Montage fluide.

MARLENE
ALL. 1983. Documentaire de Maximilian SCHELL. - Évocation de la vie et de la carrière de l'actrice Marlene Dietrich.

MATRIX REVISITED, THE
É.-U. 2001. Documentaire de Josh ORECK. - Les techniques révolutionnaires utilisées lors du tournage du film The Matrix.

MAX ERNST
ALL. 1991. Documentaire de Peter SCHAMONI - Évocation de la vie d'un grand créateur du mouvement surréaliste. - Approche fort intéressante. Montage vivant et original. Ensemble richement documenté.

MAYA LIN - A STRONG CLEAR VISION
É.-U. 1995. Documentaire de Freida LEE MOCK. - Portrait de l'architecte Maya Lin, conceptrice du célèbre monument édifié à Washington à la mémoire des soldats morts au Viêtnam.

MAYOR OF THE SUNSET STRIP
É.-U. 2003. Documentaire de George HICKENLOOPER. - Portrait de Rodney Bingenheimer, un impresario et disc-jockey de Los Angeles qui a contribué au succès de nombreuses vedettes du rock.

ME & ISAAC NEWTON
É.-U. 1999. Documentaire de Michael APTED. - Portraits de sept scientifiques, quatre hommes et trois femmes, qui sont des chefs de file dans leurs domaines de recherches respectifs. - Document fascinant et intelligemment conçu. Intervenants éloquents, passionnés et parfois gentiment excentriques. Réalisation créative. Images variées provenant de différents continents. Montage expressif.

MÉDECINS DE CŒUR
QUÉ. 1993. Documentaire de Tahani RACHED. - Les activités quotidiennes de médecins qui ont choisi de soigner les personnes atteintes du sida, et plus particulièrement celles du Dr Réjean Thomas, cofondateur de la clinique l'Actuel à Montréal.

MÉMOIRE BATTANTE
QUÉ. 1983. Documentaire d'Arthur LAMOTHE. - Évocation des mœurs, de la culture et des croyances des Montagnais du Nord-Est du Québec et dénonciation de l'ethnocentrisme des Blancs.

MÉMOIRE D'UN SACCAGE
ARG. 2004. Documentaire de Fernando E. SOLANAS. - Rappel des événements ayant mené l'Argentine, un pays pourtant riche, à une grave crise financière et sociale à la fin de 2001.

METAL : A HEADBANGER'S JOURNEY
CAN. 2005. Documentaire musical de Sam DUNN, Scot McFADYEN et Jessica Joy WISE. - Vaste panoramique sur l'univers de la musique heavy metal.

MÉTIER BOXEUR
QUÉ. 1981. Documentaire d'André GAGNON. - La boxe professionnelle telle que pratiquée au Québec.

MICROCOSMOS
FR. 1996. Documentaire de Claude NURIDSANY et Marie PERENNOU. - La vie secrète des insectes habitant un pré et un étang. - Ensemble captivant. Images saisissantes. Approche parfois candide. Construction précise. Montage intelligent. Musique parfaitement dosée.

MIROIRS AVEUGLES, LES
QUÉ. 1999. Documentaire de Jean TESSIER. - Des hommes et des femmes à la recherche de l'âme sœur ou d'une simple rencontre ont recours à l'internet et à des services téléphoniques.

MISSISSIPPI BLUES
FR. 1982. Documentaire de Bertrand TAVERNIER et Robert PARRISH. - Au Mississippi, deux cinéastes interrogent les gens sur les relations entre Noirs et Blancs et sur les origines de la musique blues.

MODULATIONS
É.-U. 1998. Documentaire d'Iara LEE. - L'histoire de la musique électro acoustique à travers ses pionniers ou les héritiers de ceux-ci.

MOI, J'ME FAIS MON CINÉMA
QUÉ. 1998. Documentaire de Gilles CARLE. - Le cinéaste Gilles Carle raconte son enfance en Abitibi et les principales étapes de sa carrière.

MON CŒUR EST TÉMOIN
CAN. 1996. Documentaire de Louise CARRÉ. - Un regard posé sur la condition des femmes musulmanes en Algérie, au Koweit, au Mali, au Maroc et en Tunisie.

MON ENNEMI INTIME
ALL. 1999. Documentaire de Werner HERZOG. - Le cinéaste Werner Herzog relate ses relations tantôt difficiles, tantôt harmonieuses avec le célèbre acteur Klaus Kinski.

MONDE DU SILENCE, LE
FR. 1955. Documentaire de Jacques-Yves COUSTEAU et Louis MALLE. - Exploration des richesses et des beautés du monde sous-marin par le commandant Cousteau et son équipe. - Œuvre d'une exceptionnelle qualité. Images très belles. Utilisation habile de la musique.

MONDO CANE
ITA. 1961. Documentaire de Gualtiero JACOPETTI - Suite de scènes insolites tournées partout dans le monde.

MONTAND : LE FILM
FR. 1993. Documentaire de Jean LABIB. - La vie et la carrière du comédien et chanteur Yves Montand.

MONTRÉAL INTERDIT
QUÉ. 1990. Documentaire de Vincent CIAMBRONE. - Description de diverses activités insolites se déroulant à Montréal et dans ses environs.

MOON OVER BROADWAY
É.-U. 1997. Documentaire de Chris HEGEDUS et D.A. PENNEBAKER. - Un an dans la vie d'une troupe de théâtre préparant une pièce à Broadway dont la vedette est Carol Burnett.

MOTHER TERESA
É.-U. 1985. Documentaire d'Ann et Jeanette PETRIE. - La vie et l'œuvre d'une religieuse qui s'est consacrée à servir les plus pauvres. - Présentation simple et sympathique. Matériel documentaire organisé de façon intelligente. Résultat impressionnant.

MOURIR POUR SOI
QUÉ. 2001. Documentaire de L.B. MORECO. - Un regard sur le délicat problème du suicide assisté envisagé à travers les témoignages de divers patients et médecins.

MOUTON NOIR, LE
QUÉ. 1992. Documentaire de Jacques GODBOUT. - Survol des événements politiques de l'année qui a suivi l'échec de l'accord du lac Meech.

MR. DEATH : THE RISE AND FALL OF FRED A. LEUCHTER JR.
É.-U. 1999. Documentaire d'Errol MORRIS. - Un spécialiste des exécutions capitales et des chambres à gaz publie un rapport concluant que l'Holocauste n'a jamais eu lieu, ce qui soulève l'indignation et provoque sa disgrâce. - Portrait fascinant mais dérangeant d'un personnage rempli de contradictions. Réalisation stylisée aux effets recherchés. Montage alerte et fort expressif.

MUHAMMAD ALI : THROUGH THE EYES OF THE WORLD
ANG. Documentaire. - La vie et la carrière du célèbre boxeur américain Muhammad Ali.

MURDERBALL
É.-U. 2005. Documentaire de Dana Adam SHAPIRO et Henry Alex RUBIN. - Des joueurs de rugby en chaise roulante s'entraînent en vue des Jeux Olympiques d'Athènes. - Incursion percutante dans l'univers des athlètes handicapés. Ensemble dénué de pathos. Montage et trame sonore énergiques. Protagonistes impétueux et attachants.

MUSICALS, GREAT MUSICALS
É.-U. 1996. Documentaire de David THOMPSON. - Les moments marquants de la carrière du producteur Arthur Freed, qui a signé plusieurs comédies musicales de la grande époque du studio MGM.

MY ARCHITECT : A SON'S JOURNEY
É.-U. 2003. Documentaire de Nathaniel KAHN. - Le fils illégitime de l'architecte Louis I. Kahn, décédé en 1974, rencontre ceux qui l'ont connu et explore ses plus grandes réalisations. - Vision intimiste et nuancée des multiples facettes d'un créateur de génie. Nombreux témoignages pertinents. Présence émouvante du cinéaste. Œuvres de l'architecte admirablement filmées.

MY DATE WITH DREW
É.-U. 2003. Documentaire de Brian HERZLINGER, Brett WINN et Jon GUNN. - Un aspirant cinéaste se donne un mois pour obtenir un rendez-vous avec son idole de jeunesse, la comédienne Drew Barrymore.

MYSTÈRE PICASSO, LE
FR. 1956. Documentaire d'Henri-Georges CLOUZOT. - Le peintre Pablo Picasso improvise une œuvre nouvelle devant la caméra. - Aperçus étonnants sur le processus de création artistique. Réalisation technique attentive et précise. Ensemble d'un grand intérêt.

MYSTERY OF HENRY MOORE, THE
CAN. 1984. Documentaire de Harry RASKY. - La vie et les œuvres du célèbre sculpteur anglais. - Entretien agrémenté de documents d'époque. Téléfilm au montage intelligent. Éléments visuels bien choisis. Ensemble intéressant.

NAKED STATES
É.-U. 2000. Documentaire d'Arlene DONNELLY. - Le photographe Spencer Tunick parcourt les États-Unis pour demander à des gens ordinaires de poser nus dans des lieux publics.

NANOOK OF THE NORTH
É.-U. 1921. Documentaire de Robert FLAHERTY. - Au gré des saisons, la vie d'une famille d'Inuits. - Traitement sensible et poétique de la réalité. Images admirables du contexte arctique. Ton d'authenticité remarquable. Film important dans l'histoire du documentaire.

NAQOYQATSI
É.-U. 2002. Documentaire de Godfrey REGGIO. - À travers une suite d'images éloquentes, se dégage une réflexion sur l'omniprésence de la technologie dans un monde de plus en plus violent.

NEW YORK DORÉ
QUÉ. 1990. Documentaire de Suzanne GUY. - Des Québécois installés à New York s'expriment sur divers aspects de leur vie à l'américaine.

NICO ICON
ALL. 1995. Documentaire de Susanne OFTERINGER. - Biographie de Nico, qui a été mannequin pour *Vogue*, actrice pour Fellini et Warhol, puis chanteuse avec Lou Reed et le groupe Velvet Underground.

NOBODY'S BUSINESS
É.-U. 1996. Documentaire d'Alain BERLINER. - À l'aide d'entrevues et de films d'archives, un cinéaste brosse un portrait de son père malgré les réticences de ce dernier.

O AMOR NATURAL
BRÉ. 1997. Documentaire de Heddy HONIGMANN. - À Rio de Janeiro, un cinéaste demande à diverses personnes de lire des poèmes érotiques du Brésilien Carlos Drummond de Andrade, puis recueillent leurs impressions.

ODYSSEE SONORE
QUÉ. 1997. Documentaire de L. RICARD. - Illustration de la théorie du compositeur R. Murray Schafer, père de l'écologie sonore.

ON ANY SUNDAY
É.-U. 1971. Documentaire de Bruce BROWN. - Reportage sur diverses formes d'épreuves sportives offertes aux motocyclistes amateurs ou professionnels.

ON EST AU COTON
QUÉ. 1970. Documentaire de Denys ARCAND. - Les dures conditions de travail dans l'industrie du textile. - Description réaliste et engagée. Montage intelligent. Nombreuses scènes percutantes. Interviews révélatrices.

ON THE ROPES
É.-U. 1999. Documentaire de N. BURSTEIN et B. MORGEN. - Les rêves, les accomplissements et les désillusions de trois jeunes boxeurs issus de milieux déshérités.

ONE NATION UNDER GOD
É.-U. 1993. Documentaire de Theodore MANCIANI et F. RZEZNIK. - Les efforts déployés par divers mouvements thérapeutiques d'obédience chrétienne pour soi-disant « guérir » de l'homosexualité.

PAINTERS PAINTING
É.-U. 1972. Documentaire d'Emile DE ANTONIO. - Panorama de la peinture américaine de tendance abstraite des années 1940-1970.

PANAMA DECEPTION, THE
É.-U. 1992. Documentaire de Barbara TRENT. - Rappel historique de la présence américaine au Panama depuis 1903 jusqu'à l'invasion de 1989.

PARADISE LOST
É.-U. 1996. Documentaire de Joe BERLINGER et Bruce SINOFSKY - Reportage sur les procès de trois adolescents férus de musique heavy metal accusés d'avoir assassiné trois jeunes garçons dans une petite ville de l'Arkansas. - Multiplicité des points de vue.

PARIS IS BURNING
É.-U. 1990. Documentaire de Jennie LIVINGSTON. - Dans les quartiers noirs de New York se tiennent des bals costumés fréquentés en majorité par des homosexuels appartenant à des minorités ethniques.

PARTISANS OF VILNA
É.-U. 1985. Documentaire de Joshua WALTEZKY. - La résistance des Juifs aux nazis dans le ghetto de Vilna en Pologne pendant la guerre.

PAYS DES SOURDS, LE
FR. 1992. Documentaire de Nicolas PHILIBERT. - Des malentendants décrivent leurs expériences et leurs rapports avec le reste du monde.

PAYS HANTÉ, LE
CAN. 2001. Documentaire de Mary Ellen DAVIS. - Un réfugié guatémaltèque retourne dans son pays pour assister à l'exhumation des cadavres d'un massacre perpétré par l'armée en 1982, dans son village maya.

PAYS RÊVÉ, LE
QUÉ. 1996. Documentaire de Michel MOREAU. - Michel Moreau, un cinéaste d'origine française ayant immigré au Québec en 1960, évoque les étapes marquantes de sa vie.

PAYS SANS BON SENS !, UN
QUÉ. 1970. Documentaire de Pierre PERRAULT. - Tentative de clarification de la notion de pays à travers des conversations avec diverses personnes. - Réalisation vivante à partir d'une idée abstraite. Quelques intertitres ironiques. Montage réussi. Touches poétiques et symboliques.

PAYSAGE SOUS LES PAUPIÈRES
QUÉ. 1995. Documentaire de Lucie LAMBERT. - Portrait de trois femmes de générations différentes vivant dans un village sur la Haute Côte-Nord.

PEAU ET LES OS, LA
QUÉ. 1988. Documentaire de Johanne PRÉGENT avec Hélène Bélanger, Sylvie-Catherine Beaudoin et Louise Turcot. - Exploration des motivations psychologiques qui rendent certaines adolescentes anorexiques ou boulimiques.

PELLAN
QUÉ. 1986. Documentaire d'André GLADU. - La vie et l'œuvre d'un célèbre peintre québécois.

PERFECT CANDIDATE, A
É.-U. 1996. Documentaire de R.J. CUTLER. - Aperçu sur les élections sénatoriales américaines de 1994.

PEUPLE MIGRATEUR, LE
FR. 2001. Documentaire de Jacques PERRIN - Exploration des routes de migration de plusieurs espèces d'oiseaux qui parcourent des milliers de kilomètres sur toute la planète.

PEUPLE SINGE, LE
FR. 1989. Documentaire de Gérard VIENNE. - Exploration des traits communs et des particularités de divers représentants de la famille des singes. - Commentaire intelligent. Étonnante moisson de belles images. Montage inventif. Bande sonore savamment composée.

PICTURE OF LIGHT
CAN. 1994. Documentaire de Peter METTLER. - Un cinéaste part vers le Nord pour y filmer les aurores boréales.

PIÈGES DE LA MER, LES
QUÉ. 1981. Documentaire de Jacques GAGNÉ. - Sous la direction du commandant Cousteau, une équipe de plongeurs explore l'estuaire du Saint-Laurent.

PITCH
CAN. 1997. Documentaire de Kenny HOTZ et Spencer RICE. - Deux aspirants réalisateurs entreprennent de vendre leur projet de film à des personnalités de Hollywood.

PLUSIEURS TOMBENT EN AMOUR
QUÉ. 1980. Documentaire de Guy SIMONEAU. - Aperçus sur la pratique de la prostitution dans le centre de Montréal.

POETRY IN MOTION
CAN. 1982. Documentaire de Ron MANN. - Vingt-quatre poètes, dont Charles Bukowski et Allen Ginsberg, lisent certains de leurs textes et commentent la poésie de leurs contemporains. - Choix d'extraits inspiré. Réalisation inventive. Ensemble passionné.

POUR LA SUITE DU MONDE
QUÉ. 1963. Documentaire de Pierre PERRAULT et Michel BRAULT. - À l'île aux Coudres, des jeunes gens cherchent à ressusciter l'ancienne coutume de la pêche aux marsouins. - Œuvre pionnière du cinéma direct. Photographie remarquablement inventive et poétique. Dialogues savoureux. Participants d'un naturel désarmant.

PRIS AU PIÈGE
QUÉ. 1981. Documentaire de Guy DUFAUX et Robert FAVREAU. - Les difficultés d'un ouvrier malade qui refuse que sa femme travaille à l'extérieur du foyer.

PRISONER OF PARADISE
CAN. 2002. Documentaire de Malcolm CLARKE et Stuart SENDER. - Le destin tragique du comédien et cinéaste juif Kurt Gerron, qui accepta de réaliser un film de propagande projetant une image idyllique de son camp de concentration. - Portrait fascinant d'un artiste proprement anéanti par son orgueil démesuré. Illustration révoltante du cynisme et de la cruauté des nazis. Quelques questions demeurant en suspens. Réalisation vivante, entremêlant de façon fluide films d'archives et entrevues.

PROJECT GRIZZLY
CAN. 1996. Documentaire de Peter LYNCH. - Les efforts investis par un ferrailleur ontarien dans la conception d'une armure qui lui permettrait de lutter corps à corps avec un grizzly.

PROMISES
É.-U. 2000. Documentaire de Justine SHAPIRO, B.Z. GOLDBERG et Carlos BOLADO. - En 1997, à Jérusalem, sept Israéliens et Palestiniens âgés entre 11 et 13 ans confient leurs impressions sur le conflit au Moyen-Orient. - Projet humaniste contribuant de façon touchante au rapprochement entre deux peuples ennemis. Franchise et candeur des intervenants. Mise en images variée. Montage vivant.

PUMPING IRON
É.-U. 1976. Documentaire de George BUTLER et Robert FIORE. - Incursion dans le monde particulier du culturisme, sport dont les adeptes s'appliquent à développer une musculature exceptionnelle.

QUATRE CAVALIERS DE L'APOCALYPSE
QUÉ. 1991. Documentaire de Jean-François MERCIER. - En accumulant des déchets toxiques et en détruisant les ressources naturelles, l'espèce humaine met en danger la survie de la Terre.

QUATRE FEMMES D'ÉGYPTE
CAN. 1997. Documentaire de Tahani RACHED. - Quatre Égyptiennes d'âge mûr qui ne partagent pas toujours les mêmes convictions politiques ou religieuses parlent de leur vie et de l'amitié inébranlable qui les unit.

QUÉBEC : DUPLESSIS ET APRÈS
QUÉ. 1972. Documentaire de Denys ARCAND. - Étude politique nourrie de documents du régime Duplessis et de scènes de la campagne électorale provinciale de 1970.

RANG 5
QUÉ. 1994. Documentaire de Richard LAVOIE. - Des familles québécoises expliquent comment elles en sont venues à choisir de vivre de la terre sur leurs fermes respectives.

REAL CANCUN
É.-U. 2003. Documentaire de Rick De OLIVEIRA. - Les hauts et les bas de seize collégiens américains qui passent leurs vacances de mi-session dans une villa de Cancun, au Mexique.

RELUCTANT DRAGON, THE
É.-U. 1957. Documentaire de Hamilton LUSKE avec Robert Benchley, Frances Gifford, Buddy Pepper et Nana Bryant. - Un homme se rend au studio de Walt Disney afin de lui proposer un sujet de dessin animé.

RIDING GIANTS
É.-U. 2003. Documentaire de Stacy PERALTA. - L'histoire de la pratique du surf aux États-Unis, de ses origines au sein des communautés autochtones d'Hawaii jusqu'à aujourd'hui.

RIN, LE
CAN. 2001. Documentaire de Jean-Claude LABRECQUE- L'histoire du Rassemblement pour l'indépendance nationale, un mouvement politique québécois fondé en 1960 qui s'est dissous en 1968.

RIZE
É.-U. 2005. Documentaire de David LaCHAPELLE. - Dans la communauté noire de Californie, le krump, une danse inspirée du hip-hop, est devenu un outil privilégié dans la lutte aux gangs de rues.

ROAD SCHOLAR
É.-U. 1993. Documentaire de Roger WEISBERG. - Un immigrant roumain traverse les États-Unis afin de se faire une idée sur le sens de la liberté en Amérique.

ROGER & ME
É.-U. 1989. Documentaire de Michael MOORE. - Exploration des conséquences désastreuses qu'a entraînées la fermeture d'une usine d'automobiles dans la ville de Flint au Michigan. - Critique sociale nourrie de notations sarcastiques. Traitement d'une feinte bonhomie. Approche nettement subjective. Montage astucieux.

ROGER TOUPIN, ÉPICIER VARIÉTÉ
QUÉ. 2003. Documentaire de Benoît PILON. - L'existence paisible d'un petit commerçant du Plateau Mont-Royal est bousculée lorsqu'il doit se résigner à vendre son épicerie et quitter ainsi l'endroit où il a toujours vécu. - Description attentive d'un milieu de vie figé dans le temps en marge d'un quartier en pleine ébullition. Approche humaniste. Participants attachants et colorés.

ROSAIRE ET LA PETITE NATION
QUÉ. 1997. Documentaire de Benoît PILON. - La vie quotidienne d'un vieillard très religieux et de son entourage dans un petit village du Québec profond.

SADHANA
QUÉ. 1987. Documentaire de Jean-Pierre PICHÉ et M. POULIN. - Un jeune Québécois se rend en Inde pour y puiser aux sources d'une sagesse millénaire.

SALAAM CINEMA
IRAN 1995. Documentaire réalisé par Mohsen MAKHMALBAF. - Un réalisateur qui prépare un film pour le centenaire du cinéma fait passer une audition à de nombreux candidats. - Hommage intelligent et passionné au septième art. Aspects révélateurs de la société iranienne.

SALESMAN
É.-U. 1969. Documentaire d'Albert et David MAYSLES. - Évocation de la vie de quatre colporteurs de bibles.

SALTMEN OF TIBET, THE
SUI. 1997. Documentaire d'Ulrike KOCH - Dans le Nord du Tibet, une caravane de nomades part récolter le sel des lacs sacrés, nécessaire à la subsistance de leur tribu.

SARAH SILVERMAN : JESUS IS MAGIC
É.-U. 2005. Documentaire de Liam LYNCH. - Captation d'un spectacle de la comédienne et humoriste Sarah Silverman, entrecoupé de sketchs et de numéros musicaux.

SCAREDSACRED
CAN. 2004. Documentaire de Velcrow RIPPER. - Un cinéaste parcourt le monde pour recueillir les témoignages de personnes ayant survécu à divers désastres humanitaires.

SCHINDLER
ANG. 1993. Documentaire de John BLAIR. - Portrait de l'industriel allemand Oskar Schindler qui a sauvé de l'Holocauste quelque mille Juifs qui travaillaient à son usine de Cracovie.

SEARCHING FOR DEBRA WINGER
É.-U. 2002. Documentaire de Rosanna ARQUETTE. - Des actrices ayant passé le cap des 40 ans témoignent des difficultés qu'elles rencontrent à Hollywood, au sein d'une industrie qui adule la jeunesse.

SECRET POLICEMAN'S BALL
ANG. 1979. Documentaire de Roger GRAEF avec Paul Abrahams, Alan Bennett et Rowan Atkinson. - Extraits d'un spectacle réunissant des comédiens, des monologuistes et des vedettes rock, notamment John Cleese, Pete Townsend et Rowan Atkinson.

SECRET POLICEMAN'S OTHER BALL
ANG. 1982. Documentaire de Julien TEMPLE. - Extraits de deux spectacles réunissant des comédiens, des monologuistes et des vedettes rock, notamment la troupe du Monty Python, Sting et Donovan.

SECRET POLICEMAN'S THIRD BALL
ANG. 1987. Documentaire de Ken O'NEILL. - Extraits de spectacles réunissant des comédiens, des monologuistes et des vedettes rock, notamment Peter Gabriel et Kate Bush.

SEINS DANS LA TÊTE, LES
QUÉ. 1994. Documentaire de Mireille DANSEREAU. - Divers témoignages de femmes portant sur l'importance qu'occupent les seins dans leur vie.

SEUL DANS MON PUTAIN D'UNIVERS
QUÉ. 1997. Documentaire de Sylvie VAN BRABANT. - Témoignages de quatre adolescents délinquants qui tentent de réussir leur réinsertion sociale.

SHAKE HANDS WITH THE DEVIL: THE JOURNEY OF ROMEO DALLAIRE
CAN. 2004. Documentaire de Peter RAYMONT. - L'ex-commandant des forces de l'ONU au Rwanda lors du génocide de 1994 retourne là-bas dix ans plus tard pour surmonter le traumatisme de ce drame. - Document à la fois touchant et révoltant, inspiré en partie du livre du général Roméo Dallaire. Réalisation impressionniste. Utilisation percutante d'extraits de films tournés à l'époque du génocide. Musique prenante.

SHERMAN'S MARCH
É.-U. 1986. Documentaire réalisé et interprété par Ross McELWEE. - En retraçant l'avance de l'armée du général Sherman dans les états du Sud pendant la guerre civile, un jeune cinéaste fait diverses rencontres sentimentales.

SHOAH
FR. 1985. Documentaire de Claude LANZMANN. - Évocation de l'extermination des Juifs par les nazis au cours de la guerre 1939-1945. - Leçon d'histoire exceptionnelle. Montage complexe. Traitement méticuleux et exhaustif. Expérience unique et bouleversante.

SICK : THE LIFE & DEATH OF BOB FLANAGAN
É.-U. 1997. Documentaire de Kirby DICK. - Évocation de la vie et de la carrière de l'artiste d'avant-garde masochiste Bob Flanagan.

SIGNALS THROUGH THE FLAMES
É.-U. 1984. Documentaire de Sheldon ROCHLIN et Maxine HARRIS. - L'histoire de la troupe d'avant-garde The Living Theater créée en 1947 à New York.

SILENT WITNESS
CAN. 1994. Documentaire de Harriet WICHIN. - Témoignages de personnes consacrant leur existence à faire survivre la mémoire des camps de concentrations nazis. - Traitement sobre et fort respectueux. Montage varié.

SIX O'CLOCK NEWS
É.-U. 1997. Documentaire de Ross McELWEE. - Un cinéaste recueille les témoignages de diverses victimes de catastrophes naturelles ayant fait la une des bulletins télévisés.

SOLEIL A PAS D'CHANCE, LE
QUÉ. 1975. Documentaire de Robert FAVREAU. - Les épreuves et les déboires des jeunes filles qui aspirent à devenir duchesses du Carnaval de Québec.

SORT DE L'AMÉRIQUE, LE
QUÉ. 1996. Film d'essai réalisé et interprété par Jacques GODBOUT avec René-Daniel Dubois et Philippe Falardeau. - Un cinéaste qui prépare un documentaire sur la bataille des Plaines d'Abraham rencontre un ami dramaturge en train d'écrire un scénario hollywoodien sur ce sujet.

SOURCE, THE
É.-U. 1998. Documentaire de Chuck WORKMAN . - Analyse de l'influence du mouvement beatnik sur l'ensemble de la culture américaine.

SPASME DE VIVRE, LE
QUÉ. 1991. Documentaire de Richard BOUTET. - La triste réalité du suicide chez les jeunes entre 15 et 25 ans au Québec.

SPECIALIST : PORTRAIT OF A MODERNE CRIMINAL, THE
FR. 1998. Documentaire d'Eyal SIVAN. - Divers moments du procès du criminel nazi Adolf Eichmann, qui s'est déroulé en 1961 à Jérusalem.

SPELLBOUND
É.-U. 2002. Documentaire de Jeff BLITZ. - Huit adolescents américains issus de différents milieux participent à un important concours d'épellation, le National Spelling Bee. - Regard intelligent sur la diversité de la société américaine et les affres de la compétition. Réalisation efficace.

SPENCER TRACY LEGACY, THE
É.-U. 1986. Documentaire de David HEELEY. - Évocation de la vie et de la carrière de l'acteur américain Spencer Tracy, décédé en 1967.

STARTUP.COM
É.-U. 2001. Documentaire de Jehane NOUJAIM et Chris HEGEDUS. - Les succès et les revers de deux jeunes entrepreneurs qui fondent un site Internet.

STEAK, LE
QUÉ. 1992. Documentaire de Pierre FALARDEAU et Manon LERICHE. - Le boxeur québécois Gaëtan Hart commente sa carrière et se laisse aller à certaines considérations sur sa vie en général.

STEVIE

É.-U. 2002. Documentaire de Steve JAMES. - Un cinéaste renoue avec un jeune homme peu scolarisé au lourd dossier criminel, dont il a été le Grand Frère dix ans auparavant. - Portrait fascinant de l'Amérique profonde par le biais d'une expérience personnelle. Critique subtile du système d'éducation. Approche respectueuse et pleine de compassion. Témoignages crus et sincères.

STORY OF THE GUN

É.-U. 1996. Documentaire de Yann DEBONNE et Rob LIHANA. - L'évolution des armes à feu au cours des six derniers siècles.

STRAND : UNDER THE DARK CLOTH

CAN. 1990. Documentaire de John WALKER. - La vie et l'œuvre du célèbre photographe et documentariste américain Paul Strand.

STREETWISE

É.-U. 1984. Documentaire de Martin BELL. - Les problèmes d'adolescents sans foyer dans la ville de Seattle.

STUPIDITY

CAN. 2003. Documentaire d'Albert NERENBERG. Un cinéaste entreprend une enquête sur le thème de la stupidité dans les médias, la politique et d'autres sphères de la société.

SUPER 8 STORIES

ALL. 2001. Documentaire d'Emir KUSTURICA. - Portrait du groupe No Smoking Orchestra, qui pratique un mélange hétéroclite de rock, de jazz et de musique gitane surnommé le punk des Balkans.

SUPER SIZE ME

É.-U. 2004. Documentaire de Morgan SPURLOCK. - Pour les fins d'une enquête sur la malbouffe, un cinéaste mange pendant un mois uniquement des produits achetés chez McDonald's.

SUPERSTAR : LIFE & TIMES OF ANDY WARHOL

É.-U. 1990. Documentaire de Chuck WORKMAN. - Portrait de l'artiste Andy Warhol, père du Pop Art.

SURVIVANTS DE L'APOCALYPSE, LES

QUÉ. 1998. Documentaire de Richard BOUTET. - Regard sur le phénomène des sectes qui sévissent au Québec et portrait de différentes personnes ayant été victimes de ces groupes.

SWIMMING TO CAMBODIA

É.-U. 1987. Film d'essai de Jonathan DEMME avec Spalding Gray et Sam Waterston. - Un homme explique l'expérience qu'il a vécue lorsqu'il a été appelé à tenir un rôle secondaire dans le film *The Killing Fields*.

SYNTHETIC PLEASURES

É.-U. 1995. Documentaire d'Iara LEE. - Exploration de diverses techniques de pointe permettant aux êtres humains de transcender la réalité, que ce soit pour leurs loisirs ou pour réaliser certains rêves.

T.A.M.I.-T.N.T. SHOW, THE

É-U. 1964. Documentaire de Steve BINDER. - Présentation du concert donné le 29 octobre 1964, à l'auditorium de Santa Monica, par divers groupes de musique rock.

TABOUS

IRAN 2004. Documentaire de Mitra FARAHANI avec Coralie Revel et Sophiane Benrezzak. - Enquête sur l'amour et la sexualité dans l'Iran d'aujourd'hui, entrecoupée par l'illustration d'un poème érotique persan du XIXe siècle.

TABU

É.-U. 1931. Documentaire de Friedrich Wilhelm MURNAU et Robert FLAHERTY. - Un jeune Polynésien est séparé de celle qu'il aime par des coutumes tribales. - Images admirables. Traitement d'un grand lyrisme. Jeu sincère des indigènes.

TAKE, THE

CAN. 2004. Documentaire d'Avi LEWIS. - Dans une Argentine en pleine crise économique, des ouvriers décident d'occuper leurs usines laissées à l'abandon et de les redémarrer en créant des coopératives.

TARNATION

É.-U. 2004. Film d'essai réalisé et interprété par Jonathan CAOUETTE avec Renée Leblanc et David Sanin Paz. - Évocation de la vie du réalisateur, atteint de troubles de dépersonnalisation, et de sa relation avec sa mère adorée qui a subi de nombreux abus psychiatriques. - Autoportrait poignant réalisé sous forme de collage, mêlant divers matériaux visuels et sonores captés à différentes périodes. Montage vif. Esthétique « trash ». Incursion quasi impudique dans l'univers du principal intéressé.

TERROR IN THE AISLES

É.-U. 1984. Film de montage d'A. J. KUEHN avec Donald Pleasence et Nancy Allen. - Assis parmi les spectateurs d'une salle de cinéma, deux commentateurs offrent des réflexions sur les recettes du suspense ou du film d'horreur.

THAT MAN : PETER BERLIN

É.-U. 2005. Documentaire de Jim TUSHINSKI. - La vie et la carrière de l'ex-acteur porno Peter Berlin, qui a connu la célébrité dans les années 1970.

THAT'S DANCING !

É.-U. 1985. Film de montage de Jack HALEY Jr. - Sélection de numéros de danse présentés dans divers films depuis les débuts du cinéma sonore.

THAT'S ENTERTAINMENT !

É.-U. 1974. Film de montage de Jack HALEY Jr. avec Fred Astaire, Gene Kelly et Judy Garland. - Anthologie d'extraits de comédies musicales tournées dans les studios de la MGM. - Spectacle impressionnant. Montage intelligemment fait. Évocation nostalgique réussie. Passages particulièrement brillants.

THAT'S ENTERTAINMENT ! PART 2

É.-U. 1976. Film de montage de Gene KELLY. - Extraits de films musicaux ou comiques produits par la MGM.

THAT'S ENTERTAINMENT ! PART 3

É.-U. 1994. Film de montage de Michael J. SHERIDAN et Bud FRIEDGEN. - Anthologie d'extraits de comédies musicales tournées dans les studios de la MGM. - Troisième volet d'un panorama nostalgique des réalisations du passé. Sélection remarquablement cohérente et homogène. Plusieurs documents inédits. Trucages numériques et restauration impressionnants.

THE LAST MOGUL :
LIFE AND TIMES OF LEW WASSERMAN

É.-U. 2005. Documentaire de Barry AVRICH. - Portrait d'un géant de Hollywood qui, dans les années 1940-1950, a changé les règles de rétribution des acteurs et fondé les studios Universal.

THELONIOUS MONK : STRAIGHT NO CHASER

É.-U. 1988. Documentaire de Charlotte ZWERIN avec Charlie Rouse, Harry Colomby et Thelonious Monk Jr. - Évocation de la carrière de l'excentrique pianiste de jazz Thelonious Monk entrecoupée de documents filmés et d'interviews. - Film tiré en partie d'un documentaire tourné à la fin des années 1960. Montage adroit. Propos pertinents. Passages musicaux de qualité.

THIN BLUE LINE, THE

É.-U. 1988. Documentaire d'Errol MORRIS. - Le présumé coupable d'un meurtre commis en 1976 contre un policier texan ne serait pas celui que la justice a négligemment condamné. - Sorte de contre-enquête sur un fait divers qui a permis la réouverture de la cause.

TICKLE IN THE HEART, A

ALL. 1996. Documentaire de Stefan SCHWIETERT. - Portrait du trio The Epstein Brothers, virtuoses du klezmer, une musique traditionnelle yiddish.

TIGRERO : A FILM THAT WAS NEVER MADE

FIN. 1994. Documentaire de Mika KAURISMAKI. - Le cinéaste Samuel Fuller entraîne en Amazonie un de ses pairs, Jim Jarmush, sur les traces d'un film qu'il a failli faire quarante ans auparavant.

TIME INDEFINITE
É.-U. 1993. Documentaire réalisé et interprété par Ross McELWEE. - Le bonheur d'un cinéaste récemment marié est vite obscurci par la mort de son père et de sa grand-mère.

TOKYO OLYMPIAD
JAP. 1965. Documentaire de Kon ICHIKAWA. - Évocation des événements qui ont marqué les Jeux olympiques de Tokyo en 1964.

TOKYO-GA
ALL. 1985. Documentaire de Wim WENDERS. - Le réalisateur allemand Wim Wenders confronte ses impressions de la ville de Tokyo et les souvenirs qu'il garde de l'œuvre du cinéaste nippon Yasujiro Ozu. - Hommage sous forme de patchwork. Réflexion sur les rapports entre la réalité et le cinéma. Ton personnel. Moments d'émotion valables.

TOUCHING THE VOID
ANG. 2003. Documentaire de Kevin MaCDONALD. - En 1985, la conquête d'une montagne des Andes tourne au cauchemar pour les alpinistes anglais Simon Yates et Joe Simpson. - Reconstitution dramatique entrecoupée de témoignages des deux sportifs. Récit à haute tension. Paysages aussi majestueux que menaçants. Prises de vue vertigineuses.

TRACES DU RÊVE, LES
QUÉ. 1985. Documentaire de Jean-Daniel LAFOND. - Portrait du cinéaste québécois Pierre Perrault à travers ses activités professionnelles et des extraits de son œuvre.

TRAÎTRE OU PATRIOTE
QUÉ. 2000. Documentaire de Jacques GODBOUT. - Portrait du politicien Adélard Godbout, qui a été premier ministre du Québec de 1939 à 1944. - Leçon d'histoire présentée sur un ton personnel et original.

TREKKIES
É.-U. 1997. Documentaire de Roger NYGARD. - Suite de témoignages rendant compte du culte que certains spectateurs vouent à la série télévisée Star Trek et à ses interprètes.

TREMBLING BEFORE G-D
É.-U. 2001. Documentaire de Sandi SIMCHA DUBOWSKI. - Les difficultés vécues par les gays appartenant à la communauté des juifs hassidiques, où les relations homosexuelles sont résolument interdites.

TRÉSOR ARCHANGE, LE
QUÉ. 1996. Documentaire de Fernand BÉLANGER avec René Lussier, Claude Beaugrand et Thérèse Hardy. - Un musicien et un preneur de son remontent le chemin du Roy, entre Montréal et Québec, à la recherche de traces du patrimoine culturel québécois.

TROP, C'EST ASSEZ
QUÉ. 1995. Documentaire de Richard BROUILLETTE. - Recueil d'entretiens avec le cinéaste Gilles Groulx tourné entre 1989 et 1994.

TROU DU DIABLE, LE
QUÉ. 1989. Documentaire de Richard LAVOIE avec Yves Bélanger, Danielle Martel et Claude Larue. - Un groupe de spéléologues découvre une caverne longue de huit cent mètres sous le village de Boischâtel.

TROUBLESOME CREEK
É.-U. 1995. Documentaire de Jeannie JORDAN et Steven ASCHER. - Une équipe de cinéma capte divers moments dans la vie d'un couple de fermiers forcés de liquider leurs avoirs.

TURLUTE DES ANNÉES DURES, LA
CAN. 1983. Documentaire de Richard BOUTET et Pascal GÉLINAS. - Évocation, par l'image, la chanson et le souvenir, de la crise économique des années 1930.

TWIST
CAN. 1993. Documentaire de Ron MANN. - Évocation des origines du twist, danse qui fit fureur auprès des Américains dans les années 1960.

TZEDEK- LES JUSTES
FR. 1994. Documentaire de Marek HALTER. - Évocation des actes héroïques de diverses personnes qui ont sauvé des milliers de juifs durant la Seconde Guerre mondiale.

UNZIPPED
É.-U. 1995. Documentaire de Douglas KEEVE. - De Paris à New York, une équipe de cinéma suit le designer de mode Isaac Mizrahi dans la préparation de sa nouvelle collection.

URGENCE ! DEUXIÈME SOUFFLE
QUÉ. 1999. Documentaire de Tahani RACHED. - Les problèmes que vit le personnel infirmier d'un hôpital de la banlieue montréalaise affligé par une réforme gouvernementale impopulaire.

VALOUR AND THE HORROR
CAN. 1991. Documentaire de Terence et Brian McKENNA. - Évocation de la participation canadienne à la Deuxième Guerre mondiale.

VARIATIONS SUR UN THÈME FAMILIER
QUÉ. 1994. Documentaire de C. GARCIA et G. GUTIERREZ. - Description de sept univers familiaux différents.

VAUDEVILLE
É.-U. 1997. Documentaire de G. PALMER. - Évocation de la grande époque du vaudeville et de ses artistes les plus célèbres.

VIE COMME ELLE VA, LA
FR. 2003. Documentaire de Jean-Henri MEUNIER avec Arnaud Barre, Hubert Bouyssières et Céline Causse. - Évocation de la vie quotidienne des habitants du petit village de Najac, dans la région de l'Aveyron. - Galerie de personnages attachants et colorés. Regard à la fois sensible et critique sur la vie paysanne. Réalisation dépouillée, épousant le rythme des saisons.

VIE COMME RIVIÈRE, UNE
QUÉ. 1996. Documentaire d'Alain CHARTRAND - Évocation de la vie de la féministe Simonne Monet-Chartrand.

VINCENT
AUS. 1987. Documentaire de Paul COX. - Évocation de la vie tourmentée du peintre hollandais Vincent Van Gogh.

VINCENT : A DUTCHMAN
ANG. Documentaire de Mai ZETTERLING, J. BULMER, M. GOUGH, D. HUGHES et E. ROBERTS. - Évocation de la vie du peintre Vincent Van Gogh. - Approche fort originale basée sur les impressions personnelles des cinéastes. Sensibilité palpable. Mise en images soignée.

VISIONS OF LIGHT
É.-U. 1992. Documentaire d'Arnold GLASSMAN. - Divers directeurs de la photographie s'expriment sur leur profession.

VIVRE 120 ANS
QUÉ. 1993. Documentaire de Carlos FERRAND. - Aperçus de diverses recherches scientifiques et philosophiques visant à permettre aux humains de rester jeunes, en forme et en santé au-delà de l'âge mûr.

VOITURES D'EAU, LES
QUÉ. 1968. Documentaire de Pierre PERRAULT. - Peinture de la vie et des coutumes des habitants de l'Île-aux-Coudres. - Traitement intelligent et savoureux. Photographie soignée. Montage habile. Touches poétiques.

VOLEURS D'ENFANCE, LES
QUÉ. 2005. Documentaire de Paul ARCAND. - Enquête sur la situation des enfants victimes d'abus de toutes sortes et la manière dont ils sont pris en charge par la Direction de la protection de la jeunesse.

VUE DU SOMMET
QUÉ. 2001. Documentaire de Magnus ISAACSSON. - Reportage sur le Sommet des Amériques qui s'est tenu à Québec en avril 2001 dans un climat d'affrontements entre manifestants et forces de l'ordre.

WACO : THE RULES OF ENGAGEMENT
É.-U. 1997. Documentaire de William GAZECKI - Analyse des événements survenus en 1993, au Texas, à l'occasion du siège par le FBI d'un ranch occupé par des membres d'une secte religieuse. - Révélations troublantes. Points de vue des deux parties antagonistes avancés. Images et extraits sonores extrêmement percutants.

WAR PHOTOGRAPHER
SUI. 2001. Documentaire de Christian FREI. - Un portrait du photoreporter James Nachtwey tourné sur une période de deux ans dans plusieurs pays du monde.

WAR ROOM, THE
É.-U. 1993. Documentaire de Don A. PENNEBAKER et Chris HEGEDUS. - Le travail quotidien des deux principaux organisateurs de la campagne électorale de Bill Clinton en vue des élections du 3 novembre 1992.

WATERMARKS
ISR. 2004. Documentaire de Yaron ZILBERMAN. - Huit ex-nageuses et plongeuses d'un célèbre club sportif juif de Vienne, dispersées à travers le monde, se retrouvent 65 ans après sa fermeture par les nazis.

WEATHER UNDERGROUND
É.-U. 2003. Documentaire de Sam GREEN et Bill SIEGEL. - L'histoire du mouvement radical The Weather Underground, racontée par les membres de ce groupe qui s'opposa de manière violente au racisme et à la guerre du Viêtnam. - Questionnement fascinant sur les limites morales de l'action terroriste. Critique nuancée du mouvement pacifiste américain. Portrait évocateur d'une époque troublée utilisant de percutants documents d'archives. Témoignages éloquents.

WHEEL OF TIME
ALL. 2003. Documentaire de Werner HERZOG. - Chaque année, des centaines de milliers de pélerins se rendent à Bhod Gaya, en Inde, pour recevoir les enseignements du dalaï-lama.

WHEN WE WERE KINGS
É.-U. 1996. Documentaire de Leon GAST. - Évocation du célèbre combat de boxe entre Muhammad Ali et George Foreman à Kinshasa, en octobre 1974.

WHY WE FIGHT
É.-U. 2005. Documentaire d'Eugene JARECKI. - L'influence de l'industrie militaire américaine sur le pouvoir politique, depuis la Seconde Guerre mondiale jusqu'au conflit en Irak. - Analyse historique et politique méticuleuse et pertinente. Points de vue nuancés et complémentaires. Images d'archives évocatrices. Témoignages émouvants.

WIGSTOCK
É.-U. 1994. Documentaire de Barry SHILS. - Une sélection des meilleurs moments d'un festival new-yorkais consacré aux performances de travestis.

WILD MAN BLUES
É.-U. 1997. Documentaire de Barbara KOPPLE avec Letty Aronson, Soon-Yi Previn et Dan Barrett. - Une équipe de tournage accompagne Woody Allen et son orchestre de jazz dans une tournée de plusieurs villes européennes.

WILD PARROTS OF TELEGRAPH HILL
É.-U. 2004. Documentaire de Judy IRVING. - Dans un quartier cossu de San Francisco, Mark Bittner, un musicien sans domicile fixe, a entrepris de prendre soin de 45 perroquets sauvages.

WITCHCRAFT THROUGH THE AGES
SUÈ. 1921. Documentaire de Benjamin CHRISTENSEN avec Tora Teje, Alice Frederiksen et Oscar Tribolt. - Les différentes manifestations de la sorcellerie vers la fin du Moyen Âge. - Chef-d'œuvre du muet. Mélange de genres fort réussi. Très belle photographie. Style expressionniste. Ensemble parfois décousu mais teinté d'un bon humour noir.

WONDERFUL HORRIBLE LIFE OF LENI RIEFENSTAHL, THE
ALL. 1993. Documentaire de Ray MÜLLER avec Leni Riefenstahl, Marlene Dietrich et Walter Frentz. - La vie et la carrière de l'actrice et cinéaste allemande Leni Riefenstahl qui s'attira l'admiration d'Hitler. - Portrait de femme captivant et instructif. Péripéties rivalisant avec n'importe quel scénario de fiction. Ensemble richement documenté.

WONDERLAND
É.-U. 1997. Documentaire de John O'HAGAN. - Portrait de Levittown, une ville de Long Island considérée comme le prototype de la banlieue américaine d'après-guerre.

WOODSTOCK
É.-U. 1970. Documentaire de Michael WADLEIGH. - Présentation du festival de musique populaire qui se tint près de Bethel dans l'État de New York au mois d'août 1969. - Montage très inventif. Points de vue variés. Musique entraînante.

YEAR OF THE HORSE
É.-U. 1997. Documentaire de Jim JARMUSCH. - Survol de la carrière du groupe de musique rock Neil Young & Crazy Horse.

YES MEN, THE
É.-U. 2003. Documentaire de Chris SMITH, Dan OLLMAN et Sarah PRICE. - Deux activistes américains se font passer pour des représentants de l'Organisation mondiale du commerce lors de diverses conférences.

10e CHAMBRE, LA
FR. 2004. Documentaire de Raymond DEPARDON. - Douze prévenus comparaissent devant le tribunal correctionnel, où ils sont jugés pour des délits mineurs. - Approche frontale de l'administration de la justice. Confrontations intéressantes et savoureuses entre les diverses parties. Humour parfois involontaire. Réalisation simple et directe. Intervenants plus ou moins conscients des caméras.

24 HEURES OU PLUS
QUÉ. 1976. Documentaire de Gilles GROULX. - Regard critique sur le système social qui régit le Québec. - Film censuré en son temps. Pamphlet politique contre le capitalisme. Mélange particulier d'interviews et d'archives. Traitement d'une subjectivité qui interpelle le spectateur.

3 PRINCESSES POUR ROLAND
CAN. 2001. Documentaire d'André-Line BEAUPPARLANT. - Après le suicide de son oncle violent et alcoolique, la réalisatrice recueille les confidences de sa tante, de sa cousine et de sa petite-cousine. - Exploration empathique des ravages de la pauvreté et du cercle vicieux de la violence conjugale. Révélations tantôt poignantes, tantôt révoltantes. Un certain espoir. Réalisation sensible.

3 SŒURS EN 2 TEMPS
QUÉ. 2003. Documentaire de Benoît PILON. - Les étapes de la création de la pièce *Les trois sœurs* de Tchekhov par le Théâtre de l'Opsis à l'hiver 2001.

32 SHORT FILMS ABOUT GLENN GOULD
QUÉ. 1993. Film d'essai de François GIRARD avec Colm Feore, Gale Garnett et David Hughes. - Trente-deux tableaux évoquant diverses étapes de la vie et de la carrière du pianiste canadien Glenn Gould. - Mosaïque impressionniste réalisée avec maestria. Ensemble riche et varié. Composition intense de C. Feore.

35 UP
ANG. 1991. Documentaire de Michael APTED avec Bruce Balden, Jacqueline Bassett et Symon Basterfield. - Depuis 1964, une équipe de télévision revoit tous les sept ans un groupe de personnes afin de suivre leur évolution physique, sociale et intellectuelle.

4 LITTLE GIRLS
É.-U. 1997. Documentaire de Spike LEE. - Enquête sur la mort de quatre fillettes de race noire tuées en 1963 dans l'explosion d'une église en Alabama.

42 UP

ALL. 1998. Documentaire de Michael APTED. - Depuis 1964, une équipe de télévision revoit tous les sept ans un groupe de citoyens britanniques afin de suivre leur évolution physique, sociale et intellectuelle. - Projet ambitieux qui s'ennoblit avec les années. Témoignages probants et touchants. Montage révélateur des changements d'époque.

7 DAYS IN SEPTEMBER

É.-U. 2002. Documentaire de Steven ROSENBAUM. - Vingt-sept cinéastes professionnels et amateurs ont filmé les attentats du 11 septembre 2001 à New York et les six jours qui ont suivi cette tragédie. - Assemblage extrêmement cohérent de films fort évocateurs et de témoignages pris sur le vif. Document authentiquement émouvant dénué de tout pathos.

SÉLECTIONS

LES GRANDS GENRES
LE CINÉMA AFRO-AMÉRICAIN

Across 110th Street
Ali
Amos & Andrew
Antwone Fisher
Any Given Sunday
Assault on Precinct 13 (1976, 2005)
Associate, The
Baadasssss!
Baby Boy
Bamboozled
Barbershop
Basquiat
Beloved
Best Man, The
Bird
Black Like Me
Blackboard Jungle
Blood of Jesus
Bloody Streetz
Body and Soul
Bones
Boomerang
Boyz'n the Hood
Breakin' All the Rules
Brother from Another Planet
Brown Sugar
Bustin' Loose
Cabin in the Sky
Car Wash
Carmen Jones
CB4
Clockers
Color Purple, The
Colors
Coming to America
Conrack
Cornbread, Earl and Me
Corrina, Corrina
Cotton Comes to Harlem
Craddle 2 the Grave
Crash (2004)
Critical Condition
Crooklyn
Daughters of the Dust
Dead Presidents
Defiant Ones, The
Devil in a Blue Dress
Do the Right Thing
Don't be a Menace to South Central While Drinking Your Juice in the Hood
Driving Miss Daisy
Family Thing, A
Fear of a Black Hat
Fear & Respect
Foreign Student
Four Brothers
Fresh
Friday
George Washington
Get on the Bus
Get Rich or Die Tryin'
Girl 6
Ghost Dog
Glass Shield, The
Glory
Go Down Death
Grand Canyon
Great White Hope, The
Guess Who's Coming to Dinner?
Half-Baked
Hallelujah!
Hangin' with the Homeboys
Harlem Nights
He Got Game
Head of State
Higher Learning
Hollywood Shuffle
Holy Man
Home of the Brave
Honeymooners, The (2005)
Hoodlum
Hoop Dreams
House Party
How Stella Got Her Groove Back
Huey P. Newton Story, A
Hurricane, The
Hustle and Flow
Imitation of Life
In the Heat of the Night
In Living Color (série)
Inkwell, The
Inside Man
Jason's Lyrics
Jesse Owen's Story, The
Jimi Hendrix
John Q
Juice
Jungle Fever
Killing Floor
King of New York
Lady Sings the Blues
Learning Tree, The
Lone Star
Long Walk Home, The
Loosing Isaiah
Lost Boundaries
Luke Cage
Lying Lips
Malcolm X
Manic
Menace II Society
Mo' Better Blues
Monster's Ball
Moon Over Harlem
Never Die Alone
New Jack City
New Jersey Drive
Nothing but a Man
Once Upon a Time When We Were Colored
One False Move
One Night Stand
One Week
Original Gangstas
Panther
Paris Is Burning
Piano Lesson, The
Piece of the Action
Poetic Justice
Posse
Pootie Tang
Preacher's Wife, The
Putney Swope
Rage in Harlem
Raisin in the Sun, A
Ray
Remember the Titans
Redemption: The Stan Tookie Williams Story
Rosewood
Roots (série)
Sarafina!
Scar of Shame
Scary Movie
School Daze
Secrets & Lies
Sergeant Ruthledge
Shadows
She's Gotta Have It
She Hate Me
Soldier's Story, A
Something of Value
Sounder
South Central
Stormy Weather
Story of a 3-Day Pass
Straight Out of Brooklyn
Strapped
Sugar Hill (1974)
Uncle Tom's Cabin
Waiting to Exhale
Walking dead
Watermelon Man, The
Wen Kuuni
What's Love Got to Do with It
White Chicks
White Men Can't Jump
White Zombie
Wire, The (série)
World of Strangers
Zebrahead
4 Little Girls

« BLAXPLOITATION »
Black Belt Jones
Black Ceasar
Black Mama, White Mama
Black Sister's Revenge
Blacula
Cleopatra Jones
Cleopatra Jones and the Casino of Gold
Coffy
Disco Godfather
Dolemite
Foxy Brown
Friday Foster
Hell Up in Harlem
Honey baby
I'm Gonna Git You Sucka
Legend of Dolemite
Penitentiary
Rude
Scream Blacula, Scream
Shaft
Shaft in Africa
Shaft's Big Score
Sheba, Baby
Slaughter
Slaughter's Big Rip Off
Soul Vengeance
Superfly
Superfly T.N.
Sweet Sweetback's Baadassss Song
That Man Bolt
Truck Turner
Willie Dynamite

LES GRANDS GENRES
ANIMATION INTERNATIONALE

BAKSHI, Ralph (É-U)
American Pop
Fire and Ice
Flipper City
Fritz the Cat
Heavy Traffic
Hey Good Lookin'
Lord of the Rings, The
Street Fight
Wizards

BOZZETTO, Bruno (ITA)
Allegro Non Troppo
Aventures de M. Rossi

BROTHERS QUAY (ANG)
Institute Benjamenta
Street of Crocodiles
Cabinet of Jan Svankmayer
Epic of Gilgamesh
Rehearsals for Extinct Anatomies
Nocturna Artificiala

LALOUX, René (FR)
Planète sauvage, La
Time Masters
Light Years

McLAREN, Norman (CAN)
Blinkity Blank
Génie de Norman McLaren
Norman McLaren : Masters Edition
Selected Films (Films choisis)

PLYMPTON, Bill (É-U)
I Married a Strange Person
Plymptoons
Tune, The

SVANKMAJER, Jan (TCH)
Alice
Conspirators of Pleasure
Collected Shorts of
Jan Svankmajer (vol. 1-2)
Faust
Little Otik

LES AUTRES
All Dogs Go to Heaven (IRL)
Allegro Non Troppo (ITA)
Cameraman's Revenge, The (RUS)
Chien, le général et les oiseaux, Le (FR)
Daisy Town (BEL)
Lucky Luke et les Daltons (FR)
Doggy Poo (COR.S)
Enfant qui voulait être un ours, L' (DEN, FR)
Films George Schwizgebel, Les (SUI)
Harvie Krumpet (AUS)
Histoires de fantômes chinois (CHI)
Kaena (FR)
Kirikou et la sorcière (FR)
Neurotica (CAN)
Pingu (SUÈ)
Pinocchio 3000 (QUÉ)
Plague Dogs (ANG)
Pollux, le manège enchanté (FR)
Prophétie des grenouilles, La (FR)
Puppet Films of Jiri
Roi et l'oiseau, Le (FR)
Sept à voir (QUÉ)
Secret Adventure of Tom Thumb, The (ANG)
Soldier's Tale, A (É-U)
Tintin (FR)
Triplettes de Belleville, Les (FR)
Vampires in Havana (CUBA)
War Game (ANG)
Watership Down (ANG)
When the Wind Blows (ANG)

LES GRANDS GENRES
ANIMATION JAPONAISE

KAWAJIRA, Yoshiaki
Animatrix, The
Cyber City Oedo 808
Demon City Shinjuku
Lensman
Neo Tokyo
Vampire Hunter D
Wicked City
X

KON, Satoshi
Millenium Actress
Paranoia Agent
Perfect Blue
Tokyo Godfather

MIYAZAKI, Hayao et Studio Ghibli
Cat Returns, The
Grave of the Fireflies
Howl's Moving Castle
Kiki's Delivery Service
Laputa : Castle in the Sky
Lupin III : Castle of Cagliostro
My Neighbor Totoro
Nausicaä of the Valley of the Winds
Pom Poko
Porco Rosso
Princess Mononoke
Sherlock Hound
Spirited Away
Whisper of the Heart

OSHII, Mamoru
Avalon
Ghost in the Shell
Ghost in the Shell 2 : Innocence
PatLabor : The Mobile Police
PatLabor : The Movie
Red Spectacles
Stray Dogs
Talking Heads
Those Obnoxious Aliens

OTOMO, Katsuhiro
Akira
Memories
Robot Carnival
Roujin Z
SteamBoy

RIN, Taro
Armageddon
Captain Herlock : The Endless Odyssey
Galaxy Express 999
Peacock King : Spirit Warrior 1

TEZUKA, Osamu et Tezuka Productions
Astro Boy
Black Jack
Jungle Emperor Leo
Kimba the White Lion
Leo the Lion
Metropolis
Princesse Saphir

Les longs métrages
Agent Akika : Final Battle
Animatrix, The
Appleseed
Arcadia of My Youth
Asunaro Story
Black Jack : Trauma
Blood the Last Vampire
Burst Angel
Cat Soup
Devilman
Final Fantasy VII : Advent Children
Final Fantasy : The Spirits Within
Ginrei Special
Heroic Legend of Arslan, The
Hiroshima No Pika
Ichi the Killer
Jin-Roh
Journey Through Fairyland, A
Kakurenbo
My My Mai
My Neighbours the Yamadas
Neon Genesis Evangelion
Night on the Galactic Railroad
Ninja Scroll
Panda ! Go, Panda !
Pokemon
Queen Emeraldas
Riding Bean
Sanctuary
Silent Service
Vampire Hunter D
Wings of Honneamise
801 T.T.S. Airbats

Les séries télévisées
Albator
Angel Cop
Armitage III
Baki the Grappler
Bible Black
Big O, The
Blue Gender
Bubblegum Crisis
Burst Angel
Cowboy Bebop
Crying Freeman
Demetan
Descendants of Darkness
Desert Punk
Devil Hunter Yohko
Dominion Tank Police
Dragon Ball
El Hazard
Escaflowne
Full Metal Alchemist
Gatchaman : Battle of the Planets
Ghost in the Shell
Giant Robo
Golden Boy
Green Legend Ran
Gun Frontier
Gundam
Gunslinger Girl
Gunsmith Cats
Haibane Remnei
Heat Guy J
Heidi
Hellsing
Heroic Legend of Arislan, The
Iria
Karas
Kimagure Orange Road
Last Exile
Legend of Condor Hero, The
Lupin III
Macross
Maya l'abeille
Minifée
Mystérieuses Cités D'Or, Les
Neon Genesis Evangelion
Petit Castor, Le
Photon : the Idiot Adventure
Please Save My Earth
Pokemon
Record of Lodoss War
Rémi
Requiem from the Darkness
Sailor Moon
Samurai 7
Samurai Champloo
Samurai X
Serial Experiment Lain
Speed Racers

Street Fighter
Tokyo Pig
Ushio & Tora
Van Dread
Violence Jack
Virus
X
8 Man After

LES GRANDS GENRES
LA COMÉDIE MUSICALE

LES VEDETTES DU GENRE

ABBOTT & COSTELLO
Buck Privates
In the Navy
Naughty Nineties, The

ANDREWS, Julie
Hey Mr. Producer !
Mary Poppins
Sound of Music, The
Star !
Throughly Modern Millie
Victor/Victoria

ASTAIRE, Fred
Band Wagon, The
Belle of New York, The
Blue Skies
Broadway Melody of 1940
Daddy Long Legs
Damsel in Distress
Easter Parade
Eddie and the Cruisers
Finian's Rainbow
Funny Face
Holiday Inn
Let's Dance
Royal Wedding
Silk Stockings
Sky's the Limit, The
That's Entertainment
Three Little Words
Yolanda and the Thief
You Were Never Lovelier
You'll Never Get Rich
Ziegfeld Follies

ASTAIRE, Fred/ROGERS, Ginger
Barkleys of Broadway, The
Carefree
Flying Down to Rio
Follow the Fleet
Gay Divorcee, The
Shall We Dance
Story of Vernon & Irene Castle, The
Swing Time
Top Hat
Roberta

AVALON, Frankie
Beach Blanket Bingo
Beach Party
Bikini Beach
Grease
How to Stuff a Wild Bikini
Jamboree !
Muscle Beach Party

BAKER, Josephine
Princess Tam Tam
Zou Zou

BEATLES, THE
Give my Regards to Broad Street
Hard Day's Night, A
Help !
Magical Mystery Tour
Yellow Submarine

CANTOR, Eddie
Kid Millions
Roman Scandals

CARON, Leslie
American in Paris, An
Daddy Long Legs
Fanny
Gigi
Glass Slipper, The
Lili

CHEVALIER, Maurice
Can-Can
Gigi
Merry Widow, The
Love Me Tonight

CROSBY, Bing
Birth of the Blues
Blue Skies
A Connecticut Yankee
in King's Arthur's Court
Emperor Waltz, The
Going My Way
Here Comes the Groom
Here Come the Waves
High Society
Holiday Inn
Just for You
King of Jazz
Let's Make Love
Mr. Music
Road to Hong Kong
Road to Morocco
Road to Rio
Road to Singapore
Road to Utopia
Road to Zanzibar
Robin and the Seven
Rythm on the River
Rythm on the Range
Star Spangled Rhythm
That's Entertainment
Variety Girl
Waikiki Wedding
We're Not Dressing
White Christmas

DAY, Doris
April in Paris
By the Light of the Silvery Moon
Calamity Jane
I'll See You in My Dreams
It's a Great Feeling
Love Me or Leave Me
Lucky Me
Lullaby of Broadway
My Dream Is Yours
Pajama Game
Tea for Two
West Point Story
Young at Heart

DENEUVE, Catherine
Dancer in the Dark
Demoiselles de Rochefort, Les
Parapluies de Cherbourg, Les

DIETRICH, Marlene
Blonde Venus
Big Broadcast of 1938
Follow the Boys

DURBIN, Deanna
100 Men and a Girl
First Love
It Started with Eve
Mad About Music
Something in the Wind
Three Smart Girls
Three Smart Girls Grow Up
Up in Central Park

EDDY, Nelson
Balalaika
Bitter Sweet
Chocolate Soldier, The
Girl of the Golden West, The
I Married an Angel
Let Freedom Ring
Maytime
Naughty Marietta
New Moon
Northwest Outpost
Rosalie
Rose Marie
Sweethearts

GARDNER, Ava
Band Wagon, The
One Touch of Venus
Show Boat (1951)

GARLAND, Judy
Babes in Arms
Babes on Broadway
Broadway Melody of 1938
Easter Parade
For Me and My Gal
Harvey Girls, The
I Could Go on Singing
In the Good Old Summertime
Listen, Darling
Little Nellie Kelly
Meet Me in St. Louis
Pigskin Parade
Pirate, The
Star Is Born, A (1954)
Strike Up the Band
Summer Stock
Thousands Cheers
Wizard of Oz, The
Ziegfeld Follies
Ziegfield Girl

GRABLE, Betty
Dolly Sisters, The
Down Argentine Way
Follow the Fleet
Footlight Serenade
Gay Divorcee, The
How to Marry a Millionaire
Moon Over Miami
Mother Wore Tights
Pigskin Parade
Pin Up Girl
Song of the Islands
Springtime in the Rockies
Three for the Show
Tin Pan Alley
Yank in the R.A.F., A

HAYWORTH, Rita
Affair in Trinidad, An
Cover Girl
Down to Earth
Loves of Carmen
Miss Sadie Thompson
Pal Joey
Tonight and Every Night
You Were Never Lovelier

HEPBURN, Audrey
Funny Face
My Fair Lady

HOPE, Bob
Big Broadcast of 1938
Louisiana Purchase

KAYE, Danny
Court Jester, The
Five Pennies, The
Song Is Born, A
Up in Arms
Wonder Man

KELLY, Gene
American in Paris, An
Anchors Aweigh
Brigadoon
Cover Girl
Deep in My Heart
Demoiselles de Rochefort, Les
It's Always Fair Weather
Les Girls
Let's Make Love
Marjorie Morningstar
On the Town
Pirate, The
Singin' in the Rain
Summer Stock
Take Me Out to the Ball Game
That's Dancing
That's Entertaiment
That's Entertainment Part 2
Thousands Cheer
Words and Music
Xanadu
Ziegfield Follies

LANZA, Mario
Because You're Mine
For the Love of Mary
Great Caruso
Seven Hills of Rome
Student Prince, The
That Midnight Kiss
Toast of New Orleans, The

LAURE, Carole
Fantastica
IXE-13
Night Magic

LAUREL & HARDY
Devil's Brother, The
Hollywood Party
March of the Wooden Soldiers
Pick a Star

LEIGH, Janet
Bye Bye Birdie
My Sister Eileen
Pete Kelly's Blues
Two Tickets to Broadway

MacRAE, Gordon
Carousel
Desert Song, The
Oklahoma !
Tea for Two
West Point Story, The

MADONNA
Evita
Girls Just Want to Have Fun

MARTIN, Dean
Bells are Ringing
Robin and the Seven Hoods
That's Dancing

MENJOU, Adolphe
100 Men and a Girl
Bundle of Joy
Goldwyn Follies, The
Free and Easy
My Dream Is Yours
Star is Born (1937)
Step Lively
You Were Never Lovelier

MINNELLI, Liza
Cabaret
In the Good Old Summertime
New York, New York
Stepping Out
That's Dancing !

MIRANDA, Carmen
Copacabana
Date With Judy, A
Down Argentine Way
Scared Stiff
Springtime in the Rockies
Week-end in Havana

MONROE, Marilyn
Bus Stop
Gentlemen Prefer Blondes
How to Marry a Millionaire
Ladies of the Chorus
Let's Make Love
Some Like it Hot
There's No Business Like Show Business

NOVAK, Kim
Boy's Night Out
Eddy Duchin Story, The
French Line, The
Pal Joey

PINK FLOYD
Pink Floyd - The Wall

POWELL, Dick
In the Navy
On the Avenue

POWELL, Eleanor
Born to Dance
Broadway Melody of 1936
Broadway Melody of 1938
Broadway Melody of 1940
I Dood It
Lady Be Good
Thousands Cheer

POWELL, Jane
Rich, Young and Pretty
Seven Brides for Seven Brothers
That's Entertainment
Two Weeks with Love

POWER, Tyrone
Alexander's Ragtime Band
Eddy Duchin Story, The
Rose of Washington Square, The
Second Fiddle

PRESLEY, Elvis
Blue Hawaii
Clambake
Fun in Acapulco
G.I. Blues
Girl ! Girl ! Girl !
Girl Happy
Harum Scarum
Jailhouse Rock
King Creole
Kissin' Cousin
Love Me Tender
Paradise, Hawaiian Style
Roustabout
Spinout
Viva Las Vegas
Wild in the Country

PRINCE
Graffiti Bridge
Purple Rain
Under the Cherry Moon

ROGERS, Ginger
42th Street
Sitting Pretty

SINATRA, Frank
Anchors Aweigh
Can-Can
Come Blow Your Horn
Guys and Dolls
High Society
Hole in the Head
It Happened in Brooklyn
Meet Danny Wilson
On the Town
Pal Joey
Road to Hong
Robin and the Seven Hoods
Step Lively
Take Me Out to the Ball Game
That's Entertainment
Till the Clouds Roll by
Young at Heart

STREISAND, Barbra
Funny Girl
Funny Lady
Hello, Dolly !
On a Clear Day You Can See Forever
Star Is Born, A (1976)
Up the Sandbox
What's Up Doc ?
Yentl

TEMPLE, Shirley
Blue Bird, The
Curly Top
Dimples
Heidi
Little Colonel, The
Little Miss Broadway, The
Little Princess, The
Littlest Rebel, The
Poor Little Rich Girl

VAN DYKE, Dick
Bye, Bye, Birdie
Chitty Chitty Bang Bang
Mary Poppins
What a Way to Go !

WATERS, Ethel
Cabin in the Sky
Cairo
Stage Door Canteen

WEST, Mae
Belle of the Nineties
Every Day's a Holiday
Goin' to town
Go West, Youngman
Heat's On, The
I'm No Angel
Klondike Annie
My Little Chickadee
Sextette
She Done Him Wrong

WILLIAMS, Esther
Bathing Beauty
Dangerous When Wet
Duchess of Idaho
Easy to Love
Easy to Wed
Million Dollar Mermaid
Neptune's Daughter
On an Island With You
Skirts Ahoy!
Take Me Out to the Ball Game
That's Entertainment
Till the Clouds Roll by
Ziegfield Follies

WOOD, Natalie
Great Race, The
Gypsy (62)
Inside Daisy Clover
Just for You
West Side Story

BOLLYWOOD
Asoka
Baazi
Bollywood/Hollywood
Brave Heart Will Take the Bride, The
Bride & Prejudice
Devdas
Dilwale Dulhania le Jayenge
God Is My Witness
I have Found It
Kaho Naa... Pyaar Hai
Kranti
Kudah Gawah
Lagaan: Once Upon a Time in India
Maa Tujhhe Salaam
Mission Kashmir
Pyaar Tune Kya Kiya
Straight From the Heart

CUVÉE INTERNATIONALE
Amour sorcier
Annie Get Your Gun
Boy Friend, The
Broadway Melody
Brown Sugar
Camelot
Carnival Rock
College Swing
Copacabana (1985)
Damn Yankees!
Diplomaniacs
Divine Madness
Duke is Top
Everybody Sing
Everyone Says I Love You
Fabulous Baker Boys, The
Fabulous Dorseys, The
Farmer Takes a Wife, The (1953)
Fastest Guitar Alive, The
Firefly, The
Five Heartbeats, The
For the First Time
Forbidden Zone
Four Daughters
Gay Desperado, The
Giant Steps
Girl Crazy (1943)
Girls Just Want to Have Fun
Golden Eighties
Good News
Goodbye, Mr. Chips
Grace of My Heart
Great Ziegfeld, The
Gypsy (1993)
Half Six Pence
Hallelujah, I'm a Bum!
Happiest Millionaire, The
Having a Wild Weekend
Hit the Deck
House Party
How to Succeed in Business
  Without Really Trying
I've Always Loved You
Imagine the Sound
Inspector General, The
IXE-13
Jericho
Jolson Sings Again
Joy of Living
King and I, The
Kismet
Kiss Me Kate
Krush Groove
Last of the Blue Devils, The
Lovely to Look at
Love's Labour Lost
Madam Satan
Man of La Mancha
Merry Widow, The (1935, 1952)
Moulin Rouge
Murder at the Vanities
Music Man, The
New Orleans
On Our Merry Way
One Night of Love
Opéra de Quat'sous, L' (1931, 1962)
Paint Your Wagon
Parade
Passion Andalouse
Pennies from Heaven
Pick-up Artist, The
Red Garters
Rhythm Romance
Rooftops
San Francisco
Show Boat (1936)
Show-Off, The (1946)
Singing Nun, The
South Pacific
Sparkle
State Fair
Stop the World, I Want to Get Off
Stormy Weather
Student Prince, The
They Shall Have Music
Three Daring Daughters
Three Little Words
Till the Clouds Roll By
Too Many Girls
Train Ride to Hollywood
Unsinkable Molly Brown, The
Vampyr, The
Variety Girl
Velvet Goldmine
Wild Guitar
Will Success Spoil Rock Hunter?
Without You I'm Nothing: Sandra Bernhard
Yankee Doodle Dandy
You got served
Zero Patience
24 Hours Party People

DISCO
Can't Stop the Music
Car Wash
Mahogany
Roller Boogie
Thank God it's Friday

ENFANTS
Animal Crackers
Annie
Bugsy Malone
Carmen Jones
Doctor Dolittle
Fiddler on the Roof, The
Hans Christian Andersen
Little Prince, The
Little Shop of Horrors
Muppet Movie, The
Oliver!
Pete's Dragon
Pirate Movie, The
Pirates of Penzance, The
Popeye
5000 Fingers of Dr. T., The

FRANÇAIS
À nous la liberté
Amants de Truel, Les
Années 80, Les
Demoiselles de Rochefort, Les
Filles perdues, cheveux gras
French-CanCan
Gouttes d'eau sur pierres brûlantes
Jeanne et le garçon formidable
Lola
Million, Le
On connaît la chanson
Parapluies de Cherbourg, Les
Peau d'Âne
Sous les toits de Paris
Trois places pour le 26
Femme est une femme, Une
8 Femmes

JAZZ/BLUES
All That Jazz
Every Day's a Holiday
Five Pennies, The
Glenn Miller Story, The
Jazz Singer, The (1927, 1953, 1980)
Jolson Story, The
Mo' Better Blues
New Orleans
Orchestra Wives
Paris Blues
Pennies From Heaven (1936)
Round Midnight
Song Is Born, A
Sun Valley Serenade

MUSIC-HALL
Chicago
Chorus Line
Evita
King and I, The
Newsies
Pennies From Heaven (1981)
Phantom of the Opera (2004)
Rent
Scrooge
Spice World
Sweet Charity
Tom Sawyer
Wiz, The
Zoot Suit

MUSIQUE COUNTRY
Best Little Whorehouse in Texas, The
Coal Miner's Daughter
Nashville
Songwriter
Sweet Dreams
Walk the Line

MUSIQUE DU MONDE
Amour sorcier, L'
Bye Bye Brazil
Exils
Flamenco
Lagaan : Once Upon a Time in India
Latcho Drom
Mambo Kings, The
Salsa
Sarafina !
Song of Freedom
Tango (Saura)
Tangos : l'exil de Gardel
Vengo
Vie est belle, La (1987)

MUSIQUE ROCK
Absolute Beginners
Blues Brothers
Blues Brothers 2000
Cannibal ! The Musical
Dirty Dancing
Flashdance
Footloose
Godspell
Grease 2
Hair
Hairspray
Head
Hedwig and the Angry Inch
Home For the Brave : Laurie Anderson
Jesus Christ Superstar
Kid sentiment
Phantom of the Paradise
Roadie
Roadkill
Rocky Horror Picture Show, The
Sgt Pepper's Lonely Hearts club
Song Remains the Same : Led Zepplin
Streets of Fire
Summer Holiday
True Stories
Velvet Goldmine
Wonderful Life
Young Ones
200 Motels

OPÉRA/CLASSIQUE
Aria
Bal, Le
Black Tights
Carmen (Saura et Rosi)
Diva
Fantasia
Flûte enchantée, La
Great Caruso, The
Great Waltz, The
Lisztomania
Traviata, La
Madame Butterfly
Maître de musique, Le
Noces de sang
Nutcracker : the Motion Picture
Othello
Red Shoes, The
Song Without End
Tales of Beatrix Potter
Tales of Hoffman
Two Sisters from Boston
White Nights

RENOUVEAU
Chicago
Dancer in the Dark
Moulin Rouge
Muriel's Wedding
My Best Friend's Wedding
Rent
Strictly Ballroom
Zero Patience

LES GRANDS GENRES
LA COMÉDIE ROMANTIQUE

LES REINES DU GENRE

BARRYMORE, Drew
50 First Dates
Everyone Says I Love You
Fever Pitch
Home Fries
Never Been Kissed
Wedding Singer, The

DAY, Doris/HUDSON, Rock
Lover Come Back
Pillow Talk
Send Me No Flowers

HEPBURN, Audrey
Breakfast at Tiffany's
Charade
Funny Face
Love in the Afternoon
Roman Holiday
Sabrina

HEPBURN, Katharine
Adam's rib
Bringing Up Baby
Pat & Mike
Summertime
Sylvia Scarlett
Woman of the Year

MONROE, Marilyn
Gentlemen prefer blondes
How to Marry a Millionaire
Let's make love
Seven year itch
Some like it hot

PFEIFFER, Michelle
Frankie and Johnny (1991)
Grease 2
Married to the Mob
Midsummer's Night Dream, A
One Fine Day
Story of Us, The
Witches of Eastwick, The

ROBERTS, Julia
American Sweetheart
Everyone Says I Love You
I Love Trouble
Mexican, The
My Best Friend's Wedding
Notting Hill
Pretty Woman
Runaway Bride
Something to Talk About

RYAN, Meg
Addicted to Love
French kiss
I.Q.
Joe versus the Volcano
Kate & Leopold
Sleepless in Seattle
When Harry Met Sally
You've Got Mail

WITHERSPOON, Reese
Importance of Being Earnest, The
Just Like Heaven
Legally Blonde (I et II)
Pleasantville
Sweet Home Alabama

LES ROIS DU GENRE

FORD, Harrison
Sabrina (1995)
Six Days Seven Nights
Working Girl

GRANT, Cary
Bishop's Wife, The
Charade
His Girl Friday
Houseboat
I Was a Male War Bride
Indiscreet
Kiss Them For Me
People Will Talk
Philadelphia Story, The
To Catch a Thief

GRANT, Hugh
About a boy
Bridget Jones' diary
Bridget Jones – The Edge of Reason
Four Weddings and a Funeral
Love Actually
Music and lyrics by
Nine months
Notting Hill
Sense and sensibility
Two weeks notice

LES ADAPTATIONS
Emma
High Fidelity
Ideal Husband, An
Importance of Being Earnest, The
Just like heaven
Midsummer's Night Dream
Sense and Sensibility

LES CLASSIQUES
Bell, Book and Candle
Bride Came C.O.D., The
Come September
French Line, The
Front Page, The (1931)
Funny Girl
Funny Lady
Graduate, The
His Girl Friday
It Should Happen to You
Love Is Better Than Ever
Philadelphia Story, The
Sabrina (1954)
They All Kissed the Bride

LES CONTEMPORAINS
About Last Night
Alex and Emma
Annie Hall
Anything Else
As good As It Gets
Benny and Joon
Bull Durham
Chasing Amy
Coming to America
Dave
Down with Love
Eternal Sunshine of the Spotless Mind
Everyone Says I Love You
Family Man, The
For Roseanna
Forget Paris

Happy Accident
In and Out
Intolerable Cruelty
Lost in Translation
Manhattan
Meet the Parents
Moonstruck
My Big Fat Greek Wedding
One Fine Day
Only You
Punch Drunk Love
Roxanne
Shakespeare in Love
Something's Gotta Give
Splash
Story of Us, The
Stuck on You
There's Something About Mary
Threesome
Truth About Cats and Dogs
What Women Want
Woman on the Top

SOUVENIRS D'ADOLESCENCE

Can't Buy Me Love
Cry-Baby
Get Over It
Grease
Heaven Help Us!
How to Deal
Loverboy
Mannequin
Mermaids
My Girl
Peggy Sue Got Married
Pretty in Pink
Princess Bride
Sixteen Candles
Some Girls
Summer of '42
10 Things I Hate About You

LES GRANDS GENRES
L'EXPRESSIONNISME

LA QUINTESSENCE DU GENRE

Blue Angel, The (1930)
Cabinet du Dr. Caligari, Le
Faust
Frankenstein (1931)
Fury
Golem, The
Jour de colère
Kriemhilde's Revenge
Last Laugh, The (Le dernier des hommes)
M le maudit
Metropolis
Nosferatu
Pages arrachées du livre de Satan, Les
Pandora's Box
Siegfried
Spies
Student of Prague, The
Testament du Dr Mabuse, Le
Vampyr
Witchcraft Through the Ages
1000 Eyes of Dr. Mabuse

LES FILMS D'INSPIRATION

Batman
Batman Returns
Beetlejuice
Cabinet of Caligari (1962)
Crow, The
Dark City
Docteur Petiot
Edward Scissorhands
Eraserhead
Europa
Freaks
Hour of the Wolf (1968)
Hush... Hush, Sweet Charlotte
Institute Benjamenta
Kafka
Mad Love (1935)
Monkeybone
Nightmare Before Christmas, The
Night of the Hunter, The
Old Dark House, The
Shadows and Fog
Sleepy Hollow
Tales From the Gimli Hospital
Trial, The (1963)

LES GRANDS GENRES
LE « FEEL GOOD MOVIE »

Aimants, Les
Auberge espagnole, L'
As Good As It Gets
Astérix et Obélix contre Cléopâtre
Aventures de Rabbi Jacob, Les
Belle verte, La
Benny & Joon
Big Fish
Bonheur est dans le pré, Le
Boys on the Side
Breakfast Club, The
Calendar Girls
Charlie and the Chocolate Factory
Chat noir, chat blanc
Choristes, Les
Crème glacée, chocolat
et autres consolations
Cup, The
Dilettante, La
Dirty Dancing
Enchanted April
Enfants du marais, Les
Être et avoir
Fabuleux destin d'Amélie Poulain, Le
Ferris Bueller Day Off
Flashdance
Four Weddings and a Funeral
Frankie and Johnny (1991)
Fried Green Tomatoes
Ghost
Goodbye Lenin!
Good Morning
Grande Séduction, La
Grégoire Moulin contre l'humanité
Guarding Tess
In Her Shoes
Julie en juillet
Kranti
Life aquatic with Steve Zissou
Mad Hot Ballroom
Millions
Minot d'or, Le
Money Pit, The
My Date with Drew
Nobody's Fool (1994)
Notting Hill
One Fine Day
Poupées russes, Les
Peggy Sue Got Married
Pretty Woman
Quand la mer monte
Rushmore
Singin' in the Rain
Soapdish
St-Elmo's Fire
Steel Magnolias
Swing
Tuvalu
Air de famille, Un
Vie comme elle va, La
Witches of Eastwick, The
Wonder Boys
Zazie dans le métro

LES GRANDS GENRES
LE FILM CULTE

LES ANTHROPOPHAGES ET LE CANNIBALISME

Amants criminels, Les
Antropophagus
Aswang
Bad Taste
Begotten
Blood Feast
Blood Feast 2: All U Can Eat
C.H.U.D.
Cannibal Apocalypse
Cannibal Ferox
Cannibal Girls
Cannibal Holocaust
Cannibal: The Musical
Conan the Barbarian
Cut and Run
Dahmer
Dans ma peau
Demon Barber of Fleeter Street
Eaten Alive (1980)
Eating Raoul
Emmanuelle, prisonnière des cannibales
Frightmare
Hills Have Eyes, The (1976, 2005)
Hills Have Eyes Part II, The
Hotel
I Eat Your Skin
Igor and the Lunatics
Leatherface: TCM III
Man from Deep River
Maniac (1934)
Microwave Massacre
Motel Hell
Mountain of the Cannibal God
Night of the Comet
Parents
Planet of the Vampires
Porcile
Ravenous
Raw Meat
Society
Spider Baby
Texas Chainsaw Massacre, The
(1974, 2003)
Texas Chainsaw Massacre 2, The
Texas Chainsaw Massacre:
The Next Generation
Titus
Tolérance
Trouble Every Day

L'AUTOMOBILE ET LA MOTO

Akira
American Graffiti
Betsy, The
Blonde, une brune et une moto, Une
Blues Brothers, The
Bobby Deerfield
Bourne Identity (2002), The
Bourne Supremacy, The

Breakdown
Bullitt
Cadillac Man
Cannonball Run
Car, The
Car Wash
Caro Diario
Cars That Ate Paris, The
Chitty Chitty Bang Bang
Christine
Collateral
Convoy
Coupe de ville
Crash
Days of Thunder
Death Race 2000
Dirty Mary Crazy Larry
Driver, The
Duel
Dukes of Hazard
Easy Rider
Electra Glide in Blue
Fast and the Furious, The
Fast Company
Faster Pussycat Kill ! Kill !
Fear and Loathing in Las Vegas
French Connection, The
Girl on a Motorcycle
Grand Prix
Great Escape, The
Great Race, The
Guantanamera
Gung Ho !
Hell's Angels on Wheels
Herbie Fully Loaded
Herbie Goes Bananas
Herbie Goes to Monte Carlo
Herbie Rides Again
Kalifornia
Knightriders
Leningrad Cowboys Go America
Lost in America
Love Bug, The
Loveless, The
Mad Max (I, II & III)
Mans, Le
Mortelle Randonée
Motor Psycho
Niagara, Niagara
Night on Earth
No Man's Land
Racers, The
Raising Arizona
Rebel Rousers
Rock, The
Ronin
Salaire de la peur, Le
Satan's Sadists
Smash Palace
Smokey and the Bandit 1, 2 & 3
Sorcerer
Speed
Spetters
Streets of Fire
Sugarland Express, The
Sur un arbre perché
Taxi Blues
Taxi Driver
Thelma & Louise
Those Daring Young Men
in Their Jaunty Jalopies
Thunder Road
To Live and Die in L.A.
To Please a Lady
Used Cars
Vanishing Point
Wild One, The
2 Fast 2 Furious

LES DÉMONS ET LE SATANISME

Alice, Sweet Alice
Angel Heart
Antichrist, The
Army of Darkness (Evil Dead III)
Audrey Rose
Black Cat, The (1934)
Black Sunday (1960)
Bless the Child
Blood on Satan's Claw
Brotherhood of Satan
Church, The
Constantine
Damien : The Omen II
Deadly Blessing
Demon Knight
Demons 1 & 2
Devil's Rain
Devil Rides Out
Diable est parmi nous, Le
Dominion : Prequel to the Exorcist
Dust Devil
Dybbuk, The
End of Days
Evil Dead I & II, The
Exorcism of Emily Rose, The
Exorcismo
Exorcist I, II & III, The
Exorcist : The beginning, The
Eyes of Fire
Faust (1926)
Faust : Love of the Damned
God Told Me To
H.P. Lovecraft's Necronomicon
Häxan (1922, 1956)
Hellraiser I, II & III
Horror Express
House
Incubus (1965)
Inferno
Maléfique
Mister Frost
Needful Things
Ninth Gate, The
Nude for Satan
Omen, The
Omen III : The Final Conflict, The
Petey Wheatstraw : The Devil's Son-in-Law
Possession
Prince of Darkness
Prophecy, The (1995)
Reincarnation of Isabel, The
Resurrected
Rosemary's Baby
Shock
Silent Hill
Stigmata
Summer of Fear
Sur le seuil
To the Devil, a Daughter
Wishmaster
Seventh Sign, The
7 Days to Live

L'EXPLOITATION À L'ÉTAT PURE

Aventures sexuelles de Néron et Popée
Barbed Wire Dolls
Caligula réincarné en Hitler
Concrete Jungle
Contrainte par corps
Déportées du camp SS, Les
Devil's Island Lovers
Elsa Faulein SS
Enfer du plaisir, L' (Sadomania)
Femmes contre femmes
Femmes en cage (Amazon Jail)
Ilsa, Harem Keeper of the Oil Sheiks
Ilsa, She-Wolf of the SS
Ilsa, the Wicked Warden
Ilsa, Tigress of Siberia
Maison privée des SS, La
Meet the Feebles
Plus longues nuits de la gestapo, Les
Prison des femmes en furie
Riki-Ho : The Story of Ricky
Séquestrée des SS, La
School of the Holy Beast
Sinful Nuns of St. Valentine, The
SS Hell Camp
Violence in a Women's Prison

LES FAMILLES PSYCHOPATHES

Basket Case 1 & 3
Dead Ringer (1964)
Deadly Blessing
Devil's Rejects, The
Hills Have Eyes, The (1976, 2006)
House of 1000 Corpses
Manson Family, The
Motel Hell
Mother's Boys
Other, The (1972)
Phenomena
Pin
Psycho (1960, 1998)
Spider
Strait-Jacket
Texas Chainsaw Massacre, The
(1974, 2003)
Young Poisoner's Handbook
Wrong Turn
2000 Maniacs

LA GÉNÉTIQUE ET LE VIRAL

Abominable Snowman, The
Alligator People, The
Amazing Colossal Man, The
Attack from Mars
Attack of the 50 Foot Woman
Breeders
Brood, The
Cabin Fever
Castle Freak
Children of the Damned
Coneheads
Continent des hommes poissons, Le
Crawling Hand, The
Crazies, The
Créature de Kolos, La
Dagon
Dark Backward, The
Deadly Weapons
Doomwatch
Eraserhead
eXistenZ
Fantastic four, The
Fly, The (1958, 1986)
Freaks
Gargoyles
Half Human
Hideous Sun Demon
Homme à deux têtes, L'
How to Get Ahead in Advertising
Incredible Melting Man, The
Invasion of the Bee Girls
Island of Terror

Island of the Alive
It Lives Again
It's Alive !
Jeepers Creepers 1 & 2
Jeune bionique, Le
Laserblast
Leech Woman, The
Lobster Man from Mars
Man Beast
Mimic
Mole People, The
Monster of the Piedras Blancas, The
Monster Walks, The
Nightbreed
No Such Thing
Quartermass Experiment, The
Rabid
Relic, The
Reptile, The
Revenge of Sun Demon
Sgt. Kabukiman N.Y.P.D.
Shivers
Slime People, The
Society
Spider-Man 1 & 2
Spontaneous Combustion
Street Trash
Stuff, The
Tank Girl
Tetsuo : The Iron Man
Tetsuo II : Body Hammer
Thing, The
Toxic Avenger, The
Unnamable, The
Videodrome
Village of the Damned (1960, 1995)
Village of the Giants
Wasp Woman, The
X-Men 1, 2 & 3

LE GIALLO

Blade in the Dark, A
Bird with the Crystal Plumage, The
Black Belly of the Tarantula, The
Blade of the Ripper
Blood and Black Lace
Bloodstained Shadow, The
Card Player, The
Case of the Bloody Iris, The
Cat O'Nine Tails
Cold Eyes of Fear
Crimes of the Black Cat
Deep Red
Fifth Cord, The
Forbidden Photos of a Lady Above Suspicion
Hatchet for the Honeymoon
Lizard in a Woman's Skin, A
My Dear Killer
Opera
Pyjama Girl Case, The
Seven Dead in a Cat's Eye
Short Night of the Glass Dolls
Sleepless
Spasmo
Tenebre
Torso
Trauma
What Have You Done to Solange ?
Who Saw Her Die ?

L'HORREUR ASIATIQUE

Corée

Acacia
Face
Isle, The
Memento mori
Nightmare (Horror Game Movie)
Phone
Quiet Family, The
R-Point
Ring Virus, The
Sorum
Spider Forest
Tale of Two Sisters, A
Tell Me Something
Three Extremes
Three Extremes 2 (Three)
Unborn but Forgotten
Whispering Corridors
Wishing Stairs

Hong Kong

Dumplings
Face to face
Koma
Three extremes
Three extremes 2 (Three)

Japon

Audition
Charisma
Crazy Lips
Cure
Dark Water
Freeze Me
Gore from Outer Space
Ichi the Killer
Ju-On
Ju-Rei : The Uncanny
Marebito
One Missed Call
One Missed Call 2
Premonition
Pulse (Kaïro)
Ringu
Ringu 2
Séance
Shikoku
St. John's Wort
Suicide Club
Three Extremes
Tomie
Tomie : Forbidden Fruit
Tomie : Replay
Uzumaki

Thaïlande

Ab-normal beauty
Eye, The
Eye 2, The
Eye 10, The
Ghost Delivery
Nang Nak
Seven Days in a Coffin
Sister, The
Three Extremes 2 (Three)

LE KAIJU

Destroy All Monsters
Gamera : Attack of Legion
Gamera : Return of Giant Monster
Gamera : Revenge of the Iris
Gamera : The Guardian of the Universe
Gamera vs. Monster X
Gappa
Godzilla (1985, 1998, 2000)
Godzilla against Mechagodzilla
Godzilla, King of the Monsters
Godzilla, Mothra and King Ghidorah : Giant Monsters All Out Attack
Godzilla vs. Detroyah
Godzilla vs. Gigan
Godzilla vs. Hedorah
Godzilla vs. King Ghidora
Godzilla vs. Mechagodzilla II
Godzilla vs. Megaguirus
Godzilla vs. Megalon
Godzilla vs. Monster Zero
Godzilla vs. Mothra
Godzilla vs. Mothra : the Battle for Earth
Godzilla vs. the Sea Monster
Godzilla vs. the Smog Monster
Godzilla vs. Spacegodzilla
Godzilla : Tokyo S.O.S.
Godzilla's Revenge
Infra-Man
King Kong vs. Godzilla
Mothra
Rebirth of Mothra I & II
Rodan
Son of Godzilla
Terror of Mechagodzilla
Ultraman
Ultraman Gaia : The Battle in Hyperspace
Ultraman Tiga & Ultraman Dyna
Ultraman Towards the Future (série)
War of the Gargantuas

LES LOUPS-GAROUS

American Werewolf in London, An
Beast Must Die, The
Beast Within, The
Company of Wolves, The
Curse of the Devil
Curse of the Werewolf
Dog Soldiers
Frankenstein Meets the Wolf Man
Full Eclipse
Ginger Snaps
Ginger Snaps II : Unleashed
Howling, The
Howling II, The – Your Sister is a Werewolf
Legend of the Werewolf
She-wolf of London
Silver Bullet
Underworld
Underworld : Evolution
Van Helsing
Werewolf of London
Wolf
Wolf Man, The
Wolfen

LE MEURTRE EN SÉRIE

American Psycho
Amsterdamned
Baise-moi
Blood Bride
Bone Collector
Boucher, Le
Brute Man, The
C'est arrivé près de chez vous
Candyman
Cell, The
Citizen X
Clay Pigeons
Collectionneur, Le
Curdled
Deep Crimson
Deranged
Don't Torture a Duckling
Dressed to Kill
Driller Killer, The
Eaten Alive (1977)
Ed Gein

Felicia's Journey
Fiend, The
Frailty
Frenzy
Frequency
From Hell
Gruesome Twosome, The
Hannibal
Harry, un ami qui vous veut du bien
He Knows You're Alone
Henry, Portrait of a Serial Killer
Hitcher in the Dark
Homicidal
Honeymoon Killers, The
House of Wax (1953, 2005)
Ichi the Killer
Identity
In Dreams
In the Cut
Jack's Back
Jack the Ripper (1976, 1987)
Knight Moves
Lodger, The
Lured
M le maudit
Manhunter
Maniac
Maniac Cop
May
Minus Man
Mystery of the Wax Museum (1933)
New York Ripper
Nightmare on Elm street
Night of the Hunter
Peeping Tom
Red Dragon
Rivières pourpres 1 & 2, Les
Roberto Succo
Sadistic Baron Von Klaus, The
Schramm
Serial Lover
Serial Mom
Seven
Shock ! Shock ! Shock !
Shocker
Silence of the Lambs
Slashers
Stendhal Syndrome, The
Tenderness of the Wolves
Terror Firmer
Thesis
Torture Chamber of Baron Blood, The
Visiting Hours
Wolf Creek
Woyzeck
Zodiac Killer, The
5 Dolls for an August Moon
10 to Midnight
100 Proof

LES MORTS VIVANTS

Beyond, The
Boneyard, The
Braindead (Dead Alive)
Burial Ground
Buttcrack
Carnival of Souls (1962, 1998)
Chopper Chicks in Zombietown
City of the Living Dead
Cult of the Dead (Snake people)
Dawn of the Dead (1978, 2004)
Day of the Dead
Day of the Dead 2 : Contagium
Dead Next Door, The
Ed and His Dead Mother
Hell of the Living Dead
Land of the Dead
Let Sleeping Corpses Lie
Man They Could Not Hang, The
Morte Vivante, La
Mummy, The (1932, 1959)
Nightmare City
Night of the Living Dead (1968, 1990)
Night of the Zombies
Oasis of the Zombies
Pet Sematary
Plague of the Zombies, The
Psychomania
Resident Evil
Resident Evil : Apocalypse
Return of the Blind Dead
Return of the Living Dead I & II
Revenants, Les
Shaun of the Dead
Shockwaves
Sugar Hill
Tombs of the Blind Dead
Vengeance du Zombie, La
(Voodoo Black Exorcist)
Versus
Visitor from the Grave
Zombie
Zombie 3
Zombie Lake
28 Days Later

LE PARANORMAL

Aenigma
American Haunting, An
Amityville Horror, The (1979, 2005)
Amityville II & III
Anguish
At Midnight, I'll Take Your Soul
Awakening of the Beast
Bad Dreams
Begotten
Below
Belphégor : le fantôme du Louvre
Black Sabbath
Blair Witch Project, The
Book of Shadows : Blair witch 2
Bride of Chucky
Brothers Grimm
Bubba Ho-Tep
Burnt Offerings
Car, The
Carrie
Changeling, The
Child's Play I & II
Christine
Cold Creek Manor
Crow I, II & III, The
Cthulhu Mansion
Dark Water (2005)
Darkness
Darkness Falls
Dead End
Démoniaques, Les
Démon dans l'île, Le
Devil in Miss Jones 1 & 2, The
Devil's Backbone, The
Die Alive
Dolls
Don't Look Now
Entity, The
Eyes of Laura Mars
Fallen
Fall of the House of Usher
Fat Black Pussycat
Final Destination 1, 2 & 3
Flatliners
Fog, The (1979, 2005)
Frighteners, The
Fury, The
Ghost story
Gift, The
Grudge, The
Haunting, The (1963, 1999)
Headless Ghost, The
Hearts in Atlantis
Hidden, The
House on Haunted Hill (1959, 1999)
House that Dripped Blood, The
In the Mouth of Madness
Incubus, The (1982)
Innocents, The
Jacob's Ladder
Jeu d'enfants, Un
Johnsons, The
Keep, The
Kill Me Tomorrow
Lady in White
Legend of Hell House, The
Lift, The
Lord of Illusions
Magic
Manhattan Baby
Maximum Overdrive
Mothman Prophecies, The
New Nightmare (Wes Craven's)
Nightbreed
Nightmare (1963)
Nightmare on Elm street, A 1 à 6
Others, The
Patrick
Phantasm I, II & IV
Poltergeist 1, 2 & 3
Rendez-moi ma peau
Ring 1 & 2, The
Saint-Ange
Saints-Martyrs-des-Damnées
Scanners
Season of the Witch
Seed of Chucky
Serpent and the Rainbow, The
Session 9
Shallow Ground
Shining, The
Sixth Sense, The
Skeleton Key, The
Sleepy Hollow
Stay
Stir of Echoes
Suspiria
They
Thirteen Ghosts (1960, 2001)
This Night I'll Possess Your Corpse
Ugly, The
Venus in Furs (1969, Jess Franco)
Virgin Among the Living Dead, A
Viy, or Spirit of Evil
What Lies Beneath
Wicker Man, The
Witches, The
Wizard of Gore, The

LE POLAR ITALIEN

Beast with a Gun
Big Racket, The
Heroin Busters
Hitch-Hike
How to Kill a Judge ?
Mélodie meurtrière
(La Belle, le boîteux et le gangster)
Milano rovente (Gang War in Milan)

Revolver
Street Law
Violent City

LE RÈGNE ANIMAL ET VÉGÉTAL

Alligator
Anaconda
Anacondas : The Hunt for the Blood Orchid
Arachnaphobia
Attack of the Giant Leeches
Attack of the Killer Tomatoes
Bats
Baxter
Beast from 20,000 Fathoms, The
Beast That Killed Women
Bedtime for Bonzo
Ben
Black Cat, The (1941, 1981)
Blob, The (1958, 1988)
Body Snatchers
Boneyard, The
Bug
Cat's Eye
Cave, The
Creature from the Black Lagoon
Creature Walks Among Us, The
Creepshow 1 & 2
Day of the Triffids
Deadly Spawn
Deep Blue Sea
Deep Rising
Devil Bat
Earth vs the Spider
Eaten Alive (1976)
Eight Legged freaks
Fat Black Pussycat
Flying Serpent, The
Frankenweenie
Frogs
Frostbiter
Giant Behemoth, The
Giant Gila Monster, The
Godmonster of Indian Flats
Gorgo
Grizzly
Hell Comes to Frogtown
Howard the Duck
Invasion of the Body Snatchers (1956, 1978)
Jaws I, II, III & IV
King Kong (1933, 1976, 2005)
King Kong Lives
Land That Time Forgot, The
Land Unknown
Link
Little Shop of Horrors, The (1960, 1986)
Lobster Man from Mars
Mighty Joe Young (1949, 1998)
Mighty Peking Man, The
Monkey Shines : An Experiment in Fear
Monster from Green Hell
Monster in the Closet
Monster on Campus
Monster That Challenged the World, The
Monstres de l'apocalypse, Les
Multiple Maniacs
Nasty Rabbit
Night Caller from Outer Space
Night of the Bloody Apes
Of Unknown Origin
Open Water
Orca the Killer Whale
Pack, The
Pacte des loups, Le
Phantom of the Rue Morgue
Phase IV
Phenomena
Piranha
Please Don't Eat My Mother
Prophecy (1979)
Q : The Winged Serpent
Rats : Night of Terror
Rawhead Rex
Razorback
Reptilicus
Return of the Killer Tomatoes
Revenge of the Creature
She Creature
Skeeter
Slime People, The
Slugs
Squirm
Sssssss
Swarm, The
Teenage Mutant Ninja Turtles 1, 2 & 3
Tentacles
Terror in the Midnight Sun
Terror in the Swamp
Them !
Tremors
Two Evil Eyes
Two Lost Worlds
Valley of Gwangi, The
Venom
Wax
Weasels Rip My Flesh
Wendigo
Willard (1970, 2003)
Wolfen
Worm Eaters, The
X from Outer Space, The
Zoltan : Hound of Dracula
20 Million Miles to Earth
7th Voyage of Sinbad, The

LES SAVANTS FOUS

Adventures of Buckaroo Bonzai Across the 8th Dimension, The
Altered States
Anatomy I & II
Android
Asphyx, The
Attack of the Puppet People
Awful Dr. Orlof, The
Black Friday
Blood Freak
Body Bags
Body Parts
Brain That Wouldn't Die, The
Bride of Frankenstein
Bride of Re-animator
Bride of the Monster
Cabinet of Dr. Caligari, The (1919, 1962)
Captive Wild Women
Circus of Horrors
Cité des enfants perdus, La
Climax, The
Cronos
Curious Dr. Humpp
Curse of Frankenstein, The
Darkman
Dead Ringers
Deadly Friend
Demon Seed
Devil Bat, The
Devil Doll, The
Devil's Kiss
Die Alone !
Die, Monster, Die !
Donovan's Brain
Dr. Black, Mr. Hyde
Dr. Cyclops
Dr. Giggles
Dr. Goldfoot & the Bikini Machine
Dr. Jekyll and Sister Hyde
Evil of Frankenstein, The
Dracula vs. Frankenstein
Faceless
Fiend Without a Face
Flesh and the Fiends, The
Flesh for Frankenstein
Fly, The (1958, 1986)
Fly II, The
Flying Serpent, The
Frankenhooker
Frankenstein (1931, 1994)
Frankenstein 90
Frankenstein 1970
Frankenstein and the Monster from Hell
Frankenstein Created Woman
Frankenstein Must Be Destroyed !
Frankenstein Unbound
Frankenstein's Castle of Freaks
Frankenstein's Daughter
From Beyond
Gamma People, The
Ghost of Frankenstein, The
Hands of Orlac, The
Hideous Sun Demon
Hollow Man
Homme à deux têtes, L'
Horror of Frankenstein, The
Horror Hospital
House of Frankenstein
Indestructible Man, The
Invisible Agent
Invisible Man, The
Invisible Man Returns, The
Invisible Man's Revenge, The
Invisible Ray, The
Invisible Woman, The
Island of Dr. Moreau, The (1977, 1996)
Island of Lost Souls
Kiss Me Monster
Mad Doctor of Blood Island
Mad Love (1935)
Man Made Monster
Man with the Screaming Brain, The
Mask of Fu Man Chu, The
Mr. Stitch
Murders in the Rue Morgue
Night of the Ghouls
Out of Mind
Parasite
Paris qui dort (1925, court métage)
Rasputin : The Mad Monk
Raven, The
Re-Animator
Ressurected
Return of the Fly
Rocky Horror Picture Show, The
Scream and Scream Again
Shadow of Chinatown, The
She Demons
Son of Frankenstein
Teenage Frankenstein
Terror of Frankenstein
Thirteen Ghosts
Unearthly, The
White Zombie
Yeux sans visage, Les
Young Frankenstein
Zed and Two Noughts, A

LE SLASHER
Black Christmas
Burning, The
Delirium : Photo of Gioia
Final Terror, The
Friday the 13th (série)
Halloween I & II
Halloween H20 : Twenty Years Later
I Know What You Did Last Summer
I Still Know What You Did Last Summer
Madman
Pieces
Popcorn
Prom Night
Promenons-nous dans les bois
Prowler, The
Scream 1, 2 & 3
Sleepaway Camp
Slumber Party Massacre 1 & 2
Stagefright (1986)
Strange Behavior
Terror Train
Toolbox Murders, The (2003)
Twich of the Death Nerve

TERREUR SUR LA PERSONNE
Alexandra's Project
Assault on Precinct 13 (1976)
Audition
Battle Royale
Boy Meets Girl (1994)
Caché
Cape Fear (1962, 1991)
Creep
Dark Hours, The
Death and the Maiden
Deliverance
Desperate Hours, The
Experiment, The
Funny Games
Hard Candy
Haute Tension
Hills Have Eyes, The (1976, 2005)
Hitch-Hike
Hitcher, The
History of Violence, A
Hostel
House on the Edge of the Park, The
Hush... Hush, Sweet Charlotte
I Spit on Your Grave
Judgment Night
Lady in a Cage
Last House on the Left, The
Misery
MS .45
Night Train Murders
Panic Room
Red Eye
Saw 1 & 2
See No Evil (1971)
Single White Female
Stuff Stephanie in the Incinerator
Straw Dogs
Texas Chainsaw Massacre, The
Tiresia
Toolbox Murders, The (1977)
Visitors, The (1971)
Wait Until Dark
What Ever Happened to Baby Jane ?
When a Stranger Calls (1979, 2006)
When a Stranger Calls back
Wrong Turn

LES VAMPIRES & LES SUCCUBES
Addiction, The
Atom Age Vampire
Blade I, II & III
Blood for Dracula
Blood of Dracula
Bordello of Blood
Bram Stocker's Dracula
Brides of Dracula
Captain Kronos : Vampire Hunter
Carmilla
Castle of the Walking Dead
Count Dracula (1970)
Daughters of Darkness
Deux orphelines vampires, Les
Dracula (1931, 1973, 1979)
Dracula : Dead and Loving It
Dracula's Daughter
Dracula A.D. 1972
Dracula Has Risen from the Grave
Dracula père et fils
Eternal
Eternal Blood (Sangre eterna)
Fascination
Fearless Vampire Killers, The
Fiancée de Dracula, La
Fright Night
Frisson des vampires, Le
From Dusk Till Dawn
Habit
Horrible Sexy Vampire
Horror of Dracula
House of Dracula
Hunger, The
I Vampiri
Innocent Blood
Interview with the Vampire
Jesus Christ Vampire Hunter
Karmina 1 & 2
Kiss of the Vampire
Legend of the 7 Golden Vampires, The
Lightforce
Lost Boys, The
Lust for a Vampire
Martin
Modern Vampires
Morsures de l'aube, Les
Near Dark
Nosferatu (1922, 1978)
Once Bitten
Peau blanche, La
Plus longue nuit du diable, La (Devil's nightmare)
Queen of the Damned
Requiem pour une vampire
Return to Salem's Lot
Salem's Lot
Satanic Rites of Dracula, The
Scars of Dracula
Shadow of the Vampire
Son of Dracula
Succubus
Taste the Blood of Dracula
Thirst
Underworld
Underworld : Evolution
Vamp
Vampire nue, La
Vampire's Kiss
Vampires, Les (Louis Feuillade)
Vampires (John Carpenter's)
Vampyros Lesbos
Van Helsing

QUELQUES RÉALISATEURS CULTES
Dario Argento
Mario Bava
John Carpenter
William Castle
Roger Corman
Alex Cox
Wes Craven
David Cronenberg
Guillermo del Toro
Abel Ferrara
Jess Franco
Lucio Fulci
Samuel Fuller
Umberto Lenzi
Sergio Martino
Radley Metzger
Russ Meyer
Jean Rollin
George Romero
Ken Russell
Pete Walker
John Waters
Ed Wood

LES GRANDS GENRES
LE FILM DE GUERRE

PREMIÈRE GUERRE MONDIALE
African Queen, The
All Quiet on the Western Front (1930, 1979)
Big Parade, The
Blue Max, The
Capitaine Conan
Chambre des officiers, La
Colonel Redl
Dawn Patrol, The
Doughboys
Eagle and the Hawk, The
Farewell to Arms, A (1932, 1957)
Fort Saganne
Gallipoli
Grande illusion, La
Hearts of the World
Hedd Wyn
How Many Miles to Babylon ?
In Love and War
J'accuse
Johnny Got His Gun
Lafayette Escadrille
Lawrence of Arabia
Life and Death of Colonel Blimp, The
Lighthorsemen, The
Lost Patrol, The
Marthe
Paths of Glory
Regeneration
Roi de cœur, Le
Sergeant York
Spy in Black, The (1939)
Suzy
Today We Live
Vie et rien d'autre, La
Von Richtofen and Brown
Waterloo Bridge
Westfront 1918
What Price for Glory
White Cliffs of Dover, The
Wings
Wings of Eagles, The
Zeppelin

DEUXIÈME GUERRE MONDIALE
Action in Arabia
Action in the North Atlantic
Aimée et Jaguar
Amen.
Arch of Triumph

Ashes and Diamond
Assault, The
Attack
Au revoir les enfants
Aventure Malgache/Bon voyage
Away All Boats
Back to Bataan
Band of Brothers
Battle Circus
Battle Cry
Battle of Britain
Battle of the Bulge
Battleground
Berlin Express
Best Years of Our Lives, The
Big Red One, The
Blood on the Sun
Bombers B-52
Breakthrough
Bridge at Nemagen, The
Bridge on the River Kwai, The
Bridge Too Far, A
Bunker, The
Bye, Bye Blues
Caine Mutiny, The
Captain Newman M.D.
Caporal épinglé, Le
Casablanca
Catch-22
Chain Lightning
Closely Watched Trains
Code Name Emerald
Come and See
Come See the Paradise
Command Decision
Commandos Strike at Dawn
Counterfeit Traitor, The
Cranes are Flying, The
Cross of Iron
Cruel Sea, The
Darby's Rangers
Das Boot
Days of Glory
Deep Six, The
Dernier Métro, Le
Desert Fox, The
Desert Rats, The
Destination Tokyo
Devil's Brigade, The
Diary of Anne Frank, The
Dirty Dozen, The
Eagle Has Landed, The
Empire of the Sun
Enemy at the Gates
Enemy Below, The
English Patient, The
Ensign Pulver
Escape From Sobibor
Europa, Europa
Eye of the Needle
Farewell to the King
Fat Man and Little Boy
Fighting 69th, The
Fighting Sea Bees, The
Fires on the Plain
Five Graves to Cairo
Flying Leathernecks, The
For a Lost Soldier
Force 10 From Navarone
Four Horsemen of the Apocalypse, The
Gallant Hours, The
Generation, A
Go For Broke !
Good Evening Mr. Wallenberg
Great Escape, The
Grey Zone, The
Gung Ho (1943)
Guns of Navarone, The
Guy Named Joe, A
Hail the Conquering Hero
Halls of Montezuma, The
Hanover Street
Hanussen
Hart's War
Hell in the Pacific
Hell is for Heroes
Heroes of Telemark, The
Hilter, the Last Ten Days
Holocaust
Hope and Glory
Immortal Battalion, The
In Arm's Way
In Wich we Serve
I Was a Male War Bride
Joan of Paris
Jonah Who Lived in the Whale
Journey for Margaret
Judgment at Nuremberg
Kanal
Kelly's Heroes
King Rat
Kings Go Fourth
Korczak
Légion saute sur Kolwezi, La
Léon Morin, prêtre
Life and Death of Colonel Blimp, The
Life Boat
Longest Day, The
Love in Germany, A
MacArthur
Major Hubal
Man Who Never Was, The
Maria's Lovers
Massacre in Rome
McKenzie Break, The
Mediterraneo
Memphis Belle
Men, The
Mephisto
Merrill's Marauders
Merry Christmas Mr. Lawrence
Midnight Clear, A
Midway
Mirror, The
Mister Roberts
Morituri
Mortal Storm, The
Mr. Klein
Mr. Winkle Goes to War
Mrs. Miniver
Murphy's War
Music Box
Mussolini and I
My Name is Ivan
Never so Few
Night of the Generals, The
Night Train to Munich
None but the Brave
Nuit de San Lorenzo, La
Nun's Story, The
Operation Crossbow
Paisan
Papy fait de la résistance
Paradise Road (1997)
Passage to Marseille
Patton
Pearl Harbor (2001)
Pianist, The
Pork Chop Hill
PT 109
Racing With the Moon
Redball Express
Reunion in France
Rome, ville ouverte
Run Silent, Run Deep
Saboteur
Sahara
Salo, ou les 120 jours de Sodome
Sands of Iwo Jima
Sang des autres, Le
Saving Private Ryan
Scarlet and the Black, The
Schindler's List
Sea Chase, The
Search, The
Secret War of Harry Frigg, The
Seventh Cross, The
Shining Through
Silent Enemy, The
Sink the Bismarck
Soldier of Orange
So Proudly We Hail
Stalag 17
Stalingrad
Stella
Story of Dr. Wassell, The
Story of G.I. Joe, The
Submarine Attack
Tanks Are Coming, The
They Were Expendable, The
Thin Red Line, The (1964, 1998)
Thirty Seconds Over Tokyo
Three came Home
Time of Destiny, A
Tin Drum, The
Tobruk
Too Late the Hero
Tora !Tora ! Tora !
Torpedo Run
Train, Le
Train, The
Triple Cross
Triumph of the Spirit
Triumph of the Will
Tunes of Glory
Twelve O'Clock High
U-571
Until They Sail
Up Periscope
Uranus
Victory
Vieux Fusil, Le
Von Ryan's Express
Walk in the Sun, A
Wannsee Conference, The
War Lover, The
We Dive at Dawn
Where Eagles Dare
Windtalkers
Yanks
Young Lions, The
13 rue Madeleine
1941
36 Hours
49 Parallel
7th Dawn, The

BATAILLE DE MOGADISHU

Black Hawk Down

GUERRE D'ESPAGNE

Ay, Carmela !
Échine du diable, L'
Fiesta
For Whom the Bell Tolls
Land and Freedom

GUERRE DE BOSNIE
Cercle parfait, Le
Harrison's Flowers
No Man's Land (2001)
Savior

GUERRE DE CORÉE
Battle Circus
Battle Hymn
Bridges at Toko-Ri, The
M*A*S*H*
McArthur
Men in War
Men of the Fighting Lady
Objective, Burma !
One Minute to Zero
Pork Chop Hill
Sayonara

GUERRE DE SÉCESSION
Alvarez Kelly
Bad Company (1972)
Band of Angels
Beguiled, The
Birth of a Nation, The
Copper Canyon
Custer of the West
Dances with Wolves
Dark Command
Escape From Fort Bravo
Friendly Persuasion
General, The
Gettysburg
Glory
Good, the Bad and the Ugly, The
Hallelujah Trail, The
Major Dundee
Raintree County
Red Badge of Courage
Ride with the Devil
Son of the Morningstar, The
Southern Yankee, The
They Died with their Boots On

GUERRE DES SIX JOURS
Kippur
Pour Sacha

GUERRE DU GOLFE
Courage Under Fire
Gunner Palace
Jacket, The
Jareheads
Syriana
Manchurian Candidate, The (2004)
Three Kings

GUERRE DU VIETNAM
Air America
Apocalypse Now
Apocalypse Now Redux
Bat 21
Birdy
Born on the Fourth of July
Bullet in the Head
Casualties of War
China Gate
Coming Home
Deer Hunter, The
Eastern Condors
Forrest Gump
Four Friends
Full Metal Jacket
Gardens of Stone
Go Tell the Spartans
Good Morning Vietnam
Green Berets, The
Hamburger Hill
Hanoi Hilton
Heaven and Earth
Jacob's Ladder
Killing Fields, The
Platoon
Rambo : First Blood Part II
Streamers
Tigerland
Uncommon Valor
Walking Dead, The
We Were Soldiers
317ème section, La

GUERRES NAPOLÉONIENNES
Duellists, The
Master and Commander : The Far Side of the World
Napoléon

RÉVOLUTION AMÉRICAINE
Alvarez Kelly
Bad Company (1972)
Band of Angels
Beguiled, The
Birth of a Nation, The
Cold Mountain
Copper Canyon
Dark Command
Escape From Fort Bravo
Friendly Persuasion
General, The
Gettysburg
Glory
Gone with the Wind
Hallelujah Trail, The
Howards of Virginia, The
John Paul Jones
Major Dundee
Raintree County
Red Badge of Courage
Ride with the Devil
Son of the Morningstar, The
Southern Yankee, The
They Died with their Boots On, The
Patriot, The
Revolution

RÉVOLUTION FRANÇAISE
Anglaise et le duc, L'
Cheech & Chong, the Corsican Brothers
Danton
Liberté, égalité, choucroute
Marseillaise, La
Misérables, Les (1935, 1957, 1982, 1998)
Révolution française 1 & 2, La
Souper, Le
Start the Revolution Without Me
Tale of Two Cities, A (1935, 1958)
1776

RÉVOLUTION RUSSE
Cuirassé Potemkine, Le
Doctor Zhivago
End of St-Petersburg, The
Nicholas and Alexandra
Octobre (1928)
Reds

LES GRANDS GENRES
LE FILM NOIR

LA QUINTESSENCE DU GENRE
Angels With Dirty Faces
Asphalt Jungle, The
Big Combo, The
Big Heat, The
Big Sleep, The (1946, 1978)
Black Angel
Blue Gardenia, The
Criss Cross
Dark Passage
Detour
Deuxième souffle. Le
Diaboliques, Les
Dillinger (1945)
Double Indemnity
Doulos, Le
Farewell my Lovely
Flic, Un
Force of Evil
Gilda
Hangmen Also Die
He Walked By Night
Heist
Hot Spot, The
House of Strangers
House on Telegraph Hill
I Woke up Screaming
Key Largo
Killers, The
Killing, The
Kiss Me Deadly
Kiss of Death (1946, 1977, 1994)
Lady in the Lake
Laura
Maltese Falcon, The
Man Who Wasn't There, The (2001)
Ministry of Fear
Murder, My Sweet
Night and the City (1950)
Nightmare Alley
Out of the Past
Payback
Phantom Lady
Pick Up on South Street
Postman Always Rings Twice, The
This Gun for Hire
Public Enemy
Raw Deal (1948)
Set-Up, The
Sweet Smell of Success
Third Man, The
Where the Sidewalk Ends
Whirlpool
White Heat

LES FILMS D'INSPIRATION
À bout de souffle
After Dark, My Sweet
Albino Alligator
Beautiful Creatures
Behind Locked Doors
Beware, My Lovely
Big Easy, The
Birthday Girl
Black Widow
Blood and Wine
Blood Simple
Blue Dahlia, The
Bob le flambeur
Body Heat
Born to Kill
Bound
Branded to Kill
Brick
Caught
Cercle rouge, Le
Chinatown
City of Industry

Clash by Night
Confidence
Coup de torchon
Cross Fire
Dark Corner, The
Dead Reckoning
Devil in a Blue Dress
Deceiver
D. O. A.
Element of Crime, The
Fallen Angels (Vol. 1 & II)
Get Carter (1971, 2000)
Getaway, The
Good Thief, The
Goodbye Lover
Grifters, The
Gun Crazy
Hammett
Harper
Heat
High and Low
Hit, The
House of Games
I'll Sleep When I'm Dead
Internal Affairs
Johnny Handsome
Killer's Kiss, The
Killing Zoe
Kill Me Again
Knock on Any Door
L.A. Confidential
Lady From Shanghai, The
Last Seduction, The
Limey, The
Live Flesh
Lock, Stock and
Two Smoking Barrels
Long Night, The
Masquerade
Mauvais sang
Mildred Pierce
Mona Lisa
Mulholland Falls
Naked City, The
Narrow Margin, The (1952, 1990)
Night and the City (1992)
Nine Queens
No Way Out
Odds Against Tomorrow
On Dangerous Ground
One False Move
Out of Sight
Palmetto
Paris Trout
Perfect Murder, A
Point Blank
Poussière d'ange
Quicksand
Railroaded
Red Rock West
Regarde les hommes tomber
Reservoir Dogs
Romeo Is Bleeding
Ronin
Scarlet Street
Sexy Beast
Shallow Grave
Sur mes lèvres
Shadow of a Doubt
Shattered
Simple Plan, A
Snake Eyes
Snatch
Sonatine
Sorry, Wrong Number
Spanish Prisoner, The
Stormy Monday
Tchao pantin
They Made Me a Criminal
Things to Do in Denver
When You're Dead
This Gun's for Hire
Tokyo Drifter
Twilight
Two Jakes, The
Underneath, The
Underworld U.S.A.
Union Station
Usual Suspects, The
U-Turn
Vivement dimanche !
White Sands
Wild Things
You and Me
52 Pick Up

LE GENRE MÉTISSÉ

Amateur
Angel Heart
Big Lebowski, The
Blade Runner
Blue Velvet
Body Double
Bring Me the Head of Alfredo Garcia
Buffet froid
Crying Game, The
Dead Again
Dead Men Don't Wear Plaid
Fargo
Femme Fatale
Fish Called Wanda, A
Frantic
Get Shorty
Gumshoe
Hard Eight
History of Violence, A
Ice Harvest
Into the Night
Kiss Kiss Bang Bang
Light Sleeper
Little Odessa
Lost Son, The
Miller's Crossing
Night Moves
Night of the Hunter, The
Pulp Fiction
Road to Perdition, The
Serial Lover
Something Wild

LES GRANDS GENRES

LE MÉLODRAME

Amour de pluie, Un
place in the Sun, A
Adieu, je t'aime
All that Heaven Allows (1955)
Anna Karenina (1935)
Arbre de Noël, L'
Blonde Venus
Boys on the Side
Breaking the Waves
Choses de la vie, Les
César et Rosalie
Champ, The (1931)
Children's Hour, The
City Lights
Clash by Night
Doctor Zhivago
Far from Heaven
Femme à sa fenêtre, Une
French Lieutenant's Woman
Great Gatsby, The
Heiress, The
Humoresque
Homme et une femme, Un
Hours, The
I Could Go on Singing
I Want to Live !
Imitation of Life (Sirk)
Important c'est d'aimer, L'
Loi du désir, La
Love Story
Love is a many Splendored Thing
Magnificient Obsession
Male and Female
Man in the Moon, The
Marnie
Mildred Pierce
Misfits, The
Monster
Morocco
Nights of Cabiria, The
Now, Voyager
One True Thing
Parle avec elle
Pay It Forward
Piano, The
Roman Spring of Mrs. Stone, The
(1961, 2003)
Ryan's Daughter
Senso (Visconti)
Signora di tutti, La
Soleil se lève en retard, Le
Sophie's Choice
Splendor in the Grass
Steel Magnolias
Story of Ester Costellov, The
Straight Story
Streetcar Named Desire, A (Kazan)
Sunset Boulevard
Sylvia
They Shoot Horses Don't They ?
This Property is Condemned
Tout sur ma mère
Viridiana
Walk on the Wild Side
Way we Were, The
Written in the Wind
37°2 le matin

LE MÉLO KITSCH

Autumn Leaves
Blue Lagoon, The
Champ, The (1979)
Doctor Zhivago (2002, t.v.)
Endless love
Gabrielle
Harlow
Hope Floats
Josephine Baker Story, The
Martha Inc. : The Story
of Martha Stewart
Mommie Dearest
Old Maid, The
Painted Veil, The
Petite Aurore l'enfant martyre, La
Polyester
Reunion in France
Seven Sinners
Shining Hour, The
Tim
Toby McTeague
Valley of the Dolls
Whatever Happen to Baby Jane

LES GRANDS GENRES
LE NÉORÉALISME

Accatone !
Allemagne, année zéro
Amiche, Le
Bicycle Thief, The
Bitter Rice
Children are Watching Us, The
I Fidanzati
I Vitelloni
Il grido
Il posto
Mama Roma
Nights of Cabiria, The
Ossessione
Paisan
Rome, ville ouverte
Strada, La
Stromboli
Umberto D.

LES GRANDS GENRES
LA NOUVELLE VAGUE

LES PRÉCURSEURS
Ascenceur pour l'échafaud
Beau Serge, Le
Boulangère de Monceau, La
Cléo de 5 à 7
Et Dieu créa la femme
Hiroshima, mon amour
Mistons, Les (cm)
Tous les garçons s'appellent Patrick (cm)

LA QUINTESSENCE DU GENRE
À bout de souffle
Alphaville
Amour à 20 ans, L' (cm)
Année dernière à Marienbad, L'
À tout prendre
Bande à part
Bob le flambeur
Chat dans le sac, Le
Détective
Doulos, Le
Femme est une femme, Une
Femme infidèle, La
Jules et Jim
Jusqu'au cœur
Léo Morin, prêtre
Lola
Ma nuit chez Maude
Masculin, féminin
Mépris, Le
Mon amie Pierrette
Passion
Peau douce, La
Pierrot le fou
Singe en hiver, Un
Sirène du Mississippi, La
Tirez sur le pianiste
Fille et des fusils, Une
Vivre sa vie
Weekend
Yeux sans visage, Les
Zazie dans le métro
400 coups, Les

LES GRANDS GENRES
LE REMAKE

Absent Minded Professor, The (1997 et 1961)
Absolument fabuleux > Absolutely Fabulous
Adventures of Baron de Munchausen, The > Les aventures fantastiques du Baron Munchausen
All Quiet on the Western Front (1979 et 1930)
All the King's Men (1949 et 2006)
Always > Guy Named Joe, A
Affair to Remember, An > Love Affair (1994 et 1939)
Angels in the Outfield (1994 et 1951)
Anna and the King > The King and I > Anna and the King of Siam
Assault on Precinct 113 > Rio Bravo
Attack of the 50 Foot Woman (1993 et 1959)
Bachelor, The > Seven Chances
Belphégor, le fantôme du Louvre > La malédiction de Belphégor
Ben-Hur (1953 et 1923)
Big Sleep, The (1978 et 1946)
Birdcage, The > La Cage aux folles
Black Cat (1980, 1966, 1941 et 1934)
Blob, The (1988 et 1958)
Body Snatchers > Invasion of the Body Snatchers (1978 et 1955)
Bourne Identity, The (2002 et 1988)
Breathless > À bout de souffle
Bride, The > The Bride of Frankenstein
Browning Version, The (1994 et 1951)
Cape Fear (1991 et 1962)
Carnival of Soul, The (1998 et 1962)
Cat and the Canary, The (1979 et 1939)
Cat People (1982 et 1943)
Champ, The (1978 et 1931)
Charade > The Truth About Charlie
Cheaper by dozen (1950 et 2003)
Chicago > Roxie Hart
City of Angels > Les ailes du désir
Cleopatra (1963 et 1934)
Cousins > Cousin, cousine
Cruel Intentions > Dangerous Liaisons > Les liaisons dangereuses
Dawn of the Dead (1978 et 2004)
De battre mon cœur s'est arrêté > Fingers
Desperate Hours, The (1990 et 1955)
Diabolique > Les Diaboliques > Reflections of Murder
Doctor Dolittle (1998 et 1963)
Ed TV > Louis 19
Emmerdeur, L' > Buddy Buddy
End of the Affair, The (1999 et 1955)
Ever After: A Cinderella Story > Cinderella
Eye of the Beholder > Mortelle randonnée
Fall of the House of Usher, The (1960 et 1928)
Fanfan La Tulipe (1951 et 2003)
Farewell, My Lovely > Murder, My Sweet
Father of the Bride (1991 et 1950)
Father's Day > Les Compères
Fled > Defiant Ones
Flight of the Phoenix (1965 et 2004)
Flubber > Son of Flubber
Fly, The (1986 et 1958)
Four Feathers, The (1978 et 1939)
Freaky Friday (1976 et 2003)
Getaway, The (1993 et 1972)
Ghost Ship, The (2002 et 1952)
Gloria (1998 et 1980)
Godzilla (1997 et 1954)
Good Thief, The > Bob le flambeur
Great Expectations (1998, 1944 et 1934)
Gun Crazy (1993 et 1949)
Haunting, The (1999 et 1964)
Heaven Can Wait > Here Comes Mr. Jordan
High Society > The Philadelphia Story
House of Wax (1953 et 2005)
House on the Haunted Hill (1999 et 1958)
How the Grinch Stole Christmas (2000 et 1966)
Importance of Being Earnest, The (2002 et 1952)
In-laws (2003 et 1979)
Insomnia (2002 et 1998)
Intersection > Les choses de la vie
Invaders from Mars (1986 et 1953)
Island of Dr. Moreau (1996 et 1977) > Island of the Lost Souls
Italian Job (2003 et 1969)
Ivanhoe (1982 et 1952)
Jackal, The > Day of the Jackal
Jacob the Liar (1999 et 1974)
Julius Cesar (1970 et 1953)
Jungle Book (1994 et 1942)
Jungle to Jungle > Un indien dans la ville
Just Visiting > Les visiteurs
K-Pax > Man Facing Southeast
Killer, The > Le samouraï
Killers, The (1964 et 1946)
King Kong (2005, 1976 et 1933)
Kismet (1955 et 1944)
Lady Vanishes, The (1979 et 1938)
Last of the Redmen, The > Last of the Mohicans (1992, 1936 et 1920)
Last Man Standing > A Fistful of Dollars > Yojimbo
Little Shop of Horror (1986 et 1960)
Little Women (1993, 1949 et 1933)
Lolita (1998 et 1962)
Mad Love > Hands of Orlac
Magnificent Seven, The > Seven Samourai
Man Who Know Too Much, The (1956 et 1935)
Man with the Red Shoe, The > Le grand blond avec une chaussure noire
Manchurian Candidate, The (1962 et 2004)
Manhunter > Red Dragon
Masque of the Red Death, The (1989 et 1964)
Mighty Joe Young (1998 et 1949)
Misérables du xxe siècle, Les > Les misérables (1982, 1957 et 1935)
Mixed Nuts > Le Père Noël est une ordure
Moby Dick (1997 et 1956)
Mr. Deeds > Mr. Deeds Goes to Town
Mummy, The (1999, 1959 et 1932)
My Father the Hero > Mon père, ce héros
Narrow Margin (1990 et 1952)
Night in the City (1992 et 1950)
Night of the Living Death (1990 et 1964)
Nine Months > Neuf mois
Nosferatu the Vampyr > Nosferatu
Nutty Professor, The (1996 et 1963)
Of Human Bondage (1964 et 1934)
Of Mice and Men (1992 et 1939)
Omen, The (1976 et 2006)
Out-of-Towners, The (1999 et 1970)
Outland > High Noon
Parent Trap, The (1998 et 1961)
Payback > Point Blank
Pee-Wee's Big Adventure > The Bicycle Thief
Perfect Murder, The > Dial M for Murder
Peter Pan (1924, 1952 et 2003)
Phantom of the Opera, The (1989, 1962, 1943 et 1925)
Point of No Return > Nikita
Postman Always Rings Twice, The (1981 et 1946)

Preacher's Wife, The > The Bishop's Wife
Prisoner of Zenda, The
(1979, 1952 et 1937)
Psycho (1998 et 1960)
Pure Luck > La Chèvre
Rat Race > It's a Mad, Mad, Mad,
Mad World
Reservoir Dogs > City on Fire
Return to Paradise > Force majeure
Ringu > The Ring
Sabrina (1995 et 1954)
Scarface (1983 et 1932)
Scent of a Woman > Parfum de femme
Séraphin - un homme et son péché >
Un homme et son péché (1948 et 2002)
Shaft (2000 et 1971)
Shining (1997 et 1980)
Showboat (1951 et 1936)
Silk Stockings > Ninotchka
Singing Detective, The (1986 et 2003)
Sirène du Mississippi, La > Original Sin
Solaris (2002 et 1972)
Sorcerer > Le salaire de la peur
Star Is Born, A (1976, 1954 et 1937)
Surviving Game, The > Hard Target
> The Most Dangerous Game
Swept Away (2002 et 1974)
Switching Channels > His Gril Friday
> The Front Page (1974 et 1931)
Ten Commandments, The (1956 et 1923)
Texas Chainsaw Massacre, The
(1974 et 2003)
Thing, The (1982 et 1951)
Thomas Crown Affair, The (1999 et 1968)
Three fugitives, The > Le Fugitif
Three Men and A Baby, The > Trois
hommes et un couffin
Three Musketeers, The
(1993, 1974, 1948, 1939 et 1921)
Thruth About Cats and Dogs, The
> Roxanne > Cyrano de Bergerac
(1990 et 1950)
Time Machine, The (2002 et 1960)
Toy, The > Le jouet
Underneath, The > Criss Cross
Vanishing, The > L'homme qui voulait savoir
True Lies > La totale
Under Suspicion > Garde à vue
Unfaithful > La femme infidèle
Vice/Versa > Freaky Friday
Village of the Damned (1995 et 1960)
When a Stranger Calls (1979 et 2006)
Wicker Man, The (1972 et 2006)
You've Got Mail
> The Shop Around the Corner
101 Dalmatians (1996 et 1960)
12 Angry Men (1997 et 1957)
12 Monkeys > La Jetée (cm)
20,000 Leagues Under the Sea
(1954 et 1916)

LES GRANDS GENRES

LE « ROAD MOVIE »

À l'américaine
Adventures of Priscilla,
Queen of the Desert, The
African Queen, The
And Now Ladies and Gentlemen
Another Day in Paradise
Apocalypse Now
Around the World in 80 Days
Aventuriers du timbre perdu, Les
Badlands
Beavis and Butt-Head Do America
Blues Brothers, The
Bonnie & Clyde
Bound for Glory
Bottle Rocket
Boxcar Bertha
Boys on the Side
Breakdown
Brewster McCloud
Brown Bunny
Buffalo 66
Butch Cassidy and the Sundance Kid
Butterfly Kiss
Cecil B. Demented
Crazy Mama
Crossroads (1986)
Dady-O
Dead Man
Death Race 2000
Desperate (1947)
Detour (1945)
Devil's Reject
Diables, Les
Dirty Mary Crazy Larry
Dogma
Doom Generation, The
Down by Law
Dream with Fishes
Drive, She Said
Duel
Dumd and Dumber
Dust Devil
Dutch
Easy Life, The
Easy Living
Easy Rider
Eat My Dust
Elizabethtown
Even Cowgirls Get the Blues
Fandango
Fear and Loathing in Las Vegas
Feeling Minnesota
Felicia's Journey
Five Easy Pieces
Flirting with Disaster
Forest Gump
Freeway
From Dust Till Dawn
Fugitive Kind, The
Gerry
Get on the Bus
Go
Grapes of Wrath
Great Race, The
Gumball Rally, The
Gun Crazy
Harry and Tonto
Heartlands
Heaven's Burning
Hell's Angels on Wheels
Hideous Kinky
Highwaymen
Hitcher, The
Hitch-Hicker
Honkytonk Man
Hot Rod Girl
I Dream of Africa
Into the West
It Happened One Night
Jay and Silent Bob Strike Back
Jeepers Creepers
Jerôme
Joy Ride
Kalifornia
Kiss or Kill
Leaving Normal
Life Less Ordinary, A
Living End, The
Lost Highway
Lost in America
Love and A.45
Love Field, The
Mad Love (1995)
Mad Max 2, Beyond the Thunderdome
Mexican, The
Midnight Run
Music of Chance, The
My Own Private Idaho
Mystery Train
Natural Born Killers
Niagara, Niagara
Night on Earth
O Brother, Where Are Thou ?
Odd Man out
Of Mice and Men
Palindromes
Perfect World, A
Pee Wee's Big Adventure
Planes, Trains and Automobiles
Powwow Highway
Rain Man
Rain People, The
Reckless (1935)
Reivers, The
Road Games
Road to Hong Kong, The
Road to Morocco, The
Road to Rio, The
Road to Singapore, The
Road to Utopia, The
Road to Zanzibar, The
Road to Perdition
Road Trip
Scarecrow
Searchers, The
Siam Sunset
Sideways
Slither
Smoke Signals
Smokey the Bandit 1-2
Something Wild
Sorcerer
Spies Like Us
Starlight Hotel
Straight Story
Stranger Than Paradise
Sugarland Express
Sullivan's Travel
Tail Lights Fade
Tarnation
Sure Thing, The
Thelma & Louise
They Drive by Night
Three Kings
To Wong Foo, Thanks for Everything,
Julie Newmar
Trigger Effect, The
Those Magnificent Men
in their Flying Machines
Trouble Bound
True Romance
Truth or Consequences N.M.
Two for the Road
Two-lane Blacktop
U-Turn
Vanishing
Vanishing Point
White Line Fever
Wizard of Oz
Wild at Heart
Wiz
World Traveler

CUVÉE INTERNATIONALE

Allemagne
Alice in the Cities
Au Revoir Amerika
Bandits
Fitzcaraldo
Julie en juillet
Kings of the Road
Lisbon Story
Paris Texas
Until the End of the World
Wrong Move
2 Hommes, 2 Femmes, 4 Problèmes

Amérique latine
Carnets de voyage
Diario de una Pasante
El Norte
Guantanamera
Gare Centrale
Sex and Lucia
Voie lactée, La
Voyage, Le
Y tu mamá tambien

Asie
Ballade de Narayama, La
Life on a String
Kikujiro

France
À Bout de souffle
À vendre
Alberto Express
Arrière-Pays, L'
Aux yeux du monde
Baise-moi
Chamane
Cocktail Molotov
Cours toujours (Dad on the Run)
Des Nouvelles du Bon Dieu
Exils
Gadjo Dilo
Invitation au voyage
IP5
Massaï
Pierrot le fou
Rendez-Vous d'Anna, Les
Salaire de la peur, Le
Sans toit ni loi
Twentynine Palms
Vie rêvée des anges, La
Western

Italie
Aprile
Blonde, une brune et une moto, Une
Girl in the Sneakers, The
Hitch-Hike
Iran
Lamerica
Passenger, The
Sheltering Sky
Strada, La
Zabriski Point

Méditerranée
Bandit, Le
Born in Absurdistan
Regard d'Ulysse, Le
Pas suspendu de la cigogne, Le
Regard d'Ulysse, Le

Pays de l'est
Stalker
Voyages

Québec, Canada
Aujourd'hui et jamais
Because Why
Clandestins
Dans une Galaxie près de chez vous
États nordiques, Les
Fantômes des 3 Madeleine, Les
Fishing Trip
Highway 61
Littoral
Neuvaine, La
Québec-Montréal
Yellowknife
Zigrail
32 août sur Terre, Un

Scandinavie
Ariel
Leningrad Cowboys go America
Sawdust & Tinsel

Suisse
Journey of Hope

LES GRANDS GENRES
LA SCIENCE-FICTION

LES CIVILISATIONS DE L'AVENIR
Aeon Flux
Alphaville
Barb Wire
Blade Runner
Bunker Palace Hotel
Clockwork Orange
Dark City
Delicatessen
Equilibrium
Escape From New York
Fahrenheit 451
Fifth Element, The
Fortress
Future World
Gattaca
Ghost in the Shell
Handmaid's Tale, The
Logan's Run
Metropolis
Minority Report
Natural City
Postman, The
Sleeper
Soylent Green
Tank Girl
THX-1138
Tykho Moon
V For Vendetta
Zardoz
1984

LES ÉPOPÉES INTERGALACTIQUES
Aelita : Queen of Mars
Alien I, II, III & IV
Androide
Barbarella
Battelfield Earth
Battle Beyond the Stars
Black Hole, The
Capricorn One
Chronicles of Riddik
Dark Star
Dr. Who and the Daleks
DOOM
Dune
Empire Strikes Back
Event Horizon
Flash Gordon
Forbidden Planet
Frank Herbert's Dune
Galaxie Quest
Ghosts of Mars
Journey to the Far Side of the Sun
Mission to Mars
Moonraker
Mouse on the Moon, The
Nightfall
Outland
Pitch Black
Planet of the Apes I, II, III, IV & V
Redboy 13
Red Planet
Return of the Jedi
Shape of Things to Come
Solaris
Soldier
Spaceballs
Space Cowboys
Star Crash
Star Trek I, II, III, IV, V, VI, VII , VIII & IX
Star Wars I, II, III, IV, V, VI
Stargate
Starship Troopers
Last Starfighter, The
Total Recall
2001 : A Space Odyssey
2010 : The Year We Make Contact

LA FIN DU MONDE ET LES SOCIÉTÉS POST-NUCLÉAIRES
Akira
Apocalypse 2024 (A Boy and His Dog)
Blood of Heroes, The
Bunker Palace Hotel
Café Flesh
Circuitry Man
Core
Crime Zone
Day After, The
Day the Earth Caught Fire, The
Day the World Ended, The
Def-Con 4
Delicatessen
Dernier combat, Le
End of days
Eraserhead
Escape from New York
Escape from L.A.
Gunhead
Hardware
Jetée, La (cm)
Last Night
Lost in Space
Marooned
Mad Max
Mad Max 2 : Road Warrior
Mad Max Beyond Thunderdome
Matrix, The
Matrix Reloaded, The
New Rose Hotel
Night of the Comet
Omega Man
Panic in Year Zero
Planet of the Apes, The
Postman
Quiet Earth, The
Quintet
Reign of Fire
Returner, The
She
Stalker
Stand, The (tv)
Star Trek : First Contact

Supernova
Tank Girl
Them !
Things to Come
Threads
Waterworld
Zardoz
12 Monkeys

L'INVASION DES EXTRA-TERRESTRES
Alien Nation
Body Snatchers
Close Encounters of the Third Kind
Cocoon I & II
Communion
Contact
Brother From Another Planet, The
Dark City
Day the Earth Stood Still, The
Day of the Triffids
Destroy All Monsters
E.T. the Extra-Terrestrial
Enemy Mine
L'Extraterrestre, L'
Galaxy Quest
Howard the Duck
I Come in Peace
Independance Day
Invaders From Mars
Invasion of the Body Snatchers (1955, 1978)
It Came from Outer Space
Last Starfighter, The
Lifeforce
Mars Attacks !
Men in Black I & II
Predator I & II
Signs
La soupe aux Choux, La
Spaced Invaders
Starman
Starship Invasions
Supergirl
Superman I, II, III & IV
Thing, The
War of the Worlds, The
X-Files : The Movie

LES LOISIRS FUTURISTES
Antitrust
Blood of Heroes
Cube
Cube II : Hypercube
Death Race 2000
Dixième victime, La
eXistenZ
Futureworld
Gamer
Jurassic park
Jurassic Parc III
Lost World, The
Mort en direct, La
Matrix, The
Prix du danger, Le
Quintet
Rollerball
Running Man
Strange Days
Thirteenth Floor, The
Thomas est amoureux
Truman Show, The
Westworld
What Planet Are You From ?
1000 merveilles de l'univers

LES ROBOTS ET LES ANDROÏDES
A.I. Artificial Intelligence
Android
Bicentennial Man
Blade Runner
Black Hole, The
Cherry 2000
Colossus : The Forbin Project
D.A.R.Y.L.
Demon Seed
Hardware
Robocop I-II-III
Man Facing Southeast, The
Man Who Fell to Earth, The
Monolith
Peacemaker, The
Plan 9 From Outer Space
Puppet Masters
Robot Monster
Screamers
Short Circuit I & II
So close
Starship Troopers
Stepford Wives (1975)
Terminator I, II & III
Tobor the Great
Universal Soldier
6th Day, The

LES SAVANTS FOUS
Abominable Dr. Phibes, The
Andromeda Strain, The
Black Friday
Brainstorm
Bride, The
Bride of Frankenstein
Cabinet of Dr. Caligari, The
Cell, The
Charly
Cité des enfants perdus, La
Dans le ventre du dragon
Day of the Dead
Dr. Jekyll and Mr. Hyde
Dr. No
Dr. Phibes Rises Again
Dreamscape
Fantastic Voyage, The
Final Program, The
Flatliners
Fly, The (1958)
Fly, The I & II
Frankenstein
Hollow Man The Invisible Man
Inner Space
Invisible Man, The
Island of Dr. Moreau, The (1977 et 1996)
Island of Lost Souls
Jacket, The
Johnny Mnemonic
Lawnmower Man, The
Metropolis
No Such Thing
Paycheck
Pi
Re-Animator
Repo Man
Rocky Horror Picture Show, The
Sender, The
Sixth Day, The
Sky Captain and the World of Tomorrow
Spider-Man 2
Teknolust
Tron
Unborn, The
Virtuosity

X : The Man with the X-Ray Eyes
X-Men
X-Men II

LES VOYAGES DANS LE TEMPS
Back to the Future I, II & III
Buck Rogers in the 25th Century
Clockstoppers
Daleks-Invasion Earth 2150 A.D.
Dead Again
Freejack
Frequency
Highlander I & II
Iceman
Land That Time Forgot
Millenium
Navigator, The : A Medieval Odyssey
Peut-être
Philadelphia Experiment, The
Possible Worlds
Slaughterhouse Five
Somewhere in Time
Time After Time
Time Bandits
Time Machine, The
Timeline
Timescape
Trancers
Visiteurs I & II, Les
Waxwork I & II
12 Monkeys

LES GRANDS GENRES
LES SPORTS

BASEBALL
Angels in the Outfield (1951)
Babe
Bad News Bears (1976 et 2005)
Baseball (série Ken Burns)
Bull Durham
Charlie Brown
Cobb
Damn Yankees !
Eight Men Out
Fever Pitch
Fan, The
Field of Dreams
For Love of the Game
Jackie Robinson Story
League of Their Own, A
Major League
Naked Gun, The
Natural, The
Pride of the Yankees
Rookie, The
Sandlot, The
Stratton Story, The

BASKETBALL
Basketball Diaries
Coach Carter
Glory Road
He Got Game
Hoop Dream
Hoosiers
Space Jam
Teen Wolf
White Men Can't Jump
Year of the Yao, The

BOXE
Ali
Against the Ropes
Beautiful Boxer

Boxer, The
Champ, The (1931 et 1979)
Cinderella Man
Champion
Diggstown
Edith et Marcel
Girlfight
Golden Gloves
Great White Hope
Great White hype
Hurricane, The
Kid Galahad
Killer's Kiss
Million Dollar Baby
Play It to the Bones
Raging Bull
Requiem for a Heavyweight
Ring of Fire : The Emile Griffith Story
Rocky (I, II, III, IV et V)
Set-Up, The
Somebody Up There Likes Me
Steak, Le
Tokyo Fist
Undisputed
When We Were Kings

FOOTBALL AMERICAIN
All the Right Moves
Any Given Sunday
Everybody's All-American
Friday Night Lights
Jerry Maguire
Knute Rockne, All American
Longest Yard, The (1974 et 2005)
North Dallas Forty
Remember the Titans
Replacements, The
Rudy
Waterboy, The

GOLF
Bobby Jones, Stroke of Genius
Caddy, The
Caddyshack
Greatest Game Ever Played
Happy Gilmore
Legend of Bagger Vance, The
Tin Cup, The
hockey
Boys, Les (I, II, III et IV)
Coupe Canada 76
Histoire d'hiver
Lance et compte (I, II et III)
Lance et compte nouvelle génération
Lance et compte la reconquête
Maurice Richard
Maurice "Le Rocket" Richard – L'homme, la légende
Mighty Ducks, The (I, II et III)
Miracle
Mystery Alaska
Slap Shot
Jeu si simple, Un
Youngblood

SOCCER
Bend It Like Beckham
Cup, The
Kicking and Screaming
Shaolin Soccer
Victory

SPORTS MOTORISÉS
Days of Thunder
Death Race 2000
Driven
Fast Company
Grand Prix
Mans, Le
Viva Knievel !

SPORTS INVENTÉS
Baseketball
Dodgeball
Fight Club
Most Dangerous Game, The
Opération Cobra
Série Harry Potter
Rollerball (1975 et 2001)
Running Man
Sanshiro Sugata
2 secondes
10th Victim, The

AUTRES SPORTS
American Flyers
Day at the Races, A
Big Blue, The
Blue Crush
Breaking Away
Brice de Nice
Cerro Torre Scream of Stone
Cliffhanger
Chariots of Fire
Colour of Money
Cool Running
Dogtown and Z-Boys
Downhill Racer
Endless Summer
Hustler, The
Ice Princess
Karate Kid (I, II, et III)
Kingpin
Lagaan : Once Upon a Time in India
Bête lumineuse, La
Lords of Dogtown
Madison
Match Point
Men with Brooms
Murderball
Personal Best
Point Break
Poolhall Junkies
Pumping Iron (I et II)
Riding Giants
Seabiscuit
Thicker than Water
This Sporting Life
Tokyo Olympiad
Touching the Void
Vertical Limit
Wimbledon
Without Limits

LES GRANDS GENRES
LE THRILLER

BANQUES
Asphalt Jungle, The
Bandits (2001)
Bonnie & Clyde
Dead Presidents
Dernier tunnel, Le
Die Hard with a Vengeance
Dog Day Afternoon
Face
Fireworks
Flight Plan
General, The
Getaway, The
Grand Slam
Harley Davidson & the Marlboro Man
Heat
Hold-Up
In China They Eat Dog
Inside Man
Italian Job (1969, 2003)
Killing, The
Killing Zoé
Monica la mitraille
Ned Kelly
Newton Boys, The
Out of Sight
Point Break
Quick Change
Small Time Crooks
Stander
Sting
Take the Money and Run
Taxi
Thomas Crown Affair, The (1968)
Flic, Un

CASINO
Bob le flambeur
Good Thief, The
Ladykillers (2004)
Ocean's Eleven
Shade
Rounders
3,000 miles to Graceland

ESPIONNAGE
Amores Perros
Arabesque
Broken Arrow
Bourne Identity, The (1988, 2002)
Bourne Supremacy, The
Confessions of a Dangerous Mind
Hopscotch
House on 92nd Street
House on Carroll Street
Manchurian Candidate (1963 et 2004)
Mission : Impossible
North by Northwest
Recruit
Seven Days in May
Spy Game
Spy Who Came in from the Cold
Team America : World Police
Thirteen days
True lies
Zero effect
Voir la série James Bond
3 Days of the Condor
39 Steps

HUIS-CLOS
And Then There Were None
Assault on Precinct 13 (1976)
Basic
Being at home with Claude
Cube
Cube 2 : Hypercube
Cube zero
Dans l'œil du chat
Das Experiment
Death and the Maiden
Deceiver
Funny Games
Garde à vue
Hole
Misery
Open Water
Panic Room

Phone Booth
Reservoir Dogs
Rope
Saw
Sleuth
Suspicion
Tape
Trou, Le
Pure formalité, Une
8 Femmes
12 Angry men

MAGOUILLES
Ascenseur pour l'échafaud
Attack the Gas Station
Bad Santa
Be Cool
Best Laid Plans
Big Deal on Madonna Street
Boiler Room
Boondock Saints, The
Bougons, Les
Catch Me if you Can
Chaos (1999)
Criminal
First Great Train Robbery
Get Shorty
God of Gamblers
Gone in 60 Seconds
Infernal Affairs 1, 2 & 3
Jackie Brown
Judas Kiss
Lock, Stock & Two Smoking Barrels
Matchstick Men
Nathalie
Ni pour ni contre (bien au contraire)
Nine Queens
Perfect Score, The
Owning Mahowny
Pulp Fiction
Rafales
Rififi
Runaway Jury
Saving Grace
SimplePlan
Snatch
Sneakers
Sur mes lèvres
Thelma & Louise

PSYCHOLOGIQUE
Chaos (1999)
Classe de neige, La
Clearing, The
Collateral
Convoyeur, Le
Cure
Deliverance
Diaboliques, Les
D.O.A.
Dressed to Kill
Duel
Falling Down
Feux Rouges
Funny Games
Game, The
Harry, un ami qui vous veut du bien
I'll Sleep When I'm Dead
Interview with the Assassin
In the Cut
Jacob's ladder
Killing, The
Machinist, The
Malice
Memento
Neg', Le
Night of the Hunter
Old Boy
Open Your Eyes
Panic Room
Peeping Tom
Phone Booth
Psycho
Raising Cain
Rashomon
Rear Window
Rosemary's Baby
Salaire de la peur
Secret Window
Shallow Grave
Shattered Image
Statement
Stir of Echoes
Strawdogs
Single White Female
Sur mes lèvres
Suspect Zero
Sorry Wrong Number
Swimfan
Swimming Pool
Thesis
Third Man
Tirez sur le pianiste
To Have and to Have Not
Unbreakable
Vanilla Sky
Vanishing, The
Village, The
Wait Until Dark
What Ever Happened To Baby Jane ?
What Lies Beneath
When Strangers Appears

MUSÉES, ŒUVRES D'ART, BIJOUX ET AUTRES
After the Sunset
Blood and Wine
Blue Streak
Cercle rouge, Le
Charade
Entrapment, The
Fantômas
Femme Fatale
Gambit
Heist
Heist, The
Hot Rock, The
How to Steal a Million
Hudson Hawk
Killing, The
Ni pour, ni contre bien au contraire
Ocean's Twelve
Once a Thief
Out of Sight
Pink Panther, The
Reservoir Dogs
Score, The
Snatch
Thomas Crown Affair (1999)
Topkapi

LES GRANDS GENRES
LE WESTERN

LES CLASSIQUES (AVANT 1960)
Across the Missouri
Alamo, The
Albuquerque
Along Came Jones
Along the Great Divide
Angel and the Badman
Annie Oakley
Apache
Arrowhead
Badlanders, The
Bend of the River
Big Country, The
Big Sky, The
Big Trail, The
Big Trees, The
Billy the Kid
Blood on the Moon
Blowing Wild
Broken Arrow
Broken Lance
Buffalo Bill (1944)
Canyon Passage
Cimmaron (1931)
Copper Canyon
Coroner Creek
Covered Wagon, The
Cowboy
Dallas
Dakota Lil
Desperadoes, The
Destry Rides Again
Distant Drums
Dodge City
Drums Along the Mohawk
Duel in the Sun
Escape From Fort Bravo
Far Country, The
Fastest Gun Alive, The
Fighting Kentuckian, The
Flame of Barbary Coast
Fort Apache
Four Faces West
Girl Rush
Good Day for a Hanging
Great Mans Lady, The
Gun Glory
Gunfight at the O.K. Corral
Gunfighter, The
Gunman's Walk
Harlem Rides the Range
Heller in Pink Tights
High Noon
Hondo
Honky Tonk
Horse Soldiers, The
Indian Fighter, The
Jesse James
Johnny Guitar
King and Four Queens, The
Last of the Redmen
Law and Jake Wade, The
Law and Order (1953)
Lawless Street, A
Left-Handed Gun, The
Lonely Man, The
Magnificent Seven, The
Man From Laramie, The
Man From the Alamo, The
Man in the Shadow
Man of the West
Man With the Gun
Man Without a Star
Montana
Montana Belle
My Darling Clementine
Naked Spur, The
No Name on the Bullet
Night of the Grizzly, The
Outlaw, The
Ox-Bow Incident, The

Painted Desert, The
Plainsman, The
Pony Express
Pursued
Rachel and the Stranger
Rancho Notorious
Red River
Return of Frank James, The
Ride Back, The
Rio Bravo
Rio Grande
Rio Lobo
Santa Fe Trail
Searchers, The
Shalako
Shane
Shepherd of the Hill (1941)
She Wore a Yellow Ribbon
Sitting Bull
Snows of Kilimajaro, The
South of St. Louis
Springfield Rifle
Stagecoach
Station West
Tall in the Saddle
Texas
Texas Ranger Rides Again
They Came to Cordura
They Died With Their Boots On
Terror in a Texas Town
Tin Star, The
Tomahawk
Tribute to a Bad Man
Tumbleweeds
Unconquered
Unforgiven, The
Vengeance Valley
Vera Cruz
Violent Men, The
Virginian, The (1929, 1946)
Viva Villa !
Wagon Master
War Arrow
Warlock
Westerner, The
Western Union
Westward the Women
When the Daltons Rode
Winchester '73
3 Godfathers
3:10 to Yuma

LES CONTEMPORAINS (APRÈS 1960)

And Starring Pancho Villa as Himself
Appaloosa, The
And starring Pancho Villa as himself
Bad Girls
Ballad of Cable Hogue, The
Ballad of Gregorio Cortez, The
Ballad of Little Jo, The
Bandolero !
Barbarosa
Belle Star
Big Jake
Billy Two Hats
Bite the Bullet
Bravados, The
Buck and the Preacher
Bullet for the General, A
Butch Cassidy and the Sundance Kid
Catlow
Charro !
Cheyenne Autumn
Chisum
Chuka
Cimarron (1960)
Comancheros, The
Comes a Horseman
Commanche Station
Conagher
Culpepper Cattle Company
Custer of the West
Dances With Wolves
Dead Man
Deadly Companions, The
Dirty Dingus Magee
Doc
Duel at Diablo
Dust
El Chuncho (Bullet for the General)
El Condor
El Diablo
El Dorado
Flaming Star
Gambler Returns : The Luck of the Draw
Geronimo : an American Legend
Goin' South
Good Guys, and the Bad Guys, The
Go West, Young Man
Great Northfield, Minnesota Raid, The
Great Train Robbery, The
Grey Fox, The
Guns of the Magnificent Seven
Hallelujah Trail, The
Hang'Em High
Hannie Caulder
Heaven's Gate
High Plain Drifters
Hombre
Hostile Guns
Hour of the Gun
How the West Was Won
Hud
Invitation to a Gunfighter
J.W. Coop
Jeremiah Johnson
Joe Kidd
Jory
Junior Bonner
Lawman
Life and Times of Judge Roy Bean, The
Little Big Man
Lonely Are the Brave
Long Riders, The
Mackenna's Gold
Macho Callahan
Madron
Magnificent Seven Ride, The
Major Dundee
Man Called Horse, A
Man Who Shot Liberty Valance, The
Maverick
McCabe & Mrs. Miller
McLintock
Missoury Breaks, The
Monte Walsh
Nevada Smith
North to Alaska
One-Eyed Jacks
Open range
Outlaw Josey Wales, The
Outrage, The
Pale Rider
Patt Garrett & Billy the Kid
Pocket Money
Posse
Quick and the Dead, The
Rare Breed, The
Real Glory, The
Return of a Man Called Horse, The
Return of the Magnificent Seven
Ride the High Country
Ride with the Devil
Rought Night in Jericho
Rounders, The
Scalphunters, The
Shalako
Shenandoah
Shenandoah
Shooting, The
Shootist, The
Soleil rouge
Silverado
Sitting in Limbo
Sons of Katie Elder, The
Stalking Moon, The
Sun Shines Bright, The
Tell Them Willie Boy is Here
Texas Across the River
There Was a Crooked Man
They Came to Cordura
Tombstone
Tom Horn
Train Robbers, The
Triumph of a Man Called Horse
True Grit
Two Mules for Sister Sara
Two Rode Together
Ulzana's Raid
Undefeated, The
Unforgiven
Valdez Is Coming
Venganza de Gabino Barrera
Wanda Nevada
War Wagon, The
Waterhole #3
Way West, The
Wild Bill
Wild Bunch, The
Wild Rovers
Will Penny
Wyatt Earp
Young Guns (I & II)
Zachariah

LES PARODIES

Billy the Kid Vs. Dracula
Blazing Saddles
Buffalo Bill and the Indians
Cat Balou
Fanny Hill
Jesse James Meets
Frankenstein's Daughter
Lust in the Dust
Pardners
Terror in Tiny Town
Three Amigos !
Tokyo Cowboy
Viva Maria !
West Side Soda

LES WESTERNS « SPAGHETTI »

Bullet For the General, A
Companeros
Death Rides a Horse
Django
Django... Kill
Django Shoots First
Django Strikes Again
Fistful of Dollars, A
Fistful of Dynamite, A (Duck You Sucker)
For a Few Dollars More
Four of the Apocalypse
Good, The Bad and the Ugly, The
Keoma

Mannaja : A Man Called Blade
Minute pour prier, une seconde pour mourir, Une
My Name Is Nobody
Once Upon a Time in the West
Run, Man, Run
Stranger & the Gunfighter, The
Texas Adios
They Call Me Trinity
Trinity Is Still My Name

L'HISTOIRE
PRÉHISTOIRE – XIXe SIÈCLE

PRÉHISTOIRE
Caveman
Clan of the Cave Bear, The
Flinstones, The
Guerre du feu, La
Ice Age
One Million Years B.C.
Three Ages, The

ANTIQUITÉ
Message, The (Mohammed, Messenger of God)
Empereur et l'assassin, L'

ÉGYPTE ANCIENNE
Astérix et Cléopâtre (animation)
Astérix et Obélix : mission Cléopâtre
Cleopatra (1934, 1963)
Egyptian, The
Émigré, L'
Land of the Pharaohs
Moses
Pharaon, La
Prince of Egypt, The (animation)
Story of Jacob & Joseph, The
Wholly Moses !

GRÈCE ANTIQUE
Alexander the Great
Antigone
Atlantis, the Lost Continent
Bacchantes
Cabiria
Clash of the Titans
Colosse de Rhodes, Le
Greeks : Crucible of Civilization, The
Helen of Troy
Hercules (animation)
I Claudius (télévision)
Iphigenia
Jason and the Argonauts
Médée
Odyssey, The (Film & télévision)
Oedipus Rex
Socrate
Three Stooges Meet Hercules, The
Trojan Women, The
300 Spartans

ROME ANTIQUE
Androclès and the Lion
Astérix et la surprise de César
Attila
Barabbas
Ben-Hur (1926, 1956)
The Bible
Caligula
Cleopatra (1934, 1963)
Conan the Barbarian
Constantine & the Cross
Demetrius and the Gladiators
Deux heures moins le quart avant Jésus-Christ
Douze travaux d'Astérix, Les
Enlèvement des sabines, L'
Fall of the Roman Empire
Fellini Satyricon
Funny Thing Happened on the Way to the Forum, A
Gladiator, The
Greatest Story Ever Told, The
Herod the Great
Jesus of Nazareth
Julius Caesar (1953, 1970)
King of Kings
Last Days of Pompeii
Last Temptation of Christ, The
Marie de Nazareth
Masada
Monty Python's Life of Brian
Quo Vadis ? (1951, 1985)
Robe, The
Roman Scandals
Salome
Samson and Dalilah
Sign of the Cross, The
Spartacus
Ten Commandments, The
Three Ages, The
Titus
Viking Queen, The

IXe AU XIVe SIÈCLES (MOYEN-ÂGE)
Adventures of Marco Polo, The
Adventures of Robin Hood, The
Alexander Nevsky
Alexander the Great
Anchoress
Andrei Roublev
Army of Darkness : Evil Dead 3
Bâtard de Dieu, Le
Becket
Being Human
Black Arrow
Braveheart
Brother Sun, Sister Moon
Camelot
Canterbury Tales
Chanson de Roland, La
Chevaliers teutoniques, Les
Company of Wolves, The
Count of Monte Cristo
Court Jester, The
Crucible, The
Crusades, The
Decameron, The
Destin, Le
Dragonheart
Dragonslayer
Edward II
El Cid
Erik the Viking
Excalibur
First Knight
Flame & the Arrow, The
Flesh + Blood
Four Musketeers
Hearts and Armours
Highlander
Hunchback of Notre-Dame
Ivan the Terrible
Ivanhœ (1952, 1982)
Jabberwocky
Jack the Giant Killer
Jeanne la pucelle
Joan of Arc
Juniper Tree, The
Just Visiting
King Lear
King Richard and the Crusaders
Kingdom of Heaven
Knights of the Round Table
Lady Godiva
Ladyhawke
Lady's Not for Burning, The
Legend
Lion in Winter, The
Lionheart
Lord of the Rings
Macbeth
Magic Hunter
Magic Sword, The
Messenger : The Story of Joan of Arc, The
Mists of Avalon
Moine et la sorcière, Le
Monty Python and the Holy Grail
Name of the Rose, The
Navigator : A Medieval Odyssey
Notre-Dame de Paris
Onibaba
Passion Béatrice, La
Passion of Joan of Arc, The
Prince Valliant
Princess Bride, The
Quest for Camelot
Retour de Martin Guerre, Le
Richard III
Robin & Marian
Robin Hood (1922,1973, 1991)
Robin Hood : Men in Tights (époque parodiée)
Robin Hood : Prince of Thieves
Rois maudits, Les (télévision)
Royal Deceit
Septième sceau, Le
Source, La
Stealing Heaven
Story of Robin Hood, The
Sword and the Sorcerer
Sword in the Stone, The
Sword of Lancelot
Sword of the Valiant
Three Musketeers, The (1939, 1974, 1993)
Time Bandits
Tower of London
Vikings, The
Visiteurs, Les
Visiteurs du soir, Les
Visiteurs II, Les : les couloirs du temps
Voie lactée, La
13th Warrior

XVIe SIÈCLE
Agony and the Ecstasy, The
Aguirre : la colère de Dieu
Andrei Rublev
Anne of the Thousand Days
Blanche
Cabeza de Vaca
Captain from Castile
Christopher Columbus : the Discovery
Dames galantes
Dangerous Beauty
Décameron, Le
Diane
El Dorado
Elizabeth
Fire Over England
Forteresse cachée, La
Golem, The

Hamlet
Hardi ! Pardaillan
Henry V (1945, 1989)
Kagemusha
Kamasutra : A Tale of Love
Lady Jane
Luther
Mal d'aimer, Le
Man for All Seasons, A
Man Who Saw Tomorrow, The
Mary of Scotland
Nicholas and Alexandra
Nostradamus
Othello
Private Life of Henry VIII, The
Private Lives of Elizabeth and Essex, The
Reine Margot, La (1954, 1993)
Richard III (1955)
Rikyu
Romeo & Juliet
Sea Hawk, The
Shakespeare in Love
Shogün
Squanto : A Warrior's Tale
Taras Bulba
Vatel
Vénitienne, La
1492 : Conquest of Paradise

XVIIe SIÈCLE

Amour conjugal, L'
Artemisia
Black robe
Captain Blood
Caravaggio
Cartouche
Cromwell
Crucible, The
Cry of the Banshee
Devils, The
Don Juan
Draughtsman's Contract, The
Fifth Musketeers, The
Forever Amber
Girl With the Pearl Earring
Iron Mask, The
Lettre écarlate, La
Louis, enfant roi
Man in the Iron Mask, The
Molière
Moll Flanders
Mutiny on the Bounty
New World, The
Pirates
Pocahontas
Prise de pouvoir par Louis XIV, La
Putain du roi, La
Rembrandt
Roi danse, Le
Queen Christina
Quilombo
Restoration
Samurai I, II & III
Scarlett Letter, The
Squanto : A Warrior's Tale
Tous les matins du monde
Vatel
Voyage du capitaine Fracasse, Le
Wicked Lady, The

XVIIIe SIÈCLE

Adieu Bonaparte
Adriana Lecouvreur
Adventures of Baron Munchausen, The
Affair of the Necklace, The
Amadeus
American Haunting, An
Anglaise et le duc, L'
Arche russe, L'
Barry Lyndon
Beaumarchais l'insolent
Bounty, The
Captain Horatio Hornblower
Carrosse d'or, Le
Chouans !
Conquest
Couleur de grenade
Dangerous Liaisons
Danton
Deux fragonards, Les
Devil's Brother (Fra dia volo)
Duellists, The
Fanfan la Tulipe
Germinal
Gonza the Spearman
Guerre et paix
Horatio Hornblower
Jefferson in Paris
Last of the Mohicans, The
Libertin, Le
Light in the Forest, The
Lloyd's of London
Madness of King George, The
Marie Antoinette
Mary Shelley's Frankenstein
Mesmer
Mission, The
Mutiny on the Bounty
Napoléon (1927, 1954)
New Moon
Northwest Passage
Nuit de Varennes, La
Patriot, The
Plunkett & Macleane
Pride & Prejudice (2005)
Que la fête commence !
Rebels, The
Religieuse, La
Revolution
Révolution française 1, La : Les années lumière
Révolution française 2, La : Les années terribles
Rise of Catherine the Great, The
Rob Roy
Rouge Venise
Sade
Scaramouche
Scarlet Empress, The
Scarlet Pimpernel, The
Secret des sélénites, Le
Sense and Sensibility
Seven Cities of Gold
Sleepy Hollow
Souper, Le
Tom Jones
Tristram Shandy – A Cock and Bull Story
Tulipe noire
Vent de galerne
War and Peace

XIXe SIÈCLE

Abominable Dr. Phibes, The
Age of Innocence, The
Alamo, The
America, America
Amistad
Andy Warhol's Dracula
Arbre aux sabots, L'
Au nom du Pape Roi
August
Ballad of Little Jo, The
Beautiful Dreamers
Becoming Colette
Beethoven's Nephew
Belle of the Nineties
Beloved
Birth of a Nation, The
Bostonians, The
Buccaneer, The
Burke & Willis
Camarades, Les
Camila
Champ d'honneur
Colonel Chabert
Come and Get It
Cousin Bette
Daens
Dances with Wolves
Dead Man
Deceivers, The
Bram Stoker's Dracula
Elvira Madigan
Emigrants, The
Emma
Enfant sauvage, L'
Enfants du paradis, Les
Far and Away
Far Country, The
Farmer Takes a Wife, The
Feast of July
Festin de Babette, Le
Gangs of New York
Germinal
Geronimo : An American Legend
Gettysburg
Glory
Good, the Bad and the Ulgy, The
Great Train Robbery, The
Greystoke : the Legend of Tarzan, Lord of the Apes
Haunted Summer
Henry V
House of Mirth, The
Hussard sur le toit, Le
Hypothèse du tableau volé, L'
Life of Emile Zola, The
Little Dorrit : Little Dorrit's Story
Little Women
Louisiana
Madame Bovary
Madame de...
Man in the Wilderness
Man Who Would Be King, The
Mandingo
Marais, Le
Mariages
Mask of Zorro, The
Mayor of the Casterbridge, The
Meilleures intentions, Les
Molly Maguires, The
Mrs. Brown
Nana
Newsies
Nicholas Nickleby
Oliver
Once Upon a Time in China
Onegin
Original Sin
Ox, The
Piano, The
Pride and Prejudice (1940, 1985)
Prisoner of Honor
Project A
Quand je serai parti... vous vivrez encore

Quelques arpents de neige
Quills
Rachel and the Stranger
Raspoutine
Rasputin and the Empress
Riel
Salome's Last Dance
Santa Fe Trail
Shaka Zulu
Sissi impératrice
Song of Bernadette
Spoilers, The
Swept from the Sea
Tai-Pan
Terre des grandes promesses, La
Topsy-Turvy
Total Eclipse
Two Years Before the Mast
Utu
Van Gogh
Veuve de Saint-Pierre, La
Waterloo
Way We Live Now, The
Way West, The
Zulu
Zulu Dawn
1860
15 février 1839
2 anglaises et le continent, Les
24 heures dans la vie d'une femme
20, 000 Leagues Under the Sea

L'HISTOIRE
LES ANNÉES 1910

Arbuckle and Keaton (vol. 1-2)
Backstage
Bell Boy, The
Butcherboy, The
Broken Blossoms
Burlesque on Carmen, A
Birth of a Nation, The
Blind Husbands)
Cabinet of Doctor Caligari, The
Cabiria
Carmen
Chaplin at Mutual (1,2 et 3)
Cheat, The
Coney Island
Day's Pleasure, A
Dog's Life, A
Female of the Species
Fool There Was, A
Good Night Nurse
Home Sweet Home
Intolerance
Judith of Bethulia
Male and Female
Manslaughter
Married Virgin, The
Sir Arne's Treasure
Out West
Outlaw and His Wife, The
Rough House, The
Tillies Punctuated Romance

LES ÉVOCATIONS
Anarchiste ou la bande à Bonnot
And Starring Pancho Villa as Himself
Behind the Sun
Carrington
Dark Journey
Dernier harem, Le
Destinées sentimentales, Les
Dishonored
Doctor Zhivago
Esclave de l'amour, L'
For Me and My Gal
Gabriela
Gabrielle (2005)
Golden Bowl, The
Good Morning, Babylon
Grève, La (1924)
Howard's End
Jesuit Joe
Lawrence of Arabia
Mahler
Maurice
Max
Michael Collins
Night to Remember, A
Noirs et blancs en couleurs
Nuits moscovites, Les
Octobre (1927)
Old Gringo
Out of Africa
Picture Bride, The
Reds
Roi de cœur, Le
Ryan's Daughter
Shackleton
Shadow Magic
Shooting Party, The
Titanic
Viva Zapata !
When the Whales Came
Wild Bunch, The
Wilson
Wings of the Dove, The
Winslow Boy, The
Women on the Roof, The
1918

L'HISTOIRE
LES ANNÉES 1920

Affairs of Anatole, The
America
Anna Boleyn
Arsenal
Beggars of Life
Ben-Hur
Black Pirate, The
Blood and Sand
Broadway Melody of 1929
Charley Chase Collection, The
Cheat, The
Cobra
College
Coquette
Diary of a Lost Girl, The
Docks of New York, The
Eagle, The
Ecstasy
Erotikon
Faust
Foolish Wives
Gaucho, The
General, The
Girl in Every Port, A
Go West
Gold Rush, The
Greed
Hallelujah
Holy Mountain, The
It
Kiss, The
Last Command, The
Last Laugh, The
Légende de Gosta Berling, La
Loulou (Pandora's Box)
Love Light, The
Mark of Zorro, The
Marriage Circle, The
Mysterious Lady, The
Navigator, The
Nosferatu
Our Dancing Daugthers
Our Modern Maidens
Parisian Love
Passion de Jeanne-d'Arc, La
Queen Kelly
Rue sans joie, La
Sadie Thompson
Sally of the Sawdust
Saphead
Seven Chances
Sheik, The
Shock, The
Siegfried (Die niebelungen)
Sherlock Jr.
Siren of the Tropics
Sparrows
Spies
Sunrise
Thief of Bagdad, The
Three Musketeers, The
Tramp, Tramp, Tramp !
Unbeliegen
Way Down East
Wedding March, The
Woman of Affairs, A

LES ÉVOCATIONS
Affaire Matteotti, L'
Auntie Mamie
Banquière, La
Bullets Over Broadway
Caractère
Cat's Meow, The
Chariots of Fire
Children of Noisy Village, The
Commissar
Cotton Club, The
Coup de grâce, Le
Dangerous Man, A : Lawrence After Arabia
Eight Men Out
Épouses et concubines
Femme à sa fenêtre, Une
Fortune , The
Great Gatsby, The
Great Waldo Pepper, The
Harmonistes, Les
Inherit The Wind
Kabloonak
Kangaroo
Killing Floor, The
Lance-pierres, Le
Last September
Learning Tree, The
Legionnaire
Luzhin Defence
Matewan
Milena
Mille et une recettes
du cuisinier amoureux, Les
Moderns, The
Month in the Country, A
More About The Children of Noisy Village
Mr. North
Mrs. Parker and the Vicious Circle
My Family
My Life So Far
Newton Boys, The
Passage to India, A

Quartet
Red Tent, The
Rise and Fall of Legs Diamond, The
Rose of Washington Square, The
Rosewood
Sacco & Vanzetti
Sand Pebbles, The
Shake Hands with the Devil
Sirocco
Spirit of St. Louis, The
Splendor in the Grass
Sunset
Temps retrouvé, Le
Thoroughly Modern Millie
Those Daring Young Men
in Their Jaunty Jalopies
Three Comrades
Trio infernal, Le
Vie et rien d'autre, La
Where the Rivers Flow North
Widow's Peak
Zero Kelvin

L'HISTOIRE

LES ANNÉES 1930-40

Abilene Town
Above Suspicion
Adam had Four Sons
Adventures of Huckleberry Finn, The
Âge d'or, L'
Alice Adams
All the King's Men
Allemagne année zéro
American Madness
Andy Hardy Meets Debutante
Angel With Dirty Faces
Angèle
Arch of Triumph
Big Trail, The
Black Legion
Black Narcissus
Blue Angel, The
Blue Dahlia, The
Bombshell
Casablanca
Clouds Over Europe
Curse of the Cat People
Dames du bois de Boulogne, Les
Dancing Lady, The
Detour
Dillinger
Divorcee, The
Dragon Seed
École buissonnière, L'
Enfants du paradis, Les
Femme du boulanger, La
Gilda
Girl from Missouri
Glass Key, The
Grande illusion, La
Grapes of Wrath, The
Gun Crazy
Imitation of Life
International House
It's a Gift
Jolson Sings Again
Journey for Margaret
Kameradshaft
Key Largo
Keys of the Kingdom, The
Lady in the Lake
Leopard Man, The
Little Caesar
Magic Town
Maltese Falcon, The
Meet John Doe
Merton of the Movies
Mildred Pierce
Modern Times
Murder, My Sweet
Night Train to Lonely Heart
Now, Voyager
Our Daily Bread
Out of the Past
Pennies from Heaven
Pépé le moko
Pittsburgh
Possessed (1947)
Princesse Tam-Tam
Prix de beauté
Public Enemy, The
Quai des brumes
Quai des orfèvres
Reefer Madness
Roaring Twenties, The
Roman d'un tricheur, Le
Sadie McKee
Scarface
Shall We Dance ? (1937)
Sullivan's Travels
Testament of Dr. Mabuse
Theodora Gœs Wild
These Three
Thin Man
They Drive By Night
This Gun For Hire
Three Songs of Lenin
To Have and Have Not
Top Hat
Tragédie de la mine, La
Virginian
Voleur de bicyclette, Le
Wedding March, The
When the Daltons Rode
Zou Zou

LES ÉVOCATIONS

Agaguk - Shadow of the Wolf
Amarcord
Amour en Allemagne, Un
Année du soleil tranquille, L'
Another Time, Another Place
Assassination of Trotsky, The
Banquière, La
Bateau de mariage, Le
Belle époque
Berlin Affair, The
Billy Bathgate
Blessures Assassines
Bonheur d'occasion
Bonnie and Clyde
Borsalino
Bound for Glory
Boxcar Bertha
Brighton Beach Memoirs
Bunker, The
Butterfly
Cabaret
Cast a Giant Shadow
Cendres et diamant
Chosen, The
Come See the Paradise
Coup de torchon
Cradle Will Rock
Curse of the Jade Scorpion, The
Dancing at Lughnasa
Divided we Fall
Docteur Petiot
Dollmaker, The
Earth
Édith et Marcel
Elementary School, The
English Patient, The
Europa
F.I.S.T.
Fat Man and Little Boy
Femme à sa fenêtre, Une
Flic Story
Focus
Funeral, The
Gable & Lombard
Gathering Storm
Gosford Park
Group, The
Handful of Dust, A
Harlem Nights
Hindenburg, The
Jacquot de Nantes
Jakob the Liar
Jan Dara
Je suis loin de toi mignonne
Joe Gould's Secret
King Kong (2005)
King of the Hill
Korczak
Last Tycoon, The
Legend of Bagger Vance, The
Liam
Lover, The
Lucky Luciano
Lunettes d'or, Les
Man Who Cried, The
Man Who Wasn't There, The
Margaret's Museum
Miller's Crossing
Moloch
Mr. Klein
Neon Bible, The
Open Doors
Others, The
Outremer
Partis pour la gloire
Pianist, The
Places in the Heart
Plouffe, Les
Pollock
Prime of Miss Jean Brodie, The
Private Function, A
Propaganda
Rabbit-Proof Fence
Racing with the Moon
Radio Days
Road to Perdition
Rue Cases-Nègres
Rues de mon enfance, Les
Seabiscuit
Sicilian, The
Sister, my Sister
Sleeping Dictionary
Soleil, Le
Sounder
Stavisky
Sting, The
Sweet and Lowdown
Swing Shift
They Shoot Horses, Don't They ?
To Kill a Mockingbird
Traversée de Paris, La
Triade de Shanghai, La
Untouchables, The
Vivre
Wait Until Spring, Bandini
White Mischief
Whole Wide World, The
Windtalkers
1941

L'HISTOIRE
LES ANNÉES 1950

À double tour
American in Paris, An
Artists and Models
Ascenseur pour l'échafaud
Ask Any Girl
Big Heat
Blackboard Jungle
Bob le flambeur
Carnival Rock
Cat on a Hot Tin Roof
Clash By Night
Complainte du sentier, La
Crawling Eye, The
Day the Earth Stood Still, The
Diaboliques, Les
Dolly Sisters, The
Eddy Duchin Story, The
East of Eden
Et Dieu créa la femme
Father of the Bride (1950)
Forbidden Planet
Gentlemen Prefer Blondes
Giant
Girl Town (1959)
High School Confidential
Hiroshima, mon amour
How to Marry a Millionaire
Invasion of the Body Snatchers (1955)
It Came From Outer Space
Jailhouse Rock
King Creole
King in New York, A
Marjorie Morningstar
Mon oncle
Monika
Motorcycle Gang
Niagara
Parisienne, Une
Pillow Talk
Raisin in the Sun, A
Rebel Without a Cause
Robe, The
Rock it Baby, Rock it
Salaire de la peur, Le
Seven Year Itch, The
Streetcar Named Desire, A
Sudden Fear
Suddenly, Last Summer
To Catch a Thief
War of the Worlds
West Side Story
Wild One, The
400 coups, Les

LES ÉVOCATIONS

Absolute Beginners
American Graffiti
Atomic Cafe, The
Bamba, La
Bastard Out of Carolina
Big Night
Blaze
Buddy Holly Story, The
Cerf-volant bleu, Le
Chocolat
Circle of Friends
Crazy Mama
Cry-Baby
Dead Men Don't Wear Plaid
Dead Poets Society
Deuces Wild
Diner
Ed Wood
Evelyn
Far from Heaven
Foreign Student
Good Night, and Good Luck
Great Balls of Fire !
Guilty by Suspicion
Housekeeping
Hudsucker Proxy, The
Insignificance
Last Exit to Brooklyn
Last Picture Show
Loneless
Long Day Closes
Long Walk Home, The
Lord of the Flatbush
Mac
Majestic, The
Matinee
Men of Honor
Mona Lisa Smile
Moscow Dœs Not Believe in Tears
Mulholland Falls
My American Cousin
My Favorite Year
October Sky
Outremer
Pajama Game, The
Papa est en voyage d'affaires
Parents
Peggy Sue Got Married
Petite voleuse, La
Playboy, The
Pleasantville
Quiz Show
Rage in Harlem
Reflecting Skin
Rouge baiser
'Round Midnight
School Ties
Stand By Me
Starmaker, The
That'll Be the Day
This Boy's Life
Tout le monde n'a pas eu la chance d'avoir des parents communistes
Way We Were, The
West Side Story, The
Where the Truth Lies
Wooden Gun

L'HISTOIRE
LES ANNÉES 1960

À bout de souffle
À tout prendre
Accident
Allegro Non Troppo
Apartment, The
Avengers, The (télévision)
Baisers volés
Barbarella
Batman : the Movie
Belle de jour
Beyond the Valley of the Dolls
Blow Up
Bonheur, Le
Berkeley in the Sixties (documentaire)
Boucher, Le
Branded to Kill
Breakfast at Tiffany's
Bye Bye Birdie
Cactus Flower
Casino Royal
Cleopatra Jones and the Casino of Gold
Clockwork Orange
Danger : Diabolik !
Darling
Days of Wine and Roses
Dr. Goldfoot and the Bikini Machines
Dr. No
Easy Rider
Eva
Fando y Lis
Fantastic Voyage, The
Femme écarlate, La
Foxy Brown
Fritz the Cat
Graduate, The
Hair
In Like Flint
IXE-13
Knack, The
Oraliens, Les (télévision)
Magical Mystery Tour (musique)
Mépris, Le
Modesty Blaise
More
Nude on the Moon
Owl & the Pussycat, The
Parapluies de Cherbourg, Les
Party, The
Petulia
Pierrot le fou
Play Time
Point Blank
Prisonner, The (télévision)
Rosemary's Baby
Servant, The
Shaft
Shaft's Big Score
Trip, The
Twist (musique)
Valérie
Valley of the Dolls
VH-1 Psychedelic High (musique)
Victim
Vie heureuse de Léopold Z., La
Woodstock (musique)
Wow (documentaire)
Yellow Submarine (musique)
Zabriskie Point
Zazie dans le métro
100 tours de Centour, Les (télévision)
2001 : A Space Odyssey

LES ÉVOCATIONS

Années de rêve, Les
Apollo 13
Atomic Café
Austin Power
Auto Focus
Baby It's You
Before Night Falls
Berkeley in the Sixties
Bonnie and Clyde
Brothers in Trouble
Butcher Boy, The
Capote
Catch Me if You Can
Certaines nouvelles
Cooley High
C.R.A.Z.Y.
Diabolo menthe
Doors, The
Drugstore Cowboy
Goodfellas
Girl, Interrupted
Été à la Goulette, Un
Four Friends

Good Morning, Vietnam
Hairspray
Histoires d'hiver
I Wanna Hold Your Hand
Mars Attacks !
Matinee
Mille Bolle Blu
Mississippi Burning
Nos meilleurs années
Once Upon a Time in America
Outsiders, The
Path to War
Stonewall
Telling Lies in America
We Were Soldiers

L'HISTOIRE
LES ANNÉES 1970

Action : The October Crisis of 1970
All the President's Men
Annie Hall
Apocalypse Now
Being There
Black Belt Jones
Clockwork Orange
Conversation, The
Deer Hunter, The
Disco Godfather
Dog Day Afternoon
Dolemite
Don't Look Now
Eau chaude, l'eau frette, L'
Exorcist, The
French Connection, The
Godfather, The
Harold and Maude
Hell Up in Harlem
Jaws
Kramer vs Kramer
Love Story
Manhattan
Nasheville
Obsession
One Flew Over the Cuckoo's Nest
Parallax View, The
Rock n'Roll High School
Rocky
Rocky Horror Picture Show, The
Rude
Saturday Night Fever
Serpico
Shampoo
Slaughter
Taxi driver
Thank God It's Friday
Underground
(Emile de Antonio, documentaire)
Up !
3 Days of the Condor
3 Women
24 heures ou plus
80 Blocks from Tiffany's (documentaire)

LES ÉVOCATIONS

Ali
Almost Famous
Austin Powers
Auto Focus
Beautiful Mind, A
Bloody Sunday
Blow
Boogie Nights
Breakfast on Pluto
Carlito's Way
Casino
C.R.A.Z.Y.
Crooklyn
Dazed and confused
Dead Presidents
Donnie Brasco
Doors, The
Falcon and the Snowman, The
Fire in the Sky
Forrest Gump
Goodfellas
Gouttes d'eau sur pierres brûlantes
Hoffa
House of D.
In the Name of the Father
Ice Storm, The
Jack the Bear
Jackie Brown
Last Days of Disco, The
Missing
Munich
My Girl
Nixon
Nô
Nos meilleurs années
Octobre
Pattie Hearst
Slums of Beverly Hills
Starsky and Hutch
Summer of Sam
Tales of the City (TV)
Together
Velvet Goldmine
Virgin Suicides
Waking the Dead
Where the Truth Lies

L'HISTOIRE
LES ANNÉES 1980

Adieu, je t'aime
After Hours
Angels in America
Big Chill, The
Blade Runner
Blood Simple
Blow Out
Blue Velvet
Body Double
Body Heat
Capturing the Friedmans
Cocktail
Cruising
Diable au corps, Le
Dirty Dancing
Diva
Dressed to Kill
Été meurtrier, L'
Fatal Attraction
Flamingo Kid
Flashdance
Foxes
Hangin' with the Homeboys
Hunger, The
King of Comedy, The
Less Than Zero
Loi du désir, La
Lune dans le caniveau, La
Making Love
Matador
Mon bel amour, ma déchirure
Mona Lisa
Monster
Mortelle randonnée
Ordinary People
Outsiders, The
Paradis pour tous
Péril en la demeure
Possession (1981)
Prénom : Carmen
Rayon vert, Le
Return of the Secaucus 7
Risky Business
River's Edge
Rumble Fish
Secret of My Sucess
St. Elmo's Fire
Subway
Taxi Zum Klo
Tex
Top Gun
Trainspotting
Unbearable Lightness of Being, The
Wall Street
Zoo la nuit, Un
9 ½ Weeks
37°2 le matin

LES ÉVOCATIONS

Apt Pupil
Barcelona
Basquiat
Billy Elliott
Boogie Nights
Brokeback Mountain
C.R.A.Z.Y.
Casino
Citizen X (TV)
Confessions of a Dangerous Man
Donnie Darko
Fargo
Fever Pitch (1997)
Forrest Gump
Friday Night Lights
Gaz Bar Blues
Godfather Part III
In America
Miracle
Mrs. Harris (TV)
Mysterious Skin
North Country
Nos meilleurs années
Private Parts (1997)
Rent
Rock Star
Romy and Michele High School Reunion
Selena
Waking the Dead
Wedding Singer, The
Wet Hot American Summer
Wonderland (2003)
54

L'HISTOIRE
LES ANNÉES 1990

Ailes du désir, Les
Amants du Pont-Neuf, Les
American Beauty
Basic Instinct
Brothers McMullen
Celebration (Festen)
Cérémonie, La
Chacun cherche son chat
Chameleon Street
Chungking Express
Cosmos
Crash
Crise, La
Crying Game, The

Dead Man Walking
Double vie de Véronique, La
Edward Scissorhands
Eyes Wide Shut
Fargo
Fight Club
Ghost
Gummo
Haine, La
Hand That Rocks the Craddle, The
Happiness
Henry : Portrait of a Serial Killer
Husbands and Wives
Ice Storm
Jeffrey
Jésus de Montréal
Joy Luck Club
Kids
Kids Return
Leaving Las Vegas
Léolo
Love & Human Remains
Mari de la coiffeuse, Le
Monsieur Hire
My Left Foot
Naked Lunch
Natural Born Killers
Nikita
Nuits fauves, Les
Philadelphia
Player, The
Poison
Pure formalité, Une
Requiem pour un beau sans-cœur
Romeo is Bleeding
Short Cuts
Silence of the Lambs
Six Degrees of Separation
Slam
Smoke
Swimming with Sharks
Tie Me Up, Tie Me Down
Trois couleurs : bleu
Trop belle pour toi
Vent du Wyoming, Le
What's Eating Gilbert Grape ?
Wild at Heart
32 août sur Terre, Un

LES ÉVOCATIONS

Dark Blue
Jacket, The
Jarhead
Mysterious Skin
North Country
Nos meilleurs années
Perfect Storm, The
Rent

LA SOCIÉTÉ
LA BOUFFE

Affaire de goût, Une
Air de famille, Un
Au petit Marguery
Aile ou la cuisse, L'
Big Night
Bûche, La
Charlie and the Chocolate Factory
Chef in Love, A
Chocolat (2000)
Cook, the Thief, His Wife and Her Lover, The
Cookie's Fortune
Crise, La
Cuisine au beurre, La
Delicatessen
Diner
Dinner Rush
Dumplings
Eat Drink Man Woman
Eating
Festin de Babette, Le
Fraises et chocolat
Fried Green Tomatoes
Grande bouffe, La
J'ai faim ! ! !
Last Supper, The
Matou, Le
Mostly Martha
Mystic Pizza
Odeur de la papaye verte, L'
Salé sucré
Saveur de passion, Une
Small Time Crooks
Soupe aux choux, La
Souper, Le
Soylent Green
Tampopo
Tortilla Soup
Vatel
Willy Wonka and the Chocolate Factory
Woman On Top

LA SOCIÉTÉ
LES DROGUES ET LA TOXICOMANIE

Above the Law
Acid House
Adaptation
All That Jazz
Altered States
Amongst Friends
And Then You Die
Another Day in Paradise
Arbalète, L'
Bad Boys
Bad Lieutenant
Banger Sisters
Barfly
Basketball Diaries, The
Before Night Falls
Bête lumineuse, La
Betty
Big Lebowski
Billy's Hollywood Screen Kiss
Bird
Blackout, The
Blood and Concrete : A Love Story
Blood In, Blood Out
Blow
Blue Velvet
Boogie Nights
Boost, The
Borderline
Brain Damage
Bright Lights, Big City
Bulworth
Camorra
Carlito's Way
Casino
Cheech and Chong : The Movie
Chopper
Chumscrubber
Chungking Express
Cité de Dieu, La
Citizen Ruth
Clear and Present Danger
Clear and Sober
Cleopatra Jones
Clockers
Coffy
Colors
Connection, The
Countryman
Cousin, Le
Dark Days
Dazed and Confused
Days of Wine and Roses
Dead Ringers
Deep Cover
Deep, The
Desperado
Dimanche de flic, Un
Dogs in Space
Dolores Claiborne
Don't Look Back
Doom Generation
Doors, The
Dream with the Fishes
Drugstore Cowboy
Drunks
Dune
Easy Rider
Ed Wood
Enfants du désordre, Les
Exit Wounds
Extreme Prejudice
Face of Fu Manchu, The
Fear and Loathing in Las Vegas
Fight Club
Fists of Fury
Flic voit rouge, Un
Force majeure
Four Friends
French Connection, The
Fresh
From Hell
Ginger Snaps
Go Ask Alice
Goodfellas
Goût des autres, Le
Gridlock'd
H
Half Baked
Halloween H20
Hard Core Logo
Harder They Come, The
Hey, Happy !
High School Confidential
Highway 61
Hit !
Horse, La
Human Traffic
Hurlyburly
I Shot Andy Warhol
Igby goes Down
Jackie Chan's Police Force (Police Story)
Jacob's Ladder
Jay and Silent Bob Strike Back
Jesus' son
Joe
Juge, Le
Kids
Killing Zoe
L. 627
Lady Sings the Blues
Last Exit to Brooklyn
Laurel Canyon
Lenny
Less Than Zero
License to Kill
Light Sleeper
Liquid Sky

Lock, Stock and Two Smoking Barrels
Loi du cochon, La
Lost Week-End
Love is the Devil
Man with the Golden Arm, The
Marginal, Le
Mc Bain
Meet the Feebles
Menace II Society
Midnight Cowboy
Midnight Express
Mixed Blood
Mod Squad, The
Moi, Christiane F., 13 ans
droguée, prostituée
More
My Name Is Bill W.
Naked Lunch
Narc
New Jack City
Nico Icon
N'oublie pas que tu vas mourir
Novocaine
Nowhere
Nuits fauves, Les
One Good Cop
Organization, The
Outland
Outside Providence
Panic In Needle Park
Party Monster
People vs Larry Flint
Pepi, Luci, Bom
Permanent Midnight
Peut-être
Pink Floyd : The Wall
Place Vendôme
Police
Polyester
Postcards from the Edge
Protector, The
Prozac Nation
Pulp Fiction
Quiconque meurt, meurt à douleur
Reefer Madness
Requiem for a Dream
Return to Paradise
Reversal of Fortune
Riff Raff
Rooftops
Rose, The
Rules of Attraction, The
Rupture, La
Rush
S.L.C. Punk !
Salton Sea, The
Saving Grace
Scarface (1983)
Scary Movie
Senseless
Shy People
Sid and Nancy
Slums of Beverly Hills
Stealing Beauty
Still Smokin'
Substitute, The
Sweet Hereafter, The
Sweet Nothing
Swimming Pool
Synthetic Pleasures
Tchao Pantin
Tough Guys Don't Dance
Toutes peines confondues
Traffic (2000)
Training Day
Trainspotting
Trash
Trees Lounge
Trip, The
Tu as crié Let Me Go
Twin Peaks : Fire Walk With Me
Twin Town
Under Cover
Vallée, La
Valley of the Dolls
Weird World of LSD
What Have I Done to Deserve This
White Oleander
Who'll Stop the Rain
Withnail and I
Woodstock
Wonder Boys
Young Americans
Zanzibar
24 Hour Party People
28 Days
54

LA SOCIÉTÉ
L'ÉROTISME

À la folie
Adjuster, The
All Ladies Do It
Amant, L'
Amour et anarchie
Anatomie de l'enfer
Ange et la femme, L'
Angels & insects
Année des méduses, L'
Aphrodite
Arabian Nights
Attache-moi !
Auto Focus
Baby Doll
Barbarella
Beau-père
Beauté du péché, La
Being Light
Belle de jour
Belle noiseuse, La
Berlin Affair, The
Better Than Sex
Bilitis
Blood Oranges
Boccace 70
Brigitta
Café Flesh
Cat People (1982)
Caresses
Carnal Knowledge
Ceinture de chasteté (hard)
Center of the World
Cet oscur objet du désir
Choses secrètes
Chrysanthème tardif, Le
Cité des femmes, La
Clé, La
Closer
Cold Comfort
Comédie !
Comfort of Strangers, The
Comment et le pourquoi, Le
Contes immoraux
Corps à corps
Côté obscur du cœur, Le
Côtelettes, Les
Couteau dans l'eau, Le
Cri de la soie, Le
Cook, the Thief, His Wife
and Her Lover, The
Crimes of Passion
Damage
Dames galantes
Dancing at the Blue Iguana
Dans ma peau
Daughters of Darkness
Decameron
Dernier amant romantique, Le
Derrière la porte
Diable au cœur, Le
Diable au corps, Le
Diables, Les
Die Niebelungen
Disclosure
Dolce vita
Don Juan 73
Dreamers, The
Easy
Eclisse, L'
École de la chair, L'
Ecstasy
Embrassez qui vous voudrez
Emilienne
Emily
Empire de la passion, L'
Empire des sens, L'
En chair et en os
Equateur
Erendira
Erotique
Et Dieu créa la femme
Été en pente douce, L'
Exotica
Exploits d'un Don Juan, Les
Eyes wide shut
Faites comme si je n'étais pas là
Fellini Satyricon
Female perversions
Femme flambée, La
Femme insecte, La
Femme monte l'escalier, Une
Femme pervertie, La
Femme publique, La
Fête de famille
Fil à la patte, Un
Flamme de mon cœur, Une
Folies d'Élodie, Les
Fond Kiss, A
Fritz the Cat
Full Blast
Futur est femme, Le
Gabriela
Gate of Flesh
Gate of Hell
Geisha, La
Gouttes d'eau sur pierres brûlantes
Hardcore
Happiness
Happy Men
Harem Square
Henry & June
Histoire de Piera, L'
Histoire d'O
Histoire d'O, chapitre II
Histoire inventée, L'
Homme, Mon
Hunger, The
Huevos de oro (golden balls)
I'm No Angel
I Am Curious (Blue)
I Am Curious (Yellow)
I Love You (1981)
Ice Storm, The
Idiots, Les
Important c'est d'aimer, L'

Intimacy (2000)
Intruso
Invention de l'amour, L'
Isle, The
J'aimerais pas crever un dimanche
Jambon, Jambon
Journal de Lady M., Le
Joy
Kamasutra : A tale of love
Katia Ismaïlova
Kissed
Lady Chatterley's Lovers
Larmes amères de Petra Von Kant, Les
Last tango in Paris
Laura, les ombres de l'été
Liaison pornographique, Une
Like water for chocolate
Liquid sky
Lies
Loi du désir, La
Lola
Lolita (1962, 1997)
Looking for Mr. Goodbar
Loss of Sexual Innocence, The
Loulou (Pandora's box)
Love and Humand Remains
Lovers
Lune dans le caniveau, La
Lunes de fiel
Maye, Maybe Not
Maîtresse
Maman et la putain, La
Mari de la coiffeuse, Le
Marquis
Mauvaise éducation, La
Mata-Hari
Masoch
Médéa
Misfits, The
Moine, Le
Mon bel amour, ma déchirure
Montenegro
Montresses, Les
Mort d'un bûcheron, La
Moulin Rouge (2001)
Naked Lunch
Nana
Nathalie
Néa
Nettoyage à sec
Night Porter, The
Notte, La
Nuit avec Hortense, La
Nuit d'été en ville
Nuits fauves, Les
One Night Stand
Opening of Misty Beethoven, The
Original sin (2001)
P.O. Box Tinto Brass
Palmetto
Parfum de Mathilde, Le (hard)
Pantaleon y las visitadoras
Parle avec elle
Persona
Pianiste, La
Piège de Vénus, Le
Pigalle
Piscine, La
Plein sud
Post coïtum, animal triste
Post mortem
Premiers désirs
Pretty Baby
Quiet Days in Clichy
Quills

Rendez-vous
Romance
Sade
Saisons du plaisir, Les
Salo ou les 120 jours
Secret, Le
Secretary
Sex and Lucia
Sex on the Beach
She Done Him Wrong
She's Gotta Have It
She Hate Me
Sheltering Sky
Sister, My Sister
Sitcom
Showgirls
Sondage très intime
Sourire, Le
Sous les draps, les étoiles
Soyons folichons vol. 1 et 2
Spanking the Monkey
Stan the Flasher
Stud, The
Sunday, Bloody Sunday
Sweet Movie
Swept Away
Swimming Pool
Tampopo
Tenue de soirée
Teorema
Too Much Flesh
Tristesse et beauté
Trop belle pour toi
Turkish Delight
Un, deux, trois soleil
Unbearable Lightness of Being, The
Valentino
Valseuses, Les
Vénitienne, La
Vénus et Fleur
Venus in furs (1969)
Vers un destin insolite
sur les flots belus de l'été
Vices privés et vertus publiques
Videodrome
Vie promise, La
Vie sexuelle des belges, La (1950, 1978)
Vie sexuelle des belges 2, La :
camping cosmos
Violence et passion
Vie d'ange
Vies de Loulou, Les
Viridiana
Visitor Q
Vraie jeune fille, Une
Walkabout
War Zone, The
X-2000 (les courts de François Ozon)
XX-XY
Y tu mama tambien
Yellowknife
Yeux, la bouche, Les
Your Friends and Neignbors
1-900 (Sex Without Hangups)
36 fillette
37,2 le matin
4th Man, The (1983)
8 Femmes
9 Weeks and a Half
2046

ÉROTICO-KITSCH

Adult Version of Jekyll and Hide,The
Alley Cats, The
Au Pair Girls
Aventures erotiques en Thaïlande
Aventures sexuelles de Popée et Néron
Bacchanales sexuelles
Bad Girls Go to Hell
Beyond the Valley of Dolls
Beyond the Valley of Ultra-Vixens
Bitch, The
Blacksnake
Business Is Business
Caligula
Caligula réincarné en Hitler
Camilla 2000
Can You Keep It Up for a Week
Carmen, Baby
Cat and the Canary, The
Catherine chérie
Catherine la tsarine nue
Cherry...& Harry & Raquel
Cool It Carol
Common-Law Cabin
Compétition
Contrainte par corps
Daniella by Night
Daughter of Darkness
Deadly Weapons
Déclic, Le
Delirium : Photo of Gloria
Déportées du camp des SS, Les
Deux orphelines vampires, Les
Dirty Girls
Dodo
Double Agent 73
Dr. Jekyll et les femmes
Emmanuelle
Enfer du plaisir, L'
Erotic Adventures of Zorro, The
Eugenie
Even and the Handyman
Evening with Kitten, An
Exotic Dance of Betty Page
Fanny Hill
Faster Pussycat, Kill...Kill...
Femmes en cage
Flesh Gordon
Flesh Gordon and the Cosmic Cheerleaders
Finders Keepers... Lovers Weepers
Fourth Sex, The
Frightened Woman, The
Fruits de la passion, Les
Glen or Glenda ?
Goodbye Emmanuelle
Good Morning... and Goodbye !
Grand décameron, Le
Gwendoline
Heavy Traffic
Hitcher in the Dark
I, a Woman
Ilsa, Harem Keeper of the Oil Sheek
Ilsa, She Wolf of the SS
Ilsa, the Tigress of Siberia
Ilsa, the Wicked Wardens
Immorale, L'
Immoral Mr. Teas, The
Initiation, L'
Opening of Misty Beethoven
Pénitencier de femmes
Plus longues nuits de la Gestapo, Les
Pornographers, The
Princess and the Call Girl, The
Punition, La
Quartier de femmes
Ramroder, The
Revanche d'Emmanuelle, La
Rose de fer, La
Sadomania

Salon Kitty
Score
Secret Lives of Romeo & Juliet, The
Sexe qui parle, Le
Sexe qui parle, Le 2
Sextette
S.n.uf.f
Spasmo
Street of a Thousand Pleasures, The
Suburban Roulette
Super Vixens
Tarzoon ! La honte de la jungle
Therese and Isabelle
Titillation
Tokyo Decadence
Tower of the Screaming Virgin
Trottoirs de Bangkok, Les
Valérie
Vampire nue, La
Vampyros Lesbos
Violence in a Woman's Prison
Voluptueuse Laura
What Have You Done to Solange ?

LE THRILLER ÉROTIQUE
American Gigolo
American Psycho
Angel Heart
Appartement, L'
Assassination Tango
Basic Instinct
Basic Instinct 2 - Risk Addiction
Body Double
Body Heat
Body of Evidence
Bound (1996)
Caught
Cold Sweat
Color of Night
Crying Game, The
Derrière la porte
Double Indemnity
Dressed to Kill
En plein cœur
Fatal Attraction
Fear City
Final Analysis
Hot Spot
In the Cut
Jade
Kill Me Again
Killing Me Softly
Last Seduction, The
Love Thrill Murders, The
On ne meurt que 2 fois
Mascara
Never Talk to Strangers
Péril en la demeure
Postman Always Rings Twice, The (1981)
Rebecca
Romeo Is Bleeding
Say Nothing
Scarlett Diva
Sea of Love
Sliver
Someone to Watch Over Me
U-Turn
Under Suspicion
Taking Lives
Twentynine Palms (2003)
2 Days in the Valley

LES COMPILATIONS RÉTRO
Betty Page : Bondage Queen
Betty Page : Pin Up Queen
Bizarro Sex Loops vol.1
Exotic Dances of Betty Page
Festival du film érotique de New York
Golden Age of Erotica, vol.1
History of the Blue Movie
Hollywood Erotic Film Festival
Live Nude Girls Unite !
Nudie Classics, vol.1 (1918-1968)
Nudie Classics, vol.2 (1917-1965)
Rhino's Guide to Safe Sex
Saturday Night Sleazies, vol. 1-2
Série rose vol. 1 & vol.3 (1994)
Sleazemania, vol.1-3
Twisted Sex
100 Girls

LE DOCUMENTAIRE
Angelyne
Autopsie d'un film érotique
Bad Girls (2000)
Bloodsisters
Brain sex vol. 1 : Sugar and Spice
Brain sex vol. 2 : Anything You Can Do, I Can Do It Better
Brain sex vol. 3 : Love, Love Me Do
Erotic Underground
Exhausted
Female misbehavior
Films interdits des années 30, Les
Girl Next Door (1999)
Give Me Your Sould (2000)
Grandir : une introduction à la sexualité
Greek fire 02 : Politic and Sex
Heidi Fleiss, Hollywood Madam
History of Erotica
Hugh Heffner : American Playboy
Hugh Heffner : Once Upon a Time
Human Sexes 01, The : Different but Equal
Human Sexes 02, The : Language of the Sexes
Human Sexes 03, The : Patterns of Love
Human Sexes 04, The : Passages of Life
Human Sexes 05, The : The Maternal Dilemmal
Human Sexes 06, The : The Gender Wars
Inside Deep Throat
Love Godesses, The
Nitrate Kisses
Not a Love Story : A Film About Pornography
Playmate Bloopers
Porn Star : The Legend of Ron Jeremy
Pornography
Sex for Sale : The Extreme Experience
Sex for Sale : Around the World
Sex for Sale : Behind Closed Doors
Sex Shop vol. 1 à 4 (2000)
Sixk : The Life & Death of Bob Flanagan, Supermasochist
Sluts and Godesses Video Workshop, The
Stiletto
Story of X : 100 Years of Adult Film and Its Stars
Unveiling

LE DOCUMENTAIRE TRASH
Amérique interdite 1 et 2, L'
Mondo Cane (I-II)
Mondo Mod
Mondo New York
Mondo Topless
Mondo trasho
Montréal interdit
Saint-Tropez interdit
Sex Life in L.A. I-II
Vaudou, Le
Voyeur noirceur

LA PORNO AU CINÉMA
Attention les yeux
Already Dead
Being Ron Jeremy
Ca va faire mal
Boogie Nights
Déjà mort
Diable est parmi nous, Le
Femmes ne pensent qu'à ça, Les
Girl next door, The (2004)
Hardcore
Orgazmo
People vs. Larry Flynt
Pornographe, Le (2001)
Pornographer, The (1998)
Scandale
Silence on tourne
Sex is comedy
Wonderland

LES RADICAUX
À ma sœur !
Adjuster, The
Baise-moi
Blessures assassines
Clockwork Orange
Crash (1996)
Dead Ringers (1988)
Happiness
Histoire d'O
Kissed
Lolita (1962/1996)
Ma mère
Naked Lunch
Palindromes
Pianiste, La
Pin
Possession (1981)
Post mortem
S.
Sade
Salo ou les 120 jours
Secretary
Visitor Q
War Zone, The
Yellowknife

SÉLECTION HARD « VINTAGE »
All About Gloria Leonard
Amanda by Night 1 & 2
Anna Ventura Ultra 80's Glamour Slut
Anal fiesta
Bad Penny
Behind the Green Door
Bel ami
Beverly Hill's Cox
Blue Magic
Bon appétit
California Gigolo
Candy Stripes
Classic Seka
Ceinture de chasteté, La
Consenting Adults
Dancers, The
Delires obsènes
Devil in Miss Jones, The
Dirty Western, A
Debbie Does Dallas
Erotic Adventures of Candy
Erotic World of Angela Cash, The
Expose Me, Lovely
Fascination
Golden Age of Porn - Christy Canyon
Inside Little Oral Annie
Inside Jennifer Welles
Inside Seka

Italian Stallion
Jack'n'jill
Lesbian Bra Busters of the 1980's
Little Girl Blue vol.1 & 2
Little Oral Annie Takes Manhattan
Little Oral Annie Rides Again
Luscious
Maraschino Cherry
Memphis Cat House Blues
People
Pizza Girls
Rêves de cuir
Roommates
Sleepy Head
Spirit of Seventy Sex
Sweet Alice
Taboo 1, 2 & 3
Taboo American Style 1, 2 & 3
Tangerine
Take Off
Temptations
Teenage Christy Canyon
Through the Looking Glass
Tigresses... And Other Man-Eaters
Top 10 Pornstars
Trouble
Ultimate Reel People, The
Vanessa's Anal Fiesta
Wanda Whips Wallstreet
White Hot
Women in Love
800 Fantasy Lane

LA SOCIÉTÉ
LES FAMILLES DYSFONCTIONNELLES

Analyse-moi ça
About a Boy
American Beauty
American History X
Before and After
Benny & Joon
Bonheur est dans le pré, Le
Cœur en hiver, Un
Confessionnal, le
C.R.A.Z.Y.
Décade prodigieuse, La
Depuis qu'Otar est parti
Desert Bloom
Door in the Floor
Fabulous Baker Boys, The
Face cachée de la lune, La
Familia
Fanny et Alexandre
Fists in the Pockets
(Les Poings dans les poches)
Graduate, The
Guinevere
Howards End
Husbands and Wives
Ice Storm, The
Inséparables
Léolo
Long Day's Journey Into Night
Moonstruck
My First Mister
Nuit de noces
Ordinary People
Pecker
Petite Lili, La
Pink Flamingos
Pretty Baby
Raising Arizona
Ref, The
Requiem for a Dream
Running on Empty
Rupture, La
Saints-Martyrs-des-Damnés
Séparation, La
Sitcom
Six Feet Under (télé)
Thumbsucker
Unhook the Stars
War of the Roses
What's Eating Gilbert Grape

LES ENFANTS TERRIBLES
Accompagnatrice, L'
Air de famille, Un
All That Heaven Allows
Bell from Hell, A
Bons débarras, Les
Cat on a Hot Tin Roof (1958, 1984)
Chumscrubber
Comment j'ai tué mon père
Eulogy
Foxes
Hamlet (1948, 1969, 1990, 1996, 2000)
Home for the Holidays
House of Yes
Ma saison préférée
Muses orphelines, Les
Opposite of Sex, The
Requiem pour un beau sans coeur
Royal Tannenbaum
Welcome to the Dollhouse

MA BELLE-MÈRE EST UNE SORCIÈRE
Aurore
Beetle Juice
Family Stone, The
In Her Shoes
Junebug
Merci pour le chocolat
Petite Aurore, l'enfant martyre, La
Tale of Two Sisters, A

MAMANS TRÈS CHÈRES
Almost Famous
Aujourd'hui peut-être
Autumn Sonata
Betty Fisher et autres histoires
Carrie (1976)
Comment ma mère accoucha de moi
durant sa ménopause
Compères, Les
Deep End, The
Délivrez-moi
Dilettante, La
Dirty Shame
Dolores Claiborne
Garbo Talks
Glass Menagerie (1973, 1987)
Good Bye Lenin
Grifters, The
Heart Is Deceitful Above All Things, The
Home of Our Own, A
Interiors
Laurel Canyon
Limbo
Ma mère
Marty
Mildred Pierce
Missing, The
Mommy Dearest
Mother, The
Night' Mother
One True Thing
Pianiste, La
Polyester
Postcards From the Edge
Psycho (1960, 1998)
Sender, The
Suddenly, Last Summer
Terms of Endearment
Throw Momma from the Train
Used People
Vipère au poing
Winter Guest
World According to Garp, The

À MA SŒUR !
À ma sœur !
Blessures assassines (Murderous Maids)
Crimes of the Heart
Cris et chuchotements
Dead Ringer (1964)
Enfer, L' (2005)
Georgia (1995)
Grass Harp, The
Hannah and Her Sisters
In Her Shoes
Man in the Moon (1991)
Marvin's Room
Pauline et Paulette
Sister, My Sister
Sister, Sister
Sisters (1973)
Sisters, The (2006)
Three Sisters (1970)
What Ever Happened to Baby Jane ?

MON PÈRE, CE HÉROS
About Schmidt
American Heart
Ange de goudron, L'
Big Fish
Class Action
Daddy nostalgie
Death of a Salesman
Family Buisness
Godfather, The (trilogie)
I Never Sang For My Father
Invasions barbares, Les
It Runs in the Family
Mon père, ce héros
Nobody's Fool (1994)
On Golden Pond
Père et fils (Sokourov)
Road to Perdition
Sexe des étoiles, Le
Substance of Fire, The
Tribute
Vie avec mon père, La
Weather Man, The
Zoo la nuit, Un

SECRETS DE FAMILLE
Beau-père
Blood Relatives
Brother's Keeper
Cap tourmente
Capturing the Friedmans
Careful
Cat People (1982)
Chinatown
Close My Eyes
Dead Ringers (1988)
Early Frost, An
Enfants terribles, Les
Far From Heaven
Fête de famille (Festen)
Fleur du mal, La
Hanging Garden

Happiness
Harry + Max
Hotel New Hampshire
Inseste, L'
It's My Party
Lost Language of Cranes
Ma vie en rose
Mambo Italiano
North Country
Once Were Warriors
Passion Béatrice, La
Reflecting Skin, The
Reine Margot, La
Scarface (1983)
Son frère
Souffle au cœur, Le
Suture
Tadpole
Tarnation
This Boy's Life
Thousand Acres, A
Touch of Pink, A
Tune in Tomorrow...
Twin Peaks (télé)
Twin Peaks : Fire Walk With Me
Wedding Banquet, The
8 femmes

LA SOCIÉTÉ

L'HOMOSEXUALITÉ

LES HOMMES

Adieu, je t'aime (France, 1988)
Adventures of Priscilla, Queen of the Desert, The (Aust., 1994)
Aimée et Jaguar (All., 1999)
Alive & Kicking (U.K., 1996)
All the Rage (USA, 1997)
Amazing Grace (Israel, 1992)
America Brown (USA, 2004)
Amor de Hombre (Esp., 1997)
Andy Warhol's Dracula (USA, 1974)
Andy Warhol's Frankenstein (USA, 1973)
Angel (Grèce, 1982)
Angelic Conversation (U.K., 1985)
Apart from Hugh (USA, 1994)
Arrière-pays, L' (France, 1998)
Beau travail (France, 1999)
Bear Cub (Espagne, 2004)
Beautiful Boxer (Thail., 2003)
Beautiful mystery (Japon, 1983)
Beautiful Thing (U.K., 1996)
Bedrooms & Hallways (U.K., 1998)
Before Night Falls (USA, 2000)
Beverly Kills (USA, 2005)
Bigger Splash, A (U.K., 1974)
Black Sheep Boy (USA, 1995)
Blue Hour, The (All., 1992)
Body Without Soul (Rép. Tchèque, 1996)
Boys Brief 2 (2002)
Boys Choir (Japan, 2000)
Boys Life 2 (1997)
Boys Life 3 (2000)
Boyfriends (U.K., 1998)
Breaking the Cycle (USA, 2002)
Brokeback Mountain (USA, 2005)
Brother to Brother (USA, 2004)
Butch Camp (USA, 1996)
Cage aux folles, La (1, 2 et 3) (France, 1978, 1980, 1985)
Can't Stop the Music (USA, 1980)
Capote (USA, 2005)
Caravaggio (U.K., 1988)
Caresses (Esp., 1998)
Ceux qui m'aiment prendront le train (France, 1998)
Chuck and Buck (USA, 2000)
Ciel de Paris, Le (France, 1991)
Circuit (USA, 2001)
Clan, Le (France, 2004)
Comming out (All., 1989)
Common Ground (USA, 2000)
Confusion des genres, La (France, 2000)
Cowboys and Angels (Irel., 2003)
C.R.A.Z.Y.
Creation of Adam, The (Russie, 1994)
Crocodile Tears (USA, 1998)
Cruising (USA, 1980)
Dahmer (USA, 2002)
David Searching (USA, 1997)
Death in Venice (Ital., 1971)
Denied (USA, 2004)
Derek Jarman's Blue (U.K., 1993)
Derrière, Le (France, 1999)
Desperate Living (USA, 1977)
Devil in the Holy Water, The (Qué., 2002)
Dona Herlinda and Her Son (Mex., 1985)
Doom Generation, The (USA, 1995)
Eating Out (USA, 2004)
Edge of Seventeen (USA, 1998)
Edward II (U.K., 1991)
Einstein of Sex, The (All., 1999)
Endgame (U.K., 2001)
Escorte, L' (Qué., 1996)
Ethan Mao (Can., 2004)
Everlasting Secret Family, The (Aust., 1988)
Fag Hag (USA, 1998)
Faqs (USA, 2005)
Far from Heaven (USA, 2002)
Farewell My Concubine (Chine, 1994)
Female Trouble (USA, 1974)
First Annual planetout.com Short Movies (2000)
First Love and Other Pains (H.-K., 1999)
Flawless (USA, 1999)
Flesh (USA, 1968)
Flirting with Disaster (USA, 1996)
Flow (Can., 1996)
Fluffer, The (USA, 2001)
F. est un salaud (France, 1998)
Folle d'elle (France, 1998)
For a Lost Soldier (Holl., 1992)
Forgive and Forget (U.K., 2000)
Fortune and Men's Eyes (Can., 1971)
Fox and His Friends (All., 1975)
Fraises & Chocolat (Cuba, 1994)
From the Edge of the City (Grèce, 1998)
Fun Down There (USA, 1988)
Garçon Stupide (France, 2004)
Garden, The (U.K., 1990)
Glen or Glenda (USA, 1953)
Gods and Monsters (U.K., 1998)
Gouttes d'eau sur pierres brûlantes (France, 2000)
Grande école (France, 2004)
Harry + Max (USA, 2004)
Hasard fait bien les choses, Le (France, 2002)
Heat (USA, 1972)
Hedwig and the Angry Inch (USA, 2001)
Hey Happy ! (Can., 2001)
Hole, The (USA, 2003)
Homme blessé, L' (France, 1983)
Homme est une femme comme les autres, L' (France, 1998)
I Like You, I Like You Very Much (Japon, 1994)
I Think I Do (USA, 1997)
I'll Always Be Anthony (USA, 1996)
I'll Make you Happy (Nouv.Zél., 1989)
In a Glass Cage (Esp., 1987)
In and Out (USA, 1997)
It's My Party (USA, 1996)
Jeffrey (USA, 1995)
Jubilee (U.K., 1977)
Juste un peu de réconfort (A little comfort) (France, 2004)
KM.0-Kilometer 0 (Esp., 2000)
Kiss Me Guido (USA, 1997)
Krays, The (U.K., 1990)
Labyrinth of Passion, The (Esp., 1982)
Lan Yu (H.-K., 2001)
Laramie Project, The (USA, 2002)
Last of England (U.K., 1988)
Latin Boys Go to Hell (USA, 1997)
Latter Days (USA, 2003)
Lie Down With Dogs (USA, 1995)
Like It Is (U.K., 1998)
Living End, The (USA, 1992)
Locked Up (All., 2004)
Loi du désir, La (Esp., 1987)
Lola and Billy the Kid (All., 1999)
Long Day Close, The (U.K., 1992)
Longtime Companion (USA, 1990)
Lost Language of Cranes, The (U.K., 1991)
Love ! Valour ! Compassion ! (USA, 1997)
Love Is the Devil (U.K., 1998)
Love of a Man (Esp., 1997)
Lunettes d'Or, Les (Ital., 1987)
Luster (USA, 2002)
Ma vie en rose (France, 1997)
Making Love (USA, 1982)
Man of the Year (USA, 1997)
Man of No Importance, A (U.K., 1994)
Mandragora (Rep. Tchèque, 1997)
Mascara (Holl., 1987)
Maurice (U.K., 1987)
Mauvaise education, La (Esp., 2004)
Maybe, Maybe Not (All., 1994)
Men's Mix : Gay Shorts Collection (Arg., 2004)
Meteor & Shadow (Grèce, 1985)
Michael (All., 1924)
Midnight Dancers (Philip., 1994)
Midnight in the Garden of Good and Evil (USA, 1997)
Mondo Trasho (USA, 1969)
Multiple Maniacs (USA, 1970)
Music Lovers, The (U.K., 1970)
More Tales of the City (USA, 1998)
My Beautiful Laundrette (U.K., 1985)
My Own Private Idaho (USA, 1991)
Mysterious Skin (USA, 2004)
Naked Civil Servant, The (U.K., 1975)
Nettoyage à sec (France, 1997)
Neurosia (All., 1995)
Never Look Back (USA, 1999)
Never Met Picasso (USA, 1996)
Next year in Jerusalem (USA, 1997)
Nico and Dani (Esp., 2000)
Night Larry Kramer Kissed Me, The (USA, 2000)
Night Watch (Arg., 2005)
Nighthawks (U.K., 1978)
Nobody Loves Me (All., 1994)
Norman, Is That You ? (USA, 1976)
November Moon (All., 1985)
Nuits fauves, Les (France, 1992)
O fantasma (le fantôme) (Port., 2000)
Object of My Affection, The (USA, 1998)
October Moon (USA, 2005)
Okoge (Japon, 1992)
Once More (Encore) (France, 1996)
Our Lady of the Assassins (Col., 2000)

Parting Glances (USA, 1986)
Pédale douce (France, 1996)
Peoria Babylon (USA, 1997)
Pepi, Luci, Bom (Esp., 1980)
Perfect Son, A (Can., 2000)
Philadelphia (USA, 1993)
Placard, Le (France, 2001)
Poison (USA, 1991)
Polyester (USA, 1981)
Pourquoi pas ? (France, 1977)
Prick Up Your Ears (U.K., 1987)
Private Diary (Esp., 2003)
Proteus (Can., 2003)
Queer As Folk (season one to four) (USA, 2000-2005)
Querelle (All., 1982)
Raising Heroes (USA, 1996)
Reflections in a Golden Eye (USA, 1967)
Regarde les hommes tomber (France, 1994)
Regular Guys (All., 1996)
Roi danse, Le (France, 2000)
Roseaux sauvages, Les (France, 1994)
Sebastiane (U.K., 1976)
Second Coming (USA, 2001)
Seducing Maarya (Can., 1999)
Sex, Politics and Cocktails (USA, 2002)
Sex in Chains (All., 1928)
Shades of Black (USA, 1994)
Simon, El Gran Varon (Mex., 2002)
Singing Forest, The (USA, 2003)
Six Degrees of Separation (USA, 1993)
Sixth Happiness (U.K., 1997)
Slight Fever of a 20 Year Old (Japon, 1993)
Slutty Summer (USA, 2004)
Splendor (U.K., 1994)
Stonewall (USA, 1995)
Suddenly, Last Summer (USA, 1959)
Sum of Us, The (Aust., 1994)
Sunday Bloody Sunday (U.K., 1971)
Swoon (USA, 1992)
Talented Mr. Ripley, The (USA, 1999)
Taxi Zum Klo (All., 1981)
Tenderness of the wolves (All., 1973)
Tenue de soirée (France, 1986)
Timepiece (USA, 1995)
To Play or to Die (Holl., 1995)
To Wong Foo, Thanks for Everything, Julie Newmar (USA, 1995)
Torch Song Trilogy, The (USA, 1988)
Total Eclipse (U.K., 1995)
Trash (USA, 1970)
Trevor (USA, 1994)
Triche, La (France, 1984)
Trick (USA, 1999)
Trip, The (USA, 2002)
Two brothers and two others (Can., 2000)
Two of Us, The (U.K., 1987)
Urbania (USA, 2000)
Urinal (Pissoir) (Can., 1988)
Vanilla (USA, 2004)
Velocity of Gary, The (USA, 1998)
Versace Murder (USA, 1998)
Very Natural Thing, A (USA, 1974)
Victim (U.K., 1961)
Victor Victoria (USA, 1982)
Vies de Loulou, Les (Esp., 1990)
Violet's Visit (Aust., 1995)
Walking on Water (Israël, 2004)
Wedding Banquet, The (USA, 1993)
West Hollywood Stories vol.1 et vol.2 (Usa, 1999)
What Have I Done to Deserve This ? (Esp., 1984)
When Boys Fly (USA, 2002)
Wilde (U.K., 1997)
Wittgenstein (U.K., 1993)
Wolves of Kromer, The (U.K., 1998)
Zero Patience (Can., 1993)
100 Days Before the Command (Russie, 1990)
15 (Sing., 2002)
3 garçons, 1 fille, 2 mariages (France, 2004)
9 Dead Gay Guys (U.K., 2002)

LES FEMMES

All Over Me (USA, 1997)
Alley Cats (USA, 1966)
Amour de femme (France, 2001)
Anita : Dances of Vice (All., 1987)
Anne Trister (Qué., 1986)
Bar Girls (USA, 1994)
Berlin Affair, The (All., 1985)
Better Than Chocolate (Can., 1999)
Biches, Les (France, 1968)
Born in Flames (USA, 1983)
Bound (USA, 1996)
Boys Don't Cry (USA, 1999)
Butch Camp (USA, 1996)
Butterfly Kiss (U.K., 1995)
By Design (Can., 1982)
Carmen Baby (All., 1967)
Chasing Amy (USA, 1997)
Children's Hour, The (USA, 1961)
Claire of the Moon (USA, 1992)
Clara, cet été là (France, 2002)
Claude et Greta (France, 1970)
Collégiennes, Les (France, 1977)
Comfort of Strangers, The (Can., 1990)
Committed (USA, 1984)
Cynara, Poetry in Motion (USA, 1996)
Daniella By Night (All., 1961)
Desert Hearts (USA, 1985)
Desi's looking for a new girl (USA, 2000)
Desperate Living (USA, 1977)
Dirty Girls, The (USA, 1964)
Dyke Drama (USA, 1993)
Emporte-moi (Qué., 1999)
Ernestine : Peak Experiences (Lily Tomlin, live 1969)
Et l'amour (USA, 1997)
Even Cowgirls Get the Blues (USA, 1993)
Extramuros (Esp., 1985)
Female Misbehavior (All., 1992)
Femme de l'hôtel, La (Qué., 1984)
Fire (Can., 1996)
Flaming Ears (Autr., 1992)
Fanci's Persuasion (USA, 1995)
Gazon maudit (France, 1995)
Go fish (USA, 1994)
Guinevere (USA, 1999)
Heavenly Creatures (Nouv.-Zél., 1994)
High Art (Can., 1998)
Hours, The (USA, 2002)
Hunger, The (U.K., 1983)
If these Walls Could Talk 2 (USA, 2000)
In the Life : the Funny Tape (USA, 1992)
Incredibly True Adventure of Two Girls in Love, The (USA, 1995)
I've Heard the Mermaids Singing (Can., 1987)
Je, tu, il, elle (France, 1974)
Jupon rouge, Le (France, 1987)
Killing of Sister George, The (U.K., 1968)
L Word (Season One) (USA, 2004)
Leda and the Swan Nailed (Autr., 1964)
Maedchen in Uniform (All., 1931)
Man Like Eva, A (All., 1984)
Mango Kiss (USA, 2004)
Monkey's Mask, The (Aust., 2000)
Montréal vu par... (Qué., 1991)
M.U.F.F. Match (U.K., 1995)
My Summer of Love (U.K., 2004)
My Father Is Coming (All., 1991)
Nobody Loves Me (All., 1994)
Only the Vrave (Aust., 1994)
Pandora's Box (All., 1929)
Pas très catholique
Pepi, Luci, Bom y otras chicas del monton (Esp., 1980)
Pourquoi pas moi ? (France, 1999)
Pretty Girls Not to Bright (Dos Fallopia) (USA, 1992)
Princess and the Call Girl, The (USA, 1984)
Que faisaient les femmes pendant que l'homme marchait sur la lune ? (Belg., 2000)
Saving face (USA, 2004)
Score (Youg., 1973)
Seduction : The Cruel Woman (All., 1985)
Sex, Dykes and Rock'N'Roll (USA, 1992)
Sexus (La nuit la plus longue) (France, 1964)
Shades of Black (USA, 1994)
She Must Be Seing Things (USA, 1987)
Show Me Love (Fucking Amal) (Suède, 1998)
Showgirls (USA, 1995)
Significant Others (USA, 1996)
Silkwood (USA, 1983)
Siren (USA, 1996)
Size of Watermelons, The (Can., 1996)
Sister, My Sister (U.K., 1994)
Skin Deep (Can., 1997)
Sluts & Godesses Video Workshop (USA, 1994)
Somewhere in the City (USA, 1998)
Strass Café (Qué., 1980)
Suzanne Westenhoefer : HBO Comedy Special (USA, 1993)
Teasers (USA, 1993)
Therese and Isabelle (All., 1968)
Three of Hearts (USA, 1993)
Timecode (USA, 2000)
Tout sur ma mère (Esp., 1999)
Vagina Monologues (USA, 2002)
Virgin Machine, The (All., 1988)
Watermelon Woman (USA, 1996)
When Night Is Falling (Can., 1995)
Women on the Roof, The (Suède, 1989)
Working Girls (USA, 1986)
2 secondes (Qué., 1998)

LES DOCUMENTAIRES ET L'AVANT-GARDE

After Stonewall (USA, 1999)
American Fabulous (USA, 1991)
Art of Cruising Men, The (U.K., 1996)
Beefcake (Can., 1998)
Before Stonewall (USA, 1984)
Black Sheep Boy (USA, 1995)
Bloodsisters (USA, 1995)
Butterflies on the Scaffold (Cuba, 1996)
Celluloid Closet (USA, 1995)
Dangerous When Wet (USA, 1992)
Desire (U.K., 1989)
Didn't do it for love (All., 1997)
Drawing the Line : A Portrait of Keith Haring (USA, 1990)
Exposed : the making of a legend (USA, 2005)
Female Misbehavior (All., 1992)
Fiction and Other Truths : Films about Jane Rule (Can., 1995)

Forbidden Love (Can., 1992)
Framing Lesbian Fashion (USA, 1992)
Gay Games IV (USA, 1994)
Gay games VI : Under New Skies (Aust., 2003)
Gay Youth (USA, 1992)
Helmut Newton : Frames from the Edge (All., 1989)
I Am My Own Woman (All., 1992)
Kenneth Anger Fireworks (USA, 1947)
Kenneth Anger Inauguration of the Pleasure Dome (USA, 1954)
Kenneth Anger : Lucifer Rising (USA, 1972)
Kenneth Anger : Scorpio Rising (USA, 1964)
Key West : City of Colors (USA, 2004)
Kizuna vol.1 & 2 (Animation) (Japon, 1994)
Lavender Limelight : Lesbians in Film (USA, 1997)
Let It Come Down : The Life of Paul Bowles (Can., 1998)
Life and Death on the A-List (USA, 1996)
Lily Tomlin in Appearing Nitely (USA, 1975)
Lily Sold Out (USA, 1981)
Lip Gloss (Qué., 1993)
Living Proof : HIV and the Pursuit of Happiness (USA, 1994)
Looking for Langston (U.K., 1988)
Making of Bar Girls, The (USA, 1994)
Man of the Year (USA, 1995)
Men in Shorts 2 (USA, 2000)
Moments... The Making of Claire of the Moon (USA, 1992)
Mortel désir (Qué., 1995)
My Sexual Harassament (Animation) (Japon, 1995)
Naked Fame (USA, 2004)
Nitrate Kisses (USA, 1992)
Not Angels but Angels (Rep. Tchèque, 1994)
One Nation Under God (USA, 1993)
Out for Laughs (USA, 1992)
Out in Suburbia (USA, 1989)
Paris Is Burning (USA, 1990)
Pierre et Gilles : Love Stories (France, 1997)
Quand l'amour est gai (Qué., 1994)
Queen, The (USA, 1968)
Red Ribbons (USA, 1994)
Rock Hudson's Home Movies (USA, 1992)
Sandra Bernhard : I'm Still Here Damn It ! (USA, 1999)
Sandra Bernhard : Without You I'm Nothing (USA, 1990)
Sex is... (USA, 1993)
Sex life in L.A. 2 : Cycles of Porn (USA, 2005)
Shake It All About (Dan., 2001)
Shiner (USA, 2004)
Sida et itinérance (Qué., 1992)
Silence = Death (All., 1990)
Silent Pioneers (USA, 1985)
Silver Screen, The : Color Me Lavender (USA, 1997)
Silverlake Life (USA, 1993)
Sluts & Goddesses Video Workshop (USA, 1994)
Split : Portrait of a Drag Queen (USA, 1993)
Stonewall 25 (USA, 1994)
Straightman (USA, 2000)
Sugar (Can., 2004)
Suzanne Westenhoefer (USA, 1993)
That Man : Peter Berlin (USA, 2005)
Timepiece (USA, 1995)
Totally F***ed Up ! (USA, 1993)
Touch of Pink (Can., 2004)
Towers Open Fire (USA, 1963)
Trembling Before G-D (Israël, 2001)
Unveilling, The (USA, 1996)
Unzipped (USA, 1995)
Wigstock : The Movie (USA, 1995)

LA SOCIÉTÉ
LA LOI DE LA RUE

Above the Rim
American Graffiti
American History X
American Me
American Pimp
Ange de goudron, L'
Assault on Precinct 13 (1976)
Baby Boy
Basquiat
Bad Boys (1983)
Beat Street
Belly
Better Luck Tomorrow
Black and White
Black Caesar
Blood In... Blood Out
Bomb the System
Born into Brothels
Boyz'n the Hood
Breakin'
Breakin' 2 : Electric Bongaloo
Bully
City of God
Clockwork Orange, A
Clockers
Colors
Crash (2005)
Crooklyn
Cry Baby
Dangerous Minds
Dark Blue
Dead Presidents
Délivrez-moi
Deuces Wild
Do the Right Thing
Don't be a Menace to South Central While Drinking Your Juice in the Hood
Escape from New-York
Exit Wounds
Four Brothers
Fresh
Friday
Falling Down
Gangs of New-York
Get Rich or Die Trying
Glass Shield
Gummo
He Got Game
Higher Learning
Hoop Dreams
Hustle and Flow
I'm Gonna Git You Sucka !
In America
Inkwell, The
Jakob the Liar
Kids
Haine, La
L.I.E
Lords of Dogtown
Lost Boys, The
Luna Park
Ma 6-t va craquer
Mad Max 1,2,3
Menace II Society
Midnight Cowboy
Mysterious Skin
New Jack City
Never Die Alone
No Tomorrow
Nowhere
Once Were Warriors
Original Gangstas'
Outsiders, The
Players Club, The
Poetic Justice
Pootie Tang
Rage de l'ange, La
Rats & rabbits
River's Edge
Rize
Romper Stomper
Rosewood
Rumble Fish
Save the Last Dance
Set If Off
S.F.W
Shaft
Sid and Nancy
SLC Punk
South Central
Straight Out of Brooklyn
Substitute, The
Suburbia
Summer of Sam
Sweet Sixteen
Tales from the Hood
Taxi Driver
Teenage Mutant Ninja Turtles
Thicker Than Water, The
Thirteen
To Sir, With Love
Totally F***ed Up
Training Day
Trespass
Vie de Jésus, La
Warriors, The
West Side Story
Wonderland (James Cox)
Wrecking Crew, The
8 mile
187

LA SOCIÉTÉ
LES MÉDIAS

LA PRESSE
Absence of Malice
Almost Famous
All About Eve
All the President's Men
Brazil
Bruce Almighty
Citizen Kane
Down With Love
Effet critique, L' (documentaire)
Foreign Correspondant
Front Page, The (1931, 1974)
Guys, The
Harrison's Flowers
His Girl Friday
Hudsucker Proxy
I Love Trouble
Impolite
In Cold Blood
Joe Gould's Secret
Just One of the Guys
Killing Fields, The

L.A. Confidential
Life or Something Like That
Mangler, The
Michael
Midnight in the Garden of Good and Evil
Odessa File, The
Paparazzi
Paper, The
Parallax View, The
Passenger, The
Pelican Brief, The
Philadelphia Story, The
Prêt-à-porter
Profession : Reporter
Reds
Rien sur Robert
RKO 281
Salvador
Scoop (télévision)
Shattered Glass
Street Smart
Sweet Smell of Success
True Crime
Velvet Goldmine
Veronica Guerin
War Photographer
Year of Living Dangerously, The

LA RADIO
Airheads
Apostle, The
Choose Me
Fisher King, The
Good Morning Vietnam
Grosse Point Blank
Jackpot, The
Love Serenade
Mother Night
Play Misty for Me
Private Parts
Pump Up the Volume
Radio Days
Radioland Murders
Rafales
Sleepless in Seattle
Talk Radio
Telling Lies in America
Tune in Tomorrow...
32 Short Films About Glenn Gould

LA TÉLÉVISION
Affaire Bronswik, L'
Amazon Women on the Moon
Bamboozled
Broadcast News
China Syndrome, The
Confessions of a Dangerous Mind
Death to Smoochy
Ed TV
Eyewitness
Face in the Crowd, A
Front, The
Galaxy Quest
Ginger et Fred
Groundhog Day
Hero
He Said, She Said
Homme de fer, L'
Homme de marbre, L'
Image, The
Insider, The
Intervista
Jane White is Sick and Twisted
Kentucky Fried Movie
Live from Bagdad
Louis 19
Magnolia
Manufacturing Consent, The (documentaire)
Man on the Moon
Mars Attacks !
Masques
Medium Cool
Mort en direct, La
Mr. Deeds
My Favorite Year
Natural Born Killers
Newsroom (télévision)
Network
Osterman Weekend, The
Parlez-nous d'amour
Pleasantville
Roger and Me (documentaire)
Quiz Show
Raiders of the Storm
Requiem for a Dream
Ring, The
Robocop
Rois du gag, Les
S.F.W.
Scream
Scrooged
Showtime
Stardom
Stay Tuned
Sunshine Boys
Switching Channels
Tootsie
Truman Show
UHF
Up Close & Personal
V for Vendetta
Vengeance d'une blonde, La
Videodrome
Visitor Q
Voleur de savonnette, Le
Wag the Dog
Wayne's World
Welcome to Sarajevo
Wild Palms (télévision)
Wrong Is Right
1984
4e pouvoir, Le

INTERNET ET NOUVEAUX MÉDIAS
A.I. Artificial Intelligence
Amant diabolique, L'
American Pie
Antitrust
Feardot.com
Gamer
Hackers
Hard Candy
Minority Report
Start-up.com (documentaire)
Swordfish
Thomas est amoureux
You've Got Mail

REALITY SHOW
Anna Nicole show
Michèle Richard
Newly Wed
Jackass
Simple Life, The
Survivor
Osbournes, The
Fat Actress

LA SOCIÉTÉ
LA POLITIQUE

COULISSES, MANIGANCES ET COMPLOTS
À hauteur d'homme (documentaire)
All the President's Men
Affaire Aldo Moro, L'
Assassination of Trotsky, The
Arbre, le maire et la médiathèque, L'
Bowling for Columbine (documentaire)
Bullworth
Candidate, The
Citizen Cohn
City Hall
Contender, The
Conspiracy
Conspiracy Theory, The
Day of the Jackal, The
Defense of the Realm
Diplomatic Immunity
Duplessis (télévision)
Enemy of the State
État de siège
Fahrenheit 9/11 (documentaire)
Fleur du mal, La
Fog of War, The (documentaire)
Front, The
Good Night, and Good Luck
Gorky Park
Guilty by Suspicion
Hidden Agenda
Hoffa
I... comme Icare
Insider, The
J.F.K.
Kangaroo
Kansas City
Last Contract, The
Last Hurrah, The
Louis, enfant roi
Madness of King Georges
Manchurian Candidate, The
Max
Missing
Murder at 1600
Nixon
No Man's Land (2002)
No Way Out (1987)
Norma Rae
Parallax View, The
Patriotes, Les
Pelican Brief, The
Pentagon Papers, The
Perfect Candidate, A
Power
Primary Color
Ridicule
Romero
Scandal
Scorpio
Secret Honor
Shoes of the Fisherman
Souper, Le
Spy Game
State of the Union
Sunshine
Syriana
Thirteen Days
War Room, The (documentaire)
West Wing, The (télévision)
X-Files
Z
3 Days of the Condor

CAUSES NATIONALES

Action : The October Crisis (documentaire)
Battle of Algier
Beyond Rangoons
Blue Kite
Chartrand et Simonne (télévision)
Complot, Le
Confort et l'indifférence, Le (documentaire)
Conformiste, Le
Évita
Gandhi
Général Idi Amin Dada (documentaire)
Histoire officielle, L'
Homme sur les quais, L'
In the Name of the Father
Inner Circle, The
Intervention divine
Je suis Cuba
Kandahar
Kanehsatake : 270 ans de résistance (documentaire)
Legend of Rita
Lumumba
Michael Collins
Ochoa
Octobre
Ordres, Les
Silencio Roto
Statement, The
Temps des bouffons, Le (documentaire)
Viva Zapata !
15 février 1839

PARODIES ET SATIRES

All the Queen's Men
American President
Bananas
Blaze
Bob Roberts
Bullworth
Chasing Liberty
Citizen Ruth
Dave
Dick
Distinguished Gentleman
Election
Gabriel Over the White House
Great Dictator, The
Malibu's Most Wanted
Mr. Smith Goes to Washington
Naked Gun 2 1/2
President's Analyst, The
Propaganda
Tapeheads
Splitting Heirs
Wag the Dog
Welcome to Mooseport
Yes Sir ! Madame

LA SOCIÉTÉ

LE RACISME

Aimée et Jaguar
Alamo Bay
Ali : Fear Eats the Soul
All My Loved Ones
American History X
Amistad
Antwone Fisher
Ange de goudron, L'
Bamboozled
Betrayed
Beyond the Walls
Birth of a Nation
Blood in the Face (TV)
Bopha !
Border, The
Boyz N the Hood
Bronx Tale, A
Caché
Caprices d'un fleuve, Les
Chamber, The
Cheb
China Girl
Clearcut
Color of a Brisk and Leaping Day
Color Purple, The
Come See the Paradise
Comment faire l'amour avec un nègre sans se fatiguer
Convicts
Crimson Tide
Crise, La
Crossfire
Cry Freedom
Cry, the Beloved Country
Death of a Prophet
Defiant Ones, The
Die Hard 3
Dirty Pretty Thing
Divided we Fall
Do the Right Thing
Double Happiness
Driving Miss Daisy
Dry White Season, A
Empire
Einstein of Sex, The
Far From Heaven
Focus
Foxy Brown
Fringe Dwellers, The
Ghosts of Mississippi
Glory
Gone with the Wind
Green Mile, The
Guess Who's Coming to Dinner
Haine, La
Harlow
Hart's War
Heaven and Earth
Higher Learning
Home of the Brave
Hope and Glory
In Country
Inner Circle, The
In the Heat of the Night
Jungle Fever
Kedma
Kidnapped
Killing Fields, The
Kitchen Toto, The
Land and Freedom
Last Detail, The
Leopard Man
Life
Long Walk Home, The
Losing Isaiah
Love Field
Lumumba
Malcom X
Mandela
Mandela and Deklerk (TV)
Manderlay
Mississippi Burning
Mississippi Masala
Monster's ball
My Big Fat Greek Wedding
Nèg', Le
Noirs et blancs en couleurs
No Way Out (1950)
Panther
Paris Trout
Patch of Blue, A
Power of One, The
Pretty Persuasion
Raisin In the Sun, A
Real Malcom X, The (doc.)
Riel
Romper Stomper
Romuald et Juliette
Roots (TV)
Rosewood
Salsa
Sarafina !
Sarrasine, La
Shabbat Shalom !
Skin Game
S.O.B.
Soldier's Story, A
Star 80
Stick, The
Sum of all Fears, The
Sunshine
Thug Immortal : Tupac Shakur (doc.)
To Kill a Mockingbird
Traversées
Vampire au paradis, Un
Varian's War
Voyage of La Amistad, The (doc.)
When We Were Kings (doc.)
Wilby Conspiracy, The
Windigo
World Apart, A
World of Strangers
8 Mile

LA SOCIÉTÉ

LA SPIRITUALITÉ

LE SENS DE LA VIE

Ailes du désir, Les
Alberto Express
Alice in the Cities
Another Woman
Antonia's Line
Art Meet Science (série documentaire)
Autre, L'
Awakenings
Ballade de Narayama, La
Baraka
Being Human
Being John Malkowich
Belle histoire, La
Blind Chance
Breaking the Waves
Bringing Out the Dead
Brother Sun, Sister Moon
Caro Diaro
Céline
Ceux qui m'aiment prendront le train
Ceux qui ont le pas léger meurent sans laisser de traces
Choses de la vie, Les
City of Angels
Code Unknown
Contact
Crabe dans la tête, Un
Crimes and Misdemeanors
Dancer in the Dark
Deadman Walking
Death Poets Society
Décalogue, Le
Defending Your Life
Des nouvelles du Bon Dieu
Destinées sentimentales, Les

Doctor, The
Dolce Vita, La
Don't Come Knocking
Double vie de Véronique, La
Dream with the Fishes
Dreams
Earth
End of the Affair, The (1999)
Enfants, Les
Essential : Allan Watts (documentaire)
Fabuleux destin d'Amélie Poulain, Le
Famille, La
Faust
Fin août, début septembre
Fire
Fisher King, The
Four Noble Truths, The
(série documentaire)
Gandhi
Greek Fire (série) (documentaire)
Hamlet
Hanna and Her Sisters
Heights
Hiroshima, mon amour
Hours, The
Huitième jour, Le
Interiors
IP5 - l'île aux pachydermes
It's a Wonderful Life
J'aimerais pas crever un dimanche
Jacques et Novembre
Jésus de Montréal
Jesus of Nazareth
Jetée, La
Joy Luck Club, The
K-Pax
Kadosh
Kundun
Last Holiday (1950/2006)
Last Temptation of the Christ, The
Leaving Las Vegas
Life on a String
Little Buddha
Livre des morts tibétains, Le
(documentaire, 2 volumes)
Loss of Sexual Innocence
Lovers of the Artic Circle
Lulu on the Bridge
Maelström
Magnolia
Man Facing Southeast
Marie de Nazareth
Meaning of Life, The
Mort en direct, La
Mrs Dalloway
Nuit du déluge, La
Open Your Eyes
Opening Night
Personal Velocity
Ponette
Power of Myth, The
(série documentaire)
Priest
Princess and the Warrior, The
Pure formalité, Une
Sacrifice, Le
Short Cuts
Sixth Sense
Soleil même la nuit, Le
Sophie's Choice
Sunshine
Tantra, Indian Rites of Ecstasy
(documentaire)
Temps qui changent, Les
Temps retrouvé, Les
Ten Things You Can Tell Just
by Looking at Her
Teorema
Toto le héros
Trois couleurs - Blanc
Trois couleurs - Bleu
Trois couleurs - Rouge
Trois vies et une seule mort
Tu as crié Let Me Go (documentaire)
Été inoubliable, Un
Unbearable Lightness of Being, The
Uns et les autres, Les
Vie est belle, La
Vivre sa vie
Voices Vision (série documentaire)
What Dreams May Come
Who's Life Is It Anymay ?
Woman in the Dunes
Woman's Tale, A
World According to Garp, World
(Voir aussi les filmographies de Ingmar
Bergman, Tarkovsky et Kieslowski)
12 Monkeys
35 Up

VOYAGES INITIATIQUES

Aguirre, la colère de Dieu
A.I. Artificial Intelligence
Alice (1988)
Alice in Wonderland
Aller simple, Un
Altered States
Amants criminels, Les
Apocalypse Now
Beyond Rangoon
Carnets de voyages
Central Station
Christian
City of Joy
Dark Crystal
Dark Habits
Dead Man
Easy Rider
Égarés, Les
Europa
Fando & Lis
Fitzcarraldo
Gadjo Dilo
Guerre du feu, La
Heart of Darkness
Hideous Kinky
Himalaya, l'enfance d'un chef
Holy smoke
Into the West
J'irai comme un cheval fou
Kikujiro
Killing Fields
Last Detail, The
Lawrence of Arabia
Lion King, The
Lost Horizon
Morvern Callar
Mahabharata
Massaï – les guerriers de la pluie
Mission, The
My Own Private Idaho
Mysterious Skin
N'oublie pas que tu vas mourir
Navigator : A Medieval Odyssey, The
Nocturne indien
Odd Man Out
Orphée
Palindrome
Passenger, The
Razor's Edge, The (1946)
Red Desert
Regard d'Ulysse, Le
Road Home, The
Seven Years in Tibet
Sheltering Sky
Spirited Away
Stalker
Stealing Beauty
Tang le onzième
Until The End of the World
Urga
Voie lactée, La
Voyage, Le
Walkabout
Zabriskie Point
Zigrail
2001 : A Space Odyssey

LA SOCIÉTÉ

VOYAGES AUTOUR DU MONDE

Villages d'**Afrique Noire**
Bal poussière
Constant Gardener
Enfant noir, L'
Dieux sont tombés sur la tête, Les

Au flanc des **Alpes**
Bronzés font du ski, Les
Dis-moi que je rêve
Genou de Claire, Le
Rivières pourpres, Les
Tout ça... pour ça !

Rigueurs hivernales de l'**Amérique**
Affliction
Au clair de la lune
Beautiful Girls
Big White, The
Fargo
Gina
Guerre des tuques, La
Histoires d'hiver
Ice Storm
Insomnia (2002)
Mon oncle Antoine
Mémoires affectives
Raquetteurs, Les
Shinning, The
Simple Plan, A
Sweet Hereafter, The
Wonder Boys

Promenade dans un jardin **anglais**
Angels and Insects
Barry Lyndon
Draughtman's Contract
Emma
Golden Bowl
Howards End
Persuasion
Possession (2002)
Pride and Prejudice
Wuthering Heights
Sense and Sensibility

Soleil des **Antilles**
Club Paradise
Countryman
How Stella Got Her Groove Back
Under Suspicion (2000)

Perdu en **Arizona**
Arizona Dream
Bagdad Café
Raising Arizona
Sunchaser, The
U-turn

Paysages d'**Australie**
- Jusqu'au bout du monde
- Shame (1988)
- Siam Sunset
- Coca-cola Kid
- Sirens
- Cocodile Dundee
- Wolfcreek
- Picnic at Hanging Rock

Musique et romance en **Autriche**
- Amadeus
- Mahler
- Sissi (Trilogie)
- Sound of Music
- Song of Love

Les charmes de **Barcelone**
- Auberge espagnole, L'
- Barcelona
- Passenger, The

Randonnées en **Bretagne**
- Conte d'été
- Élisa
- Vacances de M. Hulot, Les
- Western

Aventures dans la **brousse**
- Out of Africa
- Cannibal Holocaust
- Gorillas in the Mist
- Coup de torchon

Chaleur de la **casbah** et des **mosquées**
- And now ladies and gentlemen
- Bataille d'Alger, La
- Born in Absurdistan
- English patient, The
- Halfaouine, l'enfant des terrasses
- Monsieur Ibrahim et les fleurs du Coran
- Pépé le Moko
- Sheltering Sky

La royauté de **Chine**
- Last Emperor
- Empereur et l'assassin, L'
- Emperor's Shadow
- Hero

Vacances en **Côte d'Azur**
- Et Dieu créa la Femme
- Voyage à Biarritz
- Gendarme de Saint-Tropez, Le
- Sous-doués en vacances, Les

Traversées du **désert**
- Cent mille dollars au soleil
- Lawrence of Arabia
- Lion in the Desert
- Message, The
- Thé au Sahara, Un

Plages de la **Floride**
- Birdcage, The
- Fascination
- Florida, La
- Stranger than Paradise
- Wild Things

Le **Grand Nord** à perte de vue
- Agaguk, Shadow of the Wolf
- Chamane
- Atanarjuat : Fast Runner
- Kabloonak

Rêves et cauchemars d'**îles désertes**
- Beach, The
- Blue Lagoon
- Bounty, The
- Cast Away
- Lost (TV)
- Swept Away
- Vers un destin insolite sur les flots bleus de l'été

Les **îles grecques**
- Zorba the Greek
- Shirley Valentine
- Captain Corelli's Mandolin
- Grand Bleu, Le
- Mediterraneo
- Never on Sunday

Les facettes de l'**Inde**
- Bandit Queen
- City of Joy
- Earth
- Elephant Boy
- Fire
- Gandhi
- Gunga Din
- Kama Sutra : a Tale of Love
- Lagaan
- Little Buddha
- Monsoon Wedding
- Passage to India
- Salaam Bombay
- Water

Nuages sur l'**Irlande**
- Butcher Boy, The
- In the Name of the Father
- My Left Foot
- Some Mother's Son
- General, The

Une vue sur l'**Italie**
- Enchanted April
- Room with a View, A
- Tea with Mussolini
- Under the Tuscan Sun
- Up at the Villa

Des bayous de la **Louisiane**
- Apostle, The
- Eve's Bayou
- Southern Comfort
- Streetcar Named Desire, A
- Uncle Tom's Cabin

Londres d'aujourd'hui
- Closer
- Fish & Ships
- Lock, stock and Two Smoking Barrels
- My Beautiful Laundrette
- My Son the Fanatic
- Naked
- Nil by Mouth
- Sammi and Rosie Get Laid
- Spider

Cartes postales de **Londres**
- American Werewolf in London
- Four Weddings and a Funeral
- Hard Day's Night, A
- Octopussy
- What a Girl Wants

Petits villages des **Maritimes**
- Cap tourmente
- Full Blast
- Grande séduction, La
- Île de sable, L'
- Margaret's Museum
- Mario
- New Waterford Girl
- Shipping News, The
- Turbulence des fluides, La

Vents de la **Méditerranée**
- Avventura, L'
- Mediterranéo
- Regard d'Ulysse, Le

Tourisme au **Mexique**
- Chèvre, La
- El Norte
- Japon
- Vengeance du serpent à plumes, La
- 8 Heads in a Duffel Bag

Montréal, une île une ville
- Crabe dans la tête, Un
- Crème glacée, chocolat et autres consolations
- Jésus de Montréal
- Hasards ou coincidences
- Ma voisine danse le ska
- Matins infidèles, Les
- Zoo la nuit, Un

La face cachée de **Montréal**
- Audition, L'
- Being at Home With Claude
- Cosmos
- Eldorado
- Maelström
- Hochelaga
- 20 h 17 rue Darling

Moscou la nuit
- Arche russe, L'
- Little Vera
- Taxi Blues

Je voudrais voir **New York**
- Cotton Club
- Fast Food, Fast Women
- Fisher King, The
- Ghostbuster
- Hi, Mom !
- Manhattan
- New York Stories
- People I Know
- Squid annd the Whale, The
- Wall Street

Cachez ce **New York**...
- Clockers
- Empire
- Kids
- Mean Streets
- New York Ripper
- Phone Booth
- Sue Lost in Manhattan
- Urbania
- 25th Hour

Paris lumière
- Amants du Pont-Neuf, Les
- Belle histoire, La
- Fabuleux destin d'Amélie Poulain, Le
- Tempo
- Trois couleurs : bleu
- Zazie dans le métro

Paris urbain
- Buffet froid
- Haine, La
- Monde sans pitié, Un
- Subway
- Seul contre tous

Soleil de **Provence**
- Château de ma mère, Le
- Gloire de mon père, La
- Jean de florette
- Manon des sources

Marius, Fanny, César
Marius et Jeanette
Ville est tranquille, La
Year in Provence, A

Les remparts de **Québec**
Bach et Bottine
Confessionnal, le
I Confess
Petit vent de panique
Plouffe, Les

Couleurs de **Rio de Janeiro**
Bossa Nova
Central Station
Cité de Dieu
Orfeu Negro
Wild Orchid

Rome la magnifique
Belly of an Architect, The
Dolce Vita, La
Fellini Roma
Ils vont tous bien
Monsignor
Rome ville ouverte

Aux confins de la **Russie**
Noce, La
Sibériade
Urga
Voleur et l'enfant, Le

Suspense à **San Francisco**
Basic Instinct
Bullit
Conversation, The
Game, The
Pacific Heights
Vertigo

Face cachée de la **Scandinavie**
Histoires de cuisine
Homme sans passé, L'
I am Dina
Idiots, Les
101 Reykjavik

Complots en **Sicile**
Bonanno : A Godfather's Story
Excellents Cadavres
Je n'ai pas peur
Johnny Stecchino

Montagnes du **Tibet**
Coupe, La
Golden Child
Kundun
Seven Days in Tibet

Tokyo d'hier à aujourd'hui
Lost in Translation
Love & Pop
Nobody Knows
Shinjuku Triad Society
Tokyo Story
Tokyo-Ga
Tokyo Olympiad

À l'ombre et au soleil en **Turquie**
Bandit, Le
Distant
Midnight Express
Topkapi
Yol

Passions à **Venise**
Mort à Venise
Nu de femme
Othello
Ripley's Game
Wings of the Dove

Le **Viêtnam** qui n'est pas en guerre
À la verticale de l'été
Cyclo
Indochine
Just Married
Odeur de la papaye verte, L'
Tang le onzième

Tours du **Monde**
Baraka
Bourne Identity
Catch Me if You Can
Everyone Says I Love You
(Paris, Venise, New York)
Flirt (New York, Berlin, Tokyo)
Koyaanisqatsi
Munich
Napoléon
Night on Earth (Los Angeles, New York, Paris, Rome, Helsinki)
Poupées russes, Les
Red Violin, The (Italie, Québec, Chine, Autriche, Angleterre)
Sisterhood of the Travelling Pants

LES FILMS DU MONDE

AFRIQUE DU SUD
Daresalam (Arabe)
Dilemme (Anglais)
Friends (Anglais)
Gods Must Be Crazy, The (Anglais)
Gods Must Be Crazy II, The (Anglais)
Hotel Rwanda (Anglais)
Proteus (Anglais)
Sarafina ! (Anglais)
Stander (Anglais)
Stick, The (Anglais)
Yeelen (Français)

ALGÉRIE
Arche du désert, L' (Anglais)
Cheb (Français)
Citadelle, La (Arabe)
Youcef : la légenge du 7e dormant (Arabe)

ARGENTINE
Blood of the Virgins (Espagnol)
Brain Drain (Anglais)
Burnt Money (Espagnol)
Carandiru (Portugais)
Carnets de voyage (Espagnol)
Chicos Ricos (Espagnol)
Ciénaga, La (Espagnol)
City of No Limits, The (Espagnol)
Cloud, The (Espagnol)
Common Ground (Espagnol)
Côté obscur du cœur, Le (Espagnol)
Côté obscur du cœur II, Le (Espagnol)
Curious Dr. Humpp, The (Espagnol)
Day You Love Me, The (Espagnol)
Dette, La (Espagnol)
Don Segundo Sombra (Espagnol)
Don't Die Without Telling Me Where You're Going (Espagnol)
El Muerto (Espagnol)
Eva Peron (Espagnol)
Faro, El (Espagnol)
Felicidades (Espagnol)
Fierro... l'été des secrets (Français)
Fuga de cerebros (Espagnol)
Funny Dirty Little War (Espagnol)
Histoire officielle, L' (Espagnol)
I Don't Want To Talk About It (Espagnol)
I, the Worst of All (Espagnol)
Jamais je ne t'oublierai (Espagnol)
King and His Movie, A (Espagnol)
King and His Movies, The (Espagnol)
Knocks at My Door (Espagnol)
Last Images of the Shipwreck (Espagnol)
Life According to Muriel (Espagnol)
Lisbon (Espagnol)
Man Facing Southeast (Espagnol)
Manhunt (Espagnol)
Martin Fierro (Espagnol)
Miss Mary (Espagnol)
Native Son (Espagnol)
Nine Queens (Espagnol)
No Habra Mas Penas Ni Olvido (Espagnol)
Of Love and Shadows (Anglais)
Painted Lips (Espagnol)
Place in the World, A (Espagnol)
Play for Me (Espagnol)
Pubis Angelical (Espagnol)
Répression (Espagnol)
Road, The (Espagnol)
Seven madmen, The (Espagnol)
Shadow You Soon Will Be, A (Espagnol)
Sombra Ya Pronto Seras, Una (Espagnol)
Son of the Bride, The (Espagnol)
Tango (Espagnol)
Time for Revenge (Espagnol)
Times to Come (Espagnol)
Toca Para Mi (Espagnol)
Under The Earth (Espagnol)
Valentin (Espagnol)
Voyage, Le (Espagnol)
What Your Eyes Don't See (Espagnol)

AUSTRALIE
Adventures of Priscilla, Queen of the Desert, The (Anglais)
Alexandra's Project (Anglais)
Alien Visitor (Anglais)
Angel Baby (Anglais)
Attack Force Z (Anglais)
Backsliding (Anglais)
Barry Mckenzie Holds His Own (Anglais)
Better Than Sex (Anglais)
Bliss (Anglais)
Bootmen (Anglais)
Boys, The (Anglais)
Breaker Morant (Anglais)
Burke & Wills (Anglais)
Cactus (Anglais)
Cars That Ate Paris, The (Anglais)
Cars That Ate Paris, The/ The Plumber (Anglais)
Castle, The (Anglais)
Changi (Anglais)
Charlotte Gray (Anglais)
Children of the Revolution (Anglais)
Chopper (Anglais)
Clinic, The (Anglais)
Coca-Cola Kid, The (Anglais)
Cosi (Anglais)
Country Life (Anglais)
Crocodile Dundee (Anglais)
Crocodile Dundee II (Anglais)
Crocodile Hunter : Collision Course (Anglais)
Cry in the Dark, A (Anglais)
Cup, The (Anglais)
Danny Deckchair (Anglais)
Dark Forces (Anglais)
Dead Calm (Anglais)
Death in Brunswick (Anglais)

Dish, The (Anglais)
Dogs in Space (Anglais)
Don's Party (Anglais)
Efficiency Expert, The (Anglais)
Everlasting Secret Family, The (Anglais)
Ferngully : The Last Rainforest (Anglais)
Fighting Rats of Tobruk, The (Anglais)
Flirting (Anglais)
Floating Life (Anglais)
Flynn (Anglais)
Fringe Dwellers, The (Anglais)
Gallipoli (Anglais)
Garage Days (Anglais)
Georgia (Anglais)
Goddess of 1967, The (Anglais)
Golden Braid (Anglais)
Good Wife, The (Anglais)
Green Card (Anglais)
Grievous Bodily Harm (Anglais)
Heartbreak Kid, The (Anglais)
Heatwave (Anglais)
High Tide (Anglais)
Holy Smoke (Anglais)
Hotel de Love (Anglais)
Idiot Box (Anglais)
In the Winter Dark (Anglais)
Innocence (Anglais)
Interview, The (Anglais)
Island (Anglais)
Japanese Story (Anglais)
Joey (Anglais)
Kangaroo (Anglais)
Kiss or Kill (Anglais)
Lantana (Anglais)
Last Days of Chez Nous, The (Anglais)
Last Wave, The (Anglais)
Lighthorsemen, The (Anglais)
Lilian' Story (Anglais)
Little Bit of Soul, A (Anglais)
Lonely Hearts (Anglais)
Long Weekend, The (Anglais)
Love and Other Catastrophies (Anglais)
Love Serenade (Anglais)
Mad Dog (Anglais)
Mad Max (Anglais)
Mad Max 2 : The Road Warrior (Anglais)
Mad Max 3 : Beyond
the Thunderdome (Anglais)
Man from Snowy River, The (Anglais)
Map of the Human Heart (Anglais)
Me Myself I (Anglais)
Mesmerized (Anglais)
Molokaï (Anglais)
Monkey's Mask, The (Anglais)
Muriel's Wedding (Anglais)
My Brilliant Career (Anglais)
Narcosys (Anglais)
Nun and the Bandit, The (Anglais)
Only the Bbrave (Anglais)
Oscar and Lucinda (Anglais)
Paradise Road (Anglais)
Patrick (Anglais)
Pays où rêvent les fourmis
vertes, Le (Anglais)
Phar Lap (Anglais)
Piano, The (Anglais)
Picnic at Hanging Rock (Anglais)
Plumber, The (Anglais)
Prisoners of the Sun (Anglais)
Proof (Anglais)
Puberty Blues (Anglais)
Quiet American, The (Anglais)
Quiet Room, The (Anglais)
Quigley Down Under (Anglais)
Rabbit-Proof Fence (Anglais)
Radiance (Anglais)
Razorback (Anglais)
Return to Snowy River (Anglais)
Robinson Crusoe (Anglais)
Romper Stomper (Anglais)
Russian Doll (Anglais)
Shame (Anglais)
Shine (Anglais)
Siam Sunset (Anglais)
Sirens (Anglais)
Sky Pirates (Anglais)
Soft Fruit (Anglais)
Strange Fits of Passion (Anglais)
Strange Planet (Anglais)
Strictly Ballroom (Anglais)
Sum of Us, The (Anglais)
Sun, the Moon and the Stars, The (Anglais)
Sweetie (Anglais)
Swimming Upstream (Anglais)
That Eye in the Sky (Anglais)
Thirst (Anglais)
Till Human Voices Wake Us (Anglais)
Tim (Anglais)
Travelling Man (Anglais)
Two Friends (Anglais)
Two Hands (Anglais)
Under the Lighthouse Dancing (Anglais)
Violet's Visit (Anglais)
Visitors (Anglais)
Waiting (Anglais)
Walkabout (Anglais)
Walking on Water (Anglais)
Welcome to Woop Woop (Anglais)
Well, The (Anglais)
Wide Sargasso Sea (Anglais)
Wild Duck, The (Anglais)
Woman's Tale, A (Anglais)
Year My Voice Broke, The (Anglais)
Year of Living Dangerously, The (Anglais)
Young Einstein (Anglais)

AUTRICHE

Dog Days (Allemand)
Echo Park (Anglais)
Fifth Musketeer, The (Anglais)
Flaming Ears (Allemand)
Free Radicals (Allemand)
Funny Games (Anglais)
Hanussen (Allemand)
Héritiers, Les (Allemand)
Invisible Adversaries (Anglais)
Mains d'Orlac, Les (Muet)
Mam'zelle Cricri (Allemand)
Menschenfraun (Allemand)
Né en absurdistan (Allemand)
Nijinsky : The Diaries of
Vaslav Nijinsky (Anglais)
No Rest for the Brave (Français)
Pianiste, La (Français)
Practice of Love, The (Allemand)
Requiem for Dominic (Anglais)
Seventh Continent, The (Allemand)
Sissi (Allemand)
Sissi et son destin (Allemand)
Sissi impératrice (Allemand)
Sunshine (Anglais)
Temps du loup, Le (Français)
2069 : A Sex Odyssey (Allemand)
38 : Vienna Before the Fall (Allemand)

BELGIQUE

Abracadabra (Français)
Alias (Flamand)
Anchoress (Anglais)
Année de l'éveil, L' (Français)
Australia (Français)
Benvenuta (Français)
Between the Devil and
the Deep Blue Sea (Flamand)
Boom Boom (Espagnol)
Brussels Transit (Yiddish)
C'est arrivé prés de chez vous (Français)
Camping Cosmos (Français)
Captive, La (Français)
Chaînon manquant, Le (Français)
Clandestins (Français)
Commissioner, The (Anglais)
Convoyeurs attendent, Les (Français)
Crazy Love (Flamand)
Daens (Flamand)
Daisy Town (Français)
Daughters of Darkness (Anglais)
Demoniacs, The (Français)
École de la chair, L' (Français)
Été à la Goulette, Un (Français)
Everybody's Famous (Flamand)
Farinelli (Français)
Filasse (Flamand)
Fils, Le (Français)
Hector (Flamand)
Hombres Complicados (Flamand)
Il maestro (Français)
Jour et la nuit, Le (Français)
Koko Flanel (Flamand)
Left Luggage (Anglais)
Liaison pornographique, Une (Français)
Ma vie en rose (Français)
Maître de musique, Le (Français)
Mascara (Flamand)
Mécaniques célestes (Français)
Molokaï (Anglais)
Monsieur (Français)
Mystère de la chambre jaune, Le (Français)
Nain rouge, Le (Français)
Noce en Galilée (Hébreu)
Noces barbares, Les (Français)
Pardon cupidon (Français)
Pauline et Paulette (Flamand)
Pleure pas Germaine (Français)
Plus longue nuit du diable, La (Français)
Presque rien (Français)
Promesse, La (Français)
Quarry, The (Anglais)
Rendez-vous d'Anna, Les (Français)
Rosetta (Français)
Rosie (Français)
Salut cousin ! (Français)
Suite 16 (Flamand)
Sur la terre comme au ciel (Français)
Tarzoon ! La honte de la jungle (Français)
Thomas est amoureux (Français)
Toto le héros (Français)
Toute une nuit (Français)
Triplettes de Belleville, Les (Français)
Tumultes (Français)
Vie sexuelle des Belges, Las
- 1950-1978 (Français)
Vous n'aurez pas l'Alsace
et la Lorraine (Français)
Wait until spring, bandini (Anglais)
Window shopping (Anglais)
Bosnie cercle parfait, Le (Français)

BRÉSIL

Amor Bandido (Portugais)
At Midnight I'll Take Your Soul (Portugais)
Behind the Sun (Portugais)
Bossa Nova (Anglais)
Buccaneer Soul (Portugais)
Bye Bye Brésil (Portugais)

Carandiru (Portugais)
Cité de Dieu, La (Portugais)
Dieu noir et le diable blond, Le (Portugais)
Dolphin, The (Portugais)
Dona Flor et ses deux maris (Portugais)
End of Man, The (Portugais)
Fable of the Beautiful Pigeon Fancier (Portugais)
Foreign Land (Portugais)
Four Days In September (Portugais)
Gabriela (Portugais)
Gare Centrale (Portugais)
God Is Brazilian (Portugais)
Hallucinations of a Deranged Mind (Portugais)
Happily Ever After (Portugais)
Homme nu, L' (Portugais)
Hour of the Star (Portugais)
How Tasty Was My Little Frenchman (Portugais)
I Love You (Portugais)
Jew, The (Portugais)
Kiss of the Spider Woman (Anglais)
Lucio Flavio : passager de l'agonie (Portugais)
Luzia (Portugais)
Madame Sata (Portugais)
Man in the Box, The (Portugais)
Manoushe (Anglais)
Me You Them (Portugais)
Midnight (Portugais)
Orfeu (Portugais)
Orfeu Negro (Portugais)
Perversion (Portugais)
Pixote (Portugais)
Quilombo (Portugais)
Savage Capitalism (Portugais)
Story of Fausta, The (Portugais)
Subway to the Stars (Portugais)
Terre en transes (Portugais)
This Night I'll Possess Your Corpse (Portugais)
Tieta of Agreste (Portugais)
Vie est belle, La (Français)
Xica (Portugais)

BURKINA FASO

Guimba (Français)
Maître du Canton, Le (Français)
Sankofa (Anglais)
Tilaï (Moré)
Wend Kuuni (Moré)
Yeelen (Français)

CAMBODGE

Ambition Reduced to Ashes, An (Cambodgien)
Peasants in Distress (Cambodgien)

CAMEROUN

Maître du canton, Le (Français)
Quartier Mozart (Français)

CHINE

Adieu ma concubine (Mandarin)
Anna in Kung Fu Land (Chinois)
Armageddon (Chinois)
Balzac et la petite tailleuse chinoise (Cantonnais)
Bicyclette de Pékin, La (Mandarin)
Blind Shaft (Chinois)
Blush (Mandarin)
Cerf-volant bleu, Le (Mandarin)
Chine, ma douleur (Mandarin)
Chinese Heroes (Chinois)
Classic Kung-Fu Movies (Chinois)
Country Teachers (Mandarin)
Crouching Tiger, Hidden Dragon (Mandarin)
Crows and Sparrows (Mandarin)
Devil's on the Doorstep (Mandarin)
Durian, Durian (Cantonnais)
Empereur et l'assassin, L' (Mandarin)
Emperor's Shadow (Mandarin)
Épouses et concubines (Mandarin)
Ermo (Mandarin)
Executioner, The (Cantonnais)
Frozen (Mandarin)
Fu Bo (Anglais)
Happy Times (Mandarin)
Hero (Chinois)
Histoire de Qiu Ju, L' (Cantonnais)
Histoires de fantîmes chinois (Cantonnais)
Horse Thief, The (Mandarin)
Journey to the Western Xia Empire (Chinois)
Ju-Dou (Mandarin)
Kids from Shaolin (Chinois)
King of Masks, The (Mandarin)
Life on a String (Mandarin)
Master Q : Incredible Pet Detective (Chinois)
Mee Pok Man (Cantonnais)
Missing Gun, The (Cantonnais)
Money Tree, The (Anglais)
Musa : The Warrior (Chinois)
Not One Less (Mandarin)
Plaisirs Inconnus (Chinois)
Quitting (Mandarin)
Red Cherry (Mandarin)
Red Firecracker, Green Firecracker (Mandarin)
Red River Valley (Mandarin)
Red Sorghum (Mandarin)
Rickshaw Boy (Mandarin)
Secret des poignards volants, Le (Français)
Seventeen Years (Mandarin)
Shadow Magic (Anglais)
Shower (Mandarin)
So Close to Paradise (Mandarin)
Soong Sisters (Mandarin)
Soul Haunted by Painting, A (Anglais)
Souvenirs (Mandarin)
Springtime in a Small Town (Mandarin)
Story of Xinghua, The (Mandarin)
Supercop (Cantonnais)
Suzhou River (Mandarin)
Swordsmen in Double Flag Town (Chinois)
Tai Chi Master, The (Chinois)
That's the Way I Like It (Chinois)
Triade de Shanghai, La (Mandarin)
Triade du papillon, La (Mandarin)
Virtuose, Le (Chinois)
Vive l'amour (Mandarin)
Vivre (Mandarin)
Winners and Sinners (Chinois)
Witch from Nepal (Cantonnais)
Woman Demon Human (Mandarin)
Woman Sesame Oil Maker (Chinois)
Women from the Lake of Scented Souls, The (Mandarin)
Wooden Man's Bride (Chinois)
Xiu-Xiu, the Sent Down Girl (Mandarin)
Yellow Earth (Mandarin)
Zhou Yu's Train (Mandarin)

COLOMBIE

Confessing to Laura (Espagnol)
Day You Love Me, The (Espagnol)
Miracle in Rome (Espagnol)
Rodrigo D. - No Future (Espagnol)
Vierge des tueurs, La (Espagnol)

CORÉE

Address Unknown (Coréen)
Bad Guy (Coréen)
Chi-Hwa-Seon Painted Fire (Coréen)
Chunhyang (Coréen)
Doggy Poo (Coréen)
Dumplings (Three... Extremes) (Cantonnais)
Foul King (Mandarin)
Friend (Coréen)
Garden of Heaven (Coréen)
Gingko Bed, The (Coréen)
H - You Can't Spell Hell Without It (Coréen)
Ichi the Killer (Japonais)
Isle, The (Coréen)
Jsa : Joint Security Area (Coréen)
Lies (Coréen)
Memento Mori (Coréen)
Musa : the Warrior (Chinois)
My Beautiful Girl Mary (Coréen)
Nom de code : shiri (Coréen)
Oasis (Coréen)
Phone (Coréen)
Quiet Family (Coréen)
Real Fiction (Coréen)
Ring Virus, The (Coréen)
Samaritan Girl (Coréen)
Saulabi (Coréen)
Spring, Summer, Fall, Winter & Spring (Coréen)
Tae Guk Gi : Brotherhood of War (Coréen)
Take Care of My Cat (Coréen)
Tale of Two Sisters, A (Coréen)
Tell Me Something (Coréen)
Three (Cantonnais)
Tube (Coréen)
Untold Scandal (Coréen)
Virgin Stripped Bare by Her Bachelors (Coréen)
Volcano High (Coréen)
Way Home, The (Coréen)
White Badge (Coréen)
Why Has Bodhi-Dharma Left for the East ? (Coréen)
15 ans volés (Coréen)

CÔTE D'IVOIRE

Bal poussière (Français)
Chapeau, Le (Français)
Visages de femmes (Français)

CUBA

Confessing to Laura (Espagnol)
Death of a Bureaucrat (Espagnol)
Details of a Duel (Espagnol)
El Super (Espagnol)
Guantanamera (Espagnol)
Knocks at My Door (Espagnol)
Last Supper, The (Espagnol)
Letters from the Park (Espagnol)
Liste d'attente (Espagnol)
Memories of Underdevelopment (Espagnol)
Miel Para Oshun (Espagnol)
Paradise Under the Stars (Espagnol)
Portrait of Teresa (Espagnol)
Strawberry and Chocolate (Espagnol)
Summer of Miss Forbes, The (Espagnol)
Things I Left in Havana (Espagnol)
Up to a Certain Point (Espagnol)
Vampires in Havana (Espagnol)
Very Old Man with Enormous Wings, The (Espagnol)

DANEMARK

Amour est un pouvoir sacré, L' (Anglais)
Bastien le magicien (Danois)

Chansons du deuxième étage (Suédois)
Christian (Danois)
Dancer in the Dark (Anglais)
Dogville (Anglais)
Element of Crime (Anglais)
Enfant qui voulait être un ours, L' (Français)
Epidemic (Danois)
Europa (Danois)
Faim, La (Suédois)
Festin de Babette, Le (Danois)
Fête de famille (Danois)
Flickering Lights (Danois)
Gertrude (Anglais)
Heart of Light (Anglais)
Homme dans la lune, L' (Danois)
I Am Dina (Anglais)
Idiots, Les (Danois)
Île de mon enfance, L' (Danois)
Intended, The (Anglais)
Italien pour débutants (Danois)
Jour de colère (Danois)
Journey to the Seventh Planet (Anglais)
Jours de ciné (Islandais)
Last Great Wilderness, The (Anglais)
Maître du logis, Le (Danois)
Medea (Danois)
Memories of a Marriage (Danois)
Michael (Anglais)
Mifune (Danois)
Noi (Islandais)
Ombre d'Emma, L' (Danois)
Pages arrachées
du livre de Satan (Anglais)
Parole, La (Anglais)
Parson's Widow/They Caught the Ferry/
Thorvaldsen (Danois)
Pelle le conquérant (Danois)
Pretty Boy (Danois)
Pusher (Danois)
Quiet Days in Clichy (Danois)
Rami & Juliet (Danois)
Reptilicus (Anglais)
Rocking Silver (Danois)
Royal Deceit (Danois)
Rues de mon enfance, Les (Danois)
Shake It All About (Danois)
Silent Touch, The (Danois)
Sofie (Suédois)
Song for Martin, A (Suédois)
Twist and Shout (Anglais)
Twist and Shout/Zappa (Danois)
Vampyr (Anglais)
Wilbur (Wants to Kill Himself) (Anglais)
Wolf at the Door, The (Anglais)

ÉCOSSE (ROYAUME-UNI)
Gregory's Girl (Anglais)

ÉGYPTE
Adieu Bonaparte (Arabe)
Alexandria Again and Forever (Arabe)
Alexandria Why? (Arabe)
Autre, L' (Arabe)
Destin, Le (Arabe)
Émigré, L' (Arabe)
Mémoire, La (Arabe)

ESPAGNE
À coups de crosse (Espagnol)
Actrices (Espagnol)
Against the Wind (Espagnol)
Alias « La Gringa » (Espagnol)
Amants du cercle polaire, Les (Espagnol)
Amor de hombre (Espagnol)
Amour sorcier, L' (Anglais)
Anguish (Espagnol)
Anita Takes a Chance (Espagnol)
Attache-moi ! (Espagnol)
Au bonheur des hommes (Espagnol)
Auberge espagnole, L' (Français)
Ay, Carmela ! (Espagnol)
Barcelona (Anglais)
B,ton rouge (Espagnol)
Belle époque (Espagnol)
Berlin blues (Espagnol)
Black Tears (Espagnol)
Boom Boom (Espagnol)
Bouche à bouche (Espagnol)
Box 507 (Anglais)
Bread and Roses (Italien)
Butterfly (Espagnol)
Butterfly Wings (Espagnol)
Caresses (Espagnol)
Carla's Song (Espagnol)
Carmen (Anglais)
Castilian, The (Anglais)
Catherine Cherie (Allemand)
Celos (Espagnol)
Chanson de l'orphelin, La (Espagnol)
Charge des rebelles, La (Espagnol)
Chasse, La (Espagnol)
Chill Out (Espagnol)
Ciénaga, La (Espagnol)
City of No Limits, The (Espagnol)
Cold Eyes of Fear (Anglais)
Comin' at Ya ! (Anglais)
Comment et le pourquoi, Le (Espagnol)
Common Ground (Espagnol)
Common Wealth (Espagnol)
Companeros (Italien)
Confessing to Laura (Espagnol)
Confidential Report (Mr. Arkadin) (Anglais)
Cria Cuervos (Espagnol)
Crocs du diable, Les (Espagnol)
Cthulhu Mansion (Anglais)
Dancer Upstairs, The (Anglais)
Dans la poussière du soleil (Français)
Dark Habits (Espagnol)
Darkness (Espagnol)
Demons in the Garden (Espagnol)
Deux gamins, Les (Espagnol)
Devil Came from Akasava, The (Anglais)
Devil's Kiss (Espagnol)
Diabolical Dr. Z, The (Espagnol)
Diario de una pasante (Espagnol)
Diputado, El (Espagnol)
Disparition de Garcia Lorca, La (Espagnol)
Don Juan (Français)
Don't Tempt Me (Espagnol)
Dorado, El (Anglais)
Dying of Laughter (Espagnol)
Earth (Espagnol)
Échine du diable, L' (Espagnol)
Écureuil rouge, L' (Espagnol)
Élisa Mon amour (Espagnol)
En chair et en os (Espagnol)
Enfant à la voix d'or, L' (Espagnol)
Enfer du plaisir, L' (Espagnol)
Entre les jambes (Espagnol)
Ernesto (Italien)
Esprit de la ruche, L' (Espagnol)
Est-ouest (Français)
Excuse Me Darling,
but Lucas Loved Me (Espagnol)
Exquisite Cadaver, The (Espagnol)
Extramuros (Espagnol)
Fable of the Beautiful
Pigeon Fancier (Portugais)
Faceless (Anglais)
Faro, El (Espagnol)
Fausto 5.0 (Espagnol)
Femme assassin, La (Espagnol)
Femme de chambre
du Titanic, La (Français)
Femmes au bord
de la crise de nerfs (Espagnol)
First Night of My Life, The (Espagnol)
Fleur de mon secret, La (Anglais)
Fortunata y Jacinta (Espagnol)
Fugitivas (Espagnol)
Galerie des monstres, La (Muet)
Girl of Your Dreams, The (Espagnol)
Glue Sniffer (Espagnol)
Goya à Bordeaux (Espagnol)
Grandfather, The (Espagnol)
Graveyard of Horror (Anglais)
Guantanamera (Espagnol)
Half of Heaven (Espagnol)
Hell of the Living Dead (Anglais)
Heure des sortilèges, L' (Espagnol)
Hidden Pleasures (Espagnol)
Homme passionné, Un (Espagnol)
Horrible Dr. Orloff, L' (Espagnol)
Horrible Sexy Vampire, The (Anglais)
Horror Express (Anglais)
House of Exorcism (Italien)
I'm the One You're Looking for (Espagnol)
If They Tell You I Fell... (Espagnol)
Iguana (Anglais)
Île de l'épouvante, L' (Anglais)
In a Glass Cage (Espagnol)
Insomnio (Espagnol)
Intacto (Espagnol)
Intruso (Espagnol)
Jambon jambon (Espagnol)
Jardin des délices, Le (Espagnol)
Jour et la nuit, Le (Français)
Kika (Espagnol)
Kiss Me Monster (Allemand)
Kisses for Everyone (Espagnol)
Km. 0 (Espagnol)
Labyrinth of Passion (Espagnol)
Lac des morts vivants, Le (Français)
Lazarillo de Tormes, El (Espagnol)
Letters from Alou (Espagnol)
Libertarias (Espagnol)
Light at the Edge of the World, The (Anglais)
Lisbon (Espagnol)
Loi du désir, La (Espagnol)
Love Can Seriously Damage
Your Health (Espagnol)
Love of a Man, The (Espagnol)
Lovers (Espagnol)
Loyola, chevalier du Christ (Espagnol)
Machinist, The (Anglais)
Macho (Espagnol)
Mad Love (Espagnol)
Madigan's Millions (Anglais)
Maman a cent ans (Espagnol)
Mar, El (Catalan)
Mararia (Espagnol)
Marianela (Espagnol)
Mariée sanglante, La (Espagnol)
Massacre des morts-vivants, Le (Espagnol)
Matador (Espagnol)
Mauvaise éducation, La (Espagnol)
Mécaniques célestes (Français)
Memory of Water (Espagnol)
Mer intérieure, La (Espagnol)
Mi-fugue, mi-raisin (Espagnol)
Miel Para Oshun (Espagnol)
Mieux vaut être riche et bien portant
que fauché et mal foutu (Français)
Miracle of Marcelino, The (Espagnol)
Mission Stardust (Anglais)
Mondays in the Sun (Espagnol)

Monster Island (Anglais)
Muerto, El (Espagnol)
Murder Mansion, The (Espagnol)
My Dear Killer (Anglais)
Nico & Dani (Espagnol)
Nightmare City (Italien)
Ninth Gate, The (Anglais)
Noces de sang (Espagnol)
Nuits de Dracula, Les (Espagnol)
Oasis of the Zombies (Anglais)
Ochoa (Espagnol)
Of Love and Shadows (Anglais)
Orloff and the Invisible Man (Espagnol)
Other Side of the Bed, The (Espagnol)
Outrage (Espagnol)
Ouvre les yeux (Espagnol)
Padre Nuestro (Espagnol)
Pajarico - petit oiseau solitaire (Espagnol)
Palace (Espagnol)
Paradise Under the Stars (Espagnol)
Parle avec elle (Espagnol)
Passion Sndalouse (Espagnol)
Pepi, Luci, Bom and
the Other Girls (Espagnol)
Peppermint frappé (Espagnol)
Petite voiture, La (Espagnol)
Plaza del diamante, La (Espagnol)
Pourquoi pas moi ? (Français)
Protecteur, Le (Français)
Return of the Magnificient Seven (Anglais)
Revenge in the House of Usher (Espagnol)
Révolte des morts-vivants, La (Espagnol)
Révoltés de l'an 2000, Les (Espagnol)
Sadistic Baron Von Klaus, The (Espagnol)
Sadomania (Espagnol)
Sex and Lucia (Espagnol)
Shadows in a Conflict (Espagnol)
Sin Dejar Huella (Espagnol)
Skyline (Espagnol)
Slugs (Anglais)
Smoking Room (Espagnol)
Solas (Espagnol)
Solo Mia (Espagnol)
Son of Captain Blood, The (Espagnol)
Sound of the Sea (Espagnol)
Spain Again (Espagnol)
Special Killers (Espagnol)
Star Knight (Anglais)
Stilts, The (Espagnol)
Strawberry and Chocolate (Espagnol)
Summer of Miss Forbes, The (Espagnol)
Talons aiguilles (Espagnol)
Tango (Espagnol)
Temps du silence, Le (Espagnol)
Tesis (Espagnol)
Texican, The (Anglais)
Things I Left in Havana (Espagnol)
Tit and the Moon, The (Espagnol)
To Die (Or Not) (Espagnol)
Tombés du ciel (Espagnol)
Tombs of the Blind Dead
& Return of the Blind Dead (Anglais)
Tout sur ma mére (Espagnol)
Train spécial pour Hitler (Français)
Tristana (Espagnol)
Twisted Obsession (Anglais)
Umbrella for Three (Espagnol)
Uncovered (Anglais)
Vacas (Espagnol)
Valentin (Espagnol)
Vampires in Havana (Espagnol)
Vampyros Lesbos (Espagnol)
Vengo (Espagnol)
Very Old Man with
Enormous Wings, The (Espagnol)
Veteranos (Anglais)
Vierge des tueurs, La (Espagnol)
Vies de Loulou, Les (Espagnol)
Viridiana (Espagnol)
Vite, vite (Espagnol)
Voyage, Le (Espagnol)
Werewolf Shadow (Espagnol)
What Have I Done
to Deserve This ? (Espagnol)
What Makes Woman Laugh (Espagnol)
When Everything Is inOorder (Espagnol)
Why Do They Call It Love
When They Mean Sex ? (Espagnol)
Yellow Fountain, The (Espagnol)
Yeux bandés, Les (Anglais)

EX-TCHÉCOSLOVAQUIE ET RÉPUBLIQUE TCHÈQUE

Alice (Tchèque)
All My Good Countrymen (Russe)
All My Loved Ones (Tchèque)
Amours d'une blonde, Les (Tchèque)
Autumn Spring (Tchèque)
Black Peter (Tchèque)
Boxer and Death, The (Tchèque)
By the Law/Chess Fever (Anglais)
Competition (Tchèque)
Conspirators of Pleasure (Tchèque)
Dark Blue World (Tchèque)
Diamonds of the Night (Tchèque)
Dita Saxova (Tchèque)
Divided We Fall (Tchèque)
Elementary School, The (Tchèque)
Emperor's Nightingale, The (Tchèque)
Erotikon (Tchèque)
Été capricieux, Un (Tchèque)
Extase (Tchèque)
Faust (Tchèque)
Fête et les invités, La (Tchèque)
Firemen's Ball, The (Tchèque)
Golem, Le (Français)
Good Soldier Schweik, The (Tchèque)
Jacob the Liar (Allemand)
Jan Svankmajer : Alchemist
of the Surreal (Anglais)
Joke, The (Tchèque)
Kolya (Tchèque)
Lady Macbeth of Mtsensk (Tchèque)
Larks on a String (Tchèque)
Last Butterfly, The (Tchèque)
Mandragora (Tchèque)
Mon cher petit village (Tchèque)
Murder Czech Style (Tchèque)
Plunkett & Macleane (Anglais)
Romeo, Juliet and Darkness (Tchèque)
Shop on Main Street, The (Tchèque)
Trains étroitement surveillés (Tchèque)
Transport from Paradise (Tchèque)
Valerie and Her Week
of Wonders (Tchèque)
White Dove, The (Tchèque)
Witches' Hammer (Tchèque)
Wolf Trap (Tchèque)
Zelary (Tchèque)

FINLANDE

Amazon (Anglais)
Ambush (Finlandais)
Ariel (Finlandais)
Dreaming of Rita (Suédois)
Helsinki Napoli (Allemand)
Homme sans passé, L' (Finlandais)
Intermezzo (Suédois)
J'ai engagé un tueur (Finnois)
L.A. Without a Map (Anglais)
Last Contract, The (Suédois)
Leningrad Cowboys
Go America (Finlandais)
Match Factory Girl, The (Finlandais)
Vie de Bohème, La (Français)
Winter War, The (Finnois)
Zombie and the Ghost Train (Finlandais)

GRÈCE

Amérique des autres, L' (Serbe)
Angel (Grec)
Cherry Orchard, The (Anglais)
Dream of Passion (Anglais)
Earth & Water (Grec)
Electra (Grec)
Éternité et un jour, L' (Grec)
From the Edge of the City (Anglais)
Girl in Black, A (Grec)
Iphigénie (Grec)
Jamais le dimanche (Grec)
Landscape in the Mist (Grec)
Matter of Dignity (Grec)
Meteor and Shadow (Grec)
Pas suspendu de la cigogne, Le (Grec)
Pretty Village, Pretty Flame (Serbo-croate)
Regard d'Ulysse, Le (Grec)
Stella (Grec)
Young Aphrodites (Grec)
Zorba le grec (Anglais)

HOLLANDE (PAYS-BAS)

Amsterdamned (Néerlandais)
Antonia et ses filles (Néerlandais)
Attentat, L' (Néerlandais)
Business Is Business (Danois)
Caractére (Néerlandais)
Crocodiles in Amsterdam (Néerlandais)
Dandelions (Néerlandais)
Egg (Danois)
Everybody's Famous (Flamand)
Flight of Rainbirds, A (Néerlandais)
For a Lost Soldier (Néerlandais)
Habitants, Les (Néerlandais)
Homme qui voulait savoir, L' (Français)
Homme, deux femmes, Un (Néerlandais)
I Love You Too (Allemand)
Illusionniste, L' (Néerlandais)
Johnsons, The (Néerlandais)
Keetje Tippel (Danois)
Lavigueur déménagent, Les (Néerlandais)
Left Luggage (Anglais)
Lift, The (Néerlandais)
Lily Was Here (Néerlandais)
Opname (Néerlandais)
Passager clandestin, Le (Néerlandais)
Pingu (Français)
Pointsman, The (Néerlandais)
Quatriéme homme, Le (Néerlandais)
Question of Silence, A (Néerlandais)
Rembrandt-1669 (Néerlandais)
Roméo (Néerlandais)
Siberia (Néerlandais)
Soldier of Orange (Néerlandais)
Spetters (Néerlandais)
Springtime in a Small Town (Mandarin)
To Play or to Die (Néerlandais)
Turkish Delight (Néerlandais)
Zus & Zo (Néerlandais)
1-900 (Sex Without Hangups)
(Néerlandais)

HONG KONG (CHINE)

Ab-Normal Beauty (Anglais)
Accidental Spy (Cantonnais)
Adventurers, The (Cantonnais)

Amsterdam Kill, The (Anglais)
Angel Heart (Chinois)
Armour of God (Anglais)
As Tears Go By (Cantonnais)
Ashes of Time (Anglais)
Autumn's Tale, An (Anglais)
Battle of Shaolin (Chinois)
Better Tomorrow 1, 2, 3, A (Cantonnais)
Big Shot's Funeral (Mandarin)
Black Belt Jones 2 : The Tattoo Connection (Anglais)
Black Cat (Anglais)
Black Cat Ii (Cantonnais)
Black Mask (Anglais)
Black Mask Ii : City of Masks (Anglais)
Black Sun : The Nanking Massacre (Cantonnais)
Bloody Mary Killer (Anglais)
Bodyguard from Beijing (Mandarin)
Born to Defence (Cantonnais)
Bride with White Hair, The (Anglais)
Bride with White Hair II, The (Cantonnais)
Bruce Is Loose (Anglais)
Burning Paradise (Anglais)
Carry on Pickpocket (Chinois)
Centre Stage (Cantonnais)
China Dragon (Chinois)
China Strike Force (Cantonnais)
Chinese Connection, The (Anglais)
Chinese Feast, The (Anglais)
Chinese Ghost Story 2 (Chinois)
Chinese Ghost Story 3 (Anglais)
Chinese Mack, The (Anglais)
Chinese Odyssey I, A (Anglais)
Chinese Odyssey II, A (Anglais)
Chungking Express (Cantonnais)
City Hunter (Cantonnais)
City of Sars (Anglais)
City on Fire (Anglais)
City War (Cantonnais)
Classic Bolo Yeung (Anglais)
Colour of the Truth (Cantonnais)
Crouching Tiger, Hidden Dragon (Mandarin)
Danse du lion, La (Cantonnais)
Day the Sun Turned Cold, The (Cantonnais)
Days of Being Wild (Cantonnais)
Dead and the Deadly, The (Chinois)
Deadful Melody (Anglais)
Deadly China Hero (Anglais)
Devil Hunters (Cantonnais)
Dragon Fight (Cantonnais)
Dragon Strike (Anglais)
Dragons Forever (Cantonnais)
Dreadnaught (Cantonnais)
Drunken Fist Boxing (Anglais)
Drunken Master (Anglais)
Drunken Master II (Cantonnais)
Duel to the Death (Cantonnais)
Duel, The (Chinois)
Dumplings (Three... Extremes) (Cantonnais)
Eagle Shadow Fist (Cantonnais)
East Is Red, The (Anglais)
Eastern Condors (Cantonnais)
End of the Road (Anglais)
Era of Vampire, The (Cantonnais)
Erotic Ghost Story (Anglais)
Érotique (Anglais)
Eye, The (Cantonnais)
Faithfully Yours (Chinois)
Fallen Angels (Anglais)
Farewell China (Chinois)
Fatal Love (Chinois)
Fatal Vacation (Chinois)
Fearless Hyena (Cantonnais)
Fearless Hyena II (Cantonnais)
Final Romance, The (Cantonnais)
Finale in Blood (Chinois)
First Strike (Cantonnais)
Fist of Fear, Touch of Death (Anglais)
Fist of Legend (Cantonnais)
Fists of Fury (Anglais)
Five Deadly Venoms (Anglais)
Five Fingers of Death (Cantonnais)
Foliage (Chinois)
Four Invincibles (Non définie)
From Beijing with Love (Anglais)
Fruit Is Swelling, The (Cantonnais)
Full Contact (Anglais)
Full Time Killer (Chinois)
Fun, the Luck and the Tycoon, The (Cantonnais)
Furious, The (Anglais)
Game of Death II (Anglais)
Ghost Ballroom (Chinois)
God of Gambler's Return (Anglais)
God of Gamblers (Anglais)
God of Killers (Anglais)
Goddess of Mercy (Chinois)
Golden Chicken (Cantonnais)
Golden Chicken 2 (Cantonnais)
Golden Swallow (Cantonnais)
Gorgeous (Cantonnais)
Green Snake (Cantonnais)
Hand of Death, The (Anglais)
Happy Together (Cantonnais)
Hard Boiled (Anglais)
Heart of Dragon (Anglais)
Heart of the Dragon (Cantonnais)
Hero Beyond the Boundary of Time (Chinois)
Heroes Shed No Tears (Anglais)
Heroic Trio, The (Cantonnais)
High Risk (Cantonnais)
Hitman (Cantonnais)
Hold You Tight (Cantonnais)
Hong Kong 1941 (Cantonnais)
Hong Kong Face-Off (Anglais)
Ichi the Killer (Japonais)
Il était une fois en Chine (Cantonnais)
Infernal Affairs (Chinois)
Infernal Affairs 2 (Chinois)
Infernal Affairs 3 (Cantonnais)
Infra-Man (Anglais)
Iron Fisted Monk (Chinois)
Iron Monkey (Cantonnais)
Iron Monkey II (Anglais)
Island of Fire (Anglais)
Jackie Chan Crime Story (Anglais)
Jackie Chan's 2nd Strike (Anglais)
Jackie Chan's Police Force (Chinois)
Jackie Chan's Who Am I ? (Anglais)
Kids from Shaolin (Chinois)
Killer, The (Anglais)
Killers Two (Anglais)
Knockabout (Chinois)
Koma (Cantonnais)
Kung Fu Genius (Anglais)
Kung Fu Hustle (Cantonnais)
Lady Whirlwind (Chinois)
Lan Yu (Mandarin)
Leave Me Alone (Cantonnais)
Legacy of Rage (Anglais)
Legend of Speed (Cantonnais)
Legend of the 7 Golden Vampires (Anglais)
Legend of the Swordsman (Cantonnais)
Legend, The (Anglais)
Legendary Couple (Anglais)
Little Cheung (Cantonnais)
Long Arm of the Law (Anglais)
Long Arm of the Law 2 (Anglais)
Lover of the Last Empress (Cantonnais)
Loving You (Cantonnais)
Mad Mission (Anglais)
Magnificent Butcher (Cantonnais)
Magnificent Warriors (Anglais)
Man Called Hero, A (Cantonnais)
Man Wanted (Anglais)
Mare, Il (Chinois)
Master of the Flying Guillotine (Mandarin)
Master With Cracked Fingers (Cantonnais)
Master, The (Anglais)
Medallion, The (Anglais)
Meltdown (Cantonnais)
Mighty Peking Man, The (Anglais)
Miracles (Anglais)
Mr. Vampire (Chinois)
My Father Is a Hero (Anglais)
My Lucky Stars (Chinois)
Naked Killer (Cantonnais)
Naked Weapon (Chinois)
New Fist of Fury (Anglais)
New Legend of Shaolin, The (Cantonnais)
New Police Story (Cantonnais)
Now You See Me, Now You Don't (Cantonnais)
Odd One Dies, The (Cantonnais)
Once Upon a Time in China II (Chinois)
Once Upon a Time in China III (Chinois)
Once Upon a Time in China V (Chinois)
One-Armed Swordsmen (Mandarin)
Opération Condor (Anglais)
Operation Condor II (Cantonnais)
Operation Scorpio (Chinois)
Organized Crime & Triad Bureau (Cantonnais)
Out of the Dark (Cantonnais)
Peace Hotel (Cantonnais)
Phantom Lover, The (Cantonnais)
Police Story 2 (Cantonnais)
Postman Fights Back, The (Chinois)
Prison on Fire (Anglais)
Prison on Fire II (Anglais)
Prodigal Son, The (Cantonnais)
Project A (Chinois)
Project A II (Anglais)
Project S (Anglais)
Ptu (Cantonnais)
Raped by an Angel (Cantonnais)
Red Firecracker, Green Firecracker (Mandarin)
Return of Fist of Fury (Anglais)
Return of the Dragon (Cantonnais)
Return of the Street Fighter (Anglais)
Riki-oh : the Story of Ricky (Cantonnais)
Rock N'roll Cop (Japonais)
Royal Warriors (Cantonnais)
Rumble in Hong Kong (Anglais)
Run Tiger Run (Anglais)
Running Out of Time (Cantonnais)
Satin Steel (Cantonnais)
School on Fire (Anglais)
Sex and Zen (Cantonnais)
Shanghai Killer (Cantonnais)
Shaolin Temple, The (Cantonnais)
Shaolin Disciples (Chinois)
Shaolin Drunken Monk (Anglais)
Shaolin Soccer (Cantonnais)
Shaolin Wooden Men (Cantonnais)
Silences du désir, Les (Anglais)
Sister Street Fighter (Cantonnais)
Snake and Crane Arts of Shaolin (Anglais)
Snake Fist Fighter (Cantonnais)
Snake in the Eagle's Shadow (Cantonnais)
Snake in the Monkey's Shadow (Anglais)
So Close (Chinois)

Song of the Exile (Cantonnais)
Soong Sisters (Mandarin)
Springtime in a Small Town (Mandarin)
Street Fighter's
Last Revenge, The (Cantonnais)
Strike of Death (Anglais)
Supercop (Cantonnais)
Supercop 2 (Cantonnais)
Swordsman II (Anglais)
Tai Chi II (Cantonnais)
Tai Chi Master, The (Chinois)
Temptation of a Monk (Anglais)
Temptress Moon (Cantonnais)
Ten Tigers of Shaolin (Chinois)
Three (Cantonnais)
Time and Tide (Anglais)
Tokyo Raiders (Chinois)
Treasure Hunt (Anglais)
Truth or Dare: 6th Floor (Cantonnais)
Twin Dragons (Chinois)
Twin Warriors (Chinois)
Twinkle, Twinkle Lucky Star (Cantonnais)
Undeclared War (Cantonnais)
Vietnamese Lady (Cantonnais)
Ways of Kung Fu (Chinois)
Wheels on Meals (Cantonnais)
Wicked City (Cantonnais)
Wild Search (Cantonnais)
Will of Iron (Anglais)
Wing Chun (Anglais)
Wonder Seven (Anglais)
Xiu-Xiu, the Sent Down Girl (Mandarin)
Young Tiger (Cantonnais)
Zu. Warriors from
the Magic Mountain (Cantonnais)
2046 (Cantonnais)
36 Crazy Fists (Anglais)
4 Faces of Eve (Cantonnais)

HONGRIE

Adoption (Hongrois)
After the Revolution (Hongrois)
Almanac of Fall (Hongrois)
Amour (Hongrois)
Another Way (Hongrois)
Cat City (Hongrois)
Colonel Redl (Hongrois)
Electra, My Love (Hongrois)
Fifth Seal, The (Hongrois)
First Love (Allemand)
Flowers of Reverie (Hongrois)
Forbidden Relations (Hongrois)
Girl, The (Hongrois)
Hanussen (Allemand)
Happy New Year! (Hongrois)
Hukkle (Hongrois)
Hungarian Fairy Tale, A (Hongrois)
Hungarian Rhapsody (Hongrois)
Jeux de chats (Hongrois)
Little Valentino (Hongrois)
Lovefilm (Hongrois)
Magic Hunter (Hongrois)
Maria's Day (Hongrois)
Max (Anglais)
Méphisto (Hongrois)
Mon xxe siécle (Hongrois)
Nice Neighbor, The (Hongrois)
Nuit très morale, Une (Hongrois)
Ombre sur la neige, L' (Hongrois)
Père (Hongrois)
Priceless Day, A (Hongrois)
Red Earth (Hongrois)
Riddance (Hongrois)
Rouges et blancs (Hongrois)
Round Up (Hongrois)
Sans laisser de traces (Hongrois)
Simon the Magician (Hongrois)
Sinbad (Hongrois)
Sunday Daughters (Hongrois)
Sunshine (Anglais)
Sweet Emma, Dear Bêbe (Hongrois)
Tamas & Juli (Anglais)
Trompette, Le (Hongrois)
Vices privés et vertus publiques
(Hongrois)
Victime, La (Hongrois)
When Trumpets Fade (Anglais)
Woyzeck (Hongrois)
25 rue des sapeurs (Hongrois)

INDE

À l'abri de leurs ailes (Hindi)
Aan (savage princess) (Hindi)
Absolution, The (Hindi)
Aparajito (Hindi)
Asoka (Hindi)
Baazi (Hindi)
Bandini (Hindi)
Bandit Queen (Hindi)
Big City, The (Hindi)
Bombay Talkie (Anglais)
Brave Heart Will Take
the Bride, The (Hindi)
Chess Players, The (Anglais)
Cloud-Capped Star, The (Hindi)
Complainte du sentier, La (Hindi)
Days and nights in the Forest (Hindi)
Devdas (Hindi)
Devi (Hindi)
Distant Thunder (Hindi)
Earth (Anglais)
God Is My Witness (Hindi)
Home and the World, The (Hindi)
Householder, The (Anglais)
In the Days of the Raj (Hindi)
Kama Sutra: A Tale of Love (Anglais)
Kranti (Hindi)
Lagaan: Once Upon
a Time in India (Hindi)
Leaves and Thorns (Hindi)
Lonely Wife, The (Hindi)
Maa Tujhhe Salaam (Hindi)
Madhumati (Hindi)
Mariage des moussons, Le (Hindi)
Maya (Hindi)
Middleman (Hindi)
Miss Beatty's Children (Hindi)
Mission Kashmir (Hindi)
Monde d'Apu, Le (Hindi)
Mother India (Hindi)
Music Room, The (Hindi)
Mystic Masseur (Anglais)
Pukar (Hindi)
Pyaar Tune Kya Kiya (Hindi)
River Called Titas, A (Hindi)
Salaam Bombay! (Hindi)
Samsara (Hindi)
Say This Is Love (Hindi)
Seducing Maarya (Anglais)
Shakespeare Wallah (Anglais)
Spices (Hindi)
Stranger, The (Hindi)
Terrorist, The (Hindi)
Two Daughters (Hindi)
Vanaprastham (Hindi)
Widow Immolation (Hindi)

IRAN

Actor, The (Arabe)
And Life Goes On... (Persan)
Baran (Arabe)
Blackboards (Kurde)
Boutique (Farsi)
Boycott (Arabe)
Cinquiéme saison (Persan)
Circle, The (Arabe)
Close-Up (Persan)
Color of Paradise, The (Arabe)
Cow, The (Persan)
Crimson Gold (Persan)
Cyclist, The (Persan)
Daughters of the Sun (Persan)
Enfants du ciel, Les (Persan)
Gabbeh (Persan)
Girl in the Sneakers, The (Arabe)
Goût de la cerise, Le (Arabe)
Hamoun (Persan)
Her Eyes (Arabe)
Hidden Half, The (Persan)
Instant d'innocence, Un (Persan)
Kandahar (Arabe)
Key, The (Persan)
Last Act, The (Persan)
Legend of a Sigh (Persan)
Leila (Arabe)
Marooned in Iraq (Persan)
Marriage of the Blessed (Arabe)
May Lady, The (Anglais)
Mirror, The (Persan)
Nargess (Persan)
Need, The (Persan)
Once Upon a Time, Cinema (Persan)
Peddler, The (Persan)
Pomme, La (Arabe)
Sealed Soil, The (Persan)
Secret Ballot (Persan)
Silence, Le (Arabe)
Smell of Camphor,
Fragrance of Jasmine (Arabe)
Temps pour l'ivresse
des chevaux, Un (Arabe)
Ten (Persan)
Travellers (Persan)
Under the Skin of the City (Persan)
Where Is the Friend's Home? (Persan)
White Balloon (Arabe)
Zinat (Persan)

IRLANDE

About Adam (Anglais)
Agnes Browne (Anglais)
All Dogs Go to Heaven (Anglais)
Bloody Sunday (Anglais)
Bloom (Anglais)
Boxer, The (Anglais)
Broken Harvest (Anglais)
Butcher Boy, The (Anglais)
Cal (Anglais)
Circle of Friends (Anglais)
Courier, The (Anglais)
Dancing at Lughnasa (Anglais)
Disco Pigs (Anglais)
Driftwood (Anglais)
Eat the Peach (Anglais)
Evelyn (Anglais)
Frankie Starlight (Anglais)
General, The (Anglais)
Hush-a-Bye-Baby (Anglais)
I Went Down (Anglais)
Images (Anglais)
In America (Anglais)
In the Name of the Father (Anglais)
Intermission (Anglais)
Into the West (Anglais)
Last September (Anglais)

Lovespell (Anglais)
Matchmaker, The (Anglais)
Mckenzie Break, The (Anglais)
My Left Foot (Anglais)
Playboys, The (Anglais)
Rory O'Shea Was here (Anglais)
Some Mother's Son (Anglais)
Terror of Frankenstein (Anglais)
This Is My Father (Anglais)
When Brendan Met Trudy (Anglais)
Wild About Harry (Anglais)

ISLANDE

Children of Nature (Islandais)
Devil's Island (Anglais)
Jours de ciné (Islandais)
Mer, La (Islandais)
Mystére chez les Vikings (Islandais)
No Such Thing (Anglais)
Noi (Islandais)
Seagull's Laughter, The (Islandais)
101 Reykjavik (Islandais)

ISRAËL

Alila (Hébreu)
Amazing Grace (Hébreu)
Atalia (Hébreu)
Berlin Jerusalem (Hébreu)
Beyond the Walls (Hébreu)
Broken Wings (Hébreu)
But Where Is Daniel Wax ? (Hébreu)
Chronicle of a Disappearance (Hébreu)
Cup Final (Hébreu)
Eighty-First Blow, The (Hébreu)
Femmes (Hébreu)
Fictitious Marriage (Hébreu)
Hide and Seek (Hébreu)
Hill Halfon Doesn't Answer (Hébreu)
House on Chelouche Street (Hébreu)
Intimate Story (Hébreu)
Kadosh (Hébreu)
Kippur (Hébreu)
Late Summer Blues (Hébreu)
Madron (Anglais)
Mariage Tardif (Hébreu)
Milky Way, The (Hébreu)
Mirele Efros (Hébreu)
My Michael (Hébreu)
Nadia (Hébreu)
Noa at Seventeen (Hébreu)
Or - mon trésor (Hébreu)
Overture to Glory (Hébreu)
Passover Fever (Hébreu)
Pick a Card (Hébreu)
Saint Clara (Hébreu)
Sallah (Hébreu)
Sell Out, The (Anglais)
Siege (Anglais)
Summer of Aviya, The (Hébreu)
Time of Favor (Hébreu)
Under the Domim Tree (Hébreu)
Wooden Gun, The (Hébreu)
Yana's Friends (Hébreu)
17th Bride, The (Hébreu)

JAMAÏQUE

Countryman (Anglais)
Harder They Come, The (Anglais)

JAPON

Abashiri Family, The (Japonais)
Adventure Kid (Japonais)
Afraid to Die (Japonais)
After Life (Japonais)
Agent Aika : Final Battle (Japonais)
Akira (Japonais)
Alice (Japonais)
All About Lily Chou Chou (Japonais)
Ange Ivre, L' (Japonais)
Angel Dust (Japonais)
Anguille, L' (Japonais)
Antarctica (Japonais)
Appleseed (Japonais)
Arcadia of My Youth (Japonais)
Argentosoma : Outside Sanity IV
(Japonais)
Armageddon (Japonais)
Astro (Anglais)
Audition (Japonais)
Autumn Afternoon, An (Japonais)
Autumn Moon (Japonais)
Avalon (Japonais)
Ballade de Narayama, La (Japonais)
Barbe-Rousse (Japonais)
Bas-fonds, Les (Japonais)
Basara : The Princess Goh (Japonais)
Bastoni : The Stick Handlers (Japonais)
Battle Angel (Japonais)
Battle Royale (Japonais)
Beautiful Mystery (Japonais)
Being Two Isn't Easy (Japonais)
Big O, The (Japonais)
Big Wars (Japonais)
Bird People in China, The (Japonais)
Black Angel Collection, The (Japonais)
Black Jack Parasite (Japonais)
Black Rose Mansion (Japonais)
Blackboards (Kurde)
Blackmail Is My Life (Japonais)
Blind Beast (Japonais)
Blood (Japonais)
Bloody Territories (Japonais)
Blue Spring (Anglais)
Boiling Point (Japonais)
Bounce Ko Gals (Japonais)
Bounty Dog (Japonais)
Boy's Choir (Japonais)
Branded to Kill (Japonais)
Bright Lights, Big City (Anglais)
Brother (Japonais)
Bullet Ballet (Japonais)
Burmese Harp, The (Japonais)
Burn Up ! (Anglais)
Castle in the Sky (Japonais)
Castle of Cagliostro, The (Japonais)
Cat Returns, The (Japonais)
Cat Soup (Japonais)
Chaos (Japonais)
Charisma (Japonais)
Château de l'araignée, Le (Japonais)
Chien enragé, Un (Japonais)
Chinese Box (Anglais)
Chrysanthéme Tardif, Le (Japonais)
Chushingura (Japonais)
City Hunter (Cantonnais)
City of Lost Souls, The (Japonais)
Clé, La (Japonais)
Contes de la lune vague
après la pluie, Les (Japonais)
Cowboy Bebop : The Movie (Japonais)
Crazed Fruit (Japonais)
Crazy Lips (Japonais)
Crucified Lovers, The (Japonais)
Cruel Story of Youth (Japonais)
Crying Freeman I :
Portrait of a Killer (Japonais)
Crying Freeman II : T
aste of Revenge (Japonais)
Crying Freeman III :
Abduction in Chinatown (Japonais)
Cure (Japonais)
Curse of the Undead Yoma (Japonais)
Cyber City Oedo 808 (Japonais)
Cybernetics guardian (Japonais)
Daimajin (Japonais)
De l'eau tiéde sous
un pont rouge (Japonais)
Dead or Alive (Japonais)
Dead or Alive 2 (Japonais)
Deadly Outlaw Rekka (Anglais)
Death and the Compass (Anglais)
Deluxe Ariel (Japonais)
Demon City Shinjuku (Japonais)
Demon, The (Japonais)
Destroy All Monsters ! (Japonais)
Detonator Orgun (Japonais)
Devil Hunter Yohko (Japonais)
Devil Lady, The (Japonais)
Dirty Pair Flash (Japonais)
Distance (Japonais)
Docteur Akagi (Japonais)
Dodes 'Ka-Den (Japonais)
Dog Soldier (Japonais)
Dolls (Japonais)
Dominion Tank Police (Japonais)
Doppelganger (Japonais)
Double Suicide (Japonais)
Dragon Ball Z : Dead Zone
the Movie (Japonais)
Dumplings (Three... Extremes) (Cantonnais)
Early Summer (Japonais)
Ecstasy of the Angels (Japonais)
Eijanaika (Japonais)
Empereur et l'assassin, L' (Mandarin)
End of Summer (Japonais)
Entre le ciel et l'enfer (Japonais)
Equinox Flower (Japonais)
Étrange obsession, L' (Japonais)
Evil of Dracula (Japonais)
Explorer Woman Ray (Japonais)
F3 : Frantic, Frustrated, Female (Japonais)
Fall Guy (Japonais)
Famille Yen, La (Japonais)
Female Convict Scorpion (Japonais)
Femme de sable, La (Japonais)
Femme diabolique, La (Japonais)
Femme insecte, La (Japonais)
Femme monte l'escalier, Une (Japonais)
Femme tatouée, La (Japonais)
Feux dans la plaine, Les (Japonais)
Fighting Elegy (Japonais)
Final Fantasy : The Spirits Within (Anglais)
Firefly Dreams (Japonais)
Fireworks (Japonais)
Forest with No Name, A (Japonais)
Forteresse cachée, La (Japonais)
Freeze Me (Japonais)
Fudoh (Japonais)
Fudoh : The New Generation (Japonais)
Full Metal Yakuza (Anglais)
Funeral, The (Japonais)
Galaxy Express (Japonais)
Gamera Attack of Legion (Japonais)
Gamera the Guardian
of the Universe (Japonais)
Gamera's vs Monster X/Monster
from a Prehistoric Planet (Japonais)
Gamera : Return of the Giant
Monsters (Japonais)
Gappa (Japonais)
Garaga (Japonais)
Gate of Flesh (Japonais)
Gate of Hell (Japonais)
Geisha, A (Japonais)
Geisha, La (Japonais)
Gemini (Japonais)

Genocyber (Japonais)
Getting Any ? (Japonais)
Ghidrah, the Three-Headed Monster (Japonais)
Ghost in the Shell (Japonais)
Ghost in the Shell 2 : Innocence (Japonais)
Giant Robo (Japonais)
Giants and Toys (Japonais)
Girl from Phantasia, The (Japonais)
Go, Go Second Time virgin (Anglais)
Godzilla 1985 (Anglais)
Godzilla 2000 (Japonais)
Godzilla Against Mechagodzilla (Japonais)
Godzilla vs. Megaguirus (Japonais)
Godzilla vs. Destroyah (Anglais)
Godzilla vs. Destroyah/Godzilla vs. Spacegodzilla (Anglais)
Godzilla vs. Ghidorah/Godzilla vs. Mothra (Anglais)
Godzilla vs. Gigan (Anglais)
Godzilla vs. Hedorah (Japonais)
Godzilla vs. King ghidora (Anglais)
Godzilla vs. Mechagodzilla (Anglais)
Godzilla vs. Megalon (Anglais)
Godzilla vs. Monster zero (Japonais)
Godzilla vs. Mothra (Japonais)
Godzilla vs. Mothra : The Battle for Earth (Anglais)
Godzilla vs. Space Godzilla (Anglais)
Godzilla vs. the Sea Monster (Anglais)
Godzilla vs. the Smog Monster (Anglais)
Godzilla's Revenge (Anglais)
Godzilla, King of the Monsters (Japonais)
Godzilla, Mothra and King Ghidorah : Giant Monsters All Out Attack (Japonais)
Godzilla : Tokyo S.O.S. (Japonais)
Gojoe Spirit War Chronicle (Japonais)
Golden Demon (Anglais)
Goldorak (Japonais)
Gonin (Anglais)
Gonin 2 (Japonais)
Gonza the Spearman (Japonais)
Good Men, Good Women (Mandarin)
Good Morning (Japonais)
Gore from Outer Space (Japonais)
Gozu (Japonais)
Grave of the Fireflies (Japonais)
Graveyard of Honor (Japonais)
Great Sonny Chiba Street Movies (Anglais)
Green legend ran (Japonais)
Green Slime, The (Japonais)
Gun Frontier I : Hopalong Harlock (Japonais)
Gun Frontier II : Midnight Samurai (Japonais)
Gunhed (Japonais)
H Story (Japonais)
Haibane-Renmei (Japonais)
Half-Human (Anglais)
Hanappe Bazooka (Japonais)
Hanzo the Razor (Japonais)
Happiness of the Katakuris (Japonais)
Harakiri (Japonais)
Heat Guy J (Japonais)
Heat Guy J Revolution : 07 (Japonais)
Heaven and Earth (Japonais)
Heidi (Français)
Hellsing (Japonais)
Herbes Flottantes (Japonais)
Here Is Greenwood (Anglais)
Himatsuri (Japonais)
Hommes qui marchent sur la queue du tigre, Les (Anglais)
Human Condition I : No Greater Love, The (Anglais)
Human Condition I : The Road to Eternity, The (Anglais)
Human Condition III : A Soldier's Prayer, The (Japonais)
Humanoid, The (Anglais)
Hunter in the Dark (Anglais)
I Like You, I Like You Very Much (Japonais)
I Live in Fear (Japonais)
I Was Born but... (Muet)
I.K.U. (Anglais)
Ichi the Killer (Japonais)
Iczelion : 01/02 (Japonais)
Idiot, L' (Japonais)
If You Were Young : Rage (Japonais)
In the Realm of Passion (Japonais)
In the Realm of Senses (Japonais)
Incident at Blood Pass (Japonais)
Inugami (Japonais)
Itoka, mercenaire des galaxies (Japonais)
Je ne regrette pas ma jeunesse (Japonais)
Journey Through Fairyland, A (Anglais)
Ju-On : The Grudge (Japonais)
Ju-Rei : The Uncanny (Japonais)
Jungle Emperor Leo (Japonais)
Kagemusha (Anglais)
Kamikaze Taxi (Cantonnais)
Kanto Wanderer (Anglais)
Karate Bearfighter (Anglais)
Karate Bullfighter (Japonais)
Kekkï Kamen (Japonais)
Key : the Metal Idol (Japonais)
Kichiku (Japonais)
Kids Return (Japonais)
Kiki's Delivery Service (Japonais)
Kikujiro (Japonais)
Killing Machine (Japonais)
King Kong vs Godzilla (Anglais)
Kwaidan (Japonais)
Lady Snowblood (Anglais)
Lady Snowblood : Love Song of Vengeance (Japonais)
Lain (Japonais)
Lake of Dracula (Japonais)
Last Days of Planet Earth, The (Japonais)
Last Exile I : First Move (Japonais)
Last Exile II : Positional Play (Japonais)
Last Exile III : Discovered Attack (Japonais)
Last Exile V : Grand Stream (Japonais)
Last Exile VI : Queen Delphine (Anglais)
Last Exile VII : Sealed Move (Japonais)
Last Life in the Universe (Thaïlandais)
Last Unicorn (Anglais)
Legend of Crystania : The Motion Picture (Japonais)
Légende du Grand Judo, La (Japonais)
Ley Lines (Japonais)
Lézard noir, Le (Japonais)
Little Mermaid, The (Japonais)
Little Nemo : Adventures in Slumberland (Japonais)
Living Hell (Anglais)
Lone Wolf and Cub (Japonais)
Love & Pop (Japonais)
Love Letter (Anglais)
Lupin III : The Secret of Mamo (Japonais)
Maborosi (Japonais)
Madadayo (Japonais)
Malice@doll (Japonais)
Mamoru Oshii : Red Spectacles (Japonais)
Mamoru Oshii : Stray Dogs (Japonais)
Mamoru Oshii : Talking Heads (Japonais)
Manji (Japonais)
Maris the Chojo (Japonais)
Mermaid Forest (Japonais)
Merveilleux dimanche, Un (Japonais)
Metropolis (Japonais)
Mighty Space Miners (Japonais)
Millennium Actress (Japonais)
Minbo : Or the Gentle Art of Japanese Extorsion (Japonais)
Miyazaki's Spirit (Japonais)
Monday (Japonais)
Monstres de l'apocalypse, Les (Anglais)
Moon Child (Japonais)
Moonlight Whispers (Japonais)
Most Terrible Time in My Life, The (Japonais)
Mothra (Japonais)
My My Mai (Japonais)
My Neighbor Totoro (Japonais)
My Youth in Arcadia (Japonais)
Mystery of Rampo, The (Japonais)
Narayama Bushi-Ko (Japonais)
Nausicaa of the Valley of the Wind (Anglais)
Neo Tokyo (Japonais)
New Angel (Japonais)
Night and Fog in Japan (Japonais)
Night on the Galactic Railroad (Anglais)
Ninja Scroll (Japonais)
Nobody (Japonais)
Nobody Knows (Japonais)
Obsédé en plein jour, L' (Japonais)
Ogre Slayer (Japonais)
Okoge (Japonais)
Onmyoji (Japonais)
Onmyoji 2 (Japonais)
Orchid Emblem (Japonais)
Organ (Japonais)
Osaka Elegy (Japonais)
Owl's Castle (Japonais)
Page folle, Une (Muet)
Pale Flower (Japonais)
Panda ! Go, Panda ! (Japonais)
Paranoia Agent Volume I : Enter Lil' Slugger (Japonais)
Paranoia Agent Volume II : True Believers (Japonais)
Perfect Blue (Japonais)
Petite sirène - Ariel et les jumeaux (Anglais)
Picture Bride, The (Japonais)
Pistol Opera (Japonais)
Plastic Little (Anglais)
Please Save My Earth (Anglais)
Pluie noire (Japonais)
Pokemon : Poke-Friends (Japonais)
Pokemon : The First Movie (Anglais)
Porco Rosso (Japonais)
Pornographers, The (Japonais)
Princess Minerva (Japonais)
Princess Mononoke (Japonais)
Princess Yang Kwei Fei (Japonais)
Printemps Tardif (Japonais)
Prisonniere des martiens (Anglais)
Psychic Wars (Japonais)
Queen Emeraldas (Japonais)
Quiet Duel, The (Japonais)
Raffles Hotel (Japonais)
Rainy Dog (Japonais)
Ran (Japonais)
Rashomon (Anglais)
Rebirth of Mothra I (Japonais)
Rebirth of Mothra II (Anglais)
Record of a Tenement Gentleman (Japonais)
Red Shadow (Japonais)
Remembering the Cosmos Flower (Japonais)
Return of Daimajin (Anglais)

Returner, The (Japonais)
Rêves (Anglais)
Rhapsody in August (Anglais)
Rikisha-Man (Japonais)
Rikyu (Japonais)
Ringu (Japonais)
Robot Carnival (Japonais)
Rodan (Japonais)
Ronin Gai (Japonais)
Roujin Z (Anglais)
Rue de la honte, La (Japonais)
Ruin Explorers (Japonais)
Rupan III : Legend of the Gold of Babylon (Japonais)
Rupan III : Mystery of Mamo (Anglais)
Rupan III : The Fuma Conspiracy (Japonais)
Sabu (Japonais)
Sada (Japonais)
Salauds dorment en paix, Les (Japonais)
Samurai 1 : Musashi Myamoto (Japonais)
Samurai 2 : Duel at Ichijoji (Japonais)
Samurai 3 : Duel at Ganryu (Japonais)
Samurai Assassin (Japonais)
Samurai Champloo I (Japonais)
Samurai Fiction (Japonais)
Samurai Rebellion (Japonais)
Samurai X : Motion Picture (Japonais)
Sanctuary (Japonais)
Sanjuro (Anglais)
Sansho the Bailiff (Japonais)
Scandal (Japonais)
Scene at the Sea, A (Anglais)
Sea Is Watching, The (Japonais)
Seance (Japonais)
Sept Samouraïs, Les (Japonais)
Shadow of China (Anglais)
Shall We Dance ? (Japonais)
Shark Skin Man and Peach Hip Girl (Japonais)
Shikoku (Japonais)
Shinjuku Triad Society (Japonais)
Shogun's Samurai (Japonais)
Shuten Dojii (Japonais)
Silk Road, The (Japonais)
Sisters of Gion (Japonais)
Slayers : The Motion Picture (Anglais)
Snake of June, A (Japonais)
Snow Country (Japonais)
Son of Godzilla (Japonais)
Sonatine (Japonais)
Sonny Chiba : Samurai (Japonais)
Sonny Chiba : Street Fighter (Japonais)
Soong Sisters (Mandarin)
Space Warriors (Japonais)
Spanking Love (Japonais)
Spirited Away (Japonais)
St. John's Wort (Japonais)
Stacy (Japonais)
Stairway to the Distant Past (Japonais)
Stories of Floating Weeds (Japonais)
Story of the Last Chrysanthemum, The (Japonais)
Stray Cat Rock : Sex Hunter (Japonais)
Street Fighter's Revenge, The (Japonais)
Street Mobster (Japonais)
Street of Love and Hope (Japonais)
Suicide Club (Japonais)
Sun's Burial, The (Japonais)
Super Atragon (Anglais)
Sure Death (Japonais)
Sword of Doom (Japonais)
Sympathy for the Underdog (Japonais)
Tabou (Anglais)
Taira Clan Saga (Japonais)
Tampopo (Japonais)
Tattooed Life (Japonais)
Taxing Woman Return, A (Japonais)
Taxing Woman, A (Japonais)
Terror of Mechagodzilla (Japonais)
Tesseract, The (Anglais)
Tetsuo II : The Body Hammer (Anglais)
Tetsuo - The Iron Man (Japonais)
Tokyo Decadence (Japonais)
Tokyo Drifter (Japonais)
Tokyo Eyes (Français)
Tokyo Fist (Japonais)
Tokyo Godfathers (Japonais)
Tokyo Story (Japonais)
Tomie (Japonais)
Tomie Forbidden Fruit (Japonais)
Tomie Replay (Japonais)
Toward the Terra (Japonais)
Traffic Jam (Japonais)
Tragedy of Japan (Japonais)
Trap, The (Japonais)
Twenty-Four Eyes (Japonais)
Twilight Samuraï (Japonais)
Twin Dolls (Japonais)
Ultimate Teacher, The (Japonais)
Ultraman (1998) (Japonais)
Underworld Beauty (Japonais)
Unlucky Monkey (Japonais)
Ushio and Tora (Anglais)
Utamaro and His Five Women (Japonais)
Uzumaki (Japonais)
Vampire Hunter D (Japonais)
Vampire Hunter D. : Blood Lust (Japonais)
Velvet Hustler (Anglais)
Vengeance qui est mienne, La (Japonais)
Venus Wars (Japonais)
Versus (Japonais)
Vie d'Oharu, La (Japonais)
Vigo : A Passion for Life (Anglais)
Village of Dreams (Japonais)
Violent Cop (Anglais)
Virus (Anglais)
Visas That Saved Lives, The (Anglais)
Visitor Q (Japonais)
Vivre (Mandarin)
Vivre (Japonais)
War of the Gargantuas, The (Japonais)
Welcome Back, Mr. Mcdonald (Japonais)
What's Up, Tiger Lily ? (Anglais)
Whisper of the Heart (Anglais)
White-Collar Worker Kintaro (Japonais)
Wife to Be Sacrificed (Japonais)
Wild Zero (Japonais)
Wind Named Amnesia (Anglais)
Wings of Honneamise, The (Japonais)
Woman Called Sada Abe, A (Japonais)
Woman with Red Hair, The (Japonais)
World of Geisha, The (Japonais)
Wrath of Daimajin (Anglais)
Wrath of the Ninja (Japonais)
X (Anglais)
Yakuza Demon (Japonais)
Yojimbo (Anglais)
Young Thugs : Innocent Blood (Japonais)
Young Thugs : Nostalgia (Japonais)
Youth of the Beast (Anglais)
Zatoichi (Japonais)
Zatoichi XII : Zatoichi and the Chess Expert (Japonais)
Zatoichi XIII : Zatoichi's Vengeance (Japonais)
Zatoichi XIX : Samaritan Zatoichi (Japonais)
Zatoichi XV : Zatoichi's Cane Sword (Japonais)
Zatoichi XVII : Zatoichi Challenged (Japonais)
Zatoichi XVIII : Zatoichi and the Fugitives (Japonais)
Zatoichi XX : Zatoichi Meets Yojimbo (Japonais)
Zatoichi XXII : Zatoichi Meet the One-Armed Swordsman (Japonais)
Zatoichi XXIII : Zatoichi at Large (Japonais)
Zatoichi XXIV : Zatoichi in Desperation (Japonais)
Zatoichi : Blind Swordsman (Japonais)
Zenki the Demon Prince (Japonais)
Zeram (Japonais)
Zero Focus (Japonais)
2LDK (Japonais)
47 Ronin, Part 1 (Japonais)
47 Ronin, Part 2 (Japonais)
801 Tts Airbats (Japonais)

LIBAN

Lion of the Desert (Anglais)
West Beyrouth (Anglais)

LIBYE

Lion of the Desert (Anglais)

LIECHTENSTEIN

Light at the Edge of the World, The (Anglais)

LUXEMBOURG

Elles (Anglais)
Liaison pornographique, Une (Français)
More (Anglais)
Salut cousin ! (Français)

MACÉDOINE

Before the Rain (Anglais)

MADAGASCAR

Quand les étoiles rencontrent la mer (Français)

MAROC

Ali zaoua, prince de la rue (Français)
Badis (Arabe)
Casablancais, Les (Français)
Femmes... et femmes (Français)

MEXIQUE

Ahi Esta El Detalle (Espagnol)
Amours Chiennes (Espagnol)
Analfabeto, El (Espagnol)
Ange exterminateur, L' (Espagnol)
Año perdito, Un (Espagnol)
Anoche Sone Contigo (Espagnol)
Aventurera (Espagnol)
Aventures de Robinson Crusoe, The (Espagnol)
Back and Forth (Espagnol)
Bandidos (Espagnol)
Blanca Nieves (Espagnol)
Blueberry : l'expérience secréte (Anglais)
Bolero de Raquel, El (Espagnol)
Brainiac, The (Espagnol)
Caballo Prieto Azabache (Anglais)
Cabeza de vaca (Espagnol)
Canoa (Espagnol)
Carga de tunas (Espagnol)
Chac : The Rain God (Espagnol)
Chismes de Lavaderos (Espagnol)
Clave de la muerte, La (Espagnol)
Coffret Cantinflas (Espagnol)
Como Voy a Olvidarte (Espagnol)
Cronos (Espagnol)

Cuando Los Hijos Se Van (Espagnol)
Cult of the Dead (Espagnol)
Dance of Death (Espagnol)
De Ida y Vuelta (Espagnol)
Death and the Compass (Anglais)
Deux Crimes (Espagnol)
Dona Barbara (Espagnol)
Dona Herlinda and Her Son (Espagnol)
Dona Perfecta (miss perfect) (Espagnol)
El (Espagnol)
El Zorro de Jalisco (Espagnol)
En el Aire (Espagnol)
En Medio de la Nada (Espagnol)
Enjôleuse, L' (Espagnol)
Entends-tu les chiens aboyer? (Français)
Erendira (Espagnol)
Erotica (Espagnol)
Esmeralda Comes by Night (Espagnol)
Et... Ta mère aussi (Espagnol)
Fando and Lis (Anglais)
Femme sans amour, Une (Espagnol)
Fièvre monte à El Pao, La (Français)
Forbidden Homework (Espagnol)
Frida (Espagnol)
Gabino Barrera (Espagnol)
Great Madcap, The (Espagnol)
Highway Patrolman (Espagnol)
Homework (Espagnol)
In the Middle of Nowhere (Espagnol)
Incredible invasion, The (Espagnol)
Japon (Espagnol)
Jardin d'Éden, Le (Espagnol)
Kaliman, El Hombre Incredible (Espagnol)
Ley de herodes, La (Espagnol)
Like a Bride (Espagnol)
Like Water for Chocolate (Espagnol)
Lolo (Anglais)
Los Olvidados (Espagnol)
Lost Year, A (Espagnol)
Lucia, Lucia (Espagnol)
Macario (Espagnol)
Malquerida, La (Espagnol)
Maria de mi corazón (Espagnol)
Marie y Marbella (Espagnol)
Me Caí de la Nube (Espagnol)
Mexican Bus Ride (Espagnol)
Midaq Alley (Espagnol)
Modelo Antiguo (Espagnol)
Nazarín (Espagnol)
Night of the Bloody Apes/
The Feast of Flesh (Espagnol)
No te enganes corazón (Espagnol)
Ojos Que No Ven (Espagnol)
On a volé un tram (Espagnol)
On the Air (Espagnol)
Once Upon a Time in Mexico (Anglais)
Optic Fiber (Espagnol)
Orgueilleux, Les (Français)
Padrecito, El (Espagnol)
Péché du frère Amaro, Le (Espagnol)
Playa Azul (Espagnol)
Por la libre (Espagnol)
Razón de la culpa, La (Espagnol)
Regalo Caro II (The Sequel) (Espagnol)
Renegade (Anglais)
Reportaje (Espagnol)
Reyna del Sur, La (Espagnol)
Rito Terminal (Espagnol)
Rompe Alba (Espagnol)
Santa Sangre (Espagnol)
Santitos (Espagnol)
Santo & Blue Demon vs
Dr. Frankenstein (Espagnol)
Santo & Blue Demon vs Dracula (Espagnol)
Santo el Enmascarado de Plata (Espagnol)
Santo in the Treasure
of Dracula (Espagnol)
Santo in the Wax Museum (Espagnol)
Santo vs. Frankenstein
Daughter (Espagnol)
Santo vs. the Riders of Terror (Espagnol)
Santo vs. the Vampire Women (Espagnol)
Santo vs. the Zombies (Espagnol)
Santo y la Tigresa, El (Espagnol)
Santo : Vengeance of
the Crying Woman (Espagnol)
Santo : Vengeance of
the Mummy (Espagnol)
Silencio Roto (Espagnol)
Simon of the Desert (Espagnol)
Simon, El Gran Varon (Espagnol)
Sin Dejar Huella (Espagnol)
Sitting Bull (Anglais)
Strawberry and Chocolate (Espagnol)
Su Excelencia (Espagnol)
Summer of Miss Forbes, The (Espagnol)
Susana (Espagnol)
Tarea Prohibida, La (Espagnol)
Terror and Black Lace (Espagnol)
Til Death (Espagnol)
Todo el Poder (Espagnol)
Torture Zone (Espagnol)
Venganza de Gabino Barrera (Espagnol)
Vie criminelle d'Archibald
de la Cruz, La (Espagnol)
Viridiana (Espagnol)
Who the Hell Is Juliette? (Espagnol)
Witch's Mirror, The (Espagnol)
Wuthering Heights (Espagnol)
Young One, The (Anglais)
4 Milpas, las (Espagnol)

NORVÈGE

Chansons du deuxième étage (Suédois)
Cross My Heart and
Hope to Die (Norvégien)
Elling (Norvégien)
Histoires de cuisine (Norvégien)
Insomnia (Norvégien)
Intermezzo (Suédois)
Junk Mail (Norvégien)
Last Contract, The (Suédois)
Last Lieutenant, The (Norvégien)
Mendel (Norvégien)
Other Side of Sunday, The (Norvégien)
Shipwrecked (Anglais)
Zero Kelvin (Norvégien)

NOUVELLE-ZÉLANDE

Angel at My Table, An (Anglais)
Bad Taste (Anglais)
Brain Dead (Anglais)
Broken English (Anglais)
Crush (Anglais)
Forgotten Silver (Anglais)
Heaven's Burning (Anglais)
Heavenly Creatures (Anglais)
I'll Make You Happy (Anglais)
Locals, The (Anglais)
Lord of the Rings : The Return
of the King (Anglais)
Meet the Feebles (Anglais)
Mesmerized (Anglais)
Navigator : A Medieval
Odyssey, The (Anglais)
Once Were Warriors (Anglais)
Price of Milk, The (Anglais)
Smash Palace (Anglais)
Starlight Hotel (Anglais)
Tongan Ninja (Anglais)
Ugly, The (Anglais)
Utu (Anglais)
Whale Rider (Anglais)
When Love Comes (Anglais)
When Strangers Appear (Anglais)

PÉROU

Alias « La Gringa » (Espagnol)
And If They Ask,
I Never Saw You (Espagnol)
Boca Del Lobo, La (Espagnol)
City of M. (Espagnol)
Ciudad de M (Espagnol)
Day the Silence Died, The (Espagnol)
Green Wall, The (Espagnol)
Tombés du ciel (Espagnol)
Ville et les Chiens, La (Espagnol)
We Are All Stars (Espagnol)
800 Leagues Down the Amazon (Anglais)

POLOGNE

Alice (Anglais)
Amator (Polonais)
Angry Harvest (Allemand)
Année du soleil tranquille, L' (Polonais)
Austeria (Polonais)
Beautiful Stranger (Polonais)
Blind Chance (Polonais)
Bois de Bouleaux, Le (Polonais)
Casimir the Great (Polonais)
Cendres et diamants (Polonais)
Chasse aux mouches, La (Polonais)
Chef d'orchestre, Le (Polonais)
Chevaliers teutoniques, Les (Polonais)
Clouds of War (Anglais)
Colonel Wolodyjowski (Polonais)
Countess Cosel, The (Polonais)
Couteau dans l'eau, Le (Polonais)
Debt, The (Polonais)
Deluge I, The (Polonais)
Deluge II, The (Polonais)
Deluge, The (Polonais)
Demoiselles de Wilko, Les (Polonais)
Dernière charge, La (Polonais)
Dibbouk, Le (Yiddish)
Dismissed from Life (Polonais)
Doll, The (Polonais)
Dr. Judym (Polonais)
Dybbuk, The (Polonais)
Edges of the Lord (Anglais)
Egg-Nog (Polonais)
Faustina (Polonais)
Fever (Polonais)
Generation, A (Polonais)
H.M. Deserters (Polonais)
Hands Up (Polonais)
Histoire d'un péché (Polonais)
Homme de fer, L' (Polonais)
Homme de marbre, L' (Polonais)
Housemaster (Polonais)
Ils aimaient la vie (Polonais)
Imported Bridegroom, The (Polonais)
Innocents charmeurs, Les (Polonais)
Interrogation (Polonais)
Jester, The (Yiddish)
Karate Polish Style (Polonais)
King Size (Polonais)
Kitsch (Polonais)
Korczak (Polonais)
Kung-Fu (A Drama) (Polonais)
Landscape After Battle (Polonais)
Leper (Polonais)
Letter to Mother, A (Yiddish)
Little Letter to Mother (Yiddish)
Lonely Woman, A (Polonais)

Major Hubal (Polonais)
Man on the Tracks (Polonais)
Manuscrit trouvé
à Saragosse, Le (Polonais)
Méli-Mélo (Polonais)
Mére Jeanne des Anges (Polonais)
No End (Polonais)
On the Banks of the Niemen (Polonais)
Oui oui (Polonais)
Pan Tadeusz (Polonais)
Passenger, The (Polonais)
Peasants, The (Polonais)
Personnel (Polonais)
Pharaon, Le (Polonais)
Quack, The (Polonais)
Samson (Polonais)
Sans anesthésie (Polonais)
Scar, The (Polonais)
Scoundrel, The (Polonais)
Sexmission (Anglais)
Short Film About Killing, A (Polonais)
Short Film About Love, A (Polonais)
Terre de la grande
promesse, La (Polonais)
Top Dog (Polonais)
Tout est à vendre (Polonais)
Vow, The (Yiddish)
With Fire and Sword (Anglais)
Woman and a Woman, A (Polonais)
Yanosik (Polonais)
Yidl with a Fiddle (Yiddish)
Zemsta (Polonais)

PORTUGAL

Awakening of the Beast (Portugais)
Bearskin (Anglais)
Belle époque (Espagnol)
Chanson de Lisbonne, La (Portugais)
Comédie de Dieu, La (Portugais)
Convent, The (Anglais)
Facing Windows (Italien)
Fil de l'horizon, Le (Portugais)
Foreign Land (Portugais)
Je rentre à la maison (Français)
Jew, The (Portugais)
O Fantasma (Portugais)
Party (Portugais)
Street of No Return (Anglais)
Talking Picture, A (Portugais)
Val Abraham, Le (Portugais)
Voyage au début du monde (Français)

ROUMANIE

Chêne, Le (Roumain)
Dimanches de permission, Les (Roumain)
Été inoubliable, Un (Roumain)
Nostradamus (Français)
Où le soleil est froid (Roumain)
Requiem for Dominic (Anglais)
Trop Tard (Roumain)
Wild Dogs, The (Roumain)

RUSSIE ET EX-URSS

Aelita : Queen of Mars (Muet)
Aigle de la taïga, L' (Russe)
Air Crew (Russe)
Alexander Nevsky (Anglais)
Amphibian Man, The (Anglais)
Andrei Rublev (Anglais)
Arche russe, L' (Russe)
Ark, The (Russe)
Arsenal (Muet)
Ashik Kerib (Russe)
At Home Among Strangers,
a Stranger Among His Own (Russe)
Autumn Marathon (Russe)
Baboussia (Russe)
Ballade du soldat, La (Anglais)
Bed and Sofa/Chess Fever (Anglais)
Brother (Russe)
Burglar, The (Russe)
Carmen (Russe)
Chapayev (Russe)
Chekist, The (Russe)
Chevaux de feu, Les (Ukrainien)
Childhood of Maxim Gorky, The (Russe)
Cigarette Girl of Mösselprom, The (Muet)
Circus (Russe)
Cold Summer of 1953 (Russe)
Commissar (Russe)
Côte d'Adam, La (Russe)
Couleur de grenade (Arménien)
Creation of Adam (Russe)
Crime and Punishment (Anglais)
Cruel Romance, A (Russe)
Cuckoo, The (Russe)
Cuirassé Potemkine, Le (Anglais)
Dame au petit chien, La (Russe)
Dauria (Russe)
Deserter (Russe)
Destiny of a Man (Russe)
Diamond Arm, The (Anglais)
Don Quixote (Russe)
Donkey's Hide (Russe)
Downs Here Are Quiet, The (Russe)
End of Saint Petersburg (Russe)
End of St. Petersburg (Muet)
Enfance d'Ivan, L' (Anglais)
Errors of Youth (Russe)
Esclave de l'amour, L' (Russe)
Est-ouest (Français)
Extraordinary Adventures of Mr. West in
the Land of the Bolcheviks, The (Muet)
Father Frost (Russe)
Father of a Soldier (Russe)
Forgotten Tune for the Flute, A (Russe)
Freedom Is Paradise (Russe)
Gentlemen of Fortune (Russe)
Girl with the Hat Box, The (Muet)
Gorky Trilogy I : My Childhood (Russe)
Gorky Trilogy : My Apprentice (Russe)
Gorky Trilogy : My University (Russe)
Gréve, La (Anglais)
Happiness (Muet)
Happy Birthday Lola (Russe)
House of Fools (Russe)
Incident at Map Grid 36-80 (Russe)
Inspector General (Russe)
Irony of Fate, or Enjoy Your Bath (Russe)
Ivan le terrible, 1re partie (Russe)
Ivan le terrible, 2e partie (Russe)
Ivan Vasilievich : Back to the Future (Russe)
Jazzman (Russe)
Je suis Cuba (Russe)
Jolly Fellows (Russe)
Katia Ismaïlova (Russe)
Kidnapping Caucasian Style (Russe)
Killer (Russe)
Kindergarten (Russe)
Kingdom of Crooked Mirrors (Russe)
Légende de la citadelle
de Souram, La (Georgien)
Leo Tolstoy (Russe)
Lessons at the End of Spring (Russe)
Massacre (Russe)
Masters of Russian Animation (Russe)
Mére et fils (Russe)
Mikhail Kobakhidze : l'œuvre (Russe)
Miroir, Le (Anglais)
Montagnes russes au Luna Park (Russe)
Moscou est insensible aux larmes (Russe)
Moscow Parade (Russe)
Mother (Muet)
Nest of the Gentry (Russe)
New Babylon (Muet)
Noce, La (Russe)
Nostalghia (Russe)
Oblomov (Anglais)
Octobre (Anglais)
Of Freaks and Men (Russe)
Old Hottabych (Russe)
Operation Y & Other Shurik's
Adventures (Russe)
Outskirts, The (Russe)
Partition inachevée pour piano
mécanique (Russe)
Passions (Russe)
Père et fils (Russe)
Petite Vera, La (Russe)
Pirates of the XXth century (Russe)
Princess and the Pea, The (Russe)
Prisoner of the Mountains (Russe)
Private Life (Russe)
Professor Dowell's Testament (Anglais)
Quand passent les cigognes (Russe)
Que viva Mexico ! (Russe)
Rasputin (Russe)
Red Silents (Muet)
Repentance, The (Russe)
Retour, Le (Russe)
Rider Named Death, The (Russe)
Ruslan and Ludmila (Russe)
Scam, The (Russe)
Scarecrow (Russe)
Scarlet Flower, The (Russe)
Seagull (Russe)
Second Circle (Russe)
Shooting Party, The (Russe)
Siberiade (Russe)
Snow Maiden, The (Russe)
Snow Queen, The (Russe)
Solaris (Anglais)
Soleil Trompeur (Anglais)
Stalker (Anglais)
Storm Over Asia (Muet)
Tale of Time Lost, The (Russe)
Tale of Tsar Saltan, The (Russe)
Taxi Blues (Russe)
Tchaikovsky (Russe)
Teheran 43 (Français)
Terre, La (Muet)
Thème, Le (Russe)
To See Paris and Die (Russe)
Torpedo Bombers (Russe)
Treasure Island (Russe)
Trois chants sur Lénine (Muet)
Tycoon : A New Russian (Russe)
Urga (Anglais)
Vassily Buslayev (Russe)
Viva Castro ! (Russe)
Viy, or Spirit of Evil (Russe)
Voleur et l'enfant, Le (Russe)
Volga-Volga (Russe)
White Sun of the Desert (Russe)
Window to Paris (Russe)
100 Days Before the Command (Anglais)

SÉNÉGAL

Hyenas (Wolof)
Karmen (Français)
Madame Brouette (Français)
Rocking Popenguine (Français)
Touki Bouki (Wolof)

SUÈDE

Aimez-moi ! (Suédois)
All Things Fair (Suédois)

Après la répétition (Suédois)
Attente des femmes, L' (Allemand)
Autumn Sonata (Anglais)
Brink of Life (Suédois)
Chansons du deuxième étage (Suédois)
Children of Noisy Village, The (Suédois)
Comme dans un miroir (Suédois)
Communiants, Les (Anglais)
Count of the Old Town, The (Suédois)
Cris et chuchotements (Anglais)
Devil's Wanton (Suédois)
Dollar (Suédois)
Dreaming of Rita (Suédois)
Elvira Madigan (Suédois)
Emigrants, The (Anglais)
Enfants du dimanche, Les (Suédois)
Expectations (Suédois)
Faithless (Suédois)
Fanny et Alexandre (Suédois)
Flic sur le toit, Un (Suédois)
Folles aventures de Picasso, Les (Suédois)
Fraises sauvages, Les (Anglais)
Frères Mozart, Les (Suédois)
Freud quitte la maison (Suédois)
Good Evening, Mr. Wallenberg (Suédois)
Hamsun (Suédois)
Heure du loup, L' (Suédois)
Hip Hip Hurra ! (Suédois)
Honte, La (Suédois)
I, a Woman (Suédois)
Intermezzo (Suédois)
Jerusalem (Suédois)
Jeux d'été (Suédois)
June Night (Suédois)
Juniper Tree, The (Suédois)
Kristin Lavransdatter (Anglais)
Lance-pierres, Le (Suédois)
Last Contract, The (Suédois)
Leçon d'amour, Une (Suédois)
love Me (Suédois)
Ma vie de chien (Suédois)
Mademoiselle Julie (Suédois)
Meilleures intentions, Les (Suédois)
Monika (Suédois)
Montenegro (Suédois)
New Land, The (Suédois)
Night Is My Future (Suédois)
Nuit de la Saint-Jean, La (Suédois)
Nuit des forains, La (Anglais)
Only One Night (Suédois)
Ox, The (Suédois)
Passion, Une (Suédois)
Persona (Anglais)
Phantom Chariot (Muet)
Pollo, le chat sans queue (Suédois)
Private Confessions (Suédois)
Proscrits, Les (Suédois)
Qui aimes-tu ? (Suédois)
Refuge des anges, Le (Suédois)
Rêves de femmes (Suédois)
Rite, Le (Anglais)
Sacrifice, Le (Suédois)
Secret of the Monastery (Muet)
Seventh Seal, The (Suédois)
Silence, Le (Anglais)
Slim Susie (Suédois)
Soif, La (Suédois)
Song for Martin, A (Suédois)
Source, La (Anglais)
Swedenhielms (Suédois)
Thriller : A Cruel Picture (Suédois)
Tourments (Suédois)
Tous Ensemble (Suédois)
Toutes ces femmes (Suédois)
Trappe, La (Suédois)
Under the Sun (Suédois)
Vers la joie (Suédois)
Vibration (Suédois)
Ville portuaire (Suédois)
Visage de femme, Un (Suédois)
Visage, Le (Suédois)
Women on the Roof, The (Suédois)

SUISSE

Années lumière, Les (Français)
Behind the Sun (Portugais)
Boat Is Full, The (Allemand)
Clandestins (Français)
Conspirators of Pleasure (Tchèque)
Convoyeurs attendent, Les (Français)
Éloge de l'amour (Français)
Éloge de l'amour, L' (Français)
For Ever Mozart (Français)
Heidi (Allemand)
Homère : la derniére odyssée (Français)
Ilsa, the Wicked Warden (Anglais)
Invitation, L' (Français)
J'ai pas sommeil (Français)
Jack the Ripper (Anglais)
Jonas qui aura 25 ans
en l'an 2000 (Français)
Journal de Lady M., Le (Français)
Killer Kondom (Allemand)
Liaison pornographique, Une (Français)
Light at the Edge
of the World, The (Anglais)
Martingale, La (Français)
Miel et cendres (Suédois)
Mort de Mario Ricci, La (Français)
Pigalle (Anglais)
Pingu (Français)
Pourquoi pas moi ? (Français)
Tilaï (Moré)
Urban Safari (Anglais)
Voyage vers l'espoir (Allemand)
Wilbur (Wants to Kill Himself) (Anglais)

TAÏWAN

Butterfly and Sword (Chinois)
Dragon Inn (Cantonnais)
Dust in the Wind (Mandarin)
Flowers of Shanghai (Anglais)
Good Men, Good Women (Mandarin)
Goodbye Dragon Inn (Mandarin)
Goodbye South, Goodbye (Anglais)
Millenium Mambo (Mandarin)
Personals, The (Mandarin)
Puppetmaster, The (Anglais)
Pushing Hands (Mandarin)
Rebels of the Neon God (Mandarin)
River, The (Mandarin)
Salé sucré (Mandarin)
Shadow Magic (Anglais)
Time to Live and
the Time to Die, The (Mandarin)
Wedding Banquet, The (Mandarin)
What Time Is It There (Anglais)
Yi Yi (Anglais)

THAÏLANDE

Dumb Die Fast, the Smart
Die Slow, The (Thaïlandais)
Jan Dara (Thaïlandais)
Last Life in the Universe (Thaïlandais)
Legend of Suriyothai (Thaïlandais)
Mysterious Object at Noon (Thaïlandais)
Nang Nak (Thaïlandais)
Sunset at Chaopraya (Thaïlandais)
Tesseract, The (Anglais)
Three (Cantonnais)
To End All Wars (Anglais)
6ixtynin9 (Thaïlandais)

TUNISIE

Ali zaoua, prince de la rue (Français)
Champagne amer (Arabe)
Été à la Goulette, Un (Français)
Halfaouine, l'enfant des terrasses (Arabe)
Man of Ashes (Anglais)
Miel et cendres (Suédois)
Ombre de la terre, L' (Arabe)
Satin rouge (Arabe)
Silence des palais, Le (Arabe)
Traversées (Français)

TURQUIE

Baba (Turc)
Bandit, Le (Turc)
Cheval, mon cheval (Turc)
Dernier harem, Le (Turc)
Facing Windows (Italien)
Journey to the Sun (Turc)
Lointain (Turc)
Mur, Le (Turc)
Propaganda (Turc)
Yol (Turc)

UKRAINE

Friend of the Deceased, A (Ukrainien)

URUGUAY

Place in the World, A (Espagnol)
25 Watts (Espagnol)

VENEZUELA

Day You Love Me, The (Espagnol)
Emmanuelle on Taboo Island (Italien)
Glue Sniffer (Espagnol)
Knocks at My Door (Espagnol)
Mécaniques célestes (Français)
Oriana (Espagnol)
Oriane (Espagnol)
Passage des hommes libres, Le (Espagnol)
Rio Negro (Espagnol)
Shoot to Kill (Espagnol)

VIÊTNAM

À la verticale de l'été (Anglais)
Odeur de la papaye verte, L' (Chinois)
Trois saisons (Anglais)

YOUGOSLAVIE (SERBIE) ET EX-YOUGOSLAVIE

Affaire de cœur, Une (Serbe)
Amérique des autres, L' (Serbe)
Beauté du péché, La (Serbo-croate)
Cabaret Balkan (Serbo-croate)
Charge des cosaques, La (Italien)
Charuga (Croate)
Chat noir, chat blanc (Anglais)
Happy Hell Night (Anglais)
Hey Babu Riba (Serbo-croate)
Homme n'est pas un oiseau, L' (Serbe)
Horror of Spider Island (Anglais)
In the Jaws of Life (Serbo-croate)
Innocence sans protection, L' (Serbe)
Long Ships, The (Anglais)
Loves and Times
of Scaramouche, The (Anglais)
Melody Haunts My Reverie (Croate)
Papa est en voyage
d'affaires (Serbo-croate)
Pretty Village, Pretty Flame (Serbo-croate)
Siberian Lady Macbeth (Serbo-croate)
Te souviens-tu
de Dolly Bell ? (Serbo-croate)

Temps des gitans, Le (Roumain)
Vukovar (Serbe)
WR : Mysteries of the Organism (Serbe)

ZAÏRE (RÉPUBLIQUE DÉMOCRATIQUE DU CONGO)
Vie est belle, La (Français)

ZIMBABWE
Jit (Anglais)

LES BIOGRAPHIES

GUERRE, POLITIQUE & HISTOIRE

Napoléon Bonaparte : Conquest ; Désirée ; Loves and Times of Scaramouche ; Napoléon (1927, 1954 et 2002) ; Waterloo
François-Xavier Bouchard : Quand je serai parti... vous vivrez encore
George Bryan Brummell : Beau Brummell
Julius Caesar : Cleopatra (1934 et 1953) ; Hail Caesar 01 : Julius ; Julius Caesar (1953 et 1970)
Michel Chartrand : Chartrand et Simonne ; Homme de parole, Un (documentaire)
Winston Churchill : Churchill (documentaire) ; Eagle Has Landed, The ; Gathering Storm ; Young Winston
Désirée Clary : Désirée
Bill Clinton : Primary Colors
Roy Cohn : Citizen Cohn
Christophe Colomb : Christopher Columbus ; 1492 : Conquest of Paradise
Oliver Cromwell : Cromwell
George Armstrong Custer : Custer of the West
Georges Danton : Danton
François-Marie-Thomas De Lorimier : 15 février 1839
Hélène de Troie : Helen of Troy (1955, 2003) ; Troy
Capitaine Dreyfus : Prisoner of Honor
Jean Duceppe : Jean Duceppe (télévision)
Wyatt Earp : Wyatt Earp
Adolf Eichman : Specialist, The (documentaire)
Elizabeth 1ère : Elizabeth ; Elizabeth R. (télévision) ; Mary of Scotland ; Mary, Queen of Scots ; Private Lives of Elizabeth and Essex, The ; Shakespeare in Love ; Virgin Queen, The
Anne Frank : Anne Frank : The Missing Chapter (documentaire) ; Anne Frank Remember (documentaire) ; Diary of Anne Frank, The
Mohandas Karamchand Gandhi : Gandhi
Geronimo : Geronimo
Adélard Godbout : Traître ou patriote (documentaire)
Martin Gray : Au nom de tous les miens
Amiral Halsey : Gallant Hours
Le Ly Hayslip : Heaven and Hearth
Adolph Hitler : Black Fox, The ; Blind Spot : Hitler's Secretary (documentaire) ; Bunker, The ; Desert Fox, The ; Hitler : Last Ten Days, The (documentaire) ; Hitler : Rise of Evil, The (television) ; Moloch ; Nazis, The (documentaire)
Jimmy Hoffa : Hoffa
Tsar Ivan IV : Ivan the Terrible
Thomas Jefferson : Jefferson in Paris ; 1776
John Fitzgerald Kennedy : Four Days in November ; JFK ; PT 109 ; Thirteen Days
Janusz Korczak : Korczak
Ron Kovic : Born on the Fourth of July
John Lafitte : Buccaneer, The
Laurence d'Arabie : Lawrence of Arabia
Alexandre Le Grand : Alexander the Great
Casimir Le Grand : Casimir the Great
Anna Leonowens : Anna & the King ; Anna & the King of Siam ; King & I, The
Abraham Lincoln : Abe Lincoln in Illinois ; Abraham Lincoln ; Young Mr. Lincoln
Louis XIV : Louis, Enfant Roi ; Marquise ; Molière ; Roi danse, Le ; Tous les matins du monde ; Vatel
Patrice Lumumba : Lumumba
Général Douglas MacArthur : Mac Arthur ; Mac Arthur (documentaire) ; Warlords : MacArthur (documentaire)
Baron Grégoire Ponceludon de Malavoy : Ridicule
Malcolm Little dit Malcom X : Death of a prophet ; Malcolm X ; Real Malcolm X, The (documentaire)
Nelson Mandela : Mandela ; Mandela & Deklerk
Mickey Marcus : Cast a Giant Shadow
Marie-Antoinette : Marie Antoinette
Marie 1re Stuart : Mary, Queen of Scots ; Mary of Scotland
Golda Meir : Woman Called Golda, A
Chico Mendes : Burning Season, The
Yukio Mishima : Mishima
Général Billy Mitchell : Court-Martial of Billy Mitchell
Simonne Monet-Chartrand : Chartrand et Simonne ; Vie comme une rivière, Une (documentaire)
Lola Montès : Lola Montès
Mussolini : Lion in the Desert ; Mussolini (documentaire) ; Mussolini & I
Richard Nixon : Nixon ; Real Richard Nixon, The (documentaire)
Marquise du Parc : Marquise
Général George Patton : Last Days of Patton, The ; Patton
Solomon Perel : Europa, Europa
Eva Peròn : Evita
Grigori Iefimovitch Rasputin : Rasputin ; Rasputin, Dark Servant of Destiny
Maximilien de Robespierre : Danton
John Reed : Reds
Louis Riel : Riel
Oscar Romero : Romero
Général Erwin Rommel : Desert Fox, The
Andrei Sakharov : Sakharov
Oskar Schindler : Schindler (documentaire) ; Schindler's List
Sissi (Élizabeth de Bavière) : Sissi
Joseph Staline : Stalin
Colonel Paul Tibbetts : Above and Beyond
Victoria 1re : Mrs. Brown
François Villon : If I Were King
Frank « Spig » Wead : Wings of Eagles
Harold Wilson : Wilson
Arthur & Ronnie Winslow : Winslow Boy, The
Gerard Winstanley : Winstanley
Bob Woodward : All the President's Men
Chuchu & Luo Xiaoman : Red Cherry
Pu Yi : Last Emperor, The
Sergent York : Sergeant York

MÉDECINE & RECHERCHES SCIENTIFIQUES

Dr. Hunter Patch Adams : Patch Adams
Alexander Graham Bell : Story of Alexander Graham Bell, The
Dr. Norman Bethune : Bethune ; Bethune : The Making of a Hero
Marie Curie : Madame Curie ; Palmes de M. Schutz, Les
Thomas Edison : Edison, the Man ; Young Tom Edison
Dian Fossey : Gorillas in the Mist
Sigmund Freud : Secret Diary of Sigmund Freud
Mary Kenny : Sister Kenny
Alfred Kinsey : Kinsey
Franz Anton Mesmer : Mesmer
Dr. William Morton : Great Moment, The
Michel de Nostradamus : Nostradamus
Louis Pasteur : Story of Louis Pasteur, The
Dr. Ed Rosenbaum : Doctor, The
Dr. Wassell : Story of Dr. Wassell, The
Dr. Jeffrey Wigand : Insider, The

PERSONNAGES RELIGIEUX

Frère André : Frère André, Le
Jacob : Genesis
Jeanne d'Arc : Jeanne la Pucelle : Les batailles ; Jeanne la Pucelle : Les prisons ; Joan of Arc (1948) ; Joan of Arc (TV- 1999) ; Messenger, The : The Story of Joan of Arc (1999) ; Passion of Joan of Arc, The (1928)
François d'Assise : Brother Sun, Sister Moon ; Francesco
Bouddha : Little Buddha
14e Dalaï-Lama : Kundun ; Seven Years in Tibet
Esther : Esther and the King
Jésus : Ben-Hur ; Jesus Christ Superstar ; Jesus of Nazareth ; King of Kings, , The ; Last Temptation of Christ, The ; Marie de Nazareth ; Messiah, The ; Passion of the Christ, The
Étienne de Loyola : Loyola, the Soldier Saint
Martin Luther ; Luther
Thérèse Martin : Thérèse ; Therese – The Story of Saint Therese de Lisieux
Mohammed : Message, The
Moïse : Bible, The ; Ten Commandments, The
Saint Vincent de Paul : Monsieur Vincent
Ruth : Story of Ruth
Bernadette Soubirous : Song of Bernadette, The

CRIMINELS, GANGSTERS, HORS-LA-LOI & MAFIA

Frank W. Abignale Jr. : Catch Me If You Can
Michael Alig : Party monster
Carl Bernstein : All the President's Men
Billy the Kid : Billy the Kid (documentaire) ; Left-Handed Gun, The ; Outlaw, The
Joseph Bonanno : Bonanno : A Godfather's Story
Al Capone : Al Capone
Jeffrey Dahmer ; Dahmer
Ferdinand Demara : Great Imposter, The
Phoolan Devi : Bandit Queen
Dillinger : Dillinger

Gaston Dominici : Affaire Dominici, L'
Ruth Ellis : Dance With a Stranger
Bill Hickok : Wild Bill
Henry Hill : Goodfellas
Jim Jones : Guyana Tragedy, The : The Jim Jones Story
George Jung : Blow
Ned Kelly : Ned Kelly
Ronnie et Reggie Kray : Krays, The
Meyer Lansky : Lansky
Lucky Luciano : Lucky Luciano
Charles Manson : Helter Skelter ; Manson (documentaire)
John Mc Vicar : Mc Vicar
Jacques Mesrine : Mesrine, le film
Bonnie Parker et Clyde Barrow : Bonnie & Clyde
Martin Puccio : Bully
Sam « Ace » Rothstein : Casino
Benjamin « Bugsy » Siegel : Bugsy
Valerie Solanas : I Shot Andy Warhol
« Son of Sam » David Berkowitz : Summer of Sam ; Summer of Terror : The Real Son of Sam (documentaire)
Monique Sparvieri ; Monica la Mitraille
Marcel Talon ; Dernier Tunnel, Le
Cordélia Viau : Cordélia
Aileen Wuornos : Monster

SPORTS

Arthur Agee et William Gates : Hoop Dreams (documentaire)
Muhammad Ali : Ali ; Muhammad Ali : Trough the Eyes of the World (documentaire) ; When We Were Kings (documentaire)
Rubin Hurricane Carter : Hurricane
Ty Cobb : Cobb
Jim Corbett : Gentleman Jim
Lou Gehrig : Pride of the Yankees, The
Annette Kellerman : Million Dollar Mermaid
Jake La Motta : Raging Bull
Eric Liddell et Harold Abrahams : Chariots of Fire
Marty Maher : Long Gray Line, The
Steve Prefontaine : Without Limits
Knute Rockne : Knute Rockne, All American
Rudy : Rudy
Babe Ruth : Babe, The
Arnold Schwarzenegger : Pumping Iron (documentaire)
Jim Thorpe : Jim Thorpe - All American

DANSE

Isadora Duncan : Isadora
Vaslav Nijinsky : Nijinsky
musique classique et opéra
Ludwig Von Beethoven : Beethoven ; Beethoven's Nephew ; Grand amour de Beethoven, Un ; Immortal Beloved
Enrico Caruso : Great Caruso, The
Frédéric Chopin : Impromptu ; Lisztomania ; Song to Remember, A
Jacqueline DuPré : Hilary and Jackie
Carlo Broschi dit Farinelli : Farinelli
Glenn Gould : 32 Short Films About Glenn Gould
David Helfgott : Shine
Marjorie Lawrence : Interrupted Melody
Franz Liszt : Lisztomania ; Song Without End
Gustav Mahler : Mahler
Wolfgang Amadeus Mozart : Amadeus ; Mozart : A Childhood Chronicle ; Whom the Gods Love
Johann Strauss : Great Waltz, The
Wladyslaw Szpilman : Pianist, The
Petr Ilitch Tchaikovsky : Music Lover, The ; Tchaikovsky
Giuseppe Verdi : Life of Verdi
Wagner : Lisztomania ; Wagner : The Movie

JAZZ, BLUES ET MUSIQUE CONTEMPORAINE

Chet Baker : Let's Get Lost
The Beatles : Backbeat ; Beatles Anthology, The (documentaire) ; Complete Beatles, The (documentaire)
David Bowie : Velvet Goldmine
Fanny Brice : Funny Girl ; Funny Lady
Johnny Cash : Walk the Line
Ray Charles : Ray
Patsy Cline : Sweet Dreams
Bobby Darin ; Beyond the Sea
Sœurs Dolly : Dolly Sisters, The
Eddy Duchin : Eddy Duchin Story, The
Ruth Etting : Love Me or Leave Me
Funk Brothers : Standing in the Shadows of Motown
Bleek Gilliam : Mo'Better Blues
Benny Goodman : Benny Goodman Story, The
Roberta Guaspari : Music of the Heart
Woody Guthrie : Bound for Glory
Billie Holiday : Lady Sings the Blues
Buddy Holly : Buddy Holly Story, The
Al Jolson : Jolson Sings Again ; Jolson Story, The
Gus Kahn : I'll See You in my Dreams
Jerry Lee Lewis : Great Balls of Fire
John Lennon : Beatles Anthology, The (documentaire) ; Complete Beatles, The (documentaire) ; Hours and Times, The
Frankie Lymon : Why Do Fools Fall in Love
Loretta Lynn : Coal Miner's Daughter
Mama Rose : Gypsy
Metallica : Some Kind of Monster
Glenn Miller : Glenn Miller Story, The
Helen Morgan : Helen Morgan Story, The
Jim Morrison : Doors, The
Red Nichols : Five Pennies, The
Charlie Parker : Bird
Edith Piaf : Edith et Marcel ; Piaf ; Cole Porter ; De-Lovely ; Night and Day
Elvis Presley : Elvis and Me ; Elvis : The Movie
Alys Robi : Ma vie en cinémascope
Lilian Roth : I'll Cry Tomorrow
Selena : Selena
Tupac Shakur : Thuq Immortal (documentaire)
Frank Sinatra : Sinatra ; Rat Pack, The
Leon Theremin : Theremin : An Electronic Odyssey
Tina Turner : What's Love Got to Do With It ?
Ritchie Valens : Bamba, La
Sid Vicious : Filth and the Fury, The (documentaire) ; Sid & Nancy
Hank Williams Jr. : Living Proof : The Hank Williams Jr. Story (documentaire)

PEINTURE & SCULPTURE

Artemisia : Artemisia
Francis Bacon : Love is the Devil
Jean-Michel Basquiat : Basquiat
Brueghel : Vision On Art : Pieter Brueghel the Elder (documentaire)
Dora Carrington : Carrington
Camille Claudel : Camille Claudel
Robert Crumb : Crumb
Van Eyck : Vision On Art : Jan van Eyck (documentaire)
Paul Gauguin : Wolf at the Door, The
Théodore Géricault : Mazeppa
Francisco de Goya Y Lucientes : Naked Maja, The
Frida Kahlo : Frida (1984 et 2002)
Alfred Laliberté : Alfred Laliberté : sculpteur
Ozias Leduc : Ozias Leduc
Michelangelo Merisi : Agony and the Ecstasy, The ; Caravaggio ; Michelangelo : self portrait (documentaire)
Amedeo Modigliani : Montparnasse 19
Alfred Pellan : Pellan
Pablo Picasso : Folles aventures de Picasso, Les ; Picasso : the Man and His Work (documentaire) ; Surviving Picasso
Jackson Pollock : Jackson Pollock : Love & Death... (documentaire) ; Pollock
Rembrandt : Rembrandt (1936 et 2001) ; Rembrandt-1669
Auguste Rodin : Camille Claudel
Petrus Paulus Rubens : Vision On Art : Pieter Paul Rubens (documentaire)
Andrei Rublev : Andrei Rublev
Henri de Toulouse-Lautrec : Lautrec ; Moulin Rouge (1952 et 2001)
Armand Vaillancourt : Vaillancourt : sculpteur
Vincent Van Gogh : Lust for Life ; Van Gogh ; Vincent & Me ; Vincent & Theo
Johannes Vermeer : Girl with a Pearl Earring ; Vermeer : Light, love and silence (documentaire)
Andy Warhol : I Shot Andy Warhol ; Superstar : Life & Times of Andy Warhol (documentaire) ; Warhol : Portrait of an Artist (documentaire)

CINÉMA

Josephine Baker : Josephine Baker Story, The
John Belushi : Wired
Famille d'Ingmar Bergman : Fanny & Alexander
Francesca Bertini : Last Diva, The (documentaire)
Christy Brown : My Left Foot
John Cassavetes : I'm Almost Not Crazy : John Cassavetes (documentaire)
Lon Chaney : Man of a Thousand Faces, The
Charlie Chaplin : Chaplin ; Eternal Tramp, The (documentaire) ; Unknown Chaplin : The Great Director, The (documentaire)
Bob Crane : Auto Focus
Joan Crawford : Mommie Dearest
Cameron Crowe : Almost Famous
James Dean : Forever James Dean (documentaire) ; James Dean Story
Divine : Divine Trash (documentaire)
Clint Eastwood : Directors : Clint Eastwood (documentaire) ; Man From Malpaso, The (documentaire)
Sergei Eisenstein : Eisenstein
Robert Evans : Kid Stays in the Picture, The (documentaire)

Frances Farmer : Frances
Rainer Werner Fassbinder : Man Like Eva, A
Federico Fellini : Amarcord
Robert Flaherty : Kabloonak
Heidi Fleiss : Hollywood Madam (documentaire)
Bob Fosse : All That Jazz
Samuel Fuller : Big Red One, The
Clark Gable : Gable and Lombard
Jean Harlow : Harlow : The Blonde Bombshell (documentaire)
Audrey Hepburn : Audrey Hepburn Story, The ; Audrey Hepburn : Remembered (documentaire)
Werner Herzog : My Best Fiend (documentaire)
Alfred Hitchcock : Alfred Hitchcock : Master of... (documentaire)
John Holmes : Wonderland ; John Holmes : A Tribute to the King (documentaire)
Rock Hudson : Rock Hudson's Home Movies
Howard Hughes : Amazing Howard Hughes, The ; Aviator, The
John Huston : White Hunter, Black Heart
Ron Jeremy : Porn Star : The Legend of Ron Jeremy (documentaire)
Buster Keaton : Buster Keaton Rides Again/The Railrodder (documentaire)
Klaus Kinski : My Best Fiend (documentaire)
Gertrude Lawrence : Star !
Bruce Lee : Bruce Lee : The Legend (documentaire) ; Dragon : The Bruce Lee Story
Max Linder : Man With the Silk Hat, The
Louis Malle : Au revoir les enfants
Marilyn Monroe : Hollywood Collection : Marilyn Monroe (documentaire) ; Marilyn : The Last Word (documentaire) ; Marilyn Monroe : Portrait of a Legend (documentaire) ; Marilyn Monroe : The Final Days (documentaire) ; Rat Pack, The
Nanni Moretti : Aprile ; Caro Diario
Friedrich Wilhem Murnau : Shadow of the Vampire
Marcel Pagnol : Château de ma mère, Le ; Gloire de mon père, La
Gordon Parks : Learning Tree, The
Paolo Pasolini : Whoever Says the Truth Shall Die (documentaire)
Otto Preminger : Anatomy of a Filmmaker : Otto Preminger (documentaire)
Leni Riefenstahl : Wonderful Horrible Life of Leni Riefenstahl
Frank Ripploh : Taxi Zum Klo
Martin Scorsese : Directors : Martin Scorsese (documentaire) ; Who's That Knocking at my Door
Peter Sellers : Life and Death of Peter Sellers, The
Carlos Sorin : King and His Movie, A
Melvin Van Peebles : Baadasss
Erich Von Stoheim : Man You Loved to Hate (documentaire)
Rudolph Valentino : Valentino
Jean Vigo : Vigo : Passion for Life
Veronika Voss : Veronika Voss
Orson Welles : Cradle Will Rock ; RKO 281 : Battle over Citizen Kane
Tony Wilson : 24 Hours Party People
Edward D. Wood Jr. : Ed Wood ; Ed Wood : Look Back In Angora (documentaire) ; Ed Wood Story, The : The Plan 9 from Outer Space (documentaire)
Franco Zeffirelli : Tea with Mussolini

MÉDIAS & SPECTACLES

Barnum & Bailey : Greatest Show on Earth, The
Lenny Bruce : Lenny
João Francisco dos Santos : Madame Satã
Larry Flint : People vs. Larry Flint, The
William Hearst : Citizen Kane
Hugh Hefner : Hugh Hefner :American playboy (documentaire) ; Hugh Hefner : Once upon a time (documentaire)
Houdini : Houdini
F. Ross Johnson : Barbarians at the Gate
Andy Kaufman : Man on the Moon ; My Breakfast with Blassie (documentaire)
Rodgers & Hammerstein : Topsy Turvy
Edward R. Murrow : Good Night, and Good Luck
Martha Stewart : Martha Inc. : The story of Martha Stewart (television)
Charles Van Doren : Quiz Show
Florenz Ziegfeld : Great Ziegfeld, The

PERSONNAGES CÉLÈBRES

Lucie Aubrac : Lucie Aubrac
Teena Brandon : Boys Don't Cry
Coco Chanel : Chanel Solitaire
Désirée Clary : Desiree
George M. Cohan : Yankee Doodle Dandy
Quentin Crisp : Naked Civil Servant
John & Nora Davis : Journey for Margaret
Amelia Earhart : Amelia Earhart, the Final Flight
Jim Fisk : Toast of New York, The
Frank Harris : Cowboy
Oliver Wendell Holmes : Magnificent Yankee, The
Pascal Ichac : Chef in Love, A
Helen Keller : Miracle Worker, The
Charles Lindberg : Spirit of St.Louis, The
Capitaine Joseph McConnell Jr. : McConnell Story, The
John Merrick : Elephant Man, The
Reginald Mitchell : Spitfire
Helmut Newton : Helmut Newton : Frames From the Edge (documentaire)
Annie Oakley : Annie Oakley
Aristotte Onassis : Greek Tycoon, The
Cythia Payne : Personal Services
Capitaine Robert Falcon Scott : Scott of the Antartic
Blaze Starr : Blaz
Sonora Webster : Wild Hearts Can't Be Broken
William Wilson : My Name is Bill W.

LITTÉRATURE, THÉÂTRE ET POÉSIE

Antonin Artaud : En compagnie d'Antonin Artaud
Pierre-Augustin Caron de Beaumarchais : Beaumarchais l'insolent
J.M. Barrie ; Finding Neverland
Paul Bowles : Let It Come Down (documentaire)
Charles Bukowski : Barfly
William S. Burroughs : Burroughs : Commissioner of Sewers (documentaire) ; Source, The (documentaire)
Truman Capote : Capote
Carolyn Cassady : Heart Beat
Agatha Christie : Agatha
Rick Cluchey : Weeds
Sidonie Gabrielle Colette : Becoming Colette
Sœur Juana Ines del la Cruz : I, the Worst of All
Alfred De Musset : Impromptu ; Enfants du siècle, Les
Denis Diderot : Libertin, Le
Marguerite Duras : Cet amour-là ; Lover, The
Ian Fleming : Spymaker
Janet Frame : Angel at My Table, An
Gaby : Gaby-a True Story
Allen Ginsberg : Life and Times of Allen Ginsberg (documentaire) ; Source, The (documentaire)
Jacob et Wilhelm Grimm : Wonderful Life of the Brothers Grimm, The
Dashiell Hammett : Hammett
Ernest Hemingway et Agnes von Kurowsky : In Love & War
Adèle Hugo : Histoire d'Adèle H., L'
James Joyce : James Joyce : A Portrait of the Artist as a Young Man ; James Joyce's Women
Franz Kafka : Kafka
Jack Kerouac : Heart Beat ; Kerouac (documentaire) ; Source, The (documentaire)
Gavino Ledda : Padre Padrone
C. S. Lewis : Shadowlands
Alice Liddell : Dreamchild
Henry Miller : Henry & Jude
Molière : Molière
Chevalier Leopold von Sacher-Masoch : Masoch
Émile Nelligan : Nelligan
Anaïs Nin : Anaïs Observed (documentaire) ; Henry & Jude
Joe Orton : Prick Up Your Ears
Dorothy Parker : Mrs. Parker and the Vicious Circle
Harvey Pekar : American splendor
Doris Pilkington : Rabbit-Proof Fence
Harold Pinter : Betrayal
Sylvia Plath : Sylvia
Marcel Proust : Céleste ; Temps retrouvé, Le
Maiprie Kinnan Rawlings : Cross Creek
Samuel Richardson : Tom & Viv
Arthur Rimbaud : Total Eclipse
Dante Gabriel Rossetti : Dante's Inferno : Life of Dante Gabriel Rossetti
Gabrielle Roy : Gabrielle Roy
Marquis de Sade : Marquis ; Quills ; Sade
George Sand : Enfants du siècle, Les ; Impromptu
William Shakespeare : Shakespeare in Love
Mary Shelley : Gothic ; Haunted Summer
Paul Verlaine : Total Eclipse
Oscar Wilde : Wilde
Ludwig Wittgenstein : Wittgenstein
Tobias Wolff : This Boy's Life
Hedd Wyn : Hedd Wyn

TRAMES SONORES : MORCEAUX CHOISIS

QUELQUES LAURÉATS

Aimants, Les (Carl Bastien et Dumas, Jutra 2005)

Amant, L' (Gabriel Yared, César 1993)
Audition, L' (Daniel Bélanger, Jutra 2006)
Bal, Le (Vladimir Cosma, César 1984)
Barocco (Philippe Sarde, César 1977)
Breakfast at Tiffany's (Henry Mancini, Oscar 1961)
Brokeback Mountain (Gustavo Santaolalla, Oscar 2005)
Chariots of Fire (Vangelis, Oscar 1981)
Crouching Tiger, Hidden Dragon (Tan Dun, Oscar 2000)
Dernier Métro, Le (Georges Delerue, César 1981)
Diva (Vladimir Cosma, César 1982)
Doctor Zhivago (Maurice Jarre, Oscar 1963)
Double Life, A (Miklos Rozsa, Oscar 1947)
Exodus (Ernest Gold, Oscar 1960)
Fabuleux destin d'Amélie Poulin, Le (Yann Tiersen, César 2002)
Fame (Michael Gore, Oscar 1980)
Frida (Elliot Goldenthal, Oscar 2002)
Godfather Part II, The (Nino Rota et Carmine Coppola, Oscar 1974)
Grand Bleu, Le (Éric Serra, César 1989)
High Noon (Dimitri Tiomkin, Oscar 1952)
Il Postino (Luis Enrique Bacalov, Oscar 1995)
Jaws (John Williams, Oscar 1975)
Last Emperor, The (Ryuichi Sakamoto, David Byrne, Cong Su, Oscar 1987)
Lord of the Rings, The : The Return of the King (Howard Shore, Oscar 2003)
Love Story (Francis Lai, Oscar 1970)
Omen, The (Jerry Goldsmith, Oscar 1976)
Out of Africa (John Barry, Oscar 1985)
Pinocchio (Leigh Harline, Paul J. Smith, Ned Washington, Oscar 1940)
Red Shoes, The (Brian Easdale, Oscar 1948)
Red Violin, The (John Corigliano, Oscar et Jutra 1999)
'Round Midnight (Herbie Hancock, Oscar 1986, César 1987)
Schindler's List (John Williams, Oscar 1993)
Spellbound (Miklos Rozsa, Oscar 1945)
Star Wars (John Williams, Oscar 1977)
Summer of '42 (Michel Legrand, Oscar 1971)
Tous les matins du monde (Jordi Savall, César 1992)
Triplettes de Belleville, Les (Benoît Charest, César 2004)
Crabe dans la tête, Un (Ramachandra Borcar et Guy Pelletier, Jutra 2002)
Vengo (varié, César 2001)
Way We Were, The (Marvin Hamlisch, Oscar 1973)
Wizard of Oz, The (Herbert Stothart, Oscar 1939)

LES INCONTOURNABLES

Amarcord (Nino Rota)
Ascenseur pour l'échafaud (Miles Davis)
Belle Histoire, La (Francis Lai et Philippe Servain)
Choristes, Les (Christophe Barratier et Bruno Coulais)
Deliverance (Eric Weissberg)
Dolce Vita, La (Nino Rota)
Exorcist, The (varié)
Filles de Caleb, Les (Richard Grégoire)
Good, the Bad and the Ugly, The (Ennio Morricone)
Graduate, The (Simon & Garfunkel)
Halloween (John Carpenter)
Harold and Maude (Cat Stevens)
In the Heat of the Night (Quincy Jones)
Jules et Jim (Georges Delerue)
Last Temptation of Christ, The (Peter Gabriel)
Mission, The (Ennio Morricone)
North by Northwest (Bernard Herrmann)
Once Upon a Time in the West (Ennio Morricone)
Paris, Texas (Ry Cooder)
Pianist, The (Wojciech Kilar, varié)
Piano, The (Michael Nyman)
Pink Floyd The Wall (Pink Floyd)
Psycho (Bernard Herrmann)
Pulp Fiction (varié)
Rocky (Bill Conti)
Shaft (1971) (Isaac Hayes)
Sting, The (Marvin Hamlisch)
Terms of Endearment (Michael Gore)
Tirez sur le pianiste (Georges Delerue)
Tommy (The Who)
Zorba the Greek (Mikis Theodorakis)
8½ (Nino Rota)
2001 : A Space Odyssey (varié)

À (RE)DÉCOUVRIR

Aventures de Rabbi Jacob, Les (Vladimir Cosma)
Beetle Juice (Danny Elfman & Harry Belafonte)
Black Beauty (1994) (Danny Elfman)
Blade Runner (Vangelis)
Bram Stoker's Dracula (Wojciech Kilar)
Ceux qui m'aiment prendront le train (varié)
Charade (Henry Mancini)
Cook, the Thief, His Wife and Her Lover, The (Michael Nyman)
Excalibur (Trevor Jones, varié)
Eyes Wide Shut (Jocelyn Pook, varié)
Fight Club (Dust Brothers)
Freeway (Danny Elfman)
Ghost Story (Philippe Sarde)
High Fidelity (varié)
Hiroshima mon amour (Georges Delerue)
History of Violence, A (Howard Shore)
Hours, The (Philip Glass)
In the Mood For Love (Shigeru Umebayashi et Mike Galasso)
Invasion of the Body Snatchers (1978) (Denny Zeitlin)
Long Day's Journey into Night (André Prévin)
Mishima – A Life in Four Chapters (Philip Glass)
Never on Sunday (Manos Hadjidakis)
Night on Earth (Tom Waits et Kathleen Brennan)
Ninth Gate, The (Wojciech Kilar)
Once Upon a Time in America (Ennio Morricone)
Parle avec elle (Alberto Iglesias)
Sorcerer (Tangerine Dream)
Strada, La (Nino Rota)
Streetcar Named Desire, A (Alex North)
Suspiria (Dario Argento & the Gobblins)
Swimming Pool (Philippe Rombi)
Talented Mr. Ripley, The (Gabriel Yared)
Thief (Tangerine Dream)
Thomas Crown Affair, The (1968) (Michel Legrand)
Two for the Road (Henry Mancini)
Uns et les autres, Les (Michel Legrand)
Vertigo (Bernard Herrmann)
Yeux sans visage, Les (Maurice Jarre)
37°2 le matin (Gabriel Yared)

LES ÉVOCATIONS MUSICALES

Almost Famous (varié 1970)
Anthony Zimmer (Vertigo)
Basic Instinct (Vertigo)
C.R.A.Z.Y. (varié 1960-1980)
Donnie Darko (varié 1980)
Far From Heaven (All That Heaven Allows/ Imitation of Life)
Forrest Gump (varié 1950-1970)
I Wanna Hold Your Hand (The Beatles, 1960)
Mauvaise éducation, La (Psycho/Vertigo)
Re-Animator (Psycho)
Romy and Michele's High School Reunion (varié 1980)
Summer of Sam (varié 1970)
Swing Kids (Big Band 1940)
Wedding Singer, The (varié 1980)
24 Hour Party People (varié 1970-1980)

ŒUVRES JOUÉES ET/OU CHANTÉES

And Now... Ladies and Gentlemen... (Patricia Kaas chante Michel Legrand)
Beaches (Bette Midler, chanteuse populaire)
Boys on the Side (Whoopi Goldberg, chanteuse au chômage)
Buddy Holly Story, The (Gary Busey joue et chante Buddy Holly)
Coal Miner's Daughter (Sissy Spacek chante Loretta Lynn ; Beverley D'Angelo chante Patsy Cline)
Fabulous Baker Boys, The (Michelle Pfeiffer, chanteuse de charme ; les frères Bridges, pianistes)
First Wives Club, The (Diane Keaton, Goldie Hawn et Bette Midler : You Don't Know Me)
Great Balls of Fire (Dennis Quaid au piano)
Living Out Loud (Queen Latifah, lounge singer)
Ma vie en cinémascope (Pascale Buissière chante Alice Roby)
Nasheville (comédiens, interprètes... et auteurs-compositeurs !)
On connaît la chanson (varié pop française)
Postcards From the Edge (Meryl Streep et Shirley Maclaine font leur numéro)
Prairie Home Companion, A (Lily Tomlin et Meryl Streep, chanteuses country sur le retour)
Ray (Jamie Foxx au piano)
Tender Mercies (Robert Duvall auteur-compositeur-interprète)
Walk the Line (Joaquin Phoenix et Reese Witherspoon chantent Johnny et June Carter Cash)
8 femmes (varié pop française)

LA LITTÉRATURE

AUTEURS, DRAMATURGES ET SCÉNARISTES

Kôbô Abe : Femme de sable, La
Marcel Achard : *COMME SCÉNARISTE :* Lady in Question ; Madame de... ; Mayerling (1936/1968) ; Shot in the Dark, A (L'Idiot)

Edward Albee : Ballad of Sad Café ; Delicate Balance, A ; Who's Afraid of Virginia Woolf ?
Brian Aldiss : Artificial Intelligence : A.I. ; Frankenstein Unbound
Woody Allen : Play it Again Sam ? ; Shadows and Fog (Death)
Eric Ambler : Hotel Reserve (Epitaph for a Spy) ; Journey into Fear ; Passionate Friends, The ; Purple Plain, The ; Topkapi (The Light of Day) ; *COMME SCÉNARISTE :* Card, The ; Cruel Sea, The ; Night to Remember, A ; Way Ahead, The ; Wreck of the Mary Deare, The
Hans Christian Anderson : Emperor's Nightingale, The (1949) ; Little Match Girl ; Little Mermaid ; Princess and the Pea, The ; Red Shoes, The ; Thumbelina
Jean Anouilh : Becket ; *COMME SCÉNARISTE :* Anna Karenina (1948) ; Monsieur Vincent ; Pattes blanches
Paul Anthelme : I Confess
Charlotte Armstrong : Don't Bother to Knock ; Merci pour le Chocolat ; Rupture, La
Fernando Arrabal : *COMME SCÉNARISTE :* Fando y Lis ; J'irai comme une cheval fou ; Odyssey of the Pacific ; Viva la Muerte
Isaac Asimov : Bicentennial Man (The Positronic Man) ; I, Robot ; Nightfall
Magaret Atwood : Handmaid's Tale, The ; Surfacing
Jacques Audiard : *COMME SCÉNARISTE :* Australia ; Baxter ; Confessions d'un barjo ; De battre mon cœur s'est arrêté (aussi réal.) ; Fréquence meurtre ; Héros très discret, Un (aussi réal.) ; Mortelle randonnée ; Poussière d'ange ; Regarde les hommes tomber (aussi réal.) ; Sur mes lèvres (aussi réal.)
Michel Audiard : *Comme scénariste et/ou dialoguiste :* Animal, L' ; Cage aux folles 3 ; Canicule ; Cent mille dollars au soleil ; Chasse à l'homme, La ; Elle cause plus... elle flingue (aussi réal.) ; Entourloupe, L' ; Fauve est lâché, Le ; Flic ou voyou ; Grand escogriffe, Le ; Guarde à vue ; Guignolo, Le ; Marginal, Le ; Mélodie en sous-sol ; Misérables, Les (1957) ; Morfalous, Les ; Mort d'un pourrit ; Mortelle randonnée ; On a volé la cuisse à Jupiter ; On ne meurt que 2 fois ; Passe-muraille, Le ; Professionnel, Le (1981) ; Taxi pour Tobrouk ; Tontons flingueurs, Les ; Trois jours à vivre ; Singe en hiver, Un ; Under Suspicion (Guarde à vue) ; Souris chez les hommes, Une
Dominique Aury : Histoire d'O
Jane Austen : Bride and Prejudice ; Clueless (Emma) ; Emma (1996) ; Mansfield Park (1985, 1999) ; Persuasion ; Pride et Prejudice (1940, 1985 et 1996) ; Sense et Sensibility (1981 et 1995)
Paul Auster : Music of Chance, The ; *COMME SCÉNARISTE :* Blue in the Face ; Center of the World (2001) ; Lulu on the Bridge ; Smoke (1995)
Marcel Aymé : Flavor, the Watch and the Very Big Fish, The (Rue Saint-Sulpice) ; Française et l'amour, La ; Passe-muraille, Le ; Traversée de Paris, La ; Uranus
Jean-Pierre Bacri et Agnès Jaoui : Air de famille, Un ; *COMME SCÉNARISTES :* Comme une image ; Goût des autres, Le ; On connaît la chanson ; No smoking ; Smoking
Honoré de Balzac : Belle noiseuse, La (Le chef d'œuvre inconnu) ; Colonel Chabert, Le ; Cousin Bette (La cousine Bette) ; Passion in the Desert
Russell Banks : Affliction ; Sweet Hereafter, The
Clive Barker : Candyman (The Forbidden) ; Hellbound : Hellraiser II (The Hellbound Heart) ; Hellraiser I et III (The Hellbound Heart) ; Lord of Illusions (The Last Illusion) ; Nightbreed (Cabal) ; *COMME SCÉNARISTE :* Rawhead Rex
Alessandro Baricco : Legend of 1900, The
J.M. Barrie : Forever Female ; Hook (Peter Pan) ; Male and Female ; Peter Pan (1924, 1953 et 2003) ; We're not Dressing
Stephen Belber : Laramie Project, The (TV) ; Tape
Tonino Benacquista : Morsures de l'aube, Les ; *COMME SCÉNARISTE :* Débandade, La ; Sur mes lèvres ; Peter Benchley : Deep, The ; Island, The ; Jaws ; Jaws 3D (Jaws)
Nina Berberova : Accompagnatrice, L'
Georges Bernanos : Journal d'un curé de campagne ; Mouchette (Nouvelle histoire de Mouchette) ; Sous le soleil de Satan
William Peter Blatty : Exorcist I, II et III (Légion), the Beginning, The ; Ninth Configuration, The (Twinkle, Twinkle Killer Kane) ; *COMME SCÉNARISTE :* Promise Her Anything ; Shot in the Dark, A ; What Did You Do in the War, Daddy ?
Peter Bloch : Psycho (1960 et 1998) ; Skull (The Skull of the Marquis de Sade) ; *COMME SCÉNARISTE :* Asylum ; House that Dripped Blood, The ; Night Walker, The ; Strait-Jacket ; Tales from the Darkside (TV)
Eric Bogosian : Sex Drug and Rock n' Roll ; Suburbia ; Talk Radio ; Wake up and Smell the Coffee
Boileau et Narcejac : Body Parts ; Diabolique (1996) (Celle qui n'était plus) ; Diaboliques, Les (1955) (Celle qui n'était plus) ; Meurtre en musique (À cœur perdu) ; Présence des ombres, La (D'entre les morts) ; Reflections of Murder ; Vertigo (D'entre les morts) ; Yeux sans visage, Les
Michel-Marc Bouchard : Lilies (Les Feluettes) ; Muses orphelines, Les
Pierre Boulle : Bridge on the River Kwai (Le Pont de la rivière Kwaï) ; Planet of the Apes, The (La Planète des singes)
Ray Bradbury : Beast from 20,000 Fanthoms (The Foghorn) ; Farenheit 451 ; Illustrated Man ; It Came from Outer Space ; Martian Chronicles (I, II et III) ; Something Wicked This Way Come ; Wonderful Ice Cream Suit, The ; *COMME SCÉNARISTES :* Moby Dick (1956)
Bertold Brecht : Threepenny Opera (Opera de quat'sous) ; *COMME SCÉNARISTE :* Hangman also die
George Büchner : Woyzeck
Pearl S. Buck : Dragon Seed ; Good Earth, The ; Pavilion of Women ; Satan Never Sleeps
Anthony Burgess : Clockwork Orange, A ; Jésus de Nazareth
Charles Burkowski : Contes de la folie ordinaire ; Crazy Love ; *COMME SCÉNARISTE :* Barfly
Edgar Rice Burroughs : At the Earth's Core ; Greystoke : The Legend of Tarzan (Tarzan of the Apes) ; Land that Time Forgot, The ; People that Time Forgot, The ; Tarzan, the Ape Man
William S. Burroughs : Naked Lunch ; Abe Burrows et I.A.L. Diamond : Cactus Flower ; Can-Can ; Guys and Dolls ; How to Succeed in Business Without Really Trying ; Silk Stockings ; Solid Gold Cadillac, The
A.S. Byatt : Angels and Insects (Morpho eugenia) ; Possession ; James M. Cain : Double Indemnity ; Mildred Pierce ; Ossessione (The Postman Always Rings Twice, non-crédité) ; Postman Always Rings Twice, The (1981 et 1946) ; Serenade
Italo Calvino : Palookaville ; *COMME SCÉNARISTE :* Boccacio '70
Albert Camus : Peste, La
Truman Capote : Breakfast at Tiffany's ; Grass Harp ; In Cold Blood ; *COMME SCÉNARISTE :* Beat the Devil ; Indiscretion of an American Wife ; Innocents, The
Jim Carroll : Basketball Diaries, The ; Curtis's Charm
Lewis Carroll : Alice (1982 et 1988) (Alice in Wonderland) ; Alice in Wonderland ; Neo-Tokyo (1 des 3 courts métrages, Through the Looking Glass) ; Jabberwocky
Raymond Carver : Short Cuts
Miguel de Cervantes : Man of La Mancha (Don Quichotte) ; Don Quixote
Dominic Champagne et autres : Cabaret neiges noires
Raymond Chandler : Big Sleep, The ; Farewell My Love (Farewell, My Lovely) ; Lady in the Lake ; Long Goodbye, The ; Marlowe (The Little Sister) ; Murder, My Sweet (Farewell, My Lovely) ; *COMME SCÉNARISTE :* Blue Dahlia, The ; Double Indemnity ; Strangers on a Train
Paddy Chayefsky : Altered States ; As Young As You Feel ; Americanization of Emily, The ; Bachelor Party ; Catered Affair ; Marty (1953 et 1955) ; *COMME SCÉNARISTE :* Hospital, The ; Network ; Paint Your Wagon
Agatha Christie : Alphabet Murder, The (The A.B.C. Murders) ; Appointment with Death ; Body in the Library, The ; Death on the Nile ; Evil Under the Sun ; Mirror Crack'd, The ; Miss Marple (série) ; Murder Ahoy ; Murder at the Gallop (After the Funeral) ; Murder Most Foul (Mrs. McGinty's Dead) ; Murder on the Orient Express ; Murder She Said (4.50 from Paddington) ; Pocketful of Rye, A ; Poirot (série) ; Ten Little Indians (1964/1975) ; Thirteen at Dinner ; Witness for the Prosecution
Tom Clancy : Clear and Present Danger ; Hunt for the Red October, The ; Patriot Games ; Sum of All Fears, The
Arthur C. Clarke : 2001 : A Space Odyssey (The Sentinel) ; 2010 : The Year We Made Contact

Mary Higgins Clark : Stranger Is Watching, A ; Double Vision

James Clavell : King Rat ; Last Valley ; Shogun (TV) ; Tai-Pan ; *COMME SCÉNARISTE :* 633 Squadron ; Fly, The ; Great Escape, The ; Satan Bug, The ; To Sir, With Love

Jean Cocteau : Aigle à deux têtes, L' ; Amore (La voix humaine) ; Éternel retour, L' ; Enfants terribles, Les ; Femmes au bord de la crise de nerfs (pièce la voix humaine, non-crédité) ; Mistery of Oberwald, The ; Parents terribles, Les

Joseph Conrad : Apocalypse Now (Hearts of Darkness) ; Duellists, The (Le Duel) ; Gabrielle (2005) ; Hearts of Darkness ; Lord Jim ; Nostromo (TV) ; Rover, The ; Sabotage (The Secret Agent) ; Secret Agent, The ; Swept from the Sea (nouvelle Amy Forster) ; Victory (1995)

Joe Connely : Bringing out the Dead

Robin Cook : Coma ; Sphinx

Noel Coward : Bitter Sweet ; Blithe Spirit ; Brief Encounter (1945) ; Cavalcade ; Easy Virtue ; In Which We Serve ; Privates Lives ; This Happy Breed

Micheal Crichton : 13th Warrior ; Andromeda Strain, The ; Congo ; Disclosure ; Great Train Robbery, The (1979) ; Jurassic Park ; Lost World, The (1997) ; Pursuit ; Terminal Man, The ; Sphere ; Rising Sun ; Timeline ; *COMME SCÉNARISTE :* Coma ; E.R. (TV) ; Looker ; Runaway ; Twister ; Westworld

A.J. Cronin ; Citadel, The ; Keys of the Kingdom, The ; Stars Look Down, The

Michael Cunningham : Hours, The ; *COMME SCÉNARISTE :* Home at the End of the World, A

Roald Dahl : 36 Hours ; Big Friendly Giant ; James and the Giant Peach ; Matilda ; What Have I done to Deserve This ? (nouvelle Lamb to the Slaughter, non-crédité) ; Willy Wonka and the Chocolate Factory (Charlie and the Chocolate Factory) ; Witches, The ; *COMME SCÉNARISTE :* Chitty Chitty Bang Bang

Alphonse Daudet : Inspiration (roman Sapho) ; Lettres de mon moulin (I et II)

Daniel Defoe : Crusoe (Robinson Crusoe) ; Moll Flanders ; Robinson Crusoe (1996 et 2003 TV)

Phillip K. Dick : Blade Runner (Do Androïds Dream of Electric Sheep ?) ; Confession d'un barjo (Confessions of a Crap Artist) ; Impostor ; Minority Report ; Paycheck ; Screamers (Second Variety) ; Total Recall (We Can Remember It for You Wholesale)

Charles Dickens : Christmas Carol, A (1938 et 1984) ; David Copperfield (1935 et 1993) ; Great Expectations (1934,1946 et 1998) ; Little Dorrit (I et II) ; Muppet Christmas Carol, The (A Christmas Carol) ; Nicholas Nickelby (9 volumes) ; Oliver ! (Oliver Twist) ; Oliver Twist (1922 et 1948) ; Scrooge (A Christmas Carol) ; Scrooged (A Christmas Carol) ; Tale of Two Cities, A (1935 et 1958)

Philippe Dijan : 37.2 le matin ; Bleu comme l'enfer

Fédor Dostoïevski : Brother Karamazov, The ; Crime et Punishment (1935 et 1970) ; Idiot, L' ; Joueur, Le ; Notti Bianchi, La ; Partner (Le Double) ; Vengeance d'une femme, La (L'éternel mari)

Sir Arthur Conan Doyle : Adventures of Sherlock Holmes, The ; Dressed to Kill ; Hound of the Baskervilles, The (1939 et 1959) ; House of Fear (The Adventures of the Five Orange Pips) ; Lost World, The (1925) ; Sherlock Holmes and the Secret Weapon (The Adventure of the Dancing Men) ; Tales from the Dark Side : the Movie (Lot 249) ; Woman in Green, The (The Adventure of the Empty House)

Roddy Doyle : Commitments, The ; Snapper, The ; Van, The ; When Brendan Met Trudy

Réjean Ducharme : *COMME SCÉNARISTE :* Beaux souvenirs, Les ; Bons débarras, Les

Marcel Dubé : Beaux dimanches, Les ; Entre la mer et l'eau douce

René-Daniel Dubois : Being at Home with Claude ; Sort de l'Amérique, Le

Alexandre Dumas père : At Sword's Point (20 ans après) ; Comte de Monte Cristo, Le ; Count of Monte Cristo, The (Le Comte de Monte Cristo) ; Four Musketeers, The (Les Trois Mousquetaires) ; Fifth Musketeer, The ; Iron Mask, The (L'homme au masque de fer) ; Man in the Iron Mask, The (Vingt ans après et Le Vicomte de Bragelone) ; Musketeer, The ; Reine Margot, La ; Three Musketeers, The (1939, 1974 et 1993) (Les Trois Mousquetaires) ; Tulipe Noire, La

Alexandre Dumas fils : Camille (La Dame aux Camélias) ; Traviata, La (La Dame aux Camélias)

Marguerite Duras : Lover, The (L'amant) ; Marguerite ; *COMME SCÉNARISTE :* Enfants, Les ; Hiroshima mon amour ; India Song ; Mademoiselle

Friedrich Durrenmatt : Pledge, The ; Hyènes (The Visit)

Benoît Dutrizac : Conciergerie, La

Bret Easton Ellis : American Psycho ; Less Than Zero ; Rules of Attraction, The

James Ellroy : Cop (Blood on the Moon) ; Dark Blue ; L.A. Confidential ; *COMME SCÉNARISTE :* Fallen Angels (sketch Since I Don't Have You)

Euripide : Bacchantes ; Medea (1959 et 1970) ; Iphigenia ; Trojan Women, The

Henry Farrell : Hush, Hush, Sweet Charlotte ; What Ever Happened to Baby Jane ? ; What's the Matter With Helen ?

William Faulkner : Intruder in the Dust ; Long, Hot Summer, The (The Hamlet) ; Reivers, The ; Tarnished Angels, The (Pylon) ; Today We Live (Turn About) ; Tomorrow ; *COMME SCÉNARISTE :* Big Sleep, The (1946) ; Land of the Pharaohs ; Southerner, The ; To Have and Have Not

Gustave Flaubert : Madame Bovary (1952 et 1991) ; Val Abraham, Le (Madame Bovary)

Edna Ferber : Cimmaron (1931 et 1960) ; Come and Get It ; Dinner at Eight ; Giant ; Giant Show Boat (1936 et 1951) ; Stage Door

F. Scott Fitzgerald : Great Gatsby, The ; Last Time I Saw Paris, The ; Last Tycoon, The ; *COMME SCÉNARISTE :* Marie-Antoinette ; Three Comrades

Ian Fleming : Casino Royale ; Chitty Chitty Bang Bang ; Dr. No ; For Your Eyes Only (For your Eyes Only et Risico) ; From Russia with Love ; Goldfinger ; Licence to Kill (Live and Let Die et The Hilderbrand Rarity) ; Live and Let Die ; Living Daylights, The ; Man with the Golden Gun, The ; Moonraker ; Never Say Never Again ; Octopussy (Octopussy and the Property of a lady) ; On Her Majesty's Secret Service ; Spy Who Loved Me, The ; Thunderball ; View to A Kill, A ; You Only Live Twice

Ken Follet : Eye of the Needle ; Key to Rebecca, The ; On Wings of Eagles (TV)

Horton Foote ; Baby the Rain Must Fall ; Chase, The (1966) ; Convicts ; Trip to Bountiful, The ; *COMME SCÉNARISTE :* Of Mice and Men (1992) ; Tender Mercies ; To Kill a Mockingbird

Frederich Forsyth : Day of the Jackal, The ; Dogs of War, The ; Fourth Protocol, The ; Jackal, The ; Odessa File, The

E.M. Forster : Howard's End ; Maurice ; Passage to India, A ; Room with A View, A ; Where Angels Fear to Thread

Brad Fraser : Leaving Metropolis (Poor Super Man) ; Love and Human Remains (Unidentified Human Remains and the True Nature of Love)

Romain Gary : Faussaires, Les (La tête coupable) ; Lady L ; Your Ticket Is No Longer Valid (Au-delà de cette limite, votre ticket n'est plus valable) ; Vie devant soi, La

Brian Garfield : Death Wish ; Hopscotch ; *COMME SCÉNARISTE :* Stepfather, The

Jean Genet : Balcony, The (Le Balcon) ; Querelle (Querelle de Brest) ; *COMME SCÉNARISTE :* Mademoiselle

Peter George : Dr. Strangelove

Barry Gifford : Wild at Heart ; *COMME SCÉNARISTE :* City of Ghosts ; Hotel Room ; Lost Highway

Jean Giono : Angèle (Un de Baumugnes) ; Femme du boulanger, La (Jean le Bleu) ; Hussard sur le toit, Le ; Homme qui plantait des arbres, L' ; Jofroi ; Regain

Goethe : Affinités électives, Les ; Beauté du diable, La ; Faust (1972 et 1995) ; Wrong Move, The

Nicolai Gogol : Black Sunday (1960 nouvelle The Vyi) ; Inspector General, The ; Taras Bulba ; Vyi, or Spirit of Evil

William Goldman : Heat (1972/1995) ; Magic (aussi scénariste) ; Marathon Man (aussi scénariste) ; No Way to Treat A Lady ; Princess Bride, The (aussi scénariste) ; *COMME SCÉNARISTE :* Absolute Power ; All the President's men ; Bridge Too Far, A ; Butch Cassidy and the Sundance Kid ; Chamber, The ; Chaplin ; Dreamcatcher ; General's Daughter ; Ghost and the Darkness, The ; Great Waldo Paper, The ; Harper ; Hearts in Atlantis ; Hot Rock, The ; Maverick ; Memoirs of an Invisible Man ; Misery ; Stepford Wives, The (1975)

Davis Goodis : Dark Passage ; Descente aux enfers ; Lune dans le caniveau, La ; Rue Barbare (Épave) ; Street of No Return ; Tirez sur le Pianiste (Down There)

Günther Grass : Tambour, Le
Graham Greene : Across the Bridge ; Beyond the Limit (The Honorary Consul) ; Comedians, The ; End of the Affair (1955 et 1999) ; Fugitive, The (1947 et 1995) ; This Gun for Hire, The (A Gun for Sale) ; Human Factor ; Ministry of Fear ; Quiet American, The (1957 et 2002) ; Travels with my Aunt ; *COMME SCÉNARISTE :* Third Man, The ; Fallen Idol, The ; Saint Joan
Claude-Henri Grignon : Belles histoires des Pays-d'en-Haut, Les ; Homme et son péché, Un ; Séraphin : un homme et son péché ; John Grisham : Chamber, The ; Client, The ; Firm, The ; Gingerbread Man, The ; Pelican Brief, The ; Rainmaker, The (1997) ; Runaway Jury ; Time to Kill
John Guare : Six Degrees of Separation ; *COMME SCÉNARISTE :* Atlantic City
Sacha Guitry : Beaumarchais l'insolent ; Désirée (1937) ; Perles de la couronne, Les ; Roman d'un tricheur, Le ; *COMME SCÉNARISTE :* Adhémar ; Faisons un rêve ; Napoléon ; Nouveau testament, Le ; Remontons les Champs-Élysées ; Quadrille ; Vie à deux, La ; Crime au paradis, Un (inspiré de La poison)
Patrick Hamilton : Gaslight (1940 et 1944) ; Rope
Dashiell Hammett : Glass Key, The ; Last Man Standing (Red Harvest) ; Maltese Falcon, The ; No Good Deed (nouvelle The House on Turk Street) ; Satan Met a Lady (The Maltese Falcon) ; Thin Man ; *COMME SCÉNARISTE :* Watch on the Rhine
Peter Handke : *COMME SCÉNARISTE :* Ailes du désir, Les ; City of Angels (Les Ailes du désir) ; Goalie's Anxiety at the Penalty Kick ; Wrong Move
Thomas Hardy : Far From the Madding Crowd ; Jude (Jude the Obscure) ; Mayor of Casterbridge, The (2001 tv) ; Tess (Tess of the D'Ubervilles) ; Claim, The (The Mayor of Casterbridge)
David Hare : *COMME SCÉNARISTE :* Damage ; Designated Mourner, The ; Hours, The ; Plenty ; Saigon : Year of the Cat (TV) ; Strapless ; Via Dolorosa ; Wetherby
Thomas Harris : Black Sunday ; Hannibal ; Manhunter (Red Dragon) ; Red Dragon ; Silence of the Lambs, The ; Jim Harrison : Carried Away (Farmer) ; Legends of the Fall ; Revenge ; *COMME SCÉNARISTE :* Cold Feet (1988) ; Wolf
Gustav Hasford : Full Metal Jacket
Nathaniel Hawthorne : Scarecrow (Feathertop) ; Scarlett Letter, The ; Twice-told Tales (House of Seven Gables, Heidegger's Experiment et Rappacini's Daughter)
Anne Hébert : Fous de Bassan, Les ; Kamouraska
Ernest Hemingway : Farewell to the Arms, A ; For Whom the Bells Tolls ; In Love and War ; Island in the Stream ; Killers, The ; Old Man and the Sea, The ; To Have and Have Not ; Snows of Kilimanjaro, The ; Women and Men : Stories of Seduction (Hills like White Elephant)
Patricia Highsmith : Ami américain, L' (Ripley's Game) ; Cri du hibou, Le ; Dites-lui que je l'aime ; Plein soleil (Talented Mr. Ripley) ; Ripley's Game ; Strangers on a Train ; Talented Mr. Ripley ; S.E. Hinton : Outsiders, The ; Rumble Fish ; Tex ; That Was Then, This Is Now
Rolf Hochhuth : Amen. (Le vicaire) ; Love in Germany, A (Eine liebe in Deutschland)
Frances Hodgson Burnett : Little Lord Fauntleroy ; Little Princess, A ; Secret Garden, The
Homère : Helen of Troy (1955 et 2003 TV) (L'Iliade) ; O Brother Where Art Thou ? (L'Odyssée) ; Odyssey, The (L'Odyssée) ; Regard d'Ulysse, Le (L'Odyssée) ; Troy (L'Iliade) ; Ulysses (1954) (L'Odyssée)
Victor Hugo : Hunchback, The (Notre-Dame de Paris) ; Hunchback of Notre-Dame, The (1923, 1939 et 1996) (Notre-Dame de Paris) ; Misérables, Les ; Misérable du XXe siècle, Les (Les Misérables) ; Notre-Dame de Paris
Evan Hunter (aussi Ed McBain) ; Blackboard Jungle ; Fuzz (aussi scénario) ; Liens de sang, Les (Blood Relatives) ; Stranger When We Meet (aussi scénario) ; *COMME SCÉNARISTE :* Birds, The
Fannie Hurst : Four Daughters (Sister Act) ; Humoresque ; Imitation of Life (1934 et 1959) ; Young at Heart
Aldous Huxtley : Devils, The ; *COMME SCÉNARISTE :* Jane Eyre ; Pride and Prejudice
William Inge : All Fall Down ; Bus Stop ; Come Back, Little Shebba ; Picnic ; Splendor in the Grass
Enrik Ibsen : Enemy of the People, An ; Doll's House
John Irving : Cider House Rules ; Door in the Floor, The ; Hotel New Hampshire, The ; Simon Birch ; World According to Garp, The
Washington Irving : Adventures od Ichabod et Mr. Taod ; Fairy Tale Theater : Rip Van Winkle ; Legend of Sleepy Hollow ; Sleepy Hollow (The Legend of Sleepy Hollow)
Henry James : Bostonians, The ; Chambre verte, La (The Altar of the Dead) ; Daisy Miller ; Élève, L' ; Europeans, The ; Golden Bowl, The ; Heiress, The (Washington Square) ; Innocents, The (The Turn of the Screw) ; Lost Moment, The (The Aspern Papers) ; Portait of a Lady, The ; Turn of the Screw ; Under Heaven ; Washington Square ; Wings of the Dove
Sébastien Japrisot : Été meurtrier, L' ; Long dimanche de fiançailles, Un ; *COMME SCÉNARISTE :* Histoire d'O ; Juillet en Septembre ; Enfants du marais, Les ; Crime au paradis, Un
Alexandre Jardin : Bille en tête ; Fanfan ; Prof, Le (le petit sauvage) ; Zèbre, Le
Elfriede Jelinek : Pianiste, La
James Jones : From Here to Eternity ; Longest Day, The ; Some Came Running ; Thin Red Line, The (1964 et 1998)
James Joyce : Dead, The ; Ulysses (1966) ; Portrait of the Artist As aYoung Man, A ; James Joyce's Women
Franz Kafka : Château, Le ; Trial, The (1962, 1996) (Le Procès)
Charlie Kaufman : *COMME SCÉNARISTE :* Adaptation ; Being John Malkovich ; Confessions of a Dangerous Mind ; Eternal Sunshine of the Spotless Mind ; Human Nature ; Nikos Kazantzakis : Last Temptation of Christ, The ; Zorba, the Greek
Joseph Kessel : Belle de jour ; Horsemen, The ; Passante du Sans-Souci, La ; Sirocco (Coup de grâce)
Joseph Kesserling : Arsenic and Old Lace
Stephen King : Apt Pupil ; Carrie (1976/2002) ; Cat's Eye ; Children of the Corn ; Christine ; Cujo ; Dark Half, The ; Dead Zone, The (1983/2002 TV) ; Desperation ; Dolores Claiborne ; Dreamcatcher ; Firestarter ; Graveyard Shift ; Green Mile, The ; Hearts in Atlantis ; It ; Landmower Man, The ; Langoliers, The ; Mangler, The ; Maximum Overdrive (aussi scénario) ; Misery ; Needful Things ; Night Flier ; Pet Semetary (aussi scénario) ; Riding the Bullet ; Running Man, The ; Salem's Lot (1979/2004) ; Secret Window ; Shawshank Redemption, The (Rita Hayworth and the Shawshank Redemption) ; Shining, The (1980/1997) ; Silver Bullet (aussi scénario) ; Stand, The ; Stand by Me (The Body) ; Tales from the Dark Side : The Movie (Cat from ; Hell) ; Tommyknockers, The ; *COMME SCÉNARISTE :* Creepshow ; Kingdom Hospital ; Rose Red ; Sleepwalkers ; Storm of the Century
Rudyard Kipling : Captain Courageous ; Elephant Boy (roman Toomai of the Elephants) ; Gunga Din ; Jungle Book, The (1967 et 1994) ; Kim ; Man Who Would Be King ; Wee Willie Winki
Harmony Korine : *COMME SCÉNARISTE :* Gummo ; Julien Donkey-Boy ; Kids
Frederick Knott : Dial M. for Murder ; Honey Pot, The (Mr. Fox in Venice) ; Perfect Murder, A (Dial M. for Murder) ; Wait until Dark
Milan Kundera : Joke, The ; Unbearable Lightness of Being, The
Gérard Lauzier : À gauche en sortant de l'ascenseur ; Je vais craquer ! (La course du rat) ; Psy ; *COMME SCÉNARISTE :* Fils du Français, Le ; Mon père ce héros ; My Father the Hero (Mon père ce héros) ; Plus beau métier du monde, Le ; Tranches de vie
D.H. Lawrence : Kangaroo ; Lady Chatterley (Lady Chatterley's Lover) ; Lady Chatterley's Lover ; Rainbow, The ; Rocking Horse Winner, The ; Women in Love
Choderlos de Laclos : Cruel Intentions (Les liaisons dangereuses) ; Dangerous Liaisons (1959/1988) (Les liaisons dangereuses) ; Untold Scandal (Les liaisons dangereuses) ; Valmont (Les liaisons dangereuses)
John LeCarré : Little Drummer Girl, The ; Looking Glass War, The ; Murder of Quality, A (TV) ; Perfect Spy, A ; Russia House, The ; Smiley's People ; Spy Who Came In From the Cold, The ; Tailor of Panama, The ; Tinker, Tailor, Soldier, Spie (TV)
Stanislaw Lem : First Spaceship on Venus ; Przekladaniec (Layer Cake 1968 TV) ; Solaris (1972 et 2002)
Roger Lemelin : Crime d'Ovide Plouffe, Le ; Plouffe, Les ; *COMME SCÉNARISTE :* Odyssey of the Pacific

Elmore Leonard : Be Cool ; Big Bounce, The ; Cat Chaser ; Get Shorty ; Hombre ; Jackie Brown (Rum Punch) ; Last Stand at Saber River (TV) ; Out of Sight ; Stick ; Touch ; Valdez Is Coming ; 3.10 to Yuma ; 52 Pick-Up ; *COMME SCÉNARISTES :* Joe Kidd ; Mr. Majestyk

Robert Lepage : Face cachée de la lune, La ; Nô (Les sept branches de la rivière Ota) ; Polygraphe, Le ; Possible Worlds ; Tectonic Plates (Les plaques tectoniques) ; *COMME SCÉNARISTE :* Confessionnal, Le

Ira Levin : Boys from Brazil, The ; Deathtrap ; Kiss Before Dying, A (1956 et 1991) ; No Time for Sergeants ; Rosemary's Baby ; Silver ; Stepford Wives, The ; Jack London : Assassination Bureau, The ; By the Law ; Sea Wolf, The ; White Fang

Federico Garcia Lorca : Noce de sang

Pierre Louys : Aphrodite ; Bilitis ; Cet obscur objet du désir (La femme et le pantin) ; Devil is a Woman, The (La femme et le pantin)

H.P.Lovecraft : Bride of the Re-Animator ; Castle Freak (The Outsider) ; Cthulhu Mansion ; Dagon (Dagon et The Shadow Over Innsmouth) ; Die, Monster, Die ! (The Color Out of Space) ; Dunwich Mansion, The ; From Beyond ; Haunted Palace, The ; House by the Cemetery (1981) ; H.P. Lovecraft's Necromonicon ; Out of Mind ; Re-Animator ; Resurected, The ; Unnamable, The

Robert Ludlum : Bourne Identity, The (1988 et 2002) ; Bourne Supremacy, The ; Holcroft Covenant, The ; Osterman Weekend, The

Alistair MacLean : Bear Island ; Breakheart Pass ; Force 10 from Navarone ; Guns of Navarone, The ; Ice Station Zebra ; Satan Bug, The ; Where Eagles Dare

Maurice Maeterlinck : Blue Bird, The (Oiseau bleu, L')

William Makepeace Thackeray : Barry Lyndon ; Vanity Fair

David Mamet : About Last Night... (Sexual Perversity in Chicago) ; American Buffalo ; Glengarry Glen Ross ; House of Games ; Life in the Theater, A ; Oleanna ; Water Engine, The ; *COMME SCÉNARISTE :* Edge, The ; Hannibal ; Heist ; Hoffa ; Homicide ; Lakeboat ; Lansky ; Postman Always Ring Twice, The (1981) ; Ronin ; Spanish Prisoner ; Spartan ; State et Main ; Things Changes ; Untouchables, The ; Verdict, The ; Vanya on 42nd Street ; Wag the Dog ; Were no Angels ; Winslow Boys

Jean-Patrick Manchette : Folle à tuer ; Nada ; Polar (roman Morgue pleine) ; Trois hommes à abattre ; *COMME SCÉNARISTE :* Crime, La

Gabriel Garcia Marquez : Erendira ; Letters from the Park ; Maria de mí Corazón ; Summer of Miss Forbes ; Very Old Man with Enormous Wings, A ; *COMME SCÉNARISTE :* Fable of a Beautiful Pigeon Fancier ; Miracle in Rome ; I'm the OneYou're Looking for

Alexis Martin : Matroni et moi

Richard Matheson : Cold Sweat (roman Ride the Nightmare) ; Incredible Shrinking Man, The ; Incredible Shrinking Woman, The ; It's Alive (1969 TV) (nouvelle Being) ; Last Man on Earth ; Legend of Hell House (Hell House) ; Omega Man (roman I Am a Legend) ; Seins de glace (roman Someone is Bleeding) ; Somewhere in Time (roman Bid Time Return) ; Stir of Echoes ; What Dreams May Come ; *COMME SCÉNARISTE :* Burn Witch Burn ! ; Comedy of Terrors, The ; De Sade ; Devil Rides Out, The ; Die ! Die ! My Darling ! ; Duel ; Loose Cannons The Raven ; Martians Chronicles, The ; Master of the World ; Night Stalker, The (1972) ; Night Strangler, The ; Pit and the Pendulum, The ; Tales of Terror ; Trilogy of Terror ; Twilight Zone

Melissa Mathison : Kundun ; E.T. the Extra-Terrestrial ; *COMME SCÉNARISTE :* Indian in the Cupboard, The ; Son of the Morning Star ; Twilight Zone : the Movie (2e segment) ; Black Stalion, The

Guy de Maupassant : Albert Herring ; Diary of a Mad Man (L'étrange histoire du Juge Cordier) ; Femme sans amour, Une (Pierre et Jean) ; Masculin, féminin (La femme de Paul et Le signe) ; Plaisir, Le ; Private Affairs of Bel Ami, The (Bel Ami) ; Partie de campagne, Une ; Woman Without Love, A

Daphné du Maurier : Birds, The ; Don't Look Now ; Jamaica Inn ; Rebecca

Pat (Patrick) McCabe ; Breakfast on Pluto ; Butcher Boy, The

Ian McEwan ; Cement Garden, The ; Comfort of Strangers, The ; Enduring Love ; Innocent, The (1993) ; *COMME SCÉNARISTE :* Good Son, The

Patrick McGrath : Spider

Larry McMurty ; Evening Star, The ; Hud ; Last Picture Show, The (aussi scénario) ; Lonesome Dove ; Lovin' Molly (Leaving Cheyenne) ; Terms of Endearment ; Texasville ; *COMME SCÉNARISTE :* Brokeback Mountain ; Falling From Grace ; Memphis

Christopher McQuarrie : Way of the Gun, The ; Usual Suspects, The ; Public Access

Herman Melville : Beau Travail (Billy Budd, Sailor) ; Bartelby ; Moby Dick (1956 et 1998) ; Pola X (Pierre ou les ambiguitées)

Claude Meunier et Louis Saïa : Appelez-moi Stéphane

Arthur Miller : All My Sons ; Crucible, The ; Death of a Salesman ; Sorcières de Salem, Les ; *COMME SCÉNARISTE :* Enemy of the People, An ; Everyboby Wins ; Focus ; Misfits, The ; Henry Miller : Jours tranquilles à Clichy (Quiet Days in Clichy) ; Tropic of Cancer

Margaret Mitchell : Gone with the Wind

Yukio Mishima : Black Rose Mansion ; École de la chair, L' ; Sailor who Fell from Grace with the Sea, The ; *COMME SCÉNARISTE :* Black Lizard

Molière : Avare, L' ; Don Juan ; Bourgeois gentilhomme, Le ; Dandin (Georges Dandin) ; Tartuffe, Le

Lucy Maud Montgomery ; Anne of Green Gables (1934/1985) ; Anne of Avonlea (1975/1986) (TV) ; Anne - the Continuing Story ; Lantern Hill (TV) ; Road to Avonlea (TV)

Alberto Moravia : Ciociara, La ; Conformiste, Le ; Ennui, L' ; Husbands and Lovers (L'amour conjugal) ; Me and Him (Moi et lui) ; Mépris, Le ; Peddler, The (1er segment) ; Yesturday, Today and Tomorrow (Troppo Ricca)

Vladimir Nabokov : Lolita (1962 et 1997) ; Despair ; Luhzin Defence, The

Eugene O'Neill : Ah, Wilderness ! ; Anna Christie ; Desire Under the Elms ; Emperor Jones, The ; Iceman Cometh, The (1960/1973) ; Long Day's Journey Into Night (1962/1987/1996) ; Long Voyage Home, The ; Moon for the Misbegotten, A (TV) ; Mourning Becomes Electra ; Strange Interlude

George Orwell : 1984 (1956 et 1984) ; Animal Farm (1954, 1999) ; Merry War, A

Marcel Pagnol : César ; Château de ma mère, Le ; Fanny ; Gloire de mon père, La ; Jean de Florette ; Manon des Sources ; Marius ; Topaze ; Trilogie marseillaise, La (TV) ; *COMME SCÉNARISTE :* Angèle ; Femme du boulanger, La ; Lettres de mon moulin, Les ; Regain ; Schpountz, Le

Arturo Perez-Reverte : Ninth Gate, The (Le club Damas) ; Uncovered

John Pielmeier : Agnes of God

Nicholas Pileggi : Casino ; Goodfellas (Wiseguy) ; *COMME SCÉNARISTE :* City Hall

Harold Pinter : Homecoming ; *COMME SCÉNARISTE :* Accident ; Comfort of Strangers, The ; French Lieutenant's Woman, The ; Handmaid's Tale, The ; Last Tycoon, The ; Pumpkin Eater, The ; Quiller Memorandum, The ; Servant, The ; Trial, The (1993) ; Turtle Diary

Edgar Allan Poe : Black Cat, The (1934) ; Castle of the Walking Dead ; Comer in Wheat (court métrage The Sealed Room) (The Cask of Amontillado) ; Conqueror Worm, The ; Dance of Death, The ; Fall of the Usher House, The ; Gold Bug, The ; Haunted Palace, The (The Case of the Charles Dexter Ward) ; Haunting Fear ; Histoires extraordinaires ; Maniac (The Black Cat) ; Masque of the Red Death (1964) ; Murder in the Rue Morgue (1932) ; Oblong Box, The ; Phantom of the Rue Morgue ; Pit and the Pendulum, The (1961 et 1990) ; Premature Burial ; Raven, The (1935 et 1963) ; Tales of Terror ; Tex Avery's Screwball Classics, vol. 4 (The Cuckoo clock) ; Tomb of Legeia ; Two Evil Eyes

Jean Poiret : Birdcage, The (La cage aux folles) ; Cage aux folles, La (I, II et III) ; Joyeuses Pâques ; Zèbre, Le

Jacques Prévert : *COMME SCÉNARISTE :* Crime de Monsieur Lange, Le ; Drôle de drame ; Enfants du paradis, Les ; Jour se lève, Le ; Notre-Dame de Paris ; Quai des brumes, Le ; Roi et l'oiseau, Le ; Visiteurs du soir, Les

Richard Price : Bloodbrothers ; Clockers ; Wanderers ; *COMME SCÉNARISTE :* Color of Money, The ; Kiss of Death (1995) ; Mad Dog and Glory ; New York Stories (Sketch de Scorsese) ; Night and the City (1992) ; Ransom ; Sea of Love ; Shaft

Marcel Proust : Amour de Swann, Un ; Captive, La ; Temps retrouvé, Le

Monique Proulx : Souvenirs intimes (Homme invisible à la fenêtre) ; *COMME SCÉNARISTE :* Cœur au poing, Le ; Gaspard et fils ; Grand serpent du monde, Le ; Sexe des étoiles, Le

Manuel Puig : Kiss of the Spider Woman

Mario Puzo : Godfather, The (I, II et III) ; Sicilian, The ; *COMME SCÉNARISTE :* Christopher Columbus : The Discovery ; Cotton Club, The ; Earthquake ; Superman ; Superman II

Raymond Queneau : Zazie dans le métro

David Rabe : Casualities of War ; Firm, The ; Hurlyburly ; Streamers

Ayn Rand : Fountainhead, The ; *COMME SCÉNARISTE :* Love Letters (1945)

Ruth Rendell : Betty Fisher et autres histoires (Tree of Hands) ; Cérémonie, La (A Judgment in Stone) ; Inquiétudes ; Live Flesh

Marc Robitaille : Histoires d'hiver ; Petit vent de panique, Un

Henri-Pierre Roché : Deux anglaises et le continent, Les ; Jules et Jim

Edmond Rostand : Cyrano de Bergerac (1925, 1950 et 1990) ; Roxanne (Cyrano de Bergerac)

Philip Roth : Goodbye Columbus ; Human Stain, The ; Portnoy's Complaint

J.K. Rowling : Harry Potter and the Chamber of Secrets ; Harry Potter and the Sorcerer's Stone ; Harry Potter and the Prisoner of Azkaban ; Harry Potter and the Goblet of Fire ; Gabrielle Roy : Bonheur d'occasion ; Vieillard et l'enfant, Le

Marquis de Sade : Âge d'or, L' (non-crédité) ; Eugénie ; Justine du Marquis de Sade ; Marquis (divers écrits) ; Salo, ou les 120 journées de Sodome

Françoise Sagan : Bonjour tristesse ; Chamade, La ; Femme fardée, La ; Goodbye Again (Aimez-vous Brahms ?) ; Peu de soleil dans l'eau froide, Un

San Antonio (Frédéric Dard) : Vieille qui marchait sur la mer, La ; Y a-t-il un français dans la salle ?

Arthur Schnitzler : Affairs of Anatole, The ; Eyes Wide Shut (Traumnovelle) ; Christine (Libelei) ; Libelei ; Retour de Casanova, Le (Casanova heimfart Erzählungen 1909-1917) ; Ronde, La (Reigen)

Hubert Selby Jr : Requiem for a Dream ; Last Exit to Brooklyn

Jorge Semprun : *COMME SCÉNARISTE :* Guerre est finie, La ; K ; Routes du sud, Les ; Stavinsky ; Femme à sa fenêtre, Une ; Z

Peter Shaffer : Amadeus ; Equus ; Follow Me

William Shakespeare : Double Life, A (Othello) ; Forbidden Planet (The Tempest) ; Hamlet (1948, 1969, 1990, 1996 et 2000) ; Henry IV (1945 et 1989) ; Julius Ceasar (1953, 1973) ; King Lear (1971, 1987) ; Kiss Me Kate (Taming of the Shrew) ; Looking for Richard ; Love's Labour's Lost ; Macbeth (1948 et 1971) ; Men of Respect (Macbeth) ; Midsummer Night's Dream, A ; Midwinter's Tale, A ; Much Ado About Nothing ; My Own Private Idaho (Henry IV Part II) ; O (Othello) ; Othello (1952, 1965 et 1995) ; Prospero's Book (The Tempest) ; Ran (King Lear) ; Richard III (1912, 1955 et 1995) ; Romeo et Juliet (1936 et 1968) ; Romeo et Juliet (Romeo and Juliet, Merchant of Venice) ; Rosencrantz and Guildenstern Are Dead (Hamlet) ; Shakespeare animated : Hamlet ; Shakespeare animated : Macbeth ; Shakespeare animated : Romeo et Juliet ; Shakespeare animated : Tempest ; Shakespeare animated : Twelfth knight ; Shakespeare animated : Midsummer night's dream ; Silent Shakespeare (King John, The Tempest, Midsummer night's dream, King Lear, Twelfth Night, Merchant of Venice et Richard III) ; Strange Brew (Hamlet) ; Taming of the Shrew, The ; Tempest ; Throne of Blood (Macbeth) ; Titus (Titus Andronicus) ; Twelfth Night ; West Side Story (Romeo et Juliet) ; William Shakespeare's Romeo and Juliet ; 10 Things I Hate About You (The Taming of the Shrew)

Georges Bernard Shaw : Androcles and the Lion ; Major Barbara ; Maris, les femmes, les amants, Les ; Millionairess, The ; My Fair Lady (Pygmalion) ; Pygmalion ; Saint-Joan

Mary Shelley : Abbott and Costello Meet Frankenstein (Frankenstein) ; Andy Warhol's Frankenstein ; Bride, The ; Bride of Frankenstein, The ; Curse of Frankenstein, The ; Flesh for Frankenstein ; Frankenstein Unbound ; Frankenstein ; Horror of Frankenstein , The ; Mary Shelley's Frankenstein ; Son of Frankenstein ; Young Frankeinstein

Sam Shepard : Curse of the Starving Class ; Fool for Love ; Simpatico ; *COMME SCÉNARISTE :* Far North ; Paris, Texas

Dai Sijie : Balzac et la petite tailleuse chinoise ; *COMME SCÉNARISTE :* Chine, ma douleur ; Tang le onzième ; George Simenon : Betty ; Chat, Le ; En plein cœur ; Equateur (Coup de lune) ; Feux Rouges ; Fantômes du chapelier, Les ; Fruit défendu, Le ; Horloger de Saint-Paul, L' (L'Horloger d'Everton) ; Inconnu dans la maison, L' ; Man on the Eiffel tower, The ; Monsieur Hire (Les fiançailles de Monsieur Hire) ; Ours en peluche, L' ; Train, Le ; Veuve Couderc, Le

Neil Simon : After the fox ; Barefoot in the Park ; Biloxi Blues ; Brighton Beach Memoirs ; California Suite ; Come Blow your Horn ; Goodbye Girl ; Good Doctor, The ; I Ought to Be in Pictures ; Last of the Red Hot Lovers ; Lost in Yonkers ; Lonely Guy, The ; Marrying Man, The ; Odd Couple I et II, The ; Pitch ; Plaza Suite ; Prisoner of Second Avenue, The ; Star Spangled Girl, The ; Sunshine Boys ; Sweet Charity *COMME SCÉNARISTE :* Cheap Detective ; Heartbreak Kid, The ; Max Dugan Returns ; Murder by Death ; Out-of-Towners, The (1970 et 1999) ; Seems Like Old Times ; Slugger's Wife, The

Sophocle : Antigone ; Oedipus Rex ; Hercules Unchained (pièce Œdipe Roi)

Aaron Sorkin : Few Good Men, A ; *COMME SCÉNARISTE :* American President ; Malice ; West Wing (TV)

L'équipe du Splendid : Père Noël est une ordure ; Bronzés, Les ; Bronzés font du ski, Les

Joseph Stein : Fiddler on the Roof ; Enter Laughing

John Steinbeck : Cannery Row ; East of Eden ; Grapes of Wrath, The ; Lifeboat ; Of Mice and Men ; Red Poney, The ; Tortilla Flat ; *COMME SCÉNARISTE :* Viva Zapata !

Stendhal : Rouge et le noir, Le ; Chartreuse de Parme, Le

Robert L. Stevenson : Black Arrow ; Dr. Jeckyll et Mr. Hyde (1920, 1921 et 1941) ; Invasion of the Body Snatchers (1956 et 1978) ; Kidnapped ; Master of Ballantrae, The ; Strange Door ; St-Ives ; Treasure Island (1934, 1950, 1972 et 1990) ; Wrong Box, The

Bram Stoker : Awakening, The (roman The Jewel of Seven Stars) ; Bram Stoker's Dracula ; Bloos from the Mummy's Tomb ; Count Dracula (Dracula) ; Dracula (1931, 1973 et 1979) ; Dracula A.D. 1972 (Dracula) ; Dracula 2000 ; Dracula : Dead and Loving It (Dracula) ; Dracula's Daughter ; Evil of Dracula ; Horror of Dracula, The (Dracula) ; Lair of the White Worm, The ; Nosferatu ; Nosferatu, fantôme de la nuit (Nosferatu) (1922/1979) ; Scars of Dracula ; Vampyros Lesbos

Whiteley Strieber ; Communion ; Hunger, The ; Wolfen

August Strindberg : Miss Julie (1950/1999)

Koji Suzuki : Ring, The ; Ringu

Wladyslaw Szpilman : Pianist, The

Walter Tevis : Color of Money, The ; Hustler, The ; Man Who Fell to Earth, The

Anton Tchekhov : August ; Cherry Orchard, The (La cerisaie) ; Country Life (Oncle Vanya) ; Good Doctor, The ; Lady with the Dog, The ; Partition inachevée pour piano mécanique ; Seagull, The (La mouette) ; Shooting Party, The ; Three Sisters, The ; Vanya on 42nd Street (Oncle Vanya)

Théâtre du Campignol : Bal, Le

Jim Thompson : After Dark, My Sweet ; Coup de torchon (Pop 1280) ; Getaway, The (1972 et 1994) ; Grifters, The ; Hit Me ; *COMME SCÉNARISTE :* Paths of Glory

J.R.R. Tolkien : Hobbit, The ; Lord of the Rings : the Fellowship of the Ring ; Lord of the Rings : the Return of the King ; Lord of the Rings : the Two Towers

Leon Tolstoi : Anna Karenina (1935 et 1997) ; Prisoner of the Mountains (non-crédité) ; St-Michael Had a Rooster ; Soleil même la nuit, Le ; We Live Again (Résurrection) ; War and Peace (1956, 1967 et 1973)

Robert Towne : *COMME SCÉNARISTE :* Ask the Dust (aussi réal.) ; Chinatown ; Days of Thunder ; Firm, The ; Greystoke : The Legend of Tarzan, Lord of the Apes ; Last Detail, The ; Love Affair ; Mission : Impossible I-II ; Personal Best (aussi réal.) ; Shampoo ; Tequilla Sunrise (aussi réal.) ; Tomb of Ligeia, The ; Two Jakes, The (aussi réal.) ; Without Limits (aussi réal.) ; Yakuza, The

Michel Tremblay : Françoise Durocher, waitress ; Trois Montréal de Michel Tremblay, Les ; *COMME SCÉNARISTE :* Parlez-nous d'amour ; Soleil se lève en retard, Le ; C't'a ton tour Laura Cadieux

Mark Twain : Adventures of Huck Finn, The (The Adventures of Huckleberry Finn) ; Adventures of Huckleberry Finn, The ; Connecticut Yankee in King's Arthur Court, A ; Million Pound Note, The (The Million Pound Bank Note) ; Prince and the Pauper, The ; Tom et Huck (The Adventures of Tom Sawyer) ; Tom Sawyer (The Adventures of Tom Sawyer)
Leon Uris : Battle Cry ; Exodus ; QB VII ; Topaz ; *COMME SCÉNARISTES :* Gunfight at the O.K. Corral (1957)
Laurens Van Der Post : Far Off Place, A (A Story like the Wind and a Far off Place) ; Merry Christmas, Mr. Lawrence (The Seed and the Sower)
Francis Veber : Buddy Buddy (L'emmerdeur) ; Dîner de cons, Le ; Emmerdeur, L' ; Jouet, Le ; Toy (Le Jouet) ; Comme scénariste : Chèvre, La ; Compères, Les ; Fantôme avec chauffeur ; Father's Day (Les compères) ; Fugitifs, Les ; Grand blond à la chaussure noire, Le ; Jaguar, Le ; Man with the Red Shoe (grand blond avec une chaussure noire) ; Placard, Le ; Tais-toi ; Three Fugitives (Les fugitifs)
Jules Verne : Around the World in 80 Days (Le tour du monde en 80 jours) (1956 et 2004) ; Five Weeks in a Balloon (Cinq semaines en ballon) ; In search of the Castaways (Les enfants du Capitaine Grant) ; Journey to the Center of the Earth (Voyage au centre de la Terre) ; Light at the End of the World ; Masters of the World (Maîtres du monde) ; Mysterious Island (L'île mystérieuse) ; Voyage dans la lune, Le ; Voyage à travers l'impossible ; 20,000 Leagues Under the Sea (Vingt mille lieues sous les mers)
Kurt Vonnegut Jr. : Breakfast of Champions ; Mother Night ; Slaughterhouse-Five ; *COMME SCÉNARISTE :* Who Am I This Time ?
Peter Weiss : Marat Sade
H.G. Wells : Abbott and Costello Meet the Invisible Man (The Invisible Man) ; Empire of the Ants ; First Men in the Moon ; Invisible Man's Revenge, The (The Invisible Man) ; Invisible Agent, The ; Invisible Man, The ; Island of Dr. Moreau, The (1977 et 1996) ; Island of the Lost Souls, The (The Island of Dr. Moreau) ; Man Who Could Work Miracles, The ; Memoirs of an Invisible Man (The Invisible Man) ; Passsionate Friends, The ; Things to Come (The Shape of the Things to Come) ; Time Machine, The ; Voyage dans la lune, Le ; Village of the Giants (The Foods of the Gods) ; War of the Worlds, The
Irvine Welsh : Acid House, The ; Transpotting
Edith Wharton : Age of Innocence, The ; House of Mirth, The ; Ethan Frome ; Old Maid, The
Oscar Wilde : Canterville Ghost, The ; Dorian Gray (The Picture of Dorian Gray) ; Ideal Husband ; Importance of Being Earnest, The ; Picture of Dorian Gray, The ; Salome
Thorton Wilder : Hello, Dolly (The Matchmaker) ; Matchmaker, The ; Mr. North (Theophilus North) ; Our Town ; *COMME SCÉNARISTE :* Bridge of San Luis Rey, The ; Shadow of a Doubt (1943)
Charles Williams : Vivement dimanche ! (The Long Saturday Night) ; Hot Spot, The (Hell Hath No Fury) ; Dead Calm ; Félins, Les ; Pink Jungle
Tennessee Williams : Baby Doll ; Boom (The Milk Train Doesn't Stop Here Anymore) ; Cat on a Hot Tin Roof (1958 et 1984) ; Dragon Country ; Eccentricities of a Nightingale ; Fugitive Kind, The ; Glass Menagerie, The (1973/1987) ; Last of the Mobile Hot Shots, The ; Night of the Iguana, The ; Orpheus Descending ; Period of Adjustment ; Roman Spring of Mrs. Stone, The (1961 et 2003) ; Rose Tattoo, The ; Streetcar Named Desire, A (1951/1994) ; Suddently, Last Summer ; Summer and Smoke ; Sweet Bird of Youth ; This Property is Condemned
Ethel Lyne White : Lady Vanishes, The (1938/1979) ; Spiral Staircase, The (1946/1975)
Lionel White : Pierrot le fou ; Clean Break ; Killing, The
Cornell Woolrich (aussi William Irish) ; Cloak and Dagger ; Deadline at Dawn ; Leopard Man, The (Black Alibi) ; Mariée était en noir, La ; Martha ; Mrs. Winterbourne (I Married a Dead Man) ; Phantom City ; Rear Window ; Sirène du Mississippi, La (Waltz into Darkness) ; Union City ; Window, The ; Original Sin (Waltz into Darkness) ; Black Angel ; Phantom Lady
Eiji Yoshikawa : Samurai I : Musashi Miyamoto ; Samurai II : Duel at Ichijoji Temple ; Samurai III : Duel on Ganryu Island
Émile Zola : Bête humaine, La ; Curée, La ; Germinal (1963 et 1993) ; Thérèse Raquin (TV)

LE CINÉMA AU CINÉMA

Abbott and Costello in Hollywood
Acteurs, Les
Adaptation
All That Jazz
Almost Perfect Affair, An
America's Sweetheart
American Beauty
American Werewolf in London, An
Angelo, Frédo et Roméo
Anguish
Animal, L'
Ararat
Auto Focus
Aviator, The (2004)
Bad and the Beautiful, The
Barefoot Contessa, The
Barton Fink
Big Knife, The
Big Picture, The
Blair Witch Project
Blair Witch Project 2 : Book of Shadows
Blazing Saddles
Body Double
Bombshell
Boogie Nights
Bowfinger
Bugsy
Burn Hollywood Burn
C'est arrivé près de chez vous
Camera Buff
Cannibal Holocaust
Cat's Meow, The
Cecil B. DeMented
Celebrity
Chaplin
Cinema Paradiso
Comeback, The
Comtesse de Baton Rouge, La
Confessionnal, Le
Cotton Club, The
CQ
Dancer in the Dark
Day of the Locust, The
Deconstructing Harry
Demons 2
Don't Come Knocking
Dragon : the Bruce Lee Story
Ed Wood
Ellie Parker
End of Violence
Everything for Sale
Exorcist, The
Fade to Black
Fedora
Femme Fatale
Femme publique, La
Festival in Cannes
Final Hit
Forgotten Silver
Frances
French Lieutenant's Woman
Front, The
Fubar
Full Frontal
Get Shorty
Gods and Monsters
Good Men, Good Women
Gosford Park
Grand Canyon
Grosse fatigue
Guilty by Suspicion
Hardcore
Henry : Portrait of a Serial Killer
Hollywood Ending
Hotel
Hurlyburly
Hustle, The
I Am Curious
Icicle Thief, The (Le voleur de savonnette)
Imitation of Life
Important c'est d'aimer, L'
In the Mouth of Madness
In the Soup
Inserts
Inside Daisy Clover
Intervista
Irma Vep
James Dean Story (TV)
Jay and Silent Bob Strike Back
Je vais craquer
Kabloonak
Kentucky Fried Movie
King Kong (1933/2005)
L.A. Confidential
Laisser-passer
Last Action Hero
Last Tycoon, The
Libson Story
Life with Judy Garland : Me and My Shadows (TV)

Living in Oblivion
Lost in Translation
Lulu On the Bridge
Ma femme est une actrice
Malice in Wonderland
Man Like Eva, A
Man of a Thousand Faces
Man with Bogart's Face, The
Matinee
Meilleur espoir féminin
Mépris, Le
Mirror Crack'd, The
Moitié gauche du frigo, La
Mommie Dearest
Mon oeil pour une caméra
Mourir à tue-tête
Mulholland Drive
Mulletville
Muse, The
Mute Witness
My Geisha
My Little Eye
New York, New York
Night Moves
Notting Hill
Nuit américaine, La
Orgazmo
Oscar, The
Paris - When It Sizzles
Party, The
Passion (1982)
Perfect Blue
Petite Lili, La
Pickle, The
Player, The
Postcards from the Edge
Purple Rose of Cairo, The
Quiconque meurt, meurt à douleur
RKO 281 (TV)
Regard d'Ulysse, Le
Requiem pour un beau sans coeur
S.
S.O.B.
Sabotage
Salaam Cinema
Schpountz, Le
Scream 3
Sex Is Comedy
Sex, Lies and Videotape
Shadow of the Vampire
Sherlock, Jr.
Show People
Sid and Nancy
Silent Movie
S1m0ne
Singin' in the Rain
Special Effects
Stand-In
Star, The
Star 80
Star Is Born, A
Stardust Memories
Starmaker
State and Main
Stevie
Stuck On You
Stunt Man, The
Sullivan's Travels
Sunset Blvd.
Sweet Liberty
Swimming with Sharks
Tango (1998)
Tango Lesson, The
Thesis
Tous les autres, sauf moi
Tristram Shandy - A Cock & Bull Story
Until the End of the World
Valentino
Valley of the Dolls
Venice/Venice
Veronika Voss
Videodrome
Vigo
Volere, Volare
Voleur de caméra, Le
Voleur vit en enfer, Le
Wag the Dog
West Beyrouth
What Price Hollywood ?
What ever happened to Baby Jane ?
What Price Hollywood ?
White Hunter, Black Heart
Who Framed Roger Rabbit ?
Wizard of Speed and Time, The
Wonderland (2003)
Yes sir ! Madame
8 1/2
8 mm
15 Minutes

LES FILMS À VOIR EN FAMILLE

POUR LES TOUT-PETITS

Baby Einsten
Caillou
Fantasia
Pingu
Saturnin

POUR LES ENFANTS (3 À 5 ANS)

Aventures de Ludovic, Les
Charlie Brown
Chien, le général et les oiseaux, Le
Enfant qui voulait être un ours, L'
Fanfreluche
Fifi Brin d'Acier (quadralogie)
Finding Nemo
Gumby
Heidi
Ini mini magi mo
Il était une fois... (la Vie, les Découvreurs, l'Espace, l'Homme)
Jungle Book, The
Kiki's Delivery Service
Kirikou et la Sorcière
Kirikou et les bêtes sauvages
Looney Tunes, The
Passe-Partout
Mary Poppins
Monster Inc.
Muppets, Les (série)
My Neighbor Totoro
Nils Holgersson
Princes et Princesses
Prophétie des Grenouilles, La
Roi et l'oiseau, Le
Shakespeare animés, Les
Schtroumpfs, Les
Stomp
Tom et Jerry
Toy Story (1-2)
Vacances de M. Rossi, Les
Wallace et Gromit (courts-métrages)
Wallace et Gromit - Curse of the Were-Rabbit
Watership Down
Winnie the Pooh (série)

POUR LES JEUNES (6 À 8 ANS)

Adventures of Baron Munchausen, The
Adventures of Huckleberry Finn, The
Adventures of Pinnochio, The
Anne of Green Gables
Adventures of Robin Hood, The
Annie
Animal Farm
Bach et Bottine
Black Beauty
Charlie and the Chocolate Factory
Chronicles of Narnia, The
Free Willy
Fly Away Home
Freaky Friday (1976, 2003)
George of the Jungle
Gloire de mon père, La
Gods Must Be Crazy, The
Goonies, The
Grave of the fireflies
Gregoire Moulin contre l'humanité
Grenouille et la baleine, La
Guerre des boutons, La
Guerre des tuques, La
Hocus Pocus
Honey I Shrunk the Kids
Hook
How the Grinch Stole Christmas
Incredible Shrinking Man, The
Indien dans la ville, Un
Iron Giant
Jumanji
Karate Kid
Labyrinth
Lemony Snicket's - A Series of Unfortunate Events
Little Princess, A
Love Bug
Matusalem
Millions
Mine, Yours, Ours
Moi César, 10 ans ½ , 1m39
Monty Python and the Holy Grail
Mrs. Doubtfire
Mystérieuses cités d'or, Les
Mystérieuse mademoiselle C., La
Neverending Story, The
Nightmare Before Christmas, The
Ninja Turtles (série), The
Nanny McPhee
Papillon Bleu, Le
Pas de répit pour Mélanie
Peter Pan
Pinocchio
Pom Poko
Popeye
Princess Bride, The
Samurai Jack
Secret Garden
School of Rock
Shrek
Simon les nuages
Sound of Music, The
Soupe aux choux, La
Spy Kids (trilogie)
Star Wars (saga)
Station Nord
Tintin (série)
Tom Sawyer
Triplettes de Belleville, Les
Who Framed Roger Rabbit
Willow
Witches, The
Willy Wonka & the Chocolate Factory

Wizard of Oz, The
Zathura: A Space Adventure

POUR LES ADOS (9 ANS ET PLUS)
About a Boy
Adam's Family, The
Adam's Family Values, The
A.I. Artificial Intelligence
Akira
Astérix et Obélix: Mission Cléopâtre
Audition, L'
Avare, L'
Aventures de Rabbi Jacob, Les
Back to the Future (trilogie)
Batteries Not Included
Bettlejuice
Belle verte, La
Bend It Like Beckham
Billy Elliott
Big Fish
Boys, Les
Breakfast Club, The
Brothers Grimm
Central do Brasil (Central Station)
Chocolat
Choristes, Les
Cinéma Paradiso
C.R.A.Z.Y.
Ding et Dong: le Film
Dîner de cons, Le
Enfant d'eau, L'
Fabuleux destin d'Amélie Poulain, Le
Fanfan la Tulipe
Ferris Bueller's Day Off
Finding Neverland
Footlose
Forrest Gump
Gaz Bar Blues
Ghost in the Shell
Goodbye Lenin
Grande Séduction, La
Harry Potter (quadralogie)
Histoires d'hiver
Life Aquatic with Steve Zissou, The
Lord of the Rings (trilogie)
Matou, Le
Mask, The
Mean Girls
Multiplicity
Monty Python and the Meaning of life
My Life
Outsiders, The
Phörpa (The Cup)
Planète sauvage, La
Planet of the Apes (1968, 2001)
Pleasantville
Remember the Titans
Robin Hood: Men in Tights
Short Circuit
Sister Act
Sisterhood of the travelling pants
Spirited Away
Stand By Me
Time Bandits
Those Magnificent Men
in Their Flying Machines
Valentin
Whale Rider
Young Frankenstein
Young Sherlock Holmes

"Gone with the Wind"
VIA COL VENTO
CLARK GABLE
VIVIEN LEIGH
LESLIE HOWARD
OLIVIA de HAVILLAND

LES LAURÉATS

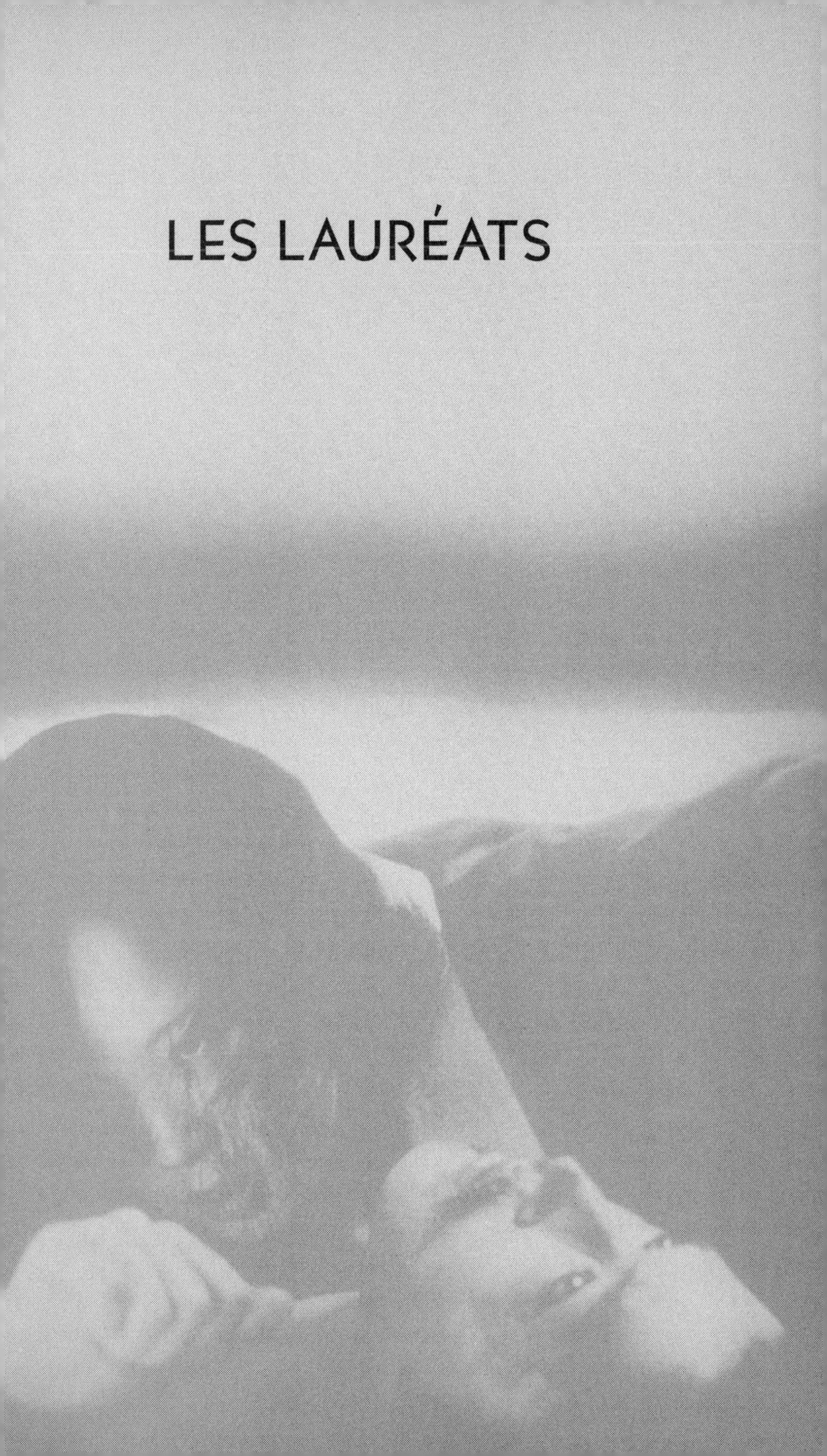

ACADEMY AWARDS

OSCAR DU MEILLEUR FILM

2005 : Crash
2004 : Million Dollar Baby
2003 : The Lord of the Rings : Return of the King
2002 : Chicago
2001 : A Beautiful Mind
2000 : Gladiator
1999 : American Beauty
1998 : Shakespeare in Love
1997 : Titanic
1996 : The English Patient
1995 : Braveheart
1994 : Forrest Gump
1993 : Schindler's List
1992 : Unforgiven
1991 : Silence of the Lambs
1990 : Dances with Wolves
1989 : Driving Miss Daisy
1988 : Rain Man
1987 : The Last Emperor
1986 : Platoon
1985 : Out of Africa
1984 : Amadeus
1983 : Terms of the Endearment
1982 : Gandhi
1981 : Chariots of Fire
1980 : Ordinary People
1979 : Kramer vs. Kramer
1978 : The Deer Hunter
1977 : Annie Hall
1976 : Rocky
1975 : One Flew Over the Cuckoo's Nest
1974 : The Godfather Part II
1973 : The Sting
1972 : The Godfather
1971 : The French Connection
1970 : Patton
1969 : Midnight Cowboy
1968 : Oliver !
1967 : In the Heat of the Night
1966 : A Man for All Seasons
1965 : The Sound of Music
1964 : My Fair Lady
1963 : Tom Jones
1962 : Lawrence of Arabia
1961 : West Side Story
1960 : The Apartment
1959 : Ben-Hur
1958 : Gigi
1957 : The Bridge on the River Kwai
1956 : Around the World in 80 Days
1955 : Marty
1954 : On the Waterfront
1953 : From Here to Eternity
1952 : The Greatest Show on Earth
1951 : An American in Paris
1950 : All About Eve
1949 : All the King's Men
1948 : Hamlet
1947 : Gentlemen's Agreement
1946 : The Best Years of Our Lives
1945 : The Lost Weekend
1944 : Going My Way
1943 : Casablanca
1942 : Mrs. Miniver
1941 : How Green Was My Valley
1940 : Rebecca
1939 : Gone With the Wind
1938 : You Can't Take it With You
1937 : The Life of Emile Zola
1936 : The Great Ziegfield
1935 : Mutiny on the Bounty
1934 : It Happened One Night
1933 : Cavalcade
1932 : Grand Hotel
1931 : Cimarron
1930 : All Quiet On the Western Front
1929 : The Broadway Melody
1928 : Wings

OSCAR DU MEILLEUR ACTEUR

2005 : Philip Seymour Hoffman, Capote
2004 : Jamie Foxx, Ray
2003 : Sean Penn, Mystic River
2002 : Adrien Brody, The Pianist
2001 : Denzel Washington, Training Day
2000 : Russell Crowe, Gladiator
1999 : Kevin Spacey, American Beauty
1998 : Roberto Benigni, La vie est belle
1997 : Jack Nicholson, As Good As It Gets
1996 : Geoffrey Rush, Shine
1995 : Nicolas Cage, Leaving Las Vegas
1994 : Tom Hanks, Forrest Gump
1993 : Tom Hanks, Philadelphia
1992 : Al Pacino, Scent of a Woman
1991 : Anthony Hopkins, The Silence of the Lambs
1990 : Jeremy Irons, Reversal of Fortune
1989 : Daniel Day-Lewis, My Left Foot
1988 : Dustin Hoffman, Rain Man
1987 : Michael Douglas, Wall Street
1986 : Paul Newman, The Color of Money
1985 : William Hurt, Kiss of the Spider Woman
1984 : F. Murray Abraham, Amadeus
1983 : Robert Duvall, Tender Mercies
1982 : Ben Kingsley, Gandhi
1981 : Henry Fonda, On Golden Pond
1980 : Robert De Niro, Raging Bull
1979 : Dustin Hoffman, Kramer vs. Kramer
1978 : Jon Voight, Coming Home
1977 : Richard Dreyfuss, The Goodbye Girl
1976 : Peter Finch, Network
1975 : Jack Nicholson, One Flew Over the Cuckoo's Nest
1974 : Art Carney, Harry and Tonto
1973 : Jack Lemmon, Save the Tiger
1972 : Marlon Brando, The Godfather
1971 : Gene Hackman, The French Connection
1970 : George C. Scott, Patton
1969 : John Wayne, True Grit
1968 : Cliff Robertson, Charly
1967 : Rod Steiger, In the Heat of the Night
1966 : Paul Scofield, A Man for All Seasons
1965 : Lee Marvin, Cat Ballou
1964 : Rex Harrison, My Fair Lady
1963 : Sidney Poitier, Lilies of the Field
1962 : Gregory Peck, To Kill a Mockingbird
1961 : Maximilian Schell, Judgment at Nuremberg
1960 : Burt Lancaster, Elmer Gantry
1959 : Charlton Heston, Ben-Hur
1958 : David Niven, Separate Tables
1957 : Alec Guinness, The Bridge on the River Kwai
1956 : Yul Brynner, The King and I
1955 : Ernest Borgnine, Marty
1954 : Marlon Brando, On the Waterfront
1953 : William Holden, Stalag 17
1952 : Gary Cooper, High Noon
1951 : Humphrey Bogart, The African Queen
1950 : José Ferrer, Cyrano de Bergerac
1949 : Broderick Crawford, All the King's Men
1948 : Laurence Olivier, Hamlet
1947 : Ronald Colman, A Double Life
1946 : Fredric March, The Best Years of Our Lives
1945 : Ray Milland, The Lost Weekend
1944 : Bing Crosby, Going My Way
1943 : Paul Lukas, Watch on the Rhine
1942 : James Cagney, Yankee Doodle Dandy
1941 : Gary Cooper, Sergeant York
1940 : James Stewart, The Philadelphia Story
1939 : Robert Donat, Goodbye, Mr.Chips
1938 : Spencer Tracy, Boys Town
1937 : Spencer Tracy, Captains Courageous
1936 : Paul Muni, The Story of Louis Pasteur
1935 : Victor McLaglen, The Informer
1934 : Clark Gable, It Happened One Night
1933 : Charles Laughton, The Private Life of Henry VIII
1932 : Wallace Beery, The Champ & Fredric March, Dr. Jekyll and Mr.Hyde
1931 : Lionel Barrymore, A Free Soul
1930 : George Arliss, Disraeli
1929 : Warner Baxter, In Old Arizona*
1928 : Emil Jannings, The Last Command & The Way of all Flesh

OSCAR DE LA MEILLEURE ACTRICE

2005 : Reese Witherspoon, Walk the Line
2004 : Hilary Swank, Million Dollar Baby
2003 : Charlize Theron, Monster
2002 : Nicole Kidman, The Hours
2001 : Halle Berry, Monter's Ball
2000 : Julia Roberts, Erin Brockovich
1999 : Hilary Swank, Boys Don't Cry
1998 : Gwyneth Paltrow, Shakespeare in Love
1997 : Helen Hunt, As Good As It Gets
1996 : Frances McDormand, Fargo
1995 : Susan Sarandon, Dead Man Walking
1994 : Jessica Lange, Blue Sky
1993 : Holly Hunter, The Piano
1992 : Emma Thompson, Howards End
1991 : Jodie Foster, The Silence of the Lambs
1990 : Kathy Bates, Misery
1989 : Jessica Tandy, Driving Miss Daisy
1988 : Jodie Foster, The Accused
1987 : Cher, Moonstruck
1986 : Marlee Matlin, Children of a Lesser God
1985 : Geraldine Page, The Trip to Bountiful
1984 : Sally Field, Places in the Heart
1983 : Shirley MacLaine, Terms of Endearment
1982 : Meryl Streep, Sophie's Choice
1981 : Katharine Hepburn, On Golden Pond
1980 : Sissy Spacek, Coal Miner's Daughter
1979 : Sally Field, Norma Rae
1978 : Jane Fonda, Coming Home
1977 : Diane Keaton, Annie Hall

1976 : Faye Dunaway, Network
1975 : Louise Fletcher, One Flew Over the Cuckoo's Nest
1974 : Ellen Burstyn, Alice Doesn't Live Here Anymore
1973 : Glenda Jackson, A Touch of Class
1972 : Liza Minnelli, Cabaret
1971 : Jane Fonda, Klute
1970 : Glenda Jackson, Women in Love
1969 : Maggie Smith, The Prime of Miss Jean Brodie
1968 : Barbra Streisand, Funny Girl & Katharine Hepburn, The Lion in Winter
1967 : Katharine Hepburn, Guess Who's Coming to Dinner ?
1966 : Elizabeth Taylor, Who's Afraid of Virginia Woolf ?
1965 : Julie Christie, Darling
1964 : Julie Andrews, Mary Poppins
1963 : Patricia Neal, Hud
1962 : Anne Bancroft, The Miracle Worker
1961 : Sophia Loren, La Ciociara
1960 : Elizabeth Taylor, Butterfield 8
1959 : Simone Signoret, Room at the Top
1958 : Susan Hayward, I Want to Live !
1957 : Joanne Woodward, The Three Faces of Eve
1956 : Ingrid Bergman, Anastasia
1955 : Anna Magnani, The Rose Tattoo
1954 : Grace Kelly, The Country Girl
1953 : Audrey Hepburn, Roman Holiday
1952 : Shirley Booth, Come Back, Little Sheba
1951 : Vivien Leigh, A Streetcar Named Desire
1950 : Judy Holliday, Born Yesterday
1949 : Olivia De Havilland, The Heiress
1948 : Jane Wyman, Johnny Belinda
1946 : Olivia De Havilland, To Each His Own
1945 : Joan Crawford, Mildred Pierce
1944 : Ingrid Bergman, Gaslight
1943 : Jennifer Jones, The Song of Bernadette
1942 : Greer Garson, Mrs. Miniver
1941 : Joan Fontaine, Suspicion
1940 : Ginger Rogers, Kitty Foyle
1939 : Vivien Leigh, Gone with the Wind
1938 : Bette Davis, Jezebel
1937 : Luise Rainer, The Good Earth
1936 : Luise Rainer, The Great Ziegfeld
1935 : Bette Davis, Dangerous
1934 : Claudette Colbert, It Happened One Night
1933 : Katharine Hepburn, Morning Glory
1932 : Helen Hayes, The Sin of Madelon Claudet
1931 : Marie Dressler, Min and Bill
1930 : Norma Shearer, The Divorcee
1929 : Mary Pickford, Coquette
1928 : Janet Gaynor, Seventh Heaven*

LES CÉSARS DU CINÉMA

MEILLEUR FILM

2006 : De battre mon cœur s'est arrêté
2005 : L'esquive
2004 : Les invasions barbares
2003 : Le pianiste
2002 : Le fabuleux destin d'Amélie Poulain
2001 : Le goût des autres
2000 : Vénus beauté
1999 : La vie rêvée des anges
1998 : On connaît la chanson
1997 : Ridicule
1996 : La haine
1995 : Les roseaux sauvages
1994 : Smoking/No Smoking
1993 : Les nuits fauves
1992 : Tous les matins du monde
1991 : Cyrano de Bergerac
1990 : Trop belle pour toi
1989 : Camille Claudel
1988 : Au revoir les enfants
1987 : Thérese
1986 : Trois hommes et un couffin
1984 : Le bal
1983 : La balance
1981 : Le dernier métro
1980 : Tess
1978 : Providence
1977 : Monsieur Klein
1976 : Le vieux fusil

MEILLEUR ACTEUR

2006 : Michel Bouquet, le promeneur du Champs de Mars
2005 : Mathieu Amalric, Rois et Reine
2004 : Omar Sharif, Monsieur Ibrahim et les fleurs du Coran
2003 : Adrien Brody, Le pianiste
2002 : Michel Bouquet, Comment j'ai tué mon père
2001 : Sergi Lopez, Harry, un ami qui vous veut du bien
2000 : Daniel Auteil, La fille sur le pont
1999 : Jacques Villeret, Le dîner de cons
1998 : André Dussolier, On connaît la chanson
1997 : Philippe Torreton, Capitaine Conan
1996 : Michel Serrault, Nelly et Monsieur Arnaud
1995 : Gérard Lanvin, Le fils préféré
1994 : Pierre Arditi, Smoking/No Smoking
1992 : Jacques Dutronc, Van Gogh
1991 : Gérard Depardieu, Cyrano de Bergerac
1990 : Philippe Noiret, La vie et rien d'autre
1988 : Richard Bohringer, Le grand chemin
1987 : Daniel Auteuil, Jean de Florette
1986 : Christophe Lambert, Subway
1984 : Coluche, Tchao Pantin
1983 : Philippe Léotard, La balance
1981 : Gérard Depardieu, Le dernier métro
1979 : Michel Serrault, La cage aux folles
1978 : Jean Rochefort, Le crabe tambour
1977 : Michel Galabru, Le juge et l'assassin
1976 : Philippe Noiret, Le vieux fusil

MEILLEURE ACTRICE

2006 : Nathalie Baye, Le petit lieutenant
2005 : Yolande Moreau, Quand la mer monte
2004 : Sylvie Testud, Stupeur et tremblements
2003 : Isabelle Carré, Se souvenir des belles choses
2002 : Emmanuelle Devos, Sur mes lèvres
2001 : Dominique Blanc, Stand-By*
2000 : Karin Viard, Haut les cœurs !
1999 : Élodie Bouchez, La vie rêvée des anges
1998 : Ariane Ascaride, Marius et Jeannette
1997 : Fanny Ardant, Pédale douce
1996 : Isabelle Huppert, La cérémonie
1995 : Isabelle Adjani, La reine Margot
1994 : Juliette Binoche, Trois couleurs - Bleu
1993 : Catherine Deneuve, Indochine
1991 : Anne Parillaud, Nikita
1990 : Carole Bouquet, Trop belle pour toi
1989 : Isabelle Adjani, Camille Claudel
1988 : Anémone, Le grand chemin
1986 : Sandrine Bonnaire, Sans toit ni loi
1985 : Sabine Azéma, Un dimanche à la campagne
1984 : Isabelle Adjani, L'été meurtrier
1983 : Nathalie Baye, La balance
1982 : Isabelle Adjani, Possession
1981 : Catherine Deneuve, Le dernier métro
1979 : Romy Schneider, Une histoire simple
1978 : Simone Signoret, Madame Rosa
1977 : Annie Girardot, Docteur Françoise Gallant
1976 : Romy Schneider, L'important c'est d'aimer

FESTIVAL DE CANNES

LES PALMES D'OR

2006 : Le vent se lève*
2005 : L'enfant
2004 : Fahrenheit 911
2003 : Elephant
2002 : The Pianist
2001 : La chambre du fils
2000 : Dancer in the Dark
1999 : Rosetta
1998 : L'éternité et un jour*
1997 : L'anguille & Le goût de la cerise
1996 : Secrets & Lies
1995 : Underground
1994 : Pulp Fiction
1993 : The Piano & Adieu ma concubine
1992 : The New Gun* & Les meilleures intentions
1991 : Barton Fink
1990 : Wild at Heart
1989 : Sex, Lies, and Videotapes
1988 : Pelle le conquérant
1987 : Sous le soleil de Satan
1986 : The Mission
1985 : Dance With a Stranger
1984 : Paris, Texas
1983 : La ballade de Narayama
1982 : Missing & Yol
1981 : L'homme de fer
1980 : All That Jazz & Kagemusha
1979 : Apocalypse Now & Le tambour
1978 : L'arbre aux sabots
1977 : Padre, Padrone
1976 : Taxi Driver
1975 : Chronique des années de braise*
1974 : The Conversation
1973 : The Hireling* & Scarecrow
1972 : The Mattei Affair* & La classe ouvrière va au paradis*
1971 : The Go-Between*
1970 : M*A*S*H
1969 : If...
1968 : Inconnu
1967 : Blow-Up
1966 : Un homme et une femme
1965 : The Knack and How to Get It
1964 : Les parapluies de Cherbourg
1963 : Le guépard

1962 : Keeper of Promises*
1961 : Une aussi longue absence* & Viridiana
1960 : La Dolce Vita
1959 : Orfeu Negro
1958 : Quand passent les cigognes
1957 : Friendly Persuasion
1956 : Le monde du silence
1955 : Marty
1954 : La porte de l'enfer
1953 : Le salaire de la peur
1952 : Two Cents Worth of Hope* & Othello
1951 : Mademoiselle Julie & Miracle à Milan
1950 : Inconnu
1949 : The Third Man
1948 : Inconnu
1947 : Inconnu
1946 : Brief Encounter & Tourmants & The Last Chance* & The Lost Weekend & Portrait of Maria* & Lowly City* & Rome, ville ouverte & La symphonie pastorale

GRAND PRIX

2006 : Flandres*
2005 : Broken Flowers
2004 : Old Boy
2003 : Lointain*
2002 : L'homme sans passé
2001 : La pianiste
2000 : Devils on the Door Step
1999 : L'humanité
1998 : La vie est belle
1997 : The Sweet Hereafter
1996 : Breaking the Waves
1995 : Le regard d'Ulysse
1994 : Vivre & Soleil trompeur
1993 : Si loin, si proche
1992 : Il ladro di bambini
1991 : La belle noiseuse
1990 : L'aiguillon de la mort* & Tilai
1989 : Trop belle pour toi & Cinéma paradiso
1988 : A World Apart
1987 : Repentir*
1986 : Le sacrifice
1985 : Birdy
1984 : Journal intime*
1983 : Carmen
1982 : Passion
1981 : Les uns et les autres
1980 : Le risque de vivre*
1979 : Siberiade
1978 : Pretty Baby
1976 : La marquise D'O & Cria Cuervos
1975 : L'énigme de Kaspar Hauser
1974 : Les mille et une nuit
1973 : La maman et la putain
1972 : Solaris
1971 : Taking Off* & Johnny Got his Gun
1970 : Enquête sur un citoyen au-dessus de tout soupçon*
1969 : Les troubles d'Adalen*
1967 : Accident & J'ai même rencontré des tziganes heureux*
1966 : Un homme et une femme & Ces messieurs dames
1965 : The Knack... And How to Get It
1964 : Les parapluies de Cherbourg
1963 : Hara-kiri & Un jour, un chat ?*
1962 : Procès de Jeanne d'Arc* & L'éclipse*
1961 : Mère Jeanne des anges
1960 : L'Avventura & l'étrange obsession
1958 : Visages de bronze* & Goha*
1957 : Ils aiment la vie & Le sceptième sceau
1956 : Le mystères Picasso
1955 : Continent perdu*
1954 : La porte de l'enfer
1953 : Le salaire de la peur
1952 : Deux sous d'espoir* & Othello
1951 : Miracle à Milan & Mademoiselle Julie
1949 : The Third Man

PRIX DU JURY

2006 : Red Road*
2005 : Shangai Dreams*
2004 : Ladykillers & Tropical Malady
2003 : À cinq heures de l'après midi
2002 : Intervention divine
2001 : Daddy's Girl* & Pizza Passionata*
2000 : Le tableau noir & Chansons du deuxième étage
1999 : La lettre*
1998 : La classe de neige & Fête de famille
1997 : Western
1996 : Crash
1995 : N'oublie pas que tu vas mourir
1994 : La reine Margot
1993 : Le maître de marionnettes & Raining Stones
1992 : Le songe de la lumière & Une vie indépendante*
1991 : Hors la vie* & Europa
1990 : Hidden Agenda
1989 : Jésus de Montréal
1988 : Tu ne tueras point
1987 : Shinran ou la voix immaculée* & La lumière
1986 : Thérèse
1985 : Colonel Redl
1983 : Affaire classée*
1980 : La constance*
1973 : La clepsydre* & L'invitation
1972 : Slaughterhouse Five
1971 : Amour & Joe Hill*
1970 : The Strawberry Statement* & Les faucons*
1969 : Z
1966 : Alfie
1965 : Kwaidan
1964 : La femme de sable
1958 : Mon oncle
1954 : Monsieur Ripoix*
1952 : Nous sommes tous des assassins*
1951 : All About Eve

MEILLEUR ACTEUR

2006 : Jamel Debbouze, Samy Naceri, Roschdy Zem, Sami Bouajila, Bernard Blancan, Indigènes*
2005 : Tommy Lee Jones, The Three Burials of Melquiades Estrada
2004 : Yagira Yuuya, Nobody Knows
2003 : Muzaffer Özdemir & Emin Toprak, Uzak*
2002 : Olivier Gourmet, Le fils
2001 : Benoît Magimel, La pianiste
2000 : Tony Leung Chiu Wai, In the Mood for Love
1999 : Emmanuel Schotté, L'humanité
1998 : Peter Mullan, My Name is Joe
1997 : Sean Penn, She's So Lovely
1996 : Daniel Auteuil & Pascal Duquenne, Le huitième jour
1995 : Jonathan Pryce, Carrington
1994 : You Ge, Vivre !
1993 : David Thewlis, Naked
1992 : Tim Robbins, The Player
1991 : John Turturro, Barton Fink
1990 : Gérard Depardieu, Cyrano de Bergerac
1989 : James Spader, Sex, Lies, and Videotapes
1988 : Forest Whitaker, Bird
1987 : Marcello Mastroianni, Les yeux noirs
1986 : Bob Hoskins, Mona Lisa & Michel Blanc, Tenue de soirée
1985 : William Hurt, Kiss of the Spider Woman
1984 : Francisco Rabal & Alfredo Landa, The Holy Innocents
1983 : Gian Maria Volonté, La mort de Mario Ricci
1982 : Jack Lemmon, Missing
1981 : Ugo Tognazzi, Tragedy of a Ridiculous Man
1980 : Michel Piccoli, Le saut dans le vide
1979 : Jack Lemmon, The China Syndrome
1978 : Jon Voight, Coming Home
1977 : Fernando Rey, Elisa, mon amour
1976 : José Luis Gomez, Pascual Duarte*
1975 : Vittorio Gassman, Scent of a Woman
1974 : Jack Nicholson, The Last Detail & Charles Boyer, Stavisky...
1973 : Giancarlo Giannini, Love and Anarchy
1972 : Jean Yanne, Nous ne vieillirons pas ensemble*
1971 : Riccardo Cucciolla, Sacco and Vanzetti
1970 : Marcello Mastroianni, Jealousy Italian Style*
1969 : Jean-Louis Trintignant, Z
1967 : Oded Kotler, Not Mine to Love*
1966 : Per Oscarsson, Hunger
1965 : Terence Stamp, The Collector
1964 : Antal Pager, Drama of the Lark* & Saro Urzi, Seduced & Abandoned
1963 : Richard Harris, This Sporting Life
1962 : Dean Stockwell, Jason Robards, Ralph Richardson, Long Day's Journey into Night & Murray Melvin, A Taste of Honey*
1961 : Anthony Perkins, Goodbye Again
1959 : Dean Stockwell, Bradford Dillman, Orson Welles, Compulsion
1958 : Paul Newman, The Long Hot Summer
1957 : John Kitzmiller, Sergeant Jim*
1955 : Spencer Tracy, Bad Day at Black Rock & Sergei Lukyanov, Boris Andreyev, Aleksei Batalov, Vadim Medvedev, A Big Family
1952 : Marlon Brando, Viva Zapata !
1951 : Michael Redgrave, The Browning Version
1949 : Edward G. Robinson, House of Strangers
1946 : Ray Milland, The Lost Weekend

MEILLEURE ACTRICE

2006 : Penelope Cruz, Carmen Maura, Lola Duenas, Blanca Portillo, Yohanna Cobo, Chus Lampreave, Volver*

2005 : Hanna Laslo, Free Zone
2004 : Maggie Cheung, Clean
2003 : Marie-Josée Croze, Les invasions Barbares
2002 : Kati Outinen, L'homme sans passé
2001 : Isabelle Huppert, La pianiste
2000 : Björk, Dancer in the Dark
1999 : Émilie Dequenne, Rosetta & Séverine Caneele, L'humanité
1998 : Élodie Bouchez & Natacha Régnier, La vie rêvée des anges
1997 : Kathy Burke, Nil by Mouth
1996 : Brenda Blethyn, Secrets & Lies
1995 : Helen Mirren, The Madness of King George
1994 : Virna Lisi, La reine Margot
1993 : Holly Hunter, The Piano
1992 : Pernilla August, Les meilleures intentions
1991 : Irène Jacob, La double vie de Véronique
1990 : Krystyna Janda, Interrogation*
1989 : Meryl Streep, A Cry in the Dark
1988 : Barbara Hershey, Jodhi May & Linda Mvusi, A World Apart
1987 : Barbara Hershey, Shy People
1986 : Fernanda Torres, Love Forever or Never & Barbara Sukowa, Rosa Luxemburg
1985 : Norma Aleandro, L'histoire officielle & Cher, Mask
1984 : Helen Mirren, Cal
1983 : Hannah Schygulla, L'histoire de Pierra
1982 : Jadwiga Jankowska-Cieslak, Another Way
1981 : Isabelle Adjani, Quartet
1980 : Anouk Aimée, Le saut dans le vide*
1979 : Sally Field, Norma Rae
1978 : Jill Clayburgh, An Unmarried Woman & Isabelle Huppert, Violette*
1977 : Shelley Duvall, 3 Women & Monique Mercure, J.A. Martin, photographe
1976 : Dominique Sanda, The Inheritance
1975 : Valerie Perrine, Lenny
1974 : Marie-José Nat, Les violons du bal
1973 : Joanne Woodward, The Effects of Gamma Rays on Man-in-the-Moon Marigolds*
1972 : Susannah York, Images*
1971 : Kitty Winn, The Panic in Needle Park*
1970 : Ottavia Piccolo, Metello*
1969 : Vanessa Redgrave, Isadora
1967 : Pia Degermark, Elvira Madigan
1966 : Vanessa Redgrave, Morgan : A Suitable Case for Treatment
1965 : Samantha Eggar, The Collector
1964 : Barbara Barrie, One Potato, Two Potato* & Anne Bancroft, The Pumpkin Eater
1963 : Marina Vlady, Le lit conjugal
1962 : Katharine Hepburn, Long Day's Journey into Night & Rita Tushingham, A Taste of Honey
1961 : Sophia Loren, Two Women
1960 : Jeanne Moreau, Moderato Cantabile & Melina Mercouri, Never on Sunday
1959 : Simone Signoret, Room at the Top
1958 : Bibi Andersson, Eva Dahlbeck, Ingrid Thulin, Brink of Life
1957 : Giulietta Masina, Les nuits de Cabiria
1956 : Susan Hayward, I'll Cry Tomorrow
1955 : Yelena Dobronravova, Vera Kuznetsova, Klara Luchko, Iya Arepina, A Big Family
1952 : Lee Grant, Detective Story*
1951 : Bette Davis, All About Eve
1949 : Isa Miranda, Au-delà des grilles*
1946 : Michèle Morgan, La symphonie pastorale

FESTIVAL DE SUNDANCE

GRAND PRIX DU JURY

2006 : Quinceañera*
2005 : Forty Shades of Blue
2004 : Primer
2003 : American Splendor
2002 : Personal Velocity
2001 : The Believer*
2000 : Girlfight & You Can Count on Me
1999 : Three Seasons
1998 : Slam
1997 : Sunday
1996 : Welcome to the Dollhouse
1995 : The Brothers McMullen
1994 : What Happened Was...
1993 : Public Acces & Ruby in Paradise
1992 : In the Soup
1991 : Poison
1990 : Chameleon Street
1989 : True Love
1988 : Heat + Sunlight
1987 : The Trouble with Dick* & Waiting for the Moon
1986 : Smooth Talk*
1985 : Blood Simple

FESTIVAL DES FILMS DU MONDE DE MONTRÉAL

GRAND PRIX DES AMÉRIQUES

2004 : La fiancée syrienne
2003 : Le cordon
2002 : Le plus beau jour de ma vie*
2001 : Baran & Torzok (Abandonnés)*
2000 : Le goût des autres & Innocence
1999 : La couleur du paradis
1998 : The Quarry & Vollmond*
1997 : Les enfants du ciel
1996 : Different For Girls*
1995 : Georgia
1994 : Once were Warriors
1993 : Trahir*
1992 : Le côté obscur du coeur
1991 : Salmonberries
1990 : Tombés du ciel
1989 : La liberté c'est le paradis*
1988 : La lectrice
1987 : The Kid Brother
1986 : 37°2 le matin
1985 : Padre Nuestro
1984 : El Norte
1983 : The Go Masters*
1982 : Brimstone and Treacle & Tiempo de Revancha
1981 : The Chosen
1980 : The Stunt Man & Fontamara*
1979 : 1 + 1 = 3*
1978 : Ligabue*

GRAND PRIX DU JURY

2004 : Around the Bend & Le chef du stationnement
2003 : Gaz Bar Blues
2002 : Au pays de nulle part*
2001 : Le fils de la mariée
2000 : L'odeur du camphre, le parfum de jasmin
1999 : Hors du monde* & The Minus Man
1998 : L'oiseau de soleil*
1997 : Homère, portrait de l'artiste dans ses vieux jours
1996 : Un air de famille & L'homme qui dort*
1995 : Le musulman*
1994 : Cancion de cuna*
1993 : And the Band Played On
1992 : Sofie
1991 : Nord
1990 : Cérémonie funèbre* & La femme au paysage*
1989 : Mery per sempre & Nocturne indien*
1988 : The Dawning* & Salaam Bombay
1987 : La grande parade*
1986 : Laputa
1985 : On ne meurt que deux fois & Le matou
1984 : La femme publique & Khandar*
1983 : Bearn o la Sala de Las Munecas*
1982 : La famille de Marathon* & To Trap a Kidnapper*
1981 : Qui chante là-bas ?*
1980 : La chasse sauvage du roi Stakh*
1979 : Il y a longtemps que je t'aime
1978 : Il est dangereux de se pencher au dehors*

MEILLEUR ACTEUR

2004 : Fan Wei, Le chef du stationnement & Christopher Walker, Around the Bend
2003 : Sylvio Orlando, Le siège de l'âme
2002 : Aleksei Chadov, War*
2001 : Robert Stadlober, Engel & Joe*
2000 : Mark Ruffalo, You Can Count on Me
1999 : Ken Takakura, Railroad Man
1998 : Hugo Weaving, The Interview
1997 : Sam Rockwell, Lawn Dogs*
1996 : Rupert Graves, Intimate Relations*
1995 : Fabrizio Bentivoglio, Ordinary Hero*
1994 : Alan Rickman, Mesmer
1993 : Denis Mercier, Le sexe des étoiles & Johan Leysen, Trahir*
1992 : Richard Berry, Le petit Prince a dit
1991 : Francisco Rabal, L'homme qui a perdu son ombre*
1990 : Marcel Leboeuf, Rafales & Andrés Pajares, Ay, Carmela !
1989 : Jiri Menzel, The End of Old Times*
1988 : Davor Janjic, The Bomb*
1987 : Leo McKern, Travelling North*
1986 : Dennis Hopper, Blue Velvet
1985 : Armin Mueller-Stahl, Angry Harvest
1984 : John Shea, Windy City*
1983 : Gérard Depardieu & Wojciech Pszoniak, Danton
1982 : Jean Rochefort, L'indiscrétion
1981 : Rod Steiger, The Chosen
1980 : Robert Duvall, The Great Santini
1979 : Giuliano Gemma, Father of the Godfathers*
1978 : Flavio Bucci, Ligabue*

MEILLEURE ACTRICE

2004 : Karin Viar, Le rôle de sa vie
2003 : Marina Glezer, Le petit polonais
2002 : Maria Bonnevie, I Am Dina & Leila Hatami, The Deserted Station*
2001 : Sandrine Kiberlain & Nicole Garcia & Mathilde Seigner, Betty Fisher et autres histoires*
2000 : Li Gong, Breaking the Silence & Isabelle Huppert, Merci pour le chocolat
1999 : Nina Hoss, Le volcan*
1998 : The Quarry & Vollmond*
1997 : Frances O'Connor, Kiss or Kill
1996 : Laura Dern, Citizen Ruth
1995 : Jennifer Jason Leigh, Georgia
1994 : Rena Owen, Once were Warriors & Helena Bergström, The Last Dance
1993 : Carla Gravina, The Long Silence*
1992 : Pascale Bussières, La vie fantôme
1991 : Laura Dern, Rambling Rose & Hye-Suk Lee, Silver Stallion*
1990 : Natalya Gundareva, Dogs' Feast
1989 : Danielle Proulx, Portion d'éternité
1988 : Hye-Soo Shin, Adada*
1987 : Irina Kupchenko, Lonely Woman seeks Lifetime Companion*
1986 : Krystyna Janda, Laputa
1985 : Nicole Garcia, Le 4eme pouvoir
1984 : Dorottya Udvaros, Oh, Bloody Life*
1983 : Yûko Tanaka, Amagi Pass*
1982 : Eleonora Giorgi, Borotalco*
1981 : Ewa Fröling, Sally and Freedom*
1980 : Ana Torrent, The Nest*
1979 : Louise Marleau, L'arrache-cœur & Graciela Dufau, La isla
1978 : Glenda Jackson, Stevie*

FESTIVAL DU FILM DE VENISE

LION D'OR DU MEILLEUR FILM

2005 : Brokeback Mountain
2004 : Vera Drake
2003 : The Return
2002 : The Magdalene Sisters
2001 : Monsoon Wedding
2000 : The Circle
1999 : Not One Less
1998 : The Way We Laughed*
1997 : Feux d'artifice
1996 : Michael Collins
1995 : Cyclo
1994 : Vive l'amour & Before the Rain
1993 : Short Cuts & Trois couleurs : Bleu
1992 : L'histoire de Qiu Ju
1991 : Urga
1990 : Rosencrantz and Guildenstern Are Dead
1989 : City of Sadness*
1988 : La légende du saint buveur*
1987 : Au revoir les enfants
1986 : Le rayon vert
1985 : Sans toit ni loi
1984 : L'année du soleil tranquille
1983 : Prénom : Carmen
1982 : L'état des choses
1981 : Marianne and Julianne*
1968 : The Artist in the Circus Dome : Clueless*
1967 : Belle de jour
1966 : La bataille d'Alger
1965 : Of a Thousand Delights*
1964 : Le désert rouge
1963 : Main basse sur la ville*
1962 : L'enfance d'Ivan & Journal intime*
1961 : L'année dernière à Marienbad
1960 : Le passage du Rhin*
1959 : Le Général Della Rovere & La grande guerre*
1958 : The Life of Matsu the Untamed*
1957 : Aparajito
1955 : La parole
1954 : Romeo and Juliette (1954)*
1952 : Jeux interdits
1951 : Rashomon
1950 : Justice est faite*
1949 : Manon*
1948 : Hamlet
1947 : Siréna*
1942 : The Great King*
1941 : Ohm Krüger*
1940 : The Stationmaster*
1939 : Cardinal Messias*
1938 : Luciano Serra, Pilot*
1937 : Un carnet de bal*
1936 : The Emperor of California*
1935 : Anna Karenina
1934 : Man of Aran

LION D'OR DU MEILLEUR ACTEUR

2005 : David Strathairn, Good Night, and Good Luck
2004 : Javier Bardem, The Sea Inside
2003 : Sean Penn, 21 Grams
2002 : Stefano Accorsi, A Journey Called Love*
2001 : Luigi Lo Cascio, Light of My Eyes*
2000 : Javier Bardem, Before Night Falls
1999 : Jim Broadbent, Topsy-Turvy
1998 : Sean Penn, Hurlyburly
1997 : Wesley Snipes, One Night Stand
1996 : Liam Neeson, Michael Collins
1995 : Götz George, Deathmaker
1994 : Yu Xia, In the Heat of the Sun*
1993 : Fabrizio Bentivoglio, A Split Soul*
1992 : Jack Lemmon, Glengarry Glen Ross
1991 : River Phoenix, My Own Private Idaho
1990 : Oleg Borisov, The Only Witness*
1989 : Marcello Mastroianni & Massimo Troisi, Quelle heure est-il ?
1988 : Don Ameche & Joe Mantegna, Things Change
1987 : Hugh Grant & James Wilby, Maurice
1986 : Carlo Delle Piane, Christmas Present*
1985 : Gérard Depardieu, Police
1984 : Naseeruddin Shah, The Crossing*
1983 : Guy Boyd, George Dzundza, David A. Grier, Matthew Modine, Michael Wright, Streamers
1968 : John Marley, Faces
1967 : Ljubisa Samardzic, The Morning
1966 : Jacques Perrin, Half a Man*
1965 : Toshirô Mifune, Red Beard
1964 : Tom Courtenay, King & Country
1963 : Albert Finney, Tom Jones
1962 : Burt Lancaster, Birdman of Alcatraz
1961 : Toshirô Mifune, Yojimbo
1960 : John Mills, Tunes of Glory
1959 : James Stewart, Anatomy of a Murder
1958 : Alec Guiness, The Horse's Mouth
1957 : Anthony Franciosa, A Hatful of Rain*
1956 : Bourvil, La traversée de Paris
1955 : Kenneth More, The Deep Blue Sea* & Curd Jürgens, Les héros sont fatigués
1954 : Jean Gabin, L'air de Paris*
1953 : Henri Vilbert, Le Bon Dieu sans confession*
1952 : Fredric March, Death of a Salesman
1951 : Jean Gabin, La nuit est mon royaume*
1950 : Sam Jaffe, The Asphalt Jungle
1949 : Joseph Cotten, Portrait of Jennie
1948 : Ernst Deutsch, The Trial
1947 : Pierre Fresnay, Monsieur Vincent*
1942 : Fosco Giachetti, Bengasi*
1941 : Ermete Zacconi, Don Buonaparte*
1938 : Leslie Howard, Pygmalion
1937 : Emil Jannings, The Ruler*
1936 : Paul Muni, The Story of Louis Pasteur*
1935 : Pierre Blanchar, Crime et châtiment
1934 : Wallace Beery, Viva Villa !

LION D'OR DE LA MEILLEURE ACTRICE

2005 : Giovanna Mezzogiorno, La bestia nel cuore*
2004 : Imelda Staunton, Vera Drake
2003 : Katja Riemann, Rosenstrasse
2002 : Julianne Moore, Far from Heaven
2001 : Sandra Ceccarelli, Light of My Eyes*
2000 : Rose Byrne, The Goddess of 1967
1999 : Nathalie Baye, Une liaison pornographique
1998 : Catherine Deneuve, Place Vendôme
1997 : Robin Tunney, Niagara, Niagara
1996 : Victoire Thivisol, Ponette
1995 : Sandrine Bonnaire & Isabelle Huppert, La cérémonie
1994 : Maria de Medeiros, Two Brothers, My Sister*
1993 : Juliette Binoche, Trois couleurs : Bleu
1992 : Li Gong, L'histoire de Qiu Ju
1991 : Tilda Swinton, Edward II
1990 : Gloria Münchmeyer, The Moon in the Mirror*
1989 : Peggy Ashcroft & Geraldine James, She's Been Away*
1988 : Shirley MacLaine, Madame Sousatzka & Isabelle Huppert, Une affaire de femmes
1987 : Soo-yeon Kang, The Surrogate Woman*
1986 : Valeria Golino, Storia d'amore*
1984 : Pascale Ogier, Les nuits de la pleine lune
1983 : Darling Légitimus, Rue cases nègres
1968 : Laura Betti, Teorema
1967 : Shirley Knight, Dutchman*
1966 : Natalya Arinbasarova, The First Teacher
1965 : Annie Girardot, Trois chambres à Manhattan*
1964 : Harriet Andersson, To Love
1963 : Delphine Seyrig, Muriel ou le temps d'un retour
1962 : Emmanuelle Riva, Thérèse Desqueyroux*
1961 : Suzanne Flon, Tu ne tueras point*
1960 : Shirley Maclaine, The Apartment

1959 : Madeleine Robinson, À double tour*
1958 : Sophia Loren, The Black Orchid
1957 : Dzidra Ritenberga, Malva*
1956 : Maria Schell, Gervaise
1953 : Lilli Palmer, The Four Poster*
1951 : Vivien Leigh, A Streetcar Named Desire
1950 : Eleanor Parker, Caged*
1949 : Olivia de Havilland, The Snake Pit
1948 : Jean Simmons, Hamlet
1947 : Anna Magnani, Angelina*
1942 : Kristina Söderbaum, Goldene Stadt, Die*
1941 : Luise Ullrich, Annelie*
1938 : Norma Shearer, Marie Antoinette*
1937 : Bette Davis, Kid Galahad*
1936 : Annabella, Veille d'armes*
1935 : Paula Wessely, Episode
1934 : Katharine Hepburn, Little Women

FESTIVAL INTERNATIONAL DU FILM DE BERLIN

OURS D'OR DU MEILLEUR FILM
2006 : Grbavica*
2005 : U-Carmen eKhayelitsha
2004 : La tête contre le mur
2003 : In this World*
2002 : Bloody Sunday & Spirited Away
2001 : Intimacy
2000 : Magnolia
1999 : The Thin Red Line
1998 : Central Station
1997 : The People vs Larry Flint
1996 : Sense and Sensibility
1995 : L'âppat
1994 : In the Name of the Fatther
1993 : The Wedding Banquet & The Women from the Lake of Scented Souls
1992 : Grand Canyon
1991 : La Casa del sorriso*
1990 : Music Box & Larks on a String
1989 : Rain Man
1988 : Red Sorghum
1987 : Le thème
1986 : Stammheim
1985 : Wetherby
1984 : Love Streams
1983 : Ascendancy & The Beehive
1982 : Veronika Voss
1981 : Deprisa, Deprisa
1980 : Heartland & Palermo or Wolfsburg
1979 : David
1978 : Trout
1977 : Ascent
1976 : Buffalo Bill and the Indians
1975 : Overlord & Adoption
1974 : The Apprenticeship of Duddy Kravitz
1973 : Distant Thunder
1972 : Les contes de Canterbury
1971 : The Garden of the Finzi-Continis
1969 : Early Works
1968 : Who Saw Him Die ?
1967 : Le départ
1966 : Cul-de-sac
1965 : Alphaville
1964 : Dry Summer
1963 : Bushido & Il Diavolo
1962 : A Kind of Loving
1961 : La Notte
1960 : El Lazarillo de Tormes
1959 : Les cousins
1958 : Wild Strawberries
1957 : 12 Angry Men
1955 : The Rats
1954 : Hobson's Choice
1953 : Le salaire de la peur
1952 : One Smmer of Happiness

OURS D'ARGENT DU MEILLEUR FILM
2006 : Isabella*
2005 : Peacock
2004 : El abrazo partido
2003 : Adaptation
2002 : Grill Point*
2001 : Beijing Bicycle
2000 : The Road Home
1999 : Mifune
1998 : Wag the Dog
1997 : The River
1996 : All Things Fair
1995 : Smoke
1994 : Strawberry and Chocolate
1993 : Arizona Dream
1992 : Sweet Emma, Dear Bob
1991 : The Conviction & The Satan*
1990 : The Asthenic Syndrome*
1989 : Evening Bells*
1988 : The Commissar
1987 : The Sea and the Poison*
1986 : The Mass is Ended*
1985 : Flowers of Revrie
1984 : Funny Dirty Little War
1983 : A Season in Hakkari*
1982 : Shivers*
1981 : In Search of Famine*
1980 : Pipicacadodo
1979 : Alexandra...Why ?
1978 : A Queda*
1977 : The Bricklayers* & A Strange Role*
1976 : The Garden of Stones*
1975 : Dupont-Lajoie & Overlord*
1974 : Pain & Chocolat
1973 : Le grand blond avec une chaussure noire
1972 : The Hospital
1971 : Decameron
1969 : Greetings
1968 : L'innocence sans protection
1967 : La collectionneuse
1966 : The Chasers* & No Shooting Time for the Foxes*
1965 : Repulsion & Le bonheur
1964 : The Guns*
1963 : The Caretaker*
1962 : To the Last Day*
1961 : That Joyous Eve*
1960 : Les jeux de l'amour*
1959 : Tiger Bay
1958 : Two Hands, Twelve Hands+
1957 : Whom God Forgives*
1956 : The long Arm* & La sorcière*
1955 : The Miracle of Marcelino
1954 : Pain, amour et fantaisie
1953 : Green Magic
1952 : Fanfan, la tulipe

MEILLEUR ACTEUR
2006 : Moritz Bleibtreu, Elementarteilchen*
2005 : Lou Taylor Pucci, Thumbsucker
2004 : Daniel Hendler, El abrazo partido
2003 : Sam Rockwell, Confessions of a Dangerous Mind
2002 : Jacques Gamblin, Laissez-passer
2001 : Benicio Del Toro, Traffic
2000 : Denzel Washington, The Hurricane
1999 : Michael Gwisdek, Night Shapes*
1998 : Samuel L. Jackson, Jackie Brown
1997 : Leonardo DiCaprio, Romeo + Juliet
1996 : Sean Penn, Dead Man Walking
1995 : Paul Newman, Nobody's Fool
1994 : Tom Hanks, Philadelphia
1993 : Denzel Washington, Malcolm X
1992 : Armin Mueller-Stahl, Utz
1991 : Maynard Eziashi, Mister Johnson*
1989 : Gene Hackman, Mississippi Burning
1988 : Jörg Pose & Manfred Möck, Einer trage des anderen Last*
1987 : Gian Maria Volonté, The Moro Affair
1986 : Tuncel Kurtiz, The Smile of the Lamb*
1985 : Fernando Fernan Gomez, Stico*
1984 : Albert Finney, The Dresser
1983 : Bruce Dern, That Championship Season*
1982 : Michel Piccoli, Une étrange affaire & Stellan Skarsgard, The Simple-Minded Murder*
1981 : Jack Lemmon, Tribute & Anatoli Solonitsyn, 26 Days from the Life of Dostoyevsky*
1980 : Andrzej Seweryn, The Conductor
1979 : Michele Placido, Ernesto
1978 : Craig Russell, Outrageous !*
1977 : Fernando Fernan Gomez, L'anachorète*
1976 : Gerhard Olschewski, A Lost Life*
1975 : Vlastimil Brodsky, Jacob the Liar*
1972 : Alberto Sordi, Why*
1971 : Jean Gabin, Le chat
1968 : Jean-Louis Trintignant, L'homme qui ment*
1967 : Michel Simon, Le vieil homme et l'enfant
1966 : Jean-Pierre Léaud, Masculin, féminin
1965 : Lee Marvin, Cat Ballou
1964 : Rod Steiger, The Pawnbroker
1963 : Sidney Poitier, Lilies of the Field
1962 : James Stewart, Mr. Hobbs Takes a Vacation
1961 : Peter Finch, No Love for Johnnie*
1960 : Fredric March, Inherit the Wind
1959 : Jean Gabin, Archimède, le clochard
1958 : Sidney Poitier, The Defiant Ones
1957 : Pedro Infante, Tizoc*
1956 : Burt Lancaster, Trapeze

MEILLEURE ACTRICE
2006 : Sandra Hüller, Requiem*
2005 : Julia Jentsch, Sophie Scholl - The Final Days
2004 : Catalina Sandino Morenno, Maria Full of Grace & Charlize Theron, Monster
2003 : Meryl Streep & Julianne Moore & Nicole Kidman, The Hours
2002 : Halle Berry, Monster's Ball
2001 : Kerry Fox, Intimacy
2000 : Bibiana Beglau & Nadja Uhl, The Legend of Rita
1999 : Juliane Köhler & Maria Schrader, Aimée & Jaguar

1998 : Fernanda Montenegro, Central Station
1997 : Juliette Binoche, The English Patient
1996 : Anouk Grinberg, Mon homme
1995 : Josephine Siao, Summer Snow*
1994 : Crissy Rock, Ladybird, Ladybird
1993 : Michelle Pfeiffer, Love Field
1992 : Maggie Cheung, The Actress*
1991 : Victoria Abril, Lovers*
1989 : Isabelle Adjani, Camille Claudel
1988 : Holly Hunter, Broadcast News
1987 : Ana Beatriz Nogueira, Vera
1986 : Charlotte Valandrey, Rouge baiser & Marcelia Cartaxo, Hour of the Star
1985 : Jo Kennedy, Wrong World*
1984 : Inna Churikova, War-Time Romance*
1983 : Yevgeniya Glushenko
1982 : Katrin Sass
1981 : Barbara Grabowska, Fever
1980 : Renate Krössner, Solo Sunny*
1979 : Hanna Schygulla, The Marriage of Maria Braun
1978 : Gene Rowlands, Opening Nights
1977 : Lily Tomlin, The Late Show
1976 : Jadwiga Baranska, Nights and Days*
1975 : Kinuyo Tanaka, Brothel no. 8*
1972 : Elizabeth Taylor, Hammersmith Is Out*
1971 : Simone Signoret, Le chat & Shirley MacLaine, Desperate Characters
1968 : Stéphane Audran, Les biches
1967 : Edith Evans, The Whisperers*
1966 : Lola Albright, Lord Love a Duck
1965 : Madhur Jaffrey, Shakespeare-Wallah
1964 : Sachiko Hidari, She and He*
1963 : Bibi Andersson, The Mistress*
1962 : Rita Gam & Viveca Lindfors, No Exit*
1961 : Anna Karina, Une femme est une femme
1960 : Juliette Mayniel, The Fair*
1959 : Shirley MacLaine, Ask Any Girl
1958 : Anna Magnani, Wild Is the Wind*
1957 : Yvonne Mitchell, Woman in a Dressing Gown*
1956 : Elsa Martinelli, Donatella*

FESTIVAL INTERNATIONAL DU FILM DE TORONTO

MEILLEUR FILM CANADIEN
2005 : C.R.A.Z.Y., Jean-Marc Vallée
2004 : It's All Gone Pete Tong, Michael Dowse
2003 : Les invasions barbares, Denys Arcand
2002 : Spider, David Cronenberg
2001 : Inertia, Sean Garrity
2000 : Waydowntown, Gary Burns
1999 : The Five Senses, Jeremy Podeswa
1998 : Nô, Robert Lepage
1997 : The Hanging Garden, Thom Fitzgerald & The Sweet Hereafter, Atom Egoyan.
1996 : Long Day's Journey Into Night, David Wellington
1995 : Live Bait, Bruce Sweeney
1994 : Exotica, Atom Egoyan
1993 : Kanehsatake : 270 Years of Resistance, Alanis Obomsawin
1992 : Requiem pour un beau sans-cœur, Robert Morin
1991 : The Adjuster, Atom Egoyan
1990 : H, Darrell Wasyk
1989 : Roadkill, Bruce McDonald
1988 : The Outside Chance of Maximilian Glick, Allan A. Goldstein
1987 : Family Viewing, Atom Egoyan
1986 : Le déclin de l'empire américain, Denys Arcand
1985 : Canada's Sweetheart : The Saga of Hal C. Banks, Donald Brittain*
1984 : La femme de l'hôtel, Léa Pool

LA SOIRÉE DES JUTRA

JUTRA DU MEILLEUR FILM
2006 : C.R.A.Z.Y.
2005 : Mémoires affectives
2004 : Les invasions barbares
2003 : Québec-Montréal
2002 : Un crabe dans la tête
2001 : Maelström
2000 : Post Mortem
1999 : Le violon rouge

JUTRA DU MEILLEUR ACTEUR
2006 : Marc-André Grondin, C.R.A.Z.Y.
2005 : Roy Dupuis, Mémoires affectives
2004 : Serge Thériault, Gaz Bar Blues
2003 : Pierre Lebeau, Séraphin - un homme et son péché
2002 : Luc Picard, 15 février 1839
2001 : Paul Ahmarani, La moitié gauche du frigo
2000 : Gabriel Arcand, Post Mortem
1999 : Alexis Martin, Un 32 Août sur Terre

JUTRA DE LA MEILLEURE ACTRICE
2006 : Elise Guilbault, La neuvaine
2005 : Pascale Bussières, Ma vie en cinémascope
2004 : Marie-Josée Croze, Les invasions barbares
2003 : Karine Vanasse, Séraphin - un homme et son péché
2002 : Élise Guilbault, La femme qui boit
2001 : Marie-Josée Croze, Maelström
2000 : Karine Vanasse, Emporte-moi
1999 : Pascale Montpetit, Le cœur au poing

* Vidéo et DVD non disponibles

RITA
HAYWORTH
GILDA
GLENN FORD

LES DIRECTEURS ARTISTIQUES

BARBASSO, Maria-Teresa
ET VOGUE LE NAVIRE
LAST EMPEROR, THE
ADVENTURES OF BARON MUNCHAUSEN, THE (1988)
CLIFFHANGER
ONLY YOU
DAYLIGHT
KULL THE CONQUEROR
MIDSUMMER NIGHT'S DREAM, A (1999)
U-571
GANGS OF NEW YORK
COLD MOUNTAIN

BRADFORD, Daniel
SHE'S SO LOVELY
JACKIE BROWN
PANIC
BOUNCE
LEGALLY BLONDE
KILL BILL VOL.1
KILL BILL VOL.2

COURT, Ken
LADYHAWKE
ALIENS
GORILLAS IN THE MIST
BRAVEHEART
TOMORROW NEVER DIES
SLEEPY HOLLOW (1999)

DUELL, Randall
WOMAN OF THE YEAR
ANCHORS AWEIGH
POSTMAN ALWAYS RINGS TWICE, THE (1946)
ASPHALT JUNGLE, THE
SINGIN' IN THE RAIN
STUDENT PRINCE, THE
SILK STOCKINGS
PARTY GIRL

DUFFIELD, Tom
BEETLEJUICE
EDWARD SCISSORHANDS
WOLF
LITTLE PRINCESS, A
BIRDCAGE, THE
MEN IN BLACK
PRIMARY COLORS
WILD WILD WEST
WHAT PLANET ARE YOU FROM ?

FENNER, John
FOR YOUR EYES ONLY
OCTOPUSSY
TOP SECRET
VIEW TO KILL, A
MARY SHELLEY FRANKENSTEIN
MADNESS OF KING GEORGE, THE
JACKAL, THE
EYES WIDE SHUT
LARA CROFT : TOMB RAIDER
LARA CROFT TOMB RAIDER : THE CRADLE OF LIFE
PHANTOM OF THE OPERA, THE

GIOVANNINI, Giorgio
BLACK SABBATH
SATYRICON
AMARCORD
CITY OF WOMEN
ADVENTURES OF BARON MUNCHAUSEN, THE (1988)

GÓMEZ, Antxón
GOLDEN BALLS
LIVE FLESH
ALL ABOUT MY MOTHER
TALK TO HER
SANGRE
BAD EDUCATION

KING, John
MISSION, THE
CRY FREEDOM
HENRY V
WITCHES, THE
MEMPHIS BELLE
IN LOVE AND WAR
STAR WARS : EPISODE I - THE PHANTOM MENACE
HARRY POTTER AND THE CHAMBER OF SECRETS

KNOWLES, Sarah
TERMINAL VELOCITY
GATTACA
ASTRONAUT'S WIFE
FLAWLESS
SIMONE
CATCH ME IF YOU CAN

LAMONT, Michael
TOP SECRET
ALIENS
LICENCE TO KILL
HAMLET (1990)
SHADOWLANDS
MARY REILLY
IN LOVE AND WAR
FIFTH ELEMENT, THE
EVENT HORIZON
AVENGERS, THE
HARRY POTTER AND THE SORCERER'S STONE

MARSH, Terence
DOCTOR ZHIVAGO
MAN FOR ALL SEASONS, A
OLIVER !

MARZAROLI, Louise
SÉPARATION, LA
LOST SON, THE
VATEL
CHOCOLAT

McDONALD, Leslie
FIELD OF DREAMS
GRIFTERS, THE
MILLER'S CROSSING
GUILTY BY SUSPICION
BARTON FINK
BUGSY
HERO
HUDSUCKER PROXY, THE
FORREST GUMP
MINORITY REPORT

McGAHEY, Michelle
MATRIX, THE
SAMPLE PEOPLE
MISSION : IMPOSSIBLE II
STAR WARS : EPISODE II - ATTACK OF THE CLONES
PETER PAN (2003)

PERANIO, Vincent
PINK FLAMINGOS
FEMALE TROUBLE
DESPERATE LIVING
POLYESTER
HAIRSPRAY

PROULX, Michel
GINA
ÉCLAIR AU CHOCOLAT
BONS DÉBARRAS, LES
BETHUNE : THE MAKING OF A HERO
OMERTA, LA LOI DU SILENCE (TV)
COLLECTIONNEUR, LE

RABASSE, Jean
DELICATESSEN
CITÉ DES ENFANTS PERDUS, LA
ASTÉRIX ET OBÉLIX CONTRE CÉSAR

RAZZI, Massimo
ET VOGUE LE NAVIRE
VOCE DELLA LUNA, LA
KUNDUN
TITUS

TRAUNER, Alexandre
DRÔLE DE DRAME
QUAI DES BRUMES
HÔTEL DU NORD
VISITEURS DU SOIR, LES
APARTMENT, THE
IRMA LA DOUCE
MONSIEUR KLEIN
SUBWAY

VIARD, Gérard
DANGEROUS LIAISONS
FRENCH KISS
RONIN
NINTH GATE, THE

WEYL, Carl Jules
KID GALAHAD
ADVENTURES OF ROBIN HOOD, THE (1938)
YANKEE DOODLE DANDY
CASABLANCA
BIG SLEEP, THE

ATTACK OF THE
CRAB
MONSTERS
from the depths of the sea... A TIDAL WAVE OF TERROR!
Richard GARLAND · Pamela DUNCAN · Russell JOHNSON
A ROGER CORMAN PRODUCTION · Screenplay by CHARLES B. GRIFFITH
Produced and Directed by ROGER CORMAN · AN ALLIED ARTISTS PICTURE

LES DIRECTEURS
DE LA PHOTOGRAPHIE

ALMENDROS, Nestor (1930-1992)
COLLECTIONNEUSE, LA (1967)
MORE (1969)
MA NUIT CHEZ MAUD (1969)
GENOU DE CLAIRE, LE (1970)
ENFANT SAUVAGE, L' (1970)
DOMICILE CONJUGAL (1970)
2 ANGLAISES ET LE CONTINENT, LES (1971)
VALLÉE, LA (1972)
AMOUR L'APRÈS-MIDI, L' (1972)
MAÎTRESSE (1973)
GENERAL IDI AMIN DADA (1974)
GUEULE OUVERTE, LA (1974)
COCKFIGHTER (1974)
HISTOIRE D'ADÈLE H, L' (1975)
MARQUISE D'O, LA (1976)
HOMME QUI AIMAIT LES FEMMES, L' (1977)
VIE DEVANT SOI, LA (1977)
CHAMBRE VERTE, LA (1978)
DAYS OF HEAVEN (1978)
GOING SOUTH (1978)
KOKO, LE GORILLE QUI PARLE (1978)
AMOUR EN FUITE, L' (1979)
PERCEVAL LE GALLOIS (1979)
KRAMER VS. KRAMER (1979)
BLUE LAGOON, THE (1980)
DERNIER MÉTRO, LE (1980)
STILL OF THE NIGHT (1982)
SOPHIE'S CHOICE (1982)
PAULINE À LA PLAGE (1983)
VIVEMENT DIMANCHE (1983)
PLACES IN THE HEART (1984)
HEARTBURN (1986)
NADINE (1987)
NEW YORK STORIES (1989)
BILLY BATHGATE (1991)

BALLHAUS, Michael (1935-)
BEWARE OF THE HOLY WHORE (1971)
WHITY (1971)
BITTER TEARS OF PETRA VON KANT (1972)
MARTHA (1974)
FOX AND HIS FRIENDS (1975)
MOTHER KUSTERS GOES TO HEAVEN (1975)
I ONLY WANT YOU TO LOVE ME (1976)
SATAN'S BREW (1976)
CHINESE ROULETTE (1976)
DESPAIR (1978)
MARRIAGE OF MARIA BRAUN (1979)
LILI MARLEEN (1981)
DEATH OF A SALESMAN (1985)
AFTER HOURS (1985)
UNDER THE CHERRY MOON (1986)
COLOR OF MONEY, THE (1986)
GLASS MENAGERIE, THE (1987)
BROADCAST NEWS (1987)
LAST TEMPTATION OF CHRIST, THE (1988)
DIRTY ROTTEN SCOUNDRELS (1988)
WORKING GIRL (1988)
FABULOUS BAKER BOYS, THE (1989)
POSTCARDS FROM THE EDGE (1990)
GOODFELLAS (1990)
GUILTY BY SUSPICION (1991)
WHAT ABOUT BOB (1992)
MAMBO KINGS, THE (1992)
BRAM STOKER'S DRACULA (1992)
AGE OF INNOCENCE, THE (1993)
I'LL DO ANYTHING (1994)
QUIZ SHOW (1994)
OUTBREAK (1995)
SLEEPERS (1996)
AIR FORCE ONE (1997)
PRIMARY COLORS (1998)
WILD WILD WEST (1999)
LEGEND OF BAGGER VANCE, THE (2000)
GANGS OF NEW YORK (2002)

BRAULT, Michel (1928-)
RAQUETTEURS, LES (1958)
POUR LA SUITE DU MONDE (1963)
TOUT PRENDRE, A (1964)
ROULI-ROULANT (1966)
ENTRE LA MER ET L'EAU DOUCE (1967)
ENTRE TU ET VOUS (1969)
PAYS SANS BON SENS, UN (1970)
ACADIE, L'ACADIE, L' (1971)
MON ONCLE ANTOINE (1971)
TEMPS D'UNE CHASSE, LE (1972)
KAMOURASKA (1973)
ORDRES, LES (1974)
VEILLÉE DES VEILLÉES, LA (1976)
MOURIR À TUE-TÊTE (1979)
BONS DÉBARRAS, LES (1980)
QUARANTAINE, LA (1982)
NO MERCY (1986)
GRENOUILLE ET LA BALEINE, LA (1987)
GREAT LAND OF SMALL, THE (1987

BURKS, Robert (1909-1968)
FOUNTAINHEAD, THE (1949)
BEYOND THE FOREST (1949)
ENFORCER, THE (1951)
STRANGERS ON A TRAIN (1951)
I CONFESS (1953)
DESERT SONG, THE (1953)
DIAL M FOR MURDER (1954)
REAR WINDOW (1954)
TO CATCH A THIEF (1955)
TROUBLE WITH HARRY, THE (1955)
MAN WHO KNEW TOO MUCH, THE (1956)
WRONG MAN, THE (1956)
SPIRIT OF SAINT-LOUIS, THE (1957)
VERTIGO (1958)
BLACK ORCHID, THE (1958)
NORTH BY NORTHWEST (1959)
BUT NOT FOR ME (1959)
GREAT IMPOSTOR, THE (1961)
MUSIC MAN, THE (1962)
BIRDS, THE (1963)
MARNIE (1964)
PATCH OF BLUE, A (1965)
WATERHOLE NO.3 (1967)

CARDIFF, Jack (1914-)
WINGS OF THE MORNING (1937)
STAIRWAY TO HEAVEN (1946)
BLACK NARCISSUS (1947)
RED SHOES, THE (1948)
UNDER CAPRICORN (1949)
PANDORA AND THE FLYING DUCTHMAN (1951)
AFRICAN QUEEN, THE (1951)
MASTER BAREFOOT CONTESSA, THE (1954)
WAR AND PEACE (1956)
BRAVE ONE, THE (1956)
PRINCE AND THE SHOWGIRL, THE (1957)
LEGEND OF THE LOST (1957)
VIKINGS, THE (1958)
FANNY (1961)
GIRL ON A MOTORCYCLE, THE (1968)
DEATH ON THE NILE (1978)
FIFTH MUSKETEER, THE (1979)
AWAKENING, THE (1980)
DOGS OF WAR, THE (1981)
GHOST STORY (1981)
WICKED LADY, THE (1983)
CONAN THE DESTROYER (1984)
CAT'S EYE (1984)
RAMBO: FIRST BLOOD PART2 (1985)
TAI PAN (1986)

DEAKINS, Roger (1949-)
ANOTHER TIME, ANOTHER PLACE (1983)
NINETEEN EIGHTY-FOUR (1984)
DEFENCE OF THE REALM (1985)
SID AND NANCY (1986)
KITCHEN TOTO, THE (1987)
PERSONAL SERVICES (1987)
WHITE MISCHIEF (1987)
PASCALI'S ISLAND (1988)
STORMY MONDAY (1988)
LONG WALK HOME, THE (1990)
AIR AMERICA (1990)
MOUNTAINS OF THE MOON (1990)
BARTON FINK (1991)
HOMICIDE (1991)
PASSION FISH (1992)
THUNDERHEART (1992)
SECRET GARDEN, THE (1993)
HUDSUCKER PROXY, THE (1994)
SHAWSHANK REDEMPTION, THE (1994)
DEAD MAN WALKING (1995)
ROB ROY (1995)
COURAGE UNDER FIRE (1996)
FARGO (1996)
KUNDUN (1997)
SIEGE, THE (1998/I)
BIG LEBOWSKI, THE (1998)
ANYWHERE BUT HERE (1999)
HURRICANE, THE (1999)
O BROTHER, WHERE ART THOU? (2000)
THIRTEEN DAYS (2000)
BEAUTIFUL MIND, A (2001)
DINNER WITH FRIENDS (2001, TV)
MAN WHO WASN'T THERE, THE (2001)
HOUSE OF SAND AND FOG (2003)
INTOLERABLE CRUELTY (2003)
LEVITY (2003)
VILLAGE, THE (2004)
LADYKILLERS, THE (2004)
JARHEAD (2005)
ASSASSINATION OF JESSE JAMES BY THE COWARD ROBERT FORD, THE (2006)
HAIL CAESAR (2006)

TONINO DELLI COLLI (1923-2005)
WONDERS OF ALADDIN, THE (1961)
ACCATTONE (1961)
MAMMA ROMA (1962)
ROGOPAG (1963)
GOSPEL ACCORDING TO ST MATTHEW (1964)
LOVE MEETINGS (1965)
HAWKS AND THE SPARROWS, THE (1966)
GOOD, THE BAD AND THE UGLY, THE (1966)
SPIRITS OF THE DEAD (1968)
ONCE UPON A TIME IN THE WEST (1968)
PORCILE (1969)
DECAMERON, THE (1971)
CANTERBURY TALES, THE (1972)
SEVEN BEAUTIES (1975)
SALO, THE 120 DAYS OF SODOM (1976)
TALES OF ORDINARY MADNESS (1981)
ONCE UPON A TIME IN AMERICA (1984)
FUTUR EST FEMME, LE (1984)
GINGER AND FRED (1986)
NAME OF THE ROSE (1986)
FELLINI'S INTERVISTA (1987)
VOICE OF THE MOON (1990)
BITTER MOON (1992)
DEATH AND THE MAIDEN (1994)
VIE EST BELLE, LA (1997)

DOYLE, Christopher (1952-)
CHUNGKING EXPRESS (1994)
FALLEN ANGELS 1995)
ASHES OF TIME (1994)
4 FACES OF EVE (1996)
TEMPTRESS MOON (1996)
HAPPY TOGETHER (1997)
PSYCHO (1998)

LIBERTY HEIGHTS (1999)
IN THE MOOD FOR LOVE (2000)
MADE (2001)
RABBIT-PROOF FENCE (2002)
THREE (2002)
QUIET AMERICAN, THE (2002)
HERO (2002)
INFERNAL AFFAIRS (2002)
LAST LIFE IN THE UNIVERSE (2003)
THREE... EXTREMES (2004)
EROS (2004)
2046 (2004)
DARK MATTER (2006)

DUFAUX, Guy (1943-)
PRIS AU PIÈGE (1981)
PIÈGES DE LA MER, LES (1981)
GRAND LARGE AUX GRANDS LACS, DU (1982)
SONATINE (1984)
JOUR S., LE (1984)
CINÉMA, CINÉMA (1985)
ÉQUINOXE (1986)
BACH ET BOTTINE (1986)
POUVOIR INTIME (1986)
DÉCLIN DE L'EMPIRE AMÉRICAIN, LE (1986)
ZOO LA NUIT, UN (1987)
PIN (1988)
PORTION D'ÉTERNITÉ (1989)
MILK AND HONEY (1988)
JÉSUS DE MONTRÉAL (1989)
AUTRE HOMME, UN (1989)
MOODY BEACH (1990)
SAM AND ME (1991)
NELLIGAN (1991)
LÉOLO (1992)
CAMILLA (1993)
JOYEUX CALVAIRE (1996)
POLYGRAPHE, LE (1997)
POLISH WEDDING (1997)
TANG LE ONZIÈME (1998)
EYE OF THE BEHOLDER (1999)
STARDOM (2000)
LOVE THE HARD WAY (2001)
ANGE DE GOUDRON, L' (2001)
NAPOLÉON (2002) (TV)
INVASIONS BARBARES, LES (2003)

EDESON, Arthur (1891-1970)
ROBIN HOOD (1922)
THIEF OF BAGDAD, THE (1924)
LOST WORLD, THE (1925)
IN OLD ARIZONA (1928)
ALL QUIET ON THE WESTERN FRONT (1930)
BIG TRAIL, THE (1930)
FRANKENSTEIN (1931)
OLD DARK HOUSE, THE (1932)
RED DUST (1932)
MUTINY ON THE BOUNTY (1935)
SATAN MET A LADY (1936)
EACH DAWN I DIE (1939)
THEY DRIVE BY NIGHT (1940)
MALTESE FALCON, THE (1941)
ACROSS THE PACIFIC (1942)
CASABLANCA (1942)
NEVER SAY GOOD BYE (1946)

HALL, Conrad L. (1926-2003)
MORITURI (1965)
PROFESSIONALS, THE (1966)
COOL HAND LUKE (1967)
IN COLD BLOOD (1967)
HELL IN THE PACIFIC (1968)
BUTCH CASSIDY AND
THE SUNDANCE KID (1969)
TELL THEM WILLIE BOY IS HERE (1969)
HAPPY ENDING, THE (1969)
FAT CITY (1972)
ELECTRA GLIDE IN BLUE (1973)
DAY OF THE LOCUST, THE (1975)
SMILE (1974)
MARATHON MAN (1976)
BLACK WIDOW (1987)
TEQUILA SUNRISE (1988)
CLASS ACTION (1990)
JENNIFER 8 (1992)
SEARCHING FOR BOBBY FISHER (1993)
LOVE AFFAIR (1994)
WITHOUT LIMITS (1998)
CIVIL ACTION, A (1998)
AMERICAN BEAUTY (1999)
ROAD TO PERDITION (2002)

HALLER, Ernest (1896-1970)
NIGHT AFTER NIGHT (1932)
MURDERS IN THE ZOO (1933)
INTERNATIONAL HOUSE (1933)
EMPEROR JONES (1933)
CAPTAIN BLOOD (1935)
DANGEROUS (1935)
JEZEBEL (1938)
GONE WITH THE WIND (1939)
DARK VICTORY (1939)
ROARING TWENTIES, THE (1939)
ALL THIS AND HEAVEN TOO (1940)
FOOTSTEPS IN THE DARK (1941)
BRIDE CAME C.O.D., THE (1941)
IN THIS OUR LIFE (1942)
MR. SKEFFINGTON (1943)
MILDRED PIERCE (1945)
HUMORESQUE (1946)
MY DREAM IS YOURS (1949)
CHAIN LIGHTING (1950)
FLAME AND THE ARROW, THE (1950)
DALLAS (1950)
JIM THORPE - ALL AMERICAN (1951)
REBEL WITHOUT A CAUSE (1955)
PLUNDER ROAD (1957)
GOD'S LITTLE ACRE (1958)
MAN OF THE WEST (1958)
WHAT EVER HAPPENED TO BABY JANE? (1962)
PRESSURE POINT (1962)
LILIES OF THE FIELD (1963)
DEAD RINGER (1964)

KAMINSKI, Janusz (1959-)
TERROR WITHIN II, THE (1990)
GRIM PRAIRIE TALES (1990)
RAIN KILLER (1990)
WILDFLOWER (1991) (TV)
COOL AS ICE (1991)
KILLER INSTINCT (1991)
PYRATES (1991)
TROUBLE BOUND (1993)
ADVENTURES OF HUCK FINN, THE (1993)
SCHINDLER'S LIST (1993)
LITTLE GIANTS (1994)
HOW TO MAKE AN AMERICAN QUILT (1995)
TALL TALE (1995)
LOST WORLD: JURASSIC PARK, THE (1997)
JERRY MAGUIRE (1996)
AMISTAD (1997)
SAVING PRIVATE RYAN (1998)
ARTIFICIAL INTELLIGENCE: AI (2001)
CATCH ME IF YOU CAN (2002)
MINORITY REPORT (2002)
TERMINAL, THE (2004)
WAR OF THE WORLDS (2005)
MUNICH (2005)

KHONDJI, Darius (1955-)
DELICATESSEN (1991)
PARANO (1994)
SE7EN (1995)
CITÉ DES ENFANTS PERDUS, LA (1995)
STEALING BEAUTY (1996)
ALIEN: RESURRECTION (1997)
EVITA (1996)
IN DREAMS (1999)
NINTH GATE, THE (1999)
MADONNA: THE VIDEO
COLLECTION 93:99 (1999)
BEACH, THE (2000)
PANIC ROOM (2002)
ANYTHING ELSE (2003)
WORK OF DIRECTOR
CHRIS CUNNINGHAM, THE (2003)
WIMBLEDON (2004)
INTERPRETER, THE (2005)
LADY FROM SHANGHAI, THE (2006)

MIYAGAWA, Kazuo (1908-1999)
RASHOMON (1950)
UGETSU (1953)
SANSHO THE BAILIFF (1954)
STREET OF SHAME (1956)
FLOATING WEEDS (1959)
YOJIMBO (1961)
LONE WOLF AND CUB:
BABY CART IN PERIL (1972)
RAZOR: THE SNARE (1973)
GONZA THE SPEARMAN (1986)

MÜLLER, Robby (1940-)
WRONG MOVE, THE (1975)
KINGS OF THE ROAD (1976)
AMERICAN FRIEND , THE (1977)
MYSTERIES (1978)
OPNAME (1979)
SAINT JACK (1979)
THEY ALL LAUGHED (1981)
TRICHEURS (1984)
REPO MAN (1984)
PARIS, TEXAS (1984)
TO LIVE AND DIE IN L.A. (1985)
DOWN BY LAW (1986)
BELIEVERS, THE (1987)
BARFLY (1987)
LITTLE DEVIL, THE (1988)
NOTEBOOK ON CLOTHES AND CITIES, A (1989)
MYSTERY TRAIN (1989)
RED HOT AND BLUE (1990) (TV)
KORCZAK (1990)
MAD DOG AND GLORY (1993)
DEAD MAN (1995)
BEYOND THE CLOUDS
(1995, SEGMENT WENDERS)
BREAKING THE WAVES (1996)
TANGO LESSON, THE (1997)
SHATTERED IMAGE (1998)
BUENA VISTA SOCIAL CLUB (1999)
GHOST DOG: THE WAY
OF THE SAMURAI (1999)
DANCER IN THE DARK (2000)
24 HOUR PARTY PEOPLE (2002)
COFFEE AND CIGARETTES (2003)
MAN FROM LONDON, THE (2007)

RICHARDSON, Robert (1955-)
SALVADOR (1986)
PLATOON (1986)
DUDES (1987)
WALL STREET (1987)
EIGHT MEN OUT (1988)
TALK RADIO (1988)
BORN ON THE FOURTH OF JULY (1989)
DOORS, THE (1991)
CITY OF HOPE (1991)
JFK (1991)

FEW GOOD MEN, A (1992)
HEAVEN AND EARTH (1993)
NATURAL BORN KILLERS (1994)
CASINO (1995)
NIXON (1995)
U-TURN (1997)
FAST, CHEAP AND OUT OF CONTROL (1997)
WAG THE DOG (1997)
HORSE WHISPERER, THE (1998)
SNOW FALLING ON CEDARS (1999)
BRINGING OUT THE DEAD (1999)
FOUR FEATHERS, THE (2002)
KILL BILL VOL.1 (2003)
KILL BILL VOL.2 (2004)
AVIATOR, THE (2004)
GOOD SHEPHERD, THE (2006)

ROSSON, Hal (1895-1988)
TARZAN THE APE MAN (1932)
RED HEADED WOMAN (1932)
HOLD YOUR MAN (1933)
BOMBSHELL (1933)
SIDE OF HEAVEN, THIS (1934)
GIRL FROM MISSOURI, THE (1934)
TREASURE ISLAND (1934)
SCARLET PIMPERNEL, THE (1934)
GHOST GOES WEST, THE (1935)
AS YOU LIKE IT (1936)
CAPTAINS COURAGEOUS (1937)
TOO HOT TO HANDLE (1938)
WIZARD OF OZ, THE (1939)
EDISON, THE MAN (1940)
MEN OF BOYS TOWN, THE (1941)
HONKY TONK (1941)
CHOCOLATE SOLDIER, THE (1941)
JOHNNY EAGER (1942)
SOMEWHERE I'LL FIND YOU (1942)
THIRTY SECONDS OVER TOKYO (1944)
DUEL IN THE SUN (1946)
ANY NUMBER CAN PLAY (1949)
ON THE TOWN (1949)
KEY TO THE CITY (1950)
ASPHALT JUNGLE, THE (1950)
RED BADGE OF COURAGE, THE (1951)
LONE STAR (1952)
LOVE IS BETTER THAN EVER (1952)
SINGIN'IN THE RAIN (1952)
DANGEROUS WHEN WET (1953)
BAD SEED, THE (1956)
ENEMY BELOW, THE (1957)
NO TIME FOR SERGEANTS (1958)
ONIONHEAD (1958)
EL DORADO (1966)

ST-LOUIS, Jean-Pierre
TRISTESSE MODÈLE RÉDUIT (1987)
WINDIGO (1994)
POST MORTEM (1994)
OPÉRATION COBRA (1994)
NÈG, LE (2001)
20 H 17 RUE DARLING (2003)
GAZ BAR BLUES (2003)
GOÛT DES JEUNES FILLES, LE (2004)
IMITATION (2006)

STORARO, Vittorio (1940-)
SPIDER'S STRATAGEM, THE (1970)
BIRD WITH THE CRYSTAL PLUMAGE, THE (1970)
CONFORMIST, THE (1970)
DERNIER TANGO À PARIS, LE (1972)
MALICIOUS (1973)
DRIVER'S SEAT, THE (1974)
1900 (1976)
APOCALYPSE NOW (1979)
REDS (1981)
ONE FROM THE HEART (1982)
WAGNER (1983)
LADYHAWKE (1985)
ISHTAR (1987)
LAST EMPEROR, THE (1987)
TUCKER (1988)
NEW YORK STORIES (1989)
DICK TRACY (1990)
SHELTERING SKY, THE (1990)
LITTLE BUDDHA (1993)
FLAMENCO (1995)
BULWORTH (1998)
TANGO (1998)
GOYA IN BORDEAUX (1999)
PICKING UP THE PIECES (2000)
FRANK HERBERT'S DUNE (2000)
EXORCIST: THE BEGINNING (2004)

TOLAND, Gregg (1904-48)
BAT, THE (1926)
QUEEN KELLY (1929)
BULLDOG DRUMMOND (1929)
STREET SCENE (1931)
TONIGHT OR NEVER (1931)
ROMAN SCANDALS (1933)
WE LIVE AGAIN (1934)
FORSAKING ALL OTHERS (1934)
WEDDING NIGHT, THE (1935)
MISÉRABLES, LES (1935)
MAD LOVE (1935)
DARK ANGEL, THE (1935)
THESE THREE (1935)
COME AND GET IT (1936)
DEAD END (1937)
WUTHERING HEIGHTS (1938)
SHALL HAVE MUSIC, THEY (1939)
INTERMEZZO (1939)
GRAPES OF WRATH, THE (1940)
WESTERNER, THE (1940)
LONG VOYAGE HOME, THE (1940)
CITIZEN KANE (1941)
LITTLE FOXES, THE (1941)
BALL OF FIRE (1941)
OUTLAW, THE (1943)
KID FROM BROOKLYN, THE (1946)
BEST YEARS OF OUR LIVES, THE (1946)
BISHOP'S WIFE, THE (1947)
SONG IS BORN, A (1948)
ENCHANTMENT (1948)

TURPIN, André (1966-)
BECAUSE WHY (1993)
ZIGRAIL (1995)
COSMOS (1996)
COMTESSE DE BÂTON ROUGE, LA (1998)
32 AOÛT SUR TERRE, UN (1998)
ATOMIC SAKE (1999)
MATRONI ET MOI (1999)
MAELSTRÖM (2000)
CRABE DANS LA TÊTE, UN (2001)
COUNTDOWN (2002)
AMELIA (2003, TV)
CHILDSTAR (2004)
FAMILIA (2005)

UNSWORTH, Geoffrey (1914-1978)
SIMBA (1955)
NIGHT TO REMEMBER, A (1958)
300 SPARTANS, THE (1962)
OTHELLO (1965)
2001: A SPACE ODYSSEY (1968)
ASSASSINATION BUREAU, THE (1968)
DANCE OF DEATH, THE (1971)
MAGIC CHRISTIAN, THE (1969)
CROMWELL (1970)
THREE SISTERS (1970)
CABARET (1972)
ZARDOZ (1974)
MURDER ON THE ORIENT EXPRESS (1974)
RETURN OF THE PINK PANTHER, THE (1975)
BRIDGE TOO FAR, A (1977)
SUPERMAN (1978)
TESS (1979)
SUPERMAN 2 (1980)

WILLIS, Gordon (1931-)
END OF THE ROAD (1970)
LANDLORD, THE (1970)
KLUTE (1971)
GODFATHER, THE (1972)
BAD COMPANY (1972)
UP THE SANDBOX (1972)
PAPER CHASE, THE (1973)
PARALLAX VIEW, THE (1974)
GODFATHER 2, THE (1974)
DROWNING POOL, THE (1975)
ALL THE PRESIDENT'S MEN (1976)
ANNIE HALL (1977)
INTERIORS (1978)
COMES A HORSEMAN (1978)
STARDUST MEMORIES (1980)
PENNIES FROM HEAVEN (1981)
MIDSUMMER NIGHT'S SEX COMEDY, A (1982)
ZELIG (1983)
BROADWAY DANNY ROSE (1984)
PURPLE ROSE OF CAIRO, THE (1985)
PERFECT (1985)
MONEY PIT, THE (1986)
PICK UP ARTIST, THE (1987)
BRIGHT LIGHTS, BIG CITY (1988)
PRESUMED INNOCENT (1990)
GODFATHER 3, THE (1990)
MALICE (1993)
DEVIL'S OWN (1997)

WONG HOWE, James (1899-1976)
PETER PAN (1924)
CRIMINAL CODE, THE (1931)
SHANGHAI EXPRESS (1932)
VIVA VILLA! (1934)
MANHATTAN MELODRAMA (1934)
THIN MAN, THE (1934)
HOLLYWOOD PARTY (1934)
MARK OF THE VAMPIRE (1935)
FIRE OVER ENGLAND (1937)
PRISONER OF ZENDA (1937)
THEY MADE ME A CRIMINAL (1939)
ABE LINCOLN IN ILLINOIS (1940)
CITY FOR CONQUEST (1940)
FANTASIA (1940)
STRAWBERRY BLONDE (1941)
KINGS ROW (1941)
YANKEE DOODLE DANDY (1942)
HANGMEN ALSO DIE (1943)
PASSAGE TO MARSEILLE (1944)
OBJECTIVE, BURMA! (1945)
PURSUED (1947)
BODY AND SOUL (1947)
MR. BLANDINGS BUILDS
HIS DREAM HOUSE (1948)
TIME OF YOUR LIFE, THE (1948)
COME BACK, LITTLE SHEBA (1952)
PICNIC (1955)
ROSE TATTOO, THE (1955)
SWEET SMELL OF SUCCESS (1957)
FAREWELL TO ARMS (1957)
OLD MAN AND THE SEA, THE (1958)
BELL BOOK AND CANDLE (1958)
LAST ANGRY MAN, THE (1959)
SONG WITHOUT END (1960)
HUD (1963)
OUTRAGE, THE (1964)
THIS PROPERTY IS CONDEMNED (1966)
SECONDS (1966)

HOMBRE (1967)
HEART IS A LONELY HUNTER, THE (1968)
LAST OF THE MOBILE HOT SHOTS, THE (1969)
MOLLY MAGUIRES, THE (1969)
HORSEMEN, THE (1970)
FUNNY LADY (1975)

ZSIGMOND, Vilmos (1930-)
SADIST, THE (1963)
NASTY RABBIT, THE (1964)
INCREDIBLY STRANGE CREATURES WHO STOPPED LIVING AND BECAME MIXED-UP ZOMBIES!!?, THE (1964)
MONDO MOD (1967)
FUTZ! (1969)
SATAN'S SADISTS (1969)
HORROR OF THE BLOOD MONSTERS (1970)
MCCABE & MRS. MILLER (1971)
IMAGES (1972)
DELIVERANCE (1972)
BLOOD OF GHASTLY HORROR (1972)
SCARECROW (1973)
LONG GOODBYE, THE (1973)
SUGARLAND EXPRESS, THE (1974)
GIRL FROM PETROVKA, THE (1974)
OBSESSION (1976)
CLOSE ENCOUNTERS OF THE THIRD KIND (1977)
DEER HUNTER, THE (1978)
ROSE, THE (1979)
WINTER KILLS (1979)
HEAVEN'S GATE (1980)
BLOW OUT (1981)
JINXED! (1982)
TABLE FOR FIVE (1983)
RIVER, THE (1984)
NO SMALL AFFAIR (1984)
REAL GENIUS (1985)
WITCHES OF EASTWICK, THE (1987)
FAT MAN AND LITTLE BOY (1989)
BONFIRE OF THE VANITIES, THE (1990)
TWO JAKES, THE (1990)
STALIN (1992, TV)
SLIVER (1993)
MAVERICK (1994)
INTERSECTION (1994)
ASSASSINS (1995)
CROSSING GUARD, THE (1995)
GHOST AND THE DARKNESS, THE (1996)
PLAYING BY HEART (1998)
LIFE AS A HOUSE (2001)
MISTS OF AVALON, THE (2001, TV)
BODY, THE (2001)
JERSEY GIRL (2004)
MELINDA AND MELINDA (2004)
TORN FROM THE FLAG (2006)
BLACK DAHLIA, THE (2006)

LES FILMOGRAPHIES
DES ACTEURS ET ACTRICES

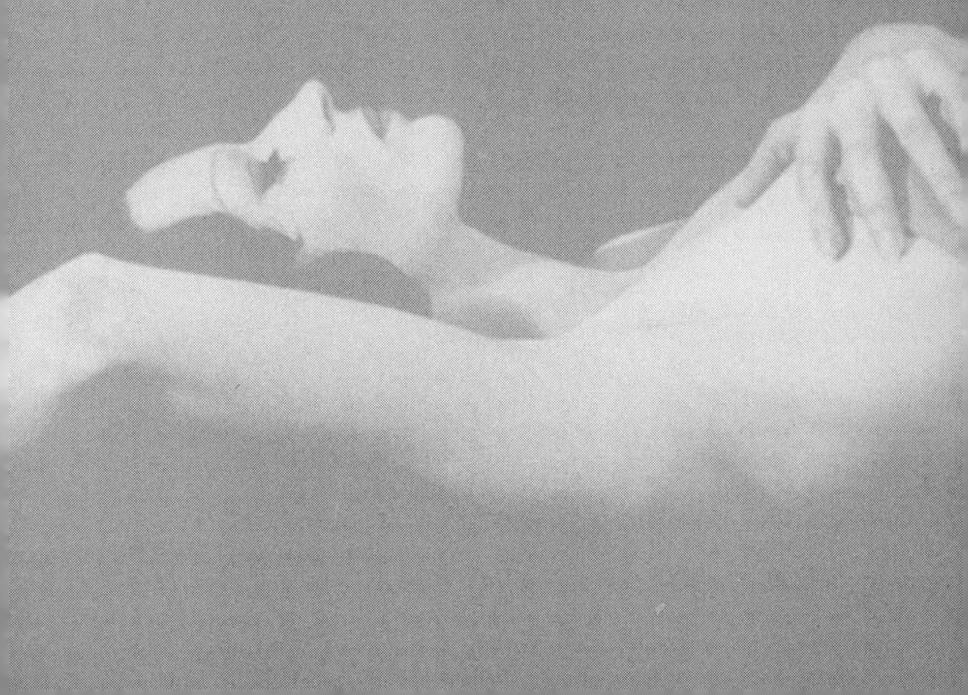

ABBOTT, Bud
acteur américain (1895-1974)
ONE NIGHT IN THE TROPICS (1940)
BUCK PRIVATES (1941)
HOLD THAT GHOST (1941)
IN THE NAVY (1941)
KEEP'EM FLYING (1941)
PARDON MY SARONG (1942)
RIDE'EM COWBOY (1942)
HIT THE ICE (1943)
LOST IN A HAREM (1944)
ABBOTT & COSTELLO
IN HOLLYWOOD (1945)
NAUGHTY NINETIES, THE (1945)
LITTLE GIANT (1946)
TIME OF THEIR LIVES, THE (1946)
ABBOTT & COSTELLO
MEET FRANKENSTEIN (1948)
MEXICAN HAYRIDE (1948)
NOOSE HANGS HIGH, THE (1948)
WISTFUL WIDOW OF WAGON GAP, THE (1948)
ABBOTT & COSTELLO MEET
THE KILLER BORIS KARLOFF (1949)
AFRICA SCREAMS (1949)
ABBOTT & COSTELLO
IN THE FOREIGN LEGION (1950)
ABBOTT & COSTELLO MEET
THE INVISIBLE MAN (1951)
JACK AND THE BEANSTALK (1952)
ABBOTT & COSTELLO GO TO MARS (1953)
ABBOTT & COSTELLO MEET
DR. JEKYLL AND MR. HYDE (1953)
ABBOTT & COSTELLO MEET
THE KEYSTONE KOPS (1955)
ABBOTT & COSTELLO MEET
THE MUMMY (1955)
DANCE WITH ME HENRY (1956)
BEST OF BUD ABBOTT &
LOU COSTELLO II (2004)

ABRAHAMS, Jon
acteur américain (1977-)
OUTSIDE PROVIDENCE (1999)
MEET THE PARENTS (2000)
SCARY MOVIE (2000)
SCENES OF THE CRIME (2001)
WES CRAVEN PRESENTS THEY (2002)
HOUSE OF WAX (2005)
PRIME (2005)

ABRIL, Victoria
actrice espagnole (1959-)
MIEUX VAUT ÊTRE RICHE ET BIEN PORTANT
QUE FAUCHÉ ET MAL FOUTU (1980)
COMIN' AT YA ! (1981)
J'AI ÉPOUSÉ UNE OMBRE (1982)
BÂTARD, LE (1983)
LUNE DANS LE CANIVEAU, LA (1983)
ON THE LINE (1983)
ADDITION, L' (1984)
VOYAGE, LE (1984)
HEURE DES SORTILÈGES, L' (1985)
PADRE NUESTRO (1985)
MAX, MON AMOUR (1986)
TEMPS DU SILENCE, LE (1986)
BÂTON ROUGE (1988)
ATTACHE-MOI ! (1989)
IF THEY TELL YOU I FELL... (1989)
ÉPOQUE FORMIDABLE, UNE (1991)
LOVERS (1991)
TALONS AIGUILLES (1991)
INTRUSO (1993)
KIKA (1993)
GAZON MAUDIT (1994)
LIBERTARIAS (1995)
ENTRE LES JAMBES (1999)
101 REYKJAVIK (2000)
DON'T TEMPT ME (2001)

ACKLAND, Joss
acteur anglais (1928-)
CRY OF THE PENGUINS (1971)
OPERATION DAYBREAK (1975)
SAINT JACK (1979)
TINKER, TAILOR, SOLDIER, SPY (1979)
WHITE MISCHIEF (1987)
SPYMAKER (1989)
HUNT FOR RED OCTOBER (1990)
JOHN LE CARRE'S A MURDER
OF QUALITY (1991)
MIGHTY DUCKS, THE (1992)
SURVIVING PICASSO (1996)
FIRELIGHT (1997)
SWEPT FROM THE SEA (1997)
PASSION OF MIND (2000)
HENRY VIII (2003)
ASYLUM (2005)

ADAMS, Brooke
actrice américaine (1949-)
SHOCK WAVES (1975)
DAYS OF HEAVEN (1978)
INVASION OF THE BODY SNATCHERS (1978)
CUBA (1979)
TELL ME A RIDDLE (1980)
DEAD ZONE, THE (1983)
MAN ON FIRE (1987)
GAS FOOD LODGING (1991)
SOMETIMES THEY COME BACK (1991)
BABY-SITTERS CLUB, THE (1995)

ADDAMS, Dawn
actrice anglaise (1927-1985)
MOON IS BLUE, THE (1952)
ROBE, THE (1953)
YOUNG BESS (1953)
KING IN NEW YORK, A (1956)
VOULEZ-VOUS DANSER AVEC MOI ? (1959)
TWO FACES OF DR. JEKYLL, THE (1961)
TULIPE NOIRE, LA (1964)
ZETA ONE (1969)
VAMPIRE LOVERS, THE (1970)

ADJANI, Isabelle
actrice française (1955-)
HISTOIRE D'ADÈLE H., L' (1975)
BAROCCO (1976)
LOCATAIRE, LE (1976)
DRIVER, THE (1978)
NOSFERATU : FANTÔME DE LA NUIT (1978)
QUARTET (1980)
POSSESSION (1981)
TOUT FEU, TOUT FLAMME (1981)
ANTONIETA (1982)
ÉTÉ MEURTRIER, L' (1982)
MORTELLE RANDONNÉE (1983)
SUBWAY (1985)
ISHTAR (1987)
CAMILLE CLAUDEL (1988)
REINE MARGOT, LA (1993)
TOXIC AFFAIR (1993)
DIABOLIQUE (1996)
BON VOYAGE ! (2003)
MONSIEUR IBRAHIM ET
LES FLEURS DU CORAN (2003)

ADLER, Luther
acteur américain (1903-1984)
WAKE OF THE RED WITCH, THE (1948)
HOUSE OF STRANGERS (1949)
D.O.A. (1950)
KISS TOMORROW GOODBYE (1950)
DESERT FOX, THE (1951)
LAST ANGRY MAN, THE (1959)
ABSENCE OF MALICE (1982)

AFFLECK, Ben
acteur américain (1972-)
SCHOOL TIES (1992)
CHASING AMY (1996)
GLORY DAZE (1996)
GOING ALL THE WAY (1996)
GOOD WILL HUNTING (1997)
ARMAGEDDON (1998)
200 CIGARETTES (1999)
DOGMA (1999)
FORCES OF NATURE (1999)
REINDEER GAMES (2000)
DADDY AND THEM (2001)
PEARL HARBOR (2001)
PROJECT GREENLIGHT (2001)
CHANGING LANES (2002)
SUM OF ALL FEARS, THE (2002)
THIRD WHEEL, THE (2002)
DAREDEVIL (2003)
GIGLI (2003)
PAYCHECK (2003)
JERSEY GIRL (2004)
SURVIVING CHRISTMAS (2004)

AFFLECK, Casey
acteur américain (1975-)
TO DIE FOR (1995)
GOOD WILL HUNTING (1997)
DESERT BLUE (1998)
DROWNING MONA (2000)
HAMLET (2000)
OCEAN'S ELEVEN (2001)
GERRY (2002)
OCEAN'S 12 (2004)

AGAR, John
acteur américain (1921-2002)
FORT APACHE (1947)
SANDS OF IWO JIMA (1949)
SHE WORE A YELLOW RIBBON (1949)
ALONG THE GREAT DIVIDE (1951)
REVENGE OF THE CREATURE (1955)
TARANTULA (1955)
MOLE PEOPLE, THE (1956)
BRAIN FROM PLANET AROUS, THE (1957)
ATTACK OF THE PUPPET PEOPLE (1958)
INVISIBLE INVADERS (1959)
JOURNEY TO THE SEVENTH PLANET (1961)
ST. VALENTINE'S DAY MASSACRE, THE (1967)
KING KONG (1976)
MIRACLE MILE (1988)
NIGHTBREED (1990)

AGUTTER, Jenny
actrice anglaise (1952-)
WALKABOUT (1970)
EAGLE HAS LANDED, THE (1976)
LOGAN'S RUN (1976)
CHINA 9, LIBERTY 37 (1978)
AMERICAN WEREWOLF IN LONDON (1981)
SILAS MARNER (1985)
CHILD'S PLAY II (1990)
MI-5 (2002)

AHERNE, Brian
acteur anglais (1902-1986)
SONG OF SONGS, THE (1933)
I LIVE MY LIFE (1935)
SYLVIA SCARLETT (1936)
JUAREZ (1939)
LADY IN QUESTION, THE (1940)
NIGHT TO REMEMBER, A (1942)
SWORD OF LANCELOT, THE (1963)

AIELLO, Danny
acteur américain (1933-)
GODFATHER II, THE (1974)
FRONT, THE (1976)
FINGERS (1977)
FORT APACHE, THE BRONX (1981)
ONCE UPON A TIME IN AMERICA (1984)
PROTECTOR, THE (1985)
PURPLE ROSE OF CAIRO, THE (1985)
MOONSTRUCK (1987)
PICK-UP ARTIST, THE (1987)
RADIO DAYS (1987)
JANUARY MAN, THE (1988)
DO THE RIGHT THING (1989)
HARLEM NIGHTS (1989)
JACOB'S LADDER (1990)
ONCE AROUND (1990)
29th STREET (1991)
HUDSON HAWK (1991)
MISTRESS (1992)
RUBY (1992)
PROFESSIONAL, THE (1994)
CITY HALL (1995)
2 DAYS IN THE VALLEY (1996)
DINNER RUSH (2000)

AIKAWA, Sho
acteur japonais (1961-)
RAINY DOG (1997)
BLOOD (1998)
DEAD OR ALIVE (1999)
LEY LINES (1999)
DEAD OR ALIVE 2 (2000)
DEAD OR ALIVE : FINAL (2002)
DEAD OR ALIVE TRILOGY (2003)
GOZU (2003)

AIMÉE, Anouk
actrice française (1932-)
MONTPARNASSE 19 (1957)
DOLCE VITA, LA (1960)
LOLA (1960)
SODOM AND GOMORRAH (1962)
8 1/2 (1963)
HOMME ET UNE FEMME, UN (1966)
TRAGÉDIE D'UN HOMME RIDICULE, LA (1981)
VIVA LA VIE (1983)
SUCCESS IS THE BEST REVENGE (1984)
HOMME ET UNE FEMME :
VINGT ANS DÉJÀ, UN (1986)
BETHUNE : THE MAKING OF A HERO (1990)
IL Y A DES JOURS... ET DES LUNES (1990)
MARMOTTES, LES (1993)
RUPTURE(S) (1993)
CENT ET UNE NUITS, LES (1994)
PRÊT-À-PORTER (1994)
FESTIVAL IN CANNES (2001)
NAPOLÉON (2002)

AKINS, Claude
acteur américain (1918-1994)
CAINE MUTINY, THE (1953)
FROM HERE TO ETERNITY (1953)
SEA CHASE, THE (1955)
LONELY MAN, THE (1957)
DEFIANT ONES, THE (1958)
ONIONHEAD (1958)
RIO BRAVO (1959)
COMANCHE STATION (1960)
INHERIT THE WIND (1960)
MERRILL'S MARAUDERS (1962)
KILLERS, THE (1964)
RETURN OF THE MAGNIFICIENT SEVEN (1966)
WATERHOLE #3 (1967)
MAN CALLED SLEDGE, A (1970)
NIGHT STALKER (1971)
BATTLE FOR THE PLANET OF THE APES (1973)
MONSTER IN THE CLOSET (1987)
GAMBLER RETURNS :
THE LUCK OF THE DRAW (1991)
FALLING FROM GRACE (1992)

ALBERT, Eddie
acteur américain (1908-2005)
WAGONS ROLL AT NIGHT, THE (1941)
SMASH-UP, THE STORY OF A WOMAN (1947)
YOU GOTTA STAY HAPPY (1948)
FULLER BRUSH GIRL, THE (1950)
YOU'RE IN THE NAVY NOW (1951)
ROMAN HOLIDAY (1953)
I'LL CRY TOMORROW (1955)
ATTACK ! (1956)
BELOVED INFIDEL (1959)
GREEN ACRES (SEASON I) (1965)
MCQ (1973)
LONGEST YARD, THE (1974)
DEVIL'S RAIN, THE (1975)
ESCAPE TO WITCH MOUNTAIN (1975)
GABRIELLE (1979)
BEULAH LAND (1980)
BRENDA STARR (1987)

ALCAZAR, Damian
acteur mexicain (1953-)
BANDIDOS (1990)
DEUX CRIMES (1995)
EN EL AIRE (1995)
MEN WITH GUNS (1997)
LEY DE HERODES, LA (1999)
PÉCHÉ DU FRÈRE AMARO, LE (2002)
AND STARRING PANCHO VILLA
AS HIMSELF (2003)

ALDA, Alan
acteur américain (1936-)
PAPER LION (1968)
TO KILL A CLOWN (1971)
M*A*S*H* (1972, 1978)
CALIFORNIA SUITE (1978)
SAME TIME, NEXT YEAR (1978)
SEDUCTION OF JOE TYNAN, THE (1979)
FOUR SEASONS, THE (1981)
SWEET LIBERTY (1986)
NEW LIFE, A (1988)
CRIMES AND MISDEMEANORS (1989)
BETSY'S WEDDING (1990)
AND THE BAND PLAYED ON (1993)
MANHATTAN MURDER MYSTERY (1993)
CANADIAN BACON (1995)
EVERYONE SAYS I LOVE YOU (1996)
MAD CITY (1997)
MURDER AT 1600 (1997)
KEEPERS OF THE FRAME (1999)
WHAT WOMEN WANT (2000)
AVIATOR, THE (2004)

ALEXANDER, Jane
actrice américaine (1939-)
GREAT WHITE HOPE, THE (1970)
NEW CENTURIONS, THE (1972)
ALL THE PRESIDENT'S MEN (1976)
BETSY, THE (1978)
KRAMER vs. KRAMER (1979)
BRUBAKER (1980)
NIGHT CROSSING (1981)
TESTAMENT (1983)
CITY HEAT (1984)
RUMOR MILL, THE :
MALICE IN WONDERLAND (1985)
SWEET COUNTRY (1988)
GLORY (1989)
ÂME EN JEU, L' (2002)
RING, THE (2002)
SUNSHINE STATE (2002)
WARM SPRINGS (2005)

ALEXANDER, Jason
acteur américain (1959-)
SEINFELD (SEASON I & II) (1990)
WHITE PALACE (1990)
I DON'T BUY KISSES ANYMORE (1991)
NORTH (1994)
DUNSTON CHECKS IN (1995)
LOVE ! VALOUR ! COMPASSION ! (1996)
ADVENTURES OF ROCKY
AND BULWINKLE, THE (2000)
ON EDGE (2001)
SHALLOW HAL (2001)

ALLEN, Joan
actrice américaine (1956-)
COMPROMISING POSITIONS (1985)
MANHUNTER (1986)
IN COUNTRY (1989)
ETHAN FROME (1992)
SEARCHING FOR BOBBY FISCHER (1993)
MAD LOVE (1995)
NIXON (1995)
CRUCIBLE, THE (1996)
FACE / OFF (1997)
ICE STORM, THE (1997)
PLEASANTVILLE (1998)
IT'S THE RAGE (1999)
CONTENDER, THE (2000)
MISTS OF AVALON (2001)
OFF THE MAP (2003)
BOURNE SUPREMACY, THE (2004)
UPSIDE OF ANGER, THE (2005)
YES (2005)

ALLEN, Karen
actrice américaine (1951-)
WANDERERS, THE (1979)
CRUISING (1980)
SMALL CIRCLE OF FRIENDS, A (1980)
RAIDERS OF THE LOST ARK (1981)
STARMAN (1984)
UNTIL SEPTEMBER (1984)
GLASS MENAGERIE, THE (1987)
SCROOGED (1988)
TURNING, THE (1992)
BASKET, THE (1999)
WHEN WILL I BE LOVED (2004)

ALLEN, Nancy
actrice américaine (1950-)
CARRIE (1976)
I WANNA HOLD YOUR HAND (1978)
HOME MOVIES (1979)
DRESSED TO KILL (1980)
BLOW OUT (1981)
BUDDY SYSTEM, THE (1983)
STRANGE INVADERS (1983)
PHILADELPHIA EXPERIMENT, THE (1984)
GLADIATOR, THE (1986)
ROBOCOP (1987)
POLTERGEIST III (1988)
PATRIOTES, LES (1994)

ALLEN, Woody
acteur américain (1935-)
WHAT'S NEW, PUSSYCAT ? (1965)
CASINO ROYALE (1967)
TAKE THE MONEY AND RUN (1969)
BANANAS (1971)
EVERYTHING YOU ALWAYS WANTED
TO KNOW ABOUT SEX BUT WERE
AFRAID TO ASK (1972)
PLAY IT AGAIN, SAM (1972)

SLEEPER (1973)
LOVE AND DEATH (1975)
FRONT, THE (1976)
ANNIE HALL (1977)
MANHATTAN (1979)
STARDUST MEMORIES (1980)
MIDSUMMER NIGHT'S SEX COMEDY, A (1982)
ZELIG (1983)
BROADWAY DANNY ROSE (1984)
HANNAH AND HER SISTERS (1986)
KING LEAR (1987)
CRIMES AND MISDEMEANORS (1989)
NEW YORK STORIES (1989)
SCENES FROM A MALL (1991)
SHADOWS AND FOG (1991)
HUSBANDS AND WIVES (1992)
MANHATTAN MURDER MYSTERY (1993)
DON'T DRINK THE WATER (1994)
MIGHTY APHRODITE (1995)
EVERYONE SAYS I LOVE YOU (1996)
DECONSTRUCTING HARRY (1997)
PICKING UP THE PIECES (2000)
SMALL TIME CROOKS (2000)
HOLLYWOOD ENDING (2002)
ANYTHING ELSE (2003)

ALLEY, Kirstie
actrice américaine (1955-)
CHEERS (SEASONS I, II, III)
SHOOT TO KILL (1988)
LOOK WHO'S TALKING (1989)
LOOK WHO'S TALKING TOO (1990)
LOOK WHO'S TALKING NOW (1993)
VILLAGE OF THE DAMNED (1995)
DECONSTRUCTING HARRY (1997)
DROP DEAD GORGEOUS (1999)
FAT ACTRESS (2005)

ALLGOOD, Sara
actrice irlandaise (1879-1950)
JUNO AND THE PAYCOCK (1929)
JUNO AND THE PAYCOCK / BLACKMAIL (1930)
STORM IN A TEACUP (1937)
SPIRAL STAIRCASE, THE (1945)
STRANGE AFFAIR OF UNCLE HARRY, THE (1945)
FABULOUS DORSEYS, THE (1947)
MOURNING BECOMES ELECTRA (1947)
CHEAPER BY THE DOZEN (1950)

ALLYSON, June
actrice américaine (1917-)
TWO GIRLS AND A SAILOR (1944)
TWO SISTERS FROM BOSTON (1946)
GOOD NEWS (1947)
TILL THE CLOUDS ROLL BY (1947)
STRATTON STORY, THE (1948)
THREE MUSKETEERS, THE (1948)
WORDS AND MUSIC (1948)
BATTLE CIRCUS (1953)
GLENN MILLER STORY, THE (1954)
McCONNELL STORY, THE (1955)
STRATEGIC AIR COMMAND (1955)
MY MAN GODFREY (1957)
CURSE OF THE BLACK WIDOW, THE (1977)

ALONSO, Maria Conchita
actrice cubaine (1957-)
MOSCOW ON THE HUDSON (1984)
RUNNING MAN, THE (1987)
COLORS (1988)
VAMPIRE'S KISS (1988)
PREDATOR II (1990)
McBAIN (1991)
HOUSE OF THE SPIRITS, THE (1993)
CAUGHT (1996)

ALTERIO, Hector
acteur argentin (1929-)
SEVEN MADMEN, THE (1973)
CRIA CUERVOS (1975)
CAMILA (1984)
HISTOIRE OFFICIELLE, L' (1985)
FIERRO... L'ÉTÉ DES SECRETS (1989)
I, THE WORST OF ALL (1990)
SON OF THE BRIDE, THE (2001)

ALVARADO, Trini
actrice américaine (1967-)
MRS. SOFFEL (1984)
SWEET LORRAINE (1986)
STELLA (1990)
BABE, THE (1992)
LITTLE WOMEN (1994)
PEREZ FAMILY, THE (1995)
FRIGHTENERS, THE (1996)

AMALRIC, Mathieu
acteur français (1965-)
COMMENT JE ME SUIS DISPUTÉ... (MA VIE SEXUELLE) (1995)
JOURNAL D'UN SÉDUCTEUR, LE (1995)
ALICE ET MARTIN (1998)
DIEU SEUL ME VOIT (1998)
FIN AOÛT, DÉBUT SEPTEMBRE (1998)
MES ENFANTS NE SONT PAS COMME LES AUTRES (2002)
ROIS ET REINE (2004)
MOUSTACHE, LA (2005)
MUNICH (2005)

AMECHE, Don
acteur américain (1908-1993)
ALEXANDER'S RAGTIME BAND (1938)
IN OLD CHICAGO (1938)
MIDNIGHT (1939)
STORY OF ALEXANDER GRAHAM BELL, THE (1939)
THREE MUSKETEERS, THE (1939)
DOWN ARGENTINE WAY (1940)
MOON OVER MIAMI (1941)
HEAVEN CAN WAIT (1943)
IT'S IN THE BAG (1945)
COCOON (1985)
HARRY AND THE HENDERSONS (1987)
COCOON : THE RETURN (1988)
THINGS CHANGE (1988)
OSCAR (1991)
HOMEWARD BOUND : THE INCREDIBLE JOURNEY (1993)
CORRINA, CORRINA (1994)

AMES, Leon
acteur américain (1902-1993)
WEEKEND AT THE WALDORF (1945)
SHOW-OFF, THE (1946)
MERTON OF THE MOVIES (1947)
DATE WITH JUDY, A (1948)
ON AN ISLAND WITH YOU (1948)
BIG HANGOVER, THE (1950)
WATCH THE BIRDIE (1951)
BY THE LIGHT OF THE SILVERY MOON (1952)
ABSENT-MINDED PROFESSOR, THE (1961)

ANCONINA, Richard
acteur français (1953-)
INSPECTEUR LA BAVURE (1980)
CHOIX DES ARMES, LE (1981)
BATTANT, LE (1982)
JEUNE MARIÉ, LE (1982)
CAP CANAILLE (1983)
PIERRE DANS LA BOUCHE, UNE (1983)
TCHAO PANTIN (1983)
INTRUS, L' (1984)
PARTIR, REVENIR (1985)
POLICE (1985)
LEVY ET GOLIATH (1986)
MÔME, LE (1986)
ITINÉRAIRE D'UN ENFANT GÂTÉ (1988)
ENVOYEZ LES VIOLONS (1989)
PETIT CRIMINEL, LE (1990)
VÉRITÉ SI JE MENS II, LA (2000)

ANDERSON, Gillian
actrice américaine (1968-)
TURNING, THE (1992)
MIGHTY, THE (1998)
PLAYING BY HEART (1998)
X-FILES : THE MOVIE (1998)
HOUSE OF MIRTH, THE (2000)
X-FILES (SEASON VIII) (2001)
BLEAK HOUSE (2005)
TRISTRAM SHANDY - A COCK & BULL STORY (2005)

ANDERSON, Judith
actrice australienne (1897-1992)
ALL THROUGH THE NIGHT (1941)
STAGE DOOR CANTEEN (1943)
SPECTER OF THE ROSE (1946)
STRANGE LOVE OF MARTHA IVERS (1946)
AND THEN THERE WERE NONE (1947)
PURSUED (1947)
RED HOUSE, THE (1947)
TYCOON (1948)
CINDERFELLA (1960)
MAN CALLED HORSE, A (1969)

ANDERSON, Kevin
acteur américain (1960-)
ORPHANS (1987)
ORPHEUS DESCENDING (1990)
LIEBESTRAUM (1991)
NIGHT WE NEVER MET, THE (1993)
WRONG MAN, THE (1993)
EYE OF GOD (1997)
FIRELIGHT (1997)
WHEN STRANGERS APPEAR (2001)

ANDERSON, Richard
acteur américain (1926-)
ACROSS THE WIDE MISSOURI (1951)
SEARCH FOR BRIDEY MURPHY, THE (1956)
GATHERING OF EAGLES, A (1963)
KITTEN WITH A WHIP (1964)
SECONDS (1966)
BLACK EYE (1974)
STRANGER ON MY LAND (1987)
GLASS SHIELD, THE (1994)

ANDERSSON, Bibi
actrice suédoise (1935-)
SOURIRES D'UNE NUIT D'ÉTÉ (1955)
BRINK OF LIFE (1957)
FRAISES SAUVAGES, LES (1957)
SEVENTH SEAL, THE (1957)
VISAGE, LE (1959)
ŒIL DU DIABLE, L' (1960)
TOUTES CES FEMMES (1964)
DUEL AT DIABLO (1965)
PERSONA (1966)
PASSION, UNE (1969)
SCÈNES DE LA VIE CONJUGALE (1973)
IL PLEUT SUR SANTIAGO (1975)
I NEVER PROMISED YOU A ROSE GARDEN (1976)
QUINTET (1978)
AIRPORT '79 : THE CONCORDE (1979)
HOMME, DEUX FEMMES, UN (1979)
FESTIN DE BABETTE, LE (1987)

ANDERSSON, Harriet
actrice suédoise (1932-)
MONIKA (1953)
NUIT DES FORAINS, LA (1953)
LEÇON D'AMOUR, UNE (1954)
RÊVES DE FEMMES (1955)
SOURIRES D'UNE NUIT D'ÉTÉ (1955)
COMME DANS UN MIROIR (1962)
CRIS ET CHUCHOTEMENTS (1972)
FANNY ET ALEXANDRE (1982)
DOGVILLE (2003)

ANDRESS, Ursula
actrice suisse (1936-)
DR. NO (1962)
4 FOR TEXAS (1963)
FUN IN ACAPULCO (1963)
DIXIÈME VICTIME, LA (1965)
WHAT'S NEW, PUSSYCAT ? (1965)
BLUE MAX, THE (1966)
CASINO ROYALE (1967)
SOLEIL ROUGE (1971)
LOVES AND TIMES
OF SCARAMOUCHE, THE (1975)
SENSUOUS NURSE, THE (1975)
MONTAGNE DU DIEU CANNIBALE, LA (1978)
FIFTH MUSKETEER, THE (1979)
MONSTRESSES, LES (1979)
CLASH OF THE TITANS (1981)
LIBERTÉ, ÉGALITÉ, CHOUCROUTE (1985)

ANDREWS, Anthony
acteur anglais (1948-)
OPERATION DAYBREAK (1975)
DANGER UXB (1979)
IVANHOE (1982)
SCARLET PIMPERNEL, THE (1982)
UNDER THE VOLCANO (1984)
HOLCROFT COVENANT, THE (1985)
HAUNTED (1995)

ANDREWS, Dana
acteur américain (1909-1992)
BALL OF FIRE (1942)
CRASH DIVE (1943)
OX-BOW INCIDENT, THE (1943)
LAURA (1944)
PURPLE HEART, THE (1944)
UP IN ARMS (1944)
FALLEN ANGEL (1945)
STATE FAIR (1945)
BOOMERANG ! (1946)
CANYON PASSAGE (1946)
WALK IN THE SUN, A (1946)
NO MINOR VICES (1948)
MY FOOLISH HEART (1949)
WHERE THE SIDEWALK ENDS (1950)
FROGMEN, THE (1951)
ELEPHANT WALK (1953)
CURSE OF THE DEMON (1957)
SATAN BUG, THE (1964)
JOHNNY RENO (1965)

ANDREWS, Harry
acteur anglais (1911-1989)
HELEN OF TROY (1955)
ALEXANDER THE GREAT (1956)
55 DAYS AT PEKING (1963)
633 SQUADRON (1964)
AGONY AND THE ECSTASY, THE (1965)
HILL, THE (1965)
MODESTY BLAISE (1966)
HORRORS OF BURKE AND HARE, THE (1971)
FOUR FEATHERS, THE (1977)
MESMERIZED (1986)
CAUSE CELEBRE (1987)

ANDREWS, Julie
actrice anglaise (1935-)
AMERICANIZATION OF EMILY, THE (1964)
MARY POPPINS (1964)
SOUND OF MUSIC, THE (1965)
HAWAII (1966)
TORN CURTAIN (1966)
THOROUGHLY MODERN MILLIE (1967)
STAR ! (1968)
DARLING LILI (1969)
10 (1979)
LITTLE MISS MARKER (1980)
S.O.B. (1981)
VICTOR / VICTORIA (1982)
DUET FOR ONE (1986)
THAT'S LIFE ! (1986)
OUR SONS (1991)
FINE ROMANCE, A (1992)
PRINCESS DIARIES, THE (2001)
PRINCESS DIARIES 2 :
ROYAL ENGAGEMENT (2004)

ANDREWS, Naveen
acteur anglais (1971-)
WILD WEST (1992)
ENGLISH PATIENT, THE (1996)
KAMA SUTRA : A TALE OF LOVE (1996)
MIGHTY JOE YOUNG (1998)
MY OWN COUNTRY (1998)
ROLLERBALL (2001)
EASY (2003)

ANÉMONE
actrice française (1950-)
ATTENTION LES YEUX (1975)
ORDINATEUR DES POMPES
FUNÈBRES, L' (1976)
VOUS N'AUREZ PAS L'ALSACE
ET LA LORRAINE (1977)
JE VAIS CRAQUER (1979)
VIENS CHEZ MOI, J'HABITE
CHEZ UNE COPINE (1980)
MA FEMME S'APPELLE REVIENS (1981)
QUAND TU SERAS DÉBLOQUÉ,
FAIS-MOI SIGNE (1981)
PÈRE NOËL EST UNE ORDURE, LE (1982)
POUR 100 BRIQUES, T'AS PLUS RIEN (1982)
QUART D'HEURE AMÉRICAIN, LE (1982)
HOMME À MA TAILLE, UN (1983)
NANAS, LES (1984)
PÉRIL EN LA DEMEURE (1984)
MARIAGE DU SIÈCLE, LE (1985)
TRANCHES DE VIE (1985)
GRAND CHEMIN, LE (1986)
I LOVE YOU (1986)
TWISTED OBSESSION (1988)
ENVOYEZ LES VIOLONS (1989)
COUP DE JEUNE ! (1991)
PETIT PRINCE A DIT, LE (1992)
AUX PETITS BONHEURS (1993)
PAS TRÈS CATHOLIQUE (1993)
CRI DE LA SOIE, LE (1996)
MARQUISE (1997)
LAUTREC (1998)
MA FEMME... S'APPELLE MAURICE (2002)
C'EST PAS MOI, C'EST L'AUTRE (2004)

ANGEL, Heather
actrice anglaise (1909-1986)
INFORMER, THE (1935)
MYSTERY OF EDWIN DROOD, THE (1935)
LAST OF THE MOHICANS, THE (1936)
BULLDOG DRUMMOND ESCAPES (1937)
BULLDOG DRUMMOND IN AFRICA (1938)
BULLDOG DRUMMOND'S
SECRET POLICE (1939)
SHADOWS ON THE STAIRS (1941)

ANGLADE, Jean-Hugues
acteur français (1955-)
INDISCRÉTION, L' (1982)
HOMME BLESSÉ, L' (1983)
SUBWAY (1985)
37°2 LE MATIN (1986)
NIKITA (1990)
NUIT D'ÉTÉ EN VILLE (1990)
GAWIN (1991)
JONAH WHO LIVED IN THE WHALE (1993)
KILLING ZOE (1993)
MARMOTTES, LES (1993)
REINE MARGOT, LA (1993)
DIS-MOI OUI (1994)
NELLY ET MONSIEUR ARNAUD (1995)
AFFINITÉS ÉLECTIVES, LES (1996)
MAXIMUM RISK (1996)
EN FACE (1999)
PROF, LE (1999)
IL EST PLUS FACILE
POUR UN CHAMEAU... (2003)
LAISSE TES MAINS SUR MES HANCHES (2003)
TAKING LIVES (2004)

ANISTON, Jennifer
actrice américaine (1969-)
FRIENDS (1994-99)
SHE'S THE ONE (1996)
PICTURE PERFECT (1997)
OBJECT OF MY AFFECTION, THE (1998)
OFFICE SPACE (1999)
GOOD GIRL, THE (2001)
ROCK STAR (2001)
BRUCE ALMIGHTY (2003)
ALONG CAME POLLY (2004)
DERAILED (2005)
RUMOR HAS IT ... (2005)
FRIENDS WITH MONEY (2006)

ANKERS, Evelyn
actrice chilienne (1918-1985)
SHERLOCK HOLMES AND
THE VOICE OF TERROR (1942)
MAD GHOUL, THE (1943)
INNER SANCTUM : WEIRD WOMAN (1944)
INVISIBLE MAN'S REVENGE, THE (1944)
JUNGLE WOMAN (1944)
PEARL OF DEATH, THE (1944)
LAST OF THE REDMEN (1947)

ANKRUM, Morris
acteur américain (1896-1964)
BORDERLINE (1950)
CHAIN LIGHTNING (1950)
IN A LONELY PLACE (1950)
ALONG THE GREAT DIVIDE (1951)
RED PLANET MARS (1952)
APACHE (1953)
KRONOS RAVAGER OF PLANET (1956)
BEGINNING OF THE END (1957)

ANN-MARGRET
actrice suédoise (1941-)
POCKETFUL OF MIRACLES (1961)
BYE BYE BIRDIE (1963)
KITTEN WITH A WHIP (1964)
VIVA LAS VEGAS (1964)
CINCINNATI KID, THE (1965)
MURDERER'S ROW (1966)
TIGER AND THE PUSSYCAT, THE (1967)
R.P.M. (1970)
CARNAL KNOWLEDGE (1971)
UN HOMME EST MORT (1972)
TRAIN ROBBERS, THE (1973)
TOMMY (1975)
FOLIES BOURGEOISES (1976)

JOSEPH ANDREWS (1976)
LAST REMAKE OF BEAU GESTE, THE (1977)
CHEAP DETECTIVE, THE (1978)
MAGIC (1978)
VILLAIN, THE (1979)
RETURN OF THE SOLDIER, THE (1981)
I OUGHT TO BE IN PICTURES (1982)
52 PICK-UP (1986)
NEW LIFE, A (1988)
OUR SONS (1991)
NEWSIES (1992)
GRUMPY OLD MEN (1993)
GRUMPIER OLD MEN (1995)
10th KINGDOM, THE (2000)

ANSARA, Michael
acteur syrien (1922-)
ACTION IN ARABIA (1944)
ABBOTT & COSTELLO MEET THE MUMMY (1955)
DIANE (1955)
HARUM SCARUM (1965)
PINK JUNGLE, THE (1968)
GUNS OF THE MAGNIFICENT SEVEN (1969)
MESSAGE, THE (1976)
DR. STRANGE (1978)
ASSASSINATION (1987)

ANTONELLI, Laura
actrice italienne (1941-)
DR. GOLDFOOT AND THE GIRL BOMBS (1966)
VÉNUS EN FOURRURE, LA (1968)
MAN CALLED SLEDGE, A (1970)
MARIÉS DE L'AN DEUX, LES (1971)
ALL' ONOREVOLE PIACCIONO LE DONNE (1972)
MALICIA (1973)
MON DIEU, COMMENT SUIS-JE TOMBÉE SI BAS ? (1974)
DIVINE CREATURE (1976)
INNOCENT, L' (1976)
CHASTE ET PURE (1977)
MAÎTRESSE LÉGITIME, LA (1977)
MONSTRESSES, LES (1979)
PASSION D'AMOUR (1980)
TRANCHES DE VIE (1985)
VÉNITIENNE, LA (1986)

ANWAR, Gabrielle
actrice anglaise (1970-)
NIGHT OF LOVE, A (1987)
STORYTELLER, THE - DEFINITIVE COLLECTION (1987)
WILD HEARTS CAN'T BE BROKEN (1991)
SCENT OF A WOMAN (1992)
BODY SNATCHERS (1993)
THINGS TO DO IN DENVER WHEN YOU'RE DEAD (1995)
WATER UNDER THE BRIDGE (2003)

APPLEGATE, Christina
actrice américaine (1971-)
BIG HIT, THE (1998)
MAFIA ! (1998)
JUST VISITING (2001)
SWEETEST THING, THE (2002)
GRAND THEFT PARSONS (2003)
VIEW FROM THE TOP, A (2003)
ANCHORMAN : THE LEGEND OF RON BURGUNDY (2004)

ARCAND, Gabriel
acteur québécois (1949-)
MAUDITE GALETTE, LA (1972)
RÉJEANNE PADOVANI (1973)
GINA (1975)
PARLEZ-NOUS D'AMOUR (1976)
PANIQUE (1977)
AU REVOIR... À LUNDI (1979)
AFFAIRE COFFIN, L' (1980)
SUZANNE (1980)
PLOUFFE, LES (1981)
MÉMOIRE BATTANTE (1983)
CRIME D'OVIDE PLOUFFE, LE (1984)
AGNES OF GOD (1985)
DÉCLIN DE L'EMPIRE AMÉRICAIN, LE (1986)
PORTES TOURNANTES, LES (1988)
NELLIGAN (1991)
FABRICATION D'UN MEURTRIER, LA (1996)
POST MORTEM (1999)
TURBULENCE DES FLUIDES, LA (2002)

ARCHER, Anne
actrice américaine (1947-)
LIFEGUARD (1975)
PARADISE ALLEY (1978)
FATAL ATTRACTION (1987)
EMINENT DOMAIN (1990)
LOVE AT LARGE (1990)
NAILS (1992)
CLEAR AND PRESENT DANGER (1994)
RULES OF ENGAGEMENT (2000)
NOVEMBER (2004)

ARDANT, Fanny
actrice française (1949-)
CHIENS, LES (1979)
UNS ET LES AUTRES, LES (1980)
FEMME D'À CÔTÉ, LA (1981)
AMOUR DE SWANN, UN (1983)
BENVENUTA (1983)
VIVEMENT DIMANCHE ! (1983)
ÉTÉ PROCHAIN, L' (1984)
CONSEIL DE FAMILLE (1986)
FAMILLE, LA (1987)
AUSTRALIA (1989)
AFRAID OF THE DARK (1991)
AMOK, IVRE D'AMOUR (1992)
CENT ET UNE NUITS, LES (1994)
COLONEL CHABERT, LE (1994)
PAR-DELÀ LES NUAGES (1995)
SABRINA (1995)
PÉDALE DOUCE (1996)
RIDICULE (1996)
BALZAC : LA PASSION D'UNE VIE (1999)
DÉBANDADE, LA (1999)
FILS DU FRANÇAIS, LE (1999)
LIBERTIN, LE (2000)
8 FEMMES (2001)
DON'T TEMPT ME (2001)
CALLAS FOREVER (2002)
NATHALIE (2003)

ARDEN, Eve
actrice américaine (1909-1990)
AT THE CIRCUS (1938)
COMRADE X (1940)
SLIGHTLY HONORABLE (1940)
MY DREAM IS YOURS (1949)
ONE TOUCH OF VENUS (1949)
ANATOMY OF A MURDER (1959)
STRONGEST MAN IN THE WORLD, THE (1974)

ARDITI, Pierre
acteur français (1944-)
BLAISE PASCAL (1974)
AMOUR VIOLÉ, L' (1977)
MON ONCLE D'AMÉRIQUE (1980)
MARGINAL, LE (1983)
ENFANTS, LES (1984)
FEMMES DE PERSONNE (1984)
ÉTAT DE GRÂCE, L' (1986)
AGENT TROUBLE (1987)
DE GUERRE LASSE (1987)
FLAG (1987)
BONJOUR L'ANGOISSE (1988)
VANILLE FRAISE (1989)
CLÉS DU PARADIS, LES (1991)
PETITE APOCALYPSE, LA (1992)
NO SMOKING (1993)
SMOKING (1993)
HUSSARD SUR LE TOIT, LE (1995)
ON CONNAÎT LA CHANSON (1997)
COMTE DE MONTE CRISTO (1998)
HASARDS OU COÏNCIDENCES (1998)
ACTEURS, LES (1999)
MYSTÈRE DE LA CHAMBRE JAUNE, LE (2003)
PAS SUR LA BOUCHE (2003)
COURAGE D'AIMER, LE (2004)
PREMIÈRE FOIS QUE J'AI EU 20 ANS, LA (2004)

ARESTRUP, Niels
acteur français (1949-)
JE, TU, IL, ELLE (1974)
FUTUR EST FEMME, LE (1984)
SIGNÉ CHARLOTTE (1984)
MEETING VENUS (1991)
REWIND (1997)
PARLEZ-MOI D'AMOUR (2002)
DE BATTRE MON CŒUR S'EST ARRÊTÉ (2005)

ARGENTO, Asia
actrice italienne (1975-)
DEMONS 2 (1986)
AMIES DE CŒURS, LES (1992)
TRAUMA (1993)
STENDHAL SYNDROME, THE (1996)
NEW ROSE HOTEL (1998)
PHANTOM OF THE OPERA (1998)
B. MONKEY (1999)
MORSURES DE L'AUBE, LES (2000)
SCARLET DIVA (2000)
SIRÈNE ROUGE, LA (2002)
XXX (2002)
HEART IS DECEITFUL ABOVE ALL THINGS, THE (2004)
KEEPER, THE (2004)
LAND OF THE DEAD (2005)
LAST DAYS (2005)

ARGO, Victor
acteur américain (1934-2004)
AFTER HOURS (1985)
HOUSEHOLD SAINTS (1992)
DANGEROUS GAME (1993)
FUNERAL, THE (1996)
NEXT STOP, WONDERLAND (1997)
LULU ON THE BRIDGE (1998)
FAST FOOD, FAST WOMEN (2000)
DON'T SAY A WORD (2001)
QUEENIE IN LOVE (2001)

ARKIN, Alan
acteur américain (1937-)
RUSSIANS ARE COMING, THE RUSSIANS ARE COMING, THE (1966)
WAIT UNTIL DARK (1967)
INSPECTOR CLOUSEAU (1968)
POPI (1969)
CATCH 22 (1970)
LAST OF THE RED HOT LOVERS (1972)
FREEBIE AND THE BEAN (1974)
SEVEN PERCENT SOLUTION, THE (1976)
IN-LAWS, THE (1979)
BIG TROUBLE (1985)
JOSHUA THEN AND NOW (1985)
ESCAPE FROM SOBIBOR (1987)
INDIAN SUMMER (1993)

MOTHER NIGHT (1996)
FOUR DAYS IN SEPTEMBER (1997)
GROSSE POINT BLANK (1997)
JAKOB THE LIAR (1999)
AND STARRING PANCHO VILLA AS HIMSELF (2003)
EROS (2005)

ARLETTY
actrice française (1898-1992)
FAISONS UN RÊVE (1936)
DÉSIRÉ (1937)
PERLES DE LA COURONNE, LES (1937)
HÔTEL DU NORD (1938)
CIRCONSTANCES ATTÉNUANTES (1939)
JOUR SE LÈVE, LE (1939)
VISITEURS DU SOIR, LES (1942)
ENFANTS DU PARADIS, LES (1945)
PORTRAIT D'UN ASSASSIN (1949)
LONGEST DAY, THE (1962)
VOYAGE À BIARRITZ, LE (1962)

ARMENDARIZ, Pedro
acteur mexicain (1912-1963)
EL ZORRO DE JALISCO (1941)
FORT APACHE (1947)
FUGITIVE, THE (1948)
3 GODFATHERS (1949)
WE WERE STRANGERS (1949)
ENJÔLEUSE, L' (1952)
REPORTAJE (1953)
DIANE (1955)
CONQUEROR, THE (1956)
CAPTAIN SINBAD (1963)
FROM RUSSIA WITH LOVE (1963)
LEY DE HERODES, LA (1999)

ARMSTRONG, Robert
acteur américain (1890-1973)
GIRL IN EVERY PORT, A (1928)
TIP OFF, THE (1931)
KING KONG (1933)
SON OF KONG (1933)
G-MEN (1935)
BELLE OF THE YUKON (1940)
MAD GHOUL, THE (1943)
ACTION IN ARABIA (1944)
MR. WINKLE GOES TO WAR (1944)
PALEFACE, THE (1948)
MIGHTY JOE YOUNG (1949)

ARNOLD, Edward
acteur américain (1890-1956)
I'M NO ANGEL (1933)
EASY LIVING (1937)
TOAST OF NEW YORK, THE (1937)
LET FREEDOM RING (1939)
JOHNNY APOLLO (1940)
SLIGHTLY HONORABLE (1940)
MEET JOHN DOE (1941)
DEVIL AND DANIEL WEBSTER, THE (1942)
EYES IN THE NIGHT (1942)
KISMET (1944)
WEEKEND AT THE WALDORF (1945)
MRS. PARKINGTON (1947)
THREE DARING DAUGHTERS (1948)
BELLES ON THEIR TOES (1952)

ARQUETTE, David
acteur américain (1971-)
DEAD MAN'S WALK (1996)
SCREAM (1996)
ALARMIST, THE (1997)
DREAM WITH THE FISHES (1997)
SCREAM II (1997)
MUPPETS FROM SPACE (1999)
SCREAM III (2000)
3000 MILES TO GRACELAND (2001)
GREY ZONE, THE (2001)
NEVER DIE ALONE (2004)
RIDING THE BULLET (2004)
ADVENTURES OF SHARKBOY AND LAVAGIRL IN 3-D (2005)

ARQUETTE, Patricia
actrice américaine (1968-)
NIGHTMARE ON ELM STREET III : A DREAM WARRIORS (1987)
INDIAN RUNNER, THE (1990)
WILDFLOWER (1991)
ETHAN FROME (1992)
INSIDE MONKEY ZETTERLAND (1992)
TROUBLE BOUND (1992)
TRUE ROMANCE (1993)
ED WOOD (1994)
HOLY MATRIMONY (1994)
BEYOND RANGOON (1995)
SECRET AGENT, THE (1995)
FLIRTING WITH DISASTER (1996)
INFINITY (1996)
LOST HIGHWAY (1996)
NIGHTWATCH (1997)
GOODBYE LOVER (1998)
BRINGING OUT THE DEAD (1999)
STIGMATA (1999)
LITTLE NICKY (2000)
HUMAN NATURE (2001)
SEARCHING FOR DEBRA WINGER (2002)
HOLES (2003)
TIPTOES (2003)

ARQUETTE, Rosanna
actrice américaine (1959-)
S.O.B. (1981)
BABY, IT'S YOU (1982)
WALL, THE (1982)
WALL, THE (1982)
AFTER HOURS (1985)
AVIATOR, THE (1985)
DESPERATELY SEEKING SUSAN (1985)
SILVERADO (1985)
8 MILLION WAYS TO DIE (1986)
AMAZON WOMEN ON THE MOON (1986)
NOBODY'S FOOL (1986)
GRAND BLEU, LE (1988)
BLACK RAINBOW (1989)
NEW YORK STORIES (1989)
SON OF THE MORNING STAR (1990)
LINGUINI INCIDENT, THE (1991)
NOWHERE TO RUN (1993)
WRONG MAN, THE (1993)
PULP FICTION (1994)
SEARCH AND DESTROY (1995)
CRASH (1996)
GUN (1996)
DECEIVER (1997)
BUFFALO 66 (1998)
TOO MUCH FLESH (2000)
WHOLE NINE YARDS, THE (2000)
BIG BAD LOVE (2001)
DIARY OF A SEX ADDICT (2001)
EIGHT LEGGED FREAKS (2001)
THINGS BEHIND THE SUN (2001)

ARTHUR, Jean
actrice américaine (1908-1991)
SEVEN CHANCES (1925)
WHOLE TOWN'S TALKING, THE (1935)
EX-MRS. BRADFORD, THE (1936)
MR. DEEDS GOES TO TOWN (1936)
PLAINSMAN, THE (1936)
EASY LIVING (1937)
YOU CAN'T TAKE IT WITH YOU (1938)
MR. SMITH GOES TO WASHINGTON (1939)
ONLY ANGELS HAVE WINGS (1939)
ARIZONA (1940)
DEVIL AND MISS JONES, THE (1941)
TALK OF THE TOWN, THE (1942)
LADY TAKES A CHANCE, A (1943)
MORE THE MERRIER, THE (1943)
FOREIGN AFFAIR, A (1948)
SHANE (1953)

ASANO, Tadanobu
acteur japonais (1973-)
MABOROSI (1995)
SHARK SKIN MAN AND PEACH HIP GIRL (1999)
TABOU (1999)
GOJOE SPIRIT WAR CHRONICLE (2000)
DISTANCE (2001)
ICHI THE KILLER (2001)
BRIGHT FUTURE (2003)
LAST LIFE IN THE UNIVERSE (2003)
ZATOICHI (2003)
VITAL (2004)

ASCARIDE, Ariane
actrice française (1954-)
DIEU VOMIT LES TIÈDES (1989)
ARGENT FAIT LE BONHEUR, L' (1992)
À LA VIE, À LA MORT (1995)
MARIUS ET JEANNETTE (1996)
À LA PLACE DU CŒUR (1998)
MAUVAISES FRÉQUENTATIONS (1999)
À L'ATTAQUE (2000)
DRÔLE DE FÉLIX (2000)
VILLE EST TRANQUILLE, LA (2000)
MA VRAIE VIE À ROUEN (2002)
MARIE-JO ET SES DEUX AMOURS (2002)
BRODEUSES (2004)

ASHLEY, John
acteur américain (1934-1997)
DRAGSTRIP GIRL (1957)
MOTORCYCLE GANG (1957)
FRANKENSTEIN'S DAUGHTER (1958)
MUSCLE BEACH PARTY (1964)
HELL ON WHEELS (1967)
BRIDES OF BLOOD (1969)
MAD DOCTOR OF BLOOD ISLAND (1969)

ASKEW, Luke
acteur américain (1937-)
FLARE-UP (1969)
ANGEL UNCHAINED (1970)
CULPEPPER CATTLE COMPANY (1971)
GREAT NORTHFIELD, MINNESOTA RAID, THE (1972)
MAGNIFICENT SEVEN RIDE, THE (1972)
POSSE (1975)
WANDA NEVADA (1979)
FRAILTY (2001)

ASLAN, Grégoire
acteur suisse (1908-1982)
3 WORLDS OF GULLIVER, THE (1960)
CRIMINAL, THE (1960)
DEVIL AT 4 O'CLOCK, THE (1961)
PARIS WHEN IT SIZZLES (1963)
RAVISSANTE IDIOTE, UNE (1963)
MOMENT TO MOMENT (1965)
GIRL FROM PETROVKA, THE (1974)

ASNER, Edward
acteur américain (1929-)
SLENDER THREAD, THE (1965)
MARY TYLER MOORE SHOW, THE (1970)
GIRL MOST LIKELY TO... (1973)

GOOD DOCTOR, THE (1978)
FORT APACHE, THE BRONX (1981)
GYPSY (1993)
HARD RAIN (1997)
COMMON GROUND (2000)
ELF (2003)

ASSANTE, Armand
acteur américain (1949-)
LORDS OF FLATBUSH, THE (1974)
PARADISE ALLEY (1978)
PROPHECY (1979)
PRIVATE BENJAMIN (1980)
UNFAITHFULLY YOURS (1984)
BELIZAIRE THE CAJUN (1985)
Q & A (1990)
MARRYING MAN, THE (1991)
1492 : CONQUEST OF PARADISE (1992)
HOFFA (1992)
MAMBO KINGS, THE (1992)
FATAL INSTINCT (1993)
TRIAL BY JURY (1994)
JUDGE DREDD (1995)
STRIPTEASE (1996)
ODYSSEY, THE (1997)
TWO FOR THE MONEY (2005)

ASTAIRE, Fred
acteur américain (1899-1987)
DANCING LADY (1933)
FLYING DOWN TO RIO (1933)
GAY DIVORCEE, THE (1934)
ROBERTA (1935)
TOP HAT (1935)
FOLLOW THE FLEET (1936)
SWING TIME (1936)
DAMSEL IN DISTRESS, A (1937)
SHALL WE DANCE (1937)
CAREFREE (1938)
STORY OF VERNON & IRENE CASTLE, THE (1939)
BROADWAY MELODY OF 1940 (1940)
YOU'LL NEVER GET RICH (1940)
HOLIDAY INN (1942)
YOU WERE NEVER LOVELIER (1942)
SKY'S THE LIMIT, THE (1945)
YOLANDA AND THE THIEF (1945)
BLUE SKIES (1946)
ZIEGFELD FOLLIES (1946)
EASTER PARADE (1948)
BARKLEYS OF BROADWAY, THE (1949)
LET'S DANCE (1950)
ROYAL WEDDING (1951)
BELLE OF NEW YORK (1952)
BAND WAGON, THE (1953)
DADDY LONG LEGS (1954)
FUNNY FACE (1956)
SILK STOCKINGS (1957)
ON THE BEACH (1959)
PARIS WHEN IT SIZZLES (1963)
FINIAN'S RAINBOW (1968)
THAT'S ENTERTAINMENT (1974)
TOWERING INFERNO, THE (1974)
AMAZING DOBERMANS, THE (1976)
THAT'S ENTERTAINMENT ! PART 2 (1976)
TAXI MAUVE, UN (1977)
GHOST STORY (1981)

ASTIN, Sean
acteur américain (1971-)
GOONIES, THE (1985)
LIKE FATHER, LIKE SON (1987)
TOY SOLDIERS (1991)
ENCINO MAN (1992)
RUDY (1993)
SAFE PASSAGE (1993)
LORD OF THE RINGS : THE FELLOWSHIP OF THE RING (2001)
LORD OF THE RINGS : THE TWO TOWERS, THE (2002)
LORD OF THE RINGS : THE RETURN OF THE KING (2003)
50 FIRST DATES (2004)
BIGGER THAN THE SKY (2005)

ASTOR, Mary
actrice américaine (1906-1987)
DON Q, SON OF ZORRO (1925)
DON JUAN (1926)
BEHIND OFFICE DOORS (1931)
RED DUST (1932)
LISTEN, DARLING (1938)
GREAT LIE, THE (1941)
MALTESE FALCON, THE (1941)
PALM BEACH STORY, THE (1941)
ACROSS THE PACIFIC (1942)
MEET ME IN ST. LOUIS (1944)
CASS TIMBERLANE (1947)
ANY NUMBER CAN PLAY (1949)
KISS BEFORE DYING, A (1956)
RETURN TO PEYTON PLACE (1961)

ATHERTON, William
acteur américain (1947-)
REAL GENIUS (1985)
BURIED ALIVE (1990)
DIE HARD 2 : DIE HARDER (1990)
GRIM PRAIRIE TALES (1990)
BIO-DOME (1995)
CROW : SALVATION, THE (2000)
LAST SAMURAI, THE (2003)

ATKINS, Eileen
actrice anglaise (1934-)
DRESSER, THE (1983)
LOST LANGUAGE OF CRANES, THE (1991)
COLD COMFORT FARM (1995)
JACK & SARAH (1995)
WOMEN TALKING DIRTY (1999)
WIT (2001)
COLD MOUNTAIN (2003)
ASK THE DUST (2006)

ATKINSON, Rowan
acteur anglais (1955-)
MR. BEAN , TALL GUY, THE (1989)
WITCHES, THE (1989)
FOUR WEDDINGS AND A FUNERAL (1993)
HOT SHOTS ! PART DEUX (1993)
BEAN : THE ULTIMATE DISASTER MOVIE (1997)
MAYBE BABY (2001)
RAT RACE (2001)
JOHNNY ENGLISH (2003)

ATTAL, Yvan
acteur israélien (1965-)
MAUVAISE FILLE (1990)
AMOUREUSE (1991)
APRÈS L'AMOUR (1991)
AUX YEUX DU MONDE (1991)
PATRIOTES, LES (1994)
LOVE, ETC. (1996)
PORTRAITS CHINOIS (1996)
PROF, LE (1999)
MA FEMME EST UNE ACTRICE (2001)
AND NOW LADIES & GENTLEMEN (2003)
BON VOYAGE ! (2003)
IL EST PLUS FACILE POUR UN CHAMEAU... (2003)
ILS SE MARIÈRENT ET EURENT BEAUCOUP D'ENFANTS (2004)
ANTHONY ZIMMER (2005)
INTERPRETER, THE (2005)

ATTENBOROUGH, Richard
acteur anglais (1923-)
IN WHICH WE SERVE (1942)
PRIVATE'S PROGRESS (1955)
I'M ALL RIGHT, JACK (1959)
LEAGUE OF GENTLEMEN, THE (1960)
ONLY TWO CAN PLAY (1962)
GREAT ESCAPE, THE (1963)
GUNS AT BATASI (1964)
SEANCE ON A WET AFTERNOON (1964)
FLIGHT OF THE PHOENIX, THE (1965)
SAND PEBBLES, THE (1966)
DOCTOR DOLITTLE (1967)
BLISS OF MRS. BLOSSOM, THE (1968)
MAGIC CHRISTIAN, THE (1969)
10 RILLINGTON PLACE (1971)
ROSEBUD (1974)
BRANNIGAN (1975)
TEN LITTLE INDIANS (1975)
HUMAN FACTOR, THE (1980)
JURASSIC PARK (1993)
MIRACLE ON 34th STREET (1994)
ELIZABETH (1998)

ATWILL, Lionel
acteur anglais (1885-1946)
MURDERS IN THE ZOO (1933)
SONG OF SONGS, THE (1933)
DEVIL IS A WOMAN, THE (1935)
BALALAIKA (1939)
THREE MUSKETEERS, THE (1939)
MAN MADE MONSTER (1941)
CAIRO (1942)
NIGHT MONSTER (1942)
SHERLOCK HOLMES AND THE SECRET WEAPON (1942)
BOOM TOWN (1946)

AUBERJONOIS, René
acteur américain (1940-)
IMAGES (1972)
KING LEAR (1974)
POLICE ACADEMY V : ASSIGNMENT MIAMI BEACH (1988)
FEUD, THE (1989)
LOST LANGUAGE OF CRANES, THE (1991)
INSPECTOR GADGET (1999)
PATRIOT, THE (2000)

AUDRAN, Stéphane
actrice française (1932-)
BONNES FEMMES, LES (1960)
PARIS VU PAR... (1965)
BICHES, LES (1967)
BOUCHER, LE (1968)
FEMME INFIDÈLE, LA (1968)
JUSTE AVANT LA NUIT (1970)
RUPTURE, LA (1970)
CHARME DISCRET DE LA BOURGEOISIE, LE (1972)
NOCES ROUGES, LES (1973)
VINCENT, FRANÇOIS, PAUL ET LES AUTRES (1974)
BLACK BIRD, THE (1975)
TEN LITTLE INDIANS (1975)
FOLIES BOURGEOISES (1976)
LIENS DE SANG, LES (1977)
MORT D'UN POURRI (1977)
GAGNANT, LE (1979)
BIG RED ONE, THE (1980)
COUP DE TORCHON (1981)
BOULEVARD DES ASSASSINS (1982)
CHOC, LE (1982)

PARADIS POUR TOUS (1982)
MORTELLE RANDONNÉE (1983)
SANG DES AUTRES, LE (1983)
POULET AU VINAIGRE (1984)
CAGE AUX FOLLES 3, LA (1985)
GITANE, LA (1985)
FESTIN DE BABETTE, LE (1987)
NIGHT MAGIC (1988)
SAISONS DU PLAISIR, LES (1988)
JOURS TRANQUILLES À CLICHY (1989)
BETTY (1991)
WEEP NO MORE MY LADY (1991)
AU PETIT MARGUERY (1995)
PIQUE-NIQUE DE LULU KREUTZ, LE (1999)
J'AI FAIM ! ! ! (2001)

AUER, Mischa
acteur russe (1905-1967)
MONSTER WALKS, THE (1932)
GAY DESPERADO (1936)
100 MEN AND A GIRL (1937)
SWEETHEARTS (1937)
VOGUE OF 1938 (1937)
FLAME OF NEW ORLEANS, THE (1941)
AND THEN THERE WERE NONE (1947)
CETTE SACRÉE GAMINE (1955)

AUGER, Claudine
actrice française (1942-)
THUNDERBALL (1965)
JEU DE MASSACRE (1966)
FLAMMES SUR L'ADRIATIQUE (1968)
BAIE SANGLANTE, LA (1971)
BLACK BELLY OF THE TARANTULA (1971)
UN PEU DE SOLEIL DANS L'EAU FROIDE (1971)
FLIC STORY (1975)
PAPILLON SUR L'ÉPAULE, UN (1978)
SECRETS DE LA PRINCESSE
DE CARDIGNAN, LES (1982)
EXPLOITS D'UN JEUNE DON JUAN, LES (1986)

AUGUST, Pernilla
actrice suédoise (1958-)
MEILLEURES INTENTIONS, LES (1992)
JERUSALEM (1996)
PRIVATE CONFESSIONS (1997)
LAST CONTRACT, THE (1998)
STAR WARS EPISODE I -
THE PHANTOM MENACE (1999)
I AM DINA (2002)
STAR WARS EPISODE II :
ATTACK OF THE CLONES (2002)

AUMONT, Jean-Pierre
acteur français (1909-2001)
DRÔLE DE DRAME (1937)
HÔTEL DU NORD (1938)
SONG OF SCHEHERAZADE (1947)
LILI (1952)
SEPT PÉCHÉS CAPITAUX, LES (1952)
DEVIL AT 4 O'CLOCK, THE (1961)
CAULDRON OF BLOOD (1967)
CASTLE KEEP (1969)
NUIT AMÉRICAINE, LA (1973)
CHAT ET LA SOURIS, LE (1975)
MAHOGANY (1975)
NANA (1982)
JAVA DES OMBRES, LA (1983)
BECOMING COLETTE (1991)
JEFFERSON IN PARIS (1995)

AUMONT, Michel
acteur français (1936-)
ANGE AU PARADIS, UN (1973)
FEMME EN BLEU, LA (1973)
NADA (1974)
COURSE À L'ÉCHALOTTE (1975)
JOUET, LE (1976)
DES ENFANTS GÂTÉS (1977)
GRAIN DE SABLE, LE (1982)
UNE FEMME OU DEUX (1985)
SALE DESTIN ! (1986)
ALBERTO EXPRESS (1990)
AU PETIT MARGUERY (1995)
VILLE DONT LE PRINCE
EST UN ENFANT, LA (1996)
1 CHANCE SUR 2 (1997)
HOMME EST UNE FEMME
COMME LES AUTRES, L' (1997)
MAUVAIS GENRE (1997)
SALSA (1999)
PLACARD, LE (2000)
CLARA ET MOI (2003)
PALAIS ROYAL ! (2005)

AUTEUIL, Daniel
acteur français (1950-)
ATTENTION LES YEUX (1975)
AMOUR VIOLÉ, L' (1977)
NUIT DE SAINT-GERMAIN
DES PRÉS, LA (1977)
BANQUIÈRE, LA (1980)
SOUS-DOUÉS PASSENT LE BAC, LES (1980)
SOUS-DOUÉS, LES (1980)
HOMMES PRÉFÈRENT
LES GROSSES, LES (1981)
SOUS-DOUÉS EN VACANCES, LES (1981)
POUR 100 BRIQUES, T'AS PLUS RIEN (1982)
T'EMPÊCHES TOUT LE MONDE
DE DORMIR ! (1982)
FAUVES, LES (1983)
INDIC, L' (1983)
P'TIT CON (1983)
ARBALÈTE, L' (1984)
PALACE (1984)
JEAN DE FLORETTE (1986)
MANON DES SOURCES (1986)
QUELQUES JOURS AVEC MOI (1989)
ROMUALD ET JULIETTE (1989)
LACENAIRE (1990)
MA VIE EST UN ENFER (1991)
CŒUR EN HIVER, UN (1992)
MA SAISON PRÉFÉRÉE (1993)
REINE MARGOT, LA (1993)
FEMME FRANÇAISE, UNE (1994)
SÉPARATION, LA (1994)
HUITIÈME JOUR, LE (1996)
VOLEURS, LES (1996)
BOSSU, LE (1997)
LUCIE AUBRAC (1997)
FILLE SUR LE PONT, LA (1998)
LOST SON, THE (1999)
VEUVE DE SAINT-PIERRE, LA (1999)
PLACARD, LE (2000)
SADE (2000)
ADVERSAIRE, L' (2002)
36 QUAI DES ORFÈVRES (2004)
PRIX DU DÉSIR, LE (2004)
APRÈS VOUS... (2005)
CACHÉ (2005)
PEINDRE OU FAIRE L'AMOUR (2005)

AVALON, Frankie
acteur américain (1940-)
JAMBOREE (1957)
ALAMO, THE (1960)
PANIC IN YEAR ZERO (1962)
BEACH PARTY (1963)
BIKINI BEACH (1964)
I'LL TAKE SWEDEN (1964)
MUSCLE BEACH PARTY (1964)
BEACH BLANKET BINGO (1965)
SKI PARTY (1965)

AVERY, Val
acteur américain (1924-)
ASSAULT ON A QUEEN (1966)
FACES (1968)
PINK JUNGLE, THE (1968)
ANDERSON TAPES, THE (1971)
MINNIE AND MOSKOWITZ (1971)
BLACK CAESAR (1973)
HEROES (1977)
AMITYVILLE HORROR, THE (1979)
CONTINENTAL DIVIDE (1981)
JINXED ! (1982)
MESSENGER, THE (1987)
DONNIE BRASCO (1997)

AYKROYD, Dan
acteur canadien (1952-)
RUTLES, THE : ALL YOU NEED
IS CASH, THE (1978)
1941 (1979)
BLUES BROTHERS, THE (1980)
NEIGHBORS (1981)
TRADING PLACES (1983)
TWILIGHT ZONE : THE MOVIE (1983)
GHOSTBUSTERS (1984)
INDIANA JONES &
THE TEMPLE OF DOOM (1984)
INTO THE NIGHT (1985)
SPIES LIKE US (1985)
COUCH TRIP, THE (1987)
DRAGNET (1987)
MY STEPMOTHER IS AN ALIEN (1988)
DRIVING MISS DAISY (1989)
GHOSTBUSTERS 2 (1989)
LOOSE CANNONS (1990)
MY GIRL (1991)
CHAPLIN (1992)
SNEAKERS (1992)
CONEHEADS, THE (1993)
EXIT TO EDEN (1994)
MY GIRL II (1994)
NORTH (1994)
CASPER (1995)
SGT. BILKO (1996)
GROSSE POINT BLANK (1997)
BLUES BROTHERS 2000 (1998)
HOUSE OF MIRTH, THE (2000)
STARDOM (2000)
CURSE OF THE JADE SCORPION, THE (2001)
BRIGHT YOUNG THINGS (2003)
CHRISTMAS WITH THE KRANKS (2004)
INTERN ACADEMY (2004)

AZARIA, Hank
acteur américain (1964-)
BIRDCAGE, THE (1996)
CELEBRITY (1998)
GODZILLA (1998)
GREAT EXPECTATIONS (1998)
HOMEGROWN (1998)
CRADLE WILL ROCK (1999)
MYSTERY MEN (1999)
MYSTERY, ALASKA (1999)
AMERICA'S SWEETHEARTS (2001)
UPRISING, THE (2001)
SHATTERED GLASS (2003)
ALONG CAME POLLY (2004)
EULOGY (2004)

AZÉMA, Sabine
actrice française (1952-)
DENTELLIÈRE, LA (1976)
DIMANCHE À LA CAMPAGNE, UN (1984)
PURITAINE, LA (1986)
CINQ JOURS EN JUIN (1989)
VANILLE FRAISE (1989)

VIE ET RIEN D'AUTRE, LA (1989)
NO SMOKING (1993)
SMOKING (1993)
CENT ET UNE NUITS, LES (1994)
BONHEUR EST DANS LE PRÉ, LE (1995)
NOIR COMME LE SOUVENIR (1995)
ON CONNAÎT LA CHANSON (1997)
BÛCHE, LA (1999)
CHAMBRE DES OFFICIERS, LA (2001)
TANGUY (2001)
MYSTÈRE DE LA CHAMBRE JAUNE, LE (2003)
PAS SUR LA BOUCHE (2003)
PEINDRE OU FAIRE L'AMOUR (2005)

AZNAVOUR, Charles
acteur français (1924-)
TESTAMENT D'ORPHÉE, LE(1959)
TAXI POUR TOBROUK, UN (1960)
TIREZ SUR LE PIANISTE (1960)
DIABLE ET LES DIX
COMMANDEMENTS, LE (1962)
CAROLINE CHÉRIE (1967)
CANDY (1968)
TEMPS DES LOUPS, LE (1969)
PART DES LIONS, LA (1971)
TEN LITTLE INDIANS (1975)
TAMBOUR, LE (1979)
FANTÔMES DU CHAPELIER, LES (1982)
VIVA LA VIE (1983)
YIDDISH CONNECTION (1986)
IL MAESTRO (1989)
ENNEMIS PUBLICS (2005)
ARARAT (2002)

BACALL, Lauren
actrice américaine (1924-)
TO HAVE AND HAVE NOT (1944)
BIG SLEEP, THE (1946)
DARK PASSAGE (1947)
KEY LARGO (1949)
YOUNG MAN WITH A HORN (1950)
HOW TO MARRY A MILLIONAIRE (1953)
WOMAN'S WORLD (1954)
BLOOD ALLEY (1955)
DESIGNING WOMAN (1956)
WRITTEN ON THE WIND (1956)
NORTHWEST FRONTIER
(FLAME OVER INDIA) (1960)
SEX AND THE SINGLE GIRL (1964)
HARPER (1966)
MURDER ON THE ORIENT EXPRESS (1974)
SHOOTIST, THE (1976)
FAN, THE (1981)
APPOINTMENT WITH DEATH (1988)
MR. NORTH (1988)
MISERY (1990)
PRÊT-À-PORTER (1994)
JOUR ET LA NUIT, LE (1996)
MIRROR HAS TWO FACES (1996)
CELO, EL (1999)
DOGVILLE (2003)
BIRTH (2004)
MANDERLAY (2005)

BACKUS, Jim
acteur américain (1913-1989)
ASK ANY GIRL (1959)
SUNDAY IN NEW YORK (1963)
WHEELER DEALERS, THE (1963)
GILLIGAN'S ISLAND (SEASON I) (1964)
BILLIE (1965)
NOW YOU SEE HIM,
NOW YOU DON'T! (1972)
GIRL MOST LIKELY TO ... (1973)
KOLCHAK NIGHT STALKER
ORIGINAL SERIES (1974)

BACON, Kevin
acteur américain (1958-)
NATIONAL LAMPOON'S
ANIMAL HOUSE (1978)
DINER (1982)
FOOTLOOSE (1984)
QUICKSILVER (1986)
SHE'S HAVING A BABY (1987)
BIG PICTURE, THE (1988)
CRIMINAL LAW (1989)
TREMORS (1989)
FLATLINERS (1990)
QUEENS LOGIC (1990)
HE SAID, SHE SAID (1991)
JFK (1991)
FEW GOOD MEN, A (1992)
AIR UP THERE, THE (1993)
MURDER IN THE FIRST (1994)
RIVER WILD, THE (1994)
APOLLO 13 (1995)
SLEEPERS (1995)
PICTURE PERFECT (1997)
TELLING LIES IN AMERICA (1997)
DIGGING TO CHINA (1998)
WILD THINGS (1998)
STIR OF ECHOES (1999)
HOLLOW MAN (2000)
MY DOG SKIP (2000)
MYSTIC RIVER (2003)
WOODSMAN, THE (2004)
WHERE THE TRUTH LIES (2005)

BACRI, Jean-Pierre
acteur français (1951-)
GRAND PARDON, LE (1982)
COUP DE FOUDRE (1983)
ÉDITH ET MARCEL (1983)
GRAND CARNAVAL, LE (1983)
7e CIBLE, LA (1984)
ESCALIER C (1985)
ÉTATS D'ÂME (1985)
GALETTE DU ROI, LA (1985)
ON NE MEURT QUE DEUX FOIS (1985)
SUBWAY (1985)
ÉTÉ EN PENTE DOUCE, L' (1986)
MORT UN DIMANCHE DE PLUIE (1986)
BONJOUR L'ANGOISSE (1988)
SAISONS DU PLAISIR, LES (1988)
LA BAULE-LES PINS (1989)
MES MEILLEURS COPAINS (1989)
BAL DES CASSE-PIEDS, LE (1991)
HOMME DE MA VIE, L' (1992)
AIR DE FAMILLE, UN (1996)
DIDIER (1997)
ON CONNAÎT LA CHANSON (1997)
PLACE VENDÔME (1997)
KENNEDY ET MOI (1999)
GOÛT DES AUTRES, LE (2000)
FEMME DE MÉNAGE, UNE (2002)
COMME UNE IMAGE (2004)

BAER, Edouard
acteur français (1966-)
RIEN SUR ROBERT (1998)
CHAMBRE DES MAGICIENNES, LA (1999)
ASTÉRIX ET OBÉLIX :
MISSION CLÉOPÂTRE (2001)
BETTY FISHER ET
AUTRES HISTOIRES (2001)
DIEU EST GRAND ET
JE SUIS TOUTE PETITE (2001)
BISON, LE (2003)
DOUBLE ZÉRO (2004)
MENSONGES ET TRAHISONS
ET PLUS SI AFFINITÉS (2004)
COMBIEN TU M'AIMES ? (2005)

BAILLARGEON, Paule
actrice québécoise (1945-)
ENTRE TU ET VOUS (1969)
ET DU FILS (1971)
RÉJEANNE PADOVANI (1973)
AMOUR BLESSÉ, L' (1975)
GINA (1975)
PANIQUE (1977)
CUISINE ROUGE, LA (1979)
VIE D'ANGE (1979)
DAME EN COULEURS, LA (1984)
FEMME DE L'HÔTEL, LA (1984)
SONIA (1986)
I'VE HEARD THE MERMAIDS SINGING (1987)
VOISINS, LES (1987)
HEURES PRÉCIEUSES, LES (1989)
JÉSUS DE MONTRÉAL (1989)
ASSASSIN JOUAIT DU TROMBONE, L' (1991)
LOVE-MOI (1991)
MONTRÉAL VU PAR... (1991)
32 AOÛT SUR TERRE, UN (1998)

BAINTER, Fay
actrice américaine (1891-1968)
QUALITY STREET (1937)
JEZEBEL (1938)
OUR TOWN (1940)
BABES ON BROADWAY (1941)
JOURNEY FOR MARGARET (1942)
WOMAN OF THE YEAR (1942)
HUMAN COMEDY, THE (1943)
YOUNG TOM EDISON (1944)
OUR TOWN (1945)
JUNE BRIDE (1948)

BAKER HALL, Philip
acteur américain (1931-)
SECRET HONOR (1984)
HIT ME (1996)
SYDNEY (1996)
BOOGIE NIGHTS (1997)
PSYCHO (1998)
RUSH HOUR (1998)
WITNESS TO THE MOB (1998)
CRADLE WILL ROCK (1999)
INSIDER, THE (1999)
MAGNOLIA (1999)
RULES OF ENGAGEMENT (2000)
PATH TO WAR (2002)
AMITYVILLE HORROR, THE (2005)
MATADOR, THE (2005)

BAKER, Joe Don
acteur américain (1936-)
GUNS OF THE MAGNIFICENT SEVEN (1969)
CHARLEY VARRICK (1973)
OUTFIT, THE (1973)
WALKING TALL (1973)
PACK, THE (1977)
DISTINGUISHED GENTLEMAN, THE (1992)
UNDERNEATH, THE (1994)
GOLDENEYE (1995)
PANTHER (1995)
TOMORROW NEVER DIES (1997)
DUKES OF HAZZARD (2005)

BAKER, Carroll
actrice américaine (1931-)
EASY TO LOVE (1954)
BABY DOLL (1956)
GIANT (1956)
BIG COUNTRY, THE (1958)
BUT NOT FOR ME (1959)
MIRACLE, THE (1959)
HOW THE WEST WAS WON (1962)
CARPETBAGGERS, THE (1963)

CHEYENNE AUTUMN (1964)
HARLOW (1965)
BABA YAGA (1973)
ANDY WARHOL'S BAD (1976)
WATCHER IN THE WOODS, THE (1981)
STAR 80 (1983)
SECRET DIARY OF
SIGMUND FREUD, THE (1984)
IRONWEED (1987)
KINDERGARTEN COP (1990)
GAME, THE (1997)

BAKER, Diane
actrice américaine (1938-)
BEST OF EVERYTHING, THE (1959)
300 SPARTANS, THE (1962)
MARNIE (1964)
STRAIT-JACKET (1964)
HORSE IN THE GRAY
FLANNEL SUIT, THE (1968)
KRAKATOA, EAST OF JAVA (1968)
PILOT, THE (1979)
CABLE GUY, THE (1996)
MURDER AT 1600 (1997)
HARRISON'S FLOWERS (2002)

BAKER, Dylan
acteur américain (1959-)
HAPPINESS (1998)
RANDOM HEARTS (1999)
CELL, THE (2000)
LARAMIE PROJECT, THE (2002)
HEAD OF STATE (2003)
HIDE AND SEEK (2005)
MATADOR, THE (2005)

BAKER, Kathy
actrice américaine (1950-)
STREET SMART (1986)
IMAGE, THE (1989)
JACKNIFE (1989)
LUSH LIFE (1993)
MAD DOG AND GLORY (1993)
GUN (1996)
TO GILLIAN ON HER 37th BIRTHDAY (1996)
THINGS YOU CAN TELL JUST
BY LOOKING AT HER (2000)
GLASS HOUSE (2001)
TEN TINY LOVE STORIES (2001)
ASSASSINATION TANGO (2002)
DOOR TO DOOR (2002)
COLD MOUNTAIN (2003)
13 GOING ON 30 (2004)
NINE LIVES (2005)

BAKER, Simon
acteur australien (1969-)
ONCE IN A BLUE MOON (1995)
SMOKE SIGNALS (1997)
RIDE WITH THE DEVIL (1999)
RED PLANET (2000)
SUNSET STRIP (2000)
AFFAIR OF THE NECKLACE, THE (2001)
ON THE CORNER (2003)
LAND OF THE DEAD (2005)
RING TWO, THE (2005)

BAKER, Stanley
acteur anglais (1927-1976)
HELEN OF TROY (1955)
ALEXANDER THE GREAT (1956)
CAMPBELL'S KINGDOM (1957)
CHANCE MEETING (1959)
CRIMINAL, THE (1960)
HELL IS A CITY (1960)
EVA (1962)
ZULU (1963)
ACCIDENT (1967)
LIZARD IN A WOMAN'S SKIN (1971)
ZORRO (1975)

BALABAN, Bob
acteur américain (1945-)
ALTERED STATES (1980)
ABSENCE OF MALICE (1982)
2010 : THE YEAR WE MAKE CONTACT (1984)
AMOS & ANDREW (1993)
DECONSTRUCTING HARRY (1997)
JAKOB THE LIAR (1999)
GHOST WORLD (2001)
MAJESTIC, THE (2001)
MEXICAN, THE (2001)
MIGHTY WIND, A (2003)
CAPOTE (2005)

BALASKO, Josiane
actrice française (1950-)
LOCATAIRE, LE (1976)
DITES-LUI QUE JE L'AIME (1977)
BRONZÉS, LES (1978)
BRONZÉS FONT DU SKI, LES (1979)
MAÎTRE D'ÉCOLE, LE (1981)
PÈRE NOËL EST UNE ORDURE, LE (1982)
P'TIT CON (1983)
PAPY FAIT DE LA RÉSISTANCE (1983)
SMALA, LA (1984)
VENGEANCE DU SERPENT
À PLUMES, LA (1984)
TRANCHES DE VIE (1985)
FRÈRES PÉTARD, LES (1986)
NUIT D'IVRESSE (1986)
TROP BELLE POUR TOI ! (1989)
MA VIE EST UN ENFER (1991)
SECRETS PROFESSIONNELS
DU DR. APFELGLÜCK, LES (1991)
TOUT LE MONDE N'A PAS EU LA CHANCE
D'AVOIR DES PARENTS COMMUNISTES
(1993)
GAZON MAUDIT (1994)
GROSSE FATIGUE (1994)
ARLETTE (1997)
ACTEURS, LES (1999)
FILS DU FRANÇAIS, LE (1999)
CRIME AU PARADIS, UN (2000)
LIBERTIN, LE (2000)
ABSOLUMENT FABULEUX (2001)
CETTE FEMME-LÀ (2003)
MADAME EDOUARD (2004)

BALDWIN, Adam
acteur américain (1962-)
MY BODYGUARD (1980)
D.C. CAB (1983)
FULL METAL JACKET (1987)
NEXT OF KIN (1989)
RADIO FLYER (1992)
800 LEAGUES DOWN THE AMAZON (1993)
GARGANTUA (1998)
PATRIOT, THE (2000)
GACY (2003)
SERENITY (2005)

BALDWIN, Alec
acteur américain (1958-)
FOREVER, LULU (1986)
SHE'S HAVING A BABY (1987)
BEETLEJUICE (1988)
MARRIED TO THE MOB (1988)
TALK RADIO (1988)
WORKING GIRL (1988)
GREAT BALLS OF FIRE ! (1989)
MIAMI BLUES (1989)
ALICE (1990)
HUNT FOR RED OCTOBER (1990)
MARRYING MAN, THE (1991)
GLENGARRY GLEN ROSS (1992)
MALICE (1993)
GETAWAY, THE (1994)
SHADOW, THE (1994)
HEAVEN'S PRISONERS (1995)
STREETCAR NAMED DESIRE, A (1995)
GHOSTS OF MISSISSIPPI (1996)
JUROR, THE (1996)
LOOKING FOR RICHARD (1996)
EDGE, THE (1997)
MERCURY RISING (1998)
OUTSIDE PROVIDENCE (1999)
NUREMBERG (2000)
STATE AND MAIN (2000)
FINAL FANTASY : THE SPIRITS WITHIN (2001)
PEARL HARBOR (2001)
COOLER, THE (2002)
PATH TO WAR (2002)
CAT IN THE HAT, THE (2003)
ALONG CAME POLLY (2004)
AVIATOR, THE (2004)
LAST SHOT, THE (2004)
ELIZABETHTOWN (2005)
FUN WITH DICK AND JANE (2005)

BALDWIN, Daniel
acteur américain (1960-)
ATTACK OF THE 50 FOOT WOMAN (1993)
HOMICIDE : LIFE ON THE STREET (1993)
HOMICIDE (SEASON IV) (1996)
HOMICIDE : LIFE ON THE STREET
(THIRD SEASON) (1996)
HOMICIDE (SEASON V) (1997)
JOHN CARPENTER'S VAMPIRES (1997)
PHOENIX (1998)
KING OF THE ANTS (2003)
PAPARAZZI (2004)

BALDWIN, Stephen
acteur américain (1966-)
BITTER HARVEST (1993)
POSSE (1993)
8 SECONDS (1994)
THREESOME (1994)
BIO-DOME (1995)
FLED (1996)
XCHANGE (2000)
PROTECTION (2001)
ZEBRA LOUNGE (2001)
TARGET (2004)

BALDWIN, William
acteur américain (1963-)
BORN ON THE FOURTH OF JULY (1989)
FLATLINERS (1990)
INTERNAL AFFAIRS (1990)
BACKDRAFT (1991)
SLIVER (1993)
THREE OF HEARTS (1993)
PYROMANIAC'S LOVE STORY, A (1995)
CURDLED (1996)
SHATTERED IMAGE (1998)
SAY NOTHING (2001)
SQUID AND THE WHALE, THE (2005)

BALE, Christian
acteur anglais (1974-)
EMPIRE OF THE SUN (1987)
JOHN LE CARRE'S
A MURDER OF QUALITY (1991)
SWING KIDS (1993)
LITTLE WOMEN (1994)
PORTRAIT OF A LADY, THE (1996)

METROLAND (1997)
VELVET GOLDMINE (1998)
ALL THE LITTLE ANIMALS (1999)
AMERICAN PSYCHO (2000)
CAPTAIN CORELLI'S MANDOLIN (2001)
EQUILIBRIUM (2001)
LAUREL CANYON (2002)
REIGN OF FIRE (2002)
MACHINIST, THE (2004)
BATMAN BEGINS (2005)
NEW WORLD, THE (2005)

BALIBAR, Jeanne
actrice française (1968-)
COMMENT JE ME SUIS DISPUTÉ... (MA VIE SEXUELLE) (1995)
DIEU SEUL ME VOIT (1998)
FIN AOÛT, DÉBUT SEPTEMBRE (1998)
ÇA IRA MIEUX DEMAIN (2000)
COMÉDIE DE L'INNOCENCE (2000)
SADE (2000)
VA SAVOIR (2001)
CODE 46 (2003)

BALK, Fairuza
actrice américaine (1974-)
RETURN TO OZ (1985)
WORST WITCH, THE : THE MOVIE (1986)
GAS FOOD LODGING (1991)
MURDER IN THE HEARTLAND (1993)
IMAGINARY CRIMES (1994)
CRAFT, THE (1996)
AMERICAN HISTORY X (1998)
ALMOST FAMOUS (2000)
RED LETTERS (2000)
DEUCES WILD (2002)
PERSONAL VELOCITY (2002)
DON'T COME KNOCKING (2005)
MASTERS OF HORROR - PICK ME UP (2005)

BALL, Lucille
actrice américaine (1911-1989)
FOLLOW THE FLEET (1936)
JOY OF LIVING (1938)
ROOM SERVICE (1938)
FIVE CAME BACK (1939)
DANCE, GIRL, DANCE (1940)
TOO MANY GIRLS (1940)
THOUSANDS CHEER (1943)
ABBOTT & COSTELLO IN HOLLYWOOD (1945)
DARK CORNER, THE (1945)
WITHOUT LOVE (1945)
EASY TO WED (1946)
ZIEGFELD FOLLIES (1946)
EASY LIVING (1949)
MISS GRANT TAKES RICHMOND (1949)
FANCY PANTS (1950)
FULLER BRUSH GIRL, THE (1950)
LONG, LONG TRAILER, THE (1954)
FOREVER DARLING (1955)
FACTS OF LIFE, THE (1960)
YOURS, MINE AND OURS (1968)
STONE PILLOW (1985)
LUCILLE BALL COLLECTION (2003)

BALMER, Jean-François
acteur suisse (1946-)
MENACE, LA (1977)
ÉGOUTS DU PARADIS, LES (1979)
ILS SONT GRANDS, CES PETITS (1979)
AFRICAIN, L' (1982)
POLAR (1983)
SANG DES AUTRES, LE (1983)
MADAME BOVARY (1991)
ROCKING POPENGUINE (1994)
RIEN NE VA PLUS (1997)
BELPHÉGOR : LE FANTÔME DU LOUVRE (2001)
CE JOUR-LÀ (2003)
RIPOUX 3, LES (2003)

BALSAM, Martin
acteur américain (1919-1996)
ON THE WATERFRONT (1954)
12 ANGRY MEN (1957)
AL CAPONE (1958)
MARJORIE MORNINGSTAR (1958)
PSYCHO (1960)
BREAKFAST AT TIFFANY'S (1961)
CAPE FEAR (1962)
CARPETBAGGERS, THE (1963)
SEVEN DAYS IN MAY (1963)
BEDFORD INCIDENT, THE (1965)
HARLOW(1965)
THOUSAND CLOWNS, A (1965)
AFTER THE FOX (1966)
HOMBRE (1967)
CATCH 22 (1970)
LITTLE BIG MAN (1970)
TORA ! TORA ! TORA ! (1970)
ANDERSON TAPES, THE (1971)
SUMMER WISHES, WINTER DREAMS (1973)
MURDER ON THE ORIENT EXPRESS (1974)
TAKING OF PELHAM ONE TWO THREE, THE (1974)
ALL THE PRESIDENT'S MEN (1976)
LINDBERGH KIDNAPPING CASE, THE (1976)
SENTINEL, THE (1976)
TWO-MINUTE WARNING (1976)
CUBA (1979)
SALAMANDER, THE (1980)
PEOPLE VS. JEAN HARRIS (1981)
DEATH WISH 3 (1985)
ST. ELMO'S FIRE (1985)
DELTA FORCE, THE(1986)
CAPE FEAR (1991)

BANCROFT, Anne
actrice américaine (1931-)
DON'T BOTHER TO KNOCK (1952)
DEMETRIUS AND THE GLADIATORS (1954)
SAVAGE WILDERNESS (1956)
MIRACLE WORKER, THE (1962)
PUMPKIN EATER, THE (1964)
SLENDER THREAD, THE (1965)
GRADUATE, THE (1967)
HINDENBURG, THE (1975)
PRISONER OF SECOND AVENUE, THE (1975)
JESUS OF NAZARETH (1976)
SILENT MOVIE (1976)
TURNING POINT, THE (1977)
ELEPHANT MAN, THE (1980)
FATSO (1980)
TO BE OR NOT TO BE (1983)
GARBO TALKS (1984)
AGNES OF GOD (1985)
84 CHARING CROSS ROAD (1986)
NIGHT MOTHER (1986)
TORCH SONG TRILOGY (1988)
HONEYMOON IN VEGAS (1992)
MR. JONES (1993)
POINT OF NO RETURN (1993)
DRACULA : DEAD AND LOVING IT (1995)
HOME FOR THE HOLIDAYS (1995)
HOW TO MAKE AN AMERICAN QUILT (1995)
SUNCHASER (1996)
CRITICAL CARE (1997)
G.I. JANE (1997)
GREAT EXPECTATIONS (1998)
KEEPING THE FAITH (2000)
UP AT THE VILLA (2000)
HEARTBREAKERS (2001)
ROMAN SPRING OF MRS. STONE, THE (2003)

BANDERAS, Antonio
acteur espagnol (1960-)
LABYRINTH OF PASSION (1982)
STILTS, THE (1984)
MATADOR (1985)
BÂTON ROUGE (1988)
FEMMES AU BORD DE LA CRISE DE NERFS (1988)
LOI DU DÉSIR, LA (1988)
ATTACHE-MOI ! (1989)
IF THEY TELL YOU I FELL... (1989)
AGAINST THE WIND (1990)
MAMBO KINGS, THE (1992)
HOUSE OF THE SPIRITS, THE (1993)
OUTRAGE (1993)
PHILADELPHIA (1993)
INTERVIEW WITH THE VAMPIRE (1994)
OF LOVE AND SHADOWS (1994)
ASSASSINS (1995)
DESPERADO (1995)
FOUR ROOMS (1995)
MIAMI RHAPSODY (1995)
NEVER TALK TO STRANGERS (1995)
EVITA (1996)
TWO MUCH (1996)
MASK OF ZORRO, THE (1998)
13th WARRIOR, THE (1999)
PLAY IT TO THE BONE (1999)
BODY, THE (2001)
ORIGINAL SIN (2001)
SPY KIDS (2001)
BALLISTIC : ECKS VS. SEVER (2002)
FEMME FATALE (2002)
SPY KIDS II : THE ISLAND OF LOST DREAMS (2002)
AND STARRING PANCHO VILLA AS HIMSELF (2003)
IMAGINING ARGENTINA (2003)
ONCE UPON A TIME IN MEXICO (2003)
SPY KIDS 3-D : GAME OVER (2003)
LEGEND OF ZORRO, THE (2005)

BANKS, Elizabeth
actrice américaine (1974-)
SURRENDER DOROTHY (1998)
SWEPT AWAY (2002)
SEABISCUIT (2003)
40 YEAR OLD VIRGIN (2005)
BAXTER, THE (2005)
HEIGHTS (2005)
SISTERS, THE (2005)

BANKS, Leslie
acteur anglais (1890-1952)
MOST DANGEROUS GAME, THE (1932)
MAN WHO KNEW TOO MUCH, THE (1934)
SANDERS OF THE RIVER (1935)
21 DAYS (1937)
WINGS OF THE MORNING (1937)
JAMAICA INN (1939)
HENRY V (1945)

BANNEN, Ian
acteur écossais (1928-1999)
JANE EYRE (1970)
FRIGHT (1971)
DOOMWATCH (1972)
COURIER, THE (1988)
FIFTEEN STREETS, THE (1989)
WAKING NED DEVINE (1998)
TO WALK WITH LIONS (1999)

BARANSKI, Christine
actrice américaine (1952-)
9 1/2 WEEKS (1985)
ADDAMS FAMILY VALUES, THE (1993)
REF, THE (1994)

BIRDCAGE, THE (1996)
ODD COUPLE II, THE (1998)
BOWFINGER (1999)
CRUEL INTENTIONS (1999)
DR. SEUSS' HOW THE GRINCH STOLE CHRISTMAS (2000)
WELCOME TO MOOSEPORT (2003)

BARBEAU, Adrienne
actrice américaine (1945-)
FOG, THE (1979)
CANNONBALL RUN, THE (1981)
ESCAPE FROM NEW YORK (1981)
SWAMP THING (1981)
CREEPSHOW (1982)
BACK TO SCHOOL (1985)
TWO EVIL EYES (1990)
CARNIVALE (SEASON I) (2003)
CARNIVÀLE (SEASON II) (2005)

BARBER, Frances
actrice anglaise (1958-)
HOME SWEET HOME (1982)
CASTAWAY (1986)
SAMMY & ROSIE GET LAID (1987)
CHAMBRE À PART (1989)
3 STEPS TO HEAVEN (1995)
ESTHER KAHN (2000)
SIRÈNE ROUGE, LA (2002)

BARDEM, Javier
acteur espagnol (1969-)
VIES DE LOULOU, LES (1990)
JAMBON JAMBON (1992)
MACHO (1993)
BOUCHE À BOUCHE (1995)
EN CHAIR ET EN OS (1997)
ENTRE LES JAMBES (1999)
BEFORE NIGHT FALLS (2000)
DANCER UPSTAIRS, THE (2002)
MONDAYS IN THE SUN (2002)
COLLATERAL (2004)
MER INTÉRIEURE, LA (2004)

BARDOT, Brigitte
actrice française (1934-)
CETTE SACRÉE GAMINE (1955)
EN EFFEUILLANT LA MARGUEURITE (1956)
ET DIEU CRÉA LA FEMME (1956)
MARIÉE EST TROP BELLE, LA (1956)
BIJOUTIERS DU CLAIR DE LUNE, LES (1957)
PARISIENNE, UNE (1957)
BRIDE SUR LE COU, LA (1960)
REPOS DU GUERRIER, LE (1962)
VIE PRIVÉE (1962)
MÉPRIS, LE (1963)
RAVISSANTE IDIOTE, UNE (1963)
DEAR BRIGITTE (1965)
VIVA MARIA (1965)
À CŒUR JOIE (1966)
MASCULIN, FÉMININ (1966)
HISTOIRES EXTRAORDINAIRES (1968)
SHALAKO (1968)
FEMMES, LES (1969)
OURS ET LA POUPÉE, L' (1969)
NOVICES, LES (1970)
BOULEVARD DU RHUM (1971)
DON JUAN 73 (1973)
BRIGITTE BARDOT : LES GRANDS CLASSIQUES (2003)

BARI, Lynn
actrice américaine (1913-1989)
ORCHESTRA WIVES (1942)
BRIDGE OF SAN LUIS REY, THE (1944)
SUN VALLEY SERENADE (1944)
NOCTURNE (1946)
SHOCK (1946)
I'D CLIMB THE HIGHEST MOUNTAIN (1951)
ABBOTT & COSTELLO MEET THE KEYSTONE KOPS (1955)

BARKIN, Ellen
actrice américaine (1954-)
DINER (1982)
TENDER MERCIES (1982)
EDDIE AND THE CRUISERS (1983)
ADVENTURES OF BUCKAROO BANZAI ACROSS THE 8th DIMENSION, THE (1984)
HARRY AND SON (1984)
DESERT BLOOM (1985)
BIG EASY, THE (1986)
DOWN BY LAW (1986)
MADE IN HEAVEN (1987)
SIESTA (1987)
JOHNNY HANDSOME (1989)
SEA OF LOVE (1989)
SWITCH (1991)
INTO THE WEST (1992)
MAC (1992)
MAN TROUBLE (1992)
THIS BOY'S LIFE (1993)
BAD COMPANY (1995)
WILD BILL (1995)
FAN, THE (1996)
FEAR AND LOATHING IN LAS VEGAS (1998)
DROP DEAD GORGEOUS (1999)
PALINDROMES (2004)
SHE HATE ME (2004)

BARR, Jean-Marc
acteur français (1960-)
KING DAVID (1985)
HOPE AND GLORY (1987)
GRAND BLEU, LE (1988)
BRASIER, LE (1990)
EUROPA (1991)
PESTE, LA (1992)
FAUSSAIRES, LES (1994)
FILS PRÉFÉRÉ, LE (1994)
AMOUR EST UN POUVOIR SACRÉ, L' (1996)
FOLLE D'ELLE (1997)
DANCER IN THE DARK (2000)
TOO MUCH FLESH (2000)
FILS DE MARIE, LES (2002)
SIRÈNE ROUGE, LA (2002)
DIVORCE, LE (2003)
DOGVILLE (2003)
CQ2 (SEEK YOU TOO) (2004)
CRUSTACÉS ET COQUILLAGES (2005)

BARRAULT, Jean-Louis
acteur français (1910-1994)
GRAND AMOUR DE BEETHOVEN, UN (1936)
PERLES DE LA COURONNE, LES (1937)
DRÔLE DE DRAME (1937)
ENFANTS DU PARADIS, LES (1945)
RONDE, LA (1950)
LONGEST DAY, THE (1962)
CHAPPAQUA (1967)
NUIT DE VARENNES, LA (1982)
LUMIÈRE DU LAC, LA (1987)

BARRAULT, Marie-Christine
actrice française (1944-)
MA NUIT CHEZ MAUD (1969)
DISTRAIT, LE (1970)
AMOUR L'APRÈS-MIDI, L' (1972)
COUSIN, COUSINE (1975)
STARDUST MEMORIES (1980)
AMOUR DE SWANN, UN (1983)
AMOUR EN ALLEMAGNE, UN (1983)
MOTS POUR LE DIRE, LES (1983)
TABLE FOR FIVE (1983)
JUPON ROUGE, LE (1986)
ADIEU, JE T'AIME (1987)
JÉSUS DE MONTRÉAL (1989)
DAMES GALANTES (1990)

BARRETTE, Michel
acteur québécois
ODYSSEY OF THE PACIFIC, THE (1981)
ANGEL SQUARE (1990)
MONTRÉAL VU PAR... (1991)
COYOTE (1992)
POSTIÈRE, LA (1992)
BOYS, LES (1997)
MA VIE EN CINÉMASCOPE (2004)

BARRY, Gene
acteur américain (1921-)
ATOMIC CITY, THE (1952)
WAR OF THE WORLDS (1952)
RED GARTERS (1954)
CHINA GATE (1956)
FORTY GUNS (1957)
THUNDER ROAD (1958)
MAROC 7 (1967)
GAMBLER RETURNS : THE LUCK OF THE DRAW (1991)

BARRYMORE, Drew
actrice américaine (1975-)
ALTERED STATES (1980)
E.T. THE EXTRA-TERRESTRIAL (1982)
CAT'S EYE (1984)
SEE YOU IN THE MORNING (1989)
GUNCRAZY (1992)
WAYNE'S WORLD 2 (1993)
BAD GIRLS (1994)
BOYS ON THE SIDE (1994)
BATMAN FOREVER (1995)
MAD LOVE (1995)
EVERYONE SAYS I LOVE YOU (1996)
SCREAM (1996)
EVER AFTER : A CINDERELLA STORY (1998)
WEDDING SINGER, THE (1998)
CHARLIE'S ANGELS (2000)
TITAN A.E. (2000)
DONNIE DARKO (2001)
RIDING IN CARS WITH BOYS (2001)
CONFESSIONS OF A DANGEROUS MIND (2002)
CHARLIE'S ANGELS : FULL THROTTLE (2003)
DUPLEX (2003)
50 FIRST DATES (2004)
FEVER PITCH (2005)

BARRYMORE, Ethel
actrice américaine (1879-1959)
RASPUTIN AND THE EMPRESS (1933)
NONE BUT THE LONELY HEART (1944)
SPIRAL STAIRCASE, THE (1945)
FARMER'S DAUGHTER, THE (1947)
MOONRISE (1948)
PORTRAIT OF JENNIE (1948)
PINKY (1949)
THAT MIDNIGHT KISS (1949)
JUST FOR YOU (1952)

BARRYMORE, John
acteur américain (1882-1942)
DR. JEKYLL AND MR. HYDE (1920)
DON JUAN (1926)
BELOVED ROGUE, THE (1927)
ETERNAL LOVE (1929)
BILL OF DIVORCEMENT, A (1932)
GRAND HOTEL (1932)
STATE'S ATTORNEY (1932)
COUNSELLOR AT LAW (1933)

DINNER AT EIGHT (1933)
RASPUTIN AND THE EMPRESS (1933)
TWENTIETH CENTURY (1934)
ROMEO AND JULIET (1936)
MAYTIME (1937)
SPAWN OF THE NORTH (1938)
MARIE ANTOINETTE (1939)
MIDNIGHT (1939)
INVISIBLE WOMAN, THE (1941)
HIGH SCHOOL CONFIDENTIAL (1958)
ROMEO & JULIET (1968)

BARRYMORE, Lionel
acteur américain (1878-1954)
AMERICA (1924)
BELLS, THE (1926)
SADIE THOMPSON (1928)
FREE AND EASY (1930)
FREE SOUL, A (1931)
GRAND HOTEL (1932)
MATA HARI (1932)
DINNER AT EIGHT (1933)
RASPUTIN AND THE EMPRESS (1933)
GIRL FROM MISSOURI, THE (1934)
TREASURE ISLAND (1934)
AH, WILDERNESS (1935)
DAVID COPPERFIELD (1935)
LITTLE COLONEL, THE (1935)
MARK OF THE VAMPIRE (1935)
RETURN OF PETER GRIMM, THE (1935)
GORGEOUS HUSSY, THE (1936)
CAMILLE (1937)
CAPTAINS COURAGEOUS (1937)
DEVIL DOLL, THE (1937)
SARATOGA (1937)
NAVY BLUE AND GOLD (1938)
TEST PILOT (1938)
YOU CAN'T TAKE IT WITH YOU (1938)
LET FREEDOM RING (1939)
ON BORROWED TIME (1939)
LADY BE GOOD (1941)
GUY NAMED JOE, A (1944)
VALLEY OF DECISION, THE (1945)
IT'S A WONDERFUL LIFE (1946)
DUEL IN THE SUN (1947)
KEY LARGO (1949)
LONE STAR (1951)

BARTEL, Paul
acteur américain (1938-2000)
ROCK'N'ROLL HIGH SCHOOL (1979)
EATING RAOUL (1982)
NOT FOR PUBLICATION (1984)
INTO THE NIGHT (1985)
AMAZON WOMEN ON THE MOON (1986)
CHOPPING MALL (1986)
SCENES FROM THE CLASS STRUGGLE
IN BEVERLY HILLS (1989)
GREMLINS 2 : THE NEW BATCH (1990)
LIQUID DREAMS (1992)
LIVING END, THE (1992)
POSSE (1993)
USUAL SUSPECTS, THE (1995)
HAMLET (2000)

BASEHART, Richard
acteur américain (1914-1984)
CRY WOLF (1947)
HE WALKED BY NIGHT (1948)
BLACK BOOK, THE (1949)
DECISION BEFORE DAWN (1951)
HOUSE ON TELEGRAPH HILL (1951)
TITANIC (1952)
STRADA, LA (1954)
BIDONE, IL (1955)
MOBY DICK (1956)
BROTHERS KARAMAZOV, THE (1958)
PORTRAIT IN BLACK (1960)
SATAN BUG, THE (1964)
RAGE (1972)
JUDGMENT : THE COURT MARTIAL
OF WILLIAM CALLEY (1975)
21 HOURS AT MUNICH (1976)
ISLAND OF DR. MOREAU, THE (1977)
BEING THERE (1979)

BASINGER, Kim
actrice américaine (1953-)
HARD COUNTRY (1981)
MAN WHO LOVED WOMEN, THE (1983)
NEVER SAY NEVER AGAIN (1983)
NATURAL, THE (1984)
9 1/2 WEEKS (1985)
FOOL FOR LOVE (1985)
NO MERCY (1986)
BLIND DATE (1987)
NADINE (1987)
MY STEPMOTHER IS AN ALIEN (1988)
BATMAN (1989)
MARRYING MAN, THE (1991)
COOL WORLD (1992)
FINAL ANALYSIS (1992)
WAYNE'S WORLD 2 (1993)
GETAWAY, THE (1994)
PRÊT-À-PORTER (1994)
L.A. CONFIDENTIAL (1997)
BLESS THE CHILD (2000)
I DREAMED OF AFRICA (2000)
8 MILE (2002)
PEOPLE I KNOW (2002)
CELLULAR (2004)
DOOR IN THE FLOOR (2004)

BASSETT, Angela
actrice américaine (1958-)
F / X (1985)
KINDERGARTEN COP (1990)
BOYZ'N THE HOOD (1991)
CITY OF HOPE (1991)
INNOCENT BLOOD (1992)
MALCOLM X (1992)
PASSION FISH (1992)
WHAT'S LOVE GOT TO DO WITH IT ? (1993)
PANTHER (1995)
STRANGE DAYS (1995)
WAITING TO EXHALE (1995)
CONTACT (1997)
HOW STELLA GOT HER GROOVE BACK (1998)
MUSIC OF THE HEART (1999)
SUPERNOVA (1999)
SCORE, THE (2001)
SUNSHINE STATE (2002)
MASKED AND ANONYMOUS (2003)
MR. 3000 (2004)
AKEELAH AND THE BEE (2006)

BATES, Alan
acteur anglais (1934-2003)
ENTERTAINER, THE (1960)
ZORBA LE GREC (1964)
GEORGY GIRL (1966)
ROI DE CŒUR, LE (1966)
FAR FROM THE MADDING CROWD (1967)
HANDS UP (1967)
FIXER, THE (1968)
WOMEN IN LOVE (1969)
BUTLEY (1973)
IN CELEBRATION (1974)
COLLECTION, THE (1976)
UNMARRIED WOMAN, AN (1977)
SHOUT, THE (1978)
ROSE, THE (1979)
NIJINSKY (1980)
QUARTET (1980)
RETURN OF THE SOLDIER, THE (1981)
BRITANNIA HOSPITAL (1982)
WICKED LADY, THE (1983)
DUET FOR ONE (1986)
PRAYER FOR THE DYING, A (1987)
FORCE MAJEURE (1988)
WE THINK THE WORLD OF YOU (1988)
CLUB EXTINCTION (1989)
HAMLET (1990)
MISTER FROST (1990)
HARD TIMES (1994)
GRAVE INDISCRETION (1995)
CHERRY ORCHARD, THE (1999)
LOVE IN A COLD CLIMATE (2000)
EVELYN (2002)
STATEMENT, THE (2003)

BATES, Florence
actrice américaine (1888-1954)
BELLE OF THE YUKON (1940)
CHOCOLATE SOLDIER, THE (1940)
KISMET (1944)
MY DEAR SECRETARY (1948)
PORTRAIT OF JENNIE (1948)
WINTER MEETING (1948)
SECOND WOMAN, THE (1950)
LULLABY OF BROADWAY (1951)

BATES, Kathy
actrice américaine (1948-)
STRAIGHT TIME (1977)
COME BACK TO THE FIVE AND DIME,
JIMMY DEAN, JIMMY DEAN (1982)
MORNING AFTER, THE (1986)
ARTHUR 2 : ON THE ROCKS (1988)
MEN DON'T LEAVE (1989)
DICK TRACY (1990)
MISERY (1990)
WHITE PALACE (1990)
AT PLAY IN THE FIELDS OF THE LORD (1991)
FRIED GREEN TOMATOES (1991)
SHADOWS AND FOG (1991)
USED PEOPLE (1992)
HOME OF OUR OWN, A (1993)
CURSE OF THE STARVING CLASS, THE (1994)
ANGUS (1995)
DOLORES CLAIBORNE (1995)
DIABOLIQUE (1996)
SWEPT FROM THE SEA (1997)
TITANIC (1997)
PRIMARY COLORS (1998)
WATERBOY, THE (1998)
BRUNO (2000)
ABOUT SCHMIDT (2002)
LOVE LIZA (2002)
BRIDGE OF SAN LUIS REY (2004)
LITTLE BLACK BOOK (2004)
RUMOR HAS IT ... (2005)
WARM SPRINGS (2005)
FAILURE TO LUNCH (2006)

BAUCHAU, Patrick
acteur belge (1938-)
COLLECTIONNEUSE, LA (1966)
ÉTAT DES CHOSES, L' (1982)
PREMIERS DÉSIRS (1983)
CREEPERS (1984)
EMMANUELLE 4 (1984)
CROSS (1986)
AUSTRALIA (1989)
DOUBLE IDENTITY (1990)
RAPTURE, THE (1991)
LISBON STORY (1994)
NEW AGE, THE (1994)

TWIN FALLS IDAHO (1998)
CELL, THE (2000)
SECRETARY (2002)
CARNIVALE (SEASON I) (2003)
KARLA (2005)

BAUER, Steven
acteur cubain (1956-)
SCARFACE (1983)
THIEF OF HEARTS (1984)
BEAST, THE (1988)
WILDFIRE (1988)
RAISING CAIN (1992)
PRIMAL FEAR (1996)
VERSACE MURDER, THE (1998)
BLOODY PROOF (2000)
TRAFFIC (2000)
MASKED AND ANONYMOUS (2003)

BAUR, Harry
acteur français (1880-1943)
POIL DE CAROTTE (1931)
MISÉRABLES, LES (1934)
NUITS MOSCOVITES, LES (1934)
CRIME ET CHÂTIMENT (1935)
GRAND AMOUR DE BEETHOVEN, UN (1936)
MOSCOW NIGHTS (1936)
GOLEM, LE (1937)

BAXTER, Anne
actrice américaine (1923-1985)
MAGNIFICENT AMBERSONS, THE (1941)
SPOILERS, THE (1942)
CRASH DIVE (1943)
FIVE GRAVES TO CAIRO (1943)
FIGHTING SULLIVANS, THE (1945)
RAZOR'S EDGE, THE (1946)
ANGEL ON MY SHOULDER (1947)
HOMECOMING (1948)
YELLOW SKY (1948)
ALL ABOUT EVE (1950)
BLUE GARDENIA, THE (1952)
I CONFESS (1953)
TEN COMMANDMENTS, THE (1956)
THREE VIOLENT PEOPLE (1957)
CIMARRON (1960)
WALK ON THE WILD SIDE (1962)
FAMILY JEWELS, THE (1965)
JANE AUSTEN IN MANHATTAN (1980)

BAYE, Nathalie
actrice française (1948-)
GUEULE OUVERTE, LA (1973)
NUIT AMÉRICAINE, LA (1973)
HOMME QUI AIMAIT LES FEMMES, L' (1977)
CHAMBRE VERTE, LA (1978)
JE VAIS CRAQUER (1979)
BEAU-PÈRE (1981)
OMBRE ROUGE, L' (1981)
BALANCE, LA (1982)
J'AI ÉPOUSÉ UNE OMBRE (1982)
RETOUR DE MARTIN GUERRE, LE (1982)
NOTRE HISTOIRE (1984)
RIVE DROITE, RIVE GAUCHE (1984)
BEETHOVEN'S NEPHEW (1985)
DÉTECTIVE (1985)
DE GUERRE LASSE (1987)
EN TOUTE INNOCENCE (1987)
LA BAULE-LES PINS (1989)
MAN INSIDE, THE (1990)
MENSONGE (1992)
MACHINE, LA (1994)
PAPARAZZI (1998)
SI JE T'AIME... PRENDS GARDE À TOI (1998)
VÉNUS BEAUTÉ (INSTITUT) (1998)
LIAISON PORNOGRAPHIQUE, UNE (1999)
ÇA IRA MIEUX DEMAIN (2000)
ABSOLUMENT FABULEUX (2001)
CATCH ME IF YOU CAN (2002)
FLEUR DU MAL, LA (2002)
FRANCE BOUTIQUE (2003)

BEALS, Jennifer
actrice américaine (1963-)
FLASHDANCE (1983)
BRIDE, THE (1985)
VAMPIRE'S KISS (1988)
CLUB EXTINCTION (1989)
BLOOD AND CONCRETE (1991)
FOR BETTER AND FOR WORSE (1992)
GRAND PARDON II, LE (1992)
JOURNAL INTIME (1993)
DEVIL IN A BLUE DRESS (1995)
FOUR ROOMS (1995)
TWILIGHT OF THE GOLDS, THE (1997)
ANNIVERSARY PARTY, THE (2001)
FEAST OF ALL SAINTS (2001)
ROGER DODGER (2002)
THEY SHOOT DIVAS, DON'T THEY ? (2002)
RUNAWAY JURY (2003)
CATCH THAT KID (2004)
L WORD, THE (SEASON I) (2004)
DESOLATION SOUND (2005)

BEAN, Sean
acteur anglais (1959-)
CARAVAGGIO (1986)
STORYTELLER, THE -
DEFINITIVE COLLECTION (1987)
WAR REQUIEM (1988)
FIFTEEN STREETS, THE (1989)
LADY CHATTERLEY (1992)
WOMAN'S GUIDE TO ADULTERY, A (1993)
BLACK BEAUTY (1994)
GOLDENEYE (1995)
LEO TOLSTOY'S ANNA KARENINA (1997)
RONIN (1998)
DON'T SAY A WORD (2001)
EQUILIBRIUM (2001)
LORD OF THE RINGS :
THE FELLOWSHIP OF THE RING (2001)
LORD OF THE RINGS :
THE RETURN OF THE KING (2003)
DARK, THE (2005)
FLIGHTPLAN (2005)
ISLAND, THE (2005)
NORTH COUNTRY (2005)
SILENT HILL (2006)

BÉART, Emmanuelle
actrice française (1965-)
PREMIERS DÉSIRS (1983)
AMOUR INTERDIT, UN (1984)
MANON DES SOURCES (1986)
DATE WITH AN ANGEL (1987)
À GAUCHE EN SORTANT
DE L'ASCENSEUR (1988)
ENFANTS DU DÉSORDRE, LES (1989)
BELLE NOISEUSE, LA (1991)
J'EMBRASSE PAS (1991)
VOYAGE DU CAPITAINE FRACASSE, LE (1991)
CŒUR EN HIVER, UN (1992)
ENFER, L' (1993)
RUPTURE(S) (1993)
FEMME FRANÇAISE, UNE (1994)
NELLY ET MONSIEUR ARNAUD (1995)
MISSION : IMPOSSIBLE (1996)
DON JUAN (1997)
VOLEUR DE VIE (1998)
BÛCHE, LA (1999)
TEMPS RETROUVÉ, LE (1999)
DESTINÉES SENTIMENTALES, LES (2000)
8 FEMMES (2001)
RÉPÉTITION, LA (2001)
SEARCHING FOR DEBRA WINGER (2002)
ÉGARÉS, LES (2003)
HISTOIRE DE MARIE ET JULIEN (2003)
NATHALIE (2003)
UN FIL À LA PATTE (2004)
ENFER, L' (2005)

BEATTY, Ned
acteur américain (1937-)
DELIVERANCE (1972)
LIFE AND TIMES OF JUDGE ROY BEAN (1972)
LAST AMERICAN HERO (1973)
THIEF WHO CAME TO DINNER, THE (1973)
WHITE LIGHTNING (1973)
ALL THE PRESIDENT'S MEN (1976)
MIKEY AND NICKY (1976)
NETWORK (1976)
SILVER STREAK (1976)
EXORCIST II : THE HERETIC (1977)
GUYANA TRAGEDY :
THE STORY OF JIM JONES (1980)
HOPSCOTCH (1980)
SUPERMAN II (1980)
INCREDIBLE SHRINKING WOMAN, THE (1981)
BALLAD OF GREGORIO CORTEZ, THE (1982)
TOY, THE (1982)
WOMAN CALLED GOLDA, A (1982)
STROKER ACE (1983)
BIG EASY, THE (1986)
FOURTH PROTOCOL, THE (1987)
SWITCHING CHANNELS (1987)
UNHOLY, THE (1987)
PHYSICAL EVIDENCE (1988)
CAPTAIN AMERICA (1989)
REPOSSESSED (1989)
ANGEL SQUARE (1990)
CHATTAHOOCHEE (1990)
HEAR MY SONG (1991)
ED AND HIS DEAD MOTHER (1992)
HOMICIDE (1993-96-97)
RUDY (1993)
RADIOLAND MURDERS (1994)
GULLIVER'S TRAVELS (1995)
JUST CAUSE (1995)
COOKIE'S FORTUNE (1998)
LIFE (1999)
WOOL CAP, THE (2004)

BEATTY, Warren
acteur américain (1937-)
ROMAN SPRING OF MRS. STONE, THE (1961)
SPLENDOR IN THE GRASS (1961)
ALL FALL DOWN (1962)
LILITH (1964)
KALEIDOSCOPE (1966)
BONNIE AND CLYDE (1967)
DOLLARS (1971)
McCABE & MRS. MILLER (1971)
FORTUNE, THE (1974)
PARALLAX VIEW, THE (1974)
SHAMPOO (1974)
HEAVEN CAN WAIT (1978)
REDS (1981)
ISHTAR (1987)
DICK TRACY (1990)
BUGSY (1991)
MADONNA : TRUTH OR DARE (1991)
LOVE AFFAIR (1994)
BULWORTH (1998)
TOWN AND COUNTRY (2001)

BECKINSALE, Kate
actrice anglaise (1974-)
MUCH ADO ABOUT NOTHING (1993)
ROYAL DECEIT (1994)

UNCOVERED (1994)
COLD COMFORT FARM (1995)
HAUNTED (1995)
EMMA (1972) (1997)
SHOOTING FISH (1997)
LAST DAYS OF DISCO, THE (1998)
BROKEDOWN PALACE (1999)
GOLDEN BOWL, THE (2000)
PEARL HARBOR (2001)
SERENDIPITY (2001)
LAUREL CANYON (2002)
TIPTOES (2003)
UNDERWORLD (2003)
AVIATOR, THE (2004)
VAN HELSING (2004)
UNDERWORLD - EVOLUTION (2006)

BEDELIA, Bonnie
actrice américaine (1946-)
GYPSY MOTHS, THE (1969)
LOVERS AND OTHER STRANGERS (1970)
SALEM'S LOT: THE MOVIE (1979)
DIE HARD (1988)
DIE HARD 2: DIE HARDER (1990)
NEEDFUL THINGS (1993)
SPEECHLESS (1994)
ANYWHERE BUT HERE (1999)
MANHOOD (2003)
BERKELEY (2005)

BEERY, Wallace
acteur américain (1885-1949)
MOLLYCODDLE, THE (1920)
ROBIN HOOD (1922)
THREE AGES, THE (1923)
LOST WORLD, THE (1925)
BEGGARS OF LIFE (1928)
BIG HOUSE, THE (1930)
MIN AND BILL (1930)
GRAND HOTEL (1932)
TREASURE ISLAND (1934)
VIVA VILLA ! (1934)
AH, WILDERNESS (1935)
DATE WITH JUDY, A (1948)

BEL GEDDES, Barbara
actrice américaine (1922-)
I REMEMBER MAMA (1947)
LONG NIGHT, THE (1947)
BLOOD ON THE MOON (1948)
CAUGHT (1949)
PANIC IN THE STREETS (1950)
VERTIGO (1958)
FIVE PENNIES, THE (1959)
DALLAS (SEASON I & II) (1978)

BELAFONTE, Harry
acteur américain (1927-)
ISLAND IN THE SUN (1956)
CARMEN JONES (1957)
ODDS AGAINST TOMORROW (1959)
ANGEL LEVINE, THE (1970)
BUCK AND THE PREACHER (1971)
UPTOWN SATURDAY NIGHT (1974)
WHITE MAN'S BURDEN (1995)
KANSAS CITY (1996)

BELL, Jamie
acteur anglais (1986-)
BILLY ELLIOTT (2000)
DEATHWATCH (2002)
NICHOLAS NICKLEBY (2002)
UNDERTOW (2004)
CHUMSCRUBBER, THE (2005)
DEAR WENDY (2005)
KING KONG (2005)

BELLAMY, Ralph
acteur américain (1904-1991)
HANDS ACROSS THE TABLE (1935)
WEDDING NIGHT, THE (1935)
AWFUL TRUTH, THE (1937)
BOY MEETS GIRL (1938)
CAREFREE (1938)
HIS GIRL FRIDAY (1939)
BROTHER ORCHID (1940)
DANCE, GIRL, DANCE (1940)
DIVE BOMBER (1941)
FOOTSTEPS IN THE DARK (1941)
WOLF MAN, THE (1941)
STAGE DOOR CANTEEN (1943)
LADY ON A TRAIN (1945)
COURT-MARTIAL OF
BILLY MITCHELL, THE (1955)
SUNRISE AT CAMPOBELLO (1960)
PROFESSIONALS, THE (1966)
OH, GOD ! (1977)
AMAZON WOMEN ON THE MOON (1986)

BELLO, Maria
actrice américaine (1967-)
PERMANENT MIDNIGHT (1998)
PAYBACK (1999)
AUTO FOCUS (2002)
COOLER, THE (2002)
SECRET WINDOW (2004)
SILVER CITY (2004)
ASSAULT ON PRECINCT 13 (2005)
DARK, THE (2005)
HISTORY OF VIOLENCE, A (2005)
SISTERS, THE (2005)
THANK YOU FOR SMOKING (2005)

BELLOWS, Gil
acteur canadien (1967-)
SHAWSHANK REDEMPTION, THE (1994)
MIAMI RHAPSODY (1995)
SUBSTANCE OF FIRE, THE (1996)
JUDAS KISS (1998)
CHASING SLEEP (2000)
BEAR NAMED WINNIE, A (2004)
CHILDSTAR (2004)
PURSUED (2004)
WEATHER MAN, THE (2005)

BELLUCCI, Monica
actrice italienne (1964-)
BRAM STOKER'S DRACULA (1992)
APPARTEMENT, L' (1996)
DOBERMANN (1997)
MAUVAIS GENRE (1997)
COMME UN POISSON HORS DE L'EAU (1999)
UNDER SUSPICION (1999)
MALÈNA (2000)
PACTE DES LOUPS, LE (2000)
ASTÉRIX ET OBÉLIX :
MISSION CLÉOPÂTRE (2001)
IRRÉVERSIBLE (2002)
MATRIX RELOADED, THE (2003)
MATRIX, THE : REVOLUTIONS (2003)
REMEMBER ME, MY LOVE (2003)
TEARS OF THE SUN (2003)
AGENTS SECRETS (2004)
PASSION OF THE CHRIST, THE (2004)
SHE HATE ME (2004)
BROTHERS GRIMM (2005)
COMBIEN TU M'AIMES ? (2005)

BELMONDO, Jean-Paul
acteur français (1933-)
SOIS BELLE ET TAIS-TOI (1958)
À BOUT DE SOUFFLE (1959)
À DOUBLE TOUR (1959)
FEMME EST UNE FEMME, UNE (1960)
MODERATO CANTABILE (1960)
TWO WOMEN (1960)
CARTOUCHE (1961)
LÉON MORIN, PRÊTRE (1961)
DOULOS, LE (1962)
SINGE EN HIVER, UN (1962)
CENT MILLE DOLLARS AU SOLEIL (1964)
HOMME DE RIO, L' (1964)
PIERROT LE FOU (1965)
PARIS BRÛLE-T-IL ? (1966)
CASINO ROYALE (1967)
HO ! (1968)
CERVEAU, LE (1969)
SIRÈNE DU MISSISSIPPI, LA (1969)
BORSALINO (1970)
CASSE, LE (1971)
MARIÉS DE L'AN DEUX, LES (1971)
SCOUMOUNE, LA (1972)
MAGNIFIQUE, LE (1973)
STAVISKY (1974)
ALPAGUEUR, L' (1976)
ANIMAL, L' (1977)
FLIC OU VOYOU (1979)
GUIGNOLO, LE (1980)
PROFESSIONNEL, LE (1981)
AS DES AS, L' (1982)
MARGINAL, LE (1983)
MORFALOUS, LES (1983)
JOYEUSES PÂQUES (1984)
HOLD-UP (1985)
SOLITAIRE, LE (1987)
ITINÉRAIRE D'UN ENFANT GÂTÉ (1988)
INCONNU DANS LA MAISON, L' (1992)
CENT ET UNE NUITS, LES (1994)
MISÉRABLES DU XXe SIÈCLE, LES (1995)
1 CHANCE SUR 2 (1997)
ACTEURS, LES (1999)
PEUT-ÊTRE (1999)
AMAZONE (2000)
AÎNÉ DES FERCHAUX, L' (2001)

BELUSHI, James
acteur américain (1954-)
CELEBRITY MIX, THIEF (1981)
MAN WITH ONE RED SHOE, THE (1985)
SALVADOR (1985)
ABOUT LAST NIGHT (1986)
JUMPIN' JACK FLASH (1986)
LITTLE SHOP OF HORRORS (1986)
PRINCIPAL, THE (1987)
RED HEAT (1988)
HOMER & EDDIE (1989)
K-9 (1989)
MR. DESTINY (1990)
TAKING CARE OF BUSINESS (1990)
CURLY SUE (1991)
DIARY OF A HITMAN (1991)
ONLY THE LONELY (1991)
DESTINY TURNS ON THE RADIO (1995)
GANG RELATED (1997)

BELZER, Richard
acteur américain (1944-)
WRONG GUYS (1988)
PUPPET MASTERS, THE (1994)
GET ON THE BUS (1996)
HOMICIDE (SEASON IV) (1996)
HOMICIDE : LIFE ON THE STREET
(THIRD SEASON) (1996)
HOMICIDE (SEASON V) (1997)
LAW AND ORDER :
SPECIAL VICTIMS UNIT (1999)

BENDIX, William
acteur américain (1906-1964)
WAKE ISLAND (1942)
CHINA (1943)

GUADALCANAL DIARY (1943)
LIFEBOAT (1943)
BLUE DAHLIA, THE (1945)
DARK CORNER, THE (1945)
TWO YEARS BEFORE THE MAST (1945)
WHERE THERE IS LIFE (1947)
TIME OF YOUR LIFE, THE (1948)
BIG STEAL, THE (1949)
CONNECTICUT YANKEE
IN KING ARTHUR'S COURT, A (1949)
MACAO (1952)
DEEP SIX, THE (1957)

BENGUIGUI, Jean
acteur algérien (1944-)
AFRICAIN, L' (1982)
GRAND PARDON II, LE (1992)
SALUT COUSIN ! (1996)
RIEN NE VA PLUS (1997)
ALLER SIMPLE, UN (2001)
ASTÉRIX ET OBÉLIX :
MISSION CLÉOPÂTRE (2001)
BOULET, LE (2001)

BÉNICHOU, Maurice
acteur algérien (1943-)
PETITE APOCALYPSE, LA (1992)
À LA MODE (1993)
TOUT LE MONDE N'A PAS EU LA CHANCE
D'AVOIR DES PARENTS COMMUNISTES
(1993)
HOMME EST UNE FEMME
COMME LES AUTRES, L' (1997)
CODE INCONNU (2000)
DRÔLE DE FÉLIX (2000)
TEMPS DU LOUP, LE (2003)
CACHÉ (2005)

BENIGNI, Roberto
acteur italien (1952-)
BERLINGUER, I LOVE YOU (1977)
MONSTRESSES, LES (1979)
PIPICACADODO (1979)
DOWN BY LAW (1986)
PETIT DIABLE, LE (1988)
VOCE DELLA LUNA, LA (1990)
JOHNNY CURE-DENT (1991)
NIGHT ON EARTH (1991)
SON OF THE PINK PANTHER (1993)
MONSTRE, LE (1994)
VIE EST BELLE, LA (1997)
ASTÉRIX ET OBÉLIX CONTRE CÉSAR (1998)
PINOCCHIO (2002)
COFFEE & CIGARETTES (2003)

BENING, Annette
actrice américaine (1958-)
VALMONT (1989)
GRIFTERS, THE (1990)
GUILTY BY SUSPICION (1990)
POSTCARDS FROM THE EDGE (1990)
BUGSY (1991)
REGARDING HENRY (1991)
LOVE AFFAIR (1994)
AMERICAN PRESIDENT, THE (1995)
RICHARD III (1995)
MARS ATTACKS ! (1996)
IN DREAMS (1998)
SIEGE, THE (1998)
AMERICAN BEAUTY (1999)
OPEN RANGE (2003)
BEING JULIA (2004)

BENNETT, Bruce
acteur américain (1909-)
HAWK OF THE WILDERNESS (1938)
BEFORE I HANG (1940)
SAHARA (1942)
DARK PASSAGE (1947)
STOLEN LIFE (1947)
ANGELS IN THE OUTFIELD (1951)
THREE VIOLENT PEOPLE (1957)
ALLIGATOR PEOPLE, THE (1959)

BENNETT, Joan
actrice américaine (1910-1990)
BULLDOG DRUMMOND (1929)
DISRAELI (1929)
LITTLE WOMEN (1933)
VOGUE OF 1938 (1937)
TEXANS, THE (1938)
WOMAN IN THE WINDOW, THE (1944)
SCARLET STREET (1946)
SECRET BEYOND THE DOOR (1947)
HOLLOW TRIUMPH (1948)
FATHER OF THE BRIDE (1950)
FATHER'S LITTLE DIVIDEND (1951)
WE'RE NO ANGELS (1955)
HOUSE OF DARK SHADOWS (1970)
SUSPIRIA (1977)

BENTIVOGLIO, Fabrizio
acteur italien (1957-)
MASOCH (1980)
APARTMENT ZERO (1988)
STRADA BLUES (1990)
AFFINITÉS ÉLECTIVES, LES (1996)
ÉTERNITÉ ET UN JOUR, L' (1998)
NANNY, THE (1999)
REMEMBER ME, MY LOVE (2003)

BERENGER, Tom
acteur américain (1950-)
IN PRAISE OF OLDER WOMEN (1977)
LOOKING FOR MR. GOODBAR (1977)
DOGS OF WAR, THE (1980)
DERRIÈRE LA PORTE (1982)
BIG CHILL, THE (1983)
EDDIE AND THE CRUISERS (1983)
FEAR CITY (1984)
RUSTLERS' RHAPSODY (1985)
PLATOON (1986)
DEAR AMERICA : LETTERS HOME
FROM VIETNAM (1987)
SOMEONE TO WATCH OVER ME (1987)
BETRAYED (1988)
LAST RITES (1988)
SHOOT TO KILL (1988)
BORN ON THE FOURTH OF JULY (1989)
MAJOR LEAGUE (1989)
FIELD, THE (1990)
LOVE AT LARGE (1990)
AT PLAY IN THE FIELDS OF THE LORD (1991)
SHATTERED (1991)
GETTYSBURG (1993)
SLIVER (1993)
BODY LANGUAGE (1995)
LAST OF THE DOGMEN (1995)
SUBSTITUTE, THE (1995)
GINGERBREAD MAN, THE (1997)
TRACK DOWN (2000)
TRAINING DAY (2001)

BERG, Peter
acteur américain (1964-)
SHOCKER (1989)
CROOKED HEARTS (1990)
MIDNIGHT CLEAR, A (1992)
LAST SEDUCTION, THE (1993)
GREAT WHITE HYPE, THE (1996)
COP LAND (1997)
CORKY ROMANO (2001)
COLLATERAL (2004)

BERGEN, Candice
actrice américaine (1946-)
GROUP, THE (1965)
SAND PEBBLES, THE (1966)
ADVENTURERS, THE (1970)
SOLDIER BLUE (1970)
CARNAL KNOWLEDGE (1971)
BITE THE BULLET (1975)
WIND AND THE LION, THE (1975)
DOMINO PRINCIPLE, THE (1977)
NIGHT FULL OF RAIN, A (1977)
OLIVER'S STORY (1978)
STARTING OVER (1979)
RICH AND FAMOUS (1981)
GANDHI (1982)
MURPHY BROWN (SEASON I) (1988)
MISS CONGENIALITY (2000)
SWEET HOME ALABAMA (2002)
VIEW FROM THE TOP, A (2003)

BERGER, Helmut
acteur autrichien (1944-)
RONDE, LA (1964)
DAMNÉS, LES (1969)
DORIAN GRAY (1970)
JARDIN DES FINZI CONTINI, LE (1971)
VORACES, LES (1972)
ASH WEDNESDAY (1973)
VIOLENCE ET PASSION (1973)
ROMANTIC ENGLISHWOMAN, THE (1975)
SALON-KITTY (1976)
VICTORY AT ENTEBBE (1976)
BEAST WITH A GUN (1977)
CRÉPUSCULE DES FAUX DIEUX, LE (1977)
FACELESS (1988)

BERGER, Senta
actrice allemande (1941-)
CAST A GIANT SHADOW (1966)
QUILLER MEMORANDUM, THE (1966)
AMBUSHERS, THE (1967)
DIABOLIQUEMENT VÔTRE (1967)
DE SADE (1969)
SAUT DE L'ANGE, LE (1971)
LETTRE ÉCARLATE, LA (1972)
SWISS CONSPIRACY, THE (1975)

BERGIN, Patrick
acteur irlandais (1951-)
COURIER, THE (1988)
MOUNTAINS OF THE MOON (1989)
SLEEPING WITH THE ENEMY (1991)
MAP OF THE HUMAN HEART (1992)
LAWNMOWER MAN 2 (1995)
ÎLE DE MON ENFANCE, L' (1997)
EYE OF THE BEHOLDER (1999)
INVISIBLE CIRCUS, THE (2000)
BENEATH LOCH NESS (2001)
BLOOM (2003)
BOYS & GIRLS FROM COUNTY CLARE (2003)

BERGMAN, Ingrid
actrice suédoise (1915-1982)
COUNT OF THE OLD TOWN, THE (1934)
NUIT DE LA SAINT-JEAN, LA (1935)
SWEDENHIELMS (1935)
INTERMEZZO (1937)
DOLLAR (1938)
INTERMEZZO (1939)
VISAGE DE FEMME, UN (1939)
JUNE NIGHT (1940)
ADAM HAD FOUR SONS (1941)
CASABLANCA (1941)
DR. JEKYLL AND MR. HYDE (1941)
ONLY ONE NIGHT (1942)
GASLIGHT (1944)

BELLS OF ST.MARY'S, THE (1945)
SPELLBOUND (1945)
NOTORIOUS (1946)
ARCH OF TRIUMPH (1947)
FOR WHOM THE BELL TOLLS (1947)
JOAN OF ARC (1948)
STROMBOLI (1949)
UNDER CAPRICORN (1949)
EUROPE 51 (1952)
VOYAGE IN ITALY (1953)
PEUR, LA (1954)
ANASTASIA (1956)
ÉLÉNA ET LES HOMMES (1956)
INDISCREET (1958)
INN OF THE SIXTH HAPPINESS, THE (1958)
GOODBYE AGAIN (1961)
YELLOW ROLLS-ROYCE, THE (1965)
CACTUS FLOWER (1969)
WALK IN THE SPRING RAIN (1969)
AUTUMN SONATA (1978)
WOMAN CALLED GOLDA, A (1982)

BERKELEY, Xander
acteur canadien (1958-)
MOMMIE DEAREST (1981)
CANDYMAN (1992)
ATTACK OF THE 50 FOOT WOMAN (1993)
SAFE (1994)
APOLLO 13 (1995)
POISON IVY II (1995)
AIR FORCE ONE (1997)
GATTACA (1997)
PHOENIX (1998)
CHERRY ORCHARD, THE (1999)
UNIVERSAL SOLDIER : THE RETURN (1999)
SHANGHAI NOON (2000)
QUICKSAND (2001)

BERKLEY, Elizabeth
actrice américaine (1972-)
SHOWGIRLS (1995)
REAL BLONDE, THE (1997)
TAIL LIGHTS FADE (1999)
CURSE OF THE JADE SCORPION, THE (2001)
SHIPMENT, THE (2001)
ROGER DODGER (2002)
MOVING MALCOLM (2003)

BERKOFF, Steven
acteur anglais (1937-)
PREHISTORIC WOMEN (1966)
McVICAR (1980)
BEVERLY HILLS COP (1984)
ABSOLUTE BEGINNERS (1986)
FLYNN (1996)
LEGIONNAIRE (1998)
9 DEAD GAY GUYS (2002)
CHARLIE (2004)
HEAD IN THE CLOUDS (2004)

BERLÉAND, François
acteur français (1952-)
AU REVOIR LES ENFANTS (1988)
CAPITAINE CONAN (1996)
PLACE VENDÔME (1997)
SEPTIÈME CIEL, LE (1997)
ÉCOLE DE LA CHAIR, L' (1998)
MA PETITE ENTREPRISE (1999)
PROMENONS-NOUS DANS LES BOIS (1999)
ROMANCE (1999)
UNE POUR TOUTES (1999)
PRINCE DU PACIFIQUE, LE (2000)
ADVERSAIRE, L' (2002)
FRÈRE DU GUERRIER, LE (2002)
MON IDOLE (2002)
TRANSPORTER, THE (2002)
FILLES UNIQUES (2003)
CHORISTES, LES (2004)
CONVOYEUR, LE (2004)
GRAND RÔLE, LE (2004)
TRANSPORTER 2, THE (2005)

BERLING, Charles
acteur français (1958-)
LOVE, ETC. (1996)
PALMES DE M. SCHUTZ, LES (1996)
RIDICULE (1996)
CEUX QUI M'AIMENT
PRENDRONT LE TRAIN (1997)
NETTOYAGE À SEC (1997)
ENNUI, L' (1998)
AFFAIRE DE GOÛT, UNE (1999)
COMÉDIE DE L'INNOCENCE (2000)
DESTINÉES SENTIMENTALES, LES (2000)
STARDOM (2000)
15 AOÛT (2001)
COMMENT J'AI TUÉ MON PÈRE (2001)
JEU D'ENFANTS, UN (2001)
DEMONLOVER (2002)
FILLES PERDUES, CHEVEUX GRAS (2002)
JE RESTE ! (2003)
PÈRE ET FILS (2003)
UN FIL À LA PATTE (2004)

BERNHARD, Sandra
actrice américaine (1955-)
KING OF COMEDY, THE (1982)
TRACK 29 (1988)
HEAVY PETTING (1989)
WITHOUT YOU I'M NOTHING :
SANDRA BERNHARD (1990)
HUDSON HAWK (1991)
INSIDE MONKEY ZETTERLAND (1992)
BURN HOLLYWOOD BURN (1997)
SOMEWHERE IN THE CITY (1997)

BERRY, Halle
actrice américaine (1968-)
LAST BOY SCOUT, THE (1991)
STRICTLY BUSINESS (1991)
BOOMERANG (1992)
PROGRAM, THE (1993)
LOSING ISAIAH (1995)
EXECUTIVE DECISION (1996)
B.A.P.S. (1997)
BULWORTH (1998)
WHY DO FOOLS FALL IN LOVE (1998)
X-MEN (2000)
MONSTER'S BALL (2001)
SWORDFISH (2001)
DIE ANOTHER DAY (2002)
GOTHIKA (2003)
CATWOMAN (2004)
X-MEN - THE LAST STAND (2006)

BERRY, Richard
acteur français (1950-)
PREMIER VOYAGE (1980)
ASSASSIN QUI PASSE, UN (1981)
PUTAIN D'HISTOIRE D'AMOUR (1981)
BALANCE, LA (1982)
GRAND PARDON, LE (1982)
JEUNE MARIÉ, LE (1982)
GRAND CARNAVAL, LE (1983)
ADDITION, L' (1984)
GARCE, LA (1984)
LUNE DE MIEL (1985)
HOMME ET UNE FEMME :
VINGT ANS DÉJÀ, UN (1986)
TAXI BOY (1986)
CAYENNE PALACE (1987)
LA BAULE-LES PINS (1989)
588, RUE PARADIS (1991)
MA VIE EST UN ENFER (1991)
POUR SACHA (1991)
GRAND PARDON II, LE (1992)
PETIT PRINCE A DIT, LE (1992)
ADULTÈRE (MODE D'EMPLOI) (1995)
APPÂT, L' (1995)
PÉDALE DOUCE (1996)
QUASIMODO D'EL PARIS (1998)
15 AOÛT (2001)
MES ENFANTS NE SONT PAS
COMME LES AUTRES (2002)
TAIS-TOI (2003)

BERRYMAN, Dorothée
actrice québécoise (1948-)
DÉCLIN DE L'EMPIRE AMÉRICAIN, LE (1986)
NOCES DE PAPIER, LES (1988)
AUTRE HOMME, UN (1989)
ZIGRAIL (1995)
VIENS DANSER... SUR LA LUNE ! (1997)
WINTER LILY (1998)
CRÈME GLACÉE, CHOCOLAT
ET AUTRES CONSOLATIONS (2001)
INVASIONS BARBARES, LES (2003)
JE N'AIME QUE TOI (2003)
DANIEL ET LES SUPERDOGS (2004)

BERTO, Juliet
actrice française (1947-1990)
GAI SAVOIR, LE (1968)
CAÏDS, LES (1972)
SEX-SHOP (1972)
PROTECTEUR, LE (1973)
CÉLINE ET JULIE VONT EN BATEAU (1974)
ARGENT DES AUTRES, L' (1978)
CAP CANAILLE (1983)

BETTANY, Paul
acteur anglais (1971-)
GAME OF DEATH, THE (2000)
GANGSTER NO.1 (2000)
BEAUTIFUL MIND, A (2001)
KNIGHT'S TALE, A (2001)
HEART OF ME, THE (2002)
DOGVILLE (2003)
MASTER AND COMMANDER :
THE FAR SIDE OF THE WORLD (2003)
RECKONING, THE (2004)
WIMBLEDON (2004)
DA VINCI CODE, THE (2006)
FIREWALL (2006)

BEZACE, Didier
acteur français (1946-)
PETITE VOLEUSE, LA (1988)
SUR LA TERRE COMME AU CIEL (1991)
L.627 (1992)
PROFIL BAS (1993)
TAXI DE NUIT (1993)
VOLEURS, LES (1996)
FEMME DE CHAMBRE DU TITANIC, LA (1997)
DILETTANTE, LA (1999)
ÇA IRA MIEUX DEMAIN (2000)
MARIAGES ! (2005)

BIAO, Yuen
acteur chinois (1957-)
KNOCKABOUT (1979)
DREADNAUGHT (1981)
ZU. WARRIORS FROM
THE MAGIC MOUNTAIN (1983)
WHEELS ON MEALS (1984)
PROJECT A (1987)
DRAGONS FOREVER (1988)
ISLAND OF FIRE (1990)

BICKFORD, Charles
acteur américain (1891-1967)
ANNA CHRISTIE (1930)
PLAINSMAN, THE (1936)
OF MICE AND MEN (1939)
TARZAN'S NEW YORK ADVENTURE (1942)
FALLEN ANGEL (1945)
BRUTE FORCE (1947)
FARMER'S DAUGHTER, THE (1947)
FOUR FACES WEST (1948)
JOHNNY BELINDA (1948)
WHIRLPOOL (1949)
BRANDED (1950)
RIDING HIGH (1950)
JIM THORPE - ALL AMERICAN (1951)
COURT-MARTIAL OF
BILLY MITCHELL, THE (1955)
DAYS OF WINE AND ROSES (1962)

BIDEAU, Jean-Luc
acteur suisse (1940-)
ÉTAT DE SIÈGE (1972)
INVITATION, L' (1972)
JONAS QUI AURA 25 ANS
EN L'AN 2000 (1976)
FEMME, UN JOUR, UNE (1977)
ET LA TENDRESSE ?... BORDEL ! (1978)
INSPECTEUR LAVARDIN (1986)
PAS D'AMOUR SANS AMOUR (1993)
FANTÔME AVEC CHAUFFEUR (1996)
VIOLON ROUGE, LE (1998)
CE JOUR-LÀ (2003)
RIPOUX 3, LES (2003)

BIEHN, Michael
acteur américain (1956-)
LORDS OF DISCIPLINE, THE (1983)
TERMINATOR, THE (1984)
ALIENS (1986)
RAMPAGE (1987)
SEVENTH SIGN, THE (1988)
ABYSS, THE (1989)
K2 (1991)
CLOCKSTOPPERS (2002)
HAVOC (2005)

BIGGS, Jason
acteur américain (1978-)
AMERICAN PIE (1999)
AMERICAN PIE 2 (2001)
PROZAC NATION (2001)
AMERICAN WEDDING (2003)
ANYTHING ELSE (2003)
EIGHT BELOW (2005)
GUY X (2005)

BIKEL, Theodore
acteur autrichien (1924-)
AFRICAN QUEEN, THE (1951)
NEVER LET ME GO (1953)
I BURY THE LIVING (1958)
DOG OF FLANDERS, A (1960)
SWEET NOVEMBER (1967)
200 MOTELS (1971)
RETURN OF THE KING, THE (1980)

BILODEAU, Emmanuel
acteur québécois
RUTH (1994)
SIÈGE DE L'ÂME, LE (1997)
SLEEP ROOM, THE (1997)
32 AOÛT SUR TERRE, UN (1998)
QUAND JE SERAI PARTI...
VOUS VIVREZ ENCORE (1998)
CRABE DANS LA TÊTE, UN (2001)
NÈG', LE (2002)
GRANDE OURSE I (2003)
AIMANTS, LES (2004)
CAMPING SAUVAGE (2004)
CQ2 (SEEK YOU TOO) (2004)
GOLEM DE MONTRÉAL, LE (2004)
LUNE VIENDRA D'ELLE-MÊME, LA (2004)
BONZAÏON (2005)

BINOCHE, Juliette
actrice française (1964-)
JE VOUS SALUE MARIE (1984)
NANAS, LES (1984)
RENDEZ-VOUS (1985)
MAUVAIS SANG (1986)
UNBEARABLE LIGHTNESS
OF BEING, THE (1988)
AMANTS DU PONT-NEUF, LES (1991)
DAMAGE (1992)
EMILY BRONTË'S
WUTHERING HEIGHTS (1992)
TROIS COULEURS - BLEU (1993)
DIVAN À NEW YORK, UN (1995)
HUSSARD SUR LE TOIT, LE (1995)
ENGLISH PATIENT, THE (1996)
ALICE ET MARTIN (1998)
ENFANTS DU SIÈCLE, LES (1999)
VEUVE DE SAINT-PIERRE, LA (1999)
CHOCOLAT (2000)
CODE INCONNU (2000)
DÉCALAGE HORAIRE (2002)
IN MY COUNTRY (2004)
BEE SEASON, THE (2005)
CACHÉ (2005)

BIRCH, THORA
actrice américaine (1982-)
PARADISE (1991)
HOCUS POCUS (1993)
MONKEY TROUBLE (1994)
NOW AND THEN (1995)
ALASKA (1996)
AMERICAN BEAUTY (1999)
DUNGEONS AND DRAGONS (2000)
GHOST WORLD (2001)
HOLE, THE (2001)
SILVER CITY (2004)

BIRKIN, Jane
actrice anglaise (1946-)
KNACK, AND HOW TO GET IT, THE (1964)
BLOW-UP (1966)
KALEIDOSCOPE (1966)
PISCINE, LA (1968)
MAY MORNING (1972)
DON JUAN 73 (1973)
LA MORTE NEGLI OCCHI DEL GATTO (1973)
MOUTON ENRAGÉ, LE (1973)
SÉRIEUX COMME LE PLAISIR (1974)
7 MORTS SUR ORDONNANCE (1975)
COURSE À L'ÉCHALOTTE (1975)
DIABLE AU CŒUR, LE (1975)
ANIMAL, L' (1977)
DEATH ON THE NILE (1978)
AU BOUT DU BOUT DU BANC (1979)
EVIL UNDER THE SUN (1981)
CIRCULEZ, Y'A RIEN À VOIR (1982)
AMI DE VINCENT, L' (1983)
GARDE DU CORPS, LE (1984)
PIRATE, LA (1984)
BEETHOVEN'S NEPHEW (1985)
FEMME DE MA VIE, LA (1986)
KUNG-FU MASTER ! (1987)
SOIGNE TA DROITE ! (1987)
DADDY NOSTALGIE (1990)
BELLE NOISEUSE, LA (1991)
CENT ET UNE NUITS, LES (1994)
NOIR COMME LE SOUVENIR (1995)
ON CONNAÎT LA CHANSON (1997)
REINES D'UN JOUR (2001)
MARIÉES MAIS PAS TROP (2003)

BISSET, Jacqueline
actrice anglaise (1944-)
KNACK, AND HOW TO GET IT, THE (1964)
CASINO ROYALE (1967)
TWO FOR THE ROAD (1967)
BULLITT (1968)
AIRPORT (1970)
GRASSHOPPER, THE (1970)
LIFE AND TIMES OF
JUDGE ROY BEAN (1972)
MAGNIFIQUE, LE (1973)
NUIT AMÉRICAINE, LA (1973)
THIEF WHO CAME TO DINNER, THE (1973)
MURDER ON THE ORIENT EXPRESS (1974)
FEMME DU DIMANCHE, LA (1975)
SPIRAL STAIRCASE, THE (1975)
ST. IVES (1976)
DEEP, THE (1977)
GREEK TYCOON, THE (1978)
WHO IS KILLING THE GREAT CHEFS
OF EUROPE ? (1978)
WHEN TIME RAN OUT... (1980)
RICH AND FAMOUS (1981)
CLASS (1983)
OBSERVATIONS UNDER
THE VOLCANO (1984)
UNDER THE VOLCANO (1984)
HIGH SEASON (1987)
SCENES FROM THE CLASS STRUGGLE
IN BEVERLY HILLS (1989)
WILD ORCHID (1989)
MARMOTTES, LES (1993)
CÉRÉMONIE, LA (1995)
DANGEROUS BEAUTY (1997)
JESUS (1999)
JOAN OF ARC (1999)
LATTER DAYS (2003)
FASCINATION (2004)
DOMINO (2005)

BJÖRNSTRAND, Gunnar
acteur suédois (1909-1986)
TOURMENTS (1944)
ATTENTE DES FEMMES, L' (1952)
NUIT DES FORAINS, LA (1953)
LEÇON D'AMOUR, UNE (1954)
RÊVES DE FEMMES (1955)
SOURIRES D'UNE NUIT D'ÉTÉ (1955)
FRAISES SAUVAGES, LES (1957)
SEVENTH SEAL, THE (1957)
VISAGE, LE (1959)
ŒIL DU DIABLE, L' (1960)
COMME DANS UN MIROIR (1962)
COMMUNIANTS, LES (1963)
PERSONA (1966)
HONTE, LA (1968)
RITE, LE (1969)
AUTUMN SONATA (1978)
FANNY ET ALEXANDRE (1982)
RÊVES (1990)

BLACK, Jack
acteur américain (1969-)
AIRBORNE (1993)
NEVERENDING STORY III, THE (1994)
CABLE GUY, THE (1996)
JESUS' SON (1999)
HIGH FIDELITY (2000)
SHALLOW HAL (2001)
SCHOOL OF ROCK (2003)
ENVY (2004)
KING KONG (2005)

BLACK, Karen
actrice américaine (1942-)
YOU'RE A BIG BOY NOW (1967)
EASY RIDER (1969)
FIVE EASY PIECES (1970)
BORN TO WIN (1971)
CISCO PIKE (1971)
PORTNOY'S COMPLAINT (1972)
OUTFIT, THE (1973)
PYX, THE (1973)
RHINOCEROS (1973)
AIRPORT '75 (1974)
GREAT GATSBY, THE (1974)
DAY OF THE LOCUST, THE (1975)
FAMILY PLOT (1975)
NASHVILLE (1975)
TRILOGY OF TERROR (1975)
BURNT OFFERINGS (1976)
IN PRAISE OF OLDER WOMEN (1977)
CAPRICORN ONE (1978)
CHANEL SOLITAIRE (1981)
COME BACK TO THE FIVE AND DIME, JIMMY DEAN, JIMMY DEAN (1982)
CAN SHE BAKE A CHERRY PIE ? (1983)
MARTIN'S DAY (1984)
INVADERS FROM MARS (1986)
HAUNTING FEAR (1991)
PLAYER, THE (1992)
CONCEIVING ADA (1996)
DOGTOWN (1997)
HOUSE OF 1000 CORPSES (2000)
TEKNOLUST (2002)
AMERICA BROWN (2004)

BLACKMAN, Honor
actrice anglaise (1927-)
CONSPIRATOR (1950)
GREEN GROW THE RUSHES (1951)
GOLDFINGER (1964)
MOMENT TO MOMENT (1965)
LOLA (1969)
FRIGHT (1971)
CAT AND THE CANARY (1977)
TALE OF THE MUMMY (1998)
TO WALK WITH LIONS (1999)

BLADES, Rubén
acteur panaméen (1948-)
DISORGANIZED CRIME (1989)
JOSEPHINE BAKER STORY, THE (1990)
SUPER, THE (1991)
COLOR OF NIGHT (1994)
CHINESE BOX (1997)
DEVIL'S OWN, THE (1997)
ALL THE PRETTY HORSES (2000)
ASSASSINATION TANGO (2002)
IMAGINING ARGENTINA (2003)
SECUESTRO EXPRESS (2005)

BLAIR, Linda
actrice américaine (1959-)
EXORCIST, THE (1973)
VICTORY AT ENTEBBE (1976)
EXORCIST II : THE HERETIC (1977)
ROLLER BOOGIE (1979)
HELL NIGHT (1981)
RUCKUS (1982)
NIGHT PATROL (1984)
REPOSSESSED (1989)

BLAIR, Selma
actrice américaine (1972-)
CRUEL INTENTIONS (1999)
LEGALLY BLONDE (2001)
STORYTELLING (2001)
SWEETEST THING, THE (2002)
DIRTY SHAME, A (2004)
HELLBOY (2004)
FOG, THE (2005)
PRETTY PERSUASION (2005)

BLAIS, Isabelle
actrice québécoise (1975-)
CRABE DANS LA TÊTE, UN (2001)
MOÏSE : L'AFFAIRE ROCH THÉRIAULT (2002)
QUÉBEC-MONTRÉAL (2002)
AIMANTS, LES (2004)
MONICA LA MITRAILLE (2004)
HUMAN TRAFFICKING (2005)
SAINTS-MARTYRS-DES-DAMNÉS (2005)

BLAKE NELSON, Tim
acteur américain (1965-)
HEAVYWEIGHTS (1995)
THIN RED LINE, THE (1998)
O BROTHER, WHERE ART THOU ? (2000)
HOLES (2003)
WONDERLAND (2003)
BIG WHITE, THE (2005)
SYRIANA (2005)
WARM SPRINGS (2005)

BLAKE, Robert
acteur américain (1933-)
I LOVE YOU AGAIN (1940)
ANDY HARDY'S DOUBLE LIFE (1942)
BIG NOISE, THE (1944)
WOMAN IN THE WINDOW, THE (1944)
HUMORESQUE (1946)
TREASURE OF THE SIERRA MADRE, THE (1948)
PORK CHOP HILL (1959)
TOWN WITHOUT PITY (1961)
PT 109 (1963)
GREATEST STORY EVER TOLD, THE (1965)
THIS PROPERTY IS CONDEMNED (1966)
IN COLD BLOOD (1967)
TELL THEM WILLIE BOY IS HERE (1969)
ELECTRA GLIDE IN BLUE (1973)
MONEY TRAIN (1995)
LOST HIGHWAY (1996)

BLAKELY, Colin
acteur anglais (1930-1987)
LONG SHIPS, THE (1964)
VENGEANCE OF SHE, THE (1967)
PRIVATE LIFE OF SHERLOCK HOLMES, THE (1970)
SHATTERED (1971)
GALILEO (1974)
LOVE AMONG THE RUINS (1975)
DOGS OF WAR, THE (1980)
KING LEAR (TV) (1983)

BLANC, Dominique
actrice française (1962-)
FEMME DE MA VIE, LA (1986)
AFFAIRE DE FEMMES, UNE (1988)
JE SUIS LE SEIGNEUR DU CHÂTEAU (1989)
MILOU EN MAI (1989)
QUELQUES JOURS AVEC MOI (1989)
SAVANNAH, LA BALLADE (1989)
INDOCHINE (1991)
LOIN DES BARBARES (1993)
REINE MARGOT, LA (1993)
TOTAL ECLIPSE (1995)
SOLDIER'S DAUGHTER NEVER CRIES, A (1998)
ACTEURS, LES (1999)
PORNOGRAPHE, LE (2001)
C'EST LE BOUQUET (2002)
UN FIL À LA PATTE (2004)

BLANC, Michel
acteur français (1953-)
ATTENTION LES YEUX (1975)
MEILLEURE FAÇON DE MARCHER, LA (1975)
LOCATAIRE, LE (1976)
ORDINATEUR DES POMPES FUNÈBRES, L' (1976)
BRONZÉS, LES (1978)
BRONZÉS FONT DU SKI, LES (1979)
CAUSE TOUJOURS, TU M'INTÉRESSES (1979)
RIEN NE VA PLUS (1979)
CHEVAL D'ORGUEIL, LE (1980)
VIENS CHEZ MOI, J'HABITE CHEZ UNE COPINE (1980)
MA FEMME S'APPELLE REVIENS (1981)
CIRCULEZ, Y'A RIEN À VOIR (1982)
RETENEZ-MOI... OU JE FAIS UN MALHEUR (1983)
MARCHE À L'OMBRE (1984)
FUGITIFS, LES (1986)
TENUE DE SOIRÉE (1986)
CHAMBRE À PART (1989)
MONSIEUR HIRE (1989)
URANUS (1990)
MERCI LA VIE (1991)
PROSPERO'S BOOKS (1991)
FAVOUR, THE WATCH AND THE VERY BIG FISH, THE (1992)
TOXIC AFFAIR (1993)
GROSSE FATIGUE (1994)
MONSTRE, LE (1994)
PRÊT-À-PORTER (1994)
EMBRASSEZ QUI VOUS VOUDREZ (2002)
MADAME ÉDOUARD (2004)

BLANCHE, Roland
acteur français (1943-)
JUGE FAYARD DIT « LE SHÉRIF », LE (1977)
DERNIER AMANT ROMANTIQUE, LE (1978)
I... COMME ICARE (1979)
ILS SONT GRANDS, CES PETITS (1979)
RIEN NE VA PLUS (1979)
IL FAUT TUER BIRGITT HAAS (1980)
CHOIX DES ARMES, LE (1981)
DANTON (1982)
TIR GROUPÉ (1982)
COMPÈRES, LES (1983)
ÉQUATEUR (1983)
ÇA N'ARRIVE QU'À MOI (1984)
SIGNÉ CHARLOTTE (1984)
TRICHE, LA (1984)
4e POUVOIR, LE (1985)
GALETTE DU ROI, LA (1985)
FUGITIFS, LES (1986)
MIRACULÉ, LE (1986)
YIDDISH CONNECTION (1986)
COMÉDIE DU TRAVAIL, LA (1987)
SAISONS DU PLAISIR, LES (1988)
TROP BELLE POUR TOI ! (1989)
NIKITA (1990)
ÉPOQUE FORMIDABLE, UNE (1991)
HÉLAS POUR MOI (1992)
BÂTARD DE DIEU, LE (1993)
CAPRICES D'UN FLEUVE, LES (1995)
BEAUMARCHAIS L'INSOLENT (1996)
BERNIE (1996)
SALSA (1999)

BLANCHETT, Cate
actrice australienne (1969-)
OSCAR AND LUCINDA (1997)
PARADISE ROAD (1997)
ELIZABETH (1998)
IDEAL HUSBAND, AN (1999)
PUSHING TIN (1999)
TALENTED MR. RIPLEY, THE (1999)

GIFT, THE (2000)
MAN WHO CRIED, THE (2000)
BANDITS (2001)
CHARLOTTE GRAY (2001)
HEAVEN (2001)
LORD OF THE RINGS :
THE FELLOWSHIP OF THE RING (2001)
SHIPPING NEWS, THE (2001)
MISSING, THE (2003)
AVIATOR, THE (2004)
THE LIFE AQUATIC WITH STEVE ZISSOU (2004)
LITTLE FISH (2005)

BLAVETTE, Charles
acteur français (1906-1967)
ANGÈLE (1934)
JOFROI (1934)
TONI (1935)
REGAIN (1937)
FEMME DU BOULANGER, LA (1938)
SCHPOUNTZ, LE (1938)
VOIX HUMAINE ET LE MIRACLE, LA (1948)
MANON DES SOURCES (1952)
MANON DES SOURCES ET UGOLIN (1952)
DÉJEUNER SUR L'HERBE, LE (1959)
JARDINIER D'ARGENTEUIL, LE (1966)

BLETHYN, Brenda
actrice anglaise (1946-)
GROWN-UPS (1980)
STORYTELLER, THE -
DEFINITIVE COLLECTION (1987)
SECRETS AND LIES (1996)
IN THE WINTER DARK (1998)
LITTLE VOICE (1998)
RKO 281 : BATTLE OVER CITIZEN KANE (1999)
SAVING GRACE (1999)
ANNE FRANK (2001)
LOVELY AND AMAZING (2001)
PUMPKIN (2002)
SLEEPING DICTIONARY (2002)
UNDERTAKING BETTY (2002)
BEYOND THE SEA (2004)
ON A CLEAR DAY (2005)
PRIDE & PREJUDICE (2005)

BLIER, Bernard
acteur français (1916-1989)
HABIT VERT, L' (1937)
HÔTEL DU NORD (1938)
JOUR SE LÈVE, LE (1939)
QUAI DES ORFÈVRES, LE (1947)
ÉCOLE BUISSONNIÈRE, L' (1948)
CRIME ET CHÂTIMENT (1956)
MISÉRABLES, LES (1957)
ÉCOLE DES COCOTTES, L' (1958)
JOUEUR, LE (1958)
CAMARADES, LES (1963)
GERMINAL (1963)
TONTONS FLINGUEURS, LES (1963)
CENT MILLE DOLLARS AU SOLEIL (1964)
GRAND RESTAURANT, LE (1966)
CAROLINE CHÉRIE (1967)
DISTRAIT, LE (1970)
DOIGTS CROISÉS, LES (1970)
ELLE CAUSE PLUS... ELLE FLINGUE ! (1972)
GRAND BLOND AVEC
UNE CHAUSSURE NOIRE, LE (1972)
TUEUR, LE (1972)
C'EST DUR POUR TOUT LE MONDE (1974)
C'EST PAS PARCE QU'ON A RIEN À DIRE
QU'IL FAUT FERMER SA GUEULE (1974)
PAR LE SANG DES AUTRES (1974)
FAUX CUL, LE (1975)
BUFFET FROID (1979)
PASSION D'AMOUR (1980)
PÉTROLE ! PÉTROLE ! (1981)
POURVU QUE CE SOIT UNE FILLE (1985)
TWIST AGAIN À MOSCOU (1986)

BLONDELL, Joan
actrice américaine (1906-1979)
THREE ON A MATCH (1932)
FOOTLIGHT PARADE (1933)
BULLETS OR BALLOTS (1936)
STAND-IN, THE (1937)
TOPPER RETURNS (1941)
ADVENTURE (1945)
NIGHTMARE ALLEY (1947)
TREE GROWS IN BROOKLYN, A (1948)
THIS COULD BE THE NIGHT (1956)
WILL SUCCESS SPOIL
ROCK HUNTER ? (1956)
DESK SET (1957)
WATERHOLE #3 (1967)
STAY AWAY, JOE (1968)
SUPPORT YOUR LOCAL GUNFIGHTER (1971)
OPENING NIGHT (1977)

BLOOM, Claire
actrice anglaise (1931-)
LIMELIGHT (1952)
RICHARD III (1955)
ALEXANDER THE GREAT (1956)
BROTHERS KARAMAZOV, THE (1958)
BUCCANEER, THE (1958)
LOOK BACK IN ANGER (1959)
WONDERFUL WORLD OF
THE BROTHERS GRIMM, THE (1962)
HAUNTING, THE (1963)
OUTRAGE, THE (1964)
SPY WHO CAME IN
FROM THE COLD, THE (1965)
CHARLY (1968)
ILLUSTRATED MAN, THE (1969)
DOLL'S HOUSE (1973)
ISLANDS IN THE STREAM (1976)
CLASH OF THE TITANS (1981)
SAMMY & ROSIE GET LAID (1987)
CRIMES AND MISDEMEANORS (1989)
MIGHTY APHRODITE (1995)
WRESTLING WITH ALLIGATORS (1998)
BOOK OF EVE, THE (2002)
IMAGINING ARGENTINA (2003)

BLOOM, Orlando
acteur anglais (1977-)
LORD OF THE RINGS :
THE FELLOWSHIP OF THE RING (2001)
LORD OF THE RINGS :
THE RETURN OF THE KING (2003)
NED KELLY (2003)
PIRATES OF THE CARIBBEAN :
THE CURSE OF THE BLACK PEARL (2003)
TROY (2004)
ELIZABETHTOWN (2005)
KINGDOM OF HEAVEN (2005)

BLOSSOM, Roberts
acteur américain (1924-)
DERANGED (1974)
RESURRECTION (1980)
GOLD BUG, THE (1981)
ALWAYS (1989)
HOME ALONE (1990)
MURDER IN THE HEARTLAND (1993)

BLUTEAU, Lothaire
acteur québécois (1957-)
ANNÉES DE RÊVES, LES (1984)
FOUS DE BASSAN, LES (1986)
NUIT AVEC HORTENSE, LA (1988)
JÉSUS DE MONTRÉAL (1989)
BLACK ROBE (1991)
ORLANDO (1992)
SILENT TOUCH, THE (1992)
CONFESSIONNAL, LE (1995)
BENT (1996)
I SHOT ANDY WARHOL (1996)
CONQUEST (1998)
URBANIA (2000)
JULIE WALKING HOME (2001)
DESOLATION SOUND (2005)

BLYTH, Ann
actrice américaine (1928-)
BRUTE FORCE (1947)
MR. PEABODY AND THE MERMAID (1948)
GREAT CARUSO, THE (1950)
WORLD IN HIS ARMS, THE (1952)
ALL THE BROTHERS WERE VALIANT (1953)
STUDENT PRINCE, THE (1954)
KING'S THIEF, THE (1955)
KISMET (1955)
HELEN MORGAN STORY, THE (1957)

BOGARDE, Dirk
acteur anglais (1921-1999)
QUARTET (1948)
WOMAN IN QUESTION, THE (1950)
PENNY PRINCESS (1951)
SLEEPING TIGER (1954)
SIMBA (1955)
DOCTOR AT LARGE (1956)
CAMPBELL'S KINGDOM (1957)
TALE OF TWO CITIES, A (1958)
SONG WITHOUT END (1960)
VICTIM (1961)
DAMN THE DEFIANT ! (1962)
I COULD GO ON SINGING (1963)
SERVANT, THE (1963)
KING & COUNTRY (1964)
DARLING (1965)
MODESTY BLAISE (1966)
ACCIDENT (1967)
FIXER, THE (1968)
DAMNÉS, LES (1969)
MORT À VENISE (1971)
NIGHT FLIGHT FROM MOSCOW (1972)
SERPENT, LE (1972)
NIGHT PORTER, THE (1973)
PROVIDENCE (1976)
BRIDGE TOO FAR, A (1977)
DÉSESPOIR (1977)
DADDY NOSTALGIE (1990)

BOGART, Humphrey
acteur américain (1899-1957)
PETRIFIED FOREST, THE (1935)
BULLETS OR BALLOTS (1936)
DEAD END (1936)
BLACK LEGION (1937)
KID GALAHAD (1937)
MARKED WOMAN (1937)
SAN QUENTIN (1937)
STAND-IN, THE (1937)
AMAZING DOCTOR CLITTERHOUSE, THE (1938)
ANGELS WITH DIRTY FACES (1939)
DARK VICTORY (1939)
OKLAHOMA KID (1939)
ROARING TWENTIES, THE (1939)
BROTHER ORCHID (1940)
THEY DRIVE BY NIGHT (1940)
ALL THROUGH THE NIGHT (1941)
CASABLANCA (1941)
HIGH SIERRA (1941)
MALTESE FALCON, THE (1941)
WAGONS ROLL AT NIGHT, THE (1941)
ACROSS THE PACIFIC (1942)

SAHARA (1942)
ACTION IN THE NORTH ATLANTIC (1943)
CONFLICT (1944)
PASSAGE TO MARSEILLE (1944)
TO HAVE AND HAVE NOT (1944)
BIG SLEEP, THE (1946)
DARK PASSAGE (1947)
DEAD RECKONING (1947)
TREASURE OF THE SIERRA MADRE, THE (1948)
KEY LARGO (1949)
KNOCK ON ANY DOOR (1949)
TOKYO JOE (1949)
CHAIN LIGHTNING (1950)
ENFORCER, THE (1950)
IN A LONELY PLACE (1950)
AFRICAN QUEEN, THE (1951)
SIROCCO (1951)
BATTLE CIRCUS (1953)
CAINE MUTINY, THE (1953)
BAREFOOT CONTESSA, THE (1954)
BEAT THE DEVIL (1954)
SABRINA (1954)
DESPERATE HOURS, THE (1955)
LEFT HAND OF GOD, THE (1955)
WE'RE NO ANGELS (1955)
HARDER THEY FALL, THE (1956)

BOGOSIAN, Eric
acteur américain (1953-)
SPECIAL EFFECTS (1985)
TALK RADIO (1988)
SEX, DRUGS, ROCK & ROLL (1991)
WITCH HUNT (1994)
DOLORES CLAIBORNE (1995)
UNDER SIEGE 2 : DARK TERRITORY (1995)
SUBSTANCE OF FIRE, THE (1996)
ERIC BOGOSIANS : WAKE UP AND
SMELL THE COFFEE (2001)
SHOT IN THE HEART (2001)
WONDERLAND (2003)
KING OF THE CORNER (2004)

BOHRINGER, Richard
acteur français (1941-)
DERNIER MÉTRO, LE (1980)
DIVA (1980)
INSPECTEUR LA BAVURE (1980)
UNS ET LES AUTRES, LES (1980)
GRAND PARDON, LE (1982)
J'AI ÉPOUSÉ UNE OMBRE (1982)
CAP CANAILLE (1983)
ADDITION, L' (1984)
JUGE, LE (1984)
PÉRIL EN LA DEMEURE (1984)
SUBWAY (1985)
GRAND CHEMIN, LE (1986)
AGENT TROUBLE (1987)
FLAG (1987)
À GAUCHE EN SORTANT
DE L'ASCENSEUR (1988)
SAISONS DU PLAISIR, LES (1988)
APRÈS LA GUERRE (1989)
COOK, THE THIEF, HIS WIFE &
HER LOVER, THE (1989)
STAN THE FLASHER (1989)
DAMES GALANTES (1990)
CONFESSIONS D'UN BARJO (1991)
ÉPOQUE FORMIDABLE, UNE (1991)
REINE BLANCHE, LA (1991)
ACCOMPAGNATRICE, L' (1992)
TANGO (1992)
PARFUM D'YVONNE, LE (1993)
SOURIRE, LE (1993)
CAPRICES D'UN FLEUVE, LES (1995)
TYKHO MOON (1996)
VÉRITÉ SI JE MENS, LA (1996)

BOHRINGER, Romane
actrice française (1974-)
ACCOMPAGNATRICE, L' (1992)
NUITS FAUVES, LES (1992)
À CAUSE D'ELLE (1993)
MINA TANNENBAUM (1993)
CENT ET UNE NUITS, LES (1994)
COLONEL CHABERT, LE (1994)
LUMIÈRE ET COMPAGNIE (1995)
TOTAL ECLIPSE (1995)
APPARTEMENT, L' (1996)
PORTRAITS CHINOIS (1996)
FEMME DE CHAMBRE DU TITANIC, LA (1997)
QUELQUE CHOSE D'ORGANIQUE (1998)
VIGO : A PASSION FOR LIFE (1998)

BOISSON, Christine
actrice française (1957-)
EMMANUELLE (1974)
BORN FOR HELL (1975)
FLIC STORY (1975)
IDENTIFICATION D'UNE FEMME (1982)
RUE BARBARE (1983)
MOINE ET LA SORCIÈRE, LE (1986)
MAISON DE JEANNE, LA (1987)
IL Y A DES JOURS... ET DES LUNES (1990)
AMIES DE MA FEMME, LES (1992)
MARMOTTES, LES (1993)
PAS TRÈS CATHOLIQUE (1993)
EN FACE (1999)

BONACELLI, Paolo
acteur italien (1939-)
SALO OU LES CENT VINGT JOURNÉES
DE SODOME (1975)
HÉRITAGE, L' (1976)
MYSTERY OF OBERWALD, THE (1980)
JOHNNY CURE-DENT (1991)
CIAO, PROFESSORE ! (1992)
MILLE BOLLE BLU (1992)
STENDHAL SYNDROME, THE (1996)

BOND, Ward
acteur américain (1905-1960)
BIG TRAIL, THE (1930)
IT HAPPENED ONE NIGHT (1934)
KID MILLIONS (1934)
INFORMER, THE (1935)
DEAD END (1936)
FURY (1936)
AMAZING DOCTOR
CLITTERHOUSE, THE (1938)
BRINGING UP BABY (1938)
MADE FOR EACH OTHER (1938)
DODGE CITY (1939)
GONE WITH THE WIND (1939)
THEY MADE ME A CRIMINAL (1939)
YOUNG MR. LINCOLN (1939)
DRUMS ALONG THE MOHAWK (1940)
GRAPES OF WRATH, THE (1940)
LONG VOYAGE HOME, THE (1940)
MORTAL STORM, THE (1940)
SANTA FE TRAIL (1940)
SHEPHERD OF THE HILLS, THE (1940)
GENTLEMAN JIM (1941)
MALTESE FALCON, THE (1941)
GUY NAMED JOE, A (1944)
TALL IN THE SADDLE (1944)
DAKOTA (1945)
FIGHTING SULLIVANS, THE (1945)
THEY WERE EXPENDABLE (1945)
CANYON PASSAGE (1946)
IT'S A WONDERFUL LIFE (1946)
MY DARLING CLEMENTINE (1946)
FORT APACHE (1947)
UNCONQUERED (1947)
FUGITIVE, THE (1948)
JOAN OF ARC (1948)
TIME OF YOUR LIFE, THE (1948)
3 GODFATHERS (1949)
KISS TOMORROW GOODBYE (1950)
RIDING HIGH (1950)
WAGON MASTER (1950)
ON DANGEROUS GROUND (1951)
OPERATION PACIFIC (1951)
QUIET MAN, THE (1952)
BLOWING WILD (1953)
HONDO (1953)
JOHNNY GUITAR (1954)
LONG GRAY LINE, THE (1954)
MISTER ROBERTS (1955)
SEARCHERS, THE (1955)
WINGS OF EAGLES, THE (1956)
RIO BRAVO (1959)

BONDI, Beulah
actrice américaine (1888-1981)
GOOD FAIRY, THE (1935)
TRAIL OF THE LONESOME PINE, THE (1936)
OF HUMAN HEARTS (1938)
REMEMBER THE NIGHT (1939)
SHEPHERD OF THE HILLS, THE (1940)
WATCH ON THE RHINE (1943)
BACK TO BATAAN (1945)
OUR TOWN (1945)
SOUTHERNER, THE (1945)
SO DEAR TO MY HEART (1948)
LONE STAR (1951)
TRACK OF THE CAT (1954)

BONHAM CARTER, Helena
actrice anglaise (1966-)
LADY JANE (1985)
ROOM WITH A VIEW, A (1985)
MAURICE (1987)
FRANCESCO (1989)
GETTING IT RIGHT (1989)
HAMLET (1990)
HOWARDS END (1991)
WHERE ANGELS FEAR TO TREAD (1991)
MARY SHELLEY'S FRANKENSTEIN (1994)
MARGARET'S MUSEUM (1995)
MIGHTY APHRODITE (1995)
PORTRAITS CHINOIS (1996)
TWELFTH NIGHT (1996)
MERRY WAR, A (1997)
WINGS OF THE DOVE (1997)
MERLIN (1998)
THEORY OF FLIGHT, THE (1998)
FIGHT CLUB (1999)
WOMEN TALKING DIRTY (1999)
NOVOCAINE (2001)
PLANET OF THE APES (2001)
TILL HUMAN VOICES WAKE US (2001)
HEART OF ME, THE (2002)
LIVE FROM BAGHDAD (2002)
BIG FISH (2003)
HENRY VIII (2003)
CHARLIE AND
THE CHOCOLATE FACTORY (2005)
TIM BURTON'S CORPSE BRIDE (2005)

BONNAFFÉ, Jacques
acteur français (1958-)
MEILLEUR DE LA VIE, LE (1984)
COUPLES ET AMANTS (1993)
JEANNE ET LE GARÇON FORMIDABLE (1998)
VÉNUS BEAUTÉ (INSTITUT) (1998)
VA SAVOIR (2001)
DIABLES, LES (2002)
QUAND LA MER MONTE (2004)
CRUSTACÉS ET COQUILLAGES (2005)

BONNAIRE, Sandrine
actrice française (1967-)
À NOS AMOURS (1983)
MEILLEUR DE LA VIE, LE (1984)
TIR À VUE (1984)
BLANCHE ET MARIE (1985)
POLICE (1985)
SANS TOIT NI LOI (1985)
PURITAINE, LA (1986)
SOUS LE SOLEIL DE SATAN (1987)
PEAUX DE VACHES (1988)
MONSIEUR HIRE (1989)
QUELQUES JOURS AVEC MOI (1989)
DANS LA SOIRÉE (1990)
CIEL DE PARIS, LE (1991)
PESTE, LA (1992)
JEANNE LA PUCELLE 1 : LES BATAILLES (1993)
JEANNE LA PUCELLE 2 : LES PRISONS (1993)
CENT ET UNE NUITS, LES (1994)
CÉRÉMONIE, LA (1995)
SECRET DÉFENSE (1997)
AU CŒUR DU MENSONGE (1998)
VOLEUR DE VIE (1998)
EST-OUEST (1999)
MADEMOISELLE (2000)
C'EST LA VIE (2001)
CONFIDENCES TROP INTIMES (2003)
ÉQUIPIER, L' (2004)

BONNIER, Céline
actrice québécoise (1965-)
TECTONIC PLATES (1991)
JUMELLES DIONNE, LES (1994)
SPHINX, LE (1995)
CABOOSE (1996)
ASSIGNMENT, THE (1997)
MUSES ORPHELINES, LES (2000)
CIEL SUR LA TÊTE, LE (2001)
SÉRAPHIN, UN HOMME ET SON PÉCHÉ (2002)
FACE CACHÉE DE LA LUNE, LA (2003)
DERNIER TUNNEL, LE (2004)
MONICA LA MITRAILLE (2004)
ÉTATS-UNIS D'ALBERT, LES (2005)
HUMAN TRAFFICKING (2005)
DÉLIVREZ-MOI (2006)
UN DIMANCHE À KIGALI (2006)

BOONE, Richard
acteur américain (1917-1981)
DESERT FOX, THE (1951)
BENEATH THE 12-MILE REEF (1953)
DRAGNET (1954)
TEN WANTED MEN (1954)
AWAY ALL BOATS (1956)
I BURY THE LIVING (1958)
THUNDER OF DRUMS, A (1961)
RIO CONCHOS (1964)
WARLORD, THE (1965)
ARRANGEMENT, THE (1969)
NIGHT OF THE FOLLOWING DAY, THE (1969)
BIG JAKE (1970)
MADRON (1970)
BIG SLEEP, THE (1978)
BUSHIDO BLADE, THE (1978)

BOOTHE, Powers
acteur américain (1949-)
GUYANA TRAGEDY :
THE STORY OF JIM JONES (1980)
SOUTHERN COMFORT (1981)
BREED APART, A (1984)
EMERALD FOREST, THE (1985)
EXTREME PREJUDICE (1987)
BY DAWN'S EARLY LIGHT (1990)
BY DAWNS EARLY LIGHT (1990)
BLUE SKY (1991)
RAPID FIRE (1992)
NIXON (1995)
SUDDEN DEATH (1995)
U-TURN (1997)
JOAN OF ARC (1999)
MEN OF HONOR (2000)
FRAILTY (2001)
SIN CITY (2005)

BORGNINE, Ernest
acteur américain (1917-)
STRANGER WORE A GUN, THE (1952)
FROM HERE TO ETERNITY (1953)
VERA CRUZ (1953)
BAD DAY AT BLACK ROCK (1954)
DEMETRIUS AND THE GLADIATORS (1954)
JOHNNY GUITAR (1954)
MARTY (1954)
CATERED AFFAIR, THE (1955)
JUBAL (1956)
BADLANDERS, THE (1958)
TORPEDO RUN (1958)
VIKINGS, THE (1958)
BARABBAS (1961)
FLIGHT OF THE PHOENIX, THE (1965)
OSCAR, THE (1965)
DIRTY DOZEN, THE (1967)
ICE STATION ZEBRA (1968)
SPLIT, THE (1968)
WILD BUNCH, THE (1969)
ADVENTURERS, THE (1970)
SUPPOSE THEY GAVE A WAR
AND NOBODY CAME ? (1970)
WILLARD (1970)
HANNIE CAULDER (1971)
POSEIDON ADVENTURE, THE (1972)
EMPEROR OF THE NORTH (1973)
DEVIL'S RAIN, THE (1975)
HUSTLE (1975)
JESUS OF NAZARETH (1976)
ALLO... MADAME (1977)
ALL QUIET ON
THE WESTERN FRONT (1979)
BLACK HOLE, THE (1979)
SUPER FUZZ (1980)
ESCAPE FROM NEW YORK (1981)
SPIKE OF BENSONHURST (1988)
LASER MISSION (1989)
MISTRESS (1992)
BASEKETBALL (1998)
RENEGADE (2004)

BOSCO, Philip
acteur américain (1930-)
ENEMY OF THE PEOPLE, AN (1966)
HOGAN'S GOAT (1971)
STRAIGHT TALK (1992)
AGAINST THE WALL (1993)
ANGIE (1994)
CRITICAL CARE (1997)
SHAFT (2000)
ABANDON (2002)

BOSSÉ, Réal
acteur québécois
DANS UNE GALAXIE PRÈS
DE CHEZ VOUS III (2000)
DANS UNE GALAXIE PRÈS
DE CHEZ VOUS IV (2001)
MANUSCRIT ÉROTIQUE, LE (2002)
GAZ BAR BLUES (2003)
GRANDE OURSE I (2003)
CAMPING SAUVAGE (2004)
DANS UNE GALAXIE PRÈS
DE CHEZ VOUS (2004)
GOLEM DE MONTRÉAL, LE (2004)

BOUAJILA, Sami
acteur français (1966-)
SILENCE DES PALAIS, LE (1994)
BYE-BYE (1995)
SIEGE, THE (1998)
DRÔLE DE FÉLIX (2000)
FAUTE À VOLTAIRE, LA (2000)
NID DE GUÊPES (2001)
RÉPÉTITION, LA (2001)

BOUCHARD, Denis
acteur québécois (1953-)
MARCHÉ DU COUPLE, LE (1988)
MATINS INFIDÈLES, LES (1988)
TISSERANDS DU POUVOIR 2 :
LA RÉVOLTE, LES (1988)
TISSERANDS DU POUVOIR, LES (1988)
AUTRE HOMME, UN (1989)
DING ET DONG : LE FILM (1990)
RAFALES (1990)
LOVE-MOI (1991)
FÊTE DES ROIS, LA (1994)
FABRICATION D'UN MEURTRIER, LA (1996)
HOMME IDÉAL, L' (1996)
C'T'À TON TOUR, LAURA CADIEUX (1998)
HISTOIRES D'HIVER (1998)
LANCE & COMPTE : LA RECONQUÊTE (2004)

BOUCHARD, Raymond
acteur québécois (1945-)
CORDÉLIA (1979)
YEUX ROUGES, LES (1982)
SMOKEY AND THE BANDIT 3 (1983)
HEURES PRÉCIEUSES, LES (1989)
DING ET DONG : LE FILM (1990)
ASSASSIN JOUAIT DU TROMBONE, L' (1991)
AUTOMNE SAUVAGE, L' (1992)
FLORIDA, LA (1993)
VENGEANCE DE LA FEMME
EN NOIR, LA (1997)
CHARTRAND ET SIMONNE (1999)
PETIT VENT DE PANIQUE, UN (1999)
TRUDEAU (2002)
GRANDE SÉDUCTION, LA (2003)
VIE AVEC MON PÈRE, LA (2005)

BOUCHEZ, Elodie
actrice française (1973-)
CAHIER VOLÉ, LE (1992)
ROSEAUX SAUVAGES, LES (1994)
VIE RÊVÉE DES ANGES, LA (1998)
LOVERS (1999)
FAUTE À VOLTAIRE, LA (2000)
TOO MUCH FLESH (2000)
CQ (2001)
BEING LIGHT (2003)
PACTE DU SILENCE, LE (2003)
STORMY WEATHER (2003)
AMERICA BROWN (2004)
BRICE DE NICE (2005)

BOUCHITEY, Patrick
acteur français (1946-)
CAÏDS, LES (1972)
MEILLEURE FAÇON DE MARCHER, LA (1975)
MORA... (1982)
PARANO (1993)
QUAND J'AVAIS CINQ ANS, JE M'AI TUÉ (1994)
DÉMONS DE JÉSUS, LES (1996)
MONDE DE MARTY, LE (1999)
AMAZONE (2000)

BOUDET, Jacques
acteur français
ARGENT FAIT LE BONHEUR, L' (1992)
À LA VIE, À LA MORT (1995)
MARIUS ET JEANNETTE (1996)

BLEU DES VILLES, LE (1999)
À L'ATTAQUE (2000)
VILLE EST TRANQUILLE, LA (2000)
PÈRE ET FILS (2003)

BOUISE, Jean
acteur français (1929-1989)
JE SUIS CUBA (1964)
TINTIN ET LES ORANGES BLEUES (1964)
Z (1969)
AVEU, L' (1970)
CHOSES DE LA VIE, LES (1970)
MOURIR D'AIMER (1970)
CAÏDS, LES (1972)
GRANGES BRÛLÉES, LES (1973)
RETOUR DU GRAND BLOND, LE (1974)
VIEUX FUSIL, LE (1975)
MONSIEUR KLEIN (1976)
JUGE FAYARD DIT « LE SHÉRIF », LE (1977)
MORT D'UN POURRI (1977)
PAPILLON SUR L'ÉPAULE, UN (1978)
DERNIER COMBAT, LE (1982)
HECATE, MAITRESSE DE LA NUIT (1982)
AU NOM DE TOUS LES MIENS (1983)
ÉDITH ET MARCEL (1983)
ÉQUATEUR (1983)
PARTIR, REVENIR (1985)
SUBWAY (1985)
DERNIER ÉTÉ À TANGER (1986)
ÉTÉ EN PENTE DOUCE, L' (1986)
DE GUERRE LASSE (1987)
GRAND BLEU, LE (1988)
NIKITA (1990)

BOUIX, Évelyne
actrice française (1956-)
RIEN NE VA PLUS (1979)
UNS ET LES AUTRES, LES (1980)
MISÉRABLES, LES (1982)
ÉDITH ET MARCEL (1983)
VIVA LA VIE (1983)
NI AVEC TOI, NI SANS TOI (1984)
PARTIR, REVENIR (1985)
HOMME ET UNE FEMME :
VINGT ANS DÉJÀ, UN (1986)
CIEL DE PARIS, LE (1991)
TOUT ÇA... POUR ÇA ! (1992)
BEAUMARCHAIS L'INSOLENT (1996)

BOUJENAH, Michel
acteur français (1952-)
MAIS QU'EST-CE QUE J'AI FAIT AU BON DIEU
POUR AVOIR UNE FEMME QUI BOIT DANS
LES CAFÉS AVEC LES HOMMES ? (1980)
TRANCHES DE VIE (1985)
LEVY ET GOLIATH (1986)
MOITIÉ MOITIÉ (1989)
TOTALE, LA (1991)
NOMBRIL DU MONDE, LE (1993)
MISÉRABLES DU XXe SIÈCLE, LES (1995)
DON JUAN (1997)
XXL (1997)
18 ANS APRÈS (2003)

BOUQUET, Carole
actrice française (1957-)
CET OBSCUR OBJET DU DÉSIR (1977)
BUFFET FROID (1979)
FOR YOUR EYES ONLY (1981)
RIVE DROITE, RIVE GAUCHE (1984)
MAL D'AIMER, LE (1986)
BUNKER PALACE HOTEL (1989)
NEW YORK STORIES (1989)
TROP BELLE POUR TOI ! (1989)
TANGO (1992)
GROSSE FATIGUE (1994)
LUCIE AUBRAC (1997)
ROUGE ET LE NOIR, LE (1997)
EN PLEIN CŒUR (1998)
PONT ENTRE DEUX RIVES, UN (1998)
PIQUE-NIQUE DE LULU KREUTZ, LE (1999)
WASABI (2001)
EMBRASSEZ QUI VOUS VOUDREZ (2002)
BIENVENUE CHEZ LES ROZES (2003)
FEUX ROUGES (2003)
FAUTES D'ORTHOGRAPHE, LES (2004)
ENFER, L' (2005)

BOUQUET, Michel
acteur français (1925-)
MONSIEUR VINCENT (1947)
PATTES BLANCHES (1949)
TIGRE SE PARFUME À LA DYNAMITE, LE (1965)
MARIÉE ÉTAIT EN NOIR, LA (1967)
ROUTE DE CORINTHE, LA (1967)
FEMME INFIDÈLE, LA (1968)
DERNIER SAUT, LE (1969)
SIRÈNE DU MISSISSIPPI, LA (1969)
BORSALINO (1970)
JUSTE AVANT LA NUIT (1970)
RUPTURE, LA (1970)
ANGES, LES (1972)
ATTENTAT, L' (1972)
NIGHT FLIGHT FROM MOSCOW (1972)
SERPENT, LE (1972)
COMPLOT, LE (1973)
DÉFENSE DE SAVOIR (1973)
JOUET, LE (1976)
RAISON D'ÉTAT, LA (1978)
MISÉRABLES, LES (1982)
POULET AU VINAIGRE (1984)
TOTO LE HÉROS (1991)
TOUS LES MATINS DU MONDE (1991)
ÉLISA (1994)
COMMENT J'AI TUÉ MON PÈRE (2001)
CÔTELETTES, LES (2003)
PROMENEUR DU CHAMPS
DE MARS, LE (2004)

BOURVIL
acteur français (1919-1970)
PASSE-MURAILLE, LE (1950)
3 MOUSQUETAIRES, LES (1953)
POISSON D'AVRIL (1954)
TRAVERSÉE DE PARIS, LA (1956)
MISÉRABLES, LES (1957)
CHEMIN DES ÉCOLIERS, LE (1958)
FORTUNA (1960)
LONGEST DAY, THE (1962)
CUISINE AU BEURRE, LA (1963)
CENT MILLE DOLLARS AU SOLEIL (1964)
CORNIAUD, LE (1964)
GRANDES GUEULES, LES (1965)
GRANDE VADROUILLE, LA (1966)
CRACKS, LES (1967)
GRANDE LESSIVE, LA (1968)
ARBRE DE NOËL, L' (1969)
CERVEAU, LE (1969)
THOSE DARING YOUNG MEN
IN THEIR JAUNTY JALOPIES (1969)
CERCLE ROUGE, LE (1970)
MUR DE L'ATLANTIQUE, LE (1970)

BOWER, Tom
acteur américain
DIE HARD 2 : DIE HARDER (1990)
RAISING CAIN (1992)
AGAINST THE WALL (1993)
MURDER IN THE HEARTLAND (1993)
HEARTS IN ATLANTIS (2001)
LARAMIE PROJECT, THE (2002)
HILLS HAVE EYES, THE (2005)

BOWIE, David
acteur anglais (1947-)
MAN WHO FELL TO EARTH, THE (1976)
MOI, CHRISTIANE F., 13 ANS,
DROGUÉE, PROSTITUÉE (1981)
MERRY CHRISTMAS, MR. LAWRENCE (1982)
HUNGER, THE (1983)
INTO THE NIGHT (1985)
ABSOLUTE BEGINNERS (1986)
LABYRINTH (1986)
LAST TEMPTATION OF CHRIST, THE (1988)
LINGUINI INCIDENT, THE (1991)
TWIN PEAKS : FIRE WALK WITH ME (1992)
BASQUIAT (1996)

BOWMAN, Lee
acteur américain (1914-1979)
INTERNES CAN'T TAKE MONEY (1937)
LOVE AFFAIR (1939)
BUCK PRIVATES (1941)
SMASH-UP, THE STORY OF A WOMAN (1947)
TONIGHT AND EVERY NIGHT (1947)
MY DREAM IS YOURS (1949)
HOUSE BY THE RIVER (1950)

BOYD, Stephen
acteur anglais (1931-1977)
ABANDON SHIP ! (1956)
BIJOUTIERS DU CLAIR DE LUNE, LES (1957)
BRAVADOS, THE (1958)
BEN-HUR (1959)
BEST OF EVERYTHING, THE (1959)
BILLY ROSE'S JUMBO (1962)
FALL OF THE ROMAN EMPIRE, THE (1963)
KILL ! (1971)

BOYER, Charles
acteur français (1897-1978)
RED-HEADED WOMAN (1932)
LILIOM (1934)
BREAK OF HEARTS (1935)
MAYERLING (1936)
ALGIERS (1938)
CONQUEST (1938)
LOVE AFFAIR (1939)
ALL THIS AND HEAVEN TOO (1940)
TALES OF MANHATTAN (1942)
GASLIGHT (1944)
ARCH OF TRIUMPH (1947)
MADAME DE ... (1953)
AROUND THE WORLD IN 80 DAYS (1956)
CHANCE D'ÊTRE FEMME, LA (1957)
PARISIENNE, UNE (1957)
BUCCANEER, THE (1958)
FANNY (1961)
FOUR HORSEMEN OF
THE APOCALYPSE, THE (1961)
HOW TO STEAL A MILLION (1966)
PARIS BRÛLE-T-IL ? (1966)
BAREFOOT IN THE PARK (1967)
CASINO ROYALE (1967)
APRIL FOOLS, THE (1969)
STAVISKY (1974)

BOYLE, Peter
acteur américain (1933-)
MEDIUM COOL (1969)
JOE (1970)
CANDIDATE, THE (1972)
YOUNG FRANKENSTEIN (1974)
SWASHBUCKLER (1976)
TAXI DRIVER (1976)
BRINK'S JOB, THE (1978)
F.I.S.T. (1978)
HARDCORE (1978)
BEYOND THE POSEIDON ADVENTURE (1979)

IN GOD WE TRUST (1980)
WHERE THE BUFFALO ROAM (1980)
HAMMETT (1981)
OUTLAND (1981)
YELLOWBEARD (1983)
JOHNNY DANGEROUSLY (1984)
MORONS FROM OUTER SPACE (1985)
TURK 182 (1985)
RED HEAT (1988)
WALKER (1988)
DREAM TEAM, THE (1989)
MEN OF RESPECT (1990)
HONEYMOON IN VEGAS (1992)
MALCOLM X (1992)
NERVOUS TICKS (1992)
SANTA CLAUSE, THE (1994)
SHADOW, THE (1994)
WHILE YOU WERE SLEEPING (1995)
THAT DARN CAT ! (1996)
MONSTER'S BALL (2001)
MASTER SPY : THE ROBERT HANSSEN STORY (2002)

BRACCO, Lorraine
actrice américaine (1955-)
MAIS QU'EST-CE QUE J'AI FAIT AU BON DIEU POUR AVOIR UNE FEMME QUI BOIT DANS LES CAFÉS AVEC LES HOMMES ? (1980)
PICK-UP ARTIST, THE (1987)
SOMEONE TO WATCH OVER ME (1987)
DREAM TEAM, THE (1989)
GOODFELLAS (1990)
SWITCH (1991)
MEDICINE MAN (1992)
RADIO FLYER (1992)
BEING HUMAN (1994)
EVEN COWGIRLS GET THE BLUES (1994)
BASKETBALL DIARIES, THE (1995)
HACKERS (1995)
LADIES ROOM (1999)
RIDING IN CARS WITH BOYS (2001)
SOPRANOS IV, THE (2003)

BRADFORD, Jesse
acteur américain (1979-)
KING OF THE HILL (1993)
FAR FROM HOME : THE ADVENTURES OF YELLOW DOG (1994)
HACKERS (1995)
BRING IT ON (2000)
CLOCKSTOPPERS (2002)
SWIMFAN (2002)
EULOGY (2004)
HAPPY ENDINGS (2005)
HEIGHTS (2005)

BRADY, Scott
acteur américain (1924-1985)
HE WALKED BY NIGHT (1948)
MONTANA BELLE (1952)
JOHNNY GUITAR (1954)
MOHAWK (1955)
MAVERICK QUEEN, THE (1956)
CASTLE OF EVIL (1966)
CYCLE SAVAGES (1970)
DOLLARS (1971)

BRAGA, Sonia
actrice brésilienne (1951-)
DONA FLOR ET SES DEUX MARIS (1977)
I LOVE YOU (1981)
GABRIELA (1983)
KISS OF THE SPIDER WOMAN (1984)
MAN WHO BROKE A 1000 CHAINS, THE (1987)
MILAGRO BEANFIELD WAR, THE (1988)
ROOKIE, THE (1990)
BURNING SEASON, THE (1994)
TWO DEATHS (1995)
TIETA OF AGRESTE (1996)
ANGEL EYES (2001)
EMPIRE (2002)

BRANAGH, Kenneth
acteur anglais (1960-)
COMING THROUGH (1985)
FORTUNES OF WAR (1987)
HIGH SEASON (1987)
LADY'S NOT FOR BURNING, THE (1987)
MONTH IN THE COUNTRY, A (1987)
HENRY V (1989)
LOOK BACK IN ANGER (1989)
DEAD AGAIN (1991)
PETER'S FRIENDS (1992)
MUCH ADO ABOUT NOTHING (1993)
SWING KIDS (1993)
MARY SHELLEY'S FRANKENSTEIN (1994)
OTHELLO (1995)
HAMLET (1996)
GINGERBREAD MAN, THE (1997)
CELEBRITY (1998)
PROPOSITION, THE (1998)
LOVE'S LABOUR'S LOST (1999)
WILD WILD WEST (1999)
CONSPIRACY (2000)
SHACKLETON (2001)
HARRY POTTER AND THE CHAMBER OF SECRETS (2002)
RABBIT-PROOF FENCE (2002)
5 CHILDREN AND IT (2004)
WARM SPRINGS (2005)

BRAND, Neville
acteur américain (1920-1992)
GUN FURY (1953)
RIOT IN CELL BLOCK 11 (1954)
MOHAWK (1955)
LONELY MAN, THE (1957)
BIRDMAN OF ALCATRAZ (1962)
CAHILL : UNITED STATES MARSHALL (1973)
DEADLY TRACKERS, THE (1973)
NINTH CONFIGURATION, THE (1979)

BRANDAUER, Klaus Maria
acteur autrichien (1944-)
MÉPHISTO (1981)
NEVER SAY NEVER AGAIN (1983)
COLONEL REDL (1984)
LIGHTSHIP, THE (1985)
QUO VADIS ? (1985)
OUT OF AFRICA (1986)
BURNING SECRET (1988)
HANUSSEN (1988)
RÉVOLUTION FRANÇAISE 1 : LES ANNÉES LUMIÈRE, LA (1989)
RÉVOLUTION FRANÇAISE 2 : LES ANNÉES TERRIBLES, LA (1989)
RUSSIA HOUSE, THE (1990)
BECOMING COLETTE (1991)
WHITE FANG (1991)
REMBRANDT (1999)
DRUIDS (2000)
BETWEEN STRANGERS (2002)

BRANDO, Marlon
acteur américain (1924-2004)
MEN, THE (1949)
STREETCAR NAMED DESIRE, A (1951)
VIVA ZAPATA ! (1952)
JULIUS CAESAR (1953)
WILD ONE, THE (1953)
DESIREE (1954)
ON THE WATERFRONT (1954)
GUYS AND DOLLS (1955)
TEAHOUSE OF THE AUGUST MOON, THE (1956)
SAYONARA (1957)
YOUNG LIONS, THE (1958)
FUGITIVE KIND, THE (1960)
ONE-EYED JACKS (1961)
MUTINY ON THE BOUNTY (1962)
UGLY AMERICAN, THE (1963)
BEDTIME STORY (1964)
CHASE, THE (1965)
MORITURI (1965)
APPALOOSA, THE (1966)
COUNTESS FROM HONG KONG, A (1966)
REFLECTIONS IN A GOLDEN EYE (1967)
BURN ! (1968)
CANDY (1968)
NIGHT OF THE FOLLOWING DAY, THE (1969)
DERNIER TANGO À PARIS, LE (1972)
GODFATHER, THE (1972)
MISSOURI BREAKS, THE (1976)
SUPERMAN : THE MOVIE (1978)
APOCALYPSE NOW (1979)
APOCALYPSE NOW REDUX (1979)
FORMULA, THE (1980)
DRY WHITE SEASON, A (1989)
FRESHMAN, THE (1990)
CHRISTOPHER COLUMBUS : THE DISCOVERY (1992)
DON JUAN DeMARCO (1995)
ISLAND OF DR. MOREAU, THE (1996)
SCORE, THE (2001)

BRASSEUR, Claude
acteur français (1936-)
BOUM, LA (1959)
YEUX SANS VISAGE, LES (1959)
BRIDE SUR LE COU, LA (1960)
SEPT PÉCHÉS CAPITAUX, LES (1961)
CAPORAL ÉPINGLÉ, LE (1962)
GERMINAL (1963)
BANDE À PART (1964)
SEINS DE GLACE, LES (1974)
ATTENTION LES YEUX (1975)
GRAND ESCOGRIFFE, LE (1977)
ARGENT DES AUTRES, L' (1978)
ÉTAT SAUVAGE, L' (1978)
HISTOIRE SIMPLE, UNE (1978)
AU REVOIR... À LUNDI (1979)
GUERRE DES POLICES, LA (1979)
ILS SONT GRANDS, CES PETITS (1979)
BANQUIÈRE, LA (1980)
AFFAIRE D'HOMMES, UNE (1981)
JOSÉPHA (1981)
OMBRE ROUGE, L' (1981)
BOUM II, LA (1982)
LÉGITIME VIOLENCE (1982)
CRIME, LA (1983)
LÉOPARD, LE (1984)
PALACE (1984)
DÉTECTIVE (1985)
GITANE, LA (1985)
DESCENTE AUX ENFERS (1986)
TAXI BOY (1986)
DANDIN (1989)
DANCING MACHINE (1990)
SALE COMME UN ANGE (1990)
SOUPER, LE (1992)
FIL DE L'HORIZON, LE (1993)
UN, DEUX, TROIS SOLEIL (1993)
ACTEURS, LES (1999)
DÉBANDADE, LA (1999)
CHOUCHOU (2003)
SORAYA (2003)
MALABAR PRINCESS (2004)

BRASSEUR, Pierre
acteur français (1903-1972)
QUAI DES BRUMES (1938)
ENFANTS DU PARADIS, LES (1945)
PORTRAIT D'UN ASSASSIN (1949)
NAPOLÉON (1954)
RASPOUTINE (1954)
VIE À DEUX, LA (1958)
YEUX SANS VISAGE, LES (1959)
BEL ANTONIO, LE (1960)
ROI DE CŒUR, LE (1966)
VIE DE CHÂTEAU, LA (1966)
SOUS LE SIGNE DE MONTE-CRISTO (1968)

BRATT, Benjamin
acteur américain (1963-)
BLOOD IN... BLOOD OUT (1992)
CLEAR AND PRESENT DANGER (1994)
RIVER WILD, THE (1994)
MISS CONGENIALITY (2000)
NEXT BEST THING, THE (2000)
RED PLANET (2000)
PINERO (2001)
ABANDON (2002)
CATWOMAN (2004)
GREAT RAID, THE (2004)
WOODSMAN, THE (2004)
THUMBSUCKER (2005)

BRAUGHER, André
acteur américain (1962-)
HOMICIDE : LIFE ON THE STREET (1993)
TUSKEGEE AIRMEN, THE (1995)
GET ON THE BUS (1996)
HOMICIDE (SEASON IV) (1996)
CITY OF ANGELS (1998)
IT'S THE RAGE (1999)
FREQUENCY (2000)
10, 000 BLACK MEN NAMED GEORGE (2002)
SALEM'S LOT : THE MINISERIES (2004)

BRAZEAU, Jay
acteur canadien (1953-)
GROCER'S WIFE, THE (1991)
LIVE BAIT (1995)
KISSED (1996)
AIR BUD (1997)
DOUBLE JEOPARDY (1999)
BEST IN SHOW (2000)
CLIVE BARKER PRESENTS
SAINT SINNER (2002)
INSOMNIA (2002)
MOVING MALCOLM (2003)

BRAZZI, Rossano
acteur italien (1916-1994)
THREE COINS IN THE FOUNTAIN (1954)
SUMMERTIME (1955)
LEGEND OF THE LOST (1957)
STORY OF ESTHER COSTELLO, THE (1957)
SOUTH PACIFIC (1958)
BOBO, THE (1967)
KRAKATOA, EAST OF JAVA (1968)
ITALIAN JOB, THE (1969)
FRANKENSTEIN'S CASTLE OF FREAKS (1972)

BRENNAN, Walter
acteur américain (1894-1974)
COME AND GET IT (1936)
STANLEY AND LIVINGSTONE (1939)
STORY OF VERNON &
IRENE CASTLE, THE (1939)
THEY SHALL HAVE MUSIC (1939)
NORTHWEST PASSAGE (1940)
WESTERNER, THE (1940)
SERGEANT YORK (1941)
PRIDE OF THE YANKEES, THE (1942)
HANGMEN ALSO DIE (1943)
PRINCESS AND THE PIRATE, THE (1944)
DAKOTA (1945)
STOLEN LIFE (1947)
DRIFTWOOD (1948)
ALONG THE GREAT DIVIDE (1951)
BAD DAY AT BLACK ROCK (1954)
FAR COUNTRY, THE (1954)
PROUD ONES (1955)
GOODBYE, MY LADY (1956)
GNOME-MOBILE, THE (1967)
WHO'S MINDING THE MINT ? (1967)
SUPPORT YOUR LOCAL SHERIFF ! (1969)

BRENNEMAN, Amy
actrice américaine (1964-)
NYPD BLUE (1993)
BYE, BYE LOVE (1995)
HEAT (1995)
DAYLIGHT (1996)
YOUR FRIENDS & NEIGHBORS (1998)
OFF THE MAP (2003)
NINE LIVES (2005)

BRENT, George
acteur irlandais (1904-1979)
42nd STREET (1933)
PAINTED VEIL, THE (1935)
JEZEBEL (1938)
DARK VICTORY (1939)
RAINS CAME, THE (1939)
GREAT LIE, THE (1941)
INTERNATIONAL LADY (1941)
OLD MAID, THE (1941)
IN THIS OUR LIFE (1942)
SPIRAL STAIRCASE, THE (1945)
MONTANA BELLE (1952)

BRETT, Jeremy
acteur anglais (1933-1995)
ADVENTURES OF SHERLOCK HOLMES (1984)
RETURN OF SHERLOCK HOLMES :
THE SIGN OF FOUR (1987)
SHERLOCK HOLMES :
HOUND OF THE BASKERVILLES (1988)
CASEBOOK OF SHERLOCK HOLMES (1990)
SHERLOCK HOLMES :
MASTER BLACKMAILER (1992)
SHERLOCK HOLMES :
THE ELIGIBLE BACHELOR (1992)
SHERLOCK HOLMES :
THE LAST VAMPYRE (1992)

BRIALY, Jean-Claude
acteur français (1933-)
ASCENSEUR POUR L'ÉCHAFAUD (1957)
BEAU SERGE, LE (1957)
400 COUPS, LES (1958)
CHEMIN DES ÉCOLIERS, LE (1958)
CHRISTINE (1958)
FEMME EST UNE FEMME, UNE (1960)
SEPT PÉCHÉS CAPITAUX, LES (1961)
CLÉO DE 5 À 7 (1962)
DIABLE ET LES DIX
COMMANDEMENTS, LE (1962)
CHASSE À L'HOMME, LA (1964)
RONDE, LA (1964)
ROI DE CŒUR, LE (1966)
CAROLINE CHÉRIE (1967)
MANON 70 (1967)
MARIÉE ÉTAIT EN NOIR, LA (1967)
GENOU DE CLAIRE, LE (1970)
COSA NOSTRA (1971)
FANTÔME DE LA LIBERTÉ, LE (1974)
ANNÉE SAINTE, L' (1976)
BAROCCO (1976)
JUGE ET L'ASSASSIN, LE (1976)
CHANSON DE ROLAND, LA (1977)
ROBERT ET ROBERT (1978)
BANQUIÈRE, LA (1980)
UNS ET LES AUTRES, LES (1980)
DÉMON DANS L'ÎLE, LE (1982)
FILLE DE TRIESTE, LA (1982)
NUIT DE VARENNES, LA (1982)
CAP CANAILLE (1983)
CRIME, LA (1983)
ÉDITH ET MARCEL (1983)
MORTELLE RANDONNÉE (1983)
SARAH (1983)
STELLA (1983)
PINOT, SIMPLE FLIC (1984)
4e POUVOIR, LE (1985)
EFFRONTÉE, L' (1985)
MARIAGE DU SIÈCLE, LE (1985)
TÉLÉPHONE SONNE TOUJOURS
DEUX FOIS, LE (1985)
INSPECTEUR LAVARDIN (1986)
LEVY ET GOLIATH (1986)
MOUSTACHU, LE (1987)
ADRIEN ET VICKY (1989)
FAUX ET USAGE DE FAUX (1990)
RIPOUX CONTRE RIPOUX (1990)
S'EN FOUT LA MORT (1990)
REINE MARGOT, LA (1993)
FEMME FRANÇAISE, UNE (1994)
BEAUMARCHAIS L'INSOLENT (1996)
PORTRAITS CHINOIS (1996)
KENNEDY ET MOI (1999)
CONCURRENCE DÉLOYALE (2001)
HASARD FAIT BIEN LES CHOSES, LE (2002)

BRIANT, Shane
acteur anglais (1946-)
DEMONS OF THE MIND (1971)
CAPTAIN KRONOS : VAMPIRE HUNTER (1972)
STRAIGHT ON TIL MORNING (1972)
FRANKENSTEIN AND THE MONSTER
FROM HELL (1973)
PICTURE OF DORIAN GRAY, THE (1973)
LADY CHATTERLEY'S LOVER (1981)
LIGHTHORSEMEN, THE (1987)

BRIDGES, Beau
acteur américain (1941-)
FORCE OF EVIL (1949)
RED PONY, THE (1949)
VILLAGE OF THE GIANTS (1965)
INCIDENT, THE (1967)
FOR LOVE OF IVY (1968)
LANDLORD, THE (1970)
LOVIN' MOLLY (1973)
TWO-MINUTE WARNING (1976)
FOUR FEATHERS, THE (1977)
FIFTH MUSKETEER, THE (1979)
NORMA RAE (1979)
HONKY TONK FREEWAY (1981)
NIGHT CROSSING (1981)
HOTEL NEW HAMPSHIRE, THE (1984)
SEVEN HOURS TO JUDGMENT (1988)
FABULOUS BAKER BOYS, THE (1989)
DADDY'S DYIN'...
WHO'S GOT THE WILL ? (1990)
MARRIED TO IT (1991)
WILDFLOWER (1991)
POSITIVELY TRUE ADVENTURE
OF THE ALLEGED TEXAS CHEERLEADER-
MURDERING MOM, THE (1993)
JUMELLES DIONNE, LES (1994)
SECOND CIVIL WAR (1997)
INHERIT THE WIND (1999)
COMMON GROUND (2000)

SORDID LIVES (2000)
BALLAD OF JACK AND ROSE, THE (2005)
SMILE (2005)

BRIDGES, Jeff
acteur américain (1949-)
FAT CITY (1971)
LAST PICTURE SHOW, THE (1971)
BAD COMPANY (1972)
ICEMAN COMETH, THE (1973)
LAST AMERICAN HERO (1973)
THUNDERBOLT AND LIGHTFOOT (1974)
RANCHO DELUXE (1975)
KING KONG (1976)
STAY HUNGRY (1976)
WINTER KILLS (1979)
HEAVEN'S GATE (1980)
CUTTER'S WAY (1981)
TRON (1982)
AGAINST ALL ODDS (1984)
STARMAN (1984)
JAGGED EDGE (1985)
8 MILLION WAYS TO DIE (1986)
MORNING AFTER, THE (1986)
NADINE (1987)
COLD FEET (1988)
TUCKER : THE MAN AND HIS DREAM (1988)
FABULOUS BAKER BOYS, THE (1989)
SEE YOU IN THE MORNING (1989)
TEXASVILLE (1990)
FISHER KING, THE (1991)
AMERICAN HEART (1992)
FEARLESS (1993)
VANISHING, THE (1993)
BLOWN AWAY (1994)
WHITE SQUALL (1995)
WILD BILL (1995)
MIRROR HAS TWO FACES (1996)
BIG LEBOWSKI, THE (1997)
ARLINGTON ROAD (1999)
MUSE, THE (1999)
SIMPATICO (1999)
CONTENDER, THE (2000)
K-PAX (2001)
SCENES OF THE CRIME (2001)
MASKED AND ANONYMOUS (2003)
SEABISCUIT (2003)
DOOR IN THE FLOOR (2004)
STICK IT (2006)

BRIDGES, Lloyd
acteur américain (1913-)
SAHARA (1942)
TALK OF THE TOWN, THE (1942)
HEAT'S ON, THE (1943)
MASTER RACE, THE (1944)
ABILENE TOWN (1945)
CANYON PASSAGE (1946)
RAMROD (1946)
WALK IN THE SUN, A (1946)
UNCONQUERED (1947)
HOME OF THE BRAVE (1948)
MOONRISE (1948)
ROCKETSHIP X-M (1950)
WHITE TOWER, THE (1950)
HIGH NOON (1952)
RAINMAKER, THE (1956)
AROUND THE WORLD UNDER THE SEA (1966)
ATTACK ON THE IRON COAST (1967)
HAPPY ENDING, THE (1969)
BEAR ISLAND (1979)
FIFTH MUSKETEER, THE (1979)
AIRPLANE ! (1980)
AIRPLANE II : THE SEQUEL (1982)
BLUE AND THE GRAY, THE (1982)
GRACE KELLY STORY, THE (1983)
TUCKER : THE MAN AND HIS DREAM (1988)
COUSINS (1989)
WINTER PEOPLE (1989)
JOE VERSUS THE VOLCANO (1990)
HOT SHOTS ! (1991)
HONEY, I BLEW UP THE KID (1992)
HOT SHOTS ! PART DEUX (1993)
BLOWN AWAY (1994)

BRIERS, Richard
acteur anglais (1934-)
FATHOM (1967)
PETER'S FRIENDS (1992)
MUCH ADO ABOUT NOTHING (1993)
MIDWINTER'S TALE, A (1995)
HAMLET (1996)
MONARCH OF THE GLEN :
COMPLETE SERIES (2000)
PETER PAN (2003)

BRIMLEY, Wilford
acteur américain (1934-)
ABSENCE OF MALICE (1982)
THING, THE (1982)
TOUGH ENOUGH (1982)
10 TO MIDNIGHT (1983)
STONE BOY (1983)
EWOKS, THE BATTLE FOR ENDOR (1985)
FIRM, THE (1993)
IN & OUT (1997)

BROADBENT, Jim
acteur anglais (1949-)
GOOD FATHER, THE (1986)
LIFE IS SWEET (1990)
ENCHANTED APRIL (1992)
PRINCESS CARABOO (1994)
WEDDING GIFT, THE (1994)
RICHARD III (1995)
BORROWERS, THE (1997)
AVENGERS, THE (1998)
LITTLE VOICE (1998)
TOPSY-TURVY (1999)
BRIDGET JONES'S DIARY (2001)
IRIS (2001)
MOULIN ROUGE (2001)
GANGS OF NEW YORK (2002)
GATHERING STORM (2002)
NICHOLAS NICKLEBY (2002)
AND STARRING PANCHO VILLA
AS HIMSELF (2003)
BRIGHT YOUNG THINGS (2003)
LOVING WALTER (2003)
AROUND THE WORLD IN 80 DAYS (2004)
BRIDGET JONES :
THE EDGE OF REASON (2004)
CHRONICLES OF NARNIA - THE LION,
THE WITCH AND THE WARDROBE (2005)
ART SCHOOL CONFIDENTIAL (2006)

BROCHET, Anne
actrice française (1966-)
MASQUES (1986)
TOLÉRANCE (1989)
CYRANO DE BERGERAC (1990)
CONFESSIONS D'UN BARJO (1991)
TOUS LES MATINS DU MONDE (1991)
CHAMBRE DES MAGICIENNES, LA (1999)
CONFIDENCES TROP INTIMES (2003)
HISTOIRE DE MARIE ET JULIEN (2003)
CONFIANCE RÈGNE, LA (2004)

BRODERICK, Matthew
acteur américain (1962-)
MAX DUGAN RETURNS (1983)
WARGAMES (1983)
1918 (1984)
LADYHAWKE (1985)
MASTER HAROLD AND THE BOYS (1985)
FERRIS BUELLER'S DAY OFF (1986)
ON VALENTINE'S DAY (1986)
PROJECT X (1987)
BILOXI BLUES (1988)
TORCH SONG TRILOGY (1988)
FAMILY BUSINESS (1989)
GLORY (1989)
FRESHMAN, THE (1990)
LIFE IN THE THEATER, A (1993)
NIGHT WE NEVER MET, THE (1993)
MRS. PARKER AND THE VICIOUS CIRCLE (1994)
ROAD TO WELLVILLE, THE (1994)
CABLE GUY, THE (1996)
ADDICTED TO LOVE (1997)
GODZILLA (1998)
ELECTION (1999)
INSPECTOR GADGET (1999)
LAST SHOT, THE (2004)
STEPFORD WIVES, THE (2004)
PRODUCERS, THE (2005)

BRODY, Adrien
acteur américain (1973-)
THIN RED LINE, THE (1998)
LIBERTY HEIGHTS (1999)
SUMMER OF SAM (1999)
BREAD AND ROSES (2000)
AFFAIR OF THE NECKLACE, THE (2001)
LOVE THE HARD WAY (2001)
PIANIST, THE (2001)
DUMMY (2002)
HARRISON'S FLOWERS (2002)
VILLAGE, THE (2004)
JACKET, THE (2005)
KING KONG (2005)

BROLIN, Josh
acteur américain (1968-)
GOONIES, THE (1985)
TRASHIN' (1985)
BED OF ROSES (1995)
MIMIC (1997)
NIGHTWATCH (1997)
BEST LAID PLANS (1999)
IT'S THE RAGE (1999)
MOD SQUAD, THE (1999)
HOLLOW MAN (2000)
INTO THE BLUE (2005)
INTO THE WEST (2005)

BRONSON, Charles
acteur américain (1921-2003)
PAT AND MIKE (1952)
APACHE (1953)
HOUSE OF WAX (1953)
MISS SADIE THOMPSON (1953)
VERA CRUZ (1953)
JUBAL (1956)
MACHINE GUN KELLY (1958)
NEVER SO FEW (1959)
MAGNIFICENT SEVEN, THE (1960)
MASTER OF THE WORLD (1961)
X-15 (1961)
KID GALAHAD (1962)
4 FOR TEXAS (1963)
GREAT ESCAPE, THE (1963)
BATTLE OF THE BULGE (1965)
SANDPIPER, THE (1965)
THIS PROPERTY IS CONDEMNED (1966)
DIRTY DOZEN, THE (1967)
BATAILLE DE SAN SEBASTIAN, LA (1968)
ONCE UPON A TIME IN THE WEST (1968)
LOLA (1969)
CITÉ DE LA VIOLENCE (1970)

DE LA PART DES COPAINS (1970)
CHATO'S LAND (1971)
SOLEIL ROUGE (1971)
SOMEONE BEHIND THE DOOR (1971)
VALACHI PAPERS, THE (1972)
DEATH WISH (1974)
MR. MAJESTYK (1974)
BREAKHEART PASS (1975)
BREAKOUT (1975)
FROM NOON TILL THREE (1975)
HARD TIMES (1975)
ST. IVES (1976)
TELEFON (1977)
WHITE BUFFALO, THE (1977)
DEATH HUNT (1981)
DEATH WISH 2 (1982)
10 TO MIDNIGHT (1983)
DEATH WISH 3 (1985)
MURPHY'S LAW (1986)
ASSASSINATION (1987)
DEATH WISH 4 : THE CRACKDOWN (1987)
MESSENGER OF DEATH (1988)
KINJITE : FORBIDDEN SUBJECTS (1989)
INDIAN RUNNER, THE (1990)

BROOK, Claudio
acteur mexicain (1929-1995)
YOUNG ONE, THE (1960)
ANGE EXTERMINATEUR, L' (1962)
SANTO IN THE WAX MUSEUM (1963)
SIMON OF THE DESERT (1965)
VIVA MARIA (1965)
GRANDE VADROUILLE, LA (1966)
ASSASSINATION OF TROTSKY, THE (1972)
JORY (1972)
MANSION OF MADNESS (1973)
ALUCARDA (1975)
DEVIL'S RAIN, THE (1975)
CRONOS (1992)

BROOKS, Albert
acteur américain (1947-)
TAXI DRIVER (1976)
REAL LIFE (1979)
MODERN ROMANCE (1981)
TWILIGHT ZONE : THE MOVIE (1983)
UNFAITHFULLY YOURS (1984)
LOST IN AMERICA (1985)
BROADCAST NEWS (1987)
DEFENDING YOUR LIFE (1991)
I'LL DO ANYTHING (1994)
MOTHER (1996)
CRITICAL CARE (1997)
OUT OF SIGHT (1998)
MUSE, THE (1999)
MY FIRST MISTER (2001)
LOOKING FOR COMEDY
IN THE MUSLIM WORLD (2005)

BROOKS, Louise
actrice américaine (1906-1985)
COBRA (1920)
SHOW-OFF, THE (1926)
BEGGARS OF LIFE (1928)
GIRL IN EVERY PORT, A (1928)
LOULOU (1928)
JOURNAL D'UNE FILLE PERDUE (1929)
PRIX DE BEAUTÉ (1930)
OVERLAND STAGE RAIDERS (1938)

BROOKS, Mel
acteur américain (1926-)
PRODUCERS, THE (1968)
TWELVE CHAIRS, THE (1970)
BLAZING SADDLES (1974)
YOUNG FRANKENSTEIN (1974)
SILENT MOVIE (1976)
HIGH ANXIETY (1977)
TO BE OR NOT TO BE (1983)
SPACEBALLS (1987)
LIFE STINKS (1991)
ROBIN HOOD : MEN IN TIGHTS (1993)

BROSNAN, Pierce
acteur irlandais (1953-)
LONG GOOD FRIDAY, THE (1979)
NOMADS (1986)
FOURTH PROTOCOL, THE (1987)
TAFFIN (1987)
DECEIVERS, THE (1988)
AROUND THE WORLD IN 80 DAYS (1989)
LAWNMOWER MAN, THE (1992)
MRS. DOUBTFIRE (1993)
GOLDENEYE (1995)
MARS ATTACKS ! (1996)
MIRROR HAS TWO FACES (1996)
ROBINSON CRUSOE (1996)
DANTE'S PEAK (1997)
TOMORROW NEVER DIES (1997)
GREY OWL (1999)
THOMAS CROWN AFFAIR (1999)
WORLD IS NOT ENOUGH, THE (1999)
TAILOR OF PANAMA, THE (2001)
DIE ANOTHER DAY (2002)
EVELYN (2002)
AFTER THE SUNSET (2004)
LAWS OF ATTRACTION (2004)
MATADOR, THE (2005)

BROUILLETTE, Geneviève
actrice québécoise (1969-)
LISTE NOIRE (1995)
COMTESSE DE BATON ROUGE, LA (1997)
NUIT DE NOCES (2001)
RUMEURS (2002-05)
PÈRE ET FILS (2003)
MISS MÉTÉO (2005)
UN DIMANCHE À KIGALI (2006)

BROWN, Bryan
acteur australien (1947-)
GIVE MY REGARDS TO BROAD STREET (1984)
F / X (1985)
GOOD WIFE, THE (1986)
TAI-PAN (1986)
COCKTAIL (1988)
GORILLAS IN THE MIST (1988)
BLAME IT ON THE BELLBOY (1991)
F / X 2 (1991)
PRISONERS OF THE SUN (1991)
FULL BODY MASSAGE (1995)
20,000 LEAGUES UNDER THE SEA (1997)
JOURNEY TO THE CENTER
OF THE EARTH (1999)
TWO HANDS (1999)
ALONG CAME POLLY (2004)

BROWN, Clancy
acteur américain (1959-)
BAD BOYS (1983)
BRIDE, THE (1985)
HIGHLANDER (1986)
SHOOT TO KILL (1988)
BLUE STEEL (1989)
PAST MIDNIGHT (1992)
SHAWSHANK REDEMPTION, THE (1994)
FEMALE PERVERSIONS (1996)
FLUBBER (1997)
STARSHIP TROOPERS (1997)
ROUGHNECKS : THE STARSHIP
TROOPERS CHRONICLES (1999)
LARAMIE PROJECT, THE (2002)
CARNIVÀLE (SEASON II) (2005)

BROWN, Jim
acteur américain (1936-)
RIO CONCHOS (1964)
DARK OF THE SUN (1967)
100 RIFLES (1968)
ICE STATION ZEBRA (1968)
RIOT (1968)
SPLIT, THE (1968)
EL CONDOR (1970)
GRASSHOPPER, THE (1970)
SLAUGHTER (1972)
MARS ATTACKS ! (1996)
ORIGINAL GANGSTAS (1996)
SHE HATE ME (2004)

BRUCE, Nigel
acteur mexicain (1895-1953)
TREASURE ISLAND (1934)
SHE (1935)
CHARGE OF THE LIGHT BRIGADE, THE (1936)
TRAIL OF THE LONESOME PINE, THE (1936)
ADVENTURES OF SHERLOCK
HOLMES, THE (1939)
CHOCOLATE SOLDIER, THE (1940)
SUSAN AND GOD (1940)
JOURNEY FOR MARGARET (1942)
SHERLOCK HOLMES AND
THE SECRET WEAPON (1942)
SHERLOCK HOLMES AND
THE VOICE OF TERROR (1942)
SHERLOCK HOLMES FACES DEATH (1943)
SHERLOCK HOLMES
IN WASHINGTON (1943)
CORN IS GREEN, THE (1944)
FRENCHMAN'S CREEK (1944)
PEARL OF DEATH, THE (1944)
SCARLET CLAW, THE (1944)
SHERLOCK HOLMES AND
THE SPIDER WOMAN (1944)
HOUSE OF FEAR, THE (1945)
PURSUIT TO ALGIERS (1945)
WOMAN IN GREEN, THE (1945)
DRESSED TO KILL (1946)
TERROR BY NIGHT (1946)
JULIA MISBEHAVES (1948)

BRUEL, Patrick
acteur français (1959-)
COUP DE SIROCCO, LE (1978)
MA FEMME S'APPELLE REVIENS (1981)
DIPLÔMÉS DU DERNIER RANG, LES (1982)
BÂTARD, LE (1983)
GRAND CARNAVAL, LE (1983)
MARCHE À L'OMBRE (1984)
P.R.O.F.S. (1985)
CHAMPAGNE AMER (1986)
ATTENTION BANDITS (1987)
MAISON ASSASSINÉE, LA (1987)
FORCE MAJEURE (1988)
IL Y A DES JOURS... ET DES LUNES (1990)
TOUTES PEINES CONFONDUES (1992)
PROFIL BAS (1993)
CENT ET UNE NUITS, LES (1994)
SABRINA (1995)
JAGUAR, LE (1996)
K (1997)

BRUNI TEDESCHI, Valéria
actrice italienne (1964-)
GENS NORMAUX N'ONT RIEN
D'EXCEPTIONNEL, LES (1993)
SECONDA VOLTA, LA (1995)
ENCORE (1996)
MON HOMME (1996)
NÉNETTE ET BONI (1996)
AMOUR ET CONFUSIONS (1997)

CEUX QUI M'AIMENT
PRENDRONT LE TRAIN (1997)
AU CŒUR DU MENSONGE (1998)
NANNY, THE (1999)
RIEN À FAIRE (1999)
IL EST PLUS FACILE POUR
UN CHAMEAU... (2003)
5 X 2 (2004)
CRUSTACÉS ET COQUILLAGES (2005)

BRYNNER, Yul
acteur russe (1915-1985)
KING AND I, THE (1955)
ANASTASIA (1956)
TEN COMMANDMENTS, THE (1956)
BROTHERS KARAMAZOV, THE (1958)
BUCCANEER, THE (1958)
SOLOMON AND SHEBA (1959)
MAGNIFICENT SEVEN, THE (1960)
TARAS BULBA (1962)
INVITATION TO A GUNFIGHTER (1964)
MORITURI (1965)
CAST A GIANT SHADOW (1966)
PARIS BRÛLE-T-IL ? (1966)
RETURN OF THE MAGNIFICIENT SEVEN (1966)
MAGIC CHRISTIAN, THE (1969)
CATLOW (1971)
LIGHT AT THE EDGE
OF THE WORLD, THE (1971)
NIGHT FLIGHT FROM MOSCOW (1972)
SERPENT, LE (1972)
WESTWORLD (1973)
ULTIMATE WARRIOR, THE (1975)
FUTUREWORLD (1976)

BUCHANAN, Edgar
acteur américain (1903-1979)
PENNY SERENADE (1941)
ABILENE TOWN (1945)
BANDIT OF SHERWOOD FOREST, THE (1946)
CORONER CREEK (1948)
MAN FROM COLORADO, THE (1948)
ANY NUMBER CAN PLAY (1949)
LUST FOR GOLD (1949)
CHEAPER BY THE DOZEN (1950)
RAWHIDE (1951)
BIG TREES, THE (1952)
IT STARTED WITH A KISS (1959)

BUCHHOLZ, Horst
acteur allemand (1933-2003)
MONPTI (1957)
NASSER ASPHALT (1958)
TIGER BAY (1959)
FANNY (1961)
ONE, TWO, THREE (1961)
APHRODITE (1982)
SAHARA (1983)
CODE NAME : EMERALD (1985)

BUJOLD, Geneviève
actrice québécoise (1942-)
ROI DE CŒUR, LE (1966)
ENTRE LA MER ET L'EAU DOUCE (1967)
ANNE OF THE THOUSAND DAYS (1969)
TROJAN WOMEN, THE (1971)
KAMOURASKA (1973)
ANTIGONE (1974)
EARTHQUAKE (1974)
OBSESSION (1975)
SWASHBUCKLER (1976)
COMA (1978)
MURDER BY DECREE (1978)
FINAL ASSIGNMENT, THE (1980)
MONSIGNOR (1982)
CHOOSE ME (1984)
TIGHTROPE (1984)
TROUBLE IN MIND (1985)
DEAD RINGERS (1988)
MODERNS, THE (1988)
NOCES DE PAPIER, LES (1988)
TEMPS RETROUVÉ, LE (1991)
MON AMIE MAX (1993)
ADVENTURES OF PINOCCHIO, THE (1996)
HOUSE OF YES, THE (1996)
EYE OF THE BEHOLDER (1999)
SEX AND A GIRL (2001)
TURBULENCE DES FLUIDES, LA (2002)
FINDING HOME (2003)
JERICHO MANSIONS (2003)
DÉLIVREZ-MOI (2006)

BULLOCK, Sandra
actrice américaine (1964-)
WHO SHOT PAT ? (1992)
DEMOLITION MAN (1993)
THING CALLED LOVE, THE (1993)
VANISHING, THE (1993)
WRESTLING ERNEST HEMINGWAY (1993)
SPEED (1994)
NET, THE (1995)
TWO IF BY SEA (1995)
WHILE YOU WERE SLEEPING (1995)
IN LOVE AND WAR (1996)
TIME TO KILL, A (1996)
SPEED 2 : CRUISE CONTROL (1997)
HOPE FLOATS (1998)
PRACTICAL MAGIC (1998)
ACTION - COMPLETE SERIES (1999)
FORCES OF NATURE (1999)
28 DAYS (2000)
GUN SHY (2000)
MISS CONGENIALITY (2000)
DIVINE SECRETS OF
THE YA-YA SISTERHOOD (2002)
MURDER BY NUMBERS (2002)
TWO WEEKS NOTICE (2002)
CRASH (2004)
MISS CONGENIALITY 2 -
ARMED AND FABULOUS (2005)

BUNEL, Marie
actrice française
SANG DES AUTRES, LE (1983)
AFFAIRE DE FEMMES, UNE (1988)
DISCRÈTE, LA (1990)
BATEAU DE MARIAGE, LE (1992)
COUPLES ET AMANTS (1993)
AU PETIT MARGUERY (1995)
MA VIE EN ROSE (1997)
QUE FAISAIENT LES FEMMES PENDANT QUE
L'HOMME MARCHAIT SUR LA LUNE ? (2000)
CHORISTES, LES (2004)

BURKE, Billie
actrice américaine (1885-1970)
BILL OF DIVORCEMENT, A (1932)
FORSAKING ALL OTHERS (1934)
CRAIG'S WIFE (1936)
BRIDE WORE RED, THE (1937)
EVERYBODY SING (1938)
NAVY BLUE AND GOLD (1938)
YOUNG IN HEART, THE (1938)
TOPPER RETURNS (1941)
IN THIS OUR LIFE (1942)
THEY ALL KISSED THE BRIDE (1942)
BARKLEYS OF BROADWAY, THE (1949)

BURKE, James
acteur américain (1886-1968)
SIX OF A KIND (1933)
GREAT GUY (1936)
RHYTHM ON THE RANGE (1936)
AT THE CIRCUS (1938)
LITTLE NELLIE KELLY (1940)
CASANOVA BROWN (1944)
LONE STAR (1951)

BURNS, Edward
acteur américain (1968-)
BROTHERS McMULLEN, THE (1995)
NO LOOKING BACK (1998)
SAVING PRIVATE RYAN (1998)
15 MINUTES (2001)
SIDEWALKS OF NEW YORK (2001)
ASH WEDNESDAY (2002)
LIFE OR SOMETHING LIKE IT (2002)
CONFIDENCE (2003)
SOUND OF THUNDER, A (2005)

BURNS, George
acteur américain (1896-1996)
INTERNATIONAL HOUSE (1933)
SIX OF A KIND (1933)
COLLEGE SWING (1938)
SUNSHINE BOYS, THE (1975)
OH, GOD ! (1977)
GOING IN STYLE (1979)
OH GOD : BOOK 2 (1980)
TWO OF A KIND (1982)
18 AGAIN ! (1988)

BURR, Raymond
acteur canadien (1917-1993)
DESPERATE (1947)
PITFALL (1948)
RAW DEAL (1948)
BORDERLINE (1950)
BRIDE OF THE GORILLA (1951)
BLUE GARDENIA, THE (1952)
FORT ALGIERS (1953)
GODZILLA, KING OF THE MONSTERS (1954)
TOMORROW NEVER COMES (1978)

BURROUGHS, Jackie
actrice canadienne (1938-)
GREY FOX, THE (1982)
ANNE OF GREEN GABLES (1985)
JOHN AND THE MISSUS (1986)
WINTER TAN, A (1987)
WHISPERS (1989)
FURTHER TALES OF THE CITY (2001)
LOST AND DELIRIOUS (2001)
ON THEIR KNEES (2001)

BURROWS, Saffron
actrice anglaise (1973-)
CIRCLE OF FRIENDS (1995)
HOTEL DE LOVE (1996)
MATCHMAKER, THE (1997)
DEEP BLUE SEA (1999)
LOSS OF SEXUAL INNOCENCE, THE (1999)
MISS JULIE (1999)
GANGSTER NO.1 (2000)
TIME CODE (2000)
ENIGMA (2001)
HOTEL (2001)

BURSTYN, Ellen
actrice américaine (1932-)
TROPIC OF CANCER (1969)
ALEX IN WONDERLAND (1970)
LAST PICTURE SHOW, THE (1971)
KING OF MARVIN GARDENS, THE (1972)
EXORCIST, THE (1973)
ALICE DOESN'T LIVE HERE ANYMORE (1974)
HARRY AND TONTO (1974)
PROVIDENCE (1976)
DREAM OF PASSION (1978)

SAME TIME, NEXT YEAR (1978)
RESURRECTION (1980)
PEOPLE VS. JEAN HARRIS (1981)
DEAR AMERICA : LETTERS HOME
FROM VIETNAM (1987)
HANNA'S WAR (1988)
DYING YOUNG (1991)
ROOMMATES (1994)
WHEN A MAN LOVES A WOMAN (1994)
BABY-SITTERS CLUB, THE (1995)
HOW TO MAKE AN AMERICAN QUILT (1995)
SPITFIRE GRILL, THE (1995)
DECEIVER (1997)
PLAYING BY HEART (1998)
REQUIEM FOR A DREAM (2000)
DIVINE SECRETS OF
THE YA-YA SISTERHOOD (2002)
FIVE PEOPLE YOU MEET
IN HEAVEN, THE (2004)
OUR FATHERS (2005)

BURTON, Richard
acteur anglais (1925-1984)
GREEN GROW THE RUSHES (1951)
DESERT RATS, THE (1953)
ROBE, THE (1953)
DEMETRIUS AND THE GLADIATORS (1954)
ALEXANDER THE GREAT (1956)
BITTER VICTORY (1957)
LOOK BACK IN ANGER (1959)
BRAMBLE BUSH, THE (1960)
LONGEST DAY, THE (1962)
CLEOPATRA (1963)
V.I.P.'S, THE (1963)
NIGHT OF THE IGUANA, THE (1964)
SANDPIPER, THE (1965)
SPY WHO CAME IN
FROM THE COLD, THE (1965)
TAMING OF THE SHREW, THE (1966)
WHO'S AFRAID OF VIRGINIA WOOLF ? (1966)
COMEDIANS, THE (1967)
DOCTOR FAUSTUS (1967)
BOOM ! (1968)
CANDY (1968)
WHERE EAGLES DARE (1968)
ANNE OF THE THOUSAND DAYS (1969)
ASSASSINATION OF TROTSKY, THE (1972)
BARBE BLEUE (1972)
DIVORCE HIS - DIVORCE HERS (1973)
BECKET (1974)
BRIEF ENCOUNTER (1974)
KLANSMAN, THE (1974)
EQUUS (1977)
EXORCIST II : THE HERETIC (1977)
BREAKTHROUGH (1978)
LOVESPELL (1979)
WAGNER (1983)
1984 (1984)
ALICE IN WONDERLAND (1985)

BURTON, Robert
acteur américain (1895-1962)
MAN CALLED PETER, A (1955)
JUBAL (1956)
TEENAGE FRANKENSTEIN (1957)
30 FOOT BRIDE OF CANDY ROCK, THE (1959)
TERROR IN THE MIDNIGHT SUN (1959)
SLIME PEOPLE, THE (1963)
BUCKTOWN (1975)
TRILOGY OF TERROR (1975)
CURSE OF THE BLACK WIDOW, THE (1977)

BUSCEMI, Steve
acteur américain (1958-)
PARTING GLANCES (1985)
SLEEPWALK (1987)
BLOODHOUNDS OF BROADWAY (1989)
KING OF NEW YORK (1989)
MYSTERY TRAIN (1989)
NEW YORK STORIES (1989)
SLAVES OF NEW YORK (1989)
MILLER'S CROSSING (1990)
TALES FROM THE DARKSIDE :
THE MOVIE (1990)
ZANDALEE (1990)
BARTON FINK (1991)
BILLY BATHGATE (1991)
RESERVOIR DOGS (1991)
TRUSTING BEATRICE (1991)
CRISSCROSS (1992)
ED AND HIS DEAD MOTHER (1992)
FLOUNDERING (1993)
RISING SUN (1993)
AIRHEADS (1994)
EVEN COWGIRLS GET THE BLUES (1994)
HUDSUCKER PROXY, THE (1994)
LIVING IN OBLIVION (1994)
PULP FICTION (1994)
SOMEBODY TO LOVE (1994)
TWENTY BUCKS (1994)
DESPERADO (1995)
FARGO (1995)
THINGS TO DO IN DENVER
WHEN YOU'RE DEAD (1995)
ESCAPE FROM L.A. (1996)
TREES LOUNGE (1996)
BIG LEBOWSKI, THE (1997)
CON AIR (1997)
ARMAGEDDON (1998)
BIG DADDY (1999)
28 DAYS (2000)
DOMESTIC DISTURBANCE (2001)
DOUBLE WHAMMY (2001)
GHOST WORLD (2001)
GREY ZONE, THE (2001)
LARAMIE PROJECT, THE (2002)
LOVE IN THE TIME OF MONEY (2002)
MR. DEEDS (2002)
SPY KIDS II : THE ISLAND
OF LOST DREAMS (2002)
BIG FISH (2003)
COFFEE & CIGARETTES (2003)
TANNER ON TANNER (2004)
ISLAND, THE (2005)

BUSEY, Gary
acteur américain (1944-)
LAST AMERICAN HERO (1973)
GUMBALL RALLY, THE (1976)
BIG WEDNESDAY (1978)
BUDDY HOLLY STORY, THE (1978)
CARNY (1980)
BARBAROSA (1982)
SILVER BULLET (1985)
LETHAL WEAPON (1987)
PREDATOR II (1990)
POINT BREAK (1991)
UNDER SIEGE (1992)
FIRM, THE (1993)
ROOKIE OF THE YEAR (1993)
BLACK SHEEP (1995)
CARRIED AWAY (1995)
DIARY OF A SERIAL KILLER (1997)
FEAR AND LOATHING IN LAS VEGAS (1998)
GIRL NEXT DOOR, THE (1998)
SOLDIER (1998)
INTO THE WEST (2005)

BUSSIÈRES, Pascale
actrice québécoise (1966-)
SONATINE (1983)
CHEMIN DE DAMAS, LE (1988)
VIE FANTÔME, LA (1992)
ELDORADO (1995)
WHEN NIGHT IS FALLING (1995)
1000 MERVEILLES
DE L'UNIVERS, LES (1996)
32 AOÛT SUR TERRE, UN (1998)
ÂGE DE BRAISE, L' (1998)
EMPORTE-MOI (1998)
BEAUTÉ DE PANDORE, LA (1999)
FIVE SENSES, THE (1999)
SOUVENIRS INTIMES (1999)
BETWEEN THE MOON
AND MONTEVIDEO (2000)
BOUTEILLE, LA (2000)
FILLES NE SAVENT
PAS NAGER, LES (2000)
XCHANGE (2000)
RÉPÉTITION, LA (2001)
TURBULENCE DES FLUIDES, LA (2002)
BLUE BUTTERFLY, THE (2004)
MA VIE EN CINÉMASCOPE (2004)
CŒUR A SES RAISONS, LE (2005)

BUTTONS, Red
acteur américain (1919-)
SAYONARA (1957)
ONE, TWO, THREE (1961)
FIVE WEEKS IN A BALLOON (1962)
HATARI ! (1962)
HARLOW (1965)
POSEIDON ADVENTURE, THE (1972)
GABLE AND LOMBARD (1976)
PETE'S DRAGON (1977)
IT COULD HAPPEN TO YOU (1994)

BYRNE, Gabriel
acteur irlandais (1950-)
EXCALIBUR (1981)
KEEP, THE (1983)
DEFENCE OF THE REALM (1985)
GOTHIC (1986)
HELLO AGAIN (1987)
JULIA AND JULIA (1987)
LIONHEART (1987)
SIESTA (1987)
COURIER, THE (1988)
SOLDIER'S TALE, A (1988)
DARK OBSESSION (1989)
MILLER'S CROSSING (1990)
SHIPWRECKED (1990)
COOL WORLD (1992)
INTO THE WEST (1992)
DANGEROUS WOMAN, A (1993)
POINT OF NO RETURN (1993)
LITTLE WOMEN (1994)
ROYAL DECEIT (1994)
SIMPLE TWIST OF FATE, A (1994)
TRIAL BY JURY (1994)
DEAD MAN (1995)
FRANKIE STARLIGHT (1995)
USUAL SUSPECTS, THE (1995)
SMILLA'S SENSE OF SNOW (1996)
END OF VIOLENCE, THE (1997)
POLISH WEDDING (1997)
WEAPONS OF MASS DISTRACTION (1997)
MAN IN THE IRON MASK, THE (1998)
END OF DAYS (1999)
STIGMATA (1999)
GHOST SHIP (2002)
SPIDER (2002)
SHADE (2003)
BRIDGE OF SAN LUIS REY (2004)
P.S. (2004)
VANITY FAIR (2004)
ASSAULT ON PRECINCT 13 (2005)
JINDABYNE (2006)

CAAN, James
acteur américain (1939-)
IRMA LA DOUCE (1963)
LADY IN A CAGE (1964)
EL DORADO (1967)
SUBMARINE X-1 (1967)
COUNTDOWN (1968)
RAIN PEOPLE, THE (1969)
BRIAN'S SONG (1971)
GODFATHER, THE (1972)
FREEBIE AND THE BEAN (1974)
FUNNY LADY (1974)
GAMBLER, THE (1974)
GODFATHER II, THE (1974)
KILLER ELITE, THE (1975)
ROLLERBALL (1975)
SILENT MOVIE (1976)
BRIDGE TOO FAR, A (1977)
COMES A HORSEMAN (1978)
HIDE IN PLAIN SIGHT (1980)
UNS ET LES AUTRES, LES (1980)
THIEF (1981)
GARDENS OF STONE (1987)
ALIEN NATION (1988)
DICK TRACY (1990)
MISERY (1990)
DARK BACKWARD, THE (1991)
FOR THE BOYS (1991)
HONEYMOON IN VEGAS (1992)
FLESH AND BONE (1993)
PROGRAM, THE (1993)
NORTH STAR (1995)
BULLETPROOF (1996)
ERASER (1996)
THIS IS MY FATHER (1998)
MICKEY BLUE EYES (1999)
CITY OF GHOSTS (2002)
NIGHT AT THE GOLDEN EAGLE (2002)
DOGVILLE (2003)
ELF (2003)
JERICHO MANSIONS (2003)

CAAN, Scott
acteur américain (1976-)
VARSITY BLUES (1998)
BLACK AND WHITE (1999)
GONE IN SIXTY SECONDS (2000)
NOVOCAINE (2001)
OCEAN'S ELEVEN (2001)
INTO THE BLUE (2005)
FRIENDS WITH MONEY (2006)

CABOT, Bruce
acteur américain (1904-1972)
KING KONG (1933)
SHOW THEM NO MERCY (1935)
FURY (1936)
SUSAN AND GOD (1940)
FLAME OF NEW ORLEANS, THE (1941)
ANGEL AND THE BADMAN (1947)
SORROWFUL JONES (1949)
FANCY PANTS (1950)
HELLFIGHTERS (1968)
UNDEFEATED, THE (1969)

CADIEUX, Anne-Marie
actrice québécoise
CŒUR AU POING, LE (1998)
NÔ (1998)
COMMENT MA MÈRE ACCOUCHA DE MOI DURANT SA MÉNOPAUSE (2003)
FACE CACHÉE DE LA LUNE, LA (2003)
BONHEUR C'EST UNE CHANSON TRISTE, LE (2004)
MAMAN LAST CALL (2005)
MISS MÉTÉO (2005)

CAGE, Nicolas
acteur américain (1964-)
RUMBLE FISH (1983)
VALLEY GIRL (1983)
BIRDY (1984)
COTTON CLUB, THE (1984)
RACING WITH THE MOON (1984)
BOY IN BLUE, THE (1985)
PEGGY SUE GOT MARRIED (1986)
MOONSTRUCK (1987)
RAISING ARIZONA (1987)
VAMPIRE'S KISS (1988)
TIME TO KILL (1989)
FIRE BIRDS (1990)
WILD AT HEART (1990)
ZANDALEE (1990)
HONEYMOON IN VEGAS (1992)
RED ROCK WEST (1992)
AMOS & ANDREW (1993)
GUARDING TESS (1994)
IT COULD HAPPEN TO YOU (1994)
KISS OF DEATH (1994)
TRAPPED IN PARADISE (1994)
LEAVING LAS VEGAS (1995)
ROCK, THE (1996)
CON AIR (1997)
FACE / OFF (1997)
CITY OF ANGELS (1998)
SNAKE EYES (1998)
8 MM (EIGHT MILIMETERS) (1999)
BRINGING OUT THE DEAD (1999)
FAMILY MAN, THE (2000)
GONE IN SIXTY SECONDS (2000)
CAPTAIN CORELLI'S MANDOLIN (2001)
ADAPTATION (2002)
WINDTALKERS (2002)
MATCHSTICK MEN (2003)
NATIONAL TREASURE (2004)
LORD OF WAR (2005)
WEATHER MAN, THE (2005)

CAGNEY, James
acteur américain (1899-1986)
PUBLIC ENEMY, THE (1931)
FOOTLIGHT PARADE (1933)
LADY KILLER (1933)
DEVIL DOGS OF THE AIR (1935)
G-MEN (1935)
CEILING ZERO (1936)
GREAT GUY (1936)
SOMETHING TO SING ABOUT (1937)
BOY MEETS GIRL (1938)
ANGELS WITH DIRTY FACES (1939)
EACH DAWN I DIE (1939)
OKLAHOMA KID (1939)
ROARING TWENTIES, THE (1939)
CITY FOR CONQUEST (1940)
BRIDE CAME C.O.D., THE (1941)
STRAWBERRY BLONDE, THE (1941)
YANKEE DOODLE DANDY (1942)
JOHNNY COME LATELY (1943)
BLOOD ON THE SUN (1945)
13 RUE MADELEINE (1946)
TIME OF YOUR LIFE, THE (1948)
WHITE HEAT (1949)
KISS TOMORROW GOODBYE (1950)
WEST POINT STORY, THE (1950)
WHAT PRICE GLORY ? (1952)
LION IS IN THE STREETS, A (1953)
LOVE ME OR LEAVE ME (1955)
MISTER ROBERTS (1955)
TRIBUTE TO A BAD MAN (1955)
MAN OF A THOUSAND FACES (1956)
SHAKE HANDS WITH THE DEVIL (1959)
GALLANT HOURS, THE (1960)
ONE, TWO, THREE (1961)
RAGTIME (1981)

CAINE, Michael
acteur anglais (1933-)
DAY THE EARTH CAUGHT FIRE, THE (1961)
ZULU (1963)
IPCRESS FILE, THE (1964)
ALFIE (1966)
FUNERAL IN BERLIN (1966)
GAMBIT (1966)
BILLION DOLLAR BRAIN (1967)
BATTLE OF BRITAIN (1969)
ITALIAN JOB, THE (1969)
TOO LATE THE HERO (1969)
LAST VALLEY, THE (1970)
GET CARTER (1971)
X, Y AND ZEE (1971)
SLEUTH (1972)
MAN WHO WOULD BE KING, THE (1975)
ROMANTIC ENGLISHWOMAN, THE (1975)
WILBY CONSPIRACY, THE (1975)
EAGLE HAS LANDED, THE (1976)
BRIDGE TOO FAR, A (1977)
ASHANTI (1978)
CALIFORNIA SUITE (1978)
SWARM, THE (1978)
BEYOND THE POSEIDON ADVENTURE (1979)
DRESSED TO KILL (1980)
ISLAND, THE (1980)
HAND, THE (1981)
VICTORY (1981)
DEATHTRAP (1982)
EDUCATING RITA (1982)
BEYOND THE LIMIT (1983)
BLAME IT ON RIO (1983)
JIGSAW MAN, THE (1984)
HOLCROFT COVENANT, THE (1985)
HOLCROFT COVENANT, THE (1985)
HALF MOON STREET (1986)
MONA LISA (1986)
SWEET LIBERTY (1986)
FOURTH PROTOCOL, THE (1987)
JAWS IV : THE REVENGE (1987)
DIRTY ROTTEN SCOUNDRELS (1988)
MR. DESTINY (1990)
SHOCK TO THE SYSTEM, A (1990)
DEATH BECOMES HER (1992)
MUPPET CHRISTMAS CAROL, THE (1992)
NOISES OFF ! (1992)
BULLET TO BEIJING (1995)
BLOOD AND WINE (1996)
20,000 LEAGUES UNDER THE SEA (1997)
LITTLE VOICE (1998)
CIDER HOUSE RULES, THE (1999)
GET CARTER (2000)
QUILLS (2000)
LAST ORDERS (2001)
QUICKSAND (2001)
AUSTIN POWERS IN GOLDMEMBER (2002)
QUIET AMERICAN, THE (2002)
SECONDHAND LIONS (2003)
STATEMENT, THE (2003)
AROUND THE BEND (2004)
BATMAN BEGINS (2005)
BEWITCHED (2005)
WEATHER MAN, THE (2005)

CALHERN, Louis
acteur américain (1895-1956)
BLOT, THE (1921)
NIGHT AFTER NIGHT (1932)
DIPLOMANIACS (1933)
DUCK SOUP (1934)
GORGEOUS HUSSY, THE (1936)
LIFE OF EMILE ZOLA, THE (1937)
ROAD TO SINGAPORE (1940)
HEAVEN CAN WAIT (1943)
BRIDGE OF SAN LUIS REY, THE (1944)

UP IN ARMS (1944)
NOTORIOUS (1946)
ARCH OF TRIUMPH (1947)
ANNIE GET YOUR GUN (1949)
RED PONY, THE (1949)
ASPHALT JUNGLE, THE (1950)
MAGNIFICENT YANKEE, THE (1950)
TWO WEEKS WITH LOVE (1950)
PRISONER OF ZENDA, THE (1952)
WE'RE NOT MARRIED (1952)
JULIUS CAESAR (1953)
EXECUTIVE SUITE (1954)
MEN OF THE FIGHTING LADY (1954)
RHAPSODY (1954)
STUDENT PRINCE, THE (1954)
BLACKBOARD JUNGLE (1955)
FOREVER DARLING (1955)
HIGH SOCIETY (1955)
PRODIGAL, THE (1955)

CALHOUN, Rory
acteur américain (1922-1999)
I'D CLIMB THE HIGHEST MOUNTAIN (1951)
COLOSSE DE RHODES, LE (1961)
APACHE UPRISING (1965)
NIGHT OF THE LEPUS (1972)
MOTEL HELL (1980)
HELL COMES TO FROGTOWN (1988)
PURE COUNTRY (1992)

CALLEIA, Joseph
acteur américain (1897-1975)
AFTER THE THIN MAN (1937)
ALGIERS (1938)
JUAREZ (1939)
GOLDEN BOY (1940)
MY LITTLE CHICKADEE (1940)
MONSTER AND THE GIRL, THE (1941)
JUNGLE BOOK (1942)
LURED (1947)
BRANDED (1950)
LIGHT IN THE FOREST, THE (1958)
ALAMO, THE (1960)

CAMP, Colleen
actrice américaine (1953-)
GAME OF DEATH (1978)
THEY ALL LAUGHED (1981)
WALK LIKE A MAN (1987)
ILLEGALLY YOURS (1988)
SLIVER (1993)
BABY-SITTERS CLUB, THE (1995)
ELECTION (1999)

CAMPBELL, Bruce
acteur américain (1958-)
EVIL DEAD II : DEAD AT DAWN (1987)
MANIAC COP (1988)
ADVENTURES OF BRISCO
COUNTY JR., THE (1993)
RUNNING TIME (1997)
FROM DUSK TILL DAWN II (1998)
BUBBA HO-TEP (2002)
SERVING SARA (2002)
MAN WITH THE SCREAMING BRAIN, THE (2004)

CAMPBELL, Neve
actrice canadienne (1973-)
CRAFT, THE (1996)
SCREAM (1996)
SCREAM II (1997)
54 (1998)
WILD THINGS (1998)
DROWNING MONA (2000)
PANIC (2000)
SCREAM III (2000)

LAST CALL (2002)
COMPANY, THE (2003)
REEFER MADNESS -
THE MOVIE MUSICAL (2004)
WHEN WILL I BE LOVED (2004)

CANDELIER, Isabelle
actrice française
VERSAILLES RIVE GAUCHE (1991)
COUPLES ET AMANTS (1993)
DIEU SEUL ME VOIT (1998)
LISE ET ANDRÉ (2000)
MADEMOISELLE (2000)
J'AI FAIM ! ! ! (2001)
EFFROYABLES JARDINS (2002)
BEING LIGHT (2003)
MYSTÈRE DE LA CHAMBRE JAUNE, LE (2003)

CANDY, John
acteur canadien (1950-1994)
SILENT PARTNER, THE (1978)
1941 (1979)
BLUES BROTHERS, THE (1980)
STRIPES (1981)
SPLASH (1984)
BREWSTER'S MILLIONS (1985)
LITTLE SHOP OF HORRORS (1986)
SPACEBALLS (1987)
UNCLE BUCK (1989)
WHO'S HARRY CRUMB ? (1989)
HOME ALONE (1990)
CAREER OPPORTUNITIES (1991)
DELIRIOUS (1991)
JFK (1991)
ONLY THE LONELY (1991)
ONCE UPON A CRIME (1992)
COOL RUNNINGS (1993)
CANADIAN BACON (1995)

CANET, Guillaume
acteur français (1973-)
JE RÈGLE MON PAS SUR LE PAS
DE MON PÈRE (1998)
BEACH, THE (2000)
MORSURES DE L'AUBE, LES (2000)
VIDOCQ (2001)
FRÈRE DU GUERRIER, LE (2002)
MON IDOLE (2002)
JEUX D'ENFANTS (2003)
ENFER, L' (2005)

CANNON, Dyan
actrice américaine (1937-)
ANDERSON TAPES, THE (1971)
CASSE, LE (1971)
LOVE MACHINE, THE (1971)
SHAMUS (1972)
HEAVEN CAN WAIT (1978)
AUTHOR ! AUTHOR ! (1982)
DEATHTRAP (1982)
OUT TO SEA (1997)

CANTINFLAS, Mario Moreno
acteur mexicain (1911-1993)
NO TE ENGANES CORAZON (1937)
AHI ESTA EL DETALLE (1940)
AROUND THE WORLD IN 80 DAYS (1956)
BOLERO DE RAQUEL, EL (1957)
ANALFABETO, EL (1961)
PADRECITO, EL (1964)
SU EXCELENCIA (1966)

CAPSHAW, Kate
acteur américain (1953-)
A LITTLE SEX (1982)
DREAMSCAPE (1983)
BEST DEFENSE (1984)

INDIANA JONES &
THE TEMPLE OF DOOM (1984)
SPACECAMP (1986)
QUICK AND THE DEAD (1987)
ALARMIST, THE (1997)
LOCUSTS, THE (1997)

CAPUCINE
actrice française (1935-1990)
NORTH TO ALASKA (1960)
SONG WITHOUT END (1960)
DON JUANS DE
LA CÔTE D'AZUR, LES (1962)
WALK ON THE WILD SIDE (1962)
PINK PANTHER, THE (1963)
7th DAWN, THE (1964)
WHAT'S NEW, PUSSYCAT ? (1965)
HONEY POT, THE (1967)
FELLINI SATYRICON (1968)
EXQUISITE CADAVER, THE (1969)
SOLEIL ROUGE (1971)
APHRODITE (1982)
TRAIL OF THE PINK PANTHER (1982)
CURSE OF THE PINK PANTHER (1983)

CARDINALE, Claudia
actrice italienne (1939-)
PIGEON, LE (1958)
BEL ANTONIO, LE (1960)
ROCCO ET SES FRÈRES (1960)
CARTOUCHE (1961)
FILLE À LA VALISE, LA (1961)
8 1/2 (1963)
GUÉPARD, LE (1963)
PINK PANTHER, THE (1963)
CIRCUS WORLD (1964)
SANDRA (1965)
LOST COMMAND (1966)
PROFESSIONALS, THE (1966)
DON'T MAKE WAVES (1967)
ONCE UPON A TIME IN THE WEST (1968)
RED TENT, THE (1969)
SCOUMOUNE, LA (1972)
VIOLENCE ET PASSION (1973)
BLONDE, UNE BRUNE ET
UNE MOTO, UNE (1975)
HISTOIRE D'AIMER (1975)
JESUS OF NAZARETH (1976)
PETITE FILLE EN VELOURS BLEU, LA (1978)
ESCAPE TO ATHENA (1979)
SALAMANDER, THE (1980)
FITZCARRALDO (1981)
CADEAU, LE (1982)
RUFFIAN, LE (1982)
ÉTÉ PROCHAIN, L' (1984)
HENRY IV (1984)
HOMICIDE VOLONTAIRE (1985)
HOMME AMOUREUX, UN (1987)
HIVER 54, L'ABBÉ PIERRE (1989)
RÉVOLUTION FRANÇAISE 1 :
LES ANNÉES LUMIÈRE, LA (1989)
RÉVOLUTION FRANÇAISE 2 :
LES ANNÉES TERRIBLES, LA (1989)
588, RUE PARADIS (1991)
MAYRIG (1991)
ELLES NE PENSENT QU'À ÇA (1993)
SON OF THE PINK PANTHER (1993)
AND NOW LADIES & GENTLEMEN (2003)

CARLSON, Richard
acteur américain (1912-1977)
TOO MANY GIRLS (1940)
WHITE CARGO (1942)
BEHIND LOCKED DOORS (1948)
KING SOLOMON'S MINES (1950)
FLAT TOP (1952)

ALL I DESIRE (1953)
IT CAME FROM OUTER SPACE (1953)
HELEN MORGAN STORY, THE (1957)

CARLYLE, Robert
acteur anglais (1961-)
RIFF-RAFF (1991)
PRIEST (1994)
GO NOW (1995)
TRAINSPOTTING (1995)
CARLA'S SONG (1996)
FULL MONTY, THE (1996)
FACE (1997)
ANGELA'S ASHES (1999)
PLUNKETT & MACLEANE (1999)
RAVENOUS (1999)
WORLD IS NOT ENOUGH, THE (1999)
BEACH, THE (2000)
THERE'S ONLY ONE JIMMY GRIMBLE (2000)
FORMULA 51 (2001)
TO END ALL WARS (2001)
BLACK AND WHITE (2002)
HITLER - THE RISE OF EVIL (2003)
HITLER THE RISE OF EVIL (2003)
ONCE UPON A TIME IN THE MIDLANDS (2003)
HUMAN TRAFFICKING (2005)

CARMET, Jean
acteur français (1921-1994)
ENFANTS DU PARADIS, LES (1945)
MONSIEUR VINCENT (1947)
OH ! QUE MAMBO (1959)
CAPORAL ÉPINGLÉ, LE (1962)
ALEXANDRE LE BIENHEUREUX (1967)
PETIT THÉÂTRE DE JEAN RENOIR, LE (1969)
AND SOON THE DARKNESS (1970)
JUSTE AVANT LA NUIT (1970)
NOVICES, LES (1970)
RUPTURE, LA (1970)
ELLE CAUSE PLUS... ELLE FLINGUE ! (1972)
GRAND BLOND AVEC
UNE CHAUSSURE NOIRE, LE (1972)
CONCIERGE, LE (1973)
URSULE ET GRELU (1973)
RETOUR DU GRAND BLOND, LE (1974)
NOIRS ET BLANCS EN COULEURS (1976)
PLUS ÇA VA, MOINS ÇA VA (1977)
UN SI JOLI VILLAGE (1978)
BUFFET FROID (1979)
IL Y A LONGTEMPS QUE JE T'AIME (1979)
AFFAIRE D'HOMMES, UNE (1981)
CIRCLE OF DECEIT (1981)
SOUPE AUX CHOUX, LA (1981)
MISÉRABLES, LES (1982)
CANICULE (1983)
CRIME D'OVIDE PLOUFFE, LE (1984)
TIR À VUE (1984)
MATOU, LE (1985)
CHAMPAGNE AMER (1986)
FUGITIFS, LES (1986)
MISS MONA (1986)
MOINE ET LA SORCIÈRE, LE (1986)
BRUTE, LA (1987)
DEUX CROCODILES, LES (1987)
NIGHT MAGIC (1988)
BAL DES CASSE-PIEDS, LE (1991)
COUP DE JEUNE ! (1991)
MERCI LA VIE (1991)
REINE BLANCHE, LA (1991)
ROULEZ JEUNESSE (1992)
GERMINAL (1993)

CARNEY, Art
acteur américain (1918-2003)
YELLOW ROLLS-ROYCE, THE (1965)
HARRY AND TONTO (1974)
LATE SHOW, THE (1976)
HOUSE CALLS (1978)
GOING IN STYLE (1979)
SUNBURN (1979)
ROADIE (1980)
MUPPETS TAKE MANHATTAN, THE (1984)

CARON, Leslie
actrice française (1931-)
AMERICAN IN PARIS, AN (1951)
LILI (1952)
DADDY LONG LEGS (1954)
GLASS SLIPPER, THE (1955)
GIGI (1958)
FANNY (1961)
FATHER GOOSE (1964)
MADRON (1970)
HOMME QUI AIMAIT LES FEMMES, L' (1977)
VALENTINO (1977)
UNAPPROACHABLE, THE (1982)
DIAGONALE DU FOU, LA (1983)
COURAGE MOUNTAIN (1989)
DAMAGE (1992)
FUNNY BONES (1995)
CHOCOLAT (2000)
DIVORCE, LE (2003)

CARRADINE, David
acteur américain (1936-)
MACHO CALLAHAN (1970)
BOXCAR BERTHA (1972)
KUNG FU : PILOT (1972)
LONG GOODBYE, THE (1973)
MEAN STREETS (1973)
DEATH RACE 2000 (1975)
BOUND FOR GLORY (1976)
SERPENT'S EGG, THE (1977)
CIRCLE OF IRON (1978)
DEATHSPORT (1978)
GRAY LADY DOWN (1978)
LONG RIDERS, THE (1980)
Q : THE WINGED SERPENT (1982)
LONE WOLF McQUADE (1983)
ON THE LINE (1983)
KUNG-FU : THE MOVIE (1986)
CRIME ZONE (1988)
BIRD ON A WIRE (1990)
GAMBLER RETURNS :
THE LUCK OF THE DRAW (1991)
WAXWORK II : LOST IN TIME (1992)
LAST STAND AT SABER RIVER (1996)
KILL BILL I (2003)
DEAD AND BREAKFAST (2004)
KILL BILL II (2004)
LAST GOODBYE (2004)

CARRADINE, John
acteur américain (1906-1988)
INVISIBLE MAN, THE (1933)
BLACK CAT, THE (1934)
BRIDE OF FRANKENSTEIN, THE (1935)
MISÉRABLES, LES (1935)
MARY OF SCOTLAND (1936)
CAPTAINS COURAGEOUS (1937)
HURRICANE, THE (1937)
ALEXANDER'S RAGTIME BAND (1938)
OF HUMAN HEARTS (1938)
FIVE CAME BACK (1939)
JESSE JAMES (1939)
STAGECOACH (1939)
THREE MUSKETEERS, THE (1939)
DRUMS ALONG THE MOHAWK (1940)
GRAPES OF WRATH, THE (1940)
RETURN OF FRANK JAMES, THE (1940)
WESTERN UNION (1940)
BLOOD AND SAND (1941)
REUNION IN FRANCE (1942)
CAPTIVE WILD WOMAN (1943)
ADVENTURES OF MARK TWAIN, THE (1944)
BLUEBEARD (1944)
HOUSE OF FRANKENSTEIN (1944)
INVISIBLE MAN'S REVENGE, THE (1944)
MUMMY'S GHOST, THE (1944)
HOUSE OF DRACULA (1945)
IT'S IN THE BAG (1945)
CAPTAIN KIDD (1946)
JOHNNY GUITAR (1954)
COURT JESTER, THE (1955)
FEMALE JUNGLE (1956)
UNEARTHLY, THE (1957)
LAST HURRAH, THE (1958)
INVISIBLE INVADERS (1959)
ADVENTURES OF
HUCKLEBERRY FINN, THE (1960)
MAN WHO SHOT
LIBERTY VALANCE, THE (1962)
CHEYENNE AUTUMN (1964)
PATSY, THE (1964)
BILLY THE KID vs. DRACULA (1966)
ASTRO ZOMBIES (1967)
HILLBILLYS IN A HAUNTED HOUSE (1967)
BLOOD OF GHASTLY HORROR (1969)
HORROR OF THE BLOOD MONSTERS (1970)
BOXCAR BERTHA (1972)
EVERYTHING YOU ALWAYS WANTED
TO KNOW ABOUT SEX BUT WERE
AFRAID TO ASK (1972)
NIGHT STALKER, THE /
NIGHT STRANGLER, THE (1972)
SHOCK WAVES (1975)
LAST TYCOON, THE (1976)
SENTINEL, THE (1976)
SHOOTIST, THE (1976)
WHITE BUFFALO, THE (1977)
BOOGEYMAN, THE (1980)
HOWLING, THE (1980)
MONSTER CLUB, THE (1980)
DOCTOR DRACULA (1981)
ICE PIRATES (1984)
PEGGY SUE GOT MARRIED (1986)
MONSTER IN THE CLOSET (1987)

CARRADINE, Keith
acteur américain (1949-)
McCABE & MRS. MILLER (1971)
ANTOINE ET SÉBASTIEN (1973)
EMPEROR OF THE NORTH (1973)
THIEVES LIKE US (1974)
NASHVILLE (1975)
WELCOME TO L.A. (1976)
DUELLISTS, THE (1977)
PRETTY BABY (1977)
ALMOST PERFECT AFFAIR, AN (1979)
LONG RIDERS, THE (1980)
SOUTHERN COMFORT (1981)
CHOOSE ME (1984)
MARIA'S LOVERS (1984)
TROUBLE IN MIND (1985)
INQUIRY, THE (1987)
COLD FEET (1988)
MODERNS, THE (1988)
STREET OF NO RETURN (1989)
BALLAD OF THE SAD CAFE, THE (1991)
CRISSCROSS (1992)
ANDRE (1994)
MRS. PARKER AND
THE VICIOUS CIRCLE (1994)
TIE THAT BINDS, THE (1995)
WILD BILL (1995)
DEAD MAN'S WALK (1996)
LAST STAND AT SABER RIVER (1996)
THOUSAND ACRES, A (1997)

CARRÉ, Isabelle
actrice française (1971-)
BEAU FIXE (1992)
FEMME DÉFENDUE, LA (1997)
ENFANTS DU MARAIS, LES (1998)
ENFANTS DU SIÈCLE, LES (1999)
SE SOUVENIR DES BELLES CHOSES (2001)
À LA FOLIE...PAS DU TOUT (2002)
HOLY LOLA (2004)
AVION, L' (2005)
ENTRE SES MAINS (2005)

CARREY, Jim
acteur canadien (1962-)
ONCE BITTEN (1985)
PEGGY SUE GOT MARRIED (1986)
DEAD POOL, THE (1988)
EARTH GIRLS ARE EASY (1989)
IN LIVING COLOR (SEASON I) (1990)
IN LIVING COLOR (SEASON II) (1991)
ACE VENTURA : PET DETECTIVE (1993)
DUMB & DUMBER (1994)
MASK, THE (1994)
ACE VENTURA : WHEN NATURE CALLS (1995)
BATMAN FOREVER (1995)
CABLE GUY, THE (1996)
LIAR LIAR (1997)
TRUMAN SHOW, THE (1998)
MAN ON THE MOON (1999)
DR. SEUSS' HOW THE GRINCH
STOLE CHRISTMAS (2000)
ME, MYSELF & IRENE (2000)
MAJESTIC, THE (2001)
BRUCE ALMIGHTY (2003)
ETERNAL SUNSHINE OF
THE SPOTLESS MIND (2004)
LEMONY SNICKET'S A SERIES OF
UNFORTUNATE EVENTS (2004)
FUN WITH DICK AND JANE (2005)

CARRIÈRE, Mathieu
acteur allemand (1950-)
YOUNG TORLESS (1966)
HOMME AU CERVEAU GREFFÉ, L' (1972)
DON JUAN 73 (1973)
INDIA SONG (1975)
POLICE PYTHON 357 (1975)
BILITIS (1977)
PASSANTE DU SANS-SOUCI, LA (1981)
BENVENUTA (1983)
FEMME FLAMBÉE, LA (1983)
BEETHOVEN'S NEPHEW (1985)
BRAS DE FER (1985)
SHINING THROUGH (1992)
AMOUR CONJUGAL, L' (1995)
GIRL CALLED ROSEMARIE, A (1996)
ARSÈNE LUPIN (2004)

CARROLL, Madeleine
actrice anglaise (1906-1987)
39 STEPS, THE (1935)
GENERAL DIED AT DAWN, THE (1936)
LLOYD'S OF LONDON (1936)
SECRET AGENT (1936)
ON THE AVENUE (1937)
PRISONER OF ZENDA, THE (1937)
BLOCKADE (1938)
MY FAVORITE BLONDE (1942)

CARSON, Jack
acteur canadien (1910-1963)
BRIDE CAME C.O.D., THE (1941)
GENTLEMAN JIM (1941)
ARSENIC AND OLD LACE (1944)
MILDRED PIERCE (1945)
IT'S A GREAT FEELING (1949)
MY DREAM IS YOURS (1949)
DANGEROUS WHEN WET (1952)
RED GARTERS (1954)
STAR IS BORN, A (1954)

CARSTENSEN, Margit
actrice allemande (1940-)
NIKLASHAUSEN JOURNEY, THE (1970)
LARMES AMÈRES DE
PETRA VON KANT, LES (1972)
TENDERNESS OF THE WOLVES (1973)
MARTHA (1974)
MAMAN KUSTERS S'EN VA-T-AU CIEL (1975)
ROULETTE CHINOISE (1976)
SATAN'S BREW (1976)
ANGRY HARVEST (1984)
TERROR 2000 - GERMANY
OUT OF CONTROL (1992)

CARTER, Jim
acteur anglais (1951-)
DANGEROUS MAN :
LAWRENCE AFTER ARABIA, A (1992)
ADVOCATE, THE (1994)
BLACK BEAUTY (1994)
MERRY WAR, A (1997)
LEGIONNAIRE (1998)
HEARTLANDS (2002)
POMPEII : THE LAST DAY (2003)
OUT OF SEASON (2004)

CARTLIDGE, Katrin
actrice anglaise (1961-2002)
NAKED (1993)
BEFORE THE RAIN (1994)
3 STEPS TO HEAVEN (1995)
AMOUR EST UN POUVOIR SACRÉ, L' (1996)
CAREER GIRLS (1997)
CLAIRE DOLAN (1998)
CHERRY ORCHARD, THE (1999)
LOST SON, THE (1999)
FROM HELL (2001)

CARTWRIGHT, Veronica
actrice anglaise (1950-)
INSERTS (1975)
ALIEN (1979)
GUYANA TRAGEDY :
THE STORY OF JIM JONES (1980)
FLIGHT OF THE NAVIGATOR (1986)
WISDOM (1987)
MONEY TALKS (1997)
RAT PACK, THE (1998)
SLIPPING DOWN LIFE, A (1999)

CARUSO, David
acteur américain (1956-)
CRIME STORY (1986)
KING OF NEW YORK (1989)
MAD DOG AND GLORY (1993)
KISS OF DEATH (1994)
JADE (1995)
GOLD COAST (1997)
PROOF OF LIFE (2000)
SESSION 9 (2001)
CSI MIAMI (SEASON I) (2002)

CASAR, Amira
actrice anglaise (1971-)
VÉRITÉ SI JE MENS, LA (1996)
MARIE BAIE DES ANGES (1997)
DERRIÈRE, LE (1999)
COMMENT J'AI TUÉ MON PÈRE (2001)
FILLES PERDUES, CHEVEUX GRAS (2002)
MARIÉES MAIS PAS TROP (2003)
SYLVIA (2003)
ANATOMIE DE L'ENFER (2004)
PEINDRE OU FAIRE L'AMOUR (2005)

CASARÈS, Maria
actrice française (1922-1996)
DAMES DU BOIS DE BOULOGNE, LES (1944)
CHARTREUSE DE PARME, LA (1947)
ORPHÉE (1949)
TESTAMENT D'ORPHÉE, LE (1959)
FLAVIA THE HERETIC (1974)
BLANCHE ET MARIE (1985)
LECTRICE, LA (1988)
AMÉRIQUE DES AUTRES, L' (1995)

CASEY, Bernie
acteur américain (1939-)
GUNS OF THE MAGNIFICENT SEVEN (1969)
BRIAN'S SONG (1971)
GARGOYLES (1972)
CLEOPATRA JONES (1973)
CORNBREAD, EARL AND ME (1975)
DR. BLACK, MR. HYDE (1975)
MAN WHO FELL TO EARTH, THE (1976)
I'M GONNA GIT YOU SUCKA ! (1988)
ANOTHER 48 HOURS (1990)
GLASS SHIELD, THE (1994)

CASH, Rosalind
actrice américaine (1938-1995)
OMEGA MAN, THE (1971)
KING LEAR (1974)
UPTOWN SATURDAY NIGHT (1974)
CORNBREAD, EARL AND ME (1975)
DR. BLACK, MR. HYDE (1975)
GUYANA TRAGEDY :
THE STORY OF JIM JONES (1980)
ADVENTURES OF BUCKAROO BANZAI
ACROSS THE 8th DIMENSION, THE (1984)
FROM A WHISPER TO A SCREAM (1985)

CASSAVETES, John
acteur américain (1929-1989)
VIRGIN ISLAND (1958)
KILLERS, THE (1964)
DIRTY DOZEN, THE (1967)
ROSEMARY'S BABY (1968)
HUSBANDS (1970)
MIKEY AND NICKY (1976)
TWO-MINUTE WARNING (1976)
OPENING NIGHT (1977)
FURY, THE (1978)
TEMPEST (1982)

CASSEL, Jean-Pierre
acteur français (1932-)
SEPT PÉCHÉS CAPITAUX, LES (1952)
CAPORAL ÉPINGLÉ, LE (1962)
THOSE MAGNIFICENT MEN
IN THEIR FLYING MACHINES (1965)
JEU DE MASSACRE (1966)
OURS ET LA POUPÉE, L' (1969)
RUPTURE, LA (1970)
CHARME DISCRET
DE LA BOURGEOISIE, LE (1972)
MOUTON ENRAGÉ, LE (1973)
FOUR MUSKETEERS, THE (1974)
MURDER ON THE ORIENT EXPRESS (1974)
MUSKETEERS, THE (1974)
THREE MUSKETEERS, THE (1974)
DOCTEUR FRANÇOISE GAILLAND (1975)
FOLIES BOURGEOISES (1976)
RENDEZ-VOUS D'ANNA, LES (1978)
WHO IS KILLING THE GREAT CHEFS
OF EUROPE ? (1978)
5 % DE RISQUE (1979)
VILLE DES SILENCES, LA (1979)
TRUITE, LA (1982)
TRANCHES DE VIE (1985)
CHOUANS ! (1988)

MISTER FROST (1990)
SUR LA TERRE COMME AU CIEL (1991)
FAVOUR, THE WATCH AND
THE VERY BIG FISH, THE (1992)
CAFÉ AU LAIT (MÉTISSE) (1993)
ENFER, L' (1993)
PRÊT-À-PORTER (1994)
CÉRÉMONIE, LA (1995)
BIDOCHON, LES (1996)
RIVIÈRES POURPRES, LES (2000)
SADE (2000)

CASSEL, Seymour
acteur américain (1935-)
FACES (1968)
MINNIE AND MOSKOWITZ (1971)
RUSHMORE (1998)
BURIAL SOCIETY, THE (2002)
MANNA FROM HEAVEN (2002)
PASSIONADA (2002)
STUCK ON YOU (2003)

CASSEL, Vincent
acteur français (1967-)
CAFÉ AU LAIT (MÉTISSE) (1993)
ADULTÈRE (MODE D'EMPLOI) (1995)
HAINE, LA (1995)
APPARTEMENT, L' (1996)
ÉLÈVE, L' (1996)
DOBERMANN (1997)
ELIZABETH (1998)
MESSENGER, THE : THE STORY
OF JOAN OF ARC (1999)
PACTE DES LOUPS, LE (2000)
RIVIÈRES POURPRES, LES (2000)
BIRTHDAY GIRL (2001)
SUR MES LÈVRES (2001)
IRRÉVERSIBLE (2002)
AGENTS SECRETS (2004)
RENEGADE (2004)
DERAILED (2005)

CASSIDY, Joanna
actrice américaine (1944-)
BANK SHOT, THE (1974)
NIGHT GAMES (1979)
UNDER FIRE (1983)
CLUB PARADISE (1986)
FOURTH PROTOCOL, THE (1987)
1969 (1988)
WHO FRAMED ROGER RABBIT ? (1988)
PACKAGE, THE (1989)
LONELY HEARTS (1991)
ALL-AMERICAN MURDER (1992)
LOVED (1997)
SECOND CIVIL WAR (1997)
GHOSTS OF MARS (2001)

CASTEL, France
actrice québécoise (1943-)
À CORPS PERDU (1988)
HISTOIRE INVENTÉE, UNE (1990)
ASSASSIN JOUAIT DU TROMBONE, L' (1991)
COYOTE (1992)
VENT DU WYOMING, LE (1994)
COSMOS (1996)
KARMINA (1996)
AFTERGLOW (1997)
COMTESSE DE BATON ROUGE, LA (1997)
J'EN SUIS ! (1997)
SLEEP ROOM, THE (1997)
VENGEANCE DE LA FEMME EN NOIR, LA (1997)
ÂGE DE BRAISE, L' (1998)
CRÈME GLACÉE, CHOCOLAT ET AUTRES
CONSOLATIONS (2001)
JE N'AIME QUE TOI (2003)
LUNE VIENDRA D'ELLE-MÊME, LA (2004)

CASTEL, Lou
acteur colombien (1943-)
FISTS IN THE POCKET (1965)
BEWARE OF A HOLY WHORE (1971)
LETTRE ÉCARLATE, LA (1972)
AMI AMÉRICAIN, L' (1977)
SI LES PORCS AVAIENT DES AILES (1977)
PETITE SŒUR DU DIABLE, LA (1978)
FISH SOUP (1992)

CASTELLITTO, Sergio
acteur italien (1953-)
ALBERTO EXPRESS (1990)
GROSSE PASTÈQUE, LA (1993)
TOXIC AFFAIR (1993)
STARMAKER, THE (1995)
CRI DE LA SOIE, LE (1996)
PORTRAITS CHINOIS (1996)
À VENDRE (1998)
CONCURRENCE DÉLOYALE (2001)
VA SAVOIR (2001)
ÉCOUTE-MOI (2004)

CATILLON, Brigitte
actrice française
MOLIÈRE (1978)
CŒUR EN HIVER, UN (1992)
J'IRAI AU PARADIS
CAR L'ENFER EST ICI (1997)
À MORT, LA MORT ! (1998)
PARENTHÈSE ENCHANTÉE, LA (1999)
GOÛT DES AUTRES, LE (2000)
MERCI POUR LE CHOCOLAT (2000)
FEMME DE MÉNAGE, UNE (2002)
INQUIÉTUDES (2003)

CATTRALL, Kim
actrice anglaise (1956-)
ROSEBUD (1974)
PORKY'S (1981)
POLICE ACADEMY (20th) (1984)
HOLD-UP (1985)
TURK 182 (1985)
BIG TROUBLE IN LITTLE CHINA (1986)
MANNEQUIN (1987)
RETURN OF THE MUSKETEERS, THE (1989)
DOUBLE VISION (1991)
STAR TREK VI :
THE UNDISCOVERED COUNTRY (1991)
LIVE NUDE GIRLS (1995)
WHERE TRUTH LIES (1996)
SEX AND THE CITY (1998-2004)
MODERN VAMPIRES (1999)
15 MINUTES (2001)
ICE PRINCESS (2005)
KIM CATTRALL -
SEXUAL INTELLIGENCE (2005)

CAVIEZEL, James
acteur américain (1968-)
FREQUENCY (2000)
ANGEL EYES (2001)
COUNT OF MONTE CRISTO, THE (2001)
MADISON (2001)
HIGH CRIMES (2002)
HIGHWAYMEN (2003)
I AM DAVID (2003)
BOBBY JONES, STROKE OF GENIUS (2004)
FINAL CUT, THE (2004)
PASSION OF THE CHRIST, THE (2004)

CÉLARIÉ, Clémentine
actrice française (1957-)
GITANE, LA (1985)
37°2 LE MATIN (1986)
COMPLEXE DU KANGOUROU, LE (1986)
DE SABLE ET DE SANG (1987)
ADRÉNALINE (1990)
GÉNIAL, MES PARENTS DIVORCENT ! (1991)
ABRACADABRA (1992)
NUITS FAUVES, LES (1992)
TOXIC AFFAIR (1993)
VENGEANCE D'UNE BLONDE, LA (1993)
REINES D'UN JOUR (2001)
MAUVAIS ESPRIT (2003)

CELLIER, Caroline
actrice française (1946-)
QUE LA BÊTE MEURE (1969)
AVEUX LES PLUS DOUX, LES (1970)
EMMERDEUR, L' (1973)
MARIAGE (1974)
FEMME, UN JOUR, UNE (1977)
CERTAINES NOUVELLES (1979)
MILLE MILLIARDS DE DOLLARS (1981)
SURPRISE PARTY (1982)
P'TIT CON (1983)
ANNÉE DES MÉDUSES, L' (1984)
FEMMES DE PERSONNE (1984)
POULET AU VINAIGRE (1984)
ZÈBRE, LE (1992)
FARINELLI (1994)
ÉLÈVE, L' (1996)
DIDIER (1997)

CERVI, Gino
acteur italien (1901-1974)
CHRIST INTERDIT, LE (1950)
PETIT MONDE DE DON CAMILLO, LE (1952)
RETOUR DE DON CAMILLO, LE (1952)
3 MOUSQUETAIRES, LES (1953)
INDISCRETION OF AN AMERICAN WIFE (1953)
TERMINAL STATION (1953)
GRANDE BAGARRE
DE DON CAMILLO, LA (1955)
GRAND CHEF, LE (1959)
NAKED MAJA, THE (1959)
DON CAMILLO MONSEIGNEUR (1961)
EN AVANT LA MUSIQUE (1962)
DON CAMILLO EN RUSSIE (1965)

CHABAT, Alain
acteur français (1958-)
À LA FOLIE (1994)
GAZON MAUDIT (1994)
COUSIN, LE (1997)
DIDIER (1997)
DÉBANDADE, LA (1999)
GOÛT DES AUTRES, LE (2000)
CHOUCHOU (2003)
LAISSE TES MAINS SUR MES HANCHES (2003)
ILS SE MARIÈRENT ET EURENT
BEAUCOUP D'ENFANTS (2004)

CHAMBERLAIN, Richard
acteur américain (1935-)
PETULIA (1968)
JULIUS CAESAR (1970)
MUSIC LOVERS, THE (1970)
LITTLE MERMAID, THE (1973)
MUSKETEERS, THE (1974)
THREE MUSKETEERS, THE (1974)
SLIPPER AND THE ROSE, THE (1976)
LAST WAVE, THE (1977)
GOOD DOCTOR, THE (1978)
SHOGUN (1980)
KING SOLOMON'S MINES (1985)
ALLAN QUATERMAIN AND
THE LOST CITY OF GOLD (1986)
CASANOVA (1987)
BOURNE IDENTITY, THE (1988)
RETURN OF THE MUSKETEERS, THE (1989)

CHAN, Jackie
acteur chinois (1954-)
SNAKE FIST FIGHTER (1971)
EAGLE SHADOW FIST (1973)
MASTER WITH CRACKED FINGERS (1973)
HAND OF DEATH, THE (1975)
DRUNKEN FIST BOXING (1976)
NEW FIST OF FURY (1976)
SHAOLIN WOODEN MEN (1976)
SNAKE AND CRANE ARTS OF SHAOLIN (1978)
SNAKE IN THE EAGLE'S SHADOW (1978)
DRUNKEN MASTER (1979)
FEARLESS HYENA (1979)
BIG BRAWL, THE (1980)
DRAGON STRIKE (1982)
WHEELS ON MEALS (1984)
HEART OF DRAGON (1985)
HEART OF THE DRAGON (1985)
MY LUCKY STARS (1985)
PROTECTOR, THE (1985)
ARMOUR OF GOD (1986)
OPERATION CONDOR II (1986)
PROJECT A (1987)
DRAGONS FOREVER (1988)
POLICE STORY 2 (1988)
MIRACLES (1989)
ISLAND OF FIRE (1990)
PROJECT A II (1991)
TWIN DRAGONS (1991)
CITY HUNTER (1992)
SUPERCOP (1992)
JACKIE CHAN CRIME STORY (1993)
DRUNKEN MASTER II (1994)
SUPERCOP 2 (1994)
THUNDERBOLT (1995)
36 CRAZY FISTS (1996)
FIRST STRIKE (1996)
JACKIE CHAN'S 2nd STRIKE (1996)
RUMBLE IN HONG KONG (1996)
RUMBLE IN THE BRONX (1996)
STRIKE OF DEATH (1996)
BURN HOLLYWOOD BURN (1997)
JACKIE CHAN'S WHO AM I ? (1998)
JACKIE CHAN : MR. NICE GUY (1998)
RUSH HOUR (1998)
GORGEOUS (1999)
SHANGHAI NOON (2000)
ACCIDENTAL SPY (2001)
RUSH HOUR 2 (2001)
TUXEDO, THE (2002)
MEDALLION, THE (2003)
SHANGHAI KNIGHTS (2003)
AROUND THE WORLD IN 80 DAYS (2004)
NEW POLICE STORY (2004)

CHANDLER, Jeff
acteur américain (1918-1961)
BROKEN ARROW (1949)
FLAME OF ARABY (1951)
RED BALL EXPRESS (1952)
WAR ARROW (1953)
AWAY ALL BOATS (1956)
MAN IN THE SHADOW (1957)
RETURN TO PEYTON PLACE (1961)
MERRILL'S MARAUDERS (1962)

CHANEY, Lon
acteur américain (1883-1930)
PENALTY, THE (1920)
OLIVER TWIST (1922)
SHADOWS (1922)
HUNCHBACK OF NOTRE-DAME, THE (1923)
SHOCK, THE (1923)
PHANTOM OF THE OPERA, THE (1925)
UNHOLY THREE, THE (1925)
OUTSIDE THE LAW (1930)
HAUNTED PALACE /
TOWER OF LONDON (1963)
LON CHANEY COLLECTION, THE (2003)

CHANEY, Lon Jr.
acteur américain (1906-1973)
NOMADS OF THE NORTH (1920)
UNDERSEA KINGDOM (1936)
ALEXANDER'S RAGTIME BAND (1938)
JESSE JAMES (1939)
OF MICE AND MEN (1939)
BILLY THE KID (1941)
MAN MADE MONSTER (1941)
GHOST OF FRANKENSTEIN, THE (1942)
MUMMY'S TOMB, THE (1942)
CALLING DR. DEATH (1943)
FRANKENSTEIN MEETS THE WOLF MAN (1943)
SON OF DRACULA (1943)
HOUSE OF FRANKENSTEIN (1944)
INNER SANCTUM : DEAD MAN'S EYES (1944)
INNER SANCTUM : WEIRD WOMAN (1944)
MUMMY'S GHOST, THE (1944)
HOUSE OF DRACULA (1945)
MUMMY'S CURSE, THE (1945)
MY FAVORITE BRUNETTE (1947)
ABBOTT & COSTELLO MEET
FRANKENSTEIN (1948)
ALBUQUERQUE (1948)
FLAME OF ARABY (1951)
BLACK CASTLE, THE (1952)
HIGH NOON (1952)
CASANOVA'S BIG NIGHT (1954)
I DIED A THOUSAND TIMES (1955)
INDIAN FIGHTER, THE (1955)
NOT AS A STRANGER (1955)
PARDNERS (1955)
INDESTRUCTIBLE MAN, THE (1956)
CYCLOPS, THE (1957)
DEFIANT ONES, THE (1958)
ALLIGATOR PEOPLE, THE (1959)
HAUNTED PALACE, THE (1963)
SPIDER BABY (1964)
APACHE UPRISING (1965)
JOHNNY RENO (1965)
DRACULA VS FRANKENSTEIN (1971)

CHANNING, Stockard
actrice américaine (1944-)
HOSPITAL, THE (1971)
GIRL MOST LIKELY TO ... (1973)
FORTUNE, THE (1974)
BIG BUS, THE (1976)
CHEAP DETECTIVE, THE (1978)
GREASE (1978)
WITHOUT A TRACE (1983)
HEARTBURN (1986)
MEN'S CLUB, THE (1986)
MEET THE APPLEGATES (1989)
MARRIED TO IT (1991)
BITTER MOON (1992)
SIX DEGREES OF SEPARATION (1993)
SMOKE (1995)
TO WONG FOO, THANKS FOR EVERYTHING,
JULIE NEWMAR (1995)
EDIE & PEN (1996)
MOLL FLANDERS (1996)
UP CLOSE AND PERSONAL (1996)
TWILIGHT (1997)
PRACTICAL MAGIC (1998)
ISN'T SHE GREAT (1999)
WEST WING, THE (SEASON I & II) (1999)
WHERE THE HEART IS (2000)
BUSINESS OF STRANGERS, THE (2001)
LIFE OR SOMETHING LIKE IT (2002)
DIVORCE, LE (2003)
HITLER - THE RISE OF EVIL (2003)
3 NEEDLES (2005)
MUST LOVE DOGS (2005)

CHAPLIN, Ben
acteur anglais (1970-)
FEAST OF JULY (1995)
TRUTH ABOUT CATS AND DOGS, THE (1996)
WASHINGTON SQUARE (1997)
THIN RED LINE, THE (1998)
LOST SOULS (2000)
BIRTHDAY GIRL (2001)
MURDER BY NUMBERS (2002)
STAGE BEAUTY (2004)
NEW WORLD, THE (2005)

CHAPLIN, Charles
acteur anglais (1889-1977)
TILLIE'S PUNCTURED ROMANCE (1914)
BURLESQUE ON CARMEN, A (1915)
KID, THE (1921)
GOLD RUSH, THE (1925)
PAY DAY (1925)
CIRCUS, THE (1927)
CITY LIGHTS (1930)
MODERN TIMES (1936)
GREAT DICTATOR, THE (1940)
MONSIEUR VERDOUX (1947)
LIMELIGHT (1952)
KING IN NEW YORK, A (1956)

CHAPLIN, Geraldine
actrice américaine (1944-)
LIMELIGHT (1952)
DOCTOR ZHIVAGO (1965)
COUNTESS FROM HONG KONG, A (1966)
PEPPERMINT FRAPPÉ (1967)
SUR UN ARBRE PERCHÉ (1971)
FOUR MUSKETEERS, THE (1974)
THREE MUSKETEERS, THE (1974)
CRIA CUERVOS (1975)
NASHVILLE (1975)
BUFFALO BILL AND THE INDIANS (1976)
ÉLISA MON AMOUR (1976)
WELCOME TO L.A. (1976)
ROSELAND (1977)
WEDDING, A (1978)
MAMAN A CENT ANS (1979)
MIRROR CRACK'D, THE (1980)
UNS ET LES AUTRES, LES (1980)
MODERNS, THE (1988)
I WANT TO GO HOME ! (1989)
RETURN OF THE MUSKETEERS, THE (1989)
BUSTER'S BEDROOM (1990)
CHAPLIN (1992)
AGE OF INNOCENCE, THE (1993)
GULLIVER'S TRAVELS (1995)
HOME FOR THE HOLIDAYS (1995)
MOTHER TERESA : IN THE NAME
OF GOD'S POOR (1997)
ODYSSEY, THE (1997)
COUSIN BETTE (1998)
TO WALK WITH LIONS (1999)
PARLE AVEC ELLE (2001)
CITY OF NO LIMITS, THE (2002)
BRIDGE OF SAN LUIS REY (2004)

CHARISSE, Cyd
actrice américaine (1921-)
ZIEGFELD FOLLIES (1946)
TILL THE CLOUDS ROLL BY (1947)
ON AN ISLAND WITH YOU (1948)
EAST SIDE, WEST SIDE (1949)
SINGIN' IN THE RAIN (1952)
BAND WAGON, THE (1953)
BRIGADOON (1953)
IT'S ALWAYS FAIR WEATHER (1955)

SILK STOCKINGS (1957)
PARTY GIRL (1958)
BLACK TIGHTS (1961)
SILENCERS, THE (1966)
THAT'S ENTERTAINMENT ! PART 3 (1994)

CHASE, Chevy
acteur américain (1944-)
VEGAS VACATION (1977)
FOUL PLAY (1978)
CADDYSHACK (1980)
OH ! HEAVENLY DOG (1980)
SEEMS LIKE OLD TIMES (1980)
MODERN PROBLEMS (1981)
DEAL OF THE CENTURY (1983)
NATIONAL LAMPOON'S
EUROPEAN VACATION (1985)
SPIES LIKE US (1985)
THREE AMIGOS ! (1986)
NATIONAL LAMPOON'S
CHRISTMAS VACATION (1989)
MEMOIRS OF AN INVISIBLE MAN (1992)
MAN OF THE HOUSE (1994)
ORANGE COUNTY (2001)
ELLIE PARKER (2005)

CHAYKIN, Maury
acteur canadien (1949-)
DEF-CON 4 (1984)
COLD COMFORT (1989)
ADJUSTER, THE (1991)
MONTRÉAL VU PAR... (1991)
BURIED ON SUNDAY (1993)
WHALE MUSIC (1994)
DEVIL IN A BLUE DRESS (1995)
UNSTRUNG HEROES (1995)
LOVE AND DEATH ON LONG ISLAND (1997)
MOUSE HUNT (1997)
ENTRAPMENT (1999)
JOAN OF ARC (1999)
ART OF WAR (2000)
ON THEIR KNEES (2001)
PAST PERFECT (2002)
OWNING MAHOWNY (2003)
INTERN ACADEMY (2004)
SUGAR (2004)
WILBY WONDERFUL (2004)
WHERE THE TRUTH LIES (2005)

CHEADLE, Don
acteur américain (1964-)
LUSH LIFE (1993)
DEVIL IN A BLUE DRESS (1995)
BOOGIE NIGHTS (1997)
ROSEWOOD (1997)
VOLCANO (1997)
BULWORTH (1998)
OUT OF SIGHT (1998)
RAT PACK, THE (1998)
FAMILY MAN, THE (2000)
MISSION TO MARS (2000)
TRAFFIC (2000)
MANIC (2001)
SWORDFISH (2001)
THINGS BEHIND THE SUN (2001)
UNITED STATES OF LELAND (2003)
AFTER THE SUNSET (2004)
ASSASSINATION OF
RICHARD NIXON, THE (2004)
CRASH (2004)
HOTEL RWANDA (2004)
OCEAN'S 12 (2004)

CHEN, Joan
actrice chinoise (1961-)
DIM SUM (1985)
TAI-PAN (1986)
LAST EMPEROR, THE (1987)
BLOOD OF HEROES, THE (1989)
HEAVEN AND EARTH (1993)
JUDGE DREDD (1995)
WHAT'S COOKING ? (2000)
SAVING FACE (2004)

CHER
actrice américaine (1946-)
GOOD TIMES (1967)
CHASTITY (1969)
COME BACK TO THE FIVE AND DIME,
JIMMY DEAN, JIMMY DEAN (1982)
SILKWOOD (1983)
MASK (1985)
MOONSTRUCK (1987)
SUSPECT (1987)
WITCHES OF EASTWICK, THE (1987)
MERMAIDS (1990)
PLAYER, THE (1992)
FAITHFUL (1996)
IF THESE WALLS COULD TALK (1996)
TEA WITH MUSSOLINI (1999)
STUCK ON YOU (2003)
CHER VERY BEST OF :
VIDEO HITS COLLECTION (2004)

CHESNAIS, Patrick
acteur français (1947-)
DOSSIER 51, LE (1978)
AU BOUT DU BOUT DU BANC (1979)
COCKTAIL MOLOTOV (1979)
RIEN NE VA PLUS (1979)
PREMIER VOYAGE (1980)
CAP CANAILLE (1983)
FEMMES DE PERSONNE (1984)
BLANCHE ET MARIE (1985)
CIGOGNES N'EN FONT
QU'À LEUR TÊTE, LES (1988)
LECTRICE, LA (1988)
THANK YOU SATAN (1988)
IL Y A DES JOURS... ET DES LUNES (1990)
PROMOTION CANAPÉ (1990)
BELLE HISTOIRE, LA (1991)
COUP DE JEUNE ! (1991)
NETCHAÏEV EST DE RETOUR (1991)
PAGAILLE, LA (1991)
DRÔLES D'OISEAUX (1992)
AUX PETITS BONHEURS (1993)
PAS D'AMOUR SANS AMOUR (1993)
POST COÏTUM, ANIMAL TRISTE (1997)
KENNEDY ET MOI (1999)
JE NE SUIS PAS LÀ POUR ÊTRE AIMÉ (2005)

CHEUNG, Jacky
acteur hong-kongais (1961-)
AS TEARS GO BY (1988)
WILL OF IRON (1990)
PROJECT S (1993)
ASHES OF TIME (1994)
HIGH RISK (1995)
MELTDOWN (1995)
JIANG HU (2004)

CHEUNG, Leslie
acteur chinois (1956-2003)
HISTOIRES DE FANTÔMES CHINOIS (1987)
ROUGE (1987)
EROTIC GHOST STORY (1990)
DAYS OF BEING WILD (1991)
ADIEU MA CONCUBINE (1993)
BRIDE WITH WHITE HAIR, THE (1993)
BRIDE WITH WHITE HAIR II, THE (1993)
ASHES OF TIME (1994)
CHINESE FEAST, THE (1995)
PHANTOM LOVER, THE (1995)
TEMPTRESS MOON (1996)
HAPPY TOGETHER (1997)

CHEUNG, Maggie
actrice chinoise (1964-)
JACKIE CHAN'S POLICE FORCE (1985)
AS TEARS GO BY (1988)
POLICE STORY 2 (1988)
FAREWELL CHINA (1990)
SONG OF THE EXILE (1990)
WILL OF IRON (1990)
DAYS OF BEING WILD (1991)
PROJECT A II (1991)
TWIN DRAGONS (1991)
CENTRE STAGE (1992)
HEROIC TRIO, THE (1992)
SUPERCOP (1992)
ASHES OF TIME (1994)
IRMA VEP (1996)
CHINESE BOX (1997)
SOONG SISTERS (1997)
SILENCES DU DÉSIR, LES (2000)
MILLENIUM MAMBO (2001)
HERO (2002)
2046 (2004)
CLEAN (2004)

CHEVALIER, Maurice
acteur français (1888-1972)
LOVE ME TONIGHT (1932)
MERRY WIDOW, THE (1935)
LOVE IN THE AFTERNOON (1956)
GIGI (1958)
BREATH OF SCANDAL, A (1960)
CAN-CAN (1960)
BLACK TIGHTS (1961)
FANNY (1961)
IN SEARCH OF THE CASTAWAYS (1962)
NEW KIND OF LOVE, A (1963)

CHIBA, Sonny
acteur japonais (1939-)
TERROR BENEATH THE SEA (1966)
BODYGUARD KIBA (1973)
SONNY CHIBA : SAMURAI (1973)
SONNY CHIBA : STREET FIGHTER (1974)
KARATE BULLFIGHTER (1975)
KILLING MACHINE (1975)
RETURN OF THE STREET FIGHTER (1975)
SISTER STREET FIGHTER (1975)
STREET FIGHTER'S
LAST REVENGE, THE (1975)
KARATE BEARFIGHTER (1977)
BUSHIDO BLADE, THE (1978)
SHOGUN'S SAMURAI (1978)
SWORD OF VENGEANCE (1978)
SHOGUN'S NINJA (1980)
DEADLY OUTLAW REKKA (2002)

CHINLUND, Nick
acteur américain (1961-)
BAD GIRLS (1994)
BROTHER'S KISS, A (1997)
MR. MAGOO (1997)
FROGS FOR SNAKES (1999)
CHRONICLES OF RIDDICK (2004)
LEGEND OF ZORRO, THE (2005)
ULTRAVIOLET (2006)

CHONG, Rae Dawn
actrice canadienne (1961-)
GUERRE DU FEU, LA (1981)
BEAT STREET (1984)
AMERICAN FLYERS (1985)
COMMANDO (1985)
SOUL MAN (1986)

PRINCIPAL, THE (1987)
BORROWER, THE (1989)
AMAZON (1991)

CHOUDHURY, Sarita
actrice anglaise (1966-)
MISSISSIPPI MASALA (1991)
WILD WEST (1992)
HOUSE OF THE SPIRITS, THE (1993)
FRESH KILL (1994)
KAMA SUTRA : A TALE OF LOVE (1996)
SUBWAY STORIES (1997)
PERFECT MURDER, A (1998)
JUST A KISS (2001)

CHRISTIE, Julie
actrice anglaise (1941-)
BILLY LIAR (1963)
DARLING (1965)
DOCTOR ZHIVAGO (1965)
FAHRENHEIT 451 (1966)
FAR FROM THE MADDING CROWD (1967)
PETULIA (1968)
McCABE & MRS. MILLER (1971)
DON'T LOOK NOW (1973)
SHAMPOO (1974)
NASHVILLE (1975)
DEMON SEED (1977)
HEAVEN CAN WAIT (1978)
MEMOIRS OF A SURVIVOR (1981)
RETURN OF THE SOLDIER, THE (1981)
QUARANTIÈMES RUGISSANTS, LES (1982)
HEAT AND DUST (1983)
POWER (1985)
CHAMPAGNE AMER (1986)
MISS MARY (1986)
AFTERGLOW (1997)
BELPHÉGOR : LE FANTÔME DU LOUVRE (2001)
NO SUCH THING (2001)
I'M WITH LUCY (2002)
FINDING NEVERLAND (2004)

CLARK, Candy
actrice américaine (1947-)
FAT CITY (1971)
AMERICAN GRAFFITI (1973)
MAN WHO FELL TO EARTH, THE (1976)
BIG SLEEP, THE (1978)
MORE AMERICAN GRAFFITI (1979)
Q : THE WINGED SERPENT (1982)
AMITYVILLE 3-D (1983)
CAT'S EYE (1984)
BLOB, THE (1988)
BUFFY THE VAMPIRE SLAYER (1992)
RADIOLAND MURDERS (1994)

CLARK, Fred
acteur américain (1914-1968)
FLAMINGO ROAD (1949)
HERE COME THE GIRLS (1953)
ABBOTT & COSTELLO MEET
THE KEYSTONE KOPS (1955)
SOLID GOLD CADILLAC, THE (1955)
AUNTIE MAME (1958)
IT STARTED WITH A KISS (1959)
BELLS ARE RINGING, THE (1960)
MOVE OVER, DARLING (1963)

CLARKSON, Patricia
actrice américaine (1959-)
HIGH ART (1998)
JOE GOULD'S SECRET (2000)
SAFETY OF OBJECTS, THE (2001)
WENDIGO (2001)
BARONESS AND THE PIG, THE (2002)
CARRIE (2002)
FAR FROM HEAVEN (2002)
WELCOME TO COLLINWOOD (2002)
ALL THE REAL GIRLS (2003)
DOGVILLE (2003)
MIRACLE (2003)
PIECES OF APRIL (2003)
STATION AGENT, THE (2003)
DYING GAUL, THE (2005)
GOOD NIGHT, AND GOOD LUCK (2005)

CLAVIER, Christian
acteur français (1951-)
QUE LA FÊTE COMMENCE ! (1974)
AMOUR EN HERBE, L' (1976)
DITES-LUI QUE JE L'AIME (1977)
BRONZÉS, LES (1978)
BRONZÉS FONT DU SKI, LES (1979)
JE VAIS CRAQUER (1979)
QUAND TU SERAS DÉBLOQUÉ,
FAIS-MOI SIGNE (1981)
ELLE VOIT DES NAINS PARTOUT (1982)
PÈRE NOËL EST UNE ORDURE, LE (1982)
PAPY FAIT DE LA RÉSISTANCE (1983)
TRANCHES DE VIE (1985)
TWIST AGAIN À MOSCOU (1986)
CIGOGNES N'EN FONT
QU'À LEUR TÊTE, LES (1988)
MES MEILLEURS COPAINS (1989)
OPÉRATION CORNED BEEF (1990)
SECRETS PROFESSIONNELS
DU DR. APFELGLÜCK, LES (1991)
VENGEANCE D'UNE BLONDE, LA (1993)
VISITEURS, LES (1993)
ANGES GARDIENS, LES (1994)
GROSSE FATIGUE (1994)
ASTÉRIX ET OBÉLIX CONTRE CÉSAR (1998)
VISITEURS II, LES COULOIRS
DU TEMPS, LES (1998)
MISÉRABLES, LES (2000)
ASTÉRIX ET OBÉLIX :
MISSION CLÉOPÂTRE (2001)
JUST VISITING (2001)
NAPOLÉON (2002)
ALBERT EST MÉCHANT (2003)

CLAYBURGH, Jill
actrice américaine (1944-)
WEDDING PARTY, THE (1969)
UNMARRIED WOMAN, AN (1977)
STARTING OVER (1979)
IT'S MY TURN (1980)
FIRST MONDAY IN OCTOBER (1981)
I'M DANCING AS FAST AS I CAN (1981)
SHY PEOPLE (1988)
NAKED IN NEW YORK (1994)
NEVER AGAIN (2001)

CLEESE, John
acteur anglais (1939-)
BLISS OF MRS. BLOSSOM, THE (1968)
MAGIC CHRISTIAN, THE (1969)
AND NOW FOR SOMETHING
COMPLETELY DIFFERENT (1971)
MONTY PYTHON AND THE HOLY GRAIL (1975)
STRANGE CASE OF THE END OF CIVILISATION
AS WE KNOW IT, THE (1977)
MONTY PYTHON'S LIFE OF BRIAN (1979)
TIME BANDITS (1981)
MONTY PYTHON LIVE
AT THE HOLLYWOOD BOWL (1982)
MONTY PYTHON'S
THE MEANING OF LIFE (1983)
YELLOWBEARD (1983)
PRIVATES ON PARADE (1984)
CLOCKWISE (1985)
SILVERADO (1985)
SECRET POLICEMAN'S THIRD BALL (1987)
BIG PICTURE, THE (1988)
FISH CALLED WANDA, A (1988)
ERIK THE VIKING (1989)
SPLITTING HEIRS (1993)
JUNGLE BOOK, THE (1994)
MARY SHELLEY'S FRANKENSTEIN (1994)
FIERCE CREATURES (1996)
ISN'T SHE GREAT (1999)
OUT-OF-TOWNERS, THE (1999)
WORLD IS NOT ENOUGH, THE (1999)
RAT RACE (2001)

CLÉMENT, Aurore
actrice française (1945-)
LACOMBE, LUCIEN (1974)
CRABE TAMBOUR, LE (1977)
JUGE FAYARD DIT « LE SHÉRIF », LE (1977)
MON FILS EST ASSASSIN (CHER PAPA) (1978)
RENDEZ-VOUS D'ANNA, LES (1978)
5 % DE RISQUE (1979)
FANTÔMES DU CHAPELIER, LES (1982)
INVITATION AU VOYAGE (1982)
TOUTE UNE NUIT (1982)
JE VOUS SALUE MARIE (1984)
PARIS, TEXAS (1984)
COMÉDIE D'AMOUR (1989)
STAN THE FLASHER (1989)
PAS D'AMOUR SANS AMOUR (1993)
À VENDRE (1998)
CAPTIVE, LA (2000)
TANGUY (2001)
TROUBLE EVERY DAY (2001)
BON VOYAGE ! (2003)
DEMAIN ON DÉMÉNAGE (2004)
PETITE JÉRUSALEM, LA (2005)

CLIFT, Montgomery
acteur américain (1920-1966)
SEARCH, THE (1947)
RED RIVER (1948)
HEIRESS, THE (1949)
PLACE IN THE SUN, A (1950)
FROM HERE TO ETERNITY (1953)
I CONFESS (1953)
INDISCRETION OF AN AMERICAN WIFE (1953)
TERMINAL STATION (1953)
RAINTREE COUNTY (1957)
YOUNG LIONS, THE (1958)
LONELYHEARTS (1959)
SUDDENLY, LAST SUMMER (1959)
JUDGMENT AT NUREMBERG (1961)
MISFITS, THE (1961)

CLOONEY, George
acteur américain (1961-)
RETURN OF THE KILLER TOMATOES,
THE SEQUEL (1988)
E.R. (SEASON II) (1995)
FROM DUSK TILL DAWN (1995)
ONE FINE DAY (1996)
BATMAN & ROBIN (1997)
PEACEMAKER, THE (1997)
OUT OF SIGHT (1998)
THIN RED LINE, THE (1998)
THREE KINGS (1999)
O BROTHER, WHERE ART THOU ? (2000)
PERFECT STORM, THE (2000)
OCEAN'S ELEVEN (2001)
SPY KIDS (2001)
CONFESSIONS OF A DANGEROUS MIND (2002)
SOLARIS (2002)
INTOLERABLE CRUELTY (2003)
OCEAN'S 12 (2004)
GOOD NIGHT, AND GOOD LUCK (2005)
SYRIANA (2005)

CLOSE, Glenn
actrice américaine (1947-)
BIG CHILL, THE (1983)
STONE BOY (1983)
NATURAL, THE (1984)
JAGGED EDGE (1985)
MAXIE (1985)
FATAL ATTRACTION (1987)
DANGEROUS LIAISONS (1988)
IMMEDIATE FAMILY (1989)
HAMLET (1990)
REVERSAL OF FORTUNE (1990)
HOOK (1991)
MEETING VENUS (1991)
SARAH, PLAIN AND TALL (1991)
HOUSE OF THE SPIRITS, THE (1993)
PAPER, THE (1994)
SERVING IN SILENCE: THE MARGARETHE
CAMMERMEYER STORY (1994)
101 DALMATIANS (1996)
MARS ATTACKS ! (1996)
MARY REILLY (1996)
AIR FORCE ONE (1997)
IN THE GLOAMING (1997)
PARADISE ROAD (1997)
COOKIE'S FORTUNE (1998)
102 DALMATIANS (2000)
THINGS YOU CAN TELL JUST
BY LOOKING AT HER (2000)
SAFETY OF OBJECTS, THE (2001)
DIVORCE, LE (2003)
LION IN WINTER, THE (2003)
STEPFORD WIVES, THE (2004)
CHUMSCRUBBER, THE (2005)
HEIGHTS (2005)
NINE LIVES (2005)

CLOUTIER, Raymond
acteur québécois (1944-)
AU REVOIR... À LUNDI (1979)
CUISINE ROUGE, LA (1979)
RIEL (1979)
AFFAIRE COFFIN, L' (1980)
RIEN QU'UN JEU (1983)
FEMME DE L'HÔTEL, LA (1984)
GRAND ZÈLE, LE (1992)
CES ENFANTS D'AILLEURS (1997)
CONCIERGERIE, LA (1997)
SAINT JUDE (2000)
ANGE DE GOUDRON, L' (2001)
MARIAGES (2001)
TRUDEAU (2002)

CLUZET, François
acteur français (1955-)
COCKTAIL MOLOTOV (1979)
CHEVAL D'ORGUEIL, LE (1980)
ÉTÉ MEURTRIER, L' (1982)
FANTÔMES DU CHAPELIER, LES (1982)
AVEUGLE, QUE VEUX-TU ? (1983)
COUP DE FOUDRE (1983)
ÉTATS D'ÂME (1985)
ASSOCIATION DE MALFAITEURS (1986)
ROUND MIDNIGHT (1986)
AFFAIRE DE FEMMES, UNE (1988)
CHOCOLAT (1988)
FORCE MAJEURE (1988)
DEUX (1989)
RÉVOLUTION FRANÇAISE 1:
LES ANNÉES LUMIÈRE, LA (1989)
RÉVOLUTION FRANÇAISE 2:
LES ANNÉES TERRIBLES, LA (1989)
TROP BELLE POUR TOI ! (1989)
À DEMAIN (1992)
OLIVIER, OLIVIER (1992)
ENFER, L' (1993)
VENT DU WYOMING, LE (1994)
APPRENTIS, LES (1995)
FRENCH KISS (1995)
HUSSARD SUR LE TOIT, LE (1995)
RIEN NE VA PLUS (1997)
FIN AOÛT, DÉBUT SEPTEMBRE (1998)
ADVERSAIRE, L' (2002)
FRANCE BOUTIQUE (2003)
JANIS & JOHN (2003)

COBB Lee J.
acteur américain (1911-1976)
GOLDEN BOY (1940)
SONG OF BERNADETTE, THE (1944)
ANNA AND THE KING OF SIAM (1946)
CALL NORTHSIDE 777 (1948)
CAPTAIN FROM CASTILE (1948)
DARK PAST, THE (1948)
MIRACLE OF THE BELLS, THE (1948)
SIROCCO (1951)
ON THE WATERFRONT (1954)
RACERS, THE (1954)
LEFT HAND OF GOD, THE (1955)
12 ANGRY MEN (1957)
THREE FACES OF EVE, THE (1957)
BROTHERS KARAMAZOV, THE (1958)
PARTY GIRL (1958)
BUT NOT FOR ME (1959)
GREEN MANSIONS (1959)
TRAP, THE (1959)
EXODUS (1960)
HOW THE WEST WAS WON (1962)
COME BLOW YOUR HORN (1963)
OUR MAN FLINT (1965)
IN LIKE FLINT (1967)
COOGAN'S BLUFF (1968)
MACKENNA'S GOLD (1968)
LAWMAN (1970)
MACHO CALLAHAN (1970)
EXORCIST, THE (1973)
MAN WHO LOVED CAT DANCING, THE (1973)
FLIC VOIT ROUGE, UN (1975)

COBURN, Charles
acteur américain (1877-1961)
MADE FOR EACH OTHER (1938)
OF HUMAN HEARTS (1938)
BACHELOR MOTHER (1939)
STANLEY AND LIVINGSTONE (1939)
STORY OF ALEXANDER
GRAHAM BELL, THE (1939)
EDISON, THE MAN (1940)
THREE FACES WEST (1940)
DEVIL AND MISS JONES, THE (1941)
LADY EVE, THE (1941)
IN THIS OUR LIFE (1942)
HEAVEN CAN WAIT (1943)
MORE THE MERRIER, THE (1943)
LURED (1947)
IMPACT (1949)
MR. MUSIC (1950)
MONKEY BUSINESS (1952)
TROUBLE ALONG THE WAY (1953)
JOHN PAUL JONES (1959)

COBURN, James
acteur américain (1928-2002)
MAGNIFICENT SEVEN, THE (1960)
HELL IS FOR HEROES (1962)
CHARADE (1963)
GREAT ESCAPE, THE (1963)
AMERICANIZATION OF EMILY, THE (1964)
MAJOR DUNDEE (1964)
HIGH WIND IN JAMAICA (1965)
LOVED ONE, THE (1965)
OUR MAN FLINT (1965)
DEAD HEAT ON A MERRY-GO-ROUND (1966)
WHAT DID YOU DO
IN THE WAR, DADDY ? (1966)
IN LIKE FLINT (1967)
PRESIDENT'S ANALYST, THE (1967)
WATERHOLE #3 (1967)
CANDY (1968)
LAST OF THE MOBILE HOT SHOTS (1969)
FISTFUL OF DYNAMITE, A (1971)
CAREY TREATMENT, THE (1972)
LAST OF SHEILA, THE (1973)
PAT GARRETT & BILLY THE KID (1973)
BITE THE BULLET (1975)
HARD TIMES (1975)
MIDWAY (1976)
CROSS OF IRON (1977)
LOVING COUPLES (1980)
LOOKER (1981)
MARTIN'S DAY (1984)
HUDSON HAWK (1991)
PLAYER, THE (1992)
SISTER ACT II: BACK IN THE HABIT (1993)
MAVERICK (1994)
ERASER (1996)
NUTTY PROFESSOR, THE (1996)
AFFLICTION (1997)
SECOND CIVIL WAR (1997)
MAN FROM ELYSIAN FIELDS, THE (2001)
AMERICAN GUN (2002)
SNOW DOGS (2002)

COCHRAN, Steve
acteur américain (1917-1965)
COPACABANA (1947)
DALLAS (1950)
DAMNED DON'T CRY, THE (1950)
TANKS ARE COMING, THE (1951)
DESERT SONG, THE (1953)
CRI, LE (1957)
I MOBSTER (1958)

COLBERT, Claudette
actrice française (1905-1996)
I COVER THE WATERFRONT (1933)
SIGN OF THE CROSS, THE (1933)
CLEOPATRA (1934)
IMITATION OF LIFE (1934)
IT HAPPENED ONE NIGHT (1934)
BLUEBEARD'S EIGHTH WIFE (1938)
MIDNIGHT (1939)
DRUMS ALONG THE MOHAWK (1940)
PALM BEACH STORY, THE (1941)
SO PROUDLY WE HAIL (1944)
BOOM TOWN (1946)
TOMORROW IS FOREVER (1946)
LET'S MAKE IT LEGAL (1951)

COLE, Gary
acteur américain (1956-)
SON OF THE MORNING STAR (1990)
BRADY BUNCH MOVIE, THE (1995)
VERY BRADY SEQUEL, A (1996)
KISS THE SKY (1998)
OFFICE SPACE (1999)
GIFT, THE (2000)
I SPY (2002)
WIN A DATE WITH TAD HAMILTON (2004)
RING TWO, THE (2005)

COLEMAN, Dabney
acteur américain (1932-)
SLENDER THREAD, THE (1965)
DOWNHILL RACER (1969)
BITE THE BULLET (1975)
9 TO 5 (1980)
MODERN PROBLEMS (1981)

ON GOLDEN POND (1981)
YOUNG DOCTORS IN LOVE (1982)
WARGAMES (1983)
CLOAK AND DAGGER (1984)
MUPPETS TAKE MANHATTAN, THE (1984)
MAN WITH ONE RED SHOE, THE (1985)
DRAGNET (1987)
MEET THE APPLEGATES (1989)
CLIFFORD (1991)
AMOS & ANDREW (1993)
AMOUR DE SORCIÈRE, UN (1997)
INSPECTOR GADGET (1999)

COLIN, Grégoire
acteur français (1975-)
ANNÉE DE L'ÉVEIL, L' (1991)
BEAU FIXE (1992)
OLIVIER, OLIVIER (1992)
ROULEZ JEUNESSE (1992)
PAS TRÈS CATHOLIQUE (1993)
REINE MARGOT, LA (1993)
BEFORE THE RAIN (1994)
FIESTA (1995)
FILS DE GASCOGNE, LE (1995)
NÉNETTE ET BONI (1996)
HOMÈRE : LA DERNIÈRE ODYSSÉE (1997)
SECRET DÉFENSE (1997)
BEAU TRAVAIL (1998)
VIE RÊVÉE DES ANGES, LA (1998)
SADE (2000)
SEX IS COMEDY (2002)
VENDREDI SOIR (2002)
INQUIÉTUDES (2003)
SNOWBOARDER SURFEUR DES NEIGES (2003)
INTRUS, L' (2004)

COLLETTE, Toni
actrice australienne (1972-)
EFFICIENCY EXPERT, THE (1991)
MURIEL'S WEDDING (1994)
COSI (1995)
LILIAN' STORY (1995)
EMMA (1996)
PALLBEARER, THE (1996)
BOYS, THE (1997)
CLOCKWATCHERS (1997)
VELVET GOLDMINE (1998)
8 1/2 WOMEN (1999)
SIXTH SENSE, THE (1999)
SHAFT (2000)
ABOUT A BOY (2002)
CHANGING LANES (2002)
HOURS, THE (2002)
JAPANESE STORY (2003)
CONNIE AND CARLA (2004)
LAST SHOT, THE (2004)
IN HER SHOES (2005)

COLLIN, Frédérique
actrice québécoise (1944-)
FRANÇOISE DUROCHER, WAITRESS (1972)
TEMPS D'UNE CHASSE, LE (1972)
RÉJEANNE PADOVANI (1973)
AMOUR BLESSÉ, L' (1975)
GINA (1975)
CUISINE ROUGE, LA (1979)
LUCIEN BROUILLARD (1983)
CELUI QUI VOIT LES HEURES (1985)
TROIS POMMES À CÔTÉ DU SOMMEIL (1988)
AU FIL DE L'EAU (2002)

COLLINS, Joan
actrice anglaise (1933-)
VIRGIN QUEEN, THE (1954)
LAND OF THE PHARAOHS (1955)
ISLAND IN THE SUN (1956)
BRAVADOS, THE (1958)
ESTHER AND THE KING (1960)
SEVEN THIEVES (1960)
FEAR IN THE NIGHT (1972)
TALES FROM THE CRYPT (1972)
TALES THAT WITNESS MADNESS (1973)
STUD, THE (1978)
BITCH, THE (1979)
ANNIE : A ROYAL ADVENTURE ! (1995)

COLLINS, Ray
acteur américain (1889-1965)
HUMAN COMEDY, THE (1943)
BACHELOR & THE BOBBY-SOXER, THE (1947)
FOR THE LOVE OF MARY (1948)
GOOD SAM (1948)
HOMECOMING (1948)
MAN FROM COLORADO, THE (1948)
FOUNTAINHEAD, THE (1949)
SUMMER STOCK (1950)

COLMAN, Ronald
acteur anglais (1891-1958)
BULLDOG DRUMMOND (1929)
ARROWSMITH (1931)
TALE OF TWO CITIES, A (1935)
LOST HORIZON (1936)
PRISONER OF ZENDA, THE (1937)
IF I WERE KING (1938)
TALK OF THE TOWN, THE (1942)
KISMET (1944)
RANDOM HARVEST (1945)
DOUBLE LIFE, A (1947)
CHAMPAGNE FOR CAESAR (1950)

COLTRANE, Robbie
acteur anglais (1950-)
NUNS ON THE RUN (1990)
PERFECTLY NORMAL (1990)
ADVENTURES OF HUCK FINN, THE (1992)
CRACKER (SEASON I) (1993)
CRACKER (SEASON III) (1995)
BUDDY (1997)
CRACKER (SEASON II) (1997)
FROGS FOR SNAKES (1999)
MESSAGE IN A BOTTLE (1999)
WORLD IS NOT ENOUGH, THE (1999)
HARRY POTTER AND
THE CHAMBER OF SECRETS (2002)

COLUCHE
acteur français (1944-1986)
AILE OU LA CUISSE, L' (1976)
COMMENT GAGNER UN MILLIARD SANS SE
FATIGUER (DRÔLES DE ZÈBRES) (1977)
VOUS N'AUREZ PAS L'ALSACE
ET LA LORRAINE (1977)
INSPECTEUR LA BAVURE (1980)
DEUX HEURES MOINS LE QUART
AVANT JÉSUS-CHRIST (1982)
ELLE VOIT DES NAINS PARTOUT (1982)
FEMME DE MON POTE, LA (1983)
TCHAO PANTIN (1983)
ROIS DU GAG, LES (1984)

COMBS, Jeffrey
acteur américain (1954-)
FRIGHTMARE (1982)
RE-ANIMATOR (1985)
FROM BEYOND (1986)
H.P. LOVECRAFT'S NECRONOMICON (1993)
CASTLE FREAK (1995)
FRIGHTENERS, THE (1996)
HOUSE ON HAUNTED HILL (1999)
FAUST : LOVE OF THE DAMNED (2000)
FEAR DOT COM (2002)
BEYOND RE-ANIMATOR (2003)

CONNELLY, Jennifer
actrice américaine (1970-)
CREEPERS (1984)
ONCE UPON A TIME IN AMERICA (1984)
LABYRINTH (1986)
SOME GIRLS (1988)
HOT SPOT, THE (1990)
CAREER OPPORTUNITIES (1991)
ROCKETEER, THE (1991)
HIGHER LEARNING (1994)
OF LOVE AND SHADOWS (1994)
MULHOLLAND FALLS (1996)
DARK CITY (1997)
INVENTING THE ABBOTTS (1997)
POLLOCK (2000)
REQUIEM FOR A DREAM (2000)
BEAUTIFUL MIND, A (2001)
HOUSE OF SAND AND FOG, THE (2003)
HULK, THE (2003)
DARK WATER (2005)

CONNERY, Sean
acteur écossais (1930-)
ANOTHER TIME, ANOTHER PLACE (1957)
DARBY O'GILL AND THE LITTLE PEOPLE (1959)
FRIGHTENED CITY (1961)
DR. NO (1962)
LONGEST DAY, THE (1962)
FROM RUSSIA WITH LOVE (1963)
GOLDFINGER (1964)
MARNIE (1964)
HILL, THE (1965)
THUNDERBALL (1965)
FINE MADNESS, A (1966)
YOU ONLY LIVE TWICE (1967)
SHALAKO (1968)
MOLLY MAGUIRES, THE (1969)
RED TENT, THE (1969)
ANDERSON TAPES, THE (1971)
DIAMONDS ARE FOREVER (1971)
OFFENCE, THE (1973)
ZARDOZ (1973)
MURDER ON THE ORIENT EXPRESS (1974)
TERRORISTS, THE (1974)
MAN WHO WOULD BE KING, THE (1975)
WIND AND THE LION, THE (1975)
ROBIN AND MARIAN (1976)
BRIDGE TOO FAR, A (1977)
CUBA (1979)
GREAT TRAIN ROBBERY, THE (1979)
METEOR (1979)
OUTLAND (1981)
TIME BANDITS (1981)
FIVE DAYS, ONE SUMMER (1982)
WRONG IS RIGHT (1982)
NEVER SAY NEVER AGAIN (1983)
SWORD OF THE VALIANT (1984)
HIGHLANDER (1986)
NAME OF THE ROSE, THE (1986)
UNTOUCHABLES, THE (1987)
PRESIDIO, THE (1988)
FAMILY BUSINESS (1989)
INDIANA JONES AND
THE LAST CRUSADE (1989)
HUNT FOR RED OCTOBER (1990)
RUSSIA HOUSE, THE (1990)
HIGHLANDER II : THE QUICKENING (1991)
ROBIN HOOD : PRINCE OF THIEVES (1991)
MEDICINE MAN (1992)
GOOD MAN IN AFRICA, A (1993)
RISING SUN (1993)
FIRST KNIGHT (1995)
JUST CAUSE (1995)
DRAGONHEART (1996)
ROCK, THE (1996)
AVENGERS, THE (1998)

PLAYING BY HEART (1998)
ENTRAPMENT (1999)
FINDING FORRESTER (2000)
LEAGUE OF EXTRAORDINARY GENTLEMEN (2003)

CONNOLLY, Billy
acteur écossais (1942-)
CROSSING THE LINE (1991)
MRS. BROWN (1997)
STILL CRAZY (1998)
BOONDOCK SAINTS (1999)
EVERLASTING PIECE, AN (2000)
LAST SAMURAI, THE (2003)
TIMELINE (2003)
LEMONY SNICKET'S A SERIES OF UNFORTUNATE EVENTS (2004)

CONSTANTIN, Michel
acteur français (1924-2003)
TROU, LE (1959)
GRANDES GUEULES, LES (1965)
DEUXIÈME SOUFFLE, LE (1966)
CITÉ DE LA VIOLENCE (1970)
DERNIER DOMICILE CONNU (1970)
PART DES LIONS, LA (1971)
CAÏDS, LES (1972)
HOMMES, LES (1972)
SCOUMOUNE, LA (1972)
DEUX HEURES MOINS LE QUART AVANT JÉSUS-CHRIST (1982)
TIR GROUPÉ (1982)
MORFALOUS, LES (1983)

CONSTANTINE, Eddie
acteur américain (1917-1993)
SEPT PÉCHÉS CAPITAUX, LES (1952)
HOMME ET L'ENFANT, L' (1956)
UN SOIR AU MUSIC-HALL (1956)
CLÉO DE 5 À 7 (1962)
ALPHAVILLE (1965)
BEWARE OF A HOLY WHORE (1971)
LONG GOOD FRIDAY, THE (1979)
J'AI BIEN L'HONNEUR (1984)
HELSINKI NAPOLI (1987)
ALLEMAGNE ANNÉE 90, NEUF ZÉRO (1991)
EUROPA (1991)

CONTE, Richard
acteur américain (1910-1975)
PURPLE HEART, THE (1944)
13 RUE MADELEINE (1946)
WALK IN THE SUN, A (1946)
OTHER LOVE, THE (1947)
CALL NORTHSIDE 777 (1948)
HOUSE OF STRANGERS (1949)
WHIRLPOOL (1949)
BLUE GARDENIA, THE (1952)
BIG COMBO, THE (1954)
I'LL CRY TOMORROW (1955)
FULL OF LIFE (1956)
ASSAULT ON A QUEEN (1966)
TONY ROME (1967)
LADY IN CEMENT (1968)
VIOLENT PROFESSIONALS (1973)

CONTI, Tom
acteur écossais (1941-)
FULL CIRCLE (1976)
MERRY CHRISTMAS, MR. LAWRENCE (1982)
WALL, THE (1982)
BEYOND THERAPY (1986)
QUICK AND THE DEAD (1987)
SHIRLEY VALENTINE (1989)
AMÉRIQUE DES AUTRES, L' (1995)

COOK Jr., Elisha
acteur américain (1903-1955)
PHANTOM LADY (1944)
UP IN ARMS (1944)
LONG NIGHT, THE (1947)
LONELY MAN, THE (1957)
PLUNDER ROAD (1957)
EL CONDOR (1970)
SCARECROW (1972)

COOK, Peter
acteur anglais (1937-1995)
ALICE IN WONDERLAND (1966)
WRONG BOX, THE (1966)
BEDAZZLED (1967)
THOSE DARING YOUNG MEN IN THEIR JAUNTY JALOPIES (1969)
YELLOWBEARD (1983)
SUPERGIRL : THE MOVIE (1984)
WHOOPS APOCALYPSE ! (1986)

COOPER, Chris
acteur américain (1951-)
MATEWAN (1987)
RETURN TO LONESOME DOVE (1993)
THIS BOY'S LIFE (1993)
LONE STAR (1995)
ALONE (1997)
BREAST MEN (1997)
GREAT EXPECTATIONS (1998)
HORSE WHISPERER, THE (1998)
OCTOBER SKY (1999)
ME, MYSELF & IRENE (2000)
PATRIOT, THE (2000)
ADAPTATION (2002)
BOURNE IDENTITY, THE (2002)
MY HOUSE IN UMBRIA (2003)
SEABISCUIT (2003)
SILVER CITY (2004)
CAPOTE (2005)
JARHEAD (2005)
SYRIANA (2005)

COOPER, Gary
acteur américain (1901-1961)
WINGS (1927)
VIRGINIAN, THE (1929)
FIGHTING CARAVANS (1930)
MOROCCO (1930)
FAREWELL TO ARMS, A (1932)
TODAY WE LIVE (1933)
NOW AND FOREVER (1934)
LIVES OF A BENGAL LANCER, THE (1935)
WEDDING NIGHT, THE (1935)
DESIRE (1936)
GENERAL DIED AT DAWN, THE (1936)
MR. DEEDS GOES TO TOWN (1936)
PLAINSMAN, THE (1936)
SOULS AT SEA (1937)
ADVENTURES OF MARCO POLO, THE (1938)
BLUEBEARD'S EIGHTH WIFE (1938)
BEAU GESTE (1939)
REAL GLORY, THE (1939)
WESTERNER, THE (1940)
MEET JOHN DOE (1941)
SERGEANT YORK (1941)
BALL OF FIRE (1942)
PRIDE OF THE YANKEES, THE (1942)
STORY OF DR. WASSELL, THE (1944)
ALONG CAME JONES (1945)
CLOAK AND DAGGER (1946)
FOR WHOM THE BELL TOLLS (1947)
UNCONQUERED (1947)
GOOD SAM (1948)
FOUNTAINHEAD, THE (1949)
DALLAS (1950)
DISTANT DRUMS (1951)
YOU'RE IN THE NAVY NOW (1951)
HIGH NOON (1952)
SPRINGFIELD RIFLE (1952)
BLOWING WILD (1953)
RETURN TO PARADISE (1953)
VERA CRUZ (1953)
COURT-MARTIAL OF BILLY MITCHELL, THE (1955)
FRIENDLY PERSUASION (1956)
LOVE IN THE AFTERNOON (1956)
MAN OF THE WEST (1958)
THEY CAME TO CORDURA (1959)
WRECK OF THE MARY DEARE, THE (1959)

CORBETT, John
acteur américain (1961-)
DON'T LOOK BACK (1996)
WEDDING BELL BLUES (1996)
DINNER RUSH (2000)
SEX AND THE CITY (SEASON III) (2000)
SERENDIPITY (2001)
BIG FAT GREEK WEDDING, MY (2002)
RAISING HELEN (2004)
BIGGER THAN THE SKY (2005)
DREAMLAND (2006)

COREY, Jeff
acteur américain (1914-)
BRUTE FORCE (1947)
BAGDAD (1949)
FOLLOW ME QUIETLY (1949)
RAWHIDE (1951)
SUPERMAN AND THE MOLE MEN (1951)
BALCONY, THE (1963)
SECONDS (1966)
CATLOW (1971)
CURSE OF THE BLACK WIDOW, THE (1977)

COREY, Wendell
acteur américain (1914-1968)
SORRY, WRONG NUMBER (1948)
ANY NUMBER CAN PLAY (1949)
HOLIDAY AFFAIR (1949)
HARRIET CRAIG (1950)
RICH, YOUNG AND PRETTY (1951)
REAR WINDOW (1954)
BIG KNIFE, THE (1955)
LIGHT IN THE FOREST, THE (1958)
ALIAS JESSE JAMES (1959)
ASTRO ZOMBIES (1967)

CORNILLAC, Clovis
acteur français (1967-)
HORS-LA-LOI (1985)
KARNAVAL (1998)
MALEFIQUE (2002)
À LA PETITE SEMAINE (2003)
FEMME DE GILLES, LA (2004)
MALABAR PRINCESS (2004)
MENSONGES ET TRAHISONS ET PLUS SI AFFINITÉS (2004)
BRICE DE NICE (2005)
CHEVALIERS DU CIEL, LES (2005)
CACTUS, LE (2005)
BRIGADES DU TIGRE, LES (2006)

CORRI, Adrienne
actrice anglaise (1933-)
RIVER, THE (1951)
DEVIL GIRL FROM MARS (1954)
SWORD OF LANCELOT, THE (1963)
STUDY IN TERROR, A (1965)
VIKING QUEEN, THE (1966)
MADHOUSE (1974)
ROSEBUD (1974)

CORT, Bud
acteur américain (1948-)
BREWSTER McCLOUD (1970)
GAS-S-S-S (1970)
TRAVELLING EXECUTIONER, THE (1970)
HAROLD AND MAUDE (1971)
SECRET DIARY OF SIGMUND FREUD, THE (1984)
LOVE AT STAKE (1988)
BRAIN DEAD (1990)
AND THE BAND PLAYED ON (1993)
BUT I'M A CHEERLEADER (1999)
DOGMA (1999)
MILLION DOLLAR HOTEL (2000)
POLLOCK (2000)
BIG EMPTY, THE (2003)

CORTESE, Valentina
actrice italienne (1925-)
MALAYA (1948)
HOUSE ON TELEGRAPH HILL (1951)
FEMMES ENTRE ELLES (1955)
FILLE QUI EN SAVAIT TROP, LA (1962)
JULIETTE DES ESPRITS (1965)
ASSASSINATION OF TROTSKY, THE (1972)
FRANÇOIS ET LE CHEMIN DU SOLEIL (1972)
NUIT AMÉRICAINE, LA (1973)

COSBY, Bill
acteur américain (1937-)
I SPY, MAN AND BOY (1972)
UPTOWN SATURDAY NIGHT (1974)
LET'S DO IT AGAIN (1975)
MOTHER, JUGS & SPEED (1976)
TOP SECRET (1978)
BILL COSBY : HIMSELF (1983)
JACK (1996)

COSTELLO, Lou
acteur américain (1906-1959)
ONE NIGHT IN THE TROPICS (1940)
BUCK PRIVATES (1941)
HOLD THAT GHOST (1941)
IN THE NAVY (1941)
KEEP'EM FLYING (1941)
PARDON MY SARONG (1942)
RIDE'EM COWBOY (1942)
HIT THE ICE (1943)
LOST IN A HAREM (1944)
ABBOTT & COSTELLO IN HOLLYWOOD (1945)
NAUGHTY NINETIES, THE (1945)
LITTLE GIANT (1946)
TIME OF THEIR LIVES, THE (1946)
ABBOTT & COSTELLO MEET FRANKENSTEIN (1948)
MEXICAN HAYRIDE (1948)
NOOSE HANGS HIGH, THE (1948)
WISTFUL WIDOW OF WAGON GAP, THE (1948)
AFRICA SCREAMS (1949)
ABBOTT & COSTELLO IN THE FOREIGN LEGION (1950)
ABBOTT & COSTELLO MEET THE INVISIBLE MAN (1951)
JACK AND THE BEANSTALK (1952)
ABBOTT & COSTELLO GO TO MARS (1953)
ABBOTT & COSTELLO MEET DR. JEKYLL AND MR. HYDE (1953)
ABBOTT & COSTELLO MEET THE KEYSTONE KOPS (1955)
ABBOTT & COSTELLO MEET THE MUMMY (1955)
DANCE WITH ME HENRY (1956)
30 FOOT BRIDE OF CANDY ROCK, THE (1959)
BEST OF ABBOTT & COSTELLO I (2003)
BEST OF BUD ABBOTT & LOU COSTELLO II (2004)

COSTNER, Kevin
acteur américain (1955-)
FRANCES (1982)
NIGHT SHIFT (1982)
TESTAMENT (1983)
FANDANGO (1984)
AMERICAN FLYERS (1985)
SILVERADO (1985)
NO WAY OUT (1987)
UNTOUCHABLES, THE (1987)
BULL DURHAM (1988)
FIELD OF DREAMS (1989)
GUNRUNNER, THE (1989)
REVENGE (1989)
DANCES WITH WOLVES (1990)
JFK (1991)
MADONNA : TRUTH OR DARE (1991)
ROBIN HOOD : PRINCE OF THIEVES (1991)
BODYGUARD, THE (1992)
PERFECT WORLD, A (1993)
WAR, THE (1994)
WYATT EARP (1994)
WATERWORLD (1995)
TIN CUP (1996)
POSTMAN, THE (1997)
FOR LOVE OF THE GAME (1999)
MESSAGE IN A BOTTLE (1999)
THIRTEEN DAYS (2000)
3000 MILES TO GRACELAND (2001)
DRAGONFLY (2002)
OPEN RANGE (2003)
RUMOR HAS IT ... (2005)
UPSIDE OF ANGER, THE (2005)

CÔTE, Laurence
actrice française (1966-)
BANDE DES QUATRE, LA (1988)
AU PETIT MARGUERY (1995)
HAUT BAS FRAGILE (1995)
ENCORE (1996)
VOLEURS, LES (1996)
JE RÈGLE MON PAS SUR LE PAS DE MON PÈRE (1998)
NOS ENFANTS CHÉRIS (2002)

CÔTÉ, Michel
acteur québécois (1950-)
AU CLAIR DE LA LUNE (1982)
T'ES BELLE JEANNE (1988)
CRUISING BAR (1989)
DANS LE VENTRE DU DRAGON (1989)
FILLE DU MAQUIGNON, LA (1990)
MOODY BEACH (1990)
MISS MOSCOU (1991)
VENT DU WYOMING, LE (1994)
ERREUR SUR LA PERSONNE (1995)
LISTE NOIRE (1995)
OMERTA II (1997)
OMERTA 3 : LE DERNIER DES HOMMES D'HONNEUR (1999)
VIE APRÈS L'AMOUR, LA (2000)
SUR LE SEUIL (2003)
DERNIER TUNNEL, LE (2004)
C.R.A.Z.Y. (2005)

COTILLARD, Marion
actrice française (1975-)
HISTOIRE DU GARÇON QUI VOULAIT QU'ON L'EMBRASSE, L' (1993)
BELLE VERTE, LA (1996)
TAXI (1997)
TAXI 2 (2000)
BIG FISH (2003)
JEUX D'ENFANTS (2003)
INNOCENCE (2004)
UN LONG DIMANCHE DE FIANÇAILLES (2004)

COTTEN, Joseph
acteur américain (1905-1994)
CITIZEN KANE (1941)
LYDIA (1941)
MAGNIFICENT AMBERSONS, THE (1941)
SHADOW OF A DOUBT (1942)
JOURNEY INTO FEAR (1943)
GASLIGHT (1944)
LOVE LETTERS (1945)
DUEL IN THE SUN (1947)
FARMER'S DAUGHTER, THE (1947)
I'LL BE SEEING YOU (1947)
PORTRAIT OF JENNIE (1948)
BEYOND THE FOREST (1949)
THIRD MAN, THE (1949)
UNDER CAPRICORN (1949)
SEPTEMBER AFFAIR (1950)
WALK SOFTLY, STRANGER (1951)
OTHELLO (1952)
NIAGARA (1953)
TOUCH OF EVIL (1958)
HUSH... HUSH, SWEET CHARLOTTE (1964)
OSCAR, THE (1965)
PETULIA (1968)
GRASSHOPPER, THE (1970)
TORA ! TORA ! TORA ! (1970)
ABOMINABLE DR. PHIBES, THE (1971)
TORTURE CHAMBER OF BARON BLOOD, THE (1972)
SOYLENT GREEN (1973)
LINDBERGH KIDNAPPING CASE, THE (1976)
SUSSURO NEL BUIO, UN (1976)
AIRPORT '77 (1977)
HEARSE, THE (1980)
HEAVEN'S GATE (1980)

COULOURIS, George
acteur anglais (1903-1989)
LADY IN QUESTION, THE (1940)
WATCH ON THE RHINE (1943)
MASTER RACE, THE (1944)
WHERE THERE IS LIFE (1947)
DOCTOR IN THE HOUSE (1954)
ARABESQUE (1966)
ASSASSINATION BUREAU, THE (1968)
PAPILLON (1973)
ANTICHRIST, THE (1974)
SHOUT AT THE DEVIL (1976)

COURAU, Clotilde
actrice française (1969-)
PETIT CRIMINEL, LE (1990)
ÉLISA (1994)
MARTHE (1997)
EN FACE (1999)
PARENTHÈSE ENCHANTÉE, LA (1999)
PROMENONS-NOUS DANS LES BOIS (1999)
MENTALE, LA (2002)
MON IDOLE (2002)

COURTENAY, Tom
acteur anglais (1937-)
LONELINESS OF THE LONG DISTANCE RUNNER, THE (1962)
BILLY LIAR (1963)
KING & COUNTRY (1964)
KING RAT (1965)
OPERATION CROSSBOW (1965)
ONE DAY IN THE LIFE OF IVAN DENISOVICH (1971)
DRESSER, THE (1983)
LET HIM HAVE IT (1991)
WHATEVER HAPPENED TO HAROLD SMITH (1999)
LAST ORDERS (2001)
NICHOLAS NICKLEBY (2002)

COWAN, Jerome
acteur américain (1897-1972)
VOGUE OF 1938 (1937)
YOU ONLY LIVE ONCE (1937)
GREAT LIE, THE (1941)
JUNGLE CAPTIVE (1944)
DRIFTWOOD (1948)
JUNE BRIDE (1948)
FULLER BRUSH GIRL, THE (1950)
GNOME-MOBILE, THE (1967)

COX, Brian
acteur américain (1946-)
NICHOLAS AND ALEXANDRA (1971)
KING LEAR (TV) (1983)
MANHUNTER (1986)
HIDDEN AGENDA (1990)
LOST LANGUAGE OF CRANES, THE (1991)
ROYAL DECEIT (1994)
BRAVEHEART (1995)
ROB ROY (1995)
CHAIN REACTION (1996)
LONG KISS GOODNIGHT, THE (1996)
BOXER, THE (1997)
KISS THE GIRLS (1997)
DESPERATE MEASURES (1998)
RUSHMORE (1998)
CORRUPTOR, THE (1999)
FOR LOVE OF THE GAME (1999)
MINUS MAN, THE (1999)
NUREMBERG (2000)
AFFAIR OF THE NECKLACE, THE (2001)
L.I.E. (2001)
SUPER TROOPERS (2001)
25th HOUR (2002)
ROOKIE, THE (2002)
X-MEN II (2003)
BOURNE SUPREMACY, THE (2004)
TROY (2004)
MATCH POINT (2005)
RED EYE (2005)

COX, Courteney
actrice américaine (1964-)
MASTERS OF THE UNIVERSE (1987)
MR. DESTINY (1990)
ACE VENTURA : PET DETECTIVE (1993)
FRIENDS (1994-99)
COMMANDMENTS (1996)
SCREAM (1996)
SCREAM II (1997)
SCREAM III (2000)
3000 MILES TO GRACELAND (2001)
NOVEMBER (2004)

COX, Ronny
acteur américain (1938-)
DELIVERANCE (1972)
BOUND FOR GLORY (1976)
BEAST WITHIN, THE (1981)
BEVERLY HILLS COP (1984)
VISION QUEST (1985)
BEVERLY HILLS COP II (1987)
ROBOCOP (1987)
MURDER AT 1600 (1997)
FORCES OF NATURE (1999)

COYOTE, Peter
acteur américain (1942-)
TELL ME A RIDDLE (1980)
PEOPLE VS. JEAN HARRIS (1981)
SOUTHERN COMFORT (1981)
E.T. THE EXTRA-TERRESTRIAL (1982)
ENDANGERED SPECIES (1982)
TIMERIDER (1982)
CROSS CREEK (1983)
SLAYGROUND (1983)
JAGGED EDGE (1985)
HOMME AMOUREUX, UN (1987)
CROOKED HEARTS (1990)
MAN INSIDE, THE (1990)
BITTER MOON (1992)
KIKA (1993)
THAT EYE IN THE SKY (1994)
UNFORGETTABLE (1996)
PATCH ADAMS (1998)
SPHERE (1998)
BASKET, THE (1999)
RANDOM HEARTS (1999)
ERIN BROCKOVICH (2000)
RED LETTERS (2000)
SUDDENLY NAKED (2001)
WALK TO REMEMBER, A (2001)
FEMME FATALE (2002)
NORTHFORK (2002)
BON VOYAGE ! (2003)
HEBREW HAMMER, THE (2003)
GRAND RÔLE, LE (2004)

CRABBE, Buster
acteur américain (1907-1983)
YOU'RE TELLING ME ! (1934)
DESERT GOLD (1936)
DRIFT FENCE (1936)
FLASH GORDON : SPACE SOLDIERS (1936)
FLASH GORDON : SPACESHIP TO THE UNKNOWN (1936)
FLASH GORDON'S TRIP TO MARS (1938)
FLASH GORDON CONQUERS THE UNIVERSE (1940)
LAST OF THE REDMEN (1947)
FLASH GORDON : THE DEADLY RAY FROM MARS (1966)

CRAIG, Daniel
acteur anglais (1968-)
LOVE IS THE DEVIL (1997)
TRENCH, THE (1999)
I DREAMED OF AFRICA (2000)
ROAD TO PERDITION (2002)
MOTHER, THE (2003)
SYLVIA (2003)
ENDURING LOVE (2004)
LAYER CAKE (2004)
JACKET, THE (2005)
MUNICH (2005)

CRAIG, James
acteur américain (1912-1985)
KITTY FOYLE (1940)
DEVIL AND DANIEL WEBSTER, THE (1942)
SEVEN MILES FROM ALCATRAZ (1942)
HUMAN COMEDY, THE (1943)
KISMET (1944)
DRUMS IN THE DEEP SOUTH (1951)
CYCLOPS, THE (1957)

CRAIN, Jeanne
actrice américaine (1925-2003)
STATE FAIR (1945)
LETTER TO THREE WIVES, A (1948)
PINKY (1949)
CHEAPER BY THE DOZEN (1950)
PEOPLE WILL TALK (1951)
BELLES ON THEIR TOES (1952)
VICKI (1953)
MAN WITHOUT A STAR (1955)

CRANHAM, Kenneth
acteur anglais (1944-)
HELLBOUND : HELLRAISER II (1988)
UNDER SUSPICION (1991)
BED OF ROSES (1995)
TENANT OF WILDFELL HALL, THE (1996)
BOXER, THE (1997)
GANGSTER NO.1 (2000)
LAYER CAKE (2004)

CRAUCHET, Paul
acteur français (1920-)
AVENTURIERS, LES (1967)
HO ! (1968)
ANATOMIE D'UN LIVREUR (1971)
FLIC, UN (1972)
AFFAIRE DOMINICI, L' (1973)
PAPILLON SUR L'ÉPAULE, UN (1978)
ÉTÉ APRÈS L'AUTRE, UN (1989)
BELLE VERTE, LA (1996)

CRAWFORD, Broderick
acteur américain (1911-1986)
REAL GLORY, THE (1939)
SEVEN SINNERS (1940)
SLIGHTLY HONORABLE (1940)
WHEN THE DALTONS RODE (1940)
BLACK CAT, THE (1941)
BLACK ANGEL (1946)
ALL THE KING'S MEN (1949)
BORN YESTERDAY (1950)
LONE STAR (1951)
BIDONE, IL (1955)
FASTEST GUN ALIVE, THE (1955)
NOT AS A STRANGER (1955)
BETWEEN HEAVEN AND HELL (1956)
GOLIATH AND THE DRAGON (1961)
OSCAR, THE (1965)
LITTLE ROMANCE, A (1979)
DARK FORCES (1980)

CRAWFORD, Joan
actrice américaine (1904-1977)
TRAMP, TRAMP, TRAMP (1926)
OUR DANCING DAUGHTERS (1928)
OUR MODERN MAIDENS (1929)
DANCE, FOOLS, DANCE (1931)
LAUGHING SINNERS (1931)
POSSESSED (1931)
GRAND HOTEL (1932)
RAIN (1932)
DANCING LADY (1933)
TODAY WE LIVE (1933)
CHAINED (1934)
FORSAKING ALL OTHERS (1934)
SADIE McKEE (1934)
I LIVE MY LIFE (1935)
GORGEOUS HUSSY, THE (1936)
LOVE ON THE RUN (1936)
BRIDE WORE RED, THE (1937)
LAST OF MRS. CHEYNEY, THE (1937)
MANNEQUIN (1938)
SHINING HOUR (1938)
WOMEN, THE (1939)
STRANGE CARGO (1940)
SUSAN AND GOD (1940)
WHEN LADIES MEET (1941)
REUNION IN FRANCE (1942)
THEY ALL KISSED THE BRIDE (1942)
ABOVE SUSPICION (1943)
MILDRED PIERCE (1945)
HUMORESQUE (1946)
POSSESSED (1947)
FLAMINGO ROAD (1949)
DAMNED DON'T CRY, THE (1950)
HARRIET CRAIG (1950)
SUDDEN FEAR (1952)
JOHNNY GUITAR (1954)
QUEEN BEE (1955)
AUTUMN LEAVES (1956)
STORY OF ESTHER COSTELLO, THE (1957)

BEST OF EVERYTHING, THE (1959)
WHAT EVER HAPPENED TO BABY JANE ? (1962)
CARETAKERS, THE (1963)
FATAL CONFINEMENT (1964)
STRAIT-JACKET (1964)
BERSERK ! (1967)
TROG (1970)

CREHAN, Joseph
acteur américain (1883-1966)
KID GALAHAD (1937)
BABES IN ARMS (1939)
LIFE BEGINS FOR ANDY HARDY (1940)
STREET CORNER / BECAUSE OF EVE (1943)
CHARLIE CHAN : MEETING
AT MIDNIGHT (1944)
PHANTOM LADY (1944)
MAGNIFICENT DOLL (1946)
BRUTE MAN, THE (1947)
STREET CORNER (1948)

CRÉMER, Bruno
acteur français (1929-)
317e SECTION, LA (1965)
PARIS BRÛLE-T-IL ? (1966)
ANARCHISTES OU LA BANDE
À BONNOT, LES (1969)
CRAN D'ARRÊT (1969)
SANS SOMMATION (1972)
PROTECTEUR, LE (1973)
BON ET LES MÉCHANTS, LE (1975)
ALPAGUEUR, L' (1976)
SORCERER (1977)
HISTOIRE SIMPLE, UNE (1978)
LÉGION SAUTE SUR KOLWEZI, LA (1980)
PUCE ET LE PRIVÉ, LA (1980)
JOSÉPHA (1981)
À COUPS DE CROSSE (1983)
PRIX DU DANGER, LE (1983)
TENUE DE SOIRÉE (1986)
ADIEU, JE T'AIME (1987)
DE BRUIT ET DE FUREUR (1987)
ÎLE, L' (1987)
NOCE BLANCHE (1989)
VAMPIRE AU PARADIS, UN (1991)
TAXI DE NUIT (1993)
SOUS LE SABLE (2000)

CRENNA, Richard
acteur américain (1927-)
WAIT UNTIL DARK (1967)
STAR ! (1968)
MAROONED (1969)
CATLOW (1971)
FLIC, UN (1972)
JONATHAN LIVINGSTON SEAGULL (1973)
BREAKHEART PASS (1975)
FIRST BLOOD (1982)
TABLE FOR FIVE (1983)
FLAMINGO KID, THE (1984)
ON WINGS OF EAGLES (1986)
RAMBO III (1988)
HOT SHOTS ! PART DEUX (1993)
20,000 LEAGUES UNDER THE SEA (1997)
WRONGFULLY ACCUSED (1998)

CREWSON, Wendy
actrice canadienne (1956-)
GETTING MARRIED IN BUFFALO JUMP (1990)
DOCTOR, THE (1991)
GOOD SON, THE (1993)
SANTA CLAUSE, THE (1994)
TO GILLIAN ON HER 37th BIRTHDAY (1996)
AIR FORCE ONE (1997)
BETTER THAN CHOCOLATE (1999)
BICENTENNIAL MAN (1999)
WHAT LIES BENEATH (2000)
SUDDENLY NAKED (2001)
BETWEEN STRANGERS (2002)
PERFECT PIE (2002)
CLEARING, THE (2004)

CRISP, Donald
acteur américain (1880-1974)
BIRTH OF A NATION, THE (1915)
INTOLERANCE (1916)
JOAN THE WOMAN (1917)
BROKEN BLOSSOMS (1919)
DON Q, SON OF ZORRO (1925)
BLACK PIRATE, THE (1926)
LITTLE MINISTER, THE (1934)
MUTINY ON THE BOUNTY (1935)
CHARGE OF THE LIGHT BRIGADE, THE (1936)
MARY OF SCOTLAND (1936)
LIFE OF EMILE ZOLA, THE (1937)
THAT CERTAIN WOMAN (1937)
AMAZING DOCTOR CLITTERHOUSE, THE (1938)
DAWN PATROL, THE (1938)
JEZEBEL (1938)
WUTHERING HEIGHTS (1938)
JUAREZ (1939)
OKLAHOMA KID (1939)
PRIVATE LIVES OF ELIZABETH
AND ESSEX, THE (1939)
BROTHER ORCHID (1940)
CITY FOR CONQUEST (1940)
HOW GREEN WAS MY VALLEY (1940)
KNUTE ROCKNE, ALL AMERICAN (1940)
SEA HAWK, THE (1940)
DR. JEKYLL AND MR. HYDE (1941)
OLD MAID, THE (1941)
FOREVER AND A DAY (1943)
LASSIE COME HOME (1943)
ADVENTURES OF MARK TWAIN, THE (1944)
NATIONAL VELVET (1944)
SON OF LASSIE (1945)
VALLEY OF DECISION, THE (1945)
RAMROD (1946)
UNINVITED, THE (1946)
WHISPERING SMITH (1948)
PRINCE VALIANT (1953)
LONG GRAY LINE, THE (1954)
MAN FROM LARAMIE, THE (1955)
LAST HURRAH, THE (1958)
DOG OF FLANDERS, A (1960)
POLLYANNA (1960)

CROMWELL, James
acteur américain (1940-)
EXPLORERS (1985)
CHINA BEACH (1988)
BABE, THE (1992)
BABE (1995)
PEOPLE vs. LARRY FLYNT, THE (1996)
EDUCATION OF LITTLE TREE, THE (1997)
L.A. CONFIDENTIAL (1997)
BABE : PIG IN THE CITY (1998)
DEEP IMPACT (1998)
GENERAL'S DAUGHTER, THE (1999)
GREEN MILE, THE (1999)
RKO 281 : BATTLE OVER CITIZEN KANE (1999)
SUM OF ALL FEARS, THE (2002)
ANGELS IN AMERICA (2003)
SNOW WALKER, THE (2003)
I, ROBOT (2004)
SALEM'S LOT : THE MINISERIES (2004)
LONGEST YARD, THE (2005)

CRONYN, Hume
acteur canadien (1911-)
PHANTOM OF THE OPERA (1942)
SHADOW OF A DOUBT (1942)
LIFEBOAT (1943)
SEVENTH CROSS, THE (1944)
POSTMAN ALWAYS RINGS TWICE, THE (1946)
ZIEGFELD FOLLIES (1946)
BRUTE FORCE (1947)
PEOPLE WILL TALK (1951)
SUNRISE AT CAMPOBELLO (1960)
CLEOPATRA (1963)
ARRANGEMENT, THE (1969)
THERE WAS A CROOKED MAN (1970)
CONRACK (1974)
PARALLAX VIEW, THE (1974)
ROLLOVER (1981)
IMPULSE (1984)
COCOON (1985)
BATTERIES NOT INCLUDED (1987)
FOXFIRE (1987)
CAMILLA (1993)
PELICAN BRIEF, THE (1993)
12 ANGRY MEN (1997)
ALONE (1997)

CROSBY, Bing
acteur américain (1904-1977)
KING OF JAZZ (1930)
WE'RE NOT DRESSING (1934)
PENNIES FROM HEAVEN (1936)
RHYTHM ON THE RANGE (1936)
WAIKIKI WEDDING (1937)
RHYTHM ON THE RIVER (1940)
ROAD TO SINGAPORE (1940)
BIRTH OF THE BLUES (1941)
ROAD TO ZANZIBAR (1941)
HOLIDAY INN (1942)
MY FAVORITE BLONDE (1942)
ROAD TO MOROCCO (1942)
STAR SPANGLED RHYTHM (1942)
GOING MY WAY (1944)
HERE COME THE WAVES (1944)
BELLS OF ST.MARY'S, THE (1945)
ROAD TO UTOPIA (1945)
BLUE SKIES (1946)
ROAD TO RIO (1947)
EMPEROR WALTZ, THE (1948)
MONSIEUR BEAUCAIRE (1948)
CONNECTICUT YANKEE IN KING
ARTHUR'S COURT, A (1949)
MR. MUSIC (1950)
RIDING HIGH (1950)
HERE COMES THE GROOM (1951)
JUST FOR YOU (1952)
SON OF PALEFACE (1952)
COUNTRY GIRL, THE (1954)
WHITE CHRISTMAS (1954)
HIGH SOCIETY (1955)
LET'S MAKE LOVE (1960)
ROAD TO HONG KONG, THE (1962)
ROBIN AND THE SEVEN HOODS (1964)
THAT'S ENTERTAINMENT (1974)

CROTHERS, Scatman
acteur américain (1910-1986)
ARISTOCATS, THE (1970)
GREAT WHITE HOPE, THE (1970)
DETROIT 9000 (1973)
BLACK BELT JONES (1974)
KOLCHAK NIGHT STALKER
ORIGINAL SERIES (1974)
BRONCO BILLY (1980)
SHINING, THE (1980)

CROUSE, Lindsay
actrice américaine (1948-)
SLAP SHOT (1976)
ICEMAN (1984)
HOUSE OF GAMES (1987)
COMMUNION (1989)

CHANTILLY LACE (1993)
INDIAN IN THE CUPBOARD, THE (1995)
ARRIVAL, THE (1996)
JUROR, THE (1996)
NORMA JEAN AND MARILYN (1996)
PREFONTAINE (1997)
INSIDER, THE (1999)
CHERISH (2001)

CROWE, Russell
acteur néo-zélandais (1964-)
EFFICIENCY EXPERT, THE (1991)
PRISONERS OF THE SUN (1991)
PROOF (1991)
ROMPER STOMPER (1992)
SUM OF US, THE (1994)
QUICK AND THE DEAD, THE (1995)
VIRTUOSITY (1995)
BREAKING UP (1997)
HEAVEN'S BURNING (1997)
L.A. CONFIDENTIAL (1997)
INSIDER, THE (1999)
MYSTERY, ALASKA (1999)
GLADIATOR (2000)
PROOF OF LIFE (2000)
BEAUTIFUL MIND, A (2001)
MASTER AND COMMANDER: THE FAR SIDE OF THE WORLD (2003)
CINDERELLA MAN (2005)

CROZE, Marie-Josée
actrice québécoise (1970-)
FLORIDA, LA (1993)
DES CHIENS DANS LA NEIGE (2000)
MAËLSTROM (2000)
ARARAT (2002)
INVASIONS BARBARES, LES (2003)
NOTHING (2003)
ORDO (2003)
MENSONGES ET TRAHISONS ET PLUS SI AFFINITÉS (2004)
MUNICH (2005)

CRUDUP, Billy
acteur américain (1968-)
GRIND (1997)
INVENTING THE ABBOTTS (1997)
MONUMENT AVE. (1997)
HI-LO COUNTRY, THE (1998)
WITHOUT LIMITS (1998)
JESUS' SON (1999)
WAKING THE DEAD (1999)
ALMOST FAMOUS (2000)
CHARLOTTE GRAY (2001)
WORLD TRAVELER (2001)
BIG FISH (2003)
STAGE BEAUTY (2004)
MISSION: IMPOSSIBLE III (2006)

CRUISE, Tom
acteur américain (1962-)
ENDLESS LOVE (1981)
TAPS (1981)
ALL THE RIGHT MOVES (1983)
OUTSIDERS, THE (1983)
RISKY BUSINESS (1983)
LEGEND (1985)
COLOR OF MONEY, THE (1986)
TOP GUN (1986)
COCKTAIL (1988)
RAIN MAN (1988)
BORN ON THE FOURTH OF JULY (1989)
DAYS OF THUNDER (1990)
FAR AND AWAY (1992)
FEW GOOD MEN, A (1992)
FIRM, THE (1993)
INTERVIEW WITH THE VAMPIRE (1994)
JERRY MAGUIRE (1996)
MISSION: IMPOSSIBLE (1996)
EYES WIDE SHUT (1999)
MAGNOLIA (1999)
MISSION: IMPOSSIBLE II (2000)
VANILLA SKY (2001)
MINORITY REPORT (2002)
LAST SAMURAI, THE (2003)
COLLATERAL (2004)
WAR OF THE WORLDS (2005)
MISSION: IMPOSSIBLE III (2006)

CRUZ, Penélope
actrice espagnole (1974-)
BELLE ÉPOQUE (1992)
JAMBON JAMBON (1992)
MI-FUGUE, MI-RAISIN (1994)
LOVE CAN SERIOUSLY DAMAGE YOUR HEALTH (1996)
DON JUAN (1997)
EN CHAIR ET EN OS (1997)
OUVRE LES YEUX (1997)
GIRL OF YOUR DREAMS, THE (1998)
TALK OF ANGELS (1998)
ALL THE PRETTY HORSES (2000)
WOMAN ON TOP (2000)
BLOW (2001)
CAPTAIN CORELLI'S MANDOLIN (2001)
DON'T TEMPT ME (2001)
VANILLA SKY (2001)
FANFAN LA TULIPE (2003)
GOTHIKA (2003)
MASKED AND ANONYMOUS (2003)
ÉCOUTE-MOI (2004)
HEAD IN THE CLOUDS (2004)
SAHARA (2005)

CRYSTAL, Billy
acteur américain (1947-)
ENOLA GAY: THE MEN (1980)
MISSION, THE (1980)
ATOMIC BOMB, THE (1980)
THIS IS SPINAL TAP (1983)
PRINCESS BRIDE, THE (1987)
THROW MOMMA FROM THE TRAIN (1987)
MEMORIES OF ME (1988)
WHEN HARRY MET SALLY (1989)
CITY SLICKERS (1991)
MR. SATURDAY NIGHT (1992)
CITY SLICKERS II: THE LEGEND OF CURLY'S GOLD (1994)
FORGET PARIS (1995)
DECONSTRUCTING HARRY (1997)
FATHER'S DAY (1997)
MY GIANT (1998)
ANALYZE THIS (1999)
AMERICA'S SWEETHEARTS (2001)
ANALYZE THAT (2002)

CULKIN, Kieran
acteur américain (1982-)
NOWHERE TO RUN (1993)
FATHER OF THE BRIDE 2 (1995)
MIGHTY, THE (1998)
MAGICAL LEGEND OF LEPRECHAUNS, THE (1999)
MUSIC OF THE HEART (1999)
DANGEROUS LIVES OF THE ALTAR BOYS (2002)
IGBY GOES DOWN (2002)

CULKIN, Macaulay
acteur américain (1980-)
ROCKET GIBRALTAR (1988)
SEE YOU IN THE MORNING (1989)
UNCLE BUCK (1989)
HOME ALONE (1990)
JACOB'S LADDER (1990)
MY GIRL (1991)
ONLY THE LONELY (1991)
HOME ALONE 2: LOST IN NEW YORK (1992)
GOOD SON, THE (1993)
GETTING EVEN WITH DAD (1994)
PAGEMASTER, THE (1994)
RICHIE RICH (1994)
PARTY MONSTER (2003)
SAVED! (2004)

CUMMING, Alan
acteur anglais (1965-)
EMMA (1996)
ROMY & MICHELE'S HIGH SCHOOL REUNION (1996)
BUDDY (1997)
TITUS (1999)
GET CARTER (2000)
URBANIA (2000)
ANNIVERSARY PARTY, THE (2001)
SPY KIDS (2001)
REEFER MADNESS - THE MOVIE MUSICAL (2004)
SON OF THE MASK, THE (2005)

CUMMINGS, Robert
acteur américain (1908-1990)
YOU AND ME (1938)
EVERYTHING HAPPENS AT NIGHT (1939)
ONE NIGHT IN THE TROPICS (1940)
DEVIL AND MISS JONES, THE (1941)
IT STARTED WITH EVE (1941)
KINGS ROW (1941)
MOON OVER MIAMI (1941)
SABOTEUR (1942)
LOST MOMENT, THE (1947)
BLACK BOOK, THE (1949)
LET'S LIVE A LITTLE (1949)
LUCKY ME (1953)
DIAL M FOR MURDER (1954)
BEACH PARTY (1963)
WHAT A WAY TO GO! (1964)

CUNY, Alain
acteur français (1908-1994)
VISITEURS DU SOIR, LES (1942)
CHRIST INTERDIT, LE (1950)
NOTRE-DAME DE PARIS (1956)
DOLCE VITA, LA (1960)
FELLINI SATYRICON (1968)
VOIE LACTÉE, LA (1968)
TOUCHE PAS LA FEMME BLANCHE (1973)
EMMANUELLE (1974)
CHANSON DE ROLAND, LA (1977)
CHRIST S'EST ARRÊTÉ À EBOLI, LE (1979)
DÉTECTIVE (1985)
CAMILLE CLAUDEL (1988)
ANNONCE FAITE À MARIE, L' (1991)
RETOUR DE CASANOVA, LE (1992)

CURRIE, Finlay
acteur écossais (1878-1968)
49th PARALLEL, THE (1940)
GREAT EXPECTATIONS (1946)
TREASURE ISLAND (1950)
PEOPLE WILL TALK (1951)
QUO VADIS? (1951)
IVANHOE (1952)
BEAU BRUMMELL (1954)
ABANDON SHIP! (1956)
AROUND THE WORLD IN 80 DAYS (1956)
SAINT JOAN (1956)
CAMPBELL'S KINGDOM (1957)
BEN-HUR (1959)
SOLOMON AND SHEBA (1959)

ADVENTURES OF
HUCKLEBERRY FINN, THE (1960)
FRANCIS OF ASSISI (1961)
BILLY LIAR (1963)
FALL OF THE ROMAN EMPIRE, THE (1963)
MURDER AT THE GALLOP (1963)
THREE LIVES OF THOMASINA, THE (1963)

CURRY, Tim
acteur anglais (1946-)
ROCKY HORROR PICTURE SHOW, THE (1975)
SHOUT, THE (1978)
ANNIE (1982)
CLUE (1985)
LEGEND (1985)
WORST WITCH, THE : THE MOVIE (1986)
HUNT FOR RED OCTOBER (1990)
OSCAR (1991)
HOME ALONE 2 : LOST IN NEW YORK (1992)
PASSED AWAY (1992)
NATIONAL LAMPOON'S
LOADED WEAPON 1 (1993)
THREE MUSKETEERS, THE (1993)
SHADOW, THE (1994)
CONGO (1995)
MUPPET TREASURE ISLAND (1995)
TITANIC (1996)
CHARLIE'S ANGELS (2000)
KINSEY (2004)

CURTIS, Tony
acteur américain (1925-)
FRANCIS (1949)
WINCHESTER '73 (1950)
MEET DANNY WILSON (1951)
SON OF ALI BABA (1952)
HOUDINI (1953)
BEACHHEAD (1954)
BLACK SHIELD OF FALWORTH, THE (1954)
TRAPEZE (1955)
SWEET SMELL OF SUCCESS (1956)
DEFIANT ONES, THE (1958)
KINGS GO FORTH (1958)
PERFECT FURLOUGH, THE (1958)
VIKINGS, THE (1958)
OPERATION PETTICOAT (1959)
SOME LIKE IT HOT (1959)
SPARTACUS (1960)
GREAT IMPOSTOR, THE (1961)
40 POUNDS OF TROUBLE (1962)
TARAS BULBA (1962)
CAPTAIN NEWMAN, M.D. (1963)
LIST OF ADRIAN MESSENGER, THE (1963)
PARIS WHEN IT SIZZLES (1963)
GOODBYE CHARLIE (1964)
SEX AND THE SINGLE GIRL (1964)
BOEING BOEING (1965)
GREAT RACE, THE (1965)
NOT WITH MY WIFE, YOU DON'T ! (1966)
DON'T MAKE WAVES (1967)
BOSTON STRANGLER, THE (1968)
THOSE DARING YOUNG MEN
IN THEIR JAUNTY JALOPIES (1969)
SUPPOSE THEY GAVE A WAR
AND NOBODY CAME ? (1970)
PERSUADERS !, THE (SEASON I & II) (1971)
LEPKE (1974)
COUNT OF MONTE CRISTO, THE (1976)
LAST TYCOON, THE (1976)
SEXTETTE (1979)
LITTLE MISS MARKER (1980)
MIRROR CRACK'D, THE (1980)
BRAINWAVES (1983)
INSIGNIFICANCE (1985)
CENTER OF THE WEB (1992)
NAKED IN NEW YORK (1994)

CURZI, Pierre
acteur québécois (1946-)
ON EST LOIN DU SOLEIL (1970)
AMOUR BLESSÉ, L' (1975)
CUISINE ROUGE, LA (1979)
FANTASTICA (1980)
FLEURS SAUVAGES, LES (1981)
PLOUFFE, LES (1981)
YEUX ROUGES, LES (1982)
LUCIEN BROUILLARD (1983)
MARIA CHAPDELAINE (1983)
CRIME D'OVIDE PLOUFFE, LE (1984)
JOUR « S... », LE (1984)
DÉCLIN DE L'EMPIRE AMÉRICAIN, LE (1986)
POUVOIR INTIME (1986)
T'ES BELLE JEANNE (1988)
DANS LE VENTRE DU DRAGON (1989)
C'ÉTAIT LE 12 DU 12 ET
CHILI AVAIT LES BLUES (1993)
CRI DE LA NUIT, LE (1995)
MATRONI ET MOI (1999)
INVASIONS BARBARES, LES (2003)
LITTORAL (2004)
PENSION DES ÉTRANGES, LA (2004)

CUSACK, Cyril
acteur anglais (1910-1993)
ODD MAN OUT (1946)
ELUSIVE PIMPERNEL, THE (1949)
SHAKE HANDS WITH THE DEVIL (1959)
WALTZ OF THE TOREADORS (1962)
SPY WHO CAME IN
FROM THE COLD, THE (1965)
FAHRENHEIT 451 (1966)
TAMING OF THE SHREW, THE (1966)
KING LEAR (1970)
HAROLD AND MAUDE (1971)
SACCO & VANZETTI (1971)
DAY OF THE JACKAL, THE (1973)
MISERABLES, LES (1978)
LOVESPELL (1979)
TRUE CONFESSIONS (1981)
WAGNER (1983)
1984 (1984)
LITTLE DORRIT : LITTLE
DORRIT'S STORY (1988)
LITTLE DORRIT :
NOBODY'S FAULT (1988)
MY LEFT FOOT (1989)
FOOL, THE (1990)
FAR AND AWAY (1992)

CUSACK, Joan
actrice américaine (1962-)
CLASS (1983)
BROADCAST NEWS (1987)
MARRIED TO THE MOB (1988)
WORKING GIRL (1988)
MEN DON'T LEAVE (1989)
MY BLUE HEAVEN (1990)
HERO (1992)
TOYS (1992)
CORRINA, CORRINA (1994)
NINE MONTHS (1995)
MR. WRONG (1996)
GROSSE POINT BLANK (1997)
IN & OUT (1997)
ARLINGTON ROAD (1999)
CRADLE WILL ROCK (1999)
RUNAWAY BRIDE (1999)
LOONEY TUNES :
BACK IN ACTION (2003)
SCHOOL OF ROCK (2003)
RAISING HELEN (2004)
ICE PRINCESS (2005)
FRIENDS WITH MONEY (2006)

CUSACK, John
acteur américain (1966-)
CLASS (1983)
BETTER OFF DEAD (1985)
JOURNEY OF NATTY GANN, THE (1985)
SURE THING, THE (1985)
ONE CRAZY SUMMER (1986)
STAND BY ME (1986)
BROADCAST NEWS (1987)
HOT PURSUIT (1987)
EIGHT MEN OUT (1988)
TAPEHEADS (1988)
FAT MAN AND LITTLE BOY (1989)
GRIFTERS, THE (1990)
SHADOWS AND FOG (1991)
TRUE COLORS (1991)
BOB ROBERTS (1992)
MAP OF THE HUMAN HEART (1992)
PLAYER, THE (1992)
FLOUNDERING (1993)
BULLETS OVER BROADWAY (1994)
ROAD TO WELLVILLE, THE (1994)
CITY HALL (1995)
CON AIR (1997)
GROSSE POINT BLANK (1997)
MIDNIGHT IN THE GARDEN
OF GOOD AND EVIL (1997)
THIN RED LINE, THE (1998)
BEING JOHN MALKOVICH (1999)
CRADLE WILL ROCK (1999)
PUSHING TIN (1999)
HIGH FIDELITY (2000)
AMERICA'S SWEETHEARTS (2001)
SERENDIPITY (2001)
MAX (2002)
IDENTITY (2003)
RUNAWAY JURY (2003)
ICE HARVEST, THE (2005)
MUST LOVE DOGS (2005)

CUSACK, Sinead
actrice irlandaise (1948-)
HOFFMAN (1969)
BAD BEHAVIOUR (1992)
CEMENT GARDEN, THE (1992)
WATERLAND (1992)
UNCOVERED (1994)
STEALING BEAUTY (1996)
PASSION OF MIND (2000)
I CAPTURE THE CASTLE (2003)
NORTH & SOUTH (2004)
V FOR VENDETTA (2005)

CUSHING, Peter
acteur anglais (1913-1994)
HAMLET (1948)
MOULIN ROUGE (1952)
END OF THE AFFAIR, THE (1954)
ALEXANDER THE GREAT (1956)
TIME WITHOUT PITY (1956)
ABOMINABLE SNOWMAN, THE (1957)
CURSE OF FRANKENSTEIN, THE (1957)
HORROR OF DRACULA (1958)
REVENGE OF FRANKENSTEIN, THE (1958)
FLESH AND THE FIENDS, THE (1959)
HOUND OF THE BASKERVILLES, THE (1959)
MUMMY, THE (1959)
BRIDES OF DRACULA, THE (1960)
EVIL OF FRANKENSTEIN, THE (1964)
GORGON, THE (1964)
DOCTOR WHO (1965)
DR. TERROR'S HOUSE OF HORRORS (1965)
SKULL, THE (1965)
ISLAND OF TERROR (1966)
BLOOD BEAST TERROR, THE (1967)
FRANKENSTEIN CREATED WOMAN (1967)

TORTURE GARDEN (1967)
SCREAM AND SCREAM AGAIN (1969)
FRANKENSTEIN MUST BE DESTROYED ! (1970)
HOUSE THAT DRIPPED BLOOD (1970)
I, MONSTER (1970)
ASYLUM (1972)
CREEPING FLESH, THE (1972)
DR. PHIBES RISES AGAIN (1972)
DRACULA A.D. 1972 (1972)
FEAR IN THE NIGHT (1972)
HORROR EXPRESS (1972)
TALES FROM THE CRYPT (1972)
AND NOW THE SCREAMING STARTS (1973)
FRANKENSTEIN AND THE MONSTER FROM HELL (1973)
FROM BEYOND THE GRAVE (1973)
SATANIC RITES OF DRACULA (1973)
BEAST MUST DIE, THE (1974)
GRANDE TROUILLE, LA (1974)
MADHOUSE (1974)
SHATTER (1974)
LEGEND OF THE WEREWOLF (1975)
SHOCK WAVES (1975)
AT THE EARTH'S CORE (1976)
STAR WARS (1977)
MONSTER ISLAND (1981)
HOUSE OF THE LONG SHADOWS (1982)
TOP SECRET ! (1984)

CZERNY, Henry
acteur canadien (1959-)
BOYS OF ST. VINCENT, THE (1992)
BURIED ON SUNDAY (1993)
WHEN NIGHT IS FALLING (1995)
KAYLA (1997)
GIRL NEXT DOOR, THE (1998)
EXORCISM OF EMILY ROSE, THE (2005)
PINK PANTHER, THE (2006)

D'ANGELO, Beverly
actrice américaine (1951-)
VEGAS VACATION (1977)
HAIR (1979)
COAL MINER'S DAUGHTER (1980)
HONKY TONK FREEWAY (1981)
BIG TROUBLE (1985)
NATIONAL LAMPOON'S EUROPEAN VACATION (1985)
IN THE MOOD (1987)
NATIONAL LAMPOON'S CHRISTMAS VACATION (1989)
DADDY'S DYIN'... WHO'S GOT THE WILL ? (1990)
MIRACLE, THE (1990)
LONELY HEARTS (1991)
MAN TROUBLE (1992)
EYE FOR AN EYE (1995)
AMERICAN HISTORY X (1998)
ILLUMINATA (1998)
LANSKY (1999)

D'ONOFRIO Vincent
acteur américain (1960-)
MYSTIC PIZZA (1988)
HOUSEHOLD SAINTS (1992)
BEING HUMAN (1994)
FEELING MINNESOTA (1996)
TALES OF EROTICA II (1996)
CLAIRE DOLAN (1998)
CELL, THE (2000)
HAPPY ACCIDENTS (2000)
SALTON SEA, THE (2001)

DAFOE, Willem
acteur américain (1955-)
LOVELESS, THE (1983)
ROADHOUSE 66 (1984)
STREETS OF FIRE (1984)
TO LIVE AND DIE IN L.A. (1985)
PLATOON (1986)
DEAR AMERICA : LETTERS HOME FROM VIETNAM (1987)
LAST TEMPTATION OF CHRIST, THE (1988)
MISSISSIPPI BURNING (1988)
OFF LIMITS (1988)
BORN ON THE FOURTH OF JULY (1989)
TRIUMPH OF THE SPIRIT (1989)
CRY-BABY (1990)
WILD AT HEART (1990)
LIGHT SLEEPER (1991)
BODY OF EVIDENCE (1992)
SI LOIN, SI PROCHE (1992)
WHITE SANDS (1992)
CLEAR AND PRESENT DANGER (1994)
NIGHT AND THE MOMENT, THE (1994)
TOM & VIV (1994)
VICTORY (1995)
ENGLISH PATIENT, THE (1996)
AFFLICTION (1997)
SPEED 2 : CRUISE CONTROL (1997)
LULU ON THE BRIDGE (1998)
NEW ROSE HOTEL (1998)
BOONDOCK SAINTS (1999)
EXISTENZ (1999)
AMERICAN PSYCHO (2000)
ANIMAL FACTORY (2000)
PAVILION OF WOMEN (2000)
EDGES OF THE LORD (2001)
AUTO FOCUS (2002)
SPIDER-MAN (2002)
CLEARING, THE (2004)
CONTROL (2004)
RECKONING, THE (2004)
SPIDER-MAN 2 (2004)
THE LIFE AQUATIC WITH STEVE ZISSOU (2004)
MANDERLAY (2005)
XXX - STATE OF THE UNION (2005)
AMERICAN DREAMZ (2006)
INSIDE MAN (2006)

DAILEY, Dan
acteur américain (1913-1978)
PANAMA HATTIE (1942)
MOTHER WORE TIGHTS (1947)
MY BLUE HEAVEN (1950)
WHAT PRICE GLORY ? (1952)
THERE'S NO BUSINESS LIKE SHOW BUSINESS (1954)
IT'S ALWAYS FAIR WEATHER (1955)
WINGS OF EAGLES, THE (1956)

DAILY, Elizabeth
actrice américaine (1962-)
VALLEY GIRL (1983)
FANDANGO (1984)
NO SMALL AFFAIR (1984)
PEE-WEE'S BIG ADVENTURE (1985)
BAD DREAMS (1988)
DOGFIGHT (1991)
ROUGHNECKS : THE STARSHIP TROOPERS CHRONICLES (1999)
COUNTRY BEARS, THE (2002)

DALIO, Marcel
acteur français (1900-1983)
GRAND AMOUR DE BEETHOVEN, UN (1936)
GRANDE ILLUSION, LA (1937)
PERLES DE LA COURONNE, LES (1937)
RÈGLE DU JEU, LA (1939)
CASABLANCA (1941)
SHANGHAI GESTURE, THE (1941)
JOAN OF PARIS (1942)
ACTION IN ARABIA (1944)
SONG OF BERNADETTE, THE (1944)
TO HAVE AND HAVE NOT (1944)
WILSON (1944)
SNOWS OF KILIMANJARO, THE (1952)
GENTLEMEN PREFER BLONDES (1953)
SABRINA (1954)
LAFAYETTE ESCADRILLE (1957)
PERFECT FURLOUGH, THE (1958)
PILLOW TALK (1959)
CAN-CAN (1960)
CARTOUCHE (1961)
DONOVAN'S REEF (1963)
LIST OF ADRIAN MESSENGER, THE (1963)
LADY L (1965)
HOW TO STEAL A MILLION (1966)
CATCH 22 (1970)
AVENTURES DE RABBI JACOB, LES (1973)
AILE OU LA CUISSE, L' (1976)

DALLE, Béatrice
actrice française (1964-)
37°2 LE MATIN (1986)
BOIS NOIRS, LES (1989)
VENGEANCE D'UNE FEMME, LA (1989)
BELLE HISTOIRE, LA (1991)
NIGHT ON EARTH (1991)
FILLE DE L'AIR, LA (1992)
À LA FOLIE (1994)
J'AI PAS SOMMEIL (1994)
BLACKOUT, THE (1997)
H STORY (2001)
TROUBLE EVERY DAY (2001)
TEMPS DU LOUP, LE (2003)
CLEAN (2004)
INTRUS, L' (2004)

DALLESANDRO, Joe
acteur américain (1949-)
FLESH (1968)
TRASH (1970)
ANDY WARHOL'S FRANKENSTEIN (1973)
ANDY WARHOL'S DRACULA (1974)
PETITE SŒUR DU DIABLE, LA (1978)
COTTON CLUB, THE (1984)
SUNSET (1988)
CRY-BABY (1990)

DALTON, Timothy
acteur anglais (1946-)
LION IN WINTER, THE (1968)
CROMWELL (1970)
WUTHERING HEIGHTS (1970)
MARY, QUEEN OF SCOTS (1971)
AGATHA (1977)
SEXTETTE (1979)
CHANEL SOLITAIRE (1981)
JANE EYRE (1983)
DOCTOR AND THE DEVILS, THE (1985)
BRENDA STARR (1987)
LIVING DAYLIGHTS, THE (1987)
LICENCE TO KILL (1989)
PUTAIN DU ROI, LA (1990)
ROCKETEER, THE (1991)
NAKED IN NEW YORK (1994)
LOONEY TUNES : BACK IN ACTION (2003)

DAMON, Matt
acteur américain (1970-)
SCHOOL TIES (1992)
GERONIMO : AN AMERICAN LEGEND (1993)
GOOD WILL HUNTING (1997)
RAINMAKER,THE (1997)
ROUNDERS (1998)
SAVING PRIVATE RYAN (1998)
DOGMA (1999)
TALENTED MR. RIPLEY, THE (1999)

ALL THE PRETTY HORSES (2000)
TITAN A.E. (2000)
OCEAN'S ELEVEN (2001)
PROJECT GREENLIGHT (2001)
BOURNE IDENTITY, THE (2002)
GERRY (2002)
THIRD WHEEL, THE (2002)
STUCK ON YOU (2003)
BOURNE SUPREMACY, THE (2004)
EUROTRIP (2004)
JERSEY GIRL (2004)
OCEAN'S 12 (2004)
BROTHERS GRIMM (2005)
SYRIANA (2005)

DANCE, Charles
acteur anglais (1946-)
PLENTY (1985)
GOLDEN CHILD, THE (1986)
WHITE MISCHIEF (1987)
PASCALI'S ISLAND (1988)
ALIEN 3 (1992)
LAST ACTION HERO (1993)
CENTURY (1994)
KABLOONAK (1994)
BLOOD ORANGES, THE (1997)
REBECCA (1997)
HILARY AND JACKIE (1998)
DARK BLUE WORLD (2001)
ALI G INDAHOUSE : THE MOVIE (2002)
BLACK AND WHITE (2002)
PISCINE, LA (2003)
BLEAK HOUSE (2005)

DANES, Claire
actrice américaine (1979-)
LITTLE WOMEN (1994)
TO GILLIAN ON HER 37th BIRTHDAY (1996)
WILLIAM SHAKESPEARE'S
ROMEO & JULIET (1996)
RAINMAKER,THE (1997)
U-TURN (1997)
MISÉRABLES, LES (1998)
BROKEDOWN PALACE (1999)
MOD SQUAD, THE (1999)
IGBY GOES DOWN (2002)
IT'S ALL ABOUT LOVE (2003)
TERMINATOR III : RISE OF
THE MACHINES (2003)
SHOPGIRL (2004)
STAGE BEAUTY (2004)
FAMILY STONE (2005)

DANIELL, Henry
acteur anglais (1894-1963)
CAMILLE (1937)
GREAT DICTATOR, THE (1940)
SHERLOCK HOLMES IN WASHINGTON (1943)
WATCH ON THE RHINE (1943)
BODY SNATCHER, THE (1945)
SONG OF LOVE (1947)
DIANE (1955)

DANIELS, Jeff
acteur américain (1955-)
RAGTIME (1981)
TERMS OF ENDEARMENT (1983)
MARIE (1985)
PURPLE ROSE OF CAIRO, THE (1985)
HEARTBURN (1986)
SOMETHING WILD (1986)
RADIO DAYS (1987)
HOUSE ON CARROLL STREET, THE (1988)
SWEET HEARTS DANCE (1988)
CHECKING OUT (1989)
LOVE HURTS (1989)
ARACHNOPHOBIA (1990)
BUTCHER'S WIFE, THE (1991)
TIMESCAPE (1991)
GETTYSBURG (1993)
DUMB & DUMBER (1994)
SPEED (1994)
101 DALMATIANS (1996)
2 DAYS IN THE VALLEY (1996)
FLY AWAY HOME (1996)
PLEASANTVILLE (1998)
IT'S THE RAGE (1999)
MY FAVORITE MARTIAN (1999)
CHASING SLEEP (2000)
BLOOD WORK (2002)
GODS AND GENERALS (2003)
FIVE PEOPLE YOU MEET
IN HEAVEN, THE (2004)
IMAGINARY HEROES (2004)
BECAUSE OF WINN-DIXIE (2005)
GOOD NIGHT, AND GOOD LUCK (2005)
SQUID AND THE WHALE, THE (2005)

DANNER, Blythe
actrice américaine (1943-)
TO KILL A CLOWN (1971)
SCARECROW (1972)
LOVIN' MOLLY (1973)
ECCENTRICITIES OF
A NIGHTINGALE, THE (1976)
GREAT SANTINI, THE (1979)
BRIGHTON BEACH MEMOIRS (1986)
ANOTHER WOMAN (1988)
PRINCE OF TIDES, THE (1991)
MYTH OF THE FINGERPRINTS, THE (1996)
MAD CITY (1997)
NO LOOKING BACK (1998)
FORCES OF NATURE (1999)
INVISIBLE CIRCUS, THE (2000)
MEET THE PARENTS (2000)
SYLVIA (2003)
MEET THE FOCKERS (2004)

DANSON, Ted
acteur américain (1947-)
ONION FIELD, THE (1979)
BODY HEAT (1981)
CHEERS (SEASONS I, II, III) (1982)
CREEPSHOW (1982)
LITTLE TREASURE (1984)
JUST BETWEEN FRIENDS (1986)
THREE MEN AND A BABY (1987)
COUSINS (1989)
DAD (1989)
THREE MEN AND A LITTLE LADY (1990)
MADE IN AMERICA (1993)
GETTING EVEN WITH DAD (1994)
PONTIAC MOON (1994)
GULLIVER'S TRAVELS (1995)
OUR FATHERS (2005)

DARC, Mireille
actrice française (1938-)
BRIDE SUR LE COU, LA (1960)
CHASSE À L'HOMME, LA (1964)
À BELLES DENTS (1966)
WEEK-END (1967)
THOSE DARING YOUNG MEN
IN THEIR JAUNTY JALOPIES (1969)
BORSALINO (1970)
FANTASIA CHEZ LES PLOUCS (1970)
GRAND BLOND AVEC
UNE CHAUSSURE NOIRE, LE (1972)
BORSALINO AND Co. (1974)
RETOUR DU GRAND BLOND, LE (1974)
SEINS DE GLACE, LES (1974)
ORDINATEUR DES POMPES
FUNÈBRES, L' (1976)
HOMME PRESSÉ, L' (1977)
MORT D'UN POURRI (1977)
POUR LA PEAU D'UN FLIC (1981)
SI ELLE DIT OUI... JE NE DIS PAS NON ! (1982)
FRANK RIVA (2003)

DARLAN, Eva
actrice française (1948-)
ILS SONT GRANDS, CES PETITS (1979)
AFFAIRE D'HOMMES, UNE (1981)
TRAVERSÉES (1982)
BANZAÏ (1983)
PARKING (1985)
SOIGNE TA DROITE ! (1987)
AUJOURD'HUI PEUT-ÊTRE (1990)
JUSTE UNE QUESTION D'AMOUR (1999)
GRANDE ÉCOLE (2004)

DARMON, Gérard
acteur français (1948-)
BARAKA, LA (1982)
37°2 LE MATIN (1986)
GASPARD ET ROBINSON (1990)
AMOUR ET CONFUSIONS (1997)
ASTÉRIX ET OBÉLIX :
MISSION CLÉOPÂTRE (2001)
GOOD THIEF, THE (2002)
CŒUR DES HOMMES, LE (2003)

DARNELL, Linda
actrice américaine (1921-1965)
BRIGHAM YOUNG (1940)
BLOOD AND SAND (1941)
MARK OF ZORRO, THE (1941)
BUFFALO BILL (1944)
IT HAPPENED TOMORROW (1944)
FALLEN ANGEL (1945)
ANNA AND THE KING OF SIAM (1946)
FOREVER AMBER (1947)
LETTER TO THREE WIVES, A (1948)
UNFAITHFULLY YOURS (1948)
NO WAY OUT (1950)

DARRIEUX, Danielle
actrice française (1917-)
MAUVAISE GRAINE (1933)
MAYERLING (1936)
RONDE, LA (1950)
PLAISIR, LE (1951)
RICH, YOUNG AND PRETTY (1951)
5 FINGERS (1952)
MADAME DE ... (1953)
ROUGE ET LE NOIR, LE (1954)
AMANT DE LADY CHATTERLY, L' (1955)
ALEXANDER THE GREAT (1956)
VIE À DEUX, LA (1958)
DIABLE ET LES DIX
COMMANDEMENTS, LE (1962)
DEMOISELLES DE ROCHEFORT, LES (1967)
ANNÉE SAINTE, L' (1976)
LIEU DU CRIME, LE (1985)
BILLE EN TÊTE (1989)
QUELQUES JOURS AVEC MOI (1989)
MILLE ET UNE RECETTES DU CUISINIER
AMOUREUX, LES (1996)
ÇA IRA MIEUX DEMAIN (2000)
8 FEMMES (2001)

DARROUSSIN, Jean-Pierre
acteur français (1953-)
TRANCHES DE VIE (1985)
DIEU VOMIT LES TIÈDES (1989)
ARGENT FAIT LE BONHEUR, L' (1992)
À LA VIE, À LA MORT (1995)
AIR DE FAMILLE, UN (1996)
MARIUS ET JEANNETTE (1996)

ON CONNAÎT LA CHANSON (1997)
À LA PLACE DU CŒUR (1998)
SI JE T'AIME... PRENDS GARDE À TOI (1998)
BÛCHE, LA (1999)
INSÉPARABLES (1999)
À L'ATTAQUE (2000)
ÇA IRA MIEUX DEMAIN (2000)
VILLE EST TRANQUILLE, LA (2000)
15 AOÛT (2001)
C'EST LE BOUQUET (2002)
MARIE-JO ET SES DEUX AMOURS (2002)
CŒUR DES HOMMES, LE (2003)
FEUX ROUGES (2003)
COMBIEN TU M'AIMES ? (2005)

DARWELL, Jane
actrice américaine (1879-1967)
MURDERS IN THE ZOO (1933)
BRIGHT EYES (1934)
ONE NIGHT OF LOVE (1934)
POOR LITTLE RICH GIRL (1936)
LITTLE MISS BROADWAY (1938)
GRAPES OF WRATH, THE (1940)
ALL THROUGH THE NIGHT (1941)
3 GODFATHERS (1949)
BIGAMIST, THE (1953)

DASTÉ, Jean
acteur français (1904-1994)
BOUDU SAUVÉ DES EAUX (1932)
ATALANTE, L' (1934)
CRIME DE MONSIEUR LANGE, LE (1936)
GRANDE ILLUSION, LA (1937)
MURIEL OU LE TEMPS D'UN RETOUR (1962)
ENFANT SAUVAGE, L' (1969)
Z (1969)
HOMME QUI AIMAIT LES FEMMES, L' (1977)
CHAMBRE VERTE, LA (1978)
MOLIÈRE (1978)
MOINE ET LA SORCIÈRE, LE (1986)
NOCE BLANCHE (1989)

DAUPHIN, Claude
acteur français (1903-1978)
PERLES DE LA COURONNE, LES (1937)
CASQUE D'OR (1951)
PLAISIR, LE (1951)
APRIL IN PARIS (1952)
PHANTOM OF THE RUE MORGUE (1954)
QUIET AMERICAN, THE (1957)
ROSEBUD (1974)
VIE DEVANT SOI, LA (1977)
MISERABLES, LES (1978)

DAVENPORT, Nigel
acteur anglais (1928-)
HIGH WIND IN JAMAICA (1965)
MAN FOR ALL SEASONS, A (1966)
LAST VALLEY, THE (1970)
MARY, QUEEN OF SCOTS (1971)
DRACULA (1973)
PICTURE OF DORIAN GRAY, THE (1973)
PHASE IV (1974)
ISLAND OF DR. MOREAU, THE (1977)

DAVID, Keith
acteur américain (1956-)
THEY LIVE (1988)
ALWAYS (1989)
PUPPET MASTERS, THE (1994)
CLOCKERS (1995)
DEAD PRESIDENTS (1995)
ARMAGEDDON (1998)
PITCH BLACK (2000)
WHERE THE HEART IS (2000)
NOVOCAINE (2001)
HOLLYWOOD HOMICIDE (2003)
MR. AND MRS. SMITH (2005)
TRANSPORTER 2, THE (2005)

DAVIDOVICH, Lolita
actrice canadienne (1961-)
CLASS (1983)
BIG TOWN, THE (1987)
BLAZE (1989)
CERCLE DES INTIMES, LE (1991)
OBJECT OF BEAUTY, THE (1991)
LEAP OF FAITH (1992)
RAISING CAIN (1992)
YOUNGER AND YOUNGER (1993)
COBB (1994)
INTERSECTION (1994)
NOW AND THEN (1995)
JUNGLE 2 JUNGLE (1997)
GODS AND MONSTERS (1998)
MYSTERY, ALASKA (1999)
PLAY IT TO THE BONE (1999)
DARK BLUE (2002)
HOLLYWOOD HOMICIDE (2003)

DAVIDTZ, Embeth
actrice américaine (1966-)
SCHINDLER'S LIST (1993)
FEAST OF JULY (1995)
MATILDA (1996)
FALLEN (1997)
GINGERBREAD MAN, THE (1997)
BICENTENNIAL MAN (1999)
MANSFIELD PARK (1999)
HOLE, THE (2001)
EMPEROR'S CLUB, THE (2002)
JUNEBUG (2004)

DAVIES, Jeremy
acteur américain (1969-)
NELL (1994)
SPANKING THE MONKEY (1994)
GOING ALL THE WAY (1996)
LOCUSTS, THE (1997)
RAVENOUS (1999)
MILLION DOLLAR HOTEL (2000)
UP AT THE VILLA (2000)
CQ (2001)
29 PALMS (2002)
SECRETARY (2002)
TEKNOLUST (2002)
HELTER SKELTER (2004)

DAVIS, Bette
actrice américaine (1908-1989)
CABIN IN THE COTTON, THE (1932)
HELL'S HOUSE (1932)
THREE ON A MATCH (1932)
BUREAU OF MISSING PERSONS (1933)
EX-LADY (1933)
FASHIONS OF 1934 (1934)
OF HUMAN BONDAGE (1934)
DANGEROUS (1935)
PETRIFIED FOREST, THE (1935)
SATAN MET A LADY (1936)
KID GALAHAD (1937)
MARKED WOMAN (1937)
THAT CERTAIN WOMAN (1937)
JEZEBEL (1938)
DARK VICTORY (1939)
JUAREZ (1939)
PRIVATE LIVES OF ELIZABETH
AND ESSEX, THE (1939)
SISTERS, THE (1939)
ALL THIS AND HEAVEN TOO (1940)
LETTER, THE (1940)
BRIDE CAME C.O.D., THE (1941)
GREAT LIE, THE (1941)
LITTLE FOXES, THE (1941)
OLD MAID, THE (1941)
IN THIS OUR LIFE (1942)
MAN WHO CAME TO DINNER, THE (1942)
NOW, VOYAGER (1942)
MR. SKEFFINGTON (1943)
OLD ACQUAINTANCE (1943)
WATCH ON THE RHINE (1943)
CORN IS GREEN, THE (1944)
STOLEN LIFE (1947)
JUNE BRIDE (1948)
WINTER MEETING (1948)
BEYOND THE FOREST (1949)
ALL ABOUT EVE (1950)
ANOTHER MAN'S POISON (1951)
PHONE CALL FROM A STRANGER (1952)
STAR, THE (1952)
VIRGIN QUEEN, THE (1954)
CATERED AFFAIR, THE (1955)
JOHN PAUL JONES (1959)
POCKETFUL OF MIRACLES (1961)
WHAT EVER HAPPENED TO BABY JANE ? (1962)
DEAD RINGER (1964)
HUSH... HUSH, SWEET CHARLOTTE (1964)
WHERE LOVE HAS GONE (1964)
NANNY, THE (1965)
ANNIVERSARY, THE (1967)
MADAME SIN (1972)
BURNT OFFERINGS (1976)
DEATH ON THE NILE (1978)
RETURN FROM WITCH MOUNTAIN (1978)
WATCHER IN THE WOODS, THE (1981)
WHALES OF AUGUST, THE (1987)

DAVIS, Geena
actrice américaine (1957-)
TOOTSIE (1982)
TRANSYLVANIA 6-5000 (1985)
FLY, THE (1986)
ACCIDENTAL TOURIST, THE (1988)
BEETLEJUICE (1988)
EARTH GIRLS ARE EASY (1989)
QUICK CHANGE (1990)
THELMA & LOUISE (1991)
HERO (1992)
LEAGUE OF THEIR OWN, A (1992)
ANGIE (1994)
SPEECHLESS (1994)
CUTTHROAT ISLAND (1995)
LONG KISS GOODNIGHT, THE (1996)
STUART LITTLE (1999)
STUART LITTLE 2 (2002)
STUART LITTLE 3 - CALL OF THE WILD (2005)

DAVIS, Hope
actrice américaine (1964-)
DAYTRIPPERS, THE (1996)
MYTH OF THE FINGERPRINTS, THE (1996)
NEXT STOP, WONDERLAND (1997)
ARLINGTON ROAD (1999)
MUMFORD (1999)
JOE GOULD'S SECRET (2000)
HEARTS IN ATLANTIS (2001)
ABOUT SCHMIDT (2002)
AMERICAN SPLENDOR (2003)
SECRET LIVES OF DENTISTS, THE (2003)
DUMA (2005)
MATADOR, THE (2005)
PROOF (2005)
WEATHER MAN, THE (2005)

DAVIS, Judy
actrice australienne (1955-)
MY BRILLIANT CAREER (1979)
HEATWAVE (1981)
WOMAN CALLED GOLDA, A (1982)

PASSAGE TO INDIA, A (1984)
KANGAROO (1986)
HIGH TIDE (1987)
GEORGIA (1988)
ALICE (1990)
IMPROMPTU (1990)
BARTON FINK (1991)
NAKED LUNCH (1991)
ON MY OWN (1991)
WHERE ANGELS FEAR TO TREAD (1991)
HUSBANDS AND WIVES (1992)
NEW AGE, THE (1994)
REF, THE (1994)
SERVING IN SILENCE: THE MARGARETHE CAMMERMEYER STORY (1994)
ABSOLUTE POWER (1996)
BLOOD AND WINE (1996)
CHILDREN OF THE REVOLUTION (1996)
DECONSTRUCTING HARRY (1997)
CELEBRITY (1998)
LIFE WITH JUDY GARLAND: ME & MY SHADOWS (2001)
SWIMMING UPSTREAM (2003)

DAVIS, Ossie
acteur américain (1917-)
NO WAY OUT (1950)
CARDINAL, THE (1963)
HILL, THE (1965)
SCALPHUNTERS, THE (1968)
SAM WHISKEY (1969)
LET'S DO IT AGAIN (1975)
HARRY AND SON (1984)
SCHOOL DAZE (1988)
DO THE RIGHT THING (1989)
JOE VERSUS THE VOLCANO (1990)
JUNGLE FEVER (1991)
MALCOLM X (1992)
GRUMPY OLD MEN (1993)
CLIENT, THE (1994)
STAND, THE (1994)
GET ON THE BUS (1996)
I'M NOT RAPPAPORT (1996)
MISS EVER'S BOYS (1996)
12 ANGRY MEN (1997)
DINOSAUR (2000)
FEAST OF ALL SAINTS (2001)
BUBBA HO-TEP (2002)
BAADASSSSS! (2003)
SHE HATE ME (2004)

DAVISON, Bruce
acteur américain (1946-)
WILLARD (1970)
ULZANA'S RAID (1972)
MOTHER, JUGS & SPEED (1976)
LONGTIME COMPANION (1990)
STEEL & LACE (1990)
SHORT CUTS (1993)
FAR FROM HOME: THE ADVENTURES OF YELLOW DOG (1994)
APT PUPIL (1998)
AT FIRST SIGHT (1998)
PAULIE (1998)
X-MEN (2000)
CRAZY / BEAUTIFUL (2001)
DAHMER (2002)
HIGH CRIMES (2002)
RUNAWAY JURY (2003)
KINGDOM HOSPITAL (2004)

DAWSON, Rosario
actrice américaine (1979-)
KIDS (1995)
HE GOT GAME (1998)
CHELSEA WALLS (2001)
SIDEWALKS OF NEW YORK (2001)
25th HOUR (2002)
ADVENTURES OF PLUTO NASH, THE (2002)
LOVE IN THE TIME OF MONEY (2002)
MEN IN BLACK II (2002)
RUNDOWN, THE (2003)
SHATTERED GLASS (2003)
THIS GIRL'S LIFE (2003)
ALEXANDER (2005)
RENT (2005)
SIN CITY (2005)

DAY, Doris
actrice américaine (1924-)
IT'S A GREAT FEELING (1949)
MY DREAM IS YOURS (1949)
TEA FOR TWO (1950)
WEST POINT STORY, THE (1950)
YOUNG MAN WITH A HORN (1950)
I'LL SEE YOU IN MY DREAMS (1951)
LULLABY OF BROADWAY (1951)
APRIL IN PARIS (1952)
BY THE LIGHT OF THE SILVERY MOON (1952)
CALAMITY JANE (1953)
LUCKY ME (1953)
YOUNG AT HEART (1954)
LOVE ME OR LEAVE ME (1955)
MAN WHO KNEW TOO MUCH, THE (1956)
PAJAMA GAME, THE (1957)
TEACHER'S PET (1957)
TUNNEL OF LOVE (1958)
IT HAPPENED TO JANE (1959)
PILLOW TALK (1959)
MIDNIGHT LACE (1960)
PLEASE DON'T EAT THE DAISIES (1960)
LOVER COME BACK (1961)
BILLY ROSE'S JUMBO (1962)
THAT TOUCH OF MINK (1962)
MOVE OVER, DARLING (1963)
THRILL OF IT ALL, THE (1963)
SEND ME NO FLOWERS (1964)
GLASS BOTTOM BOAT, THE (1966)
WHERE WERE YOU WHEN THE LIGHTS WENT OUT? (1968)
WITH SIX YOU GET EGGROLL (1968)
DORIS DAY SPECIAL (1971)

DAY-LEWIS, Daniel
acteur anglais (1958-)
GANDHI (1982)
HOW MANY MILES TO BABYLON? (1982)
BOUNTY, THE (1983)
MY BEAUTIFUL LAUNDRETTE (1985)
ROOM WITH A VIEW, A (1985)
UNBEARABLE LIGHTNESS OF BEING, THE (1988)
MY LEFT FOOT (1989)
LAST OF THE MOHICANS, THE (1992)
AGE OF INNOCENCE, THE (1993)
IN THE NAME OF THE FATHER (1993)
CRUCIBLE, THE (1996)
BOXER, THE (1997)
GANGS OF NEW YORK (2002)
BALLAD OF JACK AND ROSE, THE (2005)

De BANKOLÉ, Isaach
acteur africain (1957-)
TAXI BOY (1986)
CHOCOLAT (1988)
VANILLE FRAISE (1989)
S'EN FOUT LA MORT (1990)
HEART OF DARKNESS (1993)
KEEPER, THE (1996)
GHOST DOG: THE WAY OF THE SAMURAÏ (1999)

DE CARLO, Yvonne
actrice canadienne (1922-)
BRUTE FORCE (1947)
SONG OF SCHEHERAZADE (1947)
CASBAH (1948)
CRISS CROSS (1949)
TOMAHAWK (1951)
CAPTAIN'S PARADISE, THE (1953)
FORT ALGIERS (1953)
BAND OF ANGELS (1956)
MUNSTERS, THE (SEASON I) (1964)
MUNSTER, GO HOME (1966)
HOSTILE GUNS (1967)
IT SEEMED LIKE A GOOD IDEA AT THE TIME (1974)
OSCAR (1991)

DE FUNÈS, Louis
acteur français (1914-1983)
POISON, LA (1951)
MOUTON À CINQ PATTES, LE (1954)
REINE MARGOT, LA (1954)
COMME UN CHEVEU SUR LA SOUPE (1955)
NI VU, NI CONNU (1958)
TAXI, ROULOTTE ET CORRIDA (1958)
VIE À DEUX, LA (1958)
VENDETTA, LA (1961)
GENTLEMAN D'EPSOM, LE (1962)
CORNIAUD, LE (1964)
FAITES SAUTER LA BANQUE (1964)
FANTÔMAS (1964)
GENDARME DE SAINT-TROPEZ, LE (1964)
FANTÔMAS SE DÉCHAÎNE (1965)
GENDARME À NEW YORK, LE (1965)
GRAND RESTAURANT, LE (1966)
GRANDE VADROUILLE, LA (1966)
FANTÔMAS CONTRE SCOTLAND YARD (1967)
GRANDES VACANCES, LES (1967)
OSCAR (1967)
GENDARME SE MARIE, LE (1968)
PETIT BAIGNEUR, LE (1968)
TATOUÉ, LE (1968)
HIBERNATUS (1969)
GENDARME EN BALADE, LE (1970)
HOMME ORCHESTRE, L' (1970)
FOLIE DES GRANDEURS, LA (1971)
SUR UN ARBRE PERCHÉ (1971)
AVENTURES DE RABBI JACOB, LES (1973)
AILE OU LA CUISSE, L' (1976)
GENDARME ET LES EXTRA-TERRESTRES, LE (1978)
ZIZANIE, LA (1978)
AVARE, L' (1980)
SOUPE AUX CHOUX, LA (1981)

DE HAVILLAND, Olivia
actrice américaine (1916-)
CAPTAIN BLOOD (1934)
ANTHONY ADVERSE (1936)
CHARGE OF THE LIGHT BRIGADE, THE (1936)
ADVENTURES OF ROBIN HOOD, THE (1938)
DODGE CITY (1939)
GONE WITH THE WIND (1939)
SANTA FE TRAIL (1940)
STRAWBERRY BLONDE, THE (1941)
IN THIS OUR LIFE (1942)
THEY DIED WITH THEIR BOOTS ON (1942)
DARK MIRROR, THE (1946)
TO EACH HIS OWN (1947)
SNAKE PIT, THE (1948)
HEIRESS, THE (1949)
NOT AS A STRANGER (1955)
PROUD REBEL, THE (1958)
HUSH... HUSH, SWEET CHARLOTTE (1964)
LADY IN A CAGE (1964)
POPE JOAN (1972)

AIRPORT '77 (1977)
FIFTH MUSKETEER, THE (1979)

DE MEDEIROS, Maria
actrice portugaise (1965-)
MOINE ET LA SORCIÈRE, LE (1986)
LECTRICE, LA (1988)
HENRY & JUNE (1990)
HOMME DE MA VIE, L' (1992)
MACHO (1993)
PULP FICTION (1994)
DES NOUVELLES DU BON DIEU (1995)
1000 MERVEILLES DE L'UNIVERS, LES (1996)
POLYGRAPHE, LE (1996)
BABEL (1998)
CAPITAES DE ABRIL (2000)
STRANDED (2002)
MOI, CÉSAR, 10 ANS 1/2, 1m39 (2003)
MY LIFE WITHOUT ME (2003)
SADDEST MUSIC IN THE WORLD (2003)

DE MORNAY, Rebecca
actrice américaine (1961-)
ONE FROM THE HEART (1982)
RISKY BUSINESS (1983)
RUNAWAY TRAIN (1985)
TRIP TO BOUNTIFUL, THE (1985)
AND GOD CREATED WOMAN (1987)
BY DAWN'S EARLY LIGHT (1990)
BACKDRAFT (1991)
HAND THAT ROCKS THE CRADLE (1992)
GUILTY AS SIN (1993)
THREE MUSKETEERS, THE (1993)
NEVER TALK TO STRANGERS (1995)
STEPHEN KING'S THE SHINING (1997)
IDENTITY (2003)
LORDS OF DOGTOWN (2005)
WEDDING CRASHERS (2005)

DE NIRO, Robert
acteur américain (1943-)
GREETINGS (1968)
WEDDING PARTY, THE (1969)
BLOODY MAMA (1970)
BORN TO WIN (1971)
GANG THAT COULDN'T
SHOOT STRAIGHT, THE (1971)
BANG THE DRUM SLOWLY (1973)
MEAN STREETS (1973)
GODFATHER II, THE (1974)
1900 (1976)
LAST TYCOON, THE (1976)
TAXI DRIVER (1976)
NEW YORK, NEW YORK (1977)
DEER HUNTER, THE (1978)
RAGING BULL (1980)
TRUE CONFESSIONS (1981)
KING OF COMEDY, THE (1982)
FALLING IN LOVE (1984)
ONCE UPON A TIME IN AMERICA (1984)
BRAZIL (1985)
ANGEL HEART (1986)
MISSION, THE (1986)
DEAR AMERICA : LETTERS HOME
FROM VIETNAM (1987)
UNTOUCHABLES, THE (1987)
MIDNIGHT RUN (1988)
JACKNIFE (1989)
STANLEY & IRIS (1989)
WE'RE NO ANGELS (1989)
AWAKENINGS (1990)
GOODFELLAS (1990)
GUILTY BY SUSPICION (1990)
BACKDRAFT (1991)
CAPE FEAR (1991)
MISTRESS (1992)
NIGHT AND THE CITY (1992)
BRONX TALE, A (1993)
MAD DOG AND GLORY (1993)
THIS BOY'S LIFE (1993)
CENT ET UNE NUITS, LES (1994)
MARY SHELLEY'S FRANKENSTEIN (1994)
CASINO (1995)
HEAT (1995)
SLEEPERS (1995)
FAN, THE (1996)
MARVIN'S ROOM (1996)
COP LAND (1997)
JACKIE BROWN (1997)
WAG THE DOG (1997)
GREAT EXPECTATIONS (1998)
RONIN (1998)
ANALYZE THIS (1999)
FLAWLESS (1999)
ADVENTURES OF ROCKY
AND BULWINKLE, THE (2000)
MEET THE PARENTS (2000)
MEN OF HONOR (2000)
15 MINUTES (2001)
SCORE, THE (2001)
ANALYZE THAT (2002)
CITY BY THE SEA (2002)
SHOWTIME (2002)
BRIDGE OF SAN LUIS REY (2004)
GODSEND (2004)
MEET THE FOCKERS (2004)
HIDE AND SEEK (2005)

DE SICA, Vittorio
acteur italien (1902-1974)
AMANTS DE VILLA BORGHESE, LES (1953)
PAIN, AMOUR ET FANTAISIE (1953)
FAREWELL TO ARMS, A (1957)
GENERAL DELLA ROVERE (1959)
MILLIONAIRESS, THE (1960)
WONDERS OF ALADDIN, THE (1961)
AFTER THE FOX (1966)
CAROLINE CHÉRIE (1967)
SHOES OF THE FISHERMAN, THE (1968)
COSA NOSTRA (1971)
ODEUR DES FAUVES, L' (1971)
AFFAIRE MATTEOTTI, L' (1973)
ANDY WARHOL'S DRACULA (1974)
NOUS NOUS SOMMES TANT AIMÉS (1975)

DEE, Ruby
actrice américaine (1924-)
JACKIE ROBINSON STORY, THE (1950)
NO WAY OUT (1950)
VIRGIN ISLAND (1958)
RAISIN IN THE SUN, A (1961)
BALCONY, THE (1963)
INCIDENT, THE (1967)
BUCK AND THE PREACHER (1971)
CAT PEOPLE (1982)
DO THE RIGHT THING (1989)
LOVE AT LARGE (1990)
JUNGLE FEVER (1991)
STAND, THE (1994)
JUST CAUSE (1995)
SIMPLE WISH, A (1997)
FEAST OF ALL SAINTS (2001)

DEE, Sandra
actrice américaine (1942-)
RELUCTANT DEBUTANTE, THE (1958)
SUMMER PLACE, A (1959)
PORTRAIT IN BLACK (1960)
COME SEPTEMBER (1961)
IF A MAN ANSWERS (1962)
THAT FUNNY FEELING (1965)
DUNWICH HORROR, THE (1970)

DEKKER, Albert
acteur américain (1905-1968)
DR. CYCLOPS (1940)
TWO YEARS BEFORE THE MAST (1945)
KILLERS, THE (1946)
CASS TIMBERLANE (1947)
LULU BELLE (1948)
AS YOUNG AS YOU FEEL (1951)
KISS ME DEADLY (1954)
DEATH OF A SALESMAN (1966)

Del RIO, Dolores
actrice mexicaine (1905-1983)
EVANGELINE (1929)
FLYING DOWN TO RIO (1933)
FUGITIVE, THE (1948)
LA MALQUERIDA (1949)
DONA PERFECTA (MISS PERFECT) (1951)
REPORTAJE (1953)
FLAMING STAR (1960)

DEL TORO, Benicio
acteur portoricain (1967-)
CHINA MOON (1991)
CHRISTOPHER COLUMBUS :
THE DISCOVERY (1992)
EXCESS BAGGAGE (1997)
PLEDGE, THE (2000)
SNATCH (2000)
TRAFFIC (2000)
WAY OF THE GUN, THE (2000)
21 GRAMS (2003)
HUNTED, THE (2003)
SIN CITY (2005)

DELMONT, Édouard
acteur français (1893-1955)
CHAPEAU DE PAILLE D'ITALIE, UN (1928)
MARIUS (1931)
FANNY (1932)
ANGÈLE (1934)
TONI (1935)
CÉSAR (1936)
REGAIN (1937)
FEMME DU BOULANGER, LA (1938)
MARSEILLAISE, LA (1938)
QUAI DES BRUMES (1938)
ÉCOLE BUISSONNIÈRE, L' (1948)
MANON DES SOURCES (1952)
RETOUR DE DON CAMILLO, LE (1952)
LETTRES DE MON MOULIN I, LES (1954)

DELON, Alain
acteur français (1935-)
CHEMIN DES ÉCOLIERS, LE (1958)
CHRISTINE (1958)
SOIS BELLE ET TAIS-TOI (1958)
PLEIN SOLEIL (1959)
ROCCO ET SES FRÈRES (1960)
DIABLE ET LES DIX
COMMANDEMENTS, LE (1962)
ECLIPSE, THE (1962)
GUÉPARD, LE (1963)
FÉLINS, LES (1964)
TULIPE NOIRE, LA (1964)
YELLOW ROLLS-ROYCE, THE (1965)
LOST COMMAND (1966)
TEXAS ACROSS THE RIVER (1966)
AVENTURIERS, LES (1967)
DIABOLIQUEMENT VÔTRE (1967)
SAMOURAÏ, LE (1967)
CLAN DES SICILIENS, LE (1968)
GIRL ON A MOTORCYCLE (1968)
HISTOIRES EXTRAORDINAIRES (1968)
PISCINE, LA (1968)
BORSALINO (1970)

CERCLE ROUGE, LE (1970)
DOUCEMENT LES BASSES (1971)
SOLEIL ROUGE (1971)
VEUVE COUDERC, LA (1971)
ASSASSINATION OF TROTSKY, THE (1972)
FLIC, UN (1972)
PROFESSEUR, LE (1972)
SCORPIO (1972)
TRAITEMENT DE CHOC (1972)
DEUX HOMMES DANS LA VILLE (1973)
GRANGES BRÛLÉES, LES (1973)
RACE DES SEIGNEURS, LA (1973)
BORSALINO AND Co. (1974)
SEINS DE GLACE, LES (1974)
FLIC STORY (1975)
GITAN, LE (1975)
ZORRO (1975)
COMME UN BOOMERANG (1976)
MONSIEUR KLEIN (1976)
HOMME PRESSÉ, L' (1977)
MORT D'UN POURRI (1977)
AIRPORT '79 : THE CONCORDE (1979)
TOUBIB, LE (1979)
3 HOMMES À ABATTRE (1980)
POUR LA PEAU D'UN FLIC (1981)
TEHERAN 43 (1981)
BATTANT, LE (1982)
CHOC, LE (1982)
AMOUR DE SWANN, UN (1983)
NOTRE HISTOIRE (1984)
PAROLE DE FLIC (1985)
DANCING MACHINE (1990)
NOUVELLE VAGUE (1990)
CRIME, UN (1992)
RETOUR DE CASANOVA, LE (1992)
CENT ET UNE NUITS, LES (1994)
OURS EN PELUCHE, L' (1994)
JOUR ET LA NUIT, LE (1996)
1 CHANCE SUR 2 (1997)
ACTEURS, LES (1999)
FRANK RIVA (2003)

DELPY, Julie
actrice française (1969-)
DÉTECTIVE (1985)
MAUVAIS SANG (1986)
KING LEAR (1987)
PASSION BÉATRICE, LA (1987)
EUROPA, EUROPA (1990)
VOYAGER (1991)
WARSZAWA, ANNÉE 5703 (1992)
KILLING ZOE (1993)
THREE MUSKETEERS, THE (1993)
TROIS COULEURS - BLANC (1993)
YOUNGER AND YOUNGER (1993)
BEFORE SUNRISE (1995)
1000 MERVEILLES DE L'UNIVERS, LES (1996)
TYKHO MOON (1996)
AMERICAN WEREWOLF IN PARIS (1997)
PASSION OF AYN RAND (1999)
WAKING LIFE (2001)
BEFORE SUNSET (2004)
BROKEN FLOWERS (2005)

DeLUISE, Dom
acteur américain (1933-)
TWELVE CHAIRS, THE (1970)
ADVENTURES OF SHERLOCK HOLMES' SMARTER BROTHER, THE (1975)
FATSO (1980)
SMOKEY AND THE BANDIT 2 (1980)
WHOLLY MOSES ! (1980)
CANNONBALL RUN, THE (1981)
HISTORY OF THE WORLD, PART 1 (1981)
CANNONBALL RUN II, THE (1983)
LOOSE CANNONS (1990)

DEMAREST, William
acteur américain (1892-1983)
ALL THROUGH THE NIGHT (1941)
ONCE UPON A TIME (1944)
JOLSON STORY, THE (1946)
WHISPERING SMITH (1948)
JOLSON SINGS AGAIN (1949)
SORROWFUL JONES (1949)
HERE COME THE GIRLS (1953)

DEMERS, Stéphane
acteur québécois (1966-)
MOITIÉ GAUCHE DU FRIGO, LA (2000)
MUSES ORPHELINES, LES (2000)
ROBINSON CRUSOE (2003)
AUDITION, L' (2005)
DERNIÈRE INCARNATION, LA (2005)
MAMAN LAST CALL (2005)
MISS MÉTÉO (2005)
NEUVAINE, LA (2005)

DEMONGEOT, Mylène
actrice française (1936-)
SORCIÈRES DE SALEM, LES (1956)
BONJOUR TRISTESSE (1957)
SOIS BELLE ET TAIS-TOI (1958)
ENLEVÈMENT DES SABINES, L' (1961)
DON JUANS DE LA CÔTE D'AZUR, LES (1962)
FANTÔMAS (1964)
FANTÔMAS SE DÉCHAÎNE (1965)
FURIA À BAHIA POUR OSS 117 (1965)
FANTÔMAS CONTRE SCOTLAND YARD (1967)
QUELQUES ARPENTS DE NEIGE (1972)
J'AI MON VOYAGE ! (1973)
PAR LE SANG DES AUTRES (1974)
SURPRISE PARTY (1982)
BÂTARD, LE (1983)
RETENEZ-MOI... OU JE FAIS UN MALHEUR (1983)
J'AI BIEN L'HONNEUR (1984)
PAULETTE (1986)
TENUE DE SOIRÉE (1986)

DEMPSEY, Patrick
acteur américain (1966-)
HEAVEN HELP US (1984)
CAN'T BUY ME LOVE (1987)
IN THE MOOD (1987)
SOME GIRLS (1988)
MOBSTERS (1991)
FOR BETTER AND FOR WORSE (1992)
WITH HONORS (1994)
OUTBREAK (1995)
20,000 LEAGUES UNDER THE SEA (1997)
HUGO POOL (1997)
SCREAM III (2000)
SWEET HOME ALABAMA (2002)
IRON JAWED ANGELS (2003)
GREY'S ANATOMY (2004)

DENCH, Judi
actrice anglaise (1934-)
MIDSUMMER NIGHT'S DREAM, A (1968)
LUTHER (1973)
DEAD CERT (1974)
LANGRISHE GO DOWN (1978)
MACBETH (1979)
ROOM WITH A VIEW, A (1985)
WETHERBY (1985)
84 CHARING CROSS ROAD (1986)
HANDFUL OF DUST, A (1988)
HENRY V (1989)
GOLDENEYE (1995)
JACK & SARAH (1995)
MRS. BROWN (1997)
TOMORROW NEVER DIES (1997)
SHAKESPEARE IN LOVE (1998)
TEA WITH MUSSOLINI (1999)
WORLD IS NOT ENOUGH, THE (1999)
IRIS (2001)
DIE ANOTHER DAY (2002)
IMPORTANCE OF BEING EARNEST, THE (2002)
CHRONICLES OF RIDDICK (2004)
LADIES IN LAVENDER (2004)
MRS. HENDERSON PRESENTS (2005)

DENEUVE, Catherine
actrice française (1943-)
PARAPLUIES DE CHERBOURG, LES (1963)
CHASSE À L'HOMME, LA (1964)
REPULSION (1965)
VIE DE CHÂTEAU, LA (1966)
BELLE DE JOUR (1967)
DEMOISELLES DE ROCHEFORT, LES (1967)
MANON 70 (1967)
CHAMADE, LA (1968)
MAYERLING (1968)
APRIL FOOLS, THE (1969)
SIRÈNE DU MISSISSIPPI, LA (1969)
PEAU D'ÂNE (1970)
TRISTANA (1970)
ÇA N'ARRIVE QU'AUX AUTRES (1971)
FLIC, UN (1972)
ÉVÉNEMENT LE PLUS IMPORTANT DEPUIS QUE L'HOMME A MARCHÉ SUR LA LUNE, L' (1973)
TOUCHE PAS LA FEMME BLANCHE (1973)
FEMME AUX BOTTES ROUGES, LA (1974)
GRANDE BOURGEOISE, LA (1974)
HUSTLE (1975)
SAUVAGE, LE (1975)
ARGENT DES AUTRES, L' (1978)
ILS SONT GRANDS, CES PETITS (1979)
DERNIER MÉTRO, LE (1980)
CHOIX DES ARMES, LE (1981)
AFRICAIN, L' (1982)
CHOC, LE (1982)
BON PLAISIR, LE (1983)
FORT SAGANNE (1983)
HUNGER, THE (1983)
LIEU DU CRIME, LE (1985)
POURVU QUE CE SOIT UNE FILLE (1985)
AGENT TROUBLE (1987)
DRÔLE D'ENDROIT POUR UNE RENCONTRE (1988)
FRÉQUENCE MEURTRE (1988)
INDOCHINE (1991)
REINE BLANCHE, LA (1991)
MA SAISON PRÉFÉRÉE (1993)
PARTIE D'ÉCHECS, LA (1993)
CENT ET UNE NUITS, LES (1994)
CONVENT, THE (1995)
VOLEURS, LES (1996)
GÉNÉALOGIES D'UN CRIME (1997)
PLACE VENDÔME (1997)
EST-OUEST (1999)
POLA X (1999)
TEMPS RETROUVÉ, LE (1999)
DANCER IN THE DARK (2000)
8 FEMMES (2001)
JE RENTRE À LA MAISON (2001)
MUSKETEER, THE (2001)
AU PLUS PRÈS DU PARADIS (2002)
LIAISONS DANGEREUSES, LES (2002)
TALKING PICTURE, A (2003)
PRINCESSE MARIE (2004)
ROIS ET REINE (2004)
PALAIS ROYAL ! (2005)
TEMPS QUI CHANGENT, LES (2005)
CONCILE DE PIERRE, LE (2006)

DENHAM, Maurice
acteur anglais (1909-2002)
7th DAWN, THE (1964)
NIGHT CALLER FROM OUTER SPACE (1965)
ALPHABET MURDERS, THE (1966)
COUNTESS DRACULA (1970)
SHOUT AT THE DEVIL (1976)
MR. LOVE (1985)
84 CHARING CROSS ROAD (1986)
SHERLOCK HOLMES: THE LAST VAMPYRE (1992)

DENICOURT, Marianne
actrice française (1966-)
BELLE NOISEUSE, LA (1991)
SENTINELLE, LA (1991)
COMMENT JE ME SUIS DISPUTÉ... (MA VIE SEXUELLE) (1995)
HAUT BAS FRAGILE (1995)
À MORT, LA MORT ! (1998)
LOST SON, THE (1999)
UNE POUR TOUTES (1999)
SADE (2000)
ME WITHOUT YOU (2001)
QUELQU'UN DE BIEN (2002)

DENNEHY, Brian
acteur américain (1939-)
LOOKING FOR MR. GOODBAR (1977)
10 (1979)
LITTLE MISS MARKER (1980)
SKOKIE (1981)
FIRST BLOOD (1982)
SPLIT IMAGE (1982)
GORKY PARK (1983)
NEVER CRY WOLF (1983)
RIVER RAT, THE (1984)
COCOON (1985)
F / X (1985)
SILVERADO (1985)
LEGAL EAGLES (1986)
BELLY OF AN ARCHITECT, THE (1987)
BEST SELLER (1987)
DEAR AMERICA: LETTERS HOME FROM VIETNAM (1987)
COCOON: THE RETURN (1988)
MILES FROM HOME (1988)
RETURN TO SNOWY RIVER (1988)
PRESUMED INNOCENT (1990)
F / X 2 (1991)
MURDER IN THE HEARTLAND (1993)
STARS FELL ON HENRIETTA, THE (1995)
DEAD MAN'S WALK (1996)
STOLEN SUMMER (2002)
ASSAULT ON PRECINCT 13 (2005)
OUR FATHERS (2005)

DENNER, Charles
acteur français (1926-1995)
ASCENSEUR POUR L'ÉCHAFAUD (1957)
VIE À L'ENVERS, LA (1963)
YUL 871 (1966)
MARIÉE ÉTAIT EN NOIR, LA (1967)
Z (1969)
ASSASSINS DE L'ORDRE, LES (1970)
MARIÉS DE L'AN DEUX, LES (1971)
AVENTURE C'EST L'AVENTURE, L' (1972)
DÉFENSE DE SAVOIR (1973)
GASPARDS, LES (1973)
TOUTE UNE VIE (1975)
HOMME QUI AIMAIT LES FEMMES, L' (1977)
ROBERT ET ROBERT (1978)
MILLE MILLIARDS DE DOLLARS (1981)
STELLA (1983)
ANNÉES 80, LES (1985)
GOLDEN EIGHTIES (1985)

DENNING, Richard
acteur américain (1914-1998)
RHYTHM ROMANCE (1939)
HANGMAN'S KNOT (1952)
CREATURE FROM THE BLACK LAGOON (1954)
DAY THE WORLD ENDED, THE (1955)
GIRLS IN PRISON (1955)
AFFAIR TO REMEMBER, AN (1957)
BLACK SCORPION, THE (1957)

DENNIS, Sandy
actrice américaine (1937-1992)
SPLENDOR IN THE GRASS (1961)
SWEET NOVEMBER (1967)
UP THE DOWN STAIRCASE (1967)
OUT-OF-TOWNERS, THE (1969)
THAT COLD DAY IN THE PARK (1969)
GOD TOLD ME TO (1976)
NASTY HABITS (1976)
FOUR SEASONS, THE (1981)
COME BACK TO THE FIVE AND DIME, JIMMY DEAN, JIMMY DEAN (1982)
976-EVIL (1988)
ANOTHER WOMAN (1988)
PARENTS (1989)
INDIAN RUNNER, THE (1990)

DENNY, Reginald
acteur anglais (1891-1967)
MADAM SATAN (1930)
LOST PATROL, THE (1934)
ANNA KARENINA (1935)
BLOCKADE (1938)
EYES IN THE NIGHT (1942)
LOVE LETTERS (1945)
ABBOTT & COSTELLO MEET DR. JEKYLL AND MR. HYDE (1953)
ASSAULT ON A QUEEN (1966)

DEPARDIEU, Gérard
acteur français (1948-)
UN PEU DE SOLEIL DANS L'EAU FROIDE (1971)
SCOUMOUNE, LA (1972)
TUEUR, LE (1972)
AFFAIRE DOMINICI, L' (1973)
DEUX HOMMES DANS LA VILLE (1973)
GASPARDS, LES (1973)
RUDE JOURNÉE POUR LA REINE (1973)
VALSEUSES, LES (1973)
PAS SI MÉCHANT QUE ÇA (1974)
VINCENT, FRANÇOIS, PAUL ET LES AUTRES (1974)
7 MORTS SUR ORDONNANCE (1975)
1900 (1976)
BAROCCO (1976)
MAÎTRESSE (1976)
DITES-LUI QUE JE L'AIME (1977)
PRÉPAREZ VOS MOUCHOIRS (1977)
RÊVE DE SINGE (1977)
BUFFET FROID (1979)
CHIENS, LES (1979)
GRAND EMBOUTEILLAGE, LE (1979)
LOULOU (1979)
DERNIER MÉTRO, LE (1980)
INSPECTEUR LA BAVURE (1980)
MON ONCLE D'AMÉRIQUE (1980)
CHOIX DES ARMES, LE (1981)
FEMME D'À CÔTÉ, LA (1981)
DANTON (1982)
GRAND FRÈRE, LE (1982)
RETOUR DE MARTIN GUERRE, LE (1982)
COMPÈRES, LES (1983)
FORT SAGANNE (1983)
LUNE DANS LE CANIVEAU, LA (1983)
RIVE DROITE, RIVE GAUCHE (1984)
TARTUFFE, LE (1984)
POLICE (1985)
UNE FEMME OU DEUX (1985)
FUGITIFS, LES (1986)
JEAN DE FLORETTE (1986)
TENUE DE SOIRÉE (1986)
SOUS LE SOLEIL DE SATAN (1987)
CAMILLE CLAUDEL (1988)
DRÔLE D'ENDROIT POUR UNE RENCONTRE (1988)
DEUX (1989)
I WANT TO GO HOME ! (1989)
TROP BELLE POUR TOI ! (1989)
CYRANO DE BERGERAC (1990)
GREEN CARD (1990)
URANUS (1990)
MERCI LA VIE (1991)
MON PÈRE, CE HÉROS (1991)
TOUS LES MATINS DU MONDE (1991)
1492 : CONQUEST OF PARADISE (1992)
HÉLAS POUR MOI (1992)
GERMINAL (1993)
ANGES GARDIENS, LES (1994)
CENT ET UNE NUITS, LES (1994)
COLONEL CHABERT, LE (1994)
ÉLISA (1994)
MACHINE, LA (1994)
MY FATHER THE HERO (1994)
PURE FORMALITÉ, UNE (1994)
SECRET AGENT, THE (1995)
BOGUS (1996)
PLUS BEAU MÉTIER DU MONDE, LE (1996)
UNHOOK THE STARS (1997)
XXL (1997)
ASTÉRIX ET OBÉLIX CONTRE CÉSAR (1998)
COMTE DE MONTE CRISTO (1998)
MAN IN THE IRON MASK, THE (1998)
PONT ENTRE DEUX RIVES, UN (1998)
ACTEURS, LES (1999)
BALZAC : LA PASSION D'UNE VIE (1999)
102 DALMATIANS (2000)
MISÉRABLES, LES (2000)
PLACARD, LE (2000)
VATEL (2000)
ASTÉRIX ET OBÉLIX : MISSION CLÉOPÂTRE (2001)
CONCURRENCE DÉLOYALE (2001)
CQ (2001)
VIDOCQ (2001)
AIME TON PÈRE (2002)
BETWEEN STRANGERS (2002)
CITY OF GHOSTS (2002)
I AM DINA (2002)
NAPOLÉON (2002)
BON VOYAGE ! (2003)
CRIME SPREE (2003)
NATHALIE (2003)
PACTE DU SILENCE, LE (2003)
RRRRRRR ! (2003)
TAIS-TOI (2003)
36 QUAI DES ORFÈVRES (2004)
NOUVELLE-FRANCE (2004)
SAN ANTONIO (2004)
BOUDU (2005)
COMBIEN TU M'AIMES ? (2005)
TEMPS QUI CHANGENT, LES (2005)
LAST HOLIDAY (2006)

DEPARDIEU, Guillaume
acteur français (1971-)
RÊVE DE SINGE (1977)
CHÈVRE, LA (1981)
TOUS LES MATINS DU MONDE (1991)
CIBLE ÉMOUVANTE (1993)
APPRENTIS, LES (1995)
MARTHE (1997)
COMME ELLE RESPIRE (1998)

POLA X (1999)
LOVE REINVENTED (2000)
AIME TON PÈRE (2002)
NAPOLÉON (2002)
PEAU D'ANGE (2002)
PHARMACIEN DE GARDE, LE (2002)

DEPARDIEU, Julie
actrice française (1973-)
PEUT-ÊTRE (1999)
AÎNÉ DES FERCHAUX, L' (2001)
DIEU EST GRAND ET
JE SUIS TOUTE PETITE (2001)
BIENVENUE AU GîTE (2002)
PETITE LILI, LA (2003)
PODIUM (2003)
UN FIL À LA PATTE (2004)
UN LONG DIMANCHE
DE FIANÇAILLES (2004)

DEPP, Johnny
acteur américain (1963-)
NIGHTMARE ON ELM STREET, A (1984)
PRIVATE RESORT (1985)
PLATOON (1986)
21 JUMP STREET (SEASON I) (1987)
CRY-BABY (1990)
EDWARD SCISSORHANDS (1990)
ARIZONA DREAM (1991)
BENNY & JOON (1993)
WHAT'S EATING GILBERT GRAPE ? (1993)
ED WOOD (1994)
DEAD MAN (1995)
DON JUAN DeMARCO (1995)
NICK OF TIME (1995)
DONNIE BRASCO (1997)
SOURCE, THE (1998)
ASTRONAUT'S WIFE, THE (1999)
NINTH GATE, THE (1999)
SLEEPY HOLLOW (1999)
BEFORE NIGHT FALLS (2000)
CHOCOLAT (2000)
MAN WHO CRIED, THE (2000)
BLOW (2001)
FROM HELL (2001)
ONCE UPON A TIME IN MEXICO (2003)
PIRATES OF THE CARIBBEAN :
THE CURSE OF THE BLACK PEARL (2003)
FINDING NEVERLAND (2004)
SECRET WINDOW (2004)
CHARLIE AND THE CHOCOLATE FACTORY (2005)
LIBERTINE, THE (2005)
TIM BURTON'S CORPSE BRIDE (2005)

DEQUENNE, Émilie
actrice belge (1981-)
ROSETTA (1999)
PACTE DES LOUPS, LE (2000)
FEMME DE MÉNAGE, UNE (2002)
MARIÉES MAIS PAS TROP (2003)
BRIDGE OF SAN LUIS REY (2004)
ÉQUIPIER, L' (2004)
ÉTATS-UNIS D'ALBERT, LES (2005)

DERN, Bruce
acteur américain (1936-)
HUSH... HUSH, SWEET CHARLOTTE (1964)
MARNIE (1964)
WILD ANGELS, THE (1966)
HANG'EM HIGH (1967)
PSYCH-OUT (1967)
REBEL ROUSERS (1967)
ST. VALENTINE'S DAY MASSACRE, THE (1967)
TRIP, THE (1967)
WATERHOLE #3 (1967)
WILL PENNY (1967)
SUPPORT YOUR LOCAL SHERIFF ! (1969)
THEY SHOOT HORSES, DON'T THEY ? (1969)
BLOODY MAMA (1970)
CYCLE SAVAGES (1970)
COWBOYS, THE (1971)
KING OF MARVIN GARDENS, THE (1972)
SILENT RUNNING (1972)
LAUGHING POLICEMAN, THE (1973)
GREAT GATSBY, THE (1974)
SMILE (1974)
FAMILY PLOT (1975)
POSSE (1975)
BLACK SUNDAY (1976)
FOLIES BOURGEOISES (1976)
COMING HOME (1978)
DRIVER, THE (1978)
TATTOO (1981)
THAT CHAMPIONSHIP SEASON (1982)
BIG TOWN, THE (1987)
1969 (1988)
BURBS, THE (1989)
AFTER DARK MY SWEET (1992)
DIGGSTOWN (1992)
AMELIA EARHART,
THE FINAL FLIGHT (1994)
WILD BILL (1995)
DOWN PERISCOPE (1996)
LAST MAN STANDING (1996)
MULHOLLAND FALLS (1996)
HAUNTING, THE (1999)
ALL THE PRETTY HORSES (2000)
MADISON (2001)
MASKED AND ANONYMOUS (2003)
MILWAUKEE, MINNESOTA (2003)
MONSTER (2003)

DERN, Laura
actrice américaine (1966-)
ALICE DOESN'T LIVE
HERE ANYMORE (1974)
TEACHERS (1984)
MASK (1985)
SMOOTH TALK (1985)
BLUE VELVET (1986)
HAUNTED SUMMER (1988)
FAT MAN AND LITTLE BOY (1989)
WILD AT HEART (1990)
RAMBLING ROSE (1991)
JURASSIC PARK (1993)
PERFECT WORLD, A (1993)
RUBY RIDGE : AN AMERICAN TRAGEDY (1995)
CITIZEN RUTH (1996)
OCTOBER SKY (1999)
DR. T AND THE WOMEN (2000)
DADDY AND THEM (2001)
FOCUS (2001)
I AM SAM (2001)
NOVOCAINE (2001)
SEARCHING FOR DEBRA WINGER (2002)
WE DON'T LIVE HERE ANYMORE (2004)
HAPPY ENDINGS (2005)
PRIZE WINNER OF DEFIANCE OHIO (2005)

DESCAS, Alex
acteur antillais (1958-)
TAXI BOY (1986)
S'EN FOUT LA MORT (1990)
J'AI PAS SOMMEIL (1994)
IRMA VEP (1996)
FIN AOÛT, DÉBUT SEPTEMBRE (1998)
DERNIER HAREM, LE (1999)
LUMUMBA (2000)
TROUBLE EVERY DAY (2001)
COFFEE & CIGARETTES (2003)
TIRESIA (2003)
ÉTATS-UNIS D'ALBERT, LES (2005)

DESCHANEL, Zooey
actrice américaine (1980-)
CELEBRITY MIX, ALMOST FAMOUS (2000)
GOOD GIRL, THE (2001)
ABANDON (2002)
ALL THE REAL GIRLS (2003)
ELF (2003)
EULOGY (2004)
ONCE UPON A MATTRESS (2004)
HITCHHIKER'S GUIDE TO THE GALAXY (2005)
FAILURE TO LUNCH (2006)

DESNY, Ivan
acteur chinois (1922-)
LOLA MONTÈS (1955)
ANASTASIA (1956)
BATAILLE DE SAN SEBASTIAN, LA (1968)
MAYERLING (1968)
MARIAGE DE MARIA BRAUN, LE (1978)
BERLIN ALEXANDERPLATZ (1980)
DÉSENCHANTÉE, LA (1990)
GOOD EVENING, MR. WALLENBERG (1990)
J'EMBRASSE PAS (1991)
VOLEURS, LES (1996)

DETMERS, Maruschka
actrice néerlandaise (1962-)
FAUCON, LE (1983)
PRÉNOM : CARMEN (1983)
PIRATE, LA (1984)
DIABLE AU CORPS, LE (1986)
HANNA'S WAR (1988)
ADRIEN ET VICKY (1989)
DEUX (1989)
BRASIER, LE (1990)
MAMBO KINGS, THE (1992)
ARMEN AND BULIK (1993)
ELLES N'OUBLIENT JAMAIS (1993)
COMME DES ROIS (1997)
REWIND (1997)
JEAN MOULIN : UNE AFFAIRE
FRANÇAISE (2002)

DEVANE, William
acteur américain (1937-)
FAMILY PLOT (1975)
BAD NEWS BEARS
IN BREAKING TRAINING, THE (1977)
ROLLING THUNDER (1977)
HONKY TONK FREEWAY (1981)
TESTAMENT (1983)
HOLLOW MAN (2000)
POOR WHITE TRASH (2000)

DeVITO, Danny
acteur américain (1944-)
ONE FLEW OVER THE CUCKOO'S NEST (1975)
GOIN' SOUTH (1978)
TAXI (SEASON I) (1978)
TERMS OF ENDEARMENT (1983)
JOHNNY DANGEROUSLY (1984)
ROMANCING THE STONE (1984)
JEWEL OF THE NILE, THE (1985)
WISE GUYS (1985)
RUTHLESS PEOPLE (1986)
THROW MOMMA FROM THE TRAIN (1987)
TIN MEN (1987)
TWINS (1988)
WAR OF THE ROSES, THE (1989)
OTHER PEOPLE'S MONEY (1991)
BATMAN RETURNS (1992)
HOFFA (1992)
JACK THE BEAR (1992)
JUNIOR (1994)
RENAISSANCE MAN (1994)
GET SHORTY (1995)

MARS ATTACKS ! (1996)
MATILDA (1996)
L.A. CONFIDENTIAL (1997)
RAINMAKER, THE (1997)
LIVING OUT LOUD (1998)
BIG KAHUNA (1999)
MAN ON THE MOON (1999)
DROWNING MONA (2000)
SCREWED (2000)
HEIST (2001)
WHAT'S THE WORST
THAT COULD HAPPEN ? (2001)
DEATH TO SMOOCHY (2002)
ANYTHING ELSE (2003)
BE COOL (2005)

DEVOS, Emmanuelle
actrice française (1964-)
COMMENT JE ME SUIS DISPUTÉ...
(MA VIE SEXUELLE) (1995)
ARTEMISIA (1997)
PEUT-ÊTRE (1999)
AÏE (2000)
COURS TOUJOURS (2000)
SUR MES LÈVRES (2001)
ADVERSAIRE, L' (2002)
ROIS ET REINE (2004)
DE BATTRE MON CŒUR S'EST ARRÊTÉ (2005)
MOUSTACHE, LA (2005)

DEWAERE, Patrick
acteur français (1947-1982)
VALSEUSES, LES (1973)
ADIEU POULET (1975)
MEILLEURE FAÇON DE MARCHER, LA (1975)
JUGE FAYARD DIT « LE SHÉRIF », LE (1977)
PRÉPAREZ VOS MOUCHOIRS (1977)
GRAND EMBOUTEILLAGE, LE (1979)
PLEIN SUD (1980)
PSY (1980)
BEAU-PÈRE (1981)
MILLE MILLIARDS DE DOLLARS (1981)
PARADIS POUR TOUS (1982)

DEWHURST, Colleen
actrice québécoise (1924-1991)
LAST RUN, THE (1971)
MCQ (1973)
STORY OF JACOB AND JOSEPH, THE (1973)
MOON FOR THE MISBEGOTTEN (1975)
ICE CASTLES (1979)
WHEN A STRANGER CALLS (1979)
FINAL ASSIGNMENT, THE (1980)
BLUE AND THE GRAY, THE (1982)
ALICE IN WONDERLAND (1985)
ANNE OF GREEN GABLES (1985)
SWORD OF GIDEON (1986)
TERMINI STATION (1989)
LANTERN HILL (1990)

DEXTER, Brad
acteur américain (1917-2002)
MACAO (1952)
BETWEEN HEAVEN AND HELL (1956)
LAST TRAIN FROM GUN HILL (1959)
MAGNIFICENT SEVEN, THE (1960)
X-15 (1961)
INVITATION TO A GUNFIGHTER (1964)
JORY (1972)

DIAZ, Cameron
actrice américaine (1972-)
MASK, THE (1994)
LAST SUPPER, THE (1995)
FEELING MINNESOTA (1996)
SHE'S THE ONE (1996)
LIFE LESS ORDINARY, A (1997)
MY BEST FRIEND'S WEDDING (1997)
FEAR AND LOATHING IN LAS VEGAS (1998)
THERE'S SOMETHING ABOUT MARY (1998)
VERY BAD THINGS (1998)
ANY GIVEN SUNDAY (1999)
BEING JOHN MALKOVICH (1999)
CHARLIE'S ANGELS (2000)
INVISIBLE CIRCUS, THE (2000)
THINGS YOU CAN TELL JUST
BY LOOKING AT HER (2000)
VANILLA SKY (2001)
GANGS OF NEW YORK (2002)
SWEETEST THING, THE (2002)
CHARLIE'S ANGELS :
FULL THROTTLE (2003)
IN HER SHOES (2005)

DIAZ, Guillermo
acteur américain (1975-)
PARTY GIRL (1994)
STONEWALL (1995)
FREEWAY (1996)
GIRLS TOWN (1996)
HALF BAKED (1997)
I THINK I DO (1997)
TERMINAL, THE (2004)

DiCAPRIO, Leonardo
acteur américain (1974-)
THIS BOY'S LIFE (1993)
WHAT'S EATING GILBERT GRAPE ? (1993)
BASKETBALL DIARIES, THE (1995)
QUICK AND THE DEAD, THE (1995)
TOTAL ECLIPSE (1995)
MARVIN'S ROOM (1996)
WILLIAM SHAKESPEARE'S
ROMEO & JULIET (1996)
TITANIC (1997)
CELEBRITY (1998)
MAN IN THE IRON MASK, THE (1998)
BEACH, THE (2000)
CATCH ME IF YOU CAN (2002)
GANGS OF NEW YORK (2002)
AVIATOR, THE (2004)

DICKENS, Kim
actrice américaine (1965-)
TRUTH OR CONSEQUENCES N.M. (1997)
ZERO EFFECT (1997)
GREAT EXPECTATIONS (1998)
MERCURY RISING (1998)
GIFT, THE (2000)
HOLLOW MAN (2000)
THINGS BEHIND THE SUN (2001)
HOUSE OF SAND AND FOG, THE (2003)
OUT OF ORDER (2003)

DICKINSON, Angie
actrice américaine (1931-)
CHINA GATE (1956)
RIO BRAVO (1959)
BRAMBLE BUSH, THE (1960)
OCEAN'S 11 (1960)
ROME ADVENTURE (1961)
CAPTAIN NEWMAN, M.D. (1963)
KILLERS, THE (1964)
CHASE, THE (1965)
POINT BLANK (1967)
UN HOMME EST MORT (1972)
BIG BAD MAMA (1974)
CHARLIE CHAN AND THE CURSE
OF THE DRAGON QUEEN (1980)
DRESSED TO KILL (1980)
DEATH HUNT (1981)
EVEN COWGIRLS GET THE BLUES (1994)
SABRINA (1995)
PAY IT FORWARD (2000)
BIG BAD LOVE (2001)

DIETRICH, Marlene
actrice allemande (1901-1992)
RUE SANS JOIE, LA (1925)
ANGE BLEU, L' (1930)
MOROCCO (1930)
DISHONORED (1931)
BLONDE VENUS (1932)
SHANGHAI EXPRESS (1932)
SONG OF SONGS, THE (1933)
SCARLET EMPRESS, THE (1934)
DEVIL IS A WOMAN, THE (1935)
DESIRE (1936)
ANGEL (1937)
KNIGHT WITHOUT ARMOUR (1937)
DESTRY RIDES AGAIN (1939)
SEVEN SINNERS (1940)
FLAME OF NEW ORLEANS, THE (1941)
LADY IS WILLING, THE (1941)
PITTSBURGH (1942)
SPOILERS, THE (1942)
FOLLOW THE BOYS (1944)
KISMET (1944)
GOLDEN EARRINGS (1947)
FOREIGN AFFAIR, A (1948)
STAGE FRIGHT (1950)
NO HIGHWAY IN THE SKY (1951)
RANCHO NOTORIOUS (1952)
KISMET (1955)
WITNESS FOR THE PROSECUTION (1957)
TOUCH OF EVIL (1958)
JUDGMENT AT NUREMBERG (1961)
PARIS WHEN IT SIZZLES (1963)
MARLENE (1983)

DIFFRING, Anton
acteur allemand (1918-1989)
I AM A CAMERA (1955)
CIRCUS OF HORRORS (1960)
HEROES OF TELEMARK, THE (1965)
KRESSIN, OU LE PIGEON MORT
RUE BEETHOVEN (1973)
SHATTER (1974)
OPERATION DAYBREAK (1975)
SWISS CONSPIRACY, THE (1975)

DIGGS, Taye
acteur américain (1972-)
HOW STELLA GOT
HER GROOVE BACK (1998)
BEST MAN, THE (1999)
GO (1999)
HOUSE ON HAUNTED HILL (1999)
EQUILIBRIUM (2001)
JUST A KISS (2001)
BROWN SUGAR (2002)
CHICAGO (2002)
BASIC (2003)
MALIBU'S MOST WANTED (2003)
CAKE (2005)
RENT (2005)

DILLANE, Stephen
acteur anglais (1957-)
TWO IF BY SEA (1995)
DÉJÀ VU (1997)
FIRELIGHT (1997)
WELCOME TO SARAJEVO (1997)
ORDINARY DECENT CRIMINAL (2000)
SPY GAME (2001)
HOURS, THE (2002)
GREATEST GAME EVER PLAYED (2005)
NINE LIVES (2005)

DILLMAN, Bradford
acteur américain (1930-)
FRANCIS OF ASSISI (1961)
BRIDGE AT REMAGEN, THE (1969)
BROTHER JOHN (1971)
99 AND 44 / 100 % DEAD (1974)
BUG (1975)
ENFORCER, THE (1976)
AMSTERDAM KILL, THE (1977)
PIRANHA (1978)
TREASURE OF THE AMAZON (1985)

DILLON, Matt
acteur américain (1964-)
OVER THE EDGE (1979)
MY BODYGUARD (1980)
TEX (1982)
OUTSIDERS, THE (1983)
RUMBLE FISH (1983)
FLAMINGO KID, THE (1984)
TARGET (1985)
BIG TOWN, THE (1987)
DEAR AMERICA : LETTERS HOME FROM VIETNAM (1987)
KANSAS (1988)
BLOODHOUNDS OF BROADWAY (1989)
DRUGSTORE COWBOY (1989)
KISS BEFORE DYING, A (1991)
SINGLES (1992)
MR. WONDERFUL (1993)
SAINT OF FORT WASHINGTON, THE (1993)
FRANKIE STARLIGHT (1995)
TO DIE FOR (1995)
ALBINO ALLIGATOR (1996)
BEAUTIFUL GIRLS (1996)
GRACE OF MY HEART (1996)
IN & OUT (1997)
PITCH (1997)
THERE'S SOMETHING ABOUT MARY (1998)
WILD THINGS (1998)
ONE NIGHT AT McCOOL'S (2001)
CITY OF GHOSTS (2002)
CRASH (2004)
HERBIE : FULLY LOADED (2005)

DILLON, Melinda
actrice américaine (1939-)
BOUND FOR GLORY (1976)
F.I.S.T. (1978)
ABSENCE OF MALICE (1982)
CHRISTMAS STORY, A (1983)
HARRY AND THE HENDERSONS (1987)
SPONTANEOUS COMBUSTION (1989)
PRINCE OF TIDES, THE (1991)
PAINTED HOUSE, A (2003)

DIVINE
acteur américain (1947-1989)
MONDO TRASHO (1969)
MULTIPLE MANIACS (1970)
PINK FLAMINGOS (1972)
FEMALE TROUBLE (1973)
POLYESTER (1981)
LUST IN THE DUST (1984)
TROUBLE IN MIND (1985)
HAIRSPRAY (1988)

DOBTCHEFF, Vernon
acteur français (1934-)
ASSASSINATION BUREAU, THE (1968)
INDIA SONG (1975)
MESSIAH, THE (1978)
CONDORMAN (1981)
TOUTES PEINES CONFONDUES (1992)
DÉJÀ VU (1997)
BEFORE SUNSET (2004)

DOE, John
acteur américain (1954-)
SALVADOR (1985)
SLAM DANCE (1987)
GREAT BALLS OF FIRE ! (1989)
ROAD HOUSE (1989)
WITHOUT YOU I'M NOTHING : SANDRA BERNHARD (1990)
MATTER OF DEGREES, A (1991)
LIQUID DREAMS (1992)
PURE COUNTRY (1992)
WYATT EARP (1994)
GEORGIA (1995)
TOUCH (1996)
FORCES OF NATURE (1999)

DOMBASLE, Arielle
actrice française (1955-)
PERCEVAL LE GALLOIS (1978)
TESS (1979)
FRUITS DE LA PASSION, LES (1980)
BEAU MARIAGE, LE (1981)
BELLE CAPTIVE, LA (1983)
PAULINE À LA PLAGE (1983)
NUIT PORTE-JARRETELLES, LA (1984)
JEUX D'ARTIFICES (1987)
TWISTED OBSESSION (1988)
LOLA ZIPPER (1990)
ARBRE, LE MAIRE ET LA MÉDIATHÈQUE, L' (1993)
CENT ET UNE NUITS, LES (1994)
INDIEN DANS LA VILLE, UN (1994)
MÉCANIQUES CÉLESTES (1994)
TROIS VIES ET UNE SEULE MORT (1995)
JOUR ET LA NUIT, LE (1996)
J'EN SUIS ! (1997)
ENNUI, L' (1998)
TEMPS RETROUVÉ, LE (1999)
AMAZONE (2000)
GAMER (2000)
LIBERTIN, LE (2000)
ALBERT EST MÉCHANT (2003)
COURAGE D'AIMER, LE (2004)

DONLEVY, Brian
acteur américain (1899-1972)
BARBARY COAST (1935)
IN OLD CHICAGO (1938)
ALLEGHENY UPRISING (1939)
DESTRY RIDES AGAIN (1939)
JESSE JAMES (1939)
BRIGHAM YOUNG (1940)
GREAT McGINTY, THE (1940)
UNION PACIFIC (1940)
WHEN THE DALTONS RODE (1940)
BILLY THE KID (1941)
BIRTH OF THE BLUES (1941)
GLASS KEY, THE (1942)
GREAT MAN'S LADY, THE (1942)
WAKE ISLAND (1942)
HANGMEN ALSO DIE (1943)
TWO YEARS BEFORE THE MAST (1945)
CANYON PASSAGE (1946)
KISS OF DEATH (1946)
VIRGINIAN, THE (1946)
SONG OF SCHEHERAZADE (1947)
COMMAND DECISION (1948)
IMPACT (1949)
BIG COMBO, THE (1954)
QUATERMASS XPERIMENT, THE (1955)
QUATERMASS 2 (1957)
COWBOY (1958)
NEVER SO FEW (1959)
ERRAND BOY, THE (1961)
FAT SPY (1965)
HOSTILE GUNS (1967)

DONNADIEU, Bernard-Pierre
acteur français (1949-)
PROFESSIONNEL, LE (1981)
RETOUR DE MARTIN GUERRE, LE (1982)
INDIC, L' (1983)
MORT DE MARIO RICCI, LA (1983)
RUE BARBARE (1983)
FLAGRANT DÉSIR (1985)
FOUS DE BASSAN, LES (1986)
PASSION BÉATRICE, LA (1987)
HOMME QUI VOULAIT SAVOIR, L' (1988)
AGAGUK - SHADOW OF THE WOLF (1992)
BÂTARD DE DIEU, LE (1993)
CABOOSE (1996)

DONOVAN, Martin
acteur américain (1957-)
TRUST (1990)
SIMPLE MEN (1991)
AMATEUR (1994)
NADJA (1994)
FLIRT (1995)
HOLLOW REED (1995)
PORTRAIT OF A LADY, THE (1996)
BOOK OF LIFE, THE (1998)
HEAVEN (1998)
LIVING OUT LOUD (1998)
OPPOSITE OF SEX, THE (1998)
SPANISH FLY (1998)
ONEGIN (1999)
INSOMNIA (2002)
PIPE DREAM (2002)
SAVED ! (2004)
TRAFFIC : THE MINISERIES (2004)

DOOLEY, Paul
acteur américain (1928-)
PERFECT COUPLE, THE (1979)
O.C. AND STIGGS (1984)
LAST RITES (1988)
SHAKES THE CLOWN (1991)
UNDERNEATH, THE (1994)
ANGELS IN THE ENDZONE (1996)
TELLING LIES IN AMERICA (1997)
GUINEVERE (1999)
HAPPY TEXAS (1999)
RUNAWAY BRIDE (1999)
MADISON (2001)
INSOMNIA (2002)

DORFF, Stephen
acteur américain (1973-)
POWER OF ONE, THE (1992)
BACKBEAT (1993)
JUDGMENT NIGHT (1993)
S.F.W. (1994)
RECKLESS (1995)
BLOOD AND WINE (1996)
CITY OF INDUSTRY (1996)
I SHOT ANDY WARHOL (1996)
BLADE (1998)
DEUCES WILD (2002)
FEAR DOT COM (2002)
COLD CREEK MANOR (2003)

DOUGLAS, Illeana
actrice américaine (1965-)
ALIVE (1992)
TO DIE FOR (1995)
GRACE OF MY HEART (1996)
WEDDING BELL BLUES (1996)
PICTURE PERFECT (1997)
WEAPONS OF MASS DISTRACTION (1997)
ACTION - COMPLETE SERIES (1999)
HAPPY TEXAS (1999)
LANSKY (1999)

MESSAGE IN A BOTTLE (1999)
STIR OF ECHOES (1999)
NEXT BEST THING, THE (2000)
GHOST WORLD (2001)
DUMMY (2002)
KISS, THE (2003)

DOUGLAS, Kirk
acteur américain (1916-)
STRANGE LOVE OF MARTHA IVERS (1946)
MOURNING BECOMES ELECTRA (1947)
OUT OF THE PAST (1947)
LETTER TO THREE WIVES, A (1948)
MY DEAR SECRETARY (1948)
CHAMPION (1949)
YOUNG MAN WITH A HORN (1950)
ALONG THE GREAT DIVIDE (1951)
DETECTIVE STORY (1951)
BAD AND THE BEAUTIFUL, THE (1952)
BIG SKY, THE (1952)
BIG TREES, THE (1952)
20,000 LEAGUES UNDER THE SEA (1954)
RACERS, THE (1954)
ULYSSES (1954)
INDIAN FIGHTER, THE (1955)
MAN WITHOUT A STAR (1955)
LUST FOR LIFE (1956)
GUNFIGHT AT THE O.K. CORRAL (1957)
PATHS OF GLORY (1957)
VIKINGS, THE (1958)
LAST TRAIN FROM GUN HILL (1959)
SPARTACUS (1960)
STRANGERS WHEN WE MEET (1960)
TOWN WITHOUT PITY (1961)
LONELY ARE THE BRAVE (1962)
LIST OF ADRIAN MESSENGER, THE (1963)
SEVEN DAYS IN MAY (1963)
HEROES OF TELEMARK, THE (1965)
IN HARM'S WAY (1965)
CAST A GIANT SHADOW (1966)
WAR WAGON, THE (1967)
WAY WEST, THE (1967)
BROTHERHOOD, THE (1968)
ARRANGEMENT, THE (1969)
DOIGTS CROISÉS, LES (1970)
THERE WAS A CROOKED MAN (1970)
LIGHT AT THE EDGE
OF THE WORLD, THE (1971)
POSSE (1975)
VICTORY AT ENTEBBE (1976)
FURY, THE (1978)
HOME MOVIES (1979)
VILLAIN, THE (1979)
VILLAIN, THE (1979)
SATURN 3 (1980)
MAN FROM SNOWY RIVER, THE (1982)
OSCAR (1991)
VERAZ (1991)
IT RUNS IN THE FAMILY (2003)

DOUGLAS, Melvyn
acteur américain (1901-1981)
TONIGHT OR NEVER (1931)
AS YOU DESIRE ME (1932)
COUNSELLOR AT LAW (1933)
ANNIE OAKLEY (1935)
ANGEL (1937)
SHINING HOUR (1938)
NINOTCHKA (1939)
THAT UNCERTAIN FEELING (1941)
TWO-FACED WOMAN (1941)
THEY ALL KISSED THE BRIDE (1942)
MR. BLANDINGS BUILDS
HIS DREAM HOUSE (1948)
WOMAN'S SECRET, A (1949)
MY FORBIDDEN PAST (1951)
AMERICANIZATION OF EMILY, THE (1964)
I NEVER SANG FOR MY FATHER (1969)
SEDUCTION OF JOE TYNAN, THE (1979)
CHANGELING, THE (1980)
TELL ME A RIDDLE (1980)

DOUGLAS, Michael
acteur américain (1944-)
NAPOLEON AND SAMANTHA (1972)
CHINA SYNDROME, THE (1978)
COMA (1978)
IT'S MY TURN (1980)
STAR CHAMBER, THE (1983)
ROMANCING THE STONE (1984)
CHORUS LINE, A (1985)
JEWEL OF THE NILE, THE (1985)
FATAL ATTRACTION (1987)
WALL STREET (1987)
BLACK RAIN (1989)
WAR OF THE ROSES, THE (1989)
BASIC INSTINCT (1992)
FALLING DOWN (1992)
SHINING THROUGH (1992)
DISCLOSURE (1994)
AMERICAN PRESIDENT, THE (1995)
GHOST AND THE DARKNESS, THE (1996)
GAME, THE (1997)
PERFECT MURDER, A (1998)
TRAFFIC (2000)
DON'T SAY A WORD (2001)
ONE NIGHT AT McCOOL'S (2001)
IN-LAWS, THE (2003)
IT RUNS IN THE FAMILY (2003)

DOUGLAS, Paul
acteur américain (1907-1959)
IT HAPPENS EVERY SPRING (1949)
PANIC IN THE STREETS (1950)
ANGELS IN THE OUTFIELD (1951)
CLASH BY NIGHT (1952)
FOREVER FEMALE (1953)
GREEN FIRE (1954)
SOLID GOLD CADILLAC, THE (1955)
GAMMA PEOPLE, THE (1956)
THIS COULD BE THE NIGHT (1956)

DOURIF, Brad
acteur américain (1950-)
ONE FLEW OVER THE CUCKOO'S NEST (1975)
EYES OF LAURA MARS, THE (1978)
WISE BLOOD (1979)
GUYANA TRAGEDY:
THE STORY OF JIM JONES (1980)
HEAVEN'S GATE (1980)
RAGTIME (1981)
DUNE (1984)
BLUE VELVET (1986)
FATAL BEAUTY (1987)
CHILD'S PLAY (1988)
MISSISSIPPI BURNING (1988)
SPONTANEOUS COMBUSTION (1989)
CHILD'S PLAY II (1990)
EXORCIST III, THE (1990)
GRAVEYARD SHIFT (1990)
GRIM PRAIRIE TALES (1990)
HIDDEN AGENDA (1990)
BODY PARTS (1991)
CERRO TORRE: SCREAM OF STONE (1991)
HORSEPLAYER (1991)
JUNGLE FEVER (1991)
LONDON KILLS ME (1991)
AMOS & ANDREW (1993)
TRAUMA (1993)
COLOR OF NIGHT (1994)
MURDER IN THE FIRST (1994)
ALIEN RESURRECTION (1997)
BRIDE OF CHUCKY (1998)
SENSELESS (1998)
DEADWOOD (SEASON I) (2004)

DOWNEY Jr., Robert
acteur américain (1965-)
BABY, IT'S YOU (1982)
FIRST BORN (1984)
TUFF TURF (1984)
WEIRD SCIENCE (1985)
DEAR AMERICA: LETTERS HOME
FROM VIETNAM (1987)
LESS THAN ZERO (1987)
PICK-UP ARTIST, THE (1987)
1969 (1988)
TRUE BELIEVER (1988)
CHANCES ARE (1989)
TOO MUCH SUN (1990)
SOAPDISH (1991)
CHAPLIN (1992)
HEART AND SOULS (1993)
SHORT CUTS (1993)
NATURAL BORN KILLERS (1994)
ONLY YOU (1994)
HOME FOR THE HOLIDAYS (1995)
RESTORATION (1995)
RICHARD III (1995)
GINGERBREAD MAN, THE (1997)
HUGO POOL (1997)
ONE NIGHT STAND (1997)
TWO GIRLS AND A GUY (1997)
IN DREAMS (1998)
U.S. MARSHALS (1998)
BLACK AND WHITE (1999)
BOWFINGER (1999)
WONDER BOYS (2000)
EROS (2005)
GAME 6 (2005)
GOOD NIGHT, AND GOOD LUCK (2005)
KISS KISS BANG BANG (2005)

DRAKE, Charles
acteur américain (1917-1994)
NIGHT IN CASABLANCA, A (1945)
COMANCHE TERRITORY (1950)
IT CAME FROM OUTER SPACE (1953)
WAR ARROW (1953)
GLENN MILLER STORY, THE (1954)
TOBOR THE GREAT (1954)
ALL THAT HEAVEN ALLOWS (1955)
NO NAME ON THE BULLET (1959)

DREW, Ellen
actrice américaine (1915-2003)
IF I WERE KING (1938)
CHRISTMAS IN JULY (1940)
MONSTER AND THE GIRL, THE (1941)
ISLE OF THE DEAD (1945)
MAN FROM COLORADO, THE (1948)
BARON OF ARIZONA (1950)
STARS IN MY CROWN (1950)

DREYFUSS, Richard
acteur américain (1947-)
GRADUATE, THE (1967)
VALLEY OF THE DOLLS (1967)
AMERICAN GRAFFITI (1973)
APPRENTICESHIP OF
DUDDY KRAVITZ, THE (1974)
INSERTS (1975)
JAWS (1975)
VICTORY AT ENTEBBE (1976)
CLOSE ENCOUNTERS OF
THE THIRD KIND (1977)
GOODBYE GIRL, THE (1977)
COMPETITION, THE (1980)

WHOSE LIFE IS IT ANYWAY ? (1981)
BUDDY SYSTEM, THE (1983)
DOWN AND OUT IN BEVERLY HILLS (1986)
STAND BY ME (1986)
NUTS (1987)
STAKEOUT (1987)
TIN MEN (1987)
MOON OVER PARADOR (1988)
ALWAYS (1989)
LET IT RIDE (1989)
ONCE AROUND (1990)
POSTCARDS FROM THE EDGE (1990)
ROSENCRANTZ AND
GUILDENSTERN ARE DEAD (1990)
PRISONER OF HONOR (1991)
WHAT ABOUT BOB ? (1991)
ANOTHER STAKEOUT (1993)
LOST IN YONKERS (1993)
SILENT FALL (1994)
AMERICAN PRESIDENT, THE (1995)
MR. HOLLAND'S OPUS (1995)
NIGHT FALLS ON MANHATTAN (1996)
OLIVER TWIST (1997)
KRIPPENDORF'S TRIBE (1998)
LANSKY (1999)
NOTTING HILL (1999)
CREW, THE (2000)
SILVER CITY (2004)

DRIVER, Minnie
actrice américaine (1970-)
CIRCLE OF FRIENDS (1995)
BIG NIGHT (1996)
GOOD WILL HUNTING (1997)
GROSSE POINT BLANK (1997)
HARD RAIN (1997)
GOVERNESS, THE (1998)
IDEAL HUSBAND, AN (1999)
BEAUTIFUL (2000)
RETURN TO ME (2000)
HIGH HEELS AND LOW LIFES (2001)
HOPE SPRINGS (2003)
OWNING MAHOWNY (2003)
ELLA ENCHANTED (2004)
PHANTOM OF THE OPERA (2004)

DROUIN, Denis
acteur québécois (1916-1978)
TAUREAU (1972)
O.K... LALIBERTÉ (1973)
GAMMICK, LA (1974)
POUSSE MAIS POUSSE ÉGAL (1974)
J.A. MARTIN, PHOTOGRAPHE (1976)
JE SUIS LOIN DE TOI MIGNONNE (1976)
PARLEZ-NOUS D'AMOUR (1976)

DUBOIS, Marie
actrice française (1937-)
FEMME EST UNE FEMME, UNE (1960)
TIREZ SUR LE PIANISTE (1960)
JULES ET JIM (1961)
CHASSE À L'HOMME, LA (1964)
RONDE, LA (1964)
GRANDES GUEULES, LES (1965)
GRANDE VADROUILLE, LA (1966)
THOSE DARING YOUNG MEN
IN THEIR JAUNTY JALOPIES (1969)
ANATOMIE D'UN LIVREUR (1971)
NIGHT FLIGHT FROM MOSCOW (1972)
SERPENT, LE (1972)
ANTOINE ET SÉBASTIEN (1973)
VINCENT, FRANÇOIS, PAUL
ET LES AUTRES (1974)
INNOCENT, L' (1976)
MENACE, LA (1977)
IL Y A LONGTEMPS QUE JE T'AIME (1979)
MON ONCLE D'AMÉRIQUE (1980)
PETITE SIRÈNE, LA (1980)
AMI DE VINCENT, L' (1983)
GARCON ! (1983)
INTRUS, L' (1984)
DESCENTE AUX ENFERS (1986)
CAPRICES D'UN FLEUVE, LES (1995)

DUCEPPE, Jean
acteur québécois (1923-1991)
YUL 871 (1966)
MON ONCLE ANTOINE (1971)
COLOMBES, LES (1972)
QUELQUES ARPENTS DE NEIGE (1972)
BINGO (1973)
BEAUX DIMANCHES, LES (1974)
CORDÉLIA (1979)
LUCIEN BROUILLARD (1983)

DUCHAUSSOY, Michel
acteur français (1938-)
JEU DE MASSACRE (1966)
FEMME INFIDÈLE, LA (1968)
QUE LA BÊTE MEURE (1969)
ILS (1970)
RUPTURE, LA (1970)
HOMME AU CERVEAU GREFFÉ, L' (1972)
TRAITEMENT DE CHOC (1972)
COMPLOT, LE (1973)
NADA (1974)
RETOUR DU GRAND BLOND, LE (1974)
HOMME PRESSÉ, L' (1977)
VILLE DES SILENCES, LA (1979)
SURPRISE PARTY (1982)
FORT SAGANNE (1983)
MÔME, LE (1986)
MOUSTACHU, LE (1987)
DIABLE À QUATRE, LE (1988)
BOIS NOIRS, LES (1989)
MILOU EN MAI (1989)
RÉVOLUTION FRANÇAISE 1 :
LES ANNÉES LUMIÈRE, LA (1989)
RÉVOLUTION FRANÇAISE 2 :
LES ANNÉES TERRIBLES, LA (1989)
VIE ET RIEN D'AUTRE, LA (1989)
PAS D'AMOUR SANS AMOUR (1993)
VEUVE DE SAINT-PIERRE, LA (1999)
LISE ET ANDRÉ (2000)
AMEN. (2001)
MENTALE, LA (2002)
CONFIDENCES TROP INTIMES (2003)
DÉDALES (2003)
TRISTAN (2003)

DUCHOVNY, David
acteur américain (1960-)
RED SHOE DIARIES (1992)
VENICE / VENICE (1992)
KALIFORNIA (1993)
X-FILES : THE MOVIE (1998)
RETURN TO ME (2000)
EVOLUTION (2001)
X-FILES (SEASON VIII) (2001)
ZOOLANDER (2001)
FULL FRONTAL (2002)
CONNIE AND CARLA (2004)
HOUSE OF D (2004)

DUKAKIS, Olympia
actrice américaine (1930-)
SEAGULL, THE (1975)
MOONSTRUCK (1987)
LOOK WHO'S TALKING (1989)
STEEL MAGNOLIAS (1989)
SINATRA (1992)
LOOK WHO'S TALKING NOW (1993)
TALES OF THE CITY (1993)
MIGHTY APHRODITE (1995)
MR. HOLLAND'S OPUS (1995)
JERUSALEM (1996)
PICTURE PERFECT (1997)
JOAN OF ARC (1999)
FURTHER TALES OF THE CITY (2001)
INTENDED, THE (2002)
EVENT, THE (2003)
LIBRARIAN , THE : QUEST
FOR THE SPEAR (2004)
3 NEEDLES (2005)

DUKE, Bill
acteur américain (1943-)
CAR WASH (1976)
AMERICAN GIGOLO (1980)
NO MAN'S LAND (1987)
PREDATOR (1987)
BIRD ON A WIRE (1990)
MENACE II SOCIETY (1993)
SISTER ACT II :
BACK IN THE HABIT (1993)
NEVER AGAIN (2001)
NATIONAL SECURITY (2003)

DUKES, David
acteur américain (1945-2000)
FIRST DEADLY SIN, THE (1980)
WITHOUT A TRACE (1983)
RAWHEAD REX (1987)
WAR AND REMEMBRANCE (1989)
JOSEPHINE BAKER STORY, THE (1990)
NORMA JEAN AND MARILYN (1996)
GODS AND MONSTERS (1998)

DULLEA, Keir
acteur américain (1936-)
DAVID AND LISA (1962)
THIN RED LINE, THE (1964)
BUNNY LAKE IS MISSING (1965)
2001 : A SPACE ODYSSEY (1968)
DE SADE (1969)
FULL CIRCLE (1976)
2010 : THE YEAR WE MAKE CONTACT (1984)
AUDREY HEPBURN STORY, THE (2000)

DUMONT, Margaret
actrice américaine (1889-1965)
COCOANUTS, THE (1929)
ANIMAL CRACKERS (1930)
DUCK SOUP (1934)
KENTUCKY KERNELS (1934)
NIGHT AT THE OPERA, A (1935)
DAY AT THE RACES, A (1937)
AT THE CIRCUS (1938)
WOMEN, THE (1939)
BIG STORE, THE (1941)
NEVER GIVE A SUCKER
AN EVEN BREAK (1941)
BATHING BEAUTY (1944)

DUNAWAY, Faye
actrice américaine (1941-)
BONNIE AND CLYDE (1967)
THOMAS CROWN AFFAIR, THE (1968)
ARRANGEMENT, THE (1969)
TEMPS DES AMANTS, LE (1969)
LITTLE BIG MAN (1970)
DOC (1971)
HOGAN'S GOAT (1971)
MAISON SOUS LES ARBRES, LA (1971)
CHINATOWN (1974)
FOUR MUSKETEERS, THE (1974)
MUSKETEERS, THE (1974)
THREE MUSKETEERS, THE (1974)

TOWERING INFERNO, THE (1974)
3 DAYS OF THE CONDOR (1975)
NETWORK (1976)
VOYAGE OF THE DAMNED (1976)
EYES OF LAURA MARS, THE (1978)
CHAMP, THE (1979)
FIRST DEADLY SIN, THE (1980)
MOMMIE DEAREST (1981)
SUPERGIRL : THE MOVIE (1984)
THIRTEEN AT DINNER (1985)
BARFLY (1987)
CASANOVA (1987)
BURNING SECRET (1988)
COLD SASSY TREE (1989)
WAIT UNTIL SPRING, BANDINI (1989)
HANDMAID'S TALE, THE (1990)
ARIZONA DREAM (1991)
SCORCHERS (1991)
TEMP, THE (1993)
EVEN COWGIRLS GET THE BLUES (1994)
DON JUAN DeMARCO (1995)
DRUNKS (1995)
DUNSTON CHECKS IN (1995)
ALBINO ALLIGATOR (1996)
CHAMBER, THE (1996)
GIA (1997)
TWILIGHT OF THE GOLDS, THE (1997)
MESSENGER, THE : THE STORY
OF JOAN OF ARC (1999)
THOMAS CROWN AFFAIR (1999)
RULES OF ATTRACTION, THE (2002)
LAST GOODBYE (2004)

DUNCAN, Lindsay
actrice écossaise (1950-)
GROWN-UPS (1980)
STORYTELLER, THE -
DEFINITIVE COLLECTION (1987)
REFLECTING SKIN, THE (1990)
BODY PARTS (1991)
IDEAL HUSBAND, AN (1999)
MANSFIELD PARK (1999)
UNDER THE TUSCAN SUN (2003)

DUNN, Kevin
acteur américain (1956-)
1492 : CONQUEST OF PARADISE (1992)
MAD LOVE (1995)
PICTURE PERFECT (1997)
SECOND CIVIL WAR (1997)
GODZILLA (1998)
SMALL SOLDIERS (1998)
SNAKE EYES (1998)
STIR OF ECHOES (1999)
I HEART HUCKABEES (2004)

DUNNE, Griffin
acteur américain (1955-)
AMERICAN WEREWOLF
IN LONDON (1981)
FAN, THE (1981)
BABY, IT'S YOU (1982)
COLD FEET (1984)
JOHNNY DANGEROUSLY (1984)
AFTER HOURS (1985)
AMAZON WOMEN ON THE MOON (1986)
WHO'S THAT GIRL ? (1987)
GRAND BLEU, LE (1988)
ME AND HIM (1988)
ONCE AROUND (1990)
MY GIRL (1991)
STRAIGHT TALK (1992)
I LIKE IT LIKE THAT (1994)
QUIZ SHOW (1994)
SEARCH AND DESTROY (1995)
GAME 6 (2005)

DUNNE, Irene
actrice américaine (1901-1990)
CIMARRON (1931)
ROBERTA (1935)
SHOW BOAT (1936)
THEODORA GOES WILD (1936)
AWFUL TRUTH, THE (1937)
JOY OF LIVING (1938)
LOVE AFFAIR (1939)
PENNY SERENADE (1941)
WHITE CLIFFS OF DOVER, THE (1943)
GUY NAMED JOE, A (1944)
ANNA AND THE KING OF SIAM (1946)
I REMEMBER MAMA (1947)

DUNST, Kirsten
actrice américaine (1982-)
LITTLE WOMEN (1994)
JUMANJI (1995)
RUBY RIDGE : AN AMERICAN TRAGEDY (1995)
GUN (1996)
SMALL SOLDIERS (1998)
STRIKE ! (1998)
DEVIL'S ARITHMETIC, THE (1999)
DICK (1999)
DROP DEAD GORGEOUS (1999)
BRING IT ON (2000)
CROW : SALVATION, THE (2000)
DEEPLY (2000)
LOVER'S PRAYER (2000)
CAT'S MEOW, THE (2001)
CRAZY / BEAUTIFUL (2001)
GET OVER IT (2001)
SPIDER-MAN (2002)
MONA LISA SMILE (2003)
ETERNAL SUNSHINE OF
THE SPOTLESS MIND (2004)
SPIDER-MAN 2 (2004)
WIMBLEDON (2004)
ELIZABETHTOWN (2005)

DUPEREY, Anny
actrice française (1947-)
DEUX OU TROIS CHOSES
QUE JE SAIS D'ELLE (1967)
HISTOIRES EXTRAORDINAIRES (1968)
SOUS LE SIGNE DE MONTE-CRISTO (1968)
FEMMES, LES (1969)
ROSE ÉCORCHÉE, LA (1969)
STAVISKY (1974)
BOBBY DEERFIELD (1977)
PSY (1980)
MEURTRES À DOMICILE (1981)
MILLE MILLIARDS DE DOLLARS (1981)
DÉMON DANS L'ÎLE, LE (1982)
GRAND PARDON, LE (1982)
COMPÈRES, LES (1983)
TRICHE, LA (1984)
GERMINAL (1993)

DUPIRE, Serge
acteur québécois (1957-)
ÉCLAIR AU CHOCOLAT (1978)
PLOUFFE, LES (1981)
CRIME D'OVIDE PLOUFFE, LE (1984)
FEMME DE L'HÔTEL, LA (1984)
MATOU, LE (1985)
ÎLE, L' (1987)
AUTOMNE SAUVAGE, L' (1992)
MEURTRE EN MUSIQUE (1994)
CONCIERGERIE, LA (1997)

DUPUIS, Roy
acteur québécois (1963-)
BEING AT HOME WITH CLAUDE (1992)
C'ÉTAIT LE 12 DU 12 ET
CHILI AVAIT LES BLUES (1993)
CAP TOURMENTE (1993)
JUMELLES DIONNE, LES (1994)
SCREAMERS (1995)
HOMME IDÉAL, L' (1996)
PASSAGE DES HOMMES LIBRES, LE (1996)
FEMME NIKITA, LA (1997-98)
J'EN SUIS ! (1997)
DERNIER CHAPITRE II, LE :
LA VENGEANCE (2002)
DERNIER CHAPITRE, LE (2002)
SÉRAPHIN, UN HOMME
ET SON PÉCHÉ (2002)
C'EST PAS MOI, C'EST L'AUTRE (2004)
JACK PARADISE : LES NUITS
DE MONTRÉAL (2004)
MÉMOIRES AFFECTIVES (2004)
MONICA LA MITRAILLE (2004)
ÉTATS-UNIS D'ALBERT, LES (2005)
MANNERS OF DYING (2005)

DURANTE, Jimmy
acteur américain (1893-1980)
SPEAK EASILY (1932)
WHAT ! NO BEER ? (1933)
HOLLYWOOD PARTY (1934)
LITTLE MISS BROADWAY (1938)
MAN WHO CAME TO DINNER, THE (1942)
TWO SISTERS FROM BOSTON (1946)
IT HAPPENED IN BROOKLYN (1947)
ON AN ISLAND WITH YOU (1948)
GREAT RUPERT, THE (1950)
BILLY ROSE'S JUMBO (1962)
IT'S A MAD, MAD, MAD, MAD WORLD (1963)

DURBIN, Deanna
actrice américaine (1921-)
100 MEN AND A GIRL (1937)
THREE SMART GIRLS (1937)
FIRST LOVE (1939)
THREE SMART GIRLS GROW UP (1939)
IT STARTED WITH EVE (1941)
LADY ON A TRAIN (1945)
SOMETHING IN THE WIND (1947)
UP IN CENTRAL PARK (1947)
FOR THE LOVE OF MARY (1948)

DURIS, Romain
acteur français (1974-)
PÉRIL JEUNE, LE (1994)
DÉJÀ MORT (1997)
DOBERMANN (1997)
ÉTRANGER FOU, L' (1997)
PEUT-ÊTRE (1999)
AUBERGE ESPAGNOLE, L' (2001)
BEING LIGHT (2003)
ARSÈNE LUPIN (2004)
EXILS (2004)
DE BATTRE MON CŒUR
S'EST ARRÊTÉ (2005)
POUPÉES RUSSES, LES (2005)

DURNING, Charles
acteur américain (1923-)
I WALK THE LINE (1970)
PURSUIT OF HAPPINESS, THE (1970)
SISTERS (1972)
STING, THE (1973)
FRONT PAGE, THE (1974)
DOG DAY AFTERNOON (1975)
HINDENBURG, THE (1975)
TWILIGHT'S LAST GLEAMING (1977)
FURY, THE (1978)
GREEK TYCOON, THE (1978)
MUPPET MOVIE, THE (1979)
NORTH DALLAS FORTY (1979)
WHEN A STRANGER CALLS (1979)

TRUE CONFESSIONS (1981)
BEST LITTLE WHOREHOUSE IN TEXAS, THE (1982)
TOOTSIE (1982)
TO BE OR NOT TO BE (1983)
TWO OF A KIND (1983)
MASS APPEAL (1984)
BIG TROUBLE (1985)
BRENDA STARR (1987)
COP (1987)
MAN WHO BROKE A 1000 CHAINS, THE (1987)
CAT CHASER (1988)
FAR NORTH (1988)
DICK TRACY (1990)
V.I. WARSHAWSKI (1991)
WATER ENGINE, THE (1992)
MUSIC OF CHANCE, THE (1993)
WHEN A STRANGER CALLS BACK (1993)
HUDSUCKER PROXY, THE (1994)
I.Q. (1994)
HOME FOR THE HOLIDAYS (1995)
ONE FINE DAY (1996)
SPY HARD (1996)
LAKEBOAT (2000)
O BROTHER, WHERE ART THOU ? (2000)
STATE AND MAIN (2000)
DESPERATION (2006)

DURYEA, Dan

acteur américain (1907-1968)
MINISTRY OF FEAR (1944)
WOMAN IN THE WINDOW, THE (1944)
ALONG CAME JONES (1945)
BLACK ANGEL (1946)
SCARLET STREET (1946)
CRISS CROSS (1949)
UNDERWORLD STORY, THE (1950)
THUNDER BAY (1953)
SILVER LODE (1954)
BATTLE HYMN (1957)
NIGHT PASSAGE (1957)

DUSSOLLIER, André

acteur français (1946-)
TOUTE UNE VIE (1975)
PERCEVAL LE GALLOIS (1978)
BEAU MARIAGE, LE (1981)
FILLES DE GRENOBLE, LES (1981)
ENFANTS, LES (1984)
STRESS (1984)
TROIS HOMMES ET UN COUFFIN (1985)
YIDDISH CONNECTION (1986)
DE SABLE ET DE SANG (1987)
FRÉQUENCE MEURTRE (1988)
MON AMI LE TRAÎTRE (1988)
FEMME FARDÉE, LA (1990)
CŒUR EN HIVER, UN (1992)
PETITE APOCALYPSE, LA (1992)
AUX PETITS BONHEURS (1993)
MARMOTTES, LES (1993)
MONTPARNASSE-PONDICHÉRY (1993)
COLONEL CHABERT, LE (1994)
ON CONNAÎT LA CHANSON (1997)
ENFANTS DU MARAIS, LES (1998)
VOLEUR DE VIE (1998)
AÏE (2000)
CHAMBRE DES OFFICIERS, LA (2001)
TANGUY (2001)
VIDOCQ (2001)
EFFROYABLES JARDINS (2002)
18 ANS APRÈS (2003)
TAIS-TOI (2003)
36 QUAI DES ORFÈVRES (2004)
AGENTS SECRETS (2004)
UN LONG DIMANCHE DE FIANÇAILLES (2004)

DUTRONC, Jacques

acteur français (1943-)
ANTOINE ET SÉBASTIEN (1973)
IMPORTANT C'EST D'AIMER, L' (1974)
ÉTAT SAUVAGE, L' (1978)
ENTOURLOUPE, L' (1979)
OMBRE ROUGE, L' (1981)
SARAH (1983)
TRICHEURS (1983)
CHAMBRE À PART (1989)
MES NUITS SONT PLUS BELLES QUE VOS JOURS (1989)
VAN GOGH (1991)
TOUTES PEINES CONFONDUES (1992)
MAÎTRE DES ÉLÉPHANTS, LE (1995)
PLACE VENDÔME (1997)
MERCI POUR LE CHOCOLAT (2000)
C'EST LA VIE (2001)
EMBRASSEZ QUI VOUS VOUDREZ (2002)

DUTTON, Charles

acteur américain (1951-)
MISSISSIPPI MASALA (1991)
ALIEN 3 (1992)
DISTINGUISHED GENTLEMAN, THE (1992)
LOW DOWN DIRTY SHAME, A (1994)
SURVIVING THE GAME (1994)
CRY, THE BELOVED COUNTRY (1995)
NICK OF TIME (1995)
PIANO LESSON, THE (1995)
GET ON THE BUS (1996)
MIMIC (1997)
COOKIE'S FORTUNE (1998)
RANDOM HEARTS (1999)
10, 000 BLACK MEN NAMED GEORGE (2002)
EYE SEE YOU (2002)
GOTHIKA (2003)
SECRET WINDOW (2004)
SOMETHING THE LORD MADE (2004)

DUVAL, Daniel

acteur français (1944-)
VA VOIR MAMAN, PAPA TRAVAILLE (1977)
DÉROBADE, LA (1979)
BAR DU TÉLÉPHONE, LE (1980)
JUGE, LE (1984)
STAN THE FLASHER (1989)
Y AURA-T-IL DE LA NEIGE À NOËL ? (1996)
SI JE T'AIME... PRENDS GARDE À TOI (1998)
36 QUAI DES ORFÈVRES (2004)
CACHÉ (2005)

DUVAL, James

acteur américain (1972-)
DOOM GENERATION, THE (1995)
TOTALLY F***ED UP (1996)
NOWHERE (1997)
S.L.C. PUNK ! (1998)
WEEKEND, THE (1999)
GONE IN SIXTY SECONDS (2000)
DONNIE DARKO (2001)
GALAXY FAR FAR AWAY, A (2001)

DuVALL, Clea

actrice américaine (1977-)
FACULTY, THE (1998)
BUT I'M A CHEERLEADER (1999)
GIRL, INTERRUPTED (1999)
GHOSTS OF MARS (2001)
CARNIVALE (SEASON I) (2003)
IDENTITY (2003)
CARNIVÀLE (SEASON II) (2005)

DUVALL, Robert

acteur américain (1931-)
TO KILL A MOCKINGBIRD (1962)
CHASE, THE (1965)
BULLITT (1968)
COUNTDOWN (1968)
M*A*S*H (1969)
RAIN PEOPLE, THE (1969)
TRUE GRIT (1969)
LAWMAN (1970)
THX-1138 (1970)
TOMORROW (1971)
GODFATHER, THE (1972)
GREAT NORTHFIELD, MINNESOTA RAID, THE (1972)
JOE KIDD (1972)
BADGE 373 (1973)
OUTFIT, THE (1973)
CONVERSATION, THE (1974)
GODFATHER II, THE (1974)
BREAKOUT (1975)
KILLER ELITE, THE (1975)
EAGLE HAS LANDED, THE (1976)
NETWORK (1976)
SEVEN PERCENT SOLUTION, THE (1976)
BETSY, THE (1978)
INVASION OF THE BODY SNATCHERS (1978)
APOCALYPSE NOW (1979)
GREAT SANTINI, THE (1979)
TRUE CONFESSIONS (1981)
TENDER MERCIES (1982)
STONE BOY (1983)
NATURAL, THE (1984)
LIGHTSHIP, THE (1985)
COLORS (1988)
LONESOME DOVE (1989)
DAYS OF THUNDER (1990)
HANDMAID'S TALE, THE (1990)
CONVICTS, THE (1991)
RAMBLING ROSE (1991)
FALLING DOWN (1992)
NEWSIES (1992)
PESTE, LA (1992)
STALIN (1992)
WRESTLING ERNEST HEMINGWAY (1993)
PAPER, THE (1994)
SCARLET LETTER, THE (1995)
SOMETHING TO TALK ABOUT (1995)
STARS FELL ON HENRIETTA, THE (1995)
FAMILY THING, A (1996)
MAN WHO CAPTURED EICHMANN, THE (1996)
PHENOMENON (1996)
APOSTLE, THE (1997)
GINGERBREAD MAN, THE (1997)
CIVIL ACTION, A (1998)
DEEP IMPACT (1998)
6th DAY, THE (2000)
JOHN Q. (2001)
ASSASSINATION TANGO (2002)
GODS AND GENERALS (2003)
OPEN RANGE (2003)
SECONDHAND LIONS (2003)
KICKING AND SCREAMING (2005)
THANK YOU FOR SMOKING (2005)

DUVALL, Shelley

actrice américaine (1950-)
BREWSTER McCLOUD (1970)
McCABE & MRS. MILLER (1971)
THIEVES LIKE US (1974)
NASHVILLE (1975)
ANNIE HALL (1977)
POPEYE (1980)
SHINING, THE (1980)
TIME BANDITS (1981)
ROXANNE (1987)
UNDERNEATH, THE (1994)
PORTRAIT OF A LADY, THE (1996)

TALE OF THE MUMMY (1998)
4th FLOOR, THE (1999)
MANNA FROM HEAVEN (2002)

DZUNDZA, George
acteur allemand (1945-)
HONKY TONK FREEWAY (1981)
SKOKIE (1981)
BEAST, THE (1988)
LAW AND ORDER (1990)
WHITE HUNTER, BLACK HEART (1990)
BUTCHER'S WIFE, THE (1991)
BASIC INSTINCT (1992)
CRIMSON TIDE (1995)
DANGEROUS MINDS (1995)
THAT DARN CAT ! (1996)
CITY BY THE SEA (2002)

EASTWOOD, Clint
acteur américain (1930-)
FRANCIS IN THE NAVY (1955)
REVENGE OF THE CREATURE (1955)
TARANTULA (1955)
LAFAYETTE ESCADRILLE (1957)
FISTFUL OF DOLLARS, A (1964)
FOR A FEW DOLLARS MORE (1965)
GOOD, THE BAD AND THE UGLY, THE (1967)
HANG'EM HIGH (1967)
COOGAN'S BLUFF (1968)
WHERE EAGLES DARE (1968)
PAINT YOUR WAGON (1969)
TWO MULES FOR SISTER SARA (1969)
BEGUILED, THE (1970)
KELLY'S HEROES (1970)
DIRTY HARRY (1971)
PLAY MISTY FOR ME (1971)
JOE KIDD (1972)
HIGH PLAINS DRIFTER (1973)
MAGNUM FORCE (1973)
THUNDERBOLT AND LIGHTFOOT (1974)
EIGER SANCTION, THE (1975)
ENFORCER, THE (1976)
OUTLAW JOSEY WALES, THE (1976)
GAUNTLET, THE (1977)
EVERY WHICH WAY BUT LOOSE (1978)
ESCAPE FROM ALCATRAZ (1979)
ANY WHICH WAY YOU CAN (1980)
BRONCO BILLY (1980)
FIREFOX (1982)
HONKYTONK MAN (1982)
SUDDEN IMPACT (1983)
CITY HEAT (1984)
TIGHTROPE (1984)
PALE RIDER (1985)
HEARTBREAK RIDGE (1986)
BIRD (1988)
DEAD POOL, THE (1988)
PINK CADILLAC (1989)
WHITE HUNTER, BLACK HEART (1990)
UNFORGIVEN (1992)
IN THE LINE OF FIRE (1993)
PERFECT WORLD, A (1993)
BRIDGES OF MADISON COUNTY, THE (1995)
ABSOLUTE POWER (1996)
TRUE CRIME (1999)
SPACE COWBOYS (2000)
BLOOD WORK (2002)
MILLION DOLLAR BABY (2004)

ECCLESTON, Christopher
acteur anglais (1964-)
DOCTOR WHO (2005)
ANCHORESS (1993)
CRACKER (1993-97)
SHALLOW GRAVE (1994)
JUDE (1996)
ELIZABETH (1998)
PRICE ABOVE RUBIES, A (1998)
EXISTENZ (1999)
INVISIBLE CIRCUS, THE (2000)
OTHERS, THE (2001)
28 DAYS LATER (2002)
I AM DINA (2002)
REVENGERS TRAGEDY (2002)

ECKHART, Aaron
acteur américain (1968-)
IN THE COMPANY OF MEN (1997)
THURSDAY (1998)
YOUR FRIENDS & NEIGHBORS (1998)
MOLLY (1999)
ERIN BROCKOVICH (2000)
NURSE BETTY (2000)
PLEDGE, THE (2000)
POSSESSION (2002)
CORE, THE (2003)
MISSING, THE (2003)
PAYCHECK (2003)
SUSPECT ZERO (2004)
THANK YOU FOR SMOKING (2005)

ECOFFEY, Jean-Philippe
acteur suisse (1959-)
EFFRONTÉE, L' (1985)
GARDIEN DE LA NUIT, LE (1986)
ENFANT DE L'HIVER, L' (1988)
MANIKA, UNE VIE PLUS TARD (1989)
MINA TANNENBAUM (1993)
FIESTA (1995)
APPARTEMENT, L' (1996)
MA VIE EN ROSE (1997)
DES CHIENS DANS LA NEIGE (2000)
MOI, CÉSAR, 10 ANS 1/2, 1m39 (2003)
SNOWBOARDER SURFEUR
DES NEIGES (2003)

EDDY, Nelson
acteur américain (1901-1967)
NAUGHTY MARIETTA (1935)
ROSE MARIE (1935)
MAYTIME (1937)
SWEETHEARTS (1937)
ROSALIE (1938)
BALALAIKA (1939)
GIRL OF THE GOLDEN WEST, THE (1939)
LET FREEDOM RING (1939)
BITTER SWEET (1940)
CHOCOLATE SOLDIER, THE (1940)
NEW MOON (1940)
I MARRIED AN ANGEL (1941)
PHANTOM OF THE OPERA (1942)

EDWARDS, Anthony
acteur américain (1962-)
REVENGE OF THE NERDS (1984)
GOTCHA ! (1985)
SUMMER HEAT (1987)
MIRACLE MILE (1988)
DOWNTOWN (1989)
EL DIABLO (1990)
CLIENT, THE (1994)
E.R. (SEASON II) (1995)
PLAYING BY HEART (1998)
FORGOTTEN, THE (2004)

EGAN, Richard
acteur américain (1921-1987)
FLAME OF ARABY (1951)
UNDERWATER ! (1955)
LOVE ME TENDER (1956)
HUNTERS, THE (1958)
SUMMER PLACE, A (1959)
THESE THOUSAND HILLS (1959)
ESTHER AND THE KING (1960)
300 SPARTANS, THE (1962)
AMSTERDAM KILL, THE (1977)

EICHHORN, Lisa
actrice américaine (1952-)
EUROPEANS, THE (1979)
YANKS (1979)
CUTTER'S WAY (1981)
WALL, THE (1982)
MOON 44 (1989)
GRIM PRAIRIE TALES (1990)
KING OF THE HILL (1993)
JUDAS KISS (1998)

EJIOFOR, Chiwetel
acteur anglais (1974-)
DIRTY PRETTY THINGS (2002)
LOVE ACTUALLY (2003)
MELINDA AND MELINDA (2004)
RED DUST (2004)
FOUR BROTHERS (2005)
KINKY BOOTS (2005)
INSIDE MAN (2006)

EKBERG, Anita
actrice suédoise (1931-)
ABBOTT & COSTELLO GO TO MARS (1953)
ARTISTS AND MODELS (1955)
BLOOD ALLEY (1955)
WAR AND PEACE (1955)
HOLLYWOOD OR BUST (1956)
MAN IN THE VAULT (1956)
DOLCE VITA, LA (1960)
BOCCACE 70 (1962)
4 FOR TEXAS (1963)
CALL ME BWANA (1963)
ALPHABET MURDERS, THE (1966)
WOMAN TIMES SEVEN (1967)
PETITE SŒUR DU DIABLE, LA (1978)
INTERVISTA (1987)
NAIN ROUGE, LE (1998)

EKLAND, Britt
actrice suédoise (1942-)
AFTER THE FOX (1966)
BOBO, THE (1967)
ENDLESS NIGHT (1971)
GET CARTER (1971)
ASYLUM (1972)
MAN WITH THE GOLDEN GUN, THE (1974)
ULTIMATE THRILL, THE (1974)
WICKER MAN, THE (1974)

ELBAZ, Vincent
acteur français (1971-)
PÉRIL JEUNE, LE (1994)
VÉRITÉ SI JE MENS, LA (1996)
PETITS DÉSORDRES AMOUREUX (1997)
RANDONNEURS, LES (1997)
QUASIMODO D'EL PARIS (1998)
PARENTHÈSE ENCHANTÉE, LA (1999)
ABSOLUMENT FABULEUX (2001)
RUE DES PLAISIRS (2001)
NI POUR NI CONTRE
(BIEN AU CONTRAIRE) (2002)

ELDARD, Ron
acteur américain (1965-)
TRUE LOVE (1989)
LAST SUPPER, THE (1995)
BASTARD OUT OF CAROLINA (1996)
JUST A KISS (2001)
GHOST SHIP (2002)
HOUSE OF SAND AND FOG, THE (2003)
FREEDOMLAND (2005)

ELIZONDO, Hector
acteur américain (1936-)
LANDLORD, THE (1970)
VALDEZ IS COMING (1971)
POCKET MONEY (1972)
TAKING OF PELHAM
ONE TWO THREE, THE (1974)
CUBA (1979)
AMERICAN GIGOLO (1980)
FAN, THE (1981)
NOTHING IN COMMON (1986)
OVERBOARD (1987)
PRETTY WOMAN (1990)
FINAL APPROACH (1991)
FRANKIE AND JOHNNY (1991)
BEING HUMAN (1994)
BEVERLEY HILLS COP III (1994)
EXIT TO EDEN (1994)
GETTING EVEN WITH DAD (1994)
TURBULENCE (1996)
ENTROPY (1999)
RUNAWAY BRIDE (1999)
TORTILLA SOUP (2001)
PRINCESS DIARIES 2 :
ROYAL ENGAGEMENT (2004)

ELLIOTT, Denholm
acteur anglais (1922-1992)
KING RAT (1965)
ALFIE (1966)
NIGHT THEY RAIDED MINSKY'S, THE (1968)
STRANGE CASE OF DR. JEKYLL
AND MR. HYDE, THE (1968)
TOO LATE THE HERO (1969)
HOUSE THAT DRIPPED BLOOD (1970)
PERCY (1971)
MADAME SIN (1972)
DOLL'S HOUSE (1973)
APPRENTICESHIP OF
DUDDY KRAVITZ, THE (1974)
ROBIN AND MARIAN (1976)
TO THE DEVIL... A DAUGHTER (1976)
VOYAGE OF THE DAMNED (1976)
BRIDGE TOO FAR, A (1977)
BOYS FROM BRAZIL, THE (1978)
CUBA (1979)
SAINT JACK (1979)
BAD TIMING (1980)
RAIDERS OF THE LOST ARK (1981)
BRIMSTONE & TREACLE (1982)
MISSIONARY, THE (1982)
TRADING PLACES (1983)
WICKED LADY, THE (1983)
PRIVATE FUNCTION, A (1984)
RAZOR'S EDGE, THE (1984)
BLEAK HOUSE (1985)
DEFENCE OF THE REALM (1985)
ROOM WITH A VIEW, A (1985)
STEALING HEAVEN (1986)
MAURICE (1987)
SEPTEMBER (1987)
BOURNE IDENTITY, THE (1988)
INDIANA JONES AND
THE LAST CRUSADE (1989)
BLACK CANDLE, THE (1991)
JOHN LE CARRE'S
A MURDER OF QUALITY (1991)
SCORCHERS (1991)
TOY SOLDIERS (1991)
NOISES OFF ! (1992)

ELLIOTT, Sam
acteur américain (1944-)
BUTCH CASSIDY & THE SUNDANCE KID (1969)
FROGS (1972)
LIFEGUARD (1975)
LEGACY, THE (1978)
SHADOW RIDERS (1982)
MASK (1985)
FATAL BEAUTY (1987)
QUICK AND THE DEAD (1987)
PRANCER (1989)
ROAD HOUSE (1989)
CONAGHER (1991)
RUSH (1991)
GETTYSBURG (1993)
TOMBSTONE (1993)
DESPERATE TRAIL, THE (1994)
BIG LEBOWSKI, THE (1997)
HI-LO COUNTRY, THE (1998)
CONTENDER, THE (2000)
WE WERE SOLDIERS (2002)
HULK, THE (2003)
OFF THE MAP (2003)

ELWES, Cary
acteur anglais (1962-)
LADY JANE (1985)
PRINCESS BRIDE, THE (1987)
BRAM STOKER'S DRACULA (1992)
ROBIN HOOD : MEN IN TIGHTS (1993)
JUNGLE BOOK, THE (1994)
TWISTER (1996)
KISS THE GIRLS (1997)
CRADLE WILL ROCK (1999)
SHADOW OF THE VAMPIRE (2000)
CAT'S MEOW, THE (2001)
UPRISING, THE (2001)
ELLA ENCHANTED (2004)
SAW (2004)

EMBRY, Ethan
acteur américain (1978-)
WHITE SQUALL (1995)
THAT THING YOU DO ! (1996)
CAN'T HARDLY WAIT (1998)
DANCER, TEXAS POP. 81 (1998)
WES CRAVEN PRESENTS THEY (2002)
HAROLD & KUMAR GO
TO WHITE CASTLE (2004)
MASTERS OF HORROR - INCIDENT ON
AND OFF A MOUNTAIN ROAD (2005)

EMMERICH, Noah
acteur américain (1966-)
BEAUTIFUL GIRLS (1996)
TRUMAN SHOW, THE (1998)
FREQUENCY (2000)
WINDTALKERS (2002)
BEYOND BORDERS (2003)
MIRACLE (2003)
SOMETIMES IN APRIL (2005)

ENGLUND, Robert
acteur américain (1949-)
EATEN ALIVE (1976)
DEAD & BURIED (1981)
V : THE MINISERIES (1983)
V : THE FINAL BATTLE (1984)
NIGHTMARE ON ELM STREET II :
FREDDY'S REVENGE, A (1985)
NIGHTMARE ON ELM STREET III :
A DREAM WARRIORS (1987)
NIGHTMARE ON ELM STREET IV :
THE DREAM MASTER, A (1988)
NIGHTMARE ON ELM STREET V :
THE DREAM CHILD (1989)
PHANTOM OF THE OPERA, THE (1989)
MANGLER, THE (1994)
WES CRAVEN'S NEW NIGHTMARE (1994)
WISHMASTER (1997)
FREDDY VS. JASON (2003)

EPPS, Omar
acteur américain (1973-)
JUICE (1992)
PROGRAM, THE (1993)
HIGHER LEARNING (1994)
MOD SQUAD, THE (1999)
BROTHER (2000)
AGAINST THE ROPES (2003)
ALFIE (2004)

ERICKSON, Leif
acteur américain (1911-1986)
WAIKIKI WEDDING (1937)
BIG BROADCAST OF 1938, THE (1938)
ARABIAN NIGHTS (1946)
FORT ALGIERS (1953)
TROUBLE ALONG THE WAY (1953)
TEA AND SYMPATHY (1955)
STRAIT-JACKET (1964)

ESPOSITO, Giancarlo
acteur américain (1958-)
SCHOOL DAZE (1988)
KING OF NEW YORK (1989)
BOB ROBERTS (1992)
AMOS & ANDREW (1993)
FRESH (1994)
BLUE IN THE FACE (1995)
RECKLESS (1995)
KEEPER, THE (1996)
NOTHING TO LOSE (1997)
PINERO (2001)
LAST HOLIDAY (2006)

ESPOSITO, Jennifer
actrice américaine (1973-)
NO LOOKING BACK (1998)
SUMMER OF SAM (1999)
DON'T SAY A WORD (2001)
MASTER OF DISGUISE (2002)
WELCOME TO COLLINWOOD (2002)
BREAKIN' ALL THE RULES (2003)
CRASH (2004)
TAXI (2004)

ESTEVEZ, Emilio
acteur américain (1962-)
TEX (1982)
OUTSIDERS, THE (1983)
REPO MAN (1984)
BREAKFAST CLUB, THE (1985)
ST. ELMO'S FIRE (1985)
THAT WAS THEN, THIS IS NOW (1985)
MAXIMUM OVERDRIVE (1986)
STAKEOUT (1987)
WISDOM (1987)
YOUNG GUNS (1988)
MEN AT WORK (1990)
YOUNG GUNS II (1990)
FREEJACK (1992)
MIGHTY DUCKS, THE (1992)
ANOTHER STAKEOUT (1993)
JUDGMENT NIGHT (1993)
NATIONAL LAMPOON'S
LOADED WEAPON 1 (1993)
D3 :THE MIGHTY DUCKS (1996)
MISSION : IMPOSSIBLE (1996)
RATED-X (1999)

EVANS, Edith (DAME)
actrice anglaise (1888-1976)
NUN'S STORY, THE (1959)
TOM JONES (1963)
CHALK GARDEN, THE (1964)
FITZWILLY (1967)
SCROOGE (1970)

NASTY HABITS (1976)
SLIPPER AND THE ROSE, THE (1976)

EVERETT, Rupert
acteur anglais (1959-)
ANOTHER COUNTRY (1984)
DANCE WITH A STRANGER (1984)
DUET FOR ONE (1986)
LUNETTES D'OR, LES (1987)
RIGHT HAND MAN, THE (1987)
TOLÉRANCE (1989)
COMFORT OF STRANGERS, THE (1990)
INSIDE MONKEY ZETTERLAND (1992)
CEMETERY MAN, THE (1994)
MADNESS OF KING GEORGE, THE (1994)
PRÊT-À-PORTER (1994)
MY BEST FRIEND'S WEDDING (1997)
B. MONKEY (1999)
IDEAL HUSBAND, AN (1999)
INSPECTOR GADGET (1999)
MIDSUMMER NIGHT'S DREAM, A (1999)
NEXT BEST THING, THE (2000)
IMPORTANCE OF BEING EARNEST, THE (2002)
LIAISONS DANGEREUSES, LES (2002)
STAGE BEAUTY (2004)
SEPARATE LIES (2005)

FABIAN, Françoise
actrice française (1932-)
CETTE SACRÉE GAMINE (1955)
BELLE DE JOUR (1967)
MA NUIT CHEZ MAUD (1969)
VORACES, LES (1972)
BONNE ANNÉE, LA (1973)
SALUT L'ARTISTE ! (1973)
HOW TO KILL A JUDGE (1974)
ALLO... MADAME (1977)
MADAME CLAUDE (1977)
DEUX HEURES MOINS LE QUART
AVANT JÉSUS-CHRIST (1982)
AMI DE VINCENT, L' (1983)
BENVENUTA (1983)
TROIS PLACES POUR LE 26 (1988)
SECRET DÉFENSE (1997)
5 X 2 (2004)

FAIRBANKS Jr., Douglas
acteur américain (1909-2000)
WOMAN OF AFFAIRS, A (1928)
OUR MODERN MAIDENS (1929)
LITTLE CAESAR (1931)
MORNING GLORY (1933)
RISE OF CATHERINE THE GREAT, THE (1934)
PRISONER OF ZENDA, THE (1937)
JOY OF LIVING (1938)
GUNGA DIN (1939)
ANGELS OVER BROADWAY (1940)
SINBAD THE SAILOR (1949)
GHOST STORY (1981)

FAIRBANKS, Douglas
acteur américain (1883-1939)
INTOLERANCE (1916)
MATRIMANIAC, THE (1916)
SON OF ZORRO (1920)
MARK OF ZORRO, THE (1920)
MOLLYCODDLE, THE (1920)
THREE MUSKETEERS, THE (1921)
ROBIN HOOD (1922)
THIEF OF BAGDAD, THE (1924)
DON Q, SON OF ZORRO (1925)
BLACK PIRATE, THE (1926)
GAUCHO, THE (1928)
SHOW PEOPLE (1928)
IRON MASK, THE (1929)
REACHING FOR THE MOON (1931)
PRIVATE LIFE OF DON JUAN, THE (1934)
YOUNG IN HEART, THE (1938)
DOUGLAS FAIRBANKS
COLLECTION, THE (2003)

FALCO, Edie
actrice américaine (1963-)
LAWS OF GRAVITY (1992)
ADDICTION, THE (1995)
JUDY BERLIN (1998)
PRICE ABOVE RUBIES, A (1998)
OZ (SEASON III) (1999)
SUNSHINE STATE (2002)
SOPRANOS IV, THE (2003)
FREEDOMLAND (2005)

FALK, Peter
acteur américain (1927-)
MURDER, INC. (1960)
PRETTY BOY FLOYD (1960)
POCKETFUL OF MIRACLES (1961)
PRESSURE POINT (1962)
BALCONY, THE (1963)
IT'S A MAD, MAD, MAD, MAD WORLD (1963)
GREAT RACE, THE (1965)
LUV (1967)
ANZIO (1968)
CASTLE KEEP (1969)
HUSBANDS (1970)
COLUMBO : MURDER BY THE BOOK (1971)
WOMAN UNDER THE INFLUENCE, A (1974)
MIKEY AND NICKY (1976)
MURDER BY DEATH (1976)
OPENING NIGHT (1977)
BRINK'S JOB, THE (1978)
CHEAP DETECTIVE, THE (1978)
IN-LAWS, THE (1979)
BIG TROUBLE (1985)
AILES DU DÉSIR, LES (1987)
PRINCESS BRIDE, THE (1987)
COOKIE (1989)
IN THE SPIRIT (1990)
TUNE IN TOMORROW... (1990)
SI LOIN, SI PROCHE (1992)
ROOMMATES (1994)
ENEMIES OF LAUGHTER (2000)
LAKEBOAT (2000)
CORKY ROMANO (2001)
UNDISPUTED (2002)

FANNING, Dakota
actrice américaine (1994-)
CAT IN THE HAT, THE (2003)
UPTOWN GIRLS (2003)
IN THE REALMS OF THE UNREAL -
THE MYSTERY OF HENRY DARGER (2004)
MAN ON FIRE (2004)
DREAMER : INSPIRED BY A TRUE STORY (2005)
HIDE AND SEEK (2005)
NINE LIVES (2005)
WAR OF THE WORLDS (2005)

FARGAS, Antonio
acteur américain (1946-)
PUTNEY-SWOPE (1969)
CISCO PIKE (1971)
ACROSS 110th STREET (1972)
FOXY BROWN (1974)
STARSKY & HUTCH (SEASON I) (1975)
NEXT STOP, GREENWICH VILLAGE (1976)
BORROWER, THE (1989)
WHORE (1991)

FARINA, Dennis
acteur américain (1944-)
CRIME STORY (1986)
MANHUNTER (1986)
ANOTHER STAKEOUT (1993)
STRIKING DISTANCE (1993)
EDDIE (1996)
THAT OLD FEELING (1997)
OUT OF SIGHT (1998)
MOD SQUAD, THE (1999)
REINDEER GAMES (2000)
SNATCH (2000)
BIG TROUBLE (2001)
STEALING HARVARD (2002)
PAPARAZZI (2004)
EMPIRE FALLS (2005)

FARIS, Anna
actrice américaine (1976-)
LOVERS LANE (1999)
SCARY MOVIE (2000)
SCARY MOVIE 2 (2001)
HOT CHICK, THE (2002)
SCARY MOVIE 3 (2003)
BROKEBACK MOUNTAIN (2005)
JUST FRIENDS (2005)
SCARY MOVIE 4 - UNRATED (2006)

FARNSWORTH, Richard
acteur américain (1920-2000)
LIFE AND TIMES OF JUDGE ROY BEAN (1972)
RESURRECTION (1980)
TOM HORN (1980)
GREY FOX, THE (1982)
RUCKUS (1982)
ANNE OF GREEN GABLES (1985)
STRAIGHT STORY, THE (1999)

FARRELL, Colin
acteur irlandais (1976-)
WAR ZONE, THE (1998)
HART'S WAR (2002)
MINORITY REPORT (2002)
PHONE BOOTH (2002)
DAREDEVIL (2003)
INTERMISSION (2003)
RECRUIT, THE (2003)
S.W.A.T. (2003)
HOME AT THE END OF THE WORLD, A (2004)
ALEXANDER (2005)
NEW WORLD, THE (2005)

FARROW, Mia
actrice américaine (1945-)
GUNS AT BATASI (1964)
ROSEMARY'S BABY (1968)
SECRET CEREMONY (1968)
SEE NO EVIL (1971)
GREAT GATSBY, THE (1974)
FULL CIRCLE (1976)
AVALANCHE (1978)
DEATH ON THE NILE (1978)
WEDDING, A (1978)
HURRICANE (1979)
MIDSUMMER NIGHT'S SEX COMEDY, A (1982)
ZELIG (1983)
BROADWAY DANNY ROSE (1984)
SUPERGIRL : THE MOVIE (1984)
PURPLE ROSE OF CAIRO, THE (1985)
HANNAH AND HER SISTERS (1986)
RADIO DAYS (1987)
SEPTEMBER (1987)
ANOTHER WOMAN (1988)
CRIMES AND MISDEMEANORS (1989)
NEW YORK STORIES (1989)
ALICE (1990)
SHADOWS AND FOG (1991)
HUSBANDS AND WIVES (1992)
WIDOW'S PEAK (1994)
MIAMI RHAPSODY (1995)
RECKLESS (1995)

FAVREAU, Jon
acteur américain (1966-)
RUDY (1993)
SWINGERS (1996)
DOGTOWN (1997)
VERY BAD THINGS (1998)
REPLACEMENTS, THE (2000)
MADE (2001)
BIG EMPTY, THE (2003)
DAREDEVIL (2003)
SOMETHING'S GOTTA GIVE (2003)

FAWCETT, Farrah
actrice américaine (1946-)
MYRA BRECKINRIDGE (1970)
CHARLIE'S ANGELS (1976)
CHARLIE'S ANGELS (SEASON II) (1977)
SUNBURN (1979)
SATURN 3 (1980)
CANNONBALL RUN, THE (1981)
BURNING BED, THE (1984)
EXTREMITIES (1986)
MAN OF THE HOUSE (1994)
APOSTLE, THE (1997)
DR. T AND THE WOMEN (2000)

FAYE, Alice
actrice américaine (1915-1998)
POOR LITTLE RICH GIRL (1936)
ON THE AVENUE (1937)
ALEXANDER'S RAGTIME BAND (1938)
ROSE OF WASHINGTON SQUARE, THE (1939)
TIN PAN ALLEY (1940)
WEEK-END IN HAVANA (1941)
HELLO FRISCO, HELLO (1943)
FALLEN ANGEL (1945)

FENN, Sherilyn
actrice américaine (1965-)
TRASHIN' (1985)
WRAITH, THE (1986)
CRIME ZONE (1988)
TWO MOON JUNCTION (1988)
BOXING HELENA (1992)
RUBY (1992)
FATAL INSTINCT (1993)

FEORE, Colm
acteur américain (1958-)
BEAUTIFUL DREAMERS (1990)
WRONG GUY, THE (1997)
CITY OF ANGELS (1998)
HERD, THE (1998)
STORM OF THE CENTURY (1999)
TITUS (1999)
PERFECT SON, THE (2000)
CAVEMAN'S VALENTINE (2001)
IGNITION (2001)
LOLA (2001)
BARONESS AND THE PIG, THE (2002)
TRUDEAU (2002)
HIGHWAYMEN (2003)
NATIONAL SECURITY (2003)
PAYCHECK (2003)
CHRONICLES OF RIDDICK (2004)
EXORCISM OF EMILY ROSE, THE (2005)

FERCH, Heino
acteur allemand (1963-)
OGRE, THE (1996)
2 HOMMES, 2 FEMMES, 4 PROBLÈMES (1997)
HARMONISTES, LES (1997)
WINTER SLEEPERS (1997)
TUNNEL, LE (2001)
NAPOLÉON (2002)
CHUTE, LA (2004)

FERNANDEL
acteur français (1903-1971)
ANGÈLE (1934)
FRANÇOIS 1er (1937)
REGAIN (1937)
SCHPOUNTZ, LE (1938)
ADHÉMAR (OU LE JOUET DE LA FATALITÉ) (1950)
TOPAZE (1950)
AUBERGE ROUGE, L' (1951)
COIFFEUR POUR DAMES (1952)
FRUIT DÉFENDU, LE (1952)
PETIT MONDE DE DON CAMILLO, LE (1952)
RETOUR DE DON CAMILLO, LE (1952)
ALI BABA ET LES QUARANTE VOLEURS (1954)
MOUTON À CINQ PATTES, LE (1954)
GRANDE BAGARRE DE DON CAMILLO, LA (1955)
SÉNÉCHAL LE MAGNIFIQUE (1957)
VIE À DEUX, LA (1958)
GRAND CHEF, LE (1959)
VACHE ET LE PRISONNIER, LA (1959)
DON CAMILLO MONSEIGNEUR (1961)
DIABLE ET LES DIX COMMANDEMENTS, LE (1962)
EN AVANT LA MUSIQUE (1962)
CUISINE AU BEURRE, LA (1963)
DON CAMILLO EN RUSSIE (1965)

FERRELL, Will
acteur américain (1967-)
NIGHT AT THE ROXBURY, A (1998)
DICK (1999)
LADIES MAN, THE (2000)
ZOOLANDER (2001)
OLD SCHOOL (2002)
ELF (2003)
ANCHORMAN : THE LEGEND OF RON BURGUNDY (2004)
MELINDA AND MELINDA (2004)
BEWITCHED (2005)
KICKING AND SCREAMING (2005)
PRODUCERS, THE (2005)

FERRÉOL, Andréa
actrice française (1947-)
SCOUMOUNE, LA (1972)
DAY OF THE JACKAL, THE (1973)
GRANDE BOUFFE, LA (1973)
SÉRIEUX COMME LE PLAISIR (1974)
TRIO INFERNAL, LE (1974)
GALETTES DE PONT-AVEN, LES (1975)
DÉSESPOIR (1977)
AMANT DE POCHE, L' (1978)
TAMBOUR, LE (1979)
DERNIER MÉTRO, LE (1980)
OMBRE ROUGE, L' (1981)
TROIS FRÈRES (1981)
BATTANT, LE (1982)
FILLE DE TRIESTE, LA (1982)
NUIT DE VARENNES, LA (1982)
PRIX DU DANGER, LE (1983)
JUGE, LE (1984)
JUMEAU, LE (1984)
ALDO ET JUNIOR (1985)
LETTERS TO AN UNKNOWN LOVER (1985)
NOYADE INTERDITE (1987)
ROUGE VENISE (1988)
FRANCESCO (1989)
IL MAESTRO (1989)
STREET OF NO RETURN (1989)
FIL DE L'HORIZON, LE (1993)
CENT ET UNE NUITS, LES (1994)
MADAME EDOUARD (2004)
ÉTATS-UNIS D'ALBERT, LES (2005)

FERRER, José
acteur américain (1912-1992)
JOAN OF ARC (1948)
CYRANO DE BERGERAC (1950)
MOULIN ROUGE (1952)
CAINE MUTINY, THE (1953)
MISS SADIE THOMPSON (1953)
DEEP IN MY HEART (1954)
LAWRENCE OF ARABIA (1962)
GREATEST STORY EVER TOLD, THE (1965)
SHIP OF FOOLS (1965)
ENTER LAUGHING (1967)
ZOLTAN : HOUND OF DRACULA (1977)
FEDORA (1978)
FIFTH MUSKETEER, THE (1979)
BIG BRAWL, THE (1980)
MIDSUMMER NIGHT'S SEX COMEDY, A (1982)
TO BE OR NOT TO BE (1983)
DUNE (1984)

FERRER, Mel
acteur américain (1917-)
LOST BOUNDARIES (1949)
LILI (1952)
RANCHO NOTORIOUS (1952)
SCARAMOUCHE (1952)
KNIGHTS OF THE ROUND TABLE (1954)
WAR AND PEACE (1955)
ET MOURIR DE PLAISIR (1959)
HANDS OF ORLAC, THE (1960)
LONGEST DAY, THE (1962)
FALL OF THE ROMAN EMPIRE, THE (1963)
SEX AND THE SINGLE GIRL (1964)
ANTICHRIST, THE (1974)
PYJAMA GIRL CASE, THE (1977)
NIGHTMARE CITY (1980)

FERRER, Miguel
acteur américain (1955-)
ANOTHER STAKEOUT (1993)
HOT SHOTS ! PART DEUX (1993)
STAND, THE (1994)
NIGHT FLIER (1998)
MANCHURIAN CANDIDATE, THE (2004)
SILVER CITY (2004)
MAN, THE (2005)

FICHTNER, William
acteur américain (1956-)
UNDERNEATH, THE (1994)
HEAT (1995)
ALBINO ALLIGATOR (1996)
CONTACT (1997)
SWITCHBACK (1997)
ARMAGEDDON (1998)
DROWNING MONA (2000)
PASSION OF MIND (2000)
PERFECT STORM, THE (2000)
JULIE WALKING HOME (2001)
CRASH (2004)
CHUMSCRUBBER, THE (2005)
EMPIRE FALLS (2005)
LONGEST YARD, THE (2005)
NINE LIVES (2005)

FIELD, Sally
actrice américaine (1946-)
WAY WEST, THE (1967)
STAY HUNGRY (1976)
SYBIL (1976)
HEROES (1977)
SMOKEY AND THE BANDIT (1977)
BEYOND THE POSEIDON ADVENTURE (1979)
NORMA RAE (1979)
SMOKEY AND THE BANDIT 2 (1980)
ABSENCE OF MALICE (1982)

PLACES IN THE HEART (1984)
MURPHY'S ROMANCE (1985)
PUNCHLINE (1988)
STEEL MAGNOLIAS (1989)
NOT WITHOUT MY DAUGHTER (1990)
SOAPDISH (1991)
HOMEWARD BOUND : THE INCREDIBLE JOURNEY (1993)
MRS. DOUBTFIRE (1993)
FORREST GUMP (1994)
EYE FOR AN EYE (1995)
WHERE THE HEART IS (2000)
LEGALLY BLONDE 2 : RED, WHITE & BLONDE (2003)

FIELDS, William C.
acteur américain (1879-1946)
SALLY OF THE SAWDUST (1925)
MILLION DOLLAR LEGS (1932)
INTERNATIONAL HOUSE (1933)
SIX OF A KIND (1933)
YOU'RE TELLING ME ! (1934)
DAVID COPPERFIELD (1935)
IT'S A GIFT (1935)
BIG BROADCAST OF 1938, THE (1938)
YOU CAN'T CHEAT AN HONEST MAN (1939)
BANK DICK, THE (1940)
MY LITTLE CHICKADEE (1940)
NEVER GIVE A SUCKER AN EVEN BREAK (1941)
FOLLOW THE BOYS (1944)

FIENNES, Joseph
acteur anglais (1970-)
STEALING BEAUTY (1996)
ELIZABETH (1998)
SHAKESPEARE IN LOVE (1998)
FOREVER MINE (1999)
ENEMY AT THE GATES (2000)
RANCID ALUMINUM (2000)
DUST (2001)
KILLING ME SOFTLY (2002)
LUTHER (2003)
GREAT RAID, THE (2004)
MERCHANT OF VENICE (2004)

FIENNES, Ralph
acteur anglais (1962-)
DANGEROUS MAN : LAWRENCE AFTER ARABIA, A (1992)
EMILY BRONTË'S WUTHERING HEIGHTS (1992)
SCHINDLER'S LIST (1993)
QUIZ SHOW (1994)
STRANGE DAYS (1995)
ENGLISH PATIENT, THE (1996)
SMILLA'S SENSE OF SNOW (1996)
OSCAR AND LUCINDA (1997)
AVENGERS, THE (1998)
END OF THE AFFAIR, THE (1999)
ONEGIN (1999)
SUNSHINE (1999)
MAID IN MANHATTAN (2002)
RED DRAGON (2002)
SPIDER (2002)
CHUMSCRUBBER, THE (2005)
CONSTANT GARDENER (2005)
HARRY POTTER AND THE GOBLET OF FIRE (2005)
WHITE COUNTESS, THE (2005)

FILIATRAULT, Denise
actrice québécoise (1931-)
MORT D'UN BÛCHERON, LA (1973)
BEAUX DIMANCHES, LES (1974)
PAR LE SANG DES AUTRES (1974)
JE SUIS LOIN DE TOI MIGNONNE (1976)
SOLEIL SE LÈVE EN RETARD, LE (1976)
AU REVOIR... À LUNDI (1979)
FANTASTICA (1980)
PLOUFFE, LES (1981)
CRIME D'OVIDE PLOUFFE, LE (1984)
TISSERANDS DU POUVOIR, LES (1988)
FILLE DU MAQUIGNON, LA (1990)
ALISÉE (1991)

FILLIÈRES, Hélène
actrice française (1972-)
ENCORE (1996)
VÉNUS BEAUTÉ (INSTITUT) (1998)
PEUT-ÊTRE (1999)
AÏE (2000)
AMOUR DE FEMME (2001)
REINES D'UN JOUR (2001)
BORD DE MER (2002)
VENDREDI SOIR (2002)

FINCH, Peter
acteur anglais (1916-1977)
MINIVER STORY, THE (1950)
STORY OF ROBIN HOOD, THE (1951)
ELEPHANT WALK (1953)
DETECTIVE , THE (1954)
NUN'S STORY, THE (1959)
OPERATION AMSTERDAM (1959)
FIRST MEN IN THE MOON (1964)
GIRL WITH GREEN EYES, THE (1964)
PUMPKIN EATER, THE (1964)
FLIGHT OF THE PHOENIX, THE (1965)
FAR FROM THE MADDING CROWD (1967)
RED TENT, THE (1969)
SHATTERED (1971)
SUNDAY, BLOODY SUNDAY (1971)
NETWORK (1976)

FINE, Larry
acteur américain (1902-1975)
THREE STOOGES : COPS AND ROBBERS (1936)
THREE STOOGES : GI STOOGE (1938)
THREE STOOGES : CURLY CLASSICS (1945)
THREE STOOGES : HEALTHY, WEALTHY AND DUMB (1945)
THREE STOOGES : ALL THE WORLD 'S A STOOGE (1946)
THREE STOOGES : NUTTY BUT NICE (1947)
THREE STOOGES : MERRY MAVERICK (1951)
THREE STOOGES : THREE SMART SAPS (1952)
THREE STOOGES : DIZZY DOCTORS (1953)
THREE STOOGES : STOP, LOOK AND LAUGH ! (1960)
THREE STOOGES : SPOOK LOUDER (1965)
THREE STOOGES : THE OUTLAW IS COMING (1965)
THREE STOOGES : ALL TIME FAVORITES (2004)
THREE STOOGES : GREATEST HITS & RARITIES (2004)
THREE STOOGES : STOOGES AND THE LAW (2004)

FINLAY, Frank
acteur anglais (1926-)
OTHELLO (1965)
STUDY IN TERROR, A (1965)
INSPECTOR CLOUSEAU (1968)
SHOES OF THE FISHERMAN, THE (1968)
GUMSHOE (1971)
SHAFT IN AFRICA (1973)
MUSKETEERS, THE (1974)
CLÉ, LA (1983)
LIFEFORCE (1985)
RETURN OF THE MUSKETEERS, THE (1989)
P.D. JAMES : MIND TO MURDER (1995)
MAGICAL LEGEND OF LEPRECHAUNS, THE (1999)
PIANIST, THE (2001)

FINNEY, Albert
acteur anglais (1936-)
ENTERTAINER, THE (1960)
SATURDAY NIGHT AND SUNDAY MORNING (1961)
TOM JONES (1963)
TWO FOR THE ROAD (1967)
SCROOGE (1970)
MURDER ON THE ORIENT EXPRESS (1974)
DUELLISTS, THE (1977)
LOOKER (1981)
SHOOT THE MOON (1981)
WOLFEN (1981)
ANNIE (1982)
DRESSER, THE (1983)
UNDER THE VOLCANO (1984)
ORPHANS (1987)
IMAGE, THE (1989)
GREEN MAN, THE (1990)
MILLER'S CROSSING (1990)
PLAYBOYS, THE (1992)
RICH IN LOVE (1992)
BROWNING VERSION, THE (1994)
MAN OF NO IMPORTANCE, A (1994)
RUN OF THE COUNTRY, THE (1995)
WASHINGTON SQUARE (1997)
BREAKFAST OF CHAMPIONS (1999)
SIMPATICO (1999)
ERIN BROCKOVICH (2000)
GATHERING STORM (2002)
BIG FISH (2003)
TIM BURTON'S CORPSE BRIDE (2005)

FIORENTINO, Linda
actrice américaine (1960-)
AFTER HOURS (1985)
GOTCHA ! (1985)
VISION QUEST (1985)
MODERNS, THE (1988)
WILDFIRE (1988)
QUEENS LOGIC (1990)
LAST SEDUCTION, THE (1993)
DESPERATE TRAIL, THE (1994)
JADE (1995)
LARGER THAN LIFE (1996)
UNFORGETTABLE (1996)
KICKED IN THE HEAD (1997)
MEN IN BLACK (1997)
DOGMA (1999)
WHERE THE MONEY IS ? (1999)
ORDINARY DECENT CRIMINAL (2000)

FIRTH, Colin
acteur anglais (1961-)
ANOTHER COUNTRY (1984)
MONTH IN THE COUNTRY, A (1987)
APARTMENT ZERO (1988)
VALMONT (1989)
ADVOCATE, THE (1994)
CIRCLE OF FRIENDS (1995)
ENGLISH PATIENT, THE (1996)
THOUSAND ACRES, A (1997)
SHAKESPEARE IN LOVE (1998)
MASTERPIECE THEATRE - THE TURN OF THE SCREW (1999)
MY LIFE SO FAR (1999)
CONSPIRACY (2000)
BRIDGET JONES'S DIARY (2001)
IMPORTANCE OF BEING EARNEST, THE (2002)
GIRL WITH A PEARL EARRING (2003)
HOPE SPRINGS (2003)

LOVE ACTUALLY (2003)
WHAT A GIRL WANTS (2003)
BRIDGET JONES :
THE EDGE OF REASON (2004)
NANNY MCPHEE (2005)
WHERE THE TRUTH LIES (2005)

FIRTH, Peter
acteur anglais (1953-)
JOSEPH ANDREWS (1976)
EQUUS (1977)
TESS (1979)
LETTER TO BREZHNEV (1985)
LIFEFORCE (1985)
NORTHANGER ABBEY (1986)
INCIDENT, THE (1990)
PRISONER OF HONOR (1991)
AWFULLY BIG ADVENTURE, AN (1994)
MIGHTY JOE YOUNG (1998)
CHILL FACTOR (1999)
MI-5 (2002)
GREATEST GAME EVER PLAYED (2005)

FISHBURNE, Laurence
acteur américain (1961-)
CORNBREAD, EARL AND ME (1975)
APOCALYPSE NOW (1979)
WILLIE AND PHIL (1980)
RUMBLE FISH (1983)
COTTON CLUB, THE (1984)
COLOR PURPLE, THE (1985)
BAND OF THE HAND (1986)
GARDENS OF STONE (1987)
NIGHTMARE ON ELM STREET III :
A DREAM WARRIORS (1987)
RED HEAT (1988)
SCHOOL DAZE (1988)
KING OF NEW YORK (1989)
CLASS ACTION (1990)
BOYZ'N THE HOOD (1991)
DEEP COVER (1992)
SEARCHING FOR BOBBY FISCHER (1993)
WHAT'S LOVE GOT TO DO WITH IT ? (1993)
HIGHER LEARNING (1994)
BAD COMPANY (1995)
JUST CAUSE (1995)
OTHELLO (1995)
TUSKEGEE AIRMEN, THE (1995)
FLED (1996)
MISS EVER'S BOYS (1996)
EVENT HORIZON (1997)
HOODLUM (1997)
MATRIX, THE (1999)
ONCE IN THE LIFE (2000)
MATRIX RELOADED, THE (2003)
MATRIX, THE : REVOLUTIONS (2003)
MYSTIC RIVER (2003)
ASSAULT ON PRECINCT 13 (2005)
AKEELAH AND THE BEE (2006)
MISSION : IMPOSSIBLE III (2006)

FISHER, Carrie
actrice américaine (1956-)
STAR WARS (1977)
BLUES BROTHERS, THE (1980)
EMPIRE STRIKES BACK, THE (1980)
RETURN OF THE JEDI (1983)
MAN WITH ONE RED SHOE, THE (1985)
AMAZON WOMEN ON THE MOON (1986)
APPOINTMENT WITH DEATH (1988)
BURBS, THE (1989)
WHEN HARRY MET SALLY (1989)
SOAPDISH (1991)
GUN (1996)
WONDERLAND (2003)
STATESIDE (2004)

FISHER, Frances
actrice anglaise (1952-)
PATTY HEARST (1988)
FEMALE PERVERSIONS (1996)
WILD AMERICA (1997)
AUDREY HEPBURN STORY, THE (2000)
BLUE CAR (2002)
HOUSE OF SAND AND FOG, THE (2003)
LAWS OF ATTRACTION (2004)

FITZGERALD, Barry
acteur irlandais (1888-1966)
JUNO AND THE PAYCOCK /
BLACKMAIL (1930)
LONG VOYAGE HOME, THE (1940)
GOING MY WAY (1944)
NONE BUT THE LONELY HEART (1944)
TWO YEARS BEFORE THE MAST (1945)
NAKED CITY, THE (1947)
STORY OF SEABISCUIT, THE (1949)
UNION STATION (1950)
QUIET MAN, THE (1952)

FITZGERALD, Geraldine
actrice irlandaise (1913-2005)
MILL ON THE FLOSS, THE (1937)
WATCH ON THE RHINE (1943)
STRANGE AFFAIR OF
UNCLE HARRY, THE (1945)
O.S.S. (1946)
LAST AMERICAN HERO (1973)
HARRY AND TONTO (1974)
RÊVE DE SINGE (1977)
LOVESPELL (1979)
JILTING OF GRANNY WEATHERALL (1980)
ARTHUR (1981)
ARTHUR 2 : ON THE ROCKS (1988)

FITZGERALD, Tara
actrice anglaise (1968-)
BLACK CANDLE, THE (1991)
HEAR MY SONG (1991)
MAN OF NO IMPORTANCE, A (1994)
SIRENS (1994)
ENGLISHMAN WHO WENT UP A HILL, BUT
CAME DOWN A MOUNTAIN, THE (1995)
BRASSED OFF (1996)
TENANT OF WILDFELL HALL, THE (1996)
CONQUEST (1998)
DARK BLUE WORLD (2001)
I CAPTURE THE CASTLE (2003)
5 CHILDREN AND IT (2004)

FIX, Paul
acteur américain (1901-1983)
BACK TO BATAAN (1945)
JET PILOT (1950)
BLOOD ALLEY (1955)
SEA CHASE, THE (1955)
BAD SEED, THE (1956)
LAFAYETTE ESCADRILLE (1957)
MAN IN THE SHADOW (1957)
BABY, THE RAIN MUST FALL (1964)

FLAMAND, Didier
acteur français (1947-)
INDIA SONG (1975)
ASSASSIN QUI PASSE, UN (1981)
BÂTARD, LE (1983)
KRAPATCHOUK - LES HOMMES
DE NULLE PART (1991)
ANNÉE JULIETTE, L' (1994)
BELLE VERTE, LA (1996)
EN AVOIR (OU PAS) (1996)
QUASIMODO D'EL PARIS (1998)
RIVIÈRES POURPRES, LES (2000)

FLANAGAN, Fionnula
actrice irlandaise (1941-)
JAMES JOYCE'S WOMEN (1983)
SOME MOTHER'S SON (1996)
WAKING NED DEVINE (1998)
OTHERS, THE (2001)
DIVINE SECRETS OF
THE YA-YA SISTERHOOD (2002)
FOUR BROTHERS (2005)
TRANSAMERICA (2005)

FLEMING, Rhonda
actrice américaine (1923-)
ABILENE TOWN (1945)
SPIRAL STAIRCASE, THE (1945)
CONNECTICUT YANKEE IN KING
ARTHUR'S COURT, A (1949)
GREAT LOVER, THE (1949)
CRY DANGER (1950)
PONY EXPRESS (1952)
TENNESSEE'S PARTNER (1955)
GUN GLORY (1957)
ALIAS JESSE JAMES (1959)

FLETCHER, Louise
actrice américaine (1934-)
ONE FLEW OVER THE CUCKOO'S NEST (1975)
EXORCIST II : THE HERETIC (1977)
STRANGE BEHAVIOR (1981)
BRAINSTORM (1983)
STRANGE INVADERS (1983)
INVADERS FROM MARS (1986)
TWO MOON JUNCTION (1988)
FRANKENSTEIN AND ME (1996)
HIGH SCHOOL HIGH (1996)
BREAST MEN (1997)
DEVIL'S ARITHMETIC, THE (1999)
BIG EDEN (2000)
MANNA FROM HEAVEN (2002)
FINDING HOME (2003)

FLON, Suzanne
actrice française (1918-2005)
SINGE EN HIVER, UN (1962)
AMOUR DE PLUIE, UN (1973)
EN TOUTE INNOCENCE (1987)
GASPARD ET ROBINSON (1990)
ENFANTS DU MARAIS, LES (1998)
EFFROYABLES JARDINS (2002)
FLEUR DU MAL, LA (2002)

FLYNN BOYLE, Lara
actrice américaine (1970-)
POLTERGEIST III (1988)
ROOKIE, THE (1990)
DARK BACKWARD, THE (1991)
EYE OF THE STORM (1991)
MOBSTERS (1991)
EQUINOX (1992)
RED ROCK WEST (1992)
WAYNE'S WORLD (1992)
CAFE SOCIETY (1993)
TEMP, THE (1993)
BABY'S DAY OUT (1994)
ROAD TO WELLVILLE, THE (1994)
THREESOME (1994)
AFTERGLOW (1997)
HAPPINESS (1998)
RED MEAT (1998)
MEN IN BLACK II (2002)

FLYNN, Errol
acteur américain (1909-1959)
CAPTAIN BLOOD (1934)
CHARGE OF THE LIGHT BRIGADE, THE (1936)
PRINCE AND THE PAUPER, THE (1937)

ADVENTURES OF
ROBIN HOOD, THE (1938)
DAWN PATROL, THE (1938)
DODGE CITY (1939)
PRIVATE LIVES OF ELIZABETH
AND ESSEX, THE (1939)
SISTERS, THE (1939)
SANTA FE TRAIL (1940)
SEA HAWK, THE (1940)
VIRGINIA CITY (1940)
DIVE BOMBER (1941)
FOOTSTEPS IN THE DARK (1941)
GENTLEMAN JIM (1941)
DESPERATE JOURNEY (1942)
OBJECTIVE BURMA ! (1944)
UNCERTAIN GLORY (1944)
NEVER SAY GOODBYE (1946)
CRY WOLF (1947)
ESCAPE ME NEVER (1947)
SILVER RIVER (1948)
ADVENTURES OF DON JUAN, THE (1949)
IT'S A GREAT FEELING (1949)
MONTANA (1949)
THAT FORSYTE WOMAN (1949)
KIM (1950)
MASTER OF BALLANTRAE, THE (1953)
ISTANBUL (1956)

FONDA, Bridget
actrice américaine (1964-)
ARIA (1987)
SCANDAL (1988)
STRAPLESS (1989)
FRANKENSTEIN UNBOUND (1990)
GODFATHER III, THE (1990)
DOC HOLLYWOOD (1991)
ARMY OF DARKNESS :
EVIL DEAD III (1992)
SINGLE WHITE FEMALE (1992)
SINGLES (1992)
BODIES, REST AND MOTION (1993)
CAMILLA (1993)
LITTLE BUDDHA (1993)
POINT OF NO RETURN (1993)
IT COULD HAPPEN TO YOU (1994)
ROAD TO WELLVILLE, THE (1994)
CITY HALL (1995)
TOUCH (1996)
IN THE GLOAMING (1997)
JACKIE BROWN (1997)
SIMPLE PLAN, A (1998)
LAKE PLACID (1999)
KISS OF THE DRAGON (2001)
MONKEYBONE (2001)

FONDA, Henry
acteur américain (1905-1982)
TRAIL OF THE LONESOME PINE, THE (1936)
THAT CERTAIN WOMAN (1937)
WINGS OF THE MORNING (1937)
YOU ONLY LIVE ONCE (1937)
BLOCKADE (1938)
JEZEBEL (1938)
SPAWN OF THE NORTH (1938)
JESSE JAMES (1939)
STORY OF ALEXANDER
GRAHAM BELL, THE (1939)
YOUNG MR. LINCOLN (1939)
DRUMS ALONG THE MOHAWK (1940)
GRAPES OF WRATH, THE (1940)
RETURN OF FRANK JAMES, THE (1940)
LADY EVE, THE (1941)
TALES OF MANHATTAN (1942)
IMMORTAL SERGEANT (1943)
OX-BOW INCIDENT, THE (1943)
MY DARLING CLEMENTINE (1946)
FORT APACHE (1947)
LONG NIGHT, THE (1947)
ON OUR MERRY WAY (1947)
FUGITIVE, THE (1948)
MISTER ROBERTS (1955)
WAR AND PEACE (1955)
WRONG MAN, THE (1956)
12 ANGRY MEN (1957)
TIN STAR, THE (1957)
WARLOCK (1959)
ADVISE AND CONSENT (1962)
HOW THE WEST WAS WON (1962)
LONGEST DAY, THE (1962)
SPENCER'S MOUNTAIN (1963)
BEST MAN, THE (1964)
FAIL-SAFE (1964)
ROUNDERS, THE (1964)
SEX AND THE SINGLE GIRL (1964)
BATTLE OF THE BULGE (1965)
IN HARM'S WAY (1965)
FIRECREEK (1967)
BOSTON STRANGLER, THE (1968)
MADIGAN (1968)
ONCE UPON A TIME IN THE WEST (1968)
YOURS, MINE AND OURS (1968)
TOO LATE THE HERO (1969)
CHEYENNE SOCIAL CLUB, THE (1970)
THERE WAS A CROOKED MAN (1970)
SOMETIMES A GREAT NOTION (1971)
NIGHT FLIGHT FROM MOSCOW (1972)
SERPENT, LE (1972)
ASH WEDNESDAY (1973)
MY NAME IS NOBODY (1973)
MIDWAY (1976)
ROLLERCOASTER (1977)
FEDORA (1978)
SWARM, THE (1978)
METEOR (1979)
JILTING OF GRANNY WEATHERALL (1980)
ON GOLDEN POND (1981)

FONDA, Jane
actrice américaine (1937-)
PERIOD OF ADJUSTMENT (1962)
WALK ON THE WILD SIDE (1962)
SUNDAY IN NEW YORK (1963)
FÉLINS, LES (1964)
RONDE, LA (1964)
CAT BALLOU (1965)
CHASE, THE (1965)
ANY WEDNESDAY (1966)
CURÉE, LA (1966)
BAREFOOT IN THE PARK (1967)
BARBARELLA (1968)
HISTOIRES EXTRAORDINAIRES (1968)
THEY SHOOT HORSES,
DON'T THEY ? (1969)
KLUTE (1971)
TOUT VA BIEN (1972)
DOLL'S HOUSE (1973)
FUN WITH DICK AND JANE (1976)
JULIA (1977)
CALIFORNIA SUITE (1978)
CHINA SYNDROME, THE (1978)
COMES A HORSEMAN (1978)
COMING HOME (1978)
ELECTRIC HORSEMAN, THE (1979)
9 TO 5 (1980)
ON GOLDEN POND (1981)
ROLLOVER (1981)
DOLLMAKER, THE (1984)
AGNES OF GOD (1985)
MORNING AFTER, THE (1986)
OLD GRINGO (1989)
STANLEY & IRIS (1989)
MONSTER-IN-LAW (2005)

FONDA, Peter
acteur américain (1939-)
LILITH (1964)
WILD ANGELS, THE (1966)
TRIP, THE (1967)
HISTOIRES EXTRAORDINAIRES (1968)
EASY RIDER (1969)
DIRTY MARY CRAZY LARRY (1974)
RACE WITH THE DEVIL (1975)
FUTUREWORLD (1976)
WANDA NEVADA (1979)
SPLIT IMAGE (1982)
ROSE GARDEN, THE (1989)
BODIES, REST AND MOTION (1993)
LOVE AND A .45 (1994)
NADJA (1994)
ULEE'S GOLD (1996)
LIMEY, THE (1999)
PASSION OF AYN RAND (1999)
HEART IS DECEITFUL
ABOVE ALL THINGS, THE (2004)

FONTAINE, Joan
actrice américaine (1917-)
DAMSEL IN DISTRESS, A (1937)
QUALITY STREET (1937)
GUNGA DIN (1939)
REBECCA (1939)
WOMEN, THE (1939)
SUSPICION (1941)
JANE EYRE (1943)
FRENCHMAN'S CREEK (1944)
EMPEROR WALTZ, THE (1948)
LETTER FROM AN UNKNOWN WOMAN (1948)
YOU GOTTA STAY HAPPY (1948)
SEPTEMBER AFFAIR (1950)
IVANHOE (1952)
OTHELLO (1952)
BIGAMIST, THE (1953)
CASANOVA'S BIG NIGHT (1954)
ISLAND IN THE SUN (1956)
UNTIL THEY SAIL (1957)
VOYAGE TO THE BOTTOM OF THE SEA (1961)
WITCHES, THE (1966)

FORAN, Dick
acteur américain (1910-1979)
BLACK LEGION (1937)
BOY MEETS GIRL (1938)
FOUR DAUGHTERS (1938)
HOUSE OF THE SEVEN GABLES, THE (1940)
MUMMY'S HAND, THE (1940)
MUMMY'S TOMB, THE (1942)
RIDE'EM COWBOY (1942)

FORD, Glenn
acteur américain (1916-)
LADY IN QUESTION, THE (1940)
SO ENDS OUR NIGHT (1941)
TEXAS (1941)
DESPERADOES, THE (1942)
GILDA (1947)
STOLEN LIFE (1947)
LOVES OF CARMEN, THE (1948)
MAN FROM COLORADO, THE (1948)
LUST FOR GOLD (1949)
WHITE TOWER, THE (1950)
AFFAIR IN TRINIDAD (1952)
BIG HEAT, THE (1952)
GREEN GLOVE, THE (1952)
MAN FROM THE ALAMO, THE (1953)
PLUNDER OF THE SUN (1953)
VIOLENT MEN, THE (1954)
BLACKBOARD JUNGLE (1955)
FASTEST GUN ALIVE, THE (1955)
INTERRUPTED MELODY (1955)

3:10 TO YUMA (1956)
JUBAL (1956)
TEAHOUSE OF THE AUGUST MOON, THE (1956)
COWBOY (1958)
TORPEDO RUN (1958)
GAZEBO, THE (1959)
IT STARTED WITH A KISS (1959)
CIMARRON (1960)
FOUR HORSEMEN OF
THE APOCALYPSE, THE (1961)
POCKETFUL OF MIRACLES (1961)
COURTSHIP OF EDDIE'S FATHER, THE (1962)
EXPERIMENT IN TERROR (1962)
DEAR HEART (1964)
ROUNDERS, THE (1964)
MIDWAY (1976)

FORD, Harrison
acteur américain (1942-)
AMERICAN GRAFFITI (1973)
CONVERSATION, THE (1974)
JUDGMENT : THE COURT MARTIAL
OF WILLIAM CALLEY (1975)
HEROES (1977)
STAR WARS (1977)
FORCE 10 FROM NAVARONE (1978)
APOCALYPSE NOW (1979)
FRISCO KID, THE (1979)
EMPIRE STRIKES BACK, THE (1980)
RAIDERS OF THE LOST ARK (1981)
BLADE RUNNER (1982)
RETURN OF THE JEDI (1983)
INDIANA JONES &
THE TEMPLE OF DOOM (1984)
WITNESS (1985)
MOSQUITO COAST, THE (1986)
FRANTIC (1988)
WORKING GIRL (1988)
INDIANA JONES AND
THE LAST CRUSADE (1989)
PRESUMED INNOCENT (1990)
REGARDING HENRY (1991)
PATRIOT GAMES (1992)
FUGITIVE, THE (1993)
CLEAR AND PRESENT DANGER (1994)
SABRINA (1995)
AIR FORCE ONE (1997)
DEVIL'S OWN, THE (1997)
SIX DAYS, SEVEN NIGHTS (1998)
RANDOM HEARTS (1999)
WHAT LIES BENEATH (2000)
K-19 : THE WIDOWMAKER (2002)
HOLLYWOOD HOMICIDE (2003)
FIREWALL (2006)

FORD, Wallace
acteur anglais (1898-1966)
POSSESSED (1931)
FREAKS (1932)
LOST PATROL, THE (1934)
INFORMER, THE (1935)
WHOLE TOWN'S TALKING, THE (1935)
JERICHO (1937)
MUMMY'S HAND, THE (1940)
ALL THROUGH THE NIGHT (1941)
MUMMY'S TOMB, THE (1942)
SHADOW OF A DOUBT (1942)
BLOOD ON THE SUN (1945)
SPELLBOUND (1945)
BLACK ANGEL (1946)
CRACK-UP (1946)
DEAD RECKONING (1947)
MAGIC TOWN (1947)
CORONER CREEK (1948)
SET-UP, THE (1949)
HARVEY (1950)
LAWLESS STREET, A (1955)
MAN FROM LARAMIE, THE (1955)
RAINMAKER, THE (1956)
LAST HURRAH, THE (1958)
MATCHMAKER, THE (1958)
PATCH OF BLUE, A (1965)
WARLOCK (1989)

FORLANI, Claire
actrice anglaise (1972-)
MEET JOE BLACK (1998)
MYSTERY MEN (1999)
ANTITRUST (2000)
NORTHFORK (2002)
MEDALLION, THE (2003)
PENTAGON PAPERS, THE (2003)
BOBBY JONES, STROKE OF GENIUS (2004)
SHADOWS IN THE SUN (2005)

FORREST, Frederic
acteur américain (1936-)
DON IS DEAD, THE (1973)
APOCALYPSE NOW (1979)
HAMMETT (1981)
SAIGON : YEAR OF THE CAT (1983)
STONE BOY (1983)
QUO VADIS ? (1985)
LONESOME DOVE (1989)
MUSIC BOX (1989)
AGAINST THE WALL (1993)
ANDERSONVILLE (1996)
ALONE (1997)
WHATEVER (1997)

FORREST, Steve
acteur américain (1924-)
IT HAPPENED TO JANE (1959)
FLAMING STAR (1960)
HELLER IN PINK TIGHTS (1960)
S.W.A.T. (1975)
CAPTAIN AMERICA (1979)
MOMMIE DEAREST (1981)
AMAZON WOMEN ON THE MOON (1986)

FORSTER, Robert
acteur américain (1941-)
MEDIUM COOL (1969)
DON IS DEAD, THE (1973)
AVALANCHE (1978)
BLACK HOLE, THE (1979)
ALLIGATOR (1980)
VIGILANTE (1981)
29th STREET (1991)
GUNS & LIPSTICK (1993)
ORIGINAL GANGSTAS (1996)
JACKIE BROWN (1997)
NIGHTVISION (1997)
SUPERNOVA (1999)
MAGIC OF MARCIANO, THE (2000)
ME, MYSELF & IRENE (2000)
GRAND THEFT PARSONS (2003)
FIREWALL (2006)

FORSYTHE, John
acteur américain (1918-)
DESTINATION TOKYO (1944)
ESCAPE FROM FORT BRAVO (1953)
TROUBLE WITH HARRY, THE (1955)
KITTEN WITH A WHIP (1964)
MADAME X (1965)
IN COLD BLOOD (1967)
HAPPY ENDING, THE (1969)
TOPAZ (1969)
AND JUSTICE FOR ALL (1979)
SCROOGED (1988)
HOTEL DE LOVE (1996)
CHARLIE'S ANGELS (2000)

FORSYTHE, William
acteur américain (1955-)
MAN WHO WASN'T THERE, THE (1983)
CLOAK AND DAGGER (1984)
ONCE UPON A TIME IN AMERICA (1984)
LIGHTSHIP, THE (1985)
EXTREME PREJUDICE (1987)
RAISING ARIZONA (1987)
PATTY HEARST (1988)
EAUX PRINTANIÈRES, LES (1989)
DICK TRACY (1990)
CAREER OPPORTUNITIES (1991)
AMERICAN ME (1992)
WATERDANCE, THE (1992)
PALOOKAVILLE (1995)
SUBSTITUTE, THE (1995)
THINGS TO DO IN DENVER
WHEN YOU'RE DEAD (1995)
VIRTUOSITY (1995)
ROCK, THE (1996)
DEUCE BIGALOW - MALE GIGOLO (1999)
SOUNDMAN (1999)
CITY BY THE SEA (2002)
DEVIL'S REJECTS (2005)
FREEDOMLAND (2005)

FOSSEY, Brigitte
actrice française (1945-)
JEUX INTERDITS (1952)
GRAND MEAULNES, LE (1967)
IRONIE DU SORT, L' (1973)
VALSEUSES, LES (1973)
BON ET LES MÉCHANTS, LE (1975)
HOMME QUI AIMAIT LES FEMMES, L' (1977)
QUINTET (1978)
CHANEL SOLITAIRE (1981)
CROQUE LA VIE (1981)
BOUM II, LA (1982)
JEUNE MARIÉ, LE (1982)
AU NOM DE TOUS LES MIENS (1983)
BÂTARD, LE (1983)
AMOUR INTERDIT, UN (1984)
CINÉMA PARADISO (1988)
36-15 CODE PÈRE NOËL (1989)
VAMPIRE AU PARADIS, UN (1991)
POUR L'AMOUR DE THOMAS (1994)

FOSTER, Jodie
actrice américaine (1962-)
KANSAS CITY BOMBER (1972)
NAPOLEON AND SAMANTHA (1972)
TOM SAWYER (1972)
ALICE DOESN'T LIVE HERE ANYMORE (1974)
BUGSY MALONE (1976)
FREAKY FRIDAY (1976)
LITTLE GIRL WHO LIVES
DOWN THE LANE, THE (1976)
TAXI DRIVER (1976)
CABINE DES AMOUREUX, LA (1977)
CANDLESHOE (1977)
CARNY (1980)
SANG DES AUTRES, LE (1983)
HOTEL NEW HAMPSHIRE, THE (1984)
MESMERIZED (1986)
5 CORNERS (1987)
SIESTA (1987)
ACCUSED, THE (1988)
BACKTRACK (1988)
LITTLE MAN TATE (1991)
SHADOWS AND FOG (1991)
SILENCE OF THE LAMBS, THE (1991)
SOMMERSBY (1993)
MAVERICK (1994)
NELL (1994)
CONTACT (1997)
ANNA AND THE KING (1999)

DANGEROUS LIVES OF THE ALTAR BOYS (2002)
PANIC ROOM (2002)
UN LONG DIMANCHE DE FIANÇAILLES (2004)
FLIGHTPLAN (2005)
INSIDE MAN (2006)

FOSTER, Preston
acteur américain (1902-1970)
I AM A FUGITIVE FROM A CHAIN GANG (1932)
ANNIE OAKLEY (1935)
INFORMER, THE (1935)
LAST DAYS OF POMPEII (1935)
THUNDER BIRDS (1942)
GUADALCANAL DIARY (1943)
HARVEY GIRLS, THE (1945)
RAMROD (1946)
I SHOT JESSE JAMES (1949)
TOMAHAWK (1951)
LAW AND ORDER (1953)

FOX, Edward
acteur anglais (1937-)
MORGAN : A SUITABLE CASE FOR TREATMENT (1966)
BATTLE OF BRITAIN (1969)
DAY OF THE JACKAL, THE (1973)
DOLL'S HOUSE (1973)
GALILEO (1974)
BRIDGE TOO FAR, A (1977)
CAT AND THE CANARY (1977)
DUELLISTS, THE (1977)
SQUEEZE, THE (1977)
BIG SLEEP, THE (1978)
FORCE 10 FROM NAVARONE (1978)
SOLDIER OF ORANGE (1978)
MIRROR CRACK'D, THE (1980)
GANDHI (1982)
BOUNTY, THE (1983)
DRESSER, THE (1983)
NEVER SAY NEVER AGAIN (1983)
SHOOTING PARTY, THE (1984)
SHAKA ZULU (1986)
HEART OF DARKNESS (1993)
MONTH BY THE LAKE, A (1995)
PRINCE VALIANT (1996)
LOST IN SPACE (1998)
REPUBLIC OF LOVE (2004)

FOX, James
acteur anglais (1939-)
SERVANT, THE (1963)
KING RAT (1965)
THOROUGHLY MODERN MILLIE (1967)
ISADORA (1968)
PERFORMANCE (1968)
ABSOLUTE BEGINNERS (1986)
HIGH SEASON (1987)
RUSSIA HOUSE, THE (1990)
AFRAID OF THE DARK (1991)
GULLIVER'S TRAVELS (1995)
LEO TOLSTOY'S ANNA KARENINA (1997)
MICKEY BLUE EYES (1999)
GOLDEN BOWL, THE (2000)
LOVER'S PRAYER (2000)
SEXY BEAST (2000)
MYSTIC MASSEUR (2001)
AGATHA CHRISTIE'S : POIROT DEATH ON THE NILE (2004)

FOX, Kerry
actrice néo-zélandaise (1966-)
ANGEL AT MY TABLE, AN (1990)
LAST DAYS OF CHEZ NOUS, THE (1990)
FRIENDS (1993)
COUNTRY LIFE (1994)
SHALLOW GRAVE (1994)
HANGING GARDEN, THE (1997)
WELCOME TO SARAJEVO (1997)
TO WALK WITH LIONS (1999)
INTIMACY (2000)
BLACK AND WHITE (2002)

FOX, Michael J.
acteur canadien (1961-)
CLASS OF 1984 (1982)
BACK TO THE FUTURE (1985)
DEAR AMERICA : LETTERS HOME FROM VIETNAM (1987)
LIGHT OF DAY (1987)
SECRET OF MY SUCCESS, THE (1987)
BACK TO THE FUTURE II (1989)
CASUALTIES OF WAR (1989)
BACK TO THE FUTURE III (1990)
DOC HOLLYWOOD (1991)
HARD WAY, THE (1991)
LIFE WITH MIKEY (1993)
WHERE THE RIVERS FLOW NORTH (1993)
DON'T DRINK THE WATER (1994)
AMERICAN PRESIDENT, THE (1995)
BLUE IN THE FACE (1995)
FRIGHTENERS, THE (1996)
MARS ATTACKS ! (1996)
STUART LITTLE 3 - CALL OF THE WILD (2005)

FOX, Samantha
actrice américaine (1951-)
BON APPÉTIT, WANDA WHIPS WALL STREET, BAD PENNY (1978)
PEOPLE (1978)
JACH'N JILL (1979)
TIGRESSES (1979)
WOMEN IN LOVE (1979)
FASCINATION (1980)
AMANDA BY NIGHT (1981)
BLUE MAGIC (1981)

FOXX, Jamie
acteur américain (1967-)
IN LIVING COLOR (SEASON I) (1990)
GREAT WHITE HYPE, THE (1996)
JAMIE FOXX SHOW, THE (SEASON I) (1996)
TRUTH ABOUT CATS AND DOGS, THE (1996)
ANY GIVEN SUNDAY (1999)
BAIT (2000)
ALI (2001)
BREAKIN' ALL THE RULES (2003)
COLLATERAL (2004)
RAY (2004)
REDEMPTION (2004)
JARHEAD (2005)

FRAIN, James
acteur anglais (1969-)
RASPUTIN (1995)
HILARY AND JACKIE (1998)
RED MEAT (1998)
VIGO : A PASSION FOR LIFE (1998)
SUNSHINE (1999)
TITUS (1999)
REINDEER GAMES (2000)
WHERE THE HEART IS (2000)
PATH TO WAR (2002)

FRANCIOSA, Anthony
acteur américain (1928-)
THIS COULD BE THE NIGHT (1956)
NAKED MAJA, THE (1959)
RIO CONCHOS (1964)
ASSAULT ON A QUEEN (1966)
FATHOM (1967)
ACROSS 110th STREET (1972)
CURSE OF THE BLACK WIDOW, THE (1977)
DEATH WISH 2 (1982)
TENEBRE (1982)

FRANCIS, Anne
actrice américaine (1930-)
LION IS IN THE STREETS, A (1953)
BAD DAY AT BLACK ROCK (1954)
BATTLE CRY (1954)
FORBIDDEN PLANET (1955)
SATAN BUG, THE (1964)
HOOK, LINE AND SINKER (1968)
MORE DEAD THAN ALIVE (1968)
LOVE GOD ? , THE (1969)

FRANCO, James
acteur américain (1978-)
JAMES DEAN (2001)
CITY BY THE SEA (2002)
SONNY (2002)
SPIDER-MAN (2002)
COMPANY, THE (2003)
GREAT RAID, THE (2004)
SPIDER-MAN 2 (2004)
TRISTAN AND ISOLDE (2005)
ANNAPOLIS (2006)

FRANÇOIS, Jacques
acteur français (1920-)
BARKLEYS OF BROADWAY, THE (1949)
3 MOUSQUETAIRES, LES (1953)
GRANDES MANŒUVRES, LES (1955)
TO PARIS WITH LOVE (1955)
ATTENTAT, L' (1972)
AVENTURES DE RABBI JACOB, LES (1973)
DAY OF THE JACKAL, THE (1973)
CHAT ET LA SOURIS, LE (1975)
JOUET, LE (1976)
GENDARME ET LES EXTRA-TERRESTRES, LE (1978)
JE SUIS TIMIDE... MAIS JE ME SOIGNE (1978)
ZIZANIE, LA (1978)
CAUSE TOUJOURS, TU M'INTÉRESSES (1979)
RIEN NE VA PLUS (1979)
MILLE MILLIARDS DE DOLLARS (1981)
TAIS-TOI QUAND TU PARLES (1981)
AFRICAIN, L' (1982)
GENDARME ET LES GENDARMETTES, LE (1982)
PÈRE NOËL EST UNE ORDURE, LE (1982)
PAPY FAIT DE LA RÉSISTANCE (1983)
SANG DES AUTRES, LE (1983)
UNTIL SEPTEMBER (1984)
LIBERTÉ, ÉGALITÉ, CHOUCROUTE (1985)
SAUVE-TOI LOLA (1986)
MES MEILLEURS COPAINS (1989)
OPÉRATION CORNED BEEF (1990)
DANSEURS DU MOZAMBIQUE, LES (1991)
MON HOMME (1996)
ACTEURS, LES (1999)

FRANZ, Arthur
acteur américain (1920-)
ABBOTT & COSTELLO MEET THE INVISIBLE MAN (1951)
FLIGHT TO MARS (1951)
INVADERS FROM MARS (1953)
MEMBER OF THE WEDDING, THE (1953)
MONSTER ON THE CAMPUS (1958)
ALVAREZ KELLY (1966)
AMAZING HOWARD HUGHES, THE (1977)
THAT CHAMPIONSHIP SEASON (1982)

FRANZ, Eduard
acteur américain (1902-1983)
HOLLOW TRIUMPH (1948)
WHIRLPOOL (1949)
MAGNIFICENT YANKEE, THE (1950)
DESERT FOX, THE (1951)
JAZZ SINGER (1952)
INDIAN FIGHTER, THE (1955)

LADY GODIVA (1955)
FRANCIS OF ASSISI (1961)
BEAUTY AND THE BEAST (1962)

FRASER, Brendan
acteur américain (1968-)
ENCINO MAN (1992)
SCHOOL TIES (1992)
YOUNGER AND YOUNGER (1993)
AIRHEADS (1994)
WITH HONORS (1994)
PASSION OF DARKLY NOON, THE (1995)
MRS. WINTERBOURNE (1996)
GEORGE OF THE JUNGLE (1997)
TWILIGHT OF THE GOLDS, THE (1997)
BLAST FROM THE PAST (1998)
GODS AND MONSTERS (1998)
MUMMY, THE (1999)
BEDAZZLED (2000)
MONKEYBONE (2001)
MUMMY RETURNS, THE (2001)
QUIET AMERICAN, THE (2002)
LOONEY TUNES : BACK IN ACTION (2003)
CRASH (2004)

FRAWLEY, William
acteur américain (1887-1966)
SOMETHING TO SING ABOUT (1937)
ROSE OF WASHINGTON SQUARE, THE (1939)
ONE NIGHT IN THE TROPICS (1940)
GENTLEMAN JIM (1941)
FLAME OF BARBARY COAST (1945)
DOWN TO EARTH (1947)
ABBOTT & COSTELLO MEET
THE INVISIBLE MAN (1951)
RHUBARB (1951)

FREEMAN, Morgan
acteur américain (1937-)
BRUBAKER (1980)
HARRY AND SON (1984)
TEACHERS (1984)
MARIE (1985)
STREET SMART (1986)
CLEAN AND SOBER (1988)
DRIVING MISS DAISY (1989)
GLORY (1989)
JOHNNY HANDSOME (1989)
LEAN ON ME (1989)
BONFIRE OF THE VANITIES, THE (1990)
ROBIN HOOD : PRINCE OF THIEVES (1991)
POWER OF ONE, THE (1992)
UNFORGIVEN (1992)
SHAWSHANK REDEMPTION, THE (1994)
OUTBREAK (1995)
SEVEN (1995)
CHAIN REACTION (1996)
MOLL FLANDERS (1996)
AMISTAD (1997)
HARD RAIN (1997)
KISS THE GIRLS (1997)
DEEP IMPACT (1998)
UNDER SUSPICION (1999)
NURSE BETTY (2000)
ALONG CAME A SPIDER (2001)
HIGH CRIMES (2002)
SUM OF ALL FEARS, THE (2002)
BRUCE ALMIGHTY (2003)
DREAMCATCHER (2003)
LEVITY (2003)
BIG BOUNCE, THE (2004)
MILLION DOLLAR BABY (2004)
BATMAN BEGINS (2005)
UNFINISHED LIFE, AN (2005)
UNLEASHED (2005)
LUCKY NUMBER SLEVIN (2006)

FREEMAN, Paul
acteur anglais (1943-)
RAIDERS OF THE LOST ARK (1981)
SI ELLE DIT OUI... JE NE DIS PAS NON ! (1982)
SAKHAROV (1984)
SHANGHAI SURPRISE (1986)
EMINENT DOMAIN (1990)
DANGEROUS MAN :
LAWRENCE AFTER ARABIA, A (1992)
JUST LIKE A WOMAN (1992)
DOUBLE TEAM (1997)
DEVIL'S ARITHMETIC, THE (1999)

FRÉMONT, Thierry
acteur français (1962-)
NOCES BARBARES, LES (1987)
TRAVELLING AVANT (1987)
MON AMI LE TRAÎTRE (1988)
FORTUNE EXPRESS (1990)
MERCI LA VIE (1991)
ABRACADABRA (1992)
CAPRICES D'UN FLEUVE, LES (1995)
DÉMONS DE JÉSUS, LES (1996)
FEMME FATALE (2002)

FRESNAY, Pierre
acteur français (1897-1975)
MARIUS (1931)
FANNY (1932)
MAN WHO KNEW TOO MUCH, THE (1934)
CÉSAR (1936)
GRANDE ILLUSION, LA (1937)
ASSASSIN HABITE AU 21, L' (1942)
INCONNUS DANS LA MAISON, LES (1942)
CORBEAU, LE (1943)
MONSIEUR VINCENT (1947)

FRESSON, Bernard
acteur français (1931-2002)
MAX ET LES FERRAILLEURS (1970)
URSULE ET GRELU (1973)
FRENCH CONNECTION II (1975)
GALETTES DE PONT-AVEN, LES (1975)
À CHACUN SON ENFER (1977)
SA MAJESTÉ LE FLIC (1984)
EN TOUTE INNOCENCE (1987)
STREET OF NO RETURN (1989)
QUIPROQUOS (1991)
PLACE VENDÔME (1997)
ADVERSAIRE, L' (2002)
JEAN MOULIN : UNE AFFAIRE
FRANÇAISE (2002)

FREWER, Matt
acteur américain (1958-)
HONEY, I SHRUNK THE KIDS (1989)
POSITIVELY TRUE ADVENTURE
OF THE ALLEGED TEXAS CHEERLEADER-
MURDERING MOM, THE (1993)
STAND, THE (1994)
LAWNMOWER MAN 2 (1995)
NATIONAL LAMPOON'S SENIOR TRIP (1995)
BREAST MEN (1997)
DAWN OF THE DEAD (2004)
GERALDINE'S FORTUNE (2004)
HOME AT THE END OF THE WORLD, A (2004)

FREY, Sami
acteur français (1937-)
SEPT PÉCHÉS CAPITAUX, LES (1961)
CLÉO DE 5 À 7 (1962)
BANDE À PART (1964)
ANGÉLIQUE ET LE ROI (1965)
MANON 70 (1967)
MARIÉS DE L'AN DEUX, LES (1971)
CÉSAR ET ROSALIE (1972)
SWEET MOVIE (1974)
NÉA (1976)
POURQUOI PAS ! (1977)
MORTELLE RANDONNÉE (1983)
GARDE DU CORPS, LE (1984)
LITTLE DRUMMER GIRL, THE (1984)
ÉTAT DE GRÂCE, L' (1986)
LAPUTA (1986)
SAUVE-TOI LOLA (1986)
BLACK WIDOW (1987)
DE SABLE ET DE SANG (1987)
DEUX FRAGONARD, LES (1989)
WAR AND REMEMBRANCE (1989)
EN COMPAGNIE D'ANTONIN ARTAUD (1993)
FILLE DE D'ARTAGNAN, LA (1994)
AMOUR CONJUGAL, L' (1995)
ACTEURS, LES (1999)
ANTHONY ZIMMER (2005)

FRICKER, Brenda
actrice irlandaise (1945-)
MY LEFT FOOT (1989)
UTZ (1992)
MAN OF NO IMPORTANCE, A (1994)
SWANN (1995)
PETE'S METEOR (1998)
INTENDED, THE (2002)
CONSPIRACY OF SILENCE (2003)
VERONICA GUERIN (2003)
CALL ME : THE RISE AND FALL
OF HEIDI FLEISS (2004)
OMAGH (2004)
RORY O'SHEA WAS HERE (2004)

FRIELS, Colin
acteur écossais (1955-)
KANGAROO (1986)
GRIEVOUS BODILY HARM (1988)
CLASS ACTION (1990)
DARKMAN (1990)
ANGEL BABY (1995)
DARK CITY (1997)
BLACK AND WHITE (2002)

FROBE, Gert
acteur allemand (1912-)
OPÉRA DE QUAT'SOUS, L' (1931)
TESTAMENT DU DR. MABUSE, LE (1932)
NASSER ASPHALT (1958)
DIABOLIQUE DR. MABUSE, LE (1960)
GOLDFINGER (1964)
CHITTY CHITTY BANG BANG (1968)
THOSE DARING YOUNG MEN
IN THEIR JAUNTY JALOPIES (1969)
TEN LITTLE INDIANS (1975)

FROST, Sadie
actrice anglaise (1965-)
BRAM STOKER'S DRACULA (1992)
PYROMANIAC'S LOVE STORY, A (1995)
MAGIC HUNTER (1996)
FINAL CUT (1998)
CAPTAIN JACK (1999)
CELO, EL (1999)
UPRISING, THE (2001)

FROT, Catherine
actrice française (1957-)
QUAND TU SERAS DÉBLOQUÉ,
FAIS-MOI SIGNE (1981)
PIERRE DANS LA BOUCHE, UNE (1983)
CHAMBRE À PART (1989)
AIR DE FAMILLE, UN (1996)
DÎNER DE CONS, LE (1998)
NOUVELLE ÈVE, LA (1998)
PAPARAZZI (1998)

DILETTANTE, LA (1999)
INSÉPARABLES (1999)
CHAOS (2001)
MERCREDI, FOLLE JOURNÉE ! (2001)
7 ANS DE MARIAGE (2003)
CHOUCHOU (2003)
VIPÈRE AU POING (2004)
BOUDU (2005)

FRY, Stephen
acteur anglais (1957-)
PETER'S FRIENDS (1992)
WILDE (1997)
WHATEVER HAPPENED
TO HAROLD SMITH (1999)
GORMENGHAST (2000)
GOSFORD PARK (2001)
THUNDERPANTS (2002)
LIFE AND DEATH
OF PETER SELLERS, THE (2003)
BEAR NAMED WINNIE, A (2004)
HITCHHIKER'S GUIDE
TO THE GALAXY (2005)
V FOR VENDETTA (2005)

FULLER, Samuel
acteur américain (1911-1997)
PIERROT LE FOU (1965)
AMI AMÉRICAIN, L' (1977)
1941 (1979)
ÉTAT DES CHOSES, L' (1982)
HELSINKI NAPOLI (1987)
RETURN TO SALEM'S LOT, A (1987)
STREET OF NO RETURN (1989)
VIE DE BOHÈME, LA (1992)
GOLEM : THE PETRIFIED GARDEN (1993)

FUNICELLO, Annette
actrice américaine (1942-)
BEACH PARTY (1963)
BIKINI BEACH (1964)
MUSCLE BEACH PARTY (1964)
PAJAMA PARTY, THE (1964)
BEACH BLANKET BINGO (1965)
HOW TO STUFF A WILD BIKINI (1965)
HEAD : STARRING THE MONKEES (1968)

FURLONG, Edward
acteur américain (1977-)
TERMINATOR II : JUDGMENT DAY (1991)
AMERICAN HEART (1992)
HOME OF OUR OWN, A (1993)
BRAINSCAN (1994)
LITTLE ODESSA (1994)
BEFORE AND AFTER (1995)
GRASS HARP, THE (1996)
AMERICAN HISTORY X (1998)
PECKER (1998)
DETROIT ROCK CITY (1999)
ANIMAL FACTORY (2000)

GABIN, Jean
acteur français (1904-1976)
ZOUZOU (1934)
BANDERA, LA (1935)
BAS-FONDS, LES (1936)
GRANDE ILLUSION, LA (1937)
PÉPÉ LE MOKO (1937)
BÊTE HUMAINE, LA (1938)
QUAI DES BRUMES (1938)
JOUR SE LÈVE, LE (1939)
PLAISIR, LE (1951)
NAPOLÉON (1954)
TOUCHEZ PAS AU GRISBI (1954)
FRENCH CAN-CAN (1955)
CRIME ET CHÂTIMENT (1956)
TRAVERSÉE DE PARIS, LA (1956)
MISÉRABLES, LES (1957)
GENTLEMAN D'EPSOM, LE (1962)
SINGE EN HIVER, UN (1962)
JARDINIER D'ARGENTEUIL, LE (1966)
CLAN DES SICILIENS, LE (1968)
TATOUÉ, LE (1968)
HORSE, LA (1969)
CHAT, LE (1971)
TUEUR, LE (1972)
AFFAIRE DOMINICI, L' (1973)
DEUX HOMMES DANS LA VILLE (1973)
VERDICT (1974)
ANNÉE SAINTE, L' (1976)

GABLE, Clark
acteur américain (1901-1960)
PLASTIC AGE, THE (1925)
DANCE, FOOLS, DANCE (1931)
FREE SOUL, A (1931)
LAUGHING SINNERS (1931)
PAINTED DESERT, THE (1931)
POSSESSED (1931)
SUSAN LENOX :
HER FALL AND RISE (1931)
NO MAN OF HER OWN (1932)
RED DUST (1932)
STRANGE INTERLUDE (1932)
DANCING LADY (1933)
HOLD YOUR MAN (1933)
CHAINED (1934)
FORSAKING ALL OTHERS (1934)
IT HAPPENED ONE NIGHT (1934)
MANHATTAN MELODRAMA (1934)
CHINA SEAS (1935)
MUTINY ON THE BOUNTY (1935)
LOVE ON THE RUN (1936)
SAN FRANCISCO (1936)
WIFE VS SECRETARY (1936)
SARATOGA (1937)
TEST PILOT (1938)
TOO HOT TO HANDLE (1938)
GONE WITH THE WIND (1939)
COMRADE X (1940)
STRANGE CARGO (1940)
THEY MET IN BOMBAY (1941)
ADVENTURE (1945)
BOOM TOWN (1946)
HUCKSTERS, THE (1947)
COMMAND DECISION (1948)
HOMECOMING (1948)
ANY NUMBER CAN PLAY (1949)
TO PLEASE A LADY (1950)
ACROSS THE WIDE MISSOURI (1951)
LONE STAR (1951)
MOGAMBO (1953)
NEVER LET ME GO (1953)
BAND OF ANGELS (1956)
KING AND FOUR QUEENS, THE (1956)
TEACHER'S PET (1957)
RUN SILENT, RUN DEEP (1958)
BUT NOT FOR ME (1959)
IT STARTED IN NAPLES (1960)
MISFITS, THE (1961)

GABOR, Eva
actrice hongroise (1921-)
STAR SPANGLED RHYTHM (1942)
LAST TIME I SAW PARIS, THE (1954)
ARTISTS AND MODELS (1955)
MY MAN GODFREY (1957)
GIGI (1958)
IT STARTED WITH A KISS (1959)
NEW KIND OF LOVE, A (1963)
GREEN ACRES (SEASON I) (1965)
ARISTOCATS, THE (1970)

GABOR, Zsa Zsa
actrice hongroise (1917-)
LILI (1952)
MOULIN ROUGE (1952)
WE'RE NOT MARRIED (1952)
QUEEN OF OUTER SPACE (1958)
TOUCH OF EVIL (1958)
FOR THE FIRST TIME (1959)
BOY'S NIGHT OUT (1962)
NAKED GUN 2 1/2 :
THE SMELL OF FEAR, THE (1991)

GAINSBOURG, Charlotte
actrice française (1972-)
EFFRONTÉE, L' (1985)
CHARLOTTE FOR EVER (1986)
KUNG-FU MASTER ! (1987)
PETITE VOLEUSE, LA (1988)
SOLEIL MÊME LA NUIT, LE (1989)
AMOUREUSE (1991)
AUX YEUX DU MONDE (1991)
MERCI LA VIE (1991)
CEMENT GARDEN, THE (1992)
GROSSE FATIGUE (1994)
JANE EYRE (1996)
LOVE, ETC. (1996)
BÛCHE, LA (1999)
PASSIONNÉMENT (1999)
MISÉRABLES, LES (2000)
MA FEMME EST UNE ACTRICE (2001)
21 GRAMS (2003)
ILS SE MARIÈRENT ET EURENT
BEAUCOUP D'ENFANTS (2004)

GALABRU, Michel
acteur français (1924-)
LETTRES DE MON MOULIN, LES (1954)
GUERRE DES BOUTONS, LA (1961)
VOYAGE À BIARRITZ, LE (1962)
CUISINE AU BEURRE, LA (1963)
GENDARME DE SAINT-TROPEZ, LE (1964)
GORILLES, LES (1964)
GENDARME À NEW YORK, LE (1965)
GENDARME SE MARIE, LE (1968)
PETIT BAIGNEUR, LE (1968)
GENDARME EN BALADE, LE (1970)
CONCIERGE, LE (1973)
GASPARDS, LES (1973)
MONSIEUR BALBOSS (1974)
JUGE ET L'ASSASSIN, LE (1976)
NUIT DE SAINT-GERMAIN DES PRÉS, LA (1977)
CAGE AUX FOLLES, LA (1978)
GENDARME ET
LES EXTRA-TERRESTRES, LE (1978)
FLIC OU VOYOU (1979)
GAGNANT, LE (1979)
VILLE DES SILENCES, LA (1979)
AVARE, L' (1980)
CAGE AUX FOLLES 2, LA (1980)
GUIGNOLO, LE (1980)
SOUS-DOUÉS PASSENT LE BAC, LES (1980)
SOUS-DOUÉS, LES (1980)
BAHUT VA CRAQUER !, LE (1981)
CHOIX DES ARMES, LE (1981)
SI MA GUEULE VOUS PLAÎT (1981)
TE MARRE PAS, C'EST POUR RIRE (1981)
BOURGEOIS GENTILHOMME, LE (1982)
BRACONNIER DE DIEU, LE (1982)
DIPLÔMÉS DU DERNIER RANG, LES (1982)
ÉTÉ MEURTRIER, L' (1982)
GENDARME ET LES GENDARMETTES, LE (1982)
PAPY FAIT DE LA RÉSISTANCE (1983)
VOUS HABITEZ CHEZ VOS PARENTS ? (1983)
NOTRE HISTOIRE (1984)
TRICHE, LA (1984)
CAGE AUX FOLLES 3, LA (1985)

FACTEUR DE SAINT-TROPEZ, LE (1985)
ON L'APPELLE CATASTROPHE (1985)
SUBWAY (1985)
TRANCHES DE VIE (1985)
FRÈRES PÉTARD, LES (1986)
SOIGNE TA DROITE ! (1987)
ENVOYEZ LES VIOLONS (1989)
RÉVOLUTION FRANÇAISE 1 :
LES ANNÉES LUMIÈRE, LA (1989)
RÉVOLUTION FRANÇAISE 2 :
LES ANNÉES TERRIBLES, LA (1989)
URANUS (1990)
ASTÉRIX ET OBÉLIX CONTRE CÉSAR (1998)
ACTEURS, LES (1999)
SAN ANTONIO (2004)

GALIENA, Anna
actrice italienne (1954-)
JOURS TRANQUILLES À CLICHY (1989)
MARI DE LA COIFFEUSE, LE (1990)
JAMBON JAMBON (1992)
GROSSE PASTÈQUE, LA (1993)
BEING HUMAN (1994)
SANS LA PEAU (1994)
CAPRICES D'UN FLEUVE, LES (1995)
TROIS VIES ET UNE SEULE MORT (1995)
LEADING MAN, THE (1996)
EXCELLENT CADAVERS (1999)

GALLAGHER, Peter
acteur américain (1955-)
IDOLMAKER, THE (1980)
SUMMER LOVERS (1982)
DREAMCHILD (1985)
LONG DAY'S JOURNEY INTO NIGHT (1987)
HIGH SPIRITS (1988)
SEX, LIES, AND VIDEOTAPE (1989)
MILENA (1990)
TUNE IN TOMORROW... (1990)
BOB ROBERTS (1992)
PLAYER, THE (1992)
CAFE SOCIETY (1993)
MOTHER'S BOYS (1993)
SHORT CUTS (1993)
HUDSUCKER PROXY, THE (1994)
MRS. PARKER AND THE VICIOUS CIRCLE (1994)
UNDERNEATH, THE (1994)
FALLEN ANGELS (1995)
WHILE YOU WERE SLEEPING (1995)
TITANIC (1996)
TO GILLIAN ON HER 37th BIRTHDAY (1996)
MAN WHO KNEW TOO LITTLE, THE (1997)
AMERICAN BEAUTY (1999)
HOUSE ON HAUNTED HILL (1999)
CENTER STAGE (2000)
FEAST OF ALL SAINTS (2001)
PROTECTION (2001)

GALLO, Vincent
acteur américain (1962-)
ARIZONA DREAM (1991)
PALOOKAVILLE (1995)
FUNERAL, THE (1996)
NÉNETTE ET BONI (1996)
TRUTH OR CONSEQUENCES N.M. (1997)
BUFFALO 66 (1998)
GOODBYE LOVER (1998)
HIDE AND SEEK (2000)
GET WELL SOON (2001)
TROUBLE EVERY DAY (2001)
STRANDED (2002)
BROWN BUNNY (2004)

GAMBLIN, Jacques
acteur français (1957-)
AU PETIT MARGUERY (1995)
MAUVAIS GENRE (1997)
TENUE CORRECTE EXIGÉE (1997)
AU CŒUR DU MENSONGE (1998)
DOCTEUR AKAGI (1998)
ENFANTS DU MARAIS, LES (1998)
MADEMOISELLE (2000)
LAISSEZ-PASSER (2001)
CARNAGES (2002)
À LA PETITE SEMAINE (2003)
HOLY LOLA (2004)
ENFER, L' (2005)

GAMBON, Michael
acteur irlandais (1940-)
STORYTELLER, THE -
DEFINITIVE COLLECTION (1987)
COOK, THE THIEF, HIS WIFE &
HER LOVER, THE (1989)
TOYS (1992)
BROWNING VERSION, THE (1994)
CLEAN SLATE (1994)
MAN OF NO IMPORTANCE, A (1994)
SQUANTO : A WARRIOR'S TALE (1994)
TWO DEATHS (1995)
MARY REILLY (1996)
DANCING AT LUGHNASA (1998)
LAST SEPTEMBER (1998)
SLEEPY HOLLOW (1999)
CHARLOTTE GRAY (2001)
GOSFORD PARK (2001)
HIGH HEELS AND LOW LIFES (2001)
ALI G INDAHOUSE : THE MOVIE (2002)
PATH TO WAR (2002)
ANGELS IN AMERICA (2003)
LOST PRINCE, THE (2003)
OPEN RANGE (2003)
SYLVIA (2003)
LAYER CAKE (2004)
SKY CAPTAIN AND THE WORLD
OF TOMORROW (2004)
THE LIFE AQUATIC WITH STEVE ZISSOU (2004)
HARRY POTTER AND
THE GOBLET OF FIRE (2005)

GANDOLFINI, James
acteur américain (1962-)
ANGIE (1994)
TERMINAL VELOCITY (1994)
NOUVEAU MONDE, LE (1995)
GUN (1996)
JUROR, THE (1996)
NIGHT FALLS ON MANHATTAN (1996)
12 ANGRY MEN (1997)
FALLEN (1997)
SHE'S SO LOVELY (1997)
CIVIL ACTION, A (1998)
MIGHTY, THE (1998)
8 MM (EIGHT MILIMETERS) (1999)
LAST CASTLE, THE (2001)
MAN WHO WASN'T THERE, THE (2001)
MEXICAN, THE (2001)
SOPRANOS IV, THE (2003)
SURVIVING CHRISTMAS (2004)

GANZ, Bruno
acteur suisse (1941-)
HANDS UP (1967)
MARQUISE D'O..., LA (1976)
AMI AMÉRICAIN, L' (1977)
BOYS FROM BRAZIL, THE (1978)
NOSFERATU : FANTÔME DE LA NUIT (1978)
5 % DE RISQUE (1979)
CIRCLE OF DECEIT (1981)
AILES DU DÉSIR, LES (1987)
STRAPLESS (1989)
LAST DAYS OF CHEZ NOUS, THE (1990)
CHILDREN OF NATURE (1991)
SI LOIN, SI PROCHE (1992)
LUMIÈRE ET COMPAGNIE (1995)
ÉTERNITÉ ET UN JOUR, L' (1998)
LUTHER (2003)
CHUTE, LA (2004)
MANCHURIAN CANDIDATE, THE (2004)

GARBO, Greta
actrice suédoise (1905-1990)
SAGA OF GOSTA BERLING, THE (1920)
RUE SANS JOIE, LA (1925)
FLESH AND THE DEVIL (1926)
MYSTERIOUS LADY, THE (1928)
WOMAN OF AFFAIRS, A (1928)
KISS, THE (1929)
SINGLE STANDARD, THE (1929)
WILD ORCHIDS (1929)
ANNA CHRISTIE (1930)
ROMANCE (1930)
INSPIRATION (1931)
SUSAN LENOX : HER FALL AND RISE (1931)
AS YOU DESIRE ME (1932)
GRAND HOTEL (1932)
MATA HARI (1932)
QUEEN CHRISTINA (1933)
ANNA KARENINA (1935)
PAINTED VEIL, THE (1935)
CAMILLE (1937)
CONQUEST (1938)
NINOTCHKA (1939)
TWO-FACED WOMAN (1941)

GARCÍA BERNAL, Gael
acteur mexicain (1978-)
AMOURS CHIENNES (2000)
DON'T TEMPT ME (2001)
ET... TA MÈRE AUSSI (2001)
PÉCHÉ DU FRÈRE AMARO, LE (2002)
CUBAN BLOOD (2003)
DOT THE I (2003)
CARNETS DE VOYAGE (2004)
MAUVAISE ÉDUCATION, LA (2004)

GARCIA, Andy
acteur américain (1956-)
MEAN SEASON, THE (1985)
8 MILLION WAYS TO DIE (1986)
UNTOUCHABLES, THE (1987)
STAND AND DELIVER (1988)
BLACK RAIN (1989)
GODFATHER III, THE (1990)
INTERNAL AFFAIRS (1990)
SHOW OF FORCE, A (1990)
DEAD AGAIN (1991)
HERO (1992)
JENNIFER 8 (1992)
WHEN A MAN LOVES A WOMAN (1994)
THINGS TO DO IN DENVER
WHEN YOU'RE DEAD (1995)
NIGHT FALLS ON MANHATTAN (1996)
DISPARITION DE GARCIA LORCA, LA (1997)
HOODLUM (1997)
DESPERATE MEASURES (1998)
LAKEBOAT (2000)
GALAXY FAR FAR AWAY, A (2001)
MAN FROM ELYSIAN FIELDS, THE (2001)
OCEAN'S ELEVEN (2001)
CONFIDENCE (2003)
TWISTED (2003)
OCEAN'S 12 (2004)

GARCIA, José
acteur français (1966-)
VÉRITÉ SI JE MENS, LA (1996)
COMME UN POISSON HORS DE L'EAU (1999)
MORSURES DE L'AUBE, LES (2000)

VÉRITÉ SI JE MENS II, LA (2000)
BOULET, LE (2001)
QUELQU'UN DE BIEN (2002)
RIRE ET CHÂTIMENT (2003)
APRÈS VOUS... (2005)

GARCIA, Nicole
actrice française (1948-)
QUE LA FÊTE COMMENCE ! (1974)
PAPILLON SUR L'ÉPAULE, UN (1978)
MON ONCLE D'AMÉRIQUE (1980)
UNS ET LES AUTRES, LES (1980)
BEAU-PÈRE (1981)
GARCON ! (1983)
MOTS POUR LE DIRE, LES (1983)
STELLA (1983)
PÉRIL EN LA DEMEURE (1984)
4e POUVOIR, LE (1985)
ÉTAT DE GRÂCE, L' (1986)
HOMME ET UNE FEMME :
VINGT ANS DÉJÀ, UN (1986)
MORT UN DIMANCHE DE PLUIE (1986)
LUMIÈRE DU LAC, LA (1987)
OUTREMER (1989)
LÉON MORIN, PRÊTRE (1991)
AUX PETITS BONHEURS (1993)
KENNEDY ET MOI (1999)
BETTY FISHER ET AUTRES HISTOIRES (2001)
PETITE LILI, LA (2003)
TRISTAN (2003)

GARCIN, Henri
acteur belge (1929-)
VIE DE CHÂTEAU, LA (1966)
SOMEONE BEHIND THE DOOR (1971)
VERDICT (1974)
FEMME, UN JOUR, UNE (1977)
COCKTAIL MOLOTOV (1979)
FEMME D'À CÔTÉ, LA (1981)
QU'EST-CE QU'ON ATTEND
POUR ÊTRE HEUREUX ? (1982)
HUITIÈME JOUR, LE (1996)
CACHETONNEURS, LES (1998)

GARDENIA, Vincent
acteur italo-américain (1922-1992)
VU DU PONT (1961)
BANG THE DRUM SLOWLY (1973)
DEATH WISH (1974)
BIG RACKET (1976)
HOME MOVIES (1979)
DEATH WISH 2 (1982)
SKIN DEEP (1989)
SUPER, THE (1991)

GARDINER, Reginald
acteur anglais (1903-1980)
BORN TO DANCE (1936)
SWEETHEARTS (1937)
EVERYBODY SING (1938)
FOREVER AND A DAY (1943)
DOLLY SISTERS, THE (1950)
HALLS OF MONTEZUMA (1950)
ANDROCLES AND THE LION (1952)
ROCK-A-BYE BABY (1958)

GARDNER, Ava
actrice américaine (1922-1990)
KILLERS, THE (1946)
HUCKSTERS, THE (1947)
SINGAPORE (1947)
EAST SIDE, WEST SIDE (1949)
ONE TOUCH OF VENUS (1949)
LONE STAR (1951)
MY FORBIDDEN PAST (1951)
PANDORA AND THE FLYING DUTCHMAN (1951)
SHOW BOAT (1951)
SNOWS OF KILIMANJARO (1952)
BAND WAGON, THE (1953)
MOGAMBO (1953)
BAREFOOT CONTESSA, THE (1954)
KNIGHTS OF THE ROUND TABLE (1954)
BHOWANI JUNCTION (1955)
NAKED MAJA, THE (1959)
ON THE BEACH (1959)
55 DAYS AT PEKING (1963)
SEVEN DAYS IN MAY (1963)
NIGHT OF THE IGUANA, THE (1964)
BIBLE, THE (1966)
MAYERLING (1968)
LIFE AND TIMES OF JUDGE ROY BEAN (1972)
EARTHQUAKE (1974)
CASSANDRA CROSSING, THE (1976)

GARFIELD, Allen
acteur américain (1939-)
GREETINGS (1968)
OWL AND THE PUSSYCAT, THE (1970)
BANANAS (1971)
CRY UNCLE ! (1971)
ORGANIZATION, THE (1971)
CANDIDATE, THE (1972)
CONVERSATION, THE (1974)
FRONT PAGE, THE (1974)
GABLE AND LOMBARD (1976)
MOTHER, JUGS & SPEED (1976)
BRINK'S JOB, THE (1978)
STUNT MAN, THE (1979)
CONTINENTAL DIVIDE (1981)
ÉTAT DES CHOSES, L' (1982)
ONE FROM THE HEART (1982)
BLACK STALLION RETURNS, THE (1983)
COTTON CLUB, THE (1984)
TEACHERS (1984)
DESERT BLOOM (1985)
BEVERLY HILLS COP II (1987)
LET IT RIDE (1989)
DICK TRACY (1990)
UNTIL THE END OF THE WORLD (1991)
PATRIOTES, LES (1994)
DESTINY TURNS ON THE RADIO (1995)
DIABOLIQUE (1996)
MAJESTIC, THE (2001)

GARFIELD, John
acteur américain (1913-1952)
FOUR DAUGHTERS (1938)
JUAREZ (1939)
THEY MADE ME A CRIMINAL (1939)
SEA WOLF, THE (1941)
TORTILLA FLAT (1942)
AIR FORCE (1943)
FALLEN SPARROW, THE (1943)
DESTINATION TOKYO (1944)
HUMORESQUE (1946)
POSTMAN ALWAYS RINGS TWICE, THE (1946)
GENTLEMAN'S AGREEMENT (1947)
BODY AND SOUL (1948)
FORCE OF EVIL (1949)
WE WERE STRANGERS (1949)

GARLAND, Judy
actrice américaine (1922-1969)
PIGSKIN PARADE (1936)
BROADWAY MELODY OF 1938 (1937)
EVERYBODY SING (1938)
LISTEN, DARLING (1938)
LOVE FINDS ANDY HARDY (1938)
BABES IN ARMS (1939)
WIZARD OF OZ, THE (1939)
LIFE BEGINS FOR ANDY HARDY (1940)
LITTLE NELLIE KELLY (1940)
STRIKE UP THE BAND (1940)
BABES ON BROADWAY (1941)
ZIEGFELD GIRL (1941)
THOUSANDS CHEER (1943)
CLOCK, THE (1944)
MEET ME IN ST. LOUIS (1944)
ANDY HARDY MEETS DEBUTANTE (1945)
HARVEY GIRLS, THE (1945)
ZIEGFELD FOLLIES (1946)
TILL THE CLOUDS ROLL BY (1947)
EASTER PARADE (1948)
PIRATE, THE (1948)
IN THE GOOD OLD SUMMERTIME (1950)
SUMMER STOCK (1950)
STAR IS BORN, A (1954)
JUDGMENT AT NUREMBERG (1961)
CHILD IS WAITING, A (1962)
I COULD GO ON SINGING (1963)
THAT'S ENTERTAINMENT (1974)

GARNER, James
acteur américain (1928-)
DARBY'S RANGERS (1957)
SAYONARA (1957)
CASH MC CALL (1959)
UP PERISCOPE (1959)
CHILDREN'S HOUR, THE (1961)
BOY'S NIGHT OUT (1962)
GREAT ESCAPE, THE (1963)
MOVE OVER, DARLING (1963)
THRILL OF IT ALL, THE (1963)
WHEELER DEALERS, THE (1963)
36 HOURS (1964)
AMERICANIZATION OF EMILY, THE (1964)
DUEL AT DIABLO (1965)
GRAND PRIX (1966)
HOUR OF THE GUN (1967)
PINK JUNGLE, THE (1968)
MARLOWE (1969)
SUPPORT YOUR LOCAL SHERIFF ! (1969)
MAN CALLED SLEDGE, A (1970)
SKIN GAME (1971)
SUPPORT YOUR LOCAL GUNFIGHTER (1971)
FAN, THE (1981)
VICTOR / VICTORIA (1982)
MURPHY'S ROMANCE (1985)
SUNSET (1988)
MY NAME IS BILL W. (1989)
FIRE IN THE SKY (1993)
MAVERICK (1994)
TWILIGHT (1997)
SPACE COWBOYS (2000)
DIVINE SECRETS OF
THE YA-YA SISTERHOOD (2002)
NOTEBOOK, THE (2004)

GAROFALO, Janeane
actrice américaine (1964-)
BYE, BYE LOVE (1995)
ROMY & MICHELE'S HIGH
SCHOOL REUNION (1996)
TRUTH ABOUT CATS AND DOGS, THE (1996)
COP LAND (1997)
MATCHMAKER, THE (1997)
CLAY PIGEONS (1998)
DOG PARK (1998)
BUMBLEBEE FLIES AWAY, THE (1999)
DOGMA (1999)
MINUS MAN, THE (1999)
MYSTERY MEN (1999)
ADVENTURES OF ROCKY
AND BULWINKLE, THE (2000)
TITAN A.E. (2000)
WET HOT AMERICAN SUMMER (2001)
DUANE HOPWOOD (2005)
STAY (2005)

GARR, Teri
actrice américaine (1949-)
HEAD : STARRING THE MONKEES (1968)
CONVERSATION, THE (1974)
YOUNG FRANKENSTEIN (1974)
CLOSE ENCOUNTERS OF THE THIRD KIND (1977)
OH, GOD ! (1977)
BLACK STALLION, THE (1979)
ESCAPE ARTIST, THE (1982)
ONE FROM THE HEART (1982)
TOOTSIE (1982)
BLACK STALLION RETURNS, THE (1983)
MR. MOM (1983)
STING II, THE (1983)
FIRST BORN (1984)
AFTER HOURS (1985)
FULL MOON IN BLUE WATER (1988)
LET IT RIDE (1989)
OUT COLD (1989)
WAITING FOR THE LIGHT (1989)
MOM AND DAD SAVE THE WORLD (1992)
PLAYER, THE (1992)
DUMB & DUMBER (1994)
PRÊT-À-PORTER (1994)

GARSON, Greer
acteur irlandais (1908-1996)
GOODBYE MR. CHIPS (1939)
BLOSSOMS IN THE DUST (1940)
PRIDE AND PREJUDICE (1940)
WHEN LADIES MEET (1941)
MADAME CURIE (1943)
MRS. MINIVER (1943)
ADVENTURE (1945)
RANDOM HARVEST (1945)
VALLEY OF DECISION, THE (1945)
MRS. PARKINGTON (1947)
JULIA MISBEHAVES (1948)
THAT FORSYTE WOMAN (1949)
MINIVER STORY, THE (1950)
JULIUS CAESAR (1953)
SUNRISE AT CAMPOBELLO (1960)
HAPPIEST MILLIONAIRE, THE (1967)
GOODBYE, MR. CHIPS (1969)

GASSMAN, Vittorio
acteur italien (1922-2000)
RIZ AMER (1949)
RHAPSODY (1954)
WAR AND PEACE (1955)
PIGEON, LE (1958)
MIRACLE, THE (1959)
BARABBAS (1961)
TIGER AND THE PUSSYCAT, THE (1967)
WOMAN TIMES SEVEN (1967)
PARFUM DE FEMME (1974)
HISTOIRE D'AIMER (1975)
NOUS NOUS SOMMES TANT AIMÉS (1975)
MESDAMES ET MESSIEURS, BONSOIR (1976)
MON FILS EST ASSASSIN (CHER PAPA) (1978)
QUINTET (1978)
WEDDING, A (1978)
NUDE BOMB, THE (1980)
TEMPEST (1982)
BENVENUTA (1983)
BIG DEAL ON MADONNA STREET - 20 YEARS LATER (1985)
DEUX INCONNUS DANS LA VILLE (1985)
FAMILLE, LA (1987)
SLEAZY UNCLE, THE (1989)

GAY HARDEN, Marcia
actrice américaine (1959-)
CRUSH (1992)
SAFE PASSAGE (1993)
SPITFIRE GRILL, THE (1995)
FLUBBER (1997)
MEET JOE BLACK (1998)
POLLOCK (2000)
SPACE COWBOYS (2000)
CASA DE LOS BABYS (2003)
MYSTIC RIVER (2003)
WELCOME TO MOOSEPORT (2003)
BAD NEWS BEARS (2005)
AMERICAN DREAMZ (2006)

GAZZARA, Ben
acteur américain (1930-)
STRANGE ONE, THE (1956)
ANATOMY OF A MURDER (1959)
BRIDGE AT REMAGEN, THE (1969)
HUSBANDS (1970)
PURSUIT (1972)
KILLING OF A CHINESE BOOKIE, THE (1976)
OPENING NIGHT (1977)
BLOODLINE (1979)
SAINT JACK (1979)
CONTE DE LA FOLIE ORDINAIRE (1981)
THEY ALL LAUGHED (1981)
FILLE DE TRIESTE, LA (1982)
EARLY FROST, AN (1985)
CHAMPAGNE AMER (1986)
CONTROL (1986)
ROAD HOUSE (1989)
BIG LEBOWSKI, THE (1997)
SPANISH PRISONER, THE (1997)
BUFFALO 66 (1998)
HAPPINESS (1998)
ILLUMINATA (1998)
SUMMER OF SAM (1999)
THOMAS CROWN AFFAIR (1999)
HYSTERICAL BLINDNESS (2002)
DOGVILLE (2003)

GEER, Will
acteur américain (1902-1978)
COMANCHE TERRITORY (1950)
TO PLEASE A LADY (1950)
SALT OF THE EARTH (1954)
SECONDS (1966)
BROTHER JOHN (1971)
JEREMIAH JOHNSON (1971)
NAPOLEON AND SAMANTHA (1972)

GEESON, Judy
actrice anglaise (1948-)
TO SIR, WITH LOVE (1967)
10 RILLINGTON PLACE (1971)
DOOMWATCH (1972)
FEAR IN THE NIGHT (1972)
BRANNIGAN (1975)
DANGER UXB (1979)
INSEMINOID (1981)

GÉLIN, Daniel
acteur français (1921-2002)
RENDEZ-VOUS DE JUILLET (1949)
RONDE, LA (1950)
NAPOLÉON (1954)
EN EFFEUILLANT LA MARGUEURITE (1956)
MAN WHO KNEW TOO MUCH, THE (1956)
TROIS JOURS À VIVRE (1957)
À BELLES DENTS (1966)
SOUFFLE AU CŒUR, LE (1971)
NUIT DE VARENNES, LA (1982)
ENFANTS, LES (1984)
ITINÉRAIRE D'UN ENFANT GÂTÉ (1988)
VIE EST UN LONG FLEUVE TRANQUILLE, LA (1988)
DANDIN (1989)
MAUVAISE FILLE (1990)
MISTER FROST (1990)
COUP DE JEUNE ! (1991)
SECRETS PROFESSIONNELS DU DR. APFELGLÜCK, LES (1991)
ROULEZ JEUNESSE (1992)
MARMOTTES, LES (1993)
BIDOCHON, LES (1996)

GENN, Leo
acteur anglais (1905-1978)
IMMORTAL BATTALION, THE (1943)
MOURNING BECOMES ELECTRA (1947)
SNAKE PIT, THE (1948)
VELVET TOUCH, THE (1948)
MINIVER STORY, THE (1950)
AMANT DE LADY CHATTERLY, L' (1955)
ÉVADÉS DE LA NUIT, LES (1960)
TOO HOT TO HANDLE (1960)
CIRCUS OF FEAR (1966)
STRANGE CASE OF DR. JEKYLL AND MR. HYDE, THE (1968)
DIE SCREAMING MARIANNE (1971)

GENSAC, Claude
actrice française (1927-)
GRANDES VACANCES, LES (1967)
OSCAR (1967)
GENDARME SE MARIE, LE (1968)
HIBERNATUS (1969)
GENDARME EN BALADE, LE (1970)
AILE OU LA CUISSE, L' (1976)
AVARE, L' (1980)
SOUPE AUX CHOUX, LA (1981)
GENDARME ET LES GENDARMETTES, LE (1982)
QUIPROQUOS (1991)
ABSOLUMENT FABULEUX (2001)

GEORGE, Susan
actrice anglaise (1950-)
LOLA (1969)
EYEWITNESS (1970)
DIE SCREAMING MARIANNE (1971)
FRIGHT (1971)
STRAW DOGS (1971)
DIRTY MARY CRAZY LARRY (1974)
MANDINGO (1975)
TOMORROW NEVER COMES (1978)
JIGSAW MAN, THE (1984)

GÉRARD, Charles
acteur français (1926-)
VOYOU, LE (1970)
SMIC, SMAC, SMOC (1971)
AVENTURE C'EST L'AVENTURE, L' (1972)
BONNE ANNÉE, LA (1973)
MARIAGE (1974)
TOUTE UNE VIE (1975)
JOUET, LE (1976)
ANIMAL, L' (1977)
CHARLOTS EN DÉLIRE, LES (1979)
FLIC OU VOYOU (1979)
DIPLÔMÉS DU DERNIER RANG, LES (1982)
ÉDITH ET MARCEL (1983)
VIVA LA VIE (1983)
NI AVEC TOI, NI SANS TOI (1984)
PARTIR, REVENIR (1985)
CLUB DE RENCONTRES (1986)
HOMME ET UNE FEMME : VINGT ANS DÉJÀ, UN (1986)
ATTENTION BANDITS (1987)
IL Y A DES JOURS... ET DES LUNES (1990)
BELLE HISTOIRE, LA (1991)
TOUT ÇA... POUR ÇA ! (1992)

GERE, Richard
acteur américain (1949-)
LOOKING FOR MR. GOODBAR (1977)
DAYS OF HEAVEN (1978)
YANKS (1979)

AMERICAN GIGOLO (1980)
OFFICER AND A GENTLEMAN, AN (1981)
BEYOND THE LIMIT (1983)
BREATHLESS (1983)
COTTON CLUB, THE (1984)
KING DAVID (1985)
POWER (1985)
NO MERCY (1986)
MILES FROM HOME (1988)
INTERNAL AFFAIRS (1990)
PRETTY WOMAN (1990)
RHAPSODY IN AUGUST (1991)
FINAL ANALYSIS (1992)
AND THE BAND PLAYED ON (1993)
MR. JONES (1993)
SOMMERSBY (1993)
INTERSECTION (1994)
FIRST KNIGHT (1995)
PRIMAL FEAR (1996)
JACKAL, THE (1997)
RED CORNER (1997)
RUNAWAY BRIDE (1999)
AUTUMN IN NEW YORK (2000)
DR. T AND THE WOMEN (2000)
MOTHMAN PROPHECIES, THE (2001)
CHICAGO (2002)
UNFAITHFUL (2002)
SHALL WE DANCE ? (2004)
BEE SEASON, THE (2005)

GERSHON, Gina
actrice américaine (1962-)
COCKTAIL (1988)
SHOWGIRLS (1995)
BOUND (1996)
FACE / OFF (1997)
PALMETTO (1997)
LULU ON THE BRIDGE (1998)
GUINEVERE (1999)
PICTURE CLAIRE (2001)
DEMONLOVER (2002)
OUT OF SEASON (2004)

GERTZ, Jami
actrice américaine (1965-)
ALPHABET CITY (1984)
CROSSROADS (1986)
QUICKSILVER (1986)
SOLARBABIES (1986)
SIBLING RIVALRY (1990)
JERSEY GIRL (1992)
TWISTER (1996)

GIAMATTI, Paul
acteur américain (1967-)
PAST MIDNIGHT (1992)
IF THESE WALLS COULD TALK II (1999)
MAN ON THE MOON (1999)
BIG MOMMA'S HOUSE (2000)
PLANET OF THE APES (2001)
STORYTELLING (2001)
BIG FAT LIAR (2002)
AMERICAN SPLENDOR (2003)
CONFIDENCE (2003)
PAYCHECK (2003)
PENTAGON PAPERS, THE (2003)
SIDEWAYS (2004)
CINDERELLA MAN (2005)

GIANNINI, Giancarlo
acteur italien (1942-)
GOOD NEWS (1947)
ANZIO (1968)
SECRET OF SANTA VITTORIA, THE (1969)
BLACK BELLY OF THE TARANTULA (1971)
MIMI MÉTALLO BLESSÉ
DANS SON HONNEUR (1972)
LOVE & ANARCHY (1973)
ALL SCREWED UP (1974)
GRANDE BOURGEOISE, LA (1974)
VERS UN DESTIN INSOLITE
SUR LES FLOTS BLEUS DE L'ÉTÉ (1974)
HISTOIRE D'AIMER (1975)
SEVEN BEAUTIES (1975)
INNOCENT, L' (1976)
NIGHT FULL OF RAIN, A (1977)
AVEUX SPONTANÉS (1979)
PICONE (1983)
NEW YORK STORIES (1989)
SLEAZY UNCLE, THE (1989)
TIME TO KILL (1989)
WALK IN THE CLOUDS, A (1995)
MIMIC (1997)
HANNIBAL (2001)
DARKNESS (2002)
CŒUR AILLEURS, LE (2003)
MAN ON FIRE (2004)
SHADOWS IN THE SUN (2005)

GIBSON, Mel
acteur australien (1956-)
MAD MAX (1979)
TIM (1979)
ATTACK FORCE Z (1980)
GALLIPOLI (1981)
MAD MAX 2 : THE ROAD WARRIOR (1981)
YEAR OF LIVING DANGEROUSLY, THE (1982)
BOUNTY, THE (1983)
MRS. SOFFEL (1984)
RIVER, THE (1984)
MAD MAX 3 : BEYOND
THE THUNDERDOME (1985)
LETHAL WEAPON (1987)
TEQUILA SUNRISE (1988)
LETHAL WEAPON 2 (1989)
AIR AMERICA (1990)
BIRD ON A WIRE (1990)
HAMLET (1990)
FOREVER YOUNG (1992)
LETHAL WEAPON 3 (1992)
MAN WITHOUT A FACE, THE (1993)
MAVERICK (1994)
BRAVEHEART (1995)
RANSOM (1996)
CONSPIRACY THEORY (1997)
LETHAL WEAPON 4 (1998)
PAYBACK (1999)
MILLION DOLLAR HOTEL (2000)
PATRIOT, THE (2000)
SIGNS (2002)
WE WERE SOLDIERS (2002)

GIELGUD, John
acteur anglais (1904-)
SECRET AGENT (1936)
PRIME MINISTER (1941)
JULIUS CAESAR (1953)
RICHARD III (1955)
AROUND THE WORLD IN 80 DAYS (1956)
SAINT JOAN (1956)
LOVED ONE, THE (1965)
ALICE IN WONDERLAND (1966)
CHARGE OF THE LIGHT BRIGADE, THE (1968)
SHOES OF THE FISHERMAN, THE (1968)
JULIUS CAESAR (1970)
BECKET (1974)
MURDER ON THE ORIENT EXPRESS (1974)
PROVIDENCE (1976)
MISERABLES, LES (1978)
MURDER BY DECREE (1978)
CALIGULA (1979)
JAMES JOYCE : A PORTRAIT OF
THE ARTIST AS A YOUNG MAN (1979)
ELEPHANT MAN, THE (1980)
FORMULA, THE (1980)
HUMAN FACTOR, THE (1980)
SPHINX (1980)
ARTHUR (1981)
CHARIOTS OF FIRE (1981)
LION OF THE DESERT (1981)
GANDHI (1982)
SCARLET AND THE BLACK, THE (1983)
WAGNER (1983)
WICKED LADY, THE (1983)
SHOOTING PARTY, THE (1984)
WHISTLE BLOWER, THE (1986)
APPOINTMENT WITH DEATH (1988)
ARTHUR 2 : ON THE ROCKS (1988)
GETTING IT RIGHT (1989)
PROSPERO'S BOOKS (1991)
POWER OF ONE, THE (1992)
SHINING THROUGH (1992)
FIRST KNIGHT (1995)
GULLIVER'S TRAVELS (1995)
PORTRAIT OF A LADY, THE (1996)
SHINE (1996)
HUNCHBACK, THE (1997)
MERLIN (1998)

GILFORD, Jack
acteur américain (1907-1990)
FUNNY THING HAPPENED ON THE WAY
TO THE FORUM, A (1966)
ENTER LAUGHING (1967)
INCIDENT, THE (1967)
WHO'S MINDING THE MINT ? (1967)
FIXER, THE (1968)
CATCH 22 (1970)
THEY MIGHT BE GIANTS (1971)
SAVE THE TIGER (1972)
CAVEMAN (1981)
COCOON (1985)
ARTHUR 2 : ON THE ROCKS (1988)
COCOON : THE RETURN (1988)

GILLAIN, Marie
actrice belge (1975-)
MON PÈRE, CE HÉROS (1991)
APPÂT, L' (1995)
AFFINITÉS ÉLECTIVES, LES (1996)
BOSSU, LE (1997)
DERNIER HAREM, LE (1999)
ABSOLUMENT FABULEUX (2001)
LAISSEZ-PASSER (2001)
NI POUR NI CONTRE
(BIEN AU CONTRAIRE) (2002)
TOUT LE PLAISIR EST POUR MOI (2004)
ENFER, L' (2005)

GILLIAM, Terry
acteur américain (1940-)
AND NOW FOR SOMETHING
COMPLETELY DIFFERENT (1971)
MONTY PYTHON AND THE HOLY GRAIL (1975)
JABBERWOCKY (1977)
MONTY PYTHON'S LIFE OF BRIAN (1979)
MONTY PYTHON LIVE
AT THE HOLLYWOOD BOWL (1982)
MONTY PYTHON'S
THE MEANING OF LIFE (1983)
SPIES LIKE US (1985)

GILMORE, Danny
acteur canadien (1973-)
LILIES (1996)
CES ENFANTS D'AILLEURS (1997)
WINTER LILY (1998)
CRÈME GLACÉE, CHOCOLAT ET AUTRES
CONSOLATIONS (2001)

FILS DE MARIE, LES (2002)
GAZ BAR BLUES (2003)
SAVED BY THE BELLES (2003)
BONZAÏON (2005)

GIRARD, Rémy
acteur québécois (1950-)
BEAUX SOUVENIRS, LES (1981)
YEUX ROUGES, LES (1982)
CRIME D'OVIDE PLOUFFE, LE (1984)
DÉCLIN DE L'EMPIRE AMÉRICAIN, LE (1986)
VOISINS, LES (1987)
CHEMIN DE DAMAS, LE (1988)
KALAMAZOO (1988)
PORTES TOURNANTES, LES (1988)
TISSERANDS DU POUVOIR, LES (1988)
DANS LE VENTRE DU DRAGON (1989)
JÉSUS DE MONTRÉAL (1989)
RAFALES (1990)
AMOUREUX FOU (1991)
MONTRÉAL VU PAR... (1991)
PAGAILLE, LA (1991)
FLORIDA, LA (1993)
SECRET DE JÉRÔME, LE (1994)
LILIES (1996)
BOYS, LES (1997)
CES ENFANTS D'AILLEURS (1997)
SIÈGE DE L'ÂME, LE (1997)
BOYS II, LES (1998)
BOYS III, LES (2001)
SÉRAPHIN, UN HOMME ET SON PÉCHÉ (2002)
INVASIONS BARBARES, LES (2003)
BOUGON, LES (2004-06)
MONICA LA MITRAILLE (2004)
AURORE (2005)
BOYS IV, LES (2005)
HUMAN TRAFFICKING (2005)

GIRARDOT, Annie
actrice française (1931-)
ROCCO ET SES FRÈRES (1960)
MARI DE LA FEMME À BARBE, LE (1964)
ANARCHISTES OU LA BANDE
À BONNOT, LES (1969)
MOURIR D'AIMER (1970)
NOVICES, LES (1970)
VIEILLE FILLE, LA (1971)
ELLE CAUSE PLUS... ELLE FLINGUE ! (1972)
TRAITEMENT DE CHOC (1972)
JULIETTE ET JULIETTE (1973)
URSULE ET GRELU (1973)
DOCTEUR FRANÇOISE GAILLAND (1975)
GITAN, LE (1975)
IL PLEUT SUR SANTIAGO (1975)
À CHACUN SON ENFER (1977)
ZIZANIE, LA (1978)
CAUSE TOUJOURS, TU M'INTÉRESSES (1979)
GRAND EMBOUTEILLAGE, LE (1979)
ON A VOLÉ LA CUISSE DE JUPITER (1979)
PARTIR, REVENIR (1985)
CINQ JOURS EN JUIN (1989)
COMÉDIE D'AMOUR (1989)
IL Y A DES JOURS... ET DES LUNES (1990)
CRY IN THE NIGHT, A (1991)
MERCI LA VIE (1991)
MISÉRABLES DU XXe SIÈCLE, LES (1995)
BIDOCHON, LES (1996)
ÂGE DE BRAISE, L' (1998)
PIANISTE, LA (2001)
CACHÉ (2005)

GIRARDOT, Hippolyte
acteur français (1955-)
BON PLAISIR, LE (1983)
FORT SAGANNE (1983)
PRÉNOM : CARMEN (1983)
AMANT MAGNIFIQUE, L' (1986)
DESCENTE AUX ENFERS (1986)
MONDE SANS PITIÉ, UN (1989)
MAN INSIDE, THE (1990)
APRÈS L'AMOUR (1991)
CONFESSIONS D'UN BARJO (1991)
FILLE DE L'AIR, LA (1992)
PARFUM D'YVONNE, LE (1993)
TOXIC AFFAIR (1993)
PATRIOTES, LES (1994)
QUAND J'AVAIS CINQ ANS, JE M'AI TUÉ (1994)
ROIS ET REINE (2004)
MOUSTACHE, LA (2005)

GIRAUDEAU, Bernard
acteur français (1947-)
GITAN, LE (1975)
BILITIS (1977)
JUGE FAYARD DIT « LE SHÉRIF », LE (1977)
ET LA TENDRESSE ?... BORDEL ! (1978)
TOUBIB, LE (1979)
PASSION D'AMOUR (1980)
VIENS CHEZ MOI, J'HABITE
CHEZ UNE COPINE (1980)
CROQUE LA VIE (1981)
MEURTRES À DOMICILE (1981)
GRAND PARDON, LE (1982)
HECATE, MAITRESSE DE LA NUIT (1982)
RUFFIAN, LE (1982)
PAPY FAIT DE LA RÉSISTANCE (1983)
RUE BARBARE (1983)
ANNÉE DES MÉDUSES, L' (1984)
BRAS DE FER (1985)
SPÉCIALISTES, LES (1985)
HOMME VOILÉ, L' (1987)
POUSSIÈRE D'ANGE (1987)
APRÈS L'AMOUR (1991)
REINE BLANCHE, LA (1991)
DRÔLES D'OISEAUX (1992)
ELLES NE PENSENT QU'À ÇA (1993)
FILS PRÉFÉRÉ, LE (1994)
CAPRICES D'UN FLEUVE, LES (1995)
MARQUISE (1997)
MARTHE (1997)
AFFAIRE DE GOÛT, UNE (1999)
GOUTTES D'EAU SUR PIERRES
BRÛLANTES (1999)
CE JOUR-LÀ (2003)
PETITE LILI, LA (2003)

GIROTTI, Massimo
acteur italien (1918-2003)
OSSESSIONE (1942)
RETURN OF THE PILOT (1942)
STORY OF A LOVE AFFAIR (1950)
SENSO (1954)
HEROD THE GREAT (1958)
TEOREMA (1968)
TORTURE CHAMBER OF
BARON BLOOD, THE (1972)
CAGLIOSTRO (1974)
INNOCENT, L' (1976)
OBSESSION À BERLIN (1985)
FACING WINDOWS (2003)

GISH, Annabeth
actrice américaine (1971-)
DESERT BLOOM (1985)
MYSTIC PIZZA (1988)
LAST SUPPER, THE (1995)
BEAUTIFUL GIRLS (1996)
DON'T LOOK BACK (1996)
STEEL (1997)
S.L.C. PUNK ! (1998)
DOUBLE JEOPARDY (1999)
DESPERATION (2006)

GISH, Lillian
actrice américaine (1896-1993)
JUDITH OF BETHULIA (1913)
HOME, SWEET HOME (1914)
BIRTH OF A NATION, THE (1915)
INTOLERANCE (1916)
HEARTS OF THE WORLD (1918)
BROKEN BLOSSOMS (1919)
WAY DOWN EAST (1920)
ORPHANS OF THE STORM (1921)
WIND, THE (1928)
COMMANDOS STRIKE AT DAWN (1942)
DUEL IN THE SUN (1947)
PORTRAIT OF JENNIE (1948)
NIGHT OF THE HUNTER, THE (1955)
UNFORGIVEN, THE (1960)
COMEDIANS, THE (1967)
WEDDING, A (1978)
SWEET LIBERTY (1986)
WHALES OF AUGUST, THE (1987)

GLEASON, Jackie
acteur américain (1916-1987)
ALL THROUGH THE NIGHT (1941)
HUSTLER, THE (1961)
REQUIEM FOR A HEAVYWEIGHT (1962)
SMOKEY AND THE BANDIT (1977)
SMOKEY AND THE BANDIT 2 (1980)
TOY, THE (1982)
STING II, THE (1983)
NOTHING IN COMMON (1986)

GLEASON, James
acteur américain (1886-1959)
FREE SOUL, A (1931)
EX-MRS. BRADFORD, THE (1936)
ARSENIC AND OLD LACE (1944)
CLOCK, THE (1944)
ONCE UPON A TIME (1944)
DOWN TO EARTH (1947)
TYCOON (1948)
JACKPOT, THE (1950)
MAN IN THE SHADOW (1957)
ROCK-A-BYE BABY (1958)

GLEESON, Brendan
acteur irlandais (1954-)
BRAVEHEART (1995)
TURBULENCE (1996)
I WENT DOWN (1997)
GENERAL, THE (1998)
LAKE PLACID (1999)
WILD ABOUT HARRY (2000)
TAILOR OF PANAMA, THE (2001)
28 DAYS LATER (2002)
DARK BLUE (2002)
COLD MOUNTAIN (2003)
IN MY COUNTRY (2004)
TROY (2004)
VILLAGE, THE (2004)
BREAKFAST ON PLUTO (2005)
HARRY POTTER AND
THE GOBLET OF FIRE (2005)
KINGDOM OF HEAVEN (2005)
BLACK IRISH (2006)
STUDS (2006)

GLEN, Iain
acteur anglais (1961-)
MOUNTAINS OF THE MOON (1989)
YOUNG AMERICANS (1993)
MARARIA (1998)
WYVERN MYSTERY, THE (2000)
LARA CROFT - TOMB RAIDER (2001)
ÂME EN JEU, L' (2002)
DARKNESS (2002)

GLENN, Scott
acteur américain (1942-)
NASHVILLE (1975)
APOCALYPSE NOW (1979)
URBAN COWBOY (1980)
CHALLENGE, THE (1981)
PERSONAL BEST (1982)
KEEP, THE (1983)
RIGHT STUFF, THE (1983)
RIVER, THE (1984)
SILVERADO (1985)
MAN ON FIRE (1987)
OFF LIMITS (1988)
HUNT FOR RED OCTOBER (1990)
BACKDRAFT (1991)
SILENCE OF THE LAMBS, THE (1991)
PLAYER, THE (1992)
NIGHT OF THE RUNNING MAN (1994)
RECKLESS (1995)
TALL TALE (1995)
ABSOLUTE POWER (1996)
CARLA'S SONG (1996)
COURAGE UNDER FIRE (1996)
EDIE & PEN (1996)
VERTICAL LIMIT (2000)
BUFFALO SOLDIERS (2001)
SHIPPING NEWS, THE (2001)
TRAINING DAY (2001)
PAINTED HOUSE, A (2003)

GLOVER, Crispin
acteur américain (1964-)
FRIDAY THE 13th IV:
THE FINAL CHAPTER (1984)
RACING WITH THE MOON (1984)
TEACHERS (1984)
BACK TO THE FUTURE (1985)
RIVER'S EDGE (1986)
WHERE THE HEART IS (1990)
WILD AT HEART (1990)
DOORS, THE (1991)
EVEN COWGIRLS
GET THE BLUES (1994)
DEAD MAN (1995)
CHARLIE'S ANGELS (2000)
NURSE BETTY (2000)
CHARLIE'S ANGELS:
FULL THROTTLE (2003)
WILLARD (2003)

GLOVER, Danny
acteur américain (1947-)
ESCAPE FROM ALCATRAZ (1979)
PLACES IN THE HEART (1984)
COLOR PURPLE, THE (1985)
SILVERADO (1985)
WITNESS (1985)
LETHAL WEAPON (1987)
MANDELA (1987)
BAT 21 (1988)
LETHAL WEAPON 2 (1989)
LONESOME DOVE (1989)
TO SLEEP WITH ANGER (1989)
PREDATOR II (1990)
GRAND CANYON (1991)
PURE LUCK (1991)
RAGE IN HARLEM, A (1991)
LETHAL WEAPON 3 (1992)
BOPHA! (1993)
SAINT OF FORT WASHINGTON, THE (1993)
ANGELS IN THE OUTFIELD (1994)
OPERATION DUMBO DROP (1995)
SWITCHBACK (1997)
BELOVED (1998)
LETHAL WEAPON 4 (1998)
ROYAL TENENBAUMS, THE (2001)
EARTHSEA (2004)
SAW (2004)
MANDERLAY (2005)

GLOVER, John
acteur américain (1944-)
A LITTLE SEX (1982)
EARLY FROST, AN (1985)
52 PICK-UP (1986)
CHOCOLATE WAR, THE (1988)
ROCKET GIBRALTAR (1988)
SCROOGED (1988)
EL DIABLO (1990)
GREMLINS 2: THE NEW BATCH (1990)
LOVE! VALOUR! COMPASSION! (1996)

GODDARD, Paulette
actrice américaine (1911-1990)
ROMAN SCANDALS (1933)
KID MILLIONS (1934)
MODERN TIMES (1936)
YOUNG IN HEART, THE (1938)
WOMEN, THE (1939)
GHOST BREAKERS, THE (1940)
GREAT DICTATOR, THE (1940)
REAP THE WILD WIND (1942)
STAR SPANGLED RHYTHM (1942)
SO PROUDLY WE HAIL (1944)
DIARY OF A CHAMBERMAID (1946)
ON OUR MERRY WAY (1947)
UNCONQUERED (1947)

GODIN, Jacques
acteur québécois (1930-)
FESTIN DES MORTS, LE (1965)
ET DU FILS (1971)
O.K... LALIBERTÉ (1973)
PAR LE SANG DES AUTRES (1974)
ONE MAN (1977)
QUARANTAINE, LA (1982)
MARIO (1984)
POUVOIR INTIME (1986)
GUERRE OUBLIÉE, LA (1987)
GASPARD ET FILS (1988)
SALUT VICTOR! (1988)
DOUBLE IDENTITY (1990)
ALISÉE (1991)
BEING AT HOME WITH CLAUDE (1992)
NUIT DU DÉLUGE (1996)
NEZ ROUGE (2003)

GODRÈCHE, Judith
actrice française (1972-)
FILLE DE 15 ANS, LA (1989)
TANGO (1992)
RIDICULE (1996)
ROUGE ET LE NOIR, LE (1997)
MAN IN THE IRON MASK, THE (1998)
ENTROPY (1999)
AUBERGE ESPAGNOLE, L' (2001)
QUICKSAND (2001)
PARLEZ-MOI D'AMOUR (2002)
FRANCE BOUTIQUE (2003)

GOLDBERG, Whoopi
actrice américaine (1949-)
COLOR PURPLE, THE (1985)
JUMPIN' JACK FLASH (1986)
FATAL BEAUTY (1987)
CLARA'S HEART (1988)
HOMER & EDDIE (1989)
GHOST (1990)
LONG WALK HOME, THE (1990)
SOAPDISH (1991)
PLAYER, THE (1992)
SARAFINA! (1992)
SISTER ACT (1992)
MADE IN AMERICA (1993)
SISTER ACT II: BACK IN THE HABIT (1993)
BOYS ON THE SIDE (1994)
CORRINA, CORRINA (1994)
LITTLE RASCALS, THE (1994)
PAGEMASTER, THE (1994)
MOONLIGHT AND VALENTINO (1995)
ASSOCIATE, THE (1996)
BOGUS (1996)
EDDIE (1996)
GHOSTS OF MISSISSIPPI (1996)
BURN HOLLYWOOD BURN (1997)
IN THE GLOAMING (1997)
HOW STELLA GOT HER GROOVE BACK (1998)
DEEP END OF THE OCEAN, THE (1999)
GIRL, INTERRUPTED (1999)
MAGICAL LEGEND OF
LEPRECHAUNS, THE (1999)
ADVENTURES OF ROCKY
AND BULWINKLE, THE (2000)
RAT RACE (2001)
WHOOPI: BACK ON BROADWAY - 20th
ANNIVERSARY (2005)

GOLDBLUM, Jeff
acteur américain (1952-)
DEATH WISH (1974)
NASHVILLE (1975)
NEXT STOP, GREENWICH VILLAGE (1976)
ANNIE HALL (1977)
INVASION OF THE BODY SNATCHERS (1978)
THANK GOD IT'S FRIDAY (1978)
BIG CHILL, THE (1983)
RIGHT STUFF, THE (1983)
ADVENTURES OF BUCKAROO BANZAI
ACROSS THE 8th DIMENSION, THE (1984)
INTO THE NIGHT (1985)
SILVERADO (1985)
TRANSYLVANIA 6-5000 (1985)
BEYOND THERAPY (1986)
FLY, THE (1986)
TWISTED OBSESSION (1988)
EARTH GIRLS ARE EASY (1989)
TALL GUY, THE (1989)
MISTER FROST (1990)
SHOOTING ELIZABETH (1991)
DEEP COVER (1992)
FAVOUR, THE WATCH AND
THE VERY BIG FISH, THE (1992)
PLAYER, THE (1992)
JURASSIC PARK (1993)
LUSH LIFE (1993)
NINE MONTHS (1995)
POWDER (1995)
GREAT WHITE HYPE, THE (1996)
INDEPENDANCE DAY (1996)
JURASSIC PARK: THE LOST WORLD (1997)
HOLY MAN (1998)
CATS AND DOGS (2001)
IGBY GOES DOWN (2002)
THE LIFE AQUATIC WITH STEVE ZISSOU (2004)

GOLINO, Valeria
actrice italienne (1966-)
LUNETTES D'OR, LES (1987)
BIG TOP PEE WEE (1988)
RAIN MAN (1988)
EAUX PRINTANIÈRES, LES (1989)
IL Y A DES JOURS... ET DES LUNES (1990)
INDIAN RUNNER, THE (1990)
PUTAIN DU ROI, LA (1990)
HOT SHOTS! (1991)
YEAR OF THE GUN (1991)
HOT SHOTS! PART DEUX (1993)
CLEAN SLATE (1994)

IMMORTAL BELOVED (1994)
FOUR ROOMS (1995)
LEAVING LAS VEGAS (1995)
DERNIER HAREM, LE (1999)
HOTEL (2001)
FRIDA (2002)
RESPIRO (2002)
36 QUAI DES ORFÈVRES (2004)
SAN ANTONIO (2004)

GOMEZ, Thomas
acteur américain (1905-1971)
INNER SANCTUM : DEAD MAN'S EYES (1944)
PHANTOM LADY (1944)
COME TO THE STABLE (1949)
THAT MIDNIGHT KISS (1949)
KIM (1950)
MACAO (1952)
PONY SOLDIER (1952)
CONQUEROR, THE (1956)
BUT NOT FOR ME (1959)

GONG, Li
actrice chinoise (1966-)
RED SORGHUM (1987)
JU-DOU (1990)
ÉPOUSES ET CONCUBINES (1991)
HISTOIRE DE QIU JU, L' (1992)
ADIEU MA CONCUBINE (1993)
VIVRE (1994)
SOUL HAUNTED BY PAINTING, A (1995)
TRIADE DE SHANGHAI, LA (1995)
TEMPTRESS MOON (1996)
EMPEREUR ET L'ASSASSIN, L' (1999)

GOODING Jr., Cuba
acteur américain (1968-)
BOYZ'N THE HOOD (1991)
JUDGMENT NIGHT (1993)
AS GOOD AS IT GETS (1997)
WHAT DREAMS MAY COME (1998)
CHILL FACTOR (1999)
MEN OF HONOR (2000)
RAT RACE (2001)
BOAT TRIP (2002)
SNOW DOGS (2002)

GOODMAN, John
acteur américain (1952-)
SURVIVORS, THE (1983)
MARIA'S LOVERS (1984)
SWEET DREAMS (1985)
BIG EASY, THE (1986)
TRUE STORIES (1986)
RAISING ARIZONA (1987)
EVERYBODY'S ALL-AMERICAN (1988)
PUNCHLINE (1988)
ALWAYS (1989)
SEA OF LOVE (1989)
ARACHNOPHOBIA (1990)
STELLA (1990)
BARTON FINK (1991)
KING RALPH (1991)
BABE, THE (1992)
BORN YESTERDAY (1993)
MATINEE (1993)
FLINTSTONES, THE (1994)
STREETCAR NAMED DESIRE, A (1995)
BIG LEBOWSKI, THE (1997)
BORROWERS, THE (1997)
FALLEN (1997)
BLUES BROTHERS 2000 (1998)
BRINGING OUT THE DEAD (1999)
ADVENTURES OF ROCKY
AND BULWINKLE, THE (2000)
COYOTE UGLY (2000)
O BROTHER, WHERE ART THOU ? (2000)
WHAT PLANET ARE YOU FROM ? (2000)
ON THE EDGE (2001)
ONE NIGHT AT McCOOL'S (2001)
STORYTELLING (2001)
MASKED AND ANONYMOUS (2003)
BEYOND THE SEA (2004)

GOODWIN, Harold
acteur américain (1902-1987)
SUDS (1920)
COLLEGE (1927)
CAMERAMAN, THE (1928)
TOKYO JOE (1949)
GREAT RUPERT, THE (1950)
ABBOTT & COSTELLO GO TO MARS (1953)
ABBOTT & COSTELLO MEET
THE KEYSTONE KOPS (1955)
DIE MONSTER, DIE ! (1965)

GORDON, Leo
acteur américain (1922-2000)
RIOT IN CELL BLOCK 11 (1954)
TEN WANTED MEN (1954)
MAN WITH THE GUN (1955)
MAN IN THE SHADOW (1957)
INTRUDER, THE (1961)
KITTEN WITH A WHIP (1964)
HOSTILE GUNS (1967)

GORDON, Ruth
actrice américaine (1896-1985)
ABE LINCOLN IN ILLINOIS (1940)
ACTION IN THE NORTH ATLANTIC (1943)
INSIDE DAISY CLOVER (1965)
ROSEMARY'S BABY (1968)
WHAT EVER HAPPENED TO AUNT ALICE ? (1969)
HAROLD AND MAUDE (1971)
MAXIE (1985)

GOSSETT, Louis Jr.
acteur américain (1936-)
RAISIN IN THE SUN, A (1961)
LANDLORD, THE (1970)
SKIN GAME (1971)
TRAVELS WITH MY AUNT (1972)
LAUGHING POLICEMAN, THE (1973)
J.D.'S REVENGE (1976)
DEEP, THE (1977)
OFFICER AND A GENTLEMAN, AN (1981)
JAWS III (1983)
ENEMY MINE (1985)
PRINCIPAL, THE (1987)
EL DIABLO (1990)
JOSEPHINE BAKER STORY, THE (1990)
TOY SOLDIERS (1991)
DIGGSTOWN (1992)
GOOD MAN IN AFRICA, A (1993)
MONOLITH (1993)
RETURN TO LONESOME DOVE (1993)
BLUE CHIPS (1994)
CURSE OF THE STARVING CLASS, THE (1994)
INSIDE (1996)

GOUGH, Michael
acteur anglais (1917-)
MAN IN THE WHITE SUIT, THE (1951)
RICHARD III (1955)
HORROR OF DRACULA (1958)
HORSE'S MOUTH, THE (1958)
KONGA (1961)
PHANTOM OF THE OPERA, THE (1962)
DR. TERROR'S HOUSE OF HORRORS (1965)
SKULL, THE (1965)
BERSERK ! (1967)
CRUCIBLE OF HORROR (1969)
WOMEN IN LOVE (1969)
JULIUS CAESAR (1970)
TROG (1970)
HORROR HOSPITAL (1971)
SAVAGE MESSIAH (1972)
BOYS FROM BRAZIL, THE (1978)
DRESSER, THE (1983)
TOP SECRET ! (1984)
CARAVAGGIO (1986)
OUT OF AFRICA (1986)
FOURTH PROTOCOL, THE (1987)
SERPENT AND THE RAINBOW, THE (1987)
BATMAN (1989)
STRAPLESS (1989)
GARDEN, THE (1990)
LET HIM HAVE IT (1991)
BATMAN RETURNS (1992)
AGE OF INNOCENCE, THE (1993)
WITTGENSTEIN (1993)
ADVOCATE, THE (1994)
UNCOVERED (1994)
BATMAN FOREVER (1995)
TIM BURTON'S CORPSE BRIDE (2005)

GOULD, Elliot
acteur américain (1938-)
NIGHT THEY RAIDED MINSKY'S, THE (1968)
BOB & CAROL & TED & ALICE (1969)
M*A*S*H (1969)
NASHVILLE (1975)
BRIDGE TOO FAR, A (1977)
CAPRICORN ONE (1978)
SILENT PARTNER, THE (1978)
LADY VANISHES, THE (1979)
BUGSY (1991)
PLAYER, THE (1992)
GLASS SHIELD, THE (1994)
KICKING AND SCREAMING (1995)
STEPHEN KING'S THE SHINING (1997)

GOULD, Harold
acteur américain (1923-)
ARRANGEMENT, THE (1969)
LOVE AND DEATH (1975)
SEEMS LIKE OLD TIMES (1980)
GOLDEN GIRLS, THE (SEASON I) (1985)
KILLER : A JOURNAL OF MURDER (1996)
MY GIANT (1998)
PATCH ADAMS (1998)
MASTER OF DISGUISE (2002)

GOURMET, Olivier
acteur belge (1963-)
PROMESSE, LA (1996)
ROSETTA (1999)
NATIONALE 7 (2000)
SUR MES LÈVRES (2001)
FILS, LE (2002)
MYSTÈRE DE LA CHAMBRE JAUNE, LE (2003)
FAUTES D'ORTHOGRAPHE, LES (2004)
QUAND LA MER MONTE (2004)
ENFANT, L' (2005)

GOYETTE, Patrick
acteur québécois
DANS LE VENTRE DU DRAGON (1989)
NELLIGAN (1991)
SAUF-CONDUITS, LES (1991)
COYOTE (1992)
CONFESSIONNAL, LE (1995)
POLYGRAPHE, LE (1996)
CES ENFANTS D'AILLEURS (1997)
CHARTRAND ET SIMONNE (1999)
FANTÔMES DES TROIS MADELEINE, LES (2000)
MYSTÉRIEUSE MADEMOISELLE C., LA (2002)
DANIEL ET LES SUPERDOGS (2004)

GRABLE, Betty
actrice américaine (1916-1973)
CAVALCADE (1933)
GAY DIVORCEE, THE (1934)
FOLLOW THE FLEET (1936)
GIVE ME A SAILOR (1938)
DOWN ARGENTINE WAY (1940)
TIN PAN ALLEY (1940)
I WAKE UP SCREAMING (1941)
MOON OVER MIAMI (1941)
SONG OF THE ISLANDS (1941)
YANK IN THE R.A.F., A (1941)
FOOTLIGHT SERENADE (1942)
SPRINGTIME IN THE ROCKIES (1942)
PIN UP GIRL (1944)
MOTHER WORE TIGHTS (1947)
BEAUTIFUL BLONDE
FROM BASHFUL BEND, THE (1949)
DOLLY SISTERS, THE (1950)
MY BLUE HEAVEN (1950)
HOW TO MARRY A MILLIONAIRE (1953)
THREE FOR THE SHOW (1955)

GRAHAM, Heather
actrice américaine (1970-)
O PIONEERS ! (1991)
DIGGSTOWN (1992)
BALLAD OF LITTLE JO, THE (1993)
SWINGERS (1996)
BOOGIE NIGHTS (1997)
TWO GIRLS AND A GUY (1997)
LOST IN SPACE (1998)
AUSTIN POWERS : THE SPY
WHO SHAGGED ME (1999)
BOWFINGER (1999)
FROM HELL (2001)
SAY IT ISN'T SO (2001)
SIDEWALKS OF NEW YORK (2001)
AUSTIN POWERS
IN GOLDMEMBER (2002)
GURU, THE (2002)
KILLING ME SOFTLY (2002)
HOPE SPRINGS (2003)
CAKE (2005)
MARY (2005)

GRAHAME, Gloria
actrice américaine (1923-1981)
IT HAPPENED IN BROOKLYN (1947)
MERTON OF THE MOVIES (1947)
WOMAN'S SECRET, A (1949)
IN A LONELY PLACE (1950)
BAD AND THE BEAUTIFUL, THE (1952)
BIG HEAT, THE (1952)
MACAO (1952)
SUDDEN FEAR (1952)
MAN WHO NEVER WAS, THE (1955)
ODDS AGAINST TOMORROW (1959)

GRAMMER, Kelsey
acteur américain (1955-)
FRASIER (1993-95)
DOWN PERISCOPE (1996)
ANIMAL FARM (1999)
15 MINUTES (2001)
X-MEN - THE LAST STAND (2006)

GRANGER, Farley
acteur américain (1925-)
PURPLE HEART, THE (1944)
ROPE (1948)
STRANGERS ON A TRAIN (1951)
HANS CHRISTIAN ANDERSEN (1952)
SMALL TOWN GIRL (1953)
SENSO (1954)
NIGHT FLIGHT FROM MOSCOW (1972)

GRANGER, Stewart
acteur anglais (1913-1993)
CAPTAIN BOYCOTT (1947)
MAGIC BOW (1947)
KING SOLOMON'S MINES (1950)
PRISONER OF ZENDA, THE (1952)
SCARAMOUCHE (1952)
ALL THE BROTHERS WERE VALIANT (1953)
SALOME (1953)
YOUNG BESS (1953)
BEAU BRUMMELL (1954)
GREEN FIRE (1954)
BHOWANI JUNCTION (1955)
LAST HUNT, THE (1955)
GUN GLORY (1957)
NORTH TO ALASKA (1960)
SODOM AND GOMORRAH (1962)
LAST SAFARI, THE (1967)

GRANT, Cary
acteur américain (1904-1986)
BLONDE VENUS (1932)
EAGLE AND THE HAWK, THE (1933)
I'M NO ANGEL (1933)
SHE DONE HIM WRONG (1933)
SUZY (1936)
SYLVIA SCARLETT (1936)
AWFUL TRUTH, THE (1937)
TOAST OF NEW YORK, THE (1937)
BRINGING UP BABY (1938)
HOLIDAY (1938)
GUNGA DIN (1939)
HIS GIRL FRIDAY (1939)
IN NAME ONLY (1939)
ONLY ANGELS HAVE WINGS (1939)
PHILADELPHIA STORY, THE (1940)
PENNY SERENADE (1941)
SUSPICION (1941)
ONCE UPON A HONEYMOON (1942)
TALK OF THE TOWN, THE (1942)
ARSENIC AND OLD LACE (1944)
DESTINATION TOKYO (1944)
NONE BUT THE LONELY HEART (1944)
ONCE UPON A TIME (1944)
NIGHT & DAY (1946)
NOTORIOUS (1946)
BACHELOR & THE BOBBY-SOXER, THE (1947)
BISHOP'S WIFE, THE (1947)
EVERY GIRL SHOULD BE MARRIED (1948)
MR. BLANDINGS BUILDS
HIS DREAM HOUSE (1948)
I WAS A MALE WAR BRIDE (1949)
PEOPLE WILL TALK (1951)
MONKEY BUSINESS (1952)
TO CATCH A THIEF (1955)
AFFAIR TO REMEMBER, AN (1957)
KISS THEM FOR ME (1957)
PRIDE AND THE PASSION, THE (1957)
HOUSEBOAT (1958)
INDISCREET (1958)
NORTH BY NORTHWEST (1959)
OPERATION PETTICOAT (1959)
GRASS IS GREENER, THE (1960)
THAT TOUCH OF MINK (1962)
CHARADE (1963)
FATHER GOOSE (1964)
WALK, DON'T RUN (1966)

GRANT, Hugh
acteur anglais (1960-)
MAURICE (1987)
WHITE MISCHIEF (1987)
LAIR OF THE WHITE WORM, THE (1988)
IMPROMPTU (1990)
OUR SONS (1991)
BITTER MOON (1992)
FOUR WEDDINGS AND A FUNERAL (1993)
REMAINS OF THE DAY, THE (1993)
AWFULLY BIG ADVENTURE, AN (1994)
SIRENS (1994)
ENGLISHMAN WHO WENT UP A HILL, BUT
CAME DOWN A MOUNTAIN, THE (1995)
NINE MONTHS (1995)
RESTORATION (1995)
SENSE AND SENSIBILITY (1995)
EXTREME MEASURES (1996)
MICKEY BLUE EYES (1999)
NOTTING HILL (1999)
SMALL TIME CROOKS (2000)
BRIDGET JONES'S DIARY (2001)
ABOUT A BOY (2002)
TWO WEEKS NOTICE (2002)
LOVE ACTUALLY (2003)
BRIDGET JONES :
THE EDGE OF REASON (2004)
AMERICAN DREAMZ (2006)

GRANT, Lee
actrice américaine (1927-)
DETECTIVE STORY (1951)
BALCONY, THE (1963)
IN THE HEAT OF THE NIGHT (1967)
VALLEY OF THE DOLLS (1967)
BUONA SERA, MRS. CAMPBELL (1968)
BIG BOUNCE. THE (1969)
MAROONED (1969)
LANDLORD, THE (1970)
PLAZA SUITE (1970)
THERE WAS A CROOKED MAN (1970)
PORTNOY'S COMPLAINT (1972)
SHAMPOO (1974)
SEAGULL, THE (1975)
VOYAGE OF THE DAMNED (1976)
AIRPORT '77 (1977)
DAMIEN - OMEN II (1978)
SWARM, THE (1978)
CHARLIE CHAN AND THE CURSE
OF THE DRAGON QUEEN (1980)
LITTLE MISS MARKER (1980)
VISITING HOURS (1981)
TEACHERS (1984)
BIG TOWN, THE (1987)
DEFENDING YOUR LIFE (1991)
IT'S MY PARTY (1995)
SUBSTANCE OF FIRE, THE (1996)
DR. T AND THE WOMEN (2000)

GRANT, Richard E.
acteur anglais (1957-)
WITHNAIL AND I (1986)
HOW TO GET AHEAD
IN ADVERTISING (1989)
MOUNTAINS OF THE MOON (1989)
WARLOCK (1989)
HENRY & JUNE (1990)
HUDSON HAWK (1991)
L.A. STORY (1991)
BRAM STOKER'S DRACULA (1992)
PLAYER, THE (1992)
AGE OF INNOCENCE, THE (1993)
HARD TIMES (1994)
FRANZ KAFKA'S IT'S
A WONDERFUL LIFE (1995)
JACK & SARAH (1995)
PORTRAIT OF A LADY, THE (1996)
TWELFTH NIGHT (1996)
MERRY WAR, A (1997)
SPICE WORLD (1997)
CHRISTMAS CAROL, A (1999)
GOSFORD PARK (2001)
HOUND OF THE BASKERVILLES (2002)
TIM BURTON'S CORPSE BRIDE (2005)

GRAVEL, Robert
acteur québécois (1944-1996)
AU CLAIR DE LA LUNE (1982)
DERNIER GLACIER, LE (1984)
POUVOIR INTIME (1986)
NOCES DE PAPIER, LES (1988)
DANS LE VENTRE DU DRAGON (1989)
ERREUR SUR LA PERSONNE (1995)
LISTE NOIRE (1995)
PUDDING CHÔMEUR (1996)

GRAVES, Peter
acteur américain (1925-1994)
MAYTIME IN MAYFAIR (1949)
RED PLANET MARS (1952)
STALAG 17 (1952)
KILLERS FROM SPACE (1953)
COURT-MARTIAL OF BILLY MITCHELL, THE (1955)
NIGHT OF THE HUNTER, THE (1955)
IT CONQUERED THE WORLD (1956)
BEGINNING OF THE END (1957)
TEXAS ACROSS THE RIVER (1966)
HOW I WON THE WAR (1967)
MAGIC CHRISTIAN, THE (1969)
AIRPLANE ! (1980)
AIRPLANE II : THE SEQUEL (1982)
I'M GONNA GIT YOU SUCKA ! (1988)
ADDAMS FAMILY VALUES, THE (1993)

GRAVES, Rupert
acteur anglais (1963-)
ROOM WITH A VIEW, A (1985)
MAURICE (1987)
HANDFUL OF DUST, A (1988)
WHERE ANGELS FEAR TO TREAD (1991)
DAMAGE (1992)
MADNESS OF KING GEORGE, THE (1994)
TENANT OF WILDFELL HALL, THE (1996)
MRS. DALLOWAY (1997)
ALL MY LOVED ONES (2000)
ROOM TO RENT (2000)
FORSYTE SAGA, THE (2002)
V FOR VENDETTA (2005)

GRAY, Spalding
acteur américain (1941-)
ILSA, HAREM KEEPER OF THE OIL SHEIKS (1975)
HARD CHOICES (1984)
KILLING FIELDS, THE (1984)
TRUE STORIES (1986)
SWIMMING TO CAMBODIA (1987)
BEACHES (1988)
CLARA'S HEART (1988)
MONSTER IN A BOX (1991)
KING OF THE HILL (1993)
PAPER, THE (1994)
TWENTY BUCKS (1994)
BEYOND RANGOON (1995)
DRUNKS (1995)
DIABOLIQUE (1996)
GRAY'S ANATOMY (1996)
BLISS (1997)
KATE & LEOPOLD (2001)

GRAYSON, Kathryn
actrice américaine (1922-)
ANCHORS AWEIGH (1944)
TWO SISTERS FROM BOSTON (1946)
IT HAPPENED IN BROOKLYN (1947)
TILL THE CLOUDS ROLL BY (1947)
THAT MIDNIGHT KISS (1949)
TOAST OF NEW ORLEANS, THE (1950)
SHOW BOAT (1951)
LOVELY TO LOOK AT (1952)
DESERT SONG, THE (1953)
KISS ME KATE (1953)
SO THIS IS LOVE (1953)

GREEN, Seth
acteur américain (1974-)
ROBOT CHICKEN, AIRBORNE (1993)
AUSTIN POWERS : INTERNATIONAL MAN OF MYSTERY (1997)
AUSTIN POWERS : THE SPY WHO SHAGGED ME (1999)
IDLE HANDS (1999)
AMERICA'S SWEETHEARTS (2001)
KNOCKAROUND GUYS (2002)
PARTY MONSTER (2003)
SCOOBY-DOO 2 : MONSTERS UNLEASHED (2004)
WITHOUT A PADDLE (2004)

GREENE, Ellen
actrice américaine (1950-)
NEXT STOP, GREENWICH VILLAGE (1976)
I'M DANCING AS FAST AS I CAN (1981)
LITTLE SHOP OF HORRORS (1986)
ME AND HIM (1988)
TALK RADIO (1988)
PUMP UP THE VOLUME (1990)
KILLER : A JOURNAL OF MURDER (1996)
ONE FINE DAY (1996)
SEX AND A GIRL (2001)
COOLER, THE (2002)
LOVE OBJECT (2002)

GREENE, Graham
acteur canadien (1952-)
REVOLUTION (1985)
POWWOW HIGHWAY (1988)
DANCES WITH WOLVES (1990)
CLEAR CUT (1991)
THUNDERHEART (1992)
CAMILLA (1993)
MAVERICK (1994)
DIE HARD WITH A VENGEANCE (1995)
EDUCATION OF LITTLE TREE, THE (1997)
HERD, THE (1998)
SHATTERED IMAGE (1998)
LOST AND DELIRIOUS (2001)
SNOW DOGS (2002)
TRANSAMERICA (2005)

GREENE, Peter
acteur américain (1965-)
LAWS OF GRAVITY (1992)
JUDGMENT NIGHT (1993)
CLEAN, SHAVEN (1994)
MASK, THE (1994)
UNDER SIEGE 2 : DARK TERRITORY (1995)
PERMANENT MIDNIGHT (1998)
BLUE STREAK (1999)

GREENWOOD, Bruce
acteur canadien (1956-)
WILD ORCHID (1989)
SWEET HEREAFTER, THE (1997)
DISTURBING BEHAVIOR (1998)
DOUBLE JEOPARDY (1999)
HERE ON EARTH (2000)
HIDE AND SEEK (2000)
RULES OF ENGAGEMENT (2000)
THIRTEEN DAYS (2000)
BELOW (2002)
SWEPT AWAY (2002)
HOLLYWOOD HOMICIDE (2003)
BEING JULIA (2004)
I, ROBOT (2004)
RACING STRIPES (2004)
REPUBLIC OF LOVE (2004)
CAPOTE (2005)
EIGHT BELOW (2005)

GREER, Jane
actrice américaine (1924-2001)
OUT OF THE PAST (1947)
STATION WEST (1948)
BIG STEAL, THE (1949)
YOU'RE IN THE NAVY NOW (1951)
MAN OF A THOUSAND FACES (1956)
BILLIE (1965)
AGAINST ALL ODDS (1984)

GREGGORY, Pascal
acteur français (1954-)
PAULINE À LA PLAGE (1983)
REINE MARGOT, LA (1993)
ARBRE, LE MAIRE ET LA MÉDIATHÈQUE, L' (1993)
CEUX QUI M'AIMENT PRENDRONT LE TRAIN (1997)
ZONZON (1998)
MESSENGER, THE : THE STORY OF JOAN OF ARC (1999)
TEMPS RETROUVÉ, LE (1999)
CONFUSION DES GENRES, LA (2000)
NID DE GUÊPES (2001)
VIE PROMISE (2002)
ARSÈNE LUPIN (2004)
GABRIELLE (2005)

GREGORY, James
acteur américain (1911-)
NAKED CITY, THE (1947)
GUN GLORY (1957)
AL CAPONE (1958)
X-15 (1961)
MANCHURIAN CANDIDATE (1962)
CAPTAIN NEWMAN, M.D. (1963)
PT 109 (1963)
SONS OF KATIE ELDER, THE (1965)
MURDERER'S ROW (1966)
AMBUSHERS, THE (1967)
SECRET WAR OF HARRY FRIGG, THE (1967)
BENEATH THE PLANET OF THE APES (1969)
LOVE GOD ? , THE (1969)
STRONGEST MAN IN THE WORLD, THE (1974)

GRENON, Macha
actrice québécoise (1968-)
PIANIST, THE (1992)
MYTH OF THE MALE ORGASM, THE (1993)
LOUIS 19, LE ROI DES ONDES (1994)
ERREUR SUR LA PERSONNE (1995)
HOMME IDÉAL, L' (1996)
CES ENFANTS D'AILLEURS (1997)
CONCIERGERIE, LA (1997)
SLEEP ROOM, THE (1997)
QUE FAISAIENT LES FEMMES PENDANT QUE L'HOMME MARCHAIT SUR LA LUNE ? (2000)
DANIEL ET LES SUPERDOGS (2004)
FAMILIA (2005)

GREY, Virginia
actrice américaine (1917-)
UNCLE TOM'S CABIN (1927)
ANOTHER THIN MAN (1939)
GENE AUTRY : BELLS OF CAPISTRANO (1942)
FLAME OF BARBARY COAST (1945)
HOUSE OF HORRORS (1945)
MEXICAN HAYRIDE (1948)
SO THIS IS NEW YORK (1948)
ALL THAT HEAVEN ALLOWS (1955)
MADAME X (1965)

GRIER, Pam
actrice américaine (1949-)
BIG DOLL HOUSE (1971)
BLACK MAMA, WHITE MAMA (1973)
COFFY (1973)
SCREAM, BLACULA, SCREAM ! (1973)
FOXY BROWN (1974)
BUCKTOWN (1975)
FRIDAY FOSTER (1975)
TOUGH ENOUGH (1982)
ABOVE THE LAW (1988)
ORIGINAL GANGSTAS (1996)
JACKIE BROWN (1997)
HOLY SMOKE (1999)
FEAST OF ALL SAINTS (2001)
LOVE THE HARD WAY (2001)
ADVENTURES OF PLUTO NASH, THE (2002)
L WORD, THE (SEASON I) (2004)

GRIES, Jon
acteur américain (1957-)
FRIGHT NIGHT PART II (1988)
TWIN FALLS IDAHO (1998)
JACKPOT (2001)
BIG EMPTY, THE (2003)
RUNDOWN, THE (2003)
SNOW WALKER, THE (2003)
NAPOLEON DYNAMITE (2004)

GRIFFIN, Eddie
acteur américain (1968-)
METEOR MAN (1993)
JASON'S LYRIC (1994)
WALKING DEAD, THE (1995)
DEUCE BIGALOW - MALE GIGOLO (1999)
JOHN Q. (2001)
UNDERCOVER BROTHER (2002)
DEUCE BIGALOW EUROPEAN GIGOLO (2005)

GRIFFITH, Andy
acteur américain (1926-)
FACE IN THE CROWD, A (1957)
NO TIME FOR SERGEANTS (1958)
ONIONHEAD (1958)
ANDY GRIFFITH SHOW, THE (SEASON I) (1960)
GO ASK ALICE (1972)
RUSTLERS' RHAPSODY (1985)
DADDY AND THEM (2001)

GRIFFITH, Hugh
acteur anglais (1912-1980)
SLEEPING TIGER (1954)
BEN-HUR (1959)
EXODUS (1960)
COUNTERFEIT TRAITOR, THE (1961)
MUTINY ON THE BOUNTY (1962)
TOM JONES (1963)
HOW TO STEAL A MILLION (1966)
FIXER, THE (1968)
OLIVER ! (1968)
START THE REVOLUTION WITHOUT ME (1969)
WUTHERING HEIGHTS (1970)
WHOEVER SLEW AUNTIE ROO ? (1971)
DIARY OF FORBIDDEN DREAMS (1972)
DR. PHIBES RISES AGAIN (1972)
FINAL PROGRAMME, THE (1973)
LUTHER (1973)
CONTES DE CANTERBURY, LES (1975)
LEGEND OF THE WEREWOLF (1975)
LAST REMAKE OF BEAU GESTE, THE (1977)

GRIFFITH, Melanie
actrice américaine (1957-)
SMILE (1974)
DROWNING POOL, THE (1975)
NIGHT MOVES (1975)
JOYRIDE (1977)
BODY DOUBLE (1984)
FEAR CITY (1984)
CHERRY 2000 (1986)
SOMETHING WILD (1986)
MILAGRO BEANFIELD WAR, THE (1988)
STORMY MONDAY (1988)
WORKING GIRL (1988)
BONFIRE OF THE VANITIES, THE (1990)
IN THE SPIRIT (1990)
PACIFIC HEIGHTS (1990)
WOMEN AND MEN :
STORIES OF SEDUCTION (1990)
PARADISE (1991)
SHINING THROUGH (1992)
STRANGER AMONG US, A (1992)
BORN YESTERDAY (1993)
MILK MONEY (1994)
NOBODY'S FOOL (1994)
NOW AND THEN (1995)
MULHOLLAND FALLS (1996)
TWO MUCH (1996)
LOLITA (1997)
ANOTHER DAY IN PARADISE (1998)
CELEBRITY (1998)
RKO 281 : BATTLE OVER CITIZEN KANE (1999)
CECIL B. DEMENTED (2000)
SEARCHING FOR DEBRA WINGER (2002)
ALL THE WAY (2003)
SHADE (2003)
TEMPO (2003)

GRIFFITHS, Rachel
actrice australienne (1968-)
MURIEL'S WEDDING (1994)
COSI (1995)
CHILDREN OF THE REVOLUTION (1996)
JUDE (1996)
MY SON THE FANATIC (1997)
AMONG GIANTS (1998)
HILARY AND JACKIE (1998)
ME MYSELF I (1999)
BLOW DRY (2000)
BLOW (2001)
VERY ANNIE MARY (2001)
HARD WORD, THE (2002)
ROOKIE, THE (2002)
SIX FEET UNDER (2002-05)
AFTER THE DELUGE (2003)

GRODIN, Charles
acteur américain (1935-)
ROSEMARY'S BABY (1968)
CATCH 22 (1970)
KING KONG (1976)
HEAVEN CAN WAIT (1978)
REAL LIFE (1979)
SUNBURN (1979)
IT'S MY TURN (1980)
SEEMS LIKE OLD TIMES (1980)
INCREDIBLE SHRINKING WOMAN, THE (1981)
LONELY GUY, THE (1984)
WOMAN IN RED, THE (1984)
COUCH TRIP, THE (1987)
ISHTAR (1987)
MIDNIGHT RUN (1988)
BEETHOVEN (1991)
CLIFFORD (1991)
BEETHOVEN'S 2nd (1993)
DAVE (1993)
HEART AND SOULS (1993)
SO I MARRIED AN AXE MURDERER (1993)

GROSS, Paul
acteur canadien (1959-)
COLD COMFORT (1989)
GETTING MARRIED IN BUFFALLO JUMP (1990)
TALES OF THE CITY (1993)
DUE SOUTH (1994)
20,000 LEAGUES UNDER THE SEA (1997)
MEN WITH BROOMS (2002)
WILBY WONDERFUL (2004)
H20 (2005)

GRUFFUDD, Ioan
acteur anglais (1973-)
HORATIO HORNBLOWER (1998)
SOLOMON AND GAENOR (1999)
102 DALMATIANS (2000)
VERY ANNIE MARY (2001)
FORSYTE SAGA, THE (2002)
THIS GIRL'S LIFE (2003)
KING ARTHUR (2004)
FANTASTIC 4 (2005)

GUEST, Christopher
acteur américain (1948-)
FORTUNE, THE (1974)
HEARTBEEPS (1981)
WAITING FOR GUFFMAN (1996)
BEST IN SHOW (2000)
MIGHTY WIND, A (2003)
MRS. HENDERSON PRESENTS (2005)

GUGINO, Carla
actrice américaine (1971-)
THIS BOY'S LIFE (1993)
BUCCANEERS, THE (1995)
JADED (1996)
JUDAS KISS (1998)
SNAKE EYES (1998)
JIMMY SHOW, THE (2001)
SHE CREATURE (2001)
SPY KIDS (2001)
SPY KIDS II : THE ISLAND
OF LOST DREAMS (2002)
SPY KIDS 3-D : GAME OVER (2003)
SIN CITY (2005)

GUILBAULT, Élise
actrice québécoise (1961-)
VIE FANTÔME, LA (1992)
C'ÉTAIT LE 12 DU 12 ET
CHILI AVAIT LES BLUES (1993)
CAP TOURMENTE (1993)
COSMOS (1996)
FEMME QUI BOIT, LA (2000)
SECRET DE BANLIEUE (2002)
CŒUR A SES RAISONS, LE (2005)
NEUVAINE, LA (2005)

GUILBEAULT, Luce
actrice québécoise (1935-1991)
IXE-13 (1971)
MAUDITE GALETTE, LA (1972)
TEMPS D'UNE CHASSE, LE (1972)
O.K... LALIBERTÉ (1973)
RÉJEANNE PADOVANI (1973)
BEAUX DIMANCHES, LES (1974)
J.A. MARTIN, PHOTOGRAPHE (1976)
MOURIR À TUE-TÊTE (1979)
TEMPS D'UNE PAIX (SAISON I)
LE (1980)
QUARANTAINE, LA (1982)
QUI A TIRÉ SUR NOS HISTOIRES
D'AMOUR ? (1986)

GUILFOYLE, Paul
acteur américain (1955-)
IT HAPPENED TOMORROW (1944)
TWO LOST WORLDS (1950)
APACHE (1953)
DIVAN À NEW YORK, UN (1995)
AIR FORCE ONE (1997)

L.A. CONFIDENTIAL (1997)
IN DREAMS (1998)
PRIMARY COLORS (1998)
ANYWHERE BUT HERE (1999)
RANDOM HEARTS (1999)

GUINNESS, Alec
acteur anglais (1914-)
GREAT EXPECTATIONS (1946)
OLIVER TWIST (1948)
KIND HEARTS AND CORONETS (1949)
LAST HOLIDAY (1950)
LAVENDER HILL MOB, THE (1951)
MAN IN THE WHITE SUIT, THE (1951)
CARD, THE (1952)
CAPTAIN'S PARADISE, THE (1953)
DETECTIVE , THE (1954)
LADYKILLERS, THE (1955)
PRISONER, THE (1955)
SWAN, THE (1955)
TO PARIS WITH LOVE (1955)
BRIDGE ON THE RIVER KWAI, THE (1957)
HORSE'S MOUTH, THE (1958)
TUNES OF GLORY (1960)
MAJORITY OF ONE, A (1961)
DAMN THE DEFIANT ! (1962)
LAWRENCE OF ARABIA (1962)
FALL OF THE ROMAN EMPIRE, THE (1963)
DOCTOR ZHIVAGO (1965)
HOTEL PARADISO (1966)
QUILLER MEMORANDUM, THE (1966)
COMEDIANS, THE (1967)
CROMWELL (1970)
SCROOGE (1970)
FRANÇOIS ET LE CHEMIN DU SOLEIL (1972)
HITLER : THE LAST TEN DAYS (1973)
MURDER BY DEATH (1976)
STAR WARS (1977)
TINKER, TAILOR, SOLDIER, SPY (1979)
EMPIRE STRIKES BACK, THE (1980)
RETURN OF THE JEDI (1983)
PASSAGE TO INDIA, A (1984)
HANDFUL OF DUST, A (1988)
LITTLE DORRIT : LITTLE
DORRIT'S STORY (1988)
LITTLE DORRIT : NOBODY'S FAULT (1988)
KAFKA (1991)
MUTE WITNESS (1994)

GUIOMAR, Julien
acteur français (1928-)
MARIÉS DE L'AN DEUX, LES (1971)
ADIEU POULET (1975)
AILE OU LA CUISSE, L' (1976)
BAROCCO (1976)
MON FILS EST ASSASSIN (CHER PAPA) (1978)
ZIZANIE, LA (1978)
CHIEN DANS UN JEU DE QUILLES, UN (1982)
MATOU, LE (1985)
DEUX CROCODILES, LES (1987)

GUTTENBERG, Steve
acteur américain (1958-)
CAN'T STOP THE MUSIC (1980)
MAN WHO WASN'T THERE, THE (1983)
POLICE ACADEMY (20th) (1984)
POLICE ACADEMY II :
THEIR FIRST ASSIGNMENT (1985)
AMAZON WOMEN ON THE MOON (1986)
POLICE ACADEMY III :
BACK IN TRAINING (1986)
SHORT CIRCUIT (1986)
POLICE ACADEMY IV :
CITIZENS ON PATROL (1987)
THREE MEN AND A BABY (1987)
THREE MEN AND A LITTLE LADY (1990)

BIG GREEN, THE (1995)
CASPER : SPIRITED NEW BEGINNING (1997)

GUZMAN, Luis
acteur portoricain (1957-)
CARLITO'S WAY (1993)
GUILTY AS SIN (1993)
MR. WONDERFUL (1993)
BOOGIE NIGHTS (1997)
BONE COLLECTOR, THE (1999)
LIMEY, THE (1999)
TRAFFIC (2000)
COUNT OF MONTE CRISTO, THE (2001)
SALTON SEA, THE (2001)
ADVENTURES OF PLUTO NASH, THE (2002)
PUNCH-DRUNK LOVE (2002)
WELCOME TO COLLINWOOD (2002)
ANGER MANAGEMENT (2003)
CONFIDENCE (2003)
DREAMER : INSPIRED BY A TRUE STORY (2005)

GWENN, Edmund
acteur anglais (1875-1959)
SKIN GAME, THE (1931)
ANTHONY ADVERSE (1936)
SOUTH RIDING (1938)
LASSIE COME HOME (1943)
KEYS OF THE KINGDOM, THE (1946)
MIRACLE ON 34th STREET (1947)
BIGAMIST, THE (1953)
STUDENT PRINCE, THE (1954)
THEM ! (1954)
TROUBLE WITH HARRY, THE (1955)

GYLLENHAAL, Jake
acteur américain (1980-)
OCTOBER SKY (1999)
BUBBLE BOY (2001)
DONNIE DARKO (2001)
GOOD GIRL, THE (2001)
LOVELY AND AMAZING (2001)
MOONLIGHT MILE (2002)
DAY AFTER TOMORROW, THE (2004)
BROKEBACK MOUNTAIN (2005)
JARHEAD (2005)
PROOF (2005)

GYLLENHAAL, Maggie
actrice américaine (1977-)
CECIL B. DEMENTED (2000)
DONNIE DARKO (2001)
CONFESSIONS OF A DANGEROUS MIND (2002)
SECRETARY (2002)
CASA DE LOS BABYS (2003)
MONA LISA SMILE (2003)
CRIMINAL (2004)
HAPPY ENDINGS (2005)

HABICH, Matthias
acteur polonais (1940-)
COUP DE GRÂCE, LE (1976)
À CORPS PERDU (1988)
DEMOISELLE SAUVAGE, LA (1991)
NOIR COMME LE SOUVENIR (1995)
BEYOND SILENCE (1996)
NOWHERE IN AFRICA (2001)
CHUTE, LA (2004)

HACKMAN, Gene
acteur américain (1930-)
LILITH (1964)
HAWAII (1966)
BONNIE AND CLYDE (1967)
RIOT (1968)
SPLIT, THE (1968)
DOWNHILL RACER (1969)
GYPSY MOTHS, THE (1969)
I NEVER SANG FOR MY FATHER (1969)
MAROONED (1969)
CISCO PIKE (1971)
FRENCH CONNECTION, THE (1971)
HUNTING PARTY, THE (1971)
POSEIDON ADVENTURE, THE (1972)
PRIME CUT (1972)
SCARECROW (1973)
CONVERSATION, THE (1974)
YOUNG FRANKENSTEIN (1974)
ZANDY'S BRIDE (1974)
BITE THE BULLET (1975)
FRENCH CONNECTION II (1975)
NIGHT MOVES (1975)
BRIDGE TOO FAR, A (1977)
DOMINO PRINCIPLE, THE (1977)
SUPERMAN : THE MOVIE (1978)
SUPERMAN II (1980)
ALL NIGHT LONG (1981)
REDS (1981)
EUREKA (1983)
UNCOMMON VALOR (1983)
UNDER FIRE (1983)
POWER (1985)
TARGET (1985)
HOOSIERS (1986)
NO WAY OUT (1987)
SUPERMAN IV : THE QUEST FOR PEACE (1987)
ANOTHER WOMAN (1988)
BAT 21 (1988)
FULL MOON IN BLUE WATER (1988)
MISSISSIPPI BURNING (1988)
PACKAGE, THE (1989)
CLASS ACTION (1990)
LOOSE CANNONS (1990)
NARROW MARGIN (1990)
POSTCARDS FROM THE EDGE (1990)
COMPANY BUSINESS (1991)
UNFORGIVEN (1992)
FIRM, THE (1993)
GERONIMO : AN AMERICAN LEGEND (1993)
WYATT EARP (1994)
CRIMSON TIDE (1995)
GET SHORTY (1995)
QUICK AND THE DEAD, THE (1995)
ABSOLUTE POWER (1996)
BIRDCAGE, THE (1996)
CHAMBER, THE (1996)
EXTREME MEASURES (1996)
TWILIGHT (1997)
ENEMY OF THE STATE (1998)
UNDER SUSPICION (1999)
REPLACEMENTS, THE (2000)
BEHIND ENEMY LINES (2001)
HEARTBREAKERS (2001)
HEIST (2001)
ROYAL TENENBAUMS, THE (2001)
RUNAWAY JURY (2003)
WELCOME TO MOOSEPORT (2003)

HADEN, Sara
actrice américaine (1899-1981)
ANNE OF GREEN GABLES (1934)
POOR LITTLE RICH GIRL (1936)
ANDY HARDY GETS SPRING FEVER (1939)
ANDY HARDY'S PRIVATE SECRETARY (1940)
ANDY HARDY'S DOUBLE LIFE (1942)
ABOVE SUSPICION (1943)
ANDY HARDY MEETS DEBUTANTE (1945)
SHE-WOLF OF LONDON (1946)
GREAT RUPERT, THE (1950)

HAGERTY, Julie
actrice américaine (1955-)
AIRPLANE ! (1980)
AIRPLANE II : THE SEQUEL (1982)

MIDSUMMER NIGHT'S
SEX COMEDY, A (1982)
LOST IN AMERICA (1985)
BEYOND THERAPY (1986)
WHAT ABOUT BOB ? (1991)
NOISES OFF ! (1992)
WIFE, THE (1996)
U-TURN (1997)
STORYTELLING (2001)
JUST FRIENDS (2005)
SHE'S THE MAN (2005)

HALE, Alan
acteur américain (1892-1950)
COVERED WAGON, THE (1923)
GREAT EXPECTATIONS (1934)
LAST DAYS OF POMPEII (1935)
PRINCE AND THE PAUPER, THE (1937)
ADVENTURES OF MARCO POLO, THE (1938)
ADVENTURES OF ROBIN HOOD, THE (1938)
LISTEN, DARLING (1938)
SANTA FE TRAIL (1940)
THEY DRIVE BY NIGHT (1940)
GENTLEMAN JIM (1941)
ACTION IN THE NORTH ATLANTIC (1943)
ADVENTURES OF MARK TWAIN, THE (1944)
DESTINATION TOKYO (1944)
ADVENTURES OF DON JUAN, THE (1949)

HALSEY, Brett
acteur américain (1933-)
LAFAYETTE ESCADRILLE (1957)
FLY, THE / RETURN OF THE FLY (1958)
HIGH SCHOOL HELLCATS (1958)
TWICE-TOLD TALES (1963)
ROY COLT AND WINCHESTER JACK (1970)
FOUR TIMES THAT NIGHT (1972)
MIEL DU DIABLE, LE (1986)

HAMILTON, George
acteur américain (1939-)
WELL, THE (1951)
HOME FROM THE HILL (1960)
WHERE THE BOYS ARE (1960)
BY LOVE POSSESSED (1961)
THUNDER OF DRUMS, A (1961)
MAN WHO LOVED
CAT DANCING, THE (1973)
LOVE AT FIRST BITE (1979)
ZORRO, THE GAY BLADE (1981)
HOLLYWOOD ENDING (2002)

HAMILTON, Linda
actrice américaine (1956-)
STONE BOY (1983)
CHILDREN OF THE CORN (1984)
TERMINATOR, THE (1984)
BLACK MOON RISING (1986)
KING KONG LIVES (1986)
MR. DESTINY (1990)
TERMINATOR II : JUDGMENT DAY (1991)
SILENT FALL (1994)
DANTE'S PEAK (1997)

HAMILTON, Murray
acteur américain (1923-1986)
SPIRIT OF ST. LOUIS, THE (1957)
NO TIME FOR SERGEANTS (1958)
ANATOMY OF A MURDER (1959)
F.B.I. STORY, THE (1959)
SECONDS (1966)
GRADUATE, THE (1967)
IF IT'S TUESDAY, THIS MUST
BE BELGIUM (1969)
JAWS II (1978)
AMITYVILLE HORROR, THE (1979)
LAST DAYS OF PATTON, THE (1986)

HANIN, Roger
acteur français (1925-)
À BOUT DE SOUFFLE (1959)
ROCCO ET SES FRÈRES (1960)
CORRIDA POUR UN ESPION (1965)
TIGRE SE PARFUME À LA DYNAMITE, LE (1965)
BRIDES OF FU MANCHU, THE (1966)
AVEUX LES PLUS DOUX, LES (1970)
FILLE LIBRE, UNE (1970)
PROTECTEUR, LE (1973)
FAUX CUL, LE (1975)
COUP DE SIROCCO, LE (1978)
CERTAINES NOUVELLES (1979)
BARAKA, LA (1982)
GRAND PARDON, LE (1982)
ATTENTION ! UNE FEMME PEUT
EN CACHER UNE AUTRE (1983)
GRAND CARNAVAL, LE (1983)
ÉTINCELLE, L' (1984)
GALETTE DU ROI, LA (1985)
DERNIER ÉTÉ À TANGER (1986)
GRAND PARDON II, LE (1992)
NOMBRIL DU MONDE, LE (1993)
SOLEIL (1997)

HANKS, Tom
acteur américain (1956-)
BACHELOR PARTY (1984)
SPLASH (1984)
EVERY TIME WE SAY GOODBYE (1985)
MAN WITH ONE RED SHOE, THE (1985)
MONEY PIT, THE (1986)
NOTHING IN COMMON (1986)
DRAGNET (1987)
BIG (1988)
PUNCHLINE (1988)
BURBS, THE (1989)
TURNER & HOOCH (1989)
BONFIRE OF THE VANITIES, THE (1990)
JOE VERSUS THE VOLCANO (1990)
LEAGUE OF THEIR OWN, A (1992)
PHILADELPHIA (1993)
SLEEPLESS IN SEATTLE (1993)
FORREST GUMP (1994)
APOLLO 13 (1995)
THAT THING YOU DO ! (1996)
SAVING PRIVATE RYAN (1998)
YOU'VE GOT MAIL (1998)
GREEN MILE, THE (1999)
CAST AWAY (2000)
CATCH ME IF YOU CAN (2002)
ROAD TO PERDITION (2002)
LADYKILLERS, THE (2003)
POLAR EXPRESS (2004)
DA VINCI CODE, THE (2006)

HANNAH, Daryl
actrice américaine (1960-)
FURY, THE (1978)
HARD COUNTRY (1981)
BLADE RUNNER (1982)
SUMMER LOVERS (1982)
POPE OF GREENWICH VILLAGE, THE (1984)
RECKLESS (1984)
SPLASH (1984)
CLAN OF THE CAVE BEAR, THE (1985)
LEGAL EAGLES (1986)
ROXANNE (1987)
WALL STREET (1987)
HIGH SPIRITS (1988)
CRIMES AND MISDEMEANORS (1989)
STEEL MAGNOLIAS (1989)
CRAZY PEOPLE (1990)
AT PLAY IN THE FIELDS OF THE LORD (1991)
MEMOIRS OF AN INVISIBLE MAN (1992)
ATTACK OF THE 50 FOOT WOMAN (1993)
GRUMPY OLD MEN (1993)
LITTLE RASCALS, THE (1994)
GRUMPIER OLD MEN (1995)
TIE THAT BINDS, THE (1995)
GUN (1996)
TWO MUCH (1996)
GINGERBREAD MAN, THE (1997)
LAST DAYS OF FRANKIE THE FLY, THE (1997)
REAL BLONDE, THE (1997)
MY FAVORITE MARTIAN (1999)
DANCING AT THE BLUE IGUANA (2000)
HIDE AND SEEK (2000)
JACKPOT (2001)
WALK TO REMEMBER, A (2001)
NORTHFORK (2002)
BIG EMPTY, THE (2003)
CASA DE LOS BABYS (2003)
KILL BILL I (2003)
KILL BILL II (2004)
SILVER CITY (2004)

HARDWICKE, Cedric
acteur anglais (1883-1964)
HUNCHBACK OF NOTRE-DAME, THE (1923)
GHOUL, THE (1933)
MISÉRABLES, LES (1935)
THINGS TO COME (1936)
KING SOLOMON'S MINES (1937)
HUNCHBACK OF NOTRE-DAME (1939)
ON BORROWED TIME (1939)
STANLEY AND LIVINGSTONE (1939)
INVISIBLE MAN RETURNS, THE (1940)
SUSPICION (1941)
COMMANDOS STRIKE AT DAWN (1942)
GHOST OF FRANKENSTEIN, THE (1942)
INVISIBLE AGENT (1942)
WILSON (1944)
KEYS OF THE KINGDOM, THE (1946)
LURED (1947)
ROPE (1948)
TYCOON (1948)
CONNECTICUT YANKEE IN KING
ARTHUR'S COURT, A (1949)
WHITE TOWER, THE (1950)
DESERT FOX, THE (1951)
GREEN GLOVE, THE (1952)
DIANE (1955)
HELEN OF TROY (1955)
RICHARD III (1955)
TEN COMMANDMENTS, THE (1956)
FIVE WEEKS IN A BALLOON (1962)
PUMPKIN EATER, THE (1964)

HARDWICKE, Edward
acteur anglais (1932-)
RETURN OF SHERLOCK HOLMES :
THE SIGN OF FOUR (1987)
SHERLOCK HOLMES :
HOUND OF THE BASKERVILLES (1988)
CASEBOOK OF SHERLOCK HOLMES (1990)
SHERLOCK HOLMES :
MASTER BLACKMAILER (1992)
SHERLOCK HOLMES :
THE ELIGIBLE BACHELOR (1992)
SHERLOCK HOLMES :
THE LAST VAMPYRE (1992)
SHADOWLANDS (1993)

HARDY, Oliver
acteur américain (1892-1957)
WIZARD OF OZ (1925)
BATTLE OF THE CENTURY, THE (1927)
DO DETECTIVES THINK ? (1927)
FLYING ELEPHANTS (1927)
PUTTING PANTS ON PHILIP (1927)
SUGAR DADDIES (1927)

WITH LOVE AND HISSES (1927)
EARLY TO BED (1928)
FINISHING TOUCH (1928)
FROM SOUP TO NUTS (1928)
TWO TARS (1928)
WE FAW DOWN (1928)
YOU'RE DARN TOOTIN' (1928)
ANGORA LOVE (1929)
BIG BUSINESS (1929)
DOUBLE WHOOPEE (1929)
LIBERTY (1929)
THAT'S MY WIFE (1929)
THEY GO BOOM (1929)
UNACCUSTOMED AS WE ARE (1929)
WRONG AGAIN (1929)
PARDON US (1931)
HOLLYWOOD PARTY (1934)
SONS OF THE DESERT (1934)
BONNIE SCOTLAND (1935)
DEVIL'S BROTHER, THE (1935)
OUR RELATIONS (1936)
PICK A STAR (1937)
WAY OUT WEST (1937)
FLYING DEUCES (1939)
LAUREL & HARDY: BABES IN TOYLAND (1939)
MARCH OF THE WOODEN SOLDIERS (1939)
GREAT GUNS (1941)
BIG NOISE, THE (1944)
NOTHING BUT TROUBLE (1944)
BULLFIGHTERS, THE (1945)
FIGHTING KENTUCKIAN, THE (1949)
RIDING HIGH (1950)
UTOPIA (1950)
LAUREL & HARDY'S LAUGHING 20'S (1965)

HARLOW, Jean
actrice américaine (1911-1937)
DOUBLE WHOOPEE (1929)
LIBERTY (1929)
CITY LIGHTS (1930)
HELL'S ANGELS (1930)
PLATINUM BLONDE (1931)
PUBLIC ENEMY, THE (1931)
BOMBSHELL (1932)
RED DUST (1932)
RED-HEADED WOMAN (1932)
DINNER AT EIGHT (1933)
HOLD YOUR MAN (1933)
GIRL FROM MISSOURI, THE (1934)
CHINA SEAS (1935)
RECKLESS (1935)
RIFF RAFF (1935)
LIBELED LADY (1936)
SUZY (1936)
WIFE VS SECRETARY (1936)
PERSONAL PROPERTY (1937)
SARATOGA (1937)

HARMON, Mark
acteur américain (1951-)
COMES A HORSEMAN (1978)
BEYOND THE POSEIDON ADVENTURE (1979)
DEAR AMERICA: LETTERS HOME FROM VIETNAM (1987)
PRESIDIO, THE (1988)
COLD HEAVEN (1991)
WYATT EARP (1994)
LAST SUPPER, THE (1995)
MAGIC IN THE WATER (1995)
PALMETTO (1997)
FEAR AND LOATHING IN LAS VEGAS (1998)
FREAKY FRIDAY (2003)
CHASING LIBERTY (2004)

HARPER, Jessica
actrice américaine (1949-)
PHANTOM OF THE PARADISE (1974)
INSERTS (1975)
SUSPIRIA (1977)
STARDUST MEMORIES (1980)
MY FAVORITE YEAR (1982)
MR. WONDERFUL (1993)
SAFE (1994)

HARPER, Tess
actrice américaine (1950-)
TENDER MERCIES (1982)
AMITYVILLE 3-D (1983)
FLASHPOINT (1984)
ISHTAR (1987)
FAR NORTH (1988)
CRIMINAL LAW (1989)
DADDY'S DYIN'... WHO'S GOT THE WILL? (1990)
MAN IN THE MOON, THE (1991)
MY NEW GUN (1992)
TURNING, THE (1992)
IN CROWD, THE (2000)
KARLA (2005)

HARRELSON, Woody
acteur américain (1961-)
DOC HOLLYWOOD (1991)
WHITE MEN CAN'T JUMP (1992)
INDECENT PROPOSAL (1993)
COWBOY WAY, THE (1994)
I'LL DO ANYTHING (1994)
NATURAL BORN KILLERS (1994)
MONEY TRAIN (1995)
KINGPIN (1996)
PEOPLE vs. LARRY FLYNT, THE (1996)
SUNCHASER (1996)
PALMETTO (1997)
WELCOME TO SARAJEVO (1997)
HI-LO COUNTRY, THE (1998)
THIN RED LINE, THE (1998)
ED TV (1999)
PLAY IT TO THE BONE (1999)
ANGER MANAGEMENT (2003)
AFTER THE SUNSET (2004)
SHE HATE ME (2004)
BIG WHITE, THE (2005)
NORTH COUNTRY (2005)
PRIZE WINNER OF DEFIANCE OHIO (2005)

HARRINGTON, Desmond
acteur américain (1976-)
MESSENGER, THE: THE STORY OF JOAN OF ARC (1999)
HOLE, THE (2001)
MY FIRST MISTER (2001)
RIDING IN CARS WITH BOYS (2001)
GHOST SHIP (2002)
LOVE OBJECT (2002)
WRONG TURN (2003)

HARRIS, Barbara
actrice américaine (1935-)
THOUSAND CLOWNS, A (1965)
PLAZA SUITE (1970)
WAR BETWEEN MEN AND WOMEN, THE (1972)
FAMILY PLOT (1975)
NASHVILLE (1975)
FREAKY FRIDAY (1976)
NORTH AVENUE IRREGULARS, THE (1978)
SEDUCTION OF JOE TYNAN, THE (1979)
PEGGY SUE GOT MARRIED (1986)
NIGHT MAGIC (1988)
GROSSE POINT BLANK (1997)

HARRIS, Ed
acteur américain (1950-)
AMAZING HOWARD HUGHES, THE (1977)
COMA (1978)
KNIGHTRIDERS (1981)
CREEPSHOW (1982)
RIGHT STUFF, THE (1983)
PLACES IN THE HEART (1984)
SWING SHIFT (1984)
ALAMO BAY (1985)
CODE NAME: EMERALD (1985)
SWEET DREAMS (1985)
TO KILL A PRIEST (1988)
WALKER (1988)
ABYSS, THE (1989)
JACKNIFE (1989)
STATE OF GRACE (1990)
CHINA MOON (1991)
PARIS TROUT (1991)
GLENGARRY GLEN ROSS (1992)
FIRM, THE (1993)
NEEDFUL THINGS (1993)
MILK MONEY (1994)
APOLLO 13 (1995)
EYE FOR AN EYE (1995)
JUST CAUSE (1995)
NIXON (1995)
ABSOLUTE POWER (1996)
ROCK, THE (1996)
STEPMOM (1998)
ENEMY AT THE GATES (2000)
POLLOCK (2000)
PRIME GIG, THE (2000)
BEAUTIFUL MIND, A (2001)
BUFFALO SOLDIERS (2001)
HOURS, THE (2002)
HUMAN STAIN, THE (2003)
MASKED AND ANONYMOUS (2003)
RADIO (2003)
EMPIRE FALLS (2005)
HISTORY OF VIOLENCE, A (2005)

HARRIS, Jared
acteur anglais (1965-)
NADJA (1994)
I SHOT ANDY WARHOL (1996)
CHINESE BOX (1997)
SUNDAY (1997)
LOST IN SPACE (1998)
B. MONKEY (1999)
WEEKEND, THE (1999)
SHADOW MAGIC (2000)
TWO OF US (2000)
DUMMY (2002)
IGBY GOES DOWN (2002)
I LOVE YOUR WORK (2003)
SYLVIA (2003)
RESIDENT EVIL: APOCALYPSE (2004)
NOTORIOUS BETTIE PAGE, THE (2005)

HARRIS, Julie
actrice américaine (1925-)
MEMBER OF THE WEDDING, THE (1953)
EAST OF EDEN (1955)
I AM A CAMERA (1955)
REQUIEM FOR A HEAVYWEIGHT (1962)
HAUNTING, THE (1963)
HARPER (1966)
REFLECTIONS IN A GOLDEN EYE (1967)
YOU'RE A BIG BOY NOW (1967)
HIDING PLACE, THE (1975)
BELLE OF AMHERST, THE (1976)
BELL JAR, THE (1979)
CHRISTMAS WIFE, THE (1988)
GORILLAS IN THE MIST (1988)
HOUSESITTER (1992)

DARK HALF, THE (1993)
CARRIED AWAY (1995)
GENTLE INTO THE NIGHT (1997)

HARRIS, Richard
acteur irlandais (1930-)
SHAKE HANDS WITH THE DEVIL (1959)
GUNS OF NAVARONE, THE (1961)
MUTINY ON THE BOUNTY (1962)
THIS SPORTING LIFE (1963)
DÉSERT ROUGE, LE (1964)
MAJOR DUNDEE (1964)
HEROES OF TELEMARK, THE (1965)
BIBLE, THE (1966)
HAWAII (1966)
CAMELOT (1967)
MAN CALLED HORSE, A (1969)
MOLLY MAGUIRES, THE (1969)
CROMWELL (1970)
MAN IN THE WILDERNESS (1971)
DEADLY TRACKERS, THE (1973)
99 AND 44 / 100 % DEAD (1974)
JUGGERNAUT (1974)
CASSANDRA CROSSING, THE (1976)
RETURN OF A MAN
CALLED HORSE, THE (1976)
ORCA (1977)
TARZAN THE APE MAN (1981)
YOUR TICKET IS NO LONGER VALID (1981)
MARTIN'S DAY (1984)
FIELD, THE (1990)
PATRIOT GAMES (1992)
UNFORGIVEN (1992)
WRESTLING ERNEST HEMINGWAY (1993)
CRY, THE BELOVED COUNTRY (1995)
SMILLA'S SENSE OF SNOW (1996)
HUNCHBACK, THE (1997)
TO WALK WITH LIONS (1999)
GLADIATOR (2000)
COUNT OF MONTE CRISTO, THE (2001)
JULIUS CAESAR (2002)

HARRISON, Rex
acteur anglais (1908-1990)
STORM IN A TEACUP (1937)
ST. MARTIN'S LANE (1938)
CITADEL, THE (1939)
NIGHT TRAIN TO MUNICH (1940)
MAJOR BARBARA (1941)
BLITHE SPIRIT (1945)
ANNA AND THE KING OF SIAM (1946)
GHOST AND MRS. MUIR, THE (1947)
UNFAITHFULLY YOURS (1948)
RELUCTANT DEBUTANTE, THE (1958)
MIDNIGHT LACE (1960)
CLEOPATRA (1963)
MY FAIR LADY (1964)
AGONY AND THE ECSTASY, THE (1965)
YELLOW ROLLS-ROYCE, THE (1965)
DOCTOR DOLITTLE (1967)
HONEY POT, THE (1967)
ASHANTI (1978)
FIFTH MUSKETEER, THE (1979)

HART, Ian
acteur anglais (1964-)
HOURS AND TIMES, THE (1991)
BACKBEAT (1993)
ENGLISHMAN WHO WENT UP A HILL, BUT
CAME DOWN A MOUNTAIN, THE (1995)
HOLLOW REED (1995)
LAND AND FREEDOM (1995)
MICHAEL COLLINS (1996)
MONUMENT AVE. (1997)
AMERICAN WOMEN (1999)
B. MONKEY (1999)
END OF THE AFFAIR, THE (1999)
WONDERLAND (1999)
BORN ROMANTIC (2000)
LIAM (2000)
ABERDEEN (2001)
HOUND OF THE BASKERVILLES (2002)
KILLING ME SOFTLY (2002)

HARTNETT, Josh
acteur américain (1978-)
FACULTY, THE (1998)
VIRGIN SUICIDES, THE (1999)
HERE ON EARTH (2000)
BLACK HAWK DOWN (2001)
O (OTHELLO) (2001)
PEARL HARBOR (2001)
40 DAYS AND 40 NIGHTS (2002)
HOLLYWOOD HOMICIDE (2003)
WICKER PARK (2004)
SIN CITY (2005)
LUCKY NUMBER SLEVIN (2006)

HARVEY, Laurence
acteur anglais (1928-1973)
ROMEO AND JULIET (1954)
I AM A CAMERA (1955)
ROOM AT THE TOP (1959)
ALAMO, THE (1960)
BUTTERFIELD 8 (1960)
EXPRESSO BONGO (1960)
MANCHURIAN CANDIDATE (1962)
SUMMER AND SMOKE (1962)
WALK ON THE WILD SIDE (1962)
WONDERFUL WORLD OF
THE BROTHERS GRIMM, THE (1962)
OF HUMAN BONDAGE (1964)
OUTRAGE, THE (1964)
DARLING (1965)

HASSO, Signe
actrice suédoise (1910-2002)
HOUSE ON 92nd STREET, THE (1944)
STORY OF DR. WASSELL, THE (1944)
SCANDAL IN PARIS, A (1946)
DOUBLE LIFE, A (1947)
WHERE THERE IS LIFE (1947)
I NEVER PROMISED YOU
A ROSE GARDEN (1976)

HATCHER, Teri
actrice américaine (1964-)
SOAPDISH (1991)
STRAIGHT TALK (1992)
HEAVEN'S PRISONERS (1995)
2 DAYS IN THE VALLEY (1996)
TOMORROW NEVER DIES (1997)
SPY KIDS (2001)
DESPERATE HOUSEWIVES (SEASON II) (2005)

HAUER, Rutger
acteur néerlandais (1944-)
TURKISH DELIGHT (1973)
DANDELIONS (1974)
WILBY CONSPIRACY, THE (1975)
KEETJE TIPPEL (1976)
SOLDIER OF ORANGE (1978)
SPETTERS (1980)
CHANEL SOLITAIRE (1981)
NIGHTHAWKS (1981)
BLADE RUNNER (1982)
EUREKA (1983)
OSTERMAN WEEKEND, THE (1983)
BREED APART, A (1984)
MYSTERIES (1984)
FLESH + BLOOD (1985)
LADYHAWKE (1985)
HITCHER, THE (1986)
ESCAPE FROM SOBIBOR (1987)
BLIND FURY (1989)
BLOOD OF HEROES, THE (1989)
BLOODHOUNDS OF BROADWAY (1989)
BUFFY THE VAMPIRE SLAYER (1992)
PAST MIDNIGHT (1992)
AMELIA EARHART, THE FINAL FLIGHT (1994)
FATHERLAND (1994)
NOSTRADAMUS (1994)
SURVIVING THE GAME (1994)
MR. STITCH (1995)
CONFESSIONS OF A DANGEROUS MIND (2002)
BATMAN BEGINS (2005)
SIN CITY (2005)

HAUSER, Cole
acteur américain (1975-)
SCHOOL TIES (1992)
ALL OVER ME (1997)
GOOD WILL HUNTING (1997)
HI-LO COUNTRY, THE (1998)
HART'S WAR (2002)
TEARS OF THE SUN (2003)
PAPARAZZI (2004)
CAVE, THE (2005)

HAWKE, Ethan
acteur américain (1970-)
EXPLORERS (1985)
DAD (1989)
DEAD POETS SOCIETY (1989)
MYSTERY DATE (1991)
WHITE FANG (1991)
ALIVE (1992)
MIDNIGHT CLEAR, A (1992)
RICH IN LOVE (1992)
WATERLAND (1992)
FLOUNDERING (1993)
REALITY BITES (1994)
BEFORE SUNRISE (1995)
SEARCH AND DESTROY (1995)
GATTACA (1997)
GREAT EXPECTATIONS (1998)
NEWTON BOYS, THE (1998)
JOE THE KING (1999)
SNOW FALLING ON CEDARS (1999)
VELOCITY OF GARY, THE (1999)
HAMLET (2000)
JIMMY SHOW, THE (2001)
TAPE (2001)
TRAINING DAY (2001)
WAKING LIFE (2001)
BEFORE SUNSET (2004)
TAKING LIVES (2004)
ASSAULT ON PRECINCT 13 (2005)
LORD OF WAR (2005)

HAWKINS, Jack
acteur anglais (1910-1973)
FALLEN IDOL, THE (1948)
SMALL BACK ROOM, THE (1948)
LAND OF THE PHARAOHS (1955)
PRISONER, THE (1955)
BRIDGE ON THE RIVER KWAI, THE (1957)
BEN-HUR (1959)
LEAGUE OF GENTLEMEN, THE (1960)
LAWRENCE OF ARABIA (1962)
ZULU (1963)
GUNS AT BATASI (1964)
LORD JIM (1964)
SHALAKO (1968)
LOLA (1969)
THOSE DARING YOUNG MEN
IN THEIR JAUNTY JALOPIES (1969)
JANE EYRE (1970)
NICHOLAS AND ALEXANDRA (1971)

WATERLOO (1971)
TALES THAT WITNESS MADNESS (1973)
THEATER OF BLOOD (1973)

HAWN, Goldie
actrice américaine (1945-)
CACTUS FLOWER (1969)
THERE'S A GIRL IN MY SOUP (1970)
DOLLARS (1971)
BUTTERFLIES ARE FREE (1972)
GIRL FROM PETROVKA, THE (1974)
SHAMPOO (1974)
SUGARLAND EXPRESS, THE (1974)
DUCHESS AND THE DIRTWATER FOX, THE (1976)
FOUL PLAY (1978)
PRIVATE BENJAMIN (1980)
SEEMS LIKE OLD TIMES (1980)
BEST FRIENDS (1982)
SWING SHIFT (1984)
OVERBOARD (1987)
BIRD ON A WIRE (1990)
DECEIVED (1991)
CRISSCROSS (1992)
DEATH BECOMES HER (1992)
HOUSESITTER (1992)
EVERYONE SAYS I LOVE YOU (1996)
FIRST WIVES CLUB, THE (1996)
OUT-OF-TOWNERS, THE (1999)
TOWN AND COUNTRY (2001)
BANGER SISTERS (2002)

HAWTHORNE, Nigel
acteur anglais (1929-2001)
MEMOIRS OF A SURVIVOR (1981)
WOMAN CALLED GOLDA, A (1982)
MADNESS OF KING GEORGE, THE (1994)
RICHARD III (1995)
INSIDE (1996)
TWELFTH NIGHT (1996)
AMISTAD (1997)
MADELINE (1998)
OBJECT OF MY AFFECTION, THE (1998)
WINSLOW BOY, THE (1998)
BIG BRASS RING, THE (1999)

HAYDEN, Sterling
acteur américain (1916-1986)
ASPHALT JUNGLE, THE (1950)
FLAT TOP (1952)
STAR, THE (1952)
PRINCE VALIANT (1953)
SUDDENLY (1953)
JOHNNY GUITAR (1954)
KILLING, THE (1956)
CRIME OF PASSION (1957)
TERROR IN A TEXAS TOWN (1958)
DR. STRANGELOVE (1963)
SAUT DE L'ANGE, LE (1971)
GODFATHER, THE (1972)
FINAL PROGRAMME, THE (1973)
LONG GOODBYE, THE (1973)
1900 (1976)
9 TO 5 (1980)
POSSESSION (1981)
BLUE AND THE GRAY, THE (1982)

HAYEK, Salma
actrice mexicaine (1966-)
DESPERADO (1995)
MIDAQ ALLEY (1995)
FLED (1996)
BREAKING UP (1997)
FOOLS RUSH IN (1997)
54 (1998)
ACTION - COMPLETE SERIES (1999)
DOGMA (1999)
VELOCITY OF GARY, THE (1999)
WILD WILD WEST (1999)
TIME CODE (2000)
HOTEL (2001)
IN THE TIME OF THE BUTTERFLIES (2001)
FRIDA (2002)
SEARCHING FOR DEBRA WINGER (2002)
ONCE UPON A TIME IN MEXICO (2003)
SPY KIDS 3-D : GAME OVER (2003)
AFTER THE SUNSET (2004)
ASK THE DUST (2006)

HAYS, Robert
acteur américain (1947-)
AIRPLANE ! (1980)
TAKE THIS JOB AND SHOVE IT (1981)
AIRPLANE II : THE SEQUEL (1982)
CAT'S EYE (1984)
HOMEWARD BOUND : THE INCREDIBLE JOURNEY (1993)
HOMEWARD BOUND II : LOST IN SAN FRANCISCO (1996)
SEX AND A GIRL (2001)

HAYSBERT, Dennis
acteur américain (1954-)
LOVE FIELD (1991)
SUTURE (1993)
HEAT (1995)
ABSOLUTE POWER (1996)
MINUS MAN, THE (1999)
RANDOM HEARTS (1999)
THIRTEENTH FLOOR, THE (1999)
24 (FIRST SEASON) (2001)
FAR FROM HEAVEN (2002)

HAYWARD, Susan
actrice américaine (1918-1975)
ADAM HAD FOUR SONS (1941)
REAP THE WILD WIND (1942)
STAR SPANGLED RHYTHM (1942)
FIGHTING SEABEES, THE (1943)
JACK LONDON (1943)
CANYON PASSAGE (1946)
DEADLINE AT DAWN (1946)
LOST MOMENT, THE (1947)
SMASH-UP, THE STORY OF A WOMAN (1947)
THEY WON'T BELIEVE ME (1947)
HOUSE OF STRANGERS (1949)
MY FOOLISH HEART (1949)
DAVID AND BATHSHEBA (1951)
I'D CLIMB THE HIGHEST MOUNTAIN (1951)
RAWHIDE (1951)
SNOWS OF KILIMANJARO (1952)
SNOWS OF KILIMANJARO, THE (1952)
DEMETRIUS AND THE GLADIATORS (1954)
I'LL CRY TOMORROW (1955)
CONQUEROR, THE (1956)
I WANT TO LIVE ! (1958)
WHERE LOVE HAS GONE (1964)
HONEY POT, THE (1967)
VALLEY OF THE DOLLS (1967)

HAYWOOD, Chris
acteur anglais (1948-)
ATTACK FORCE Z (1980)
HEATWAVE (1981)
CLINIC, THE (1982)
DOGS IN SPACE (1986)
NAVIGATOR : A MEDIEVAL ODYSSEY, THE (1988)
GOLDEN BRAID (1990)
NUN AND THE BANDIT, THE (1992)
KISS OR KILL (1997)
INNOCENCE (2000)
NIJINSKY : THE DIARIES OF VASLAV NIJINSKY (2001)

HAYWORTH, Rita
actrice américaine (1918-1987)
ONLY ANGELS HAVE WINGS (1939)
ANGELS OVER BROADWAY (1940)
LADY IN QUESTION, THE (1940)
MUSIC IN MY HEART (1940)
SUSAN AND GOD (1940)
YOU'LL NEVER GET RICH (1940)
BLOOD AND SAND (1941)
STRAWBERRY BLONDE, THE (1941)
TALES OF MANHATTAN (1942)
YOU WERE NEVER LOVELIER (1942)
COVER GIRL (1944)
DOWN TO EARTH (1947)
GILDA (1947)
LADY FROM SHANGHAI, THE (1947)
TONIGHT AND EVERY NIGHT (1947)
LOVES OF CARMEN, THE (1948)
AFFAIR IN TRINIDAD (1952)
CHAMPAGNE SAFARI (1952)
MISS SADIE THOMPSON (1953)
SALOME (1953)
PAL JOEY (1957)
SEPARATE TABLES (1958)
THEY CAME TO CORDURA (1959)
CIRCUS WORLD (1964)
RITA (2004)

HEADEY, Lena
actrice anglaise (1976-)
SUMMER HOUSE, THE (1992)
CENTURY (1994)
JUNGLE BOOK, THE (1994)
FACE (1997)
MRS. DALLOWAY (1997)
ONEGIN (1999)
ABERDEEN (2001)
GATHERING STORM (2002)
POSSESSION (2002)
BROTHERS GRIMM (2005)
IMAGINE ME AND YOU (2005)

HEADLY, Glenne
actrice américaine (1955-)
FANDANGO (1984)
PAPERHOUSE (1988)
MORTAL THOUGHTS (1991)
ORDINARY MAGIC (1993)
GETTING EVEN WITH DAD (1994)
MR. HOLLAND'S OPUS (1995)
2 DAYS IN THE VALLEY (1996)
BASTARD OUT OF CAROLINA (1996)
SGT. BILKO (1996)
MY OWN COUNTRY (1998)
AROUND THE BEND (2004)
CONFESSIONS OF A TEENAGE DRAMA QUEEN (2004)
EULOGY (2004)

HEARD, John
acteur américain (1947-)
HEART BEAT (1979)
CUTTER'S WAY (1981)
CAT PEOPLE (1982)
C.H.U.D. (1984)
HEAVEN HELP US (1984)
AFTER HOURS (1985)
TRIP TO BOUNTIFUL, THE (1985)
DEAR AMERICA : LETTERS HOME FROM VIETNAM (1987)
BEACHES (1988)
BETRAYED (1988)
BIG (1988)
MILAGRO BEANFIELD WAR, THE (1988)
SEVENTH SIGN, THE (1988)
PACKAGE, THE (1989)

AWAKENINGS (1990)
HOME ALONE (1990)
MINDWALK (1990)
DECEIVED (1991)
RAMBLING ROSE (1991)
HOME ALONE 2 : LOST IN NEW YORK (1992)
RADIO FLYER (1992)
WATERLAND (1992)
IN THE LINE OF FIRE (1993)
PELICAN BRIEF, THE (1993)
BEFORE AND AFTER (1995)
187 (1997)
DESERT BLUE (1998)
SNAKE EYES (1998)
ANIMAL FACTORY (2000)
POLLOCK (2000)
MY TINY UNIVERSE (2004)
CHUMSCRUBBER, THE (2005)

HÉBERT, Paul
acteur québécois (1924-)
VIE HEUREUSE DE LÉOPOLD Z., LA (1965)
C'EST PAS LA FAUTE
À JACQUES CARTIER (1967)
MOUCHETTE (1967)
MARTIEN DE NOËL, LE (1971)
BEAUX SOUVENIRS, LES (1981)
YEUX ROUGES, LES (1982)
FOUS DE BASSAN, LES (1986)
ALFRED LALIBERTÉ : SCULPTEUR (1987)
NUIT AVEC HORTENSE, LA (1988)
TISSERANDS DU POUVOIR 2 :
LA RÉVOLTE, LES (1988)
TISSERANDS DU POUVOIR, LES (1988)
OREILLE D'UN SOURD, L' (1996)

HECHE, Anne
actrice américaine (1969-)
O PIONEERS ! (1991)
AGAINST THE WALL (1993)
WALKING AND TALKING (1995)
IF THESE WALLS COULD TALK (1996)
JUROR, THE (1996)
DONNIE BRASCO (1997)
SUBWAY STORIES (1997)
VOLCANO (1997)
WAG THE DOG (1997)
PSYCHO (1998)
RETURN TO PARADISE (1998)
SIX DAYS, SEVEN NIGHTS (1998)
THIRD MIRACLE, THE (1999)
JOHN Q. (2001)
PROZAC NATION (2001)

HEDAYA, Dan
acteur américain (1940-)
HUNGER, THE (1983)
COMMANDO (1985)
ADDAMS FAMILY, THE (1991)
BENNY & JOON (1993)
MR. WONDERFUL (1993)
TO DIE FOR (1995)
DAYLIGHT (1996)
FREEWAY (1996)
ALIEN RESURRECTION (1997)
LIFE LESS ORDINARY, A (1997)
SECOND CIVIL WAR (1997)
NIGHT AT THE ROXBURY, A (1998)
DICK (1999)
HURRICANE, THE (1999)
CREW, THE (2000)
MULHOLLAND DRIVE (2001)

HEFLIN, Van
acteur américain (1910-1971)
FLIGHT FROM GLORY (1937)
SANTA FE TRAIL (1940)
JOHNNY EAGER (1941)
GREEN DOLPHIN STREET (1946)
STRANGE LOVE OF MARTHA IVERS (1946)
POSSESSED (1947)
TILL THE CLOUDS ROLL BY (1947)
THREE MUSKETEERS, THE (1948)
EAST SIDE, WEST SIDE (1949)
MADAME BOVARY (1949)
TOMAHAWK (1951)
SHANE (1953)
BATTLE CRY (1954)
WOMAN'S WORLD (1954)
PATTERNS (1955)
3 :10 TO YUMA (1956)
GUNMAN'S WALK (1957)
THEY CAME TO CORDURA (1959)
GREATEST STORY EVER TOLD, THE (1965)
BIG BOUNCE. THE (1969)
AIRPORT (1970)

HELGENBERGER, Marg
actrice américaine (1958-)
CHINA BEACH (1988)
ALWAYS (1989)
TOMMYKNOCKERS (1993)
GOLD COAST (1997)
CSI : CRIME SCENE INVESTIGATION (2000-03)
ERIN BROCKOVICH (2000)

HEMINGWAY, Mariel
actrice américaine (1961-)
MANHATTAN (1979)
PERSONAL BEST (1982)
STAR 80 (1983)
MEAN SEASON, THE (1985)
SUPERMAN IV : THE QUEST FOR PEACE (1987)
SUNSET (1988)
FALLING FROM GRACE (1992)

HEMMINGS, David
acteur anglais (1941-2003)
BLOW-UP (1966)
CHARGE OF THE LIGHT BRIGADE, THE (1968)
DEEP RED (1976)
ISLANDS IN THE STREAM (1976)
DISAPPEARANCE, THE (1977)
HEROIN BUSTERS (1977)
SQUEEZE, THE (1977)
THIRST (1979)
DARK FORCES (1980)
TURN OF THE SCREW, THE (1990)
GLADIATOR (2000)
MEAN MACHINE (2001)
ALL THE WAY (2003)

HENDERSON, Shirley
actrice écossaise (1966-)
TRAINSPOTTING (1995)
WONDERLAND (1999)
CLAIM, THE (2000)
BRIDGET JONES'S DIARY (2001)
WAY WE LIVE NOW, THE (2001)
24 HOUR PARTY PEOPLE (2002)
CLOSE YOUR EYES (2002)
WILBUR (WANTS TO KILL HIMSELF) (2002)
INTERMISSION (2003)
ONCE UPON A TIME IN THE MIDLANDS (2003)
TRISTRAM SHANDY -
A COCK & BULL STORY (2005)
YES (2005)

HENNER, Marilu
actrice américaine (1952-)
HAMMETT (1981)
MAN WHO LOVED WOMEN, THE (1983)
PERFECT (1985)
RUSTLERS' RHAPSODY (1985)
NOISES OFF ! (1992)
TITANIC (1996)

HENRIKSEN, Lance
acteur américain (1940-)
DOG DAY AFTERNOON (1975)
CLOSE ENCOUNTERS OF
THE THIRD KIND (1977)
DAMIEN - OMEN II (1978)
PRINCE OF THE CITY (1981)
RIGHT STUFF, THE (1983)
TERMINATOR, THE (1984)
JAGGED EDGE (1985)
ALIENS (1986)
NEAR DARK (1987)
PUMPKINHEAD (1988)
JOHNNY HANDSOME (1989)
PIT AND THE PENDULUM, THE (1991)
ALIEN 3 (1992)
HARD TARGET (1993)
SUPER MARIO BROS. (1993)
COLOR OF NIGHT (1994)
NO ESCAPE (1994)
DEAD MAN (1995)
POWDER (1995)
QUICK AND THE DEAD, THE (1995)
MILLENIUM (SEASON II) (1998)
SCREAM III (2000)
UNSPEAKABLE (2002)
ALIEN VS. PREDATOR (2004)
PARANOIA 1.0 (2004)
STARKWEATHER (2004)

HENRY, Gregg
acteur américain (1952-)
BODY DOUBLE (1984)
RAISING CAIN (1992)
POSITIVELY TRUE ADVENTURE
OF THE ALLEGED TEXAS CHEERLEADER-
MURDERING MOM, THE (1993)
BIG BRASS RING, THE (1999)
PAYBACK (1999)
BALLISTIC : ECKS VS. SEVER (2002)
FEMME FATALE (2002)

HENSTRIDGE, Natasha
actrice canadienne (1974-)
SPECIES (1995)
MAXIMUM RISK (1996)
DOG PARK (1998)
JASON AND THE ARGONAUTS (2000)
SECOND SKIN (2000)
WHOLE NINE YARDS, THE (2000)
SPECIES III (2004)
WHOLE TEN YARDS, THE (2004)

HEPBURN, Audrey
actrice anglaise (1929-1993)
LAVENDER HILL MOB, THE (1951)
ROMAN HOLIDAY (1953)
SABRINA (1954)
WAR AND PEACE (1955)
FUNNY FACE (1956)
LOVE IN THE AFTERNOON (1956)
GREEN MANSIONS (1959)
NUN'S STORY, THE (1959)
UNFORGIVEN, THE (1960)
BREAKFAST AT TIFFANY'S (1961)
CHILDREN'S HOUR, THE (1961)
CHARADE (1963)
PARIS WHEN IT SIZZLES (1963)
MY FAIR LADY (1964)
HOW TO STEAL A MILLION (1966)
TWO FOR THE ROAD (1967)
WAIT UNTIL DARK (1967)

ROBIN AND MARIAN (1976)
BLOODLINE (1979)
THEY ALL LAUGHED (1981)
ALWAYS (1989)

HEPBURN, Katharine
actrice américaine (1907-2003)
BILL OF DIVORCEMENT, A (1932)
LITTLE WOMEN (1933)
MORNING GLORY (1933)
LITTLE MINISTER, THE (1934)
ALICE ADAMS (1935)
BREAK OF HEARTS (1935)
MARY OF SCOTLAND (1936)
SYLVIA SCARLETT (1936)
QUALITY STREET (1937)
STAGE DOOR (1937)
BRINGING UP BABY (1938)
HOLIDAY (1938)
PHILADELPHIA STORY, THE (1940)
KEEPER OF THE FLAME (1942)
WOMAN OF THE YEAR (1942)
DRAGON SEED (1944)
WITHOUT LOVE (1945)
SEA OF GRASS, THE (1947)
SONG OF LOVE (1947)
UNDERCURRENT (1947)
STATE OF THE UNION (1948)
ADAM'S RIB (1949)
AFRICAN QUEEN, THE (1951)
PAT AND MIKE (1952)
SUMMERTIME (1955)
RAINMAKER, THE (1956)
DESK SET (1957)
SUDDENLY, LAST SUMMER (1959)
LONG DAY'S JOURNEY INTO NIGHT (1962)
GUESS WHO'S COMING TO DINNER ? (1967)
LION IN WINTER, THE (1968)
TROJAN WOMEN, THE (1971)
DELICATE BALANCE, A (1973)
GLASS MENAGERIE (1973)
LOVE AMONG THE RUINS (1975)
ROOSTER COGBURN (1975)
OLLY, OLLY, OXEN FREE (1977)
CORN IS GREEN, THE (1978)
ON GOLDEN POND (1981)
GRACE QUIGLEY (1984)
LOVE AFFAIR (1994)

HERRMANN, Edward
acteur américain (1943-)
NORTH AVENUE IRREGULARS, THE (1978)
A LITTLE SEX (1982)
COMPROMISING POSITIONS (1985)
OVERBOARD (1987)
BORN YESTERDAY (1993)
CAT'S MEOW, THE (2001)
EMPEROR'S CLUB, THE (2002)

HERSHEY, Barbara
actrice américaine (1948-)
AMERICANA (1968)
WITH SIX YOU GET EGGROLL (1968)
BABY MAKER, THE (1970)
PURSUIT OF HAPPINESS, THE (1970)
BOXCAR BERTHA (1972)
DIAMONDS (1975)
STUNT MAN, THE (1979)
ENTITY, THE (1981)
TAKE THIS JOB AND SHOVE IT (1981)
RIGHT STUFF, THE (1983)
NATURAL, THE (1984)
HANNAH AND HER SISTERS (1986)
HOOSIERS (1986)
TIN MEN (1987)
BEACHES (1988)
LAST TEMPTATION OF CHRIST, THE (1988)
SHY PEOPLE (1988)
WORLD APART, A (1988)
TUNE IN TOMORROW... (1990)
DEFENSELESS (1991)
PARIS TROUT (1991)
FALLING DOWN (1992)
PUBLIC EYE, THE (1992)
DANGEROUS WOMAN, A (1993)
RETURN TO LONESOME DOVE (1993)
SPLITTING HEIRS (1993)
SWING KIDS (1993)
PALLBEARER, THE (1996)
PORTRAIT OF A LADY, THE (1996)
SOLDIER'S DAUGHTER NEVER CRIES, A (1998)
BREAKFAST OF CHAMPIONS (1999)
FROGS FOR SNAKES (1999)
LANTANA (2001)
11 : 14 (2003)
RIDING THE BULLET (2004)

HESTON, Charlton
acteur américain (1924-)
GREATEST SHOW ON EARTH, THE (1951)
PONY EXPRESS (1952)
ARROWHEAD (1953)
NAKED JUNGLE, THE (1953)
FAR HORIZONS, THE (1955)
TEN COMMANDMENTS, THE (1956)
THREE VIOLENT PEOPLE (1957)
BIG COUNTRY, THE (1958)
BUCCANEER, THE (1958)
TOUCH OF EVIL (1958)
BEN-HUR (1959)
WRECK OF THE MARY DEARE, THE (1959)
EL CID (1961)
DIAMOND HEAD (1962)
55 DAYS AT PEKING (1963)
MAJOR DUNDEE (1964)
AGONY AND THE ECSTASY, THE (1965)
GREATEST STORY EVER TOLD, THE (1965)
KHARTOUM (1965)
WARLORD, THE (1965)
PLANET OF THE APES (1967)
WILL PENNY (1967)
BENEATH THE PLANET OF THE APES (1969)
JULIUS CAESAR (1970)
OMEGA MAN, THE (1971)
SOYLENT GREEN (1973)
AIRPORT '75 (1974)
EARTHQUAKE (1974)
FOUR MUSKETEERS, THE (1974)
THREE MUSKETEERS, THE (1974)
MIDWAY (1976)
TWO-MINUTE WARNING (1976)
GRAY LADY DOWN (1978)
MOUNTAIN MEN, THE (1980)
TREASURE ISLAND (1990)
TOMBSTONE (1993)
WAYNE'S WORLD 2 (1993)
IN THE MOUTH OF MADNESS (1994)
TRUE LIES (1994)
ALASKA (1996)
HAMLET (1996)

HILL, Bernard
acteur anglais (1944-)
HARD LABOUR (1973)
BELLMAN AND TRUE (1987)
SHIRLEY VALENTINE (1989)
GHOST AND THE DARKNESS, THE (1996)
TRUE CRIME (1999)
LORD OF THE RINGS :
THE TWO TOWERS, THE (2002)
BOYS & GIRLS FROM COUNTY CLARE (2003)
GOTHIKA (2003)

HILL, Terence
acteur italien (1939-)
DÉNOMMÉ SQUARCIO, UN (1958)
ACE HIGH (1968)
MY NAME IS NOBODY (1973)
WATCH OUT, WE'RE MAD (1974)
DEUX SUPER-FLICS (1977)
SUPER FUZZ (1980)
WHO FINDS A FRIEND FINDS
A TREASURE (1981)
QUAND FAUT Y ALLER, FAUT Y ALLER (1983)
DOUBLE TROUBLE (1985)
MIAMI SUPERCOPS (1985)
LUCKY LUKE (1990)

HILLERMAN, John
acteur américain (1932-)
LAWMAN (1970)
LAST PICTURE SHOW, THE (1971)
WHAT'S UP, DOC ? (1972)
HIGH PLAINS DRIFTER (1973)
PAPER MOON (1973)
THIEF WHO CAME TO DINNER, THE (1973)
BLAZING SADDLES (1974)
CHINATOWN (1974)
DAY OF THE LOCUST, THE (1975)
AUDREY ROSE (1977)

HINDS, Ciaran
acteur irlandais (1953-)
PERSUASION (1995)
SOME MOTHER'S SON (1996)
JANE EYRE (1997)
OSCAR AND LUCINDA (1997)
LOST SON, THE (1999)
WEIGHT OF WATER, THE (2000)
MAYOR OF CASTERBRIDGE, THE (2001)
CALENDAR GIRLS (2003)
LARA CROFT : THE CRADLE OF LIFE (2003)
STATEMENT, THE (2003)
VERONICA GUERIN (2003)
MUNICH (2005)

HINES, Gregory
acteur américain (1946-)
HISTORY OF THE WORLD, PART 1 (1981)
WOLFEN (1981)
DEAL OF THE CENTURY (1983)
COTTON CLUB, THE (1984)
MUPPETS TAKE MANHATTAN, THE (1984)
WHITE NIGHTS (1985)
OFF LIMITS (1988)
EVE OF DESTRUCTION (1991)
RAGE IN HARLEM, A (1991)
RENAISSANCE MAN (1994)
WAITING TO EXHALE (1995)
PREACHER'S WIFE, THE (1996)
SUBWAY STORIES (1997)

HINGLE, Pat
acteur américain (1924-)
SPLENDOR IN THE GRASS (1961)
UGLY AMERICAN, THE (1963)
BLOODY MAMA (1970)
CAREY TREATMENT, THE (1972)
GAUNTLET, THE (1977)
SUDDEN IMPACT (1983)
MAXIMUM OVERDRIVE (1986)
BABY BOOM (1987)
STRANGER ON MY LAND (1987)
SHAFT (2000)

HOBSON, Valerie
actrice anglaise (1917-1998)
GREAT EXPECTATIONS (1934)
WEREWOLF OF LONDON (1935)
DRUMS, THE (1938)

CLOUDS OVER EUROPE (1939)
SPY IN BLACK, THE (1939)
CONTRABAND (1940)
UNPUBLISHED STORY (1942)
GREAT EXPECTATIONS (1946)
KIND HEARTS AND CORONETS (1949)

HOFFMAN, Dustin
acteur américain (1937-)
GRADUATE, THE (1967)
MADIGAN'S MILLIONS (1968)
MIDNIGHT COWBOY (1969)
LITTLE BIG MAN (1970)
STRAW DOGS (1971)
ALFREDO, ALFREDO (1972)
PAPILLON (1973)
LENNY (1975)
ALL THE PRESIDENT'S MEN (1976)
MARATHON MAN (1976)
AGATHA (1977)
STRAIGHT TIME (1977)
KRAMER vs. KRAMER (1979)
TOOTSIE (1982)
DEATH OF A SALESMAN (1985)
ISHTAR (1987)
RAIN MAN (1988)
FAMILY BUSINESS (1989)
DICK TRACY (1990)
BILLY BATHGATE (1991)
HOOK (1991)
HERO (1992)
OUTBREAK (1995)
SLEEPERS (1995)
AMERICAN BUFFALO (1996)
MAD CITY (1997)
WAG THE DOG (1997)
SPHERE (1998)
MESSENGER, THE : THE STORY
OF JOAN OF ARC (1999)
MOONLIGHT MILE (2002)
CONFIDENCE (2003)
RUNAWAY JURY (2003)
FINDING NEVERLAND (2004)
I HEART HUCKABEES (2004)
MEET THE FOCKERS (2004)

HOLBROOK, Hal
acteur américain (1925-)
GREAT WHITE HOPE, THE (1970)
JONATHAN LIVINGSTON SEAGULL (1973)
MAGNUM FORCE (1973)
GIRL FROM PETROVKA, THE (1974)
ALL THE PRESIDENT'S MEN (1976)
MIDWAY (1976)
CAPRICORN ONE (1978)
FOG, THE (1979)
STAR CHAMBER, THE (1983)
FIRM, THE (1993)
HUSH (1997)
JUDAS KISS (1998)
MY OWN COUNTRY (1998)
WAKING THE DEAD (1999)
MEN OF HONOR (2000)
SHADE (2003)

HOLDEN, Fay
actrice anglaise (1893-1973)
LOVE FINDS ANDY HARDY (1938)
ANDY HARDY GETS SPRING FEVER (1939)
ANDY HARDY'S
PRIVATE SECRETARY (1940)
BLOSSOMS IN THE DUST (1940)
CANYON PASSAGE (1946)
WHISPERING SMITH (1948)
BIG HANGOVER, THE (1950)
TRAINSPOTTING (1995)

HOLDEN, William
acteur américain (1918-1981)
FRAMED (1930)
ARIZONA (1940)
GOLDEN BOY (1940)
OUR TOWN (1940)
TEXAS (1941)
OUR TOWN (1945)
DARK PAST, THE (1948)
MAN FROM COLORADO, THE (1948)
RACHEL AND THE STRANGER (1948)
MISS GRANT TAKES RICHMOND (1949)
BORN YESTERDAY (1950)
FORCE OF ARMS (1950)
SUNSET BOULEVARD (1950)
UNION STATION (1950)
MOON IS BLUE, THE (1952)
STALAG 17 (1952)
ESCAPE FROM FORT BRAVO (1953)
FOREVER FEMALE (1953)
BRIDGES AT TOKO-RI, THE (1954)
COUNTRY GIRL, THE (1954)
EXECUTIVE SUITE (1954)
SABRINA (1954)
LOVE IS A MANY-SPLENDORED THING (1955)
PICNIC (1955)
BRIDGE ON THE RIVER KWAI, THE (1957)
KEY, THE (1958)
HORSE SOLDIERS, THE (1959)
WORLD OF SUZIE WONG, THE (1960)
COUNTERFEIT TRAITOR, THE (1961)
SATAN NEVER SLEEPS (1962)
PARIS WHEN IT SIZZLES (1963)
7th DAWN, THE (1964)
ALVAREZ KELLY (1966)
CASINO ROYALE (1967)
DEVIL'S BRIGADE, THE (1967)
ARBRE DE NOËL, L' (1969)
WILD BUNCH, THE (1969)
WILD ROVERS (1971)
BREEZY (1973)
TOWERING INFERNO, THE (1974)
21 HOURS AT MUNICH (1976)
NETWORK (1976)
ASHANTI (1978)
DAMIEN - OMEN II (1978)
FEDORA (1978)
S.O.B. (1981)

HOLGADO, Ticky
acteur français (1944-2004)
COMMENT DRAGUER
TOUTES LES FILLES (1981)
JUGE, LE (1984)
MESRINE (1984)
ROIS DU GAG, LES (1984)
LEVY ET GOLIATH (1986)
MANON DES SOURCES (1986)
NUIT D'IVRESSE (1986)
SALE DESTIN ! (1986)
CHÂTEAU DE MA MÈRE, LE (1990)
MARI DE LA COIFFEUSE, LE (1990)
TOMBÉS DU CIEL (1990)
URANUS (1990)
588, RUE PARADIS (1991)
DELICATESSEN (1991)
ÉPOQUE FORMIDABLE, UNE (1991)
MA VIE EST UN ENFER (1991)
MAYRIG (1991)
SECRETS PROFESSIONNELS
DU DR. APFELGLÜCK, LES (1991)
DRÔLES D'OISEAUX (1992)
SOUPER, LE (1992)
TANGO (1992)
BÂTARD DE DIEU, LE (1993)
GAZON MAUDIT (1994)
CITÉ DES ENFANTS PERDUS, LA (1995)
FUNNY BONES (1995)
LUMIÈRE ET COMPAGNIE (1995)
MISÉRABLES DU XXe SIÈCLE, LES (1995)
PLUS BEAU MÉTIER DU MONDE, LE (1996)
AMOUR ET CONFUSIONS (1997)
AND NOW LADIES & GENTLEMEN (2003)
TAIS-TOI (2003)

HOLLIDAY, Judy
actrice américaine (1921-1965)
ADAM'S RIB (1949)
BORN YESTERDAY (1950)
MARRYING KIND, THE (1952)
IT SHOULD HAPPEN TO YOU (1954)
SOLID GOLD CADILLAC, THE (1955)
FULL OF LIFE (1956)
BELLS ARE RINGING, THE (1960)

HOLLY, Lauren
actrice américaine (1965-)
BAND OF THE HAND (1986)
ADVENTURES OF FORD FAIRLANE, THE (1990)
DRAGON : THE BRUCE LEE STORY (1993)
DUMB & DUMBER (1994)
BEAUTIFUL GIRLS (1996)
DOWN PERISCOPE (1996)
TURBULENCE (1996)
NO LOOKING BACK (1998)
WHAT WOMEN WANT (2000)

HOLM, Ian
acteur anglais (1931-)
MIDSUMMER NIGHT'S DREAM, A (1968)
MARY, QUEEN OF SCOTS (1971)
HOMECOMING, THE (1973)
LOST BOYS, THE (1978) (1978)
MISERABLES, LES (1978)
ALIEN (1979)
ALL QUIET ON THE WESTERN FRONT (1979)
CHARIOTS OF FIRE (1981)
TIME BANDITS (1981)
BRAZIL (1985)
ANOTHER WOMAN (1988)
HENRY V (1989)
KAFKA (1991)
NAKED LUNCH (1991)
ADVOCATE, THE (1994)
MADNESS OF KING GEORGE, THE (1994)
MARY SHELLEY'S FRANKENSTEIN (1994)
BIG NIGHT (1996)
NIGHT FALLS ON MANHATTAN (1996)
FIFTH ELEMENT, THE (1997)
LIFE LESS ORDINARY, A (1997)
SWEET HEREAFTER, THE (1997)
ANIMAL FARM (1999)
EXISTENZ (1999)
BLESS THE CHILD (2000)
ESTHER KAHN (2000)
JOE GOULD'S SECRET (2000)
EMPEROR'S NEW CLOTHES, THE (2001)
FROM HELL (2001)
LORD OF THE RINGS :
THE RETURN OF THE KING (2003)
AVIATOR, THE (2004)
DAY AFTER TOMORROW, THE (2004)
GARDEN STATE (2004)
LORD OF WAR (2005)

HOLMES, Katie
actrice américaine (1978-)
DISTURBING BEHAVIOR (1998)
GO (1999)
TEACHING MRS. TINGLE (1999)
GIFT, THE (2000)
WONDER BOYS (2000)

ABANDON (2002)
PHONE BOOTH (2002)
PIECES OF APRIL (2003)
FIRST DAUGHTER (2004)
BATMAN BEGINS (2005)
THANK YOU FOR SMOKING (2005)

HOPE, Bob
acteur américain (1903-2003)
BIG BROADCAST OF 1938, THE (1938)
GIVE ME A SAILOR (1938)
THANKS FOR THE MEMORY (1938)
NEVER SAY DIE (1939)
RHYTHM ROMANCE (1939)
GHOST BREAKERS, THE (1940)
ROAD TO SINGAPORE (1940)
CAUGHT IN THE DRAFT (1941)
LOUISIANA PURCHASE (1941)
ROAD TO ZANZIBAR (1941)
MY FAVORITE BLONDE (1942)
ROAD TO MOROCCO (1942)
STAR SPANGLED RHYTHM (1942)
THEY GOT ME COVERED (1943)
PRINCESS AND THE PIRATE, THE (1944)
ROAD TO UTOPIA (1945)
MY FAVORITE BRUNETTE (1947)
ROAD TO RIO (1947)
WHERE THERE IS LIFE (1947)
MONSIEUR BEAUCAIRE (1948)
PALEFACE, THE (1948)
GREAT LOVER, THE (1949)
SORROWFUL JONES (1949)
FANCY PANTS (1950)
GREATEST SHOW ON EARTH, THE (1951)
LEMON DROP KID, THE (1951)
SCARED STIFF (1952)
SON OF PALEFACE (1952)
HERE COME THE GIRLS (1953)
CASANOVA'S BIG NIGHT (1954)
ALIAS JESSE JAMES (1959)
FACTS OF LIFE, THE (1960)
ROAD TO HONG KONG, THE (1962)
CALL ME BWANA (1963)
I'LL TAKE SWEDEN (1964)
OSCAR, THE (1965)
RAQUEL ! - STARRING RAQUEL WELSH (1970)
SPIES LIKE US (1985)

HOPE, Leslie
actrice canadienne (1965-)
SWORD OF GIDEON (1986)
KANSAS (1988)
TALK RADIO (1988)
MEN AT WORK (1990)
PARIS, FRANCE (1993)
CLERKS (1994)
FUN (1994)
ROWING THROUGH (1996)
SHADOW BUILDER (1997)
TEMPS RETROUVÉ, LE (1999)
H20 (2005)

HOPKINS, Anthony
acteur anglais (1937-)
LION IN WINTER, THE (1968)
HAMLET (1969)
LOOKING GLASS WAR, THE (1969)
DOLL'S HOUSE (1973)
WAR AND PEACE (1973)
ALL CREATURES GREAT AND SMALL (1974)
GIRL FROM PETROVKA, THE (1974)
JUGGERNAUT (1974)
LINDBERGH KIDNAPPING CASE, THE (1976)
VICTORY AT ENTEBBE (1976)
AUDREY ROSE (1977)
BRIDGE TOO FAR, A (1977)
MAGIC (1978)
CHANGE OF SEASONS, A (1980)
ELEPHANT MAN, THE (1980)
BUNKER, THE (1981)
BOUNTY, THE (1983)
MUSSOLINI AND I (1984)
84 CHARING CROSS ROAD (1986)
GOOD FATHER, THE (1986)
CHORUS OF DISAPPROVAL, A (1988)
DAWNING, THE (1988)
DESPERATE HOURS (1990)
EFFICIENCY EXPERT, THE (1991)
HOWARDS END (1991)
SILENCE OF THE LAMBS, THE (1991)
BRAM STOKER'S DRACULA (1992)
CHAPLIN (1992)
FREEJACK (1992)
INNOCENT, THE (1993)
REMAINS OF THE DAY, THE (1993)
SHADOWLANDS (1993)
LEGENDS OF THE FALL (1994)
ROAD TO WELLVILLE, THE (1994)
AUGUST (1995)
NIXON (1995)
SURVIVING PICASSO (1996)
AMISTAD (1997)
EDGE, THE (1997)
MASK OF ZORRO, THE (1998)
MEET JOE BLACK (1998)
TITUS (1999)
DR. SEUSS' HOW THE GRINCH STOLE CHRISTMAS (2000)
HANNIBAL (2001)
HEARTS IN ATLANTIS (2001)
BAD COMPANY (2002)
RED DRAGON (2002)
HUMAN STAIN, THE (2003)
ALEXANDER (2005)
PROOF (2005)
WORLD'S FASTEST INDIAN, THE (2005)

HOPKINS, Bo
acteur américain (1942-)
CULPEPPER CATTLE COMPANY (1971)
AMERICAN GRAFFITI (1973)
MAN WHO LOVED CAT DANCING, THE (1973)
JUDGMENT : THE COURT MARTIAL OF WILLIAM CALLEY (1975)
POSSE (1975)
TENTACLES (1977)
MORE AMERICAN GRAFFITI (1979)
CENTER OF THE WEB (1992)
BALLAD OF LITTLE JO, THE (1993)
FROM DUSK TILL DAWN II (1998)
SHADE (2003)

HOPKINS, Miriam
actrice américaine (1902-1972)
DR. JEKYLL AND MR. HYDE (1932)
THESE THREE (1936)
VIRGINIA CITY (1940)
OLD MAID, THE (1941)
OLD ACQUAINTANCE (1943)
CARRIE (1952)
FANNY HILL (1965)

HOPPER, Dennis
acteur américain (1936-)
I DIED A THOUSAND TIMES (1955)
REBEL WITHOUT A CAUSE (1955)
GIANT (1956)
GUNFIGHT AT THE O.K. CORRAL (1957)
NIGHT TIDE (1961)
SONS OF KATIE ELDER, THE (1965)
COOL HAND LUKE (1967)
HANG'EM HIGH (1967)
TRIP, THE (1967)
EASY RIDER (1969)
TRUE GRIT (1969)
TRACKS (1976)
AMI AMÉRICAIN, L' (1977)
APOCALYPSE NOW (1979)
OUT OF THE BLUE (1980)
OSTERMAN WEEKEND, THE (1983)
RUMBLE FISH (1983)
O.C. AND STIGGS (1984)
BLUE VELVET (1986)
HOOSIERS (1986)
RIDERS OF THE STORM (1986)
RIVER'S EDGE (1986)
TEXAS CHAINSAW MASSACRE 2, THE (1986)
BLACK WIDOW (1987)
PICK-UP ARTIST, THE (1987)
STRAIGHT TO HELL (1987)
BACKTRACK (1988)
CHATTAHOOCHEE (1990)
FLASHBACK (1990)
INDIAN RUNNER, THE (1990)
SUPERSTAR : THE LIFE AND TIMES OF ANDY WARHOL (1990)
EYE OF THE STORM (1991)
PARIS TROUT (1991)
NAILS (1992)
RED ROCK WEST (1992)
SUNSET HEAT (1992)
SUPER MARIO BROS. (1993)
TRUE ROMANCE (1993)
SPEED (1994)
WITCH HUNT (1994)
CARRIED AWAY (1995)
SEARCH AND DESTROY (1995)
WATERWORLD (1995)
BASQUIAT (1996)
BLACKOUT, THE (1997)
LAST DAYS OF FRANKIE THE FLY, THE (1997)
SOURCE, THE (1998)
ED TV (1999)
JESUS' SON (1999)
JASON AND THE ARGONAUTS (2000)
KNOCKAROUND GUYS (2002)
UNSPEAKABLE (2002)
ALL THE WAY (2003)
KEEPER, THE (2004)
OUT OF SEASON (2004)
LAND OF THE DEAD (2005)

HORDERN, Michael
acteur anglais (1911-1995)
ALEXANDER THE GREAT (1956)
HOW I WON THE WAR (1967)
WHERE EAGLES DARE (1968)
ANNE OF THE THOUSAND DAYS (1969)
DEMONS OF THE MIND (1971)
JOSEPH ANDREWS (1976)
SLIPPER AND THE ROSE, THE (1976)
LADY JANE (1985)
GREEN MAN, THE (1990)

HORNE, Lena
actrice américaine (1917-)
DUKE IS TOPS, THE (1938)
CABIN IN THE SKY (1942)
PANAMA HATTIE (1942)
I DOOD IT (1943)
STORMY WEATHER (1943)
TILL THE CLOUDS ROLL BY (1947)
WIZ, THE (1978)

HORTON, Edward Everett
acteur américain (1886-1970)
FRONT PAGE, THE (1931)
REACHING FOR THE MOON (1931)

DEVIL IS A WOMAN, THE (1935)
MERRY WIDOW, THE (1935)
ANGEL (1937)
SHALL WE DANCE (1937)
LADY ON A TRAIN (1945)
DOWN TO EARTH (1947)

HORTON, Peter
acteur américain (1953-)
FADE TO BLACK (1980)
CHILDREN OF THE CORN (1984)
AMAZON WOMEN ON THE MOON (1986)
BABY-SITTERS CLUB, THE (1995)
2 DAYS IN THE VALLEY (1996)
GUN (1996)
INTO THIN AIR : DEATH ON EVEREST (1997)

HOSKINS, Bob
acteur anglais (1942-)
INSERTS (1975)
PENNIES FROM HEAVEN SET (1978)
LONG GOOD FRIDAY, THE (1979)
PINK FLOYD - THE WALL (1982)
BEYOND THE LIMIT (1983)
COTTON CLUB, THE (1984)
MUSSOLINI AND I (1984)
BRAZIL (1985)
MONA LISA (1986)
SWEET LIBERTY (1986)
LONELY PASSION OF
JUDITH HEARNE, THE (1987)
PRAYER FOR THE DYING, A (1987)
RAGGEDY RAWNEY, THE (1988)
WHO FRAMED ROGER RABBIT ? (1988)
HEART CONDITION (1990)
MERMAIDS (1990)
CERCLE DES INTIMES, LE (1991)
HOOK (1991)
SHATTERED (1991)
FAVOUR, THE WATCH AND
THE VERY BIG FISH, THE (1992)
PASSED AWAY (1992)
SUPER MARIO BROS. (1993)
NIXON (1995)
SECRET AGENT, THE (1995)
MICHAEL (1996)
TWENTYFOURSEVEN (1997)
CAPTAIN JACK (1999)
FELICIA'S JOURNEY (1999)
DON QUIXOTE (2000)
ENEMY AT THE GATES (2000)
LAST ORDERS (2001)
MAID IN MANHATTAN (2002)
SLEEPING DICTIONARY (2002)
BEYOND THE SEA (2004)
MRS. HENDERSON PRESENTS (2005)
STAY (2005)
UNLEASHED (2005)

HOSSEIN, Robert
acteur français (1927-)
CRIME ET CHÂTIMENT (1956)
MADAME SANS-GÊNE (1961)
REPOS DU GUERRIER, LE (1962)
ANGÉLIQUE, MARQUISE DES ANGES (1964)
BANCO À BANGKOK POUR OSS 117 (1964)
ANGÉLIQUE ET LE ROI (1965)
HOMME QUI TRAHIT LA MAFIA, L' (1967)
INDOMPTABLE ANGÉLIQUE (1967)
ANGÉLIQUE ET LE SULTAN (1968)
MALDONNE (1968)
FEMME ÉCARLATE, LA (1969)
LIBERTINES, LES (1969)
TEMPS DES LOUPS, LE (1969)
VOLEUR DE CRIMES, LE (1969)
CASSE, LE (1971)
PART DES LIONS, LA (1971)
HELLÉ (1972)
DON JUAN 73 (1973)
PROTECTEUR, LE (1973)
FAUX CUL, LE (1975)
UNS ET LES AUTRES, LES (1980)
PROFESSIONNEL, LE (1981)
GRAND PARDON, LE (1982)
SURPRISE PARTY (1982)
HOMME ET UNE FEMME :
VINGT ANS DÉJÀ, UN (1986)
LEVY ET GOLIATH (1986)
ENFANTS DU DÉSORDRE, LES (1989)
MISÉRABLES DU XXe SIÈCLE, LES (1995)
WAX MASK (1997)
SAN ANTONIO (2004)

HOUDE, Germain
acteur québécois (1952-)
BONS DÉBARRAS, LES (1979)
MOURIR À TUE-TÊTE (1979)
LUCIEN BROUILLARD (1983)
ZOO LA NUIT, UN (1987)
NUIT AVEC HORTENSE, LA (1988)
ASSASSIN JOUAIT DU TROMBONE, L' (1991)
LOVE-MOI (1991)
VENGEANCE DE LA FEMME EN NOIR, LA (1997)
OMERTA 3 : LE DERNIER DES HOMMES
D'HONNEUR (1999)
SAINTS-MARTYRS-DES-DAMNÉS (2005)
SURVENANT, LE (2005)

HOWARD, Arliss
acteur américain (1954-)
CRISSCROSS (1992)
RUBY (1992)
WILDER NAPALM (1993)
MAN WHO CAPTURED EICHMANN, THE (1996)
JURASSIC PARK : THE LOST WORLD (1997)
MAP OF THE WORLD, A (1999)
BIRTH (2004)

HOWARD, Curly
acteur américain (1903-1952)
THREE STOOGES :
COPS AND ROBBERS (1936)
THREE STOOGES : GI STOOGE (1938)
THREE STOOGES : CURLY CLASSICS (1945)
THREE STOOGES : HEALTHY,
WEALTHY AND DUMB (1945)
THREE STOOGES :
ALL THE WORLD 'S A STOOGE (1946)
THREE STOOGES : NUTTY BUT NICE (1947)
THREE STOOGES : MERRY MAVERICK (1951)
THREE STOOGES : THREE SMART SAPS (1952)
THREE STOOGES : DIZZY DOCTORS (1953)
THREE STOOGES : SPOOK LOUDER (1965)
THREE STOOGES :
THE OUTLAW IS COMING (1965)
THREE STOOGES : ALL TIME FAVORITES (2004)
THREE STOOGES :
GREATEST HITS & RARITIES (2004)

HOWARD, Leslie
acteur anglais (1893-1943)
FREE SOUL, A (1931)
SMILIN' THROUGH (1932)
OF HUMAN BONDAGE (1934)
SCARLET PIMPERNEL, THE (1934)
ROMEO AND JULIET (1936)
STAND-IN, THE (1937)
PYGMALION (1938)
GONE WITH THE WIND (1939)
INTERMEZZO (1939)
49th PARALLEL, THE (1940)
SPITFIRE (1943)

HOWARD, Moe
acteur américain (1897-1975)
THREE STOOGES :
COPS AND ROBBERS (1936)
THREE STOOGES : GI STOOGE (1938)
THREE STOOGES : CURLY CLASSICS (1945)
THREE STOOGES : HEALTHY,
WEALTHY AND DUMB (1945)
THREE STOOGES :
ALL THE WORLD 'S A STOOGE (1946)
THREE STOOGES : NUTTY BUT NICE (1947)
THREE STOOGES : MERRY MAVERICK (1951)
THREE STOOGES : THREE SMART SAPS (1952)
THREE STOOGES : DIZZY DOCTORS (1953)
THREE STOOGES : SPOOK LOUDER (1965)
THREE STOOGES :
THE OUTLAW IS COMING (1965)
THREE STOOGES : ALL TIME FAVORITES (2004)
THREE STOOGES :
GREATEST HITS & RARITIES (2004)
THREE STOOGES :
STOOGES AND THE LAW (2004)

HOWARD, Ron
acteur américain (1954-)
ANDY GRIFFITH SHOW, THE (SEASON I) (1960)
FIVE MINUTES TO LIVE (1961)
COURTSHIP OF EDDIE'S FATHER, THE (1962)
AMERICAN GRAFFITI (1973)
HAPPY DAYS (SEASON I) (1974)
EAT MY DUST ! (1976)
GRAND THEFT AUTO (1977)
MORE AMERICAN GRAFFITI (1979)

HOWARD, Trevor
acteur anglais (1913-1988)
BRIEF ENCOUNTER (1946)
THEY MADE ME A FUGITIVE (1947)
PASSIONATE FRIENDS, THE (1949)
CLOUDED YELLOW, THE (1951)
AROUND THE WORLD IN 80 DAYS (1956)
KEY, THE (1958)
MUTINY ON THE BOUNTY (1962)
FATHER GOOSE (1964)
VON RYAN'S EXPRESS (1965)
CHARGE OF THE LIGHT BRIGADE, THE (1968)
NIGHT VISITOR, THE (1970)
MARY, QUEEN OF SCOTS (1971)
POPE JOAN (1972)
DOLL'S HOUSE (1973)
OFFENCE, THE (1973)
ANNÉES LUMIÈRE, LES (1980)

HOYT, John
acteur américain (1905-1991)
O.S.S. (1946)
BRUTE FORCE (1947)
WINTER MEETING (1948)
WHEN WORLDS COLLIDE (1951)
BIG COMBO, THE (1954)
FOREVER DARLING (1955)
CONQUEROR, THE (1956)
ATTACK OF THE PUPPET PEOPLE (1958)
DUEL AT DIABLO (1965)

HUARD, Patrick
acteur québécois (1969-)
BOYS, LES (1997)
J'EN SUIS ! (1997)
BOYS II, LES (1998)
STARDOM (2000)
VIE APRÈS L'AMOUR, LA (2000)
BOYS III, LES (2001)
COMMENT MA MÈRE ACCOUCHA DE MOI
DURANT SA MÉNOPAUSE (2003)
NEZ ROUGE (2003)

SUR LE SEUIL (2003)
MONICA LA MITRAILLE (2004)
MAMAN LAST CALL (2005)

HUDDLESTON, David
acteur américain (1930-)
BRIAN'S SONG (1971)
BILLY TWO HATS (1973)
KLANSMAN, THE (1974)
DEUX SUPER-FLICS (1977)
SMOKEY AND THE BANDIT 2 (1980)
QUAND FAUT Y ALLER, FAUT Y ALLER (1983)
SANTA CLAUS : THE MOVIE (1985)
BIG LEBOWSKI, THE (1997)

HUDSON, Ernie
acteur américain (1945-)
HAND THAT ROCKS THE CRADLE (1992)
CROW, THE (1994)
NO ESCAPE (1994)
SPEECHLESS (1994)
SUBSTITUTE, THE (1995)
JUST YOUR LUCK (1996)
MR. MAGOO (1997)
OZ (SEASON II) (1998)
OZ (SEASON III) (1999)
MISS CONGENIALITY (2000)
RED LETTERS (2000)

HUDSON, Kate
actrice américaine (1979-)
ABOUT ADAM (2000)
ALMOST FAMOUS (2000)
DR. T AND THE WOMEN (2000)
FOUR FEATHERS, THE (2002)
ALEX AND EMMA (2003)
DIVORCE, LE (2003)
HOW TO LOSE A GUY IN 10 DAYS (2003)
RAISING HELEN (2004)
SKELETON KEY, THE (2005)

HUDSON, Rock
acteur américain (1925-1985)
TOMAHAWK (1951)
LAWLESS BREED, THE (1952)
GUN FURY (1953)
MAGNIFICENT OBSESSION (1954)
ALL THAT HEAVEN ALLOWS (1955)
GIANT (1956)
SOMETHING OF VALUE (1956)
WRITTEN ON THE WIND (1956)
BATTLE HYMN (1957)
FAREWELL TO ARMS, A (1957)
TARNISHED ANGELS, THE (1957)
PILLOW TALK (1959)
COME SEPTEMBER (1961)
LOVER COME BACK (1961)
GATHERING OF EAGLES, A (1963)
MAN'S FAVORITE SPORT ? (1963)
SEND ME NO FLOWERS (1964)
STRANGE BEDFELLOWS (1964)
SECONDS (1966)
TOBRUK (1966)
ICE STATION ZEBRA (1968)
DARLING LILI (1969)
UNDEFEATED, THE (1969)
DORIS DAY SPECIAL (1971)
AVALANCHE (1978)
MIRROR CRACK'D, THE (1980)

HULCE, Tom
acteur américain (1953-)
SEPTEMBER 30, 1955 (1977)
NATIONAL LAMPOON'S ANIMAL HOUSE (1978)
AMADEUS (1984)
ECHO PARK (1985)
SLAM DANCE (1987)
DOMINICK AND EUGENE (1988)
BLACK RAINBOW (1989)
PARENTHOOD (1989)
CERCLE DES INTIMES, LE (1991)
FEARLESS (1993)
MARY SHELLEY'S FRANKENSTEIN (1994)
WINGS OF COURAGE (1995)

HULL, Henry
acteur américain (1890-1977)
GREAT EXPECTATIONS (1934)
WEREWOLF OF LONDON (1935)
BOYS TOWN (1938)
BABES IN ARMS (1939)
STANLEY AND LIVINGSTONE (1939)
OBJECTIVE BURMA ! (1944)
MOURNING BECOMES ELECTRA (1947)
PORTRAIT OF JENNIE (1948)
FOUNTAINHEAD, THE (1949)
MAN WITH THE GUN (1955)
FOOL KILLER, THE (1965)

HUNG, Sammo
acteur chinois (1952-)
LADY WHIRLWIND (1972)
HAND OF DEATH, THE (1975)
IRON FISTED MONK (1977)
KNOCKABOUT (1979)
DEAD AND THE DEADLY, THE (1982)
ZU. WARRIORS FROM
THE MAGIC MOUNTAIN (1983)
HEART OF DRAGON (1985)
MY LUCKY STARS (1985)
EASTERN CONDORS (1986)
PROJECT A (1987)
DRAGONS FOREVER (1988)
ISLAND OF FIRE (1990)

HUNT, Bonnie
actrice américaine (1964-)
BEETHOVEN (1991)
BEETHOVEN'S 2nd (1993)
ONLY YOU (1994)
JUMANJI (1995)
JERRY MAGUIRE (1996)
SUBWAY STORIES (1997)
GREEN MILE, THE (1999)
RANDOM HEARTS (1999)
RETURN TO ME (2000)
STOLEN SUMMER (2002)
CHEAPER BY THE DOZEN (2003)
CHEAPER BY THE DOZEN 2 (2005)

HUNT, Helen
actrice américaine (1963-)
TRANCERS (1984)
GIRLS JUST WANT TO HAVE FUN (1985)
PROJECT X (1987)
NEXT OF KIN (1989)
TWISTER (1996)
AS GOOD AS IT GETS (1997)
CAST AWAY (2000)
DR. T AND THE WOMEN (2000)
PAY IT FORWARD (2000)
WHAT WOMEN WANT (2000)
CURSE OF THE JADE SCORPION, THE (2001)
GOOD WOMAN, A (2004)
EMPIRE FALLS (2005)

HUNT, Linda
actrice américaine (1945-)
POPEYE (1980)
YEAR OF LIVING DANGEROUSLY, THE (1982)
BOSTONIANS, THE (1984)
DUNE (1984)
ELENI (1985)
SILVERADO (1985)
SHE-DEVIL (1989)
KINDERGARTEN COP (1990)
TURN OF THE SCREW, THE (1990)
YOUNGER AND YOUNGER (1993)
PRÊT-À-PORTER (1994)
TWENTY BUCKS (1994)
RELIC, THE (1996)
DRAGONFLY (2002)
YOURS, MINE AND OURS (2005)

HUNTER, Bill
acteur australien (1940-)
GALLIPOLI (1981)
HEATWAVE (1981)
HIT, THE (1984)
SKY PIRATES (1985)
LAST DAYS OF CHEZ NOUS, THE (1990)
STRICTLY BALLROOM (1992)
MURIEL'S WEDDING (1994)

HUNTER, Holly
actrice américaine (1958-)
SWING SHIFT (1984)
BROADCAST NEWS (1987)
RAISING ARIZONA (1987)
ALWAYS (1989)
MISS FIRECRACKER (1989)
ONCE AROUND (1990)
PIANO, THE (1992)
FIRM, THE (1993)
POSITIVELY TRUE ADVENTURE
OF THE ALLEGED TEXAS CHEERLEADER-
MURDERING MOM, THE (1993)
COPYCAT (1995)
HOME FOR THE HOLIDAYS (1995)
NEVER TALK TO STRANGERS (1995)
CRASH (1996)
LIFE LESS ORDINARY, A (1997)
LIVING OUT LOUD (1998)
JESUS' SON (1999)
O BROTHER, WHERE ART THOU ? (2000)
TIME CODE (2000)
SEARCHING FOR DEBRA WINGER (2002)
LEVITY (2003)
THIRTEEN (2003)
LITTLE BLACK BOOK (2004)
BIG WHITE, THE (2005)
NINE LIVES (2005)

HUNTER, Jeffrey
acteur américain (1925-1969)
FROGMEN, THE (1951)
BELLES ON THEIR TOES (1952)
GREAT LOCOMOTIVE CHASE, THE (1955)
PROUD ONES (1955)
SEARCHERS, THE (1955)
KISS BEFORE DYING, A (1956)
SERGEANT RUTLEDGE (1960)
KING OF KINGS (1961)
NO MAN IS AN ISLAND (1962)
CUSTER OF THE WEST (1967)

HUNTER, Kim
actrice américaine (1922-)
SEVENTH VICTIM, THE (1943)
TENDER COMRADE (1944)
STAIRWAY TO HEAVEN (1946)
STREETCAR NAMED DESIRE, A (1951)
PLANET OF THE APES (1967)
BENEATH THE PLANET OF THE APES (1969)
ESCAPE FROM THE PLANET
OF THE APES (1971)
SKOKIE (1981)
PRICE ABOVE RUBIES, A (1998)

HUNTER, Tab
acteur américain (1931-)
BATTLE CRY (1954)
TRACK OF THE CAT (1954)
SEA CHASE, THE (1955)
GUNMAN'S WALK (1957)
LAFAYETTE ESCADRILLE (1957)
DAMN YANKEES ! (1958)
THEY CAME TO CORDURA (1959)
WAR GODS OF THE DEEP (1964)
LOVED ONE, THE (1965)
HOSTILE GUNS (1967)
AROUSERS, THE (1970)
POLYESTER (1981)
LUST IN THE DUST (1984)
LIFE AND TIMES OF ALLEN GINSBERG, THE (1993)

HUPPERT, Isabelle
actrice française (1955-)
CÉSAR ET ROSALIE (1972)
VALSEUSES, LES (1973)
ROSEBUD (1974)
SÉRIEUX COMME LE PLAISIR (1974)
DOCTEUR FRANÇOISE GAILLAND (1975)
DENTELLIÈRE, LA (1976)
JUGE ET L'ASSASSIN, LE (1976)
LOULOU (1979)
HEAVEN'S GATE (1980)
COUP DE TORCHON (1981)
PASSION (1982)
TRUITE, LA (1982)
COUP DE FOUDRE (1983)
FEMME DE MON POTE, LA (1983)
HISTOIRE DE PIERRA, L' (1983)
GARCE, LA (1984)
SIGNÉ CHARLOTTE (1984)
BEDROOM WINDOW, THE (1987)
AFFAIRE DE FEMMES, UNE (1988)
VENGEANCE D'UNE FEMME, LA (1989)
APRÈS L'AMOUR (1991)
MADAME BOVARY (1991)
AMATEUR (1994)
SÉPARATION, LA (1994)
CÉRÉMONIE, LA (1995)
LUMIÈRE ET COMPAGNIE (1995)
AFFINITÉS ÉLECTIVES, LES (1996)
PALMES DE M. SCHUTZ, LES (1996)
RIEN NE VA PLUS (1997)
ÉCOLE DE LA CHAIR, L' (1998)
COMÉDIE DE L'INNOCENCE (2000)
DESTINÉES SENTIMENTALES, LES (2000)
MERCI POUR LE CHOCOLAT (2000)
SAINT-CYR (2000)
8 FEMMES (2001)
PIANISTE, LA (2001)
VIE PROMISE (2002)
TEMPS DU LOUP, LE (2003)
I HEART HUCKABEES (2004)
MA MÈRE (2004)
GABRIELLE (2005)

HURLEY, Elizabeth
actrice anglaise (1965-)
AUSTIN POWERS : INTERNATIONAL MAN OF MYSTERY (1997)
PERMANENT MIDNIGHT (1998)
MY FAVORITE MARTIAN (1999)
BEDAZZLED (2000)
WEIGHT OF WATER, THE (2000)
DOUBLE WHAMMY (2001)
SERVING SARA (2002)

HURT, John
acteur anglais (1940-)
MAN FOR ALL SEASONS, A (1966)
10 RILLINGTON PLACE (1971)
CRY OF THE PENGUINS (1971)
NAKED CIVIL SERVANT, THE (1976)
MIDNIGHT EXPRESS (1978)
SHOUT, THE (1978)
ALIEN (1979)
ELEPHANT MAN, THE (1980)
HEAVEN'S GATE (1980)
HISTORY OF THE WORLD, PART 1 (1981)
NIGHT CROSSING (1981)
KING LEAR (TV) (1983)
OSTERMAN WEEKEND, THE (1983)
1984 (1984)
HIT, THE (1984)
SUCCESS IS THE BEST REVENGE (1984)
ROCINANTE (1986)
ARIA (1987)
FROM THE HIP (1987)
SPACEBALLS (1987)
STORYTELLER, THE - DEFINITIVE COLLECTION (1987)
VINCENT (1987)
WHITE MISCHIEF (1987)
SCANDAL (1988)
MY LEFT FOOT (1989)
FIELD, THE (1990)
FRANKENSTEIN UNBOUND (1990)
KING RALPH (1991)
MONOLITH (1993)
EVEN COWGIRLS GET THE BLUES (1994)
SECOND BEST (1994)
ROB ROY (1995)
WILD BILL (1995)
COMMISSIONER, THE (1997)
CONTACT (1997)
LOVE AND DEATH ON LONG ISLAND (1997)
ALL THE LITTLE ANIMALS (1999)
NEW BLOOD (1999)
LOST SOULS (2000)
CAPTAIN CORELLI'S MANDOLIN (2001)
MIRANDA (2002)
OWNING MAHOWNY (2003)
HELLBOY (2004)
PROPOSITION, THE (2005)
SKELETON KEY, THE (2005)
V FOR VENDETTA (2005)

HURT, William
acteur américain (1950-)
ALTERED STATES (1980)
BODY HEAT (1981)
EYEWITNESS (1981)
BIG CHILL, THE (1983)
GORKY PARK (1983)
KISS OF THE SPIDER WOMAN (1984)
CHILDREN OF A LESSER GOD (1986)
BROADCAST NEWS (1987)
ACCIDENTAL TOURIST, THE (1988)
TIME OF DESTINY, A (1988)
ALICE (1990)
I LOVE YOU TO DEATH (1990)
DOCTOR, THE (1991)
UNTIL THE END OF THE WORLD (1991)
PESTE, LA (1992)
MR. WONDERFUL (1993)
SECOND BEST (1994)
TRIAL BY JURY (1994)
DIVAN À NEW YORK, UN (1995)
SMOKE (1995)
JANE EYRE (1996)
MICHAEL (1996)
DARK CITY (1997)
LOVED (1997)
LOST IN SPACE (1998)
ONE TRUE THING (1998)
PROPOSITION, THE (1998)
4th FLOOR, THE (1999)
BIG BRASS RING, THE (1999)
SUNSHINE (1999)
CONTAMINATED MAN (2000)
FRANK HERBERT'S DUNE (2000)
VARIAN'S WAR (2000)
A.I. ARTIFICIAL INTELLIGENCE (2001)
AU PLUS PRÈS DU PARADIS (2002)
MASTER SPY : THE ROBERT HANSSEN STORY (2002)
BLUE BUTTERFLY, THE (2004)
VILLAGE, THE (2004)
HISTORY OF VIOLENCE, A (2005)
SYRIANA (2005)

HUSTER, Francis
acteur français (1947-)
ÉGOUTS DU PARADIS, LES (1979)
UNS ET LES AUTRES, LES (1980)
FAUCON, LE (1983)
FEMME PUBLIQUE, LA (1984)
AMOUR BRAQUE, L' (1985)
PARKING (1985)
IL Y A DES JOURS... ET DES LUNES (1990)
TOUT ÇA... POUR ÇA ! (1992)
JEAN MOULIN : UNE AFFAIRE FRANÇAISE (2002)
RÔLE DE SA VIE, LE (2004)

HUSTON, Anjelica
actrice américaine (1951-)
HAMLET (1969)
LAST TYCOON, THE (1976)
POSTMAN ALWAYS RINGS TWICE, THE (1981)
FRANCES (1982)
THIS IS SPINAL TAP (1983)
PRIZZI'S HONOR (1985)
DEAD, THE (1987)
GARDENS OF STONE (1987)
JOHN HUSTON AND THE DUBLINERS (1987)
HANDFUL OF DUST, A (1988)
MR. NORTH (1988)
CRIMES AND MISDEMEANORS (1989)
ENEMIES, A LOVE STORY (1989)
WITCHES, THE (1989)
GRIFTERS, THE (1990)
ADDAMS FAMILY, THE (1991)
PLAYER, THE (1992)
ADDAMS FAMILY VALUES, THE (1993)
AND THE BAND PLAYED ON (1993)
MANHATTAN MURDER MYSTERY (1993)
CROSSING GUARD, THE (1995)
PEREZ FAMILY, THE (1995)
BUFFALO 66 (1998)
EVER AFTER : A CINDERELLA STORY (1998)
PHOENIX (1998)
AGNES BROWNE (1999)
MAN FROM ELYSIAN FIELDS, THE (2001)
ROYAL TENENBAUMS, THE (2001)
BLOOD WORK (2002)
DADDY DAY CARE (2003)
THE LIFE AQUATIC WITH STEVE ZISSOU (2004)
ART SCHOOL CONFIDENTIAL (2006)

HUSTON, Danny
acteur américain (1962-)
SPANISH FLY (1998)
HOTEL (2001)
21 GRAMS (2003)
AVIATOR, THE (2004)
BIRTH (2004)
SILVER CITY (2004)
CONSTANT GARDENER (2005)
PROPOSITION, THE (2005)

HUSTON, John
acteur américain (1906-1987)
TREASURE OF THE SIERRA MADRE, THE (1948)
CARDINAL, THE (1963)
LIST OF ADRIAN MESSENGER, THE (1963)
BIBLE, THE (1966)
CASINO ROYALE (1967)
CANDY (1968)
MYRA BRECKINRIDGE (1970)
MAN IN THE WILDERNESS (1971)
BATTLE FOR THE PLANET OF THE APES (1973)
CHINATOWN (1974)
WIND AND THE LION, THE (1975)
TENTACLES (1977)
WINTER KILLS (1979)
WISE BLOOD (1979)
RETURN OF THE KING, THE (1980)
MOMO (1986)

HUSTON, Walter
acteur canadien (1884-1950)
VIRGINIAN, THE (1929)
ABRAHAM LINCOLN (1930)
AMERICAN MADNESS (1932)
RAIN (1932)
GABRIEL OVER THE WHITE HOUSE (1933)
DODSWORTH (1936)
OF HUMAN HEARTS (1938)
DEVIL AND DANIEL WEBSTER, THE (1942)
YANKEE DOODLE DANDY (1942)
OUTLAW, THE (1946)
AND THEN THERE WERE NONE (1947)
TREASURE OF THE SIERRA
MADRE, THE (1948)

HUTTON, Jim
acteur américain (1934-1979)
HONEYMOON MACHINE, THE (1961)
HORIZONTAL LIEUTENANT, THE (1962)
MAJOR DUNDEE (1964)
WALK, DON'T RUN (1966)
WHO'S MINDING THE MINT? (1967)
GREEN BERETS, THE (1968)
HELLFIGHTERS (1968)

HUTTON, Timothy
acteur américain (1960-)
TAPS (1981)
FALCON AND THE SNOWMAN, THE (1984)
ICEMAN (1984)
TURK 182 (1985)
MADE IN HEAVEN (1987)
EVERYBODY'S ALL-AMERICAN (1988)
TIME OF DESTINY, A (1988)
Q & A (1990)
DARK HALF, THE (1993)
TEMP, THE (1993)
BEAUTIFUL GIRLS (1996)
CITY OF INDUSTRY (1996)
SUBSTANCE OF FIRE, THE (1996)
DETERRENCE (1999)
GENERAL'S DAUGHTER, THE (1999)
SUNSHINE STATE (2002)
KINSEY (2004)
LAST HOLIDAY (2006)

HYDE PIERCE, David
acteur américain (1959-)
LITTLE MAN TATE (1991)
FRASIER (SEASON II) (1994)
FRASIER (SEASON III) (1995)
ISN'T SHE GREAT (1999)
ON THE EDGE (2001)
WET HOT AMERICAN SUMMER (2001)
FULL FRONTAL (2002)
DOWN WITH LOVE (2003)

HYNDMAN, James
acteur canadien
ELDORADO (1995)
CABOOSE (1996)
POLYGRAPHE, LE (1996)
ROWING THROUGH (1996)
SOUVENIRS INTIMES (1999)
MARAIS, LE (2002)
RUMEURS (SAISON 1) (2002)
DANS UNE GALAXIE PRÈS
DE CHEZ VOUS (2004)
CŒUR A SES RAISONS, LE (2005)

ICE CUBE
acteur américain (1969-)
BOYZ'N THE HOOD (1991)
FRIDAY (1995)
ANACONDA (1997)
PLAYERS CLUB, THE (1998)
THICKER THAN WATER (1999)
THREE KINGS (1999)
GHOSTS OF MARS (2001)
BARBERSHOP (2002)
TORQUE (2004)
ARE WE THERE YET? (2005)
XXX - STATE OF THE UNION (2005)

IDLE, Eric
acteur anglais (1943-)
AND NOW FOR SOMETHING
COMPLETELY DIFFERENT (1971)
MONTY PYTHON AND THE HOLY GRAIL (1975)
RUTLES, THE: ALL YOU NEED
IS CASH, THE (1978)
MONTY PYTHON'S LIFE OF BRIAN (1979)
MONTY PYTHON LIVE
AT THE HOLLYWOOD BOWL (1982)
MONTY PYTHON'S
THE MEANING OF LIFE (1983)
YELLOWBEARD (1983)
ADVENTURES OF BARON
MUNCHAUSEN, THE (1988)
AROUND THE WORLD IN 80 DAYS (1989)
NUNS ON THE RUN (1990)
TOO MUCH SUN (1990)
SPLITTING HEIRS (1993)
CASPER (1995)
MR. TOAD'S WILD RIDE (1996)
BURN HOLLYWOOD BURN (1997)
102 DALMATIANS (2000)

IFANS, Rhys
acteur anglais (1968-)
AUGUST (1995)
DANCING AT LUGHNASA (1998)
JANICE BEARD:
45 WORDS PER MINUTE (1999)
NOTTING HILL (1999)
LITTLE NICKY (2000)
HOTEL (2001)
HUMAN NATURE (2001)
SHIPPING NEWS, THE (2001)
DANNY DECKCHAIR (2003)
ONCE UPON A TIME IN THE MIDLANDS (2003)
ENDURING LOVE (2004)
VANITY FAIR (2004)

IMRIE, Celia
actrice anglaise (1952-)
ORANGES ARE NOT THE ONLY FRUIT (1990)
MIDWINTER'S TALE, A (1995)
BORROWERS, THE (1997)
HILARY AND JACKIE (1998)
GORMENGHAST (2000)
OUT OF BOUNDS (2000)
HEARTLANDS (2002)
THUNDERPANTS (2002)
CALENDAR GIRLS (2003)
BRIDGET JONES:
THE EDGE OF REASON (2004)
WIMBLEDON (2004)

IRELAND, Jill
actrice anglaise (1936-1990)
CITÉ DE LA VIOLENCE (1970)
DE LA PART DES COPAINS (1970)
SOMEONE BEHIND THE DOOR (1971)
VALACHI PAPERS, THE (1972)
BREAKOUT (1975)
FROM NOON TILL THREE (1975)
DEATH WISH 2 (1982)
ASSASSINATION (1987)

IRELAND, John
acteur américain (1914-1992)
MY DARLING CLEMENTINE (1946)
GANGSTER, THE (1947)
RAILROADED (1947)
RED RIVER (1948)
ALL THE KING'S MEN (1949)
I SHOT JESSE JAMES (1949)
QUEEN BEE (1955)
GUNFIGHT AT THE O.K. CORRAL (1957)
PARTY GIRL (1958)
SPARTACUS (1960)
WILD IN THE COUNTRY (1961)
55 DAYS AT PEKING (1963)
FALL OF THE ROMAN EMPIRE, THE (1963)
RUN, MAN, RUN (1968)
HOUSE OF SEVEN CORPSES, THE (1973)
FAREWELL, MY LOVELY (1975)
SWISS CONSPIRACY, THE (1975)
TOMORROW NEVER COMES (1978)
SHAPE OF THINGS TO COME (1979)
INCUBUS, THE (1982)

IRONS, Jeremy
acteur anglais (1948-)
LANGRISHE GO DOWN (1978)
FRENCH LIEUTENANT'S WOMAN, THE (1981)
MOONLIGHTING (1982)
AMOUR DE SWANN, UN (1983)
WILD DUCK, THE (1983)
MISSION, THE (1986)
CHORUS OF DISAPPROVAL, A (1988)
DEAD RINGERS (1988)
AUSTRALIA (1989)
REVERSAL OF FORTUNE (1990)
KAFKA (1991)
DAMAGE (1992)
WATERLAND (1992)
HOUSE OF THE SPIRITS, THE (1993)
M. BUTTERFLY (1993)
DIE HARD WITH A VENGEANCE (1995)
STEALING BEAUTY (1996)
CHINESE BOX (1997)
LOLITA (1997)
MAN IN THE IRON MASK, THE (1998)
DUNGEONS AND DRAGONS (2000)
FOURTH ANGEL (2000)
CALLAS FOREVER (2002)
LAST CALL (2002)
TIME MACHINE, THE (2002)
AND NOW LADIES & GENTLEMEN (2003)
BEING JULIA (2004)
MERCHANT OF VENICE (2004)
CASANOVA (2005)
KINGDOM OF HEAVEN (2005)

IRONSIDE, Michael
acteur canadien (1950-)
SCANNERS (1980)
SUZANNE (1980)

SURFACING (1981)
VISITING HOURS (1981)
V, THE COMPLETE SERIES (1983)
V : THE MINISERIES (1983)
FALCON AND THE SNOWMAN, THE (1984)
V : THE FINAL BATTLE (1984)
TOP GUN (1986)
EXTREME PREJUDICE (1987)
TOTAL RECALL (1990)
HIGHLANDER II : THE QUICKENING (1991)
McBAIN (1991)
GUNCRAZY (1992)
FREE WILLY (1993)
GLASS SHIELD, THE (1994)
TOKYO COWBOY (1994)
KIDS OF THE ROUND TABLE (1995)
PERFECT STORM, THE (2000)
IGNITION (2001)
DERNIER CHAPITRE II, LE :
LA VENGEANCE (2002)
DERNIER CHAPITRE, LE (2002)
MACHINIST, THE (2004)
GUY X (2005)

IRVING, Amy
actrice américaine (1953-)
COMPETITION, THE (1980)
MICKI + MAUDE (1984)
CROSSING DELANCEY (1988)
TURN OF THE SCREW, THE (1990)
CARRIED AWAY (1995)
I'M NOT RAPPAPORT (1996)
BOSSA NOVA (1999)

ISAACS, Jason
acteur anglais (1963-)
DRAGONHEART (1996)
ARMAGEDDON (1998)
SOLDIER (1998)
END OF THE AFFAIR, THE (1999)
PATRIOT, THE (2000)
PASSIONADA (2002)
TUXEDO, THE (2002)
PETER PAN (2003)
CHUMSCRUBBER, THE (2005)
NINE LIVES (2005)
FRIENDS WITH MONEY (2006)

ISHIBASHI, Renji
acteur japonais (1941-)
BIRD PEOPLE IN CHINA, THE (1998)
AUDITION (1999)
DEAD OR ALIVE (1999)
DEADLY OUTLAW REKKA (2002)
DEAD OR ALIVE TRILOGY (2003)
GOZU (2003)
ONE MISSED CALL (2003)
YAKUZA DEMON (2003)

IVANEK, Zeljko
acteur slovène (1957-)
SENDER, THE (1982)
TEX (1982)
OUR SONS (1991)
WHITE SQUALL (1995)
INFINITY (1996)
DONNIE BRASCO (1997)
RAT PACK, THE (1998)
MANDERLAY (2005)

IVEY, Dana
actrice américaine (1942-)
EXPLORERS (1985)
HAMLET (1990)
ADDAMS FAMILY VALUES, THE (1993)
GUILTY AS SIN (1993)
SIMON BIRCH (1998)
TWO WEEKS NOTICE (2002)
LEGALLY BLONDE 2 :
RED, WHITE & BLONDE (2003)

IVEY, Judith
actrice américaine (1951-)
LONELY GUY, THE (1984)
WOMAN IN RED, THE (1984)
COMPROMISING POSITIONS (1985)
BRIGHTON BEACH MEMOIRS (1986)
HELLO AGAIN (1987)
SISTER, SISTER (1987)
LOVE HURTS (1989)
DEVIL'S ADVOCATE (1997)

IWASHITA, Shima
actrice japonaise (1941-)
AUTUMN AFTERNOON, AN (1962)
HARAKIRI (1962)
SWORD OF THE BEAST (1965)
DOUBLE SUICIDE (1969)
RED LION (1969)
DEMON, THE (1978)
GONZA THE SPEARMAN (1985)

IZZARD, Eddie
acteur yéménite (1962-)
AVENGERS, THE (1998)
EDDIE IZZARD (1998)
VELVET GOLDMINE (1998)
MYSTERY MEN (1999)
SHADOW OF THE VAMPIRE (2000)
ALL THE QUEEN'S MEN (2001)
CAT'S MEOW, THE (2001)
REVENGERS TRAGEDY (2002)
5 CHILDREN AND IT (2004)
RENEGADE (2004)
OCEAN'S TWELVE (2004)
ROMANCE & CIGARETTES (2005)

JACKSON, Glenda
actrice anglaise (1936-)
THIS SPORTING LIFE (1963)
MARAT SADE (1966)
WOMEN IN LOVE (1969)
MUSIC LOVERS, THE (1970)
BOY FRIEND, THE (1971)
MARY, QUEEN OF SCOTS (1971)
SUNDAY, BLOODY SUNDAY (1971)
TOUCH OF CLASS, A (1973)
MAIDS, THE (1974)
ROMANTIC ENGLISHWOMAN, THE (1975)
NASTY HABITS (1976)
HOUSE CALLS (1978)
HOPSCOTCH (1980)
RETURN OF THE SOLDIER, THE (1981)
SAKHAROV (1984)
TURTLE DIARY (1985)
BEYOND THERAPY (1986)
BUSINESS AS USUAL (1987)
RAINBOW, THE (1988)
SALOME'S LAST DANCE (1988)
JOHN LE CARRE'S
A MURDER OF QUALITY (1991)

JACKSON, Joshua
acteur canadien (1978-)
MIGHTY DUCKS, THE (1992)
ANDRE (1994)
MAGIC IN THE WATER (1995)
D3 :THE MIGHTY DUCKS (1996)
CRUEL INTENTIONS (1999)
I LOVE YOUR WORK (2003)
CURSED (2005)
SHADOWS IN THE SUN (2005)

JACKSON, Samuel L.
acteur américain (1948-)
SCHOOL DAZE (1988)
DO THE RIGHT THING (1989)
SEA OF LOVE (1989)
BETSY'S WEDDING (1990)
DEF BY TEMPTATION (1990)
EXORCIST III, THE (1990)
GOODFELLAS (1990)
MO' BETTER BLUES (1990)
SHOCK TO THE SYSTEM, A (1990)
JOHNNY SUEDE (1991)
JUNGLE FEVER (1991)
STRICTLY BUSINESS (1991)
JUICE (1992)
PATRIOT GAMES (1992)
WHITE SANDS (1992)
AGAINST THE WALL (1993)
AMOS & ANDREW (1993)
JURASSIC PARK (1993)
MENACE II SOCIETY (1993)
NATIONAL LAMPOON'S
LOADED WEAPON 1 (1993)
TRUE ROMANCE (1993)
FRESH (1994)
KISS OF DEATH (1994)
PULP FICTION (1994)
DIE HARD WITH A VENGEANCE (1995)
LOSING ISAIAH (1995)
GREAT WHITE HYPE, THE (1996)
LONG KISS GOODNIGHT, THE (1996)
SYDNEY (1996)
TIME TO KILL, A (1996)
187 (1997)
EVE'S BAYOU (1997)
JACKIE BROWN (1997)
NEGOTIATOR, THE (1998)
SPHERE (1998)
VIOLON ROUGE, LE (1998)
DEEP BLUE SEA (1999)
RULES OF ENGAGEMENT (2000)
SHAFT (2000)
UNBREAKABLE (2000)
CAVEMAN'S VALENTINE (2001)
FORMULA 51 (2001)
CHANGING LANES (2002)
NO GOOD DEED (2002)
STAR WARS EPISODE II :
ATTACK OF THE CLONES (2002)
XXX (2002)
BASIC (2003)
S.W.A.T. (2003)
TWISTED (2003)
COACH CARTER (2004)
IN MY COUNTRY (2004)
FREEDOMLAND (2005)
MAN, THE (2005)
STAR WARS EPISODE III -
REVENGE OF THE SITH (2005)
XXX - STATE OF THE UNION (2005)

JACOB, Catherine
actrice française (1956-)
VIE EST UN LONG FLEUVE
TRANQUILLE, LA (1988)
MARIS, LES FEMMES, LES AMANTS, LES (1989)
TATIE DANIELLE (1990)
MERCI LA VIE (1991)
MON PÈRE, CE HÉROS (1991)
FILLE DE L'AIR, LA (1992)
NEUF MOIS (1993)
MY FATHER THE HERO (1994)
BONHEUR EST DANS LE PRÉ, LE (1995)
GRANDS DUCS, LES (1995)
PAR-DELÀ LES NUAGES (1995)
XXL (1997)

DIEU EST GRAND ET
JE SUIS TOUTE PETITE (2001)
J'AI FAIM ! ! ! (2001)
QUI A TUÉ BAMBI ? (2003)
PREMIÈRE FOIS QUE J'AI EU 20 ANS, LA (2004)

JACOB, Irène
actrice française (1966-)
AU REVOIR LES ENFANTS (1988)
BANDE DES QUATRE, LA (1988)
DOUBLE VIE DE VÉRONIQUE, LA (1991)
TRUSTING BEATRICE (1991)
TROIS COULEURS - ROUGE (1994)
OTHELLO (1995)
PAR-DELÀ LES NUAGES (1995)
VICTORY (1995)
INCOGNITO (1997)
U.S. MARSHALS (1998)
BIG BRASS RING, THE (1999)
MY LIFE SO FAR (1999)
NOUVELLE-FRANCE (2004)

JACOBI, Derek
acteur anglais (1938-)
OTHELLO (1965)
HUMAN FACTOR, THE (1980)
STORYTELLER, THE -
DEFINITIVE COLLECTION (1987)
HENRY V (1989)
FOOL, THE (1990)
DEAD AGAIN (1991)
HAMLET (1996)
LOVE IS THE DEVIL (1997)
MOLOKAÏ (1999)
GLADIATOR (2000)
JASON AND THE ARGONAUTS (2000)
UP AT THE VILLA (2000)
WYVERN MYSTERY, THE (2000)
BODY, THE (2001)
NIJINSKY : THE DIARIES
OF VASLAV NIJINSKY (2001)
GATHERING STORM (2002)
REVENGERS TRAGEDY (2002)
NANNY MCPHEE (2005)
UNDERWORLD - EVOLUTION (2006)

JACQUES, Yves
acteur québécois (1956-)
YEUX ROUGES, LES (1982)
CRIME D'OVIDE PLOUFFE, LE (1984)
HOLD-UP (1985)
DÉCLIN DE L'EMPIRE AMÉRICAIN, LE (1986)
JÉSUS DE MONTRÉAL (1989)
DING ET DONG : LE FILM (1990)
MILENA (1990)
MONTRÉAL VU PAR... (1991)
LOUIS 19, LE ROI DES ONDES (1994)
CLASSE DE NEIGE, LA (1998)
CHAMBRE DES MAGICIENNES, LA (1999)
SOUVENIRS INTIMES (1999)
BETTY FISHER ET AUTRES HISTOIRES (2001)
COLLECTIONNEUR, LE (2002)
INVASIONS BARBARES, LES (2003)
ORDO (2003)
PETITE LILI, LA (2003)
AURORE (2005)

JAECKEL, Richard
acteur américain (1926-1997)
GUADALCANAL DIARY (1943)
3 : 10 TO YUMA (1956)
ATTACK ! (1956)
FLAMING STAR (1960)
GALLANT HOURS, THE (1960)
GREEN SLIME, THE (1968)
KILL, THE (1973)
GRIZZLY (1976)
HERBIE GOES BANANAS (1980)
STARMAN (1984)
BLACK MOON RISING (1986)

JAFFE, Sam
acteur américain (1891-1984)
SCARLET EMPRESS, THE (1934)
WE LIVE AGAIN (1934)
LOST HORIZON (1936)
GUNGA DIN (1939)
13 RUE MADELEINE (1946)
ASPHALT JUNGLE, THE (1950)
BARBARIAN AND THE GEISHA, THE (1958)
BATAILLE DE SAN SEBASTIAN, LA (1968)
BEDKNOBS AND BROOMSTICKS (1971)

JAGGER, Dean
acteur américain (1903-1991)
BRIGHAM YOUNG (1940)
WESTERN UNION (1940)
SISTER KENNY (1946)
DRIFTWOOD (1948)
TWELVE O'CLOCK HIGH (1950)
RAWHIDE (1951)
ROBE, THE (1953)
BAD DAY AT BLACK ROCK (1954)
X THE UNKNOWN (1956)
BOMBERS B-52 (1957)
FORTY GUNS (1957)
CASH MC CALL (1959)
HONEYMOON MACHINE, THE (1961)
BILLY ROSE'S JUMBO (1962)
FIRECREEK (1967)
VANISHING POINT (1971)
GAME OF DEATH (1978)

JAMES, Brion
acteur américain (1945-)
SOUTHERN COMFORT (1981)
48 HOURS (1982)
BALLAD OF GREGORIO CORTEZ, THE (1982)
BLADE RUNNER (1982)
CRIMEWAVE (1985)
ENEMY MINE (1985)
FLESH + BLOOD (1985)
CHERRY 2000 (1986)
STEEL DAWN (1987)
D.O.A. (1988)
RED HEAT (1988)
ANOTHER 48 HOURS (1990)
PLAYER, THE (1992)
STRIKING DISTANCE (1993)
RADIOLAND MURDERS (1994)
DEAD MAN WALKING (1995)
FIFTH ELEMENT, THE (1997)

JANE, Thomas
acteur américain (1969-)
BOOGIE NIGHTS (1997)
THURSDAY (1998)
DEEP BLUE SEA (1999)
MOLLY (1999)
UNDER SUSPICION (1999)
61 (2001)
ORIGINAL SIN (2001)
SWEETEST THING, THE (2002)
DREAMCATCHER (2003)
STANDER (2003)
PUNISHER, THE (2004)

JANNINGS, Emil
acteur allemand (1884-1950)
EYES OF THE MUMMY, THE (1918)
MADAME DU BARRY (1919)
ANNA BOLEYN (1920)
OTHELLO (1922)
DERNIER DES HOMMES, LE (1924)
WAXWORKS (1924)
FAUST (1926)
LAST COMMAND, THE (1928)
ANGE BLEU, L' (1930)

JANSSEN, Famke
actrice néerlandaise (1964-)
GOLDENEYE (1995)
LORD OF ILLUSIONS (1995)
CITY OF INDUSTRY (1996)
GINGERBREAD MAN, THE (1997)
MONUMENT AVE. (1997)
CELEBRITY (1998)
DEEP RISING (1998)
ROUNDERS (1998)
HOUSE ON HAUNTED HILL (1999)
X-MEN (2000)
DON'T SAY A WORD (2001)
MADE (2001)
I SPY (2002)
X-men II (2003)
HIDE AND SEEK (2005)
X-MEN - THE LAST STAND (2006)

JAOUI, Agnès
actrice française (1964-)
AIR DE FAMILLE, UN (1996)
COUSIN, LE (1997)
DÉMÉNAGEMENT, LE (1997)
ON CONNAÎT LA CHANSON (1997)
FEMME D'EXTÉRIEUR, UNE (1999)
GOÛT DES AUTRES, LE (2000)
24 HEURES DE LA VIE D'UNE FEMME (2002)
COMME UNE IMAGE (2004)
RÔLE DE SA VIE, LE (2004)

JASON LEIGH, Jennifer
actrice américaine (1958-)
FAST TIMES AT RIDGEMONT HIGH (1982)
FLESH + BLOOD (1985)
HITCHER, THE (1986)
MEN'S CLUB, THE (1986)
SISTER, SISTER (1987)
BIG PICTURE, THE (1988)
LAST EXIT TO BROOKLYN (1989)
MIAMI BLUES (1989)
BURIED ALIVE (1990)
CROOKED HEARTS (1990)
BACKDRAFT (1991)
RUSH (1991)
SINGLE WHITE FEMALE (1992)
SHORT CUTS (1993)
HUDSUCKER PROXY, THE (1994)
MRS. PARKER AND THE VICIOUS CIRCLE (1994)
DOLORES CLAIBORNE (1995)
GEORGIA (1995)
BASTARD OUT OF CAROLINA (1996)
KANSAS CITY (1996)
THOUSAND ACRES, A (1997)
WASHINGTON SQUARE (1997)
EXISTENZ (1999)
ANNIVERSARY PARTY, THE (2001)
QUICKIE, THE (2001)
ROAD TO PERDITION (2002)
IN THE CUT (2003)
CHILDSTAR (2004)
MACHINIST, THE (2004)
PALINDROMES (2004)
JACKET, THE (2005)

JEFFRIES, Lionel
acteur anglais (1926-)
FANNY (1961)
TWO-WAY STRETCH (1961)
THE WRONG ARM OF THE LAW (1963)

FIRST MEN IN THE MOON (1964)
LONG SHIPS, THE (1964)
MURDER AHOY (1964)
EYEWITNESS (1970)
WHOEVER SLEW AUNTIE ROO ? (1971)

JENKINS, Allen
acteur américain (1900-1974)
I AM A FUGITIVE FROM A CHAIN GANG (1932)
42nd STREET (1933)
BUREAU OF MISSING PERSONS (1933)
SLIGHT CASE OF MURDER, A (1938)
BROTHER ORCHID (1940)
EYES IN THE NIGHT (1942)
THEY ALL KISSED THE BRIDE (1942)
CHAINED FOR LIFE (1950)

JENKINS, Richard
acteur américain (1953-)
DESCENDING ANGEL (1990)
DIVAN À NEW YORK, UN (1995)
EDDIE (1996)
MOD SQUAD, THE (1999)
OUTSIDE PROVIDENCE (1999)
RANDOM HEARTS (1999)
SNOW FALLING ON CEDARS (1999)
ME, MYSELF & IRENE (2000)
SIX FEET UNDER (SEASON II) (2002)
INTOLERABLE CRUELTY (2003)
FUN WITH DICK AND JANE (2005)
NORTH COUNTRY (2005)
RUMOR HAS IT ... (2005)

JETER, Michael
acteur américain (1952-2003)
GYPSY (1993)
AIR BUD (1997)
MOUSE HUNT (1997)
PATCH ADAMS (1998)
THURSDAY (1998)
GREEN MILE, THE (1999)
JAKOB THE LIAR (1999)
GIFT, THE (2000)
WELCOME TO COLLINWOOD (2002)
OPEN RANGE (2003)

JOBERT, Marlène
actrice française (1943-)
MASCULIN, FÉMININ (1966)
ALEXANDRE LE BIENHEUREUX (1967)
DERNIER DOMICILE CONNU (1970)
DOIGTS CROISÉS, LES (1970)
DÉCADE PRODIGIEUSE, LA (1971)
MARIÉS DE L'AN DEUX, LES (1971)
JULIETTE ET JULIETTE (1973)
PAS SI MÉCHANT QUE ÇA (1974)
BON ET LES MÉCHANTS, LE (1975)
FOLLE À TUER (1975)
VA VOIR MAMAN, PAPA TRAVAILLE (1977)
JOUET DANGEREUX, UN (1978)
GUERRE DES POLICES, LA (1979)
SALE AFFAIRE, UNE (1980)
AMOUR NU, L' (1981)
CIGOGNES N'EN FONT
QU'À LEUR TÊTE, LES (1988)

JOHANSSON, Scarlett
actrice américaine (1984-)
MANNY & LO (1996)
HOME ALONE 3 (1997)
HORSE WHISPERER, THE (1998)
EIGHT LEGGED FREAKS (2001)
GHOST WORLD (2001)
GIRL WITH A PEARL EARRING (2003)
LOST IN TRANSLATION (2003)
GOOD WOMAN, A (2004)
IN GOOD COMPANY (2004)
LOVE SONG FOR BOBBY LONG, THE (2004)
PERFECT SCORE, THE (2004)
ISLAND, THE (2005)
MATCH POINT (2005)

JOHN, Gottfried
acteur allemand (1942-)
DÉSESPOIR (1977)
IN A YEAR OF THIRTEEN MOONS (1979)
INSTITUTE BENJAMENTA (1995)
OGRE, THE (1996)
ASTÉRIX ET OBÉLIX CONTRE CÉSAR (1998)
PROOF OF LIFE (2000)
AUGUSTUS (2003)

JOHNS, Glynis
actrice sud-africaine (1923-)
SOUTH RIDING (1938)
49th PARALLEL, THE (1940)
NO HIGHWAY IN THE SKY (1951)
CARD, THE (1952)
ANOTHER TIME, ANOTHER PLACE (1957)
CABINET OF CALIGARI, THE (1962)
DEAR BRIGITTE (1965)
REF, THE (1994)

JOHNSON, Ben
acteur américain (1918-1996)
3 GODFATHERS (1949)
MIGHTY JOE YOUNG (1949)
SHE WORE A YELLOW RIBBON (1949)
RIO GRANDE (1950)
WAGON MASTER (1950)
SHANE (1953)
SIMBA (1955)
ONE-EYED JACKS (1961)
CHEYENNE AUTUMN (1964)
MAJOR DUNDEE (1964)
RARE BREED, THE (1966)
HANG'EM HIGH (1967)
WILL PENNY (1967)
WILD BUNCH, THE (1969)
CHISUM (1970)
LAST PICTURE SHOW, THE (1971)
GETAWAY, THE (1972)
JUNIOR BONNER (1972)
TRAIN ROBBERS, THE (1973)
SUGARLAND EXPRESS, THE (1974)
BREAKHEART PASS (1975)
HUSTLE (1975)
TOWN THAT DREADED
SUNDOWN, THE (1977)
TERROR TRAIN (1979)
HUNTER, THE (1980)
SHADOW RIDERS (1982)
TEX (1982)
CHERRY 2000 (1986)
RADIO FLYER (1992)

JOHNSON, Don
acteur américain (1949-)
GOOD MORNING... AND GOODBYE ! (1967)
ZACHARIAH (1970)
APOCALYPSE 2024
(A BOY AND HIS DOG) (1974)
REBELS, THE (1979)
BEULAH LAND (1980)
MIAMI VICE (SEASON I) (1984)
SWEET HEARTS DANCE (1988)
HOT SPOT, THE (1990)
PARADISE (1991)
BORN YESTERDAY (1993)
GUILTY AS SIN (1993)
TIN CUP (1996)
GOODBYE LOVER (1998)

JOHNSON, Van
acteur américain (1916-)
HUMAN COMEDY, THE (1943)
WHITE CLIFFS OF DOVER, THE (1943)
THIRTY SECONDS OVER TOKYO (1944)
WEEKEND AT THE WALDORF (1945)
EASY TO WED (1946)
TILL THE CLOUDS ROLL BY (1947)
BATTLEGROUND (1948)
BIG HANGOVER, THE (1950)
DUCHESS OF IDAHO (1950)
GO FOR BROKE ! (1950)
IN THE GOOD OLD SUMMERTIME (1950)
BRIGADOON (1953)
EASY TO LOVE (1954)
END OF THE AFFAIR, THE (1954)
MEN OF THE FIGHTING LADY (1954)
YOURS, MINE AND OURS (1968)

JOLIE, Angelina
actrice américaine (1975-)
HACKERS (1995)
GIA (1997)
PLAYING BY HEART (1998)
BONE COLLECTOR, THE (1999)
GIRL, INTERRUPTED (1999)
PUSHING TIN (1999)
GONE IN SIXTY SECONDS (2000)
LARA CROFT - TOMB RAIDER (2001)
ORIGINAL SIN (2001)
LIFE OR SOMETHING LIKE IT (2002)
BEYOND BORDERS (2003)
LARA CROFT : THE CRADLE OF LIFE (2003)
SKY CAPTAIN AND THE WORLD
OF TOMORROW (2004)
TAKING LIVES (2004)
ALEXANDER (2005)
MR. AND MRS. SMITH (2005)

JONES, Dean
acteur américain (1930-)
TORPEDO RUN (1958)
NEVER SO FEW (1959)
THAT DARN CAT ! (1965)
UGLY DACHSHUND, THE (1965)
ANY WEDNESDAY (1966)
BLACKBEARD'S GHOST (1968)
HORSE IN THE GRAY FLANNEL SUIT, THE (1968)
LOVE BUG, THE (1968)
SHAGGY D.A., THE (1976)
HERBIE GOES TO MONTE CARLO (1977)
BEETHOVEN (1991)
THAT DARN CAT ! (1996)

JONES, Freddie
acteur anglais (1927-)
ACCIDENT (1967)
DOCTOR IN TROUBLE (1970)
ALL CREATURES GREAT AND SMALL (1974)
FIREFOX (1982)
ET VOGUE LE NAVIRE ! (1983)
KRULL (1983)
NEVERENDING STORY III, THE (1994)
ROYAL DECEIT (1994)
LADIES IN LAVENDER (2004)

JONES, Gemma
actrice anglaise (1942-)
IMPORTANCE OF BEING EARNEST, THE (1988)
FEAST OF JULY (1995)
JANE EYRE (1997)
WILDE (1997)
THEORY OF FLIGHT, THE (1998)
WINSLOW BOY, THE (1998)
CAPTAIN JACK (1999)
BRIDGET JONES'S DIARY (2001)
SHANGHAI KNIGHTS (2003)

JONES, James Earl
acteur américain (1931-)
DR. STRANGELOVE (1963)
COMEDIANS, THE (1967)
GREAT WHITE HOPE, THE (1970)
KING LEAR (1974)
SWASHBUCKLER (1976)
EXORCIST II : THE HERETIC (1977)
LAST REMAKE OF BEAU GESTE, THE (1977)
BUSHIDO BLADE, THE (1978)
PAUL ROBESON (1979)
CONAN THE BARBARIAN (1981)
ALLAN QUATERMAIN AND
THE LOST CITY OF GOLD (1986)
GARDENS OF STONE (1987)
MATEWAN (1987)
FIELD OF DREAMS (1989)
THREE FUGITIVES (1989)
BY DAWN'S EARLY LIGHT (1990)
GRIM PRAIRIE TALES (1990)
SCORCHERS (1991)
PATRIOT GAMES (1992)
SNEAKERS (1992)
METEOR MAN (1993)
SANDLOT, THE (1993)
SOMMERSBY (1993)
CLEAN SLATE (1994)
CLEAR AND PRESENT DANGER (1994)
CRY, THE BELOVED COUNTRY (1995)
JEFFERSON IN PARIS (1995)
FAMILY THING, A (1996)

JONES, Jeffrey
acteur américain (1947-)
AMADEUS (1984)
TRANSYLVANIA 6-5000 (1985)
FERRIS BUELLER'S DAY OFF (1986)
HOWARD THE DUCK (1986)
HANOI HILTON (1987)
BEETLEJUICE (1988)
WITHOUT A CLUE (1988)
VALMONT (1989)
WHO'S HARRY CRUMB ? (1989)
ANGEL SQUARE (1990)
HUNT FOR RED OCTOBER (1990)
MOM AND DAD SAVE THE WORLD (1992)
STAY TUNED (1992)
ED WOOD (1994)
HOUSEGUEST (1994)
CRUCIBLE, THE (1996)
DEVIL'S ADVOCATE (1997)
RAVENOUS (1999)
SLEEPY HOLLOW (1999)
STUART LITTLE (1999)

JONES, Jennifer
actrice américaine (1919-)
SONG OF BERNADETTE, THE (1944)
LOVE LETTERS (1945)
DUEL IN THE SUN (1947)
PORTRAIT OF JENNIE (1948)
MADAME BOVARY (1949)
WE WERE STRANGERS (1949)
CARRIE (1952)
INDISCRETION OF AN AMERICAN WIFE (1953)
BEAT THE DEVIL (1954)
LOVE IS A MANY-SPLENDORED THING (1955)
MAN IN THE GRAY FLANNEL SUIT, THE (1955)
FAREWELL TO ARMS, A (1957)
TOWERING INFERNO, THE (1974)
PATRICIA, UN VOYAGE POUR L'AMOUR (1980)

JONES, L.Q.
acteur américain (1927-)
MEN IN WAR (1956)
HELL IS FOR HEROES (1962)
BROTHERHOOD OF SATAN (1971)
WHITE LINE FEVER (1975)
MOTHER, JUGS & SPEED (1976)
EDGE, THE (1997)
PATRIOT, THE (1998)

JONES, Orlando
acteur américain (1968-)
LIBERTY HEIGHTS (1999)
MAGNOLIA (1999)
BEDAZZLED (2000)
REPLACEMENTS, THE (2000)
EVOLUTION (2001)
SAY IT ISN'T SO (2001)
DRUMLINE (2002)
TIME MACHINE, THE (2002)

JONES, Shirley
actrice américaine (1934-)
CAROUSEL (1955)
OKLAHOMA ! (1955)
ELMER GANTRY (1960)
COURTSHIP OF EDDIE'S FATHER, THE (1962)
MUSIC MAN, THE (1962)
BEDTIME STORY (1964)
HAPPY ENDING, THE (1969)
CHEYENNE SOCIAL CLUB, THE (1970)
BEYOND THE POSEIDON ADVENTURE (1979)
MANNA FROM HEAVEN (2002)

JONES, Tommy Lee
acteur américain (1946-)
LOVE STORY (1970)
AMAZING HOWARD HUGHES, THE (1977)
ROLLING THUNDER (1977)
BETSY, THE (1978)
EYES OF LAURA MARS, THE (1978)
COAL MINER'S DAUGHTER (1980)
CAT ON A HOT TIN ROOF (1984)
RIVER RAT, THE (1984)
BLACK MOON RISING (1986)
BIG TOWN, THE (1987)
GOTHAM (1988)
STORMY MONDAY (1988)
LONESOME DOVE (1989)
PACKAGE, THE (1989)
FIRE BIRDS (1990)
BLUE SKY (1991)
JFK (1991)
UNDER SIEGE (1992)
FUGITIVE, THE (1993)
HEAVEN AND EARTH (1993)
HOUSE OF CARDS (1993)
BLOWN AWAY (1994)
CLIENT, THE (1994)
COBB (1994)
NATURAL BORN KILLERS (1994)
BATMAN FOREVER (1995)
MEN IN BLACK (1997)
VOLCANO (1997)
U.S. MARSHALS (1998)
DOUBLE JEOPARDY (1999)
RULES OF ENGAGEMENT (2000)
SPACE COWBOYS (2000)
MEN IN BLACK II (2002)
HUNTED, THE (2003)
MISSING, THE (2003)
MAN OF THE HOUSE (2005)
THREE BURIALS OF
MELQUIADES ESTRADA, THE (2005)

JOSEPHSON, Erland
acteur suédois (1923-)
BRINK OF LIFE (1957)
HEURE DU LOUP, L' (1967)
SCÈNES DE LA VIE CONJUGALE (1973)
SCENES FROM A MARRIAGE (1973)
AUTUMN SONATA (1978)
MELODY HAUNTS MY REVERIE (1981)
MONTENEGRO (1981)
NOSTALGHIA (1983)
APRÈS LA RÉPÉTITION (1984)
HANUSSEN (1988)
MEETING VENUS (1991)
SOFIE (1992)
KRISTIN LAVRANSDATTER (1995)
REGARD D'ULYSSE, LE (1995)
FAITHLESS (2000)
SARABAND (2003)

JOURDAN, Louis
acteur français (1919-)
PARADINE CASE, THE (1947)
LETTER FROM AN UNKNOWN WOMAN (1948)
NO MINOR VICES (1948)
MADAME BOVARY (1949)
THREE COINS IN THE FOUNTAIN (1954)
SWAN, THE (1955)
MARIÉE EST TROP BELLE, LA (1956)
GIGI (1958)
BEST OF EVERYTHING, THE (1959)
CAN-CAN (1960)
V.I.P.'S, THE (1963)
COUNT OF MONTE CRISTO, THE (1976)
PLUS ÇA VA, MOINS ÇA VA (1977)
SWAMP THING (1981)
OCTOPUSSY (1983)
RETURN OF THE SWAMP THING (1989)

JOVOVICH, Milla
actrice ukrainienne (1975-)
RETURN TO THE BLUE LAGOON, THE (1991)
FIFTH ELEMENT, THE (1997)
HE GOT GAME (1998)
MESSENGER, THE : THE STORY
OF JOAN OF ARC (1999)
CLAIM, THE (2000)
MILLION DOLLAR HOTEL (2000)
ZOOLANDER (2001)
DUMMY (2002)
NO GOOD DEED (2002)
RESIDENT EVIL (2002)
RESIDENT EVIL : APOCALYPSE (2004)
ULTRAVIOLET (2006)

JOY, Robert
acteur québécois (1951-)
ATLANTIC CITY (1980)
AMITYVILLE 3-D (1983)
SWORD OF GIDEON (1986)
MILLENNIUM (1989)
DARK HALF, THE (1993)
HARRIET THE SPY (1996)
FALLEN (1997)
LAND OF THE DEAD (2005)
WHOLE NEW THING (2005)

JUDD, Ashley
actrice américaine (1968-)
RUBY IN PARADISE (1992)
HEAT (1995)
NORMAL LIFE (1995)
PASSION OF DARKLY NOON, THE (1995)
NORMA JEAN AND MARILYN (1996)
KISS THE GIRLS (1997)
SIMON BIRCH (1998)
DOUBLE JEOPARDY (1999)
EYE OF THE BEHOLDER (1999)
WHERE THE HEART IS (2000)
DIVINE SECRETS OF
THE YA-YA SISTERHOOD (2002)
HIGH CRIMES (2002)
TWISTED (2003)
DE-LOVELY (2004)

JUGNOT, Gérard
acteur français (1951-)
SALUT L'ARTISTE ! (1973)
VALSEUSES, LES (1973)
JOUET, LE (1976)
JUGE ET L'ASSASSIN, LE (1976)
LOCATAIRE, LE (1976)
MONSIEUR KLEIN (1976)
DES ENFANTS GÂTÉS (1977)
BRONZÉS, LES (1978)
BRONZÉS FONT DU SKI, LES (1979)
CHARLOTS CONTRE DRACULA, LES (1980)
POURQUOI PAS NOUS ? (1981)
PÈRE NOËL EST UNE ORDURE, LE (1982)
POUR 100 BRIQUES, T'AS PLUS RIEN (1982)
QUART D'HEURE AMÉRICAIN, LE (1982)
PAPY FAIT DE LA RÉSISTANCE (1983)
GARDE DU CORPS, LE (1984)
ROIS DU GAG, LES (1984)
SCOUT TOUJOURS... (1985)
TRANCHES DE VIE (1985)
NUIT D'IVRESSE (1986)
CIGOGNES N'EN FONT
QU'À LEUR TÊTE, LES (1988)
CLÉS DU PARADIS, LES (1991)
ÉPOQUE FORMIDABLE, UNE (1991)
FAUSSAIRES, LES (1994)
FANTÔME AVEC CHAUFFEUR (1996)
MARTHE (1997)
MEILLEUR ESPOIR FÉMININ (2000)
MONSIEUR BATIGNOLE (2001)
CHORISTES, LES (2004)
BOUDU (2005)

JULIA, Raul
acteur portoricain (1940-1994)
KING LEAR (1974)
EYES OF LAURA MARS, THE (1978)
ESCAPE ARTIST, THE (1982)
ONE FROM THE HEART (1982)
TEMPEST (1982)
KISS OF THE SPIDER WOMAN (1984)
COMPROMISING POSITIONS (1985)
MORNING AFTER, THE (1986)
MOON OVER PARADOR (1988)
TEQUILA SUNRISE (1988)
ROMERO (1989)
FRANKENSTEIN UNBOUND (1990)
HAVANA (1990)
PRESUMED INNOCENT (1990)
ROOKIE, THE (1990)
ADDAMS FAMILY, THE (1991)
PESTE, LA (1992)
ADDAMS FAMILY VALUES, THE (1993)
BURNING SEASON, THE (1994)

JÜRGENS, Curd
acteur allemand (1912-1982)
ET DIEU CRÉA LA FEMME (1956)
BITTER VICTORY (1957)
ENEMY BELOW, THE (1957)
INN OF THE SIXTH HAPPINESS, THE (1958)
ME AND THE COLONEL (1958)
KATIA (1959)
DON JUANS DE LA CÔTE D'AZUR, LES (1962)
LONGEST DAY, THE (1962)
LORD JIM (1964)
OPÉRA DE QUAT'SOUS, L' (1964)
DUEL À LA VODKA (1966)
JARDINIER D'ARGENTEUIL, LE (1966)
PAS DE ROSES POUR OSS 117 (1967)
ASSASSINATION BUREAU, THE (1968)
BATTLE OF BRITAIN (1969)
NICHOLAS AND ALEXANDRA (1971)
CAGLIOSTRO (1974)
FOLIES BOURGEOISES (1976)
SPY WHO LOVED ME, THE (1977)
TEHERAN 43 (1981)

KAHN, Madeline
actrice américaine (1942-1999)
PAPER MOON (1973)
ADVENTURES OF SHERLOCK HOLMES'
SMARTER BROTHER, THE (1975)
HIGH ANXIETY (1977)
WHOLLY MOSES ! (1980)
HISTORY OF THE WORLD, PART 1 (1981)
CLUE (1985)
MIXED NUTS (1994)
JUDY BERLIN (1998)

KALFON, Jean-Pierre
acteur français (1938-)
FILLE ET DES FUSILS, UNE (1965)
ANARCHISTES OU LA BANDE
À BONNOT, LES (1969)
VALLÉE, LA (1972)
CONDORMAN (1981)
DÉCLIC, LE (1985)
CRI DU HIBOU, LE (1987)
GAMER (2000)
SAINT-CYR (2000)
RÉPÉTITION, LA (2001)

KANE, Carol
actrice américaine (1952-)
CARNAL KNOWLEDGE (1971)
WEDDING IN WHITE (1972)
LAST DETAIL, THE (1973)
DOG DAY AFTERNOON (1975)
HESTER STREET (1975)
ANNIE HALL (1977)
VALENTINO (1977)
WORLD'S GREATEST LOVER (1977)
MUPPET MOVIE, THE (1979)
WHEN A STRANGER CALLS (1979)
SECRET DIARY OF SIGMUND
FREUD, THE (1984)
TRANSYLVANIA 6-5000 (1985)
ISHTAR (1987)
SCROOGED (1988)
FLASHBACK (1990)
ADDAMS FAMILY VALUES, THE (1993)
WHEN A STRANGER CALLS BACK (1993)
PALLBEARER, THE (1996)
LOVE IN THE TIME OF MONEY (2002)
CONFESSIONS OF A TEENAGE
DRAMA QUEEN (2004)

KAPOOR, Shashi
acteur indien (1938-)
HOUSEHOLDER, THE (1963)
SHAKESPEARE WALLAH (1965)
BOMBAY TALKIE (1970)
SIDDHARTHA (1972)
HEAT AND DUST (1983)
SAMMY & ROSIE GET LAID (1987)
IN CUSTODY (1993)

KAPRISKY, Valérie
actrice française (1963-)
HOMMES PRÉFÈRENT
LES GROSSES, LES (1981)
APHRODITE (1982)
LÉGITIME VIOLENCE (1982)
BREATHLESS (1983)
ANNÉE DES MÉDUSES, L' (1984)
FEMME PUBLIQUE, LA (1984)
GITANE, LA (1985)
MON AMI LE TRAÎTRE (1988)
MILENA (1990)
MOUVEMENTS DU DÉSIR (1993)
DIS-MOI OUI (1994)

KARINA, Anna
actrice danoise (1940-)
FEMME EST UNE FEMME, UNE (1960)
PETIT SOLDAT, LE (1961)
CLÉO DE 5 À 7 (1962)
VIVRE SA VIE (1962)
RONDE, LA (1964)
ALPHAVILLE (1965)
PIERROT LE FOU (1965)
RELIGIEUSE, LA (1966)
PAIN ET CHOCOLAT (1973)
AMI DE VINCENT, L' (1983)
DERNIER ÉTÉ À TANGER (1986)
HAUT BAS FRAGILE (1995)
MOI, CÉSAR, 10 ANS 1/2, 1m39 (2003)

KARLOFF, Boris
acteur anglais (1887-1969)
LAST OF THE MOHICANS, THE (1920)
BELLS, THE (1926)
CRIMINAL CODE, THE (1931)
FRANKENSTEIN (1931)
TONIGHT OR NEVER (1931)
MASK OF FU MANCHU, THE (1932)
MUMMY, THE (1932)
OLD DARK HOUSE, THE (1932)
GHOUL, THE (1933)
BLACK CAT, THE (1934)
LOST PATROL, THE (1934)
BLACK ROOM, THE (1935)
BRIDE OF FRANKENSTEIN, THE (1935)
RAVEN, THE (1935)
INVISIBLE RAY, THE (1936)
MAN WHO CHANGED
HIS MIND, THE (1936)
MR. WONG DETECTIVE (1938)
MR. WONG DETECTIVE / FATAL HOUR (1938)
SON OF FRANKENSTEIN (1938)
MAN THEY COULD NOT HANG, THE (1939)
TOWER OF LONDON (1939)
BEFORE I HANG (1940)
BLACK FRIDAY (1940)
FATAL HOUR (1940)
MAN WITH NINE LIVES, THE (1940)
DEVIL COMMANDS, THE (1941)
CLIMAX, THE (1944)
HOUSE OF FRANKENSTEIN (1944)
BODY SNATCHER, THE (1945)
ISLE OF THE DEAD (1945)
BEDLAM (1946)
DICK TRACY MEETS GRUESOME (1947)
LURED (1947)
SECRET LIFE OF WALTER MITTY, THE (1947)
UNCONQUERED (1947)
ABBOTT & COSTELLO MEET
THE KILLER BORIS KARLOFF (1949)
STRANGE DOOR, THE (1951)
BLACK CASTLE, THE (1952)
ABBOTT & COSTELLO MEET
DR. JEKYLL AND MR. HYDE (1953)
CORRIDORS OF BLOOD (1958)
FRANKENSTEIN 1970 (1958)
HAUNTED STRANGLER, THE (1958)
COMEDY OF TERRORS, THE (1963)
RAVEN, THE (1963)
TERROR, THE (1963)
TROIS VISAGES DE LA PEUR, LES (1963)
BIKINI BEACH (1964)
DIE MONSTER, DIE ! (1965)
CAULDRON OF BLOOD (1967)
CULT OF THE DEAD (1968)
DESTINATION NIGHTMARE (1968)
INCREDIBLE INVASION, THE (1968)
TARGETS (1968)
TORTURE ZONE (1968)
DANCE OF DEATH (1971)

KARYO, Tcheky
acteur turc (1953-)
BALANCE, LA (1982)
RETOUR DE MARTIN GUERRE, LE (1982)
TOUTE UNE NUIT (1982)
BAD BOYS (1983)
JAVA DES OMBRES, LA (1983)
MARGINAL, LE (1983)
NUITS DE LA PLEINE LUNE, LES (1984)
AMOUR BRAQUE, L' (1985)
ÉTATS D'ÂME (1985)
BLEU COMME L'ENFER (1986)
MOINE ET LA SORCIÈRE, LE (1986)
AUSTRALIA (1989)
BEAR, THE (1989)
NIKITA (1990)
HUSBANDS AND LOVERS (1991)
1492 : CONQUEST OF PARADISE (1992)
AND THE BAND PLAYED ON (1993)
ANGE NOIR, L' (1994)
NOSTRADAMUS (1994)
BAD BOYS (1995)
GOLDENEYE (1995)
OPERATION DUMBO DROP (1995)
1000 MERVEILLES DE L'UNIVERS, LES (1996)
FOREIGN LAND (1996)
DOBERMANN (1997)
GENTLE INTO THE NIGHT (1997)
BABEL (1998)
COMME UN POISSON HORS DE L'EAU (1999)
MESSENGER, THE : THE STORY OF JOAN OF ARC (1999)
MY LIFE SO FAR (1999)
SAVING GRACE (1999)
PATRIOT, THE (2000)
ROI DANSE, LE (2000)
GOOD THIEF, THE (2002)
RENEGADE (2004)
TAKING LIVES (2004)
UN LONG DIMANCHE DE FIANÇAILLES (2004)

KASSOVITZ, Mathieu
acteur français (1968-)
CAFÉ AU LAIT (MÉTISSE) (1993)
REGARDE LES HOMMES TOMBER (1994)
HAINE, LA (1995)
ASSASSIN(S) (1996)
HÉROS TRÈS DISCRET, UN (1996)
MON HOMME (1996)
FIFTH ELEMENT, THE (1997)
FABULEUX DESTIN D'AMÉLIE POULAIN, LE (2000)
AMEN. (2001)
BIRTHDAY GIRL (2001)
MUNICH (2005)

KATSU, Shintaro
acteur japonais (1931-1997)
ZATOICHI XII : ZATOICHI AND THE CHESS EXPERT (1965)
ZATOICHI XIII : ZATOICHI'S VENGEANCE (1966)
ZATOICHI XV : ZATOICHI'S CANE SWORD (1967)
ZATOICHI XVII : ZATOICHI CHALLENGED (1967)
ZATOICHI XIX : SAMARITAN ZATOICHI (1968)
ZATOICHI XVIII : ZATOICHI AND THE FUGITIVES (1968)
INCIDENT AT BLOOD PASS (1970)
ZATOICHI XX : ZATOICHI MEETS YOJIMBO (1970)
ZATOICHI XXII : ZATOICHI MEET THE ONE-ARMED SWORDSMAN (1970)
ZATOICHI XXIII : ZATOICHI AT LARGE (1972)
ZATOICHI XXIV : ZATOICHI I N DESPERATION (1972)
HANZO THE RAZOR (1973)
RONIN GAI (1990)

KATT, Nicky
acteur américain (1970-)
SUBURBIA (1996)
ONE TRUE THING (1998)
BOILER ROOM, THE (2000)
RULES OF ENGAGEMENT (2000)
WAY OF THE GUN, THE (2000)
FULL FRONTAL (2002)
INSOMNIA (2002)
SPEAKEASY (2002)
SECONDHAND LIONS (2003)
RIDING THE BULLET (2004)

KAYE, Danny
actrice américaine (1913-1987)
UP IN ARMS (1944)
WONDER MAN (1945)
SECRET LIFE OF WALTER MITTY, THE (1947)
SONG IS BORN, A (1948)
INSPECTOR GENERAL, THE (1949)
KID FROM BROOKLYN, THE (1949)
HANS CHRISTIAN ANDERSEN (1952)
WHITE CHRISTMAS (1954)
COURT JESTER, THE (1955)
ME AND THE COLONEL (1958)
FIVE PENNIES, THE (1959)
SKOKIE (1981)

KAZAN, Lainie
actrice américaine (1940-)
LADY IN CEMENT (1968)
LUST IN THE DUST (1984)
29th STREET (1991)
I DON'T BUY KISSES ANYMORE (1991)
ASSOCIATE, THE (1996)
BIG FAT GREEK WEDDING, MY (2002)
MY BIG FAT GREEK LIFE (2003)

KEACH, Stacy
acteur américain (1941-)
END OF THE ROAD (1970)
TRAVELLING EXECUTIONER, THE (1970)
DOC (1971)
FAT CITY (1971)
LIFE AND TIMES OF JUDGE ROY BEAN (1972)
NEW CENTURIONS, THE (1972)
LUTHER (1973)
JESUS OF NAZARETH (1976)
SQUEEZE, THE (1977)
GRAY LADY DOWN (1978)
MONTAGNE DU DIEU CANNIBALE, LA (1978)
UP IN SMOKE (1978)
NINTH CONFIGURATION, THE (1979)
ROAD GAMES (1979)
LONG RIDERS, THE (1980)
BUTTERFLY (1981)
CHEECH AND CHONG'S NICE DREAMS (1981)
BLUE AND THE GRAY, THE (1982)
THAT CHAMPIONSHIP SEASON (1982)
MILENA (1990)
BODY BAGS (1993)
ESCAPE FROM L.A. (1996)
AMERICAN HISTORY X (1998)
MAN WITH THE SCREAMING BRAIN, THE (2004)

KEATON, Buster
acteur américain (1895-1966)
SAPHEAD, THE (1921)
THREE AGES, THE (1923)
NAVIGATOR, THE (1924)
SHERLOCK Jr. (1924)
GO WEST (1925)
SEVEN CHANCES (1925)
BATTLING BUTLER (1926)
GENERAL, THE (1926)
COLLEGE (1927)
CAMERAMAN, THE (1928)
STEAMBOAT BILL JR. (1928)
SPITE MARRIAGE (1929)
DOUGHBOYS (1930)
FREE AND EASY (1930)
SIDEWALKS OF NEW YORK (1931)
SPEAK EASILY (1932)
WHAT ! NO BEER ? (1933)
PALEFACE, THE (1948)
IN THE GOOD OLD SUMMERTIME (1950)
SUNSET BOULEVARD (1950)
LIMELIGHT (1952)
ADVENTURES OF HUCKLEBERRY FINN, THE (1960)
IT'S A MAD, MAD, MAD, MAD WORLD (1963)
BUSTER KEATON RIDES AGAIN (1965)
FUNNY THING HAPPENED ON THE WAY TO THE FORUM, A (1966)
NEIGHBORS (1981)

KEATON, Diane
actrice américaine (1946-)
GODFATHER, THE (1972)
PLAY IT AGAIN, SAM (1972)
SLEEPER (1973)
GODFATHER II, THE (1974)
LOVE AND DEATH (1975)
ANNIE HALL (1977)
LOOKING FOR MR. GOODBAR (1977)
INTERIORS (1978)
MANHATTAN (1979)
REDS (1981)
SHOOT THE MOON (1981)
LITTLE DRUMMER GIRL, THE (1984)
MRS. SOFFEL (1984)
CRIMES OF THE HEART (1986)
BABY BOOM (1987)
RADIO DAYS (1987)
GOOD MOTHER, THE (1988)
GODFATHER III, THE (1990)
FATHER OF THE BRIDE (1991)
MANHATTAN MURDER MYSTERY (1993)
AMELIA EARHART, THE FINAL FLIGHT (1994)
FATHER OF THE BRIDE 2 (1995)
FIRST WIVES CLUB, THE (1996)
MARVIN'S ROOM (1996)
OTHER SISTER, THE (1999)
HANGING UP (2000)
TOWN AND COUNTRY (2001)
SOMETHING'S GOTTA GIVE (2003)
FAMILY STONE (2005)

KEATON, Michael
acteur américain (1951-)
NIGHT SHIFT (1982)
MR. MOM (1983)
JOHNNY DANGEROUSLY (1984)
GUNG HO (1986)
BEETLEJUICE (1988)
CLEAN AND SOBER (1988)
BATMAN (1989)
DREAM TEAM, THE (1989)
PACIFIC HEIGHTS (1990)
ONE GOOD COP (1991)
BATMAN RETURNS (1992)
MUCH ADO ABOUT NOTHING (1993)
MY LIFE (1993)
PAPER, THE (1994)
SPEECHLESS (1994)
MULTIPLICITY (1996)
JACKIE BROWN (1997)
DESPERATE MEASURES (1998)

JACK FROST (1998)
QUICKSAND (2001)
LIVE FROM BAGHDAD (2002)
FIRST DAUGHTER (2004)
WHITE NOISE (2004)
GAME 6 (2005)
HERBIE : FULLY LOADED (2005)

KEEL, Howard
acteur américain (1917-)
ANNIE GET YOUR GUN (1949)
SHOW BOAT (1951)
LOVELY TO LOOK AT (1952)
CALAMITY JANE (1953)
KISS ME KATE (1953)
SEVEN BRIDES FOR SEVEN BROTHERS (1954)
KISMET (1955)
DAY OF THE TRIFFIDS, THE (1963)
WAR WAGON, THE (1967)

KEENER, Catherine
actrice américaine (1961-)
LIVING IN OBLIVION (1994)
WALKING AND TALKING (1995)
BOX OF MOONLIGHT (1996)
REAL BLONDE, THE (1997)
YOUR FRIENDS & NEIGHBORS (1998)
BEING JOHN MALKOVICH (1999)
SIMPATICO (1999)
LOVELY AND AMAZING (2001)
SIMONE (2001)
DEATH TO SMOOCHY (2002)
FULL FRONTAL (2002)
40 YEAR OLD VIRGIN (2005)
BALLAD OF JACK AND ROSE, THE (2005)
CAPOTE (2005)
INTERPRETER, THE (2005)
FRIENDS WITH MONEY (2006)

KEITEL, Harvey
acteur américain (1941-)
WHO'S THAT KNOCKING AT MY DOOR ? (1968)
MEAN STREETS (1973)
ALICE DOESN'T LIVE HERE ANYMORE (1974)
MOTHER, JUGS & SPEED (1976)
TAXI DRIVER (1976)
WELCOME TO L.A. (1976)
DUELLISTS, THE (1977)
FINGERS (1977)
BLUE COLLAR (1978)
MORT EN DIRECT, LA (1979)
BAD TIMING (1980)
SATURN 3 (1980)
BORDER, THE (1981)
NUIT DE VARENNES, LA (1982)
CORRUPT (1983)
PIERRE DANS LA BOUCHE, UNE (1983)
FALLING IN LOVE (1984)
CAMORRA (1985)
STAR KNIGHT (1985)
WISE GUYS (1985)
MEN'S CLUB, THE (1986)
BLINDSIDE (1987)
DEAR AMERICA : LETTERS HOME
FROM VIETNAM (1987)
PICK-UP ARTIST, THE (1987)
JANUARY MAN, THE (1988)
LAST TEMPTATION OF CHRIST, THE (1988)
TWO EVIL EYES (1990)
TWO JAKES, THE (1990)
BUGSY (1991)
MORTAL THOUGHTS (1991)
RESERVOIR DOGS (1991)
THELMA & LOUISE (1991)
BAD LIEUTENANT (1992)
PIANO, THE (1992)
SISTER ACT (1992)
DANGEROUS GAME (1993)
POINT OF NO RETURN (1993)
RISING SUN (1993)
YOUNG AMERICANS (1993)
IMAGINARY CRIMES (1994)
MONKEY TROUBLE (1994)
PULP FICTION (1994)
SOMEBODY TO LOVE (1994)
BLUE IN THE FACE (1995)
CLOCKERS (1995)
FROM DUSK TILL DAWN (1995)
GET SHORTY (1995)
REGARD D'ULYSSE, LE (1995)
SMOKE (1995)
CITY OF INDUSTRY (1996)
COP LAND (1997)
FAIRY TALE : A TRUE STORY (1997)
LULU ON THE BRIDGE (1998)
CELO, EL (1999)
HOLY SMOKE (1999)
TROIS SAISONS (1999)
LITTLE NICKY (2000)
GREY ZONE, THE (2001)
TAKING SIDES : LE CAS FURTWANGLER (2001)
RED DRAGON (2002)
CRIME SPREE (2003)
CUBAN BLOOD (2003)
BRIDGE OF SAN LUIS REY (2004)
NATIONAL TREASURE (2004)
BE COOL (2005)
SHADOWS IN THE SUN (2005)

KEITH, Brian
acteur américain (1921-1997)
ARROWHEAD (1953)
VIOLENT MEN, THE (1954)
TIGHT SPOT (1955)
YOUNG PHILADELPHIANS, THE (1959)
PARENT TRAP, THE (1961)
HALLELUJAH TRAIL, THE (1965)
NEVADA SMITH (1966)
RUSSIANS ARE COMING,
THE RUSSIANS ARE COMING, THE (1966)
REFLECTIONS IN A GOLDEN EYE (1967)
KRAKATOA, EAST OF JAVA (1968)
WITH SIX YOU GET EGGROLL (1968)
McKENZIE BREAK, THE (1970)
SUPPOSE THEY GAVE A WAR
AND NOBODY CAME ? (1970)
YAKUZA, THE (1974)
WIND AND THE LION, THE (1975)
METEOR (1979)
MOONRAKER (1979)
CHARLIE CHAN AND THE CURSE
OF THE DRAGON QUEEN (1980)
MOUNTAIN MEN, THE (1980)
HAMMETT (1981)
DEATH BEFORE DISHONOR (1986)
YOUNG GUNS (1988)

KEITH, David
acteur américain (1956-)
7th DAWN, THE (1964)
TAKE THIS JOB AND SHOVE IT (1981)
LORDS OF DISCIPLINE, THE (1983)
HEARTBREAK HOTEL (1988)
U-571 (2000)
BEHIND ENEMY LINES (2001)
29 PALMS (2002)

KEITH, Ian
acteur américain (1899-1960)
LOVE OF SUNYA, THE (1927)
ABRAHAM LINCOLN (1930)
BIG TRAIL, THE (1930)
CRUSADES, THE (1935)
NIGHTMARE ALLEY (1947)
BLACK SHIELD OF FALWORTH, THE (1954)
IT CAME FROM BENEATH THE SEA (1955)

KELLAWAY, Cecil
acteur sud-africain (1890-1973)
HOUSE OF THE SEVEN GABLES, THE (1940)
I MARRIED A WITCH (1943)
FRENCHMAN'S CREEK (1944)
LOVE LETTERS (1945)
EASY TO WED (1946)
PORTRAIT OF JENNIE (1948)
FRANCIS GOES TO THE RACES (1951)
FRANCIS OF ASSISI (1961)
FITZWILLY (1967)

KELLER, Marthe
actrice suisse (1945-)
VIEILLE FILLE, LA (1971)
TOUTE UNE VIE (1975)
BLACK SUNDAY (1976)
BOBBY DEERFIELD (1977)
WAGNER (1983)
FEMMES DE PERSONNE (1984)
ROUGE BAISER (1985)
MON AMIE MAX (1993)
ELLES (1997)
K (1997)
ÉCOLE DE LA CHAIR, L' (1998)
DERRIÈRE, LE (1999)

KELLERMAN, Sally
actrice américaine (1936-)
M*A*S*H (1969)
BREWSTER McCLOUD (1970)
LAST OF THE RED HOT LOVERS (1972)
LOVING COUPLES (1980)
BACK TO SCHOOL (1985)
BORIS AND NATASHA (1991)
YOUNGER AND YOUNGER (1993)
GUN (1996)

KELLEY, Sheila
actrice américaine (1964-)
NUTS IN MAY (1976)
HOME SWEET HOME (1982)
BREAKING IN (1989)
PURE LUCK (1991)
SOAPDISH (1991)
DANCING AT THE BLUE IGUANA (2000)
MATCHSTICK MEN (2003)

KELLIN, Mike
acteur américain (1922-1983)
AT WAR WITH THE ARMY (1950)
WACKIEST SHIP IN THE ARMY, THE (1960)
HELL IS FOR HEROES (1962)
INCIDENT, THE (1967)
RIOT (1968)
NEXT STOP, GREENWICH VILLAGE (1976)
SLEEPAWAY CAMP (1983)

KELLY, Gene
acteur américain (1912-1996)
FOR ME AND MY GAL (1942)
THOUSANDS CHEER (1943)
ANCHORS AWEIGH (1944)
COVER GIRL (1944)
ZIEGFELD FOLLIES (1946)
PIRATE, THE (1948)
THREE MUSKETEERS, THE (1948)
ON THE TOWN (1949)
TAKE ME OUT TO THE BALL GAME (1949)
SUMMER STOCK (1950)
AMERICAN IN PARIS, AN (1951)
LOVE IS BETTER THAN EVER (1952)

SINGIN' IN THE RAIN (1952)
BRIGADOON (1953)
IT'S ALWAYS FAIR WEATHER (1955)
LES GIRLS (1957)
MARJORIE MORNINGSTAR (1958)
INHERIT THE WIND (1960)
LET'S MAKE LOVE (1960)
WHAT A WAY TO GO ! (1964)
DEMOISELLES DE ROCHEFORT, LES (1967)
THAT'S ENTERTAINMENT (1974)
XANADU (1980)
THAT'S DANCING ! (1985)
THAT'S ENTERTAINMENT ! PART 3 (1994)

KELLY, Grace
actrice américaine (1928-1982)
HIGH NOON (1952)
MOGAMBO (1953)
BRIDGES AT TOKO-RI, THE (1954)
COUNTRY GIRL, THE (1954)
DIAL M FOR MURDER (1954)
GREEN FIRE (1954)
REAR WINDOW (1954)
HIGH SOCIETY (1955)
SWAN, THE (1955)
TO CATCH A THIEF (1955)

KELLY, Moira
actrice américaine (1968-)
ONE TREE HILL, CHAPLIN (1992)
LITTLE ODESSA (1994)
WITH HONORS (1994)
TIE THAT BINDS, THE (1995)
DANGEROUS BEAUTY (1997)
UNHOOK THE STARS (1997)
WEST WING, THE (SEASON I) (1999)

KENNEDY, Arthur
acteur américain (1914-1990)
CITY FOR CONQUEST (1940)
THEY DIED WITH THEIR BOOTS ON (1942)
AIR FORCE (1943)
CHAMPION (1949)
WINDOW, THE (1949)
BEND OF THE RIVER (1951)
RANCHO NOTORIOUS (1952)
DESPERATE HOURS, THE (1955)
MAN FROM LARAMIE, THE (1955)
MURDER SHE SAID (1962)
ANZIO (1968)
MINUTE POUR PRIER, UNE SECONDE POUR MOURIR, UNE (1968)
ANTICHRIST, THE (1974)
MASSACRE DES MORTS-VIVANTS, LE (1974)
EMMANUELLE ON TABOO ISLAND (1976)

KENNEDY, George
acteur américain (1925-)
LONELY ARE THE BRAVE (1962)
CHARADE (1963)
HUSH... HUSH, SWEET CHARLOTTE (1964)
STRAIT-JACKET (1964)
FLIGHT OF THE PHOENIX, THE (1965)
IN HARM'S WAY (1965)
MIRAGE (1965)
SHENANDOAH (1965)
SONS OF KATIE ELDER, THE (1965)
COOL HAND LUKE (1967)
DIRTY DOZEN, THE (1967)
BANDOLERO ! (1968)
BOSTON STRANGLER, THE (1968)
PINK JUNGLE, THE (1968)
GUNS OF THE MAGNIFICENT SEVEN (1969)
AIRPORT (1970)
DIRTY DINGUS MAGEE (1970)
CAHILL : UNITED STATES MARSHALL (1973)
AIRPORT '75 (1974)
EARTHQUAKE (1974)
THUNDERBOLT AND LIGHTFOOT (1974)
EIGER SANCTION, THE (1975)
AIRPORT '77 (1977)
DEATH ON THE NILE (1978)
AIRPORT '79 : THE CONCORDE (1979)
MODERN ROMANCE (1981)
CREEPSHOW 2 (1987)
NAKED GUN, THE (1988)
BRAIN DEAD (1990)
NAKED GUN 2 1/2 : THE SMELL OF FEAR, THE (1991)
NAKED GUN 33 1/3 : THE FINAL INSULT, THE (1994)
DON'T COME KNOCKING (2005)

KENNEDY, Jamie
acteur américain (1970-)
WILLIAM SHAKESPEARE'S ROMEO & JULIET (1996)
SCREAM II (1997)
BOWFINGER (1999)
THREE KINGS (1999)
SPECIALS, THE (2000)
MAX KEEBLE'S BIG MOVE (2001)
MALIBU'S MOST WANTED (2003)
SON OF THE MASK, THE (2005)

KENSIT, Patsy
actrice anglaise (1968-)
GREAT GATSBY, THE (1974)
ABSOLUTE BEGINNERS (1986)
CHORUS OF DISAPPROVAL, A (1988)
CHICAGO JOE AND THE SHOWGIRL (1989)
LETHAL WEAPON 2 (1989)
ÉPOUX RIPOUX, LES (1990)
BLAME IT ON THE BELLBOY (1991)
TWENTY-ONE (1991)
BITTER HARVEST (1993)
FULL ECLIPSE (1993)
ANGELS & INSECTS (1995)
JANICE BEARD : 45 WORDS PER MINUTE (1999)

KERR, Deborah
actrice anglaise (1921-)
MAJOR BARBARA (1941)
LIFE AND DEATH OF COLONEL BLIMP, THE (1943)
I SEE A DARK STRANGER (1945)
BLACK NARCISSUS (1946)
HUCKSTERS, THE (1947)
KING SOLOMON'S MINES (1950)
QUO VADIS ? (1951)
PRISONER OF ZENDA, THE (1952)
FROM HERE TO ETERNITY (1953)
JULIUS CAESAR (1953)
YOUNG BESS (1953)
END OF THE AFFAIR, THE (1954)
KING AND I, THE (1955)
TEA AND SYMPATHY (1955)
HEAVEN KNOWS, MR. ALLISON (1956)
AFFAIR TO REMEMBER, AN (1957)
BONJOUR TRISTESSE (1957)
SEPARATE TABLES (1958)
BELOVED INFIDEL (1959)
GRASS IS GREENER, THE (1960)
SUNDOWNERS, THE (1960)
INNOCENTS, THE (1961)
CHALK GARDEN, THE (1964)
NIGHT OF THE IGUANA, THE (1964)
MARRIAGE ON THE ROCKS (1965)
CASINO ROYALE (1967)
ARRANGEMENT, THE (1969)
GYPSY MOTHS, THE (1969)

KERWIN, Brian
acteur américain (1949-)
MURPHY'S ROMANCE (1985)
KING KONG LIVES (1986)
HARD PROMISES (1991)
LOVE FIELD (1991)
MYTH OF THE FINGERPRINTS, THE (1996)
MR. JEALOUSY (1997)
COMMON GROUND (2000)

KEYES, Evelyn
actrice américaine (1919-)
BEFORE I HANG (1940)
LADY IN QUESTION, THE (1940)
DESPERADOES, THE (1942)
THOUSAND AND ONE NIGHTS, A (1945)
JOLSON STORY, THE (1946)
ENCHANTMENT (1948)
SEVEN YEAR ITCH, THE (1954)
AROUND THE WORLD IN 80 DAYS (1956)
ACROSS 110th STREET (1972)

KHANJIAN, Arsinée
actrice libanaise (1958-)
NEXT OF KIN (1984)
BOÎTE À SOLEIL, LA (1988)
SPEAKING PARTS (1989)
ADJUSTER, THE (1991)
CALENDAR (1993)
FIN AOÛT, DÉBUT SEPTEMBRE (1998)
FELICIA'S JOURNEY (1999)
À MA SŒUR ! (2001)
ARARAT (2002)
SABAH (2005)

KIBBEE, Guy
acteur américain (1882-1956)
LAUGHING SINNERS (1931)
42nd STREET (1933)
LADY FOR A DAY (1933)
CAPTAIN JANUARY (1936)
OF HUMAN HEARTS (1938)
BABES IN ARMS (1939)
LET FREEDOM RING (1939)
HORN BLOWS AT MIDNIGHT, THE (1944)
OUR TOWN (1945)
3 GODFATHERS (1949)

KIBERLAIN, Sandrine
actrice française (1968-)
PATRIOTES, LES (1994)
APPARTEMENT, L' (1996)
BEAUMARCHAIS L'INSOLENT (1996)
EN AVOIR (OU PAS) (1996)
HÉROS TRÈS DISCRET, UN (1996)
À VENDRE (1998)
RIEN SUR ROBERT (1998)
TOUT VA BIEN... ON S'EN VA (2000)
BETTY FISHER ET AUTRES HISTOIRES (2001)
C'EST LE BOUQUET (2002)
FILLES UNIQUES (2003)
APRÈS VOUS... (2005)

KIDDER, Margot
actrice canadienne (1948-)
QUACKSER FORTUNE HAS A COUSIN IN THE BRONX (1970)
SISTERS (1972)
BLACK CHRISTMAS (1974)
SUPERMAN : THE MOVIE (1978)
AMITYVILLE HORROR, THE (1979)
SUPERMAN II (1980)
WILLIE AND PHIL (1980)
LOUISIANA (1983)
SUPERMAN III (1983)
LITTLE TREASURE (1984)

SUPERMAN IV : THE QUEST FOR PEACE (1987)
FLORIDA, LA (1993)
NEVER MET PICASSO (1996)
COMMON GROUND (2000)
LAST SIGN, THE (2005)

KIDMAN, Nicole
actrice australienne (1967-)
DEAD CALM (1988)
DAYS OF THUNDER (1990)
FLIRTING (1990)
BILLY BATHGATE (1991)
FAR AND AWAY (1992)
MALICE (1993)
MY LIFE (1993)
BATMAN FOREVER (1995)
TO DIE FOR (1995)
PORTRAIT OF A LADY, THE (1996)
PEACEMAKER, THE (1997)
PRACTICAL MAGIC (1998)
EYES WIDE SHUT (1999)
BIRTHDAY GIRL (2001)
MOULIN ROUGE (2001)
OTHERS, THE (2001)
HOURS, THE (2002)
COLD MOUNTAIN (2003)
DOGVILLE (2003)
HUMAN STAIN, THE (2003)
BIRTH (2004)
STEPFORD WIVES, THE (2004)
BEWITCHED (2005)
INTERPRETER, THE (2005)

KIER, Udo
acteur allemand (1944-)
ANDY WARHOL'S DRACULA (1974)
HISTOIRE D'O (1975)
SUSPIRIA (1977)
BERLIN ALEXANDERPLATZ (1980)
DR. JEKYLL ET LES FEMMES (1981)
ESCAPE FROM BLOOD PLANTATION (1982)
HUNGARIAN RHAPSODY (1983)
SEDUCTION : THE CRUEL WOMAN (1985)
MEDEA (1987)
MEDEA (1988)
EUROPA (1991)
MY OWN PRIVATE IDAHO (1991)
TERROR 2000 - GERMANY
OUT OF CONTROL (1992)
ACE VENTURA : PET DETECTIVE (1993)
EVEN COWGIRLS GET THE BLUES (1994)
KINGDOM 1, THE (1994)
BARB WIRE (1995)
JOHNNY MNEMONIC (1995)
ADVENTURES OF PINOCCHIO, THE (1996)
AMOUR EST UN POUVOIR SACRÉ, L' (1996)
PRINCE VALIANT (1996)
END OF VIOLENCE, THE (1997)
BLADE (1998)
BETTY (1999)
MODERN VAMPIRES (1999)
DANCER IN THE DARK (2000)
SHADOW OF THE VAMPIRE (2000)
ALL THE QUEEN'S MEN (2001)
INVINCIBLE (2001)
FEAR DOT COM (2002)
PARANOIA 1.0 (2004)
SURVIVING CHRISTMAS (2004)
MANDERLAY (2005)
MASTERS OF HORROR -
CIGARETTE BURNS (2005)

KILMER, Val
acteur américain (1959-)
TOP SECRET ! (1984)
REAL GENIUS (1985)
TOP GUN (1986)
MAN WHO BROKE A 1000 CHAINS, THE (1987)
WILLOW (1988)
KILL ME AGAIN (1989)
DOORS, THE (1991)
THUNDERHEART (1992)
TOMBSTONE (1993)
TRUE ROMANCE (1993)
BATMAN FOREVER (1995)
HEAT (1995)
WINGS OF COURAGE (1995)
GHOST AND THE DARKNESS, THE (1996)
ISLAND OF DR. MOREAU, THE (1996)
SAINT, THE (1997)
AT FIRST SIGHT (1998)
JOE THE KING (1999)
POLLOCK (2000)
RED PLANET (2000)
SALTON SEA, THE (2001)
MASKED AND ANONYMOUS (2003)
MISSING, THE (2003)
SPARTAN (2003)
WONDERLAND (2003)
STATESIDE (2004)
ALEXANDER (2005)
KISS KISS BANG BANG (2005)

KING, Perry
acteur américain (1948-)
POSSESSION OF JOEL DELANEY, THE (1972)
LORDS OF FLATBUSH, THE (1974)
MANDINGO (1975)
WILD PARTY, THE (1975)
ANDY WARHOL'S BAD (1976)
LIPSTICK (1976)
GOLDEN GATE (1981)
CLASS OF 1984 (1982)
CRY IN THE NIGHT, A (1991)

KING, Regina
actrice américaine (1971-)
POETIC JUSTICE (1993)
FRIDAY (1995)
THIN LINE BETWEEN LOVE AND HATE, A (1996)
ENEMY OF THE STATE (1998)
HOW STELLA GOT HER GROOVE BACK (1998)
MIGHTY JOE YOUNG (1998)
IF THESE WALLS COULD TALK II (1999)
LEGALLY BLONDE 2 :
RED, WHITE & BLONDE (2003)
RAY (2004)
MISS CONGENIALITY 2 -
ARMED AND FABULOUS (2005)

KINGSLEY, Ben
acteur anglais (1943-)
GANDHI (1982)
HAREM (1985)
SILAS MARNER (1985)
TURTLE DIARY (1985)
MAURICE (1987)
PASCALI'S ISLAND (1988)
WITHOUT A CLUE (1988)
BUGSY (1991)
SNEAKERS (1992)
DAVE (1993)
SCHINDLER'S LIST (1993)
SEARCHING FOR BOBBY FISCHER (1993)
DEATH AND THE MAIDEN (1994)
SPECIES (1995)
MOSES (1996)
ASSIGNMENT, THE (1997)
WEAPONS OF MASS DISTRACTION (1997)
RULES OF ENGAGEMENT (2000)
SEXY BEAST (2000)
WHAT PLANET ARE YOU FROM ? (2000)
ANNE FRANK (2001)
TRIUMPH OF LOVE (2001)
HOUSE OF SAND AND FOG, THE (2003)
SUSPECT ZERO (2004)
OLIVER TWIST (2005)
SOUND OF THUNDER, A (2005)
LUCKY NUMBER SLEVIN (2006)

KINNEAR, Greg
acteur américain (1963-)
SABRINA (1995)
DEAR GOD (1996)
AS GOOD AS IT GETS (1997)
MYSTERY MEN (1999)
GIFT, THE (2000)
NURSE BETTY (2000)
WHAT PLANET ARE YOU FROM ? (2000)
AUTO FOCUS (2002)
WE WERE SOLDIERS (2002)
STUCK ON YOU (2003)
GODSEND (2004)
BAD NEWS BEARS (2005)
MATADOR, THE (2005)

KINNEY, Terry
acteur américain (1954-)
BODY SNATCHERS (1993)
FIRM, THE (1993)
DEVIL IN A BLUE DRESS (1995)
FLY AWAY HOME (1996)
OZ (SEASON II) (1998)
OZ (SEASON III) (1999)
YOUNG GIRL AND THE MONSOON (1999)
HOUSE OF MIRTH, THE (2000)

KINSKI, Klaus
acteur allemand (1926-1991)
DOCTOR ZHIVAGO (1965)
FOR A FEW DOLLARS MORE (1965)
CIRCUS OF FEAR (1966)
GRAND SLAM (1967)
GREAT SILENCE, THE (1968)
MARQUIS DE SADE'S JUSTINE (1969)
NUITS DE DRACULA, LES (1969)
VENUS IN FURS (1969)
AGUIRRE, LA COLÈRE DE DIEU (1972)
IMPORTANT C'EST D'AIMER, L' (1974)
JACK THE RIPPER (1976)
CHANSON DE ROLAND, LA (1977)
MADAME CLAUDE (1977)
MORT D'UN POURRI (1977)
BUDDY HOLLY STORY, THE (1978)
NOSFERATU : FANTÔME DE LA NUIT (1978)
WOYZECK (1979)
ATTIC, THE / CRAWLSPACE (1980)
FRUITS DE LA PASSION, LES (1980)
BUDDY BUDDY (1981)
FITZCARRALDO (1981)
ANDROID (1982)
LITTLE DRUMMER GIRL, THE (1984)
SECRET DIARY OF SIGMUND
FREUD, THE (1984)
REVENGE OF THE STOLEN STARS (1985)
STAR KNIGHT (1985)
CRAWLSPACE (1986)

KINSKI, Nastassja
actrice allemande (1960-)
FAUX MOUVEMENT (1975)
TO THE DEVIL... A DAUGHTER (1976)
FILLE, LA (1978)
TESS (1979)
CAT PEOPLE (1982)
ONE FROM THE HEART (1982)
LUNE DANS LE CANIVEAU, LA (1983)
HOTEL NEW HAMPSHIRE, THE (1984)

MARIA'S LOVERS (1984)
PARIS, TEXAS (1984)
UNFAITHFULLY YOURS (1984)
HAREM (1985)
REVOLUTION (1985)
EAUX PRINTANIÈRES, LES (1989)
SOLEIL MÊME LA NUIT, LE (1989)
BLONDE, THE (1992)
SI LOIN, SI PROCHE (1992)
TERMINAL VELOCITY (1994)
FATHER'S DAY (1997)
ONE NIGHT STAND (1997)
SAVIOR (1998)
YOUR FRIENDS & NEIGHBORS (1998)
LOST SON, THE (1999)
CLAIM, THE (2000)
MAGIC OF MARCIANO, THE (2000)
RED LETTERS (2000)
DAY THE WORLD ENDED, THE (2001)
DIARY OF A SEX ADDICT (2001)
SAY NOTHING (2001)

KIRK, Tommy
acteur américain (1941-)
OLD YELLER (1957)
SHAGGY DOG, THE (1959)
ABSENT-MINDED PROFESSOR, THE (1961)
SON OF FLUBBER (1962)
PAJAMA PARTY, THE (1964)
VILLAGE OF THE GIANTS (1965)
MARS NEEDS WOMEN (1966)

KIRKLAND, Sally
actrice américaine (1944-)
BLUE (1968)
COMING APART (1969)
FUTZ ! (1969)
STING, THE (1973)
WAY WE WERE, THE (1973)
BIG BAD MAMA (1974)
STAR IS BORN, A (1976)
INCREDIBLE SHRINKING WOMAN, THE (1981)
LOVE LETTERS (1983)
ANNA (1986)
COLD FEET (1988)
PAINT IT BLACK (1989)
SUPERSTAR : THE LIFE AND TIMES OF ANDY WARHOL (1990)
JFK (1991)
HIT THE DUTCHMAN (1992)
PLAYER, THE (1992)
GUNS & LIPSTICK (1993)
ED TV (1999)
MANGO KISS (2004)

KIRSHNER, Mia
actrice américaine (1976-)
LOVE AND HUMAN REMAINS (1993)
EXOTICA (1994)
CROW : CITY OF ANGELS, THE (1996)
LEO TOLSTOY'S ANNA KARENINA (1997)
MAD CITY (1997)
CENTURY HOTEL (2001)
NOT ANOTHER TEEN MOVIE (2001)
L WORD, THE (SEASON I) (2004)

KITANO, Takeshi
acteur japonais (1948-)
VIOLENT COP (1989)
BOILING POINT (1990)
SONATINE (1993)
GETTING ANY ? (1995)
FIREWORKS (1997)
KIKUJIRO (1999)
TABOU (1999)
BROTHER (2000)
ZATOICHI (2003)
IZO (2004)

KLEIN, Chris
acteur américain (1979-)
AMERICAN PIE (1999)
ELECTION (1999)
HERE ON EARTH (2000)
AMERICAN PIE 2 (2001)
ROLLERBALL (2001)
SAY IT ISN'T SO (2001)
WE WERE SOLDIERS (2002)
UNITED STATES OF LELAND (2003)
JUST FRIENDS (2005)
AMERICAN DREAMZ (2006)

KLINE, Kevin
acteur américain (1947-)
SOPHIE'S CHOICE (1982)
BIG CHILL, THE (1983)
PIRATES OF PENZANCE, THE (1983)
SILVERADO (1985)
CRY FREEDOM (1987)
FISH CALLED WANDA, A (1988)
JANUARY MAN, THE (1988)
HAMLET (1990)
I LOVE YOU TO DEATH (1990)
GRAND CANYON (1991)
SOAPDISH (1991)
CHAPLIN (1992)
CONSENTING ADULTS (1992)
DAVE (1993)
PRINCESS CARABOO (1994)
FRENCH KISS (1995)
FIERCE CREATURES (1996)
ICE STORM, THE (1997)
IN & OUT (1997)
MIDSUMMER NIGHT'S DREAM, A (1999)
WILD WILD WEST (1999)
ANNIVERSARY PARTY, THE (2001)
LIFE AS A HOUSE (2001)
EMPEROR'S CLUB, THE (2002)
DE-LOVELY (2004)
PINK PANTHER, THE (2006)

KNIGHT, Shirley
actrice américaine (1936-)
RAIN PEOPLE, THE (1969)
21 HOURS AT MUNICH (1976)
BEYOND THE POSEIDON ADVENTURE (1979)
SENDER, THE (1982)
STUART SAVES HIS FAMILY (1995)
AS GOOD AS IT GETS (1997)
ANGEL EYES (2001)
DIVINE SECRETS OF THE YA-YA SISTERHOOD (2002)

KNOTTS, Don
acteur américain (1924-)
ANDY GRIFFITH SHOW, THE (SEASON I) (1960)
MOVE OVER, DARLING (1963)
INCREDIBLE MR. LIMPET, THE (1964)
RELUCTANT ASTRONAUT, THE (1966)
SHAKIEST GUN IN THE WEST, THE (1968)
LOVE GOD ? , THE (1969)
HOW TO FRAME A FIGG (1970)
HERBIE GOES TO MONTE CARLO (1977)
THREE'S COMPANY (SEASON II) (1978)
PLEASANTVILLE (1998)
DON KNOTTS : RELUCTANT HERO (2004)

KNOX, Alexander
acteur canadien (1907-1995)
SISTER KENNY (1946)
TOKYO JOE (1949)
I'D CLIMB THE HIGHEST MOUNTAIN (1951)
EUROPE 51 (1952)
SLEEPING TIGER (1954)
OPERATION AMSTERDAM (1959)
WRECK OF THE MARY DEARE, THE (1959)
MODESTY BLAISE (1966)
ACCIDENT (1967)

KOTEAS, Elias
acteur canadien (1961-)
ONE MAGIC CHRISTMAS (1985)
GARDENS OF STONE (1987)
SOME KIND OF WONDERFUL (1987)
FULL MOON IN BLUE WATER (1988)
MALAREK (1988)
TUCKER : THE MAN AND HIS DREAM (1988)
ALMOST AN ANGEL (1990)
LOOK WHO'S TALKING TOO (1990)
TEENAGE MUTANT NINJA TURTLES (1990)
ADJUSTER, THE (1991)
CAMILLA (1993)
TEENAGE MUTANT NINJA TURTLES III (1993)
EXOTICA (1994)
PROPHECY, THE (1995)
CRASH (1996)
HIT ME (1996)
FALLEN (1997)
GATTACA (1997)
APT PUPIL (1998)
LIVING OUT LOUD (1998)
THIN RED LINE, THE (1998)
DANCING AT THE BLUE IGUANA (2000)
LOST SOULS (2000)
COLLATERAL DAMAGE (2001)
NOVOCAINE (2001)
SHOT IN THE HEART (2001)
ARARAT (2002)
TRAFFIC : THE MINISERIES (2004)
GREATEST GAME EVER PLAYED (2005)

KOTTO, Maka
acteur camerounais (1970-)
COMMENT FAIRE L'AMOUR AVEC UN NÈGRE SANS SE FATIGUER (1989)
BETWEEN THE DEVIL AND THE DEEP BLUE SEA (1995)
UNE POUR TOUTES (1999)
LUMUMBA (2000)
CIEL SUR LA TÊTE, LE (2001)
SILENT LOVE, A (2003)
COMMENT CONQUÉRIR L'AMÉRIQUE EN UNE NUIT (2004)
GOÛT DES JEUNES FILLES, LE (2004)
UN DIMANCHE À KIGALI (2006)

KOTTO, Yaphet
acteur américain (1937-)
NOTHING BUT A MAN (1964)
5 CARD STUD (1968)
THOMAS CROWN AFFAIR, THE (1968)
ACROSS 110th STREET (1972)
BONE (1972)
MAN AND BOY (1972)
LIVE AND LET DIE (1973)
REPORT TO THE COMMISSIONER (1974)
FRIDAY FOSTER (1975)
BLUE COLLAR (1978)
ALIEN (1979)
BRUBAKER (1980)
FIGHTING BACK (1982)
STAR CHAMBER, THE (1983)
WARNING SIGN (1985)
RUNNING MAN, THE (1987)
MIDNIGHT RUN (1988)
HOMICIDE : LIFE ON THE STREET (1993)
PUPPET MASTERS, THE (1994)
TWO IF BY SEA (1995)
STILETTO DANCE (2001)

KRABBÉ, Jeroen
acteur néerlandais (1944-)
SOLDIER OF ORANGE (1978)
SPETTERS (1980)
FLIGHT OF RAINBIRDS, A (1981)
QUATRIÈME HOMME, LE (1983)
TURTLE DIARY (1985)
JUMPIN' JACK FLASH (1986)
NO MERCY (1986)
LIVING DAYLIGHTS, THE (1987)
CROSSING DELANCEY (1988)
SCANDAL (1988)
PRINCE OF TIDES, THE (1991)
FOR A LOST SOLDIER (1992)
STALIN (1992)
FUGITIVE, THE (1993)
KING OF THE HILL (1993)
FARINELLI (1994)
IMMORTAL BELOVED (1994)
DISPARITION DE GARCIA LORCA, LA (1997)
EVER AFTER : A CINDERELLA STORY (1998)
LEFT LUGGAGE (1998)
IDEAL HUSBAND, AN (1999)
CIEL TOMBE, LE (2000)
SKY IS FALLING, THE (2000)
DEUCE BIGALOW EUROPEAN GIGOLO (2005)

KRIGE, Alice
actrice sud-africaine (1954-)
GHOST STORY (1981)
HAUNTED SUMMER (1988)
SEE YOU IN THE MORNING (1989)
SLEEPWALKERS (1992)
INSTITUTE BENJAMENTA (1995)
COMMISSIONER, THE (1997)
SILENT HILL (2006)

KRISTEL, Sylvia
actrice néerlandaise (1952-)
EMMANUELLE (1974)
EMMANUELLE 2 (1975)
UNE FEMME FIDÈLE (1976)
GOODBYE EMMANUELLE (1977)
AIRPORT '79 : THE CONCORDE (1979)
AMOUR EN PREMIÈRE CLASSE, L' (1979)
PRIVATE LESSONS (1980)
LADY CHATTERLEY'S LOVER (1981)
EMMANUELLE 4 (1984)
MATA HARI (1984)
MYSTERIES (1984)
CASANOVA (1987)
REVANCHE D'EMMANUELLE, LA (1993)

KRISTOFFERSON, Kris
acteur américain (1936-)
CISCO PIKE (1971)
BLUME IN LOVE (1973)
PAT GARRETT & BILLY THE KID (1973)
ALICE DOESN'T LIVE HERE ANYMORE (1974)
BRING ME THE HEAD
OF ALFREDO GARCIA (1974)
SAILOR WHO FELL FROM GRACE
WITH THE SEA, THE (1976)
STAR IS BORN, A (1976)
HEAVEN'S GATE (1980)
ROLLOVER (1981)
FLASHPOINT (1984)
SONGWRITER (1984)
TROUBLE IN MIND (1985)
STAGECOACH (1986)
BIG TOP PEE WEE (1988)
MILLENNIUM (1989)
LONE STAR (1995)
BLADE (1998)
SOLDIER'S DAUGHTER NEVER CRIES, A (1998)
LIMBO (1999)
MOLOKAÏ (1999)
PAYBACK (1999)
CHELSEA WALLS (2001)
BLADE II (2002)
EYE SEE YOU (2002)
BLADE TRINITY (2004)
SILVER CITY (2004)
DREAMER : INSPIRED
BY A TRUE STORY (2005)
JACKET, THE (2005)
LIFE AND HARD TIMES OF
GUY TERRIFICO (2005)

KUDROW, Lisa
actrice américaine (1963-)
FRIENDS (1994-99)
MOTHER (1996)
ROMY & MICHELE'S HIGH
SCHOOL REUNION (1996)
CLOCKWATCHERS (1997)
OPPOSITE OF SEX, THE (1998)
ANALYZE THIS (1999)
HANGING UP (2000)
ANALYZE THAT (2002)
WONDERLAND (2003)
HAPPY ENDINGS (2005)

KURTZ, Swoosie
actrice américaine (1944-)
AGAINST ALL ODDS (1984)
TRUE STORIES (1986)
AND THE BAND PLAYED ON (1993)
POSITIVELY TRUE ADVENTURE
OF THE ALLEGED TEXAS CHEERLEADER-
MURDERING MOM, THE (1993)
CITIZEN RUTH (1996)
BUBBLE BOY (2001)
DUPLEX (2003)

KUTCHER, Ashton
acteur américain (1978-)
DUDE, WHERE'S MY CAR ? (2000)
BUTTERFLY EFFECT, THE (2003)
JUST MARRIED (2003)
MTV : PUNK'D (SEASON I) (2003)
MY BOSS'S DAUGHTER (2003)
A LOT LIKE LOVE (2005)
GUESS WHO (2005)

KYO, Machiko
actrice japonaise (1924-)
RASHOMON (1950)
CONTES DE LA LUNE VAGUE
APRÈS LA PLUIE, LES (1953)
GATE OF HELL (1953)
PRINCESS YANG KWEI FEI (1955)
RUE DE LA HONTE, LA (1956)
TEAHOUSE OF THE AUGUST MOON, THE (1956)
ÉTRANGE OBSESSION, L' (1959)
HERBES FLOTTANTES (1959)
STORIES OF FLOATING WEEDS (2004)

L'ÉCUYER, Guy
acteur québécois (1931-1985)
VIE HEUREUSE DE LÉOPOLD Z., LA (1965)
MÂLES, LES (1971)
MARTIEN DE NOËL, LE (1971)
TEMPS D'UNE CHASSE, LE (1972)
BAR SALON (1974)
NIGHT CAP (1974)
TI-CUL TOUGAS (1975)
J.A. MARTIN, PHOTOGRAPHE (1976)
PARLEZ-NOUS D'AMOUR (1976)
TI-MINE, BERNIE PIS LA GANG (1976)
AU CLAIR DE LA LUNE (1982)
MARIA CHAPDELAINE (1983)

LA HAYE, David
acteur québécois (1966-)
DANS LE VENTRE DU DRAGON (1989)
NELLIGAN (1991)
BÊTE DE FOIRE, LA (1992)
ENFANT D'EAU, L' (1995)
COSMOS (1996)
CONCIERGERIE, LA (1997)
OMERTA II (1997)
FULL BLAST (1999)
INVENTION DE L'AMOUR, L' (2000)
MÉCHANT PARTY (2000)
CRABE DANS LA TÊTE, UN (2001)
TEMPO (2003)
TIMELINE (2003)
HEAD IN THE CLOUDS (2004)
NOUVELLE-FRANCE (2004)
VIE AVEC MON PÈRE, LA (2005)

LABBÉ, Patrick
acteur québécois (1970-)
COYOTE (1992)
J'AIME, J'AIME PAS (1995)
MUSES ORPHELINES, LES (2000)
NE DIS RIEN (2000)
LA VIE, LA VIE (2001)
ESPÉRANCE, L' (2004)
BOYS IV, LES (2005)

LABRÈCHE, Marc
acteur québécois (1960-)
QUI A TIRÉ SUR NOS HISTOIRES
D'AMOUR ? (1986)
DANS LE VENTRE DU DRAGON (1989)
DING ET DONG : LE FILM (1990)
ASSASSIN JOUAIT DU TROMBONE, L' (1991)
GRAND ZÈLE, LE (1992)
MATUSALEM (1993)
MATUSALEM 2 : LE DERNIER DES
BEAUCHESNE (1997)
VENGEANCE DE LA FEMME EN NOIR, LA (1997)
ODYSSÉE D'ALICE TREMBLAY, L' (2002)
COFFRET MATUSALEM (2003)
MONICA LA MITRAILLE (2004)
CŒUR A SES RAISONS, LE (2005)
ÉTATS-UNIS D'ALBERT, LES (2005)

LACHAPELLE, Andrée
actrice québécoise (1931-)
YUL 871 (1966)
BEAUX DIMANCHES, LES (1974)
MON FILS EST ASSASSIN (CHER PAPA) (1978)
À CORPS PERDU (1988)
DANS LE VENTRE DU DRAGON (1989)
JÉSUS DE MONTRÉAL (1989)
MOODY BEACH (1990)
NELLIGAN (1991)
LÉOLO (1992)
CAP TOURMENTE (1993)
DU PIC AU CŒUR (2000)
LITTORAL (2004)
PENSION DES ÉTRANGES, LA (2004)

LADD, Alan
acteur américain (1913-1964)
BLACK CAT, THE (1941)
CITIZEN KANE (1941)
GREAT GUNS (1941)
GLASS KEY, THE (1942)
JOAN OF PARIS (1942)
STAR SPANGLED RHYTHM (1942)
THIS GUN FOR HIRE (1942)
CHINA (1943)
BLUE DAHLIA, THE (1945)
TWO YEARS BEFORE THE MAST (1945)
O.S.S. (1946)
WHISPERING SMITH (1948)

BRANDED (1950)
SHANE (1953)
McCONNELL STORY, THE (1955)
DEEP SIX, THE (1957)
BADLANDERS, THE (1958)
PROUD REBEL, THE (1958)
CARPETBAGGERS, THE (1963)

LADD, Diane
actrice américaine (1932-)
WILD ANGELS, THE (1966)
REBEL ROUSERS (1967)
REIVERS, THE (1969)
MACHO CALLAHAN (1970)
ALICE DOESN'T LIVE HERE ANYMORE (1974)
CHINATOWN (1974)
GUYANA TRAGEDY:
THE STORY OF JIM JONES (1980)
ALL NIGHT LONG (1981)
GRACE KELLY STORY, THE (1983)
SOMETHING WICKED THIS WAY COMES (1983)
BLACK WIDOW (1987)
WILD AT HEART (1990)
KISS BEFORE DYING, A (1991)
RAMBLING ROSE (1991)
CARNOSAUR (1993)
PRIMARY COLORS (1998)
28 DAYS (2000)
DADDY AND THEM (2001)
RAIN (2001)
KINGDOM HOSPITAL (2004)
WORLD'S FASTEST INDIAN, THE (2005)

LAFONT, Bernadette
actrice française (1938-)
BEAU SERGE, LE (1957)
À DOUBLE TOUR (1959)
BONNES FEMMES, LES (1960)
CHASSE À L'HOMME, LA (1964)
VOLEUR DE CRIMES, LE (1969)
DOIGTS CROISÉS, LES (1970)
DÉFENSE DE SAVOIR (1973)
MAMAN ET LA PUTAIN, LA (1973)
ORDINATEUR DES POMPES
FUNÈBRES, L' (1976)
CERTAINES NOUVELLES (1979)
SI MA GUEULE VOUS PLAÎT (1981)
ON N'EST PAS SORTI DE L'AUBERGE (1982)
BON PETIT DIABLE, UN (1983)
CAP CANAILLE (1983)
GWENDOLYNE (1983)
EFFRONTÉE, L' (1985)
INSPECTEUR LAVARDIN (1986)
MASQUES (1986)
SAISONS DU PLAISIR, LES (1988)
BOOM BOOM (1990)
MONSIEUR RIPOIS (1993)
PERSONNE NE M'AIME (1993)
GÉNÉALOGIES D'UN CRIME (1997)
RIPOUX 3, LES (2003)

LAFONTAINE, Rita
actrice québécoise (1939-)
GAMMICK, LA (1974)
PARLEZ-NOUS D'AMOUR (1976)
SOLEIL SE LÈVE EN RETARD, LE (1976)
DAME EN COULEURS, LA (1984)
MATOU, LE (1985)
PORTES TOURNANTES, LES (1988)
TROIS MONTRÉAL DE
MICHEL TREMBLAY, LES (1989)
HOMME DE RÊVE, L' (1991)
MON AMIE MAX (1993)
CŒUR AU POING, LE (1998)
BOYS III, LES (2001)
GRANDE SÉDUCTION, LA (2003)

LAFÔRET, Marie
actrice française (1939-)
PLEIN SOLEIL (1959)
CHASSE À L'HOMME, LA (1964)
FLIC OU VOYOU (1979)
MORFALOUS, LES (1983)
JOYEUSES PÂQUES (1984)
SALE DESTIN ! (1986)
FUCKING FERNAND (1987)
IL EST GÉNIAL PAPY ! (1987)
TYKHO MOON (1996)

LAHTI, Christine
actrice américaine (1950-)
AND JUSTICE FOR ALL (1979)
WHOSE LIFE IS IT ANYWAY ? (1981)
HOUSEKEEPING (1987)
RUNNING ON EMPTY (1988)
GROSS ANATOMY (1989)
FUNNY ABOUT LOVE (1990)
DOCTOR, THE (1991)
LEAVING NORMAL (1992)
SUBWAY STORIES (1997)

LAKE, Veronica
actrice américaine (1919-1973)
SULLIVAN'S TRAVELS (1941)
GLASS KEY, THE (1942)
STAR SPANGLED RHYTHM (1942)
THIS GUN FOR HIRE (1942)
I MARRIED A WITCH (1943)
SO PROUDLY WE HAIL (1944)
BLUE DAHLIA, THE (1945)
RAMROD (1946)

LAMARR, Hedy
actrice américaine (1913-2000)
EXTASE (1933)
ALGIERS (1938)
COMRADE X (1940)
TORTILLA FLAT (1942)
WHITE CARGO (1942)
BOOM TOWN (1946)
LET'S LIVE A LITTLE (1949)
COPPER CANYON (1950)
SAMSON AND DELILAH (1950)

LAMBERT, Christophe
acteur français (1957-)
BAR DU TÉLÉPHONE, LE (1980)
LÉGITIME VIOLENCE (1982)
GREYSTOKE : THE LEGEND OF TARZAN (1983)
SUBWAY (1985)
HIGHLANDER (1986)
I LOVE YOU (1986)
SICILIAN, THE (1987)
TO KILL A PRIEST (1988)
HIGHLANDER II : THE QUICKENING (1991)
FORTRESS (1992)
KNIGHT MOVES (1992)
MAX ET JÉRÉMIE (1992)
MORTAL KOMBAT (1995)
NORTH STAR (1995)
ARLETTE (1997)
BEOWULF (1998)
DRUIDS (2000)
JANIS & JOHN (2003)

LAMOTTE, Martin
acteur français (1947-)
BRONZÉS, LES (1978)
ELLE VOIT DES NAINS PARTOUT (1982)
PÈRE NOËL EST UNE ORDURE, LE (1982)
PAPY FAIT DE LA RÉSISTANCE (1983)
SMALA, LA (1984)
GITANE, LA (1985)
SALE DESTIN ! (1986)
ÎLE, L' (1987)
COUP DE JEUNE ! (1991)
TOM EST TOUT SEUL (1994)

LAMOUR, Dorothy
actrice américaine (1914-1996)
HURRICANE, THE (1937)
BIG BROADCAST OF 1938, THE (1938)
SPAWN OF THE NORTH (1938)
JOHNNY APOLLO (1940)
ROAD TO SINGAPORE (1940)
CAUGHT IN THE DRAFT (1941)
ROAD TO ZANZIBAR (1941)
ROAD TO MOROCCO (1942)
STAR SPANGLED RHYTHM (1942)
THEY GOT ME COVERED (1943)
ROAD TO UTOPIA (1945)
MY FAVORITE BRUNETTE (1947)
ROAD TO RIO (1947)
GREATEST SHOW ON EARTH, THE (1951)
ROAD TO HONG KONG, THE (1962)
DONOVAN'S REEF (1963)
CREEPSHOW 2 (1987)

LANCASTER, Burt
acteur américain (1913-1994)
KILLERS, THE (1946)
ALL MY SONS (1947)
BRUTE FORCE (1947)
SORRY, WRONG NUMBER (1948)
CRISS CROSS (1949)
FLAME AND THE ARROW, THE (1950)
VENGEANCE VALLEY (1950)
JIM THORPE - ALL AMERICAN (1951)
COME BACK, LITTLE SHEBA (1952)
CRIMSON PIRATE, THE (1952)
APACHE (1953)
FROM HERE TO ETERNITY (1953)
HIS MAJESTY O'KEEFE (1953)
VERA CRUZ (1953)
KENTUCKIAN, THE (1955)
ROSE TATTOO, THE (1955)
TRAPEZE (1955)
RAINMAKER, THE (1956)
SWEET SMELL OF SUCCESS (1956)
GUNFIGHT AT THE O.K. CORRAL (1957)
RUN SILENT, RUN DEEP (1958)
SEPARATE TABLES (1958)
ELMER GANTRY (1960)
UNFORGIVEN, THE (1960)
JUDGMENT AT NUREMBERG (1961)
BIRDMAN OF ALCATRAZ (1962)
CHILD IS WAITING, A (1962)
GUÉPARD, LE (1963)
LIST OF ADRIAN MESSENGER, THE (1963)
SEVEN DAYS IN MAY (1963)
TRAIN, THE (1964)
HALLELUJAH TRAIL, THE (1965)
PROFESSIONALS, THE (1966)
SWIMMER, THE (1967)
SCALPHUNTERS, THE (1968)
CASTLE KEEP (1969)
GYPSY MOTHS, THE (1969)
AIRPORT (1970)
LAWMAN (1970)
VALDEZ IS COMING (1971)
SCORPIO (1972)
ULZANA'S RAID (1972)
VIOLENCE ET PASSION (1973)
1900 (1976)
BUFFALO BILL AND THE INDIANS (1976)
VICTORY AT ENTEBBE (1976)
ISLAND OF DR. MOREAU, THE (1977)
TWILIGHT'S LAST GLEAMING (1977)
GO TELL THE SPARTANS (1978)

ZULU DAWN (1979)
ATLANTIC CITY (1980)
LOCAL HERO (1983)
OSTERMAN WEEKEND, THE (1983)
LITTLE TREASURE (1984)
CONTROL (1986)
ON WINGS OF EAGLES (1986)
ROCKET GIBRALTAR (1988)
FIELD OF DREAMS (1989)

LANCHESTER, Elsa
actrice anglaise (1902-1986)
BRIDE OF FRANKENSTEIN, THE (1935)
REMBRANDT (1936)
SPIRAL STAIRCASE, THE (1945)
COME TO THE STABLE (1949)
ANDROCLES AND THE LION (1952)
GLASS SLIPPER, THE (1955)
PAJAMA PARTY, THE (1964)
WILLARD (1970)

LANCTÔT, Micheline
actrice québécoise (1947-)
VRAIE NATURE DE BERNADETTE, LA (1972)
APPRENTICESHIP OF
DUDDY KRAVITZ, THE (1974)
TI-CUL TOUGAS (1975)
LIENS DE SANG, LES (1977)
MOURIR À TUE-TÊTE (1979)
AFFAIRE COFFIN, L' (1980)
CHEMIN DE DAMAS, LE (1988)
OREILLE D'UN SOURD, L' (1996)
J'EN SUIS ! (1997)
POLOCK, LE (1997)
AUJOURD'HUI OU JAMAIS (1998)
QUAND JE SERAI PARTI...
VOUS VIVREZ ENCORE (1998)
COMMENT MA MÈRE ACCOUCHA DE MOI
DURANT SA MÉNOPAUSE (2003)
BONHEUR C'EST UNE CHANSON
TRISTE, LE (2004)
FAMILIA (2005)

LANDAU, Martin
acteur américain (1933-)
GAZEBO, THE (1959)
NORTH BY NORTHWEST (1959)
CLEOPATRA (1963)
GREATEST STORY EVER TOLD, THE (1965)
HALLELUJAH TRAIL, THE (1965)
NEVADA SMITH (1966)
THEY CALL ME MISTER TIBBS ! (1970)
METEOR (1979)
TUCKER : THE MAN AND HIS DREAM (1988)
CRIMES AND MISDEMEANORS (1989)
PAINT IT BLACK (1989)
BY DAWN'S EARLY LIGHT (1990)
BY DAWNS EARLY LIGHT (1990)
MISTRESS (1992)
SLIVER (1993)
ED WOOD (1994)
INTERSECTION (1994)
CITY HALL (1995)
ADVENTURES OF PINOCCHIO, THE (1996)
B.A.P.S. (1997)
ROUNDERS (1998)
X-FILES : THE MOVIE (1998)
BONANNO : A GODFATHER'S STORY (1999)
ED TV (1999)
MAJESTIC, THE (2001)

LANE, Diane
actrice américaine (1965-)
LITTLE ROMANCE, A (1979)
OUTSIDERS, THE (1983)
RUMBLE FISH (1983)
COTTON CLUB, THE (1984)
STREETS OF FIRE (1984)
BIG TOWN, THE (1987)
LONESOME DOVE (1989)
DESCENDING ANGEL (1990)
CHAPLIN (1992)
KNIGHT MOVES (1992)
MY NEW GUN (1992)
INDIAN SUMMER (1993)
JUDGE DREDD (1995)
STREETCAR NAMED DESIRE, A (1995)
WILD BILL (1995)
JACK (1996)
MURDER AT 1600 (1997)
GRACE AND GLORIE (1998)
WALK ON THE MOON, A (1998)
MY DOG SKIP (2000)
PERFECT STORM, THE (2000)
GLASS HOUSE (2001)
HARDBALL (2001)
UNFAITHFUL (2002)
UNDER THE TUSCAN SUN (2003)
MUST LOVE DOGS (2005)

LANE, Nathan
acteur américain (1956-)
ALICE IN WONDERLAND (1985)
FRANKIE AND JOHNNY (1991)
ADDAMS FAMILY VALUES, THE (1993)
LIFE WITH MIKEY (1993)
BIRDCAGE, THE (1996)
MOUSE HUNT (1997)
AT FIRST SIGHT (1998)
ISN'T SHE GREAT (1999)
LOVE'S LABOUR'S LOST (1999)
MAN WHO CAME TO DINNER, THE (2000)
TRIXIE (2000)
WIN A DATE WITH TAD HAMILTON (2004)
PRODUCERS, THE (2005)

LANG, Stephen
acteur américain (1952-)
STONE PILLOW (1985)
BAND OF THE HAND (1986)
CRIME STORY (1986)
MANHUNTER (1986)
LAST EXIT TO BROOKLYN (1989)
ANOTHER YOU (1991)
HARD WAY, THE (1991)
GUILTY AS SIN (1993)
AMAZING PANDA ADVENTURE, THE (1995)
NIAGARA, NIAGARA (1997)
GODS AND GENERALS (2003)
I INSIDE, THE (2003)

LANGE, Jessica
actrice américaine (1949-)
KING KONG (1976)
ALL THAT JAZZ (1979)
HOW TO BEAT THE HIGH COST
OF LIVING ? (1980)
POSTMAN ALWAYS RINGS TWICE, THE (1981)
FRANCES (1982)
TOOTSIE (1982)
CAT ON A HOT TIN ROOF (1984)
SWEET DREAMS (1985)
CRIMES OF THE HEART (1986)
EVERYBODY'S ALL-AMERICAN (1988)
FAR NORTH (1988)
MEN DON'T LEAVE (1989)
MUSIC BOX (1989)
BLUE SKY (1991)
CAPE FEAR (1991)
O PIONEERS ! (1991)
NIGHT AND THE CITY (1992)
LOSING ISAIAH (1995)
ROB ROY (1995)
STREETCAR NAMED DESIRE, A (1995)
HUSH (1997)
THOUSAND ACRES, A (1997)
COUSIN BETTE (1998)
TITUS (1999)
BIG FISH (2003)
MASKED AND ANONYMOUS (2003)
NORMAL (2003)
BROKEN FLOWERS (2005)
DON'T COME KNOCKING (2005)

LANGELLA, Frank
acteur américain (1940-)
TWELVE CHAIRS, THE (1970)
MAISON SOUS LES ARBRES, LA (1971)
ECCENTRICITIES OF
A NIGHTINGALE, THE (1976)
DRACULA (1979)
SPHINX (1980)
AND GOD CREATED WOMAN (1987)
MASTERS OF THE UNIVERSE (1987)
1492 : CONQUEST OF PARADISE (1992)
BRAINSCAN (1994)
BAD COMPANY (1995)
CUTTHROAT ISLAND (1995)
EDDIE (1996)
MOSES (1996)
LOLITA (1997)
ALEGRIA (1998)
NINTH GATE, THE (1999)
JASON AND THE ARGONAUTS (2000)
STARDOM (2000)
GOOD NIGHT, AND GOOD LUCK (2005)

LANOUX, Victor
acteur français (1936-)
AFFAIRE DOMINICI, L' (1973)
ADIEU POULET (1975)
COUSIN, COUSINE (1975)
FOLLE À TUER (1975)
FEMME À SA FENÊTRE, UNE (1977)
MOMENT D'ÉGAREMENT, UN (1977)
UN SI JOLI VILLAGE (1978)
AU BOUT DU BOUT DU BANC (1979)
CHIENS, LES (1979)
ROCKY II (1979)
SALE AFFAIRE, UNE (1980)
BOULEVARD DES ASSASSINS (1982)
DIMANCHE DE FLIC, UN (1982)
LOUISIANA (1983)
SMALA, LA (1984)
TRICHE, LA (1984)
VOLEURS DE LA NUIT, LES (1984)
LIEU DU CRIME, LE (1985)
SALE DESTIN ! (1986)
ROUGE VENISE (1988)
BAL DES CASSE-PIEDS, LE (1991)
DÉMONS DE JÉSUS, LES (1996)
POSITION DE L'ESCARGOT, LA (1998)
REINES D'UN JOUR (2001)

LANSBURY, Angela
actrice anglaise (1925-)
GASLIGHT (1944)
NATIONAL VELVET (1944)
HARVEY GIRLS, THE (1945)
PICTURE OF DORIAN GRAY, THE (1945)
PRIVATE AFFAIRS OF BEL AMI, THE (1947)
STATE OF THE UNION (1948)
THREE MUSKETEERS, THE (1948)
SAMSON AND DELILAH (1950)
COURT JESTER, THE (1955)
LONG HOT SUMMER, THE (1958)
RELUCTANT DEBUTANTE, THE (1958)
BREATH OF SCANDAL, A (1960)

BLUE HAWAII (1961)
ALL FALL DOWN (1962)
MANCHURIAN CANDIDATE (1962)
DEAR HEART (1964)
WORLD OF HENRY ORIENT, THE (1964)
GREATEST STORY EVER TOLD, THE (1965)
HARLOW (1965)
BEDKNOBS AND BROOMSTICKS (1971)
DEATH ON THE NILE (1978)
LADY VANISHES, THE (1979)
MIRROR CRACK'D, THE (1980)
PIRATES OF PENZANCE, THE (1983)
COMPANY OF WOLVES (1984)
MURDER, SHE WROTE (SEASON I) (1984)
NANNY MCPHEE (2005)

LANVIN, Gérard
acteur français (1950-)
VOUS N'AUREZ PAS L'ALSACE
ET LA LORRAINE (1977)
CHOIX DES ARMES, LE (1981)
TIR GROUPÉ (1982)
PRIX DU DANGER, LE (1983)
MARCHE À L'OMBRE (1984)
MOI VOULOIR TOI (1985)
SPÉCIALISTES, LES (1985)
FRÈRES PÉTARD, LES (1986)
MES MEILLEURS COPAINS (1989)
IL Y A DES JOURS... ET DES LUNES (1990)
BELLE HISTOIRE, LA (1991)
MARMOTTES, LES (1993)
FILS PRÉFÉRÉ, LE (1994)
MON HOMME (1996)
EN PLEIN CŒUR (1998)
PASSIONNÉMENT (1999)
GOÛT DES AUTRES, LE (2000)
MORSURES DE L'AUBE, LES (2000)
BOULET, LE (2001)
À LA PETITE SEMAINE (2003)
SAN ANTONIO (2004)

LaPAGLIA, Anthony
acteur australien (1959-)
29th STREET (1991)
INNOCENT BLOOD (1992)
WHISPERS IN THE DARK (1992)
CLIENT, THE (1994)
MIXED NUTS (1994)
COMMANDMENTS (1996)
PHOENIX (1998)
LANSKY (1999)
SUMMER OF SAM (1999)
SWEET AND LOWDOWN (1999)
AUTUMN IN NEW YORK (2000)
HOUSE OF MIRTH, THE (2000)
BANK, THE (2001)
LANTANA (2001)
SALTON SEA, THE (2001)
GUYS, THE (2002)
I'M WITH LUCY (2002)
WINTER SOLSTICE (2004)

LAPOINTE, Jean
acteur québécois (1935-)
YUL 871 (1966)
DEUX FEMMES EN OR (1970)
CHATS BOTTÉS, LES (1971)
O.K... LALIBERTÉ (1973)
ORDRES, LES (1974)
POMME, LA QUEUE ET LES PÉPINS, LA (1974)
EAU CHAUDE, L'EAU FRETTE, L' (1976)
J.A. MARTIN, PHOTOGRAPHE (1976)
TI-MINE, BERNIE PIS LA GANG (1976)
ONE MAN (1977)
CHIENS-CHAUDS, LES (1980)
DING ET DONG : LE FILM (1990)

HISTOIRE INVENTÉE, UNE (1990)
SARRASINE, LA (1992)
BOUTEILLE, LA (2000)
JEUNE FILLE À LA FENÊTRE, UNE (2000)
IMMORTELS, LES (2003)
DERNIER TUNNEL, LE (2004)

LAROQUE, Michèle
actrice française (1960-)
AUX PETITS BONHEURS (1993)
PLUS BEAU MÉTIER DU MONDE, LE (1996)
MA VIE EN ROSE (1997)
SERIAL LOVER (1998)
PLACARD, LE (2000)
J'AI FAIM ! ! ! (2001)
MALABAR PRINCESS (2004)

LASSER, Louise
actrice américaine (1939-)
BANANAS (1971)
EVERYTHING YOU ALWAYS WANTED
TO KNOW ABOUT SEX BUT WERE
AFRAID TO ASK (1972)
CRIMEWAVE (1985)
SUDDEN MANHATTAN (1997)
MYSTERY MEN (1999)
FAST FOOD, FAST WOMEN (2000)
REQUIEM FOR A DREAM (2000)

LATIFAH, Queen
actrice américaine (1970-)
MY LIFE (1993)
SET IT OFF (1996)
LIVING OUT LOUD (1998)
SPHERE (1998)
BONE COLLECTOR, THE (1999)
MAMA AFRICA (2001)
BROWN SUGAR (2002)
CHICAGO (2002)
BRINGING DOWN THE HOUSE (2003)
TAXI (2004)
BEAUTY SHOP (2005)
LAST HOLIDAY (2006)

LAU, Andy
acteur chinois (1961-)
AS TEARS GO BY (1988)
GOD OF GAMBLERS (1990)
ISLAND OF FIRE (1990)
DAYS OF BEING WILD (1991)
SAVIOUR OF THE SOUL (1991)
FULL TIME KILLER (2001)
GOLDEN CHICKEN (2002)
INFERNAL AFFAIRS 3 (2003)
JIANG HU (2004)
SECRET DES POIGNARDS VOLANTS, LE (2004)

LAUDENBACH, Philippe
acteur français (1936-)
MURIEL OU LE TEMPS D'UN RETOUR (1962)
VIVEMENT DIMANCHE ! (1983)
QUATRE AVENTURES DE
REINETTE ET MIRABELLE (1986)
JE RÈGLE MON PAS SUR LE PAS
DE MON PÈRE (1998)
CHAMBRE DES MAGICIENNES, LA (1999)
DIEU EST GRAND ET
JE SUIS TOUTE PETITE (2001)
MALEFIQUE (2002)

LAUGHTON, Charles
acteur anglais (1899-1962)
OLD DARK HOUSE, THE (1932)
ISLAND OF LOST SOULS (1933)
PRIVATE LIFE OF HENRY VIII, THE (1933)
SIGN OF THE CROSS, THE (1933)
BARRETTS OF WIMPOLE STREET (1934)

MISÉRABLES, LES (1935)
MUTINY ON THE BOUNTY (1935)
RUGGLES OF RED GAP (1935)
REMBRANDT (1936)
ST. MARTIN'S LANE (1938)
HUNCHBACK OF NOTRE-DAME (1939)
JAMAICA INN (1939)
IT STARTED WITH EVE (1941)
TALES OF MANHATTAN (1942)
TUTTLES OF TAHITI, THE (1942)
THIS LAND IS MINE (1943)
CANTERVILLE GHOST, THE (1944)
CAPTAIN KIDD (1946)
ARCH OF TRIUMPH (1947)
PARADINE CASE, THE (1947)
BIG CLOCK, THE (1948)
MAN ON THE EIFFEL TOWER, THE (1948)
STRANGE DOOR, THE (1951)
SALOME (1953)
YOUNG BESS (1953)
HOBSON'S CHOICE (1954)
WITNESS FOR THE PROSECUTION (1957)
SPARTACUS (1960)
ADVISE AND CONSENT (1962)

LAURE, Carole
actrice québécoise (1948-)
IXE-13 (1971)
MORT D'UN BÛCHERON, LA (1973)
SWEET MOVIE (1974)
BORN FOR HELL (1975)
ANGE ET LA FEMME, L' (1977)
MENACE, LA (1977)
PRÉPAREZ VOS MOUCHOIRS (1977)
JUMENT-VAPEUR, LA (1978)
AU REVOIR... À LUNDI (1979)
FANTASTICA (1980)
ASSASSIN QUI PASSE, UN (1981)
CROQUE LA VIE (1981)
VICTORY (1981)
MARIA CHAPDELAINE (1983)
À MORT L'ARBITRE (1984)
STRESS (1984)
SAUVE-TOI LOLA (1986)
NIGHT MAGIC (1988)
NUIT AVEC HORTENSE, LA (1988)
SWEET COUNTRY (1988)
THANK YOU SATAN (1988)
ELLES NE PENSENT QU'À ÇA (1993)
RATS & RABBITS (1999)
FILS DE MARIE, LES (2002)

LAURE, Odette
actrice française (1917-2004)
NANAS, LES (1984)
DADDY NOSTALGIE (1990)
JALOUSIE (1990)
BAL DES CASSE-PIEDS, LE (1991)
INCONNU DANS LA MAISON, L' (1992)
DILETTANTE, LA (1999)
PROF, LE (1999)

LAUREL, Stan
acteur anglais (1890-1965)
BATTLE OF THE CENTURY, THE (1927)
DO DETECTIVES THINK ? (1927)
FLYING ELEPHANTS (1927)
PUTTING PANTS ON PHILIP (1927)
SUGAR DADDIES (1927)
WITH LOVE AND HISSES (1927)
EARLY TO BED (1928)
FINISHING TOUCH (1928)
FROM SOUP TO NUTS (1928)
TWO TARS (1928)
WE FAW DOWN (1928)
YOU'RE DARN TOOTIN' (1928)

ANGORA LOVE (1929)
BIG BUSINESS (1929)
DOUBLE WHOOPEE (1929)
LIBERTY (1929)
THAT'S MY WIFE (1929)
THEY GO BOOM (1929)
UNACCUSTOMED AS WE ARE (1929)
WRONG AGAIN (1929)
PARDON US (1931)
HOLLYWOOD PARTY (1934)
SONS OF THE DESERT (1934)
BONNIE SCOTLAND (1935)
DEVIL'S BROTHER, THE (1935)
OUR RELATIONS (1936)
PICK A STAR (1937)
WAY OUT WEST (1937)
FLYING DEUCES (1939)
LAUREL & HARDY : BABES IN TOYLAND (1939)
MARCH OF THE WOODEN SOLDIERS (1939)
GREAT GUNS (1941)
BIG NOISE, THE (1944)
NOTHING BUT TROUBLE (1944)
BULLFIGHTERS, THE (1945)
UTOPIA (1950)
LAUREL & HARDY'S LAUGHING 20'S (1965)

LAURIE, Hugh
acteur anglais (1959-)
PETER'S FRIENDS (1992)
101 DALMATIANS (1996)
BORROWERS, THE (1997)
COUSIN BETTE (1998)
STUART LITTLE (1999)
GIRL FROM RIO (2001)
LIFE WITH JUDY GARLAND :
ME & MY SHADOWS (2001)
MAYBE BABY (2001)
STUART LITTLE 2 (2002)
STUART LITTLE 3 - CALL OF THE WILD (2005)

LAURIE, Piper
actrice américaine (1932-)
FRANCIS GOES TO THE RACES (1951)
SON OF ALI BABA (1952)
HUSTLER, THE (1961)
CARRIE (1976)
RUBY (1977)
TIM (1979)
BUNKER, THE (1981)
RETURN TO OZ (1985)
CHILDREN OF A LESSER GOD (1986)
APPOINTMENT WITH DEATH (1988)
OTHER PEOPLE'S MONEY (1991)
STORYVILLE (1991)
RICH IN LOVE (1992)
TRAUMA (1993)
WRESTLING ERNEST HEMINGWAY (1993)
CROSSING GUARD, THE (1995)
GRASS HARP, THE (1996)
INHERIT THE WIND (1999)
EULOGY (2004)

LAURIER, Charlotte
actrice québécoise (1966-)
BONS DÉBARRAS, LES (1979)
BONHEUR D'OCCASION (1983)
DAME EN COULEURS, LA (1984)
PORTES TOURNANTES, LES (1988)
TISSERANDS DU POUVOIR, LES (1988)
VENT DE GALERNE (1988)
HISTOIRE INVENTÉE, UNE (1990)
PARTY, LE (1990)
MONTRÉAL VU PAR... (1991)
J'EN SUIS ! (1997)
2 SECONDES (1998)
QUELQUE CHOSE D'ORGANIQUE (1998)

LAURIER, Lucie
actrice québécoise (1975-)
ANNE TRISTER (1986)
DIABLE À QUATRE, LE (1988)
LOVE-MOI (1991)
C'ÉTAIT LE 12 DU 12 ET
CHILI AVAIT LES BLUES (1993)
J'AIME, J'AIME PAS (1995)
LISTE NOIRE (1995)
ASSIGNMENT, THE (1997)
STILETTO DANCE (2001)
COMMENT MA MÈRE ACCOUCHA DE MOI
DURANT SA MÉNOPAUSE (2003)
GRANDE SÉDUCTION, LA (2003)
C'EST PAS MOI, C'EST L'AUTRE (2004)

LAUTER, Ed
acteur américain (1940-)
LAST AMERICAN HERO (1973)
LONGEST YARD, THE (1974)
WHITE BUFFALO, THE (1977)
DEATH WISH 3 (1985)
GIRLS JUST WANT TO HAVE FUN (1985)
REAL GENIUS (1985)
RAW DEAL (1986)
UNDER INVESTIGATION (1993)

LAVALLÉE, Diane
actrice québécoise (1955-)
HISTOIRES D'HIVER (1998)
KARMINA 2 (2001)
POISON D'AVRIL (2001)
20 H 17 RUE DARLING (2003)
MAMBO ITALIANO (2003)
ELLES ÉTAIENT CINQ (2004)
IDOLE INSTANTANÉE (2005)

LAVANANT, Dominique
actrice française (1944-)
PARADE (1974)
SILENCE, ON TOURNE (1976)
DIABOLO MENTHE (1977)
BRONZÉS, LES (1978)
BRONZÉS FONT DU SKI, LES (1979)
CAUSE TOUJOURS, TU M'INTÉRESSES (1979)
LITTLE ROMANCE, A (1979)
CHEVAL D'ORGUEIL, LE (1980)
INSPECTEUR LA BAVURE (1980)
HOMMES PRÉFÈRENT
LES GROSSES, LES (1981)
POURQUOI PAS NOUS ? (1981)
Y A-T-IL UN FRANÇAIS DANS LA SALLE ? (1982)
ATTENTION ! UNE FEMME PEUT
EN CACHER UNE AUTRE (1983)
COUP DE FOUDRE (1983)
PAPY FAIT DE LA RÉSISTANCE (1983)
LÉOPARD, LE (1984)
NANAS, LES (1984)
SMALA, LA (1984)
MARIAGE DU SIÈCLE, LE (1985)
RENDEZ-VOUS (1985)
FRÈRES PÉTARD, LES (1986)
MORT UN DIMANCHE DE PLUIE (1986)
AGENT TROUBLE (1987)
ŒIL AU BEUR(RE) NOIR, L' (1987)
SOIGNE TA DROITE ! (1987)
FRACTURE DU MYOCARDE, LA (1989)
QUELQUES JOURS AVEC MOI (1989)
AMIES DE MA FEMME, LES (1992)
MADAME EDOUARD (2004)

LAVANT, Denis
acteur français (1961-)
MISÉRABLES, LES (1982)
COUP DE FOUDRE (1983)
VIVA LA VIE (1983)
BOY MEETS GIRL (1985)
PARTIR, REVENIR (1985)
MAUVAIS SANG (1986)
AMANTS DU PONT-NEUF, LES (1991)
PARTIE D'ÉCHECS, LA (1993)
VISIBLEMENT JE VOUS AIME (1995)
DON JUAN (1997)
BEAU TRAVAIL (1998)
PROMENONS-NOUS DANS LES BOIS (1999)
TUVALU (1999)
UN LONG DIMANCHE DE FIANÇAILLES (2004)

LAW, John Phillip
acteur américain (1937-)
MORT ÉTAIT AU RENDEZ-VOUS, LA (1967)
BARBARELLA (1968)
LOVE MACHINE, THE (1971)
VON RICHTHOFEN AND BROWN (1971)
GOLDEN VOYAGE OF SINBAD, THE (1973)
SUSSURO NEL BUIO, UN (1976)
ATTACK FORCE Z (1980)
TARZAN THE APE MAN (1981)

LAW, Jude
acteur anglais (1972-)
WILDE (1997)
FINAL CUT (1998)
IMMORTALITY (1998)
MUSIC FROM ANOTHER ROOM (1998)
EXISTENZ (1999)
LOVE, HONOR & OBEY (1999)
TALENTED MR. RIPLEY, THE (1999)
ENEMY AT THE GATES (2000)
A.I. ARTIFICIAL INTELLIGENCE (2001)
ROAD TO PERDITION (2002)
COLD MOUNTAIN (2003)
ALFIE (2004)
CLOSER (2004)
I HEART HUCKABEES (2004)
LEMONY SNICKET'S A SERIES OF
UNFORTUNATE EVENTS (2004)
SKY CAPTAIN AND THE WORLD
OF TOMORROW (2004)

LAW, Phyllida
actrice écossaise (1932-)
MUCH ADO ABOUT NOTHING (1993)
BEFORE THE RAIN (1994)
WINTER GUEST, THE (1997)
I WANT YOU (1998)
MAGICAL LEGEND OF
LEPRECHAUNS, THE (1999)
SAVING GRACE (1999)
TIME MACHINE, THE (2002)

LAWFORD, Peter
acteur anglais (1923-1984)
WHITE CLIFFS OF DOVER, THE (1943)
SON OF LASSIE (1945)
TWO SISTERS FROM BOSTON (1946)
GOOD NEWS (1947)
IT HAPPENED IN BROOKLYN (1947)
EASTER PARADE (1948)
JULIA MISBEHAVES (1948)
ON AN ISLAND WITH YOU (1948)
ROYAL WEDDING (1951)
IT SHOULD HAPPEN TO YOU (1954)
ADVISE AND CONSENT (1962)
DEAD RINGER (1964)
HARLOW (1965)
BUONA SERA, MRS. CAMPBELL (1968)
HOOK, LINE AND SINKER (1968)
APRIL FOOLS, THE (1969)

LAWRENCE, Martin
acteur allemand (1965-)
BOOMERANG (1992)
BAD BOYS (1995)

NOTHING TO LOSE (1997)
BLUE STREAK (1999)
LIFE (1999)
BIG MOMMA'S HOUSE (2000)
WHAT'S THE WORST
THAT COULD HAPPEN ? (2001)
BAD BOYS II (2003)
NATIONAL SECURITY (2003)

LE BIHAN, Samuel
acteur français (1965-)
TROIS COULEURS - ROUGE (1994)
CAPITAINE CONAN (1996)
COUSIN, LE (1997)
VÉNUS BEAUTÉ (INSTITUT) (1998)
PACTE DES LOUPS, LE (2000)
À LA FOLIE...PAS DU TOUT (2002)
MENTALE, LA (2002)
FUREUR (2003)
LAST SIGN, THE (2005)

LE COQ, Bernard
acteur français (1950-)
DU SOLEIL PLEIN LES YEUX (1970)
TOUT LE MONDE PEUT SE TROMPER (1982)
THANK YOU SATAN (1988)
VAN GOGH (1991)
AMOK, IVRE D'AMOUR (1992)
CAPITAINE CONAN (1996)
CLOUD, THE (1998)
SE SOUVENIR DES BELLES CHOSES (2001)
AU PLUS PRÈS DU PARADIS (2002)
FLEUR DU MAL, LA (2002)
CACHÉ (2005)

LEACHMAN, Cloris
actrice américaine (1926-)
DAISY MILLER (1974)
HIGH ANXIETY (1977)
S.O.S. TITANIC (1979)
HERBIE GOES BANANAS (1980)
WALK LIKE A MAN (1987)
PRANCER (1989)
MUSIC OF THE HEART (1999)
AMATI GIRLS, THE (2000)
HANGING UP (2000)
MANNA FROM HEAVEN (2002)
SPANGLISH (2004)

LEARY, Denis
acteur américain (1957-)
DEMOLITION MAN (1993)
JUDGMENT NIGHT (1993)
NEON BIBLE, THE (1994)
REF, THE (1994)
NATIONAL LAMPOON'S
FAVORITE DEADLY SINS (1995)
OPERATION DUMBO DROP (1995)
TWO IF BY SEA (1995)
MATCHMAKER, THE (1997)
MONUMENT AVE. (1997)
REAL BLONDE, THE (1997)
SECOND CIVIL WAR (1997)
SUBWAY STORIES (1997)
SUICIDE KINGS (1997)
WAG THE DOG (1997)
SMALL SOLDIERS (1998)
THOMAS CROWN AFFAIR (1999)
TRUE CRIME (1999)
LAKEBOAT (2000)
DOUBLE WHAMMY (2001)
SECRET LIVES OF DENTISTS, THE (2003)

LÉAUD, Jean-Pierre
acteur français (1944-)
400 COUPS, LES (1958)
TESTAMENT D'ORPHÉE, LE (1959)
ALPHAVILLE (1965)
PIERROT LE FOU (1965)
MASCULIN, FÉMININ (1966)
WEEK-END (1967)
BAISERS VOLÉS (1968)
GAI SAVOIR, LE (1968)
PORCHERIE (1969)
DOMICILE CONJUGAL (1970)
2 ANGLAISES ET LE CONTINENT, LES (1971)
DERNIER TANGO À PARIS, LE (1972)
MAMAN ET LA PUTAIN, LA (1973)
NUIT AMÉRICAINE, LA (1973)
AMOUR EN FUITE, L' (1978)
CASSURE, LA (1982)
DÉTECTIVE (1985)
JANE B. PAR AGNÈS V. (1987)
36 FILLETTE (1988)
BUNKER PALACE HOTEL (1989)
J'AI ENGAGÉ UN TUEUR (1991)
VIE DE BOHÈME, LA (1992)
PERSONNE NE M'AIME (1993)
CENT ET UNE NUITS, LES (1994)
JOURNAL D'UN SÉDUCTEUR, LE (1995)
IRMA VEP (1996)
POUR RIRE ! (1996)
AFFAIRE DE GOÛT, UNE (1999)
PORNOGRAPHE, LE (2001)
AVENTURES D'ANTOINE DOINEL, LES (2004)

LEBEAU, Pierre
acteur québécois
DÉROUTE, LA (1998)
FORTIER SÉRIE (1999-2000)
MATRONI ET MOI (1999)
MAËLSTROM (2000)
BOYS III, LES (2001)
DANGEREUX, LES (2002)
SÉRAPHIN, UN HOMME ET SON PÉCHÉ (2002)
DANS L'ŒIL DU CHAT (2003)
NEZ ROUGE (2003)
PÈRE ET FILS (2003)
INCOMPARABLE MADEMOISELLE C, L' (2004)
NOUVELLE-FRANCE (2004)
BOYS IV, LES (2005)
RAGE DE L'ANGE, LA (2006)

LeBLANC, Matt
acteur américain (1967-)
FRIENDS (1994-99)
LOST IN SPACE (1998)
CHARLIE'S ANGELS (2000)
ALL THE QUEEN'S MEN (2001)

LEBOEUF, Marcel
acteur québécois (1954-)
VISAGE PÂLE (1984)
BACH ET BOTTINE (1986)
RAFALES (1990)
ASSASSIN JOUAIT DU TROMBONE, L' (1991)
COUP DE CHANCE (1991)
TENDRE GUERRE (1993)
LOUIS 19, LE ROI DES ONDES (1994)
ANGÉLO, FRÉDO ET ROMÉO (1996)

LEDGER, Heath
acteur australien (1979-)
10 THINGS I HATE ABOUT YOU (1999)
TWO HANDS (1999)
PATRIOT, THE (2000)
KNIGHT'S TALE, A (2001)
MONSTER'S BALL (2001)
FOUR FEATHERS, THE (2002)
NED KELLY (2003)
ORDER, THE (2003)
BROKEBACK MOUNTAIN (2005)
BROTHERS GRIMM (2005)
CASANOVA (2005)
LORDS OF DOGTOWN (2005)

LEDOYEN, Virginie
actrice française (1976-)
EXPLOITS D'UN JEUNE DON JUAN, LES (1986)
MARMOTTES, LES (1993)
CÉRÉMONIE, LA (1995)
FILLE SEULE, LA (1995)
MA 6-T VA CRACK-ER (1997)
EN PLEIN CŒUR (1998)
FIN AOÛT, DÉBUT SEPTEMBRE (1998)
JEANNE ET LE GARÇON FORMIDABLE (1998)
SOLDIER'S DAUGHTER NEVER CRIES, A (1998)
BEACH, THE (2000)
MISÉRABLES, LES (2000)
8 FEMMES (2001)
DE L'AMOUR (2001)
BON VOYAGE ! (2003)
SAINT ANGE (2004)

LEE CURTIS, Jamie
actrice américaine (1958-)
HALLOWEEN (1978)
FOG, THE (1979)
ROAD GAMES (1979)
TERROR TRAIN (1979)
PROM NIGHT (1980)
HALLOWEEN II (1981)
LOVE LETTERS (1983)
TRADING PLACES (1983)
ADVENTURES OF BUCKAROO BANZAI
ACROSS THE 8th DIMENSION, THE (1984)
PERFECT (1985)
AMAZING GRACE AND CHUCK (1987)
HOMME AMOUREUX, UN (1987)
DOMINICK AND EUGENE (1988)
FISH CALLED WANDA, A (1988)
BLUE STEEL (1989)
QUEENS LOGIC (1990)
MY GIRL (1991)
FOREVER YOUNG (1992)
MOTHER'S BOYS (1993)
MY GIRL II (1994)
TRUE LIES (1994)
FIERCE CREATURES (1996)
HALLOWEEN H20 :
TWENTY YEARS LATER (1998)
DROWNING MONA (2000)
DADDY AND THEM (2001)
TAILOR OF PANAMA, THE (2001)
FREAKY FRIDAY (2003)
CHRISTMAS WITH THE KRANKS (2004)

LEE, Christopher
acteur anglais (1922-)
CAPTAIN HORATIO HORNBLOWER (1951)
CRIMSON PIRATE, THE (1952)
MOULIN ROUGE (1952)
BITTER VICTORY (1957)
BLOOD OF DRACULA (1957)
CURSE OF FRANKENSTEIN, THE (1957)
CORRIDORS OF BLOOD (1958)
HORROR OF DRACULA (1958)
TALE OF TWO CITIES, A (1958)
HOUND OF THE BASKERVILLES, THE (1959)
MUMMY, THE (1959)
HANDS OF ORLAC, THE (1960)
TOO HOT TO HANDLE (1960)
HERCULES IN THE HAUNTED WORLD (1961)
TWO FACES OF DR. JEKYLL, THE (1961)
HERCULE CONTRE LES VAMPIRES (1962)
GORGON, THE (1964)
DR. TERROR'S HOUSE OF HORRORS (1965)
FACE OF FU MANCHU, THE (1965)
SKULL, THE (1965)

BRIDES OF FU MANCHU, THE (1966)
CIRCUS OF FEAR (1966)
RASPUTIN THE MAD MONK (1966)
THEATRE OF DEATH (1966)
CASTLE OF THE WALKING DEAD (1967)
DEVIL RIDES OUT, THE (1968)
DRACULA HAS RISEN FROM THE GRAVE (1968)
SYMPATHY FOR THE DEVIL (1968)
VENGEANCE OF FU MANCHU, THE (1968)
MAGIC CHRISTIAN, THE (1969)
NUITS DE DRACULA, LES (1969)
OBLONG BOX, THE (1969)
SCREAM AND SCREAM AGAIN (1969)
TASTE THE BLOOD OF DRACULA (1969)
BLOODY JUDGE, THE (1970)
EUGENIE (1970)
HOUSE THAT DRIPPED BLOOD (1970)
I, MONSTER (1970)
JULIUS CAESAR (1970)
PRIVATE LIFE OF
SHERLOCK HOLMES, THE (1970)
SCARS OF DRACULA, THE (1970)
HANNIE CAULDER (1971)
CREEPING FLESH, THE (1972)
DRACULA A.D. 1972 (1972)
HORROR EXPRESS (1972)
SATANIC RITES OF DRACULA (1973)
FOUR MUSKETEERS, THE (1974)
MAN WITH THE GOLDEN GUN, THE (1974)
MUSKETEERS, THE (1974)
THREE MUSKETEERS, THE (1974)
WICKER MAN, THE (1974)
IN SEARCH OF DRACULA (1975)
TO THE DEVIL... A DAUGHTER (1976)
AIRPORT '77 (1977)
STARSHIP INVASIONS (1977)
CIRCLE OF IRON (1978)
RETURN FROM WITCH MOUNTAIN (1978)
1941 (1979)
BEAR ISLAND (1979)
CAPTAIN AMERICA II (1980)
SALAMANDER, THE (1980)
EYE FOR AN EYE, AN (1981)
HOUSE OF THE LONG SHADOWS (1982)
HOWLING II : YOUR SISTER
IS A WEREWOLF (1986)
MANY FACES OF SHERLOCK HOLMES (1986)
SHAKA ZULU (1986)
RETURN OF THE MUSKETEERS, THE (1989)
RÉVOLUTION FRANÇAISE 2 :
LES ANNÉES TERRIBLES, LA (1989)
GREMLINS 2 : THE NEW BATCH (1990)
TREASURE ISLAND (1990)
POLICE ACADEMY VII :
MISSION TO MOSCOW (1994)
MOSES (1996)
TALE OF THE MUMMY (1998)
GORMENGHAST (2000)
STAR WARS EPISODE II :
ATTACK OF THE CLONES (2002)
RIVIÈRES POURPRES II :
LES ANGES DE L'APOCALYPSE (2003)
STAR WARS EPISODE III -
REVENGE OF THE SITH (2005)
TIM BURTON'S CORPSE BRIDE (2005)

LEE, Danny
acteur chinois (1953-)
INFRA-MAN (1976)
MIGHTY PEKING MAN, THE (1977)
CITY ON FIRE (1987)
CITY WAR (1988)
KILLER, THE (1989)
KILLERS TWO (1989)
ORGANIZED CRIME
& TRIAD BUREAU (1993)

LEE, Jason
acteur américain (1970-)
MALLRATS (1995)
CHASING AMY (1996)
WEAPONS OF MASS DISTRACTION (1997)
DOGMA (1999)
MUMFORD (1999)
ALMOST FAMOUS (2000)
STEALING HARVARD (2002)
DREAMCATCHER (2003)
I LOVE YOUR WORK (2003)
BALLAD OF JACK AND ROSE, THE (2005)

LEE, Sheryl
actrice germano-américaine (1967-)
JERSEY GIRL (1992)
BACKBEAT (1993)
MOTHER NIGHT (1996)
BLISS (1997)
BLOOD ORANGES, THE (1997)
JOHN CARPENTER'S VAMPIRES (1997)
KISS THE SKY (1998)
KINGPIN (2003)

LEE, Spike
acteur américain (1956-)
SHE'S GOTTA HAVE IT (1986)
SCHOOL DAZE (1988)
DO THE RIGHT THING (1989)
MO' BETTER BLUES (1990)
JUNGLE FEVER (1991)
MALCOLM X (1992)
CROOKLYN (1994)
CLOCKERS (1995)
LUMIÈRE ET COMPAGNIE (1995)
GIRL 6 (1996)

LEFEBVRE, Jean
acteur français (1919-2004)
VENDETTA, LA (1961)
FAITES SAUTER LA BANQUE (1964)
GENDARME EN BALADE, LE (1970)
J'AI MON VOYAGE ! (1973)
FREDDY (1978)
ILS SONT FOUS, CES SORCIERS (1978)
BORSALINI, LES (1979)
BRACONNIER DE DIEU, LE (1982)
ON N'EST PAS SORTI DE L'AUBERGE (1982)
SALUT LA PUCE (1982)
SOUS LE SIGNE DU POISSON (1991)

LeGROS, James
acteur américain (1962-)
PHANTASM II (1988)
POINT BREAK (1991)
MY NEW GUN (1992)
FLOUNDERING (1993)
LIVING IN OBLIVION (1994)
BOYS (1996)
INFINITY (1996)
THURSDAY (1998)
COMMON GROUND (2000)
LOVELY AND AMAZING (2001)
SCOTLAND, PA (2001)
CATCH THAT KID (2004)
NOVEMBER (2004)

LEGUIZAMO, John
acteur colombien (1964-)
CARLITO'S WAY (1993)
PYROMANIAC'S LOVE STORY, A (1995)
EXECUTIVE DECISION (1996)
WILLIAM SHAKESPEARE'S
ROMEO & JULIET (1996)
BROTHER'S KISS, A (1997)
SPAWN (1997)
FROGS FOR SNAKES (1999)
JOE THE KING (1999)
SUMMER OF SAM (1999)
KING OF THE JUNGLE, THE (2000)
TITAN A.E. (2000)
COLLATERAL DAMAGE (2001)
MOULIN ROUGE (2001)
WHAT'S THE WORST
THAT COULD HAPPEN ? (2001)
EMPIRE (2002)
SPUN (2002)
CRÓNICAS (2004)
ASSAULT ON PRECINCT 13 (2005)
LAND OF THE DEAD (2005)

LEIGH COOK, Rachael
actrice américaine (1979-)
BABY-SITTERS CLUB, THE (1995)
ANTITRUST (2000)
GET CARTER (2000)
29 PALMS (2002)
11 : 14 (2003)
TEMPO (2003)
STATESIDE (2004)

LEIGH, Janet
actrice américaine (1927-2004)
HOLIDAY AFFAIR (1949)
LITTLE WOMEN (1949)
THAT FORSYTE WOMAN (1949)
JET PILOT (1950)
ANGELS IN THE OUTFIELD (1951)
TWO TICKETS TO BROADWAY (1951)
NAKED SPUR, THE (1952)
SCARAMOUCHE (1952)
HOUDINI (1953)
PRINCE VALIANT (1953)
BLACK SHIELD OF FALWORTH, THE (1954)
PETE KELLY'S BLUES (1954)
MY SISTER EILEEN (1955)
PERFECT FURLOUGH, THE (1958)
TOUCH OF EVIL (1958)
VIKINGS, THE (1958)
PSYCHO (1960)
MANCHURIAN CANDIDATE (1962)
BYE BYE BIRDIE (1963)
HARPER (1966)
GRAND SLAM (1967)
NIGHT OF THE LEPUS (1972)
FOG, THE (1979)
HALLOWEEN H20 :
TWENTY YEARS LATER (1998)

LEIGH, Vivien
actrice anglaise (1913-1967)
21 DAYS (1937)
DARK JOURNEY (1937)
FIRE OVER ENGLAND (1937)
STORM IN A TEACUP (1937)
ST. MARTIN'S LANE (1938)
GONE WITH THE WIND (1939)
WATERLOO BRIDGE (1940)
THAT HAMILTON WOMAN (1941)
STREETCAR NAMED DESIRE, A (1951)
ROMAN SPRING OF MRS. STONE, THE (1961)
SHIP OF FOOLS (1965)

LEMMON, Jack
acteur américain (1925-2001)
IT SHOULD HAPPEN TO YOU (1954)
MISTER ROBERTS (1955)
MY SISTER EILEEN (1955)
THREE FOR THE SHOW (1955)
BELL, BOOK AND CANDLE (1958)
COWBOY (1958)
IT HAPPENED TO JANE (1959)
SOME LIKE IT HOT (1959)

APARTMENT, THE (1960)
DAYS OF WINE AND ROSES (1962)
IRMA LA DOUCE (1963)
HOW TO MURDER YOUR WIFE (1964)
GREAT RACE, THE (1965)
FORTUNE COOKIE, THE (1966)
LUV (1967)
ODD COUPLE, THE (1967)
APRIL FOOLS, THE (1969)
OUT-OF-TOWNERS, THE (1969)
AVANTI ! (1972)
SAVE THE TIGER (1972)
WAR BETWEEN MEN
AND WOMEN, THE (1972)
FRONT PAGE, THE (1974)
PRISONER OF SECOND AVENUE, THE (1975)
AIRPORT '77 (1977)
CHINA SYNDROME, THE (1978)
TRIBUTE (1980)
BUDDY BUDDY (1981)
MISSING (1981)
MASS APPEAL (1984)
MACARONI (1985)
THAT'S LIFE ! (1986)
LONG DAY'S JOURNEY INTO NIGHT (1987)
DAD (1989)
JFK (1991)
GLENGARRY GLEN ROSS (1992)
PLAYER, THE (1992)
GRUMPY OLD MEN (1993)
LIFE IN THE THEATER, A (1993)
SHORT CUTS (1993)
GRUMPIER OLD MEN (1995)
GRASS HARP, THE (1996)
WEEKEND IN THE COUNTRY, A (1996)
12 ANGRY MEN (1997)
OUT TO SEA (1997)
ODD COUPLE II, THE (1998)
INHERIT THE WIND (1999)

LEONI, Téa
actrice américaine (1966-)
BAD BOYS (1995)
FLIRTING WITH DISASTER (1996)
DEEP IMPACT (1998)
FAMILY MAN, THE (2000)
JURASSIC PARK III (2001)
HOLLYWOOD ENDING (2002)
PEOPLE I KNOW (2002)
HOUSE OF D (2004)
SPANGLISH (2004)
FUN WITH DICK AND JANE (2005)

LÉOTARD, Philippe
acteur français (1940-2001)
MAX ET LES FERRAILLEURS (1970)
2 ANGLAISES ET LE CONTINENT, LES (1971)
GUEULE OUVERTE, LA (1973)
KAMOURASKA (1973)
PAS SI MÉCHANT QUE ÇA (1974)
CHAT ET LA SOURIS, LE (1975)
FRENCH CONNECTION II (1975)
JUGE FAYARD DIT « LE SHÉRIF », LE (1977)
VA VOIR MAMAN, PAPA TRAVAILLE (1977)
PETITE SIRÈNE, LA (1980)
QUAND TU SERAS DÉBLOQUÉ,
FAIS-MOI SIGNE (1981)
BALANCE, LA (1982)
CHOC, LE (1982)
MORA... (1982)
PARADIS POUR TOUS (1982)
FAUVES, LES (1983)
TCHAO PANTIN (1983)
FEMMES DE PERSONNE (1984)
NI AVEC TOI, NI SANS TOI (1984)
PIRATE, LA (1984)

TANGOS : L'EXIL DE GARDEL (1985)
ÉTAT DE GRÂCE, L' (1986)
JANE B. PAR AGNÈS V. (1987)
TESTAMENT D'UN POÈTE JUIF
ASSASSINÉ, LE (1987)
IL Y A DES JOURS... ET DES LUNES (1990)
ÉLISA (1994)
MISÉRABLES DU XXe SIÈCLE, LES (1995)

LEPAGE, Gaston
acteur québécois (1949-)
CORDÉLIA (1979)
AFFAIRE COFFIN, L' (1980)
AU CLAIR DE LA LUNE (1982)
YEUX ROUGES, LES (1982)
MATOU, LE (1985)
GASPARD ET FILS (1988)
KALAMAZOO (1988)
BEING AT HOME WITH CLAUDE (1992)
JOYEUX CALVAIRE (1996)
COMTESSE DE BATON ROUGE, LA (1997)
GAZ BAR BLUES (2003)
QUE DIEU BÉNISSE L'AMÉRIQUE (2005)

LERNER, Michael
acteur américain (1941-)
STRANGE INVADERS (1983)
ANGUISH (1987)
HARLEM NIGHTS (1989)
AMOS & ANDREW (1993)
NO ESCAPE (1994)
CELEBRITY (1998)
GODZILLA (1998)
MOD SQUAD, THE (1999)
MY FAVORITE MARTIAN (1999)

LEROY, Philippe
acteur français (1930-)
TROU, LE (1959)
CHARGE DES REBELLES, LA (1963)
FEMME MARIÉE, UNE (1964)
FRIGHTENED WOMAN, THE (1969)
MILANO ROVENTE (1973)
NIGHT PORTER, THE (1973)
RETOUR DE CASANOVA, LE (1992)
FRANK RIVA (2003)

LESLIE, Joan
actrice américaine (1925-)
CAMILLE (1937)
LOVE AFFAIR (1939)
FOREIGN CORRESPONDENT (1940)
HIGH SIERRA (1941)
SERGEANT YORK (1941)
WAGONS ROLL AT NIGHT, THE (1941)
YANKEE DOODLE DANDY (1942)
SKY'S THE LIMIT, THE (1945)

LETO, Jared
acteur américain (1971-)
PREFONTAINE (1997)
SWITCHBACK (1997)
THIN RED LINE, THE (1998)
URBAN LEGEND (1998)
BLACK AND WHITE (1999)
FIGHT CLUB (1999)
GIRL, INTERRUPTED (1999)
AMERICAN PSYCHO (2000)
REQUIEM FOR A DREAM (2000)
COOL & THE CRAZY (2003)
ALEXANDER (2005)
LORD OF WAR (2005)

LÉTOURNEAU, Anne
actrice québécoise (1957-)
TAUREAU (1972)
PARLEZ-NOUS D'AMOUR (1976)

PLOUFFE, LES (1981)
CRIME D'OVIDE PLOUFFE, LE (1984)
FLAG (1987)
DIABLE À QUATRE, LE (1988)
TISSERANDS DU POUVOIR 2 :
LA RÉVOLTE, LES (1988)
TISSERANDS DU POUVOIR, LES (1988)
DAMES GALANTES (1990)
DANSEURS DU MOZAMBIQUE, LES (1991)
AUTOMNE SAUVAGE, L' (1992)
HOMME DE MA VIE, L' (1992)

LEUNG CHIU WAI, Tony
acteur chinois (1962-)
HARD BOILED (1992)
ASHES OF TIME (1994)
CHUNGKING EXPRESS (1994)
CYCLO (1995)
HAPPY TOGETHER (1997)
GORGEOUS (1999)
SILENCES DU DÉSIR, LES (2000)
TOKYO RAIDERS (2000)

LEUNG, Tony
acteur hong-kongais (1962-)
GODS, GANGSTERS AND GAMBLERS,
BULLET IN THE HEAD (1990)
FAREWELL CHINA (1990)
LOVER, THE (1991)
BUTTERFLY AND SWORD (1992)
CENTRE STAGE (1992)
END OF THE ROAD (1993)
HERO BEYOND THE BOUNDARY
OF TIME (1993)
HERO (2002)
INFERNAL AFFAIRS (2002)
ZHOU YU'S TRAIN (2002)
INFERNAL AFFAIRS 3 (2003)
2046 (2004)

LEVENE, Sam
acteur russe (1905-1980)
AFTER THE THIN MAN (1937)
GOLDEN BOY (1940)
ACTION IN THE NORTH ATLANTIC (1943)
I DOOD IT (1943)
KILLERS, THE (1946)
BRUTE FORCE (1947)
AND JUSTICE FOR ALL (1979)

LEVINE, Ted
acteur américain (1958-)
SILENCE OF THE LAMBS, THE (1991)
MANGLER, THE (1994)
GEORGIA (1995)
HEAT (1995)
FLUBBER (1997)
MOBY DICK (1997)
SWITCHBACK (1997)
WILD WILD WEST (1999)
MONK (2002)
TRUTH ABOUT CHARLIE, THE (2002)
WONDERLAND (2003)
BIRTH (2004)
MANCHURIAN CANDIDATE, THE (2004)
HILLS HAVE EYES, THE (2005)

LEVY, Eugene
acteur canadien (1946-)
CLUB PARADISE (1986)
WAITING FOR GUFFMAN (1996)
BEST IN SHOW (2000)
LADIES MAN, THE (2000)
SERENDIPITY (2001)
BRINGING DOWN THE HOUSE (2003)
MIGHTY WIND, A (2003)

CHEAPER BY THE DOZEN 2 (2005)
MAN, THE (2005)

LEWIS, Geoffrey
acteur américain (1935-)
CULPEPPER CATTLE COMPANY (1971)
MACON COUNTY LINE (1973)
RETURN OF A MAN
CALLED HORSE, THE (1976)
EVERY WHICH WAY BUT LOOSE (1978)
ANY WHICH WAY YOU CAN (1980)
BELLE STARR (1980)
BRONCO BILLY (1980)
10 TO MIDNIGHT (1983)
ONLY THE STRONG (1993)
WAY OF THE GUN, THE (2000)
RENEGADE (2004)

LEWIS, Jerry
acteur américain (1926-)
MY FRIEND IRMA (1949)
AT WAR WITH THE ARMY (1950)
JUMPING JACKS (1951)
SCARED STIFF (1952)
CADDY, THE (1953)
STOOGE, THE (1953)
ARTISTS AND MODELS (1955)
PARDNERS (1955)
DELICATE DELINQUENT, THE (1956)
HOLLYWOOD OR BUST (1956)
GEISHA BOY, THE (1958)
BELLBOY, THE (1960)
CINDERFELLA (1960)
ERRAND BOY, THE (1961)
LADIES' MAN, THE (1961)
IT'S A MAD, MAD, MAD, MAD WORLD (1963)
NUTTY PROFESSOR, THE (1963)
WHO'S MINDING THE STORE? (1963)
PATSY, THE (1964)
BOEING BOEING (1965)
FAMILY JEWELS, THE (1965)
BIG MOUTH, THE (1967)
DON'T RAISE THE BRIDGE
LOWER THE RIVER (1967)
HOOK, LINE AND SINKER (1968)
WHICH WAY TO THE FRONT? (1970)
KING OF COMEDY, THE (1982)
RETENEZ-MOI... OU JE FAIS
UN MALHEUR (1983)
PAR OÙ T'ES RENTRÉ,
ON T'A PAS VU SORTIR (1984)
COOKIE (1989)
ARIZONA DREAM (1991)
MR. SATURDAY NIGHT (1992)
FUNNY BONES (1995)

LEWIS, Juliette
actrice américaine (1973-)
CROOKED HEARTS (1990)
CAPE FEAR (1991)
HUSBANDS AND WIVES (1992)
THAT NIGHT (1992)
KALIFORNIA (1993)
ROMEO IS BLEEDING (1993)
WHAT'S EATING GILBERT GRAPE? (1993)
MIXED NUTS (1994)
NATURAL BORN KILLERS (1994)
BASKETBALL DIARIES, THE (1995)
FROM DUSK TILL DAWN (1995)
STRANGE DAYS (1995)
EVENING STAR, THE (1996)
4th FLOOR, THE (1999)
OTHER SISTER, THE (1999)
ROOM TO RENT (2000)
PICTURE CLAIRE (2001)
ENOUGH (2002)
HYSTERICAL BLINDNESS (2002)
OLD SCHOOL (2002)
COLD CREEK MANOR (2003)
RENEGADE (2004)
STARSKY & HUTCH (2004)

LEWIS, Richard
acteur américain (1947-)
WRONG GUYS (1988)
ONCE UPON A CRIME (1992)
ROBIN HOOD : MEN IN TIGHTS (1993)
DRUNKS (1995)
LEAVING LAS VEGAS (1995)
WEEKEND IN THE COUNTRY, A (1996)
HUGO POOL (1997)

LEYSEN, Johan
acteur belge (1950-)
ROMÉO (1990)
TYKHO MOON (1996)
COMMISSIONER, THE (1997)
PIQUE-NIQUE DE LULU KREUTZ, LE (1999)
FAITES COMME SI JE N'ÉTAIS PAS LÀ (2000)
ROI DANSE, LE (2000)
GRIMM (2003)
GUN-SHY (2003)

LHERMITTE, Thierry
acteur français (1952-)
BRONZÉS, LES (1978)
BRONZÉS FONT DU SKI, LES (1979)
ELLE VOIT DES NAINS PARTOUT (1982)
LÉGITIME VIOLENCE (1982)
PÈRE NOËL EST UNE ORDURE, LE (1982)
FEMME DE MON POTE, LA (1983)
HOMME À MA TAILLE, UN (1983)
INDIC, L' (1983)
STELLA (1983)
RIPOUX, LES (1984)
ROIS DU GAG, LES (1984)
SMALA, LA (1984)
MARIAGE DU SIÈCLE, LE (1985)
DERNIER ÉTÉ À TANGER (1986)
NUIT D'IVRESSE (1986)
FUCKING FERNAND (1987)
FÊTE DES PÈRES, LA (1990)
PROMOTION CANAPÉ (1990)
RIPOUX CONTRE RIPOUX (1990)
DANSEURS DU MOZAMBIQUE, LES (1991)
SECRETS PROFESSIONNELS
DU DR. APFELGLÜCK, LES (1991)
TOTALE, LA (1991)
FANFAN (1992)
TANGO (1992)
ZÈBRE, LE (1992)
ELLES N'OUBLIENT JAMAIS (1993)
VENGEANCE D'UNE BLONDE, LA (1993)
GROSSE FATIGUE (1994)
INDIEN DANS LA VILLE, UN (1994)
AUGUSTIN (1995)
QUATRE GARÇONS PLEINS D'AVENIR (1996)
AMERICAN WEREWOLF IN PARIS (1997)
COMME DES ROIS (1997)
MARQUISE (1997)
DÎNER DE CONS, LE (1998)
PROF, LE (1999)
PLACARD, LE (2000)
PRINCE DU PACIFIQUE, LE (2000)
EFFROYABLES JARDINS (2002)
AND NOW LADIES & GENTLEMEN (2003)
CETTE FEMME-LÀ (2003)
DIVORCE, LE (2003)
MAUVAIS ESPRIT (2003)
RIPOUX 3, LES (2003)
SNOWBOARDER SURFEUR
DES NEIGES (2003)

LI, Jet
acteur chinois (1963-)
ABBOT HAI TENG OF SHAOLIN (1988)
MASTER, THE (1989)
LEGEND OF THE SWORDSMAN (1991)
SWORDSMAN II (1991)
EAST IS RED, THE (1993)
LEGEND, THE (1993)
ONCE UPON A TIME IN CHINA II (1993)
ONCE UPON A TIME IN CHINA III (1993)
BODYGUARD FROM BEIJING (1994)
FIST OF LEGEND (1994)
NEW LEGEND OF SHAOLIN, THE (1994)
TAI CHI MASTER, THE (1994)
TWIN WARRIORS (1994)
ADVENTURERS, THE (1995)
HIGH RISK (1995)
MELTDOWN (1995)
MY FATHER IS A HERO (1995)
BLACK MASK (1996)
DEADLY CHINA HERO (1997)
HITMAN (1998)
LETHAL WEAPON 4 (1998)
ROMEO MUST DIE (2000)
KISS OF THE DRAGON (2001)
ONE, THE (2001)
HERO (2002)
CRADLE 2 THE GRAVE (2003)
UNLEASHED (2005)

LILLARD, Matthew
acteur américain (1970-)
SERIAL MOM (1994)
HACKERS (1995)
MAD LOVE (1995)
S.L.C. PUNK! (1998)
SENSELESS (1998)
WITHOUT LIMITS (1998)
LOVE'S LABOUR'S LOST (1999)
FINDER'S FEE (2001)
SUMMER CATCH (2001)
THIRTEEN GHOSTS (2001)
SCOOBY-DOO : THE MOVIE (2002)
SCOOBY-DOO 2 :
MONSTERS UNLEASHED (2004)
WICKER PARK (2004)
WITHOUT A PADDLE (2004)

LIN, Brigitte
actrice chinoise (1954-)
ZU. WARRIORS FROM
THE MAGIC MOUNTAIN (1983)
JACKIE CHAN'S POLICE FORCE (1985)
LEGEND OF THE SWORDSMAN (1991)
SWORDSMAN II (1991)
BRIDE WITH WHITE HAIR II, THE (1993)
BRIDE WITH WHITE HAIR, THE (1993)
EAST IS RED, THE (1993)
ASHES OF TIME (1994)
CHUNGKING EXPRESS (1994)

LINDO, Delroy
acteur anglais (1952-)
BLOOD OF HEROES, THE (1989)
CROOKLYN (1994)
CLOCKERS (1995)
BROKEN ARROW (1996)
LIFE LESS ORDINARY, A (1997)
BOOK OF STARS, THE (1999)
CIDER HOUSE RULES, THE (1999)
GONE IN SIXTY SECONDS (2000)
ROMEO MUST DIE (2000)
HEIST (2001)
CORE, THE (2003)
DOMINO (2005)
SAHARA (2005)

LINDON, Vincent
acteur français (1959-)
FAUCON, LE (1983)
ADDITION, L' (1984)
PAROLE DE FLIC (1985)
37°2 LE MATIN (1986)
DERNIER ÉTÉ À TANGER (1986)
YIDDISH CONNECTION (1986)
HOMME AMOUREUX, UN (1987)
ÉTUDIANTE, L' (1988)
LA BAULE-LES PINS (1989)
QUELQUES JOURS AVEC MOI (1989)
GASPARD ET ROBINSON (1990)
BELLE HISTOIRE, LA (1991)
NETCHAÏEV EST DE RETOUR (1991)
CRISE, LA (1992)
TOUT ÇA... POUR ÇA ! (1992)
HAINE, LA (1995)
BELLE VERTE, LA (1996)
SEPTIÈME CIEL, LE (1997)
ÉCOLE DE LA CHAIR, L' (1998)
PAPARAZZI (1998)
MA PETITE ENTREPRISE (1999)
CHAOS (2001)
MERCREDI, FOLLE JOURNÉE ! (2001)
FRÈRE DU GUERRIER, LE (2002)
VENDREDI SOIR (2002)
COÛT DE LA VIE, LE (2003)
FILLES UNIQUES (2003)
CONFIANCE RÈGNE, LA (2004)
AVION, L' (2005)
MOUSTACHE, LA (2005)

LINDSAY, Margaret
actrice américaine (1910-1981)
LADY KILLER (1933)
DANGEROUS (1935)
DEVIL DOGS OF THE AIR (1935)
G-MEN (1935)
JEZEBEL (1938)
HOUSE OF THE SEVEN
GABLES, THE (1940)
CASS TIMBERLANE (1947)

LINNEY, Laura
actrice américaine (1964-)
TALES OF THE CITY (1993)
CONGO (1995)
ABSOLUTE POWER (1996)
PRIMAL FEAR (1996)
TRUMAN SHOW, THE (1998)
HOUSE OF MIRTH, THE (2000)
YOU CAN COUNT ON ME (2000)
FURTHER TALES OF THE CITY (2001)
MOTHMAN PROPHECIES, THE (2001)
LARAMIE PROJECT, THE (2002)
LIFE OF DAVID GALE, THE (2003)
LOVE ACTUALLY (2003)
MYSTIC RIVER (2003)
KINSEY (2004)
P.S. (2004)
EXORCISM OF
EMILY ROSE, THE (2005)
SQUID AND THE WHALE, THE (2005)

LIO
actrice portugaise (1963-)
GOLDEN EIGHTIES (1985)
CHAMBRE À PART (1989)
JALOUSIE (1990)
SALE COMME UN ANGE (1990)
APRÈS L'AMOUR (1991)
SANS UN CRI (1991)
PERSONNE NE M'AIME (1993)
CARNAGES (2002)
MARIAGES ! (2005)

LIOTTA, Ray
acteur américain (1955-)
SOMETHING WILD (1986)
DOMINICK AND EUGENE (1988)
FIELD OF DREAMS (1989)
GOODFELLAS (1990)
ARTICLE 99 (1992)
UNLAWFUL ENTRY (1992)
CORRINA, CORRINA (1994)
NO ESCAPE (1994)
OPERATION DUMBO DROP (1995)
TURBULENCE (1996)
UNFORGETTABLE (1996)
COP LAND (1997)
PHOENIX (1998)
RAT PACK, THE (1998)
FOREVER MINE (1999)
MUPPETS FROM SPACE (1999)
RUMOR OF ANGELS, A (2000)
BLOW (2001)
HANNIBAL (2001)
HEARTBREAKERS (2001)
JOHN Q. (2001)
NARC (2002)
IDENTITY (2003)
CONTROL (2004)
LAST SHOT, THE (2004)

LISI, Virna
actrice italienne (1937-)
EVA (1962)
HOW TO MURDER YOUR WIFE (1964)
TULIPE NOIRE, LA (1964)
ASSAULT ON A QUEEN (1966)
NOT WITH MY WIFE, YOU DON'T ! (1966)
ARBRE DE NOËL, L' (1969)
SECRET OF SANTA VITTORIA, THE (1969)
TEMPS DES LOUPS, LE (1969)
BARBE BLEUE (1972)
NIGHT FLIGHT FROM MOSCOW (1972)
SERPENT, LE (1972)
ERNESTO (1979)
REINE MARGOT, LA (1993)

LITHGOW, John
acteur américain (1945-)
OBSESSION (1975)
SECRET SERVICE (1977)
ALL THAT JAZZ (1979)
BLOW OUT (1981)
WORLD ACCORDING TO GARP (1982)
DAY AFTER, THE (1983)
TERMS OF ENDEARMENT (1983)
TWILIGHT ZONE : THE MOVIE (1983)
2010 : THE YEAR WE MAKE CONTACT (1984)
ADVENTURES OF BUCKAROO BANZAI
ACROSS THE 8th DIMENSION, THE (1984)
FOOTLOOSE (1984)
SANTA CLAUS : THE MOVIE (1985)
MANHATTAN PROJECT, THE (1986)
MESMERIZED (1986)
HARRY AND THE HENDERSONS (1987)
DISTANT THUNDER (1988)
OUT COLD (1989)
MEMPHIS BELLE (1990)
AT PLAY IN THE FIELDS OF THE LORD (1991)
RICOCHET (1991)
RAISING CAIN (1992)
CLIFFHANGER (1993)
GOOD MAN IN AFRICA, A (1993)
PELICAN BRIEF, THE (1993)
PRINCESS CARABOO (1994)
SILENT FALL (1994)
CIVIL ACTION, A (1998)
HOMEGROWN (1998)
DON QUIXOTE (2000)
ORANGE COUNTY (2001)
LIFE AND DEATH
OF PETER SELLERS, THE (2003)
KINSEY (2004)

LIU, Lucy
actrice américaine (1968-)
MATING HABITS OF THE EARTHBOUND
HUMAN, THE (1999)
MOLLY (1999)
HOTEL (2001)
BALLISTIC : ECKS VS. SEVER (2002)
CYPHER (2002)
CHARLIE'S ANGELS : FULL THROTTLE (2003)
KILL BILL I (2003)
3 NEEDLES (2005)
DOMINO (2005)
LUCKY NUMBER SLEVIN (2006)

LIVINGSTON, Ron
acteur américain (1968-)
SWINGERS (1996)
BIG BRASS RING, THE (1999)
OFFICE SPACE (1999)
COOLER, THE (2002)
LITTLE BLACK BOOK (2004)
WINTER SOLSTICE (2004)
PRETTY PERSUASION (2005)

LLOYD, Christopher
acteur américain (1938-)
ONE FLEW OVER THE CUCKOO'S NEST (1975)
GOIN' SOUTH (1978)
ONION FIELD, THE (1979)
BLACK MARBLE, THE (1980)
POSTMAN ALWAYS RINGS TWICE, THE (1981)
MR. MOM (1983)
TO BE OR NOT TO BE (1983)
ADVENTURES OF BUCKAROO BANZAI
ACROSS THE 8th DIMENSION, THE (1984)
STAR TREK III :
THE SEARCH FOR SPOCK (1984)
BACK TO THE FUTURE (1985)
CLUE (1985)
WALK LIKE A MAN (1987)
EIGHT MEN OUT (1988)
TRACK 29 (1988)
WHO FRAMED ROGER RABBIT ? (1988)
BACK TO THE FUTURE II (1989)
DREAM TEAM, THE (1989)
BACK TO THE FUTURE III (1990)
ADDAMS FAMILY, THE (1991)
ADDAMS FAMILY VALUES, THE (1993)
DENNIS THE MENACE (1993)
PAGEMASTER, THE (1994)
RADIOLAND MURDERS (1994)
TWENTY BUCKS (1994)
THINGS TO DO IN DENVER
WHEN YOU'RE DEAD (1995)
ANGELS IN THE ENDZONE (1996)
REAL BLONDE, THE (1997)
MY FAVORITE MARTIAN (1999)
ON THE EDGE (2001)
WIT (2001)
ADMISSIONS (2004)

LOCKHART, Gene
acteur canadien (1891-1957)
CHRISTMAS CAROL, A (1938)
LISTEN, DARLING (1938)
ABE LINCOLN IN ILLINOIS (1940)
BILLY THE KID (1941)
INTERNATIONAL LADY (1941)
HANGMEN ALSO DIE (1943)
ACTION IN ARABIA (1944)
JOAN OF ARC (1948)

I'D CLIMB THE HIGHEST MOUNTAIN (1951)
RHUBARB (1951)
ANDROCLES AND THE LION (1952)
FRANCIS COVERS THE BIG TOWN (1953)

LOCKHART, June
actrice américaine (1925-)
SON OF LASSIE (1945)
EASY TO WED (1946)
SHE-WOLF OF LONDON (1946)
T-MEN (1947)
LOST IN SPACE (SEASON ONE) (1965)
LOST IN SPACE (SEASON II) VOL. I (1966)
STRANGE INVADERS (1983)

LOGGIA, Robert
acteur américain (1930-)
SOMEBODY UP THERE LIKES ME (1955)
GREATEST STORY EVER TOLD, THE (1965)
REVENGE OF THE PINK PANTHER, THE (1978)
NINTH CONFIGURATION, THE (1979)
OFFICER AND A GENTLEMAN, AN (1981)
S.O.B. (1981)
TRAIL OF THE PINK PANTHER (1982)
WOMAN CALLED GOLDA, A (1982)
CURSE OF THE PINK PANTHER (1983)
PSYCHO II (1983)
SCARFACE (1983)
JAGGED EDGE (1985)
PRIZZI'S HONOR (1985)
THAT'S LIFE ! (1986)
BELIEVERS, THE (1987)
GABY : A TRUE STORY (1987)
BIG (1988)
RELENTLESS (1989)
TRIUMPH OF THE SPIRIT (1989)
MARRYING MAN, THE (1991)
INNOCENT BLOOD (1992)
LIFEPOD (1993)
BAD GIRLS (1994)
I LOVE TROUBLE (1994)
HOLY MAN (1998)
JOAN OF ARC (1999)
RETURN TO ME (2000)
GALAXY FAR FAR AWAY, A (2001)
SHIPMENT, THE (2001)

LOGUE, Donal
acteur canadien (1966-)
MEDUSA : DARE TO BE TRUTHFUL (1992)
SIZE OF WATERMELONS, THE (1996)
METRO (1997)
BLADE (1998)
RUNAWAY BRIDE (1999)
PATRIOT, THE (2000)
REINDEER GAMES (2000)
TAO OF STEVE (2000)
TRACK DOWN (2000)
CONFIDENCE (2003)
JUST LIKE HEAVEN (2005)

LOLLOBRIGIDA, Gina
actrice italienne (1927-)
ALINA (1950)
CARUSO, LA LÉGENDE D'UNE VOIX (1951)
FANFAN LA TULIPE (1951)
TRAQUÉS DANS LA VILLE (1951)
BELLES DE NUIT, LES (1952)
PAIN, AMOUR ET FANTAISIE (1953)
BEAT THE DEVIL (1954)
TRAPEZE (1955)
NOTRE-DAME DE PARIS (1956)
NEVER SO FEW (1959)
SOLOMON AND SHEBA (1959)
COME SEPTEMBER (1961)
STRANGE BEDFELLOWS (1964)
BAMBOLE, LE (1965)
HOTEL PARADISO (1966)
BUONA SERA, MRS. CAMPBELL (1968)
XXL (1997)

LOM, Herbert
acteur tchèque (1917-)
HOTEL RESERVE (1945)
SEVENTH VEIL, THE (1945)
NIGHT AND THE CITY (1950)
LADYKILLERS, THE (1955)
WAR AND PEACE (1955)
NORTHWEST FRONTIER
(FLAME OVER INDIA) (1960)
SPARTACUS (1960)
EL CID (1961)
FRIGHTENED CITY (1961)
MYSTERIOUS ISLAND (1961)
PHANTOM OF THE OPERA, THE (1962)
SHOT IN THE DARK, A (1964)
GAMBIT (1966)
JOURNEY TO THE FAR SIDE OF THE SUN (1969)
NUITS DE DRACULA, LES (1969)
CRY OF THE BANSHEE /
MURDERS IN THE RUE MORGUE (1970)
DORIAN GRAY (1970)
ASYLUM (1972)
AND NOW THE SCREAMING STARTS (1973)
RETURN OF THE PINK PANTHER, THE (1974)
TEN LITTLE INDIANS (1975)
TOUTE UNE VIE (1975)
PINK PANTHER STRIKES AGAIN, THE (1976)
REVENGE OF THE PINK PANTHER, THE (1978)
LADY VANISHES, THE (1979)
HOPSCOTCH (1980)
MAN WITH BOGART'S FACE, THE (1980)
TRAIL OF THE PINK PANTHER (1982)
CURSE OF THE PINK PANTHER (1983)
DEAD ZONE, THE (1983)
KING SOLOMON'S MINES (1985)
SON OF THE PINK PANTHER (1993)

LOMBARD, Carole
actrice américaine (1908-1942)
NO MAN OF HER OWN (1932)
EAGLE AND THE HAWK, THE (1933)
SUPERNATURAL (1933)
NOW AND FOREVER (1934)
TWENTIETH CENTURY (1934)
WE'RE NOT DRESSING (1934)
HANDS ACROSS THE TABLE (1935)
MY MAN GODFREY (1936)
PRINCESS COMES ACROSS, THE (1936)
NOTHING SACRED (1937)
MADE FOR EACH OTHER (1938)
IN NAME ONLY (1939)
TO BE OR NOT TO BE (1941)

LONE, John
acteur chinois (1952-)
ICEMAN (1984)
YEAR OF THE DRAGON (1985)
LAST EMPEROR, THE (1987)
SHADOW OF CHINA (1990)
M. BUTTERFLY (1993)
SHADOW, THE (1994)
RUSH HOUR 2 (2001)

LONG, Nia
actrice américaine (1970-)
MADE IN AMERICA (1993)
FRIDAY (1995)
LOVE JONES (1997)
SOUL FOOD (1997)
BEST MAN, THE (1999)
STIGMATA (1999)
BIG MOMMA'S HOUSE (2000)
ALFIE (2004)
ARE WE THERE YET ? (2005)

LONG, Shelley
actrice américaine (1949-)
SMALL CIRCLE OF FRIENDS, A (1980)
CAVEMAN (1981)
CHEERS (1982-84)
NIGHT SHIFT (1982)
MONEY PIT, THE (1986)
HELLO AGAIN (1987)
BRADY BUNCH MOVIE, THE (1995)
FRASIER (SEASON III) (1995)
VERY BRADY SEQUEL, A (1996)
DR. T AND THE WOMEN (2000)

LONSDALE, Michael
acteur français (1931-)
BEHOLD A PALE HORSE (1964)
COPAINS, LES (1964)
MARIÉE ÉTAIT EN NOIR, LA (1967)
BAISERS VOLÉS (1968)
HIBERNATUS (1969)
ASSASSINS DE L'ORDRE, LES (1970)
SOUFFLE AU CŒUR, LE (1971)
VIEILLE FILLE, LA (1971)
DAY OF THE JACKAL, THE (1973)
FANTÔME DE LA LIBERTÉ, LE (1974)
SÉRIEUX COMME LE PLAISIR (1974)
STAVISKY (1974)
FOLLE À TUER (1975)
INDIA SONG (1975)
MONSIEUR KLEIN (1976)
MOONRAKER (1979)
BUNKER, THE (1981)
CHARIOTS OF FIRE (1981)
ERENDIRA (1983)
HOLCROFT COVENANT, THE (1985)
NAME OF THE ROSE, THE (1986)
REMAINS OF THE DAY, THE (1993)
TRIAL, THE (1993)
JEFFERSON IN PARIS (1995)
NELLY ET MONSIEUR ARNAUD (1995)
MYSTÈRE DE LA CHAMBRE JAUNE, LE (2003)
5 X 2 (2004)
PRIX DU DÉSIR, LE (2004)
MUNICH (2005)

LOPERT, Tanya
actrice américaine (1942-)
CHASSE À L'HOMME, LA (1964)
NAVAJO JOE (1966)
CONTE DE LA FOLIE ORDINAIRE (1981)
NI AVEC TOI, NI SANS TOI (1984)
CONTRAINTE PAR CORPS (1988)
CIEL DE PARIS, LE (1991)
TEMPS QUI CHANGENT, LES (2005)

LOPEZ, Jennifer
actrice américaine (1970-)
MONEY TRAIN (1995)
BLOOD AND WINE (1996)
JACK (1996)
SELENA (1996)
ANACONDA (1997)
U-TURN (1997)
OUT OF SIGHT (1998)
CELL, THE (2000)
ANGEL EYES (2001)
WEDDING PLANNER, THE (2001)
ENOUGH (2002)
MAID IN MANHATTAN (2002)
GIGLI (2003)
JERSEY GIRL (2004)
SHALL WE DANCE ? (2004)

MONSTER-IN-LAW (2005)
UNFINISHED LIFE, AN (2005)

LOPEZ, Sergi
acteur espagnol (1965-)
CARESSES (1997)
WESTERN (1997)
LISBON (1998)
NOUVELLE ÈVE, LA (1998)
ENTRE LES JAMBES (1999)
LIAISON PORNOGRAPHIQUE, UNE (1999)
RIEN À FAIRE (1999)
HARRY, UN AMI QUI VOUS VEUT DU BIEN (2000)
AU BONHEUR DES HOMMES (2001)
REINES D'UN JOUR (2001)
SOLO MIA (2001)
DÉCALAGE HORAIRE (2002)
DIRTY PRETTY THINGS (2002)
FILLES PERDUES, CHEVEUX GRAS (2002)
JANIS & JOHN (2003)
MOTS BLEUS, LES (2004)
PEINDRE OU FAIRE L'AMOUR (2005)

LORAIN, Sophie
actrice québécoise (1957-)
SCANDALE (1982)
OMERTA II (1997)
FORTIER SÉRIE (1999-2001)
ODYSSÉE D'ALICE TREMBLAY, L' (2002)
INVASIONS BARBARES, LES (2003)
MAMBO ITALIANO (2003)
MAMAN LAST CALL (2005)

LOREN, Sophia
actrice italienne (1934-)
TWO NIGHTS WITH CLEOPATRA (1953)
GOLD OF NAPLES, THE (1954)
CHANCE D'ÊTRE FEMME, LA (1957)
DESIRE UNDER THE ELMS (1957)
LEGEND OF THE LOST (1957)
PRIDE AND THE PASSION, THE (1957)
BLACK ORCHID, THE (1958)
HOUSEBOAT (1958)
KEY, THE (1958)
BREATH OF SCANDAL, A (1960)
HELLER IN PINK TIGHTS (1960)
IT STARTED IN NAPLES (1960)
MILLIONAIRESS, THE (1960)
TWO WOMEN (1960)
EL CID (1961)
MADAME SANS-GÊNE (1961)
BOCCACE 70 (1962)
FIVE MILES TO MIDNIGHT (1962)
FALL OF THE ROMAN EMPIRE, THE (1963)
MARIAGE À L'ITALIENNE (1964)
YESTERDAY, TODAY AND TOMORROW (1964)
LADY L (1965)
OPERATION CROSSBOW (1965)
ARABESQUE (1966)
COUNTESS FROM HONG KONG, A (1966)
FLEURS DU SOLEIL, LES (1969)
MAN OF LA MANCHA (1972)
BRIEF ENCOUNTER (1974)
VERDICT (1974)
CASSANDRA CROSSING, THE (1976)
JOURNÉE PARTICULIÈRE, UNE (1977)
PRÊT-À-PORTER (1994)
GRUMPIER OLD MEN (1995)
SOLEIL (1997)
LIVES OF THE SAINTS (2004)

LORRE, Peter
acteur hongrois (1904-1964)
M LE MAUDIT (1931)
MAN WHO KNEW TOO MUCH, THE (1934)
CRIME AND PUNISHMENT (1935)
MAD LOVE (1935)
SECRET AGENT (1936)
STRANGE CARGO (1940)
STRANGER ON THE THIRD FLOOR (1940)
ALL THROUGH THE NIGHT (1941)
CASABLANCA (1941)
MALTESE FALCON, THE (1941)
THEY MET IN BOMBAY (1941)
INVISIBLE AGENT (1942)
ARSENIC AND OLD LACE (1944)
PASSAGE TO MARSEILLE (1944)
BLACK ANGEL (1946)
MY FAVORITE BRUNETTE (1947)
CASBAH (1948)
20,000 LEAGUES UNDER THE SEA (1954)
BEAT THE DEVIL (1954)
SILK STOCKINGS (1957)
VOYAGE TO THE BOTTOM OF THE SEA (1961)
FIVE WEEKS IN A BALLOON (1962)
TALES OF TERROR (1962)
COMEDY OF TERRORS, THE (1963)
RAVEN, THE (1963)
PATSY, THE (1964)

LOVEJOY, Frank
acteur américain (1914-1962)
FORCE OF ARMS (1950)
IN A LONELY PLACE (1950)
I'LL SEE YOU IN MY DREAMS (1951)
HITCH-HIKER, THE (1953)
HOUSE OF WAX (1953)
BEACHHEAD (1954)
MEN OF THE FIGHTING LADY (1954)
FINGER MAN (1955)
SHACK OUT ON 101 (1955)
STRATEGIC AIR COMMAND (1955)

LOVITZ, Jon
acteur américain (1957-)
MR. DESTINY (1990)
MOM AND DAD SAVE THE WORLD (1992)
CITY SLICKERS II : THE LEGEND OF CURLY'S GOLD (1994)
NORTH (1994)
TRAPPED IN PARADISE (1994)
GREAT WHITE HYPE, THE (1996)
HIGH SCHOOL HIGH (1996)
SMALL TIME CROOKS (2000)
STEPFORD WIVES, THE (2004)

LOWE, Rob
acteur américain (1964-)
CLASS (1983)
OUTSIDERS, THE (1983)
HOTEL NEW HAMPSHIRE, THE (1984)
ST. ELMO'S FIRE (1985)
ABOUT LAST NIGHT (1986)
ILLEGALLY YOURS (1988)
MASQUERADE (1988)
BAD INFLUENCE (1990)
DARK BACKWARD, THE (1991)
WAYNE'S WORLD (1992)
STAND, THE (1994)
CONTACT (1997)
AUSTIN POWERS : THE SPY WHO SHAGGED ME (1999)
WEST WING, THE (SEASON I) (1999)
SPECIALS, THE (2000)
VIEW FROM THE TOP, A (2003)
SALEM'S LOT : THE MINISERIES (2004)

LOWENSOHN, Elina
actrice roumaine (1966-)
SIMPLE MEN (1991)
AMATEUR (1994)
NADJA (1994)
I'M NOT RAPPAPORT (1996)
MAUVAIS GENRE (1997)
SIX WAYS TO SUNDAY (1999)
QUICKSAND (2001)

LOY, Myrna
actrice américaine (1905-1993)
BEN-HUR (1926)
JAZZ SINGER (1927)
CONNECTICUT YANKEE, A (1931)
MASK OF FU MANCHU, THE (1932)
BROADWAY BILL (1934)
EVELYN PRENTICE (1934)
MANHATTAN MELODRAMA (1934)
THIN MAN, THE (1934)
GREAT ZIEGFELD, THE (1936)
LIBELED LADY (1936)
WIFE VS SECRETARY (1936)
AFTER THE THIN MAN (1937)
DOUBLE WEDDING (1937)
TEST PILOT (1938)
TOO HOT TO HANDLE (1938)
ANOTHER THIN MAN (1939)
RAINS CAME, THE (1939)
I LOVE YOU AGAIN (1940)
LOVE CRAZY (1941)
SHADOW OF THE THIN MAN (1941)
THIN MAN GOES HOME, THE (1944)
BEST YEARS OF OUR LIVES, THE (1946)
BACHELOR & THE BOBBY-SOXER, THE (1947)
SENATOR WAS INDISCREET, THE (1947)
SONG OF THE THIN MAN (1947)
MR. BLANDINGS BUILDS HIS DREAM HOUSE (1948)
RED PONY, THE (1949)
CHEAPER BY THE DOZEN (1950)
BELLES ON THEIR TOES (1952)
FROM THE TERRACE (1960)
MIDNIGHT LACE (1960)
APRIL FOOLS, THE (1969)

LUCAS, Josh
acteur américain (1971-)
AMERICAN PSYCHO (2000)
WEIGHT OF WATER, THE (2000)
BEAUTIFUL MIND, A (2001)
SESSION 9 (2001)
WHEN STRANGERS APPEAR (2001)
SWEET HOME ALABAMA (2002)
HULK, THE (2003)
SECONDHAND LIONS (2003)
WONDERLAND (2003)
AROUND THE BEND (2004)
UNDERTOW (2004)
UNFINISHED LIFE, AN (2005)
GLORY ROAD (2006)

LUCAS, Laurent
acteur français (1965-)
NOUVELLE ÈVE, LA (1998)
QUELQUE CHOSE D'ORGANIQUE (1998)
RIEN SUR ROBERT (1998)
HAUT LES CŒURS ! (1999)
POLA X (1999)
HARRY, UN AMI QUI VOUS VEUT DU BIEN (2000)
QUI A TUÉ BAMBI ? (2003)
RIRE ET CHÂTIMENT (2003)
TIRESIA (2003)
TOUT POUR L'OSEILLE (2003)

LUCHINI, Fabrice
acteur français (1951-)
GENOU DE CLAIRE, LE (1970)
ET LA TENDRESSE ?... BORDEL ! (1978)
PERCEVAL LE GALLOIS (1978)
ET LA TENDRESSE ?... BORDEL ! II (1983)

NUITS DE LA PLEINE LUNE, LES (1984)
P.R.O.F.S. (1985)
CONSEIL DE FAMILLE (1986)
QUATRE AVENTURES DE
REINETTE ET MIRABELLE (1986)
DISCRÈTE, LA (1990)
URANUS (1990)
RETOUR DE CASANOVA, LE (1992)
TOUT ÇA... POUR ÇA ! (1992)
ARBRE, LE MAIRE ET
LA MÉDIATHÈQUE, L' (1993)
TOXIC AFFAIR (1993)
ANNÉE JULIETTE, L' (1994)
COLONEL CHABERT, LE (1994)
BEAUMARCHAIS L'INSOLENT (1996)
BOSSU, LE (1997)
RIEN SUR ROBERT (1998)
CONFIDENCES TROP INTIMES (2003)
COÛT DE LA VIE, LE (2003)

LUCIEN, Didier
acteur québécois
BECAUSE WHY (1993)
CABARET NEIGES NOIRES (1997)
DANS UNE GALAXIE PRÈS
DE CHEZ-VOUS (1999-2001)
BOUTEILLE, LA (2000)
DANGEREUX, LES (2002)
COMMENT CONQUÉRIR L'AMÉRIQUE
EN UNE NUIT (2004)
DANS UNE GALAXIE PRÈS
DE CHEZ VOUS (2004)
PENSION DES ÉTRANGES, LA (2004)

LUGOSI, Bela
acteur hongrois (1882-1956)
DRACULA (1931)
MURDERS IN THE RUE MORGUE (1931)
WHITE ZOMBIE (1932)
INTERNATIONAL HOUSE (1933)
ISLAND OF LOST SOULS (1933)
BLACK CAT, THE (1934)
RETURN OF CHANDU (1934)
MARK OF THE VAMPIRE (1935)
RAVEN, THE (1935)
INVISIBLE RAY, THE (1936)
SHADOW OF CHINATOWN, THE (1936)
SON OF FRANKENSTEIN (1938)
NINOTCHKA (1939)
BLACK FRIDAY (1940)
DEVIL BAT, THE (1940)
BLACK CAT, THE (1941)
INVISIBLE GHOST, THE (1941)
WOLF MAN, THE (1941)
GHOST OF FRANKENSTEIN, THE (1942)
NIGHT MONSTER (1942)
FRANKENSTEIN MEETS THE WOLF MAN (1943)
RETURN OF THE VAMPIRE, THE (1943)
BODY SNATCHER, THE (1945)
ABBOTT & COSTELLO MEET
FRANKENSTEIN (1948)
BELA LUGOSI MEETS
A BROOKLYN GORILLA (1952)
GLEN OR GLENDA ? (1952)
BRIDE OF THE MONSTER (1954)
PLAN 9 FROM OUTER SPACE (1958)

LUKAS, Paul
acteur hongrois (1887-1971)
LITTLE WOMEN (1933)
DODSWORTH (1936)
LADY VANISHES, THE (1938)
MONSTER AND THE GIRL, THE (1941)
WATCH ON THE RHINE (1943)
UNCERTAIN GLORY (1944)
DEADLINE AT DAWN (1946)
BERLIN EXPRESS (1948)
KIM (1950)
20,000 LEAGUES UNDER THE SEA (1954)
FOUR HORSEMEN OF
THE APOCALYPSE, THE (1961)

LUPINO, Ida
actrice anglaise (1918-1995)
GAY DESPERADO (1936)
ADVENTURES OF SHERLOCK
HOLMES, THE (1939)
THEY DRIVE BY NIGHT (1940)
HIGH SIERRA (1941)
SEA WOLF, THE (1941)
ESCAPE ME NEVER (1947)
ROAD HOUSE (1948)
LUST FOR GOLD (1949)
ON DANGEROUS GROUND (1951)
BEWARE, MY LOVELY (1952)
BIGAMIST, THE (1953)
BIG KNIFE, THE (1955)
JUNIOR BONNER (1972)
DEVIL'S RAIN, THE (1975)

LUPPI, Federico
acteur argentin (1936-)
TIME FOR REVENGE (1981)
FUNNY DIRTY LITTLE WAR (1983)
NO HABRA MAS PENAS NI OLVIDO (1983)
CRONOS (1992)
MEN WITH GUNS (1997)
ÉCHINE DU DIABLE, L' (2001)
COMMON GROUND (2002)

LYNCH, John
acteur anglais (1961-)
CAL (1984)
HARDWARE (1990)
EDWARD II (1991)
ANGEL BABY (1995)
SOME MOTHER'S SON (1996)
SLIDING DOORS (1997)
QUARRY, THE (1998)
CONSPIRACY OF SILENCE (2003)

LYNCH, Kelly
actrice américaine (1959-)
COCKTAIL (1988)
WARM SUMMER RAIN (1988)
DRUGSTORE COWBOY (1989)
ROAD HOUSE (1989)
DESPERATE HOURS (1990)
CURLY SUE (1991)
IMAGINARY CRIMES (1994)
HEAVEN'S PRISONERS (1995)
VIRTUOSITY (1995)
WHITE MAN'S BURDEN (1995)
MR. MAGOO (1997)
HOMEGROWN (1998)
CHARLIE'S ANGELS (2000)
JACKET, THE (2005)

LYNCH, Richard
acteur américain (1940-)
SEVEN-UPS, THE (1973)
SWORD AND THE SORCERER, THE (1982)
AMAZONIA, LA JUNGLE BLANCHE (1985)
INVASION USA (1985)
BAD DREAMS (1988)
LITTLE NIKITA (1988)
THICKER THAN WATER (1994)

LYNCH, Susan
actrice anglaise (1971-)
WAKING NED DEVINE (1998)
NORA (1999)
BEAUTIFUL CREATURES (2000)
FROM HELL (2001)
CASA DE LOS BABYS (2003)
ENDURING LOVE (2004)
DUANE HOPWOOD (2005)

LYNN, Diana
actrice américaine (1926-1971)
MAJOR AND THE MINOR, THE (1942)
MIRACLE OF MORGAN'S CREEK, THE (1943)
RUTHLESS (1948)
MY FRIEND IRMA (1949)
BEDTIME FOR BONZO (1950)
PLUNDER OF THE SUN (1953)
TRACK OF THE CAT (1954)
KENTUCKIAN, THE (1955)

LYONNE, Natasha
actrice américaine (1979-)
KRIPPENDORF'S TRIBE (1998)
AMERICAN PIE (1999)
BUT I'M A CHEERLEADER (1999)
DETROIT ROCK CITY (1999)
MODERN VAMPIRES (1999)
AMERICAN PIE 2 (2001)
GREY ZONE, THE (2001)
KATE & LEOPOLD (2001)
NIGHT AT THE GOLDEN EAGLE (2002)
PARTY MONSTER (2003)
AMERICA BROWN (2004)

MAC, Bernie
acteur américain (1958-)
ABOVE THE RIM (1994)
PLAYERS CLUB, THE (1998)
LIFE (1999)
OCEAN'S ELEVEN (2001)
BAD SANTA (2003)
BADDER SANTA (2003)
CHARLIE'S ANGELS : FULL THROTTLE (2003)
HEAD OF STATE (2003)
MR. 3000 (2004)
OCEAN'S 12 (2004)
GUESS WHO (2005)

MACCHIO, Ralph
acteur américain (1961-)
KARATE KID, THE (1984)
CROSSROADS (1986)
KARATE KID II, THE (1986)
DISTANT THUNDER (1988)
KARATE KID III, THE (1989)
TOO MUCH SUN (1990)
MY COUSIN VINNY (1992)
NAKED IN NEW YORK (1994)

MACCIONE, Aldo
acteur italien (1937-)
VOYOU, LE (1970)
AVENTURE C'EST L'AVENTURE, L' (1972)
LOVES AND TIMES OF
SCARAMOUCHE, THE (1975)
ANIMAL, L' (1977)
JE SUIS TIMIDE... MAIS JE ME SOIGNE (1978)
C'EST PAS MOI, C'EST LUI (1979)
POURQUOI PAS NOUS ? (1981)
TAIS-TOI QUAND TU PARLES (1981)
TE MARRE PAS, C'EST POUR RIRE (1981)
CORBILLARD DE JULES, LE (1982)
ALDO ET JUNIOR (1985)
SI TU VAS À RIO...TU MEURS (1987)
FEMME DE CHAMBRE DU TITANIC, LA (1997)

MacDONALD, Jeanette
actrice américaine (1901-1965)
MERRY WIDOW, THE (1935)
NAUGHTY MARIETTA (1935)
SAN FRANCISCO (1936)

FIREFLY, THE (1937)
MAYTIME (1937)
SWEETHEARTS (1937)
GIRL OF THE GOLDEN WEST, THE (1939)
BITTER SWEET (1940)
NEW MOON (1940)
I MARRIED AN ANGEL (1941)
CAIRO (1942)
FOLLOW THE BOYS (1944)
SUN COMES UP, THE (1948)
THREE DARING DAUGHTERS (1948)

MacDONALD, Kelly
actrice anglaise (1979-)
TRAINSPOTTING (1995)
STELLA DOES TRICKS (1996)
COUSIN BETTE (1998)
LOSS OF SEXUAL INNOCENCE, THE (1999)
MY LIFE SO FAR (1999)
SPLENDOR (1999)
GIRL IN THE CAFÉ, THE (2005)
NANNY MCPHEE (2005)
TRISTRAM SHANDY -
A COCK & BULL STORY (2005)

MacDOWELL, Andie
actrice américaine (1958-)
GREYSTOKE : THE LEGEND OF TARZAN (1983)
ST. ELMO'S FIRE (1985)
SEX, LIES, AND VIDEOTAPE (1989)
GREEN CARD (1990)
HUDSON HAWK (1991)
OBJECT OF BEAUTY, THE (1991)
PLAYER, THE (1992)
FOUR WEDDINGS AND A FUNERAL (1993)
GROUNDHOG DAY (1993)
SHORT CUTS (1993)
BAD GIRLS (1994)
UNSTRUNG HEROES (1995)
MICHAEL (1996)
MULTIPLICITY (1996)
END OF VIOLENCE, THE (1997)
MUPPETS FROM SPACE (1999)
MUSE, THE (1999)
CRUSH (2001)
ON THE EDGE (2001)
HARRISON'S FLOWERS (2002)
LAST SIGN, THE (2005)

MacLACHLAN, Kyle
acteur américain (1960-)
DUNE (1984)
BLUE VELVET (1986)
HIDDEN, THE (1987)
DOORS, THE (1991)
RICH IN LOVE (1992)
TWIN PEAKS : FIRE WALK WITH ME (1992)
AGAINST THE WALL (1993)
TRIAL, THE (1993)
FLINTSTONES, THE (1994)
SHOWGIRLS (1995)
TRIGGER EFFECT, THE (1996)
ONE NIGHT STAND (1997)
HAMLET (2000)
TIME CODE (2000)
XCHANGE (2000)
ME WITHOUT YOU (2001)
MIRANDA (2002)
LIBRARIAN , THE : QUEST
FOR THE SPEAR (2004)
TOUCH OF PINK (2004)

MacLAINE, Shirley
actrice américaine (1934-)
ARTISTS AND MODELS (1955)
TROUBLE WITH HARRY, THE (1955)
AROUND THE WORLD IN 80 DAYS (1956)
MATCHMAKER, THE (1958)
ASK ANY GIRL (1959)
SOME CAME RUNNING (1959)
APARTMENT, THE (1960)
CAN-CAN (1960)
OCEAN'S 11 (1960)
ALL IN A NIGHT'S WORK (1961)
CHILDREN'S HOUR, THE (1961)
MY GEISHA (1961)
TWO FOR THE SEESAW (1962)
IRMA LA DOUCE (1963)
WHAT A WAY TO GO ! (1964)
YELLOW ROLLS-ROYCE, THE (1965)
GAMBIT (1966)
WOMAN TIMES SEVEN (1967)
BLISS OF MRS. BLOSSOM, THE (1968)
SWEET CHARITY (1968)
TWO MULES FOR SISTER SARA (1969)
POSSESSION OF JOEL DELANEY, THE (1972)
TURNING POINT, THE (1977)
BEING THERE (1979)
CHANGE OF SEASONS, A (1980)
LOVING COUPLES (1980)
CANNONBALL RUN II, THE (1983)
TERMS OF ENDEARMENT (1983)
MADAME SOUSATZKA (1988)
STEEL MAGNOLIAS (1989)
WAITING FOR THE LIGHT (1989)
POSTCARDS FROM THE EDGE (1990)
DEFENDING YOUR LIFE (1991)
USED PEOPLE (1992)
WRESTLING ERNEST HEMINGWAY (1993)
GUARDING TESS (1994)
EVENING STAR, THE (1996)
MRS. WINTERBOURNE (1996)
JOAN OF ARC (1999)
BRUNO (2000)
BEWITCHED (2005)
IN HER SHOES (2005)
RUMOR HAS IT ... (2005)

MacLANE, Barton
acteur américain (1902-1969)
G-MEN (1935)
CEILING ZERO (1936)
PRINCE AND THE PAUPER, THE (1937)
SAN QUENTIN (1937)
YOU ONLY LIVE ONCE (1937)
ALL THROUGH THE NIGHT (1941)
DRUMS IN THE DEEP SOUTH (1951)
BUGLES IN THE AFTERNOON (1952)
THREE VIOLENT PEOPLE (1957)

MacMURRAY, Fred
acteur américain (1908-1991)
ALICE ADAMS (1935)
HANDS ACROSS THE TABLE (1935)
PRINCESS COMES ACROSS, THE (1936)
TRAIL OF THE LONESOME PINE, THE (1936)
REMEMBER THE NIGHT (1939)
DIVE BOMBER (1941)
LADY IS WILLING, THE (1941)
STAR SPANGLED RHYTHM (1942)
ABOVE SUSPICION (1943)
DOUBLE INDEMNITY (1944)
MURDER, HE SAYS (1945)
SINGAPORE (1947)
MIRACLE OF THE BELLS, THE (1948)
BORDERLINE (1950)
CAINE MUTINY, THE (1953)
WOMAN'S WORLD (1954)
GOOD DAY FOR A HANGING (1959)
SHAGGY DOG, THE (1959)
APARTMENT, THE (1960)
ABSENT-MINDED PROFESSOR, THE (1961)
BON VOYAGE ! (1962)
HAPPIEST MILLIONAIRE, THE (1967)

MacNEILL, Peter
acteur canadien
WHISPERS (1989)
EVENTS LEADING
UP TO MY DEATH, THE (1991)
HANGING GARDEN, THE (1997)
DOG PARK (1998)
FREQUENCY (2000)
VIOLET (2000)
HISTORY OF VIOLENCE, A (2005)

MacRAE, Gordon
acteur américain (1921-1986)
TEA FOR TWO (1950)
WEST POINT STORY, THE (1950)
BY THE LIGHT OF THE SILVERY MOON (1952)
DESERT SONG, THE (1953)
CAROUSEL (1955)
OKLAHOMA ! (1955)
PILOT, THE (1979)

MACREADY, George
acteur américain (1909-1973)
SEVENTH CROSS, THE (1944)
STORY OF DR. WASSELL, THE (1944)
SONG TO REMEMBER, A (1945)
DOWN TO EARTH (1947)
GILDA (1947)
BIG CLOCK, THE (1948)
BLACK ARROW, THE (1948)
CORONER CREEK (1948)
KNOCK ON ANY DOOR (1949)
DESERT FOX, THE (1951)
GREEN GLOVE, THE (1952)
STRANGER WORE A GUN, THE (1952)
JULIUS CAESAR (1953)
VERA CRUZ (1953)
PATHS OF GLORY (1957)
ALLIGATOR PEOPLE, THE (1959)
TARAS BULBA (1962)
SEVEN DAYS IN MAY (1963)
CRÉATURES DE KOLOS, LES (1964)
DEAD RINGER (1964)
WHERE LOVE HAS GONE (1964)
GREAT RACE, THE (1965)
COUNT YORGA, VAMPIRE (1970)
TORA ! TORA ! TORA ! (1970)
RETURN OF COUNT YORGA, THE (1971)

MACY, William H.
acteur américain (1950-)
THINGS CHANGE (1988)
HOMICIDE (1991)
WATER ENGINE, THE (1992)
CLIENT, THE (1994)
OLEANNA (1994)
FARGO (1995)
DOWN PERISCOPE (1996)
HIT ME (1996)
AIR FORCE ONE (1997)
BOOGIE NIGHTS (1997)
CIVIL ACTION, A (1998)
PSYCHO (1998)
HAPPY TEXAS (1999)
MAGNOLIA (1999)
MYSTERY MEN (1999)
NIGHT OF THE HEADLESS HORSEMAN (1999)
PANIC (2000)
STATE AND MAIN (2000)
FOCUS (2001)
COOLER, THE (2002)
DOOR TO DOOR (2002)
WELCOME TO COLLINWOOD (2002)

OUT OF ORDER (2003)
CELLULAR (2004)
WOOL CAP, THE (2004)
SAHARA (2005)
THANK YOU FOR SMOKING (2005)

MADIGAN, Amy
actrice américaine (1957-)
LOVE LETTERS (1983)
ALAMO BAY (1985)
PRINCE OF PENNSYLVANIA, THE (1988)
FIELD OF DREAMS (1989)
UNCLE BUCK (1989)
DARK HALF, THE (1993)
FEMALE PERVERSIONS (1996)
LOVED (1997)
POLLOCK (2000)
SHOT IN THE HEART (2001)
ADMISSIONS (2004)
CARNIVÀLE (SEASON II) (2005)

MADONNA
actrice américaine (1958-)
DESPERATELY SEEKING SUSAN (1985)
SHANGHAI SURPRISE (1986)
WHO'S THAT GIRL ? (1987)
BLOODHOUNDS OF BROADWAY (1989)
DICK TRACY (1990)
MADONNA : TRUTH OR DARE (1991)
SHADOWS AND FOG (1991)
BODY OF EVIDENCE (1992)
LEAGUE OF THEIR OWN, A (1992)
DANGEROUS GAME (1993)
MADONNA : THE GIRLIE SHOW - LIVE DOWN UNDER (1993)
BLUE IN THE FACE (1995)
FOUR ROOMS (1995)
EVITA (1996)
GIRL 6 (1996)
NEXT BEST THING, THE (2000)
DIE ANOTHER DAY (2002)
SWEPT AWAY (2002)

MADSEN, Michael
acteur américain (1959-)
KILL ME AGAIN (1989)
RESERVOIR DOGS (1991)
THELMA & LOUISE (1991)
STRAIGHT TALK (1992)
TROUBLE BOUND (1992)
FREE WILLY (1993)
MONEY FOR NOTHING (1993)
GETAWAY, THE (1994)
SPECIES (1995)
MULHOLLAND FALLS (1996)
DIARY OF A SERIAL KILLER (1997)
DONNIE BRASCO (1997)
LAST DAYS OF FRANKIE THE FLY, THE (1997)
DIE ANOTHER DAY (2002)
KILL BILL I (2003)
MY BOSS'S DAUGHTER (2003)
KILL BILL II (2004)
RENEGADE (2004)

MADSEN, Virginia
actrice américaine (1963-)
ELECTRIC DREAMS (1984)
SLAM DANCE (1987)
GOTHAM (1988)
HEART OF DIXIE (1989)
HOT SPOT, THE (1990)
CANDYMAN (1992)
PROPHECY, THE (1995)
JUST YOUR LUCK (1996)
RAINMAKER, THE (1997)
AMERICAN GUN (2002)
SIDEWAYS (2004)
STUART LITTLE 3 - CALL OF THE WILD (2005)
FIREWALL (2006)

MAGEE, Patrick
acteur anglais (1924-1982)
DIE MONSTER, DIE ! (1965)
MARAT SADE (1966)
CLOCKWORK ORANGE, A (1971)
DEMONS OF THE MIND (1971)
FIEND, THE (1971)
TROJAN WOMEN, THE (1971)
ASYLUM (1972)
TALES FROM THE CRYPT (1972)
LUTHER (1973)
BARRY LYNDON (1975)
BLACK CAT, THE (1981)

MAGIMEL, Benoît
acteur français (1974-)
PAPA EST PARTI, MAMAN AUSSI (1988)
VIE EST UN LONG FLEUVE TRANQUILLE, LA (1988)
CAHIER VOLÉ, LE (1992)
FILLE SEULE, LA (1995)
DÉJÀ MORT (1997)
ROI DANSE, LE (2000)
NID DE GUÊPES (2001)
PIANISTE, LA (2001)
EFFROYABLES JARDINS (2002)
FLEUR DU MAL, LA (2002)
RIVIÈRES POURPRES II : LES ANGES DE L'APOCALYPSE (2003)
CHEVALIERS DU CIEL, LES (2005)

MAGNANI, Anna
actrice italienne (1908-1973)
ROME, VILLE OUVERTE (1946)
VOIX HUMAINE ET LE MIRACLE, LA (1948)
CARROSSE D'OR, LE (1952)
ROSE TATTOO, THE (1955)
FUGITIVE KIND, THE (1960)
SECRET OF SANTA VITTORIA, THE (1969)
FELLINI ROMA (1971)

MAGUIRE, Tobey
acteur américain (1975-)
JOYRIDE (1996)
ICE STORM, THE (1997)
PLEASANTVILLE (1998)
CIDER HOUSE RULES, THE (1999)
RIDE WITH THE DEVIL (1999)
WONDER BOYS (2000)
SPIDER-MAN (2002)
SEABISCUIT (2003)
SPIDER-MAN 2 (2004)

MAHONEY, John
acteur anglais (1940-)
MAN OF A THOUSAND FACES (1956)
QUATERMASS AND THE PIT (1967)
MANHATTAN PROJECT, THE (1986)
MOONSTRUCK (1987)
SUSPECT (1987)
TIN MEN (1987)
BETRAYED (1988)
EIGHT MEN OUT (1988)
FRANTIC (1988)
LOVE HURTS (1989)
SAY ANYTHING... (1989)
RUSSIA HOUSE, THE (1990)
BARTON FINK (1991)
WATER ENGINE, THE (1992)
FRASIER (1993-95)
IN THE LINE OF FIRE (1993)
STRIKING DISTANCE (1993)
HUDSUCKER PROXY, THE (1994)
REALITY BITES (1994)
AMERICAN PRESIDENT, THE (1995)
PRIMAL FEAR (1996)
SHE'S THE ONE (1996)

MAIN, Marjorie
actrice américaine (1890-1975)
THEY SHALL HAVE MUSIC (1939)
JOHNNY COME LATELY (1943)
HARVEY GIRLS, THE (1945)
MURDER, HE SAYS (1945)
SHOW-OFF, THE (1946)
WISTFUL WIDOW OF WAGON GAP, THE (1948)
SUMMER STOCK (1950)
BELLE OF NEW YORK (1952)
LONG, LONG TRAILER, THE (1954)
FRIENDLY PERSUASION (1956)

MAIRESSE, Valérie
actrice française (1955-)
UNE CHANTE, L'AUTRE PAS, L' (1976)
UN SI JOLI VILLAGE (1978)
C'EST PAS MOI, C'EST LUI (1979)
SI MA GUEULE VOUS PLAÎT (1981)
BANZAÏ (1983)
FUNNY BOY (1987)
CRIME AU PARADIS, UN (2000)

MALAVOY, Christophe
acteur français (1952-)
DOSSIER 51, LE (1978)
BALANCE, LA (1982)
PÉRIL EN LA DEMEURE (1984)
VOYAGE, LE (1984)
BRAS DE FER (1985)
ASSOCIATION DE MALFAITEURS (1986)
FEMME DE MA VIE, LA (1986)
CRI DU HIBOU, LE (1987)
DE GUERRE LASSE (1987)
MADAME BOVARY (1991)
AMANTS DE LA RIVIÈRE ROUGE, LES (1996)
VILLE DONT LE PRINCE EST UN ENFANT, LA (1996)
CLOUD, THE (1998)

MALDEN, Karl
acteur américain (1914-)
13 RUE MADELEINE (1946)
KISS OF DEATH (1946)
GUNFIGHTER, THE (1950)
HALLS OF MONTEZUMA (1950)
WHERE THE SIDEWALK ENDS (1950)
STREETCAR NAMED DESIRE, A (1951)
I CONFESS (1953)
ON THE WATERFRONT (1954)
PHANTOM OF THE RUE MORGUE (1954)
BABY DOLL (1956)
BOMBERS B-52 (1957)
FEAR STRIKES OUT (1957)
POLLYANNA (1960)
GREAT IMPOSTOR, THE (1961)
ONE-EYED JACKS (1961)
ALL FALL DOWN (1962)
BIRDMAN OF ALCATRAZ (1962)
GYPSY (1962)
HOW THE WEST WAS WON (1962)
CHEYENNE AUTUMN (1964)
DEAD RINGER (1964)
CINCINNATI KID, THE (1965)
MURDERER'S ROW (1966)
NEVADA SMITH (1966)
BILLION DOLLAR BRAIN (1967)
BLUE (1968)
HOT MILLIONS (1968)
PATTON (1969)

CAT O'NINE TAILS, THE (1971)
WILD ROVERS (1971)
BEYOND THE POSEIDON ADVENTURE (1979)
METEOR (1979)
NUTS (1987)

MALET, Laurent
acteur français (1955-)
COMME UN BOOMERANG (1976)
LIENS DE SANG, LES (1977)
ROUTES DU SUD, LES (1978)
LÉGION SAUTE SUR KOLWEZI, LA (1980)
INVITATION AU VOYAGE (1982)
QUERELLE (1982)
VIVA LA VIE (1983)
À MORT L'ARBITRE (1984)
TIR À VUE (1984)
PARKING (1985)
PURITAINE, LA (1986)
SWORD OF GIDEON (1986)
FIRST CIRCLE, THE (1991)
MONSIEUR RIPOIS (1993)

MALKOVICH, John
acteur américain (1953-)
KILLING FIELDS, THE (1984)
PLACES IN THE HEART (1984)
DEATH OF A SALESMAN (1985)
ELENI (1985)
EMPIRE OF THE SUN (1987)
GLASS MENAGERIE, THE (1987)
MAKING MR. RIGHT (1987)
DANGEROUS LIAISONS (1988)
MILES FROM HOME (1988)
QUEENS LOGIC (1990)
SHELTERING SKY, THE (1990)
OBJECT OF BEAUTY, THE (1991)
SHADOWS AND FOG (1991)
ALIVE (1992)
JENNIFER 8 (1992)
OF MICE AND MEN (1992)
HEART OF DARKNESS (1993)
IN THE LINE OF FIRE (1993)
CONVENT, THE (1995)
PAR-DELÀ LES NUAGES (1995)
MARY REILLY (1996)
MULHOLLAND FALLS (1996)
OGRE, THE (1996)
CON AIR (1997)
MAN IN THE IRON MASK, THE (1998)
ROUNDERS (1998)
BEING JOHN MALKOVICH (1999)
LADIES ROOM (1999)
MESSENGER, THE : THE STORY
OF JOAN OF ARC (1999)
RKO 281 : BATTLE OVER CITIZEN KANE (1999)
TEMPS RETROUVÉ, LE (1999)
MISÉRABLES, LES (2000)
SHADOW OF THE VAMPIRE (2000)
JE RENTRE À LA MAISON (2001)
KNOCKAROUND GUYS (2002)
NAPOLÉON (2002)
RIPLEY'S GAME (2002)
JOHNNY ENGLISH (2003)
TALKING PICTURE, A (2003)
HITCHHIKER'S GUIDE TO THE GALAXY (2005)
LIBERTINE, THE (2005)
ART SCHOOL CONFIDENTIAL (2006)

MALONE, Dorothy
actrice américaine (1925-)
STEP LIVELY (1944)
BIG SLEEP, THE (1946)
SCARED STIFF (1952)
LAW AND ORDER (1953)
BATTLE CRY (1954)
YOUNG AT HEART (1954)
ARTISTS AND MODELS (1955)
SINCERELY YOURS (1955)
MAN OF A THOUSAND FACES (1956)
WRITTEN ON THE WIND (1956)
TARNISHED ANGELS, THE (1957)
WARLOCK (1959)
LAST VOYAGE, THE (1960)
BEACH PARTY (1963)
BASIC INSTINCT (1992)
FIVE GUNS WEST (2002)

MALONE, Jena
actrice américaine (1984-)
BASTARD OUT OF CAROLINA (1996)
CONTACT (1997)
STEPMOM (1998)
BOOK OF STARS, THE (1999)
FOR LOVE OF THE GAME (1999)
DANGEROUS LIVES OF THE ALTAR BOYS (2002)
HITLER - THE RISE OF EVIL (2003)
HITLER THE RISE OF EVIL (2003)
UNITED STATES OF LELAND (2003)
SAVED ! (2004)
BALLAD OF JACK AND ROSE, THE (2005)

MANFREDI, Nino
acteur italien (1921-2004)
BAMBOLE, LE (1965)
PAIN ET CHOCOLAT (1973)
NOUS NOUS SOMMES TANT AIMÉS (1975)
AFFREUX, SALES ET MÉCHANTS (1976)
MESDAMES ET MESSIEURS, BONSOIR (1976)
AU NOM DU PAPE ROI (1977)
JOUET DANGEREUX, UN (1978)
CAFÉ EXPRESS (1979)
NU DE FEMME (1981)
HELSINKI NAPOLI (1987)
ALBERTO EXPRESS (1990)

MANGANO, Silvana
actrice italienne (1930-1989)
RIZ AMER (1949)
ANNA (1951)
GOLD OF NAPLES, THE (1954)
ULYSSES (1954)
BARABBAS (1961)
ŒDIPE ROI (1967)
TEOREMA (1968)
DÉCAMERON, LE (1971)
MORT À VENISE (1971)
VIOLENCE ET PASSION (1973)
DUNE (1984)
YEUX NOIRS, LES (1987)

MANOJLOVIC, Miki
acteur yougoslave (1950-)
PAPA EST EN VOYAGE D'AFFAIRES (1985)
AMÉRIQUE DES AUTRES, L' (1995)
UNDERGROUND (1995)
PORTRAITS CHINOIS (1996)
ARTEMISIA (1997)
CHAT NOIR, CHAT BLANC (1998)
EMPORTE-MOI (1998)
CABARET BALKAN (1999)
ENFER, L' (2005)

MANSFIELD, Jayne
actrice américaine (1932-1967)
UNDERWATER ! (1955)
FEMALE JUNGLE (1956)
GIRL CAN'T HELP IT, THE (1956)
WILL SUCCESS SPOIL ROCK HUNTER ? (1956)
KISS THEM FOR ME (1957)
IT TAKES A THIEF (1960)
TOO HOT TO HANDLE (1960)
FAT SPY (1965)

MANTEGNA, Joe
acteur américain (1947-)
ELVIS : THE MOVIE (1979)
COMPROMISING POSITIONS (1985)
THREE AMIGOS ! (1986)
HOUSE OF GAMES (1987)
SUSPECT (1987)
WEEDS (1987)
THINGS CHANGE (1988)
WAIT UNTIL SPRING, BANDINI (1989)
ALICE (1990)
GODFATHER III, THE (1990)
QUEENS LOGIC (1990)
BUGSY (1991)
HOMICIDE (1991)
BODY OF EVIDENCE (1992)
WATER ENGINE, THE (1992)
SEARCHING FOR BOBBY FISCHER (1993)
BABY'S DAY OUT (1994)
EYE FOR AN EYE (1995)
FORGET PARIS (1995)
NATIONAL LAMPOON'S
FAVORITE DEADLY SINS (1995)
ALBINO ALLIGATOR (1996)
UP CLOSE AND PERSONAL (1996)
CELEBRITY (1998)
RAT PACK, THE (1998)
WONDERFUL ICE CREAM SUIT, THE (1998)
LIBERTY HEIGHTS (1999)
STATESIDE (2004)
NINE LIVES (2005)

MARAIS, Jean
acteur français (1913-1998)
ÉTERNEL RETOUR, L' (1943)
BELLE ET LA BÊTE, LA (1946)
AIGLE À DEUX TÊTES, L' (1948)
PARENTS TERRIBLES, LES (1948)
ORPHÉE (1949)
ÉLÉNA ET LES HOMMES (1956)
TOUTE LA VILLE ACCUSE (1956)
NUITS BLANCHES (1957)
VIE À DEUX, LA (1958)
TESTAMENT D'ORPHÉE, LE (1959)
ENLEVÈMENT DES SABINES, L' (1961)
FANTÔMAS (1964)
FANTÔMAS SE DÉCHAÎNE (1965)
FANTÔMAS CONTRE SCOTLAND YARD (1967)
PEAU D'ÂNE (1970)
PARKING (1985)
MISÉRABLES DU XXe SIÈCLE, LES (1995)
STEALING BEAUTY (1996)

MARCEAU, Sophie
actrice française (1966-)
BOUM II, LA (1982)
FORT SAGANNE (1983)
JOYEUSES PÂQUES (1984)
AMOUR BRAQUE, L' (1985)
POLICE (1985)
DESCENTE AUX ENFERS (1986)
CHOUANS ! (1988)
ÉTUDIANTE, L' (1988)
MES NUITS SONT PLUS BELLES
QUE VOS JOURS (1989)
POUR SACHA (1991)
FANFAN (1992)
FILLE DE D'ARTAGNAN, LA (1994)
BRAVEHEART (1995)
PAR-DELÀ LES NUAGES (1995)
FIRELIGHT (1997)
LEO TOLSTOY'S ANNA KARENINA (1997)
MARQUISE (1997)
WORLD IS NOT ENOUGH, THE (1999)
BELPHÉGOR : LE FANTÔME DU LOUVRE (2001)
ALEX AND EMMA (2003)

JE RESTE ! (2003)
ANTHONY ZIMMER (2005)

MARCH, Fredric
acteur américain (1897-1975)
DR. JEKYLL AND MR. HYDE (1932)
SMILIN' THROUGH (1932)
EAGLE AND THE HAWK, THE (1933)
SIGN OF THE CROSS, THE (1933)
BARRETTS OF WIMPOLE STREET (1934)
WE LIVE AGAIN (1934)
ANNA KARENINA (1935)
DARK ANGEL, THE (1935)
MISÉRABLES, LES (1935)
ANTHONY ADVERSE (1936)
MARY OF SCOTLAND (1936)
NOTHING SACRED (1937)
STAR IS BORN, A (1937)
SUSAN AND GOD (1940)
SO ENDS OUR NIGHT (1941)
I MARRIED A WITCH (1943)
ADVENTURES OF MARK TWAIN, THE (1944)
BEST YEARS OF OUR LIVES, THE (1946)
BRIDGES AT TOKO-RI, THE (1954)
EXECUTIVE SUITE (1954)
DESPERATE HOURS, THE (1955)
MAN IN THE GRAY FLANNEL SUIT, THE (1955)
ALEXANDER THE GREAT (1956)
INHERIT THE WIND (1960)
SEVEN DAYS IN MAY (1963)
HOMBRE (1967)
ICEMAN COMETH, THE (1973)

MARCHAND, Guy
acteur français (1939-)
ACROBATE, L' (1975)
ATTENTION LES YEUX (1975)
COUSIN, COUSINE (1975)
LOULOU (1979)
PLEIN SUD (1980)
GARDE À VUE (1981)
SOUS-DOUÉS EN VACANCES, LES (1981)
COUP DE FOUDRE (1983)
MORTELLE RANDONNÉE (1983)
P'TIT CON (1983)
STRESS (1984)
HOLD-UP (1985)
CONSEIL DE FAMILLE (1986)
ÉTÉ EN PENTE DOUCE, L' (1986)
NOYADE INTERDITE (1987)
BONJOUR L'ANGOISSE (1988)
MARIS, LES FEMMES, LES AMANTS, LES (1989)
RIPOUX CONTRE RIPOUX (1990)
NOUVEAU MONDE, LE (1995)
PLUS BEAU MÉTIER DU MONDE, LE (1996)
RUMBA, LA (1997)
BOÎTE, LA (2001)
MA FEMME S'APPELLE...MAURICE (2002)

MARGULIES, Julianna
actrice américaine (1966-)
NEWTON BOYS, THE (1998)
PRICE ABOVE RUBIES, A (1998)
DINOSAUR (2000)
WHAT'S COOKING ? (2000)
MAN FROM ELYSIAN FIELDS, THE (2001)
MISTS OF AVALON (2001)
EVELYN (2002)
GHOST SHIP (2002)
HITLER - THE RISE OF EVIL (2003)
HITLER THE RISE OF EVIL (2003)

MARIELLE, Jean-Pierre
acteur français (1932-)
FAITES SAUTER LA BANQUE (1964)
FEMMES, LES (1969)
SEX-SHOP (1972)
QUE LA FÊTE COMMENCE ! (1974)
GALETTES DE PONT-AVEN, LES (1975)
MOMENT D'ÉGAREMENT, UN (1977)
PLUS ÇA VA, MOINS ÇA VA (1977)
CAUSE TOUJOURS, TU M'INTÉRESSES (1979)
ENTOURLOUPE, L' (1979)
COUP DE TORCHON (1981)
PÉTROLE ! PÉTROLE ! (1981)
INDISCRÉTION, L' (1982)
HOLD-UP (1985)
TENUE DE SOIRÉE (1986)
DEUX CROCODILES, LES (1987)
QUELQUES JOURS AVEC MOI (1989)
URANUS (1990)
TOUS LES MATINS DU MONDE (1991)
MAX ET JÉRÉMIE (1992)
PARFUM D'YVONNE, LE (1993)
SOURIRE, LE (1993)
UN, DEUX, TROIS SOLEIL (1993)
GRANDS DUCS, LES (1995)
ÉLÈVE, L' (1996)
ACTEURS, LES (1999)
UNE POUR TOUTES (1999)
CLAUDE SAUTET OU
LA MAGIE INVISIBLE (2003)
PETITE LILI, LA (2003)
DEMAIN ON DÉMÉNAGE (2004)
DA VINCI CODE, THE (2006)

MARIN, Cheech
acteur américain (1946-)
UP IN SMOKE (1978)
CHEECH AND CHONG'S NICE DREAMS (1981)
THINGS ARE TOUGH ALL OVER (1982)
STILL SMOKIN' (1983)
YELLOWBEARD (1983)
AFTER HOURS (1985)
ECHO PARK (1985)
FATAL BEAUTY (1987)
GHOSTBUSTERS 2 (1989)
DESPERADO (1995)
FROM DUSK TILL DAWN (1995)
GREAT WHITE HYPE, THE (1996)
TIN CUP (1996)
PAULIE (1998)
PICKING UP THE PIECES (2000)
SPY KIDS (2001)
CHRISTMAS WITH THE KRANKS (2004)

MARLEAU, Louise
actrice québécoise (1945-)
YUL 871 (1966)
DIABLE EST PARMI NOUS, LE (1972)
BONS DÉBARRAS, LES (1979)
CONTAMINATION (1981)
FEMME DE L'HÔTEL, LA (1984)
ANNE TRISTER (1986)
À CORPS PERDU (1988)
CRUISING BAR (1989)
HISTOIRE INVENTÉE, UNE (1990)
TEMPS RETROUVÉ, LE (1991)
COMTESSE DE BATON ROUGE, LA (1997)
BARONESS AND THE PIG, THE (2002)

MARLOWE, Hugh
acteur américain (1911-1982)
COME TO THE STABLE (1949)
ALL ABOUT EVE (1950)
TWELVE O'CLOCK HIGH (1950)
DAY THE EARTH STOOD STILL, THE (1951)
RAWHIDE (1951)
BUGLES IN THE AFTERNOON (1952)
CASANOVA'S BIG NIGHT (1954)
EARTH vs. THE FLYING SAUCERS (1955)
WORLD WITHOUT END (1955)

MARSHALL, E.G.
acteur américain (1910-)
HOUSE ON 92nd STREET, THE (1944)
CALL NORTHSIDE 777 (1948)
BROKEN LANCE (1953)
CAINE MUTINY, THE (1953)
SILVER CHALICE, THE (1954)
LEFT HAND OF GOD, THE (1955)
12 ANGRY MEN (1957)
BUCCANEER, THE (1958)
CASH MC CALL (1959)
COMPULSION (1959)
TOWN WITHOUT PITY (1961)
CHASE, THE (1965)
BRIDGE AT REMAGEN, THE (1969)
PURSUIT OF HAPPINESS, THE (1970)
TORA ! TORA ! TORA ! (1970)
PURSUIT (1972)
INTERIORS (1978)
SUPERMAN II (1980)
CREEPSHOW (1982)
SAIGON : YEAR OF THE CAT (1983)
POWER (1985)
NATIONAL LAMPOON'S
CHRISTMAS VACATION (1989)
TWO EVIL EYES (1990)
CONSENTING ADULTS (1992)
NIXON (1995)
ABSOLUTE POWER (1996)

MARSHALL, Herbert
acteur anglais (1890-1966)
MURDER (1930)
BLONDE VENUS (1932)
DARK ANGEL, THE (1935)
GOOD FAIRY, THE (1935)
PAINTED VEIL, THE (1935)
ANGEL (1937)
FOREIGN CORRESPONDENT (1940)
LETTER, THE (1940)
LITTLE FOXES, THE (1941)
WHEN LADIES MEET (1941)
CRACK-UP (1946)
UNDERWORLD STORY, THE (1950)
BLACK SHIELD OF FALWORTH, THE (1954)

MARTHOURET, François
acteur français (1943-)
DOSSIER 51, LE (1978)
PETITE BANDE, LA (1982)
MARQUIS (1989)
ANNABELLE PARTAGÉE (1990)
AUX PETITS BONHEURS (1993)
SITCOM (1998)
ANGLAISE ET LE DUC, L' (2001)
TOUT LE PLAISIR EST POUR MOI (2004)

MARTIN, Alexis
acteur québécois (1964-)
32 AOÛT SUR TERRE, UN (1998)
NÔ (1998)
FORTIER SÉRIE (1999-2000)
MATRONI ET MOI (1999)
BOYS III, LES (2001)
COLLECTIONNEUR, LE (2002)
GOLEM DE MONTRÉAL, LE (2004)
AUDITION, L' (2005)
BOYS IV, LES (2005)
VICE CACHÉ (2005)

MARTIN, Dean
acteur américain (1917-1995)
MY FRIEND IRMA (1949)
AT WAR WITH THE ARMY (1950)
JUMPING JACKS (1951)
SCARED STIFF (1952)

CADDY, THE (1953)
STOOGE, THE (1953)
ARTISTS AND MODELS (1955)
PARDNERS (1955)
HOLLYWOOD OR BUST (1956)
YOUNG LIONS, THE (1958)
RIO BRAVO (1959)
SOME CAME RUNNING (1959)
BELLS ARE RINGING, THE (1960)
OCEAN'S 11 (1960)
ALL IN A NIGHT'S WORK (1961)
4 FOR TEXAS (1963)
COME BLOW YOUR HORN (1963)
TOYS IN THE ATTIC (1963)
KISS ME, STUPID (1964)
ROBIN AND THE SEVEN HOODS (1964)
WHAT A WAY TO GO ! (1964)
MARRIAGE ON THE ROCKS (1965)
SONS OF KATIE ELDER, THE (1965)
MURDERER'S ROW (1966)
SILENCERS, THE (1966)
TEXAS ACROSS THE RIVER (1966)
AMBUSHERS, THE (1967)
ROUGH NIGHT IN JERICHO (1967)
5 CARD STUD (1968)
BANDOLERO ! (1968)
WRECKING CREW, THE (1969)
AIRPORT (1970)
DEAN MARTIN RAT PACK (2004)

MARTIN, Steve
acteur américain (1945-)
JERK, THE (1979)
PENNIES FROM HEAVEN (1981)
DEAD MEN DON'T WEAR PLAID (1982)
MAN WITH TWO BRAINS, THE (1983)
ALL OF ME (1984)
LONELY GUY, THE (1984)
LITTLE SHOP OF HORRORS (1986)
THREE AMIGOS ! (1986)
ROXANNE (1987)
DIRTY ROTTEN SCOUNDRELS (1988)
PARENTHOOD (1989)
MY BLUE HEAVEN (1990)
FATHER OF THE BRIDE (1991)
GRAND CANYON (1991)
L.A. STORY (1991)
HOUSESITTER (1992)
LEAP OF FAITH (1992)
AND THE BAND PLAYED ON (1993)
MIXED NUTS (1994)
SIMPLE TWIST OF FATE, A (1994)
FATHER OF THE BRIDE 2 (1995)
SGT. BILKO (1996)
SPANISH PRISONER, THE (1997)
BOWFINGER (1999)
OUT-OF-TOWNERS, THE (1999)
NOVOCAINE (2001)
BRINGING DOWN THE HOUSE (2003)
CHEAPER BY THE DOZEN (2003)
LOONEY TUNES :
BACK IN ACTION (2003)
SHOPGIRL (2004)
CHEAPER BY THE DOZEN 2 (2005)
PINK PANTHER, THE (2006)

MARTIN, Tony
acteur australien (1955-)
TILL THE CLOUDS ROLL BY (1947)
CASBAH (1948)
TWO TICKETS TO BROADWAY (1951)
HERE COME THE GIRLS (1953)
EASY TO LOVE (1954)
HIT THE DECK (1955)
INTERVIEW, THE (1998)
INSPECTOR GADGET II (2003)

MARTINELLI, Elsa
actrice italienne (1932-)
INDIAN FIGHTER, THE (1955)
CÔTE D'AZUR (1959)
ET MOURIR DE PLAISIR (1959)
HATARI ! (1962)
DIXIÈME VICTIME, LA (1965)
MADIGAN'S MILLIONS (1967)
MAROC 7 (1967)
CANDY (1968)
MADIGAN'S MILLIONS (1968)
MALDONNE (1968)
PART DES LIONS, LA (1971)

MARTINEZ, Fele
acteur espagnol (1975-)
TESIS (1996)
OUVRE LES YEUX (1997)
AMANTS DU CERCLE POLAIRE, LES (1998)
BLACK TEARS (1998)
PARLE AVEC ELLE (2001)
DARKNESS (2002)
MAUVAISE ÉDUCATION, LA (2004)

MARTINEZ, Olivier
acteur français (1964-)
PLEIN FER (1990)
IP5 - L'ÎLE AUX PACHYDERMES (1992)
UN, DEUX, TROIS SOLEIL (1993)
HUSSARD SUR LE TOIT, LE (1995)
MON HOMME (1996)
FEMME DE CHAMBRE DU TITANIC, LA (1997)
BEFORE NIGHT FALLS (2000)
UNFAITHFUL (2002)
ROMAN SPRING OF MRS. STONE, THE (2003)
S.W.A.T. (2003)
TAKING LIVES (2004)

MARVIN, Lee
acteur américain (1924-1987)
BIG HEAT, THE (1952)
DUEL AT SILVER CREEK, THE (1952)
HANGMAN'S KNOT (1952)
STRANGER WORE A GUN, THE (1952)
WE'RE NOT MARRIED (1952)
CAINE MUTINY, THE (1953)
GUN FURY (1953)
WILD ONE, THE (1953)
BAD DAY AT BLACK ROCK (1954)
PETE KELLY'S BLUES (1954)
I DIED A THOUSAND TIMES (1955)
NOT AS A STRANGER (1955)
SHACK OUT ON 101 (1955)
ATTACK ! (1956)
SEVEN MEN FROM NOW (1956)
RAINTREE COUNTY (1957)
MISSOURI TRAVELER, THE (1958)
COMANCHEROS, THE (1961)
MAN WHO SHOT
LIBERTY VALANCE, THE (1962)
DONOVAN'S REEF (1963)
KILLERS, THE (1964)
CAT BALLOU (1965)
SHIP OF FOOLS (1965)
PROFESSIONALS, THE (1966)
DIRTY DOZEN, THE (1967)
POINT BLANK (1967)
HELL IN THE PACIFIC (1968)
PAINT YOUR WAGON (1969)
MONTE WALSH (1970)
POCKET MONEY (1972)
PRIME CUT (1972)
EMPEROR OF THE NORTH (1973)
ICEMAN COMETH, THE (1973)
KLANSMAN, THE (1974)
BIG RED ONE, THE (1980)
DEATH HUNT (1981)
CANICULE (1983)
GORKY PARK (1983)
DELTA FORCE, THE (1986)

MARX, Chico
acteur américain (1887-1961)
COCOANUTS, THE (1929)
ANIMAL CRACKERS (1930)
MONKEY BUSINESS (1931)
HORSE FEATHERS (1932)
DUCK SOUP (1934)
NIGHT AT THE OPERA, A (1935)
DAY AT THE RACES, A (1937)
AT THE CIRCUS (1938)
ROOM SERVICE (1938)
BIG STORE, THE (1941)
GO WEST (1941)
NIGHT IN CASABLANCA, A (1945)
LOVE HAPPY (1949)

MARX, Groucho
acteur américain (1890-1977)
COCOANUTS, THE (1929)
ANIMAL CRACKERS (1930)
MONKEY BUSINESS (1931)
HORSE FEATHERS (1932)
DUCK SOUP (1934)
NIGHT AT THE OPERA, A (1935)
DAY AT THE RACES, A (1937)
AT THE CIRCUS (1938)
ROOM SERVICE (1938)
BIG STORE, THE (1941)
GO WEST (1941)
NIGHT IN CASABLANCA, A (1945)
COPACABANA (1947)
LOVE HAPPY (1949)
MR. MUSIC (1950)
DOUBLE DYNAMITE (1951)
WILL SUCCESS SPOIL ROCK HUNTER ? (1956)
GROUCHO MARX : YOU BET YOUR LIFE :
LOST EPISODES (2003)

MARX, Harpo
acteur américain (1888-1964)
COCOANUTS, THE (1929)
ANIMAL CRACKERS (1930)
MONKEY BUSINESS (1931)
HORSE FEATHERS (1932)
DUCK SOUP (1934)
NIGHT AT THE OPERA, A (1935)
DAY AT THE RACES, A (1937)
AT THE CIRCUS (1938)
ROOM SERVICE (1938)
BIG STORE, THE (1941)
GO WEST (1941)
NIGHT IN CASABLANCA, A (1945)
LOVE HAPPY (1949)

MASINA, Giulietta
actrice italienne (1921-1994)
COURRIER DU CŒUR, LE (1952)
EUROPE 51 (1952)
FEUX DU MUSIC-HALL, LES (1952)
STRADA, LA (1954)
BIDONE, IL (1955)
NUITS DE CABIRIA, LES (1957)
JULIETTE DES ESPRITS (1965)
GINGER ET FRED (1985)
AUJOURD'HUI PEUT-ÊTRE (1990)

MASON, James
acteur anglais (1909-1984)
MILL ON THE FLOSS, THE (1937)
HOTEL RESERVE (1945)
SEVENTH VEIL, THE (1945)

ODD MAN OUT (1946)
CAUGHT (1949)
EAST SIDE, WEST SIDE (1949)
MADAME BOVARY (1949)
DESERT FOX, THE (1951)
PANDORA AND
THE FLYING DUTCHMAN (1951)
5 FINGERS (1952)
PRISONER OF ZENDA, THE (1952)
DESERT RATS, THE (1953)
JULIUS CAESAR (1953)
PRINCE VALIANT (1953)
20,000 LEAGUES UNDER THE SEA (1954)
STAR IS BORN, A (1954)
FOREVER DARLING (1955)
ISLAND IN THE SUN (1956)
JOURNEY TO THE CENTER
OF THE EARTH (1959)
NORTH BY NORTHWEST (1959)
LOLITA (1962)
FALL OF THE ROMAN EMPIRE, THE (1963)
LORD JIM (1964)
PUMPKIN EATER, THE (1964)
BLUE MAX, THE (1966)
GEORGY GIRL (1966)
MAYERLING (1968)
DE LA PART DES COPAINS (1970)
KILL ! (1971)
LAST OF SHEILA, THE (1973)
MACKINTOSH MAN, THE (1973)
AUTOBIOGRAPHY OF A PRINCESS (1975)
MANDINGO (1975)
JESUS OF NAZARETH (1976)
VOYAGE OF THE DAMNED (1976)
CROSS OF IRON (1977)
BOYS FROM BRAZIL, THE (1978)
HEAVEN CAN WAIT (1978)
MURDER BY DECREE (1978)
BLOODLINE (1979)
SALEM'S LOT : THE MOVIE (1979)
WATER BABIES, THE (1979)
FFOLKES (1980)
EVIL UNDER THE SUN (1981)
IVANHOE (1982)
VERDICT, THE (1982)
SHOOTING PARTY, THE (1984)

MASSARI, Léa
actrice italienne (1934-)
AVVENTURA, L' (1960)
COLOSSE DE RHODES, LE (1961)
CHARGE DES REBELLES, LA (1963)
CHOSES DE LA VIE, LES (1970)
SOUFFLE AU CŒUR, LE (1971)
PROFESSEUR, LE (1972)
FEMME EN BLEU, LA (1973)
ALLONSANFAN (1974)
ORDINATEUR DES POMPES
FUNÈBRES, L' (1976)
CROCS DU DIABLE, LES (1977)
CHRIST S'EST ARRÊTÉ À EBOLI, LE (1979)
CÉLESTE (1981)
GAMBLER, LA (1981)
SARAH (1983)
7e CIBLE, LA (1984)

MASSEY, Anna
actrice anglaise (1937-)
PEEPING TOM (1959)
BUNNY LAKE IS MISSING (1965)
ANGELS & INSECTS (1995)
DRIFTWOOD (1997)
CAPTAIN JACK (1999)
IMPORTANCE OF
BEING EARNEST, THE (2002)
MACHINIST, THE (2004)

MASSEY, Raymond
acteur canadien (1896-1983)
OLD DARK HOUSE, THE (1932)
SCARLET PIMPERNEL, THE (1934)
THINGS TO COME (1936)
UNDER THE RED ROBE (1936)
HURRICANE, THE (1937)
DRUMS, THE (1938)
49th PARALLEL, THE (1940)
ABE LINCOLN IN ILLINOIS (1940)
SANTA FE TRAIL (1940)
REAP THE WILD WIND (1942)
ACTION IN THE NORTH ATLANTIC (1943)
ARSENIC AND OLD LACE (1944)
WOMAN IN THE WINDOW, THE (1944)
STAIRWAY TO HEAVEN (1946)
MOURNING BECOMES ELECTRA (1947)
POSSESSED (1947)
FOUNTAINHEAD, THE (1949)
CHAIN LIGHTNING (1950)
DALLAS (1950)
DAVID AND BATHSHEBA (1951)
DESERT SONG, THE (1953)
BATTLE CRY (1954)
EAST OF EDEN (1955)
GREAT IMPOSTOR, THE (1961)
HOW THE WEST WAS WON (1962)

MASTERSON, Mary Stuart
actrice américaine (1967-)
HEAVEN HELP US (1984)
AT CLOSE RANGE (1985)
GARDENS OF STONE (1987)
SOME KIND OF WONDERFUL (1987)
MR. NORTH (1988)
CHANCES ARE (1989)
IMMEDIATE FAMILY (1989)
FUNNY ABOUT LOVE (1990)
FRIED GREEN TOMATOES (1991)
MARRIED TO IT (1991)
BENNY & JOON (1993)
BAD GIRLS (1994)
RADIOLAND MURDERS (1994)
BED OF ROSES (1995)
HEAVEN'S PRISONERS (1995)
DOGTOWN (1997)
DIGGING TO CHINA (1998)
BOOK OF STARS, THE (1999)
SISTERS, THE (2005)

MASTROIANNI, Chiara
actrice italo-française (1972-)
MA SAISON PRÉFÉRÉE (1993)
COMMENT JE ME SUIS DISPUTÉ...
(MA VIE SEXUELLE) (1995)
JOURNAL D'UN SÉDUCTEUR, LE (1995)
N'OUBLIE PAS QUE TU VAS MOURIR (1995)
TROIS VIES ET UNE SEULE MORT (1995)
VOLEURS, LES (1996)
NOWHERE (1997)
À VENDRE (1998)
TEMPS RETROUVÉ, LE (1999)
CARNAGES (2002)
SEARCHING FOR DEBRA WINGER (2002)
IL EST PLUS FACILE POUR
UN CHAMEAU... (2003)

MASTROIANNI, Marcello
acteur italien (1923-1996)
CHANCE D'ÊTRE FEMME, LA (1957)
NUITS BLANCHES (1957)
PIGEON, LE (1958)
BEL ANTONIO, LE (1960)
DOLCE VITA, LA (1960)
DIVORCE À L'ITALIENNE (1961)
8 1/2 (1963)
CAMARADES, LES (1963)
MARIAGE À L'ITALIENNE (1964)
YESTERDAY, TODAY AND TOMORROW (1964)
DIXIÈME VICTIME, LA (1965)
FLEURS DU SOLEIL, LES (1969)
TEMPS DES AMANTS, LE (1969)
ÇA N'ARRIVE QU'AUX AUTRES (1971)
DIARY OF FORBIDDEN DREAMS (1972)
ÉVÉNEMENT LE PLUS IMPORTANT
DEPUIS QUE L'HOMME A MARCHÉ
SUR LA LUNE, L' (1973)
GRANDE BOUFFE, LA (1973)
SALUT L'ARTISTE ! (1973)
TOUCHE PAS LA FEMME BLANCHE (1973)
ALLONSANFAN (1974)
FEMME DU DIMANCHE, LA (1975)
MESDAMES ET MESSIEURS, BONSOIR (1976)
JOURNÉE PARTICULIÈRE, UNE (1977)
MAÎTRESSE LÉGITIME, LA (1977)
RÊVE DE SINGE (1977)
FILLE, LA (1978)
MÉLODIE MEURTRIÈRE (1978)
CITÉ DES FEMMES, LA (1979)
GRAND EMBOUTEILLAGE, LE (1979)
DERRIÈRE LA PORTE (1982)
NUIT DE VARENNES, LA (1982)
GABRIELA (1983)
HISTOIRE DE PIERRA, L' (1983)
HENRY IV (1984)
BIG DEAL ON MADONNA STREET -
20 YEARS LATER (1985)
DEUX INCONNUS DANS LA VILLE (1985)
GINGER ET FRED (1985)
MACARONI (1985)
INTERVISTA (1987)
YEUX NOIRS, LES (1987)
QUELLE HEURE EST-IL ? (1989)
DANS LA SOIRÉE (1990)
ILS VONT TOUS BIEN (1990)
PAS SUSPENDU DE LA CIGOGNE, LE (1991)
FINE ROMANCE, A (1992)
USED PEOPLE (1992)
I DON'T WANT TO TALK ABOUT IT (1993)
UN, DEUX, TROIS SOLEIL (1993)
CENT ET UNE NUITS, LES (1994)
PRÊT-À-PORTER (1994)
PAR-DELÀ LES NUAGES (1995)
TROIS VIES ET UNE SEULE MORT (1995)
VOYAGE AU DÉBUT DU MONDE (1997)

MASUR, Richard
acteur américain (1948-)
I'M DANCING AS FAST AS I CAN (1981)
RISKY BUSINESS (1983)
BURNING BED, THE (1984)
SHOOT TO KILL (1988)
IT (1990)
SIX DEGREES OF SEPARATION (1993)
MULTIPLICITY (1996)

MATHESON, Tim
acteur américain (1947-)
NATIONAL LAMPOON'S ANIMAL HOUSE (1978)
A LITTLE SEX (1982)
TO BE OR NOT TO BE (1983)
IMPULSE (1984)
BURIED ALIVE (1990)
SOMETIMES THEY COME BACK (1991)
BLACK SHEEP (1995)
VERY BRADY SEQUEL, A (1996)
STORY OF US, THE (1999)

MATHIS, Samantha
actrice américaine (1970-)
PUMP UP THE VOLUME (1990)
THING CALLED LOVE, THE (1993)

LITTLE WOMEN (1994)
AMERICAN PRESIDENT, THE (1995)
JACK & SARAH (1995)
BROKEN ARROW (1996)
AMERICAN PSYCHO (2000)
MISTS OF AVALON (2001)
SALEM'S LOT:
THE MINISERIES (2004)
KIDS IN AMERICA (2005)

MATTES, Eva
actrice allemande (1954-)
LARMES AMÈRES DE
PETRA VON KANT, LES (1972)
BALLADE DE BRUNO, LA (1977)
DAVID (1979)
IN A YEAR OF THIRTEEN MOONS (1979)
WOYZECK (1979)
MAN LIKE EVA, A (1983)
FÉLIX (1987)
ENEMY AT THE GATES (2000)

MATTHAU, Walter
acteur américain (1920-2000)
INDIAN FIGHTER, THE (1955)
KENTUCKIAN, THE (1955)
FACE IN THE CROWD, A (1957)
KING CREOLE (1958)
ONIONHEAD (1958)
STRANGERS WHEN WE MEET (1960)
LONELY ARE THE BRAVE (1962)
CHARADE (1963)
ENSIGN PULVER (1964)
FAIL-SAFE (1964)
GOODBYE CHARLIE (1964)
MIRAGE (1965)
FORTUNE COOKIE, THE (1966)
ODD COUPLE, THE (1967)
CANDY (1968)
SECRET LIFE OF
AN AMERICAN WIFE, THE (1968)
CACTUS FLOWER (1969)
HELLO, DOLLY! (1969)
NEW LEAF, A (1970)
PLAZA SUITE (1970)
KOTCH (1971)
CHARLEY VARRICK (1973)
LAUGHING POLICEMAN, THE (1973)
EARTHQUAKE (1974)
FRONT PAGE, THE (1974)
TAKING OF PELHAM
ONE TWO THREE, THE (1974)
SUNSHINE BOYS, THE (1975)
BAD NEWS BEARS, THE (1976)
CALIFORNIA SUITE (1978)
HOUSE CALLS (1978)
HOPSCOTCH (1980)
LITTLE MISS MARKER (1980)
BUDDY BUDDY (1981)
FIRST MONDAY IN OCTOBER (1981)
I OUGHT TO BE IN PICTURES (1982)
SURVIVORS, THE (1983)
PIRATES (1986)
COUCH TRIP, THE (1987)
PETIT DIABLE, LE (1988)
INCIDENT, THE (1990)
JFK (1991)
DENNIS THE MENACE (1993)
GRUMPY OLD MEN (1993)
I.Q. (1994)
GRUMPIER OLD MEN (1995)
GRASS HARP, THE (1996)
I'M NOT RAPPAPORT (1996)
OUT TO SEA (1997)
ODD COUPLE II, THE (1998)
HANGING UP (2000)

MATURE, Victor
acteur américain (1915-1999)
I WAKE UP SCREAMING (1941)
SHANGHAI GESTURE, THE (1941)
SONG OF THE ISLANDS (1941)
FOOTLIGHT SERENADE (1942)
KISS OF DEATH (1946)
MY DARLING CLEMENTINE (1946)
EASY LIVING (1949)
SAMSON AND DELILAH (1950)
ANDROCLES AND THE LION (1952)
MILLION DOLLAR MERMAID (1952)
EGYPTIAN, THE (1953)
ROBE, THE (1953)
DEMETRIUS AND THE GLADIATORS (1954)
SAVAGE WILDERNESS (1956)
ESCORT WEST (1959)
AFTER THE FOX (1966)
HEAD: STARRING THE MONKEES (1968)

MAURA, Carmen
actrice espagnole (1946-)
PEPI, LUCI, BOM AND THE OTHER GIRLS (1980)
DARK HABITS (1983)
WHAT HAVE I DONE TO DESERVE THIS? (1984)
MATADOR (1985)
BÂTON ROUGE (1988)
FEMMES AU BORD
DE LA CRISE DE NERFS (1988)
LOI DU DÉSIR, LA (1988)
AY, CARMELA! (1990)
SUR LA TERRE COMME AU CIEL (1991)
LOUIS, ENFANT ROI (1992)
SHADOWS IN A CONFLICT (1993)
EXTRAMUROS (1994)
BONHEUR EST DANS LE PRÉ, LE (1995)
ELLES (1997)
ALICE ET MARTIN (1998)
LISBON (1998)
COMUNIDAD, LA (2000)
800 BULLETS (2002)
BULLETS (2002)
VALENTIN (2002)
PACTE DU SILENCE, LE (2003)
PROMISE, THE (2004)
FREE ZONE (2005)

MAXWELL, Lois
actrice canadienne (1927-)
STAIRWAY TO HEAVEN (1946)
DARK PAST, THE (1948)
TIME WITHOUT PITY (1956)
DR. NO (1962)
LOLITA (1962)
FROM RUSSIA WITH LOVE (1963)
HAUNTING, THE (1963)
GOLDFINGER (1964)
THUNDERBALL (1965)
YOU ONLY LIVE TWICE (1967)
ON HER MAJESTY'S SECRET SERVICE (1969)
DIAMONDS ARE FOREVER (1971)
ENDLESS NIGHT (1971)
LIVE AND LET DIE (1973)
MAN WITH THE GOLDEN GUN, THE (1974)
SPY WHO LOVED ME, THE (1977)
MOONRAKER (1979)
FOR YOUR EYES ONLY (1981)
OCTOPUSSY (1983)
VIEW TO A KILL, A (1985)

MAY, Mathilda
actrice française (1965-)
ROIS DU GAG, LES (1984)
LETTERS TO AN UNKNOWN LOVER (1985)
LIFEFORCE (1985)
DIABLE AU CORPS, LE (1986)
CRI DU HIBOU, LE (1987)
TROIS PLACES POUR LE 26 (1988)
NAKED TANGO (1990)
BECOMING COLETTE (1991)
CERRO TORRE: SCREAM OF STONE (1991)
TOUTES PEINES CONFONDUES (1992)
GROSSE FATIGUE (1994)
LÀ-BAS MON PAYS (2000)

MAYO, Virginia
actrice américaine (1920-)
PRINCESS AND THE PIRATE, THE (1944)
WONDER MAN (1945)
BEST YEARS OF OUR LIVES, THE (1946)
SECRET LIFE OF WALTER MITTY, THE (1947)
KID FROM BROOKLYN, THE (1949)
WHITE HEAT (1949)
FLAME AND THE ARROW, THE (1950)
CAPTAIN HORATIO HORNBLOWER (1951)
PEARL OF THE SOUTH PACIFIC (1955)
PROUD ONES (1955)
CASTLE OF EVIL (1966)

MAZAR, Debi
actrice américaine (1964-)
LITTLE MAN TATE (1991)
MONEY FOR NOTHING (1993)
GIRL 6 (1996)
TREES LOUNGE (1996)
HUSH (1997)
NOWHERE (1997)
WITNESS TO THE MOB (1998)
FROGS FOR SNAKES (1999)
TEN TINY LOVE STORIES (2001)
TUXEDO, THE (2002)
MY TINY UNIVERSE (2004)

MAZURSKY, Paul
acteur américain (1930-)
BLACKBOARD JUNGLE (1955)
I LOVE YOU, ALICE B. TOKLAS (1968)
BOB & CAROL & TED & ALICE (1969)
ALEX IN WONDERLAND (1970)
BLUME IN LOVE (1973)
HARRY AND TONTO (1974)
STAR IS BORN, A (1976)
UNMARRIED WOMAN, AN (1977)
WILLIE AND PHIL (1980)
HISTORY OF THE WORLD, PART 1 (1981)
TEMPEST (1982)
MOSCOW ON THE HUDSON (1984)
INTO THE NIGHT (1985)
DOWN AND OUT IN BEVERLY HILLS (1986)
MOON OVER PARADOR (1988)
PUNCHLINE (1988)
ENEMIES, A LOVE STORY (1989)
SCENES FROM THE CLASS STRUGGLE
IN BEVERLY HILLS (1989)
SCENES FROM A MALL (1991)
MAN TROUBLE (1992)
LOVE AFFAIR (1994)
MIAMI RHAPSODY (1995)
2 DAYS IN THE VALLEY (1996)
FAITHFUL (1996)
WEAPONS OF MASS DISTRACTION (1997)
WHY DO FOOLS FALL IN LOVE (1998)
BIG SHOT'S FUNERAL (2000)

McCARTHY, Andrew
acteur américain (1962-)
CLASS (1983)
HEAVEN HELP US (1984)
ST. ELMO'S FIRE (1985)
PRETTY IN PINK (1986)
LESS THAN ZERO (1987)
MANNEQUIN (1987)

FRESH HORSES (1988)
KANSAS (1988)
CLUB EXTINCTION (1989)
JOURS TRANQUILLES À CLICHY (1989)
WEEKEND AT BERNIE'S (1989)
YEAR OF THE GUN (1991)
WEEKEND AT BERNIE'S II (1992)
JOY LUCK CLUB, THE (1993)
MRS. PARKER AND
THE VICIOUS CIRCLE (1994)
NIGHT OF THE RUNNING MAN (1994)
DEAD FUNNY (1995)
HEIST, THE (1996)
MULHOLLAND FALLS (1996)
NEW WATERFORD GIRL (1999)
KINGDOM HOSPITAL (2004)

McCARTHY, Kevin
acteur américain (1914-)
MISFITS, THE (1961)
GATHERING OF EAGLES, A (1963)
PRIZE, THE (1963)
BEST MAN, THE (1964)
MIRAGE (1965)
ACE HIGH (1968)
KANSAS CITY BOMBER (1972)
INVASION OF THE BODY SNATCHERS (1978)
PIRANHA (1978)
HOWLING, THE (1980)
TWILIGHT ZONE : THE MOVIE (1983)
MIDNIGHT HOUR, THE (1985)
INNERSPACE (1987)
UHF (1989)
JUST CAUSE (1995)
SECOND CIVIL WAR (1997)

McCARTHY, Sheila
actrice canadienne (1956-)
I'VE HEARD THE MERMAIDS SINGING (1987)
BEETHOVEN LIVES UPSTAIRS (1989)
DIE HARD 2 : DIE HARDER (1990)
WHITE ROOM (1990)
MONTRÉAL VU PAR... (1991)
PARADISE (1991)
STEPPING OUT (1991)
LOTUS EATERS, THE (1993)

McCONAUGHEY, Matthew
acteur américain (1969-)
BOYS ON THE SIDE (1994)
LONE STAR (1995)
TEXAS CHAINSAW MASSACRE :
THE NEXT GENERATION (1995)
AMISTAD (1997)
CONTACT (1997)
NEWTON BOYS, THE (1998)
ED TV (1999)
U-571 (2000)
13 CONVERSATIONS
ABOUT ONE THING (2001)
FRAILTY (2001)
WEDDING PLANNER, THE (2001)
REIGN OF FIRE (2002)
HOW TO LOSE A GUY IN 10 DAYS (2003)
TIPTOES (2003)
SAHARA (2005)
TWO FOR THE MONEY (2005)
FAILURE TO LUNCH (2006)

McCORMACK, Catherine
actrice anglaise (1972-)
BRAVEHEART (1995)
NORTH STAR (1995)
LOADED (1996)
DANGEROUS BEAUTY (1997)
DANCING AT LUGHNASA (1998)
RUMOR OF ANGELS, A (2000)
SHADOW OF THE VAMPIRE (2000)
WEIGHT OF WATER, THE (2000)
SPY GAME (2001)
TAILOR OF PANAMA, THE (2001)
SOUND OF THUNDER, A (2005)

McCREA, Joel
acteur américain (1905-1990)
MOST DANGEROUS GAME, THE (1932)
BARBARY COAST (1935)
COME AND GET IT (1936)
DEAD END (1936)
THESE THREE (1936)
INTERNES CAN'T TAKE MONEY (1937)
THEY SHALL HAVE MUSIC (1939)
FOREIGN CORRESPONDENT (1940)
PRIMROSE PATH, THE (1940)
UNION PACIFIC (1940)
PALM BEACH STORY, THE (1941)
SULLIVAN'S TRAVELS (1941)
GREAT MAN'S LADY, THE (1942)
MORE THE MERRIER, THE (1943)
BUFFALO BILL (1944)
GREAT MOMENT, THE (1944)
RAMROD (1946)
VIRGINIAN, THE (1946)
FOUR FACES WEST (1948)
STARS IN MY CROWN (1950)
RIDE THE HIGH COUNTRY (1962)

McDERMOTT, Dylan
acteur américain (1961-)
HAMBURGER HILL (1987)
HARDWARE (1990)
JERSEY GIRL (1992)
COWBOY WAY, THE (1994)
TIL' THERE WAS YOU (1997)
WONDERLAND (2003)
TENANTS, THE (2006)

McDONALD, Christopher
acteur américain (1955-)
CHANCES ARE (1989)
MONKEY TROUBLE (1994)
HAPPY GILMORE (1995)
TUSKEGEE AIRMEN, THE (1995)
UNFORGETTABLE (1996)
FLUBBER (1997)
INTO THIN AIR : DEATH ON EVEREST (1997)
LAWN DOGS (1997)
S.L.C. PUNK ! (1998)
PERFECT STORM, THE (2000)
REQUIEM FOR A DREAM (2000)

McDORMAND, Frances
actrice américaine (1957-)
BLOOD SIMPLE (1983)
DARKMAN (1990)
HIDDEN AGENDA (1990)
BEYOND RANGOON (1995)
FARGO (1995)
LONE STAR (1995)
PRIMAL FEAR (1996)
PARADISE ROAD (1997)
MADELINE (1998)
TALK OF ANGELS (1998)
ALMOST FAMOUS (2000)
WONDER BOYS (2000)
MAN WHO WASN'T THERE, THE (2001)
CITY BY THE SEA (2002)
LAUREL CANYON (2002)
SOMETHING'S GOTTA GIVE (2003)
AEON FLUX (2005)
NORTH COUNTRY (2005)
FRIENDS WITH MONEY (2006)

McDOWALL, Roddy
acteur anglais (1928-1998)
HOW GREEN WAS MY VALLEY (1940)
SON OF FURY (1942)
LASSIE COME HOME (1943)
WHITE CLIFFS OF DOVER, THE (1943)
KEYS OF THE KINGDOM, THE (1946)
MIDNIGHT LACE (1960)
LONGEST DAY, THE (1962)
CLEOPATRA (1963)
GREATEST STORY EVER TOLD, THE (1965)
INSIDE DAISY CLOVER (1965)
LOVED ONE, THE (1965)
THAT DARN CAT ! (1965)
LORD LOVE A DUCK (1966)
PLANET OF THE APES (1967)
5 CARD STUD (1968)
BEDKNOBS AND BROOMSTICKS (1971)
ESCAPE FROM THE PLANET
OF THE APES (1971)
MACBETH (1971)
CONQUEST OF THE PLANET
OF THE APES (1972)
LIFE AND TIMES OF
JUDGE ROY BEAN (1972)
POSEIDON ADVENTURE, THE (1972)
BATTLE FOR THE PLANET
OF THE APES (1973)
LEGEND OF HELL HOUSE, THE (1973)
FUNNY LADY (1974)
CIRCLE OF IRON (1978)
LASERBLAST (1978)
CHARLIE CHAN AND THE CURSE
OF THE DRAGON QUEEN (1980)
RETURN OF THE KING, THE (1980)
EVIL UNDER THE SUN (1981)
CLASS OF 1984 (1982)
FRIGHT NIGHT (1985)
DEAD OF WINTER (1987)
BIG PICTURE, THE (1988)
FRIGHT NIGHT PART II (1988)
AROUND THE WORLD IN 80 DAYS (1989)
CARMILLA (1990)
IT'S MY PARTY (1995)
KEEPERS OF THE FRAME (1999)

McDOWELL, Malcolm
acteur anglais (1943-)
IF.... (1968)
CLOCKWORK ORANGE, A (1971)
O LUCKY MAN ! (1973)
VOYAGE OF THE DAMNED (1976)
CALIGULA (1979)
TIME AFTER TIME (1979)
LOOK BACK IN ANGER (1980)
BLUE THUNDER (1982)
BRITANNIA HOSPITAL (1982)
CAT PEOPLE (1982)
CROSS CREEK (1983)
SUNSET (1988)
IL MAESTRO (1989)
MOON 44 (1989)
PLAYER, THE (1992)
BOPHA ! (1993)
STAR TREK : GENERATIONS (1994)
KIDS OF THE ROUND TABLE (1995)
TANK GIRL (1995)
HUGO POOL (1997)
MY LIFE SO FAR (1999)
GANGSTER NO.1 (2000)
BETWEEN STRANGERS (2002)
I SPY (2002)
COMPANY, THE (2003)
I'LL SLEEP WHEN I'M DEAD (2003)
TEMPO (2003)
BOBBY JONES, STROKE OF GENIUS (2004)

McELHONE, Natascha
actrice anglaise (1971-)
SURVIVING PICASSO (1996)
RONIN (1998)
TRUMAN SHOW, THE (1998)
LOVE'S LABOUR'S LOST (1999)
CONTAMINATED MAN (2000)
CITY OF GHOSTS (2002)
FEAR DOT COM (2002)
KILLING ME SOFTLY (2002)
LAUREL CANYON (2002)
SOLARIS (2002)
LADIES IN LAVENDER (2004)
GUY X (2005)

McGANN, Paul
acteur anglais (1959-)
WITHNAIL AND I (1986)
IMPORTANCE OF
BEING EARNEST, THE (1988)
RAINBOW, THE (1988)
AFRAID OF THE DARK (1991)
ALIEN 3 (1992)
CATHERINE THE GREAT (1995)
FAIRY TALE : A TRUE STORY (1997)
OUR MUTUAL FRIEND (1998)

McGAVIN, Darren
acteur américain (1922-2006)
COURT-MARTIAL OF
BILLY MITCHELL, THE (1955)
MAN WITH THE GOLDEN ARM, THE (1955)
SUMMERTIME (1955)
DELICATE DELINQUENT, THE (1956)
NIGHT STALKER, THE /
NIGHT STRANGLER, THE (1972)
KOLCHAK NIGHT STALKER
ORIGINAL SERIES (1974)
AIRPORT '77 (1977)
CHRISTMAS STORY, A (1983)
BARON AND THE KID, THE (1984)
NATURAL, THE (1984)
TURK 182 (1985)
RAW DEAL (1986)
FROM THE HIP (1987)
AROUND THE WORLD IN 80 DAYS (1989)
BLOOD AND CONCRETE (1991)
BILLY MADISON (1995)

McGILL, Bruce
acteur américain (1950-)
TOUGH ENOUGH (1982)
LAST BOY SCOUT, THE (1991)
LAWN DOGS (1997)
LEGEND OF BAGGER VANCE, THE (2000)
SHALLOW HAL (2001)
PATH TO WAR (2002)
LEGALLY BLONDE 2 :
RED, WHITE & BLONDE (2003)
MATCHSTICK MEN (2003)
COLLATERAL (2004)
CINDERELLA MAN (2005)

McGILLIS, Kelly
actrice américaine (1957-)
WITNESS (1985)
TOP GUN (1986)
MADE IN HEAVEN (1987)
ACCUSED, THE (1988)
CAT CHASER (1988)
HOUSE ON CARROLL STREET, THE (1988)
WINTER PEOPLE (1989)
BABE, THE (1992)
NORTH (1994)
AT FIRST SIGHT (1998)
MONKEY'S MASK, THE (2000)

McGINLEY, John C.
acteur américain (1959-)
TALK RADIO (1988)
CAR 54, WHERE ARE YOU ? (1991)
POINT BREAK (1991)
BORN TO BE WILD (1995)
NOTHING TO LOSE (1997)
GET CARTER (2000)
ANIMAL, THE (2001)

McGOVERN, Elizabeth
actrice américaine (1961-)
ORDINARY PEOPLE (1980)
RAGTIME (1981)
ONCE UPON A TIME IN AMERICA (1984)
RACING WITH THE MOON (1984)
BEDROOM WINDOW, THE (1987)
DEAR AMERICA : LETTERS HOME
FROM VIETNAM (1987)
SHE'S HAVING A BABY (1987)
JOHNNY HANDSOME (1989)
HANDMAID'S TALE, THE (1990)
SHOCK TO THE SYSTEM, A (1990)
TUNE IN TOMORROW... (1990)
WOMEN AND MEN :
STORIES OF SEDUCTION (1990)
KING OF THE HILL (1993)
FAVOR, THE (1994)
WINGS OF COURAGE (1995)
HOUSE OF MIRTH, THE (2000)

McGREGOR, Ewan
acteur anglais (1971-)
SHALLOW GRAVE (1994)
TRAINSPOTTING (1995)
BRASSED OFF (1996)
EMMA (1996)
PILLOW BOOK, THE (1996)
LIFE LESS ORDINARY, A (1997)
NIGHTWATCH (1997)
SERPENT'S KISS (1997)
LITTLE VOICE (1998)
VELVET GOLDMINE (1998)
EYE OF THE BEHOLDER (1999)
NORA (1999)
ROGUE TRADER (1999)
STAR WARS EPISODE I -
THE PHANTOM MENACE (1999)
BLACK HAWK DOWN (2001)
MOULIN ROUGE (2001)
STAR WARS EPISODE II :
ATTACK OF THE CLONES (2002)
YOUNG ADAM (2002)
BIG FISH (2003)
DOWN WITH LOVE (2003)
ISLAND, THE (2005)
STAR WARS EPISODE III -
REVENGE OF THE SITH (2005)
STAY (2005)

McGUIRE, Dorothy
actrice américaine (1916-2001)
SPIRAL STAIRCASE, THE (1945)
TILL THE END OF TIME (1946)
TREE GROWS IN BROOKLYN, A (1948)
THREE COINS IN THE FOUNTAIN (1954)
FRIENDLY PERSUASION (1956)
OLD YELLER (1957)
SUMMER PLACE, A (1959)
SWISS FAMILY ROBINSON (1960)

McINTIRE, John
acteur américain (1907-1991)
ASPHALT JUNGLE, THE (1950)
LAWLESS BREED, THE (1952)
WORLD IN HIS ARMS, THE (1952)
APACHE (1953)
WAR ARROW (1953)
AWAY ALL BOATS (1956)
LIGHT IN THE FOREST, THE (1958)
FLAMING STAR (1960)
SUMMER AND SMOKE (1962)
ROUGH NIGHT IN JERICHO (1967)
CLOAK AND DAGGER (1984)

McKEAN, Michael
acteur américain (1947-)
1941 (1979)
USED CARS (1980)
YOUNG DOCTORS IN LOVE (1982)
THIS IS SPINAL TAP (1983)
CLUE (1985)
D.A.R.Y.L. (1985)
JUMPIN' JACK FLASH (1986)
LIGHT OF DAY (1987)
PLANES, TRAINS AND AUTOMOBILES (1987)
BIG PICTURE, THE (1988)
SHORT CIRCUIT II (1988)
EARTH GIRLS ARE EASY (1989)
MAN TROUBLE (1992)
MEMOIRS OF AN INVISIBLE MAN (1992)
CONEHEADS, THE (1993)
RADIOLAND MURDERS (1994)
POMPATUS OF LOVE, THE (1995)
JACK (1996)
THAT DARN CAT ! (1996)
NOTHING TO LOSE (1997)
BEAUTIFUL (2000)
BEST IN SHOW (2000)
MY FIRST MISTER (2001)
MIGHTY WIND, A (2003)

McKEE, Gina
actrice anglaise (1961-)
CROUPIER (1998)
NOTTING HILL (1999)
WOMEN TALKING DIRTY (1999)
WONDERLAND (1999)
THERE'S ONLY ONE JIMMY GRIMBLE (2000)
FORSYTE SAGA, THE (2002)
LOST PRINCE, THE (2003)
RECKONING, THE (2004)
MIRRORMASK (2005)

McKELLAR, Don
acteur canadien (1963-)
HIGHWAY 61 (1991)
EXOTICA (1994)
WHEN NIGHT IS FALLING (1995)
JOE'S SO MEAN TO JOSEPHINE (1996)
HERD, THE (1998)
LAST NIGHT (1998)
EXISTENZ (1999)
PASSION OF AYN RAND (1999)
WAY DOWNTOWN (2000)
ART OF WOO, THE (2001)
TRUDEAU (2002)
EVENT, THE (2003)
CHILDSTAR (2004)
CLEAN (2004)

McKELLEN, Ian
acteur anglais (1939-)
MACBETH (1979)
BALLAD OF LITTLE JO, THE (1993)
SIX DEGREES OF SEPARATION (1993)
SHADOW, THE (1994)
COLD COMFORT FARM (1995)
JACK & SARAH (1995)
RASPUTIN (1995)
SWEPT FROM THE SEA (1997)
LORD OF THE RINGS :
THE FELLOWSHIP OF THE RING (2001)

LORD OF THE RINGS :
THE TWO TOWERS, THE (2002)
EMILE (2003)
LORD OF THE RINGS :
THE RETURN OF THE KING (2003)
LOVING WALTER (2003)
X-men II (2003)
ASYLUM (2005)
DA VINCI CODE, THE (2006)
X-MEN - THE LAST STAND (2006)

McLAGLEN, Victor
acteur anglais (1883-1959)
UNHOLY THREE, THE (1925)
GIRL IN EVERY PORT, A (1928)
DISHONORED (1931)
LOST PATROL, THE (1934)
MURDER AT THE VANITIES (1934)
INFORMER, THE (1935)
KLONDIKE ANNIE (1935)
WEE WILLIE WINKIE (1937)
LET FREEDOM RING (1939)
FOREVER AND A DAY (1943)
LADY GODIVA (1955)

McQUEEN, Steve
acteur américain (1930-1980)
SOMEBODY UP THERE LIKES ME (1955)
BLOB, THE (1958)
NEVER LOVE A STRANGER (1958)
MAGNIFICENT SEVEN, THE (1960)
HONEYMOON MACHINE, THE (1961)
HELL IS FOR HEROES (1962)
WAR LOVER, THE (1962)
GREAT ESCAPE, THE (1963)
LOVE WITH THE PROPER STRANGER (1963)
BABY, THE RAIN MUST FALL (1964)
CINCINNATI KID, THE (1965)
NEVADA SMITH (1966)
SAND PEBBLES, THE (1966)
BULLITT (1968)
THOMAS CROWN AFFAIR, THE (1968)
REIVERS, THE (1969)
LE MANS (1971)
GETAWAY, THE (1972)
JUNIOR BONNER (1972)
PAPILLON (1973)
TOWERING INFERNO, THE (1974)
HUNTER, THE (1980)
TOM HORN (1980)

MEANEY, Colm
acteur irlandais (1953-)
DEAD, THE (1987)
COME SEE THE PARADISE (1990)
DICK TRACY (1990)
COMMITMENTS, THE (1991)
FAR AND AWAY (1992)
INTO THE WEST (1992)
LAST OF THE MOHICANS, THE (1992)
UNDER SIEGE (1992)
SNAPPER, THE (1993)
ROAD TO WELLVILLE, THE (1994)
ENGLISHMAN WHO WENT UP A HILL, BUT
CAME DOWN A MOUNTAIN, THE (1995)
VAN, THE (1996)
CON AIR (1997)
MONUMENT AVE. (1997)
CLAIRE DOLAN (1998)
THIS IS MY FATHER (1998)
MAGICAL LEGEND OF
LEPRECHAUNS, THE (1999)
MYSTERY, ALASKA (1999)
BOYS & GIRLS FROM COUNTY CLARE (2003)
LAYER CAKE (2004)
RENEGADE (2004)

MEEKER, Ralph
acteur américain (1920-1988)
KISS ME DEADLY (1954)
PATHS OF GLORY (1957)
DETECTIVE, THE (1968)
I WALK THE LINE (1970)
ANDERSON TAPES, THE (1971)
NIGHT STALKER (1971)
JOHNNY FIRECLOUD (1975)

MELANÇON, André
acteur québécois (1942-)
TAUREAU (1972)
PARTIS POUR LA GLOIRE (1975)
ODYSSEY OF THE PACIFIC, THE (1981)
POUVOIR INTIME (1986)
MATINS INFIDÈLES, LES (1988)
TISSERANDS DU POUVOIR, LES (1988)
COTÉ OBSCUR DU CŒUR, LE (1992)
JOYEUX CALVAIRE (1996)

MELKI, Gilbert
acteur français (1958-)
VÉRITÉ SI JE MENS, LA (1996)
MONSIEUR NAPHTALI (1998)
CHILI CON CARNE (1999)
MORSURES DE L'AUBE, LES (2000)
VÉRITÉ SI JE MENS II, LA (2000)
CONFIDENCES TROP INTIMES (2003)
MONSIEUR IBRAHIM ET
LES FLEURS DU CORAN (2003)
CRUSTACÉS ET COQUILLAGES (2005)
TEMPS QUI CHANGENT, LES (2005)

MENJOU, Adolphe
acteur américain (1890-1963)
SHEIK, THE (1921)
THREE MUSKETEERS, THE (1921)
WOMAN OF PARIS, A (1923)
MOROCCO (1930)
FRONT PAGE, THE (1931)
FAREWELL TO ARMS, A (1932)
MORNING GLORY (1933)
MILKY WAY, THE (1936)
100 MEN AND A GIRL (1937)
STAR IS BORN, A (1937)
GOLDWYN FOLLIES, THE (1938)
LETTER OF INTRODUCTION, A (1938)
GOLDEN BOY (1940)
ROAD SHOW (1941)
ROXIE HART (1942)
YOU WERE NEVER LOVELIER (1942)
STEP LIVELY (1944)
HUCKSTERS, THE (1947)
STATE OF THE UNION (1948)
MY DREAM IS YOURS (1949)
TO PLEASE A LADY (1950)
ACROSS THE WIDE MISSOURI (1951)
BUNDLE OF JOY (1956)
PATHS OF GLORY (1957)
POLLYANNA (1960)

MERCIER, Michèle
actrice française (1939-)
TIREZ SUR LE PIANISTE (1960)
WONDERS OF ALADDIN, THE (1961)
TROIS VISAGES DE LA PEUR, LES (1963)
ANGÉLIQUE, MARQUISE DES ANGES (1964)
ANGÉLIQUE ET LE ROI (1965)
MERVEILLEUSE ANGÉLIQUE (1965)
INDOMPTABLE ANGÉLIQUE (1967)
ANGÉLIQUE ET LE SULTAN (1968)

MERCURE, Monique
actrice québécoise (1930-)
À TOUT PRENDRE (1963)
FESTIN DES MORTS, LE (1965)
DEUX FEMMES EN OR (1970)
MON ONCLE ANTOINE (1971)
FRANÇOISE DUROCHER, WAITRESS (1972)
TEMPS D'UNE CHASSE, LE (1972)
AMOUR BLESSÉ, L' (1975)
J.A. MARTIN, PHOTOGRAPHE (1976)
PARLEZ-NOUS D'AMOUR (1976)
CHANSON DE ROLAND, LA (1977)
QUINTET (1978)
CUISINE ROUGE, LA (1979)
JOURNÉE EN TAXI, UNE (1981)
ODYSSEY OF THE PACIFIC, THE (1981)
QUARANTAINE, LA (1982)
ANNÉES DE RÊVES, LES (1984)
DAME EN COULEURS, LA (1984)
QUI A TIRÉ SUR NOS HISTOIRES
D'AMOUR ? (1986)
DANS LE VENTRE DU DRAGON (1989)
MONTRÉAL VU PAR... (1991)
NAKED LUNCH (1991)
FÊTE DES ROIS, LA (1994)
CONQUEST (1998)
VIOLON ROUGE, LE (1998)
GERALDINE'S FORTUNE (2004)
SAINTS-MARTYRS-DES-DAMNÉS (2005)

MEREDITH, Burgess
acteur américain (1908-1997)
WINTERSET (1936)
OF MICE AND MEN (1939)
THAT UNCERTAIN FEELING (1941)
STORY OF G.I. JOE, THE (1945)
DIARY OF A CHAMBERMAID (1946)
MAN ON THE EIFFEL TOWER, THE (1948)
ADVISE AND CONSENT (1962)
CARDINAL, THE (1963)
IN HARM'S WAY (1965)
MADAME X (1965)
BATMAN (1966)
BATMAN BEYOND : THE MOVIE (1966)
TORTURE GARDEN (1967)
STAY AWAY, JOE (1968)
THERE WAS A CROOKED MAN (1970)
DAY OF THE LOCUST, THE (1975)
HINDENBURG, THE (1975)
BURNT OFFERINGS (1976)
ROCKY (1976)
FOUL PLAY (1978)
MAGIC (1978)
CLASH OF THE TITANS (1981)
TRUE CONFESSIONS (1981)
SANTA CLAUS : THE MOVIE (1985)
KING LEAR (1987)
FULL MOON IN BLUE WATER (1988)
STATE OF GRACE (1990)
GRUMPY OLD MEN (1993)
GRUMPIER OLD MEN (1995)

MÉRIL, Macha
actrice française (1940-)
REPOS DU GUERRIER, LE (1962)
FEMME MARIÉE, UNE (1964)
BELLE DE JOUR (1967)
NIGHT TRAIN MURDERS (1975)
DEEP RED (1976)
VA VOIR MAMAN, PAPA TRAVAILLE (1977)
ROBERT ET ROBERT (1978)
TENDRES COUSINES (1980)
UNS ET LES AUTRES, LES (1980)
AU NOM DE TOUS LES MIENS (1983)
GRAND CARNAVAL, LE (1983)
MORTELLE RANDONNÉE (1983)
NANAS, LES (1984)
ROIS DU GAG, LES (1984)
SANS TOIT NI LOI (1985)
DUET FOR ONE (1986)

DOUBLE VISION (1991)
MEETING VENUS (1991)
FISH SOUP (1992)
SOLDIER'S DAUGHTER NEVER CRIES, A (1998)

MERKEL, Una
actrice américaine (1903-1986)
ABRAHAM LINCOLN (1930)
BAT WHISPERS, THE (1930)
42nd STREET (1933)
BORN TO DANCE (1936)
SARATOGA (1937)
RHYTHM ROMANCE (1939)
BANK DICK, THE (1940)
BUNDLE OF JOY (1956)

MERRILL, Gary
acteur américain (1915-1990)
ALL ABOUT EVE (1950)
TWELVE O'CLOCK HIGH (1950)
WHERE THE SIDEWALK ENDS (1950)
ANOTHER MAN'S POISON (1951)
DECISION BEFORE DAWN (1951)
FROGMEN, THE (1951)
PHONE CALL FROM A STRANGER (1952)
GREAT IMPOSTOR, THE (1961)
INCIDENT, THE (1967)

MESSIER, Marc
acteur québécois (1947-)
SONIA (1986)
VOISINS, LES (1987)
JÉSUS DE MONTRÉAL (1989)
PORTION D'ÉTERNITÉ (1989)
HISTOIRE INVENTÉE, UNE (1990)
SOLO (1991)
POTS CASSÉS, LES (1993)
FÊTE DES ROIS, LA (1994)
VENT DU WYOMING, LE (1994)
SPHINX, LE (1995)
BOYS, LES (1997)
OMERTA II (1997)
BOYS II, LES (1998)
BOYS III, LES (2001)
DANGEREUX, LES (2002)
LANCE & COMPTE : LA RECONQUÊTE (2004)
BOYS IV, LES (2005)

MEYER, Breckin
acteur américain (1974-)
PREFONTAINE (1997)
54 (1998)
DANCER, TEXAS POP. 81 (1998)
TAIL LIGHTS FADE (1999)
ROAD TRIP (2000)
KATE & LEOPOLD (2001)
GARFIELD : THE MOVIE (2004)

MEYER, Dina
actrice américaine (1968-)
DRAGONHEART (1996)
STARSHIP TROOPERS (1997)
BATS (1999)
EYE SEE YOU (2002)
UNSPEAKABLE (2002)
SAW (2004)
SAW II (2005)

MICHEL, Dominique
actrice québécoise (1932-)
J'AI MON VOYAGE ! (1973)
AVENTURES D'UNE JEUNE VEUVE, LES (1974)
JE SUIS LOIN DE TOI MIGNONNE (1976)
CRIME D'OVIDE PLOUFFE, LE (1984)
DÉCLIN DE L'EMPIRE AMÉRICAIN, LE (1986)
ZOO LA NUIT, UN (1987)
TISSERANDS DU POUVOIR, LES (1988)
LOUIS 19, LE ROI DES ONDES (1994)
INVASIONS BARBARES, LES (2003)

MIDLER, Bette
actrice américaine (1945-)
HAWAII (1966)
ROSE, THE (1979)
DIVINE MADNESS : BETTE MIDLER (1980)
JINXED ! (1982)
DOWN AND OUT IN BEVERLY HILLS (1986)
RUTHLESS PEOPLE (1986)
BEACHES (1988)
BIG BUSINESS (1988)
STELLA (1990)
FOR THE BOYS (1991)
SCENES FROM A MALL (1991)
GYPSY (1993)
HOCUS POCUS (1993)
GET SHORTY (1995)
FIRST WIVES CLUB, THE (1996)
THAT OLD FEELING (1997)
ISN'T SHE GREAT (1999)
DROWNING MONA (2000)
STEPFORD WIVES, THE (2004)

MIFUNE, Toshiro
acteur japonais (1920-1998)
LÉGENDE DU GRAND JUDO, LA (1943)
ANGE IVRE, L' (1948)
CHIEN ENRAGÉ, UN (1949)
QUIET DUEL, THE (1949)
RASHOMON (1950)
SCANDAL (1950)
IDIOT, L' (1951)
VIE D'OHARU, LA (1952)
SAMURAI 1 : MUSASHI MYAMOTO (1954)
SAMURAI 2 : DUEL AT ICHIJOJI (1954)
SAMURAI 3 : DUEL AT GANRYU (1954)
SAMURAI TRILOGY (1954)
SEPT SAMOURAÏS, LES (1954)
I LIVE IN FEAR (1955)
CHÂTEAU DE L'ARAIGNÉE, LE (1956)
BAS-FONDS, LES (1957)
FORTERESSE CACHÉE, LA (1958)
RIKISHA-MAN (1958)
SALAUDS DORMENT EN PAIX, LES (1960)
YOJIMBO (1961)
CHUSHINGURA (1962)
SANJURO (1962)
ENTRE LE CIEL ET L'ENFER (1963)
BARBE-ROUSSE (1965)
SAMURAI ASSASSIN (1965)
GRAND PRIX (1966)
SAMURAI REBELLION (1967)
SWORD OF DOOM (1967)
HELL IN THE PACIFIC (1968)
RED LION (1969)
SAMURAI BANNERS (1969)
INCIDENT AT BLOOD PASS (1970)
SOLEIL ROUGE (1971)
MIDWAY (1976)
BUSHIDO BLADE, THE (1978)
1941 (1979)
SHOGUN (1980)
CHALLENGE, THE (1981)
AGAGUK - SHADOW OF THE WOLF (1992)
PICTURE BRIDE, THE (1994)

MIKHALKOV, Nikita
acteur russe (1945-)
AT HOME AMONG STRANGERS,
A STRANGER AMONG HIS OWN (1974)
SIBERIADE (1979)
CRUEL ROMANCE, A (1984)
BEAUTIFUL STRANGER (1992)
ANNA 6-18 (1993)
SOLEIL TROMPEUR (1994)
DEAD MAN'S BLUFF (2005)

MIKKELSEN, Mads
acteur danois (1965-)
PUSHER (1996)
FLICKERING LIGHTS (2000)
SHAKE IT ALL ABOUT (2001)
OPEN HEARTS (2002)
WILBUR (WANTS TO KILL HIMSELF) (2002)
GREEN BUTCHERS, THE (2003)
KING ARTHUR (2004)

MILES, Sarah
actrice anglaise (1941-)
GREAT EXPECTATIONS (1946)
SERVANT, THE (1963)
THOSE MAGNIFICENT MEN
IN THEIR FLYING MACHINES (1965)
BLOW-UP (1966)
RYAN'S DAUGHTER (1970)
MAN WHO LOVED CAT DANCING, THE (1973)
SAILOR WHO FELL FROM GRACE
WITH THE SEA, THE (1976)
BIG SLEEP, THE (1978)
STEAMING (1984)
HOPE AND GLORY (1987)
WHITE MISCHIEF (1987)
SILENT TOUCH, THE (1992)
LOVING WALTER (2003)

MILES, Vera
actrice américaine (1930-)
SEARCHERS, THE (1955)
AUTUMN LEAVES (1956)
WRONG MAN, THE (1956)
F.B.I. STORY, THE (1959)
PSYCHO (1960)
MAN WHO SHOT
LIBERTY VALANCE, THE (1962)
HELLFIGHTERS (1968)
INITIATION, THE (1982)
PSYCHO II (1983)
INTO THE NIGHT (1985)

MILIAN, Tomas (Thomas)
acteur cubain (1933-)
BOCCACE 70 (1962)
AGONY AND THE ECSTASY, THE (1965)
DJANGO, KILL... IF YOU LIVE, SHOOT ! (1967)
RUN, MAN, RUN (1968)
COMPANEROS (1970)
ALMOST HUMAN (1974)
FOLLE À TUER (1975)
VIOLENT NAPLES (1976)
IDENTIFICATION D'UNE FEMME (1982)
REVENGE (1989)
NAILS (1992)
WASHINGTON HEIGHTS (2002)

MILLAND, Ray
acteur gallois (1905-1986)
WE'RE NOT DRESSING (1934)
BULLDOG DRUMMOND ESCAPES (1937)
EASY LIVING (1937)
THREE SMART GIRLS (1937)
BEAU GESTE (1939)
EVERYTHING HAPPENS AT NIGHT (1939)
MAJOR AND THE MINOR, THE (1942)
REAP THE WILD WIND (1942)
STAR SPANGLED RHYTHM (1942)
MINISTRY OF FEAR (1944)
LOST WEEKEND, THE (1945)
UNINVITED, THE (1946)
GOLDEN EARRINGS (1947)
BIG CLOCK, THE (1948)

IT HAPPENS EVERY SPRING (1949)
COPPER CANYON (1950)
RHUBARB (1951)
BUGLES IN THE AFTERNOON (1952)
THIEF, THE (1952)
DIAL M FOR MURDER (1954)
RIVER'S EDGE (1956)
PANIC IN YEAR ZERO (1962)
PREMATURE BURIAL (1962)
LOVE STORY (1970)
FROGS (1972)
ESCAPE TO WITCH MOUNTAIN (1975)
SWISS CONSPIRACY, THE (1975)
LAST TYCOON, THE (1976)
PYJAMA GIRL CASE, THE (1977)
BATTLESTAR GALLACTICA (1978)
OLIVER'S STORY (1978)
ATTIC, THE (1979)

MILLER, Ann
actrice américaine (1923-)
TOO MANY GIRLS (1940)
EASTER PARADE (1948)
TWO TICKETS TO BROADWAY (1951)
WATCH THE BIRDIE (1951)
LOVELY TO LOOK AT (1952)
KISS ME KATE (1953)
SMALL TOWN GIRL (1953)
HIT THE DECK (1955)
MULHOLLAND DRIVE (2001)

MILLETTE, Jean-Louis
acteur québécois (1937-1999)
FESTIN DES MORTS, LE (1965)
FOUS DE BASSAN, LES (1986)
PELLAN (1986)
POUVOIR INTIME (1986)
SOME GIRLS (1988)
DANS LE VENTRE DU DRAGON (1989)
JÉSUS DE MONTRÉAL (1989)
AMOUREUX FOU (1991)
MONTRÉAL VU PAR... (1991)
NELLIGAN (1991)
PABLO QUI COURT (1991)
CONFESSIONNAL, LE (1995)

MILLS, Hayley
actrice anglaise (1946-)
TIGER BAY (1959)
PARENT TRAP, THE (1961)
IN SEARCH OF THE CASTAWAYS (1962)
CHALK GARDEN, THE (1964)
THAT DARN CAT ! (1965)
TROUBLE WITH ANGELS, THE (1965)
CRY OF THE PENGUINS (1971)
ENDLESS NIGHT (1971)
APPOINTMENT WITH DEATH (1988)

MILLS, John
acteur anglais (1908-)
CAR OF DREAMS (1935)
IN WHICH WE SERVE (1942)
WE DIVE AT DAWN (1943)
GREAT EXPECTATIONS (1946)
SCOTT OF THE ANTARTIC (1948)
ROCKING HORSE WINNER, THE (1949)
COLDITZ STORY, THE (1954)
END OF THE AFFAIR, THE (1954)
HOBSON'S CHOICE (1954)
WAR AND PEACE (1955)
TIGER BAY (1959)
SWISS FAMILY ROBINSON (1960)
TUNES OF GLORY (1960)
CHALK GARDEN, THE (1964)
KING RAT (1965)
OPERATION CROSSBOW (1965)
WRONG BOX, THE (1966)
GOODBYE, MR. CHIPS (1969)
RYAN'S DAUGHTER (1970)
BIG SLEEP, THE (1978)
GANDHI (1982)
WHO'S THAT GIRL ? (1987)
BACK TO THE FUTURE III (1990)
MARTIN CHUZZLEWIT (1994)
MAVERICK (1994)
BEAN : THE ULTIMATE DISASTER MOVIE (1997)

MIMIEUX, Yvette
actrice américaine (1942-)
TIME MACHINE, THE (1960)
WHERE THE BOYS ARE (1960)
FOUR HORSEMEN OF
THE APOCALYPSE, THE (1961)
DIAMOND HEAD (1962)
TOYS IN THE ATTIC (1963)
DARK OF THE SUN (1967)
BLACK HOLE, THE (1979)
BRAINWASH (1982)

MINNELLI, Liza
actrice américaine (1946-)
IN THE GOOD OLD SUMMERTIME (1950)
CABARET (1972)
THAT'S ENTERTAINMENT (1974)
SILENT MOVIE (1976)
NEW YORK, NEW YORK (1977)
ARTHUR (1981)
THAT'S DANCING ! (1985)
ARTHUR 2 : ON THE ROCKS (1988)
STEPPING OUT (1991)

MIOU-MIOU
actrice française (1950-)
GRANGES BRÛLÉES, LES (1973)
VALSEUSES, LES (1973)
JONAS QUI AURA 25 ANS
EN L'AN 2000 (1976)
DITES-LUI QUE JE L'AIME (1977)
ROUTES DU SUD, LES (1978)
AU REVOIR... À LUNDI (1979)
DÉROBADE, LA (1979)
GRAND EMBOUTEILLAGE, LE (1979)
JOSÉPHA (1981)
ATTENTION ! UNE FEMME PEUT
EN CACHER UNE AUTRE (1983)
CANICULE (1983)
COUP DE FOUDRE (1983)
VOL DU SPHINX, LE (1984)
BLANCHE ET MARIE (1985)
TENUE DE SOIRÉE (1986)
LECTRICE, LA (1988)
PORTES TOURNANTES, LES (1988)
MILOU EN MAI (1989)
BAL DES CASSE-PIEDS, LE (1991)
NETCHAÏEV EST DE RETOUR (1991)
TOTALE, LA (1991)
TANGO (1992)
GERMINAL (1993)
MONTPARNASSE-PONDICHÉRY (1993)
INDIEN DANS LA VILLE, UN (1994)
HUITIÈME JOUR, LE (1996)
ELLES (1997)
NETTOYAGE À SEC (1997)
TOUT VA BIEN... ON S'EN VA (2000)
MARIAGES ! (2005)

MIRREN, Helen
actrice anglaise (1946-)
MIDSUMMER NIGHT'S DREAM, A (1968)
SAVAGE MESSIAH (1972)
O LUCKY MAN ! (1973)
COLLECTION, THE (1976)
CALIGULA (1979)
LONG GOOD FRIDAY, THE (1979)
FIENDISH PLOT OF
DR. FU MANCHU, THE (1980)
HUSSY (1980)
EXCALIBUR (1981)
WHEN THE WHALES CAME (1983)
2010 : THE YEAR WE MAKE CONTACT (1984)
CAL (1984)
COMING THROUGH (1985)
WHITE NIGHTS (1985)
MOSQUITO COAST, THE (1986)
CAUSE CELEBRE (1987)
PASCALI'S ISLAND (1988)
COOK, THE THIEF, HIS WIFE &
HER LOVER, THE (1989)
BETHUNE : THE MAKING OF A HERO (1990)
COMFORT OF STRANGERS, THE (1990)
WHERE ANGELS FEAR TO TREAD (1991)
HAWK, THE (1992)
PRIME SUSPECT II (1992)
PRIME SUSPECT III (1993)
MADNESS OF KING GEORGE, THE (1994)
ROYAL DECEIT (1994)
PRIME SUSPECT IV (1995)
PRIME SUSPECT V (1996)
SOME MOTHER'S SON (1996)
CRITICAL CARE (1997)
PASSION OF AYN RAND (1999)
TEACHING MRS. TINGLE (1999)
GREENFINGERS (2000)
PLEDGE, THE (2000)
LAST ORDERS (2001)
NO SUCH THING (2001)
DOOR TO DOOR (2002)
CALENDAR GIRLS (2003)
PRIME SUSPECT 6 (2003)
ROMAN SPRING OF MRS. STONE, THE (2003)
CLEARING, THE (2004)
RAISING HELEN (2004)
HITCHHIKER'S GUIDE TO THE GALAXY (2005)

MITCHELL, Cameron
acteur américain (1918-1994)
HOMECOMING (1948)
FLIGHT TO MARS (1951)
PONY SOLDIER (1952)
CAROUSEL (1955)
HOUSE OF BAMBOO (1955)
LOVE ME OR LEAVE ME (1955)
BLOOD AND BLACK LACE (1964)
KNIVES OF THE AVENGER (1965)
RIDE IN THE WHIRLWIND (1966)
REBEL ROUSERS (1967)
BUCK AND THE PREACHER (1971)
KLANSMAN, THE (1974)
TOOLBOX MURDERS, THE (1977)
FROM A WHISPER TO A SCREAM (1987)
MESSENGER, THE (1987)

MITCHELL, Eddy
acteur français (1942-)
JE VAIS CRAQUER (1979)
ATTENTION ! UNE FEMME PEUT
EN CACHER UNE AUTRE (1983)
À MORT L'ARBITRE (1984)
FRANKENSTEIN 90 (1984)
GALETTE DU ROI, LA (1985)
TOTALE, LA (1991)
UNTIL THE END OF THE WORLD (1991)
BONHEUR EST DANS LE PRÉ, LE (1995)

MITCHELL, Radha
actrice australienne (1973-)
LOVE AND OTHER CATASTROPHIES (1996)
HIGH ART (1998)
PITCH BLACK (2000)

TEN TINY LOVE STORIES (2001)
WHEN STRANGERS APPEAR (2001)
PHONE BOOTH (2002)
VISITORS (2003)
MAN ON FIRE (2004)
MELINDA AND MELINDA (2004)
SILENT HILL (2006)

MITCHELL, Thomas
acteur américain (1892-1962)
HUNCHBACK OF NOTRE-DAME (1939)
ONLY ANGELS HAVE WINGS (1939)
STAGECOACH (1939)
ANGELS OVER BROADWAY (1940)
LONG VOYAGE HOME, THE (1940)
SONG OF THE ISLANDS (1941)
BATAAN (1943)
IMMORTAL SERGEANT (1943)
FIGHTING SULLIVANS, THE (1945)
OUR TOWN (1945)
DARK MIRROR, THE (1946)
KEYS OF THE KINGDOM, THE (1946)
SILVER RIVER (1948)

MITCHUM, Robert
acteur américain (1917-1997)
THIRTY SECONDS OVER TOKYO (1944)
STORY OF G.I. JOE, THE (1945)
TILL THE END OF TIME (1946)
CROSSFIRE (1947)
OUT OF THE PAST (1947)
PURSUED (1947)
UNDERCURRENT (1947)
BLOOD ON THE MOON (1948)
RACHEL AND THE STRANGER (1948)
BIG STEAL, THE (1949)
HOLIDAY AFFAIR (1949)
RED PONY, THE (1949)
MY FORBIDDEN PAST (1951)
RACKET, THE (1951)
MACAO (1952)
RIVER OF NO RETURN (1954)
TRACK OF THE CAT (1954)
MAN WITH THE GUN (1955)
NIGHT OF THE HUNTER, THE (1955)
NOT AS A STRANGER (1955)
HEAVEN KNOWS, MR. ALLISON (1956)
ENEMY BELOW, THE (1957)
HUNTERS, THE (1958)
THUNDER ROAD (1958)
GRASS IS GREENER, THE (1960)
HOME FROM THE HILL (1960)
SUNDOWNERS, THE (1960)
CAPE FEAR (1962)
LONGEST DAY, THE (1962)
TWO FOR THE SEESAW (1962)
LIST OF ADRIAN MESSENGER, THE (1963)
WHAT A WAY TO GO ! (1964)
EL DORADO (1967)
5 CARD STUD (1968)
ANZIO (1968)
SECRET CEREMONY (1968)
RYAN'S DAUGHTER (1970)
YAKUZA, THE (1974)
FAREWELL, MY LOVELY (1975)
LAST TYCOON, THE (1976)
MIDWAY (1976)
AMSTERDAM KILL, THE (1977)
BIG SLEEP, THE (1978)
THAT CHAMPIONSHIP SEASON (1982)
MARIA'S LOVERS (1984)
MR. NORTH (1988)
SCROOGED (1988)
WAR AND REMEMBRANCE (1989)
CAPE FEAR (1991)
DEAD MAN (1995)

MODINE, Matthew
acteur américain (1959-)
BABY, IT'S YOU (1982)
STREAMERS (1983)
BIRDY (1984)
HOTEL NEW HAMPSHIRE, THE (1984)
MRS. SOFFEL (1984)
VISION QUEST (1985)
FULL METAL JACKET (1987)
ORPHANS (1987)
MARRIED TO THE MOB (1988)
GROSS ANATOMY (1989)
MEMPHIS BELLE (1990)
PACIFIC HEIGHTS (1990)
EQUINOX (1992)
WIND (1992)
AND THE BAND PLAYED ON (1993)
LAST ACTION HERO (1993)
SHORT CUTS (1993)
BROWNING VERSION, THE (1994)
BYE, BYE LOVE (1995)
CUTTHROAT ISLAND (1995)
FLUKE (1995)
BLACKOUT, THE (1997)
REAL BLONDE, THE (1997)
ANY GIVEN SUNDAY (1999)
SHIPMENT, THE (2001)
HITLER - THE RISE OF EVIL (2003)
TRANSPORTER 2, THE (2005)

MOHR, Jay
acteur américain (1971-)
JERRY MAGUIRE (1996)
PICTURE PERFECT (1997)
SUICIDE KINGS (1997)
MAFIA ! (1998)
PAULIE (1998)
PLAYING BY HEART (1998)
SMALL SOLDIERS (1998)
ACTION - COMPLETE SERIES (1999)
GO (1999)
PAY IT FORWARD (2000)
ADVENTURES OF PLUTO NASH, THE (2002)
SEEING OTHER PEOPLE (2004)
ARE WE THERE YET ? (2005)

MOL, Gretchen
actrice américaine (1972-)
MUSIC FROM ANOTHER ROOM (1998)
NEW ROSE HOTEL (1998)
ROUNDERS (1998)
FOREVER MINE (1999)
SWEET AND LOWDOWN (1999)
THIRTEENTH FLOOR, THE (1999)
GET CARTER (2000)
SHAPE OF THINGS, THE (2002)
NOTORIOUS BETTIE PAGE, THE (2005)

MOLINA, Alfred
acteur anglais (1953-)
MEANTIME (1983)
NIGHT OF LOVE, A (1987)
PRICK UP YOUR EARS (1987)
NOT WITHOUT MY DAUGHTER (1990)
ENCHANTED APRIL (1992)
MAVERICK (1994)
WHITE FANG II : THE MYTH OF THE WHITE WOLF (1994)
BEFORE AND AFTER (1995)
PEREZ FAMILY, THE (1995)
BOOGIE NIGHTS (1997)
LEO TOLSTOY'S ANNA KARENINA (1997)
MAN WHO KNEW TOO LITTLE, THE (1997)
IMPOSTORS, THE (1998)
PETE'S METEOR (1998)
MAGNOLIA (1999)
CHOCOLAT (2000)
FRIDA (2002)
UNDERTAKING BETTY (2002)
COFFEE & CIGARETTES (2003)
IDENTITY (2003)
LUTHER (2003)
MY LIFE WITHOUT ME (2003)
CRÓNICAS (2004)
SPIDER-MAN 2 (2004)
DA VINCI CODE, THE (2006)

MOLINA, Angela
actrice espagnole (1955-)
CET OBSCUR OBJET DU DÉSIR (1977)
DEMONS IN THE GARDEN (1982)
BRAS DE FER (1985)
CAMORRA (1985)
HALF OF HEAVEN (1986)
RIO NEGRO (1990)
KRAPATCHOUK - LES HOMMES DE NULLE PART (1991)
1492 : CONQUEST OF PARADISE (1992)
EN CHAIR ET EN OS (1997)
MAR, EL (2000)
CARNAGES (2002)
NERO (2005)

MONDY, Pierre
acteur français (1925-)
UN SOIR AU MUSIC-HALL (1956)
CHEMIN DES ÉCOLIERS, LE (1958)
NI VU, NI CONNU (1958)
VIE À DEUX, LA (1958)
AUSTERLITZ (1960)
COPAINS, LES (1964)
NIGHT OF THE GENERALS, THE (1967)
BATTANT, LE (1982)
BRACONNIER DE DIEU, LE (1982)
CADEAU, LE (1982)
SI ELLE DIT OUI... JE NE DIS PAS NON ! (1982)
PINOT, SIMPLE FLIC (1984)
TRANCHES DE VIE (1985)
FILS PRÉFÉRÉ, LE (1994)

MONK, Debra
actrice américaine (1949-)
BED OF ROSES (1995)
BRIDGES OF MADISON COUNTY, THE (1995)
RECKLESS (1995)
CENTER STAGE (2000)
MILWAUKEE, MINNESOTA (2003)
PALINDROMES (2004)
DARK WATER (2005)

MONROE, Marilyn
actrice américaine (1926-1962)
LADIES OF THE CHORUS (1948)
LOVE HAPPY (1949)
ALL ABOUT EVE (1950)
ASPHALT JUNGLE, THE (1950)
FIREBALL, THE (1950)
AS YOUNG AS YOU FEEL (1951)
LET'S MAKE IT LEGAL (1951)
CLASH BY NIGHT (1952)
DON'T BOTHER TO KNOCK (1952)
LOVE NEST (1952)
MONKEY BUSINESS (1952)
WE'RE NOT MARRIED (1952)
GENTLEMEN PREFER BLONDES (1953)
HOW TO MARRY A MILLIONAIRE (1953)
NIAGARA (1953)
RIVER OF NO RETURN (1954)
SEVEN YEAR ITCH, THE (1954)
THERE'S NO BUSINESS LIKE SHOW BUSINESS (1954)
BUS STOP (1956)
PRINCE AND THE SHOWGIRL, THE (1956)

SOME LIKE IT HOT (1959)
LET'S MAKE LOVE (1960)
MISFITS, THE (1961)

MONTALBAN, Ricardo
acteur mexicain (1920-)
BATTLEGROUND (1948)
ON AN ISLAND WITH YOU (1948)
NEPTUNE'S DAUGHTER (1949)
TWO WEEKS WITH LOVE (1950)
ACROSS THE WIDE MISSOURI (1951)
MADAME X (1965)
WONDER WOMAN (SEASON I) (1974)
STAR TREK II : THE WRATH OF KHAN (1982)
NAKED GUN, THE (1988)
SPY KIDS 3-D : GAME OVER (2003)

MONTAND, Yves
acteur français (1921-1991)
PARIS CHANTE TOUJOURS (1952)
SALAIRE DE LA PEUR, LE (1952)
NAPOLÉON (1954)
DÉNOMMÉ SQUARCIO, UN (1958)
LET'S MAKE LOVE (1960)
GOODBYE AGAIN (1961)
MY GEISHA (1961)
GRAND PRIX (1966)
PARIS BRÛLE-T-IL ? (1966)
ON A CLEAR DAY YOU CAN
SEE FOREVER (1969)
Z (1969)
AVEU, L' (1970)
CERCLE ROUGE, LE (1970)
FOLIE DES GRANDEURS, LA (1971)
CÉSAR ET ROSALIE (1972)
ÉTAT DE SIÈGE (1972)
TOUT VA BIEN (1972)
VINCENT, FRANÇOIS, PAUL
ET LES AUTRES (1974)
POLICE PYTHON 357 (1975)
SAUVAGE, LE (1975)
GRAND ESCOGRIFFE, LE (1977)
MENACE, LA (1977)
ROUTES DU SUD, LES (1978)
I... COMME ICARE (1979)
CHOIX DES ARMES, LE (1981)
TOUT FEU, TOUT FLAMME (1981)
GARCON ! (1983)
JEAN DE FLORETTE (1986)
MANON DES SOURCES (1986)
TROIS PLACES POUR LE 26 (1988)
NETCHAÏEV EST DE RETOUR (1991)
IP5 - L'ÎLE AUX PACHYDERMES (1992)

MONTGOMERY, Robert
acteur américain (1904-1981)
BIG HOUSE, THE (1930)
DIVORCEE, THE (1930)
FREE AND EASY (1930)
INSPIRATION (1931)
PRIVATE LIVES (1931)
FORSAKING ALL OTHERS (1934)
RIPTIDE (1934)
LAST OF MRS. CHEYNEY, THE (1937)
NIGHT MUST FALL (1937)
HERE COMES MR. JORDAN (1941)
MR. AND MRS. SMITH (1941)
ROXIE HART (1942)
THEY WERE EXPENDABLE (1945)
LADY IN THE LAKE (1947)
JUNE BRIDE (1948)

MONTPETIT, Pascale
actrice québécoise (1960-)
H (1990)
C'ÉTAIT LE 12 DU 12 ET
CHILI AVAIT LES BLUES (1993)
ECLIPSE (1994)
ELDORADO (1995)
CŒUR AU POING, LE (1998)
POSITION DE L'ESCARGOT, LA (1998)
BEAUTÉ DE PANDORE, LA (1999)
DANS UNE GALAXIE PRÈS
DE CHEZ VOUS III (2000)
INVENTION DE L'AMOUR, L' (2000)
DANS UNE GALAXIE PRÈS
DE CHEZ VOUS IV (2001)
COURSE AUX ENFANTS, LA (2002)
KATRYN'S PLACE (2002)
MOÏSE : L'AFFAIRE ROCH THÉRIAULT (2002)
GERALDINE'S FORTUNE (2004)

MOORE, Demi
actrice américaine (1962-)
PARASITE (1982)
BLAME IT ON RIO (1983)
NO SMALL AFFAIR (1984)
ST. ELMO'S FIRE (1985)
ABOUT LAST NIGHT (1986)
ONE CRAZY SUMMER (1986)
WISDOM (1987)
SEVENTH SIGN, THE (1988)
WE'RE NO ANGELS (1989)
GHOST (1990)
BUTCHER'S WIFE, THE (1991)
MORTAL THOUGHTS (1991)
FEW GOOD MEN, A (1992)
INDECENT PROPOSAL (1993)
DISCLOSURE (1994)
NOW AND THEN (1995)
SCARLET LETTER, THE (1995)
IF THESE WALLS COULD TALK (1996)
JUROR, THE (1996)
STRIPTEASE (1996)
G.I. JANE (1997)
PASSION OF MIND (2000)
CHARLIE'S ANGELS : FULL THROTTLE (2003)

MOORE, Dudley
acteur américain (1935-)
WRONG BOX, THE (1966)
BEDAZZLED (1967)
FOUL PLAY (1978)
10 (1979)
ARTHUR (1981)
BEST DEFENSE (1984)
MICKI + MAUDE (1984)
UNFAITHFULLY YOURS (1984)
SANTA CLAUS : THE MOVIE (1985)
LIKE FATHER, LIKE SON (1987)
CRAZY PEOPLE (1990)
BLAME IT ON THE BELLBOY (1991)
WEEKEND IN THE COUNTRY, A (1996)

MOORE, Julianne
actrice américaine (1961-)
HAND THAT ROCKS THE CRADLE (1992)
BENNY & JOON (1993)
ROOMMATES (1994)
SAFE (1994)
VANYA ON 42nd STREET (1994)
ASSASSINS (1995)
MYTH OF THE FINGERPRINTS, THE (1996)
SURVIVING PICASSO (1996)
BIG LEBOWSKI, THE (1997)
JURASSIC PARK : THE LOST WORLD (1997)
COOKIE'S FORTUNE (1998)
PSYCHO (1998)
END OF THE AFFAIR, THE (1999)
IDEAL HUSBAND, AN (1999)
MAGNOLIA (1999)
MAP OF THE WORLD, A (1999)
EVOLUTION (2001)
HANNIBAL (2001)
SHIPPING NEWS, THE (2001)
WORLD TRAVELER (2001)
FAR FROM HEAVEN (2002)
HOURS, THE (2002)
FORGOTTEN, THE (2004)
LAWS OF ATTRACTION (2004)
FREEDOMLAND (2005)
PRIZE WINNER OF DEFIANCE OHIO (2005)

MOORE, Roger
acteur anglais (1927-)
LAST TIME I SAW PARIS, THE (1954)
DIANE (1955)
INTERRUPTED MELODY (1955)
KING'S THIEF, THE (1955)
MIRACLE, THE (1959)
ENLEVÈMENT DES SABINES, L' (1961)
CROSSPLOT (1969)
MAN WHO HAUNTED HIMSELF, THE (1970)
PERSUADERS !, THE (SEASON I) (1971)
PERSUADERS !, THE (SEASON II) (1971)
LIVE AND LET DIE (1973)
MAN WITH THE GOLDEN GUN, THE (1974)
SPY WHO LOVED ME, THE (1977)
ESCAPE TO ATHENA (1979)
MOONRAKER (1979)
FFOLKES (1980)
SEA WOLVES, THE (1980)
CANNONBALL RUN, THE (1981)
FOR YOUR EYES ONLY (1981)
CURSE OF THE PINK PANTHER (1983)
OCTOPUSSY (1983)
VIEW TO A KILL, A (1985)

MOOREHEAD, Agnes
actrice américaine (1906-1974)
CITIZEN KANE (1941)
MAGNIFICENT AMBERSONS, THE (1941)
JANE EYRE (1943)
JOURNEY INTO FEAR (1943)
DRAGON SEED (1944)
SEVENTH CROSS, THE (1944)
OUR VINES HAVE TENDER GRAPES (1945)
DARK PASSAGE (1947)
LOST MOMENT, THE (1947)
JOHNNY BELINDA (1948)
STATION WEST (1948)
STRATTON STORY, THE (1948)
SHOW BOAT (1951)
MAGNIFICENT OBSESSION (1954)
ALL THAT HEAVEN ALLOWS (1955)
LEFT HAND OF GOD, THE (1955)
PARDNERS (1955)
SWAN, THE (1955)
CONQUEROR, THE (1956)
RAINTREE COUNTY (1957)
POLLYANNA (1960)
HOW THE WEST WAS WON (1962)
WHO'S MINDING THE STORE ? (1963)
HUSH... HUSH, SWEET CHARLOTTE (1964)

MORALES, Esai
acteur américain (1962-)
BAD BOYS (1983)
LA BAMBA (1987)
PRINCIPAL, THE (1987)
NAKED TANGO (1990)
RAPA-NUI (1994)
MY FAMILY (1995)
WONDERFUL ICE CREAM SUIT, THE (1998)

MORANIS, Rick
acteur canadien (1954-)
STRANGE BREW (1983)
GHOSTBUSTERS (1984)

STREETS OF FIRE (1984)
CLUB PARADISE (1986)
LITTLE SHOP OF HORRORS (1986)
SPACEBALLS (1987)
GHOSTBUSTERS 2 (1989)
HONEY, I SHRUNK THE KIDS (1989)
PARENTHOOD (1989)
MY BLUE HEAVEN (1990)
L.A. STORY (1991)
HONEY, I BLEW UP THE KID (1992)
SPLITTING HEIRS (1993)
FLINTSTONES, THE (1994)
LITTLE GIANTS, THE (1994)
HONEY, WE SHRUNK OURSELVES (1997)

MOREAU, Jeanne
actrice française (1928-)
REINE MARGOT, LA (1954)
TOUCHEZ PAS AU GRISBI (1954)
ASCENSEUR POUR L'ÉCHAFAUD (1957)
TROIS JOURS À VIVRE (1957)
AMANTS, LES (1958)
LIAISONS DANGEREUSES, LES (1959)
MODERATO CANTABILE (1960)
JULES ET JIM (1961)
EVA (1962)
FEU FOLLET, LE (1963)
JOURNAL D'UNE FEMME
DE CHAMBRE, LE (1964)
TRAIN, THE (1964)
VIVA MARIA (1965)
YELLOW ROLLS-ROYCE, THE (1965)
MADEMOISELLE (1966)
MARIÉE ÉTAIT EN NOIR, LA (1967)
PETIT THÉÂTRE DE JEAN RENOIR, LE (1969)
ALEX IN WONDERLAND (1970)
MONTE WALSH (1970)
RACE DES SEIGNEURS, LA (1973)
VALSEUSES, LES (1973)
LAST TYCOON, THE (1976)
MONSIEUR KLEIN (1976)
PLEIN SUD (1980)
UNS ET LES AUTRES, LES (1980)
MILLE MILLIARDS DE DOLLARS (1981)
YOUR TICKET IS NO LONGER VALID (1981)
QUERELLE (1982)
TRUITE, LA (1982)
MIRACULÉ, LE (1986)
SAUVE-TOI LOLA (1986)
ALBERTO EXPRESS (1990)
FEMME FARDÉE, LA (1990)
NIKITA (1990)
PAS SUSPENDU DE LA CIGOGNE, LE (1991)
UNTIL THE END OF THE WORLD (1991)
VIEILLE QUI MARCHAIT
DANS LA MER, LA (1991)
À DEMAIN (1992)
MAP OF THE HUMAN HEART (1992)
SUMMER HOUSE, THE (1992)
PAR-DELÀ LES NUAGES (1995)
PROPRIETOR, THE (1996)
AMOUR DE SORCIÈRE, UN (1997)
AMOUR ET CONFUSIONS (1997)
BALZAC : LA PASSION D'UNE VIE (1999)
MISÉRABLES, LES (2000)
CET AMOUR-LÀ (2001)

MOREAU, Sylvie
actrice québécoise (1964-)
POST MORTEM (1999)
BOUTEILLE, LA (2000)
DANS UNE GALAXIE PRÈS
DE CHEZ VOUS III (2000)
DANS UNE GALAXIE PRÈS
DE CHEZ VOUS II (2000)
MAËLSTROM (2000)
DANS UNE GALAXIE PRÈS
DE CHEZ VOUS IV (2001)
MANUSCRIT ÉROTIQUE, LE (2002)
COMMENT MA MÈRE ACCOUCHA DE MOI
DURANT SA MÉNOPAUSE (2003)
AIMANTS, LES (2004)
CAMPING SAUVAGE (2004)
FAMILIA (2005)

MORELL, André
acteur anglais (1909-1978)
HIS MAJESTY O'KEEFE (1953)
GIANT BEHEMOTH, THE (1958)
HOUND OF THE BASKERVILLES, THE (1959)
PLAGUE OF THE ZOMBIES, THE (1965)
MUMMY'S SHROUD, THE (1967)
VENGEANCE OF SHE, THE (1967)
10 RILLINGTON PLACE (1971)

MORENO, Rita
actrice portoricaine (1931-)
TOAST OF NEW ORLEANS, THE (1950)
KING AND I, THE (1955)
MARLOWE (1969)
NIGHT OF THE FOLLOWING DAY, THE (1969)
POPI (1969)
RITZ, THE (1976)
ANGUS (1995)
OZ (SEASON II) (1998)
OZ (SEASON III) (1999)
PINERO (2001)
CASA DE LOS BABYS (2003)
KING OF THE CORNER (2004)

MORETTI, Nanni
acteur italien (1953-)
PADRE, PADRONE (1977)
PALOMBELLA ROSSA (1989)
PORTEUR DE SERVIETTE, LE (1991)
JOURNAL INTIME (1993)
SECONDA VOLTA, LA (1995)
APRILE (1998)
CHAMBRE DU FILS, LA (2001)

MORGAN, Frank
acteur américain (1890-1949)
BOMBSHELL (1932)
HALLELUJAH, I'M A BUM ! (1933)
GOOD FAIRY, THE (1935)
I LIVE MY LIFE (1935)
NAUGHTY MARIETTA (1935)
DIMPLES (1936)
SARATOGA (1937)
SWEETHEARTS (1937)
ROSALIE (1938)
TORTILLA FLAT (1942)
WHITE CARGO (1942)
HUMAN COMEDY, THE (1943)
WHITE CLIFFS OF DOVER, THE (1943)
YOLANDA AND THE THIEF (1945)
BOOM TOWN (1946)
COURAGE OF LASSIE (1946)
STRATTON STORY, THE (1948)
THREE MUSKETEERS, THE (1948)
ANY NUMBER CAN PLAY (1949)

MORGAN, Harry
acteur américain (1915-)
IT STARTED WITH A KISS (1959)
FLIM FLAM MAN, THE (1967)
SUPPORT YOUR LOCAL SHERIFF ! (1969)
BAREFOOT EXECUTIVE, THE (1970)
SUPPORT YOUR LOCAL GUNFIGHTER (1971)
CAT FROM OUTER SPACE, THE (1978)
M*A*S*H* (SEASON VI) (1978)
DRAGNET (1987)

MORGAN, Michèle
actrice française (1920-)
MAYERLING (1936)
QUAI DES BRUMES (1938)
JOAN OF PARIS (1942)
PASSAGE TO MARSEILLE (1944)
SYMPHONIE PASTORALE, LA (1946)
FALLEN IDOL, THE (1948)
SEPT PÉCHÉS CAPITAUX, LES (1952)
ORGUEILLEUX, LES (1953)
NAPOLÉON (1954)
GRANDES MANŒUVRES, LES (1955)
FORTUNA (1960)
LOST COMMAND (1966)
CHAT ET LA SOURIS, LE (1975)
ILS VONT TOUS BIEN (1990)

MORIARTY, Cathy
actrice américaine (1960-)
RAGING BULL (1980)
SOAPDISH (1991)
MAMBO KINGS, THE (1992)
ANOTHER STAKEOUT (1993)
MATINEE (1993)
PONTIAC MOON (1994)
DREAM WITH THE FISHES (1997)
HUGO POOL (1997)
DIGGING TO CHINA (1998)
GLORIA (1998)
NEW WATERFORD GIRL (1999)
ANALYZE THAT (2002)

MORIARTY, Michael
acteur américain (1941-)
BANG THE DRUM SLOWLY (1973)
GLASS MENAGERIE (1973)
LAST DETAIL, THE (1973)
REPORT TO THE COMMISSIONER (1974)
HOLOCAUST (1978)
WHO'LL STOP THE RAIN (1978)
Q : THE WINGED SERPENT (1982)
ODD BIRDS (1985)
PALE RIDER (1985)
HANOI HILTON (1987)
RETURN TO SALEM'S LOT, A (1987)
COURAGE UNDER FIRE (1996)
JAMES DEAN (2001)
MASTERS OF HORROR - PICK ME UP (2005)

MORLEY, Robert
acteur anglais (1908-1992)
MARIE ANTOINETTE (1939)
MAJOR BARBARA (1941)
AFRICAN QUEEN, THE (1951)
BEAT THE DEVIL (1954)
BEAU BRUMMELL (1954)
AROUND THE WORLD IN 80 DAYS (1956)
ROAD TO HONG KONG, THE (1962)
YOUNG ONES (1962)
MURDER AT THE GALLOP (1963)
OF HUMAN BONDAGE (1964)
TOPKAPI (1964)
LOVED ONE, THE (1965)
STUDY IN TERROR, A (1965)
THOSE MAGNIFICENT MEN
IN THEIR FLYING MACHINES (1965)
ALPHABET MURDERS, THE (1966)
HOTEL PARADISO (1966)
WOMAN TIMES SEVEN (1967)
HOT MILLIONS (1968)
CROMWELL (1970)
DOCTOR IN TROUBLE (1970)
THEATER OF BLOOD (1973)
WHO IS KILLING THE GREAT CHEFS
OF EUROPE ? (1978)
HUMAN FACTOR, THE (1980)
LITTLE DORRIT : NOBODY'S FAULT (1988)

MORRIS, Chester
acteur américain (1901-1970)
ALIBI (1929)
BAT WHISPERS, THE (1930)
BIG HOUSE, THE (1930)
DIVORCEE, THE (1930)
FLIGHT FROM GLORY (1937)
FIVE CAME BACK (1939)
AERIAL GUNNER (1943)
GREAT WHITE HOPE, THE (1970)

MORRISON, Temuera
acteur australien (1961-)
ONCE WERE WARRIORS (1994)
BARB WIRE (1995)
BROKEN ENGLISH (1996)
SPEED 2 : CRUISE CONTROL (1997)
SIX DAYS, SEVEN NIGHTS (1998)
FROM DUSK TILL DAWN III (1999)
VERTICAL LIMIT (2000)
RENEGADE (2004)

MORRISSEY, David
acteur anglais (1964-)
CAUSE CELEBRE (1987)
STORYTELLER, THE - DEFINITIVE COLLECTION (1987)
COMMISSIONER, THE (1997)
HILARY AND JACKIE (1998)
OUR MUTUAL FRIEND (1998)
GAME OF DEATH, THE (2000)
STONED (2005)
BASIC INSTINCT 2 - RISK ADDICTION (2006)

MORSE, David
acteur américain (1953-)
INSIDE MOVES (1980)
GOOD SON, THE (1993)
CROSSING GUARD, THE (1995)
LANGOLIERS, THE (1995)
CONTACT (1997)
NEGOTIATOR, THE (1998)
GREEN MILE, THE (1999)
BAIT (2000)
PROOF OF LIFE (2000)
HEARTS IN ATLANTIS (2001)
DOUBLE VISION (2002)
DREAMER : INSPIRED BY A TRUE STORY (2005)
16 BLOCKS (2006)

MORTENSEN, Viggo
acteur américain (1958-)
PRISON (1988)
REFLECTING SKIN, THE (1990)
CARLITO'S WAY (1993)
CRIMSON TIDE (1995)
PASSION OF DARKLY NOON, THE (1995)
PROPHECY, THE (1995)
ALBINO ALLIGATOR (1996)
DAYLIGHT (1996)
PORTRAIT OF A LADY, THE (1996)
G.I. JANE (1997)
PERFECT MURDER, A (1998)
PSYCHO (1998)
WALK ON THE MOON, A (1998)
28 DAYS (2000)
LORD OF THE RINGS : THE FELLOWSHIP OF THE RING (2001)
LORD OF THE RINGS : THE TWO TOWERS, THE (2002)
LORD OF THE RINGS : THE RETURN OF THE KING (2003)
HIDALGO (2004)
HISTORY OF VIOLENCE, A (2005)

MORTIMER, Emily
actrice anglaise (1971-)
GHOST AND THE DARKNESS, THE (1996)
KID, THE (2000)
FORMULA 51 (2001)
LOVELY AND AMAZING (2001)
SLEEPING DICTIONARY (2002)
YOUNG ADAM (2002)
BRIGHT YOUNG THINGS (2003)
DEAR FRANKIE (2003)
MATCH POINT (2005)
PINK PANTHER, THE (2006)

MORTON, Joe
acteur américain (1948-)
BROTHER FROM ANOTHER PLANET, THE (1984)
CROSSROADS (1986)
CITY OF HOPE (1991)
FOREVER YOUNG (1992)
OF MICE AND MEN (1992)
INKWELL, THE (1994)
LONE STAR (1995)
WALKING DEAD, THE (1995)
EXECUTIVE DECISION (1996)
MISS EVER'S BOYS (1996)
APT PUPIL (1998)
BLUES BROTHERS 2000 (1998)
ASTRONAUT'S WIFE, THE (1999)
BOUNCE (2000)
DRAGONFLY (2002)
PAYCHECK (2003)

MORTON, Samantha
actrice anglaise (1977-)
EMMA (1997)
JANE EYRE (1997)
TOM JONES (1997)
UNDER THE SKIN (1997)
JESUS' SON (1999)
SWEET AND LOWDOWN (1999)
PANDAEMONIUM (2000)
MORVERN CALLAR (2001)
IN AMERICA (2002)
MINORITY REPORT (2002)
CODE 46 (2003)
ENDURING LOVE (2004)
LIBERTINE, THE (2005)

MOSS, Carrie-Anne
actrice canadienne (1967-)
MATRIX, THE (1999)
NEW BLOOD (1999)
CHOCOLAT (2000)
MEMENTO (2000)
RED PLANET (2000)
MATRIX RELOADED, THE (2003)
MATRIX, THE : REVOLUTIONS (2003)
SUSPECT ZERO (2004)
CHUMSCRUBBER, THE (2005)

MOSTEL, Josh
acteur américain (1946-)
HARRY AND TONTO (1974)
COMPROMISING POSITIONS (1985)
STOOGEMANIA (1985)
AU REVOIR AMERIKA (1995)
GREAT EXPECTATIONS (1998)
ROUNDERS (1998)
BIG DADDY (1999)

MOTOKI, Masahiro
acteur japonais (1965-)
RAFFLES HOTEL (1989)
MYSTERY OF RAMPO, THE (1994)
GONIN (1995)
SHALL WE DANCE ? (1996)
BIRD PEOPLE IN CHINA, THE (1998)
GEMINI (1999)

MOUSTACHE
acteur français (1928-1987)
COMME UN CHEVEU SUR LA SOUPE (1955)
LOVE IN THE AFTERNOON (1956)
MADEMOISELLE STRIP-TEASE (1957)
TROIS JOURS À VIVRE (1957)
NI VU, NI CONNU (1958)
PARIS BLUES (1961)
CIRCUS WORLD (1964)
HOW TO STEAL A MILLION (1966)
MAYERLING (1968)

MOWBRAY, Alan
acteur anglais (1896-1969)
STAND-IN, THE (1937)
VOGUE OF 1938 (1937)
NEVER SAY DIE (1939)
THAT HAMILTON WOMAN (1941)
PANAMA HATTIE (1942)
TERROR BY NIGHT (1946)
LURED (1947)
MERTON OF THE MOVIES (1947)
ANDROCLES AND THE LION (1952)

MUELLER-STAHL, Armin
acteur allemand (1920-)
JACOB THE LIAR (1974)
DIMANCHE DE FLIC, UN (1982)
VERONIKA VOSS (1982)
AMOUR EN ALLEMAGNE, UN (1983)
ANGRY HARVEST (1984)
COLONEL REDL (1984)
FORGET MOZART (1986)
MOMO (1986)
MUSIC BOX (1989)
AVALON (1990)
KAFKA (1991)
NIGHT ON EARTH (1991)
LOIN DE BERLIN (1992)
POWER OF ONE, THE (1992)
UTZ (1992)
HOUSE OF THE SPIRITS, THE (1993)
PYROMANIAC'S LOVE STORY, A (1995)
OGRE, THE (1996)
SHINE (1996)
12 ANGRY MEN (1997)
COMMISSIONER, THE (1997)
JAKOB THE LIAR (1999)
JESUS (1999)
THIRD MIRACLE, THE (1999)
THIRTEENTH FLOOR, THE (1999)
MISSION TO MARS (2000)

MUI, Anita
actrice hong-kongaise (1963-)
ROUGE (1987)
BETTER TOMORROW 3, A (1989)
MIRACLES (1989)
SAVIOUR OF THE SOUL (1991)
HEROIC TRIO, THE (1992)
DRUNKEN MASTER II (1994)
MY FATHER IS A HERO (1995)
RUMBLE IN THE BRONX (1996)

MULLAN, Peter
acteur écossais (1960-)
MY NAME IS JOE (1998)
MISS JULIE (1999)
CLAIM, THE (2000)
ORDINARY DECENT CRIMINAL (2000)
SESSION 9 (2001)
YOUNG ADAM (2002)
CRIMINAL (2004)
ON A CLEAR DAY (2005)

MULRONEY, Dermot
acteur américain (1963-)
ORDINARY PEOPLE (1980)
BRIGHT ANGEL (1990)
LONGTIME COMPANION (1990)
CAREER OPPORTUNITIES (1991)
THERE GOES MY BABY (1992)
POINT OF NO RETURN (1993)
THING CALLED LOVE, THE (1993)
BAD GIRLS (1994)
LIVING IN OBLIVION (1994)
COPYCAT (1995)
TRIGGER EFFECT, THE (1996)
MY BEST FRIEND'S WEDDING (1997)
GOODBYE LOVER (1998)
TRIXIE (2000)
LOVELY AND AMAZING (2001)
SAFETY OF OBJECTS, THE (2001)
ABOUT SCHMIDT (2002)
UNDERTOW (2004)
WEDDING DATE, THE (2004)
FAMILY STONE (2005)
MUST LOVE DOGS (2005)

MUNI, Paul
acteur américain (1895-1967)
I AM A FUGITIVE FROM A CHAIN GANG (1932)
SCARFACE (1932)
GOOD EARTH, THE (1936)
STORY OF LOUIS PASTEUR, THE (1936)
LIFE OF EMILE ZOLA, THE (1937)
JUAREZ (1939)
COMMANDOS STRIKE AT DAWN (1942)
SONG TO REMEMBER, A (1945)
ANGEL ON MY SHOULDER (1947)
LAST ANGRY MAN, THE (1959)

MURPHY, Audie
acteur américain (1924-1971)
RED BADGE OF COURAGE, THE (1951)
TO HELL AND BACK (1954)
NIGHT PASSAGE (1957)
QUIET AMERICAN, THE (1957)
NO NAME ON THE BULLET (1959)
TEXICAN, THE (1966)
TIME FOR DYING, A (1969)

MURPHY, Brittany
actrice américaine (1977-)
CLUELESS (1995)
DEVIL'S ARITHMETIC, THE (1999)
GIRL, INTERRUPTED (1999)
COMMON GROUND (2000)
TRIXIE (2000)
RIDING IN CARS WITH BOYS (2001)
8 MILE (2002)
SPUN (2002)
JUST MARRIED (2003)
UPTOWN GIRLS (2003)
LITTLE BLACK BOOK (2004)
SIN CITY (2005)

MURPHY, Cillian
acteur irlandais (1976-)
DISCO PIGS (2001)
WAY WE LIVE NOW, THE (2001)
28 DAYS LATER (2002)
GIRL WITH A PEARL EARRING (2003)
BATMAN BEGINS (2005)
BREAKFAST ON PLUTO (2005)
RED EYE (2005)

MURPHY, Eddie
acteur américain (1961-)
48 HOURS (1982)
BEST DEFENSE (1984)
BEVERLY HILLS COP (1984)
GOLDEN CHILD, THE (1986)
BEVERLY HILLS COP II (1987)
EDDIE MURPHY RAW (1987)
COMING TO AMERICA (1988)
HARLEM NIGHTS (1989)
ANOTHER 48 HOURS (1990)
DISTINGUISHED GENTLEMAN, THE (1992)
BEVERLEY HILLS COP III (1994)
NUTTY PROFESSOR, THE (1996)
METRO (1997)
HOLY MAN (1998)
BOWFINGER (1999)
LIFE (1999)
NUTTY PROFESSOR : THE KLUMPS (2000)
DR. DOLITTLE 2 (2001)
ADVENTURES OF PLUTO NASH, THE (2002)
I SPY (2002)
SHOWTIME (2002)
DADDY DAY CARE (2003)
HAUNTED MANSION (2003)

MURPHY, George
acteur américain (1902-1992)
KID MILLIONS (1934)
BROADWAY MELODY OF 1938 (1937)
LETTER OF INTRODUCTION, A (1938)
LITTLE MISS BROADWAY (1938)
BROADWAY MELODY OF 1940 (1940)
LITTLE NELLIE KELLY (1940)
FOR ME AND MY GAL (1942)
BATAAN (1943)
BATTLEGROUND (1948)

MURPHY, Michael
acteur américain (1938-)
COUNTDOWN (1968)
ARRANGEMENT, THE (1969)
M*A*S*H (1969)
THAT COLD DAY IN THE PARK (1969)
BREWSTER McCLOUD (1970)
COUNT YORGA, VAMPIRE (1970)
McCABE & MRS. MILLER (1971)
WHAT'S UP, DOC ? (1972)
THIEF WHO CAME TO DINNER, THE (1973)
PHASE IV (1974)
NASHVILLE (1975)
FRONT, THE (1976)
UNMARRIED WOMAN, AN (1977)
MANHATTAN (1979)
STRANGE BEHAVIOR (1981)
YEAR OF LIVING DANGEROUSLY, THE (1982)
CLOAK AND DAGGER (1984)
SALVADOR (1985)
MESMERIZED (1986)
SHOCKER (1989)
BATMAN RETURNS (1992)
KANSAS CITY (1996)
BREAKING THE SURFACE -
THE GREG LOUGANIS STORY (1997)
PRIVATE PARTS (1997)
MAGNOLIA (1999)
CHILDSTAR (2004)
TANNER ON TANNER (2004)
H20 (2005)

MURRAY, Bill
acteur américain (1950-)
CADDYSHACK (1980)
WHERE THE BUFFALO ROAM (1980)
STRIPES (1981)
TOOTSIE (1982)
GHOSTBUSTERS (1984)
RAZOR'S EDGE, THE (1984)
LITTLE SHOP OF HORRORS (1986)
SCROOGED (1988)
GHOSTBUSTERS 2 (1989)
QUICK CHANGE (1990)
WHAT ABOUT BOB ? (1991)
GROUNDHOG DAY (1993)
MAD DOG AND GLORY (1993)
ED WOOD (1994)
KINGPIN (1996)
LARGER THAN LIFE (1996)
SPACE JAM (1996)
MAN WHO KNEW TOO LITTLE, THE (1997)
RUSHMORE (1998)
WILD THINGS (1998)
CHARLIE'S ANGELS (2000)
HAMLET (2000)
OSMOSIS JONES (2001)
ROYAL TENENBAUMS, THE (2001)
LOST IN TRANSLATION (2003)
GARFIELD : THE MOVIE (2004)
THE LIFE AQUATIC WITH STEVE ZISSOU (2004)
BROKEN FLOWERS (2005)

MUTI, Ornella
actrice italienne (1955-)
MORT D'UN POURRI (1977)
MÉLODIE MEURTRIÈRE (1978)
AVEUX SPONTANÉS (1979)
FLASH GORDON (1980)
AMOUREUX FOU (1981)
CONTE DE LA FOLIE ORDINAIRE (1981)
FILLE DE TRIESTE, LA (1982)
AMOUR DE SWANN, UN (1983)
FUTUR EST FEMME, LE (1984)
FEMME DE MES AMOURS, LA (1989)
WAIT UNTIL SPRING, BANDINI (1989)
OSCAR (1991)
VOYAGE DU CAPITAINE FRACASSE, LE (1991)
POUR RIRE ! (1996)
SOMEWHERE IN THE CITY (1997)
COMTE DE MONTE CRISTO (1998)
HEART IS DECEITFUL
ABOVE ALL THINGS, THE (2004)
BRONZÉS 3, LES (2005)

MYERS, Mike
acteur canadien (1963-)
WAYNE'S WORLD (1992)
SO I MARRIED AN AXE MURDERER (1993)
WAYNE'S WORLD 2 (1993)
54 (1998)
PETE'S METEOR (1998)
AUSTIN POWERS : THE SPY
WHO SHAGGED ME (1999)
AUSTIN POWERS IN GOLDMEMBER (2002)
CAT IN THE HAT, THE (2003)
VIEW FROM THE TOP, A (2003)

NACERI, Samy
acteur français (1961-)
UNE POUR TOUTES (1999)
LÀ-BAS MON PAYS (2000)
TAXI 2 (2000)
AÎNÉ DES FERCHAUX, L' (2001)
NID DE GUÊPES (2001)
MENTALE, LA (2002)
TAXI 3 (2003)

NAGASE, Masatoshi
acteur japonais (1966-)
MYSTERY TRAIN (1989)
AUTUMN MOON (1992)
MOST TERRIBLE TIME IN MY LIFE, THE (1994)
STAIRWAY TO THE DISTANT PAST (1995)
TRAP, THE (1996)
GOJOE SPIRIT WAR CHRONICLE (2000)
PISTOL OPERA (2001)
FOREST WITH NO NAME, A (2002)
SUICIDE CLUB (2002)

NAISH, J. Carrol
acteur américain (1897-1973)
DOWN ARGENTINE WAY (1940)
BEHIND THE RISING SUN (1943)
CALLING DR. DEATH (1943)
GUNG HO ! (1943)
JUNGLE WOMAN (1944)
FUGITIVE, THE (1948)
JOAN OF ARC (1948)
THAT MIDNIGHT KISS (1949)
TOAST OF NEW ORLEANS, THE (1950)
ACROSS THE WIDE MISSOURI (1951)
BENEATH THE 12-MILE REEF (1953)
SITTING BULL (1953)
HIT THE DECK (1955)
THIS COULD BE THE NIGHT (1956)
DRACULA VS FRANKENSTEIN (1971)

NAKADAI, Tatsuya
acteur japonais (1932-)
HUMAN CONDITION I :
NO GREATER LOVE, THE (1959)
FEMME MONTE L'ESCALIER, UNE (1960)
HUMAN CONDITION III :
A SOLDIER'S PRAYER, THE (1961)
YOJIMBO (1961)
HARAKIRI (1962)
SANJURO (1962)
ENTRE LE CIEL ET L'ENFER (1963)
KWAIDAN (1965)
SAMURAI REBELLION (1967)
KILL ! (1968)
PORTRAIT OF HELL (1969)
KAGEMUSHA (1980)
RAN (1985)
WICKED CITY (1992)

NANCE, Jack
acteur américain (1943-1996)
ERASERHEAD (1976)
DUNE (1984)
GHOULIES (1984)
JOHNNY DANGEROUSLY (1984)
BLUE VELVET (1986)
BARFLY (1987)
BLOB, THE (1988)
COLORS (1988)
HOT SPOT, THE (1990)
WILD AT HEART (1990)
WHORE (1991)
LOVE AND A .45 (1994)

NAPIER, Charles
acteur américain (1936-)
CHERRY... & HARRY & RAQUEL (1969)
ERNEST GOES TO JAIL (1990)
CENTER OF THE WEB (1992)
SKEETER (1994)
MAX IS MISSING (1995)
ORIGINAL GANGSTAS (1996)
AUSTIN POWERS : INTERNATIONAL
MAN OF MYSTERY (1997)

NEAL, Patricia
actrice américaine (1926-)
FOUNTAINHEAD, THE (1949)
DAY THE EARTH STOOD STILL, THE (1951)
OPERATION PACIFIC (1951)
STRANGER FROM VENUS (1954)
FACE IN THE CROWD, A (1957)
HUD (1963)
ALL QUIET ON THE WESTERN FRONT (1979)
UNREMARKABLE LIFE, AN (1988)
HEIDI (1993)
COOKIE'S FORTUNE (1998)
FOR THE LOVE OF MAY (2000)

NEESON, Liam
acteur irlandais (1953-)
EXCALIBUR (1981)
BOUNTY, THE (1983)
DUET FOR ONE (1986)
MISSION, THE (1986)
PRAYER FOR THE DYING, A (1987)
SUSPECT (1987)
DEAD POOL, THE (1988)
GOOD MOTHER, THE (1988)
HIGH SPIRITS (1988)
NEXT OF KIN (1989)
DARKMAN (1990)
CROSSING THE LINE (1991)
UNDER SUSPICION (1991)
ETHAN FROME (1992)
HUSBANDS AND WIVES (1992)
LEAP OF FAITH (1992)
SHINING THROUGH (1992)
SCHINDLER'S LIST (1993)
NELL (1994)
BEFORE AND AFTER (1995)
LUMIÈRE ET COMPAGNIE (1995)
ROB ROY (1995)
MICHAEL COLLINS (1996)
MISÉRABLES, LES (1998)
HAUNTING, THE (1999)
STAR WARS EPISODE I -
THE PHANTOM MENACE (1999)
GUN SHY (2000)
GANGS OF NEW YORK (2002)
K-19 : THE WIDOWMAKER (2002)
LOVE ACTUALLY (2003)
KINSEY (2004)
BATMAN BEGINS (2005)
BREAKFAST ON PLUTO (2005)
KINGDOM OF HEAVEN (2005)

NEILL, Sam
acteur anglais (1947-)
MY BRILLIANT CAREER (1979)
ATTACK FORCE Z (1980)
OMEN III, THE :
THE FINAL CONFLICT (1981)
POSSESSION (1981)
SANG DES AUTRES, LE (1983)
PLENTY (1985)
GOOD WIFE, THE (1986)
CRY IN THE DARK, A (1988)
DEAD CALM (1988)
HUNT FOR RED OCTOBER (1990)
DEATH IN BRUNSWICK (1991)
UNTIL THE END OF THE WORLD (1991)
MEMOIRS OF AN INVISIBLE MAN (1992)
PIANO, THE (1992)
JURASSIC PARK (1993)
COUNTRY LIFE (1994)
IN THE MOUTH OF MADNESS (1994)
JUNGLE BOOK, THE (1994)
SIRENS (1994)
RESTORATION (1995)
VICTORY (1995)
CHILDREN OF THE REVOLUTION (1996)
EVENT HORIZON (1997)
SNOW WHITE : A TALE OF TERROR (1997)
HORSE WHISPERER, THE (1998)
MERLIN (1998)
BICENTENNIAL MAN (1999)
MOLOKAÏ (1999)
DISH, THE (2000)
JURASSIC PARK III (2001)
DOCTOR ZHIVAGO (2002)
WIMBLEDON (2004)
LITTLE FISH (2005)
MERLIN'S APPRENTICE (2005)
YES (2005)

NELLIGAN, Kate
actrice canadienne (1950-)
DRACULA (1979)
EYE OF THE NEEDLE (1981)
WITHOUT A TRACE (1983)
CONTROL (1986)
WHITE ROOM (1990)
PRINCE OF TIDES, THE (1991)
FOR BETTER AND FOR WORSE (1992)
JUMELLES DIONNE, LES (1994)
MARGARET'S MUSEUM (1995)
UP CLOSE AND PERSONAL (1996)
U.S. MARSHALS (1998)

NELSON Craig T.
acteur américain (1946-)
RETURN OF COUNT YORGA, THE (1971)
POLTERGEIST (1982)
ALL THE RIGHT MOVES (1983)
POLTERGEIST II (1986)
TURNER & HOOCH (1989)
JOSEPHINE BAKER STORY, THE (1990)
DIRTY PICTURES (2000)

NELSON, Judd
acteur américain (1959-)
FANDANGO (1984)
BREAKFAST CLUB, THE (1985)
DEAR AMERICA : LETTERS HOME
FROM VIETNAM (1987)
FROM THE HIP (1987)
RELENTLESS (1989)
NEW JACK CITY (1991)
STEEL (1997)

NERO, Franco
acteur italien (1941-)
DJANGO (1966)
TEXAS ADIOS (1966)
CAMELOT (1967)
COMPANEROS (1970)
TRISTANA (1970)
FIFTH CORD (1971)
POPE JOAN (1972)
HOW TO KILL A JUDGE (1974)
STREET LAW (1974)
21 HOURS AT MUNICH (1976)
KEOMA (1976)
PROIE DE L'AUTOSTOP, LA (1977)
FORCE 10 FROM NAVARONE (1978)
DRAMMA BORGHESE, UN (1979)
MAN WITH BOGART'S FACE, THE (1980)
SALAMANDER, THE (1980)
KAMIKAZE '89 (1982)
WAGNER (1983)
DJANGO STRIKES AGAIN (1987)
SWEET COUNTRY (1988)
36-15 CODE PÈRE NOËL (1989)
DIE HARD 2 : DIE HARDER (1990)
TALK OF ANGELS (1998)
VERSACE MURDER, THE (1998)
BAD INCLINATION (2003)

NESBITT, James
acteur anglais (1965-)
GO NOW (1995)
WELCOME TO SARAJEVO (1997)
WAKING NED DEVINE (1998)
WOMEN TALKING DIRTY (1999)
WILD ABOUT HARRY (2000)
BLOODY SUNDAY (2001)
LUCKY BREAK (2001)

NEUWIRTH, Bebe
actrice américaine (1958-)
GREEN CARD (1990)
MALICE (1993)

ADVENTURES OF PINOCCHIO, THE (1996)
ASSOCIATE, THE (1996)
CELEBRITY (1998)
FACULTY, THE (1998)
SUMMER OF SAM (1999)
TADPOLE (2002)
LAW & ORDER : TRIAL BY JURY (2004)
GAME 6 (2005)

NEVILLE, John
acteur anglais (1925-)
STUDY IN TERROR, A (1965)
BABY'S DAY OUT (1994)
LITTLE WOMEN (1994)
SWANN (1995)
GOODBYE LOVER (1998)
X-FILES : THE MOVIE (1998)
SUNSHINE (1999)
SPIDER (2002)
MOVING MALCOLM (2003)
STATEMENT, THE (2003)
SEPARATE LIES (2005)

NEWMAN, Paul
acteur américain (1925-)
SOMEBODY UP THERE LIKES ME (1955)
HELEN MORGAN STORY, THE (1957)
UNTIL THEY SAIL (1957)
CAT ON A HOT TIN ROOF (1958)
LEFT-HANDED GUN, THE (1958)
LONG HOT SUMMER, THE (1958)
YOUNG PHILADELPHIANS, THE (1959)
EXODUS (1960)
FROM THE TERRACE (1960)
HUSTLER, THE (1961)
PARIS BLUES (1961)
SWEET BIRD OF YOUTH (1962)
HUD (1963)
NEW KIND OF LOVE, A (1963)
PRIZE, THE (1963)
OUTRAGE, THE (1964)
WHAT A WAY TO GO ! (1964)
LADY L (1965)
HARPER (1966)
TORN CURTAIN (1966)
COOL HAND LUKE (1967)
HOMBRE (1967)
SECRET WAR OF HARRY FRIGG, THE (1967)
BUTCH CASSIDY & THE SUNDANCE KID (1969)
WINNING (1969)
SOMETIMES A GREAT NOTION (1971)
LIFE AND TIMES OF JUDGE ROY BEAN (1972)
POCKET MONEY (1972)
MACKINTOSH MAN, THE (1973)
STING, THE (1973)
TOWERING INFERNO, THE (1974)
DROWNING POOL, THE (1975)
BUFFALO BILL AND THE INDIANS (1976)
SILENT MOVIE (1976)
SLAP SHOT (1976)
QUINTET (1978)
FORT APACHE, THE BRONX (1981)
ABSENCE OF MALICE (1982)
VERDICT, THE (1982)
HARRY AND SON (1984)
COLOR OF MONEY, THE (1986)
BLAZE (1989)
FAT MAN AND LITTLE BOY (1989)
MR. & MRS. BRIDGE (1990)
HUDSUCKER PROXY, THE (1994)
NOBODY'S FOOL (1994)
TWILIGHT (1997)
MESSAGE IN A BOTTLE (1999)
WHERE THE MONEY IS ? (1999)
ROAD TO PERDITION (2002)
OUR TOWN (2003)
EMPIRE FALLS (2005)

NEWTON, Thandie
actrice africaine (1972-)
FLIRTING (1990)
YOUNG AMERICANS (1993)
GRIDLOCK'D (1996)
LEADING MAN, THE (1996)
LOADED (1996)
BELOVED (1998)
BESIEGED (1998)
TRUTH ABOUT CHARLIE, THE (2002)
CRASH (2004)

NICHOLSON, Jack
acteur américain (1937-)
LITTLE SHOP OF HORRORS, THE (1960)
RAVEN, THE (1963)
TERROR, THE (1963)
BACK DOOR TO HELL (1964)
FLIGHT TO FURY (1966)
RIDE IN THE WHIRLWIND (1966)
SHOOTING, THE (1966)
HELL'S ANGELS ON WHEELS (1967)
PSYCH-OUT (1967)
REBEL ROUSERS (1967)
TRIP, THE (1967)
EASY RIDER (1969)
ON A CLEAR DAY YOU CAN SEE FOREVER (1969)
FIVE EASY PIECES (1970)
CARNAL KNOWLEDGE (1971)
KING OF MARVIN GARDENS, THE (1972)
LAST DETAIL, THE (1973)
CHINATOWN (1974)
FORTUNE, THE (1974)
ONE FLEW OVER THE CUCKOO'S NEST (1975)
PROFESSION : REPORTER (1975)
TOMMY (1975)
LAST TYCOON, THE (1976)
MISSOURI BREAKS, THE (1976)
GOIN' SOUTH (1978)
SHINING, THE (1980)
BORDER, THE (1981)
POSTMAN ALWAYS RINGS TWICE, THE (1981)
REDS (1981)
TERMS OF ENDEARMENT (1983)
PRIZZI'S HONOR (1985)
HEARTBURN (1986)
BROADCAST NEWS (1987)
IRONWEED (1987)
WITCHES OF EASTWICK, THE (1987)
BATMAN (1989)
TWO JAKES, THE (1990)
FEW GOOD MEN, A (1992)
HOFFA (1992)
MAN TROUBLE (1992)
WOLF (1994)
CROSSING GUARD, THE (1995)
BLOOD AND WINE (1996)
EVENING STAR, THE (1996)
MARS ATTACKS ! (1996)
AS GOOD AS IT GETS (1997)
PLEDGE, THE (2000)
ABOUT SCHMIDT (2002)
ANGER MANAGEMENT (2003)
SOMETHING'S GOTTA GIVE (2003)

NICHOLSON, Julianne
actrice américaine (1971-)
LONG TIME SINCE (1997)
STORM OF THE CENTURY (1999)
PASSION OF MIND (2000)
TULLY (2000)
I'M WITH LUCY (2002)
SPEAKEASY (2002)
LITTLE BLACK BOOK (2004)
SEEING OTHER PEOPLE (2004)

NIELSEN, Connie
actrice danoise (1965-)
SOLDIER (1998)
MISSION TO MARS (2000)
DEMONLOVER (2002)
ONE HOUR PHOTO (2002)
BASIC (2003)
HUNTED, THE (2003)
BROTHERS (2004)
GREAT RAID, THE (2004)
ICE HARVEST, THE (2005)

NIELSEN, Leslie
acteur canadien (1926-)
FORBIDDEN PLANET (1955)
RELUCTANT ASTRONAUT, THE (1966)
POSEIDON ADVENTURE, THE (1972)
AMSTERDAM KILL, THE (1977)
AIRPLANE ! (1980)
PROM NIGHT (1980)
CREEPSHOW (1982)
WRONG IS RIGHT (1982)
NUTS (1987)
NAKED GUN, THE (1988)
REPOSSESSED (1989)
NAKED GUN 2 1/2 : THE SMELL OF FEAR, THE (1991)
NAKED GUN 33 1/3 : THE FINAL INSULT, THE (1994)
DRACULA : DEAD AND LOVING IT (1995)
SPY HARD (1996)
MR. MAGOO (1997)
WRONGFULLY ACCUSED (1998)
2001 : A SPACE TRAVESTY (2000)
MEN WITH BROOMS (2002)
SCARY MOVIE 4 - UNRATED (2006)

NIGHY, Bill
acteur anglais (1949-)
THIRTEEN AT DINNER (1985)
ANTONIA & JANE (1991)
ALIVE & KICKING (1996)
STILL CRAZY (1998)
LAWLESS HEART (2001)
LUCKY BREAK (2001)
I CAPTURE THE CASTLE (2003)
ENDURING LOVE (2004)
CONSTANT GARDENER (2005)
GIDEON'S DAUGHTER (2005)
GIRL IN THE CAFÉ, THE (2005)
UNDERWORLD - EVOLUTION (2006)

NIMOY, Leonard
acteur américain (1931-)
FRANCIS GOES TO WEST POINT (1952)
SATAN'S SATELLITES (1957)
BRAIN EATERS, THE (1958)
BALCONY, THE (1963)
STAR TREK ORIGINAL SERIES (SEASON I) (1966)
CATLOW (1971)
INVASION OF THE BODY SNATCHERS (1978)
STAR TREK I : THE MOTION PICTURE (1979)
STAR TREK II : THE WRATH OF KHAN (1982)
WOMAN CALLED GOLDA, A (1982)
STAR TREK IV : THE VOYAGE HOME (1986)
STAR TREK V : THE FINAL FRONTIER (1989)
STAR TREK VI : THE UNDISCOVERED COUNTRY (1991)
STAR TREK : FIRST CONTACT (1996)

NIVEN, David
acteur anglais (1910-1983)
BARBARY COAST (1935)
MUTINY ON THE BOUNTY (1935)
ROSE MARIE (1935)
CHARGE OF THE LIGHT BRIGADE, THE (1936)
DODSWORTH (1936)
BLUEBEARD'S EIGHTH WIFE (1938)
DAWN PATROL, THE (1938)
WUTHERING HEIGHTS (1938)
BACHELOR MOTHER (1939)
REAL GLORY, THE (1939)
IMMORTAL BATTALION, THE (1943)
SPITFIRE (1943)
STAIRWAY TO HEAVEN (1946)
BISHOP'S WIFE, THE (1947)
OTHER LOVE, THE (1947)
ENCHANTMENT (1948)
ELUSIVE PIMPERNEL, THE (1949)
TOAST OF NEW ORLEANS, THE (1950)
MOON IS BLUE, THE (1952)
KING'S THIEF, THE (1955)
AROUND THE WORLD IN 80 DAYS (1956)
BONJOUR TRISTESSE (1957)
MY MAN GODFREY (1957)
SEPARATE TABLES (1958)
ASK ANY GIRL (1959)
PLEASE DON'T EAT THE DAISIES (1960)
GUNS OF NAVARONE, THE (1961)
ROAD TO HONG KONG, THE (1962)
55 DAYS AT PEKING (1963)
PINK PANTHER, THE (1963)
BEDTIME STORY (1964)
LADY L (1965)
CASINO ROYALE (1967)
IMPOSSIBLE YEARS, THE (1968)
CERVEAU, LE (1969)
MURDER BY DEATH (1976)
CANDLESHOE (1977)
DEATH ON THE NILE (1978)
ESCAPE TO ATHENA (1979)
SEA WOLVES, THE (1980)
TRAIL OF THE PINK PANTHER (1982)
CURSE OF THE PINK PANTHER (1983)

NIVOLA, Alessandro
acteur américain (1972-)
I WANT YOU (1998)
BEST LAID PLANS (1999)
LOVE'S LABOUR'S LOST (1999)
MANSFIELD PARK (1999)
LAUREL CANYON (2002)
CLEARING, THE (2004)
JUNEBUG (2004)
SISTERS, THE (2005)

NIXON, Cynthia
actrice américaine (1966-)
MANHATTAN PROJECT, THE (1986)
BABY'S DAY OUT (1994)
SEX AND THE CITY (1998-2004)
TANNER ON TANNER (2004)
LITTLE MANHATTAN (2005)
WARM SPRINGS (2005)

NOËL, Magali
actrice française (1932-)
ASSASSINS ET VOLEURS (1956)
ÉLÉNA ET LES HOMMES (1956)
OH ! QUE MAMBO (1959)
DOLCE VITA, LA (1960)
FELLINI SATYRICON (1968)
TROPIC OF CANCER (1969)
Z (1969)
AMARCORD (1973)
RENDEZ-VOUS D'ANNA, LES (1978)
MORT DE MARIO RICCI, LA (1983)
ANNÉES 80, LES (1985)

NOIRET, Philippe
acteur français (1930-)
COPAINS, LES (1964)
LADY L (1965)
VIE DE CHÂTEAU, LA (1966)
ALEXANDRE LE BIENHEUREUX (1967)
NIGHT OF THE GENERALS, THE (1967)
WOMAN TIMES SEVEN (1967)
ASSASSINATION BUREAU, THE (1968)
TOPAZ (1969)
AVEUX LES PLUS DOUX, LES (1970)
MURPHY'S WAR (1970)
VIEILLE FILLE, LA (1971)
ATTENTAT, L' (1972)
NIGHT FLIGHT FROM MOSCOW (1972)
SERPENT, LE (1972)
GRANDE BOUFFE, LA (1973)
HORLOGER DE SAINT-PAUL, L' (1973)
TOUCHE PAS LA FEMME BLANCHE (1973)
QUE LA FÊTE COMMENCE ! (1974)
VIEUX FUSIL, LE (1975)
JUGE ET L'ASSASSIN, LE (1976)
FEMME À SA FENÊTRE, UNE (1977)
TAXI MAUVE, UN (1977)
WHO IS KILLING THE GREAT CHEFS
OF EUROPE ? (1978)
ON A VOLÉ LA CUISSE DE JUPITER (1979)
IL FAUT TUER BIRGITT HAAS (1980)
COUP DE TORCHON (1981)
TROIS FRÈRES (1981)
AFRICAIN, L' (1982)
AMI DE VINCENT, L' (1983)
FORT SAGANNE (1983)
GRAND CARNAVAL, LE (1983)
ÉTÉ PROCHAIN, L' (1984)
RIPOUX, LES (1984)
4ᵉ POUVOIR, LE (1985)
POURVU QUE CE SOIT UNE FILLE (1985)
MASQUES (1986)
TWIST AGAIN À MOSCOU (1986)
FAMILLE, LA (1987)
LUNETTES D'OR, LES (1987)
NOYADE INTERDITE (1987)
CHOUANS ! (1988)
CINÉMA PARADISO (1988)
FEMME DE MES AMOURS, LA (1989)
RETURN OF THE MUSKETEERS, THE (1989)
VIE ET RIEN D'AUTRE, LA (1989)
FAUX ET USAGE DE FAUX (1990)
RIPOUX CONTRE RIPOUX (1990)
URANUS (1990)
J'EMBRASSE PAS (1991)
FISH SOUP (1992)
MAX ET JÉRÉMIE (1992)
TANGO (1992)
FILLE DE D'ARTAGNAN, LA (1994)
GROSSE FATIGUE (1994)
POSTINO, IL (1994)
GRANDS DUCS, LES (1995)
FANTÔME AVEC CHAUFFEUR (1996)
PALMES DE M. SCHUTZ, LES (1996)
BOSSU, LE (1997)
SOLEIL (1997)
PIQUE-NIQUE DE LULU KREUTZ, LE (1999)
HONNÊTE COMMERÇANT, UN (2002)
CÔTELETTES, LES (2003)
PÈRE ET FILS (2003)
RIPOUX 3, LES (2003)

NOLAN, Lloyd
acteur américain (1902-1985)
EVERY DAY'S A HOLIDAY (1937)
INTERNES CAN'T TAKE MONEY (1937)
DRESSED TO KILL (1941)
HOUSE ON 92nd STREET, THE (1944)
SOMEWHERE IN THE NIGHT (1945)
MURDER, MY SWEET (1946)
LADY IN THE LAKE (1947)
SUN COMES UP, THE (1948)
LAST HUNT, THE (1955)
ABANDON SHIP ! (1956)

NOLTE, Nick
acteur américain (1940-)
DEEP, THE (1977)
WHO'LL STOP THE RAIN (1978)
HEART BEAT (1979)
NORTH DALLAS FORTY (1979)
48 HOURS (1982)
CANNERY ROW (1982)
UNDER FIRE (1983)
GRACE QUIGLEY (1984)
TEACHERS (1984)
DOWN AND OUT
IN BEVERLY HILLS (1986)
EXTREME PREJUDICE (1987)
WEEDS (1987)
EVERYBODY WINS (1989)
FAREWELL TO THE KING (1989)
NEW YORK STORIES (1989)
THREE FUGITIVES (1989)
ANOTHER 48 HOURS (1990)
Q & A (1990)
CAPE FEAR (1991)
PRINCE OF TIDES, THE (1991)
LORENZO'S OIL (1992)
PLAYER, THE (1992)
BLUE CHIPS (1994)
I LOVE TROUBLE (1994)
I'LL DO ANYTHING (1994)
JEFFERSON IN PARIS (1995)
MOTHER NIGHT (1996)
MULHOLLAND FALLS (1996)
AFFLICTION (1997)
AFTERGLOW (1997)
NIGHTWATCH (1997)
U-TURN (1997)
THIN RED LINE, THE (1998)
BREAKFAST OF CHAMPIONS (1999)
SIMPATICO (1999)
GOLDEN BOWL, THE (2000)
TRIXIE (2000)
GOOD THIEF, THE (2002)
NORTHFORK (2002)
HULK, THE (2003)
BEAUTIFUL COUNTRY, THE (2004)
CLEAN (2004)
HOTEL RWANDA (2004)

NOONAN, Tom
acteur américain (1951-)
BUNDLE OF JOY (1956)
MAN WITH ONE RED SHOE, THE (1985)
MANHUNTER (1986)
ROBOCOP 2 (1990)
HEAT (1995)
WIFE, THE (1996)
PLEDGE, THE (2000)

NORBY, Ghita
actrice danoise (1934-)
MEMORIES OF A MARRIAGE (1989)
FREUD QUITTE LA MAISON (1991)
MEILLEURES INTENTIONS, LES (1992)
SOFIE (1992)
KINGDOM 1, THE (1994)
HAMSUN (1996)
KINGDOM 2, THE (1997)
INHERITANCE, THE (2003)

NORIEGA, Eduardo
acteur espagnol (1973-)
PLUNDER OF THE SUN (1953)
TESIS (1996)
OUVRE LES YEUX (1997)
YELLOW FOUNTAIN, THE (1999)
BURNT MONEY (2000)
ÉCHINE DU DIABLE, L' (2001)
NOVO (2002)

NORRIS, Chuck
acteur américain (1940-)
BREAKER, BREAKER (1977)
FORCE OF ONE, A (1977)
OCTAGON, THE (1980)
EYE FOR AN EYE, AN (1981)
LONE WOLF McQUADE (1983)
MISSING IN ACTION (1984)
INVASION USA (1985)
DELTA FORCE, THE (1986)

NORTHAM, Jeremy
acteur anglais (1961-)
CARRINGTON (1995)
NET, THE (1995)
VOICES FROM A LOCKED ROOM (1995)
MIMIC (1997)
GLORIA (1998)
WINSLOW BOY, THE (1998)
HAPPY TEXAS (1999)
IDEAL HUSBAND, AN (1999)
GOLDEN BOWL, THE (2000)
ENIGMA (2001)
GOSFORD PARK (2001)
CYPHER (2002)
POSSESSION (2002)
STATEMENT, THE (2003)
BOBBY JONES,
STROKE OF GENIUS (2004)
GUY X (2005)
TRISTRAM SHANDY -
A COCK & BULL STORY (2005)

NORTON, Edward
acteur américain (1969-)
PEOPLE vs. LARRY FLYNT, THE (1996)
PRIMAL FEAR (1996)
AMERICAN HISTORY X (1998)
ROUNDERS (1998)
FIGHT CLUB (1999)
KEEPING THE FAITH (2000)
SCORE, THE (2001)
25th HOUR (2002)
DEATH TO SMOOCHY (2002)
RED DRAGON (2002)
ITALIAN JOB, THE (2003)
KINGDOM OF HEAVEN (2005)
DOWN IN THE VALLEY (2005)

NOVAK, Kim
actrice américaine (1933-)
FRENCH LINE, THE (1954)
EDDY DUCHIN STORY, THE (1955)
MAN WITH THE GOLDEN ARM, THE (1955)
PICNIC (1955)
PAL JOEY (1957)
BELL, BOOK AND CANDLE (1958)
VERTIGO (1958)
STRANGERS WHEN WE MEET (1960)
BOY'S NIGHT OUT (1962)
KISS ME, STUPID (1964)
OF HUMAN BONDAGE (1964)
TALES THAT WITNESS MADNESS (1973)
WHITE BUFFALO, THE (1977)
MIRROR CRACK'D, THE (1980)
LIEBESTRAUM (1991)

O'BRIEN, Edmond
acteur américain (1915-1985)
KILLERS, THE (1946)
FOR THE LOVE OF MARY (1948)
WHITE HEAT (1949)
D.O.A. (1950)
BIGAMIST, THE (1953)
HITCH-HIKER, THE (1953)
BAREFOOT CONTESSA, THE (1954)
PETE KELLY'S BLUES (1954)
D-DAY THE 6th OF JUNE (1956)
GIRL CAN'T HELP IT, THE (1956)
UP PERISCOPE (1959)
LAST VOYAGE, THE (1960)
GREAT IMPOSTOR, THE (1961)
FANTASTIC VOYAGE, THE (1966)
99 AND 44 / 100 % DEAD (1974)

O'BRIEN, Margaret
actrice américaine (1937-)
JOURNEY FOR MARGARET (1942)
JANE EYRE (1943)
CANTERVILLE GHOST, THE (1944)
MEET ME IN ST. LOUIS (1944)
OUR VINES HAVE TENDER GRAPES (1945)
LITTLE WOMEN (1949)
SECRET GARDEN, THE (1949)

O'BRIEN, Pat
acteur américain (1899-1983)
FRONT PAGE, THE (1931)
AMERICAN MADNESS (1932)
ANGELS WITH DIRTY FACES (1939)
KNUTE ROCKNE, ALL AMERICAN (1940)
CRACK-UP (1946)
RIFF RAFF (1947)
FIREBALL, THE (1950)
JOHNNY ONE-EYE (1950)

O'DONNELL, Chris
acteur américain (1970-)
SCENT OF A WOMAN (1992)
SCHOOL TIES (1992)
THREE MUSKETEERS, THE (1993)
CIRCLE OF FRIENDS (1995)
MAD LOVE (1995)
CHAMBER, THE (1996)
BATMAN & ROBIN (1997)
COOKIE'S FORTUNE (1998)
BACHELOR, THE (1999)
VERTICAL LIMIT (2000)

O'HARA, Catherine
actrice canadienne (1954-)
AFTER HOURS (1985)
HEARTBURN (1986)
BEETLEJUICE (1988)
BETSY'S WEDDING (1990)
DICK TRACY (1990)
HOME ALONE (1990)
HOME ALONE 2 : LOST IN NEW YORK (1992)
PAPER, THE (1994)
SIMPLE TWIST OF FATE, A (1994)
TALL TALE (1995)
BEST IN SHOW (2000)
ORANGE COUNTY (2001)

O'HARA, Maureen
actrice irlandaise (1920-)
HUNCHBACK OF NOTRE-DAME (1939)
JAMAICA INN (1939)
HOW GREEN WAS MY VALLEY (1940)
BLACK SWAN, THE (1942)
TO THE SHORES OF TRIPOLI (1942)
FALLEN SPARROW, THE (1943)
THIS LAND IS MINE (1943)
BUFFALO BILL (1944)
MIRACLE ON 34th STREET (1947)
SITTING PRETTY (1948)
BAGDAD (1949)
FATHER WAS A FULLBACK (1949)
SINBAD THE SAILOR (1949)
WOMAN'S SECRET, A (1949)
AT SWORD'S POINT (1950)
COMANCHE TERRITORY (1950)
RIO GRANDE (1950)
FLAME OF ARABY (1951)
QUIET MAN, THE (1952)
WAR ARROW (1953)
LONG GRAY LINE, THE (1954)
LADY GODIVA (1955)
MAGNIFICENT MATADOR, THE (1956)
WINGS OF EAGLES, THE (1956)
PARENT TRAP, THE (1961)
MR. HOBBS TAKES A VACATION (1962)
McLINTOCK ! (1963)
SPENCER'S MOUNTAIN (1963)
RARE BREED, THE (1966)
BIG JAKE (1970)
ONLY THE LONELY (1991)

O'NEAL, Ryan
acteur américain (1941-)
LOVE STORY (1970)
PAPER MOON (1973)
THIEF WHO CAME TO DINNER, THE (1973)
BARRY LYNDON (1975)
BRIDGE TOO FAR, A (1977)
DRIVER, THE (1978)
OLIVER'S STORY (1978)
TOUGH GUYS DON'T DANCE (1987)
CHANCES ARE (1989)
FAITHFUL (1996)
BURN HOLLYWOOD BURN (1997)
ZERO EFFECT (1997)
PEOPLE I KNOW (2002)

O'QUINN, Terry
acteur américain (1952-)
HEAVEN'S GATE (1980)
MRS. SOFFEL (1984)
PLACES IN THE HEART (1984)
EARLY FROST, AN (1985)
SPACECAMP (1986)
STEPFATHER, THE (1986)
PIN (1988)
BLIND FURY (1989)
COMPANY BUSINESS (1991)
PRISONERS OF THE SUN (1991)
ROCKETEER, THE (1991)
TOMBSTONE (1993)
GHOSTS OF MISSISSIPPI (1996)
PRIMAL FEAR (1996)
BREAST MEN (1997)

O'SULLIVAN, Maureen
actrice américaine (1911-1998)
CONNECTICUT YANKEE, A (1931)
SKYSCRAPER SOULS (1932)
STRANGE INTERLUDE (1932)
TARZAN, THE APE MAN (1932)
TARZAN AND HIS MATE (1934)
THIN MAN, THE (1934)
ANNA KARENINA (1935)
DAVID COPPERFIELD (1935)
DAY AT THE RACES, A (1937)
DEVIL DOLL, THE (1937)
PRISONER OF ZENDA, THE (1937)
TARZAN ESCAPES (1937)
TARZAN FINDS A SON ! (1939)
TARZAN'S SECRET TREASURE (1941)
TARZAN'S NEW YORK ADVENTURE (1942)

BIG CLOCK, THE (1948)
ALL I DESIRE (1953)
HANNAH AND HER SISTERS (1986)
PEGGY SUE GOT MARRIED (1986)

O'BRIEN, Pat
acteur américain (1899-1993)
HELL'S HOUSE (1932)
BUREAU OF MISSING PERSONS (1933)
DEVIL DOGS OF THE AIR (1935)
CEILING ZERO (1936)
SAN QUENTIN (1937)
BOY MEETS GIRL (1938)
BOY WITH GREEN HAIR, THE (1948)
RING OF FEAR (1954)

O'HARA, David
acteur écossais (1965-)
PRIME SUSPECT V (1996)
SOME MOTHER'S SON (1996)
MATCHMAKER, THE (1997)
OLIVER TWIST (1997)
JANICE BEARD :
45 WORDS PER MINUTE (1999)
STANDER (2003)
HOTEL RWANDA (2004)

O'TOOLE, Peter
acteur irlandais (1932-)
SAVAGE INNOCENTS, THE (1959)
LAWRENCE OF ARABIA (1962)
LORD JIM (1964)
WHAT'S NEW, PUSSYCAT ? (1965)
BIBLE, THE (1966)
HOW TO STEAL A MILLION (1966)
CASINO ROYALE (1967)
NIGHT OF THE GENERALS, THE (1967)
LION IN WINTER, THE (1968)
MURPHY'S WAR (1970)
MAN OF LA MANCHA (1972)
RULING CLASS, THE (1972)
BECKET (1974)
ROSEBUD (1974)
ROGUE MALE (1976)
CALIGULA (1979)
STUNT MAN, THE (1979)
MASADA (1981)
MY FAVORITE YEAR (1982)
LAST EMPEROR, THE (1987)
HIGH SPIRITS (1988)
RAINBOW THIEF, THE (1990)
KING RALPH (1991)
GULLIVER'S TRAVELS (1995)
FAIRY TALE : A TRUE STORY (1997)
JOAN OF ARC (1999)
MOLOKAÏ (1999)

OAKIE, Jack
acteur américain (1903-1978)
MILLION DOLLAR LEGS (1932)
EAGLE AND THE HAWK, THE (1933)
MURDER AT THE VANITIES (1934)
YOUNG PEOPLE (1940)
SONG OF THE ISLANDS (1941)
ICELAND (1942)
HELLO FRISCO, HELLO (1943)
WINTERTIME (1943)
IT HAPPENED TOMORROW (1944)
TOMAHAWK (1951)

OAKLAND, Simon
acteur américain (1922-1983)
BROTHERS KARAMAZOV, THE (1958)
I WANT TO LIVE ! (1958)
MURDER, INC. (1960)
PSYCHO (1960)
RISE AND FALL OF LEGS DIAMOND, THE (1960)
WEST SIDE STORY (1961)
FOLLOW THAT DREAM (1962)
SATAN BUG, THE (1964)
SAND PEBBLES, THE (1966)
TONY ROME (1967)
BULLITT (1968)
ON A CLEAR DAY YOU CAN
SEE FOREVER (1969)
CHATO'S LAND (1971)
HUNTING PARTY, THE (1971)
NIGHT STALKER (1971)

OATES, Warren
acteur américain (1928-1982)
RISE AND FALL OF LEGS DIAMOND, THE (1960)
RIDE THE HIGH COUNTRY (1962)
RETURN OF THE MAGNIFICIENT SEVEN (1966)
SHOOTING, THE (1966)
IN THE HEAT OF THE NIGHT (1967)
WILD BUNCH, THE (1969)
THERE WAS A CROOKED MAN (1970)
TWO LANE BLACKTOP (1971)
TOM SAWYER (1972)
BADLANDS (1973)
THIEF WHO CAME TO DINNER, THE (1973)
BRING ME THE HEAD
OF ALFREDO GARCIA (1974)
WHITE DAWN, THE (1974)
RACE WITH THE DEVIL (1975)
BRINK'S JOB, THE (1978)
CHINA 9, LIBERTY 37 (1978)
1941 (1979)
BORDER, THE (1981)
STRIPES (1981)
BLUE AND THE GRAY, THE (1982)
BLUE THUNDER (1982)
TOUGH ENOUGH (1982)

OBERON, Merle
actrice anglaise (1911-1979)
PRIVATE LIFE OF HENRY VIII, THE (1933)
PRIVATE LIFE OF DON JUAN, THE (1934)
SCARLET PIMPERNEL, THE (1934)
DARK ANGEL, THE (1935)
THESE THREE (1936)
DIVORCE OF LADY X, THE (1937)
WUTHERING HEIGHTS (1938)
LYDIA (1941)
THAT UNCERTAIN FEELING (1941)
SONG TO REMEMBER, A (1945)
BERLIN EXPRESS (1948)
DEEP IN MY HEART (1954)
DESIREE (1954)
OSCAR, THE (1965)

OGATA, Ken
acteur japonais (1937-)
DEMON, THE (1978)
VENGEANCE QUI EST MIENNE, LA (1979)
EIJANAIKA (1981)
BALLADE DE NARAYAMA, LA (1983)
GEISHA, LA (1983)
MISHIMA (1985)
PILLOW BOOK, THE (1996)

OGIER, Bulle
actrice française (1939-)
CHARME DISCRET
DE LA BOURGEOISIE, LE (1972)
ANGE AU PARADIS, UN (1973)
CÉLINE ET JULIE VONT EN BATEAU (1974)
MARIAGE (1974)
MAÎTRESSE (1976)
TRICHEURS (1983)
BANDE DES QUATRE, LA (1988)
NORD (1991)
PERSONNE NE M'AIME (1993)
REGARDE LES HOMMES TOMBER (1994)
N'OUBLIE PAS QUE TU VAS MOURIR (1995)
SOMEWHERE IN THE CITY (1997)
AU CŒUR DU MENSONGE (1998)
SHATTERED IMAGE (1998)
BORD DE MER (2002)

OH, Sandra
actrice canadienne (1970-)
DOUBLE HAPPINESS (1994)
LAST NIGHT (1998)
GUINEVERE (1999)
PRINCESS DIARIES, THE (2001)
LONG LIFE, HAPPINESS & PROSPERITY (2002)
UNDER THE TUSCAN SUN (2003)
GREY'S ANATOMY (2004)
SIDEWAYS (2004)
WILBY WONDERFUL (2004)
3 NEEDLES (2005)
CAKE (2005)
HARD CANDY (2005)

OLBRYCHSKI, Daniel
acteur polonais (1945-)
COLONEL WOLODYJOWSKI (1968)
CHASSE AUX MOUCHES, LA (1969)
BOIS DE BOULEAUX, LE (1970)
LANDSCAPE AFTER BATTLE (1970)
DELUGE I, THE (1974)
DELUGE II, THE (1974)
TERRE DE LA GRANDE PROMESSE, LA (1975)
DEMOISELLES DE WILKO, LES (1979)
KUNG-FU (A DRAMA) (1979)
UNS ET LES AUTRES, LES (1980)
AMOUR EN ALLEMAGNE, UN (1983)
ROSA LUXEMBOURG (1985)
PAN TADEUSZ (1999)
ANTHONY ZIMMER (2005)

OLDMAN, Gary
acteur anglais (1958-)
MEANTIME (1983)
SID AND NANCY (1986)
PRICK UP YOUR EARS (1987)
TRACK 29 (1988)
WE THINK THE WORLD OF YOU (1988)
CRIMINAL LAW (1989)
CHATTAHOOCHEE (1990)
ROSENCRANTZ AND
GUILDENSTERN ARE DEAD (1990)
STATE OF GRACE (1990)
JFK (1991)
BRAM STOKER'S DRACULA (1992)
ROMEO IS BLEEDING (1993)
TRUE ROMANCE (1993)
IMMORTAL BELOVED (1994)
MURDER IN THE FIRST (1994)
PROFESSIONAL, THE (1994)
SCARLET LETTER, THE (1995)
BASQUIAT (1996)
AIR FORCE ONE (1997)
FIFTH ELEMENT, THE (1997)
LOST IN SPACE (1998)
JESUS (1999)
HANNIBAL (2001)
SIN (2003)
TIPTOES (2003)
HARRY POTTER AND
THE PRISONER OF AZKABAN (2004)
BATMAN BEGINS (2005)

OLIN, Lena
actrice suédoise (1955-)
FOLLES AVENTURES DE PICASSO, LES (1978)
FANNY ET ALEXANDRE (1982)

APRÈS LA RÉPÉTITION (1984)
UNBEARABLE LIGHTNESS
OF BEING, THE (1988)
ENEMIES, A LOVE STORY (1989)
HAVANA (1990)
MR. JONES (1993)
ROMEO IS BLEEDING (1993)
NIGHT AND THE MOMENT, THE (1994)
LUMIÈRE ET COMPAGNIE (1995)
NIGHT FALLS ON MANHATTAN (1996)
POLISH WEDDING (1997)
MYSTERY MEN (1999)
NINTH GATE, THE (1999)
CHOCOLAT (2000)
IGNITION (2001)
DARKNESS (2002)
QUEEN OF THE DAMNED (2002)
HOLLYWOOD HOMICIDE (2003)
UNITED STATES OF LELAND (2003)
CASANOVA (2005)

OLIVIER, Laurence
acteur anglais (1907-1989)
AS YOU LIKE IT (1936)
MOSCOW NIGHTS (1936)
21 DAYS (1937)
DIVORCE OF LADY X, THE (1937)
FIRE OVER ENGLAND (1937)
WUTHERING HEIGHTS (1938)
CLOUDS OVER EUROPE (1939)
REBECCA (1939)
49th PARALLEL, THE (1940)
PRIDE AND PREJUDICE (1940)
THAT HAMILTON WOMAN (1941)
HENRY V (1945)
HAMLET (1948)
CARRIE (1952)
RICHARD III (1955)
PRINCE AND THE SHOWGIRL, THE (1956)
ENTERTAINER, THE (1960)
SPARTACUS (1960)
BUNNY LAKE IS MISSING (1965)
KHARTOUM (1965)
OTHELLO (1965)
SHOES OF THE FISHERMAN, THE (1968)
BATTLE OF BRITAIN (1969)
NICHOLAS AND ALEXANDRA (1971)
SLEUTH (1972)
LONG DAY'S JOURNEY INTO NIGHT (1973)
LOVE AMONG THE RUINS (1975)
COLLECTION, THE (1976)
JESUS OF NAZARETH (1976)
MARATHON MAN (1976)
SEVEN PERCENT SOLUTION, THE (1976)
BRIDGE TOO FAR, A (1977)
BETSY, THE (1978)
BOYS FROM BRAZIL, THE (1978)
DRACULA (1979)
LITTLE ROMANCE, A (1979)
JAZZ SINGER, THE (1980)
CLASH OF THE TITANS (1981)
BOUNTY, THE (1983)
KING LEAR (TV) (1983)
WAGNER (1983)
JIGSAW MAN, THE (1984)
WAR REQUIEM (1988)
SKY CAPTAIN AND THE WORLD
OF TOMORROW (2004)

OLMOS, Edward James
acteur américain (1947-)
ZOOT SUIT (1981)
BALLAD OF GREGORIO CORTEZ, THE (1982)
MIAMI VICE (SEASON I) (1984)
STAND AND DELIVER (1988)
TRIUMPH OF THE SPIRIT (1989)
AMERICAN ME (1992)
CAUGHT (1996)
DEAD MAN'S WALK (1996)
SELENA (1996)
12 ANGRY MEN (1997)
WONDERFUL ICE CREAM SUIT, THE (1998)
BONANNO : A GODFATHER'S STORY (1999)
IN THE TIME OF THE BUTTERFLIES (2001)

ONTIVEROS, Lupe
actrice américaine (1942-)
EL NORTE (1983)
... AND THE EARTH DID NOT
SWALLOW HIM (1994)
SELENA (1996)
AS GOOD AS IT GETS (1997)
CHUCK & BUCK (2000)
GABRIELA (2001)
PASSIONADA (2002)
REAL WOMEN HAVE CURVES (2002)

ORBACH, Jerry
acteur américain (1935-)
GANG THAT COULDN'T
SHOOT STRAIGHT, THE (1971)
PRINCE OF THE CITY (1981)
BREWSTER'S MILLIONS (1985)
DIRTY DANCING (1987)
LAW AND ORDER (1990)
STRAIGHT TALK (1992)
UNIVERSAL SOLDIER (1992)

ORMOND, Julia
actrice anglaise (1965-)
STALIN (1992)
LEGENDS OF THE FALL (1994)
NOSTRADAMUS (1994)
CAPTIVES (1995)
FIRST KNIGHT (1995)
SABRINA (1995)
SMILLA'S SENSE OF SNOW (1996)
ANIMAL FARM (1999)
PRIME GIG, THE (2000)
VARIAN'S WAR (2000)
IRON JAWED ANGELS (2003)

ORSINI, Marina
actrice québécoise (1967-)
GRENOUILLE ET LA BALEINE, LA (1987)
SLEEP ROOM, THE (1997)
MUSES ORPHELINES, LES (2000)
DERNIER CHAPITRE, LE (2002)
GERALDINE'S FORTUNE (2004)
LANCE & COMPTE : LA RECONQUÊTE (2004)
RAGE DE L'ANGE, LA (2006)

OSUGI, Ren
acteur japonais (1951-)
BEAUTIFUL MYSTERY (1983)
SHINJUKU TRIAD SOCIETY (1995)
JU-REI : THE UNCANNY (1996)
FULL METAL YAKUZA (1997)
TOKYO EYES (1998)
LEY LINES (1999)
MONDAY (1999)
SHIKOKU (1999)
BROTHER (2000)
CRAZY LIPS (2000)
UZUMAKI (2000)
TWILIGHT SAMURAÏ (2002)

OTTO, Barry
acteur australien (1941-)
BLISS (1985)
HOWLING III : THE MARSUPIALS (1987)
STRICTLY BALLROOM (1992)
COSI (1995)
LILIAN' STORY (1995)
KISS OR KILL (1997)
OSCAR AND LUCINDA (1997)

OTTO, Miranda
actrice australienne (1967-)
LOVE SERENADE (1996)
WELL, THE (1997)
IN THE WINTER DARK (1998)
WHAT LIES BENEATH (2000)
HUMAN NATURE (2001)
JULIE WALKING HOME (2001)
CLOSE YOUR EYES (2002)
LORD OF THE RINGS :
THE TWO TOWERS, THE (2002)
DANNY DECKCHAIR (2003)
LORD OF THE RINGS :
THE RETURN OF THE KING (2003)
FLIGHT OF THE PHOENIX (2004)
WAR OF THE WORLDS (2005)

OUTERBRIDGE, Peter
acteur canadien (1966-)
PARIS, FRANCE (1993)
KISSED (1996)
BETTER THAN CHOCOLATE (1999)
BAY OF LOVE AND SORROWS, THE (2002)
MEN WITH BROOMS (2002)
TRUDEAU (2002)
ILL FATED (2004)

OWEN, Clive
acteur anglais (1964-)
CLOSE MY EYES (1990)
CENTURY (1994)
BENT (1996)
CROUPIER (1998)
GREENFINGERS (2000)
GOSFORD PARK (2001)
BOURNE IDENTITY, THE (2002)
BEYOND BORDERS (2003)
I'LL SLEEP WHEN I'M DEAD (2003)
CLOSER (2004)
KING ARTHUR (2004)
DERAILED (2005)
SIN CITY (2005)
INSIDE MAN (2006)

OWEN, Reginald
acteur anglais (1887-1972)
PLATINUM BLONDE (1931)
ANNA KARENINA (1935)
GOOD FAIRY, THE (1935)
LOVE ON THE RUN (1936)
BRIDE WORE RED, THE (1937)
PERSONAL PROPERTY (1937)
CHRISTMAS CAROL, A (1938)
CONQUEST (1938)
EVERYBODY SING (1938)
REAL GLORY, THE (1939)
REUNION IN FRANCE (1942)
WHITE CARGO (1942)
ABOVE SUSPICION (1943)
RANDOM HARVEST (1945)
JULIA MISBEHAVES (1948)
RED GARTERS (1954)

OZ, Frank
acteur anglais (1944-)
EMMET OTTER'S JUG-BAND
CHRISTMAS (1977)
MUPPET MOVIE, THE (1979)
BLUES BROTHERS, THE (1980)
EMPIRE STRIKES BACK, THE (1980)
AMERICAN WEREWOLF IN LONDON (1981)
RETURN OF THE JEDI (1983)

TRADING PLACES (1983)
MUPPETS TAKE MANHATTAN, THE (1984)
SPIES LIKE US (1985)
LABYRINTH (1986)
INNOCENT BLOOD (1992)
MUPPET CHRISTMAS CAROL, THE (1992)
MUPPET TREASURE ISLAND (1995)
BLUES BROTHERS 2000 (1998)
MUPPETS FROM SPACE (1999)
STAR WARS EPISODE I - THE PHANTOM MENACE (1999)
STAR WARS EPISODE II : ATTACK OF THE CLONES (2002)
ZATHURA (2005)

PACINO, Al
acteur américain (1940-)
PANIC IN NEEDLE PARK (1971)
GODFATHER, THE (1972)
SCARECROW (1973)
SERPICO (1973)
GODFATHER II, THE (1974)
DOG DAY AFTERNOON (1975)
BOBBY DEERFIELD (1977)
AND JUSTICE FOR ALL (1979)
CRUISING (1980)
AUTHOR ! AUTHOR ! (1982)
SCARFACE (1983)
REVOLUTION (1985)
SEA OF LOVE (1989)
DICK TRACY (1990)
GODFATHER III, THE (1990)
FRANKIE AND JOHNNY (1991)
GLENGARRY GLEN ROSS (1992)
SCENT OF A WOMAN (1992)
CARLITO'S WAY (1993)
CITY HALL (1995)
HEAT (1995)
TWO BITS (1995)
LOOKING FOR RICHARD (1996)
DEVIL'S ADVOCATE (1997)
DONNIE BRASCO (1997)
PITCH (1997)
ANY GIVEN SUNDAY (1999)
INSIDER, THE (1999)
SIMONE (2001)
INSOMNIA (2002)
PEOPLE I KNOW (2002)
ANGELS IN AMERICA (2003)
RECRUIT, THE (2003)
MERCHANT OF VENICE (2004)
TWO FOR THE MONEY (2005)

PAGE, Geraldine
actrice américaine (1924-1987)
HONDO (1953)
SUMMER AND SMOKE (1962)
DEAR HEART (1964)
HAPPIEST MILLIONAIRE, THE (1967)
YOU'RE A BIG BOY NOW (1967)
WHAT EVER HAPPENED TO AUNT ALICE ? (1969)
BEGUILED, THE (1970)
J.W. COOP (1971)
NASTY HABITS (1976)
INTERIORS (1978)
I'M DANCING AS FAST AS I CAN (1981)
BLUE AND THE GRAY, THE (1982)
DOLLMAKER, THE (1984)
TRIP TO BOUNTIFUL, THE (1985)
WHITE NIGHTS (1985)

PAGET, Debra
actrice américaine (1933-)
BROKEN ARROW (1949)
HOUSE OF STRANGERS (1949)
BELLES ON THEIR TOES (1952)
LAST HUNT, THE (1955)
LOVE ME TENDER (1956)
RIVER'S EDGE (1956)
INDIAN EPIC, THE (1959)
INDIAN TOMB, THE (1959)
TALES OF TERROR (1962)
HAUNTED PALACE, THE (1963)

PAILHAS, Géraldine
actrice française (1971-)
SUITE 16 (1994)
DON JUAN DeMARCO (1995)
RANDONNEURS, LES (1997)
PARENTHÈSE ENCHANTÉE, LA (1999)
PEUT-ÊTRE (1999)
ADVERSAIRE, L' (2002)
COÛT DE LA VIE, LE (2003)
5 X 2 (2004)
REVENANTS, LES (2004)
CHEVALIERS DU CIEL, LES (2005)

PALANCE, Jack
acteur américain (1919-)
HALLS OF MONTEZUMA (1950)
PANIC IN THE STREETS (1950)
SUDDEN FEAR (1952)
ARROWHEAD (1953)
SHANE (1953)
BIG KNIFE, THE (1955)
I DIED A THOUSAND TIMES (1955)
ATTACK ! (1956)
LONELY MAN, THE (1957)
AUSTERLITZ (1960)
BARABBAS (1961)
MÉPRIS, LE (1963)
PROFESSIONALS, THE (1966)
TORTURE GARDEN (1967)
STRANGE CASE OF DR. JEKYLL AND MR. HYDE, THE (1968)
COMPANEROS (1970)
HORSEMEN, THE (1970)
MONTE WALSH (1970)
CHATO'S LAND (1971)
DRACULA (1973)
SENSUOUS NURSE, THE (1975)
SHAPE OF THINGS TO COME (1979)
BAGDAD CAFE (1987)
YOUNG GUNS (1988)
BATMAN (1989)
CITY SLICKERS (1991)
CITY SLICKERS II : THE LEGEND OF CURLY'S GOLD (1994)
COPS AND ROBBERSONS (1994)

PALIN, Michael
acteur anglais (1943-)
AND NOW FOR SOMETHING COMPLETELY DIFFERENT (1971)
MONTY PYTHON AND THE HOLY GRAIL (1975)
JABBERWOCKY (1977)
MONTY PYTHON'S LIFE OF BRIAN (1979)
TIME BANDITS (1981)
MISSIONARY, THE (1982)
MONTY PYTHON LIVE AT THE HOLLYWOOD BOWL (1982)
SECRET POLICEMAN'S OTHER BALL (1982)
MONTY PYTHON'S THE MEANING OF LIFE (1983)
PRIVATE FUNCTION, A (1984)
BRAZIL (1985)
FISH CALLED WANDA, A (1988)
MR. TOAD'S WILD RIDE (1996)
MICHAEL PALIN - SAHARA (2002)

PALMER, Lilli
actrice allemande (1914-1986)
SECRET AGENT (1936)
CRACKERJACK (1938)
CLOAK AND DAGGER (1946)
BODY AND SOUL (1948)
NO MINOR VICES (1948)
ANASTASIA (1956)
MONTPARNASSE 19 (1957)
VIE À DEUX, LA (1958)
BUT NOT FOR ME (1959)
COUNTERFEIT TRAITOR, THE (1961)
OPERATION CROSSBOW (1965)
DUEL À LA VODKA (1966)
DE SADE (1969)
BOYS FROM BRAZIL, THE (1978)
HOLCROFT COVENANT, THE (1985)

PALMINTERI, Chazz
acteur américain (1951-)
OSCAR (1991)
INNOCENT BLOOD (1992)
NIGHT AND THE CITY (1992)
BRONX TALE, A (1993)
BULLETS OVER BROADWAY (1994)
JADE (1995)
PEREZ FAMILY, THE (1995)
USUAL SUSPECTS, THE (1995)
DIABOLIQUE (1996)
FAITHFUL (1996)
MULHOLLAND FALLS (1996)
HURLYBURLY (1998)
ANALYZE THIS (1999)
EXCELLENT CADAVERS (1999)
POOLHALL JUNKIES (2002)
RUNNING SCARED (2006)

PALTROW, Gwyneth
actrice américaine (1973-)
FLESH AND BONE (1993)
MOONLIGHT AND VALENTINO (1995)
SEVEN (1995)
EMMA (1996)
PALLBEARER, THE (1996)
SYDNEY (1996)
HUSH (1997)
SLIDING DOORS (1997)
GREAT EXPECTATIONS (1998)
PERFECT MURDER, A (1998)
SHAKESPEARE IN LOVE (1998)
TALENTED MR. RIPLEY, THE (1999)
BOUNCE (2000)
ANNIVERSARY PARTY, THE (2001)
ROYAL TENENBAUMS, THE (2001)
SHALLOW HAL (2001)
POSSESSION (2002)
SYLVIA (2003)
VIEW FROM THE TOP, A (2003)
SKY CAPTAIN AND THE WORLD OF TOMORROW (2004)
PROOF (2005)

PANTOLIANO, Joe
acteur américain (1951-)
EDDIE AND THE CRUISERS (1983)
RISKY BUSINESS (1983)
DOWNTOWN (1989)
EL DIABLO (1990)
BABY'S DAY OUT (1994)
BOUND (1996)
NATURAL ENEMY, THE (1996)
U.S. MARSHALS (1998)
BLACK AND WHITE (1999)
MATRIX, THE (1999)
NEW BLOOD (1999)
MEMENTO (2000)

ADVENTURES OF PLUTO NASH, THE (2002)
SECOND BEST (2004)

PAPAS, Irène
actrice grecque (1926-)
TRIBUTE TO A BAD MAN (1955)
ANTIGONE (1961)
GUNS OF NAVARONE, THE (1961)
ELECTRA (1962)
ZORBA LE GREC (1964)
BROTHERHOOD, THE (1968)
ANNE OF THE THOUSAND DAYS (1969)
Z (1969)
TROJAN WOMEN, THE (1971)
DON'T TORTURE A DUCKLING (1972)
MESSAGE, THE (1976)
IPHIGÉNIE (1978)
BLOODLINE (1979)
CHRIST S'EST ARRÊTÉ À EBOLI, LE (1979)
LION OF THE DESERT (1981)
ERENDIRA (1983)
INTO THE NIGHT (1985)
HIGH SEASON (1987)
ISLAND (1989)
PARTY (1996)
ODYSSEY, THE (1997)
CAPTAIN CORELLI'S MANDOLIN (2001)
TALKING PICTURE, A (2003)

PAQUIN, Anna
actrice canadienne (1982-)
PIANO, THE (1992)
FLY AWAY HOME (1996)
JANE EYRE (1996)
AMISTAD (1997)
HURLYBURLY (1998)
WALK ON THE MOON, A (1998)
IT'S THE RAGE (1999)
SHE'S ALL THAT (1999)
ALMOST FAMOUS (2000)
FINDING FORRESTER (2000)
X-MEN (2000)
25th HOUR (2002)
DARKNESS (2002)
X-MEN - THE LAST STAND (2006)

PAREDES, Marisa
actrice espagnole (1946-)
DARK HABITS (1983)
IN A GLASS CAGE (1985)
TALONS AIGUILLES (1991)
FLEUR DE MON SECRET, LA (1995)
TROIS VIES ET UNE SEULE MORT (1995)
DOCTOR CHANCE (1997)
TALK OF ANGELS (1998)
TOUT SUR MA MÈRE (1999)
ÉCHINE DU DIABLE, L' (2001)

PARILLAUD, Anne
actrice française (1961-)
FEMMES ENFANTS, LES (1979)
PATRICIA, UN VOYAGE
POUR L'AMOUR (1980)
POUR LA PEAU D'UN FLIC (1981)
BATTANT, LE (1982)
JUILLET EN SEPTEMBRE (1988)
QUELLE HEURE EST-IL ? (1989)
NIKITA (1990)
INNOCENT BLOOD (1992)
MAP OF THE HUMAN HEART (1992)
À LA FOLIE (1994)
FRANKIE STARLIGHT (1995)
MAN IN THE IRON MASK, THE (1998)
SHATTERED IMAGE (1998)
UNE POUR TOUTES (1999)
SEX IS COMEDY (2002)

PARKER, Cecil
acteur anglais (1897-1971)
MAN WHO CHANGED HIS MIND, THE (1936)
STORM IN A TEACUP (1937)
CAPTAIN BOYCOTT (1947)
MAGIC BOW (1947)
QUARTET (1948)
MAN IN THE WHITE SUIT, THE (1951)
WRECK OF THE MARY DEARE, THE (1959)
STUDY IN TERROR, A (1965)

PARKER, Eleanor
actrice américaine (1922-)
NEVER SAY GOODBYE (1946)
ESCAPE ME NEVER (1947)
CHAIN LIGHTNING (1950)
DETECTIVE STORY (1951)
ABOVE AND BEYOND (1952)
SCARAMOUCHE (1952)
ESCAPE FROM FORT BRAVO (1953)
NAKED JUNGLE, THE (1953)
VALLEY OF THE KINGS (1954)
INTERRUPTED MELODY (1955)
MAN WITH THE GOLDEN ARM, THE (1955)
KING AND FOUR QUEENS, THE (1956)
HOLE IN THE HEAD (1959)
HOME FROM THE HILL (1960)
RETURN TO PEYTON PLACE (1961)
SOUND OF MUSIC, THE (1965)
TIGER AND THE PUSSYCAT, THE (1967)

PARKER, Mary-Louise
actrice américaine (1964-)
LONGTIME COMPANION (1990)
FRIED GREEN TOMATOES (1991)
GRAND CANYON (1991)
MR. WONDERFUL (1993)
BOYS ON THE SIDE (1994)
CLIENT, THE (1994)
NAKED IN NEW YORK (1994)
RECKLESS (1995)
PORTRAIT OF A LADY, THE (1996)
GOODBYE LOVER (1998)
FIVE SENSES, THE (1999)
MASTER SPY : THE ROBERT
HANSSEN STORY (2002)
PIPE DREAM (2002)
RED DRAGON (2002)
ANGELS IN AMERICA (2003)
WEEDS (2005)

PARKER, Molly
actrice canadienne (1972-)
WINGS OF COURAGE (1995)
KISSED (1996)
UNDER HEAVEN (1998)
FIVE SENSES, THE (1999)
LADIES ROOM (1999)
SUNSHINE (1999)
WONDERLAND (1999)
SUSPICIOUS RIVER (2000)
LOOKING FOR LEONARD (2002)
MARION BRIDGE (2002)
MAX (2002)
MEN WITH BROOMS (2002)
IRON JAWED ANGELS (2003)
DEADWOOD (SEASON I) (2004)
NINE LIVES (2005)

PARKER, Nathaniel
acteur anglais (1962-)
BLACK CANDLE, THE (1991)
WIDE SARGASSO SEA (1992)
SQUANTO : A WARRIOR'S TALE (1994)
OTHELLO (1995)
INTO THIN AIR : DEATH ON EVEREST (1997)
LOVER'S PRAYER (2000)
HAUNTED MANSION (2003)

PARKER, Sarah Jessica
actrice américaine (1965-)
FIRST BORN (1984)
FOOTLOOSE (1984)
GIRLS JUST WANT TO HAVE FUN (1985)
FLIGHT OF THE NAVIGATOR (1986)
L.A. STORY (1991)
HONEYMOON IN VEGAS (1992)
HOCUS POCUS (1993)
STRIKING DISTANCE (1993)
ED WOOD (1994)
MIAMI RHAPSODY (1995)
EXTREME MEASURES (1996)
FIRST WIVES CLUB, THE (1996)
IF LUCY FELL (1996)
MARS ATTACKS ! (1996)
SUBSTANCE OF FIRE, THE (1996)
TIL' THERE WAS YOU (1997)
SEX AND THE CITY (1998-2004)
STATE AND MAIN (2000)
FAMILY STONE (2005)
FAILURE TO LUNCH (2006)

PARSONS, Estelle
actrice américaine (1927-)
RACHEL, RACHEL (1968)
I NEVER SANG FOR MY FATHER (1969)
I WALK THE LINE (1970)
WATERMELON MAN, THE (1970)
FOR PETE'S SAKE (1974)
COME ALONG WITH ME (1981)
BOYS ON THE SIDE (1994)
EMPIRE FALLS (2005)

PATINKIN, Mandy
acteur américain (1952-)
MAXIE (1985)
PRINCESS BRIDE, THE (1987)
ALIEN NATION (1988)
HOUSE ON CARROLL STREET, THE (1988)
DOCTOR, THE (1991)
MEN WITH GUNS (1997)
LULU ON THE BRIDGE (1998)
DEAD LIKE ME (SEASON I) (2003)

PATRIC, Jason
acteur américain (1966-)
SOLARBABIES (1986)
LOST BOYS, THE (1987)
BEAST, THE (1988)
RUSH (1991)
AFTER DARK MY SWEET (1992)
GERONIMO : AN AMERICAN LEGEND (1993)
INCOGNITO (1997)
YOUR FRIENDS & NEIGHBORS (1998)
NARC (2002)
ALAMO, THE (2004)

PATRICK, Robert
acteur américain (1958-)
TERMINATOR II : JUDGMENT DAY (1991)
FIRE IN THE SKY (1993)
COP LAND (1997)
FACULTY, THE (1998)
FROM DUSK TILL DAWN II (1998)
ALL THE PRETTY HORSES (2000)
SPY KIDS (2001)
WALK THE LINE (2005)
FIREWALL (2006)

PATTON, Will
acteur américain (1954-)
AFTER HOURS (1985)
WILDFIRE (1988)

EVERYBODY WINS (1989)
CLIENT, THE (1994)
PUPPET MASTERS, THE (1994)
POSTMAN, THE (1997)
ARMAGEDDON (1998)
ENTRAPMENT (1999)
JESUS' SON (1999)
GONE IN SIXTY SECONDS (2000)
REMEMBER THE TITANS (2000)
TRIXIE (2000)
MOTHMAN PROPHECIES, THE (2001)
INTO THE WEST (2005)
paul robeson
acteur (1941-1988)
WHY DOES HERR R. RUN AMOK? (1970)
TENDERNESS OF THE WOLVES (1973)
FEAR OF FEAR (1975)
SATAN'S BREW (1976)
STATIONMASTER'S WIFE, THE (1977)
TRICHEURS (1983)
ANGRY HARVEST (1984)

PAXTON, Bill
acteur américain (1955-)
IMPULSE (1984)
WEIRD SCIENCE (1985)
ALIENS (1986)
NEXT OF KIN (1989)
BRAIN DEAD (1990)
ONE FALSE MOVE (1990)
BOXING HELENA (1992)
TRESPASS (1992)
INDIAN SUMMER (1993)
MONOLITH (1993)
TRUE LIES (1994)
APOLLO 13 (1995)
TWISTER (1996)
TITANIC (1997)
MIGHTY JOE YOUNG (1998)
SIMPLE PLAN, A (1998)
U-571 (2000)
VERTICAL LIMIT (2000)
FRAILTY (2001)
THUNDERBIRDS (2004)

PAYMER, David
acteur américain (1954-)
GRACE KELLY STORY, THE (1983)
CRAZY PEOPLE (1990)
MR. SATURDAY NIGHT (1992)
HEART AND SOULS (1993)
AMERICAN PRESIDENT, THE (1995)
CITY HALL (1995)
UNFORGETTABLE (1996)
AMISTAD (1997)
MIGHTY JOE YOUNG (1998)
PAYBACK (1999)
BAIT (2000)
BOUNCE (2000)
ENEMIES OF LAUGHTER (2000)
STATE AND MAIN (2000)
FOCUS (2001)
BURIAL SOCIETY, THE (2002)
IN GOOD COMPANY (2004)
WARM SPRINGS (2005)

PAYNE, John
acteur américain (1912-1989)
TIN PAN ALLEY (1940)
WEEK-END IN HAVANA (1941)
FOOTLIGHT SERENADE (1942)
ICELAND (1942)
SPRINGTIME IN THE ROCKIES (1942)
TO THE SHORES OF TRIPOLI (1942)
HELLO FRISCO, HELLO (1943)
SUN VALLEY SERENADE (1944)
DOLLY SISTERS, THE (1950)
SILVER LODE (1954)
TENNESSEE'S PARTNER (1955)

PEARCE, Guy
acteur anglais (1967-)
HUNTING, THE (1992)
FLYNN (1996)
L.A. CONFIDENTIAL (1997)
RAVENOUS (1999)
SLIPPING DOWN LIFE, A (1999)
MEMENTO (2000)
RULES OF ENGAGEMENT (2000)
COUNT OF MONTE CRISTO, THE (2001)
TILL HUMAN VOICES WAKE US (2001)
HARD WORD, THE (2002)
TIME MACHINE, THE (2002)
DEUX FRÈRES (2004)
PROPOSITION, THE (2005)

PECK, Gregory
acteur américain (1916-2003)
DAYS OF GLORY (1944)
SPELLBOUND (1945)
VALLEY OF DECISION, THE (1945)
KEYS OF THE KINGDOM, THE (1946)
YEARLING, THE (1946)
DUEL IN THE SUN (1947)
GENTLEMAN'S AGREEMENT (1947)
PARADINE CASE, THE (1947)
YELLOW SKY (1948)
GUNFIGHTER, THE (1950)
TWELVE O'CLOCK HIGH (1950)
CAPTAIN HORATIO HORNBLOWER (1951)
DAVID AND BATHSHEBA (1951)
SNOWS OF KILIMANJARO, THE (1952)
WORLD IN HIS ARMS, THE (1952)
ROMAN HOLIDAY (1953)
MILLION POUND NOTE, THE (1954)
PURPLE PLAIN, THE (1954)
MAN IN THE GRAY FLANNEL SUIT, THE (1955)
DESIGNING WOMAN (1956)
MOBY DICK (1956)
BIG COUNTRY, THE (1958)
BRAVADOS, THE (1958)
BELOVED INFIDEL (1959)
ON THE BEACH (1959)
PORK CHOP HILL (1959)
GUNS OF NAVARONE, THE (1961)
CAPE FEAR (1962)
HOW THE WEST WAS WON (1962)
TO KILL A MOCKINGBIRD (1962)
CAPTAIN NEWMAN, M.D. (1963)
BEHOLD A PALE HORSE (1964)
MIRAGE (1965)
ARABESQUE (1966)
MACKENNA'S GOLD (1968)
STALKING MOON, THE (1968)
MAROONED (1969)
I WALK THE LINE (1970)
BILLY TWO HATS (1973)
OMEN, THE (1976)
MACARTHUR (1977)
BOYS FROM BRAZIL, THE (1978)
SEA WOLVES, THE (1980)
BLUE AND THE GRAY, THE (1982)
SCARLET AND THE BLACK, THE (1983)
AMAZING GRACE AND CHUCK (1987)
OLD GRINGO (1989)
CAPE FEAR (1991)
OTHER PEOPLE'S MONEY (1991)
MOBY DICK (1997)

PEET, Amanda
actrice américaine (1972-)
GRIND (1997)
ISN'T SHE GREAT (1999)
TRACK DOWN (2000)
WHOLE NINE YARDS, THE (2000)
HIGH CRIMES (2002)
IGBY GOES DOWN (2002)
IDENTITY (2003)
SOMETHING'S GOTTA GIVE (2003)
MELINDA AND MELINDA (2004)
WHOLE TEN YARDS, THE (2004)
A LOT LIKE LOVE (2005)
SYRIANA (2005)

PELLEGRIN, Raymond
acteur français (1925-)
MANON DES SOURCES (1952)
MANON DES SOURCES ET UGOLIN (1952)
UGOLIN (1952)
NAPOLÉON (1954)
BITTER VICTORY (1957)
VU DU PONT (1961)
FURIA À BAHIA POUR OSS 117 (1965)
DEUXIÈME SOUFFLE, LE (1966)
PART DES LIONS, LA (1971)
COMPLOT, LE (1973)
SOLITAIRE, UN (1973)
BAR DU TÉLÉPHONE, LE (1980)

PENA, Elizabeth
actrice américaine (1961-)
DOWN AND OUT IN BEVERLY HILLS (1986)
JACOB'S LADDER (1990)
DEAD FUNNY (1995)
LONE STAR (1995)
SECOND CIVIL WAR (1997)
RUSH HOUR (1998)
TRANSAMERICA (2005)

PENDLETON, Austin
acteur américain (1940-)
SHORT CIRCUIT (1986)
BALLAD OF THE SAD CAFE, THE (1991)
GUARDING TESS (1994)
ASSOCIATE, THE (1996)
SGT. BILKO (1996)
4th FLOOR, THE (1999)
JOE THE KING (1999)
FAST FOOD, FAST WOMEN (2000)

PENN, Chris
acteur américain (1962-)
ALL THE RIGHT MOVES (1983)
FOOTLOOSE (1984)
MULHOLLAND FALLS (1996)
CORKY ROMANO (2001)
MURDER BY NUMBERS (2002)
STEALING HARVARD (2002)
AFTER THE SUNSET (2004)
DARWIN AWARDS, THE (2006)

PENN, Christopher
acteur américain (1964-)
RUMBLE FISH (1983)
AT CLOSE RANGE (1985)
PALE RIDER (1985)
MOBSTERS (1991)
RESERVOIR DOGS (1991)
BEETHOVEN'S 2nd (1993)
MUSIC OF CHANCE, THE (1993)
SHORT CUTS (1993)
TRUE ROMANCE (1993)
IMAGINARY CRIMES (1994)
TO WONG FOO, THANKS FOR EVERYTHING, JULIE NEWMAR (1995)
FUNERAL, THE (1996)
MULHOLLAND FALLS (1996)
DECEIVER (1997)
RUSH HOUR (1998)

PENN, Sean
acteur américain (1960-)
TAPS (1981)
FAST TIMES AT RIDGEMONT HIGH (1982)
BAD BOYS (1983)
CRACKERS (1983)
FALCON AND THE SNOWMAN, THE (1984)
RACING WITH THE MOON (1984)
AT CLOSE RANGE (1985)
SHANGHAI SURPRISE (1986)
DEAR AMERICA : LETTERS HOME FROM VIETNAM (1987)
JUDGEMENT IN BERLIN (1987)
COLORS (1988)
CASUALTIES OF WAR (1989)
WE'RE NO ANGELS (1989)
STATE OF GRACE (1990)
CARLITO'S WAY (1993)
DEAD MAN WALKING (1995)
GAME, THE (1997)
HUGO POOL (1997)
LOVED (1997)
SHE'S SO LOVELY (1997)
U-TURN (1997)
HURLYBURLY (1998)
THIN RED LINE, THE (1998)
SWEET AND LOWDOWN (1999)
BEFORE NIGHT FALLS (2000)
WEIGHT OF WATER, THE (2000)
I AM SAM (2001)
21 GRAMS (2003)
IT'S ALL ABOUT LOVE (2003)
MYSTIC RIVER (2003)
ASSASSINATION OF RICHARD NIXON, THE (2004)
INTERPRETER, THE (2005)

PEPPARD, George
acteur américain (1928-1994)
STRANGE ONE, THE (1956)
HOME FROM THE HILL (1960)
CARPETBAGGERS, THE (1963)
OPERATION CROSSBOW (1965)
BLUE MAX, THE (1966)
TOBRUK (1966)
ROUGH NIGHT IN JERICHO (1967)
GROUNDSTAR CONSPIRACY, THE (1972)
BATTLE BEYOND THE STARS (1980)
YOUR TICKET IS NO LONGER VALID (1981)
A-TEAM (SEASON I) (1983)

PEREZ, Rosie
actrice américaine (1964-)
WHITE MEN CAN'T JUMP (1992)
FEARLESS (1993)
UNTAMED HEART (1993)
IT COULD HAPPEN TO YOU (1994)
SOMEBODY TO LOVE (1994)
SUBWAY STORIES (1997)
KING OF THE JUNGLE, THE (2000)
HUMAN NATURE (2001)

PÉREZ, Vincent
acteur suisse (1965-)
GARDIEN DE LA NUIT, LE (1986)
CYRANO DE BERGERAC (1990)
INDOCHINE (1991)
VOYAGE DU CAPITAINE FRACASSE, LE (1991)
FANFAN (1992)
PAR-DELÀ LES NUAGES (1995)
CROW : CITY OF ANGELS, THE (1996)
BOSSU, LE (1997)
SWEPT FROM THE SEA (1997)
TALK OF ANGELS (1998)
TEMPS RETROUVÉ, LE (1999)
I DREAMED OF AFRICA (2000)
LIBERTIN, LE (2000)
MORSURES DE L'AUBE, LES (2000)
BRIDE OF THE WIND (2001)
PHARMACIEN DE GARDE, LE (2002)
QUEEN OF THE DAMNED (2002)
FANFAN LA TULIPE (2003)
JE RESTE ! (2003)
NOUVELLE-FRANCE (2004)

PÉRIER, François
acteur français (1919-2002)
ORPHÉE (1949)
AMANTS DE VILLA BORGHESE, LES (1953)
NUITS DE CABIRIA, LES (1957)
CAMARADES, LES (1963)
SAMOURAÏ, LE (1967)
JUSTE AVANT LA NUIT (1970)
MAX ET LES FERRAILLEURS (1970)
ANTOINE ET SÉBASTIEN (1973)
STAVISKY (1974)
RAISON D'ÉTAT, LA (1978)
BAR DU TÉLÉPHONE, LE (1980)
BATTANT, LE (1982)
TARTUFFE, LE (1984)
PAGAILLE, LA (1991)

PERKINS, Anthony
acteur américain (1932-1992)
FRIENDLY PERSUASION (1956)
DESIRE UNDER THE ELMS (1957)
FEAR STRIKES OUT (1957)
LONELY MAN, THE (1957)
TIN STAR, THE (1957)
MATCHMAKER, THE (1958)
GREEN MANSIONS (1959)
ON THE BEACH (1959)
PSYCHO (1960)
GOODBYE AGAIN (1961)
TRIAL, THE (1962)
RAVISSANTE IDIOTE, UNE (1963)
FOOL KILLER, THE (1965)
CATCH 22 (1970)
DÉCADE PRODIGIEUSE, LA (1971)
SOMEONE BEHIND THE DOOR (1971)
LIFE AND TIMES OF JUDGE ROY BEAN (1972)
LAST OF SHEILA, THE (1973)
LOVIN' MOLLY (1973)
MURDER ON THE ORIENT EXPRESS (1974)
MAHOGANY (1975)
MISERABLES, LES (1978)
BLACK HOLE, THE (1979)
HOMME, DEUX FEMMES, UN (1979)
WINTER KILLS (1979)
FFOLKES (1980)
PSYCHO II (1983)
CRIMES OF PASSION (1984)
PSYCHO III (1986)
EDGE OF SANITY (1989)
DAUGHTER OF DARKNESS (1990)

PERKINS, Elizabeth
actrice américaine (1961-)
ABOUT LAST NIGHT (1986)
FROM THE HIP (1987)
BIG (1988)
AVALON (1990)
LOVE AT LARGE (1990)
DOCTOR, THE (1991)
HE SAID, SHE SAID (1991)
INDIAN SUMMER (1993)
MIRACLE ON 34th STREET (1994)
MOONLIGHT AND VALENTINO (1995)
IF THESE WALLS COULD TALK II (1999)
28 DAYS (2000)
CATS AND DOGS (2001)
ALL I WANT (2002)
MUST LOVE DOGS (2005)
RING TWO, THE (2005)
WEEDS (2005)

PERLICH, Max
acteur américain (1968-)
RUSH (1991)
BORN YESTERDAY (1993)
GEORGIA (1995)
GUMMO (1997)
HOUSE ON HAUNTED HILL (1999)
LANSKY (1999)
DEUCES WILD (2002)

PERLMAN, Ron
acteur américain (1950-)
GUERRE DU FEU, LA (1981)
ICE PIRATES (1984)
ADVENTURES OF HUCK FINN, THE (1992)
CRONOS (1992)
SLEEPWALKERS (1992)
CITÉ DES ENFANTS PERDUS, LA (1995)
LAST SUPPER, THE (1995)
PRINCE VALIANT (1996)
ALIEN RESURRECTION (1997)
SECOND CIVIL WAR (1997)
BETTY (1999)
FROGS FOR SNAKES (1999)
HAPPY TEXAS (1999)
ENEMY AT THE GATES (2000)
TITAN A.E. (2000)
BLADE II (2002)
HELLBOY (2004)
DESPERATION (2006)

PERRIN, Francis
acteur français (1947-)
C'EST DUR POUR TOUT LE MONDE (1974)
MILLE-PATTES FAIT DES CLAQUETTES, LE (1977)
ROBERT ET ROBERT (1978)
ON A VOLÉ LA CUISSE DE JUPITER (1979)
CORBILLARD DE JULES, LE (1982)
TOUT LE MONDE PEUT SE TROMPER (1982)
JOLI CŒUR, LE (1983)
ÇA N'ARRIVE QU'À MOI (1984)
CLUB DE RENCONTRES (1986)
BELLE VERTE, LA (1996)

PERRIN, Jacques
acteur français (1941-)
FILLE À LA VALISE, LA (1961)
317e SECTION, LA (1965)
DEMOISELLES DE ROCHEFORT, LES (1967)
Z (1969)
PEAU D'ÂNE (1970)
NOIRS ET BLANCS EN COULEURS (1976)
CRABE TAMBOUR, LE (1977)
LÉGION SAUTE SUR KOLWEZI, LA (1980)
QUARANTIÈMES RUGISSANTS, LES (1982)
ANNÉE DES MÉDUSES, L' (1984)
JUGE, LE (1984)
PAROLE DE FLIC (1985)
CINÉMA PARADISO (1988)
VANILLE FRAISE (1989)
MONTPARNASSE-PONDICHÉRY (1993)
FRANK RIVA (2003)
CHORISTES, LES (2004)
ENFER, L' (2005)

PERROT, François
acteur français (1924-)
INNOCENTS AUX MAINS SALES, LES (1975)
À CHACUN SON ENFER (1977)
VIEUX PAYS OÙ RIMBAUD EST MORT, LE (1977)
ARGENT DES AUTRES, L' (1978)

CHOC, LE (1982)
SURPRISE PARTY (1982)
AMI DE VINCENT, L' (1983)
ÇA N'ARRIVE QU'À MOI (1984)
VOL DU SPHINX, LE (1984)
EXPLOITS D'UN JEUNE DON JUAN, LES (1986)
À DEMAIN (1992)
JE RESTE ! (2003)

PERRY, Matthew
acteur américain (1969-)
FRIENDS (SEASON I) (1994-99)
FOOLS RUSH IN (1997)
WHOLE NINE YARDS, THE (2000)
SERVING SARA (2002)
WHOLE TEN YARDS, THE (2004)

PESCI, Joe
acteur américain (1943-)
RAGING BULL (1980)
I'M DANCING AS FAST AS I CAN (1981)
EUREKA (1983)
ONCE UPON A TIME IN AMERICA (1984)
BACKTRACK (1988)
LETHAL WEAPON 2 (1989)
BETSY'S WEDDING (1990)
GOODFELLAS (1990)
HOME ALONE (1990)
JFK (1991)
SUPER, THE (1991)
HOME ALONE 2 : LOST IN NEW YORK (1992)
LETHAL WEAPON 3 (1992)
MY COUSIN VINNY (1992)
PUBLIC EYE, THE (1992)
BRONX TALE, A (1993)
JIMMY HOLLYWOOD (1994)
WITH HONORS (1994)
CASINO (1995)
LETHAL WEAPON 4 (1998)

PETERS, Jean
actrice américaine (1926-)
CAPTAIN FROM CASTILE (1948)
IT HAPPENS EVERY SPRING (1949)
AS YOUNG AS YOU FEEL (1951)
VIVA ZAPATA ! (1952)
APACHE (1953)
BROKEN LANCE (1953)
NIAGARA (1953)
PICKUP ON SOUTH STREET (1953)
VICKI (1953)
THREE COINS IN THE FOUNTAIN (1954)
MAN CALLED PETER, A (1955)
ANY WEDNESDAY (1966)
DEADLY TRACKERS, THE (1973)

PETERSEN, William L.
acteur américain (1953-)
TO LIVE AND DIE IN L.A. (1985)
MANHUNTER (1986)
AMAZING GRACE AND CHUCK (1987)
YOUNG GUNS II (1990)
HARD PROMISES (1991)
12 ANGRY MEN (1997)
KISS THE SKY (1998)
RAT PACK, THE (1998)
CONTENDER, THE (2000)
CSI : CRIME SCENE INVESTIGATION
(SEASON I) (2000-03)

PFEIFFER, Michelle
actrice américaine (1957-)
CHARLIE CHAN AND THE CURSE
OF THE DRAGON QUEEN (1980)
GREASE 2 (1982)
SCARFACE (1983)
INTO THE NIGHT (1985)
LADYHAWKE (1985)
AMAZON WOMEN ON THE MOON (1986)
SWEET LIBERTY (1986)
WITCHES OF EASTWICK, THE (1987)
DANGEROUS LIAISONS (1988)
MARRIED TO THE MOB (1988)
TEQUILA SUNRISE (1988)
FABULOUS BAKER BOYS, THE (1989)
RUSSIA HOUSE, THE (1990)
FRANKIE AND JOHNNY (1991)
LOVE FIELD (1991)
BATMAN RETURNS (1992)
AGE OF INNOCENCE, THE (1993)
WOLF (1994)
DANGEROUS MINDS (1995)
ONE FINE DAY (1996)
TO GILLIAN ON HER 37th BIRTHDAY (1996)
UP CLOSE AND PERSONAL (1996)
THOUSAND ACRES, A (1997)
DEEP END OF THE OCEAN, THE (1999)
MIDSUMMER NIGHT'S DREAM, A (1999)
STORY OF US, THE (1999)
WHAT LIES BENEATH (2000)
I AM SAM (2001)
WHITE OLEANDER (2002)

PHIFER, Mekhi
acteur américain (1974-)
CLOCKERS (1995)
TUSKEGEE AIRMEN, THE (1995)
HIGH SCHOOL HIGH (1996)
SOUL FOOD (1997)
IMPOSTOR (2001)
O (OTHELLO) (2001)
8 MILE (2002)

PHILIPE, Gérard
acteur français (1922-1959)
BEAUTÉ DU DIABLE, LA (1949)
RONDE, LA (1950)
FANFAN LA TULIPE (1951)
BELLES DE NUIT, LES (1952)
SEPT PÉCHÉS CAPITAUX, LES (1952)
AMANTS DE VILLA BORGHESE, LES (1953)
ORGUEILLEUX, LES (1953)
ROUGE ET LE NOIR, LE (1954)
MONTPARNASSE 19 (1957)
JOUEUR, LE (1958)
FIÈVRE MONTE À EL PAO, LA (1959)
LIAISONS DANGEREUSES, LES (1959)

PHILLIPPE, Ryan
acteur américain (1974-)
WHITE SQUALL (1995)
54 (1998)
HOMEGROWN (1998)
PLAYING BY HEART (1998)
CRUEL INTENTIONS (1999)
ANTITRUST (2000)
GOSFORD PARK (2001)
IGBY GOES DOWN (2002)
CRASH (2004)

PHILLIPS, Lou Diamond
acteur américain (1962-)
LA BAMBA (1987)
STAND AND DELIVER (1988)
DISORGANIZED CRIME (1989)
RENEGADES (1989)
SHOW OF FORCE, A (1990)
AGAGUK - SHADOW OF THE WOLF (1992)
COURAGE UNDER FIRE (1996)
BIG HIT, THE (1998)
BATS (1999)
BROKEDOWN PALACE (1999)
SUPERNOVA (1999)

PHOENIX, Joaquin
acteur portoricain (1974-)
PARENTHOOD (1989)
TO DIE FOR (1995)
INVENTING THE ABBOTTS (1997)
U-TURN (1997)
CLAY PIGEONS (1998)
RETURN TO PARADISE (1998)
GLADIATOR (2000)
BUFFALO SOLDIERS (2001)
SIGNS (2002)
IT'S ALL ABOUT LOVE (2003)
HOTEL RWANDA (2004)
VILLAGE, THE (2004)
WALK THE LINE (2005)

PHOENIX, River
acteur américain (1970-1993)
EXPLORERS (1985)
MOSQUITO COAST, THE (1986)
STAND BY ME (1986)
LITTLE NIKITA (1988)
RUNNING ON EMPTY (1988)
INDIANA JONES AND
THE LAST CRUSADE (1989)
I LOVE YOU TO DEATH (1990)
DOGFIGHT (1991)
MY OWN PRIVATE IDAHO (1991)
SNEAKERS (1992)
THING CALLED LOVE, THE (1993)

PICARD, Luc
acteur québécois (1961-)
COMMENT FAIRE L'AMOUR AVEC
UN NÈGRE SANS SE FATIGUER (1989)
DING ET DONG : LE FILM (1990)
NELLIGAN (1991)
SAUF-CONDUITS, LES (1991)
SARRASINE, LA (1992)
CAP TOURMENTE (1993)
DOUBLURES (1993)
SEXE DES ÉTOILES, LE (1993)
OCTOBRE (1994)
ERREUR SUR LA PERSONNE (1995)
OMERTA II (1997)
CHARTRAND ET SIMONNE (1999)
DERNIER SOUFFLE, LE (1999)
EN VACANCES (1999)
15 FÉVRIER 1839 (2000)
FEMME QUI BOIT, LA (2000)
COLLECTIONNEUR, LE (2002)
MOÏSE : L'AFFAIRE ROCH THÉRIAULT (2002)
20 H 17 RUE DARLING (2003)
AUDITION, L' (2005)
VICE CACHÉ (2005)
UN DIMANCHE À KIGALI (2006)

PICCOLI, Michel
acteur français (1925-)
FRENCH CAN-CAN (1955)
SORCIÈRES DE SALEM, LES (1956)
DOULOS, LE (1962)
MÉPRIS, LE (1963)
JOURNAL D'UNE FEMME
DE CHAMBRE, LE (1964)
LADY L (1965)
CURÉE, LA (1966)
PARIS BRÛLE-T-IL ? (1966)
BELLE DE JOUR (1967)
DANGER : DIABOLIK ! (1967)
DEMOISELLES DE ROCHEFORT, LES (1967)
CHAMADE, LA (1968)
PRISONNIÈRE, LA (1968)
VOIE LACTÉE, LA (1968)
TOPAZ (1969)
CHOSES DE LA VIE, LES (1970)

MAX ET LES FERRAILLEURS (1970)
DÉCADE PRODIGIEUSE, LA (1971)
ATTENTAT, L' (1972)
CHARME DISCRET
DE LA BOURGEOISIE, LE (1972)
FEMME EN BLEU, LA (1973)
GRANDE BOUFFE, LA (1973)
NOCES ROUGES, LES (1973)
TOUCHE PAS LA FEMME BLANCHE (1973)
FANTÔME DE LA LIBERTÉ, LE (1974)
TRIO INFERNAL, LE (1974)
VINCENT, FRANÇOIS, PAUL
ET LES AUTRES (1974)
7 MORTS SUR ORDONNANCE (1975)
DES ENFANTS GÂTÉS (1977)
ÉTAT SAUVAGE, L' (1978)
MÉLODIE MEURTRIÈRE (1978)
PETITE FILLE EN VELOURS BLEU, LA (1978)
PRIX DE LA SURVIE, LE (1979)
ATLANTIC CITY (1980)
UNS ET LES AUTRES, LES (1980)
PASSANTE DU SANS-SOUCI, LA (1981)
DERRIÈRE LA PORTE (1982)
PASSION (1982)
YEUX, LA BOUCHE, LES (1982)
DIAGONALE DU FOU, LA (1983)
PRIX DU DANGER, LE (1983)
VIVA LA VIE (1983)
PÉRIL EN LA DEMEURE (1984)
SUCCESS IS THE BEST REVENGE (1984)
ADIEU BONAPARTE (1985)
PARTIR, REVENIR (1985)
MAUVAIS SANG (1986)
PURITAINE, LA (1986)
HOMME VOILÉ, L' (1987)
BLANC DE CHINE (1988)
MILOU EN MAI (1989)
BAL DES CASSE-PIEDS, LE (1991)
BELLE NOISEUSE, LA (1991)
SOUPER, LE (1992)
CAVALE DES FOUS, LA (1993)
RUPTURE(S) (1993)
ANGE NOIR, L' (1994)
CENT ET UNE NUITS, LES (1994)
ÉMIGRÉ, L' (1994)
BEAUMARCHAIS L'INSOLENT (1996)
PARTY (1996)
TYKHO MOON (1996)
GÉNÉALOGIES D'UN CRIME (1997)
PASSION IN THE DESERT (1997)
RUMBA, LA (1997)
RIEN SUR ROBERT (1998)
ACTEURS, LES (1999)
TOUT VA BIEN... ON S'EN VA (2000)
JE RENTRE À LA MAISON (2001)
CE JOUR-LÀ (2003)
PETITE LILI, LA (2003)
MAL DE MER (2004)
BELLE TOUJOURS (2006)

PICHETTE, Jean-François
acteur québécois
À CORPS PERDU (1988)
PABLO QUI COURT (1991)
MOUVEMENTS DU DÉSIR (1993)
LAC DE LA LUNE, LE (1994)
FORTIER SÉRIE 1 (1999)
FORTIER SÉRIE 2 (2000)
SECRET DE BANLIEUE (2002)

PICKFORD, Mary
actrice américaine (1893-1979)
STELLA MARIS (1918)
SUDS (1920)
LOVE LIGHT, THE (1921)
THROUGH THE BACK DOOR (1921)
TESS OF THE STORM COUNTRY (1922)
SPARROWS (1926)
MY BEST GIRL (1927)
COQUETTE (1929)

PIDGEON, Walter
acteur canadien (1897-1984)
SARATOGA (1937)
LISTEN, DARLING (1938)
TOO HOT TO HANDLE (1938)
GIRL OF THE GOLDEN WEST, THE (1939)
SHOPWORN ANGEL, THE (1939)
BLOSSOMS IN THE DUST (1940)
DARK COMMAND (1940)
HOW GREEN WAS MY VALLEY (1940)
WHITE CARGO (1942)
MADAME CURIE (1943)
MRS. MINIVER (1943)
MRS. PARKINGTON (1947)
COMMAND DECISION (1948)
JULIA MISBEHAVES (1948)
THAT FORSYTE WOMAN (1949)
MINIVER STORY, THE (1950)
BAD AND THE BEAUTIFUL, THE (1952)
MILLION DOLLAR MERMAID (1952)
EXECUTIVE SUITE (1954)
LAST TIME I SAW PARIS, THE (1954)
MEN OF THE FIGHTING LADY (1954)
FORBIDDEN PLANET (1955)
HIT THE DECK (1955)
VOYAGE TO THE BOTTOM
OF THE SEA (1961)
ADVISE AND CONSENT (1962)
FUNNY GIRL (1968)
LINDBERGH KIDNAPPING CASE, THE (1976)
TWO-MINUTE WARNING (1976)
SEXTETTE (1979)

PIÉPLU, Claude
acteur français (1923-2006)
DIABOLIQUEMENT VÔTRE (1967)
CHARME DISCRET
DE LA BOURGEOISIE, LE (1972)
AVENTURES DE RABBI JACOB, LES (1973)
NOCES ROUGES, LES (1973)
C'EST DUR POUR TOUT LE MONDE (1974)
FANTÔME DE LA LIBERTÉ, LE (1974)
ORDINATEUR DES POMPES
FUNÈBRES, L' (1976)
ILS SONT GRANDS, CES PETITS (1979)
SUIVEZ CET AVION (1989)
ASTÉRIX ET OBÉLIX CONTRE CÉSAR (1998)

PIERROT, Frédéric
acteur français (1960-)
LAND AND FREEDOM (1995)
FOR EVER MOZART (1996)
PORT DJEMA (1996)
ARTEMISIA (1997)
SANGUINAIRES, LES (1997)
DIS-MOI QUE JE RÊVE (1998)
HIRONDELLE A FAIT
LE PRINTEMPS, UNE (2001)
INQUIÉTUDES (2003)
IMMORTEL (2004)
REVENANTS, LES (2004)

PILON, Daniel
acteur québécois (1940-)
VIOL D'UNE JEUNE FILLE DOUCE, LE (1968)
RED (1970)
DIABLE EST PARMI NOUS, LE (1972)
QUELQUES ARPENTS DE NEIGE (1972)
MORT D'UN BÛCHERON, LA (1973)
STARSHIP INVASIONS (1977)
OBSESSED (1987)

PILON, Donald
acteur québécois (1938-)
VIOL D'UNE JEUNE FILLE DOUCE, LE (1968)
DEUX FEMMES EN OR (1970)
RED (1970)
CHATS BOTTÉS, LES (1971)
MÂLES, LES (1971)
VRAIE NATURE DE BERNADETTE, LA (1972)
BULLDOZER (1973)
PYX, THE (1973)
FANTASTICA (1980)
PLOUFFE, LES (1981)
CRIME D'OVIDE PLOUFFE, LE (1984)
GUÊPE, LA (1986)
TISSERANDS DU POUVOIR, LES (1988)
HISTOIRE INVENTÉE, UNE (1990)
PRINCE LAZURE (1992)
ANGÉLO, FRÉDO ET ROMÉO (1996)
C'T'À TON TOUR, LAURA CADIEUX (1998)
GRANDE SÉDUCTION, LA (2003)

PINKETT SMITH, Jada
actrice américaine (1971-)
MENACE II SOCIETY (1993)
JASON'S LYRIC (1994)
LOW DOWN DIRTY SHAME, A (1994)
TALES FROM THE CRYPT PRESENTS :
DEMON KNIGHT (1994)
NUTTY PROFESSOR, THE (1996)
SET IT OFF (1996)
SCREAM II (1997)
BAMBOOZLED (2000)
MATRIX RELOADED, THE (2003)
COLLATERAL (2004)

PINON, Dominique
acteur français (1955-)
ALBERTO EXPRESS (1990)
DELICATESSEN (1991)
CAVALE DES FOUS, LA (1993)
ALIEN RESURRECTION (1997)
COMME UN POISSON HORS DE L'EAU (1999)
FABULEUX DESTIN
D'AMÉLIE POULAIN, LE (2000)
SE SOUVENIR DES BELLES CHOSES (2001)

PISIER, Marie-France
actrice française (1944-)
FÉMININ FÉMININ (1971)
CÉLINE ET JULIE VONT EN BATEAU (1974)
COUSIN, COUSINE (1975)
BAROCCO (1976)
AMOUR EN FUITE, L' (1978)
BANQUIÈRE, LA (1980)
CHANEL SOLITAIRE (1981)
AS DES AS, L' (1982)
BOULEVARD DES ASSASSINS (1982)
AMI DE VINCENT, L' (1983)
PRIX DU DANGER, LE (1983)
NANAS, LES (1984)
PARKING (1985)
POURQUOI MAMAN EST
DANS MON LIT ? (1994)
TEMPS RETROUVÉ, LE (1999)
ORDO (2003)

PITT, Brad
acteur américain (1964-)
JOHNNY SUEDE (1991)
THELMA & LOUISE (1991)
COOL WORLD (1992)
RIVER RUNS THROUGH IT, A (1992)
KALIFORNIA (1993)
TRUE ROMANCE (1993)
FAVOR, THE (1994)
INTERVIEW WITH THE VAMPIRE (1994)

LEGENDS OF THE FALL (1994)
12 MONKEYS (1995)
SEVEN (1995)
SLEEPERS (1995)
DEVIL'S OWN, THE (1997)
SEVEN YEARS IN TIBET (1997)
MEET JOE BLACK (1998)
FIGHT CLUB (1999)
SNATCH (2000)
MEXICAN, THE (2001)
OCEAN'S ELEVEN (2001)
SPY GAME (2001)
OCEAN'S 12 (2004)
TROY (2004)
MR. AND MRS. SMITH (2005)

PIVEN, Jeremy
acteur américain (1965-)
LUCAS (1986)
FLOUNDERING (1993)
JUDGMENT NIGHT (1993)
DR. JEKYLL AND MS. HYDE (1995)
KISS THE GIRLS (1997)
PHOENIX (1998)
VERY BAD THINGS (1998)
FAMILY MAN, THE (2000)
RED LETTERS (2000)
SERENDIPITY (2001)
OLD SCHOOL (2002)
CHASING LIBERTY (2004)
TWO FOR THE MONEY (2005)

PLACE, Mary Kay
actrice américaine (1947-)
CAPTAIN RON (1992)
CITIZEN RUTH (1996)
MANNY & LO (1996)
EYE OF GOD (1997)
RAINMAKER,THE (1997)
PECKER (1998)
BEING JOHN MALKOVICH (1999)
FURTHER TALES OF THE CITY (2001)
MY FIRST MISTER (2001)
SWEET HOME ALABAMA (2002)
LATTER DAYS (2003)
NINE LIVES (2005)

PLACIDO, Michele
acteur italien (1946-)
DIVINE CREATURE (1976)
PYJAMA GIRL CASE, THE (1977)
ERNESTO (1979)
TROIS FRÈRES (1981)
BIG BUSINESS (1988)
FOREVER MARY (1989)
MARY POUR TOUJOURS (1989)
AMIES DE CŒURS, LES (1992)
LAMERICA (1994)

PLATT, Oliver
acteur américain (1960-)
DIGGSTOWN (1992)
BENNY & JOON (1993)
FUNNY BONES (1995)
TALL TALE (1995)
EXECUTIVE DECISION (1996)
DANGEROUS BEAUTY (1997)
BULWORTH (1998)
IMPOSTORS, THE (1998)
SIMON BIRCH (1998)
BICENTENNIAL MAN (1999)
LAKE PLACID (1999)
GUN SHY (2000)
DON'T SAY A WORD (2001)
HOPE SPRINGS (2003)
PIECES OF APRIL (2003)

CASANOVA (2005)
ICE HARVEST, THE (2005)

PLEASENCE, Donald
acteur anglais (1919-1995)
1984 (1956)
TALE OF TWO CITIES, A (1958)
FLESH AND THE FIENDS, THE (1959)
LOOK BACK IN ANGER (1959)
CIRCUS OF HORRORS (1960)
GREAT ESCAPE, THE (1963)
GREATEST STORY EVER TOLD, THE (1965)
HALLELUJAH TRAIL, THE (1965)
FANTASTIC VOYAGE, THE (1966)
NIGHT OF THE GENERALS, THE (1967)
WILL PENNY (1967)
YOU ONLY LIVE TWICE (1967)
THX-1138 (1970)
WEDDING IN WHITE (1972)
FROM BEYOND THE GRAVE (1973)
RAW MEAT (1973)
TALES THAT WITNESS MADNESS (1973)
BARRY McKENZIE HOLDS HIS OWN (1974)
ESCAPE TO WITCH MOUNTAIN (1975)
COUNT OF MONTE CRISTO, THE (1976)
EAGLE HAS LANDED, THE (1976)
JESUS OF NAZARETH (1976)
LAST TYCOON, THE (1976)
LIENS DE SANG, LES (1977)
OH, GOD ! (1977)
TELEFON (1977)
HALLOWEEN (1978)
SGT. PEPPER'S LONELY
HEART CLUB BAND (1978)
TOMORROW NEVER COMES (1978)
ALL QUIET ON THE WESTERN FRONT (1979)
DRACULA (1979)
ESCAPE FROM NEW YORK (1981)
HALLOWEEN II (1981)
CREEPERS (1984)
TREASURE OF THE AMAZON (1985)
DJANGO STRIKES AGAIN (1987)
PRINCE OF DARKNESS (1987)
HALLOWEEN IV : THE RETURN OF
MICHAEL MYERS (1988)
HANNA'S WAR (1988)
HALLOWEEN V : THE REVENGE OF
MICHAEL MYERS (1989)
SHADOWS AND FOG (1991)
ADVOCATE, THE (1994)

PLESHETTE, Suzanne
actrice américaine (1937-)
ROME ADVENTURE (1961)
40 POUNDS OF TROUBLE (1962)
BIRDS, THE (1963)
UGLY DACHSHUND, THE (1965)
BLACKBEARD'S GHOST (1968)
IF IT'S TUESDAY, THIS MUST
BE BELGIUM (1969)
SUPPORT YOUR LOCAL GUNFIGHTER (1971)
SHAGGY D.A., THE (1976)
OH GOD : BOOK 2 (1980)

PLIMPTON, Martha
actrice américaine (1970-)
RIVER RAT, THE (1984)
ANOTHER WOMAN (1988)
SHY PEOPLE (1988)
PARENTHOOD (1989)
STANLEY & IRIS (1989)
CHANTILLY LACE (1993)
LAST SUMMER IN THE HAMPTONS (1995)
I SHOT ANDY WARHOL (1996)
I'M NOT RAPPAPORT (1996)
EYE OF GOD (1997)

PECKER (1998)
200 CIGARETTES (1999)

PLOWRIGHT, Joan
actrice anglaise (1929-)
THREE SISTERS (1970)
EQUUS (1977)
BRIMSTONE & TREACLE (1982)
DROWNING BY NUMBERS (1988)
IMPORTANCE OF BEING EARNEST, THE (1988)
AVALON (1990)
ENCHANTED APRIL (1992)
SUMMER HOUSE, THE (1992)
LAST ACTION HERO (1993)
WIDOW'S PEAK (1994)
PYROMANIAC'S LOVE STORY, A (1995)
101 DALMATIANS (1996)
MR. WRONG (1996)
TEA WITH MUSSOLINI (1999)
DINOSAUR (2000)
CALLAS FOREVER (2002)
I AM DAVID (2003)

PLUMMER, Amanda
actrice américaine (1957-)
FISHER KING, THE (1991)
BUTTERFLY KISS (1994)
NOSTRADAMUS (1994)
DRUNKS (1995)
PROPHECY, THE (1995)
UNDER THE PIANO (1995)
DON'T LOOK BACK (1996)
FREEWAY (1996)
7 DAYS TO LIVE (2000)
MILLION DOLLAR HOTEL (2000)
MY LIFE WITHOUT ME (2003)

PLUMMER, Christopher
acteur canadien (1927-)
FALL OF THE ROMAN EMPIRE, THE (1963)
INSIDE DAISY CLOVER (1965)
SOUND OF MUSIC, THE (1965)
NIGHT OF THE GENERALS, THE (1967)
HIGH COMMISSIONER, THE (1968)
BATTLE OF BRITAIN (1969)
WATERLOO (1971)
PYX, THE (1973)
RETURN OF THE PINK PANTHER, THE (1974)
MAN WHO WOULD BE KING, THE (1975)
SPIRAL STAIRCASE, THE (1975)
MURDER BY DECREE (1978)
SILENT PARTNER, THE (1978)
HANOVER STREET (1979)
RIEL (1979)
STARCRASH (1979)
SOMEWHERE IN TIME (1980)
EYEWITNESS (1981)
DREAMSCAPE (1983)
SCARLET AND THE BLACK, THE (1983)
BOY IN BLUE, THE (1985)
DRAGNET (1987)
WHERE THE HEART IS (1990)
FIRST CIRCLE, THE (1991)
STAR TREK VI :
THE UNDISCOVERED COUNTRY (1991)
WOLF (1994)
12 MONKEYS (1995)
DOLORES CLAIBORNE (1995)
INSIDER, THE (1999)
DRACULA 2000 (2000)
NUREMBERG (2000)
BEAUTIFUL MIND, A (2001)
LUCKY BREAK (2001)
ARARAT (2002)
NICHOLAS NICKLEBY (2002)
COLD CREEK MANOR (2003)

NATIONAL TREASURE (2004)
ALEXANDER (2005)
MUST LOVE DOGS (2005)
NEW WORLD, THE (2005)
OUR FATHERS (2005)
INSIDE MAN (2006)

PLUMMER, Glenn
acteur américain (1961-)
SOUTH CENTRAL (1992)
SUBSTITUTE, THE (1995)
UP CLOSE AND PERSONAL (1996)
ONE NIGHT STAND (1997)
THURSDAY (1998)
SALTON SEA, THE (2001)
SAW II (2005)

PODALYDÈS, Denis
acteur français (1963-)
VERSAILLES RIVE GAUCHE (1991)
PAS TRÈS CATHOLIQUE (1993)
COMMENT JE ME SUIS DISPUTÉ...
(MA VIE SEXUELLE) (1995)
JOURNAL D'UN SÉDUCTEUR, LE (1995)
DIEU SEUL ME VOIT (1998)
JEANNE ET LE GARÇON FORMIDABLE (1998)
À L'ATTAQUE (2000)
COMÉDIE DE L'INNOCENCE (2000)
CHAMBRE DES OFFICIERS, LA (2001)
LAISSEZ-PASSER (2001)
EMBRASSEZ QUI VOUS VOUDREZ (2002)
IL EST PLUS FACILE POUR
UN CHAMEAU... (2003)
MYSTÈRE DE LA CHAMBRE JAUNE, LE (2003)
PALAIS ROYAL ! (2005)

POELVOORDE, Benoît
acteur belge (1964-)
C'EST ARRIVÉ PRÈS DE CHEZ VOUS (1991)
RANDONNEURS, LES (1997)
CONVOYEURS ATTENDENT, LES (1999)
BOULET, LE (2001)
PODIUM (2003)
RIRE ET CHÂTIMENT (2003)
ENTRE SES MAINS (2005)

POIRET, Jean
acteur français (1926-1992)
ASSASSINS ET VOLEURS (1956)
OH ! QUE MAMBO (1959)
ROI DE CŒUR, LE (1966)
GRANDE LESSIVE, LA (1968)
MUR DE L'ATLANTIQUE, LE (1970)
7e CIBLE, LA (1984)
POULET AU VINAIGRE (1984)
INSPECTEUR LAVARDIN (1986)
SAISONS DU PLAISIR, LES (1988)
LACENAIRE (1990)
SISSI - LA VALSE DES CŒURS (1992)

POITIER, Sidney
acteur américain (1924-)
NO WAY OUT (1950)
RED BALL EXPRESS (1952)
BLACKBOARD JUNGLE (1955)
BAND OF ANGELS (1956)
GOODBYE, MY LADY (1956)
SOMETHING OF VALUE (1956)
DEFIANT ONES, THE (1958)
VIRGIN ISLAND (1958)
PARIS BLUES (1961)
RAISIN IN THE SUN, A (1961)
PRESSURE POINT (1962)
LILIES OF THE FIELD (1963)
BEDFORD INCIDENT, THE (1965)
DUEL AT DIABLO (1965)
GREATEST STORY EVER TOLD, THE (1965)
PATCH OF BLUE, A (1965)
SLENDER THREAD, THE (1965)
GUESS WHO'S COMING TO DINNER ? (1967)
IN THE HEAT OF THE NIGHT (1967)
TO SIR, WITH LOVE (1967)
FOR LOVE OF IVY (1968)
LOST MAN, THE (1969)
THEY CALL ME MISTER TIBBS ! (1970)
BROTHER JOHN (1971)
BUCK AND THE PREACHER (1971)
ORGANIZATION, THE (1971)
WARM DECEMBER, A (1973)
UPTOWN SATURDAY NIGHT (1974)
LET'S DO IT AGAIN (1975)
WILBY CONSPIRACY, THE (1975)
LITTLE NIKITA (1988)
SHOOT TO KILL (1988)
SNEAKERS (1992)
JACKAL, THE (1997)

POLANSKI, Roman
acteur polonais (1933-)
INNOCENTS CHARMEURS, LES (1960)
REPULSION (1965)
FEARLESS VAMPIRE KILLERS, THE (1967)
MAGIC CHRISTIAN, THE (1969)
DIARY OF FORBIDDEN DREAMS (1972)
ANDY WARHOL'S DRACULA (1974)
CHINATOWN (1974)
LOCATAIRE, LE (1976)
GROSSE FATIGUE (1994)
PURE FORMALITÉ, UNE (1994)
ZEMSTA (2002)

POLLAK, Kevin
acteur américain (1957-)
AVALON (1990)
ANOTHER YOU (1991)
RICOCHET (1991)
INDIAN SUMMER (1993)
CLEAN SLATE (1994)
GRUMPIER OLD MEN (1995)
TRUTH OR CONSEQUENCES N.M. (1997)
DETERRENCE (1999)
END OF DAYS (1999)
WHOLE NINE YARDS, THE (2000)
3000 MILES TO GRACELAND (2001)
SEVEN TIMES LUCKY (2004)
WHOLE TEN YARDS, THE (2004)
HOSTAGE (2005)

POLLEY, Sarah
actrice canadienne (1979-)
ADVENTURES OF BARON
MUNCHAUSEN, THE (1988)
LANTERN HILL (1990)
JOE'S SO MEAN TO JOSEPHINE (1996)
HANGING GARDEN, THE (1997)
SWEET HEREAFTER, THE (1997)
WHITE LIES (1997)
LAST NIGHT (1998)
EXISTENZ (1999)
GO (1999)
GUINEVERE (1999)
CLAIM, THE (2000)
LAW OF ENCLOSURES, THE (2000)
WEIGHT OF WATER, THE (2000)
NO SUCH THING (2001)
LUCK (2002)
EVENT, THE (2003)
I INSIDE, THE (2003)
MY LIFE WITHOUT ME (2003)
DAWN OF THE DEAD (2004)
SUGAR (2004)
BEOWULF & GRENDEL (2005)
DON'T COME KNOCKING (2005)

PORTAL, Louise
actrice québécoise (1950-)
TAUREAU (1972)
CORDÉLIA (1979)
LAROSE, PIERROT ET LA LUCE (1982)
DÉCLIN DE L'EMPIRE AMÉRICAIN, LE (1986)
TINAMER (1987)
MES MEILLEURS COPAINS (1989)
AMOUREUSES, LES (1992)
SOUS-SOL (1996)
GRAND SERPENT DU MONDE, LE (1998)
FORTIER SÉRIE 1 (1999)
FULL BLAST (1999)
SOUVENIRS INTIMES (1999)
FORTIER SÉRIE 2 (2000)
MUSES ORPHELINES, LES (2000)
SAINT JUDE (2000)
DANGEREUX, LES (2002)
ODYSSÉE D'ALICE TREMBLAY, L' (2002)
INVASIONS BARBARES, LES (2003)
ELLES ÉTAIENT CINQ (2004)
H2O (2005)
DE MA FENÊTRE, SANS MAISON (2006)

PORTMAN, Eric
acteur américain (1903-1969)
CRIMES OF STEPHEN HAWKE, THE (1936)
PRINCE AND THE PAUPER, THE (1937)
49th PARALLEL, THE (1940)
ONE OF OUR AIRCRAFT IS MISSING (1941)
WE DIVE AT DAWN (1943)
WANTED FOR MURDER (1946)
COLDITZ STORY, THE (1954)

PORTMAN, Natalie
actrice française (1981-)
PROFESSIONAL, THE (1994)
HEAT (1995)
ANYWHERE BUT HERE (1999)
WHERE THE HEART IS (2000)
STAR WARS EPISODE II :
ATTACK OF THE CLONES (2002)
COLD MOUNTAIN (2003)
CLOSER (2004)
GARDEN STATE (2004)
FREE ZONE (2005)
STAR WARS EPISODE III -
REVENGE OF THE SITH (2005)
V FOR VENDETTA (2005)

POSEY, Parker
actrice américaine (1968-)
MIXED NUTS (1994)
PARTY GIRL (1994)
SLEEP WITH ME (1994)
DRUNKS (1995)
FLIRT (1995)
DAYTRIPPERS, THE (1996)
HOUSE OF YES, THE (1996)
SUBURBIA (1996)
WAITING FOR GUFFMAN (1996)
CLOCKWATCHERS (1997)
HENRY FOOL (1997)
YOU'VE GOT MAIL (1998)
BEST IN SHOW (2000)
ANNIVERSARY PARTY, THE (2001)
PERSONAL VELOCITY (2002)
SWEETEST THING, THE (2002)
EVENT, THE (2003)
BLADE TRINITY (2004)
LAWS OF ATTRACTION (2004)

POSTLETHWAITE, Pete
acteur anglais (1945-)
ANCHORESS (1993)
IN THE NAME OF THE FATHER (1993)
MARTIN CHUZZLEWIT (1994)

SUITE 16 (1994)
BRASSED OFF (1996)
DRAGONHEART (1996)
SERPENT'S KISS (1997)
RAT (2000)
BETWEEN STRANGERS (2002)
AEON FLUX (2005)
CONSTANT GARDENER (2005)
DARK WATER (2005)

POTENTE, Franka
actrice allemande (1974-)
COURS, LOLA, COURS (1998)
ANATOMY (2000)
PRINCESS AND THE WARRIOR, THE (2000)
BLOW (2001)
ALL I WANT (2002)
BOURNE IDENTITY, THE (2002)
I LOVE YOUR WORK (2003)
BOURNE SUPREMACY, THE (2004)
CREEP (2004)

POULIN, Julien
acteur québécois (1946-)
LE, GAMMICK, LA (1974)
TI-MINE, BERNIE PIS LA GANG (1976)
LUCIEN BROUILLARD (1983)
ANNÉES DE RÊVES, LES (1984)
CRIME D'OVIDE PLOUFFE, LE (1984)
ELVIS GRATTON (1985)
MATOU, LE (1985)
GASPARD ET FILS (1988)
COMMENT FAIRE L'AMOUR AVEC
UN NÈGRE SANS SE FATIGUER (1989)
PARTY, LE (1990)
DOUBLURES (1993)
OREILLE D'UN SOURD, L' (1996)
DERNIER SOUFFLE, LE (1999)
ELVIS GRATTON II :
MIRACLE À MEMPHIS (1999)
PETIT CIEL, LE (1999)
PIN-PON (1999)
15 FÉVRIER 1839 (2000)
FALARDEAU POULIN :
À FORCE DE COURAGE (2003)
COFFRET ELVIS GRATTON (2004)
ELVIS GRATTON XXX :
LA VENGEANCE D'ELVIS WONG (2004)
MINUIT LE SOIR (2005)

POUPAUD, Melvil
acteur français (1973-)
FILLE DE 15 ANS, LA (1989)
LOVER, THE (1991)
GENS NORMAUX N'ONT RIEN
D'EXCEPTIONNEL, LES (1993)
CONTE D'ÉTÉ (1995)
JOURNAL D'UN SÉDUCTEUR, LE (1995)
TROIS VIES ET UNE SEULE MORT (1995)
GÉNÉALOGIES D'UN CRIME (1997)
TEMPS RETROUVÉ, LE (1999)

POWELL, Dick
acteur américain (1904-1963)
42nd STREET (1933)
ON THE AVENUE (1937)
CHRISTMAS IN JULY (1940)
IN THE NAVY (1941)
STAR SPANGLED RHYTHM (1942)
IT HAPPENED TOMORROW (1944)
CORNERED (1945)
MURDER, MY SWEET (1946)
PITFALL (1948)
STATION WEST (1948)
CRY DANGER (1950)
BAD AND THE BEAUTIFUL, THE (1952)

POWELL, Eleanor
actrice américaine (1912-1982)
BROADWAY MELODY OF 1936 (1935)
BORN TO DANCE (1936)
BROADWAY MELODY OF 1938 (1937)
ROSALIE (1938)
BROADWAY MELODY OF 1940 (1940)
LADY BE GOOD (1941)
I DOOD IT (1943)

POWELL, Jane
actrice américaine (1928-)
THREE DARING DAUGHTERS (1948)
TWO WEEKS WITH LOVE (1950)
RICH, YOUNG AND PRETTY (1951)
ROYAL WEDDING (1951)
SMALL TOWN GIRL (1953)
SEVEN BRIDES FOR SEVEN BROTHERS (1954)
HIT THE DECK (1955)

POWELL, Robert
acteur anglais (1944-)
JUDE THE OBSCURE (1971)
ASYLUM (1972)
HORROR OF DEATH, THE (1972)
MAHLER (1974)
FOUR FEATHERS, THE (1977)
DARK FORCES (1980)
JANE AUSTEN IN MANHATTAN (1980)
SHAKA ZULU (1986)
FIRST CIRCLE, THE (1991)

POWELL, William
acteur américain (1892-1984)
LAST COMMAND, THE (1928)
DISHONORED (1931)
EVELYN PRENTICE (1934)
FASHIONS OF 1934 (1934)
MANHATTAN MELODRAMA (1934)
THIN MAN, THE (1934)
RECKLESS (1935)
EX-MRS. BRADFORD, THE (1936)
GREAT ZIEGFELD, THE (1936)
LIBELED LADY (1936)
MY MAN GODFREY (1936)
AFTER THE THIN MAN (1937)
DOUBLE WEDDING (1937)
LAST OF MRS. CHEYNEY, THE (1937)
ANOTHER THIN MAN (1939)
I LOVE YOU AGAIN (1940)
LOVE CRAZY (1941)
SHADOW OF THE THIN MAN (1941)
THIN MAN GOES HOME, THE (1944)
ZIEGFELD FOLLIES (1946)
SENATOR WAS INDISCREET, THE (1947)
SONG OF THE THIN MAN (1947)
MR. PEABODY AND THE MERMAID (1948)
HOW TO MARRY A MILLIONAIRE (1953)
MISTER ROBERTS (1955)

POWER, Tyrone
acteur américain (1913-1958)
LLOYD'S OF LONDON (1936)
ALEXANDER'S RAGTIME BAND (1938)
IN OLD CHICAGO (1938)
JESSE JAMES (1939)
MARIE ANTOINETTE (1939)
RAINS CAME, THE (1939)
ROSE OF WASHINGTON SQUARE, THE (1939)
SECOND FIDDLE (1939)
BRIGHAM YOUNG (1940)
JOHNNY APOLLO (1940)
BLOOD AND SAND (1941)
MARK OF ZORRO, THE (1941)
YANK IN THE R.A.F., A (1941)
BLACK SWAN, THE (1942)
SON OF FURY (1942)
CRASH DIVE (1943)
RAZOR'S EDGE, THE (1946)
NIGHTMARE ALLEY (1947)
CAPTAIN FROM CASTILE (1948)
RAWHIDE (1951)
PONY SOLDIER (1952)
LONG GRAY LINE, THE (1954)
EDDY DUCHIN STORY, THE (1955)
WITNESS FOR THE PROSECUTION (1957)

PRENTISS, Paula
actrice américaine (1939-)
WHERE THE BOYS ARE (1960)
HONEYMOON MACHINE, THE (1961)
HORIZONTAL LIEUTENANT, THE (1962)
MAN'S FAVORITE SPORT ? (1963)
BORN TO WIN (1971)
LAST OF THE RED HOT LOVERS (1972)
PARALLAX VIEW, THE (1974)
STEPFORD WIVES, THE (1975)
BLACK MARBLE, THE (1980)
BUDDY BUDDY (1981)

PRESLE, Micheline
actrice française (1922-)
NUIT FANTASTIQUE, LA (1942)
AMANTS DE VILLA BORGHESE, LES (1953)
NAPOLÉON (1954)
CHRISTINE (1958)
CHANCE MEETING (1959)
IF A MAN ANSWERS (1962)
PEAU D'ÂNE (1970)
VA VOIR MAMAN, PAPA TRAVAILLE (1977)
CERTAINES NOUVELLES (1979)
PAS TRÈS CATHOLIQUE (1993)
JOURNAL D'UN SÉDUCTEUR, LE (1995)
CHOUCHOU (2003)
FRANCE BOUTIQUE (2003)

PRESLEY, Elvis
acteur américain (1935-1977)
LOVE ME TENDER (1956)
JAILHOUSE ROCK (1957)
KING CREOLE (1958)
FLAMING STAR (1960)
G.I. BLUES (1960)
BLUE HAWAII (1961)
WILD IN THE COUNTRY (1961)
FOLLOW THAT DREAM (1962)
GIRLS ! GIRLS ! GIRLS ! (1962)
KID GALAHAD (1962)
FUN IN ACAPULCO (1963)
IT HAPPENED AT THE WORLD'S FAIR (1963)
KISSIN' COUSINS (1964)
ROUSTABOUT (1964)
VIVA LAS VEGAS (1964)
GIRL HAPPY (1965)
HARUM SCARUM (1965)
FRANKIE AND JOHNNY (1966)
PARADISE, HAWAIIAN STYLE (1966)
CLAMBAKE (1967)
DOUBLE TROUBLE (1967)
EASY COME, EASY GO (1967)
SPEEDWAY (1968)
STAY AWAY, JOE (1968)

PRESTON, Kelly
actrice américaine (1962-)
METALSTORM : THE DESTRUCTION
OF JARED-SIN (1983)
SECRET ADMIRER (1985)
52 PICK-UP (1986)
LOVE AT STAKE (1988)
TWINS (1988)
CITIZEN RUTH (1996)

JERRY MAGUIRE (1996)
ADDICTED TO LOVE (1997)
NOTHING TO LOSE (1997)
HOLY MAN (1998)
JACK FROST (1998)
FOR LOVE OF THE GAME (1999)
DADDY AND THEM (2001)
CAT IN THE HAT, THE (2003)
VIEW FROM THE TOP, A (2003)
WHAT A GIRL WANTS (2003)
FAT ACTRESS (2005)
SKY HIGH (2005)

PRICE, Dennis
acteur anglais (1913-1973)
MAGIC BOW (1947)
KIND HEARTS AND CORONETS (1949)
PRIVATE'S PROGRESS (1955)
MILLIONAIRESS, THE (1960)
VICTIM (1961)
HIGH WIND IN JAMAICA (1965)
VENUS IN FURS (1969)
VAMPYROS LESBOS (1970)
QUARTIER DE FEMMES (1974)

PRICE, Vincent
acteur américain (1911-1993)
PRIVATE LIVES OF ELIZABETH
AND ESSEX, THE (1939)
BRIGHAM YOUNG (1940)
HOUSE OF THE SEVEN GABLES, THE (1940)
INVISIBLE MAN RETURNS, THE (1940)
LAURA (1944)
SONG OF BERNADETTE, THE (1944)
WILSON (1944)
KEYS OF THE KINGDOM, THE (1946)
LEAVE HER TO HEAVEN (1946)
SHOCK (1946)
LONG NIGHT, THE (1947)
UP IN CENTRAL PARK (1947)
THREE MUSKETEERS, THE (1948)
BARON OF ARIZONA (1950)
CHAMPAGNE FOR CAESAR (1950)
HOUSE OF WAX (1953)
TEN COMMANDMENTS, THE (1956)
FLY, THE (1958)
HOUSE ON HAUNTED HILL (1959)
RETURN OF THE FLY, THE (1959)
TINGLER, THE (1959)
FALL OF THE HOUSE OF USHER, THE (1960)
MASTER OF THE WORLD (1961)
PIT AND THE PENDULUM, THE (1961)
TALES OF TERROR (1962)
TOWER OF LONDON (1962)
BEACH PARTY (1963)
COMEDY OF TERRORS, THE (1963)
DIARY OF A MADMAN (1963)
HAUNTED PALACE, THE (1963)
RAVEN, THE (1963)
LAST MAN ON EARTH, THE (1964)
MASQUE OF THE RED DEATH, THE (1964)
WAR GODS OF THE DEEP (1964)
TOMB OF LIGEIA (1965)
DR. GOLDFOOT AND
THE BIKINI MACHINE (1966)
DR. GOLDFOOT AND THE GIRL BOMBS (1966)
HOUSE OF 1,000 DOLLS (1967)
CONQUEROR WORM, THE (1968)
MORE DEAD THAN ALIVE (1968)
OBLONG BOX, THE (1969)
SCREAM AND SCREAM AGAIN (1969)
CRY OF THE BANSHEE (1970)
ABOMINABLE DR. PHIBES, THE (1971)
DR. PHIBES RISES AGAIN (1972)
THEATER OF BLOOD (1973)
MADHOUSE (1974)

MONSTER CLUB, THE (1980)
HOUSE OF THE LONG SHADOWS (1982)
FROM A WHISPER TO A SCREAM (1985)
WHALES OF AUGUST, THE (1987)
BACKTRACK (1988)
DEAD HEAT (1988)
EDWARD SCISSORHANDS (1990)

PRIMUS, Barry
acteur américain (1939-)
VON RICHTHOFEN AND BROWN (1971)
BOXCAR BERTHA (1972)
NEW YORK, NEW YORK (1977)
NIGHT GAMES (1979)
ABSENCE OF MALICE (1982)
GOLD COAST (1997)
WHEN WILL I BE LOVED (2004)

PRINCE, William
acteur américain (1913-1996)
DESTINATION TOKYO (1944)
OBJECTIVE BURMA ! (1944)
CARNEGIE HALL (1947)
LUST FOR GOLD (1949)
CYRANO DE BERGERAC (1950)
ENEMY OF THE PEOPLE, AN (1966)
GAUNTLET, THE (1977)
BRONCO BILLY (1980)

PRINE, Andrew
acteur américain (1936-)
DEVIL'S BRIGADE, THE (1967)
CRYPT OF THE LIVING DEAD (1973)
WONDER WOMAN (SEASON I) (1974)
GRIZZLY (1976)
TOWN THAT DREADED SUNDOWN, THE (1977)
AMITYVILLE II : THE POSSESSION (1982)
THEY'RE PLAYING WITH FIRE (1984)
V : THE FINAL BATTLE (1984)

PROCHNOW, Jürgen
acteur allemand (1957-)
HONNEUR PERDU
DE KATHARINA BLUM, L' (1975)
BATEAU, LE (1981)
KEEP, THE (1983)
DUNE (1984)
BEVERLY HILLS COP II (1987)
SEVENTH SIGN, THE (1988)
DRY WHITE SEASON, A (1989)
FOURTH WAR, THE (1990)
MAN INSIDE, THE (1990)
BODY OF EVIDENCE (1992)
TWIN PEAKS : FIRE WALK WITH ME (1992)
IN THE MOUTH OF MADNESS (1994)
JUDGE DREDD (1995)
ENGLISH PATIENT, THE (1996)
AIR FORCE ONE (1997)
REPLACEMENT KILLERS, THE (1997)
HOUSE OF THE DEAD (2003)
DA VINCI CODE, THE (2006)

PROULX, Luc
acteur québécois (1951-)
CRIME D'OVIDE PLOUFFE, LE (1984)
ZOO LA NUIT, UN (1987)
HISTOIRE INVENTÉE, UNE (1990)
PARTY, LE (1990)
AMOUREUX FOU (1991)
AUTOMNE SAUVAGE, L' (1992)
COYOTE (1992)
TIRELIRE, COMBINES ET CIE (1992)
C'ÉTAIT LE 12 DU 12 ET
CHILI AVAIT LES BLUES (1993)
OREILLE D'UN SOURD, L' (1996)
CŒUR AU POING, LE (1998)

FULL BLAST (1999)
VEUVE DE SAINT-PIERRE, LA (1999)
15 FÉVRIER 1839 (2000)
FANTÔMES DES TROIS
MADELEINE, LES (2000)
TRUDEAU (2002)
TURBULENCE DES FLUIDES, LA (2002)
IMMORTELS, LES (2003)
BONHEUR C'EST UNE CHANSON
TRISTE, LE (2004)
BONZAÏON (2005)
HISTOIRE DE FAMILLE (2006)

PROVOST, Guy
acteur québécois (1925-2004)
SÉRAPHIN : UN HOMME ET SON PÉCHÉ,
HOMME ET SON PÉCHÉ, UN (1948)
SÉRAPHIN (1949)
AVENTURES D'UNE JEUNE VEUVE, LES (1974)
ORDRES, LES (1974)
HOLD-UP (1985)
FRÈRE ANDRÉ, LE (1987)
CONCIERGERIE, LA (1997)

PRYCE, Jonathan
acteur anglais (1947-)
BRAZIL (1985)
STORYTELLER, THE -
DEFINITIVE COLLECTION (1987)
CONSUMING PASSIONS (1988)
THICKER THAN WATER (1994)
CARRINGTON (1995)
EVITA (1996)
REGENERATION (1997)
TOMORROW NEVER DIES (1997)
RONIN (1998)
STIGMATA (1999)
GAME OF DEATH, THE (2000)
AFFAIR OF THE NECKLACE, THE (2001)
BRIDE OF THE WIND (2001)
VERY ANNIE MARY (2001)
MAD DOGS (2002)
WHAT A GIRL WANTS (2003)
DE-LOVELY (2004)
BROTHERS GRIMM (2005)

PRYOR, Richard
acteur américain (1940-)
DYNAMITE CHICKEN (1971)
LADY SINGS THE BLUES (1972)
HIT ! (1973)
UPTOWN SATURDAY NIGHT (1974)
CAR WASH (1976)
SILVER STREAK (1976)
RICHARD PRYOR SHOW, THE (1977)
WHICH WAY IS UP ? (1977)
BLUE COLLAR (1978)
CALIFORNIA SUITE (1978)
WIZ, THE (1978)
IN GOD WE TRUST (1980)
STIR CRAZY (1980)
BUSTIN' LOOSE (1981)
TOY, THE (1982)
SUPERMAN III (1983)
BREWSTER'S MILLIONS (1985)
HARLEM NIGHTS (1989)
SEE NO EVIL, HEAR NO EVIL (1989)
ANOTHER YOU (1991)

PULLMAN, Bill
acteur américain (1954-)
SERPENT AND THE RAINBOW, THE (1987)
SPACEBALLS (1987)
ACCIDENTAL TOURIST, THE (1988)
COLD FEET (1988)
BRAIN DEAD (1990)

SIBLING RIVALRY (1990)
LIEBESTRAUM (1991)
LEAGUE OF THEIR OWN, A (1992)
NERVOUS TICKS (1992)
NEWSIES (1992)
SINGLES (1992)
LAST SEDUCTION, THE (1993)
MALICE (1993)
MR. JONES (1993)
SLEEPLESS IN SEATTLE (1993)
SOMMERSBY (1993)
FAVOR, THE (1994)
WYATT EARP (1994)
CASPER (1995)
WHILE YOU WERE SLEEPING (1995)
INDEPENDANCE DAY (1996)
LOST HIGHWAY (1996)
MR. WRONG (1996)
END OF VIOLENCE, THE (1997)
ZERO EFFECT (1997)
BROKEDOWN PALACE (1999)
LAKE PLACID (1999)
LUCKY NUMBERS (2000)
IGNITION (2001)
IGBY GOES DOWN (2002)
GRUDGE, THE (2004)
DEAR WENDY (2005)
SCARY MOVIE 4 - UNRATED (2006)

PURI, Om
acteur indien (1950-)
SPICES (1986)
SAM & ME (1991)
CITY OF JOY (1992)
IN CUSTODY (1993)
BROTHERS IN TROUBLE (1995)
MY SON THE FANATIC (1997)
SUCH A LONG JOURNEY (1998)
EAST IS EAST (1999)
MYSTIC MASSEUR (2001)
SECOND GENERATION (2003)

PUTZULU, Bruno
acteur français (1967-)
APPÂT, L' (1995)
PETITS DÉSORDRES AMOUREUX (1997)
ÉLOGE DE L'AMOUR, L' (2001)
PÈRE ET FILS (2003)
TOUT POUR L'OSEILLE (2003)
HOLY LOLA (2004)

QUAID, Dennis
acteur américain (1954-)
I NEVER PROMISED YOU
A ROSE GARDEN (1976)
SEPTEMBER 30, 1955 (1977)
BREAKING AWAY (1979)
LONG RIDERS, THE (1980)
ALL NIGHT LONG (1981)
CAVEMAN (1981)
TOUGH ENOUGH (1982)
DREAMSCAPE (1983)
JAWS III (1983)
RIGHT STUFF, THE (1983)
ENEMY MINE (1985)
BIG EASY, THE (1986)
INNERSPACE (1987)
SUSPECT (1987)
D.O.A. (1988)
EVERYBODY'S ALL-AMERICAN (1988)
GREAT BALLS OF FIRE ! (1989)
COME SEE THE PARADISE (1990)
POSTCARDS FROM THE EDGE (1990)
FLESH AND BONE (1993)
UNDERCOVER BLUES (1993)
WILDER NAPALM (1993)
WYATT EARP (1994)
SOMETHING TO TALK ABOUT (1995)
DRAGONHEART (1996)
GANG RELATED (1997)
SWITCHBACK (1997)
PARENT TRAP, THE (1998)
PLAYING BY HEART (1998)
SAVIOR (1998)
ANY GIVEN SUNDAY (1999)
FREQUENCY (2000)
TRAFFIC (2000)
FAR FROM HEAVEN (2002)
ROOKIE, THE (2002)
COLD CREEK MANOR (2003)
ALAMO, THE (2004)
DAY AFTER TOMORROW, THE (2004)
FLIGHT OF THE PHOENIX (2004)
IN GOOD COMPANY (2004)
YOURS, MINE AND OURS (2005)
AMERICAN DREAMZ (2006)

QUAID, Randy
acteur américain (1953-)
LAST PICTURE SHOW, THE (1971)
WHAT'S UP, DOC ? (1972)
LAST DETAIL, THE (1973)
PAPER MOON (1973)
APPRENTICESHIP OF
DUDDY KRAVITZ, THE (1974)
BREAKOUT (1975)
BOUND FOR GLORY (1976)
MISSOURI BREAKS, THE (1976)
VEGAS VACATION (1977)
MIDNIGHT EXPRESS (1978)
GUYANA TRAGEDY :
THE STORY OF JIM JONES (1980)
LONG RIDERS, THE (1980)
HEARTBEEPS (1981)
FOOL FOR LOVE (1985)
DEAR AMERICA : LETTERS HOME
FROM VIETNAM (1987)
NO MAN'S LAND (1987)
SWEET COUNTRY (1988)
BLOODHOUNDS OF BROADWAY (1989)
NATIONAL LAMPOON'S
CHRISTMAS VACATION (1989)
OUT COLD (1989)
PARENTS (1989)
DAYS OF THUNDER (1990)
QUICK CHANGE (1990)
TEXASVILLE (1990)
FREAKED (1993)
MURDER IN THE HEARTLAND (1993)
CURSE OF THE STARVING CLASS, THE (1994)
PAPER, THE (1994)
BYE, BYE LOVE (1995)
LAST DANCE (1995)
RUBY RIDGE : AN AMERICAN TRAGEDY (1995)
GUN (1996)
INDEPENDANCE DAY (1996)
KINGPIN (1996)
HARD RAIN (1997)
MAGICAL LEGEND OF
LEPRECHAUNS, THE (1999)
PURGATORY (1999)
ADVENTURES OF ROCKY
AND BULWINKLE, THE (2000)
DAY THE WORLD ENDED, THE (2001)
ADVENTURES OF PLUTO NASH, THE (2002)
MILWAUKEE, MINNESOTA (2003)
BROKEBACK MOUNTAIN (2005)
ICE HARVEST, THE (2005)

QUALEN, John
acteur canadien (1899-1987)
OUR DAILY BREAD (1934)
ANGELS OVER BROADWAY (1940)
KNUTE ROCKNE, ALL AMERICAN (1940)
JUNGLE BOOK (1942)
ADVENTURE (1945)
ARABIAN NIGHTS (1946)
CAPTAIN KIDD (1946)
SEA CHASE, THE (1955)
FIRECREEK (1967)

QUAYLE, Anthony
acteur anglais (1913-1989)
WRONG MAN, THE (1956)
IT TAKES A THIEF (1960)
STUDY IN TERROR, A (1965)
ANNE OF THE THOUSAND DAYS (1969)
21 HOURS AT MUNICH (1976)
EAGLE HAS LANDED, THE (1976)
BOURNE IDENTITY, THE (1988)

QUINLAN, Kathleen
actrice américaine (1954-)
LIFEGUARD (1975)
I NEVER PROMISED YOU
A ROSE GARDEN (1976)
HANKY PANKY (1982)
WARNING SIGN (1985)
CLARA'S HEART (1988)
APOLLO 13 (1995)
BREAKDOWN (1997)
EVENT HORIZON (1997)
LAWN DOGS (1997)
CIVIL ACTION, A (1998)
MY GIANT (1998)
HILLS HAVE EYES, THE (2005)

QUINN, Aidan
acteur américain (1959-)
RECKLESS (1984)
DESPERATELY SEEKING SUSAN (1985)
EARLY FROST, AN (1985)
MISSION, THE (1986)
STAKEOUT (1987)
CRUSOE (1988)
AVALON (1990)
HANDMAID'S TALE, THE (1990)
AT PLAY IN THE FIELDS OF THE LORD (1991)
LIES OF THE TWINS (1991)
PLAYBOYS, THE (1992)
BENNY & JOON (1993)
BLINK (1994)
LEGENDS OF THE FALL (1994)
MARY SHELLEY'S FRANKENSTEIN (1994)
HAUNTED (1995)
LUMIÈRE ET COMPAGNIE (1995)
STARS FELL ON HENRIETTA, THE (1995)
COMMANDMENTS (1996)
LOOKING FOR RICHARD (1996)
MICHAEL COLLINS (1996)
ASSIGNMENT, THE (1997)
IN DREAMS (1998)
PRACTICAL MAGIC (1998)
THIS IS MY FATHER (1998)
MUSIC OF THE HEART (1999)
TWO OF US (2000)
STOLEN SUMMER (2002)
EMPIRE FALLS (2005)
NINE LIVES (2005)

QUINN, Anthony
acteur mexicain (1915-)
GHOST BREAKERS, THE (1940)
ROAD TO SINGAPORE (1940)
UNION PACIFIC (1940)
BLOOD AND SAND (1941)
BLACK SWAN, THE (1942)
ROAD TO MOROCCO (1942)
GUADALCANAL DIARY (1943)
OX-BOW INCIDENT, THE (1943)

BACK TO BATAAN (1945)
TYCOON (1948)
SINBAD THE SAILOR (1949)
VIVA ZAPATA ! (1952)
WORLD IN HIS ARMS, THE (1952)
BLOWING WILD (1953)
STRADA, LA (1954)
ULYSSES (1954)
LUST FOR LIFE (1956)
MAGNIFICENT MATADOR, THE (1956)
NOTRE-DAME DE PARIS (1956)
RIVER'S EDGE (1956)
RIDE BACK, THE (1957)
BLACK ORCHID, THE (1958)
LAST TRAIN FROM GUN HILL (1959)
SAVAGE INNOCENTS, THE (1959)
WARLOCK (1959)
HELLER IN PINK TIGHTS (1960)
PORTRAIT IN BLACK (1960)
BARABBAS (1961)
GUNS OF NAVARONE, THE (1961)
LAWRENCE OF ARABIA (1962)
REQUIEM FOR A HEAVYWEIGHT (1962)
BEHOLD A PALE HORSE (1964)
ZORBA LE GREC (1964)
HIGH WIND IN JAMAICA (1965)
LOST COMMAND (1966)
BATAILLE DE SAN SEBASTIAN, LA (1968)
SHOES OF THE FISHERMAN, THE (1968)
SECRET OF SANTA VITTORIA, THE (1969)
WALK IN THE SPRING RAIN (1969)
R.P.M. (1970)
ACROSS 110th STREET (1972)
DON IS DEAD, THE (1973)
HÉRITAGE, L' (1976)
MESSAGE, THE (1976)
GREEK TYCOON, THE (1978)
SALAMANDER, THE (1980)
LION OF THE DESERT (1981)
HOMME PASSIONNÉ, UN (1989)
REVENGE (1989)
JUNGLE FEVER (1991)
MOBSTERS (1991)
ONLY THE LONELY (1991)
LAST ACTION HERO (1993)
SOMEBODY TO LOVE (1994)
WALK IN THE CLOUDS, A (1995)

RABAL, Francisco
acteur espagnol (1925-)
DÉNOMMÉ SQUARCIO, UN (1958)
NAZARIN (1959)
VIRIDIANA (1961)
ECLIPSE, THE (1962)
RELIGIEUSE, LA (1966)
BELLE DE JOUR (1967)
SORCERER (1977)
NIGHTMARE CITY (1980)
STILTS, THE (1984)
CAMORRA (1985)
HEURE DES SORTILÈGES, L' (1985)
PADRE NUESTRO (1985)
TEMPS DU SILENCE, LE (1986)
ATTACHE-MOI ! (1989)
AUTRE, L' (1990)
MANUEL, LE FILS EMPRUNTÉ (1990)
JOUR ET LA NUIT, LE (1996)
PAJARICO - PETIT OISEAU SOLITAIRE (1997)
GOYA À BORDEAUX (1999)
DAGON (2001)

RAFT, George
acteur américain (1895-1980)
NIGHT AFTER NIGHT (1932)
SCARFACE (1932)
SOULS AT SEA (1937)
SPAWN OF THE NORTH (1938)
EACH DAWN I DIE (1939)
THEY DRIVE BY NIGHT (1940)
FOLLOW THE BOYS (1944)
JOHNNY ANGEL (1945)
NOCTURNE (1946)
OUTPOST IN MOROCCO (1949)
SOME LIKE IT HOT (1959)
OCEAN'S 11 (1960)
LADIES' MAN, THE (1961)
PATSY, THE (1964)
CASINO ROYALE (1967)
SEXTETTE (1979)
MAN WITH BOGART'S FACE, THE (1980)

RAINES, Ella
actrice américaine (1920-1988)
HAIL THE CONQUERING HERO (1944)
PHANTOM LADY (1944)
TALL IN THE SADDLE (1944)
STRANGE AFFAIR OF UNCLE HARRY, THE (1945)
BRUTE FORCE (1947)
SENATOR WAS INDISCREET, THE (1947)
IMPACT (1949)

RAINS, Claude
acteur anglais (1889-1967)
INVISIBLE MAN, THE (1933)
MYSTERY OF EDWIN DROOD, THE (1935)
ANTHONY ADVERSE (1936)
PRINCE AND THE PAUPER, THE (1937)
ADVENTURES OF ROBIN HOOD, THE (1938)
FOUR DAUGHTERS (1938)
JUAREZ (1939)
MR. SMITH GOES TO WASHINGTON (1939)
THEY MADE ME A CRIMINAL (1939)
SEA HAWK, THE (1940)
CASABLANCA (1941)
HERE COMES MR. JORDAN (1941)
KINGS ROW (1941)
WOLF MAN, THE (1941)
NOW, VOYAGER (1942)
PHANTOM OF THE OPERA (1942)
MR. SKEFFINGTON (1943)
PASSAGE TO MARSEILLE (1944)
NOTORIOUS (1946)
ANGEL ON MY SHOULDER (1947)
PASSIONATE FRIENDS, THE (1949)
WHITE TOWER, THE (1950)
LOST WORLD, THE (1960)
LAWRENCE OF ARABIA (1962)
GREATEST STORY EVER TOLD, THE (1965)

RAMPLING, Charlotte
actrice anglaise (1946-)
KNACK, AND HOW TO GET IT, THE (1964)
GEORGY GIRL (1966)
DAMNÉS, LES (1969)
ASYLUM (1972)
NIGHT PORTER, THE (1973)
ZARDOZ (1973)
FAIS VITE AVANT QUE
MA FEMME REVIENNE (1975)
FAREWELL, MY LOVELY (1975)
ORCA (1977)
TAXI MAUVE, UN (1977)
STARDUST MEMORIES (1980)
VERDICT, THE (1982)
VIVA LA VIE (1983)
ON NE MEURT QUE DEUX FOIS (1985)
ANGEL HEART (1986)
MAX, MON AMOUR (1986)
TRISTESSE ET BEAUTÉ (1986)
MASCARA (1987)
D.O.A. (1988)
WINGS OF THE DOVE (1997)
CHERRY ORCHARD, THE (1999)
FOURTH ANGEL (2000)
SIGNS AND WONDERS (2000)
SOUS LE SABLE (2000)
ABERDEEN (2001)
EMBRASSEZ QUI VOUS VOUDREZ (2002)
AUGUSTUS (2003)
I'LL SLEEP WHEN I'M DEAD (2003)
PISCINE, LA (2003)
STATEMENT, THE (2003)
IMMORTEL (2004)
BASIC INSTINCT 2 - RISK ADDICTION (2006)

RANDALL, Tony
acteur américain (1920-)
WILL SUCCESS SPOIL ROCK HUNTER ? (1956)
PILLOW TALK (1959)
ADVENTURES OF
HUCKLEBERRY FINN, THE (1960)
LET'S MAKE LOVE (1960)
LOVER COME BACK (1961)
BOY'S NIGHT OUT (1962)
7 FACES OF DR. LAO (1964)
BRASS BOTTLE, THE (1964)
ROBIN AND THE SEVEN HOODS (1964)
SEND ME NO FLOWERS (1964)
ALPHABET MURDERS, THE (1966)
EVERYTHING YOU ALWAYS WANTED
TO KNOW ABOUT SEX BUT WERE
AFRAID TO ASK (1972)
KING OF COMEDY, THE (1982)
FATAL INSTINCT (1993)

RAPAPORT, Michael
acteur américain (1970-)
ZEBRAHEAD (1991)
HIGHER LEARNING (1994)
MIGHTY APHRODITE (1995)
BEAUTIFUL GIRLS (1996)
PALLBEARER, THE (1996)
COP LAND (1997)
METRO (1997)
PALMETTO (1997)
SUBWAY STORIES (1997)
DEEP BLUE SEA (1999)
6th DAY, THE (2000)
BAMBOOZLED (2000)
LUCKY NUMBERS (2000)
MEN OF HONOR (2000)
SMALL TIME CROOKS (2000)
THIS GIRL'S LIFE (2003)
AMERICA BROWN (2004)

RATHBONE, Basil
acteur anglais (1892-1967)
CAPTAIN BLOOD (1934)
ANNA KARENINA (1935)
DAVID COPPERFIELD (1935)
LAST DAYS OF POMPEII (1935)
ADVENTURES OF MARCO POLO, THE (1938)
ADVENTURES OF ROBIN HOOD, THE (1938)
DAWN PATROL, THE (1938)
IF I WERE KING (1938)
SON OF FRANKENSTEIN (1938)
ADVENTURES OF SHERLOCK
HOLMES, THE (1939)
HOUND OF THE BASKERVILLES (1939)
TOWER OF LONDON (1939)
RHYTHM ON THE RIVER (1940)
BLACK CAT, THE (1941)
INTERNATIONAL LADY (1941)
MARK OF ZORRO, THE (1941)
SHERLOCK HOLMES AND
THE SECRET WEAPON (1942)
SHERLOCK HOLMES AND
THE VOICE OF TERROR (1942)

SHERLOCK HOLMES COLLECTION 3 (1942)
ABOVE SUSPICION (1943)
SHERLOCK HOLMES FACES DEATH (1943)
SHERLOCK HOLMES IN WASHINGTON (1943)
BATHING BEAUTY (1944)
FRENCHMAN'S CREEK (1944)
PEARL OF DEATH, THE (1944)
SCARLET CLAW, THE (1944)
SHERLOCK HOLMES AND THE SPIDER WOMAN (1944)
HOUSE OF FEAR, THE (1945)
PURSUIT TO ALGIERS (1945)
WOMAN IN GREEN, THE (1945)
DRESSED TO KILL (1946)
TERROR BY NIGHT (1946)
CASANOVA'S BIG NIGHT (1954)
COURT JESTER, THE (1955)
WE'RE NO ANGELS (1955)
LAST HURRAH, THE (1958)
TALE OF TWO CITIES, A (1958)
MAGIC SWORD, THE (1962)
TALES OF TERROR (1962)
COMEDY OF TERRORS, THE (1963)
HILLBILLYS IN A HAUNTED HOUSE (1967)
ROMEO & JULIET (1968)
MANY FACES OF SHERLOCK HOLMES (1986)
SHERLOCK HOLMES COLLECTION (2003)

RAYE, Martha
actrice américaine (1916-1994)
RHYTHM ON THE RANGE (1936)
WAIKIKI WEDDING (1937)
BIG BROADCAST OF 1938, THE (1938)
COLLEGE SWING (1938)
GIVE ME A SAILOR (1938)
NEVER SAY DIE (1939)
KEEP'EM FLYING (1941)
PIN UP GIRL (1944)
MONSIEUR VERDOUX (1947)
BILLY ROSE'S JUMBO (1962)
PUFNSTUF (1970)

REA, Stephen
acteur anglais (1949-)
COMPANY OF WOLVES (1984)
FOUR DAYS IN JULY (1984)
DOCTOR AND THE DEVILS, THE (1985)
BAD BEHAVIOUR (1992)
CRYING GAME, THE (1992)
ANGIE (1994)
CITIZEN X (1994)
PRINCESS CARABOO (1994)
CRIME OF THE CENTURY (1996)
BUTCHER BOY, THE (1997)
STILL CRAZY (1998)
END OF THE AFFAIR, THE (1999)
GUINEVERE (1999)
MUSKETEER, THE (2001)
EVELYN (2002)
FEAR DOT COM (2002)
BLOOM (2003)
V FOR VENDETTA (2005)

REAGAN, Ronald
acteur américain (1911-2004)
BOY MEETS GIRL (1938)
DARK VICTORY (1939)
KNUTE ROCKNE, ALL AMERICAN (1940)
SANTA FE TRAIL (1940)
KINGS ROW (1941)
DESPERATE JOURNEY (1942)
BEDTIME FOR BONZO (1950)
LAW AND ORDER (1953)
TENNESSEE'S PARTNER (1955)
KILLERS, THE (1964)

OUTFOXED : RUPERT MURDOCH'S WAR ON JOURNALISM (2004)
TANNER ON TANNER (2004)

REBHORN, James
acteur américain (1948-)
LORENZO'S OIL (1992)
SCENT OF A WOMAN (1992)
WIND (1992)
CARLITO'S WAY (1993)
8 SECONDS (1994)
BLANK CHECK (1994)
BUCCANEERS, THE (1995)
GAME, THE (1997)
SNOW FALLING ON CEDARS (1999)
ADVENTURES OF ROCKY AND BULWINKLE, THE (2000)
MEET THE PARENTS (2000)
SCOTLAND, PA (2001)
LAST SHOT, THE (2004)

REDFORD, Robert
acteur américain (1937-)
WAR HUNT (1962)
CHASE, THE (1965)
INSIDE DAISY CLOVER (1965)
THIS PROPERTY IS CONDEMNED (1966)
BAREFOOT IN THE PARK (1967)
BUTCH CASSIDY & THE SUNDANCE KID (1969)
DOWNHILL RACER (1969)
TELL THEM WILLIE BOY IS HERE (1969)
JEREMIAH JOHNSON (1971)
CANDIDATE, THE (1972)
HOT ROCK, THE (1972)
STING, THE (1973)
WAY WE WERE, THE (1973)
GREAT GATSBY, THE (1974)
3 DAYS OF THE CONDOR (1975)
GREAT WALDO PEPPER, THE (1975)
ALL THE PRESIDENT'S MEN (1976)
BRIDGE TOO FAR, A (1977)
ELECTRIC HORSEMAN, THE (1979)
BRUBAKER (1980)
NATURAL, THE (1984)
LEGAL EAGLES (1986)
OUT OF AFRICA (1986)
HAVANA (1990)
RIVER RUNS THROUGH IT, A (1992)
SNEAKERS (1992)
INDECENT PROPOSAL (1993)
UP CLOSE AND PERSONAL (1996)
HORSE WHISPERER, THE (1998)
LAST CASTLE, THE (2001)
SPY GAME (2001)
CLEARING, THE (2004)
UNFINISHED LIFE, AN (2005)

REDGRAVE, Lynn
actrice anglaise (1948-)
GIRL WITH GREEN EYES, THE (1964)
SMASHING TIME (1967)
TURN OF THE SCREW, THE (1974)
GETTING IT RIGHT (1989)
WHITE LIES (1997)
GODS AND MONSTERS (1998)
STRIKE ! (1998)
DEEPLY (2000)
NEXT BEST THING, THE (2000)
SPIDER (2002)
PETER PAN (2003)
WHITE COUNTESS, THE (2005)

REDGRAVE, Michael
acteur anglais (1908-1985)
SECRET AGENT (1936)
LADY VANISHES, THE (1938)

DEAD OF NIGHT (1946)
MOURNING BECOMES ELECTRA (1947)
SECRET BEYOND THE DOOR (1947)
BROWNING VERSION, THE (1951)
IMPORTANCE OF BEING EARNEST, THE (1952)
CONFIDENTIAL REPORT (MR. ARKADIN) (1955)
1984 (1956)
TIME WITHOUT PITY (1956)
QUIET AMERICAN, THE (1957)
SHAKE HANDS WITH THE DEVIL (1959)
WRECK OF THE MARY DEARE, THE (1959)
INNOCENTS, THE (1961)
LONELINESS OF THE LONG DISTANCE RUNNER, THE (1962)
HEROES OF TELEMARK, THE (1965)
HILL, THE (1965)
ALICE IN WONDERLAND (1966)
BATTLE OF BRITAIN (1969)
NICHOLAS AND ALEXANDRA (1971)

REDGRAVE, Vanessa
actrice anglaise (1937-)
BLOW-UP (1966)
MAN FOR ALL SEASONS, A (1966)
MORGAN : A SUITABLE CASE FOR TREATMENT (1966)
CAMELOT (1967)
CHARGE OF THE LIGHT BRIGADE, THE (1968)
ISADORA (1968)
DEVILS, THE (1971)
MARY, QUEEN OF SCOTS (1971)
TROJAN WOMEN, THE (1971)
MURDER ON THE ORIENT EXPRESS (1974)
SEVEN PERCENT SOLUTION, THE (1976)
AGATHA (1977)
JULIA (1977)
BEAR ISLAND (1979)
YANKS (1979)
WAGNER (1983)
BOSTONIANS, THE (1984)
STEAMING (1984)
WETHERBY (1985)
PRICK UP YOUR EARS (1987)
CONSUMING PASSIONS (1988)
ORPHEUS DESCENDING (1990)
BALLAD OF THE SAD CAFE, THE (1991)
HOWARDS END (1991)
HOUSE OF THE SPIRITS, THE (1993)
MOTHER'S BOYS (1993)
LITTLE ODESSA (1994)
MONTH BY THE LAKE, A (1995)
LOOKING FOR RICHARD (1996)
MISSION : IMPOSSIBLE (1996)
DÉJÀ VU (1997)
MRS. DALLOWAY (1997)
WILDE (1997)
DEEP IMPACT (1998)
LULU ON THE BRIDGE (1998)
CRADLE WILL ROCK (1999)
GIRL, INTERRUPTED (1999)
IF THESE WALLS COULD TALK II (1999)
PLEDGE, THE (2000)
RUMOR OF ANGELS, A (2000)
GATHERING STORM (2002)
WHITE COUNTESS, THE (2005)

REED, Donna
actrice américaine (1921-1986)
EYES IN THE NIGHT (1942)
HUMAN COMEDY, THE (1943)
PICTURE OF DORIAN GRAY, THE (1945)
THEY WERE EXPENDABLE (1945)
GREEN DOLPHIN STREET (1946)
IT'S A WONDERFUL LIFE (1946)
HANGMAN'S KNOT (1952)

CADDY, THE (1953)
FROM HERE TO ETERNITY (1953)
GUN FURY (1953)
TROUBLE ALONG THE WAY (1953)
BENNY GOODMAN STORY, THE (1955)
FAR HORIZONS, THE (1955)

REED, Oliver
acteur anglais (1938-1999)
CURSE OF THE WEREWOLF, THE (1961)
PARANOIAC (1962)
GIRL-GETTERS, THE (1964)
TRAP, THE (1966)
ASSASSINATION BUREAU, THE (1968)
DANTE'S INFERNO (1968)
OLIVER ! (1968)
WOMEN IN LOVE (1969)
DEVILS, THE (1971)
HUNTING PARTY, THE (1971)
REVOLVER (1973)
FOUR MUSKETEERS, THE (1974)
MUSKETEERS, THE (1974)
THREE MUSKETEERS, THE (1974)
TEN LITTLE INDIANS (1975)
TOMMY (1975)
BURNT OFFERINGS (1976)
TOMORROW NEVER COMES (1978)
BROOD, THE (1979)
CONDORMAN (1981)
LION OF THE DESERT (1981)
STING II, THE (1983)
CAPTIVE (1985)
CASTAWAY (1986)
ADVENTURES OF BARON
MUNCHAUSEN, THE (1988)
RETURN OF THE MUSKETEERS, THE (1989)
TREASURE ISLAND (1990)
PIT AND THE PENDULUM, THE (1991)
PRISONER OF HONOR (1991)
RETURN TO LONESOME DOVE (1993)
FUNNY BONES (1995)
GLADIATOR (2000)

REED, Pamela
actrice américaine (1949-)
LONG RIDERS, THE (1980)
MELVIN AND HOWARD (1980)
EYEWITNESS (1981)
RIGHT STUFF, THE (1983)
CLAN OF THE CAVE BEAR, THE (1985)
BEST OF TIMES, THE (1986)
CADILLAC MAN (1990)
CHATTAHOOCHEE (1990)
KINDERGARTEN COP (1990)
BOB ROBERTS (1992)
PASSED AWAY (1992)
JUNIOR (1994)
BEAN : THE ULTIMATE DISASTER MOVIE (1997)
PROOF OF LIFE (2000)

REEVE, Christopher
acteur américain (1952-2004)
SUPERMAN : THE MOVIE (1978)
SOMEWHERE IN TIME (1980)
SUPERMAN II (1980)
DEATHTRAP (1982)
MONSIGNOR (1982)
SUPERMAN III (1983)
BOSTONIANS, THE (1984)
AVIATOR, THE (1985)
STREET SMART (1986)
SUPERMAN IV : THE QUEST FOR PEACE (1987)
SWITCHING CHANNELS (1987)
NOISES OFF ! (1992)
REMAINS OF THE DAY, THE (1993)
SPEECHLESS (1994)
VILLAGE OF THE DAMNED (1995)

REEVES, Keanu
acteur américain (1965-)
RIVER'S EDGE (1986)
DANGEROUS LIAISONS (1988)
PERMANENT RECORD (1988)
PRINCE OF PENNSYLVANIA, THE (1988)
BILL AND TED'S
EXCELLENT ADVENTURE (1989)
PARENTHOOD (1989)
I LOVE YOU TO DEATH (1990)
TUNE IN TOMORROW... (1990)
BILL AND TED'S BOGUS JOURNEY (1991)
MY OWN PRIVATE IDAHO (1991)
POINT BREAK (1991)
BRAM STOKER'S DRACULA (1992)
LITTLE BUDDHA (1993)
MUCH ADO ABOUT NOTHING (1993)
EVEN COWGIRLS GET THE BLUES (1994)
SPEED (1994)
JOHNNY MNEMONIC (1995)
WALK IN THE CLOUDS, A (1995)
CHAIN REACTION (1996)
FEELING MINNESOTA (1996)
DEVIL'S ADVOCATE (1997)
ACTION - COMPLETE SERIES (1999)
MATRIX, THE (1999)
GIFT, THE (2000)
REPLACEMENTS, THE (2000)
WATCHER, THE (2000)
HARDBALL (2001)
SWEET NOVEMBER (2001)
MATRIX RELOADED, THE (2003)
MATRIX, THE : REVOLUTIONS (2003)
SOMETHING'S GOTTA GIVE (2003)
CONSTANTINE (2005)
THUMBSUCKER (2005)

REGGIANI, Serge
acteur français (1922-2004)
RONDE, LA (1950)
CASQUE D'OR (1951)
NAPOLÉON (1954)
MISÉRABLES, LES (1957)
PARIS BLUES (1961)
DOULOS, LE (1962)
GUÉPARD, LE (1963)
AVENTURIERS, LES (1967)
CAÏDS, LES (1972)
TOUCHE PAS LA FEMME BLANCHE (1973)
VINCENT, FRANÇOIS, PAUL
ET LES AUTRES (1974)
BON ET LES MÉCHANTS, LE (1975)
CHAT ET LA SOURIS, LE (1975)
FANTASTICA (1980)
MAUVAIS SANG (1986)
IL Y A DES JOURS...
ET DES LUNES (1990)
PLEIN FER (1990)
J'AI ENGAGÉ UN TUEUR (1991)

REILLY, John C.
acteur américain (1965-)
GEORGIA (1995)
BOYS (1996)
SYDNEY (1996)
THIN RED LINE, THE (1998)
FOR LOVE OF THE GAME (1999)
MAGNOLIA (1999)
PERFECT STORM, THE (2000)
ANNIVERSARY PARTY, THE (2001)
GOOD GIRL, THE (2001)
CHICAGO (2002)
HOURS, THE (2002)
ANGER MANAGEMENT (2003)
AVIATOR, THE (2004)
DARK WATER (2005)

REINER, Carl
acteur américain (1923-)
GAZEBO, THE (1959)
DICK VAN DYKE SHOW (SEASON III) (1963)
RUSSIANS ARE COMING,
THE RUSSIANS ARE COMING, THE (1966)
SKOKIE (1981)
SPIRIT OF '76 (1990)
ADVENTURES OF ROCKY
AND BULWINKLE, THE (2000)
OCEAN'S ELEVEN (2001)

REINER, Rob
acteur américain (1945-)
WHERE'S POPPA ? (1970)
JERK, THE (1979)
THIS IS SPINAL TAP (1983)
THROW MOMMA FROM THE TRAIN (1987)
MISERY (1990)
POSTCARDS FROM THE EDGE (1990)
FOR BETTER AND FOR WORSE (1992)
SLEEPLESS IN SEATTLE (1993)
BULLETS OVER BROADWAY (1994)
MIXED NUTS (1994)
FIRST WIVES CLUB, THE (1996)
PRIMARY COLORS (1998)
ED TV (1999)
STORY OF US, THE (1999)

REINHOLD, Judge
acteur américain (1957-)
FAST TIMES AT RIDGEMONT HIGH (1982)
LORDS OF DISCIPLINE, THE (1983)
BEVERLY HILLS COP (1984)
RUTHLESS PEOPLE (1986)
BEVERLY HILLS COP II (1987)
ROSALIE FAIT SES COURSES (1988)
VICE VERSA (1988)
ZANDALEE (1990)
BEVERLEY HILLS COP III (1994)
ENEMIES OF LAUGHTER (2000)

REMAR, James
acteur américain (1953-)
WARRIORS, THE (1979)
48 HOURS (1982)
QUIET COOL (1986)
WHITE FANG (1991)
BLINK (1994)
BOYS ON THE SIDE (1994)
DUPLEX (2003)

REMICK, Lee
actrice américaine (1935-1991)
FACE IN THE CROWD, A (1957)
LONG HOT SUMMER, THE (1958)
ANATOMY OF A MURDER (1959)
THESE THOUSAND HILLS (1959)
DAYS OF WINE AND ROSES (1962)
EXPERIMENT IN TERROR (1962)
WHEELER DEALERS, THE (1963)
BABY, THE RAIN MUST FALL (1964)
HALLELUJAH TRAIL, THE (1965)
NO WAY TO TREAT A LADY (1967)
DETECTIVE, THE (1968)
SOMETIMES A GREAT NOTION (1971)
DELICATE BALANCE, A (1973)
OMEN, THE (1976)
TELEFON (1977)
EUROPEANS, THE (1979)
COMPETITION, THE (1980)
TRIBUTE (1980)

RENAUD, Gilles
acteur québécois (1944-)
JE SUIS LOIN DE TOI MIGNONNE (1976)
ONE MAN (1977)

CUISINE ROUGE, LA (1979)
FANTASTICA (1980)
HOMME À TOUT FAIRE, L' (1980)
JOURNÉE EN TAXI, UNE (1981)
PLOUFFE, LES (1981)
DAME EN COULEURS, LA (1984)
FEMME DE L'HÔTEL, LA (1984)
FRÈRE ANDRÉ, LE (1987)
SOUS LES DRAPS, LES ÉTOILES (1989)
TROIS MONTRÉAL DE
MICHEL TREMBLAY, LES (1989)
AMOUREUX FOU (1991)
SEXE DES ÉTOILES, LE (1993)
FEMME QUI BOIT, LA (2000)
GAZ BAR BLUES (2003)
LITTORAL (2004)
SURVENANT, LE (2005)

RENAULD, Isabelle
actrice française (1966-)
OPÉRATION CORNED BEEF (1990)
MONSIEUR RIPOIS (1993)
PRÉSENCE DES OMBRES, LA (1995)
PARFAIT AMOUR (1996)
ÉTERNITÉ ET UN JOUR, L' (1998)
BLESSURES ASSASSINES, LES (2000)
MONSIEUR IBRAHIM ET
LES FLEURS DU CORAN (2003)

RENFRO, Brad
acteur américain (1982-)
CLIENT, THE (1994)
CURE, THE (1995)
TOM AND HUCK (1995)
TELLING LIES IN AMERICA (1997)
APT PUPIL (1998)
BULLY (2001)
GHOST WORLD (2001)
TART (2001)
DEUCES WILD (2002)
MUMMY AN' THE ARMADILLO (2004)
JACKET, THE (2005)

RENO, Jean
acteur français (1948-)
HYPOTHÈSE DU TABLEAU VOLÉ, L' (1978)
PASSANTE DU SANS-SOUCI, LA (1981)
DERNIER COMBAT, LE (1982)
NOTRE HISTOIRE (1984)
SUBWAY (1985)
I LOVE YOU (1986)
GRAND BLEU, LE (1988)
HOMME AU MASQUE D'OR, L' (1990)
NIKITA (1990)
OPÉRATION CORNED BEEF (1990)
VISITEURS, LES (1993)
PROFESSIONAL, THE (1994)
FRENCH KISS (1995)
PAR-DELÀ LES NUAGES (1995)
FOR ROSEANNA (1996)
JAGUAR, LE (1996)
MISSION : IMPOSSIBLE (1996)
AMOUR DE SORCIÈRE, UN (1997)
GODZILLA (1998)
RONIN (1998)
RIVIÈRES POURPRES, LES (2000)
JUST VISITING (2001)
ROLLERBALL (2001)
WASABI (2001)
DÉCALAGE HORAIRE (2002)
RIVIÈRES POURPRES II :
LES ANGES DE L'APOCALYPSE (2003)
TAIS-TOI (2003)
TIGRE E LA NEVE, LA (2005
DA VINCI CODE, THE (2006)
PINK PANTHER, THE (2006)

RENUCCI, Robin
acteur français (1956-)
INVITATION AU VOYAGE (1982)
PETITE BANDE, LA (1982)
QUARANTIÈMES RUGISSANTS, LES (1982)
COUP DE FOUDRE (1983)
FORT SAGANNE (1983)
MOTS POUR LE DIRE, LES (1983)
ESCALIER C (1985)
ÉTATS D'ÂME (1985)
AMANT MAGNIFIQUE, L' (1986)
MAL D'AIMER, LE (1986)
MASQUES (1986)
BLANC DE CHINE (1988)
DEUX FRAGONARD, LES (1989)
DAMES GALANTES (1990)
FAUX ET USAGE DE FAUX (1990)
PUTAIN DU ROI, LA (1990)
LÉON MORIN, PRÊTRE (1991)
WEEP NO MORE MY LADY (1991)
ENFANTS DU SIÈCLE, LES (1999)
INNOCENTS, LES (2003)
ARSÈNE LUPIN (2004)

REUBENS, Paul
acteur américain (1952-)
BLUES BROTHERS, THE (1980)
PEE-WEE'S BIG ADVENTURE (1985)
FLIGHT OF THE NAVIGATOR (1986)
BIG TOP PEE WEE (1988)
PEE-WEE'S PLAYHOUSE
CHRISTMAS SPECIAL (1988)
MATILDA (1996)
BUDDY (1997)
MYSTERY MEN (1999)
BLOW (2001)

REVILL, Clive
acteur néo-zélandais (1930-)
HEADLESS GHOST, THE (1959)
BUNNY LAKE IS MISSING (1965)
KALEIDOSCOPE (1966)
MODESTY BLAISE (1966)
AVANTI ! (1972)
LEGEND OF HELL HOUSE, THE (1973)
ZORRO, THE GAY BLADE (1981)

REY, Fernando
acteur espagnol (1915-1994)
MIRACLE OF MARCELINO, THE (1954)
VIRIDIANA (1961)
NAVAJO JOE (1966)
RETURN OF THE MAGNIFICIENT SEVEN (1966)
GUNS OF THE MAGNIFICENT SEVEN (1969)
COMPANEROS (1970)
TRISTANA (1970)
COLD EYES OF FEAR (1971)
FRENCH CONNECTION, THE (1971)
CHARME DISCRET
DE LA BOURGEOISIE, LE (1972)
FEMME AUX BOTTES ROUGES, LA (1974)
GRANDE BOURGEOISE, LA (1974)
FRENCH CONNECTION II (1975)
SEVEN BEAUTIES (1975)
ÉLISA MON AMOUR (1976)
JESUS OF NAZARETH (1976)
CET OBSCUR OBJET DU DÉSIR (1977)
CHASTE ET PURE (1977)
DERNIER AMANT ROMANTIQUE, LE (1978)
QUINTET (1978)
GRAND EMBOUTEILLAGE, LE (1979)
MONSIGNOR (1982)
AMOUR INTERDIT, UN (1984)
HIT, THE (1984)
PADRE NUESTRO (1985)
STAR KNIGHT (1985)
MOON OVER PARADOR (1988)
NAKED TANGO (1990)
1492 : CONQUEST OF PARADISE (1992)

REYNOLDS, Burt
acteur américain (1936-)
NAVAJO JOE (1966)
100 RIFLES (1968)
SAM WHISKEY (1969)
DELIVERANCE (1972)
EVERYTHING YOU ALWAYS WANTED
TO KNOW ABOUT SEX BUT WERE
AFRAID TO ASK (1972)
SHAMUS (1972)
MAN WHO LOVED CAT DANCING, THE (1973)
WHITE LIGHTNING (1973)
LONGEST YARD, THE (1974)
HUSTLE (1975)
GATOR (1976)
SILENT MOVIE (1976)
SMOKEY AND THE BANDIT (1977)
END, THE (1978)
STARTING OVER (1979)
SMOKEY AND THE BANDIT 2 (1980)
CANNONBALL RUN, THE (1981)
BEST FRIENDS (1982)
BEST LITTLE WHOREHOUSE
IN TEXAS, THE (1982)
CANNONBALL RUN II, THE (1983)
MAN WHO LOVED WOMEN, THE (1983)
STROKER ACE (1983)
CITY HEAT (1984)
SWITCHING CHANNELS (1987)
PHYSICAL EVIDENCE (1988)
BREAKING IN (1989)
PLAYER, THE (1992)
CITIZEN RUTH (1996)
STRIPTEASE (1996)
BOOGIE NIGHTS (1997)
MYSTERY, ALASKA (1999)
CREW, THE (2000)
HOTEL (2001)
DUKES OF HAZZARD (2005)
LONGEST YARD, THE (2005)

REYNOLDS, Debbie
actrice américaine (1932-)
TWO WEEKS WITH LOVE (1950)
SINGIN' IN THE RAIN (1952)
HIT THE DECK (1955)
TENDER TRAP, THE (1955)
BUNDLE OF JOY (1956)
GAZEBO, THE (1959)
IT STARTED WITH A KISS (1959)
GOODBYE CHARLIE (1964)
WHAT'S THE MATTER WITH HELEN ? (1971)
MOTHER (1996)
IN & OUT (1997)
KEEPERS OF THE FRAME (1999)

RHAMES, Ving
acteur américain (1959-)
PEOPLE UNDER THE STAIRS, THE (1991)
STRIPTEASE (1996)
CON AIR (1997)
ROSEWOOD (1997)
OUT OF SIGHT (1998)
BRINGING OUT THE DEAD (1999)
ENTRAPMENT (1999)
HOLIDAY HEART (2000)
MISSION : IMPOSSIBLE II (2000)
FINAL FANTASY : THE SPIRITS WITHIN (2001)
DARK BLUE (2002)
UNDISPUTED (2002)
SIN (2003)
DAWN OF THE DEAD (2004)
MISSION : IMPOSSIBLE III (2006)

RHYS-MEYERS, Jonathan
acteur irlandais (1977-)
GOVERNESS, THE (1998)
VELVET GOLDMINE (1998)
B. MONKEY (1999)
LOSS OF SEXUAL INNOCENCE, THE (1999)
RIDE WITH THE DEVIL (1999)
TITUS (1999)
GORMENGHAST (2000)
PROZAC NATION (2001)
BEND IT LIKE BECKHAM (2002)
I'LL SLEEP WHEN I'M DEAD (2003)
TESSERACT, THE (2003)
MATCH POINT (2005)
MISSION : IMPOSSIBLE III (2006)

RIABOUKINE, Serge
acteur français (1947-)
MARTHE (1997)
COMME ELLE RESPIRE (1998)
FEMME D'EXTÉRIEUR, UNE (1999)
PEAU D'HOMME, CŒUR DE BÊTE (1999)
CHIGNON D'OLGA, LE (2002)
COMME UNE IMAGE (2004)
PREMIÈRE FOIS QUE J'AI EU 20 ANS, LA (2004)

RIBISI, Giovanni
acteur américain (1974-)
WES CRAVEN'S MIND RIPPER (1995)
THAT THING YOU DO ! (1996)
POSTMAN, THE (1997)
MOD SQUAD, THE (1999)
OTHER SISTER, THE (1999)
BOILER ROOM, THE (2000)
GIFT, THE (2000)
GONE IN SIXTY SECONDS (2000)
HEAVEN (2001)
SHOT IN THE HEART (2001)
I LOVE YOUR WORK (2003)
LOST IN TRANSLATION (2003)
FLIGHT OF THE PHOENIX (2004)
SKY CAPTAIN AND THE WORLD
OF TOMORROW (2004)
BIG WHITE, THE (2005)

RICCI, Christina
actrice américaine (1980-)
ADDAMS FAMILY, THE (1991)
ADDAMS FAMILY VALUES, THE (1993)
NOW AND THEN (1995)
THAT DARN CAT ! (1996)
ICE STORM, THE (1997)
BUFFALO 66 (1998)
DESERT BLUE (1998)
FEAR AND LOATHING IN LAS VEGAS (1998)
OPPOSITE OF SEX, THE (1998)
PECKER (1998)
200 CIGARETTES (1999)
SLEEPY HOLLOW (1999)
MAN WHO CRIED, THE (2000)
PROZAC NATION (2001)
LARAMIE PROJECT, THE (2002)
MIRANDA (2002)
PUMPKIN (2002)
ANYTHING ELSE (2003)
I LOVE YOUR WORK (2003)
MONSTER (2003)
CURSED (2005)

RICH, Claude
acteur français (1929-)
SEPT PÉCHÉS CAPITAUX, LES (1952)
NI VU, NI CONNU (1958)
SEPT PÉCHÉS CAPITAUX, LES (1961)
CAPORAL ÉPINGLÉ, LE (1962)
CHASSE À L'HOMME, LA (1964)
COPAINS, LES (1964)
MARIÉE ÉTAIT EN NOIR, LA (1967)
OSCAR (1967)
RACE DES SEIGNEURS, LA (1973)
STAVISKY (1974)
ADIEU POULET (1975)
CRABE TAMBOUR, LE (1977)
GUERRE DES POLICES, LA (1979)
MARIA CHAPDELAINE (1983)
MOTS POUR LE DIRE, LES (1983)
ESCALIER C (1985)
CIGOGNES N'EN FONT
QU'À LEUR TÊTE, LES (1988)
PROMOTION CANAPÉ (1990)
ACCOMPAGNATRICE, L' (1992)
SOUPER, LE (1992)
COLONEL CHABERT, LE (1994)
DIS-MOI OUI (1994)
FILLE DE D'ARTAGNAN, LA (1994)
CAPITAINE CONAN (1996)
JARDIN DES PLANTES, LE (1996)
HOMÈRE : LA DERNIÈRE ODYSSÉE (1997)
ROUGE ET LE NOIR, LE (1997)
LAUTREC (1998)
ACTEURS, LES (1999)
BÛCHE, LA (1999)
DERRIÈRE, LE (1999)
ASTÉRIX ET OBÉLIX :
MISSION CLÉOPÂTRE (2001)
CONCURRENCE DÉLOYALE (2001)
COÛT DE LA VIE, LE (2003)
MYSTÈRE DE LA CHAMBRE JAUNE, LE (2003)

RICHARD, Pierre
acteur français (1934-)
ALEXANDRE LE BIENHEUREUX (1967)
DISTRAIT, LE (1970)
GRAND BLOND AVEC
UNE CHAUSSURE NOIRE, LE (1972)
JULIETTE ET JULIETTE (1973)
RETOUR DU GRAND BLOND, LE (1974)
COURSE À L'ÉCHALOTTE (1975)
JOUET, LE (1976)
JE SUIS TIMIDE... MAIS JE ME SOIGNE (1978)
C'EST PAS MOI, C'EST LUI (1979)
CHÈVRE, LA (1981)
CHIEN DANS UN JEU DE QUILLES, UN (1982)
COMPÈRES, LES (1983)
JUMEAU, LE (1984)
FUGITIFS, LES (1986)
À GAUCHE EN SORTANT
DE L'ASCENSEUR (1988)
ON PEUT TOUJOURS RÊVER (1991)
CAVALE DES FOUS, LA (1993)
PARTIE D'ÉCHECS, LA (1993)
AMOUR CONJUGAL, L' (1995)
MILLE ET UNE RECETTES
DU CUISINIER AMOUREUX, LES (1996)
27 MISSING KISSES (2000)
MARIÉES MAIS PAS TROP (2003)
ROBINSON CRUSOE (2003)

RICHARDS, Denise
actrice américaine (1971-)
STARSHIP TROOPERS (1997)
WILD THINGS (1998)
DROP DEAD GORGEOUS (1999)
TAIL LIGHTS FADE (1999)
WORLD IS NOT ENOUGH, THE (1999)
EMPIRE (2002)
THIRD WHEEL, THE (2002)
UNDERCOVER BROTHER (2002)

RICHARDSON, Ian
acteur anglais (1934-)
TROUBLES, MARAT SADE (1966)
TINKER, TAILOR, SOLDIER, SPY (1979)
M. BUTTERFLY (1993)
CATHERINE THE GREAT (1995)
DARK CITY (1997)
INCOGNITO (1997)
102 DALMATIANS (2000)
GORMENGHAST (2000)
FROM HELL (2001)
NERO (2005)

RICHARDSON, Joely
actrice anglaise (1965-)
STORYTELLER, THE -
DEFINITIVE COLLECTION (1987)
DROWNING BY NUMBERS (1988)
LADY CHATTERLEY (1992)
SHINING THROUGH (1992)
I'LL DO ANYTHING (1994)
SISTER, MY SISTER (1994)
HOLLOW REED (1995)
101 DALMATIANS (1996)
EVENT HORIZON (1997)
UNDER HEAVEN (1998)
WRESTLING WITH ALLIGATORS (1998)
PATRIOT, THE (2000)
AFFAIR OF THE NECKLACE, THE (2001)
MAYBE BABY (2001)
NIP / TUCK (SEASON I) (2003)

RICHARDSON, Miranda
actrice anglaise (1958-)
DANCE WITH A STRANGER (1984)
EAT THE RICH (1987)
EMPIRE OF THE SUN (1987)
STORYTELLER, THE -
DEFINITIVE COLLECTION (1987)
TWISTED OBSESSION (1988)
FOOL, THE (1990)
CRYING GAME, THE (1992)
DAMAGE (1992)
ENCHANTED APRIL (1992)
CENTURY (1994)
FATHERLAND (1994)
NIGHT AND THE MOMENT, THE (1994)
TOM & VIV (1994)
SWANN (1995)
KANSAS CITY (1996)
APOSTLE, THE (1997)
DESIGNATED MOURNER, THE (1997)
MERLIN (1998)
BIG BRASS RING, THE (1999)
SLEEPY HOLLOW (1999)
GET CARTER (2000)
SPIDER (2002)
FALLING ANGELS (2003)
LOST PRINCE, THE (2003)
PHANTOM OF THE OPERA (2004)
GIDEON'S DAUGHTER (2005)
HARRY POTTER AND
THE GOBLET OF FIRE (2005)
MERLIN'S APPRENTICE (2005)

RICHARDSON, Natasha
actrice anglaise (1963-)
GOTHIC (1986)
MONTH IN THE COUNTRY, A (1987)
PATTY HEARST (1988)
FAT MAN AND LITTLE BOY (1989)
COMFORT OF STRANGERS, THE (1990)
HANDMAID'S TALE, THE (1990)
FAVOUR, THE WATCH AND
THE VERY BIG FISH, THE (1992)
PAST MIDNIGHT (1992)
NELL (1994)
WIDOW'S PEAK (1994)
BLOW DRY (2000)
CHELSEA WALLS (2001)

MAID IN MANHATTAN (2002)
ASYLUM (2005)
WHITE COUNTESS, THE (2005)

RICHARDSON, Ralph
acteur anglais (1902-1983)
MAN WHO COULD WORK
MIRACLES, THE (1936)
THINGS TO COME (1936)
DIVORCE OF LADY X, THE (1937)
SOUTH RIDING (1938)
CITADEL, THE (1939)
CLOUDS OVER EUROPE (1939)
FOUR FEATHERS, THE (1940)
ANNA KARENINA (1947)
FALLEN IDOL, THE (1948)
HEIRESS, THE (1949)
RICHARD III (1955)
EXODUS (1960)
300 SPARTANS, THE (1962)
LONG DAY'S JOURNEY INTO NIGHT (1962)
DOCTOR ZHIVAGO (1965)
KHARTOUM (1965)
WRONG BOX, THE (1966)
BATTLE OF BRITAIN (1969)
LOOKING GLASS WAR, THE (1969)
WHOEVER SLEW AUNTIE ROO ? (1971)
DOLL'S HOUSE, A (1973)
O LUCKY MAN ! (1973)
ROLLERBALL (1975)
JESUS OF NAZARETH (1976)
FOUR FEATHERS, THE (1977)
DRAGONSLAYER (1981)
TIME BANDITS (1981)
GREYSTOKE : THE LEGEND
OF TARZAN (1983)
WAGNER (1983)
GIVE MY REGARDS TO
BROAD STREET (1984)

RICKMAN, Alan
acteur anglais (1946-)
DIE HARD (1988)
JANUARY MAN, THE (1988)
CLOSE MY EYES (1990)
CLOSET LAND (1990)
QUIGLEY DOWN UNDER (1990)
ROBIN HOOD : PRINCE OF THIEVES (1991)
TRULY, MADLY, DEEPLY (1991)
BOB ROBERTS (1992)
AWFULLY BIG ADVENTURE, AN (1994)
MESMER (1994)
LUMIÈRE ET COMPAGNIE (1995)
RASPUTIN (1995)
SENSE AND SENSIBILITY (1995)
MICHAEL COLLINS (1996)
JUDAS KISS (1998)
DOGMA (1999)
GALAXY QUEST (1999)
BLOW DRY (2000)
SOMETHING THE LORD MADE (2004)
HITCHHIKER'S GUIDE
TO THE GALAXY (2005)

RIFKIN, Ron
acteur américain (1939-)
SILENT RUNNING (1972)
MANHATTAN MURDER MYSTERY (1993)
NORMA JEAN AND MARILYN (1996)
SUBSTANCE OF FIRE, THE (1996)
L.A. CONFIDENTIAL (1997)
NEGOTIATOR, THE (1998)
BOILER ROOM, THE (2000)
KEEPING THE FAITH (2000)
ALIAS (SEASON I) (2001)
DRAGONFLY (2002)

RIGG, Diana
actrice anglaise (1938-)
ASSASSINATION BUREAU, THE (1968)
MIDSUMMER NIGHT'S DREAM, A (1968)
ON HER MAJESTY'S SECRET SERVICE (1969)
THEATER OF BLOOD (1973)
KING LEAR (TV) (1983)
BLEAK HOUSE (1985)
WORST WITCH, THE : THE MOVIE (1986)

RINGWALD, Molly
actrice américaine (1968-)
BREAKFAST CLUB, THE (1985)
PRETTY IN PINK (1986)
FOR KEEPS (1987)
KING LEAR (1987)
PICK-UP ARTIST, THE (1987)
FRESH HORSES (1988)
SOME FOLKS CALL IT A SLING BLADE (1993)
STAND, THE (1994)
TEACHING MRS. TINGLE (1999)

RISPOLI, Michael
acteur américain (1965-)
HOUSEHOLD SAINTS (1992)
ANGIE (1994)
ROUNDERS (1998)
SUMMER OF SAM (1999)
THIRD MIRACLE, THE (1999)
DEATH TO SMOOCHY (2002)
MR. 3000 (2004)
WEATHER MAN, THE (2005)

RITTER, John
acteur américain (1948-2003)
THREE'S COMPANY (1977-78)
THEY ALL LAUGHED (1981)
REAL MEN (1987)
SKIN DEEP (1989)
IT (1990)
PROBLEM CHILD (1990)
PROBLEM CHILD II (1991)
NOISES OFF ! (1992)
STAY TUNED (1992)
NORTH (1994)
PANIC (2000)
TADPOLE (2002)
BAD SANTA (2003)
BADDER SANTA (2003)
MAN OF THE YEAR (2003)
COFFRET THREE'S COMPANY SEASON II (2004)

RITTER, Thelma
actrice américaine (1905-1969)
MIRACLE ON 34th STREET (1947)
ALL ABOUT EVE (1950)
AS YOUNG AS YOU FEEL (1951)
TITANIC (1952)
PICKUP ON SOUTH STREET (1953)
DADDY LONG LEGS (1954)
REAR WINDOW (1954)
PILLOW TALK (1959)
MISFITS, THE (1961)
BIRDMAN OF ALCATRAZ (1962)
HOW THE WEST WAS WON (1962)
MOVE OVER, DARLING (1963)
NEW KIND OF LOVE, A (1963)
BOEING BOEING (1965)
INCIDENT, THE (1967)

ROACHE, Linus
acteur anglais (1964-)
PRIEST (1994)
WINGS OF THE DOVE (1997)
SIAM SUNSET (1999)
PANDAEMONIUM (2000)
GATHERING STORM (2002)
HART'S WAR (2002)
BEYOND BORDERS (2003)
CHRONICLES OF RIDDICK (2004)
FORGOTTEN, THE (2004)
BATMAN BEGINS (2005)

ROBARDS Jr. Jason
acteur américain (1922-2000)
ISLE OF THE DEAD (1945)
DESPERATE (1947)
ICEMAN COMETH, THE (1960)
BY LOVE POSSESSED (1961)
THOUSAND CLOWNS, A (1965)
ANY WEDNESDAY (1966)
HOUR OF THE GUN (1967)
ISADORA (1968)
ONCE UPON A TIME IN THE WEST (1968)
BALLAD OF CABLE HOGUE, THE (1969)
CRY OF THE BANSHEE /
MURDERS IN THE RUE MORGUE (1970)
JULIUS CAESAR (1970)
TORA ! TORA ! TORA ! (1970)
JOHNNY GOT HIS GUN (1971)
WAR BETWEEN MEN
AND WOMEN, THE (1972)
PAT GARRETT & BILLY THE KID (1973)
APOCALYPSE 2024
(A BOY AND HIS DOG) (1974)
ALL THE PRESIDENT'S MEN (1976)
JULIA (1977)
COMES A HORSEMAN (1978)
HURRICANE (1979)
MELVIN AND HOWARD (1980)
DAY AFTER, THE (1983)
MAX DUGAN RETURNS (1983)
SOMETHING WICKED THIS WAY COMES (1983)
SAKHAROV (1984)
CHRISTMAS WIFE, THE (1988)
GOOD MOTHER, THE (1988)
BLACK RAINBOW (1989)
PARENTHOOD (1989)
QUICK CHANGE (1990)
STORYVILLE (1991)
ADVENTURES OF HUCK FINN, THE (1992)
HEIDI (1993)
PHILADELPHIA (1993)
TRIAL, THE (1993)
PAPER, THE (1994)
THOUSAND ACRES, A (1997)
MAGNOLIA (1999)

ROBBINS, Tim
acteur américain (1958-)
NO SMALL AFFAIR (1984)
FRATERNITY VACATION (1985)
SURE THING, THE (1985)
HOWARD THE DUCK (1986)
TOP GUN (1986)
5 CORNERS (1987)
BULL DURHAM (1988)
TAPEHEADS (1988)
ERIK THE VIKING (1989)
MISS FIRECRACKER (1989)
CADILLAC MAN (1990)
JACOB'S LADDER (1990)
JUNGLE FEVER (1991)
BOB ROBERTS (1992)
PLAYER, THE (1992)
SHORT CUTS (1993)
HUDSUCKER PROXY, THE (1994)
I.Q. (1994)
PRÊT-À-PORTER (1994)
SHAWSHANK REDEMPTION, THE (1994)
NOTHING TO LOSE (1997)
ARLINGTON ROAD (1999)

ANTITRUST (2000)
HIGH FIDELITY (2000)
MISSION TO MARS (2000)
HUMAN NATURE (2001)
TRUTH ABOUT CHARLIE, THE (2002)
CODE 46 (2003)
MYSTIC RIVER (2003)
WAR OF THE WORLDS (2005)
ZATHURA (2005)

ROBERT, Yves
acteur français (1920-2002)
GRANDES MANŒUVRES, LES (1955)
UN SOIR AU MUSIC-HALL (1956)
VOYOU, LE (1970)
AVENTURE C'EST L'AVENTURE, L' (1972)
JUGE ET L'ASSASSIN, LE (1976)
ILS SONT GRANDS, CES PETITS (1979)
GARCON ! (1983)
CRISE, LA (1992)
MONTPARNASSE-PONDICHÉRY (1993)

ROBERTS, Eric
acteur américain (1956-)
KING OF THE GYPSIES (1978)
RAGGEDY MAN (1981)
STAR 80 (1983)
POPE OF GREENWICH VILLAGE, THE (1984)
COCA-COLA KID, THE (1985)
RUNAWAY TRAIN (1985)
NOBODY'S FOOL (1986)
DEAR AMERICA : LETTERS HOME FROM VIETNAM (1987)
PORTES TOURNANTES, LES (1988)
DESCENDING ANGEL (1990)
LOST CAPONE, THE (1990)
BY THE SWORD (1991)
LONELY HEARTS (1991)
FINAL ANALYSIS (1992)
SPECIALIST, THE (1994)
HEAVEN'S PRISONERS (1995)
IT'S MY PARTY (1995)
CABLE GUY, THE (1996)
ODYSSEY, THE (1997)
LANSKY (1999)
PURGATORY (1999)
STILETTO DANCE (2001)
NATIONAL SECURITY (2003)

ROBERTS, Julia
actrice américaine (1967-)
CRIME STORY (1986)
MYSTIC PIZZA (1988)
STEEL MAGNOLIAS (1989)
FLATLINERS (1990)
PRETTY WOMAN (1990)
DYING YOUNG (1991)
HOOK (1991)
SLEEPING WITH THE ENEMY (1991)
PLAYER, THE (1992)
PELICAN BRIEF, THE (1993)
I LOVE TROUBLE (1994)
PRÊT-À-PORTER (1994)
SOMETHING TO TALK ABOUT (1995)
EVERYONE SAYS I LOVE YOU (1996)
MARY REILLY (1996)
MICHAEL COLLINS (1996)
CONSPIRACY THEORY (1997)
MY BEST FRIEND'S WEDDING (1997)
STEPMOM (1998)
NOTTING HILL (1999)
RUNAWAY BRIDE (1999)
ERIN BROCKOVICH (2000)
AMERICA'S SWEETHEARTS (2001)
MEXICAN, THE (2001)
OCEAN'S ELEVEN (2001)
CONFESSIONS OF A DANGEROUS MIND (2002)
FULL FRONTAL (2002)
MONA LISA SMILE (2003)
CLOSER (2004)
OCEAN'S 12 (2004)

ROBERTS, Rachel
actrice galloise (1927-1980)
SATURDAY NIGHT AND SUNDAY MORNING (1961)
THIS SPORTING LIFE (1963)
PICNIC AT HANGING ROCK (1975)
WHEN A STRANGER CALLS (1979)
WALL, THE (1982)

ROBERTS, Rachel
actrice canadienne (1978-)
SIMONE (2001)

ROBERTS, Tony
acteur américain (1939-)
STAR SPANGLED GIRL (1971)
PLAY IT AGAIN, SAM (1972)
SAUVAGE, LE (1975)
ANNIE HALL (1977)
STARDUST MEMORIES (1980)
AMITYVILLE 3-D (1983)
18 AGAIN ! (1988)
OUR SONS (1991)
GROWNUPS (2001)

ROBERTSON, Cliff
acteur américain (1925-)
AUTUMN LEAVES (1956)
UNDERWORLD U.S.A. (1959)
ALL IN A NIGHT'S WORK (1961)
PT 109 (1963)
SUNDAY IN NEW YORK (1963)
633 SQUADRON (1964)
BEST MAN, THE (1964)
DEVIL'S BRIGADE, THE (1967)
CHARLY (1968)
TOO LATE THE HERO (1969)
J.W. COOP (1971)
GREAT NORTHFIELD, MINNESOTA RAID, THE (1972)
3 DAYS OF THE CONDOR (1975)
OBSESSION (1975)
MIDWAY (1976)
PILOT, THE (1979)
TWO OF A KIND (1982)
STAR 80 (1983)
KEY TO REBECCA, THE (1985)
WILD HEARTS CAN'T BE BROKEN (1991)
WIND (1992)
RIDING THE BULLET (2004)

ROBESON, Paul
acteur américain (1898-1976)
EMPEROR JONES (1933)
SANDERS OF THE RIVER (1935)
SONG OF FREEDOM (1936)
BIG FELLA (1937)
JERICHO (1937)
KING SOLOMON'S MINES (1937)
PROUD VALLEY, THE (1939)

ROBINSON, Edward G.
acteur américain (1893-1973)
OUTSIDE THE LAW (1930)
LITTLE CAESAR (1931)
BARBARY COAST (1935)
WHOLE TOWN'S TALKING, THE (1935)
BULLETS OR BALLOTS (1936)
KID GALAHAD (1937)
SLIGHT CASE OF MURDER, A (1938)
BROTHER ORCHID (1940)
SEA WOLF, THE (1941)
TALES OF MANHATTAN (1942)
DOUBLE INDEMNITY (1944)
MR. WINKLE GOES TO WAR (1944)
WOMAN IN THE WINDOW, THE (1944)
OUR VINES HAVE TENDER GRAPES (1945)
STRANGER, THE (1945)
SCARLET STREET (1946)
ALL MY SONS (1947)
RED HOUSE, THE (1947)
HOUSE OF STRANGERS (1949)
KEY LARGO (1949)
VIOLENT MEN, THE (1954)
TIGHT SPOT (1955)
HOLE IN THE HEAD (1959)
SEVEN THIEVES (1960)
MY GEISHA (1961)
PRIZE, THE (1963)
CHEYENNE AUTUMN (1964)
CINCINNATI KID, THE (1965)
NEVER A DULL MOMENT (1968)
SOYLENT GREEN (1973)

ROCHEFORT, Jean
acteur français (1930-)
CARTOUCHE (1961)
ANGÉLIQUE, MARQUISE DES ANGES (1964)
ANGÉLIQUE ET LE ROI (1965)
MERVEILLEUSE ANGÉLIQUE (1965)
À CŒUR JOIE (1966)
GRAND BLOND AVEC UNE CHAUSSURE NOIRE, LE (1972)
COMPLOT, LE (1973)
HORLOGER DE SAINT-PAUL, L' (1973)
SALUT L'ARTISTE ! (1973)
FANTÔME DE LA LIBERTÉ, LE (1974)
MON DIEU, COMMENT SUIS-JE TOMBÉE SI BAS ? (1974)
QUE LA FÊTE COMMENCE ! (1974)
RETOUR DU GRAND BLOND, LE (1974)
INNOCENTS AUX MAINS SALES, LES (1975)
CRABE TAMBOUR, LE (1977)
WHO IS KILLING THE GREAT CHEFS OF EUROPE ? (1978)
IL FAUT TUER BIRGITT HAAS (1980)
DIMANCHE DE FLIC, UN (1982)
GRAND FRÈRE, LE (1982)
INDISCRÉTION, L' (1982)
AMI DE VINCENT, L' (1983)
FRANKENSTEIN 90 (1984)
GALETTE DU ROI, LA (1985)
MOUSTACHU, LE (1987)
JE SUIS LE SEIGNEUR DU CHÂTEAU (1989)
MARI DE LA COIFFEUSE, LE (1990)
AMOUREUX FOU (1991)
BAL DES CASSE-PIEDS, LE (1991)
TANGO (1992)
CIBLE ÉMOUVANTE (1993)
PRÊT-À-PORTER (1994)
TOM EST TOUT SEUL (1994)
GRANDS DUCS, LES (1995)
PALACE (1995)
RIDICULE (1996)
COMTE DE MONTE CRISTO (1998)
REMBRANDT (1999)
PLACARD, LE (2000)
BLANCHE (2002)
HOMME DU TRAIN, L' (2002)
RRRRRRR ! (2003)
ENFER, L' (2005)

ROCK, Chris
acteur américain (1965-)
CB4 (1992)
LETHAL WEAPON 4 (1998)
DOGMA (1999)

NURSE BETTY (2000)
POOTIE TANG (2001)
BAD COMPANY (2002)
LONGEST YARD, THE (2005)

ROCKWELL, Sam
acteur américain (1968-)
BOX OF MOONLIGHT (1996)
GLORY DAZE (1996)
LAWN DOGS (1997)
GALAXY QUEST (1999)
CONFESSIONS OF
A DANGEROUS MIND (2002)
WELCOME TO COLLINWOOD (2002)
MATCHSTICK MEN (2003)
HITCHHIKER'S GUIDE TO THE GALAXY (2005)

ROGERS, Ginger
actrice américaine (1911-1995)
TIP OFF, THE (1931)
42nd STREET (1933)
FLYING DOWN TO RIO (1933)
GAY DIVORCEE, THE (1934)
ROMANCE IN MANHATTAN (1934)
ROBERTA (1935)
TOP HAT (1935)
FOLLOW THE FLEET (1936)
SWING TIME (1936)
SHALL WE DANCE (1937)
CAREFREE (1938)
BACHELOR MOTHER (1939)
STORY OF VERNON &
IRENE CASTLE, THE (1939)
KITTY FOYLE (1940)
PRIMROSE PATH, THE (1940)
MAJOR AND THE MINOR, THE (1942)
ONCE UPON A HONEYMOON (1942)
ROXIE HART (1942)
TALES OF MANHATTAN (1942)
TENDER COMRADE (1944)
WEEKEND AT THE WALDORF (1945)
I'LL BE SEEING YOU (1947)
BARKLEYS OF BROADWAY, THE (1949)
MONKEY BUSINESS (1952)
WE'RE NOT MARRIED (1952)
FOREVER FEMALE (1953)
TIGHT SPOT (1955)

ROGERS, Mimi
actrice américaine (1956-)
GUNG HO (1986)
SOMEONE TO WATCH OVER ME (1987)
DESPERATE HOURS (1990)
RAPTURE, THE (1991)
SHOOTING ELIZABETH (1991)
FAR FROM HOME : THE ADVENTURES
OF YELLOW DOG (1994)
MONKEY TROUBLE (1994)
FULL BODY MASSAGE (1995)
AUSTIN POWERS : INTERNATIONAL
MAN OF MYSTERY (1997)
WEAPONS OF MASS DISTRACTION (1997)
LOST IN SPACE (1998)
DEVIL'S ARITHMETIC, THE (1999)
GINGER SNAPS (2000)
DOOR IN THE FLOOR (2004)

ROJO, Maria
actrice mexicaine (1943-)
CANDY STRIPE NURSE (1974)
MARIA DEMI CORAZON (1979)
FORBIDDEN HOMEWORK (1990)
HOMEWORK (1990)
TAREA PROHIBIDA, LA (1992)
MIDAQ ALLEY (1995)
ESMERALDA COMES BY NIGHT (1997)

ROLAND, Gilbert
acteur mexicain (1905-1994)
CAPTAIN KIDD (1946)
OTHER LOVE, THE (1947)
WE WERE STRANGERS (1949)
BAD AND THE BEAUTIFUL, THE (1952)
MIRACLE OF OUR LADY OF FATIMA, THE (1952)
BENEATH THE 12-MILE REEF (1953)
FRENCH LINE, THE (1954)
RACERS, THE (1954)
UNDERWATER ! (1955)
AROUND THE WORLD IN 80 DAYS (1956)
THREE VIOLENT PEOPLE (1957)
TUEZ-LES TOUS... ET REVENEZ SEUL (1968)
BLACK PEARL, THE (1977)
BARBAROSA (1982)

ROMERO, Cesar
acteur américain (1907-1994)
DEVIL IS A WOMAN, THE (1935)
SHOW THEM NO MERCY (1935)
WEEK-END IN HAVANA (1941)
WINTERTIME (1943)
CAPTAIN FROM CASTILE (1948)
JULIA MISBEHAVES (1948)
BEAUTIFUL BLONDE
FROM BASHFUL BEND, THE (1949)
RACERS, THE (1954)
IF A MAN ANSWERS (1962)
MARRIAGE ON THE ROCKS (1965)
BATMAN (1966)
BATMAN BEYOND : THE MOVIE (1966)
MADIGAN'S MILLIONS (1968)
COMPUTER WORE TENNIS SHOES, THE (1969)
NOW YOU SEE HIM, NOW YOU DON'T ! (1972)
STRONGEST MAN IN THE WORLD, THE (1974)

RONET, Maurice
acteur français (1927-1983)
RENDEZ-VOUS DE JUILLET (1949)
SEPT PÉCHÉS CAPITAUX, LES (1952)
ASCENSEUR POUR L'ÉCHAFAUD (1957)
PLEIN SOLEIL (1959)
CASABLANCA, NID D'ESPIONS (1963)
FEU FOLLET, LE (1963)
ROUTE DE CORINTHE, LA (1967)
FEMME INFIDÈLE, LA (1968)
DERNIER SAUT, LE (1969)
FEMME ÉCARLATE, LA (1969)
FEMMES, LES (1969)
QUI ? (1970)
ODEUR DES FAUVES, L' (1971)
SANS SOMMATION (1972)
DON JUAN 73 (1973)
SPHINX (1980)
BALANCE, LA (1982)
DÉCHIRURE, LA (1982)
SURPRISE PARTY (1982)

ROOKER, Michael
acteur américain (1955-)
HENRY : PORTRAIT OF A SERIAL KILLER (1986)
CLIFFHANGER (1993)
DARK HALF, THE (1993)
DECEIVER (1997)
REPLACEMENT KILLERS, THE (1997)
ROSEWOOD (1997)
SHADOW BUILDER (1997)
BONE COLLECTOR, THE (1999)
HERE ON EARTH (2000)
UNDISPUTED (2002)

ROONEY, Mickey
acteur américain (1920-)
AH, WILDERNESS (1935)
RIFF RAFF (1935)
CAPTAINS COURAGEOUS (1937)
BOYS TOWN (1938)
LOVE FINDS ANDY HARDY (1938)
ADVENTURES OF
HUCKLEBERRY FINN, THE (1939)
ANDY HARDY GETS SPRING FEVER (1939)
BABES IN ARMS (1939)
ANDY HARDY'S PRIVATE SECRETARY (1940)
LIFE BEGINS FOR ANDY HARDY (1940)
STRIKE UP THE BAND (1940)
BABES ON BROADWAY (1941)
MEN OF BOYS TOWN (1941)
ANDY HARDY'S DOUBLE LIFE (1942)
HUMAN COMEDY, THE (1943)
THOUSANDS CHEER (1943)
NATIONAL VELVET (1944)
YOUNG TOM EDISON (1944)
ANDY HARDY MEETS DEBUTANTE (1945)
WORDS AND MUSIC (1948)
FIREBALL, THE (1950)
ATOMIC KID, THE (1954)
BRIDGES AT TOKO-RI, THE (1954)
FRANCIS IN THE HAUNTED HOUSE (1955)
PLATINUM HIGH SCHOOL (1960)
BREAKFAST AT TIFFANY'S (1961)
REQUIEM FOR A HEAVYWEIGHT (1962)
IT'S A MAD, MAD, MAD, MAD WORLD (1963)
HOW TO STUFF A WILD BIKINI (1965)
AMBUSH BAY (1966)
COMIC, THE (1969)
THAT'S ENTERTAINMENT (1974)
DOMINO PRINCIPLE, THE (1977)
PETE'S DRAGON (1977)
BLACK STALLION, THE (1979)
ODYSSEY OF THE PACIFIC, THE (1981)
ERIK THE VIKING (1989)
THAT'S ENTERTAINMENT ! PART 3 (1994)
BABE : PIG IN THE CITY (1998)

ROSE, Gabrielle
actrice canadienne (1954-)
FAMILY VIEWING (1987)
SPEAKING PARTS (1989)
ADJUSTER, THE (1991)
SLEEP ROOM, THE (1997)
SWEET HEREAFTER, THE (1997)
FIVE SENSES, THE (1999)
DELICATE ART OF PARKING, THE (2003)

ROSS, Katharine
actrice américaine (1940-)
GRADUATE, THE (1967)
HELLFIGHTERS (1968)
TELL THEM WILLIE BOY IS HERE (1969)
GET TO KNOW YOUR RABBIT (1971)
STEPFORD WIVES, THE (1975)
BETSY, THE (1978)
LEGACY, THE (1978)
SWARM, THE (1978)
SHADOW RIDERS (1982)
CONAGHER (1991)

ROSSELLINI, Isabella
actrice italienne (1952-)
WHITE NIGHTS (1985)
BLUE VELVET (1986)
SIESTA (1987)
TOUGH GUYS DON'T DANCE (1987)
ZELLY AND ME (1988)
COUSINS (1989)
LITTLE RED RIDING HOOD (1989)
DAMES GALANTES (1990)
WILD AT HEART (1990)
LIES OF THE TWINS (1991)
DEATH BECOMES HER (1992)
FEARLESS (1993)
INNOCENT, THE (1993)

IMMORTAL BELOVED (1994)
WYATT EARP (1994)
BIG NIGHT (1996)
CRIME OF THE CENTURY (1996)
ODYSSEY, THE (1997)
LEFT LUGGAGE (1998)
MERLIN (1998)
CIEL TOMBE, LE (2000)
DON QUIXOTE (2000)
SKY IS FALLING, THE (2000)
EMPIRE (2002)
NAPOLÉON (2002)
ROGER DODGER (2002)
SADDEST MUSIC IN THE WORLD (2003)
EARTHSEA (2004)
KING OF THE CORNER (2004)
HEIGHTS (2005)

ROTH, Tim
acteur anglais (1961-)
MADE IN BRITAIN (1983)
MEANTIME (1983)
HIT, THE (1984)
TO KILL A PRIEST (1988)
WORLD APART, A (1988)
ROSENCRANTZ AND GUILDENSTERN ARE DEAD (1990)
BACKSLIDING (1991)
JUMPIN AT THE BONEYARD (1991)
RESERVOIR DOGS (1991)
BODIES, REST AND MOTION (1993)
HEART OF DARKNESS (1993)
MURDER IN THE HEARTLAND (1993)
LITTLE ODESSA (1994)
PULP FICTION (1994)
CAPTIVES (1995)
FOUR ROOMS (1995)
ROB ROY (1995)
GRIDLOCK'D (1996)
DECEIVER (1997)
HOODLUM (1997)
LEGEND OF 1900, THE (1999)
LUCKY NUMBERS (2000)
VATEL (2000)
INVINCIBLE (2001)
MUSKETEER, THE (2001)
PLANET OF THE APES (2001)
NOUVELLE-FRANCE (2004)
DARK WATER (2005)
DON'T COME KNOCKING (2005)
LAST SIGN, THE (2005)

ROUNDTREE, Richard
acteur américain (1942-)
SHAFT (1971)
SHAFT'S BIG SCORE ! (1972)
SHAFT IN AFRICA (1973)
EARTHQUAKE (1974)
DIAMONDS (1975)
ESCAPE TO ATHENA (1979)
Q : THE WINGED SERPENT (1982)
ORIGINAL GANGSTAS (1996)
STEEL (1997)
ANTITRUST (2000)
SHAFT (2000)
CORKY ROMANO (2001)

ROURKE, Mickey
acteur américain (1950-)
1941 (1979)
FADE TO BLACK (1980)
HEAVEN'S GATE (1980)
BODY HEAT (1981)
DINER (1982)
EUREKA (1983)
RUMBLE FISH (1983)
POPE OF GREENWICH VILLAGE, THE (1984)
9 1/2 WEEKS (1985)
YEAR OF THE DRAGON (1985)
ANGEL HEART (1986)
BARFLY (1987)
PRAYER FOR THE DYING, A (1987)
FRANCESCO (1989)
HOMEBOY (1989)
JOHNNY HANDSOME (1989)
WILD ORCHID (1989)
DESPERATE HOURS (1990)
WHITE SANDS (1992)
ANOTHER 9 1/2 WEEKS (1997)
DOUBLE TEAM (1997)
RAINMAKER,THE (1997)
BUFFALO 66 (1998)
THURSDAY (1998)
ANIMAL FACTORY (2000)
GET CARTER (2000)
PLEDGE, THE (2000)
PICTURE CLAIRE (2001)
SPUN (2002)
MASKED AND ANONYMOUS (2003)
ONCE UPON A TIME IN MEXICO (2003)
MAN ON FIRE (2004)
DOMINO (2005)
SIN CITY (2005)

ROUX, Jean-Louis
acteur québécois (1923-)
ÉCLAIR AU CHOCOLAT (1978)
CORDÉLIA (1979)
RIEL (1979)
ODYSSEY OF THE PACIFIC, THE (1981)
HOTEL NEW HAMPSHIRE, THE (1984)
TINAMER (1987)
PORTES TOURNANTES, LES (1988)
SALUT VICTOR ! (1988)
CARGO (1990)
TIRELIRE, COMBINES ET CIE (1992)
MON AMIE MAX (1993)
MONSIEUR RIPOIS (1993)
LISTE NOIRE (1995)
THIRD MIRACLE, THE (1999)

ROWLANDS, Gena
actrice américaine (1936-)
CHILD IS WAITING, A (1962)
LONELY ARE THE BRAVE (1962)
TONY ROME (1967)
FACES (1968)
MINNIE AND MOSKOWITZ (1971)
WOMAN UNDER THE INFLUENCE, A (1974)
TWO-MINUTE WARNING (1976)
OPENING NIGHT (1977)
BRINK'S JOB, THE (1978)
GLORIA (1980)
TEMPEST (1982)
EARLY FROST, AN (1985)
LIGHT OF DAY (1987)
ANOTHER WOMAN (1988)
ONCE AROUND (1990)
NIGHT ON EARTH (1991)
NEON BIBLE, THE (1994)
SOMETHING TO TALK ABOUT (1995)
SHE'S SO LOVELY (1997)
UNHOOK THE STARS (1997)
GRACE AND GLORIE (1998)
HOPE FLOATS (1998)
MIGHTY, THE (1998)
PAULIE (1998)
PLAYING BY HEART (1998)
WEEKEND, THE (1999)
HYSTERICAL BLINDNESS (2002)
NOTEBOOK, THE (2004)
TAKING LIVES (2004)
SKELETON KEY, THE (2005)

ROY, Gildor
acteur québécois (1960-)
DING ET DONG : LE FILM (1990)
PARTY, LE (1990)
ASSASSIN JOUAIT DU TROMBONE, L' (1991)
REQUIEM POUR UN BEAU SANS-CŒUR (1992)
FLORIDA, LA (1993)
LOUIS 19, LE ROI DES ONDES (1994)
CABOOSE (1996)
KARMINA (1996)
KARMINA 2 (2001)
MYSTÉRIEUSE MADEMOISELLE C., LA (2002)
BOYS IV, LES (2005)
QUE DIEU BÉNISSE L'AMÉRIQUE (2005)
DUO (2006)

RUBINEK, Saul
acteur allemand (1948-)
BY DESIGN (1981)
YOUNG DOCTORS IN LOVE (1982)
AGAINST ALL ODDS (1984)
OBSESSED (1987)
DEATH WISH V : THE FACE OF DEATH (1993)
I LOVE TROUBLE (1994)
CONTENDER, THE (2000)
FAMILY MAN, THE (2000)

RUDD, Paul
acteur américain (1969-)
BEULAH LAND (1980)
SIZE OF WATERMELONS, THE (1996)
OBJECT OF MY AFFECTION, THE (1998)
200 CIGARETTES (1999)
CIDER HOUSE RULES, THE (1999)
WET HOT AMERICAN SUMMER (2001)
SHAPE OF THINGS, THE (2002)
ANCHORMAN : THE LEGEND OF RON BURGUNDY (2004)
P.S. (2004)
40 YEAR OLD VIRGIN (2005)
BAXTER, THE (2005)

RUEHL, Mercedes
actrice américaine (1948-)
WARRIORS, THE (1979)
FOUR FRIENDS (1981)
84 CHARING CROSS ROAD (1986)
HEARTBURN (1986)
RADIO DAYS (1987)
SECRET OF MY SUCCESS, THE (1987)
BIG (1988)
MARRIED TO THE MOB (1988)
SLAVES OF NEW YORK (1989)
ANOTHER YOU (1991)
FISHER KING, THE (1991)
LAST ACTION HERO (1993)
LOST IN YONKERS (1993)
FOR ROSEANNA (1996)
GIA (1997)
SUBWAY STORIES (1997)
MINUS MAN, THE (1999)
AMATI GIRLS, THE (2000)
WHAT'S COOKING ? (2000)

RUFFALO, Mark
acteur américain (1967-)
LAST CASTLE, THE (2001)
XX / XY (2001)
IN THE CUT (2003)
MY LIFE WITHOUT ME (2003)
13 GOING ON 30 (2004)
COLLATERAL (2004)
ETERNAL SUNSHINE OF THE SPOTLESS MIND (2004)
WE DON'T LIVE HERE ANYMORE (2004)
JUST LIKE HEAVEN (2005)
RUMOR HAS IT ... (2005)

RUFUS
acteur français (1942-)
MARIAGE (1974)
EXPLOITS D'UN JEUNE DON JUAN, LES (1986)
SOIGNE TA DROITE ! (1987)
COUP DE CHANCE (1991)
METROLAND (1997)
TRAIN DE VIE (1998)
GRAND RÔLE, LE (2004)
MADAME EDOUARD (2004)

RUSH, Barbara
actrice américaine (1927-)
WHEN WORLDS COLLIDE (1951)
IT CAME FROM OUTER SPACE (1953)
BLACK SHIELD OF FALWORTH, THE (1954)
YOUNG PHILADELPHIANS, THE (1959)
BRAMBLE BUSH, THE (1960)
COME BLOW YOUR HORN (1963)
SUMMER LOVERS (1982)

RUSH, Geoffrey
acteur australien (1951-)
STARSTRUCK (1982)
CHILDREN OF THE REVOLUTION (1996)
SHINE (1996)
LITTLE BIT OF SOUL, A (1997)
ELIZABETH (1998)
MISÉRABLES, LES (1998)
SHAKESPEARE IN LOVE (1998)
HOUSE ON HAUNTED HILL (1999)
MYSTERY MEN (1999)
QUILLS (2000)
LANTANA (2001)
TAILOR OF PANAMA, THE (2001)
BANGER SISTERS (2002)
FRIDA (2002)
HARVIE KRUMPET (2003)
INTOLERABLE CRUELTY (2003)
LIFE AND DEATH
OF PETER SELLERS, THE (2003)
NED KELLY (2003)
PIRATES OF THE CARIBBEAN :
THE CURSE OF THE BLACK PEARL (2003)
SWIMMING UPSTREAM (2003)
MUNICH (2005)

RUSSELL, Clive
acteur anglais (1945-)
CRACKER (SEASON III) (1995)
MARGARET'S MUSEUM (1995)
NEVERWHERE (1996)
OSCAR AND LUCINDA (1997)
13th WARRIOR, THE (1999)
KILLING KIND, THE (2001)
MISTS OF AVALON (2001)
MAD DOGS (2002)
LADIES IN LAVENDER (2004)

RUSSELL, Jane
actrice américaine (1921-)
OUTLAW, THE (1946)
PALEFACE, THE (1948)
DOUBLE DYNAMITE (1951)
MACAO (1952)
MONTANA BELLE (1952)
SON OF PALEFACE (1952)
GENTLEMEN PREFER BLONDES (1953)
FRENCH LINE, THE (1954)
UNDERWATER ! (1955)
JOHNNY RENO (1965)

RUSSELL, Kurt
acteur américain (1951-)
HORSE IN THE GRAY
FLANNEL SUIT, THE (1968)
COMPUTER WORE TENNIS SHOES, THE (1969)
BAREFOOT EXECUTIVE, THE (1970)
NOW YOU SEE HIM, NOW YOU DON'T ! (1972)
STRONGEST MAN IN THE WORLD, THE (1974)
ELVIS : THE MOVIE (1979)
USED CARS (1980)
ESCAPE FROM NEW YORK (1981)
THING, THE (1982)
SILKWOOD (1983)
SWING SHIFT (1984)
MEAN SEASON, THE (1985)
BEST OF TIMES, THE (1986)
BIG TROUBLE IN LITTLE CHINA (1986)
OVERBOARD (1987)
TEQUILA SUNRISE (1988)
WINTER PEOPLE (1989)
BACKDRAFT (1991)
CAPTAIN RON (1992)
UNLAWFUL ENTRY (1992)
TOMBSTONE (1993)
STARGATE (1994)
ESCAPE FROM L.A. (1996)
EXECUTIVE DECISION (1996)
BREAKDOWN (1997)
SOLDIER (1998)
3000 MILES TO GRACELAND (2001)
VANILLA SKY (2001)
DARK BLUE (2002)
MIRACLE (2003)
DREAMER : INSPIRED BY A TRUE STORY (2005)
SKY HIGH (2005)

RUSSELL, Rosalind
actrice américaine (1908-1976)
EVELYN PRENTICE (1934)
FORSAKING ALL OTHERS (1934)
CHINA SEAS (1935)
CRAIG'S WIFE (1936)
NIGHT MUST FALL (1937)
CITADEL, THE (1939)
HIS GIRL FRIDAY (1939)
WOMEN, THE (1939)
THEY MET IN BOMBAY (1941)
SISTER KENNY (1946)
MOURNING BECOMES ELECTRA (1947)
VELVET TOUCH, THE (1948)
PICNIC (1955)
AUNTIE MAME (1958)
MAJORITY OF ONE, A (1961)
GYPSY (1962)
TROUBLE WITH ANGELS, THE (1965)
WHERE ANGELS GO...
TROUBLE FOLLOWS (1967)

RUSSELL, Theresa
actrice américaine (1957-)
LAST TYCOON, THE (1976)
STRAIGHT TIME (1977)
BAD TIMING (1980)
EUREKA (1983)
RAZOR'S EDGE, THE (1984)
INSIGNIFICANCE (1985)
ARIA (1987)
BLACK WIDOW (1987)
PHYSICAL EVIDENCE (1988)
TRACK 29 (1988)
COLD HEAVEN (1991)
KAFKA (1991)
WHORE (1991)
WOMAN'S GUIDE TO ADULTERY, A (1993)
BEING HUMAN (1994)
THICKER THAN WATER (1994)
GRAVE INDISCRETION (1995)
TALES OF EROTICA II (1996)
WILD THINGS (1998)
BELIEVER, THE (2001)
PASSIONADA (2002)
WATER UNDER THE BRIDGE (2003)
EMPIRE FALLS (2005)

RUSSO, James
acteur américain (1953-)
BEVERLY HILLS COP (1984)
EXTREMITIES (1986)
CHINA GIRL (1987)
COLD HEAVEN (1991)
MY OWN PRIVATE IDAHO (1991)
DANGEROUS GAME (1993)
BAD GIRLS (1994)
PANTHER (1995)
DONNIE BRASCO (1997)
POSTMAN, THE (1997)
NINTH GATE, THE (1999)
TARGET (2004)

RUSSO, Rene
actrice américaine (1954-)
MAJOR LEAGUE (1989)
MR. DESTINY (1990)
ONE GOOD COP (1991)
FREEJACK (1992)
LETHAL WEAPON 3 (1992)
IN THE LINE OF FIRE (1993)
GET SHORTY (1995)
OUTBREAK (1995)
RANSOM (1996)
TIN CUP (1996)
BUDDY (1997)
LETHAL WEAPON 4 (1998)
THOMAS CROWN AFFAIR (1999)
ADVENTURES OF ROCKY
AND BULWINKLE, THE (2000)
BIG TROUBLE (2001)
SHOWTIME (2002)
TWO FOR THE MONEY (2005)
YOURS, MINE AND OURS (2005)

RUTHERFORD, Margaret
actrice anglaise (1892-1972)
BIG FELLA (1937)
BLITHE SPIRIT (1945)
HAPPIEST DAYS OF YOUR LIFE, THE (1950)
SMALLEST SHOW ON EARTH (1956)
MURDER SHE SAID (1962)
MURDER AT THE GALLOP (1963)
MURDER AHOY (1964)
MURDER MOST FOUL (1964)
AGATHA CHRISTIE COLLECTION (2004)

RYAN, Meg
actrice américaine (1962-)
RICH AND FAMOUS (1981)
TOP GUN (1986)
INNERSPACE (1987)
PROMISED LAND (1987)
D.O.A. (1988)
PRESIDIO, THE (1988)
WHEN HARRY MET SALLY (1989)
JOE VERSUS THE VOLCANO (1990)
DOORS, THE (1991)
FLESH AND BONE (1993)
SLEEPLESS IN SEATTLE (1993)
I.Q. (1994)
WHEN A MAN LOVES A WOMAN (1994)
FRENCH KISS (1995)
RESTORATION (1995)
COURAGE UNDER FIRE (1996)
ADDICTED TO LOVE (1997)
CITY OF ANGELS (1998)
HURLYBURLY (1998)
YOU'VE GOT MAIL (1998)
HANGING UP (2000)
PROOF OF LIFE (2000)

KATE & LEOPOLD (2001)
SEARCHING FOR DEBRA WINGER (2002)
AGAINST THE ROPES (2003)
IN THE CUT (2003)

RYAN, Robert
acteur américain (1909-1973)
BEHIND THE RISING SUN (1943)
TENDER COMRADE (1944)
SKY'S THE LIMIT, THE (1945)
CROSSFIRE (1947)
BERLIN EXPRESS (1948)
BOY WITH GREEN HAIR, THE (1948)
CAUGHT (1949)
SET-UP, THE (1949)
FLYING LEATHERNECKS, THE (1951)
ON DANGEROUS GROUND (1951)
RACKET, THE (1951)
BEWARE, MY LOVELY (1952)
CLASH BY NIGHT (1952)
NAKED SPUR, THE (1952)
BAD DAY AT BLACK ROCK (1954)
ESCAPE TO BURMA (1955)
HOUSE OF BAMBOO (1955)
PROUD ONES (1955)
MEN IN WAR (1956)
GOD'S LITTLE ACRE (1958)
LONELYHEARTS (1959)
ODDS AGAINST TOMORROW (1959)
KING OF KINGS (1961)
BATTLE OF THE BULGE (1965)
PROFESSIONALS, THE (1966)
CUSTER OF THE WEST (1967)
DIRTY DOZEN, THE (1967)
HOUR OF THE GUN (1967)
ANZIO (1968)
MINUTE POUR PRIER, UNE SECONDE POUR MOURIR, UNE (1968)
WILD BUNCH, THE (1969)
LAWMAN (1970)
LOVE MACHINE, THE (1971)
ICEMAN COMETH, THE (1973)
OUTFIT, THE (1973)

RYDER, Winona
actrice américaine (1971-)
LUCAS (1986)
1969 (1988)
BEETLEJUICE (1988)
GREAT BALLS OF FIRE ! (1989)
HEATHERS (1989)
EDWARD SCISSORHANDS (1990)
MERMAIDS (1990)
NIGHT ON EARTH (1991)
BRAM STOKER'S DRACULA (1992)
AGE OF INNOCENCE, THE (1993)
HOUSE OF THE SPIRITS, THE (1993)
LITTLE WOMEN (1994)
REALITY BITES (1994)
HOW TO MAKE AN AMERICAN QUILT (1995)
BOYS (1996)
CRUCIBLE, THE (1996)
ALIEN RESURRECTION (1997)
CELEBRITY (1998)
GIRL, INTERRUPTED (1999)
AUTUMN IN NEW YORK (2000)
LOST SOULS (2000)
SIMONE (2001)
MR. DEEDS (2002)

SABOURIN, Marcel
acteur québécois (1935-)
FESTIN DES MORTS, LE (1965)
IL NE FAUT PAS MOURIR POUR ÇA (1967)
DEUX FEMMES EN OR (1970)
ON EST LOIN DU SOLEIL (1970)
MARTIEN DE NOËL, LE (1971)
MAUDITE GALETTE, LA (1972)
TAUREAU (1972)
TEMPS D'UNE CHASSE, LE (1972)
BINGO (1973)
DERNIÈRES FIANCAILLES, LES (1973)
MORT D'UN BÛCHERON, LA (1973)
J.A. MARTIN, PHOTOGRAPHE (1976)
TI-MINE, BERNIE PIS LA GANG (1976)
VIEUX PAYS OÙ RIMBAUD EST MORT, LE (1977)
CORDÉLIA (1979)
HOMME À TOUT FAIRE, L' (1980)
JOUR « S... », LE (1984)
MARIO (1984)
ÉQUINOXE (1986)
ALFRED LALIBERTÉ : SCULPTEUR (1987)
PORTES TOURNANTES, LES (1988)
SOUS LES DRAPS, LES ÉTOILES (1989)
FILLE DU MAQUIGNON, LA (1990)
BUMS DU PARADIS, LES (1991)
FABULEUX VOYAGE DE L'ANGE, LE (1991)
FÊTE DES ROIS, LA (1994)
LILIES (1996)
OREILLE D'UN SOURD, L' (1996)
AUJOURD'HUI OU JAMAIS (1998)
REVOIR JULIE (1998)
SOUVENIRS INTIMES (1999)
PEAU BLANCHE, LA (2004)

SADLER, William
acteur américain (1950-)
DIE HARD 2 : DIE HARDER (1990)
BILL AND TED'S BOGUS JOURNEY (1991)
RUSH (1991)
TRESPASS (1992)
FREAKED (1993)
SHAWSHANK REDEMPTION, THE (1994)
TALES FROM THE CRYPT PRESENTS : DEMON KNIGHT (1994)
DISTURBING BEHAVIOR (1998)
WONDERFALLS (2004)

SAGE, Bill
acteur américain (1962-)
FLIRT (1995)
HIGH ART (1998)
GROWNUPS (2001)
EVENHAND (2002)
SIN (2003)
MYSTERIOUS SKIN (2004)
GIRL FROM MONDAY, THE (2005)

SAHARA, Kenji
acteur japonais (1932-)
PRISONNIERE DES MARTIENS (1959)
GODZILLA VS. MOTHRA (1963)
SON OF GODZILLA (1967)
WAR OF THE GARGANTUAS, THE (1967)
DESTROY ALL MONSTERS ! (1968)
GODZILLA'S REVENGE (1969)
GODZILLA vs. KING GHIDORA (1991)
GODZILLA vs. SPACE GODZILLA (1994)

SAINT, Eva Marie
actrice américaine (1924-)
ON THE WATERFRONT (1954)
RAINTREE COUNTY (1957)
NORTH BY NORTHWEST (1959)
EXODUS (1960)
ALL FALL DOWN (1962)
36 HOURS (1964)
SANDPIPER, THE (1965)
GRAND PRIX (1966)
STALKING MOON, THE (1968)
CURSE OF KING TUT'S TOMB, THE (1980)
LAST DAYS OF PATTON, THE (1986)
NOTHING IN COMMON (1986)
TITANIC (1996)
BECAUSE OF WINN-DIXIE (2005)
DON'T COME KNOCKING (2005)

SAN GIACOMO, Laura
actrice américaine (1962-)
PRETTY WOMAN (1990)
QUIGLEY DOWN UNDER (1990)
UNDER SUSPICION (1991)
NINA TAKES A LOVER (1993)
STAND, THE (1994)
STUART SAVES HIS FAMILY (1995)
HAVOC (2005)

SANDA, Dominique
actrice française (1951-)
CONFORMISTE, LE (1969)
FEMME DOUCE, UNE (1969)
FIRST LOVE (1970)
JARDIN DES FINZI CONTINI, LE (1971)
MACKINTOSH MAN, THE (1973)
VIOLENCE ET PASSION (1973)
STEPPENWOLF (1974)
1900 (1976)
HÉRITAGE, L' (1976)
CHANSON DE ROLAND, LA (1977)
INDISCRÉTION, L' (1982)
I, THE WORST OF ALL (1990)
RIVIÈRES POURPRES, LES (2000)

SANDERS, George
acteur anglais (1906-1972)
LLOYD'S OF LONDON (1936)
MAN WHO COULD WORK MIRACLES, THE (1936)
ALLEGHENY UPRISING (1939)
REBECCA (1939)
BITTER SWEET (1940)
FOREIGN CORRESPONDENT (1940)
HOUSE OF THE SEVEN GABLES, THE (1940)
BLACK SWAN, THE (1942)
MOON AND SIXPENCE, THE (1942)
SON OF FURY (1942)
TALES OF MANHATTAN (1942)
THIS LAND IS MINE (1943)
ACTION IN ARABIA (1944)
PICTURE OF DORIAN GRAY, THE (1945)
STRANGE AFFAIR OF UNCLE HARRY, THE (1945)
SCANDAL IN PARIS, A (1946)
FOREVER AMBER (1947)
GHOST AND MRS. MUIR, THE (1947)
LURED (1947)
PRIVATE AFFAIRS OF BEL AMI, THE (1947)
ALL ABOUT EVE (1950)
SAMSON AND DELILAH (1950)
IVANHOE (1952)
VOYAGE IN ITALY (1953)
KING RICHARD AND THE CRUSADERS (1954)
KING'S THIEF, THE (1955)
SOLOMON AND SHEBA (1959)
LAST VOYAGE, THE (1960)
VILLAGE OF THE DAMNED (1960)
IN SEARCH OF THE CASTAWAYS (1962)
SHOT IN THE DARK, A (1964)
GOOD TIMES (1967)
ENDLESS NIGHT (1971)
PSYCHOMANIA (1971)

SANDLER, Adam
acteur américain (1966-)
AIRHEADS (1994)
MIXED NUTS (1994)
BILLY MADISON (1995)
HAPPY GILMORE (1995)
BULLETPROOF (1996)

WATERBOY, THE (1998)
WEDDING SINGER, THE (1998)
BIG DADDY (1999)
LITTLE NICKY (2000)
HOT CHICK, THE (2002)
MR. DEEDS (2002)
PUNCH-DRUNK LOVE (2002)
ANGER MANAGEMENT (2003)
50 FIRST DATES (2004)
SPANGLISH (2004)
LONGEST YARD, THE (2005)

SANDRELLI, Stefania
actrice italienne (1946-)
DIVORCE À L'ITALIENNE (1961)
SÉDUITE ET ABANDONNÉE (1964)
PARTNER (1968)
CONFORMISTE, LE (1969)
ALFREDO, ALFREDO (1972)
VRAI CRIME D'AMOUR, UN (1973)
NOUS NOUS SOMMES TANT AIMÉS (1975)
POLICE PYTHON 357 (1975)
1900 (1976)
GRAND EMBOUTEILLAGE, LE (1979)
CLÉ, LA (1983)
POURVU QUE CE SOIT UNE FILLE (1985)
FAMILLE, LA (1987)
LUNETTES D'OR, LES (1987)
NOYADE INTERDITE (1987)
PETIT DIABLE, LE (1988)
SLEAZY UNCLE, THE (1989)
JAMBON JAMBON (1992)
OF LOVE AND SHADOWS (1994)
NYMPH, THE (1996)
TALKING PICTURE, A (2003)

SANDS, Julian
acteur anglais (1958-)
KILLING FIELDS, THE (1984)
PRIVATES ON PARADE (1984)
DOCTOR AND THE DEVILS, THE (1985)
ROOM WITH A VIEW, A (1985)
GOTHIC (1986)
SIESTA (1987)
MANIKA, UNE VIE PLUS TARD (1989)
SOLEIL MÊME LA NUIT, LE (1989)
WARLOCK (1989)
ARACHNOPHOBIA (1990)
IMPROMPTU (1990)
HUSBANDS AND LOVERS (1991)
NAKED LUNCH (1991)
BOXING HELENA (1992)
BROWNING VERSION, THE (1994)
WITCH HUNT (1994)
LEAVING LAS VEGAS (1995)
LONG TIME SINCE (1997)
PHANTOM OF THE OPERA (1998)
LOSS OF SEXUAL INNOCENCE, THE (1999)
VATEL (2000)

SANTO
acteur mexicain (1917-1984)
SANTO IN THE WAX MUSEUM (1963)
SANTO EL ENMASCARADO DE PLATA (1969)
SANTO : VENGEANCE OF
THE CRYING WOMAN (1970)
SANTO vs FRANKENSTEIN DAUGHTER (1971)
SANTO & BLUE DEMON vs DRACULA (1973)
SANTO : VENGEANCE OF THE MUMMY (1973)
SANTO & BLUE DEMON vs
DR. FRANKENSTEIN (1974)
SANTO COLLECTION (2004)

SARA, Mia
actrice américaine (1967-)
LEGEND (1985)
FERRIS BUELLER'S DAY OFF (1986)
DAUGHTER OF DARKNESS (1990)
BY THE SWORD (1991)
BULLET TO BEIJING (1995)
20,000 LEAGUES UNDER THE SEA (1997)

SARANDON, Chris
acteur américain (1942-)
LIPSTICK (1976)
SENTINEL, THE (1976)
CUBA (1979)
FRIGHT NIGHT (1985)
CHILD'S PLAY (1988)
WHISPERS (1989)
RESURRECTED, THE (1992)
EDIE & PEN (1996)

SARANDON, Susan
actrice américaine (1946-)
JOE (1970)
LOVIN' MOLLY (1973)
FRONT PAGE, THE (1974)
RIMERS OF ELDRITCH, THE (1974)
GREAT WALDO PEPPER, THE (1975)
ROCKY HORROR PICTURE SHOW, THE (1975)
PRETTY BABY (1977)
KING OF THE GYPSIES (1978)
ATLANTIC CITY (1980)
LOVING COUPLES (1980)
TEMPEST (1982)
WHO AM I THIS TIME ? (1982)
BUDDY SYSTEM, THE (1983)
HUNGER, THE (1983)
MUSSOLINI AND I (1984)
COMPROMISING POSITIONS (1985)
WITCHES OF EASTWICK, THE (1987)
BULL DURHAM (1988)
JANUARY MAN, THE (1988)
SWEET HEARTS DANCE (1988)
DRY WHITE SEASON, A (1989)
WHITE PALACE (1990)
LIGHT SLEEPER (1991)
THELMA & LOUISE (1991)
BOB ROBERTS (1992)
LORENZO'S OIL (1992)
PLAYER, THE (1992)
SAFE PASSAGE (1993)
CLIENT, THE (1994)
LITTLE WOMEN (1994)
DEAD MAN WALKING (1995)
TWILIGHT (1997)
ILLUMINATA (1998)
STEPMOM (1998)
ANYWHERE BUT HERE (1999)
JOE GOULD'S SECRET (2000)
BANGER SISTERS (2002)
IGBY GOES DOWN (2002)
MOONLIGHT MILE (2002)
ICE BOUND (2003)
ALFIE (2004)
SHALL WE DANCE ? (2004)
ELIZABETHTOWN (2005)

SARRAZIN, Michael
acteur canadien (1940-)
FLIM FLAM MAN, THE (1967)
THEY SHOOT HORSES, DON'T THEY ? (1969)
PURSUIT OF HAPPINESS, THE (1970)
SOMETIMES A GREAT NOTION (1971)
CABARET (1972)
GROUNDSTAR CONSPIRACY, THE (1972)
FOR PETE'S SAKE (1974)
LOVES AND TIMES OF
SCARAMOUCHE, THE (1975)
GUMBALL RALLY, THE (1976)
BEULAH LAND (1980)
FIGHTING BACK (1982)
JOSHUA THEN AND NOW (1985)
MASCARA (1987)
MALAREK (1988)
FLORIDA, LA (1993)

SARSGAARD, Peter
acteur américain (1971-)
MAN IN THE IRON MASK, THE (1998)
BOYS DON'T CRY (1999)
CENTER OF THE WORLD, THE (2001)
SALTON SEA, THE (2001)
EMPIRE (2002)
K-19 : THE WIDOWMAKER (2002)
SHATTERED GLASS (2003)
GARDEN STATE (2004)
KINSEY (2004)
DYING GAUL, THE (2005)
FLIGHTPLAN (2005)
JARHEAD (2005)
SKELETON KEY, THE (2005)

SARTAIN, Gailard
acteur américain (1946-)
ROADIE (1980)
ALL OF ME (1984)
ERNEST SAVES CHRISTMAS (1988)
BLAZE (1989)
ERNEST GOES TO JAIL (1990)
FRIED GREEN TOMATOES (1991)
SPEECHLESS (1994)
PATRIOT, THE (1998)

SAVAGE, John
acteur américain (1949-)
BAD COMPANY (1972)
HAIR (1979)
ONION FIELD, THE (1979)
INSIDE MOVES (1980)
SALVADOR (1985)
DEAR AMERICA : LETTERS HOME
FROM VIETNAM (1987)
HUNTING, THE (1992)
WHITE SQUALL (1995)
THIN RED LINE, THE (1998)
MESSAGE IN A BOTTLE (1999)
DARK ANGEL (2000)
ANARCHIST COOKBOOK, THE (2002)
ADMISSIONS (2004)

SAVALAS, Telly
acteur américain (1924-1994)
SLENDER THREAD, THE (1965)
ASSASSINATION BUREAU, THE (1968)
MACKENNA'S GOLD (1968)
SCALPHUNTERS, THE (1968)
LAND RAIDERS (1969)
ON HER MAJESTY'S SECRET SERVICE (1969)
CITÉ DE LA VIOLENCE (1970)
KELLY'S HEROES (1970)
HORROR EXPRESS (1972)
LISA AND THE DEVIL (1972)
KOJAK (SEASON I) (1973)
BEYOND THE POSEIDON ADVENTURE (1979)
ESCAPE TO ATHENA (1979)
FACELESS (1988)

SAXON, John
acteur américain (1935-)
RELUCTANT DEBUTANTE, THE (1958)
FILLE QUI EN SAVAIT TROP, LA (1962)
MR. HOBBS TAKES A VACATION (1962)
NIGHT CALLER FROM OUTER SPACE (1965)
APPALOOSA, THE (1966)
JOE KIDD (1972)
ENTER THE DRAGON (1973)
SWISS CONSPIRACY, THE (1975)

VIOLENT NAPLES (1976)
ELECTRIC HORSEMAN, THE (1979)
FAST COMPANY (1979)
BATTLE BEYOND THE STARS (1980)
CANNIBAL APOCALYPSE (1980)
NIGHTMARE ON ELM STREET, A (1984)

SCACCHI, Greta
actrice italienne (1960-)
HEAT AND DUST (1983)
BURKE & WILLS (1985)
COCA-COLA KID, THE (1985)
DEFENCE OF THE REALM (1985)
GOOD MORNING, BABYLON (1987)
HOMME AMOUREUX, UN (1987)
WHITE MISCHIEF (1987)
PRESUMED INNOCENT (1990)
FIRES WITHIN (1991)
SHATTERED (1991)
PLAYER, THE (1992)
SALT ON OUR SKIN (1992)
BROWNING VERSION, THE (1994)
COUNTRY LIFE (1994)
JEFFERSON IN PARIS (1995)
RASPUTIN (1995)
ODYSSEY, THE (1997)
SERPENT'S KISS (1997)
LADIES ROOM (1999)
FESTIVAL IN CANNES (2001)
BEYOND THE SEA (2004)
PRIX DU DÉSIR, LE (2004)

SCARWID, Diana
actrice américaine (1955-)
GUYANA TRAGEDY :
THE STORY OF JIM JONES (1980)
INSIDE MOVES (1980)
MOMMIE DEAREST (1981)
STRANGE INVADERS (1983)
EXTREMITIES (1986)
PSYCHO III (1986)
BRENDA STARR (1987)
NEON BIBLE, THE (1994)
WHAT LIES BENEATH (2000)
PARTY MONSTER (2003)
WONDERFALLS (2004)

SCHEIDER, Roy
acteur américain (1935-)
FRENCH CONNECTION, THE (1971)
KLUTE (1971)
UN HOMME EST MORT (1972)
SEVEN-UPS, THE (1973)
JAWS (1975)
MARATHON MAN (1976)
SORCERER (1977)
JAWS II (1978)
ALL THAT JAZZ (1979)
LAST EMBRACE (1979)
BLUE THUNDER (1982)
STILL OF THE NIGHT (1982)
2010 : THE YEAR WE MAKE CONTACT (1984)
52 PICK-UP (1986)
MEN'S CLUB, THE (1986)
FOURTH WAR, THE (1990)
RUSSIA HOUSE, THE (1990)
NAKED LUNCH (1991)
ROMEO IS BLEEDING (1993)
MYTH OF THE FINGERPRINTS, THE (1996)
RKO 281 : BATTLE OVER
CITIZEN KANE (1999)

SCHELL, Maximilian
acteur autrichien (1930-)
YOUNG LIONS, THE (1958)
JUDGMENT AT NUREMBERG (1961)
TOPKAPI (1964)
CHÂTEAU, LE (1968)
FIRST LOVE (1970)
POPE JOAN (1972)
MAN IN THE GLASS BOOTH, THE (1974)
ODESSA FILE, THE (1974)
PEDESTRIAN, THE (1974)
ST. IVES (1976)
BRIDGE TOO FAR, A (1977)
CROSS OF IRON (1977)
JULIA (1977)
BLACK HOLE, THE (1979)
CHOSEN, THE (1981)
ROSE GARDEN, THE (1989)
FRESHMAN, THE (1990)
STALIN (1992)
FAR OFF PLACE, A (1993)
LITTLE ODESSA (1994)
JOHN CARPENTER'S VAMPIRES (1997)
TELLING LIES IN AMERICA (1997)
DEEP IMPACT (1998)
JOAN OF ARC (1999)
FESTIVAL IN CANNES (2001)

SCHIFF, Richard
acteur américain (1955-)
PUBLIC EYE, THE (1992)
ARRIVAL, THE (1996)
GRACE OF MY HEART (1996)
MICHAEL (1996)
HEAVEN (1998)
LIVING OUT LOUD (1998)
FORCES OF NATURE (1999)
WEST WING, THE (SEASON I) (1999)
LUCKY NUMBERS (2000)

SCHNEIDER, Rob
acteur américain (1963-)
JUDGE DREDD (1995)
ADVENTURES OF PINOCCHIO, THE (1996)
DOWN PERISCOPE (1996)
KNOCK OFF (1998)
BIG DADDY (1999)
DEUCE BIGALOW - MALE GIGOLO (1999)
MUPPETS FROM SPACE (1999)
ANIMAL, THE (2001)
HOT CHICK, THE (2002)
50 FIRST DATES (2004)
DEUCE BIGALOW
EUROPEAN GIGOLO (2005)
BENCHWARMERS (2006)

SCHNEIDER, Romy
actrice autrichienne (1938-1982)
SISSI IMPÉRATRICE (1956)
MONPTI (1957)
SISSI ET SON DESTIN (1957)
CHRISTINE (1958)
KATIA (1959)
BOCCACE 70 (1962)
TRIAL, THE (1962)
CARDINAL, THE (1963)
WHAT'S NEW, PUSSYCAT ? (1965)
PISCINE, LA (1968)
INCESTE, L' (1969)
CHOSES DE LA VIE, LES (1970)
MAX ET LES FERRAILLEURS (1970)
QUI ? (1970)
ASSASSINATION OF TROTSKY, THE (1972)
CÉSAR ET ROSALIE (1972)
AMOUR DE PLUIE, UN (1973)
MOUTON ENRAGÉ, LE (1973)
TRAIN, LE (1973)
IMPORTANT C'EST D'AIMER, L' (1974)
TRIO INFERNAL, LE (1974)
INNOCENTS AUX MAINS SALES, LES (1975)
VIEUX FUSIL, LE (1975)
FEMME À SA FENÊTRE, UNE (1977)
HISTOIRE SIMPLE, UNE (1978)
BLOODLINE (1979)
MORT EN DIRECT, LA (1979)
BANQUIÈRE, LA (1980)
GARDE À VUE (1981)
PASSANTE DU SANS-SOUCI, LA (1981)

SCHREIBER, Liev
acteur américain (1967-)
MIXED NUTS (1994)
DENISE CALLS UP (1995)
SCREAM II (1997)
TWILIGHT (1997)
SPHERE (1998)
WALK ON THE MOON, A (1998)
HURRICANE, THE (1999)
JAKOB THE LIAR (1999)
RKO 281 : BATTLE OVER
CITIZEN KANE (1999)
HAMLET (2000)
KATE & LEOPOLD (2001)
SUM OF ALL FEARS, THE (2002)
HITLER - THE RISE OF EVIL (2003)
MANCHURIAN CANDIDATE, THE (2004)

SCHWARTZMAN, Jason
acteur américain (1980-)
RUSHMORE (1998)
SIMONE (2001)
SLACKERS (2002)
SPUN (2002)
I HEART HUCKABEES (2004)
SHOPGIRL (2004)
BEWITCHED (2005)

SCHWARZENEGGER, Arnold
acteur autrichien (1947-)
LONG GOODBYE, THE (1973)
STAY HUNGRY (1976)
VILLAIN, THE (1979)
CONAN THE BARBARIAN (1981)
CONAN THE DESTROYER (1984)
TERMINATOR, THE (1984)
COMMANDO (1985)
RAW DEAL (1986)
PREDATOR (1987)
RUNNING MAN, THE (1987)
RED HEAT (1988)
TWINS (1988)
KINDERGARTEN COP (1990)
TOTAL RECALL (1990)
TERMINATOR II : JUDGMENT DAY (1991)
DAVE (1993)
LAST ACTION HERO (1993)
JUNIOR (1994)
TRUE LIES (1994)
ERASER (1996)
JINGLE ALL THE WAY (1996)
BATMAN & ROBIN (1997)
END OF DAYS (1999)
6th DAY, THE (2000)
COLLATERAL DAMAGE (2001)
TERMINATOR III : RISE OF
THE MACHINES (2003)

SCHWIMMER, David
acteur américain (1966-)
FRIENDS (1994-99)
PALLBEARER, THE (1996)
BREAST MEN (1997)
SIX DAYS, SEVEN NIGHTS (1998)
IT'S THE RAGE (1999)
PICKING UP THE PIECES (2000)
UPRISING, THE (2001)
DUANE HOPWOOD (2005)

SCHYGULLA, Hanna
actrice allemande (1943-)
GODS OF THE PLAGUE (1969)
KATZELMACHER (1969)
LOVE IS COLDER THAN DEATH (1969)
NIKLASHAUSEN JOURNEY, THE (1970)
BEWARE OF A HOLY WHORE (1971)
MARCHAND DE QUATRE SAISONS, LE (1971)
PIONEERS IN INGOLSTADT (1971)
RIO DAS MORTES (1971)
LARMES AMÈRES DE PETRA VON KANT, LES (1972)
EFFI BRIEST (1974)
FAUX MOUVEMENT (1975)
MARIAGE DE MARIA BRAUN, LE (1978)
BERLIN ALEXANDERPLATZ (1980)
CIRCLE OF DECEIT (1981)
ANTONIETA (1982)
NUIT DE VARENNES, LA (1982)
AMIE, L' (1983)
AMOUR EN ALLEMAGNE, UN (1983)
HISTOIRE DE PIERRA, L' (1983)
FUTUR EST FEMME, LE (1984)
FOREVER, LULU (1986)
DEAD AGAIN (1991)
WARSZAWA, ANNÉE 5703 (1992)
AUX PETITS BONHEURS (1993)
GOLEM : THE PETRIFIED GARDEN (1993)
LÉA (1996)
SUMMER OF MISS FORBES, THE (1998)
WERCKMEISTER HARMONIES (2000)

SCIORRA, Annabella
actrice américaine (1964-)
TRUE LOVE (1989)
CADILLAC MAN (1990)
INTERNAL AFFAIRS (1990)
REVERSAL OF FORTUNE (1990)
HARD WAY, THE (1991)
JUNGLE FEVER (1991)
HAND THAT ROCKS THE CRADLE (1992)
WHISPERS IN THE DARK (1992)
MR. WONDERFUL (1993)
NIGHT WE NEVER MET, THE (1993)
ROMEO IS BLEEDING (1993)
ADDICTION, THE (1995)
CURE, THE (1995)
NATIONAL LAMPOON'S FAVORITE DEADLY SINS (1995)
FUNERAL, THE (1996)
COP LAND (1997)
MR. JEALOUSY (1997)
NEW ROSE HOTEL (1998)
WHAT DREAMS MAY COME (1998)
ONCE IN THE LIFE (2000)
CHASING LIBERTY (2004)

SCOB, Edith
actrice française (1937-)
YEUX SANS VISAGE, LES (1959)
AMANTS DU PONT-NEUF, LES (1991)
ON PEUT TOUJOURS RÊVER (1991)
VÉNUS BEAUTÉ (INSTITUT) (1998)
CHAMBRE DES MAGICIENNES, LA (1999)
TEMPS RETROUVÉ, LE (1999)
COMÉDIE DE L'INNOCENCE (2000)
VIDOCQ (2001)
HOMME DU TRAIN, L' (2002)
ANNULAIRE, L' (2005)

SCOFIELD, Paul
acteur anglais (1922-)
TRAIN, THE (1964)
MAN FOR ALL SEASONS, A (1966)
KING LEAR (1970)
BARTLEBY (1972)
SCORPIO (1972)
DELICATE BALANCE, A (1973)
WHEN THE WHALES CAME (1983)
HENRY V (1989)
HAMLET (1990)
UTZ (1992)
MARTIN CHUZZLEWIT (1994)
QUIZ SHOW (1994)
CRUCIBLE, THE (1996)
ANIMAL FARM (1999)

SCOTT, Campbell
acteur américain (1962-)
LONGTIME COMPANION (1990)
SHELTERING SKY, THE (1990)
DYING YOUNG (1991)
SINGLES (1992)
INNOCENT, THE (1993)
MRS. PARKER AND THE VICIOUS CIRCLE (1994)
DAYTRIPPERS, THE (1996)
SPANISH PRISONER, THE (1997)
IMPOSTORS, THE (1998)
TOP OF THE FOOD CHAIN, THE (1999)
ROGER DODGER (2002)
SECRET LIVES OF DENTISTS, THE (2003)
SAINT RALPH (2004)
DUMA (2005)
DYING GAUL, THE (2005)
EXORCISM OF EMILY ROSE, THE (2005)

SCOTT, George C.
acteur américain (1927-1999)
ANATOMY OF A MURDER (1959)
HUSTLER, THE (1961)
DR. STRANGELOVE (1963)
LIST OF ADRIAN MESSENGER, THE (1963)
BIBLE, THE (1966)
FLIM FLAM MAN, THE (1967)
PETULIA (1968)
PATTON (1969)
JANE EYRE (1970)
HOSPITAL, THE (1971)
LAST RUN, THE (1971)
THEY MIGHT BE GIANTS (1971)
NEW CENTURIONS, THE (1972)
RAGE (1972)
BANK SHOT, THE (1974)
HINDENBURG, THE (1975)
ISLANDS IN THE STREAM (1976)
HARDCORE (1978)
CHANGELING, THE (1980)
FORMULA, THE (1980)
TAPS (1981)
OLIVER TWIST (1982)
LAST DAYS OF PATTON, THE (1986)
DESCENDING ANGEL (1990)
EXORCIST III, THE (1990)
MALICE (1993)
ANGUS (1995)
TITANIC (1996)
12 ANGRY MEN (1997)
GLORIA (1998)
INHERIT THE WIND (1999)

SCOTT, Randolph
acteur américain (1898-1987)
WILD HORSE MESA (1932)
MURDERS IN THE ZOO (1933)
SUNSET PASS (1933)
SHE (1935)
GO WEST, YOUNG MAN (1936)
LAST OF THE MOHICANS, THE (1936)
REBECCA OF SUNNYBROOK FARM (1938)
TEXANS, THE (1938)
SUSANNAH OF THE MOUNTIES (1939)
BELLE OF THE YUKON (1940)
VIRGINIA CITY (1940)
WHEN THE DALTONS RODE (1940)
DESPERADOES, THE (1942)
PITTSBURGH (1942)
TO THE SHORES OF TRIPOLI (1942)
GUNG HO ! (1943)
ABILENE TOWN (1945)
CAPTAIN KIDD (1946)
ALBUQUERQUE (1948)
CORONER CREEK (1948)
HANGMAN'S KNOT (1952)
STRANGER WORE A GUN, THE (1952)
TEN WANTED MEN (1954)
LAWLESS STREET, A (1955)
SEVEN MEN FROM NOW (1956)
COMANCHE STATION (1960)
RIDE THE HIGH COUNTRY (1962)

SCOTT, Seann William
acteur américain (1976-)
AMERICAN PIE (1999)
DUDE, WHERE'S MY CAR ? (2000)
FINAL DESTINATION (2000)
ROAD TRIP (2000)
AMERICAN WEDDING (2003)
BULLETPROOF MONK (2003)
DUKES OF HAZZARD (2005)

SCOTT, Zachary
acteur américain (1914-1965)
MILDRED PIERCE (1945)
SOUTHERNER, THE (1945)
CASS TIMBERLANE (1947)
RUTHLESS (1948)
FLAMINGO ROAD (1949)
LET'S MAKE IT LEGAL (1951)
YOUNG ONE, THE (1960)

SCOTT-THOMAS, Kristin
actrice anglaise (1960-)
UNDER THE CHERRY MOON (1986)
AGENT TROUBLE (1987)
FORCE MAJEURE (1988)
HANDFUL OF DUST, A (1988)
BILLE EN TÊTE (1989)
AUX YEUX DU MONDE (1991)
WEEP NO MORE MY LADY (1991)
BITTER MOON (1992)
FOUR WEDDINGS AND A FUNERAL (1993)
ÉTÉ INOUBLIABLE, UN (1994)
ANGELS & INSECTS (1995)
CONFESSIONNAL, LE (1995)
GULLIVER'S TRAVELS (1995)
POMPATUS OF LOVE, THE (1995)
RICHARD III (1995)
ENGLISH PATIENT, THE (1996)
AMOUR ET CONFUSIONS (1997)
HORSE WHISPERER, THE (1998)
RANDOM HEARTS (1999)

SEAGAL, Steven
acteur américain (1952-)
ABOVE THE LAW (1988)
HARD TO KILL (1990)
UNDER SIEGE (1992)
UNDER SIEGE 2 : DARK TERRITORY (1995)
EXECUTIVE DECISION (1996)
PATRIOT, THE (1998)
EXIT WOUNDS (2001)

SEBERG, Jean
actrice américaine (1938-1979)
SAINT JOAN (1956)
BONJOUR TRISTESSE (1957)
À BOUT DE SOUFFLE (1959)
MOUSE THAT ROARED, THE (1959)

RÉCRÉATION, LA (1961)
LILITH (1964)
MOMENT TO MOMENT (1965)
FINE MADNESS, A (1966)
ESTOUFFADE À LA CARAÏBE (1967)
ROUTE DE CORINTHE, LA (1967)
PAINT YOUR WAGON (1969)
AIRPORT (1970)
MACHO CALLAHAN (1970)
KILL ! (1971)
ATTENTAT, L' (1972)

SEDGWICK, Kyra
actrice américaine (1965-)
MAN WHO BROKE A 1000 CHAINS, THE (1987)
SINGLES (1992)
HEART AND SOULS (1993)
MURDER IN THE FIRST (1994)
PHENOMENON (1996)
CRITICAL CARE (1997)
MONTANA (1998)
JUST A KISS (2001)
DOOR TO DOOR (2002)
PERSONAL VELOCITY (2002)
WOODSMAN, THE (2004)
CLOSER, THE (2005)

SEGAL, George
acteur américain (1934-)
KING RAT (1965)
SHIP OF FOOLS (1965)
LOST COMMAND (1966)
QUILLER MEMORANDUM, THE (1966)
WHO'S AFRAID OF VIRGINIA WOOLF ? (1966)
NO WAY TO TREAT A LADY (1967)
ST. VALENTINE'S DAY MASSACRE, THE (1967)
BRIDGE AT REMAGEN, THE (1969)
OWL AND THE PUSSYCAT, THE (1970)
WHERE'S POPPA ? (1970)
BORN TO WIN (1971)
HOT ROCK, THE (1972)
BLUME IN LOVE (1973)
TOUCH OF CLASS, A (1973)
TERMINAL MAN, THE (1974)
BLACK BIRD, THE (1975)
DUCHESS AND THE DIRTWATER
FOX, THE (1976)
FUN WITH DICK AND JANE (1976)
ROLLERCOASTER (1977)
WHO IS KILLING THE GREAT CHEFS
OF EUROPE ? (1978)
LOOK WHO'S TALKING (1989)
FOR THE BOYS (1991)
IT'S MY PARTY (1995)
TO DIE FOR (1995)
CABLE GUY, THE (1996)
FLIRTING WITH DISASTER (1996)

SEIGNER, Emmanuelle
actrice française (1966-)
COURS PRIVÉ (1986)
FRANTIC (1988)
BITTER MOON (1992)
SOURIRE, LE (1993)
PLACE VENDÔME (1997)
NINTH GATE, THE (1999)
CORPS À CORPS (2003)
ILS SE MARIÈRENT ET EURENT
BEAUCOUP D'ENFANTS (2004)

SEIGNER, Mathilde
actrice française (1968-)
SOURIRE, LE (1993)
NETTOYAGE À SEC (1997)
VIVE LA RÉPUBLIQUE ! (1997)
VÉNUS BEAUTÉ (INSTITUT) (1998)
BLEU DES VILLES, LE (1999)
CHAMBRE DES MAGICIENNES, LA (1999)
HARRY, UN AMI QUI VOUS VEUT
DU BIEN (2000)
BETTY FISHER ET AUTRES HISTOIRES (2001)
HIRONDELLE A FAIT
LE PRINTEMPS, UNE (2001)
TRISTAN (2003)
COURAGE D'AIMER, LE (2004)
MARIAGES ! (2005)
PALAIS ROYAL ! (2005)

SELLECK, Tom
acteur américain (1945-)
MYRA BRECKINRIDGE (1970)
COMA (1978)
SHADOW RIDERS (1982)
THREE MEN AND A BABY (1987)
INNOCENT MAN, AN (1989)
QUIGLEY DOWN UNDER (1990)
THREE MEN AND A LITTLE LADY (1990)
CHRISTOPHER COLUMBUS :
THE DISCOVERY (1992)
LAST STAND AT SABER RIVER (1996)
IN & OUT (1997)

SELLERS, Peter
acteur anglais (1925-1980)
JOHN AND JULIE (1954)
LADYKILLERS, THE (1955)
SMALLEST SHOW ON EARTH (1956)
CARLTON BROWNE OF THE F.O. (1958)
TOM THUMB (1958)
I'M ALL RIGHT, JACK (1959)
MOUSE THAT ROARED, THE (1959)
MILLIONAIRESS, THE (1960)
NEVER LET GO (1960)
TWO-WAY STRETCH (1961)
LOLITA (1962)
ONLY TWO CAN PLAY (1962)
ROAD TO HONG KONG, THE (1962)
WALTZ OF THE TOREADORS (1962)
DR. STRANGELOVE (1963)
HEAVENS ABOVE (1963)
PINK PANTHER, THE (1963)
THE WRONG ARM OF THE LAW (1963)
SHOT IN THE DARK, A (1964)
WORLD OF HENRY ORIENT, THE (1964)
WHAT'S NEW, PUSSYCAT ? (1965)
AFTER THE FOX (1966)
ALICE IN WONDERLAND (1966)
WRONG BOX, THE (1966)
BOBO, THE (1967)
CASINO ROYALE (1967)
PARTY, THE (1967)
WOMAN TIMES SEVEN (1967)
I LOVE YOU, ALICE B. TOKLAS (1968)
HOFFMAN (1969)
MAGIC CHRISTIAN, THE (1969)
THERE'S A GIRL IN MY SOUP (1970)
RETURN OF THE PINK PANTHER, THE (1974)
MURDER BY DEATH (1976)
PINK PANTHER STRIKES AGAIN, THE (1976)
REVENGE OF THE PINK PANTHER, THE (1978)
BEING THERE (1979)
PRISONER OF ZENDA, THE (1979)
FIENDISH PLOT OF
DR. FU MANCHU, THE (1980)
TRAIL OF THE PINK PANTHER (1982)

SERBEDZIJA, Rade
acteur yougoslave (1946-)
BEFORE THE RAIN (1994)
BROKEN ENGLISH (1996)
TRÊVE, LA (1996)
POLISH WEDDING (1997)
SAINT, THE (1997)
MIGHTY JOE YOUNG (1998)
STIGMATA (1999)
SNATCH (2000)

SERRAULT, Michel
acteur français (1928-)
DIABOLIQUES, LES (1955)
ASSASSINS ET VOLEURS (1956)
OH ! QUE MAMBO (1959)
REPOS DU GUERRIER, LE (1962)
ROI DE CŒUR, LE (1966)
GASPARDS, LES (1973)
C'EST PAS PARCE QU'ON A RIEN À DIRE
QU'IL FAUT FERMER SA GUEULE (1974)
PRÉPAREZ VOS MOUCHOIRS (1977)
ARGENT DES AUTRES, L' (1978)
CAGE AUX FOLLES, LA (1978)
ASSOCIÉ, L' (1979)
BUFFET FROID (1979)
CAGE AUX FOLLES 2, LA (1980)
GARDE À VUE (1981)
DEUX HEURES MOINS LE QUART
AVANT JÉSUS-CHRIST (1982)
FANTÔMES DU CHAPELIER, LES (1982)
QUARANTIÈMES RUGISSANTS, LES (1982)
BON PLAISIR, LE (1983)
MORTELLE RANDONNÉE (1983)
À MORT L'ARBITRE (1984)
ROIS DU GAG, LES (1984)
CAGE AUX FOLLES 3, LA (1985)
LIBERTÉ, ÉGALITÉ, CHOUCROUTE (1985)
ON NE MEURT QUE DEUX FOIS (1985)
MIRACULÉ, LE (1986)
EN TOUTE INNOCENCE (1987)
BONJOUR L'ANGOISSE (1988)
COMÉDIE D'AMOUR (1989)
DOCTEUR PETIOT (1990)
VIEILLE QUI MARCHAIT
DANS LA MER, LA (1991)
BONHEUR EST DANS LE PRÉ, LE (1995)
NELLY ET MONSIEUR ARNAUD (1995)
ASSASSIN(S) (1996)
BEAUMARCHAIS L'INSOLENT (1996)
ARTEMISIA (1997)
RIEN NE VA PLUS (1997)
ENFANTS DU MARAIS, LES (1998)
ACTEURS, LES (1999)
MONDE DE MARTY, LE (1999)
LIBERTIN, LE (2000)
BELPHÉGOR : LE FANTÔME DU LOUVRE (2001)
HIRONDELLE A FAIT
LE PRINTEMPS, UNE (2001)
24 HEURES DE LA VIE D'UNE FEMME (2002)
PAPILLON, LE (2002)
ALBERT EST MÉCHANT (2003)

SERVAIS, Jean
acteur belge (1910-1976)
ANGÈLE (1934)
DU RIFIFI CHEZ LES HOMMES (1955)
FIÈVRE MONTE À EL PAO, LA (1959)
HOMME DE RIO, L' (1964)
BLACK JESUS (1968)
DEVIL'S NIGHTMARE (1971)
PLUS LONGUE NUIT DU DIABLE, LA (1971)

SEVIGNY, Chloë
actrice américaine (1974-)
KIDS (1995)
TREES LOUNGE (1996)
GUMMO (1997)
PALMETTO (1997)
LAST DAYS OF DISCO, THE (1998)
BOYS DON'T CRY (1999)
IF THESE WALLS COULD TALK II (1999)

MAP OF THE WORLD, A (1999)
AMERICAN PSYCHO (2000)
DEMONLOVER (2002)
PARTY MONSTER (2003)
SHATTERED GLASS (2003)
BROWN BUNNY (2004)
MELINDA AND MELINDA (2004)
3 NEEDLES (2005)
BROKEN FLOWERS (2005)

SEWELL, Rufus
acteur anglais (1967-)
MAN OF NO IMPORTANCE, A (1994)
CARRINGTON (1995)
VICTORY (1995)
DANGEROUS BEAUTY (1997)
DARK CITY (1997)
ILLUMINATA (1998)
BLESS THE CHILD (2000)
KNIGHT'S TALE, A (2001)
SHE CREATURE (2001)
HELEN OF TROY (2003)
LEGEND OF ZORRO, THE (2005)
TRISTAN AND ISOLDE (2005)

SEYMOUR HOFFMAN, Philip
acteur américain (1967-)
SCENT OF A WOMAN (1992)
BOOGIE NIGHTS (1997)
HAPPINESS (1998)
PATCH ADAMS (1998)
FLAWLESS (1999)
MAGNOLIA (1999)
TALENTED MR. RIPLEY, THE (1999)
STATE AND MAIN (2000)
25th HOUR (2002)
LOVE LIZA (2002)
PUNCH-DRUNK LOVE (2002)
RED DRAGON (2002)
COLD MOUNTAIN (2003)
OWNING MAHOWNY (2003)
ALONG CAME POLLY (2004)
CAPOTE (2005)
EMPIRE FALLS (2005)
MISSION : IMPOSSIBLE III (2006)

SEYMOUR, Jane
actrice américaine (1951-)
LIVE AND LET DIE (1973)
FOUR FEATHERS, THE (1977)
SINBAD AND THE EYE OF THE TIGER (1977)
BATTLESTAR GALLACTICA (1978)
OH ! HEAVENLY DOG (1980)
SOMEWHERE IN TIME (1980)
SCARLET PIMPERNEL, THE (1982)
WAR AND REMEMBRANCE (1989)
HEIDI (1993)
WEDDING CRASHERS (2005)

SEYRIG, Delphine
actrice française (1932-1990)
ANNÉE DERNIÈRE
À MARIENBAD, L' (1961)
MURIEL OU LE TEMPS
D'UN RETOUR (1962)
ACCIDENT (1967)
BAISERS VOLÉS (1968)
VOIE LACTÉE, LA (1968)
PEAU D'ÂNE (1970)
ROUGE AUX LÈVRES, LE (1971)
CHARME DISCRET
DE LA BOURGEOISIE, LE (1972)
DAY OF THE JACKAL, THE (1973)
DOLL'S HOUSE, A (1973)
INDIA SONG (1975)
GOLDEN EIGHTIES (1985)

SHALHOUB, Tony
acteur américain (1953-)
BIG NIGHT (1996)
MEN IN BLACK (1997)
CIVIL ACTION, A (1998)
IMPOSTORS, THE (1998)
PAULIE (1998)
SIEGE, THE (1998)
GALAXY QUEST (1999)
IMPOSTOR (2001)
SPY KIDS (2001)
THIRTEEN GHOSTS (2001)
LIFE OR SOMETHING LIKE IT (2002)
MEN IN BLACK II (2002)
MONK (2002)
AGAINST THE ROPES (2003)
LAST SHOT, THE (2004)

SHARIF, Omar
acteur égyptien (1932-)
LAWRENCE OF ARABIA (1962)
FALL OF THE ROMAN EMPIRE, THE (1963)
BEHOLD A PALE HORSE (1964)
DOCTOR ZHIVAGO (1965)
YELLOW ROLLS-ROYCE, THE (1965)
NIGHT OF THE GENERALS, THE (1967)
FUNNY GIRL (1968)
MACKENNA'S GOLD (1968)
MAYERLING (1968)
HORSEMEN, THE (1970)
LAST VALLEY, THE (1970)
CASSE, LE (1971)
DROIT D'AIMER, LE (1972)
FUNNY LADY (1974)
JUGGERNAUT (1974)
PINK PANTHER STRIKES AGAIN, THE (1976)
ASHANTI (1978)
BLOODLINE (1979)
OH ! HEAVENLY DOG (1980)
MARTINGALE, LA (1983)
TOP SECRET ! (1984)
RAINBOW THIEF, THE (1990)
588, RUE PARADIS (1991)
MAYRIG (1991)
GULLIVER'S TRAVELS (1995)
13th WARRIOR, THE (1999)
MONSIEUR IBRAHIM ET
LES FLEURS DU CORAN (2003)
HIDALGO (2004)

SHATNER, William
acteur canadien (1931-)
BROTHERS KARAMAZOV, THE (1958)
INTRUDER, THE (1961)
JUDGMENT AT NUREMBERG (1961)
INCUBUS (1965)
STAR TREK ORIGINAL SERIES
(SEASON I) (1966)
GO ASK ALICE (1972)
BIG BAD MAMA (1974)
DEVIL'S RAIN, THE (1975)
STAR TREK I : THE MOTION PICTURE (1979)
VISITING HOURS (1981)
AIRPLANE II : THE SEQUEL (1982)
STAR TREK II : THE WRATH OF KHAN (1982)
STAR TREK III :
THE SEARCH FOR SPOCK (1984)
STAR TREK IV : THE VOYAGE HOME (1986)
STAR TREK V : THE FINAL FRONTIER (1989)
BILL AND TED'S BOGUS JOURNEY (1991)
STAR TREK VI :
THE UNDISCOVERED COUNTRY (1991)
NATIONAL LAMPOON'S
LOADED WEAPON 1 (1993)
STAR TREK : GENERATIONS (1994)
STAR TREK : FIRST CONTACT (1996)

FREE ENTERPRISE (1998)
MISS CONGENIALITY (2000)
SHOOT OR BE SHOT (2002)

SHAW, Fiona
actrice irlandaise (1958-)
MOUNTAINS OF THE MOON (1989)
UNDERCOVER BLUES (1993)
PERSUASION (1995)
BUTCHER BOY, THE (1997)
LEO TOLSTOY'S ANNA KARENINA (1997)
AVENGERS, THE (1998)
RKO 281 : BATTLE OVER
CITIZEN KANE (1999)
GORMENGHAST (2000)
TRIUMPH OF LOVE (2001)
CLOSE YOUR EYES (2002)
HARRY POTTER AND
THE PRISONER OF AZKABAN (2004)

SHAW, Robert
acteur anglais (1927-1978)
FROM RUSSIA WITH LOVE (1963)
MAN FOR ALL SEASONS, A (1966)
CUSTER OF THE WEST (1967)
DIAMONDS (1975)
JAWS (1975)
BLACK SUNDAY (1976)
ROBIN AND MARIAN (1976)
SWASHBUCKLER (1976)
DEEP, THE (1977)
FORCE 10 FROM NAVARONE (1978)

SHAWN, Wallace
acteur américain (1943-)
WE'RE NO ANGELS (1955)
ALL THAT JAZZ (1979)
MANHATTAN (1979)
ATLANTIC CITY (1980)
MY DINNER WITH ANDRÉ (1981)
CRACKERS (1983)
DEAL OF THE CENTURY (1983)
STRANGE INVADERS (1983)
BOSTONIANS, THE (1984)
HOTEL NEW HAMPSHIRE, THE (1984)
MICKI + MAUDE (1984)
BEDROOM WINDOW, THE (1987)
PRICK UP YOUR EARS (1987)
PRINCESS BRIDE, THE (1987)
RADIO DAYS (1987)
MODERNS, THE (1988)
SCENES FROM THE CLASS STRUGGLE
IN BEVERLY HILLS (1989)
SHE'S OUT OF CONTROL (1989)
SHADOWS AND FOG (1991)
MOM AND DAD SAVE THE WORLD (1992)
MRS. PARKER AND
THE VICIOUS CIRCLE (1994)
VANYA ON 42nd STREET (1994)
CLUELESS (1995)
WIFE, THE (1996)
CRITICAL CARE (1997)
MY FAVORITE MARTIAN (1999)
PRIME GIG, THE (2000)
PERSONAL VELOCITY (2002)
HAUNTED MANSION (2003)
MELINDA AND MELINDA (2004)
VOICES OF PEOPLE'S HISTORY
OF THE USA (2005)

SHEARER, Norma
actrice américaine (1900-1983)
STUDENT PRINCE
IN OLD HEIDELBERG, THE (1927)
DIVORCEE, THE (1930)
FREE SOUL, A (1931)

PRIVATE LIVES (1931)
SMILIN' THROUGH (1932)
STRANGE INTERLUDE (1932)
BARRETTS OF WIMPOLE STREET (1934)
RIPTIDE (1934)
ROMEO AND JULIET (1936)
MARIE ANTOINETTE (1939)
WOMEN, THE (1939)

SHEEDY, Ally
actrice américaine (1962-)
BAD BOYS (1983)
WARGAMES (1983)
SHORT CIRCUIT (1986)
HEART OF DIXIE (1989)
LOST CAPONE, THE (1990)
ONLY THE LONELY (1991)
CHANTILLY LACE (1993)
HIGH ART (1998)
SHOOTING LIVIEN (2005)

SHEEN, Charlie
acteur américain (1965-)
FERRIS BUELLER'S DAY OFF (1986)
LUCAS (1986)
PLATOON (1986)
WRAITH, THE (1986)
NO MAN'S LAND (1987)
WALL STREET (1987)
BACKTRACK (1988)
EIGHT MEN OUT (1988)
YOUNG GUNS (1988)
COURAGE MOUNTAIN (1989)
MAJOR LEAGUE (1989)
MEN AT WORK (1990)
ROOKIE, THE (1990)
HOT SHOTS ! (1991)
HOT SHOTS ! PART DEUX (1993)
NATIONAL LAMPOON'S
LOADED WEAPON 1 (1993)
TERMINAL VELOCITY (1994)
ARRIVAL, THE (1996)
MONEY TALKS (1997)
BEING JOHN MALKOVICH (1999)
RATED-X (1999)
SCARY MOVIE 3 (2003)
BIG BOUNCE, THE (2004)

SHEEN, Martin
acteur américain (1940-)
INCIDENT, THE (1967)
CATCH 22 (1970)
PURSUIT (1972)
RAGE (1972)
BADLANDS (1973)
CASSANDRA CROSSING, THE (1976)
LITTLE GIRL WHO LIVES
DOWN THE LANE, THE (1976)
APOCALYPSE NOW (1979)
APOCALYPSE NOW REDUX (1979)
GANDHI (1982)
THAT CHAMPIONSHIP SEASON (1982)
DEAD ZONE, THE (1983)
BELIEVERS, THE (1987)
DEAR AMERICA : LETTERS HOME
FROM VIETNAM (1987)
JUDGEMENT IN BERLIN (1987)
SIESTA (1987)
WALL STREET (1987)
DA (1988)
GETTYSBURG (1993)
AMERICAN PRESIDENT, THE (1995)
GUN (1996)
SPAWN (1997)
WEST WING, THE (SEASON I) (1999)
CATCH ME IF YOU CAN (2002)

SHEEN, Michael
acteur gallois (1969-)
WILDE (1997)
FOUR FEATHERS, THE (2002)
HEARTLANDS (2002)
BRIGHT YOUNG THINGS (2003)
UNDERWORLD (2003)
LAWS OF ATTRACTION (2004)
KINGDOM OF HEAVEN (2005)

SHEFFER, Craig
acteur américain (1960-)
THAT WAS THEN, THIS IS NOW (1985)
SOME KIND OF WONDERFUL (1987)
NIGHTBREED (1990)
EYE OF THE STORM (1991)
FIRE IN THE SKY (1993)
DESPERATE TRAIL, THE (1994)
SLEEP WITH ME (1994)
WINGS OF COURAGE (1995)
MISS EVER'S BOYS (1996)
BLISS (1997)
HELLRAISER V : INFERNO (2000)
WATER UNDER THE BRIDGE (2003)

SHEPARD, Sam
acteur américain (1943-)
DAYS OF HEAVEN (1978)
RESURRECTION (1980)
RAGGEDY MAN (1981)
FRANCES (1982)
RIGHT STUFF, THE (1983)
FOOL FOR LOVE (1985)
CRIMES OF THE HEART (1986)
BABY BOOM (1987)
FAR NORTH (1988)
STEEL MAGNOLIAS (1989)
BRIGHT ANGEL (1990)
DEFENSELESS (1991)
VOYAGER (1991)
THUNDERHEART (1992)
PELICAN BRIEF, THE (1993)
SAFE PASSAGE (1993)
PURGATORY (1999)
SNOW FALLING ON CEDARS (1999)
ALL THE PRETTY HORSES (2000)
HAMLET (2000)
BLACK HAWK DOWN (2001)
SHOT IN THE HEART (2001)
SWORDFISH (2001)
NOTEBOOK, THE (2004)
DON'T COME KNOCKING (2005)

SHERIDAN, Ann
actrice américaine (1915-1967)
BLACK LEGION (1937)
SAN QUENTIN (1937)
ANGELS WITH DIRTY FACES (1939)
CITY FOR CONQUEST (1940)
THEY DRIVE BY NIGHT (1940)
KINGS ROW (1941)
MAN WHO CAME TO DINNER, THE (1942)
GOOD SAM (1948)
SILVER RIVER (1948)
I WAS A MALE WAR BRIDE (1949)

SHERIDAN, Jamey
acteur américain (1951-)
WHISPERS IN THE DARK (1992)
STAND, THE (1994)
ICE STORM, THE (1997)
WILD AMERICA (1997)
LUMINOUS MOTION (1998)
LAW AND ORDER :
CRIMINAL INTENT (2001)
RAIN (2001)

SHIELDS, Brooke
actrice américaine (1965-)
ALICE, SWEET ALICE (1976)
PRETTY BABY (1977)
WANDA NEVADA (1979)
BLUE LAGOON, THE (1980)
SAHARA (1983)
BRENDA STARR (1987)
FREAKED (1993)
FREEWAY (1996)
BLACK AND WHITE (1999)
WEEKEND, THE (1999)

SHIMURA, Takashi
acteur japonais (1905-1982)
JE NE REGRETTE PAS MA JEUNESSE (1946)
ANGE IVRE, L' (1948)
CHIEN ENRAGÉ, UN (1949)
QUIET DUEL, THE (1949)
SCANDAL (1950)
IDIOT, L' (1951)
SEPT SAMOURAÏS, LES (1954)
I LIVE IN FEAR (1955)

SHIRE, Talia
actrice américaine (1946-)
DUNWICH HORROR, THE (1970)
GODFATHER II, THE (1974)
ROCKY (1976)
PROPHECY (1979)
ROCKY II (1979)
ROCKY III (1982)
ROCKY IV (1985)
ROCKY V (1990)
CHANTILLY LACE (1993)

SHISHIDO, Jo
acteur japonais (1933-)
YOUTH OF THE BEAST (1963)
GATE OF FLESH (1964)
BRANDED TO KILL (1967)
VELVET HUSTLER (1967)
MOST TERRIBLE TIME IN MY LIFE, THE (1994)
STAIRWAY TO THE DISTANT PAST (1995)
TRAP, THE (1996)

SHORT, Martin
acteur canadien (1950-)
THREE AMIGOS ! (1986)
THREE FUGITIVES (1989)
CLIFFORD (1991)
PURE LUCK (1991)
CAPTAIN RON (1992)
FATHER OF THE BRIDE 2 (1995)
JUNGLE 2 JUNGLE (1997)
SIMPLE WISH, A (1997)
MERLIN (1998)

SHUE, Elisabeth
actrice américaine (1963-)
KARATE KID, THE (1984)
LINK (1985)
ADVENTURES IN BABYSITTING (1987)
COCKTAIL (1988)
BACK TO THE FUTURE II (1989)
BACK TO THE FUTURE III (1990)
SOAPDISH (1991)
HEART AND SOULS (1993)
UNDERNEATH, THE (1994)
LEAVING LAS VEGAS (1995)
TRIGGER EFFECT, THE (1996)
DECONSTRUCTING HARRY (1997)
PALMETTO (1997)
SAINT, THE (1997)
MOLLY (1999)
HOLLOW MAN (2000)

MYSTERIOUS SKIN (2004)
DREAMER : INSPIRED BY A TRUE STORY (2005)
HIDE AND SEEK (2005)

SICOTTE, Gilbert
acteur québécois (1948-)
TI-CUL TOUGAS (1975)
JE SUIS LOIN DE TOI MIGNONNE (1976)
BONS DÉBARRAS, LES (1979)
CORDÉLIA (1979)
AFFAIRE COFFIN, L' (1980)
FANTASTICA (1980)
MARIA CHAPDELAINE (1983)
ANNÉES DE RÊVES, LES (1984)
ANNE TRISTER (1986)
NOCES DE PAPIER, LES (1988)
LÉOLO (1992)
SARRASINE, LA (1992)
SHABBAT SHALOM ! (1992)
CAP TOURMENTE (1993)
POTS CASSÉS, LES (1993)
VIE D'UN HÉROS, LA (1994)
ENFANT D'EAU, L' (1995)
FORTIER SÉRIE (1999-2000)

SIDNEY, Sylvia
actrice américaine (1910-1999)
DEAD END (1936)
FURY (1936)
SABOTAGE (1936)
WAGONS ROLL AT NIGHT, THE (1941)
BLOOD ON THE SUN (1945)
SUMMER WISHES, WINTER DREAMS (1973)
I NEVER PROMISED YOU A ROSE GARDEN (1976)
COME ALONG WITH ME (1981)
EARLY FROST, AN (1985)

SIGNORET, Simone
actrice française (1921-1985)
VISITEURS DU SOIR, LES (1942)
FANTÔMAS (1947)
GUNMAN IN THE STREETS (1950)
RONDE, LA (1950)
CASQUE D'OR (1951)
THÉRÈSE RAQUIN (1953)
DIABOLIQUES, LES (1955)
ROOM AT THE TOP (1959)
SHIP OF FOOLS (1965)
PARIS BRÛLE-T-IL ? (1966)
AVEU, L' (1970)
CHAT, LE (1971)
VEUVE COUDERC, LA (1971)
GRANGES BRÛLÉES, LES (1973)
RUDE JOURNÉE POUR LA REINE (1973)
POLICE PYTHON 357 (1975)
VIE DEVANT SOI, LA (1977)

SILVER, Ron
acteur américain (1946-)
ENTITY, THE (1981)
SILKWOOD (1983)
GARBO TALKS (1984)
BLUE STEEL (1989)
ENEMIES, A LOVE STORY (1989)
FELLOW TRAVELLER, THE (1989)
REVERSAL OF FORTUNE (1990)
MARRIED TO IT (1991)
MR. SATURDAY NIGHT (1992)
ARRIVAL, THE (1996)
GIRL 6 (1996)
FESTIVAL IN CANNES (2001)
MASTER SPY : THE ROBERT HANSSEN STORY (2002)

SILVERS, Phil
acteur américain (1911-1985)
ALL THROUGH THE NIGHT (1941)
LADY TAKES A CHANCE, A (1943)
COVER GIRL (1944)
THOUSAND AND ONE NIGHTS, A (1945)
SUMMER STOCK (1950)
LUCKY ME (1953)
FUNNY THING HAPPENED ON THE WAY TO THE FORUM, A (1966)
BUONA SERA, MRS. CAMPBELL (1968)

SILVERSTONE, Alicia
actrice américaine (1976-)
CLUELESS (1995)
BATMAN & ROBIN (1997)
EXCESS BAGGAGE (1997)
BLAST FROM THE PAST (1998)
LOVE'S LABOUR'S LOST (1999)
COOL & THE CRAZY (2003)
BEAUTY SHOP (2005)

SIM, Alastair
acteur anglais (1900-1976)
HAPPIEST DAYS OF YOUR LIFE, THE (1950)
SCROOGE (1951)
BELLES OF ST. TRINIANS, THE (1954)
MILLIONAIRESS, THE (1960)
SCHOOL FOR SCOUNDRELS (1960)
LITTLEST HORSE THIEVES (1976)
ROGUE MALE (1976)

SIMMONS, Jean
actrice anglaise (1929-)
BLACK NARCISSUS (1946)
GREAT EXPECTATIONS (1946)
HAMLET (1948)
ANDROCLES AND THE LION (1952)
EGYPTIAN, THE (1953)
ROBE, THE (1953)
YOUNG BESS (1953)
DEMETRIUS AND THE GLADIATORS (1954)
DESIREE (1954)
GUYS AND DOLLS (1955)
THIS COULD BE THE NIGHT (1956)
UNTIL THEY SAIL (1957)
BIG COUNTRY, THE (1958)
ELMER GANTRY (1960)
GRASS IS GREENER, THE (1960)
SPARTACUS (1960)
ROUGH NIGHT IN JERICHO (1967)
HAPPY ENDING, THE (1969)
GOLDEN GATE (1981)
DAWNING, THE (1988)
HOW TO MAKE AN AMERICAN QUILT (1995)

SIMON, Michel
acteur français (1895-1975)
PASSION DE JEANNE D'ARC, LA (1928)
CHIENNE, LA (1931)
BOUDU SAUVÉ DES EAUX (1932)
ATALANTE, L' (1934)
DRÔLE DE DRAME (1937)
QUAI DES BRUMES (1938)
CIRCONSTANCES ATTÉNUANTES (1939)
BEAUTÉ DU DIABLE, LA (1949)
POISON, LA (1951)
DIABLE ET LES DIX COMMANDEMENTS, LE (1962)
TRAIN, THE (1964)

SIMON, Simone
actrice française (1910-2005)
BÊTE HUMAINE, LA (1938)
CAT PEOPLE (1942)
DEVIL AND DANIEL WEBSTER, THE (1942)
CURSE OF THE CAT PEOPLE, THE (1944)
MADEMOISELLE FIFI (1944)
RONDE, LA (1950)
PLAISIR, LE (1951)
FEMME EN BLEU, LA (1973)

SINATRA, Frank
acteur américain (1915-1998)
ANCHORS AWEIGH (1944)
STEP LIVELY (1944)
IT HAPPENED IN BROOKLYN (1947)
TILL THE CLOUDS ROLL BY (1947)
MIRACLE OF THE BELLS, THE (1948)
ON THE TOWN (1949)
TAKE ME OUT TO THE BALL GAME (1949)
DOUBLE DYNAMITE (1951)
MEET DANNY WILSON (1951)
FROM HERE TO ETERNITY (1953)
SUDDENLY (1953)
YOUNG AT HEART (1954)
GUYS AND DOLLS (1955)
HIGH SOCIETY (1955)
MAN WITH THE GOLDEN ARM, THE (1955)
NOT AS A STRANGER (1955)
TENDER TRAP, THE (1955)
PAL JOEY (1957)
PRIDE AND THE PASSION, THE (1957)
KINGS GO FORTH (1958)
HOLE IN THE HEAD (1959)
NEVER SO FEW (1959)
SOME CAME RUNNING (1959)
CAN-CAN (1960)
OCEAN'S 11 (1960)
DEVIL AT 4 O'CLOCK, THE (1961)
MANCHURIAN CANDIDATE (1962)
ROAD TO HONG KONG, THE (1962)
4 FOR TEXAS (1963)
COME BLOW YOUR HORN (1963)
LIST OF ADRIAN MESSENGER, THE (1963)
PARIS WHEN IT SIZZLES (1963)
ROBIN AND THE SEVEN HOODS (1964)
MARRIAGE ON THE ROCKS (1965)
NONE BUT THE BRAVE (1965)
OSCAR, THE (1965)
VON RYAN'S EXPRESS (1965)
ASSAULT ON A QUEEN (1966)
TONY ROME (1967)
DETECTIVE, THE (1968)
LADY IN CEMENT (1968)
DIRTY DINGUS MAGEE (1970)
THAT'S ENTERTAINMENT (1974)
FIRST DEADLY SIN, THE (1980)
LISTEN UP : THE LIVES OF QUINCY JONES (1990)
FRANK SINATRA : THE VERY GOOD YEARS (1998)

SINISE, Gary
acteur américain (1955-)
MY NAME IS BILL W. (1989)
JACK THE BEAR (1992)
MIDNIGHT CLEAR, A (1992)
OF MICE AND MEN (1992)
FORREST GUMP (1994)
STAND, THE (1994)
APOLLO 13 (1995)
QUICK AND THE DEAD, THE (1995)
ALBINO ALLIGATOR (1996)
RANSOM (1996)
SNAKE EYES (1998)
IT'S THE RAGE (1999)
BRUNO (2000)
MISSION TO MARS (2000)
REINDEER GAMES (2000)
IMPOSTOR (2001)
HUMAN STAIN, THE (2003)

BIG BOUNCE, THE (2004)
FORGOTTEN, THE (2004)

SISTO, Jeremy
acteur américain (1974-)
GRAND CANYON (1991)
WHITE SQUALL (1995)
SUICIDE KINGS (1997)
WITHOUT LIMITS (1998)
JESUS (1999)
DEAD DOG (2000)
TRACK DOWN (2000)
ANGEL EYES (2001)
JULIUS CAESAR (2002)
THIRTEEN (2003)
DEAD AND BREAKFAST (2004)
HEART IS DECEITFUL ABOVE ALL THINGS, THE (2004)
PARANOIA 1.0 (2004)
A LOT LIKE LOVE (2005)

SIZEMORE, Tom
acteur américain (1964-)
MATTER OF DEGREES, A (1991)
PASSENGER 57 (1992)
HEART AND SOULS (1993)
DEVIL IN A BLUE DRESS (1995)
HEAT (1995)
RELIC, THE (1996)
ENEMY OF THE STATE (1998)
SAVING PRIVATE RYAN (1998)
WITNESS TO THE MOB (1998)
BRINGING OUT THE DEAD (1999)
PLAY IT TO THE BONE (1999)
RED PLANET (2000)
BLACK HAWK DOWN (2001)
PEARL HARBOR (2001)
DREAMCATCHER (2003)
PAPARAZZI (2004)

SKARSGARD, Stellan
acteur suédois (1951-)
HIP HIP HURRA ! (1987)
PERFECT MURDER, THE (1988)
WOMEN ON THE ROOF, THE (1989)
HUNT FOR RED OCTOBER (1990)
OX, THE (1991)
WIND (1992)
LANCE-PIERRES, LE (1993)
ZERO KELVIN (1995)
AMOUR EST UN POUVOIR SACRÉ, L' (1996)
GOOD WILL HUNTING (1997)
INSOMNIA (1997)
MY SON THE FANATIC (1997)
RONIN (1998)
SAVIOR (1998)
DEEP BLUE SEA (1999)
PASSION OF MIND (2000)
SIGNS AND WONDERS (2000)
ABERDEEN (2001)
GLASS HOUSE (2001)
TAKING SIDES : LE CAS FURTWANGLER (2001)
DOGVILLE (2003)
DOMINION - PREQUEL TO THE EXORCIST (2004)
EXORCIST, THE : BEGINNING (2004)
BEOWULF & GRENDEL (2005)

SKELTON, Red
acteur américain (1913-1997)
WHISTLING IN THE DARK (1940)
PANAMA HATTIE (1942)
WHISTLING IN DIXIE (1942)
I DOOD IT (1943)
THOUSANDS CHEER (1943)
WHISTLING IN BROOKLYN (1943)
BATHING BEAUTY (1944)
SHOW-OFF, THE (1946)
ZIEGFELD FOLLIES (1946)
FULLER BRUSH MAN, THE (1947)
MERTON OF THE MOVIES (1947)
NEPTUNE'S DAUGHTER (1949)
YELLOW CAB MAN, THE (1950)
WATCH THE BIRDIE (1951)
LOVELY TO LOOK AT (1952)
OCEAN'S 11 (1960)

SKERRITT, Tom
acteur américain (1933-)
M*A*S*H (1969)
WILD ROVERS (1971)
THIEVES LIKE US (1974)
DEVIL'S RAIN, THE (1975)
TURNING POINT, THE (1977)
UP IN SMOKE (1978)
ALIEN (1979)
FIGHTING BACK (1982)
DEAD ZONE, THE (1983)
SPACECAMP (1986)
TOP GUN (1986)
BIG TOWN, THE (1987)
WISDOM (1987)
POLTERGEIST III (1988)
STEEL MAGNOLIAS (1989)
ROOKIE, THE (1990)
KNIGHT MOVES (1992)
RIVER RUNS THROUGH IT, A (1992)
SINGLES (1992)
OTHER SISTER, THE (1999)
TEARS OF THE SUN (2003)
DESPERATION (2006)

SKYE, Ione
actrice anglaise (1971-)
SAY ANYTHING... (1989)
CARMILLA (1990)
MINDWALK (1990)
GAS FOOD LODGING (1991)
GIRLS IN PRISON (1994)
FOUR ROOMS (1995)
SIZE OF WATERMELONS, THE (1996)
FEVER PITCH (2005)

SLATER, Christian
acteur américain (1969-)
NAME OF THE ROSE, THE (1986)
TUCKER : THE MAN AND HIS DREAM (1988)
HEATHERS (1989)
PUMP UP THE VOLUME (1990)
TALES FROM THE DARKSIDE : THE MOVIE (1990)
YOUNG GUNS II (1990)
KUFFS (1991)
MOBSTERS (1991)
ROBIN HOOD : PRINCE OF THIEVES (1991)
STAR TREK VI : THE UNDISCOVERED COUNTRY (1991)
TRUE ROMANCE (1993)
UNTAMED HEART (1993)
INTERVIEW WITH THE VAMPIRE (1994)
JIMMY HOLLYWOOD (1994)
MURDER IN THE FIRST (1994)
BED OF ROSES (1995)
BROKEN ARROW (1996)
HARD RAIN (1997)
JULIAN PO (1997)
VERY BAD THINGS (1998)
CONTENDER, THE (2000)
3000 MILES TO GRACELAND (2001)
WINDTALKERS (2002)
PURSUED (2004)

SLEZAK, Walter
acteur autrichien (1902-1983)
MICHAEL (1924)
ONCE UPON A HONEYMOON (1942)
FALLEN SPARROW, THE (1943)
LIFEBOAT (1943)
PRINCESS AND THE PIRATE, THE (1944)
CORNERED (1945)
BORN TO KILL (1947)
RIFF RAFF (1947)
PIRATE, THE (1948)
INSPECTOR GENERAL, THE (1949)
BEDTIME FOR BONZO (1950)
YELLOW CAB MAN, THE (1950)
MIRACLE, THE (1959)
WONDERFUL LIFE (1964)
TREASURE ISLAND (1972)

SMART, Amy
actrice américaine (1976-)
VARSITY BLUES (1998)
ROAD TRIP (2000)
SCOTLAND, PA (2001)
BATTLE OF SHAKER HEIGHTS, THE (2003)
BUTTERFLY EFFECT, THE (2003)
BIGGER THAN THE SKY (2005)
JUST FRIENDS (2005)

SMITH, Alexis
actrice canadienne (1921-1993)
GENTLEMAN JIM (1941)
ADVENTURES OF MARK TWAIN, THE (1944)
CONFLICT (1944)
HORN BLOWS AT MIDNIGHT, THE (1944)
NIGHT & DAY (1946)
ANY NUMBER CAN PLAY (1949)
MONTANA (1949)
HERE COMES THE GROOM (1951)
SPLIT SECOND (1953)
SLEEPING TIGER (1954)
YOUNG PHILADELPHIANS, THE (1959)

SMITH, Kent
acteur américain (1907-1985)
CAT PEOPLE (1942)
FOREVER AND A DAY (1943)
CURSE OF THE CAT PEOPLE, THE (1944)
SPIRAL STAIRCASE, THE (1945)
FOUNTAINHEAD, THE (1949)
MY FOOLISH HEART (1949)
DAMNED DON'T CRY, THE (1950)
PARTY GIRL (1958)
BALCONY, THE (1963)

SMITH, Kurtwood
acteur américain (1943-)
MIDNIGHT HOUR, THE (1985)
RAMBO III (1988)
COMPANY BUSINESS (1991)
FORTRESS (1992)
LAST OF THE DOGMEN (1995)
TO DIE FOR (1995)
CITIZEN RUTH (1996)

SMITH, Lane
acteur américain (1936-)
WEEDS (1987)
PRISON (1988)
AIR AMERICA (1990)
BLIND VENGEANCE (1990)
DISTINGUISHED GENTLEMAN, THE (1992)
MIGHTY DUCKS, THE (1992)
MY COUSIN VINNY (1992)
INHERIT THE WIND (1999)
LEGEND OF BAGGER VANCE, THE (2000)
OUT OF ORDER (2003)

SMITH, Maggie
actrice anglaise (1934-)
V.I.P.'S, THE (1963)
PUMPKIN EATER, THE (1964)
OTHELLO (1965)
HONEY POT, THE (1967)
HOT MILLIONS (1968)
PRIME OF MISS JEAN BRODIE, THE (1969)
TRAVELS WITH MY AUNT (1972)
MURDER BY DEATH (1976)
CALIFORNIA SUITE (1978)
DEATH ON THE NILE (1978)
QUARTET (1980)
CLASH OF THE TITANS (1981)
EVIL UNDER THE SUN (1981)
MISSIONARY, THE (1982)
PRIVATE FUNCTION, A (1984)
ROOM WITH A VIEW, A (1985)
LONELY PASSION OF
JUDITH HEARNE, THE (1987)
HOOK (1991)
SISTER ACT (1992)
SECRET GARDEN, THE (1993)
SISTER ACT II : BACK IN THE HABIT (1993)
RICHARD III (1995)
WASHINGTON SQUARE (1997)
LAST SEPTEMBER (1998)
TEA WITH MUSSOLINI (1999)
GOSFORD PARK (2001)
HARRY POTTER AND
THE PHILOSOPHER'S STONE (2001)
DIVINE SECRETS OF
THE YA-YA SISTERHOOD (2002)
MY HOUSE IN UMBRIA (2003)
LADIES IN LAVENDER (2004)
HARRY POTTER AND
THE GOBLET OF FIRE (2005)

SMITH, Shawnee
actrice américaine (1970-)
BLOB, THE (1988)
WHO'S HARRY CRUMB ? (1989)
DOGTOWN (1997)
CARNIVAL OF SOULS (1998)
SLIPPING DOWN LIFE, A (1999)
SAW (2004)
ISLAND, THE (2005)
SAW II (2005)

SMITH, Will
acteur américain (1968-)
FRESH PRINCE OF BEL-AIR, THE
(SEASON I) (1990)
MADE IN AMERICA (1993)
SIX DEGREES OF SEPARATION (1993)
BAD BOYS (1995)
INDEPENDANCE DAY (1996)
MEN IN BLACK (1997)
ENEMY OF THE STATE (1998)
WILD WILD WEST (1999)
LEGEND OF BAGGER VANCE, THE (2000)
ALI (2001)
MEN IN BLACK II (2002)
BAD BOYS II (2003)
I, ROBOT (2004)
HITCH (2005)

SMITH, William
acteur américain (1934-)
ATLANTIS, THE LOST CONTINENT (1961)
HAMMER (1972)
DEADLY TRACKERS, THE (1973)
INVASION OF THE BEE GIRLS (1973)
BLACK SAMSON (1974)
FAST COMPANY (1979)
GOD HAS A RAP SHEET (2003)

SMITS, Jimmy
acteur américain (1955-)
OLD GRINGO (1989)
FIRES WITHIN (1991)
SWITCH (1991)
NYPD BLUE (1993)
TOMMYKNOCKERS (1993)
MY FAMILY (1995)
BLESS THE CHILD (2000)
MILLION DOLLAR HOTEL (2000)
STAR WARS EPISODE II :
ATTACK OF THE CLONES (2002)
STAR WARS EPISODE III -
REVENGE OF THE SITH (2005)

SNIPES, Wesley
acteur américain (1962-)
KING OF NEW YORK (1989)
MAJOR LEAGUE (1989)
MO' BETTER BLUES (1990)
JUNGLE FEVER (1991)
NEW JACK CITY (1991)
PASSENGER 57 (1992)
WATERDANCE, THE (1992)
WHITE MEN CAN'T JUMP (1992)
DEMOLITION MAN (1993)
RISING SUN (1993)
MONEY TRAIN (1995)
TO WONG FOO, THANKS FOR EVERYTHING,
JULIE NEWMAR (1995)
FAN, THE (1996)
MURDER AT 1600 (1997)
ONE NIGHT STAND (1997)
BLADE (1998)
DOWN IN THE DELTA (1998)
U.S. MARSHALS (1998)
ART OF WAR (2000)
BLADE II (2002)
UNDISPUTED (2002)
BLADE TRINITY (2004)

SOBIESKI, Leelee
actrice américaine (1982-)
DEEP IMPACT (1998)
SOLDIER'S DAUGHTER NEVER CRIES, A (1998)
JOAN OF ARC (1999)
HERE ON EARTH (2000)
JOY RIDE (2001)
MY FIRST MISTER (2001)
UPRISING, THE (2001)
IDOL, THE (2002)
LIAISONS DANGEREUSES, LES (2002)
MAX (2002)

SOMMER, Elke
actrice allemande (1940-)
SWEET ECSTASY (1962)
PRIZE, THE (1963)
WRECKING CREW, THE (1969)
PERCY (1971)
ZEPPELIN (1971)
LISA AND THE DEVIL (1972)
TORTURE CHAMBER OF
BARON BLOOD, THE (1972)
SWISS CONSPIRACY, THE (1975)
TEN LITTLE INDIANS (1975)
PRISONER OF ZENDA, THE (1979)

SOMMER, Josef
acteur allemand (1934-)
DIRTY HARRY (1971)
STEPFORD WIVES, THE (1975)
FRONT, THE (1976)
CLOSE ENCOUNTERS OF
THE THIRD KIND (1977)
OLIVER'S STORY (1978)
HIDE IN PLAIN SIGHT (1980)
REDS (1981)
ABSENCE OF MALICE (1982)
SOPHIE'S CHOICE (1982)
STILL OF THE NIGHT (1982)
SILKWOOD (1983)
D.A.R.Y.L. (1985)
WITNESS (1985)
BLOODHOUNDS OF BROADWAY (1989)
CHANCES ARE (1989)
SHADOWS AND FOG (1991)
MIGHTY DUCKS, THE (1992)
MALICE (1993)
DON'T DRINK THE WATER (1994)
NOBODY'S FOOL (1994)
MOONLIGHT AND VALENTINO (1995)
STRANGE DAYS (1995)
CHAMBER, THE (1996)
PATCH ADAMS (1998)
PROPOSITION, THE (1998)
FAMILY MAN, THE (2000)
NEXT BEST THING, THE (2000)
SHAFT (2000)

SONDERGAARD, Gale
actrice américaine (1899-1985)
ANTHONY ADVERSE (1936)
LIFE OF EMILE ZOLA, THE (1937)
NEVER SAY DIE (1939)
BLACK CAT, THE (1941)
NIGHT TO REMEMBER, A (1942)
CLIMAX, THE (1944)
SHERLOCK HOLMES AND
THE SPIDER WOMAN (1944)
ANNA AND THE KING OF SIAM (1946)
TIME OF THEIR LIVES, THE (1946)
ROAD TO RIO (1947)
RETURN OF A MAN
CALLED HORSE, THE (1976)

SORDI, Alberto
acteur italien (1920-2003)
COURRIER DU CŒUR, LE (1952)
INUTILES, LES (1952)
TWO NIGHTS WITH CLEOPATRA (1953)
THOSE MAGNIFICENT MEN
IN THEIR FLYING MACHINES (1965)
GRAND EMBOUTEILLAGE, LE (1979)
MARQUIS S'AMUSE, LE (1981)
JE SAIS QUE TU SAIS (1982)

SORVINO, Mira
actrice américaine (1969-)
AMONGST FRIENDS (1993)
BARCELONA (1994)
BLUE IN THE FACE (1995)
BUCCANEERS, THE (1995)
MIGHTY APHRODITE (1995)
SWEET NOTHING (1995)
NORMA JEAN AND MARILYN (1996)
ROMY & MICHELE'S HIGH
SCHOOL REUNION (1996)
MIMIC (1997)
REPLACEMENT KILLERS, THE (1997)
AT FIRST SIGHT (1998)
LULU ON THE BRIDGE (1998)
SUMMER OF SAM (1999)
GREY ZONE, THE (2001)
TRIUMPH OF LOVE (2001)
BETWEEN STRANGERS (2002)
FINAL CUT, THE (2004)
HUMAN TRAFFICKING (2005)

SORVINO, Paul
acteur américain (1939-)
LAW AND ORDER (1953)
CRY UNCLE ! (1971)
DAY OF THE DOLPHIN, THE (1973)

TOUCH OF CLASS, A (1973)
GAMBLER, THE (1974)
KING LEAR (1974)
OH, GOD ! (1977)
BRINK'S JOB, THE (1978)
CRUISING (1980)
REDS (1981)
THAT CHAMPIONSHIP SEASON (1982)
DICK TRACY (1990)
GOODFELLAS (1990)
ROCKETEER, THE (1991)
NIXON (1995)
MEN WITH GUNS (1997)
MONEY TALKS (1997)
MOST WANTED (1997)
BULWORTH (1998)
KNOCK OFF (1998)
COOLER, THE (2002)
MAMBO ITALIANO (2003)
MR. 3000 (2004)

SPACEK, Sissy
actrice américaine (1949-)
PRIME CUT (1972)
BADLANDS (1973)
CARRIE (1976)
WELCOME TO L.A. (1976)
3 WOMEN (1977)
HEART BEAT (1979)
COAL MINER'S DAUGHTER (1980)
MISSING (1981)
RAGGEDY MAN (1981)
RIVER, THE (1984)
MARIE (1985)
CRIMES OF THE HEART (1986)
NIGHT MOTHER (1986)
LONG WALK HOME, THE (1990)
HARD PROMISES (1991)
JFK (1991)
GRASS HARP, THE (1996)
IF THESE WALLS COULD TALK (1996)
AFFLICTION (1997)
BLAST FROM THE PAST (1998)
STRAIGHT STORY, THE (1999)
IN THE BEDROOM (2001)
LAST CALL (2002)
HOME AT THE END OF THE WORLD, A (2004)
AMERICAN HAUNTING, AN (2005)
NINE LIVES (2005)
NORTH COUNTRY (2005)
RING TWO, THE (2005)

SPACEY, Kevin
acteur américain (1959-)
HEARTBURN (1986)
LONG DAY'S JOURNEY INTO NIGHT (1987)
WORKING GIRL (1988)
DAD (1989)
HENRY & JUNE (1990)
CONSENTING ADULTS (1992)
GLENGARRY GLEN ROSS (1992)
IRON WILL (1993)
REF, THE (1994)
OUTBREAK (1995)
SEVEN (1995)
SWIMMING WITH SHARKS (1995)
USUAL SUSPECTS, THE (1995)
L.A. CONFIDENTIAL (1997)
MIDNIGHT IN THE GARDEN
OF GOOD AND EVIL (1997)
HURLYBURLY (1998)
NEGOTIATOR, THE (1998)
AMERICAN BEAUTY (1999)
BIG KAHUNA (1999)
ORDINARY DECENT CRIMINAL (2000)
PAY IT FORWARD (2000)
K-PAX (2001)
SHIPPING NEWS, THE (2001)
LIFE OF DAVID GALE, THE (2003)
UNITED STATES OF LELAND (2003)
BEYOND THE SEA (2004)

SPADER, James
acteur américain (1960-)
ENDLESS LOVE (1981)
TUFF TURF (1984)
PRETTY IN PINK (1986)
BABY BOOM (1987)
LESS THAN ZERO (1987)
MANNEQUIN (1987)
WALL STREET (1987)
SEX, LIES, AND VIDEOTAPE (1989)
BAD INFLUENCE (1990)
WHITE PALACE (1990)
STORYVILLE (1991)
TRUE COLORS (1991)
BOB ROBERTS (1992)
MUSIC OF CHANCE, THE (1993)
DREAM LOVER (1994)
STARGATE (1994)
WOLF (1994)
2 DAYS IN THE VALLEY (1996)
CRASH (1996)
CRITICAL CARE (1997)
DRIFTWOOD (1997)
SUPERNOVA (1999)
WATCHER, THE (2000)
SECRETARY (2002)
PENTAGON PAPERS, THE (2003)

SPALL, Timothy
acteur anglais (1957-)
HOME SWEET HOME (1982)
LIFE IS SWEET (1990)
SECRETS AND LIES (1996)
IMMORTALITY (1998)
STILL CRAZY (1998)
LOVE'S LABOUR'S LOST (1999)
TOPSY-TURVY (1999)
INTIMACY (2000)
VATEL (2000)
LUCKY BREAK (2001)
ROCK STAR (2001)
VACUUMING COMPLETELY NUDE
IN PARADISE (2001)
VANILLA SKY (2001)
ALL OR NOTHING (2002)

SPANO, Vincent
acteur américain (1962-)
BABY, IT'S YOU (1982)
BLACK STALLION RETURNS, THE (1983)
ALPHABET CITY (1984)
AND GOD CREATED WOMAN (1987)
GOOD MORNING, BABYLON (1987)
ROUGE VENISE (1988)
CITY OF HOPE (1991)
ALIVE (1992)
INDIAN SUMMER (1993)
TIE THAT BINDS, THE (1995)

SPENCER, Bud
acteur italien (1929-)
ACE HIGH (1968)
WATCH OUT, WE'RE MAD (1974)
DEUX SUPER-FLICS (1977)
WHO FINDS A FRIEND FINDS
A TREASURE (1981)
QUAND FAUT Y ALLER,
FAUT Y ALLER (1983)
DOUBLE TROUBLE (1985)
MIAMI SUPERCOPS (1985)

STACK, Robert
acteur américain (1919-)
FIRST LOVE (1939)
MORTAL STORM, THE (1940)
TO BE OR NOT TO BE (1941)
MR. MUSIC (1950)
HOUSE OF BAMBOO (1955)
WRITTEN ON THE WIND (1956)
TARNISHED ANGELS, THE (1957)
JOHN PAUL JONES (1959)
LAST VOYAGE, THE (1960)
CARETAKERS, THE (1963)
1941 (1979)
AIRPLANE ! (1980)
BIG TROUBLE (1985)
JOE VERSUS THE VOLCANO (1990)

STAHL, Nick
acteur américain (1979-)
MAN WITHOUT A FACE, THE (1993)
SAFE PASSAGE (1993)
TALL TALE (1995)
EYE OF GOD (1997)
DISTURBING BEHAVIOR (1998)
LOVER'S PRAYER (2000)
SUNSET STRIP (2000)
BULLY (2001)
IN THE BEDROOM (2001)
TABOO (2001)
CARNIVALE (SEASON I) (2003)
TERMINATOR III : RISE OF
THE MACHINES (2003)
TWIST (2003)
CARNIVÀLE (SEASON II) (2005)
SIN CITY (2005)

STALLONE, Sylvester
acteur américain (1946-)
ITALIAN STALLION (1970)
BANANAS (1971)
LORDS OF FLATBUSH, THE (1974)
DEATH RACE 2000 (1975)
FAREWELL, MY LOVELY (1975)
PRISONER OF SECOND AVENUE, THE (1975)
ROCKY (1976)
F.I.S.T. (1978)
PARADISE ALLEY (1978)
ROCKY II (1979)
NIGHTHAWKS (1981)
VICTORY (1981)
FIRST BLOOD (1982)
ROCKY III (1982)
ROCKY IV (1985)
COBRA (1986)
OVER THE TOP (1987)
RAMBO III (1988)
ROCKY V (1990)
OSCAR (1991)
CLIFFHANGER (1993)
DEMOLITION MAN (1993)
SPECIALIST, THE (1994)
ASSASSINS (1995)
JUDGE DREDD (1995)
DAYLIGHT (1996)
BURN HOLLYWOOD BURN (1997)
COP LAND (1997)
GET CARTER (2000)
EYE SEE YOU (2002)
SHADE (2003)
SPY KIDS 3-D : GAME OVER (2003)

STAMP, Terence
acteur anglais (1939-)
COLLECTOR, THE (1965)
MODESTY BLAISE (1966)
FAR FROM THE MADDING CROWD (1967)

BLUE (1968)
HISTOIRES EXTRAORDINAIRES (1968)
TEOREMA (1968)
DIVINE CREATURE (1976)
MEETINGS WITH REMARKABLE MEN (1979)
MONSTER ISLAND (1981)
HIT, THE (1984)
LINK (1985)
LEGAL EAGLES (1986)
SICILIAN, THE (1987)
WALL STREET (1987)
ALIEN NATION (1988)
YOUNG GUNS (1988)
ADVENTURES OF PRISCILLA,
QUEEN OF THE DESERT, THE (1994)
MINDBENDER (1994)
BLISS (1997)
BOWFINGER (1999)
LIMEY, THE (1999)
RED PLANET (2000)
MA FEMME EST UNE ACTRICE (2001)
HAUNTED MANSION (2003)
KISS, THE (2003)
ELEKTRA (2005)

STANTON, Harry Dean
acteur américain (1926-)
RIDE IN THE WHIRLWIND (1966)
COOL HAND LUKE (1967)
KELLY'S HEROES (1970)
CISCO PIKE (1971)
TWO LANE BLACKTOP (1971)
PAT GARRETT & BILLY THE KID (1973)
FAREWELL, MY LOVELY (1975)
RANCHO DELUXE (1975)
MISSOURI BREAKS, THE (1976)
STRAIGHT TIME (1977)
ALIEN (1979)
MORT EN DIRECT, LA (1979)
ROSE, THE (1979)
WISE BLOOD (1979)
BLACK MARBLE, THE (1980)
ESCAPE FROM NEW YORK (1981)
ONE FROM THE HEART (1982)
CHRISTINE (1983)
PARIS, TEXAS (1984)
REPO MAN (1984)
FOOL FOR LOVE (1985)
ONE MAGIC CHRISTMAS (1985)
PRETTY IN PINK (1986)
SLAM DANCE (1987)
LAST TEMPTATION OF CHRIST, THE (1988)
MR. NORTH (1988)
FOURTH WAR, THE (1990)
WILD AT HEART (1990)
MAN TROUBLE (1992)
TWIN PEAKS : FIRE WALK WITH ME (1992)
AGAINST THE WALL (1993)
DEAD MAN'S WALK (1996)
DOWN PERISCOPE (1996)
MIGHTY, THE (1998)
SONNY (2002)

STANWYCK, Barbara
actrice américaine (1907-1990)
MIRACLE WOMAN, THE (1931)
BITTER TEA OF GENERAL YEN, THE (1933)
ANNIE OAKLEY (1935)
INTERNES CAN'T TAKE MONEY (1937)
STELLA DALLAS (1937)
REMEMBER THE NIGHT (1939)
GOLDEN BOY (1940)
UNION PACIFIC (1940)
LADY EVE, THE (1941)
MEET JOHN DOE (1941)
BALL OF FIRE (1942)
GREAT MAN'S LADY, THE (1942)
LADY OF BURLESQUE (1943)
CHRISTMAS IN CONNECTICUT (1944)
DOUBLE INDEMNITY (1944)
STRANGE LOVE OF MARTHA IVERS (1946)
CRY WOLF (1947)
OTHER LOVE, THE (1947)
SORRY, WRONG NUMBER (1948)
EAST SIDE, WEST SIDE (1949)
TO PLEASE A LADY (1950)
CLASH BY NIGHT (1952)
TITANIC (1952)
ALL I DESIRE (1953)
BLOWING WILD (1953)
EXECUTIVE SUITE (1954)
VIOLENT MEN, THE (1954)
ESCAPE TO BURMA (1955)
MAVERICK QUEEN, THE (1956)
CRIME OF PASSION (1957)
FORTY GUNS (1957)
WALK ON THE WILD SIDE (1962)
NIGHT WALKER, THE (1964)
ROUSTABOUT (1964)

STARR, Ringo
acteur anglais (1940-)
HARD DAY'S NIGHT, A (1964)
HELP ! (1965)
MAGICAL MYSTERY TOUR (1967)
MAGIC CHRISTIAN, THE (1969)
200 MOTELS (1971)
THAT'LL BE THE DAY (1974)
CAVEMAN (1981)
GIVE MY REGARDS TO BROAD STREET (1984)

STATHAM, Jason
acteur anglais (1972-)
LOCK, STOCK & TWO SMOKING
BARRELS (1998)
SNATCH (2000)
MEAN MACHINE (2001)
ONE, THE (2001)
TRANSPORTER, THE (2002)
CELLULAR (2004)
TRANSPORTER 2, THE (2005)

STAUNTON, Imelda
actrice anglaise (1956-)
ANTONIA & JANE (1991)
PETER'S FRIENDS (1992)
MUCH ADO ABOUT NOTHING (1993)
RAT (2000)
CRUSH (2001)
VERA DRAKE (2004)
NANNY MCPHEE (2005)

STEELE, Barbara
actrice anglaise (1938-)
MASQUE DU DÉMON, LE (1961)
PIT AND THE PENDULUM, THE (1961)
8 1/2 (1963)
CASTLE OF BLOOD (1964)
LONG HAIR OF DEATH (1964)
CAGED HEAT (1974)
I NEVER PROMISED YOU
A ROSE GARDEN (1976)
PRETTY BABY (1977)
PIRANHA (1978)

STEENBURGEN, Mary
actrice américaine (1953-)
GOIN' SOUTH (1978)
TIME AFTER TIME (1979)
MELVIN AND HOWARD (1980)
RAGTIME (1981)
MIDSUMMER NIGHT'S SEX COMEDY, A (1982)
CROSS CREEK (1983)
ONE MAGIC CHRISTMAS (1985)
DEAD OF WINTER (1987)
WHALES OF AUGUST, THE (1987)
MISS FIRECRACKER (1989)
PARENTHOOD (1989)
BACK TO THE FUTURE III (1990)
LONG WALK HOME, THE (1990)
BUTCHER'S WIFE, THE (1991)
CLIFFORD (1991)
PHILADELPHIA (1993)
WHAT'S EATING GILBERT GRAPE ? (1993)
PONTIAC MOON (1994)
GULLIVER'S TRAVELS (1995)
MY FAMILY (1995)
NIXON (1995)
POWDER (1995)
SUNSHINE STATE (2002)
CASA DE LOS BABYS (2003)
ELF (2003)
HOPE SPRINGS (2003)

STEIGER, Rod
acteur américain (1925-2002)
ON THE WATERFRONT (1954)
BIG KNIFE, THE (1955)
COURT-MARTIAL OF
BILLY MITCHELL, THE (1955)
OKLAHOMA ! (1955)
HARDER THEY FALL, THE (1956)
JUBAL (1956)
AL CAPONE (1958)
SEVEN THIEVES (1960)
PAWNBROKER, THE (1964)
DOCTOR ZHIVAGO (1965)
LOVED ONE, THE (1965)
IN THE HEAT OF THE NIGHT (1967)
NO WAY TO TREAT A LADY (1967)
ILLUSTRATED MAN, THE (1969)
FISTFUL OF DYNAMITE, A (1971)
WATERLOO (1971)
LUCKY LUCIANO (1973)
INNOCENTS AUX MAINS SALES, LES (1975)
BREAKTHROUGH (1978)
F.I.S.T. (1978)
AMITYVILLE HORROR, THE (1979)
CHOSEN, THE (1981)
LION OF THE DESERT (1981)
SWORD OF GIDEON (1986)
CATCH THE HEAT (1987)
JANUARY MAN, THE (1988)
MEN OF RESPECT (1990)
BALLAD OF THE SAD CAFE, THE (1991)
PLAYER, THE (1992)
SINATRA (1992)
SPECIALIST, THE (1994)
MARS ATTACKS ! (1996)
INCOGNITO (1997)
END OF DAYS (1999)
MODERN VAMPIRES (1999)
POOLHALL JUNKIES (2002)

STEPHENS, Robert
acteur anglais (1931-1995)
PIRATES OF TORTUGA (1961)
PRIME OF MISS JEAN BRODIE, THE (1969)
PRIVATE LIFE OF
SHERLOCK HOLMES, THE (1970)
HORROR OF DEATH, THE (1972)
TRAVELS WITH MY AUNT (1972)
LUTHER (1973)
AFRAID OF THE DARK (1991)
CENTURY (1994)

STEPHENS, Toby
acteur anglais (1969-)
ORLANDO (1992)
TENANT OF WILDFELL HALL, THE (1996)

TWELFTH NIGHT (1996)
COUSIN BETTE (1998)
ONEGIN (1999)
DIE ANOTHER DAY (2002)
POSSESSION (2002)

STERLING, Jan
actrice américaine (1921-)
RHUBARB (1951)
PONY EXPRESS (1952)
SPLIT SECOND (1953)
MAN WITH THE GUN (1955)
1984 (1956)
HIGH SCHOOL CONFIDENTIAL (1958)
INCIDENT, THE (1967)
FIRST MONDAY IN OCTOBER (1981)

STERN, Daniel
acteur américain (1957-)
BREAKING AWAY (1979)
STARDUST MEMORIES (1980)
C.H.U.D. (1984)
BORN IN EAST L.A. (1987)
D.O.A. (1988)
HOME ALONE (1990)
CITY SLICKERS (1991)
HOME ALONE 2 : LOST IN NEW YORK (1992)
CITY SLICKERS II : THE LEGEND
OF CURLY'S GOLD (1994)
GUN (1996)
VERY BAD THINGS (1998)

STÉVENIN, Jean-François
acteur français (1944-)
ENNEMI PUBLIC NO.2,
ARGENT DE POCHE, L' (1975)
VIEUX PAYS OÙ RIMBAUD EST MORT, LE (1977)
36 FILLETTE (1988)
PEAUX DE VACHES (1988)
MARIS, LES FEMMES, LES AMANTS, LES
(1989)
OLIVIER, OLIVIER (1992)
UMBRELLA FOR THREE (1992)
À CAUSE D'ELLE (1993)
NOIR COMME LE SOUVENIR (1995)
BIDOCHON, LES (1996)
BOSSU, LE (1997)
K (1997)
À VENDRE (1998)
COMME ELLE RESPIRE (1998)
HOMME DU TRAIN, L' (2002)

STEVENS, Stella
actrice américaine (1936-)
LI'L ABNER (1959)
COURTSHIP OF EDDIE'S FATHER, THE (1962)
GIRLS ! GIRLS ! GIRLS ! (1962)
NUTTY PROFESSOR, THE (1963)
WHERE ANGELS GO...
TROUBLE FOLLOWS (1967)
BALLAD OF CABLE HOGUE, THE (1969)
SLAUGHTER (1972)
CLEOPATRA JONES AND
THE CASINO OF GOLD (1975)

STEWART, Alexandra
actrice canadienne (1939-)
FEU FOLLET, LE (1963)
MARIÉE ÉTAIT EN NOIR, LA (1967)
MAROC 7 (1967)
ILS (1970)
BINGO (1973)
NUIT AMÉRICAINE, LA (1973)
GOODBYE EMMANUELLE (1977)
IN PRAISE OF OLDER WOMEN (1977)
FINAL ASSIGNMENT, THE (1980)
UNS ET LES AUTRES, LES (1980)
CHANEL SOLITAIRE (1981)
YOUR TICKET IS NO LONGER VALID (1981)
BON PLAISIR, LE (1983)
SANG DES AUTRES, LE (1983)
UNDER THE CHERRY MOON (1986)
MONSIEUR (1990)
FIRST CIRCLE, THE (1991)
SOUS LE SABLE (2000)

STEWART, James
acteur américain (1908-1997)
ROSE MARIE (1935)
BORN TO DANCE (1936)
AFTER THE THIN MAN (1937)
MADE FOR EACH OTHER (1938)
NAVY BLUE AND GOLD (1938)
OF HUMAN HEARTS (1938)
YOU CAN'T TAKE IT WITH YOU (1938)
DESTRY RIDES AGAIN (1939)
MR. SMITH GOES TO WASHINGTON (1939)
SHOPWORN ANGEL, THE (1939)
MORTAL STORM, THE (1940)
PHILADELPHIA STORY, THE (1940)
SHOP AROUND THE CORNER, THE (1940)
ZIEGFELD GIRL (1941)
IT'S A WONDERFUL LIFE (1946)
MAGIC TOWN (1947)
ON OUR MERRY WAY (1947)
CALL NORTHSIDE 777 (1948)
MALAYA (1948)
ROPE (1948)
STRATTON STORY, THE (1948)
YOU GOTTA STAY HAPPY (1948)
BROKEN ARROW (1949)
HARVEY (1950)
JACKPOT, THE (1950)
WINCHESTER '73 (1950)
BEND OF THE RIVER (1951)
GREATEST SHOW ON EARTH, THE (1951)
NO HIGHWAY IN THE SKY (1951)
NAKED SPUR, THE (1952)
THUNDER BAY (1953)
FAR COUNTRY, THE (1954)
GLENN MILLER STORY, THE (1954)
REAR WINDOW (1954)
MAN FROM LARAMIE, THE (1955)
STRATEGIC AIR COMMAND (1955)
MAN WHO KNEW TOO MUCH, THE (1956)
NIGHT PASSAGE (1957)
SPIRIT OF ST. LOUIS, THE (1957)
BELL, BOOK AND CANDLE (1958)
VERTIGO (1958)
ANATOMY OF A MURDER (1959)
F.B.I. STORY, THE (1959)
HOW THE WEST WAS WON (1962)
MAN WHO SHOT
LIBERTY VALANCE, THE (1962)
MR. HOBBS TAKES A VACATION (1962)
CHEYENNE AUTUMN (1964)
DEAR BRIGITTE (1965)
FLIGHT OF THE PHOENIX, THE (1965)
SHENANDOAH (1965)
RARE BREED, THE (1966)
FIRECREEK (1967)
BANDOLERO ! (1968)
CHEYENNE SOCIAL CLUB, THE (1970)
THAT'S ENTERTAINMENT (1974)
SHOOTIST, THE (1976)
AIRPORT '77 (1977)
JAMES STEWART :
HOLLYWOOD LEGEND SERIES (2004)

STEWART, Patrick
acteur anglais (1940-)
DOCTOR AND THE DEVILS, THE (1985)
LADY JANE (1985)
LIFEFORCE (1985)
PAGEMASTER, THE (1994)
JEFFREY (1995)
STAR TREK : FIRST CONTACT (1996)
CONSPIRACY THEORY (1997)
MOBY DICK (1997)
STAR TREK IX : INSURRECTION (1998)
CHRISTMAS CAROL, A (1999)
X-MEN (2000)
STAR TREK : NEMESIS (2002)
LION IN WINTER, THE (2003)
X-MEN II (2003)
X-MEN - THE LAST STAND (2006)

STEWART, Paul
acteur américain (1908-1986)
CITIZEN KANE (1941)
JOHNNY EAGER (1941)
CHAMPION (1949)
EASY LIVING (1949)
WINDOW, THE (1949)
WALK SOFTLY, STRANGER (1951)
BAD AND THE BEAUTIFUL, THE (1952)
JOE LOUIS STORY, THE (1953)
KISS ME DEADLY (1954)
KING CREOLE (1958)
CHILD IS WAITING, A (1962)
GREATEST STORY EVER TOLD, THE (1965)
IN COLD BLOOD (1967)
DAY OF THE LOCUST, THE (1975)
OPENING NIGHT (1977)
REVENGE OF THE PINK PANTHER, THE (1978)
TEMPEST (1982)

STILES, Julia
actrice américaine (1981-)
10 THINGS I HATE ABOUT YOU (1999)
HAMLET (2000)
STATE AND MAIN (2000)
BUSINESS OF STRANGERS, THE (2001)
O (OTHELLO) (2001)
SAVE THE LAST DANCE (2001)
MONA LISA SMILE (2003)
BOURNE SUPREMACY, THE (2004)

STILLER, Ben
acteur américain (1965-)
FRESH HORSES (1988)
NEXT OF KIN (1989)
BEN STILLER SHOW, THE (1990)
REALITY BITES (1994)
CABLE GUY, THE (1996)
FLIRTING WITH DISASTER (1996)
ZERO EFFECT (1997)
PERMANENT MIDNIGHT (1998)
THERE'S SOMETHING ABOUT MARY (1998)
YOUR FRIENDS & NEIGHBORS (1998)
MYSTERY MEN (1999)
KEEPING THE FAITH (2000)
MEET THE PARENTS (2000)
ROYAL TENENBAUMS, THE (2001)
ZOOLANDER (2001)
DUPLEX (2003)
ALONG CAME POLLY (2004)
DODGEBALL : A TRUE UNDERDOG
STORY (2004)
ENVY (2004)
MEET THE FOCKERS (2004)
STARSKY & HUTCH (2004)

STING
acteur anglais (1951-)
QUADROPHENIA (1979)
BRIMSTONE & TREACLE (1982)
SECRET POLICEMAN'S OTHER BALL (1982)
DUNE (1984)

BRIDE, THE (1985)
PLENTY (1985)
STING : BRING ON THE NIGHT (1985)
JULIA AND JULIA (1987)
ADVENTURES OF BARON MUNCHAUSEN, THE (1988)
STORMY MONDAY (1988)
GRAVE INDISCRETION (1995)
LOCK, STOCK & TWO SMOKING BARRELS (1998)

STOCKWELL, Dean
acteur américain (1936-)
ANCHORS AWEIGH (1944)
VALLEY OF DECISION, THE (1945)
GENTLEMAN'S AGREEMENT (1947)
SONG OF THE THIN MAN (1947)
BOY WITH GREEN HAIR, THE (1948)
SECRET GARDEN, THE (1949)
KIM (1950)
STARS IN MY CROWN (1950)
COMPULSION (1959)
LONG DAY'S JOURNEY INTO NIGHT (1962)
PSYCH-OUT (1967)
DUNWICH HORROR, THE (1970)
TRACKS (1976)
DUNE (1984)
PARIS, TEXAS (1984)
TO LIVE AND DIE IN L.A. (1985)
BLUE VELVET (1986)
GARDENS OF STONE (1987)
BACKTRACK (1988)
MARRIED TO THE MOB (1988)
TUCKER : THE MAN AND HIS DREAM (1988)
PLAYER, THE (1992)
LANGOLIERS, THE (1995)
MR. WRONG (1996)
AIR FORCE ONE (1997)
RAINMAKER,THE (1997)

STOLTZ, Eric
acteur américain (1961-)
MASK (1985)
LIONHEART (1987)
NIGHT OF LOVE, A (1987)
SISTER, SISTER (1987)
SOME KIND OF WONDERFUL (1987)
HAUNTED SUMMER (1988)
FLY II, THE (1989)
SAY ANYTHING... (1989)
MEMPHIS BELLE (1990)
SINGLES (1992)
WATERDANCE, THE (1992)
BODIES, REST AND MOTION (1993)
KILLING ZOE (1993)
LITTLE WOMEN (1994)
NAKED IN NEW YORK (1994)
PULP FICTION (1994)
SLEEP WITH ME (1994)
FLUKE (1995)
KICKING AND SCREAMING (1995)
PROPHECY, THE (1995)
ROB ROY (1995)
2 DAYS IN THE VALLEY (1996)
DON'T LOOK BACK (1996)
GRACE OF MY HEART (1996)
INSIDE (1996)
ANACONDA (1997)
MR. JEALOUSY (1997)
PITCH (1997)
PASSION OF AYN RAND (1999)
HOUSE OF MIRTH, THE (2000)
RULES OF ATTRACTION, THE (2002)
BUTTERFLY EFFECT, THE (2003)
OUT OF ORDER (2003)
CHILDSTAR (2004)

STONE, Lewis
acteur américain (1879-1953)
LOST WORLD, THE (1925)
ROMANCE (1930)
INSPIRATION (1931)
MASK OF FU MANCHU, THE (1932)
BUREAU OF MISSING PERSONS (1933)
QUEEN CHRISTINA (1933)
LOVE FINDS ANDY HARDY (1938)
ANDY HARDY GETS SPRING FEVER (1939)
ANDY HARDY'S PRIVATE SECRETARY (1940)
LIFE BEGINS FOR ANDY HARDY (1940)
ANDY HARDY'S DOUBLE LIFE (1942)
ANDY HARDY MEETS DEBUTANTE (1945)
SUN COMES UP, THE (1948)
ANY NUMBER CAN PLAY (1949)
ANGELS IN THE OUTFIELD (1951)

STONE, Sharon
actrice américaine (1958-)
STARDUST MEMORIES (1980)
KING SOLOMON'S MINES (1985)
ALLAN QUATERMAIN AND THE LOST CITY OF GOLD (1986)
ABOVE THE LAW (1988)
WAR AND REMEMBRANCE (1989)
TOTAL RECALL (1990)
DIARY OF A HITMAN (1991)
HE SAID, SHE SAID (1991)
YEAR OF THE GUN (1991)
BASIC INSTINCT (1992)
WHERE SLEEPING DOGS LIE (1992)
LAST ACTION HERO (1993)
SLIVER (1993)
INTERSECTION (1994)
SPECIALIST, THE (1994)
CASINO (1995)
LAST DANCE (1995)
QUICK AND THE DEAD, THE (1995)
DIABOLIQUE (1996)
GLORIA (1998)
MIGHTY, THE (1998)
SPHERE (1998)
IF THESE WALLS COULD TALK II (1999)
MUSE, THE (1999)
SIMPATICO (1999)
SEARCHING FOR DEBRA WINGER (2002)
CATWOMAN (2004)
BROKEN FLOWERS (2005)
BASIC INSTINCT 2 - RISK ADDICTION (2006)

STORMARE, Peter
acteur suédois (1953-)
FARGO (1995)
POLYGRAPHE, LE (1996)
BIG LEBOWSKI, THE (1997)
SOMEWHERE IN THE CITY (1997)
ARMAGEDDON (1998)
8 MM (EIGHT MILIMETERS) (1999)
CHOCOLAT (2000)
DANCER IN THE DARK (2000)
MILLION DOLLAR HOTEL (2000)
BAD COMPANY (2002)
TUXEDO, THE (2002)
WINDTALKERS (2002)
HITLER THE RISE OF EVIL (2003)
BIRTH (2004)
BROTHERS GRIMM (2005)

STOWE, Madeleine
actrice américaine (1958-)
STAKEOUT (1987)
REVENGE (1989)
CLOSET LAND (1990)
TWO JAKES, THE (1990)
CHINA MOON (1991)
LAST OF THE MOHICANS, THE (1992)
UNLAWFUL ENTRY (1992)
ANOTHER STAKEOUT (1993)
SHORT CUTS (1993)
BAD GIRLS (1994)
BLINK (1994)
12 MONKEYS (1995)
PLAYING BY HEART (1998)
PROPOSITION, THE (1998)
GENERAL'S DAUGHTER, THE (1999)
IMPOSTOR (2001)
WE WERE SOLDIERS (2002)

STRATHAIRN, David
acteur américain (1949-)
AT CLOSE RANGE (1985)
O PIONEERS ! (1991)
PASSION FISH (1992)
FIRM, THE (1993)
RIVER WILD, THE (1994)
DOLORES CLAIBORNE (1995)
LOSING ISAIAH (1995)
IN THE GLOAMING (1997)
L.A. CONFIDENTIAL (1997)
SIMON BIRCH (1998)
LIMBO (1999)
MAP OF THE WORLD, A (1999)
BLUE CAR (2002)
MASTER SPY : THE ROBERT HANSSEN STORY (2002)
SPEAKEASY (2002)
TWISTED (2003)
GOOD NIGHT, AND GOOD LUCK (2005)
NOTORIOUS BETTIE PAGE, THE (2005)

STREEP, Meryl
actrice américaine (1949-)
JULIA (1977)
SECRET SERVICE (1977)
DEER HUNTER, THE (1978)
HOLOCAUST (1978)
KRAMER vs. KRAMER (1979)
MANHATTAN (1979)
SEDUCTION OF JOE TYNAN, THE (1979)
FRENCH LIEUTENANT'S WOMAN, THE (1981)
SOPHIE'S CHOICE (1982)
STILL OF THE NIGHT (1982)
SILKWOOD (1983)
FALLING IN LOVE (1984)
PLENTY (1985)
HEARTBURN (1986)
OUT OF AFRICA (1986)
IRONWEED (1987)
CRY IN THE DARK, A (1988)
SHE-DEVIL (1989)
POSTCARDS FROM THE EDGE (1990)
DEFENDING YOUR LIFE (1991)
DEATH BECOMES HER (1992)
HOUSE OF THE SPIRITS, THE (1993)
RIVER WILD, THE (1994)
BEFORE AND AFTER (1995)
BRIDGES OF MADISON COUNTY, THE (1995)
MARVIN'S ROOM (1996)
DANCING AT LUGHNASA (1998)
ONE TRUE THING (1998)
MUSIC OF THE HEART (1999)
ADAPTATION (2002)
HOURS, THE (2002)
ANGELS IN AMERICA (2003)
LEMONY SNICKET'S A SERIES OF UNFORTUNATE EVENTS (2004)
MANCHURIAN CANDIDATE, THE (2004)
PRIME (2005)

STREISAND, Barbra
actrice américaine (1942-)
FUNNY GIRL (1968)
HELLO, DOLLY ! (1969)
ON A CLEAR DAY YOU CAN SEE FOREVER (1969)
OWL AND THE PUSSYCAT, THE (1970)
UP THE SANDBOX (1972)
WHAT'S UP, DOC ? (1972)
WAY WE WERE, THE (1973)
FOR PETE'S SAKE (1974)
FUNNY LADY (1974)
STAR IS BORN, A (1976)
ALL NIGHT LONG (1981)
YENTL (1983)
NUTS (1987)
LISTEN UP : THE LIVES OF QUINCY JONES (1990)
PRINCE OF TIDES, THE (1991)
MIRROR HAS TWO FACES (1996)
MEET THE FOCKERS (2004)

STROUD, Don
acteur américain (1943-)
COOGANS BLUFF (1968)
ANGEL UNCHAINED (1970)
BLOODY MAMA (1970)
VON RICHTHOFEN AND BROWN (1971)
JOE KIDD (1972)
BUDDY HOLLY STORY, THE (1978)
AMITYVILLE HORROR, THE (1979)
WILD AMERICA (1997)

SUCHET, David
acteur anglais (1946-)
WHEN THE WHALES CAME (1983)
FALCON AND THE SNOWMAN, THE (1984)
THIRTEEN AT DINNER (1985)
CAUSE CELEBRE (1987)
AGATHA CHRISTIE - POIROT (version française) (1989)
EXECUTIVE DECISION (1996)
SUNDAY (1997)
PERFECT MURDER, A (1998)
RKO 281 : BATTLE OVER CITIZEN KANE (1999)
WAY WE LIVE NOW, THE (2001)
FOOLPROOF (2003)
HENRY VIII (2003)
AGATHA CHRISTIE COLLECTION (2004)
AGATHA CHRISTIE'S : POIROT DEATH ON THE NILE (2004)
BEAR NAMED WINNIE, A (2004)

SULLIVAN, Barry
acteur américain (1912-1994)
ANY NUMBER CAN PLAY (1949)
BAD AND THE BEAUTIFUL, THE (1952)
QUEEN BEE (1955)
MAVERICK QUEEN, THE (1956)
ANOTHER TIME, ANOTHER PLACE (1957)
FORTY GUNS (1957)
GATHERING OF EAGLES, A (1963)
PLANET OF THE VAMPIRES (1965)
KUNG FU : PILOT (1972)

SURGÈRE, Hélène
actrice française (1928-)
BAROCCO (1976)
CŒUR DE HARENG (1984)
ATTENTION BANDITS (1987)
AUSTRALIA (1989)
PARI, LE (1997)
LISE ET ANDRÉ (2000)
AMATEURS, LES (2003)
CONFIDENCES TROP INTIMES (2003)

SUTHERLAND, Donald
acteur canadien (1935-)
BEDFORD INCIDENT, THE (1965)
DR. TERROR'S HOUSE OF HORRORS (1965)
DIRTY DOZEN, THE (1967)
M*A*S*H (1969)
START THE REVOLUTION WITHOUT ME (1969)
ALEX IN WONDERLAND (1970)
KELLY'S HEROES (1970)
JOHNNY GOT HIS GUN (1971)
KLUTE (1971)
STEELYARD BLUES (1972)
DON'T LOOK NOW (1973)
DAY OF THE LOCUST, THE (1975)
1900 (1976)
EAGLE HAS LANDED, THE (1976)
KENTUCKY FRIED MOVIE (1976)
DISAPPEARANCE, THE (1977)
LIENS DE SANG, LES (1977)
INVASION OF THE BODY SNATCHERS (1978)
MURDER BY DECREE (1978)
BEAR ISLAND (1979)
GREAT TRAIN ROBBERY, THE (1979)
ORDINARY PEOPLE (1980)
EYE OF THE NEEDLE (1981)
CRACKERS (1983)
MAX DUGAN RETURNS (1983)
HEAVEN HELP US (1984)
REVOLUTION (1985)
WOLF AT THE DOOR, THE (1987)
DRY WHITE SEASON, A (1989)
LOST ANGELS (1989)
BETHUNE : THE MAKING OF A HERO (1990)
BUSTER'S BEDROOM (1990)
EMINENT DOMAIN (1990)
BACKDRAFT (1991)
CERRO TORRE : SCREAM OF STONE (1991)
JFK (1991)
AGAGUK - SHADOW OF THE WOLF (1992)
BUFFY THE VAMPIRE SLAYER (1992)
SIX DEGREES OF SEPARATION (1993)
YOUNGER AND YOUNGER (1993)
CITIZEN X (1994)
DISCLOSURE (1994)
PUPPET MASTERS, THE (1994)
OUTBREAK (1995)
NATURAL ENEMY, THE (1996)
TIME TO KILL, A (1996)
ASSIGNMENT, THE (1997)
FALLEN (1997)
WITHOUT LIMITS (1998)
ART OF WAR (2000)
BIG SHOT'S FUNERAL (2000)
PANIC (2000)
SPACE COWBOYS (2000)
UPRISING, THE (2001)
PATH TO WAR (2002)
COLD MOUNTAIN (2003)
SALEM'S LOT : THE MINISERIES (2004)
AMERICAN HAUNTING, AN (2005)
HUMAN TRAFFICKING (2005)
PRIDE & PREJUDICE (2005)
ASK THE DUST (2006)

SUTHERLAND, Kiefer
acteur canadien (1966-)
BAY BOY, THE (1984)
STAND BY ME (1986)
LOST BOYS, THE (1987)
PROMISED LAND (1987)
1969 (1988)
YOUNG GUNS (1988)
CHICAGO JOE AND THE SHOWGIRL (1989)
RENEGADES (1989)
FLASHBACK (1990)
FLATLINERS (1990)
ARTICLE 99 (1992)
FEW GOOD MEN, A (1992)
TWIN PEAKS : FIRE WALK WITH ME (1992)
THREE MUSKETEERS, THE (1993)
VANISHING, THE (1993)
COWBOY WAY, THE (1994)
TERESA'S TATTOO (1994)
EYE FOR AN EYE (1995)
FREEWAY (1996)
DARK CITY (1997)
LAST DAYS OF FRANKIE THE FLY, THE (1997)
TRUTH OR CONSEQUENCES N.M. (1997)
PICKING UP THE PIECES (2000)
24 (FIRST SEASON) (2001)
TO END ALL WARS (2001)
PHONE BOOTH (2002)
TAKING LIVES (2004)

SUTTON, John
acteur anglais (1908-1963)
INVISIBLE MAN RETURNS, THE (1940)
THUNDER BIRDS (1942)
THREE MUSKETEERS, THE (1948)
BAGDAD (1949)
SECOND WOMAN, THE (1950)
FLY, THE / RETURN OF THE FLY (1958)

SWANK, Hilary
actrice américaine (1974-)
BOYS DON'T CRY (1999)
GIFT, THE (2000)
AFFAIR OF THE NECKLACE, THE (2001)
INSOMNIA (2002)
11 : 14 (2003)
CORE, THE (2003)
IRON JAWED ANGELS (2003)
MILLION DOLLAR BABY (2004)
RED DUST (2004)

SWANSON, Gloria
actrice américaine (1897-1983)
MALE AND FEMALE (1919)
AFFAIRS OF ANATOL, THE (1921)
LOVE OF SUNYA, THE (1927)
SADIE THOMPSON (1928)
QUEEN KELLY (1929)
TONIGHT OR NEVER (1931)
SUNSET BOULEVARD (1950)

SWANSON, Kristy
actrice américaine (1970-)
DEADLY FRIEND (1986)
FERRIS BUELLER'S DAY OFF (1986)
FLOWERS IN THE ATTIC (1987)
BUFFY THE VAMPIRE SLAYER (1992)
PROGRAM, THE (1993)
HIGHER LEARNING (1994)
PHANTOM, THE (1996)
BIG DADDY (1999)
DUDE, WHERE'S MY CAR ? (2000)

SWAYZE, Patrick
acteur américain (1954-)
OUTSIDERS, THE (1983)
DIRTY DANCING (1987)
STEEL DAWN (1987)
NEXT OF KIN (1989)
ROAD HOUSE (1989)
GHOST (1990)
POINT BREAK (1991)
CITY OF JOY (1992)
TALL TALE (1995)
TO WONG FOO, THANKS FOR EVERYTHING, JULIE NEWMAR (1995)
DONNIE DARKO (2001)
GREEN DRAGON (2001)
11 : 14 (2003)

SWINTON, Tilda
actrice anglaise (1960-)
CARAVAGGIO (1986)
LAST OF ENGLAND, THE (1987)
EDWARD II (1991)
ORLANDO (1992)
WITTGENSTEIN (1993)
CONCEIVING ADA (1996)
FEMALE PERVERSIONS (1996)
LOVE IS THE DEVIL (1997)
WAR ZONE, THE (1998)
BEACH, THE (2000)
POSSIBLE WORLDS (2000)
DEEP END, THE (2001)
VANILLA SKY (2001)
ADAPTATION (2002)
YOUNG ADAM (2002)
STATEMENT, THE (2003)
BROKEN FLOWERS (2005)
CHRONICLES OF NARNIA - THE LION,
THE WITCH AND THE WARDROBE (2005)
CONSTANTINE (2005)
THUMBSUCKER (2005)

TAGHMAOUI, Saïd
acteur français (1973-)
HAINE, LA (1995)
HIDEOUS KINKY (1998)
ALI ZAOUA, PRINCE DE LA RUE (2000)
GAMER (2000)
NATIONALE 7 (2000)
ROOM TO RENT (2000)
ABSOLUMENT FABULEUX (2001)
GOOD THIEF, THE (2002)

TAMBLYN, Russ
acteur américain (1934-)
GUN CRAZY (1949)
FATHER OF THE BRIDE (1950)
SAMSON AND DELILAH (1950)
AS YOUNG AS YOU FEEL (1951)
FATHER'S LITTLE DIVIDEND (1951)
SEVEN BRIDES FOR
SEVEN BROTHERS (1954)
FASTEST GUN ALIVE, THE (1955)
HIT THE DECK (1955)
LAST HUNT, THE (1955)
PEYTON PLACE (1957)
HIGH SCHOOL CONFIDENTIAL (1958)
TOM THUMB (1958)
CIMARRON (1960)
WEST SIDE STORY (1961)
HOW THE WEST WAS WON (1962)
HAUNTING, THE (1963)
WAR OF THE GARGANTUAS, THE (1967)
SATAN'S SADIST (1970)
ATTACK OF THE 60 FOOT CENTERFOLD (1995)

TAMBOR, Jeffrey
acteur américain (1944-)
AND JUSTICE FOR ALL (1979)
MAN WHO WASN'T THERE, THE (1983)
BRENDA STARR (1987)
THREE O'CLOCK HIGH (1987)
LIFE STINKS (1991)
MAN WHO CAPTURED EICHMANN, THE (1996)
WEAPONS OF MASS DISTRACTION (1997)
MEET JOE BLACK (1998)
MUPPETS FROM SPACE (1999)
TEACHING MRS. TINGLE (1999)
DR. SEUSS' HOW THE GRINCH
STOLE CHRISTMAS (2000)
POLLOCK (2000)
GET WELL SOON (2001)
NEVER AGAIN (2001)
HELLBOY (2004)

TAMIROFF, Akim
acteur russe (1899-1972)
ANTHONY ADVERSE (1936)
GENERAL DIED AT DAWN, THE (1936)
SPAWN OF THE NORTH (1938)
GREAT McGINTY, THE (1940)
TEXAS RANGERS RIDES AGAIN (1940)
FIVE GRAVES TO CAIRO (1943)
BRIDGE OF SAN LUIS REY, THE (1944)
OUTPOST IN MOROCCO (1949)
ANASTASIA (1956)
TOUCH OF EVIL (1958)
BACCHANTES (1963)
TOPKAPI (1964)
ALPHAVILLE (1965)
AFTER THE FOX (1966)
MARQUIS DE SADE'S JUSTINE (1969)

TANDY, Jessica
actrice américaine (1909-1994)
SEVENTH CROSS, THE (1944)
VALLEY OF DECISION, THE (1945)
FOREVER AMBER (1947)
SEPTEMBER AFFAIR (1950)
DESERT FOX, THE (1951)
LIGHT IN THE FOREST, THE (1958)
BIRDS, THE (1963)
BUTLEY (1973)
BEST FRIENDS (1982)
STILL OF THE NIGHT (1982)
BOSTONIANS, THE (1984)
COCOON (1985)
BATTERIES NOT INCLUDED (1987)
FOXFIRE (1987)
COCOON : THE RETURN (1988)
HOUSE ON CARROLL STREET, THE (1988)
DRIVING MISS DAISY (1989)
FRIED GREEN TOMATOES (1991)
USED PEOPLE (1992)
CAMILLA (1993)
NOBODY'S FOOL (1994)

TARANTINO, Quentin
acteur américain (1963-)
RESERVOIR DOGS (1991)
PULP FICTION (1994)
SLEEP WITH ME (1994)
DESPERADO (1995)
DESTINY TURNS ON THE RADIO (1995)
FROM DUSK TILL DAWN (1995)
GIRL 6 (1996)
GOD SAID HA ! (1998)

TATE, Larenz
acteur américain (1975-)
INKWELL, THE (1994)
DEAD PRESIDENTS (1995)
LOVE JONES (1997)
POSTMAN, THE (1997)
WHY DO FOOLS FALL IN LOVE (1998)
MAN APART, A (2003)
CRASH (2004)

TAUTOU, Audrey
actrice française (1978-)
VÉNUS BEAUTÉ (INSTITUT) (1998)
BATTEMENT D'AILES DU PAPILLON, LE (2000)
FABULEUX DESTIN
D'AMÉLIE POULAIN, LE (2000)
LIBERTIN, LE (2000)
AUBERGE ESPAGNOLE, L' (2001)
À LA FOLIE...PAS DU TOUT (2002)
PAS SUR LA BOUCHE (2003)
UN LONG DIMANCHE DE FIANÇAILLES (2004)
POUPÉES RUSSES, LES (2005)
DA VINCI CODE, THE (2006)

TAYLOR, Elizabeth
actrice américaine (1932-)
JANE EYRE (1943)
WHITE CLIFFS OF DOVER, THE (1943)
NATIONAL VELVET (1944)
COURAGE OF LASSIE (1946)
JULIA MISBEHAVES (1948)
LITTLE WOMEN (1949)
BIG HANGOVER, THE (1950)
CONSPIRATOR (1950)
FATHER OF THE BRIDE (1950)
PLACE IN THE SUN, A (1950)
FATHER'S LITTLE DIVIDEND (1951)
LOVE IS BETTER THAN EVER (1952)
ELEPHANT WALK (1953)
LAST TIME I SAW PARIS, THE (1954)
RHAPSODY (1954)
GIANT (1956)
RAINTREE COUNTY (1957)
CAT ON A HOT TIN ROOF (1958)
SUDDENLY, LAST SUMMER (1959)
BUTTERFIELD 8 (1960)
CLEOPATRA (1963)
SANDPIPER, THE (1965)
TAMING OF THE SHREW, THE (1966)
WHO'S AFRAID OF VIRGINIA WOOLF ? (1966)
COMEDIANS, THE (1967)
DOCTOR FAUSTUS (1967)
REFLECTIONS IN A GOLDEN EYE (1967)
BOOM ! (1968)
SECRET CEREMONY (1968)
X, Y AND ZEE (1971)
ASH WEDNESDAY (1973)
DIVORCE HIS - DIVORCE HERS (1973)
DRIVER'S SEAT, THE (1973)
THAT'S ENTERTAINMENT (1974)
MIRROR CRACK'D, THE (1980)
IVANHOE (1982)
RUMOR MILL, THE :
MALICE IN WONDERLAND (1985)
FLINTSTONES, THE (1994)

TAYLOR, Holland
acteur américain (1943-)
JEWEL OF THE NILE, THE (1985)
GEORGE OF THE JUNGLE (1997)
TRUMAN SHOW, THE (1998)
BETTY (1999)
HAPPY ACCIDENTS (2000)
KEEPING THE FAITH (2000)
LEGALLY BLONDE (2001)
SPY KIDS 3-D : GAME OVER (2003)

TAYLOR, Lili
actrice américaine (1967-)
MYSTIC PIZZA (1988)
BORN ON THE FOURTH OF JULY (1989)
SAY ANYTHING... (1989)
ARIZONA DREAM (1991)
DOGFIGHT (1991)
HOUSEHOLD SAINTS (1992)
RUDY (1993)
SHORT CUTS (1993)
MRS. PARKER AND THE VICIOUS CIRCLE (1994)
PRÊT-À-PORTER (1994)
ADDICTION, THE (1995)
FOUR ROOMS (1995)
GIRLS TOWN (1996)
I SHOT ANDY WARHOL (1996)
RANSOM (1996)
IMPOSTORS, THE (1998)
PECKER (1998)
HAUNTING, THE (1999)
SLIPPING DOWN LIFE, A (1999)
HIGH FIDELITY (2000)
ANNE FRANK (2001)

LIVE FROM BAGHDAD (2002)
CASA DE LOS BABYS (2003)
NOTORIOUS BETTIE PAGE, THE (2005)
VOICES OF PEOPLE'S HISTORY
OF THE USA (2005)

TAYLOR, Noah
acteur anglais (1969-)
YEAR MY VOICE BROKE, THE (1987)
FLIRTING (1990)
SHINE (1996)
ALMOST FAMOUS (2000)
HE DIED WITH A FELAFEL IN HIS HAND (2001)
LARA CROFT - TOMB RAIDER (2001)
VANILLA SKY (2001)
MAX (2002)
SLEEPING DICTIONARY (2002)
CHARLIE AND THE CHOCOLATE FACTORY (2005)

TAYLOR, Robert
acteur américain (1911-1969)
BROADWAY MELODY OF 1936 (1935)
GORGEOUS HUSSY, THE (1936)
BROADWAY MELODY OF 1938 (1937)
CAMILLE (1937)
PERSONAL PROPERTY (1937)
THREE COMRADES (1938)
WATERLOO BRIDGE (1940)
BILLY THE KID (1941)
JOHNNY EAGER (1941)
WHEN LADIES MEET (1941)
BATAAN (1943)
UNDERCURRENT (1947)
CONSPIRATOR (1950)
QUO VADIS ? (1951)
ABOVE AND BEYOND (1952)
IVANHOE (1952)
WESTWARD THE WOMEN (1952)
ALL THE BROTHERS WERE VALIANT (1953)
KNIGHTS OF THE ROUND TABLE (1954)
VALLEY OF THE KINGS (1954)
LAST HUNT, THE (1955)
D-DAY THE 6th OF JUNE (1956)
LAW AND JAKE WADE, THE (1958)
PARTY GIRL (1958)
NIGHT WALKER, THE (1964)
WHERE ANGELS GO...
TROUBLE FOLLOWS (1967)
HARD WORD, THE (2002)

TAYLOR, Rod
acteur australien (1929-)
VIRGIN QUEEN, THE (1954)
CATERED AFFAIR, THE (1955)
WORLD WITHOUT END (1955)
GIANT (1956)
RAINTREE COUNTY (1957)
SEPARATE TABLES (1958)
ASK ANY GIRL (1959)
TIME MACHINE, THE (1960)
BIRDS, THE (1963)
GATHERING OF EAGLES, A (1963)
SUNDAY IN NEW YORK (1963)
V.I.P.'S, THE (1963)
36 HOURS (1964)
GLASS BOTTOM BOAT, THE (1966)
DARK OF THE SUN (1967)
HIGH COMMISSIONER, THE (1968)
ZABRISKIE POINT (1970)
DEADLY TRACKERS, THE (1973)
TRAIN ROBBERS, THE (1973)
WELCOME TO WOOP WOOP (1997)

TEMPLE, Shirley
actrice américaine (1928-)
BABY TAKES A BOW (1934)
BRIGHT EYES (1934)
NOW AND FOREVER (1934)
CURLY TOP (1935)
LITTLE COLONEL, THE (1935)
LITTLEST REBEL, THE (1935)
CAPTAIN JANUARY (1936)
DIMPLES (1936)
POOR LITTLE RICH GIRL (1936)
HEIDI (1937)
WEE WILLIE WINKIE (1937)
JUST AROUND THE CORNER (1938)
LITTLE MISS BROADWAY (1938)
REBECCA OF SUNNYBROOK FARM (1938)
BLUE BIRD, THE (1939)
LITTLE PRINCESS, THE (1939)
SUSANNAH OF THE MOUNTIES (1939)
YOUNG PEOPLE (1940)
BACHELOR & THE BOBBY-SOXER, THE (1947)
FORT APACHE (1947)
I'LL BE SEEING YOU (1947)
STORY OF SEABISCUIT, THE (1949)

TENNANT, Victoria
actrice anglaise (1953-)
INSEMINOID (1981)
ALL OF ME (1984)
HOLCROFT COVENANT, THE (1985)
FLOWERS IN THE ATTIC (1987)
WAR AND REMEMBRANCE (1989)
WHISPERS (1989)
PESTE, LA (1992)

TERAJIMA, Susumu
acteur japonais (1963-)
KIDS RETURN (1996)
FIREWORKS (1997)
AFTER LIFE (1998)
SHARK SKIN MAN
AND PEACH HIP GIRL (1999)
BROTHER (2000)
DISTANCE (2001)
ICHI THE KILLER (2001)
MOON CHILD (2003)

TERZIEFF, Laurent
acteur français (1935-)
VANINA VANINI (1961)
À CŒUR JOIE (1966)
PRISONNIÈRE, LA (1968)
MÉDÉE (1969)
GAMBLER, LA (1981)
HIVER 54, L'ABBÉ PIERRE (1989)
FIESTA (1995)

TESTI, Fabio
acteur italien (1941-)
JARDIN DES FINZI CONTINI, LE (1971)
TUEUR, LE (1972)
WHAT HAVE YOU DONE TO SOLANGE (1972)
REVOLVER (1973)
IMPORTANT C'EST D'AIMER, L' (1974)
NADA (1974)
BIG RACKET (1976)
HEROIN BUSTERS (1977)
CHINA 9, LIBERTY 37 (1978)

TESTUD, Sylvie
actrice française (1971-)
BEYOND SILENCE (1996)
KARNAVAL (1998)
BLESSURES ASSASSINES, LES (2000)
CAPTIVE, LA (2000)
AIME TON PÈRE (2002)
DÉDALES (2003)
FILLES UNIQUES (2003)
STUPEUR ET TREMBLEMENTS (2003)
TOUT POUR L'OSEILLE (2003)
DEMAIN ON DÉMÉNAGE (2004)
MOTS BLEUS, LES (2004)

THATCHER, Torin
acteur indien (1905-1981)
AFFAIR IN TRINIDAD (1952)
HOUDINI (1953)
ROBE, THE (1953)
BLACK SHIELD OF FALWORTH, THE (1954)
DIANE (1955)
LADY GODIVA (1955)
LOVE IS A MANY-SPLENDORED THING (1955)
7th VOYAGE OF SINBAD, THE (1958)
JACK THE GIANT KILLER (1962)

THAUVETTE, Guy
acteur québécois (1944-)
GRAND ROCK, LE (1968)
AMOUR BLESSÉ, L' (1975)
CUISINE ROUGE, LA (1979)
AFFAIRE COFFIN, L' (1980)
LUCIEN BROUILLARD (1983)
MARIA CHAPDELAINE (1983)
ANNE TRISTER (1986)
FOUS DE BASSAN, LES (1986)
SOUS LES DRAPS, LES ÉTOILES (1989)
CARGO (1990)
RAFALES (1990)
NELLIGAN (1991)
AU FIL DE L'EAU (2002)
MÉMOIRES AFFECTIVES (2004)

THE THREE STOOGES
acteurs américains
HAVE ROCKET, WILL TRAVEL (1959)
THREE STOOGES MEET HERCULES, THE (1961)
THREE STOOGES IN ORBIT (1962)
4 FOR TEXAS (1963)
IT'S A MAD, MAD, MAD, MAD WORLD (1963)
THREE STOOGES GO AROUND THE WORLD
IN A DAZE, THE (1963)
OUTLAWS IS COMING, THE (1964)

THÉRIAULT, Serge
acteur québécois (1948-)
BEAUX DIMANCHES, LES (1974)
GAMMICK, LA (1974)
GINA (1975)
BONS DÉBARRAS, LES (1979)
CORDÉLIA (1979)
VOISINS, LES (1987)
DING ET DONG : LE FILM (1990)
RAFALES (1990)
SPHINX, LE (1995)
BOYS, LES (1997)
32 AOÛT SUR TERRE, UN (1998)
BOYS II, LES (1998)
CRÈME GLACÉE, CHOCOLAT ET AUTRES
CONSOLATIONS (2001)
GAZ BAR BLUES (2003)
VENDUS (2003)
BOYS IV, LES (2005)
HISTOIRE DE FAMILLE (2006)

THERON, Charlize
actrice sud-africaine (1975-)
THAT THING YOU DO ! (1996)
DEVIL'S ADVOCATE (1997)
CELEBRITY (1998)
MIGHTY JOE YOUNG (1998)
ASTRONAUT'S WIFE, THE (1999)
CIDER HOUSE RULES, THE (1999)
LEGEND OF BAGGER VANCE, THE (2000)
REINDEER GAMES (2000)
YARDS, THE (2000)
CURSE OF THE JADE SCORPION, THE (2001)

SWEET NOVEMBER (2001)
ITALIAN JOB, THE (2003)
LIFE AND DEATH
OF PETER SELLERS, THE (2003)
MONSTER (2003)
HEAD IN THE CLOUDS (2004)
AEON FLUX (2005)
NORTH COUNTRY (2005)

THEWLIS, David
acteur anglais (1963-)
AFRAID OF THE DARK (1991)
NAKED (1993)
PRIME SUSPECT III (1993)
BLACK BEAUTY (1994)
RESTORATION (1995)
TOTAL ECLIPSE (1995)
DRAGONHEART (1996)
ISLAND OF DR. MOREAU, THE (1996)
BIG LEBOWSKI, THE (1997)
SEVEN YEARS IN TIBET (1997)
BESIEGED (1998)
WHATEVER HAPPENED
TO HAROLD SMITH (1999)
GANGSTER NO.1 (2000)
TIMELINE (2003)
HARRY POTTER AND
THE PRISONER OF AZKABAN (2004)
KINGDOM OF HEAVEN (2005)
BASIC INSTINCT 2 -
RISK ADDICTION (2006)

THOMAS, Henry
acteur américain (1971-)
RAGGEDY MAN (1981)
E.T. THE EXTRA-TERRESTRIAL (1982)
CLOAK AND DAGGER (1984)
VALMONT (1989)
FIRE IN THE SKY (1993)
CURSE OF THE STARVING CLASS, THE (1994)
LEGENDS OF THE FALL (1994)
MOBY DICK (1997)
NIAGARA, NIAGARA (1997)
SUICIDE KINGS (1997)
ALL THE PRETTY HORSES (2000)
QUICKIE, THE (2001)
GANGS OF NEW YORK (2002)
I'M WITH LUCY (2002)
I CAPTURE THE CASTLE (2003)
MASTERS OF HORROR - CHOCOLATE (2005)
DESPERATION (2006)

THOMPSON, Emma
actrice anglaise (1959-)
FORTUNES OF WAR (1987)
HENRY V (1989)
LOOK BACK IN ANGER (1989)
TALL GUY, THE (1989)
IMPROMPTU (1990)
DEAD AGAIN (1991)
HOWARDS END (1991)
PETER'S FRIENDS (1992)
IN THE NAME OF THE FATHER (1993)
MUCH ADO ABOUT NOTHING (1993)
REMAINS OF THE DAY, THE (1993)
JUNIOR (1994)
CARRINGTON (1995)
SENSE AND SENSIBILITY (1995)
WINTER GUEST, THE (1997)
JUDAS KISS (1998)
PRIMARY COLORS (1998)
WIT (2001)
ANGELS IN AMERICA (2003)
IMAGINING ARGENTINA (2003)
LOVE ACTUALLY (2003)
NANNY MCPHEE (2005)

THOMPSON, Jack
acteur australien (1940-)
BREAKER MORANT (1980)
WOMAN CALLED GOLDA, A (1982)
BURKE & WILLS (1985)
WIND (1992)
FAR OFF PLACE, A (1993)
SUM OF US, THE (1994)
EXCESS BAGGAGE (1997)
MIDNIGHT IN THE GARDEN
OF GOOD AND EVIL (1997)
UNDER THE LIGHTHOUSE DANCING (1997)
ORIGINAL SIN (2001)
ASSASSINATION OF
RICHARD NIXON, THE (2004)

THOMPSON, Lea
actrice américaine (1961-)
ALL THE RIGHT MOVES (1983)
JAWS III (1983)
BACK TO THE FUTURE (1985)
HOWARD THE DUCK (1986)
SPACECAMP (1986)
SOME KIND OF WONDERFUL (1987)
CASUAL SEX? (1988)
BACK TO THE FUTURE II (1989)
DENNIS THE MENACE (1993)

THOMPSON, Marshall
acteur américain (1925-1992)
SHOW-OFF, THE (1946)
HOMECOMING (1948)
TO HELL AND BACK (1954)
CULT OF THE COBRA (1955)
FIEND WITHOUT A FACE (1958)
IT! THE TERROR FROM BEYOND SPACE (1958)
NO MAN IS AN ISLAND (1962)
CLARENCE THE CROSS-EYED LION (1965)

THOMSEN, Ulrich
acteur danois (1963-)
FÊTE DE FAMILLE (1998)
FLICKERING LIGHTS (2000)
WEIGHT OF WATER, THE (2000)
KILLING ME SOFTLY (2002)
MAX (2002)
INHERITANCE, THE (2003)
BROTHERS (2004)

THORNTON, Billy Bob
acteur américain (1955-)
ONE FALSE MOVE (1990)
FLOUNDERING (1993)
SOME FOLKS CALL IT A SLING BLADE (1993)
SLING BLADE (1995)
STARS FELL ON HENRIETTA, THE (1995)
DON'T LOOK BACK (1996)
APOSTLE, THE (1997)
U-TURN (1997)
ARMAGEDDON (1998)
HOMEGROWN (1998)
PRIMARY COLORS (1998)
SIMPLE PLAN, A (1998)
PUSHING TIN (1999)
DADDY AND THEM (2001)
MAN WHO WASN'T THERE, THE (2001)
MONSTER'S BALL (2001)
BAD SANTA (2003)
BADDER SANTA (2003)
INTOLERABLE CRUELTY (2003)
LEVITY (2003)
ALAMO, THE (2004)
CHRYSTAL (2004)
FRIDAY NIGHT LIGHTS (2004)
BAD NEWS BEARS (2005)
ICE HARVEST, THE (2005)

THULIN, Ingrid
actrice suédoise (1926-2004)
BRINK OF LIFE (1957)
VISAGE, LE (1959)
FOUR HORSEMEN OF
THE APOCALYPSE, THE (1961)
COMMUNIANTS, LES (1963)
SILENCE, LE (1963)
SHORT NIGHT OF GLASS DOLLS (1971)
CRIS ET CHUCHOTEMENTS (1972)
SALON-KITTY (1976)
APRÈS LA RÉPÉTITION (1984)

THURMAN, Uma
actrice américaine (1970-)
ADVENTURES OF BARON
MUNCHAUSEN, THE (1988)
DANGEROUS LIAISONS (1988)
JOHNNY BE GOOD (1988)
HENRY & JUNE (1990)
WHERE THE HEART IS (1990)
FINAL ANALYSIS (1992)
JENNIFER 8 (1992)
MAD DOG AND GLORY (1993)
EVEN COWGIRLS GET THE BLUES (1994)
PULP FICTION (1994)
MONTH BY THE LAKE, A (1995)
TRUTH ABOUT CATS
AND DOGS, THE (1996)
BATMAN & ROBIN (1997)
GATTACA (1997)
AVENGERS, THE (1998)
MISÉRABLES, LES (1998)
SWEET AND LOWDOWN (1999)
GOLDEN BOWL, THE (2000)
VATEL (2000)
CHELSEA WALLS (2001)
TAPE (2001)
HYSTERICAL BLINDNESS (2002)
KILL BILL I (2003)
PAYCHECK (2003)
KILL BILL II (2004)
BE COOL (2005)
PRIME (2005)
PRODUCERS, THE (2005)

TIERNEY, Gene
actrice américaine (1920-1991)
RETURN OF FRANK JAMES, THE (1940)
SHANGHAI GESTURE, THE (1941)
SON OF FURY (1942)
THUNDER BIRDS (1942)
HEAVEN CAN WAIT (1943)
LAURA (1944)
LEAVE HER TO HEAVEN (1946)
RAZOR'S EDGE, THE (1946)
GHOST AND MRS. MUIR, THE (1947)
WHIRLPOOL (1949)
NIGHT AND THE CITY (1950)
WHERE THE SIDEWALK ENDS (1950)
EGYPTIAN, THE (1953)
NEVER LET ME GO (1953)
LEFT HAND OF GOD, THE (1955)
ADVISE AND CONSENT (1962)
TOYS IN THE ATTIC (1963)

TIERNEY, Lawrence
acteur américain (1919-)
BACK TO BATAAN (1945)
BORN TO KILL (1947)
NAKED EVIL /
EXORCISM AT MIDNIGHT (1966)
CUSTER OF THE WEST (1967)
PROWLER, THE (1981)
MURPHY'S LAW (1986)
RESERVOIR DOGS (1991)

TIERNEY, Maura
actrice américaine (1965-)
LIAR LIAR (1997)
PRIMARY COLORS (1998)
FORCES OF NATURE (1999)
SCOTLAND, PA (2001)
INSOMNIA (2002)
MELVIN GOES TO DINNER (2003)
WELCOME TO MOOSEPORT (2003)

TIFO, Marie
actrice québécoise (1949-)
BONS DÉBARRAS, LES (1979)
JOURNÉE EN TAXI, UNE (1981)
YEUX ROUGES, LES (1982)
LUCIEN BROUILLARD (1983)
MARIA CHAPDELAINE (1983)
RIEN QU'UN JEU (1983)
JOUR « S... », LE (1984)
FOUS DE BASSAN, LES (1986)
POUVOIR INTIME (1986)
KALAMAZOO (1988)
T'ES BELLE JEANNE (1988)
DANS LE VENTRE DU DRAGON (1989)
POTS CASSÉS, LES (1993)
POUR L'AMOUR DE THOMAS (1994)
CES ENFANTS D'AILLEURS (1997)
PÈRE ET FILS (2003)
PROM QUEEN (2004)

TILLY, Jennifer
actrice canadienne (1958-)
NO SMALL AFFAIR (1984)
MOVING VIOLATIONS (1985)
HIGH SPIRITS (1988)
FABULOUS BAKER BOYS, THE (1989)
LET IT RIDE (1989)
SCORCHERS (1991)
AGAGUK - SHADOW OF THE WOLF (1992)
MADE IN AMERICA (1993)
BULLETS OVER BROADWAY (1994)
GETAWAY, THE (1994)
BOUND (1996)
EDIE & PEN (1996)
GUN (1996)
LIAR LIAR (1997)
WRONG GUY, THE (1997)
BRIDE OF CHUCKY (1998)
MUSIC FROM ANOTHER ROOM (1998)
RELAX...IT'S JUST SEX (1999)
BRUNO (2000)
DANCING AT THE BLUE IGUANA (2000)
HIDE AND SEEK (2000)
CAT'S MEOW, THE (2001)
HAUNTED MANSION (2003)
JERICHO MANSIONS (2003)
DELUXE COMBO PLATTER (2004)
SAINT RALPH (2004)
SECOND BEST (2004)
SEED OF CHUCKY (2004)

TILLY, Meg
actrice canadienne (1960-)
FAME (1980)
ONE DARK NIGHT (1982)
TEX (1982)
BIG CHILL, THE (1983)
PSYCHO II (1983)
IMPULSE (1984)
AGNES OF GOD (1985)
GIRL IN A SWING, THE (1988)
MASQUERADE (1988)
VALMONT (1989)
CARMILLA (1990)
TWO JAKES, THE (1990)
LEAVING NORMAL (1992)
BODY SNATCHERS (1993)
SLEEP WITH ME (1994)

TIMSIT, Patrick
acteur français (1959-)
PAULETTE (1986)
VANILLE FRAISE (1989)
BAL DES CASSE-PIEDS, LE (1991)
ÉPOQUE FORMIDABLE, UNE (1991)
MAYRIG (1991)
CRISE, LA (1992)
ELLES N'OUBLIENT JAMAIS (1993)
INDIEN DANS LA VILLE, UN (1994)
BELLE VERTE, LA (1996)
PÉDALE DOUCE (1996)
COUSIN, LE (1997)
MARQUISE (1997)
PAPARAZZI (1998)
PRINCE DU PACIFIQUE, LE (2000)
RUE DES PLAISIRS (2001)
QUELQU'UN DE BIEN (2002)
UN FIL À LA PATTE (2004)

TOBEY, Kenneth
acteur américain (1917-2002)
THING FROM ANOTHER WORLD, THE (1951)
BIGAMIST, THE (1953)
GREAT LOCOMOTIVE CHASE, THE (1955)
IT CAME FROM BENEATH THE SEA (1955)
SEARCH FOR BRIDEY MURPHY, THE (1956)
DIRTY MARY CRAZY LARRY (1974)
STRANGE INVADERS (1983)

TOBOLOWSKY, Stephen
acteur américain (1951-)
SINGLE WHITE FEMALE (1992)
GROUNDHOG DAY (1993)
DR. JEKYLL AND MS. HYDE (1995)
MR. MAGOO (1997)
BOSSA NOVA (1999)
MEMENTO (2000)
PRIME GIG, THE (2000)
DAY THE WORLD ENDED, THE (2001)
FREDDY GOT FINGERED (2001)
GARFIELD : THE MOVIE (2004)
LITTLE BLACK BOOK (2004)

TODESCHINI, Bruno
acteur suisse (1962-)
SANS UN CRI (1991)
SENTINELLE, LA (1991)
COUPLES ET AMANTS (1993)
CEUX QUI M'AIMENT
PRENDRONT LE TRAIN (1997)
CODE INCONNU (2000)
VA SAVOIR (2001)
SON FRÈRE (2003)
PETITE JÉRUSALEM, LA (2005)

TOGNAZZI, Ugo
acteur italien (1922-1990)
AMOUR À LA VILLE, L' (1956)
ROGOPAG (1962)
MARI DE LA FEMME À BARBE, LE (1964)
BARBARELLA (1968)
PORCHERIE (1969)
GRANDE BOUFFE, LA (1973)
TOUCHE PAS LA FEMME BLANCHE (1973)
CANARD À L'ORANGE, LE (1975)
MESDAMES ET MESSIEURS, BONSOIR (1976)
CABINE DES AMOUREUX, LA (1977)
CAGE AUX FOLLES, LA (1978)
GRAND EMBOUTEILLAGE, LE (1979)
CAGE AUX FOLLES 2, LA (1980)
TRAGÉDIE D'UN HOMME RIDICULE, LA (1981)
CAGE AUX FOLLES 3, LA (1985)
YIDDISH CONNECTION (1986)
TOLÉRANCE (1989)

TOMEI, Marisa
actrice américaine (1964-)
CHAPLIN (1992)
EQUINOX (1992)
MY COUSIN VINNY (1992)
UNTAMED HEART (1993)
ONLY YOU (1994)
PEREZ FAMILY, THE (1995)
UNHOOK THE STARS (1997)
WELCOME TO SARAJEVO (1997)
MY OWN COUNTRY (1998)
HAPPY ACCIDENTS (2000)
WATCHER, THE (2000)
WHAT WOMEN WANT (2000)
IN THE BEDROOM (2001)
JUST A KISS (2001)
GURU, THE (2002)
ANGER MANAGEMENT (2003)
ALFIE (2004)

TOMLIN, Lily
actrice américaine (1939-)
LATE SHOW, THE (1976)
9 TO 5 (1980)
INCREDIBLE SHRINKING WOMAN, THE (1981)
ALL OF ME (1984)
BIG BUSINESS (1988)
MURPHY BROWN (SEASON I) (1988)
SHADOWS AND FOG (1991)
PLAYER, THE (1992)
AND THE BAND PLAYED ON (1993)
SHORT CUTS (1993)
BLUE IN THE FACE (1995)
TEA WITH MUSSOLINI (1999)
KID, THE (2000)
ORANGE COUNTY (2001)
I HEART HUCKABEES (2004)

TONE, Franchot
acteur américain (1905-1968)
GABRIEL OVER THE WHITE HOUSE (1933)
GIRL FROM MISSOURI, THE (1934)
SADIE McKEE (1934)
DANGEROUS (1935)
LIVES OF A BENGAL LANCER, THE (1935)
RECKLESS (1935)
LOVE ON THE RUN (1936)
SUZY (1936)
BRIDE WORE RED, THE (1937)
QUALITY STREET (1937)
THREE COMRADES (1938)
FIVE GRAVES TO CAIRO (1943)
PHANTOM LADY (1944)
EVERY GIRL SHOULD BE MARRIED (1948)
MAN ON THE EIFFEL TOWER, THE (1948)
HERE COMES THE GROOM (1951)
ADVISE AND CONSENT (1962)

TORN, Rip
acteur américain (1931-)
BABY DOLL (1956)
PORK CHOP HILL (1959)
BEACH RED (1967)
COMING APART (1969)
PAY DAY (1972)
SLAUGHTER (1972)
MAN WHO FELL TO EARTH, THE (1976)
NASTY HABITS (1976)
SEDUCTION OF JOE TYNAN, THE (1979)
ONE-TRICK PONY (1980)
STRANGER IS WATCHING, A (1981)
BEASTMASTER, THE (1982)
BLUE AND THE GRAY, THE (1982)

JINXED ! (1982)
CAT ON A HOT TIN ROOF (1984)
NADINE (1987)
BEAUTIFUL DREAMERS (1990)
BY DAWNS EARLY LIGHT (1990)
WHERE THE RIVERS FLOW NORTH (1993)
MEN IN BLACK (1997)
SENSELESS (1998)
WONDER BOYS (2000)
FREDDY GOT FINGERED (2001)
LOVE OBJECT (2002)
MEN IN BLACK II (2002)
WELCOME TO MOOSEPORT (2003)
DODGEBALL : A TRUE UNDERDOG STORY (2004)
EULOGY (2004)
SISTERS, THE (2005)
YOURS, MINE AND OURS (2005)

TORRENCE, Ernest
acteur anglais (1878-1933)
COVERED WAGON, THE (1923)
HUNCHBACK OF NOTRE-DAME, THE (1923)
PETER PAN (1924)
KING OF KINGS, THE (1927)
STEAMBOAT BILL JR. (1928)
FIGHTING CARAVANS (1930)
I COVER THE WATERFRONT (1933)

TOWNSEND, Stuart
acteur irlandais (1972-)
SHOOTING FISH (1997)
UNDER THE SKIN (1997)
WONDERLAND (1999)
ABOUT ADAM (2000)
QUEEN OF THE DAMNED (2002)
SHADE (2003)
HEAD IN THE CLOUDS (2004)

TRACY, Spencer
acteur américain (1900-1967)
MARIE GALANTE (1934)
RIFF RAFF (1935)
FURY (1936)
LIBELED LADY (1936)
SAN FRANCISCO (1936)
CAPTAINS COURAGEOUS (1937)
BOYS TOWN (1938)
MANNEQUIN (1938)
TEST PILOT (1938)
STANLEY AND LIVINGSTONE (1939)
EDISON, THE MAN (1940)
NORTHWEST PASSAGE (1940)
DR. JEKYLL AND MR. HYDE (1941)
MEN OF BOYS TOWN (1941)
KEEPER OF THE FLAME (1942)
TORTILLA FLAT (1942)
WOMAN OF THE YEAR (1942)
GUY NAMED JOE, A (1944)
SEVENTH CROSS, THE (1944)
THIRTY SECONDS OVER TOKYO (1944)
WITHOUT LOVE (1945)
BOOM TOWN (1946)
CASS TIMBERLANE (1947)
SEA OF GRASS, THE (1947)
MALAYA (1948)
STATE OF THE UNION (1948)
ADAM'S RIB (1949)
FATHER OF THE BRIDE (1950)
FATHER'S LITTLE DIVIDEND (1951)
PAT AND MIKE (1952)
BROKEN LANCE (1953)
BAD DAY AT BLACK ROCK (1954)
MOUNTAIN, THE (1956)
DESK SET (1957)
LAST HURRAH, THE (1958)
OLD MAN AND THE SEA, THE (1958)
INHERIT THE WIND (1960)
DEVIL AT 4 O'CLOCK, THE (1961)
JUDGMENT AT NUREMBERG (1961)
IT'S A MAD, MAD, MAD, MAD WORLD (1963)
GUESS WHO'S COMING TO DINNER ? (1967)

TRAVERS, Bill
acteur anglais (1922-1994)
BHOWANI JUNCTION (1955)
SMALLEST SHOW ON EARTH (1956)
GORGO (1961)
BORN FREE (1965)
DUEL AT DIABLO (1965)
RING OF BRIGHT WATER (1969)
BOULEVARD DU RHUM (1971)

TRAVOLTA, John
acteur américain (1954-)
DEVIL'S RAIN, THE (1975)
CARRIE (1976)
SATURDAY NIGHT FEVER (1977)
GREASE (1978)
URBAN COWBOY (1980)
BLOW OUT (1981)
STAYING ALIVE (1983)
TWO OF A KIND (1983)
PERFECT (1985)
LOOK WHO'S TALKING (1989)
LOOK WHO'S TALKING TOO (1990)
LOOK WHO'S TALKING NOW (1993)
PULP FICTION (1994)
GET SHORTY (1995)
WHITE MAN'S BURDEN (1995)
BROKEN ARROW (1996)
MICHAEL (1996)
PHENOMENON (1996)
FACE / OFF (1997)
MAD CITY (1997)
SHE'S SO LOVELY (1997)
CIVIL ACTION, A (1998)
PRIMARY COLORS (1998)
GENERAL'S DAUGHTER, THE (1999)
BATTLEFIELD EARTH (2000)
LUCKY NUMBERS (2000)
DOMESTIC DISTURBANCE (2001)
SWORDFISH (2001)
BASIC (2003)
LOVE SONG FOR BOBBY LONG, THE (2004)
PUNISHER, THE (2004)
BE COOL (2005)

TREJO, Danny
acteur américain (1944-)
ANACONDA (1997)
REPLACEMENT KILLERS, THE (1997)
FROM DUSK TILL DAWN II (1998)
SIX DAYS, SEVEN NIGHTS (1998)
ANIMAL FACTORY (2000)
REINDEER GAMES (2000)
BUBBLE BOY (2001)
SPY KIDS (2001)
SPY KIDS II : THE ISLAND OF LOST DREAMS (2002)
ONCE UPON A TIME IN MEXICO (2003)

TREMBLAY, Johanne-Marie
actrice québécoise (1950-)
À CORPS PERDU (1988)
JÉSUS DE MONTRÉAL (1989)
PORTION D'ÉTERNITÉ (1989)
MOODY BEACH (1990)
PAS DE RÉPIT POUR MÉLANIE (1990)
BEING AT HOME WITH CLAUDE (1992)
SARRASINE, LA (1992)
TIRELIRE, COMBINES ET CIE (1992)
VIE FANTÔME, LA (1992)
LOUIS 19, LE ROI DES ONDES (1994)
MA VIE EN CINÉMASCOPE (2004)
TOUS LES AUTRES, SAUF MOI (2006)

TREVOR, Claire
actrice américaine (1909-2000)
BABY TAKES A BOW (1934)
AMAZING DOCTOR CLITTERHOUSE, THE (1938)
ALLEGHENY UPRISING (1939)
STAGECOACH (1939)
DARK COMMAND (1940)
TEXAS (1941)
DESPERADOES, THE (1942)
JOHNNY ANGEL (1945)
CRACK-UP (1946)
MURDER, MY SWEET (1946)
BORN TO KILL (1947)
RAW DEAL (1948)
VELVET TOUCH, THE (1948)
BORDERLINE (1950)
STRANGER WORE A GUN, THE (1952)
MOUNTAIN, THE (1956)

TRINTIGNANT, Jean-Louis
acteur français (1930-)
ET DIEU CRÉA LA FEMME (1956)
LIAISONS DANGEREUSES, LES (1959)
SEPT PÉCHÉS CAPITAUX, LES (1961)
MERVEILLEUSE ANGÉLIQUE (1965)
HOMME ET UNE FEMME, UN (1966)
PARIS BRÛLE-T-IL ? (1966)
BICHES, LES (1967)
HOMME À ABATTRE, UN (1967)
GREAT SILENCE, THE (1968)
CONFORMISTE, LE (1969)
MA NUIT CHEZ MAUD (1969)
VOLEUR DE CRIMES, LE (1969)
Z (1969)
VOYOU, LE (1970)
ATTENTAT, L' (1972)
UN HOMME EST MORT (1972)
DÉFENSE DE SAVOIR (1973)
MOUTON ENRAGÉ, LE (1973)
TRAIN, LE (1973)
VIOLONS DU BAL, LES (1973)
FEMME DU DIMANCHE, LA (1975)
FLIC STORY (1975)
IL PLEUT SUR SANTIAGO (1975)
ORDINATEUR DES POMPES FUNÈBRES, L' (1976)
TRAQUÉS, LES (1976)
ARGENT DES AUTRES, L' (1978)
BANQUIÈRE, LA (1980)
PASSION D'AMOUR (1980)
AFFAIRE D'HOMMES, UNE (1981)
ASSASSIN QUI PASSE, UN (1981)
BOULEVARD DES ASSASSINS (1982)
GRAND PARDON, LE (1982)
NUIT DE VARENNES, LA (1982)
BON PLAISIR, LE (1983)
CRIME, LA (1983)
VIVA LA VIE (1983)
VIVEMENT DIMANCHE ! (1983)
ÉTÉ PROCHAIN, L' (1984)
FEMMES DE PERSONNE (1984)
PARTIR, REVENIR (1985)
RENDEZ-VOUS (1985)
FEMME DE MA VIE, LA (1986)
HOMME ET UNE FEMME : VINGT ANS DÉJÀ, UN (1986)
MOUSTACHU, LE (1987)
BUNKER PALACE HOTEL (1989)
MERCI LA VIE (1991)
REGARDE LES HOMMES TOMBER (1994)
TROIS COULEURS - ROUGE (1994)

FIESTA (1995)
HÉROS TRÈS DISCRET, UN (1996)
TYKHO MOON (1996)
CEUX QUI M'AIMENT PRENDRONT LE TRAIN (1997)

TRINTIGNANT, Marie
actrice française (1962-2003)
ÇA N'ARRIVE QU'AUX AUTRES (1971)
DÉFENSE DE SAVOIR (1973)
PREMIER VOYAGE (1980)
ÉTÉ PROCHAIN, L' (1984)
NOYADE INTERDITE (1987)
AFFAIRE DE FEMMES, UNE (1988)
ALBERTO EXPRESS (1990)
NUIT D'ÉTÉ EN VILLE (1990)
BETTY (1991)
CIBLE ÉMOUVANTE (1993)
MARMOTTES, LES (1993)
APPRENTIS, LES (1995)
DES NOUVELLES DU BON DIEU (1995)
CRI DE LA SOIE, LE (1996)
PONETTE (1996)
PORTRAITS CHINOIS (1996)
COUSIN, LE (1997)
COMME ELLE RESPIRE (1998)
PRINCE DU PACIFIQUE, LE (2000)
JANIS & JOHN (2003)

TRUFFAUT, François
acteur français (1932-1984)
400 COUPS, LES (1958)
ENFANT SAUVAGE, L' (1969)
NUIT AMÉRICAINE, LA (1973)
HISTOIRE D'ADÈLE H., L' (1975)
CLOSE ENCOUNTERS OF THE THIRD KIND (1977)
HOMME QUI AIMAIT LES FEMMES, L' (1977)
CHAMBRE VERTE, LA (1978)

TSANG, Eric
acteur chinois (1953-)
IRON FISTED MONK (1977)
GOLDEN SWALLOW (1988)
SUPERCOP 2 (1994)
HITMAN (1998)
ACCIDENTAL SPY (2001)
GOLDEN CHICKEN (2002)
INFERNAL AFFAIRS (2002)
THREE (2002)
CITY OF SARS (2003)
FU BO (2003)
INFERNAL AFFAIRS 2 (2003)
INFERNAL AFFAIRS 3 (2003)
JIANG HU (2004)

TUCCI, Stanley
acteur américain (1960-)
PUBLIC EYE, THE (1992)
PELICAN BRIEF, THE (1993)
UNDERCOVER BLUES (1993)
MRS. PARKER AND THE VICIOUS CIRCLE (1994)
SOMEBODY TO LOVE (1994)
BIG NIGHT (1996)
DAYTRIPPERS, THE (1996)
ALARMIST, THE (1997)
LIFE LESS ORDINARY, A (1997)
IMPOSTORS, THE (1998)
MIDSUMMER NIGHT'S DREAM, A (1999)
CONSPIRACY (2000)
JOE GOULD'S SECRET (2000)
AMERICA'S SWEETHEARTS (2001)
BIG TROUBLE (2001)
SIDEWALKS OF NEW YORK (2001)
MAID IN MANHATTAN (2002)
ROAD TO PERDITION (2002)
CORE, THE (2003)
LIFE AND DEATH OF PETER SELLERS, THE (2003)
SHALL WE DANCE ? (2004)
TERMINAL, THE (2004)
LUCKY NUMBER SLEVIN (2006)

TUCKER, Forrest
acteur américain (1919-1986)
YEARLING, THE (1946)
CORONER CREEK (1948)
SANDS OF IWO JIMA (1949)
BUGLES IN THE AFTERNOON (1952)
PONY EXPRESS (1952)
FINGER MAN (1955)
ABOMINABLE SNOWMAN, THE (1957)
THREE VIOLENT PEOPLE (1957)
AUNTIE MAME (1958)
CRAWLING EYE, THE (1958)
CHISUM (1970)

TUCKER, Jonathan
acteur américain (1982-)
VIRGIN SUICIDES, THE (1999)
100 GIRLS (2000)
DEEP END, THE (2001)
TEXAS CHAINSAW MASSACRE, THE (2003)
CRIMINAL (2004)
STATESIDE (2004)
HOSTAGE (2005)

TULLY, Tom
acteur américain (1908-1982)
ADVENTURE (1945)
TILL THE END OF TIME (1946)
I'LL BE SEEING YOU (1947)
JUNE BRIDE (1948)
BRANDED (1950)
WHERE THE SIDEWALK ENDS (1950)
TOMAHAWK (1951)
LOVE IS BETTER THAN EVER (1952)
MOON IS BLUE, THE (1952)
TROUBLE ALONG THE WAY (1953)
COOGANS BLUFF (1968)

TUNNEY, Robin
actrice américaine (1972-)
ENCINO MAN (1992)
CRAFT, THE (1996)
JULIAN PO (1997)
NIAGARA, NIAGARA (1997)
END OF DAYS (1999)
SUPERNOVA (1999)
VERTICAL LIMIT (2000)
SECRET LIVES OF DENTISTS, THE (2003)
PAPARAZZI (2004)

TURNER, Kathleen
actrice américaine (1954-)
BODY HEAT (1981)
MAN WITH TWO BRAINS, THE (1983)
BREED APART, A (1984)
CRIMES OF PASSION (1984)
ROMANCING THE STONE (1984)
JEWEL OF THE NILE, THE (1985)
PRIZZI'S HONOR (1985)
PEGGY SUE GOT MARRIED (1986)
DEAR AMERICA : LETTERS HOME FROM VIETNAM (1987)
JULIA AND JULIA (1987)
SWITCHING CHANNELS (1987)
ACCIDENTAL TOURIST, THE (1988)
WAR OF THE ROSES, THE (1989)
V.I. WARSHAWSKI (1991)
HOUSE OF CARDS (1993)
UNDERCOVER BLUES (1993)
NAKED IN NEW YORK (1994)
SERIAL MOM (1994)
MOONLIGHT AND VALENTINO (1995)
REAL BLONDE, THE (1997)
SIMPLE WISH, A (1997)
BEAUTIFUL (2000)

TURNER, Lana
actrice américaine (1920-1995)
MERRY WIDOW, THE (1935)
LOVE FINDS ANDY HARDY (1938)
DR. JEKYLL AND MR. HYDE (1941)
JOHNNY EAGER (1941)
ZIEGFELD GIRL (1941)
WEEKEND AT THE WALDORF (1945)
GREEN DOLPHIN STREET (1946)
CASS TIMBERLANE (1947)
HOMECOMING (1948)
THREE MUSKETEERS, THE (1948)
BAD AND THE BEAUTIFUL, THE (1952)
DIANE (1955)
PRODIGAL, THE (1955)
SEA CHASE, THE (1955)
ANOTHER TIME, ANOTHER PLACE (1957)
PEYTON PLACE (1957)
IMITATION OF LIFE (1959)
PORTRAIT IN BLACK (1960)
BY LOVE POSSESSED (1961)
MADAME X (1965)
POSTMAN ALWAYS RINGS TWICE, THE (1981)

TURTURRO, Aida
actrice américaine (1962-)
TRUE LOVE (1989)
JERSEY GIRL (1992)
ANGIE (1994)
DENISE CALLS UP (1995)
FALLEN (1997)
ILLUMINATA (1998)
WOO (1998)
DEEP BLUE SEA (1999)

TURTURRO, John
acteur américain (1957-)
DESPERATELY SEEKING SUSAN (1985)
TO LIVE AND DIE IN L.A. (1985)
COLOR OF MONEY, THE (1986)
GUNG HO (1986)
HANNAH AND HER SISTERS (1986)
5 CORNERS (1987)
SICILIAN, THE (1987)
BACKTRACK (1988)
DO THE RIGHT THING (1989)
MEN OF RESPECT (1990)
MILLER'S CROSSING (1990)
MO' BETTER BLUES (1990)
STATE OF GRACE (1990)
BARTON FINK (1991)
JUNGLE FEVER (1991)
BRAIN DONORS (1992)
MAC (1992)
FEARLESS (1993)
BEING HUMAN (1994)
QUIZ SHOW (1994)
CLOCKERS (1995)
SEARCH AND DESTROY (1995)
UNSTRUNG HEROES (1995)
BOX OF MOONLIGHT (1996)
GIRL 6 (1996)
GRACE OF MY HEART (1996)
TRÈVE, LA (1996)
BIG LEBOWSKI, THE (1997)
ILLUMINATA (1998)
ROUNDERS (1998)
SOURCE, THE (1998)
COMPANY MAN (2000)

HELLRAISER V : INFERNO (2000)
LUZHIN DEFENCE. THE (2000)
O BROTHER, WHERE ART THOU ? (2000)
TWO THOUSAND AND NONE (2000)
13 CONVERSATIONS
ABOUT ONE THING (2001)
COLLATERAL DAMAGE (2001)
MR. DEEDS (2002)
ANGER MANAGEMENT (2003)
SECRET WINDOW (2004)

TUSHINGHAM, Rita
actrice anglaise (1942-)
LEATHER BOYS, THE (1963)
GIRL WITH GREEN EYES, THE (1964)
SMASHING TIME (1967)
STRAIGHT ON TIL MORNING (1972)
MYSTERIES (1984)
PAPER MARRIAGE (1992)
AWFULLY BIG ADVENTURE, AN (1994)
UNDER THE SKIN (1997)

TYLER, Liv
actrice américaine (1977-)
SILENT FALL (1994)
HEAVY (1995)
STEALING BEAUTY (1996)
THAT THING YOU DO ! (1996)
INVENTING THE ABBOTTS (1997)
U-TURN (1997)
ARMAGEDDON (1998)
COOKIE'S FORTUNE (1998)
ONEGIN (1999)
DR. T AND THE WOMEN (2000)
LORD OF THE RINGS :
THE FELLOWSHIP OF THE RING (2001)
ONE NIGHT AT McCOOL'S (2001)
LORD OF THE RINGS :
THE RETURN OF THE KING (2003)
JERSEY GIRL (2004)

TYRRELL, Susan
actrice américaine (1945-)
FAT CITY (1971)
ANDY WARHOL'S BAD (1976)
I NEVER PROMISED YOU
A ROSE GARDEN (1976)
FORBIDDEN ZONE (1980)
CONTE DE LA FOLIE ORDINAIRE (1981)
FROM A WHISPER TO A SCREAM (1985)
ROCKULA (1990)
POWDER (1995)

TYSON, Cicely
actrice américaine (1933-)
HEART IS A LONELY HUNTER, THE (1968)
SOUNDER (1972)
BUSTIN' LOOSE (1981)
KID WHO LOVED CHRISTMAS, THE (1990)
FRIED GREEN TOMATOES (1991)
BECAUSE OF WINN-DIXIE (2005)
DIARY OF A MAD BLACK WOMAN (2005)

ULLMAN, Tracey
actrice anglaise (1959-)
TRACEY TAKES ON (SEASON II)
PLENTY (1985)
HOUSEHOLD SAINTS (1992)
I'LL DO ANYTHING (1994)
PANIC (2000)
SMALL TIME CROOKS (2000)
DIRTY SHAME, A (2004)
ONCE UPON A MATTRESS (2004)
TIM BURTON'S CORPSE BRIDE (2005)
TRACEY ULLMAN :
LIVE AND EXPOSED (2005)

ULLMANN, Liv
actrice suédoise (1939-)
PERSONA (1966)
HEURE DU LOUP, L' (1967)
HONTE, LA (1968)
PASSION, UNE (1969)
DE LA PART DES COPAINS (1970)
NIGHT VISITOR, THE (1970)
CRIS ET CHUCHOTEMENTS (1972)
EMIGRANTS, THE (1972)
NEW LAND, THE (1972)
POPE JOAN (1972)
SCENES FROM A MARRIAGE (1973)
ZANDY'S BRIDE (1974)
BRIDGE TOO FAR, A (1977)
SERPENT'S EGG, THE (1977)
AUTUMN SONATA (1978)
WILD DUCK, THE (1983)
BAY BOY, THE (1984)
POURVU QUE CE SOIT UNE FILLE (1985)
GABY : A TRUE STORY (1987)
ROSE GARDEN, THE (1989)
MINDWALK (1990)
OX, THE (1991)
LUMIÈRE ET COMPAGNIE (1995)
SARABAND (2003)

ULRICH, Skeet
acteur américain (1969-)
ALBINO ALLIGATOR (1996)
BOYS (1996)
SCREAM (1996)
TOUCH (1996)
AS GOOD AS IT GETS (1997)
NEWTON BOYS, THE (1998)
CHILL FACTOR (1999)
RIDE WITH THE DEVIL (1999)
TRACK DOWN (2000)
INTO THE WEST (2005)

UNGER, Deborah Kara
actrice canadienne (1966-)
PRISONERS OF THE SUN (1991)
HIGHLANDER III : THE SORCERER (1995)
GAME, THE (1997)
LUMINOUS MOTION (1998)
HURRICANE, THE (1999)
PAYBACK (1999)
SUNSHINE (1999)
WEEKEND, THE (1999)
SIGNS AND WONDERS (2000)
TEN TINY LOVE STORIES (2001)
BETWEEN STRANGERS (2002)
EMILE (2003)
STANDER (2003)
THIRTEEN (2003)
LOVE SONG FOR BOBBY LONG, THE (2004)
PARANOIA 1.0 (2004)
WHITE NOISE (2004)
SILENT HILL (2006)

USTINOV, Peter
acteur anglais (1921-2004)
ONE OF OUR AIRCRAFT IS MISSING (1941)
PLAISIR, LE (1951)
QUO VADIS ? (1951)
EGYPTIAN, THE (1953)
BEAU BRUMMELL (1954)
LOLA MONTÈS (1955)
WE'RE NO ANGELS (1955)
SPARTACUS (1960)
SUNDOWNERS, THE (1960)
TOPKAPI (1964)
LADY L (1965)
COMEDIANS, THE (1967)
BLACKBEARD'S GHOST (1968)
HOT MILLIONS (1968)
JESUS OF NAZARETH (1976)
LOGAN'S RUN (1976)
LAST REMAKE OF BEAU GESTE, THE (1977)
TAXI MAUVE, UN (1977)
ASHANTI (1978)
DEATH ON THE NILE (1978)
CHARLIE CHAN AND THE CURSE
OF THE DRAGON QUEEN (1980)
EVIL UNDER THE SUN (1981)
THIRTEEN AT DINNER (1985)
APPOINTMENT WITH DEATH (1988)
AROUND THE WORLD IN 80 DAYS (1989)
RÉVOLUTION FRANÇAISE 1 :
LES ANNÉES LUMIÈRE, LA (1989)
RÉVOLUTION FRANÇAISE 2 :
LES ANNÉES TERRIBLES, LA (1989)
LORENZO'S OIL (1992)
ANIMAL FARM (1999)
LUTHER (2003)

VALLI, Alida
actrice italienne (1921-2006)
PARADINE CASE, THE (1947)
MIRACLE OF THE BELLS, THE (1948)
THIRD MAN, THE (1949)
WHITE TOWER, THE (1950)
WALK SOFTLY, STRANGER (1951)
SENSO (1954)
BIJOUTIERS DU CLAIR DE LUNE, LES (1957)
CRI, LE (1957)
DÉNOMMÉ SQUARCIO, UN (1958)
YEUX SANS VISAGE, LES (1959)
ŒDIPE ROI (1967)
STRATÉGIE DE L'ARAIGNÉE, LA (1970)
LISA AND THE DEVIL (1972)
ANTICHRIST, THE (1974)
GRANDE TROUILLE, LA (1974)
1900 (1976)
CASSANDRA CROSSING, THE (1976)
BERLINGUER, I LOVE YOU (1977)
SUSPIRIA (1977)
PETITE SŒUR DU DIABLE, LA (1978)
INFERNO (1979)
JUPON ROUGE, LE (1986)
MONTH BY THE LAKE, A (1995)

VALLONE, Raf
acteur italien (1916-2002)
RIZ AMER (1949)
CHRIST INTERDIT, LE (1950)
ANNA (1951)
THÉRÈSE RAQUIN (1953)
EL CID (1961)
VU DU PONT (1961)
HARLOW (1965)
ITALIAN JOB, THE (1969)
GREEK TYCOON, THE (1978)
ALMOST PERFECT AFFAIR, AN (1979)
LION OF THE DESERT (1981)

VAN CLEEF, Lee
acteur américain (1925-1989)
HIGH NOON (1952)
LAWLESS BREED, THE (1952)
BEAST FROM 20,000 FATHOMS, THE (1953)
BIG COMBO, THE (1954)
TRIBUTE TO A BAD MAN (1955)
CHINA GATE (1956)
CONQUEROR, THE (1956)
IT CONQUERED THE WORLD (1956)
GUNFIGHT AT THE O.K. CORRAL (1957)
LONELY MAN, THE (1957)
TIN STAR, THE (1957)
YOUNG LIONS, THE (1958)
HOW THE WEST WAS WON (1962)

MAN WHO SHOT
LIBERTY VALANCE, THE (1962)
FOR A FEW DOLLARS MORE (1965)
GOOD, THE BAD AND THE UGLY, THE (1967)
MORT ÉTAIT AU RENDEZ-VOUS, LA (1967)
SABATA (1969)
EL CONDOR (1970)
MAGNIFICENT SEVEN RIDE, THE (1972)
STRANGER AND THE GUNFIGHTER, THE (1974)
OCTAGON, THE (1980)
ESCAPE FROM NEW YORK (1981)

VAN DAMME, Jean-Claude
acteur belge (1961-)
BLOODSPORT (1987)
CYBORG (1989)
UNIVERSAL SOLDIER (1992)
HARD TARGET (1993)
NOWHERE TO RUN (1993)
SUDDEN DEATH (1995)
MAXIMUM RISK (1996)
DOUBLE TEAM (1997)
KNOCK OFF (1998)
LEGIONNAIRE (1998)
UNIVERSAL SOLDIER : THE RETURN (1999)

VAN DYKE, Dick
acteur américain (1925-)
BYE BYE BIRDIE (1963)
DICK VAN DYKE SHOW (SEASON III) (1963)
MARY POPPINS (1964)
WHAT A WAY TO GO ! (1964)
FITZWILLY (1967)
CHITTY CHITTY BANG BANG (1968)
NEVER A DULL MOMENT (1968)
COMIC, THE (1969)
COLD TURKEY (1970)
GIN GAME, THE (2003)

VANCE, Courtney B.
acteur américain (1960-)
ADVENTURES OF HUCK FINN, THE (1992)
PANTHER (1995)
PIANO LESSON, THE (1995)
TUSKEGEE AIRMEN, THE (1995)
PREACHER'S WIFE, THE (1996)
12 ANGRY MEN (1997)
COOKIE'S FORTUNE (1998)

VANEL, Charles
acteur français (1892-1989)
MISÉRABLES, LES (1934)
SALAIRE DE LA PEUR, LE (1952)
DIABOLIQUES, LES (1955)
TO CATCH A THIEF (1955)
TINTIN ET LE MYSTÈRE
DE LA TOISON D'OR (1961)
ILS (1970)
PUCE ET LE PRIVÉ, LA (1980)
TROIS FRÈRES (1981)
SAISONS DU PLAISIR, LES (1988)

VARTAN, Michael
acteur français (1968-)
HOMME ET DEUX FEMMES, UN (1991)
FIORILE (1993)
MYTH OF THE FINGERPRINTS, THE (1996)
NEXT BEST THING, THE (2000)
ALIAS (SEASON I) (2001)
MISTS OF AVALON (2001)
ONE HOUR PHOTO (2002)
MONSTER-IN-LAW (2005)

VAUGHAN, Peter
acteur anglais (1923-)
EYEWITNESS (1970)
STRAW DOGS (1971)
BOURNE IDENTITY, THE (1988)
PRISONER OF HONOR (1991)
OUR MUTUAL FRIEND (1998)
IDEAL HUSBAND, AN (1999)
LEGEND OF 1900, THE (1999)
LIFE AND DEATH
OF PETER SELLERS, THE (2003)
MOTHER, THE (2003)

VAUGHN, Robert
acteur américain (1932-)
TEENAGE CAVEMAN (1958)
GOOD DAY FOR A HANGING (1959)
YOUNG PHILADELPHIANS, THE (1959)
MAGNIFICENT SEVEN, THE (1960)
ONE OF OUR SPIES IS MISSING (1966)
BULLITT (1968)
BRIDGE AT REMAGEN, THE (1969)
JULIUS CAESAR (1970)
TOWERING INFERNO, THE (1974)
STARSHIP INVASIONS (1977)
S.O.B. (1981)
BLUE AND THE GRAY, THE (1982)
SUPERMAN III (1983)
BLACK MOON RISING (1986)
TRANSYLVANIA TWIST (1990)
JOE'S APARTMENT (1996)
BASEKETBALL (1998)
POOTIE TANG (2001)

VAUGHN, Vince
acteur américain (1970-)
SWINGERS (1996)
LOCUSTS, THE (1997)
CLAY PIGEONS (1998)
PSYCHO (1998)
RETURN TO PARADISE (1998)
COOL DRY PLACE, A (1999)
CELL, THE (2000)
OLD SCHOOL (2002)
DODGEBALL : A TRUE UNDERDOG
STORY (2004)
STARSKY & HUTCH (2004)
BE COOL (2005)
MR. AND MRS. SMITH (2005)
THUMBSUCKER (2005)
WEDDING CRASHERS (2005)

VEIDT, Conrad
acteur allemand (1893-1943)
CABINET DU DR. CALIGARI, LE (1919)
DIFFERENT FROM THE OTHERS (1919)
OPIUM (1919)
INDIAN TOMB, THE (1921)
MAINS D'ORLAC, LES (1924)
WAXWORKS (1924)
BELOVED ROGUE, THE (1927)
MAN WHO LAUGHS, THE (1927)
UNDER THE RED ROBE (1936)
DARK JOURNEY (1937)
SPY IN BLACK, THE (1939)
CONTRABAND (1940)
THIEF OF BAGDAD, THE (1940)
WHISTLING IN THE DARK (1940)
ALL THROUGH THE NIGHT (1941)
CASABLANCA (1941)
ABOVE SUSPICION (1943)

VENORA, Diane
actrice américaine (1952-)
WOLFEN (1981)
F / X (1985)
HEAT (1995)
SUBSTITUTE, THE (1995)
WILLIAM SHAKESPEARE'S
ROMEO & JULIET (1996)
13th WARRIOR, THE (1999)
INSIDER, THE (1999)
HAMLET (2000)
STATESIDE (2004)

VENTURA, Lino
acteur italien (1919-1987)
CRIME ET CHÂTIMENT (1956)
ASCENSEUR POUR L'ÉCHAFAUD (1957)
MONTPARNASSE 19 (1957)
CHEMIN DES ÉCOLIERS, LE (1958)
TAXI POUR TOBROUK, UN (1960)
DIABLE ET LES DIX
COMMANDEMENTS, LE (1962)
CHARGE DES REBELLES, LA (1963)
TONTONS FLINGUEURS, LES (1963)
CENT MILLE DOLLARS AU SOLEIL (1964)
GRANDES GUEULES, LES (1965)
DEUXIÈME SOUFFLE, LE (1966)
AVENTURIERS, LES (1967)
CLAN DES SICILIENS, LE (1968)
RAPACE, LE (1968)
DERNIER DOMICILE CONNU (1970)
BOULEVARD DU RHUM (1971)
AVENTURE C'EST L'AVENTURE, L' (1972)
VALACHI PAPERS, THE (1972)
BONNE ANNÉE, LA (1973)
EMMERDEUR, L' (1973)
ADIEU POULET (1975)
PAPILLON SUR L'ÉPAULE, UN (1978)
GARDE À VUE (1981)
MISÉRABLES, LES (1982)
RUFFIAN, LE (1982)
7e CIBLE, LA (1984)
CENT JOURS À PALERME (1984)
SWORD OF GIDEON (1986)

VERDU, Maribel
actrice espagnole (1970-)
BADIS (1988)
LOVERS (1991)
BELLE ÉPOQUE (1992)
MACHO (1993)
GOYA À BORDEAUX (1999)
ET... TA MÈRE AUSSI (2001)
JERICHO MANSIONS (2003)

VERLEY, Bernard
acteur français (1939-)
NORD (1991)
ACCOMPAGNATRICE, L' (1992)
HÉLAS POUR MOI (1992)
SOURIRE, LE (1993)
ROUGE ET LE NOIR, LE (1997)
AU CŒUR DU MENSONGE (1998)
DILETTANTE, LA (1999)

VERNIER, Pierre
acteur français (1931-)
JARDINIER D'ARGENTEUIL, LE (1966)
PARIS BRÛLE-T-IL ? (1966)
CAROLINE CHÉRIE (1967)
STAVISKY (1974)
MONSIEUR KLEIN (1976)
I... COMME ICARE (1979)
TENDRES COUSINES (1980)
JOSÉPHA (1981)
PROFESSIONNEL, LE (1981)
QU'EST-CE QU'ON ATTEND
POUR ÊTRE HEUREUX ? (1982)
AMI DE VINCENT, L' (1983)
MARGINAL, LE (1983)
COURS PRIVÉ (1986)
SOLITAIRE, LE (1987)
À GAUCHE EN SORTANT
DE L'ASCENSEUR (1988)

ITINÉRAIRE D'UN ENFANT GÂTÉ (1988)
ROMUALD ET JULIETTE (1989)
BELLE HISTOIRE, LA (1991)
BETTY (1991)
INCONNU DANS LA MAISON, L' (1992)
MISÉRABLES DU XXe SIÈCLE, LES (1995)
SOUS LE SABLE (2000)
CONFIANCE RÈGNE, LA (2004)

VERNON, Howard
acteur allemand (1914-1996)
SILENCE DE LA MER, LE (1948)
ALPHAVILLE (1965)
DIABOLICAL DR.Z, THE (1966)
SUCCUBUS (1968)
ORLOFF AND THE INVISIBLE MAN (1971)
VIRGIN AMONG THE LIVING DEAD (1973)
SEVEN WOMEN FOR SATAN (1976)
REVENGE IN THE HOUSE OF USHER (1982)

VERNON, John
acteur canadien (1932-2005)
TOPAZ (1969)
CHARLEY VARRICK (1973)
NATIONAL LAMPOON'S
ANIMAL HOUSE (1978)
HERBIE GOES BANANAS (1980)
AIRPLANE II : THE SEQUEL (1982)
SANG DES AUTRES, LE (1983)
ERNEST GOES TO CAMP (1987)

VIARD, Karin
actrice française (1966-)
MAX ET JÉRÉMIE (1992)
FILS PRÉFÉRÉ, LE (1994)
SÉPARATION, LA (1994)
ADULTÈRE (MODE D'EMPLOI) (1995)
JOURNAL D'UN SÉDUCTEUR, LE (1995)
RANDONNEURS, LES (1997)
NOUVELLE ÈVE, LA (1998)
ENFANTS DU SIÈCLE, LES (1999)
HAUT LES CŒURS ! (1999)
PARENTHÈSE ENCHANTÉE, LA (1999)
EMPLOI DU TEMPS, L' (2001)
JEU D'ENFANTS, UN (2001)
REINES D'UN JOUR (2001)
EMBRASSEZ QUI VOUS VOUDREZ (2002)
FRANCE BOUTIQUE (2003)
RÔLE DE SA VIE, LE (2004)
ENFER, L' (2005)

VILLERET, Jacques
acteur français (1951-)
AMOUR DE PLUIE, UN (1973)
GUEULE OUVERTE, LA (1973)
BON ET LES MÉCHANTS, LE (1975)
TOUTE UNE VIE (1975)
ROBERT ET ROBERT (1978)
RIEN NE VA PLUS (1979)
UNS ET LES AUTRES, LES (1980)
SOUPE AUX CHOUX, LA (1981)
CIRCULEZ, Y'A RIEN À VOIR (1982)
DANTON (1982)
GRAND FRÈRE, LE (1982)
ÉDITH ET MARCEL (1983)
GARCON ! (1983)
MORFALOUS, LES (1983)
PAPY FAIT DE LA RÉSISTANCE (1983)
GALETTE DU ROI, LA (1985)
HOLD-UP (1985)
DERNIER ÉTÉ À TANGER (1986)
ÉTÉ EN PENTE DOUCE, L' (1986)
FRÈRES PÉTARD, LES (1986)
SOIGNE TA DROITE ! (1987)
588, RUE PARADIS (1991)
BAL DES CASSE-PIEDS, LE (1991)
SECRETS PROFESSIONNELS
DU DR. APFELGLÜCK, LES (1991)
FAVOUR, THE WATCH AND
THE VERY BIG FISH, THE (1992)
PARANO (1993)
DÎNER DE CONS, LE (1998)
ENFANTS DU MARAIS, LES (1998)
MOOKIE (1998)
ACTEURS, LES (1999)
CRIME AU PARADIS, UN (2000)
ALLER SIMPLE, UN (2001)
EFFROYABLES JARDINS (2002)
MALABAR PRINCESS (2004)
VIPÈRE AU POING (2004)

VITTI, Monica
actrice italienne (1931-)
AVVENTURA, L' (1960)
ECLIPSE, THE (1962)
DÉSERT ROUGE, LE (1964)
MODESTY BLAISE (1966)
FEMME ÉCARLATE, LA (1969)
FANTÔME DE LA LIBERTÉ, LE (1974)
BLONDE, UNE BRUNE ET
UNE MOTO, UNE (1975)
CANARD À L'ORANGE, LE (1975)
HISTOIRE D'AIMER (1975)
RAISON D'ÉTAT, LA (1978)
ALMOST PERFECT AFFAIR, AN (1979)
MONSTRESSES, LES (1979)
MYSTERY OF OBERWALD, THE (1980)
JE SAIS QUE TU SAIS (1982)

VLADY, Marina
actrice française (1938-)
CRIME ET CHÂTIMENT (1956)
SEPT PÉCHÉS CAPITAUX, LES (1961)
À TOUT CŒUR À TOKYO POUR OSS 117 (1966)
DEUX OU TROIS CHOSES
QUE JE SAIS D'ELLE (1967)
COMPLOT, LE (1973)
QUE LA FÊTE COMMENCE ! (1974)
7 MORTS SUR ORDONNANCE (1975)
SECRETS DE LA PRINCESSE
DE CARDIGNAN, LES (1982)
TANGOS : L'EXIL DE GARDEL (1985)
EXPLOITS D'UN JEUNE DON JUAN, LES (1986)
TWIST AGAIN À MOSCOU (1986)

VOIGHT, Jon
acteur américain (1938-)
MIDNIGHT COWBOY (1969)
CATCH 22 (1970)
DELIVERANCE (1972)
CONRACK (1974)
ODESSA FILE, THE (1974)
COMING HOME (1978)
CHAMP, THE (1979)
TABLE FOR FIVE (1983)
DESERT BLOOM (1985)
RUNAWAY TRAIN (1985)
HEAT (1995)
RETURN TO LONESOME DOVE (1993)
MISSION : IMPOSSIBLE (1996)
ANACONDA (1997)
MOST WANTED (1997)
RAINMAKER,THE (1997)
ROSEWOOD (1997)
U-TURN (1997)
ENEMY OF THE STATE (1998)
GENERAL, THE (1998)
VARSITY BLUES (1998)
ALI (2001)
LARA CROFT - TOMB RAIDER (2001)
PEARL HARBOR (2001)
UPRISING, THE (2001)
ZOOLANDER (2001)
HOLES (2003)
SUPERBABIES : BABY GENIUSES II (2003)
FIVE PEOPLE YOU MEET
IN HEAVEN, THE (2004)
MANCHURIAN CANDIDATE, THE (2004)
NATIONAL TREASURE (2004)
GLORY ROAD (2006)

VOLONTÉ, Gian Maria
acteur italien (1933-1994)
FISTFUL OF DOLLARS, A (1964)
FOR A FEW DOLLARS MORE (1965)
CERCLE ROUGE, LE (1970)
SACCO & VANZETTI (1971)
LUCKY LUCIANO (1973)
MORT DE MARIO RICCI, LA (1983)
OPEN DOORS (1990)

VON STROHEIM, Erich
acteur autrichien (1885-1957)
INTOLERANCE (1916)
HEARTS OF THE WORLD (1918)
BLIND HUSBANDS (1919)
FOOLISH WIVES (1921)
GREAT GABBO, THE (1929)
AS YOU DESIRE ME (1932)
GRANDE ILLUSION, LA (1937)
SO ENDS OUR NIGHT (1941)
FIVE GRAVES TO CAIRO (1943)
MASK OF DIIJON, THE (1946)
PORTRAIT D'UN ASSASSIN (1949)
SUNSET BOULEVARD (1950)
NAPOLÉON (1954)

VON SYDOW, Max
acteur suédois (1929-)
MADEMOISELLE JULIE (1950)
BRINK OF LIFE (1957)
FRAISES SAUVAGES, LES (1957)
SEVENTH SEAL, THE (1957)
SOURCE, LA (1959)
VISAGE, LE (1959)
COMME DANS UN MIROIR (1962)
COMMUNIANTS, LES (1963)
GREATEST STORY EVER TOLD, THE (1965)
HAWAII (1966)
QUILLER MEMORANDUM, THE (1966)
HEURE DU LOUP, L' (1967)
HONTE, LA (1968)
PASSION, UNE (1969)
NIGHT VISITOR, THE (1970)
EMIGRANTS, THE (1972)
NEW LAND, THE (1972)
EXORCIST, THE (1973)
STEPPENWOLF (1974)
3 DAYS OF THE CONDOR (1975)
ULTIMATE WARRIOR, THE (1975)
VOYAGE OF THE DAMNED (1976)
EXORCIST II : THE HERETIC (1977)
HURRICANE (1979)
MORT EN DIRECT, LA (1979)
FLASH GORDON (1980)
CONAN THE BARBARIAN (1981)
VICTORY (1981)
CERCLE DES PASSIONS, LE (1982)
DREAMSCAPE (1983)
NEVER SAY NEVER AGAIN (1983)
STRANGE BREW (1983)
DUNE (1984)
CODE NAME : EMERALD (1985)
QUO VADIS ? (1985)
DUET FOR ONE (1986)
HANNAH AND HER SISTERS (1986)
PELLE LE CONQUÉRANT (1987)
WOLF AT THE DOOR, THE (1987)

AWAKENINGS (1990)
EUROPA (1991)
KISS BEFORE DYING, A (1991)
OX, THE (1991)
UNTIL THE END OF THE WORLD (1991)
MEILLEURES INTENTIONS, LES (1992)
SILENT TOUCH, THE (1992)
NEEDFUL THINGS (1993)
CITIZEN X (1994)
JUDGE DREDD (1995)
HAMSUN (1996)
JERUSALEM (1996)
PRIVATE CONFESSIONS (1997)
WHAT DREAMS MAY COME (1998)
SNOW FALLING ON CEDARS (1999)
DRUIDS (2000)
INTACTO (2001)
SLEEPLESS (2001)
MINORITY REPORT (2002)

WAGNER, Robert
acteur américain (1930-)
HALLS OF MONTEZUMA (1950)
LET'S MAKE IT LEGAL (1951)
TITANIC (1952)
WHAT PRICE GLORY ? (1952)
BENEATH THE 12-MILE REEF (1953)
BROKEN LANCE (1953)
PRINCE VALIANT (1953)
BETWEEN HEAVEN AND HELL (1956)
KISS BEFORE DYING, A (1956)
MOUNTAIN, THE (1956)
HUNTERS, THE (1958)
WAR LOVER, THE (1962)
PINK PANTHER, THE (1963)
HARPER (1966)
WINNING (1969)
MADAME SIN (1972)
TOWERING INFERNO, THE (1974)
MIDWAY (1976)
AIRPORT '79 : THE CONCORDE (1979)
TRAIL OF THE PINK PANTHER (1982)
CURSE OF THE PINK PANTHER (1983)
PLAYER, THE (1992)
DRAGON : THE BRUCE LEE STORY (1993)
AUSTIN POWERS : INTERNATIONAL
MAN OF MYSTERY (1997)
WILD THINGS (1998)
AUSTIN POWERS : THE SPY
WHO SHAGGED ME (1999)
PLAY IT TO THE BONE (1999)

WAHLBERG, Mark
acteur américain (1971-)
FEAR (1996)
BIG HIT, THE (1998)
CORRUPTOR, THE (1999)
THREE KINGS (1999)
PERFECT STORM, THE (2000)
PLANET OF THE APES (2001)
ROCK STAR (2001)
TRUTH ABOUT CHARLIE, THE (2002)
ITALIAN JOB, THE (2003)
I HEART HUCKABEES (2004)
FOUR BROTHERS (2005)
SAW II (2005)

WAITS, Tom
acteur américain (1949-)
OUTSIDERS, THE (1983)
RUMBLE FISH (1983)
COLD FEET (1984)
COTTON CLUB, THE (1984)
DOWN BY LAW (1986)
IRONWEED (1987)
COLD FEET (1988)
TOM WAITS : BIG TIME (1988)
BEARSKIN (1989)
QUEENS LOGIC (1990)
AT PLAY IN THE FIELDS OF THE LORD (1991)
FISHER KING, THE (1991)
BRAM STOKER'S DRACULA (1992)
SHORT CUTS (1993)
MYSTERY MEN (1999)
COFFEE & CIGARETTES (2003)

WALKEN, Christopher
acteur américain (1943-)
ANDERSON TAPES, THE (1971)
NEXT STOP, GREENWICH VILLAGE (1976)
ANNIE HALL (1977)
ROSELAND (1977)
DEER HUNTER, THE (1978)
LAST EMBRACE (1979)
DOGS OF WAR, THE (1980)
HEAVEN'S GATE (1980)
PENNIES FROM HEAVEN (1981)
WHO AM I THIS TIME ? (1982)
BRAINSTORM (1983)
DEAD ZONE, THE (1983)
AT CLOSE RANGE (1985)
VIEW TO A KILL, A (1985)
BILOXI BLUES (1988)
MILAGRO BEANFIELD WAR, THE (1988)
COMMUNION (1989)
HOMEBOY (1989)
KING OF NEW YORK (1989)
COMFORT OF STRANGERS, THE (1990)
McBAIN (1991)
SARAH, PLAIN AND TALL (1991)
ALL-AMERICAN MURDER (1992)
BATMAN RETURNS (1992)
GRAND PARDON II, LE (1992)
MISTRESS (1992)
TRUE ROMANCE (1993)
WAYNE'S WORLD 2 (1993)
PULP FICTION (1994)
ADDICTION, THE (1995)
NICK OF TIME (1995)
PROPHECY, THE (1995)
SEARCH AND DESTROY (1995)
THINGS TO DO IN DENVER
WHEN YOU'RE DEAD (1995)
FUNERAL, THE (1996)
LAST MAN STANDING (1996)
TOUCH (1996)
EXCESS BAGGAGE (1997)
SUICIDE KINGS (1997)
BLAST FROM THE PAST (1998)
ILLUMINATA (1998)
NEW ROSE HOTEL (1998)
AFFAIR OF THE NECKLACE, THE (2001)
AMERICA'S SWEETHEARTS (2001)
JOE DIRT (2001)
SCOTLAND, PA (2001)
CATCH ME IF YOU CAN (2002)
JULIUS CAESAR (2002)
UNDERTAKING BETTY (2002)
RUNDOWN, THE (2003)
AROUND THE BEND (2004)
ENVY (2004)
MAN ON FIRE (2004)
STEPFORD WIVES, THE (2004)
DOMINO (2005)
WEDDING CRASHERS (2005)

WALKER, Paul
acteur américain (1973-)
VARSITY BLUES (1998)
FAST AND THE FURIOUS, THE (2001)
2 FAST 2 FURIOUS (2003)
TIMELINE (2003)
EIGHT BELOW (2005)
INTO THE BLUE (2005)
RUNNING SCARED (2006)

WALKER, Polly
actrice anglaise (1966-)
DANGEROUS MAN :
LAWRENCE AFTER ARABIA, A (1992)
SLIVER (1993)
RESTORATION (1995)
FOR ROSEANNA (1996)
ROBINSON CRUSOE (1996)
TALK OF ANGELS (1998)
8 1/2 WOMEN (1999)
MOÏSE : L'AFFAIRE ROCH THÉRIAULT (2002)

WALLACH, Eli
acteur américain (1915-)
BABY DOLL (1956)
MAGNIFICENT SEVEN, THE (1960)
SEVEN THIEVES (1960)
MISFITS, THE (1961)
HOW THE WEST WAS WON (1962)
LORD JIM (1964)
HOW TO STEAL A MILLION (1966)
GOOD, THE BAD AND THE UGLY, THE (1967)
ACE HIGH (1968)
CERVEAU, LE (1969)
NASTY HABITS (1976)
DEEP, THE (1977)
DOMINO PRINCIPLE, THE (1977)
HUNTER, THE (1980)
SKOKIE (1981)
WALL, THE (1982)
NUTS (1987)
GODFATHER III, THE (1990)
TWO JAKES, THE (1990)
ARTICLE 99 (1992)
MISTRESS (1992)
NIGHT AND THE CITY (1992)
ASSOCIATE, THE (1996)
KEEPING THE FAITH (2000)
KING OF THE CORNER (2004)

WALSH, J.T.
acteur américain (1943-1998)
POWER (1985)
HANNAH AND HER SISTERS (1986)
GOOD MORNING, VIETNAM (1987)
HOUSE OF GAMES (1987)
TIN MEN (1987)
BIG PICTURE, THE (1988)
TEQUILA SUNRISE (1988)
THINGS CHANGE (1988)
DAD (1989)
WIRED (1989)
CRAZY PEOPLE (1990)
GRIFTERS, THE (1990)
MISERY (1990)
NARROW MARGIN (1990)
RUSSIA HOUSE, THE (1990)
BACKDRAFT (1991)
DEFENSELESS (1991)
FEW GOOD MEN, A (1992)
HOFFA (1992)
RED ROCK WEST (1992)
NATIONAL LAMPOON'S
LOADED WEAPON 1 (1993)
NEEDFUL THINGS (1993)
BLUE CHIPS (1994)
CLIENT, THE (1994)
MIRACLE ON 34th STREET (1994)
SILENT FALL (1994)
NIXON (1995)
SLING BLADE (1995)
CRIME OF THE CENTURY (1996)

EXECUTIVE DECISION (1996)
BREAKDOWN (1997)
NEGOTIATOR, THE (1998)
PLEASANTVILLE (1998)
LOVE LIZA (2002)

WALSH, M. Emmet
acteur américain (1935-)
ALICE'S RESTAURANT (1969)
MIDNIGHT COWBOY (1969)
LITTLE BIG MAN (1970)
WHAT'S UP, DOC ? (1972)
SERPICO (1973)
PRISONER OF SECOND AVENUE, THE (1975)
SLAP SHOT (1976)
AIRPORT '77 (1977)
STRAIGHT TIME (1977)
JERK, THE (1979)
BRUBAKER (1980)
ORDINARY PEOPLE (1980)
REDS (1981)
BLADE RUNNER (1982)
FAST-WALKING (1982)
BLOOD SIMPLE (1983)
SILKWOOD (1983)
POPE OF GREENWICH VILLAGE, THE (1984)
HARRY AND THE HENDERSONS (1987)
NO MAN'S LAND (1987)
RAISING ARIZONA (1987)
CLEAN AND SOBER (1988)
MILAGRO BEANFIELD WAR, THE (1988)
SUNSET (1988)
MIGHTY QUINN, THE (1989)
CHATTAHOOCHEE (1990)
NARROW MARGIN (1990)
EQUINOX (1992)
WHITE SANDS (1992)
BITTER HARVEST (1993)
MUSIC OF CHANCE, THE (1993)
GLASS SHIELD, THE (1994)
FREE WILLY II : THE ADVENTURE HOME (1995)
PANTHER (1995)
ALBINO ALLIGATOR (1996)
WILD WILD WEST (1999)
POOR WHITE TRASH (2000)
SNOW DOGS (2002)
RACING STRIPES (2004)

WALSTON, Ray
acteur américain (1914-2001)
DAMN YANKEES ! (1958)
APARTMENT, THE (1960)
MY FAVORITE MARTIAN (I & II) (1963)
KISS ME, STUPID (1964)
MY FAVORITE MARTIAN (III & IV) (1965)
PAINT YOUR WAGON (1969)
OF MICE AND MEN (1992)
STAND, THE (1994)
MY FAVORITE MARTIAN (1999)

WALTER, Harriet
actrice anglaise (1950-)
GOOD FATHER, THE (1986)
ADVOCATE, THE (1994)
HARD TIMES (1994)
MERRY WAR, A (1997)
BEDROOMS AND HALLWAYS (1998)
GOVERNESS, THE (1998)
ONEGIN (1999)

WALTER, Tracey
acteur américain (1942-)
RAGGEDY MAN (1981)
AT CLOSE RANGE (1985)
LIQUID DREAMS (1992)
AMOS & ANDREW (1993)
MATILDA (1996)
SIZE OF WATERMELONS, THE (1996)
WILD AMERICA (1997)
IMPOSTOR (2001)

WALTERS, Julie
actrice anglaise (1950-)
EDUCATING RITA (1982)
PERSONAL SERVICES (1986)
BUSTER (1988)
STEPPING OUT (1991)
JUST LIKE A WOMAN (1992)
SUMMER HOUSE, THE (1992)
SISTER, MY SISTER (1994)
WEDDING GIFT, THE (1994)
BILLY ELLIOTT (2000)
LOVER'S PRAYER (2000)
CALENDAR GIRLS (2003)

WANAMAKER, Sam
acteur américain (1919-1993)
CHRIST IN CONCRETE (1949)
CRIMINAL, THE (1960)
COMPETITION, THE (1980)
RAW DEAL (1986)
BABY BOOM (1987)
JUDGEMENT IN BERLIN (1987)
SUPERMAN IV : THE QUEST FOR PEACE (1987)
GUILTY BY SUSPICION (1990)

WARD, Fred
acteur américain (1943-)
BELLE STARR (1980)
SOUTHERN COMFORT (1981)
TIMERIDER (1982)
UNCOMMON VALOR (1983)
TRAIN OF DREAMS (1987)
OFF LIMITS (1988)
PRINCE OF PENNSYLVANIA, THE (1988)
MIAMI BLUES (1989)
TREMORS (1989)
TWO SMALL BODIES (1993)
DANGEROUS BEAUTY (1997)
ROAD TRIP (2000)
CORKY ROMANO (2001)
ABANDON (2002)
ENOUGH (2002)
SWEET HOME ALABAMA (2002)

WARDEN, Jack
acteur américain (1920-)
RED BALL EXPRESS (1952)
12 ANGRY MEN (1957)
DARBY'S RANGERS (1957)
RUN SILENT, RUN DEEP (1958)
DONOVAN'S REEF (1963)
THIN RED LINE, THE (1964)
BRIAN'S SONG (1971)
BILLY TWO HATS (1973)
MAN WHO LOVED CAT DANCING, THE (1973)
APPRENTICESHIP OF
DUDDY KRAVITZ, THE (1974)
SHAMPOO (1974)
ALL THE PRESIDENT'S MEN (1976)
WHITE BUFFALO, THE (1977)
DEATH ON THE NILE (1978)
HEAVEN CAN WAIT (1978)
AND JUSTICE FOR ALL (1979)
BEING THERE (1979)
BEYOND THE POSEIDON ADVENTURE (1979)
CHAMP, THE (1979)
USED CARS (1980)
VERDICT, THE (1982)
CRACKERS (1983)
AVIATOR, THE (1985)
SEPTEMBER (1987)
PRESIDIO, THE (1988)
PROBLEM CHILD (1990)
NIGHT AND THE CITY (1992)
PASSED AWAY (1992)
TOYS (1992)
GUILTY AS SIN (1993)
BULLETS OVER BROADWAY (1994)
MIGHTY APHRODITE (1995)
THINGS TO DO IN DENVER
WHEN YOU'RE DEAD (1995)
WHILE YOU WERE SLEEPING (1995)
ÎLE DE MON ENFANCE, L' (1997)
BULWORTH (1998)
REPLACEMENTS, THE (2000)

WARNER, David
acteur anglais (1941-)
MORGAN : A SUITABLE CASE
FOR TREATMENT (1966)
BALLAD OF CABLE HOGUE, THE (1969)
DOLL'S HOUSE (1973)
OMEN, THE (1976)
CROSS OF IRON (1977)
S.O.S. TITANIC (1979)
TIME AFTER TIME (1979)
ISLAND, THE (1980)
TRON (1982)
COMPANY OF WOLVES (1984)
RASPUTIN (1995)
LEADING MAN, THE (1996)
MONEY TALKS (1997)
TITANIC (1997)
PLANET OF THE APES (2001)
LADIES IN LAVENDER (2004)

WARNER, H.B.
acteur anglais (1875-1958)
ADVENTURES OF MARCO POLO, THE (1938)
BULLDOG DRUMMOND IN AFRICA (1938)
BULLDOG DRUMMOND'S
SECRET POLICE (1939)
NEW MOON (1940)
TOPPER RETURNS (1941)
STRANGE IMPERSONATION (1946)
DRIFTWOOD (1948)

WASHINGTON, Denzel
acteur américain (1954-)
SOLDIER'S STORY, A (1984)
POWER (1985)
CRY FREEDOM (1987)
FOR QUEEN & COUNTRY (1988)
GLORY (1989)
MIGHTY QUINN, THE (1989)
HEART CONDITION (1990)
MO' BETTER BLUES (1990)
MISSISSIPPI MASALA (1991)
RICOCHET (1991)
MALCOLM X (1992)
MUCH ADO ABOUT NOTHING (1993)
PELICAN BRIEF, THE (1993)
PHILADELPHIA (1993)
CRIMSON TIDE (1995)
DEVIL IN A BLUE DRESS (1995)
VIRTUOSITY (1995)
COURAGE UNDER FIRE (1996)
PREACHER'S WIFE, THE (1996)
FALLEN (1997)
HE GOT GAME (1998)
SIEGE, THE (1998)
BONE COLLECTOR, THE (1999)
HURRICANE, THE (1999)
REMEMBER THE TITANS (2000)
JOHN Q. (2001)
TRAINING DAY (2001)
ANTWONE FISHER (2002)

OUT OF TIME (2003)
MAN ON FIRE (2004)
INSIDE MAN (2006)

WASHINGTON, Isaiah
acteur américain (1963-)
CLOCKERS (1995)
GIRL 6 (1996)
LOVE JONES (1997)
TRUE CRIME (1999)
EXIT WOUNDS (2001)
GHOST SHIP (2002)
WELCOME TO COLLINWOOD (2002)
HOLLYWOOD HOMICIDE (2003)

WASHINGTON, Kerry
actrice américaine (1977-)
SAVE THE LAST DANCE (2001)
BAD COMPANY (2002)
SIN (2003)
RAY (2004)
SHE HATE ME (2004)
FANTASTIC 4 (2005)
MR. AND MRS. SMITH (2005)

WATERSTON, Sam
acteur américain (1940-)
GLASS MENAGERIE (1973)
REFLECTIONS OF MURDER (1974)
RANCHO DELUXE (1975)
HOPSCOTCH (1980)
KILLING FIELDS, THE (1984)
FLAGRANT DÉSIR (1985)
WARNING SIGN (1985)
LANTERN HILL (1990)
MINDWALK (1990)
SERIAL MOM (1994)
PROPRIETOR, THE (1996)

WATSON, Emily
actrice anglaise (1967-)
AMOUR EST UN POUVOIR SACRÉ, L' (1996)
BOXER, THE (1997)
METROLAND (1997)
HILARY AND JACKIE (1998)
ANGELA'S ASHES (1999)
CRADLE WILL ROCK (1999)
LUZHIN DEFENCE. THE (2000)
TRIXIE (2000)
EQUILIBRIUM (2001)
GOSFORD PARK (2001)
PUNCH-DRUNK LOVE (2002)
RED DRAGON (2002)
LIFE AND DEATH
OF PETER SELLERS, THE (2003)
PROPOSITION, THE (2005)
SEPARATE LIES (2005)
TIM BURTON'S CORPSE BRIDE (2005)

WATSON, Lucile
actrice canadienne (1879-1962)
SWEETHEARTS (1937)
MADE FOR EACH OTHER (1938)
GREAT LIE, THE (1941)
WATCH ON THE RHINE (1943)
UNCERTAIN GLORY (1944)
NEVER SAY GOODBYE (1946)
JULIA MISBEHAVES (1948)
LET'S DANCE (1950)

WATTS, Naomi
actrice anglaise (1968-)
TANK GIRL (1995)
UNDER THE LIGHTHOUSE DANCING (1997)
STRANGE PLANET (1999)
WYVERN MYSTERY, THE (2000)
MULHOLLAND DRIVE (2001)
RING, THE (2002)
UNDERTAKING BETTY (2002)
21 GRAMS (2003)
DIVORCE, LE (2003)
NED KELLY (2003)
ASSASSINATION OF
RICHARD NIXON, THE (2004)
I HEART HUCKABEES (2004)
WE DON'T LIVE HERE ANYMORE (2004)
ELLIE PARKER (2005)
KING KONG (2005)
RING TWO, THE (2005)
STAY (2005)

WAYANS, Marlon
acteur américain (1972-)
ABOVE THE RIM (1994)
WAYANS BROS., THE (SEASON I) (1995)
SENSELESS (1998)
DUNGEONS AND DRAGONS (2000)
REQUIEM FOR A DREAM (2000)
LADYKILLERS, THE (2003)
WHITE CHICKS (2004)

WAYNE, David
acteur américain (1914-1995)
PORTRAIT OF JENNIE (1948)
ADAM'S RIB (1949)
MY BLUE HEAVEN (1950)
AS YOUNG AS YOU FEEL (1951)
TENDER TRAP, THE (1955)
THREE FACES OF EVE, THE (1957)
LAST ANGRY MAN, THE (1959)
ANDROMEDA STRAIN, THE (1971)
HUCKLEBERRY FINN (1974)

WAYNE, John
acteur américain (1907-1979)
BIG TRAIL, THE (1930)
OVERLAND STAGE RAIDERS (1938)
ALLEGHENY UPRISING (1939)
STAGECOACH (1939)
DARK COMMAND (1940)
LONG VOYAGE HOME, THE (1940)
SEVEN SINNERS (1940)
SHEPHERD OF THE HILLS, THE (1940)
THREE FACES WEST (1940)
PITTSBURGH (1942)
REAP THE WILD WIND (1942)
REUNION IN FRANCE (1942)
SPOILERS, THE (1942)
FIGHTING SEABEES, THE (1943)
LADY TAKES A CHANCE, A (1943)
TALL IN THE SADDLE (1944)
BACK TO BATAAN (1945)
DAKOTA (1945)
FLAME OF BARBARY COAST (1945)
THEY WERE EXPENDABLE (1945)
ANGEL AND THE BADMAN (1947)
FORT APACHE (1947)
RED RIVER (1948)
TYCOON (1948)
WAKE OF THE RED WITCH, THE (1948)
3 GODFATHERS (1949)
FIGHTING KENTUCKIAN, THE (1949)
SANDS OF IWO JIMA (1949)
SHE WORE A YELLOW RIBBON (1949)
JET PILOT (1950)
RIO GRANDE (1950)
OPERATION PACIFIC (1951)
QUIET MAN, THE (1952)
HONDO (1953)
TROUBLE ALONG THE WAY (1953)
BLOOD ALLEY (1955)
SEA CHASE, THE (1955)
SEARCHERS, THE (1955)
CONQUEROR, THE (1956)
WINGS OF EAGLES, THE (1956)
LEGEND OF THE LOST (1957)
BARBARIAN AND THE GEISHA, THE (1958)
HORSE SOLDIERS, THE (1959)
RIO BRAVO (1959)
ALAMO, THE (1960)
NORTH TO ALASKA (1960)
COMANCHEROS, THE (1961)
HATARI ! (1962)
HOW THE WEST WAS WON (1962)
MAN WHO SHOT
LIBERTY VALANCE, THE (1962)
DONOVAN'S REEF (1963)
McLINTOCK ! (1963)
CIRCUS WORLD (1964)
GREATEST STORY EVER TOLD, THE (1965)
IN HARM'S WAY (1965)
SONS OF KATIE ELDER, THE (1965)
CAST A GIANT SHADOW (1966)
EL DORADO (1967)
WAR WAGON, THE (1967)
GREEN BERETS, THE (1968)
HELLFIGHTERS (1968)
TRUE GRIT (1969)
UNDEFEATED, THE (1969)
BIG JAKE (1970)
CHISUM (1970)
RAQUEL ! - STARRING RAQUEL WELSH (1970)
RIO LOBO (1970)
COWBOYS, THE (1971)
CAHILL : UNITED STATES MARSHALL (1973)
MCQ (1973)
TRAIN ROBBERS, THE (1973)
BRANNIGAN (1975)
ROOSTER COGBURN (1975)
SHOOTIST, THE (1976)

WEAVER, Dennis
acteur américain (1924-)
LAWLESS BREED, THE (1952)
WAR ARROW (1953)
GALLANT HOURS, THE (1960)
DUEL AT DIABLO (1965)
MAN CALLED SLEDGE, A (1970)
WHAT'S THE MATTER WITH HELEN ? (1971)
DUEL (1972)

WEAVER, Sigourney
actrice américaine (1949-)
ANNIE HALL (1977)
ALIEN (1979)
EYEWITNESS (1981)
YEAR OF LIVING DANGEROUSLY, THE (1982)
DEAL OF THE CENTURY (1983)
GHOSTBUSTERS (1984)
UNE FEMME OU DEUX (1985)
ALIENS (1986)
HALF MOON STREET (1986)
GORILLAS IN THE MIST (1988)
WORKING GIRL (1988)
GHOSTBUSTERS 2 (1989)
1492 : CONQUEST OF PARADISE (1992)
ALIEN 3 (1992)
DAVE (1993)
DEATH AND THE MAIDEN (1994)
COPYCAT (1995)
JEFFREY (1995)
NEVER TALK TO STRANGERS (1995)
ALIEN RESURRECTION (1997)
ICE STORM, THE (1997)
SNOW WHITE : A TALE OF TERROR (1997)
GALAXY QUEST (1999)
MAP OF THE WORLD, A (1999)
COMPANY MAN (2000)
HEARTBREAKERS (2001)

GUYS, THE (2002)
TADPOLE (2002)
ALIEN QUADRILOGY (2003)
HOLES (2003)
IMAGINARY HEROES (2004)
VILLAGE, THE (2004)

WEAVING, Hugo
acteur nigérien (1960-)
RIGHT HAND MAN, THE (1987)
PROOF (1991)
BEDROOMS AND HALLWAYS (1998)
INTERVIEW, THE (1998)
MATRIX, THE (1999)
RUSSIAN DOLL (2001)
AFTER THE DELUGE (2003)
MATRIX RELOADED, THE (2003)
MATRIX, THE : REVOLUTIONS (2003)
LITTLE FISH (2005)
V FOR VENDETTA (2005)

WEBB, Clifton
acteur américain (1889-1966)
LAURA (1944)
DARK CORNER, THE (1945)
SITTING PRETTY (1948)
CHEAPER BY THE DOZEN (1950)
THREE COINS IN THE FOUNTAIN (1954)
MAN WHO NEVER WAS, THE (1955)
SATAN NEVER SLEEPS (1962)

WEBBER, Robert
acteur américain (1924-1989)
12 ANGRY MEN (1957)
DON'T MAKE WAVES (1967)
BIG BOUNCE. THE (1969)
GREAT WHITE HOPE, THE (1970)
MIDWAY (1976)
10 (1979)
PRIVATE BENJAMIN (1980)

WEBER, Steven
acteur américain (1961-)
SINGLE WHITE FEMALE (1992)
DRACULA : DEAD AND LOVING IT (1995)
JEFFREY (1995)
STEPHEN KING'S THE SHINING (1997)
AT FIRST SIGHT (1998)
JENIFER (2005)
DESPERATION (2006)

WEISZ, Rachel
actrice anglaise (1971-)
CHAIN REACTION (1996)
STEALING BEAUTY (1996)
SWEPT FROM THE SEA (1997)
I WANT YOU (1998)
MUMMY, THE (1999)
SUNSHINE (1999)
ENEMY AT THE GATES (2000)
MUMMY RETURNS, THE (2001)
ABOUT A BOY (2002)
SHAPE OF THINGS, THE (2002)
CONFIDENCE (2003)
RUNAWAY JURY (2003)
ENVY (2004)
CONSTANT GARDENER (2005)
CONSTANTINE (2005)

WELCH, Raquel
actrice américaine (1940-)
FANTASTIC VOYAGE, THE (1966)
ONE MILLION YEARS B.C. (1966)
SHOOT LOUD, LOUDER (1966)
FATHOM (1967)
100 RIFLES (1968)
BANDOLERO ! (1968)
LADY IN CEMENT (1968)
MAGIC CHRISTIAN, THE (1969)
MYRA BRECKINRIDGE (1970)
RAQUEL ! - STARRING RAQUEL WELSH (1970)
HANNIE CAULDER (1971)
BARBE BLEUE (1972)
KANSAS CITY BOMBER (1972)
LAST OF SHEILA, THE (1973)
FOUR MUSKETEERS, THE (1974)
THREE MUSKETEERS, THE (1974)
WILD PARTY, THE (1975)
ANIMAL, L' (1977)
NAKED GUN 33 1/3 :
THE FINAL INSULT, THE (1994)
FOLLE D'ELLE (1997)
RAQUEL WELCH COLLECTION (2004)

WELD, Tuesday
actrice américaine (1943-)
FIVE PENNIES, THE (1959)
RETURN TO PEYTON PLACE (1961)
WILD IN THE COUNTRY (1961)
I'LL TAKE SWEDEN (1964)
LORD LOVE A DUCK (1966)
I WALK THE LINE (1970)
REFLECTIONS OF MURDER (1974)
WHO'LL STOP THE RAIN (1978)
THIEF (1981)
AUTHOR ! AUTHOR ! (1982)
HEARTBREAK HOTEL (1988)

WELLER, Peter
acteur américain (1947-)
SHOOT THE MOON (1981)
OF UNKNOWN ORIGIN (1983)
ADVENTURES OF BUCKAROO BANZAI
ACROSS THE 8th DIMENSION, THE (1984)
FIRST BORN (1984)
ROBOCOP (1987)
CAT CHASER (1988)
ROBOCOP 2 (1990)
WOMEN AND MEN :
STORIES OF SEDUCTION (1990)
NAKED LUNCH (1991)
NEW AGE, THE (1994)
MIGHTY APHRODITE (1995)
PAR-DELÀ LES NUAGES (1995)
SCREAMERS (1995)
CONTAMINATED MAN (2000)
DRACULA : THE DARK PRINCE (2001)
ORDER, THE (2003)

WELLES, Orson
acteur américain (1915-1985)
CITIZEN KANE (1941)
JANE EYRE (1943)
JOURNEY INTO FEAR (1943)
FOLLOW THE BOYS (1944)
STRANGER, THE (1945)
TOMORROW IS FOREVER (1946)
LADY FROM SHANGHAI, THE (1947)
MACBETH (1948)
THIRD MAN, THE (1949)
OTHELLO (1952)
NAPOLÉON (1954)
THREE CASES OF MURDER (1954)
CONFIDENTIAL REPORT
(MR. ARKADIN) (1955)
MOBY DICK (1956)
MAN IN THE SHADOW (1957)
LONG HOT SUMMER, THE (1958)
TOUCH OF EVIL (1958)
COMPULSION (1959)
ROGOPAG (1962)
TRIAL, THE (1962)
V.I.P.'S, THE (1963)
MAN FOR ALL SEASONS, A (1966)
CASINO ROYALE (1967)
START THE REVOLUTION WITHOUT ME (1969)
CATCH 22 (1970)
DÉCADE PRODIGIEUSE, LA (1971)
WATERLOO (1971)
TREASURE ISLAND (1972)
F FOR FAKE (1973)
VOYAGE OF THE DAMNED (1976)
MAN WHO SAW TOMORROW, THE (1981)
SOMEONE TO LOVE (1987)

WELSH, Kenneth
acteur canadien (1942-)
AND THEN YOU DIE (1987)
PHYSICAL EVIDENCE (1988)
AMOUREUSES, LES (1992)
MARGARET'S MUSEUM (1995)
ABSOLUTE POWER (1996)
MIRACLE (2003)
EXORCISM OF EMILY ROSE, THE (2005)
FOG, THE (2005)
OUR FATHERS (2005)

WENDT, George
acteur américain (1948-)
CHEERS (SEASON III) (1984)
NO SMALL AFFAIR (1984)
HOUSE (1985)
GUNG HO (1986)
GUILTY BY SUSPICION (1990)
FOREVER YOUNG (1992)
MAN OF THE HOUSE (1994)
OUTSIDE PROVIDENCE (1999)
LAKEBOAT (2000)
PRIME GIG, THE (2000)
WILD ABOUT HARRY (2000)

WENHAM, David
acteur australien (1965-)
BOYS, THE (1997)
LITTLE BIT OF SOUL, A (1997)
MOLOKAÏ (1999)
BETTER THAN SEX (2000)
BANK, THE (2001)
DUST (2001)
RUSSIAN DOLL (2001)
CROCODILE HUNTER :
COLLISION COURSE (2002)
AFTER THE DELUGE (2003)
VAN HELSING (2004)

WERNER, Oskar
acteur autrichien (1922-1984)
DECISION BEFORE DAWN (1951)
LOLA MONTÈS (1955)
JULES ET JIM (1961)
SHIP OF FOOLS (1965)
SPY WHO CAME IN
FROM THE COLD, THE (1965)
FAHRENHEIT 451 (1966)
SHOES OF THE FISHERMAN, THE (1968)
VOYAGE OF THE DAMNED (1976)

WEST, Mae
actrice américaine (1892-1980)
NIGHT AFTER NIGHT (1932)
I'M NO ANGEL (1933)
SHE DONE HIM WRONG (1933)
BELLE OF THE NINETIES (1934)
GOIN' TO TOWN (1935)
KLONDIKE ANNIE (1935)
GO WEST, YOUNG MAN (1936)
EVERY DAY'S A HOLIDAY (1937)
MY LITTLE CHICKADEE (1940)
HEAT'S ON, THE (1943)
MYRA BRECKINRIDGE (1970)
SEXTETTE (1979)

WHALEY, Frank
acteur américain (1963-)
CAREER OPPORTUNITIES (1991)
CAFE SOCIETY (1993)
SWING KIDS (1993)
DESPERATE TRAIL, THE (1994)
SWIMMING WITH SHARKS (1995)
BROKEN ARROW (1996)
JIMMY SHOW, THE (2001)

WHALLEY, Joanne
actrice anglaise (1964-)
PINK FLOYD - THE WALL (1982)
DANCE WITH A STRANGER (1984)
GOOD FATHER, THE (1986)
SCANDAL (1988)
TO KILL A PRIEST (1988)
WILLOW (1988)
CROSSING THE LINE (1991)
SHATTERED (1991)
STORYVILLE (1991)
GOOD MAN IN AFRICA, A (1993)
MOTHER'S BOYS (1993)
TRIAL BY JURY (1994)

WHITAKER, Forest
acteur américain (1961-)
COLOR OF MONEY, THE (1986)
PLATOON (1986)
BLOODSPORT (1987)
GOOD MORNING, VIETNAM (1987)
STAKEOUT (1987)
BIRD (1988)
DOWNTOWN (1989)
JOHNNY HANDSOME (1989)
DIARY OF A HITMAN (1991)
RAGE IN HARLEM, A (1991)
CONSENTING ADULTS (1992)
CRYING GAME, THE (1992)
BODY SNATCHERS (1993)
LUSH LIFE (1993)
BLOWN AWAY (1994)
JASON'S LYRIC (1994)
PRÊT-À-PORTER (1994)
SMOKE (1995)
SPECIES (1995)
GHOST DOG : THE WAY
OF THE SAMURAÏ (1999)
BATTLEFIELD EARTH (2000)
FOURTH ANGEL (2000)
FEAST OF ALL SAINTS (2001)
GREEN DRAGON (2001)
PANIC ROOM (2002)
PHONE BOOTH (2002)

WHITELAW, Billie
actrice anglaise (1932-)
STRANGE CASE OF DR. JEKYLL
AND MR. HYDE, THE (1968)
GUMSHOE (1971)
FRENZY (1972)
WATER BABIES, THE (1979)
SLAYGROUND (1983)
KRAYS, THE (1990)
JOHN LE CARRE'S
A MURDER OF QUALITY (1991)
LOST SON, THE (1999)
QUILLS (2000)

WHITERSPOON, Reese
actrice américaine (1976-)
RETURN TO LONESOME DOVE (1993)
S.F.W. (1994)
FREEWAY (1996)
TWILIGHT (1997)
BEST LAID PLANS (1999)
LEGALLY BLONDE 2 :
RED, WHITE & BLONDE (2003)
VANITY FAIR (2004)
JUST LIKE HEAVEN (2005)
WALK THE LINE (2005)

WHITFORD, Bradley
acteur américain (1959-)
REVENGE OF THE NERDS 2 (1987)
SCENT OF A WOMAN (1992)
MY LIFE (1993)
CLIENT, THE (1994)
BILLY MADISON (1995)
RED CORNER (1997)
MUSE, THE (1999)
WEST WING, THE (SEASON I) (1999)
KATE & LEOPOLD (2001)
LITTLE MANHATTAN (2005)
SISTERHOOD OF THE TRAVELING PANTS (2005)

WHITMAN, Stuart
acteur américain (1926-)
RHAPSODY (1954)
BOMBERS B-52 (1957)
MURDER, INC. (1960)
STORY OF RUTH, THE (1960)
COMANCHEROS, THE (1961)
FRANCIS OF ASSISI (1961)
RIO CONCHOS (1964)
NIGHT OF THE LEPUS (1972)
SHATTER (1974)
EATEN ALIVE (1976)
RUBY (1977)
WHITE BUFFALO, THE (1977)
INVADERS OF THE LOST GOLD (1982)
TREASURE OF THE AMAZON (1985)
HEAVEN AND EARTH (1990)

WHITMORE, James
acteur américain (1921-)
ASPHALT JUNGLE, THE (1950)
ABOVE AND BEYOND (1952)
BECAUSE YOU'RE MINE (1952)
THEM ! (1954)
McCONNELL STORY, THE (1955)
SAVAGE WILDERNESS (1956)
DEEP SIX, THE (1957)
BLACK LIKE ME (1964)
WATERHOLE #3 (1967)
GUNS OF THE MAGNIFICENT SEVEN (1969)
RELIC, THE (1996)

WIDMARK, Richard
acteur américain (1914-)
KISS OF DEATH (1946)
ROAD HOUSE (1948)
STREET WITH NO NAME, THE (1948)
YELLOW SKY (1948)
HALLS OF MONTEZUMA (1950)
NIGHT AND THE CITY (1950)
NO WAY OUT (1950)
PANIC IN THE STREETS (1950)
FROGMEN, THE (1951)
DON'T BOTHER TO KNOCK (1952)
BROKEN LANCE (1953)
PICKUP ON SOUTH STREET (1953)
LAST WAGON, THE (1955)
SAINT JOAN (1956)
LAW AND JAKE WADE, THE (1958)
TUNNEL OF LOVE (1958)
TRAP, THE (1959)
WARLOCK (1959)
ALAMO, THE (1960)
JUDGMENT AT NUREMBERG (1961)
HOW THE WEST WAS WON (1962)
CHEYENNE AUTUMN (1964)
BEDFORD INCIDENT, THE (1965)
ALVAREZ KELLY (1966)
WAY WEST, THE (1967)
MADIGAN (1968)
MURDER ON THE ORIENT EXPRESS (1974)
TO THE DEVIL... A DAUGHTER (1976)
DOMINO PRINCIPLE, THE (1977)
ROLLERCOASTER (1977)
TWILIGHT'S LAST GLEAMING (1977)
COMA (1978)
SWARM, THE (1978)
HANKY PANKY (1982)
AGAINST ALL ODDS (1984)
COLD SASSY TREE (1989)
TRUE COLORS (1991)

WIEST, Dianne
actrice américaine (1948-)
I'M DANCING AS FAST AS I CAN (1981)
FALLING IN LOVE (1984)
FOOTLOOSE (1984)
PURPLE ROSE OF CAIRO, THE (1985)
HANNAH AND HER SISTERS (1986)
LOST BOYS, THE (1987)
RADIO DAYS (1987)
SEPTEMBER (1987)
COOKIE (1989)
PARENTHOOD (1989)
EDWARD SCISSORHANDS (1990)
LAW AND ORDER (1990)
LITTLE MAN TATE (1991)
BULLETS OVER BROADWAY (1994)
COPS AND ROBBERSONS (1994)
DRUNKS (1995)
ASSOCIATE, THE (1996)
BIRDCAGE, THE (1996)
HORSE WHISPERER, THE (1998)
10th KINGDOM, THE (2000)
I AM SAM (2001)

WILDE, Cornel
acteur américain (1915-1989)
WINTERTIME (1943)
THOUSAND AND ONE NIGHTS, A (1945)
BANDIT OF SHERWOOD FOREST, THE (1946)
LEAVE HER TO HEAVEN (1946)
FOREVER AMBER (1947)
ROAD HOUSE (1948)
AT SWORD'S POINT (1950)
BIG COMBO, THE (1954)
CONSTANTIN LE GRAND (1960)
NAKED PREY, THE (1964)
BEACH RED (1967)
COMIC, THE (1969)
GARGOYLES (1972)

WILDER, Gene
acteur américain (1935-)
BONNIE AND CLYDE (1967)
PRODUCERS, THE (1968)
START THE REVOLUTION WITHOUT ME (1969)
QUACKSER FORTUNE HAS A COUSIN
IN THE BRONX (1970)
EVERYTHING YOU ALWAYS WANTED
TO KNOW ABOUT SEX BUT WERE
AFRAID TO ASK (1972)
SCARECROW (1972)
RHINOCEROS (1973)
BLAZING SADDLES (1974)
LITTLE PRINCE, THE (1974)
YOUNG FRANKENSTEIN (1974)
ADVENTURES OF SHERLOCK HOLMES'
SMARTER BROTHER, THE (1975)
SILVER STREAK (1976)
WORLD'S GREATEST LOVER (1977)
FRISCO KID, THE (1979)

STIR CRAZY (1980)
HANKY PANKY (1982)
WOMAN IN RED, THE (1984)
HAUNTED HONEYMOON (1986)
SEE NO EVIL, HEAR NO EVIL (1989)
FUNNY ABOUT LOVE (1990)
ANOTHER YOU (1991)

WILHOITE, Kathleen
actrice américaine (1964-)
MURPHY'S LAW (1986)
BRENDA STARR (1987)
BAD INFLUENCE (1990)
LORENZO'S OIL (1992)
BREAST MEN (1997)
EDGE, THE (1997)
NURSE BETTY (2000)
QUICKSAND (2001)

WILKINSON, Tom
acteur anglais (1948-)
PRIEST (1994)
FULL MONTY, THE (1996)
GHOST AND THE DARKNESS, THE (1996)
OSCAR AND LUCINDA (1997)
WILDE (1997)
GOVERNESS, THE (1998)
RUSH HOUR (1998)
SHAKESPEARE IN LOVE (1998)
PATRIOT, THE (2000)
IN THE BEDROOM (2001)
GATHERING STORM (2002)
IMPORTANCE OF BEING EARNEST, THE (2002)
GIRL WITH A PEARL EARRING (2003)
NORMAL (2003)
ETERNAL SUNSHINE OF THE SPOTLESS MIND (2004)
GOOD WOMAN, A (2004)
STAGE BEAUTY (2004)
BATMAN BEGINS (2005)
EXORCISM OF EMILY ROSE, THE (2005)
SEPARATE LIES (2005)

WILLIAM, Warren
acteur américain (1894-1948)
THREE ON A MATCH (1932)
LADY FOR A DAY (1933)
CLEOPATRA (1934)
IMITATION OF LIFE (1934)
GO WEST, YOUNG MAN (1936)
FIREFLY, THE (1937)
MADAME X (1938)
ARIZONA (1940)

WILLIAMS III, Clarence
acteur américain (1939-)
52 PICK-UP (1986)
DEEP COVER (1992)
AGAINST THE WALL (1993)
TALES FROM THE HOOD (1995)
FROGS FOR SNAKES (1999)
GENERAL'S DAUGHTER, THE (1999)
LEGEND OF 1900, THE (1999)
LIFE (1999)

WILLIAMS, Billy Dee
acteur américain (1937-)
LAST ANGRY MAN, THE (1959)
BRIAN'S SONG (1971)
LADY SINGS THE BLUES (1972)
MAHOGANY (1975)
NIGHTHAWKS (1981)
FEAR CITY (1984)
GIANT STEPS (1992)
LADIES MAN, THE (2000)

WILLIAMS, Esther
actrice américaine (1923-)
ANDY HARDY'S DOUBLE LIFE (1942)
BATHING BEAUTY (1944)
GUY NAMED JOE, A (1944)
EASY TO WED (1946)
ZIEGFELD FOLLIES (1946)
ON AN ISLAND WITH YOU (1948)
NEPTUNE'S DAUGHTER (1949)
TAKE ME OUT TO THE BALL GAME (1949)
DUCHESS OF IDAHO (1950)
DANGEROUS WHEN WET (1952)
MILLION DOLLAR MERMAID (1952)
EASY TO LOVE (1954)
THAT'S ENTERTAINMENT ! PART 3 (1994)

WILLIAMS, JoBeth
actrice américaine (1948-)
STIR CRAZY (1980)
ENDANGERED SPECIES (1982)
POLTERGEIST (1982)
DAY AFTER, THE (1983)
DESERT BLOOM (1985)
POLTERGEIST II (1986)
MEMORIES OF ME (1988)
MY NAME IS BILL W. (1989)
DUTCH (1991)
SWITCH (1991)
CHANTILLY LACE (1993)
FEVER PITCH (2005)

WILLIAMS, Michelle
actrice américaine (1980-)
HALLOWEEN H20 : TWENTY YEARS LATER (1998)
DICK (1999)
IF THESE WALLS COULD TALK II (1999)
ME WITHOUT YOU (2001)
PROZAC NATION (2001)
IMAGINARY HEROES (2004)
BAXTER, THE (2005)
BROKEBACK MOUNTAIN (2005)

WILLIAMS, Olivia
actrice anglaise (1968-)
POSTMAN, THE (1997)
RUSHMORE (1998)
SIXTH SENSE, THE (1999)
BODY, THE (2001)
LUCKY BREAK (2001)
MAN FROM ELYSIAN FIELDS, THE (2001)
BELOW (2002)
HEART OF ME, THE (2002)
PETER PAN (2003)
MOCKINGBIRD (2005)

WILLIAMS, Robin
acteur américain (1952-)
POPEYE (1980)
SURVIVORS, THE (1983)
MOSCOW ON THE HUDSON (1984)
BEST OF TIMES, THE (1986)
CLUB PARADISE (1986)
DEAR AMERICA : LETTERS HOME FROM VIETNAM (1987)
GOOD MORNING, VIETNAM (1987)
ADVENTURES OF BARON MUNCHAUSEN, THE (1988)
DEAD POETS SOCIETY (1989)
AWAKENINGS (1990)
CADILLAC MAN (1990)
DEAD AGAIN (1991)
FISHER KING, THE (1991)
HOOK (1991)
SHAKES THE CLOWN (1991)
TOYS (1992)
MRS. DOUBTFIRE (1993)
BEING HUMAN (1994)
JUMANJI (1995)
NINE MONTHS (1995)
TO WONG FOO, THANKS FOR EVERYTHING, JULIE NEWMAR (1995)
BIRDCAGE, THE (1996)
JACK (1996)
FATHER'S DAY (1997)
FLUBBER (1997)
GOOD WILL HUNTING (1997)
PATCH ADAMS (1998)
WHAT DREAMS MAY COME (1998)
BICENTENNIAL MAN (1999)
JAKOB THE LIAR (1999)
DEATH TO SMOOCHY (2002)
INSOMNIA (2002)
ONE HOUR PHOTO (2002)
ROBIN WILLIAMS LIVE IN BROADWAY (2002)
FINAL CUT, THE (2004)
HOUSE OF D (2004)
BIG WHITE, THE (2005)

WILLIAMS, Treat
acteur américain (1952-)
HAIR (1979)
PRINCE OF THE CITY (1981)
FLASHPOINT (1984)
SMOOTH TALK (1985)
DEAD HEAT (1988)
WATER ENGINE, THE (1992)
THINGS TO DO IN DENVER WHEN YOU'RE DEAD (1995)
PHANTOM, THE (1996)
DEVIL'S OWN, THE (1997)
DEEP RISING (1998)
DEEP END OF THE OCEAN, THE (1999)
JOURNEY TO THE CENTER OF THE EARTH (1999)

WILLIAMS, Vanessa L.
actrice américaine (1963-)
PICK-UP ARTIST, THE (1987)
ERASER (1996)
HOODLUM (1997)
ODYSSEY, THE (1997)
SOUL FOOD (1997)
DON QUIXOTE (2000)
SHAFT (2000)
JOHNSON FAMILY VACATION (2004)

WILLIAMSON, Fred
acteur américain (1938-)
HAMMER (1972)
BLACK CAESAR (1973)
THAT MAN BOLT (1973)
BLACK EYE (1974)
BUCKTOWN (1975)
VIGILANTE (1981)
FOXTRAP (1985)
FROM DUSK TILL DAWN (1995)
ORIGINAL GANGSTAS (1996)
NIGHTVISION (1997)
STARSKY & HUTCH (2004)

WILLIAMSON, Nicol
acteur écossais (1938-)
HAMLET (1969)
WILBY CONSPIRACY, THE (1975)
SEVEN PERCENT SOLUTION, THE (1976)
HUMAN FACTOR, THE (1980)
EXCALIBUR (1981)
I'M DANCING AS FAST AS I CAN (1981)
RETURN TO OZ (1985)
ADVOCATE, THE (1994)

WILLIS, Bruce
acteur américain (1955-)
MOONLIGHTING (1985)
BLIND DATE (1987)
DIE HARD (1988)
SUNSET (1988)
IN COUNTRY (1989)
LOOK WHO'S TALKING (1989)
BONFIRE OF THE VANITIES, THE (1990)
DIE HARD 2 : DIE HARDER (1990)
BILLY BATHGATE (1991)
HUDSON HAWK (1991)
LAST BOY SCOUT, THE (1991)
MORTAL THOUGHTS (1991)
DEATH BECOMES HER (1992)
PLAYER, THE (1992)
NATIONAL LAMPOON'S
LOADED WEAPON 1 (1993)
STRIKING DISTANCE (1993)
COLOR OF NIGHT (1994)
NOBODY'S FOOL (1994)
NORTH (1994)
PULP FICTION (1994)
12 MONKEYS (1995)
DIE HARD WITH A VENGEANCE (1995)
FOUR ROOMS (1995)
LAST MAN STANDING (1996)
FIFTH ELEMENT, THE (1997)
JACKAL, THE (1997)
ARMAGEDDON (1998)
MERCURY RISING (1998)
SIEGE, THE (1998)
BREAKFAST OF CHAMPIONS (1999)
SIXTH SENSE, THE (1999)
STORY OF US, THE (1999)
KID, THE (2000)
UNBREAKABLE (2000)
WHOLE NINE YARDS, THE (2000)
BANDITS (2001)
HART'S WAR (2002)
TEARS OF THE SUN (2003)
WHOLE TEN YARDS, THE (2004)
HOSTAGE (2005)
SIN CITY (2005)
16 BLOCKS (2006)
LUCKY NUMBER SLEVIN (2006)

WILLS, Chill
acteur américain (1902-1978)
HARVEY GIRLS, THE (1945)
BOOM TOWN (1946)
YEARLING, THE (1946)
I'LL BE SEEING YOU (1947)
MAN FROM THE ALAMO, THE (1953)
FRANCIS JOINS THE WACS (1954)
GUN GLORY (1957)
ALAMO, THE (1960)
WHEELER DEALERS, THE (1963)
ROUNDERS, THE (1964)

WILSON, Bridgette
actrice américaine (1973-)
BILLY MADISON (1995)
MORTAL KOMBAT (1995)
REAL BLONDE, THE (1997)
HOUSE ON HAUNTED HILL (1999)
BEAUTIFUL (2000)
JUST VISITING (2001)
WEDDING PLANNER, THE (2001)

WILSON, Lambert
acteur français (1958-)
CHANEL SOLITAIRE (1981)
FIVE DAYS, ONE SUMMER (1982)
SAHARA (1983)
SANG DES AUTRES, LE (1983)
FEMME PUBLIQUE, LA (1984)
RENDEZ-VOUS (1985)
ROUGE BAISER (1985)
BLEU COMME L'ENFER (1986)
BELLY OF AN ARCHITECT, THE (1987)
CHOUANS ! (1988)
EL DORADO (1988)
HIVER 54, L'ABBÉ PIERRE (1989)
SUIVEZ CET AVION (1989)
HOMME ET DEUX FEMMES, UN (1991)
WARSZAWA, ANNÉE 5703 (1992)
JEFFERSON IN PARIS (1995)
LEADING MAN, THE (1996)
MARQUISE (1997)
ON CONNAÎT LA CHANSON (1997)
LAST SEPTEMBER (1998)
DON QUIXOTE (2000)
DÉDALES (2003)
IL EST PLUS FACILE POUR
UN CHAMEAU... (2003)
MATRIX RELOADED, THE (2003)
MATRIX, THE : REVOLUTIONS (2003)
PAS SUR LA BOUCHE (2003)
TIMELINE (2003)
CATWOMAN (2004)
PALAIS ROYAL ! (2005)
SAHARA (2005)

WILSON, Luke
acteur américain (1971-)
BOTTLE ROCKET (1995)
TELLING LIES IN AMERICA (1997)
DOG PARK (1998)
BLUE STREAK (1999)
MY DOG SKIP (2000)
LEGALLY BLONDE (2001)
ROYAL TENENBAUMS, THE (2001)
OLD SCHOOL (2002)
THIRD WHEEL, THE (2002)
ALEX AND EMMA (2003)
LEGALLY BLONDE 2 :
RED, WHITE & BLONDE (2003)
MASKED AND ANONYMOUS (2003)
FAMILY STONE (2005)

WILSON, Owen
acteur américain (1968-)
BOTTLE ROCKET (1995)
CABLE GUY, THE (1996)
ANACONDA (1997)
ARMAGEDDON (1998)
PERMANENT MIDNIGHT (1998)
HAUNTING, THE (1999)
MINUS MAN, THE (1999)
MEET THE PARENTS (2000)
SHANGHAI NOON (2000)
BEHIND ENEMY LINES (2001)
ROYAL TENENBAUMS, THE (2001)
ZOOLANDER (2001)
I SPY (2002)
SHANGHAI KNIGHTS (2003)
BIG BOUNCE, THE (2004)
MEET THE FOCKERS (2004)
STARSKY & HUTCH (2004)
THE LIFE AQUATIC WITH STEVE ZISSOU (2004)
WEDDING CRASHERS (2005)

WILSON, Scott
acteur américain (1942-)
IN COLD BLOOD (1967)
GYPSY MOTHS, THE (1969)
GRISSOM GANG, THE (1971)
NINTH CONFIGURATION, THE (1979)
ON THE LINE (1983)
ANNÉE DU SOLEIL TRANQUILLE, L' (1984)
FLESH AND BONE (1993)
G.I. JANE (1997)
MONSTER (2003)
JUNEBUG (2004)

WILSON, Stuart
acteur anglais (1934-)
WETHERBY (1985)
TEENAGE MUTANT NINJA TURTLES III (1993)
DEATH AND THE MAIDEN (1994)
NO ESCAPE (1994)
ENEMY OF THE STATE (1998)
MASK OF ZORRO, THE (1998)
HERE ON EARTH (2000)
LUZHIN DEFENCE. THE (2000)
VERTICAL LIMIT (2000)
FASCINATION (2004)

WINDSOR, Marie
actrice américaine (1919-2000)
OUTPOST IN MOROCCO (1949)
DAKOTA LIL (1950)
NARROW MARGIN, THE (1952)
TROUBLE ALONG THE WAY (1953)
CAT WOMEN OF THE MOON (1954)
ABBOTT & COSTELLO MEET
THE MUMMY (1955)
SUPPORT YOUR LOCAL GUNFIGHTER (1971)

WINFIELD, Paul
acteur américain (1941-2004)
LOST MAN, THE (1969)
R.P.M. (1970)
BROTHER JOHN (1971)
SOUNDER (1972)
TROUBLE MAN (1972)
CONRACK (1974)
HUCKLEBERRY FINN (1974)
BLUE AND THE GRAY, THE (1982)
ORIGINAL GANGSTAS (1996)

WINGER, Debra
actrice américaine (1955-)
THANK GOD IT'S FRIDAY (1978)
URBAN COWBOY (1980)
OFFICER AND A GENTLEMAN, AN (1981)
CANNERY ROW (1982)
TERMS OF ENDEARMENT (1983)
LEGAL EAGLES (1986)
BLACK WIDOW (1987)
MADE IN HEAVEN (1987)
BETRAYED (1988)
EVERYBODY WINS (1989)
SHELTERING SKY, THE (1990)
LEAP OF FAITH (1992)
DANGEROUS WOMAN, A (1993)
SHADOWLANDS (1993)
WILDER NAPALM (1993)
FORGET PARIS (1995)
BIG BAD LOVE (2001)
RADIO (2003)
EULOGY (2004)
SOMETIMES IN APRIL (2005)

WINNINGER, Charles
acteur américain (1884-1969)
NOTHING SACRED (1937)
THREE SMART GIRLS (1937)
BABES IN ARMS (1939)
BELLE OF THE YUKON (1940)
LITTLE NELLIE KELLY (1940)
LADY TAKES A CHANCE, A (1943)
SOMETHING IN THE WIND (1947)
SUN SHINES BRIGHT, THE (1953)

WINSLET, Kate
actrice anglaise (1975-)
HEAVENLY CREATURES (1994)
SENSE AND SENSIBILITY (1995)

HAMLET (1996)
JUDE (1996)
TITANIC (1997)
HIDEOUS KINKY (1998)
HOLY SMOKE (1999)
QUILLS (2000)
ENIGMA (2001)
IRIS (2001)
LIFE OF DAVID GALE, THE (2003)
ETERNAL SUNSHINE OF
THE SPOTLESS MIND (2004)
FINDING NEVERLAND (2004)

WINSTONE, Ray
acteur anglais (1957-)
SCUM (1979)
LADYBIRD, LADYBIRD (1994)
FACE (1997)
NIL BY MOUTH (1997)
FINAL CUT (1998)
WAR ZONE, THE (1998)
AGNES BROWNE (1999)
SEXY BEAST (2000)
LAST ORDERS (2001)
RIPLEY'S GAME (2002)
HENRY VIII (2003)
KING ARTHUR (2004)
PROPOSITION, THE (2005)

WINTERS, Shelley
actrice américaine (1922-)
NEW ORLEANS (1946)
DOUBLE LIFE, A (1947)
GANGSTER, THE (1947)
TONIGHT AND EVERY NIGHT (1947)
PLACE IN THE SUN, A (1950)
WINCHESTER '73 (1950)
MEET DANNY WILSON (1951)
PHONE CALL FROM
A STRANGER (1952)
EXECUTIVE SUITE (1954)
I DIED A THOUSAND TIMES (1955)
NIGHT OF THE HUNTER, THE (1955)
DIARY OF ANNE FRANK, THE (1959)
ODDS AGAINST TOMORROW (1959)
LOLITA (1962)
BALCONY, THE (1963)
GREATEST STORY EVER TOLD, THE (1965)
PATCH OF BLUE, A (1965)
ALFIE (1966)
HARPER (1966)
ENTER LAUGHING (1967)
BUONA SERA, MRS. CAMPBELL (1968)
SCALPHUNTERS, THE (1968)
BLOODY MAMA (1970)
SHATTERED (1971)
SOUTHERN FRIED COMEDY (1971)
WHAT'S THE MATTER WITH HELEN ? (1971)
WHOEVER SLEW AUNTIE ROO ? (1971)
POSEIDON ADVENTURE, THE (1972)
BLUME IN LOVE (1973)
CLEOPATRA JONES (1973)
DIAMONDS (1975)
LOCATAIRE, LE (1976)
NEXT STOP, GREENWICH VILLAGE (1976)
PETE'S DRAGON (1977)
TENTACLES (1977)
KING OF THE GYPSIES (1978)
ELVIS : THE MOVIE (1979)
S.O.B. (1981)
DÉJÀ VU (1984)
UNREMARKABLE LIFE, AN (1988)
STEPPING OUT (1991)
WEEP NO MORE MY LADY (1991)
HEAVY (1995)
PORTRAIT OF A LADY, THE (1996)

WONG, Victor
acteur américain (1927-2001)
NIGHTSONGS (1984)
DIM SUM (1985)
GOLDEN CHILD, THE (1986)
PRINCE OF DARKNESS (1987)
EAT A BOWL OF TEA (1988)
ICE RUNNER, THE (1993)
STARS FELL ON HENRIETTA, THE (1995)
SEVEN YEARS IN TIBET (1997)

WOOD, Elijah
acteur américain (1981-)
BACK TO THE FUTURE II (1989)
AVALON (1990)
INTERNAL AFFAIRS (1990)
PARADISE (1991)
ADVENTURES OF HUCK FINN, THE (1992)
FOREVER YOUNG (1992)
RADIO FLYER (1992)
GOOD SON, THE (1993)
NORTH (1994)
WAR, THE (1994)
FLIPPER (1996)
OLIVER TWIST (1997)
DEEP IMPACT (1998)
FACULTY, THE (1998)
BUMBLEBEE FLIES AWAY, THE (1999)
LORD OF THE RINGS :
THE FELLOWSHIP OF THE RING (2001)
ALL I WANT (2002)
ASH WEDNESDAY (2002)
LORD OF THE RINGS :
THE TWO TOWERS, THE (2002)
LORD OF THE RINGS :
THE RETURN OF THE KING (2003)
ETERNAL SUNSHINE OF
THE SPOTLESS MIND (2004)
EVERYTHING IS ILLUMINATED (2005)
SIN CITY (2005)

WOOD, Evan Rachel
actrice américaine (1987-)
DIGGING TO CHINA (1998)
PRACTICAL MAGIC (1998)
SIMONE (2001)
MISSING, THE (2003)
THIRTEEN (2003)
PRETTY PERSUASION (2005)
UPSIDE OF ANGER, THE (2005)

WOOD, John
acteur anglais (1930-)
WHICH WAY TO THE FRONT ? (1970)
WARGAMES (1983)
LADY JANE (1985)
JUMPIN' JACK FLASH (1986)
STORYTELLER, THE -
DEFINITIVE COLLECTION (1987)
YOUNG AMERICANS (1993)
UNCOVERED (1994)
RASPUTIN (1995)
RICHARD III (1995)
SABRINA (1995)
METROLAND (1997)
AVENGERS, THE (1998)
IDEAL HUSBAND, AN (1999)
CHOCOLAT (2000)
LOVE IN A COLD CLIMATE (2000)
IMAGINING ARGENTINA (2003)
WHITE COUNTESS, THE (2005)

WOOD, Natalie
actrice américaine (1938-1981)
TOMORROW IS FOREVER (1946)
GHOST AND MRS. MUIR, THE (1947)
MIRACLE ON 34th STREET (1947)
DRIFTWOOD (1948)
JACKPOT, THE (1950)
JUST FOR YOU (1952)
STAR, THE (1952)
REBEL WITHOUT A CAUSE (1955)
SEARCHERS, THE (1955)
BOMBERS B-52 (1957)
KINGS GO FORTH (1958)
MARJORIE MORNINGSTAR (1958)
SPLENDOR IN THE GRASS (1961)
WEST SIDE STORY (1961)
SEX AND THE SINGLE GIRL (1964)
GREAT RACE, THE (1965)
INSIDE DAISY CLOVER (1965)
THIS PROPERTY IS CONDEMNED (1966)
BOB & CAROL & TED & ALICE (1969)
CANDIDATE, THE (1972)
METEOR (1979)
WILLIE AND PHIL (1980)
BRAINSTORM (1983)

WOODARD, Alfre
actrice américaine (1953-)
KILLING FLOOR, THE (1984)
EXTREMITIES (1986)
MANDELA (1987)
SCROOGED (1988)
GRAND CANYON (1991)
PASSION FISH (1992)
BOPHA ! (1993)
HEART AND SOULS (1993)
BLUE CHIPS (1994)
CROOKLYN (1994)
PIANO LESSON, THE (1995)
MISS EVER'S BOYS (1996)
PRIMAL FEAR (1996)
STAR TREK : FIRST CONTACT (1996)
DOWN IN THE DELTA (1998)
MUMFORD (1999)
DINOSAUR (2000)
HOLIDAY HEART (2000)

WOODBINE, Bokeem
acteur américain (1973-)
STRAPPED (1993)
JASON'S LYRIC (1994)
PANTHER (1995)
FREEWAY (1996)
IT'S THE RAGE (1999)
LIFE (1999)
RAY (2004)

WOODS, Donald
acteur canadien (1906-1998)
ANTHONY ADVERSE (1936)
STORY OF LOUIS PASTEUR, THE (1936)
WATCH ON THE RHINE (1943)
BRIDGE OF SAN LUIS REY, THE (1944)
13 GHOSTS (1960)
FIVE MINUTES TO LIVE (1961)
MOMENT TO MOMENT (1965)

WOODS, James
acteur américain (1947-)
VISITORS, THE (1971)
WAY WE WERE, THE (1973)
GAMBLER, THE (1974)
NIGHT MOVES (1975)
HOLOCAUST (1978)
ONION FIELD, THE (1979)
BLACK MARBLE, THE (1980)
FAST-WALKING (1982)
SPLIT IMAGE (1982)
VIDEODROME (1982)
AGAINST ALL ODDS (1984)
CAT'S EYE (1984)

ONCE UPON A TIME IN AMERICA (1984)
JOSHUA THEN AND NOW (1985)
SALVADOR (1985)
BEST SELLER (1987)
COP (1987)
BOOST, THE (1988)
TRUE BELIEVER (1988)
IMMEDIATE FAMILY (1989)
MY NAME IS BILL W. (1989)
HARD WAY, THE (1991)
CHAPLIN (1992)
DIGGSTOWN (1992)
STRAIGHT TALK (1992)
CURSE OF THE STARVING CLASS, THE (1994)
GETAWAY, THE (1994)
SPECIALIST, THE (1994)
CASINO (1995)
NIXON (1995)
GHOSTS OF MISSISSIPPI (1996)
KILLER : A JOURNAL OF MURDER (1996)
CONTACT (1997)
JOHN CARPENTER'S VAMPIRES (1997)
KICKED IN THE HEAD (1997)
ANOTHER DAY IN PARADISE (1998)
ANY GIVEN SUNDAY (1999)
GENERAL'S DAUGHTER, THE (1999)
TRUE CRIME (1999)
DIRTY PICTURES (2000)
JOHN Q. (2001)
RIDING IN CARS WITH BOYS (2001)
NORTHFORK (2002)
THIS GIRL'S LIFE (2003)
PRETTY PERSUASION (2005)

WOODWARD, Joanne
actrice américaine (1930-)
KISS BEFORE DYING, A (1956)
THREE FACES OF EVE, THE (1957)
LONG HOT SUMMER, THE (1958)
FROM THE TERRACE (1960)
FUGITIVE KIND, THE (1960)
PARIS BLUES (1961)
FINE MADNESS, A (1966)
RACHEL, RACHEL (1968)
WINNING (1969)
THEY MIGHT BE GIANTS (1971)
SUMMER WISHES, WINTER DREAMS (1973)
DROWNING POOL, THE (1975)
SYBIL (1976)
END, THE (1978)
HARRY AND SON (1984)
GLASS MENAGERIE, THE (1987)
MR. & MRS. BRIDGE (1990)
PHILADELPHIA (1993)
EMPIRE FALLS (2005)

WRIGHT PENN, Robin
actrice américaine (1966-)
FORREST GUMP (1994)
LOVED (1997)
SHE'S SO LOVELY (1997)
HURLYBURLY (1998)
MESSAGE IN A BOTTLE (1999)
WHITE OLEANDER (2002)
HOME AT THE END OF THE WORLD, A (2004)
EMPIRE FALLS (2005)
NINE LIVES (2005)

WRIGHT, Jeffrey
acteur américain (1965-)
BASQUIAT (1996)
CRITICAL CARE (1997)
RIDE WITH THE DEVIL (1999)
HAMLET (2000)
SHAFT (2000)
ALI (2001)
ANGELS IN AMERICA (2003)
MANCHURIAN CANDIDATE, THE (2004)
BROKEN FLOWERS (2005)
SYRIANA (2005)

WRIGHT, Teresa
actrice américaine (1918-)
LITTLE FOXES, THE (1941)
PRIDE OF THE YANKEES, THE (1942)
SHADOW OF A DOUBT (1942)
MRS. MINIVER (1943)
PURSUED (1947)
ENCHANTMENT (1948)
MEN, THE (1949)
TRACK OF THE CAT (1954)
SEARCH FOR BRIDEY MURPHY, THE (1956)
HAPPY ENDING, THE (1969)
ROSELAND (1977)
RAINMAKER,THE (1997)

WYMAN, Jane
actrice américaine (1914-)
FOOTLIGHT SERENADE (1942)
LOST WEEKEND, THE (1945)
NIGHT & DAY (1946)
YEARLING, THE (1946)
MAGIC TOWN (1947)
JOHNNY BELINDA (1948)
STAGE FRIGHT (1950)
HERE COMES THE GROOM (1951)
JUST FOR YOU (1952)
MAGNIFICENT OBSESSION (1954)
ALL THAT HEAVEN ALLOWS (1955)
BON VOYAGE ! (1962)

WYNN, Keenan
acteur américain (1916-1986)
WITHOUT LOVE (1945)
EASY TO WED (1946)
MY DEAR SECRETARY (1948)
THREE MUSKETEERS, THE (1948)
THAT MIDNIGHT KISS (1949)
ANGELS IN THE OUTFIELD (1951)
ROYAL WEDDING (1951)
BELLE OF NEW YORK (1952)
BATTLE CIRCUS (1953)
MEN OF THE FIGHTING LADY (1954)
GLASS SLIPPER, THE (1955)
SHACK OUT ON 101 (1955)
DEEP SIX, THE (1957)
PERFECT FURLOUGH, THE (1958)
ABSENT-MINDED PROFESSOR, THE (1961)
SON OF FLUBBER (1962)
AMERICANIZATION OF EMILY, THE (1964)
BIKINI BEACH (1964)
POINT BLANK (1967)
MACKENNA'S GOLD (1968)
HERBIE RIDES AGAIN (1974)
DEVIL'S RAIN, THE (1975)
LASERBLAST (1978)
BLACK MOON RISING (1986)

YAM, Simon
acteur chinois (1955-)
BLACK CAT (1991)
FULL CONTACT (1992)
NAKED KILLER (1992)
RAPED BY AN ANGEL (1993)
MAN WANTED (1995)
HITMAN (1998)
FULL TIME KILLER (2001)
PTU (2003)

YAMAZAKI, Tsutomu
acteur japonais (1936-)
BARBE-ROUSSE (1965)
KAGEMUSHA (1980)
FUNERAL, THE (1984)
TAMPOPO (1986)
TAXING WOMAN, A (1987)
RIKYU (1989)
WHITE-COLLAR WORKER KINTARO (1999)

YANNE, Jean
acteur français (1933-2003)
WEEK-END (1967)
BOUCHER, LE (1968)
QUE LA BÊTE MEURE (1969)
SAUT DE L'ANGE, LE (1971)
RAISON D'ÉTAT, LA (1978)
JOURNÉE EN TAXI, UNE (1981)
DEUX HEURES MOINS LE QUART
AVANT JÉSUS-CHRIST (1982)
HANNAH K. (1983)
PAPY FAIT DE LA RÉSISTANCE (1983)
LIBERTÉ, ÉGALITÉ, CHOUCROUTE (1985)
ATTENTION BANDITS (1987)
CAYENNE PALACE (1987)
FUCKING FERNAND (1987)
WOLF AT THE DOOR, THE (1987)
BAL DES CASSE-PIEDS, LE (1991)
INDOCHINE (1991)
MADAME BOVARY (1991)
SÉVILLANE, LA (1992)
À LA MODE (1993)
PROFIL BAS (1993)
REGARDE LES HOMMES TOMBER (1994)
DES NOUVELLES DU BON DIEU (1995)
HUSSARD SUR LE TOIT, LE (1995)
VICTORY (1995)
BELLE VERTE, LA (1996)
TENUE CORRECTE EXIGÉE (1997)
JE RÈGLE MON PAS SUR LE PAS
DE MON PÈRE (1998)
ACTEURS, LES (1999)
GOMEZ ET TAVARES (2003)

YEOH, Michelle
actrice malaisienne (1962-)
DRUNKEN MASTER (1979)
ROYAL WARRIORS (1986)
MAGNIFICENT WARRIORS (1987)
SUPERCOP 2 (1994)
TAI CHI MASTER, THE (1994)
TWIN WARRIORS (1994)
WING CHUN (1994)
SOONG SISTERS (1997)
TOMORROW NEVER DIES (1997)
CROUCHING TIGER, HIDDEN DRAGON (2000)
SILVER HAWK (2004)
MEMOIRS OF A GEISHA (2005)

YORK, Michael
acteur anglais (1942-)
TAMING OF THE SHREW, THE (1966)
ACCIDENT (1967)
SMASHING TIME (1967)
ROMEO & JULIET (1968)
ZEPPELIN (1971)
CABARET (1972)
FOUR MUSKETEERS, THE (1974)
MURDER ON THE ORIENT EXPRESS (1974)
MUSKETEERS, THE (1974)
THREE MUSKETEERS, THE (1974)
JESUS OF NAZARETH (1976)
LOGAN'S RUN (1976)
ISLAND OF DR. MOREAU, THE (1977)
LAST REMAKE OF BEAU GESTE, THE (1977)
DEATH ON THE NILE (1978)
FEDORA (1978)
FINAL ASSIGNMENT, THE (1980)
AU NOM DE TOUS LES MIENS (1983)
SUCCESS IS THE BEST REVENGE (1984)
SWORD OF GIDEON (1986)

RETURN OF THE MUSKETEERS, THE (1989)
WIDE SARGASSO SEA (1992)
AUSTIN POWERS : INTERNATIONAL MAN OF MYSTERY (1997)
AUSTIN POWERS : THE SPY WHO SHAGGED ME (1999)
BORSTAL BOY (2000)
AUSTIN POWERS IN GOLDMEMBER (2002)

YORK, Susannah
actrice anglaise (1941-)
TUNES OF GLORY (1960)
TOM JONES (1963)
7th DAWN, THE (1964)
KALEIDOSCOPE (1966)
KILLING OF SISTER GEORGE, THE (1968)
X, Y AND ZEE (1971)
IMAGES (1972)
MAIDS, THE (1974)
BOOK OF EVE, THE (2002)
VISITORS (2003)

YOUNG, Burt
acteur américain (1940-)
CARNIVAL OF BLOOD (1972)
ROCKY II (1979)
AMITYVILLE II : THE POSSESSION (1982)
ROCKY III (1982)
LAST EXIT TO BROOKLYN (1989)
WAIT UNTIL SPRING, BANDINI (1989)
ROCKY V (1990)
NORTH STAR (1995)
MICKEY BLUE EYES (1999)
TRANSAMERICA (2005)

YOUNG, Gig
acteur américain (1913-1978)
AIR FORCE (1943)
OLD ACQUAINTANCE (1943)
THREE MUSKETEERS, THE (1948)
LUST FOR GOLD (1949)
TEACHER'S PET (1957)
ASK ANY GIRL (1959)
FIVE MILES TO MIDNIGHT (1962)
KID GALAHAD (1962)
THAT TOUCH OF MINK (1962)
LOVERS AND OTHER STRANGERS (1970)

YOUNG, Loretta
actrice américaine (1913-)
PLATINUM BLONDE (1931)
CRUSADES, THE (1935)
STORY OF ALEXANDER GRAHAM BELL, THE (1939)
NIGHT TO REMEMBER, A (1942)
CHINA (1943)
ALONG CAME JONES (1945)
STRANGER, THE (1945)
BISHOP'S WIFE, THE (1947)
FARMER'S DAUGHTER, THE (1947)
RACHEL AND THE STRANGER (1948)
COME TO THE STABLE (1949)

YOUNG, Robert
acteur américain (1907-)
SIN OF MADELON CLAUDET, THE (1931)
STRANGE INTERLUDE (1932)
TODAY WE LIVE (1933)
SECRET AGENT (1936)
BRIDE WORE RED, THE (1937)
NAVY BLUE AND GOLD (1938)
SHINING HOUR (1938)
THREE COMRADES (1938)
MORTAL STORM, THE (1940)
NORTHWEST PASSAGE (1940)
WESTERN UNION (1940)
LADY BE GOOD (1941)
CAIRO (1942)
JOURNEY FOR MARGARET (1942)
CANTERVILLE GHOST, THE (1944)
CROSSFIRE (1947)
THEY WON'T BELIEVE ME (1947)
SITTING PRETTY (1948)
THAT FORSYTE WOMAN (1949)
SECOND WOMAN, THE (1950)

YOUNG, Roland
acteur anglais (1887-1953)
MADAM SATAN (1930)
MAN WHO COULD WORK MIRACLES, THE (1936)
KING SOLOMON'S MINES (1937)
YOUNG IN HEART, THE (1938)
TOPPER RETURNS (1941)
TWO-FACED WOMAN (1941)
THEY ALL KISSED THE BRIDE (1942)
AND THEN THERE WERE NONE (1947)
YOU GOTTA STAY HAPPY (1948)
GREAT LOVER, THE (1949)
LET'S DANCE (1950)

YOUNG, Sean
actrice américaine (1959-)
JANE AUSTEN IN MANHATTAN (1980)
STRIPES (1981)
BLADE RUNNER (1982)
YOUNG DOCTORS IN LOVE (1982)
DUNE (1984)
NO WAY OUT (1987)
WALL STREET (1987)
BOOST, THE (1988)
COUSINS (1989)
FIRE BIRDS (1990)
KISS BEFORE DYING, A (1991)
HOLD ME, THRILL ME, KISS ME (1992)
ONCE UPON A CRIME (1992)
ACE VENTURA : PET DETECTIVE (1993)
FATAL INSTINCT (1993)
EVEN COWGIRLS GET THE BLUES (1994)
DR. JEKYLL AND MS. HYDE (1995)
GUN (1996)
PROPRIETOR, THE (1996)
AMATI GIRLS, THE (2000)
POOR WHITE TRASH (2000)
NIGHT CLASS (2001)

YULIN, Harris
acteur américain (1937-)
DOC (1971)
ST. IVES (1976)
BELIEVERS, THE (1987)
BAD DREAMS (1988)
CLEAR AND PRESENT DANGER (1994)
STUART SAVES HIS FAMILY (1995)
MULTIPLICITY (1996)
TRAINING DAY (2001)
EMPEROR'S CLUB, THE (2002)
KING OF THE CORNER (2004)
TREATMENT, THE (2006)

YUN-FAT, Chow
acteur chinois (1955-)
SHANGHAI KILLER, GOD OF KILLERS (1981)
HONG KONG 1941 (1984)
WITCH FROM NEPAL (1985)
BETTER TOMORROW, A (1986)
AUTUMN'S TALE, AN (1987)
BETTER TOMORROW 2, A (1987)
CITY ON FIRE (1987)
PRISON ON FIRE (1987)
PRISON ON FIRE II (1987)
CITY WAR (1988)
BETTER TOMORROW 3, A (1989)
KILLER, THE (1989)
KILLERS TWO (1989)
FUN, THE LUCK AND THE TYCOON, THE (1990)
GOD OF GAMBLERS (1990)
FULL CONTACT (1992)
HARD BOILED (1992)
GOD OF GAMBLER'S RETURN (1994)
NOW YOU SEE ME, NOW YOU DON'T (1994)
TREASURE HUNT (1994)
PEACE HOTEL (1995)
ONCE A THIEF (1996)
REPLACEMENT KILLERS, THE (1997)
CORRUPTOR, THE (1999)
BULLETPROOF MONK (2003)

ZAHN, Steve
acteur américain (1968-)
THAT THING YOU DO ! (1996)
SUBWAY STORIES (1997)
FORCES OF NATURE (1999)
HAPPY TEXAS (1999)
HAMLET (2000)
CHELSEA WALLS (2001)
JOY RIDE (2001)
RIDING IN CARS WITH BOYS (2001)
DADDY DAY CARE (2003)
NATIONAL SECURITY (2003)
SHATTERED GLASS (2003)
SAHARA (2005)

ZANE, Billy
acteur américain (1966-)
DEAD CALM (1988)
BLOOD AND CONCRETE (1991)
ORLANDO (1992)
POETIC JUSTICE (1993)
TALES FROM THE CRYPT PRESENTS : DEMON KNIGHT (1994)
PHANTOM, THE (1996)
TITANIC (1997)
BELIEVER, THE (2001)
KISS, THE (2003)

ZELLWEGER, Renée
actrice américaine (1969-)
LOVE AND A .45 (1994)
TEXAS CHAINSAW MASSACRE : THE NEXT GENERATION (1995)
JERRY MAGUIRE (1996)
WHOLE WIDE WORLD, THE (1996)
DECEIVER (1997)
ONE TRUE THING (1998)
PRICE ABOVE RUBIES, A (1998)
BACHELOR, THE (1999)
ME, MYSELF & IRENE (2000)
NURSE BETTY (2000)
BRIDGET JONES'S DIARY (2001)
CHICAGO (2002)
WHITE OLEANDER (2002)
COLD MOUNTAIN (2003)
DOWN WITH LOVE (2003)
BRIDGET JONES : THE EDGE OF REASON (2004)
CINDERELLA MAN (2005)

ZEM, Roschdy
acteur français (1965-)
N'OUBLIE PAS QUE TU VAS MOURIR (1995)
EN AVOIR (OU PAS) (1996)
PARENTHÈSE ENCHANTÉE, LA (1999)
BLANCHE (2002)
CHOUCHOU (2003)
FILLES UNIQUES (2003)
ORDO (2003)
36 QUAI DES ORFÈVRES (2004)
VA, VIS ET DEVIENS (2005)

ZETA-JONES, Catherine
actrice anglaise (1969-)
BLUE JUICE (1995)
CATHERINE THE GREAT (1995)
PHANTOM, THE (1996)
TITANIC (1996)
MASK OF ZORRO, THE (1998)
ENTRAPMENT (1999)
HAUNTING, THE (1999)
TRAFFIC (2000)
AMERICA'S SWEETHEARTS (2001)
CHICAGO (2002)
INTOLERABLE CRUELTY (2003)
OCEAN'S 12 (2004)
TERMINAL, THE (2004)
LEGEND OF ZORRO, THE (2005)

ZISCHLER, Hanns
acteur allemand (1947-)
AU FIL DU TEMPS (1976)
FEMME FLAMBÉE, LA (1983)
CLUB EXTINCTION (1989)
ALLEMAGNE ANNÉE 90, NEUF ZÉRO (1991)
TAKING SIDES : LE CAS FURTWANGLER (2001)
ANNULAIRE, L' (2005)
MUNICH (2005)

ZUCCO, George
acteur anglais (1886-1960)
BRIDE WORE RED, THE (1937)
FIREFLY, THE (1937)
SARATOGA (1937)
ADVENTURES OF SHERLOCK HOLMES, THE (1939)
NEW MOON (1940)
INTERNATIONAL LADY (1941)
MONSTER AND THE GIRL, THE (1941)
TOPPER RETURNS (1941)
MY FAVORITE BLONDE (1942)
MAD GHOUL, THE (1943)
FLYING SERPENT, THE (1946)
LURED (1947)
WHERE THERE IS LIFE (1947)
BARKLEYS OF BROADWAY, THE (1949)

ZUNIGA, Daphne
actrice américaine (1963-)
INITIATION, THE (1982)
STONE PILLOW (1985)
SURE THING, THE (1985)
SPACEBALLS (1987)
LAST RITES (1988)
FLY II, THE (1989)
GROSS ANATOMY (1989)
800 LEAGUES DOWN THE AMAZON (1993)

ZYLBERSTEIN, Elsa
actrice française (1969-)
ALISÉE (1991)
AMOUREUSE (1991)
VAN GOGH (1991)
BEAU FIXE (1992)
MINA TANNENBAUM (1993)
PORTRAITS CHINOIS (1996)
HOMME EST UNE FEMME COMME LES AUTRES, L' (1997)
METROLAND (1997)
TENUE CORRECTE EXIGÉE (1997)
XXL (1997)
LAUTREC (1998)
TEMPS RETROUVÉ, LE (1999)
CE JOUR-LÀ (2003)
PETITE JÉRUSALEM, LA (2005)

TOM
MIX
and TONY
IN
KING COWBOY

LES FILMOGRAPHIES

DES RÉALISATEURS ET RÉALISATRICES

ABBOTT, George
réalisateur américain (1887-1995)
TOO MANY GIRLS (1940)
PAJAMA GAME, THE (1957)
DAMN YANKEES ! (1958)

ABRAHAMS, Jim
réalisateur américain (1944-)
AIRPLANE ! (1980)
TOP SECRET ! (1984)
RUTHLESS PEOPLE (1986)
BIG BUSINESS (1988)
WELCOME HOME, ROXY CARMICHAEL (1990)
HOT SHOTS ! (1991)
HOT SHOTS ! PART DEUX (1993)
MAFIA ! (1998)

ACHBAR, Mark
réalisateur canadien
MANUFACTURING CONSENT : NOAM CHOMSKY AND THE MEDIAS (1992)
MANUFACTURING CONSENT : CLASSROOM (1994)
CORPORATION, THE (2003)

ADAMSON, Al
réalisateur américain (1929-1995)
BLOOD OF GHASTLY HORROR (1969)
HORROR OF THE BLOOD MONSTERS (1970)
SATAN'S SADIST (1970)
DRACULA VS FRANKENSTEIN (1971)
ANGELS' WILD WOMEN (1972)
I SPIT ON YOUR CORPSE (1974)
DEATH DIMENSION (1978)
DOCTOR DRACULA (1981)

ADAMSON, Andrew
réalisateur néo-zélandais (1966-)
SHREK (2001)
SHREK 2 (2004)
CHRONICLES OF NARNIA - THE LION, THE WITCH AND THE WARDROBE (2005)

ADLON, Percy
réalisateur allemand (1935-)
CÉLESTE (1981)
FIVE LAST DAYS, THE (1982)
SUGARBABY (1985)
BAGDAD CAFE (1987)
ROSALIE FAIT SES COURSES (1988)
SALMONBERRIES (1991)
YOUNGER AND YOUNGER (1993)

AGHION, Gabriel
réalisateur français (1955-)
PÉDALE DOUCE (1996)
LIBERTIN, LE (2000)
ABSOLUMENT FABULEUX (2001)

AHN, Byeong-ki
réalisateur coréen
NIGHTMARE (2000)
PHONE (2002)
BUNSHINSABA (2004)

AKERMAN, Chantal
réalisatrice belge (1950-)
JE, TU, IL, ELLE (1974)
NEWS FROM HOME (1977)
RENDEZ-VOUS D'ANNA, LES (1978)
TOUTE UNE NUIT (1982)
ANNÉES 80, LES (1985)
GOLDEN EIGHTIES (1985)
WINDOW SHOPPING (1986)
DIVAN À NEW YORK, UN (1995)
CAPTIVE, LA (2000)
DEMAIN ON DÉMÉNAGE (2004)

ALDA, Alan
réalisateur américain (1936-)
M*A*S*H* (1972)
FOUR SEASONS, THE (1981)
SWEET LIBERTY (1986)
NEW LIFE, A (1988)
BETSY'S WEDDING (1990)

ALDRICH, Robert
réalisateur américain (1918-1983)
APACHE (1953)
VERA CRUZ (1953)
KISS ME DEADLY (1954)
BIG KNIFE, THE (1955)
ATTACK ! (1956)
AUTUMN LEAVES (1956)
SODOM AND GOMORRAH (1962)
WHAT EVER HAPPENED TO BABY JANE ? (1962)
4 FOR TEXAS (1963)
HUSH... HUSH, SWEET CHARLOTTE (1964)
FLIGHT OF THE PHOENIX, THE (1965)
DIRTY DOZEN, THE (1967)
KILLING OF SISTER GEORGE, THE (1968)
TOO LATE THE HERO (1969)
GRISSOM GANG, THE (1971)
ULZANA'S RAID (1972)
EMPEROR OF THE NORTH (1973)
LONGEST YARD, THE (1974)
HUSTLE (1975)
TWILIGHT'S LAST GLEAMING (1977)
FRISCO KID, THE (1979)

ALLÉGRET, Marc
réalisateur français (1900-1973)
FANNY (1932)
ZOUZOU (1934)
AMANT DE LADY CHATTERLY, L' (1955)
EN EFFEUILLANT LA MARGUERITE (1956)

ALLÉGRET, Yves
réalisateur français (1907-1987)
SEPT PÉCHÉS CAPITAUX, LES (1952)
ORGUEILLEUX, LES (1953)
GERMINAL (1963)

ALLEN, Irwin
réalisateur américain (1916-1991)
LOST WORLD, THE (1960)
VOYAGE TO THE BOTTOM OF THE SEA (1961)
FIVE WEEKS IN A BALLOON (1962)
SWARM, THE (1978)

ALLEN, Lewis
réalisateur anglais (1905-)
PERFECT MARRIAGE, THE (1946)
UNINVITED, THE (1946)
AT SWORD'S POINT (1950)
SUDDENLY (1953)
ANOTHER TIME, ANOTHER PLACE (1957)

ALLEN, Woody
réalisateur américain (1935-)
WHAT'S UP, TIGER LILY ? (1966)
TAKE THE MONEY AND RUN (1969)
BANANAS (1971)
EVERYTHING YOU ALWAYS WANTED TO KNOW ABOUT SEX BUT WERE AFRAID TO ASK (1972)
SLEEPER (1973)
LOVE AND DEATH (1975)
ANNIE HALL (1977)
INTERIORS (1978)
MANHATTAN (1979)
STARDUST MEMORIES (1980)
MIDSUMMER NIGHT'S SEX COMEDY, A (1982)
ZELIG (1983)
BROADWAY DANNY ROSE (1984)
PURPLE ROSE OF CAIRO, THE (1985)
HANNAH AND HER SISTERS (1986)
RADIO DAYS (1987)
SEPTEMBER (1987)
ANOTHER WOMAN (1988)
CRIMES AND MISDEMEANORS (1989)
NEW YORK STORIES (1989)
ALICE (1990)
SHADOWS AND FOG (1991)
HUSBANDS AND WIVES (1992)
MANHATTAN MURDER MYSTERY (1993)
BULLETS OVER BROADWAY (1994)
DON'T DRINK THE WATER (1994)
MIGHTY APHRODITE (1995)
EVERYONE SAYS I LOVE YOU (1996)
DECONSTRUCTING HARRY (1997)
CELEBRITY (1998)
SWEET AND LOWDOWN (1999)
SMALL TIME CROOKS (2000)
CURSE OF THE JADE SCORPION, THE (2001)
HOLLYWOOD ENDING (2002)
ANYTHING ELSE (2003)
MELINDA AND MELINDA (2004)
MATCH POINT (2005)

ALLOUACHE, Merzak
réalisateur algérien (1944-)
LUMIÈRE ET COMPAGNIE (1995)
SALUT COUSIN ! (1996)
LOVE REINVENTED (2000)
CHOUCHOU (2003)

ALMEREYDA, Michael
réalisateur américain (1960-)
NADJA (1994)
HAMLET (2000)
WILLIAM EGGLESTON IN THE REAL WORLD (2005)

ALMODOVAR, Pedro
réalisateur espagnol (1951-)
PEPI, LUCI, BOM AND THE OTHER GIRLS (1980)
LABYRINTH OF PASSION (1982)
DARK HABITS (1983)
WHAT HAVE I DONE TO DESERVE THIS ? (1984)
MATADOR (1985)
FEMMES AU BORD DE LA CRISE DE NERFS (1988)
LOI DU DÉSIR, LA (1988)
ATTACHE-MOI ! (1989)
TALONS AIGUILLES (1991)
KIKA (1993)
FLEUR DE MON SECRET, LA (1995)
EN CHAIR ET EN OS (1997)
TOUT SUR MA MÈRE (1999)
PARLE AVEC ELLE (2001)
MAUVAISE ÉDUCATION, LA (2004)

ALTMAN, Robert
réalisateur américain (1925-)
JAMES DEAN STORY, THE (1957)
COUNTDOWN (1968)
M*A*S*H (1969)
THAT COLD DAY IN THE PARK (1969)
BREWSTER McCLOUD (1970)
McCABE & MRS. MILLER (1971)
IMAGES (1972)
LONG GOODBYE, THE (1973)
THIEVES LIKE US (1974)
NASHVILLE (1975)
BUFFALO BILL AND THE INDIANS (1976)
3 WOMEN (1977)
QUINTET (1978)
WEDDING, A (1978)
PERFECT COUPLE, THE (1979)
POPEYE (1980)

COME BACK TO THE FIVE AND DIME, JIMMY DEAN, JIMMY DEAN (1982)
STREAMERS (1983)
O.C. AND STIGGS (1984)
SECRET HONOR (1984)
FOOL FOR LOVE (1985)
BEYOND THERAPY (1986)
ARIA (1987)
DUMB WAITER, THE (1987)
ROOM, THE (1987)
CAINE MUTINY COURT MARTIAL, THE (1988)
TANNER '88 (1988)
VINCENT AND THEO (1990)
PLAYER, THE (1992)
SHORT CUTS (1993)
PRÊT-À-PORTER (1994)
GUN (1996)
KANSAS CITY (1996)
GINGERBREAD MAN, THE (1997)
COOKIE'S FORTUNE (1998)
DR. T AND THE WOMEN (2000)
GOSFORD PARK (2001)
COMPANY, THE (2003)
TANNER ON TANNER (2004)

AMELIO, Gianni
réalisateur italien (1945-)
OPEN DOORS (1990)
VOLEUR D'ENFANTS, LE (1992)
LAMERICA (1994)

AMENABAR, Alejandro
réalisateur espagnol (1972-)
TESIS (1996)
OUVRE LES YEUX (1997)
OTHERS, THE (2001)
MER INTÉRIEURE, LA (2004)

AMÉRIS, Jean-Pierre
réalisateur français (1961-)
BATEAU DE MARIAGE, LE (1992)
MAUVAISES FRÉQUENTATIONS (1999)
C'EST LA VIE (2001)

AMIEL, Jon
réalisateur anglais (1948-)
SINGING DETECTIVE, THE (1986)
STORYTELLER, THE - DEFINITIVE COLLECTION (1987)
QUEEN OF HEARTS (1989)
TUNE IN TOMORROW... (1990)
SOMMERSBY (1993)
COPYCAT (1995)
MAN WHO KNEW TOO LITTLE, THE (1997)
ENTRAPMENT (1999)
CORE, THE (2003)

ANDERS, Allison
réalisatrice américaine (1954-)
GAS FOOD LODGING (1991)
MY CRAZY LIFE (1993)
GRACE OF MY HEART (1996)
THINGS BEHIND THE SUN (2001)

ANDERSON, Jane
réalisatrice américaine (1954-)
IF THESE WALLS COULD TALK II (1999)
NORMAL (2003)
PRIZE WINNER OF DEFIANCE OHIO (2005)

ANDERSON, Lindsay
réalisateur anglais (1923-1994)
THIS SPORTING LIFE (1963)
IF.... (1968)
O LUCKY MAN ! (1973)
IN CELEBRATION (1974)
LOOK BACK IN ANGER (1980)
BRITANNIA HOSPITAL (1982)
WHALES OF AUGUST, THE (1987)

ANDERSON, Michael
réalisateur anglais (1920-)
1984 (1956)
AROUND THE WORLD IN 80 DAYS (1956)
SHAKE HANDS WITH THE DEVIL (1959)
WRECK OF THE MARY DEARE, THE (1959)
OPERATION CROSSBOW (1965)
QUILLER MEMORANDUM, THE (1966)
SHOES OF THE FISHERMAN, THE (1968)
POPE JOAN (1972)
DOC SAVAGE : THE MAN OF BRONZE (1975)
LOGAN'S RUN (1976)
ORCA (1977)
MARTIAN CHRONICLES, THE (1979)
SWORD OF GIDEON (1986)
MILLENNIUM (1989)
SEA WOLF, THE (1993)

ANDERSON, Paul
réalisateur américain (1965-)
MORTAL KOMBAT (1995)
EVENT HORIZON (1997)
SOLDIER (1998)
RESIDENT EVIL (2002)

ANDERSON, Paul Thomas
réalisateur américain (1970-)
SYDNEY (1996)
BOOGIE NIGHTS (1997)
MAGNOLIA (1999)
PUNCH-DRUNK LOVE (2002)

ANDERSON, Wes
réalisateur américain (1970-)
BOTTLE ROCKET (1995)
RUSHMORE (1998)
ROYAL TENENBAUMS, THE (2001)
THE LIFE AQUATIC WITH STEVE ZISSOU (2004)

ANDRIEUX, Roger
réalisateur français (1940-)
AMOUR EN HERBE, L' (1976)
PETITE SIRÈNE, LA (1980)
ENVOYEZ LES VIOLONS (1989)

ANGELO, Yves
réalisateur français (1956-)
COLONEL CHABERT, LE (1994)
VOLEUR DE VIE (1998)
PAS D'HISTOIRES (2001)

ANGELOPOULOS, Theo
réalisateur grec (1936-)
PAS SUSPENDU DE LA CIGOGNE, LE (1991)
LUMIÈRE ET COMPAGNIE (1995)
REGARD D'ULYSSE, LE (1995)
ÉTERNITÉ ET UN JOUR, L' (1998)

ANNAKIN, Ken
réalisateur anglais (1914-)
QUARTET (1948)
STORY OF ROBIN HOOD, THE (1951)
ACROSS THE BRIDGE (1957)
SWISS FAMILY ROBINSON (1960)
LONGEST DAY, THE (1962)
BATTLE OF THE BULGE (1965)
THOSE MAGNIFICENT MEN IN THEIR FLYING MACHINES (1965)
THOSE DARING YOUNG MEN IN THEIR JAUNTY JALOPIES (1969)
FIFTH MUSKETEER, THE (1979)
PIRATE MOVIE, THE (1982)
NEW ADVENTURES OF PIPPI LONGSTOCKING, THE (1988)

ANNAUD, Jean-Jacques
réalisateur français (1943-)
NOIRS ET BLANCS EN COULEURS (1976)
GUERRE DU FEU, LA (1981)
NAME OF THE ROSE, THE (1986)
BEAR, THE (1989)
LOVER, THE (1991)
WINGS OF COURAGE (1995)
SEVEN YEARS IN TIBET (1997)
ENEMY AT THE GATES (2000)
DEUX FRÈRES (2004)

ANSPAUGH, David
réalisateur américain (1946-)
HOOSIERS (1986)
FRESH HORSES (1988)
RUDY (1993)
MOONLIGHT AND VALENTINO (1995)

ANTHONY, Joseph
réalisateur américain (1912-1993)
RAINMAKER, THE (1956)
MATCHMAKER, THE (1958)
ALL IN A NIGHT'S WORK (1961)
TOMORROW (1971)

ANTONIONI, Michelangelo
réalisateur italien (1912-)
STORY OF A LOVE AFFAIR (1950)
FEMMES ENTRE ELLES (1955)
AMOUR À LA VILLE, L' (1956)
CRI, LE (1957)
AVVENTURA, L' (1960)
NIGHT, THE (1960)
ECLIPSE, THE (1962)
DÉSERT ROUGE, LE (1964)
BLOW-UP (1966)
ZABRISKIE POINT (1970)
PROFESSION : REPORTER (1975)
MYSTERY OF OBERWALD, THE (1980)
IDENTIFICATION D'UNE FEMME (1982)
PAR-DELÀ LES NUAGES (1995)
EROS (2005)

APTED, Michael
réalisateur anglais (1941-)
COLLECTION, THE (1976)
AGATHA (1977)
SQUEEZE, THE (1977)
COAL MINER'S DAUGHTER (1980)
CONTINENTAL DIVIDE (1981)
KIPPERBANG (1982)
GORKY PARK (1983)
FIRST BORN (1984)
STING : BRING ON THE NIGHT (1985)
GORILLAS IN THE MIST (1988)
CLASS ACTION (1990)
35 UP (1991)
INCIDENT AT OGLALA (1992)
THUNDERHEART (1992)
BLINK (1994)
MOVING THE MOUNTAIN (1994)
NELL (1994)
EXTREME MEASURES (1996)
INSPIRATIONS (1997)
42 UP (1998)
ME & ISAAC NEWTON (1999)
WORLD IS NOT ENOUGH, THE (1999)
ENIGMA (2001)
ENOUGH (2002)

ARAGON, Manuel Gutierrez
réalisateur espagnol (1942-)
DEMONS IN THE GARDEN (1982)
HALF OF HEAVEN (1986)
THINGS I LEFT IN HAVANA (1997)

ARAKI, Gregg
réalisateur américain (1960-)
LIVING END, THE (1992)
DOOM GENERATION, THE (1995)
TOTALLY F***ED UP (1996)
NOWHERE (1997)
SPLENDOR (1999)
MYSTERIOUS SKIN (2004)

ARANDA, Vicente
réalisateur espagnol (1926-)
EXQUISITE CADAVER, THE (1969)
MARIÉE SANGLANTE, LA (1972)
À COUPS DE CROSSE (1983)
TEMPS DU SILENCE, LE (1986)
IF THEY TELL YOU I FELL... (1989)
LOVERS (1991)
INTRUSO (1993)
LIBERTARIAS (1995)
LUMIÈRE ET COMPAGNIE (1995)
CELOS (1999)
MAD LOVE (2001)

ARANOVICH, Semyon
réalisateur ukrainien (1934-1995)
TORPEDO BOMBERS (1983)
DMITRO SHOSTAKOVICH :
SONATA FOR VIOLA (1988)
ANNA ACHMATOVA FILE, THE (1989)
I WAS STALIN'S BODYGUARD (1989)
I WORKED FOR STALIN (1990)

ARAU, Alfonso
réalisateur mexicain (1932-)
LIKE WATER FOR CHOCOLATE (1992)
WALK IN THE CLOUDS, A (1995)
PICKING UP THE PIECES (2000)
PAINTED HOUSE, A (2003)

ARCADY, Alexandre
réalisateur algérien (1947-)
COUP DE SIROCCO, LE (1978)
GRAND PARDON, LE (1982)
GRAND CARNAVAL, LE (1983)
HOLD-UP (1985)
DERNIER ÉTÉ À TANGER (1986)
POUR SACHA (1991)
GRAND PARDON II, LE (1992)
DIS-MOI OUI (1994)
K (1997)
LÀ-BAS MON PAYS (2000)

ARCAND, Denys
réalisateur québécois (1941-)
ON EST AU COTON (1970)
MAUDITE GALETTE, LA (1972)
QUÉBEC : DUPLESSIS ET APRÈS... (1972)
RÉJEANNE PADOVANI (1973)
GINA (1975)
CONFORT ET L'INDIFFÉRENCE, LE (1981)
CRIME D'OVIDE PLOUFFE, LE (1984)
DÉCLIN DE L'EMPIRE
AMÉRICAIN, LE (1986)
JÉSUS DE MONTRÉAL (1989)
MONTRÉAL VU PAR... (1991)
LOVE AND HUMAN REMAINS (1993)
JOYEUX CALVAIRE (1996)
STARDOM (2000)
INVASIONS BARBARES, LES (2003)

ARCHAINBAUD, George
réalisateur français (1890-1959)
LONE RANGER, THE, FRAMED (1930)
STATE'S ATTORNEY (1932)
THANKS FOR THE MEMORY (1938)
RHYTHM ROMANCE (1939)

ARDOLINO, Emile
réalisateur américain (1943-1993)
DIRTY DANCING (1987)
CHANCES ARE (1989)
THREE MEN AND A LITTLE LADY (1990)
SISTER ACT (1992)
GEORGE BALANCHINE'S
THE NUTCRACKER (1993)
GYPSY (1993)

ARGENTO, Dario
réalisateur italien (1943-)
BIRD WITH THE CRYSTAL
PLUMAGE, THE (1970)
CAT O'NINE TAILS, THE (1971)
DEEP RED (1976)
SUSPIRIA (1977)
INFERNO (1979)
TENEBRE (1982)
CREEPERS (1984)
OPERA (1987)
TWO EVIL EYES (1990)
TRAUMA (1993)
STENDHAL SYNDROME, THE (1996)
PHANTOM OF THE OPERA (1998)
SLEEPLESS (2001)
CARD PLAYER, THE (2004)
DO YOU LIKE HITCHCOCK ? (2005)
JENIFER (2005)

ARISTARAIN, Adolfo
réalisateur argentin (1943-)
TIME FOR REVENGE (1981)
PLACE IN THE WORLD, A (1992)
COMMON GROUND (2002)

ARKUSH, Allan
réalisateur américain (1948-)
DEATHSPORT (1978)
ROCK'N'ROLL HIGH SCHOOL (1979)
HEARTBEEPS (1981)

ARMITAGE, George
réalisateur anglais
MIAMI BLUES (1989)
GROSSE POINT BLANK (1997)
BIG BOUNCE, THE (2004)

ARMSTRONG, Gillian
réalisatrice australienne (1950-)
MY BRILLIANT CAREER (1979)
STARSTRUCK (1982)
MRS. SOFFEL (1984)
HIGH TIDE (1987)
LAST DAYS OF CHEZ NOUS, THE (1990)
FIRES WITHIN (1991)
LITTLE WOMEN (1994)
OSCAR AND LUCINDA (1997)
CHARLOTTE GRAY (2001)

ARNOLD, Jack
réalisateur américain (1916-1992)
IT CAME FROM OUTER SPACE (1953)
CREATURE FROM
THE BLACK LAGOON (1954)
REVENGE OF THE CREATURE (1955)
TARANTULA (1955)
INCREDIBLE SHRINKING MAN, THE (1957)
MAN IN THE SHADOW (1957)
HIGH SCHOOL CONFIDENTIAL (1958)
MONSTER ON THE CAMPUS (1958)
MOUSE THAT ROARED, THE (1959)
NO NAME ON THE BULLET (1959)
GLOBAL AFFAIR, A (1964)
BLACK EYE (1974)
SWISS CONSPIRACY, THE (1975)

ARRABAL, Fernando
réalisateur espagnol (1932-)
VIVA LA MUERTE (1970)
J'IRAI COMME UN CHEVAL FOU (1973)
FERNANDO ARRABAL
COLLECTION LTD. ED. (1979)
ODYSSEY OF THE PACIFIC, THE (1981)

ARTETA, Miguel
réalisateur portoricain (1965-)
STAR MAPS (1996)
CHUCK & BUCK (2000)
GOOD GIRL, THE (2001)
SIX FEET UNDER (2002)

ARZNER, Dorothy
réalisatrice américaine (1897-1979)
CRAIG'S WIFE (1936)
BRIDE WORE RED, THE (1937)
DANCE, GIRL, DANCE (1940)

ASHBY, Hal
réalisateur américain (1929-1988)
LANDLORD, THE (1970)
HAROLD AND MAUDE (1971)
LAST DETAIL, THE (1973)
SHAMPOO (1974)
BOUND FOR GLORY (1976)
COMING HOME (1978)
BEING THERE (1979)
LET'S SPEND THE NIGHT TOGETHER (1982)
SLUGGER'S WIFE, THE (1985)
8 MILLION WAYS TO DIE (1986)

ASHER, William
réalisateur américain (1921-)
BEACH PARTY (1963)
BIKINI BEACH (1964)
MUSCLE BEACH PARTY (1964)
BEACH BLANKET BINGO (1965)
HOW TO STUFF A WILD BIKINI (1965)

ASQUITH, Anthony
réalisateur anglais (1902-1968)
MOSCOW NIGHTS (1936)
PYGMALION (1938)
WE DIVE AT DAWN (1943)
WOMAN IN QUESTION, THE (1950)
BROWNING VERSION, THE (1951)
IMPORTANCE OF
BEING EARNEST, THE (1952)
MILLIONAIRESS, THE (1960)
V.I.P.'S, THE (1963)
YELLOW ROLLS-ROYCE, THE (1965)

ASSAYAS, Olivier
réalisateur français (1955-)
DÉSORDRE (1986)
ENFANT DE L'HIVER, L' (1988)
IRMA VEP (1996)
FIN AOÛT, DÉBUT SEPTEMBRE (1998)
DESTINÉES SENTIMENTALES, LES (2000)
DEMONLOVER (2002)
CLEAN (2004)

ASTRUC, Alexandre
réalisateur français (1923-)
FLAMMES SUR L'ADRIATIQUE (1968)
SARTRE PAR LUI-MÊME, PARTIE 1 (1976)
SARTRE PAR LUI-MÊME, PARTIE 2 (1976)

ATHIÉ, Francisco
réalisateur mexicain (1956-)
LOLO (1992)
OPTIC FIBER (1997)
VERA (2003)

ATTENBOROUGH, Richard
réalisateur anglais (1923-)
BRIDGE TOO FAR, A (1977)
MAGIC (1978)
GANDHI (1982)
CHORUS LINE, A (1985)
CRY FREEDOM (1987)
CHAPLIN (1992)
SHADOWLANDS (1993)
IN LOVE AND WAR (1996)
GREY OWL (1999)

AUDIARD, Jacques
réalisateur français (1952-)
REGARDE LES HOMMES TOMBER (1994)
HÉROS TRÈS DISCRET, UN (1996)
SUR MES LÈVRES (2001)
DE BATTRE MON CŒUR S'EST ARRÊTÉ (2005)

AUGUST, Bille
réalisateur danois (1948-)
BASTIEN LE MAGICIEN (1984)
TWIST AND SHOUT (1984)
PELLE LE CONQUÉRANT (1987)
MEILLEURES INTENTIONS, LES (1992)
HOUSE OF THE SPIRITS, THE (1993)
JERUSALEM (1996)
SMILLA'S SENSE OF SNOW (1996)
MISÉRABLES, LES (1998)
SONG FOR MARTIN, A (2001)

AURED, Carlos
réalisateur espagnol (1937-)
CRIMSON (1973)
HORROR RISES FROM THE TOMB (1973)
SANTO : VENGEANCE OF THE MUMMY (1973)

AUTANT-LARA, Claude
réalisateur français (1903-2000)
SYLVIE ET LE FANTÔME (1945)
AUBERGE ROUGE, L' (1951)
SEPT PÉCHÉS CAPITAUX, LES (1952)
ROUGE ET LE NOIR, LE (1954)
TRAVERSÉE DE PARIS, LA (1956)
JOUEUR, LE (1958)

AVARY, Roger
réalisateur canadien (1965-)
KILLING ZOE (1993)
MR. STITCH (1995)
RULES OF ATTRACTION, THE (2002)

AVATI, Pupi
réalisateur italien (1938-)
HOUSE WITH THE LAUGHING
WINDOW, THE (1976)
STORY OF BOYS AND GIRLS, THE (1989)
BIX (1991)
BEST MAN, THE (1997)
INVITÉ D'HONNEUR, L' (1997)
CŒUR AILLEURS, LE (2003)

AVERBACK, Hy
réalisateur américain (1920-1997)
I LOVE YOU, ALICE B. TOKLAS (1968)
WHERE WERE YOU WHEN
THE LIGHTS WENT OUT ? (1968)
SUPPOSE THEY GAVE A WAR
AND NOBODY CAME ? (1970)

AVILDSEN John G.
réalisateur américain (1936-)
JOE (1970)
CRY UNCLE ! (1971)
SAVE THE TIGER (1972)
ROCKY (1976)
FORMULA, THE (1980)
NEIGHBORS (1981)
KARATE KID, THE (1984)
KARATE KID II, THE (1986)
FOR KEEPS (1987)
KARATE KID III, THE (1989)
LEAN ON ME (1989)
ROCKY V (1990)
POWER OF ONE, THE (1992)
8 SECONDS (1994)

AVNET, Jon
réalisateur américain (1947-)
FRIED GREEN TOMATOES (1991)
WAR, THE (1994)
UP CLOSE AND PERSONAL (1996)
RED CORNER (1997)
UPRISING, THE (2001)

AXEL, Gabriel
réalisateur danois (1918-)
FESTIN DE BABETTE, LE (1987)
CHRISTIAN (1989)
ROYAL DECEIT (1994)
LUMIÈRE ET COMPAGNIE (1995)

AZZOPARDI, Mario
réalisateur américain (1950-)
PALMER'S BONES (1998)
TOTAL RECALL 2070 (1999)
STILETTO DANCE (2001)
COURSE AUX ENFANTS, LA (2002)
MOÏSE : L'AFFAIRE ROCH THÉRIAULT (2002)

BABENCO, Hector
réalisateur argentin (1946-)
LUCIO FLAVIO : PASSAGER DE L'AGONIE (1977)
PIXOTE (1980)
KISS OF THE SPIDER WOMAN (1984)
IRONWEED (1987)
AT PLAY IN THE FIELDS OF THE LORD (1991)
CARANDIRU (2003)

BACON, Lloyd
réalisateur américain (1890-1955)
42nd STREET (1933)
FOOTLIGHT PARADE (1933)
DEVIL DOGS OF THE AIR (1935)
MARKED WOMAN (1937)
SAN QUENTIN (1937)
BOY MEETS GIRL (1938)
SLIGHT CASE OF MURDER, A (1938)
OKLAHOMA KID (1939)
BROTHER ORCHID (1940)
KNUTE ROCKNE, ALL AMERICAN (1940)
FOOTSTEPS IN THE DARK (1941)
ACTION IN THE NORTH ATLANTIC (1943)
FIGHTING SULLIVANS, THE (1945)
IT HAPPENS EVERY SPRING (1949)
MISS GRANT TAKES RICHMOND (1949)
FULLER BRUSH GIRL, THE (1950)
FROGMEN, THE (1951)
FRENCH LINE, THE (1954)

BADHAM, John
réalisateur américain (1939-)
REFLECTIONS OF MURDER (1974)
SATURDAY NIGHT FEVER (1977)
DRACULA (1979)
WHOSE LIFE IS IT ANYWAY ? (1981)
BLUE THUNDER (1982)
WARGAMES (1983)
AMERICAN FLYERS (1985)
SHORT CIRCUIT (1986)
STAKEOUT (1987)
BIRD ON A WIRE (1990)
HARD WAY, THE (1991)
ANOTHER STAKEOUT (1993)
POINT OF NO RETURN (1993)
DROP ZONE (1994)
NICK OF TIME (1995)
INCOGNITO (1997)

BAHLOUL, Abdelkrim
réalisateur algérien (1950-)
VAMPIRE AU PARADIS, UN (1991)
SŒURS HAMLET, LES (1996)
NUIT DU DESTIN, LA (1998)

BAILEY, Fenton
réalisateur américain
EYES OF TAMMY FAYE, THE (1999)
PARTY MONSTER :
THE SHOCKUMENTARY (2002)
PARTY MONSTER (2003)
INSIDE DEEP THROAT (2005)

BAILEY, John
réalisateur américain (1942-)
CHINA MOON (1991)
SEARCH FOR SIGNS OF INTELLIGENT LIFE
IN THE UNIVERSE, THE (1991)
VIA DOLOROSA (2000)

BAILLARGEON, Paule
réalisatrice québécoise (1945-)
CUISINE ROUGE, LA (1979)
SONIA (1986)
SOLO (1991)
SEXE DES ÉTOILES, LE (1993)

BAIRD, Stuart
réalisateur anglais
EXECUTIVE DECISION (1996)
U.S. MARSHALS (1998)
STAR TREK : NEMESIS (2002)

BAKER, Graham
réalisateur espagnol (1968-)
OMEN III, THE : THE FINAL CONFLICT (1981)
IMPULSE (1984)
ALIEN NATION (1988)
BEOWULF (1998)

BAKSHI, Ralph
réalisateur américain (1938-)
DR. SEUSS, FRITZ THE CAT (1972)
HEAVY TRAFFIC (1973)
STREET FIGHT (1974)
WIZARDS (1976)
LORD OF THE RINGS, THE (1978)
AMERICAN POP (1980)
HEY GOOD LOOKIN' (1981)
FIRE AND ICE (1982)
COOL WORLD (1992)

BALAGUERO, Jaume
réalisateur espagnol (1968-)
NAMELESS, THE (1999)
DARKNESS (2002)

BALDUCCI, Richard
réalisateur français (1929-)
AMOUR, L' (1968)
DANS LA POUSSIÈRE DU SOLEIL (1971)
ODEUR DES FAUVES, L' (1971)
N'OUBLIE PAS TON PÈRE AU VESTIAIRE (1982)
SALUT LA PUCE (1982)
FACTEUR DE SAINT-TROPEZ, LE (1985)
ON L'APPELLE CATASTROPHE (1985)

BALLARD, Carroll
réalisateur américain (1937-)
BLACK STALLION, THE (1979)
BLACK STALLION / THE BLACK
STALLION RETURNS, THE (1979)

NEVER CRY WOLF (1983)
NUTCRACKER MOTION PICTURE, THE (1986)
WIND (1992)
FLY AWAY HOME (1996)
DUMA (2005)

BAND, Albert
réalisateur américain (1924-2002)
I BURY THE LIVING (1958)
ZOLTAN : HOUND OF DRACULA (1977)
GHOULIES 2 (1988)

BAND, Charles
réalisateur américain (1951-)
PARASITE (1982)
METALSTORM : THE DESTRUCTION OF JARED-SIN (1983)
TRANCERS (1984)

BANGS, Lance
réalisateur américain (1972-)
WORK OF DIRECTOR CHRIS CUNNINGHAM, THE (2003)
WORK OF DIRECTOR MICHEL GONDRY, THE (2003)
WORK OF DIRECTOR SPIKE JONZE, THE (2003)

BARBONI, Enzo
réalisateur italien (1922-)
WATCH OUT, WE'RE MAD (1974)
DEUX SUPER-FLICS (1977)
QUAND FAUT Y ALLER, FAUT Y ALLER (1983)

BARILLÉ, Albert
réalisateur français
IL ÉTAIT UNE FOIS... L'HOMME (1978)
IL ÉTAIT UNE FOIS... L'ESPACE (1982)
IL ÉTAIT UNE FOIS... LA VIE (1986)

BARKER, Clive
réalisateur anglais (1952-)
SALOME (1973)
HELLRAISER (1986)
NIGHTBREED (1990)
LORD OF ILLUSIONS (1995)

BARKER, Mike
réalisateur anglais (1965-)
TENANT OF WILDFELL HALL, THE (1996)
BEST LAID PLANS (1999)
GOOD WOMAN, A (2004)

BARR, Jean-Marc
réalisateur français (1960-)
LOVERS (1999)
TOO MUCH FLESH (2000)
BEING LIGHT (2003)

BARRETO, Bruno
réalisateur brésilien (1955-)
DONA FLOR ET SES DEUX MARIS (1977)
AMOR BANDIDO (1982)
GABRIELA (1983)
HAPPILY EVER AFTER (1985)
STORY OF FAUSTA, THE (1988)
SHOW OF FORCE, A (1990)
CARRIED AWAY (1995)
FOUR DAYS IN SEPTEMBER (1997)
BOSSA NOVA (1999)
VIEW FROM THE TOP, A (2003)

BARRON, Steve
réalisateur irlandais (1956-)
ELECTRIC DREAMS (1984)
STORYTELLER, THE - DEFINITIVE COLLECTION (1987)

TEENAGE MUTANT NINJA TURTLES (1990)
CONEHEADS, THE (1993)
ADVENTURES OF PINOCCHIO, THE (1996)
MERLIN (1998)
RAT (2000)

BARTEL, Paul
réalisateur américain (1938-2000)
SECRET CINEMA, THE (1969)
PRIVATE PARTS (1973)
DEATH RACE 2000 (1975)
EATING RAOUL (1982)
LUST IN THE DUST (1984)
NOT FOR PUBLICATION (1984)
SCENES FROM THE CLASS STRUGGLE IN BEVERLY HILLS (1989)

BARTKOWIAK, Andrzej
réalisateur polonais (1950-)
ROMEO MUST DIE (2000)
EXIT WOUNDS (2001)
CRADLE 2 THE GRAVE (2003)
DOOM (2005)

BARTON, Charles T.
réalisateur américain (1902-1981)
TIME OF THEIR LIVES, THE (1946)
ABBOTT & COSTELLO MEET FRANKENSTEIN (1948)
MEXICAN HAYRIDE (1948)
NOOSE HANGS HIGH, THE (1948)
WISTFUL WIDOW OF WAGON GAP, THE (1948)
ABBOTT & COSTELLO MEET THE KILLER BORIS KARLOFF (1949)
AFRICA SCREAMS (1949)
DANCE WITH ME HENRY (1956)
SHAGGY DOG, THE (1959)

BASS, Jules
réalisateur américain (1935-)
FROSTY THE SNOWMAN (1969)
HOBBIT, THE (1977)
RETURN OF THE KING, THE (1980)
LAST UNICORN (1982)
FLIGHT OF DRAGONS (1985)

BATTERSBY, Roy
réalisateur
MR. LOVE (1985)
BLACK CANDLE, THE (1991)
CRACKER (SEASON I) (1993)

BAUMBACH, Noah
réalisateur américain (1969-)
KICKING AND SCREAMING (1995)
MR. JEALOUSY (1997)
SQUID AND THE WHALE, THE (2005)

BAVA, Lamberto
réalisateur italien (1944-)
MACABRE (1980)
BLADE IN THE DARK, A (1983)
DEMONS (1985)
DEMONS 2 (1986)
DELIRIUM : PHOTO OF GIOIA (1987)

BAVA, Mario
réalisateur italien (1914-1980)
ULYSSES (1954)
HERCULES IN THE HAUNTED WORLD (1961)
MASQUE DU DÉMON, LE (1961)
WONDERS OF ALADDIN, THE (1961)
FILLE QUI EN SAVAIT TROP, LA (1962)
HERCULE CONTRE LES VAMPIRES (1962)
TROIS VISAGES DE LA PEUR, LES (1963)
WHIP AND THE BODY, THE (1963)
BLOOD AND BLACK LACE (1964)
KNIVES OF THE AVENGER (1965)
PLANET OF THE VAMPIRES (1965)
DR. GOLDFOOT AND THE GIRL BOMBS (1966)
DANGER : DIABOLIK ! (1967)
5 DOLLS FOR AUGUST MOON (1970)
ÎLE DE L'ÉPOUVANTE, L' (1970)
ROY COLT AND WINCHESTER JACK (1970)
BAIE SANGLANTE, LA (1971)
HATCHET FOR A HONEYMOON (1971)
FOUR TIMES THAT NIGHT (1972)
LISA AND THE DEVIL (1972)
TORTURE CHAMBER OF BARON BLOOD, THE (1972)
HOUSE OF EXORCISM (1975)
SHOCK (1977)

BAXLEY, Craig R.
réalisateur
I COME IN PEACE (1989)
STORM OF THE CENTURY (1999)
KINGDOM HOSPITAL (2004)

BAY, Michael
réalisateur américain (1965-)
BAD BOYS (1995)
ROCK, THE (1996)
ARMAGEDDON (1998)
PEARL HARBOR (2001)
BAD BOYS II (2003)
ISLAND, THE (2005)

BEATTY, Warren
réalisateur américain (1937-)
HEAVEN CAN WAIT (1978)
REDS (1981)
DICK TRACY (1990)
BULWORTH (1998)

BEAUDIN, Jean
réalisateur québécois (1939-)
DIABLE EST PARMI NOUS, LE (1972)
CHER THEO (1975)
J.A. MARTIN, PHOTOGRAPHE (1976)
CORDÉLIA (1979)
MARIO (1984)
MATOU, LE (1985)
FILLES DE CALEB, LES (1990)
BEING AT HOME WITH CLAUDE (1992)
SHEHAWEH (1992)
CES ENFANTS D'AILLEURS (1997)
SOUVENIRS INTIMES (1999)
COLLECTIONNEUR, LE (2002)
NOUVELLE-FRANCE (2004)

BEAUDINE, William
réalisateur américain (1892-1970)
SPARROWS (1926)
BELA LUGOSI MEETS A BROOKLYN GORILLA (1952)
JESSE JAMES MEET FRANKENSTEIN'S DAUGHTER (1965)
BILLY THE KID vs. DRACULA (1966)

BEAUDRY, Jean
réalisateur québécois (1947-)
JACQUES ET NOVEMBRE (1984)
MATINS INFIDÈLES, LES (1988)
PAS DE RÉPIT POUR MÉLANIE (1990)
TIRELIRE, COMBINES ET CIE (1992)
CRI DE LA NUIT, LE (1995)

BEAUMONT, Harry
réalisateur américain (1888-1966)
OUR DANCING DAUGHTERS (1928)
BROADWAY MELODY (1929)
BROADWAY MELODY OF 1929 (1929)
DANCE, FOOLS, DANCE (1931)

LAUGHING SINNERS (1931)
SHOW-OFF, THE (1946)

BECKER, Harold
réalisateur américain (1950-)
ONION FIELD, THE (1979)
BLACK MARBLE, THE (1980)
TAPS (1981)
VISION QUEST (1985)
BOOST, THE (1988)
SEA OF LOVE (1989)
MALICE (1993)
CITY HALL (1995)
MERCURY RISING (1998)
DOMESTIC DISTURBANCE (2001)

BECKER, Jacques
réalisateur français (1906-1960)
ANTOINE ET ANTOINETTE (1947)
RENDEZ-VOUS DE JUILLET (1949)
CASQUE D'OR (1951)
ALI BABA ET LES QUARANTE VOLEURS (1954)
TOUCHEZ PAS AU GRISBI (1954)
MONTPARNASSE 19 (1957)
TROU, LE (1959)

BECKER, Jean
réalisateur français (1938-)
ÉTÉ MEURTRIER, L' (1982)
ÉLISA (1994)
ENFANTS DU MARAIS, LES (1998)
CRIME AU PARADIS, UN (2000)
EFFROYABLES JARDINS (2002)

BEEBE, Ford
réalisateur américain (1888-1978)
FLASH GORDON'S TRIP TO MARS (1938)
FLASH GORDON CONQUERS THE UNIVERSE (1940)
GREEN HORNET, THE (1940)
NIGHT MONSTER (1942)
INVISIBLE MAN'S REVENGE, THE (1944)

BÉHAT, Gilles
réalisateur français (1949-)
PUTAIN D'HISTOIRE D'AMOUR (1981)
RUE BARBARE (1983)
DANCING MACHINE (1990)

BEINEIX, Jean-Jacques
réalisateur français (1946-)
DIVA (1980)
LUNE DANS LE CANIVEAU, LA (1983)
37°2 LE MATIN (1986)
ROSELYNE ET LES LIONS (1989)
IP5 - L'ÎLE AUX PACHYDERMES (1992)

BÉLANGER, Fernand
réalisateur québécois (1943-2006)
TY-PEUPE (1971)
PASSIFLORA (1985)
TRÉSOR ARCHANGE, LE (1996)

BÉLANGER, Louis
réalisateur québécois
POST MORTEM (1999)
LAUZON LAUZONE (2000)
GAZ BAR BLUES (2003)

BELLOCCHIO, Marco
réalisateur italien (1939-)
FISTS IN THE POCKET (1965)
YEUX, LA BOUCHE, LES (1982)
HENRY IV (1984)
DIABLE AU CORPS, LE (1986)
CONVICTION, THE (1990)
NANNY, THE (1999)
GOOD NIGHT, MORNING (2003)

BELLON, Yannick
réalisatrice française (1924-)
AMOUR VIOLÉ, L' (1977)
AMOUR NU, L' (1981)
TRICHE, LA (1984)
ENFANTS DU DÉSORDRE, LES (1989)

BELMONT, Véra
réalisatrice française (1931-)
ROUGE BAISER (1985)
MILENA (1990)
MARQUISE (1997)

BEMBERG, Maria Luisa
réalisatrice argentine (1940-1995)
CAMILA (1984)
MISS MARY (1986)
I, THE WORST OF ALL (1990)
I DON'T WANT TO TALK ABOUT IT (1993)

BENIGNI, Roberto
réalisateur italien (1952-)
PETIT DIABLE, LE (1988)
JOHNNY CURE-DENT (1991)
MONSTRE, LE (1994)
VIE EST BELLE, LA (1997)
PINOCCHIO (2002)

BENJAMIN, Richard
réalisateur américain (1938-)
MY FAVORITE YEAR (1982)
CITY HEAT (1984)
RACING WITH THE MOON (1984)
MONEY PIT, THE (1986)
LITTLE NIKITA (1988)
MY STEPMOTHER IS AN ALIEN (1988)
DOWNTOWN (1989)
MERMAIDS (1990)
MADE IN AMERICA (1993)
MILK MONEY (1994)
MRS. WINTERBOURNE (1996)

BENNETT, Compton
réalisateur américain (1900-1974)
SEVENTH VEIL, THE (1945)
THAT FORSYTE WOMAN (1949)
KING SOLOMON'S MINES (1950)

BENTON, Robert
réalisateur américain (1932-)
BAD COMPANY (1972)
LATE SHOW, THE (1976)
KRAMER vs. KRAMER (1979)
STILL OF THE NIGHT (1982)
PLACES IN THE HEART (1984)
NADINE (1987)
BILLY BATHGATE (1991)
NOBODY'S FOOL (1994)
TWILIGHT (1997)
HUMAN STAIN, THE (2003)

BERCOVICI, Luca
réalisateur
GHOULIES (1984)
GHOULIES / GHOULIES 2 (1984)
ROCKULA (1990)

BERESFORD, Bruce
réalisateur australien (1940-)
BARRY McKENZIE HOLDS HIS OWN (1974)
DON'S PARTY (1976)
BREAKER MORANT (1980)
PUBERTY BLUES (1981)
TENDER MERCIES (1982)
KING DAVID (1985)
CRIMES OF THE HEART (1986)
FRINGE DWELLERS, THE (1986)
ARIA (1987)
DRIVING MISS DAISY (1989)
HER ALIBI (1989)
BLACK ROBE (1991)
RICH IN LOVE (1992)
GOOD MAN IN AFRICA, A (1993)
SILENT FALL (1994)
LAST DANCE (1995)
PARADISE ROAD (1997)
DOUBLE JEOPARDY (1999)
BRIDE OF THE WIND (2001)
EVELYN (2002)
AND STARRING PANCHO VILLA AS HIMSELF (2003)

BERG, Peter
réalisateur américain (1964-)
VERY BAD THINGS (1998)
RUNDOWN, THE (2003)
FRIDAY NIGHT LIGHTS (2004)

BERGMAN, Andrew
réalisateur américain (1945-)
SO FINE (1981)
FRESHMAN, THE (1990)
HONEYMOON IN VEGAS (1992)
IT COULD HAPPEN TO YOU (1994)
STRIPTEASE (1996)
ISN'T SHE GREAT (1999)

BERGMAN, Ingmar
réalisateur suédois (1918-)
NIGHT IS MY FUTURE (1948)
VILLE PORTUAIRE (1948)
DEVIL'S WANTON (1949)
SOIF, LA (1949)
JEUX D'ÉTÉ (1950)
ATTENTE DES FEMMES, L' (1952)
MONIKA (1953)
NUIT DES FORAINS, LA (1953)
LEÇON D'AMOUR, UNE (1954)
VERS LA JOIE (1954)
RÊVES DE FEMMES (1955)
SOURIRES D'UNE NUIT D'ÉTÉ (1955)
BRINK OF LIFE (1957)
FRAISES SAUVAGES, LES (1957)
SEVENTH SEAL, THE (1957)
SOURCE, LA (1959)
VISAGE, LE (1959)
ŒIL DU DIABLE, L' (1960)
COMME DANS UN MIROIR (1962)
COMMUNIANTS, LES (1963)
SILENCE, LE (1963)
TOUTES CES FEMMES (1964)
PERSONA (1966)
HEURE DU LOUP, L' (1967)
HONTE, LA (1968)
PASSION, UNE (1969)
RITE, LE (1969)
CRIS ET CHUCHOTEMENTS (1972)
SCÈNES DE LA VIE CONJUGALE (1973)
SCENES FROM A MARRIAGE (1973)
FLÛTE ENCHANTÉE, LA (1974)
SERPENT'S EGG, THE (1977)
AUTUMN SONATA (1978)
DE LA VIE DES MARIONNETTES (1980)
FANNY ET ALEXANDRE (1982)
APRÈS LA RÉPÉTITION (1984)
SARABAND (2003)

BERKELEY, Busby
réalisateur américain (1895-1976)
BABES IN ARMS (1939)
THEY MADE ME A CRIMINAL (1939)
STRIKE UP THE BAND (1940)
BABES ON BROADWAY (1941)

FOR ME AND MY GAL (1942)
TAKE ME OUT TO THE BALL GAME (1949)

BERLINER, Alain
réalisateur belge (1963-)
NOBODY'S BUSINESS (1996)
MA VIE EN ROSE (1997)
WALL, THE (1998)
PASSION OF MIND (2000)
SWEETEST SOUND, THE (2001)

BERLINGER, Joe
réalisateur (1961-)
PARADISE LOST 2 : REVELATIONS,
BROTHER'S KEEPER (1992)
PARADISE LOST - THE CHILD MURDERS
AT ROBIN HODD HILLS (1996)
BOOK OF SHADOWS : BLAIR WITCH 2 (2000)
GRAY MATTER (2004)

BERNARD-AUBERT, Claude
réalisateur français (1930-)
PORTES DE FEU, LES (1971)
AFFAIRE DOMINICI, L' (1973)
CHARLIE BRAVO (1980)
ADIEU, JE T'AIME (1987)

BERNDS, Edward
réalisateur américain (1905-2000)
WORLD WITHOUT END (1955)
HIGH SCHOOL HELLCATS (1958)
QUEEN OF OUTER SPACE (1958)
RETURN OF THE FLY, THE (1959)
THREE STOOGES MEET HERCULES, THE (1961)
THREE STOOGES IN ORBIT (1962)

BERNHARDT, Curtis
réalisateur américain (1899-1981)
CONFLICT (1944)
POSSESSED (1947)
STOLEN LIFE (1947)
SIROCCO (1951)
MISS SADIE THOMPSON (1953)
BEAU BRUMMELL (1954)
INTERRUPTED MELODY (1955)
KISSES FOR MY PRESIDENT (1964)

BERRI, Claude
réalisateur français (1934-)
SEX-SHOP (1972)
MOMENT D'ÉGAREMENT, UN (1977)
MAÎTRE D'ÉCOLE, LE (1981)
TCHAO PANTIN (1983)
JEAN DE FLORETTE (1986)
MANON DES SOURCES (1986)
URANUS (1990)
GERMINAL (1993)
LUCIE AUBRAC (1997)
DÉBANDADE, LA (1999)
FEMME DE MÉNAGE, UNE (2002)

BERRY, John
réalisateur américain (1917-1999)
CASBAH (1948)
OH ! QUE MAMBO (1959)
MAYA (1966)
CLAUDINE (1974)

BERTOLUCCI, Bernardo
réalisateur italien (1940-)
GRIM REAPER, THE (1962)
BEFORE THE REVOLUTION (1964)
PARTNER (1968)
CONFORMISTE, LE (1969)
STRATÉGIE DE L'ARAIGNÉE, LA (1970)
DERNIER TANGO À PARIS, LE (1972)
1900 (1976)
TRAGÉDIE D'UN HOMME RIDICULE, LA (1981)
LAST EMPEROR, THE (1987)
SHELTERING SKY, THE (1990)
LITTLE BUDDHA (1993)
STEALING BEAUTY (1996)
BESIEGED (1998)
INNOCENTS, LES (2003)

BERTUCELLI, Jean-Louis
réalisateur français (1942-)
DOCTEUR FRANÇOISE GAILLAND (1975)
STRESS (1984)
AUJOURD'HUI PEUT-ÊTRE (1990)

BESNARD, Jacques
réalisateur français (1929-)
GRAND RESTAURANT, LE (1966)
C'EST PAS PARCE QU'ON A RIEN À DIRE
QU'IL FAUT FERMER SA GUEULE (1974)
TE MARRE PAS, C'EST POUR RIRE (1981)

BESSON, Luc
réalisateur français (1959-)
DERNIER COMBAT, LE (1982)
SUBWAY (1985)
GRAND BLEU, LE (1988)
NIKITA (1990)
ATLANTIS (1991)
PROFESSIONAL, THE (1994)
FIFTH ELEMENT, THE (1997)
MESSENGER, THE : THE STORY
OF JOAN OF ARC (1999)

BIANCHI, Andrea
réalisateur italien (1925-)
STRIP NUDE FOR YOUR KILLER (1975)
BURIAL GROUND (1980)
BURIAL GROUND :
THE NIGHTS OF TERROR (1980)

BIER, Susanne
réalisatrice danoise (1960-)
FREUD QUITTE LA MAISON (1991)
OPEN HEARTS (2002)
BROTHERS (2004)

BIGELOW, Kathryn
réalisatrice américaine (1951-)
LOVELESS, THE (1983)
NEAR DARK (1987)
BLUE STEEL (1989)
POINT BREAK (1991)
HOMICIDE : LIFE ON THE STREET (1993)
STRANGE DAYS (1995)
WEIGHT OF WATER, THE (2000)
K-19 : THE WIDOWMAKER (2002)

BILAL, Enki
réalisateur yougoslave (1951-)
BUNKER PALACE HOTEL (1989)
TYKHO MOON (1996)
IMMORTEL (2004)

BILL, Tony
réalisateur américain (1940-)
5 CORNERS (1987)
CRAZY PEOPLE (1990)
HOME OF OUR OWN, A (1993)
UNTAMED HEART (1993)
OLIVER TWIST (1997)

BINAMÉ, Charles
réalisateur québécois (1949-)
AUTRE HOMME, UN (1989)
BLANCHE (1993)
C'ÉTAIT LE 12 DU 12 ET
CHILI AVAIT LES BLUES (1993)
ELDORADO (1995)
MARGUERITE VOLANT (1996)
CŒUR AU POING, LE (1998)
BEAUTÉ DE PANDORE, LA (1999)
SÉRAPHIN, UN HOMME ET SON PÉCHÉ (2002)
H20 (2005)

BINDER, Mike
réalisateur américain (1958-)
INDIAN SUMMER (1993)
BLANKMAN (1994)
MIND OF THE MARRIED MAN
(SEASON I) (2001)
UPSIDE OF ANGER, THE (2005)

BIRD, Antonia
réalisatrice anglaise (1959-)
PRIEST (1994)
MAD LOVE (1995)
FACE (1997)
RAVENOUS (1999)

BIRKIN, Andrew
réalisateur anglais (1945-)
BURNING SECRET (1988)
CEMENT GARDEN, THE (1992)
SALT ON OUR SKIN (1992)

BLAKE, Andrew
réalisateur (1947-)
NIGHT TRIPS (1989)
HOUSE OF DREAMS (1990)
HIDDEN OBSESSIONS (1992)
SENSUAL EXPOSURE (1993)
VENUS DESCENDING (1995)
UNLEASHED (1996)
DELIRIOUS (1998)
WET (1998)
AROUSED (1999)
PIN-UPS (1999)
PLAYTHINGS (1999)
BLOND & BRUNETTES (2002)
FEEL THE HEAT (2004)
FLIRTS (2004)
NAKED DIVA (2004)
BODY LANGUAGE (2005)
TEASERS (2005)
VALENTINA (2006)

BLANC, Michel
réalisateur français (1953-)
MARCHE À L'OMBRE (1984)
GROSSE FATIGUE (1994)
EMBRASSEZ QUI VOUS VOUDREZ (2002)

BLIER, Bertrand
réalisateur français (1939-)
VALSEUSES, LES (1973)
PRÉPAREZ VOS MOUCHOIRS (1977)
BUFFET FROID (1979)
BEAU-PÈRE (1981)
FEMME DE MON POTE, LA (1983)
NOTRE HISTOIRE (1984)
TENUE DE SOIRÉE (1986)
TROP BELLE POUR TOI ! (1989)
MERCI LA VIE (1991)
UN, DEUX, TROIS SOLEIL (1993)
MON HOMME (1996)
ACTEURS, LES (1999)
CÔTELETTES, LES (2003)
COMBIEN TU M'AIMES ? (2005)

BLUTH, Don
réalisateur américain (1938-)
SMALL ONE (1978)
BANJO THE WOODPILE CAT (1979)
SECRET OF NIMH, THE (1982)

AMERICAN TAIL, AN (1986)
LAND BEFORE TIME, THE (1988)
ALL DOGS GO TO HEAVEN (1989)
ROCK-A-DOODLE (1991)
THUMBELINA (1994)
TROLL IN CENTRAL PARK, A (1994)
PEBBLE & THE PENGUIN, THE (1995)
ANASTASIA (1997)
BABES IN TOYLAND (1997)
TITAN A.E. (2000)

BOETTICHER, Budd
réalisateur américain (1916-)
BEHIND LOCKED DOORS (1948)
RED BALL EXPRESS (1952)
MAN FROM THE ALAMO, THE (1953)
MAGNIFICENT MATADOR, THE (1956)
SEVEN MEN FROM NOW (1956)
MAVERICK (1957)
COMANCHE STATION (1960)
RISE AND FALL OF
LEGS DIAMOND, THE (1960)
TIME FOR DYING, A (1969)

BOGART, Paul
réalisateur américain (1919-)
MARLOWE (1969)
SKIN GAME (1971)
OH GOD, YOU DEVIL ! (1984)
TORCH SONG TRILOGY (1988)

BOGAYEVICZ, Yurek
réalisateur polonais (1948-)
ANNA (1986)
THREE OF HEARTS (1993)
EDGES OF THE LORD (2001)

BOGDANOVICH, Peter
réalisateur américain (1939-)
TARGETS (1968)
LAST PICTURE SHOW, THE (1971)
WHAT'S UP, DOC ? (1972)
PAPER MOON (1973)
DAISY MILLER (1974)
SAINT JACK (1979)
THEY ALL LAUGHED (1981)
MASK (1985)
ILLEGALLY YOURS (1988)
TEXASVILLE (1990)
NOISES OFF ! (1992)
THING CALLED LOVE, THE (1993)
CAT'S MEOW, THE (2001)

BOISROND, Michel
réalisateur français (1921-)
CETTE SACRÉE GAMINE (1955)
PARISIENNE, UNE (1957)
CHEMIN DES ÉCOLIERS, LE (1958)
VOULEZ-VOUS DANSER AVEC MOI ? (1959)
FRANCAISE ET L'AMOUR, LA (1960)
À TOUT CŒUR À TOKYO POUR OSS 117 (1966)
DU SOLEIL PLEIN LES YEUX (1970)

BOISSET, Yves
réalisateur français (1939-)
CRAN D'ARRÊT (1969)
SAUT DE L'ANGE, LE (1971)
ATTENTAT, L' (1972)
FOLLE À TUER (1975)
JUGE FAYARD DIT « LE SHÉRIF », LE (1977)
TAXI MAUVE, UN (1977)
CANICULE (1983)
PRIX DU DANGER, LE (1983)
BLEU COMME L'ENFER (1986)
DOUBLE IDENTITY (1990)
AMANTS DE LA RIVIÈRE ROUGE, LES (1996)

BOLESLAWSKI, Richard
réalisateur polonais (1889-1937)
RASPUTIN AND THE EMPRESS (1933)
MISÉRABLES, LES (1935)
PAINTED VEIL, THE (1935)
GARDEN OF ALLAH, THE (1936)
THEODORA GOES WILD (1936)
LAST OF MRS. CHEYNEY, THE (1937)

BOLOGNINI, Mauro
réalisateur italien (1922-2001)
BEL ANTONIO, LE (1960)
GRANDE BOURGEOISE, LA (1974)
HÉRITAGE, L' (1976)
VÉNITIENNE, LA (1986)
HUSBANDS AND LOVERS (1991)

BONDARCHUK, Sergei
réalisateur russe (1920-1994)
DESTINY OF A MAN (1959)
GUERRE ET PAIX (1967)
WATERLOO (1971)

BONELLO, Bertrand
réalisateur français (1968-)
QUELQUE CHOSE D'ORGANIQUE (1998)
PORNOGRAPHE, LE (2001)
TIRESIA (2003)

BOORMAN, John
réalisateur anglais (1933-)
HAVING A WILD WEEKEND (1965)
POINT BLANK (1967)
HELL IN THE PACIFIC (1968)
DELIVERANCE (1972)
ZARDOZ (1973)
EXORCIST II : THE HERETIC (1977)
EXCALIBUR (1981)
EMERALD FOREST, THE (1985)
HOPE AND GLORY (1987)
WHERE THE HEART IS (1990)
BEYOND RANGOON (1995)
LUMIÈRE ET COMPAGNIE (1995)
GENERAL, THE (1998)
TAILOR OF PANAMA, THE (2001)
IN MY COUNTRY (2004)

BORDEN, Lizzie
réalisatrice américaine (1954-)
BORN IN FLAMES (1983)
WORKING GIRLS (1986)
INSIDE OUT (1992)
ÉROTIQUE (1994)

BORDERIE, Bernard
réalisateur français (1924-1978)
HARDI PARDAILLAN (1963)
ANGÉLIQUE, MARQUISE DES ANGES (1964)
ANGÉLIQUE ET LE ROI (1965)
MERVEILLEUSE ANGÉLIQUE (1965)
INDOMPTABLE ANGÉLIQUE (1967)
ANGÉLIQUE ET LE SULTAN (1968)
CATHERINE (1968)

BOROWCZYK, Walerian
réalisateur polonais (1923-)
CONTES IMMORAUX (1974)
BÊTE, LA (1975)
HISTOIRE D'UN PÉCHÉ (1975)
INTÉRIEUR D'UN COUVENT (1977)
DR. JEKYLL ET LES FEMMES (1981)
EMMANUELLE 5 (1986)

BORSOS, Phillip
réalisateur canadien (1953-1995)
GREY FOX, THE (1982)
MEAN SEASON, THE (1985)
ONE MAGIC CHRISTMAS (1985)
BETHUNE : THE MAKING
OF A HERO (1990)
FAR FROM HOME : THE ADVENTURES
OF YELLOW DOG (1994)

BORZAGE, Frank
réalisateur américain (1893-1962)
FAREWELL TO ARMS, A (1932)
DESIRE (1936)
MANNEQUIN (1938)
SHINING HOUR (1938)
THREE COMRADES (1938)
MORTAL STORM, THE (1940)
STRANGE CARGO (1940)
HIS BUTLER'S SISTER (1943)
STAGE DOOR CANTEEN (1943)
I'VE ALWAYS LOVED YOU (1946)
MAGNIFICENT DOLL (1946)
MOONRISE (1948)

BOUJENAH, Paul
réalisateur français (1960-)
FAUCON, LE (1983)
YIDDISH CONNECTION (1986)
MOITIÉ MOITIÉ (1989)
PAS D'HISTOIRES (2001)

BOULTING, John
réalisateur anglais (1913-1985)
PRIVATE'S PROGRESS (1955)
I'M ALL RIGHT, JACK (1959)
HEAVENS ABOVE (1963)

BOURDON, Didier
réalisateur algérien (1959-)
TROIS FRÈRES, LES (1995)
PARI, LE (1997)
EXTRATERRESTRE, L' (1999)
7 ANS DE MARIAGE (2003)

BOUTET, Richard
réalisateur québécois (1940-2003)
TURLUTE DES ANNÉES DURES, LA (1983)
GUERRE OUBLIÉE, LA (1987)
SPASME DE VIVRE, LE (1991)
CHEMIN BRUT DE LISETTE
ET LE ROMAIN, LE (1995)
SURVIVANTS DE
L'APOCALYPSE, LES (1998)
SEXE DE RUE (2003)

BOUVIER, François
réalisateur québécois (1948-)
JACQUES ET NOVEMBRE (1984)
MATINS INFIDÈLES, LES (1988)
POTS CASSÉS, LES (1993)
HISTOIRES D'HIVER (1998)
MAMAN LAST CALL (2005)
MISS MÉTÉO (2005)

BOWMAN, Rob
réalisateur américain (1960-)
AIRBORNE (1993)
X-FILES : THE MOVIE (1998)
REIGN OF FIRE (2002)
ELEKTRA (2005)

BOYER, Jean
réalisateur français (1901-1965)
PASSE-MURAILLE, LE (1950)
COIFFEUR POUR DAMES (1952)
FERNANDEL : COIFFEUR POUR DAMES /
LE MOUTON À CINQ PATTES (1952)
FERNANDEL : SÉNÉCHAL LE MAGNIFIQUE /
LA LOI C'EST LA LOI (1957)
SÉNÉCHAL LE MAGNIFIQUE (1957)

BOYLE, Danny
réalisateur anglais (1956-)
SHALLOW GRAVE (1994)
TRAINSPOTTING (1995)
LIFE LESS ORDINARY, A (1997)
BEACH, THE (2000)
VACUUMING COMPLETELY NUDE IN PARADISE (2001)
28 DAYS LATER (2002)
MILLIONS (2004)

BRAHM, John
réalisateur américain (1893-1982)
WINTERTIME (1943)
SINGAPORE (1947)
MIRACLE OF OUR LADY OF FATIMA, THE (1952)
MAN FROM U.N.C.L.E, THE (1964)

BRANAGH, Kenneth
réalisateur anglais (1960-)
HENRY V (1989)
DEAD AGAIN (1991)
PETER'S FRIENDS (1992)
MUCH ADO ABOUT NOTHING (1993)
MARY SHELLEY'S FRANKENSTEIN (1994)
MIDWINTER'S TALE, A (1995)
HAMLET (1996)
LOVE'S LABOUR'S LOST (1999)

BRANNON, Fred C.
réalisateur américain (1901-1953)
PURPLE MONSTER STRIKES (1945)
RADAR MEN FROM THE MOON (1952)
SATAN'S SATELLITES (1957)
ZOMBIES OF THE STRATOSPHERE (1957)

BRAOUDÉ, Patrick
réalisateur français (1954-)
GÉNIAL, MES PARENTS DIVORCENT ! (1991)
NEUF MOIS (1993)
AMOUR ET CONFUSIONS (1997)

BRASS, Tinto
réalisateur italien (1933-)
SALON-KITTY (1976)
CALIGULA (1979)
CLÉ, LA (1983)
MIRANDA (1985)
TOUTES LES FEMMES LE FONT (1992)
P.O. BOX TINTO BRASS (1995)
FRIVOLOUS LOLA (1998)

BRAULT, Michel
réalisateur québécois (1928-)
POUR LA SUITE DU MONDE (1963)
ENTRE LA MER ET L'EAU DOUCE (1967)
ACADIE, L'ACADIE, L' (1970)
ORDRES, LES (1974)
NOCES DE PAPIER, LES (1988)
MONTRÉAL VU PAR... (1991)
SHABBAT SHALOM ! (1992)
MON AMIE MAX (1993)
OZIAS LEDUC (1996)
QUAND JE SERAI PARTI... VOUS VIVREZ ENCORE (1998)

BREILLAT, Catherine
réalisatrice française (1948-)
VRAIE JEUNE FILLE, UNE (1975)
36 FILLETTE (1988)
SALE COMME UN ANGE (1990)
PARFAIT AMOUR (1996)
ROMANCE (1999)
À MA SŒUR ! (2001)
BRÈVE TRAVERSÉE (2001)
SEX IS COMEDY (2002)
ANATOMIE DE L'ENFER (2004)

BRESSON, Robert
réalisateur français (1907-1999)
DAMES DU BOIS DE BOULOGNE, LES (1944)
JOURNAL D'UN CURÉ DE CAMPAGNE, LE (1950)
CONDAMNÉ À MORT S'EST ÉCHAPPÉ, UN (1956)
PICKPOCKET (1959)
AU HASARD BALTHAZAR (1966)
MOUCHETTE (1967)
FEMME DOUCE, UNE (1969)
LANCELOT DU LAC (1974)
DIABLE PROBABLEMENT, LE (1977)
ARGENT, L' (1983)

BREST, Martin
réalisateur américain (1951-)
GOING IN STYLE (1979)
BEVERLY HILLS COP (1984)
MIDNIGHT RUN (1988)
SCENT OF A WOMAN (1992)
MEET JOE BLACK (1998)
GIGLI (2003)

BRIAND, Manon
réalisatrice québécoise
SAUF-CONDUITS, LES (1991)
2 SECONDES (1998)
TURBULENCE DES FLUIDES, LA (2002)

BRIDGES, Alan
réalisateur anglais (1927-)
BRIEF ENCOUNTER (1974)
PETITE FILLE EN VELOURS BLEU, LA (1978)
RETURN OF THE SOLDIER, THE (1981)
SHOOTING PARTY, THE (1984)

BRIDGES, James
réalisateur américain (1936-1993)
BABY MAKER, THE (1970)
PAPER CHASE, THE (1973)
SEPTEMBER 30, 1955 (1977)
CHINA SYNDROME, THE (1978)
URBAN COWBOY (1980)
MIKE'S MURDER (1984)
PERFECT (1985)
BRIGHT LIGHTS, BIG CITY (1988)

BRIGHT, Matthew
réalisateur américain (1952-)
FREEWAY (1996)
TED BUNDY (2002)
TIPTOES (2003)

BRILL, Steven
réalisateur
HEAVYWEIGHTS (1995)
LITTLE NICKY (2000)
MR. DEEDS (2002)
WITHOUT A PADDLE (2004)

BRISSEAU, Jean-Claude
réalisateur français (1944-)
DE BRUIT ET DE FUREUR (1987)
NOCE BLANCHE (1989)
CÉLINE (1992)
ANGE NOIR, L' (1994)
CHOSES SECRÈTES (2002)

BROOK, Peter
réalisateur anglais (1925-)
MODERATO CANTABILE (1960)
LORD OF THE FLIES (1963)
MARAT SADE (1966)
KING LEAR (1970)
MEETINGS WITH REMARKABLE MEN (1979)
MAHABHARATA, THE (1989)

BROOKS, Albert
réalisateur américain (1947-)
REAL LIFE (1979)
MODERN ROMANCE (1981)
LOST IN AMERICA (1985)
DEFENDING YOUR LIFE (1991)
MOTHER (1996)
MUSE, THE (1999)
LOOKING FOR COMEDY IN THE MUSLIM WORLD (2005)

BROOKS, James L.
réalisateur américain (1940-)
TERMS OF ENDEARMENT (1983)
BROADCAST NEWS (1987)
I'LL DO ANYTHING (1994)
AS GOOD AS IT GETS (1997)
SPANGLISH (2004)

BROOKS, Mel
réalisateur américain (1926-)
PRODUCERS, THE (1968)
TWELVE CHAIRS, THE (1970)
BLAZING SADDLES (1974)
YOUNG FRANKENSTEIN (1974)
SILENT MOVIE (1976)
HIGH ANXIETY (1977)
HISTORY OF THE WORLD, PART 1 (1981)
SPACEBALLS (1987)
LIFE STINKS (1991)
ROBIN HOOD : MEN IN TIGHTS (1993)
DRACULA : DEAD AND LOVING IT (1995)

BROOKS, Richard
réalisateur américain (1912-1992)
BATTLE CIRCUS (1953)
LAST TIME I SAW PARIS, THE (1954)
BLACKBOARD JUNGLE (1955)
CATERED AFFAIR, THE (1955)
LAST HUNT, THE (1955)
SOMETHING OF VALUE (1956)
BROTHERS KARAMAZOV, THE (1958)
CAT ON A HOT TIN ROOF (1958)
ELMER GANTRY (1960)
SWEET BIRD OF YOUTH (1962)
LORD JIM (1964)
PROFESSIONALS, THE (1966)
IN COLD BLOOD (1967)
HAPPY ENDING, THE (1969)
DOLLARS (1971)
BITE THE BULLET (1975)
LOOKING FOR MR. GOODBAR (1977)
WRONG IS RIGHT (1982)

BROOMFIELD, Nick
réalisateur anglais (1948-)
LILY TOMLIN : APPEARING NIGHTLY (1986)
DARK OBSESSION (1989)
MONSTER IN A BOX (1991)
HEIDI FLEISS : HOLLYWOOD MADAM (1995)
KURT AND COURTNEY (1997)
AILEEN : LIFE & DEATH OF A SERIAL KILLER (2004)

BROWN, Bruce
réalisateur américain (1937-)
ENDLESS SUMMER (1966)
ON ANY SUNDAY (1971)
ENDLESS SUMMER II (1994)

BROWN, Clarence
réalisateur américain (1890-1987)
LAST OF THE MOHICANS, THE (1920)
EAGLE, THE (1925)
FLESH AND THE DEVIL (1926)
WOMAN OF AFFAIRS, A (1928)
ANNA CHRISTIE (1930)

ROMANCE (1930)
FREE SOUL, A (1931)
INSPIRATION (1931)
POSSESSED (1931)
CHAINED (1934)
SADIE McKEE (1934)
AH, WILDERNESS (1935)
ANNA KARENINA (1935)
GORGEOUS HUSSY, THE (1936)
WIFE VS SECRETARY (1936)
CONQUEST (1938)
OF HUMAN HEARTS (1938)
RAINS CAME, THE (1939)
EDISON, THE MAN (1940)
THEY MET IN BOMBAY (1941)
HUMAN COMEDY, THE (1943)
WHITE CLIFFS OF DOVER, THE (1943)
NATIONAL VELVET (1944)
YEARLING, THE (1946)
SONG OF LOVE (1947)
INTRUDER IN THE DUST (1949)
TO PLEASE A LADY (1950)
ANGELS IN THE OUTFIELD (1951)

BROWNING, Kirk
réalisateur américain (1921-)
TIME OF YOUR LIFE, THE (1976)
EUGENE ONEGIN (1984)
ALICE IN WONDERLAND (1985)

BROWNING, Tod
réalisateur américain (1882-1962)
UNHOLY THREE, THE (1925)
OUTSIDE THE LAW (1930)
DRACULA (1931)
FREAKS (1932)
MARK OF THE VAMPIRE (1935)
DEVIL DOLL, THE (1937)

BROWNLOW, Kevin
réalisateur anglais (1938-)
IT HAPPENED HERE (1966)
WINSTANLEY (1975)
UNKNOWN CHAPLIN (1980)
MILLAY AT STEEPLETOP (1983)

BRUCKMAN, Clyde
réalisateur américain (1894-1955)
BATTLE OF THE CENTURY, THE (1927)
PUTTING PANTS ON PHILIP (1927)
FINISHING TOUCH (1928)

BUÑUEL, Luis
réalisateur espagnol (1900-1983)
FALL OF THE HOUSE OF USHER, THE (1928)
CHIEN ANDALOU, UN /
LAND WITHOUT BREAD (1929)
ÂGE D'OR, L' (1930)
GREAT MADCAP, THE (1948)
LOS OLVIDADOS (1950)
SUSANA (1950)
FEMME SANS AMOUR, UNE (1951)
EL (1952)
ENJÔLEUSE, L' (1952)
MEXICAN BUS RIDE (1952)
AVENTURES DE ROBINSON
CRUSOE, LES (1953)
ON A VOLÉ UN TRAM (1953)
WUTHERING HEIGHTS (1953)
VIE CRIMINELLE D'ARCHIBALD
DE LA CRUZ, LA (1955)
FIÈVRE MONTE À EL PAO, LA (1959)
NAZARIN (1959)
YOUNG ONE, THE (1960)
VIRIDIANA (1961)
ANGE EXTERMINATEUR, L' (1962)
JOURNAL D'UNE FEMME
DE CHAMBRE, LE (1964)
SIMON OF THE DESERT (1965)
BELLE DE JOUR (1967)
VOIE LACTÉE, LA (1968)
TRISTANA (1970)
CHARME DISCRET
DE LA BOURGEOISIE, LE (1972)
FANTÔME DE LA LIBERTÉ, LE (1974)
CET OBSCUR OBJET DU DÉSIR (1977)

BURGE, Stuart
réalisateur anglais (1918-2002)
OTHELLO (1965)
MIKADO, THE (1967)
JULIUS CAESAR (1970)
IMPORTANCE OF BEING EARNEST, THE (1988)

BURNS, Edward
réalisateur américain (1968-)
BROTHERS McMULLEN, THE (1995)
SHE'S THE ONE (1996)
NO LOOKING BACK (1998)
SIDEWALKS OF NEW YORK (2001)
ASH WEDNESDAY (2002)

BURNS, Gary
réalisateur
KITCHEN PARTY (1997)
WAY DOWNTOWN (2000)
PROBLEM WITH FEAR, A (2003)

BURNS, Ken
réalisateur
KEN BURNS AMERICA : THE BROOKLYN
BRIDGE (1985)
BASEBALL (1994)
FRANK LLOYD WRIGHT (1997)
MARK TWAIN (2001)

BURNS, Kevin
réalisateur américain (1955-)
RODGERS & HAMMERSTEIN :
THE SOUND OF MOVIES (1996)
BEHIND THE PLANET OF THE APES (1998)
FOX : THE BLOCKBUSTER YEARS (2002)
LOOK, UP IN THE SKY ! : THE AMAZING
STORY OF SUPERMAN (2006)

BURR, Jeff
réalisateur américain (1963-)
FROM A WHISPER TO A SCREAM (1985)
LEATHERFACE : TEXAS CHAINSAW
MASSACRE III (1990)

BURTON, Tim
réalisateur américain (1960-)
FRANKENWEENIE (1984)
PEE-WEE'S BIG ADVENTURE (1985)
BEETLEJUICE (1988)
BATMAN (1989)
EDWARD SCISSORHANDS (1990)
BATMAN RETURNS (1992)
ED WOOD (1994)
MARS ATTACKS ! (1996)
SLEEPY HOLLOW (1999)
PLANET OF THE APES (2001)
BIG FISH (2003)
CHARLIE AND THE CHOCOLATE FACTORY (2005)
TIM BURTON'S CORPSE BRIDE (2005)

BUTLER, David
réalisateur américain (1894-1979)
CONNECTICUT YANKEE, A (1931)
BRIGHT EYES (1934)
LITTLE COLONEL, THE (1935)
LITTLEST REBEL, THE (1935)
CAPTAIN JANUARY (1936)
PIGSKIN PARADE (1936)
CAUGHT IN THE DRAFT (1941)
ROAD TO MOROCCO (1942)
THEY GOT ME COVERED (1943)
PRINCESS AND THE PIRATE, THE (1944)
IT'S A GREAT FEELING (1949)
STORY OF SEABISCUIT, THE (1949)
TEA FOR TWO (1950)
LULLABY OF BROADWAY (1951)
APRIL IN PARIS (1952)
BY THE LIGHT OF THE SILVERY MOON (1952)
CALAMITY JANE (1953)
KING RICHARD AND THE CRUSADERS (1954)

BUTLER, George
réalisateur anglais
PUMPING IRON (1976)
ENDURANCE, THE (2000)
SHACKLETON'S
ANTARCTIC ADVENTURE (2000)
GOING UPRIVER : THE LONG WAR
OF JOHN KERRY (2004)

BUTLER, Robert
réalisateur américain (1927-)
COMPUTER WORE TENNIS SHOES, THE (1969)
BAREFOOT EXECUTIVE, THE (1970)
NOW YOU SEE HIM, NOW YOU DON'T ! (1972)
ULTIMATE THRILL, THE (1974)
TURBULENCE (1996)

BUTTGEREIT, Jörg
réalisateur allemand (1963-)
NEKROMANTIK (1987)
NEKROMANTIK 2 (1991)
SCHRAMM (1993)

BUZZELL, Edward
réalisateur américain (1897-1985)
AT THE CIRCUS (1938)
HONOLULU (1939)
GO WEST (1941)
EASY TO WED (1946)
SONG OF THE THIN MAN (1947)
NEPTUNE'S DAUGHTER (1949)

BYRUM, John
réalisateur américain (1947-)
INSERTS (1975)
HEART BEAT (1979)
RAZOR'S EDGE, THE (1984)

CACOYANNIS, Michael
réalisateur grec (1922-)
STELLA (1955)
GIRL IN BLACK, A (1956)
MATTER OF DIGNITY (1957)
ELECTRA (1962)
ZORBA LE GREC (1964)
TROJAN WOMEN, THE (1971)
STORY OF JACOB AND JOSEPH, THE (1973)
ATTILA 74 : THE RAPE OF CYPRUS (1974)
IPHIGÉNIE (1978)
SWEET COUNTRY (1988)
CHERRY ORCHARD, THE (1999)

CAHN, Edward L.
réalisateur américain (1899-1963)
GIRLS IN PRISON (1955)
DRAGSTRIP GIRL (1957)
INVASION OF THE SAUCER MEN (1957)
MOTORCYCLE GANG (1957)
IT ! THE TERROR FROM
BEYOND SPACE (1958)
INVISIBLE INVADERS (1959)
BEAUTY AND THE BEAST (1962)

CAIN, Christopher
réalisateur américain (1943-)
STONE BOY (1983)
THAT WAS THEN, THIS IS NOW (1985)
WHERE THE RIVER RUNS BLACK (1986)
PRINCIPAL, THE (1987)
YOUNG GUNS (1988)
PURE COUNTRY (1992)
AMAZING PANDA ADVENTURE, THE (1995)

CAMERON, James
réalisateur canadien (1954-)
PIRANHA II : THE SPAWNING (1981)
TERMINATOR, THE (1984)
ALIENS (1986)
ABYSS, THE (1989)
TERMINATOR II : JUDGMENT DAY (1991)
TRUE LIES (1994)
TITANIC (1997)
JAMES CAMERON'S EXPEDITION : BISMARCK (2002)
GHOSTS OF THE ABYSS (2003)
ALIENS OF THE DEEP (2004)

CAMP, Joe
réalisateur américain (1939-)
BENJI (1973)
FOR THE LOVE OF BENJI (1977)
OH ! HEAVENLY DOG (1980)
BENJI THE HUNTED (1987)

CAMPBELL, Martin
réalisateur néo-zélandais (1940-)
EDGE OF DARKNESS (1943)
CRIMINAL LAW (1989)
DEFENSELESS (1991)
NO ESCAPE (1994)
GOLDENEYE (1995)
MASK OF ZORRO, THE (1998)
VERTICAL LIMIT (2000)
BEYOND BORDERS (2003)
LEGEND OF ZORRO, THE (2005)

CAMPION, Jane
réalisatrice néo-zélandaise (1954-)
TWO FRIENDS (1986)
SWEETIE (1989)
ANGEL AT MY TABLE, AN (1990)
PIANO, THE (1992)
PORTRAIT OF A LADY, THE (1996)
HOLY SMOKE (1999)
IN THE CUT (2003)

CAMUS, Marcel
réalisateur français (1912-1982)
ORFEU NEGRO (1959)
MUR DE L'ATLANTIQUE, LE (1970)
OTALIA DE BAHIA (1976)

CANNON, Danny
réalisateur anglais (1968-)
YOUNG AMERICANS (1993)
JUDGE DREDD (1995)
I KNOW WHAT YOU DID LAST SUMMER (1998)
PHOENIX (1998)

CANTET, Laurent
réalisateur français (1961-)
SANGUINAIRES, LES (1997)
RESSOURCES HUMAINES (1999)
EMPLOI DU TEMPS, L' (2001)

CANTIN, Roger
réalisateur québécois (1949-)
SIMON LES NUAGES (1990)
ASSASSIN JOUAIT DU TROMBONE, L' (1991)
GRAND ZÈLE, LE (1992)
MATUSALEM (1993)
MATUSALEM 2 : LE DERNIER DES BEAUCHESNE (1997)
VENGEANCE DE LA FEMME EN NOIR, LA (1997)
FORTERESSE SUSPENDUE, LA (2001)
COFFRET MATUSALEM (2003)

CANUEL, Érik
réalisateur québécois (1961-)
FORTIER SÉRIE 1 (1999-2000)
LOI DU COCHON, LA (2001)
NEZ ROUGE (2003)
DERNIER TUNNEL, LE (2004)
SURVENANT, LE (2005)

CAPRA, Frank
réalisateur américain (1897-1991)
STRONG MAN, THE (1926)
LONG PANTS (1927)
MIRACLE WOMAN, THE (1931)
PLATINUM BLONDE (1931)
AMERICAN MADNESS (1932)
BITTER TEA OF GENERAL YEN, THE (1933)
LADY FOR A DAY (1933)
BROADWAY BILL (1934)
IT HAPPENED ONE NIGHT (1934)
LOST HORIZON (1936)
MR. DEEDS GOES TO TOWN (1936)
YOU CAN'T TAKE IT WITH YOU (1938)
MR. SMITH GOES TO WASHINGTON (1939)
MEET JOHN DOE (1941)
ARSENIC AND OLD LACE (1944)
WHY WE FIGHT (1944)
IT'S A WONDERFUL LIFE (1946)
STATE OF THE UNION (1948)
RIDING HIGH (1950)
HERE COMES THE GROOM (1951)
HOLE IN THE HEAD (1959)
POCKETFUL OF MIRACLES (1961)

CARAX, Léos
réalisateur français (1962-)
BOY MEETS GIRL (1985)
MAUVAIS SANG (1986)
AMANTS DU PONT-NEUF, LES (1991)
POLA X (1999)

CARDIFF, Jack
réalisateur anglais (1914-)
MY GEISHA (1961)
LONG SHIPS, THE (1964)
DARK OF THE SUN (1967)
GIRL ON A MOTORCYCLE (1968)

CARDONA, René
réalisateur cubain (1906-1988)
GABINO BARRERA (1964)
CABALLO PRIETO AZABACHE (1965)
NIGHT OF THE BLOODY APES / THE FEAST OF FLESH (1967)
VENGANZA DE GABINO BARRERA (1967)
SANTO IN THE TREASURE OF DRACULA (1968)
SANTO VS THE RIDERS OF TERROR (1970)

CARLE, Gilles
réalisateur québécois (1929-)
VIE HEUREUSE DE LÉOPOLD Z., LA (1965)
VIOL D'UNE JEUNE FILLE DOUCE, LE (1968)
RED (1970)
MÂLES, LES (1971)
VRAIE NATURE DE BERNADETTE, LA (1972)
MORT D'UN BÛCHERON, LA (1973)
ANGE ET LA FEMME, L' (1977)
FANTASTICA (1980)
PLOUFFE, LES (1981)
MARIA CHAPDELAINE (1983)
CINÉMA, CINÉMA (1985)
GUÊPE, LA (1986)
DIABLE D'AMÉRIQUE, LE (1990)
MISS MOSCOU (1991)
MONTREAL OFF (1992)
POSTIÈRE, LA (1992)
PUDDING CHÔMEUR (1996)
ÉPOPÉE EN AMÉRIQUE (1997)
MOI, J'ME FAIS MON CINÉMA (1998)

CARLINO, Lewis John
réalisateur américain (1932-)
SAILOR WHO FELL FROM GRACE WITH THE SEA, THE (1976)
GREAT SANTINI, THE (1979)
CLASS (1983)

CARLSEN, Henning
réalisateur danois (1927-)
DILEMME (1962)
FAIM, LA (1966)
WOLF AT THE DOOR, THE (1987)

CARNÉ, Marcel
réalisateur français (1909-1996)
DRÔLE DE DRAME (1937)
HÔTEL DU NORD (1938)
QUAI DES BRUMES (1938)
JOUR SE LÈVE, LE (1939)
VISITEURS DU SOIR, LES (1942)
ENFANTS DU PARADIS, LES (1945)
THÉRÈSE RAQUIN (1953)
ASSASSINS DE L'ORDRE, LES (1970)
MERVEILLEUSE VISITE, LA (1974)

CARON, Glenn Gordon
réalisateur (1954-)
MOONLIGHTING (1985)
CLEAN AND SOBER (1988)
WILDER NAPALM (1993)
LOVE AFFAIR (1994)
PICTURE PERFECT (1997)

CARPENTER, John
réalisateur américain (1948-)
DARK STAR (1974)
ASSAULT ON PRECINCT 13 (1976)
HALLOWEEN (1978)
ELVIS : THE MOVIE (1979)
FOG, THE (1979)
ESCAPE FROM NEW YORK (1981)
THING, THE (1982)
CHRISTINE (1983)
STARMAN (1984)
BIG TROUBLE IN LITTLE CHINA (1986)
PRINCE OF DARKNESS (1987)
THEY LIVE (1988)
MEMOIRS OF AN INVISIBLE MAN (1992)
BODY BAGS (1993)
IN THE MOUTH OF MADNESS (1994)
12 MONKEYS / THE THING (1995)
VILLAGE OF THE DAMNED (1995)
ESCAPE FROM L.A. (1996)
JOHN CARPENTER'S VAMPIRES (1997)
GHOSTS OF MARS (2001)
MASTERS OF HORROR - CIGARETTE BURNS (2005)

CARRERAS, Michael
réalisateur anglais (1927-1994)
PREHISTORIC WOMEN (1966)
LOST CONTINENT, THE (1968)
SHATTER (1974)

CARRIÈRE, Marcel
réalisateur québécois (1935-)
POUR LA SUITE DU MONDE (1963)
O.K... LALIBERTÉ (1973)
GRAND VOYAGE, LE (1974)
TI-MINE, BERNIE PIS LA GANG (1976)

CARSON, David
réalisateur américain
STAR TREK : GENERATIONS (1994)
10th KINGDOM, THE (2000)
CARRIE (2002)

CARTER, Thomas
réalisateur
CALL TO GLORY (1984)
SWING KIDS (1993)
METRO (1997)
SAVE THE LAST DANCE (2001)
COACH CARTER (2004)

CARUSO, D.J.
réalisateur (1965-)
SALTON SEA, THE (2001)
TAKING LIVES (2004)
TWO FOR THE MONEY (2005)

CARVER, Steve
réalisateur américain (1945-)
BIG BAD MAMA (1974)
EYE FOR AN EYE, AN (1981)
LONE WOLF McQUADE (1983)

CASSAVETES, John
réalisateur américain (1929-1989)
SHADOWS (1960)
CHILD IS WAITING, A (1962)
FACES (1968)
HUSBANDS (1970)
MINNIE AND MOSKOWITZ (1971)
WOMAN UNDER THE INFLUENCE, A (1974)
KILLING OF A CHINESE
BOOKIE, THE (1976)
OPENING NIGHT (1977)
GLORIA (1980)
BIG TROUBLE (1985)

CASSAVETES, Nick
réalisateur américain (1959-)
SHE'S SO LOVELY (1997)
UNHOOK THE STARS (1997)
JOHN Q. (2001)
NOTEBOOK, THE (2004)

CASTELLARI, Enzo G.
réalisateur italien (1938-)
TUEZ-LES TOUS...
ET REVENEZ SEUL (1968)
COLD EYES OF FEAR (1971)
STREET LAW (1974)
LOVES AND TIMES OF
SCARAMOUCHE, THE (1975)
BIG RACKET (1976)
KEOMA (1976)
HEROIN BUSTERS (1977)
SINBAD OF THE SEVEN SEAS (1989)

CASTLE, Nick
réalisateur américain (1947-)
LAST STARFIGHTER, THE (1984)
BOY WHO COULD FLY, THE (1986)
DENNIS THE MENACE (1993)
MAJOR PAYNE (1995)
MR. WRONG (1996)

CASTLE, William
réalisateur américain (1914-1977)
HOUSE ON HAUNTED HILL (1959)
TINGLER, THE (1959)
13 GHOSTS (1960)
HOMICIDAL (1960)
MR. SARDONICUS (1961)
NIGHT WALKER, THE (1964)
STRAIT-JACKET (1964)

CASTLEMAN, William Allen
réalisateur (1922-)
BUMMER (1972)
JOHNNY FIRECLOUD (1975)

CATES, Gilbert
réalisateur américain (1934-)
I NEVER SANG FOR MY FATHER (1969)
SUMMER WISHES, WINTER DREAMS (1973)
OH GOD : BOOK 2 (1980)

CATON-JONES, Michael
réalisateur anglais (1957-)
SCANDAL (1988)
MEMPHIS BELLE (1990)
DOC HOLLYWOOD (1991)
THIS BOY'S LIFE (1993)
ROB ROY (1995)
JACKAL, THE (1997)
CITY BY THE SEA (2002)
BASIC INSTINCT 2 -
RISK ADDICTION (2006)

CAVALIER, Alain
réalisateur français (1931-)
CHAMADE, LA (1968)
THÉRÈSE (1986)
LIBERA ME (1993)

CAVANI, Liliana
réalisatrice italienne (1936-)
NIGHT PORTER, THE (1973)
DERRIÈRE LA PORTE (1982)
OBSESSION À BERLIN (1985)
FRANCESCO (1989)
RIPLEY'S GAME (2002)

CAYATTE, André
réalisateur français (1909-1989)
MOURIR D'AIMER (1970)
VERDICT (1974)
À CHACUN SON ENFER (1977)
RAISON D'ÉTAT, LA (1978)

CHABAT, Alain
réalisateur algérien (1958-)
DIDIER (1997)
ASTÉRIX ET OBÉLIX :
MISSION CLÉOPÂTRE (2001)
RRRRRRR ! (2003)

CHABOT, Jean
réalisateur québécois (1945-2003)
VOYAGE EN AMÉRIQUE
AVEC UN CHEVAL EMPRUNTÉ (1987)
NUIT AVEC HORTENSE, LA (1988)
SANS RAISON APPARENTE (1996)

CHABROL, Claude
réalisateur français (1930-)
BEAU SERGE, LE (1957)
À DOUBLE TOUR (1959)
BONNES FEMMES, LES (1960)
SEPT PÉCHÉS CAPITAUX, LES (1961)
PARIS VU PAR... (1965)
TIGRE SE PARFUME
À LA DYNAMITE, LE (1965)
BICHES, LES (1967)
ROUTE DE CORINTHE, LA (1967)
BOUCHER, LE (1968)
FEMME INFIDÈLE, LA (1968)
QUE LA BÊTE MEURE (1969)
JUSTE AVANT LA NUIT (1970)
RUPTURE, LA (1970)
DÉCADE PRODIGIEUSE, LA (1971)
NOCES ROUGES, LES (1973)
NADA (1974)
PARTIE DE PLAISIR, UNE (1974)
INNOCENTS AUX MAINS SALES, LES (1975)
FOLIES BOURGEOISES (1976)
LIENS DE SANG, LES (1977)
CHEVAL D'ORGUEIL, LE (1980)
FANTÔMES DU CHAPELIER, LES (1982)
SANG DES AUTRES, LE (1983)
POULET AU VINAIGRE (1984)
INSPECTEUR LAVARDIN (1986)
MASQUES (1986)
CRI DU HIBOU, LE (1987)
AFFAIRE DE FEMMES, UNE (1988)
CLUB EXTINCTION (1989)
JOURS TRANQUILLES À CLICHY (1989)
BETTY (1991)
MADAME BOVARY (1991)
ENFER, L' (1993)
ŒIL DE VICHY, L' (1993)
CÉRÉMONIE, LA (1995)
RIEN NE VA PLUS (1997)
AU CŒUR DU MENSONGE (1998)
MERCI POUR LE CHOCOLAT (2000)
FLEUR DU MAL, LA (2002)

CHADHA, Gurinder
réalisatrice anglaise
BHAJI ON THE BEACH (1993)
WHAT'S COOKING ? (2000)
BEND IT LIKE BECKHAM (2002)
BRIDE AND PREJUDICE (2004)

CHAFFEY, Don
réalisateur américain (1917-1990)
JASON AND THE ARGONAUTS (1963)
THREE LIVES OF THOMASINA, THE (1963)
ONE MILLION YEARS B.C. (1966)
VIKING QUEEN, THE (1966)
PRISONER, THE (1967)
PETE'S DRAGON (1977)

CHAHINE, Youssef
réalisateur égyptien (1926-)
ALEXANDRIA WHY ? (1978)
MÉMOIRE, LA (1982)
ADIEU BONAPARTE (1985)
ALEXANDRIA AGAIN AND FOREVER (1990)
ÉMIGRÉ, L' (1994)
LUMIÈRE ET COMPAGNIE (1995)
DESTIN, LE (1997)
AUTRE, L' (1999)
SEPTEMBRE 11-09-01 (2002)

CHAMPION, Gregg
réalisateur américain
BANK SHOT, THE (1974)
SHORT TIME (1990)
COWBOY WAY, THE (1994)

CHAN, Benny
réalisateur hong-kongais
MAN WANTED (1995)
JACKIE CHAN'S WHO AM I ? (1998)
NEW POLICE STORY (2004)

CHAN, Fruit
réalisateur chinois (1959-)
FINALE IN BLOOD (1991)
LITTLE CHEUNG (1999)
DURIAN, DURIAN (2000)
3 EXTREMES (2004)
DUMPLINGS (THREE... EXTREMES) (2004)

CHAN, Gordon
réalisateur hong-kongais (1960-)
FIST OF LEGEND (1994)
THUNDERBOLT (1995)
MEDALLION, THE (2003)

CHAN, Jackie
réalisateur chinois (1954-)
SNAKE AND CRANE ARTS OF SHAOLIN (1978)
FEARLESS HYENA (1979)
DANSE DU LION, LA (1980)
DRAGON STRIKE (1982)
JACKIE CHAN'S POLICE FORCE (1985)
ARMOUR OF GOD (1986)
OPERATION CONDOR II (1986)
PROJECT A (1987)
POLICE STORY 2 (1988)
MIRACLES (1989)
ISLAND OF FIRE (1990)
OPÉRATION CONDOR (1991)
PROJECT A II (1991)
36 CRAZY FISTS (1996)
JACKIE CHAN'S WHO AM I ? (1998)
JACKIE CHAN : MY STORY (1998)

PARK, Chan-wook
réalisateur coréen (1963-)
J. S. A. JOINT SECURITY AREA (2000)
JSA : JOINT SECURITY AREA (2000)
SYMPATHY FOR MR. VENGEANCE (2002)
OLDBOY (2003)
3 EXTREMES (2004)
SYMPATHY FOR LADY VENGEANCE (2005)

CHAPLIN, Charles
réalisateur anglais (1889-1977)
CHARLIE CHAPLIN AT MUTUAL (1914)
BURLESQUE ON CARMEN, A (1915)
KID, THE (1921)
WOMAN OF PARIS, A (1923)
GOLD RUSH, THE / PAY DAY (1925)
CIRCUS, THE (1927)
DAY'S PLEASURE (1928)
CITY LIGHTS (1930)
MODERN TIMES (1936)
GREAT DICTATOR, THE (1940)
MONSIEUR VERDOUX (1947)
LIMELIGHT (1952)
KING IN NEW YORK, A (1956)
COUNTESS FROM HONG KONG, A (1966)

CHAREF, Mehdi
réalisateur français (1951-)
THÉ AU HAREM D'ARCHIMÈDE, LE (1985)
MISS MONA (1986)
AU PAYS DES JULIETS (1991)
MARIE-LINE (1999)

CHARTRAND, Alain
réalisateur québécois (1946-)
DING ET DONG : LE FILM (1990)
HOMME DE PAROLE, UN (1991)
VIE COMME RIVIÈRE, UNE (1996)
CHARTRAND ET SIMONNE (1999)

CHATILIEZ, Étienne
réalisateur français (1952-)
VIE EST UN LONG FLEUVE
TRANQUILLE, LA (1988)
TATIE DANIELLE (1990)
BONHEUR EST DANS LE PRÉ, LE (1995)
TANGUY (2001)
CONFIANCE RÈGNE, LA (2004)

CHECHIK, Jeremiah
réalisateur québécois
NATIONAL LAMPOON'S
CHRISTMAS VACATION (1989)
BENNY & JOON (1993)
TALL TALE (1995)
DIABOLIQUE (1996)
GUN (1996)
AVENGERS, THE (1998)

CHELSOM, Peter
réalisateur anglais (1956-)
HEAR MY SONG (1991)
FUNNY BONES (1995)
MIGHTY, THE (1998)
SERENDIPITY (2001)
TOWN AND COUNTRY (2001)
SHALL WE DANCE ? (2004)

CHENAL, Pierre
réalisateur belge (1904-1990)
CRIME ET CHÂTIMENT (1935)
HOMME DE NULLE PART, L' (1936)
NATIVE SON (1950)

CHÉREAU, Patrice
réalisateur français (1944-)
HOMME BLESSÉ, L' (1983)
REINE MARGOT, LA (1993)
CEUX QUI M'AIMENT
PRENDRONT LE TRAIN (1997)
INTIMACY (2000)
SON FRÈRE (2003)
GABRIELLE (2005)

CHERRY, John R.
réalisateur
ERNEST GOES TO CAMP (1987)
ERNEST SAVES CHRISTMAS (1988)
ERNEST GOES TO JAIL (1990)
ERNEST SCARED STUPID (1991)

CHING, Siu-Tung
réalisateur chinois (1953-)
DUEL TO THE DEATH (1982)
WITCH FROM NEPAL (1985)
HISTOIRES DE
FANTÔMES CHINOIS (1987)
CHINESE GHOST STORY 2 (1990)
CHINESE GHOST STORY 3 (1991)
LEGEND OF THE SWORDSMAN (1991)
SWORDSMAN II (1991)
WONDER SEVEN (1994)
NAKED WEAPON (2002)

CHOMSKY, Marvin J.
réalisateur américain (1929-)
VICTORY AT ENTEBBE (1976)
ROOTS (1977)
HOLOCAUST (1978)
CATHERINE THE GREAT (1995)

CHONG, Thomas
réalisateur canadien (1938-)
CHEECH & CHONG'S NEXT MOVIE (1980)
STILL SMOKIN' (1983)
CHEECH AND CHONG'S
THE CORSICAN BROTHERS (1984)

CHOUIKH, Mohamed
réalisateur algérien (1943-)
CITADELLE, LA (1988)
YOUCEF : LA LÉGENGE
DU 7e DORMANT (1993)
ARCHE DU DÉSERT, L' (1997)

CHOUINARD, Denis
réalisateur québécois (1964-)
CLANDESTINS (1997)
ANGE DE GOUDRON, L' (2001)
DÉLIVREZ-MOI (2006)

CHOURAQUI, Élie
réalisateur français (1950-)
MAN ON FIRE (1987)
MARMOTTES, LES (1993)
HARRISON'S FLOWERS (2002)

CHOW, Stephen
réalisateur
FROM BEIJING WITH LOVE (1994)
SHAOLIN SOCCER (2001)
KUNG FU HUSTLE (2004)

CHRISTIAN, Roger
réalisateur
SENDER, THE (1982)
NOSTRADAMUS (1994)
BATTLEFIELD EARTH (2000)

CHRISTIAN-JAQUE
réalisateur français (1904-1994)
FRANÇOIS 1er (1937)
PERLES DE LA COURONNE, LES (1937)
CHARTREUSE DE PARME, LA (1947)
FANFAN LA TULIPE (1951)
MADAME SANS-GÊNE (1961)
TULIPE NOIRE, LA (1964)
DOCTEUR JUSTICE (1975)

CICCORITTI, Jerry
réalisateur canadien (1956-)
TRUDEAU (2002)
BLOOD (2004)
LIVES OF THE SAINTS (2004)

CIMINO, Michael
réalisateur américain (1943-)
THUNDERBOLT AND LIGHTFOOT (1974)
DEER HUNTER, THE (1978)
HEAVEN'S GATE (1980)
YEAR OF THE DRAGON (1985)
SICILIAN, THE (1987)
DESPERATE HOURS (1990)
SUNCHASER (1996)

CIUPKA, Richard
réalisateur belge (1950-)
COYOTE (1992)
DERNIER SOUFFLE, LE (1999)
MYSTÉRIEUSE MADEMOISELLE C., LA (2002)
INCOMPARABLE MADEMOISELLE C., L' (2004)

CLAIR, Philippe
réalisateur français (1930-)
TAIS-TOI QUAND TU PARLES (1981)
PAR OÙ T'ES RENTRÉ,
ON T'A PAS VU SORTIR (1984)
SI TU VAS À RIO...TU MEURS (1987)

CLAIR, René
réalisateur français (1898-1981)
CHAPEAU DE PAILLE D'ITALIE, UN (1928)
SOUS LES TOITS DE PARIS (1930)
MILLION, LE (1931)
À NOUS LA LIBERTÉ (1932)
GHOST GOES WEST, THE (1935)
FLAME OF NEW ORLEANS, THE (1941)
FOREVER AND A DAY (1943)
I MARRIED A WITCH (1943)
IT HAPPENED TOMORROW (1944)
AND THEN THERE WERE NONE (1947)
BEAUTÉ DU DIABLE, LA (1949)
BELLES DE NUIT, LES (1952)
GRANDES MANŒUVRES, LES (1955)

CLARK, Bob
réalisateur américain (1941-)
DEATHDREAM (1973)
BLACK CHRISTMAS (1974)
DERANGED / MOTEL HELL (1974)
MURDER BY DECREE (1978)
TRIBUTE (1980)
PORKY'S (1981)
CHRISTMAS STORY, A (1983)

RHINESTONE (1984)
TURK 182 (1985)
FROM THE HIP (1987)
LOOSE CANNONS (1990)
SUPERBABIES :
BABY GENIUSES II (2003)

CLARK, Larry
réalisateur américain (1943-)
KIDS (1995)
ANOTHER DAY IN PARADISE (1998)
BULLY (2001)
TEENAGE CAVEMAN (2001)

CLARKE, Malcolm
réalisateur
VOICES FROM A LOCKED ROOM (1995)
CHASING HOLDEN (2001)
PRISONER OF PARADISE (2002)

CLAUSEN, Erik
réalisateur danois (1942-)
ROCKING SILVER (1983)
HOMME DANS LA LUNE, L' (1985)
RAMI & JULIET (1988)
VILLA PARANOÏA (2004)

CLAYTON, Jack
réalisateur anglais (1921-1995)
ROOM AT THE TOP (1959)
INNOCENTS, THE (1961)
PUMPKIN EATER, THE (1964)
GREAT GATSBY, THE (1974)
SOMETHING WICKED
THIS WAY COMES (1983)
LONELY PASSION OF
JUDITH HEARNE, THE (1987)

CLÉMENT, René
réalisateur français (1913-1996)
BATAILLE DU RAIL, LA (1946)
JEUX INTERDITS (1952)
GERVAISE (1956)
PLEIN SOLEIL (1959)
FÉLINS, LES (1964)
PARIS BRÛLE-T-IL ? (1966)
MAISON SOUS LES ARBRES, LA (1971)

CLEMENTS, Ron
réalisateur américain (1953-)
GREAT MOUSE DETECTIVE, THE (1986)
LITTLE MERMAID (1989)
ALADDIN (1992)
HERCULES (1997)
TREASURE PLANET (2002)

CLIFFORD, Graeme
réalisateur australien (1942-)
FRANCES (1982)
BURKE & WILLS (1985)
TURN OF THE SCREW, THE (1990)

CLIFTON, Elmer
réalisateur américain (1890-1949)
DOWN TO THE SEA IN SHIPS (1922)
SEVEN DOORS OF DEATH (1944)
NOT WANTED (1949)

CLINE, Edward
réalisateur américain (1892-1961)
THREE AGES, THE (1923)
HOOK, LINE AND SINKER (1930)
MILLION DOLLAR LEGS (1932)
BANK DICK, THE (1940)
MY LITTLE CHICKADEE (1940)
NEVER GIVE A SUCKER
AN EVEN BREAK (1941)

CLOONEY, George
réalisateur américain (1961-)
CONFESSIONS OF
A DANGEROUS MIND (2002)
GOOD NIGHT, AND GOOD LUCK (2005)
UNSCRIPTED (2005)

CLOUSE, Robert
réalisateur américain (1928-1997)
ENTER THE DRAGON (1973)
BLACK BELT JONES (1974)
ULTIMATE WARRIOR, THE (1975)
AMSTERDAM KILL, THE (1977)
PACK, THE (1977)
GAME OF DEATH (1978)
BIG BRAWL, THE (1980)

CLOUZOT, Henri-Georges
réalisateur français (1907-1977)
ASSASSIN HABITE AU 21, L' (1942)
CORBEAU, LE (1943)
QUAI DES ORFÈVRES, LE (1947)
SALAIRE DE LA PEUR, LE (1952)
DIABOLIQUES, LES (1955)
MYSTÈRE PICASSO, LE (1956)
PRISONNIÈRE, LA (1968)

COCTEAU, Jean
réalisateur français (1889-1963)
ORPHIC CYCLE, SANG D'UN POÈTE, LE (1930)
BELLE ET LA BÊTE, LA (1946)
AIGLE À DEUX TÊTES, L' (1948)
PARENTS TERRIBLES, LES (1948)
ORPHÉE (1949)
TESTAMENT D'ORPHÉE, LE (1959)

COEN, Joel
réalisateur américain (1954-)
BLOOD SIMPLE (1983)
RAISING ARIZONA (1987)
MILLER'S CROSSING (1990)
BARTON FINK (1991)
HUDSUCKER PROXY, THE (1994)
FARGO (1995)
BIG LEBOWSKI, THE (1997)
O BROTHER, WHERE ART THOU ? (2000)
MAN WHO WASN'T THERE, THE (2001)
INTOLERABLE CRUELTY (2003)
LADYKILLERS, THE (2003)

COGGIO, Roger
réalisateur français (1934-2001)
SILENCE, ON TOURNE (1976)
BELLE EMMERDEUSE, LA (1977)
BOURGEOIS GENTILHOMME, LE (1982)

COHEN, Larry
réalisateur américain (1941-)
BONE (1972)
BLACK CAESAR (1973)
HELL UP IN HARLEM (1973)
IT'S ALIVE ! (1974)
GOD TOLD ME TO (1976)
IT LIVES AGAIN (1978)
Q : THE WINGED SERPENT (1982)
PERFECT STRANGERS (1983)
SPECIAL EFFECTS (1985)
STUFF, THE (1985)
RETURN TO SALEM'S LOT, A (1987)
AMBULANCE, THE (1990)
ORIGINAL GANGSTAS (1996)
MASTERS OF HORROR - PICK ME UP (2005)

COHEN, Rob
réalisateur américain (1949-)
SMALL CIRCLE OF FRIENDS, A (1980)
DRAGON : THE BRUCE LEE STORY (1993)
DAYLIGHT (1996)
DRAGONHEART (1996)
RAT PACK, THE (1998)
SKULLS, THE (2000)
FAST AND THE FURIOUS, THE (2001)
XXX (2002)

COLE, Nigel
réalisateur
SAVING GRACE (1999)
CALENDAR GIRLS (2003)
A LOT LIKE LOVE (2005)

COLLINSON, Peter
réalisateur américain (1938-1980)
ITALIAN JOB, THE (1969)
SPIRAL STAIRCASE, THE (1975)
TEN LITTLE INDIANS (1975)
SELL OUT, THE (1976)
TOMORROW NEVER COMES (1978)

COLOMO, Fernando
réalisateur espagnol (1946-)
SKYLINE (1983)
STAR KNIGHT (1985)
MI-FUGUE, MI-RAISIN (1994)

COLUMBUS, Chris
réalisateur américain (1959-)
ADVENTURES IN BABYSITTING (1987)
HEARTBREAK HOTEL (1988)
HOME ALONE (1990)
ONLY THE LONELY (1991)
HOME ALONE 2 : LOST IN NEW YORK (1992)
MRS. DOUBTFIRE (1993)
NINE MONTHS (1995)
STEPMOM (1998)
BICENTENNIAL MAN (1999)
HARRY POTTER AND
THE PHILOSOPHER'S STONE (2001)
HARRY POTTER AND
THE CHAMBER OF SECRETS (2002)
RENT (2005)

COMENCINI, Luigi
réalisateur italien (1916-)
HEIDI (1952)
PAIN, AMOUR ET FANTAISIE (1953)
DON CAMILLO EN RUSSIE (1965)
VRAI CRIME D'AMOUR, UN (1973)
MON DIEU, COMMENT SUIS-JE
TOMBÉE SI BAS ? (1974)
FEMME DU DIMANCHE, LA (1975)
MESDAMES ET MESSIEURS, BONSOIR (1976)
GRAND EMBOUTEILLAGE, LE (1979)

CONDON, Bill
réalisateur américain (1955-)
SISTER, SISTER (1987)
GODS AND MONSTERS (1998)
KINSEY (2004)

CONINX, Stijn
réalisateur belge (1957-)
HECTOR (1987)
KOKO FLANEL (1989)
DAENS (1992)

CONNOR, Kevin
réalisateur anglais (1940-)
FROM BEYOND THE GRAVE (1973)
LAND THAT TIME FORGOT, THE (1974)
AT THE EARTH'S CORE (1976)
PEOPLE THAT TIME FORGOT, THE (1977)
MOTEL HELL (1980)
MOTHER TERESA : IN THE NAME
OF GOD'S POOR (1997)

CONWAY, Jack
réalisateur américain (1887-1952)
OUR MODERN MAIDENS (1929)
RED-HEADED WOMAN (1932)
GIRL FROM MISSOURI, THE (1934)
VIVA VILLA ! (1934)
TALE OF TWO CITIES, A (1935)
LIBELED LADY (1936)
SARATOGA (1937)
TOO HOT TO HANDLE (1938)
LET FREEDOM RING (1939)
HONKY TONK (1941)
LOVE CRAZY (1941)
DRAGON SEED (1944)
BOOM TOWN (1946)
HUCKSTERS, THE (1947)
JULIA MISBEHAVES (1948)

COOLIDGE, Martha
réalisatrice américaine (1946-)
VALLEY GIRL (1983)
REAL GENIUS (1985)
RAMBLING ROSE (1991)
LOST IN YONKERS (1993)
ANGIE (1994)
OUT TO SEA (1997)
IF THESE WALLS COULD TALK II (1999)
INTRODUCING DOROTHY DANDRIDGE (1999)

COOPER, Merian C.
réalisateur américain (1893-1973)
GRASS (1925)
CHANG (1927)
KING KONG (1933)

COPPOLA, Francis Ford
réalisateur américain (1939-)
DEMENTIA 13 (1963)
YOU'RE A BIG BOY NOW (1967)
FINIAN'S RAINBOW (1968)
RAIN PEOPLE, THE (1969)
GODFATHER, THE (1972)
CONVERSATION, THE (1974)
GODFATHER II, THE (1974)
APOCALYPSE NOW (1979)
ONE FROM THE HEART (1982)
OUTSIDERS, THE (1983)
RUMBLE FISH (1983)
COTTON CLUB, THE (1984)
PEGGY SUE GOT MARRIED (1986)
GARDENS OF STONE (1987)
TUCKER : THE MAN AND HIS DREAM (1988)
NEW YORK STORIES (1989)
GODFATHER III, THE (1990)
BRAM STOKER'S DRACULA (1992)
GODFATHER TRILOGY, THE (1992)
JACK (1996)
RAINMAKER,THE (1997)

CORACI, Frank
réalisateur américain (1966-)
WATERBOY, THE (1998)
WEDDING SINGER, THE (1998)
AROUND THE WORLD IN 80 DAYS (2004)

CORBIAU, Gérard
réalisateur belge (1941-)
MAÎTRE DE MUSIQUE, LE (1988)
ANNÉE DE L'ÉVEIL, L' (1991)
FARINELLI (1994)
ROI DANSE, LE (2000)

CORBUCCI, Sergio
réalisateur italien (1927-1990)
DJANGO (1966)
NAVAJO JOE (1966)
GREAT SILENCE, THE (1968)
COMPANEROS (1970)
MÉLODIE MEURTRIÈRE (1978)
SUPER FUZZ (1980)
SUPER FUZZ (1980)
WHO FINDS A FRIEND
FINDS A TREASURE (1981)

CORMAN, Roger
réalisateur américain (1926-)
DAY THE WORLD ENDED, THE (1955)
IT CONQUERED THE WORLD (1956)
CARNIVAL ROCK (1957)
I MOBSTER (1958)
MACHINE GUN KELLY (1958)
TEENAGE CAVEMAN (1958)
BUCKET OF BLOOD, A (1959)
WASP WOMAN, THE (1959)
FALL OF THE HOUSE OF USHER, THE (1960)
LITTLE SHOP OF HORRORS, THE (1960)
CREATURE FROM THE HAUNTED SEA (1961)
INTRUDER, THE (1961)
PIT AND THE PENDULUM, THE (1961)
PREMATURE BURIAL (1962)
TALES OF TERROR (1962)
TOWER OF LONDON (1962)
HAUNTED PALACE, THE (1963)
RAVEN, THE (1963)
TERROR, THE (1963)
X : THE MAN WITH THE X-RAY EYES (1963)
MASQUE OF THE RED DEATH, THE (1964)
TOMB OF LIGEIA (1965)
TOMB OF LIGEIA / AN EVENING
WITH EDGAR ALLAN POE, THE (1965)
WILD ANGELS, THE (1966)
ST. VALENTINE'S DAY MASSACRE, THE (1967)
TRIP, THE (1967)
BLOODY MAMA (1970)
GAS-S-S-S (1970)
VON RICHTHOFEN AND BROWN (1971)
VINCENT PRICE (1988)
FRANKENSTEIN UNBOUND (1990)
FIVE GUNS WEST (2002)

CORNEAU, Alain
réalisateur français (1943-)
POLICE PYTHON 357 (1975)
MENACE, LA (1977)
CHOIX DES ARMES, LE (1981)
FORT SAGANNE (1983)
MÔME, LE (1986)
TOUS LES MATINS DU MONDE (1991)
ENFANTS DE LUMIÈRE, LES (1995)
LUMIÈRE ET COMPAGNIE (1995)
NOUVEAU MONDE, LE (1995)
COUSIN, LE (1997)
PRINCE DU PACIFIQUE, LE (2000)
STUPEUR ET TREMBLEMENTS (2003)
MOTS BLEUS, LES (2004)

CORNFIELD, Hubert
réalisateur américain (1929-2006)
PLUNDER ROAD (1957)
PRESSURE POINT (1962)
NIGHT OF THE FOLLOWING DAY, THE (1969)

CORRENTE, Michael
réalisateur américain (1959-)
FEDERAL HILL (1993)
AMERICAN BUFFALO (1996)
OUTSIDE PROVIDENCE (1999)

CORSINI, Catherine
réalisatrice française (1956-)
NOUVELLE ÈVE, LA (1998)
PAS D'HISTOIRES (2001)
RÉPÉTITION, LA (2001)
MARIÉES MAIS PAS TROP (2003)

COSCARELLI, Don
réalisateur lybien (1954-)
KENNY AND CO. (1976)
PHANTASM (1979)
BEASTMASTER, THE (1982)
PHANTASM II (1988)
PHANTASM IV : OBLIVION (1998)
BUBBA HO-TEP (2002)
MASTERS OF HORROR - INCIDENT ON
AND OFF A MOUNTAIN ROAD (2005)

COSMATOS George P.
réalisateur italien (1941-)
REPRÉSAILLES (1973)
CASSANDRA CROSSING, THE (1976)
ESCAPE TO ATHENA (1979)
OF UNKNOWN ORIGIN (1983)
RAMBO : FIRST BLOOD PART 2 (1985)
COBRA (1986)
LEVIATHAN (1989)
TOMBSTONE (1993)

COSTA-GAVRAS, Constantin
réalisateur grec (1933-)
Z (1969)
AVEU, L' (1970)
ÉTAT DE SIÈGE (1972)
MISSING (1981)
HANNAH K. (1983)
CONSEIL DE FAMILLE (1986)
BETRAYED (1988)
MUSIC BOX (1989)
PETITE APOCALYPSE, LA (1992)
LUMIÈRE ET COMPAGNIE (1995)
MAD CITY (1997)
AMEN. (2001)

COSTNER, Kevin
réalisateur américain (1955-)
DANCES WITH WOLVES (1990)
POSTMAN, THE (1997)
OPEN RANGE (2003)

COX, Alex
réalisateur anglais (1954-)
REPO MAN (1984)
SID AND NANCY (1986)
STRAIGHT TO HELL (1987)
WALKER (1988)
HIGHWAY PATROLMAN (1992)
DEATH AND THE COMPASS (1996)
WINNER, THE (1996)
THREE BUSINESSMEN (1998)
REVENGERS TRAGEDY (2002)

COX, Paul
réalisateur australien (1940-)
LONELY HEARTS (1982)
CACTUS (1986)
VINCENT (1987)
ISLAND (1989)
GOLDEN BRAID (1990)
WOMAN'S TALE, A (1990)
NUN AND THE BANDIT, THE (1992)
MOLOKAÏ (1999)
INNOCENCE (2000)
NIJINSKY : THE DIARIES
OF VASLAV NIJINSKY (2001)

CRAVEN, Wes
réalisateur américain (1939-)
LAST HOUSE ON THE LEFT (1972)
HILLS HAVE EYES, THE (1976)
DEADLY BLESSING (1981)
SWAMP THING (1981)
INVITATION TO HELL (1984)
NIGHTMARE ON ELM STREET, A (1984)
HILLS HAVE EYES PART II, THE (1985)

DEADLY FRIEND (1986)
SERPENT AND THE RAINBOW, THE (1987)
SHOCKER (1989)
PEOPLE UNDER THE STAIRS, THE (1991)
WES CRAVEN'S NEW NIGHTMARE (1994)
VAMPIRE IN BROOKLYN, A (1995)
SCREAM (1996)
SCREAM II (1997)
MUSIC OF THE HEART (1999)
SCREAM III (2000)
WES CRAVEN COLLECTION, THE (2003)
CURSED (2005)
RED EYE (2005)

CRICHTON, Charles
réalisateur anglais (1910-)
DEAD OF NIGHT (1946)
LAVENDER HILL MOB, THE (1951)
FISH CALLED WANDA, A (1988)

CRICHTON, Michael
réalisateur américain (1942-)
PURSUIT (1972)
WESTWORLD (1973)
COMA (1978)
GREAT TRAIN ROBBERY, THE (1979)
LOOKER (1981)
RUNAWAY (1984)
PHYSICAL EVIDENCE (1988)

CROMWELL, John
réalisateur américain (1888-1979)
OF HUMAN BONDAGE (1934)
PRISONER OF ZENDA, THE (1937)
ALGIERS (1938)
MADE FOR EACH OTHER (1938)
IN NAME ONLY (1939)
ABE LINCOLN IN ILLINOIS (1940)
SO ENDS OUR NIGHT (1941)
SON OF FURY (1942)
SINCE YOU WENT AWAY (1944)
ANNA AND THE KING OF SIAM (1946)
DEAD RECKONING (1947)
RACKET, THE (1951)
SCAVENGERS, THE (1959)

CRONENBERG, David
réalisateur canadien (1943-)
SHIVERS (1974)
RABID (1976)
BROOD, THE (1979)
FAST COMPANY (1979)
SCANNERS (1980)
VIDEODROME (1982)
DEAD ZONE, THE (1983)
FLY, THE (1986)
DEAD RINGERS (1988)
NAKED LUNCH (1991)
M. BUTTERFLY (1993)
CRASH (1996)
EXISTENZ (1999)
SPIDER (2002)
HISTORY OF VIOLENCE, A (2005)

CROSLAND, Alan
réalisateur américain (1894-1936)
DON JUAN (1926)
BELOVED ROGUE, THE (1927)
JAZZ SINGER (1927)

CROWE, Cameron
réalisateur américain (1957-)
SAY ANYTHING... (1989)
SINGLES (1992)
JERRY MAGUIRE (1996)
ALMOST FAMOUS (2000)
VANILLA SKY (2001)
ELIZABETHTOWN (2005)

CRYSTAL, Billy
réalisateur américain (1947-)
MR. SATURDAY NIGHT (1992)
FORGET PARIS (1995)
61 (2001)

CUARON, Alfonso
réalisateur mexicain (1961-)
LITTLE PRINCESS, A (1995)
GREAT EXPECTATIONS (1998)
ET... TA MÈRE AUSSI (2001)
HARRY POTTER AND
THE PRISONER OF AZKABAN (2004)

CUKOR, George
réalisateur américain (1899-1983)
BILL OF DIVORCEMENT, A (1932)
WHAT PRICE HOLLYWOOD ? (1932)
DINNER AT EIGHT (1933)
LITTLE WOMEN (1933)
DAVID COPPERFIELD (1935)
ROMEO AND JULIET (1936)
SYLVIA SCARLETT (1936)
CAMILLE (1937)
HOLIDAY (1938)
WOMEN, THE (1939)
PHILADELPHIA STORY, THE (1940)
SUSAN AND GOD (1940)
TWO-FACED WOMAN (1941)
KEEPER OF THE FLAME (1942)
GASLIGHT (1944)
DOUBLE LIFE, A (1947)
ADAM'S RIB (1949)
BORN YESTERDAY (1950)
MARRYING KIND, THE (1952)
PAT AND MIKE (1952)
IT SHOULD HAPPEN TO YOU (1954)
STAR IS BORN, A (1954)
BHOWANI JUNCTION (1955)
LES GIRLS (1957)
HELLER IN PINK TIGHTS (1960)
LET'S MAKE LOVE (1960)
SONG WITHOUT END (1960)
MY FAIR LADY (1964)
TRAVELS WITH MY AUNT (1972)
LOVE AMONG THE RUINS (1975)
CORN IS GREEN, THE (1978)
RICH AND FAMOUS (1981)

CUMMINGS, Irving
réalisateur américain (1888-1959)
IN OLD ARIZONA (1928)
CURLY TOP (1935)
POOR LITTLE RICH GIRL (1936)
VOGUE OF 1938 (1937)
JUST AROUND THE CORNER (1938)
LITTLE MISS BROADWAY (1938)
EVERYTHING HAPPENS AT NIGHT (1939)
STORY OF ALEXANDER
GRAHAM BELL, THE (1939)
DOWN ARGENTINE WAY (1940)
LOUISIANA PURCHASE (1941)
SPRINGTIME IN THE ROCKIES (1942)
DOLLY SISTERS, THE (1950)
DOUBLE DYNAMITE (1951)

CUNHA, Richard E.
réalisateur américain
FRANKENSTEIN'S DAUGHTER (1958)
MISSILE TO THE MOON (1958)
SHE DEMONS (1958)

CUNNINGHAM, Sean S.
réalisateur américain (1941-)
FRIDAY THE 13th (1980)
STRANGER IS WATCHING, A (1981)
DEEPSTAR SIX (1988)

CURTIS, Dan
réalisateur américain (1928-)
HOUSE OF DARK SHADOWS (1970)
NIGHT OF DARK SHADOWS (1971)
NIGHT STALKER, THE /
NIGHT STRANGLER, THE (1972)
DRACULA (1973)
TURN OF THE SCREW, THE (1974)
TRILOGY OF TERROR (1975)
BURNT OFFERINGS (1976)
CURSE OF THE BLACK WIDOW, THE (1977)
WAR AND REMEMBRANCE (1989)
OUR FATHERS (2005)

CURTIZ, Michael
réalisateur hongrois (1888-1962)
CABIN IN THE COTTON, THE (1932)
CAPTAIN BLOOD (1934)
CHARGE OF THE LIGHT BRIGADE, THE (1936)
KID GALAHAD (1937)
ADVENTURES OF ROBIN HOOD, THE (1938)
FOUR DAUGHTERS (1938)
ANGELS WITH DIRTY FACES (1939)
DODGE CITY (1939)
PRIVATE LIVES OF ELIZABETH
AND ESSEX, THE (1939)
SANTA FE TRAIL (1940)
SEA HAWK, THE (1940)
VIRGINIA CITY (1940)
CASABLANCA (1941)
DIVE BOMBER (1941)
SEA WOLF, THE (1941)
YANKEE DOODLE DANDY (1942)
PASSAGE TO MARSEILLE (1944)
MILDRED PIERCE (1945)
NIGHT & DAY (1946)
FLAMINGO ROAD (1949)
MY DREAM IS YOURS (1949)
BREAKING POINT, THE (1950)
FORCE OF ARMS (1950)
YOUNG MAN WITH A HORN (1950)
I'LL SEE YOU IN MY DREAMS (1951)
JIM THORPE - ALL AMERICAN (1951)
JAZZ SINGER (1952)
EGYPTIAN, THE (1953)
TROUBLE ALONG THE WAY (1953)
WHITE CHRISTMAS (1954)
WE'RE NO ANGELS (1955)
HELEN MORGAN STORY, THE (1957)
KING CREOLE (1958)
PROUD REBEL, THE (1958)
ADVENTURES OF
HUCKLEBERRY FINN, THE (1960)
BREATH OF SCANDAL, A (1960)
COMANCHEROS, THE (1961)
FRANCIS OF ASSISI (1961)

CZINNER, Paul
réalisateur hongrois (1890-1972)
WOMAN HE SCORNED, THE (1929)
RISE OF CATHERINE
THE GREAT, THE (1934)
AS YOU LIKE IT (1936)

DAHAN, Olivier
réalisateur français (1967-)
DÉJÀ MORT (1997)
VIE PROMISE (2002)
RIVIÈRES POURPRES II :
LES ANGES DE L'APOCALYPSE (2003)

DAHL, John
réalisateur américain (1956-)
KILL ME AGAIN (1989)
RED ROCK WEST (1992)
LAST SEDUCTION, THE (1993)

UNFORGETTABLE (1996)
ROUNDERS (1998)
JOY RIDE (2001)
GREAT RAID, THE (2004)

DAMIANI, Damiano
réalisateur italien (1922-)
BULLET FOR THE GENERAL, A (1967)
HOW TO KILL A JUDGE (1974)
AMITYVILLE II : THE POSSESSION (1982)
INQUIRY, THE (1987)

DAMIANO, Gerard
réalisateur
DEVIL IN MISS JONES, THE (1973)
STORY OF JOANNA, THE (1975)
PEOPLE (1978)
SATISFIERS OF ALPHA BLUE, THE (1981)

DAMSKI, Mel
réalisateur américain (1946-)
YELLOWBEARD (1983)
MISCHIEF (1985)
TICK, THE : THE ENTIRE SEASON (2001)

DANIEL, Rod
réalisateur américain
LIKE FATHER, LIKE SON (1987)
K-9 (1989)
SUPER, THE (1991)
BEETHOVEN'S 2nd (1993)

DANTE, Joe
réalisateur américain (1946-)
PIRANHA (1978)
HOWLING, THE (1980)
POLICE SQUAD ! (1982)
GREMLINS (1984)
EXPLORERS (1985)
AMAZON WOMEN ON THE MOON (1986)
INNERSPACE (1987)
BURBS, THE (1989)
GREMLINS 2 : THE NEW BATCH (1990)
MATINEE (1993)
SECOND CIVIL WAR (1997)
SMALL SOLDIERS (1998)
LOONEY TUNES : BACK IN ACTION (2003)
MASTERS OF HORROR - HOMECOMING (2005)

DARABONT, Frank
réalisateur français (1959-)
BURIED ALIVE (1990)
SHAWSHANK REDEMPTION, THE (1994)
GREEN MILE, THE (1999)
MAJESTIC, THE (2001)

DARDENNE, Jean-Pierre
réalisateur belge (1951-)
ROSETTA (1999)
FILS, LE (2002)
ENFANT, L' (2005)

DARDENNE, Luc
réalisateur belge (1954-)
PROMESSE, LA (1996)
FILS, LE (2002)
ENFANT, L' (2005)

DASSIN, Jules
réalisateur américain (1911-)
REUNION IN FRANCE (1942)
CANTERVILLE GHOST, THE (1944)
BRUTE FORCE (1947)
NAKED CITY, THE (1947)
NIGHT AND THE CITY (1950)
DU RIFIFI CHEZ LES HOMMES (1955)
LAW, THE (1958)
JAMAIS LE DIMANCHE (1960)
TOPKAPI (1964)
DREAM OF PASSION (1978)

DAVES, Delmer
réalisateur américain (1904-1977)
DARK PASSAGE (1947)
RED HOUSE, THE (1947)
BROKEN ARROW (1949)
NEVER LET ME GO (1953)
DEMETRIUS AND THE GLADIATORS (1954)
LAST WAGON, THE (1955)
3 : 10 TO YUMA (1956)
JUBAL (1956)
BADLANDERS, THE (1958)
KINGS GO FORTH (1958)
SUMMER PLACE, A (1959)
PARRISH (1961)
ROME ADVENTURE (1961)
SPENCER'S MOUNTAIN (1963)

DAVIDSON, Martin
réalisateur américain (1939-)
LORDS OF FLATBUSH, THE (1974)
EDDIE AND THE CRUISERS (1983)
HEART OF DIXIE (1989)
HARD PROMISES (1991)

DAVIES, Terence
réalisateur anglais (1945-)
STILL LIVES (1988)
LONG DAY CLOSES, THE (1992)
NEON BIBLE, THE (1994)
HOUSE OF MIRTH, THE (2000)

DAVIS, Andrew
réalisateur américain (1947-)
FINAL TERROR (1982)
CODE OF SILENCE (1985)
ABOVE THE LAW (1988)
PACKAGE, THE (1989)
UNDER SIEGE (1992)
FUGITIVE, THE (1993)
STEAL BIG, STEAL LITTLE (1995)
CHAIN REACTION (1996)
PERFECT MURDER, A (1998)
COLLATERAL DAMAGE (2001)
HOLES (2003)

DAVIS, Desmond
réalisateur anglais (1927-)
GIRL WITH GREEN EYES, THE (1964)
SMASHING TIME (1967)
CLASH OF THE TITANS (1981)

DAVIS, Robin
réalisateur français
GUERRE DES POLICES, LA (1979)
CHOC, LE (1982)
J'AI ÉPOUSÉ UNE OMBRE (1982)
HORS-LA-LOI (1985)

DAVIS, Tamra
réalisatrice américaine (1962-)
CB4 (1992)
GUNCRAZY (1992)
BILLY MADISON (1995)
BEST MEN (1997)
HALF BAKED (1997)

DAY, Robert
réalisateur anglais (1922-)
CORRIDORS OF BLOOD (1958)
HAUNTED STRANGLER, THE (1958)
TWO-WAY STRETCH (1961)
MAN WITH BOGART'S FACE, THE (1980)
QUICK AND THE DEAD (1987)

DAYAN, Josée
réalisatrice française (1943-)
PLEIN FER (1990)
COMTE DE MONTE CRISTO (1998)
BALZAC : LA PASSION D'UNE VIE (1999)
MISÉRABLES, LES (2000)
CET AMOUR-LÀ (2001)
LIAISONS DANGEREUSES, LES (2002)

DE ANTONIO Emile
réalisateur américain (1920-1989)
POINT OF ORDER (1964)
PAINTERS PAINTING (1972)
UNDERGROUND (1976)

DE BONT Jan
réalisateur néerlandais (1944-)
SPEED (1994)
TWISTER (1996)
SPEED 2 : CRUISE CONTROL (1997)
HAUNTING, THE (1999)
LARA CROFT : THE CRADLE OF LIFE (2003)

DE BROCA, Philippe
réalisateur français (1933-)
CARTOUCHE (1961)
SEPT PÉCHÉS CAPITAUX, LES (1961)
HOMME DE RIO, L' (1964)
ROI DE CŒUR, LE (1966)
MAGNIFIQUE, LE (1973)
ON A VOLÉ LA CUISSE DE JUPITER (1979)
PSY (1980)
AFRICAIN, L' (1982)
LOUISIANA (1983)
GITANE, LA (1985)
CHOUANS ! (1988)
CLÉS DU PARADIS, LES (1991)
JARDIN DES PLANTES, LE (1996)
BOSSU, LE (1997)
AMAZONE (2000)
VIPÈRE AU POING (2004)

DE CHALONGE, Christian
réalisateur français (1937-)
ARGENT DES AUTRES, L' (1978)
QUARANTIÈMES RUGISSANTS, LES (1982)
DOCTEUR PETIOT (1990)

DE CORDOVA, Frederick
réalisateur américain (1910-)
COUNTESS OF MONTE CRISTO, THE (1948)
FOR THE LOVE OF MARY (1948)
BEDTIME FOR BONZO (1950)
I'LL TAKE SWEDEN (1964)
FRANKIE AND JOHNNY (1966)

DE HEER, Rolf
réalisateur hollandais (1951-)
BAD BOY BUBBY (1993)
ALIEN VISITOR (1995)
ALEXANDRA'S PROJECT (2003)

DE LA IGLESIA, Alex
réalisateur espagnol (1965-)
ACCION MUTANTE (1993)
DYING OF LAUGHTER (1999)
COMUNIDAD, LA (2000)
800 BULLETS (2002)

DE LA IGLESIA, Eloy
réalisateur espagnol (1944-)
HIDDEN PLEASURES (1977)
EL DIPUTADO (1978)
BULGARIAN LOVERS (2002)

DE LA PATELLIÈRE, Denys
réalisateur français (1921-)
TAXI POUR TOBROUK, UN (1960)
CAROLINE CHÉRIE (1967)
TATOUÉ, LE (1968)
TUEUR, LE (1972)

DE LEON, Gerardo
réalisateur philippin (1913-1981)
TERROR IS A MAN (1959)
BLOOD DRINKERS, THE (1966)
BRIDES OF BLOOD (1969)
MAD DOCTOR OF BLOOD ISLAND (1969)

DE LLACA, Juan Carlos
réalisateur mexicain (1962-)
EN EL AIRE (1995)
ON THE AIR (1995)
POR LA LIBRE (2000)

DE OLIVEIRA, Manoel
réalisateur portugais (1908-)
VAL ABRAHAM, LE (1993)
CONVENT, THE (1995)
PARTY (1996)
VOYAGE AU DÉBUT DU MONDE (1997)
JE RENTRE À LA MAISON (2001)
TALKING PICTURE, A (2003)

DE PALMA, Brian
réalisateur américain (1940-)
GREETINGS (1968)
WEDDING PARTY, THE (1969)
HI, MOM ! (1970)
GET TO KNOW YOUR RABBIT (1971)
SISTERS (1972)
PHANTOM OF THE PARADISE (1974)
OBSESSION (1975)
CARRIE (1976)
FURY, THE (1978)
HOME MOVIES (1979)
DRESSED TO KILL (1980)
BLOW OUT (1981)
SCARFACE (1983)
BODY DOUBLE (1984)
WISE GUYS (1985)
UNTOUCHABLES, THE (1987)
CASUALTIES OF WAR (1989)
BONFIRE OF THE VANITIES, THE (1990)
RAISING CAIN (1992)
CARLITO'S WAY (1993)
MISSION : IMPOSSIBLE (1996)
SNAKE EYES (1998)
MISSION TO MARS (2000)
FEMME FATALE (2002)

DE SICA, Vittorio
réalisateur italien (1902-1974)
SCIUSCIA (1946)
VOLEUR DE BICYCLETTE, LE (1948)
MIRACLE À MILAN (1950)
UMBERTO D. (1951)
INDISCRETION OF AN AMERICAN WIFE (1953)
TERMINAL STATION (1953)
GOLD OF NAPLES, THE (1954)
TOIT, LE (1956)
TWO WOMEN (1960)
BOCCACE 70 (1962)
ENFANTS NOUS REGARDENT, LES (1963)
MARIAGE À L'ITALIENNE (1964)
YESTERDAY, TODAY AND TOMORROW (1964)
AFTER THE FOX (1966)
WOMAN TIMES SEVEN (1967)
FLEURS DU SOLEIL, LES (1969)
TEMPS DES AMANTS, LE (1969)
JARDIN DES FINZI CONTINI, LE (1971)
BRIEF VACATION, A (1976)

DE TOTH André
réalisateur hongrois (1913-)
RAMROD (1946)
OTHER LOVE, THE (1947)
PITFALL (1948)
STRANGER WORE A GUN, THE (1952)
HOUSE OF WAX (1953)
INDIAN FIGHTER, THE (1955)

DEAR, William
réalisateur canadien (1944-)
TIMERIDER (1982)
HARRY AND THE HENDERSONS (1987)
WILD AMERICA (1997)

DEARDEN, Basil
réalisateur anglais (1911-1971)
SMALLEST SHOW ON EARTH (1956)
LEAGUE OF GENTLEMEN, THE (1960)
VICTIM (1961)
KHARTOUM (1965)
ASSASSINATION BUREAU, THE (1968)
MAN WHO HAUNTED
HIMSELF, THE (1970)

DEARDEN, James
réalisateur anglais (1949-)
PASCALI'S ISLAND (1988)
KISS BEFORE DYING, A (1991)
ROGUE TRADER (1999)

DECOIN, Henri
réalisateur français (1896-1969)
INCONNUS DANS LA MAISON, LES (1942)
UN SOIR AU MUSIC-HALL (1956)
FEU AUX POUDRES, LE (1957)
CASABLANCA, NID D'ESPIONS (1963)

DEGREGORI, Felipe
réalisateur péruvien (1954-)
WE ARE ALL STARS (1993)
CITY OF M. (2000)
CIUDAD DE M (2000)

DEIN, Edward
réalisateur américain (1907-1984)
SHACK OUT ON 101 (1955)
CURSE OF THE UNDEAD (1959)
LEECH WOMAN, THE (1960)

DEITCH, Donna
réalisatrice américaine (1945-)
DESERT HEARTS (1985)
DEVIL'S ARITHMETIC, THE (1999)
COMMON GROUND (2000)

DEL AMO, Antonio
réalisateur espagnol (1911-1991)
ENFANT À LA VOIX D'OR, L' (1957)
DEUX GAMINS, LES (1960)
CHANSON DE L'ORPHELIN, LA (1961)

DEL RUTH Roy
réalisateur américain (1895-1961)
KID MILLIONS (1934)
BROADWAY MELODY OF 1936 (1935)
BORN TO DANCE (1936)
BROADWAY MELODY OF 1938 (1937)
ON THE AVENUE (1937)
HAPPY LANDING (1938)
MY LUCKY STAR (1938)
CHOCOLATE SOLDIER, THE (1940)
TOPPER RETURNS (1941)
DU BARRY WAS A LADY (1943)
WEST POINT STORY, THE (1950)
PHANTOM OF THE RUE MORGUE (1954)
ALLIGATOR PEOPLE, THE (1959)

DEL TORO, Guillermo
réalisateur mexicain (1964-)
CRONOS (1992)
MIMIC (1997)
ÉCHINE DU DIABLE, L' (2001)
BLADE II (2002)
HELLBOY (2004)

DELANNOY, Jean
réalisateur français (1908-)
ASSASSIN A PEUR LA NUIT, L' (1942)
ÉTERNEL RETOUR, L' (1943)
SYMPHONIE PASTORALE, LA (1946)
NOTRE-DAME DE PARIS (1956)
MARIE DE NAZARETH (1994)

DELGADO, Miguel
réalisateur mexicain (1905-1994)
DONA BARBARA (1943)
BOLERO DE RAQUEL, EL (1957)
ANALFABETO, EL (1961)
PADRECITO, EL (1964)
SU EXCELENCIA (1966)
SANTO vs FRANKENSTEIN DAUGHTER (1971)
SANTO & BLUE DEMON vs DRACULA (1973)
SANTO & BLUE DEMON vs
DR. FRANKENSTEIN (1974)

DEMERS, Claude
réalisateur québécois
NUIT AVEC TOI, UNE (1993)
INVENTION DE L'AMOUR, L' (2000)
BARBIERS - UNE HISTOIRE
D'HOMMES (2006)

DeMILLE, Cecil B.
réalisateur américain (1881-1959)
CARMEN (1915)
CHEAT, THE (1915)
JOAN THE WOMAN (1917)
WHISPERING CHORUS, THE (1918)
MALE AND FEMALE (1919)
AFFAIRS OF ANATOL, THE (1921)
MANSLAUGHTER, THE (1922)
TEN COMMANDMENTS, THE (1923)
VOLGA BOATMAN, THE (1926)
KING OF KINGS, THE (1927)
MADAM SATAN (1930)
SIGN OF THE CROSS, THE (1933)
CLEOPATRA (1934)
CRUSADES, THE (1935)
PLAINSMAN, THE (1936)
UNION PACIFIC (1940)
REAP THE WILD WIND (1942)
STORY OF DR. WASSELL, THE (1944)
UNCONQUERED (1947)
SAMSON AND DELILAH (1950)
GREATEST SHOW ON EARTH, THE (1951)
TEN COMMANDMENTS, THE (1956)

DEMME, Jonathan
réalisateur américain (1944-)
CAGED HEAT (1974)
CRAZY MAMA (1975)
LAST EMBRACE (1979)
MELVIN AND HOWARD (1980)
WHO AM I THIS TIME ? (1982)
SWING SHIFT (1984)
TALKING HEADS :
STOP MAKING SENSE (1984)
SOMETHING WILD (1986)
SWIMMING TO CAMBODIA (1987)
MARRIED TO THE MOB (1988)
SILENCE OF THE LAMBS, THE (1991)
COUSIN BOBBY (1992)
PHILADELPHIA (1993)
BELOVED (1998)

STOREFRONT HITCHCOCK (1998)
TRUTH ABOUT CHARLIE, THE (2002)
AGRONOMIST, THE (2003)
MANCHURIAN CANDIDATE, THE (2004)
NEIL YOUNG - HEART OF GOLD (2006)

DEMME, Ted
réalisateur américain (1964-2002)
REF, THE (1994)
BEAUTIFUL GIRLS (1996)
GUN (1996)
MONUMENT AVE. (1997)
ACTION - COMPLETE SERIES (1999)
LIFE (1999)
BLOW (2001)
DECADE UNDER
THE INFLUENCE, A (2003)

DEMY, Jacques
réalisateur français (1931-1990)
LOLA (1960)
SEPT PÉCHÉS CAPITAUX, LES (1961)
PARAPLUIES DE CHERBOURG, LES (1963)
DEMOISELLES DE ROCHEFORT, LES (1967)
PEAU D'ÂNE (1970)
ÉVÉNEMENT LE PLUS IMPORTANT
DEPUIS QUE L'HOMME A MARCHÉ
SUR LA LUNE, L' (1973)
PARKING (1985)
TROIS PLACES POUR LE 26 (1988)

DENIS, Claire
réalisatrice française (1948-)
CHOCOLAT (1988)
S'EN FOUT LA MORT (1990)
J'AI PAS SOMMEIL (1994)
NÉNETTE ET BONI (1996)
BEAU TRAVAIL (1998)
TROUBLE EVERY DAY (2001)
VENDREDI SOIR (2002)
INTRUS, L' (2004)

DEODATO, Ruggero
réalisateur italien (1939-)
CANNIBAL HOLOCAUST (1979)
HOUSE ON THE EDGE
OF THE PARK, THE (1980)
AMAZONIA, LA JUNGLE BLANCHE (1985)

DERAY, Jacques
réalisateur français (1929-)
AMOUR D'ORPHÉE, L', PISCINE, LA (1968)
BORSALINO (1970)
DOUCEMENT LES BASSES (1971)
UN PEU DE SOLEIL
DANS L'EAU FROIDE (1971)
UN HOMME EST MORT (1972)
BORSALINO AND Co. (1974)
FLIC STORY (1975)
PAPILLON SUR L'ÉPAULE, UN (1978)
3 HOMMES À ABATTRE (1980)
SECRETS DE LA PRINCESSE
DE CARDIGNAN, LES (1982)
MARGINAL, LE (1983)
ON NE MEURT QUE DEUX FOIS (1985)
SOLITAIRE, LE (1987)
BOIS NOIRS, LES (1989)
NETCHAÏEV EST DE RETOUR (1991)
CRIME, UN (1992)
OURS EN PELUCHE, L' (1994)

DERCOURT, Denis
réalisateur français
CACHETONNEURS, LES (1998)
LISE ET ANDRÉ (2000)
MES ENFANTS NE SONT
PAS COMME LES AUTRES (2002)

DERUDDERE, Dominique
réalisateur belge (1957-)
CRAZY LOVE (1986)
WAIT UNTIL SPRING, BANDINI (1989)
SUITE 16 (1994)
HOMBRES COMPLICADOS (1997)
EVERYBODY'S FAMOUS (2000)

DÉSAGNAT, Jean-Pierre
réalisateur français
PAS DE ROSES POUR OSS 117 (1967)
CHARLOTS CONTRE DRACULA, LES (1980)
FLICS DE CHOC (1983)

DESPLECHIN, Arnaud
réalisateur français (1960-)
SENTINELLE, LA (1991)
COMMENT JE ME SUIS DISPUTÉ...
(MA VIE SEXUELLE) (1995)
ESTHER KAHN (2000)
ROIS ET REINE (2004)

DEUTCH, Howard
réalisateur américain (1950-)
PRETTY IN PINK (1986)
SOME KIND OF WONDERFUL (1987)
GREAT OUTDOORS, THE (1988)
ARTICLE 99 (1992)
GETTING EVEN WITH DAD (1994)
GRUMPIER OLD MEN (1995)
ODD COUPLE II, THE (1998)
REPLACEMENTS, THE (2000)
WHOLE TEN YARDS, THE (2004)

DEVILLE, Michel
réalisateur français (1931-)
OURS ET LA POUPÉE, L' (1969)
FEMME EN BLEU, LA (1973)
MOUTON ENRAGÉ, LE (1973)
DOSSIER 51, LE (1978)
PETITE BANDE, LA (1982)
PÉRIL EN LA DEMEURE (1984)
LECTRICE, LA (1988)
NUIT D'ÉTÉ EN VILLE (1990)
TOUTES PEINES CONFONDUES (1992)
AUX PETITS BONHEURS (1993)
CONFESSIONS DU
DOCTEUR SACHS, LES (1999)
UN FIL À LA PATTE (2004)

DeVITO, Danny
réalisateur américain (1944-)
THROW MOMMA FROM THE TRAIN (1987)
WAR OF THE ROSES, THE (1989)
HOFFA (1992)
MATILDA (1996)
DEATH TO SMOOCHY (2002)
DUPLEX (2003)

DEY, Tom
réalisateur anglais
SHANGHAI NOON (2000)
SHOWTIME (2002)
FAILURE TO LUNCH (2006)

DiCILLO, Tom
réalisateur américain (1954-)
JOHNNY SUEDE (1991)
LIVING IN OBLIVION (1994)
BOX OF MOONLIGHT (1996)
REAL BLONDE, THE (1997)
DOUBLE WHAMMY (2001)

DICK, Kirby
réalisateur
SICK: THE LIFE AND DEATH OF BOB
FLANAGAN, SUPERMASOCHIST (1997)
DERRIDA (2002)
TWIST OF FAITH (2004)

DICKERSON, Ernest
réalisateur américain (1952-)
JUICE (1992)
SURVIVING THE GAME (1994)
TALES FROM THE CRYPT PRESENTS:
DEMON KNIGHT (1994)
BULLETPROOF (1996)
NEVER DIE ALONE (2004)

DIEGUES, Carlos
réalisateur brésilien (1940-)
XICA (1976)
BYE BYE BRÉSIL (1980)
QUILOMBO (1984)
SUBWAY TO THE STARS (1987)
TIETA OF AGRESTE (1996)
ORFEU (1999)
GOD IS BRAZILIAN (2003)

DIETERLE, William
réalisateur allemand (1893-1972)
SEX IN CHAINS (1928)
FASHIONS OF 1934 (1934)
SATAN MET A LADY (1936)
STORY OF LOUIS PASTEUR, THE (1936)
LIFE OF EMILE ZOLA, THE (1937)
BLOCKADE (1938)
HUNCHBACK OF NOTRE-DAME (1939)
JUAREZ (1939)
DEVIL AND DANIEL WEBSTER, THE (1942)
KISMET (1944)
LOVE LETTERS (1945)
I'LL BE SEEING YOU (1947)
PORTRAIT OF JENNIE (1948)
SEPTEMBER AFFAIR (1950)
ELEPHANT WALK (1953)
SALOME (1953)

DINDAL, Mark
réalisateur américain
CATS DON'T DANCE (1997)
EMPEROR'S NEW GROOVE, THE (2000)
CHICKEN LITTLE (2005)

DMYTRYK, Edward
réalisateur américain (1908-)
DEVIL COMMANDS, THE (1941)
SEVEN MILES FROM ALCATRAZ (1942)
BEHIND THE RISING SUN (1943)
CAPTIVE WILD WOMAN (1943)
TENDER COMRADE (1944)
BACK TO BATAAN (1945)
CORNERED (1945)
MURDER, MY SWEET (1946)
TILL THE END OF TIME (1946)
CROSSFIRE (1947)
CHRIST IN CONCRETE (1949)
BROKEN LANCE (1953)
CAINE MUTINY, THE (1953)
END OF THE AFFAIR, THE (1954)
LEFT HAND OF GOD, THE (1955)
MOUNTAIN, THE (1956)
RAINTREE COUNTY (1957)
YOUNG LIONS, THE (1958)
WARLOCK (1959)
WALK ON THE WILD SIDE (1962)
CARPETBAGGERS, THE (1963)
WHERE LOVE HAS GONE (1964)
MIRAGE (1965)
ALVAREZ KELLY (1966)
ANZIO (1968)
SHALAKO (1968)
BARBE BLEUE (1972)

DOBKIN, David
réalisateur (1969-)
CLAY PIGEONS (1998)
SHANGHAI KNIGHTS (2003)
WEDDING CRASHERS (2005)

DOILLON, Jacques
réalisateur français (1944-)
PIRATE, LA (1984)
PURITAINE, LA (1986)
COMÉDIE ! (1987)
FILLE DE 15 ANS, LA (1989)
VENGEANCE D'UNE FEMME, LA (1989)
PETIT CRIMINEL, LE (1990)
AMOUREUSE (1991)
JEUNE WERTHER, LE (1992)
PONETTE (1996)
PETITS FRÈRES (1998)

DONALDSON, Roger
réalisateur australien (1945-)
SMASH PALACE (1981)
BOUNTY, THE (1983)
MARIE (1985)
NO WAY OUT (1987)
COCKTAIL (1988)
CADILLAC MAN (1990)
WHITE SANDS (1992)
GETAWAY, THE (1994)
SPECIES (1995)
DANTE'S PEAK (1997)
THIRTEEN DAYS (2000)
RECRUIT, THE (2003)
WORLD'S FASTEST INDIAN, THE (2005)

DONEN, Stanley
réalisateur américain (1924-)
ON THE TOWN (1949)
ROYAL WEDDING (1951)
LOVE IS BETTER THAN EVER (1952)
SINGIN' IN THE RAIN (1952)
GIVE A GIRL A BREAK (1953)
DEEP IN MY HEART (1954)
SEVEN BRIDES FOR SEVEN BROTHERS (1954)
IT'S ALWAYS FAIR WEATHER (1955)
FUNNY FACE (1956)
KISS THEM FOR ME (1957)
PAJAMA GAME, THE (1957)
DAMN YANKEES ! (1958)
INDISCREET (1958)
GRASS IS GREENER, THE (1960)
CHARADE (1963)
ARABESQUE (1966)
BEDAZZLED (1967)
TWO FOR THE ROAD (1967)
LITTLE PRINCE, THE (1974)
SATURN 3 (1980)
BLAME IT ON RIO (1983)

DONNER, Clive
réalisateur anglais (1926-)
WHAT'S NEW, PUSSYCAT ? (1965)
LUV (1967)
ROGUE MALE (1976)
CHARLIE CHAN AND THE CURSE
OF THE DRAGON QUEEN (1980)
NUDE BOMB, THE (1980)
OLIVER TWIST (1982)
SCARLET PIMPERNEL, THE (1982)
STEALING HEAVEN (1986)
FOR BETTER AND FOR WORSE (1992)
CHARLEMAGNE (1994)

DONNER, Richard
réalisateur américain (1939-)
X-15 (1961)
MAN FROM U.N.C.L.E, THE (1964)
LOLA (1969)
OMEN, THE (1976)
SUPERMAN : THE MOVIE (1978)
INSIDE MOVES (1980)
TOY, THE (1982)
GOONIES, THE (1985)
LADYHAWKE (1985)
LETHAL WEAPON (1987)
SCROOGED (1988)
LETHAL WEAPON 2 (1989)
LETHAL WEAPON 3 (1992)
RADIO FLYER (1992)
MAVERICK (1994)
ASSASSINS (1995)
CONSPIRACY THEORY (1997)
LETHAL WEAPON 4 (1998)
TIMELINE (2003)
16 BLOCKS (2006)

DONOHUE, Jack
réalisateur américain (1908-1984)
YELLOW CAB MAN, THE (1950)
WATCH THE BIRDIE (1951)
LUCKY ME (1953)
MARRIAGE ON THE ROCKS (1965)
ASSAULT ON A QUEEN (1966)

DONSKOY, Mark
réalisateur ukrainien (1901-1981)
HAPPINESS (1934)
CHILDHOOD OF MAXIM GORKY, THE (1938)
GORKY TRILOGY I : MY CHILDHOOD (1938)
GORKY TRILOGY : MY APPRENTICE (1939)
GORKY TRILOGY : MY UNIVERSITY (1940)

DORNHELM, Robert
réalisateur roumain (1947-)
ECHO PARK (1985)
COLD FEET (1988)
REQUIEM FOR DOMINIC (1990)
ANNE FRANK (2001)
SPARTACUS (2004)

DÖRRIE, Doris
réalisatrice allemande (1955-)
MES DEUX HOMMES (1985)
ME AND HIM (1988)
HAPPY BIRTHDAY ! (TURKE) (1992)
NOBODY LOVES ME (1994)
ENLIGHTENMENT GUARANTEED (2000)
NAKED (2002)

DOUGLAS, Gordon
réalisateur américain (1909-1993)
GIRL RUSH (1944)
BLACK ARROW, THE (1948)
KISS TOMORROW GOODBYE (1950)
SO THIS IS LOVE (1953)
THEM ! (1954)
YOUNG AT HEART (1954)
McCONNELL STORY, THE (1955)
SINCERELY YOURS (1955)
BOMBERS B-52 (1957)
UP PERISCOPE (1959)
FOLLOW THAT DREAM (1962)
CALL ME BWANA (1963)
RIO CONCHOS (1964)
HARLOW (1965)
CHUKA (1967)
IN LIKE FLINT (1967)
TONY ROME (1967)
DETECTIVE, THE (1968)
LADY IN CEMENT (1968)
THEY CALL ME MISTER TIBBS ! (1970)
SLAUGHTER'S BIG RIP-OFF (1973)
VIVA KNIEVEL ! (1977)

DOWNEY Sr., Robert
réalisateur américain (1937-)
PUTNEY-SWOPE (1969)
TOO MUCH SUN (1990)
HUGO POOL (1997)

DRACH, Michel
réalisateur français (1930-1990)
SAFARI DIAMANTS (1966)
VIOLONS DU BAL, LES (1973)
SAUVE-TOI LOLA (1986)
IL EST GÉNIAL PAPY ! (1987)

DRAGOTI, Stan
réalisateur américain (1932-)
LOVE AT FIRST BITE (1979)
MR. MOM (1983)
MAN WITH ONE RED SHOE, THE (1985)
SHE'S OUT OF CONTROL (1989)

DREYER, Carl Theodor
réalisateur danois (1889-1968)
PAGES ARRACHÉES
DU LIVRE DE SATAN (1919)
MICHAEL (1924)
MAÎTRE DU LOGIS, LE (1925)
PASSION DE JEANNE D'ARC, LA (1928)
VAMPYR (1932)
JOUR DE COLÈRE (1942)
PAROLE, LA (1955)
GERTRUDE (1964)

DRIDI, Karim
réalisateur tunisien (1961-)
PIGALLE (1994)
BYE-BYE (1995)
FUREUR (2003)

DUCASTEL, Olivier
réalisateur français (1962-)
JEANNE ET LE GARÇON
FORMIDABLE (1998)
DRÔLE DE FÉLIX (2000)
MA VRAIE VIE À ROUEN (2002)
CRUSTACÉS ET COQUILLAGES (2005)

DUGAN, Dennis
réalisateur américain (1946-)
PROBLEM CHILD (1990)
BRAIN DONORS (1992)
HAPPY GILMORE (1995)
BIG DADDY (1999)
NATIONAL SECURITY (2003)
BENCHWARMERS (2006)

DUGUAY, Christian
réalisateur québécois (1957-)
JUMELLES DIONNE, LES (1994)
SCREAMERS (1995)
ASSIGNMENT, THE (1997)
JOAN OF ARC (1999)
ART OF WAR (2000)
HITLER - THE RISE OF EVIL (2003)
HUMAN TRAFFICKING (2005)

DUIGAN, John
réalisateur australien (1949-)
YEAR MY VOICE BROKE, THE (1987)
ROMERO (1989)
FLIRTING (1990)
WIDE SARGASSO SEA (1992)
SIRENS (1994)
LEADING MAN, THE (1996)
LAWN DOGS (1997)
MOLLY (1999)
PAROLE OFFICER, THE (2001)
HEAD IN THE CLOUDS (2004)

DUKE, Bill
réalisateur américain (1943-)
KILLING FLOOR, THE (1984)
RAGE IN HARLEM, A (1991)
DEEP COVER (1992)
SISTER ACT II : BACK IN THE HABIT (1993)
HOODLUM (1997)

DUKE, Daryl
réalisateur canadien
PAY DAY (1972)
SILENT PARTNER, THE (1978)
TAI-PAN (1986)

DUMONT, Bruno
réalisateur français (1958-)
VIE DE JÉSUS, LA (1997)
HUMANITÉ, L' (1999)
TWENTYNINE PALMS (2003)

DUPEYRON, François
réalisateur français (1950-)
DRÔLE D'ENDROIT
POUR UNE RENCONTRE (1988)
CŒUR QUI BAT, UN (1991)
MACHINE, LA (1994)
CHAMBRE DES OFFICIERS, LA (2001)
PAS D'HISTOIRES (2001)
MONSIEUR IBRAHIM ET
LES FLEURS DU CORAN (2003)

DUVIVIER, Julien
réalisateur français (1896-1967)
POIL DE CAROTTE (1931)
BANDERA, LA (1935)
GOLEM, LE (1937)
PÉPÉ LE MOKO (1937)
GREAT WALTZ, THE (1938)
LYDIA (1941)
TALES OF MANHATTAN (1942)
ANNA KARENINA (1947)
PETIT MONDE DE
DON CAMILLO, LE (1952)
RETOUR DE DON CAMILLO, LE (1952)
DIABLE ET LES DIX
COMMANDEMENTS, LE (1962)
FERNANDEL : LE DIABLE ET
LES DIX COMMANDEMENTS /
EN AVANT LA MUSIQUE (1962)
DIABOLIQUEMENT VÔTRE (1967)

DWAN, Allan
réalisateur américain (1885-1981)
ROBIN HOOD (1922)
IRON MASK, THE (1929)
HOLLYWOOD PARTY (1934)
HEIDI (1937)
REBECCA OF SUNNYBROOK FARM (1938)
THREE MUSKETEERS, THE (1939)
YOUNG PEOPLE (1940)
DRIFTWOOD (1948)
SANDS OF IWO JIMA (1949)
MONTANA BELLE (1952)
SILVER LODE (1954)
ESCAPE TO BURMA (1955)
PEARL OF THE SOUTH PACIFIC (1955)
TENNESSEE'S PARTNER (1955)
RIVER'S EDGE (1956)
NORTHWEST OUTPOST (1974)

EASTWOOD, Clint
réalisateur américain (1930-)
PLAY MISTY FOR ME (1971)
BREEZY (1973)
HIGH PLAINS DRIFTER (1973)
EIGER SANCTION, THE (1975)
OUTLAW JOSEY WALES, THE (1976)
GAUNTLET, THE (1977)
BRONCO BILLY (1980)
FIREFOX (1982)
HONKYTONK MAN (1982)
SUDDEN IMPACT (1983)
PALE RIDER (1985)
HEARTBREAK RIDGE (1986)
BIRD (1988)
ROOKIE, THE (1990)
WHITE HUNTER, BLACK HEART (1990)
UNFORGIVEN (1992)
PERFECT WORLD, A (1993)
BRIDGES OF MADISON
COUNTY, THE (1995)
ABSOLUTE POWER (1996)
MIDNIGHT IN THE GARDEN
OF GOOD AND EVIL (1997)
TRUE CRIME (1999)
SPACE COWBOYS (2000)
CLINT EASTWOOD (2001)
BLOOD WORK (2002)
MYSTIC RIVER (2003)
MILLION DOLLAR BABY (2004)

EDEL, Uli
réalisateur allemand (1947-)
MOI, CHRISTIANE F., 13 ANS,
DROGUÉE, PROSTITUÉE (1981)
LAST EXIT TO BROOKLYN (1989)
BODY OF EVIDENCE (1992)
HOMICIDE : LIFE ON THE STREET (1993)
RASPUTIN (1995)
TYSON (1995)
PURGATORY (1999)
MISTS OF AVALON (2001)
JULIUS CAESAR (2002)

EDMONDS, Don
réalisateur
ILSA, SHE-WOLF OF THE S.S. (1973)
ILSA, HAREM KEEPER
OF THE OIL SHEIKS (1975)
TOMCAT ANGELS (1991)

EDWARDS, Blake
réalisateur américain (1922-)
PERFECT FURLOUGH, THE (1958)
OPERATION PETTICOAT (1959)
BREAKFAST AT TIFFANY'S (1961)
DAYS OF WINE AND ROSES (1962)
EXPERIMENT IN TERROR (1962)
PINK PANTHER, THE (1963)
SHOT IN THE DARK, A (1964)
GREAT RACE, THE (1965)
WHAT DID YOU DO
IN THE WAR, DADDY ? (1966)
PARTY, THE (1967)
DARLING LILI (1969)
WILD ROVERS (1971)
CAREY TREATMENT, THE (1972)
RETURN OF THE PINK PANTHER, THE (1974)
PINK PANTHER STRIKES AGAIN, THE (1976)
REVENGE OF THE PINK PANTHER, THE (1978)
10 (1979)
S.O.B. (1981)
TRAIL OF THE PINK PANTHER (1982)
VICTOR / VICTORIA (1982)
CURSE OF THE PINK PANTHER (1983)
MAN WHO LOVED WOMEN, THE (1983)
MICKI + MAUDE (1984)
THAT'S LIFE ! (1986)
BLIND DATE (1987)
SUNSET (1988)
SKIN DEEP (1989)
SWITCH (1991)
SON OF THE PINK PANTHER (1993)

EDZARD, Christine
réalisatrice française (1945-)
LITTLE DORRIT :
LITTLE DORRIT'S STORY (1988)
LITTLE DORRIT : NOBODY'S FAULT (1988)
FOOL, THE (1990)

EGOYAN, Atom
réalisateur canadien (1961-)
YO-YO MA INSPIRED BY BACH : 02,
NEXT OF KIN (1984)
FAMILY VIEWING (1987)
SPEAKING PARTS (1989)
ADJUSTER, THE (1991)
MONTRÉAL VU PAR... (1991)
CALENDAR (1993)
EXOTICA (1994)
SWEET HEREAFTER, THE (1997)
FELICIA'S JOURNEY (1999)
ARARAT (2002)
WHERE THE TRUTH LIES (2005)

EISENSTEIN, Sergei
réalisatrice russe (1898-1948)
GRÈVE, LA (1924)
CUIRASSÉ POTEMKINE, LE (1925)
OCTOBRE (1927)
ALEXANDER NEVSKY (1938)
IVAN LE TERRIBLE, 1re PARTIE (1944)
IVAN LE TERRIBLE, 2e PARTIE (1945)
QUE VIVA MEXICO ! (1979)

EMMERICH, Roland
réalisateur allemand (1955-)
MOON 44 (1989)
UNIVERSAL SOLDIER (1992)
STARGATE (1994)
INDEPENDANCE DAY (1996)
GODZILLA (1998)
PATRIOT, THE (2000)
DAY AFTER TOMORROW, THE (2004)

ÉMOND, Bernard
réalisateur québécois (1951-)
FEMME QUI BOIT, LA (2000)
20 H 17 RUE DARLING (2003)
NEUVAINE, LA (2005)

ENDFIELD, Cy
réalisateur africain (1914-1995)
UNDERWORLD STORY, THE (1950)
MYSTERIOUS ISLAND (1961)
ZULU (1963)
DE SADE (1969)

ENGEL, Morris
réalisateur américain (1918-)
LITTLE FUGITIVE (1953)
LOVERS AND LOLLIPOPS (1955)
WEDDINGS AND BABIES (1958)

ENGLISH, John
réalisateur anglais (1903-1965)
HAWK OF THE WILDERNESS (1938)
ZORRO'S FIGHTING LEGION (1939)
ADVENTURES OF CAPTAIN MARVEL, THE (1941)

ENRICO, Robert
réalisateur français (1931-2001)
RIVIÈRE DU HIBOU, LA (1962)
GRANDES GUEULES, LES (1965)
AVENTURIERS, LES (1967)
HO ! (1968)
BOULEVARD DU RHUM (1971)
CAÏDS, LES (1972)
VIEUX FUSIL, LE (1975)
AU NOM DE TOUS LES MIENS (1983)

ZONE ROUGE (1986)
DE GUERRE LASSE (1987)
RÉVOLUTION FRANÇAISE 1 :
LES ANNÉES LUMIÈRE, LA (1989)

ENRIGHT, Ray
réalisateur américain (1896-1965)
WAGONS ROLL AT NIGHT, THE (1941)
SPOILERS, THE (1942)
GUNG HO ! (1943)
ALBUQUERQUE (1948)
CORONER CREEK (1948)
MONTANA (1949)
SOUTH OF ST-LOUIS (1949)

ENYEDI, Ildiko
réalisateur hongrois (1955-)
MON XXe SIÈCLE (1988)
MAGIC HUNTER (1996)
TAMAS & JULI (1997)
SIMON THE MAGICIAN (1999)

EPHRON, Nora
réalisatrice américaine (1941-)
SLEEPLESS IN SEATTLE (1993)
MIXED NUTS (1994)
MICHAEL (1996)
YOU'VE GOT MAIL (1998)
LUCKY NUMBERS (2000)
BEWITCHED (2005)

ERMAN, John
réalisateur américain
ROOTS (1977)
ROOTS : NEXT GENERATIONS (1979)
EARLY FROST, AN (1985)
STELLA (1990)
OUR SONS (1991)

ESTEVEZ, Emilio
réalisateur américain (1962-)
WISDOM (1987)
MEN AT WORK (1990)
RATED-X (1999)

ESTRADA, Luis
réalisateur mexicain (1962-)
BANDIDOS (1990)
LEY DE HERODES, LA (1999)
REYNA DEL SUR, LA (2003)

EXPORT, Valie
réalisatrice allemande (1940-)
INVISIBLE ADVERSARIES (1977)
MENSCHENFRAUN (1980)
PRACTICE OF LOVE, THE (1985)

FAENZA, Roberto
réalisateur italien (1943-)
CORRUPT (1983)
JONAH WHO LIVED IN THE WHALE (1993)
ÂME EN JEU, L' (2002)

FALARDEAU, Pierre
réalisateur québécois (1946-)
SPEAK WHITE (1980)
ELVIS GRATTON (1985)
TEMPS DES BOUFFONS, LE (1985)
PARTY, LE (1990)
STEAK, LE (1992)
OCTOBRE (1994)
ELVIS GRATTON : PRÉSIDENT DU NON (1995)
ELVIS GRATTON II :
MIRACLE À MEMPHIS (1999)
15 FÉVRIER 1839 (2000)
FALARDEAU POULIN :
À FORCE DE COURAGE (2003)
ELVIS GRATTON XXX : LA VENGEANCE
D'ELVIS WONG (2004)

FANAKA, JAMAA
réalisateur américain (1942-)
SOUL VENGEANCE (1975)
BLACK SISTER'S REVENGE (1976)
PENITENTIARY (1979)

FANCK, Arnold
réalisateur allemand (1889-1974)
WHITE HELL OF PITZ PALU, THE (1929)
STORM OVER MONT BLANC (1930)
S.O.S. ICEBERG (1933)

FANSTEN, Jacques
réalisateur français (1946-)
ÉTATS D'ÂME (1985)
FRACTURE DU MYOCARDE, LA (1989)
ROULEZ JEUNESSE (1992)

FARALDO, Claude
réalisateur français (1936-)
ANATOMIE D'UN LIVREUR (1971)
TABARNAC ! (1974)
FLAGRANT DÉSIR (1985)

FARRELLY, Bobby
réalisateur américain (1958-)
KINGPIN (1996)
THERE'S SOMETHING ABOUT MARY (1998)
ME, MYSELF & IRENE (2000)
OSMOSIS JONES (2001)
SHALLOW HAL (2001)
STUCK ON YOU (2003)
FEVER PITCH (2005)

FARRELLY, Peter
réalisateur américain (1957-)
THERE'S SOMETHING ABOUT MARY (1998)
ME, MYSELF & IRENE (2000)
OSMOSIS JONES (2001)
SHALLOW HAL (2001)
FEVER PITCH (2005)

FARROW, John
réalisateur australien (1904-1963)
FIVE CAME BACK (1939)
COMMANDOS STRIKE AT DAWN (1942)
WAKE ISLAND (1942)
CHINA (1943)
BIG CLOCK, THE (1948)
COPPER CANYON (1950)
HONDO (1953)
PLUNDER OF THE SUN (1953)
SEA CHASE, THE (1955)
JOHN PAUL JONES (1959)

FASSBINDER, Rainer Werner
réalisateur allemand (1945-1982)
GODS OF THE PLAGUE (1969)
KATZELMACHER (1969)
LOVE IS COLDER THAN DEATH (1969)
NIKLASHAUSEN JOURNEY, THE (1970)
SOLDAT AMÉRICAIN, UN (1970)
WHY DOES HERR R. RUN AMOK ? (1970)
BEWARE OF A HOLY WHORE (1971)
MARCHAND DE QUATRE SAISONS, LE (1971)
PIONEERS IN INGOLSTADT (1971)
RIO DAS MORTES (1971)
WHITY (1971)
LARMES AMÈRES DE
PETRA VON KANT, LES (1972)
TOUS LES AUTRES S'APPELLENT ALI (1973)
EFFI BRIEST (1974)
FOX ET SES AMIS (1974)
MARTHA (1974)
FEAR OF FEAR (1975)
MAMAN KUSTERS S'EN VA-T-AU CIEL (1975)
I ONLY WANT YOU TO LOVE ME (1976)
ROULETTE CHINOISE (1976)
SATAN'S BREW (1976)
DÉSESPOIR (1977)
STATIONMASTER'S WIFE, THE (1977)
MARIAGE DE MARIA BRAUN, LE (1978)
RAINER WERNER FASSBINDER :
THE BRD TRILOGY (1978)
IN A YEAR OF THIRTEEN MOONS (1979)
BERLIN ALEXANDERPLATZ (1980)
QUERELLE (1982)
VERONIKA VOSS (1982)

FAVREAU, Jon
réalisateur américain (1966-)
MADE (2001)
ELF (2003)
ZATHURA (2005)

FAVREAU, Robert
réalisateur québécois (1948-)
SOLEIL A PAS D'CHANCE, LE (1975)
PRIS AU PIÈGE (1981)
PORTION D'ÉTERNITÉ (1989)
NELLIGAN (1991)
OMBRE DE L'ÉPERVIER, L' (1998)
MUSES ORPHELINES, LES (2000)
UN DIMANCHE À KIGALI (2006)

FELLINI, Federico
réalisateur italien (1920-1993)
COURRIER DU CŒUR, LE (1952)
FEUX DU MUSIC-HALL, LES (1952)
INUTILES, LES (1952)
STRADA, LA (1954)
BIDONE, IL (1955)
NUITS DE CABIRIA, LES (1957)
DOLCE VITA, LA (1960)
BOCCACE 70 (1962)
8 1/2 (1963)
JULIETTE DES ESPRITS (1965)
FELLINI SATYRICON (1968)
HISTOIRES EXTRAORDINAIRES (1968)
CLOWNS, LES (1969)
FELLINI ROMA (1971)
AMARCORD (1973)
PROVA D'ORCHESTRA (1978)
CITÉ DES FEMMES, LA (1979)
ET VOGUE LE NAVIRE ! (1983)
GINGER ET FRED (1985)
INTERVISTA (1987)
VOCE DELLA LUNA, LA (1990)

FENTON, Leslie
réalisateur anglais (1902-1978)
ON OUR MERRY WAY (1947)
LULU BELLE (1948)
WHISPERING SMITH (1948)

FERLAND, Guy
réalisateur américain (1966-)
TELLING LIES IN AMERICA (1997)
BANG BANG YOU'RE DEAD (2003)
DIRTY DANCING : HAVANA NIGHTS (2004)

FERNANDEZ, Emilio
réalisateur mexicain (1903-1986)
LA MALQUERIDA (1949)
REPORTAJE (1953)
EROTICA (1978)

FERRAND, Carlos
réalisateur péruvien
VIVRE 120 ANS (1993)
IL PARLE AVEC LES LOUPS (2001)
CASA LOMA : JOURNAL DE BORD (2002)

FERRARA, Abel
réalisateur américain (1952-)
DRILLER KILLER, THE (1979)
MS. 45 (1980)
FEAR CITY (1984)
CRIME STORY (1986)
GLADIATOR, THE (1986)
CHINA GIRL (1987)
CAT CHASER (1988)
KING OF NEW YORK (1989)
BAD LIEUTENANT (1992)
BODY SNATCHERS (1993)
DANGEROUS GAME (1993)
ADDICTION, THE (1995)
FUNERAL, THE (1996)
BLACKOUT, THE (1997)
NEW ROSE HOTEL (1998)

FERRERI, Marco
réalisateur italien (1928-1996)
PETITE VOITURE, LA (1960)
MARI DE LA FEMME À BARBE, LE (1964)
GRANDE BOUFFE, LA (1973)
TOUCHE PAS LA FEMME BLANCHE (1973)
RÊVE DE SINGE (1977)
PIPICACADODO (1979)
CONTE DE LA FOLIE ORDINAIRE (1981)
HISTOIRE DE PIERRA, L' (1983)
FUTUR EST FEMME, LE (1984)
I LOVE YOU (1986)

FESTA-CAMPANILE, Pasquale
réalisateur italien (1927-1986)
MARCHE AU PAS, LIBERTINE, THE (1969)
PROIE DE L'AUTOSTOP, LA (1977)
FILLE DE TRIESTE, LA (1982)

FEYDER, Jacques
réalisateur belge (1885-1948)
KISS, THE (1929)
KERMESSE HÉROÏQUE, LA (1935)
KNIGHT WITHOUT ARMOUR (1937)

FIGGIS, Mike
réalisateur anglais (1949-)
STORMY MONDAY (1988)
INTERNAL AFFAIRS (1990)
LIEBESTRAUM (1991)
MR. JONES (1993)
BROWNING VERSION, THE (1994)
LEAVING LAS VEGAS (1995)
ONE NIGHT STAND (1997)
LOSS OF SEXUAL INNOCENCE, THE (1999)
MISS JULIE (1999)
TIME CODE (2000)
HOTEL (2001)
COLD CREEK MANOR (2003)

FILIATRAULT, Denise
réalisatrice québécoise (1931-)
C'T'À TON TOUR, LAURA CADIEUX (1998)
LAURA CADIEUX... LA SUITE (1999)
ODYSSÉE D'ALICE TREMBLAY, L' (2002)
MA VIE EN CINÉMASCOPE (2004)

FINCH, Nigel
réalisateur anglais (1949-)
ROLLING STONES, THE (1989)
LOST LANGUAGE OF CRANES, THE (1991)
VAMPYR, THE (1993)
STONEWALL (1995)

FINCHER, David
réalisateur américain (1963-)
ALIEN 3 (1992)
SEVEN (1995)
GAME, THE (1997)
FIGHT CLUB (1999)
PANIC ROOM (2002)

FIRSTENBERG, Sam
réalisateur polonais (1950-)
REVENGE OF THE NINJA (1983)
BREAKIN' 2 : ELECTRIC BOOGALOO (1984)
AMERICAN NINJA (1985)

FISHER, Terence
réalisateur anglais (1904-1980)
FOUR-SIDED TRIANGLE (1952)
CURSE OF FRANKENSTEIN, THE (1957)
HORROR OF DRACULA (1958)
REVENGE OF FRANKENSTEIN, THE (1958)
HOUND OF THE BASKERVILLES, THE (1959)
MUMMY, THE (1959)
BRIDES OF DRACULA, THE (1960)
CURSE OF THE WEREWOLF, THE (1961)
TWO FACES OF DR. JEKYLL, THE (1961)
PHANTOM OF THE OPERA, THE (1962)
GORGON, THE (1964)
DRACULA, PRINCE OF DARKNESS (1965)
ISLAND OF TERROR (1966)
FRANKENSTEIN CREATED WOMAN (1967)
DEVIL RIDES OUT, THE (1968)
FRANKENSTEIN MUST
BE DESTROYED ! (1970)
FRANKENSTEIN AND
THE MONSTER FROM HELL (1973)

FITZGERALD, Thom
réalisateur américain (1968-)
WILD DOGS, THE (2002)
EVENT, THE (2003)
3 NEEDLES (2005)

FITZMAURICE, George
réalisateur français (1885-1940)
SON OF THE SHEIK (1926)
AS YOU DESIRE ME (1932)
MATA HARI (1932)
SUZY (1936)

FLAHERTY, Paul
réalisateur américain (1945-)
18 AGAIN ! (1988)
WHO'S HARRY CRUMB ? (1989)
CLIFFORD (1991)

FLAHERTY, Robert
réalisateur américain (1884-1951)
NANOOK OF THE NORTH (1921)
MOANA (1926)
TABU (1931)
MAN OF ARAN (1934)
ELEPHANT BOY (1937)
LOUISIANA STORY (1949)
TITAN : STORY OF MICHELANGELO, THE (1950)

FLEDER, Gary
réalisateur américain (1965-)
THINGS TO DO IN DENVER WHEN YOU'RE
DEAD (1995)
KISS THE GIRLS (1997)
DON'T SAY A WORD (2001)
IMPOSTOR (2001)
RUNAWAY JURY (2003)

FLEISCHER, Richard
réalisateur américain (1916-)
SO THIS IS NEW YORK (1948)
FOLLOW ME QUIETLY (1949)
NARROW MARGIN, THE (1952)
20,000 LEAGUES UNDER THE SEA (1954)
BETWEEN HEAVEN AND HELL (1956)
VIKINGS, THE (1958)
COMPULSION (1959)
THESE THOUSAND HILLS (1959)
BARABBAS (1961)
FANTASTIC VOYAGE, THE (1966)
DOCTOR DOLITTLE (1967)
BOSTON STRANGLER, THE (1968)
TORA ! TORA ! TORA ! (1970)
10 RILLINGTON PLACE (1971)
LAST RUN, THE (1971)
SEE NO EVIL (1971)
NEW CENTURIONS, THE (1972)
DON IS DEAD, THE (1973)
SOYLENT GREEN (1973)
MR. MAJESTYK (1974)
MANDINGO (1975)
ASHANTI (1978)
JAZZ SINGER, THE (1980)
TOUGH ENOUGH (1982)
AMITYVILLE 3-D (1983)
CONAN THE DESTROYER (1984)
RED SONJA (1985)

FLEMING, Andrew
réalisateur
BAD DREAMS (1988)
THREESOME (1994)
CRAFT, THE (1996)
DICK (1999)
IN-LAWS, THE (2003)

FLEMING, Victor
réalisateur américain (1883-1949)
MOLLYCODDLE, THE (1920)
VIRGINIAN, THE (1929)
BOMBSHELL (1932)
RED DUST (1932)
TREASURE ISLAND (1934)
RECKLESS (1935)
CAPTAINS COURAGEOUS (1937)
TEST PILOT (1938)
GONE WITH THE WIND (1939)
WIZARD OF OZ, THE (1939)
DR. JEKYLL AND MR. HYDE (1941)
TORTILLA FLAT (1942)
GUY NAMED JOE, A (1944)
ADVENTURE (1945)
JOAN OF ARC (1948)

FLOREY, Robert
réalisateur français (1900-1979)
COCOANUTS, THE (1929)
MURDERS IN THE RUE MORGUE (1931)
EX-LADY (1933)
OUTPOST IN MOROCCO (1949)
JOHNNY ONE-EYE (1950)

FLYNN, John
réalisateur américain
OUTFIT, THE (1973)
ROLLING THUNDER (1977)
BEST SELLER (1987)
LOCK-UP (1989)
NAILS (1992)
SCAM (1993)
BRAINSCAN (1994)
PROTECTION (2001)

FOLEY, James
réalisateur américain (1953-)
RECKLESS (1984)
AT CLOSE RANGE (1985)
WHO'S THAT GIRL ? (1987)
AFTER DARK MY SWEET (1992)
GLENGARRY GLEN ROSS (1992)
TWO BITS (1995)
FEAR (1996)

GUN (1996)
CORRUPTOR, THE (1999)
CONFIDENCE (2003)

FONTAINE, Anne
réalisatrice luxembourgeoise (1959-)
AUGUSTIN (1995)
NETTOYAGE À SEC (1997)
COMMENT J'AI TUÉ MON PÈRE (2001)
NATHALIE (2003)
ENTRE SES MAINS (2005)

FORBES, Bryan
réalisateur anglais (1928-)
SEANCE ON A WET AFTERNOON (1964)
KING RAT (1965)
WRONG BOX, THE (1966)
STEPFORD WIVES, THE (1975)
SLIPPER AND THE ROSE, THE (1976)

FORCIER, André
réalisateur québécois (1947-)
BAR SALON (1974)
NIGHT CAP (1974)
EAU CHAUDE, L'EAU FRETTE, L' (1976)
AU CLAIR DE LA LUNE (1982)
KALAMAZOO (1988)
HISTOIRE INVENTÉE, UNE (1990)
VENT DU WYOMING, LE (1994)
COMTESSE DE BATON ROUGE, LA (1997)
ÉTATS-UNIS D'ALBERT, LES (2005)

FORD, John
réalisateur américain (1895-1973)
ARROWSMITH (1931)
LOST PATROL, THE (1934)
INFORMER, THE (1935)
WHOLE TOWN'S TALKING, THE (1935)
MARY OF SCOTLAND (1936)
HURRICANE, THE (1937)
WEE WILLIE WINKIE (1937)
STAGECOACH (1939)
YOUNG MR. LINCOLN (1939)
DRUMS ALONG THE MOHAWK (1940)
GRAPES OF WRATH, THE (1940)
HOW GREEN WAS MY VALLEY (1940)
LONG VOYAGE HOME, THE (1940)
THEY WERE EXPENDABLE (1945)
MY DARLING CLEMENTINE (1946)
FORT APACHE (1947)
FUGITIVE, THE (1948)
3 GODFATHERS (1949)
SHE WORE A YELLOW RIBBON (1949)
RIO GRANDE (1950)
WAGON MASTER (1950)
QUIET MAN, THE (1952)
WHAT PRICE GLORY? (1952)
MOGAMBO (1953)
SUN SHINES BRIGHT, THE (1953)
LONG GRAY LINE, THE (1954)
MISTER ROBERTS (1955)
SEARCHERS, THE (1955)
WINGS OF EAGLES, THE (1956)
LAST HURRAH, THE (1958)
HORSE SOLDIERS, THE (1959)
SERGEANT RUTLEDGE (1960)
TWO RODE TOGETHER (1961)
HOW THE WEST WAS WON (1962)
MAN WHO SHOT
LIBERTY VALANCE, THE (1962)
DONOVAN'S REEF (1963)
CHEYENNE AUTUMN (1964)

FORMAN, Milos
réalisateur tchèque (1932-)
COMPETITION (1963)
BLACK PETER (1964)
AMOURS D'UNE BLONDE, LES (1965)
FIREMEN'S BALL, THE (1967)
ONE FLEW OVER
THE CUCKOO'S NEST (1975)
HAIR (1979)
RAGTIME (1981)
AMADEUS (1984)
VALMONT (1989)
PEOPLE vs. LARRY FLYNT, THE (1996)
MAN ON THE MOON (1999)

FORSTER, Marc
réalisateur allemand (1969-)
EVERYTHING PUT TOGETHER (2000)
MONSTER'S BALL (2001)
FINDING NEVERLAND (2004)
STAY (2005)

FORSYTH, Bill
réalisateur écossais (1946-)
THAT SINKING FEELING (1979)
GREGORY'S GIRL (1980)
LOCAL HERO (1983)
HOUSEKEEPING (1987)
BREAKING IN (1989)
BEING HUMAN (1994)

FORTIN, Claude
réalisateur québécois
VOLEUR DE CAMÉRA, LE (1992)
AUTOBIOGRAPHE AMATEUR, L' (1999)
100 % BIO (2003)

FOSSE, Bob
réalisateur américain (1927-1987)
SWEET CHARITY (1968)
CABARET (1972)
LIZA WITH AZ (1972)
LENNY (1975)
ALL THAT JAZZ (1979)
STAR 80 (1983)

FOSTER, Giles
réalisateur
SILAS MARNER (1985)
NORTHANGER ABBEY (1986)
CONSUMING PASSIONS (1988)

FOSTER, Lewis R.
réalisateur américain (1898-1974)
ANGORA LOVE (1929)
DOUBLE WHOOPEE (1929)
UNACCUSTOMED AS WE ARE (1929)

FOSTER, Norman
réalisateur américain (1900-1976)
JOURNEY INTO FEAR (1943)
RACHEL AND THE STRANGER (1948)
DAVY CROCKETT, KING OF
THE WILD FRONTIER (1955)
DAVY CROCKETT AND
THE RIVER PIRATES (1956)
IT'S ALL TRUE (1993)

FOTOPOULOS, James
réalisateur américain (1976-)
ZERO (1997)
MIGRATING FORMS (2000)
BACK AGAINST THE WALL (2002)

FOURNIER, Claude
réalisateur québécois (1931-)
DEUX FEMMES EN OR (1970)
CHATS BOTTÉS, LES (1971)
POMME, LA QUEUE
ET LES PÉPINS, LA (1974)
JE SUIS LOIN DE TOI MIGNONNE (1976)
CHIENS-CHAUDS, LES (1980)
BONHEUR D'OCCASION (1983)
TISSERANDS DU POUVOIR 2 :
LA RÉVOLTE, LES (1988)
TISSERANDS DU POUVOIR, LES (1988)
J'EN SUIS ! (1997)
JULIETTE POMERLEAU (1999)
BOOK OF EVE, THE (2002)
JE N'AIME QUE TOI (2003)

FRAKES, Jonathan
réalisateur américain (1952-)
STAR TREK : FIRST CONTACT (1996)
STAR TREK IX : INSURRECTION (1998)
CLOCKSTOPPERS (2002)
THUNDERBIRDS (2004)

FRANCIS, Freddie
réalisateur anglais (1917-)
PARANOIAC (1962)
NIGHTMARE (1963)
EVIL OF FRANKENSTEIN, THE (1964)
DR. TERROR'S HOUSE OF HORRORS (1965)
SKULL, THE (1965)
TORTURE GARDEN (1967)
DRACULA HAS RISEN
FROM THE GRAVE (1968)
TROG (1970)
CREEPING FLESH, THE (1972)
TALES FROM THE CRYPT (1972)
TALES THAT WITNESS MADNESS (1973)
LEGEND OF THE WEREWOLF (1975)
DOCTOR AND THE DEVILS, THE (1985)

FRANCISCI, Pietro
réalisateur italien (1906-)
HERCULES UNCHAINED (1958)
HERCULES (1959)
DESTINATION PLANÈTE HYDRA (1965)

FRANCO, Jess (Jesus)
réalisateur espagnol (1930-)
HORRIBLE DR. ORLOFF, L' (1962)
SADISTIC BARON VON KLAUS, THE (1962)
DIABOLICAL DR.Z, THE (1966)
KISS ME MONSTER (1967)
SUCCUBUS (1968)
MARQUIS DE SADE'S JUSTINE (1969)
NUITS DE DRACULA, LES (1969)
VENUS IN FURS (1969)
BLOODY JUDGE, THE (1970)
EUGENIE (1970)
EUGÉNIE DE SADE (1970)
VAMPYROS LESBOS (1970)
DEVIL CAME FROM AKASAVA, THE (1971)
X-312 FLIGHT TO HELL (1971)
VIRGIN AMONG THE LIVING DEAD (1973)
QUARTIER DE FEMMES (1974)
BARBED WIRE DOLLS (1975)
DORIANA GREY (1976)
JACK THE RIPPER (1976)
LOVE LETTER FOR
A PORTUGUESE NUN (1977)
ILSA, THE WICKED WARDEN (1978)
ENFER DU PLAISIR, L' (1981)
SADOMANIA (1981)
REVENGE IN THE HOUSE OF USHER (1982)
OASIS OF THE ZOMBIES (1983)
FACELESS (1988)

FRANK, Christopher
réalisateur français (1942-1994)
JOSÉPHA (1981)
ANNÉE DES MÉDUSES, L' (1984)
FEMMES DE PERSONNE (1984)
ELLES N'OUBLIENT JAMAIS (1993)

FRANK, Melvin
réalisateur américain (1913-1988)
ABOVE AND BEYOND (1952)
COURT JESTER, THE (1955)
JAYHAWKERS, THE (1959)
LI'L ABNER (1959)
FACTS OF LIFE, THE (1960)
STRANGE BEDFELLOWS (1964)
BUONA SERA, MRS. CAMPBELL (1968)
TOUCH OF CLASS, A (1973)
PRISONER OF SECOND AVENUE, THE (1975)
DUCHESS AND THE DIRTWATER FOX, THE (1976)
WALK LIKE A MAN (1987)

FRANKENHEIMER, John
réalisateur américain (1930-2002)
ALL FALL DOWN (1962)
BIRDMAN OF ALCATRAZ (1962)
MANCHURIAN CANDIDATE (1962)
SEVEN DAYS IN MAY (1963)
TRAIN, THE (1964)
GRAND PRIX (1966)
SECONDS (1966)
FIXER, THE (1968)
GYPSY MOTHS, THE (1969)
HORSEMEN, THE (1970)
I WALK THE LINE (1970)
ICEMAN COMETH, THE (1973)
99 AND 44 / 100 % DEAD (1974)
FRENCH CONNECTION II (1975)
BLACK SUNDAY (1976)
PROPHECY (1979)
CHALLENGE, THE (1981)
HOLCROFT COVENANT, THE (1985)
52 PICK-UP (1986)
FOURTH WAR, THE (1990)
YEAR OF THE GUN (1991)
AGAINST THE WALL (1993)
BURNING SEASON, THE (1994)
ANDERSONVILLE (1996)
ISLAND OF DR. MOREAU, THE (1996)
RONIN (1998)
REINDEER GAMES (2000)
PATH TO WAR (2002)

FRANKLIN, Carl
réalisateur américain (1949-)
ONE FALSE MOVE (1990)
DEVIL IN A BLUE DRESS (1995)
ONE TRUE THING (1998)
OUT OF TIME (2003)

FRANKLIN, Howard
réalisateur
QUICK CHANGE (1990)
PUBLIC EYE, THE (1992)
LARGER THAN LIFE (1996)

FRANKLIN, Richard
réalisateur australien (1948-)
PATRICK (1978)
ROAD GAMES (1979)
PSYCHO II (1983)
CLOAK AND DAGGER (1984)
LINK (1985)
F / X 2 (1991)
VISITORS (2003)

FRANKLIN, Sidney
réalisateur américain (1893-1972)
WILD ORCHIDS (1929)
GUARDSMAN, THE (1931)
PRIVATE LIVES (1931)
SMILIN' THROUGH (1932)
BARRETTS OF WIMPOLE STREET (1934)
GOOD EARTH, THE (1936)

FRAWLEY, James
réalisateur (1937-)
BIG BUS, THE (1976)
MUPPET MOVIE, THE (1979)
FRATERNITY VACATION (1985)

FREARS, Stephen
réalisateur anglais (1941-)
GUMSHOE (1971)
SAIGON : YEAR OF THE CAT (1983)
HIT, THE (1984)
MY BEAUTIFUL LAUNDRETTE (1985)
PRICK UP YOUR EARS (1987)
SAMMY & ROSIE GET LAID (1987)
DANGEROUS LIAISONS (1988)
GRIFTERS, THE (1990)
HERO (1992)
SNAPPER, THE (1993)
MARY REILLY (1996)
VAN, THE (1996)
HI-LO COUNTRY, THE (1998)
HIGH FIDELITY (2000)
LIAM (2000)
DIRTY PRETTY THINGS (2002)
LOVING WALTER (2003)
MRS. HENDERSON PRESENTS (2005)

FREDA, Riccardo
réalisateur égyptien (1909-1999)
VAMPIRES, LES (1957)
CHARGE DES COSAQUES, LA (1961)
COPLAN FX 18 CASSE TOUT (1966)

FREUNDLICH, Bart
réalisateur (1970-)
MYTH OF THE FINGERPRINTS, THE (1996)
WORLD TRAVELER (2001)
CATCH THAT KID (2004)

FRIDRIKSSON, Fridrik Thor
réalisateur islandais (1953-)
CHILDREN OF NATURE (1991)
JOURS DE CINÉ (1994)
DEVIL'S ISLAND (1996)

FRIEDKIN, William
réalisateur américain (1939-)
GOOD TIMES (1967)
NIGHT THEY RAIDED MINSKY'S, THE (1968)
BOYS IN THE BAND, THE (1970)
FRENCH CONNECTION, THE (1971)
EXORCIST, THE (1973)
SORCERER (1977)
BRINK'S JOB, THE (1978)
CRUISING (1980)
DEAL OF THE CENTURY (1983)
TO LIVE AND DIE IN L.A. (1985)
RAMPAGE (1987)
GUARDIAN, THE (1990)
BLUE CHIPS (1994)
JADE (1995)
12 ANGRY MEN (1997)
RULES OF ENGAGEMENT (2000)
HUNTED, THE (2003)
BUG (2006)

FUEST, Robert
réalisateur anglais (1927-)
AND SOON THE DARKNESS (1970)
WUTHERING HEIGHTS (1970)
ABOMINABLE DR. PHIBES, THE (1971)
DR. PHIBES RISES AGAIN (1972)
FINAL PROGRAMME, THE (1973)
DEVIL'S RAIN, THE (1975)
GOLD BUG, THE (1981)
APHRODITE (1982)

FUKASAKU, Kinji
réalisateur japonais (1930-2003)
BLACKMAIL IS MY LIFE (1968)
GREEN SLIME, THE (1968)
LÉZARD NOIR, LE (1968)
BLACK ROSE MANSION (1969)
IF YOU WERE YOUNG : RAGE (1970)
TORA ! TORA ! TORA ! (1970)
SYMPATHY FOR THE UNDERDOG (1971)
STREET MOBSTER (1972)
UNDER THE FLAG OF THE RISING SUN (1972)
YAKUZA PAPERS, THE : BATTLE WITHOUT HONOR AND HUMANITY (1973)
COPS VS THUGS (1975)
GRAVEYARD OF HONOR (1975)
YAKUZA GRAVEYARD (1976)
SHOGUN'S SAMURAI (1978)
SWORD OF VENGEANCE (1978)
FALL GUY (1982)
SURE DEATH (1984)
BATTLE ROYALE (2000)

FUKUDA, Jun
réalisateur japonais (1923-2000)
GODZILLA vs. THE SEA MONSTER (1966)
SON OF GODZILLA (1967)
GODZILLA vs. GIGAN (1972)
GODZILLA vs. MEGALON (1972)

FULCI, Lucio
réalisateur italien (1927-)
LIZARD IN A WOMAN'S SKIN (1971)
ALL' ONOREVOLE PIACCIONO LE DONNE (1972)
DON'T TORTURE A DUCKLING (1972)
FOUR OF THE APOCALYPSE (1975)
SEVEN NOTES IN BLACK (1977)
ZOMBIE (1979)
CITY OF THE LIVING DEAD, THE (1980)
FRAYEURS (1980)
AU-DELÀ, L' (1981)
BLACK CAT, THE (1981)
HOUSE BY THE CEMETERY (1981)
LUCIO FULCI COLLECTION (1982)
MANHATTAN BABY (1982)
NEW YORK RIPPER, THE (1982)
MURDER ROCK (1984)
MIEL DU DIABLE, LE (1986)
AENIGMA (1987)
ZOMBIE 3 (1988)
CAT IN THE BRAIN, A (1990)

FULLER, Samuel
réalisateur américain (1911-1997)
I SHOT JESSE JAMES (1949)
BARON OF ARIZONA (1950)
STEEL HELMET (1951)
PICKUP ON SOUTH STREET (1953)
HOUSE OF BAMBOO (1955)
CHINA GATE (1956)
FORTY GUNS (1957)
UNDERWORLD U.S.A. (1959)
MERRILL'S MARAUDERS (1962)
SHOCK CORRIDOR (1963)
NAKED KISS, THE (1964)
KRESSIN, OU LE PIGEON MORT RUE BEETHOVEN (1973)
BIG RED ONE, THE (1980)
VOLEURS DE LA NUIT, LES (1984)
STREET OF NO RETURN (1989)

FUQUA, Antoine
réalisateur américain (1966-)
REPLACEMENT KILLERS, THE (1997)
BAIT (2000)
TRAINING DAY (2001)

TEARS OF THE SUN (2003)
KING ARTHUR (2004)
LIGHTNING IN A BOTTLE (2004)

FURIE, Sidney J.
réalisateur canadien (1933-)
YOUNG ONES (1962)
LEATHER BOYS, THE (1963)
IPCRESS FILE, THE (1964)
WONDERFUL LIFE (1964)
APPALOOSA, THE (1966)
LADY SINGS THE BLUES (1972)
HIT ! (1973)
GABLE AND LOMBARD (1976)
ENTITY, THE (1981)
PURPLE HEARTS (1984)
IRON EAGLE (1986)
SUPERMAN IV : THE QUEST FOR PEACE (1987)
HIDE AND SEEK (2000)

FYWELL, Tim
réalisateur anglais (1941-)
NORMA JEAN AND MARILYN (1996)
I CAPTURE THE CASTLE (2003)
ICE PRINCESS (2005)

GAGNON, Claude
réalisateur québécois (1949-)
LAROSE, PIERROT ET LA LUCE (1982)
VISAGE PÂLE (1984)
KID BROTHER, THE (1987)
PIANIST, THE (1992)
POUR L'AMOUR DE THOMAS (1994)

GAIDAI, Leonid
réalisateur russe (1923-1993)
OPERATION Y & OTHER SHURIK'S ADVENTURES (1965)
KIDNAPPING CAUCASIAN STYLE (1966)
DIAMOND ARM, THE (1968)
IVAN VASILIEVICH : BACK TO THE FUTURE (1973)

GAINSBOURG, Serge
réalisateur français (1928-1991)
ÉQUATEUR (1983)
CHARLOTTE FOR EVER (1986)
STAN THE FLASHER (1989)

GANCE, Abel
réalisateur français (1889-1981)
TORTURE OF SILENCE (1917)
ROUE, LA (1923)
NAPOLÉON (1927)
FIN DU MONDE, LA (1931)
LUCRÈCE BORGIA (1935)
GRAND AMOUR DE BEETHOVEN, UN (1936)
J'ACCUSE (1938)
LOUISE (1938)
AUSTERLITZ (1960)

GANS, Christophe
réalisateur français (1960-)
H.P. LOVECRAFT'S NECRONOMICON (1993)
PACTE DES LOUPS, LE (2000)
SILENT HILL (2006)

GARCIA SERRANO, Yolanda
réalisatrice espagnole (1958-)
AMOR DE HOMBRE (1997)
LOVE OF A MAN, THE (1997)
KM. 0 (2000)

GARCIA, Nicole
réalisatrice française (1948-)
UN WEEK-END SUR DEUX (1989)
FILS PRÉFÉRÉ, LE (1994)
PLACE VENDÔME (1997)
ADVERSAIRE, L' (2002)

GARCIA, Rodrigo
réalisateur cubain (1959-)
THINGS YOU CAN TELL JUST BY LOOKING AT HER (2000)
TEN TINY LOVE STORIES (2001)
CARNIVALE (SEASON I) (2003)
NINE LIVES (2005)

GARNETT, Tay
réalisateur américain (1894-1977)
S.O.S. ICEBERG (1933)
CHINA SEAS (1935)
JOY OF LIVING (1938)
SEVEN SINNERS (1940)
SLIGHTLY HONORABLE (1940)
BATAAN (1943)
VALLEY OF DECISION, THE (1945)
POSTMAN ALWAYS RINGS TWICE, THE (1946)
MRS. PARKINGTON (1947)
CONNECTICUT YANKEE IN KING ARTHUR'S COURT, A (1949)
FIREBALL, THE (1950)

GAROFALO, Robert
réalisateur
DRUM AND BASS : THE COLLECTION (2001)
SMALL FACES (2003)
100 YEARS OF FLIGHT (2004)

GARRIS, Mick
réalisateur américain (1951-)
SLEEPWALKERS (1992)
STAND, THE (1994)
STEPHEN KING'S THE SHINING (1997)
RIDING THE BULLET (2004)
MASTERS OF HORROR - CHOCOLATE (2005)
DESPERATION (2006)

GASPARD-HUIT, Pierre
réalisateur (1917-)
MARIÉE EST TROP BELLE, LA (1956)
CHRISTINE (1958)
À BELLES DENTS (1966)

GATLIF, Tony
réalisateur français (1948-)
GASPARD ET ROBINSON (1990)
LATCHO DROM (1993)
MONDO (1995)
ÉTRANGER FOU, L' (1997)
VENGO (2000)
SWING (2001)
EXILS (2004)

GERMI, Pietro
réalisateur italien (1914-1974)
TRAQUÉS DANS LA VILLE (1951)
RAILROAD MAN, THE (1956)
DIVORCE À L'ITALIENNE (1961)
SÉDUITE ET ABANDONNÉE (1964)
ALFREDO, ALFREDO (1972)

GERONIMI, Clyde
réalisateur italien (1901-1989)
PETER AND THE WOLF (1946)
MELODY TIME (1948)
ADVENTURES OF ICHABOD AND MR. TOAD, THE (1949)
CINDERELLA (1949)
ALICE IN WONDERLAND (1951)
PETER PAN (1952)
LADY AND THE TRAMP (1954)
DISNEY MINI-CLASSICS : THE LEGEND OF SLEEPY HOLLOW (1958)
SLEEPING BEAUTY, THE (1958)
101 DALMATIANS (1961)

GERVAIS, Ricky
réalisateur anglais (1961-)
OFFICE, THE (2001-04)

GHOBADI, Bahman
réalisateur iranien (1968-)
TEMPS POUR L'IVRESSE DES CHEVAUX, UN (2000)
MAROONED IN IRAQ (2002)
TURTLES CAN FLY (2004)

GIANNARIS, Constantine
réalisatrice (1959-)
CAUGHT LOOKING (1991)
3 STEPS TO HEAVEN (1995)
FROM THE EDGE OF THE CITY (1998)

GIBSON, Alan
réalisateur canadien (1938-1987)
DRACULA A.D. 1972 (1972)
SATANIC RITES OF DRACULA (1973)
WOMAN CALLED GOLDA, A (1982)
MARTIN'S DAY (1984)

GIBSON, Mel
réalisateur australien (1956-)
MAN WITHOUT A FACE, THE (1993)
BRAVEHEART (1995)
PASSION OF THE CHRIST, THE (2004)

GIGUÈRE, Serge
réalisateur québécois
BELLE FAMILLE (1978)
DEPUIS QUE LE MONDE EST MONDE (1981)
OSCAR THIFFAULT (1987)
ROI DU DRUM, LE (1992)
9, ST-AUGUSTIN (1995)
SUZOR-CÔTÉ (2001)

GILBERT, Brian
réalisateur
BREAKING GLASS (1980)
POLTERGEIST II (1986)
VICE VERSA (1988)
JOSEPHINE BAKER STORY, THE (1990)
NOT WITHOUT MY DAUGHTER (1990)
WHAT'S LOVE GOT TO DO WITH IT ? (1993)
TOM & VIV (1994)
JUROR, THE (1996)
WILDE (1997)
STILL CRAZY (1998)

GILBERT, Lewis
réalisateur anglais (1920-)
SINK THE BISMARCK ! (1960)
DAMN THE DEFIANT ! (1962)
7th DAWN, THE (1964)
ALFIE (1966)
YOU ONLY LIVE TWICE (1967)
FRIENDS (1970)
PAUL AND MICHELLE (1974)
OPERATION DAYBREAK (1975)
SPY WHO LOVED ME, THE (1977)
MOONRAKER (1979)
EDUCATING RITA (1982)
SHIRLEY VALENTINE (1989)
STEPPING OUT (1991)
HAUNTED (1995)

GILLIAM, Terry
réalisateur américain (1940-)
MONTY PYTHON AND THE HOLY GRAIL (1975)
JABBERWOCKY (1977)

TIME BANDITS (1981)
MONTY PYTHON'S
THE MEANING OF LIFE (1983)
BRAZIL (1985)
ADVENTURES OF BARON
MUNCHAUSEN, THE (1988)
FISHER KING, THE (1991)
12 MONKEYS (1995)
12 MONKEYS / THE THING (1995)
FEAR AND LOATHING IN LAS VEGAS (1998)
BROTHERS GRIMM (2005)

GILLING, John
réalisateur anglais (1912-1985)
MY SON THE VAMPIRE (1952)
GAMMA PEOPLE, THE (1956)
FLESH AND THE FIENDS, THE (1959)
IT TAKES A THIEF (1960)
NIGHT CALLER FROM OUTER SPACE (1965)
PLAGUE OF THE ZOMBIES, THE (1965)
REPTILE, THE (1966)
MUMMY'S SHROUD, THE (1967)

GILOU, Thomas
réalisateur français (1955-)
VÉRITÉ SI JE MENS, LA (1996)
CHILI CON CARNE (1999)
VÉRITÉ SI JE MENS II, LA (2000)

GION, Christian
réalisateur (1940-)
C'EST DUR POUR TOUT LE MONDE (1974)
JARDIN DES SUPPLICES, LE (1976)
GAGNANT, LE (1979)
PÉTROLE ! PÉTROLE ! (1981)
DIPLÔMÉS DU DERNIER RANG, LES (1982)
J'AI RENCONTRÉ LE PÈRE NOËL (1984)
PIZZAIOLO ET MOZZAREL (1985)

GIOVANNI, José
réalisateur français (1923-2004)
RAPACE, LE (1968)
DERNIER DOMICILE CONNU (1970)
SCOUMOUNE, LA (1972)
DEUX HOMMES DANS LA VILLE (1973)
GITAN, LE (1975)
COMME UN BOOMERANG (1976)
ÉGOUTS DU PARADIS, LES (1979)
RUFFIAN, LE (1982)
MON AMI LE TRAÎTRE (1988)

GIRARD, François
réalisateur québécois (1963-)
JARDIN DES OMBRES, LE, CARGO (1990)
32 SHORT FILMS ABOUT
GLENN GOULD (1993)
PETER GABRIEL : SECRET WORLD LIVE (1993)
VIOLON ROUGE, LE (1998)
YO-YO MA INSPIRED BY BACH : 01 (1998)

GIRAULT, Jean
réalisateur français (1924-1982)
FAITES SAUTER LA BANQUE (1964)
GENDARME DE SAINT-TROPEZ, LE (1964)
GORILLES, LES (1964)
GENDARME À NEW YORK, LE (1965)
GRANDES VACANCES, LES (1967)
GENDARME SE MARIE, LE (1968)
GENDARME EN BALADE, LE (1970)
CHARLOTS FONT L'ESPAGNE, LES (1972)
CONCIERGE, LE (1973)
PERMIS DE CONDUIRE, LE (1973)
ANNÉE SAINTE, L' (1976)
MILLE-PATTES FAIT
DES CLAQUETTES, LE (1977)
GENDARME ET
LES EXTRA-TERRESTRES, LE (1978)
AVARE, L' (1980)
SOUPE AUX CHOUX, LA (1981)
GENDARME ET LES GENDARMETTES, LE (1982)

GIROD, Francis
réalisateur français (1944-)
TRIO INFERNAL, LE (1974)
ÉTAT SAUVAGE, L' (1978)
BANQUIÈRE, LA (1980)
GRAND FRÈRE, LE (1982)
BON PLAISIR, LE (1983)
DESCENTE AUX ENFERS (1986)
LACENAIRE (1990)
LUMIÈRE ET COMPAGNIE (1995)

GITAÏ, Amos
réalisateur israélien (1950-)
ESTHER (1985)
AMOS GITAÏ : EXILE (1987)
BERLIN JERUSALEM (1989)
BIRTH OF A GOLEM (1990)
GOLEM : THE PETRIFIED GARDEN (1993)
DEVARIM (1995)
YOM YOM (1998)
KADOSH (1999)
KIPPUR (2000)
KEDMA (2002)
SEPTEMBRE 11-09-01 (2002)
ALILA (2003)
FREE ZONE (2005)

GLADU, André
réalisateur québécois (1945-)
RÉEL DU PENDU, LE (1972)
MARC-AURÈLE FORTIN (1983)
PELLAN (1986)
LIBERTY STREET BLUES (1988)
GASTON MIRON :
LES OUTILS DU POETE (1994)
CONQUÊTE DU GRAND ÉCRAN, LA (1996)

GLAZER, Jonathan
réalisateur anglais (1966-)
SEXY BEAST (2000)
BIRTH (2004)
WORK OF DIRECTOR
JONATHAN GLAZER, THE (2005)

GLEN, John
réalisateur anglais (1932-)
FOR YOUR EYES ONLY (1981)
OCTOPUSSY (1983)
VIEW TO A KILL, A (1985)
LIVING DAYLIGHTS, THE (1987)
LICENCE TO KILL (1989)
CHRISTOPHER COLUMBUS :
THE DISCOVERY (1992)

GLENVILLE, Peter
réalisateur anglais (1913-1996)
PRISONER, THE (1955)
ME AND THE COLONEL (1958)
SUMMER AND SMOKE (1962)
HOTEL PARADISO (1966)
COMEDIANS, THE (1967)
BECKET (1974)

GLICKENHAUS, James
réalisateur américain (1950-)
PROTECTOR, THE (1985)
SHAKEDOWN (1988)
McBAIN (1991)

GOBBI, Sergio
réalisateur italien (1938-)
MALDONNE (1968)
TEMPS DES LOUPS, LE (1969)
VORACES, LES (1972)
ARBALÈTE, L' (1984)
NUIT DU RISQUE, LA (1986)
REWIND (1997)

GODARD, Jean-Luc
réalisateur français (1930-)
À BOUT DE SOUFFLE (1959)
FEMME EST UNE FEMME, UNE (1960)
PETIT SOLDAT, LE (1961)
SEPT PÉCHÉS CAPITAUX, LES (1961)
CARABINIERS, LES (1962)
ROGOPAG (1962)
VIVRE SA VIE (1962)
MÉPRIS, LE (1963)
BANDE À PART (1964)
FEMME MARIÉE, UNE (1964)
ALPHAVILLE (1965)
PARIS VU PAR... (1965)
PIERROT LE FOU (1965)
MASCULIN, FÉMININ (1966)
DEUX OU TROIS CHOSES
QUE JE SAIS D'ELLE (1967)
WEEK-END (1967)
GAI SAVOIR, LE (1968)
SYMPATHY FOR THE DEVIL (1968)
TOUT VA BIEN (1972)
ICI ET AILLEURS (1974)
NUMÉRO DEUX (1975)
PASSION (1982)
PRÉNOM : CARMEN (1983)
JE VOUS SALUE MARIE (1984)
DÉTECTIVE (1985)
ARIA (1987)
KING LEAR (1987)
SOIGNE TA DROITE ! (1987)
NOUVELLE VAGUE (1990)
ALLEMAGNE ANNÉE 90, NEUF ZÉRO (1991)
HÉLAS POUR MOI (1992)
JLG / JLG- AUTOPORTAIT
DE DÉCEMBRE (1995)
FOR EVER MOZART (1996)
ÉLOGE DE L'AMOUR, L' (2001)
NOTRE MUSIQUE (2004)

GODBOUT, Jacques
réalisateur québécois (1933-)
DIEUX, LES (1961)
ÉCOLE DES PEINTRES, L' (1962)
JACQUES DE TONNANCOUR (1962)
POUR QUELQUES ARPENTS
DE NEIGE (1962)
ROSE ET LANDRY (1963)
FABIENNE SANS SON JULES (1964)
HUIT TÉMOINS (1964)
MONDE VA NOUS PRENDRE
POUR DES SAUVAGES, LE (1964)
PAUL-ÉMILE BORDUAS (1964)
YUL 871 (1966)
KID SENTIMENT (1968)
VRAIS COUSINS, LES (1970)
IXE-13 (1971)
GAMMICK, LA (1974)
AIMEZ-VOUS LES CHIENS ? (1975)
DERRIÈRE L'IMAGE (1978)
DEUX ÉPISODES DANS LA VIE
D'HUBERT AQUIN (1979)
FEU L'OBJECTIVITÉ (1979)
MONOLOGUE NORD-SUD, UN (1982)
COMME EN CALIFORNIE (1983)
QUEBEC SOFT (1985)
EN DERNIER RECOURS (1987)
ALIAS WILL JAMES (1988)
MOUTON NOIR, LE (1992)
AFFAIRE NORMAN WILLIAM, L' (1994)
SORT DE L'AMÉRIQUE, LE (1996)

INVENTION DU STRESS, L' (1998)
ANNE HÉBERT : UN LIVRE EN NOIR (2000)
TRAÎTRE OU PATRIOTE (2000)
HÉRITIERS DU MOUTON NOIR, LES (2003)

GODFREY, Peter
réalisateur anglais (1899-1970)
CHRISTMAS IN CONNECTICUT (1944)
CRY WOLF (1947)
ESCAPE ME NEVER (1947)

GOLAN, Menahem
réalisateur israélien (1929-)
LEPKE (1974)
DIAMONDS (1975)
OVER THE TOP (1987)
HANNA'S WAR (1988)
HIT THE DUTCHMAN (1992)
VERSACE MURDER, THE (1998)

GOLD, Jack
réalisateur anglais (1960-)
NAKED CIVIL SERVANT, THE (1976)
SAKHAROV (1984)
ESCAPE FROM SOBIBOR (1987)
RETURN OF THE NATIVE, THE (1994)

GOLDMAN, Gary
réalisateur américain (1944-)
TROLL IN CENTRAL PARK, A (1994)
ANASTASIA (1997)
TITAN A.E. (2000)

GOLDSTEIN, Allan A.
réalisateur
OUTSIDE CHANCE OF
MAXIMILIAN GLICK, THE (1989)
DEATH WISH V :
THE FACE OF DEATH (1993)
2001 : A SPACE TRAVESTY (2000)

GOLDSTONE, James
réalisateur américain (1931-1999)
WINNING (1969)
BROTHER JOHN (1971)
GANG THAT COULDN'T
SHOOT STRAIGHT, THE (1971)
THEY ONLY KILL THEIR MASTERS (1972)
SWASHBUCKLER (1976)
ROLLERCOASTER (1977)
WHEN TIME RAN OUT... (1980)

GOMEZ PEREIRA, Manuel
réalisateur espagnol (1958-)
WHY DO THEY CALL IT LOVE
WHEN THEY MEAN SEX ? (1992)
BOUCHE À BOUCHE (1995)
LOVE CAN SERIOUSLY DAMAGE
YOUR HEALTH (1996)
ENTRE LES JAMBES (1999)

GOMEZ, Nick
réalisateur américain (1963-)
LAWS OF GRAVITY (1992)
HOMICIDE : LIFE ON THE STREET (1993)
NEW JERSEY DRIVE (1994)
ILLTOWN (1996)
DROWNING MONA (2000)

GONDRY, Michel
réalisateur français (1963-)
HUMAN NATURE (2001)
WORK OF DIRECTOR
MICHEL GONDRY, THE (2003)
ETERNAL SUNSHINE OF
THE SPOTLESS MIND (2004)
DAVE CHAPPELLE'S BLOCK PARTY (2005)

GORDON, Bert I.
réalisateur américain (1922-)
MAN, THE (1957)
BEGINNING OF THE END (1957)
CYCLOPS, THE (1957)
ATTACK OF THE PUPPET PEOPLE (1958)
EARTH vs. THE SPIDER (1958)
WAR OF THE COLOSSAL BEAST (1958)
MAGIC SWORD, THE (1962)
VILLAGE OF THE GIANTS (1965)
WITCHING, THE (1972)
EMPIRE OF THE ANTS (1977)

GORDON, Keith
réalisateur américain (1961-)
CHOCOLATE WAR, THE (1988)
MIDNIGHT CLEAR, A (1992)
MOTHER NIGHT (1996)
WAKING THE DEAD (1999)

GORDON, Michael
réalisateur américain (1909-1993)
CYRANO DE BERGERAC (1950)
PILLOW TALK (1959)
PORTRAIT IN BLACK (1960)
BOY'S NIGHT OUT (1962)
MOVE OVER, DARLING (1963)
TEXAS ACROSS THE RIVER (1966)
IMPOSSIBLE YEARS, THE (1968)

GORDON, Stuart
réalisateur américain (1946-)
RE-ANIMATOR (1985)
FROM BEYOND (1986)
DOLLS (1987)
DAUGHTER OF DARKNESS (1990)
PIT AND THE PENDULUM, THE (1991)
FORTRESS (1992)
CASTLE FREAK (1995)
WONDERFUL ICE CREAM SUIT, THE (1998)
DAGON (2001)
KING OF THE ANTS (2003)
MASTERS OF HORROR -
DREAMS IN THE WITCH HOUSE (2005)

GORETTA, Claude
réalisateur suisse (1929-)
INVITATION, L' (1972)
PAS SI MÉCHANT QUE ÇA (1974)
DENTELLIÈRE, LA (1976)
MORT DE MARIO RICCI, LA (1983)

GORRIS, Marleen
réalisatrice néerlandaise (1948-)
QUESTION OF SILENCE, A (1981)
ANTONIA ET SES FILLES (1995)
MRS. DALLOWAY (1997)
LUZHIN DEFENCE. THE (2000)

GOSHA, Hideo
réalisateur japonais (1929-1992)
SWORD OF THE BEAST (1965)
HUNTER IN THE DARK (1979)
GEISHA, LA (1983)

GOSNELL, Raja
réalisateur américain (1968-)
HOME ALONE 3 (1997)
BIG MOMMA'S HOUSE (2000)
SCOOBY-DOO : THE MOVIE (2002)
SCOOBY-DOO 2 :
MONSTERS UNLEASHED (2004)
YOURS, MINE AND OURS (2005)

GOSSELIN, Bernard
réalisateur québécois (1934-2006)
MARTIEN DE NOËL, LE (1971)
JEAN CARIGNAN, VIOLONEUX (1975)
VEILLÉE DES VEILLÉES, LA (1976)
ANTICOSTE, L' (1986)
ARCHE DE VERRE, L' (1994)

GOULDING, Edmund
réalisateur anglais (1891-1959)
REACHING FOR THE MOON (1931)
GRAND HOTEL (1932)
RIPTIDE (1934)
THAT CERTAIN WOMAN (1937)
DAWN PATROL, THE (1938)
DARK VICTORY (1939)
GREAT LIE, THE (1941)
OLD MAID, THE (1941)
FOREVER AND A DAY (1943)
RAZOR'S EDGE, THE (1946)
NIGHTMARE ALLEY (1947)
WE'RE NOT MARRIED (1952)

GRAHAM, William A.
réalisateur (1933-)
SUBMARINE X-1 (1967)
WATERHOLE #3 (1967)
CHANGE OF HABIT (1969)
WHERE THE LILIES BLOOM (1974)
21 HOURS AT MUNICH (1976)
AMAZING HOWARD HUGHES, THE (1977)
GUYANA TRAGEDY : THE STORY
OF JIM JONES (1980)
RETURN TO THE BLUE LAGOON, THE (1991)
MAN WHO CAPTURED EICHMANN, THE (1996)

GRANGIER, Gilles
réalisateur français (1911-1996)
POISSON D'AVRIL (1954)
TROIS JOURS À VIVRE (1957)
GENTLEMAN D'EPSOM, LE (1962)
VOYAGE À BIARRITZ, LE (1962)
CUISINE AU BEURRE, LA (1963)

GRANIER-DEFERRE, Pierre
réalisateur français (1927-)
HORSE, LA (1969)
CHAT, LE (1971)
VEUVE COUDERC, LA (1971)
RACE DES SEIGNEURS, LA (1973)
TRAIN, LE (1973)
ADIEU POULET (1975)
FEMME À SA FENÊTRE, UNE (1977)
TOUBIB, LE (1979)
AMI DE VINCENT, L' (1983)
COURS PRIVÉ (1986)
NOYADE INTERDITE (1987)

GRAY, F. Gary
réalisateur américain (1970-)
FRIDAY (1995)
SET IT OFF (1996)
NEGOTIATOR, THE (1998)
BE COOL (2005)

GRAY, John
réalisateur
LOST CAPONE, THE (1990)
BORN TO BE WILD (1995)
GLIMMER MAN, THE (1996)
HELTER SKELTER (2004)

GREEN, Alfred E.
réalisateur américain (1889-1960)
THROUGH THE BACK DOOR (1921)
DISRAELI (1929)
DANGEROUS (1935)
MR. WINKLE GOES TO WAR (1944)
THOUSAND AND ONE NIGHTS, A (1945)
JOLSON STORY, THE (1946)
COPACABANA (1947)

FABULOUS DORSEYS, THE (1947)
FOUR FACES WEST (1948)
JACKIE ROBINSON STORY, THE (1950)
INVASION USA (1952)

GREEN, Guy
réalisateur anglais (1913-)
DIAMOND HEAD (1962)
PATCH OF BLUE, A (1965)
WALK IN THE SPRING RAIN (1969)
LUTHER (1973)
ONCE IS NOT ENOUGH (1975)

GREEN, Joseph
réalisateur polonais (1900-1996)
YIDL WITH A FIDDLE (1936)
JESTER, THE (1937)
LETTER TO MOTHER, A (1938)
LITTLE LETTER TO MOTHER (1938)
BRAIN THAT WOULDN'T DIE, THE (1962)

GREENAWAY, Peter
réalisateur anglais (1942-)
DRAUGHTSMAN'S CONTRACT, THE (1982)
4 AMERICAN COMPOSERS (1983)
26 BATHROOMS (1985)
ZOO - A ZED AND TWO NOUGHTS (1985)
BELLY OF AN ARCHITECT, THE (1987)
DEATH IN THE SEINE (1988)
DROWNING BY NUMBERS (1988)
COOK, THE THIEF, HIS WIFE & HER LOVER, THE (1989)
PROSPERO'S BOOKS (1991)
8 MAN AFTER (1993)
LUMIÈRE ET COMPAGNIE (1995)
PILLOW BOOK, THE (1996)
8 1/2 WOMEN (1999)

GREENE, David
réalisateur anglais (1921-)
MOON OVER HARLEM (1939)
MADAME SIN (1972)
GODSPELL (1973)
COUNT OF MONTE CRISTO, THE (1976)
ROOTS (1977)
GRAY LADY DOWN (1978)
HARD COUNTRY (1981)
BUSTER (1988)

GREENGRASS, Paul
réalisateur anglais (1955-)
BLOODY SUNDAY (2001)
BOURNE SUPREMACY, THE (2004)
UNITED 93 (2006)

GREENWALD, Robert
réalisateur américain (1945-)
XANADU (1980)
BURNING BED, THE (1984)
SWEET HEARTS DANCE (1988)
HEAR NO EVIL (1993)
BREAKING UP (1997)
UNCOVERED : THE WHOLE TRUTH ABOUT IRAQ WAR (2003)
OUTFOXED : RUPERT MURDOCH'S WAR ON JOURNALISM (2004)
BIG BUY, THE (2006)

GRÉVILLE, Edmond T.
réalisateur français (1906-1966)
ROMANTIC AGE, THE (1950)
BEAT GIRL (1960)
HANDS OF ORLAC, THE (1960)

GREYSON, John
réalisateur canadien (1960-)
URINAL (1988)
ZERO PATIENCE (1993)
LILIES (1996)
UNCUT (1997)
LAW OF ENCLOSURES, THE (2000)
PROTEUS (2003)

GRIECO, Sergio
réalisateur italien (1917-1982)
SINFUL NUNS OF ST-VALENTINE (1973)
BEAST WITH A GUN (1977)

GRIES, Tom
réalisateur américain (1922-1977)
FINISHING TOUCH (1928)
MAN FROM U.N.C.L.E, THE (1964)
WILL PENNY (1967)
100 RIFLES (1968)
QB VII (1974)
BREAKHEART PASS (1975)
BREAKOUT (1975)
HELTER SKELTER (1976)
MUHAMMAD ALI : THE GREATEST (1977)

GRIFFITH, D. W.
réalisateur américain (1875-1948)
FEMALE OF THE SPECIES, THE (1912)
MUSKETEERS OF PIG ALLEY (1912)
JUDITH OF BETHULIA (1913)
HOME, SWEET HOME (1914)
BIRTH OF A NATION, THE (1915)
INTOLERANCE (1916)
HEARTS OF THE WORLD (1918)
BROKEN BLOSSOMS (1919)
WAY DOWN EAST (1920)
ORPHANS OF THE STORM (1921)
AMERICA (1924)
ISN'T LIFE WONDERFUL ? (1924)
SALLY OF THE SAWDUST (1925)
BATTLE OF THE SEXES (1928)
ABRAHAM LINCOLN (1930)
STRUGGLE, THE (1931)

GRINDE, Nick
réalisateur américain (1893-1979)
MAN THEY COULD NOT HANG, THE (1939)
BEFORE I HANG (1940)
MAN WITH NINE LIVES, THE (1940)

GRLIC, Rajko
réalisateur yougoslave (1947-)
MELODY HAUNTS MY REVERIE (1981)
IN THE JAWS OF LIFE (1984)
CHARUGA (1991)

GRODECKI, Wiktor
réalisateur polonais (1960-)
BODY WITHOUT SOUL (1996)
MANDRAGORA (1997)
INSATIABILITY (2003)

GROSBARD, Ulu
réalisateur américain (1929-)
WHO IS HARRY KELLERMAN AND WHY IS HE TELLING THOSE TERRIBLE THINGS ABOUT ME ? (1971)
STRAIGHT TIME (1977)
TRUE CONFESSIONS (1981)
FALLING IN LOVE (1984)
GEORGIA (1995)
DEEP END OF THE OCEAN, THE (1999)

GROSS, Yoram
réalisateur polonais (1926-)
DOT ET LE KOALA (1984)
DOT AND KEETO (1985)
DOT ET LA BALEINE (1986)
DOT ET LES CONTREBANDIERS (1987)

GROSVENOR, Charles
réalisateur
ONCE UPON A FOREST (1992)
BABES IN TOYLAND (1997)
LAND BEFORE TIME 6 : THE SECRET OF SAURUS ROCK, THE (1998)
LAND BEFORE TIME 7 : THE STONE OF COLD FIRE (2000)

GROULX, Gilles
réalisateur québécois (1931-1994)
CHAT DANS LE SAC, LE (1963)
ENTRE TU ET VOUS (1969)
OÙ ÊTES-VOUS DONC ? (1969)
24 HEURES OU PLUS (1976)

GROULX, Sylvie
réalisatrice québécoise
GRAND-REMUE MÉNAGE, LE (1978)
GRANDIR : UNE INTRODUCTION À LA SEXUALITÉ (1991)
J'AIME, J'AIME PAS (1995)
HOMME TROP PRESSÉ PREND SON THÉ À LA FOURCHETTE, L' (2003)

GUÉDIGUIAN, Robert
réalisateur français (1953-)
DIEU VOMIT LES TIÈDES (1989)
ARGENT FAIT LE BONHEUR, L' (1992)
À LA VIE, À LA MORT (1995)
MARIUS ET JEANNETTE (1996)
À LA PLACE DU CŒUR (1998)
À L'ATTAQUE (2000)
VILLE EST TRANQUILLE, LA (2000)
MARIE-JO ET SES DEUX AMOURS (2002)
PROMENEUR DU CHAMPS DE MARS, LE (2004)

GUEST, Christopher
réalisateur américain (1948-)
BIG PICTURE, THE (1988)
ATTACK OF THE 50 FOOT WOMAN (1993)
WAITING FOR GUFFMAN (1996)
BEST IN SHOW (2000)
MIGHTY WIND, A (2003)

GUEST, Val
réalisateur anglais (1911-)
MR. DRAKE'S DUCK (1951)
PENNY PRINCESS (1951)
QUATERMASS XPERIMENT, THE (1955)
ABOMINABLE SNOWMAN, THE (1957)
QUATERMASS 2 (1957)
EXPRESSO BONGO (1960)
HELL IS A CITY (1960)
DAY THE EARTH CAUGHT FIRE, THE (1961)
WHEN DINOSAURS RULED THE EARTH (1970)
AU PAIR GIRLS (1972)

GUILLERMIN, John
réalisateur anglais (1925-)
NEVER LET GO (1960)
WALTZ OF THE TOREADORS (1962)
GUNS AT BATASI (1964)
BLUE MAX, THE (1966)
BRIDGE AT REMAGEN, THE (1969)
EL CONDOR (1970)
SHAFT IN AFRICA (1973)
TOWERING INFERNO, THE (1974)
KING KONG (1976)
DEATH ON THE NILE (1978)
SHEENA (1984)
KING KONG LIVES (1986)

GUIOL, Fred
réalisateur américain (1898-1964)
DO DETECTIVES THINK ? (1927)
SAILORS BEWARE (1927)

SECOND HUNDRED YEARS, THE (1927)
SUGAR DADDIES (1927)
WITH LOVE AND HISSES (1927)

GUITRY, Sacha
réalisateur français (1885-1957)
FAISONS UN RÊVE (1936)
MON PÈRE AVAIT RAISON (1936)
NOUVEAU TESTAMENT, LE (1936)
ROMAN D'UN TRICHEUR, LE (1936)
DÉSIRÉ (1937)
PERLES DE LA COURONNE, LES (1937)
QUADRILLE (1938)
REMONTONS LES CHAMPS-ÉLYSÉES (1938)
TRÉSOR DE CANTENAC, LE (1950)
POISON, LA (1951)
NAPOLÉON (1954)
ASSASSINS ET VOLEURS (1956)

GÜNEY, Yilmaz
réalisateur turc (1937-1984)
BABA (1971)
YOL (1982)
MUR, LE (1983)

GUNNARSSON, Sturla
réalisateur islandais
DIPLOMATIC IMMUNITY (1991)
SUCH A LONG JOURNEY (1998)
BEOWULF & GRENDEL (2005)

GUTIERREZ ALEA, Tomàs
réalisateur cubain (1928-1996)
DEATH OF A BUREAUCRAT (1966)
MEMORIES OF UNDERDEVELOPMENT (1968)
LAST SUPPER, THE (1977)
UP TO A CERTAIN POINT (1983)
LETTERS FROM THE PARK (1988)
STRAWBERRY AND CHOCOLATE (1993)
GUANTANAMERA (1995)

GUY, Suzanne
réalisatrice québécoise (1956-)
BLEUS AU CŒUR, LES (1987)
NEW YORK DORÉ (1990)
DU CŒUR À L'ÂME AVEC
OU SANS DIEU (1996)

GYLLENHAAL, Stephen
réalisateur américain (1949-)
KILLING IN A SMALL TOWN, A (1990)
PARIS TROUT (1991)
WATERLAND (1992)
DANGEROUS WOMAN, A (1993)
LOSING ISAIAH (1995)
HOMEGROWN (1998)

HAAS, Charles F.
réalisateur américain (1913-)
GIRLS TOWN (1959)
PLATINUM HIGH SCHOOL (1960)
MAN FROM U.N.C.L.E, THE (1964)

HAAS, Philip
réalisateur anglais
DAY ON THE GRAND CANAL WITH
THE EMPEROR OF CHINA OR: SURFACE
IS ILLUSION BUT SO IS DEPTH, A (1988)
MUSIC OF CHANCE, THE (1993)
ANGELS & INSECTS (1995)
BLOOD ORANGES, THE (1997)
UP AT THE VILLA (2000)

HACKFORD, Taylor
réalisateur américain (1944-)
IDOLMAKER, THE (1980)
OFFICER AND A GENTLEMAN, AN (1981)
AGAINST ALL ODDS (1984)
WHITE NIGHTS (1985)
CHUCK BERRY: HAIL! HAIL!
ROCK N' ROLL (1987)
EVERYBODY'S ALL-AMERICAN (1988)
BLOOD IN... BLOOD OUT (1992)
DOLORES CLAIBORNE (1995)
DEVIL'S ADVOCATE (1997)
PROOF OF LIFE (2000)
RAY (2004)

HAGGARD, Piers
réalisateur anglais (1939-)
BLOOD ON SATAN'S CLAW, THE (1970)
PENNIES FROM HEAVEN SET (1978)
FIENDISH PLOT OF
DR. FU MANCHU, THE (1980)
CONQUEST (1998)

HAINES, Randa
réalisatrice américaine (1945-)
JILTING OF GRANNY WEATHERALL (1980)
CHILDREN OF A LESSER GOD (1986)
DOCTOR, THE (1991)
WRESTLING ERNEST HEMINGWAY (1993)

HALEY, Jr. Jack
réalisateur américain (1933-2001)
LOVE MACHINE, THE (1971)
THAT'S ENTERTAINMENT (1974)
THAT'S DANCING! (1985)

HALL, Alexander
réalisateur américain (1894-1968)
GOIN' TO TOWN (1935)
HERE COMES MR. JORDAN (1941)
THEY ALL KISSED THE BRIDE (1942)
ONCE UPON A TIME (1944)
DOWN TO EARTH (1947)
GREAT LOVER, THE (1949)
BECAUSE YOU'RE MINE (1952)
FOREVER DARLING (1955)

HALL, Peter
réalisateur anglais (1930-)
MIDSUMMER NIGHT'S DREAM, A (1968)
HOMECOMING, THE (1973)
ORPHEUS DESCENDING (1990)
NEVER TALK TO STRANGERS (1995)

HALLER, Daniel
réalisateur américain (1926-)
DIE MONSTER, DIE! (1965)
DUNWICH HORROR, THE (1970)
BUCK ROGERS IN THE 25th CENTURY (1979)

HALLSTRÖM, Lasse
réalisateur suédois (1946-)
ABBA: THE MOVIE (1977)
MA VIE DE CHIEN (1985)
CHILDREN OF NOISY VILLAGE, THE (1986)
MORE ABOUT THE CHILDREN
OF NOISY VILLAGE (1986)
ONCE AROUND (1990)
WHAT'S EATING GILBERT GRAPE? (1993)
LUMIÈRE ET COMPAGNIE (1995)
SOMETHING TO TALK ABOUT (1995)
CIDER HOUSE RULES, THE (1999)
CHOCOLAT (2000)
SHIPPING NEWS, THE (2001)
CASANOVA (2005)
UNFINISHED LIFE, AN (2005)

HAMER, Robert
réalisateur anglais (1911-1963)
DEAD OF NIGHT (1946)
KIND HEARTS AND CORONETS (1949)
DETECTIVE, THE (1954)
TO PARIS WITH LOVE (1955)
SCHOOL FOR SCOUNDRELS (1960)

HAMILTON, David
réalisateur anglais (1933-)
BILITIS (1977)
LAURA, LES OMBRES DE L'ÉTÉ (1979)
TENDRES COUSINES (1980)
PREMIERS DÉSIRS (1983)
UN ÉTÉ À SAINT-TROPEZ (1984)
LAURA (1999)

HAMILTON, Guy
réalisateur anglais (1922-1986)
COLDITZ STORY, THE (1954)
GOLDFINGER (1964)
FUNERAL IN BERLIN (1966)
BATTLE OF BRITAIN (1969)
DIAMONDS ARE FOREVER (1971)
LIVE AND LET DIE (1973)
MAN WITH THE GOLDEN GUN, THE (1974)
FORCE 10 FROM NAVARONE (1978)
MIRROR CRACK'D, THE (1980)
EVIL UNDER THE SUN (1981)
REMO WILLIAMS:
THE ADVENTURE BEGIN (1985)

HAMMOND, Peter
réalisateur anglais (1923-)
RETURN OF SHERLOCK HOLMES:
THE SIGN OF FOUR (1987)
SHERLOCK HOLMES:
MASTER BLACKMAILER (1992)
SHERLOCK HOLMES:
THE ELIGIBLE BACHELOR (1992)

HAMPTON, Christopher
réalisateur anglais (1946-)
CARRINGTON (1995)
SECRET AGENT, THE (1995)
IMAGINING ARGENTINA (2003)

HANCOCK, John
réalisateur américain (1939-)
BANG THE DRUM SLOWLY (1973)
WEEDS (1987)
PRANCER (1989)
SUSPENDED ANIMATION (2001)

HANEKE, Michael
réalisateur allemand (1942-)
SEVENTH CONTINENT, THE (1989)
BENNY'S VIDEO (1992)
71 FRAGMENTS OF A CHRONOLOGY
OF CHANCE (1994)
LUMIÈRE ET COMPAGNIE (1995)
FUNNY GAMES (1997)
CODE INCONNU (2000)
PIANISTE, LA (2001)
TEMPS DU LOUP, LE (2003)
CACHÉ (2005)

HANIN, Roger
réalisateur français (1925-)
PROTECTEUR, LE (1973)
FAUX CUL, LE (1975)
RUMBA, LA (1997)
SOLEIL (1997)

HANSEL, Marion
réalisatrice belge (1949-)
NOCES BARBARES, LES (1987)
IL MAESTRO (1989)
SUR LA TERRE COMME AU CIEL (1991)
BETWEEN THE DEVIL AND
THE DEEP BLUE SEA (1995)
QUARRY, THE (1998)

HANSON, Curtis
réalisateur américain (1945-)
AROUSERS, THE (1970)
LITTLE DRAGONS, THE (1980)
BEDROOM WINDOW, THE (1987)
BAD INFLUENCE (1990)
HAND THAT ROCKS THE CRADLE (1992)
RIVER WILD, THE (1994)
L.A. CONFIDENTIAL (1997)
WONDER BOYS (2000)
8 MILE (2002)
IN HER SHOES (2005)

HARADA, Masato
réalisateur japonais (1943-)
GUNHED (1989)
KAMIKAZE TAXI (1995)
ROWING THROUGH (1996)
BOUNCE KO GALS (1997)
INUGAMI (2001)

HARE, David
réalisateur anglais (1947-)
WETHERBY (1985)
STRAPLESS (1989)
DESIGNATED MOURNER, THE (1997)

HAREL, Philippe
réalisateur français (1956-)
HISTOIRE DU GARÇON QUI VOULAIT QU'ON L'EMBRASSE, L' (1993)
FEMME DÉFENDUE, LA (1997)
RANDONNEURS, LES (1997)
TRISTAN (2003)

HAREL, Pierre
réalisateur québécois (1944-)
BULLDOZER (1973)
VIE D'ANGE (1979)
GRELOTS ROUGES ET SANGLOTS BLEUS (1987)

HARLIN, Renny
réalisateur finlandais (1959-)
NIGHTMARE ON ELM STREET IV: THE DREAM MASTER, A (1988)
PRISON (1988)
ADVENTURES OF FORD FAIRLANE, THE (1990)
DIE HARD 2: DIE HARDER (1990)
CLIFFHANGER (1993)
CUTTHROAT ISLAND (1995)
LONG KISS GOODNIGHT, THE (1996)
DEEP BLUE SEA (1999)
DRIVEN (2001)
EXORCIST, THE: BEGINNING (2004)

HARMON, Robert
réalisateur
HITCHER, THE (1986)
NOWHERE TO RUN (1993)
WES CRAVEN PRESENTS THEY (2002)
HIGHWAYMEN (2003)

HARRINGTON, Curtis
réalisateur américain (1928-)
NIGHT TIDE (1961)
WHAT'S THE MATTER WITH HELEN? (1971)
WHOEVER SLEW AUNTIE ROO? (1971)
RUBY (1977)
MATA HARI (1984)

HARRIS, James B.
réalisateur américain (1928-)
BEDFORD INCIDENT, THE (1965)
FAST-WALKING (1982)
COP (1987)

HARRISON, John Kent
réalisateur
BEAUTIFUL DREAMERS (1990)
TALES FROM THE DARKSIDE: THE MOVIE (1990)
FRANK HERBERT'S DUNE (2000)
HELEN OF TROY (2003)

HARRON, Mary
réalisatrice canadienne (1956-)
I SHOT ANDY WARHOL (1996)
AMERICAN PSYCHO (2000)
NOTORIOUS BETTIE PAGE, THE (2005)

HARTLEY, Hal
réalisateur américain (1960-)
UNBELIEVABLE TRUTH, THE (1989)
TRUST (1990)
SIMPLE MEN (1991)
SURVIVING DESIRE (1991)
AMATEUR (1994)
FLIRT (1995)
HENRY FOOL (1997)
BOOK OF LIFE, THE (1998)
GIRL FROM MONDAY, THE (2005)

HARVEY, Anthony
réalisateur anglais (1931-)
LION IN WINTER, THE (1968)
THEY MIGHT BE GIANTS (1971)
GLASS MENAGERIE (1973)
GRACE QUIGLEY (1984)

HASKIN, Byron
réalisateur américain (1899-1984)
TREASURE ISLAND (1950)
WAR OF THE WORLDS (1952)
HIS MAJESTY O'KEEFE (1953)
NAKED JUNGLE, THE (1953)
CONQUEST OF SPACE (1954)
LONG JOHN SILVER (1954)
CAPTAIN SINBAD (1963)

HATHAWAY, Henry
réalisateur américain (1898-1985)
WILD HORSE MESA (1932)
SUNSET PASS (1933)
NOW AND FOREVER (1934)
LIVES OF A BENGAL LANCER, THE (1935)
GO WEST, YOUNG MAN (1936)
TRAIL OF THE LONESOME PINE, THE (1936)
SOULS AT SEA (1937)
SPAWN OF THE NORTH (1938)
REAL GLORY, THE (1939)
BRIGHAM YOUNG (1940)
JOHNNY APOLLO (1940)
SHEPHERD OF THE HILLS, THE (1940)
HOUSE ON 92nd STREET, THE (1944)
WING AND A PRAYER (1944)
DARK CORNER, THE (1945)
13 RUE MADELEINE (1946)
KISS OF DEATH (1946)
CALL NORTHSIDE 777 (1948)
DESERT FOX, THE (1951)
RAWHIDE (1951)
YOU'RE IN THE NAVY NOW (1951)
NIAGARA (1953)
PRINCE VALIANT (1953)
RACERS, THE (1954)
LEGEND OF THE LOST (1957)
NORTH TO ALASKA (1960)
SEVEN THIEVES (1960)
HOW THE WEST WAS WON (1962)
CIRCUS WORLD (1964)
SONS OF KATIE ELDER, THE (1965)
NEVADA SMITH (1966)
LAST SAFARI, THE (1967)
5 CARD STUD (1968)
TRUE GRIT (1969)
RAID ON ROMMEL (1970)

HAWKS, Howard
réalisateur américain (1896-1977)
GIRL IN EVERY PORT, A (1928)
CRIMINAL CODE, THE (1931)
SCARFACE (1932)
TODAY WE LIVE (1933)
TWENTIETH CENTURY (1934)
BARBARY COAST (1935)
CEILING ZERO (1936)
COME AND GET IT (1936)
BRINGING UP BABY (1938)
HIS GIRL FRIDAY (1939)
ONLY ANGELS HAVE WINGS (1939)
SERGEANT YORK (1941)
BALL OF FIRE (1942)
AIR FORCE (1943)
TO HAVE AND HAVE NOT (1944)
BIG SLEEP, THE (1946)
RED RIVER (1948)
SONG IS BORN, A (1948)
I WAS A MALE WAR BRIDE (1949)
BIG SKY, THE (1952)
MONKEY BUSINESS (1952)
GENTLEMEN PREFER BLONDES (1953)
LAND OF THE PHARAOHS (1955)
RIO BRAVO (1959)
HATARI! (1962)
MAN'S FAVORITE SPORT? (1963)
EL DORADO (1967)
RIO LOBO (1970)

HAYASHI, Kaizo
réalisateur japonais (1957-)
MOST TERRIBLE TIME IN MY LIFE, THE (1994)
STAIRWAY TO THE DISTANT PAST (1995)
TRAP, THE (1996)

HAYERS, Sidney
réalisateur anglais (1921-2000)
CIRCUS OF HORRORS (1960)
BURN WITCH BURN! (1962)
TRAP, THE (1966)

HAYNES, Todd
réalisateur américain (1961-)
POISON (1990)
DOTTIES GETS SPANKED (1993)
SAFE (1994)
VELVET GOLDMINE (1998)
FAR FROM HEAVEN (2002)

HÉBERT, Bernar
réalisateur québécois
PETIT MUSÉE DE VELASQUEZ, LE (1994)
NUIT DU DÉLUGE (1996)
FAVOURITE GAME, THE (2002)

HÉBERT, Pierre
réalisateur québécois (1944-)
CINÉMA D'ANIMATION DE PIERRE HÉBERT, LE (1985)
O PICASSO: TABLEAUX D'UNE SUREXPOSITION (1985)
PLANTE HUMAINE, LA (1996)

HECKERLING, Amy
réalisatrice américaine (1954-)
FAST TIMES AT RIDGEMONT HIGH (1982)
JOHNNY DANGEROUSLY (1984)
NATIONAL LAMPOON'S EUROPEAN VACATION (1985)

LOOK WHO'S TALKING (1989)
LOOK WHO'S TALKING TOO (1990)
CLUELESS (1995)

HEFFRON Richard T.
réalisateur américain (1930-)
FUTUREWORLD (1976)
V : THE FINAL BATTLE (1984)
RÉVOLUTION FRANÇAISE 2 :
LES ANNÉES TERRIBLES, LA (1989)

HEGEDUS, Chris
réalisateur (1952-)
WAR ROOM, THE (1993)
MOON OVER BROADWAY (1997)
STARTUP.COM (2001)
FIRST AMENDMENT PROJECT (2004)

HEISLER, Stuart
réalisateur américain (1894-1979)
MONSTER AND THE GIRL, THE (1941)
GLASS KEY, THE (1942)
ALONG CAME JONES (1945)
BLUE SKIES (1946)
SMASH-UP, THE STORY OF A WOMAN (1947)
CHAIN LIGHTNING (1950)
DALLAS (1950)
STAR, THE (1952)
BEACHHEAD (1954)
I DIED A THOUSAND TIMES (1955)

HELGELAND, Brian
réalisateur américain (1961-)
PAYBACK (1999)
KNIGHT'S TALE, A (2001)
ORDER, THE (2003)

HELLBOM, Olle
réalisateur suédois (1925-1982)
AVENTURES DE FIFI BRINDACIER, LES (1969)
FIFI BRINDACIER (1969)
FIFI BRINDACIER CHEZ LES PIRATES (1969)
FIFI BRINDACIER EN BALLADE (1969)

HELLMAN, Monte
réalisateur américain (1932-)
BACK DOOR TO HELL (1964)
FLIGHT TO FURY (1966)
RIDE IN THE WHIRLWIND (1966)
SHOOTING, THE (1966)
TWO LANE BLACKTOP (1971)
COCKFIGHTER (1974)
CHINA 9, LIBERTY 37 (1978)
IGUANA (1988)

HENENLOTTER, Frank
réalisateur américain (1950-)
BASKET CASE (1982)
BASKET CASE II (1989)
FRANKENHOOKER (1990)
BASKET CASE III (1992)

HENSON, Jim
réalisateur américain (1936-1990)
EMMET OTTER'S
JUG-BAND CHRISTMAS (1977)
GREAT MUPPET CAPER, THE (1981)
DARK CRYSTAL, THE (1982)
LABYRINTH (1986)
STORYTELLER, THE -
DEFINITIVE COLLECTION (1987)

HEREK, Stephen
réalisateur américain (1958-)
CRITTERS (1986)
BILL AND TED'S EXCELLENT ADVENTURE (1989)
MIGHTY DUCKS, THE (1992)
THREE MUSKETEERS, THE (1993)
MR. HOLLAND'S OPUS (1995)
101 DALMATIANS (1996)
HOLY MAN (1998)
ROCK STAR (2001)
LIFE OR SOMETHING LIKE IT (2002)
MAN OF THE HOUSE (2005)

HERMAN, Mark
réalisateur anglais (1954-)
BLAME IT ON THE BELLBOY (1991)
BRASSED OFF (1996)
LITTLE VOICE (1998)
HOPE SPRINGS (2003)

HERMAN-WURMFELD, Charles
réalisateur américain (1966-)
FANCI'S PERSUASION (1995)
KISSING JESSICA STEIN (2001)
LEGALLY BLONDE 2 :
RED, WHITE & BLONDE (2003)

HERMOSILLO, Jaime Humberto
réalisateur mexicain (1942-)
MARIA DEMI CORAZON (1979)
DONA HERLINDA AND HER SON (1985)
FORBIDDEN HOMEWORK (1990)
HOMEWORK (1990)
TAREA PROHIBIDA, LA (1992)
ESMERALDA COMES BY NIGHT (1997)
SUMMER OF MISS FORBES, THE (1998)

HÉROUX, Denis
réalisateur québécois (1940-)
INITIATION, L' (1969)
VALÉRIE (1969)
7 FOIS... (PAR JOUR) (1971)
QUELQUES ARPENTS DE NEIGE (1972)
J'AI MON VOYAGE ! (1973)
POUSSE MAIS POUSSE ÉGAL (1974)
BORN FOR HELL (1975)
JACQUES BREL IS ALIVE AND
WELL AND LIVING IN PARIS (1975)

HERRINGTON, Rowdy
réalisateur (1951-)
JACK'S BACK (1988)
ROAD HOUSE (1989)
STRIKING DISTANCE (1993)
BOBBY JONES, STROKE OF GENIUS (2004)

HERTZ JURAN, Nathan
réalisateur autrichien (1907-)
BLACK CASTLE, THE (1952)
LAW AND ORDER (1953)
20 MILLION MILES TO EARTH (1956)
DEADLY MANTIS, THE (1956)
ATTACK OF THE 50 FOOT WOMAN (1957)
BRAIN FROM PLANET AROUS, THE (1957)
7th VOYAGE OF SINBAD, THE (1958)
GOOD DAY FOR A HANGING (1959)
JACK THE GIANT KILLER (1962)
FIRST MEN IN THE MOON (1964)
LAND RAIDERS (1969)

HERZ, Michael
réalisateur américain (1949-)
FIRST TURN ON ! !, THE (1983)
STUCK ON YOU ! (1984)
TOXIC AVENGER, THE (1984)
TROMA'S WAR (1988)
TOXIC AVENGER 2, THE (1989)
TOXIC AVENGER 3, THE (1989)

HERZFELD, John
réalisateur américain
TWO OF A KIND (1983)
2 DAYS IN THE VALLEY (1996)
15 MINUTES (2001)

HERZOG, Werner
réalisateur allemand (1942-)
EVEN DWARFS STARTED SMALL (1971)
AGUIRRE, LA COLÈRE DE DIEU (1972)
ÉNIGME DE KASPAR HAUSER, L' (1974)
CŒUR DE VERRE (1976)
BALLADE DE BRUNO, LA (1977)
NOSFERATU : FANTÔME DE LA NUIT (1978)
WOYZECK (1979)
FITZCARRALDO (1981)
PAYS OÙ RÊVENT
LES FOURMIS VERTES, LE (1984)
COBRA VERDE (1988)
HERDSMEN OF THE SUN (1988)
CERRO TORRE : SCREAM OF STONE (1991)
LESSONS OF DARKNESS (1992)
GESUALDO : DEATH FOR FIVE VOICES (1995)
LITTLE DIETER NEEDS TO FLY (1997)
MON ENNEMI INTIME (1999)
INVINCIBLE (2001)
WHEEL OF TIME (2003)
WHITE DIAMOND (2004)
GRIZZLY MAN (2005)

HESSLER, Gordon
réalisateur anglais (1941-)
OBLONG BOX, THE (1969)
SCREAM AND SCREAM AGAIN (1969)
CRY OF THE BANSHEE (1970)
GOLDEN VOYAGE OF SINBAD, THE (1973)
CRY IN THE WILDERNESS (1974)
KOLCHAK NIGHT STALKER
ORIGINAL SERIES (1974)
RAGE OF HONOR (1987)
GIRL IN A SWING, THE (1988)

HEWITT, Peter
réalisateur (1965-)
BILL AND TED'S BOGUS JOURNEY (1991)
TOM AND HUCK (1995)
BORROWERS, THE (1997)
WHATEVER HAPPENED
TO HAROLD SMITH (1999)
THUNDERPANTS (2002)
GARFIELD : THE MOVIE (2004)

HEYNEMANN, Laurent
réalisateur français (1948-)
IL FAUT TUER BIRGITT HAAS (1980)
STELLA (1983)
FAUX ET USAGE DE FAUX (1990)
VIEILLE QUI MARCHAIT
DANS LA MER, LA (1991)
ALLER SIMPLE, UN (2001)

HICKENLOOPER, George
réalisateur américain (1965-)
SOME FOLKS CALL IT A SLING BLADE (1993)
DOGTOWN (1997)
BIG BRASS RING, THE (1999)
SHORT (1999)
MAN FROM ELYSIAN FIELDS, THE (2001)
MAYOR OF THE SUNSET STRIP (2003)

HICKOX, Anthony
réalisateur anglais (1964-)
WAXWORK (1988)
HELLRAISER III : HELL ON EARTH (1992)
WAXWORK II : LOST IN TIME (1992)
FULL ECLIPSE (1993)
PRINCE VALIANT (1996)
CONTAMINATED MAN (2000)

HICKOX, Douglas
réalisateur anglais (1929-)
THEATER OF BLOOD (1973)
BRANNIGAN (1975)
ZULU DAWN (1979)

HICKS, Scott
réalisateur australien (1953-)
SHINE (1996)
SNOW FALLING ON CEDARS (1999)
HEARTS IN ATLANTIS (2001)

HIGGINS, Colin
réalisateur américain (1941-1988)
FOUL PLAY (1978)
9 TO 5 (1980)
BEST LITTLE WHOREHOUSE IN TEXAS, THE (1982)

HILL, George Roy
réalisateur américain (1922-2002)
PERIOD OF ADJUSTMENT (1962)
TOYS IN THE ATTIC (1963)
WORLD OF HENRY ORIENT, THE (1964)
HAWAII (1966)
THOROUGHLY MODERN MILLIE (1967)
BUTCH CASSIDY & THE SUNDANCE KID (1969)
SLAUGHTERHOUSE-FIVE (1972)
STING, THE (1973)
GREAT WALDO PEPPER, THE (1975)
SLAP SHOT (1976)
LITTLE ROMANCE, A (1979)
WORLD ACCORDING TO GARP (1982)
LITTLE DRUMMER GIRL, THE (1984)
FUNNY FARM (1988)

HILL, Jack
réalisateur américain (1933-)
SPIDER BABY (1964)
CULT OF THE DEAD (1968)
INCREDIBLE INVASION, THE (1968)
TORTURE ZONE (1968)
BIG DOLL HOUSE (1971)
COFFY (1973)
FOXY BROWN (1974)
SWITCHBLADE SISTERS (1975)

HILL, James
réalisateur anglais (1919-1994)
BORN FREE (1965)
STUDY IN TERROR, A (1965)
YOUNG VISITORS, THE (1988)

HILL, Walter
réalisateur américain (1942-)
HARD TIMES (1975)
DRIVER, THE (1978)
WARRIORS, THE (1979)
LONG RIDERS, THE (1980)
SOUTHERN COMFORT (1981)
48 HOURS (1982)
STREETS OF FIRE (1984)
BREWSTER'S MILLIONS (1985)
CROSSROADS (1986)
EXTREME PREJUDICE (1987)
RED HEAT (1988)
JOHNNY HANDSOME (1989)
ANOTHER 48 HOURS (1990)
TRESPASS (1992)
GERONIMO : AN AMERICAN LEGEND (1993)
WILD BILL (1995)
LAST MAN STANDING (1996)
SUPERNOVA (1999)
UNDISPUTED (2002)

HILLER, Arthur
réalisateur canadien (1923-)
WHEELER DEALERS, THE (1963)
AMERICANIZATION OF EMILY, THE (1964)
PROMISE HER ANYTHING (1965)
TOBRUK (1966)
OUT-OF-TOWNERS, THE (1969)
POPI (1969)
LOVE STORY (1970)
PLAZA SUITE (1970)
HOSPITAL, THE (1971)
MAN OF LA MANCHA (1972)
MAN IN THE GLASS BOOTH, THE (1974)
SILVER STREAK (1976)
IN-LAWS, THE (1979)
AUTHOR ! AUTHOR ! (1982)
MAKING LOVE (1982)
LONELY GUY, THE (1984)
TEACHERS (1984)
OUTRAGEOUS FORTUNE (1987)
SEE NO EVIL, HEAR NO EVIL (1989)
TAKING CARE OF BUSINESS (1990)
MARRIED TO IT (1991)
BABE, THE (1992)

HILLYER, Lambert
réalisateur américain (1889-1969)
TOLL GATE, THE (1920)
SHOCK, THE (1923)
DRACULA'S DAUGHTER (1936)
INVISIBLE RAY, THE (1936)
BATMAN - SERIAL COLLECTION (1943)

HITCHCOCK, Alfred
réalisateur anglais (1899-1980)
ALFRED HITCHCOCK : MASTER OF SUSPENSE (1926)
LODGER, THE (1926)
LODGER, THE / MURDER (1926)
EASY VIRTUE (1927)
RING, THE (1927)
CHAMPAGNE (1928)
FARMER'S WIFE, THE (1928)
BLACKMAIL (1929)
JUNO AND THE PAYCOCK (1929)
MANXMAN, THE (1929)
RICH AND STRANGE (1929)
JUNO AND THE PAYCOCK / BLACKMAIL (1930)
MURDER (1930)
MURDER ! / RICH AND STRANGE / SORCERER'S APPRENTICE (1930)
SKIN GAME, THE (1931)
NUMBER 17 (1932)
MAN WHO KNEW TOO MUCH, THE (1934)
39 STEPS, THE (1935)
SABOTAGE (1936)
SECRET AGENT (1936)
YOUNG AND INNOCENT (1937)
LADY VANISHES, THE (1938)
JAMAICA INN (1939)
REBECCA (1939)
FOREIGN CORRESPONDENT (1940)
MR. AND MRS. SMITH (1941)
SUSPICION (1941)
SABOTEUR (1942)
SHADOW OF A DOUBT (1942)
LIFEBOAT (1943)
BON VOYAGE / AVENTURE MALGACHE (1944)
SPELLBOUND (1945)
NOTORIOUS (1946)
PARADINE CASE, THE (1947)
ROPE (1948)
UNDER CAPRICORN (1949)
STAGE FRIGHT (1950)
STRANGERS ON A TRAIN (1951)
I CONFESS (1953)
DIAL M FOR MURDER (1954)
REAR WINDOW (1954)
TO CATCH A THIEF (1955)
TROUBLE WITH HARRY, THE (1955)
MAN WHO KNEW TOO MUCH, THE (1956)
WRONG MAN, THE (1956)
VERTIGO (1958)
NORTH BY NORTHWEST (1959)
PSYCHO (1960)
BIRDS, THE (1963)
MARNIE (1964)
TORN CURTAIN (1966)
TOPAZ (1969)
FRENZY (1972)
FAMILY PLOT (1975)

HOBLIT, Gregory
réalisateur américain (1944-)
PRIMAL FEAR (1996)
FALLEN (1997)
FREQUENCY (2000)
HART'S WAR (2002)

HODGES, Mike
réalisateur anglais (1932-)
GET CARTER (1971)
TERMINAL MAN, THE (1974)
FLASH GORDON (1980)
MORONS FROM OUTER SPACE (1985)
PRAYER FOR THE DYING, A (1987)
BLACK RAINBOW (1989)
CROUPIER (1998)
I'LL SLEEP WHEN I'M DEAD (2003)

HOFFMAN, Jerzy
réalisateur polonais (1932-)
COLONEL WOLODYJOWSKI (1968)
DELUGE I, THE (1974)
DELUGE II, THE (1974)
LEPER (1976)
QUACK, THE (1982)
BEAUTIFUL STRANGER (1992)
WITH FIRE AND SWORD (1999)

HOFFMAN, Michael
réalisateur américain
PROMISED LAND (1987)
SOME GIRLS (1988)
SOAPDISH (1991)
RESTORATION (1995)
ONE FINE DAY (1996)
MIDSUMMER NIGHT'S DREAM, A (1999)
EMPEROR'S CLUB, THE (2002)
GAME 6 (2005)

HOGAN, James
réalisateur américain (1891-1943)
DESERT GOLD (1936)
BULLDOG DRUMMOND ESCAPES (1937)
TEXANS, THE (1938)
BULLDOG DRUMMOND'S SECRET POLICE (1939)
TEXAS RANGERS RIDES AGAIN (1940)
MAD GHOUL, THE (1943)

HOGAN, Paul J.
réalisateur australien (1962-)
MURIEL'S WEDDING (1994)
MY BEST FRIEND'S WEDDING (1997)
PETER PAN (2003)

HOLCOMB, Rod
réalisateur
CAPTAIN AMERICA (1979)
CHINA BEACH (1988)
CHAINS OF GOLD (1991)
PENTAGON PAPERS, THE (2003)

HOLLAND, Agnieszka
réalisatrice polonaise (1948-)
FEVER (1980)
LONELY WOMAN, A (1981)
ANGRY HARVEST (1984)
TO KILL A PRIEST (1988)

EUROPA, EUROPA (1990)
OLIVIER, OLIVIER (1992)
SECRET GARDEN, THE (1993)
TOTAL ECLIPSE (1995)
WASHINGTON SQUARE (1997)
THIRD MIRACLE, THE (1999)
JULIE WALKING HOME (2001)
SHOT IN THE HEART (2001)

HOLLAND, Tom
réalisateur américain (1943-)
FRIGHT NIGHT (1985)
FATAL BEAUTY (1987)
CHILD'S PLAY (1988)
TEMP, THE (1993)
LANGOLIERS, THE (1995)

HOLOFCENER, Nicole
réalisatrice
WALKING AND TALKING (1995)
LOVELY AND AMAZING (2001)
FRIENDS WITH MONEY (2006)

HONDA, Inoshiro
réalisateur japonais (1911-1993)
GODZILLA, KING OF THE MONSTERS (1954)
RODAN (1957)
HALF-HUMAN (1958)
MOTHRA (1961)
KING KONG VS GODZILLA (1962)
GHIDRAH, THE THREE-HEADED MONSTER (1965)
GODZILLA vs. MONSTER ZERO (1966)
WAR OF THE GARGANTUAS, THE (1967)
GODZILLA'S REVENGE (1969)
TERROR OF MECHAGODZILLA (1975)

HONDA, Ishirô
réalisateur japonais (1911-1993)
PRISONNIERE DES MARTIENS (1959)
GODZILLA VS. MOTHRA (1963)
DESTROY ALL MONSTERS ! (1968)

HOOKS, Kevin
réalisateur américain (1958-)
V, THE COMPLETE SERIES (1983)
STRICTLY BUSINESS (1991)
PASSENGER 57 (1992)
FLED (1996)
LOST (SEASON 1) (2004)

HOOPER, Tobe
réalisateur américain (1946-)
TEXAS CHAINSAW MASSACRE, THE (1974)
EATEN ALIVE (1976)
SALEM'S LOT : THE MOVIE (1979)
FUNHOUSE, THE (1981)
POLTERGEIST (1982)
LIFEFORCE (1985)
INVADERS FROM MARS (1986)
TEXAS CHAINSAW MASSACRE 2, THE (1986)
SPONTANEOUS COMBUSTION (1989)
BODY BAGS (1993)
MANGLER, THE (1994)
TOOLBOX MURDERS (2003)

HOOPER, Tom
réalisateur
LOVE IN A COLD CLIMATE (2000)
PRIME SUSPECT 6 (2003)
RED DUST (2004)

HOPKINS, Stephen
réalisateur jamaïcain (1958-)
NIGHTMARE ON ELM STREET V : THE DREAM CHILD (1989)
PREDATOR II (1990)
JUDGMENT NIGHT (1993)
BLOWN AWAY (1994)
GHOST AND THE DARKNESS, THE (1996)
LOST IN SPACE (1998)
UNDER SUSPICION (1999)
LIFE AND DEATH OF PETER SELLERS, THE (2003)
TRAFFIC : THE MINISERIES (2004)

HOPPER, Dennis
réalisateur américain (1936-)
EASY RIDER (1969)
OUT OF THE BLUE (1980)
BACKTRACK (1988)
COLORS (1988)
HOT SPOT, THE (1990)

HOPPER, Jerry
réalisateur américain (1907-)
ATOMIC CITY, THE (1952)
PONY EXPRESS (1952)
MISSOURI TRAVELER, THE (1958)
MADRON (1970)

HORNE, James W.
réalisateur américain (1880-1942)
COLLEGE (1927)
BONNIE SCOTLAND (1935)
WAY OUT WEST (1937)

HORNER, Harry
réalisateur (1910-1994)
BEWARE, MY LOVELY (1952)
RED PLANET MARS (1952)
VICKI (1953)

HORTON, Peter
réalisateur américain (1953-)
CURE, THE (1995)
GUN (1996)
GREY'S ANATOMY (2004)

HOU, Hsiao-hsien
réalisateur chinois (1947-)
BOYS FROM FENGKUEI, THE (1983)
SUMMER AT GRANDPA'S (1984)
TIME TO LIVE AND THE TIME TO DIE, THE (1985)
DUST IN THE WIND (1986)
PUPPETMASTER, THE (1993)
GOOD MEN, GOOD WOMEN (1995)
GOODBYE SOUTH, GOODBYE (1996)
FLOWERS OF SHANGHAI (1998)

HOUGH, John
réalisateur anglais (1941-)
EYEWITNESS (1970)
TREASURE ISLAND (1972)
LEGEND OF HELL HOUSE, THE (1973)
DIRTY MARY CRAZY LARRY (1974)
ESCAPE TO WITCH MOUNTAIN (1975)
RETURN FROM WITCH MOUNTAIN (1978)
WATCHER IN THE WOODS, THE (1981)
INCUBUS, THE (1982)
TRIUMPHS OF A MAN CALLED HORSE (1983)
HOWLING IV (1988)

HOWARD, Ron
réalisateur américain (1954-)
GRAND THEFT AUTO (1977)
NIGHT SHIFT (1982)
SPLASH (1984)
COCOON (1985)
GUNG HO (1986)
WILLOW (1988)
PARENTHOOD (1989)
BACKDRAFT (1991)
FAR AND AWAY (1992)
PAPER, THE (1994)
APOLLO 13 (1995)
RANSOM (1996)
ED TV (1999)
DR. SEUSS' HOW THE GRINCH STOLE CHRISTMAS (2000)
BEAUTIFUL MIND, A (2001)
MISSING, THE (2003)
CINDERELLA MAN (2005)
DA VINCI CODE, THE (2006)

HOWARD, William K.
réalisateur américain (1899-1954)
EVELYN PRENTICE (1934)
PRINCESS COMES ACROSS, THE (1936)
FIRE OVER ENGLAND (1937)
JOHNNY COME LATELY (1943)

HOWITT, Peter
réalisateur anglais (1957-)
SLIDING DOORS (1997)
ANTITRUST (2000)
JOHNNY ENGLISH (2003)
LAWS OF ATTRACTION (2004)

HUBERT, Jean-Loup
réalisateur français (1949-)
SMALA, LA (1984)
GRAND CHEMIN, LE (1986)
APRÈS LA GUERRE (1989)
REINE BLANCHE, LA (1991)
À CAUSE D'ELLE (1993)
MARTHE (1997)

HUDLIN, Reginald
réalisateur américain (1961-)
HOUSE PARTY (1990)
GREAT WHITE HYPE, THE (1996)
LADIES MAN, THE (2000)
SERVING SARA (2002)

HUDSON, Hugh
réalisateur anglais (1936-)
CHARIOTS OF FIRE (1981)
GREYSTOKE : THE LEGEND OF TARZAN (1983)
REVOLUTION (1985)
LOST ANGELS (1989)
MY LIFE SO FAR (1999)
I DREAMED OF AFRICA (2000)

HUGHES, Albert
réalisateur américain (1972-)
MENACE II SOCIETY (1993)
DEAD PRESIDENTS (1995)
AMERICAN PIMP (1999)
AMERICAN PIMP : RAW OUTTAKES & HARD TRUTH (2004)

HUGHES, Allen
réalisateur américain (1972-)
AMERICAN PIMP (1999)
FROM HELL (2001)
AMERICAN PIMP : RAW OUTTAKES & HARD TRUTH (2004)

HUGHES, Bronwen
réalisateur
HARRIET THE SPY (1996)
FORCES OF NATURE (1999)
STANDER (2003)

HUGHES, John
réalisateur américain (1950-)
SIXTEEN CANDLES (1984)
BREAKFAST CLUB, THE (1985)
WEIRD SCIENCE (1985)

FERRIS BUELLER'S DAY OFF (1986)
PLANES, TRAINS AND AUTOMOBILES (1987)
SHE'S HAVING A BABY (1987)
UNCLE BUCK (1989)
CURLY SUE (1991)

HUGHES, Ken
réalisateur anglais (1922-2001)
OF HUMAN BONDAGE (1964)
CHITTY CHITTY BANG BANG (1968)
CROMWELL (1970)
SEXTETTE (1979)

HUGHES, Terry
réalisateur anglais
MONTY PYTHON LIVE
AT THE HOLLYWOOD BOWL (1982)
BARNUM (1986)
BUTCHER'S WIFE, THE (1991)

HUI, Ann
réalisatrice chinoise (1947-)
GOD OF KILLERS (1981)
SONG OF THE EXILE (1990)
GODDESS OF MERCY (2003)

HUMBERSTONE, Bruce
réalisateur américain (1903-1986)
I WAKE UP SCREAMING (1941)
ICELAND (1942)
TO THE SHORES OF TRIPOLI (1942)
HELLO FRISCO, HELLO (1943)
PIN UP GIRL (1944)
SUN VALLEY SERENADE (1944)
WONDER MAN (1945)
DESERT SONG, THE (1953)
TEN WANTED MEN (1954)

HUNEBELLE, André
réalisateur français (1896-1985)
3 MOUSQUETAIRES, LES (1953)
COLLÉGIENNES, LES (1957)
TAXI, ROULOTTE ET CORRIDA (1958)
BANCO À BANGKOK POUR OSS 117 (1964)
FANTÔMAS (1964)
FANTÔMAS SE DÉCHAÎNE (1965)
FURIA À BAHIA POUR OSS 117 (1965)
ESTOUFFADE À LA CARAÏBE (1967)
FANTÔMAS CONTRE SCOTLAND YARD (1967)
PAS DE ROSES POUR OSS 117 (1967)
SOUS LE SIGNE DE MONTE-CRISTO (1968)

HUNG, Sammo
réalisateur chinois (1952-)
IRON FISTED MONK (1977)
KNOCKABOUT (1979)
CARRY ON PICKPOCKET (1982)
PRODIGAL SON, THE (1983)
WHEELS ON MEALS (1984)
HEART OF DRAGON (1985)
HEART OF THE DRAGON (1985)
MY LUCKY STARS (1985)
EASTERN CONDORS (1986)
MILLIONAIRE'S EXPRESS, THE (1986)
DRAGONS FOREVER (1988)
JACKIE CHAN : MR. NICE GUY (1998)

HUNG, Tran Anh
réalisateur vietnamien (1962-)
ODEUR DE LA PAPAYE VERTE, L' (1993)
CYCLO (1995)
À LA VERTICALE DE L'ÉTÉ (2000)

HUNT, Peter R.
réalisateur anglais (1925-2002)
ON HER MAJESTY'S SECRET SERVICE (1969)
ASSASSINATION (1987)
WEEKEND IN THE COUNTRY, A (1996)

HUNTER, Tim
réalisateur américain
TEX (1982)
RIVER'S EDGE (1986)
PAINT IT BLACK (1989)
LIES OF THE TWINS (1991)
SAINT OF FORT WASHINGTON, THE (1993)

HURST, Brian Desmond
réalisateur anglais (1900-1986)
DANGEROUS MOONLIGHT (1942)
SCROOGE (1951)
SIMBA (1955)

HUSSEIN, Waris
réalisateur indien (1938-)
QUACKSER FORTUNE HAS A COUSIN
IN THE BRONX (1970)
MELODY (1971)
POSSESSION OF JOEL DELANEY, THE (1972)
DIVORCE HIS - DIVORCE HERS (1973)
COPACABANA (1985)
SUMMER HOUSE, THE (1992)
SIXTH HAPPINESS (1997)

HUSTON, John
réalisateur américain (1906-1987)
MALTESE FALCON, THE (1941)
ACROSS THE PACIFIC (1942)
IN THIS OUR LIFE (1942)
LET THERE BE LIGHT (1945)
TREASURE OF THE SIERRA MADRE, THE (1948)
KEY LARGO (1949)
WE WERE STRANGERS (1949)
ASPHALT JUNGLE, THE (1950)
AFRICAN QUEEN, THE (1951)
RED BADGE OF COURAGE, THE (1951)
MOULIN ROUGE (1952)
BEAT THE DEVIL (1954)
HEAVEN KNOWS, MR. ALLISON (1956)
MOBY DICK (1956)
BARBARIAN AND THE GEISHA, THE (1958)
UNFORGIVEN, THE (1960)
MISFITS, THE (1961)
LIST OF ADRIAN MESSENGER, THE (1963)
NIGHT OF THE IGUANA, THE (1964)
BIBLE, THE (1966)
REFLECTIONS IN A GOLDEN EYE (1967)
FAT CITY (1971)
LIFE AND TIMES OF JUDGE ROY BEAN (1972)
MACKINTOSH MAN, THE (1973)
MAN WHO WOULD BE KING, THE (1975)
WISE BLOOD (1979)
VICTORY (1981)
ANNIE (1982)
UNDER THE VOLCANO (1984)
PRIZZI'S HONOR (1985)
DEAD, THE (1987)
PHOBIA (1989)

HUTTON Brian G.
réalisateur américain (1935-)
WHERE EAGLES DARE (1968)
KELLY'S HEROES (1970)
X, Y AND ZEE (1971)
FIRST DEADLY SIN, THE (1980)
HIGH ROAD TO CHINA (1983)

HYAMS, Peter
réalisateur américain (1943-)
CAPRICORN ONE (1978)
HANOVER STREET (1979)
OUTLAND (1981)
STAR CHAMBER, THE (1983)
2010 : THE YEAR WE MAKE CONTACT (1984)
RUNNING SCARED (1986)
PRESIDIO, THE (1988)
NARROW MARGIN (1990)
STAY TUNED (1992)
TIMECOP (1994)
SUDDEN DEATH (1995)
RELIC, THE (1996)
END OF DAYS (1999)
MUSKETEER, THE (2001)
SOUND OF THUNDER, A (2005)

HYTNER, Nicholas
réalisateur anglais (1956-)
MADNESS OF KING GEORGE, THE (1994)
CRUCIBLE, THE (1996)
OBJECT OF MY AFFECTION, THE (1998)
CENTER STAGE (2000)

ICHIKAWA, Kon
réalisateur japonais (1915-)
BURMESE HARP, THE (1956)
ÉTRANGE OBSESSION, L' (1959)
FEUX DANS LA PLAINE, LES (1960)
BEING TWO ISN'T EASY (1962)
TOKYO OLYMPIAD (1965)

IMAMURA, Shohei
réalisateur japonais (1926-)
FEMME INSECTE, LA (1963)
PORNOGRAPHERS, THE (1966)
VENGEANCE QUI EST MIENNE, LA (1979)
EIJANAIKA (1981)
BALLADE DE NARAYAMA, LA (1983)
PLUIE NOIRE (1989)
ANGUILLE, L' (1997)
DOCTEUR AKAGI (1998)
DE L'EAU TIÈDE SOUS UN PONT ROUGE (2001)
SEPTEMBRE 11-09-01 (2002)

INAGAKI, Hiroshi
réalisateur japonais (1905-)
SAMURAI 1 : MUSASHI MYAMOTO (1954)
SAMURAI 2 : DUEL AT ICHIJOJI (1954)
SAMURAI 3 : DUEL AT GANRYU (1954)
SAMURAI TRILOGY (1954)
RIKISHA-MAN (1958)
CHUSHINGURA (1962)
SAMURAI BANNERS (1969)
INCIDENT AT BLOOD PASS (1970)

INARRITU, Alejandro Gonzalez
réalisateur mexicain (1963-)
AMOURS CHIENNES (2000)
SEPTEMBRE 11-09-01 (2002)
21 GRAMS (2003)

IOSSELIANI, Otar
réalisateur georgien (1934-)
ET LA LUMIÈRE FUT (1989)
BRIGANDS : CHAPITRE VII (1996)
ADIEU, PLANCHER DES VACHES ! (1999)
LUNDI MATIN (2002)

IRELAND, Dan
réalisateur
WHOLE WIDE WORLD, THE (1996)
VELOCITY OF GARY, THE (1999)
PASSIONADA (2002)

IRVIN, John
réalisateur anglais (1940-)
DOGS OF WAR, THE (1980)
GHOST STORY (1981)
TURTLE DIARY (1985)
RAW DEAL (1986)
HAMBURGER HILL (1987)
NEXT OF KIN (1989)
EMINENT DOMAIN (1990)

ROBIN HOOD (1991)
WIDOW'S PEAK (1994)
MONTH BY THE LAKE, A (1995)
CITY OF INDUSTRY (1996)
WHEN TRUMPETS FADE (1998)
NOAH'S ARK (1999)
FOURTH ANGEL (2000)
BOYS & GIRLS FROM COUNTY CLARE (2003)

ISHII, Takashi
réalisateur japonais (1946-)
GONIN (1995)
GONIN 2 (1996)
BLACK ANGEL COLLECTION, THE (1998)
FREEZE ME (2000)

ISITAN, Isaac
réalisateur
VAUDOU, LE (1991)
PAR TOUS LES MOYENS NÉCESSAIRES (1997)
GANGS, LA LOI DE LA RUE (1999)
ARGENT, L' (2003)

ITAMI, Juzo
réalisateur japonais (1933-1998)
FUNERAL, THE (1984)
TAMPOPO (1986)
TAXING WOMAN, A (1987)
TAXING WOMAN RETURN, A (1988)
MINBO : OR THE GENTLE ART
OF JAPANESE EXTORSION (1992)

IVORY WAYANS, Keenen
réalisateur américain (1958-)
I'M GONNA GIT YOU SUCKA ! (1988)
SCARY MOVIE (2000)
SCARY MOVIE 2 (2001)

IVORY, James
réalisateur américain (1928-)
HOUSEHOLDER, THE (1963)
SHAKESPEARE WALLAH (1965)
BOMBAY TALKIE (1970)
SAVAGES (1972)
AUTOBIOGRAPHY OF A PRINCESS (1975)
WILD PARTY, THE (1975)
ROSELAND (1977)
EUROPEANS, THE (1979)
JANE AUSTEN IN MANHATTAN (1980)
QUARTET (1980)
HEAT AND DUST (1983)
BOSTONIANS, THE (1984)
ROOM WITH A VIEW, A (1985)
MAURICE (1987)
SLAVES OF NEW YORK (1989)
MR. & MRS. BRIDGE (1990)
HOWARDS END (1991)
REMAINS OF THE DAY, THE (1993)
JEFFERSON IN PARIS (1995)
LUMIÈRE ET COMPAGNIE (1995)
SURVIVING PICASSO (1996)
SOLDIER'S DAUGHTER
NEVER CRIES, A (1998)
GOLDEN BOWL, THE (2000)
DIVORCE, LE (2003)
WHITE COUNTESS, THE (2005)

JACKSON, Mick
réalisateur anglais (1943-)
THREADS (1984)
CHATTAHOOCHEE (1990)
L.A. STORY (1991)
BODYGUARD, THE (1992)
CLEAN SLATE (1994)
INDICTMENT : THE McMARTIN TRIAL (1995)
VOLCANO (1997)
LIVE FROM BAGHDAD (2002)

JACKSON, Peter
réalisateur néo-zélandais (1961-)
BAD TASTE (1987)
MEET THE FEEBLES (1989)
BRAINDEAD (1992)
HEAVENLY CREATURES (1994)
FORGOTTEN SILVER (1995)
FRIGHTENERS, THE (1996)
LORD OF THE RINGS :
THE FELLOWSHIP OF THE RING (2001)
LORD OF THE RINGS :
THE TWO TOWERS, THE (2002)
LORD OF THE RINGS :
THE RETURN OF THE KING (2003)
KING KONG (2005)
KING KONG : PETER JACKSON'S
PRODUCTION DIARIES (2005)

JACKSON, Wilfred
réalisateur américain (1906-1988)
MELODY TIME (1948)
ALICE IN WONDERLAND (1951)
PETER PAN (1952)
LADY AND THE TRAMP (1954)

JACOPETTI, Gualtiero
réalisateur italien (1919-)
MONDO CANE (1961)
WOMEN OF THE WORLD (1963)
MONDO CANE II (1964)
AFRICA ADDIO (1966)
GOODBYE UNCLE TOM (1971)
GODFATHERS OF MONDO, THE (2003)

JACQUOT, Benoît
réalisateur français (1947-)
DÉSENCHANTÉE, LA (1990)
FILLE SEULE, LA (1995)
SEPTIÈME CIEL, LE (1997)
ÉCOLE DE LA CHAIR, L' (1998)
SADE (2000)
PRINCESSE MARIE (2004)

JAECKIN, Just
réalisateur français (1940-)
EMMANUELLE (1974)
HISTOIRE D'O (1975)
MADAME CLAUDE (1977)
DERNIER AMANT ROMANTIQUE, LE (1978)
FEMMES ENFANTS, LES (1979)
LADY CHATTERLEY'S LOVER (1981)
GWENDOLYNE (1983)

JAGLOM, Henry
réalisateur américain (1939-)
TRACKS (1976)
SITTING DUCKS (1978)
CAN SHE BAKE A CHERRY PIE ? (1983)
ALWAYS (1985)
SOMEONE TO LOVE (1987)
NEW YEAR'S DAY (1989)
EATING (1990)
VENICE / VENICE (1992)
LAST SUMMER IN THE HAMPTONS (1995)
DÉJÀ VU (1997)
FESTIVAL IN CANNES (2001)

JAMES, Steve
réalisateur américain
HOOP DREAMS (1994)
PREFONTAINE (1997)
STEVIE (2002)

JANCSO, Miklos
réalisateur hongrois (1921-)
ROUND UP (1965)
ROUGES ET BLANCS (1967)
ELECTRA, MY LOVE (1974)
VICES PRIVÉS ET VERTUS PUBLIQUES (1976)
HUNGARIAN RHAPSODY (1983)

JARMAN, Derek
réalisateur anglais (1942-1994)
SEBASTIANE (1976)
JUBILEE (1977)
TEMPEST, THE (1979)
ANGELIC CONVERSATION, THE (1985)
CARAVAGGIO (1986)
ARIA (1987)
LAST OF ENGLAND, THE (1987)
WAR REQUIEM (1988)
GARDEN, THE (1990)
EDWARD II (1991)
PET SHOP BOYS (1991)
DEREK JARMAN'S BLUE (1993)
WITTGENSTEIN (1993)

JARMUSCH, Jim
réalisateur américain (1953-)
STRANGER THAN PARADISE (1984)
DOWN BY LAW (1986)
MYSTERY TRAIN (1989)
NIGHT ON EARTH (1991)
DEAD MAN (1995)
YEAR OF THE HORSE (1997)
GHOST DOG : THE WAY
OF THE SAMURAÏ (1999)
COFFEE & CIGARETTES (2003)
BROKEN FLOWERS (2005)

JARROTT, Charles
réalisateur anglais (1927-)
STRANGE CASE OF DR. JEKYLL
AND MR. HYDE, THE (1968)
ANNE OF THE THOUSAND DAYS (1969)
MARY, QUEEN OF SCOTS (1971)
DOVE, THE (1974)
LITTLEST HORSE THIEVES (1976)
CONDORMAN (1981)
BOY IN BLUE, THE (1985)

JESSUA, Alain
réalisateur français (1932-)
VIE À L'ENVERS, LA (1963)
JEU DE MASSACRE (1966)
TRAITEMENT DE CHOC (1972)
CHIENS, LES (1979)
PARADIS POUR TOUS (1982)
FRANKENSTEIN 90 (1984)
EN TOUTE INNOCENCE (1987)

JETTÉ, Michel
réalisateur québécois
LAC DE LA LUNE, LE (1994)
HOCHELAGA (2000)
HISTOIRE DE PEN (2002)

JEUNET, Jean-Pierre
réalisateur français (1955-)
DELICATESSEN (1991)
CITÉ DES ENFANTS PERDUS, LA (1995)
ALIEN RESURRECTION (1997)
FABULEUX DESTIN
D'AMÉLIE POULAIN, LE (2000)
UN LONG DIMANCHE DE FIANÇAILLES (2004)

JEWISON, Norman
réalisateur canadien (1926-)
40 POUNDS OF TROUBLE (1962)
THRILL OF IT ALL, THE (1963)
SEND ME NO FLOWERS (1964)
CINCINNATI KID, THE (1965)
RUSSIANS ARE COMING,
THE RUSSIANS ARE COMING, THE (1966)

IN THE HEAT OF THE NIGHT (1967)
THOMAS CROWN AFFAIR, THE (1968)
FIDDLER ON THE ROOF (1971)
JESUS CHRIST SUPERSTAR (1973)
ROLLERBALL (1975)
F.I.S.T. (1978)
AND JUSTICE FOR ALL (1979)
BEST FRIENDS (1982)
SOLDIER'S STORY, A (1984)
AGNES OF GOD (1985)
MOONSTRUCK (1987)
IN COUNTRY (1989)
OTHER PEOPLE'S MONEY (1991)
ONLY YOU (1994)
BOGUS (1996)
HURRICANE, THE (1999)
STATEMENT, THE (2003)

KIM, Ji-woon
réalisateur coréen (1964-)
QUIET FAMILY (1998)
FOUL KING (2000)
THREE (2002)
TALE OF TWO SISTERS, A (2003)

JING, Wong
réalisateur chinois
GOD OF GAMBLERS (1990)
CITY HUNTER (1992)
GOD OF GAMBLER'S RETURN (1994)
NEW LEGEND OF SHAOLIN, THE (1994)
TWINKLE, TWINKLE LUCKY STAR (1996)
DEADLY CHINA HERO (1997)

JIRES, Jaromil
réalisateur slovaque (1935-2001)
JOKE, THE (1968)
VALERIE AND HER WEEK OF WONDERS (1970)
... AND GIVE MY LOVE
TO THE SWALLOWS (1972)

JOANOU, Phil
réalisateur américain (1962-)
THREE O'CLOCK HIGH (1987)
U2 (1988)
STATE OF GRACE (1990)
FINAL ANALYSIS (1992)
HEAVEN'S PRISONERS (1995)
ENTROPY (1999)

JODOROWSKY, Alejandro
réalisateur chilien (1930-)
FANDO AND LIS (1967)
SANTA SANGRE (1989)
RAINBOW THIEF, THE (1990)

JOFFE, Mark
réalisateur russe (1956-)
GRIEVOUS BODILY HARM (1988)
EFFICIENCY EXPERT, THE (1991)
COSI (1995)
MATCHMAKER, THE (1997)

JOFFE, Roland
réalisateur anglais (1945-)
KILLING FIELDS, THE (1984)
MISSION, THE (1986)
FAT MAN AND LITTLE BOY (1989)
CITY OF JOY (1992)
SCARLET LETTER, THE (1995)
GOODBYE LOVER (1998)
VATEL (2000)

JOHNSON, Kenneth
réalisateur américain (1942-)
V : THE MINISERIES (1983)
SHORT CIRCUIT II (1988)
STEEL (1997)

JOHNSON, Lamont
réalisateur américain (1922-)
McKENZIE BREAK, THE (1970)
GROUNDSTAR CONSPIRACY, THE (1972)
LAST AMERICAN HERO (1973)
LIPSTICK (1976)

JOHNSON, Tim
réalisateur
ANTZ (1998)
SINBAD : LEGEND OF THE SEVEN SEAS (2003)
OVER THE HEDGE (2006)

JOHNSTON, Joe
réalisateur américain (1950-)
HONEY, I SHRUNK THE KIDS (1989)
ROCKETEER, THE (1991)
PAGEMASTER, THE (1994)
JUMANJI (1995)
OCTOBER SKY (1999)
JURASSIC PARK III (2001)
HIDALGO (2004)

JOLIVET, Pierre
réalisateur français (1952-)
COMPLEXE DU KANGOUROU, LE (1986)
FORCE MAJEURE (1988)
EN PLEIN CŒUR (1998)
MA PETITE ENTREPRISE (1999)
FRÈRE DU GUERRIER, LE (2002)
FILLES UNIQUES (2003)

JONES, Chuck
réalisateur américain (1912-2002)
ROAD RUNNER vs WILE. E COYOTE :
THE CLASSIC CHASE (1952)
STARS OF SPACE JAM : ROAD RUNNER
AND WILE E. COYOTE (1956)
ROAD RUNNER AND WILE E. COYOTE :
SCRAPES OF WRATH (1958)
SALUTE TO CHUCK JONES, A (1960)
HOW THE GRINCH STOLE CHRISTMAS (1966)
PHANTOM TOLLBOOTH, THE (1969)
BUGS BUNNY AND
ROAD RUNNER MOVIE, THE (1979)
ROAD RUNNER AND WILE E. COYOTE'S
CRASH COURSE (1993)
CHARIOTS OF FUR (1994)

JONES, David Hugh
réalisateur anglais (1934-)
LANGRISHE GO DOWN (1978)
BETRAYAL (1983)
84 CHARING CROSS ROAD (1986)
CHRISTMAS WIFE, THE (1988)
JACKNIFE (1989)
TRIAL, THE (1993)
CHRISTMAS CAROL, A (1999)

JONES, Terry
réalisateur anglais (1942-)
MONTY PYTHON AND THE HOLY GRAIL (1975)
MONTY PYTHON'S LIFE OF BRIAN (1979)
MONTY PYTHON'S
THE MEANING OF LIFE (1983)
PERSONAL SERVICES (1986)
ERIK THE VIKING (1989)
MR. TOAD'S WILD RIDE (1996)

JORDAN, Glenn
réalisateur américain (1936-)
HOGAN'S GOAT (1971)
ECCENTRICITIES OF
A NIGHTINGALE, THE (1976)
MISERABLES, LES (1978)
BUDDY SYSTEM, THE (1983)
MASS APPEAL (1984)
O PIONEERS ! (1991)
SARAH, PLAIN AND TALL (1991)
BARBARIANS AT THE GATE (1993)
STREETCAR NAMED DESIRE, A (1995)

JORDAN, Gregor
réalisateur australien (1967-)
TWO HANDS (1999)
BUFFALO SOLDIERS (2001)
NED KELLY (2003)

JORDAN, Neil
réalisateur irlandais (1950-)
COMPANY OF WOLVES (1984)
COMPANY OF WOLVES, THE (1984)
MONA LISA (1986)
HIGH SPIRITS (1988)
WE'RE NO ANGELS (1989)
MIRACLE, THE (1990)
CRYING GAME, THE (1992)
INTERVIEW WITH THE VAMPIRE (1994)
MICHAEL COLLINS (1996)
BUTCHER BOY, THE (1997)
IN DREAMS (1998)
END OF THE AFFAIR, THE (1999)
GOOD THIEF, THE (2002)
BREAKFAST ON PLUTO (2005)

JOST, Jon
réalisateur américain (1943-)
ALL THE VERMEERS IN NEW YORK (1990)
BED YOU SLEEP IN, THE (1993)
SURE FIRE (1993)
JON JOST'S FRAMEUP (1995)

JUDGE, Mike
réalisateur équatorien (1962-)
BEAVIS AND BUTT-HEAD (1996)
BEAVIS AND BUTT-HEAD
DO CHRISTMAS (1996)
OFFICE SPACE (1999)

JUGNOT, Gérard
réalisateur français (1951-)
PINOT, SIMPLE FLIC (1984)
SCOUT TOUJOURS... (1985)
ÉPOQUE FORMIDABLE, UNE (1991)
MEILLEUR ESPOIR FÉMININ (2000)
MONSIEUR BATIGNOLE (2001)
BOUDU (2005)

JUTRA, Claude
réalisateur québécois (1930-1986)
À TOUT PRENDRE (1963)
ROULI-ROULANT (1966)
WOW (1969)
MON ONCLE ANTOINE (1971)
KAMOURASKA (1973)
BY DESIGN (1981)
SURFACING (1981)
DAME EN COULEURS, LA (1984)

KACZENDER, George
réalisateur anglais (1933-)
IN PRAISE OF OLDER WOMEN (1977)
CHANEL SOLITAIRE (1981)
YOUR TICKET IS NO
LONGER VALID (1981)

KAGAN, Jeremy Paul
réalisateur américain (1945-)
HEROES (1977)
CHOSEN, THE (1981)
STING II, THE (1983)
JOURNEY OF NATTY GANN, THE (1985)
DESCENDING ANGEL (1990)
BY THE SWORD (1991)

KAHN, Cédric
réalisateur français (1966-)
ENNUI, L' (1998)
ROBERTO SUCCO (2001)
FEUX ROUGES (2003)
AVION, L' (2005)

KAIGE, Chen
réalisateur chinois (1952-)
YELLOW EARTH (1984)
LIFE ON A STRING (1991)
ADIEU MA CONCUBINE (1993)
EMPEREUR ET L'ASSASSIN, L' (1999)
KILLING ME SOFTLY (2002)
VIRTUOSE, LE (2002)
PROMISE, THE (2005)

KALATOZOV, Mikhail
réalisateur russe (1903-1973)
QUAND PASSENT LES CIGOGNES (1957)
JE SUIS CUBA (1964)
RED TENT, THE (1969)

KAMINKA, Didier
réalisateur français (1943-)
TANT QU'IL Y AURA DES FEMMES (1987)
CIGOGNES N'EN FONT
QU'À LEUR TÊTE, LES (1988)
PROMOTION CANAPÉ (1990)

KANEKO, Shusuke
réalisateur japonais (1955-)
H.P. LOVECRAFT'S NECRONOMICON (1993)
GAMERA THE GUARDIAN
OF THE UNIVERSE (1995)
GAMERA ATTACK OF LEGION (1996)
GAMERA REVENGE OF IRIS (1999)
GODZILLA, MOTHRA AND KING GHIDORAH :
GIANT MONSTERS ALL OUT ATTACK (2001)

KANEW, Jeff
réalisateur américain (1944-)
REVENGE OF THE NERDS (1984)
GOTCHA ! (1985)
V.I. WARSHAWSKI (1991)

KANIEVSKA, Marek
réalisateur anglais (1952-)
ANOTHER COUNTRY (1984)
LESS THAN ZERO (1987)
WHERE THE MONEY IS ? (1999)

KAPLAN, Jonathan
réalisateur américain (1947-)
TRUCK TURNER (1974)
WHITE LINE FEVER (1975)
OVER THE EDGE (1979)
PROJECT X (1987)
ACCUSED, THE (1988)
IMMEDIATE FAMILY (1989)
LOVE FIELD (1991)
UNLAWFUL ENTRY (1992)
BAD GIRLS (1994)
BROKEDOWN PALACE (1999)

KAPUR, Shekhar
réalisateur pakistanais (1945-)
BANDIT QUEEN (1994)
ELIZABETH (1998)
FOUR FEATHERS, THE (2002)

KARLSON, Phil
réalisateur américain (1908-1985)
LADIES OF THE CHORUS (1948)
TEXAS RANGERS, THE (1951)
KANSAS CITY CONFIDENTIAL (1952)
TIGHT SPOT (1955)
GUNMAN'S WALK (1957)
KID GALAHAD (1962)
SILENCERS, THE (1966)
WRECKING CREW, THE (1969)
BEN (1972)
WALKING TALL (1973)

KASDAN, Lawrence
réalisateur américain (1949-)
BODY HEAT (1981)
BIG CHILL, THE (1983)
SILVERADO (1985)
ACCIDENTAL TOURIST, THE (1988)
I LOVE YOU TO DEATH (1990)
GRAND CANYON (1991)
WYATT EARP (1994)
FRENCH KISS (1995)
MUMFORD (1999)
DREAMCATCHER (2003)

KASSOVITZ, Mathieu
réalisateur français (1968-)
CAFÉ AU LAIT (MÉTISSE) (1993)
HAINE, LA (1995)
ASSASSIN(S) (1996)
RIVIÈRES POURPRES, LES (2000)
GOTHIKA (2003)

KASSOVITZ, Peter
réalisateur hongrois (1938-)
AU BOUT DU BOUT DU BANC (1979)
DRÔLES D'OISEAUX (1992)
JAKOB THE LIAR (1999)

KATAYAMA, Kazuyoshi
réalisateur japonais
APPLESEED (1988)
MARIS THE CHOJO (1992)
SUPER ATRAGON (1995)
BIG O, THE (1999)

KATSUMATA, Tomoharu
réalisateur japonais (1938-)
LITTLE MERMAID, THE (1973)
CAPITAINE FLAM (1978)
ARCADIA OF MY YOUTH (1982)
MY YOUTH IN ARCADIA (1982)

KAUFMAN, Lloyd
réalisateur américain (1945-)
WAITRESS ! (1981)
STUCK ON YOU ! (1984)
TOXIC AVENGER 2, THE (1989)
TROMEO & JULIET (1996)
TERROR FIRMER (1999)
TOXIC AVENGER IV : CITIZEN TOXIE (2000)

KAUFMAN, Philip
réalisateur américain (1936-)
GOLDSTEIN (1964)
GREAT NORTHFIELD,
MINNESOTA RAID, THE (1972)
WHITE DAWN, THE (1974)
INVASION OF THE BODY SNATCHERS (1978)
WANDERERS, THE (1979)
RIGHT STUFF, THE (1983)
UNBEARABLE LIGHTNESS
OF BEING, THE (1988)
HENRY & JUNE (1990)
RISING SUN (1993)
QUILLS (2000)
TWISTED (2003)

KAURISMÄKI, Aki
réalisateur finlandais (1957-)
ARIEL (1988)
LENINGRAD COWBOYS GO AMERICA (1989)
MATCH FACTORY GIRL, THE (1989)
J'AI ENGAGÉ UN TUEUR (1991)
VIE DE BOHÈME, LA (1992)
BALALAIKA SHOW (1994)
HOMME SANS PASSÉ, L' (2002)

KAURISMÄKI, Mika
réalisateur finlandais (1955-)
HELSINKI NAPOLI (1987)
AMAZON (1991)
ZOMBIE AND THE GHOST TRAIN (1993)
TIGRERO : A FILM THAT WAS
NEVER MADE (1994)
L.A. WITHOUT A MAP (1998)

KÄUTNER, Helmut
réalisateur allemand (1908-1980)
DEVIL'S GENERAL, THE (1954)
CAPTAIN FROM KOEPENICK (1956)
MONPTI (1957)

KAWAJIRI, Yoshiaki
réalisateur japonais (1950-)
NEO TOKYO (1987)
DEMON CITY SHINJUKU (1988)
CYBER CITY OEDO 808 (1991)
NINJA SCROLL (1995)
VAMPIRE HUNTER D. : BLOOD LUST (2000)
ANIMATRIX, THE (2003)

KAWALEROWICZ, Jerzy
réalisateur ukrainien (1922-)
MÈRE JEANNE DES ANGES (1960)
PHARAON, LE (1965)
AUSTERIA (1982)

KAZAN, Elia
réalisateur grec (1909-2003)
BOOMERANG ! (1946)
GENTLEMAN'S AGREEMENT (1947)
SEA OF GRASS, THE (1947)
TREE GROWS IN BROOKLYN, A (1948)
PINKY (1949)
PANIC IN THE STREETS (1950)
STREETCAR NAMED DESIRE, A (1951)
VIVA ZAPATA ! (1952)
ON THE WATERFRONT (1954)
EAST OF EDEN (1955)
BABY DOLL (1956)
FACE IN THE CROWD, A (1957)
SPLENDOR IN THE GRASS (1961)
AMERICA, AMERICA (1963)
ARRANGEMENT, THE (1969)
VISITORS, THE (1971)
LAST TYCOON, THE (1976)

KEATON, Buster
réalisateur américain (1895-1966)
OUR HOSPITALITY (1923)
THREE AGES, THE (1923)
NAVIGATOR, THE (1924)
SHERLOCK Jr. (1924)
GO WEST (1925)
SEVEN CHANCES (1925)
BATTLING BUTLER (1926)
GENERAL, THE (1926)
SPITE MARRIAGE (1929)

KEATON, Diane
réalisatrice américaine (1946-)
HEAVEN (1986)
WILDFLOWER (1991)
UNSTRUNG HEROES (1995)
HANGING UP (2000)

KEIGHLEY, William
réalisateur américain (1889-1984)
G-MEN (1935)
BULLETS OR BALLOTS (1936)

GREEN PASTURES, THE (1936)
PRINCE AND THE PAUPER, THE (1937)
ADVENTURES OF ROBIN HOOD, THE (1938)
EACH DAWN I DIE (1939)
FIGHTING 69th, THE (1940)
BRIDE CAME C.O.D., THE (1941)
MAN WHO CAME TO DINNER, THE (1942)
STREET WITH NO NAME, THE (1948)
MASTER OF BALLANTRAE, THE (1953)

KELLJAN, Bob
réalisateur américain (1930-1982)
COUNT YORGA, VAMPIRE (1970)
RETURN OF COUNT YORGA, THE (1971)
SCREAM, BLACULA, SCREAM ! (1973)

KELLY, Gene
réalisateur américain (1912-1996)
ON THE TOWN (1949)
INVITATION TO THE DANCE (1952)
SINGIN' IN THE RAIN (1952)
IT'S ALWAYS FAIR WEATHER (1955)
TUNNEL OF LOVE (1958)
HELLO, DOLLY ! (1969)
CHEYENNE SOCIAL CLUB, THE (1970)
THAT'S ENTERTAINMENT ! PART 2 (1976)

KENNEDY, Burt
réalisateur américain (1922-2001)
ROUNDERS, THE (1964)
RETURN OF THE MAGNIFICIENT SEVEN (1966)
WAR WAGON, THE (1967)
GOOD GUYS AND THE BAD GUYS, THE (1969)
SUPPORT YOUR LOCAL SHERIFF ! (1969)
YOUNG BILLY YOUNG (1969)
DIRTY DINGUS MAGEE (1970)
HANNIE CAULDER (1971)
SUPPORT YOUR LOCAL GUNFIGHTER (1971)
TRAIN ROBBERS, THE (1973)

KENTON, Erle C.
réalisateur américain (1896-1980)
ISLAND OF LOST SOULS (1933)
YOU'RE TELLING ME ! (1934)
GHOST OF FRANKENSTEIN, THE (1942)
PARDON MY SARONG (1942)
HOUSE OF FRANKENSTEIN (1944)
HOUSE OF DRACULA (1945)

KERRIGAN, Lodge H.
réalisateur américain (1954-)
CLEAN, SHAVEN (1994)
CLAIRE DOLAN (1998)
KEANE (2004)

KERSHNER, Irvin
réalisateur américain (1923-)
HOODLUM PRIEST, THE (1961)
FINE MADNESS, A (1966)
FLIM FLAM MAN, THE (1967)
UP THE SANDBOX (1972)
FACE IN THE RAIN, A (1973)
S.P.Y.S (1974)
RETURN OF A MAN CALLED
HORSE, THE (1976)
EYES OF LAURA MARS, THE (1978)
EMPIRE STRIKES BACK, THE (1980)
NEVER SAY NEVER AGAIN (1983)
ROBOCOP 2 (1990)

KIAROSTAMI, Abbas
réalisateur iranien (1940-)
WHERE IS THE FRIEND'S HOME ? (1987)
CLOSE-UP (1990)
AND LIFE GOES ON... (1992)
LUMIÈRE ET COMPAGNIE (1995)
GOÛT DE LA CERISE, LE (1997)
VENT NOUS EMPORTERA, LE (1999)
TEN (2002)

KIDRON, Beeban
réalisatrice anglaise (1961-)
ORANGES ARE NOT THE ONLY FRUIT (1990)
ANTONIA & JANE (1991)
USED PEOPLE (1992)
TO WONG FOO, THANKS FOR EVERYTHING,
JULIE NEWMAR (1995)
SWEPT FROM THE SEA (1997)
BRIDGET JONES : THE EDGE
OF REASON (2004)

KIESLOWSKI, Krzysztof
réalisateur polonais (1941-1996)
PERSONNEL (1975)
SCAR, THE (1976)
AMATOR (1979)
BLIND CHANCE (1981)
NO END (1985)
DÉCALOGUE, LE (1987)
A SHORT FILM ABOUT KILLING (1988)
A SHORT FILM ABOUT LOVE (1988)
DOUBLE VIE DE VÉRONIQUE, LA (1991)
TROIS COULEURS - BLANC (1993)
TROIS COULEURS - BLEU (1993)
TROIS COULEURS - ROUGE (1994)

KILNER, Clare
réalisateur
JANICE BEARD : 45 WORDS
PER MINUTE (1999)
HOW TO DEAL (2003)
WEDDING DATE, THE (2004)

KIM, Ki-duk
réalisateur coréen (1960-)
BIRDCAGE INN (1998)
ISLE, THE (2000)
REAL FICTION (2000)
ADDRESS UNKNOWN (2001)
BAD GUY (2001)
COAST GUARD, THE (2002)
SPRING, SUMMER, FALL,
WINTER & SPRING (2003)
SAMARITAN GIRL (2004)
3-IRON (2004)

KING, George
réalisateur anglais (1899-1966)
CRIMES OF STEPHEN HAWKE, THE (1936)
SWEENEY TODD, THE DEMON BARBER
OF FLEET STREET (1936)
FACE AT THE WINDOW, THE (1939)

KING, Henry
réalisateur américain (1886-1982)
TOL'ABLE DAVID (1921)
MARIE GALANTE (1934)
LLOYD'S OF LONDON (1936)
ALEXANDER'S RAGTIME BAND (1938)
IN OLD CHICAGO (1938)
JESSE JAMES (1939)
STANLEY AND LIVINGSTONE (1939)
BLACK SWAN, THE (1942)
SONG OF BERNADETTE, THE (1944)
WILSON (1944)
CAPTAIN FROM CASTILE (1948)
GUNFIGHTER, THE (1950)
TWELVE O'CLOCK HIGH (1950)
DAVID AND BATHSHEBA (1951)
I'D CLIMB THE HIGHEST MOUNTAIN (1951)
SNOWS OF KILIMANJARO (1952)
CAROUSEL (1955)
LOVE IS A MANY-SPLENDORED THING (1955)
BRAVADOS, THE (1958)
BELOVED INFIDEL (1959)

KING, Zalman
réalisateur américain (1941-)
TWO MOON JUNCTION (1988)
WILDFIRE (1988)
WILD ORCHID (1989)
RED SHOE DIARIES (1992)
WILD ORCHID 2 : BLUE MOVIE BLUE (1992)
DELTA OF VENUS (1995)
IN GOD'S HANDS (1998)

KINOSHITA, Keisuke
réalisateur japonais (1912-)
TRAGEDY OF JAPAN (1953)
TWENTY-FOUR EYES (1954)
NARAYAMA BUSHI-KO (1957)

KITANO, Takeshi
réalisateur japonais (1948-)
VIOLENT COP (1989)
BOILING POINT (1990)
SCENE AT THE SEA, A (1992)
SONATINE (1993)
GETTING ANY ? (1995)
KIDS RETURN (1996)
FIREWORKS (1997)
KIKUJIRO (1999)
BROTHER (2000)
DOLLS (2002)
ZATOICHI (2003)

KLAPISCH, Cédric
réalisateur français (1962-)
PÉRIL JEUNE, LE (1994)
LUMIÈRE ET COMPAGNIE (1995)
AIR DE FAMILLE, UN (1996)
CHACUN CHERCHE SON CHAT (1996)
PEUT-ÊTRE (1999)
AUBERGE ESPAGNOLE, L' (2001)
NI POUR NI CONTRE
(BIEN AU CONTRAIRE) (2002)
POUPÉES RUSSES, LES (2005)

KLEISER, Randal
réalisateur américain (1946-)
GREASE (1978)
BLUE LAGOON, THE (1980)
SUMMER LOVERS (1982)
FLIGHT OF THE NAVIGATOR (1986)
BIG TOP PEE WEE (1988)
GETTING IT RIGHT (1989)
WHITE FANG (1991)
HONEY, I BLEW UP THE KID (1992)
IT'S MY PARTY (1995)

KOBAYASHI, Masaki
réalisateur japonais (1916-1996)
HUMAN CONDITION I :
NO GREATER LOVE, THE (1959)
HUMAN CONDITION II :
THE ROAD TO ETERNITY, THE (1960)
HUMAN CONDITION III :
A SOLDIER'S PRAYER, THE (1961)
HARAKIRI (1962)
KWAIDAN (1965)
SAMURAI REBELLION (1967)

KOEPP, David
réalisateur américain (1975-)
TRIGGER EFFECT, THE (1996)
STIR OF ECHOES (1999)
SECRET WINDOW (2004)

KOLLEK, Amos
réalisateur israélien (1947-)
FOREVER, LULU (1986)
SUE PERDUE DANS MANHATTAN (1997)
FIONA (1998)

FAST FOOD, FAST WOMEN (2000)
QUEENIE IN LOVE (2001)

KON, Satoshi
réalisateur japonais (1963-)
PERFECT BLUE (1997)
MILLENNIUM ACTRESS (2001)
TOKYO GODFATHERS (2003)
PARANOIA AGENT (2004)

KONCHALOVSKY, Andrei
réalisatrice russe (1937-)
NEST OF THE GENTRY (1969)
SIBERIADE (1979)
MARIA'S LOVERS (1984)
RUNAWAY TRAIN (1985)
DUET FOR ONE (1986)
SHY PEOPLE (1988)
HOMER & EDDIE (1989)
CERCLE DES INTIMES, LE (1991)
ODYSSEY, THE (1997)
HOUSE OF FOOLS (2002)
LION IN WINTER, THE (2003)

KOPPLE, Barbara
réalisatrice américaine (1946-)
USA (1976)
AMERICAN DREAM (1990)
WILD MAN BLUES (1997)
HAVOC (2005)

KORBER, Serge
réalisateur français (1936-)
HOMME ORCHESTRE, L' (1970)
SUR UN ARBRE PERCHÉ (1971)
URSULE ET GRELU (1973)
ET VIVE LA LIBERTÉ ! (1977)
BIDOCHON, LES (1996)

KORDA, Alexander
réalisateur hongrois (1893-1956)
MARIUS (1931)
PRIVATE LIFE OF HENRY VIII, THE (1933)
PRIVATE LIFE OF DON JUAN, THE (1934)
REMBRANDT (1936)
THAT HAMILTON WOMAN (1941)

KORDA, Zoltan
réalisateur hongrois (1895-1961)
SANDERS OF THE RIVER (1935)
ELEPHANT BOY (1937)
DRUMS, THE (1938)
FOUR FEATHERS, THE (1940)
JUNGLE BOOK (1942)
SAHARA (1942)

KORE-EDA, Hirokazu
réalisateur japonais (1962-)
MABOROSI (1995)
AFTER LIFE (1998)
DISTANCE (2001)
NOBODY KNOWS (2004)

KORTY, John
réalisateur américain (1936-)
GO ASK ALICE (1972)
WHO ARE THE DEBOLTS (1977)
OLIVER'S STORY (1978)

KOSTER, Henry
réalisateur allemand (1905-1988)
100 MEN AND A GIRL (1937)
THREE SMART GIRLS (1937)
FIRST LOVE (1939)
THREE SMART GIRLS GROW UP (1939)
IT STARTED WITH EVE (1941)
TWO SISTERS FROM BOSTON (1946)
BISHOP'S WIFE, THE (1947)
COME TO THE STABLE (1949)
INSPECTOR GENERAL, THE (1949)
HARVEY (1950)
MY BLUE HEAVEN (1950)
NO HIGHWAY IN THE SKY (1951)
ROBE, THE (1953)
DESIREE (1954)
VIRGIN QUEEN, THE (1954)
MAN CALLED PETER, A (1955)
D-DAY THE 6th OF JUNE (1956)
MY MAN GODFREY (1957)
NAKED MAJA, THE (1959)
STORY OF RUTH, THE (1960)
MR. HOBBS TAKES A VACATION (1962)
DEAR BRIGITTE (1965)
SINGING NUN, THE (1966)

KOTCHEFF, Ted
réalisateur canadien (1931-)
BILLY TWO HATS (1973)
APPRENTICESHIP OF
DUDDY KRAVITZ, THE (1974)
FUN WITH DICK AND JANE (1976)
WHO IS KILLING THE GREAT
CHEFS OF EUROPE ? (1978)
NORTH DALLAS FORTY (1979)
FIRST BLOOD (1982)
SPLIT IMAGE (1982)
UNCOMMON VALOR (1983)
JOSHUA THEN AND NOW (1985)
SWITCHING CHANNELS (1987)
WEEKEND AT BERNIE'S (1989)
WINTER PEOPLE (1989)

KOWALSKI, Bernard L.
réalisateur américain (1929-)
ATTACK OF THE GIANT LEECHES (1959)
KRAKATOA, EAST OF JAVA (1968)
MACHO CALLAHAN (1970)
SSSSSSS (1973)
NATIVITY, THE (1978)

KRAMER, Stanley E.
réalisateur américain (1913-2001)
NOT AS A STRANGER (1955)
PRIDE AND THE PASSION, THE (1957)
DEFIANT ONES, THE (1958)
ON THE BEACH (1959)
INHERIT THE WIND (1960)
JUDGMENT AT NUREMBERG (1961)
IT'S A MAD, MAD, MAD, MAD WORLD (1963)
SHIP OF FOOLS (1965)
GUESS WHO'S COMING TO DINNER ? (1967)
SECRET OF SANTA VITTORIA, THE (1969)
R.P.M. (1970)
BLESS THE BEASTS AND CHILDREN (1972)
JUDGMENT : THE COURT MARTIAL
OF WILLIAM CALLEY (1975)
DOMINO PRINCIPLE, THE (1977)

KRAWCZYK, Gérard
réalisateur français (1953-)
ÉTÉ EN PENTE DOUCE, L' (1986)
TAXI 2 (2000)
WASABI (2001)
FANFAN LA TULIPE (2003)
TAXI 3 (2003)
VIE EST À NOUS!, LA (2005)

KUBRICK, Stanley
réalisateur américain (1928-1999)
KILLER'S KISS (1955)
KILLING, THE (1956)
PATHS OF GLORY (1957)
SPARTACUS (1960)
LOLITA (1962)
DR. STRANGELOVE (1963)
2001 : A SPACE ODYSSEY (1968)
CLOCKWORK ORANGE, A (1971)
BARRY LYNDON (1975)
SHINING, THE (1980)
FULL METAL JACKET (1987)
EYES WIDE SHUT (1999)

KULIK, Buzz
réalisateur américain (1922-1999)
RIOT (1968)
BRIAN'S SONG (1971)
SHAMUS (1972)
LINDBERGH KIDNAPPING CASE, THE (1976)
HUNTER, THE (1980)
AROUND THE WORLD IN 80 DAYS (1989)

KUMBLE, Roger
réalisateur américain (1966-)
CRUEL INTENTIONS (1999)
SWEETEST THING, THE (2002)
JUST FRIENDS (2005)

KUROSAWA, Akira
réalisateur japonais (1910-1998)
LÉGENDE DU GRAND JUDO, LA (1943)
HOMMES QUI MARCHENT
SUR LA QUEUE DU TIGRE, LES (1945)
JE NE REGRETTE PAS MA JEUNESSE (1946)
MERVEILLEUX DIMANCHE, UN (1947)
ANGE IVRE, L' (1948)
CHIEN ENRAGÉ, UN (1949)
QUIET DUEL, THE (1949)
RASHOMON (1950)
SCANDAL (1950)
IDIOT, L' (1951)
VIVRE (1952)
SEPT SAMOURAÏS, LES (1954)
I LIVE IN FEAR (1955)
CHÂTEAU DE L'ARAIGNÉE, LE (1956)
BAS-FONDS, LES (1957)
FORTERESSE CACHÉE, LA (1958)
SALAUDS DORMENT EN PAIX, LES (1960)
YOJIMBO (1961)
SANJURO (1962)
ENTRE LE CIEL ET L'ENFER (1963)
BARBE-ROUSSE (1965)
DODES 'KA-DEN (1970)
AIGLE DE LA TAÏGA, L' (1975)
KAGEMUSHA (1980)
RAN (1985)
RÊVES (1990)
RHAPSODY IN AUGUST (1991)
MADADAYO (1993)

KUROSAWA, Kiyoshi
réalisateur japonais (1955-)
CURE (1997)
CHARISMA (1999)
SEANCE (2000)
BRIGHT FUTURE (2003)
DOPPLEGANGER (2003)

KURYS, Diane
réalisatrice française (1948-)
DIABOLO MENTHE (1977)
COCKTAIL MOLOTOV (1979)
COUP DE FOUDRE (1983)
HOMME AMOUREUX, UN (1987)
LA BAULE-LES PINS (1989)
APRÈS L'AMOUR (1991)
À LA FOLIE (1994)
ENFANTS DU SIÈCLE, LES (1999)
JE RESTE ! (2003)
ANNIVERSAIRE, L' (2005)

KUSTURICA, Emir
réalisateur yougoslave (1955-)
TE SOUVIENS-TU DE DOLLY BELL ? (1981)
PAPA EST EN VOYAGE D'AFFAIRES (1985)
TEMPS DES GITANS, LE (1988)
ARIZONA DREAM (1991)
UNDERGROUND (1995)
CHAT NOIR, CHAT BLANC (1998)
SUPER 8 STORIES (2001)
VIE EST UN MIRACLE, LA (2004)

KWAN, Stanley
réalisateur chinois (1957-)
ROUGE (1987)
CENTRE STAGE (1992)
HOLD YOU TIGHT (1997)
LAN YU (2001)

KWAPIS, Ken
réalisateur américain (1958-)
SESAME STREET :
FOLLOW THAT BIRD (1985)
HE SAID, SHE SAID (1991)
DUNSTON CHECKS IN (1995)
SISTERHOOD OF
THE TRAVELING PANTS (2005)

L'ÉCUYER, John
réalisateur
CURTIS'S CHARM (1995)
SAINT JUDE (2000)
GOÛT DES JEUNES FILLES, LE (2004)
PROM QUEEN (2004)

LA CAVA, Gregory
réalisateur américain (1892-1952)
RUNNING WILD (1927)
GABRIEL OVER THE WHITE HOUSE (1933)
MY MAN GODFREY (1936)
STAGE DOOR (1937)
PRIMROSE PATH, THE (1940)

LABRECQUE, Jean-Claude
réalisateur québécois (1938-)
NUIT DE LA POÉSIE 1970, LA (1970)
AFFAIRE COFFIN, L' (1980)
NUIT DE LA POÉSIE 1980, LA (1980)
ANNÉES DE RÊVES, LES (1984)
FRÈRE ANDRÉ, LE (1987)
NUIT DE LA POÉSIE 1991, LA (1991)
ANDRÉ MATHIEU : MUSICIEN (1993)
RIN, LE (2001)
HAUTEUR D'HOMME, À (2003)

LABRO, Philippe
réalisateur français (1936-)
ALPAGUEUR, L' (1976)
CRIME, LA (1983)
RIVE DROITE, RIVE GAUCHE (1984)

LABRUNE, Jeanne
réalisatrice française (1950-)
DE SABLE ET DE SANG (1987)
SANS UN CRI (1991)
SI JE T'AIME...
PRENDS GARDE À TOI (1998)
ÇA IRA MIEUX DEMAIN (2000)
C'EST LE BOUQUET (2002)

LaBUTE, Neil
réalisateur américain (1963-)
IN THE COMPANY OF MEN (1997)
YOUR FRIENDS & NEIGHBORS (1998)
NURSE BETTY (2000)
TUMBLE (2000)
POSSESSION (2002)
SHAPE OF THINGS, THE (2002)

LADO, Aldo
réalisateur italien (1934-)
SHORT NIGHT OF GLASS DOLLS (1971)
WHO SAW HER DIE ? (1972)
NIGHT TRAIN MURDERS (1975)

LAFOND, Jean-Daniel
réalisateur québécois (1944-)
TRACES DU RÊVE, LES (1985)
MANIÈRE NÈGRE OU AIMÉ CÉSAIRE,
CHEMIN FAISANT (1991)
LIBERTÉ EN COLÈRE, LA (1994)
TROPIQUE NORD (1994)
HEURE DE CUBA, L' (1999)
TEMPS DES BARBARES, LE (1999)

LALOUX, René
réalisateur français (1929-)
PLANÈTE SAUVAGE, LA (1973)
MAÎTRES DU TEMPS, LES (1982)
LIGHT YEARS (1987)

LAM, Ringo
réalisateur chinois (1954-)
CITY ON FIRE (1987)
PRISON ON FIRE (1987)
PRISON ON FIRE II (1987)
SCHOOL ON FIRE (1988)
WILD SEARCH (1989)
UNDECLARED WAR (1990)
FULL CONTACT (1992)
BURNING PARADISE (1994)
ADVENTURERS, THE (1995)
MAXIMUM RISK (1996)

LAMBERT, Mary
réalisatrice américaine
SIESTA (1987)
PET SEMATARY (1989)
DRAGSTRIP GIRL (1994)
IN CROWD, THE (2000)

LAMONT, Charles
réalisateur américain (1895-1993)
HIT THE ICE (1943)
BAGDAD (1949)
ABBOTT & COSTELLO
IN THE FOREIGN LEGION (1950)
ABBOTT & COSTELLO MEET
THE INVISIBLE MAN (1951)
COMIN' ROUND THE MOUNTAIN (1951)
FLAME OF ARABY (1951)
ABBOTT & COSTELLO GO TO MARS (1953)
ABBOTT & COSTELLO MEET
DR. JEKYLL AND MR. HYDE (1953)
ABBOTT & COSTELLO MEET
THE KEYSTONE KOPS (1955)
ABBOTT & COSTELLO MEET
THE MUMMY (1955)
FRANCIS IN THE HAUNTED HOUSE (1955)

LAMORISSE, Albert
réalisateur français (1922-1970)
CRIN BLANC (1952)
BALLON ROUGE, LE (1956)
VOYAGE EN BALLON, LE (1960)

LAMOTHE, Arthur
réalisateur québécois (1928-)
MÉMOIRE BATTANTE (1983)
ÉQUINOXE (1986)
CONQUÊTE DE L'AMÉRIQUE, LA (1991)

LANCTÔT, Micheline
réalisatrice québécoise (1947-)
HOMME À TOUT FAIRE, L' (1980)
SONATINE (1983)
VIE D'UN HÉROS, LA (1994)
PIÈGE D'ISSOUDUN, LE (2003)

LANDERS, Lew
réalisateur américain (1901-1962)
BAD LANDS (1939)
RETURN OF THE VAMPIRE, THE (1943)
MASK OF DIIJON, THE (1946)

LANDIS, John
réalisateur américain (1950-)
SCHLOCK (1971)
KENTUCKY FRIED MOVIE (1976)
NATIONAL LAMPOON'S ANIMAL HOUSE (1978)
BLUES BROTHERS, THE (1980)
AMERICAN WEREWOLF IN LONDON (1981)
COMING SOON (1982)
TRADING PLACES (1983)
INTO THE NIGHT (1985)
SPIES LIKE US (1985)
AMAZON WOMEN ON THE MOON (1986)
THREE AMIGOS ! (1986)
COMING TO AMERICA (1988)
OSCAR (1991)
INNOCENT BLOOD (1992)
BEVERLEY HILLS COP III (1994)
STUPIDS, THE (1996)
BLUES BROTHERS 2000 (1998)
SLASHER (2004)
MASTERS OF HORROR -
DEER WOMAN (2005)

LANDRES, Paul
réalisateur américain (1912-2001)
RETURN OF DRACULA, THE (1957)
GO JOHNNY, GO ! (1958)
DESTINATION NIGHTMARE (1968)

LANE, Andrew
réalisateur
JAKE SPEED (1986)
MORTAL PASSIONS (1989)
LONELY HEARTS (1991)

LANFIELD, Sidney
réalisateur américain (1900-1972)
ONE IN A MILLION (1936)
THIN ICE (1937)
HOUND OF THE BASKERVILLES (1939)
YOU'LL NEVER GET RICH (1940)
MY FAVORITE BLONDE (1942)
WHERE THERE IS LIFE (1947)
STATION WEST (1948)
SORROWFUL JONES (1949)
LEMON DROP KID, THE (1951)
SKIRTS AHOY ! (1953)

LANG, Fritz
réalisateur allemand (1890-1976)
ARAIGNÉES, LES (1919)
DESTINY (1921)
DR. MABUSE : THE GAMBLER (1922)
DIE NIBELUNGEN (1924)
NIBELUNGEN, LES (1924)
SIEGFRIED (1924)
METROPOLIS (1926)
ESPIONS, LES (1928)
WOMAN IN THE MOON (1929)
M LE MAUDIT (1931)
TESTAMENT DU DR. MABUSE, LE (1932)
LILIOM (1934)
FURY (1936)
YOU ONLY LIVE ONCE (1937)
YOU AND ME (1938)
RETURN OF FRANK JAMES, THE (1940)
WESTERN UNION (1940)
HANGMEN ALSO DIE (1943)

MINISTRY OF FEAR (1944)
WOMAN IN THE WINDOW, THE (1944)
CLOAK AND DAGGER (1946)
SCARLET STREET (1946)
SECRET BEYOND THE DOOR (1947)
HOUSE BY THE RIVER (1950)
BIG HEAT, THE (1952)
BLUE GARDENIA, THE (1952)
CLASH BY NIGHT (1952)
RANCHO NOTORIOUS (1952)
TIGRE DU BENGALE, LE (1958)
INDIAN EPIC, THE (1959)
INDIAN TOMB, THE (1959)
DIABOLIQUE DR. MABUSE, LE (1960)
FRITZ LANG : CIRCLE OF DESTINY (1998)

LANG, Michel
réalisateur français (1939-)
CADEAU, LE (1982)
À NOUS LES GARÇONS (1984)
ÉTINCELLE, L' (1984)
CLUB DE RENCONTRES (1986)

LANG, Richard
réalisateur américain
CHANGE OF SEASONS, A (1980)
MOUNTAIN MEN, THE (1980)
KUNG-FU : THE MOVIE (1986)

LANG, Samantha
réalisatrice anglaise (1967-)
WELL, THE (1997)
MONKEY'S MASK, THE (2000)
IDOL, THE (2002)

LANG, Walter
réalisateur américain (1896-1972)
BLUE BIRD, THE (1939)
LITTLE PRINCESS, THE (1939)
TIN PAN ALLEY (1940)
MOON OVER MIAMI (1941)
SONG OF THE ISLANDS (1941)
WEEK-END IN HAVANA (1941)
STATE FAIR (1945)
MOTHER WORE TIGHTS (1947)
SITTING PRETTY (1948)
CHEAPER BY THE DOZEN (1950)
JACKPOT, THE (1950)
THERE'S NO BUSINESS
LIKE SHOW BUSINESS (1954)
KING AND I, THE (1955)
DESK SET (1957)
BUT NOT FOR ME (1959)
CAN-CAN (1960)

LANGLOIS, Denis
réalisateur québécois
ESCORTE, L' (1996)
DANNY IN THE SKY (2001)
AMNÉSIE - L'ÉNIGME
JAMES BRIGHTON (2005)

LANGTON, Simon
réalisateur anglais (1941-)
SMILEY'S PEOPLE (1982)
WHISTLE BLOWER, THE (1986)
CASANOVA (1987)
PRIDE AND PREJUDICE (1996)

LAPINE, James
réalisateur américain (1949-)
IMPROMPTU (1990)
LIFE WITH MIKEY (1993)

LARGE, Brian
réalisateur anglais (1939-)
MOZART - IDOMENEO (1983)
CARMEN (1987)
OTHELLO (OPÉRA) (1992)
CUNNING LITTLE VIXEN, THE (1995)

LATTUADA, Alberto
réalisateur italien (1914-)
ANNA (1951)
FEUX DU MUSIC-HALL, LES (1952)
FILLE, LA (1978)

LAU, Jeffrey
réalisateur chinois
CHINESE ODYSSEY I, A (1995)
CHINESE ODYSSEY II, A (1995)
OUT OF THE DARK (1995)

LAU, Wai Keung
réalisateur chinois
STORM RIDERS, THE (1956)
LOVER OF THE LAST EMPRESS (1995)
LEGEND OF SPEED (1999)
MAN CALLED HERO, A (1999)
INFERNAL AFFAIRS (2002)
INFERNAL AFFAIRS 2 (2003)
INFERNAL AFFAIRS 3 (2003)

LAUGHLIN, Michael
réalisateur
STRANGE BEHAVIOR (1981)
STRANGE INVADERS (1983)
MESMERIZED (1986)

LAUNDER, Frank
réalisateur anglais (1906-1997)
I SEE A DARK STRANGER (1945)
CAPTAIN BOYCOTT (1947)
HAPPIEST DAYS OF YOUR LIFE, THE (1950)
BELLES OF ST. TRINIANS, THE (1954)

LAUTNER, Georges
réalisateur français (1926-)
TONTONS FLINGUEURS, LES (1963)
SEINS DE GLACE, LES (1974)
MORT D'UN POURRI (1977)
ILS SONT FOUS, CES SORCIERS (1978)
FLIC OU VOYOU (1979)
GUIGNOLO, LE (1980)
PROFESSIONNEL, LE (1981)
ATTENTION ! UNE FEMME PEUT
EN CACHER UNE AUTRE (1983)
JOYEUSES PÂQUES (1984)
CAGE AUX FOLLES 3, LA (1985)
MAISON ASSASSINÉE, LA (1987)
INCONNU DANS LA MAISON, L' (1992)

LAUZIER, Gérard
réalisateur français (1932-)
T'EMPÊCHES TOUT LE MONDE
DE DORMIR ! (1982)
P'TIT CON (1983)
MON PÈRE, CE HÉROS (1991)
PLUS BEAU MÉTIER DU MONDE, LE (1996)
FILS DU FRANÇAIS, LE (1999)

LAVEN, Arnold
réalisateur américain (1922-)
MONSTER THAT CHALLENGED
THE WORLD, THE (1957)
GERONIMO (1962)
ROUGH NIGHT IN JERICHO (1967)
SAM WHISKEY (1969)

LAVOIE, Richard
réalisateur québécois (1937-)
TROU DU DIABLE, LE (1989)
RANG 5 (1994)
COMMANDO DE
L'INFINIMENT PETIT, LE (1997)
CHARLES DAUDELIN :
DES MAINS ET DES MOTS (1998)
CONFIDENCES D'UNE FANFARE (2001)
RENÉ DUMONT, L'HOMME-SIÈCLE (2001)

LAW, Clara
réalisatrice chinoise (1954-)
FAREWELL CHINA (1990)
AUTUMN MOON (1992)
TEMPTATION OF A MONK (1993)
ÉROTIQUE (1994)
FLOATING LIFE (1996)
GODDESS OF 1967, THE (2000)

LE CHANOIS, Jean-Paul
réalisateur français (1909-1985)
ÉCOLE BUISSONNIÈRE, L' (1948)
MISÉRABLES, LES (1957)
JARDINIER D'ARGENTEUIL, LE (1966)

LEAN, David
réalisateur anglais (1908-1991)
IN WHICH WE SERVE (1942)
BLITHE SPIRIT (1945)
BRIEF ENCOUNTER (1946)
GREAT EXPECTATIONS (1946)
OLIVER TWIST (1948)
PASSIONATE FRIENDS, THE (1949)
HOBSON'S CHOICE (1954)
SUMMERTIME (1955)
BRIDGE ON THE RIVER KWAI, THE (1957)
LAWRENCE OF ARABIA (1962)
DOCTOR ZHIVAGO (1965)
RYAN'S DAUGHTER (1970)
PASSAGE TO INDIA, A (1984)

LeBORG, Reginald
réalisateur américain (1902-)
CALLING DR. DEATH (1943)
INNER SANCTUM : DEAD MAN'S EYES (1944)
INNER SANCTUM : WEIRD WOMAN (1944)
JUNGLE WOMAN (1944)
MUMMY'S GHOST, THE (1944)
DIARY OF A MADMAN (1963)

LECLERC, Francis
réalisateur québécois (1971-)
JEUNE FILLE À LA FENÊTRE, UNE (2000)
MÉMOIRES AFFECTIVES (2004)
NOS ÉTÉS (2004)

LECONTE, Patrice
réalisateur français (1947-)
BRONZÉS, LES (1978)
BRONZÉS FONT DU SKI, LES (1979)
VIENS CHEZ MOI, J'HABITE
CHEZ UNE COPINE (1980)
MA FEMME S'APPELLE REVIENS (1981)
CIRCULEZ, Y'A RIEN À VOIR (1982)
SPÉCIALISTES, LES (1985)
MONSIEUR HIRE (1989)
MARI DE LA COIFFEUSE, LE (1990)
TANGO (1992)
PARFUM D'YVONNE, LE (1993)
GRANDS DUCS, LES (1995)
RIDICULE (1996)
1 CHANCE SUR 2 (1997)
FILLE SUR LE PONT, LA (1998)
VEUVE DE SAINT-PIERRE, LA (1999)
RUE DES PLAISIRS (2001)
HOMME DU TRAIN, L' (2002)
CONFIDENCES TROP INTIMES (2003)
DOGORA - OUVRONS LES YEUX (2004)

LEDER, Mimi
réalisatrice (1957-)
PEACEMAKER, THE (1997)
DEEP IMPACT (1998)
PAY IT FORWARD (2000)

LEDUC, Jacques
réalisateur québécois (1941-)
ON EST LOIN DU SOLEIL (1970)
DERNIER GLACIER, LE (1984)
CHARADE CHINOISE (1987)
TROIS POMMES À CÔTÉ
DU SOMMEIL (1988)
ENFANT SUR LE LAC, L' (1991)
MONTRÉAL VU PAR... (1991)
VIE FANTÔME, LA (1992)
ÂGE DE BRAISE, L' (1998)

LEE, Ang
réalisateur taïwainais (1954-)
PUSHING HANDS (1991)
WEDDING BANQUET, THE (1993)
SALÉ SUCRÉ (1994)
SENSE AND SENSIBILITY (1995)
ICE STORM, THE (1997)
RIDE WITH THE DEVIL (1999)
CROUCHING TIGER, HIDDEN DRAGON (2000)
HULK, THE (2003)
BROKEBACK MOUNTAIN (2005)

LEE, Rowland V.
réalisateur américain (1891-1975)
TOAST OF NEW YORK, THE (1937)
SON OF FRANKENSTEIN (1938)
TOWER OF LONDON (1939)
BRIDGE OF SAN LUIS REY, THE (1944)
CAPTAIN KIDD (1946)

LEE, Spike
réalisateur américain (1956-)
SHE'S GOTTA HAVE IT (1986)
SCHOOL DAZE (1988)
DO THE RIGHT THING (1989)
MO' BETTER BLUES (1990)
JUNGLE FEVER (1991)
MALCOLM X (1992)
CROOKLYN (1994)
CLOCKERS (1995)
LUMIÈRE ET COMPAGNIE (1995)
GET ON THE BUS (1996)
GIRL 6 (1996)
4 LITTLE GIRLS (1997)
HE GOT GAME (1998)
SUMMER OF SAM (1999)
BAMBOOZLED (2000)
ORIGINAL KINGS OF COMEDY, THE (2000)
HUEY P. NEWTON STORY, A (2001)
25th HOUR (2002)
SHE HATE ME (2004)
INSIDE MAN (2006)

LEFEBVRE, Jean-Pierre
réalisateur québécois (1941-)
RÉVOLUTIONNAIRE, LE (1965)
IL NE FAUT PAS MOURIR POUR ÇA (1967)
PATRICIA ET JEAN-BAPTISTE (1967)
MON AMIE PIERRETTE (1968)
MAUDITS SAUVAGES (1971)
DERNIÈRES FIANCAILLES, LES (1973)
AMOUR BLESSÉ, L' (1975)
VIEUX PAYS OÙ RIMBAUD
EST MORT, LE (1977)
FLEURS SAUVAGES, LES (1981)
JOUR «S...», LE (1984)
ALFRED LALIBERTÉ : SCULPTEUR (1987)
BOÎTE À SOLEIL, LA (1988)
FABULEUX VOYAGE DE L'ANGE, LE (1991)
AUJOURD'HUI OU JAMAIS (1998)
HOLA MADRID (2002)
IMAGES ET CHANTS DU MPLA (2002)
MANUSCRIT ÉROTIQUE, LE (2002)
MON AMI MICHEL (2004)

LEHMANN, Michael
réalisateur américain (1957-)
HEATHERS (1989)
MEET THE APPLEGATES (1989)
HUDSON HAWK (1991)
AIRHEADS (1994)
TRUTH ABOUT CATS
AND DOGS, THE (1996)
MY GIANT (1998)
40 DAYS AND 40 NIGHTS (2002)

LEIGH, Mike
réalisateur anglais (1943-)
BLEAK MOMENTS (1971)
HARD LABOUR (1973)
NUTS IN MAY (1976)
ABIGAIL'S PARTY (1977)
KISS OF DEATH (1977)
WHO'S WHO (1978)
GROWN-UPS (1980)
HOME SWEET HOME (1982)
MEANTIME (1983)
FOUR DAYS IN JULY (1984)
HIGH HOPES (1988)
LIFE IS SWEET (1990)
NAKED (1993)
SECRETS AND LIES (1996)
CAREER GIRLS (1997)
TOPSY-TURVY (1999)
ALL OR NOTHING (2002)
MIKE LEIGH COLLECTION VOLUME I (2004)
VERA DRAKE (2004)

LEISEN, Mitchell
réalisateur américain (1898-1972)
MURDER AT THE VANITIES (1934)
HANDS ACROSS THE TABLE (1935)
EASY LIVING (1937)
BIG BROADCAST OF 1938, THE (1938)
MIDNIGHT (1939)
REMEMBER THE NIGHT (1939)
LADY IS WILLING, THE (1941)
FRENCHMAN'S CREEK (1944)
GOLDEN EARRINGS (1947)
TO EACH HIS OWN (1947)

LELAND, David
réalisateur anglais (1947-)
WISH YOU WERE HERE (1987)
CHECKING OUT (1989)
CROSSING THE LINE (1991)
BAND OF BROTHERS (2001)

LELOUCH, Claude
réalisateur français (1937-)
FILLE ET DES FUSILS, UNE (1965)
HOMME ET UNE FEMME, UN (1966)
VOYOU, LE (1970)
SMIC, SMAC, SMOC (1971)
AVENTURE C'EST L'AVENTURE, L' (1972)
BONNE ANNÉE, LA (1973)
MARIAGE (1974)
BON ET LES MÉCHANTS, LE (1975)
CHAT ET LA SOURIS, LE (1975)
TOUTE UNE VIE (1975)
ROBERT ET ROBERT (1978)
UNS ET LES AUTRES, LES (1980)
ÉDITH ET MARCEL (1983)
VIVA LA VIE (1983)
PARTIR, REVENIR (1985)
HOMME ET UNE FEMME :
VINGT ANS DÉJÀ, UN (1986)
ATTENTION BANDITS (1987)
ITINÉRAIRE D'UN ENFANT GÂTÉ (1988)
IL Y A DES JOURS...
ET DES LUNES (1990)
BELLE HISTOIRE, LA (1991)
TOUT ÇA... POUR ÇA ! (1992)
LUMIÈRE ET COMPAGNIE (1995)
MISÉRABLES DU XXe SIÈCLE, LES (1995)
HASARDS OU COÏNCIDENCES (1998)
UNE POUR TOUTES (1999)
SEPTEMBRE 11-09-01 (2002)
AND NOW LADIES & GENTLEMEN (2003)
COURAGE D'AIMER, LE (2004)

LENI, Paul
réalisateur allemand (1885-1929)
WAXWORKS (1924)
CAT AND THE CANARY, THE (1927)
MAN WHO LAUGHS, THE (1927)

LENZI, Umberto
réalisateur italien (1931-)
MAN FROM DEEP RIVER (1972)
MILANO ROVENTE (1973)
ALMOST HUMAN (1974)
SPASMO (1974)
VIOLENT NAPLES (1976)
CANNIBAL FEROX (1980)
EATEN ALIVE (1980)
NIGHTMARE CITY (1980)
HITCHER IN THE DARK (1989)

LEONARD, Brett
réalisateur
LAWNMOWER MAN, THE (1992)
VIRTUOSITY (1995)
FEED (2005)

LEONARD, Robert Z.
réalisateur américain (1889-1968)
DIVORCEE, THE (1930)
SUSAN LENOX :
HER FALL AND RISE (1931)
STRANGE INTERLUDE (1932)
DANCING LADY (1933)
GREAT ZIEGFELD, THE (1936)
FIREFLY, THE (1937)
MAYTIME (1937)
GIRL OF THE GOLDEN WEST, THE (1939)
NEW MOON (1940)
PRIDE AND PREJUDICE (1940)
WHEN LADIES MEET (1941)
ZIEGFELD GIRL (1941)
WEEKEND AT THE WALDORF (1945)
DUCHESS OF IDAHO (1950)
IN THE GOOD OLD SUMMERTIME (1950)
KING'S THIEF, THE (1955)

LEONE, Sergio
réalisateur italien (1921-1989)
COLOSSE DE RHODES, LE (1961)
FISTFUL OF DOLLARS, A (1964)
FOR A FEW DOLLARS MORE (1965)
GOOD, THE BAD AND THE UGLY, THE (1967)
ONCE UPON A TIME IN THE WEST (1968)
FISTFUL OF DYNAMITE, A (1971)
ONCE UPON A TIME IN AMERICA (1984)

LEPAGE, Robert
réalisateur québécois (1957-)
CONFESSIONNAL, LE (1995)
POLYGRAPHE, LE (1996)
NÔ (1998)
POSSIBLE WORLDS (2000)
FACE CACHÉE DE LA LUNE, LA (2003)

LEROI, Francis
réalisateur français (1942-2002)
DÉMON DANS L'ÎLE, LE (1982)
RÊVES DE CUIR (1992)
REVANCHE D'EMMANUELLE, LA (1993)

LeROY, Mervyn
réalisateur américain (1900-1987)
LITTLE CAESAR (1931)
TONIGHT OR NEVER (1931)
I AM A FUGITIVE FROM A CHAIN GANG (1932)
THREE ON A MATCH (1932)
ANTHONY ADVERSE (1936)
THREE MEN ON A HORSE (1936)
BLOSSOMS IN THE DUST (1940)
WATERLOO BRIDGE (1940)
JOHNNY EAGER (1941)
MADAME CURIE (1943)
THIRTY SECONDS OVER TOKYO (1944)
RANDOM HARVEST (1945)
HOMECOMING (1948)
ANY NUMBER CAN PLAY (1949)
EAST SIDE, WEST SIDE (1949)
LITTLE WOMEN (1949)
QUO VADIS ? (1951)
LOVELY TO LOOK AT (1952)
MILLION DOLLAR MERMAID (1952)
LATIN LOVERS (1954)
MISTER ROBERTS (1955)
BAD SEED, THE (1956)
NO TIME FOR SERGEANTS (1958)
F.B.I. STORY, THE (1959)
DEVIL AT 4 O'CLOCK, THE (1961)
MAJORITY OF ONE, A (1961)
GYPSY (1962)
MOMENT TO MOMENT (1965)

LEROY, Serge
réalisateur français (1937-1993)
TRAQUÉS, LES (1976)
LÉGITIME VIOLENCE (1982)
INDIC, L' (1983)
4e POUVOIR, LE (1985)
CONTRAINTE PAR CORPS (1988)
TAXI DE NUIT (1993)

LESTER, Richard
réalisateur américain (1932-)
MOUSE ON THE MOON, THE (1963)
HARD DAY'S NIGHT, A (1964)
KNACK, AND HOW TO GET IT, THE (1964)
HELP ! (1965)
FUNNY THING HAPPENED ON THE WAY TO THE FORUM, A (1966)
HOW I WON THE WAR (1967)
PETULIA (1968)
FOUR MUSKETEERS, THE (1974)
JUGGERNAUT (1974)
MUSKETEERS, THE (1974)
THREE MUSKETEERS, THE (1974)
RITZ, THE (1976)
ROBIN AND MARIAN (1976)
CUBA (1979)
SUPERMAN II (1980)
SUPERMAN III (1983)
RETURN OF THE MUSKETEERS, THE (1989)

LETERRIER, François
réalisateur français (1929-)
GOODBYE EMMANUELLE (1977)
VA VOIR MAMAN, PAPA TRAVAILLE (1977)
JE VAIS CRAQUER (1979)
QUAND TU SERAS DÉBLOQUÉ, FAIS-MOI SIGNE (1981)
GARDE DU CORPS, LE (1984)
TRANCHES DE VIE (1985)
ÎLE, L' (1987)

LEVANT, Brian
réalisateur américain (1952-)
BEETHOVEN (1991)
PROBLEM CHILD II (1991)
FLINTSTONES, THE (1994)
JINGLE ALL THE WAY (1996)
SNOW DOGS (2002)
ARE WE THERE YET ? (2005)

LEVIN, Henry
réalisateur américain (1909-1980)
MAN FROM COLORADO, THE (1948)
JOLSON SINGS AGAIN (1949)
BELLES ON THEIR TOES (1952)
FARMER TAKES A WIFE, THE (1953)
LONELY MAN, THE (1957)
JOURNEY TO THE CENTER OF THE EARTH (1959)
WHERE THE BOYS ARE (1960)
WONDERS OF ALADDIN, THE (1961)
IF A MAN ANSWERS (1962)
WONDERFUL WORLD OF THE BROTHERS GRIMM, THE (1962)
MURDERER'S ROW (1966)
AMBUSHERS, THE (1967)
THAT MAN BOLT (1973)

LEVINSON, Barry
réalisateur américain (1942-)
DINER (1982)
NATURAL, THE (1984)
YOUNG SHERLOCK HOLMES (1986)
GOOD MORNING, VIETNAM (1987)
TIN MEN (1987)
RAIN MAN (1988)
AVALON (1990)
BUGSY (1991)
TOYS (1992)
DISCLOSURE (1994)
JIMMY HOLLYWOOD (1994)
SLEEPERS (1995)
WAG THE DOG (1997)
SPHERE (1998)
LIBERTY HEIGHTS (1999)
EVERLASTING PIECE, AN (2000)
BANDITS (2001)
ENVY (2004)

LEVY, Shawn
réalisateur
BIG FAT LIAR (2002)
CHEAPER BY THE DOZEN (2003)
JUST MARRIED (2003)
PINK PANTHER, THE (2006)

LEWIN, Albert
réalisateur américain (1894-1968)
MOON AND SIXPENCE, THE (1942)
PICTURE OF DORIAN GRAY, THE (1945)
PRIVATE AFFAIRS OF BEL AMI, THE (1947)
PANDORA AND THE FLYING DUTCHMAN (1951)

LEWIS, Herschell Gordon
réalisateur américain (1926-)
BLOOD FEAST (1963)
DEFILERS : SCUM OF THE EARTH (1963)
2000 MANIACS (1964)
COLOR ME BLOOD RED (1965)
GRUESOME TWOSOME, THE (1967)
SUBURBAN ROULETTE (1967)
TASTE OF BLOOD, A (1967)
SHE-DEVILS ON WHEELS (1968)
WIZARD OF GORE, THE (1970)
BLOOD TRILOGY, THE (1996)
BLOOD FEAST 2 : ALL YOU CAN EAT (2002)

LEWIS, Jerry
réalisateur américain (1926-)
BELLBOY, THE (1960)
ERRAND BOY, THE (1961)
LADIES' MAN, THE (1961)
NUTTY PROFESSOR, THE (1963)
PATSY, THE (1964)
FAMILY JEWELS, THE (1965)
BIG MOUTH, THE (1967)
WHICH WAY TO THE FRONT ? (1970)

LEWIS, Joseph H.
réalisateur américain (1900-)
INVISIBLE GHOST, THE (1941)
GUN CRAZY (1949)
BIG COMBO, THE (1954)
LAWLESS STREET, A (1955)
TERROR IN A TEXAS TOWN (1958)

LHERBIER, Marcel
réalisateur français (1890-1979)
GALERIE DES MONSTRES, LA (1924)
INHUMAINE, L' (1924)
NUIT FANTASTIQUE, LA (1942)

LIEBERMAN, Robert
réalisateur américain
TABLE FOR FIVE (1983)
FIRE IN THE SKY (1993)
D3 :THE MIGHTY DUCKS (1996)
TITANIC (1996)
EARTHSEA (2004)

LIMA, Kevin
réalisateur (1962-)
GOOFY MOVIE, A (1995)
TARZAN (1999)
102 DALMATIANS (2000)

LIMAN, Doug
réalisateur américain (1965-)
SWINGERS (1996)
GO (1999)
BOURNE IDENTITY, THE (2002)
MR. AND MRS. SMITH (2005)

LIMOSIN, Jean-Pierre
réalisateur français (1949-)
FAUX-FUYANTS (1983)
GARDIEN DE LA NUIT, LE (1986)
TOKYO EYES (1998)
NOVO (2002)

LINDSAY-HOGG, Michael
réalisateur américain (1940-)
NASTY HABITS (1976)
SIMON & GARFUNKEL : CONCERT IN CENTRAL PARK (1982)
MASTER HAROLD AND THE BOYS (1985)
OBJECT OF BEAUTY, THE (1991)
FRANKIE STARLIGHT (1995)
ALONE (1997)
TWO OF US (2000)

LINKLATER, Richard
réalisateur américain (1962-)
SLACKER (1991)
DAZED AND CONFUSED (1993)
BEFORE SUNRISE (1995)
SUBURBIA (1996)
NEWTON BOYS, THE (1998)
TAPE (2001)
WAKING LIFE (2001)
SCHOOL OF ROCK (2003)
BEFORE SUNSET (2004)
BAD NEWS BEARS (2005)

LIORET, Philippe
réalisateur français (1955-)
TENUE CORRECTE EXIGÉE (1997)
MADEMOISELLE (2000)
PAS D'HISTOIRES (2001)
ÉQUIPIER, L' (2004)

LITTLE, Dwight H.
réalisateur américain
HALLOWEEN IV : THE RETURN OF MICHAEL MYERS (1988)
PHANTOM OF THE OPERA, THE (1989)
RAPID FIRE (1992)
FREE WILLY II : THE ADVENTURE HOME (1995)
MURDER AT 1600 (1997)
ANACONDAS : THE HUNT FOR THE BLOOD ORCHID (2004)

LITVAK, Anatole
réalisatrice russe (1902-1974)
MAYERLING (1936)
AMAZING DOCTOR CLITTERHOUSE, THE (1938)
SISTERS, THE (1939)
ALL THIS AND HEAVEN TOO (1940)
CITY FOR CONQUEST (1940)
LONG NIGHT, THE (1947)
SNAKE PIT, THE (1948)
SORRY, WRONG NUMBER (1948)
DECISION BEFORE DAWN (1951)
ANASTASIA (1956)
GOODBYE AGAIN (1961)
FIVE MILES TO MIDNIGHT (1962)
NIGHT OF THE GENERALS, THE (1967)

LLOSA, Luis
réalisateur péruvien
CRIME ZONE (1988)
800 LEAGUES DOWN THE AMAZON (1993)
SNIPER (1993)
SPECIALIST, THE (1994)
ANACONDA (1997)

LLOYD, Frank
réalisateur écossais (1888-1960)
OLIVER TWIST (1922)
CAVALCADE (1933)
MUTINY ON THE BOUNTY (1935)
IF I WERE KING (1938)
HOWARDS OF VIRGINIA, THE (1940)
FOREVER AND A DAY (1943)
BLOOD ON THE SUN (1945)

LOACH, Ken
réalisateur anglais (1936-)
FAMILY LIFE (1971)
HIDDEN AGENDA (1990)
RIFF-RAFF (1991)
RAINING STONES (1993)
LADYBIRD, LADYBIRD (1994)
LAND AND FREEDOM (1995)
CARLA'S SONG (1996)
MY NAME IS JOE (1998)
BREAD AND ROSES (2000)
SEPTEMBRE 11-09-01 (2002)
SWEET SIXTEEN (2002)
FOND KISS, A (2004)

LOGAN, Joshua
réalisateur américain (1908-1988)
PICNIC (1955)
BUS STOP (1956)
SAYONARA (1957)
SOUTH PACIFIC (1958)
TALL STORY (1960)
FANNY (1961)
ENSIGN PULVER (1964)
CAMELOT (1967)
PAINT YOUR WAGON (1969)

LOMBARDI, Francisco J.
réalisateur péruvien (1949-)
BOCA DEL LOBO, LA (1984)
VILLE ET LES CHIENS, LA (1984)
TOMBÉS DU CIEL (1990)
PANTALEON Y LAS VISITADORAS (1999)

LOMMEL, Ulli
réalisateur allemand (1944-)
TENDERNESS OF THE WOLVES (1973)
BOOGEYMAN, THE (1980)
BRAINWAVES (1983)
OLIVIA (1985)
REVENGE OF THE STOLEN STARS (1985)
MARILYN MY LOVE (1994)

LONCRAINE, Richard
réalisateur anglais (1946-)
FULL CIRCLE (1976)
BRIMSTONE & TREACLE (1982)
MISSIONARY, THE (1982)
BELLMAN AND TRUE (1987)
WEDDING GIFT, THE (1994)
RICHARD III (1995)
BAND OF BROTHERS (2001)
GATHERING STORM (2002)
MY HOUSE IN UMBRIA (2003)
WIMBLEDON (2004)
FIREWALL (2006)

LORD, Jean-Claude
réalisateur québécois (1943-)
COLOMBES, LES (1972)
BINGO (1973)
PARLEZ-NOUS D'AMOUR (1976)
PANIQUE (1977)
ÉCLAIR AU CHOCOLAT (1978)
VISITING HOURS (1981)
COVERGIRL (1982)
TOBY McTEAGUE (1985)
GRENOUILLE ET LA BALEINE, LA (1987)
MINDFIELD (1989)
STATION NORD (2002)
LANCE ET COMPTE : LA RECONQUÊTE (2004)

LOSEY, Joseph
réalisateur américain (1909-1984)
BOY WITH GREEN HAIR, THE (1948)
SLEEPING TIGER (1954)
TIME WITHOUT PITY (1956)
GYPSY AND THE GENTLEMAN, THE (1958)
CHANCE MEETING (1959)
CRIMINAL, THE (1960)
EVA (1962)
SERVANT, THE (1963)
KING & COUNTRY (1964)
MODESTY BLAISE (1966)
ACCIDENT (1967)
BOOM ! (1968)
SECRET CEREMONY (1968)
ASSASSINATION OF TROTSKY, THE (1972)
DOLL'S HOUSE (1973)
GALILEO (1974)
ROMANTIC ENGLISHWOMAN, THE (1975)
MONSIEUR KLEIN (1976)
ROUTES DU SUD, LES (1978)
DON GIOVANNI (1979)
TRUITE, LA (1982)
STEAMING (1984)

LOUNGUINE, Pavel
réalisateur russe (1949-)
TAXI BLUES (1990)
MONTAGNES RUSSES AU LUNA PARK (1992)
TYCOON : A NEW RUSSIAN (2002)

LOURIÉ, Eugène
réalisateur russe (1903-1991)
BEAST FROM 20,000 FATHOMS, THE (1953)
GIANT BEHEMOTH, THE (1958)
GORGO (1961)

LOWRY, Dick
réalisateur américain (1944-)
SMOKEY AND THE BANDIT 3 (1983)
GAMBLER RETURNS : THE LUCK OF THE DRAW (1991)
LAST STAND AT SABER RIVER (1996)

LUBIN, Arthur
réalisateur américain (1901-1995)
BLACK FRIDAY (1940)
BUCK PRIVATES (1941)
HOLD THAT GHOST (1941)
IN THE NAVY (1941)
KEEP'EM FLYING (1941)
PHANTOM OF THE OPERA (1942)
RIDE'EM COWBOY (1942)
ALI BABA AND THE FORTY THIEVES (1944)
NEW ORLEANS (1946)
FRANCIS (1949)
IMPACT (1949)
FRANCIS GOES TO THE RACES (1951)
RHUBARB (1951)
FRANCIS GOES TO WEST POINT (1952)
FRANCIS COVERS THE BIG TOWN (1953)
FRANCIS JOINS THE WACS (1954)
FRANCIS IN THE NAVY (1955)
LADY GODIVA (1955)
MAVERICK (1957)
INCREDIBLE MR. LIMPET, THE (1964)

LUBITSCH, Ernst
réalisateur allemand (1892-1947)
EYES OF THE MUMMY, THE (1918)
GYPSY BLOOD (1918)
DOLL, THE (1919)
MADAME DU BARRY (1919)
MEYER FROM BERLIN (1919)
OYSTER PRINCESS, THE (1919)
ANNA BOLEYN (1920)
WILDCAT, THE (1921)
MARRIAGE CIRCLE, THE (1924)
SO THIS IS PARIS (1926)
STUDENT PRINCE IN OLD HEIDELBERG, THE (1927)
ETERNAL LOVE (1929)
TROUBLE IN PARADISE (1932)
MERRY WIDOW, THE (1935)
ANGEL (1937)
BLUEBEARD'S EIGHTH WIFE (1938)
NINOTCHKA (1939)
SHOP AROUND THE CORNER, THE (1940)
THAT UNCERTAIN FEELING (1941)
TO BE OR NOT TO BE (1941)
HEAVEN CAN WAIT (1943)
ROYAL SCANDAL, A (1945)
CLUNY BROWN (1946)

LUCAS, George
réalisateur américain (1944-)
FILMMAKER (1968)
THX-1138 (1970)
AMERICAN GRAFFITI (1973)
STAR WARS (1977)
STAR WARS EPISODE I - THE PHANTOM MENACE (1999)
STAR WARS EPISODE II : ATTACK OF THE CLONES (2002)
AMERICAN GRAFFITI DRIVE-IN (2003)
STAR WARS EPISODE III - REVENGE OF THE SITH (2005)

LUDWIG, Edward
réalisateur américain (1900-1982)
FIGHTING SEABEES, THE (1943)
WAKE OF THE RED WITCH, THE (1948)
BLACK SCORPION, THE (1957)

LUHRMANN, Baz
réalisateur australien (1962-)
STRICTLY BALLROOM (1992)
BOHEME, LA (1993)
WILLIAM SHAKESPEARE'S
ROMEO & JULIET (1996)
MOULIN ROUGE (2001)

LUMET, Sidney
réalisateur américain (1924-)
12 ANGRY MEN (1957)
FUGITIVE KIND, THE (1960)
ICEMAN COMETH, THE (1960)
LONG DAY'S JOURNEY INTO NIGHT (1962)
FAIL-SAFE (1964)
PAWNBROKER, THE (1964)
GROUP, THE (1965)
HILL, THE (1965)
LAST OF THE MOBILE HOT SHOTS (1969)
ANDERSON TAPES, THE (1971)
LOVIN' MOLLY (1973)
OFFENCE, THE (1973)
SERPICO (1973)
MURDER ON THE ORIENT EXPRESS (1974)
DOG DAY AFTERNOON (1975)
NETWORK (1976)
EQUUS (1977)
WIZ, THE (1978)
JUST TELL ME WHAT YOU WANT (1980)
PRINCE OF THE CITY (1981)
DEATHTRAP (1982)
VERDICT, THE (1982)
DANIEL (1983)
GARBO TALKS (1984)
POWER (1985)
MORNING AFTER, THE (1986)
RUNNING ON EMPTY (1988)
FAMILY BUSINESS (1989)
Q & A (1990)
STRANGER AMONG US, A (1992)
GUILTY AS SIN (1993)
NIGHT FALLS ON MANHATTAN (1996)
CRITICAL CARE (1997)
GLORIA (1998)

LUNA, Bigas
réalisateur espagnol (1946-)
ANGUISH (1987)
VIES DE LOULOU, LES (1990)
JAMBON JAMBON (1992)
MACHO (1993)
TIT AND THE MOON, THE (1994)
LUMIÈRE ET COMPAGNIE (1995)
FEMME DE CHAMBRE DU TITANIC, LA (1997)
SOUND OF THE SEA (2001)

LUPINO, Ida
réalisatrice anglaise (1918-1995)
NOT WANTED (1949)
BIGAMIST, THE (1953)
HITCH-HIKER, THE (1953)
TROUBLE WITH ANGELS, THE (1965)

LURIE, Rod
réalisateur israélien (1962-)
DETERRENCE (1999)
CONTENDER, THE (2000)
LAST CASTLE, THE (2001)

LUSKE, Hamilton
réalisateur américain (1903-1968)
PINOCCHIO (1940)
FUN AND FANCY FREE (1947)
SO DEAR TO MY HEART (1948)
CINDERELLA (1949)
ALICE IN WONDERLAND (1951)
DISNEY MINI-CLASSICS :
BEN AND ME (1953)
RELUCTANT DRAGON, THE (1957)
101 DALMATIANS (1961)

LUSTIG, William
réalisateur américain (1955-)
MANIAC (1980)
VIGILANTE (1981)
MANIAC COP (1988)
RELENTLESS (1989)

LYNCH, David
réalisateur américain (1946-)
ERASERHEAD (1976)
ELEPHANT MAN, THE (1980)
DUNE (1984)
BLUE VELVET (1986)
INDUSTRIAL SYMPHONY NO 1 :
JULEE CRUISE (1990)
TWIN PEAKS (1990)
WILD AT HEART (1990)
TWIN PEAKS : FIRE WALK WITH ME (1992)
HOTEL ROOM (1993)
LUMIÈRE ET COMPAGNIE (1995)
LOST HIGHWAY (1996)
STRAIGHT STORY, THE (1999)
MULHOLLAND DRIVE (2001)

LYNCH, Paul
réalisateur anglais (1946-)
PROM NIGHT (1980)
BLINDSIDE (1987)
KEEPER, THE (2004)

LYNE, Adrian
réalisateur américain (1941-)
FOXES (1979)
FLASHDANCE (1983)
9 1/2 WEEKS (1985)
FATAL ATTRACTION (1987)
JACOB'S LADDER (1990)
INDECENT PROPOSAL (1993)
LOLITA (1997)
UNFAITHFUL (2002)

LYNN, Jonathan
réalisateur anglais (1943-)
CLUE (1985)
NUNS ON THE RUN (1990)
DISTINGUISHED GENTLEMAN, THE (1992)
MY COUSIN VINNY (1992)
GREEDY (1994)
SGT. BILKO (1996)
TRIAL AND ERROR (1997)
WHOLE NINE YARDS, THE (2000)
FIGHTING TEMPTATIONS, THE (2003)

MAAS, Dick
réalisateur néerlandais (1951-)
LIFT, THE (1983)
LAVIGUEUR DÉMÉNAGENT, LES (1986)
AMSTERDAMNED (1988)

MacGILLIVRAY, Greg
réalisateur (1945-)
LIVING SEA, THE (1995)
STORMCHASERS (1995)
MAGIC OF FLIGHT (1998)
DOLPHINS (2000)
JOURNEY INTO AMAZING CAVES (2001)

MACKENDRICK, Alexander
réalisateur américain (1912-1993)
WHISKEY GALORE (1949)
MAN IN THE WHITE SUIT, THE (1951)
LADYKILLERS, THE (1955)
SWEET SMELL OF SUCCESS (1956)
HIGH WIND IN JAMAICA (1965)
DON'T MAKE WAVES (1967)

MACKENZIE, David
réalisateur écossais (1966-)
LAST GREAT WILDERNESS, THE (2002)
YOUNG ADAM (2002)
ASYLUM (2005)

MACKENZIE, John
réalisateur anglais (1932-)
LONG GOOD FRIDAY, THE (1979)
BEYOND THE LIMIT (1983)
FOURTH PROTOCOL, THE (1987)
RUBY (1992)
QUICKSAND (2001)

MacKINNON, Gillies
réalisateur anglais (1948-)
PLAYBOYS, THE (1992)
SIMPLE TWIST OF FATE, A (1994)
REGENERATION (1997)
HIDEOUS KINKY (1998)

MADDEN, John
réalisateur anglais (1949-)
STORYTELLER, THE -
DEFINITIVE COLLECTION (1987)
ETHAN FROME (1992)
GOLDEN GATE (1993)
MRS. BROWN (1997)
SHAKESPEARE IN LOVE (1998)
CAPTAIN CORELLI'S MANDOLIN (2001)
PROOF (2005)

MADDIN, Guy
réalisateur canadien (1956-)
TALES FROM THE GIMLI HOSPITAL (1988)
CAREFUL (1992)
DRACULA : PAGES FROM A
VIRGIN DIARY (2002)
SADDEST MUSIC IN THE WORLD (2003)
GUY MADDIN COLLECTION, THE (2004)
BRAND UPON THE BRAIN !, THE (2006)

MAJIDI, Majid
réalisateur iranien (1959-)
ENFANTS DU CIEL, LES (1997)
COLOR OF PARADISE, THE (1999)
BARAN (2001)

MAKAVEJEV, Dusan
réalisateur yougoslave (1932-)
HOMME N'EST PAS UN OISEAU, L' (1965)
AFFAIRE DE CŒUR, UNE (1967)
INNOCENCE SANS PROTECTION, L' (1968)
WR : MYSTERIES OF
THE ORGANISM (1971)
SWEET MOVIE (1974)
MONTENEGRO (1981)
COCA-COLA KID, THE (1985)
NIGHT OF LOVE, A (1987)

MAKHMALBAF, Mohsen
réalisateur iranien (1951-)
BOYCOTT (1985)
PEDDLER, THE (1986)
CYCLIST, THE (1989)
MARRIAGE OF THE BLESSED (1989)
ONCE UPON A TIME, CINEMA (1992)
ACTOR, THE (1993)
GABBEH (1995)
SALAAM CINEMA (1995)
INSTANT D'INNOCENCE, UN (1996)
SILENCE, LE (1998)
KANDAHAR (2001)

MAKHMALBAF, Samira
réalisatrice iranienne (1980-)
POMME, LA (1998)
BLACKBOARDS (2000)
SEPTEMBRE 11-09-01 (2002)
À CINQ HEURES DE L'APRÈS-MIDI (2003)

MAKK, Karoly
réalisateur hongrois (1925-)
AMOUR (1970)
JEUX DE CHATS (1972)
NUIT TRÈS MORALE, UNE (1977)
ANOTHER WAY (1982)

MALICK, Terrence
réalisateur américain (1942-)
BADLANDS (1973)
DAYS OF HEAVEN (1978)
THIN RED LINE, THE (1998)
NEW WORLD, THE (2005)

MALLE, Louis
réalisateur français (1932-1995)
MONDE DU SILENCE, LE (1955)
ASCENSEUR POUR L'ÉCHAFAUD (1957)
AMANTS, LES (1958)
ZAZIE DANS LE MÉTRO (1960)
VIE PRIVÉE (1962)
FEU FOLLET, LE (1963)
VIVA MARIA (1965)
CALCUTTA (1968)
HISTOIRES EXTRAORDINAIRES (1968)
SOUFFLE AU CŒUR, LE (1971)
LACOMBE, LUCIEN (1974)
PRETTY BABY (1977)
ATLANTIC CITY (1980)
MY DINNER WITH ANDRÉ (1981)
CRACKERS (1983)
ALAMO BAY (1985)
AU REVOIR LES ENFANTS (1988)
MILOU EN MAI (1989)
DAMAGE (1992)
VANYA ON 42nd STREET (1994)

MALLET, David
réalisateur
ANDREW LLOYD WEBBER :
ROYAL ALBERT HALL CELEBRATION (1998)
CIRQUE DU SOLEIL-QUIDAM (1999)
DAVID GILMOUR IN CONCERT (2002)

MALMUTH, Bruce
réalisateur américain (1934-)
NIGHTHAWKS (1981)
MAN WHO WASN'T THERE, THE (1983)
HARD TO KILL (1990)

MAMET, David
réalisateur américain (1947-)
HOUSE OF GAMES (1987)
THINGS CHANGE (1988)
HOMICIDE (1991)
OLEANNA (1994)
SPANISH PRISONER, THE (1997)
WINSLOW BOY, THE (1998)
STATE AND MAIN (2000)
HEIST (2001)
SPARTAN (2003)

MAMOULIAN, Rouben
réalisateur georgien (1897-1987)
APPLAUSE (1929)
DR. JEKYLL AND MR. HYDE (1932)
LOVE ME TONIGHT (1932)
QUEEN CHRISTINA (1933)
SONG OF SONGS, THE (1933)
WE LIVE AGAIN (1934)
GAY DESPERADO (1936)
GOLDEN BOY (1940)
BLOOD AND SAND (1941)
MARK OF ZORRO, THE (1941)
SILK STOCKINGS (1957)

MANDEL, Robert
réalisateur américain (1957-)
F / X (1985)
SCHOOL TIES (1992)
SUBSTITUTE, THE (1995)

MANDOKI, Luis
réalisateur mexicain (1954-)
GABY : A TRUE STORY (1987)
WHITE PALACE (1990)
BORN YESTERDAY (1993)
WHEN A MAN LOVES A WOMAN (1994)
MESSAGE IN A BOTTLE (1999)
ANGEL EYES (2001)

MANGOLD, James
réalisateur américain (1964-)
HEAVY (1995)
COP LAND (1997)
GIRL, INTERRUPTED (1999)
KATE & LEOPOLD (2001)
IDENTITY (2003)
WALK THE LINE (2005)

MANKIEWICZ, Francis
réalisateur québécois (1944-1993)
TEMPS D'UNE CHASSE, LE (1972)
BONS DÉBARRAS, LES (1979)
BEAUX SOUVENIRS, LES (1981)
AND THEN YOU DIE (1987)
PORTES TOURNANTES, LES (1988)

MANKIEWICZ, Joseph Leo
réalisateur américain (1909-1993)
SOMEWHERE IN THE NIGHT (1945)
GHOST AND MRS. MUIR, THE (1947)
LETTER TO THREE WIVES, A (1948)
HOUSE OF STRANGERS (1949)
ALL ABOUT EVE (1950)
NO WAY OUT (1950)
PEOPLE WILL TALK (1951)
5 FINGERS (1952)
JULIUS CAESAR (1953)
BAREFOOT CONTESSA, THE (1954)
GUYS AND DOLLS (1955)
QUIET AMERICAN, THE (1957)
SUDDENLY, LAST SUMMER (1959)
CLEOPATRA (1963)
HONEY POT, THE (1967)
THERE WAS A CROOKED MAN (1970)
SLEUTH (1972)

MANN, Anthony
réalisateur américain (1906-1967)
STRANGE IMPERSONATION (1946)
DESPERATE (1947)
RAILROADED (1947)
T-MEN (1947)
HE WALKED BY NIGHT (1948)
RAW DEAL (1948)
BLACK BOOK, THE (1949)
WINCHESTER '73 (1950)
BEND OF THE RIVER (1951)
NAKED SPUR, THE (1952)
THUNDER BAY (1953)
FAR COUNTRY, THE (1954)
GLENN MILLER STORY, THE (1954)
MAN FROM LARAMIE, THE (1955)
STRATEGIC AIR COMMAND (1955)
MEN IN WAR (1956)
SAVAGE WILDERNESS (1956)
SERENADE (1956)
TIN STAR, THE (1957)
GOD'S LITTLE ACRE (1958)
MAN OF THE WEST (1958)
CIMARRON (1960)
EL CID (1961)
FALL OF THE ROMAN EMPIRE, THE (1963)
HEROES OF TELEMARK, THE (1965)

MANN, Daniel
réalisateur américain (1912-1991)
COME BACK, LITTLE SHEBA (1952)
I'LL CRY TOMORROW (1955)
ROSE TATTOO, THE (1955)
TEAHOUSE OF THE AUGUST MOON, THE (1956)
LAST ANGRY MAN, THE (1959)
BUTTERFIELD 8 (1960)
WHO'S GOT THE ACTION ? (1962)
OUR MAN FLINT (1965)
FOR LOVE OF IVY (1968)
WILLARD (1970)
LOST IN THE STARS (1973)
MAN WHO BROKE A 1000 CHAINS, THE (1987)

MANN, Delbert
réalisateur américain (1920-)
MARTY (1954)
DESIRE UNDER THE ELMS (1957)
SEPARATE TABLES (1958)
LOVER COME BACK (1961)
THAT TOUCH OF MINK (1962)
GATHERING OF EAGLES, A (1963)
DEAR HEART (1964)
FITZWILLY (1967)
PINK JUNGLE, THE (1968)
JANE EYRE (1970)
ALL QUIET ON THE WESTERN FRONT (1979)
NIGHT CROSSING (1981)
LAST DAYS OF PATTON, THE (1986)
LILY IN WINTER (1995)

MANN, Michael
réalisateur américain (1943-)
THIEF (1981)
KEEP, THE (1983)
MANHUNTER (1986)
LAST OF THE MOHICANS, THE (1992)
HEAT (1995)
INSIDER, THE (1999)
ALI (2001)
COLLATERAL (2004)

MANN, Ron
réalisateur canadien (1959-)
IMAGINE THE SOUND (1981)
POETRY IN MOTION (1982)
COMIC BOOK CONFIDENTIAL (1988)
TWIST (1993)
GRASS : THE MOVIE (1999)
GO FURTHER (2003).
DREAM TOWER /
ECHOES WITHOUT SAYING (2004)

MANZOR, René
réalisateur français (1959-)
PASSAGE, LE (1986)
36-15 CODE PÈRE NOËL (1989)
AMOUR DE SORCIÈRE, UN (1997)
DÉDALES (2003)

MARGHERITI, Antonio
réalisateur italien (1930-)
CASTLE OF BLOOD (1964)
LONG HAIR OF DEATH (1964)
LA MORTE NEGLI OCCHI DEL GATTO (1973)
STRANGER AND THE GUNFIGHTER, THE (1974)
CANNIBAL APOCALYPSE (1980)

MARIN, Edwin L.
réalisateur américain (1899-1951)
CHRISTMAS CAROL, A (1938)
EVERYBODY SING (1938)
LISTEN, DARLING (1938)
INVISIBLE AGENT (1942)
TALL IN THE SADDLE (1944)
ABILENE TOWN (1945)
JOHNNY ANGEL (1945)
NOCTURNE (1946)
FIGHTING MAN OF THE PLAINS (1949)
CARIBOO TRAIL, THE (1950)

MARINS, José Mojica
réalisateur brésilien (1929-)
AT MIDNIGHT I'LL TAKE YOUR SOUL (1965)
THIS NIGHT I'LL POSSESS
YOUR CORPSE (1966)
AWAKENING OF THE BEAST (1970)

MARISCHKA, Ernst
réalisateur autrichien (1883-1963)
JEUNES ANNÉES D'UNE REINE, LES (1955)
SISSI (1955)
SISSI IMPÉRATRICE (1956)
MAM'ZELLE CRICRI (1957)
SISSI ET SON DESTIN (1957)

MARKLE, Peter
réalisateur américain (1952-)
HOT DOG...THE MOVIE (1983)
YOUNGBLOOD (1986)
BAT 21 (1988)
NIGHTBREAKER (1989)
EL DIABLO (1990)
LAST DAYS OF FRANKIE THE FLY, THE (1997)
FLIGHT 93 (2006)

MARKOWITZ, Robert
réalisateur
WALL, THE (1982)
MURDER IN THE HEARTLAND (1993)
TUSKEGEE AIRMEN, THE (1995)
INTO THIN AIR : DEATH ON EVEREST (1997)

MARKS, Arthur
réalisateur
DETROIT 9000 (1973)
BUCKTOWN (1975)
FRIDAY FOSTER (1975)
J.D.'S REVENGE (1976)
MONKEY HUSTLE (1976)

MARQUAND, Richard
réalisateur anglais (1938-1987)
LEGACY, THE (1978)
EYE OF THE NEEDLE (1981)
RETURN OF THE JEDI (1983)
UNTIL SEPTEMBER (1984)
JAGGED EDGE (1985)

MARSHALL, Frank
réalisateur américain (1946-)
ARACHNOPHOBIA (1990)
ALIVE (1992)
CONGO (1995)
EIGHT BELOW (2005)

MARSHALL, Garry
réalisateur américain (1934-)
YOUNG DOCTORS IN LOVE (1982)
FLAMINGO KID, THE (1984)
NOTHING IN COMMON (1986)
OVERBOARD (1987)
BEACHES (1988)
PRETTY WOMAN (1990)
FRANKIE AND JOHNNY (1991)
EXIT TO EDEN (1994)
DEAR GOD (1996)
OTHER SISTER, THE (1999)
RUNAWAY BRIDE (1999)
PRINCESS DIARIES, THE (2001)
PRINCESS DIARIES 2 :
ROYAL ENGAGEMENT (2004)
RAISING HELEN (2004)

MARSHALL, George
réalisateur américain (1891-1975)
SHOW THEM NO MERCY (1935)
GOLDWYN FOLLIES, THE (1938)
DESTRY RIDES AGAIN (1939)
YOU CAN'T CHEAT AN HONEST MAN (1939)
GHOST BREAKERS, THE (1940)
WHEN THE DALTONS RODE (1940)
TEXAS (1941)
STAR SPANGLED RHYTHM (1942)
BLUE DAHLIA, THE (1945)
MURDER, HE SAYS (1945)
VARIETY GIRL (1947)
MONSIEUR BEAUCAIRE (1948)
MY FRIEND IRMA (1949)
FANCY PANTS (1950)
SCARED STIFF (1952)
HOUDINI (1953)
RED GARTERS (1954)
MATING GAME, THE (1958)
GAZEBO, THE (1959)
IT STARTED WITH A KISS (1959)
HOW THE WEST WAS WON (1962)
HOOK, LINE AND SINKER (1968)

MARSHALL, Penny
réalisatrice américaine (1942-)
JUMPIN' JACK FLASH (1986)
BIG (1988)
AWAKENINGS (1990)
LEAGUE OF THEIR OWN, A (1992)
RENAISSANCE MAN (1994)
PREACHER'S WIFE, THE (1996)
RIDING IN CARS WITH BOYS (2001)

MARSHALL, Tonie
réalisatrice française (1951-)
PAS TRÈS CATHOLIQUE (1993)
VÉNUS BEAUTÉ (INSTITUT) (1998)
AU PLUS PRÈS DU PARADIS (2002)
FRANCE BOUTIQUE (2003)

MARTIN, Richard
réalisateur québécois (1956-)
BEAUX DIMANCHES, LES (1974)
NORTH OF PITTSBURGH (1992)
AIR BUD II : GOLDEN RECEIVER (1998)

MARTINO, Sergio
réalisateur italien (1938-)
BLADE OF THE RIPPER (1971)
CASE OF THE SCORPION'S TAIL (1971)
TORSO (1973)
VIOLENT PROFESSIONALS (1973)
GAMBLING CITY (1975)
MANNAJA : A MAN CALLED BLADE (1977)
CONTINENT DES HOMMES-
POISSONS, LE (1978)
MONTAGNE DU DIEU
CANNIBALE, LA (1978)

MARTINSON, Leslie H.
réalisateur américain (1915-)
ATOMIC KID, THE (1954)
PT 109 (1963)
BATMAN (1966)
BATMAN BEYOND : THE MOVIE (1966)
FATHOM (1967)

MARTON, Andrew
réalisateur hongrois (1904-1992)
KING SOLOMON'S MINES (1950)
GREEN FIRE (1954)
MEN OF THE FIGHTING LADY (1954)
LONGEST DAY, THE (1962)
THIN RED LINE, THE (1964)
CLARENCE THE CROSS-EYED LION (1965)
AROUND THE WORLD UNDER THE SEA (1966)

MASSE, Jean-Pierre
réalisateur québécois (1941-)
NUIT DE LA POÉSIE 1970, LA (1970)
NUIT DE LA POÉSIE 1980, LA (1980)
NUIT DE LA POÉSIE 1991, LA (1991)

MASTERSON, Peter
réalisateur américain (1934-)
TRIP TO BOUNTIFUL, THE (1985)
FULL MOON IN BLUE WATER (1988)
CONVICTS, THE (1991)

MASUDA, Toshio
réalisateur japonais (1927-)
VELVET HUSTLER (1967)
TORA ! TORA ! TORA ! (1970)
SHADOW HUNTERS (1972)
LAST DAYS OF PLANET EARTH, THE (1976)

MASUMURA, Yasuzo
réalisateur japonais (1924-)
GIANTS AND TOYS (1958)
AFRAID TO DIE (1960)
BLIND BEAST (1969)
HANZO THE RAZOR (1973)

MATÉ, Rudolph
réalisateur polonais (1898-1964)
DARK PAST, THE (1948)
BRANDED (1950)
D.O.A. (1950)
UNION STATION (1950)
WHEN WORLDS COLLIDE (1951)
GREEN GLOVE, THE (1952)
BLACK SHIELD OF FALWORTH, THE (1954)
VIOLENT MEN, THE (1954)
FAR HORIZONS, THE (1955)
DEEP SIX, THE (1957)
THREE VIOLENT PEOPLE (1957)
FOR THE FIRST TIME (1959)
300 SPARTANS, THE (1962)

MATTEI, Bruno
réalisateur italien (1931-)
HELL OF THE LIVING DEAD (1981)
VIOLENCE IN A WOMEN'S PRISON (1982)
ZOMBIE 3 (1988)

MAURER, Norman
réalisateur (1926-1986)
THREE STOOGES GO AROUND
THE WORLD IN A DAZE, THE (1963)
OUTLAWS IS COMING, THE (1964)
THREE STOOGES : SPOOK LOUDER (1965)
THREE STOOGES : THE OUTLAW
IS COMING (1965)

MAY, Elaine
réalisatrice américaine (1932-)
NEW LEAF, A (1970)
MIKEY AND NICKY (1976)
ISHTAR (1987)

MAY, Joe
réalisateur autrichien (1880-1954)
INDIAN TOMB, THE (1921)
ASPHALT (1929)

HOUSE OF THE SEVEN GABLES, THE (1940)
INVISIBLE MAN RETURNS, THE (1940)

MAYFIELD, Les
réalisateur américain
ENCINO MAN (1992)
MIRACLE ON 34th STREET (1994)
FLUBBER (1997)
BLUE STREAK (1999)
MAN, THE (2005)

MAYO, Archie
réalisateur américain (1891-1968)
SVENGALI (1931)
NIGHT AFTER NIGHT (1932)
PETRIFIED FOREST, THE (1935)
BLACK LEGION (1937)
ADVENTURES OF MARCO POLO, THE (1938)
THEY SHALL HAVE MUSIC (1939)
ORCHESTRA WIVES (1942)
CRASH DIVE (1943)
NIGHT IN CASABLANCA, A (1945)
ANGEL ON MY SHOULDER (1947)

MAYSLES, Albert
réalisateur américain (1933-)
SALESMAN (1969)
CHRISTO'S VALLEY CURTAIN (1974)
GREY GARDENS (1975)
CHRISTO À PARIS (1990)

MAYSLES, David
réalisateur américain (1931-1987)
SALESMAN (1969)
CHRISTO'S VALLEY CURTAIN (1974)
GREY GARDENS (1975)
CHRISTO À PARIS (1990)

MAZURSKY, Paul
réalisateur américain (1930-)
BOB & CAROL & TED & ALICE (1969)
ALEX IN WONDERLAND (1970)
BLUME IN LOVE (1973)
HARRY AND TONTO (1974)
NEXT STOP, GREENWICH VILLAGE (1976)
UNMARRIED WOMAN, AN (1977)
WILLIE AND PHIL (1980)
TEMPEST (1982)
MOSCOW ON THE HUDSON (1984)
DOWN AND OUT IN BEVERLY HILLS (1986)
MOON OVER PARADOR (1988)
ENEMIES, A LOVE STORY (1989)
SCENES FROM A MALL (1991)
PICKLE, THE (1993)
FAITHFUL (1996)
WINCHELL (1998)

McBRIDE, Jim
réalisateur américain (1941-)
DAVID HOLZMAN'S DIARY (1967)
BREATHLESS (1983)
BIG EASY, THE (1986)
GREAT BALLS OF FIRE ! (1989)
WRONG MAN, THE (1993)
UNCOVERED (1994)

McCAREY, Leo
réalisateur américain (1898-1969)
FINISHING TOUCH (1928)
WE FAW DOWN (1928)
BIG BUSINESS (1929)
LIBERTY (1929)
WRONG AGAIN (1929)
SIX OF A KIND (1933)
BELLE OF THE NINETIES (1934)
DUCK SOUP (1934)
RUGGLES OF RED GAP (1935)
MILKY WAY, THE (1936)
AWFUL TRUTH, THE (1937)
LOVE AFFAIR (1939)
ONCE UPON A HONEYMOON (1942)
GOING MY WAY (1944)
BELLS OF ST.MARY'S, THE (1945)
GOOD SAM (1948)
AFFAIR TO REMEMBER, AN (1957)
SATAN NEVER SLEEPS (1962)

McDONALD, Bruce
réalisateur canadien (1959-)
ROADKILL (1989)
HIGHWAY 61 (1991)
DANCE ME OUTSIDE (1994)
HARD CORE LOGO (1996)
PICTURE CLAIRE (2001)

McELWEE, Ross
réalisateur américain (1947-)
SHERMAN'S MARCH (1986)
TIME INDEFINITE (1993)
SIX O'CLOCK NEWS (1997)

McEVEETY, Bernard
réalisateur américain (1924-2004)
RIDE BEYOND VENGEANCE (1966)
BROTHERHOOD OF SATAN (1971)
NAPOLEON AND SAMANTHA (1972)

McEVEETY, Vincent J.
réalisateur
FIRECREEK (1967)
STRONGEST MAN IN THE WORLD, THE (1974)
WONDER WOMAN (SEASON I) (1974)
HERBIE GOES TO MONTE CARLO (1977)
HERBIE GOES BANANAS (1980)

McGRATH, Douglas
réalisateur américain (1958-)
EMMA (1996)
COMPANY MAN (2000)
NICHOLAS NICKLEBY (2002)

McGRATH, Joseph
réalisateur anglais (1930-)
BLISS OF MRS. BLOSSOM, THE (1968)
MAGIC CHRISTIAN, THE (1969)
STRANGE CASE OF THE END OF CIVILISATION AS WE KNOW IT, THE (1977)

MCGUIGAN, Paul
réalisateur anglais (1963-)
ACID HOUSE, THE (1998)
GANGSTER NO.1 (2000)
RECKONING, THE (2004)
WICKER PARK (2004)
LUCKY NUMBER SLEVIN (2006)

McGUINN, Patrick
réalisateur américain (1966-)
SUROH : ALIEN HITCHHIKER (1996)
KILL ME TOMORROW (1999)
BEST OF BOYS IN LOVE (2000)

McLAGLEN, Andrew V.
réalisateur anglais (1920-)
MAN IN THE VAULT (1956)
McLINTOCK ! (1963)
SHENANDOAH (1965)
RARE BREED, THE (1966)
DEVIL'S BRIGADE, THE (1967)
WAY WEST, THE (1967)
BANDOLERO ! (1968)
HELLFIGHTERS (1968)
UNDEFEATED, THE (1969)
CHISUM (1970)
CAHILL : UNITED STATES MARSHALL (1973)
BREAKTHROUGH (1978)
WILD GEESE, THE (1978)
FFOLKES (1980)
SEA WOLVES, THE (1980)
BLUE AND THE GRAY, THE (1982)
SHADOW RIDERS (1982)
SAHARA (1983)
ON WINGS OF EAGLES (1986)

McLAREN, Norman
réalisateur canadien (1914-1987)
BLINKITY BLANK (1954)
GÉNIE DE NORMAN McLAREN, LE (1983)
DANSE VUE PAR NORMAN McLAREN, LA (1986)

McLEOD WILCOX, Fred
réalisateur américain (1907-1964)
LASSIE COME HOME (1943)
COURAGE OF LASSIE (1946)
THREE DARING DAUGHTERS (1948)
SECRET GARDEN, THE (1949)
FORBIDDEN PLANET (1955)

McLEOD, Norman Z.
réalisateur américain (1898-1964)
MONKEY BUSINESS (1931)
HORSE FEATHERS (1932)
HERE COMES COOKIE (1935)
IT'S A GIFT (1935)
PENNIES FROM HEAVEN (1936)
LADY BE GOOD (1941)
PANAMA HATTIE (1942)
ROAD TO RIO (1947)
SECRET LIFE OF WALTER MITTY, THE (1947)
PALEFACE, THE (1948)
KID FROM BROOKLYN, THE (1949)
LET'S DANCE (1950)
CASANOVA'S BIG NIGHT (1954)
ALIAS JESSE JAMES (1959)

McLOUGHLIN, Tom
réalisateur (1950-)
ONE DARK NIGHT (1982)
FRIDAY THE 13th PART VI : JASON LIVES (1986)
DATE WITH AN ANGEL (1987)
SOMETIMES THEY COME BACK (1991)

McNAUGHTON, John
réalisateur américain (1950-)
HENRY : PORTRAIT OF A SERIAL KILLER (1986)
BORROWER, THE (1989)
SEX, DRUGS, ROCK & ROLL (1991)
MAD DOG AND GLORY (1993)
GIRLS IN PRISON (1994)
NORMAL LIFE (1995)
WILD THINGS (1998)
LANSKY (1999)

McTIERNAN, John
réalisateur américain (1951-)
NOMADS (1986)
PREDATOR (1987)
DIE HARD (1988)
HUNT FOR RED OCTOBER (1990)
MEDICINE MAN (1992)
LAST ACTION HERO (1993)
DIE HARD WITH A VENGEANCE (1995)
13th WARRIOR, THE (1999)
THOMAS CROWN AFFAIR (1999)
BASIC (2003)

MEADOWS, Shane
réalisateur anglais (1972-)
SMALL TIME (1996)
TWENTYFOURSEVEN (1997)
ONCE UPON A TIME IN THE MIDLANDS (2003)

MEDAK, Peter
réalisateur anglais (1937-)
RULING CLASS, THE (1972)
ODD JOB, THE (1978)
CHANGELING, THE (1980)
ZORRO, THE GAY BLADE (1981)
MEN'S CLUB, THE (1986)
NABOKOV ON KAFKA (1989)
KRAYS, THE (1990)
LET HIM HAVE IT (1991)
ROMEO IS BLEEDING (1993)
PONTIAC MOON (1994)
HUNCHBACK, THE (1997)
SPECIES II (1998)
FEAST OF ALL SAINTS (2001)

MEDEM, Julio
réalisateur espagnol (1958-)
VACAS (1991)
ÉCUREUIL ROUGE, L' (1993)
EARTH (1996)
AMANTS DU CERCLE POLAIRE, LES (1998)
SEX AND LUCIA (2001)

MEHRJUI, Dariush
réalisateur iranien (1939-)
COW, THE (1969)
HAMOUN (1990)
LEILA (1996)

MEHTA, Deepa
réalisatrice indienne (1950-)
SAM & ME (1991)
CAMILLA (1993)
FIRE (1996)
EARTH (1998)
BOLLYWOOD / HOLLYWOOD (2002)
REPUBLIC OF LOVE (2004)
WATER (2005)

MELANÇON, André
réalisateur québécois (1942-)
GUERRE DES TUQUES, LA (1984)
BACH ET BOTTINE (1986)
FIERRO... L'ÉTÉ DES SECRETS (1989)
RAFALES (1990)
CHER OLIVIER (1997)
DANIEL ET LES SUPERDOGS (2004)

MELENDEZ, Bill
réalisateur (1916-)
IT'S THE GREAT PUMPKIN,
CHARLIE BROWN (1966)
PEANUTS : A BOY NAMED
CHARLIE BROWN (1969)
IT WAS MY BEST BIRTHDAY EVER,
CHARLIE BROWN (1997)

MELVILLE, Jean-Pierre
réalisateur français (1917-1973)
SILENCE DE LA MER, LE (1948)
ENFANTS TERRIBLES, LES (1950)
BOB LE FLAMBEUR (1956)
LÉON MORIN, PRÊTRE (1961)
DOULOS, LE (1962)
DEUXIÈME SOUFFLE, LE (1966)
SAMOURAÏ, LE (1967)
CERCLE ROUGE, LE (1970)
FLIC, UN (1972)

MÉNARD, Robert
réalisateur québécois (1947-)
JOURNÉE EN TAXI, UNE (1981)
T'ES BELLE JEANNE (1988)
CRUISING BAR (1989)
AMOUREUX FOU (1991)
HOMME DE RÊVE, L' (1991)
ENFANT D'EAU, L' (1995)
POLOCK, LE (1997)
JEAN DUCEPPE (2002)

MENAUL, Christopher
réalisateur
DANGEROUS MAN :
LAWRENCE AFTER ARABIA, A (1992)
FATHERLAND (1994)
FEAST OF JULY (1995)
PASSION OF AYN RAND (1999)
FORSYTE SAGA, THE (2002)
STATE OF MIND (2003)

MENDES, Sam
réalisateur anglais (1965-)
AMERICAN BEAUTY (1999)
ROAD TO PERDITION (2002)
JARHEAD (2005)

MENGES, Chris
réalisateur anglais (1940-)
WORLD APART, A (1988)
CRISSCROSS (1992)
SECOND BEST (1994)
LOST SON, THE (1999)

MENZEL, Jiri
réalisateur tchèque (1938-)
TRAINS ÉTROITEMENT SURVEILLÉS (1966)
ÉTÉ CAPRICIEUX, UN (1967)
LARKS ON A STRING (1969)
MON CHER PETIT VILLAGE (1986)

MENZIES, William Cameron
réalisateur américain (1896-1957)
THINGS TO COME (1936)
DRUMS IN THE DEEP SOUTH (1951)
INVADERS FROM MARS (1953)

MERCHANT, Ismail
réalisateur indien (1936-)
COURTESANS OF BOMBAY, THE (1983)
IN CUSTODY (1993)
PROPRIETOR, THE (1996)
MYSTIC MASSEUR (2001)

MESZAROS, Marta
réalisatrice hongroise (1934-)
GIRL, THE (1968)
RIDDANCE (1973)
ADOPTION (1974)
BYE BYE CHAPERON ROUGE (1989)

METTER, Alan
réalisateur
BACK TO SCHOOL (1985)
GIRLS JUST WANT TO HAVE FUN (1985)
MOVING (1988)
POLICE ACADEMY VII :
MISSION TO MOSCOW (1994)
PASSPORT TO PARIS (1999)

METTLER, Peter
réalisateur canadien
SCISSERE (1982)
TOP OF HIS HEAD, THE (1989)
TECTONIC PLATES (1991)
PICTURE OF LIGHT (1994)
GAMBLING GODS AND LSD (2002)

METZGER, Radley
réalisateur américain (1929-)
FOURTH SEX, THE (1961)
DIRTY GIRLS, THE (1964)
CARMEN, BABY (1967)
ALLEY CATS, THE (1968)
THERESE AND ISABELLE (1968)
CAMILLE 2000 (1969)
LICKERISH QUARTET, THE (1970)
SCORE (1976)
CAT AND THE CANARY (1977)
PRINCESS & THE CALL GIRL, THE (1984)

MEYER, Nicholas
réalisateur américain (1945-)
TIME AFTER TIME (1979)
STAR TREK II : THE WRATH OF KHAN (1982)
DAY AFTER, THE (1983)
VOLUNTEERS (1985)
DECEIVERS, THE (1988)
COMPANY BUSINESS (1991)
STAR TREK VI : THE UNDISCOVERED
COUNTRY (1991)

MEYER, Russ
réalisateur américain (1922-2004)
IMMORAL MR. TEAS, THE (1959)
RETURN OF THE ULTRA VIXENS (1960)
EVE AND THE HANDYMAN (1961)
MUDHONEY (1961)
WILD GALS OF THE NAKED WEST ! (1962)
LORNA (1964)
FANNY HILL (1965)
FASTER PUSSYCAT, KILL... KILL... (1965)
MONDO TOPLESS (1966)
MOTOR PSYCHO (1966)
COMMON-LAW CABIN (1967)
GOOD MORNING...
AND GOODBYE ! (1967)
FINDERS KEEPERS...
LOVERS WEEPERS (1968)
VIXEN (1968)
CHERRY... & HARRY & RAQUEL (1969)
BEYOND THE VALLEY OF THE DOLLS (1970)
BLACKSNAKE (1970)
SUPER VIXENS (1975)
UP ! (1976)
BENEATH THE VALLEY
OF THE ULTRA-VIXENS (1979)
RUSS MEYER'S PANDORA PEAKS (1994)

MEYERS, Nancy
réalisatrice américaine (1949-)
PARENT TRAP, THE (1998)
WHAT WOMEN WANT (2000)
SOMETHING'S GOTTA GIVE (2003)

MICHELL, Roger
réalisateur sud-africain (1956-)
PERSUASION (1995)
NOTTING HILL (1999)
CHANGING LANES (2002)
MOTHER, THE (2003)

MIHALKA, George
réalisateur québécois (1952-)
MY BLOODY VALENTINE (1981)
SCANDALE (1982)
CHEMIN DE DAMAS, LE (1988)
FLORIDA, LA (1993)
BULLET TO BEIJING (1995)
HOMME IDÉAL, L' (1996)
OMERTA 3 : LE DERNIER
DES HOMMES D'HONNEUR (1999)
BOYS IV, LES (2005)

MIIKE, Takashi
réalisateur japonais (1960-)
SHINJUKU TRIAD SOCIETY (1995)
FUDOH : THE NEW GENERATION (1996)
FULL METAL YAKUZA (1997)
RAINY DOG (1997)
YOUNG THUGS : INNOCENT BLOOD (1997)

BIRD PEOPLE IN CHINA, THE (1998)
YOUNG THUGS : NOSTALGIA (1998)
AUDITION (1999)
DEAD OR ALIVE (1999)
LEY LINES (1999)
WHITE-COLLAR WORKER KINTARO (1999)
CITY OF LOST SOULS, THE (2000)
DEAD OR ALIVE 2 (2000)
HAPPINESS OF THE KATAKURIS (2001)
ICHI THE KILLER (2001)
VISITOR Q (2001)
DEAD OR ALIVE : FINAL (2002)
DEADLY OUTLAW REKKA (2002)
SABU (2002)
DEAD OR ALIVE TRILOGY (2003)
GOZU (2003)
ONE MISSED CALL (2003)
TAKASHI MIIKE COLLECTION (2003)
YAKUZA DEMON (2003)
3 EXTREMES (2004)
IZO (2004)

MIKELS, Ted V.
réalisateur (1929-)
DR. SEX (1964)
DR. SEX / WANDA,
THE SADISTIC HYPNOTIST (1964)
10 VIOLENT WOMEN (1982)

MIKHALKOV, Nikita
réalisateur russe (1945-)
A STRANGER AMONG HIS OWN (1974)
PARTITION INACHEVÉE
POUR PIANO MÉCANIQUE (1976)
ESCLAVE DE L'AMOUR, L' (1978)
OBLOMOV (1979)
YEUX NOIRS, LES (1987)
URGA (1991)
ANNA 6-18 (1993)
SOLEIL TROMPEUR (1994)

MILESTONE, Lewis
réalisateur américain (1895-1980)
ALL QUIET ON THE WESTERN FRONT (1930)
FRONT PAGE, THE (1931)
RAIN (1932)
HALLELUJAH, I'M A BUM ! (1933)
GENERAL DIED AT DAWN, THE (1936)
OF MICE AND MEN (1939)
EDGE OF DARKNESS (1943)
PURPLE HEART, THE (1944)
STRANGE LOVE OF MARTHA IVERS (1946)
WALK IN THE SUN, A (1946)
ARCH OF TRIUMPH (1947)
NO MINOR VICES (1948)
RED PONY, THE (1949)
HALLS OF MONTEZUMA (1950)
PORK CHOP HILL (1959)
OCEAN'S 11 (1960)
MUTINY ON THE BOUNTY (1962)

MILIUS, John
réalisateur américain (1944-)
WIND AND THE LION, THE (1975)
BIG WEDNESDAY (1978)
CONAN THE BARBARIAN (1981)
RED DAWN (1984)
FAREWELL TO THE KING (1989)
FLIGHT OF THE INTRUDER (1990)

MILLER, Claude
réalisateur français (1942-)
MEILLEURE FAÇON
DE MARCHER, LA (1975)
DITES-LUI QUE JE L'AIME (1977)
GARDE À VUE (1981)
MORTELLE RANDONNÉE (1983)
EFFRONTÉE, L' (1985)
PETITE VOLEUSE, LA (1988)
ACCOMPAGNATRICE, L' (1992)
SOURIRE, LE (1993)
ENFANTS DE LUMIÈRE, LES (1995)
CLASSE DE NEIGE, LA (1998)
CHAMBRE DES MAGICIENNES, LA (1999)
BETTY FISHER ET
AUTRES HISTOIRES (2001)
PETITE LILI, LA (2003)

MILLER, David
réalisateur américain (1909-1992)
BILLY THE KID (1941)
FLYING TIGERS (1943)
LOVE HAPPY (1949)
SUDDEN FEAR (1952)
DIANE (1955)
OPPOSITE SEX, THE (1956)
STORY OF ESTHER COSTELLO, THE (1957)
MIDNIGHT LACE (1960)
BACK STREET (1961)
LONELY ARE THE BRAVE (1962)
CAPTAIN NEWMAN, M.D. (1963)
EXECUTIVE ACTION (1973)

MILLER, George
réalisateur australien (1945-)
MAD MAX (1979)
MAD MAX 2 : THE ROAD WARRIOR (1981)
TWILIGHT ZONE : THE MOVIE (1983)
MAD MAX 3 : BEYOND
THE THUNDERDOME (1985)
WITCHES OF EASTWICK, THE (1987)
LORENZO'S OIL (1992)
BABE : PIG IN THE CITY (1998)

MILLER, George
réalisateur anglais (1945-)
MAN FROM SNOWY RIVER, THE (1982)
AVIATOR, THE (1985)
NEVERENDING STORY II, THE:
THE NEXT CHAPTER (1989)
ANDRE (1994)
ROBINSON CRUSOE (1996)
JOURNEY TO THE CENTER
OF THE EARTH (1999)

MILLER, Robert Ellis
réalisateur américain (1932-)
ANY WEDNESDAY (1966)
SWEET NOVEMBER (1967)
HEART IS A LONELY HUNTER, THE (1968)
GIRL FROM PETROVKA, THE (1974)
BRENDA STARR (1987)

MILLIGAN, Andy
réalisateur américain (1929-1991)
GHASTLY ONES, THE (1968)
GHASTLY ONES / SEEDS OF SIN (1968)
SEEDS OF SIN (1968)
BODY BENEATH (1970)

MINER, Steve
réalisateur américain (1951-)
FRIDAY THE 13th II (1981)
FRIDAY THE 13th III (1982)
HOUSE (1985)
SOUL MAN (1986)
WARLOCK (1989)
WILD HEARTS CAN'T BE BROKEN (1991)
FOREVER YOUNG (1992)
MY FATHER THE HERO (1994)
HALLOWEEN H20 :
TWENTY YEARS LATER (1998)
LAKE PLACID (1999)

MINGHELLA, Anthony
réalisateur anglais (1954-)
TRULY, MADLY, DEEPLY (1991)
MR. WONDERFUL (1993)
ENGLISH PATIENT, THE (1996)
TALENTED MR. RIPLEY, THE (1999)
COLD MOUNTAIN (2003)

MINGOZZI, Gianfranco
réalisateur italien (1932-)
FLAVIA THE HERETIC (1974)
LAST DIVA, THE (1982)
EXPLOITS D'UN JEUNE
DON JUAN, LES (1986)
BELLISSIMO : IMAGES OF
THE ITALIAN CINEMA (1987)
FEMME DE MES AMOURS, LA (1989)

MINKOFF, Rob
réalisateur
LION KING, THE (1994)
STUART LITTLE (1999)
STUART LITTLE 2 (2002)
HAUNTED MANSION (2003)

MINNELLI, Vincente
réalisateur américain (1910-1986)
CABIN IN THE SKY (1942)
I DOOD IT (1943)
CLOCK, THE (1944)
MEET ME IN ST. LOUIS (1944)
YOLANDA AND THE THIEF (1945)
ZIEGFELD FOLLIES (1946)
UNDERCURRENT (1947)
PIRATE, THE (1948)
MADAME BOVARY (1949)
FATHER OF THE BRIDE (1950)
AMERICAN IN PARIS, AN (1951)
FATHER'S LITTLE DIVIDEND (1951)
BAD AND THE BEAUTIFUL, THE (1952)
BAND WAGON, THE (1953)
BRIGADOON (1953)
LONG, LONG TRAILER, THE (1954)
KISMET (1955)
TEA AND SYMPATHY (1955)
DESIGNING WOMAN (1956)
LUST FOR LIFE (1956)
GIGI (1958)
RELUCTANT DEBUTANTE, THE (1958)
SOME CAME RUNNING (1959)
BELLS ARE RINGING, THE (1960)
HOME FROM THE HILL (1960)
FOUR HORSEMEN OF
THE APOCALYPSE, THE (1961)
COURTSHIP OF EDDIE'S FATHER, THE (1962)
GOODBYE CHARLIE (1964)
SANDPIPER, THE (1965)
ON A CLEAR DAY YOU
CAN SEE FOREVER (1969)

MISUMI, Kenji
réalisateur japonais (1921-1975)
ZATOICHI XII : ZATOICHI
AND THE CHESS EXPERT (1965)
RETURN OF DAIMAJIN (1966)
ZATOICHI XVII : ZATOICHI CHALLENGED (1967)
ZATOICHI XIX : SAMARITAN ZATOICHI (1968)
LONE WOLF AND CUB (1972)
HANZO THE RAZOR (1973)
COMPLETE DAIMAJIN I (2003)

MITCHELL, Mike
réalisateur
DEUCE BIGALOW MALE GIGOLO (1999)
SURVIVING CHRISTMAS (2004)
SKY HIGH (2005)

MIYAZAKI, Hayao
réalisateur japonais (1941-)
CASTLE OF CAGLIOSTRO, THE (1979)
NAUSICAA OF THE VALLEY OF THE WIND (1984)
CASTLE IN THE SKY (1986)
MY NEIGHBOR TOTORO (1988)
KIKI'S DELIVERY SERVICE (1989)
PORCO ROSSO (1992)
PRINCESS MONONOKE (1997)
SPIRITED AWAY (2001)
HOWL'S MOVING CASTLE (2004)

MIZOGUCHI, Kenji
réalisateur japonais (1898-1956)
OSAKA ELEGY (1936)
SISTERS OF GION (1936)
STORY OF THE LAST CHRYSANTHEMUM, THE (1939)
47 RONIN, PART 1 & 2 (1942)
UTAMARO AND HIS FIVE WOMEN (1946)
VIE D'OHARU, LA (1952)
CONTES DE LA LUNE VAGUE APRÈS LA PLUIE, LES (1953)
GEISHA, A (1953)
CRUCIFIED LOVERS, THE (1954)
SANSHO THE BAILIFF (1954)
PRINCESS YANG KWEI FEI (1955)
TAIRA CLAN SAGA (1955)
RUE DE LA HONTE, LA (1956)

MIZRAHI, Moshé
réalisateur égyptien (1931-)
HOUSE ON CHELOUCHE STREET (1973)
EVERY TIME WE SAY GOODBYE (1985)
FEMMES (1996)

MOCKY, Jean-Pierre
réalisateur français (1929-)
GRANDE LESSIVE, LA (1968)
Y A-T-IL UN FRANÇAIS DANS LA SALLE ? (1982)
À MORT L'ARBITRE (1984)
MIRACULÉ, LE (1986)
AGENT TROUBLE (1987)
SAISONS DU PLAISIR, LES (1988)
NOIR COMME LE SOUVENIR (1995)

MOJICA MARINS, José
réalisateur brésilien (1929-)
END OF MAN, THE (1971)
HALLUCINATIONS OF A DERANGED MIND (1978)
PERVERSION (1979)

MOLAND, Hans Petter
réalisateur norvégien (1955-)
LAST LIEUTENANT, THE (1993)
ZERO KELVIN (1995)
ABERDEEN (2001)
BEAUTIFUL COUNTRY, THE (2004)

MOLANDER, Gustaf
réalisateur finlandais (1888-1973)
SWEDENHIELMS (1935)
INTERMEZZO (1937)
DOLLAR (1938)
VISAGE DE FEMME, UN (1939)
ONLY ONE NIGHT (1942)

MOLINARO, Édouard
réalisateur français (1928-)
SEPT PÉCHÉS CAPITAUX, LES (1961)
RAVISSANTE IDIOTE, UNE (1963)
CHASSE À L'HOMME, LA (1964)
OSCAR (1967)
HIBERNATUS (1969)
AVEUX LES PLUS DOUX, LES (1970)
EMMERDEUR, L' (1973)
IRONIE DU SORT, L' (1973)
DRACULA PÈRE ET FILS (1976)
HOMME PRESSÉ, L' (1977)
CAGE AUX FOLLES, LA (1978)
CAUSE TOUJOURS, TU M'INTÉRESSES (1979)
CAGE AUX FOLLES 2, LA (1980)
POUR 100 BRIQUES, T'AS PLUS RIEN (1982)
PALACE (1984)
À GAUCHE EN SORTANT DE L'ASCENSEUR (1988)
SOUPER, LE (1992)
BEAUMARCHAIS L'INSOLENT (1996)

MONGER, Christopher
réalisateur gallois
WAITING FOR THE LIGHT (1989)
JUST LIKE A WOMAN (1992)
ENGLISHMAN WHO WENT UP A HILL, BUT CAME DOWN A MOUNTAIN, THE (1995)
GIRL FROM RIO (2001)

MONICELLI, Mario
réalisateur italien (1915-)
UNFAITHFULS, THE (1953)
PIGEON, LE (1958)
BOCCACE 70 (1962)
CAMARADES, LES (1963)
MESDAMES ET MESSIEURS, BONSOIR (1976)
MARQUIS S'AMUSE, LE (1981)
POURVU QUE CE SOIT UNE FILLE (1985)

MONTALDO, Giuliano
réalisateur italien (1930-)
GRAND SLAM (1967)
SACCO & VANZETTI (1971)
JOUET DANGEREUX, UN (1978)
CONTROL (1986)
LUNETTES D'OR, LES (1987)
TIME TO KILL (1989)

MOORE, Michael
réalisateur américain (1954-)
ROGER & ME (1989)
CANADIAN BACON (1995)
BIG ONE, THE (1997)
BOWLING FOR COLUMBINE (2002)
FAHRENHEIT 9 / 11 (2004)

MOORHOUSE, Jocelyn
réalisateur australien (1960-)
PROOF (1991)
HOW TO MAKE AN AMERICAN QUILT (1995)
THOUSAND ACRES, A (1997)

MORA, Philippe
réalisateur français (1949-)
MAD DOG (1976)
BEAST WITHIN, THE (1981)
BREED APART, A (1984)
HOWLING II : YOUR SISTER IS A WEREWOLF (1986)
HOWLING III : THE MARSUPIALS (1987)
COMMUNION (1989)

MOREAU, Michel
réalisateur français (1931-)
TROIS MONTRÉAL DE MICHEL TREMBLAY, LES (1989)
ENFANCE À NATASHQUAN, UNE (1993)
PAYS RÊVÉ, LE (1996)

MORETTI, Nanni
réalisateur italien (1953-)
PALOMBELLA ROSSA (1989)
JOURNAL INTIME (1993)
APRILE (1998)
CHAMBRE DU FILS, LA (2001)

MORIN, Robert
réalisateur québécois (1949-)
VOLEUR VIT EN ENFER, LE (1984)
REQUIEM POUR UN BEAU SANS-CŒUR (1992)
WINDIGO (1994)
YES SIR ! MADAME (1995)
QUICONQUE MEURT, MEURT À DOULEUR (1997)
OPÉRATION COBRA (2001)
NÈG', LE (2002)
ROBERT MORIN, PARCOURS DU VIDÉASTE (2002)
QUE DIEU BÉNISSE L'AMÉRIQUE (2005)

MORRIS, Errol
réalisateur américain (1948-)
GATES OF HEAVEN (1978)
VERNON, FLORIDA (1982)
THIN BLUE LINE, THE (1988)
BRIEF HISTORY OF TIME, A (1992)
FAST, CHEAP AND OUT OF CONTROL (1997)
MR. DEATH : THE RISE AND FALL OF FRED A. LEUCHTER JR. (1999)
FOG OF WAR, THE (2003)

MORRISSEY, Paul
réalisateur américain (1939-)
FLESH (1968)
TRASH (1970)
WOMEN IN REVOLT (1972)
ANDY WARHOL'S FRANKENSTEIN (1973)
ANDY WARHOL'S DRACULA (1974)
BEETHOVEN'S NEPHEW (1985)
MIXED BLOOD (1985)
SPIKE OF BENSONHURST (1988)

MOSTOW, Jonathan
réalisateur américain (1961-)
BREAKDOWN (1997)
U-571 (2000)
TERMINATOR III : RISE OF THE MACHINES (2003)

MOYLE, Allan
réalisateur canadien (1947-)
PUMP UP THE VOLUME (1990)
NEW WATERFORD GIRL (1999)
XCHANGE (2000)
SAY NOTHING (2001)

MULCAHY, Russell
réalisateur australien (1953-)
RAZORBACK (1984)
HIGHLANDER (1986)
HIGHLANDER II : THE QUICKENING (1991)
RICOCHET (1991)
REAL McCOY, THE (1993)
SHADOW, THE (1994)
TALE OF THE MUMMY (1998)
RESURRECTION (1999)
SWIMMING UPSTREAM (2003)

MULLIGAN, Robert
réalisateur américain (1925-)
FEAR STRIKES OUT (1957)
COME SEPTEMBER (1961)
GREAT IMPOSTOR, THE (1961)
TO KILL A MOCKINGBIRD (1962)
LOVE WITH THE PROPER STRANGER (1963)
BABY, THE RAIN MUST FALL (1964)
INSIDE DAISY CLOVER (1965)
UP THE DOWN STAIRCASE (1967)
STALKING MOON, THE (1968)
PURSUIT OF HAPPINESS, THE (1970)
SUMMER OF '42 (1971)
OTHER, THE (1972)

BLOODBROTHERS (1978)
SAME TIME, NEXT YEAR (1978)
KISS ME GOODBYE (1982)
CLARA'S HEART (1988)
MAN IN THE MOON, THE (1991)

MULOT, Claude
réalisateur (...-1986)
ROSE ÉCORCHÉE, LA (1969)
SAIGNÉE, LA (1971)
Y'A PAS D'MAL À SE FAIRE DU BIEN (1974)
IMMORALE, L' (1980)

MUNCH, Christopher
réalisateur (1962-)
HOURS AND TIMES, THE (1991)
COLOR OF A BRISK AND LEAPING DAY (1996)
HARRY AND MAX (2004)

MURNAU, Friedrich Wilhelm
réalisateur allemand (1889-1931)
HAUNTED CASTLE, THE (1921)
NOSFERATU (1922)
DERNIER DES HOMMES, LE (1924)
FAUST (1926)
TARTUFFE (1926)
SUNRISE (1927)
CITY GIRL (1930)
TABU (1931)
F.W. MURNAU COLLECTION, THE (2003)

MURPHY, Geoff
réalisateur américain (1938-)
QUIET EARTH, THE (1985)
UTU (1988)
YOUNG GUNS II (1990)
FREEJACK (1992)
UNDER SIEGE 2 : DARK TERRITORY (1995)
DON'T LOOK BACK (1996)

MUSKER, John
réalisateur américain
LITTLE MERMAID (1989)
ALADDIN (1992)
HERCULES (1997)
TREASURE PLANET (2002)

MYERSON, Alan
réalisateur
STEELYARD BLUES (1972)
PRIVATE LESSONS (1980)
POLICE ACADEMY V :
ASSIGNMENT MIAMI BEACH (1988)

NAIR, Mira
réalisatrice indienne (1957-)
SALAAM BOMBAY ! (1988)
MISSISSIPPI MASALA (1991)
PEREZ FAMILY, THE (1995)
KAMA SUTRA : A TALE OF LOVE (1996)
MY OWN COUNTRY (1998)
MARIAGE DES MOUSSONS, LE (2001)
HYSTERICAL BLINDNESS (2002)
SEPTEMBRE 11-09-01 (2002)
VANITY FAIR (2004)

NAKATA, Hideo
réalisateur japonais (1961-)
RINGU (1998)
CHAOS (1999)
RINGU 2 (1999)
DARK WATER (2002)
RING TWO, THE (2005)

NARIZZANO, Silvio
réalisateur canadien (1927-)
TWENTY-FOUR HOURS
IN A WOMAN'S LIFE (1961)
DIE ! DIE ! MY DARLING ! (1965)
GEORGY GIRL (1966)
BLUE (1968)
BODY IN THE LIBRARY, THE (1987)

NATALI, Vincenzo
réalisateur canadien (1969-)
CUBE (1997)
CYPHER (2002)
NOTHING (2003)

NAVA, Gregory
réalisateur américain (1949-)
EL NORTE (1983)
TIME OF DESTINY, A (1988)
MY FAMILY (1995)
SELENA (1996)
WHY DO FOOLS FALL IN LOVE (1998)

NEAME, Ronald
réalisateur anglais (1911-)
CARD, THE (1952)
MILLION POUND NOTE, THE (1954)
MAN WHO NEVER WAS, THE (1955)
HORSE'S MOUTH, THE (1958)
TUNES OF GLORY (1960)
I COULD GO ON SINGING (1963)
CHALK GARDEN, THE (1964)
GAMBIT (1966)
PRIME OF MISS JEAN BRODIE, THE (1969)
SCROOGE (1970)
POSEIDON ADVENTURE, THE (1972)
ODESSA FILE, THE (1974)
METEOR (1979)
HOPSCOTCH (1980)
FIRST MONDAY IN OCTOBER (1981)

NEEDHAM, Hal
réalisateur américain (1937-)
SMOKEY AND THE BANDIT (1977)
HOOPER (1978)
VILLAIN, THE (1979)
SMOKEY AND THE BANDIT 2 (1980)
CANNONBALL RUN, THE (1981)
CANNONBALL RUN II, THE (1983)
STROKER ACE (1983)

NEGULESCO, Jean
réalisateur roumain (1900-1993)
HUMORESQUE (1946)
JOHNNY BELINDA (1948)
ROAD HOUSE (1948)
THREE CAME HOME (1950)
PHONE CALL FROM A STRANGER (1952)
TITANIC (1952)
HOW TO MARRY A MILLIONAIRE (1953)
DADDY LONG LEGS (1954)
THREE COINS IN THE FOUNTAIN (1954)
WOMAN'S WORLD (1954)
BEST OF EVERYTHING, THE (1959)

NEILL, Roy William
réalisateur américain (1887-1946)
BLACK ROOM, THE (1935)
SHERLOCK HOLMES AND THE SECRET
WEAPON (1942)
SHERLOCK HOLMES COLLECTION 3 (1942)
FRANKENSTEIN MEETS
THE WOLF MAN (1943)
SHERLOCK HOLMES FACES DEATH (1943)
SHERLOCK HOLMES IN WASHINGTON (1943)
PEARL OF DEATH, THE (1944)
SCARLET CLAW, THE (1944)
SHERLOCK HOLMES AND
THE SPIDER WOMAN (1944)
HOUSE OF FEAR, THE (1945)
PURSUIT TO ALGIERS (1945)
WOMAN IN GREEN, THE (1945)
BLACK ANGEL (1946)
DRESSED TO KILL (1946)
TERROR BY NIGHT (1946)

NELSON, Gary
réalisateur
FREAKY FRIDAY (1976)
BLACK HOLE, THE (1979)
BARON AND THE KID, THE (1984)
ALLAN QUATERMAIN AND
THE LOST CITY OF GOLD (1986)

NELSON, Ralph
réalisateur américain (1916-1987)
REQUIEM FOR A HEAVYWEIGHT (1962)
LILIES OF THE FIELD (1963)
FATHER GOOSE (1964)
DUEL AT DIABLO (1965)
CHARLY (1968)
SOLDIER BLUE (1970)
WILBY CONSPIRACY, THE (1975)

NEMEC, Jan
réalisateur tchèque (1936-)
DIAMONDS OF THE NIGHT (1964)
FÊTE ET LES INVITÉS, LA (1966)
LATE NIGHT TALKS WITH MOTHER (2001)

NEUMANN, Kurt
réalisateur allemand (1908-1958)
RETURN OF THE VAMPIRE, THE (1943)
ROCKETSHIP X-M (1950)
SON OF ALI BABA (1952)
MOHAWK (1955)
KRONOS RAVAGER OF PLANET (1956)
FLY, THE (1958)
FLY, THE / RETURN OF THE FLY (1958)

NEWELL, Mike
réalisateur anglais (1942-)
AWAKENING, THE (1980)
DANCE WITH A STRANGER (1984)
GOOD FATHER, THE (1986)
AMAZING GRACE AND CHUCK (1987)
ENCHANTED APRIL (1992)
INTO THE WEST (1992)
FOUR WEDDINGS AND A FUNERAL (1993)
AWFULLY BIG ADVENTURE, AN (1994)
DONNIE BRASCO (1997)
PUSHING TIN (1999)
MONA LISA SMILE (2003)
HARRY POTTER AND
THE GOBLET OF FIRE (2005)

NEWMAN, Joseph M.
réalisateur américain (1909-)
LOVE NEST (1952)
PONY SOLDIER (1952)
THIS ISLAND EARTH (1955)
THUNDER OF DRUMS, A (1961)

NEWMAN, Paul
réalisateur américain (1925-)
RACHEL, RACHEL (1968)
SOMETIMES A GREAT NOTION (1971)
HARRY AND SON (1984)
GLASS MENAGERIE, THE (1987)

NIBLO, Fred
réalisateur américain (1874-1948)
SON OF ZORRO (1920)
MARK OF ZORRO, THE (1920)
THREE MUSKETEERS, THE (1921)
BLOOD AND SAND (1922)
BEN-HUR (1926)
MYSTERIOUS LADY, THE (1928)

NICCOL, Andrew
réalisateur néo-zélandais (1964-)
GATTACA (1997)
SIMONE (2001)
LORD OF WAR (2005)

NICHETTI, Maurizio
réalisateur italien (1948-)
STEFANO QUANTESTORIE (1983)
VOLEUR DE SAVONNETTE, LE (1989)
AMOUR AVEC DES GANTS, L' (1991)

NICHOLS, Mike
réalisateur américain (1931-)
WHO'S AFRAID OF
VIRGINIA WOOLF ? (1966)
GRADUATE, THE (1967)
CATCH 22 (1970)
CARNAL KNOWLEDGE (1971)
DAY OF THE DOLPHIN, THE (1973)
FORTUNE, THE (1974)
SILKWOOD (1983)
HEARTBURN (1986)
BILOXI BLUES (1988)
WORKING GIRL (1988)
POSTCARDS FROM THE EDGE (1990)
REGARDING HENRY (1991)
WOLF (1994)
BIRDCAGE, THE (1996)
PRIMARY COLORS (1998)
WHAT PLANET ARE YOU FROM ? (2000)
WIT (2001)
ANGELS IN AMERICA (2003)
CLOSER (2004)

NIMIBUTR, Nonzee
réalisateur chinois
NANG NAK (1999)
JAN DARA (2001)
THREE (2002)

NIMOY, Leonard
réalisateur américain (1931-)
STAR TREK III : THE SEARCH
FOR SPOCK (1984)
STAR TREK IV : THE VOYAGE HOME (1986)
THREE MEN AND A BABY (1987)
GOOD MOTHER, THE (1988)
FUNNY ABOUT LOVE (1990)
HOLY MATRIMONY (1994)

NOLAN, Christopher
réalisateur anglais (1970-)
FOLLOWING (1998)
MEMENTO (2000)
INSOMNIA (2002)
BATMAN BEGINS (2005)

NORODOM, Sihanouk
réalisateur cambodgien (1922-)
SEE ANGKOR AND DIE (1993)
AMBITION REDUCED TO ASHES, AN (1995)
PEASANTS IN DISTRESS (1995)

NORRINGTON, Stephen
réalisateur anglais (1964-)
BLADE (1998)
LAST MINUTE, THE (2001)
LEAGUE OF EXTRAORDINARY
GENTLEMEN (2003)

NORTON, Bill L.
réalisateur américain
CISCO PIKE (1971)
GARGOYLES (1972)
MORE AMERICAN GRAFFITI (1979)
AMERICAN GRAFFITI DRIVE-IN (2003)

NOSSITER, Jonathan
réalisateur américain (1961-)
SUNDAY (1997)
SIGNS AND WONDERS (2000)
MONDOVINO (2004)

NOYCE, Phillip
réalisateur australien (1950-)
HEATWAVE (1981)
DEAD CALM (1988)
BLIND FURY (1989)
PATRIOT GAMES (1992)
SLIVER (1993)
CLEAR AND PRESENT DANGER (1994)
SAINT, THE (1997)
BONE COLLECTOR, THE (1999)
QUIET AMERICAN, THE (2002)
RABBIT-PROOF FENCE (2002)

NUGENT, Elliott
réalisateur américain (1899-1980)
LOVE IN BLOOM (1935)
GIVE ME A SAILOR (1938)
NEVER SAY DIE (1939)
MALE ANIMAL, THE (1942)
UP IN ARMS (1944)
MY FAVORITE BRUNETTE (1947)
WELCOME STRANGER (1947)
JUST FOR YOU (1952)

NUNN, Trevor
réalisateur anglais (1940-)
LADY JANE (1985)
TWELFTH NIGHT (1996)
MERCHANT OF VENICE, THE (2001)

NUTTER, David
réalisateur
DISTURBING BEHAVIOR (1998)
DARK ANGEL (2000)
BAND OF BROTHERS (2001)

O'CONNOLLY, Jim
réalisateur anglais (1924-)
BERSERK ! (1967)
VALLEY OF GWANGI, THE (1968)
TOWER OF EVIL (1972)

O'CONNOR, Pat
réalisateur irlandais (1943-)
CAL (1984)
MONTH IN THE COUNTRY, A (1987)
JANUARY MAN, THE (1988)
STARS AND BARS (1988)
CIRCLE OF FRIENDS (1995)
INVENTING THE ABBOTTS (1997)
DANCING AT LUGHNASA (1998)
SWEET NOVEMBER (2001)

O'DONNELL, Damien
réalisateur
EAST IS EAST (1999)
HEARTLANDS (2002)
RORY O'SHEA WAS HERE (2004)

OKAMOTO, Kihachi
réalisateur japonais (1923-2005)
SAMURAI ASSASSIN (1965)
SWORD OF DOOM (1967)
KILL ! (1968)
RED LION (1969)
ZATOICHI XX : ZATOICHI
MEETS YOJIMBO (1970)

OKAWARA, Takao
réalisateur japonais
GODZILLA vs. MECHAGODZILLA (1974)
GODZILLA vs. MOTHRA :
THE BATTLE FOR EARTH (1992)
GODZILLA vs. DESTROYAH (1995)
GODZILLA VS. SPACEGODZILLA (1995)
GODZILLA 2000 (1999)

OLEN RAY, Fred
réalisateur américain (1954-)
STAR SLAMMER (1984)
PHANTOM EMPIRE, THE (1986)
MOB BOSS (1990)
HAUNTING FEAR (1991)
ATTACK OF THE 60 FOOT CENTERFOLD (1995)

OLIVERA, Hector
réalisateur argentin (1931-)
EL MUERTO (1975)
FUNNY DIRTY LITTLE WAR (1983)
NO HABRA MAS PENAS NI OLVIDO (1983)
RÉPRESSION (1986)
SHADOW YOU SOON WILL BE, A (1994)
SOMBRA YA PRONTO SERAS, UNA (1994)

OLIVIER, Laurence
réalisateur anglais (1907-1989)
HENRY V (1945)
HAMLET (1948)
RICHARD III (1955)
PRINCE AND THE SHOWGIRL, THE (1956)
THREE SISTERS (1970)

OLMI, Ermanno
réalisateur italien (1931-)
EMPLOI, L' (1961)
FIANCÉS, LES (1962)
ARBRE AUX SABOTS, L' (1977)
KEEP WALKING (1982)

OPHÜLS, Max
réalisateur allemand (1902-1957)
LIEBELEI (1932)
DAME DE TOUT LE MONDE, LA (1934)
DE MAYERLING À SARAJEVO (1940)
LETTER FROM AN UNKNOWN WOMAN (1948)
CAUGHT (1949)
RONDE, LA (1950)
PLAISIR, LE (1951)
MADAME DE ... (1953)
LOLA MONTÈS (1955)

ORR, James
réalisateur (1953-)
THEY STILL CALL ME BRUCE (1987)
MR. DESTINY (1990)
MAN OF THE HOUSE (1994)

OSHII, Mamoru
réalisateur japonais (1951-)
THOSE OBNOXIOUS ALIENS ! (1981)
MAMORU OSHII : RED SPECTACLES (1987)
MAMORU OSHII : STRAY DOGS (1991)
MAMORU OSHII : TALKING HEADS (1992)
GHOST IN THE SHELL (1995)
AVALON (2001)
COFFRET MAMORU OSHII (2003)
GHOST IN THE SHELL 2 : INNOCENCE (2004)

OSHIMA, Nagisa
réalisateur japonais (1932-)
STREET OF LOVE AND HOPE (1959)
CRUEL STORY OF YOUTH (1960)
NIGHT AND FOG IN JAPAN (1960)
SUN'S BURIAL, THE (1960)
OBSÉDÉ EN PLEIN JOUR, L' (1966)
IN THE REALM OF SENSES (1976)
IN THE REALM OF PASSION (1978)
MERRY CHRISTMAS, MR. LAWRENCE (1982)
MAX, MON AMOUR (1986)
TABOU (1999)

OSWALD, Gerd
réalisateur allemand (1919-1989)
KISS BEFORE DYING, A (1956)
CRIME OF PASSION (1957)
LONGEST DAY, THE (1962)

OTOMO, Katsuhiro
réalisateur japonais (1954-)
ROBOT CARNIVAL (1987)
AKIRA (1988)
MEMORIES (1996)
STEAMBOY (2004)

OUEDRAOGO, Idrissa
réalisateur africain (1964-)
TILAÏ (1990)
KINI & ADAMS (1997)
SEPTEMBRE 11-09-01 (2002)

OURY, Gérard
réalisateur français (1919-2006)
CORNIAUD, LE (1964)
GRANDE VADROUILLE, LA (1966)
CERVEAU, LE (1969)
FOLIE DES GRANDEURS, LA (1971)
AVENTURES DE RABBI JACOB, LES (1973)
AS DES AS, L' (1982)
VENGEANCE DU SERPENT
À PLUMES, LA (1984)
LEVY ET GOLIATH (1986)
VANILLE FRAISE (1989)
FANTÔME AVEC CHAUFFEUR (1996)

OZ, Frank
réalisateur anglais (1944-)
DARK CRYSTAL, THE (1982)
MUPPETS TAKE MANHATTAN, THE (1984)
LITTLE SHOP OF HORRORS (1986)
DIRTY ROTTEN SCOUNDRELS (1988)
WHAT ABOUT BOB ? (1991)
HOUSESITTER (1992)
INDIAN IN THE CUPBOARD, THE (1995)
IN & OUT (1997)
BOWFINGER (1999)
SCORE, THE (2001)
STEPFORD WIVES, THE (2004)

OZAWA, Shigehiro
réalisateur japonais
SONNY CHIBA : STREET FIGHTER (1974)
RETURN OF THE STREET FIGHTER (1975)
STREET FIGHTER'S
LAST REVENGE, THE (1975)

OZON, François
réalisateur français (1967-)
REGARDE LA MER (1997)
SITCOM (1998)
AMANTS CRIMINELS, LES (1999)
GOUTTES D'EAU SUR PIERRES
BRÛLANTES (1999)
SOUS LE SABLE (2000)
8 FEMMES (2001)
PISCINE, LA (2003)
5 X 2 (2004)

OZPETEK, Ferzan
réalisateur turc (1959-)
DERNIER HAREM, LE (1999)
TABLEAU DE FAMILLE (2001)
FACING WINDOWS (2003)

OZU, Yasujiro
réalisateur japonais (1903-1963)
I WAS BORN BUT... (1932)
TOKYO WOMAN (1933)
AN INN IN TOKYO (1935)
RECORD OF A TENEMENT
GENTLEMAN (1947)
PRINTEMPS TARDIF (1949)
EARLY SUMMER (1951)
TOKYO STORY (1953)
EQUINOX FLOWER (1958)
GOOD MORNING (1959)
HERBES FLOTTANTES (1959)
AUTUMN AFTERNOON, AN (1962)
STORIES OF FLOATING WEEDS (2004)

PABST, Georg Wilhelm
réalisateur allemand (1885-1967)
TREASURE, THE (1923)
RUE SANS JOIE, LA (1925)
SECRETS OF A SOUL (1926)
LOVE OF JEANNE NEY, THE (1927)
LOULOU (1928)
JOURNAL D'UNE FILLE PERDUE (1929)
WHITE HELL OF PITZ PALU (1929)
QUATRE DE L'INFANTERIE (1930)
OPÉRA DE QUAT'SOUS, L' (1931)
TRAGÉDIE DE LA MINE, LA (1931)
MISTRESS OF ATLANTIS, THE (1932)
DON QUICHOTTE (1933)
JACKBOOT MUTINY (1955)

PAGE, Anthony
réalisateur anglais (1935-)
I NEVER PROMISED YOU
A ROSE GARDEN (1976)
LADY VANISHES, THE (1979)
GRACE KELLY STORY, THE (1983)

PAGNOL, Marcel
réalisateur français (1895-1974)
ANGÈLE (1934)
JOFROI (1934)
CÉSAR (1936)
REGAIN (1937)
FEMME DU BOULANGER, LA (1938)
SCHPOUNTZ, LE (1938)
TOPAZE (1950)
MANON DES SOURCES (1952)
MANON DES SOURCES ET UGOLIN (1952)
UGOLIN (1952)
LETTRES DE MON MOULIN I, LES (1954)
LETTRES DE MON MOULIN II, LES (1954)

PAKULA, Alan J.
réalisateur américain (1928-1998)
STERILE CUCKOO, THE (1969)
KLUTE (1971)
LOVE AND PAIN AND
THE WHOLE DAMN THING (1973)
PARALLAX VIEW, THE (1974)
ALL THE PRESIDENT'S MEN (1976)
COMES A HORSEMAN (1978)
STARTING OVER (1979)
ROLLOVER (1981)
SOPHIE'S CHOICE (1982)
DREAM LOVER (1985)
ORPHANS (1987)
SEE YOU IN THE MORNING (1989)
PRESUMED INNOCENT (1990)
CONSENTING ADULTS (1992)
PELICAN BRIEF, THE (1993)
DEVIL'S OWN, THE (1997)

PAL, George
réalisateur hongrois (1908-1980)
TOM THUMB (1958)
TIME MACHINE, THE (1960)
ATLANTIS, THE LOST CONTINENT (1961)
WONDERFUL WORLD OF
THE BROTHERS GRIMM, THE (1962)
7 FACES OF DR. LAO (1964)

PALMER, Tony
réalisateur
200 MOTELS (1971)
WAGNER (1983)
MARIA CALLAS : LA DIVINA -
A PORTRAIT (1987)

PALUD, Hervé
réalisateur français (1953-)
JACQUES MESRINE (1983)
FRÈRES PÉTARD, LES (1986)
SECRETS PROFESSIONNELS
DU DR. APFELGLÜCK, LES (1991)
INDIEN DANS LA VILLE, UN (1994)
MOOKIE (1998)
ALBERT EST MÉCHANT (2003)

PANAHI, Jafar
réalisateur iranienne (1960-)
WHITE BALLOON (1995)
MIRROR, THE (1997)
CIRCLE, THE (2000)
CRIMSON GOLD (2003)

PANAMA, Norman
réalisateur américain (1914-2003)
ABOVE AND BEYOND (1952)
COURT JESTER, THE (1955)
TRAP, THE (1959)
ROAD TO HONG KONG, THE (1962)
NOT WITH MY WIFE, YOU DON'T ! (1966)

PANG CHUN, Oxide
réalisateur chinois (1965-)
EYE, THE (2002)
TESSERACT, THE (2003)
AB-NORMAL BEAUTY (2004)
EYE 2, THE (2004)
EYE 10 (2005)

PANG, Danny
réalisateur hong-kongais (1965-)
EYE, THE (2002)
EYE 2, THE (2004)
EYE 10 (2005)
LEAVE ME ALONE (2004)

PARADJANOV, Sergei
réalisateur ukrainien (1924-1990)
CHEVAUX DE FEU, LES (1965)
COULEUR DE GRENADE (1969)
LÉGENDE DE LA CITADELLE
DE SOURAM, LA (1984)
ASHIK KERIB (1988)

PARIS, Jerry
réalisateur américain (1925-1986)
DON'T RAISE THE BRIDGE
LOWER THE RIVER (1967)
NEVER A DULL MOMENT (1968)
GRASSHOPPER, THE (1970)
STAR SPANGLED GIRL (1971)
POLICE ACADEMY II :
THEIR FIRST ASSIGNMENT (1985)
POLICE ACADEMY III :
BACK IN TRAINING (1986)

PARISOT, Dean
réalisateur
HOME FRIES (1998)
GALAXY QUEST (1999)
MONK (2002)
FUN WITH DICK AND JANE (2005)

PARKER, Alan
réalisateur anglais (1944-)
BUGSY MALONE (1976)
MIDNIGHT EXPRESS (1978)

FAME (1980)
SHOOT THE MOON (1981)
PINK FLOYD - THE WALL (1982)
BIRDY (1984)
ANGEL HEART (1986)
MISSISSIPPI BURNING (1988)
COME SEE THE PARADISE (1990)
COMMITMENTS, THE (1991)
ROAD TO WELLVILLE, THE (1994)
EVITA (1996)
ANGELA'S ASHES (1999)
LIFE OF DAVID GALE, THE (2003)

PARKER, Oliver
réalisateur anglais (1960-)
OTHELLO (1995)
IDEAL HUSBAND, AN (1999)
IMPORTANCE OF BEING EARNEST, THE (2002)

PARKER, Trey
réalisateur américain (1969-)
SOUTH PARK : THE COMPLETE SEASONS (1997-2006)
CANNIBAL : THE MUSICAL (1996)
ORGAZMO (1998)
SOUTH PARK (1999)
SOUTH PARK : BIGGER, LONGER AND UNCUT (1999)
TEAM AMERICA : WORLD POLICE (2004)

PARKS, Gordon
réalisateur américain (1912-)
LEARNING TREE, THE (1969)
SHAFT (1971)
SHAFT'S BIG SCORE ! (1972)

PARRISH, Robert
réalisateur américain (1916-1995)
CRY DANGER (1950)
PURPLE PLAIN, THE (1954)
BOBO, THE (1967)
CASINO ROYALE (1967)
JOURNEY TO THE FAR SIDE OF THE SUN (1969)

PARROTT, James
réalisateur américain (1898-1939)
HABEAS CORPUS (1928)
THEIR PURPLE MOMENT (1928)
TWO TARS (1928)
THEY GO BOOM (1929)
PARDON US (1931)

PASCAL, Christine
réalisatrice française (1953-1996)
GARCE, LA (1984)
ZANZIBAR (1989)
PETIT PRINCE A DIT, LE (1992)
ADULTÈRE (MODE D'EMPLOI) (1995)

PASOLINI, Pier Paolo
réalisateur italien (1922-1975)
PIER PAOLO PASOLINI COLLECTION (1960)
ACCATTONE ! (1962)
MAMMA ROMA (1962)
ROGOPAG (1962)
LOVE MEETINGS (1963)
ÉVANGILE SELON SAINT-MATTHIEU, L' (1964)
DES OISEAUX PETITS ET GRANDS (1966)
ŒDIPE ROI (1967)
TEOREMA (1968)
MÉDÉE (1969)
PORCHERIE (1969)
DÉCAMERON, LE (1971)
MILLE ET UNE NUITS, LES (1974)
CONTES DE CANTERBURY, LES (1975)
SALO OU LES CENT VINGT JOURNÉES DE SODOME (1975)

PASQUIN, John
réalisateur
SANTA CLAUSE, THE (1994)
JUNGLE 2 JUNGLE (1997)
MISS CONGENIALITY 2 - ARMED AND FABULOUS (2005)

PASSER, Ivan
réalisateur tchèque (1933-)
BORN TO WIN (1971)
LAW AND DISORDER (1974)
CUTTER'S WAY (1981)
CREATOR (1985)
HAUNTED SUMMER (1988)
STALIN (1992)

PAYNE, Alexander
réalisateur américain (1961-)
CITIZEN RUTH (1996)
ELECTION (1999)
ABOUT SCHMIDT (2002)
SIDEWAYS (2004)

PEARCE, Richard
réalisateur américain (1943-)
THRESHOLD (1981)
COUNTRY (1984)
NO MERCY (1986)
LONG WALK HOME, THE (1990)
LEAP OF FAITH (1992)
FAMILY THING, A (1996)

PÉCAS, Max
réalisateur français (1925-2003)
DANIELLA BY NIGHT (1961)
DOUCE VIOLENCE (1962)
CLAUDE ET GRETA (1969)
I AM FRIGID, WHY ? (1972)
ON EST VENU LÀ POUR S'ÉCLATER (1979)
MIEUX VAUT ÊTRE RICHE ET BIEN PORTANT QUE FAUCHÉ ET MAL FOUTU (1980)
ON N'EST PAS SORTI DE L'AUBERGE (1982)

PECK, Raoul
réalisateur haïtien (1953-)
HOMME SUR LES QUAIS, L' (1993)
HAITI - LE SILENCE DES CHIENS (1994)
LUMUMBA (2000)
SOMETIMES IN APRIL (2005)

PECKINPAH, Sam
réalisateur américain (1926-1984)
DEADLY COMPANIONS, THE (1961)
RIDE THE HIGH COUNTRY (1962)
MAJOR DUNDEE (1964)
BALLAD OF CABLE HOGUE, THE (1969)
WILD BUNCH, THE (1969)
STRAW DOGS (1971)
GETAWAY, THE (1972)
JUNIOR BONNER (1972)
PAT GARRETT & BILLY THE KID (1973)
BRING ME THE HEAD OF ALFREDO GARCIA (1974)
KILLER ELITE, THE (1975)
CROSS OF IRON (1977)
OSTERMAN WEEKEND, THE (1983)

PEERCE, Larry
réalisateur américain (1935-)
INCIDENT, THE (1967)
GOODBYE, COLUMBUS (1969)
SEPARATE PEACE, A (1972)
ASH WEDNESDAY (1973)
TWO-MINUTE WARNING (1976)
BELL JAR, THE (1979)
ELVIS AND ME (1988)
WIRED (1989)

PELLETIER, Gabriel
réalisateur québécois
AUTOMNE SAUVAGE, L' (1992)
MEURTRE EN MUSIQUE (1994)
KARMINA (1996)
VIE APRÈS L'AMOUR, LA (2000)
KARMINA 2 (2001)

PELLINGTON, Mark
réalisateur américain (1962-)
GOING ALL THE WAY (1996)
ARLINGTON ROAD (1999)
MOTHMAN PROPHECIES, THE (2001)

PENN, Arthur
réalisateur américain (1922-)
LEFT-HANDED GUN, THE (1958)
MIRACLE WORKER, THE (1962)
CHASE, THE (1965)
BONNIE AND CLYDE (1967)
ALICE'S RESTAURANT (1969)
LITTLE BIG MAN (1970)
NIGHT MOVES (1975)
MISSOURI BREAKS, THE (1976)
FOUR FRIENDS (1981)
TARGET (1985)
DEAD OF WINTER (1987)
PENN & TELLER GET KILLED (1989)
INSIDE (1996)

PENN, Sean
réalisateur américain (1960-)
INDIAN RUNNER, THE (1990)
CROSSING GUARD, THE (1995)
PLEDGE, THE (2000)
SEPTEMBRE 11-09-01 (2002)

PENNEBAKER, Don A.
réalisateur américain (1925-)
BOB DYLAN : DON'T LOOK BACK (1965)
COMPLETE MONTEREY POP FESTIVAL, THE (1968)
MONTEREY POP (1968)
ZIGGY STARDUST AND THE SPIDERS FROM MARS (1983)
JIMI HENDRIX LIVE AT MONTEREY (1986)
WAR ROOM, THE (1993)
MOON OVER BROADWAY (1997)
DOWN FROM THE MOUNTAIN (2000)
ONLY THE STRONG SURVIVE (2002)

PÉRIER, Étienne
réalisateur belge (1931-)
ZEPPELIN (1971)
UN SI JOLI VILLAGE (1978)
ROUGE VENISE (1988)

PERRAULT, Pierre
réalisateur québécois (1927-1999)
POUR LA SUITE DU MONDE (1963)
RÈGNE DU JOUR, LE (1967)
VOITURES D'EAU, LES (1968)
ACADIE, L'ACADIE, L' (1970)
PAYS SANS BON SENS !, UN (1970)
ROYAUME VOUS ATTEND, UN (1975)
RETOUR À LA TERRE, LE (1976)
C'ÉTAIT UN QUÉBÉCOIS EN BRETAGNE, MADAME ! (1977)
GOÛT DE LA FARINE, LE (1977)
GENS D'ABITIBI (1980)
PAYS DE LA TERRE SANS ARBRES OU LE MOUCHOUÂNIPI, LE (1980)
BÊTE LUMINEUSE, LA (1982)
VOILES BAS ET EN TRAVERS, LES (1983)
GRANDE ALLURE, LA (1986)
CORNOUAILLES (1994)

PERRON, Clément
réalisateur québécois (1929-)
CINÉMA ET RÉALITÉ (1966)
C'EST PAS LA FAUTE
À JACQUES CARTIER (1967)
TAUREAU (1972)
PARTIS POUR LA GLOIRE (1975)

PERRY, Frank
réalisateur américain (1930-1995)
DAVID AND LISA (1962)
SWIMMER, THE (1967)
DOC (1971)
RANCHO DELUXE (1975)
MOMMIE DEAREST (1981)
MONSIGNOR (1982)
COMPROMISING POSITIONS (1985)
HELLO AGAIN (1987)

PETERSEN, Wolfgang
réalisateur allemand (1941-)
BATEAU, LE (1981)
NEVERENDING STORY, THE (1984)
ENEMY MINE (1985)
SHATTERED (1991)
IN THE LINE OF FIRE (1993)
OUTBREAK (1995)
AIR FORCE ONE (1997)
PERFECT STORM, THE (2000)
TROY (2004)

PETRIE, Daniel
réalisateur canadien (1920-)
BRAMBLE BUSH, THE (1960)
RAISIN IN THE SUN, A (1961)
STOLEN HOURS, THE (1963)
LIFEGUARD (1975)
SYBIL (1976)
BETSY, THE (1978)
RESURRECTION (1980)
FORT APACHE, THE BRONX (1981)
BAY BOY, THE (1984)
DOLLMAKER, THE (1984)
SQUARE DANCE (1986)
COCOON : THE RETURN (1988)
ROCKET GIBRALTAR (1988)
MY NAME IS BILL W. (1989)
LASSIE (1994)
INHERIT THE WIND (1999)

PETRIE, Donald
réalisateur américain (1954-)
MYSTIC PIZZA (1988)
GRUMPY OLD MEN (1993)
FAVOR, THE (1994)
RICHIE RICH (1994)
ASSOCIATE, THE (1996)
MY FAVORITE MARTIAN (1999)
MISS CONGENIALITY (2000)
HOW TO LOSE A GUY IN 10 DAYS (2003)
WELCOME TO MOOSEPORT (2003)

PEVNEY, Joseph
réalisateur américain (1920-)
MEET DANNY WILSON (1951)
STRANGE DOOR, THE (1951)
AWAY ALL BOATS (1956)
ISTANBUL (1956)
MAN OF A THOUSAND FACES (1956)
TORPEDO RUN (1958)
CASH MC CALL (1959)
NIGHT OF THE GRIZZLY, THE (1966)

PHILLIPS, Todd
réalisateur américain (1970-)
ROAD TRIP (2000)
OLD SCHOOL (2002)
STARSKY & HUTCH (2004)

PIALAT, Maurice
réalisateur français (1925-2003)
GUEULE OUVERTE, LA (1973)
LOULOU (1979)
À NOS AMOURS (1983)
POLICE (1985)
SOUS LE SOLEIL DE SATAN (1987)
VAN GOGH (1991)

PICHEL, Irving
réalisateur américain (1891-1954)
SHE (1935)
O.S.S. (1946)
TOMORROW IS FOREVER (1946)
SOMETHING IN THE WIND (1947)
THEY WON'T BELIEVE ME (1947)
MIRACLE OF THE BELLS, THE (1948)
MR. PEABODY AND THE MERMAID (1948)
DESTINATION MOON (1950)
GREAT RUPERT, THE (1950)
QUICKSAND (1950)

PIERSON, Frank
réalisateur américain (1925-)
LOOKING GLASS WAR, THE (1969)
STAR IS BORN, A (1976)
SOMEBODY HAS TO SHOOT
THE PICTURE (1990)
CONSPIRACY (2000)

PILLSBURY, Sam
réalisateur américain
STARLIGHT HOTEL (1987)
ZANDALEE (1990)
FREE WILLY III : THE RESCUE (1997)

PILON, Benoit
réalisateur
ROSAIRE ET LA PETITE NATION (1997)
3 SŒURS EN 2 TEMPS (2003)
ROGER TOUPIN, ÉPICIER VARIÉTÉ (2003)

PING, He
réalisateur chinois (1957-)
SWORDSMEN IN DOUBLE FLAG TOWN (1990)
RED FIRECRACKER,
GREEN FIRECRACKER (1994)
WARRIORS OF HEAVEN AND EARTH (2003)

PINHEIRO, José
réalisateur français (1945-)
MOTS POUR LE DIRE, LES (1983)
PAROLE DE FLIC (1985)
MON BEL AMOUR, MA DÉCHIRURE (1987)
FEMME FARDÉE, LA (1990)

PINOTEAU, Claude
réalisateur français (1925-)
GRAND ESCOGRIFFE, LE (1977)
BOUM II, LA (1982)
7e CIBLE, LA (1984)
ÉTUDIANTE, L' (1988)
PALMES DE M. SCHUTZ, LES (1996)

PINTILIE, Lucian
réalisateur roumain (1933-)
WARD SIX (1965)
CHÊNE, LE (1992)
ÉTÉ INOUBLIABLE, UN (1994)
LUMIÈRE ET COMPAGNIE (1995)
TROP TARD (1996)

PIRÈS, Gérard
réalisateur français (1942-)
FANTASIA CHEZ LES PLOUCS (1970)
ATTENTION LES YEUX (1975)
ORDINATEUR DES POMPES
FUNÈBRES, L' (1976)
ENTOURLOUPE, L' (1979)
TAXI (1997)
DOUBLE ZÉRO (2004)
CHEVALIERS DU CIEL, LES (2005)

PLANCHON, Roger
réalisateur français (1932-)
DANDIN (1989)
LOUIS, ENFANT ROI (1992)
LAUTREC (1998)

PLYMPTON, Bill
réalisateur américain (1946-)
TUNE, THE (1991)
J. LYLE (1994)
GUNS ON THE CLACKAMAS (1995)
I MARRIED A STRANGE PERSON (1997)
WALT CURTIS : THE PECKERNECK POET (1997)
MUTANT ALIENS (2001)

PODALYDÈS, Bruno
réalisateur français (1961-)
VERSAILLES RIVE GAUCHE (1991)
DIEU SEUL ME VOIT (1998)
MYSTÈRE DE LA CHAMBRE JAUNE, LE (2003)

PODZ
réalisateur québécois
3 X RIEN (2003-04)
MINUIT LE SOIR (2005)

POIRÉ, Jean-Marie
réalisateur français (1945-)
HOMMES PRÉFÈRENT
LES GROSSES, LES (1981)
PÈRE NOËL EST UNE ORDURE, LE (1982)
PAPY FAIT DE LA RÉSISTANCE (1983)
TWIST AGAIN À MOSCOU (1986)
MES MEILLEURS COPAINS (1989)
OPÉRATION CORNED BEEF (1990)
VISITEURS, LES (1993)
ANGES GARDIENS, LES (1994)
VISITEURS II, LES COULOIRS
DU TEMPS, LES (1998)
JUST VISITING (2001)
MA FEMME S'APPELLE... MAURICE (2002)

POIRIER, Anne-Claire
réalisatrice québécoise (1932-)
MOURIR À TUE-TÊTE (1979)
QUARANTAINE, LA (1982)
SALUT VICTOR ! (1988)
IL Y A LONGTEMPS QUE JE T'AIME (1989)
TU AS CRIÉ LET ME GO (1997)

POITIER, Sidney
réalisateur américain (1924-)
BUCK AND THE PREACHER (1971)
WARM DECEMBER, A (1973)
UPTOWN SATURDAY NIGHT (1974)
LET'S DO IT AGAIN (1975)
PIECE OF THE ACTION, A (1977)
STIR CRAZY (1980)
HANKY PANKY (1982)
FAST FORWARD (1985)

POLANSKI, Roman
réalisateur polonais (1933-)
COUTEAU DANS L'EAU, LE (1962)
REPULSION (1965)
FEARLESS VAMPIRE KILLERS, THE (1967)
ROSEMARY'S BABY (1968)
MACBETH (1971)
DIARY OF FORBIDDEN DREAMS (1972)
CHINATOWN (1974)
LOCATAIRE, LE (1976)
TESS (1979)

PIRATES (1986)
FRANTIC (1988)
BITTER MOON (1992)
DEATH AND THE MAIDEN (1994)
NINTH GATE, THE (1999)
PIANIST, THE (2001)
OLIVER TWIST (2005)

POLIQUIN, Carole
réalisatrice québécoise
TURBULENCES (1997)
EMPLOI DU TEMPS, L' (2000)
BIEN COMMUN, LE : L'ASSAUT FINAL (2002)

POLISH, Michael
réalisateur américain (1970-)
TWIN FALLS IDAHO (1998)
JACKPOT (2001)
NORTHFORK (2002)

POLLACK, Sydney
réalisateur américain (1934-)
SLENDER THREAD, THE (1965)
THIS PROPERTY IS CONDEMNED (1966)
SCALPHUNTERS, THE (1968)
CASTLE KEEP (1969)
THEY SHOOT HORSES, DON'T THEY ? (1969)
JEREMIAH JOHNSON (1971)
WAY WE WERE, THE (1973)
YAKUZA, THE (1974)
3 DAYS OF THE CONDOR (1975)
BOBBY DEERFIELD (1977)
ELECTRIC HORSEMAN, THE (1979)
ABSENCE OF MALICE (1982)
TOOTSIE (1982)
OUT OF AFRICA (1986)
HAVANA (1990)
FIRM, THE (1993)
SABRINA (1995)
EVERYTHING RELATIVE (1996)
RANDOM HEARTS (1999)
INTERPRETER, THE (2005)

POLLOCK, George
réalisateur anglais (1907-)
MURDER SHE SAID (1962)
MURDER AT THE GALLOP (1963)
MURDER AHOY (1964)
MURDER MOST FOUL (1964)
TEN LITTLE INDIANS (1965)

POLSON, John
réalisateur australien (1965-)
SIAM SUNSET (1999)
SWIMFAN (2002)
HIDE AND SEEK (2005)

PONS, Ventura
réalisateur espagnol (1945-)
COMMENT ET LE POURQUOI, LE (1994)
ACTRICES (1996)
CARESSES (1997)
TO DIE (OR NOT) (2000)
ANITA TAKES A CHANCE (2001)

PONTECORVO, Gillo
réalisateur italien (1919-)
DÉNOMMÉ SQUARCIO, UN (1958)
BATAILLE D'ALGER, LA (1966)
BURN ! (1968)

POOL, Léa
réalisatrice suisse (1950-)
STRASS CAFÉ (1980)
FEMME DE L'HÔTEL, LA (1984)
ANNE TRISTER (1986)
À CORPS PERDU (1988)
DEMOISELLE SAUVAGE, LA (1991)
MONTRÉAL VU PAR... (1991)
MOUVEMENTS DU DÉSIR (1993)
EMPORTE-MOI (1998)
GABRIELLE ROY (1998)
LOST AND DELIRIOUS (2001)
BLUE BUTTERFLY, THE (2004)

POST, Ted
réalisateur américain (1918-)
HANG'EM HIGH (1967)
BENEATH THE PLANET
OF THE APES (1969)
MAGNUM FORCE (1973)
GOOD GUYS WEAR BLACK (1977)
GO TELL THE SPARTANS (1978)
STAGECOACH (1986)

POTTER, H.C.
réalisateur américain (1904-1977)
SHOPWORN ANGEL, THE (1939)
STORY OF VERNON &
IRENE CASTLE, THE (1939)
FARMER'S DAUGHTER, THE (1947)
MR. BLANDINGS BUILDS
HIS DREAM HOUSE (1948)
TIME OF YOUR LIFE, THE (1948)
YOU GOTTA STAY HAPPY (1948)
MINIVER STORY, THE (1950)
THREE FOR THE SHOW (1955)

POTTER, Sally
réalisatrice anglaise (1949-)
ORLANDO (1992)
TANGO LESSON, THE (1997)
MAN WHO CRIED, THE (2000)
YES (2005)

POULETTE, Michel
réalisateur québécois
LOUIS 19, LE ROI DES ONDES (1994)
CONCIERGERIE, LA (1997)
BONANNO : A GODFATHER'S STORY (1999)
HISTOIRE DE FAMILLE (2006)

POULIN, Julien
réalisateur québécois (1946-)
SPEAK WHITE (1980)
ELVIS GRATTON (1985)
FALARDEAU POULIN :
À FORCE DE COURAGE (2003)

POWELL, Dick
réalisateur américain (1904-1963)
SPLIT SECOND (1953)
CONQUEROR, THE (1956)
ENEMY BELOW, THE (1957)
HUNTERS, THE (1958)

POWELL, Michael
réalisateur anglais (1905-1990)
EDGE OF THE WORLD, THE (1937)
SPY IN BLACK, THE (1939)
49th PARALLEL, THE (1940)
CONTRABAND (1940)
ONE OF OUR AIRCRAFT IS MISSING (1941)
LIFE AND DEATH OF
COLONEL BLIMP, THE (1943)
CANTERBURY TALE, A (1944)
I KNOW WHERE I'M GOING ! (1944)
BLACK NARCISSUS (1946)
STAIRWAY TO HEAVEN (1946)
RED SHOES, THE (1947)
SMALL BACK ROOM, THE (1948)
ELUSIVE PIMPERNEL, THE (1949)
TALES OF HOFFMANN (1950)
PEEPING TOM (1959)

PRÉGENT, Johanne
réalisatrice québécoise (1950-)
PEAU ET LES OS, LA (1988)
BLANCHE EST LA NUIT (1989)
AMOUREUSES, LES (1992)
ÎLE DE SABLE, L' (1999)

PREMINGER, Otto
réalisateur autrichien (1906-1986)
LAURA (1944)
FALLEN ANGEL (1945)
FOREVER AMBER (1947)
WHIRLPOOL (1949)
WHERE THE SIDEWALK ENDS (1950)
MOON IS BLUE, THE (1952)
RIVER OF NO RETURN (1954)
COURT-MARTIAL OF
BILLY MITCHELL, THE (1955)
MAN WITH THE GOLDEN ARM, THE (1955)
SAINT JOAN (1956)
BONJOUR TRISTESSE (1957)
CARMEN JONES (1957)
ANATOMY OF A MURDER (1959)
EXODUS (1960)
ADVISE AND CONSENT (1962)
CARDINAL, THE (1963)
BUNNY LAKE IS MISSING (1965)
IN HARM'S WAY (1965)
ROSEBUD (1974)
HUMAN FACTOR, THE (1980)

PRESSBURGER, Emeric
réalisateur autrichien (1902-1988)
ONE OF OUR AIRCRAFT IS MISSING (1941)
LIFE AND DEATH OF
COLONEL BLIMP, THE (1943)
I KNOW WHERE I'M GOING ! (1944)
BLACK NARCISSUS (1946)
STAIRWAY TO HEAVEN (1946)
SMALL BACK ROOM, THE (1948)
ELUSIVE PIMPERNEL, THE (1949)

PRESSMAN, Michael
réalisateur (1950-)
BAD NEWS BEARS
IN BREAKING TRAINING, THE (1977)
TEENAGE MUTANT NINJA TURTLES II :
THE SECRET OF THE OOZE (1991)
TO GILLIAN ON HER 37th BIRTHDAY (1996)

PRINCE
réalisateur américain (1960-)
UNDER THE CHERRY MOON (1986)
SIGN O'THE TIME (1987)
PRINCE : GRAFFITI BRIDGE (1990)

PROSPERI, Franco
réalisateur italien (1926-)
HERCULES IN THE HAUNTED WORLD (1961)
WOMEN OF THE WORLD (1963)
MONDO CANE II (1964)
AFRICA ADDIO (1966)
GOODBYE UNCLE TOM (1971)
GODFATHERS OF MONDO, THE (2003)

PROYAS, Alex
réalisateur égyptien (1963-)
CROW, THE (1994)
DARK CITY (1997)
GARAGE DAYS (2002)
I, ROBOT (2004)

PTOUCHKO, Aleksandr
réalisateur ukrainien (1900-1973)
SADKO (1953)
SCARLET SAILS (1961)
TALE OF TIME LOST, THE (1964)

PUDOVKIN, Vsevolod
réalisateur russe (1893-1953)
MOTHER (1926)
STORM OVER ASIA (1928)
DESERTER (1933)

PUENZO, Luis
réalisateur argentin (1946-)
HISTOIRE OFFICIELLE, L' (1985)
OLD GRINGO (1989)
PESTE, LA (1992)

QUINE, Richard
réalisateur américain (1920-1989)
MY SISTER EILEEN (1955)
SOLID GOLD CADILLAC, THE (1955)
FULL OF LIFE (1956)
BELL, BOOK AND CANDLE (1958)
IT HAPPENED TO JANE (1959)
STRANGERS WHEN WE MEET (1960)
WORLD OF SUZIE WONG, THE (1960)
PARIS WHEN IT SIZZLES (1963)
HOW TO MURDER YOUR WIFE (1964)
SEX AND THE SINGLE GIRL (1964)
PRISONER OF ZENDA, THE (1979)

RACHED, Tahani
réalisatrice égyptienne (1947-)
AU CHIC RESTO POP (1990)
MÉDECINS DE CŒUR (1993)
QUATRE FEMMES D'ÉGYPTE (1997)
URGENCE ! DEUXIEME SOUFFLE (1999)
À TRAVERS CHANTS (2001)

RADFORD, Michael
réalisateur anglais (1946-)
ANOTHER TIME, ANOTHER PLACE (1982)
1984 (1984)
WHITE MISCHIEF (1987)
POSTINO, IL (1994)
B. MONKEY (1999)
DANCING AT THE BLUE IGUANA (2000)
MERCHANT OF VENICE (2004)

RAFELSON, Bob
réalisateur américain (1935-)
HEAD : STARRING THE MONKEES (1968)
FIVE EASY PIECES (1970)
KING OF MARVIN GARDENS, THE (1972)
STAY HUNGRY (1976)
POSTMAN ALWAYS
RINGS TWICE, THE (1981)
BLACK WIDOW (1987)
MOUNTAINS OF THE MOON (1989)
MAN TROUBLE (1992)
BLOOD AND WINE (1996)
TALES OF EROTICA (1996)
NO GOOD DEED (2002)

RAFFILL, Stewart
réalisateur
ICE PIRATES (1984)
PHILADELPHIA EXPERIMENT, THE (1984)
MAC & ME (1988)

RAFKIN, Alan
réalisateur américain (1928-2001)
SKI PARTY (1965)
SHAKIEST GUN IN THE WEST, THE (1968)
HOW TO FRAME A FIGG (1970)

RAIMI, Sam
réalisateur américain (1959-)
EVIL DEAD, THE (1980)
CRIMEWAVE (1985)
EVIL DEAD II : DEAD AT DAWN (1987)
DARKMAN (1990)
ARMY OF DARKNESS : EVIL DEAD III (1992)
QUICK AND THE DEAD, THE (1995)
SIMPLE PLAN, A (1998)
FOR LOVE OF THE GAME (1999)
GIFT, THE (2000)
SPIDER-MAN (2002)
SPIDER-MAN 2 (2004)

RAMIS, Harold
réalisateur américain (1944-)
CADDYSHACK (1980)
NATIONAL LAMPOON'S VACATION (1983)
CLUB PARADISE (1986)
GROUNDHOG DAY (1993)
STUART SAVES HIS FAMILY (1995)
MULTIPLICITY (1996)
ANALYZE THIS (1999)
BEDAZZLED (2000)
ANALYZE THAT (2002)
ICE HARVEST, THE (2005)

RANKIN Jr., Arthur
réalisateur
FROSTY THE SNOWMAN (1969)
HOBBIT, THE (1977)
RETURN OF THE KING, THE (1980)
LAST UNICORN (1982)
FLIGHT OF DRAGONS (1985)

RAPPAPORT, Mark
réalisateur
CASUAL RELATIONS (1973)
MOZART IN LOVE (1975)
LOCAL COLOR (1977)
SCENIC ROUTE, THE (1978)
IMPOSTORS (1980)
CHAIN LETTERS (1985)
FROM THE JOURNALS
OF JEAN SEBERG (1995)
SILVER SCREEN : COLOR ME
LAVENDER, THE (1998)

RAPPENEAU, Jean-Paul
réalisateur français (1932-)
VIE DE CHÂTEAU, LA (1966)
MARIÉS DE L'AN DEUX, LES (1971)
SAUVAGE, LE (1975)
TOUT FEU, TOUT FLAMME (1981)
CYRANO DE BERGERAC (1990)
HUSSARD SUR LE TOIT, LE (1995)
BON VOYAGE ! (2003)

RAPPER, Irving
réalisateur américain (1898-1999)
NOW, VOYAGER (1942)
ADVENTURES OF MARK TWAIN, THE (1944)
CORN IS GREEN, THE (1944)
ANOTHER MAN'S POISON (1951)
FOREVER FEMALE (1953)
BRAVE ONE, THE (1956)
MARJORIE MORNINGSTAR (1958)
MIRACLE, THE (1959)

RASH, Steve
réalisateur américain
BUDDY HOLLY STORY, THE (1978)
CAN'T BUY ME LOVE (1987)
QUEENS LOGIC (1990)
EDDIE (1996)

RATNER, Brett
réalisateur américain (1970-)
MONEY TALKS (1997)
RUSH HOUR (1998)
FAMILY MAN, THE (2000)
RUSH HOUR 2 (2001)
RED DRAGON (2002)
AFTER THE SUNSET (2004)
X-MEN - THE LAST STAND (2006)

RATOFF, Gregory
réalisatrice russe (1897-1960)
INTERMEZZO (1939)
ROSE OF WASHINGTON SQUARE, THE (1939)
ADAM HAD FOUR SONS (1941)
FOOTLIGHT SERENADE (1942)
HEAT'S ON, THE (1943)
PARIS UNDERGROUND (1945)

RAWLINS, John
réalisateur américain (1902-1997)
SHERLOCK HOLMES AND
THE VOICE OF TERROR (1942)
ARABIAN NIGHTS (1946)
DICK TRACY MEETS GRUESOME (1947)

RAY, Nicholas
réalisateur américain (1911-1979)
KNOCK ON ANY DOOR (1949)
WOMAN'S SECRET, A (1949)
IN A LONELY PLACE (1950)
FLYING LEATHERNECKS, THE (1951)
ON DANGEROUS GROUND (1951)
JOHNNY GUITAR (1954)
REBEL WITHOUT A CAUSE (1955)
BITTER VICTORY (1957)
PARTY GIRL (1958)
SAVAGE INNOCENTS, THE (1959)
KING OF KINGS (1961)
55 DAYS AT PEKING (1963)
LIGHTNING OVER WATER (1980)

RAY, Satyajit
réalisateur indien (1921-1992)
COMPLAINTE DU SENTIER, LA (1955)
APARAJITO (1956)
MUSIC ROOM, THE (1958)
MONDE D'APU, LE (1959)
DEVI (1960)
TWO DAUGHTERS (1961)
BIG CITY, THE (1963)
LONELY WIFE, THE (1964)
DAYS AND NIGHTS IN THE FOREST (1969)
DISTANT THUNDER (1973)
MIDDLEMAN (1975)
CHESS PLAYERS, THE (1977)
HOME AND THE WORLD, THE (1984)
STRANGER, THE (1990)

READ JOHNSON, Patrick
réalisateur américain (1964-)
SPACED INVADERS (1989)
BABY'S DAY OUT (1994)
ANGUS (1995)

READ, Donna
réalisateur
GODDESS REMEMBERED (1989)
BURNING TIMES, THE (1990)
FULL CIRCLE (1993)

REDFORD, Robert
réalisateur américain (1937-)
ORDINARY PEOPLE (1980)
MILAGRO BEANFIELD WAR, THE (1988)
RIVER RUNS THROUGH IT, A (1992)
QUIZ SHOW (1994)
HORSE WHISPERER, THE (1998)
LEGEND OF BAGGER VANCE, THE (2000)

REED, Carol
réalisateur anglais (1906-1976)
STARS LOOK DOWN, THE (1939)
NIGHT TRAIN TO MUNICH (1940)

IMMORTAL BATTALION, THE (1943)
ODD MAN OUT (1946)
FALLEN IDOL, THE (1948)
THIRD MAN, THE (1949)
KID FOR TWO FARTHINGS, A (1955)
TRAPEZE (1955)
KEY, THE (1958)
AGONY AND THE ECSTASY, THE (1965)
OLIVER ! (1968)

REGGIO, Godfrey
réalisateur américain (1940-)
KOYAANISQATSI (1983)
POWAQQATSI (1988)
ANIMA MUNDI (1992)
NAQOYQATSI (2002)

REINER, Carl
réalisateur américain (1923-)
ENTER LAUGHING (1967)
COMIC, THE (1969)
WHERE'S POPPA ? (1970)
OH, GOD ! (1977)
ONE AND ONLY, THE (1977)
JERK, THE (1979)
DEAD MEN DON'T WEAR PLAID (1982)
MAN WITH TWO BRAINS, THE (1983)
ALL OF ME (1984)
SUMMER RENTAL (1985)
SUMMER SCHOOL (1987)
SIBLING RIVALRY (1990)
FATAL INSTINCT (1993)
THAT OLD FEELING (1997)

REINER, Rob
réalisateur américain (1945-)
THIS IS SPINAL TAP (1983)
SURE THING, THE (1985)
STAND BY ME (1986)
PRINCESS BRIDE, THE (1987)
WHEN HARRY MET SALLY (1989)
MISERY (1990)
FEW GOOD MEN, A (1992)
NORTH (1994)
AMERICAN PRESIDENT, THE (1995)
GHOSTS OF MISSISSIPPI (1996)
STORY OF US, THE (1999)
ALEX AND EMMA (2003)
RUMOR HAS IT ... (2005)

REIS, Irving
réalisateur américain (1906-1953)
CRACK-UP (1946)
ALL MY SONS (1947)
BACHELOR & THE BOBBY-SOXER, THE (1947)
ENCHANTMENT (1948)
OF MEN AND MUSIC (1951)

REISNER, Charles
réalisateur américain (1987-1962)
STEAMBOAT BILL JR. (1928)
BIG STORE, THE (1941)
LOST IN A HAREM (1944)

REISZ, Karel
réalisateur tchèque (1926-2002)
SATURDAY NIGHT AND SUNDAY MORNING (1961)
MORGAN : A SUITABLE CASE FOR TREATMENT (1966)
ISADORA (1968)
GAMBLER, THE (1974)
WHO'LL STOP THE RAIN (1978)
FRENCH LIEUTENANT'S WOMAN, THE (1981)
SWEET DREAMS (1985)
EVERYBODY WINS (1989)

REITHERMAN, Wolfgang
réalisateur allemand (1909-1985)
SWORD IN THE STONE, THE (1963)
JUNGLE BOOK, THE (1967)
ARISTOCATS, THE (1970)
ROBIN HOOD (1973)

REITMAN, Ivan
réalisateur canadien (1946-)
CANNIBAL GIRLS (1973)
MEATBALLS (1979)
STRIPES (1981)
GHOSTBUSTERS (1984)
LEGAL EAGLES (1986)
TWINS (1988)
GHOSTBUSTERS 2 (1989)
KINDERGARTEN COP (1990)
DAVE (1993)
JUNIOR (1994)
FATHER'S DAY (1997)
SIX DAYS, SEVEN NIGHTS (1998)
EVOLUTION (2001)

RENOIR, Jean
réalisateur français (1894-1979)
FILLE DE L'EAU, LA (1924)
TIRE-AU-FLANC (1928)
TOURNOI DANS LA CITÉ, LE (1928)
CHIENNE, LA (1931)
BOUDU SAUVÉ DES EAUX (1932)
MADAME BOVARY (1933)
TONI (1935)
BAS-FONDS, LES (1936)
CRIME DE MONSIEUR LANGE, LE (1936)
PARTIE DE CAMPAGNE, UNE (1936)
GRANDE ILLUSION, LA (1937)
BÊTE HUMAINE, LA (1938)
MARSEILLAISE, LA (1938)
RÈGLE DU JEU, LA (1939)
THIS LAND IS MINE (1943)
SOUTHERNER, THE (1945)
DIARY OF A CHAMBERMAID (1946)
RIVER, THE (1951)
CARROSSE D'OR, LE (1952)
FRENCH CAN-CAN (1955)
ÉLÉNA ET LES HOMMES (1956)
DÉJEUNER SUR L'HERBE, LE (1959)
CAPORAL ÉPINGLÉ, LE (1962)
PETIT THÉÂTRE DE JEAN RENOIR, LE (1969)

RESNAIS, Alain
réalisateur français (1922-)
NUIT ET BROUILLARD (1955)
HIROSHIMA, MON AMOUR (1958)
ANNÉE DERNIÈRE À MARIENBAD, L' (1961)
MURIEL OU LE TEMPS D'UN RETOUR (1962)
GUERRE EST FINIE, LA (1966)
STAVISKY (1974)
PROVIDENCE (1976)
MON ONCLE D'AMÉRIQUE (1980)
I WANT TO GO HOME ! (1989)
NO SMOKING (1993)
SMOKING (1993)
ON CONNAÎT LA CHANSON (1997)
PAS SUR LA BOUCHE (2003)

REYNOLDS, Kevin
réalisateur américain (1949-)
FANDANGO (1984)
BEAST, THE (1988)
ROBIN HOOD : PRINCE OF THIEVES (1991)
RAPA-NUI (1994)
WATERWORLD (1995)
187 (1997)
COUNT OF MONTE CRISTO, THE (2001)
TRISTAN AND ISOLDE (2005)

REYNOLDS, Scott
réalisateur néo-zélandais (1968-)
UGLY, THE (1996)
HEAVEN (1998)
WHEN STRANGERS APPEAR (2001)

RICH, David Lowell
réalisateur américain (1923-)
HAVE ROCKET, WILL TRAVEL (1959)
MADAME X (1965)
THAT MAN BOLT (1973)
AIRPORT '79 : THE CONCORDE (1979)
ENOLA GAY : THE MEN, THE MISSION, THE ATOMIC BOMB (1980)

RICH, John
réalisateur (1925-)
ROUSTABOUT (1964)
BOEING BOEING (1965)
EASY COME, EASY GO (1967)

RICH, Richard
réalisateur
FOX AND THE HOUND, THE (1981)
BLACK CAULDRON, THE (1985)
SWAN PRINCESS II : ESCAPE FROM THE CREEK MOUNTAIN, THE (1997)
SWAN PRINCESS III, THE (1998)
KING AND I (1999)
TRUMPET OF THE SWAN, THE (2000)

RICHARD, Pierre
réalisateur français (1934-)
DISTRAIT, LE (1970)
JE SUIS TIMIDE... MAIS JE ME SOIGNE (1978)
C'EST PAS MOI, C'EST LUI (1979)
ON PEUT TOUJOURS RÊVER (1991)

Richards, Dick
réalisateur
CULPEPPER CATTLE COMPANY (1971)
FAREWELL, MY LOVELY (1975)
DEATH VALLEY (1982)

RICHARDS, Lloyd
réalisateur
PAUL ROBESON (1979)
ROOTS : NEXT GENERATIONS (1979)
PIANO LESSON, THE (1995)

RICHARDSON, Tony
réalisateur anglais (1928-1991)
LOOK BACK IN ANGER (1959)
ENTERTAINER, THE (1960)
TASTE OF HONEY, A (1961)
LONELINESS OF THE LONG DISTANCE RUNNER, THE (1962)
TOM JONES (1963)
LOVED ONE, THE (1965)
MADEMOISELLE (1966)
CHARGE OF THE LIGHT BRIGADE, THE (1968)
HAMLET (1969)
NED KELLY (1970)
DELICATE BALANCE, A (1973)
DEAD CERT (1974)
JOSEPH ANDREWS (1976)
BORDER, THE (1981)
HOTEL NEW HAMPSHIRE, THE (1984)
BLUE SKY (1991)

RIFKIN, Adam
réalisateur (1966-)
DARK BACKWARD, THE (1991)
DETROIT ROCK CITY (1999)
NIGHT AT THE GOLDEN EAGLE (2002)

RIN, Tarô
réalisateur japonais (1941-)
GALAXY EXPRESS (1979)
PEACOCK KING : SPIRIT WARRIOR : 01 (1994)
X (1996)

RISI, Dino
réalisateur italien (1917-)
AMOUR À LA VILLE, L' (1956)
BAMBOLE, LE (1965)
TIGER AND THE PUSSYCAT, THE (1967)
PARFUM DE FEMME (1974)
MON FILS EST ASSASSIN (CHER PAPA) (1978)

RITCHIE, Guy
réalisateur anglais (1968-)
LOCK, STOCK & TWO SMOKING BARRELS (1998)
SNATCH (2000)
SWEPT AWAY (2002)

RITCHIE, Michael
réalisateur américain (1938-)
DOWNHILL RACER (1969)
CANDIDATE, THE (1972)
PRIME CUT (1972)
SMILE (1974)
BAD NEWS BEARS, THE (1976)
SEMI-TOUGH (1978)
ALMOST PERFECT AFFAIR, AN (1979)
DIVINE MADNESS : BETTE MIDLER (1980)
ISLAND, THE (1980)
SURVIVORS, THE (1983)
FLETCH (1985)
WILDCATS (1985)
GOLDEN CHILD, THE (1986)
COUCH TRIP, THE (1987)
DIGGSTOWN (1992)
POSITIVELY TRUE ADVENTURE OF THE ALLEGED TEXAS CHEERLEADER-MURDERING MOM, THE (1993)
COPS AND ROBBERSONS (1994)
SCOUT, THE (1994)
SIMPLE WISH, A (1997)

RITT, Martin
réalisateur américain (1919-1990)
BLACK ORCHID, THE (1958)
LONG HOT SUMMER, THE (1958)
PARIS BLUES (1961)
HUD (1963)
OUTRAGE, THE (1964)
SPY WHO CAME IN FROM THE COLD, THE (1965)
HOMBRE (1967)
BROTHERHOOD, THE (1968)
MOLLY MAGUIRES, THE (1969)
GREAT WHITE HOPE, THE (1970)
PETE N' TILLIE (1972)
SOUNDER (1972)
CONRACK (1974)
FRONT, THE (1976)
NORMA RAE (1979)
CROSS CREEK (1983)
MURPHY'S ROMANCE (1985)
NUTS (1987)
STANLEY & IRIS (1989)

RIVETTE, Jacques
réalisateur français (1928-)
PARIS NOUS APPARTIENT (1960)
RELIGIEUSE, LA (1966)
CÉLINE ET JULIE VONT EN BATEAU (1974)
HURLEVENT (1985)
BANDE DES QUATRE, LA (1988)
BELLE NOISEUSE, LA (1991)
JEANNE LA PUCELLE 1 : LES BATAILLES (1993)
JEANNE LA PUCELLE 2 : LES PRISONS (1993)
JEANNE LA PUCELLE : LES BATAILLES ET LES PRISONS (1994)
HAUT BAS FRAGILE (1995)
SECRET DÉFENSE (1997)
VA SAVOIR (2001)
HISTOIRE DE MARIE ET JULIEN (2003)

ROACH, Hal
réalisateur américain (1892-1992)
FLYING ELEPHANTS (1927)
UNACCUSTOMED AS WE ARE (1929)
DEVIL'S BROTHER, THE (1935)
ROAD SHOW (1941)

ROACH, Jay
réalisateur américain (1957-)
AUSTIN POWERS : INTERNATIONAL MAN OF MYSTERY (1997)
AUSTIN POWERS : THE SPY WHO SHAGGED ME (1999)
MYSTERY, ALASKA (1999)
MEET THE PARENTS (2000)
AUSTIN POWERS IN GOLDMEMBER (2002)
MEET THE FOCKERS (2004)

ROBBINS, Brian
réalisateur américain (1966-)
GOOD BURGER (1997)
VARSITY BLUES (1998)
HARDBALL (2001)
PERFECT SCORE, THE (2004)

ROBBINS, Matthew
réalisateur américain
CORVETTE SUMMER (1978)
DRAGONSLAYER (1981)
BATTERIES NOT INCLUDED (1987)

ROBBINS, Tim
réalisateur américain (1958-)
BOB ROBERTS (1992)
DEAD MAN WALKING (1995)
CRADLE WILL ROCK (1999)

ROBE, Mike
réalisateur
SON OF THE MORNING STAR (1990)
RETURN TO LONESOME DOVE (1993)
SUMMER OF FEAR (1996)

ROBERT, Yves
réalisateur français (1920-2002)
NI VU, NI CONNU (1958)
GUERRE DES BOUTONS, LA (1961)
COPAINS, LES (1964)
ALEXANDRE LE BIENHEUREUX (1967)
GRAND BLOND AVEC UNE CHAUSSURE NOIRE, LE (1972)
SALUT L'ARTISTE ! (1973)
RETOUR DU GRAND BLOND, LE (1974)
JUMEAU, LE (1984)
CHÂTEAU DE MA MÈRE, LE (1990)
GLOIRE DE MON PÈRE, LA (1990)
BAL DES CASSE-PIEDS, LE (1991)
MONTPARNASSE-PONDICHÉRY (1993)

ROBERTSON, John S.
réalisateur canadien (1878-1964)
DR. JEKYLL AND MR. HYDE (1920)
TESS OF THE STORM COUNTRY (1922)
SINGLE STANDARD, THE (1929)

ROBINSON, Bruce
réalisateur anglais (1946-)
WITHNAIL AND I (1986)
HOW TO GET AHEAD IN ADVERTISING (1989)
JENNIFER 8 (1992)

ROBINSON, Phil Alden
réalisateur américain (1950-)
IN THE MOOD (1987)
FIELD OF DREAMS (1989)
SNEAKERS (1992)
SUM OF ALL FEARS, THE (2002)

ROBSON, Mark
réalisateur américain (1913-1978)
SEVENTH VICTIM, THE (1943)
ISLE OF THE DEAD (1945)
BEDLAM (1946)
HOME OF THE BRAVE (1948)
CHAMPION (1949)
MY FOOLISH HEART (1949)
RETURN TO PARADISE (1953)
BRIDGES AT TOKO-RI, THE (1954)
HARDER THEY FALL, THE (1956)
PEYTON PLACE (1957)
INN OF THE SIXTH HAPPINESS, THE (1958)
FROM THE TERRACE (1960)
PRIZE, THE (1963)
VON RYAN'S EXPRESS (1965)
VALLEY OF THE DOLLS (1967)
DADDY'S GONE A-HUNTING (1969)
EARTHQUAKE (1974)

ROCHANT, Éric
réalisateur français (1961-)
MONDE SANS PITIÉ, UN (1989)
AUX YEUX DU MONDE (1991)
PATRIOTES, LES (1994)
VIVE LA RÉPUBLIQUE ! (1997)

RODDAM, Franc
réalisateur anglais (1946-)
QUADROPHENIA (1979)
LORDS OF DISCIPLINE, THE (1983)
BRIDE, THE (1985)
ARIA (1987)
K2 (1991)
MOBY DICK (1997)

RODRIGUEZ, Robert
réalisateur américain (1969-)
ROADRACERS (1958)
EL MARIACHI (1992)
DESPERADO (1995)
FOUR ROOMS (1995)
FROM DUSK TILL DAWN (1995)
FACULTY, THE (1998)
SPY KIDS (2001)
SPY KIDS II : THE ISLAND OF LOST DREAMS (2002)
ONCE UPON A TIME IN MEXICO (2003)
SPY KIDS 3-D : GAME OVER (2003)
ADVENTURES OF SHARKBOY AND LAVAGIRL IN 3-D (2005)
SIN CITY (2005)

ROEG, Nicolas
réalisateur anglais (1928-)
PERFORMANCE (1968)
WALKABOUT (1970)
DON'T LOOK NOW (1973)
MAN WHO FELL TO EARTH, THE (1976)
BAD TIMING (1980)
EUREKA (1983)
INSIGNIFICANCE (1985)
CASTAWAY (1986)
TRACK 29 (1988)
WITCHES, THE (1989)
COLD HEAVEN (1991)
HEART OF DARKNESS (1993)
FULL BODY MASSAGE (1995)
TWO DEATHS (1995)

ROHMER, Éric
réalisateur français (1920-)
BOULANGÈRE DE MONCEAU, LA / LA CARRIÈRE DE SUZANNE (1963)
PARIS VU PAR... (1965)
COLLECTIONNEUSE, LA (1966)
MA NUIT CHEZ MAUD (1969)
GENOU DE CLAIRE, LE (1970)
AMOUR L'APRÈS-MIDI, L' (1972)
MARQUISE D'O..., LA (1976)
PERCEVAL LE GALLOIS (1978)
FEMME DE L'AVIATEUR, LA (1980)
BEAU MARIAGE, LE (1981)
PAULINE À LA PLAGE (1983)
NUITS DE LA PLEINE LUNE, LES (1984)
QUATRE AVENTURES DE REINETTE ET MIRABELLE (1986)
RAYON VERT, LE (1986)
AMI DE MON AMIE, L' (1987)
CONTE DE PRINTEMPS (1989)
CONTE D'HIVER (1991)
ARBRE, LE MAIRE ET LA MÉDIATHÈQUE, L' (1993)
RENDEZ-VOUS DE PARIS, LES (1994)
CONTE D'ÉTÉ (1995)
CONTE D'AUTOMNE (1998)
ANGLAISE ET LE DUC, L' (2001)
TRIPLE AGENT (2004)

ROLLIN, Jean
réalisateur français (1938-)
VIOL DU VAMPIRE, LE (1967)
VAMPIRE NUE, LA (1969)
FRISSON DES VAMPIRES, LE (1970)
REQUIEM POUR UN VAMPIRE (1971)
BACCHANALES SEXUELLES (1973)
DEMONIACS, THE (1973)
ROSE DE FER, LA (1973)
FASCINATION (1979)
LAC DES MORTS VIVANTS, LE (1980)
NUIT DES TRAQUÉES, LA (1980)
ÉCHAPPÉES, LES (1981)
MORTE-VIVANTE, LA (1982)
TROTTOIRS DE BANGKOK, LES (1984)
PARFUM DE MATHILDE, LE (1994)
DEUX ORPHELINES VAMPIRES, LES (1997)
FIANCÉE DE DRACULA, LA (2002)

ROMERO George A.
réalisateur américain (1940-)
NIGHT OF THE LIVING DEAD (1968)
CRAZIES, THE (1972)
SEASON OF THE WITCH (1972)
MARTIN (1976)
DAWN OF THE DEAD (1978)
ZOMBI - DAWN OF THE DEAD (1978)
KNIGHTRIDERS (1981)
CREEPSHOW (1982)
DAY OF THE DEAD (1985)
MONKEY SHINES (1987)
TWO EVIL EYES (1990)
DARK HALF, THE (1993)
LAND OF THE DEAD (2005)

ROMERO, Eddie
réalisateur philippin (1924-)
RAIDERS OF LEYTE GULF, THE (1963)
WALLS OF HELL, THE (1964)
RAVAGERS, THE (1965)
BRIDES OF BLOOD (1969)
BLACK MAMA, WHITE MAMA (1973)

ROODT, Darrell James
réalisateur africain (1962-)
STICK, THE (1989)
SARAFINA ! (1992)
CRY, THE BELOVED COUNTRY (1995)
SECOND SKIN (2000)
YESTERDAY (2004)

ROOS, Don
réalisateur américain (1959-)
OPPOSITE OF SEX, THE (1998)
BOUNCE (2000)
HAPPY ENDINGS (2005)

ROSE, Bernard
réalisateur anglais (1960-)
PAPERHOUSE (1988)
CHICAGO JOE AND THE SHOWGIRL (1989)
CANDYMAN (1992)
IMMORTAL BELOVED (1994)
LEO TOLSTOY'S ANNA KARENINA (1997)

ROSEN, Peter
réalisateur
TOSCANINI : THE MAESTRO & HYMN OF THE NATIONS (1985)
I.M. PEI (1997)
WHO GETS TO CALL IT ART ? (2006)

ROSEN, Phil
réalisateur russe (1888-1951)
GANGS, INC. (1941)
CHARLIE CHAN IN THE SECRET SERVICES (1944)
CHARLIE CHAN : MEETING AT MIDNIGHT (1944)
CHARLIE CHAN : THE CHINESE CAT (1944)
CHARLIE CHAN : THE JADE MASK (1944)
CHARLIE CHAN : THE SCARLET CLUE (1945)

ROSENBERG, Stuart
réalisateur américain (1927-)
MURDER, INC. (1960)
COOL HAND LUKE (1967)
APRIL FOOLS, THE (1969)
POCKET MONEY (1972)
LAUGHING POLICEMAN, THE (1973)
DROWNING POOL, THE (1975)
VOYAGE OF THE DAMNED (1976)
AMITYVILLE HORROR, THE (1979)
BRUBAKER (1980)
POPE OF GREENWICH VILLAGE, THE (1984)
LET'S GET HARRY (1986)

ROSENFELD, Seth
réalisateur
BROTHER'S KISS, A (1997)
SUBWAY STORIES (1997)
KING OF THE JUNGLE, THE (2000)

ROSENTHAL, Rick
réalisateur américain (1949-)
HALLOWEEN II (1981)
BAD BOYS (1983)
DISTANT THUNDER (1988)

ROSI, Francesco
réalisateur italien (1922-)
SALVATORE GIULIANO (1962)
LUCKY LUCIANO (1973)
CHRIST S'EST ARRÊTÉ À EBOLI, LE (1979)
TROIS FRÈRES (1981)
CARMEN (1984)
TRÊVE, LA (1996)

ROSMAN, Mark
réalisateur (1959-)
HOUSE ON SORORITY ROW (1982)
CINDERELLA STORY, A (2004)
PERFECT MAN, THE (2005)

ROSS, Herbert
réalisateur américain (1927-)
OWL AND THE PUSSYCAT, THE (1970)
PLAY IT AGAIN, SAM (1972)
LAST OF SHEILA, THE (1973)
FUNNY LADY (1974)
SUNSHINE BOYS, THE (1975)
SEVEN PERCENT SOLUTION, THE (1976)
GOODBYE GIRL, THE (1977)
TURNING POINT, THE (1977)
CALIFORNIA SUITE (1978)
NIJINSKY (1980)
PENNIES FROM HEAVEN (1981)
I OUGHT TO BE IN PICTURES (1982)
MAX DUGAN RETURNS (1983)
FOOTLOOSE (1984)
PROTOCOL (1984)
DANCERS (1987)
SECRET OF MY SUCCESS, THE (1987)
STEEL MAGNOLIAS (1989)
MY BLUE HEAVEN (1990)
TRUE COLORS (1991)
UNDERCOVER BLUES (1993)
BOYS ON THE SIDE (1994)

ROSSELLINI, Roberto
réalisateur italien (1906-1977)
RETURN OF THE PILOT (1942)
MAN WITH A CROSS (1943)
PAISÀ (1946)
ROME, VILLE OUVERTE (1946)
MACHINE TO KILL BAD PEOPLE (1948)
MIRACLE (1948)
VOIX HUMAINE ET LE MIRACLE, LA (1948)
ALLEMAGNE ANNÉE ZÉRO (1949)
STROMBOLI (1949)
FLOWERS OF ST. FRANCIS, THE (1950)
EUROPE 51 (1952)
SEPT PÉCHÉS CAPITAUX, LES (1952)
VOYAGE IN ITALY (1953)
PEUR, LA (1954)
GENERAL DELLA ROVERE (1959)
ÉVADÉS DE LA NUIT, LES (1960)
VANINA VANINI (1961)
ROGOPAG (1962)
PRISE DU POUVOIR PAR LOUIS XIV, LA (1966)
SOCRATE (1970)
AGE OF THE MEDICI, THE (1973)
BLAISE PASCAL (1974)
MESSIAH, THE (1978)

ROSSEN, Robert
réalisateur américain (1908-1966)
BODY AND SOUL (1948)
ALL THE KING'S MEN (1949)
ALEXANDER THE GREAT (1956)
ISLAND IN THE SUN (1956)
THEY CAME TO CORDURA (1959)
HUSTLER, THE (1961)
LILITH (1964)

ROTH, Joe
réalisateur américain (1948-)
REVENGE OF THE NERDS 2 (1987)
AMERICA'S SWEETHEARTS (2001)
CHRISTMAS WITH THE KRANKS (2004)
FREEDOMLAND (2005)

ROU, Aleksandr
réalisateur russe (1906-1973)
VASSILISA THE BEAUTIFUL (1939)
FATHER FROST (1964)
KINGDOM OF CROOKED MIRRORS (1964)
GOLDEN HORNS (1972)

ROUFFIO, Jacques
réalisateur français (1928-)
7 MORTS SUR ORDONNANCE (1975)
PASSANTE DU SANS-SOUCI, LA (1981)
J'AI BIEN L'HONNEUR (1984)
ÉTAT DE GRÂCE, L' (1986)

ROUSE, Russell
réalisateur américain (1913-1987)
WELL, THE (1951)
THIEF, THE (1952)
FASTEST GUN ALIVE, THE (1955)
OSCAR, THE (1965)

ROWLAND, Roy
réalisateur américain (1910-1995)
HOLLYWOOD PARTY (1934)
OUR VINES HAVE TENDER GRAPES (1945)
TWO WEEKS WITH LOVE (1950)
BUGLES IN THE AFTERNOON (1952)
5000 FINGERS OF DR. T, THE (1953)
HIT THE DECK (1955)
GUN GLORY (1957)
SEVEN HILLS OF ROME (1957)

ROWLEY, Rick
réalisateur
ZAPATISTA (1999)
THIS IS WHAT DEMOCRACY
LOOKS LIKE (2000)
FOURTH WORLD WAR (2003)

ROY, Richard
réalisateur québécois
MOODY BEACH (1990)
CABOOSE (1996)
CAFÉ OLÉ (2000)
DERNIER CHAPITRE II, LE :
LA VENGEANCE (2002)
DERNIER CHAPITRE, LE (2002)

ROZEMA, Patricia
réalisatrice canadienne (1959-)
I'VE HEARD THE MERMAIDS SINGING (1987)
WHITE ROOM (1990)
MONTRÉAL VU PAR... (1991)
WHEN NIGHT IS FALLING (1995)
MANSFIELD PARK (1999)

RUBBO, Michael
réalisateur australien (1938-)
PEANUT BUTTER SOLUTION, THE (1985)
TOMMY TRICKER AND
THE STAMP TRAVELLER (1988)
VINCENT AND ME (1990)
RETURN OF TOMMY TRICKER, THE (1994)

RUBEN, Joseph
réalisateur américain (1951-)
JOYRIDE (1977)
DREAMSCAPE (1983)
STEPFATHER, THE (1986)
TRUE BELIEVER (1988)
SLEEPING WITH THE ENEMY (1991)
GOOD SON, THE (1993)
MONEY TRAIN (1995)
RETURN TO PARADISE (1998)
FORGOTTEN, THE (2004)

RUDOLPH, Alan
réalisateur américain (1943-)
WELCOME TO L.A. (1976)
ROADIE (1980)
ENDANGERED SPECIES (1982)
CHOOSE ME (1984)
SONGWRITER (1984)
TROUBLE IN MIND (1985)
MADE IN HEAVEN (1987)
MODERNS, THE (1988)
LOVE AT LARGE (1990)
MORTAL THOUGHTS (1991)
EQUINOX (1992)
MRS. PARKER AND THE VICIOUS CIRCLE (1994)
AFTERGLOW (1997)
BREAKFAST OF CHAMPIONS (1999)
TRIXIE (2000)
SECRET LIVES OF DENTISTS, THE (2003)

RUGGLES, Wesley
réalisateur américain (1889-1972)
PLASTIC AGE, THE (1925)
CIMARRON (1931)
NO MAN OF HER OWN (1932)
I'M NO ANGEL (1933)
ARIZONA (1940)
SOMEWHERE I'LL FIND YOU (1942)

RUIZ, Raul
réalisateur chilien (1941-)
QUE HACER ? (1970)
HYPOTHÈSE DU TABLEAU VOLÉ, L' (1978)
TOIT DE LA BALEINE, LE (1981)
MÉMOIRE DES APPARENCES, LA (1986)
TROIS VIES ET UNE SEULE MORT (1995)
GÉNÉALOGIES D'UN CRIME (1997)
SHATTERED IMAGE (1998)
TEMPS RETROUVÉ, LE (1999)
COMÉDIE DE L'INNOCENCE (2000)
CE JOUR-LÀ (2003)

RUSH, Richard
réalisateur américain (1930-)
HELL'S ANGELS ON WHEELS (1967)
PSYCH-OUT (1967)
THUNDER ALLEY (1967)
FREEBIE AND THE BEAN (1974)
STUNT MAN, THE (1979)
COLOR OF NIGHT (1994)

RUSSELL, Chuck
réalisateur
NIGHTMARE ON ELM STREET III :
A DREAM WARRIORS (1987)
BLOB, THE (1988)
BLESS THE CHILD (2000)
SCORPION KING, THE (2002)

RUSSELL, David O.
réalisateur américain (1958-)
SPANKING THE MONKEY (1994)
FLIRTING WITH DISASTER (1996)
THREE KINGS (1999)
I HEART HUCKABEES (2004)

RUSSELL, Ken
réalisateur anglais (1927-)
BILLION DOLLAR BRAIN (1967)
DANTE'S INFERNO (1968)
WOMEN IN LOVE (1969)
MUSIC LOVERS, THE (1970)
BOY FRIEND, THE (1971)
DEVILS, THE (1971)
SAVAGE MESSIAH (1972)
MAHLER (1974)
LISZTOMANIA (1975)
TOMMY (1975)
VALENTINO (1977)
ALTERED STATES (1980)
CRIMES OF PASSION (1984)
GOTHIC (1986)
ARIA (1987)
LAIR OF THE WHITE WORM, THE (1988)
RAINBOW, THE (1988)
SALOME'S LAST DANCE (1988)
PRISONER OF HONOR (1991)
WHORE (1991)
LADY CHATTERLEY (1992)
MINDBENDER (1994)
TALES OF EROTICA (1996)
TALES OF EROTICA II (1996)
FALL OF THE LOUSE OF HUSHER, THE (2002)

RUZOWITZKY, Stefan
réalisateur autrichien (1961-)
HÉRITIERS, LES (1999)
ANATOMY (2000)
ALL THE QUEEN'S MEN (2001)
ANATOMY 2 (2002)

RYAZANOV, Eldar
réalisateur russe (1926-)
IRONY OF FATE, OR ENJOY YOUR BATH (1975)
CRUEL ROMANCE, A (1984)
FORGOTTEN TUNE FOR THE FLUTE, A (1987)

RYDELL, Mark
réalisateur américain (1934-)
REIVERS, THE (1969)
COWBOYS, THE (1971)
ROSE, THE (1979)
ON GOLDEN POND (1981)
RIVER, THE (1984)
FOR THE BOYS (1991)
INTERSECTION (1994)
CRIME OF THE CENTURY (1996)
JAMES DEAN (2001)

SAGAL, Boris
réalisateur américain (1923-1981)
GIRL HAPPY (1965)
MOSQUITO SQUADRON (1968)
OMEGA MAN, THE (1971)
SCARECROW (1972)
MASADA (1981)

SAÏA, Louis
réalisateur québécois (1950-)
SPHINX, LE (1995)
BOYS, LES (1997)
BOYS II, LES (1998)
BOYS III, LES (2001)
DANGEREUX, LES (2002)
LES BOYS (COFFRET) (2003)
VICE CACHÉ (2005)

SAKS, Gene
réalisateur américain (1921-)
BAREFOOT IN THE PARK (1967)
ODD COUPLE, THE (1967)
CACTUS FLOWER (1969)
LAST OF THE RED HOT LOVERS (1972)
MAME (1974)
BRIGHTON BEACH MEMOIRS (1986)
FINE ROMANCE, A (1992)

SALDANHA, Carlos
réalisateur
ICE AGE (2002)
ROBOTS (2005)
ICE AGE - THE MELTDOWN (2006)

SALKOW, Sidney
réalisateur américain (1909-)
SITTING BULL (1953)
TWICE-TOLD TALES (1963)
LAST MAN ON EARTH, THE (1964)

SALLES, Walter
réalisateur brésilien (1956-)
FOREIGN LAND (1996)
GARE CENTRALE (1998)

MIDNIGHT (1998)
BEHIND THE SUN (2001)
CARNETS DE VOYAGE (2004)
DARK WATER (2005)

SALOMON, Mikael
réalisateur danois (1945-)
FAR OFF PLACE, A (1993)
HARD RAIN (1997)
BAND OF BROTHERS (2001)
SALEM'S LOT : THE MINISERIES (2004)

SALVA, Victor
réalisateur américain (1958-)
POWDER (1995)
JEEPERS CREEPERS (2001)
JEEPERS CREEPERS 2 (2003)

SALVADORI, Pierre
réalisateur français (1964-)
CIBLE ÉMOUVANTE (1993)
APPRENTIS, LES (1995)
COMME ELLE RESPIRE (1998)
APRÈS VOUS... (2005)

SALVATORES, Gabriele
réalisateur italien (1950-)
STRADA BLUES (1990)
MEDITERRANEO (1991)
JE N'AI PAS PEUR (2003)

SAMPERI, Salvatore
réalisateur italien (1944-)
MALICIA (1973)
CHASTE ET PURE (1977)
AMOUR EN PREMIÈRE CLASSE, L' (1979)
ERNESTO (1979)

SANDERS, Denis
réalisateur américain (1929-1987)
WAR HUNT (1962)
ELVIS : THAT'S THE WAY IT IS (1970)
INVASION OF THE BEE GIRLS (1973)

SANDRICH, Mark
réalisateur américain (1900-1945)
GAY DIVORCEE, THE (1934)
TOP HAT (1935)
FOLLOW THE FLEET (1936)
SHALL WE DANCE (1937)
CAREFREE (1938)
HOLIDAY INN (1942)
HERE COME THE WAVES (1944)
SO PROUDLY WE HAIL (1944)

SANGSTER, Jimmy
réalisateur
HORROR OF FRANKENSTEIN, THE (1970)
LUST FOR A VAMPIRE (1971)
FEAR IN THE NIGHT (1972)

SANTELL, Alfred
réalisateur américain (1895-)
WINTERSET (1936)
INTERNES CAN'T TAKE MONEY (1937)
JACK LONDON (1943)

SARAFIAN, Richard C.
réalisateur américain (1925-)
MAN IN THE WILDERNESS (1971)
VANISHING POINT (1971)
MAN WHO LOVED CAT DANCING, THE (1973)
SUNBURN (1979)

SARGENT, Joseph
réalisateur américain (1925-)
MAN FROM U.N.C.L.E, THE (1964)
COLOSSUS : THE FORBIN PROJECT (1969)
WHITE LIGHTNING (1973)
TAKING OF PELHAM
ONE TWO THREE, THE (1974)
MACARTHUR (1977)
COAST TO COAST (1980)
JAWS IV : THE REVENGE (1987)
INCIDENT, THE (1990)
SKYLARK (1993)
MISS EVER'S BOYS (1996)
MANDELA AND DEKLERK (1997)
SOMETHING THE LORD MADE (2004)
WARM SPRINGS (2005)

SASDY, Peter
réalisateur hongrois (1935-)
TASTE THE BLOOD OF DRACULA (1969)
COUNTESS DRACULA (1970)
DOOMWATCH (1972)

SAURA, Carlos
réalisateur espagnol (1932-)
CHARGE DES REBELLES, LA (1963)
CHASSE, LA (1965)
PEPPERMINT FRAPPÉ (1967)
JARDIN DES DÉLICES, LE (1970)
CRIA CUERVOS (1975)
ÉLISA MON AMOUR (1976)
YEUX BANDÉS, LES (1978)
MAMAN A CENT ANS (1979)
NOCES DE SANG (1981)
VITE, VITE (1981)
ANTONIETA (1982)
CARMEN (1983)
STILTS, THE (1984)
AMOUR SORCIER, L' (1986)
EL DORADO (1988)
AY, CARMELA ! (1990)
SEVILLANAS (1992)
OUTRAGE (1993)
FLAMENCO (1995)
PAJARICO - PETIT OISEAU SOLITAIRE (1997)
TANGO (1998)
GOYA À BORDEAUX (1999)

SAUTET, Claude
réalisateur français (1924-2000)
CHOSES DE LA VIE, LES (1970)
MAX ET LES FERRAILLEURS (1970)
CÉSAR ET ROSALIE (1972)
VINCENT, FRANÇOIS, PAUL
ET LES AUTRES (1974)
HISTOIRE SIMPLE, UNE (1978)
GARCON ! (1983)
QUELQUES JOURS AVEC MOI (1989)
CŒUR EN HIVER, UN (1992)
NELLY ET MONSIEUR ARNAUD (1995)

SAUVÉ, Patrice
réalisateur
LA VIE, LA VIE (2001)
GRANDE OURSE I (2003)
HÉRITIÈRE DE GRANDE OURSE, L' (2004)

SAVILLE, Philip
réalisateur anglais (1929-)
STOP THE WORLD :
I WANT TO GET OFF (1966)
MANDELA (1987)
FELLOW TRAVELLER, THE (1989)
BUCCANEERS, THE (1995)
METROLAND (1997)

SAVILLE, Victor
réalisateur anglais (1897-1979)
DARK JOURNEY (1937)
STORM IN A TEACUP (1937)
SOUTH RIDING (1938)
FOREVER AND A DAY (1943)
GREEN DOLPHIN STREET (1946)
TONIGHT AND EVERY NIGHT (1947)
CONSPIRATOR (1950)
KIM (1950)
SILVER CHALICE, THE (1954)

SAVOCA, Nancy
réalisatrice américaine (1960-)
TRUE LOVE (1989)
DOGFIGHT (1991)
HOUSEHOLD SAINTS (1992)
IF THESE WALLS COULD TALK (1996)

SAYLES, John
réalisateur américain (1950-)
RETURN OF THE SECAUCUS 7 (1979)
BABY, IT'S YOU (1982)
LIANNA (1983)
BROTHER FROM
ANOTHER PLANET, THE (1984)
MATEWAN (1987)
EIGHT MEN OUT (1988)
CITY OF HOPE (1991)
PASSION FISH (1992)
SECRET OF ROAN INISH, THE (1994)
LONE STAR (1995)
MEN WITH GUNS (1997)
LIMBO (1999)
SUNSHINE STATE (2002)
CASA DE LOS BABYS (2003)
SILVER CITY (2004)

SCHACHTER, Steven
réalisateur américain (1920-1997)
WATER ENGINE, THE (1992)
DOOR TO DOOR (2002)
WOOL CAP, THE (2004)

SCHAEFER, George
réalisateur américain (1920-1997)
BUNKER, THE (1981)
PEOPLE VS. JEAN HARRIS (1981)
STONE PILLOW (1985)

SCHAFFNER, Franklin J.
réalisateur américain (1920-1989)
BEST MAN, THE (1964)
WARLORD, THE (1965)
PLANET OF THE APES (1967)
PATTON (1969)
NICHOLAS AND ALEXANDRA (1971)
PAPILLON (1973)
ISLANDS IN THE STREAM (1976)
BOYS FROM BRAZIL, THE (1978)
SPHINX (1980)
LIONHEART (1987)

SCHATZBERG, Jerry
réalisateur américain (1927-)
PANIC IN NEEDLE PARK (1971)
SCARECROW (1973)
SEDUCTION OF JOE TYNAN, THE (1979)
NO SMALL AFFAIR (1984)
STREET SMART (1986)

SCHATZKY, Olivier
réalisateur (1949-)
FORTUNE EXPRESS (1990)
ÉLÈVE, L' (1996)
MONSIEUR NAPHTALI (1998)

SCHELL, Maximilian
réalisateur autrichien (1930-)
FIRST LOVE (1970)
PEDESTRIAN, THE (1974)
MARLENE (1983)

SCHENKEL, Carl
réalisateur suisse (1948-)
DÉTRAQUÉS (1984)
MIGHTY QUINN, THE (1989)
KNIGHT MOVES (1992)
TARZAN AND THE LOST CITY (1998)

SCHEPISI, Fred
réalisateur australien (1939-)
BARBAROSA (1982)
ICEMAN (1984)
PLENTY (1985)
ROXANNE (1987)
CRY IN THE DARK, A (1988)
RUSSIA HOUSE, THE (1990)
SIX DEGREES OF SEPARATION (1993)
I.Q. (1994)
FIERCE CREATURES (1996)
EMPIRE FALLS (2005)

SCHERTZINGER, Victor
réalisateur américain (1889-1941)
ONE NIGHT OF LOVE (1934)
SOMETHING TO SING ABOUT (1937)
MIKADO, THE (1938)
RHYTHM ON THE RIVER (1940)
ROAD TO SINGAPORE (1940)
BIRTH OF THE BLUES (1941)
ROAD TO ZANZIBAR (1941)

SCHLAMME, Thomas
réalisateur américain (1950-)
BETTE MIDLER'S MONDO BEYONDO (1982)
MISS FIRECRACKER (1989)
SO I MARRIED AN AXE MURDERER (1993)

SCHLESINGER, John
réalisateur anglais (1926-)
BILLY LIAR (1963)
DARLING (1965)
FAR FROM THE MADDING CROWD (1967)
MIDNIGHT COWBOY (1969)
SUNDAY, BLOODY SUNDAY (1971)
DAY OF THE LOCUST, THE (1975)
MARATHON MAN (1976)
YANKS (1979)
FALCON AND THE SNOWMAN, THE (1984)
BELIEVERS, THE (1987)
MADAME SOUSATZKA (1988)
PACIFIC HEIGHTS (1990)
INNOCENT, THE (1993)
COLD COMFORT FARM (1995)
EYE FOR AN EYE (1995)
NEXT BEST THING, THE (2000)

SCHLÖNDORFF, Volker
réalisateur allemand (1939-)
YOUNG TORLESS (1966)
HONNEUR PERDU DE
KATHARINA BLUM, L' (1975)
COUP DE GRÂCE, LE (1976)
TAMBOUR, LE (1979)
CIRCLE OF DECEIT (1981)
AMOUR DE SWANN, UN (1983)
DEATH OF A SALESMAN (1985)
HANDMAID'S TALE, THE (1990)
VOYAGER (1991)
OGRE, THE (1996)
PALMETTO (1997)
LEGEND OF RITA, THE (2000)
NINTH DAY, THE (2004)

SCHOEDSACK, Ernest B.
réalisateur américain (1893-1979)
CHANG (1927)
MOST DANGEROUS GAME, THE (1932)
KING KONG (1933)
SON OF KONG (1933)
LAST DAYS OF POMPEII (1935)
DR. CYCLOPS (1940)
MIGHTY JOE YOUNG (1949)

SCHRADER, Paul
réalisateur américain (1946-)
BLUE COLLAR (1978)
HARDCORE (1978)
AMERICAN GIGOLO (1980)
CAT PEOPLE (1982)
MISHIMA (1985)
LIGHT OF DAY (1987)
PATTY HEARST (1988)
COMFORT OF STRANGERS, THE (1990)
LIGHT SLEEPER (1991)
WITCH HUNT (1994)
TOUCH (1996)
AFFLICTION (1997)
FOREVER MINE (1999)
AUTO FOCUS (2002)
DOMINION - PREQUEL
TO THE EXORCIST (2004)

SCHROEDER, Barbet
réalisateur français (1941-)
MORE (1969)
VALLÉE, LA (1972)
GÉNÉRAL IDI AMIN DADA (1974)
MAÎTRESSE (1976)
KOKO, LE GORILLE QUI PARLE (1978)
TRICHEURS (1983)
BARFLY (1987)
REVERSAL OF FORTUNE (1990)
SINGLE WHITE FEMALE (1992)
KISS OF DEATH (1994)
BEFORE AND AFTER (1995)
DESPERATE MEASURES (1998)
VIERGE DES TUEURS, LA (2000)
MURDER BY NUMBERS (2002)

SCHULMANN, Patrick
réalisateur français (1949-2002)
ET LA TENDRESSE ?... BORDEL ! (1978)
RENDEZ-MOI MA PEAU (1980)
ET LA TENDRESSE ?... BORDEL ! II (1983)
ALDO ET JUNIOR (1985)
P.R.O.F.S. (1985)

SCHULTZ, Carl
réalisateur hongrois (1939-)
CAREFUL, HE MIGHT HEAR YOU (1983)
TRAVELLING MAN (1987)
SEVENTH SIGN, THE (1988)
TO WALK WITH LIONS (1999)

SCHULTZ, Michael
réalisateur américain (1938-)
HONEY BABY (1974)
COOLEY HIGH (1975)
CAR WASH (1976)
GREASED LIGHTNING (1977)
WHICH WAY IS UP ? (1977)
SGT. PEPPER'S LONELY
HEART CLUB BAND (1978)
KRUSH GROOVE (1985)
LIVIN' LARGE (1991)
WOMAN THOU ART LOOSED (2004)

SCHUMACHER, Joel
réalisateur américain (1942-)
INCREDIBLE SHRINKING WOMAN, THE (1981)
D.C. CAB (1983)
ST. ELMO'S FIRE (1985)
LOST BOYS, THE (1987)
COUSINS (1989)
FLATLINERS (1990)
DYING YOUNG (1991)
FALLING DOWN (1992)
CLIENT, THE (1994)
BATMAN FOREVER (1995)
CHAMBER, THE (1996)
TIME TO KILL, A (1996)
BATMAN & ROBIN (1997)
8 MM (EIGHT MILIMETERS) (1999)
FLAWLESS (1999)
TIGERLAND (2000)
BAD COMPANY (2002)
PHONE BOOTH (2002)
VERONICA GUERIN (2003)
PHANTOM OF THE OPERA (2004)

SCHUSTER, Harold D.
réalisateur américain (1902-1986)
WINGS OF THE MORNING (1937)
SO DEAR TO MY HEART (1948)
FINGER MAN (1955)

SCOLA, Ettore
réalisateur italien (1931-)
NOUS NOUS SOMMES TANT AIMÉS (1975)
AFFREUX, SALES ET MÉCHANTS (1976)
MESDAMES ET MESSIEURS, BONSOIR (1976)
JOURNÉE PARTICULIÈRE, UNE (1977)
PASSION D'AMOUR (1980)
NUIT DE VARENNES, LA (1982)
BAL, LE (1983)
MACARONI (1985)
FAMILLE, LA (1987)
QUELLE HEURE EST-IL ? (1989)
VOYAGE DU CAPITAINE FRACASSE, LE (1991)
MARIO, MARIA ET MARIO (1993)
CONCURRENCE DÉLOYALE (2001)

SCORSESE, Martin
réalisateur américain (1942-)
WHO'S THAT KNOCKING AT MY DOOR ? (1968)
BOXCAR BERTHA (1972)
MEAN STREETS (1973)
ALICE DOESN'T LIVE HERE ANYMORE (1974)
TAXI DRIVER (1976)
NEW YORK, NEW YORK (1977)
LAST WALTZ, THE (1978)
RAGING BULL (1980)
KING OF COMEDY, THE (1982)
AFTER HOURS (1985)
COLOR OF MONEY, THE (1986)
LAST TEMPTATION OF CHRIST, THE (1988)
NEW YORK STORIES (1989)
GOODFELLAS (1990)
CAPE FEAR (1991)
AGE OF INNOCENCE, THE (1993)
CASINO (1995)
KUNDUN (1997)
BRINGING OUT THE DEAD (1999)
MY VOYAGE IN ITALY (1999)
GANGS OF NEW YORK (2002)
AVIATOR, THE (2004)
NO DIRECTION HOME - BOB DYLAN (2005)

SCOTT, Ridley
réalisateur anglais (1939-)
DUELLISTS, THE (1977)
ALIEN (1979)
BLADE RUNNER (1982)
LEGEND (1985)
SOMEONE TO WATCH OVER ME (1987)
BLACK RAIN (1989)
THELMA & LOUISE (1991)
1492 : CONQUEST OF PARADISE (1992)
WHITE SQUALL (1995)
G.I. JANE (1997)
GLADIATOR (2000)

BLACK HAWK DOWN (2001)
HANNIBAL (2001)
MATCHSTICK MEN (2003)
KINGDOM OF HEAVEN (2005)

SCOTT, Tony
réalisateur anglais (1944-)
HUNGER, THE (1983)
TOP GUN (1986)
BEVERLY HILLS COP II (1987)
REVENGE (1989)
DAYS OF THUNDER (1990)
LAST BOY SCOUT, THE (1991)
TRUE ROMANCE (1993)
CRIMSON TIDE (1995)
FAN, THE (1996)
ENEMY OF THE STATE (1998)
SPY GAME (2001)
MAN ON FIRE (2004)
DOMINO (2005)

SEATON, George
réalisateur américain (1911-1979)
MIRACLE ON 34th STREET (1947)
BIG LIFT, THE (1950)
COUNTRY GIRL, THE (1954)
TEACHER'S PET (1957)
COUNTERFEIT TRAITOR, THE (1961)
36 HOURS (1964)
AIRPORT (1970)

SEDGWICK, Edward
réalisateur américain (1892-1953)
CAMERAMAN, THE (1928)
DOUGHBOYS (1930)
FREE AND EASY (1930)
SPEAK EASILY (1932)
WHAT ! NO BEER ? (1933)
MOVIE STRUCK (1937)
SOUTHERN YANKEE, THE (1949)

SEGAL, Peter
réalisateur américain
NAKED GUN 33 1/3 :
THE FINAL INSULT, THE (1994)
NUTTY PROFESSOR : THE KLUMPS (2000)
ANGER MANAGEMENT (2003)
50 FIRST DATES (2004)
LONGEST YARD, THE (2005)

SEIDELMAN, Susan
réalisatrice américaine (1952-)
SMITHEREENS (1982)
DESPERATELY SEEKING SUSAN (1985)
MAKING MR. RIGHT (1987)
COOKIE (1989)
SHE-DEVIL (1989)
TALES OF EROTICA (1996)

SEIDL, Ulrich
réalisateur autrichien (1952-)
ANIMAL LOVE (1995)
MODELS (1998)
DOG DAYS (2001)
JESUS, YOU KNOW (2003)

SEIDLEMAN, Arthur Allan
réalisateur
KID WHO LOVED CHRISTMAS, THE (1990)
GRACE AND GLORIE (1998)
SISTERS, THE (2005)

SEILER, Lewis
réalisateur américain (1900-1963)
PITTSBURGH (1942)
GUADALCANAL DIARY (1943)
TANKS ARE COMING, THE (1951)
YOU'RE IN THE NAVY NOW (1951)

SEITER, William
réalisateur américain (1895-1964)
DIPLOMANIACS (1933)
SONS OF THE DESERT (1934)
ROBERTA (1935)
DIMPLES (1936)
ROOM SERVICE (1938)
ALLEGHENY UPRISING (1939)
BELLE OF THE YUKON (1940)
YOU WERE NEVER LOVELIER (1942)
UP IN CENTRAL PARK (1947)
ONE TOUCH OF VENUS (1949)

SEITER, William A.
réalisateur américain (1890-1964)
STOWAWAY (1936)
SUSANNAH OF THE MOUNTIES (1939)
LADY TAKES A CHANCE, A (1943)
FOUR JILLS IN A JEEP (1944)
LITTLE GIANT (1946)
BORDERLINE (1950)

SEITZ, George B.
réalisateur américain (1888-1944)
VANISHING AMERICAN, THE (1925)
LAST OF THE MOHICANS, THE (1936)
LOVE FINDS ANDY HARDY (1938)
ANDY HARDY'S PRIVATE SECRETARY (1940)
LIFE BEGINS FOR ANDY HARDY (1940)
ANDY HARDY'S DOUBLE LIFE (1942)
ANDY HARDY MEETS DEBUTANTE (1945)

SELANDER, Lesley
réalisateur américain (1900-1979)
DAKOTA LIL (1950)
FLAT TOP (1952)
FORT ALGIERS (1953)
TEXICAN, THE (1966)

SELTZER, David
réalisateur américain (1940-)
LUCAS (1986)
PUNCHLINE (1988)
SHINING THROUGH (1992)

SENA, Dominic
réalisateur américain (1949-)
KALIFORNIA (1993)
GONE IN SIXTY SECONDS (2000)
SWORDFISH (2001)

SERREAU, Coline
réalisatrice française (1948-)
POURQUOI PAS ! (1977)
QU'EST-CE QU'ON ATTEND
POUR ÊTRE HEUREUX ? (1982)
TROIS HOMMES ET UN COUFFIN (1985)
ROMUALD ET JULIETTE (1989)
CRISE, LA (1992)
BELLE VERTE, LA (1996)
CHAOS (2001)
18 ANS APRÈS (2003)

SHADYAC, Tom
réalisateur américain (1960-)
ACE VENTURA : PET DETECTIVE (1993)
NUTTY PROFESSOR, THE (1996)
LIAR LIAR (1997)
PATCH ADAMS (1998)
DRAGONFLY (2002)
BRUCE ALMIGHTY (2003)

SHANKMAN, Adam
réalisateur américain (1964-)
WALK TO REMEMBER, A (2001)
WEDDING PLANNER, THE (2001)
BRINGING DOWN THE HOUSE (2003)
CHEAPER BY THE DOZEN 2 (2005)
PACIFIER (2005)

SHARP, Don
réalisateur anglais (1922-)
KISS OF THE VAMPIRE (1963)
FACE OF FU MANCHU, THE (1965)
BRIDES OF FU MANCHU, THE (1966)
RASPUTIN THE MAD MONK (1966)
PSYCHOMANIA (1971)
FOUR FEATHERS, THE (1977)
THIRTY-NINE STEPS, THE (1978)
BEAR ISLAND (1979)

SHAVELSON, Melville
réalisateur américain (1917-)
HOUSEBOAT (1958)
FIVE PENNIES, THE (1959)
IT STARTED IN NAPLES (1960)
NEW KIND OF LOVE, A (1963)
CAST A GIANT SHADOW (1966)
YOURS, MINE AND OURS (1968)
WAR BETWEEN MEN AND WOMEN, THE (1972)

SHBIB, Bashar
réalisateur québécois (1957-)
MEMOIRS (1985)
JULIA HAS TWO LOVERS (1990)
LANA IN LOVE (1992)
DRAGHOULA (1994)
RIDE ME (1994)
SENSES, THE : HOT SAUCE (1996)
SENSES, THE : PANIC (1996)
SENSES, THE : STRICTLY SPANKING (1996)
SENSES, THE : TAXI FOR L.A. (1996)
SENSES, THE : THE PERFUMER (1996)
KISS, THE (1997)

SHEAR, Barry
réalisateur américain (1920-1979)
MAN FROM U.N.C.L.E, THE (1964)
ACROSS 110th STREET (1972)
DEADLY TRACKERS, THE (1973)

SHELTON, Ron
réalisateur américain (1945-)
BULL DURHAM (1988)
BLAZE (1989)
WHITE MEN CAN'T JUMP (1992)
COBB (1994)
TIN CUP (1996)
PLAY IT TO THE BONE (1999)
DARK BLUE (2002)
HOLLYWOOD HOMICIDE (2003)

SHEPARD, Richard
réalisateur
LINGUINI INCIDENT, THE (1991)
MEXICO CITY (2000)
MATADOR, THE (2005)

SHERIDAN, Jim
réalisateur irlandais (1949-)
MY LEFT FOOT (1989)
FIELD, THE (1990)
IN THE NAME OF THE FATHER (1993)
BOXER, THE (1997)
IN AMERICA (2002)
GET RICH... OR DIE TRYIN (2005)

SHERMAN, Gary
réalisateur anglais
RAW MEAT (1973)
DEAD & BURIED (1981)
POLTERGEIST II / POLTERGEIST III (1986)
WANTED DEAD OR ALIVE (1987)
POLTERGEIST III (1988)

SHERMAN, George
réalisateur américain (1908-1991)
OVERLAND STAGE RAIDERS (1938)
GENE AUTRY : SOUTH OF THE BORDER (1939)
BANDIT OF SHERWOOD FOREST, THE (1946)
COMANCHE TERRITORY (1950)
TOMAHAWK (1951)
WAR ARROW (1953)
BIG JAKE (1970)

SHERMAN, Vincent
réalisateur américain (1906-)
ALL THROUGH THE NIGHT (1941)
UNDERGROUND (1941)
MR. SKEFFINGTON (1943)
OLD ACQUAINTANCE (1943)
ADVENTURES OF DON JUAN, THE (1949)
DAMNED DON'T CRY, THE (1950)
HARRIET CRAIG (1950)
LONE STAR (1951)
AFFAIR IN TRINIDAD (1952)
YOUNG PHILADELPHIANS, THE (1959)

SHIMIZU, Takashi
réalisateur japonais (1972-)
JU-ON : THE GRUDGE (2003)
GRUDGE, THE (2004)
MAREBITO (2004)

SHINODA, Masahiro
réalisateur japonais (1931-)
PALE FLOWER (1964)
SAMURAI SPY (1965)
DOUBLE SUICIDE (1969)
GONZA THE SPEARMAN (1985)
OWL'S CASTLE (1999)

SHOLDER, Jack
réalisateur américain (1945-)
ALONE IN THE DARK (1982)
NIGHTMARE ON ELM STREET II :
FREDDY'S REVENGE, A (1985)
HIDDEN, THE (1987)
RENEGADES (1989)
BY DAWN'S EARLY LIGHT (1990)

SHOLEM, Lee
réalisateur (1913-2000)
SUPERMAN AND THE MOLE MEN (1951)
REDHEAD FROM WYOMING, THE (1952)
TOBOR THE GREAT (1954)

SHUM, Mina
réalisateur hong-kongais
DOUBLE HAPPINESS (1994)
DRIVE, SHE SAID (1997)
LONG LIFE, HAPPINESS & PROSPERITY (2002)

SHYAMALAN, M. Night
réalisateur indien (1970-)
SIXTH SENSE, THE (1999)
UNBREAKABLE (2000)
SIGNS (2002)

SHYER, Charles
réalisateur américain (1941-)
BABY BOOM (1987)
FATHER OF THE BRIDE (1991)
I LOVE TROUBLE (1994)
FATHER OF THE BRIDE 2 (1995)
AFFAIR OF THE NECKLACE, THE (2001)
ALFIE (2004)

SIDNEY, George
réalisateur américain (1916-)
THOUSANDS CHEER (1943)
ANCHORS AWEIGH (1944)
BATHING BEAUTY (1944)
HARVEY GIRLS, THE (1945)
CASS TIMBERLANE (1947)
THREE MUSKETEERS, THE (1948)
ANNIE GET YOUR GUN (1949)
KEY TO THE CITY (1950)
SHOW BOAT (1951)
SCARAMOUCHE (1952)
KISS ME KATE (1953)
YOUNG BESS (1953)
EDDY DUCHIN STORY, THE (1955)
PAL JOEY (1957)
BYE BYE BIRDIE (1963)
VIVA LAS VEGAS (1964)
HALF A SIXPENCE (1967)

SIEGEL, David
réalisateur
SUTURE (1993)
DEEP END, THE (2001)
BEE SEASON, THE (2005)

SIEGEL, Don
réalisateur américain (1912-1991)
BIG STEAL, THE (1949)
DUEL AT SILVER CREEK, THE (1952)
RIOT IN CELL BLOCK 11 (1954)
INVASION OF THE BODY
SNATCHERS, THE (1955)
FLAMING STAR (1960)
HELL IS FOR HEROES (1962)
KILLERS, THE (1964)
COOGAN'S BLUFF (1968)
MADIGAN (1968)
TWO MULES FOR SISTER SARA (1969)
BEGUILED, THE (1970)
DIRTY HARRY (1971)
CHARLEY VARRICK (1973)
BLACK WINDMILL, THE (1974)
SHOOTIST, THE (1976)
TELEFON (1977)
ESCAPE FROM ALCATRAZ (1979)
ROUGH CUT (1980)
JINXED ! (1982)

SIJIE, Dai
réalisateur chinois (1954-)
CHINE, MA DOULEUR (1989)
TANG LE ONZIÈME (1998)
BALZAC ET LA PETITE
TAILLEUSE CHINOISE (2001)

SILBERG, Joel
réalisateur
BREAKIN' (1984)
RAPPIN' (1985)
CATCH THE HEAT (1987)
LAMBADA (1990)

SILBERLING, Brad
réalisateur américain (1963-)
CASPER (1995)
CITY OF ANGELS (1998)
LEMONY SNICKET'S A SERIES OF
UNFORTUNATE EVENTS (2004)

SILVER Joan Micklin
réalisateur américain (1935-)
HESTER STREET (1975)
CROSSING DELANCEY (1988)
LOVERBOY (1989)

SILVERSTEIN, Elliot
réalisateur américain (1927-)
CAT BALLOU (1965)
MAN CALLED HORSE, A (1969)
CAR, THE (1977)

SIMON S., Sylvan
réalisateur américain (1910-1951)
WHISTLING IN THE DARK (1940)
RIO RITA (1942)
WHISTLING IN DIXIE (1942)
WHISTLING IN BROOKLYN (1943)
ABBOTT & COSTELLO IN HOLLYWOOD (1945)
FULLER BRUSH MAN, THE (1947)

SIMON, Juan Piquer
réalisateur espagnol (1934-)
MONSTER ISLAND (1981)
PIECES (1981)
SLUGS (1988)
CTHULHU MANSION (1990)

SIMONEAU, Guy
réalisateur québécois (1953-)
PLUSIEURS TOMBENT EN AMOUR (1980)
EST-CE AINSI QUE
LES HOMMES VIVENT ? (1992)
MARCEL DUBE : AIMER, ECRIRE (1996)

SIMONEAU, Yves
réalisateur québécois (1956-)
YEUX ROUGES, LES (1982)
FOUS DE BASSAN, LES (1986)
POUVOIR INTIME (1986)
DANS LE VENTRE DU DRAGON (1989)
PERFECTLY NORMAL (1990)
MEMPHIS (1991)
MOTHER'S BOYS (1993)
AMELIA EARHART, THE FINAL FLIGHT (1994)
DEAD MAN'S WALK (1996)
FREE MONEY (1998)
NUREMBERG (2000)
IGNITION (2001)
NAPOLÉON (2002)

SINGER, Bryan
réalisateur américain (1965-)
PUBLIC ACCESS (1992)
USUAL SUSPECTS, THE (1995)
APT PUPIL (1998)
X-MEN (2000)
X-MEN II (2003)

SINGLETON, John
réalisateur américain (1968-)
BOYZ'N THE HOOD (1991)
POETIC JUSTICE (1993)
HIGHER LEARNING (1994)
ROSEWOOD (1997)
SHAFT (2000)
BABY BOY (2001)
2 FAST 2 FURIOUS (2003)
FOUR BROTHERS (2005)

SIODMAK, Robert
réalisateur américain (1900-1973)
PEOPLE ON SUNDAY (1929)
SON OF DRACULA (1943)
PHANTOM LADY (1944)
SPIRAL STAIRCASE, THE (1945)
STRANGE AFFAIR OF
UNCLE HARRY, THE (1945)
DARK MIRROR, THE (1946)
KILLERS, THE (1946)
CRISS CROSS (1949)
CRIMSON PIRATE, THE (1952)
KATIA (1959)
ROUGH AND THE SMOOTH, THE (1959)
CUSTER OF THE WEST (1967)

SIRK, Douglas
réalisateur allemand (1900-1987)
HABANERA, LA (1937)
SCANDAL IN PARIS, A (1946)

LURED (1947)
ALL I DESIRE (1953)
MAGNIFICENT OBSESSION (1954)
ALL THAT HEAVEN ALLOWS (1955)
WRITTEN ON THE WIND (1956)
BATTLE HYMN (1957)
TARNISHED ANGELS, THE (1957)
IMITATION OF LIFE (1959)

SJÖSTRÖM, Victor
réalisateur suédois (1879-1960)
PROSCRITS, LES (1917)
SECRET OF THE MONASTERY (1920)
PHANTOM CHARIOT (1921)
WIND, THE (1928)
UNDER THE RED ROBE (1936)

SKOGLAND, Kari
réalisatrice
SIZE OF WATERMELONS, THE (1996)
WHITE LIES (1997)
ZEBRA LOUNGE (2001)

SKOLIMOWSKI, Jerzy
réalisateur polonais (1938-)
HANDS UP (1967)
SHOUT, THE (1978)
MOONLIGHTING (1982)
SUCCESS IS THE BEST REVENGE (1984)
LIGHTSHIP, THE (1985)
EAUX PRINTANIÈRES, LES (1989)

SLUIZER, George
réalisateur français (1932-)
HOMME, DEUX FEMMES, UN (1979)
HOMME QUI VOULAIT SAVOIR, L' (1988)
UTZ (1992)
VANISHING, THE (1993)
COMMISSIONER, THE (1997)

SMEATON, Bob
réalisateur anglais
HENDRIX : BAND OF GYPSIES
(Live At The Fillmore East) (1969)
BEATLES ANTHOLOGY, THE (1995)
FESTIVAL EXPRESS (2003)

SMIGHT, Jack
réalisateur américain (1926-)
HARPER (1966)
KALEIDOSCOPE (1966)
NO WAY TO TREAT A LADY (1967)
SECRET WAR OF
HARRY FRIGG, THE (1967)
ILLUSTRATED MAN, THE (1969)
TRAVELLING EXECUTIONER, THE (1970)
AIRPORT '75 (1974)
MIDWAY (1976)
DAMNATION ALLEY (1977)
LOVING COUPLES (1980)
NUMBER ONE WITH A BULLET (1987)

SMITH, John N.
réalisateur québécois (1943-)
MASCULINE MYSTIQUE, THE (1984)
SITTING IN LIMBO (1986)
TRAIN OF DREAMS (1987)
BOYS OF ST. VINCENT, THE (1992)
DANGEROUS MINDS (1995)
COOL DRY PLACE, A (1999)
GERALDINE'S FORTUNE (2004)

SMITH, Kevin
réalisateur américain (1970-)
CLERKS (1994)
MALLRATS (1995)
CHASING AMY (1996)
DOGMA (1999)
JAY AND SILENT BOB STRIKE BACK (2001)
JERSEY GIRL (2004)
CLERKS II (2006)

SMITH, Mel
réalisateur anglais (1952-)
TALL GUY, THE (1989)
RADIOLAND MURDERS (1994)
BEAN : THE ULTIMATE
DISASTER MOVIE (1997)
HIGH HEELS AND LOW LIFES (2001)

SMITH, Roy Allen
réalisateur américain (1954-)
LAND BEFORE TIME 2 : THE GREAT
VALLEY ADVENTURE, THE (1994)
LAND BEFORE TIME 3 : THE TIME
OF THE GREAT GIVING, THE (1995)
LAND BEFORE TIME 4 : JOURNEY
THROUGH THE MISTS, THE (1996)

SODERBERGH, Steven
réalisateur américain (1963-)
YES - 9012 LIVE (1985)
SEX, LIES, AND VIDEOTAPE (1989)
KAFKA (1991)
KING OF THE HILL (1993)
UNDERNEATH, THE (1994)
GRAY'S ANATOMY (1996)
SCHIZOPOLIS (1996)
OUT OF SIGHT (1998)
LIMEY, THE (1999)
ERIN BROCKOVICH (2000)
TRAFFIC (2000)
OCEAN'S ELEVEN (2001)
FULL FRONTAL (2002)
SOLARIS (2002)
K STREET (2003)
OCEAN'S 12 (2004)
BUBBLE (2005)
EROS (2005)
UNSCRIPTED (2005)

SOFTLEY, Iain
réalisateur anglais
BACKBEAT (1993)
HACKERS (1995)
WINGS OF THE DOVE (1997)
K-PAX (2001)
SKELETON KEY, THE (2005)

SOKOUROV, Aleksandr
réalisateur russe (1951-)
DMITRO SHOSTAKOVICH :
SONATA FOR VIOLA (1988)
SECOND CIRCLE (1990)
SPIRITUAL VOICES (1995)
MÈRE ET FILS (1997)
CONFESSION (1998)
MOLOCH (1999)
ARCHE RUSSE, L' (2002)
PÈRE ET FILS (2003)
SOLEIL, LE (2005)

SOLANAS, Fernando
réalisateur argentin (1936-)
TANGOS : L'EXIL DE GARDEL (1985)
VOYAGE, LE (1992)
CLOUD, THE (1998)
MÉMOIRE D'UN SACCAGE (2004)

SOLLIMA, Sergio
réalisateur italien (1921-)
RUN, MAN, RUN (1968)
CITÉ DE LA VIOLENCE (1970)
REVOLVER (1973)

SOMMERS, Stephen
réalisateur américain (1962-)
ADVENTURES OF HUCK FINN, THE (1992)
JUNGLE BOOK, THE (1994)
DEEP RISING (1998)
MUMMY, THE (1999)
MUMMY RETURNS, THE (2001)
VAN HELSING (2004)

SONNENFELD, Barry
réalisateur américain (1953-)
ADDAMS FAMILY, THE (1991)
ADDAMS FAMILY VALUES, THE (1993)
FOR LOVE OR MONEY (1993)
GET SHORTY (1995)
MEN IN BLACK (1997)
WILD WILD WEST (1999)
BIG TROUBLE (2001)
MEN IN BLACK II (2002)

SPHEERIS, Penelope
réalisatrice américaine (1945-)
SUBURBIA (1984)
DUDES (1987)
DECLINE OF THE WESTERN CIVILIZATION II :
THE METAL YEARS, THE (1988)
WAYNE'S WORLD (1992)
LITTLE RASCALS, THE (1994)
BLACK SHEEP (1995)
SENSELESS (1998)

SPIELBERG, Steven
réalisateur américain (1947-)
COLUMBO : MURDER BY THE BOOK (1971)
DUEL (1972)
SUGARLAND EXPRESS, THE (1974)
JAWS (1975)
CLOSE ENCOUNTERS OF
THE THIRD KIND (1977)
1941 (1979)
RAIDERS OF THE LOST ARK (1981)
E.T. THE EXTRA-TERRESTRIAL (1982)
TWILIGHT ZONE : THE MOVIE (1983)
INDIANA JONES & THE TEMPLE
OF DOOM (1984)
COLOR PURPLE, THE (1985)
EMPIRE OF THE SUN (1987)
ALWAYS (1989)
INDIANA JONES AND
THE LAST CRUSADE (1989)
HOOK (1991)
JURASSIC PARK (1993)
SCHINDLER'S LIST (1993)
AMISTAD (1997)
JURASSIC PARK : THE LOST WORLD (1997)
SAVING PRIVATE RYAN (1998)
A.I. ARTIFICIAL INTELLIGENCE (2001)
CATCH ME IF YOU CAN (2002)
MINORITY REPORT (2002)
TERMINAL, THE (2004)
MUNICH (2005)
WAR OF THE WORLDS (2005)

SPOTTISWOODE, Roger
réalisateur canadien (1945-)
TERROR TRAIN (1979)
UNDER FIRE (1983)
BEST OF TIMES, THE (1986)
SHOOT TO KILL (1988)
TURNER & HOOCH (1989)
AIR AMERICA (1990)
AND THE BAND PLAYED ON (1993)
MESMER (1994)
TOMORROW NEVER DIES (1997)
6th DAY, THE (2000)
ICE BOUND (2003)

SPRINGSTEEN, R.G.
réalisateur américain (1904-1989)
RED MENACE, THE (1949)
APACHE UPRISING (1965)
JOHNNY RENO (1965)
HOSTILE GUNS (1967)

SPRINKLE, Annie
réalisatrice américaine (1954-)
DEEP INSIDE ANNIE SPRINKLE (1981)
BAZOOKA COUNTY (1988)
SLUTS AND GODDESSES
VIDEO WORKSHOP, THE (1992)

SPRY, Robin
réalisateur canadien (1939-)
ACTION : THE OCTOBER
CRISIS OF 1970 (1974)
ONE MAN (1977)
SUZANNE (1980)
KEEPING TRACK (1986)
OBSESSED (1987)
CRY IN THE NIGHT, A (1991)

STAHL, John M.
réalisateur américain (1886-1950)
IMITATION OF LIFE (1934)
LETTER OF INTRODUCTION, A (1938)
IMMORTAL SERGEANT (1943)
KEYS OF THE KINGDOM, THE (1946)
LEAVE HER TO HEAVEN (1946)
FATHER WAS A FULLBACK (1949)

STALLONE, Sylvester
réalisateur américain (1946-)
PARADISE ALLEY (1978)
ROCKY II (1979)
ROCKY III (1982)
STAYING ALIVE (1983)
ROCKY IV (1985)

STARRETT, Jack
réalisateur américain (1936-1989)
SLAUGHTER (1972)
CLEOPATRA JONES (1973)
RACE WITH THE DEVIL (1975)

STELLING, Jos
réalisateur néerlandais (1945-)
REMBRANDT-1669 (1977)
ILLUSIONNISTE, L' (1983)
POINTSMAN, THE (1986)
TALES OF EROTICA II (1996)

STEVENS Jr., George
réalisateur
GEORGE STEVENS :
A FILMAKER'S JOURNEY (1984)
SEPARATE BUT EQUAL (1991)
GEORGE STEVENS D-DAY TO BERLIN (1994)

STEVENS, George
réalisateur américain (1904-1975)
KENTUCKY KERNELS (1934)
ALICE ADAMS (1935)
ANNIE OAKLEY (1935)
SWING TIME (1936)
DAMSEL IN DISTRESS, A (1937)
QUALITY STREET (1937)
GUNGA DIN (1939)
PENNY SERENADE (1941)
TALK OF THE TOWN, THE (1942)
WOMAN OF THE YEAR (1942)
MORE THE MERRIER, THE (1943)
I REMEMBER MAMA (1947)
PLACE IN THE SUN, A (1950)
SHANE (1953)
GIANT (1956)
DIARY OF ANNE FRANK, THE (1959)
GREATEST STORY EVER TOLD, THE (1965)

STEVENSON, Robert
réalisateur anglais (1905-1986)
DR. JEKYLL AND MR. HYDE (1920)
MAN WHO CHANGED HIS MIND, THE (1936)
KING SOLOMON'S MINES (1937)
JOAN OF PARIS (1942)
FOREVER AND A DAY (1943)
JANE EYRE (1943)
DISHONORED LADY (1947)
MY FORBIDDEN PAST (1951)
WALK SOFTLY, STRANGER (1951)
OLD YELLER (1957)
DARBY O'GILL AND THE LITTLE PEOPLE (1959)
KIDNAPPED (1960)
ABSENT-MINDED PROFESSOR, THE (1961)
IN SEARCH OF THE CASTAWAYS (1962)
SON OF FLUBBER (1962)
MARY POPPINS (1964)
THAT DARN CAT ! (1965)
GNOME-MOBILE, THE (1967)
BLACKBEARD'S GHOST (1968)
LOVE BUG, THE (1968)
BEDKNOBS AND BROOMSTICKS (1971)
HERBIE RIDES AGAIN (1974)
ISLAND AT THE TOP OF THE WORLD, THE (1974)
SHAGGY D.A., THE (1976)

STILLER, Ben
réalisateur américain (1965-)
REALITY BITES (1994)
CABLE GUY, THE (1996)
ZOOLANDER (2001)

STILLER, MAURITZ
réalisateur suédois (1883-1928)
SIR ARNE'S TREASURE (1919)
EROTIKON (1920)
SAGA OF GOSTA BERLING, THE (1920)

STILLMAN, Whit
réalisateur (1952-)
METROPOLITAN (1989)
BARCELONA (1994)
LAST DAYS OF DISCO, THE (1998)

STOCKWELL, John
réalisateur américain (1961-)
CRAZY / BEAUTIFUL (2001)
BLUE CRUSH (2002)
INTO THE BLUE (2005)

STONE, Andrew L.
réalisateur américain (1902-1999)
STORMY WEATHER (1943)
JULIE (1956)
LAST VOYAGE, THE (1960)

STONE, Oliver
réalisateur américain (1946-)
SEIZURE (1973)
HAND, THE (1981)
SALVADOR (1985)
PLATOON (1986)
WALL STREET (1987)
TALK RADIO (1988)
BORN ON THE FOURTH OF JULY (1989)
DOORS, THE (1991)
JFK (1991)
HEAVEN AND EARTH (1993)
NATURAL BORN KILLERS (1994)
NIXON (1995)
U-TURN (1997)
ANY GIVEN SUNDAY (1999)
ALEXANDER (2005)

STORY, Tim
réalisateur américain (1970-)
BARBERSHOP (2002)
TAXI (2004)
FANTASTIC 4 (2005)

STREAMS, Chris
réalisateur
ILLEGAL ASS (2005)
SLOPPY SECONDS (2005)
REAL RACKS (2006)

STREISAND, Barbra
réalisatrice américaine (1942-)
YENTL (1983)
PRINCE OF TIDES, THE (1991)
MIRROR HAS TWO FACES (1996)

STRICK, Joseph
réalisateur américain (1923-)
BALCONY, THE (1963)
ULYSSES (1966)
TROPIC OF CANCER (1969)
ROAD MOVIE (1974)
JAMES JOYCE : A PORTRAIT OF THE ARTIST
AS A YOUNG MAN (1979)

STROCK, Herbert L.
réalisateur américain (1918-)
BLOOD OF DRACULA (1957)
TEENAGE FRANKENSTEIN (1957)
HOW TO MAKE A MONSTER (1958)
CRAWLING HAND, THE (1963)

STUART, Mel
réalisateur (1938-)
FOUR DAYS IN NOVEMBER (1964)
IF IT'S TUESDAY, THIS MUST
BE BELGIUM (1969)
WILLY WONKA AND
THE CHOCOLATE FACTORY (1971)
WATTSTAX, THE (1973)
SOPHIA LOREN : HER OWN STORY (1980)
MAN RAY : PROPHET OF
THE AVANT GARDE (1997)

STURGES, John
réalisateur américain (1910-1992)
MAGNIFICENT YANKEE, THE (1950)
ESCAPE FROM FORT BRAVO (1953)
BAD DAY AT BLACK ROCK (1954)
UNDERWATER ! (1955)
GUNFIGHT AT THE O.K. CORRAL (1957)
LAW AND JAKE WADE, THE (1958)
OLD MAN AND THE SEA, THE (1958)
LAST TRAIN FROM GUN HILL (1959)
NEVER SO FEW (1959)
MAGNIFICENT SEVEN, THE (1960)
BY LOVE POSSESSED (1961)
GREAT ESCAPE, THE (1963)
SATAN BUG, THE (1964)
HALLELUJAH TRAIL, THE (1965)
HOUR OF THE GUN (1967)
ICE STATION ZEBRA (1968)
MAROONED (1969)
JOE KIDD (1972)
MCQ (1973)
EAGLE HAS LANDED, THE (1976)

STURGES, Preston
réalisateur américain (1898-1959)
CHRISTMAS IN JULY (1940)
GREAT McGINTY, THE (1940)
PALM BEACH STORY, THE (1941)
SULLIVAN'S TRAVELS (1941)
MIRACLE OF MORGAN'S CREEK, THE (1943)
GREAT MOMENT, THE (1944)

HAIL THE CONQUERING HERO (1944)
UNFAITHFULLY YOURS (1948)
BEAUTIFUL BLONDE
FROM BASHFUL BEND, THE (1949)
SIN OF HAROLD DIDDLEBOCK, THE (1950)

STURRIDGE, Charles
réalisateur anglais (1951-)
ARIA (1987)
HANDFUL OF DUST, A (1988)
WHERE ANGELS FEAR TO TREAD (1991)
GULLIVER'S TRAVELS (1995)
FAIRY TALE : A TRUE STORY (1997)
LONGITUDE (2000)
SHACKLETON (2001)
LASSIE (2005)

SUBIELA, Eliseo
réalisateur argentin (1944-)
MAN FACING SOUTHEAST (1986)
COTÉ OBSCUR DU CŒUR, LE (1992)
DON'T DIE WITHOUT TELLING
ME WHERE YOU'RE GOING (1995)
CÔTÉ OBSCUR DU CŒUR II, LE (2001)

SULEIMAN, Elia
réalisateur isaraélien (1960-)
INTRODUCTION TO THE END
OF AN ARGUMENT (1990)
CHRONICLE OF A DISAPPEARANCE (1996)
INTERVENTION DIVINE (2002)

SULLIVAN, Kevin
réalisateur
ANNE OF GREEN GABLES (1985)
ANNE OF GREEN GABLES -
THE SEQUEL (1987)
LANTERN HILL (1990)

SUSSFELD, Jean-Claude
réalisateur français (1948-)
ELLE VOIT DES NAINS PARTOUT (1982)
LÉOPARD, LE (1984)
QUAND J'AVAIS CINQ ANS,
JE M'AI TUÉ (1994)

SUTHERLAND, Edward A.
réalisateur anglais (1895-1973)
INTERNATIONAL HOUSE (1933)
MURDERS IN THE ZOO (1933)
EVERY DAY'S A HOLIDAY (1937)
FLYING DEUCES (1939)
ONE NIGHT IN THE TROPICS (1940)
INVISIBLE WOMAN, THE (1941)
FOLLOW THE BOYS (1944)

SUZUKI, Norifumi
réalisateur
SCHOOL OF THE HOLY BEAST (1974)
KILLING MACHINE (1975)
SHOGUN'S NINJA (1980)

SUZUKI, Seijun
réalisateur japonais (1923-)
UNDERWORLD BEAUTY (1958)
KANTO WANDERER (1963)
YOUTH OF THE BEAST (1963)
GATE OF FLESH (1964)
STORY OF A PROSTITUTE (1965)
TATTOOED LIFE (1965)
FIGHTING ELEGY (1966)
TOKYO DRIFTER (1966)
BRANDED TO KILL (1967)
ZIGEUNERWEISEN (1980)
KAGERO-ZA (1981)
YUMEJI (1991)
PISTOL OPERA (2001)

SVANKMAJER, Jan
réalisateur tchèque (1934-)
ALICE (1988)
SCENES FROM THE SURREAL (1990)
FAUST (1994)
CONSPIRATORS OF PLEASURE (1996)
LITTLE OTIK (2000)

SVERAK, Jan
réalisateur tchèque (1965-)
ELEMENTARY SCHOOL, THE (1991)
KOLYA (1996)
DARK BLUE WORLD (2001)

SWAIM, Bob
réalisateur américain (1943-)
NUIT DE SAINT-GERMAIN DES PRÉS, LA (1977)
BALANCE, LA (1982)
HALF MOON STREET (1986)
MASQUERADE (1988)

SWIFT, David
réalisateur américain (1919-2001)
POLLYANNA (1960)
PARENT TRAP, THE (1961)
UNDER THE YUM-YUM TREE (1963)
HOW TO SUCCEED IN BUSINESS
WITHOUT REALLY TRYING (1966)

SZABO, Istvan
réalisateur hongrois (1938-)
PÈRE (1966)
LOVEFILM (1970)
25 RUE DES SAPEURS (1973)
BUDAPEST TALES (1976)
MÉPHISTO (1981)
COLONEL REDL (1984)
HANUSSEN (1988)
MEETING VENUS (1991)
SWEET EMMA, DEAR BÕBE (1991)
SUNSHINE (1999)
TAKING SIDES : LE CAS FURTWANGLER (2001)
BEING JULIA (2004)

SZWARC, Jeannot
réalisateur français (1939-)
BUG (1975)
JAWS II (1978)
SOMEWHERE IN TIME (1980)
SUPERGIRL : THE MOVIE (1984)
SANTA CLAUS : THE MOVIE (1985)
VENGEANCE D'UNE BLONDE, LA (1993)

TACCHELLA, Jean-Charles
réalisateur français (1925-)
COUSIN, COUSINE (1975)
IL Y A LONGTEMPS QUE JE T'AIME (1979)
CROQUE LA VIE (1981)
ESCALIER C (1985)
TRAVELLING AVANT (1987)
DAMES GALANTES (1990)
HOMME DE MA VIE, L' (1992)

TAMAHORI, Lee
réalisateur néo-zélandais (1950-)
ONCE WERE WARRIORS (1994)
MULHOLLAND FALLS (1996)
EDGE, THE (1997)
ALONG CAME A SPIDER (2001)
DIE ANOTHER DAY (2002)
XXX - STATE OF THE UNION (2005)

TANA, Paul
réalisateur québécois (1947-)
CAFFÈ ITALIA MONTRÉAL (1985)
SARRASINE, LA (1992)
DÉROUTE, LA (1998)

TANNER, Alain
réalisateur suisse (1929-)
JONAS QUI AURA 25 ANS
EN L'AN 2000 (1976)
ANNÉES LUMIÈRE, LES (1980)
FLAMME DANS MON CŒUR, UNE (1987)
JOURNAL DE LADY M., LE (1993)

TANOVIC, Danis
réalisateur yougoslave (1969-)
NO MAN'S LAND (2001)
SEPTEMBRE 11-09-01 (2002)
ENFER, L' (2005)

TARANTINO, Quentin
réalisateur américain (1963-)
RESERVOIR DOGS (1991)
PULP FICTION (1994)
FOUR ROOMS (1995)
JACKIE BROWN (1997)
KILL BILL I (2003)
KILL BILL II (2004)

TARKOVSKY, Andrei
réalisatrice russe (1932-1986)
STEAMROLLER AND THE VIOLIN, THE (1960)
ENFANCE D'IVAN, L' (1961)
ANDREI RUBLEV (1966)
SOLARIS (1972)
MIROIR, LE (1974)
STALKER (1979)
NOSTALGHIA (1983)
VOYAGE IN TIME (1983)
SACRIFICE, LE (1986)

TARR, Béla
réalisateur hongrois (1955-)
FAMILY NEST (1977)
OUTSIDER, THE (1981)
PREFAB PEOPLE (1982)
ALMANAC OF FALL (1983)
DAMNATION (1987)
WERCKMEISTER HARMONIES (2000)

TARTAKOVSKY, Genndy
réalisateur
STAR WARS -
CLONE WARS (VOLUME I) (2003)
ASTRO BOY (2004) (2004)
STAR WARS -
CLONE WARS (VOLUME II) (2004)

TASHLIN, Frank
réalisateur américain (1913-1972)
SON OF PALEFACE (1952)
ARTISTS AND MODELS (1955)
GIRL CAN'T HELP IT, THE (1956)
HOLLYWOOD OR BUST (1956)
WILL SUCCESS SPOIL ROCK HUNTER ? (1956)
GEISHA BOY, THE (1958)
ROCK-A-BYE BABY (1958)
CINDERFELLA (1960)
WHO'S MINDING THE STORE ? (1963)
DISORDERLY ORDERLY, THE (1964)
ALPHABET MURDERS, THE (1966)
GLASS BOTTOM BOAT, THE (1966)

TATI, Jacques
réalisateur français (1908-1982)
SOIGNE TON GAUCHE /
GAI DIMANCHE (1935)
JOUR DE FÊTE (1949)
VACANCES DE MONSIEUR HULOT, LES (1953)
MON ONCLE (1957)
PLAY TIME (1967)
TRAFIC (1971)
PARADE (1974)

TAUROG, Norman
réalisateur américain (1899-1981)
WE'RE NOT DRESSING (1934)
RHYTHM ON THE RANGE (1936)
BOYS TOWN (1938)
MAD ABOUT MUSIC (1938)
BROADWAY MELODY OF 1940 (1940)
LITTLE NELLIE KELLY (1940)
MEN OF BOYS TOWN (1941)
GIRL CRAZY (1943)
PRESENTING LILY MARS (1943)
YOUNG TOM EDISON (1944)
WORDS AND MUSIC (1948)
THAT MIDNIGHT KISS (1949)
TOAST OF NEW ORLEANS, THE (1950)
JUMPING JACKS (1951)
RICH, YOUNG AND PRETTY (1951)
CADDY, THE (1953)
STOOGE, THE (1953)
PARDNERS (1955)
BUNDLE OF JOY (1956)
ONIONHEAD (1958)
G.I. BLUES (1960)
BLUE HAWAII (1961)
GIRLS ! GIRLS ! GIRLS ! (1962)
IT HAPPENED AT
THE WORLD'S FAIR (1963)
DR. GOLDFOOT AND
THE BIKINI MACHINE (1966)
SPINOUT (1966)
DOUBLE TROUBLE (1967)
SPEEDWAY (1968)

TAVERNIER, Bertrand
réalisateur français (1941-)
HORLOGER DE SAINT-PAUL, L' (1973)
QUE LA FÊTE COMMENCE ! (1974)
JUGE ET L'ASSASSIN, LE (1976)
DES ENFANTS GÂTÉS (1977)
MORT EN DIRECT, LA (1979)
COUP DE TORCHON (1981)
MISSISSIPPI BLUES (1982)
DIMANCHE À LA CAMPAGNE, UN (1984)
ROUND MIDNIGHT (1986)
PASSION BÉATRICE, LA (1987)
VIE ET RIEN D'AUTRE, LA (1989)
DADDY NOSTALGIE (1990)
GUERRE SANS NOM, LA (1992)
L.627 (1992)
FILLE DE D'ARTAGNAN, LA (1994)
APPÂT, L' (1995)
CAPITAINE CONAN (1996)
ÇA COMMENCE AUJOURD'HUI (1999)
LAISSEZ-PASSER (2001)
HOLY LOLA (2004)

TAVIANI, Paolo
réalisateur italien (1931-)
SAINT-MICHEL AVAIT UN COQ (1971)
AFFINITÉS ÉLECTIVES, LES (1996)
TU RIS (1998)
SAN FELICE, LA (2004)

TAVIANI, Vittorio
réalisateur italien (1929-)
SAINT-MICHEL AVAIT UN COQ (1971)
ALLONSANFAN (1974)
PADRE, PADRONE (1977)
NUIT DE SAN LORENZO, LA (1981)
KAOS (1984)
GOOD MORNING, BABYLON (1987)
SOLEIL MÊME LA NUIT, LE (1989)
FIORILE (1993)
AFFINITÉS ÉLECTIVES, LES (1996)
TU RIS (1998)
SAN FELICE, LA (2004)

TAYLOR, Don
réalisateur américain (1920-1998)
ESCAPE FROM THE PLANET
OF THE APES (1971)
TOM SAWYER (1972)
ISLAND OF DR. MOREAU, THE (1977)
DAMIEN - OMEN II (1978)
FINAL COUNTDOWN, THE (1980)
MY WICKED, WICKED WAYS (1985)

TAYLOR, Ray
réalisateur américain (1888-1952)
RETURN OF CHANDU (1934)
FLASH GORDON CONQUERS
THE UNIVERSE (1940)
GREEN HORNET, THE (1940)

TAYLOR, Sam
réalisateur américain (1895-1958)
MY BEST GIRL (1927)
TEMPEST (1928)
COQUETTE (1929)
NOTHING BUT TROUBLE (1944)

TEAGUE, Lewis
réalisateur américain (1941-)
ALLIGATOR (1980)
CUJO (1983)
CAT'S EYE (1984)
JEWEL OF THE NILE, THE (1985)

TÉCHINÉ, André
réalisateur français (1943-)
BAROCCO (1976)
LIEU DU CRIME, LE (1985)
RENDEZ-VOUS (1985)
J'EMBRASSE PAS (1991)
MA SAISON PRÉFÉRÉE (1993)
ROSEAUX SAUVAGES, LES (1994)
VOLEURS, LES (1996)
ALICE ET MARTIN (1998)
ÉGARÉS, LES (2003)
TEMPS QUI CHANGENT, LES (2005)

TEMPLE, Julien
réalisateur anglais (1953-)
GREAT ROCK'N'ROLL SWINDLE, THE (1980)
SECRET POLICEMAN'S
OTHER BALL (1982)
HISTOIRE D'O 2 (1984)
ABSOLUTE BEGINNERS (1986)
ARIA (1987)
EARTH GIRLS ARE EASY (1989)
VIGO : A PASSION FOR LIFE (1998)
FILTH AND THE FURY, THE (1999)
PANDAEMONIUM (2000)

TENNANT, Andy
réalisateur américain
IT TAKES TWO (1995)
FOOLS RUSH IN (1997)
EVER AFTER : A CINDERELLA STORY (1998)
ANNA AND THE KING (1999)
SWEET HOME ALABAMA (2002)
HITCH (2005)

TESHIGAHARA, Hiroshi
réalisateur japonais (1927-)
FEMME DE SABLE, LA (1964)
ANTONIO GAUDI (1985)
RIKYU (1989)
BASARA : THE PRINCESS GOH (1992)

TESSIER , Éric
réalisateur
3 X RIEN (2003-04)
SUR LE SEUIL (2003)

TETZLAFF, Ted
réalisateur américain (1903-)
RIFF RAFF (1947)
WINDOW, THE (1949)
WHITE TOWER, THE (1950)

TEWKSBURY, Peter
réalisateur américain (1923-2003)
SUNDAY IN NEW YORK (1963)
STAY AWAY, JOE (1968)
TROUBLE WITH GIRLS, THE (1969)

THOMAS, Betty
réalisatrice américaine (1948-)
BRADY BUNCH MOVIE, THE (1995)
LATE SHIFT, THE (1995)
PRIVATE PARTS (1997)
28 DAYS (2000)
I SPY (2002)

THOMAS, Pascal
réalisateur français (1945-)
MARIS, LES FEMMES,
LES AMANTS, LES (1989)
PAGAILLE, LA (1991)
DILETTANTE, LA (1999)
MERCREDI, FOLLE JOURNÉE ! (2001)

THOMAS, Ralph
réalisateur anglais (1915-)
CLOUDED YELLOW, THE (1951)
DOCTOR IN THE HOUSE (1954)
DOCTOR AT SEA (1955)
DOCTOR AT LARGE (1956)
CAMPBELL'S KINGDOM (1957)
TALE OF TWO CITIES, A (1958)
DOCTOR IN LOVE (1960)
DOCTOR IN DISTRESS (1963)
DOCTOR IN CLOVER (1965)
HIGH COMMISSIONER, THE (1968)
DOCTOR IN TROUBLE (1970)
PERCY (1971)

THOMPSON, J. Lee
réalisateur anglais (1914-2002)
TIGER BAY (1959)
NORTHWEST FRONTIER
(FLAME OVER INDIA) (1960)
GUNS OF NAVARONE, THE (1961)
CAPE FEAR (1962)
TARAS BULBA (1962)
WHAT A WAY TO GO ! (1964)
MACKENNA'S GOLD (1968)
CONQUEST OF THE PLANET
OF THE APES (1972)
BATTLE FOR THE PLANET
OF THE APES (1973)
HUCKLEBERRY FINN (1974)
ST. IVES (1976)
WHITE BUFFALO, THE (1977)
GREEK TYCOON, THE (1978)
HAPPY BIRTHDAY TO ME (1981)
10 TO MIDNIGHT (1983)
EVIL THAT MEN DO, THE (1983)
AMBASSADOR, THE (1984)
KING SOLOMON'S MINES (1985)
MURPHY'S LAW (1986)
DEATH WISH 4 :
THE CRACKDOWN (1987)
MESSENGER OF DEATH (1988)
KINJITE : FORBIDDEN SUBJECTS (1989)

THORNTON, Billy Bob
réalisateur américain (1955-)
SLING BLADE (1995)
ALL THE PRETTY HORSES (2000)
DADDY AND THEM (2001)

THORPE, Richard
réalisateur américain (1896-1991)
DOUBLE WEDDING (1937)
NIGHT MUST FALL (1937)
TARZAN ESCAPES (1937)
ADVENTURES OF
HUCKLEBERRY FINN, THE (1939)
TARZAN FINDS A SON ! (1939)
TARZAN'S SECRET TREASURE (1941)
TARZAN'S NEW YORK ADVENTURE (1942)
WHITE CARGO (1942)
ABOVE SUSPICION (1943)
THIN MAN GOES HOME, THE (1944)
TWO GIRLS AND A SAILOR (1944)
DATE WITH JUDY, A (1948)
MALAYA (1948)
ON AN ISLAND WITH YOU (1948)
SUN COMES UP, THE (1948)
GREAT CARUSO, THE (1950)
THREE LITTLE WORDS (1950)
VENGEANCE VALLEY (1950)
IVANHOE (1952)
PRISONER OF ZENDA, THE (1952)
ALL THE BROTHERS WERE VALIANT (1953)
GIRL WHO HAD EVERYTHING, THE (1953)
KNIGHTS OF THE ROUND TABLE (1954)
STUDENT PRINCE, THE (1954)
PRODIGAL, THE (1955)
JAILHOUSE ROCK (1957)
HONEYMOON MACHINE, THE (1961)
HORIZONTAL LIEUTENANT, THE (1962)
FUN IN ACAPULCO (1963)
THAT FUNNY FEELING (1965)

TILL, Eric
réalisateur (1929-)
HOT MILLIONS (1968)
GETTING MARRIED IN BUFFALLO JUMP (1990)
GIRL NEXT DOOR, THE (1998)
LUTHER (2003)

TO, Johnny
réalisateur hong-kongais (1955-)
FUN, THE LUCK AND THE TYCOON, THE (1990)
HEROIC TRIO, THE (1992)
RUNNING OUT OF TIME (1999)
FULL TIME KILLER (2001)
PTU (2003)
BREAKING NEWS (2004)

TOBACK, James
réalisateur américain (1944-)
FINGERS (1977)
EXPOSED (1983)
PICK-UP ARTIST, THE (1987)
TWO GIRLS AND A GUY (1997)
BLACK AND WHITE (1999)
WHEN WILL I BE LOVED (2004)

TOKAR, Norman
réalisateur américain (1920-1979)
UGLY DACHSHUND, THE (1965)
HAPPIEST MILLIONAIRE, THE (1967)
HORSE IN THE GRAY FLANNEL
SUIT, THE (1968)
CANDLESHOE (1977)
CAT FROM OUTER SPACE, THE (1978)

TONG, Stanley
réalisateur
LEGEND OF THE SWORDSMAN (1991)
SWORDSMAN II (1991)
SUPERCOP (1992)
PROJECT S (1993)
SUPERCOP 2 (1994)
FIRST STRIKE (1996)
RUMBLE IN THE BRONX (1996)
MR. MAGOO (1997)
CHINA STRIKE FORCE (2000)

TORNATORE, Giuseppe
réalisateur italien (1956-)
MAÎTRE DE LA CAMORRA, LE (1986)
CINÉMA PARADISO (1988)
ILS VONT TOUS BIEN (1990)
PURE FORMALITÉ, UNE (1994)
STARMAKER, THE (1995)
LEGEND OF 1900, THE (1999)
MALÈNA (2000)

TORRE NILSSON, Leopoldo
réalisateur argentin (1924-1978)
MARTIN FIERRO (1968)
SEVEN MADMEN, THE (1973)
PAINTED LIPS (1974)

TORRES, Fina
réalisatrice vénézuélienne (1957-)
ORIANE (1984)
ORIANA (1985)
MÉCANIQUES CÉLESTES (1994)
WOMAN ON TOP (2000)

TOURNEUR, Jacques
réalisateur français (1904-1977)
CAT PEOPLE (1942)
I WALKED WITH A ZOMBIE (1943)
LEOPARD MAN, THE (1943)
DAYS OF GLORY (1944)
CANYON PASSAGE (1946)
OUT OF THE PAST (1947)
BERLIN EXPRESS (1948)
EASY LIVING (1949)
FLAME AND THE ARROW, THE (1950)
STARS IN MY CROWN (1950)
CURSE OF THE DEMON (1957)
COMEDY OF TERRORS, THE (1963)
WAR GODS OF THE DEEP (1964)

TOURNEUR, Maurice
réalisateur français (1876-1961)
BLUE BIRD, THE (1918)
LAST OF THE MOHICANS, THE (1920)
LORNA DOONE (1922)

TOWNE, Robert
réalisateur américain (1934-)
PERSONAL BEST (1982)
TEQUILA SUNRISE (1988)
WITHOUT LIMITS (1998)
ASK THE DUST (2006)

TOWNSEND, Robert
réalisateur américain (1957-)
EDDIE MURPHY RAW (1987)
HOLLYWOOD SHUFFLE (1987)
FIVE HEARTBEATS, THE (1991)
METEOR MAN (1993)
B.A.P.S. (1997)
HOLIDAY HEART (2000)
10, 000 BLACK MEN NAMED GEORGE (2002)

TREUT, Monika
réalisatrice allemande (1954-)
SEDUCTION : THE CRUEL WOMAN (1985)
VIRGIN MACHINE (1988)
MY FATHER IS COMING (1991)
FEMALE MISBEHAVIOR (1992)
DIDN'T DO IT FOR LOVE (1997)

TRINTIGNANT, Nadine
réalisatrice française (1934-)
VOLEUR DE CRIMES, LE (1969)
ÇA N'ARRIVE QU'AUX AUTRES (1971)
DÉFENSE DE SAVOIR (1973)
PREMIER VOYAGE (1980)
ÉTÉ PROCHAIN, L' (1984)

TROCHE, Rose
réalisateur
GO FISH (1994)
BEDROOMS AND HALLWAYS (1998)
SAFETY OF OBJECTS, THE (2001)

TROELL, Jan
réalisateur suédois (1931-)
EMIGRANTS, THE (1972)
NEW LAND, THE (1972)
ZANDY'S BRIDE (1974)
HURRICANE (1979)
HAMSUN (1996)

TRUEBA, Fernando
réalisateur espagnol (1955-)
TWISTED OBSESSION (1988)
BELLE ÉPOQUE (1992)
TWO MUCH (1996)
TWO MUCH (1996)
GIRL OF YOUR DREAMS, THE (1998)
CALLE 54 (2000)

TRUFFAUT, François
réalisateur français (1932-1984)
400 COUPS, LES (1958)
TIREZ SUR LE PIANISTE (1960)
JULES ET JIM (1961)
PEAU DOUCE, LA (1964)
FAHRENHEIT 451 (1966)
MARIÉE ÉTAIT EN NOIR, LA (1967)
BAISERS VOLÉS (1968)
ENFANT SAUVAGE, L' (1969)
SIRÈNE DU MISSISSIPPI, LA (1969)
DOMICILE CONJUGAL (1970)
2 ANGLAISES ET LE CONTINENT, LES (1971)
NUIT AMÉRICAINE, LA (1973)
ARGENT DE POCHE, L' (1975)
HISTOIRE D'ADÈLE H., L' (1975)
HOMME QUI AIMAIT LES FEMMES, L' (1977)
AMOUR EN FUITE, L' (1978)
CHAMBRE VERTE, LA (1978)
DERNIER MÉTRO, LE (1980)
FEMME D'À CÔTÉ, LA (1981)
VIVEMENT DIMANCHE ! (1983)
AVENTURES D'ANTOINE DOINEL, LES (2004)

TSAI, Ming-Liang
réalisateur malaisien (1957-)
REBELS OF THE NEON GOD (1992)
VIVE L'AMOUR (1994)
HOLE, THE (1997)
RIVER, THE (1997)
WHAT TIME IS IT THERE (2001)
GOODBYE DRAGON INN (2003)

TSUI, Hark
réalisateur vietnamien (1951-)
ZU. WARRIORS FROM
THE MAGIC MOUNTAIN (1983)
BETTER TOMORROW 3, A (1989)
MASTER, THE (1989)
IL ÉTAIT UNE FOIS EN CHINE (1991)
TWIN DRAGONS (1991)
EAST IS RED, THE (1993)
GREEN SNAKE (1993)
ONCE UPON A TIME IN CHINA III (1993)
ONCE UPON A TIME IN CHINA V (1994)
CHINESE FEAST, THE (1995)
DOUBLE TEAM (1997)
KNOCK OFF (1998)
TIME AND TIDE (2000)
BLACK MASK II : CITY OF MASKS (2001)

TSUKAMOTO, Shinya
réalisateur japonais (1960-)
TETSUO - THE IRON MAN (1988)
TETSUO II : THE BODY HAMMER (1992)
TOKYO FIST (1995)
BULLET BALLET (1998)
GEMINI (1999)
SNAKE OF JUNE, A (2002)
VITAL (2004)

TUCCI, Stanley
réalisateur américain (1960-)
BIG NIGHT (1996)
IMPOSTORS, THE (1998)
JOE GOULD'S SECRET (2000)

TURPIN, André
réalisateur québécois (1966-)
ZIGRAIL (1995)
COSMOS (1996)
CRABE DANS LA TÊTE, UN (2001)

TURTELTAUB, Jon
réalisateur (1964-)
COOL RUNNINGS (1993)
WHILE YOU WERE SLEEPING (1995)
PHENOMENON (1996)
INSTINCT (1999)
KID, THE (2000)

TUTTLE, Frank
réalisateur américain (1892-1963)
ROMAN SCANDALS (1933)
WAIKIKI WEDDING (1937)
THIS GUN FOR HIRE (1942)
GUNMAN IN THE STREETS (1950)

TWOHY, David N.
réalisateur (1956-)
TIMESCAPE (1991)
ARRIVAL, THE (1996)
PITCH BLACK (2000)
BELOW (2002)
CHRONICLES OF RIDDICK (2004)

ULLMANN, Liv
réalisatrice suédoise (1939-)
SOFIE (1992)
KRISTIN LAVRANSDATTER (1995)
PRIVATE CONFESSIONS (1997)
FAITHLESS (2000)

ULMER, Edgar G.
réalisateur australien (1900-1972)
PEOPLE ON SUNDAY (1929)
BLACK CAT, THE (1934)
SINGING BLACKSMITH, THE (1937)
LIGHT AHEAD, THE (1939)
MONSOON (1943)
BLUEBEARD (1944)
DETOUR (1945)
STRANGE WOMAN, THE (1946)
CARNEGIE HALL (1947)
RUTHLESS (1948)
MAN FROM PLANET X, THE (1951)
AMAZING TRANSPARENT
MAN, THE (1960)

UNDERWOOD, Ron
réalisateur américain (1953-)
TREMORS (1989)
CITY SLICKERS (1991)
HEART AND SOULS (1993)
SPEECHLESS (1994)
MIGHTY JOE YOUNG (1998)
ADVENTURES OF
PLUTO NASH, THE (2002)

VADIM, Roger
réalisateur français (1928-2000)
ET DIEU CRÉA LA FEMME (1956)
BIJOUTIERS DU CLAIR DE LUNE, LES (1957)
ET MOURIR DE PLAISIR (1959)
LIAISONS DANGEREUSES, LES (1959)
BRIDE SUR LE COU, LA (1960)
SEPT PÉCHÉS CAPITAUX, LES (1961)
REPOS DU GUERRIER, LE (1962)
RONDE, LA (1964)
CURÉE, LA (1966)
BARBARELLA (1968)
HISTOIRES EXTRAORDINAIRES (1968)
HELLÉ (1972)
DON JUAN 73 (1973)
UNE FEMME FIDÈLE (1976)
NIGHT GAMES (1979)
COUP DE MAITRE (1981)
SURPRISE PARTY (1982)
AND GOD CREATED WOMAN (1987)

VAN DYKE II, W.S.
réalisateur américain (1889-1943)
TRADER HORN (1931)
TARZAN, THE APE MAN (1932)
FORSAKING ALL OTHERS (1934)
MANHATTAN MELODRAMA (1934)
THIN MAN, THE (1934)
I LIVE MY LIFE (1935)
NAUGHTY MARIETTA (1935)
ROSE MARIE (1935)
LOVE ON THE RUN (1936)
SAN FRANCISCO (1936)
AFTER THE THIN MAN (1937)
PERSONAL PROPERTY (1937)
SWEETHEARTS (1937)
ROSALIE (1938)
ANDY HARDY GETS
SPRING FEVER (1939)
ANOTHER THIN MAN (1939)
MARIE ANTOINETTE (1939)
BITTER SWEET (1940)
I LOVE YOU AGAIN (1940)
I MARRIED AN ANGEL (1941)
SHADOW OF THE THIN MAN (1941)
CAIRO (1942)
JOURNEY FOR MARGARET (1942)

VAN EFFENTERRE, Bertrand
réalisateur français (1946-)
BÂTARD, LE (1983)
TUMULTES (1990)
TOUT POUR L'OSEILLE (2003)

VAN HORN, Buddy
réalisateur (1929-)
ANY WHICH WAY YOU CAN (1980)
DEAD POOL, THE (1988)
PINK CADILLAC (1989)

VAN PEEBLES, Mario
réalisateur mexicain (1957-)
NEW JACK CITY (1991)
POSSE (1993)
PANTHER (1995)
BAADASSSSS ! (2003)

VAN PEEBLES, Melvin
réalisateur américain (1932-)
STORY OF A 3-DAY PASS (1968)
STORY OF A THREE-DAY PASS (1968)
WATERMELON MAN, THE (1970)
SWEET SWEETBACK'S
BAAD ASSSSS SONG (1971)
DON'T PLAY US CHEAP (1973)
TALES OF EROTICA (1996)

VAN SANT, Gus
réalisateur américain (1952-)
DRUGSTORE COWBOY (1989)
MY OWN PRIVATE IDAHO (1991)
EVEN COWGIRLS GET THE BLUES (1994)
TO DIE FOR (1995)
GOOD WILL HUNTING (1997)
PSYCHO (1998)
FINDING FORRESTER (2000)
GERRY (2002)
ELEPHANT (2003)
LAST DAYS (2005)

VARDA, Agnès
réalisatrice française (1928-)
CLÉO DE 5 À 7 (1962)
BONHEUR, LE (1965)
UNE CHANTE, L'AUTRE PAS, L' (1976)
SANS TOIT NI LOI (1985)
JANE B. PAR AGNÈS V. (1987)
KUNG-FU MASTER ! (1987)
JACQUOT DE NANTES (1991)
CENT ET UNE NUITS, LES (1994)
UNIVERS DE JACQUES DEMY, L' (1995)
GLANEURS ET LA GLANEUSE, LES (2000)

VEBER, Francis
réalisateur français (1937-)
JOUET, LE (1976)
CHÈVRE, LA (1981)
COMPÈRES, LES (1983)
FUGITIFS, LES (1986)
THREE FUGITIVES (1989)
JAGUAR, LE (1996)
DÎNER DE CONS, LE (1998)
PLACARD, LE (2000)
TAIS-TOI (2003)

VELASCO, Joseph
réalisateur
RETURN OF BRUCE (1977)
ENTER THE GAME OF DEATH (1978)
FURIOUS, THE (1983)

VENEGAS, Olivia
réalisateur
GTO 8 : TRANSFORMATIONS (2000)
GTO 9 : FIELD TRIPS (2000)
GTO 10 : ACCUSATION (2003)
GTO 6 : HOLY FOREST (2003)
GTO 7 : SHOWBIZ (2003)

VERBINSKI, Gore
réalisateur américain (1964-)
MOUSE HUNT (1997)
MEXICAN, THE (2001)
RING, THE (2002)
PIRATES OF THE CARIBBEAN :
THE CURSE OF THE BLACK PEARL (2003)
WEATHER MAN, THE (2005)

VERGEZ, Gérard
réalisateur français (1937-)
BRAS DE FER (1985)
DIABLE AU CORPS, LE (1992)
SENSO (1992)

VERHOEVEN, Paul
réalisateur néerlandais (1938-)
BUSINESS IS BUSINESS (1971)
TURKISH DELIGHT (1973)
KEETJE TIPPEL (1976)
SOLDIER OF ORANGE (1978)
SPETTERS (1980)
QUATRIÈME HOMME, LE (1983)
FLESH + BLOOD (1985)
ROBOCOP (1987)

TOTAL RECALL (1990)
BASIC INSTINCT (1992)
SHOWGIRLS (1995)
STARSHIP TROOPERS (1997)
HOLLOW MAN (2000)

VERNEUIL, Henri
réalisateur français (1920-2002)
FRUIT DÉFENDU, LE (1952)
MOUTON À CINQ PATTES, LE (1954)
SOIS BELLE ET TAIS-TOI (1958)
GRAND CHEF, LE (1959)
VACHE ET LE PRISONNIER, LA (1959)
MÉLODIE EN SOUS-SOL (1962)
SINGE EN HIVER, UN (1962)
CENT MILLE DOLLARS AU SOLEIL (1964)
BATAILLE DE SAN SEBASTIAN, LA (1968)
CLAN DES SICILIENS, LE (1968)
CASSE, LE (1971)
NIGHT FLIGHT FROM MOSCOW (1972)
SERPENT, LE (1972)
I... COMME ICARE (1979)
MILLE MILLIARDS DE DOLLARS (1981)
MORFALOUS, LES (1983)
588, RUE PARADIS (1991)
MAYRIG (1991)

VERNOUX, Marion
réalisatrice française (1966-)
PERSONNE NE M'AIME (1993)
LOVE, ETC. (1996)
RIEN À FAIRE (1999)
REINES D'UN JOUR (2001)

VEROW, Todd
réalisateur américain (1966-)
LITTLE SHOTS OF HAPPINESS (1997)
SHUCKING THE CURVE (1998)
TROUBLE WITH
PERPETUAL DEJA VU (1999)

VIANEY, Michel
réalisateur français (1932-)
PLUS ÇA VA, MOINS ÇA VA (1977)
ASSASSIN QUI PASSE, UN (1981)
DIMANCHE DE FLIC, UN (1982)

VIDOR, Charles
réalisateur hongrois (1900-1959)
LADY IN QUESTION, THE (1940)
DESPERADOES, THE (1942)
TUTTLES OF TAHITI, THE (1942)
COVER GIRL (1944)
SONG TO REMEMBER, A (1945)
GILDA (1947)
LOVES OF CARMEN, THE (1948)
HANS CHRISTIAN ANDERSEN (1952)
RHAPSODY (1954)
LOVE ME OR LEAVE ME (1955)
SWAN, THE (1955)
FAREWELL TO ARMS, A (1957)
SONG WITHOUT END (1960)

VIDOR, King
réalisateur américain (1894-1982)
BIG PARADE, THE (1925)
CROWD, THE (1928)
SHOW PEOPLE (1928)
HALLELUJAH (1929)
CHAMP, THE (1931)
STREET SCENE (1931)
OUR DAILY BREAD (1934)
WEDDING NIGHT, THE (1935)
STELLA DALLAS (1937)
CITADEL, THE (1939)
COMRADE X (1940)
NORTHWEST PASSAGE (1940)
DUEL IN THE SUN (1947)
ON OUR MERRY WAY (1947)
BEYOND THE FOREST (1949)
FOUNTAINHEAD, THE (1949)
RUBY GENTRY (1953)
MAN WITHOUT A STAR (1955)
WAR AND PEACE (1955)
SOLOMON AND SHEBA (1959)

VIGNE, Daniel
réalisateur français (1942-)
HOMMES, LES (1972)
RETOUR DE MARTIN GUERRE, LE (1982)
UNE FEMME OU DEUX (1985)
ADRIEN ET VICKY (1989)

VILLENEUVE, Denis
réalisateur québécois (1967-)
REW FFWD (1994)
COSMOS (1996)
32 AOÛT SUR TERRE, UN (1998)
MAËLSTROM (2000)

VILSMAIER, Joseph
réalisateur allemand (1939-)
STALINGRAD (1992)
BROTHER OF SLEEP (1995)
HARMONISTES, LES (1997)

VINCENT, Christian
réalisateur français (1955-)
DISCRÈTE, LA (1990)
BEAU FIXE (1992)
SÉPARATION, LA (1994)

VINCENT, Chuck (LARRY REVENE)
réalisateur américain (1940-)
BAD PENNY (1978)
JACH'N JILL (1979)
BLUE MAGIC (1981)
CLEO LEO (1989)

VINTERBERG, Thomas
réalisateur
FÊTE DE FAMILLE (1998)
IT'S ALL ABOUT LOVE (2003)
DEAR WENDY (2005)

VISCONTI, Luchino
réalisateur italien (1906-1976)
OSSESSIONE (1942)
TERRA TREMA, LA (1948)
SENSO (1954)
NUITS BLANCHES (1957)
ROCCO ET SES FRÈRES (1960)
BOCCACE 70 (1962)
GUÉPARD, LE (1963)
SANDRA (1965)
DAMNÉS, LES (1969)
MORT À VENISE (1971)
LUDWIG (1972)
VIOLENCE ET PASSION (1973)
INNOCENT, L' (1976)

VOGEL, Virgil
réalisateur américain (1919-)
LAND UNKNOWN, THE (1956)
MOLE PEOPLE, THE (1956)
BEULAH LAND (1980)

VON PRAUNHEIM, Rosa
réalisatrice russe (1942-)
ANITA : DANCES OF VICE (1987)
SILENCE = DEATH (1990)
I AM MY OWN WOMAN (1992)
NEUROSIA (1995)
EINSTEIN OF SEX, THE (1999)

VON SCHERLER MAYER, Daisy
réalisatrice américaine (1965-)
PARTY GIRL (1994)
MADELINE (1998)
WOO (1998)
GURU, THE (2002)

VON STERNBERG, Josef
réalisateur autrichien (1894-1969)
DOCKS OF NEW YORKS, THE (1928)
LAST COMMAND, THE (1928)
ANGE BLEU, L' (1930)
MOROCCO (1930)
DISHONORED (1931)
BLONDE VENUS (1932)
SHANGHAI EXPRESS (1932)
SCARLET EMPRESS, THE (1934)
CRIME AND PUNISHMENT (1935)
DEVIL IS A WOMAN, THE (1935)
SHANGHAI GESTURE, THE (1941)
JET PILOT (1950)

VON STROHEIM, Erich
réalisateur autrichien (1885-1957)
BLIND HUSBANDS (1919)
FOOLISH WIVES (1921)
GREED (1923)
WEDDING MARCH, THE (1928)
GREAT GABBO, THE (1929)
QUEEN KELLY (1929)

VON TRIER, Lars
réalisateur danois (1956-)
ELEMENT OF CRIME (1984)
EPIDEMIC (1987)
MEDEA (1988)
EUROPA (1991)
KINGDOM 1, THE (1994)
AMOUR EST UN POUVOIR SACRÉ, L' (1996)
KINGDOM 2, THE (1997)
IDIOTS, LES (1998)
DANCER IN THE DARK (2000)
DOGVILLE (2003)
FIVE OBSTRUCTIONS, THE (2003)
MANDERLAY (2005)

VON TROTTA, Margarethe
réalisatrice allemande (1942-)
HONNEUR PERDU
DE KATHARINA BLUM, L' (1975)
SECOND AWAKENING
OF CHRISTA KLAGES, THE (1978)
SISTERS, OR THE BALANCE
OF HAPPINESS (1979)
AMIE, L' (1983)
ROSA LUXEMBOURG (1985)
FÉLIX (1987)
TROIS SŒURS (1988)
PROMESSE, LA (1994)
ROSENSTRASSE (2003)

WACHOWSKI, Larry
réalisateur américain (1965-)
BOUND (1996)
MATRIX, THE (1999)
MATRIX RELOADED, THE (2003)
MATRIX, THE : REVOLUTIONS (2003)

WACKS, Jonathan
réalisateur
POWWOW HIGHWAY (1988)
MYSTERY DATE (1991)
ED AND HIS DEAD MOTHER (1992)

WAGGNER, George
réalisateur américain (1894-1984)
MAN MADE MONSTER (1941)
WOLF MAN, THE (1941)

CLIMAX, THE (1944)
FIGHTING KENTUCKIAN, THE (1949)
OPERATION PACIFIC (1951)
COMMIES ARE COMING, THE (1962)

WAINWRIGHT, Rupert
réalisateur
BLANK CHECK (1994)
STIGMATA (1999)
FOG, THE (2005)

WAJDA, Andrzej
réalisateur polonais (1926-)
GENERATION, A (1955)
ANDRZEJ WAJDA
COLLECTOR'S EDITION (1957)
ILS AIMAIENT LA VIE (1957)
CENDRES ET DIAMANTS (1958)
DERNIÈRE CHARGE, LA (1959)
INNOCENTS CHARMEURS, LES (1960)
SAMSON (1961)
SIBERIAN LADY MACBETH (1962)
MÉLI-MÉLO (1968)
CHASSE AUX MOUCHES, LA (1969)
TOUT EST À VENDRE (1969)
BOIS DE BOULEAUX, LE (1970)
LANDSCAPE AFTER BATTLE (1970)
TERRE DE LA GRANDE
PROMESSE, LA (1975)
HOMME DE MARBRE, L' (1976)
SANS ANESTHÉSIE (1978)
CHEF D'ORCHESTRE, LE (1979)
DEMOISELLES DE WILKO, LES (1979)
HOMME DE FER, L' (1981)
DANTON (1982)
AMOUR EN ALLEMAGNE, UN (1983)
KORCZAK (1990)
PAN TADEUSZ (1999)
ZEMSTA (2002)

WAKAMATSU, Koji
réalisateur japonais (1936-)
GO, GO SECOND TIME VIRGIN (1969)
NOTORIOUS CONCUBINES, THE (1969)
ECSTASY OF THE ANGELS (1972)

WALKER, Giles
réalisateur
MASCULINE MYSTIQUE, THE (1984)
90 DAYS (1986)
PRINCES IN EXILE (1990)

WALKER, Pete
réalisateur anglais
COOL IT CAROL (1970)
DIE SCREAMING MARIANNE (1971)
FRIGHTMARE (1974)
HOUSE OF WHIPCORD (1974)
HOUSE OF THE LONG SHADOWS (1982)

WALKER, Stuart
réalisateur américain (1887-1941)
EAGLE AND THE HAWK, THE (1933)
GREAT EXPECTATIONS (1934)
MYSTERY OF EDWIN DROOD, THE (1935)
WEREWOLF OF LONDON (1935)

WALLACE, Richard
réalisateur américain (1894-1951)
LITTLE MINISTER, THE (1934)
YOUNG IN HEART, THE (1938)
NIGHT TO REMEMBER, A (1942)
FALLEN SPARROW, THE (1943)
IT'S IN THE BAG (1945)
TYCOON (1948)
LET'S LIVE A LITTLE (1949)
SINBAD THE SAILOR (1949)

WALLACE, Tommy Lee
réalisateur
HALLOWEEN III : SEASON
OF THE WITCH (1982)
FRIGHT NIGHT PART II (1988)
IT (1990)

WALSH, Raoul
réalisateur américain (1887-1981)
REGENERATION / YOUNG ROMANCE (1915)
THIEF OF BAGDAD, THE (1924)
IN OLD ARIZONA (1928)
SADIE THOMPSON (1928)
BIG TRAIL, THE (1930)
KLONDIKE ANNIE (1935)
COLLEGE SWING (1938)
ROARING TWENTIES, THE (1939)
DARK COMMAND (1940)
THEY DRIVE BY NIGHT (1940)
GENTLEMAN JIM (1941)
HIGH SIERRA (1941)
STRAWBERRY BLONDE, THE (1941)
DESPERATE JOURNEY (1942)
THEY DIED WITH THEIR BOOTS ON (1942)
HORN BLOWS AT MIDNIGHT, THE (1944)
OBJECTIVE BURMA ! (1944)
UNCERTAIN GLORY (1944)
PURSUED (1947)
SILVER RIVER (1948)
WHITE HEAT (1949)
ALONG THE GREAT DIVIDE (1951)
CAPTAIN HORATIO HORNBLOWER (1951)
DISTANT DRUMS (1951)
LAWLESS BREED, THE (1952)
WORLD IN HIS ARMS, THE (1952)
GUN FURY (1953)
LION IS IN THE STREETS, A (1953)
BATTLE CRY (1954)
BAND OF ANGELS (1956)
KING AND FOUR QUEENS, THE (1956)
ESTHER AND THE KING (1960)

WALTERS, Charles
réalisateur américain (1911-1982)
GOOD NEWS (1947)
EASTER PARADE (1948)
BARKLEYS OF BROADWAY, THE (1949)
SUMMER STOCK (1950)
BELLE OF NEW YORK (1952)
DANGEROUS WHEN WET (1952)
LILI (1952)
EASY TO LOVE (1954)
GLASS SLIPPER, THE (1955)
HIGH SOCIETY (1955)
TENDER TRAP, THE (1955)
ASK ANY GIRL (1959)
PLEASE DON'T EAT THE DAISIES (1960)
BILLY ROSE'S JUMBO (1962)
UNSINKABLE MOLLY BROWN, THE (1964)
WALK, DON'T RUN (1966)

WALTON, Fred
réalisateur américain
WHEN A STRANGER CALLS (1979)
APRIL FOOL'S DAY (1986)
WHEN A STRANGER CALLS BACK (1993)

WANG, Wayne
réalisateur chinois (1949-)
CHAN IS MISSING (1981)
DIM SUM (1985)
SLAM DANCE (1987)
EAT A BOWL OF TEA (1988)
JOY LUCK CLUB, THE (1993)
BLUE IN THE FACE (1995)
SMOKE (1995)
CHINESE BOX (1997)
ANYWHERE BUT HERE (1999)
CENTER OF THE WORLD, THE (2001)
MAID IN MANHATTAN (2002)
BECAUSE OF WINN-DIXIE (2005)
LAST HOLIDAY (2006)

WARD BAKER, Roy
réalisateur anglais (1916-)
DON'T BOTHER TO KNOCK (1952)
NIGHT TO REMEMBER, A (1958)
ANNIVERSARY, THE (1967)
QUATERMASS AND THE PIT (1967)
COUNTESS DRACULA /
VAMPIRE LOVERS (1970)
SCARS OF DRACULA, THE (1970)
VAMPIRE LOVERS, THE (1970)
DR. JEKYLL AND SISTER HYDE (1971)
ASYLUM (1972)
AND NOW THE SCREAMING STARTS (1973)
LEGEND OF THE 7 GOLDEN
VAMPIRES (1973)
MONSTER CLUB, THE (1980)

WARD, David S.
réalisateur (1945-)
CANNERY ROW (1982)
MAJOR LEAGUE (1989)
KING RALPH (1991)
DOWN PERISCOPE (1996)

WARD, Vincent
réalisateur néo-zélandais (1956-)
NAVIGATOR, THE:
A MEDIEVAL ODYSSEY (1988)
MAP OF THE HUMAN HEART (1992)
WHAT DREAMS MAY COME (1998)

WARGNIER, Régis
réalisateur français (1948-)
FEMME DE MA VIE, LA (1986)
JE SUIS LE SEIGNEUR DU CHÂTEAU (1989)
INDOCHINE (1991)
FEMME FRANÇAISE, UNE (1994)
EST-OUEST (1999)

WARREN, Jerry
réalisateur américain (1925-1988)
MAN BEAST (1956)
ATTACK OF THE MAYAN MUMMY (1964)
WILD WORLD OF BATWOMAN, THE (1996)

WATANABE, Shinichirô
réalisateur
COWBOY BEBOP : THE MOVIE (2001)
ANIMATRIX, THE (2003)
SAMURAI CHAMPLOO
COMPLETE COLLECTION (2004)
SAMURAI CHAMPLOO I (2004)
SAMURAI CHAMPLOO II (2004)
SAMURAI CHAMPLOO III (2004)

WATERS, John
réalisateur américain (1946-)
MONDO TRASHO (1969)
MULTIPLE MANIACS (1970)
PINK FLAMINGOS (1972)
FEMALE TROUBLE (1973)
DESPERATE LIVING (1977)
POLYESTER (1981)
HAIRSPRAY (1988)
CRY-BABY (1990)
SERIAL MOM (1994)
PECKER (1998)
CECIL B. DEMENTED (2000)
JOHN WATERS COLLECTION (2000)
DIRTY SHAME, A (2004)

WATERS, Mark
réalisateur américain (1964-)
HOUSE OF YES, THE (1996)
FREAKY FRIDAY (2003)
MEAN GIRLS (2004)
JUST LIKE HEAVEN (2005)

WATKINS, Peter
réalisateur anglais (1935-)
BATTLE OF CULLODEN (1964)
WAR GAME, THE (1965)
PUNISHMENT PARK (1971)
EDVARD MUNCH (1976)
JOURNEY, THE (1987)
COMMUNE (PARIS 1871)
LA (2001)

WEBB, Jack
réalisateur américain (1920-1982)
DRAGNET (1954)
PETE KELLY'S BLUES (1954)
D.I., THE (1956)

WEBB, Robert D.
réalisateur américain (1903-)
BENEATH THE 12-MILE REEF (1953)
PROUD ONES (1955)
SEVEN CITIES OF GOLD (1955)
LOVE ME TENDER (1956)
PIRATES OF TORTUGA (1961)

WEIR, Peter
réalisateur australien (1944-)
CARS THAT ATE PARIS, THE (1974)
PICNIC AT HANGING ROCK (1975)
LAST WAVE, THE (1977)
PLUMBER, THE (1979)
GALLIPOLI (1981)
YEAR OF LIVING DANGEROUSLY, THE (1982)
WITNESS (1985)
MOSQUITO COAST, THE (1986)
DEAD POETS SOCIETY (1989)
GREEN CARD (1990)
FEARLESS (1993)
TRUMAN SHOW, THE (1998)
MASTER AND COMMANDER :
THE FAR SIDE OF THE WORLD (2003)

WEIS, Gary
réalisateur
JIMI HENDRIX (1973)
80 BLOCKS FROM TIFFANY'S (1979)
WHOLLY MOSES ! (1980)

WEISMAN, Sam
réalisateur américain
D2 : THE MIGHTY DUCKS (1994)
BYE, BYE LOVE (1995)
GEORGE OF THE JUNGLE (1997)
OUT-OF-TOWNERS, THE (1999)
WHAT'S THE WORST
THAT COULD HAPPEN ? (2001)

WEISS, Jiri
réalisateur tchèque (1913-)
WOLF TRAP (1957)
ROMEO, JULIET AND DARKNESS (1960)
MURDER CZECH STYLE (1966)

WELLES, Orson
réalisateur américain (1915-1985)
CITIZEN KANE (1941)
MAGNIFICENT AMBERSONS, THE (1941)
STRANGER, THE (1945)
LADY FROM SHANGHAI, THE (1947)
MACBETH (1948)
OTHELLO (1952)
AROUND THE WORLD
WITH ORSON WELLES (1955)
CONFIDENTIAL REPORT
(MR. ARKADIN) (1955)
TOUCH OF EVIL (1958)
TRIAL, THE (1962)
F FOR FAKE (1973)
IT'S ALL TRUE (1993)
DOMINICI AFFAIR, THE (2003)

WELLMAN, William A.
réalisateur américain (1896-1975)
WINGS (1927)
BEGGARS OF LIFE (1928)
PUBLIC ENEMY, THE (1931)
CALL OF THE WILD, THE (1935)
NOTHING SACRED (1937)
BEAU GESTE (1939)
GREAT MAN'S LADY, THE (1942)
ROXIE HART (1942)
THUNDER BIRDS (1942)
OX-BOW INCIDENT, THE (1943)
BUFFALO BILL (1944)
STORY OF G.I. JOE, THE (1945)
MAGIC TOWN (1947)
BATTLEGROUND (1948)
YELLOW SKY (1948)
NEXT VOICE YOU HEAR , THE (1950)
ACROSS THE WIDE MISSOURI (1951)
WESTWARD THE WOMEN (1952)
RING OF FEAR (1954)
TRACK OF THE CAT (1954)
BLOOD ALLEY (1955)
GOODBYE, MY LADY (1956)
DARBY'S RANGERS (1957)
LAFAYETTE ESCADRILLE (1957)

WENDERS, Wim
réalisateur allemand (1945-)
LETTRE ÉCARLATE, LA (1972)
ALICE DANS LES VILLES (1974)
FAUX MOUVEMENT (1975)
AU FIL DU TEMPS (1976)
AMI AMÉRICAIN, L' (1977)
HAMMETT (1981)
ÉTAT DES CHOSES, L' (1982)
PARIS, TEXAS (1984)
TOKYO-GA (1985)
AILES DU DÉSIR, LES (1987)
NOTEBOOK ON CITIES
AND CLOTHES (1990)
UNTIL THE END OF THE WORLD (1991)
SI LOIN, SI PROCHE (1992)
LISBON STORY (1994)
PAR-DELÀ LES NUAGES (1995)
END OF VIOLENCE, THE (1997)
BUENA VISTA SOCIAL CLUB (1999)
MILLION DOLLAR HOTEL (2000)
LAND OF PLENTY (2004)
WIM WENDERS COLLECTION, THE (2004)
DON'T COME KNOCKING (2005)

WENDKOS, Paul
réalisateur américain (1922-)
ATTACK ON THE IRON COAST (1967)
GUNS OF THE MAGNIFICENT SEVEN (1969)
GOLDEN GATE (1981)
WING AND A PRAYER, A (1998)

WERKER, Alfred L.
réalisateur américain (1896-1975)
ADVENTURES OF
SHERLOCK HOLMES, THE (1939)
SHOCK (1946)
HE WALKED BY NIGHT (1948)
LOST BOUNDARIES (1949)

WERTMULLER, Lina
réalisatrice italienne (1926-)
MIMI MÉTALLO BLESSÉ
DANS SON HONNEUR (1972)
LOVE & ANARCHY (1973)
ALL SCREWED UP (1974)
VERS UN DESTIN INSOLITE
SUR LES FLOTS BLEUS DE L'ÉTÉ (1974)
SEVEN BEAUTIES (1975)
NIGHT FULL OF RAIN, A (1977)
SOTTO, SOTTO (1984)
CAMORRA (1985)
SUMMER NIGHT WITH A GREEK
PROFILE, ALMOND EYES AND
A SCENT OF BASIL (1987)
CIAO, PROFESSORE ! (1992)
NYMPH, THE (1996)
WORKER AND THE HAIRDRESSER IN WHIRL
OF SEX AND POLITICS, THE (1996)
FERDINANDO AND CAROLINA (1999)

WEST, Roland
réalisateur américain (1885-1952)
BAT, THE (1926)
ALIBI (1929)
BAT WHISPERS, THE (1930)

WEST, Simon
réalisateur américain (1961-)
CON AIR (1997)
GENERAL'S DAUGHTER, THE (1999)
WHEN A STRANGER CALLS (2006)

WHALE, James
réalisateur anglais (1896-1957)
FRANKENSTEIN (1931)
OLD DARK HOUSE, THE (1932)
INVISIBLE MAN, THE (1933)
BRIDE OF FRANKENSTEIN, THE (1935)
SHOW BOAT (1936)

WHEELER, Anne
réalisatrice canadienne (1946-)
BYE BYE BLUES (1989)
ANGEL SQUARE (1990)
SLEEP ROOM, THE (1997)
BETTER THAN CHOCOLATE (1999)
SUDDENLY NAKED (2001)

WHELAN, Tim
réalisateur américain (1893-1957)
DIVORCE OF LADY X, THE (1937)
MILL ON THE FLOSS, THE (1937)
ST-MARTIN'S LANE (1937)
CLOUDS OVER EUROPE (1939)
THIEF OF BAGDAD, THE (1940)
INTERNATIONAL LADY (1941)
STEP LIVELY (1944)
RAGE AT DAWN (1955)

WHITAKER, Forest
réalisateur américain (1961-)
STRAPPED (1993)
WAITING TO EXHALE (1995)
HOPE FLOATS (1998)
FIRST DAUGHTER (2004)

WHORF, Richard
réalisateur américain (1906-1966)
IT HAPPENED IN BROOKLYN (1947)
TILL THE CLOUDS ROLL BY (1947)
CHAMPAGNE FOR CAESAR (1950)

WIDERBERG, Bo
réalisateur suédois (1930-1996)
ELVIRA MADIGAN (1966)
FLIC SUR LE TOIT, UN (1976)
ALL THINGS FAIR (1995)

WILDE, Cornel
réalisateur américain (1915-1989)
SWORD OF LANCELOT, THE (1963)
NAKED PREY, THE (1964)
BEACH RED (1967)

WILDER, Billy
réalisateur autrichien (1906-2002)
MAUVAISE GRAINE (1933)
MAJOR AND THE MINOR, THE (1942)
FIVE GRAVES TO CAIRO (1943)
DOUBLE INDEMNITY (1944)
LOST WEEKEND, THE (1945)
EMPEROR WALTZ, THE (1948)
FOREIGN AFFAIR, A (1948)
SUNSET BOULEVARD (1950)
STALAG 17 (1952)
SABRINA (1954)
SEVEN YEAR ITCH, THE (1954)
LOVE IN THE AFTERNOON (1956)
SPIRIT OF ST. LOUIS, THE (1957)
WITNESS FOR THE PROSECUTION (1957)
SOME LIKE IT HOT (1959)
APARTMENT, THE (1960)
ONE, TWO, THREE (1961)
IRMA LA DOUCE (1963)
KISS ME, STUPID (1964)
FORTUNE COOKIE, THE (1966)
PRIVATE LIFE OF SHERLOCK HOLMES, THE (1970)
AVANTI ! (1972)
FRONT PAGE, THE (1974)
FEDORA (1978)
BUDDY BUDDY (1981)

WILDER, Gene
réalisateur américain (1935-)
ADVENTURES OF SHERLOCK HOLMES' SMARTER BROTHER, THE (1975)
WORLD'S GREATEST LOVER (1977)
WOMAN IN RED, THE (1984)
HAUNTED HONEYMOON (1986)

WILSON, Hugh
réalisateur américain (1943-)
POLICE ACADEMY (20th) (1984)
RUSTLERS' RHAPSODY (1985)
GUARDING TESS (1994)
FIRST WIVES CLUB, THE (1996)
BLAST FROM THE PAST (1998)

WILSON, Richard
réalisateur américain (1915-1991)
MAN WITH THE GUN (1955)
AL CAPONE (1958)
INVITATION TO A GUNFIGHTER (1964)
IT'S ALL TRUE (1993)

WINCER, Simon
réalisateur australien (1943-)
DARK FORCES (1980)
PHAR LAP (1983)
D.A.R.Y.L. (1985)
LIGHTHORSEMEN, THE (1987)
LONESOME DOVE (1989)
QUIGLEY DOWN UNDER (1990)
HARLEY DAVIDSON AND THE MARLBORO MAN (1991)
FREE WILLY (1993)
OPERATION DUMBO DROP (1995)
PHANTOM, THE (1996)
INTO THE WEST (2005)

WINDUST, Bretaigne
réalisateur (1906-1960)
JUNE BRIDE (1948)
WINTER MEETING (1948)
ENFORCER, THE (1950)

WINICK, Gary
réalisateur
SWEET NOTHING (1995)
TADPOLE (2002)
13 GOING ON 30 (2004)

WINKLER, Irwin
réalisateur américain (1931-)
GUILTY BY SUSPICION (1990)
LIFE AS A HOUSE (2001)
DE-LOVELY (2004)

WINNER, Michael
réalisateur anglais (1935-)
GIRL-GETTERS, THE (1964)
LAWMAN (1970)
CHATO'S LAND (1971)
MECHANIC, THE (1972)
SCORPIO (1972)
DEATH WISH (1974)
SENTINEL, THE (1976)
BIG SLEEP, THE (1978)
FIREPOWER (1978)
DEATH WISH 2 (1982)
WICKED LADY, THE (1983)
DEATH WISH 3 (1985)
APPOINTMENT WITH DEATH (1988)
CHORUS OF DISAPPROVAL, A (1988)

WINTERBOTTOM, Michael
réalisateur anglais (1961-)
BUTTERFLY KISS (1994)
GO NOW (1995)
JUDE (1996)
WELCOME TO SARAJEVO (1997)
I WANT YOU (1998)
WONDERLAND (1999)
CLAIM, THE (2000)
24 HOUR PARTY PEOPLE (2002)
IN THIS WORLD (2002)
CODE 46 (2003)
9 SONGS (2004)
TRISTRAM SHANDY - A COCK & BULL STORY (2005)

WINTONICK, Peter
réalisateur canadien (1953-)
MANUFACTURING CONSENT : NOAM CHOMSKY AND THE MEDIAS (1992)
MANUFACTURING CONSENT : CLASSROOM (1994)
CINEMA VERITÉ : LE MOMENT DÉSICIF (1999)

WISE, Kirk
réalisateur américain (1958-)
BEAUTY AND THE BEAST (1991)
HUNCHBACK OF NOTRE-DAME, THE (1996)
ATLANTIS : THE LOST EMPIRE (2001)

WISE, Robert
réalisateur américain (1914-)
CURSE OF THE CAT PEOPLE, THE (1944)
MADEMOISELLE FIFI (1944)
BODY SNATCHER, THE (1945)
BORN TO KILL (1947)
BLOOD ON THE MOON (1948)
SET-UP, THE (1949)
DAY THE EARTH STOOD STILL, THE (1951)
HOUSE ON TELEGRAPH HILL (1951)
DESERT RATS, THE (1953)
EXECUTIVE SUITE (1954)
HELEN OF TROY (1955)
SOMEBODY UP THERE LIKES ME (1955)
TRIBUTE TO A BAD MAN (1955)
THIS COULD BE THE NIGHT (1956)
UNTIL THEY SAIL (1957)
I WANT TO LIVE ! (1958)
RUN SILENT, RUN DEEP (1958)
ODDS AGAINST TOMORROW (1959)
WEST SIDE STORY (1961)
TWO FOR THE SEESAW (1962)
HAUNTING, THE (1963)
SOUND OF MUSIC, THE (1965)
SAND PEBBLES, THE (1966)
STAR ! (1968)
ANDROMEDA STRAIN, THE (1971)
HINDENBURG, THE (1975)
AUDREY ROSE (1977)
STAR TREK I : THE MOTION PICTURE (1979)
ROOFTOPS (1989)

WISHMAN, Doris
réalisatrice américaine (1920-2002)
BLAZE STARR GOES NUDIST (1960)
NUDE ON THE MOON (1961)
BAD GIRLS GO TO HELL (1965)
DEADLY WEAPONS (1970)
DOUBLE AGENT 73 (1974)

WITNEY, William
réalisateur américain (1910-)
HAWK OF THE WILDERNESS (1938)
ZORRO'S FIGHTING LEGION (1939)
ADVENTURES OF CAPTAIN MARVEL, THE (1941)
SPY SMASHER (1942)
MASTER OF THE WORLD (1961)

WOLMAN, Dan
réalisateur palestinien (1941-)
MY MICHAEL (1975)
HIDE AND SEEK (1980)
NANA (1982)

WONG, Jing
réalisateur chinois (1955-)
HIGH RISK (1995)
MELTDOWN (1995)
COLOUR OF THE TRUTH (2003)

WONG, Kar-Wai
réalisateur chinois (1958-)
AS TEARS GO BY (1988)
DAYS OF BEING WILD (1991)
ASHES OF TIME (1994)
CHUNGKING EXPRESS (1994)
FALLEN ANGELS (1995)
HAPPY TOGETHER (1997)
SILENCES DU DÉSIR, LES (2000)
2046 (2004)
EROS (2005)

WONG, Kirk
réalisateur (1949-)
JACKIE CHAN CRIME STORY (1993)
ORGANIZED CRIME & TRIAD BUREAU (1993)
ROCK N'ROLL COP (1994)

WOO, John
réalisateur chinois (1948-)
HAND OF DEATH, THE (1975)
RUN TIGER RUN (1985)
BETTER TOMORROW, A (1986)
HEROES SHED NO TEARS (1986)
BETTER TOMORROW 2, A (1987)
KILLER, THE (1989)
KILLERS TWO (1989)
BULLET IN THE HEAD (1990)
HARD BOILED (1992)
HARD TARGET (1993)
BROKEN ARROW (1996)
ONCE A THIEF (1996)
STRIKE OF DEATH (1996)
FACE / OFF (1997)
HONG KONG FACE-OFF (1998)

MISSION : IMPOSSIBLE II (2000)
WINDTALKERS (2002)
PAYCHECK (2003)
BETTER TOMORROW 1 & 2 (2004)

WOOD Jr., Edward D.
réalisateur américain (1922-1978)
GLEN OR GLENDA ? (1952)
BRIDE OF THE MONSTER (1954)
JAIL BAIT (1954)
PLAN 9 FROM OUTER SPACE (1958)
NIGHT OF THE GHOULS (1959)
SINISTER URGE, THE (1961)

WOOD, Sam
réalisateur américain (1883-1949)
HOLD YOUR MAN (1933)
LET 'EM HAVE IT (1935)
NIGHT AT THE OPERA, A (1935)
DAY AT THE RACES, A (1937)
MADAME X (1938)
NAVY BLUE AND GOLD (1938)
GOODBYE MR. CHIPS (1939)
KITTY FOYLE (1940)
OUR TOWN (1940)
DEVIL AND MISS JONES, THE (1941)
KINGS ROW (1941)
PRIDE OF THE YANKEES, THE (1942)
CASANOVA BROWN (1944)
OUR TOWN (1945)
FOR WHOM THE BELL TOLLS (1947)
COMMAND DECISION (1948)
STRATTON STORY, THE (1948)
GOODBYE, MR. CHIPS (1969)

WORKMAN, Chuck
réalisateur américain
STOOGEMANIA (1985)
SUPERSTAR : THE LIFE AND
TIMES OF ANDY WARHOL (1990)
SOURCE, THE (1998)

WYLER, William
réalisateur américain (1902-1981)
COUNSELLOR AT LAW (1933)
GOOD FAIRY, THE (1935)
COME AND GET IT (1936)
DEAD END (1936)
DODSWORTH (1936)
THESE THREE (1936)
JEZEBEL (1938)
WUTHERING HEIGHTS (1938)
LETTER, THE (1940)
WESTERNER, THE (1940)
LITTLE FOXES, THE (1941)
MRS. MINIVER (1943)
BEST YEARS OF
OUR LIVES, THE (1946)
HEIRESS, THE (1949)
DETECTIVE STORY (1951)
CARRIE (1952)
ROMAN HOLIDAY (1953)
DESPERATE HOURS, THE (1955)
FRIENDLY PERSUASION (1956)
BIG COUNTRY, THE (1958)
BEN-HUR (1959)
CHILDREN'S HOUR, THE (1961)
COLLECTOR, THE (1965)
HOW TO STEAL A MILLION (1966)
FUNNY GIRL (1968)

WYNORSKI, Jim
réalisateur (1950-)
CHOPPING MALL (1986)
RETURN OF THE SWAMP THING (1989)
TRANSYLVANIA TWIST (1990)

XIAOSHUAI, Wang
réalisateur chinois
FROZEN (1996)
SO CLOSE TO PARADISE (1998)
BICYCLETTE DE PÉKIN, LA (2001)

YAKIN, Boaz
réalisateur américain (1966-)
FRESH (1994)
PRICE ABOVE RUBIES, A (1998)
REMEMBER THE TITANS (2000)
UPTOWN GIRLS (2003)

YAMAGUCHI, Kazuhiko
réalisateur japonais
KARATE BULLFIGHTER (1975)
SISTER STREET FIGHTER (1975)
KARATE BEARFIGHTER (1977)

YARBROUGH, Jean
réalisateur américain (1900-1975)
DEVIL BAT, THE (1940)
HOUSE OF HORRORS (1945)
NAUGHTY NINETIES, THE (1945)
SHE-WOLF OF LONDON (1946)
BRUTE MAN, THE (1947)
JACK AND THE BEANSTALK (1952)
HILLBILLYS IN A HAUNTED HOUSE (1967)

YASUDA, Kimiyoshi
réalisateur japonais
DAIMAJIN (1966)
ZATOICHI XV : ZATOICHI'S
CANE SWORD (1967)
ZATOICHI XVIII : ZATOICHI AND
THE FUGITIVES (1968)
ZATOICHI XXII : ZATOICHI MEET
THE ONE-ARMED SWORDSMAN (1970)
COMPLETE DAIMAJIN I (2003)

YATES, Peter
réalisateur anglais (1929-)
SUMMER HOLIDAY (1963)
BULLITT (1968)
MURPHY'S WAR (1970)
HOT ROCK, THE (1972)
FOR PETE'S SAKE (1974)
MOTHER, JUGS & SPEED (1976)
DEEP, THE (1977)
BREAKING AWAY (1979)
EYEWITNESS (1981)
DRESSER, THE (1983)
KRULL (1983)
ELENI (1985)
SUSPECT (1987)
HOUSE ON CARROLL STREET, THE (1988)
INNOCENT MAN, AN (1989)
ROOMMATES (1994)
RUN OF THE COUNTRY, THE (1995)
DON QUIXOTE (2000)

YORKIN, Bud
réalisateur américain (1926-)
COME BLOW YOUR HORN (1963)
INSPECTOR CLOUSEAU (1968)
START THE REVOLUTION WITHOUT ME (1969)
THIEF WHO CAME TO DINNER, THE (1973)
ARTHUR 2 : ON THE ROCKS (1988)
LOVE HURTS (1989)

YOUNG, Harold
réalisateur américain (1897-)
SCARLET PIMPERNEL, THE (1934)
MUMMY'S TOMB, THE (1942)
JUNGLE CAPTIVE (1944)
ROOGIE'S BUMP (1954)

YOUNG, Robert
réalisateur américain (1907-)
ROMANCE WITH A DOUBLE BASS (1974)
MAD DEATH, THE (1983)
SPLITTING HEIRS (1993)
FIERCE CREATURES (1996)
JANE EYRE (1997)
AUGUSTUS (2003)

YOUNG, Robert M.
réalisateur américain (1924-)
ONE-TRICK PONY (1980)
BALLAD OF GREGORIO CORTEZ, THE (1982)
EXTREMITIES (1986)
DOMINICK AND EUGENE (1988)
TRIUMPH OF THE SPIRIT (1989)
CAUGHT (1996)
CHINA : THE PANDA ADVENTURE (2001)

YOUNG, Roger
réalisateur américain (1942-)
TWO OF A KIND (1982)
BOURNE IDENTITY, THE (1988)
RUBY RIDGE : AN AMERICAN TRAGEDY (1995)
MOSES (1996)
KISS THE SKY (1998)
JESUS (1999)

YOUNG, Terence
réalisateur anglais (1915-1994)
CORRIDOR OF MIRRORS (1947)
TOO HOT TO HANDLE (1960)
BLACK TIGHTS (1961)
DR. NO (1962)
FROM RUSSIA WITH LOVE (1963)
THUNDERBALL (1965)
FANTASTIQUE HISTOIRE VRAIE
D'EDDIE CHAPMAN, LA (1966)
ROVER, THE (1967)
WAIT UNTIL DARK (1967)
MAYERLING (1968)
ARBRE DE NOËL, L' (1969)
DE LA PART DES COPAINS (1970)
SOLEIL ROUGE (1971)
VALACHI PAPERS, THE (1972)
KLANSMAN, THE (1974)
BLOODLINE (1979)
JIGSAW MAN, THE (1984)

YU, Ronny
réalisateur chinois (1950-)
POSTMAN FIGHTS BACK, THE (1981)
LEGACY OF RAGE (1986)
BRIDE WITH WHITE HAIR II, THE (1993)
BRIDE WITH WHITE HAIR, THE (1993)
PHANTOM LOVER, THE (1995)
WARRIORS OF VIRTUE (1997)
BRIDE OF CHUCKY (1998)
FORMULA 51 (2001)
FREDDY VS. JASON (2003)

YUEN, Corey
réalisateur chinois
SAVIOUR OF THE SOUL (1991)
LEGEND, THE (1993)
BODYGUARD FROM BEIJING (1994)
NEW LEGEND OF SHAOLIN, THE (1994)
SO CLOSE (2002)
TRANSPORTER, THE (2002)

YUEN, Woo-ping
réalisateur japonais (1945-)
DRUNKEN FIST BOXING (1976)
SNAKE IN THE EAGLE'S SHADOW (1978)
DRUNKEN MASTER (1979)
MAGNIFICENT BUTCHER (1979)